Dieners

Compliance im Gesundheitswesen

Compliance im Gesundheitswesen

Handbuch zur Kooperation von Ärzten, Industrie und Patienten

Herausgegeben und bearbeitet von

Dr. jur. Peter Dieners

Rechtsanwalt, Düsseldorf

Bearbeitet von

Marc Besen, Rechtsanwalt in Düsseldorf; *Ann-Kristin Cahnbley,* LL. M., Rechtsanwältin in Düsseldorf; *Carolin Kemmner,* Rechtsanwältin in Düsseldorf; *Ulrich Lembeck,* Rechtsanwalt und Steuerberater in Düsseldorf; *Dr. jur. Stefan Menner,* LL. M., Rechtsanwalt und Steuerberater in Frankfurt; *Dr. jur. Ulrich Reese,* Rechtsanwalt in Düsseldorf; *Dr. jur. Gunnar Sachs,* Rechtsanwalt in Düsseldorf; *Prof. Dr. jur. Jürgen Taschke,* Rechtsanwalt in Frankfurt; *Magdalena Thole,* LL.M., Syndikusanwältin in Tübingen; *Dr. jur. Thomas Voland,* LL. M., Rechtsanwalt in Düsseldorf; *Maximilian Graf Zedtwitz von Arnim,* Rechtsanwalt in Düsseldorf

4. Auflage 2022

C.H.BECK

Zitiervorschlag:
Dieners Compliance im Gesundheitswesen/Bearbeiter Kap. 1 Rn. 1

www.beck.de

ISBN 978 3 406 65692 7

Wilhelmstraße 9, 80801 München
Satz und Umschlaggestaltung: Druckerei C. H. Beck Nördlingen
Druck und Bindung: Westermann Druck Zwickau GmbH,
Grimmitschauer Straße 43, 08058 Zwickau

CO_2 neutral
chbeck.de/nachhaltig

Gedruckt auf säurefreiem, alterungsbeständigem Papier
(hergestellt aus chlorfrei gebleichtem Zellstoff)

Vorwort

Seit dem Erscheinen der 3. Auflage liegen über zehn Jahre, in denen sich die rechtlichen Rahmenbedingungen der Compliance im Gesundheitswesen weiterentwickelt haben. Zu den wesentlichen Marksteinen zählt zunächst die Ausweitung des Korruptionsbekämpfungsrechts auf den Bereich der niedergelassenen Ärzte infolge der Einführung der §§ 299a und b StGB. Hinzu tritt die erhöhte Bedeutung, die der Transparenz des Verhältnisses der Industrie im Verhältnis zu den Fachkreisen zukommt und in der Einführung des FSA-Transparenzkodex ihren Ausdruck findet. Schließlich hat sich die Schiedspraxis des FSA weiter verfestigt, die damit zusätzliche Orientierung bietet.

Das Werk verfolgt auch in der 4. Auflage das Ziel, praktische Hinweise und konkrete Antworten zu den vielfältigen rechtlichen, steuerlichen und organisatorischen Fragen bei Kooperationsbeziehungen der pharmazeutischen und medizintechnischen Industrie zu geben. Insofern haben die freiwillige Selbstregulierung und Selbstkontrolle der Industrie mit ihren Kodizes weiter an Bedeutung gewonnen. Die Verbandskodizes gelten mehr denn je als verlässliche Verhaltensstandards im Gesundheitswesen. Neben den FSA-Kodex Fachkreise und den FSA-Kodex Patientenorganisationen ist seit der Vorauflage mit dem FSA-Transparenzkodex ein weiteres Regelwerk in Kraft getreten, das hier erstmalig ausführlich kommentiert wird. Die Spruchpraxis des FSA ist bis zum 1.7.2021 berücksichtigt worden.

Meinen Co-Autoren danke ich herzlich für die freundschaftliche Zusammenarbeit.

Unser gemeinsamer Dank gilt meinen Kolleginnen Ann-Cathrin Bergstedt und Carolin Kemmer sowie allen wissenschaftlichen Mitarbeitern und Referendaren für die tatkräftige Unterstützung der Autoren bei der Vorbereitung der Neuauflage. Für die Unterstützung bei der redaktionellen Schlussbearbeitung danken wir insbesondere Nik Aron Ruß, Maximilian Koenig und Marius Kurtnacker.

Für Anregungen, Kritik und Hinweise sind der Herausgeber und die Autoren auch weiterhin stets dankbar.

Düsseldorf, im Juli 2021 *Peter Dieners*

Aus dem Vorwort zur 1. Auflage (2004)

Pharma- und Medizinprodukteunternehmen stehen täglich in einer Vielzahl von Arbeitsbeziehungen und Kontakten zu Ärzten und Kliniken. Dies betrifft den Vertrieb und die Bewerbung von Produkten sowie die Beratung von Ärzten hinsichtlich des Einsatzes der Produkte durch Pharma- und Medizinproduktberater. Die Zusammenarbeit mit Ärzten richtet sich allerdings nicht nur auf den Absatz sowie einen möglichst sachgemäßen und effektiven Einsatz von Arzneimitteln und Medizinprodukten. Vielmehr sind die Hersteller von Arzneimitteln und Medizinprodukten auf eine stete Neu- und Weiterentwicklung von Produkten angewiesen, die ohne eine enge Zusammenarbeit mit Ärzten in den Bereichen der Forschung und Entwicklung sowie der klinischen Erprobung von Produkten nicht denkbar ist. Schließlich hängen sachgerechte Verordnungs- und Therapieentscheidungen sowie die richtige Anwendung von Arzneimitteln und Medizinprodukten entscheidend davon ab, dass Ärzte den Anschluss an den aktuellen Forschungs- und Wissensstand halten. Der Anspruch der Patienten geht berechtigter Weise dahin, dass ihre Behandlung auf der Grundlage neuester Standards und Entwicklung erfolgt. Während die Rechtsordnung einerseits im Bereich des Absatzes von Arzneimitteln und Medizinprodukten eine strikte Trennung zwischen Industrie und Ärzten vorschreibt, um die Verordnungs- und Therapieentscheidungen der Ärzte im Patienteninteresse möglichst unbeeinflusst zu lassen, erfordert die notwendige Kooperation von Industrie und Ärzten andererseits ein besonderes Näheverhältnis. Aus diesem Spannungsverhältnis einer „strikten Trennung" und gleichzeitiger „enger Kooperation" entsteht eine Vielzahl rechtlicher Probleme, die in der Praxis bewältigt werden müssen.

Die Bewältigung dieser Probleme ist nicht einfach. Es stellt sich nämlich nicht nur die Frage, welche Formen der Zusammenarbeit unter welchen genauen Voraussetzungen erlaubt oder verboten sind. Vielmehr gehen die in der täglichen Praxis entstehenden Fragen erheblich weiter und betreffen auch Aspekte der zivilrechtlichen Verantwortlichkeit, Ansprüche des Wettbewerbs wegen unlauterer Kooperationsformen, Verantwortlichkeiten im Unternehmen sowie die Frage, wie das jeweilige Unternehmen bei seiner Zusammenarbeit mit Ärzten gleichzeitig für eine Einhaltung der berufsrechtlichen Anforderungen an Ärzte sorgen kann. Schließlich können sich für die Beteiligten bei unlauteren Formen der Zusammenarbeit auch erhebliche betriebswirtschaftliche und steuerliche Belastungen ergeben.

Im Zentrum aller Überlegungen bleibt allerdings die Frage nach dem, was erlaubt und was verboten ist. Obgleich hierzu eine Vielzahl unterschiedlichster gesetzlicher Regelungen besteht und sich die beteiligten Verkehrskreise zudem eine Reihe von Hinweisen, Empfehlungen und Kodizes erarbeitet haben, bleibt die genaue Bestimmung des im Einzelfall Verbotenen oder Erlaubten schwierig. Von besonderer Bedeutung ist hierbei der neue Kodex der Mitglieder des Vereins „Freiwillige Selbstkontrolle für die Arzneimittelindustrie e.V.", der erstmals für den Bereich der Zusammenarbeit der pharmazeutischen Industrie mit Ärzten Wettbewerbsregeln enthält, deren Verstoß von diesem Verein gegenüber den Mitgliedsunternehmen in einem speziellen Verfahren verfolgt und sanktioniert werden kann. Trotz der immensen Regelungsdichte verbleiben Risiken, die sowohl auf Seiten der Unternehmen als auch auf Seiten der Ärzte bewältigt werden müssen, wobei erfahrungsgemäß die schlichte Aufforderung, doch die bestehenden Gesetze oder Kodices einzuhalten, nicht immer ausreicht. Die Unternehmen der pharmazeutischen und medizintechnologischen Industrie stehen ferner vor der schwierigen Aufgabe, ihren Mitarbeitern verständliche Regeln für die praktische Umsetzung sämtlicher hier einschlägigen Bestimmungen an die Hand zu geben. Weder die Mitarbeiter der Unternehmen noch die betroffenen Ärzte sind

Experten in den Bereichen des Straf-, Berufs-, Werbe-, Dienst-, Hochschul-, Steuer- oder Drittmittelrechts. Neben den zum Teil vielfältigen Differenzierungen dieser Rechtsmaterien sind den Beteiligten auch die regulatorischen Vorgaben des Arzneimittel- und Medizinprodukterechts nicht immer im Einzelnen bekannt. Umso mehr kommt es für die Unternehmen darauf an, ihren Mitarbeitern die bestehenden Rahmenbedingungen in einer verständlichen und praxisrelevanten Art und Weise zu vermitteln und im Unternehmen auch effektiv durchzusetzen. [...]

Das vorliegende Werk will aus einer Hand für alle rechtlich relevanten Aspekte des deutschen Rechts Orientierungen bieten und den Unternehmen der pharmazeutischen und medizintechnologischen Industrie insbesondere Hinweise und Empfehlungen geben, wie ein eigenes effektives Programm für die „Compliance Governance" auf dem Gebiet der Zusammenarbeit mit Ärzten und Kliniken ausgestaltet und umgesetzt werden kann. [...]

Düsseldorf, im August 2004 *Peter Dieners*

Bearbeiterverzeichnis

Marc Besen	Kapitel 11
Ann-Kristin Cahnbley, LL.M.	Kapitel 2 (Abschnitt A, B, C, E, F), 6, 8, 9
Dr. jur. Peter Dieners	Vorwort, Kapitel 1, 2 (Abschnitte A, C, D, E, F), 3, 4, 5, 6, 7, 13, 14, 16
Carolin Kemmner	Kapitel 14
Ulrich Lembeck	Kapitel 7, 10
Dr. jur. Stefan Menner, LL.M.	Kapitel 10
Dr. jur. Ulrich Reese	Kapitel 2 (Abschnitt D), 15, 17
Dr. jur. Gunnar Sachs	Kapitel 12
Prof. Dr. jur. Jürgen Taschke	Kapitel 2 (Abschnitt B)
Magdalena Thole, LL.M.	Kapitel 16
Dr. jur. Thomas Voland, LL.M.	Kapitel 13
Maximilian Graf Zedtwitz von Arnim	Kapitel 8, 9

Inhaltsverzeichnis

Kapitel 5. Grundlagen der Kooperation

Kapitel 6. Vertragsgestaltung – ausgewählte Kooperationsformen

Seite

Kapitel 7. Compliance-Management in der betrieblichen Praxis

Kapitel 8. Durchsuchungen und Beschlagnahmen

Kapitel 9. Interne Untersuchungen

Kapitel 10. Steuerrechtliche Fragen

Kapitel 11. Kartellrechtliche Compliance

Seite

Kapitel 12. Datenschutzrechtliche Compliance

Kapitel 13. Lobbying

Kapitel 14. FSA-Kodex für die Zusammenarbeit der pharmazeutischen Industrie mit Ärzten, Apothekern und anderen Angehörigen medizinischer Fachkreise

Seite

Kapitel 16. FSA-Kodex zur Transparenz bei der Zusammenarbeit mit den Angehörigen der Fachkreise und medizinischen Einrichtungen („FSA-Transparenzkodex")

Kapitel 17. Verfahrensordnung des Vereins „Freiwillige Selbstkontrolle für die Arzneimittelindustrie e.V." – Erläuterungen

Abbildungsverzeichnis

Abkürzungsverzeichnis

aA	andere(r) Ansicht/Auffassung
Abb.	Abbildung
AbgG	Abgeordnetengesetz
ABl.	Amtsblatt der Europäischen Union
Abs.	Absatz
aE	am Ende
AEAO	Anwendungserlass zur Abgabenordnung
AEUV	Vertrag über die Arbeitsweise der Europäischen Union
aF	alte Fassung
AG	Die Aktiengesellschaft (Zeitschrift)
AktG	Aktiengesetz
AMG	Arzneimittelgesetz
AMNOG	Arzneimittelmarktneuordnungsgesetz
AMVSG	Arzneimittelversorgungsstärkungsgesetz
Anm.	Anmerkung
AnwBl	Anwaltsblatt (Zeitschrift)
AO	Abgabenordnung
AO-StB	Der AO-Steuerberater (Zeitschrift)
A&R	Arzneimittel und Recht (Zeitschrift)
ArbEG	Gesetz über Arbeitnehmerfindungen
ArbG	Arbeitsgericht
ArbRAktuell	Arbeitsrecht Aktuell (Zeitschrift)
Art.	Artikel
ArztR	ArztRecht (Zeitschrift)
Aufl.	Auflage
AusR	Der Arzt und sein Recht (Zeitschrift)
AWB	Anwendungsbeobachtungen
Az.	Aktenzeichen
BAG	Bundesarbeitsgericht
BAnz. AT	Bundesanzeiger Allgemeiner Teil
BB	Betriebs-Berater (Zeitschrift)
BBG	Bundesbeamtengesetz
Bd.	Band
BDSG	Bundesdatenschutzgesetz
BeamtStG	Beamtenstatusgesetz
Beck RS	Beck-online.RECHTSPRECHUNG
ber.	berichtigt
Beschl.	Beschluss
BetrVG	Betriebsverfassungsgesetz
BfArM	Bundesamt für Arzneimittel und Medizinprodukte
BFH	Bundesfinanzhof
BFHE (GrS)	Sammlung der Entscheidungen des Bundesfinanzhofs
BGB	Bürgerliches Gesetzbuch
BGBl.	Bundesgesetzblatt
BGH	Bundesgerichtshof
BGHSt	Entscheidungen des Bundesgerichtshofs in Strafsachen
BGHZ	Entscheidungen des Bundesgerichtshofs in Zivilsachen
BMF	Bundesfinanzministerium
BMinG	Bundesministergesetz
BPI	Bundesverband der Pharmazeutischen Industrie
BReg	Bundesregierung

BSG .... Bundessozialgericht
bspw. .... beispielsweise
BStBl. .... Bundessteuerblatt
BT-Drs. .... Bundestagsdrucksache
BVerfG .... Bundesverfassungsgericht
BVMed .... Bundesverband Medizintechnologie eV
bzgl. .... bezüglich
bzw. .... beziehungsweise

ca. .... circa
CB .... Compliance Berater (Zeitschrift)
CCZ .... Corporate Compliance Zeitschrift (Zeitschrift)
CON .... Controlling (Zeitschrift)

DÄBl .... Deutsches Ärzteblatt (Zeitschrift)
DB .... Der Betrieb (Zeitschrift)
dh .... das heißt
DiGAV .... Digitale Gesundheitsanwendungen-Verordnung
Diss. .... Dissertation
DS-GVO .... Datenschutz-Grundverordnung
DStR .... Deutsches Steuerrecht (Zeitschrift)
DStZ .... Deutsche Steuerzeitung (Zeitschrift)
DuD .... Datenschutz und Datensicherheit (Zeitschrift)
DVBl .... Deutsches Verwaltungsblatt (Zeitschrift)

Ed. .... Edition
Efpia .... European Federation of Pharmaceutical Industries and Associations
EG .... Europäische Gemeinschaften; Vertrag zur Gründung der Europäischen Gemeinschaft (EG-Vertrag)
Einf. .... Einführung
Einl. .... Einleitung
EL .... Ergänzungslieferung
Erl. .... Erläuterung
Erwgr. .... Erwägungsgrund
EStG .... Einkommensteuergesetz
etc .... et cetera (und so weiter)
EU .... Europäische Union
EuG .... Gericht der Europäischen Union
EuGH .... Gerichtshof der Europäischen Union
EUV .... Vertrag über die Europäische Union
EuZW .... Europäische Zeitschrift für Wirtschaftsrecht (Zeitschrift)
EWS .... Europäisches Wirtschafts- und Steuerrecht (Zeitschrift)

f., ff. .... folgende Seite bzw. Seiten
FAS .... Frankfurter Allgemeine Sonntagszeitung
FG .... Finanzgericht
FGO .... Finanzgerichtsordnung
FinDAG .... Gesetz über die Bundesanstalt für Finanzdienstleistungsaufsicht
Fn. .... Fußnote
FR .... Finanz-Rundschau Ertragssteuerrecht (Zeitschrift)
FS .... Festschrift
FSA .... Freiwillige Selbstkontrolle für die Arzneimittelindustrie eV

gem. .... gemäß
Gemeinsamer Standpunkt .... Gemeinsamer Standpunkt zur strafrechtlichen Bewertung der Zusammenarbeit zwischen Industrie, medizinischen Einrichtungen und deren Mitarbeitern

Gesch.-Z.	Geschäftszeichen
GesR	GesundheitsRecht (Zeitschrift)
GewSt	Gewerbesteuer
GG	Grundgesetz
ggf.	gegebenenfalls
GGO	Gemeinsame Geschäftsordnung der Bundesministerien
GKV-OrgWG	Gesetz zur Weiterentwicklung der Organisationsstrukturen in der gesetzlichen Krankenversicherung
GmbHG	Gesetz betreffend die Gesellschaften mit beschränkter Haftung
GmbHR	GmbH-Rundschau (Zeitschrift)
GMBl.	Gemeinsames Ministerialblatt
GOÄ	Gebührenordnung für Ärzte
GO-BT	Geschäftsordnung des Deutschen Bundestages
GRUR	Gewerblicher Rechtsschutz und Urheberrecht (Zeitschrift)
GSSt	Großer Senat für Strafsachen
GVG	Gerichtsverfassungsgesetz
GWB	Gesetz gegen Wettbewerbsbeschränkungen
HdB	Handbuch
HESBG	Hessisches Beamtengesetz
hM	herrschende Meinung
HRRS	Online-Zeitschrift für Höchstrichterliche Rechtsprechung im Strafrecht (Zeitschrift)
Hrsg.	Herausgeber
hrsg.	herausgegeben
HWG	Gesetz über die Werbung auf dem Gebiete des Heilwesens
idF	in der Fassung
idR	in der Regel
i. e.	id est
IFG	Informationsfreiheitsgesetz
iHv	in Höhe von
INF	Die Information über Steuer und Wirtschaft (Zeitschrift)
IntBestG	Gesetz zur Bekämpfung internationaler Bestechung
iRd	im Rahmen des/der
IRZ	Zeitschrift für internationale Rechnungslegung (Zeitschrift)
iS	im Sinne
iSd	im Sinne des
IStR	Internationales Steuerrecht (Zeitschrift)
iSv	im Sinne von
iVm	in Verbindung mit
JA	Juristische Arbeitsblätter (Zeitschrift)
Jg.	Jahrgang
JuS	Juristische Schulung (Zeitschrift)
JZ	Juristenzeitung (Zeitschrift)
Kap.	Kapitel
KG	Kammergericht Berlin
KliFoRe	Klinische Forschung Regensburg GmbH
KMA	Klinik Management aktuell
KöR	Körperschaft des öffentlichen Rechts
KorruptionsbG	Korruptionsbekämpfungsgesetz
KÖSDI	Kölner Steuerdialog (Zeitschrift)
krit.	kritisch
KSt	Körperschaftsteuer
KStG	Körperschaftsteuergesetz

LAG	Landesarbeitsgericht
LBG NRW	Landesbeamtengesetz NRW
LBG Berlin	Landesbeamtengesetz Berlin
LG	Landgericht
lit.	litera
LKV	Landes- und Kommunalverwaltung
LSG	Landessozialgericht
MBO-Ä	(Muster-)Berufsordnung für die in Deutschland tätigen Ärztinnen und Ärzte
MDR	Medizinprodukteverordnung (EU)
MedR	Medizinrecht (Zeitschrift)
medstra	Zeitschrift für Medizinstrafrecht (Zeitschrift)
MPBetreibV	Verordnung über das Erreichen, Betreiben und Anwenden von Medizinprodukten
MPG	Medizinproduktegesetz
MPJ	Medizinprodukte Journal (Zeitschrift)
MPR	Medizin Produkte Recht (Zeitschrift)
mwN	mit weiteren Nachweisen
NBG	Niedersächsisches Beamtengesetz
nF	neue Fassung
NAKOS Extra	Nationale Kontakt- und Informationsstelle zur Anregung und Unterstützung von Selbsthilfegruppen – Fachdiskussionsreihe (Zeitschrift)
NIS	Nichtinterventionelle Studien
NJOZ	Neue Juristische Online-Zeitschrift (Zeitschrift)
NJW	Neue Juristische Wochenschrift (Zeitschrift)
Nr.	Nummer
NStZ	Neue Zeitschrift für Strafrecht (Zeitschrift)
NVwZ	Neue Zeitschrift für Verwaltungsrecht (Zeitschrift)
NWB Nr. 18	NWB Steuer- und Wirtschaftsrecht (Zeitschrift)
NZA	Neue Zeitschrift für Arbeits- und Sozialrecht (Zeitschrift)
NZA-RR	Neue Zeitschrift für Arbeits- und Sozialrecht – Rechtsprechungs-Report (Zeitschrift)
NZG	Neue Zeitschrift für Gesellschaftsrecht (Zeitschrift)
NZKart	Neue Zeitschrift für Kartellrecht (Zeitschrift)
NZS	Neue Zeitschrift für Sozialrecht (Zeitschrift)
NZWiSt	Neue Zeitschrift für Wirtschafts-, Steuer- und Unternehmensstrafrecht (Zeitschrift)
oÄ	oder Ähnliche/s
öAT	Zeitschrift für das öffentliche Arbeits- und Tarifrecht
OFD Münster	Oberfinanzdirektion
o. g.	oben genannte(r, s)
OLG	Oberlandesgericht
OWiG	Gesetz über Ordnungswidrigkeiten
PartG	Parteiengesetz
PEI	Paul-Ehrlich-Institut
PharmR	Pharmarecht (Zeitschrift)
Pharm. Ind.	Die pharmazeutische Industrie (Zeitschrift)
PStR	Praxis Steuerstrafrecht
RAF	Regulatory Affairs Focus (Zeitschrift)
RdA	Recht der Arbeit/Zeitschrift für die Wissenschaft und Praxis des gesamten Arbeitsrechts (Zeitschrift)
Rn.	Randnummer
Rspr.	Rechtsprechung

S.	Seite(n), Satz
s.	siehe
s. auch	siehe auch
SGB	Sozialgesetzbuch
sog.	sogenannt
StBp	Die steuerliche Betriebsprüfung (Zeitschrift)
StGB	Strafgesetzbuch
StPO	Strafprozessordnung
StraFo	Strafverteidiger Forum (Zeitschrift)
StV	Strafverteidiger (Zeitschrift)
TKG	Telekommunikationsgesetz
TVöD	Tarifvertrag für den öffentlichen Dienst
Tz.	Teilziffer
ua	unter anderem
uä	und Ähnliches
UIG	Umweltinformationsgesetz
UNCAC	UN-Konvention zur Bekämpfung der Korruption
urspr.	ursprünglich
Urt.	Urteil
USt	Umsatzsteuer
UStG	Umsatzsteuergesetz
uU	unter Umständen
UWG	Gesetz gegen den unlauteren Wettbewerb
v.	vom, von
VerSanG	Verbandssanktionengesetz
VFA	Verein Forschender Arzneimittelhersteller
VG	Verwaltungsgericht
vgl.	vergleiche
Voraufl.	Vorauflage
Vorb.	Vorbemerkung
VO	Verordnung
WissR	Wissenschaftsrecht (Zeitschrift)
wistra	Zeitschrift für Wirtschafts- und Steuerstrafrecht (Zeitschrift)
WM	Wertpapier-Mitteilungen, Zeitschrift für Wirtschafts- und Bankrecht (Zeitschrift)
WRP	Wettbewerb in Recht und Praxis (Zeitschrift)
WuW	Wirtschaft und Wettbewerb (Zeitschrift)
zB	zum Beispiel
ZBR	Zeitschrift für Beamtenrecht (Zeitschrift)
ZCG	Zeitschrift für Corporate Governance (Zeitschrift)
ZD	Zeitschrift für Datenschutz (Zeitschrift)
ZD-Aktuell	Zeitschrift für Datenschutz – Newsdienst ZD-Aktuell (Zeitschrift)
ZHR	Zeitschrift für das gesamte Handels- und Wirtschaftsrecht (Zeitschrift)
Ziff.	Ziffer
ZIP	Zeitschrift für Wirtschaftsrecht (Zeitschrift)
ZIS	Zeitschrift für Internationale Strafrechtsdogmatik (Zeitschrift)
zit.	zitiert
ZRFC	Risk, Fraud & Compliance (Zeitschrift)
ZRP	Zeitschrift für Rechtspolitik (Zeitschrift)
zT	zum Teil
ZugabeVO	Zugabeverordnung
zul.	zuletzt
ZWeR	Zeitschrift für Wettbewerbsrecht (Zeitschrift)

ZWH .... Zeitschrift für Wirtschaftsstrafrecht und Haftung im Unternehmen (Zeitschrift)
zzgl. .... zuzüglich

Literaturverzeichnis

MedProdukteR-HdB	Anhalt/Dieners, Handbuch des Medizinprodukterechts, Kommentar, 2. Aufl. 2017
Ax/Schneider Korruptionsbekämpfung-HdB	Ax/Schneider, Rechtshandbuch Korruptionsbekämpfung, Handbuch, 2. Aufl. 2010
Balzer/Dieners	Balzer/Dieners, Die „Schiedsstelle“ der pharmazeutischen Industrie – Konsequenzen für Arzt und Unternehmen, Aufsatz, NJW 2004, 908
Baur/Holle	Baur/Holle, Entwurf eines Verbandssanktionengesetzes – eine erste Einordnung, Aufsatz, ZRP 2019, 186
Bechtold/Bosch GWB	Bechtold/Bosch, GWB, Kommentar, 10. Aufl. 2021
Becker/Kingreen SGB V	Becker/Kingreen, SGB V – Gesetzliche Krankenversicherung, Kommentar, 7. Aufl. 2020
BeckFormB Strafverteidiger	Hamm/Leipold, Beck'sches Formularhandbuch für Strafverteidiger, 6. Aufl. 2018
BeckOK BGB	Bamberger/Poseck, BeckOK BGB, 59. Aufl. 2021
BeckOK DatenschutzR	Wolff/Brink, BeckOK Datenschutzrecht, Kommentar, 37. Ed. 2021
BeckOK EStG	Kirchhof/Kulosa/Ratschow, BeckOK EStG, Kommentar, 6. Aufl. 2020
BeckOK HWG	Reese, BeckOK HWG, Kommentar, 6. Ed. 2021.
BeckOK StGB	von Heintschel-Heinegg, BeckOK StGB, Kommentar, 46. Aufl. 2020
BeckOK StPO	Graf, BeckOK StPO, Kommentar, 40. Ed. 2021
BeckOK TVöD	Bepler/Böhle/Pieper/Geyer, BeckOK TVöD, 52. Aufl. 2020
Bienert/Hein Pharma-Verhaltenskodex	Bienert/Hein, Auf einen Blick – Pharma-Verhaltenskodex in der Praxis, Handbuch, 1. Aufl. 2009
BLAH	Baumbach/Lauterbach/Albers/Hartmann, Zivilprozessordnung: ZPO, Kommentar, 78. Aufl. 2020
Blümich EStG	Blümich, Einkommensteuergesetz (EStG) Kommentar, Kommentar, Loseblatt-Ausg., Stand: 1/2020
Bunjes UStG	Bunjes, Umsatzsteuergesetz Kommentar, Kommentar, 18. Aufl. 2019
Bussche v. d./Voigt Konzerndatenschutz	Bussche v. d./Voigt, Konzerndatenschutz, Handbuch, 2. Aufl. 2019
Bülow/Ring/Artz/Brixius HWG	Bülow/Ring/Artz/Brixius, Heilmittelwerbegesetz, Kommentar, 5. Aufl. 2016
Cahnbley	Cahnbley, Die geplanten Tatbestände der Bestechlichkeit und Bestechung im Gesundheitswesen – Strafverfolgungsrisiken und kritische Anmerkungen zum Berufsrechtsmodell, Aufsatz, MPR 2015, 145 (146)
Dann	Dann, Compliance im Krankenhaus, Handbuch, 1. Aufl. 2015
Dann/Scholz	Dann/Scholz, Der Teufel steckt im Detail – Das neue Anti-Korruptionsgesetz für das Gesundheitswesen, Aufsatz, NJW 2016, 2077
Diener/Broch	Diener/Broch, Transparenz schafft Vertrauen und bekämpft Misstrauen – Neue Kodexregelungen zur Zusammenarbeit von forschenden Arzneimittelherstellern und Angehörigen der Fachkreise, Aufsatz, PharmR 2014, 1

Diener .... Diener, Aktuelle Entwicklungen und Themenfelder im Bereich der Pharma-Selbstkontrolle, Aufsatz, PharmR 2015, 338

Dieners .... Dieners, Der neue FSA Kodex Fachkreise – Zur Umsetzung des aktuellen EFPIA-Kodex und der NIS-Empfehlungen des VFA, Aufsatz, CCZ 2008, 214
Dieners, Die Neufassung des FSA-Kodex, Aufsatz, A&R 2006, 110;
Dieners, Fortbildungssponsoring in Niedersachsen – berufsrechtlich verboten?, Aufsatz, MPR 2013, 13
Dieners, Transparenz im Gesundheitswesen – der neue FSA-Kodex, Aufsatz, CCZ 2014, 204

Dieners/Cahnbley .... Dieners/Cahnbley, Die neuen Tatbestände der Bestechlichkeit und Bestechung im Gesundheitswesen (§§ 299a, b StGB) und ihr Verhältnis zu den Vorschriften des ärztlichen Berufsrechts und des Heilmittelwerberechts, Aufsatz, MPR 2016, 48

Dieners/Lembeck/Taschke .... Dieners/Lembeck/Taschke, Der „Herzklappenskandal" – Zwischenbilanz und erste Schlussfolgerungen für die weitere Zusammenarbeit der Industrie mit Ärzten und Krankenhäusern, Aufsatz, PharmR 1999, 156

Dieners/Reese/Kemmner .... Dieners/Reese/Kemmner, Zur Frage der Zulässigkeit von Patienten-Support-Programmen, Aufsatz, PharmR 2017, 272

Dieners/Reese PharmaR-HdB .... Dieners/Reese, Handbuch des Pharmarechts, Handbuch, 1. Aufl. 2010

Dieners/Voland .... Dieners/Voland, Verfassungsrechtliche Bewertung der Neuregelung zur Anerkennung von Fortbildungsveranstaltungen der Industrie in Bayern, Aufsatz, PharmR 2020, 244

Dölling Korruptionsprävention-HdB ... Dölling, Handbuch der Korruptionsprävention, Handbuch, 1. Aufl. 2007

Ehmann/Selmayr DS-GVO .... Ehmann/Selmayr, Datenschutz-Grundverordnung, Kommentar, 2. Aufl. 2018

Erbs/Kohlhaas Nebengesetze .... Erbs/Kohlhaas, Strafrechtliche Nebengesetze, Kommentar, 236. EL 2021

Fenger/Göben Sponsoring .... Fenger/Göben, Sponsoring im Gesundheitswesen, Monografie, 1. Aufl. 2004

Fezer/Büscher/Obergfell .... Fezer/Büscher/Obergfell, UWG, Kommentar, 3. Aufl. 2016

Fischer .... Fischer, Strafgesetzbuch: StGB, Kommentar, 68. Aufl. 2021

Forgó/Helfrich/Schneider .... Forgó/Helfrich/Schneider, Betrieblicher Datenschutz, Handbuch, 3. Aufl. 2019

Fuhrmann/Klein/Fleischfresser-HdB ... Fuhrmann/Klein/Fleischfresser, Arzneimittelrecht, – Handbuch für die pharmazeutische Rechtspraxis, Handbuch, 2. Aufl. 2014

Gola DS-GVO .... Gola, Datenschutz-Grundverordnung, Kommentar, 2. Aufl. 2018

Geiger .... Geiger, Antikorruption im Gesundheitswesen, Aufsatz, CCZ 2011, 1
Geiger, Die Neufassung des FSA-Kodex Fachkreise, Aufsatz, A&R 2008, 195

Geiger/Hutt/Schneider .... Geiger, Healthcare-Compliance, Handbuch, 1. Aufl. 2021, Geiger/Hutt/Schneider, Patienten-Support-Programme, Aufsatz, MedR 2019, 272

Gola/Heckmann BDSG .... Gola/Heckmann, BDSG, Kommentar, 13. Aufl. 2019

Harte-Bavendamm/Henning-Bodewig Harte-Bavendamm/Henning-Bodewig, Gesetz gegen den unlauteren Wettbewerb: UWG, Kommentar, 4. Aufl. 2016

Hauschka/Moosmayer/
Lösler Corporate Compliance .... Hauschka/Moosmayer/Lösler, Corporate Compliance, Handbuch, 3. Aufl. 2016

Herrmann/Heuer/Raupach	Herrmann/Heuer/Raupach, Einkommensteuer- und Körperschaftsteuergesetz mit Nebengesetzen, Kommentar, Loseblatt-Ausg., Stand: 02/2020
Hiersche/Wigge/Broglie	Hiersche/Wigge/Broglie, Spenden, Sponsoren – Staatsanwalt?, Monografie, 2. Aufl. 2001
Huster/Kaltenborn KrankenhausR	Huster/Kaltenborn, Krankenhausrecht, Kommentar, 2. Aufl. 2017
Hüffer/Koch AktG	Hüffer/Koch, Aktiengesetz, Kommentar, 14. Aufl. 2020
Immenga/Mestmäcker GWB	Immenga/Mestmäcker, Wettbewerbsrecht, GWB, Kommentar, 6. Aufl. 2021
Immenga/Mestmäcker EG	Immenga/Mestmäcker, Wettbewerbsrecht, EG, Kommentar, 5. Aufl. 2014
Jung	Jung, Datenschutz- (Compliance-)Management-Systeme – Nachweis- und Rechenschaftspflichten nach der DS-GVO – Praktikable Ansätze für die Erfüllung ordnungsgemäßer Datenverarbeitung, Aufsatz, ZD 2018, 208
Kemmner/Thole	Kemmner/Thole, Fortentwicklung der Compliance-Standards für die Pharmaindustrie – Neufassung der FSA-Kodizes, Aufsatz, PharmR 2020, 320
Kirchhof/Söhn/Mellinghoff	Kirchhof/Söhn/Mellinghoff, Einkommensteuergesetz – Kommentar, Kommentar, Loseblatt-Ausg. Stand: 02/2020
KK-OWiG	Mitsch, Karlsruher Kommentar zum OwiG, Kommentar, 5. Aufl. 2018
KK-StPO	Hannich, Karlsruher Kommentar zur StPO, Kommentar, 8. Aufl. 2019
Knierim/Rübenstahl/Tsambikakis	Knierim/Rübenstahl/Tsambikakis, Internal Investigations, Handbuch, 2. Aufl. 2016
Kramer, IT-ArbR	Kramer, IT-Arbeitsrecht, Handbuch, 2. Aufl. 2019
Kraßer/Ann Patentrecht	Kraßer/Ann, Patentrecht – Lehrbuch zum deutschen und europäischen Patentrecht und Gebrauchsmusterrecht, Lehrbuch, 7. Aufl. 2016
Krieger/Schneider Managerhaftung-HdB	Krieger/Schneider, Handbuch Managerhaftung, Handbuch, 3. Aufl. 2017
Köhler/Bornkamm/Feddersen	Köhler/Bornkamm/Feddersen, UWG, Kommentar, 39. Aufl. 2021
KLMR	Körner/Leitherer/Mutschler/Rolfs, Kasseler Kommentar zum Sozialversicherungsrecht, Kommentar, 112. Aufl. 2020
Klümper/Hofer	Klümper/Hofer, Ein neuer Stern am Kodexhimmel?, Aufsatz, MPJ 2009, 23
Kügel/Müller/Hofmann	Kügel/Müller/Hofmann, Arzneimittelgesetz: AMG, Kommentar, 2. Aufl. 2016
Kühling/Buchner DS-GVO	Kühling/Buchner, DS-GVO BDSG Kommentar, Kommentar, 3. Aufl. 2020
Lackner/Kühl	Lackner, Strafgesetzbuch, StGB, Kommentar, 29. Aufl. 2018
Lademann/Söffing EStG	Lademann/Söffing, Kommentar zum Einkommensteuergesetz, Kommentar, Loseblatt-Ausg. Stand: 01/2020
Langen/Bunte KartellR	Langen/Bunte, Kommentar zum deutschen und europäischen Kartellrecht, Kommentar, 13. Aufl. 2018
Laufs/Kern/Rehborn ArztR-HdB	Laufs/Kern/Rehborn, Handbuch des Arztrechts, Handbuch, 5. Aufl. 2019
Lettl	Lettl, Verhaltenskodizes als Chance für erfolgreiche Selbstregulierung und ihre Vereinbarkeit mit dem Kartellverbot, Aufsatz, WRP 2021, 145
Littmann/Bitz/Pust	Littmann/Bitz/Pust, Das Einkommensteuerrecht, Kommentar, Loseblatt-Ausg. Stand 02/2020
LMRKM	Loewenheim/Meessen/Riesenkampff/Kersting/Meyer-Lindemann, Kartellrecht, Kommentar, 3. Aufl. 2016

Lowe/Rosenberg StPO .... Lowe/Rosenberg, Kommentar zur StPO, Band 3, Kommentar, 27. Aufl. 2018

Lübbig/Klasse KartellR Pharma .... Lübbig/Klasse, Kartellrecht im Pharma- und Gesundheitssektor, Handbuch, 2. Aufl. 2015

Lüdicke/Sistermann, UnternehmensteuerR .... Lüdicke/Sistermann, Unternehmensteuerrecht, Handbuch, 2. Aufl. 2018

MAH ArbR .... Moll, Münchener Anwaltshandbuch Arbeitsrecht, Handbuch, 5. Aufl. 2021

MAH GesR .... Beuthien/Gummert/Schöpflin, Münchener Handbuch des Gesellschaftsrecht, Bd. 5, Handbuch, 4. Aufl. 2016

MAH GewRS.................................... Hasselblatt, Münchener Anwaltshandbuch Gewerblicher Rechtsschutz, Handbuch, 5. Aufl. 2017

MAH MedR .... Clausen/Schroeder-Printzen, Münchener Anwaltshandbuch Medizinrecht, Handbuch, 6. Aufl. 2021

MAH Strafverteidigung .... Müller/Schlothauer, Münchener Anwaltshandbuch Strafverteidigung, Handbuch, 2. Aufl. 2014

Mand .... Mand, Healthcare Compliance – Teil 1: Gesetzliche Zuwendungsbeschränkungen im Verhältnis von Industrie und medizinischen Fachkreisen, Aufsatz, PharmR 2014, 275; Mand, Healthcare Compliance – Teil 2: Zuwendungsbeschränkungen im Berufs- und Kodexrecht und Compliance-Organisation im Pharmasektor, Aufsatz, PharmR 2014, 393

Meyer-Goßner/Schmidt StPO .... Meyer-Goßner/Schmidt, Strafprozessordnung, Kommentar, 64. Aufl. 2021

MüKoBGB .... Schubert, Münchener Kommentar zum Bürgerlichen Gesetzbuch: BGB, Bd. 1, Kommentar, 8. Aufl. 2018

MüKoEuWettbR .... Bien/Montag/Meier-Beck/Säcker, Münchener Kommentar zum Europäischen und Deutschen Wettbewerbsrecht: Europäisches Wettbewerbsrecht, Bd. 1, Kommentar, 3. Aufl. 2020

MüKoGWB .... Meier-Beck/Säcker, Münchener Kommentar zum Europäischen und Deutschen Wettbewerbsrecht (Kartellrecht), Bd. 2 Gesetz gegen Wettbewerbsbeschränkungen: GWB, Kommentar, 3. Aufl. 2020

MüKoStGB .... Joecks/Miebach, Münchener Kommentar zum StGB, Kommentar, 3. Aufl. 2019

MüKoStPO .... Kudlich, Münchener Kommentar zur StPO, Bd. 1, Kommentar, 1. Aufl. 2014

MüKoUWG .... Heermann/Schlingloff, Münchener Kommentar zum Lauterkeitsrecht, Kommentar, 2. Aufl. 2014

MüKoWettbR .... Meier-Beck/Säcker, Münchener Kommentar Wettbewerbsrecht: Deutsches Wettbewerbsrecht, Bd. 2, Kommentar, 3. Aufl. 2020

Müller-Glöge/Preis/Schmidt .... Müller-Glöge/Preis/Schmidt, Erfurter Kommentar zum Arbeitsrecht, Kommentar, 21. Aufl. 2021

Ohly/Sosnitza UWG .... Ohly/Sosnitza, Gesetz gegen den unlauteren Wettbewerb, Kommentar, 7. Aufl. 2016

Osterrieth Patentrecht .... Osterrieth, Patentrecht, Handbuch, 6. Aufl. 2021

Paal/Pauly DS-GVO .... Paal/Pauly, DS-GVO, BDSG, Kommentar, 3. Aufl. 2021

Park Durchsuchung .... Park, Durchsuchung und Beschlagnahme, Monografie, 4. Aufl. 2018

Quaas/Zuck/Clemens MedR .... Quaas/Zuck/Clemens, Medizinrecht, Handbuch, 4. Aufl. 2018

Ramb/Reich .... Ramb/Reich, Transparenzoffensive im Gesundheitssektor – Neue Offenlegungspflichten für die pharmazeutische Industrie, Aufsatz, CB 2014, 327

Reese/Hufnagel/Lensing-Kramer FS Doepner	Reese/Hufnagel/Lensing-Kramer, Festschrift für Ulf Doepner zum 65. Geburtstag, Festschrift, 2008
Rübenstahl/Idler Tax Compliance	Rübenstahl/Idler, Tax Compliance, Handbuch, 1. Aufl. 2018
Sander ArzneimittelR	Sander, Arzneimittelrecht, Kommentar, Loseblattsammlung Stand: Dez. 2020
Schlegel/Voelzke jurisPK-SGB V	Schlegel/Voelzke, Juris PraxisKommentar SGB V, Kommentar, 4. Aufl. 2020
Schnapp/Wigge VertragsarztR-HdB	Schnapp/Wigge, Handbuch des Vertragsarztrechts, Handbuch, 3. Aufl. 2017
Schulte Fusionskontrolle-HdB	Schulte, Handbuch Fusionskontrolle, Handbuch, 3. Aufl. 2020
Schultze KartellR-HdB	Schultze, Compliance Handbuch Kartellrecht, Handbuch, 2. Aufl. 2021
Schönke/Schröder	Schönke/Schröder, StGB, Kommentar, 30. Aufl. 2019
Simitis/Hornung/Spiecker	Simitis/Hornung/Spiecker gen. Döhmann, Datenschutzrecht, Kommentar, 1. Aufl. 2019
Sonnenberg	Sonnenberg, Compliance-Systeme in Unternehmen – Einrichtung, Ausgestaltung und praktische Herausforderungen, Aufsatz, JuS 2017, 917
Spickhoff MedR	Spickhoff, Medizinrecht, Kommentar, 3. Aufl. 2018
Stellpflug/Hildebrandt/Middendorf	Stellpflug/Hildebrandt/Middendorf, Gesundheitsrecht Kompendium, Handbuch, 55. Update 2020
Spindler/Schuster elektr. Medien	Spindler/Schuster, Recht der elektronischen Medien, Kommentar, 4. Aufl. 2019
Spindler/Stilz AktG	Spindler/Stilz, Kommentar zum Aktiengesetz, Kommentar, 4. Aufl. 2019
Sydow DS-GVO	Sydow, Europäische Datenschutzgrundverordnung, Kommentar, 2. Aufl. 2018
Taeger/Gabel DS-GVO	Taeger/Gabel, DSGVO – BDSG, Kommentar, 3. Aufl. 2019
Tag/Tröger/Taupitz	Tag/Tröger/Taupitz, Drittmitteleinwerbung – Strafbare Dienstpflicht, Monografie, 1. Aufl. 2004
Taschke/Zapf	Taschke/Zapf, §§ 299a, 299b StGB-E – Folgen für die Kooperation zwischen Pharmaunternehmen und Medizinprodukteherstellern mit niedergelassenen Ärzten, Aufsatz, medstra 2015, 332
Tschammler	Tschammler, Die Verbandssanktion als Instrument der Selbstkontrolle in der Pharmaindustrie unter besonderer Berücksichtigung der FSA-Reform vom 1.12.2011, Aufsatz, PharmR 2012, 322
Ulsenheimer ArztstrafR	Ulsenheimer, Arztstrafrecht in der Praxis, Handbuch, 6. Aufl. 2021
Unmuß Corporate Compliance-HdB	Unmuß, Corporate Compliance Checklisten, Handbuch, 4. Aufl. 2020
Uwer/von Schreitter	Uwer/von Schreitter, Kartellrechtliche Internal Investigations im Spiegel der instanz- und verfassungsgerichtlichen Praxis, Aufsatz, ZWeR 2019, 506
Wabnitz/Janovsky/Schmitt WirtschaftsStrafR-HdB	Wabnitz/Janovsky/Schmitt, Handbuch des Wirtschafts- und Steuerstrafrechts, Handbuch, 5. Aufl. 2020
Wallhäuser	Wallhäuser, Compliance für Krankenhäuser, Aufsatz, CB 2016, 151
Wiedemann KartellR-HdB	Wiedemann, Handbuch des Kartellrechts, Handbuch, 4. Aufl. 2020
Wieland/Steinmeyer/Grüninger Compliance-HdB	Wieland/Steinmeyer/Grüninger, Handbuch Compliance-Management, Handbuch, 3. Aufl. 2020

WTLZ .... Wijckmans/Tuytschaever/Lorenz/Zellhofer, Vertriebsverträge im Kartellrecht, Monografie, 1. Aufl. 2019
WiKo .... Hill/Schmitt, Medizinprodukterecht (WiKo), Kommentar, Loseblattsammlung Stand 2018
Wissmann/Dreyer/Witting .... Wissmann/Dreyer/Witting, Kartell- und regulierungsbehördliche Ermittlungen im Unternehmen und Risikomanagement, Handbuch, 1. Aufl. 2008
Zipfel/Rathke LebensmittelR .... Zipfel/Rathke, Lebensmittelrecht, Kommentar, 158. EL 2014
Zöller ZPO .... Zöller, Zivilprozessordnung, Kommentar, 33. Aufl. 2020

Kapitel 1. Ausgangssituation

Literatur: *Bauer,* Falschabrechnungen – Untersuchungen der AOK, AusR 2002, 101; *Bruns,* Der sogenannte Herzklappenskandal – eine strafrechtliche Zwischenbilanz, ArztR 1998, 237; *Campbell,* Doctors and Drug Companies – Scrutinizing Influential Relationships, The New England Journal of Medicine 2007, 1797; *Clade,* Ein Abschlussbericht und viele Spekulationen, DÄBl. 1996, B-1575; *Dieners,* Sponsoring im Gesundheitswesen – Abgrenzung zur Bestechung, Opthalmo-Chirurgie 1999, 141; *Dieners/Lembeck/Taschke,* Der „Herzklappenskandal" – Zwischenbilanz und erste Schlussfolgerungen für die weitere Zusammenarbeit der Industrie mit Ärzten und Krankenhäusern, PharmR 1999, 156; *Erlinger,* Drittmittelforschung unter Korruptionsverdacht?, MedR 2002, 60; *Finzen,* Pharma-Sponsoring: Wir dankbaren Ärzte, DÄBl. 2002, A-766; *Fuchs,* Drittmittelforschung und Strafrecht in Österreich, MedR 2002, 65; *Geiger,* Antikorruption im Gesundheitswesen, CCZ 2011, 1; *Göben,* Die Auswirkungen des Gesetzes zur Bekämpfung der Korruption auf die Forschungstätigkeit von Hochschulangehörigen, MedR 1999, 345; *Goedel,* Spenden, Sponsoren, Staatsanwalt – Das Problem aus der Sicht der Strafverfolgungsbehörde, in: Forschungsstelle für Pharmarecht der Philipps-Universität Marburg (Hrsg.), Ärzteschaft und Industrie zwischen Forschungsförderung und Kriminalität, Frankfurt am Main 2001, S. 18; *Haeser,* Erfahrungen mit der neuen Rechtslage im Korruptionsstrafrecht und Drittmittelrecht – Aus Sicht des Staatsanwalts, MedR 2002, 55; *Hagl,* Drittmittel und das Odium des Strafbaren, in: Steuerrechtsfolgen der Drittmitteleinwerbung, in: Tag/Tröger/Taupitz (Hrsg.), Drittmitteleinwerbung – Strafbare Dienstpflicht, Berlin/Heidelberg 2004, S. 37; *Kander,* Drittmitteleinwerbung – strafbare Dienstpflicht?, in: Tag/Tröger/Taupitz (Hrsg.), Drittmitteleinwerbung – Strafbare Dienstpflicht, Berlin/Heidelberg 2004, S. 267; *Korn/Lagodny,* Drittmitteleinwerbung – Strafbare Dienstpflicht auch in Österreich, in: Tag/Tröger/Taupitz (Hrsg.), Drittmitteleinwerbung – Strafbare Dienstpflicht, Berlin/Heidelberg 2004, S. 123; *Lüderssen,* Antikorruptions-Gesetze und Drittmittelforschung, JZ 1997, 112; *Lüderssen,* Die Symbiose von Markt und Stadt, auseinanderdividiert durch Strafrecht?, StV 1997, 318; *Lüderssen,* Die Zusammenarbeit von Medizinprodukte-Industrie, Krankenhäusern und Ärzten – strafbare Kollision oder sinnvolle Kooperation?, Stuttgart 1998; *Lüderssen,* Zweckverfehlende Kriminalisierung, in: Tag/Tröger/Taupitz (Hrsg.), Drittmitteleinwerbung – Strafbare Dienstpflicht, Berlin/Heidelberg 2004, S. 269; *Meurer,* Im Visier der Staatsanwaltschaften, Forschung & Lehre 1997, 572; *Ostendorf,* Bekämpfung der Korruption als rechtliches Problem oder zunächst moralisches Problem?, NJW 1999, 615; *Passarge,* Aktuelle Entwicklungen in der Gesetzgebung zur Korruptionsbekämpfung, DStR 2016, 482; *Pfeifer,* Drittmittelforschung unter Korruptionsverdacht? Die Hochschulmedizin zwischen Leistungsdruck und Strafrecht, MedR 2002, 68; *Pfeiffer,* Von der Freiheit der klinischen Forschung zum strafrechtlichen Unrecht?, NJW 1997, 782; *Pieth,* Drittmitteleinwerbung und Strafrecht in der Schweiz, in: Tag/Tröger/Taupitz (Hrsg.), Drittmitteleinwerbung – Strafbare Dienstpflicht, Berlin/Heidelberg 2004, S. 118; *Reese,* Vertragsärzte und Apotheker als Straftäter? – eine strafrechtliche Bewertung des „Pharma-Marketings", PharmR 2006, 92; *Römer,* Drittmitteleinwerbende MedizinerInnen im Ermittlungs- und Strafverfahren, in: Tag/Tröger/Taupitz (Hrsg.), Drittmitteleinwerbung – Strafbare Dienstpflicht, Berlin/Heidelberg 2004, S. 79; *Sander,* Das Antikorruptionsgesetz und seine Auswirkungen auf den Kodex BPI, in: Hiersche/Wigge/Broglie (Hrsg.), Spenden, Sponsoren – Staatsanwalt?, 2. Aufl., Frankfurt am Main 2001, S. 73; *Schäfer,* Drittmittel und Strafrecht, in: Tag/Tröger/Taupitz (Hrsg.), Drittmitteleinwerbung – Strafbare Dienstpflicht, Berlin/Heidelberg 2004, S. 65; *Schmidt/Güntner,* Drittmitteleinwerbung und Korruptionsstrafbarkeit – Rechtliche Prämissen und rechtspolitische Konsequenzen, in: Tag/Tröger/Taupitz (Hrsg.), Drittmitteleinwerbung – Strafbare Dienstpflicht, Berlin/Heidelberg 2004, S. 95; *Schmitt,* Von Sponsorship zur Kriminalität? – Das neue Antikorruptionsgesetz und seine Auswirkungen, in: Hiersche/Wigge/Broglie (Hrsg.), Spenden, Sponsoren – Staatsanwalt?, 2. Aufl., Frankfurt am Main 2001, S. 75; *Süße/Püschel,* Die finale Fassung des Gesetzes zur Bekämpfung der Korruption im Gesundheitswesen und ihre Folgen, Newsdienst Compliance 2016, 71001; *Tröger,* Drittmittel aus Sicht der Universität, in: Tag/Tröger/Taupitz (Hrsg.), Drittmitteleinwerbung – Strafbare Dienstpflicht, Berlin/Heidelberg 2004, S. 5; *Ulsenheimer,* Industriesponsoring und Vorteilsnahme/Bestechlichkeit, in: Laufs/Kern/Rehborn (Hrsg.), Handbuch des Arztrechts, 5. Aufl., München 2019, § 162; *Wigge,* Die Auswirkungen des Antikorruptionsgesetzes auf die Tätigkeit von Krankenhausärzten, in: Hiersche/Wigge/Broglie (Hrsg.), Spenden, Sponsoren –

Staatsanwalt?, 2. Aufl., Frankfurt am Main 2001, S. 85; *Zieschang,* Die Auswirkungen des Gesetzes zur Bekämpfung der Korruption auf den Forschungsbereich, WissR 32/1999, 111.

Übersicht

A. Einleitung

1 Seit dem sog. „Herzklappenskandal" ist die Zusammenarbeit zwischen der medizintechnologischen und der pharmazeutischen Industrie einerseits sowie öffentlichen, aber auch privaten Kliniken und deren Mitarbeitern andererseits, insbesondere Ärzten, ins Gerede gekommen. Korruptionsvorwürfe, Hunderte von Ermittlungsverfahren und eine Reihe gerichtlicher Verurteilungen, aber auch bloße Gerüchte und Fehlinformationen haben seitdem in der Praxis zu erheblichen **Unsicherheiten** geführt, ob und gegebenenfalls wie die seit Jahrzehnten üblichen Formen der Zusammenarbeit fortgeführt werden können, ohne auch nur den Eindruck eines rechtswidrigen Verhaltens zu begründen. Es steht dabei außer Frage, dass in der Medizin die Forschung und Produktentwicklung, aber auch die Fort- und Weiterbildung von Ärzten auf dem bestehenden hohen Niveau ohne eine enge Zusammenarbeit zwischen der Industrie auf der einen Seite und Krankenhäusern und Klinikärzten auf der anderen Seite nicht denkbar ist. Dementsprechend verlangt der Staat, der sich zunehmend aus der Forschungsförderung zurückzieht, nach einer solchen Zusammenarbeit: Hochschulen werden nicht nur aufgefordert, sich um Sponsoren aus der Industrie und Industrie-Drittmittel zu bemühen und sich hierbei einem Leistungswettbewerb mit anderen Hochschulen zu stellen. Die Länder gewähren Forschungszuschüsse vielfach nur dann, wenn zugleich Gelder aus der Industrie bereitgestellt werden. Während auf der einen Seite eine enge Kooperation der Industrie mit Krankenhäusern und Ärzten also nicht nur notwendig, sondern auch forschungs- und gesundheitspolitisch gewollt ist, findet diese Zusammenarbeit insbesondere in einer Reihe strafrechtlicher Reglungen (§§ 331 ff., 299a, 299b, 299 StGB) ihre Grenzen. Klinikärzte und andere Mitarbeiter medizinischer Einrichtungen der **öffentlichen Hand** unterliegen als **Amtsträger** den strengen **Korruptionsdelikten** (§§ 331 ff. StGB), die die Lauterkeit des öffentlichen Dienstes und das Vertrauen der Allgemeinheit in diese Lauterkeit schützen sollen. Sollte die Amtsträgereigenschaft hingegen fehlen, so sind sowohl die Bestechlichkeit als auch die Bestechung eines **Angehörigen eines Heilberufes** nunmehr nach den durch das am 4.6.2016 in Kraft getretene **Gesetz zur Bekämpfung von Korruption im Gesundheitswesen** geschaffenen §§ 299a, b StGB strafbar.[1] Auch die Mitarbeiter medizinischer Einrichtungen in **privater** oder **kirchlicher Trägerschaft** können sich strafbar machen, wenn sie mit der Industrie unlauter zusammenarbeiten (§ 299 StGB). Da diese Verbote spiegelbildlich auch für die Mitarbeiter der Industrie gelten, dürfen weder die Industrie, noch die Mitarbeiter medizinischer Einrichtungen in ihrer Eigenschaft als Amtsträger oder Angestellte – nicht einmal ansatzweise – den Eindruck erwecken, ihre Zusammenarbeit beeinflusse die Entscheidungen zur Beschaffung von Arzneimitteln und Medizinprodukten.

2 Die Kooperation zwischen Industrie, medizinischen Einrichtungen und Klinikärzten erzeugt jedoch unweigerlich ein Näheverhältnis und birgt dadurch für alle Beteiligten Risiken. Um diese zu verringern, haben neben den Kultus- und Justizministerkonferenzen insbesondere die im Gesundheitswesen tätigen Verbände Hinweise, Empfehlungen und Ko-

[1] BGBl. 2016 I S. 1254.

dizes erarbeitet, unter welchen **rechtlichen Rahmenbedingungen** sie die Zusammenarbeit zwischen Industrie, Krankenhäusern und deren Mitarbeitern als zulässig ansehen.[2] Von besonderer Bedeutung ist der von den führenden Verbänden der pharmazeutischen und medizintechnologischen Industrie, der Krankenhäuser und der forschenden Ärzteschaft herausgegebene **„Gemeinsame Standpunkt zur strafrechtlichen Bewertung der Zusammenarbeit zwischen Industrie, medizinischen Einrichtungen und deren Mitarbeitern"**, der Handlungsempfehlungen für eine möglichst risikofreie Zusammenarbeit enthält. In der täglichen Praxis der Zusammenarbeit zwischen Industrie, Krankenhäusern und Ärzten geht es häufig vor allem darum, wie Verträge und Abreden zwischen den Beteiligten konkret auszugestalten sind und was alle Seiten hierbei beachten müssen. Die Schwierigkeit besteht in der Praxis regelmäßig darin, dass neben strafrechtlichen Aspekten eine Vielzahl anderer Gesichtspunkte, zum Beispiel solche des **Dienst-, des Berufs-, des Wettbewerbs-, des Steuer- sowie des allgemeinen Vertragsrechts** beachtet und in Einklang gebracht werden müssen.

Eine enge Kooperation der pharmazeutischen und medizintechnologischen Industrie 3
findet nicht nur im klinischen Bereich statt. Vielmehr arbeitet die Industrie auch mit Ärzten im **niedergelassenen Bereich** zusammen, etwa bei der Vermittlung aktueller Informationen über neue Arzneimittel und Medizinprodukte im Zusammenhang der ärztlichen Fort- und Weiterbildung, anlässlich der Durchführung von Anwendungsbeobachtungen auf dem Markt eingeführter Produkte oder bei der Beurteilung von produktbezogenen Fragen im Rahmen von Beratungsverträgen. Auch hier sind die rechtlichen Rahmenbedingungen komplex und nicht immer einfach zu verstehen. Im Vordergrund stehen dabei nicht nur wettbewerbs- und berufsrechtliche Aspekte, sondern auch die neuen Straftatbestände zur Korruption im Gesundheitswesen, denen gerade aufgrund der Tatsache, dass es sich bei niedergelassenen Ärzten weder um Amtsträger noch um Beauftragte des geschäftlichen Betriebs handelt (→ Kap. 2 Rn. 3 ff.), in diesem Zusammenhang eine besondere Bedeutung zukommt. Daneben sind – wie im Klinikbereich – steuer- und vertragsrechtliche Fragen bei der Umsetzung von Kooperationen mit der Industrie von Bedeutung.

Aufgrund der in der Praxis nicht immer einfachen Umsetzung aller einschlägigen recht- 4
lichen Anforderungen an eine einwandfreie Zusammenarbeit, aber auch vor dem Hintergrund des steigenden politischen Drucks auf die Industrie sowie die Ärzteschaft, die allgemein anerkannten Verhaltensstandards des „Gemeinsamen Standpunkts" auch – soweit wie möglich – **auf den niedergelassenen Bereich zu übertragen,** hatte die Bundesärztekammer bereits im Mai 2003 das ärztliche Berufsrecht im Hinblick auf die Zusammenarbeit von Ärzten mit der Industrie grundlegend überarbeitet und dem „Gemeinsamen Standpunkt" angepasst (→ Kap. 2 Rn. 116 ff.). Das ärztliche Berufsrecht verfolgt insofern das Ziel, die zwingend erforderliche Zusammenarbeit von Industrie und Ärzteschaft sicherzustellen, ohne hierdurch die Ärzte in ihren Therapie-, Verordnungs- oder Beschaffungsentscheidungen unlauter zu beeinflussen. Auch durch die Novellierung der MBO-Ä im Jahr 2011 wurde insbesondere der Abschnitt der Wahrung der ärztlichen Unabhängigkeit bei der Zusammenarbeit mit Dritten weiter gestärkt. Im Anschluss an den „Gemeinsamen Standpunkt" haben die führenden Verbände der Arzneimittelindustrie (BAH, BPI und VFA) entsprechende **„Verhaltensempfehlungen für die Zusammenarbeit der pharmazeutischen Industrie mit Ärzten"** herausgegeben, um von Seiten der Industrie einen Gleichklang mit dem neuen ärztlichen Berufsrecht herzustellen (→ Kap. 4 Rn. 26 f.). Schließlich haben die Mitglieder des Vereins „Freiwillige Selbstkontrolle für die Arzneimittelindustrie" diese Verhaltensempfehlungen als **verbindlichen Kodex** (FSA-Kodex Fachkreise) übernommen, dessen Einhaltung von dem Verein überwacht und sanktioniert wird (→ Kap. 4 Rn. 28; Kap. 14). Mit dem neuen ärztlichen Berufsrecht und den Verhaltensempfehlungen bzw. dem Kodex hat auch die Zusammenarbeit der pharmazeutischen Industrie

---

[2] Grundlegend hierzu: *Lüderssen,* Medizinprodukte-Industrie, S. 9 ff., 19 ff.; *ders.* StV 1997, 318 f.; *ders.* JZ 1997, 112 ff.; *ders.* Zweckverfehlende Kriminalisierung, S. 269 ff.; *Pfeiffer* NJW 1997, 782 ff.

mit niedergelassenen Ärzten wertvolle und vor allem praktikable Orientierungspunkte gewonnen, die durch eine eigene Spruchpraxis weiter ausgestaltet und fortentwickelt werden. In den letzten Jahren hat die Regelungsdichte der verschiedenen Kodizes weiter zugenommen. Der FSA hat den FSA-Kodex Fachkreise mittlerweile zum zehnten Mal novelliert und erweitert; zuletzt im November 2019. Hinzukommend wurden ein Kodex mit Regeln zur Zusammenarbeit mit Patientenorganisationen (FSA-Kodex Patientenorganisationen) sowie ein Kodex zur Transparenz bei der Zusammenarbeit mit den Angehörigen der Fachkreise und medizinischen Einrichtungen (FSA-Transparenzkodex) geschaffen.[3] Diese Regelungs-Trias des FSA deckt damit die wesentlichen Regelungsbereiche der Werbung sowie der Zusammenarbeit zwischen Patientenorganisationen, Fachkreisangehörigen und medizinischen/wissenschaftlichen Organisationen einerseits und der pharmazeutischen Industrie andererseits ab. Das so über die Jahre gewachsene Regelungskonstrukt hat insbesondere durch das neueste Regelwerk des FSA, den FSA-Transparenzkodex, eine entscheidende Stärkung erlangt. Durch die nunmehr geltende Verpflichtung der Offenlegung der von Seiten der Industrie an Fachkreisangehörige und medizinische Organisationen getätigten Zuwendungen soll bereits dem möglichen Verdacht korruptiven Verhaltens präventiv entgegengewirkt werden, um dadurch das Vertrauen der Öffentlichkeit in die Zusammenarbeit sowie das Verständnis für die Notwendigkeit dieser Zusammenarbeit weiter zu stärken.

5 Eine dem FSA-Kodex Fachkreise vergleichbare Regelung für den Bereich der In-Vitro-Diagnostika zur Eigenanwendung wurde mit dem Eigenanwendungs-IVD-Kodex des VDGH geschaffen. Auf europäischer Ebene haben die Dachverbände EFPIA und Eucomed durch Verabschiedung von Kodizes[4] für **europaweite Mindeststandards** gesorgt, die von ihren nationalen Mitgliedsverbänden umgesetzt werden müssen und hierdurch zu einer **europaweiten Harmonisierung** der Compliance-Regeln im Gesundheitswesen geführt haben, die über den bestehenden, gesetzlichen Harmonisierungsbestand hinausgeht. (Eine Übersicht über die verschiedenen Kodizes findet sich in → Kap. 4 Rn. 28 ff.)

B. „Herzklappenskandal“ und Ermittlungsverfahren

6 Ausgangspunkt für die nach wie vor geführte Diskussion der Zusammenarbeit von Industrie, medizinischen Einrichtungen und Ärzten und die beschriebene Entwicklung der Kodizes war der sog. „Herzklappenskandal“, der im August 1994 mit Durchsuchungen mehrerer Medizinproduktehersteller durch die Staatsanwaltschaft Wuppertal wegen des Verdachts der Vorteilsgewährung und Bestechung von Klinikärzten seinen Anfang nahm.[5] Begleitet wurden diese Ermittlungen von spektakulären Presseberichterstattungen über schwere Verfehlungen von Kardiologen und Herzchirurgen, die sich hätten bestechen lassen. Von privaten Urlaubsreisen, finanziert über Medizinproduktehersteller, war die Rede,

[3] Die Kodizes des FSA sind abrufbar unter https://www.fsa-pharma.de/.

[4] EFPIA Code on the Promotion of prescription-only Medicines to, and Interactions with, Healthcare Professionals (EFPIA HCP Code), EFPIA Code of Practice on Relationships between the Pharmaceutical Industry and Patient Organisations, EFPIA Code on Disclosure of Transfers of Value from Pharmaceutical Companies to Healthcare Professionals and Healthcare Organisations (EFPIA HCP/HCO Disclosure Code). Alle Kodizes sind abrufbar unter https://www.efpia.eu/.

[5] Hierzu *Dieners/Lembeck/Taschke* PharmR 1999, 156 ff.; *Clade* DÄBl. 1996, B-1575 f.; *Meurer* Forschung & Lehre 1997, 572 ff.; *Bruns* ArztR 1998, 237 ff.; eine Übersicht zu den Vorwürfen der Staatsanwaltschaften auch bei *Dieners* Opthalmo-Chirurgie 1999, 141; *Römer* S. 79 ff.; krit. zu den Ermittlungen der Staatsanwaltschaften: *Voscherau* Hamburger Abendblatt v. 27./28.1.2001; zur Perspektive der Staatsanwaltschaften s. etwa *Haeser* MedR 2002, 55 ff.; *Ostendorf* NJW 1999, 617 oder *Goedel* S. 18 ff.; eine gründliche Zusammenstellung von Gerichtsentscheidungen betreffend Ärzte bei *Ulsenheimer,* Industriesponsoring, Rn. 11 ff.; eine kritische Selbstbetrachung aus Sicht der Ärzteschaft bei *Finzen* DÄBl. 2002, A-766; zu Falschabrechnungen aus Sicht der AOK vgl. *Bauer* AusR 2002, 101 ff.

ebenso von teuren Geschenken, Privatanschaffungen für Ärzte und anderes mehr. Das Vorgehen der Staatsanwaltschaften hat zunächst zu einer erheblichen generellen Verunsicherung[6] der medizintechnologischen und pharmazeutischen Industrie, aber auch der beteiligten Ärztegruppen[7] geführt, da die aufgegriffenen Vorgänge nicht nur (wenige) Fälle privater Bereicherungen durch Ärzte, sondern **grundsätzliche Fragen der Zusammenarbeit** der pharmazeutischen und medizintechnologischen Industrie mit Klinikärzten und medizinischen Einrichtungen betrafen.

Im Verlauf der Ermittlungsverfahren haben sich die ursprünglich erhobenen Vorwürfe 7
privater Bereicherungen nur in wenigen Fällen bestätigt. In Einzelfällen stellte sich tatsächlich heraus, dass Klinikärzte teilweise mit Wissen, teilweise ohne Wissen finanzierender Unternehmen etwa Kongressaufenthalte verlängert oder Ehefrauen mit zu Kongressreisen genommen haben. Die ursprünglich erhobenen Vorwürfe des Betrugs zum Nachteil von Krankenkassen oder der Untreue von Ärzten zum Nachteil der Kliniken wurden faktisch nicht mehr aufrechterhalten. Von daher haben sich die in den Medien berichteten massiven Verfehlungen von Ärzten und Mitarbeitern von Medizinprodukteherstellern im Wesentlichen also nicht bestätigt. Dennoch führten die ermittelnden Staatsanwaltschaften die Untersuchungen fort, und zwar auch in den Fällen, in denen es eindeutig zu keinen privaten Bereicherungen gekommen war. Im Fokus der Ermittlungen standen **Formen der Zusammenarbeit** zwischen der Industrie, medizinischen Einrichtungen und deren Mitarbeitern, die seit jeher als zulässig und sinnvoll erachtet wurden:[8]

- die Durchführung von klinischen Prüfungen, Produkt- und Anwendungsbeobachtungen, die Zurverfügungstellung von Geräten zum Zwecke der Durchführung von Studien und zur Verbesserung der Indikationsstellung und damit der Patientenversorgung,
- die Finanzierung von Stellen (Ärzte im Praktikum, Assistenzärzte) im Zusammenhang mit der Durchführung von Studien,
- Spenden an medizinische Einrichtungen und Fördervereine sowie
- die Unterstützung bei der Ausrichtung von medizinischen Fachkongressen und der Finanzierung von Kongressteilnahmen durch Ärzte, sei es als aktiv Vortragende oder als passive Teilnehmer.

Die **Änderungen der Korruptionsdelikte im Jahr 1997**[9] hatten die bestehenden 8
Unsicherheiten, unter welchen genauen Bedingungen die Zusammenarbeit von Industrie, Krankenhäusern und deren Mitarbeitern zukünftig (noch) möglich ist, nur weiter verschärft. Die Folgen zeigten sich in Einbrüchen der industriefinanzierten Drittmittelforschung, aber auch in der teilweisen Einstellung der Industrieunterstützung für Fort- und Weiterbildungsmaßnahmen durch verschiedene Unternehmen. Inwiefern die neuen Regelungen zur Bekämpfung von Korruption Licht ins Dunkel der rechtlich zulässigen Formen der Zusammenarbeit zu bringen vermögen, bleibt immer noch abzuwarten. Sicher ist jedoch, dass die Unternehmen ihre bisherigen Compliance-Strukturen an die neue Gesetzeslage anpassen müssen.[10]

C. Spannungsverhältnis

Die strafrechtlichen Ermittlungsverfahren sind Ausdruck des **schwierigen Spannungs-** 9
verhältnisses, in dem sich die Zusammenarbeit der medizintechnologischen und pharma-

---

[6] Hierzu etwa *Halter/Stockinger* Der Spiegel 17/2000, 236 ff.

[7] Hierzu *Hagl* in Tag/Tröger/Taupitz S. 37 ff., 49 ff.

[8] Hierzu ausführlich *Dieners/Lembeck/Taschke* PharmR 1999, 156 ff. sowie *Geiger* CCZ 2011, 1 ff.

[9] Hierzu *Erlinger* MedR 2002, 60 ff.; *Haeser* MedR 2002, 55 ff.; *Sander* in Hiersche/Wigge/Broglie S. 73 ff.; *Schmitt* in Hiersche/Wigge/Broglie S. 75 ff.; *Wigge* in Hiersche/Wigge/Broglie S. 85 ff.; *Zieschang* WissR 32/1999, 111 ff.; *Göben* MedR 1999, 345 ff.; *Lüderssen* JZ 1997, 112 ff.

[10] *Süße/Püschel* Newsdienst Compliance 2016, 71001 ff.; *Passarge* DStR 2016, 482 ff.

zeutischen Industrie mit Krankenhäusern und Ärzten vollzieht.[11] Die Industrie, Krankenhäuser und Ärzte müssen eng zusammenarbeiten. Ohne diese enge Zusammenarbeit sind weder die klinische Forschung noch die Entwicklung von Medizinprodukten oder Arzneimitteln und damit der hohe Stand der medizinischen Forschung und Gesundheitsversorgung in Deutschland denkbar. Diese Zusammenarbeit funktioniert faktisch dort am besten, wo sie direkt und ohne bürokratische Fesseln stattfinden kann. Auch der Staat fördert und unterstützt eine möglichst enge Kooperation von Industrie und medizinischer Forschung. Hierzu zählt, dass bei Berufungsverhandlungen von Hochschulmedizinern inzwischen die eingeworbenen Drittmittel neben der wissenschaftlichen Reputation zu den mitentscheidenden Berufungskriterien gehören. Während also auf der einen Seite eine möglichst enge Kooperation von Industrie, medizinischen Einrichtungen und Klinikärzten gefordert und gefördert wird, ziehen auf der anderen Seite das Strafrecht, insbesondere das Korruptionsbekämpfungsrecht, das öffentliche Dienstrecht sowie das ärztliche Berufsrecht eine strikte Trennungslinie.[12] Danach ist die **„Gewährung bzw. Annahme von Vorteilen"** grundsätzlich unzulässig, oder, besser gesagt: Angehörige eines Heilberufes dürfen nicht einmal den Eindruck erwecken, ihre Entscheidungen zur Beschaffung von Arzneimitteln und Medizinprodukten seien durch diese Kooperationsbeziehungen beeinflusst. Umgekehrt ist es der Industrie untersagt, Zuwendungen dazu zu missbrauchen, um Einfluss auf Beschaffungsentscheidungen von Angehörigen eines Heilberufes zu nehmen.

10 Das beschriebene **Spannungsverhältnis** ist nicht nur Ausdruck des Schutzzwecks der seit jeher für Ärzte und Mitarbeiter von medizinischen Einrichtungen der öffentlichen Hand geltenden Korruptionsdelikte, wonach bereits der Eindruck der Käuflichkeit von Amtshandlungen vermieden werden soll. Durch die Einführung der §§ 299a, b StGB hat sich ein vergleichbares Spannungsverhältnis nunmehr für die Angehörigen **aller** Heilberufe manifestiert. Auch dem ärztlichen Berufsrecht zufolge muss nach wie vor gleichzeitig sichergestellt sein, dass Ärzte durch die Annahme von Vorteilen für sich oder Dritte nicht einmal den „Eindruck" erwecken, in der „Unabhängigkeit der Ärztlichen Entscheidung beeinflusst" zu werden (§ 32 MBO-Ä). Auch mit der im Rahmen des 114. Deutschen Ärztetages erfolgten Novellierung der MBO-Ä wurde dieses Ziel weiter vorangetrieben. So wurden etwa die zuvor geltenden Geringwertigkeitsschwellen im Rahmen der Abgabe von Geschenken und der Bewirtung gänzlich gestrichen, so dass sich die Zulässigkeit nunmehr ausschließlich danach beurteilt, welchen Eindruck die Zuwendung bei einem objektiven Beobachter hinterlässt. Darüber hinaus wurde der klarstellende Hinweis aufgenommen, dass sich Sponsoringleistungen im Rahmen von Fortbildungsveranstaltungen ausschließlich auf den wissenschaftlichen Teil beziehen dürfen; die Kosten eines etwaigen Rahmenprogramms sind hingegen allein von den Teilnehmern zu tragen. Für rege Diskussionen in der Literatur sorgte damals die Regelung des – auch nach der 115. Novellierung nach wie vor geltenden – § 32 Abs. 2 MBO-Ä (vormals § 33 Abs. 4 aF MBO-Ä), der die Entgegennahme angemessener Zuwendungen (zB Reisekosten, Teilnahmegebühr) im Rahmen von berufsbezogenen Fortbildungen regelt. Grund des Anstoßes der Diskussionen war die Entscheidung der Ärz-

---

[11] Grundlegend hierzu: *Lüderssen,* Medizinprodukte-Industrie, S. 9 ff.; 19 ff.; *ders.* StV 1997, 318 f.; *ders.* JZ 1997, 112 ff.; *Pfeiffer* NJW 1997, 782 ff.; zur Situation in der Schweiz s. *Pfeifer* MedR 2002, 68 ff.; *Pieth* S. 111 ff.; Dieses Spannungsverhältnis ist keineswegs nur ein deutsches „Phänomen". Vielmehr ist es typisch für alle Rechtssysteme, in denen eine Zusammenarbeit zwischen der pharmazeutischen und medizintechnologischen Industrie mit Angehörigen der Fachkreise stattfindet. So beschreibt *Campbell,* Doctors and Drug Companies – Scrutinizing Influential Relationships, The New England Journal of Medicine 2007, 1797, anschaulich die Problemlage in den USA. Zum Verhältnis von Drittmittelforschung und Strafrecht in Österreich s. *Fuchs* MedR 2002, 65 ff.; *Korn/Lagodny* in Tag/Tröger/Taupitz S. 123 ff.

[12] Hierzu *Tröger* in Tag/Tröger/Taupitz S. 5 ff.; *Schäfer* in Tag/Tröger/Taupitz S. 65 ff.; *Flach* in Tag/Tröger/Taupitz S. 89 ff., *Schmidt/Güntner* in Tag/Tröger/Taupitz S. 95 ff.; *Kander* in Tag/Tröger/Taupitz S. 267 ff.; *Lüderssen* in Tag/Tröger/Taupitz S. 269 ff.

tekammer Niedersachsen diese Regelung in ihre novellierte Berufsordnung nicht zu übernehmen, so dass sich nunmehr die Frage der Zulässigkeit ausschließlicher fortbildungsbezogener Zuwendungen stellt.

Nachdem auf dem 117. Deutschen Ärztetage in Düsseldorf im Jahr 2014 bereits die Streichung des § 32 Abs. 2 MBO-Ä diskutiert wurde[13], erfolgte mit dem 118. Deutschen Ärztetag in Frankfurt a. M. im Jahr 2015 der in dem Protokoll ausdrücklich formulierte Wunsch, den Absatz ersatzlos zu streichen.[14] Als Begründung führte der Vorstand der Bundesärztekammer an, dass die ärztliche Fortbildung allein **medizinischen Zielen** dienen darf und nicht von **wirtschaftlichen Interessen** angetrieben sein soll. Ob dies eine gänzliche Unzulässigkeit fremdfinanzierter ärztlicher Fortbildungs- und Weiterbildungsveranstaltungen nach sich ziehen wird oder unter welchen Voraussetzungen eine solche noch zulässig sein wird, wird sich erst dann beantworten lassen, wenn die gewünschte Streichung tatsächlich vorgenommen worden ist. (Ausführlich dazu → Kap. 2 Rn. 128 ff.) Tatsächlich ist eine Umsetzung des Streichungsvorschlags bislang weder in der auf dem Beschluss des 118. Deutschen Ärztetags beruhenden Novellierung der MBO-Ä noch durch den 119. Deutschen Ärztetag in Hamburg vom 24. bis 27.5.2016 erfolgt.[15] **11**

---

[13] Beschlussprotokoll des 117. Deutschen Ärztetag in Düsseldorf vom 27.5. bis 30.5.2014, 235 f., abrufbar unter https://www.bundesaerztekammer.de/downloads/117DAETBeschlussprotokoll20140613.pdf (zul. abgerufen am 17.2.2021).

[14] Beschlussprotokoll des 118. Deutschen Ärztetages in Frankfurt a. M. vom 12.5. bis 15.5.2015, S. 149, abrufbar unter https://www.bundesaerztekammer.de/fileadmin/user_upload/downloads/pdf-Ordner/118._DAET/118DAETBeschlussprotokoll20150515.pdf (zul. abgerufen am 17.2.2021).

[15] Beschlussprotokoll des 119. Deutschen Ärztetages in Hamburg vom 24. bis 27.5.2016, abrufbar unter https://www.bundesaerztekammer.de/fileadmin/user_upload/downloads/pdf-Ordner/119.DAET/119DAETBeschlussprotokoll20160603.pdf (zul. abgerufen am 17.2.2021).

Kapitel 2. Rechtliche Rahmenbedingungen

Literatur: *Anhalt/Dieners* (Hrsg.), Handbuch des Medizinprodukterechts, 2. Aufl., München 2017; *Badura,* Die Anzeigepflicht für eine schriftstellerische oder wissenschaftliche Nebentätigkeit von Beamten, ZBR 2000, 109; *Balzer,* Die Akkreditierung industrieunterstützter Fortbildungsveranstaltungen nach Umsetzung des GKV-Modernisierungsgesetzes – Eine Reform der Reform?, MedR 2004, 76; *Balzer,* „Industriesponsoring" und ärztliche Fortbildung – ein Auslaufmodell?, NJW 2003, 3325; *Battis,* Bundesbeamtengesetz, 5. Aufl., München 2017; *Bechtold/Bosch* (Hrsg.), GWB, 10. Aufl., München 2021; *Becker/Kingreen,* SGB V, 7. Aufl., München 2020; *Bepler/Böhle/Pieper/Geyer* (Hrsg.), Beck'scher Online-Kommentar zum TVöD, 52. Ed. 2020; *Bergmann/Pauge/Steinmeyer* (Hrsg.), Gesamtes Medizinrecht, 3. Aufl., Baden-Baden 2018; *Braun/Püschel,* Die gesellschaftsrechtliche Beteiligung von Ärzten und ihren Verwandten an Unternehmen nichtärztlicher Leistungserbringer, MedR 2013, 655; *Brinktrine/Schollendorf,* BeckOK Beamtenrecht Bund, 23. Ed. 2021; *Bülte,* Der Vertragsarzt-Beschluss des Großen Senats und die Vertragsarztuntreue, NZWiSt 2013, 346; *Cahnbley,* Die geplanten Tatbestände der Bestechlichkeit und Bestechung im Gesundheitswesen – Strafverfolgungsrisiken und kritische Anmerkungen zum Berufsrechtsmodell, MPR 2015, 145, 146; *Chon et al.,* Evaluation der Fortbildung: Einfluss des Sponsorings im Urteil der Teilnehmer, Medizinische Klinik 2008, 341; *Cramer/Henkel,* Standesordnung und Wettbewerb – Plädoyer für Einheit von Norm und Vollzug, MedR 2000, 565; *Dieners,* Fortbildungssponsoring in Niedersachsen – berufsrechtlich verboten?, MPR 2013, 13; *Dieners,* Neuer Leitfaden „S 20": Dienstherrengenehmigung als Goldstandard für Amtsträger-Einladungen?, MPR 2011, 151; *Dieners,* Die neuen Tatbestände zur Bekämpfung der Korruption im Gesundheitswesen, PharmR 2015, 529; *Dieners/Cahnbley,* Die neuen Tatbestände der Bestechlichkeit und Bestechung im Gesundheitswesen, MPR 2016, 48; *Dieners/Cahnbley,* Kooperation der Industrie mit Krankenhäusern und Ärzten – Rechtliche Rahmenbedingungen, Vertragsgestaltung, Organisation, in: Anhalt/Dieners (Hrsg.), Handbuch des Medizinprodukterechts, München 2017, S. 731; *Dieners/Reese/Kemmner,* Zur Frage der Zulässigkeit von Patienten-Support-Programmen, PharmR 2017, 272; *Dieners/Lembeck/Taschke,* Der „Herzklappenskandal" – Zwischenbilanz und erste Schlussfolgerungen für die weitere Zusammenarbeit der Industrie mit Ärzten und Krankenhäusern, PharmR 1999, 156; *Dieners/Miege,* Akkreditierung von Online-Fortbildungsveranstaltungen durch die Landesärztekammern, A&R 2009, 71; *Dieners/Stallberg,* Mehr Schein als Sein – Auswirkungen des neuen § 128 SGB V auf die pharmazeutische Industrie, A&R 2009, 243; *Dieners/Taschke,* Die Kooperation der medizinischen Industrie mit Ärzten und Krankenhäusern – Die aktuelle Rechtsprechung und ihre Konsequenzen, PharmR 2000, 309; *Dieners/Voland,* Verfassungsrechtliche Bewertung der Neuregelung zur Anerkennung von Fortbildungsveranstaltungen der Industrie in Bayern, PharmR 2020, 244; *Dierlamm,* Untreue – ein Auffangtatbestand?, NStZ 1997, 534; *Dreyer,* Verhaltenskodizes im Referentenentwurf eines Ersten Gesetzes zur Änderung des Gesetzes gegen unlauteren Wettbewerb, WRP 2007, 1294; *Eichenhofer/von Koppenfels-Spies/Wenner* (Hrsg.), SGB V, 3. Aufl., Köln 2018; *Ellbogen/Wichmann,* Zu Problemen des ärztlichen Abrechnungsbetruges, insbesondere der Schadensberechnung, MedR 2007, 10; *Fenger/Göben,* Sponsoring im Gesundheitswesen, München 2004; *Fischer,* Strafgesetzbuch und Nebengesetze, 68. Aufl., München 2021; *Fuhrmann/Klein/Fleischfresser,* Arzneimittelrecht – Handbuch für die pharmazeutische Rechtspraxis, 2. Aufl., Baden-Baden 2014; *Freitag,* Ärztlicher und zahnärztlicher Abrechnungsbetrug im deutschen Gesundheitswesen, Baden-Baden 2009; *Fulda,* Alter Wein oder alles Essig? Zur Erstreckung des § 128 SGB V auf die Arzneimittelversorgung in der GKV, PharmR 2010, 94; *Gaßner/Klass,* Korruptionsfalle Gesundheitswesen, Frankfurt am Main 2003; *Geiger,* Antikorruption im Gesundheitswesen, CCZ 2011, 1; *Geiger,* Das Gesetz zur Bekämpfung von Korruption im Gesundheitswesen und seine Auswirkungen auf Strafverfolgung und Healthcare-Compliance, CCZ 2016, 172; *Geiger,* Die Anerkennung industriefinanzierter Fortbildungsveranstaltungen durch die Landesärztekammern, GesR 2014, 577; *Geiger/Hutt/Schneider,* „Patienten-Support-Programme", MedR 2019, 272; *Geis,* Das sozialrechtliche Wirtschaftlichkeitsgebot – kriminalstrafbewehrtes Treuegesetz des Kassenarztes?, GesR 2006, 345; *Griebenow et al.,* Zertifizierte Fortbildung im Bereich der Ärztekammer Nordrhein, Deutsche Medizinische Wochenschrift 2003, 734; *Gröning/Mand/Reinhart,* Heilmittelwerberecht, 5. EL., Stuttgart 2015; *Hackstein/Hartmann,* Unzulässige Zusammenarbeit zwischen Leistungserbringern und Vertragsärzten – Eine erste Bestandsaufnahme der Neuregelung des § 128 SGB V idF der 15. AMG-Novelle, MPR 2009, 109; *Harriehausen,* Einwerbung und Annahme von Drittmitteln –

immer mit einem Fuß im Gefängnis?, NStZ 2013, 256; *Hau/Poseck* (Hrsg.), Beck'scher Online-Kommentar zum BGB, 59. Ed. 2021; *Hefendehl/Hohmann* (Bandredakteure), Münchener Kommentar zum Strafgesetzbuch, Bd. 5, §§ 263–358 StGB, 3. Aufl., München 2019; *Heil/Oeben,* Der neue § 128 SGB V – Krankenkassen als „Ordnungshüter" in der Hilfsmittelversorgung?, MPR 2009, 13; *von Heintschel-Heinegg* (Hrsg.), Beck'scher Online-Kommentar zum StGB, 50. Ed. 2021; *Hellmann/Herffs,* Der ärztliche Abrechnungsbetrug, Berlin 2006; *Heuking/von Coelln,* Die Neuregelung des § 299 StGB – Das Geschäftsherrenmodell als Mittel zur Bekämpfung der Korruption?, BB 2016, 323; *Hirthammer-Schmidt-Bleibtreu,* Ärzteschaft und Industrie zwischen Forschungsförderung und Kriminalität, in: Forschungsstelle für Pharmarecht der Philipps-Universität Marburg (Hrsg.), Frankfurt am Main 2001, S. 94; *Huber/Prikoszovits,* Universitäre Drittmittelforschung und EG-Beihilfenrecht, EuZW 2008, 171; *Kaufmann/Voland,* „Ich war noch niemals in New York ..." – Die Auswirkungen des § 128 SGB V auf das Angebot von Schulungsmaßnahmen und sonstigen Leistungen durch die pharmazeutische Industrie, NZS 2011, 281; *Kindhäuser/Neumann/Paeffgen* (Hrsg.), Strafgesetzbuch, 5. Aufl., München 2017; *Klümper,* Die Neuerungen in § 128 SGB V durch die 15. AMG-Novelle – Alter Wein in neuen Schläuchen!, PharmR 2009, 591; *Köhler/Bornkamm/Feddersen,* UWG, 39. Aufl., München 2021; *Krack,* Entschleierte Schmiergelder nach der Reform des § 299 StGB, ZIS 2016, 83; *Krick,* Die Strafbarkeit von Korruptionsdelikten bei niedergelassenen Vertragsärzten, A&R 2011, 3; *Kuhlen,* Die Zusammenarbeit der Ärzte mit der Pharmaindustrie, AusR 2004, 39; *Laufs/Kern/Rehborn* (Hrsg.), Handbuch des Arztrechts, 5. Aufl., München 2019; *Lettl,* Verhaltenskodizes als Chance für erfolgreiche Selbstregulierung und ihre Vereinbarkeit mit dem Kartellverbot, WRP 2021, 145; *Lippert/Ratzel,* Arzt und Industrie nach den Beschlüssen des 106. Deutschen Ärztetags 2003, NJW 2003, 3301; *Lüderssen,* Die Zusammenarbeit von Medizinprodukte-Industrie, Krankenhäusern und Ärzten – strafbare Kollision oder sinnvolle Kooperation?, Stuttgart 1998; *Makoski,* Zusammenarbeit zwischen Krankenhäusern und Vertragsärzten – sozialrechtlich erwünscht, berufsrechtlich verboten?, MedR 2009, 376; *Mand,* Das Verbot von Zuwendungen und sonstigen Werbegaben in der Heilmittelwerbung, GRUR 2016, 556; *Maunz-Dürig* (Hrsg.), Grundgesetzkommentar, Bd.VI, 94. EL (Stand: 1/2021); *Michalke,* Drittmittel und Strafrecht – Licht am Ende des Tunnels?, NJW 2002, 3381; *Mündnich/Hartmann,* Unzulässige Zusammenarbeit zwischen Leistungserbringern und Vertragsärzten nach der Neuregelung des § 128 SGB V i. d. F. des GKV-OrgWG, SGb 2009, 395; *Noak,* Betrugstäterschaft bzw. -teilnahme von Ärzten beim Bezug von Röntgenkontrastmitteln, MedR 2002, 76; *Ohly/Sosnitza* (Hrsg.), UWG, 7. Aufl., München 2016; *Oschmann,* Praxisfragen zu F&E Verträgen, KliFoRe 2007, 86; *Osterrieth/Köhler/Haft* (Hrsg.), Festschrift für Thomas Reimann, Köln 2009; *Ottmann,* Klarheit zum Industriesponsoring, Bayerisches Ärzteblatt 5/2003, 227; *Pfeiffer,* Von der Freiheit der klinischen Forschung zum strafrechtlichen Unrecht?, NJW 1997, 782; *Pflüger,* Neuerungen beim Industriesponsoring ärztlicher Fortbildung, MPJ 2004, 4; *Prittwitz/Bauermann/Günther/Kuhlen/Merkel/Nestler/Schulz* (Hrsg.), Festschrift für Klaus Lüderssen, Baden-Baden 2002; *Räpple,* Zuwendungen und Rabatte im Gesundheitswesen, in: Engler/Geserich/Räpple/Rieger (Hrsg.), Werben und Zuwenden im Gesundheitswesen, 2. Aufl., Heidelberg 2000, S. 157; *Ratzel,* Drittmittelforschung unter Korruptionsverdacht?, MedR 2002, 63; *Ratzel,* Der verkürzte Versorgungsweg – ein Auslaufmodell?, GesR 2008, 623; *Ratzel/Lippert/Prütting,* Kommentar zur Musterberufsordnung der deutschen Ärzte (MBO), 7. Aufl., Berlin 2018; *Reese* (Hrsg.), Beck'scher Online-Kommentar zum HWG, 5. Ed. 2021; *Reese/Kemmner,* Zulässigkeit und Grenzen der Wertwerbung nach dem Wettbewerbs- und Heilmittelwerberecht – Eine Analyse der aktuellen Rechtsprechung zur Reichweite des Zuwendungsverbots nach § 7 HWG, MPR 2017, 151; *Schmid,* Über Sinn und Unsinn des Verbots von Werbegaben nach § 7 HWG, A&R 2015, 147; *Schnapp/Wigge* (Hrsg.), Handbuch des Vertragsarztrechts, 3. Aufl., München 2017; *Schnelle/Hopkins,* Ausgewählte Probleme des Nebentätigkeitsrechts, NVwZ 2010, 1333; *Schönke/Schröder,* Strafgesetzbuch, 30. Aufl. München 2019; *Scholz,* Anmerkung zum Urteil des VG Hamburg vom 21.1.2009, GesR 2009, 302; *Scholze/Finkeißen,* Ärztliche Fortbildungspflicht in Deutschland, MedR 2004, 141; *Sodan,* Grundgesetz, 4. Aufl., München 2018; *Spickhoff* (Hrsg.), Medizinrecht, 3. Aufl., München 2018; *Tag/Tröger/Taupitz* (Hrsg.), Drittmitteleinwerbung – Strafbare Dienstpflicht, Berlin/Heidelberg 2004; *Taschke,* Drittmittelforschung und Strafrecht – Zugleich eine Besprechung der Urteile des Bundesgerichtshofs vom 23.5.2002 (1 StR 372/01) und vom 23.10.2002 (1 StR 5412/01), PharmR 2002, 417 (= MPR 2002, 101); *Taschke,* Strafbarkeit des Vertragsarztes bei der Verordnung von Rezepten – Anmerkung zu BGH, Beschluss vom 25.11.2003, 4 StR 239/03, StV 2005, 406; *Taschke/Zapf,* §§ 299a, 299b StGB-E – Folgen für die Kooperation zwischen Pharmaunternehmen und Medizinprodukteherstellern mit niedergelassenen Ärzten, medstra 2015, 332; *Taschke,* Durch Kriminalisierung zur Entkriminalisierung: Bericht über einen Feldversuch in der Pharmaindustrie, GesR 2018, 7; *Tsambikakis,* Kommentierung des Gesetzes zur Bekämpfung der Korruption im Gesundheitswesen, medstra 2016,

131; *Volk,* Zum Schaden beim Abrechnungsbetrug – Das Verhältnis von Strafrecht und Sozialversicherungsrecht, NJW 2000, 3385; *Wabnitz/Janovsky/Schmitt* (Hrsg.), Handbuch des Wirtschafts- und Steuerstrafrechts, 5. Aufl., München 2020; *Weizel,* Fortbildungsnachweis auch für Krankenhausärzte – Konsequenzen der gesetzlichen Neuregelung des GMG, klinikarzt 2004; *Winter/Fenger/Schreiber* (Hrsg.), Genmedizin und Recht, München 2001; *Wittmann/Koch,* Die Zulässigkeit gesellschaftsrechtlicher Beteiligungen von Ärzten an Unternehmen der Hilfsmittelbranche im Hinblick auf § 128 Abs. 2 SGB V und das ärztliche Berufsrecht, MedR 2011, 480; *Zieschang,* Anmerkung zu OLG Hamburg, Beschluss v. 14.1.2000 – 2 Ws 243/99, OLG Hamburg, Beschluss v. 11.7.2000 – 2 Ws 129/00 – und OLG Karlsruhe, Beschluss v. 30.3.2000 – Ws 181/99 – (Bestechlichkeit von Krankenhausärzten im Zusammenhang mit der Bestellung von Medizinprodukten), StV 2001, 291.

Übersicht

A. Einleitung

1 Die rechtlichen Rahmenbedingungen der Zusammenarbeit der Industrie mit Mitarbeitern medizinischer Einrichtungen und niedergelassenen Ärzten sind in erster Linie durch **straf-, dienst-, sozial- und wettbewerbsrechtliche Anforderungen** bestimmt. Ärzte unterliegen darüber hinaus dem **ärztlichen Berufsrecht.**

B. Strafrecht

2 Bei der Planung und Durchführung von Verträgen bzw. anderen Abreden zwischen der Industrie, niedergelassenen Ärzten, medizinischen Einrichtungen und deren Mitarbeitern kann unter bestimmten Voraussetzungen insbesondere die Verwirklichung folgender Straftatbestände in Betracht kommen:
- § 263 StGB (Betrug),
- § 266 StGB (Untreue),
- § 299 StGB (Bestechlichkeit und Bestechung im geschäftlichen Verkehr),
- § 299a StGB (Bestechlichkeit im Gesundheitswesen),
- § 299b StGB (Bestechung im Gesundheitswesen),
- § 331 StGB (Vorteilsannahme),
- § 333 StGB (Vorteilsgewährung),
- § 332 StGB (Bestechlichkeit) und
- § 334 StGB (Bestechung).

Hierbei stehen in den bisherigen Ermittlungsverfahren sowie in der derzeitigen juristischen Diskussion insbesondere die **Korruptionsdelikte** im Vordergrund.[1]

I. Korruptionsdelikte

3 Die Antikorruptionsvorschriften spielen seit jeher bei der Zusammenarbeit der Industrie mit Mitarbeitern medizinischer Einrichtungen eine bedeutende Rolle. Die Bedeutung resultiert aus dem schwierigen **Spannungsverhältnis,** in dem sich die Zusammenarbeit der pharmazeutischen und medizintechnologischen Industrie mit Krankenhäusern und Ärzten vollzieht. Auf der einen Seite müssen Industrie, Krankenhäuser und Ärzte eng miteinander zusammenarbeiten, um den hohen Stand der medizinischen Forschung und Gesundheits-

[1] Hierzu ausführlich *Taschke* in Anhalt/Dieners, Handbuch des Medizinprodukterechts, § 20 Rn. 179 ff. und *Bannenberg* in Wabnitz/Janovsky/Schmitt, Wirtschafts- und Steuerstrafrecht, Kap. 13 sowie *Hilgendorf* in Wabnitz/Janovsky/Schmitt, Wirtschafts- und Steuerstrafrecht, Kap. 14 Rn. 115 ff.

versorgung in Deutschland zu ermöglichen; auf der anderen Seite bietet eine derart enge Zusammenarbeit auch die Möglichkeit **korruptiver Einflussnahmen.** Diese unerlaubte Einflussnahme versucht der Staat mit Hilfe der Antikorruptionsvorschriften einzudämmen. Da niedergelassene Ärzte nicht von §§ 331 ff. StGB und § 299 StGB erfasst werden, wurden am 4.6.2016 die Tatbestände der Bestechlichkeit und Bestechung im Gesundheitswesen als §§ 299a, b in das Strafgesetzbuch aufgenommen. Seither sehen sich auch Ärzte und Mitarbeiter von pharmazeutischen und medizintechnologischen Unternehmen bei Kooperationen im niedergelassenen Bereich einem Strafbarkeitsrisiko wegen korruptiven Verhaltensweisen ausgesetzt.

1. Vorteilsgewährung und Bestechung

Unter strafrechtlichen Gesichtspunkten verbieten die §§ 331 ff. StGB[2] **Amtsträgern** das Fordern, Sichversprechenlassen oder Annehmen von Zuwendungen jeglicher Art im Zusammenhang mit der dienstlichen Tätigkeit, insbesondere (aber nicht nur) in **Abhängigkeit von Umsatzgeschäften.** Zuwendungen dürfen insbesondere nicht gefordert oder angenommen werden, um Beschaffungsentscheidungen herbeizuführen oder hierauf Einfluss zu nehmen. Dasselbe gilt spiegelbildlich für Mitarbeiter von Unternehmen der pharmazeutischen und medizintechnologischen Industrie auf der Geberseite. Ihnen ist das Anbieten, Versprechen und Gewähren derartiger Zuwendungen verboten. 4

a) Schutzzweck

Geschütztes Rechtsgut der für den öffentlichen Bereich relevanten Straftatbestände der §§ 331 ff. StGB ist die **„Lauterkeit des öffentlichen Dienstes"** sowie das **„Vertrauen der Allgemeinheit in diese Lauterkeit".**[3] Ziel des Gesetzgebers ist es, bereits den Anschein der Käuflichkeit von Amtshandlungen zu vermeiden. Der gemeinsame Unrechtskern der §§ 331 ff. StGB ist die sich aus der verbotenen Beziehung ergebende generelle Gefährdung des Staatsapparats, dessen Ansehen durch die Annahme von Zuwendungen für amtliche Tätigkeiten beeinträchtigt wird, da hierdurch das Vertrauen der Allgemeinheit in die Sachlichkeit staatlicher Entscheidungen leidet.[4] 5

b) Normadressaten

Die §§ 331 ff. StGB verlangen auf Vorteilsnehmerseite einen **Amtsträger** (Sonderdelikt), der sich wegen Vorteilsannahme (§ 331 StGB) oder Bestechlichkeit (§ 332 StGB) strafbar machen kann. Amtsträger iSd §§ 331 ff. StGB sind nicht nur die Beschäftigten medizinischer Einrichtungen, die als Beamte oder Angestellte in öffentlich-rechtlichen Dienstverhältnissen stehen (§ 11 Abs. 1 Nr. 2 lit. a und b StGB), sondern auch alle Personen, die bei einer medizinischen Einrichtung als sogenannter „sonstigen Stelle" Aufgaben der öffentlichen Verwaltung wahrnehmen (§ 11 Abs. 1 Nr. 2 lit. c StGB). Hierbei ist es unerheblich, ob die medizinische Einrichtung als Gesellschaft des Privatrechts oder als Körperschaft des öffentlichen Rechts organisiert ist, da es auf die Organisationsform nicht ankommt.[5] Der niedergelassene Vertragsarzt ist damit kein Amtsträger.[6] 6

Durch das Gesetz zur Bekämpfung der Korruption vom 20.11.2015 (KorrBekG 2015)[7] wurde der **Europäische Amtsträger** (§ 11 Abs. 1 Nr. 2 lit. a StGB) als Vor- 7

---

[2] Hierzu ausführlich *Taschke* in Anhalt/Dieners, Handbuch des Medizinprodukterechts, § 20 Rn. 197 ff.

[3] *Fischer* StGB § 331 Rn. 2 f.; *Ulsenheimer* in Laufs/Kern/Rehborn, Handbuch des Arztrechts, § 162 Rn. 68; *Taschke* in Anhalt/Dieners, Handbuch des Medizinprodukterechts, § 20 Rn. 193.

[4] S. *Arbeitsgemeinschaft der Wissenschaftlichen Medizinischen Fachgesellschaften (AWMF) ua* (Hrsg.), Gemeinsamer Standpunkt, S. 7.

[5] *Fischer* StGB § 11 Rn. 19 f.

[6] GSSt 2/11; *Taschke* in Anhalt/Dieners, Handbuch des Medizinprodukterechts, § 20 Rn. 198.

[7] BGBl. 2015 I S. 2025 ff., Art. 1 Nr. 15a, 16a, 17, 18a.

teilsnehmer in die §§ 331 ff. StGB einbezogen[8] und durch Aufnahme des § 335a in das Strafgesetzbuch die Anwendbarkeit der §§ 331 ff. StGB auf „Taten durch und gegenüber ausländischen und internationalen Richtern, Bediensteten, Beauftragten und Soldaten" erweitert.[9]

8 Als Vorteilsgeber der §§ 331 ff. StGB kommt hingegen **Jedermann** in Betracht, wie beispielsweise Mitarbeiter der pharmazeutischen und medizintechnologischen Industrie, die sich wegen Vorteilsgewährung (§ 333 StGB) oder Bestechung (§ 334 StGB) strafbar machen können.

c) Tathandlung

9 Als Amtsträger ist strafbar, wer für sich oder einen Dritten einen Vorteil für die **rechtmäßige Dienstausübung** (Vorteilsannahme, § 331 StGB) bzw. als Gegenleistung für eine **pflichtwidrige Diensthandlung** (Bestechlichkeit, § 332 StGB) fordert, sich versprechen lässt oder annimmt. Spiegelbildlich sehen die §§ 333, 334 StGB die Strafbarkeit wegen Vorteilsgewährung und Bestechung für den Vorteilsgeber vor, wenn dieser dem Amtsträger einen Vorteil für die rechtmäßige Dienstausübung (Vorteilsgewährung, § 333 StGB) bzw. als Gegenleistung für eine pflichtwidrige Diensthandlung (Bestechung, § 334 StGB) anbietet, verspricht oder gewährt.

10 Unter einem **Vorteil** versteht man dabei jede Leistung des Zuwendenden, auf die der Amtsträger keinen rechtlich begründeten Anspruch hat und die ihn materiell oder immateriell in seiner wirtschaftlichen, rechtlichen oder persönlichen Lage objektiv besser stellt.[10] Nach der Rechtsprechung des BGH und des OLG Hamburg[11] kann ein Vorteil bereits im **Abschluss eines Vertrags und der damit einhergehenden Chance auf eine Verdienstmöglichkeit** liegen, der Leistungen an den Amtsträger oder die medizinische Einrichtung zur Folge hat, und zwar auch dann, wenn dieser in einem angemessenen Verhältnis zu den aufgrund dieses Vertrags geschuldeten Gegenleistungen steht.[12]

11 Ausreichend ist es auch, wenn der Vorteil nicht dem Amtsträger selbst, sondern einem Dritten zugewendet wird (sog. **Drittvorteil**).[13] Es werden somit auch Fälle erfasst, in denen wirtschaftliche Vorteile an Personenvereinigungen, wie Parteien und Vereine, fließen, deren Mitglied der Amtsträger ist. Selbst rein **altruistische Drittvorteile** sollen nach Auffassung der wohl herrschenden Lehre von den Korruptionstatbeständen uneingeschränkt erfasst werden.[14] Allerdings soll nach einer Entscheidung des BGH aus dem Jahr 2005 an dem vor Änderung des Wortlauts geltenden Erfordernis festgehalten werden, dass der Vorteil dem bestochenen Angestellten oder Beauftragten zumindest mittelbar selbst zugutekommen muss.[15] Es ist allerdings nicht völlig eindeutig, wie diese – vereinzelt gebliebene – Entscheidung mit der gesetzlich intendierten Ausweitung des Begriffs des Drittvorteils in Einklang zu bringen ist.

---

[8] BGBl. 2015 I S. 2025 ff., Art. 1 Nr. 19; *Korte* in MüKoStGB § 335a Rn. 1.

[9] *Korte* in MüKoStGB § 335a Rn. 1.

[10] Hierzu im Einzelnen *Taschke* in Anhalt/Dieners, Handbuch des Medizinprodukterechts, § 20 Rn. 200 ff. Zur Unrechtsvereinbarung und Vorteilsgewährung insgesamt *Lüderssen,* Medizinprodukte-Industrie, S. 35 ff.

[11] BGHSt 31, 264 (279 f.); BGH wistra 2003, 303 (304); BeckRS 2018, 21037, Gründe 22; OLG Hamburg StV 2001, 277 (279); 2001, 284; hierzu auch *Taschke* in Anhalt/Dieners, Handbuch des Medizinprodukterechts, § 20 Rn. 202.

[12] Andere Ansicht *Lüderssen,* Medizinprodukte-Industrie, S. 38 f.; *Pfeiffer* NJW 1997, 782 ff.; *Ulsenheimer* in Laufs/Kern/Rehborn, Handbuch des Arztrechts, § 162 Rn. 84; *Zieschang* StV 2001, 291 und Gemeinsamer Standpunkt, S. 8.

[13] *Von Heintschel-Heinegg,* BeckOK StGB, 50. Ed., Stand: 1.5.2021, § 331 Rn. 21.

[14] So ausdrücklich *Fischer* StGB § 331 Rn. 14; *Heine/Eisele* in Sch/Sch-StGB § 331 Rn. 20 ff.; *Korte* in MüKoStGB § 331 Rn. 101 ff.; *von Heintschel-Heinegg* in BeckOK StGB, 50. Ed., Stand: 1.5.2021, § 331 Rn. 21.

[15] BGH NJW 2006, 925 (927).

Auch dass die **Anstellungskörperschaft Dritter iSd Vorschrift** sein kann, wurde von der Rechtsprechung mehrfach bestätigt.[16] Einigkeit besteht darüber, dass ein **normatives Korrektiv erforderlich** ist, um den Anwendungsbereich der Korruptionsvorschriften auf die wirklich strafwürdigen Fallgestaltungen zu beschränken, wenn der Amtsträger Zuwendungen für seine Anstellungskörperschaft aushandelt.[17] Teilweise wird neben dem Äquivalenzverhältnis eine Regelwidrigkeit oder Unlauterkeit verlangt[18], während die Rechtsprechung auf den bösen Schein der Käuflichkeit abstellt[19]. *„[G]enerell erlaubt sind [deshalb] jene Beziehungsgeflechte, die solche Regeln befolgen, die […] der Vermeidung des Anscheins der Käuflichkeit [des Amtsträgers] dienen“.*[20] So soll das Aushandeln eines Vorteils, einer Draufgabe, eines Rabatts für die Anstellungskörperschaft kein Vorteil für die Dienstausübung sein, soweit er oder sie „aufgabengerecht herausgehandelt, zum Bestandteil der Vereinbarung gemacht und dem Dienstherrn offengelegt wird“.[21] 12

Zur Verwirklichung der §§ 331 ff. StGB ist zudem das Vorliegen einer **Unrechtsvereinbarung**[22] zwischen Vorteilsgeber und Vorteilsnehmer erforderlich. Eine solche setzt voraus, dass der Vorteil für die Dienstausübung bzw. Diensthandlung gefordert, sich versprechen gelassen oder angenommen bzw. angeboten, versprochen oder gewährt worden sein muss. Um den Tatbestand der Vorteilsannahme bzw. Vorteilsgewährung (§§ 331, 333 StGB) zu begründen, reicht bereits eine sog. **gelockerte Unrechtsvereinbarung** aus. Diese liegt auch ohne Bezug zu einer konkreten Diensthandlung bereits dann vor, wenn der Amtsträger durch Vorteile günstig gestimmt und sein Wohlwollen erkauft werden soll (sog. **Klimapflege**).[23] Das Vorliegen einer Unrechtsvereinbarung wird regelmäßig dann bejaht, wenn über die gewährten Zuwendungen Einfluss auf die Bestellung von Produkten genommen oder Bestellungen von Seiten des Amtsträgers belohnt werden sollen. Hierbei wird über den jeweiligen Einzelfall hinaus von den Gerichten in der Praxis das gesamte **„Beziehungsgeflecht“** zwischen Unternehmen und Zuwendungsempfängern als Bewertungsgrundlage im Rahmen der Beweiswürdigung herangezogen. Der BGH führt in seiner **EnBW/WM-Kartenentscheidung** Folgendes dazu aus: *„Als mögliche Indizien für oder gegen das Ziel, mit dem Vorteil auf die künftige Dienstausübung Einfluss zu nehmen oder die vergangene Dienstausübung zu honorieren, fließen neben der Plausibilität einer anderen – behaupteten oder sonst in Betracht kommenden – Zielsetzung in die wertende Beurteilung namentlich ein: die Stellung des Amtsträgers und die Beziehung des Vorteilsgebers zu dessen dienstlichen Aufgaben, die Vorgehensweise bei dem Angebot, dem Versprechen oder dem Gewähren von Vorteilen sowie die Art, der Wert und die Zahl solcher Vorteile. So können etwa dienstliche Berührungspunkte zwischen Vorteilsgeber und Amtsträger ebenso in Ausschlag gebender Weise für eine Unrechtsvereinbarung sprechen, wie die Heimlichkeit des Vorgehens.“*[24] Sofern nach einer **Gesamtschau aller Umstände** nicht ausgeschlossen werden kann, dass die Zuwendung einen anderen Grund als die Beeinflussung der Dienstausübung hat, kann das Gericht eine Strafbarkeit nach §§ 331 ff. StGB nicht feststellen.[25] 13

---

[16] BGH wistra 2011, 391; OLG Köln NStZ 2002, 35; OLG Karlsruhe NJW 2001, 907; *Heine/Eisele* in Sch/Sch-StGB § 331 Rn. 21 f.; *Korte* in MüKoStGB § 331 Rn. 102 f.

[17] *Korte* in MüKoStGB § 331 Rn. 120; *Heine/Eisele* in Sch/Sch-StGB § 331 Rn. 39.

[18] *Korte* in MüKoStGB § 331 Rn. 146 ff.; *Heine/Eisele* in Sch/Sch-StGB § 331 Rn. 39 ff., *von Heintschel-Heinegg* in BeckOK StGB 50. Ed., Stand: 1.5.2021, § 331 Rn. 31.

[19] BGH NStZ 2005, 334; BeckRS 2007, 12151 und 14859; zul. NJW 2007, 3446; OLG Celle NStZ 2008, 519 (520).

[20] *Heine/Eisele* in Sch/Sch-StGB § 331 Rn. 39.

[21] *Korte* in MüKoStGB § 331 Rn. 159 mit Verweis auf BGH NJW 2003, 763 (767).

[22] Hierzu mit einer umfassenden Auswertung der aktuellen Rechtsprechung *Taschke* in Anhalt/Dieners, Handbuch des Medizinprodukterechts, § 20 Rn. 213.

[23] OLG Karlsruhe NStZ 2011, 164 (164); vgl. *Schuhr* in Spickhoff, Medizinrecht, StGB § 331 Rn. 45; *Fischer* StGB § 331 Rn. 24.

[24] BGH WM 2008, 2226 (2229); vgl. auch LG Braunschweig BeckRS 2015, 14733.

[25] BGH WM 2008, 2226 (2229).

14 Die Frage nach der **Pflichtwidrigkeit der Diensthandlung** betrifft die Abgrenzung der Vorteilsannahme bzw. Vorteilsgewährung (§§ 331, 333 StGB) von den Tatbeständen der Bestechlichkeit bzw. Bestechung (§§ 332, 334 StGB), da die Bejahung der Pflichtwidrigkeit der Diensthandlung zur Annahme eines höher bestraften Bestechungsdelikts führt. Die Feststellung der Pflichtwidrigkeit der Diensthandlung kann dann Schwierigkeiten bereiten, wenn der Amtsträger eine Entscheidung nach pflichtgemäßem Ermessen innerhalb eines gewissen Spielraums zu treffen hat (sog. Ermessensbeamter). Die Rechtsprechung bejaht die Pflichtwidrigkeit der Diensthandlung regelmäßig dann, wenn die Unbefangenheit eines Ermessensbeamten in der Ausübung des Ermessensspielraums durch den Vorteil beeinträchtigt ist und er seine Entscheidung aufgrund sachfremder Erwägungen trifft bzw. sich hierzu bereit zeigt. So wird eine Pflichtwidrigkeit der Diensthandlung von den Gerichten bereits dann angenommen, wenn der Amtsträger (etwa ein im Universitätsklinikum angestellter Arzt) den Vorteil **„auf die Waagschale künftiger Entscheidungen“** legt, ohne dass der Vorteil für die tatsächlich getroffene Entscheidung ausschlaggebend sein muss.[26] Dies bedeutet, dass selbst dann ein Bestechungsdelikt in Betracht kommen kann, wenn sich der Amtsträger (richtigerweise) für das objektiv günstigere Angebot entscheidet, bei dieser Entscheidung jedoch die erhaltenen Vorteile Einfluss hatten. Sofern etwa ein Arzt die Beschaffungsentscheidungen selbst trifft oder hierauf Einfluss ausüben sollte – und sei es nur durch eine interne Stellungnahme –, ist die Frage, ob er die tatsächlich von der Industrie erhaltenen Vorteile „auf die Waagschale seiner Entscheidungen“ gelegt hat, im Rahmen der **Beweiswürdigung** durch die Gerichte zu klären. Die Gerichte sind in der Beweiswürdigung grundsätzlich frei (§ 261 StPO). Es kann daher bei Zugrundelegung dieser materiellen Kriterien nicht verlässlich prognostiziert werden, zu welchen Ergebnissen ein Gericht bei der Beurteilung eines Einzelfalls letztlich kommen wird. Angesichts der bestehenden Rechtsprechung wird bei der Beweiswürdigung tendenziell darauf abgestellt, ob das Verhältnis des Arztes zur Industrie in seiner Gesamtheit besonders eng war. Dies kann nach der Rechtsprechung etwa durch die persönliche Betreuung durch Außendienstmitarbeiter bei Kongressreisen, regelmäßige Bewirtungen im Anschluss an Schulungsveranstaltungen, die Mitnahme von Ehepartnern zu Kongressen, den Wechsel des Lieferanten in zeitlichem Zusammenhang mit der Aufnahme von Unterstützungsleistungen, die Beibehaltung des Lieferanten trotz höherer Produktpreise oder durch die Gesamthöhe der von einem Unternehmen über die Dauer der Jahre übernommenen Fortbildungskosten zum Ausdruck kommen.[27]

15 Gleichwohl sind im Rahmen der Beweiswürdigung auch folgende Umstände zu berücksichtigen: Ärzte und andere Mitarbeiter medizinischer Einrichtungen, die über die Beschaffung von Medizinprodukten (oder auch pharmazeutischen Erzeugnissen) entscheiden, sind auch die Anwender dieser Produkte und bedürfen eines Höchstmaßes an wissenschaftlicher Qualifikation, um eine sach- und zweckgemäße Patientenversorgung zu gewährleisten und damit verbundene Beschaffungsentscheidungen fällen zu können. Dies gilt auch für die Weiterentwicklung der Produkte und der damit in Zusammenhang stehenden Therapien. Deshalb ist **zwangsläufig eine enge Zusammenarbeit** dieser Entscheidungsträger mit der medizintechnologischen und pharmazeutischen Industrie **notwendig,** etwa im Rahmen von Studien- und Fortbildungsprojekten oder bei der Durchführung von Anwendungsbeobachtungen. Dies gilt auch für die **medizinische und wissenschaftliche Fortbildung,** da ohne sie der erforderliche Kenntnisstand für sachgerechte Anwendungen und Weiterentwicklungen – und damit verbunden eine *lege artis* erfolgende Patientenversorgung – nicht erworben bzw. beibehalten werden kann. Eine enge Zusammenarbeit der Industrie

[26] BGHSt 15, 88 (92); BGH wistra 2003, 59 (63).

[27] *Dieners/Lembeck/Taschke* PharmR 1999, 156ff.; *Dieners/Taschke* PharmR 2000, 309ff. sowie *Taschke* PharmR 2002, 417ff. und *Ulsenheimer* in Laufs/Kern/Rehborn, Handbuch des Arztrechts, § 162 Rn. 111ff. S. auch *Kuhlen* AusR 2004, 39ff. Zusammenfassende Bewertung der Ermittlungen im Herzklappenverfahren, *Taschke* GesR 2018, 7 (9).

mit Ärzten und das dadurch entstehende Näheverhältnis liegen damit in der **Natur der Sache.** Die ansonsten dem Korruptionsbekämpfungsrecht innewohnende strikte Trennung von Amtsträger und Industrie ist in diesem Bereich jedenfalls potenziell aufgehoben, zumindest aber stark eingeschränkt.

Die für die Wissenschaft und Praxis gleichermaßen **bedeutsamen Entscheidungen** aus Mai[28] und Oktober[29] 2002 sowie aus Februar 2003[30] haben **für den Bereich der universitären Drittmitteleinwerbung** wichtige rechtliche Klärungen gebracht. **16**

In der Entscheidung vom 23.5.2002 führt der 1. Strafsenat aus, dass dem Schutzgut des § 331 Abs. 1 StGB (Vertrauen in die Sachgerechtigkeit und „Nicht-Käuflichkeit" von Entscheidungen) bereits angemessen Rechnung getragen werde, sofern das **im Hochschulrecht vorgeschriebene Verfahren für die Drittmitteleinwerbung** (Anzeige und Genehmigung nach den landesrechtlichen Bestimmungen für die Hochschulen) eingehalten werde, da hierdurch die Transparenz des Vorgangs hinreichend sichergestellt werde. Die Einhaltung des vorgeschriebenen Verfahrens lasse bereits die Tatbestandmäßigkeit entfallen.[31] Hieraus ergibt sich, dass die vorstehenden Erwägungen, welche die frühere Rechtsprechung des Bundesgerichtshofs zu allen Fällen der Drittmitteleinwerbung betrafen, im Hinblick auf den universitären Forschungsbereich nur noch sekundäre Bedeutung besitzen: Vorrangig ist für den Bereich der universitären Drittmittelforschung danach zu fragen, ob bereits aufgrund **formeller Kriterien (Anzeige und Genehmigung)** eine Strafbarkeit wegen § 331 Abs. 1 StGB ausgeschlossen ist. Allerdings sind durch die Entscheidung aus dem Jahr 2002 die Maßgaben der früheren Rechtsprechung auch im universitären Forschungsbereich noch relevant, da im Falle einer fehlenden Anzeige oder unwirksamen Genehmigung die beschriebenen materiellen Kriterien zum Zuge kommen. Außerhalb des universitären Forschungsbereichs ist (mangels anderweitiger Anhaltspunkte in der neueren Rechtsprechung) sogar generell von den beschriebenen materiellen Kriterien auszugehen (allerdings ist in diesem Fall die Genehmigungsmöglichkeit gem. § 331 Abs. 3 StGB zu beachten).[32] **17**

In seiner Entscheidung vom 23.10.2002 bestätigt der 1. Strafsenat den von ihm eingeschlagenen Weg in einem *obiter dictum.* Der Aspekt einer tatbestandsausschließenden Genehmigung des Dienstvorgesetzten war in diesem Urteil nicht fallentscheidend, da schon keine solche Genehmigung vorlag.[33] Hierbei befasst sich das Gericht insbesondere mit dem **Merkmal des „Sich-bereit-Zeigens"** gemäß § 332 Abs. 3 Nr. 2 StGB und stellt dazu fest, das bloße Fordern, Vereinbaren oder Annehmen eines Vorteils könne als gewichtiges Beweisanzeichen für ein „Sich-bereit-Zeigen" angesehen werden, wenn dem Vorteil jeglicher dienstlicher Verwendungsbezug fehle. Habe der Vorteil hingegen einen derartigen (wie auch immer gearteten) dienstlichen Bezug und könnten andere Gesichtspunkte gegen einen bewusst vermittelten Eindruck der Beeinflussbarkeit sprechen, bedürfe es einer ausdrücklichen richterlichen Würdigung aller Umstände.[34] In diesem Fall müsse dazu auch festgestellt werden, welche Vorstellungen über den Zweck der Vorteilsgewährung und deren Annahme bei den Beteiligten bestanden hätten.[35] Der Entscheidung ist die wichtige Aussage zu entnehmen, dass allein das Fordern oder die Annahme von Vorteilen (vor allem mit Bezug zur dienstlichen Tätigkeit) **keineswegs automatisch** zur Annahme der Pflichtwidrigkeit von Beschaffungsentscheidungen (und damit zur Anwendung der §§ 332, 334 StGB) **18**

---

[28] BGHSt 47, 295 ff. = NJW 2002, 2801 ff., s. zu dieser Entscheidung insbesondere die Besprechung von *Taschke* PharmR 2002, 417 ff. und *Michalke* NJW 2002, 3381 f. Zur Bedeutung dieser Entscheidung s. auch *Taschke* GesR 2018, 7 (10).

[29] BGH wistra 2003, 59 ff.; s. hierzu auch *Taschke* GesR 2018, 7 (10).

[30] BGH wistra 2003, 303 ff.

[31] BGH NJW 2002, 2801 (2804 f.).

[32] Dazu auch *Taschke* PharmR 2002, 417 (425).

[33] BGH wistra 2003, 59 (63).

[34] BGH wistra 2003, 59 (63).

[35] BGH wistra 2003, 59 (63).

führt, die mit den Vorteilszuwendungen im Zusammenhang stehen. Anderenfalls bliebe auch für die Anwendung von §§ 331, 333 StGB in den Fällen der Drittmitteleinwerbung nur wenig Raum. Derartige Beschaffungsmaßnahmen beruhen regelmäßig auf Ermessensentscheidungen. Zudem stellt die Entscheidung klar, dass im Fall von Zuwendungen, die (auch) der Anstellungskörperschaft (etwa im Rahmen der Klinikversorgung) zugutekommen und die von dem verhandelnden Arzt der Anstellungskörperschaft gegenüber **offen gelegt werden,** regelmäßig schon keine „Vorteile“ iSd §§ 331 ff. StGB darstellen.[36] Dies gelte auch dann, wenn damit zugleich verbesserte Wirkungsmöglichkeiten für den verhandelnden Arzt verbunden seien. Hingegen sei im Falle eines verheimlichten Vorteils durch den verhandelnden Arzt (mag der ausgehandelte Vorteil auch der Klinik zugutekommen) regelmäßig ein korruptionsstrafrechtliches Gegenseitigkeitsverhältnis gegeben.[37]

19 Mit seiner Entscheidung vom 25.2.2003 hat der 5. Strafsenat die Rechtsprechung zur Drittmitteleinwerbung im ärztlichen Hochschulbereich bestätigt.[38] In diesem Fall scheiterte eine Strafbarkeit des Hochschularztes an dem fehlenden Nachweis einer Unrechtsvereinbarung (allerdings erging die Entscheidung zu § 331 StGB aF). Der Senat weist in einem umfangreichen *obiter dictum* ausdrücklich darauf hin, dass auch er (wie der 1. Strafsenat) in Zukunft der **Transparenz im Wege der Einholung hochschulrechtlicher Genehmigungen** eine zentrale Bedeutung zumessen werde.[39] Dort heißt es:

> „Die Sensibilität der Rechtsgemeinschaft bei der Erwägung der Strafwürdigkeit der Entgegennahme von Vorteilen durch Amtsträger ist […] mittlerweile deutlich geschärft. Mithin wird […] künftig […] Amtsträgern vor der Annahme jeglicher Vorteile, die in Zusammenhang mit ihrer Dienstausübung gebracht werden können, die strikte Absicherung von Transparenz im Wege von Anzeigen und Einholungen von Genehmigungen […] abzuverlangen sein. Die Gewährleistung eines derartigen Verhaltens obliegt namentlich auch der besonderen Verantwortung des jeweiligen Vorgesetzten.“[40]

d) Rechtfertigung gem. §§ 331 Abs. 3, 333 Abs. 3 StGB

20 Eine Besonderheit besteht hinsichtlich der Tatbestände der Vorteilsannahme bzw. Vorteilsgewährung gemäß §§ 331 Abs. 3 bzw. 333 Abs. 3 StGB. Danach ist die Annahme eines auf eine pflichtgemäße Diensthandlung gerichteten Vorteils dann **gerechtfertigt,** wenn diese von der Behörde im Rahmen ihrer Befugnisse entweder **vorab oder nach unverzüglicher Anzeige genehmigt**[41] wird.[42] Eine Genehmigung iSv §§ 331 Abs. 3, 333 Abs. 3 StGB ist jedoch dann ausgeschlossen, wenn es sich um die Annahme bzw. Gewährung von Vorteilen für pflichtwidrige Handlungen handelt.

21 Im Übrigen richtet sich die Frage, ob eine Vorteilsannahme bzw. Vorteilsgewährung mit rechtfertigender Wirkung genehmigt werden kann, nach dem öffentlichen Dienstrecht (→ Rn. 55 ff.). Das OLG Hamburg hat hierzu klargestellt, dass Genehmigungen nach §§ 331 Abs. 3, 333 Abs. 3 StGB alle für die Verwirklichung der gerade bezeichneten Straftatbestände relevanten Tatsachen umfassen müssen.[43] Insbesondere muss dem Dienstherrn der Zusammenhang zwischen dem Vorteil und der Diensthandlung bekannt gemacht werden. Deshalb beinhaltet die **Genehmigung einer Nebentätigkeit oder eines Sonderurlaubs** durch den Dienstvorgesetzten auch nicht notwendigerweise die Genehmigung

---

[36] BGH wistra 2003, 59 (65).

[37] BGH wistra 2003, 59 (65).

[38] BGH wistra 2003, 303 ff.

[39] BGH wistra 2003, 303 (305).

[40] BGH wistra 2003, 303 (305).

[41] *Fischer* StGB § 331 Rn. 35 f. mit differenzierender Betrachtung zur Einordnung der nachträglichen Zustimmung als Rechtfertigungs- und Strafausschließungsgrund.

[42] So sehen etwa die Richtlinien für aus Drittmitteln finanzierten Forschungsvorhaben der Charité Berlin in § 12 Nr. 5 ausdrücklich eine vorherige Genehmigung als Rechtfertigung im Sinne von § 331 Abs. 3 StGB vor, abrufbar unter: www.charite.de/fileadmin/user_upload/portal/charite/presse/publikationen/amtl.-mitteilungsblatt/2007/AMB071219-030.pdf (zul. abgerufen am 3.11.2021).

[43] OLG Hamburg StV 2001, 277 (283 f.).

einer Vorteilsannahme. Denn meist wird sich die Genehmigung einer Nebentätigkeit nur auf die Nebentätigkeit und deren Vergütung erstrecken, nicht aber darauf, dass die Vergütung als **Gegenleistung** für eine **Dienstausübung** gewährt wird.[44]

Außerdem stellt sich im Hinblick auf den **Drittvorteil** die Frage, ob die medizinische Einrichtung diesen mit rechtfertigender Wirkung genehmigen kann, sofern ihr selbst der Drittvorteil zugutekommt, beispielsweise in Form von Sponsoringleistungen.[45] Hierzu vertreten verschiedene Staatsanwaltschaften die Auffassung, dass eine Genehmigung nicht durch die medizinische Einrichtung erfolgen kann, die von dem Vorteil profitiert, sondern allenfalls durch den Träger der medizinischen Einrichtung. Auf Bundesebene verlangt Nr. 3.3 der Verwaltungsvorschrift zum Sponsoring[46] die Einwilligung der obersten Dienstbehörde, wobei eine Delegation möglich ist. Wer für die Einwilligungserteilung auf Länderebene zuständig bzw. unter welchen Umständen sie überhaupt zulässig ist, ergibt sich aus den einzelnen Landessponsoringrichtlinien bzw. Richtlinien zur Korruptionsprävention. 22

2. Bestechlichkeit und Bestechung im geschäftlichen Verkehr

Paragraph 299 StGB stellt die Bestechlichkeit und Bestechung im **geschäftlichen Verkehr** unter Strafe. Der Tatbestand hat zwei Absätze mit jeweils zwei Modalitäten von Bestechlichkeit und Bestechung. Die jeweilige erste Modalität (§ 299 Abs. 1 Nr. 1 und Abs. 2 Nr. 1 StGB) regelt die zumindest intendierte korruptive unlautere Bevorzugung im Wettbewerb („Wettbewerbsmodell"), die zweite Modalität (§ 299 Abs. 1 Nr. 2 und Abs. 2 Nr. 2 StGB) jeweils die zumindest intendierte korruptionsbedingte Verletzung von Pflichten im Verhältnis zum Geschäftsherrn („Geschäftsherrenmodell").[47] 23

a) Schutzzweck

Geschütztes Rechtsgut des „Wettbewerbsmodells" (§ 299 Abs. 1 Nr. 1 und Abs. 2 Nr. 1 StGB) ist der **freie Wettbewerb;** mittelbar geschützt sind die Vermögensinteressen der Mitbewerber sowie des Geschäftsherrn.[48] Das „Geschäftsherrenmodell" (§ 299 Abs. 1 Nr. 2 und Abs. 2 Nr. 2 StGB) schützt ausschließlich die **Interessen des Geschäftsherrn.**[49] 24

b) Normadressaten

Vorteilsnehmer können nur **Angestellte oder Beauftragte von Unternehmen** sein (wie bspw. angestellte Ärzte in privaten Krankenhäusern), als Vorteilsgeber kommt Jedermann in Betracht (wie bspw. Mitarbeiter von Unternehmen der pharmazeutischen oder medizintechnologischen Industrie). Der niedergelassene Vertragsarzt ist kein tauglicher Vorteilsnehmer des § 299 StGB; er ist insbesondere kein Beauftragter der Krankenkasse.[50] 25

c) Tathandlung

Die Regelung des § 299 Abs. 1 Nr. 1 StGB verbietet Angestellten oder Beauftragten eines Unternehmens das Fordern, Sichversprechenlassen oder Annehmen von Vorteilen für sich oder einen Dritten als Gegenleistung für die Bevorzugung im inländischen oder ausländischen Wettbewerb bei dem Bezug von Waren oder Dienstleistungen **(„Wettbe-** 26

---

[44] *Kuhlen* in Kindhäuser/Neumann/Paeffgen StGB § 331 Rn. 126.

[45] Zur Genehmigung des Drittvorteils, s. *Korte* in MüKoStGB § 331 Rn. 196 ff.

[46] Allgemeine Verwaltungsvorschrift zur Förderung von Tätigkeiten des Bundes durch Leistungen Privater (Sponsoring, Spenden und sonstige Schenkungen) vom 7.7.2003, abrufbar unter: https://www.bmi.bund.de/DE/themen/moderne-verwaltung/integritaet-der-verwaltung/sponsoring/sponsoring-node.html (zul. abgerufen am 3.11.2021).

[47] *Krick* in MüKoStGB § 299 Rn. 3.

[48] *Fischer* StGB § 299 Rn. 2 mwN und BGHSt 31, 211 (zu § 12 UWG).

[49] *Momsen/Laudien* in BeckOK StGB, 50. Ed., Stand: 1.5.2021, § 299 Rn. 7.

[50] GSSt 2/11; *Taschke* in Dieners/Anhalt, Medizinprodukterecht, § 20 Rn. 265; *Taschke/Zapf* medstra 2015, 332 (333).

werbsmodell"). Dasselbe gilt nach § 299 Abs. 2 Nr. 1 StGB spiegelbildlich für die Geberseite.

27 Die Regelung des § 299 Abs. 1 Nr. 2 StGB verbietet Angestellten oder Beauftragten eines Unternehmens das Fordern, Sichversprechenlassen oder Annehmen von Vorteilen für sich oder einen Dritten als Gegenleistung dafür, dass er – ohne Einwilligung des Unternehmens – bei dem Bezug von Waren oder Dienstleistungen eine Handlung vornimmt oder unterlässt und dadurch seine Pflichten gegenüber dem Unternehmen verletzt **(„Geschäftsherrenmodell").** Dasselbe gilt nach § 299 Abs. 2 Nr. 2 StGB spiegelbildlich für die Geberseite.

28 Der **Vorteilsbegriff** ist derselbe wie bei den §§ 331 ff. StGB (→ Rn. 10). Ebenso werden vom Tatbestand sog. **Drittvorteile** erfasst (hierzu bereits → Rn. 11). Streitig ist allerdings, ob der **Geschäftsbetrieb oder Geschäftsherr Dritter iSd § 299 StGB** sein kann. Dies wird in der Literatur nicht einheitlich beantwortet. Durch die Rechtsprechung ist die Frage bislang nicht geklärt worden. Nach vielfach vertretener Ansicht in der Literatur[51] kann der Geschäftsbetrieb oder der Geschäftsherr nicht Dritter iSd § 299 StGB sein. Begründet wird dies damit, dass der Geschäftsherr nicht in den Täterkreis des § 299 StGB einbezogen ist, da § 299 StGB als Täter einen Angestellten oder Beauftragten fordert und sich der Geschäftsherr oder der Geschäftsbetrieb die Vorteile selbst straflos verschaffen könnte. Es würde zu einem Wertungswiderspruch führen, wenn der Angestellte oder Beauftragte, der dem Geschäftsbetrieb oder Geschäftsherrn einen Vorteil verschafft, deshalb bestraft würde. Hinzukommt, dass es gerade zu den vertraglichen Pflichten des Angestellten oder Beauftragten gehören kann, für den Geschäftsherrn im Wettbewerb möglichst hohe Rabatte oder andere Vorteile auszuhandeln. Nach anderer Ansicht können der Geschäftsbetrieb und der Betriebsinhaber unter Verweis auf den Wortlaut durchaus Dritte iSd § 299 StGB sein. Grundsätzlich fehle es hierbei aber vielfach an der Unlauterkeit.[52] Die Unlauterkeit könne sich aber insbesondere aus Verstößen gegen Vorschriften des Wettbewerbs- und Kartellrechts ergeben.

29 Zur Verwirklichung des § 299 StGB bedarf es einer **Unrechtsvereinbarung** zwischen Vorteilsgeber und Vorteilsnehmer. Eine solche setzt für das **„Wettbewerbsmodells"** voraus, dass der Vorteil gerade als Gegenleistung für die künftige unlautere Bevorzugung bei dem Bezug von Waren oder Dienstleistung erfolgt. Erfasst ist daher nur der Vorteil, der für die Bevorzugung beim Bezug von Medizinprodukten oder Arzneimitteln gewährt wird, nicht hingegen ein Vorteil für die Bevorzugung bei der Verschreibung entsprechender Produkte. Nicht ausreichend sind Belohnungen für in der Vergangenheit liegende Bevorzugungen, sofern diese nicht auf einer zuvor geschlossenen Unrechtsvereinbarung basieren.[53] Auch reicht das Fordern, Sichversprechenlassen oder Annehmen bzw. das Anbieten, Versprechen oder Gewähren eines Vorteils zur Klimapflege für eine Tatbestandsverwirklichung nicht aus, da die Unrechtsvereinbarung konkret sein muss. Eine gelockerte Unrechtsvereinbarung, wie bei §§ 331, 333 StGB, ist gerade nicht ausreichend.[54] Zur Bestimmung, ob eine Unrechtsvereinbarung vorliegt, kann auf die Ausführungen zu §§ 332, 334 StGB zurückgegriffen werden, da das Gericht auch hier das gesamte Beziehungsgeflecht zwischen Vorteilsnehmer und Vorteilsgeber untersuchen wird. Auch das **„Geschäftsherrenmodell"** setzt eine konkrete Unrechtsvereinbarung voraus. Der Vorteil muss hier die Gegenleistung für die Vornahme oder das Unterlassen einer Handlung bei dem Bezug von Waren oder Dienstleistungen sein, wodurch der Vorteilsnehmer seine Pflichten gegenüber dem Unternehmen verletzt.[55]

---

[51] Statt vieler *Heine/Eisele* in Sch/Sch-StGB § 299 Rn. 19 mwN.

[52] *Fischer* StGB § 299 Rn. 18.

[53] *Fischer* StGB § 299 Rn. 22.

[54] *Fischer* StGB § 299 Rn. 22.

[55] *Krick* in MüKoStGB § 299 Rn. 109.

d) Dienstherrengenehmigung

Anders als bei §§ 331, 333 StGB lässt das Vorliegen einer Dienstherrengenehmigung – wie bei §§ 332, 334 StGB – die Strafbarkeit nach § 299 Abs. 1 Nr. 1 und Abs. 2 Nr. 1 StGB („Wettbewerbsmodell") nicht entfallen. Dennoch darf auch außerhalb des universitären Forschungsbereichs bei der Beweiswürdigung der Umstand der vorausgehenden Genehmigung durch die privaten Arbeitgeber angestellter Ärzte nicht unberücksichtigt bleiben. Sofern die privaten Arbeitgeber der betroffenen Ärzte die entsprechenden Kooperationsbeziehungen mit Unternehmen der pharmazeutischen und medizintechnologischen Industrie bei gleichzeitiger Kenntnis der Funktion des Arztes im Rahmen von Beschaffungsentscheidungen **zustimmend zur Kenntnis genommen haben,** spricht die Lebenserfahrung dafür, dass der Arbeitgeber nicht davon ausgegangen ist, dass die Zuwendungen einen Einfluss auf die Beschaffungsentscheidungen haben bzw. nach außen einen entsprechenden Eindruck vermitteln könnten.[56] Demnach spricht das Vorliegen einer Dienstherrengenehmigung gegen das Vorliegen einer Unrechtsvereinbarung. 30

Hingegen lässt eine erteilte **Einwilligung** die Strafbarkeit nach § 299 Abs. 1 Nr. 2 und Abs. 2 Nr. 2 StGB („Geschäftsherrenmodell") entfallen,[57] da der Tatbestand („ohne Einwilligung des Unternehmens") bei Vorliegen einer Einwilligung schon nicht verwirklicht ist.[58] Dies gilt allerdings nur für die im Vorfeld erteilte Einwilligung, wohingegen eine Genehmigung die Verwirklichung des Tatbestands nicht ausschließen kann.[59] 31

3. Bestechlichkeit und Bestechung im Gesundheitswesen

Am 4.6.2016 ist das Gesetz zur Bekämpfung der Korruption im Gesundheitswesen in Kraft getreten. Durch dieses sind die Tatbestände der **Bestechlichkeit** und **Bestechung** im Gesundheitswesen als § 299a (Bestechlichkeit) und § 299b (Bestechung) in das Strafgesetzbuch aufgenommen worden. 32

a) Schutzzweck

Die Normen schützen nach herrschender Meinung den **freien und fairen Wettbewerb** im Gesundheitswesen und sollen sowohl Vermögensinteressen der Kostenträger als auch das „Vertrauen der Patienten in die Integrität heilberuflicher Entscheidungen" schützen.[60] 33

b) Normadressaten

Als **taugliche Vorteilsempfänger** kommen neben den Angehörigen akademischer Heilberufe (wie etwa Ärzte) auch Angehörige der Gesundheitsfachberufe, deren Ausbildung gesetzlich geregelt ist (wie bspw. Krankenpfleger), in Betracht.[61] Dies gilt unabhängig davon, ob es sich um selbstständige oder angestellte Heilberufsangehörige handelt. Als Vorteilsgeber kommt Jedermann in Betracht (wie bspw. Mitarbeiter von Unternehmen der pharmazeutischen oder medizintechnologischen Industrie). 34

---

[56] Für eine konsequente Gleichbehandlung auch *Michalke* NJW 2002, 3381 (3382), die auf die Gefahr eines „Zwei-Klassen-Strafrechts" im Hinblick auf universitäre und außeruniversitäre Drittmitteleinwerbung verweist.

[57] *Momsen/Laudien* in BeckOK StGB, 50 Ed., Stand: 1.5.2021, § 299 Rn. 26, 67; *Krack* ZIS 2016, 83 (86).

[58] BT-Drs. 16/6389, 15.

[59] *Momsen/Laudien* in BeckOK StGB, 50. Ed., Stand: 1.11.2021, § 299 Rn. 67; *Heuking/von Coelln* BB 2016, 323 (329 f.).

[60] BT-Drs. 18/6446, 12; *Fischer* StGB § 299a Rn. 3; *Geiger* CCZ 2016, 172 (174); *Taschke/Zapf* medstra 2015, 332 (334).

[61] BT-Drs. 18/6446, 17; *Cahnbley* MPR 2015, 145 (146); *Dieners* PharmR 2015, 529 (530).

c) Tathandlung

35 Nach § 299a StGB (Bestechlichkeit im Gesundheitswesen) ist strafbar, wer als **Angehöriger eines Heilberufs,** der für die Berufsausübung oder die Führung der Berufsbezeichnung eine staatlich geregelte Ausbildung erfordert, im Zusammenhang mit der Ausübung seines Berufs einen Vorteil für sich oder einen Dritten als Gegenleistung dafür fordert, sich versprechen lässt oder annimmt, dass er (1.) bei der Verordnung von Arznei-, Heil- oder Hilfsmitteln oder von Medizinprodukten, (2.) bei dem Bezug von Arznei- oder Hilfsmitteln oder von Medizinprodukten, die jeweils zur unmittelbaren Anwendung durch den Heilberufsangehörigen oder einen seiner Berufshelfer bestimmt sind, oder (3.) bei der Zuführung von Patienten oder Untersuchungsmaterial einen anderen im inländischen oder ausländischen Wettbewerb in unlauterer Weise bevorzugt. Spiegelbildlich zu § 299a StGB (Bestechlichkeit im Gesundheitswesen) sieht § 299b StGB die Strafbarkeit der Bestechung im Gesundheitswesen vor und stellt damit das Handeln des Vorteilsgebers unter Strafe.

36 Der **Vorteilsbegriff** stimmt mit dem der §§ 331 ff. StGB und des § 299 StGB überein (→ Rn. 10, 28).[62] Auch die Ausgestaltung der **Unrechtsvereinbarung** (Vorteil als Gegenleistung für eine Bevorzugung im Wettbewerb bei der Verordnung, dem Bezug oder der Zuweisung) orientiert sich an § 299 StGB, so dass auf die hierzu bekannten Kriterien zurückgegriffen werden kann (→ Rn. 29). Insbesondere werden Zuwendungen zur Erzielung eines allgemeinen Wohlwollens – anders als bei der Vorteilsannahme von und der Vorteilsgewährung gegenüber Amtsträgern (§§ 331, 333 StGB) – nicht von den §§ 299a, b StGB erfasst. Ebenso wenig fallen Zuwendungen für in der Vergangenheit liegende Bevorzugungen unter den Tatbestand.[63]

37 **Verordnung** meint die Verschreibung von Arznei-, Heil- und Hilfsmitteln und Medizinprodukten unabhängig vom Bestehen einer Verschreibungspflicht.[64] Unter **Bezug** versteht man jede Form des Sich-Verschaffens, sei es auf eigene oder fremde Rechnung.[65] Der Begriff der **Zuführung** entspricht inhaltlich dem sozial- und berufsrechtlichen Zuweisungsbegriff (§ 73 Abs. 7 SGB-V, § 31 MBO-Ä). Tatbestandsmäßig ist daher jede Einwirkung auf den Patienten mit der Absicht, dessen Auswahl eines Arztes oder eines anderen Leistungserbringers zu beeinflussen, wie Zuweisungen, Überweisungen, Verweisungen und bei Empfehlungen.[66]

38 Bei der **Bezugsvariante** besteht die Besonderheit, dass sie lediglich den Bezug solcher Arznei- oder Hilfsmittel sowie Medizinprodukte erfasst, die jeweils zur unmittelbaren Anwendung beim oder am Patienten durch den Heilberufsangehörigen oder einen seiner Berufshelfer bestimmt sind, beispielsweise Implantate oder von dem Arzt zu injizierende Arzneimittel.[67]

d) Dienstherrengenehmigung

39 Ebenso wie beim Wettbewerbsmodell der Bestechlichkeit und Bestechung im geschäftlichen Verkehr (§ 299 Abs. 1 Nr. 1 und Abs. 2 Nr. 1 StGB) kann das Vorliegen einer **Dienstherrengenehmigung** bei Klinikärzten die Strafbarkeit zwar nicht ausschließen, sie kann allerdings im Rahmen der freien Beweiswürdigung als Indiz gegen das Vorliegen einer Unrechtsvereinbarung gewertet werden (→ Rn. 30). Damit ist ihre Einholung auch in Bezug auf die Tatbestände der Bestechlichkeit und Bestechung im Gesundheitswesen von großer Bedeutung.

---

[62] BT-Drs. 18/6446, 17; *Dieners* PharmR 2015, 529 (530).
[63] BT-Drs. 18/6446, 18; *Cahnbley* MPR 2015, 145 (146); *Tsambikakis* medstra 2016, 131 (134 f.).
[64] BT-Drs. 18/6446, 20.
[65] BT-Drs. 18/6446, 20.
[66] BT/Drs. 18/6446, 20.
[67] BT-Drs. 18/8106, 14; *Dieners/Cahnbley* MPR 2016, 48 (50).

4. Strafbarkeit bei Auslandsbezug

Die Strafbarkeit von korruptiven Handlungen mit **Auslandsbezug** setzt voraus, dass der zugrundeliegende Sachverhalt vom Wortlaut des jeweiligen Tatbestands erfasst wird und die Strafnorm überhaupt Anwendung findet. 40

Die Antikorruptionsvorschriften des Strafgesetzbuchs (§§ 299, 299a, b, 331 ff. StGB) erfassen ihrem Wortlaut nach auch Sachverhalte mit **Auslandsbezug.** 41

In den Straftatbeständen zur Amtsträgerkorruption (§§ 331–334 StGB) sind neben „Amtsträgern" auch **„Europäische Amtsträger"** erfasst. § 11 Abs. 1 Nr. 2a StGB enthält eine Legaldefinition des Begriffs des „Europäischen Amtsträgers", der neben Mitgliedern von Institutionen und Organen der Europäischen Union auch Beamte oder sonstige Bedienstete der Europäischen Union und Personen umfasst, die mit der Wahrnehmung von Aufgaben der Europäischen Union beauftragt sind. § 335a StGB stellt eine Gleichstellungsregelung für **„Ausländische und internationale Bedienstete"** dar. Danach werden insbesondere bestimmte Bedienstete ausländischer Staaten und internationaler Organisationen für die Straftatbestände der Amtsträgerkorruption Amtsträgern nach deutschem Recht gleichgestellt, wenn sich die Tat auf eine „künftige Diensthandlung" bezieht. Hierdurch können grundsätzlich weltweit Amtsträger von den deutschen Strafverfolgungsbehörden nach deutschem Korruptionsstrafrecht belangt werden, wenn sie einen Vorteil als Gegenleistung für die künftige Dienstausübung oder eine künftige pflichtwidrige Diensthandlung fordern, sich versprechen lassen oder annehmen. Genauso kann nun grundsätzlich auch der Vorteilsgeber bestraft werden, wenn er weltweit Amtsträgern einen Vorteil zu vorgenannten Zwecken anbietet, verspricht oder gewährt. 42

§§ 299, 299a, b StGB erfassen sowohl die Vorteilsgewährung und -annahme für die Bevorzugung **im inländischen und ausländischen Wettbewerb.** 43

Voraussetzung für die **Anwendbarkeit des deutschen Strafrechts** ist jedoch, dass die Tathandlung zumindest teilweise im Inland begangen wurde (§§ 3, 9 StGB) oder aber – sofern die Handlung im Ausland begangen wurde (sog. Auslandstat) – die Voraussetzungen einer Strafanwendungsnorm gegeben sind. 44

Nach § 5 Nr. 15 StGB finden die Straftatbestände zur Amtsträgerkorruption (§§ 331–337 StGB) auch auf **Auslandstaten** Anwendung, wenn der Täter zur Tatzeit Deutscher ist (§ 5 Nr. 15 lit. a StGB), der Täter im Tatzeitpunkt Europäischer Amtsträger ist und seine Dienststelle ihren Sitz im Inland hat (§ 5 Nr. 15 lit. b StGB), die Tat gegenüber einem Amtsträger begangen wird (§ 5 Nr. 15 lit. c StGB) oder die Tat gegenüber einem Europäischen Amtsträger, der zur Tatzeit Deutscher ist, oder einer nach § 335a gleichgestellten Person begangen wird, die zur Tatzeit Deutsche ist (§ 5 Nr. 15 lit. d StGB). 45

Im Übrigen findet insbesondere dann das **deutsche Korruptionsstrafrecht** (§§ 299, 299a, b, 331 ff. StGB) Anwendung, wenn die Tat am Tatort mit Strafe bedroht ist oder der Tatort keiner Strafgewalt unterliegt und wenn der Täter zur Tatzeit Deutscher war oder es nach der Tat geworden ist (§ 7 Abs. 2 Nr. 1 StGB). 46

II. Untreue und Betrug

Sogenannte **„Kick-back-Zahlungen"** an Ärzte können darüber hinaus den Tatbestand der Untreue (§ 266 StGB) zu Lasten der medizinischen Einrichtungen bzw. Träger erfüllen, für die der Arzt tätig ist.[68] Das Verschreiben medizinisch nicht indizierter Produkte kann eine Untreue gegenüber der gesetzlichen Krankenkasse darstellen.[69] Daneben kommt unter 47

[68] Zur Frage, ob die Verwirklichung von Korruptionsstraftaten, die Übernahme von Verteidigerkosten für Mitarbeiter oder etwa die fehlende Geltendmachung von Schadensersatzansprüchen gegenüber Mitarbeitern für die Vorstände und Geschäftsführer eine Untreue zu Lasten des betroffenen Unternehmens bedeuten können, s. (verneinend) *Taschke* in Prittwitz/Bauermann/Günther/Kuhlen/Merkel/Nestler/Schulz (Hrsg.) FS Lüderssen, S. 663 ff.

[69] BGH NJW 2004, 454 ff.

bestimmten Voraussetzungen auch die Verwirklichung des Betrugstatbestands (§ 263 StGB) zu Lasten der entsprechenden medizinischen Einrichtung, deren Träger oder auch zu Lasten der Kostenträger in Betracht.[70]

1. Untreue

48 Für die bereits erwähnten **„Kick-back-Zahlungen"** an Klinikärzte kann sich (neben der Strafbarkeit aufgrund von Korruption) eine Erfüllung des Straftatbestands der Untreue (§ 266 StGB)[71] zu Lasten der medizinischen Einrichtungen bzw. Träger durch den Arzt und eine Beihilfe durch den Unternehmensmitarbeiter ergeben.[72] Eine Strafbarkeit kann allerdings dann ausscheiden, wenn die Rückflüsse für die Anstellungskörperschaft verwendet werden.[73]

49 Für die strafrechtliche **Verantwortlichkeit des niedergelassenen Vertragsarztes bei der vorsätzlichen, nicht indizierten Verordnung von Medizinprodukten** unter Verstoß gegen § 12 Abs. 1 SGB V (Wirtschaftlichkeitsgebot) ist eine Entscheidung des 4. Strafsenats des BGH[74] von besonderer Bedeutung. Der 4. Strafsenat bejaht die Begehung einer **Untreue zu Lasten der Krankenkasse** für den unter Verstoß gegen § 12 Abs. 1 SGB V (Wirtschaftlichkeitsgebot) verordnenden Vertragsarzt, sofern dieser vorsätzlich unter Verstoß gegen die Maßgaben des § 12 Abs. 1 SGB V medizinisch nicht indizierte Infusionslösungen und Katheter verordnet. Der 4. Strafsenat sieht den Vertragsarzt insoweit aufgrund seiner sozialrechtlichen Stellung als einen mit öffentlich-rechtlicher Rechtsmacht „Beliehenen" an, mit der Verpflichtung, den materiellen und formellen Rahmen der kassenärztlichen Versorgung einzuhalten (insbesondere § 12 Abs. 1 SGB V). In dem Verstoß gegen § 12 SGB V liege eine Verletzung der Vermögensbetreuungspflicht, die dem Vertragsarzt als mit öffentlich-rechtlicher Kompetenz „Beliehenem" zukomme.[75] Wenn der Vertragsarzt nicht indizierte Nahrungsinfusionslösungen und Katheter verordne, nehme er Vermögensinteressen der Kasse wahr, indem er die Kasse im Außenverhältnis wirksam, im Innenverhältnis bestimmungswidrig, verpflichtet (Missbrauchstatbestand).[76] Daran hat sich auch nach der Kassenarzt-Entscheidung des Großen Senats für Strafsachen aus dem Jahr 2012[77] nichts geändert.[78] Da die Untreue ein Sonderdelikt darstellt, ist auch der aus Gefälligkeit verordnende Arzt durchweg als Täter anzusehen. Der Unternehmensmitarbeiter kann sich hingegen nur als Gehilfe oder Anstifter strafbar machen. Allerdings ist zu fragen, ob bereits jeder geringfügige vorsätzliche Verstoß gegen § 12 Abs. 1 SGB V (Wirtschaftlichkeitsgebot) zu einer Strafbarkeit des Arztes gem. § 266 StGB führen kann.[79] Dies ist im Ergebnis abzulehnen.

2. Betrug

50 Wegen der bereits angesprochenen **„Kick-back-Zahlungen"** (→ Rn. 48) **an Klinikärzte** ist unter bestimmten Voraussetzungen neben dem Untreuetatbestand (§ 266

---

[70] Hierzu im Einzelnen *Taschke* in Anhalt/Dieners, Handbuch des Medizinprodukterechts, § 20 Rn. 293 ff.; s. auch *Noak* MedR 2002, 76 ff., *Ellbogen/Wichmann* MedR 2007, 10 ff.

[71] Eine umfassende Darstellung des Untreuetatbestands und seiner Bezüge zum Medizinprodukterecht bietet *Taschke* in Anhalt/Dieners, Handbuch des Medizinprodukterechts, § 20 Rn. 310–324, s. auch *Dierlamm* NStZ 1997, 534 und *Geis* GesR 2006, 345.

[72] Zu „Kick-back-Zahlungen" allgemein s. *Dierlamm* in MüKoStGB § 266 Rn. 274 ff.

[73] Dazu auch BGHSt 47, 295 (298 ff.).

[74] BGH NJW 2004, 454 ff.; vgl. auch BGH NJW 2016, 3253 ff. zur Strafbarkeit der Untreue wegen nicht indizierter Verordnung von Heilmitteln.

[75] BGH NJW 2004, 454 (456); vgl. auch BGH NJW 2016, 3253 (3254); *Krick* A&R 2011, 3 (4 f.).

[76] BGH NJW 2004, 454 (456); zu den Straftaten im Pharmazie- und Rezeptbereich allgemein s. *Hilgendorf* in Wabnitz/Janovsky/Schmitt, Wirtschafts- und Steuerstrafrecht, Kap. 14 Rn. 102 ff.

[77] BGH NJW 2012, 2530.

[78] S. dazu BGH NJW 2016, 3253 (3254 ff.); *Bülte* NZWiSt 2013, 346 (348 ff.).

[79] Hierzu auch *Taschke* StV 2005, 406 (408 f.) und ausführlich *Geis* GesR 2006, 345.

StGB) auch die Verwirklichung des Betrugstatbestands (§ 263 StGB)[80] zu Lasten der entsprechenden medizinischen Einrichtung und deren Träger in Betracht gezogen worden.[81] Bei **„Kick-back-Zahlungen" an einen niedergelassenen Vertragsarzt** hat der BGH in seiner Entscheidung aus dem Jahr 2017[82] Betrug zu Lasten der Krankenkasse durch den Unternehmensmitarbeiter und – neben einer Untreue – eine Beihilfe zum Betrug durch den Vertragsarzt angenommen. Durch Einreichung der Verordnung von Sprechstundenbedarf (Kontrastmittel) mit entsprechenden Rechnungen erklärte der Unternehmensmitarbeiter gegenüber der Krankenkasse konkludent, diesen lägen keine unzulässigen „Kick-Back-Vereinbarungen" mit dem verordnenden Vertragsarzt zu Grunde. Aufgrund der Täuschungshandlung haben die Mitarbeiter der Krankenkasse irrtumsbedingt die geltend gemachten Rechnungsbeträge an das Unternehmen ausgezahlt. Den Krankenkassen ist hierdurch ein Schaden in Höhe des gesamten geltend gemachten Rechnungsbetrags entstanden. Denn der Verstoß gegen § 128 Abs. 2 SGB V führt dazu, dass der betrügerisch handelnde Leistungserbringer seinen Zahlungsanspruch insgesamt verliert. Für den Vertragsarzt handelt es sich bei den durch die Ausstellungen der Verordnungen begangenen Beihilfehandlungen zum Betrug um mitbestrafte Nachtaten zur täterschaftlich begangenen Untreue (→ Rn. 48 f.). Ebenso kommt der Beihilfe zur Untreue seitens des Unternehmensmitarbeiters keine eigenständige Bedeutung zu.

Im Hinblick auf die strafrechtliche Verantwortlichkeit des niedergelassenen Vertragsarztes **51**
bei der **nicht indizierten Verschreibung** von Nahrungsinfusionslösungen und Kathetern unter Verstoß gegen § 12 Abs. 1 SGB V (Wirtschaftlichkeitsgebot) hat der BGH in der bereits angesprochenen Entscheidung aus dem Jahr 2004[83] festgestellt, dass eine Strafbarkeit des Vertragsarztes wegen Betrugs ausscheide. Mit Hinweis auf die Rechtsprechung des BSG[84] führt das Gericht aus, der Vertragsarzt sei als mit öffentlich-rechtlicher Rechtsmacht „beliehener" Verwaltungsträger Vertreter der Krankenkassen, so dass insoweit eine Täuschung der Krankenkasse ausscheide, da ihm selbst bekannt sei, dass die Leistungen nicht notwendig sind.[85] Eine Täuschung durch **Einreichung des Rezepts** beim Apotheker komme ebenfalls nicht in Betracht, da der Apotheker nur sehr eingeschränkte Prüfungskompetenzen hinsichtlich der sachlichen Richtigkeit der verordneten Nahrungsinfusionslösungen und Katheter habe.[86] Auch eine Täuschungshandlung gegenüber der Krankenkasse, die vermittelt durch den (gutgläubigen) Apotheker letztendlich das Rezept erhält, scheidet nach Ansicht des 4. Strafsenats aus. Sofern die Krankenkassenmitarbeiter überhaupt eine nachträgliche inhaltliche Prüfung der Verschreibung vornehme, erfolge dies allein im Hinblick auf eine nachträgliche Korrektur im Innenverhältnis zwischen Vertragsarzt und Krankenkasse.[87]

---

[80] Eine umfassende Darstellung des Betrugstatbestands und seiner Bezüge zum Medizinprodukterecht findet sich bei *Taschke* in Anhalt/Dieners, Handbuch des Medizinprodukterechts, § 20 Rn. 293 ff. Ausführlich zum ärztlichen Abrechnungsbetrug s. *Freitag,* Ärztlicher und zahnärztlicher Abrechnungsbetrug im deutschen Gesundheitswesen und auch *Hellmann/Herffs,* Der ärztliche Abrechnungsbetrug, S. 39 ff.

[81] S. im Überblick *Noack* MedR 2002, 76 ff. Auch *Ellbogen/Wichmann* MedR 2007, 10 ff. (mit Fallbeispielen), die allerdings die Entscheidung BGH NJW 2004, 454 in ihren Ausführungen nicht berücksichtigen.

[82] BGH NStZ-RR 2017, 313.

[83] BGH NJW 2004, 454 (455); zu dieser Entscheidung *Taschke* StV 2005, 406 ff.; zum Abrechnungsbetrug im Gesundheitswesen allgemein *Hilgendorf* in Wabnitz/Janovsky/Schmitt, Wirtschafts- und Steuerstrafrecht, Kap. 14 Rn. 4 ff.

[84] Etwa BSGE 73, 271 (278 f.); 77, 194 (199 f.). Kritisch zu der Konzeption des Vertragsarztes als „Beliehenem" *Neumann* in Schnapp/Wigge, Vertragsarztrecht, § 12 Rn. 13 ff.

[85] BGH NJW 2004, 454 (455).

[86] BGH NJW 2004, 454 (455).

[87] BGH NJW 2004, 454 (456).

52 Betrug gegenüber der Krankenkasse durch den Arzt kommt bspw. dann in Betracht, wenn die **Abrechnung aufwandsabhängig** zu erfolgen hat und nicht[88] oder nicht vollständig erbrachte Leistungen abgerechnet oder empfangene Rabatte verschwiegen werden und die Krankenkasse nicht entstandene Aufwendungen vergütet.[89] Durch das Ausstellen von Rechnungen, die diese Falschabrechnung ermöglichen oder diese zumindest fördern, können sich Mitarbeiter der pharmazeutischen und medizintechnologischen Industrie der **Teilnahme am Abrechnungsbetrug** schuldig machen. Eine Betrugsstrafbarkeit scheidet im Falle der **Abrechnung nach (kostenunabhängigen) Pauschalen** aus,[90] da sich in diesem Fall der Mitarbeiter der Krankenkasse keine Gedanken über die betragsmäßige Höhe der tatsächlichen Aufwendungen macht und somit auch nicht getäuscht werden kann.

53 Das VG Mainz hatte erstinstanzlich in seinem wohl bislang unveröffentlichtem Urteil vom 23.6.2006[91] entschieden, dass von Herstellern oder Lieferanten gewährte **Rabatte auf Zahnimplantate** von Zahnärzten an Privatpatienten weitergereicht werden müssen. Zwar lägen keine ausdrücklichen Regelungen hinsichtlich einer solchen Pflicht zur Weitergabe der Rabatte an die Privatpatienten vor, doch könne der in § 9 der Gebührenordnung für Zahnärzte (GOZ) geregelte Rechtsgrundsatz, dass der Zahnarzt lediglich die tatsächlich entstandenen (angemessenen) Kosten berechnen könne, auf die Gewährung von Rabatten übertragen werden.[92] Im Berufungsverfahren entschied das OVG Koblenz in seinem Urteil vom 12.6.2007[93], dass Rabatte auf Zahnimplantate von Zahnärzten an Privatpatienten weitergereicht werden müssen, begründete das Ergebnis aber mit § 2 Abs. 6 der Berufsordnung, wonach es dem Zahnarzt nicht gestattet ist, „u. a. für die Empfehlung von Materialien von dem Hersteller oder Händler eine wirtschaftliche Vergünstigung anzunehmen“. Verhindert werden soll dadurch, dass Zahnärzte bestimmtes Implantatsmaterial aufgrund finanzieller Anreize empfehlen. Auf Grundlage dieser Rechtsprechung könnte die vorsätzlich unterlassene Weitergabe von Rabatten an Privatpatienten als Betrug des Zahnarztes (§ 263 StGB) zum Nachteil der von ihm betreuten Privatpatienten angesehen werden, sofern der Zahnarzt den vollen Listenpreis für erbrachte zahnärztliche Leistungen gegenüber den Privatpatienten (ohne Hinweis auf die an ihn gewährten Rabatte) abrechnet und die Privatpatienten daraufhin den vollen Listenpreis bezahlen.

54 Verpflichtungen zur **Weitergabe von Rabatten** im zahnärztlichen Bereich bestehen insbesondere auch für Vertragszahnärzte[94], wobei im Falle vorsätzlich unterlassener Weitergabe der Rabatte, je nach Sachlage, eine Strafbarkeit wegen Betrugs (oder wegen Untreue) angenommen werden könnte.[95]

---

[88] BGH NJW 2016, 3253 (3257).

[89] *Taschke* in Dieners/Anhalt, Handbuch des Medizinprodukterechts, § 20 Rn. 300; *Schuhr* in Spickhoff, Medizinrecht, StGB § 263 Rn. 43.

[90] *Volk* NJW 2000, 3385 (3387).

[91] Az.: 4 K 82/06.

[92] § 9 GOZ lautet im vollen Wortlaut: *„Neben den für die einzelnen zahnärztlichen Leistungen vorgesehenen Gebühren können als Auslagen die dem Zahnarzt tatsächlich entstandenen angemessenen Kosten für zahntechnische Leistungen berechnet werden, soweit diese Kosten nicht nach den Bestimmungen des Gebührenverzeichnisses mit den Gebühren abgegolten sind.“*

[93] Az. 6 A 11527/06.

[94] ZB für Bayern: § 9 Abs. 2 Nr. 2 des Gesamtvertrages-Zahnärzte zwischen der Kassenzahnärztlichen Vereinigung Bayern und den Landesverbänden der Krankenkassen in Bayern.

[95] Ausführlich zum ärztlichen und zahnärztlichen Abrechnungsbetrug s. *Freitag,* Ärztlicher und zahnärztlicher Abrechnungsbetrug im deutschen Gesundheitswesen.

C. Dienst- und Hochschulrecht

I. Allgemeine Rahmenbedingungen

Unternehmen der pharmazeutischen und medizintechnologischen Industrie arbeiten in vielen Bereichen mit Ärzten und anderen Mitarbeitern eng zusammen, die bei medizinischen Einrichtungen beschäftigt sind. Die Zusammenarbeit der Industrie findet oftmals insbesondere im Rahmen von Forschungs- und Entwicklungs- sowie von Beratungsverträgen statt.[96] Typische Beispiele hierfür sind etwa die Durchführung von klinischen Studien sowie Produktbeobachtungs- und Vergleichsstudien. Forschungsprojekte werden in der Regel von Angehörigen der medizinischen Hochschulen durchgeführt, obgleich dies nicht zwingend ist.[97] In den vergangenen Jahren hat auch eine große Zahl nicht-universitärer Einrichtungen beachtliche Forschungskapazitäten aufgebaut, um hierdurch in dem zunehmend härteren Wettbewerb der medizinischen Einrichtungen untereinander zu bestehen und ihre Reputation zu steigern. Bei Kooperationen der Industrie mit Mitarbeitern dieser Einrichtungen stellt sich – insbesondere vor dem Hintergrund des öffentlichen Dienst- und Hochschulrechts – in der Praxis oftmals die Frage, ob ein Vertragsschluss mit der Einrichtung selbst zwingend ist (in diesem Fall betraut die medizinische Einrichtung den Mitarbeiter mit der Durchführung der vertraglich vereinbarten Aufgaben im Rahmen seiner **Dienstaufgaben**) oder ob auch eine Vertragsbeziehung mit dem einzelnen Mitarbeiter selbst in Betracht kommt, der die vertraglich vereinbarten Aufgaben dann im Rahmen einer **Nebentätigkeit** durchführt. In diesem Fall stellt sich wiederum die Frage, wann aus dienstrechtlicher Sicht eine Nebentätigkeit vorliegt und ob bzw. unter welchen Voraussetzungen eine derartige Nebentätigkeit genehmigungs- oder zumindest anzeigepflichtig ist. Dies ist nicht nur aus dienstrechtlicher Perspektive für den jeweiligen Mitarbeiter der Einrichtung von Bedeutung, sondern aufgrund der engen Verzahnung des öffentlichen Dienstrechts mit dem Korruptionsbekämpfungsrecht für beide Parteien, also auch für das Unternehmen und seine Mitarbeiter, da die strafrechtliche Unbedenklichkeit derartiger Kooperationen durch die Gerichte maßgeblich von der Einhaltung der dienstrechtlichen Anforderungen abhängig gemacht wird. Darüber hinaus stellt sich in der Praxis oftmals die Frage, wie unentgeltliche Zuwendungen an und Bewirtungen von Ärzte(n) und andere(n) Mitarbeiter(n) medizinischer Einrichtungen dienstrechtlich zu bewerten sind. Auch das Verhältnis zwischen dienst- und strafrechtlicher Genehmigung ist nicht immer klar (→ Rn. 75 ff.). 55

II. Universitäre Drittmittelforschung

Sofern medizinische Hochschulen im Auftrag von Unternehmen der pharmazeutischen und medizintechnologischen Industrie etwa Forschungs- und Entwicklungsprojekte durchführen,[98] findet diese Forschung für die Angehörigen der Hochschulen in der Regel im 56

[96] Hierzu etwa *Daum* in Tag/Tröger/Taupitz, Drittmitteleinwerbung, S. 15 ff.; *Geiger* CCZ 2011, 1 (2 f.).

[97] Zu beachten ist in diesem Zusammenhang auch das Arbeitnehmererfindungsrecht, das den Hochschulen durch die Neufassung des § 42 ArbnErfG die Möglichkeit eröffnet, Erfindungen selbst in Anspruch zu nehmen. Vgl. dazu *Dieners/Milbradt* in Osterrieth/Köhler/Haft (Hrsg.) FS Reimann, S. 49 ff. Aufl.; s. dazu auch *Oschmann* KliFoRe 2007, 86 ff.

[98] Im Folgenden wird davon ausgegangen, dass bei der Heranziehung von staatlich finanzierten Einrichtungen zur Durchführung von Forschungsvorhaben für ein Unternehmen die europarechtlichen Bestimmungen und dort insbesondere die Anforderungen an die europarechtlichen Beihilfebestimmungen beachtet werden. Zu diesen Themenkomplex s. *Huber/Prikoszovits* EuZW 2008, 171 (173).

Rahmen ihrer Dienstaufgaben statt. Man spricht insofern von der **„klassischen Drittmittelforschung“**[99] iSd § 25 Abs. 1 Hochschulrahmengesetz (HRG).[100] Nach dieser Bestimmung sind die in der Forschung tätigen Hochschulmitglieder berechtigt, im Rahmen ihrer dienstlichen Aufgaben auch solche Forschungsvorhaben durchzuführen, die aus Mitteln Dritter finanziert werden. Dieser **sog. Auftragsforschung** liegt eine Vereinbarung zwischen dem jeweiligen Unternehmen und der Universität bzw. dem Hochschullehrer zugrunde, in der Leistungen und Gegenleistungen bestimmt werden.[101] Die Durchführung eines aus (privaten) Drittmitteln finanzierten Forschungsprojekts darf dabei nicht von einer Genehmigung abhängig gemacht werden (§ 25 Abs. 3 S. 2 HRG), da es sich um eine **Dienstaufgabe** handelt. Allerdings sind solche Vorhaben anzuzeigen (§ 25 Abs. 3 S. 1 HRG). Die Regelung des § 25 HRG ist von einzelnen Bundesländern wortgleich oder zumindest inhaltlich identisch in die jeweiligen Landesgesetze übernommen und teilweise konkretisiert worden. Verschiedene Länder, wie etwa das Land Baden-Württemberg, haben insofern ihre Vorschriften auf den Beschluss der Kultusministerkonferenz vom 17.9.1999 hin angepasst und klargestellt, dass die Einwerbung von Drittmitteln uneingeschränkt zu den Aufgaben der Universitäten und den Dienstaufgaben der Professoren und ihrer Mitarbeiter gehört.[102] Der BGH hat in seinem Urteil vom 23.5.2002 festgestellt, dass die Vorschrift über Vorteilsannahme (§ 331 Abs. 1 StGB) aus systematischen Gründen und im Interesse der Einheit der Rechtsordnung in ihrem Anwendungsbereich einschränkend auszulegen ist, wenn Fördermittel dem sachlichen Gehalt nach Drittmittel sind und der Förderung von Forschung und Lehre dienen.[103] Erforderlich ist danach ferner im Interesse des Schutzguts der Strafvorschrift (Vertrauen in die Sachgerechtigkeit der Entscheidungen) die Offenlegung, dh die Anzeige der Mitteleinwerbung und ihre Genehmigung in dem hochschulrechtlich dafür vorgesehenen Verfahren.[104] Aus diesem Grund ist die genaue Beachtung der hochschulrechtlichen Vorschriften der einzelnen Bundesländer von großer Bedeutung. Um bereits den Anschein einer Vorteilsnahme zu vermeiden, sollten auch im Rahmen der Mitteleinwerbung und der Entscheidung ihrer Verwendung die **Grundprinzipien der Zusammenarbeit,** mithin das Trennungs-, Transparenz-, Dokumentations- und Äquivalenzprinzip beachtet werden.[105]

57 Grundsätzlich lassen die Regelungen über die Drittmittelforschung die Vorschrift über die Ausübung von **Nebentätigkeiten** unberührt. Der medizinische Hochschullehrer, der von einem pharmazeutischen oder medizintechnologischen Unternehmen beauftragt wird, kann vor Übernahme des Auftrags grundsätzlich wählen, ob er den Auftrag als Dienstaufgabe oder als Nebentätigkeit wahrnehmen will.[106] Dabei kann der Auftrag nicht dahingehend getrennt werden, dass bestimmte Teile des Auftrags als Dienstaufgabe und andere Teile als Nebentätigkeit durchgeführt werden **(sog. Splittingverbot).** Dieses Verbot hat eine weitreichende Wirkung. So folgt daraus beispielsweise, dass die Entscheidung eines Professors,

---

[99] *Fenger/Göben,* Sponsoring, S. 20 ff. und *Göben* in Winter/Fänger/Schreiber, Genmedizin und Recht, S. 354; s. auch *Storm* in Tag/Tröger/Taupitz, Drittmitteleinwerbung, S. 195 ff.

[100] Beachte zum HRG BVerfG NJW 2004, 2803 ff. Durch dieses Urteil wurde das 5. HRGÄndG nichtig, vgl. BGBl. 2004 I S. 2316.

[101] *Göben* in Winter/Fänger/Schreiber, Genmedizin und Recht, S. 354.

[102] So nunmehr normiert in § 13 Abs. 6 und § 41 Abs. 1 Landes Hochschulgesetz (LHG) Baden-Württemberg. S. auch *Storm* in Tag/Tröger/Taupitz, Drittmitteleinwerbung, S. 195 ff.

[103] BGH NJW 2002, 2801 ff.; hierzu *Bannenberg* in Wabnitz/Janovsky/Schmitt, Wirtschafts- und Steuerstrafrecht, Kap. 13. Rn. 70 ff.; *Michalke* NJW 2002, 3381 f.; *Taschke* PharmR 2002, 409 ff. (= MPR 2002, 101 ff.) sowie *Taschke* in Anhalt/Dieners, Handbuch des Medizinprodukterechts, § 20 Rn. 182, 191 ff.

[104] Vgl. dazu auch die ausführliche Darstellung in dem Beitrag von *Taschke* in Anhalt/Dieners, Handbuch des Medizinprodukterechts, § 20 Rn. 213, 215 ff., 239 sowie *Harriehausen* NStZ 2013, 256 (263 f.).

[105] S. auch *Harriehausen* NStZ 2013, 256 (263).

[106] *Göben* in Winter/Fenger/Schreiber, Genmedizin und Recht, S. 357.

eine Arbeit als Dienstaufgabe wahrzunehmen, dazu führt, dass auch seine Mitarbeiter keine Nebentätigkeit im Zusammenhang mit dieser Dienstaufgabe durchführen dürfen.[107] Die entsprechenden Hochschulnebentätigkeitsverordnungen der Länder erlauben die Übernahme einer Nebentätigkeit im Übrigen nur dann, wenn der Hochschulangehörige die wesentlichen Maßnahmen zur Auftragsausführung selbst anordnet, ihre Durchführung überwacht und dafür die persönliche Verantwortung trägt. Bei der Inanspruchnahme von sächlichen Mitteln der Hochschule ist er zur Zahlung eines Nutzungsentgelts verpflichtet. Bei der Abgrenzung zwischen der Ausführung von Aufgaben im Rahmen der Dienstaufgaben wird insofern auf die der Vergabe zugrundeliegende Vereinbarung abgestellt: Sofern ausdrücklich auf die Förderung der Hochschulforschung abgestellt wird, ist der Mittelempfänger in seiner Funktion als Hochschullehrer angesprochen, wobei es sich in der Regel dann um ein Drittmittelprojekt handelt. Werden die Mittel dem Hochschullehrer hingegen persönlich zur Verfügung gestellt, liegt eine private Nebentätigkeit vor.[108] In der Praxis wird in der Regel in den Fällen, in denen die Mittel für Forschung und Lehre verwendet werden sollen, ein Vertragsschluss mit den universitären Einrichtungen selbst bevorzugt, um auf diese Weise die volle Involvierung der Verwaltungen von vornherein sicherzustellen und der gebotenen Transparenz auf diese Weise bereits zu genügen. Dem Transparenzgedanken folgend kann nur die **frühzeitige Offenlegung** aller die Drittmitteleinwerbung betreffenden Umstände den Verdacht einer unlauteren Beeinflussung der Klinikverwaltung beseitigen. Neben den Angaben über die konkrete **Drittmittelsumme,** die **Dauer** ihrer Gewährung sowie die genaue **Zweckbestimmung** müssen auch jegliche **Beziehungen,** die zwischen dem Drittmittelgeber und dem Hochschulmitarbeiter bestehen, offengelegt werden.[109]

Im Zusammenhang mit Drittmittelverträgen ist auch das Urteil des VG Köln aus dem 58
Jahr 2012 beachtenswert. Das VG Köln hatte in seiner Entscheidung der Zusammenarbeit von Industrie und Hochschulen den Rücken gestärkt, indem es die Klage auf Offenlegung eines Drittmittelvertrags mit der Begründung abgewiesen hatte, dass die **Drittmitteleinwerbung** dem **verfassungsrechtlich garantierten Schutz** der Forschung aus **Art. 5 Abs. 3 S. 1 GG unterfällt** und darüber hinaus den Betriebs- und Geschäftsgeheimnissen des Drittelmittelgebers Vorrang vor dem Informationszugangsanspruch gebührt.[110]

III. Nebentätigkeit

Unter einer **Nebentätigkeit** ist nach allgemeinen arbeitsrechtlichen Grundsätzen jede 59
Tätigkeit zu verstehen, in der der Arbeitnehmer außerhalb seines Hauptarbeitsverhältnisses seine Arbeitskraft zur Verfügung stellt. Dies gilt dem Grunde nach auch für Beamte und Angestellte im öffentlichen Dienst. Dort ist einer Nebentätigkeit all das zuzurechnen, was **nicht Dienstaufgabe** ist. Maßgeblich für die Frage, ob eine Nebentätigkeit vorliegt, ist also die jeweils bekleidete konkret-funktionale Stelle. Diese wird in der Regel durch Stellen- und Funktionsbeschreibungen, allgemeine Arbeitsverteilungspläne, Dienstvorschriften und Arbeitsanweisungen konkretisiert. Jede Tätigkeit, die hiervon nicht umfasst ist, stellt eine Nebentätigkeit dar.

Die Ausübung einer Nebentätigkeit bedarf nach allgemeinen Grundsätzen nicht der Ge- 60
nehmigung des Arbeitgebers. Im Rahmen eines Arbeitsvertrags verpflichtet sich der Arbeitnehmer nämlich zur „Leistung der versprochenen Dienste" und nicht etwa dazu, seine gesamte Arbeitskraft zur Verfügung zu stellen. Der Arbeitnehmer ist jedoch verpflichtet, dem Arbeitgeber eine geplante Nebentätigkeit anzuzeigen, soweit hiervon die Interessen des Arbeitgebers berührt werden können. Die Nebentätigkeit eines Arbeitnehmers darf nicht in einer Konkurrenztätigkeit bestehen. Außerdem hat der Arbeitnehmer jede Nebentätigkeit

---

107 *Harriehausen* NStZ 2013, 256 (264).
108 *Göben* in Winter/Fenger/Schreiber, Genmedizin und Recht, S. 357.
109 Vgl. *Harriehausen* NStZ 2013, 256 (264).
110 VG Köln PharmR 2013, 70 (75).

zu unterlassen, die zu einer Vernachlässigung seiner Arbeitspflicht im Hauptarbeitsverhältnis führen würde. Dies gilt insbesondere für die Ausübung von Nebentätigkeiten während der Arbeitszeit im Hauptarbeitsverhältnis. Ferner ist zu beachten, dass bei der Beschäftigung in mehreren Arbeitsverhältnissen die einzelnen Beschäftigungen zusammen die gesetzliche Höchstgrenze der Arbeitszeit nicht überschreiten dürfen. Im Hinblick auf die in Art. 12 GG verankerte Berufsfreiheit kann einzelvertraglich ein Nebentätigkeitsverbot vereinbart werden, allerdings nur, soweit der Arbeitgeber hieran ein berechtigtes Interesse hat. Ein berechtigtes Interesse besteht dann, wenn durch die Nebentätigkeit die **vertraglich geschuldete Leistung beeinträchtigt** wird. Eine Vertragsklausel, die dem Arbeitnehmer jede vom Arbeitgeber nicht genehmigte Nebentätigkeit verbietet, ist demnach so auszulegen, dass nur solche Nebentätigkeiten verboten sind, an deren Unterlassung der Arbeitgeber ein berechtigtes Interesse hat. Ein vollständiges Verbot von Nebentätigkeiten kann demnach allenfalls in Ausnahmefällen wirksam vereinbart werden.

1. Nebentätigkeiten von Beamten und Angestellten im öffentlichen Dienst

61 Bei **Nebentätigkeiten von Beamten und Angestellten** im öffentlichen Dienst gilt abweichend von den zuvor beschriebenen Grundsätzen eine Vielzahl von besonderen Regelungen. Da Beamte nicht nur zur Arbeitsleistung, sondern zur vollen Hingabe an den Beruf verpflichtet sind, ordneten die beamtenrechtlichen Vorschriften bislang eine grundsätzliche Genehmigungspflicht für jede Nebentätigkeit von Beamten an (§ 42 BRRG aF, § 65 BBG aF). Für die **Beamten des Bundes** bleibt die **grundsätzliche Genehmigungspflicht** auch weiterhin bestehen (§ 99 BBG). Für **Beamte der Länder,** Gemeinden und andere Körperschaften des öffentlichen Rechts ist **nach den bundesrechtlichen Vorgaben zunächst lediglich eine Anzeigepflicht vorgegeben,** wobei ein Erlaubnis- bzw. Verbotsvorbehalt vorzusehen ist, soweit die Tätigkeit geeignet ist, dienstliche Interessen zu beeinträchtigen. Da die bundesrechtliche Regelung in § 40 BeamtStG lediglich die Mindestanforderungen vorgibt, **können die einzelnen Landesgesetzgeber auch ein Genehmigungserfordernis vorsehen.**[111]

62 Die Regelungen für **Angestellte im öffentlichen Dienst** zur Frage, ob es für die Aufnahme von Nebentätigkeiten der Einholung einer Dienstherrengenehmigung oder einer bloßen Anzeigepflicht bedarf, sind § 3 des Tarifvertrags für den öffentlichen Dienst („TVöD"), des Landestarifvertrags für den öffentlichen Dienst („LT-V") und des Tarifvertrags für den öffentlichen Dienst im Land Hessen („TV-H") zu entnehmen. Während nach § 11 BAT aF „die für die Beamten des Arbeitgebers jeweils geltenden Bestimmungen sinngemäß Anwendung" fanden, findet sich im TVöD und im LT-V keine generelle Verweisung auf die entsprechenden Vorschriften für Beamte. Nach § 3 Abs. 3 S. 1 TVöD bzw. § 3 Abs. 4 S. 1 LT-V müssen Angestellte im öffentlichen Dienst ihrem Arbeitgeber Nebentätigkeiten gegen Entgelt lediglich rechtzeitig **vorher schriftlich anzeigen.** Der Arbeitgeber kann die Nebentätigkeit gem. § 3 Abs. 3 S. 2 TVöD bzw. § 3 Abs. 4 S. 2 LT-V untersagen oder mit Auflagen versehen, „wenn diese geeignet ist, die Erfüllung der arbeitsvertraglichen Pflichten der Beschäftigten oder berechtigte Interessen des Arbeitgebers zu beeinträchtigen". Eine Beeinträchtigung der arbeitsvertraglichen Pflichten ist bspw. anzunehmen, wenn der Beschäftigte durch die Nebentätigkeit gegen die Bestimmungen des Arbeitszeitgesetzes (ArbZG) verstößt, indem er die Grenze der täglichen Arbeitszeit überschreitet (§ 3 ArbZG) oder die vorgesehenen Ruhezeiten (§ 5 ArbZG) nicht einhält.[112] Anders ist dies nach § 3 Abs. 4 S. 1 TV-H, nach dem die für die Beamtinnen und Beamten des Landes jeweils geltenden Bestimmungen sinngemäß Anwendung finden. Das Hessische Beamtengesetz sieht genehmigungspflichtige Nebentätigkeiten in § 73 und nicht genehmigungspflichtige, aber anzeigepflichtige Nebentätigkeiten in § 74 vor. Allerdings bestehen die Pflicht zur Anzeige

[111] S. OVG Koblenz NVwZ-RR 2011, 536f.; § 49 Landesbeamtengesetz NRW sieht in den dort genannten Fällen zB ein Genehmigungserfordernis vor.

[112] *Stier* in BeckOK TVöD TVöD § 3 Rn. 33.

einer Nebentätigkeit nach TVöD, LT-V und TV-H sowie die Genehmigungspflicht nach TV-H nur dann, wenn diese Anwendung auf das Arbeitsverhältnis des betreffenden Angestellten finden. Ausgenommen vom Anwendungsbereich des TVöD und des LT-V sind bspw. nach § 1 Abs. 2 lit. a TVöD/LT-V leitende Angestellte iSd § 5 Abs. 3 BetrVG, wenn ihre Arbeitsbedingungen einzelvertraglich besonders vereinbart sind, sowie Chefärzte. Für diese Angestellten, zu denen regelmäßig auch die Vorstände, also die Leiter und Geschäftsführer der öffentlichen Arbeitgeber zählen, können hinsichtlich der Nebenbeschäftigung einzelvertraglich individuelle Regelungen getroffen werden, sofern sie mit den zuvor dargestellten arbeitsrechtlichen Grundsätzen zur Nebentätigkeit übereinstimmen.

Als Zwischenergebnis bleibt somit festzuhalten, dass nur für **Bundesbeamte** eine **grundsätzliche Genehmigungspflicht** für Nebentätigkeiten besteht. Bei **Landesbeamten** sind die Regelungen der jeweiligen Länder heranzuziehen, wobei für diese **zumindest eine Anzeigepflicht** vorgeschrieben sein muss. **Angestellte des öffentlichen Dienstes** müssen eine Nebentätigkeit lediglich **rechtzeitig** vor der Aufnahme **schriftlich anzeigen.** 63

2. Ausnahmen von der grundsätzlichen Genehmigungspflicht bei Bundesbeamten

Die beamtenrechtlichen Vorschriften des Bundes sehen Ausnahmen von der generellen Genehmigungspflicht vor. **Nicht genehmigungspflichtig** und damit genehmigungsfrei sind zB regelmäßig die schriftstellerische, wissenschaftliche oder künstlerische Tätigkeit des Beschäftigten des öffentlichen Dienstes sowie seine Vortragstätigkeit (vgl. § 100 Abs. 1 Nr. 2 BBG).[113] Über die Reichweite dieser Ausnahmebestimmungen bestehen allerdings in der Praxis oftmals **Missverständnisse.** 64

Die Annahme einer **wissenschaftlichen Tätigkeit** iSd beamtenrechtlichen Vorschriften[114] erfordert eine **freie Methodenwahl** des Ausführenden. Dies wird aber insbesondere bei der Durchführung einer klinischen Prüfung im Auftrag eines pharmazeutischen oder medizintechnologischen Unternehmens regelmäßig zu verneinen sein. Gleiches gilt für die Fälle, in denen ein Prüfarzt des öffentlichen Dienstes eine Anwendungsbeobachtung im Auftrag eines Industrieunternehmens durchführt. Hinsichtlich der Auslegung des Begriffs **„Vortragstätigkeit"** bestehen zum Teil unterschiedliche Auffassungen. Teilweise wird die Auffassung vertreten, dass es sich nur dann um eine „Vortragstätigkeit" handelt, wenn es um gelegentliche Vorträge geht[115] und wenn diese Vorträge keinen Schulungscharakter haben. Dies wird von den Dienstherren jedoch in der Praxis teilweise auch anders gesehen und „großzügiger" ausgelegt. Gleichwohl sollte man davon ausgehen, dass Vorträge mit Schulungscharakter im Regelfall genehmigungspflichtig sind. Auch die mit den Lehr- oder Forschungsaufgaben zusammenhängende **selbstständige Gutachtertätigkeit** von Hochschullehrern und Beamten an wissenschaftlichen Instituten und Anstalten ist grundsätzlich genehmigungsfrei (vgl. § 100 Abs. 1 Nr. 3 BBG).[116] Eine genehmigungsfreie Gutachtertätigkeit setzt aber ebenfalls grundsätzlich eine **freie Methodenwahl** voraus. Demnach sind Gutachten auf der Basis von Methoden, die von dem Auftraggeber festgelegt wurden, genehmigungsbedürftig.[117] Selbst wenn das Gutachten auf der Grundlage freier Methodenwahl basiert, scheidet eine Genehmigungsfreiheit dann aus, wenn der Gutachter nicht zu 65

---

[113] Diese Regelungen finden sich mit ähnlichem Wortlaut auch in vielen Landesbeamtengesetzen, die eine Genehmigungspflicht vorsehen. S. zB Art. 82 Abs. 1 S. 1 Nr. 4 Bayerisches Beamtengesetz; § 74 Abs. 1 Nr. 1 Hessisches Beamtengesetz.

[114] Hierzu auch *Badura* ZBR 2000, 109 ff.

[115] So etwa *Battis* in Battis BBG § 100 Rn. 8.

[116] Zum Landesbeamtenrecht, s. zB § 74 Abs. 1 Nr. 2 Hessisches Beamtengesetz; Art. 82 Abs. 1 S. 1 Nr. 5 Bayerisches Beamtengesetz in Verbindung mit § 8 der Verordnung über die Nebentätigkeit der Beamten (Bayerische Nebentätigkeitsverordnung – BayNV). S. auch *Battis* in Battis BBG § 100 Rn. 9.

[117] So auch *Brinktrine* in Brinktrine/Schollendorf, BeckOK Beamtenrecht Bund, § 100 Rn. 33.3.

einer freien Veröffentlichung befugt ist. Dies wird beispielsweise immer dann der Fall sein, wenn ein Unternehmen hierdurch die Verbreitung von Daten und Informationen befürchtet, die unter dem Gesichtspunkt des gewerblichen Rechtsschutzes für das Unternehmen relevant sind. Als weiteres Zwischenergebnis bleibt somit festzuhalten, dass die Durchführung von klinischen Prüfungen und Anwendungsbeobachtungen, Vortragsveranstaltungen mit Schulungscharakter sowie gutachterliche Tätigkeiten als Nebentätigkeiten in der Praxis regelmäßig genehmigungspflichtig sein dürften. Dasselbe gilt für allgemeine **Beratungsverträge.**

3. Rechtsanspruch auf Erteilung einer Nebentätigkeitsgenehmigung für Beamte

66 Beamte haben grundsätzlich einen Rechtsanspruch auf die Erteilung der Nebentätigkeitsgenehmigung, wenn **kein Versagungsgrund** nach § 99 Abs. 2 BBG oder den entsprechenden landesbeamtenrechtlichen Vorschriften[118] vorliegt. Nach § 99 Abs. 2 S. 2 Nr. 1 BBG kann die Nebentätigkeit bspw. versagt werden, wenn die Besorgnis besteht, dass durch die Nebentätigkeit **die dienstlichen Leistungen beeinträchtigt** werden, weil die Arbeitskraft des Beamten durch die Nebentätigkeit so stark in Anspruch genommen wird, dass dadurch die ordnungsgemäße Erfüllung seiner dienstlichen Pflichten beeinflusst wird. Eine derartige Beeinflussung wird gem. § 99 Abs. 2 S. 2 Nr. 1, Abs. 3 BBG vermutet, wenn die zeitliche Beanspruchung durch eine oder mehrere Nebentätigkeiten in der Woche ein Fünftel der regelmäßigen wöchentlichen Arbeitszeit überschreitet. Ferner kann die Nebentätigkeit versagt werden, wenn es durch die Nebentätigkeit zum **Widerstreit mit dienstlichen Pflichten** kommen kann (§ 99 Abs. 2 S. 2 Nr. 2 BBG). Deshalb ist der Anspruch auf Erteilung einer Genehmigung auch dann zu verneinen, wenn Zweifel an einer Beeinflussung des Amtsträgers oder ein Anschein der Käuflichkeit besteht.

67 Die Genehmigung ist bei den jeweiligen **Dienstvorgesetzten** einzuholen. Bei Professoren ist dies in der Regel der jeweilige Wissenschaftsminister. Die Genehmigungskompetenz wird insofern jedoch zunehmend auf die Hochschulleitungen verlagert. Bei rechtlich verselbständigten Universitätskliniken entscheidet der Klinikvorstand über die Genehmigungsanträge. Ferner ist die Genehmigung für Nebentätigkeiten auf höchstens fünf Jahre begrenzt (vgl. § 99 Abs. 4 S. 1 BBG).[119]

4. Widerruf der Nebentätigkeitsgenehmigung

68 Eine erteilte Nebentätigkeitsgenehmigung ist gem. § 99 Abs. 4 S. 3 BBG[120] zu widerrufen, wenn sich nach der Erteilung der Genehmigung ein **Versagungsgrund** ergibt.[121] Dem ehemals Begünstigten soll nach dem Widerruf einer genehmigten oder als genehmigt geltenden Nebentätigkeit jedoch eine angemessene **Frist zur Abwicklung der Nebentätigkeit** eingeräumt werden, soweit die dienstlichen Interessen dies gestatten (§ 5 Abs. 3 Bundesnebentätigkeitsverordnung).

5. Vergütungshöhe

69 Für Nebentätigkeiten sind nach verschiedenen bundes- und landesbeamtenrechtlichen Nebentätigkeitsverordnungen Vergütungen nur **bis zu einer bestimmten Höchstgrenze** zulässig. Darüber hinausgehende Vergütungen für Nebentätigkeiten im öffentlichen Dienst

[118] S. bspw.: § 73 Abs. 2 Hessisches Beamtengesetz; Art. 81 Abs. 3 Bayerisches Beamtengesetz.

[119] S. auch bspw.: Art. 81 Abs. 3 S. 5 Hs. 1 Bayerisches Beamtengesetz; § 73 Abs. 3 S. 1 Hessisches Beamtengesetz.

[120] S. auch bspw.: Art. 81 Abs. 3 S. 7 Bayerisches Beamtengesetz; § 73 Abs. 3 S. 2 Hessisches Beamtengesetz.

[121] Insoweit herrscht weitgehende Übereinstimmung mit den Regelungen, die nur eine Anzeigepflicht vorsehen, da § 40 S. 2 BeamtStG einen Erlaubnis- oder Verbotsvorbehalt der Tätigkeit vorsieht, soweit sie geeignet ist, dienstliche Interessen zu beeinträchtigen.

oder für andere Nebentätigkeiten, die auf Vorschlag oder Veranlassung des Dienstvorgesetzten ausgeübt werden, müssen an den Dienstherrn abgeführt werden.[122] Die Beschränkung der Vergütung besteht hierbei regelmäßig dem Grunde und der Höhe nach zB nicht für Lehr-, Unterrichts-, Vortrags- oder Prüfungstätigkeiten, Tätigkeiten auf dem Gebiet der wissenschaftlichen Forschung oder Gutachtertätigkeiten von Ärzten und Zahnärzten für Versicherungsträger oder für andere juristische Personen des öffentlichen Rechts sowie ärztliche und zahnärztliche Verrichtungen dieser Personen, für die nach den Gebührenordnungen Gebühren zu zahlen sind.[123] Für diese Nebentätigkeiten, wie auch für Nebentätigkeiten außerhalb des öffentlichen Dienstes (sofern diese nicht auf Veranlassung des Dienstvorgesetzten ausgeübt werden), besteht in der Regel keine Pflicht zur Abführung der erzielten Einkünfte, und zwar auch dann nicht, wenn diese die vorgesehenen Höchstgrenzen überschreiten.

IV. Annahme von Belohnungen und Geschenken

Nach der dienstrechtlichen Terminologie können unentgeltliche Zuwendungen „Geschenke" oder „Belohnungen" sein. Hierunter werden alle Zuwendungen verstanden, auf die Beamte und Angestellte des öffentlichen Dienstes keinen Rechtsanspruch haben und die sie materiell oder immateriell objektiv besserstellen. Derartige Zuwendungen werden in den jeweiligen landesrechtlichen Vorschriften auch als „Vorteile" bezeichnet. Wie im Strafrecht kann ein „Vorteil" daher zB auch in der Zahlung von Geld, der Überlassung von Gutscheinen, besonderen Vergünstigungen bei Privatgeschäften (zB zinslose oder zinsgünstige Darlehen) oder aber auch in Bewirtungen liegen.[124] Das öffentliche Dienstrecht verbietet grundsätzlich die Annahme von Belohnungen und Geschenken und erlaubt Beschäftigten des öffentlichen Dienstes deren Annahme ausnahmsweise nur dann, wenn die Zustimmung des Arbeitgebers oder Dienstherrn vorliegt (vgl. § 71 Abs. 1 BBG, § 42 Abs. 1 BeamtStG, § 3 Abs. 2 TVöD, § 3 Abs. 3 LT-V). Allgemein lässt sich sagen, dass eine Zustimmung nur in engen Grenzen erteilt werden kann. Eine Genehmigung scheidet bereits dann aus, wenn der **„Anschein der Käuflichkeit"** von Amtshandlungen entstehen kann. Detaillierte Regelungen zum Verbot der Annahme von Belohnungen und Geschenken enthalten die entsprechenden Erlasse der Bundesländer[125] sowie die Texte zur Korruptionsbekämpfung des BMI[126]. **70**

1. Geschenke in Bezug auf das Amt

Beamte und Angestellte des öffentlichen Dienstes dürfen nach den für sie maßgebenden Bestimmungen grundsätzlich keine Geschenke in Bezug auf ihr Amt bzw. ihre Tätigkeit annehmen. Ausnahmen bedürfen insofern der Zustimmung der zuständigen Behörde, dh des Dienstherrn bzw. Arbeitgebers. **„In Bezug auf das Amt bzw. die Tätigkeit"** ist ein **71**

---

[122] S. § 13 Abs. 1 der Verordnung über Nebentätigkeiten der Beamten und Richter im Lande Nordrhein-Westfalen (Nebentätigkeitsverordnung) und § 104 BBG iVm § 6 Bundesnebentätigkeitsverordnung.

[123] S. dazu ausführlich *Schnelle/Hopkins* NVwZ 2010, 1333 (1336) mit Verweis auf einzelne Landesnebentätigkeitsverordnungen; s. auch § 104 BBG iVm § 7 Bundesnebentätigkeitsverordnung.

[124] S. dazu ausführlich *Grigoleit* in Battis BBG § 71 Rn. 4.

[125] Vgl. etwa die „Richtlinie zur Korruptionsbekämpfung in der öffentlichen Verwaltung des Freistaats Thüringen" vom 8.1.2019 sowie die Bekanntmachung zum Verbot der Annahme von Belohnungen https://infrastruktur-landwirtschaft.thueringen.de/ueber-uns/organisation/antikorruptionsbeauftragte/ (zul. abgerufen am 3.11.2021); die Antikorruptionsrichtlinie vom 1.4.2014 des Landes Niedersachsen, abrufbar unter http://www.mi.niedersachsen.de/portal/live.php?navigation_id=14947&article_id=62734&_psmand=33 (zul. abgerufen am 3.11.2021).

[126] Abrufbar unter https://www.bmi.bund.de/DE/themen/moderne-verwaltung/integritaet-der-verwaltung/korruptionspraevention/korruptionspraevention-node.html (zul. abgerufen am 3.11. 2021).

Vorteil immer dann gewährt, wenn die zuwendende Person sich davon leiten lässt, dass der Zuwendungsempfänger ein bestimmtes Amt bekleidet, wobei ein Bezug zu einer bestimmten Amtshandlung nicht erforderlich ist.[127] Lediglich Vorteile, die ausschließlich mit Rücksicht auf Beziehungen innerhalb der privaten Sphäre gewährt werden, sind nicht „in Bezug auf das Amt bzw. die Tätigkeit" gewährt. Derartige Beziehungen dürfen aber nicht mit Erwartungen in Bezug auf die dienstliche Tätigkeit des Beamten oder Angestellten des öffentlichen Dienstes verknüpft sein. Geschenke, die Mitarbeitern medizinischer Einrichtungen der öffentlichen Hand von Unternehmen der pharmazeutischen oder medizintechnologischen Industrie bzw. von deren Mitarbeitern gemacht werden, werden grundsätzlich nicht innerhalb der privaten Sphäre gewährt. Demnach ist die Annahme von Geschenken oder anderen unentgeltlichen Zuwendungen nur dann erlaubt, wenn die ausdrückliche **Zustimmung des Dienstherrn** vorliegt oder **diese als stillschweigend erteilt anzusehen ist.**

72 Anhaltspunkte, wann von einer stillschweigend erteilten Zustimmung des Dienstherrn auszugehen ist, liefern die bereits erwähnten Erlasse der Bundesländer. Danach kann für die Annahme von nach allgemeiner Auffassung nicht zu beanstandenden **geringwertigen Aufmerksamkeiten** (zB Massenwerbeartikel, Kugelschreiber, Kalender, Schreibblocks) die Zustimmung als allgemein stillschweigend erteilt angesehen werden. Einige Erlasse der Bundesländer enthalten zudem klare Wertgrenzen für geringwertige Aufmerksamkeiten.[128] Daraus folgt, dass die Annahme von Geschenken und anderen unentgeltlichen Zuwendungen, die keine üblichen Massenwerbeartikel darstellen, durch Beamte oder Angestellte des öffentlichen Dienstes die Zustimmung des jeweiligen Dienstherrn voraussetzen.

2. Bewirtungen

73 Die gleichen Gesichtspunkte (→ Rn. 71 f.) gelten für Einladungen zu Bewirtungen. Es ist in den landesrechtlichen Vorschriften allgemein anerkannt, dass bei **angemessenen Bewirtungen** auf Veranstaltungen, an denen Beschäftigte des öffentlichen Dienstes teilnehmen, eine Genehmigung der zuständigen Behörde als stillschweigend erteilt angesehen werden kann, wenn diese üblich und angemessen sind oder ihren Grund in den Regeln des Umgangs und der Höflichkeit haben, denen sich auch ein Beamter nicht entziehen kann, ohne gegen gesellschaftliche Umgangsformen zu verstoßen. Zu berücksichtigen ist insoweit aber, dass bei Beschäftigten des öffentlichen Dienstes in der Regel wesentlich strengere Maßstäbe gelten als solche, die in der Privatwirtschaft üblich sind.

3. Teilnahme an Veranstaltungen

74 Eine weitere Frage ist die nach der **Zulässigkeit von Einladungen zu Veranstaltungen.** Insbesondere Klinikärzte stehen immer wieder vor der Frage, ob sie die Einladung eines Pharma- oder Medzinprodukteunternehmens annehmen dürfen.[129] Neben den bestehenden Verbandskodizes[130], die den Einbezug des Dienstherrn als Prüfinstanz fordern, empfiehlt auch der Leitfaden S 20 des Bundesministeriums des Inneren aus dem Jahr 2011[131] die Einholung einer Dienstherrengenehmigung. Die Einholung einer **Diensther-**

---

[127] StRspr, s. zB BVerwG NJW 1996, 2319 (2320).

[128] So bspw. III. Abs. 2 Nr. 9 lit. c und e der Ausführungsvorschrift über das Verbot der Annahme von Geschenken, Belohnungen und sonstigen Vorteilen der Senatsverwaltung für Inneres und Sport Berlin (Stand: 21.1.2013), abrufbar unter: https://www.berlin.de/sen/inneres/service/verwaltungs vorschriften/belohunungen_und_geschenke.pdf (zul. abgerufen am 3.11.2021).

[129] Vgl. *Dieners* MPR 2011, 151.

[130] Dazu auch → Kap. 5 Rn. 6 ff.

[131] "S 20 – The Sponsors Voice – Hospitality und Strafrecht – Ein Leitfaden", abrufbar unter https://cdn.dosb.de/alter_Datenbestand/fm-dosb/downloads/recht/Hospitality-und-Strafrecht-ein-Leitfaden_2017.pdf (zul. abgerufen am 3.11.2021).

rengenehmigung hat sich mehr und mehr zu einer Art **„Goldstandard"**[132] für die Bewertung von Amtsträgereinladungen entwickelt.

V. Kongruenz von dienst- und strafrechtlicher Genehmigung?

Der Genehmigung durch den Dienstherrn (Transparenz-/Genehmigungsprinzip) kommt nicht nur aufgrund der teilweise bestehenden Genehmigungspflicht von Nebentätigkeiten sowie aufgrund des dienstrechtlichen Verbots der Annahme von Belohnungen und Geschenken im öffentlichen Dienst, sondern auch aus strafrechtlichen Gesichtspunkten eine besondere Bedeutung zu: Sofern „ein Vorteil für die Dienstausübung" insbesondere angenommen bzw. gewährt sein sollte, kommt der Tatbestand des § 331 Abs. 1 StGB (Vorteilsannahme) im Hinblick auf den Vorteilsnehmer bzw. der Tatbestand des § 333 Abs. 1 StGB (Vorteilsgewährung) für denjenigen in Betracht, der einen Vorteil gewährt. Die entsprechende Tat ist nach § 331 Abs. 3 StGB bzw. § 333 Abs. 3 StGB grundsätzlich nicht strafbar, wenn die Annahme des Vorteils von Seiten der zuständigen Behörde (Dienstherr) vorher oder unverzüglich nach Annahme genehmigt worden ist. Dies gilt nicht für die Tatbestände der Bestechlichkeit (§ 332 StGB) bzw. der Bestechung (§ 334 StGB), für dessen Verwirklichung der Amtsträger durch die vorgenommene oder vorzunehmende Diensthandlung auch seine Dienstpflichten verletzt hat oder verletzen soll.[133] Im Regelfall wird in der **dienstrechtlichen Genehmigung zugleich aber auch eine „strafrechtliche Genehmigung"** iSd § 331 Abs. 3 StGB bzw. § 333 Abs. 3 StGB zu sehen sein, wenn alle Gesichtspunkte offen gelegt wurden, die für die Tatbestandsmerkmale der §§ 331, 333 StGB von Bedeutung sind. Dies setzt voraus, dass dem Dienstherrn bekannt ist, dass der Vorteil gerade für die Dienstausübung gewährt werden soll. Durch die (dienstrechtliche) Genehmigung des Dienstvorgesetzten wird somit in der Regel auch eine strafrechtliche Verfolgung wegen Vorteilsannahme und Vorteilsgewährung iSd §§ 331 und 333 StGB vermieden. 75

Darüber hinaus kann die tatsächliche und rechtliche **Vorprüfung** eines Vorgangs durch die genehmigende Stelle den möglichen Eindruck erheblich reduzieren, ein Vorteil sei auf eine pflichtwidrige Diensthandlung iSd Bestechlichkeitsdelikte (§§ 332, 334 StGB) gerichtet. 76

Da die Regelungen des Dienstrechts und des Strafrechts nicht kongruent sind, kann es aber zu Wertungswidersprüchen kommen. Dienstrechtlich ist die Annahme von Vorteilen nur mit vorheriger Zustimmung des Dienstvorgesetzten möglich. Strafrechtlich lässt aber nach §§ 331 Abs. 3, 333 Abs. 3 StGB auch eine nachträgliche Genehmigung die Strafbarkeit entfallen.[134] Das Strafrecht ist in diesem Punkt weiter als das Dienstrecht. Umgekehrt gibt es auch einen Fall, in dem das Dienstrecht weitergehend ist als das Strafrecht. Nach dem Wortlaut des § 331 Abs. 3 StGB ist im Fall der Vorteilsannahme eine Genehmigung nur dann möglich, wenn der Täter den Vorteil nicht gefordert hat (eine entsprechende Regelung sieht der Genehmigungstatbestand des § 333 Abs. 3 StGB für die Vorteilsgewährung nicht vor, so dass diese Einschränkung für die „Geberseite" nicht besteht). Jedoch wird auch die Regelung des § 331 Abs. 3 StGB im Hinblick auf die Genehmigungsfähigkeit im Rahmen der Vorteilsannahme durch die Nehmerseite in der Kommentarliteratur[135] zu Recht **einschränkend interpretiert.**[136] Insoweit wird in dem Ausschluss der Genehmigungsfähigkeit für „geforderte Vorteile" ein Widerspruch zum öffentlichen Dienstrecht erkannt, da nach § 71 BBG, § 42 BeamtStG, § 3 Abs. 2 TVöD und den entsprechenden 77

[132] *Dieners* MPR 2011, 151 f.

[133] *Fischer* StGB § 331 Rn. 33.

[134] *Krick* in MüKoStGB § 299 Rn. 120.

[135] *Fischer* § 331 Rn. 33; vgl. hierzu auch *Michalke* NJW 2002, 3381 (3382).

[136] Hinsichtlich § 299 Abs. 1 Nr. 2, Abs. 2 Nr. 2 StGB wird eine derartige Einschränkung der Genehmigungsfähigkeit hingegen nicht diskutiert.

landesrechtlichen Regelungen eine Genehmigung nicht ausgeschlossen ist, wenn der Amtsträger sie gefordert hat.[137] Der BGH ist in seinem Urteil vom 23.5.2002 (→ Rn. 17, 56), in dem es um die Einwerbung von Drittmitteln durch einen Hochschullehrer ging, hingegen davon ausgegangen, dass die Rechtfertigungsbestimmung des § 331 Abs. 3 StGB nicht eingreift, wenn die eingeworbenen Mittel gefordert worden sind. Er hat es deshalb für „vorzugswürdig" gehalten, den Tatbestand einschränkend auszulegen, wenn das Beziehungsverhältnis durch eine vom Dienstherrn an sich erwünschte und grundsätzlich genehmigungsfähige Einwerbung von Drittmitteln beeinflusst und mit geprägt wird.[138] Ungeachtet der Frage, ob eine widerspruchsfreie Lösung dogmatisch über eine einschränkende Auslegung des Tatbestands oder eine weite Auslegung auf der Rechtfertigungsebene erfolgt, oder wie die konkrete Vertragsgestaltung sinnvollerweise erfolgen sollte, dürfen die hinsichtlich der unterschiedlichen Genehmigungen widersprüchlichen Regelungen des Dienst- und Hochschulrechts im Ergebnis nicht zu Lasten des Betroffenen gehen.[139] Diese Forderung nach einer **verwaltungsrechtsakzessorischen Auslegung** gebietet der Grundsatz der Einheitlichkeit und Widerspruchsfreiheit der Rechtsordnung, der aus dem in Art. 103 Abs. 2 GG enthaltenen Bestimmtheitsgrundsatz[140] hergeleitet wird.

78 Problematisch ist darüber hinaus der Fall, wenn nach dem Dienstrecht eine Anzeige genügt, eine Genehmigung also nicht erforderlich ist, da unter strafrechtlichen Gesichtspunkten eine Genehmigung zum Ausschluss der Strafbarkeit nach dem Gesetzeswortlaut immer vorliegen muss. Hierbei kann mit guten Gründen die Auffassung vertreten werden, dass Strafrecht und Dienstrecht in Übereinstimmung gebracht werden müssen, indem man auch die erfolgte **Anzeige als Genehmigung** iSd § 331 Abs. 3 StGB bzw. des § 333 Abs. 3 StGB ausreichen lässt, wenn der Dienstvorgesetzte die Anzeige (etwa der Nebentätigkeit) widerspruchs- und kommentarlos entgegengenommen hat.[141] Die strafrechtliche Genehmigung wird in diesem Fall gleichsam durch die entsprechende Anzeige und deren Entgegennahme durch den Dienstvorgesetzten ersetzt. Rechtssicherheit kann in dieser Frage aber nur durch die Rechtsprechung oder eine Gesetzesänderung hergestellt werden. In der Praxis stoßen **Anträge auf Erteilung von Dienstherrengenehmigungen** immer wieder auf Ablehnung und zwar häufig nicht aufgrund sachlicher Bedenken. Vielfach weigern sich Klinikverwaltungen ganz grundsätzlich, sich mit entsprechenden Anträgen überhaupt zu befassen. In anderen Fällen sehen sie keine Verpflichtung hierzu oder fürchten eine eigene strafrechtliche Verantwortung. Statt der erbetenen (uneingeschränkten) Genehmigung geben sie oftmals lediglich rechtlich unverbindliche Aussagen ab, wie bspw. *„zur Kenntnis genommen"*, *„unter dem Vorbehalt der Angemessenheit"* oder *„die Offenlegung ist gemäß der Drittmittelrichtlinie erfolgt"*. In diesen Fällen ist zu prüfen, ob den Erklärungen – wenn auch keine ausdrückliche – wenigstens eine **konkludente Zustimmung bzw. Genehmigung** entnommen werden kann. Dies ist durch Auslegung des Inhalts der Erklärung zu ermitteln. Ergibt sich bspw. im Zusammenhang mit dem Hinweis „Bestätigung der Kenntnisnahme"[142], dass sich die zuständige Klinikverwaltung mit dem Inhalt des ihr vorgelegten Vertrags befasst hat, könnte dem Hinweis konkludent zu entnehmen sein, dass sie den Vertrag inhaltlich geprüft hat und keine Bedenken sieht. In diesen Fällen mangelt es zwar an der formellen ausdrücklichen Genehmigung, allerdings dürfte sie dem Sinn und Zweck nach

---

[137] Vgl. *Korte* in MüKoStGB § 331 Rn. 183 ff.

[138] BGH NJW 2002, 2801 ff.; hierzu *Michalke* NJW 2002, 3381 f.; *Taschke* PharmR 2002, 417 ff. (= MPR 2002, 101 ff.) sowie *Taschke* in Anhalt/Dieners, Handbuch des Medizinprodukterechts, § 20 Rn. 152, 160, 166 ff.

[139] So auch *Fischer* StGB § 331 Rn. 33.

[140] S. dazu *Rennert* in Maunz-Dürig GG Art. 103 Rn. 87 ff.; *Sodan* GG Art. 103 Rn. 19.

[141] Dies muss insbesondere für Angestellte des öffentlichen Dienstes gelten, da der TVöD lediglich eine Anzeige an den Dienstherrn vor Aufnahme der Tätigkeit genügen lässt.

[142] Beispiele für derartige Formulierungen sind: „Wir haben den Vertrag zur Kenntnis genommen und stimmen der Durchführung zu" oder „Wir haben den Vertrag geprüft. Gegen die Durchführung bestehen keine Bedenken".

den Anforderungen an eine solche erfüllen, indem ihr die inhaltliche Prüfung des Vertrags und das Fehlen entgegenstehender Bedenken zu entnehmen sind. Anders sind die Fälle zu beurteilen, in denen die Klinikverwaltung **lediglich die Offenlegung des Vertrags bestätigt,** aber keinerlei Genehmigung ausspricht und sich dem Schreiben auch kein Hinweis auf eine inhaltliche Prüfung entnehmen lässt. Eine derartige reine Kenntnisnahme genügt jedenfalls nicht den Anforderungen einer Genehmigung nach §§ 331, 333 StGB. In der Praxis helfen sich daher einige Unternehmen mit einem Schreiben an die Klinikverwaltung mit dem Hinweis, dass eine fehlende Reaktion (Ablehnung oder Genehmigung) als Zustimmung gewertet würde.[143] Zwar ist es in der juristischen Literatur weitgehend anerkannt, dass auch eine **konkludente Genehmigung** im Rahmen der §§ 331 Abs. 3, 333 Abs. 3 StGB ausreicht, jedoch hat sie zur Beurteilung dessen keine Kriterien aufgestellt.[144] Legt man allerdings den zivilrechtlichen Grundsatz zugrunde, dass Schweigen grundsätzlich weder Zustimmung noch Ablehnung bedeutet,[145] dürfte bei diesem Vorgehen ein gewisses Risiko bestehen, dass Strafverfolgungsbehörden und Gerichte das Schweigen nicht als Genehmigung bewerten könnten. Denn im Gegensatz zu (aktivem) konkludentem Verhalten vermag **bloßes (passives) Schweigen** keinen Erklärungstatbestand zu setzen.

D. Wettbewerbsrecht

I. Gesetz gegen den unlauteren Wettbewerb

Das UWG stellt die Grundlage des Lauterkeitsrechts dar, indem es Wettbewerber, Verbraucher und sonstige Marktteilnehmer vor **unlauteren geschäftlichen Handlungen** schützt (§ 1 UWG). Es enthält daher Verbotstatbestände (§§ 3–7 UWG) sowie Rechtsfolgen in Form von Ansprüchen, Verfahrensregelungen und Sanktionen (§§ 8–10 UWG), die zum Wohle der Verbraucher und zum Schutz von Mitbewerbern einen **freien und fairen Leistungswettbewerb** gewährleisten sollen. **79**

Das UWG hat seine primären Wurzeln in dem Gesetz gegen den unlauteren Wettbewerb aus dem Jahr 1909 und wurde seitdem verschiedentlich reformiert. Durch die **UWG-Novelle 2008** wurde die Richtlinie 2005/29/EG über unlautere Geschäftspraktiken (UGP-Richtlinie) teilweise umgesetzt. Die EU Kommission sah hierin jedoch keine hinreichende Umsetzung und leitete ein Vertragsverletzungsverfahren ein. Dies führte zu der **UWG-Novelle 2015,** durch die die UGP-Richtlinie vollständig umgesetzt worden ist. Der bis dahin in § 4 Nr. 11 UWG verankerte Rechtsbruchtatbestand wurde in § 3a UWG verselbstständigt. Danach handelt unlauter, wer einer gesetzlichen Vorschrift zuwiderhandelt, die auch dazu bestimmt ist, im Interesse der Marktteilnehmer das Marktverhalten zu regeln. Des Weiteren muss der Verstoß geeignet sein, die Interessen von Verbrauchern, sonstigen Marktteilnehmern oder Mitbewerbern spürbar zu beeinträchtigen. **80**

Die Gebote und Verbote des HWG sind **Marktverhaltensregelungen** iSd § 3a UWG[146]. Bei einer Verletzung ist regelmäßig von einer spürbaren Beeinträchtigung auszugehen, wobei hiervon lediglich bei Verstößen mit Bagatellcharakter Ausnahmen denkbar sind.[147] Ein Verstoß gegen eine Regelung des HWG stellt also in der Regel auch eine unlautere geschäftliche Handlung iSd § 3 Abs. 1 UWG dar und ist damit nach dem UWG **81**

[143] Ein Beispiel für ein solches Schreiben wäre: „Vielen Dank für Ihr Schreiben, in dem Sie das Projekt […] zur Kenntnis nehmen. Wir verstehen Ihr Schreiben dahingehend, dass von Ihrer Seite gegen das Projekt keine Einwände bestehen. Wir werden den Vertrag durchführen, wenn wir innerhalb der nächsten 14 Tage nichts Gegenteiliges von Ihnen hören."

[144] *Heine/Eisele* in Sch/Sch-StGB § 331 Rn. 65 mwN.

[145] *Möslein* in BeckOK BGB § 146 Rn. 13.

[146] *Ohly/Sosnitzer,* UWG, 7. Aufl. 2016, § 3a Rn. 67.

[147] *Reese* in BeckOK HWG, 5. Ed. 1.2.2021, Einleitung, Rn. 269.

untersagt. Ein Verstoß gegen diese **Generalklausel**[148] iVm §§ 8, 9 UWG ermöglicht in Folge dessen insbesondere den Wettbewerbern und Verbänden die Geltendmachung von Unterlassungs-, Beseitigungs- und Schadensersatzansprüchen.

82 Das UWG enthält anders als das HWG kein grundsätzliches Zuwendungsverbot. Mit der Aufhebung der ZugabeVO sowie des Rabattgesetzes im Jahr 2001 und der Umsetzung der UGP-Richtlinie sind die wettbewerbsrechtlichen Weichen für die Beurteilung der Wertwerbung neu gestellt worden. In Ermangelung eines Verbotstatbestands ist seitdem grundsätzlich von **der lauterkeitsrechtlichen Zulässigkeit der Wertwerbung** auszugehen.[149] Einschränkungen können sich jedoch aus dem Verbot der **gezielten Mitbewerberbehinderung** (§ 4 Nr. 4 UWG) und einer unzulässigen Beeinflussung als sogenannte **aggressive geschäftliche Handlung** § 4a Abs. 1 Nr. 3 UWG ergeben. Im Übrigen kommt noch ein Rückgriff auf die Generalklausel des § 3 UWG in Betracht, wonach unlautere geschäftliche Handlungen generell unzulässig sind.

83 Auch bei der Auslegung dieser Tatbestände ist jedoch zu berücksichtigen, dass nach dem UWG grundsätzlich von der Zulässigkeit der Wertwerbung auszugehen ist. Eine unzulässige Beeinflussung der Entscheidungsfreiheit der Verbraucher § 4a Abs. 1 Nr. 3 UWG kann daher nur dann angenommen werden, wenn die Zuwendung die **Rationalität der Entscheidung des Durchschnittsverbrauchers** vollständig in den Hintergrund treten lässt. Dies wird nur ausnahmsweise und in eng begrenzten Einzelfällen angenommen, wenn die Vergünstigung eine derart starke Anlockwirkung entfaltet, dass der Kunde abgehalten wird, sich mit den alternativen Angeboten überhaupt näher zu befassen.[150] Bei besonders „vulnerablen" Personengruppen kann dabei nach § 4a Abs. 2 UWG die Verbotsschwelle entsprechend herabgesetzt sein.

84 Auch bei der Auslegung des Verbots der **gezielten Mitbewerberbehinderung** § 4 Nr. 4 UWG ist zu berücksichtigen, dass die Gewährung von Zuwendungen lauterkeitsrechtlich grundsätzlich erlaubt ist. Soweit sich die Wettbewerbssituation eines Konkurrenten durch die Gewährung von Zuwendungen verschlechtert, handelt es sich daher grundsätzlich um eine hinzunehmende mittelbare Auswirkung eines erlaubten Marktverhaltens. Auch der Verkauf unter Einstandspreis oder unter Selbstkosten ist vorbehaltlich der kartellrechtlichen Schranken lauterkeitsrechtlich nicht grundsätzlich verboten.[151]

85 Die Kooperation der Industrie mit medizinischen Einrichtungen und Ärzten ist lauterkeitsrechtlich daher grundsätzlich zulässig. Soweit in diesem Zusammenhang Zuwendungen gewährt werden, können diese nur dann als unlauter eingestuft werden, wenn ein **spezieller Verbotstatbestand** erfüllt ist. Im Übrigen kann sich ein unlauteres Verhalten auch daraus ergeben, dass im Rahmen solcher Kooperationen gegen Vorschriften verstoßen wird, die **Marktverhaltensregelungen** iSd § 3a UWG darstellen. Hierzu können neben den Regelungen des HWG ggf. auch **standesrechtliche Vorschriften** zählen, wie sie sich aus der Musterberufsordnung und den entsprechenden landesrechtlichen Vorschriften ergeben.

86 Zu diesen gesetzlichen Rahmenvorschriften sind in den letzten Jahren **Verhaltenskodizes** hinzugetreten, die spezielle Regelungen für bestimmte Branchen auch hinsichtlich der Gewährung von Zuwendungen vorsehen. Zu diesen Verhaltenskodizes zählen insbesondere die **Regelwerke des FSA,** einschließlich des FSA-Kodex Fachkreise, der in §§ 20 ff. spezielle Regelungen zu Sponsoring, Geschenken und Bewirtung enthält.

87 Diese Verhaltenskodizes sind **privatrechtlicher Natur** und binden unmittelbar nur die unterworfenen Mitglieder. Sie stellen daher formal **keine Marktverhaltensregeln** im Sinne von § 3a UWG dar. Ein Verstoß gegen eine Kodex-Regelung kann daher nicht per se als ein Wettbewerbsverstoß qualifiziert werden.[152] Letzteres ist auch gar nicht von den Ver-

---

148 *Ohly/Sosnitzer,* UWG, 7. Aufl. 2016, § 3 Rn. 1 ff.

149 *Reese* in BeckOK HWG, 5. Ed. 1.2.2021, § 7 Rn. 3.

150 *Reese* in BeckOK HWG, 5. Ed. 1.2.2021, § 7 Rn. 11.

151 *Reese* in BeckOK HWG, 5. Ed. 1.2.2021, § 7 Rn. 14.

152 *Bornkamm/Feddersen* in Köhler/Bornkamm/Feddersen, UWG, 39. Aufl. 2021, § 5 Rn. 7.2.

bänden beabsichtigt und widerspräche dem Sinn der Selbstregulierung, zumal dann jeder Kodexverstoß auch vor den ordentlichen Gerichten verfolgbar wäre, wodurch die Spruchkörper der Verbände, die eine zügige, einheitliche Interpretation und instruktive Umsetzung des Kodex sicherstellen, verdrängt werden könnten.[153]

Hiervon zu trennen ist die Frage, ob einer Kodexregelung eine **indizielle Bedeutung** dafür zukommen kann, was in der betreffenden Branche bzw. von den einschlägigen Verkehrskreisen als lauter oder unlauter angesehen wird. Diese Frage ist umstritten. Während dies von der Instanzenrechtsprechung[154] zum Teil angenommen worden ist, wird vom BGH[155] eine indizielle Bedeutung nur dann anerkannt, wenn sich die aus dem festgestellten Kodexverstoß abgeleitete Regelwidrigkeit gerade auch als eine von den Schutzzwecken des UWG erfasste Unzulässigkeit erweist. Damit bietet das UWG nur eine sehr begrenzte Möglichkeit, gegenüber Nicht-Mitgliedern lauterkeitsrechtlich wegen eines Verhaltens vorzugehen, welches materiell einen Kodexverstoß darstellen würde. 88

Mit der UWG Novelle 2008 haben Verhaltenskodizes eine **partielle Berücksichtigung im UWG** selbst gefunden. Gem. § 2 Abs. 1 Nr. 5 UWG bedeutet **Verhaltenskodex** *„Vereinbarungen oder Vorschriften über das Verhalten von Unternehmern, zu welchem diese sich in Bezug auf Wirtschaftszweige oder einzelne geschäftliche Handlungen verpflichtet haben, ohne dass sich solche Verpflichtungen aus Gesetzes- oder Verwaltungsvorschriften ergeben"*. Die letztgenannte (negative) Einschränkung wirft die Frage auf, ob nur solche Kodizes, die die gesetzlichen Vorgaben **verschärfen,** als Verhaltenskodex iSd UWG anzusehen sind. Dafür könnte sprechen, dass sich nur in diesem Fall die Verpflichtungen nicht aus bestehenden Gesetzes- oder Verwaltungsvorschriften ergeben. Gleichwohl ist diese Frage bei **richtlinienkonformer Auslegung** im Ergebnis zu verneinen. Denn die UGP-Richtline definiert den „Verhaltenskodex" in Art. 2 lit. f als *„eine Vereinbarung oder ein[en] Vorschriftenkatalog, die bzw. der nicht durch die Rechts- und Verwaltungsvorschriften eines Mitgliedstaates vorgeschrieben ist und das Verhalten der Gewerbetreibenden definiert, die sich in Bezug auf eine oder mehrere spezielle Geschäftspraktiken oder Wirtschaftszweige auf diesen Kodex verpflichten"*. Daraus wird deutlich, dass auch Kodizes, die Bestimmungen enthalten, die die gesetzlichen Vorschriften **(nur) wiederholen oder konkretisieren,** unter diesen Begriff zu subsumieren sind.[156] Dafür spricht auch Erwägungsgrund 20 der UGP-Richtlinie, der auf die Möglichkeit abstellt, durch Verhaltenskodizes „die Grundsätze dieser Richtlinie in spezifischen Wirtschaftsbranchen wirksam anzuwenden." Eine richtlinienkonforme Auslegung zeigt daher, dass unter den Begriff des Verhaltenskodex auch solche Regelwerke fallen, die bestehende gesetzliche Verpflichtungen konkretisieren. 89

Soweit Kodizes **verschärfende Regelungen** beinhalten, unterliegen sie als Wettbewerbsregeln der §§ 24 ff. GWB der **kartellrechtlichen Kontrolle.**[157] Verschärfungen der gesetzlichen Bestimmungen sind daher nur im Rahmen des geltenden Kartellrechts zulässig.[158] 90

Die Einordnung als Verhaltenskodex iSd § 2 Abs. 1 Nr. 5 UWG hat insofern eine **weichenstellende Funktion,** als sowohl § 5 Abs. 1 Nr. 6 UWG als auch Nr. 1 des Anhangs zu § 3 Abs. 3 UWG an dieses Tatbestandsmerkmal anknüpfen. Nach § 5 Abs. 1 Nr. 6 UWG liegt eine Irreführung vor, wenn unwahre oder zur Täuschung geeignete Angaben gemacht werden „über die Einhaltung eines Verhaltenskodexes, auf den sich der Unternehmer verbindlich verpflichtet hat, wenn er auf diese Bindung hinweist". Erfasst werden soll somit 91

[153] Siehe dazu auch *Bornkamm/Feddersen* in Köhler/Bornkamm/Feddersen, UWG, 39. Aufl. 2021, § 5 Rn. 7.2.

[154] OLG München 7.8.2009 – 29 U 2026/08 zu § 21 FSA-Kodex Fachkreise (nicht rechtskräftig).

[155] BGH GRUR 2011, 431 Rn. 14.

[156] So auch *Köhler* in Köhler/Bornkamm/Feddersen, UWG, 39. Aufl. 2021, § 2 Rn. 113; im Ergebnis ebenfalls zustimmend *Dreyer* WRP 2007, 1294 (1297 f.).

[157] *Köhler* in Köhler/Bornkamm/Feddersen, UWG, 39. Aufl. 2021, § 2 Rn. 115.

[158] Siehe dazu auch *Lettl* WPR 2021, 145.

ein Verhalten, bei dem der Werbende durch einen Hinweis auf die Bindung an einen Verhaltenskodex ein entsprechendes Vertrauen in Anspruch nimmt, ohne sich aber in Wahrheit daran zu halten oder aber diesem unterworfen zu sein. Die letztgenannte Variante wird auch von dem Tatbestand der Nr. 1 des Anhangs zu § 3 UWG erfasst, die die unwahre Angabe eines Unternehmers voraussetzt, zu den Unterzeichnern eines Verhaltenskodex zu gehören.

92 Anders als die Vorgängernorm des § 3 Abs. 1 UWG 2008 weist die geltende Fassung des § 3 Abs. 1 UWG **keine Spürbarkeitsklausel** mehr auf. Allerdings setzt § 3 Abs. 1 UWG voraus, dass die irreführende Handlung geeignet ist, den Verbraucher oder sonstigen Marktteilnehmer zu einer geschäftlichen Entscheidung zu veranlassen, die er anderenfalls nicht getroffen hätte (sog. **Relevanzkriterium**). Bei geschäftlichen Handlungen gegenüber den Verbrauchern setzt § 3 Abs. 2 UWG zudem voraus, dass die Handlung nicht der **unternehmerischen Sorgfalt** entspricht und dazu geeignet ist, das wirtschaftliche Verhalten des Verbrauchers wesentlich zu beeinflussen. Zudem ordnet § 3 Abs. 3 UWG an, dass die im Anhang aufgeführten geschäftlichen Handlungen gegenüber Verbrauchern stets unzulässig sind. Die unwahre Angabe, zu den Unterzeichnern eines Verhaltenskodex zu gehören, ist daher stets unlauter. Irreführende Angaben über die Einhaltung eines Verhaltenskodex dürften im Regelfalle ebenfalls geeignet sein, die Adressaten in ihren geschäftlichen Entscheidungen zu beeinflussen, sodass das Relevanzkriterium grundsätzlich erfüllt sein dürfte.

II. Heilmittelwerberecht

1. Generelles Zuwendungsverbot gem. § 7 Abs. 1 HWG

93 Nach der Liberalisierung der Wertwerbung im UWG und der Aufhebung des Rabattgesetzes und der ZugabeVO ist die Frage aufgeworfen worden, ob das Zuwendungsverbot des § 7 HWG gleichwohl beibehalten werden kann. Unter Berufung auf das **gewandelte Verbraucherleitbild** und **höherrangiges Verfassungsrecht** ist zum Teil geltend gemacht worden, dass auch im Bereich der Heilmittelwerbung Zuwendungen erlaubt sein müssten, da hierdurch die **rationale Kaufentscheidung** der Abnehmer im Regelfall nicht übermäßig beeinträchtigt werde.[159]

94 Der Gesetzgeber ist demgegenüber davon ausgegangen, dass die Wertwerbung im Rahmen des HWG gleichwohl einer **spezialgesetzlichen Regelung** bedürfe. Vor diesem Hintergrund wurden die früheren Ausnahmetatbestände von § 1 Abs. 2 ZugabeVO in den Tatbestand des § 7 Abs. 1 HWG integriert. Darüber hinaus hat die jüngere Rechtsprechung des BGH eine **tatbestandsimmanente Ausnahme** des Zuwendungsbegriffs entwickelt, um einer „überschießenden Anwendung" des § 7 HWG zu begegnen.

95 Die Regelung des § 7 HWG verbietet dem Grundsatz nach jedes Anbieten, Ankündigen oder Gewähren von (unentgeltlichen) Zuwendungen und sonstigen Werbegaben (Waren oder Leistungen) und erstreckt sich auf wirtschaftliche Vorteile jeder Art.[160] Dies gilt auch für die Annahme von solchen Zuwendungen durch „Angehörige der Fachkreise". Der Zuwendungsbegriff ist grundsätzlich weit auszulegen und umfasst **alle geldwerten Vergünstigungen,** die im **Zusammenhang mit der Werbung für Heilmittel** gewährt werden.[161]

96 Von dem weit gefassten Zuwendungsbegriff hat die Rechtsprechung in jüngerer Zeit eine tatbestandsimmanente Ausnahme entwickelt. Danach muss die Zuwendung aus dem Blickwinkel des Empfängers als Geschenk empfunden werden und ihr zudem die abstrakte Gefahr einer unsachlichen Beeinflussung innewohnen.[162] Die Tragweite dieser **tatbe-**

---

[159] *Mand* GRUR 2016, 556ff.; *Schmid* A&R 2015, 147ff.
[160] *Reese* in BeckOK HWG, 5. Ed. 1.2.2021, § 7 Rn. 436.
[161] BGH GRUR 2003, 924.
[162] BGH GRUR 2012, 1279; 2011, 1163; 2014, 689.

standsimmanenten Ausnahme ist noch nicht abschließend geklärt. Typologisch handelt es sich zumeist um **atypische Fallkonstellationen,** die sich von dem Regelfall einer produktbezogenen Absatzwerbung mit Zuwendungen deutlich unterscheiden. Kennzeichnend ist zudem, dass die Zuwendungen jeweils nicht unter der Bedingung einer direkten oder indirekten Kopplung mit Warenbezug gewährt worden sind.[163] Durch diese Rechtsfigur der immanenten Schranke des Zuwendungsverbot hat die Rechtsprechung eine Möglichkeit eröffnet, bestimmte Zuwendungen auch dann zuzulassen, wenn sie nicht von dem Ausnahmekatalog des § 7 Abs. 1 S. 1 Nr. 1–5 HWG erfasst werden.

Dieser Ausnahmekatalog wurde in Anlehnung an die Ausnahmetatbestände der ZugabeVO übernommen und fortentwickelt. Danach ist beispielsweise die Zuwendung **geringwertiger Reklamegegenstände** (zB Notizblöcke, Kalender und Stifte etc) erlaubt (§ 7 Abs. 1 S. 1 Nr. 1 HWG), deren Funktion als Werbeträger durch den Reklameaufdruck gegenüber der Gebrauchseignung dominiert.[164] Des Weiteren werden gemäß § 7 Abs. 1 S. 1 Nr. 2 HWG auch **Geld- und Naturalrabatte** privilegiert. Diese Privilegierung gilt bei Geldrabatten jedoch nicht für verschreibungspflichtige Arzneimittel sowie bei Naturalrabatten nicht für apothekenpflichtige Arzneimittel. Eine weitere Ausnahme besteht etwa dann, wenn die Zuwendungen oder Werbegaben nur in **„handelsüblichem Zubehör"** zur Ware oder in **„handelsüblichen Nebenleistungen"** bestehen (§ 7 Abs. 1 S. 1 Nr. 3 HWG). **Handelsüblich** ist, was sich nach allgemeiner Auffassung der beteiligen Verkehrskreise im Rahmen vernünftiger kaufmännischer Gepflogenheiten hält. Dabei können jedoch auch wirtschaftliche Fortentwicklungen zulässig sein, sofern diese nicht den vernünftigen kaufmännischen Gepflogenheiten zuwiderlaufen.[165] Umgekehrt können Missbräuche nicht privilegiert werden, auch wenn sie weite Verbreitung gefunden haben.[166] Das Tatbestandsmerkmal der Handelsüblichkeit ist somit **normativ-wettbewerbsbezogen** auszulegen und muss auch der Dynamik des Wettbewerbsgeschehens Rechnung tragen (sog. **Versteinerungsverbot**).[167] Auch die Erteilung von **Auskünften und Ratschlägen** verstößt nicht gegen das Zuwendungsverbot (§ 7 Abs. 1 S. 1 Nr. 4 HWG). Schließlich ist auch die unentgeltliche **Verteilung von Kundenzeitschriften** an Verbraucher zulässig soweit diese die weiteren Anforderungen des § 7 Abs. 1 S. 1 Nr. 5 HWG erfüllen. 97

Sämtliche Werbegaben für Angehörige der Heilberufe sind unbeschadet von § 7 Abs. 1 S. 1 HWG nach § 7 Abs. 1 S. 2 HWG nur dann zulässig, wenn sie zur **Verwendung in der ärztlichen Praxis** bestimmt sind. Damit dürfen Gegenstände, die typischerweise eine private Verwendungsbestimmung haben, nicht an Ärzte abgegeben werden. So verhält es sich beispielsweise, wenn dem Arzt ein handelsüblicher Hammer zur Illustrierung der Werbeangabe „Hammerpreise schonen Ihr Budget" überlassen wird.[168] Auch Geldzuwendungen weisen den erforderlichen funktionalen Bezug zu der ärztlichen oder pharmazeutischen Praxis nicht auf.[169] Die Regelungen zur **Musterabgabe** gem. § 47 Abs. 3 AMG bleiben gemäß § 7 Abs. 1 S. 3 HWG unberührt. 98

Das Zuwendungsverbot nach § 7 Abs. 1 HWG gilt gemäß § 7 Abs. 2 HWG nicht für Zuwendungen im Rahmen **ausschließlich berufsbezogener wissenschaftlicher Veranstaltungen,** sofern diese bestimmte Voraussetzungen erfüllen. Sie dürfen einen vertretbaren Rahmen nicht überschreiten, insbesondere in Bezug auf den wissenschaftlichen Zweck nur von untergeordneter Bedeutung sein und dürfen sich nicht auf andere als im Gesundheitswesen tätige Personen erstrecken. 99

---

163 *Reese* in BeckOK HWG, 5. Ed. 1.2.2021, § 7 Rn. 430.
164 *Reese* in BeckOK HWG, 5. Ed. 1.2.2021, § 7 Rn. 535.
165 BGH GRUR 1991, 329 (330).
166 BGH GRUR 1976, 316 (317).
167 *Reese* in BeckOK HWG, 5. Ed. 1.2.2021, § 7 Rn. 635.
168 OLG Hamburg PharmR 2014, 248 (251).
169 *Reese* in BeckOK HWG, 5. Ed. 1.2.2021, § 7 Rn. 694.

100 Die Regelung des § 7 HWG ist mehrfach reformiert worden und stellt in der geltenden Fassung sicherlich **„kein gesetzgeberisches Meisterwerk"** dar.[170] Dies betrifft zunächst die grundsätzliche Frage ihres Anwendungsbereichs. Die Anwendbarkeit des § 7 Abs. 1 HWG hängt zunächst davon ab, ob es sich in dem jeweiligen Einzelfall um eine **produkt- bzw. leistungsbezogene Absatzwerbung** mit Werbegaben oder Zuwendungen handelt. Eine **allgemeine Vertrauenswerbung,** um über Leistungen des Unternehmens zu informieren und so um Vertrauen zu werben, zielt dagegen nicht unmittelbar auf die Förderung des Absatzes von Wirtschaftsgütern iSv § 1 HWG ab. Die Abgrenzung zwischen einer produktbezogenen Absatzwerbung und einer allgemeinen Vertrauenswerbung hat im Einzelfall zu erfolgen und bereitet bisweilen nicht unerhebliche Schwierigkeiten.

101 Da § 7 HWG im Bereich der bloßen Imagewerbung keine Anwendung findet, entsteht eine **Regelungslücke** für Zuwendungen im Rahmen von berufsbezogenen wissenschaftlichen Veranstaltungen, soweit diese keinen konkreten Produkt- oder Leistungsbezug aufweisen. Diese Regelungslücke wird durch die **Selbstregulierungsmaßnahmen der pharmazeutischen Industrie** (insbesondre FSA Kodex) zwar partiell geschlossen. Da die Kodizes unmittelbar jedoch nur für die unterworfenen Mitgliedsunternehmen gelten und der BGH[171] den dort festgelegten Grundsätzen nicht ohne Weiteres eine indizielle Bedeutung für die Begründung der Unlauterkeit des Verhaltens zuweist, bleibt gegenüber den nicht unterworfenen Unternehmen eine bedauerliche Regelungslücke.

102 Darüber hinaus erscheint auch der Katalog der **Ausnahmebestimmungen** des § 7 Abs. 1 S. 1 Nr. 1–5 HWG **inkonsistent und reformbedürftig.** Dies betrifft zunächst die unterschiedliche Behandlung von Geld- und Naturalrabatten, die wirtschafts- und ordnungspolitisch kaum nachvollziehbar ist. Es fehlen auch weiterführende Konkretisierungen, wie der Begriff des „handelsüblichen Zubehörs" oder der „handelsüblichen Nebenleistung" auszulegen ist. Der punktuelle Verweis auf die Übernahme von Fahrtkosten für Verkehrsmittel des öffentlichen Personennahverkehrs geht deutlich an den praktisch relevanten Fragestellungen vorbei. Demgegenüber fehlen Regelungen für die praktisch immer bedeutsamer werdenden Maßnahmen zur **Erhöhung der Arzneimittelsicherheit** und der **Verbesserung der Therapietreue der Patienten,** dies insbesondere im Zusammenhang mit sog. Patienten Support Programmen.[172] Soweit diese medizinisch indiziert sind und darauf abzielen, die Therapiesicherheit und Compliance zu erhöhen, ohne dabei die Verordnungsentscheidung des Arztes oder das Nachfrageverhalten des Patienten unsachlich zu beeinflussen, werden diese zu Recht als zulässig angesehen.[173] Auch wenn die Praxis für diese neueren Entwicklungen geeignete Beurteilungsmaßstäbe entwickelt hat, bleibt die legislatorische Entwicklung in § 7 HWG hierhinter deutlich zurück.

2. Förderung von Fort- und Weiterbildungsveranstaltungen

103 Die Regelung des **§ 7 Abs. 2 HWG** soll **Zuwendungen** im Rahmen **wissenschaftlicher Veranstaltungen begrenzen.** Auf europäischer Ebene sieht Art. 95 der **Richtlinie 2001/83/EG** vor, dass das Zuwendungsverbot einer direkten oder indirekten Bewirtung bei ausschließlich berufsbezogenen Veranstaltungen nicht entgegensteht. Weitere Voraussetzung ist, dass der entsprechende Repräsentationsaufwand in einem vertretbaren Rahmen bleibt und nur von untergeordneter Bedeutung sein darf und sich auch nicht auf andere im Gesundheitswesen tätige Personen beziehen darf. Obwohl der Wortlaut mit § 7 Abs. 2 HWG inhaltlich übereinstimmt, ist die Umsetzung gleichwohl missglückt. Denn § 7 HWG

[170] *Reese* in BeckOK HWG, 5. Ed. 1.2.2021, § 7 Rn. 406 ff.

[171] BGH GRUR 2011, 431; eine Regelungslücke zu Unrecht verneinend *Geiger/Schloßer* in Geiger Healthcare Compliance § 1 Rn. 144.

[172] *Reese/Kemmner* MPR 2017, 151.

[173] LG Köln BeckRS 2016, 13545; ausführlich hierzu *Dieners/Reese/Kemmner* PharmR 2017, 272 ff.; zustimmend *Geiger/Hutt/Schneider* MedR 2019, 272 ff.; ebenso *Geiger/Schloßer* in Geiger Healthcare Compliance § 1 Rn. 124; vgl. auch die Leitlinie zu § 17 FSA Kodex Fachkreise.

findet generell nur im Rahmen einer **produktbezogenen Absatzwerbung** Anwendung. Damit werden Zuwendungen im Rahmen wissenschaftlicher Veranstaltungen von vornherein nicht erfasst, sofern diese nicht zum Zwecke der produktbezogenen Absatzwerbung erfolgen. Eine gesetzliche Regelung, die Zuwendungen für berufsbezogene wissenschaftliche Veranstaltungen auch dann begrenzen würde, wenn kein Zusammenhang mit einer produktbezogenen Absatzwerbung vorliegt, existiert im HWG nicht.

a) Medizinische Fachkongresse und wissenschaftliche Fortbildungsveranstaltungen

Dies bedeutet, dass die Unterstützung **medizinischer Fachkongresse** (bzw. der Teil- 104 nahme von Ärzten an solchen Kongressen), die gewöhnlich nicht von der Industrie, sondern von unabhängigen Dritten (etwa Fachgesellschaften) veranstaltet werden und **nicht zugleich Werbung** für (bestimmte) Heilmittel darstellen, im Regelfall von vornherein nicht dem Anwendungsbereich des § 7 HWG unterliegen.[174] Eine erweiternden Auslegung des Begriffs der produktspezifischen Absatzwerbung[175] ist im Hinblick auf den klaren Wortlaut der §§ 1 und 7 HWG sowie die rechtssystematische Unterscheidung des Gesetzgebers zwischen einer Produkt- und Imagewerbung nicht tragfähig. Diese Abgrenzung muss auch bei Zuwendungen für Veranstaltungen stets im Einzelfall getroffen werden. Allein der Umstand, dass auf Informations- und Fortbildungsveranstaltungen auch Informationen zu Produkten des Unternehmens vermittelt werden, das die Zuwendung gewährt, ist für die Annahme einer relevanten Absatzwerbung nicht ohne Weiteres ausreichend.[176] Denn ein solcher Produktbezug ist auch für sonstige Fachkongresse wissenschaftlichen Charakters keineswegs ungewöhnlich.

In Ermangelung einer produktspezifischen Absatzwerbung gilt § 7 HWG also selbst 105 dann nicht, wenn das Unternehmen Zuwendungen gewährt, die einen **vertretbaren Rahmen überschreiten,** beispielsweise indem es „Begleitpersonen" die Reise- und Aufenthaltskosten erstattet oder einen unverhältnismäßig luxuriösen Aufwand treibt. Derartige Verstöße können auch nicht nach § 15 Abs. 1 Nr. 4 HWG iVm § 7 Abs. 1 HWG als Ordnungswidrigkeit geahndet werden.[177] Allerdings können Veranstaltungen mit **übertriebenem Repräsentationsaufwand** ggf. als unlauter und damit als Verstoß gegen § 3 Abs. 1 UWG einzuordnen sein, da das UWG auch auf Maßnahmen der bloßen Imagewerbung Anwendung findet.[178] Gleichwohl ist es äußerst unbefriedigend, dass die gesetzlich gewollte Begrenzung von Zuwendungen auf einen vertretbaren Rahmen für wissenschaftliche Veranstaltungen bei § 7 Abs. 2 HWG praktisch leerläuft.

Auch wissenschaftliche Fortbildungsveranstaltungen und **Betriebsbesichtigungen,** die 106 von der Industrie selbst getragen werden, unterliegen nicht zwangsläufig dem § 7 HWG. Auch hier kommt es vielmehr darauf an, ob die **wissenschaftlich-informative Zielsetzung** bzw. eine **allgemeine Vertrauenswerbung** oder aber eine **gezielten Absatzwerbung** (dominant-werbliche Propagierung bestimmter Heilmittel etc) im Vordergrund steht.[179] Ist Letzteres nicht der Fall, hat dies zur Folge, dass hierbei gewährte Zuwendungen, etwa in Form eines gesellschaftlichen Rahmenprograms, nicht dem § 7 HWG unterliegen.

Nur bei einer **produktbezogenen Absatzwerbung** unterliegen die in diesem Zusam- 107 menhang getätigten Zuwendungen dem **Grundsatzverbot des § 7 Abs. 1 HWG.** Für diesen Fall ordnet § 7 Abs. 2 HWG an, dass das „Rahmenprogramm" in einer angemessenen Relation zu der wissenschaftlichen Veranstaltung stehen muss. Es darf in diesem Sinne also nur ein „Beiwerk" für die Teilnehmer der wissenschaftlichen Veranstaltung, nicht aber

---

[174] *Gröning/Mand/Reinhart,* 5. EL., HWG, Bd. 1, § 7 Rn. 92.

[175] *Gröning/Mand/Reinhart,* 5. EL., HWG, Bd. 1 § 7 Rn. 92, 256.

[176] *Reese* in BeckOK HWG, 5. Ed. 1.2.2021, § 7 Rn. 734.

[177] *Gröning/Mand/Reinhart,* 5. EL., HWG, Bd. 1 HWG § 7 Rn. 92.

[178] *Gröning/Mand/Reinhart,* 5. EL., HWG, Bd. 1 HWG § 7 Rn. 92; *Köhler* in Köhler/Bornkamm/Feddersen, UWG, 39. Aufl. 2021, § 3 Rn. 9.15.

[179] *Reese* in BeckOK HWG, 5. Ed. 1.2.2021, § 7 Rn. 518f.

heimlich der eigentliche Zweck der Teilnahme sein.[180] In diesem Fall soll die Industrie den Teilnehmern – nicht auch „Begleitpersonen" – nach der herrschenden Meinung[181] ebenfalls grundsätzlich **Reise- und Aufenthaltskosten** erstatten oder diese selbst übernehmen dürfen, sofern diese Kosten einen vertretbaren Rahmen nicht übersteigen und von untergeordneter Bedeutung sind.[182] Aufgrund des missglückten legislatorischen Ansatzes und den hiermit verbundenen sehr eingeschränkten Anwendungsbereichen des § 7 Abs. 2 HWG gibt es hierzu kaum konkretisierende Entscheidungen der Gerichte. Soweit sich Beurteilungsmaßstäbe für die Praxis entwickelt haben, entstammen diese im Wesentlichen der **Spruchpraxis** zur Anwendung des FSA-Kodex Fachkreise, der insoweit auch Zuwendungen erfasst, die losgelöst von einer produktbezogenen Absatzwerbung gewährt werden.[183] Diese Spruchpraxis setzt die materiellen Vorgaben aus **dem „Gemeinsamen Standpunkts zur strafrechtlichen Bewertung der Zusammenarbeit zwischen Industrie, medizinischen Einrichtungen und deren Mitarbeitern"** („Gemeinsamen Standpunkt") (→ Kap. 4 Rn. 19 ff.) der Verbände sowie den **„Verhaltensempfehlungen zur Zusammenarbeit der pharmazeutischen Industrie mit Ärzten"** (→ Kap. 4 Rn. 26 f.) bzw. dem **FSA-Kodex** (→ Kap. 4 Rn. 28 ff.; → Kap. 14) sowie dem **EFPIA-Kodex** (→ Kap. 4 Rn. 104 ff.) um.[184] Hieraus ergibt sich insbesondere, dass eine von der Industrie finanzierte wissenschaftliche Veranstaltung mit Kurzreferaten zu fachlichen Standardthemen nicht zum Anlass genommen werden darf, diese wissenschaftliche Veranstaltung an einen exotischen Urlaubsort zu verlegen, um damit mittelbar dem Teilnehmer eine Fernreise zu finanzieren oder mit einem üppigen kulturellen Rahmenprogramm (zB Opernveranstaltungen) zu „garnieren".[185] Die „Kosten für Unterhaltung" (zB Theater, Konzertbesuche, Rundflüge, Sportveranstaltungen, Besuch von Freizeitparks) dürfen nach dem „Gemeinsamen Standpunkt", den „Verhaltensempfehlungen" sowie dem FSA-Kodex grundsätzlich nicht erstattet werden.

b) Fortbildungsveranstaltungen ohne ausschließlich wissenschaftlichen Charakter

108 Erfolgt eine Zuwendung im Zusammenhang mit einer produktbezogenen Absatzwerbung für eine Veranstaltung, die **keinen ausschließlich berufsbezogenen wissenschaftlichen Charakter** hat, greift die Ausnahmeregelung des § 7 Abs. 2 HWG nicht ein, sodass das generelle Zuwendungsverbot des § 7 Abs. 1 S. 1 HWG zum Tragen kommt.[186]

109 Da die Ausnahmeregelung in § 7 Abs. 2 HWG jedoch keinen abschließenden Charakter hat, ist in diesen Fällen zu prüfen, ob einer der anderen Ausnahmetatbestände eingreifen kann, etwa ob die entsprechenden Unterstützungsleistungen als **„handelsübliche Nebenleistungen"** den Ausnahmetatbestand des § 7 Abs. 1 S. 1 Nr. 3 HWG erfüllen. Daneben

[180] *Reese* in BeckOK HWG, 5. Ed. 1.2.2021, § 7 Rn. 744.

[181] *Reese* in BeckOK HWG, 5. Ed. 1.2.2021, § 7 Rn. 745; *Gröning/Mand/Reinhart,* 5. EL., HWG, Bd. 1, Rn. 23; *Räpple,* Zuwendungen, S. 173; *Gröning/Mand/Reinhart* (5. EL., HWG, Bd. 1, § 7 Rn. 92) leitet die grundsätzliche Zulässigkeit der Übernahme angemessener Reise- und Übernachtungskosten durch die Industrie aus einem Rückgriff auf Art. 10 iVm Art. 1 Abs. 3, 7. Spiegelstrich der Richtlinie 92/28/EWG ab, wonach der Begriff der Bewirtung auch die Reise- und Übernachtungskosten einschließen soll (s. hierzu auch *Gröning/Weihe-Gröning* Bd. 2 Art. 9 und 10 der Richtlinie 92/28/EWG, Rn. 8). Aufgrund des Wortlauts von § 7 Abs. 2 HWG, wonach auf Zuwendungen „im Rahmen" wissenschaftlicher Veranstaltungen abgestellt wird, spricht *Räpple,* Zuwendungen, S. 173, zwar die Frage an, ob damit auch die Übernahme der Kosten für die Reise zum Kongressort und der Kosten für die Übernachtung am Kongressort von dieser Regelung gedeckt sind, kommt aber zugleich zu dem Ergebnis, dass auch der Wortlaut eine weite Auslegung des Veranstaltungsrahmens im Hinblick auf die Übernahme solcher Kosten durchaus zulässt.

[182] Die Rechtsprechung hat sich dagegen mit dieser Frage bislang nicht befasst.

[183] *Reese* in BeckOK HWG, 5. Ed. 1.2.2021, § 7 Rn. 748 f.

[184] Vgl. etwa „Gemeinsamer Standpunkt", S. 20.

[185] *Reese* in BeckOK HWG, 5. Ed. 1.2.2021, § 7 Rn. 744.

[186] *Reese* in BeckOK HWG, 5. Ed. 1.2.2021, § 7 Rn. 732.

kommt der Ausnahmetatbestand des § 7 Abs. 1 S. 1 Nr. 4 HWG in Betracht, wonach das generelle Zuwendungsverbot ebenfalls nicht gelten soll, wenn die Zuwendungen in der Erteilung von **„Auskünften oder Ratschlägen"** bestehen.

Diese Ausnahmetatbestände sind insbesondere dann in Betracht zu ziehen, wenn die Veranstaltungen etwa der **bloßen Einweisung bzw. Instruktion der Teilnehmer** in die richtige technische Handhabung von konkreten Produkten dienen (beispielsweise medizinischen Geräten) oder aber die Weitergabe von Erkenntnissen aus der laufenden Beobachtung dieser Produkte zum Gegenstand haben.[187] Die Rechtsprechung und Literatur haben diese vormals unter § 1 Abs. 2 lit. d und lit. f ZugabeVO geregelten Ausnahmetatbestände zwar eher eng ausgelegt. Allerdings muss im Rahmen des § 7 HWG eine schutzzweckbezogene Auslegung erfolgen, die auch solche Fortentwicklungen zulässt, die sich im Rahmen vernünftiger Gepflogenheiten halten. Wenn die entsprechenden Veranstaltungen geeignet sind, die Anwendung von Produkten und damit in Zusammenhang stehenden Therapien zu erläutern und hierdurch einen positiven Beitrag zu einer besseren Patienten- und Gesundheitsversorgung zu leisten, sollten sie als zulässig angesehen werden. 110

In praktischer Hinsicht empfiehlt es sich auch hier, dass die **Rahmenbedingungen des „Gemeinsamen Standpunkts" eingehalten** werden. Dies bedeutet insbesondere, dass sich die entsprechenden Unterstützungsleistungen in einem angemessenen Rahmen halten und ausschließlich der Einweisung in die konkrete Handhabung der Produkte und nicht privaten Interessen (Urlaub etc) dienen. 111

c) Zusammenfassung

Die Regelung des § 7 HWG statuiert dem Grundsatz nach ein **generelles Zuwendungsverbot,** wobei der Zuwendungsbegriff weit auszulegen ist. Eine **immanente Schranke** des Zuwendungsbegriffs gilt nach der jüngeren Rechtsprechung des BGH jedoch für solche Leistungen, die nicht die Gefahr einer unsachlichen Beeinflussung des Zuwendungsempfängers begründen (→ Rn. 96). Darüber hinaus sind nach § 7 Abs. 1 S. 1 Nr. 3 und 4 HWG sowohl **„handelsübliche Nebenleistungen"** wie auch **„Auskünfte oder Ratschläge"** zulässig. Vor diesem Hintergrund verstoßen Maßnahmen, die den allgemeinen berufsbezogenen und wissenschaftlichen Kenntnisstand auf Seiten der Ärzte und medizinischen Einrichtungen fördern, ohne diese hierdurch unsachlich zu beeinflussen, nicht gegen § 7 HWG. Dies gilt beispielsweise für Maßnahmen zur Gewährleistung der besseren Handhabung und zum geeigneten Einsatz der Unternehmensprodukte (→ Rn. 110). Denn entscheidend ist, dass die Zuwendungen nicht mit dem Ziel gewährt werden, die Auswahlentscheidung des Zuwendungsempfängers unsachlich zu beeinflussen. Diese Ratio deckt sich auch mit den Grundüberlegungen des „Gemeinsamen Standpunkts", der im Hinblick auf die strafrechtlichen Verbote zur Beeinflussung von Beschaffungsentscheidungen gleichlautende Wertungen enthält. Auch hiernach stellt die Förderung berufs- und wissenschaftsbezogenen Kenntnisstands der ärztlichen Anwender als solche **keine unlautere Beeinflussung von Beschaffungsentscheidungen** dar. 112

Soweit es die Regulierung von Zuwendungen für wissenschaftliche Veranstaltungen anbetrifft, ist die gesetzliche Reglung in § 7 HWG im Übrigen missglückt. Denn diese findet nur Anwendung, wenn eine **konkret absatzbezogene Zielsetzung** verfolgt wird. Ist dies nicht der Fall und werden Zuwendungen lediglich im Rahmen einer bloßen **Unternehmens- oder Imagewerbung** gewährt, scheidet eine Anwendung von § 7 HWG aus. Auch Zuwendungen, die einen vertretbaren Rahmen überschreiten, werden dann nicht von § 7 HWG erfasst. Die Schranken des § 7 Abs. 2 HWG haben damit in der Praxis einen nur sehr eingeschränkten Anwendungsbereich. Die diesbezügliche Lücke wird durch FSA-Kodex Fachkreise und die hierzu ergangene Spruchpraxis geschlossen, die ihrerseits aber keine unmittelbare Dritt-Wirkung gegenüber Nicht-Mitgliedern entfaltet. 113

---

[187] *Reese* in BeckOK HWG, 5. Ed. 1.2.2021, § 7 Rn. 672.

114 Damit ergeben sich im Hinblick auf die Anwendbarkeit des § 7 HWG die in Abbildung 1 **zusammengefassten Fallkonstellationen:**

	Unterstützung von Fort- und Weiterbildungsveranstaltungen		
	1. Fallkonstellation	2. Fallkonstellation	3. Fallkonstellation
Art der Veranstaltung	– wissenschaftlich-informative Zielsetzung – kein Produktbezug bzw. keine gezielte Absatzförderung	– ausschließlich berufsbezogener und wissenschaftlicher Charakter – gezielte Absatzförderung	– kein ausschließlich berufsbezogener und wissenschaftlicher Charakter – gezielte Absatzförderung
Rechtsfolgen	– § 7 Abs. 1 S. 1 HWG nicht anwendbar **aber:** – ggf. unlauter nach § 3 UWG bei übertriebenem Repräsentationsaufwand im Rahmen einer unternehmensbezogenen Imagewerbung	– § 7 Abs. 1 S. 1 HWG anwendbar **aber:** – zulässig, wenn Voraussetzungen von § 7 Abs. 2 HWG vorliegen („angemessen", „von untergeordneter Bedeutung")	– § 7 Abs. 1 S. 1 HWG anwendbar **aber:** – zulässig, wenn Voraussetzungen des § 7 Abs. 1 S. 1 Nr. 3 oder 4 HWG („handelsübliche Nebenleistungen" oder „Auskünfte und Ratschläge") vorliegen

Abb. 1: Anwendbarkeit des generellen Zuwendungsverbots des § 7 Abs. 1 S. 1 HWG

3. Ordnungswidrigkeit

115 Ein Verstoß gegen § 7 Abs. 1 HWG ist eine **Ordnungswidrigkeit** (§ 15 Abs. 1 Nr. 4 HWG) des Zuwenders (nicht aber des Empfängers der Zuwendungen).

E. Ärztliches Berufsrecht

I. Berufsrechtliche Rahmenbedingungen

116 Die Zusammenarbeit der Industrie mit Ärzten unterliegt neben straf-, dienst- und wettbewerbsrechtlichen Bestimmungen auch dem **ärztlichen Berufsrecht.** Die Musterberufsordnung für die in Deutschland tätigen Ärzte – MBO-Ä 1997[188] – enthält in ihrem 4. Abschnitt (§§ 30–33) Regelungen zur Wahrung der ärztlichen Unabhängigkeit bei der Zusammenarbeit mit Dritten und untereinander. Die **Musterberufsordnung** dient als Vorlage für die jeweiligen verbindlichen **landesrechtlichen Berufsordnungen.** Das ärztliche Berufsrecht ist insofern für alle Ärzte anwendbar, dh für niedergelassene Ärzte wie auch für Ärzte, die für medizinische Einrichtungen tätig sind. Grundsätzlich gilt, dass eine Zusammenarbeit von Ärzten mit der Industrie unterbleiben muss, „wenn hierdurch der Eindruck erweckt wird, dass die Unabhängigkeit der ärztlichen Entscheidung beeinflusst wird" (§ 32 Abs. 1 S. 1 MBO-Ä).[189] Diese Grundregel des ärztlichen Berufsrechts stimmt mit dem

[188] (Muster-)Berufsordnung für die in Deutschland tätigen Ärztinnen und Ärzte – MBO-Ä 1997 – in der Fassung der Beschlüsse des 121. Deutschen Ärztetages 2018 in Erfurt.

[189] Hierzu *Ratzel* MedR 2002, 63 f.; *Scholz* in Spickhoff, Medizinrecht, MBO-Ä § 32 Rn. 1; eine allgemeine Darstellung der rechtlichen Grundlagen des ärztlichen Berufsrechts bei *Vilmar* in Winter/Fenger/Schreiber, Genmedizin und Recht, S. 183 ff.; zu den Wechselwirkungen zwischen Korruptionsstrafrecht und ärztlichem Berufsrecht s. *Lippert* in Tag/Tröger/Taupitz, Drittmitteleinwerbung, S. 177 ff.; zu der Zusammenarbeit von Krankenhäusern und Vertragsärzten s. *Makoski* MedR 2009, 376 ff.

zentralen „Trennungsprinzip" des Gemeinsamen Standpunkts überein, wonach die Kooperation zwischen Industrie, medizinischen Einrichtungen und Ärzten nicht dazu missbraucht werden darf, Therapie-, Verordnungs- oder Beschaffungsentscheidungen unlauter zu beeinflussen (auch → Kap. 5 Rn. 2). Die Beachtung dieses berufsrechtlichen Grundsatzes ist gleichzeitig auch von zentraler Bedeutung in den „Verhaltensempfehlungen für die Zusammenarbeit der pharmazeutischen Industrie mit Ärzten" (→ Kap. 4 Rn. 20 f.) bzw. dem FSA-Kodex Fachkreise (dort unter § 4 Abs. 1, § 6 Abs. 1 Nr. 2). Geschütztes Rechtsgut der berufsrechtlichen Vorgaben ist der Schutz der ärztlichen (diagnostischen und/oder therapeutischen) Entscheidung vor unlauterer Beeinflussung durch Dritte (§§ 31–33 MBO-Ä) sowie der Schutz des Arzt-Patienten-Verhältnisses bei Untersuchung und Behandlung (§ 30 MBO-Ä).[190] § 32 Abs. 2 MBO-Ä regelt schließlich die **Unabhängigkeit der Ärzteschaft** bei der Teilnahme an Fortbildungsveranstaltungen.

Ursprünglich waren die berufsrechtlichen Regelungen zur Ausgestaltung der Zusam- **117**
menarbeit mit Dritten nach intensiven Auseinandersetzungen auf dem 86. Deutschen Ärztetag im Jahr 1983 eingeführt und zunächst über viele Jahre kaum überarbeitet worden.[191] Vor diesem Hintergrund wurde immer wieder der Vorwurf laut, dass die berufsrechtlichen Vorgaben den **praxisrelevanten Fragestellungen** nicht gerecht würden und auf diese Weise die für den Rechtsanwender eigentlich entscheidenden Detailfragen ungeklärt blieben.[192] In der Folge wurden viele Regelungen sowohl auf Seiten der Ärzte als auch der Industrie häufig entweder gar nicht mehr oder nur halbherzig beachtet oder bestimmte Normsetzungsdefizite kammerseits durch einen zurückhaltenden Normenvollzug ausgeglichen.[193] Diese unbefriedigende Situation führte anlässlich des 106. Deutschen Ärztetags im Jahr 2003 zu **weitreichenden Änderungen bei der Zusammenarbeit mit Dritten.**[194] Diese wurden ausdrücklich mit den bereits angesprochenen Umsetzungsproblemen der Kooperationsvorschriften für die Praxis begründet und sollten das Berufsrecht an den gerade entwickelten und allseits anerkannten Verhaltensstandards des Gemeinsamen Standpunkts anpassen.[195] Dementsprechend betonte der Vorsitzende der Berufsordnungsgremien der Bundesärztekammer, *Professor Dr. Flenker,* bei der Vorstellung der novellierten Regelungen im Rahmen des 106. Deutschen Ärztetags 2003, dass *„die Zusammenarbeit von Ärzten und der pharmazeutischen Industrie und Medizinprodukteherstellern [...] wünschenswert, notwendig und [...] zwingend erforderlich"*[196] sei. Die Ärzteschaft sei daher gehalten, effektive Rahmenbedingungen zu schaffen, die gleichzeitig eine sinnvolle Kooperation gewährleisten und

---

[190] Vgl. *Lippert/Ratzel* NJW 2003, 3301 ff.; *Scholz* in Spickhoff, Medizinrecht, MBO-Ä § 30 Rn. 2.

[191] Vgl. dazu näher das Referat von *Prof. Dr. Ingo Flenker,* Präsident der Ärztekammer Westfalen-Lippe und Vorsitzender der Berufsordnungsgremien der Bundesärztekammer, zur Vorstellung der modifizierten §§ 30 ff. MBO-Ä im Rahmen des 106. Deutschen Ärztetages 2003, im Internet abrufbar unter http://www.bundesaerztekammer.de/arzt2003/start.htm, dort unter Top IV (zul. abgerufen am 3.11.2021).

[192] Zur historischen Entwicklung der Regelungen unter besonderer Berücksichtigung der Industrie-Kodizes wie dem „Gemeinsamen Standpunkt", vgl. ausführlich *Dieners/Cahnbley* in Anhalt/Dieners, Handbuch des Medizinprodukterechts, § 21 Rn. 2, 118 ff.

[193] Dazu und zu den damit verbundenen Gefahren *Cramer/Henkel* MedR 2000, 565.

[194] Hierzu sowie zur Frage der ärztlichen Selbstkontrolle *Hirthammer-Schmidt-Bleibtreu* S. 95 ff.; zu den aktuellen Änderungen vgl. ausführlich *Lippert/Ratzel* NJW 2003, 3301 ff.; zu den damit verbundenen Auswirkungen für den – industrieunterstützten – Fortbildungsbereich *Balzer* MedR 2004, 76 ff.; *dies.* NJW 2003, 3325 f.

[195] Dazu das Referat von *Prof. Dr. Ingo Flenker,* Präsident der Ärztekammer Westfalen-Lippe und Vorsitzender der Berufsordnungsgremien der Bundesärztekammer, zur Vorstellung der modifizierten §§ 30 ff. MBO-Ä im Rahmen des 106. Deutschen Ärztetages 2003, im Internet abrufbar unter http://www.bundesaerztekammer.de/arzt2003/start.htm, dort unter Top IV (zul. abgerufen am 3.11.2021).

[196] *Flenker,* unter http://www.bundesaerztekammer.de/arzt2003/start.htm, dort unter Top IV (zul. abgerufen am 3.11.2021).

die Unabhängigkeit der Ärzte in ihrem Verordnungs- und Therapieverhalten sicherstellen können. Es bedürfe „weiterer Konkretisierungen und klarerer Regelungen", wobei die Ärzteschaft, anders als sie es vor 20 Jahren getan hat, Regelungen entwickeln müsse, die sie auch durchsetzt."[197]

118 Zu diesem Zweck orientieren sich die berufsrechtlichen Vorgaben zur Zusammenarbeit nunmehr ausdrücklich an den Grundsätzen des **Gemeinsamen Standpunkts,** der sich, ursprünglich für den Klinikbereich entwickelt, auch aus berufsrechtlicher Sicht der Bundesärztekammer in der Praxis bewährt hat. Von daher wurde er bei der Vorstellung der neuen Regeln explizit in Bezug genommen, um dessen wesentliche Grundsätze aufzunehmen und zugleich auf den niedergelassenen Bereich zu übertragen.[198]

119 Die Regelung des **§ 31 Abs. 1 MBO-Ä** enthält das **berufsrechtliche Korruptionsverbot.** Hiernach ist es Ärzten nicht gestattet, für die Zuweisung von Patienten oder Untersuchungsmaterial oder für die Verordnung oder den Bezug von Arznei- oder Hilfsmitteln oder Medizinprodukten ein Entgelt oder andere Vorteile zu fordern, sich oder Dritten versprechen oder gewähren zu lassen oder selbst zu versprechen oder zu gewähren. Der Tatbestand hat eine **zweifache Schutzrichtung:** Zum einen soll die **ärztliche Unabhängigkeit** geschützt werden und damit **das Vertrauen der Patienten in eine sachgerechte Entscheidung;** zum anderen soll der **faire Wettbewerb** unter den Ärzten gesichert werden.[199] Zwar fordert der Tatbestand seinem Wortlaut nach keine unlautere Bevorzugung im Wettbewerb. Allerdings dürften Vorteile für die Zuweisung von Patienten oder Untersuchungsmaterial oder für die Verordnung oder den Bezug von Arznei- oder Hilfsmitteln oder Medizinprodukten grundsätzlich zwecks Bevorzugung im Wettbewerb angeboten, versprochen oder gewährt bzw. gefordert, sich versprochen gelassen oder angenommen werden.

120 Der **Vorteilsbegriff** des „berufsrechtlichen Korruptionstatbestands"[200] ist enger als der der Antikorruptionsvorschriften des deutschen Strafgesetzbuchs (StGB). Während der Vorteilsbegriff des Strafgesetzbuchs (StGB) alle Zuwendungen erfasst, die den Empfänger materiell oder immateriell in seiner wirtschaftlichen, rechtlichen oder auch nur persönlichen Lage objektiv besser stellen,[201] werden von § 31 Abs. 1 MBO-Ä nur solche Zuwendungen erfasst, die den Vorteilsempfänger materiell oder immateriell in seiner wirtschaftlichen Lage objektiv besser stellen[202]. Beide Vorteilsbegriffe setzen voraus, dass der Empfänger keinen Anspruch auf die Zuwendung hat.[203]

121 Das bloße Fordern, Sichversprechenlassen oder Annehmen bzw. das bloße Anbieten, Versprechen oder Gewähren eines Vorteils reicht nicht aus. Vielmehr muss der Vorteil gerade **als Gegenleistung** für die zumindest intendierte Zuweisung von Patienten oder Untersuchungsmaterial oder Verordnung oder Bezug von Arznei- oder Hilfsmitteln oder Medizinprodukte angeboten, versprochen oder gewährt bzw. gefordert, sich versprechen gelassen oder angenommen werden. Verlangt wird somit der ausdrückliche oder konkludente Abschluss einer **Unrechtsvereinbarung.** Kann die Unrechtsvereinbarung nicht nachgewiesen werden, kommt ein Verstoß gegen § 32 Abs. 1 MBO-Ä in Betracht.[204]

---

[197] *Flenker,* unter http://www.bundesaerztekammer.de/arzt2003/start.htm, dort unter Top IV (zul. abgerufen am 3.11.2021).

[198] *Flenker,* unter http://www.bundesaerztekammer.de/arzt2003/start.htm, dort unter Top IV (zul. abgerufen am 3.11.2021).

[199] *Scholz* in Spickhoff, Medizinrecht, MBO-Ä § 31 Rn. 1.

[200] *Scholz* in Spickhoff, Medizinrecht, MBO-Ä § 31 Rn. 1.

[201] *Fischer* StGB § 331 Rn. 11, § 299 Rn. 8, § 299a Rn. 17, § 299b Rn. 3.

[202] *Scholz* in Spickhoff, Medizinrecht, MBO-Ä § 31 Rn. 5 mit Verweis auf LandesberufsG NRW MedR 2012, 69 (72).

[203] *Fischer* StGB § 331 Rn. 11, § 299 Rn. 8, § 299a Rn. 17, § 299b Rn. 2; *Scholz* in Spickhoff, Medizinrecht, MBO-Ä § 31 Rn. 5.

[204] *Scholz* in Spickhoff, Medizinrecht, MBO-Ä § 31 Rn. 8 f.

Nach **§ 32 Abs. 1 MBO-Ä** ist es Ärzten nicht gestattet, von Patienten oder Anderen Geschenke oder andere Vorteile für sich oder Dritte zu fordern oder sich oder Dritten versprechen zu lassen oder anzunehmen, wenn hierdurch der Eindruck erweckt wird, dass die Unabhängigkeit der ärztlichen Entscheidung beeinflusst wird. 122

Für den **Eindruck der Beeinflussung** ist es ausreichend, wenn aus der Perspektive eines objektiven Dritten, der Kenntnis von allen Umständen hat, Zweifel daran entstehen, „ob angesichts der Zuwendung die Wahrung der Unabhängigkeit der ärztlichen Entscheidung gewährleistet ist".[205] Die Zuwendung **geringwertiger Vorteile** erweckt grundsätzlich nicht den Eindruck der Beeinflussung. Die Wertgrenze, bis zu der man von Vorteilen von geringem Wert spricht, sollte nach Auffassung der Berufsordnungsgremien der Bundesärztekammer aus dem Jahr 2004 50 Euro betragen[206], wobei diese auch dann überschritten wird, wenn mehrere kleinere Vorteile in einem überschaubaren Zeitraum zugewendet werden. 123

Nach der in § **32 Abs. 1 S. 2 MBO-Ä** geregelten **Ausnahmevorschrift** ist eine Beeinflussung dann nicht berufswidrig, wenn sie einer wirtschaftlichen Behandlungs- oder Verordnungsweise auf sozialrechtlicher Grundlage dient und dem Arzt die Möglichkeit erhalten bleibt, aus medizinischen Gründen eine andere als die mit finanziellen Anreizen verbundene Entscheidung zu treffen. Diese Regelung setzt die bereits im Jahr 2007 von der Bundesärztekammer veröffentlichten Erläuterungen zum Umgang mit der Ökonomisierung des Gesundheitswesens um. Ziel dieser Ausnahme ist es, eine wirtschaftliche Mittelverwendung zu sichern. Voraussetzung dafür ist, dass die Anreize auf einer transparenten und sozialrechtlichen Basis fußen, im Interesse der finanziellen Stabilität der sozialen Krankenversicherung erfolgen und dem Arzt nicht gänzlich die Möglichkeit einer abweichenden Entscheidung genommen wird.[207] 124

Die Regelung des § 32 Abs. 2 MBO-Ä privilegiert die Annahme von geldwerten Vorteilen in angemessener Höhe für die **Teilnahme an berufsbezogenen (wissenschaftlichen) Fortbildungsveranstaltungen.** Hiernach ist die Annahme von geldwerten Vorteilen in angemessener Höhe nicht berufswidrig, sofern diese ausschließlich für berufsbezogene Fortbildungen verwendet werden. Der für die Teilnahme an einer wissenschaftlichen Fortbildungsveranstaltung gewährte Vorteil ist unangemessen, wenn er über die notwendigen Reisekosten und Tagungsgebühren hinausgeht. § 32 Abs. 2 MBO-Ä beschränkt die Kosten, die zugunsten der Ärzte von Seiten der Industrie getragen werden dürfen, auf die **„Kosten der Teilnahme".** Diese Begrifflichkeit wird durch die Hinweise und Erläuterungen der Bundesärztekammer dahingehend konkretisiert, dass die Unterstützung Dritter auf die Übernahme der „notwendigen Reisekosten und Tagungsgebühren" zu beschränken ist. Erfolgt die Anreise per Flugzeug, sollen zumindest die Flugkosten für die Economy-Class industrieseits übernommen werden dürfen. Ausnahmen zugunsten der Erstattungsfähigkeit von Business-Class-Flügen sind jedoch bei Überbuchung oder bei Langstreckenzielen denkbar. Kann der Veranstaltungsort auch per Bahn erreicht werden, sind die Reisekosten 1. Klasse zugunsten des Arztes erstattungsfähig.[208] Auch die Übernahme zusätzlicher Reisekosten, wie etwa die Kosten notwendiger Taxi- oder Busfahrten, ist nicht berufswidrig. 125

Unzulässig ist dagegen eine Kostenübernahme für privat motivierte „Verlängerungstage", 126
die Kostenübernahme für Begleitpersonen oder bspw. die Übernahme von der Höhe nach

[205] *Scholz* in Spickhoff, Medizinrecht, MBO-Ä § 32 Rn. 5.

[206] Wahrung der ärztlichen Unabhängigkeit bei der Zusammenarbeit mit Dritten, Hinweise und Erläuterungen zu § 33 (Muster-)Berufsordnung, beschlossen von den Berufsordnungsgremien der Bundesärztekammer am 12.8.2003, DÄBl. 2004, A-297 (298).

[207] Novellierung einzelner Bestimmungen der (Muster-)Berufsordnung, Synoptische Darstellung der Änderungen durch die Beschlüsse des 114. Deutschen Ärztetags 2011 in Kiel, Stand: 29.8.2011, abrufbar unter: http://www.bundesaerztekammer.de/fileadmin/user_upload/downloads/pdf-Ordner/MBO/MBO_Synopse.pdf (zul. abgerufen am 3.11.2021).

[208] Zu den im Einzelnen übernahmefähigen Kosten vgl. *Balzer* MedR 2004, 76 (78).

unangemessenen Kosten wie Kosten für den Aufenthalt in einem „Luxushotel". Schließlich muss der Fortbildungszweck und nicht der Freizeitwert des Aufenthalts im Vordergrund stehen. Indikatoren für einen unzulässigen **touristisch oder privat motivierten** Veranstaltungsbesuch ergeben sich insbesondere dann, wenn der eigentlichen Fortbildung nur ein zeitlich geringer Anteil im Programmablauf eingeräumt wird. Weitere Indizien sind der Ort der Veranstaltung (Urlaubsregion oder touristisch in besonderem Maße geprägte Städte), vor allem wenn die Veranstaltung im Ausland stattfindet, obwohl kein internationaler Themenbezug der Fortbildung erkennbar ist.

127 Allerdings sorgt § 32 Abs. 2 MBO-Ä seit einiger Zeit für rege **Diskussionen und Spekulationen.** Während 15 von 17 Landesärztekammern die Musterberufsordnung 1:1 übernommen haben und die Ärztekammer Berlin die Altfassung beibehielt, entschied sich die **Ärztekammer Niedersachsen** am 24.11.2012 dazu, § 32 Abs. 2 MBO-Ä nicht in die niedersächsische Landesberufsordnung, die allein für niedersächsische Ärzte verbindlich ist, zu übernehmen. Damit wäre die finanzielle Unterstützung der Ärzte an dem allgemeinen Zuwendungsverbot nach § 32 Abs. 1 Niedersächsische Berufsordnung zu messen, der wie § 32 Abs. 1 MBO-Ä Zuwendungen nur verbietet, wenn sie den Eindruck erwecken, dass die Unabhängigkeit der ärztlichen Entscheidung beeinflusst wird.[209]

128 Dessen ungeachtet erklärte die Ärztekammer Niedersachsen die **Übernahme von Kosten im Zusammenhang mit der passiven Teilnahme von niedersächsischen Ärzten** an Fortbildungsveranstaltungen durch Unternehmen der Pharma- und Medizinprodukteindustrie am 1.2.2013 für unzulässig: *„Ärzte dürfen von der pharmazeutischen Industrie keine Zuwendungen (Übernahme von Hotel- und Anreisekosten, Tagungsgebühren) entgegennehmen, welche die Teilnahme an einer Fortbildungsveranstaltung ermöglichen oder unterstützen. Erlaubt ist es selbstverständlich, wenn neben dem Honorar vom pharmazeutischen Unternehmen die Reisekosten eines ärztlichen Referenten übernommen werden."*[210] Die Ärztekammer Niedersachsen scheint davon auszugehen, dass bei Zuwendungen im Zusammenhang mit der passiven Teilnahme an Fortbildungsveranstaltungen der Eindruck der Beeinflussung regelmäßig zu bejahen ist. Ob eine solch pauschale Einordnung vertretbar erscheint, dürfte vor dem Hintergrund der Regelung in § 32 Abs. 1 MBO-Ä zweifelhaft sein.[211]

129 In der Zwischenzeit hat die Entscheidung zur Nichtumsetzung des § 32 Abs. 2 MBO-Ä weitere Befürworter gewonnen. Spätestens seit dem 116. Deutschen Ärztetag im Jahr 2013 wird die Streichung des § 32 Abs. 2 MBO-Ä diskutiert.[212] Begründet wird die Streichung damit, dass die Fortbildungsfinanzierung ein Mittel der Beeinflussung sei und nur durch eine **„Null-Euro-Regelung"** eine klare Grenze gezogen werden könne, die auch die kritische Öffentlichkeit von der Unabhängigkeit der Ärzteschaft überzeuge. Aufgrund der Vorstandsüberweisung des Beschlussantrags zur Streichung des § 32 Abs. 2 MBO-Ä auf dem 116. Deutschen Ärztetag war zu prüfen, ob § 32 MBO-Ä restriktiver gefasst werden soll. Es wurde letztlich beschlossen, zunächst das Gesetzgebungsverfahren zur Bekämpfung der

---

[209] *Dieners* in Depesche MedTech Kompass, Sonderausgabe Nr. 18, Mai 2013, abrufbar unter: https://www.bvmed.de/de/recht/healthcare-compliance/kompass-depeschen (zul. abgerufen am 3.11.2021).

[210] *Niedersächsische Ärztekammer* Niedersächsisches Ärzteblatt 1/2013, 35.

[211] Ausführlich zur Zulässigkeit des Fortbildungssponsorings in Niedersachsen: *Dieners* MPR 2013, 13ff.

[212] Beschlussantrag von Prof. Dr. Dr. habil. Wulf Dietrich und Dr. Peter Scholze, 116. Deutscher Ärztetag, Ärztetags-Drucksache Nr. VI – 37, abrufbar unter: http://www.bundesaerztekammer.de/arzt2013/media/applications/BVI37.pdf (zul. abgerufen am 3.11.2021); Vorstandsüberweisung des Beschlussantrags von Prof. Dr. Dr. habil. Wulf Dietrich und Dr. Peter Scholze, 117. Deutscher Ärztetag, Ärztetags-Drucksache Nr. VII – 71, abrufbar unter: http://www.bundesaerztekammer.de/fileadmin/user_upload/downloads/117DAETBeschlussprotokoll20140613.pdf (zul. abgerufen am 3.11.2021); Beschlussantrag von Prof. Dr. Dr. habil. Wulf Dietrich und Dr. Peter Hoffmann (Drucksache V – 02), abrufbar unter: http://www.aerzteblatt.de/download/files/2015/05/down118567837.pdf (zul. abgerufen am 3.11.2021).

Korruption im Gesundheitswesen abzuwarten.[213] Da das Gesetzgebungsverfahren mit dem Inkrafttreten der Tatbestände der Bestechlichkeit und Bestechung im Gesundheitswesen (§§ 299a, b StGB) erst am 4.6.2016 abgeschlossen wurde, konnte auf dem 119. Deutschen Ärztetag im Mai 2016 keine Entscheidung bezüglich der Streichung von § 32 Abs. 2 MBO-Ä getroffen werden. Allerdings wurde auch auf den nachfolgenden Ärztetagen in den Jahren 2017 bis 2021 ausweislich der Beschlussprotokolle keine diesbezügliche Entscheidung getroffen.

Sollte § 32 Abs. 2 MBO-Ä unter Beibehaltung von § 32 Abs. 1 MBO-Ä gestrichen werden, dürfte richtigerweise nur die generelle Zulässigkeit der Übernahme von Reisekosten und Tagungsgebühren entfallen und die Zulässigkeit ihrer Übernahme ausschließlich an § 31 Abs. 1 MBO-Ä zu messen sein. Ohne die Beachtung dieser Voraussetzungen würde der § 32 Abs. 1 MBO-Ä systemwidrig in ein abstraktes Gefährdungsdelikt umgewandelt, welches er nicht ist.[214] Sofern sich die Unternehmen im Rahmen des Fortbildungssponsorings also an den Voraussetzungen orientieren, die sie ohnehin bereits im Rahmen des HWG und der Verbandskodizes zu beachten haben, dürfte die Übernahme angemessener Reisekosten und Tagungsgebühren für die passive Teilnahme an Fortbildungen richtigerweise auch nach Streichung von § 32 Abs. 2 MBO-Ä unterstützt werden können. Sollte § 32 Abs. 2 MBO-Ä allerdings mit der Intention des Beschlussantrags, nur durch eine **„Null-Euro-Regelung"** könne die Öffentlichkeit von der Unabhängigkeit der Ärzteschaft überzeugt werden, gestrichen werden, dürfte ein erhöhtes Risiko bestehen, dass Gerichte[215] die gleiche Ansicht vertreten könnten wie die Ärztekammer Niedersachsen und die Unterstützung der passiven Teilnahme an Fortbildungen nach der Streichung von § 32 Abs. 2 MBO-Ä als unzulässig ansehen werden. Unternehmen sollten im Falle der Streichung des § 32 Abs. 2 MBO-Ä die Unterstützung von passiver Teilnahme an Fortbildungen zunächst zurückhaltender angehen. **130**

Entsprechend hat die Debatte zu einer starken Verunsicherung bei Unternehmen der pharmazeutischen und medizintechnologischen Industrie auf der einen Seite und bei den Ärzten auf der anderen Seite geführt. Einige Unternehmen haben zumindest die direkte Unterstützung von Ärzten zur Teilnahme an **drittorganisierten Konferenzen** eingestellt. Teilweise lehnen Ärzte eine Einladung zu Fortbildungsveranstaltungen ab oder fragen, ob sie teilweise oder ganz selbst bezahlen können. Diese Verunsicherung wurde nicht zuletzt dadurch verstärkt, dass der MedTech Europe in seinem Kodex seinen direkten Mitgliedsunternehmen seit dem 1.1.2018 eine direkte Unterstützung von Fachkreisangehörigen zur Teilnahme an drittorganisierten Konferenzen verbietet („Implementation and Transition Period", S. 8 und „Chapter 2", S. 13 ff.) und die Kodizes seiner Mitgliedsverbände, darunter der BVMed, eine Möglichkeit zur Unterstützung von Fachkreisangehörigen zur Teilnahme an drittorganisierten Konferenzen ab dem 1.1.2020 nicht mehr vorsehen sollen („Part 3, 2.2."). Der BVMed empfiehlt in seinem Kodex keine Unterstützung von Fachkreisangehörigen zur Teilnahme an drittorganisierten Konferenzen vorzunehmen, obwohl „die unmittelbare Kostenübernahme derzeit in Deutschland gesetzlich nicht verboten ist, sofern diese den im Gemeinsamer Standpunkt zur strafrechtlichen Bewertung der Zusammenarbeit zwischen Industrie, medizinischen Einrichtungen und deren Mitarbeitern beschriebenen Voraussetzungen folgt" (§ 8 Abs. 2 Nr. 1a Satz 3). **131**

Nach dem FSA-Kodex Fachkreise ist sowohl die Einladung von Ärzten zu **internen** als auch zu **externen Veranstaltungen** unter den in § 20 genannten Voraussetzungen zulässig. Auch sieht der Efpia Code of Practice keine diesbezügliche Unterscheidung vor (vgl. Art. 10 u. 13). **132**

---

[213] Bundesärztekammer, (Muster-)Berufsordnung, Konvergenzverfahren zur Teilnovellierung, abrufbar unter: http://www.bundesaerztekammer.de/fileadmin/user_upload/downloads/pdf-Ordner/Taetigkeitsbericht_2014/_Muster-_Berufsordnung_-_Konvergenzverfahren_zur_Teilnovellierung.pdf (zul. abgerufen am 3.11.2021).

[214] *Dieners* MPR 2013, 13 (15).

[215] Je nach Einzelfall können dies Berufsgerichte oder Zivilgerichte (Wettbewerbssachen) sein.

133 Gemäß § **32 Abs. 3 MBO-Ä** ist die Annahme von Beiträgen Dritter zur Durchführung von Veranstaltungen **(Sponsoring)** ausschließlich für die Finanzierung des wissenschaftlichen Programms ärztlicher Fortbildungsveranstaltungen und nur in angemessenem Umfang erlaubt. Das Sponsoring sowie dessen Bedingungen und Umfang sind bei der Ankündigung und Durchführung der Veranstaltung offen zu legen. Etwaige Rahmenprogramme sind der Möglichkeit des Sponsorings damit gänzlich entzogen und ausschließlich von den Teilnehmern selbst zu bezahlen.[216]

134 Die Vorschriften des 4. Abschnitts der MBO-Ä sind **Marktverhaltensregelungen iSd § 3a UWG,** so dass die Verleitung von Ärzten zu Verstößen gegen §§ 31, 32 MBO-Ä eine unlautere geschäftliche Handlung iSd § 3 UWG darstellt.[217]

II. Akkreditierung von Fortbildungsveranstaltungen

1. Voraussetzungen der Akkreditierung

135 Die berufsrechtlichen Vorgaben zur Ausgestaltung von Fortbildungsveranstaltungen werden zusätzlich durch die „Empfehlungen zur ärztlichen Fortbildung" der Bundesärztekammer konkretisiert („Empfehlungen").[218] Hiernach muss im Rahmen ärztlicher Fortbildungsmaßnahmen gewährleistet sein, „dass die Unabhängigkeit ärztlicher Entscheidungen gewahrt und nicht zugunsten wirtschaftlicher Interessen Dritter beeinflusst wird".[219] Wird aus wirtschaftlichen Interessen auf Fortbildungsinhalte Einfluss genommen oder werden im Rahmen der Fortbildungen Vorteile gewährt, bei denen zu befürchten ist, dass sie ärztliche Entscheidungen beeinflussen, sind die Fortbildungen nicht anerkennungsfähig. Produktbezogene Informationsveranstaltungen von Seiten der Industrie sind mangels Produktneutralität nicht anerkennungsfähig. Vielmehr soll die Fortbildungsmaßnahme einen ausgewogenen Überblick über den jeweiligen Wissensstand entsprechender diagnostischer und therapeutischer Alternativen, einschließlich der Studienergebnisse, vermitteln.[220]

Hinsichtlich der Möglichkeiten des „Fortbildungssponsorings" durch die Industrie sehen die Empfehlungen im Wesentlichen Folgendes vor:[221]
- Die Annahme von Sponsoringleistungen ist ausschließlich für die Finanzierung des wissenschaftlichen Programms und nur in angemessenem Umfang zulässig.
- Als Gegenleistung für das Sponsoring kommen ausschließlich die Nennung als Sponsor (unter Verwendung des Logos) sowie die Errichtung eines Informationsstands und die Verteilung von Informations- und Werbematerial in Betracht.
- Vereinbarungen über das Sponsoring müssen schriftlich erfolgen.
- Sponsoring ist transparent zu machen. Der Sponsor, die Art und die finanzielle Höhe der Leistung sind gegenüber der Ärztekammer und den Teilnehmern offenzulegen, wobei die Nennung nicht zu Marketingzwecken ausgenutzt werden darf und gegenüber den Teilnehmern getrennt von Inhalten der fachlichen Fortbildung zu erfolgen hat, beispielsweise in Printmedien am Ende des Beitrags.
- Ein Sponsor darf weder direkt noch indirekt die fachliche Programmgestaltung, die Referentenauswahl oder die Fortbildungsinhalte beeinflussen. Er darf sich nicht am wissen-

---

216 Novellierung einzelner Bestimmungen der (Muster-)Berufsordnung, Synoptische Darstellung der Änderungen durch die Beschlüsse des 114. Deutschen Ärztetages 2011 in Kiel, Stand: 29.8.2011, abrufbar unter: http://www.bundesaerztekammer.de/fileadmin/user_upload/downloads/pdf-Ordner/MBO/MBO_Synopse.pdf (zul. abgerufen am 3.11.2021).

217 S. dazu *Ohly* in Ohly/Sosnitza UWG § 3a Rn. 53.

218 S. die aktuelle Fassung der Empfehlungen, 4. Aufl. v. 24.4.2015, aktualisiert am 10.12.2020, abrufbar unter: http://www.bundesaerztekammer.de/aerzte/aus-weiter-fortbildung/fortbildung/empfehlungen-zur-aerztlichen-fortbildung/ (zul. abgerufen am 3.11.2021).

219 S. 11 der Empfehlungen.

220 S. 11 der Empfehlungen.

221 Vgl. dazu S. 11 ff. der Empfehlungen.

schaftlichen Teil der Fortbildungsmaßnahme beteiligen oder dort in Erscheinung treten. Auch die Mitarbeiter des Sponsors dürfen nicht als Referenten, Kursleiter oder Autoren mitwirken. Der Sponsor darf auch keinen Einfluss auf die Teilnehmer im Rahmen des fachlichen Austauschs oder der Diskussion nehmen.

- Von der Industrie unterstützte begleitende Veranstaltungen (Rahmenprogramm, Satellitensymposien), die anlässlich einer Fortbildungsmaßnahme durchgeführt werden, sind nicht grundsätzlich verboten, dürfen jedoch nicht zeitlich parallel zu Lehrveranstaltungen erfolgen und müssen einen deutlich geringeren zeitlichen Umfang haben als die Fortbildung selbst.
- Werden bei Präsenzveranstaltungen Industrieausstellungen durchgeführt bzw. Informationsstände aufgestellt, müssen diese räumlich von der fachlichen Fortbildung getrennt sein. Informationsmaterial darf nur außerhalb der Räumlichkeiten, in denen die Fortbildung stattfindet, verteilt werden. Die Trennung von Fortbildung und Marketing ist auch bei Fortbildungsmaßnahmen in Print- und digitaler Form einzuhalten.

Werden diese Vorgaben bei der Durchführung der Veranstaltung eingehalten, ist grund- **136** sätzlich auch davon auszugehen, dass die jeweilige Veranstaltung zugunsten der teilnehmenden Ärzte **akkreditierungsfähig** ist, dh im Rahmen ihrer (gesetzlichen) Fortbildungsverpflichtungen angerechnet werden kann.[222] Insbesondere verweist § 6 Abs. 2 der (Muster-) Fortbildungsordnung der Bundesärztekammer (MFO BÄK), welche die Voraussetzungen für die Anrechnungsfähigkeit von Fortbildungsmaßnahmen regelt, auf die „Empfehlungen". Zweifel an einer solchen Akkreditierungsfähigkeit industrieunterstützter Fortbildungsbildungsveranstaltungen waren im Rahmen der Umsetzung der „Gesundheitsreform" insbesondere für den vertragsärztlichen Bereich laut geworden. Nach der zum 1.1.2004 eingeführten Vorschrift des § 95d Abs. 1 S. 3 SGB V müssen Fortbildungsveranstaltungen **„frei von wirtschaftlichen Interessen** sein",[223] da dem Arzt andernfalls die Veranstaltungsteilnahme nicht auf den erforderlichen Nachweis seiner Fortbildungsverpflichtungen angerechnet wird. Mangels näherer Definition des „wirtschaftlichen Interesses" blieb jedoch unklar, was genau der Gesetzgeber unter diesem Begriff verstanden wissen will. In der Amtlichen Begründung[224] hierzu heißt es *„Fortbildungsinhalte sind insbesondere dann nicht frei von wirtschaftlichen Interessen, wenn ein Unternehmen der pharmazeutischen Industrie, ein Medizinproduktehersteller, ein Unternehmen vergleichbarer Art oder eine Vereinigung solcher Unternehmen eine* ***produktbezogene*** *Informationsveranstaltung durchführt oder den Teilnehmern an einer solchen Veranstaltung entsprechende Mittel zuwendet."* Im Ergebnis wird damit der Begriff des „wirtschaftlichen Interesses" durch den des „Produktbezugs" ersetzt.[225] Auch hier stellt sich aber wieder die Frage nach einer genauen Eingrenzung des unzulässigen Produktbezugs. Insbesondere bleibt unklar, inwieweit bereits die bloße Benennung einzelner Produkte oder Herstellernamen zur Annahme unzulässiger wirtschaftlicher Interessen und damit zum Ausschluss der Akkreditierung führen könnte. Eine solche Auslegung würde sich in Widerspruch zu den ausgewogenen berufsrechtlichen Vorgaben setzen, die ausdrücklich von einer grundsätzlichen Zulässigkeit des „Fortbildungssponsorings" ausgehen, wenn dieses in einem objektiven Rahmen erfolgt und die unlautere „Anpreisung" einzelner Präparate unterbleibt. Andernfalls wären nicht nur Fortbildungsveranstaltungen mit einem unangemessenen „Werbe-" oder „Anpreisungscharakter" von der Akkreditierung ausgeschlossen.

---

222 Zu den Einzelheiten der Akkreditierung im vertragsärztlichen Bereich auf der Grundlage des durch das GKV-Modernisierungsgesetz zum 1.1.2004 eingeführten § 95d SGB V *Balzer* NJW 2003, 3325 f.; *Pflüger* MPJ 2004, 4 ff.; *Scholze/Finkeißen* MedR 2004, 141 ff.; zu den gesetzlichen Neuerungen im Fortbildungsbereich für Klinikärzte vgl. § 136b Abs. 1 Nr. 1 SGB V, im Rahmen dessen dem Gemeinsamen Bundesausschuss entsprechende Kompetenzen zur Festlegung eines Nachweisverfahrens hinsichtlich der Fortbildung bei Klinikärzten eingeräumt worden sind. Hinsichtlich des Inhalts der Fortbildungsveranstaltungen verbleibt es hingegen bei den berufsrechtlichen Regelungen.

223 Zur Situation außerhalb des vertragsärztlichen Bereichs, vgl. *Weizel* klinikarzt 2004, XI f.

224 BT-Drs. 15/1525, 110.

225 Kritisch *Geiger* GesR 2014, 577 (580 f.).

Stattdessen würden den Ärzten allein wegen der Benennung einzelner Hersteller oder Präparate auch solche Fortbildungsveranstaltungen nicht (mehr) angerechnet, die über einen ausgesprochen sachlichen Produktbezug verfügen.[226] Gerade mit Blick auf neue Therapien oder innovative Arzneimittel sind Fort- und Weiterbildungsveranstaltungen ohne die Teilnahme von Vertretern der Herstellerunternehmen bzw. ohne **Nennung bestimmter Produkte** häufig gar nicht vorstellbar.[227] Darüber hinaus sind die Ärzte auch angesichts der wirtschaftlichen Realitäten im Gesundheitssektor vielfach auf die Kooperation mit der Industrie angewiesen, um ein gleichmäßig hohes Niveau in der Fort- und Weiterbildung aufrechterhalten zu können. Ein allzu enges Verständnis der sozialrechtlichen Vorschriften würde daher im Ergebnis zu einem kontraproduktiven Komplettausschluss der Industrie im Fortbildungssektor führen, ohne dass dies durch übergeordnete Aspekte wie etwa den Schutz der Ärzteschaft vor einer unlauteren Beeinflussung oder das Patienteninteresse zwingend erforderlich wäre. Im Einklang mit den berufsrechtlichen Vorgaben wird daher ein die Akkreditierung ausschließender, unzulässiger Produktbezug nur dann angenommen werden, wenn es sich um einen „besonderen Produktbezug" handelt.[228] Dieser läge etwa dann vor, wenn es an der notwendigen Ausgewogenheit der Fortbildungsveranstaltung fehlen würde, dh etwa einzelne Produkte anpreisend herausgehoben werden.[229]

137 Eine abweichende Auffassung ergibt sich auch nicht aus dem **Urteil des Verwaltungsgerichts Hamburg vom 21.1.2009.**[230] Nach dieser Entscheidung entspricht eine Fortbildungsveranstaltung, in der Kenntnisse zur Praxiswerbung an Ärzte vermittelt werden, nicht den Anforderungen an eine anerkennungsfähige Fortbildungsveranstaltung iSd § 95d SGB V, da sie nicht der fachlichen Weiterbildung dient. Das erscheint durchaus nachvollziehbar, denn die **Fortbildung dient der Qualität der vertragsärztlichen Versorgung,** wie das Verwaltungsgericht in seiner Urteilsbegründung richtigerweise festgestellt hat. Das Gericht stützt die Nichtanerkennungsfähigkeit der Veranstaltung lediglich auf ihre Inhalte. Ein **Rückschluss** auf die Zulässigkeit des Sponsorings von Fortbildungsveranstaltungen durch Pharmaunternehmen kann aus diesem Urteil daher **nicht gezogen** werden.[231]

138 Neben der Voraussetzung der fachlichen Weiterbildung als Bezugspunkt zur Anerkennung als Fortbildungsveranstaltung kommt auch die **Beurteilung der Wissenschaftlichkeit** in Betracht und damit die Frage, ob der geplante Inhalt dem aktuellen medizinischen und allgemeinem Stand der Wissenschaft entspricht und einen Bezug zur evidenzbasierten Medizin aufweist.[232] Neben § 95d Abs. 1 S. 2 SGB V stellen auch die Empfehlungen der Bundesärztekammer zur ärztlichen Fortbildung auf Seite 5 darauf ab, dass die Fortbildungsinhalte der wissenschaftlichen Evidenz bzw. dem allgemeinen Stand der Wissenschaft entsprechen.[233] Festzuhalten bleibt, dass bei Einhaltung der oben genannten berufsrechtlichen Vorgaben auf Bundesebene und insbesondere bei Fehlen eines besonderen Produktbezugs,

---

[226] Zum Alternativmodell einer „Poollösung", bei der Hersteller Gelder in einen „Fortbildungspool" einzahlen sollen, der für produktunabhängige Fortbildung zur Verfügung stünde, vgl. den Artikel in der Frankfurter Allgemeinen Zeitung v. 4.9.2003: „Ärzte wollen Pharmakonzerne zur Kasse bitten".

[227] Für eine „sachbezogene" Beteiligung der pharmazeutischen Industrie, *Geiger* GesR 2014, 577 (578, 580 f.); *Ottmann* Bayerisches Ärzteblatt 5/2003, 227; so auch die „Verhaltensempfehlungen für die Zusammenarbeit der pharmazeutischen Industrie mit Ärzten" vom 27.5.2003 unter Ziff. 6, herausgegeben vom Bundesverband der Arzneimittel-Hersteller eV (BAH), Bundesverband der Pharmazeutischen Industrie eV (BPI) sowie dem Verband Forschender Arzneimittelhersteller eV (VFA).

[228] Vgl. *Balzer* NJW 2003, 3325 (3326); ähnlich *Pflüger* MPJ 2004, 4 (7).

[229] *Kern/Rehborn* in Laufs/Kern/Rehborn, Handbuch des Arztrechts, § 12 Rn. 57.

[230] VG Hamburg GesR 2009, 302 f.

[231] Ein solcher Rückschluss findet sich hingegen unberechtigter Weise bei *Scholz* GesR 2009, 302 f.

[232] S. dazu etwa VG Berlin MedR 2013, 808 ff.; VG Gelsenkirchen 22.9.2011 – 7 L 1003/11; OVG Münster MedR 2014, 116 ff.

[233] S. die aktuelle Fassung der Empfehlungen, 4. Aufl. v. 24.4.2015, aktualisiert am 10.12.2020, abrufbar unter: http://www.bundesaerztekammer.de/aerzte/aus-weiter-fortbildung/fortbildung/empfehlungen-zur-aerztlichen-fortbildung/ (zul. abgerufen am 3.11.2021).

die Teilnahme an Fortbildungsveranstaltungen der pharmazeutischen und Medizinproduktindustrie akkreditierungsfähig ist. Strengere Anforderungen sind jedoch auf Landesebene zu finden.

Die **Ärztekammer Bremen** hatte mit Wirkung **zum 1.1.2018 eine Änderung ihrer Fortbildungsordnung** beschlossen. Die Anerkennung von Fortbildungsmaßnahmen, die durch kommerzielle Unternehmen, wie Unternehmen der pharmazeutischen oder medizintechnologischen Industrie, finanziert oder finanziell unterstützt werden, setzt voraus, dass die Höhe der **Referentenhonorare** sowohl in der Ankündigung gegenüber der Öffentlichkeit (zB auf der Einladung, einem Flyer oder bei einer Ankündigung auf der Webseite) als auch zu Beginn des Vortrags gegenüber den Teilnehmern offengelegt werden (vgl. § 8 Abs. 1 Nr. 5 der Fortbildungsordnung). Des Weiteren werden die Fortbildungsmaßnahmen insbesondere nur anerkannt, wenn die übernommenen Kosten für Bewirtung, Übernachtung und Reise angemessen sind: 139

- Als angemessener Aufwand für die **Bewirtung** der Teilnehmer an einer Fortbildungsveranstaltung wird die steuerliche Verpflegungspauschale von 24 Euro pro Tag zu Grunde gelegt. Bei einer Veranstaltung von mehreren Stunden beträgt diese 12 Euro (vgl. Ziffer 2 der ergänzenden Richtlinien zur Fortbildungsordnung).
- Eine **Übernachtung** ist nur dann angemessen, wenn die Veranstaltung mehr als 8,5 Stunden dauert. Die Angemessenheit der Höhe der Übernachtungskosten orientiert sich am Durchschnittswert der Hotelpreise in einem 4-Sterne-Hotel und ist mit 120 Euro definiert (vgl. Ziffer 2 der ergänzenden Richtlinien zur Fortbildungsordnung).
- Die Höhe **angemessener Reisekosten** beträgt 0,30 Euro/km und eine Abfahrt der Teilnehmer ab 6.30 Uhr (ab der Wohnung) und eine Rückkehr bis 23.00 Uhr (an der Wohnung) sind zumutbar (vgl. Ziffer 2 der ergänzenden Richtlinien zur Fortbildungsordnung).

Noch strenger hingegen ist die **Bayerische Landesärztekammer.** Nach der Neufassung ihrer Fortbildungsrichtlinie („FRL BLÄK"), die am 1.1.2020 in Kraft getreten ist, soll kein Erwerb von Fortbildungspunkten für die Teilnahme an Fortbildungsveranstaltungen der pharmazeutischen und medizintechnologischen Industrie mehr möglich sein.[234] Die FRL BLÄK ist eine Verwaltungsvorschrift, die auf § 6 Abs. 4 der Fortbildungsordnung der Bayerischen Landesärztekammer („FO BLÄK") basiert.[235] Zwar sieht § 8 Abs. 1 Nr. 3 Satz 1 der FO BLÄK[236] weiterhin vor, dass Fortbildungsveranstaltungen frei von wirtschaftlichen Interessen sein müssen, um anerkennungsfähig zu sein. Nach Satz 2 wurd allerdings vermutet, dass bei Fortbildungsveranstaltungen der Industrie deren Inhalte nicht frei von wirklichen Interessen sind. Ziffer 1.5.6. FRL BLÄK[237] ist in Bayern eine **Anerkennung von Fortbildungsveranstaltungen der Industrie** sowie eine Vergabe von Fortbildungspunkten für die Teilnahme von Ärzten **nicht länger möglich.** Dieser an die Person des Veranstalters und nicht an die Fortbildungsinhalte anknüpfende Ausschluss ist im Vergleich zu den bundesrechtlichen Regelungen, aber auch denen der anderen Bundesländer besonders restriktiv. Verfassungsrechtliche Bedenken ergeben sich in Hinblick auf den Gesetzesvorrang (Art. 20 Abs. 3 GG), das Gleichbehandlungsgebot (Art. 3 Abs. 1 GG) und die Berufsfreiheit (Art. 12 Abs. 1 GG).[238] Nicht von dem Anerkennungsausschluss betroffen sind Fortbildungsveranstaltungen Dritter, die von der pharmazeutischen oder medizintechnolo- 140

---

[234] Vertiefend zur verfassungsrechtlichen Bewertung der Neuregelung zur Anerkennung von Fortbildungsveranstaltungen der Industrie in Bayern, *Dieners/Voland* PharmR 2020, 244 ff.

[235] *Dieners/Voland* PharmR 2020, 244 (245).

[236] Fortbildungsordnung für die Ärzte Bayerns der Bayerischen Landesärztekammer, in der Fassung der Änderungsbeschlüsse vom 10.10.2020 (Bayrisches Ärzteblatt 12/2020, S. 608).

[237] Richtlinie zur Bewertung von Fortbildungsmaßnahmen – Beschluss des Vorstands der BLÄK vom 30.11.2019, abrufbar unter: https://api.blaek.de/content/medien/14n7koooab1556871289mcrkynzalw788/fortbildung-richtlinie-bewertung-30112019.pdf (zul. abgerufen am 3.11.2021).

[238] Ausführlich dazu *Dieners/Voland* PharmR 2020, 244 ff. so nunmehr auch Bayerisches Veraltungsgericht München Urt. v. 17.6.2021, Az. M 27 K 19.5022.

gischen Industrie gesponsert werden. Auch soll ein Erwerb von Fortbildungspunkten für eine Teilnahme an Fortbildungsveranstaltungen außerhalb Bayerns, die durch die jeweilige Landesärztekammer zugelassen worden sind, für bayerische Ärzte weiterhin möglich sein, unabhängig davon, ob es sich um ein Angebot der pharmazeutischen oder medizintechnologischen Industrie handelt oder nicht.[239]

2. Kartellrechtliche Aspekte der Akkreditierung

141 Das Bundeskartellamt sieht in der Zulassung von kostenlosen online-basierten Fortbildungsveranstaltungen, die von den Landesärztekammern selbst angeboten und zertifiziert werden, keinen Missbrauch einer **marktbeherrschenden Stellung** iSd §§ 18, 19 GWB gegenüber anderen Anbietern von kommerziellen Fortbildungsveranstaltungen.[240] Die Doppelfunktion von Akkreditierungsstelle und Anbieter entsprechender Veranstaltungen lässt nicht auf eine Selbstbevorzugung oder eine Diskriminierung von Anbietern kostenpflichtiger (Online-)Fortbildungen schließen. Das haben entsprechende Ermittlungen durch das Bundeskartellamt im Jahr 2008 bestätigt. Das damalige Verfahren gegen die Landesärztekammern wurde daher ohne Ergebnis eingestellt.

142 Ein **missbräuchliches Verhalten** setzt voraus, dass ein Unternehmen alleine oder gemeinsam mit anderen über eine marktbeherrschende Stellung verfügt und diese dazu ausnutzt, um andere Unternehmen zu behindern oder ohne gerechtfertigten Grund ungleich zu behandeln, §§ 18, 19 Abs. 2 Nr. 1 GWB.[241] Soweit die Landesärztekammern als Akkreditierungsstelle tätig werden, fehlt es bereits an der für die Normadressatenstellung erforderlichen Unternehmenseigenschaft. Unternehmerisches Handeln ist unabhängig von der Rechtsform gegeben, wenn eine wirtschaftliche (nicht notwendigerweise entgeltliche) Tätigkeit am Markt erbracht wird.[242] Das ist bei der Akkreditierung von Fortbildungsveranstaltungen nicht der Fall, da sie den Landesärztekammern gemäß § 95d Abs. 2 S. 2 SGB V als hoheitliche Tätigkeit ausschließlich zugewiesen und somit dem Wirtschaftsverkehr nicht zugänglich sind. Auch soweit die Landesärztekammern selbst als Anbieter für Fortbildungsveranstaltungen tätig werden, sind sie wohl nicht Adressaten des Missbrauchsverbots. Zwar liegt insoweit unternehmerisches Handeln vor. Allerdings müssten die Kammern dann auf einem wie auch immer abzugrenzenden Markt für Online-Fortbildungen für Ärzte über eine marktbeherrschende Stellung verfügen.[243] Dazu müsste ihr Marktanteil oberhalb der Vermutungsschwelle für die Einzelmarktbeherrschung (dh bei mindestens 40 %) liegen. Nach den Ermittlungen des Amts gab es dafür offenbar keine Anhaltspunkte, so dass auch insoweit nicht von einer Normadressatenstellung der Landesärztekammern auszugehen war.[244]

143 Unklar bleibt, inwieweit das Verhalten der Landesärztekammern missbräuchlich gewesen sein soll. Gemäß § 19 Abs. 2 Nr. 1 GWB kommt eine Behinderung oder Ungleichbehandlung anderer Marktteilnehmer **ohne sachlich gerechtfertigten Grund** in Betracht, etwa

---

[239] S. auch *Dieners/Voland* PharmR 2020, 244 (245).

[240] S. PM-Report 4/09, 31 („Das Bundeskartellamt ermittelte"); zu diesem Ergebnis kommen auch bereits *Dieners/Miege* A&R 2009, 71 ff.

[241] *Bechtold/Bosch* in Bechtold/Bosch GWB § 19 Rn. 3.

[242] *Bechtold/Bosch* in Bechtold/Bosch GWB § 1 Rn. 7.

[243] Für die Annahme eines einheitlichen Marktes für alle ärztliche Fortbildungen spricht, dass alle Fortbildungen vergleichbare Reaktionen bei den Teilnehmern hervorrufen. Evaluationen von Fortbildungsveranstaltungen haben gezeigt, dass selbst bei gesponserten Veranstaltungen eine werbliche Beeinflussung von nur 10 % der Teilnehmer festgestellt wurde. 12,5 % gaben an, dass durch eine kostenlose Fortbildung eine Veränderung der Behandlungsstrategie stattgefunden habe (vgl. *Chon et al.*, Medizinische Klink 2008, 341 ff.). Ebenfalls erfolgt eine einheitliche Vergabe von Fortbildungspunkten für alle Fortbildungen durch die Landesärztekammern. Die konkrete Auswahl der Fortbildung durch die Ärzte erfolgt vielmehr themenspezifisch und nicht nach der Art der Fortbildung (s. dazu *Griebenow et al.* Deutsche Medizinische Wochenzeitschrift 2003, 734 ff.; *Chon et al.* Medizinische Klink 2008, 341 ff.).

[244] PM-Report 4/09, 31 („Das Bundeskartellamt ermittelte").

in Form der Selbstbevorzugung oder einer interessengeleiteten Diskriminierung zwischen verschiedenen kommerziellen Anbietern. Einzelheiten dazu sind nicht bekannt. Soweit ersichtlich, gab es aber auch insoweit keinen Grund zur Beanstandung.

Damit war das Verhalten der Landesärztekammern sowohl bei der Akkreditierung als auch auf dem Markt für die Veranstaltung von Fortbildungsveranstaltungen im Hinblick auf die missbräuchliche Ausnutzung einer **marktbeherrschenden Stellung** unter keinem erkennbaren Gesichtspunkt zu beanstanden. **144**

F. Sozialrecht

Ein weiterer Rechtsbereich, der den Rahmen der Zusammenarbeit der Pharma- und Medizinprodukteindustrie mit Ärzten bzw. medizinischen Einrichtungen bestimmt, ist das Sozialrecht. Diesbezüglich kann man von einer **„sozialrechtlichen Compliance"** sprechen, die insoweit vor allem mit dem Inkrafttreten des Gesetzes zur Weiterentwicklung der Organisationsstrukturen in der gesetzlichen Krankenversicherung **(GKV-OrgWG)**[245] entstanden ist. Mit ihr verfolgt der Gesetzgeber das Ziel, die Leistungserbringer im Rahmen des Systems der GKV sowie auch ihre möglichen Vertragspartner auf den Handelsstufen in ihrer Zusammenarbeit zu reglementieren und hierdurch vermeintlichen Fehlentwicklungen und Missbräuchen, etwa im Bereich der Hilfsmittelversorgung, zu begegnen. Gleichzeitig werden den Kostenträgern Sanktionsmechanismen an die Hand gegeben, um Regelverstößen nachzugehen. Die Verhängung „sozialrechtlicher Sanktionen", wie etwa der Ausschluss von Leistungserbringern aus der Erstattung, dürfte ein zumindest vergleichbar effektives oder möglicherweise effektiveres rechtliches Instrumentarium darstellen, wie die Bekämpfung von Missbräuchen bei der Zusammenarbeit aufgrund von straf- und wettbewerbsrechtlichen Vorschriften. Gleichzeitig besteht die Tendenz des Gesetzgebers, diese Regelungen als Vehikel zu gebrauchen, um die entsprechenden Vertragsärzte unter voller Kontrolle der Kostenträger in sozialrechtliche Vertragsbeziehungen (etwa nach § 128 Abs. 4, 4a und 4b SGB V) zu integrieren. **145**

Der Gesetzgeber hat mit der Schaffung des GKV-OrgWG ursprünglich die Neuordnung von Insolvenzen bzw. Schließungen von Krankenkassen bezweckt.[246] Im Laufe des Gesetzgebungsverfahrens wurden allerdings durch den Gesundheitsausschuss weitere Änderungen in dieses Gesetz aufgenommen, die sich mit völlig anderen Themen befassen. Dazu gehörte auch eine Neuregelung der Hilfsmittelversorgung durch die Neufassung bzw. Wiedereinführung der §§ 126–128 SGB V, wie sie in der Stellungnahme des Gesundheitsausschusses vorgenommen wurden.[247] Hinsichtlich der „sozialrechtlichen Compliance" ist insbesondere **§ 128 SGB V** von Belang. Unter der Überschrift „Unzulässige Zusammenarbeit zwischen Leistungserbringern und Vertragsärzten" finden sich dort Regelungen, die die Zusammenarbeit von Leistungserbringern im Hilfsmittel- und Heilmittelsektor sowohl mit niedergelassenen Ärzten als auch mit Krankenhäusern und sonstigen Anbietern von Gesundheitsleistungen betreffen. Bereits aus der Überschrift ist ersichtlich, dass damit **Kernfragen** der Business Compliance durch den Gesetzgeber geregelt werden sollen. Die Regelung ist allerdings in ihrem Anwendungsbereich sachlich beschränkt. Durch die **Verortung im SGB V** wird „nur" der Bereich der gesetzlichen Krankenversicherung abgedeckt, der allerdings gleichzeitig den „Löwenanteil" des deutschen Markts darstellt. Da sich diese Regelungen nicht in einer allgemein gültigen Norm wie zB dem HWG, sondern im SGB V finden, wird hiervon somit die Zusammenarbeit zwischen der Pharma- und Medizinpro- **146**

245 BGBl. 2008 I S. 2426.
246 BT-Drs. 16/9559, 1.
247 BT-Drs. 16/10 609, Text 12 ff., Begründung 70 ff.

dukteindustrie und Ärzten bzw. medizinischen Einrichtungen im Bereich der GKV, nicht aber im Bereich der PKV reguliert.[248]

147 Die Vorschrift des § 128 SGB V unterfiel im Laufe der Zeit immer wieder Anpassungen und Erweiterungen. Mit der im Zuge der 15. AMG Novelle geänderten Fassung des § 128 SGB V erfolgte eine **teilweise Adaption auf den Arzneimittelmarkt.**[249] Diese Novelle betraf neben Änderungen der Absätze 2 und 4 die damals neuen Absätze 4a und 6 zu § 128 SGB V. Nach **§ 128 Abs. 6 SGB V** sollten die zuvor nur im Rahmen der Hilfsmittelversorgung anwendbaren Absätze 1–3 des § 128 SGB V[250] auch auf die Arzneimittelversorgung nach § 31 SGB V sowie nach § 116b Abs. 6 SGB V Anwendung finden.[251]

148 Durch das GKV-Versorgungsstrukturgesetz vom 1.1.2012 wurde der sachliche **Anwendungsbereich** des § 128 SGB V **auf den Heilmittelbereich ausgedehnt** (§ 128 Abs. 5b SGB V). Hintergrund dieser Erweiterung ist, dass auch im Bereich der Verordnung von Heilmitteln (Ergotherapie, Physiologische Therapie etc) die gleichen Fehlentwicklungen zu beobachten waren, wie bereits zuvor in der Hilfsmittel- und Pharmabranche.[252] Im Zuge dessen wurde zudem der Absatz 5a eingeführt, der einen klaren Hinweis darauf enthält, dass das unzulässige Fordern oder Annehmen von Zuwendungen (1. Alt.) sowie die unzulässige Beeinflussung der Patienten zur Inanspruchnahme privatärztlicher Leistungen an Stelle der gesetzlichen Leistungen (2. Alt.) gegen die vertragsärztlichen Pflichten verstoßen. § 128 Abs. 5a SGB V enthält damit den klarstellenden Hinweis, dass der Verstoß auch **vertragsarztrechtliche Konsequenzen** nach sich ziehen kann.[253] Mangels Aufnahme eines Verweises auf § 128 Abs. 5a SGB V in Abs. 6 („Pharmaklausel") findet auf den Bereich der Arznei- und Verbandsmittel eine Erweiterung auf die „vertragsrechtliche Sanktionierung" nicht statt.[254] Darüber hinaus enthält § 128 Abs. 5a 2. Alt. SGB V eine weitere Ratio. Durch die Kassenärztlichen Vereinigungen können auch solche ärztlichen Beratungen sanktioniert werden, bei denen der Patient in unzulässiger Weise zur Inanspruchnahme einer selbst zu zahlenden, individuellen Gesundheitsleistung **(IGeLen)** beeinflusst wurde, die an die Stelle einer von dem Leistungskatalog der GKV erfassten Behandlung tritt.[255]

149 Korrespondierend zu § 128 Abs. 5a SGB V wurde Absatz 5 um die Sätze 2 und 3 erweitert. Neben die bisherige **Berichterstattungspflicht** gegenüber der jeweiligen Ärztekammer tritt seither die Pflicht, die zuständige **Kassenärztliche Vereinigung** zu informieren. § 128 Abs. 5 S. 3 SGB V dehnt diese Informationspflicht auch auf die Fälle des § 128 Abs. 5a SGB V aus und ermöglicht dadurch eine effektivere und konsequentere Verfolgung von Verstößen.[256]

150 Schließlich wurde auch **§ 128 Abs. 2 SGB V** abgeändert. Die dort enthaltende **Definition der unzulässigen Zuwendungen** wurde um „Einkünfte aus Beteiligungen an Unternehmen von Leistungserbringern, die Vertragsärzte durch ihre Verordnungs- oder Zuweisungsverhalten selbst maßgeblich beeinflussen können" ergänzt. Die gesetzgeberische Intention ist es, zu verhindern, dass Vertragsärzte das statuierte Zuwendungsverbot durch die **Beteiligung an Unternehmen** von Leistungserbringern umgehen.[257] Doch auch der

---

[248] Vgl. *Lungstras* in Becker/Kingreen SGB V § 128 Rn. 1.

[249] S. Beschlussempfehlung des Ausschusses für Gesundheit v. 17.6.2009, BT-Drs. 16/13 428, 94 ff.

[250] Eine detaillierte Übersicht über die Probleme, die sich aus § 128 SGB V für die Hilfsmittelversorgung ergeben, findet sich bei *Heil/Oeben* MPR 2009, 13 ff.

[251] Hierzu *Dieners/Stallberg* A&R 2009, 243 ff.

[252] BT-Drs. 456/11, Text 27 f., Begründung 128 sowie auch *Lungstras* in Becker/Kingreen SGB V § 128 Rn. 1, der als Fehlentwicklungen die sog. „Kick-Back-Geschäfte" sowie „Einweiser- und Fangprämien" benennt.

[253] Dazu *Lungstras* in Becker/Kingreen SGB V § 128 Rn. 3.

[254] Siehe *Lungstras* in Becker/Kingreen SGB V § 128 Rn. 37.

[255] Vgl. hierzu *Lungstras* in Becker/Kingreen SGB V § 128 Rn. 38.

[256] So *Lungstras* in Becker/Kingreen SGB V § 128 Rn. 36, der zutreffend von den „schärfere[n] Zähne[n]" des Disziplinarverfahrens der KVen spricht.

[257] BT-Drs. 456/11, Text 27 f., Begründung 127.

aktuelle Wortlaut wirft nach wie vor Fragen auf, insbesondere da die Regelung im Hinblick auf die verfassungsrechtlich garantierten Rechte der Beteiligungsfreiheit an Gesellschaften aus Art. 9 GG (Vereinigungsfreiheit)[258] sowie dem Recht der Berufsausübung iSd Gewinnerzielung aus einer Kapitalbeteiligung aus Art. 12 GG[259] kein gänzliches Beteiligungsverbot enthalten dürfte. Vielmehr dürfte es für die Klassifizierung als unzulässige Zuwendung darauf ankommen, ob der Arzt aufgrund seiner fachlichen und/oder räumlichen Nähe durch sein Zuweisungs- und Verordnungsverhalten die Umsätze und Gewinnausschüttungen beeinflussen kann.[260] Problematisch ist in diesem Zusammenhang, inwieweit bei einer Beteiligung naher Verwandter des Arztes als Treuhänder oder Strohmänner von einer Umgehung gesprochen werden kann. Hierbei dürfte vor allem die Kategorisierung von Merkmalen, die eine Treuhänder- bzw. Strohmanneigenschaft ausmachen, auf Schwierigkeiten stoßen (näher dazu → Rn. 165 ff.).

Zuletzt erfolgte mit Wirkung zum 11.4.2017 eine Erstreckung des § 128 Abs. 6 S. 1 und 2 SGB V auf Erbringer von Leistungen zur Versorgung von **chronischen und schwer heilenden Wunden** gemäß § 37 Abs. 7 SGB V. 151

Die stetigen Anpassungen und Konkretisierungen zeigen die Ernsthaftigkeit der Thematik, wie auch den **Effizienzsteigerungswillen** des Gesetzgebers.[261] Nichtsdestotrotz lässt § 128 SGB V zahlreiche Fragen ungeklärt, auf die im Folgenden nur kurz hingewiesen wird. Es bleibt insoweit abzuwarten, welche Lösungen die beteiligten Verkehrskreise sowie die Gerichte für diese Probleme entwickeln werden. 152

I. Depotverbot

Nach § 128 Abs. 1 SGB V ist die **Abgabe von Hilfsmitteln über Depots** bei Vertragsärzten[262] oder Krankenhäusern bzw. anderen medizinischen Einrichtungen grundsätzlich untersagt, soweit es sich nicht um Hilfsmittel handelt, die zur Versorgung in Notfällen benötigt werden.[263] Das Verbot richtet sich dabei sowohl an den Arzt als auch an den Hilfsmittelerbringer.[264] Nach § 128 Abs. 6 SGB V findet diese Vorschrift auch auf die ambulante Arzneimittelversorgung gemäß §§ 31, 116b Abs. 6 SGB V sowie auf die sog. Wundzentren als Leistungserbringer nach § 37 Abs. 7 SGB V Anwendung. 153

Hinsichtlich der Hilfsmittelversorgung dient diese Vorschrift der **Verhinderung des sog. „verkürzten Versorgungswegs“.**[265] Hierbei erhielten die Versicherten das Hilfsmittel direkt durch den verschreibenden Arzt. Nach Auffassung des Gesetzgebers wurde dadurch die Wahlfreiheit der Versicherten faktisch eingeschränkt und ein Anreiz zur Schaffung unzulässiger Wettbewerbsvorteile durch die Gewährung rechtswidriger Zuwendungen seitens der Hersteller an die jeweiligen Ärzte geschaffen.[266] Bereits die Frage, wie der Begriff „Depot“ zu definieren ist, hat hinsichtlich der Hilfsmittelversorgung zu kontroversen Dis- 154

---

258 Siehe *Wittmann/Koch* MedR 2011, 480.

259 Vgl. *Braun/Püschel* MedR 2013, 655 (656).

260 So auch *Braun/Püschel* MedR 2013, 655 (658).

261 So auch *Steinmeyer* in Bergmann/Pauge/Steinmeyer, Gesamtes Medizinrecht, SGB V § 128 Rn. 2.

262 Bereits die Interpretation des Begriffs „bei“ Vertragsärzten ist umstritten. *Hackstein/Hartmann* MPR 2009, 109, vertreten, dass nur im Fall eines gewissen räumlichen Bezugs des Depots zur Arztpraxis das Depotverbot einschlägig sein soll; aA *Lungstras* in Becker/Kingreen SGB V § 128 Rn. 8, die auch einen Lagerraum in einem anderen Gebäude als ausreichend ansehen.

263 Zu der Definition des Notfalls iSd § 128 Abs. 1 SGB V siehe *Mündnich/Hartmann* SGb 2009, 395 (396 f.).

264 *Steinmeyer* in Bergmann/Pauge/Steinmeyer, Gesamtes Medizinrecht, SGB V § 128 Rn. 5.

265 Zum Begriff der verkürzten Versorgung sowie zu den diesbezüglichen Problemen iRd § 128 SGBV siehe *Ratzel* GesR 2008, 623 ff.; *Gaßner/Klass,* Korruptionsfalle Gesundheitswesen, S. 33, sehen den verkürzten Versorgungsweg hinsichtlich nicht indizierter Leistungsausweitung als problematisch an.

266 Gesetzgebungsmaterialien zum GKV-OrgWG, BT-Drs. 16/10 609, 73.

kussionen geführt.[267] Jedenfalls ist hierunter ein „Aufbewahrungsort (auch ein Konsignationslager) für bewegliche Sachen“ zu verstehen, „bei denen der konkrete Anlass für ihre Verwendung noch nicht feststeht“.[268]

155 Die entsprechende Anwendung dieser Vorschrift auf die Arzneimittelversorgung gem. §§ 31, 116b Abs. 6 SGB V dürfte nur äußerst wenige Fallkonstellationen betreffen.[269] Aus dem Wortlaut ergibt sich nämlich bei einer entsprechenden Anwendung, dass sich Absatz 1 auf die **Abgabe** der Produkte beschränkt. Die **Anwendung** des Arzneimittels am Patienten durch den Arzt selbst und die entsprechende Bevorratung einer Praxis oder eines Krankenhauses sind daher nicht tangiert. Aufgrund der Struktur des Arzneimittelvertriebs ist die Abgabe von Arzneimitteln durch Ärzte idR ohnehin nicht möglich (abgesehen von Mustern und dem sog. Sprechstundenbedarf), sondern gemäß § 43 AMG grundsätzlich den **Apotheken** vorbehalten. Der Anwendungsbereich des § 128 Abs. 1 iVm Abs. 6 SGB V dürfte sich damit auf Ausnahmefälle der Versorgung im Bereich der §§ 31, 116b Abs. 6 SGB V beschränken.

II. Verbot der Beteiligung von Ärzten an der Versorgung

156 Die Regelung des § 128 Abs. 2 SGB V enthält das **Verbot für Leistungserbringer,** (1.) Vertragsärzte sowie Ärzte in Krankenhäusern und anderen medizinischen Einrichtungen gegen Entgelt oder Gewährung sonstiger wirtschaftlicher Vorteile an der Versorgung mit Hilfsmitteln zu beteiligen, (2.) Vertragsärzten sowie Ärzten in Krankenhäusern und anderen medizinischen Einrichtungen ein Entgelt oder sonstige wirtschaftliche Vorteile im Zusammenhang mit der Hilfsmittelverordnung zu gewähren und (3.) Vertragsärzten eine Vergütung für zusätzliche privatärztliche Leistungen zu zahlen, die im Rahmen der Versorgung mit Hilfsmitteln erbracht werden.

157 Hinsichtlich der ersten Variante des § 128 Abs. 2 SGB V dient diese Vorschrift der **Verhinderung des sog. „verkürzten Versorgungswegs“.**[270] Der „verkürzte Versorgungsweg“ ist nunmehr nur noch unter den Voraussetzungen in Abs. 4, 4a und 4b zulässig.

158 Die zweite Variante des § 128 Abs. 2 SGB V soll sog. **„Kick-back-Modelle“** bzw. **Zuweisungsprämien** für die Verordnung von Hilfsmitteln verhindern.[271] Die sog. „Kick-back-Modelle“ betreffen Regelungen über Rückvergütungen von Teilbeträgen, die ihrerseits von den Vertragsärzten gegenüber der auszahlenden Krankenkasse geltend gemacht werden. Hierbei steht gleichzeitig eine Strafbarkeit wegen Betrugs im Raum.[272]

159 Die dritte Variante des § 128 Abs. 2 SGB V untersagt dem Leistungserbringer, dem Arzt eine Vergütung für privatärztliche Leistungen zu zahlen, die gegenüber dem mit Hilfsmitteln versorgten Versicherten erbracht werden. Hierdurch soll verhindert werden, dass Vertragsärzte Patienten privatärztliche Leistungen eines bestimmten Heilmittelerbringers verkaufen und sie von diesen **als Gegenleistung eine besondere Vergütung** erhalten.[273] Legitimation der Verbotsnorm ist der Schutz der Wahlfreiheit des Versicherten.[274] Dies ist deshalb nicht ganz unproblematisch, da es sich hier um Leistungen handelt, die außerhalb des GKV-Systems erbracht werden und die berufsrechtlich als zulässig erachtet werden. Vertragsärzte sind hiernach berechtigt, auch privatärztliche Leistungen – insbesondere sog. IGeL-Leistungen – anzubieten und zu erbringen, soweit diese nicht im Rahmen der ver-

267 Siehe *Heil/Oeben* MPR 2009, 13 ff.
268 *Lungstras* in Becker/Kingreen SGB V § 128 Rn. 7.
269 Vgl. hierzu *Dieners/Stallberg* A&R 2009, 243 ff.
270 *Lungstras* in Becker/Kingreen SGB V § 128 Rn. 15.
271 *Steinmeyer* in Bergmann/Pauge/Steinmeyer, Gesamtes Medizinrecht, SGB V § 128 Rn. 16.
272 Vgl. BGH NStZ-RR 2017, 313.
273 *Lungstras* in Becker/Kingreen SGB V § 128 Rn. 18.
274 *Steinmeyer* in Bergmann/Pauge/Steinmeyer, Gesamtes Medizinrecht, SGB V § 128 Rn. 8; *Lungstras* in Becker/Kingreen SGB V § 128 Rn. 18.

tragsärztlichen Versorgung zulässig sind und sofern diese vollständig und ohne Beteiligung des Leistungserbringers vom Versicherten bezahlt werden.[275]

Die Regelung des § 128 Abs. 2 S. 3 SGB V konkretisiert den **Begriff der unzulässigen Zuwendung** in Satz 1. So stellen insbesondere die unentgeltliche oder verbilligte Überlassung von Geräten und Materialien, die Durchführung von Schulungsmaßnahmen, die Gestellung von Räumlichkeiten oder Personal sowie die Beteiligung an den Kosten hierfür und Einkünfte aus Beteiligungen an Unternehmen von Leistungserbringern, die Vertragsärzte durch ihr Verordnungs- oder Zuweisungsverhalten selbst maßgeblich beeinflussen, unzulässige Zuwendungen dar. 160

Auch diese vom Gesetzgeber eigentlich als Klarstellung des Begriffs der „unzulässigen Zuwendung" beabsichtigte Regelung wirft wieder neue, ungeklärte Fragen auf, etwa was genau unter **„Schulungsmaßnahmen" der Hersteller** zu verstehen ist und ob hierdurch auch eine (unentgeltliche oder verbilligte) Teilnahme der entsprechenden Ärzte an üblichen allgemeinen Fortbildungsveranstaltungen der Unternehmen verboten werden soll. Der weitgefasste Wortlaut lässt zunächst keine Einschränkung zu, da unter „Schulungsmaßnahmen" sowohl die reinen Produktschulungen als auch Fort- und Weiterbildungsveranstaltungen ohne Produktbezüge erfasst werden können.[276] Dennoch vermag § 128 Abs. 2 SGB V **kein absolutes Verbot der Teilnahme** an solchen Veranstaltungen zu statuieren. Bereits § 128 Abs. 6 S. 1 SGB V nimmt von dem Verbot alle Schulungen aus, die gesetzlich zulässig sind.[277] Darunter dürften insbesondere Schulungen nach § 5 Medizinprodukte-Betreiberverordnung zu subsumieren sein.[278] Des Weiteren gegeben auch die heilmittelwerberechtlichen und berufsrechtlichen Bestimmungen Aufschluss darüber, was erlaubt ist. Anhaltspunkte dafür sind § 7 Abs. 2 HWG, § 95d SGB V sowie § 32 Abs. 2 MBO-Ä[279], wobei Letzterer aufgrund der Änderungsbestrebungen möglicherweise bald keine geeignete Grundlage mehr darstellen könnte (dazu → Kap. 2 Rn. 127 ff.). 161

Ferner dürfte es an einem **wirtschaftlichen Vorteil** mangeln, wenn für die Teilnahme an der Veranstaltung ein angemessenes Entgelt von den teilnehmenden Ärzten erbracht wird.[280] In diesem Fall bedarf es einer genauen Prüfung dessen, was im Sinne des Äquivalenzprinzips als angemessen zu klassifizieren ist. Darüber hinaus kann nicht von einem wirtschaftlichen Vorteil gesprochen werden, wenn die Schulungsveranstaltung üblicherweise kostenfrei angeboten wird, wie beispielsweise bei Produktschulungen, da ihr insoweit die „wirtschaftliche Wertigkeit" fehlt.[281] Insoweit ist allerdings zu differenzieren: denn sobald mit der kostenfreien Schulung (keine Teilnahme- bzw. Tagungsgebühr) anderweitige geldwerte Leistungen wie beispielsweise die Bewirtung oder Übernahme von Reisekosten erfolgen, dürfte ein wirtschaftlicher Vorteil vorliegen.[282] Dem Merkmal der Kostenfreiheit sind damit sehr enge Grenzen gesteckt, so dass es im Falle gebührenfreier Schulungsveranstaltungen einer kritischen Betrachtung bedarf. 162

Zusätzlich ist zu beachten, dass nicht die Vorteilsgewährung *per se* durch § 128 Abs. 2 SGB V untersagt wird, sondern dass nur die Gewährung von Vorteilen für die **„Durchführung der Versorgung" im „Zusammenhang mit der Verordnung"** und für **„zusätzliche privatärztliche Leistungen" „im Rahmen der Versorgung mit Hilfsmittel"** unzulässig ist. 163

Es muss also ein **kausaler Zusammenhang** zwischen der Zuwendung und der Verordnung bestehen, wobei sich dieser in einer konkreten Zuwendung und einer konkreten Ver- 164

---

[275] *Lungstras* in Becker/Kingreen SGB V § 128 Rn. 18; *Steinmeyer* in Bergmann/Pauge/Steinmeyer, Gesamtes Medizinrecht, SGB V § 128 Rn. 17.

[276] So auch *Klümper* PharmR 2009, 591 (595).

[277] Wortlaut des § 128 Abs. 6 S. 1 SGB V „soweit gesetzlich nichts anderes bestimmt ist".

[278] Hierzu *Klümper* PharmR 2009, 591 (595).

[279] Vgl. *Klümper* PharmR 2009, 591 (595).

[280] Siehe *Hackstein/Hartmann* MPR 2009, 109 (118).

[281] Vgl. *Hackstein/Hartmann* MPR 2009, 109 (118).

[282] So auch *Kaufmann/Voland* NZS 2011, 281 (284).

ordnung manifestiert haben muss. Allein die Vermutung oder abstrakte Möglichkeit dürfte hier nicht ausreichen.[283] Da allerdings diese Fälle der direkten Verknüpfung von Schulungs- bzw. Bildungsveranstaltungen mit bestimmten Verordnungsaufforderungen ohnehin nach den §§ 299a, b StGB (Bestechlichkeit und Bestechung im Gesundheitswesen) und den bestehenden Verbandskodizes (Gemeinsamer Standpunkt, § 6 Abs. 1 Nr. 1 und § 20 FSA-Kodex Fachkreise) verboten ist[284], ergeben sich hieraus für diesen Bereich keine weitergehenden Einschränkungen.

165 Die gesetzgeberische Intention hinter der Aufnahme von **„Einkünften aus Beteiligungen an Unternehmen von Leistungserbringern, die Vertragsärzte durch ihre Verordnungs- oder Zuweisungsverhalten selbst maßgeblich beeinflussen"** in den Regelbeispielskatalog der unzulässigen Zuwendungen ist es, zu verhindern, dass Vertragsärzte das statuierte Zuwendungsverbot durch die Beteiligung an Unternehmen von Leistungserbringern umgehen.[285] Schon bereits vor Aufnahme in den Regelbeispielskatalog wurden Einkünfte aus Beteiligungen an Unternehmen unter bestimmten Umständen als unzulässige Zuwendungen angesehen.[286] Wegweisend für die Interpretation des Regelbeispiels sind die Entscheidungen des BGH aus den Jahren 2011[287] und 2017[288]. In seinem **Urteil aus dem Jahr 2011** subsumiert der BGH unter den Vorteilsbegriff auch Zuwendungen in Form von Gewinnen oder sonstigen Einnahmen aus gesellschaftlichen Beteiligungen.[289] Vertragsärzte beeinflussen Einkünfte aus Beteiligungen an Unternehmen von Leistungserbringern durch ihre Verordnungs- oder Zuweisungsverhalten maßgeblich, sofern die Gewinnbeteiligung des Arztes **„unmittelbar von der Zahl seiner Verweisungen oder dem damit erzielten Umsatz abhängen".**[290] So erscheint „bei objektiver Betrachtung ein spürbarer Einfluss der Patientenzuführung" auf den Ertrag aus der Beteiligung ausgeschlossen, wenn der Arzt **nur mittelbar über die allgemeine Gewinnausschüttung am Unternehmenserfolg beteiligt, ist.**[291] Wann der Arzt seine Einkünfte aus der Unternehmensbeteiligung maßgeblich und wann nur mittelbar beeinflusst, *„hängt grundsätzlich vom Gesamtumsatz des Unternehmens, dem Anteil der Verweisungen des Arztes an diese[s] und der Höhe seiner Beteiligung ab"*.[292] Darüber hinaus lässt der BGH anklingen, dass auch dann eine Beteiligung des Arztes selbst am Gesellschaftsgewinn vorliegen kann, wenn nur ein dem Arzt nahestehender **Verwandter als Treuhänder oder als Strohmann** an der Gesellschaft beteiligt ist.[293] Für die Definition der nahen Verwandtschaft bietet der BGH bereits erste Anhaltspunkte, indem er die für Richter im Rahmen des Ausschlusses geltenden Regelungen für übertragbar erklärt (§§ 41 Nr. 3, 383 Nr. 3 ZPO, Art. 51 EGBGB, § 1589 BGB).[294] Die Ausführungen im Urteil aus dem Jahr 2011 werden durch den **Beschluss des BGH aus dem Jahr 2017** bestätigt.[295]

166 **Unzulässig** dürften demnach hauptsächlich nachfolgende Fälle sein: Zum einen die Beteiligung, bei der der Arzt mittels seiner Zuweisungen und Verordnungen die **Höhe des an ihn auszuschüttenden Gewinns beeinflussen** kann. Zum anderen dürfte auch ohne die Kausalität zur Höhe der Gewinnausschüttung eine Beteiligung unzulässig sein, im Rahmen

---

[283] So auch *Hackstein/Hartmann* MPR 2009, 109 (118 f.).
[284] Dazu auch *Klümper* PharmR 2009, 591 (595).
[285] BT-Drs. 456/11, Text 27 f., Begründung 127.
[286] Vgl. BT-Drs. 17/6906, 85.
[287] BGH NJW 2011, 2211 (2217); das Urteil erging zu § 31 NdsBOÄ, dessen Tatbestandsmerkmal der Zuwendung dem des § 128 Abs. 2 SGB V entspricht.
[288] BGH NStZ-RR 2017, 313.
[289] BGH NJW 2011, 2211 (2217).
[290] BGH NJW 2011, 2211 (2217).
[291] BGH NJW 2011, 2211 (2217).
[292] BGH NJW 2011, 2211 (2217).
[293] BGH NJW 2011, 2211 (2217).
[294] BGH NJW 2011, 2211 (2217).
[295] BGH NStZ-RR 2017, 313.

derer der Arzt durch seine Zuweisungen und Verordnungen das Erwirtschaften von **Umsätzen des Unternehmens mitsteuern** kann. Schließlich kann auch im Fall von Beteiligungen naher Verwandter eine unzulässige Beteiligung des Arztes vorliegen, sofern sich der **Verwandte als Strohmann oder Treuhänder** des Arztes darstellt.[296]

Als **zulässig** dürften indessen solche Beteiligungen einzustufen sein, bei denen die Verordnungs- und Zuweisungsentscheidungen des Arztes **keinen Einfluss auf die Umsätze und Gewinnausschüttungen** des Unternehmens haben können. Dies ist im Wesentlichen in drei Fällen gegeben: Erstens, wenn es sich bei der Beteiligungsgesellschaft um eine **größere Aktiengesellschaft** handelt.[297] Zweitens, sofern sich der Arzt an einem für ihn **„fachfernen“**[298] **Unternehmen** beteiligt. Dies ist zum Beispiel dann der Fall, wenn sich ein Zahnarzt an einem Unternehmen beteiligt, das Knieprothesen herstellt. In diesem Fall ist es dem Zahnarzt nicht möglich, mittels Verordnungen und Zuweisungen auf die Umsätze des Unternehmens Einfluss zunehmen. Ähnliches gilt für den dritten Fall der **räumlichen Entfernung.** Ist der Arzt beispielsweise ausschließlich in Hamburg praktizierend tätig, aber an einem Unternehmen – unabhängig der Fachnähe – mit Sitz in Freiburg beteiligt, so dürfte es ihm kaum möglich sein, durch seine Zuweisungen und Verordnungen den Umsatz des Unternehmens zu beeinflussen.[299] 167

Im Ergebnis lässt damit auch die neue Definition des § 128 Abs. 2 S. 3 SGB V noch bestimmte Arten der Unternehmensbeteiligungen zu. Schon im Hinblick auf die verfassungsrechtlich garantierten Rechte der Beteiligungsfreiheit an Gesellschaften aus **Art. 9 GG** (Vereinigungsfreiheit)[300] sowie dem Recht der Berufsausübung iSd Gewinnerzielung aus einer Kapitalbeteiligung aus **Art. 12 GG**[301] kommt ein gänzliches Beteiligungsverbot nicht in Betracht. 168

Ob es sich bei Verstößen gegen § 128 Abs. 2 SGB V um eine unlautere geschäftliche Handlung gemäß § 3 UWG handelt und damit gegen sie im Wege der Abmahnung oder einstweiligen Verfügung vorgegangen werden kann, ist von der Rechtsprechung bislang nicht entschieden worden. Voraussetzung dafür wäre, dass eine Einordnung dieser sozialrechtlichen Normen als **Marktverhaltensregelung iSd § 3a UWG** erfolgt. Bislang wurde ein solcher Marktbezug für sozialrechtliche Vorschriften häufig abgelehnt.[302] Die Begründung für das Fehlen des Marktbezugs wurde in der (insoweit systemwidrig) **abschließenden Regelung des § 69 SGB V** gesehen.[303] Dabei wird jedoch nur auf die Normen Bezug genommen, die die **Rechtsverhältnisse zwischen Krankenkassen und Leistungserbringern** regeln. Für diese ist § 69 SGB V abschließend, auch soweit durch diese Rechtsverhältnisse die Rechte Dritter betroffen sind (§ 69 Abs. 1 S. 4 SGB V). Durch die Neufassung des § 128 Abs. 2 ist jedoch eine Regelung in das SGB V aufgenommen worden, die nicht das Rechtsverhältnis von Krankenkassen zu Leistungserbringern regelt, sondern die die Vertragsbeziehungen **zweier Leistungserbringer** untereinander bzw. von Leistungserbringern mit Dritten reglementiert. Die bisherige Judikatur neigt dazu, auch solche Rechtsbeziehungen nicht am Maßstab des UWG zu messen, solange die Handlungen in Erfüllung eines öffentlich-rechtlichen Versorgungsauftrags erfolgen.[304] Soweit ein Handeln nicht in Erfüllung eines öffentlich-rechtlichen Versorgungsauftrags erfolgt, wäre dann ein Vorgehen von Wettbewerbern oder Verbänden auch im Wege des vorläufigen Rechtsschutzes vor den Zivilgerichten möglich. Allerdings unterstellt nicht nur der Senat des 169

---

[296] So dargestellt bei *Braun/Püschel* MedR 2013, 655 (658).

[297] *Braun/Püschel* MedR 2013, 655 (658).

[298] *Braun/Püschel* MedR 2013, 655 (658).

[299] So auch *Wittmann/Koch* MedR 2011, 480 (485) und *Braun/Püschel* MedR 2013, 655 (658).

[300] *Wittmann/Koch* MedR 2011, 480.

[301] *Braun/Püschel* MedR 2013, 655 (656).

[302] S. Altauflage von Ohly/Sosnitza: *Piper* in Piper/Ohly, UWG, 4. Aufl. 2006, § 4.11 Rn. 11/38 sowie 11/304.

[303] BGH GRUR 2004, 247 ff.

[304] BGH GRUR 2006, 517 – Blutdruckmessungen; WRP 2009, 846 – Integrierte Versorgung.

LSG Nordrhein-Westphalen in seinem Beschluss aus dem Jahr 2013[305], dass es sich bei § 128 Abs. 2 SGB V um eine Marktverhaltensregelung handelt; auch in der Literatur sind vereinzelt Hinweise auf eine derartige Einordnung zu finden.[306] Es bleibt somit abzuwarten, wie die Rechtsprechung zukünftig entscheidet.

170 Durch § 128 Abs. 6 SGB V wird das Beteiligungsverbot für Ärzte auch auf die **Versorgung nach §§ 31, 116b Abs. 7 SGB V** ausgeweitet.[307] Zusätzlich zu den bereits im Rahmen der Hilfsmittelversorgung erörterten Problemen stellen sich in diesem Zusammenhang weitere Fragen, die aus der **besonderen Vertriebssituation von Arzneimitteln** resultieren. Eine Versorgung mit Arzneimitteln durch den Arzt ist aufgrund des § 43 AMG nur sehr eingeschränkt möglich. Eine Beteiligung des Arztes aufgrund der Verordnung von Arzneimitteln ist daneben bereits aufgrund berufs- und heilmittelwerberechtlicher Bestimmungen sowie der Arzneimittelpreisvorschriften unzulässig. Der genaue Regelungsgehalt des § 128 Abs. 2 iVm Abs. 6 SGB V ist daher bislang nicht nachvollziehbar und muss somit letztlich durch die Rechtsprechung erst noch ermittelt und konkretisiert werden.

III. Krankenkassen als „Ordnungshüter"

171 Nach § 128 Abs. 3 SGB V kommt den Krankenkassen eine **„Ordnungshüterfunktion"** zu. Für den Fall eines Verstoßes gegen § 128 Abs. 1, 2 SGB V müssen sie sich selbst durch die gesetzlich vorgeschriebene Implementierung von **Vertragsstrafenklauseln** in die Lage versetzen, gegenüber den Leistungserbringern ein Sanktionspotential auszuüben.[308] Nach § 128 Abs. 3 S. 2 SGB V ist für schwerwiegende Verstöße vorzusehen, dass Leistungserbringer für bis zu zwei Jahre von der Versorgung der Versicherten ausgeschlossen werden können. Freilich kann dieses Sanktionspotential nur dort und nur soweit bestehen, wie tatsächlich Verträge mit den Krankenkassen geschlossen sind. Bezüglich der **Hilfsmittelversorgung** könnte sich ein wirksames Sanktionspotential durch die **Versorgungsverträge nach § 127 SGB V** ergeben. Diese sind nach der Neustrukturierung der Hilfsmittelversorgung gemäß § 126 Abs. 1 SGB V Voraussetzung für die Berechtigung zur Versorgung der Versicherten.

172 Auch die Anwendbarkeit des § 128 Abs. 3 SGB V wird durch § 128 Abs. 6 SGB V auf die Versorgung nach §§ 31, 116b Abs. 7 erweitert. Damit ergeben sich auch in diesem Fall aus der **Rechtslage in der Arzneimittelversorgung** neue Fragen, die für Unklarheiten in der Rechtsanwendung des § 128 SGB V sorgen. § 128 Abs. 6 SGB V bezieht sich sowohl auf **pharmazeutische Unternehmer** als auch auf die einzelnen **Handelsstufen** in der Arzneimittelversorgung, wie zB Großhändler und Apotheker. Pharmazeutische Unternehmer schließen zwar in der Regel mit den Krankenkassen Rabattverträge ab. In den nachgelagerten Handelsstufen bestehen aber in der Regel keine direkten Verträge mit den Krankenkassen. Soweit jedoch zwischen den Beteiligten und den Krankenkassen keine vertraglichen Beziehungen bestehen, scheint auch eine Sanktionierung von Verstößen gegen § 128 Abs. 1, 2 SGB V durch die Krankenkassen von vornherein nur schwer vorstellbar.

173 Pharmazeutische Unternehmer schließen zwar Verträge mit Krankenkassen. Dabei handelt es sich jedoch in der Regel um reine **Rabattverträge,** dies gegebenenfalls gekoppelt mit etwaigen Mehrwertelementen. Diese Rabattverträge sind nicht Voraussetzung für die Berechtigung zur Versorgung der Versicherten der GKV mit Arzneimitteln. Stattdessen richtet sich diese – zumindest außerhalb von strukturierten Behandlungsprogrammen – nach den **allgemeinen Regeln der Erstattungsfähigkeit,** insbesondere nach den Richtlinien des gemeinsamen Bundesausschusses gemäß § 92 SGB V. Ist ein konkretes Arzneimittel auf-

---

[305] LSG Nordrhein-Westfalen BeckRS 2014, 71066.

[306] *Fulda* PharmR 2010, 94 (97).

[307] Ausführlich hierzu *Dieners/Stallberg* A&R 2009, 243 ff.

[308] Zu der Funktion der Krankenkassen sowie zu den verfassungsrechtlichen Bedenken gegen die Zuweisung dieser Funktion s. *Heil/Oeben* MPR 2009, 13 ff.

grund dieser Regelungen erstattungsfähig, so ist es dem Grunde nach vom Leistungsanspruch der Versicherten erfasst, sofern sie die entsprechende Indikation aufweisen. Die Rabattverträge regeln insoweit lediglich die bevorzugte Abgabe des rabattierten Arzneimittels im Fall einer möglichen Substitution nach § 129 Abs. 2 SGB V. Da das Sanktionspotential der Krankenkassen nach § 128 Abs. 3 SGB V auf vertraglichen Absprachen basiert, die grundsätzliche Berechtigung zur Teilnahme an der Arzneimittelversorgung jedoch nicht Gegenstand dieser Verträge ist, dürfte sich die Möglichkeit eines Ausschlusses von der Versorgung iSd § 128 Abs. 3 S. 2 SGB V auch hinsichtlich der pharmazeutischen Unternehmer insoweit nicht ergeben. Theoretisch vorstellbar wäre allenfalls die Möglichkeit einer Aussetzung des Rabattvertrags mit der hieran anknüpfenden Rechtsfolge einer Abgabe des Arzneimittels nach den üblichen Substitutionskriterien. Losgelöst von der Frage der Zulässigkeit eines solchen Vorgehens stellt sich allerdings die Frage, ob Krankenkassen, die den Vertragsschluss eines solchen Rabattvertrags (unter Berücksichtigung des komplexen vergaberechtlichen Verfahrens) herbeigeführt haben, tatsächlich ein Interesse an der Aussetzung eines ihnen günstigen Vertrags haben können. Erst die praktische Anwendung der neuen Vorschriften wird hier Klarheit bringen können.

IV. Zusatzleistungen durch die Vertragsärzte

Nach § 128 Abs. 4 SGB V ist eine **Mitwirkung von Vertragsärzten** an der Versorgung mit Hilfsmitteln über die vertragsärztliche Versorgung hinaus nur auf Grundlage **vertraglicher Vereinbarungen mit den Krankenkassen** zulässig. § 128 Abs. 4a SGB V konkretisiert die Anforderungen an die Ausgestaltung dieser Vereinbarungen. Zu beachten ist insbesondere, dass jede Mitwirkung der Leistungserbringer an der Vergütung von Hilfsmittelleistungen unzulässig ist. Gem. § 128 Abs. 4b SGB V müssen Vertragsärzte die auf Grundlage der mit den Krankenkassen geschlossenen Verträgen ausgestellten Verordnungen zur Genehmigung der zuständigen Krankenkassen im Rahmen einer „Vorab-Prüfung“[309] übersenden. 174

Die Regelung des § 128 Abs. 4, 4a und 4b SGB-V findet allerdings keine Anwendung auf die Versorgung mit Heilmitteln (vgl. § 128 Abs. 5b SGB V) und die Versorgung nach §§ 31, 116b Abs. 7 SGB V, sondern bleibt auf die **Hilfsmittelversorgung beschränkt.** 175

V. Informationspflichten der Krankenkassen

Während § 128 Abs. 5 S. 1 SGB V die **Mitteilungspflichten** der Krankenkassen **gegenüber den Ärztekammern** betrifft und von den Krankenkassen verlangt, die jeweilige Ärztekammer darüber zu informieren, wenn „Auffälligkeiten bei der Ausführung von Verordnungen von Vertragsärzten bekannt werden, die auf eine mögliche Zuweisung von Versicherten an bestimmte Leistungserbringer oder eine sonstige Form unzulässiger Zusammenarbeit hindeuten“, wurde die Pflicht im Zuge des GKV-Versorgungsstrukturgesetzes weiter ausgedehnt. Die neuen Sätze 2 und 3 erweitern die **Informationspflicht** der Krankenkassen im Rahmen der „Auffälligkeiten“ auch auf die **Kassenärztlichen Vereinigungen.** Zudem müssen die Krankenkassen auch im Fall des neuen Absatz 5a die Kassenärztlichen Vereinigungen informieren. Die gesetzgeberische Intention ist es, dass auch die Kassenärztlichen Vereinigungen Kenntnis von Verstößen ihrer Mitglieder erlangen und die Möglichkeit erhalten, die erforderlichen Maßnahmen zur Verhinderung weiterer Verstöße zu treffen.[310] 176

Folge dieser Ausweitung dürfte wohl eine effizientere **Durchsetzung berufsrechtlicher Sanktionen** sein, da nunmehr neben den berufsrechtlichen Verfahren der Ärztekam- 177

309 *Lungstras* in Becker/Kingreen SGB V § 128 Rn. 31.

310 BT-Drs. 456/11, Text 27, Begründung, 128.

mern auch die Kassenärztlichen Vereinigungen disziplinarische Maßnahmen einleiten können. Dabei dürften sie gegenüber den Ärztekammern auf ein weitreichenderes Verfahren zurückgreifen können, da es sich um ein förmliches sozialrechtliches Verwaltungsverfahren handelt mit Sanktionen, die von der Verwarnung über die Geldstrafe bis hin zum Ruhen der Zulassung reichen können.[311]

VI. Vertragsärztlicher Pflichtenverstoß

178 Der im Zuge des GKV-Versorgungsstrukturgesetz 2012 eingefügte § 128 Abs. 5a SGB V bestimmt, dass das Verhalten des Vertragsarztes auch als Verstoß gegen die **vertragsärztlichen Pflichten** gewertet werden kann. Dies ist zum einen der Fall, wenn der Vertragsarzt iSd § 128 Abs. 2 SGB V unzulässige Zuwendungen fordert oder annimmt (1. Alt.) oder er zum anderen „Versicherte zur Inanspruchnahme einer privatärztlichen Versorgung anstelle der ihnen zustehenden Leistung der gesetzlichen Krankenversicherung beeinfluss[t]" (2. Alt.).[312]

Die Regelung ermöglicht es, dass im Fall eines Verstoßes eines Vertragsarztes neben den bereits bestehenden berufsrechtlichen Sanktionen durch die Ärztekammern, auch die Kassenärztlichen Vereinigungen im Rahmen der ihnen zustehenden **vertragsärztlichen Disziplinierung** aktiv werden können.[313]

179 Im Hinblick auf eine mögliche Kollision mit § 73 Abs. 7 SGB V, der ebenfalls ein Verbot unzulässiger Zuwendungen enthält, ergibt sich, dass nur für Hilfs- bzw. Heilmittel die § 128 Abs. 5a bzw. 5b SGB V vorrangig sind. Für Arzneimittel hingegen bleibt § 73 Abs. 7 SGB V mangels Verweises auf Abs. 5a in § 128 Abs. 6 SGB V *lex specialis.*[314]

180 Allerdings zeigt die Novellierung auch hier Ungereimtheiten. So schränkt § 128 Abs. 5a SGB V den **persönlichen Anwendungsbereich** auf Vertragsärzte ein, wohingegen § 128 Abs. 2 SGB V das Verbot der unzulässigen Zuwendungen auch auf im Krankenhaus tätige Ärzte erstreckt.[315] Da die Gesetzesbegründung[316] keine Anmerkungen dazu macht, ob eine derartige Einschränkung für die vertragsarztrechtliche Ahndung gewollt war, wird sich zukünftig die Rechtsprechung mit der Bestimmung des persönlichen Anwendungsbereichs befassen müssen.

181 Hintergrund des § 128 Abs. 5a S. 3 Alt. 2 SGB V ist der Versuch, die Praxis des Anbietens individueller, selbstzuzahlender Gesundheitsleistungen **(IGeLen)** anstatt der vom GKV-Katalog erfassten gesetzlichen Leistungen **„einzudämmen".**[317] Im Rahmen dessen ist insbesondere relevant, was unter dem Begriff „zur Inanspruchnahme einer privatärztlichen Versorgung **beeinflussen**" zu verstehen ist. Die Kassenärztliche Bundesvereinigung und die Bundesärztekammer 2012 haben dazu einen IGeL-Ratgeber[318] veröffentlicht, um Anhaltspunkte für die Kategorisierung in zulässige und unzulässige IGeL-Angebote zu geben.[319] Es liegt jedenfalls kein Verstoß vor, wenn bezüglich der angebotenen privatärztlichen Leistung kein Anspruch nach dem SGB V gegeben, eine solche jedoch zweckmäßig ist.[320]

---

[311] *Lungstras* in Becker/Kingreen SGB V § 128 Rn. 36.
[312] *Armbruster* in Eichenhofer/von Koppenfels-Spies/Wenner SGB V § 128 Rn. 75 ff.
[313] *Lungstras* in Becker/Kingreen SGB V § 128 Rn. 37.
[314] *Lungstras* in Becker/Kingreen SGB V § 128 Rn. 37.
[315] *Lungstras* in Becker/Kingreen SGB V § 128 Rn. 37.
[316] BT-Drs. 456/11, Text S. 27, Begründung, S. 128.
[317] *Lungstras* in Becker/Kingreen SGB V § 128 Rn. 38; *Steinmeyer* in Bergmann/Pauge/Steinmeyer, Gesamtes Medizinrecht, SGB V § 128 Rn. 26.
[318] Abrufbar unter https://www.kbv.de/html/igel.php (zul. abgerufen am 3.11.2021).
[319] *Lungstras* in Becker/Kingreen SGB V § 128 Rn. 38.
[320] *Wabnitz* in Spickhoff, Medizinrecht, SGB V § 128 Rn. 12.

VII. Einbezug der Heilmittelversorger

Die Regelung des § 128 Abs. 5b SGB V dehnt den Anwendungsbereich der Absätze 2, 3, 5 und 5a des § 128 SGB V auf die Versorgung mit **Heilmitteln** aus. Der Gesetzgeber begründet dies damit, dass auch im Zusammenhang mit der Verordnung von Heilmitteln die gleichen „Fehlentwicklungen"[321] zu beobachten waren, wie zuvor im Hilfs- und Arzneimittelsektor.[322] 182

[321] BT-Drs. 456/11, Text 27 f.

[322] *Lungstras* in Becker/Kingreen SGB V § 128 Rn. 1, 39, der als Fehlentwicklungen die sog. „Kick-Back-Geschäfte" sowie „Einweiser- und Fangprämien" benennt.

Kapitel 3. Problemlagen in der Praxis

Literatur: *Bialos/Husisian,* The Foreign Corrupt Practices Act, New York 1997; *Bundesverband der Pharmazeutischen Industrie – BPI* (Hrsg.), Antikorruptionsgesetz, Aulendorf 2001; *Carrington,* American Law and Transnational Corruption: Is There a Need for Lincoln's Law Abroad?, in: Meyer (Hrsg.), The Civil Law Consequences of Corruption, Baden-Baden 2009, S. 37, 40; *v. Czettritz,* Das Anti-Korruptionsgesetz und seine Auswirkungen auf das Sponsoring, in: Hiersche/Wigge/Broglie (Hrsg.), Spenden, Sponsoren – Staatsanwalt?, 2. Aufl., Frankfurt am Main 2001, S. 16; *Dann/Scholz,* Der Teufel steckt im Detail – Das neue Anti-Korruptionsgesetz für das Gesundheitswesen, NJW 2016, 2077; *Dann/Jones,* Kooperationen:Coompliance relevante Problembereiche, in: Dann (Hrsg,), Compliance im Krankenhaus, Düsseldorf 2015, S. 229 ff.; *Deister/Geier,* Der UK Bribery Act 2010 und seine Auswirkungen auf deutsche Unternehmen, CCZ 2011, 12; *Dieners,* Der Umgang der Industrie mit dem Antikorruptionsgesetz, in: Hiersche/Wigge/Broglie (Hrsg.), Spenden, Sponsoren – Staatsanwalt?, 2. Aufl., Frankfurt am Main, 2001, S. 20 (= MPR 2001, 3); *Dieners/Lembeck/Taschke,* Der „Herzklappenskandal" – Zwischenbilanz und erste Schlussfolgerungen für die weitere Zusammenarbeit der Industrie mit Ärzten und Krankenhäusern, PharmR 1999, 156; *Fenger/Göben,* Sponsoring im Gesundheitswesen, München 2004; *Geiger,* Antikorruption im Gesundheitswesen, CCZ 2011, 1; *Geiger,* Das Gesetz zur Bekämpfung von Korruption im Gesundheitswesen und seine Auswirkungen auf Strafverfolgung und Healthcare-Compliance, CCZ 2016, 172; *Grzesiek/Sauerwein,* Was lange währt, wird endlich gut: §§ 299a und b StGB als „Allheilmittel" zur Bekämpfung von Korruption im Gesundheitswesen?, NZWiSt 2016, 369; *Heil/Oeben,* §§ 299a, b StGB auf der Zielgeraden – Auswirkungen auf die Zusammenarbeit im Gesundheitswesen, PharmR 2016, 217; *Irmer/Henssler,* „Healthcare Compliance" und Zusammenarbeit mit Krankenhäusern – zwischen Kooperation und Korruption, MPR 2010, 181; *Kölbel,* Strafbarkeitsnahe vertragsärztliche Kooperationsformen, NStZ 2011, 195; *Leipold,* in: Hauschka/Moosmayer/Lösler (Hrsg.), Corporate Compliance – Handbuch der Haftungsvermeidung im Unternehmen, 3. Aufl., München 2016; *Lembeck/Lützeler/Happe,* Vertragsgestaltung für die Kooperation von Krankenhäusern, Industrie und Ärzten, das Krankenhaus 2001, S. 980; *Pörnbacher/Mark,* Auswirkungen des UK Bribery Act 2010 auf deutsche Unternehmen, NZG 2010, 1372; *Prütting,* in: Huster/Kaltenborn (Hrsg.), Krankenhausrecht, 2. Aufl., München 2017; *Ramb,* Healthcare Compliance: Aktuelle Entwicklungen und globale Trends, CCZ 2015, 262; *Rübenstahl,* Der Foreign Corrupt Practies Act (FCPA) der USA, NZWiSt 2012, 401; *Runge,* Korruptionsvorwürfe: Reaktionen und Konzepte der Industrie, in: Hiersche/Wigge/Broglie (Hrsg.), Spenden, Sponsoren – Staatsanwalt?, 2. Aufl., Frankfurt am Main 2001, S. 61; *Sander,* Das Antikorruptionsgesetz und seine Auswirkungen auf den Kodex BPI, in: Hiersche/Wigge/Broglie (Hrsg.), Spenden, Sponsoren – Staatsanwalt?, 2. Aufl., Frankfurt am Main 2001, S. 73; *Schickert/Jary,* Strafbarkeit der Korruption im Gesundheitswesen – eine Betrachtung de lege ferenda, MPR 2014, 52; *Schmitt,* Von Sponsorship zur Kriminalität? – Das neue Antikorruptionsgesetz und seine Auswirkungen, in: Hiersche/Wigge/Broglie (Hrsg.), Spenden, Sponsoren – Staatsanwalt?, 2. Aufl., Frankfurt am Main 2001, S. 75; *Taschke,* Straftaten im Interesse von Unternehmen – auch strafbar wegen Untreue?, in: Prittwitz/Bauermann/Günther/Kuhlen/Merkel/Nestler/Schulz (Hrsg.), Festschrift für Klaus Lüderssen, Baden-Baden 2002, S. 663; *Timmerbeil/Spachmüller,* UK Bribery Act – Das Damoklesschwert über deutschen Unternehmen?, DB 2013, 2133; *Wallhäuser,* Compliance für Krankenhäuser, CB 2016, 151; *Wigge,* Die Auswirkungen des Antikorruptionsgesetzes auf die Tätigkeit von Krankenhausärzten, in: Hiersche/Wigge/Broglie (Hrsg.), Spenden, Sponsoren – Staatsanwalt?, 2. Aufl., Frankfurt am Main 2001, S. 85.

Übersicht

A. Einleitung

1 Im Zentrum der Compliance-Fragen im Gesundheitswesen steht das Verhältnis der Pharma- und Medizinprodukteindustrie mit Ärzten und medizinischen Einrichtungen. Gegenstand von Verträgen zwischen der Industrie einerseits und Krankenhäusern bzw. deren Mitarbeitern sowie niedergelassenen Ärzten andererseits sind regelmäßig folgende Projekte[1]:

- **klinische Prüfungen** und **Leistungsbewertungsprüfungen,**
- **Anwendungsbeobachtungen,**
- **Beratungsverhältnisse,**
- **Referententätigkeiten,**
- **„Sponsoring"** und
- **Geräteüberlassungen.**

Neben diesen zweiseitigen Vertragsverhältnissen gibt es häufig auch Absprachen über die konkrete Ausgestaltung von:

- **Teilnahmen** von niedergelassenen Ärzten und Mitarbeitern medizinischer Einrichtungen (zumeist von Ärzten, aber auch nichtärztlichem Personal) an **medizinischen Fachkongressen** oder **Produktschulungen** der Industrie (bei denen es um die Frage geht, ob und gegebenenfalls in welcher Weise Unternehmen die Kosten übernehmen dürfen),
- **Geschenkgewährungen** bzw. **-annahmen** und
- **Spenden.**

2 Für alle Beteiligten, dh für die Unternehmen, die niedergelassen Ärzte, die medizinischen Einrichtungen und deren Mitarbeiter, stellen sich insofern eine Vielzahl sowohl **materiellrechtlicher** als auch **organisatorischer Fragen,** um eine rechtlich einwandfreie Ausgestaltung der genannten Kooperationsbeziehungen und Absprachen zu erreichen.[2] Von wesentlicher Bedeutung ist hierbei zunächst die Klärung, ob und gegebenenfalls unter welchen Voraussetzungen überhaupt die Eingehung der genannten Vertragsverhältnisse oder Absprachen rechtlich zulässig ist. Von besonderer Bedeutung ist insofern die Beantwortung der Frage, ob und unter welchen Voraussetzungen der Abschluss von zweiseitigen Vertragsverhältnissen zwischen Unternehmen und niedergelassenen Ärzten oder Mitarbeitern medizinischer Einrichtungen in Betracht kommt. Daneben stellt sich in der Praxis für alle Beteiligten die Frage, in welcher geeigneten Weise die entsprechenden Kooperationsbeziehungen rechtlich ausgestaltet und dokumentiert werden sollten.

B. Industrie

3 Aus der Perspektive der einzelnen Unternehmen[3] steht vor allem die Vermeidung des Risikos im Vordergrund, dass sich die Geschäftsführung oder Mitarbeiter wegen Korruptionsdelikten strafbar machen oder auch nur unter **Korruptionsverdacht** geraten.[4] Unge-

---

[1] Siehe dazu auch *Geiger* CCZ 2011, 1 (2f., 8ff.).

[2] Hierzu ausführlich *Wallhäuser* CB 2016, 151 (152ff.).

[3] Zur Perspektive der Industrie siehe etwa *Dieners/Lembeck/Taschke* PharmR 1999, 158ff.; *Dieners,* Umgang der Industrie, S. 20ff. (= MPR 2001, 3ff.); *v. Czettritz* S. 16ff.; *Heil/Oeben* PharmR 2016, 217 (222); *Runge* in Hiersche/Wigge/Broglie S. 61ff.; *Sander* in Hiersche/Wigge/Broglie S. 73ff.; *Schmitt* in Hiersche/Wigge/Broglie S. 75ff.; siehe auch hierzu die Hinweise des Bundesverbandes der Pharmazeutischen Industrie – BPI (Hrsg.) S. 11ff. Zur strafrechtlichen Verantwortlichkeit der einzelnen Akteure nach derzeitiger Rechtslage mit Ausblick auf ein mögliches Unternehmensstrafrecht siehe *Schickert/Jary* MPR 2014, 52 (55ff.).

[4] Zur Frage einer möglichen Strafbarkeit der Vorstände und Geschäftsführer der betroffenen Unternehmen wegen Untreue zu Lasten der Unternehmen siehe (im Ergebnis verneinend) *Taschke* FS Lüderssen, S. 663.

achtet des Ausgangs von Ermittlungs- oder späterer Gerichtsverfahren führt bereits die Einleitung von Ermittlungsverfahren regelmäßig zu erheblichen persönlichen Belastungen. Aber auch Geschäftsbeziehungen werden nicht unerheblich belastet, wenn sich Krankenhäuser und Ärzte von den betroffenen Unternehmen ab- und den nicht betroffenen Wettbewerbern zuwenden. Dies kann schlicht auf dem Motiv beruhen, selbst außerhalb des „Dunstkreises“ von Ermittlungsverfahren zu bleiben. Für Unternehmen mit US-amerikanischen Muttergesellschaften oder für deutsche Unternehmen mit US-amerikanischer Börsennotierung ist darüber hinaus auch der Umstand von Bedeutung, dass sich tatsächliche oder vermeintliche Korruptionshandlungen unter dem **Foreign Corrupt Practices Act** von 1977[5] auch auf die Muttergesellschaften auswirken können,[6] bis hin zur **Gefährdung der US-amerikanischen Börsenzulassung.**[7] Seit Juli 2011 gilt darüber hinaus der **UK Bribery Act.** Dieser enthält eine **verschuldensunabhängige Unternehmenshaftung** für den Fall, dass ein Unternehmen es unterlassen hat, geeignete Maßnahmen zur Vermeidung von Korruption zu treffen.[8] Das Gesetz ist dabei nicht nur auf Unternehmen anwendbar, die in Großbritannien gegründet wurden oder dort ihren Sitz haben, sondern auch auf ausländische Unternehmen, sofern sie in Großbritannien zumindest teilweise geschäftlich tätig sind und eine assoziierte Person (i) die Bestechungshandlung in Großbritannien vorgenommen hat oder (ii) die Bestechungshandlung außerhalb Großbritanniens vorgenommen hat und sie eine enge Verbindung zu Großbritannien hat.[9]

Schließlich können Korruptionshandlungen auch finanziell empfindliche **strafrechtliche und ordnungswidrigkeitenrechtliche Folgen** nach sich ziehen, wie etwa die Einziehung von Gewinnen aus unrechtmäßigen Handlungen (§ 73b StGB, § 29a OWiG) und – sofern kein angemessenes **Compliance Management System** bzw. keine angemessene Compliance Organisation zur Vorbeugung, Aufdeckung und Abschaffung von Fehlverhalten etabliert wurde – die Verhängung von Geldbußen gegen die Unternehmensleitung (§ 130 OWiG) und das Unternehmen selbst (§ 30 OWiG). 4

Neben der Vermeidung möglicher strafrechtlicher Risiken kann eine rechtswidrige Ausgestaltung von Kooperationsbeziehungen mit medizinischen Einrichtungen, Klinikärzten und anderen Mitarbeitern medizinischer Einrichtungen sowie niedergelassenen Ärzten für Unternehmen der pharmazeutischen oder medizintechnologischen Industrie auch zu zivilrechtlichen Konsequenzen führen, wenn sich die entsprechende Zusammenarbeit als unlauter und damit als Verstoß gegen § 3 UWG erweist (→ Kap. 2 Rn. 79ff.). Ein Verstoß gegen das Zuwendungsverbot des § 7 Abs. 1 HWG iVm §§ 3, 3a UWG kann etwa zur Geltendmachung von Unterlassungs- und Schadensersatzansprüchen (§§ 8, 9 UWG) von Unternehmen führen, die **sich durch unlautere Kooperationsbeziehungen** eines Wettbewerbers benachteiligt fühlen. Ferner ist zu beobachten, dass sich auch **Wettbewerbsvereine,** wie etwa die „Zentrale zur Bekämpfung des unlauteren Wettbewerbs“, unlauteren Kooperationsbeziehungen zwischen der pharmazeutischen und medizintechnologischen Industrie einerseits und Krankenhäusern, Klinikärzten oder niedergelassenen Ärzten andererseits in verstärktem Maße annehmen. Dies geschieht überwiegend auf Veranlassung von Wettbewerbsunternehmen, die bei der Einschaltung eines Wettbewerbsvereins im Hintergrund bleiben können und deren Namen in einer rechtlichen Auseinandersetzung nicht bekannt wird. 5

Diejenigen Unternehmen der pharmazeutischen Industrie, die Mitglieder des **Vereins „Freiwillige Selbstkontrolle für die Arzneimittelindustrie e. V.“ (FSA)** sind, sind 6

---

[5] Siehe dazu *Carrington* in Meyer, The Civil Law Consequences of Corruption, 2009, S. 37, 40ff.

[6] Siehe dazu etwa *Rübenstahl* NZWiSt 2012, 401 (402).

[7] Hierzu etwa *Bialos/Husisian*, The Foreign Corrupt Practices Act, S. 9ff.

[8] Siehe hierzu *Pörnbacher/Mark* NZG 2010, 1372ff.; *Ramb* CCZ 2015, 262 (264); *Timmerbeil/Spachmüller* DB 2013, 2133 (2135).

[9] Vgl. *Deister/Geier* CCZ 2011, 12 (18); zur Auswirkung des UK Bribery Acts auf deutsche Unternehmen; siehe auch *Pörnbacher/Mark* NZG 2010, 1372ff.; *Timmerbeil/Spachmüller* DB 2013, 2133 (2134).

zudem zur Beachtung der Kodizes dieses Vereins (FSA-Kodex Fachkreise, FSA-Kodex Patientenorganisationen, FSA-Transparenzkodex)[10] verpflichtet, deren Nichtbeachtung von dem Verein auch sanktioniert werden kann (Kap. 14, Kap. 15, Kap. 16). Ein Verstoß gegen die Regelungen dieser Kodizes kann unter Umständen zu empfindlichen „Geldstrafen" sowie zu einer öffentlichen Rüge unter Nennung des Unternehmensnamens führen (→ Kap. 13 Rn. 297, 299). Darüber hinaus wird der Verein **gegenüber Nichtmitgliedern als Wettbewerbsverein** tätig, um die Lauterkeit bei der Zusammenarbeit der Industrie mit Ärzten zu fördern.

C. Krankenhäuser

7 Die Krankenhausverwaltungen werden seit vielen Jahren, insbesondere aufgrund des in dem „Gemeinsamen Standpunkt" der Verbände (→ Kap. 4 Rn. 19 ff.) verankerten „Transparenz-/Genehmigungsprinzips" (→ Kap. 5 Rn. 4 ff.) erheblich in **Kooperationen und Absprachen** mit der Industrie ihrer Fachabteilungen bzw. Mitarbeiter involviert.[11] Auch für sie stellt sich die Frage, wie sie diese Aufgaben effektiv lösen sollen.[12]

8 Zunehmend sind in Krankenhäusern **zentrale Stellen** eingerichtet, die – sofern das Krankenhaus selbst Vertragspartner der Industrie wird –, sämtliche relevanten Gesichtspunkte routinemäßig prüfen oder andere Abteilungen (insbesondere wissenschaftlich-medizinische Fachabteilungen, Personalabteilungen und Abteilungen für Finanz- und Rechnungswesen) unterstützen. Durch die Einrichtung einer zentralen Stelle wird vermieden, dass sich eine Vielzahl unterschiedlicher Funktionsträger aus allen Fachabteilungen, teilweise ohne ausreichende Spezialisierung und Koordinierung, mit der Prüfung und Abwicklung der Vertragsgestaltung befasst, wodurch – neben dem teilweise nicht adäquaten Umgang mit Problemen – regelmäßig ein hoher Zeitaufwand sowohl für die Einarbeitung in die rechtlichen Rahmenbedingungen als auch für die Befassung mit fachlichen Fragen der konkreten Projekte entsteht.

9 Ohne die Einrichtung einer zentralen Stelle bleibt in vielen Fällen unklar, wer im Krankenhaus dazu befugt ist, über den **Abschluss von Verträgen mit der Industrie** zu entscheiden oder andere Absprachen zu treffen. Ist es die Geschäftsleitung, die Personalverwaltung, der Ärztliche Direktor oder die Fachabteilung? Das Gleiche gilt für die **rechtliche Vertretungsmacht.** Daneben belastet die Durchführung von Kooperationen mit der Industrie häufig auch das Budget des Krankenhauses aufgrund der Inanspruchnahme von Personal- und Sachmitteln, ohne dass eine regelmäßige Abstimmung mit den Abteilungen für Finanz- und Rechnungswesen vorgesehen ist.

10 Ein weiteres Problemfeld betrifft die **Zuständigkeiten** sowie die **Standardisierung** von Verfahrensabläufen bei der Ausstellung von Spendenquittungen, bei der Annahme von Geld- oder Sachspenden bzw. bei der Inventarisierung von Geräten, die von der Industrie vermietet werden.[13] Unklar ist oft auch, wer für das **„Follow-Up"** von Forschungsprojekten mit der Industrie bzw. für deren Dokumentation zuständig ist, weil die medizinischen Einrichtungen nach den entsprechenden regulatorischen Vorgaben oder vertraglichen Regelungen, etwa bei klinischen Prüfungen, häufig eine Aufbewahrungspflicht trifft.

---

[10] Abrufbar unter: https://www.fsa-pharma.de/de/kodizes/ueberblick/kodizes-auf-einen-blick (zul. abgerufen am: 17.2.2021).

[11] Zu Kooperationsbeziehungen der Krankenhäuser allgemein *Prütting* in Huster/Kaltenborn, Krankenhausrecht, 2017, § 5 Rn. 118 ff.

[12] Hierzu ausführlich *Dann/Jones* in Dann, Compliance im Krankenhaus, S. 229 ff.; *Lembeck/Lützeler/Happe* das Krankenhaus 2001, 980 ff.; *Fenger/Göben,* Sponsoring im Gesundheitswesen, S. 5 ff. Siehe zu Kooperationsbeziehungen zwischen Krankenhäusern und Medizinprodukteindustrie auch *Irmer/Henssler* MPR 2010, 181 ff.; *Wallhäuser* CB 2016, 151 (152 f.).

[13] Siehe dazu *Leipold* in Hauschka/Mossmayer/Lösler (Hrsg.), Corporate Compliance, 2016, § 50 Rn. 50 ff., 62 ff.

Sofern Verträge bzw. Absprachen mit Ärzten oder anderen Mitarbeitern des Krankenhauses getroffen werden, sehen sowohl die einschlägigen dienstrechtlichen Bestimmungen als auch der „Gemeinsame Standpunkt" regelmäßig **Genehmigungs- und Anzeigepflichten** dieser Mitarbeiter vor. Wer ist in der Krankenhausverwaltung dafür zuständig und was soll jeweils geprüft werden? Hat der rechtlich zuständige Dienstherr diese Befugnisse ausdrücklich an die bearbeitenden Verwaltungsstellen delegiert oder muss er selbst in jeden Einzelfall involviert werden? Selbst wenn eine zentrale Verwaltungsstelle mit der Prüfung der Projekte betraut worden ist, stellt sich die Frage, welches **Prüfungsprogramm** hierbei durchlaufen werden muss. Weil Ärzte und andere Mitarbeiter **oft nicht ausreichend geschult** sind, wenden sie sich mit denselben Fragen immer wieder an die Verwaltung und belasten diese dadurch zusätzlich. 11

Was die steuerlichen Gesichtspunkte betrifft, so wissen die Krankenhausverwaltungen häufig nicht, dass klinische Prüfungen und Anwendungsbeobachtungen bzw. andere Vertragsleistungen umsatzsteuerpflichtig sind. Hierauf beschränken sich die steuerlichen Fragestellungen jedoch nicht. Nicht selten werden durch Verträge und Sponsoringvereinbarungen gesonderte steuerpflichtige wirtschaftliche Geschäftsbetriebe begründet. Bei Kongressreisen taucht die Frage der **Lohnsteuer-** und der **Sozialversicherungspflicht** auf. Ferner muss die Ausstellung unrichtiger Spendenquittungen verhindert werden, da es ansonsten zu einer entsprechenden steuerrechtlichen Haftung kommen kann. Zu steuerrechtlichen Fragestellungen → Kap. 10. 12

D. Ärzte

Für niedergelassene Ärzte und Klinikärzte, aber auch für andere Mitarbeiter medizinischer Einrichtungen, stellt sich ebenfalls zunächst die grundlegende Frage, ob und gegebenenfalls unter welchen Voraussetzungen **überhaupt eine Zusammenarbeit** mit der Industrie in Betracht kommt.[14] Diese Problemstellung ist für niedergelassene Ärzte regelmäßig und für Klinikärzte oder auch andere Mitarbeiter medizinischer Einrichtungen dann von besonderer Brisanz, wenn sie gleichzeitig **Einfluss auf Verordnungs- und Beschaffungsentscheidungen** haben.[15] 13

Sofern sie direkt Verträge mit Unternehmen schließen, sie selbst also Vertragspartner der Industrie werden, sind nicht nur strafrechtliche Aspekte, sondern vor allem auch berufsrechtliche Regelungen, bei angestellten Ärzten aber auch dienstrechtliche Regelungen und die internen **Dienstanweisungen** ihrer Arbeitgeber zu beachten, die in der Regel von den Krankenhausverwaltungen erlassen werden.[16] Teilweise sind Klinikärzten und anderen Mitarbeitern medizinischer Einrichtungen die bestehenden dienstrechtlichen Restriktionen (insbesondere des Nebentätigkeitsrechts) nicht bekannt oder sie sind sich deren Anwendbarkeit zumindest nicht immer bewusst. Teilweise fehlt es zudem an **klaren Vorgaben der Krankenhausverwaltungen** hierzu bzw. an einer **effektiven Organisation** auf Seiten der Verwaltungen (hierzu → Kap. 7 Rn. 37 ff.).[17] Gleichzeitig besteht bei manchen Klinikärzten (noch immer) die Auffassung, Nebentätigkeiten für die Industrie seien allein ihre eigene Angelegenheit. Eine Involvierung der Dienstherren oder Arbeitgeber sei daher nicht 14

[14] Hierzu *Geiger* CCZ 2016, 172 (177 f.); *Wigge* in Hiersche/Wigge/Broglie S. 92 ff.; die Unsicherheit zumindest andeutend *Dann/Scholz* NJW 2016, 2077 (2080). Siehe die zahlreichen Fallbeispiele von *Grzesiek/Sauerwein* NZWiSt 2016, 369 (372) sowie für niedergelassene Ärzte auch *Kölbel* NStZ 2011, 195 ff.

[15] Siehe hierzu auch die Begründung des Gesetzesentwurfs zur Bekämpfung der Korruption im Gesundheitswesen, BT-Drs. 18/6446, 11, der darauf hingewiesen wird, dass Ärzten „eine zentrale Lenkungsfunktion" auf dem Gesundheitsmarkt zukommt.

[16] *Dann/Scholz* NJW 2016, 2077 (2080).

[17] *Dann/Jones* in Dann, Compliance im Krankenhaus, S. 265.

erforderlich, was rechtlich in der Regel nicht der Fall ist. Derartige Auffassungen sind Ausdruck einer jahrzehntelangen faktischen Unabhängigkeit der Ärzteschaft (insbesondere im Universitätsbereich) gegenüber den Verwaltungsstellen, die psychologisch oft nur schwer zu überwinden ist, und von den betroffenen Klinikärzten, insbesondere im Bereich der Hochschulmedizin, (unrichtigerweise) als Eingriff in ihre grundrechtlich gesicherte Freiheit der Forschung begriffen wird.[18]

15 Auch dort, wo sich Klinikärzte und andere Mitarbeiter von medizinischen Einrichtungen über die Notwendigkeit und die risikominimierenden Folgen einer vollen Einbindung ihrer Dienstherren bzw. Arbeitgeber (in der Regel wird diese Funktion durch die Verwaltung ausgeübt) bewusst sind, führen vielfach **lange und undurchsichtige Verwaltungsverfahren** für die Erlangung der notwendigen Genehmigungen, zuweilen auch die Verschleppung von Entscheidungen oder sogar die kategorische Weigerung von Krankenhausverwaltungen, überhaupt Genehmigungen zu erteilen, immer noch zu Frustrationen.[19] Diese fördern die Einhaltung der entsprechenden dienstrechtlichen Rahmenbedingungen für Verträge und Absprachen mit der Industrie keineswegs.

16 Schließlich erkennen niedergelassene Ärzte, Klinikärzte und andere Mitarbeiter medizinischer Einrichtungen oftmals auch nicht die **steuerlichen Risiken,** die ihre Zusammenarbeit mit der Industrie birgt. Werden sie selbst Vertragspartner der Industrie, so können sie umsatz- und ertragsteuerliche Folgen treffen. Aber auch ohne selbst Verträge geschlossen zu haben, können Klinikärzten und anderen Mitarbeitern medizinischer Einrichtungen geldwerte Vorteile zuzurechnen sein, die das steuerpflichtige Einkommen bei ihnen erhöhen. Zu steuerrechtlichen Fragestellungen → Kap. 10.

---

[18] Hierzu auch *Wallhäuser* CB 2016, 151 (154).

[19] *Leipold* in Hauschka/Mossmayer/Lösler, Corporate Compliance, 2016, § 50 Rn. 65.

Kapitel 4. Problembewältigung durch Branchenverbände

Literatur: *Balzer/Dieners,* Die „Schiedsstelle" der pharmazeutischen Industrie – Konsequenzen für Arzt und Unternehmen, NJW 2004, 908; *Hein,* Ethik in der Pharmaindustrie, PharmR 2008, 283 ff.; *Braun,* Healthcare Compliance – eine Einführung, A&R 2019, 67; *Broch,* Compliance-Gespenst „Anwendungsbeobachtungen"? – Eine Versachlichung der Diskussion tut Not, PharmR 2016, 314; *Conzelmann,* Compliance auf dem Vormarsch – Kein Halt vor Krankenhäusern, ZRFC 2017, 77; *Bussmann/Salvenmoser,* Der Wert von Compliance und Unternehmenskultur, CCZ 2008, 192; *Czettritz,* Versuch einer Annäherung an den FS-Arzneimittelindustrie-Kodex, in: Wartensleben, ua (Hrsg.), Festschrift für Sander, Frankfurt am Main 2008, S. 387 ff.; *Dann/Scholz,* Der Teufel steckt im Detail – Das neue Anti-Korruptionsgesetz für das Gesundheitswesen, NJW 2016, 2077; *Deffland/Hochmuth,* Das Berliner Compliance-Modell und Orientierungshilfen der Healthcare-Compliance – Ein Vergleich von Äpfel und Birnen?, ZRFC 2017, 151; *Diener,* Aktuelle Erweiterung und Präzisierung des FSA-Kodex Fachkreise, PharmR 2008, 478; *Diener,* Aktuelle Entwicklungen und Themenfelder im Bereich der Pharma-Selbstkontrolle, PharmR 2015, 338; *Diener,* Selbstregulierung ist ein kontinuierlicher Prozess, der als Ultima Ratio auch klare Sanktionen erfordert – Erfahrungen der Freiwilligen Selbstkontrolle für die Arzneimittelindustrie e.V., PharmR 2012, 510; *Diener/Broch,* Transparenz schafft Vertrauen und bekämpft Misstrauen – Neue Kodexregelungen zur Zusammenarbeit von forschenden Arzneimittelherstellern und Angehörigen der Fachkreise, PharmR 2014, 1; *Dieners,* Auditierung und Zertifizierung von Compliance Organisationen in der Immobilienwirtschaft, CCZ 2009, 111; *Dieners,* Compliance-Management in der betrieblichen Praxis von Pharmaunternehmen, in: Reese, ua (Hrsg.), Festschrift für Ulf Doepner, München 2008, S. 181 ff.; *Dieners,* Der Gemeinsame Standpunkt der Verbände zur künftigen Zusammenarbeit von Industrie, Krankenhäusern und Ärzten, Pharm. Ind. 2000, 938; *Dieners,* Der neue FSA Kodex Fachkreise – Zur Umsetzung des aktuellen EFPIA-Kodex und der NIS-Empfehlungen des VFA, CCZ 2008, 214; *Dieners,* Die Neufassung des FSA-Kodex, A&R 2006, 110; *Dieners,* Selbstkontrolle der Wirtschaft zur Verhinderung von Korruption, JZ 1998, 181; *Dieners,* Transparenz im Gesundheitswesen – der neue FSA-Kodex, CCZ 2014, 204; *Dieners/Wachenhausen,* Die Zusammenarbeit von Industrie, Krankenhäusern und ihren Mitarbeitern, Krankenhauspharmazie 2001, 150; *DIIR,* (Deutsches Institut für Interne Revision e. V. – Arbeitskreis „Interne Revision im Krankenhaus"), Drittmittel in der klinischen Forschung, Ein Prüfungsleitfaden – nicht nur für Krankenhäuser, Berlin 2009; *Geiger,* Die Neufassung des FSA-Kodex Fachkreise – Auswirkungen auf die vertragliche Zusammenarbeit zwischen FSA-Mitgliedsunternehmen und Angehörigen der Fachkreise, A&R 2008, 195, 254; *Goldhaber,* Trendsetter, The American Lawyer 2008, 92 ff.; *Goslich,* Pflaumenweich, KMA 05/2004; *Grabitz/Hilf/Nettesheim,* Das Recht der Europäischen Union, München, Stand Juni 2019; *Hefendehl/Hohmann* (Hrsg.), Münchener Kommentar zum StGB, Bd. 5, §§ 263–358 StGB, 3. Aufl., München 2019; *Jahn/Baltzer/Mihm,* Bestechung kostet Sanofi 28 Millionen Euro, Frankfurter Allgemeine Zeitung, Onlineausgabe v. 3.3.2014; *Jung,* AKG-, BPI- und FSA-Kodex – ein Vergleich, A&R 2016, 111; *Kamann,* Bleibt alles anders: Krankenhaussektor und Kooperationen im Lichte des Gesetzes zur Bekämpfung von Korruption im Gesundheitswesen, CB 2017, 136; *Kemmner/Thole,* Fortentwicklung der Compliance-Standards für die Pharmaindustrie – Neufassung der FSA-Kodizes, PharmR 2020, 32; *Klümper,* Freiwillige Selbstkontrolle durch die Pharmaindustrie – die Zukunft der Korruptionseindämmung im Gesundheitswesen?, PharmR 2006, 304; *Klümper,* Zusammenarbeit der Pharmaindustrie mit Ärzten, in: Gehl (Hrsg.), Tatort Gesundheitsmarkt, Weimar 2007, S. 64; *Klümper/Eggerts,* Schutz vor staatlicher Strafe durch Selbstregulierung? – Die Auswirkungen von Entscheidungen der Selbstregulierungsstellen auf Strafverfahren gegen Mitarbeiter der Pharmaindustrie, PharmR 2010, 13; *Klümper/Hofer,* Ein neuer Stern am Kodexhimmel?, MPJ 2009, 23; *Klümper/Walther,* Auditierung und Zertifizierung von Pharmaunternehmen im Bereich Healthcare Compliance. Konzept und Chance eines innovativen Compliance-Ansatzes, PharmR 2010, 145; *Koenig/Schreiber,* Das Verbot von Veranstaltungen der pharmazeutischen Industrie im Ausland auf dem Prüfstand der EG-Dienstleistungs-freiheit, PharmR 2008, 309; *Köhler/Bornkamm/Feddersen,* Gesetz gegen den unlauteren Wettbewerb, 37. Aufl., München 2019; *Korzilius,* Freiwillige Selbstkontrolle für die Arzneimittelindustrie – „Es hat sich ein Wandel im Denken vollzogen", Deutsches Ärzteblatt, 29.2.2008, A-433; *Krüger,* Sponsoring im Krankenhaus, GesR 2015, 527; *Langbein/Martin/Weiss,* Bittere Pillen 2018–2020, 84. Aufl., Köln 201814; *Lubitz,* Der neue SPECTARIS-Code of Conduct zur Zusammenarbeit in der Gesundheitswirtschaft, CCZ 2018, 114; *Lüderssen,* Drosselung des medizinischen Fortschritts durch Kriminalisierung der Drittmittelförderung – Selbstregulierung der Betroffenen als Ausweg?, in: Forschungsstelle für Pharmarecht der Philipps-Universität Marburg (Hrsg.), Ärzteschaft und Industrie zwischen Forschungsförderung und Kriminalität, Frankfurt am Main 2001, S. 80; *Mand,* Healthcare Compliance – Teil 1: Gesetzliche Zuwendungsbeschränkungen im Verhältnis von Industrie und medizinischen Fachkreisen, PharmR 2014, 275; *Mand,* Healthcare Compliance – Teil 2: Zuwendungsbeschränkungen im Berufs- und Kodexrecht und Compliance-Organisation im Pharmasektor, PharmR 2014, 393; *Marschlich/Paffen/Wetzel;* EFPIA Transparenz-Kodex – Unternehmen stehen vor der Herausforderung steigender Transparenzanforderungen, CCZ 2014, 98; *Meister/Dieners,* Gemeinsamer Standpunkt zur strafrechtlichen Bewertung der Zusammenarbeit zwischen Industrie, medizinischen Einrichtungen und deren Mitarbeitern, das krankenhaus 2000, 876; *Merten/Rabbata,* Korruptionsbekämpfung im Gesundheitswesen: Vertrauen ist gut – Kontrolle ist besser, DÄBl. 2007, A-2625; *Neufeld/Hitzelberger-Kijima,* Compliance im öffentlichen Dienst – Teil 1: Notwendigkeit und Aufbau eines Compliance-Management-Systems, öAT 2015, 23; *Passarge,* Compliance bei Unternehmen der öffentlichen Hand, NVwZ 2015, 252; *Pelz,* Sponsoring – zwischen Marketing und Korruption, LMuR 2009, 50; *Plumridge/Burkitt,* GlaxoSmithKline found guilty of bribery in China, The Wall Street Journal, Onlineausgabe v. 19.9.2014; *Reh/Willhöft,* Transparenzverpflichtungen der Healthcare-Unternehmen, Eine Bestandsaufnahme, ZRFC 2/14, 60; *Ramb/Reich,* Transparenzoffensive im Gesundheitssektor – Neue Offenlegungspflichten für die pharmazeutische Industrie, CB 2014, 327; *Rehborn,* Der Kodex „Medizinprodukte“ im Lichte des Antikorruptionsgesetzes, in: Hiersche/Wigge/Broglie (Hrsg.), Spenden, Sponsoren – Staatsanwalt?, 2. Aufl., Frankfurt am Main 2001, S. 57; *Rieser,* Benimmkodex mit Lücken, DÄBl. 2004, A-542; *Rosbach,* Ethik in einem Wirtschaftsunternehmen – nützlich oder überflüssige Förmelei, CCZ 2008, 101; *Salz,* Da ist viel Geld und wenig Transparenz, Wirtschaftswoche, Onlineausgabe v. 18.12.2015; *Schmidhuber,* Verhaltenskodizes im neuen UWG – Überlegungen zur Bedeutung für die lauterkeitsrechtliche Praxis in Deutschland, WRP 2010, 593; *Schneider/Kißling,* Compliance im Unternehmen – Wo steht die Pharmaindustrie?, A&R 2012, 261; *Schneider/Grau/Kißling,* „Der Schock von Berlin saß tief!" – Ergebnisse eines empirischen Forschungsvorhabens zu Compliance im Gesundheitswesen und der Pharmaindustrie, CCZ 2013, 48; *Schwarze,* EU-Kommentar, 4. Aufl., Baden-Baden 2019; *Sonntag/Valluet/Clausen,* Neuauflage eines Klassikers?: Warum das Gesundheitswesen einen neuen „Gemeinsamen Standpunkt“ für die Zusammenarbeit zwischen Industrie und Fachkreisen benötigt!, MPR 2014, 77; *Stöckli,* Geldwerte Vorteile nach dem Schweizerischen Heilmittelgesetz, Teil 2, PharmR 2008, 304 ff.; *Taschke,* Durch Kriminalisierung zur Entkriminalisierung: Bericht über einen Feldversuch in der Pharmaindustrie, GesR 2018, 7; *Tschammler,* Die Verbandssanktion als Instrument der Selbstkontrolle in der Pharmaindustrie unter besonderer Berücksichtigung der FSA-Reform vom 1.12.2011, PharmR 2012, 322; *Wallhäuser,* Compliance für Krankenhäuser, CB 2016, 151; *Wostry,* (Zusammen-)Arbeit mit Patientenselbsthilfegruppen?!, MPR 2014, 184; *Wallraff,* In Mehdorns Diensten, DIE ZEIT v. 23.4.2009 Nr. 18.

Übersicht

A. Systematik der Kodizes

Die in Kapitel 2 dargestellten gesetzlichen Rahmenbedingungen[1] und die in Kapitel 3 dargestellten Problemlagen haben in der Vergangenheit immer wieder zu rechtlichen Unsicherheiten im Bereich des Gesundheitssektors geführt. Das Gesundheitswesen sieht sich einer Vielzahl von Regelungen diverser Teilbereiche gegenüber, wie sie wohl kaum ein anderer Sektor kennt. Es ist selbstverständlich, dass die Regelungsdichte in diesem Sektor nicht zufällig ist, sondern dass sie die Folge der ethischen Verantwortung darstellt, die im Bereich des Gesundheitssektors ohne Frage alle Akteure trifft.[2] Der daraus resultierende gesetzliche Rahmen ist jedoch zusehends unüberschaubarer geworden. Infolge viel diskutierter Skandale insbesondere im Zusammenhang mit Zuwendungen der Industrie an Ärzte und Gesundheitseinrichtungen hat die gesamte Branche einen Imageschaden erlitten, der zT bis heute nicht behoben ist.[3] Industrie und Fachkreise müssen zusammenarbeiten, denn sonst sind Forschung und Weiterentwicklung bestehender Produkte sowie die damit einhergehende Notwendigkeit der Fortbildung der Fachkreise nicht möglich. Angesichts der damit für alle Beteiligten bedeutsamen Fragestellung, wie derartige Kooperationen in Zukunft ausgestaltet werden sollen, ohne allein durch den bloßen Umstand der Zusammenarbeit einen Korruptionsverdacht zu begründen **(„Spannungsverhältnis zwischen Trennung und Kooperation“[4])**, ergab sich für die Industrie die Notwendigkeit, durch unternehmensübergreifende Leitlinien und Aktivitäten Rahmenbedingungen festzulegen bzw. Handlungs- und Verhaltensempfehlungen zu geben.[5] Diese Leitlinien haben die Verbände der Pharma- und Medizinprodukteindustrie in Form von Kodizes geschaffen, deren Verständnis heute eine essentielle Bedeutung für die juristische Arbeit auf diesem Gebiet 1

[1] Hierzu auch *Mand* PharmR 2014, 275 ff.

[2] Siehe dazu *Hein* PharmR 2008, 281 ff.

[3] Siehe Interview mit *Michael Grusa* PM-Report 5/08, 28 ff.; Interview mit *Wolfgang Plischke,* Wirtschaftswoche v. 22.3.2008. Siehe auch *Jahn/Baltzer/Mihm,* Frankfurter Allgemeine Zeitung v. 3.3.2014; *Plumridge/Burkitt,* The Wall Street Journal v. 19.9.2014; *Salz,* Wirtschaftswoche v. 18.12. 2015.

[4] Siehe dazu *Dieners* FS Doepner, S. 181 (187).

[5] Branchenkodizes zusammengefasst bei *Braun* A&R 2019, 67 (69); rechtsgebietsübergreifend zum Charakter von Verhaltensempfehlungen *Schmidhuber* WRP 2010, 593 ff.

erreicht hat.[6] Denn die durch die **Kodizes** geschaffenen Anforderungen an die Vertragsgestaltung und Durchführung seitens der Industrie haben erhebliche positive Auswirkungen auf die Compliance-Aktivitäten der medizinischen Einrichtungen. Daher finden sich zB auch immer häufiger in Krankenhäusern entsprechende Dienstanweisungen oder sogar ein Compliance Officer,[7] sodass die Schnittstellenproblematik in diesem Bereich immer weiter reduziert werden dürfte.[8] Zudem haben sie auch die aktuelle Rechtsprechung beeinflusst.

2 Das Ergebnis der Implementierung der Kodizes im Bereich des Gesundheitswesens wird auch als **„Wandel im Denken"** der Industrie begriffen.[9] Die konsequente Beachtung ethischer Grundsätze und damit auch die Beachtung der Kodizes haben insbesondere im Marketing der Industrie massiv an Bedeutung gewonnen.[10] Das zeigte beispielsweise bereits der Umgang mit dem Fall eines Arzneimittelherstellers aus dem Jahr 2007, der Ärzte zu einem Wochenende im Spreewald eingeladen hatte, wobei diese Einladung eine nicht kodexkonforme Marketingmaßnahme gegenüber den Fachkreisen darstellte.[11] Als Reaktion verhängte der Spruchkörper des FSA ein Ordnungsgeld iHv 50000 Euro und veröffentlichte gem. § 15 Abs. 4 FSA-Verfahrensordnung auch den Namen des Mitglieds. Die schnelle und konsequente Reaktion des FSA wurde insoweit dahingehend begriffen, dass unethisches Marketing seitens der Industrieverbände nicht toleriert wird.

3 Der Gesundheitssektor nimmt im Compliance-Bereich mittlerweile eine **Vorreiterrolle** ein. Denn durch die öffentliche Diskussion war und ist der Bedarf nach einem **aktiven Umgang mit dem Thema Business Compliance** hier größer als in anderen Industriezweigen. Allerdings zeigen auch die Entwicklungen in anderen Branchen, dass die Etablierung derartiger Strukturen dort ebenso sinnvoll ist.[12] Sowohl im Bereich Datenschutz als auch im Bereich der Korruptionsbekämpfung[13] führte eine unzureichende Beachtung von Compliance-Gesichtspunkten zu einer Reihe von Schäden und Imageverlusten. In der

---

[6] Ein alternatives Modell zu den Branchenkodizes findet sich in der Schweiz. Hier hat die zuständige Behörde Swissmedic ab Januar 2006 ihre Auslegung und Praxis insbesondere hinsichtlich des Art. 33 des Schweizerischen Heilmittelgesetzes (Versprechen und Annehmen geldwerter Vorteile) veröffentlicht und somit ebenfalls Leitlinien für die Industrie zur Zusammenarbeit mit den Fachkreisen geschaffen. Zu den rechtsstaatlichen Bedenken gegen diese Lösung siehe *Stöckli* PharmR 2008, 304 ff.

[7] Siehe *Leidel,* Depesche MedTech-Kompass Nr. 6, April 2009, S. 4; *Asché,* Depesche MedTech-Kompass Nr. 5, Dezember 2008, S. 2; *Conzelmann* ZRFC 2017, 77 ff.; *Wallhäuser* CB 2016, 151 ff.; speziell zum Compliance-Officer *Wallhäuser* CB 2016, 154; zu dem Begriff Compliance-Officer siehe auch *Passarge* NVwZ 2015, 252 (256) sowie allgemein zu der Materie Compliance Management im öffentlichen Dienst *Neufeld/Hitzelberger-Kijima* öAT 2015, 23 ff.

[8] Ein Überblick zu dem Begriff Compliance bei *Dieners* FS Doepner, S. 181 ff.; siehe auch die Evaluierung zur Compliance in Unternehmen der pharmazeutischen Industrie von *Schneider/Kißling* A&R 2012, 261 ff.

[9] *Korzilius* in Deutsches Ärzteblatt v. 29.2.2008, A-433; selbst das LG München I sieht iRd „Wasserspender-Entscheidung" (PharmR 2008, 330 ff., nicht rechtskräftig) einen „Bewusstseinswandel" im Bereich der Zuwendungen an Ärzte.

[10] Dies wird auch bei der Betrachtung unabhängiger, kritischer Literatur deutlich. So hat der Anteil der von *Langbein/Martin/Weiss,* Bittere Pillen, 84. Aufl., Köln 2018 mit den Hinweisen „abzuraten" oder „wenig zweckmäßig" bezeichneten Arzneimitteln in den letzten Jahren deutlich abgenommen: vgl. insoweit auch das Vorwort zur 84. Aufl., S. 17.

[11] Auslöser des Verfahrens war ein Artikel des Magazins *„stern"* in der Ausgabe 49/2007. Das Vorgehen des FSA fand in den Medien großes Interesse, vgl. nur Financial Times Deutschland v. 20.2.2008; FAZ v. 20.2.2008; stern, v. 28.2.2008; Apotheker Zeitung v. 25.2.2008.

[12] Vgl. dazu *Rosbach* CCZ 2008, 101 ff.; *Bussmann/Salvenmoser* CCZ 2008, 192 ff.

[13] Siehe die Fälle „Deutsche Bahn" (dazu zB *Günter Wallraff,* In Mehdorns Diensten, Die Zeit, v. 23.4.2009 Nr. 18); „Lidl" (dazu: *dpa, Reuters,* Lidl entlässt Deutschland-Chef, Die Zeit Online, 6.4.2009); „Deutsche Bank" (dazu: „Deutsche-Bank-Datenaffäre – Aktionäre fordern Aufklärung", v. 26.5.2009, www.faz.de); „Siemens" (dazu: *Wolfgang Gehrmann,* Siemens-Affäre – Geschmiert, gelocht, abgelegt, Die Zeit, v. 19.6.2008 Nr. 26; *Goldhaber* The American Laywer 2008, 92 ff.); „Volkswagen" (dazu: Lustreisen – übliche Praxis für den Betriebsrat – VW-Skandal, www.sueddeutsche.de, 8.1.2008).

Immobilienbranche wurde ein neues Compliance-Konzept eines Verbands erlassen, was die Parallelität der Entwicklung besonders verdeutlicht.[14]

I. Funktionsstruktur und Funktionsweise der Kodizes

Die Regelungen der Kodizes lassen sich in **drei Kategorien** einordnen, die (1.) materiell-rechtliche Aspekte, (2.) Sanktionen und Verfahrensgesichtspunkte sowie (3.) die Organisation der Mitgliedsunternehmen betreffen. Die Regelungen der Kodizes, die **materiell-rechtliche Aspekte** umsetzen, lassen sich wiederum in zwei Untergruppen unterteilen. Zum einen stellen die Regelungen der Kodizes lediglich die Zusammenstellung der gesetzlichen Vorschriften oder deren Interpretation durch die Verbände dar. Verbände können hierdurch etwa bei **unbestimmten Rechtsbegriffen** verdeutlichen, wie sie die bestehenden gesetzlichen **Vorschriften auslegen** und damit den Mitgliedsunternehmen eine Einschätzung an die Hand geben, welche konkreten Verhaltensweisen die Verbände nach den geltenden Gesetzen als zulässig oder unzulässig ansehen. Ein Beispiel hierfür sind etwa die Empfehlungen des „Gemeinsamen Standpunkts" der Verbände (dazu → Rn. 19 ff.). Kodizes können materiell-rechtliche Aspekte aber auch dadurch abdecken, dass sie strikter sind als die bestehenden Gesetze und hierdurch bestehende Gesetze also verschärfen. Auf diese Weise können ethisch unerwünschte Konfliktsituationen von vornherein entschärft werden. Ein Beispiel hierfür ist etwa die Regelung des § 21 FSA-Kodex Fachkreise, dessen Regelungsinhalt über § 7 HWG hinausgeht, indem von seinem grundsätzlichen Geschenkeverbot auch die Zuwendung von Gegenständen von geringem Wert und von geringwertigen Kleinigkeiten erfasst werden, die § 7 Abs. 1 Nr. 1 HWG erlaubt (→ Kap. 14 Rn. 288). **4**

Eine weitere Kategorie von Regelungen betrifft die **Sanktionierung von Kodexverstößen bzw. die Durchsetzung der Kodizes.**[15] Die Verbände schaffen hierdurch eigene Spruchkörper und Verfahrensordnungen, die eine Sanktionierung von Kodexverstößen ermöglichen sollen. Ein Beispiel für derartige Regelungen ist etwa die Verfahrensordnung des FSA (dazu → Kap. 17). **5**

Die dritte Kategorie von Kodexregelungen betrifft die **Organisation der Mitgliedsunternehmen.** Diese Regelungen verfolgen den Zweck, durch bestimmte Vorgaben für die Compliance-Organisation den Unternehmen eine **Organisationsstruktur** zu schaffen, die die Einhaltung der Kodizes fördert. Beispiele hierfür sind die Verpflichtung der Mitgliedsunternehmen zur Etablierung eines Compliance Officers in § 28 Abs. 1 FSA-Kodex Fachkreise sowie die Zuordnung bestimmter Aufgaben an den Leiter der Medizinischen Abteilung nach §§ 27 Abs. 6, 19 Abs. 2 Nr. 2 FSA-Kodex Fachkreise (dazu → Kap. 14 Rn. 784 ff., 409 ff. und → Rn. 28 ff.). Es zeichnet sich zudem ein Trend ab, dass Verbände ihren Mitgliedsunternehmen darüber hinaus noch detailliertere Empfehlungen bzw. Hilfestellungen für ihre Compliance-Organisation an die Hand geben. Hintergrund ist die Erkenntnis, dass neben konkreten Verhaltensregeln auch compliance-organisatorische Maßnahmen einen wesentlichen Beitrag zu Erreichung eines compliance-gerechten Verhaltens leisten. Jüngstes Beispiel ist der vom BVMed veröffentlichte **BVMed Compliance Standard,** der für organisationsbezogene Compliance-Fragen kleiner und mittelgroßer Mitgliedsunternehmen verlässliche Orientierungspunkte sowie praktikable Vorschläge und Hinweise für den Aufbau einer geeigneten Compliance-Organisation bietet. Neben den Vorschlägen für geeignete compliance-organisatorische Maßnahmen enthält der BVMed Compliance Standard Maßstäbe und Kriterien dafür, wie sich Unternehmen im Wege einer **6**

[14] Die Immobilienbranche hat mit dem Kodex der Initiative Corporate Governance der deutschen Immobilienwirtschaft eV („ICG") eine Selbstverpflichtung für den Bereich der Compliance geschaffen; zu dem besonderen Compliance-Ansatz der Immobilienbranche siehe *Dieners* CCZ 2009, 111 ff.

[15] Zur Sanktionierung auch als präventives Instrument und den Erfahrungen des FSA mit den eigenen Sanktionierungsregelungen *Diener* PharmR 2012, 510 (513).

Selbstüberprüfung durch ein internes Compliance System-Audit vergewissern können, dass sich die von ihnen ergriffenen Maßnahmen in Einklang mit den einschlägigen Anforderungen befinden.

II. Bedeutung der Kodizes

7 Die Kodizes entfalten zunächst nur gegenüber den Mitgliedern der Verbände bzw. den sonstigen unterworfenen Unternehmen unmittelbare Wirkung. Diese erklären **freiwillig** ihr Einverständnis mit den Regelungen und verpflichten sich somit letztlich durch Rechtsgeschäft, die Regelungen einzuhalten und ggf. eine Sanktion anzuerkennen. Obgleich es sich bei den Kodizes lediglich um Regelwerke von Industrieverbänden handelt, werden diese Regelwerke zunehmend auch von Teilen der Rechtsprechung als Maßstab für die Beurteilung der dort geregelten Fallkonstellationen anerkannt. Allerdings gilt insoweit nicht mehr, wie ursprünglich nach der Wasserspender-Entscheidung noch vermutet, dass ein Kodex eines Verbandes, der einen erheblichen Teil der Branche repräsentiert, als **Interpretationsgrundlage für allgemein verbindliche Gesetze** herangezogen werden kann.[16] Der BGH hat vielmehr klargestellt, dass Wettbewerbsregeln, wie beispielsweise die FSA-Kodizes, allenfalls indizielle Bedeutung für die Frage der Lauterkeit zukommt.[17] Eine Anwendbarkeit auf Nicht-Mitglieder scheidet indes insbesondere auch aufgrund ihrer mangelnden Rechtsnormqualität aus (dazu ausführlich → Rn. 80 und → Kap. 14 Rn. 22 ff.).

III. Verhältnis der einzelnen Kodizes zueinander

8 In den vergangenen Jahren wurden in Deutschland **diverse Kodizes** verabschiedet.[18] Da auch in **anderen europäischen Staaten** solche Selbstregulierungsmechanismen im Gesundheitswesen genutzt werden, sind durch **europaweite Dachverbände** ebenfalls Kodizes verabschiedet worden, welche die **europäischen Minimalstandards** repräsentieren, die allen Kodizes der Mitgliedsverbände zugrunde liegen. Die bedeutendsten europäischen Dachverbände sind im Pharmabereich die **EFPIA** sowie im Medizinproduktebereich der **MedTech Europe.** Der MedTech Europe hat mit dem „MedTech Europe Code of Ethical Business Practice" einen Kodex zu der Zusammenarbeit mit Fachkreisen und Gesundheitseinrichtungen veröffentlicht. Die EFPIA hat zunächst drei Kodizes, jeweils einen zur Zusammenarbeit mit Fachkreisen und Gesundheitsorganisationen, einen zu der Zusammenarbeit mit Patientenorganisationen sowie einen zu der Veröffentlichung von Zuwendungen vorgesehen. Diese Kodizes sind jedoch seit 2019 in dem konsolidierten „EFPIA Code of Practice" aufgegangen, der die genannten Regelungsbereich der bisherigen drei Kodizes nun einheitlich regelt.[19] Die europäischen Kodizes bilden den Mindeststandard, den die Dachverbände ihren Mitgliedern vorgeben. Die nationalen Mitgliedsverbände haben auf dieser Basis jeweils eigene Kodizes erlassen, die über die Standards der Dachverbände hinausgehen können. Häufig bestanden diese nationalen Kodizes bereits vor Schaffung der Kodizes der Dachverbände und mussten lediglich entsprechend angepasst werden.[20]

---

[16] Dazu LG München I PharmR 2008, 330 (338 f.) aufgehoben durch OLG München PharmR 2010, 65 ff., Nichtzulassungsbeschwerde zurückgewiesen durch BGH BeckRS 2011, 17762.

[17] BGH PharmR 2011, 138 (139).

[18] Zum Vergleich verschiedener Kodizes, *Jung* A&R 2016, 111 ff.

[19] Siehe hierzu die Mitteilung im EFPIA Newsletter vom 11.7.2019, abrufbar unter https://www.efpia.eu/news-events/newsletter/efpia-newsletter-external/efpia-newsletter-11-july-2019/ (zul. abgerufen an: 27.1.2021).

[20] Grundsätzlich zum Anpassungsbedürfnis *Diener* PharmR 2012, 510 (513 f.); *ders.* PharmR 2015, 338 (338).

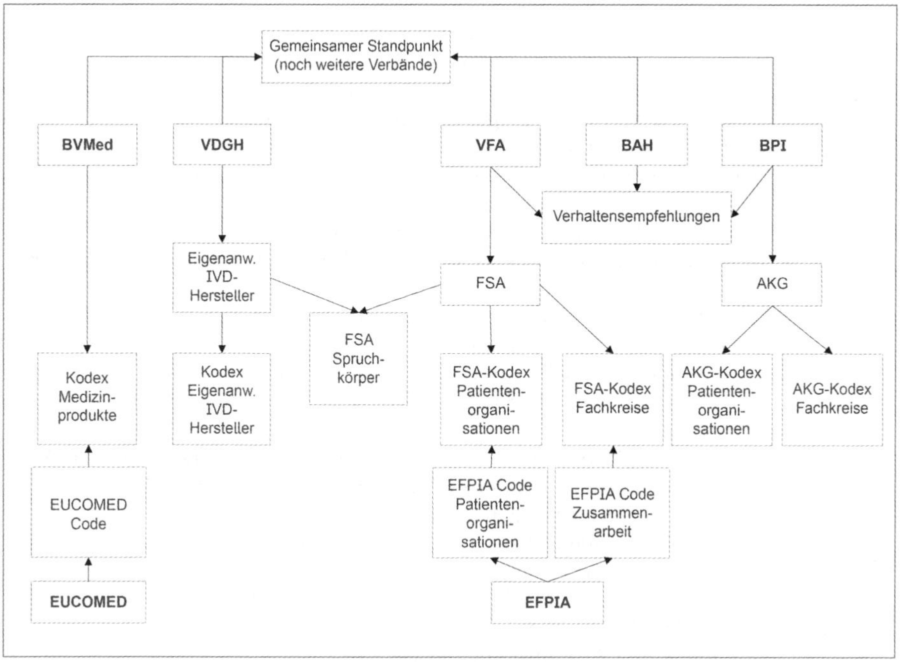

Abb. 2: Übersicht zur deutschen „Kodexlandschaft"

B. Kodex „Medizinprodukte"

Eine unternehmensübergreifende Konzeption auf Seiten der Industrie verfolgte zunächst **9** der Bundesverband Medizintechnologie eV (BVMed) gemeinsam mit den Spitzenverbänden der Krankenkassen durch den am 12.5.1997 veröffentlichten **Kodex Medizinprodukte.**[21] Ausweislich der Präambel war es das zentrale Anliegen der Beteiligten, „medizinische Standards unter den Gesichtspunkten von Qualität und Wirtschaftlichkeit zum Wohle der Patienten zu erhöhen", wofür man ein „enges Zusammenwirken von Herstellern und Vertreibern von Medizinprodukten, den medizinischen Einrichtungen, den Ärzten und des sonstigen medizinischen Personals sowie den Krankenkassen [für] erforderlich" hielt. Der Kodex „Medizinprodukte" von 1997 wurde mittlerweile mehrmals überarbeitet und den seit seiner Einführung geänderten Rechtsvorschriften angepasst. Zuletzt wurden 2020 beispielsweise die Regelungen zur direkten Veranstaltungsförderung durch eine Empfehlung der Förderung durch „Educational Grants" ersetzt und der bestehende Konfliktlösungsmechanismus des „Healthcare Compliance Committees" aufgenommen.[22] Der „Kodex Medizinprodukte" konzentriert sich im Besonderen auf die Bereiche Forschung und Entwicklung, Drittmittelkonten, Fort- und Weiterbildung, Spenden, Geschenke sowie Beraterverträge. Darüber hinaus will der Kodex „Medizinprodukte" die bis zum Zeitpunkt seiner Veröffentlichung vorliegenden Erfahrungen aus den Ermittlungsverfahren im Hinblick auf vorhandene rechtliche Grenzbereiche und „Grauzonen" in der Weise umsetzen, dass im Fall seiner Beachtung vor allem strafrechtlichen Bestimmungen genügt wird.

[21] Hierzu ausführlich *Dieners* JZ 1998, 183 ff. und *Rehborn* in Hiersche/Wigge/Broglie S. 57 ff.

[22] Der Kodex „Medizinprodukte" in seiner zuletzt am 19.6.2020 geänderten Fassung ist abrufbar unter https://www.bvmed.de/download/kodex-medizinprodukte-2020.pdf (zul. abgerufen am 26.3. 2021).

10 Die Veröffentlichung des Kodex „Medizinprodukte“ durch den BVMed und die Spitzenverbände der Krankenkassen ist zum Teil auf **Kritik** gestoßen, da weder die Krankenhausverbände noch die organisierte Ärzteschaft an der Erarbeitung des Kodex beteiligt gewesen sind. Insbesondere wurde die Regelung des § 4 Abs. 5 S. 3 aF (jetzt § 4 Abs. 4 S. 3 nF) des Kodex bemängelt, wonach *„Einnahmen der medizinischen Einrichtungen aus Forschungs- und Entwicklungsverträgen mit Herstellern/Vertreibern von Medizinprodukten bzw. ihren Beschäftigten und sonstigen Leistungserbringern [...] den Krankenkassen auf Verlangen schriftlich offenzulegen“* sein sollten. Hierin wurde, insbesondere von Seiten der Krankenhausverwaltungen, eine rechtlich unzulässige Informationsmöglichkeit der Kostenträger über die Kooperationsbeziehungen der Krankenhäuser mit der Industrie gesehen. Dieser Kritik ist im Rahmen der Überarbeitung des Kodex Rechnung getragen worden, indem eine Veröffentlichung nur erfolgen soll, soweit sie gesetzlich vorgesehen ist.

11 Neben dem Anwendungsbereich wurden im Zuge der Überarbeitungen insbesondere die Bereiche der Fort- und Weiterbildung, Bewirtung und anderweitigen Zuwendungen teils grundlegend reformiert.

12 In § 1 wurde die Anwendbarkeit des Kodex auf **sämtliche Angehörige der Fachkreise** erweitert, wodurch nunmehr insbesondere auch niedergelassene Vertragsärzte und Apotheker sowie alle sonstigen Angehörigen medizinischer, zahnmedizinischer und sonstiger Heilberufe sowie sämtliche andere Personen, die im Rahmen ihrer beruflichen Tätigkeit Medizinprodukte verordnen, anwenden, benutzen oder mit diesen in erlaubter Weise Handel treiben, erfasst sind. Dieser weitreichende Anwendungsbereich deckt sich im Wesentlichen mit denjenigen der FSA-Kodizes.

13 Mit der Bestimmung in § 2 „Einhaltung der Gesetze“ enthält der Kodex „Medizinprodukte“ einen umfassenden Hinweis auf die Beachtung der im Rahmen der Zusammenarbeit zwischen Medizinprodukteindustrie und medizinischen Einrichtungen bzw. Fachkreisangehörigen zu beachtenden Gesetzen (StGB, SGB V, MPG, HWG, UWG) und allgemeinen berufsrechtlichen Grundsätzen. Die teils aus den bisherigen materiellen und formellen Grundsätzen der ehemaligen §§ 2 und 3 des Kodex hervorgegangenen **Prinzipien der Zusammenarbeit** (Trennungs-, Transparenz-, Dokumentations- und Äquivalenzprinzip sowie Wirtschaftlichkeitsprinzip) finden sich heute in § 3 des Kodex.

14 Paragraph 8 des Kodex trifft Regelungen zur Zulässigkeit von Zuwendungen im Zusammenhang mit **internen** (§ 8 Abs. 2 Nr. 2) **und externen** (§ 8 Abs. 2 Nr. 1) **Fortbildungsveranstaltungen** und wurde zuletzt insoweit ergänzt, als dass Unterbringungen und Bewirtungen einen angemessenen Rahmen nicht überschreiten dürfen und stets gegenüber dem Veranstaltungszweck von untergeordneter Bedeutung sein müssen. Zudem sind Einladungen und Bewirtungen sowie die Übernahme von Kosten für Begleitpersonen allgemein nicht gestattet (§ 8 Abs. 2 Nr. 2 lit. d aE). Die Auswahl von Veranstaltungsort und -stätte darf allein anhand sachlicher Kriterien erfolgen (§ 8 Abs. 2 Nr. 2 lit. e). Ein Honorar für die aktive Teilnahme an Fortbildungsveranstaltungen muss angemessen sein. Des Weiteren wurde der Kodex in § 8 Abs. 5 (heute § 8 Abs. 2 Nr. 2 lit. f) durch eine Kostenübernahmeregelung für Veranstaltungen in nicht-deutschsprachigen Ländern ergänzt. In § 8 Abs. 2 Nr. 2 lit. g wird seit 2020 klargestellt, dass eine Übernahme von Fort- und Weiterbildungskosten entweder unmittelbar zugunsten des Teilnehmers (individuelle Kostenübernahme) oder mittelbar zugunsten des Arbeitgebers/Dienstherrn, einer medizinischen Fachgesellschaft oder eines Berufsverbandes (institutionelle Kostenübernahme) erfolgen kann.

14a In einem Addendum[23] zur Regelung der individuellen Kostenübernahme für die passive Teilnahme an externen Fortbildungsveranstaltungen in § 8 Abs. 2 Nr. 2 lit. b wies der BVMed zunächst nur auf das im MedTech Europe Code statuierte Verbot der direkten Unterstützung von Fachkreisen zur Teilnahme an **drittorganisierten Konferenzen** *(Phase out direct sponsorship)* von Mitgliedsunternehmen des Verbandes ab dem 1.1.2018 hin und

[23] Siehe Fn. 1 zu § 8 Kodex „Medizinprodukte“ in der am 1.1.2018 ergänzten Fassung (Stand: 2017/18).

erklärte, dass intern diskutiert werde, *„inwieweit die direkte Unterstützung von Beschäftigten wissenschaftlicher und medizinischer Einrichtungen und sonstiger Leistungserbringer sowie aller übrigen Fachkreisangehörigen zu Informations-, Fort- und Weiterbildungsveranstaltungen (Kongressen) in Zukunft durch Hersteller und Vertreiber weitergeführt werden soll bzw. kann“* und dass eine *„vollkommene Risikominimierung […] bei der direkten Unterstützung der Teilnahme an drittorganisierten Konferenzen nur dadurch erreicht werden [könne], indem die Unternehmen eine derartige Unterstützung gänzlich einstellen“* (näheres dazu in → Kap. 6 Rn. 55 f.).

Mit der letzten Kodexnovellierung 2020 wurde § 8 dann neu strukturiert und das bisherige Addendum in den Kodextext überführt. Nunmehr wird – den Vorgaben des MedTech Europe folgend – eine **direkte Unterstützung** der aktiven oder passiven Teilnahme Fachkreisangehöriger an externen Veranstaltungen ausdrücklich **nicht empfohlen** (§ 8 Abs. 1 Nr. 2 lit. a). Eine **indirekte Unterstützung** über sogenannte **Educational Grants,** dh die Zurverfügungstellung finanzieller Mittel an Gesundheitsorganisationen für die Veranstaltungsteilnahme auf Grundlage einer Vereinbarung, bleibt möglich, sofern in der Vereinbarung sichergestellt wird, dass die Mittel nur für angemessene Hin- und Rückreisekosten sowie notwendige Übernachtungskosten verwendet werden (§ 8 Abs. 1 Nr. 1 lit. b). **14b**

Der zwischenzeitlich neu eingeführte § 12 regelt die Zulässigkeit von **Bewirtungen.** Hiernach ist eine Bewirtung nur im Rahmen von internen Fortbildungsveranstaltungen sowie Arbeitsessen in einem angemessenen und sozialadäquaten Umfang zulässig. Arbeitsessen zeichnen sich in Abgrenzung zu reinen Verkaufsgesprächen dadurch aus, dass ohne direkten Produktbezug Fachfragen oder der Stand bzw. Ausgang von Projekten erörtert werden. Der Anlass eines Arbeitsessens ist zu dokumentieren. Eine Bewirtung von Begleitpersonen ist unzulässig. Die erforderliche Sozialadäquanz der Bewirtung definiert § 12 S. 4 des Kodex mit den allgemein akzeptierten Regeln der Höflichkeit. **15**

Eine weitere Änderung betrifft die Bestimmungen über **Geschenke und andere Sachzuwendungen.** Bislang war die Gewährung von Geschenken und anderen Sachzuwendungen grundsätzlich verboten, es sei denn es handelte sich dabei um Werbegaben iSd § 11 Abs. 2 Nr. 1 oder die Geschenke oder anderen Sachzuwendungen wurden zu besonderen Anlässen gewährt, § 11 Abs. 2 Nr. 2 des Kodex. Nunmehr treten weitere Voraussetzungen hinzu, die neben den bereits bestehenden Voraussetzungen vorliegen müssen. Zum einen müssen die Geschenke und Zuwendungen nach den einschlägigen gesetzlichen Vorschriften sowie den allgemein anerkannten Grundsätzen des jeweils einschlägigen Berufsrechts erlaubt sein. Zum anderen muss sichergestellt sein, dass ihnen die Annahme der Zuwendung nicht gemäß der bestehenden und dem Unternehmen mitgeteilten Vorgaben der Anstellungskörperschaft untersagt ist, sofern es sich um Beschäftigte medizinischer Einrichtungen handelt. **16**

Neben den Änderungen des Kodex „Medizinprodukte“ hat der BVMed des Weiteren den **„Compliance-Kodex der Qualitätsinitiative Verkürzter Versorgungsweg“** ins Leben gerufen.[24] Dieser richtet sich als Ergänzung des Kodex „Medizinprodukte“ an die Mitglieder des Fachbereichs „Verkürzter Versorgungsweg“ (FBVV) und verpflichtet diese zur Einhaltung der gesetzlichen Vorgaben des § 128 SGB V. Diese werden in dem Kodex durch anschauliche Beispiele verdeutlicht. **17**

Zudem hat der BVMed im Jahr 2008 die **Initiative MedTech-Kompass** ins Leben gerufen. In diesem Rahmen werden verschiedene Aktivitäten zum Thema der Zusammenarbeit im Gesundheitsmarkt angeboten und auch einen regelmäßigen **Newsletter** namens „Depesche“ zur Verfügung gestellt. Ziel dieser Initiative ist es, der Zusammenarbeit im Gesundheitswesen eine **sichere Grundlage** zu geben.[25] Der BVMed informiert auf diese Art **18**

[24] Der Compliance-Kodex der Qualitätsinitiative Verkürzter Versorgungsweg ist abrufbar unter https://www.bvmed.de/de/versorgung/hilfsmittel/qualitaetsinitiative-verkuerzter-versorgungsweg (zul. abgerufen am 27.1.2021).

[25] Siehe https://www.bvmed.de/de/recht/healthcare-compliance (zul. abgerufen am 27.1.2021); siehe dazu auch Pharma Relations 03/2008, 8 ff.

seine Mitglieder, welche Verhaltensweisen als kodexkonform anzusehen sind und stellt Musterverträge zur Verfügung.[26] Mit der letzten Änderung des BVMed Kodex Medizinprodukte 2020 wurde der bereits bestehende Konfliktlösungsmechanismus des **„Healthcare Compliance Committees“** (HCCC) direkt im Kodex verankert (§ 14). Verstöße sollen möglichst in **Schlichtungs- bzw. Mediationsverfahren** beigelegt werden, bevor es zu gerichtlichen Auseinandersetzungen kommt.

C. „Gemeinsamer Standpunkt“ der Verbände

19 Mangels präzisierender gesetzlicher Festlegungen waren (und sind) die damaligen Beschlüsse der Kultus- und Justizministerkonferenzen der Kodex „Medizinprodukte“ oder auch die Informationen der Deutschen Krankenhausgesellschaft **wertvolle Orientierungshilfen,** da sie jeweils in einfacher und leicht verständlicher Weise die einschlägigen Gesetze für die relevanten Fallkonstellationen übersetzen. Ihr Nachteil bestand (und besteht) allerdings darin, dass sie zum Teil unterschiedliche Anforderungen festlegen, die von der jeweils anderen Seite nicht immer akzeptiert werden.

20 Dies war auch den **führenden Verbänden** der Krankenhäuser und Ärzte sowie der medizintechnologischen und pharmazeutischen Industrie bewusst, die sich am 29.9.2000 auf den „Gemeinsamen Standpunkt zur strafrechtlichen Bewertung der Zusammenarbeit zwischen Industrie, medizinischen Einrichtungen und deren Mitarbeitern“ („Gemeinsamer Standpunkt“)[27] verständigt haben, der am 4.10.2000 mit einer gemeinsamen Presserklärung der Verbände veröffentlicht worden ist. Der „Gemeinsame Standpunkt“ wird **von folgenden Verbänden getragen:** Arbeitsgemeinschaft der Wissenschaftlichen Medizinischen Fachgesellschaften, Bundesverband der Arzneimittel-Hersteller eV, Bundesverband Medizintechnologie eV, Bundesverband der Pharmazeutischen Industrie eV, Bundesverband Deutscher Krankenhausapotheker eV, Deutsche Krankenhausgesellschaft, Deutscher Hochschulverband, Deutscher Industrieverband für Optik, Photonik, Analysen- und Medizintechnik,[28] Fachverband Elektromedizinische Technik im ZVEI, Verband der Diagnostica-Industrie eV, Verband der Krankenhausdirektoren Deutschlands eV und Verband Forschender Arzneimittelhersteller eV[29]

21 Auch der „Gemeinsame Standpunkt“ behandelt die grundsätzliche Frage, wie die Zusammenarbeit, etwa auf dem Gebiet der klinischen Forschung oder bei der Unterstützung der Fort- und Weiterbildung von Klinikärzten, ausgestaltet werden soll, um den Vorwurf eines gesetzwidrigen Verhaltens von vornherein zu vermeiden. Mit dem „Gemeinsamen Standpunkt“ haben die führenden deutschen Verbände im Bereich der Gesundheitsversorgung darüber hinaus zum ersten Mal **verbandsübergreifende Hinweise** gegeben.[30] Dies hat bislang in der Praxis für eine **einheitlichere Behandlung** und damit auch für erheblich **mehr Klarheit und Rechtssicherheit** gesorgt. Die beteiligten Verbände haben es darüber hinaus im Sinne einer möglichst weitreichenden Risikominimierung als wünschenswert angeregt, wenn der „Gemeinsame Standpunkt“ möglichst durch einheitliche Drittmittelrichtlinien und -erlasse der Bundesländer sowie in Form von Dienstanweisun-

[26] Siehe https://www.bvmed.de/de/recht/healthcare-compliance/mustervertraege (zul. abgerufen am 27.1.2021).

[27] Der „Gemeinsame Standpunkt“ ist abrufbar unter https://www.bvmed.de/de/recht/healthcare-compliance/gemeinsamer-standpunkt (zul. abgerufen am 27.1.2021).

[28] Vormals Deutscher Industrieverband für optische, medizinische und mechatronische Technologien eV, bzw. Verband der deutschen feinmechanischen und optischen Industrie eV.

[29] Siehe auch *Sonntag/Valluet/Clausen* MPR 2014, 77 (78).

[30] Hierzu *Dieners* Pharm. Ind. 2000, 938 ff.; *Meister/Dieners* das krankenhaus 2000, 876 ff. und *Dieners/Wachenhausen* Krankenhauspharmazie 2001, 150 ff.; hierzu auch *Lüderssen,* Drosselung, S. 83 f., dem das „Trennungsprinzip“ im Ergebnis zu eng gezogen ist.

gen durch die jeweiligen Krankenhausträger bzw. Dienstherren der betroffenen Mitarbeiter ergänzt würde.[31]

Der „Gemeinsame Standpunkt“ verfolgt nicht nur die Zielrichtung, sämtlichen Beteiligten, dh der Industrie, den medizinischen Einrichtungen und deren Mitarbeitern, gegenüber verlässliche Hinweise zu geben, unter welchen Voraussetzungen eine Kooperation ohne Risiko bzw. mit einem möglichst geringen rechtlichen Risiko stattfinden kann. Der „Gemeinsame Standpunkt“ beschreibt auch das **gemeinsame Verständnis der Verbände** im Hinblick auf die weitere Zusammenarbeit, dh in welchen Bereichen und unter welchen Voraussetzungen bestimmte Kooperationsformen im Verhältnis zwischen allen Beteiligten als legitim und rechtlich zulässig angesehen werden sollen. Insoweit verfolgt der „Gemeinsame Standpunkt“ auch eine rechtspolitische Zielsetzung.[32] Beide Zielsetzungen lassen sich nicht in jedem Einzelaspekt und ohne weiteres in eine Deckungsgleichheit bringen. Der „Gemeinsame Standpunkt“ versucht deshalb, beiden Perspektiven dadurch gerecht zu werden, dass auf bestehende Risiken ausdrücklich hingewiesen wird, ohne hierbei die Rechtsauffassung der Verbände im Hinblick auf die grundsätzliche Zulässigkeit und Legitimität bestimmter Kooperationsformen aufzugeben. 22

Der „Gemeinsame Standpunkt“ der Verbände gilt als **„Meilenstein“** auf dem Weg der Schaffung klarer und praxisnaher Vorgaben für die Zusammenarbeit der pharmazeutischen und medizintechnologischen Industrie mit medizinischen Einrichtungen und Klinikärzten.[33] Der „Gemeinsame Standpunkt“ wurde bereits unmittelbar nach seinem Erscheinen sowohl von der Industrie als auch von den medizinischen Einrichtungen nicht nur durchgehend als wichtige Orientierungshilfe, sondern auch als klare Vorgabe für die Ausgestaltung der Kooperationsbeziehungen begriffen. Dies hat dazu geführt, dass sich die von medizinischen Einrichtungen nach der Veröffentlichung des „Gemeinsamen Standpunkts“ erlassenen **Dienstanweisungen** für die Zusammenarbeit mit der Industrie vielfach entweder an dem „Gemeinsamen Standpunkt“ anlehnten oder den „Gemeinsamen Standpunkt“ sogar wörtlich übernahmen. Ähnliche Beobachtungen lassen sich mit Blick auf die **Mitarbeiterrichtlinien** einer Vielzahl von Unternehmen machen. 23

Der „Gemeinsame Standpunkt“ hatte darüber hinaus erhebliche Auswirkungen auf die erlassenen **Regelungen der Bundesländer** zur Einwerbung und Entgegennahme von Drittmitteln. Vor allem finden sich die dort vorgesehenen Grundprinzipien in landesrechtlichen Regelungen wieder.[34] Bereits die Ende 1999 ergangene Novellierung des baden-württembergischen Universitätsgesetzes stand unter dem Eindruck des „Gemeinsamen Standpunkts“, bei deren Erarbeitung ein Vertreter des Landes als Beobachter teilgenommen hatte. Noch deutlicher wird der Einfluss des „Gemeinsamen Standpunkts“ bei einem Blick auf die Verwaltungsbestimmungen des Bayerischen Kultusministeriums zur Annahme und Verwendung von Drittmitteln an Hochschulen vom 21.10.2002, welche die Grundprinzipien[35] und viele Einzelregelungen des „Gemeinsamen Standpunkts“ aufnahmen und in Verwaltungsvorschriften umsetzten.[36] Im Rahmen der Novellierung des ärztlichen Berufsrechts diente der „Gemeinsame Standpunkt“ ebenfalls als entscheidende Vorgabe (→ Kap. 2 Rn. 118ff.). Schließlich knüpfte auch der BGH in seinem Urteil vom 23.5.2002 (→ Kap. 2 Rn. 16) ausdrücklich an die **Grundprinzipien** des **„Gemeinsamen Standpunkts“** an: 24

„[...] Das Vertrauen der Allgemeinheit in die „Nicht-Käuflichkeit“ von dienstlichen Handlungen und in die Sachlichkeit der Entscheidungen der Amtsträger, kurz: in die Lauterkeit des öffentlichen

[31] Siehe zum Einfluss des „Gemeinsamen Standpunkts“ etwa *Sonntag/Valluet/Clausen* MPR 2014, 77 (78).

[32] Siehe „Gemeinsamer Standpunkt“, S. 6; *Sonntag/Valluet/Clausen* MPR 2014, 77 (82).

[33] Vgl. *Taschke* GesR 2018, 7 (10).

[34] Zu den Grundprinzipien im Kontext der Drittmitteleinwerbung bzw. -entgegennahme, vgl. *Korte* in MüKoStGB, 3. Aufl. 2019, § 331 Rn. 144.

[35] Vgl. hierzu *Braun* A&R 2019, 67 (69ff.) mit dem Hinweis auf mögliche ergänzende Prinzipien.

[36] Siehe hierzu auch *Deutsches Institut für Interne Revision eV*, Drittmittel in der klinischen Forschung, S. 50f.

Dienstes [...] ist gerade im Bereich der von Amtsträgern ausgeübten medizinischen Forschung und wahrgenommenen klinischen Versorgung in besonderer Weise schutzbedürftig, weil sich [...] hier die Verantwortung für Auswahl und Beschaffung medizinischer Produkte und von Medikamenten einerseits sowie die Verantwortung für die Einwerbung von Forschungsmitteln Dritter andererseits personell oft nicht trennen lassen wird (sog. Trennungsprinzip). Gerade hier soll der Patient, der sich in eine Universitätsklinik oder in eine sonst von einem Amtsträger geleitete Klinik begibt, das Vertrauen haben können, dass die Auswahl eines etwa zu implantierenden medizinischen Produkts allein nach medizinischen Kriterien, allenfalls bei gleicher Eignung auch unter weiteren aufgabengerechten Gesichtspunkten erfolgt. Es liegt darüber hinaus auch im Interesse der jeweiligen Verantwortungsträger, ihre Unbefangenheit bei der jeweiligen Entscheidung zu schützen und die abstrakte Gefahr einer unbewussten Beeinflussung der Auswahlentscheidung durch etwaige hohe, gar direkt umsatzabhängige Gewährung von Forschungsmitteln durch bestimmte Produktlieferanten unter Vernachlässigung medizinischer Gesichtspunkte zu minimieren. Das kann nach Lage der Dinge nur durch ein größtmögliches Maß an Durchschaubarkeit (Transparenz) und durch Gewährleistung von Kontrollmöglichkeiten sichergestellt werden. Eine solche Kontrolle wird durch Dokumentation und institutionalisierte Befassung von Aufsichtsinstanzen, namentlich über Anzeige- und Genehmigungspflicht erreicht. Damit wird einem Interessenkonflikt von vornherein entgegengewirkt.

Bei dieser Gesetzesauslegung im Sinne der Einheit der Rechtsordnung wird derjenige Forscher, der Drittmittel einwirbt und damit wie hochschulrechtlich und beamtenrechtlich vorgegeben verfährt, kaum je Gefahr laufen, in den Verdacht der Vorteilsannahme zu geraten. Verlässliche Richtschnur werden ihm auch in einem nicht-juristischen Sinne die allgemeinen Regeln der Lauterkeit und Offenheit bieten. [...]"[37]

25 Allerdings wird zunehmend bemängelt, dass der im Jahr 2000 veröffentlichte „Gemeinsame Standpunkt" nicht mehr als zeitgemäß betrachtet werden könne und einer umfassenden Novellierung bedürfe.[38] Hintergrund der Forderung sind die innerhalb dieser Zeit erfolgten zahlreichen Änderungen und Neuerungen in den einschlägigen Rechtsgebieten, wie etwa dem Sozial-, Straf-, und Berufsrecht.[39] Insbesondere das **Gesetz zur Bekämpfung von Korruption im Gesundheitswesen**[40] sollte wohl Anlass zu einer Anpassung des „Gemeinsamen Standpunkts" geben. Dabei sollten auch die Transparenzbestrebungen Anklang in dem erneuerten „Gemeinsamen Standpunkt" finden und eine Modifikation der Grundprinzipien der Zusammenarbeit erfolgen, um die aktuellen Gegebenheiten besser abzubilden.[41]

D. Verhaltensempfehlungen von BAH, BPI und VFA

26 Die „Verhaltensempfehlungen für die Zusammenarbeit der pharmazeutischen Industrie mit Ärzten"[42] sind gemeinsam von den **führenden Verbänden der deutschen Arzneimittelindustrie,** dh dem Bundesverband der Arzneimittel-Hersteller (BAH), dem Bundesverband der Pharmazeutischen Industrie (BPI) sowie dem Verband Forschender Arzneimittelhersteller (VFA) erarbeitet und im Sommer 2003 herausgegeben worden. Mit den „Verhaltensempfehlungen" knüpfen diese Verbände an den „Gemeinsamen Standpunkt" an, der sich jedoch allein mit dem Verhältnis der Industrie zu medizinischen Einrichtungen und Klinikärzten befasst, und übertragen dessen Grundsätze soweit wie möglich und sinnvoll auch auf die Zusammenarbeit der pharmazeutischen Industrie mit **Ärzten im nie-**

[37] BGH NJW 2003, 2801 (2805).

[38] So *Sonntag/Valuet/Clausen* MPR 2014, 77 (82 f.).

[39] Siehe *Sonntag/Valuet/Clausen* MPR 2014, 77 (79 ff.).

[40] BGBl. 2016 I S. 1254; zu dessen Auswirkungen zB *Kamann* CB 2017, 136 ff.

[41] Siehe *Sonntag/Valuet/Clausen* MPR 2014, 77 (82).

[42] Die „Verhaltensempfehlungen für die Zusammenarbeit der pharmazeutischen Industrie mit Ärzten" sind abrufbar unter https://www.fsa-pharma.de/site/assets/files/62493/2012_07_18_verhaltens empfehlungen_bah_bpi-vfa.pdf (zul. abgerufen am 27.1.2021).; gerichtlich ausdrücklich in Bezug genommen durch LG München I PharmR 2008, 330 ff.

dergelassenen Bereich.[43] Das ausdrückliche Ziel der „Verhaltensempfehlungen" ist es, ein den Grundsätzen des „Gemeinsamen Standpunkts" entsprechendes Verhalten auch im niedergelassenen Bereich zu fördern, um einen lauteren Wettbewerb bei der Zusammenarbeit mit Ärzten sicherzustellen. Der Anwendungsbereich erstreckt sich hierbei auf die Zusammenarbeit der Mitgliedsunternehmen der genannten Verbände mit in Deutschland tätigen Ärzten im Bereich von Forschung, Entwicklung, Herstellung und Vertrieb von Arzneimitteln.

Wie der „Gemeinsame Standpunkt" formulieren auch die „Verhaltensempfehlungen" **27** zunächst eine Reihe von Grundsätzen, die insbesondere auch die grundlegenden Bestimmungen des **ärztlichen Berufsrechts** aufnehmen, um hierdurch entsprechende Verhaltensstandards auf Seiten der Industrie festzulegen. Ferner konkretisieren die „Verhaltensempfehlungen" diese Grundsätze für eine Reihe in der Praxis besonders relevanter Formen der Kooperation zwischen der pharmazeutischen Industrie einerseits und Ärzten (vor allem niedergelassenen Ärzten) andererseits, wie etwa Anwendungsbeobachtungen[44], die Einladung zu berufsbezogenen wissenschaftlichen Fortbildungsveranstaltungen[45], Geschenke, Bewirtungen und bestimmte Werbemaßnahmen. Daneben enthalten die „Verhaltensempfehlungen" Regelungen zur Arzneimittelsicherheit sowie eine Empfehlung zur Schulung der Mitarbeiter der Unternehmen über den Inhalt der „Verhaltensempfehlungen" und über die wesentlichen Grundsätze des ärztlichen Berufsrechts. Auch diese Verhaltensempfehlungen wurden bisher nicht aktualisiert. (vgl. Kritik am „Gemeinsamen Standpunkt" → Rn. 20).

E. FSA-Kodex Fachkreise

I. Ursprungsfassung

Der FSA-Kodex Fachkreise[46], der von den Mitgliedsunternehmen[47] dieses Vereins am **28** 16.2.2004 verabschiedet wurde, entsprach ursprünglich inhaltlich vollumfänglich den „Verhaltensempfehlungen für die Zusammenarbeit der pharmazeutischen Industrie mit Ärzten" (→ Rn. 25). In seiner Konzeption geht der FSA-Kodex Fachkreise aber einen Schritt weiter, indem er es nicht allein bei der Festlegung von **Empfehlungen** belässt, sondern die dort geregelten Verhaltensstandards für die Mitglieder des Vereins als **verbindlichen Kodex** festschreibt[48] (ausführliche Erläuterungen des FSA-Kodex Fachkreise in Kap. 14).[49] Darüber hinaus sollen die Bestimmungen des FSA-Kodex Fachkreise durch den FSA im Wege der Selbstregulierung der Industrie auch konsequent überwacht und Verstöße gegen diesen Kodex sanktioniert werden. Der FSA ist daher im Rahmen einer zusätzlichen Verfahrensordnung (FSA-Verfahrensordnung) (ausführliche Erläuterungen der Verfahrensordnung in Kap. 17) auch mit entsprechenden **Überwachungs- und Sanktionsbefugnissen** ausgestattet, mit denen die Einhaltung des FSA-Kodex Fachkreise sichergestellt werden soll.[50] Die

---

[43] Vgl. *Taschke* GesR 2018, 7 (10).

[44] Näher hierzu *Broch* PharmR 2016, 314 ff.

[45] Ausführlich hierzu mit einem Vergleich der Kodizes *Deffland/Hochmuth* ZRFC 2017, 151 ff.

[46] Abrufbar unter https://www.fsa-pharma.de/site/assets/files/62528/2021_fsa_kodex_fachkreise_ansichtsdatei_04_01_2020.pdf (zul. abgerufen am 27.1.2021); die genaue Anschrift der Geschäftsstelle des FS Arzneimittelindustrie eV lautet: Verein Freiwillige Selbstkontrolle für die Arzneimittelindustrie eV, Grolmanstr. 44–45, 10623 Berlin; Einzelheiten zu dem Verein und dessen Gründung sind zu finden unter www.fsa-pharma.de (zul. abgerufen am 27.1.2021).

[47] Liste der Mitgliedsunternehmen siehe https://www.fsa-pharma.de/de/der-fsa/mitgliedschaft/unsere-mitglieder/ (zul. abgerufen am 27.1.2021).

[48] Siehe hierzu *Rieser* DÄBl. 2004, A-542; *Goslich* KMA 05/2004, 9.

[49] Vgl. dazu auch zusammenfassend *Balzer/Dieners* NJW 2004, 908 f.

[50] Siehe dazu auch *Klümper* PharmR 2006, 304 ff.; s. auch *Klümper/Eggert* PharmR 2010, 13 ff.

Überwachung des Kodex wird hierbei von einer „Schiedsstelle" übernommen, die ua „Geldstrafen" von bis zu 400 000 Euro sowie bei besonders gravierenden Fällen eine „öffentliche Rüge" aussprechen kann.[51] Darüber hinaus erfolgt auch eine namentliche Nennung der Unternehmen im Fall der Abgabe einer strafbewehrten Unterlassungserklärung oder eines verfahrensrechtlich festgestellten Kodexverstoßes (Siehe dazu die Ausführungen in → Kap. 13 Rn. 80). Das von dem FSA umgesetzte Konzept einer eigenverantwortlichen sanktionsbewehrten Selbstkontrolle der pharmazeutischen Industrie ist von verschiedenen Bundesministerien, etwa dem BMG, bereits vor seiner Umsetzung nachdrücklich als Ausdruck der in diesem Bereich von der Industrie zu erwartenden Eigenverantwortung begrüßt worden. Vor diesem Hintergrund hatte die Bundesregierung im Rahmen der Gesundheitsreform des Jahres 2003 auch ihre ursprüngliche Absicht nicht weiter verfolgt, einen „Bundesbeauftragten zur Bekämpfung von Missbrauch und Korruption im Gesundheitswesen" zu etablieren.[52] Dahinter stand die Erwartung, dass Missbräuchen und Korruption im Gesundheitswesen effektiver und bürokratieärmer durch eigenverantwortliche Instrumentarien der beteiligten Kreise entgegen gewirkt werden könne als durch staatliche Überwachungsmaßnahmen.

II. Neufassungen und Umsetzungen des EFPIA-Kodex

1. Neufassung des FSA-Kodex Fachkreise vom 2.12.2005

29 Durch die erste **Neufassung vom 2.12.2005** hat der FSA-Kodex Fachkreise eine Erweiterung der angesprochenen Personenkreise sowie auch eine Erweiterung der geregelten Themenkomplexe erfahren. Formelle Grundlage war der Beschluss der Mitgliederversammlung des FSA vom 2.12.2005. Mit der Bekanntmachung durch das Bundeskartellamt vom 16.3.2006 stellte er eine, in seiner überarbeiteten Fassung von staatlicher Seite anerkannte Wettbewerbsregel dar. Diese Fassung des FSA-Kodex Fachkreise[53] setzte in vollem Umfang die damals geltenden Anforderungen des EFPIA-Kodex Fachkreise vom 19.11.2004 um.[54]

30 Sein Anwendungsbereich erfasst seitdem über die Zusammenarbeit der Industrie mit Ärzten hinaus auch Kooperationsbeziehungen der pharmazeutischen Industrie mit **anderen Angehörigen der Fachkreise.** Als neuer Themenkomplex wurde Abschnitt 3 aufgenommen, der sich mit der Werbung für Arzneimittel befasst. Er entspricht den detaillierten Regelungen des EFPIA-Kodex Fachkreise für ein ethisches Pharmamarketing und spiegelt gleichzeitig die wesentlichen gesetzlichen Regelungen zum Heilmittelwerbe- und Wettbewerbsrecht auf deutscher und europäischer Ebene wider.

31 Die Regelungen des Abschnitts 3 zur Werbung für Arzneimittel gelten mit einer gewichtigen Einschränkung: nur bei **produktbezogener Werbung** für verschreibungspflichtige Humanarzneimittel gegenüber Angehörigen der Fachkreise ist der Kodex anwendbar. Die bloße Imagewerbung eines Mitgliedsunternehmens ohne konkreten Produktbezug ist also nicht erfasst. Damit greifen die Regelungen nicht bei der produktbezogenen Werbung für OTC-Präparate, Tierarzneimittel oder Medizinprodukte. **Geprüft, stimmen alle noch.**

- Das **Irreführungsverbot** des § 7 FSA-Kodex Fachkreise orientiert sich an § 3 HWG und regelt ua die Verwendung von Begriffen wie „sicher" oder „neu".

---

[51] *Klümper in* Gehl S. 64 spricht daher bildlich vom „Kodex mit Zähnen".

[52] Siehe hierzu den Gesetzesentwurf der Fraktionen SPD und Bündnis 90/Die Grünen, Entwurf eines Gesetzes zur Modernisierung des Gesundheitssystems (Gesundheitssystemmodernisierungsgesetz – GMG), BT-Drs. 15/1170, 36.

[53] Die in diesem Abschnitt beschriebenen Regelungen des FSA-Kodex Fachkreise beziehen sich auf seine Fassung vom 2.12.2005 und sind mittlerweile teilweise – wie weiter unten und in Kap. 14 Rn. 2 ff. ausführlich dargestellt- weiter überarbeitet und novelliert worden.

[54] Hierzu *Dieners* A&R 2006, 110 ff.

- Die Regelung des § 8 FSA-Kodex Fachkreise enthält ein umfassendes **Verbot von Schleichwerbung,** ergänzt durch ein Transparenzgebot bei gesponserten Veröffentlichungen.
- In Übereinstimmung mit § 3a HWG findet sich in § 9 FSA-Kodex Fachkreise ein **Verbot der Werbung für nicht zugelassene Arzneimittel und nicht zugelassene Indikationen.**
- Zusätzlich zu den von § 4 HWG vorgeschriebenen Pflichtangaben in der Heilmittelwerbung schreibt § 10 FSA-Kodex Fachkreise auch die Benennung des **Standes der Angaben** vor, wie es Art. 2.01 des EFPIA-Kodex fordert.
- Bei Werbung, die auf wissenschaftliche, fachliche oder sonstige Veröffentlichungen Bezug nimmt, fordert § 11 FSA-Kodex Fachkreise die **korrekte Quellenangabe** und grundsätzlich eine **wortgetreue Wiedergabe.** Die Regelung entspricht damit dem § 6 Nr. 2 und 3 HWG.
- Eine **vergleichende Werbung** ist nach § 12 FSA-Kodex Fachkreise nur dann zulässig, wenn sie sich auf objektive, relevante, nachprüfbare und typische Eigenschaften der verglichenen Arzneimittel bezieht. Sie geht damit mit den §§ 5 Abs. 3 und 6 Abs. 2 Nr. 2 und 5 des UWG (Irreführungsverbot, Sachlichkeitsgebot, Herabsetzungsverbot) konform.
- § 13 FSA-Kodex Fachkreise verbietet jede **„unzumutbare belästigende Werbung"** und regelt detailliert verschiedene Kommunikationswege wie Fax oder Email.
- Schließlich enthalten die §§ 14–16 FSA-Kodex Fachkreise weitere Vorschriften zu sog. **„Rote Hand"-Briefen,** der **Abgabe von Mustern** und dem **Verbot der Fernbehandlung.**

Im Bereich der **Zusammenarbeit mit Angehörigen der Fachkreise,** der in der Ursprungfassung des FSA-Kodex Fachkreise den ausschließlichen Regelungsbereich darstellte, waren bei der Fassung vom 2.12.2005 kaum Änderungen erforderlich, da die vorhandenen Regelungen bereits weitgehend den Vorgaben des EFPIA-Kodex Fachkreise entsprachen. Mit der Erweiterung des angesprochenen Personenkreises von Ärzten auf **alle Angehörigen der Fachkreise** wurden nun beispielsweise auch Apotheker erfasst. Die Organisation, Durchführung und Unterstützung von **internationalen Veranstaltungen** erfuhr mit der Neufassung eine detailliertere Regelung, wobei zwischen zwei Kategorien von Veranstaltungen im Ausland unterschieden wurde. Zum einen sollten internationale Veranstaltungen zulässig sein, bei denen die **Mehrzahl der Teilnehmer aus einem anderen Land** als das organisierende/unterstützende Mitgliedsunternehmen kam. Zum anderen waren nach der Fassung vom 2.12.2005 internationale Veranstaltungen dann zulässig, wenn nur am Veranstaltungsort im Ausland die **notwendigen Ressourcen oder Fachkenntnisse vorhanden** waren. In beiden Fällen mussten zusätzlich logistische Gründe für eine Veranstaltung im Ausland sprechen. Bei internationalen Veranstaltungen galt neben der nationalen Umsetzung des EFPIA-Kodex Fachkreise des veranstaltenden Unternehmens auch dessen Umsetzung am Veranstaltungsort. Insofern legte der FSA-Kodex Fachkreise in dieser Fassung fest, dass die jeweils strengere Umsetzung Geltung finden sollte. Durch die Absprache mit dem lokalen Konzernunternehmen des Veranstaltungsortes und/oder die Einholung eines Rechtsrats für derartige „Konfliktfälle" konnte die Einhaltung der geltenden Standards sichergestellt werden. 32

Ferner sah der FSA-Kodex Fachkreise in der Fassung vom 2.12.2005 eine Änderung im Vergleich zur Urfassung für **Geschenke** vor, die im Rahmen der **Imagewerbung** gewährt werden. Danach mussten solche Geschenke zukünftig, wie Geschenke im Rahmen der produktbezogenen Werbung, ebenfalls zur Verwendung in der beruflichen Praxis bestimmt sein (vgl. § 7 Abs. 1 S. 2 HWG). 33

Schließlich regelte die Fassung des Kodex vom 2.12.2005 im 5. Abschnitt eine Reihe von Anforderungen an die **Qualifikation und Pflichten der Mitarbeiter** der Mitgliedsunternehmen (Pharmaberater und Informationsbeauftragte), die im Wesentlichen den Vorgaben der §§ 74a ff. AMG entsprachen. Neben der Verpflichtung und Schulung von Mitar- 34 beitern und beauftragten Dritten wurde die Etablierung und Ausgestaltung der Funktion eines **„Compliance Officers“** verlangt, wobei diese Funktion auf mehrere Mitarbeiter delegiert werden konnte.

35 Ergänzend hatte auch die FSA-Verfahrensordnung eine Überarbeitung erfahren, um den verfahrensmäßigen Anforderungen des EFPIA-Kodex Fachkreise gerecht zu werden:

- Das Beanstandungsrecht stand weiterhin „jedermann“ zu. Ausnahmen: Wettbewerbsunternehmen stand kein Recht zur Beanstandung von **Verstößen gegen Werberegelungen** zu. Sie konnten nur Verstöße gegen Regelungen zur Zusammenarbeit mit den **Angehörigen der Fachkreise** rügen. Wenn gegenüber dem Beanstandenden bereits eine Unterlassungserklärung abgegeben wurde oder dieser ein gerichtliches Verfahren anhängig gemacht hatte, entfiel sein Beanstandungsrecht ebenfalls.
- Um dem Beanstandenden die Wahrnehmung seiner **Rechtsmittel** zu ermöglichen, räumte ihm die FSA-Verfahrensordnung ein **Informationsrecht** hinsichtlich der wesentlichen Entscheidungsgründe der ihn betreffenden Entscheidung der FSA-Spruchkörper ein. Außerdem konnte eine sog. **„Untätigkeitsklage“** erhoben werden, wenn der Spruchkörper 1. Instanz mehr als sechs Monate untätig blieb.
- Die FSA-Verfahrensordnung erkannte nun auch **anonyme Beanstandungen** als grundsätzlich zulässig an.
- Mit dem Ziel einer möglichst **weitgehenden Transparenz** veröffentlicht der FSA seither Tätigkeitsberichte und seine Entscheidungen mit Tenor und wesentlichen Gründen im Internet.[55] Die Namen der betroffenen Unternehmen wurden nur als Sanktion bei wiederholten oder schweren Verstößen oder im Rahmen der öffentlichen Rüge veröffentlicht.

2. Neufassung des FSA-Kodex Fachkreise vom 18.1.2008

36 Am 5.10.2007 beschloss die **EFPIA** zahlreiche Änderungen und Ergänzungen ihres HCP-Kodex. Neben Präzisierungen beim **Anwendungsbereich** wurde der EFPIA-Kodex Fachkreise inhaltlich im Wesentlichen durch die Aufnahme von Regelungen zu Beraterverträgen und zu **nichtinterventionellen Studien (NIS)** ergänzt. Diese Vorgaben setzte die zweite Neufassung des FSA-Kodex Fachkreise vollumfänglich um, ging aber, um eine möglichst umfassende Transparenz der Beziehungen zwischen der pharmazeutischen Industrie und den Angehörigen der Fachkreise zu gewähren, deutlich über die strengen Vorgaben des EFPIA-Kodex Fachkreise hinaus.[56] Formelle Grundlage für die Neufassung des FSA-Kodex Fachkreise war der Beschluss der Mitgliederversammlung des FSA vom 18.1. 2008. Mit der Bekanntmachung durch das Bundeskartellamt vom 4.8.2008 wurde er als Wettbewerbsregel von staatlicher Seite anerkannt.

37 Im Folgenden soll auf die **wesentlichen Änderungen** der Fassung vom 18.1.2008 kurz eingegangen werden.[57]

38 Zunächst ist eine Änderung in der Regelungstechnik des FSA-Kodex Fachkreise[58] hervorzuheben. Durch die Überarbeitung des § 6 Abs. 2 kann der Vorstand nun auch über die (mit der Neufassung ohnehin ausgeweiteten) ausdrücklichen Bestimmungen hinaus **Leitlinien zur Auslegung des Kodex** erlassen. Diese Leitlinien stellen ein Hilfsmittel dar, um unbestimmte Rechtsbegriffe im Kodex, deren Auslegung unklar ist, verbindlich zu definieren. Damit kann der Vorstand zügig auf aktuelle Problemstellungen reagieren und umge-

[55] Abrufbar unter https://www.fsa-pharma.de/ (zul. abgerufen am 27.1.2021).

[56] Die in diesem Abschnitt beschriebenen Regelungen des FSA-Kodex Fachkreise beziehen sich auf seine Fassung vom 18.1.2008 und sind mittlerweile teilweise – wie weiter unten und in Kap. 14 ausführlich dargestellt – weiter überarbeitet und novelliert worden.

[57] Siehe auch *Dieners* CCZ 2008, 214 ff.; sowie *Diener* PharmR 2008, 478.

[58] Die in diesem Abschnitt beschriebenen Regelungen des FSA-Kodex Fachkreise beziehen sich auf seine Fassung vom 18.1.2008 und sind mittlerweile teilweise – wie weiter unten und in Kap. 11 ausführlich dargestellt – weiter überarbeitet und novelliert worden.

hend für Rechtssicherheit sorgen, ohne dass seitens der Unternehmen eine Konkretisierung im Wege von Entscheidungen der Spruchkörper (die natürlich mit einem gewissen Prozessrisiko behaftet sind) erreicht werden muss.[59]

Eine weitere Änderung mit nicht unerheblicher Bedeutung fand sich im neuen § 3 Abs. 2 des FSA-Kodex Fachkreise. In Ergänzung zu § 3 Abs. 1 FSA-Kodex Fachkreise, welcher den **Anwendungsbereich** der Regelungen bestimmt, sah der neu gefasste § 3 Abs. 2 FSA-Kodex Fachkreise vor, dass die FSA-Mitglieder zukünftig in angemessener Weise darauf hinzuwirken haben, dass **auch andere Vertragspartner** (zB Joint-Ventures oder Lizenznehmer), mit denen sie zusammenarbeiten und welche bis dato nicht dem FSA-Kodex Fachkreise unterlagen, zumindest die Standards einhalten, die der EFPIA-Kodex Fachkreise vorgibt. Durch die Anlehnung an die Regelungen des EFPIA-Kodex Fachkreise soll die Flexibilität in der Zusammenarbeit mit Vertragspartnern im europäischen Ausland erhalten bleiben. Andererseits dürfte sich durch diese Regelung eine faktische Erweiterung des Anwendungsbereichs des EFPIA-Kodex Fachkreise ergeben, denn durch dessen große Durchsetzung in der europäischen Pharmabranche ergibt sich zB für Unternehmen, die häufig mit Mitgliedern des FSA bzw. der EFPIA zusammenarbeiten (zB CMOs) zwangsläufig die Notwendigkeit, das eigene Handeln am Kodex auszurichten. 39

Im Bereich der Regelungen zur **Werbung** über Arzneimittel wurde § 15 FSA-Kodex Fachkreise, der vormals schon auf den einschlägigen Vorschriften des AMG (§ 47 Abs. 3 und 4 AMG) beruhte, dahingehend geändert, dass statt der Wiederholung des Gesetzeswortlautes des AMG in § 15 Abs. 1 FSA-Kodex Fachkreise, im Sinne der Vereinfachung ein Verweis auf die relevanten Vorschriften des AMG aufgenommen wurde. 40

Durch die Neufassung wurden zudem auch die Voraussetzungen für die **vertragliche Zusammenarbeit zwischen Unternehmen und Angehörigen** der Fachkreise detaillierter geregelt, indem in § 18 FSA-Kodex Fachkreise die neuen Vorgaben des EFPIA-Kodex Fachkreise umgesetzt wurden. So muss beispielsweise der Bedarf an der vertraglichen Gegenleistung „eindeutig feststellbar" sein. Zudem muss die Auswahl des Vertragspartners dem Bedarf entsprechen und die Anzahl der Vertragspartner notwendig sein. Neu eingeführt wurde eine Verwendungs- und Dokumentationspflicht der vertraglichen Leistungen sowie die Pflicht zur Aufbewahrung der Dokumente für mindestens 1 Jahr nach Vertragsende. **Ausnahmen** vom Anwendungsbereich des § 18 FSA-Kodex Fachkreise wurden ebenfalls normiert. So gelten die strengen Anforderungen an die Ausgestaltung der Vertragsbeziehungen in den Fällen der vertraglichen Leistungen nicht, bei denen es sich um vereinzelte Leistungen im Zusammenhang mit Marktforschungsaktivitäten handelt und die Vergütung „geringfügig" ist. „Geringfügigkeit" wurde dabei im Kodex selbst nicht definiert, sondern durch eine Auslegungsleitlinie konkretisiert. Der neu gefasste § 18 Abs. 4 FSA-Kodex Fachkreise überträgt die Regelungen zu Fortbildungsveranstaltungen nach § 20 des FSA-Kodex Fachkreise entsprechend auf Vertragspartner, sofern sie im Rahmen ihrer vertraglichen Tätigkeit für das jeweilige Unternehmen an Fortbildungsveranstaltungen teilnehmen. 41

Die beispielhaft aufgezeigten Änderungen haben für die dem Kodex unterworfenen Pharmaunternehmen in der Praxis weitreichende **Konsequenzen.** So setzt die lückenlose Einhaltung der Bestimmungen in der Regel die Implementierung eines Vertragsmanagements mit einheitlichen Vertrags- und Formularmustern voraus. Daneben erfordern die Neuerungen zur vertraglichen Zusammenarbeit vor allem aber die Anpassung bestehender Prozesse als Bestandteil des innerbetrieblichen Compliance-Managements.[60] 42

Ferner wurde der Komplex **„Nichtinterventionelle Studien"** in § 19 FSA-Kodex Fachkreise – vormals „Anwendungsbeobachtungen" – völlig neu strukturiert und stärker reguliert. Diese Änderungen beruhen auf den Vorgaben des damaligen EFPIA-Kodex Fachkreise, den Empfehlungen des VFA und verschiedener Behörden (BfArM, PEI, etc). Zu- 43

[59] Siehe dazu *Geiger* A&R 2008, 195 ff. (254 ff.).

[60] Ausführlich hierzu *Dieners* FS Doepner, S. 181 ff.

nächst hat sich der Bezugspunkt von § 19 FSA-Kodex Fachkreise geändert, da dieser nun von nichtinterventionellen Studien (NIS) und nicht mehr von Anwendungsbeobachtungen spricht. Mit dieser Änderung folgte der FSA der Vorgabe der EFPIA sowie der **Begrifflichkeit des AMG,** das in § 4 Abs. 23 S. 3 AMG „nichtinterventionelle Prüfungen" definiert. Inhaltlich erfuhren die Anforderungen an NIS eine erhebliche **Verschärfung.** Die Regelungen gehen dabei über die Anforderungen des damaligen EFPIA-Kodex Fachkreise hinaus und setzen die Empfehlungen des VFA zu NIS vom 21.1.2007 um.[61] Die Änderungen sind insofern auch als Reaktion auf die in der Öffentlichkeit kritisch geführte Diskussion zu Anwendungsbeobachtungen zu verstehen und spiegeln das Bestreben wider, durch die Einführung klarer Standards die Qualität der NIS sowie ihre Transparenz zu verbessern.

44 Inhaltlich sind folgende, wesentliche Änderungen anzusprechen: Die zentrale Verantwortung für die Planung, Implementierung, Durchführung und Auswertung der jeweiligen Studie innerhalb des Unternehmens wird dem **Leiter der medizinischen Abteilung** auferlegt. Die Unternehmen müssen ihre Standard Operating Procedures (SOP) konkretisieren, Informationen über beabsichtigte NIS spätestens 21 Tage nach Beginn der Patientenrekrutierung in ein öffentlich zugängliches Register einstellen sowie die Zusammenfassung der ausgewerteten Studienergebnisse zwölf Monate nach Abschluss der NIS den Teilnehmern und der Öffentlichkeit zur Verfügung stellen. Dies kann, wie auch bei klinischen Prüfungen, beispielsweise per Internet erfolgen. Pharmaberater dürfen allein zu administrativen Zwecken bei der Durchführung von NIS eingesetzt werden, nicht aber zu Werbezwecken.

45 Auch § 20 FSA-Kodex Fachkreise, der seit der Etablierung des Kodex zu dessen Kernbereichen gehört, erfuhr kleinere Änderungen wie beispielsweise die Ergänzung des § 20 Abs. 8 FSA-Kodex Fachkreise hinsichtlich **internationaler Veranstaltungen von sogenannten Dreiländergesellschaften.**

46 Neu eingeführt wurden zudem die §§ 25 und 26 FSA-Kodex Fachkreise, von denen sich § 25 ausführlich mit **Spenden und anderen Zuwendungen an Institutionen** befasst und damit auch diesen Bereich verbindlichen Reglungen unterzieht. § 26 FSA-Kodex Fachkreise widmet sich den **gegenseitigen Leistungsbeziehungen zwischen Unternehmen und Institutionen.** Nach § 25 FSA-Kodex Fachkreise dürfen Spenden nur erfolgen, wenn sie Zwecken des Gesundheitswesens oder vergleichbaren Zwecken dienen, ferner sind sie ua zu dokumentieren. In § 26 FSA-Kodex Fachkreise wird die Zulässigkeit vertraglicher Zusammenarbeit zwischen Unternehmen und Institutionen an die Einhaltung bestimmter Voraussetzungen geknüpft. So sind Verträge in diesem Bereich nur zulässig, wenn sie den Zwecken des Gesundheitswesens oder vergleichbaren Zwecken dienen und keine Beeinflussung von Therapie-, Verordnungs- und Beschaffungsentscheidungen stattfindet. In diesem Bereich ist insbesondere die im Vergleich zu den Art. 11 und 12 EFPIA-Kodex Fachkreise **abweichende Regelungstechnik** zu beachten. Obwohl aber § 25 und § 26 unterschiedliche Anwendungsbereiche betreffen und damit kein Auffangtatbestand besteht, ist hier keine Regelungslücke zu sehen (vgl. → Kap. 14 Rn. 755 ff.).

47 Der **Qualifikationen- und Pflichtenkatalog der Mitarbeiter** in § 27 FSA-Kodex Fachkreise wurde durch die (Neu-)Regelungen in Abs. 4, Abs. 5 und dem Abs. 6 ebenfalls modifiziert.

3. Neufassung des FSA-Kodex Fachkreise vom 27.11.2009

48 Am 27.11.2009 erfolgte eine weitere, **kleinere Kodexrevision,** die durch Beschluss des Bundeskartellamtes vom 10.2.2010 in ihrer geänderten Form als Wettbewerbsregel anerkannt wurde. Im Wesentlichen wurden durch diese Novelle die Vorschriften zur NIS erwei-

[61] Abrufbar unter https://www.vfa.de/de/arzneimittel-forschung/datenbanken-zu-arzneimitteln/nisdb/nis-empfehlungen (zul. abgerufen am 27.1.2021).

tert und die Regelungen zu Unterhaltungsprogrammen bei externen Fortbildungsveranstaltungen verschärft.[62] Konkrete Änderungen erfuhren demnach zum einen § 19 Abs. 2 S. 2 Nr. 6 FSA-Kodex Fachkreise, indem die Verpflichtung der Unternehmen im Rahmen von Anwendungsbeobachtungen dadurch erweitert wurde, dass neben Ort, Zeit und Ziel der Studie nunmehr auch der **Beobachtungsplan der Studie** anzugeben ist. Darüber hinaus müssen gegenüber der Kassenärztlichen Bundesvereinigung und dem Spitzenverband Bund der Krankenkassen auch die beteiligten Ärzte benannt werden. Diese Änderung erfolgte als Anpassung an den Wortlaut des § 67 Abs. 6 S. 2 AMG.

Zum anderen wurde § 20 Abs. 4 S. 3 dahingehend verschärft, dass es den Mitgliedsunter- **49**
nehmen auch **verboten** ist, bei externen Fortbildungsveranstaltungen ein **Unterhaltungsprogramm** durch Teilnahmegebühren **zu unterstützen.**

4. Neufassung des FSA-Kodex Fachkreise vom 1.12.2011

Mit der darauffolgenden Novellierung des FSA-Kodex Fachkreise vom 1.12.2011, wel- **50**
che am 23.8.2012 vom Bundeskartellamt als Wettbewerbsregel anerkannt wurde, erfolgten Neuerungen zur **Abgabe von Arzneimittelmustern,** Verschärfungen der **Werbeverbote** sowie Erweiterungen im Rahmen der **Offenlegungspflicht** bei **externen Fortbildungsveranstaltungen.**[63]

Im Hinblick auf die **Abgabe von Arzneimittelmustern** wurden die § 15 Abs. 2 und 4 **51**
FSA-Kodex Fachkreise neu eingefügt. Sie berücksichtigen die Vorgaben der EFPIA, deren Generalversammlung am 14.6.2011 eine Änderung des Art. 16 EFPIA-Kodex Fachkreise beschlossen hatte. Diese wiederum stellt die Anpassung an die europäische Richtlinie 2001/83/EG dar. Art. 16 EFPIA-Kodex Fachkreise statuiert ein grundsätzliches Abgabeverbot für Muster, es sei denn, es liegt ein normierter Ausnahmetatbestand vor. Einen solchen Tatbestand bildet der sog. **„4 + 2 Standard“,** wonach die Begrenzung der Abgabe von Mustern auf maximal vier Muster pro Arzt und Jahr für längstens einen Zeitraum von zwei Jahren ab erstmaliger Anforderung der Muster durch den Arzt geregelt ist. Diese Ausnahme hat in § 15 Abs. 2 FSA-Kodex Fachkreise Eingang gefunden. Sie stellt zum einen sicher, dass eine strikte Regulierung der Musterabgabe gewährleistet wird, die jedoch zugleich dem Umstand Rechnung trägt, dass die Ärzteschaft ein Interesse an dem Erhalt von Mustern neuer bzw. relevant geänderter Arzneimittel zwecks Kennenlernen und Erprobung hat. Auf der anderen Seite gewährleistet diese Regelung durch ihre Zweijahresfrist auch kleinen- und mittelständischen Pharmaunternehmen die Chance trotz ihrer begrenzten personellen Ressourcen (insbes. Außendienstmitarbeiter) innerhalb von zwei Jahren möglichst viele Ärzte zu erreichen. In § 15 Abs. 2 S. 2 FSA-Kodex Fachkreise wurden darüber hinaus weitere Ausnahmefälle eingeführt, bei denen bestimmte, therapierelevante Änderungen oder Erweiterungen der Zulassung des jeweiligen Arzneimittels die Abgabefrist neu in Gang setzen. Die Frist beginnt demnach in folgenden drei Fällen von neuem zu laufen: Sofern für das Arzneimittel eine neue Zulassung nach § 29 Abs. 3 AMG vorliegt (1), eine größere Änderung des Typs II gemäß Anhang II Nr. 2 Buchstabe a gegeben ist (2) oder eine Zulassungserweiterung gemäß Anhang I Nr. 2 der Verordnung (EG) Nr. 1234/2008 vorliegt (3). Die in S. 2 beschriebenen Fälle der Fristerneuerung stellen eine praxisgerechte Auslegung des Art. 16 EFPIA-Kodex Fachkreise dar, da es sich bei allen drei Fällen um Veränderungen mit Neuheitscharakter handelt, bei denen es sachgerecht ist, die Bemusterungsfrist

[62] Die in diesem Abschnitt beschriebenen Regelungen des FSA-Kodex Fachkreise beziehen sich auf seine Fassung vom 27.11.2009 und sind mittlerweile teilweise – wie weiter unten und in Kap. 14 ausführlich dargestellt – weiter überarbeitet und novelliert worden.

[63] Die in diesem Abschnitt beschriebenen Regelungen des FSA-Kodex Fachkreise beziehen sich auf seine Fassung vom 1.12.2011 und sind mittlerweile teilweise – wie weiter unten und in Kap. 14 ausführlich dargestellt – weiter überarbeitet und novelliert worden; siehe zur Verbandssanktion als Instrument der Selbstkontrolle in der Pharmaindustrie unter besonderer Berücksichtigung der FSA-Reform vom 1.12.2011, *Tschammler* PharmR 2012, 322.

neu auszulösen. Es handelt sich um therapierelevante Änderungen des jeweiligen Präparates, die eine erneute Musterabgabe rechtfertigen, um dadurch dem Arzt die Gelegenheit zu geben sich mit diesen Änderungen vertraut zu machen. In § 15 Abs. 4 FSA-Kodex Fachkreise wurde zudem eine Übergangsregelung für sog. „Altprodukte" aufgenommen. Demnach können Ärzte ab dem Stichtag des 31.12.2011 für Altprodukte innerhalb des vorgegebenen quantitativen und zeitlichen Rahmens weiterhin Muster anfordern.

52 Die Kodexnovelle vom 1.12.2011 hat darüber hinaus zu einer erheblichen Verschärfung der Vorschriften über die **unzumutbar belästigende Werbung** geführt. Im Zuge dessen erfolgte durch die Änderung des § 13 Abs. 2 sowie die Neueinfügung der Abs. 3 und 5 eine Anpassung an den – aufgrund der Novellierung entsprechender europäischer Vorschriften – geänderten § 7 UWG. So ist Werbung unter Verwendung von Faxgeräten, automatischen Anrufmaschinen oder elektronischer Post nunmehr nur noch nach vorheriger ausdrücklicher Einwilligung des Adressaten zulässig. In Folge dessen vermag die noch nach der alten Regelung zulässige mutmaßliche Einwilligung keinen ausreichenden Rechtfertigungsgrund mehr zu geben. Ferner wurde § 13 Abs. 2 S. 2 an den novellierten § 7 Abs. 3 UWG angepasst, indem dessen Ausnahmefälle in den Kodex übertragen wurden. Die Änderung stellt im Rahmen der Verwendung elektronischer Post nicht mehr auf eine mutmaßliche Einwilligung des Empfängers ab, sondern lässt bereits die **Unzumutbarkeit der Belästigung** entfallen, sofern folgende vier Voraussetzungen vorliegen: Das Unternehmen muss die elektronische Postadresse von dem Angehörigen der Fachkreise als Kunden im Zusammenhang mit dem Verkauf einer Ware oder Dienstleistung erhalten haben (1), es muss die Adresse zur Direktwerbung für eigene ähnliche Waren oder Dienstleistungen verwenden (2), der Angehörige der Fachkreise darf der Verwendung nicht widersprochen haben (3) und er muss bei der Erhebung der Adresse und bei jeder Verwendung klar und deutlich darauf hingewiesen werden, dass er der Verwendung jederzeit widersprechen kann und zwar ohne, dass hierfür andere als die Übermittlungskosten nach den Basistarifen entstehen (4).

53 Erstmalig aufgenommen wurde auch eine Regelung zur **Telefonwerbung** in § 13 Abs. 3 FSA-Kodex Fachkreise. Sie basiert auf dem geänderten § 7 Abs. 2 Nr. 2 UWG und knüpft die Zulässigkeit der Werbung mittels Telefonanruf an das Vorliegen einer zumindest mutmaßlichen Einwilligung des Empfängers an. Im Gegensatz zu Abs. 2 bedarf es folglich im Rahmen der Telefonwerbung keiner vorherigen ausdrücklichen Einwilligung des potentiellen Empfängers.

54 Ebenso fand erstmalig die Aufnahme **anonymer Werbung** Eingang in den Kodex. § 13 Abs. 5 verbietet nunmehr die Werbung mit einer Nachricht, bei der die Identität des Absenders, in dessen Namen die Nachricht übermittelt wird, verschleiert oder verheimlicht wird oder bei der keine gültige Adresse vorhanden ist, an die der Empfänger eine Aufforderung zur Einstellung solcher Nachrichten richten kann. Die Aufnahme des Verbotes der anonymen Werbung basiert auf § 7 Abs. 2 Nr. 4 UWG. Der dahinterstehende Schutzzweck ist, den Empfänger der Werbung vor ungewollter Werbung zu bewahren und ihm insbesondere die Möglichkeit des Widerrufs einer getätigten Einwilligung sowie die Geltendmachung etwaiger Ansprüche gegenüber dem Absender zu ermöglichen.[64] Schließlich bestimmt Abs. 5 am Ende, dass dem Empfänger hinsichtlich der Aufforderung an den Absender, die Benachrichtigungen zu unterlassen, keine anderen Übermittlungskosten als die nach den Basistarifen zur Last fallen dürfen. Ihm darf folglich insbesondere keine Gebühr dafür auferlegt werden; auch ist es unzulässig, ihm lediglich eine Mehrwertdiensterufnummer zur Verfügung zu stellen.[65]

55 Darüber hinaus wurde durch das Einfügen des Wortes „insbesondere" in Abs. 1 S. 2 der Anwendungsbereich der unzumutbaren Belästigung erheblich erweitert, da der beschriebene Fall der **unerwünschten Werbung** nunmehr nur noch einer von vielen Fällen ist, die

[64] Siehe *Köhler* in Köhler/Bornkamm/Feddersen UWG § 7 Rn. 212.
[65] Siehe *Köhler* in Köhler/Bornkamm/Feddersen UWG § 7 Rn. 212.

eine unzumutbare Belästigung darstellen können. Es gilt daher mittels Auslegung, orientiert am objektiven Maßstab, in jedem Einzelfall zu bestimmen, ob eine Belästigung vorliegt, die die Schwelle der Zumutbarkeit überschreitet.

Schlussendlich wurde im Zuge der Novelle zwecks Klarstellung der Abs. 6 eingefügt, der **56** bei der Verwendung von Daten die Beachtung der einschlägigen **datenschutzrechtlichen Bestimmungen** verlangt.

Im Rahmen der Kodexrevision vom 1.12.2011 wurde des Weiteren die Offenlegungs- **57** pflicht beim Sponsoring externer Fortbildungsveranstaltungen gemäß § 20 FSA-Kodex Fachkreise zwecks Anpassung an das geänderte Berufsrecht der Ärzte erweitert. Dazu wurde § 20 Abs. 8 S. 1 Nr. 2 FSA-Kodex Fachkreise angesichts einer besseren Abbildung des Regelungsgehaltes des Art. 9.02 (b) EFPIA-Kodex Fachkreise geändert. Nunmehr enthält er als zusätzliches entscheidendes Kriterium für die Wahl des **Veranstaltungsortes im Ausland** das Erfordernis, dass die Ressourcen oder Fachkenntnisse für das Erreichen des Zwecks der Veranstaltung notwendig sein müssen.

In § 20 Abs. 9 erfolgte eine weitere Anpassung an den EFPIA-Kodex Fachkreise, wo- **58** durch nunmehr klargestellt wird, dass der **jeweils einzuholende Rat** nicht zwingend in dem Land des Veranstaltungsorts, sondern auch in Deutschland eingeholt werden kann, sofern der Rat dem Unternehmen auch in Deutschland zur Verfügung steht.

Zum Zwecke des Ausräumens von Missverständnissen wurde ferner in § 20 Abs. 1 die **59** Begrifflichkeit „Aus- und Weiterbildung" durch **„Fortbildungen"** ersetzt, da es sich bei der Erstgenannten um einen in der Ärzteschaft feststehenden Begriff handelt, wodurch es in der Vergangenheit zu Fehlvorstellungen und Missverständnissen gekommen war.

Schließlich wurde die **Offenlegungspflicht** in § 20 Abs. 5 dahingehend erweitert, dass **60** die Angabe der Unterstützung nunmehr auch die Bedingungen und den Umfang erfassen muss. Sie gründet in dem 2011 geänderten § 32 Abs. 3 S. 2 MBO-Ä. Allerdings ist zu beachten, dass diese Regelung gemäß § 29 FSA-Kodex Fachkreise zum 31.12.2014 außer Kraft getreten ist, da seit dem 1.1.2015 sämtliche Offenlegungspflichten im neuen FSA-Transparenzkodex gebündelt sind.

5. Neufassung des FSA-Kodex Fachkreise vom 20.11.2012

Die fünfte Novelle des FSA-Kodex Fachkreise diente kleineren Anpassungen.[66] Sie wur- **61** de am 20.11.2012 von der Mitgliederversammlung des FSA beschlossen und mit Beschluss des Bundeskartellamtes vom 13.6.2013 als Wettbewerbsregel anerkannt. Zum einen wurde mit dem § 18a FSA-Kodex Fachkreise eine neue Regelung zur **Stärkung der Transparenz bei klinischen Studien** geschaffen, wodurch der Kodex an den internationalen IFPMA-Kodex angepasst wurde. Die Transparenzverpflichtung des § 18a FSA-Kodex Fachkreise verlangt demnach von den Unternehmen bei den Ergebnissen klinischer Studien die Vorgaben des § 42b AMG und die „Joint Industry Position on the Disclosure of Clinical Trial Information via Clinical Trial Registries and Databases" sowie die „Joint Position on the Publication of Clinical Trial Results in the Scientific Literature" von IFPMA, EFPIA, JPMA und PhRMA in der jeweils gültigen Fassung einzuhalten.

FSA-Kodex Fachkreise mit dem geänderten § 67 Abs. 6 AMG. Die Anpassung an § 67 **62** Abs. 6 AMG führte dazu, dass **der Verband der privaten Krankenversicherungen** als weiterer Empfänger der Anzeigepflicht hinzugekommen ist. Daneben wurden die Pflichtangaben um die Angabe der lebenslangen Arztnummer (LANR) erweitert.[67]

---

[66] Die in diesem Abschnitt beschriebenen Regelungen des FSA-Kodex Fachkreise beziehen sich auf seine Fassung vom 20.11.2012 und sind mittlerweile teilweise – wie weiter unten und in Kap. 14 ausführlich dargestellt – weiter überarbeitet und novelliert worden.

[67] Die lebenslange Arztnummer ist eine nummerische Zuordnung, die die Kassenärztliche Vereinigung an jeden Vertragsarzt vergibt und aus der sich sein Name sowie seine Fachrichtung ablesen lassen. Siehe dazu die Erläuterungen der Kassenärztlichen Bundesvereinigung zur LANR, abrufbar unter https://www.kbv.de/media/sp/Arztnummern_Richtlinie.pdf (zul. abgerufen am 27.1.2021).

6. Neufassung des FSA-Kodex Fachkreise vom 27.11.2013

63 Am 27.11.2013 wurde von der FSA-Mitgliederversammlung eine weitere große Kodexrevision beschlossen. Mit Beschluss des Bundeskartellamtes vom 22.5.2014 wurde der Kodex in seiner überarbeiteten Fassung als Wettbewerbsregel anerkannt.[68] Durch die Novelle wurde ua die Regelung zur Abgabe von Geschenken an Fachkreisangehörige grundlegend überarbeitet. So enthält der neue § 21 ein **verschärftes Geschenkeverbot**[69], wonach die Abgabe von Geschenken jeglicher Art grundsätzlich verboten ist und zwar unabhängig davon, ob es sich um solche mit Produktbezug oder ohne handelt und insbesondere auch unabhängig von deren Geringwertigkeit. Zur Untermalung der Aufgabe des Kriteriums des Produktbezuges wurde § 21 Abs. 1 S. 2 FSA-Kodex Fachkreise aufgenommen, um nochmals deutlich herauszustellen, dass die bisherige Differenzierung in produktbezogene und nicht produktbezogene Werbung künftig, dh ab dem 1.7.2014 nicht mehr praktiziert werden darf.

64 Allerdings gilt das Geschenkeverbot nicht uneingeschränkt. Der neu eingefügte § 15a lockert es dahingehend, dass die **Abgabe von Informations- und Schulungsmaterial sowie Gebrauchs- und Demonstrationsgegenständen** unter den dort genannten Voraussetzungen zulässig bleibt. Die Novellierung beruht auf dem geänderten Art. 17 EFPIA-Kodex Fachkreise, wonach ebenfalls jegliches Gewähren, Anbieten und Versprechen von Geschenken, unabhängig davon, ob es sich um Geld- oder Sachleistungen handelt, grundsätzlich verboten ist. Durch das nunmehr klare Verbot wird den bisherigen Schwierigkeiten im Zusammenhang mit der Gratwanderung zwischen Zulässigkeit und unerlaubter Beeinflussung der Boden entzogen und ein für alle verständliches und transparentes System geschaffen, das geeignet ist, das Vertrauen, insbesondere der Patienten, weiter zu stärken. Mit Ablauf des in § 21 Abs. 3 FSA-Kodex Fachkreise bestimmten **Übergangszeitraums** bleibt seit dem 1.7.2014 als weitere Ausnahme zum Geschenkeverbot die Abgabe solcher Geschenke zulässig, die einen der Ausnahmetatbestände des § 7 Abs. 1 S. 1 Nr. 2–5 HWG erfüllt. Lässt sich ein nach dem 1.7.2014 einem Fachkreisangehörigen zugewendetes Geschenk weder unter § 15a FSA-Kodex Fachkreise noch unter § 7 Abs. 1 Nr. 2–5 HWG subsumieren, stellt dies einen sanktionsbewehrten Kodexverstoß gegen § 21 FSA-Kodex Fachkreise dar.

65 Neben dieser umfassenden Neuerung erfolgten im Zuge der Kodexrevision weitere kleinere Änderungen. Erneut betroffen war der § 19 Abs. 6 Nr. 6 FSA-Kodex Fachkreise, da sich zwischenzeitlich die ihm zugrundeliegenden Regelungen des § 67 Abs. 6 und § 63f Abs. 1 und 4 AMG geändert hatten. Um diese Änderungen nunmehr stets in den Kodex integrieren zu können und ihn damit auf dem aktuellsten Stand zu halten, wurde auf eine weitere Anpassung des Wortlautes verzichtet und stattdessen ein **dynamischer Verweis** auf die einschlägigen Vorschriften des **AMG** aufgenommen.

66 Eine weitere Änderung erfolgte aufgrund des zur gleichen Zeit verabschiedeten neuen und dritten Regelwerks des FSA, dem **FSA-Transparenzkodex.** Da dieser sämtliche bisher bestehenden Offenbarungspflichten bündelt und verschärft bzw. neu regelt, werden die bislang im FSA-Kodex Fachkreise bestimmten Offenbarungspflichten des § 20 Abs. 5 S. 3 und § 25 Abs. 4 obsolet und treten folglich gemäß der neu eingefügten Übergangsvorschrift des § 29 FSA-Kodex Fachkreise ab dem Inkrafttreten des FSA-Transparenzkodex außer Kraft.

7. Neufassung des FSA-Kodex Fachkreise vom 4.12.2014

67 Die siebte Novellierung des FSA-Kodex Fachkreise wurde am 4.12.2014 von der Mitgliederversammlung des FSA beschlossen. Sie enthält im Wesentlichen kleinere redaktionel-

---

[68] Bekannt gemacht im Bundesanzeiger vom 20.5.2014, BAnz. AT 20.5.2014 B6.

[69] Vgl. hierzu *Diener* PharmR 2015, 338 (339 f.).

le Anpassungen.[70] So sind die durch den FSA-Transparenzkodex erforderlich gewordenen Übergangsregelungen mit dessen Inkrafttreten zum 1.1.2015 obsolet geworden, so dass die Übergangsvorschrift des § 29 gänzlich gestrichen wurde. Aus demselben Grund ist auch § 25 Abs. 4 entfallen. In § 20 Abs. 5 S. 3 wurde ein redaktionelles Versehen behoben. So bestimmte die vorherige Novelle das vollständige Außerkrafttreten des § 20 Abs. 5 S. 3 mit Inkrafttreten des FSA-Transparenzkodex. Gewollt war indessen nur, dass die Bedingungen und der Umfang beim Sponsoring von Veranstaltungen nicht mehr offengelegt werden müssen, die **Transparenz des Sponsorings** selbst sollte hingegen erhalten bleiben.

Aufgrund des Ablaufs des in § 21 Abs. 3 für die Abgabe von **Geschenken** bestimmten Übergangszeitraums zum 1.7.2014 wurden auch die für den Übergangszeitraum geltenden Bestimmungen aus Gründen der Übersichtlichkeit gänzlich gestrichen. 68

Die Änderungen des Kodex wurden durch Beschluss des Bundeskartellamtes vom 29.4.2015 als Wettbewerbsregel anerkannt.[71] 69

8. Neufassung des FSA-Kodex Fachkreise vom 15.11.2016

Eine weitere Novellierung des FSA-Kodex Fachkreise erfolgte durch Beschluss der FSA-Mitgliederversammlung vom 15.11.2016. Im Zuge dieser Novellierung wurde die Neufassung des § 20 Abs. 5 FSA-Kodex Fachkreise dahingehend beschlossen, dass die Anforderungen an **externe Dienstleister** bei der finanziellen Unterstützung von externen Fortbildungsveranstaltungen den internen Anforderungen an die Mitglieder angeglichen werden.[72] Mit Wirkung vom 1.1.2018 gelten somit die Vorgaben für interne Fortbildungsveranstaltungen hinsichtlich Auswahl des Tagungsortes, der Tagungsstätte, der Bewirtung sowie für Unterhaltungsprogramme für externe Fortbildungsveranstaltungen entsprechend. Für internationale Kongresse, dh solche, die nicht in Deutschland stattfinden, gilt die neue Regelung ab dem 1.1.2019. Hintergrund dieser Angleichung ist zum einen, dass in der öffentlichen Wahrnehmung im Hinblick auf die Industriebeteiligung in aller Regel nicht zwischen den verschiedenen Veranstaltungstypen unterschieden wird. Zum anderen wird mit der aktuellen Änderung der europäische Minimalstandard umgesetzt: Art. 10.01 EFPIA-Kodex Fachkreise sieht bereits seit längerem eine einheitliche Behandlung aller Veranstaltungen in Bezug auf die angebotene Bewirtung und den Ort der Veranstaltung vor. Aufgrund der Angleichung können auch die Leitlinien des FSA-Vorstands zur Durchführung interner Veranstaltungen sinngemäß auf die Unterstützung externer Veranstaltungen übertragen werden.[73] 70

Diese Fassung des Kodex wurde durch Beschluss des Bundeskartellamts vom 30.3.2017 als Wettbewerbsregel anerkannt.[74] 71

9. Neufassung des FSA-Kodex Fachkreise vom 17.10.2017

Am 17.10.2017 wurde eine weitere Novellierung des FSA-Kodex Fachkreise von der Mitgliederversammlung des FSA beschlossen. Hierdurch wird die vorangegangene Novellierung teilweise rückgängig gemacht. Der damals gestrichene S. 2 „Unterhaltungsprogramme dürfen dabei weder finanziell oder durch Spenden unterstützt noch organisiert 72

[70] Die in diesem Abschnitt beschriebenen Regelungen des FSA-Kodex Fachkreise beziehen sich auf seine Fassung vom 4.12.2014 und sind mittlerweile teilweise – wie weiter unten und in Kap. 14 ausführlich dargestellt - weiter überarbeitet und novelliert worden.

[71] Bekannt gemacht im Bundesanzeiger vom 13.5.2015, BAnz. AT 13.5.2015 B6.

[72] Die in diesem Abschnitt beschriebenen Regelungen des FSA-Kodex Fachkreise beziehen sich auf seine Fassung vom 15.11.2016 und sind mittlerweile teilweise – wie weiter unten und in Kap. 14 ausführlich dargestellt - weiter überarbeitet und novelliert worden.

[73] Vgl. Fragen und Antworten zur Neufassung von § 20 Abs. 5 FSA-Kodex Fachkreise, abrufbar unter https://docplayer.org/60958134-Fragen-und-antworten-zur-neufassung-von-20-abs-5-fsa-kodex-fachkreise.html (zul. abgerufen am 27.1.2021).

[74] Bekannt gemacht im Bundesanzeiger vom 10.4.2017, BAnz. AT 10.4.2017 B3.

werden.“[75] wird wieder eingefügt. Die Änderung dient der Vereinheitlichung der europäischen Regelungen zum **Sponsoring von externen Veranstaltungen.** § 20 Abs. 5 FSA-Kodex Fachkreise wird auf den durch den europäischen Dachverband EFPIA geregelten verbindlichen Kern zurückgeführt, um Schwierigkeiten in der praktischen Umsetzung zu begegnen.[76] Diese Fassung des Kodex wurde durch Beschluss des Bundeskartellamts vom 9.1.2018 als Wettbewerbsregel anerkannt. Mit der Bekanntgabe durch das Bundeskartellamt am 31.1.2018 ist die Änderung des § 20 Abs. 5 in Kraft getreten.[77]

10. Neufassung des FSA-Kodex Fachkreise vom 14.11.2019

73 Das Inkrafttreten des von der EFPIA 2019 beschlossenen EFPIA-Kodex gab den Anstoß zur letzten Überarbeitung des FSA-Kodex Fachkreise, die von der Mitgliederversammlung am 14.11.2019 beschlossen wurde. Mit Beschluss des **Bundeskartellamtes** vom 9.3.2020 wurde der Kodex in seiner überarbeiteten Fassung als Wettbewerbsregel anerkannt.[78]

74 Nach der Novellierung finden sich nun alle Regelungen zum Anwendungsbereich, einschließlich der Kollisionsnormen, einheitlich in § 1 des FSA-Kodex Fachkreise. § 1 Abs. 4 Nr. 3 S. 1 FSA-Kodex Fachkreise sieht nunmehr eine **Kollisionsregelung** vor, die Vorgaben zur Anwendbarkeit nationaler und internationaler Kodizes macht.

75 Neu ist ferner, dass die Mitgliedsunternehmen gemäß § 1 Abs. 1 S. 3 FSA-Kodex Fachkreise darauf hinwirken sollen, dass sich mit ihnen verbundene Unternehmen bei Tätigkeiten in Deutschland oder bei Tätigkeiten, die deutsche Akteure betreffen an die Vorgaben des Kodex halten, auch wenn diese den Kodex selbst nicht anerkannt haben. Wegen des deutschen Vereinsrechts begründet § 1 Abs. 1 S. 3 FSA-Kodex Fachkreise aber lediglich eine **Hinwirkungspflicht.** Das heißt, dass die Mitgliedsunternehmen des FSA zwar nicht dafür einstehen müssen, dass auch übergeordnete Unternehmen und Schwestergesellschaften die Vorgaben des FSA-Kodex Fachkreise beachten, sie haben jedoch auf deren Beachtung hinzuwirken.[79]

76 Zur Förderung der einheitlichen Anwendungspraxis der Compliance-Standards wurde in § 2 FSA-Kodex Fachkreise dem Vorbild des EFPIA-Code folgend ein umfangreicher **Katalog von Definitionen** eingefügt und schon enthaltene Definitionen angepasst.

77 Im Übrigen dienen die Änderungen des FSA-Kodex Fachkreise vor allem einer Angleichung der Compliance-Standards bei der Zusammenarbeit mit **Fachkreisangehörigen, Gesundheitseinrichtungen und Patientenorganisationen.** Vor diesem Hintergrund wurden die zuvor in verschiedenen Normen geregelten Bestimmungen zu der vertraglichen Zusammenarbeit zwischen pharmazeutischen Unternehmen und Fachkreisangehörigen und für Kooperationen mit Gesundheitseinrichtungen nunmehr einheitlich in § 18 FSA-Kodex Fachkreise zusammengefasst.[80] Weiterhin dürfen Unternehmen nicht mehr nur bei der Unterstützung von Veranstaltungen von Patientenorganisationen (§ 16 FSA-Kodex Fachkreise), sondern nach § 26 FSA-Kodex Fachkreise nun auch bei der Unterstützung von Gesundheitseinrichtungen keine Exklusivität mehr verlangen und sich eine solche auch nicht ungefragt einräumen lassen. Vielmehr sollen es Unternehmen zur Förderung der Neutralität begrüßen, wenn mehrere Unternehmen mit einer Gesundheitseinrichtung zusammenarbeiten.

78 Weitere Änderungen betreffen ua die Organisation von **Fortbildungsveranstaltungen.** Zunächst wurde der „Veranstaltungsort“ von Fortbildungsveranstaltungen als neues, zusätz-

---

[75] Vgl. Fragen und Antworten zur Neufassung von § 20 Abs. 5 FSA-Kodex Fachkreise, abrufbar unter https://docplayer.org/60958134-Fragen-und-antworten-zur-neufassung-von-20-abs-5-fsa-kodex-fachkreise.html (zul. abgerufen am 27.1.2021).

[76] Vgl. in Auszügen abgedrucktes Rundschreiben des FSA https://www.ak-gesundheitswesen.de/wp-content/uploads/akg-news-5–2017.pdf, S. 11 (zul. abgerufen am 27.1.2021).

[77] Bekannt gemacht im Bundesanzeiger vom 31.1.2018, BAnz. AT 31.1.2018 B4.

[78] Bekannt gemacht im Bundesanzeiger vom 30.3.2020, BAnz. AT 30.3.2020 B4.

[79] Vgl. *Kemmner/Thole* PharmR 2020, 320 (322).

[80] Vgl. *Kemmner/Thole* PharmR 2020, 320 (323).

liches Prüfkriterium in § 20 Abs. 5 FSA-Kodex Fachkreise aufgenommen. Folglich muss bei der Organisation einer Fortbildungsveranstaltung oder bei der Finanzierung derartiger Veranstaltungen Dritter auch die Angemessenheit des geographischen Orts beachtet werden.

Eine weitere Neuerung ergibt sich aus der Änderung der Leitlinie des Vorstands des FSA (§ 6 Abs. 2 iVm § 20 Abs. 3) zur Auswahl der Tagungsstäte „allein nach sachlichen Gesichtspunkten". Die Revision der Leitlinie hat zu einer Verschärfung der bisherigen Empfehlungen zu den Anforderungen an eine geeignete **Veranstaltungsstätte** geführt. Bei einer Veranstaltungsstätte soll nun regelmäßig nur dann eine Vereinbarkeit mit den Vorgaben des FSA-Kodex Fachkreise angenommen werden, wenn, soweit es sich um ein Hotel handelt, es nicht mehr als 4-Sterne nach DEHOGA oder einen vergleichbaren Standard aufweist. Zudem soll von der Veranstaltungsstätte keine Anreizwirkung, wie beispielsweise durch einen großzügigen Wellnessbereich oder Golfplatz ausgehen. Sie soll keinen „Erlebnis- oder Erholungscharakter" haben.[81] 79

III. Rechtliche Bedeutung des FSA-Kodex Fachkreise im Rahmen des UWG

Ein Verstoß gegen eine Bestimmung des FSA-Kodex Fachkreise wurde in der Vergangenheit verschiedentlich von der Rechtsprechung als ein Indiz für einen **Wettbewerbsverstoß** im Sinne des UWG gesehen.[82] Seit der „FSA-Kodex"-Entscheidung des BGH aus dem Jahr 2010[83] ist dies jedoch differenzierter zu betrachten. Bereits zuvor hatte das OLG München der Einschätzung der erstinstanzlichen Entscheidung des LG München in dem sog. „Wasserspender-Fall"[84] eine klare Absage erteilt. Das LG München hatte entschieden, dass ein Verstoß gegen den FSA-Kodex Fachkreise auch durch Nicht-Mitglieder wettbewerbswidrig sei, da der Kodex die „anerkannten anständigen Gepflogenheiten in Gewerbe und Handel"[85] widerspiegele. Diesem hatte das OLG München in der nachfolgenden Instanz widersprochen und klargestellt, dass die Anwendbarkeit des FSA-Kodex Fachkreise gegenüber Nicht-Mitgliedern unzulässig sei, da diesem als reine Wettbewerbsregel insoweit keine Rechtsnormqualität zukomme. Diese Rechtsauffassung des OLG München wurde durch den BGH[86] bestätigt. Nach Ansicht des BGH könne den Verhaltenskodizes von Verbänden zwar unter Umständen entnommen werden, ob innerhalb der in Rede stehenden Verkehrskreise eine bestimmte tatsächliche Übung herrsche. Daraus folge aber noch nicht, dass ein von einer solchen Übung abweichendes Verhalten ohne Weiteres als unlauter anzusehen sei. Den Regelwerken von Verbänden sei allenfalls eine indizielle Bedeutung für die Beurteilung der Unterlauterkeit zuzusprechen. Überdies komme die Annahme einer bloß indiziellen Bedeutung nur dann in Betracht, wenn sich die aus dem festgestellten Kodexverstoß abgeleitete Regelwidrigkeit des betreffenden Verhaltens zugleich als **wettbewerbsbezogene Unzulässigkeit** im Sinne des UWG darstelle. Damit hat der BGH entschieden, dass der FSA-Kodex Fachkreise nicht unmittelbar zur Beurteilung des Verhaltens eines Nicht-Mitglieds herangezogen und ein nach dem UWG zulässiges Verhalten eines 80

[81] Vgl. *Kemmner/Thole* PharmR 2020, 320 (324).

[82] LG Aachen BeckRS 2007, 4463; bezugnehmend auf diese Entscheidung: FSI 2005.9–92, abrufbar unter https://www.fsa-pharma.de/de/schiedstelle/berichterstattung/fachkreise/az-2005.9-92-19-des-kodex/ (zul. abgerufen am 27.1.2021; LG München I PharmR 2008, 330 ff. („Wasserspender" – aufgehoben durch OLG München PharmR 2010, 65 ff., Nichtzulassungsbeschwerde zurückgewiesen durch BGH BeckRS 2011, 17762); OLG München BeckRS 2011, 4771 (aufgehoben durch BGH PharmR 2011, 138 ff., nachfolgend OLG München WRP 2012, 347 ff.).

[83] Siehe BGH PharmR 2011, 138 mit Anm. v. Czettritz.

[84] Siehe LG München MPR 4/2008.

[85] Siehe LG München MPR 4/2008.

[86] Siehe BGH PharmR 2011, 138 mit Anm. v. Czettritz.

Nicht-Mitglieds nicht unter Berufung auf strengere Vorschriften des Kodex untersagt werden kann.[87] Diese Sichtweise hat der BGH in weiteren Urteilen noch einmal bestätigt.[88]

81 Eine ausführliche Darstellung dieser Thematik findet sich in → Kap. 14 Rn. 42 ff.

IV. Ausblick

82 Die Implementierung der EFPIA-Vorgaben, der NIS-Empfehlungen, des IFPMA-Kodex sowie die Anpassung an die geänderten Vorschriften des AMG im Zuge der verschieden Kodexnovellen führte zu einer stetigen Ausweitung und Vertiefung der bisherigen Regelungsmaterie. Für die Mitgliedsunternehmen ist hiermit wiederum die Notwendigkeit der Vornahme einer Vielzahl von **Umsetzungsmaßnahmen** verbunden. Auch die aktuellen Neuregelungen des FSA-Kodex Fachkreise liegen insgesamt auf der bislang vom FSA verfolgten Linie, durch **hohe Anforderungen an die Transparenz und Lauterkeit** der Kooperationsbeziehungen zwischen der pharmazeutischen Industrie und den Angehörigen der Fachkreise sowohl die Qualität als auch die Reputation dieser Zusammenarbeit zu steigern. Die Erfolge auf diesem Weg finden auch auf Seiten der Politik und unabhängiger Organisationen Anerkennung. Von daher ist damit zu rechnen, dass die Fortschreibung der bisherigen Regelungen über den Kreis der Mitgliedsunternehmen hinaus für Dritte, etwa im Rahmen der Rechtsprechung der Wettbewerbsgerichte, weitere Maßstäbe setzen wird. Auch wird dem FSA-Kodex Fachkreise eine Bedeutung zur Klärung der Frage, ob Indizien für das Vorliegen einer Unrechtsvereinbarung anzunehmen sind, beigemessen.[89]

F. FSA-Kodex Patientenorganisationen

I. Ursprungsfassung

83 Nachdem das EFPIA Board am 31.5.2007 die Einführung des EFPIA Code of Practice on Relationships between the Pharmaceutical Industry and Patient Organisations (EFPIA-Kodex Patientenorganisationen) auf europäischer Ebene beschlossen hatte, erfolgte die Umsetzung dieses Kodex auf nationaler Ebene durch die Verabschiedung des FSA-Kodex Patientenorganisationen, der am 15.10.2008 in Kraft trat. Durch dieses Regelwerk soll die **Unabhängigkeit von Patientenorganisationen,** wie zB Selbsthilfegruppen oder Selbsthilfeorganisationen gesichert werden. Zudem ist es Ziel des EFPIA-Kodex Patientenorganisationen, die **Einhaltung der gesetzlichen Vorgaben,** insbesondere auf dem Gebiet der Heilmittelwerbung, sowie die notwendige **Transparenz der Beziehungen zwischen den Organisationen und der Pharmaindustrie** zu gewährleisten. Mit diesem Kodex erfolgt einerseits die Klarstellung, dass die in der Vergangenheit geäußerten Bedenken hinsichtlich des Einflusses der Pharmaindustrie auf Patientenorganisationen durchaus ernst genommen werden. Andererseits wird dadurch der Generalverdacht der manipulativen Beeinflussung von Patientenorganisationen durch die Förderungen der Pharmaindustrie abgeschwächt, so dass dieser Form der Zusammenarbeit in Zukunft ein höheres Maß an gesellschaftlicher Anerkennung zukommen dürfte (zu diesem Themenkomplex → Kap. 15).[90]

---

[87] *Von Czettritz* (Siehe BGH PharmR 2011, 138 mit Anm. v. Czettritz) spricht insofern von der Klarstellung des BGH, dass es eine „Quasi-Zwangsmitgliedschaft" im FSA-Kodex nicht geben könne.

[88] BGH BeckRS 2011, 17762; BGH BeckRS 2016, 4744.

[89] *Dann/Scholz* NJW 2016, 2077 (2078).

[90] Hierzu auch *Wostry* MPR 2014, 184 ff.

II. Neufassung des FSA-Kodex Patientenorganisationen vom 1.12.2011

Am 1.12.2011 wurde der FSA-Kodex Patientenorganisation erstmalig novelliert. Die überarbeitete Fassung wurde mit Beschluss des Bundeskartellamtes vom 13.7.2012 als Wettbewerbsregel anerkannt.[91] Im Wesentlichen erfolgte die Novellierung zum Zwecke der Anpassung an die geänderten Regelungen des EFPIA-Kodex Patientenorganisationen sowie aus redaktionellen und Klarstellungsgründen. Kernstück war die Anpassung der § 15 und § 17 FSA-Kodex Patientenorganisationen an die geänderten Art. 5 und 8 EFPIA-Kodex Patientenorganisationen sowie die Umsetzung des geänderten Art. 6 EFPIA-Kodex Patientenorganisationen in den neu eingefügten § 12 FSA-Kodex Patientenorganisationen. Seit der Einführung des § 12 FSA-Kodex Patientenorganisationen werden an gegenseitige Verträge zwischen Mitgliedsunternehmen und Organisationen der Patientenselbsthilfe strengere Anforderungen gestellt. So sind diese nur zulässig, sofern sie **Zwecken des Gesundheitswesens** dienen. Darüber hinaus gründet die Neuregelung des § 12 FSA-Kodex Patientenorganisationen in dem Umstand, dass ein Großteil der Kooperationen Beratungsleistungen umfasst und daher die diesen im Regelfall zugrundeliegenden Vertragsverhältnisse einer näheren Ausgestaltung bedurften, um so ein einheitliches und transparentes Regelungsgefüge zu gewährleisten. Die fortwährende Transparenzbestrebung schlägt sich dabei insbesondere in § 12 Abs. 2 FSA-Kodex Patientenorganisationen nieder, der im Gegensatz zum Art. 6 EFPIA-Kodex Patientenorganisationen obligatorisch die Aufnahme einer Verpflichtungsklausel zur Offenlegung der Kooperation durch die Organisationen der Patientenselbsthilfe verlangt. 84

Als weitere Vertiefung des **Transparenzprinzips** wurde § 15 FSA-Kodex Patientenorganisationen an den geänderten Art. 5 EFPIA-Kodex Patientenorganisationen angepasst. Demnach sind zum einen auch die gegenseitigen vertraglichen Leistungsbeziehungen iSd § 12 FSA-Kodex Patientenorganisationen nunmehr offenzulegen. Zum anderen erfuhren die der Offenlegung unterfallenden Pflichtangaben eine weitere Konkretisierung, indem nunmehr neben der konkreten Summe auch der Gegenstand der Leistung bzw. Zuwendung selbst hinreichend deutlich genug beschrieben werden muss. Im Falle von erheblichen direkten oder nicht-finanziellen Zuwendungen muss ferner der Nutzen, den diese für die Patientenselbsthilfeorganisation haben, erkennbar sein. 85

Schließlich erfolgten durch die Novelle auch Änderungen im Rahmen der Beteiligung an Veranstaltungen. § 17 FSA-Kodex Patientenorganisationen wurde dabei an Art. 8 EFPIA-Kodex Patientenorganisationen angepasst. Im Zuge dessen wurde insbesondere das **Regel-Ausnahme-Prinzip** eingeführt, wonach die Einladung und Kostenübernahme für Begleitpersonen grundsätzlich nicht gestattet ist, es sei denn, das betroffene Mitglied ist aufgrund von Krankheit oder Behinderung auf die Unterstützung der Begleitperson angewiesen. 86

III. Neufassung des FSA-Kodex Patientenorganisationen vom 30.10.2018

Die zweite Novellierung des FSA-Kodex Patientenorganisationen erfolgte am 30.10. 2018. Die Änderung betrifft § 15 Abs. 2 FSA-Kodex Patientenorganisationen.[92] Während bisher in § 15 Abs. 2 S. 4 und 5 FSA-Kodex Patientenorganisationen konkrete **Veröffentlichungszeiträume** angegeben wurden, sollte nach dem neuen S. 4 nun der Vorstand eine verbindliche Leitlinie nach § 5 zur Bestimmung des Veröffentlichungszeitraums erlassen.[93] 87

[91] Bekannt gemacht im Bundesanzeiger vom 23.8.2012, BAnz. AT 23.8.2012 B5.

[92] Bekanntmachung der Änderungen in BAnz. AT 2.1.2019 B6.

[93] Vgl. Ziff. 8 https://www.fsa-pharma.de/site/assets/files/62563/2012_07_18_leitlinien_fsa-kodex_patientenorganisationen.pdf (zul. abgerufen am 27.1.2021).

Hierdurch sollte die Möglichkeit geschaffen werden, flexibel und zeitnah auf den Ausgang des Konsolidierungsprozesses hinsichtlich der drei EFPIA-Kodizes (EFPIA-Kodex Fachkreise, EFPIA-Kodex Patientenorganisationen und EFPIA-Transparenzkodex) in Bezug auf die Veröffentlichungszeitpunkte von Zuwendungen reagieren zu können.[94] Die überarbeitete Fassung wurde mit Beschluss des Bundeskartellamtes vom 14.2.2019 als Wettbewerbsregel anerkannt.[95]

IV. Neufassung des FSA-Kodex Patientenorganisationen vom 14.11.2019

88 Zuletzt wurde der FSA-Kodex Patientenorganisationen durch Beschluss vom 14.11.2019 novelliert. Strukturell und inhaltlich wurde der FSA-Kodex Patientenorganisationen an den FSA-Kodex Fachkreise sowie den neuen EFPIA-Kodex angelehnt. Mit Beschluss des Bundeskartellamtes vom 9.3.2020 wurde der Kodex in seiner überarbeiteten Fassung als Wettbewerbsregel anerkannt.[96] Der FSA-Kodex Patientenorganisationen enthält nunmehr auch einen umfangreichen **Katalog von Definitionen** in § 2. Erwähnenswert sind vor allem die zwei neu eingefügten Paragraphen zu Geschenken (§ 10a) sowie zu Spenden (§ 17a). Nach § 10a Abs. 1 FSA-Kodex Pateientenorganisationen ist es fortan grundsätzlich verboten, Repräsentanten von Organisationen der Patientenselbsthilfe Geschenke zu versprechen, anzubieten oder zu gewähren. Ausnahmen hierzu sind in § 10a Abs. 2 FSA-Kodex Pateientenorganisationen geregelt. Spenden an Organisationen der Pateientenselbsthilfe sind nur noch zulässig, wenn sie nicht nur die gesetzlichen Vorgaben einhalten, sondern darüber hinaus die in § 17a Abs. 1 FSA-Kodex Patientenorganisationen vorgesehene Dokumentationspflicht beachtet wird. Spenden an einzelne Mitglieder von Organisationen der Pateientenselbsthilfe sind nur nach Maßgabe des § 17a Abs. 2 FSA-Kodex Patientenorganisationen erlaubt.

89 Der in der Neufassung des FSA-Kodex Patientenorganisation vom 31.10.2018 in § 15 Abs. 2 S. 4 vorgesehene Erlass einer verbindlichen Leitlinie nach § 5 zur Bestimmung des Veröffentlichungszeitraums ist mit der jüngsten Neufassung nun bereits wieder überholt. § 15 Abs. 2 FSA-Kodex Patientenorganisationen enthält in seiner aktuellen Fassung konkrete Vorgaben für die Veröffentlichung, welche an die Vorgaben des EFPIA-Kodex angelehnt sind und eine Vereinheitlichung mit den **Veröffentlichungspflichten** des FSA-Transparenzkodex bewirkt.

G. FSA-Transparenzkodex

I. Ursprungsfassung

90 Als neustes Regelwerk des FSA wurde in der Mitgliederversammlung des FSA vom 27.11.2013 der Kodex zur Transparenz bei der Zusammenarbeit mit den Angehörigen der Fachkreise und medizinischen Einrichtungen verabschiedet (siehe dazu ausführlich Kap. 16).[97] Mit seiner Anerkennung als Wettbewerbsregel durch das **Bundeskartellamt** vom 22.5.2014 ist der FSA-Transparenzkodex für die FSA-Mitgliedsunternehmen verbindlich geworden.[98]

---

[94] Einheitlicher Veröffentlichungszeitpunkt nach allen Kodizes vgl. Vorwort zur aktuellen Fassung des Kodex, S. 5, abrufbar unter https://www.fsa-pharma.de/site/assets/files/62527/fsa_kodex_Patien tenorganisationen_2020-1.pdf (zul. abgerufen am 27.1.2021).

[95] Bekannt gemacht im Bundesanzeiger vom 27.2.2019, BAnz. AT 27.2.2019 B7.

[96] Bekannt gemacht im Bundesanzeiger vom 30.3.2020, BAnz. AT 30.3.2020 B6.

[97] Ausführlich dazu *Dieners* CCZ 2014, 204 ff.

[98] Bekannt gemacht im Bundesanzeiger vom 18.6.2014, BAnz. AT 18.6.2014 B2.

Er beruht auf dem „EFPIA Code on Disclosure of Transfers of Value from Pharmaceutical Companies to Healthcare Professionals and Healthcare Organisations" **(EFPIA-Transparenzkodex)**[99], der am 24.6.2013 von der EFPIA verabschiedet wurde und stellt dessen Umsetzung auf nationaler Ebene dar.[100] Durch den FSA-Transparenzkodex erfahren die Offenlegungsspflichten, wie sie bereits zum Teil in dem FSA-Kodex Fachkreise und dem FSA-Kodex Patientenorganisationengeregelt sind, eine neue Dimension.[101] Gemäß dem FSA-Transparenzkodex müssen die Mitgliedsunternehmen alle geldwerten Leistungen der pharmazeutischen Industrie an Fachkreisangehörige sowie wissenschaftliche/medizinische Organisationen veröffentlichen. Der Kodex steht dabei unter dem Leitsatz „Transparenz schafft Vertrauen und bekämpft Misstrauen".[102] Sein erklärtes Ziel ist es, das Vertrauen der Öffentlichkeit in die Zusammenarbeit der pharmazeutischen Industrie und Ärzteschaft zu stärken und die Glaubwürdigkeit der Integrität der Kooperation zu steigern.[103] 91

Der FSA-Transparenzkodex entspricht in seiner Struktur im Grunde den anderen beiden Kodizes des FSA. Die ersten vier Paragraphen enthalten Bestimmungen **zum persönlichen Anwendungsbereich, Definitionen, Auslegungsregelungen** sowie der **Leitlinienkompetenz** des FSA Vorstands, die auch im Rahmen des Transparenzkodex Geltung erlangt. Der darauffolgende Teil befasst sich mit der konkreten **Offenlegungspflicht** und schreibt fest, wer, was, wann, wie und wo offenlegen muss. Am Ende enthält der Kodex die **Pflichten der Dokumentation und Aufbewahrung,** welche die Offenlegungspflicht flankieren, sowie die Pflicht zum Erlass methodischer Hinweise. 92

Im Hinblick auf den persönlichen Anwendungsbereich deckt sich der FSA-Transparenzkodex mit dem des FSA-Kodex Fachkreise und des FSA-Kodex Patientenorganisationen. So findet auch der Transparenzkodex nur für **verschreibungspflichtige Arzneimittel,** nicht jedoch für OTC-Produkte oder Tierarzneimittel Anwendung. In sachlicher Hinsicht regelt er die Veröffentlichungspflicht geldwerter Leistungen, die im Zusammenhang mit einer bestimmten Kategorie stehen. § 6 FSA-Transparenzkodex, der auf Art. 3 EFPIA-Transparenzkodex basiert, benennt dazu: Forschung und Entwicklung (1), Spenden und andere einseitige Geld- oder Sachleistungen (2), Fortbildungsveranstaltungen (3) sowie Dienstleistungs- und Beratungshonorare (4). Sofern die zugewendete geldwerte Leistung einer dieser vier Kategorien unterfällt, löst dies die Veröffentlichungspflicht der §§ 7, 8 FSA-Transparenzkodex und die damit im Zusammenhang stehenden Dokumentations- und Aufbewahrungspflichten (§ 14) aus. 93

Wurde im ersten Schritt festgestellt, dass die **Kooperation** unter einer der in § 6 Transparenzkodex aufgeführten Kategorien zu subsumieren ist, so ist im zweiten Schritt zu prüfen, ob die **geldwerten Leistungen** in individueller oder aggregierter, dh zusammengefasster Form offenzulegen sind. Zum Grundsatz und zugleich auch zur Zweifelsregelung (§ 3 FSA-Transparenzkodex) erhebt der FSA-Transparenzkodex die Veröffentlichung in individueller Form. Dies bedeutet, dass das Unternehmen im Rahmen der Veröffentlichung der erbrachten geldwerten Leistungen nachfolgende Angaben offenlegen muss: vollständiger Name des Zuwendungsempfängers, Praxis- bzw. Geschäftsadresse des Empfängers sowie ggf. seine lebenslange Arztnummer, die konkrete Zuwendungssumme, den Zeitraum der Zuwendung sowie die jeweilige Offenlegungskategorie. Zu veröffentlichen sind diese Daten auf einer öffentlich zugänglichen Website (§ 11 FSA-Transparenzkodex). In zwei Fällen 94

[99] Ausführlich zum EFPIA-Transparenzkodex *Marschlich/Paffen/Wetzell* CCZ 2014, 98 ff.

[100] Weitere Informationen dazu unter www.fsa-pharma.de (zul. abgerufen am 27.1.2021); näher zu den Inhalten des FSA-Transparenzkodex *Ramb/Reich* CB 2014, 327 (330 ff.).

[101] Der FSA-Kodex Fachkreise enthielt zu der Zeit lediglich die Verpflichtung, die Gewährung von Spenden oder anderen einseitigen Geld- und Sachleistungen mit einem Wert von über 10 000 Euro pro Leistungsempfänger/Jahr zu veröffentlichen, § 25 Abs. 4 FSA-Kodex Fachkreise vom 27.11.2013.

[102] Nähere Informationen dazu unter www.fsa-pharma.de (zul. abgerufen am 27.1.2021).

[103] So auch *Diener/Broch* PharmR 2014, 1 f.

ist von der Pflicht der individuellen Veröffentlichung abzuweichen und an ihrer Stelle die aggregierte Form zu wählen. Zum einen, wenn die Zuwendungen im Zusammenhang mit der Kategorie „Forschung und Entwicklung" geleistet wurden und zum anderen, wenn der Veröffentlichung rechtliche Gründe, namentlich datenschutzrechtliche Bestimmungen entgegenstehen. Die letztgenannte Ausnahme folgt aus dem Umstand, dass die zu veröffentlichenden Daten als personenbezogene Daten der Verordnung (EU) 2016/679 des Europäischen Parlaments und des Rates vom 27.4.2016 zum Schutz natürlicher Personen bei der Verarbeitung personenbezogener Daten und zum freien Datenverkehr (Datenschutz-Grundverordnung, DSGVO) und dem Bundesdatenschutzgesetz (BDSG) unterfallen und daher der Einwilligung iSd Art. 6 Abs. 1 lit. a DSGVO und des § 51 BDSG bedürfen (dazu ausführlich → Kap. 16 Rn. 110 ff.).

95 Der **Berichtszeitraum** ist gemäß § 9 FSA-Transparenzkodex das Kalenderjahr, wobei die Unternehmen erstmals ab dem 1.1.2015 die Daten sammeln und dokumentieren müssen, um sie sodann spätestens ab dem 30.6.2016 für die Dauer von mindestens drei Jahren der Öffentlichkeit zur Verfügung zu stellen. Die zu veröffentlichenden Daten werden von sog. methodischen Hinweisen (§ 13 FSA-Transparenzkodex) flankiert, in denen die Unternehmen zum Zwecke der Klarstellung und besseren Verständlichkeit verpflichtet werden, den jeweils interessierten Stakeholdern eine nachvollziehbare Grundlage für die Art und Weise der Veröffentlichungen an die Hand zu geben.

96 Der Erlass des FSA-Transparenzkodex hat es darüber hinaus erforderlich gemacht, die FSA-Verfahrensordnung anzupassen. Dies erfolgte durch die Novellierung vom 27.11.2013. Im Zuge dessen wurde die **Beanstandungsberechtigung** in § 2 Abs. 1 FSA-Verfahrensordnung um solche Verstöße erweitert, die den 2. Abschnitt des FSA-Transparenzkodex betreffen. Als Novum wurde in § 20 Abs. 4a FSA-Verfahrensordnung ein Abhilfeverfahren geschaffen, welches ausschließlich im Rahmen des FSA-Transparenzkodex zur Anwendung gelangt. Demnach steht dem Unternehmen im Falle begründeter Verstöße gegen den Transparenzkodex eine zusätzliche Möglichkeit der Verfahrensbeendigung zur Verfügung. Diese ist an zwei Voraussetzungen geknüpft: Zum einen darf der Verstoß nach Art und Umfang nicht erheblich sein und zum anderen muss das betroffene Mitglied dem Verstoß innerhalb von zwei Wochen abhelfen. Die Ratio dieser Regelung liegt in dem Umstand, dass bei der praktischen Umsetzung der Datensammlungs- und Veröffentlichungspflichten verständlicherweise geringfügige Fehler unterlaufen können. Eine Sanktionierung auch solcher „Flüchtigkeitsfehler" ist indes vom FSA nicht gewollt (dazu ausführlich → Kap. 17 Rn. 241).

II. Neufassung des Transparenzkodex vom 4.12.2014

97 Am 4.12.2014 hat die Mitgliederversammlung eine **kleinere Revision** des FSA-Transparenzkodex beschlossen, die vordergründig der redaktionellen Anpassung dient.[104] So wurden die mit Inkrafttreten des FSA-Transparenzkodex überflüssig gewordenen Regelungen des § 25 Abs. 4 und § 29 gänzlich gestrichen. In § 20 Abs. 5 S. 3 wurde das durch § 29 entstandene redaktionelle Versehen der vollständigen Streichung behoben und lediglich die Offenlegungspflicht der Bedingungen und des Umfangs des Sponsorings im Rahmen von Veranstaltungen gestrichen. Schließlich wurde § 21 Abs. 3 getilgt, da seine Übergangsbestimmungen mit Ablauf der Übergangsfrist am 1.7.2014 obsolet geworden waren. Die Neufassung wurde am 27.5.2015 vom Bundeskartellamt als Wettbewerbsregel anerkannt.[105]

---

[104] Die in diesem Abschnitt beschriebenen Regelungen des FSA-Transparenzkodex beziehen sich auf seine Fassung vom 4.12.2014 und sind mittlerweile teilweise – wie weiter unten und in Kapitel 16 ausführlich dargestellt – weiter überarbeitet und novelliert worden.

[105] Bekannt gemacht im Bundesanzeiger vom 15.6.2015, BAnz. 15.6.2015 B4.

III. Neufassung des Transparenzkodex vom 30.10.2018

Die Änderung des FSA-Transparenzkodex vom 30.12.2018 dient der Angleichung an die Anfang 2018 von EFPIA veröffentlichte *„Guidance on Disclosure of Non-interventional Studies"*. Der FSA-Transparenzkodex hat bislang alle (prospektive und retrospektive) NIS gleich behandelt und sie der Kategorie „Forschung und Entwicklung" zugeordnet, woraus im Ergebnis eine grundsätzlich aggregierte Veröffentlichung von zugewendeten geldwerten Leistungen im Rahmen von NIS folgte. Die nun erfolgte Änderung betrifft ausschließlich § 6 Nr. 1 des FSA-Transparenzkodex. Durch den eingefügten eingeschränkten Verweis auf § 19 Abs. 1 und 2 des FSA-Kodex Fachkreise werden nun nur noch prospektive NIS in die Kategorie „Forschung und Entwicklung" eingeordnet. Im Umkehrschluss fallen retrospektive NIS nicht mehr in diese Kategorie und unterliegen damit der individuellen Veröffentlichung. Dadurch soll die Transparenz bei der Durchführung von NIS weiter gestärkt werden. Beginnend mit dem Berichtsjahr 2018 werden retrospektive NIS mit **individueller Namensnennung** aufgeführt, sofern eine entsprechende Einwilligung der Ärzte vorliegt. In der praktischen Umsetzung stehen pharmazeutische Unternehmen jedoch regelmäßig vor dem Problem, wie mit Registern, innerhalb derer Daten von prospektiven und retrospektiven NIS erfasst werden, umgegangen werden soll. Die Neufassung wurde am 14.2. 2019 vom Bundeskartellamt als Wettbewerbsregel anerkannt.[106] 98

IV. Neufassung des Transparenzkodex vom 14.11.2019

Der FSA-Transparenzkodex wurde zuletzt durch Beschluss vom 14.11.2019 novelliert. 99
Mit Beschluss des Bundeskartellamtes vom 9.3.2020 wurde der Kodex in seiner überarbeiteten Fassung als Wettbewerbsregel anerkannt.[107] Der Definitionskatalog des § 2 FSA-Transparenzkodex wurde im Zuge der Überarbeitung deutlich ergänzt und an die anderen Kodizes angeglichen. Parallel zur Regelung in § 15 FSA-Kodex Patientenorganisation müssen sämtliche geldwerten Leistungen iSd § 6 FSA-Transparenzkodex spätestens 6 Monate nach dem Ende des Berichtszeitraums gem. § 10 Abs. 2 FSA-Transparenzkodex offengelegt werden. Nunmehr sieht § 10 Abs. 2 FSA-Transparenzkodex ausdrücklich vor, dass Mitgliedsunternehmen, die eine Veröffentlichung vor dem 20.–30.6. vornehmen, zugleich auch ihren **Offenlegungspflichten** nach dem FSA-Kodex Patientenorganisation nachkommen müssen.

[106] Bekannt gemacht im Bundesanzeiger am 27.2.2019, BAnz. AT 27.2.2019 B7.
[107] Bekannt gemacht im Bundesanzeiger vom 30.3.2020, BAnz. AT 30.3.2020 B5.

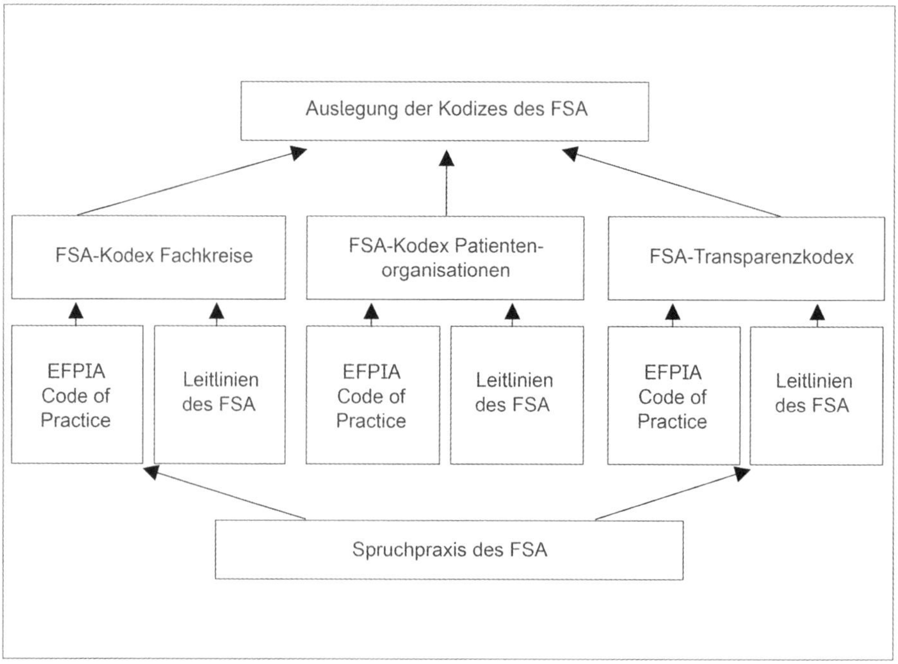

Abb. 3: Auslegung der Kodizes des FSA

H. Eigenanwendungs-IVD-Kodex

100 Die herausragende Bedeutung des Regelungssystems des FSA zeigt sich insbesondere an seinem Einfluss auf andere Verbände. Beispielsweise wurde durch den **Verband der Diagnostica-Industrie (VDGH)** der sog. „Eigenanwendungs-IVD-Kodex" vom 23.6. 2008[108] erlassen,[109] der an den FSA-Kodex Fachkreise angelehnt ist[110] und ebenfalls auf dem „Gemeinsamen Standpunkt der Verbände" basiert.[111] Ähnlich wie der FSA-Kodex Fachkreise trägt auch der Eigenanwendungs-IVD-Kodex dem Umstand Rechnung, dass zwar die Zusammenarbeit der Unternehmen in diesem Bereich mit Ärzten sowohl fachlich und wissenschaftlich notwendig als auch unter ökonomischen Aspekten wünschenswert ist, dass aber auf der anderen Seite die Unabhängigkeit der Fachkreise gewahrt werden muss. Daher bekennt sich auch der VDGH im Eigenanwendungs-IVD-Kodex zu den **Grundsätzen der Trennung, der Transparenz, der Dokumentation und der Äquivalenz gegenseitiger Leistungen.**[112] Es ist zu beachten, dass sich der Anwendungsbereich gem. § 1.1 des Kodex auf die Vertreiber und Werbungtreibenden sog. Eigenanwendungs-IVD beschränkt und der Kodex damit nicht pauschal auf alle Mitglieder des VDGH anwendbar ist. Das erscheint hinsichtlich der Vergleichbarkeit mit dem FSA-Kodex Fachkreise sinnvoll. Denn die Eigenanwendungs-IVD sind zumindest teilweise (Harn- und Blutteststreifen) von dem **Leistungsanspruch des Versicherten** gem. § 31 Abs. 1 SGB V erfasst, der auch den Leistungsanspruch bezüglich der Arzneimittel beinhaltet.

[108] BAnz. 2008 Nr. 98, 2380.
[109] Siehe dazu *Klümper/Hofer* MPJ 2009, 23 (27 ff.).
[110] Viele Passagen werden wortgleich übernommen, so *Mand* PharmR 2014, 393 (395).
[111] Siehe Einleitung zum Eigenanwendungs-IVD-Kodex.
[112] Siehe Einleitung zum Eigenanwendungs-IVD-Kodex; ausführlich dazu *Klümper/Hofer* MPJ 2009, 23 (27 f.).

Im Zuge der **Novellierung** des Eigenanwendungs-IVD-Kodex vom **3.1.2013,** die durch die Bekanntmachung des Bundeskartellamtes vom 22.1.2013 als Wettbewerbsregel anerkannt wurde, erfolgte eine weitergehende Anpassung an den FSA-Kodex Fachkreise. So enthält der Kodex nunmehr in den neu eingefügten § 25 und § 26 detaillierte Regelungen zu Spenden, einseitigen Zuwendungen und gegenseitigen Leistungsbeziehungen. 101

Für Verstöße gegen den Eigenanwendungs-IVD-Kodex **übernimmt der FSA die Überwachung und Sanktionierung.**[113] Dies stellt ein Novum dar, da hierdurch erstmals Medizintechnikunternehmen dem **FSA-Spruchkörper** unterworfen werden. Es wird deutlich, dass die Selbstregulierung auch von anderen Branchen des Gesundheitswesens als sinnvoll erachtet wird. Die Ähnlichkeit der Umsetzung der Materie, die sogar die Verwendung des (beinahe) gleichen Spruchkörpers ermöglicht, zeigt, dass der FSA eine Vorreiterrolle einnimmt. 102

Eine weitere Novellierung des Eigenanwendungs-IVD-Kodex lässt bislang noch auf sich warten, obwohl die Lockerung des **Fernbehandlungsverbots**[114] (§ 16 des Eigenanwendungs-IVD-Kodex), die aktuellen Änderungen der Abgabe- und Werbebeschränkungen[115] für HIV-Selbsttests sowie die Fortentwicklung des FSA-Kodex Fachkreise Anlass hierzu geben könnten. 103

I. EFPIA-Kodex

Die European Federation of Pharmaceutical Industries and Associations (EFPIA) repräsentiert als europäischer Dachverband der **Pharmaindustrie 36 Mitgliedsverbände und 39 weitere pharmazeutische Unternehmen,** sodass insgesamt über **1900 Unternehmen** von der EFPIA mittelbar repräsentiert werden.[116] Die EFPIA hat, ähnlich wie die zuvor beschriebenen nationalen Verbände, Kodizes erlassen, deren Umsetzung für ihre Mitglieder verbindlich ist. Ursprünglich waren dies drei verschiedene Kodizes. Bei dieser Kodextrilogie handelte es sich zum einen um den „EFPIA Code on the Promotion of prescription-only medicines to, and interactions with, Healthcare Professionals" (EFPIA-Kodex Fachkreise), der auf nationaler Ebene durch den FSA-Kodex Fachkreise umgesetzt wurde. Zum anderen war dies der „EFPIA Code of Practice on relationships between the pharmaceutical industry and patient organisations" (EFPIA-Kodex Patientenorganisationen), der die Basis für den FSA-Kodex Patientenorganisationen bildete. Und drittens der „EFPIA Code on Disclosure of Transfers of Value from Pharamceutical Companies to Healthcare Professionals and Healthcare Organisations" (EFPIA-Transparenzkodex), der durch den FSA-Transparenzkodex auf nationaler Ebene umgesetzt wurde. 104

Im Jahr 2019 hat die EFPIA die drei Kodizes in einem Kodex, dem EFPIA Code of Practice (EFPIA-Kodex), zusammengefasst, um Konzepte zu vereinfachen, wiederholte Bestimmungen zu beseitigen und den Inhalt zu klären. Zudem sollten die Konzepte ange- 105

[113] Pressemitteilung des FSA v. 20.1.2009, abrufbar unter https://www.fsa-pharma.de/de/mitteilungen/presse/archiv/vdgh-firmen-unterwerfen-sich-verfahrensordnung-des-fsa/ (zul. abgerufen am 27.1.2021). Bisher erfolgte allerdings nur ein Schiedsspruch des FSA zum IVD-Kodex aus 2010: AZ.: 2009.6–263 (1. Instanz).

[114] Änderung § 7 Abs. 4 (Muster-)Berufsordnung Ärzte durch den 121. Deutschen Ärztetag, Pressemitteilung der Bundesärztekammer abrufbar unter https://www.bundesaerztekammer.de/presse/pressemitteilungen/news-detail/121-deutscher-aerztetag-ebnet-den-weg-fuer-ausschliessliche-fernbehandlung/ (zul. abgerufen am 27.1.2021).

[115] Änderung des § 3 Abs. 4 MPAV und Einführung einer neuen Anlage hierzu durch die Erste Verordnung zur Änderung der Medizinprodukte Abgabeverordnung (BGBl. 2018 I S. 1385); Art. 16 Gesetz für mehr Sicherheit in der Arzneimittelversorgung (BGBl. 2019 I S. 1218).

[116] Siehe unter https://www.efpia.eu/about-us/who-we-are/#/; siehe auch EFPIA Annual Report 2018, S. 5, https://www.efpia.eu/media/412957/efpia-2018-annual-report.pdf (zul. abgerufen am 27.1.2021).

glichen und aktualisiert werden, um ein **einheitliches Verständnis** der Mitglieder und der Öffentlichkeit sowie die Einhaltung der Bestimmungen zu fördern.[117]

106 Wie die übrigen Verhaltenskodizes ist auch der EFPIA-Kodex nur für die Verbände und Unternehmen **verbindlich,** die der EFPIA als Mitglieder angehören. Inhaltlich wird auf die einzelnen Aussagen des EFPIA-Kodex in Kap. 14, 15 und 16 eingegangen, wo im Rahmen der Erörterung der Umsetzungsnormen auf die jeweilige Bestimmung des europäischen Codes verwiesen wird.

107 Diskutiert wurde auch die Umsetzung des EFPIA-Kodex Fachkreise vor allem im Bereich der Durchführung bzw. des Sponsorings von internationalen Veranstaltungen.[118] Der EFPIA-Kodex Fachkreise verbot grundsätzlich die Durchführung von **Veranstaltungen mit Beteiligung der Fachkreise im Ausland** (Art. 9.02), sieht aber zwei Ausnahmefälle vor. Demnach sind Veranstaltungen außerhalb des Landes, in dem das organisierende bzw. unterstützende Unternehmen seinen Sitz hat, nur zulässig, wenn

- die meisten der Teilnehmer aus einem anderen Land kommen und logistische Gründe für die Wahl des in diesem Land gelegenen Veranstaltungsortes sprechen, oder
- Ressourcen oder Fachkenntnisse am Veranstaltungsort zur Verfügung stehen und logistische Gründe für die Wahl des in diesem Land gelegenen Veranstaltungsortes sprechen.

108 Dieses Verbot wird in Art. 10.02 des konsolidierten EFPIA-Kodex weiter aufrechterhalten. Dieses Verbot ist auf **Kritik** gestoßen. Es wurde insofern vertreten, dass die Regelung gegen die unionsrechtliche **Dienstleistungsfreiheit** verstoße.[119] Dem ist entgegen zu halten, dass die EFPIA hinsichtlich ihres Kodex bereits nicht als Verpflichtete der Grundfreiheiten des Vertrags über die Arbeitsweise der Europäischen Union („AEUV") anzusehen ist. Bei den Regelungen der EFPIA handelt es sich nämlich nicht um sog. **„kollektive Regelungen".** Die zu dieser Frage ergangenen Entscheidungen des EuGH betrafen arbeitsrechtliche Regelungen von Sportverbänden, welche die Möglichkeit für Sportler, an den Sportveranstaltungen eines mitgliedstaatlichen Verbandes teilzunehmen, abhängig von der Staatsangehörigkeit des Sportlers einschränkten.[120] Eine direkte Übertragung dieser Grundsätze auf den vorliegenden Fall ist nicht möglich, da es durch die Regelung der EFPIA mitnichten ausländischen Ärzten erschwert wird, an Veranstaltungen teilzunehmen. Dennoch mag man als Argument anführen, es könnte die Dienstleistungsfreiheit des Unternehmens betroffen sein, das durch diese Bestimmung der EFPIA nicht in der Lage sein könnte, Informationen an Fachkreise durch im Ausland stattfindende Veranstaltungen weiterzugeben.[121] Auch dies ist aus verschiedenen Gründen unzutreffend. Nachfolgend werden die Aspekte, die gegen einen Verstoß gegen die aus dem AEUV resultierende Dienstleistungsfreiheit sprechen, in der an dieser Stelle gebotenen Kürze dargestellt.

109 Es liegt bereits keine Beeinträchtigung der Dienstleistungsfreiheit vor:

- Die Vergleichbarkeit mit den Urteilen zu „kollektiven Regelungen" scheitert daran, dass die Unterwerfung unter den EFPIA-Verhaltenskodex **weder rechtlich noch faktisch zwingend** ist.[122] Die EFPIA stellt mit ihrem Kodex lediglich einen gewissen europawei-

[117] Vgl. Homepage der EFPIA: https://www.efpia.eu/relationships-code/the-efpia-code/ (zul. abgerufen am 27.1.2021).

[118] In Art. 7 des EFPIA-Codes zur Zusammenarbeit mit Patientenorganisationen fand sich eine entsprechende Bestimmung, die nachfolgenden Ausführungen gelten also, soweit übertragbar, auch in diesem Rahmen.

[119] *Koenig/Schreiber* PharmR 2008, 309 ff.

[120] Vgl. EuGH Slg. 1974, 1405 ff. – Walrave und Koch; Slg. 1976, 1333 ff. – Donà; Slg. 1995, 4921 ff. – Bosman; weitere Nachweise bei *Forsthoff* in Grabitz/Hilf/Nettesheim AEUV vor Art. 45 Rn. 248.

[121] So *Koenig/Schreiber* PharmR 2008, 309 (312).

[122] Diese Verpflichtung ergibt sich auch nicht aus der Wasserspender-Entscheidung des LG München I PharmR 2008, 330 ff. (nicht rechtskräftig). Das Gericht hat hier nur ausgeführt, dass die Verhaltenskodizes der Verbände allgemein von der Branche geschaffen wurden, um einer „angedrohten gesetzlichen Regelung des Gesamtkomplexes" zuvorzukommen. Hieraus ergibt sich weder eine

ten Minimum-Standard für ihre Mitglieder auf, der dauerhaft zu einer Angleichung der Kodizes ihrer Mitglieder führen dürfte und damit sogar zu einer **Förderung des Binnenmarktes** beitragen kann.

- Bei den Bestimmungen der EFPIA handelt es sich nicht um originäre Regelungen ohne Entsprechung im Gesetz. Der EFPIA-Verhaltenskodex dient nur der Konkretisierung der ohnehin bestehenden gesetzlichen Regelungen.[123] Nach Art. 94 Abs. 2, 95 RL 2001/83/EG muss der **Repräsentationsaufwand** im Zusammenhang mit Verkaufsveranstaltungen und der Bewirtung im Rahmen von berufsbezogenen oder wissenschaftlichen Veranstaltungen **immer streng auf den Hauptzweck der Veranstaltung begrenzt** sein. **Die EFPIA legt diese Bestimmung lediglich aus,** indem sie eine Veranstaltung im Ausland unter bestimmten Voraussetzungen als unzulässigen Repräsentationsaufwand ansieht.
- Die Dienstleistungsfreiheit erstreckt sich nur auf **entgeltliche Leistungen.**[124] Um eine solche handelt es sich nicht bei der Durchführung und Unterstützung von Informationsveranstaltungen im Hinblick auf die unentgeltliche (passive) Teilnahme von Angehörigen der Fachkreise. Dies ist stattdessen eine einseitige Leistung.[125]
- Eine abweichende Betrachtung ergibt sich auch nicht aus einem Zusammenhang mit der „wirtschaftlichen Tätigkeit von pharmazeutischen Unternehmern"[126]. Die **wirtschaftliche Tätigkeit der Pharmaunternehmen** ist letztlich der **Absatz von Arzneimitteln.** Soll also ein solcher Zusammenhang bestehen, müsste es sich bei den Informationsveranstaltungen um eine Absatzförderung, i. e. **Werbung**[127] handeln. In diesem Fall müsste allerdings nach der **„Überwiegensregel"**[128] davon ausgegangen werden, dass die Dienstleistungsfreiheit hier lediglich **Annexcharakter** hat und von der – hinsichtlich des Arzneimittelabsatzes einschlägigen – Warenverkehrsfreiheit umfasst ist.[129]
- Anderenfalls muss eine **Aufspaltung** beider Bereiche und damit eine isolierte Betrachtung der Durchführung und Unterstützung von Informationsveranstaltungen stattfinden. In diesem Falle fehlte es aber, wie bereits ausgeführt, an dem Kriterium der Entgeltlichkeit.
- Zudem liegen Gründe vor, die eine Beeinträchtigung rechtfertigen würden: Als Rechtfertigungsgrund kommt der **Schutz der Gesundheit der Bevölkerung** in Betracht,[130] da diese Vorschrift der Unabhängigkeit der Fachkreise und Patientenorganisationen und damit der bestmöglichen Arzneimittelversorgung der Patienten dient.[131]
- Zur Erreichung dieses Zwecks ist sie auch **geeignet,** denn sie steht im Zusammenhang mit den weiteren Regelungen des Art. 10 EFPIA-Verhaltenskodex, der insgesamt verhindert, dass eine unsachliche Beeinflussung der Teilnehmer durch die Wahl eines besonders attraktiven Veranstaltungsortes erreicht wird.[132] Allein durch eine große Entfernung zum Veranstaltungsort kann bereits eine unsachliche Beeinflussung entstehen oder ein entspre-

allgemeine Verpflichtung, irgendeinem Verband beizutreten, noch eine konkrete Verpflichtung, sich den Regelungen der EFPIA zu unterwerfen.

[123] Art. 86 ff. der RL 2001/83/EG.

[124] *Holoubek* in Schwarze EU-Recht AEUV Art. 56/57 Rn. 16, 19 f.

[125] So selbst *Koenig/Schreiber* PharmR 2008, 309 ff.

[126] Diese Auffassung vertreten *Koenig/Schreiber* PharmR 2008, 309 ff.

[127] Das ergibt sich aus der Definition nach Art. 2 Nr. 1 der RL 84/450/EWG, der zufolge Werbung *„jede Äußerung bei der Ausübung eines Handels, Gewerbes, Handwerks oder freien Berufs mit dem Ziel, den Absatz von Waren oder die Erbringung von Dienstleistungen, einschließlich unbeweglicher Sachen, Rechte und Verpflichtungen zu fördern."* ist. Der Begriff der Äußerung ist dabei weit auszulegen (*Köhler* in Köhler/Bronkmann/Feddersen UWG § 7 Rn. 129 f.).

[128] EuGH Slg. 1991, 1223 ff. – Französische Republik/Kommission.

[129] Siehe dazu *Holoubek* in Schwarze EU-Recht AEUV Art. 56/57 Rn. 29.

[130] Auch im Falle von Beeinträchtigungen durch Verbandsregelungen sind die Rechtfertigungsgründe zu prüfen, EuGH Slg. 1995, 4921 ff. – Bosman.

[131] So selbst *Koenig/Schreiber* PharmR 2008, 309 ff.

[132] AA *Koenig/Schreiber* PharmR 2008, 309 ff., noch zum EFPIA-HCP-Kodex.

chender Eindruck erweckt werden. Daher dient die grundsätzliche Begrenzung auf das Inland der Verhinderung übermäßig großer Entfernungen zum Veranstaltungsort und ist demzufolge auch geeignet zur Erreichung des Zwecks.

– Die **Erforderlichkeit** ergibt sich aus dem Umstand, dass, wie die Spruchpraxis des FSA zeigt (→ Kap. 14 Rn. 517 f.), bereits für das Inland nur schwer zu beurteilen ist, ob ein Veranstaltungsort eine unangemessene touristische Attraktivität besitzt. Allein durch die Wahl des ausländischen Veranstaltungsortes kann also ein unangemessener Werbeeffekt zumindest im Rahmen der Einladung erreicht werden. Daher ist diese Regelung der EFPIA effektiver als die bloße Forderung nach angemessener touristischer Attraktivität ohne Einschränkung bezüglich ausländischer Veranstaltungsorte.
– Letztlich ist die Regelung der EFPIA auch **angemessen,** denn angesichts des hohen Schutzguts ist eine effektive **Durchsetzbarkeit dieser Regelung notwendig.** Durch die grundsätzliche Begrenzung auf das Inland wird eine leicht nachvollziehbare Grenze für die Wahl der Veranstaltungsorte geschaffen. Zudem ergibt sich für die betroffenen Unternehmen letztlich keine massive Einschränkung durch diese Regelung, da die Information der Teilnehmer als Zweck der Veranstaltung auch im eigenen Land in der Regel adäquat durchzuführen sein dürfte, sofern nicht vernünftige Gründe für die Veranstaltung im Ausland sprechen.

J. Eucomed- und MedTech-Kodex

I. Eucomed und MedTech Europe

110 Der Europäische Verband der Medizinproduktehersteller (European Medical Device Manufacturers Association, „Eucomed") war bis zum Zusammenschluss mit dem Europäischen Verband der Diagnostika-Hersteller (European Diagnostic Manufacturers Association, „EDMA") Ende 2016 der **Dachverband** der europäischen Medizinprodukteindustrie, dem verschiedene nationale Verbände (ua der BVMed) und auch einzelne Unternehmen der Medizinprodukteindustrie als Direktmitglieder (sog. Corporate-Member) angehörten. Der neue Verband MedTech Europe vereinigt nunmehr sowohl die „klassische" Medizinprodukteindustrie und die Diagnostika-Industrie und löste damit die beiden bisherigen Verbände Eucomed und EDMA als nunmehr vereinigter Dachverband ab.

II. Eucomed Code of Ethical Business Practice

111 Der Eucomed Code of Ethical Business Practice („Eucomed-Kodex") war von 2008 bis zu seiner Ablösung durch den MedTech Europe Code of Ethical Business Practice das **Regelwerk der europäischen Medizinprodukteindustrie** zur Zusammenarbeit mit Fachkreisen.[133] Er stellte gleichsam das **Pendant** zum EFPIA-Kodex Fachkreise und die **„Compliance-Benchmark"** für die europäische Medizinprodukteindustrie dar, da er die europäischen Mindeststandards vorgab. Eucomed hatte neben dem Kodex ein Guidance Document in Form einer Q&A-List veröffentlicht, das durch Antworten auf konkrete Fragestellungen und durch Beispiele eine Auslegungshilfe zum Eucomed–Kodex darstellte.

112 Die **Kernprinzipien** des Eucomed-Kodex sind das **Trennungs-, Transparenz-, Äquivalenz- und das Dokumentationsprinzip.** Sie entsprechen denen der Kodizes im Pharmabereich (→ Kap. 5). Auch die Kernaussagen des Eucomed-Kodex entsprachen weitgehend denen der Kodizes der Pharmabranche und müssen daher an dieser Stelle nicht im Detail ausgeführt werden.

---

[133] Der Eucomed Kodex in der Fassung vom 11.9.2008 ist abrufbar unter https://www.bioventusglobal.com/wp-content/uploads/110504_eucomedcebp_broch_210x297mm_v20_pbp-2.pdf (zul. abgerufen am 27.1.2021).

III. MedTech Code of Ethical Business Practice

Im Dezember 2015 haben Eucomed und EDMA den **MedTech Code of Ethical Business Practice**[134] („MedTech-Kodex") verabschiedet. Er ersetzt den bisherigen „Eucomed-Kodex" und den EDMA Code of Ethics. Der MedTech-Kodex regelt die Zusammenarbeit zwischen der europäischen Medizinprodukteindustrie und den Fachkreisangehörigen sowie den medizinischen Einrichtungen in Bezug auf Fortbildungsveranstaltungen Dritter, eigene Veranstaltungen der Unternehmen, die Förderung der Forschung und der medizinischen Fortbildung, die vertragliche Zusammenarbeit mit Fachkreisangehörigen sowie die Abgabe von Geschenken und Mustern. Auch er gibt – wie seine Vorgänger – insoweit die europäischen **Mindeststandards** vor. Der 2. Teil des MedTech-Kodex (Dispute Resolution Principles) gilt seit dem 1.1.2016, die übrigen Teile 1 und 3 sind am 1.1. 2017 in Kraft getreten. Die sog. Corporate-Member, dh die Direktmitglieder des Verbands, mussten die Mindestvorgaben bis zum 1.1.2017 umsetzten, die nationalen Mitgliedsverbände bis zum 1.1.2020. **113**

Neu ist das **Verbot der direkten Förderung der passiven Konferenzteilnahme von Fachkreisangehörigen,** wobei diese Regelung für die sog. Corporate-Member in Ausnahme zu den sonstigen Regelungen erst ab dem 1.1.2018 verbindlich geworden ist. Für die Mitgliedsverbände verblieb es bei der Umsetzungsfrist bis zum 1.1.2020. Eine Ausnahme gilt für Schulungen zur richtigen Anwendung von Medizinprodukten (Third Party Organised Procedure Training). Bei Einhaltung bestimmter Voraussetzungen, dh sofern die Zuwendung an eine Gesundheitseinrichtung erfolgt, die Initiative nicht von dem Fachkreisangehörigen ausgeht, ein schriftlicher Vertrag geschlossen wird, keine unlautere Einflussnahme auf den Zuwendungsempfänger durch das Unternehmen vorliegt und zudem eine Veröffentlichung der Zunwendung vorgesehen ist, soll eine indirekte Förderung über Fortbildungsstipendien (Educational Grants) möglich sein, sofern es sich um eine wissenschaftlich-medizinische Veranstaltung handelt. In diesem Fall erfolgt die Zuwendung also an die Gesundheitseinrichtung, die hieraus die Veranstaltungsteilnahme finanziert, und eben **nicht mehr an den einzelnen Fachkreisangehörigen.** Weitere Neuerungen stellen die erstmalige Verpflichtung zur Offenlegung von Fortbildungsstipendien sowie die Aufnahme von Verfahrensregelungen zur Ahndung von Kodex-Verstößen durch ein Compliance Panel des Verbands dar. **114**

Auch zu diesem Kodex werden jeweils aktuelle (letztes Update 10/2020) Q&A veröffentlicht.[135] Flankiert wird der MedTech Code of Ethical Business Practice durch Verfahrensregeln für das **MedTech Europe Compliance Panel,** das etwaige Kodex-Verstöße sanktioniert.[136] Die nationale Umsetzung des MedTech-Kodex ist der Kodex „Medizinprodukte".[137] Ein vergleichbares Regelwerk in den USA stellt der AdvaMed Code of Ethics dar.[138] **115**

In den Kodizes für die Medizinprodukteindustrie fanden sich lange keine Bestimmungen zur **Durchsetzung** der sich aus den Kodizes ergebenden Verpflichtungen durch die Verbände. Im Arzneimittelbereich ist eine solche Sanktionsmöglichkeit seitens des FSA in **116**

---

[134] Der MedTech Code of Ethical Business Practice ist abrufbar unter https://www.medtecheurope.org/resource-library/medtech-europe-code-of-ethical-business-practice/ (zul. abgerufen am 27.1. 2021).

[135] An den entsprechenden Stellen im Kodex enthalten unter https://www.medtecheurope.org/wp-content/uploads/2017/06/2020_mte_medtech-europe-code-of-ethical-business-practice-qa-dg.pdf (zul. abgerufen am 27.1.2021).

[136] Siehe unter https://www.medtecheurope.org/wp-content/uploads/2017/06/MedTech-Europe-Compliance-Panel-Internal-Procedural-Rules.pdf (zul. abgerufen am 27.1.2021).

[137] Siehe auch SPECTARIS-Code of Conduct zur Zusammenarbeit in der Gesundheitswirtschaft, zur letzten Aktualisierung *Lubitz* CCZ 2018, 114 ff.

[138] Siehe unter https://www.advamed.org/wp-content/uploads/2021/05/advamed-code-of-ethics-2021.pdf (zul. abgerufen am 26.10.2021).

Form des Spruchkörpers bereits seit über 20 Jahren etabliert. Auch auf europäischer Ebene schreibt die EFPIA ihren Mitgliedern Maßnahmen zur Durchsetzung der eigenen Kodizes vor. Der Eigenanwendungs-IVD-Kodex des VDGH führte zwar erstmals im Medizinproduktebereich eine solche Regelung ein, verweist aber dabei wiederum auf die Spruchkörper des FSA. Auf Seiten von Eucomed ist erst am 9.10.2009 ebenfalls im Rahmen eines sog. „Procedural Framework" die verbindliche **Etablierung von Durchsetzungsbestimmungen der Kodizes** und von **Sanktionierungen von Kodexverstößen** durch die Mitgliedsverbände beschlossen worden, wobei die Systematik und Verfahrensregeln den Vorgaben der EFPIA ähnelten. Heute ist das **„Procedural Framework"** Teil des MedTech Europe Codes (Part 3). Ergänzend bestehen Verfahrensregeln („MedTech Europe Compliance Panel Internal Procedural Rules"). Während Eucomed den nationalen Verbänden ursprünglich die Etablierung von eigenen Spruchkörpern nur dort vorschrieb, wo die zur Verfügung stehenden Rechtsschutzmöglichkeiten auf nationaler Ebene nicht als ausreichend angesehen wurden, um die Durchsetzung des eigenen Kodex und die Sanktionierung von Verstößen zu gewährleisten, sind heute nach dem MedTech Europe Code sowohl die Etablierung eigener Durchsetzungsbestimmungen als auch eines entsprechenden Spruchkörpers obligatorisch. In Deutschland ist der **BVMed** der Auffassung, dass die deutsche Rechtsordnung bereits hinreichend effektive Mechanismen vorsehe, sodass die Etablierung einer eigenen Spruchrichtertätigkeit des BVMed nicht erforderlich sei. Das strafrechtliche Sanktionspotential in Verbindung mit der hohen Sensibilität und der daraus erwachsenden Ermittlungstätigkeit der Staatsanwaltschaften, die heilmittelwerbe- und wettbewerbsrechtlichen Bestimmungen wie das HWG und das UWG sowie das System des vorläufigen Rechtsschutzes böten auch ohne ein eigenes zusätzliches Sanktionspotential genügend Möglichkeiten, wettbewerbswidrigen Verhaltensweisen von Marktteilnehmern effektiv entgegenzutreten.

IV. Conference Vetting System

117 Um Unsicherheiten der Mitglieder zu vermeiden und Verstößen gegen die Kodizes bereits präventiv begegnen zu können, führte Eucomed 2012 ein sog. „Conference Vetting System"[139] ein, das eine **vorgelagerte Bewertung** von Maßnahmen der Mitgliedsunternehmen im Zusammenhang mit **externen Veranstaltungen** ermöglichen soll. Mitglieder von Eucomed konnten und Mitglieder von MedTech Europe können beispielsweise eigene Sponsoringvorhaben durch das unabhängige **Eucomed Compliance Panel** (heute: MedTech Europe Compliance Panel) auf die Vereinbarkeit mit dem Kodex überprüfen lassen. Kommt das Panel zu einem negativen Ergebnis, darf das Mitgliedsunternehmen nicht Sponsor der Konferenz sein oder die Teilnahme von Fachkreisangehörigen an der Veranstaltung fördern. Das MedTech Europe Compliance Panel zeichnet sich durch seine Unabhängigkeit aus.

K. IFPMA Code of Practice

118 Auf internationaler Ebene ist der **Code of Practice**[140] der International Federation of Pharmaceutical Manufacturers & Associations („IFPMA-Kodex") von Bedeutung. Dieser wurde erstmals im Jahr 1981 erlassen und im Laufe der Zeit insgesamt sechsmal novelliert. Nach der letzten Novellierung im Jahr 2012, durch die der Anwendungsbereich des IFPMA-Kodex von Marketing-Praktiken auf jegliche Interaktionen mit „Healthcare Professio-

[139] Ausführliche Informationen zum CVS können unter https://www.ethicalmedtech.eu/conference-vetting-system/objective/ abgerufen werden (zul. abgerufen am 27.1.2021).

[140] Abrufbar unter https://www.ifpma.org/wp-content/uploads/2018/09/IFPMA_Code_of_Practice_2019.pdf (zul. abgerufen am 27.1.2021).

nals", Medizinischen Einrichtungen und Patientenorganisationen erweitert wurde, erfolgte zum 1.1.2019 eine weitere grundlegende Änderung dieses Regelwerks. Es wurden nicht nur zahlreiche Vorschriften den aktuellen Entwicklungen angepasst, wie zB durch die Aufnahme eines Abgabeverbots von Geschenken und Werbehilfen für verschreibungspflichtige Arzneimittel. Durch die Etablierung eines IFPMA Ethos[141] soll der bisherige eher regelbasierte Ansatz zu einem wertebasierten Ansatz werden. Unter dem Titel *„Building a culture of trust"* wird den Mitgliedsunternehmen dazu neben den Regeln des IFPMA-Kodex ein Handlungsrahmen mit *„care, fairness, respect and honesty"* als zentralen Werten vorgegeben. Dadurch kann auch sich wandelnden Umständen und gesellschaftlichen Erwartungen entsprochen werden, ohne die konkreten Regelungen anpassen zu müssen.

Mitglieder von IFPMA[142] sind – neben dem europäische Dachverband der pharmazeuti- **119**
schen Industrie, der EFPIA – verschiedene nationale Verbände sowie einzelne Unternehmen der pharmazeutischen Industrie als **Direktmitglieder** (sog. *Corporate-Member*).

---

[141] Siehe hierzu unter https://www.ifpma.org/wp-content/uploads/2018/09/IFPMA_Code_of_Practice_2019.pdf, S. 9 ff. (zul. abgerufen am 27.1.2021).

[142] Auf S. 16 des EFPIA-Verhaltenskodex erklärt sich der Verband zur Compliance mit dem IFPMA-Kodex, wenn es dort heißt: *„EFPIA also encourages compliance with the letter and spirit of the provisions of the International Federation of Pharmaceutical Manufacturers and Associations (‚IFPMA') Code of Practice, where applicable"*.

Kapitel 5. Grundlagen der Kooperation

Literatur: *Bundesarbeitsgemeinschaft Selbsthilfe von Menschen mit Behinderung und chronischer Erkrankung und ihren Angehörigen* – BAG *SELBSTHILFE/Paritätische Wohlfahrtsverband mit seinem FORUM chronisch kranker und behinderter Menschen im PARITÄTISCHEN – FORUM* (Hrsg.), Leitsätze der Selbsthilfe für die Zusammenarbeit mit Personen des privaten und öffentlichen Rechts, Organisationen und Wirtschaftsunternehmen, insbesondere im Gesundheitswesen, 2016 (zit. als Leitsätze der Selbsthilfe); *Dann/Jones,* Kooperationen: Compliance relevante Problembereiche in: Dann (Hrsg.) Compliance im Krankenhaus, Kap. B.II, S. 191; *Dieners,* Transparenz im Gesundheitswesen – der neue FSA-Kodex, CCZ 2014, 204; *Dieners,* Die aktuellen Änderungen der FSA-Regelwerke, PharmR 2012, 381; *Dieners,* Der neue FSA-Kodex zur Zusammenarbeit mit Patientenorganisationen, PharmR 2009, 6; *Dieners,* Vermeidung von Korruptionsrisiken aus Unternehmenssicht – Rechtliche Gestaltung von Geschäftsbeziehungen, Behördenkontakten und Lobbying, in: Dölling (Hrsg.), Handbuch der Korruptionsprävention, München 2007, Kap. 4; *Fenger/Göben,* Sponsoring im Gesundheitswesen, München 2004; *Geiger,* Das Angemessenheitspostulat bei der Vergütung ärztlicher Kooperationsbeziehungen durch die Industrie, A&R 2013, 99; *Marschlich/Paffen/Wetzel,* EFPIA Transparenz-Kodex – Unternehmen stehen vor der Herausforderung steigender Transparenzanforderungen, CCZ 2014, 98; *Ramb,* Healthcare Compliance: Aktuelle Entwicklungen und globale Trends, CCZ, 2015, 262, *Ramb/Reich,* Transparenzoffensive im Gesundheitssektor – Neue Offenlegungspflichten für die pharmazeutische Industrie –, CB 2014, 327; *Räpple,* Zuwendungen und Rabatte im Gesundheitswesen, in: Engler/Geserich/Räpple/Rieger (Hrsg.), Werben und Zuwenden im Gesundheitswesen, 2. Aufl., Heidelberg 2000, S. 157; *Sonntag/Valluet/Clausen,* Neuauflage eines Klassikers?: Warum das Gesundheitswesen einen neuen „Gemeinsamen Standpunkt" für die Zusammenarbeit zwischen Industrie und Fachkreisen benötigt!, MPR 2014, 77; *Ulsenheimer,* Industriesponsoring und Vorteilsname/Bestechlichkeit, in: Laufs/Kern/Rehborn (Hrsg.), Handbuch des Arztrechts, 5. Aufl., München 2019, § 162.

Übersicht

A. Einleitung

Aus den bestehenden gesetzlichen Vorgaben des Straf-, Dienst- und Wettbewerbsrechts 1
sowie des ärztlichen Berufsrechts sind **vier zentrale Grundsätze**[1] abzuleiten, deren Einhaltung die bestehenden rechtlichen Risiken ausschließen bzw. weitgehend minimieren soll. Diese Prinzipien sind grundsätzlich in Hinblick auf Kooperationen mit niedergelassenen Ärzten, Klinikärzten und anderen Angehörigen der Heilberufe und Kooperationen mit medizinischen Einrichtungen entwickelt worden, gelten aber gleichermaßen – wenn auch teilweise in leicht abgewandelter Form – für Kooperationen mit Patientenorganisationen oder deren Vertreter.

[1] Neben den hier genannten vier zentralen Grundsätzen führt etwa *Ulsenheimer* in Laufs/Kern/Rehborn § 162 Rn. 177 ff. zusätzlich die Prinzipien der „Bargeldlosigkeit", der „Kontendistanz" und der „Fremdnützigkeit" auf.

B. Trennungsprinzip

2 Nach dem Trennungsprinzip dürfen Zuwendungen an Angehörige der Heilberufe und an medizinische Einrichtungen **nicht in Abhängigkeit von Umsatzgeschäften, Beschaffungs-, Verordnungs- oder Therapieentscheidungen** erfolgen: Entgeltliche und unentgeltliche Leistungen dürfen also nicht gewährt werden, um Einfluss auf Beschaffungs- oder Verordnungsentscheidungen zu nehmen, wobei bereits ein entsprechender Eindruck vermieden werden sollte.[2] Das Trennungsprinzip setzt das allgemeine straf-, dienst-, wettbewerbs- und berufsrechtliche Grundpostulat um, wonach Zuwendungen an Ärzte zur Beeinflussung von Beschaffungsentscheidungen oder ärztlichen Verordnungs- oder Therapieentscheidungen unzulässig sind. Um bereits einen **entsprechenden Eindruck zu vermeiden,** sollten grundsätzlich keine Zuwendungen gewährt werden, die privaten Zwecken dienen. Es sollte nicht einmal der Eindruck entstehen, der niedergelassene Arzt, Klinikarzt oder ein anderer Mitarbeiter einer medizinischen Einrichtung lege den Vorteil auf die „Waagschale der Entscheidung" bzw. die Zuwendung erfolge von Seiten der Industrie im Hinblick darauf.

3 Bezogen auf Patientenorganisationen und deren Vertreter, die weder Therapie- und Verordnungsentscheidungen treffen noch unmittelbar an Umsatz- oder Beschaffungsgeschäften beteiligt sind, scheidet eine direkte und unmittelbare Beeinflussung von derartigen Entscheidungen oder Geschäften von vorneherein aus. Um allerdings auch eine indirekte und mittelbare Beeinflussung zu vermeiden, muss bei Kooperationen der Industrie mit Patientenorganisationen oder deren Vertreter stets die **Neutralität und Unabhängigkeit** solcher Organisationen und ihrer Vertreter beachtet werden. Dies erfordert insbesondere eine strenge Trennung zwischen der Industrie und den Patientenorganisationen in Hinblick auf die Gründung und die organisatorische oder personelle Aufstellung von Patientenorganisationen. Des Weiteren muss bei der Bereitstellung und Vermittlung von Informationen und Empfehlungen der jeweilige Urheber stets klar erkennbar sein.[3]

C. Transparenz-/Genehmigungsprinzip

4 Im Rahmen von Kooperationen mit Angehörigen der Heilberufe, medizinischen Einrichtungen und Patientenorganisationen bzw. deren Vertreter ist auch das Transparenz-/Genehmigungsprinzip zu beachten. Danach müssen Zuwendungen der Industrie den Dienstherren oder Arbeitgebern von Angehörigen der Heilberufe angezeigt bzw. gegebenenfalls auch durch diese genehmigt werden.[4] Ferner hat die Herstellung von Transparenz durch die Veröffentlichung von Zuwendungen gegenüber der allgemeinen Öffentlichkeit in den vergangenen Jahren nicht nur in Deutschland sondern auch international erheblich an Bedeutung gewonnen.[5]

5 Zunächst sind nach dem Transparenz-/Genehmigungsprinzip sämtliche Sach- oder Geldzuwendungen an angestellte niedergelassene Ärzte, Klinikärzte und andere Mitarbeiter medizinischer Einrichtungen, durch die diese begünstigt werden bzw. begünstigt werden könnten, schriftlich anzuzeigen und gegebenenfalls genehmigungspflichtig. Das Genehmigungselement des Transparenz-/Genehmigungsprinzips sieht eine **grundsätzliche Invol-**

[2] „Gemeinsamer Standpunkt", S. 10f.; Kodex „Medizinprodukte", § 3 Abs. 1 Nr. 1; FSA-Kodex Fachkreise, § 6 Abs. 1 Nr. 1 und § 17; FSA-Kodex Patientenorganisation, § 7; s. hierzu auch *Ulsenheimer* in Laufs/Kern/Rehborn § 162 Rn. 175; *Geiger* CCZ 2011, 1 (8); *Fenger/Göben,* Sponsoring im Gesundheitswesen, S. 210; *Räpple* in Engler/Geserich/Räpple/Rieger S. 194.

[3] Leitsätze der Selbsthilfe, Ziff. 1 lit. c und Ziff. 2 und 3; FSA-Kodex Patientenorganisationen, § 6f.; s. hierzu auch *Dieners* PharmR 2009, 6 (8f.).

[4] *Dieners* in Dölling Kap. 4 Rn. 44f.; *Dann/Jones* in Dann S. 265.

[5] *Marschlich/Paffen/Wetzel* CCZ 2014, 98 (98ff.); *Ramb* CCZ 2015, 262 (264ff.).

vierung der Dienstherren bzw. Arbeitgeber bzw. der diese vertretenden **Krankenhausverwaltungen** in die Beziehungen der Industrie mit angestellten niedergelassenen Ärzten, Klinikärzten und sonstigen Mitarbeitern medizinischer Einrichtungen vor. Dass gilt für gegenseitige und für einseitige Leistungsbeziehungen, also beispielsweise sowohl für den Abschluss von Forschungs- oder Beraterverträgen als auch bei der Gewährung bzw. der Annahme sowie der Verwaltung von Spenden oder Unterstützungsleistungen der Industrie zur Teilnahme an wissenschaftlichen Fort- und Weiterbildungsveranstaltungen. Leistungen durch die Industrie dürfen danach erst nach erfolgter Anzeige und Genehmigung erbracht werden.

Die Einhaltung des Transparenz-/Genehmigungsprinzips ist sowohl ein **entscheidender** 6
Eckpunkt des Kodex „Medizinprodukte" als auch des „Gemeinsamen Standpunkts" der Verbände.[6] Dasselbe gilt für den FSA-Kodex Fachkreise, der für die Zusammenarbeit mit den Angehörigen der Fachkreise die Einhaltung der Hinweise und Empfehlungen des „Gemeinsamen Standpunkts" vorschreibt.[7] Mit der Einbeziehung der Dienstherren bzw. Arbeitgeber (in der Regel üben die Verwaltungen in den Kliniken diese Funktion aus) soll sowohl strafrechtlichen als auch dienstrechtlichen Anforderungen Genüge getan werden. Dies hat insbesondere folgenden Hintergrund: Die faktische Unabhängigkeit von Klinikärzten und anderen Mitarbeitern medizinischer Einrichtungen gegenüber den Verwaltungen hat in der Vergangenheit dazu geführt, dass oftmals ohne deren Kenntnis Forschungsverträge mit der Industrie abgeschlossen oder Unterstützungsleistungen der Industrie entgegen genommen wurden. Die Beachtung des Transparenz-/Genehmigungsprinzips vermeidet oder vermindert zumindest den möglichen Eindruck unzulässiger Einflussnahme auf ärztliche Entscheidungen. Darüber hinaus entspricht dieses Prinzip den dienstrechtlichen Anforderungen an Transparenz und Involvierung der Dienstherren und Arbeitgeber (→ Kap. 2 Rn. 42). Schließlich scheidet eine strafrechtliche Verfolgung in Fällen der §§ 331, 333 StGB (Vorteilsannahme und -gewährung) dann aus, wenn die Genehmigung des Dienstherrn vorliegt bzw. die gegebenenfalls bestehenden hochschul- und drittmittelrechtlichen Genehmigungs- und Anzeigeverfahren eingehalten werden (→ Kap. 2 Rn. 20ff. und → Kap. 6 Rn. 50).[8]

Zwar findet das **Genehmigungsprinzip** auf selbständige niedergelassene Ärzte keine 7
Anwendung; allerdings sieht § 33 S. 2 MBO-Ä eine weitere Transparenzmaßnahme vor, die sowohl Klinikärzte als auch niedergelassene Ärzte betrifft: Verträge über die Zusammenarbeit mit der Industrie sind hiernach schriftlich zu schließen und sollen der Ärztekammer (auf deren Nachfrage) vorgelegt werden. Eine rechtlich verbindliche Pflicht zur Vorlage besteht jedoch nicht; sie entspricht auch nicht der Praxis.

Neben der Herstellung von Transparenz durch eine Verpflichtung zur Anzeige von Zu- 8
wendungen bzw. zur Genehmigung durch Dienstherren, Arbeitgebern oder Kammern ist zunehmend auch die Information der Öffentlichkeit erforderlich.[9] Entsprechende Initiativen im Ausland sind beispielsweise der US-amerikanische **Physician Payment Sunshine Act (PPSA)** und das französische **Loi Bertrand,** welches auch als **„French Sunshine Act"** bezeichnet wird. Der US-amerikanische **Physician Payment Sunshine Act** verpflichtet Pharma- und Medizinprodukteunternehmen, Zahlungen und Zuwendungen, die sie an Ärzte und Lehrkrankenhäuser leisten, jährlich an das Center of Medicare and Medicaid Services (CMS) als zuständige Behörde zu übermitteln. Das CMS veröffentlicht die Daten im jährlichen Turnus auf seiner Internetseite.[10]

---

[6] „Gemeinsamer Standpunkt", S. 11; Kodex „Medizinprodukte", § 3 Abs. 1 Nr. 2.

[7] FSA-Kodex Fachkreise, § 24; s. dazu auch FSA-Empfehlungen, Ziff. 9.10 und 9.11(c).

[8] BGH NJW 2002, 2801 (2803).

[9] Dazu ausführlich *Ramb/Reich* CB 2014, 327 (327ff.); *Marschlich/Paffen/Wetzel* CCZ 2014, 98 (98ff.).

[10] Pressemeldung des BVMed vom 21.6.2013, abrufbar unter: https://www.bvmed.de/de/bvmed/presse/pressemeldungen/medinform-konferenz-zu-datenschutz-und-transparenz-wir-betreten-neu land-neue-anforderungen-an-unternehmen-im-gesundheitsmarkt (zul. abgerufen am 17.2.2021); *Marschlich/Paffen/Wetzel* CCZ 2014, 98 (99); *Ramb/Reich* CB 2014, 327 (327f.).

Nach dem sog. **French Sunshine Act** müssen Unternehmen die Existenz sämtlicher Vereinbarungen mit Fachkreisangehörigen und bestimmten medizinischen Organisationen innerhalb von 15 Tagen nach ihrer Durchführung auf einer öffentlich zugänglichen Webseite offenlegen. Darüber hinaus müssen grundsätzlich alle Vorteile, die in Geld oder als sonstige Sachleistung zugewendet werden und die einen Betrag von 10 Euro übersteigen, innerhalb von sechs Monaten zum 1.8 oder 1.2 des Folgejahres veröffentlicht werden.[11]

9 In Deutschland hat sich der FSA mit Erlass des **Transparenzkodex** (→ Kap. 16) und der Aufnahme von Veröffentlichungspflichten in den FSA-Kodex Patientenorganisationen (→ Kap. 15) Transparenzanforderungen im Sinne einer Selbstverpflichtung seiner Mitgliedsunternehmen umgesetzt.[12] Der MedTech Europe Code sieht in seinen Disclosure Guidelines Verpflichtungen seiner Direktmitglieder zur Offenlegung von Zuwendungen an medizinische Einrichtungen oder professionelle Kongressorganisatoren vor; der Kodex „Medizinprodukte" beschränkt sich dagegen auf die Umsetzung der „klassischen" Komponenten des Genehmigungsprinzips, ohne Vorgaben zur Offenlegung von Zuwendungen zu machen.[13]

D. Äquivalenzprinzip

10 Das Äquivalenzprinzip[14] verlangt bei Vertragsbeziehungen mit Angehörigen der Heilberufe, medizinischen Einrichtungen oder Patientenorganisationen und deren Vertretern, dass Leistungen und Gegenleistungen in einem **angemessenen Verhältnis** zueinander stehen.[15] Die Einhaltung dieses Prinzips soll sicherstellen, dass es sich bei Zahlungen der Industrie für Leistungen der Angehörigen der Heilberufe, medizinischen Einrichtungen, Patientenorganisationen oder deren Vertreter ausschließlich um das Entgelt für die Erfüllung der Verträge und nicht etwa um das Erkaufen von Beschaffungs-, Verordnungs- oder Therapieentscheidungen oder ein damit in Zusammenhang stehendes Wohlwollen handelt. Die Beachtung des Äquivalenzprinzips soll dazu beitragen, dass in der Vergütung von vertraglichen Leistungen keine unlauteren oder möglicherweise auch strafbaren Vorteile gesehen werden können. Zur Angemessenheit von Leistung und Gegenleitung → Kap. 6 Rn. 12.

E. Dokumentationsprinzip

11 Schließlich erfordert das Dokumentationsprinzip, dass sämtliche Leistungen **schriftlich und vollständig dokumentiert** werden.[16] Dies gilt beispielsweise nicht nur für Forschungs- und Beraterverträge, sondern auch für die Gründe und das Interesse der Industrie an einer solchen vertraglichen Zusammenarbeit, die Kriterien, nach denen die Vertragspartner ausgewählt werden, sowie für die auf Grundlage der Vertragsbeziehung ausgetauschten Leistungen. Die Einhaltung dieses Prinzips erleichtert es, ordnungsgemäß abgewickelte und rechtlich nicht zu beanstandende Geschäftsbeziehungen zwischen medizinischen Einrich-

[11] Näheres dazu unter http://www.policymed.com/2014/05/french-sunshine-act-public-database-published.html (zul. abgerufen am 17.2.2021); *Ramb* CCZ 2015, 262 (266 f.).

[12] *Ramb/Reich* CB 2014, 327 (330 ff.); *Dieners* CCZ 2014, 204 (204 ff.); *Dieners* PharmR 2012, 381 (384).

[13] S. dazu auch *Sonntag/Valluet/Clausen* MPR 2014, 77 (81 f.).

[14] Auch als „Angemessenheitspostulat" bezeichnet, siehe *Geiger* A&R 2013, 99 (100).

[15] „Gemeinsamer Standpunkt", S. 12; Kodex „Medizinprodukte", § 3 Abs. 1 Nr. 4; FSA-Empfehlungen, Nr. 8.1 lit. b; FSA-Kodex Fachkreise, § 18 Abs. 1 Nr. 6; FSA-Kodex Patientenorganisationen, § 12 Abs. 1 Nr. 5.

[16] „Gemeinsamer Standpunkt", S. 11 f.; Kodex „Medizinprodukte", § 3 Abs. 1 Nr. 3.

tungen bzw. deren Beschäftigten oder niedergelassenen Ärzten sowie Patientenorganisationen und deren Vertreter einerseits und der Industrie andererseits anhand einer vollständigen Dokumentation der zugrunde liegenden Vertragsbeziehungen und der gegenseitigen Leistungen nachzuvollziehen. Hierdurch kann der mögliche Verdacht unlauterer bzw. strafbarer Momente vermieden oder ausgeräumt werden. Darüber hinaus ist die Einhaltung des Schriftlichkeitserfordernisses insbesondere für die betroffenen Ärzte von Bedeutung, da § 33 S. 2 MBO-Ä vorsieht, dass Verträge über die Zusammenarbeit mit der Industrie schriftlich zu schließen sind und der Ärztekammer (auf deren Nachfrage) vorgelegt werden sollen. Ein Schriftlichkeitserfordernis sehen auch der FSA-Kodex Fachkreise (§ 18 Abs. 1 Nr. 1), der FSA-Kodex Patientenorganisationen (§ 12 Abs. 1 Nr. 1), die Leitlinien der Selbsthilfe (Ziff. 5 lit. b), die FSA-Empfehlungen (Nr. 8.1 lit. a) sowie der „Gemeinsamer Standpunkt" (S. 11 f.) und der Kodex „Medizinprodukte" (§ 3 Abs. 1 Nr. 3, § 6 Abs. 1 Nr. 5, § 9 Abs. 1 Nr. 1) vor.

Kapitel 6. Vertragsgestaltung – ausgewählte Kooperationsformen

Literatur: *Balzer/Milbradt,* Arbeitnehmererfinderrecht: Die Abschaffung des Hochschullehrerprivilegs und ihre Auswirkungen auf Forschungsverträge mit Universitätskliniken, PharmR 2003, 378; *Bartenbach/Volz,* Erfindungen an Hochschulen, GRUR 2002, 758; *Broch,* Compliance-Gespenst „Anwendungsbeobachtungen"?, PharmR 2016, 314; *Bundesverband der Pharmazeutischen Industrie – BPI* (Hrsg.), Antikorruptionsgesetz, Aulendorf 2001; *Cahnbley,* Die geplanten Tatbestände der Bestechlichkeit und Bestechung im Gesundheitswesen – Strafverfolgungsrisiken und kritische Anmerkungen zum Berufsrechtsmodell, MPR 2015, 145; *Clausen/Schroeder-Printzen* (Hrsg.), Münchener Anwaltshandbuch Medizinrecht, 3. Auflage, München 2020; *Dann/Jones,* Kooperationen: Compliance relevante Problembereiche in: Dann (Hrsg.) Compliance im Krankenhaus, Kap. B.II, S. 191, Düsseldorf 2015; *Dann/Scholz,* Der Teufel steckt im Detail – Das neue Anti-Korruptionsgesetz für das Gesundheitswesen, NJW 2016, 2077; *Dauster,* Private Spenden zur Förderung von Forschung und Lehre: Teleologische Entschärfung des strafrechtlichen Vorteilsbegriffs nach §§ 331 ff. StGB und Rechtfertigungsfragen, NStZ 1999, 63; *Dieners,* Die Neufassung des FSA-Kodex, A&R 2006, 110; *Dieners/Lembeck/Taschke,* Der „Herzklappenskandal" – Zwischenbilanz und erste Schlussfolgerungen für die weitere Zusammenarbeit der Industrie mit Ärzten und Krankenhäusern, PharmR 1999, 156; *Dieners/Milbradt,* Gestaltung von Forschungsverträgen der Pharma- und Medizinprodukteindustrie mit universitären Einrichtungen und deren Mitarbeitern, in: Festschrift für Reimann, Köln 2009, S. 49 ff.; *Dieners/Milbradt/Balzer,* The Abolition of the University Scientist Privilege and its Effects on Research Agreements, RAF 2004, 40; *Dieners/Oeben,* Die 4. MPG-Novelle – Änderungen und praktische Auswirkungen, MPR 2009, 105; *Dieners/Taschke,* Die Kooperation der medizinischen Industrie mit Ärzten und Krankenhäusern – Die aktuelle Rechtsprechung und ihre Konsequenzen, PharmR 2000, 309; *Felder/Lippert,* Der Krankenhausarzt als Berater der pharmazeutischen Industrie – Probleme bei der Gestaltung von Beraterverträgen, GesR 2008, 225; *Fischer,* Strafgesetzbuch und Nebengesetze, 68. Aufl., München 2021; *Geiger,* Drei Jahre Spruchpraxis der Freiwilligen Selbstkontrolle der Arzneimittelindustrie zur Ausrichtung von Fortbildungsveranstaltungen durch die Pharmaindustrie – eine Bilanz (Teil 2), PharmR 2007, 364; *Graf,* MDR: Wie werden sich klinische Bewertung und klinische Prüfung für Medizinprodukte ändern?, MPR 2016, 186; *Grzesiek/Sauerwein,* Was lange währt, wird endlich gut: §§ 299a und b StGB als „Allheilmittel" zur Bekämpfung von Korruption im Gesundheitswesen?, NJW 2016, 369; *Heil/Oeben,* §§ 299a, b StGB auf der Zielgeraden – Auswirkungen auf die Zusammenarbeit im Gesundheitswesen, PharmR 2016, 217; *Hill/Schmitt,* WiKo, Medizinprodukterecht, Loseblattsammlung, Stand 2018; *Kindhäuser/Neumann/Paettgen* (Hrsg.), Strafgesetzbuch, 5. Aufl., Baden-Baden 2017; *Koyuncu,* Compliance und Vertragsgestaltung bei Nichtinterventionellen Studien – unter besonderer Berücksichtigung der Ärztevergütung bei Anwendungsbeobachtungen, PharmR 2009, 211; *Krüger,* Sponsoring im Krankenhaus, GesR 2015, 527; *Lange/Vollmar,* Sektorenübergreifende Kooperation im Gesundheitswesen – Ist alles verboten, was Spaß macht? – Teil 1, CB 2018, 70; *Lange/Vollmar/Albers-Mohltiz,* Sektorenübergreifende Kooperation im Gesundheitswesen – Teil 2, CB 2018, 305; *Leipold,* Compliance in der pharmazeutischen Industrie, in: Hauschka/Moosmayer/Lösler (Hrsg.), Corporate Compliance, 3. Aufl., München 2016, S. 680; *Laufs/Kern/Rehborn,* Handbuch des Arztrechts, 5. Aufl., München 2019; *Michalke,* Drittmittel und Strafrecht – Licht am Ende des Tunnels?, NJW 2002, 3381; *Oschmann,* Praxisfragen zu F&E Verträgen, KliFoRe 2007, 86; *Osterrieth,* Patentrecht, 6. Aufl., München 2021; *Osterrieth/Holeweg,* Aktuelle Fragen des gewerblichen Rechtsschutzes (I) – Die Abschaffung des Hochschullehrerprivilegs und ihre praktischen Auswirkungen, MPR 2002, 18; *Räpple,* Unterstützungsleistungen für Krankenhausmitarbeiter, implant 1997, 9; *Räpple,* Zuwendungen und Rabatte im Gesundheitswesen, in: Engler/Geserich/Räpple/Rieger (Hrsg.), Werben und Zuwenden im Gesundheitswesen, 2. Aufl., Heidelberg 2000, S. 157; *Reese,* Beck'scher Online Kommentar zum HWG, 5. Edition, 2021; *Spickhoff* (Hrsg.), Medizinrecht, 3. Aufl., München 2018; *Taschke,* Drittmittelforschung und Strafrecht – Zugleich eine Besprechung der Urteile des Bundesgerichtshofs vom 23.5.2002 (1 StR 372/01) und vom 23.10.2002 (1 StR 5412/01), PharmR 2002, 409 (= MPR 2002, 101); *Taschke,* Strafvorschriften und Ordnungswidrigkeiten, in: Anhalt/Dieners (Hrsg.), Handbuch des Medizinprodukterechts, 2. Aufl., München 2017, § 20; *Ulsenheimer/Gaede* Arztstrafrecht in der Praxis, 6. Auflage, Heidelberg 2021; *Wallhäuser,* Compliance für Krankenhäuser, CB 2016, 151.

Übersicht

A. Einleitung

1 Die in der Praxis bestehenden Rechtsbeziehungen zwischen der Industrie einerseits und niedergelassenen Ärzten und medizinischen Einrichtungen sowie deren Mitarbeitern andererseits können in **zwei verschiedene Kategorien** unterteilt werden, für die jeweils unterschiedliche rechtliche Anforderungen an die Ausgestaltung der Rechtsbeziehungen bestehen. Danach muss differenziert werden, ob es sich um den **Austausch von Leistungen** zwischen der Industrie und niedergelassenen Ärzten, medizinischen Einrichtungen oder deren Mitarbeitern handelt oder ob von Seiten der Industrie **einseitige Leistungen** an niedergelassene Ärzte, medizinische Einrichtungen oder deren Mitarbeiter gewährt werden. Im ersten Fall spricht man von sog. **Leistungsaustauschbeziehungen;**[1] der „Gemeinsame Standpunkt“ nennt sie „Dienstleistungsbeziehungen“.[2] Beispiele hierfür sind etwa Vereinbarungen über klinische Prüfungen und Anwendungsbeobachtungen oder Referenten- und Beratungsleistungen. Zum Teil werden diese vertraglichen Austauschbeziehungen auch als „Vertragsbeziehungen“ bezeichnet, im Gegensatz zu „einseitigen Leistungen“, obgleich dies rechtsdogmatisch nicht ganz korrekt ist, da rechtlich auch der Gewährung von einseitigen Leistungen an niedergelassene Ärzte, medizinische Einrichtungen oder deren Mitarbeiter vertragliche Regelungen zugrunde liegen, etwa im Rahmen der Gewährung einer Spende an eine medizinische Einrichtung oder im Hinblick auf die Ausgestaltung der Unterstützung der Teilnahme von Ärzten an medizinischen Fachkongressen. Typische Beispiele für die Gewährung einseitiger Leistungen an Krankenhäuser und Ärzte sind neben der Ge-

---

[1] *Krüger* GesR 2015, 527 (530).

[2] „Gemeinsamer Standpunkt“, S. 12 ff.

währung von Spenden an medizinische Einrichtungen etwa die Abgabe von (Werbe-)Geschenken an niedergelassene Ärzte und Mitarbeiter medizinischer Einrichtungen oder auch deren Bewirtung durch die Industrie.[3]

Neben den Kriterien des „Austauschs" und der „Einseitigkeit" von Leistungen können die in der Praxis bestehenden Rechtsbeziehungen zwischen der Industrie und niedergelassenen Ärzten, medizinischen Einrichtungen und deren Mitarbeitern auch nach dem jeweiligen **Vertragspartner** bzw. **Empfänger** der Leistungen der Industrie unterschieden werden. Entsprechende Verträge bzw. Absprachen können sowohl zwischen der Industrie und **medizinischen Einrichtungen** als auch zwischen der Industrie und **Mitarbeitern** von medizinischen Einrichtungen oder zwischen der Industrie und **niedergelassenen Ärzten** geschlossen werden. Danach ergeben sich folgende Kategorien (Abb. 4): 2

	Medizinische Einrichtung	Klinikarzt/ niedergelassener Arzt	
Industrie	– Verträge über klinische Prüfungen – Beraterverträge – Sponsoringverträge	– Verträge über klinische Prüfungen – Beraterverträge – Referentenverträge – Autorenverträge	Leistungsaustauschbeziehungen
	– Spenden – Geschenke – Fortbildungszuschüsse (*„Educational Grants"*)	– Unterstützung der Teilnahme an Fort- und Weiterbildungsveranstaltungen – Geschenke – Bewirtungen	Einseitige Leistungen

Abb. 4: Kategorien typischer Leistungsbeziehungen

B. Leistungsaustauschbeziehungen

Leistungsaustauschbeziehungen sind solche Rechtsbeziehungen zwischen der Industrie einerseits und niedergelassenen Ärzten, medizinischen Einrichtungen oder deren Mitarbeitern andererseits, bei denen die niedergelassenen Ärzte, medizinischen Einrichtungen oder deren Mitarbeiter für die Industrie Leistungen erbringen und hierfür als Gegenleistung eine Vergütung erhalten. Auch solche Rechtsbeziehungen können gegebenenfalls unter dem Gesichtspunkt der Antikorruptionsvorschriften, unter dienstrechtlichen Gesichtspunkten (bei Klinikärzten) und unter wettbewerbs- oder berufsrechtlichen Aspekten problematisch sein.[4] Zwar scheidet nach der gängigen Definition ein „Vorteil" iSd Korruptionsbekämpfungsgesetze regelmäßig dann aus, wenn der Empfänger auf die Leistung der Zuwendenden einen gesetzlich begründeten Anspruch hat. Von daher macht die Ergänzung der oben genannten Prinzipien (→ Kap. 5 Rn. 1 ff.) um ein weiteres Prinzip, das sog. **Gegenseitigkeitsprinzip,** Sinn, wonach die Annahme von einseitigen Leistungen der Industrie (bzw. deren Gewährung) nach Möglichkeit vermieden werden sollte.[5] Insofern ist allerdings die Rechtsprechung des BGH zu beachten,[6] wonach ein Vorteil bereits in dem **Abschluss des Vertrags** selbst liegen kann, auf den der Vertragspartner keinen Anspruch hat. Zu beachten ist ferner, dass durch die **Einbeziehung des „Drittvorteils"** (→ Kap. 2 Rn. 11) in den gesetzlichen Tatbestand der Korruptionsbekämpfungsdelikte auch Vertrags- 3

[3] Zu diesen und weiteren Beispielen auch *Lange/Vollmar* CB 2018, 70 (71).
[4] Ausführlich zur Strafbarkeit nach §§ 299a, b StGB etwa *Dann/Scholz* NJW 2016, 2077 ff.
[5] *Räpple* in Engler/Geserich/Räpple/Rieger S. 194.
[6] BGHSt 31, 264; s. auch OLG Hamburg StV 2001, 277 (279); 2001, 284.

beziehungen, die von einem Arzt für die medizinische Einrichtung, für die er tätig ist, nur „eingeworben" werden und die im Ergebnis zwischen der Industrie und der medizinischen Einrichtung zustande kommen, einen „Drittvorteil" iSd Gesetzes darstellen können.[7] Angesichts der auch bei Leistungsaustauschbeziehungen bestehenden rechtlichen Risiken sind auch beim Abschluss von Verträgen zwischen der Industrie einerseits und niedergelassenen Ärzten, medizinischen Einrichtungen und deren Mitarbeitern andererseits über klinische Prüfungen oder Anwendungsbeobachtungen, Beratungs- und Referentenleistungen etc die oben genannten Grundprinzipien (→ Kap. 5 Rn. 1 ff.) sorgsam zu beachten, um Strafbarkeitsrisiken auszuschließen oder zumindest weitgehend zu minimieren.

I. Grundsätze

1. Keine unlautere Beeinflussung von Beschaffungs- und Verordnungsentscheidungen

4 In Umsetzung des Trennungsprinzips dürfen Leistungsaustauschbeziehungen zwischen der Industrie einerseits und niedergelassen Ärzten, medizinischen Einrichtungen oder deren Mitarbeitern andererseits **nicht dazu missbraucht werden, Beschaffungs-, Verordnungs- oder Therapieentscheidungen zu beeinflussen.** Dies bedeutet, dass der Abschluss von Verträgen mit niedergelassenen Ärzten, medizinischen Einrichtungen oder deren Mitarbeitern, etwa über die Durchführung von klinischen Prüfungen oder Anwendungsbeobachtungen bzw. im Hinblick auf die Erbringung von Referenten- oder Beratungsleistungen, nicht dazu instrumentalisiert werden darf, Entscheidungen des jeweiligen Vertragspartners über den Bezug oder die Verordnung von Produkten zu veranlassen oder zu beeinflussen. Dies wäre etwa dann der Fall, wenn der Abschluss eines solchen Vertrags von Seiten der Industrie ausdrücklich oder auch nur implizit von Beschaffungs- oder Verordnungsentscheidungen zugunsten des Unternehmens abhängig gemacht würde, oder umgekehrt Krankenhäuser oder Ärzte als Vertragspartner Beschaffungs- oder Verordnungsentscheidungen zugunsten des Unternehmens nur unter der Voraussetzung in Aussicht stellen würden, dass sie in ein Forschungs- und Entwicklungsprojekt des Unternehmens einbezogen würden oder diesem Referenten- oder Beratungsleistung erbringen dürften.

2. Sachliche Rechtfertigung der Vertragsbeziehung

5 Die Antikorruptionsvorschriften bezwecken den Schutz der Lauterkeit der öffentlichen Verwaltung sowie den Schutz des Vertrauens der Patienten in die Integrität heilberuflicher Entscheidungen und den Schutz des freien Wettbewerbs. Lauterkeitsgesichtspunkte verfolgen daneben auch das ärztliche Berufsrecht sowie das Heilmittelwerberecht und das allgemeine Wettbewerbsrecht. Nach den Antikorruptionsvorschriften und dem ärztlichen Berufsrecht darf nicht einmal der Eindruck entstehen, Beschaffungs- oder Verordnungsentscheidungen würden aufgrund sachfremder Erwägungen getroffen. Um einen derartigen Eindruck bereits im Ansatz zu vermeiden, ist es für die Begründung und Durchführung von Leistungsbeziehungen zwischen der Industrie einerseits und niedergelassenen Ärzten, medizinischen Einrichtungen oder deren Mitarbeitern andererseits von besonderer Bedeutung, dass ein **sachlich gerechtfertigtes und für unbeteiligte Dritte nachvollziehbares Interesse** an der Durchführung dieser Leistungsbeziehungen besteht. Das Gleiche gilt für die Projekte, die Gegenstand dieser Leistungsbeziehungen sind. Ein Strafbarkeitsrisiko besteht für Klinikärzte bzw. niedergelassene Ärzte daher nicht nur in dem Fall, in dem etwa ein Vertrag mit einem Arzt nur zum Schein getroffen würde **(„Scheinvertrag"),** um diesem unter dem Deckmantel des Vertrags einen Vorteil zukommen zu lassen. Problematisch

[7] Vgl. BT-Drs. 18/6446, 23; so im Ergebnis auch *Grzesiek/Sauerwein* NZWiSt 2016, 369 (370). Siehe hierzu auch *Dieners/Lembeck/Taschke* PharmR 1999, 163; *Gaede* in Ulsenheimer/Gaede Arztstrafrecht in der Praxis Rn. 1466.

kann vielmehr auch die Vertragsbeziehung werden, aus der nicht klar wird, aus welchem sachlich gerechtfertigten Interesse das Projekt durchgeführt werden soll oder bei dem Bedenken im Hinblick auf die rechtliche Ausgestaltung der Vertragsbeziehung bestehen. Beispiele aus der Praxis hierfür sind etwa Forschungs- und Entwicklungsverträge zwischen Industrieunternehmen und Klinikärzten, die (ohne hinreichenden Grund) keine Regelungen über das Schicksal gewerblicher Schutzrechte, die gegebenenfalls im Zusammenhang des Vertragsprojekts entstehen könnten, zugunsten der Unternehmen (etwa durch eine Übertragung von Patenten oder Einräumung von Lizenzrechten) vorsehen.[8] Die Staatsanwaltschaften haben in bisher bekannt gewordenen Ermittlungsverfahren die Frage gestellt, welchen Wert ein solches Projekt für das vertragsschließende Unternehmen haben soll. Dies bedeutet nicht, dass der Abschluss eines derartigen Vertrags ohne Übertragung der gewerblichen Schutzrechte bzw. dessen Durchführung unweigerlich zu einer Strafbarkeit der Beteiligten führen muss. Allerdings sind **gute Gründe** erforderlich, die die gewählte Vertragsgestaltung rechtfertigen. Problematisch sind beispielsweise auch die Durchführung von Anwendungsbeobachtungen ohne Vorliegen einer legitimen medizinischen Notwendigkeit *(„Medical Need")* und ohne dass die Ergebnisse der Anwendungsbeobachtung letztlich vom Unternehmen verwendet werden. Überdies muss die Auswahl des Vertragspartners allein aufgrund von dessen **fachlicher Qualifikation** und frei von dessen Einfluss oder Einflussnahme auf Beschaffungs- oder Verordnungsentscheidungen getroffen werden.

3. Wahl des Vertragspartners

Im Klinikbereich können Leistungsaustauschbeziehungen grundsätzlich zwischen der **6**
Industrie einerseits und medizinischen Einrichtungen oder deren Mitarbeitern (vor allem Klinikärzten) andererseits geschlossen werden.[9] In der Praxis sind oftmals, insbesondere beim Abschluss von Verträgen über klinische Prüfungen und Anwendungsbeobachtungen, auch dreiseitige Vertragsbeziehungen zwischen der Industrie, der medizinischen Einrichtung und Ärzten üblich. Dies ist etwa dann der Fall, wenn der Prüfarzt im Hinblick auf die von ihm im Rahmen der Prüfung zu übernehmenden regulatorischen Pflichten oder aber auch hinsichtlich der Übertragung gewerblicher Schutzrechte auf das Unternehmen persönlich (mit-)verpflichtet werden soll. Eine Notwendigkeit derartiger Vereinbarungen folgt insbesondere aus § 42 ArbEG, der an Hochschulen beschäftigten Erfindern besondere Rechte in Bezug auf die Offenbarung der Erfindung zuschreibt.[10] Im Hinblick auf die Umsetzung des Trennungsprinzips ist zu empfehlen, dass Verträge, jedenfalls im Regelfall, von Seiten der Industrie **mit der medizinischen Einrichtung** und nicht mit einzelnen Klinikärzten oder anderen Mitarbeitern medizinischer Einrichtungen abgeschlossen werden. Dies hat den Vorteil, dass die Vergütungen unter den entsprechenden Verträgen nicht dem Arzt, sondern der medizinischen Einrichtung zugutekommen. Wenn hierdurch auch vor dem Hintergrund der sog. „Drittvorteilsproblematik" (→ Kap. 2 Rn. 11) ein gänzlicher Risikoausschluss nicht erreicht werden kann, führt ein Vertragsschluss mit der medizinischen Einrichtung jedoch grundsätzlich zur **Vermeidung des Eindrucks,** wonach durch die Zuwendung der vertraglichen Vergütung an eine Einzelperson ein Vorteil zugewendet wird, durch den Einfluss auf die Beschaffungs- oder Verordnungsentscheidungen des Klinikarztes oder Mitarbeiters genommen werden soll. Zugleich werden auf diese Weise Konflikte mit dienst- und/oder drittmittelrechtlichen Vorschriften von vornherein weitgehend ausgeschlossen. Die Empfehlung, Leistungsaustauschbeziehungen vorrangig mit medizinischen Einrichtungen und nicht mit einzelnen Klinikärzten oder anderen Mitarbeitern dieser Ein-

---

[8] Zu der Gestaltung derartiger Verträge und den Problemen im Bereich der gewerblichen Schutzrechte siehe *Dieners/Milbradt* FS Reimann, 2009, 49 ff.

[9] *Wallhäuser* CB 2016, 151 (152 f.).

[10] *Osterrieth/Holeweg* MPR 2002, 18 ff.; *Bartenbach/Volz* GRUR 2002, 743 ff. (758); *Balzer/Milbradt* PharmR 2003, 378 ff.; *Dieners/Milbradt/Balzer* RAF 2004, 40 ff.; *Osterrieth* S. 284 f.; *Dieners/Milbradt* FS Reimann, 2009, 49 ff.

richtungen abzuschließen, findet sich daher im Hinblick auf bestimmte Leistungsbeziehungen (klinische Prüfungen, Forschungs- und Entwicklungsverträge) auch in dem „Kodex Medizinprodukte"[11] und dem „Gemeinsamen Standpunkt"[12] der Verbände. Dort wird darüber hinaus darauf hingewiesen, dass derartige Rechtsbeziehungen, etwa im Hinblick auf die Durchführung von klinischen Prüfungen, vielfach die **Inanspruchnahme von Sachmitteln oder Personal der medizinischen Einrichtung** voraussetzen und dass sichergestellt werden muss, dass Klinikärzte Sachmittel und Personal nicht ohne Wissen der Verwaltung bzw. gegen deren Willen nutzen. Von daher sollten Verträge, deren Durchführung die Inanspruchnahme von Sachmitteln oder Personal der medizinischen Einrichtung voraussetzt, grundsätzlich mit der medizinischen Einrichtung selbst abgeschlossen werden.

7 Der Abschluss von Verträgen über Leistungsaustauschbeziehungen zwischen der Industrie einerseits und medizinischen Einrichtungen andererseits ist jedoch **nicht zwingend.** Verträge können auch mit dem jeweiligen Mitarbeiter der medizinischen Einrichtung (hier kommen in der Praxis vor allem Klinikärzte in Betracht) abgeschlossen werden. Im Einzelfall liegt dies aufgrund der Natur der entsprechenden Leistungsbeziehungen bei bestimmten Formen der Zusammenarbeit (etwa im Hinblick auf die Erbringung von **Beratungs-, Referenten- oder Autorenleistungen**) eher nahe. Insofern ist jedoch die vorherige Einbeziehung bzw. Genehmigung der Dienstherren oder Arbeitgeber der Vertragspartner von besonderer Bedeutung (→ Kap. 2 Rn. 16 ff., 30 f., 39; → Kap. 5 Rn. 4 ff.; → Rn. 10 ff.).

8 Soweit der Vertrag mit der medizinischen Einrichtung selbst abgeschlossen wird, werden Klinikärzte und andere Mitarbeiter medizinischer Einrichtungen im Rahmen ihrer Dienstaufgaben für die medizinische Einrichtung bei der Durchführung der jeweiligen Projekte tätig. Trotz ihres Mitwirkens erfolgt der Vertragsschluss jedoch nicht mit ihnen selbst. Der Vertrag wird vielmehr zwischen dem jeweiligen Unternehmen und der **medizinischen Einrichtung** als Vertragspartner geschlossen. Von daher wird ein solcher Vertrag in der Regel auch von den Verwaltungen unterzeichnet, die insofern ihre Einrichtung als deren vertretungsberechtigte Repräsentanten vertreten. Dabei ist es von Bedeutung, dass Klinikärzten oder anderen (medizinischen oder wissenschaftlichen) Mitarbeitern medizinischer Einrichtungen in der Praxis zumeist **keine Vertretungsbefugnis** bei dem Abschluss von Verträgen für die medizinischen Einrichtungen zusteht. Teilweise haben medizinische Einrichtungen allerdings ihren ärztlichen Direktoren entsprechende Vertretungsbefugnisse eingeräumt. Dies ist gegebenenfalls im Einzelfall zu klären. Von Bedeutung ist ferner beim Abschluss von Verträgen mit medizinischen Einrichtungen, dass die vertraglich vereinbarte Vergütung der medizinischen Einrichtung zugutekommt. Von daher muss in den entsprechenden Verträgen auch eine Kontoverbindung der medizinischen Einrichtung und nicht etwa die Kontonummer einzelner Ärzte angegeben werden.

9 Wird der Vertrag dagegen mit einem Klinikarzt oder einem anderen Mitarbeiter der medizinischen Einrichtung geschlossen, werden diese Vertragspartner und **unterzeichnen** die Verträge. Das jeweilige Unternehmen sollte hier sicherstellen, dass der Vertragspartner seinen Dienstherrn bzw. Arbeitgeber umfassend informiert hat und die im Regelfall erforderliche **Genehmigung** des Dienstherrn oder Arbeitgebers vorliegt (→ Kap. 2 Rn. 16 ff., 30 f., 39; → Kap. 5 Rn. 4 ff.; → Rn. 10 ff.). Sofern Klinikärzte oder andere Mitarbeiter medizinischer Einrichtungen Vertragspartner der Industrie werden, erfolgt die Zahlung der Vergütung auf die in dem Vertrag angegebene Bankverbindung des Klinikarztes bzw. eines anderen Mitarbeiters (hierzu → Rn. 13 f.).

4. Einbeziehung der Dienstherren/Arbeitgeber

10 Bei der Eingehung und der Durchführung vertraglicher Leistungsaustauschbeziehungen mit Klinikärzten ist die **Beachtung des Transparenz-/Genehmigungsprinzips** von größter Bedeutung. Von Seiten der Staatsanwaltschaften wird immer wieder betont, dass

[11] Kodex „Medizinprodukte", § 5.
[12] „Gemeinsamer Standpunkt", S. 13.

Korruption „sich im Dunkeln abspielt".[13] Die **Offenlegung** von Leistungsbeziehungen vermeidet oder vermindert daher schlechthin den Eindruck unzulässiger Einflussnahme auf ärztliche Entscheidungen. Sofern dienstrechtlich die Genehmigung durch den Dienstherrn oder den Arbeitgeber vorgeschrieben ist, stellt die Einhaltung des Transparenz-/Genehmigungsprinzips sicher, dass eine solche Genehmigung eingeholt wird. Darüber hinaus hat das Transparenz-/Genehmigungsprinzip auch strafrechtliche Bedeutung. Wenn der Dienstherr des Arztes die Gewährung einer Zuwendung in Kenntnis aller entscheidungserheblichen Tatsachen genehmigt, ist eine Verurteilung wegen Vorteilsannahme bzw. Vorteilsgewährung (§§ 331, 333 StGB) ausgeschlossen. Dies gilt zwar nicht für eine Verurteilung wegen Bestechung und Bestechlichkeit (§§ 332, 334 StGB); hier ist vielmehr eine pflichtwidrige Diensthandlung Voraussetzung, die nicht genehmigungsfähig ist. Ungeachtet dessen kann jedoch die tatsächliche und rechtliche Vorprüfung eines Vorgangs durch den Dienstherrn sowie die hiermit verbundene Transparenz den möglichen **Eindruck erheblich reduzieren,** ein Vorteil sei auf eine pflichtwidrige Diensthandlung iSd Bestechungsdelikte gerichtet (→ Kap. 2 Rn. 30; → Kap. 5 Rn. 30). Eine Genehmigung kann nämlich unter dienstrechtlichen Gesichtspunkten nur dann gewährt werden, wenn nach Lage des Falls nicht zu besorgen ist, dass die Annahme die objektive Amtsführung beeinträchtigt oder bei dritten Personen, die hiervon Kenntnis erlangen, der Eindruck der Befangenheit des Amtsträgers entstehen könnte. Die Genehmigung des Arbeitgebers kann auch nicht die Strafbarkeit nach §§ 299, 299a, b StGB (Bestechung und Bestechlichkeit im geschäftlichen Verkehr und im Gesundheitswesen) ausschließen; allerdings kann ihr Vorliegen auch hier im Rahmen der freien Beweiswürdigung als Indiz gegen das Vorliegen einer Unrechtsvereinbarung gewertet werden.[14] Vor diesen Hintergründen sind also die umfassende vorherige Information des Dienstherrn bzw. Arbeitgebers und die Einholung der im Regelfall erforderlichen Genehmigung beim Abschluss von Verträgen zwischen der Industrie und Klinikärzten bzw. anderen Mitarbeitern der medizinischen Einrichtungen unbedingt notwendig, um eine möglichst weitreichende Risikominimierung zu erzielen.

In der Praxis wird oft danach gefragt, ob es ausreicht, dass der Mitarbeiter der medizini- 11
schen Einrichtung als Vertragspartner der Industrie das Unternehmen lediglich darüber informiert, dass eine Unterrichtung seines Dienstherrn bzw. Arbeitgebers erfolgt ist bzw. eine entsprechende Genehmigung eingeholt wurde, oder ob vielmehr die Vorlage der schriftlichen Genehmigung des Dienstherrn bzw. Arbeitgebers selbst erforderlich ist. Sofern die Unterrichtung bzw. Einholung der Genehmigung auch tatsächlich erfolgt ist, reicht eine Information durch den Arzt, jedenfalls theoretisch, aus. Aus **Dokumentationsgründen** sollte jedoch unbedingt die Vorlage der entsprechenden schriftlichen Genehmigung des Dienstherrn bzw. Arbeitgebers von dem Vertragspartner auf Seiten der Industrie verlangt werden, um diesem eine eigene Nachprüfung der Richtigkeit der Auskunft zu ermöglichen. Darüber hinaus ist der Erhalt der schriftlichen Genehmigung des Dienstherrn/Arbeitgebers erfahrungsgemäß auch notwendig, um im Fall der Einleitung von Ermittlungsverfahren eine vollständige Vertragsdokumentation zu besitzen, aus der die Ordnungsgemäßheit der Vertragsbeziehungen eindeutig hervorgeht. Da das Verlangen der Industrie auf Überlassung der schriftlichen Genehmigung des Dienstherrn bzw. Arbeitgebers von Seiten der ärztlichen Vertragspartner – zu Unrecht – zuweilen als ein Zeichen des Misstrauens gewertet und daher abgelehnt wird, sieht der „Gemeinsame Standpunkt" der Verbände ausdrücklich eine Regelung vor, wonach die Überlassung der schriftlichen Genehmigung an den Vertragspartner auf Seiten der Industrie auf dessen Verlangen **nicht**

[13] So etwa Dr. Rüdiger Reiff, leitender Staatsanwalt und Leiter der Zentralstelle für Korruptionsbekämpfung bei der Generalstaatsanwaltschaft Berlin, https://www.compliance-manager.net/fachartikel/ein-kontrollmanagement-ist-das-und-o-zur-verhinderung-von-korruption-1294474709 (zul. abgerufen am 27.10.2021).

[14] *Cahnbley* MPR 2015, 145 (147).

verweigert werden sollte.[15] Wie hoch die Bedeutung der Einhaltung des Transparenz-/Genehmigungsprinzips aus Sicht des BGH ist, geht aus einem Urteil vom 25.2.2003 hervor. Dort heißt es:

„Die Sensibilität der Rechtsgemeinschaft bei der Erwägung der Strafwürdigkeit der Entgegennahme von Vorteilen durch Amtsträger ist [. . .] mittlerweile deutlich geschärft. Mithin wird in derartigen Fällen künftig Amtsträgern vor der Annahme jeglicher Vorteile, die in Zusammenhang mit ihrer Dienstausübung gebracht werden können, die strikte Absicherung von Transparenz im Wege von Anzeigen und Einholungen von Genehmigungen [. . .] abzuverlangen sein. Die Gewährleistung eines derartigen Verhaltens obliegt namentlich auch der besonderen Verantwortung des jeweiligen Vorgesetzten".[16]

5. Angemessenheit von Leistung und Gegenleistung

12 Leistung und Gegenleistung müssen in einem **angemessenen Verhältnis** zueinander stehen. Dies bedeutet, dass keine unangemessen hohen Vergütungen für die Tätigkeit des jeweiligen Vertragspartners gezahlt werden dürfen. Sofern dies der Fall sein sollte, besteht das Risiko, dass der über eine angemessene Vergütung hinausgehende Betrag als Vorteil iSd Antikorruptionsvorschriften bewertet wird. Daneben kommt auch eine Bewertung als unlauterer Vorteil unter wettbewerbsrechtlichen Gesichtspunkten bzw. unter berufsrechtlichen Gesichtspunkten in Betracht (bei Klinikärzten und niedergelassenen Ärzten). Allgemeingültige feste Regeln für die Berechnung der jeweiligen Vergütung bestehen jedoch nicht. Nach § 18 Abs. 1 Nr. 6 S. 2 FSA-Kodex Fachkreise kann eine Orientierung an der GOÄ empfehlenswert sein. Zwingend ist dies allerdings nicht (vgl. § 18 Abs. 1 Nr. 6 S. 3 FSA-Kodex Fachkreise). Zudem lässt sich auch nicht jede ärztliche Leistung sinnvoll anhand der GOÄ messen. Zwar hat der FSA für die Bewertung der Angemessenheit der Vergütung von ärztlichen Leistungen bei Anwendungsbeobachtungen im Rahmen seiner Schiedspraxis als alleinigen Beurteilungsmaßstab die Ziffer 80 des Gebührenverzeichnisses für ärztliche Leistungen, Anlage zur GOÄ, herangezogen, welche die Vergütung für eine „schriftliche gutachtliche Äußerung" des Arztes für einen unterstellten Zeitaufwand von bis zu 20 Minuten in Höhe von 17,49 Euro festlegt.[17] Dies wird jedoch dahingehend kritisiert, dass ein derart einseitiger Beurteilungsmaßstab dem Wortlaut des § 18 Abs. 1 Nr. 6 S. 2 FSA-Kodex Fachkreise widersprechen würde, der lediglich regelt, dass „unter anderem" die GOÄ „einen Anhaltspunkt bieten" kann.[18] Zudem wird eine sachgerechte Festlegung von Vergütungssätzen allein auf Grundlage der GOÄ außerhalb des Bereichs der Anwendungsbeobachtungen kaum möglich sein, da die GOÄ zB keine Abrechnungsziffern für Vorträge enthält und es für eine analoge Anwendung der Gebührenziffern vielfach an der notwendigen inhaltlich-tätigkeitsbezogenen Nähe mangeln dürfte.[19]

In der Praxis hat sich ein Kriterienkatalog als eine Art *„Best Practice"* herausgebildet (sog. ***„Best-Practice-Kriterienkatalog"***), welcher herangezogen wird, um bei der Ermittlung der angemessenen Vergütung *(„Fair-Market-Value")* für alle vertraglichen Kooperationen mit Heilberufsangehörigen zu einer angemessenen Vergütung zu kommen. Als Kriterien in Frage kommen etwa:

- zeitlicher Aufwand für die vertraglich geschuldete Leistung;
- Schwierigkeitsgrad der vertraglichen Leistung;
- Wert der vertraglichen Leistung für das Unternehmen;
- Dokumentationsaufwand für die vertraglich geschuldete Leistung;
- besondere Fachkenntnisse, Qualifikationen, allgemeine Reputation des Heilberufsangehörigen;
- marktübliche Vergütung;

[15] „Gemeinsamer Standpunk ", S. 12.
[16] BGH NJW 2003, 171 (172).
[17] Berichterstattung zur Entscheidung der Schiedsstelle des FSA, Az.: FS I 2008-1.220.
[18] *Geiger* PharmR 2007, 364 (371).
[19] *Geiger* PharmR 2007, 364 (371); *Koyuncu* PharmR 2009, 211 (216).

- *„Common-Sense"*- und *„Arm's length"*-Prinzip: Die Vergütung muss sich als faire Gegenleistung für die erbrachte Leistung darstellen. Unter diesem Prinzip versteht man die Kontrollüberlegung, dass die Vergütung, die an einen Heilberufsangehörigen gezahlt wird, nicht höher sein darf als diejenige Vergütung, die gezahlt werden würde, wenn es sich bei dem Vertragspartner gerade nicht um eine Person handelt, die Produkte des Unternehmens bezieht oder Einfluss auf den Bezug oder die Verschreibung dieser Produkte hat.

Dabei handelt es sich lediglich um Anhaltspunkte, die eine grobe Orientierung ermöglichen. Eine sorgfältige Einzelfallbetrachtung, welche die **Gesamtumstände** der Zusammenarbeit angemessen würdigt, bleibt unerlässlich.[20] Vielfach haben Pharma- und Medizinprodukteunternehmen ausgehend von dem angesprochenen *Best-Practice*-Kriterienkatalog ausgefeilte Verfahrensregeln **(Standard Operating Procedures)** entwickelt, die bei der Erfüllung bestimmter objektiver Kriterien die Anwendung standardisierter Vergütungssätze vorsehen, um die Einzelfallprüfung zu erleichtern und zweckwidrige Erwägungen auszuschließen.

6. Zahlungsbedingungen

Die Zahlung der vertraglich vereinbarten Vergütung darf nur dann erfolgen, wenn die 13
geschuldeten Leistungen **ordnungsgemäß erbracht** worden sind. Dies schließt nicht aus, Vorabzahlungen, etwa zum Zwecke einer Vorauszahlung als sog. **„Anschubfinanzierung"** zu Beginn eines Forschungsprojekts, zu leisten, wenn diese Vorauszahlung nach Abschluss des Projekts mit der geschuldeten Gesamtvergütung ordnungsgemäß verrechnet wird. Die Zahlung der vertraglich vereinbarten Vergütung sollte ferner nur **per Überweisung** auf das in dem jeweiligen Vertrag angegebene Bankkonto erfolgen und **nicht bar oder per Scheck.** Die „Verhaltensempfehlungen" der Verbände der pharmazeutischen Industrie sowie der FSA-Kodex Fachkreise sehen zwingend vor, dass die Vergütung nur „in Geld" und **nicht in Sachleistungen** bestehen darf.[21]

In der Praxis kommt es zuweilen vor, dass der Vertragspartner die unmittelbare Zahlung 14
der Vergütung nicht an sich selbst, sondern **an einen Dritten** verlangt. Ein Beispiel hierfür wäre etwa das Verlangen einer medizinischen Einrichtung, die Vergütung für die Durchführung einer klinischen Prüfung nicht auf ein Konto der medizinischen Einrichtung zu zahlen, sondern stattdessen an einen Förderverein der entsprechenden Einrichtung. Ein anderes Beispiel wäre das Verlangen eines ärztlichen Vertragspartners aus dem Klinikbereich, das ihm im Rahmen eines Beratervertrags geschuldete Honorar auf ein Drittmittelkonto der medizinischen Einrichtung oder auf ein Konto einer Fachgesellschaft zu überweisen. Derartige Regelungen sind zwar vertragsrechtlich grundsätzlich möglich. Sie sollten jedoch **vermieden** werden, da sie zum einen die Abwicklung der Vertragsverhältnisse, insbesondere im Fall von Schlechtleistungen die Rückerstattung von (zu Unrecht) gezahlten Beträgen, erheblich erschweren. Zum anderen erschweren sie auch die Identifizierung des steuerlichen Leistungsempfängers bzw. lassen möglicherweise unerwünschte steuerliche Folgen auf Seiten aller Beteiligten entstehen. Darüber hinaus entsprechen sie auch nicht der insoweit wünschenswerten Transparenz, die in der Regel schon an sich rechtlich (insbesondere strafrechtlich) risikominimierend wirkt. Von daher ist es sehr zu empfehlen, eine **Einheitlichkeit von vertraglichen Leistungs- und Zahlungsbeziehungen** vorzusehen.

---

[20] *Lange/Vollmar/Albers-Mohltiz* CB 2018, 305 (309).

[21] Nr. 4.3 Satz 1 der „Verhaltensempfehlungen"; § 18 Abs. 1 Nr. 6 S. 1 FSA-Kodex Fachkreise; auch *Gaede* in Ulsenheimer/Gaede Arztstrafrecht in der Praxis Rn. 1466 verlangt zudem mit Blick auf das „Prinzip der Bargeldlosigkeit", dass alle Geldzuwendungen nur in Form von Überweisungen oder Schecks, niemals jedoch in bar angenommen werden dürfen.

II. Typische Vertragsbeziehungen

1. Klinische Prüfungen von Arzneimitteln und Medizinprodukten

15 Die klinische Prüfung eines **Arzneimittels** (§§ 40 ff. AMG) ist für seine Zulassung erforderlich (§ 22 Abs. 2 Nr. 3 AMG) und dient der Arzneimittelsicherheit. Nach Art. 61 Abs. 1 der VO (EU) Nr. 2017/745 über Medizinprodukte, die seit dem 26.5.2021 in allen Mitgliedstaaten der Europäischen Union unmittelbar anzuwenden ist und die nationalen Regelungen des MPG zu Medizinprodukten ersetzt hat, ist die Eignung von **Medizinprodukten** für den vorgesehenen Verwendungszweck durch eine klinische Bewertung anhand von klinischen Daten zu belegen, soweit nicht in begründeten Ausnahmefällen andere Daten ausreichend sind. Die klinische Bewertung ist gegebenenfalls auf die Ergebnisse aller **klinischen Prüfungen** zu stützen. Zum Nachweis der Eignung von **In-vitro-Diagnostika** für den vorgesehenen Verwendungszweck ist in Art. 56 Abs. 1 der VO (EU) Nr. 2017/746 über In-vitro-Diagnostika, die ab dem 26.5.2022 in allen Mitgliedstaaten anzuwenden ist und die Regelungen des MPG zu In-vitro-Diagnostik ersetzt hat, eine Leistungsbewertung anhand geeigneter Daten vorgesehen, die sich auf die Ergebnisse aller Leistungsbewertungsprüfungen oder sonstigen geeigneten Prüfungen stützen kann.

16 Der Abschluss eines Vertrags über die Durchführung klinischer Prüfungen von Arzneimitteln oder Medizinprodukten bzw. Leistungsbewertungsprüfungen von In-vitro-Diagnostika stellt einen notwendigen Fall der Kooperation zwischen der Industrie und medizinischen Einrichtungen bzw. Ärzten dar.[22] Mit einem Vertrag für die Durchführung derartiger Prüfungen darf nicht der Zweck verfolgt werden, einer medizinischen Einrichtung oder einem Arzt unter dem Deckmantel dieses Vertrags finanzielle Zuwendungen zukommen zu lassen, um damit Einfluss auf seine Beschaffungs-, Verordnungs- oder Therapieentscheidungen zu nehmen. Der Prüfarzt soll auch in der Entscheidung der Rekrutierung der Patienten der klinischen Prüfung nicht beeinflusst werden, damit der wissenschaftliche Zweck der Studie nicht gefährdet wird. Vor Abschluss des Vertrags muss ein **sachlich gerechtfertigtes Interesse** an der Durchführung derartiger Prüfungen sowie an deren Ergebnissen bestehen.[23] Dies ist im Regelfall dann unproblematisch, wenn etwa zu Zwecken der Zulassung eines Arzneimittels oder im Rahmen eines Konformitätsbewertungsverfahrens für ein Medizinprodukt der Nachweis der Wirksamkeit, Verträglichkeit und Sicherheit eines Produkts zu erbringen ist und die hierfür erforderlichen Daten nicht vorliegen. Darüber hinaus muss der vorgesehene leitende Prüfarzt die nach § 40 Abs. 1 Nr. 5 AMG erforderliche **Qualifikation** in Form einer mindestens zweijährigen Erfahrung als Prüfarzt nachweisen können. Diese Qualifikation wurde auch von § 20 Abs. 1 Nr. 4 MPG gefordert, welche mit Anwendungsbeginn der VO (EU) Nr. 2017/745 (Art. 62 Abs. 4) lit. j iVm Abs. 6, 7) über Medizinprodukte entfallen ist.

Vielmehr wird sich die **Eignung des Prüfarztes** zukünftig ausschließlich nach Art. 62 Abs. 6 der VO (EU) Nr. 2017/745 über Medizinprodukte beurteilen. Danach muss es sich bei dem Prüfer um einen Arzt gemäß nationalem Recht oder eine Person handeln, die einen Beruf ausübt, durch den sie aufgrund der dafür erforderlichen wissenschaftlichen Kenntnisse und Erfahrung bei der Patientenbetreuung in dem betroffenen Mitgliedstaat anerkanntermaßen für die Rolle als Prüfer qualifiziert ist.

17 Verträge über klinische Prüfungen und Leistungsbewertungsprüfungen setzen in den meisten Fällen die **Inanspruchnahme von Sachmitteln und Personal** der medizinischen Einrichtung voraus. Erfahrungsgemäß werden die hierfür von der Industrie erbrachten Vergütungsleistungen in den medizinischen Einrichtungen zum Zwecke der Forschung,

---

[22] So auch *Fischer* StGB § 331 Rn. 27c.

[23] Ebenso *Leipold* in Hauschka/Moosmayer/Lösler § 50 Rn. 43.

aber auch zur Finanzierung von Geräteinvestitionen oder zur Schaffung bestimmter Stellen (etwa sog. „study nurses") verwendet. Es liegt daher nahe, grundsätzlich als **Vertragspartner solcher Verträge die medizinische Einrichtung** selbst und nicht den jeweiligen Prüfarzt vorzusehen, der jedoch im Hinblick auf die Übernahme der ihn unmittelbar betreffenden regulatorischen Verpflichtungen sowie hinsichtlich der **Übertragung von gewerblichen Schutzrechten** (→ Rn. 6) in die Vertragsbeziehungen zwischen der Industrie und der medizinischen Einrichtung (entweder im Rahmen des Vertrags oder auf der Grundlage einer gesonderten Vereinbarung) eingeschlossen werden sollte.[24] In diesem Fall erfolgt die Tätigkeit des Prüfarztes im Rahmen seiner **Dienstaufgaben** für die medizinische Einrichtung.

Soweit der Klinikarzt als Prüfarzt im Ausnahmefall selbst alleiniger Vertragspartner werden soll, ist die vorherige **schriftliche Genehmigung des Dienstherrn** bzw. Arbeitgebers, dh im Regelfall der Verwaltung, einzuholen, um die Einhaltung der entsprechenden dienstrechtlichen Anforderungen sowie der Verpflichtung zur Abführung allfälliger Nutzungsentgelte für die Inanspruchnahme von Sachmitteln und Personal der medizinischen Einrichtung sicherzustellen. Insofern erfolgt die Tätigkeit des Prüfarztes im Rahmen einer **Nebentätigkeit.** Ob eine derartige Nebentätigkeit rechtlich zulässig ist, entscheidet sich nach der Vereinbarkeit der Durchführung entsprechender Projekte mit den geltenden dienstrechtlichen Bestimmungen (→ Kap. 2 Rn. 59ff.). Eine Genehmigung ist dann ausgeschlossen, wenn sich eine Kollision der Nebentätigkeit mit den Dienstpflichten des Prüfarztes ergibt. Eine derartige Kollision liegt in der Regel nur dann nicht vor, wenn die gesamte Nebentätigkeit des Prüfarztes eine zeitliche Beanspruchung von etwa einem Arbeitstag pro Woche nicht übersteigt. Auch hier sollte die medizinische Einrichtung bzw. der Dienstherr hinsichtlich der Übertragung gewerblicher Schutzrechte gegebenenfalls in die Vertragsbeziehung eingeschlossen werden (→ Rn. 6). 18

Leistungen und Gegenleistungen der Vertragspartner müssen in einem **angemessenen Verhältnis** zueinander stehen. Dies bedeutet, dass die medizinische Einrichtung (oder der Arzt) als Vertragspartner des Unternehmens im Hinblick auf die Durchführung einer klinischen Prüfung im Regelfall keine pauschale Vergütung, sondern ein Honorar für jeden ordnungs- und vertragsgemäß ausgefüllten Prüfbogen (CRF) erhält. Die Höhe der Vergütung sollte vor Abschluss des Vertrags bestimmt und dokumentiert worden sein. Auch die MBO-Ä[25] bestimmt für Leistungen von Ärzten an die Hersteller von Arznei-, Heil-, Hilfsmitteln oder medizinisch-technischen Geräten, dass „die hierfür bestimmte Vergütung der erbrachten Leistung entsprechen" muss (§ 33 S. 1 MBO-Ä). 19

Im Rahmen der Durchführung von klinischen Prüfungen und Leistungsbewertungen kann es vorkommen, dass hierfür **Geräte,** insbesondere Diagnosegeräte, benötigt werden, die der medizinischen Einrichtung nicht zur Verfügung stehen. Diese können von dem Unternehmen für den Zeitraum der Durchführung der klinischen Prüfung **beigestellt** werden. Allerdings können sich insbesondere unter steuerrechtlichen Gesichtspunkten dann Probleme und Fragen ergeben, wenn das beigestellte Gerät nicht nur im Rahmen der klinischen Prüfung oder Leistungsbewertungsprüfung, sondern auch für den normalen Klinikbetrieb eingesetzt werden soll (→ Kap. 10 Rn. 47f.). In der Praxis kommt es auch vor, dass medizinische Einrichtungen keine Vergütung in Geld, sondern die dauerhafte **Überlassung eines Geräts als Gegenleistung** für die Durchführung einer klinischen Prüfung verlangen. Eine derartige Vereinbarung widerspricht nicht nur der Empfehlung, dass die Vergütung grundsätzlich in Geld geleistet werden sollte, sondern löst regelmäßig auch komplizierte steuerrechtliche Folgen aus (→ Kap. 10 Rn. 48). Eine solche Vereinbarung würde im Übrigen gegen § 18 Abs. 1 Nr. 6 S. 1 FSA-Kodex Fachkreise verstoßen. 20

---

[24] Siehe dazu ausführlich *Dieners/Milbradt* FS Reimann, 2009, 49ff.

[25] MBO-Ä 1997 in der Fassung des Beschlusses des 124. Deutschen Ärztetags 2021 in Berlin.

2. Anwendungsbeobachtungen von Arzneimitteln und Medizinprodukten/klinische Prüfungen nach Art. 74 Abs. 2 der VO (EU) Nr. 2017/745

21 Anwendungsbeobachtungen von **Arzneimitteln** sind systematische Sammlungen von Kenntnissen und Erfahrungen, die bei der Anwendung eines bestimmten bereits zugelassenen oder registrierten Arzneimittels gemacht werden.[26] Sie unterliegen **nicht den Regelungen** über die Durchführung klinischer Studien. Klinische Prüfungen von **Medizinprodukten** nach Art. 74 Abs. 2 der VO (EU) Nr. 2017/745 bzw. Anwendungsbeobachtungen von Medizinprodukten unterscheiden sich von klinischen Prüfungen nach Art. 62 ff. der VO (EU) Nr. 2017/745 dadurch, dass sie mit Medizinprodukten durchgeführt werden, die **bereits eine CE-Kennzeichnung tragen.** Sie verschaffen den Unternehmen die Möglichkeit zur Überprüfung der **Anwendungsvorteile** im Rahmen der Zweckbestimmung des Produkts oder seiner Verträglichkeit auf breiterer (Patienten-)Basis.

22 In der **staatsanwaltschaftlichen Ermittlungspraxis** sind derartige Prüfungen deshalb nicht ganz unumstritten, da ihre Notwendigkeit bzw. ihr Wert für das Unternehmen nicht immer erkannt und solche Prüfungen oftmals als bloße „Marketingstudien" diskreditiert werden, deren eigentliches Ziel in der Erhöhung des Verbrauchs von Arzneimitteln oder Medizinprodukten und damit in einer bloßen Umsatzsteigerung gesehen wird. Tatsächlich kann aber an der Berechtigung von Anwendungsbeobachtungen oder klinischen Prüfungen mit bereits CE-gekennzeichneten Medizinprodukten **an sich kein Zweifel** bestehen,[27] da die entsprechenden regulatorischen Vorgaben (Art. 74 Abs. 2 der VO (EU) Nr. 2017/745) derartige Prüfungen ausdrücklich vorsehen und die Hersteller von Medizinprodukten auch nach deren Markteinführung aus regulatorischen, aber auch aus produkthaftungsrechtlichen Gründen verpflichtet sind, die Wirksamkeit, Funktionstauglichkeit und Sicherheit ihrer Produkte laufend zu überwachen bzw. zu überprüfen. Die zunehmende Bedeutung der klinischen Prüfung von Medizinprodukten wird insbesondere durch die Neuerungen der VO (EU) Nr. 2017/745 deutlich, welche ab ihrem Anwendungsbeginn am 26.5.2021 die Anforderungen an die klinische Bewertung von Medizinprodukten verschärft und das Erfordernis der Durchführung von klinischen Prüfungen in Abgrenzung zur klinischen Bewertung anhand bereits vorhandener Daten eines Referenzprodukts (sog. „Literaturweg"), erhöht.[28] Im Medizinproduktebereich ist es bei vielen international tätigen Unternehmen zudem auf der Grundlage interner Qualitäts- und Sicherheitsvorgaben üblich, dass Medizinproduktehersteller nach der Erlangung der CE-Kennzeichnung trotz der damit erreichten allgemeinen Marktfähigkeit diese Produkte nicht umfassend auf dem Markt einführen, sondern zunächst für einen bestimmten Zeitraum und in quantitativ begrenzter Stückzahl vertreiben und ihre bereits festgestellte Funktionsfähigkeit im Rahmen etwa von Anwendungsbeobachtungen weiter verfolgen. Hierdurch sollen zusätzliche Erkenntnisse und Daten erlangt werden, bevor die eigentliche Markteinführung beginnt. Anwendungsbeobachtungen liegen daher per se **im Interesse der Produktsicherheit** und damit im Interesse der Patienten an funktionsfähigen Medizinprodukten. Kritisch wird es hingegen, wenn derartige Prüfungen dazu instrumentalisiert werden, den Absatz von Medizinprodukten durch die Einbeziehung von medizinischen Einrichtungen oder Ärzten in Anwendungsbeobachtungen und klinischen Prüfungen nach Art. 74 Abs. 2 VO (EU) Nr. 2017/745 zu steigern. Aus diesem Grund ist es besonders wichtig, dass derartige Prüfungen **sachlich gerechtfertigt** sind[29]. Es kommt hier ganz besonders darauf an, dass solchen Prüfungen ein tatsächlich bestehendes und auch nachvollziehbares sowie dokumentiertes Erkenntnisinteresse zugrunde liegt. Im Übrigen kann hinsichtlich der Voraussetzungen für den Abschluss von Vertragsbeziehungen mit medizinischen Einrichtungen oder deren Mitarbeitern auf die

---

[26] Ebenso *Leipold* in Hauschka/Moosmayer/Lösler § 50 Rn. 46.

[27] So auch *Fischer* StGB § 331 Rn. 27c.

[28] Siehe dazu *Graf* MPR 2016, 186 ff.

[29] So auch *Dann/Jones* in Dann S. 251 f.

Grundsätze für die klinische Prüfung von Arzneimitteln und Medizinprodukten verwiesen werden (→ Rn. 15 ff.). § 19 FSA-Kodex Fachkreise enthält weitergehende Regelungen zur Vergütung und zur Transparenz von Anwendungsbeobachtungen von Arzneimitteln.[30]

3. Beraterverträge

23 Beraterverträge betreffen **Beratungsleistungen,** die von Klinikärzten oder anderen Mitarbeitern medizinischer Einrichtungen, von den medizinischen Einrichtungen selbst oder auch von niedergelassenen Ärzten für die Industrie erbracht werden.[31] Hierbei wird deren (wissenschaftliche) Expertise etwa in Form von Berichten, Dokumentationen oder Besprechungen in Anspruch genommen.[32]

24 Sofern im Klinikbereich das **Beratungsverhältnis mit der medizinischen Einrichtung** eingegangen wird, betraut diese einen Klinikarzt, der die Beratungsleistung für die medizinische Einrichtung ausführt. In diesem Fall wird die medizinische Einrichtung selbst Vertragspartner. Die Unterzeichnung des Vertrags erfolgt durch einen vertretungsberechtigten Repräsentanten der medizinischen Einrichtung (im Regelfall durch einen Mitarbeiter der Verwaltung). Die Vergütung wird hierbei an die medizinische Einrichtung gezahlt. Der mit der Ausführung der Beratungsleistungen von der medizinischen Einrichtung betraute Klinikarzt erbringt diese Leistungen im Rahmen seiner Dienstaufgaben für die medizinische Einrichtung. Ein genereller Vorrang der medizinischen Einrichtung in der Wahl des Vertragspartners besteht jedoch nicht, da Beratungsverhältnisse häufig auf dem Vertrauen in die besondere Fachkompetenz eines bestimmten Klinikarztes beruhen. Beratungsleistungen setzen in der Regel auch **nicht die Inanspruchnahme von Sachmitteln oder (weiterem) Personal** der medizinischen Einrichtung voraus, so dass auch unter diesem Aspekt ein Vertragsabschluss mit dem Klinikarzt selbst in Betracht kommen kann. Sofern die Durchführung des Beratungsvertrags jedoch die Inanspruchnahme von Sachmitteln oder Personal der medizinischen Einrichtung voraussetzen sollte, sollte auch hier der Beratervertrag vorrangig mit der medizinischen Einrichtung selbst abgeschlossen werden. Auch hier können sich dreiseitige Vertragsbeziehungen empfehlen, um dadurch die Übertragung gewerblicher Schutzrechte auf das Unternehmen zu sichern (→ Rn. 6).

25 Soweit das **Beratungsverhältnis mit einem Klinikarzt** oder einem anderen Mitarbeiter der medizinischen Einrichtung oder einem niedergelassenen Arzt eingegangen wird, muss unbedingt der Eindruck vermieden werden, der Vertrag sei zu dem Zweck abgeschlossen worden, dem Klinikarzt, einem anderen Mitarbeiter der medizinischen Einrichtung oder dem niedergelassenen Arzt unter dem Mantel eines Beratervertrags finanzielle Zuwendungen zukommen zu lassen, um Beschaffungs- oder Verordnungsentscheidungen zugunsten des Unternehmens zu treffen. Vor Abschluss des Vertrags muss daher in jedem Fall die **sachliche Rechtfertigung der Beratungsleistungen** geprüft, bejaht und dokumentiert worden sein.

26 Von **besonderer Bedeutung** ist bei der Durchführung von Beratungsverhältnissen die **Dokumentation** der von dem Vertragspartner erbrachten Leistungen.[33] Beratungsleistungen erfolgen nicht immer in Schriftform, etwa durch Erarbeitung von Berichten oder Dokumentationen, sondern vielfach mündlich, etwa im Rahmen von Besprechungen oder auch telefonisch. Nach Abschluss der Beratungsverhältnisse lässt sich daher oftmals nur schwer feststellen bzw. rekonstruieren, welche Beratungsleistungen von Seiten des ärztli-

---

[30] Siehe dazu auch die Leitlinien zur Auslegung des Begriffs „nicht mit Werbeaktivitäten für Arzneimittel verbinden" nach § 19 Abs. 2 Nr. 12 S. 3 FSA-Kodex Fachkreise; hierzu auch *Broch* PharmR 2016, 314 (318 f.).

[31] Dazu auch *Felder/Lippert* GesR 2008, 225 ff.; *Leipold* in Hauschka/Moosmayer/Lösler § 50 Rn. 48.

[32] *Krüger* GesR 2015, 527 (530).

[33] So auch *Leipold* in Hauschka/Moosmayer/Lösler § 50 Rn. 48.

chen Vertragspartners tatsächlich erbracht worden sind. Dies kann jedoch später notwendig werden, um nachzuweisen, dass das Rechtsverhältnis korrekt war und die Höhe der geleisteten Vergütungen nicht zu beanstanden ist. Aus diesem Grund ist zu empfehlen, möglichst sämtliche Beratungsleistungen schriftlich festzuhalten und zu der Vertragsakte zu nehmen, etwa in Form von **Besprechungsprotokollen, Telefonnotizen oder regelmäßigen Zwischenberichten des Beraters.**

27 Im Beratungsvertrag sollte die zu erbringende Beratungsleistung und deren Umfang sowie die Vergütung näher ausgeführt werden. Vor Abschluss eines Beratervertrags mit einem Klinikarzt oder einem anderen Mitarbeiter medizinischer Einrichtungen sollte zwecks Minimierung strafrechtlicher Risiken die **Genehmigung des Dienstherrn bzw. Arbeitgebers** eingeholt werden, die ebenfalls schriftlich dokumentiert sein sollte. Entsprechende Regelungen finden sich auch in § 18 FSA-Kodex Fachkreise, der allgemeine Vorgaben für die Erbringen entgeltlicher Leistungen durch Klinikärzte, niedergelassene Ärzte oder sonstige Mitglieder der Heilberufe enthält.

4. Referentenverträge

28 Referentenverträge sind Verträge, durch die sich ein Klinikarzt, ein anderer Mitarbeiter einer medizinischen Einrichtung, die medizinische Einrichtung selbst oder aber ein niedergelassener Arzt verpflichtet, einen **(Fach-)Vortrag für ein Unternehmen** zu halten.[34]

29 Auch Referentenverträge können grundsätzlich mit dem einzelnen Klinikarzt geschlossen werden. Daher gilt hier dasselbe wie für Beraterverträge. Auch hier ist jedoch darauf zu achten, dass nicht der Eindruck entsteht, auf diesem Wege solle dem jeweiligen Vertragspartner ein verdeckter Vorteil zugewendet werden. Das Unternehmen muss also auch hier ein **legitimes Bedürfnis** für den Abschluss eines Vertrags haben. Ein derartiges Bedürfnis besteht in der Regel nur dann, wenn das Referat einen **erkennbaren Bezug zu den Produkten** des Unternehmens oder damit in Zusammenhang stehenden Fragestellungen hat. Dies ist regelmäßig gegeben, wenn der ärztliche Vertragspartner Vorträge oder Moderationen auf Fort- und Weiterbildungsveranstaltungen übernimmt, die von den jeweiligen Unternehmen veranstaltet oder mitveranstaltet werden. Referentenverträge kommen jedoch auch dann in Betracht, wenn der Referent Vorträge auf sog. Fremdveranstaltungen, zumeist medizinischen Fachtagungen oder Kongressen, halten soll und sich das Referat auf Produkte des Unternehmens oder damit in Zusammenhang stehende Therapieformen etc bezieht. Voraussetzung ist ferner, dass ein berechtigtes Interesse des Unternehmens besteht, hierdurch zu einem besseren Verständnis, einer einfacheren Handhabung oder einer effizienteren Nutzung der Produkte zu gelangen. Ein Beispiel hierfür ist etwa der Bericht eines Prüfarztes als Referent des Unternehmens auf einem medizinischen Fachkongress über die Ergebnisse einer klinischen Prüfung eines bestimmten Arzneimittels oder Medizinprodukts.

30 Im Klinikbereich werden Referentenverträge regelmäßig nicht mit der medizinischen Einrichtung, sondern mit einzelnen Klinikärzten oder anderen Mitarbeitern medizinischer Einrichtungen geschlossen. Insofern kommt der Vertrag direkt mit dem Arzt bzw. anderen Mitarbeitern der medizinischen Einrichtung als Vertragspartner zustande. Auch hier ist in der Regel die vorherige **Genehmigung des Dienstherrn bzw. Arbeitgebers** erforderlich. Im Übrigen gelten dieselben Voraussetzungen wie bei Beraterverträgen, insbesondere findet § 18 FSA-Kodex Fachkreise auch auf derartige Referentenverträge Anwendung.

31 Die **Dokumentation** sollte dadurch sichergestellt werden, dass Kopien des Vortragsmanuskripts, der entsprechenden Vortragsfolien oder Poster etc zu der Vertragsakte genommen werden.

---

[34] So auch *Krüger* GesR 2015, 527 (530).

5. Sponsoringverträge

Unter Sponsoringverträgen werden hier Vereinbarungen verstanden, bei denen Unternehmen von den Veranstaltern wissenschaftlicher Tagungen, Kongresse oder Fachmessen **„imagefördernde Werbeaktivitäten"** als Gegenleistung für die Zahlung einer Vergütung eingeräumt werden.[35] Als solche imagefördernden Werbeaktivitäten kommt etwa die Gelegenheit in Betracht, als **„Sponsor"** genannt zu werden oder anderweitig werblich auftreten zu können, etwa durch die Anbringung eines Logos, die Vorführung von Videos zur Anwendung von Produkten, durch die Auslegung von Produkt- und Firmenbroschüren oder durch einen Stand am Rande einer Veranstaltung. Vielfach sehen Sponsoringvereinbarungen auch vor, dass der Druck von Einladungskarten zu Veranstaltungen finanziert wird, wenn im Gegenzug das Unternehmen auf diesen Einladungskarten als Sponsor genannt wird. 32

Sponsoringverträge (auch in Form eines Vertrags über die **Anmietung eines Ausstellungsstands**) werden in der Regel zwischen dem Unternehmen (Sponsor) und dem Veranstalter abgeschlossen:[36] Sofern Veranstaltungen von medizinischen Einrichtungen oder unter Verwendung von Sachmitteln und Personal medizinischer Einrichtungen durchgeführt werden, sollte der Sponsoringvertrag **vorrangig mit der medizinischen Einrichtung** selbst abgeschlossen werden (und nicht etwa mit Klinikärzten, die diese Veranstaltungen für die medizinische Einrichtung organisieren). Sofern Veranstaltungen von unabhängigen Organisationen (etwa von medizinischen Fachgesellschaften) veranstaltet werden, sollten die Sponsoringverträge vorrangig mit **diesen Organisationen** abgeschlossen werden und ebenfalls nicht mit den Ärzten, welche die Veranstaltungen für diese Organisationen organisieren. 33

Die Vergütung muss auch hier in einem **angemessenen Verhältnis** zu dem Umfang der Werbeaktivitäten stehen, die dem Unternehmen im Gegenzug eingeräumt werden.[37] Dies folgt bereits daraus, dass sonst der Eindruck verdeckter finanzieller Zuwendungen entstehen könnte. Ansonsten wird der entsprechende Aufwand steuerlich nicht anerkannt. Als Anhaltspunkte für die Bestimmung der Angemessenheit der Vergütung bei Sponsoringverträgen können folgende Faktoren dienen: Teilnehmerzahl, Anzahl und Umfang der konkret zur Verfügung gestellten Werbemöglichkeiten sowie die Bedeutung, die die jeweils zu erreichende Fachgemeinschaft der konkreten Veranstaltung beimisst. 34

Beim Abschluss von Sponsoringverträgen ist ferner zu beachten, dass auf Seiten des Vertragspartners der Industrie Sponsoringverträge gegebenenfalls zu ertrag- und umsatzsteuerlichen Konsequenzen führen können (→ Kap. 10 Rn. 55 ff.). Der FSA-Kodex Fachkreise enthält in § 20 Abs. 5 und § 26 Vorgaben für derartige Kooperationenbeiten.

C. Einseitige Leistungen

Einseitige Leistungen liegen immer dann vor, wenn die Industrie medizinischen Einrichtungen oder deren Mitarbeitern bzw. niedergelassenen Ärzten Zuwendungen gewährt, ohne dafür eine Gegenleistung zu erhalten.[38] Hierbei kommen verschiedene Gründe für die Gewährung einseitiger Leistungen durch Unternehmen in Betracht.[39] Es steht außer Frage, dass die pharmazeutische sowie die medizintechnologische Industrie hinsichtlich 35

[35] *Krüger* GesR 2015, 527 (530).

[36] So auch *Leipold* in Hauschka/Moosmayer/Lösler § 50 Rn. 61.

[37] Zur Angemessenheit der finanziellen Unterstützung einer externen Fortbildungsveranstaltung siehe etwa FSA-Schiedsstelle, Az. 2011.11–312 (1. Instanz), PharmR 2014, 127.

[38] So auch *Krüger* GesR 2015, 527 (530 f.).

[39] Mit zahlreichen Beispielen hierzu *Krüger* GesR 2015, 527 (530 ff.).

einer sicheren Anwendung ihrer Produkte durch ärztliche Anwender, aber auch im Hinblick auf deren Fort- und Weiterbildung ein **legitimes Interesse** daran hat, die Teilnahme von Anwendern und medizinischem Fachpersonal an Fort- und Weiterbildungsveranstaltungen zu unterstützen. Nur hierdurch kann der erforderliche Kenntnisstand erworben bzw. beibehalten und die sachgerechte Anwendung von medizinischen Produkten im Sinne einer optimalen Patientenversorgung gesichert werden. Darüber hinaus unterstützt die medizinische Industrie regelmäßig die medizinische Wissenschaft und Forschung, aber auch Einrichtungen des Gesundheitswesens, durch Spenden oder andere Leistungen, um hierdurch zur Weiterentwicklung von Wissenschaft und Forschung beizutragen. Derartige Unterstützungsleistungen sind zur Wahrung sowie zum weiteren Ausbau des **Forschungs- und Wissenschaftsstandorts Deutschland** auch unbedingt notwendig. Sie sind zudem **politisch gewollt,** insbesondere angesichts der dramatischen Verknappung öffentlicher Mittel in den Bereichen des Gesundheitswesens sowie der universitären medizinischen Forschung. Von daher besteht dem Grundsatz nach ein **weitgehender Konsens,** dass die entstandenen Unsicherheiten im Hinblick auf die Zusammenarbeit der Industrie mit niedergelassenen Ärzten sowie medizinischen Einrichtungen und deren Mitarbeitern nicht zu einer Gefährdung dieser unverzichtbaren Unterstützungsmaßnahmen der Industrie führen dürfen.

36 Gleichzeitig bergen vor allem einseitige Leistungen in besonderem Maße das **Risiko,** unter dienst- und strafrechtlichen Gesichtspunkten **als unzulässige Einflussnahmen** auf die Beschaffungs- und Verordnungsentscheidungen von Ärzten und Mitarbeitern medizinischer Einrichtungen gewertet zu werden. Es empfiehlt sich daher grundsätzlich, dass die Gewährung bzw. Annahme einseitiger Leistungen (etwa Geschenke, Unterstützungen zur passiven Teilnahme an Kongressen etc) im Klinikbereich zum Zwecke der strafrechtlichen Risikominimierung entweder völlig vermieden wird oder sich im Rahmen der strengen Grundsätze des „Gemeinsamen Standpunkts" oder des FSA-Kodex Fachkreise bewegen sollte. Diese orientieren sich wiederum an § 7 HWG sowie an dem Gesichtspunkt der Sozialadäquanz.[40]

I. Grundsätze

37 Im Hinblick auf die Gewährung von einseitigen Unterstützungsleistungen an niedergelassene Ärzte und Klinikärzte, aber auch an medizinische Einrichtungen, ist vor dem Hintergrund der **Rechtsprechung**[41] ein vollständiger Risikoausschluss nur bei völliger Einstellung dieser Leistungen möglich. Dies betrifft insbesondere die direkte finanzielle Unterstützung der Industrie an Ärzte für deren Teilnahme an Fortbildungsveranstaltungen und medizinischen Fachkongressen, bei denen in der Vergangenheit selbst bei vorheriger Offenlegung gegenüber der Verwaltung bzw. bei Genehmigung durch den Vorgesetzten gerichtliche Verurteilungen wegen Bestechlichkeit zu verzeichnen sind. Eine **Risikominimierung** kann hier dadurch erreicht werden, dass entsprechende Unterstützungsleistungen an die medizinischen Einrichtungen gewährt werden, die die teilnehmenden Ärzte auswählen und die Kosten der Veranstaltungsteilnahmen aus den zur Verfügung gestellten Drittmitteln übernehmen. Grundsätzlich sollten bei sämtlichen einseitigen Unterstützungsformen folgende Gesichtspunkte bedacht werden:

- Preisnachlässe, Rabatte und dergleichen müssen offen erfolgen und dürfen **nicht über den Umweg von Spenden an medizinische Einrichtungen** oder gemeinnützige Organisationen oder anderweitig gewährt werden.
- Die bestehenden **Genehmigungserfordernisse** durch die Träger, Verwaltungen und Vorstände medizinischer Einrichtungen sowie durch die Dienstherren bzw. Arbeitgeber

[40] „Gemeinsamer Standpunkt", S. 22; FSA-Kodex Fachkreise, 4. Abschnitt: Zusammenarbeit mit HCP und HCO.

[41] Hierzu der Beitrag von *Taschke* in Anhalt/Dieners § 20 Rn. 197–238; s. auch *Dieners/Taschke* PharmR 2000, 310 ff.

der Mitarbeiter medizinischer Einrichtungen sind für die Gewährung einseitiger Leistungen der Industrie von **besonders hoher Bedeutung** und daher strikt zu beachten. Angesichts der besonderen strafrechtlichen Risiken, die mit der Annahme und Gewährung einseitiger Leistungen verbunden sind, sollte bei der Gewährung einseitiger Leistungen im Klinikbereich insbesondere auch das Transparenz-Genehmigungsprinzip beachtet werden.

II. Typische Formen einseitiger Leistungen

Die Gewährung einseitiger Leistungen durch die Industrie an niedergelassene Ärzte, medizinische Einrichtungen und deren Mitarbeiter betrifft in der Praxis regelmäßig die Unterstützung der **Teilnahme von Ärzten an medizinischen Fort- und Weiterbildungsveranstaltungen,** die Gewährung von **Spenden** an medizinische Einrichtungen oder hiervon unabhängige Organisationen (etwa Fördervereine oder medizinische Fachgesellschaften) sowie die **Gewährung von Geschenken** an und **Bewirtungen** von niedergelassene(n) Ärzte(n) und Mitarbeiter(n) medizinischer Einrichtungen. Die Gewährung von Spenden an niedergelassene Ärzte ist von vornherein nicht möglich, da diese nur an gemeinnützige Organisationen erfolgen dürfen (→ Kap. 10 Rn. 68). 38

1. Unterstützung der Teilnahme an Fortbildungsveranstaltungen

Die Industrie unterstützt seit jeher die Teilnahme an Symposien, Konferenzen, Kongressen, Fortbildungs- und Informationsveranstaltungen sowie Betriebsbesichtigungen. Die Unterstützung von Seiten der Industrie hat regelmäßig die **Gewährung von Reise- und Unterbringungskosten** zum Gegenstand; bei internationalen Fachkongressen wird zum Teil auch die **Teilnahmegebühr** übernommen.[42] Diesen Leistungen der Industrie liegt regelmäßig folgende Motivation zugrunde: 39

- Die Vermittlung von Fachwissen über neue wissenschaftliche Erkenntnisse und Therapieformen erfolgt im Wesentlichen im Rahmen nationaler und internationaler Fachkongresse. Die pharmazeutische und medizintechnologische Industrie hat im Hinblick auf die Vermittlung dieser Kenntnisse an der Teilnahme von Ärzten an solchen Fachkongressen ein erhebliches Interesse, und zwar sowohl im Hinblick auf das **bessere Verständnis neuer Produkte und Therapieformen** als auch im Hinblick auf eine **sichere bzw. verbesserte Anwendung von Produkten** und damit in Zusammenhang stehende Therapien. Es ist allgemein anerkannt, dass ein Wegfall der Industrieunterstützung den hohen medizinischen und wissenschaftlichen Kenntnisstand der deutschen Medizin und damit auch den Wissenschafts- und Industriestandort Deutschland gefährden würde.
- Fort- und Weiterbildungsveranstaltungen werden in der Regel von wissenschaftlichen Fachgesellschaften, aber auch von medizinischen Einrichtungen selbst veranstaltet, um **wissenschaftliche Erkenntnisse über bereits eingeführte oder neue Produkte sowie über entsprechende Therapieformen** durch erfahrene Anwender an andere Ärzte (meistens junge Mediziner) zu vermitteln. Auch hier ist eine finanzielle Unterstützung durch die Industrie im Interesse der Fort- und Weiterbildung dieser Ärzte, der Verbesserung der Patientenversorgung sowie im Interesse an einer wissenschaftlich fundierten sachgemäßen Anwendung von Produkten und damit verbundenen Therapieformen notwendig. Dies wäre ohne die regelmäßige Übernahme von Reise- und Übernachtungskosten durch die Industrie gefährdet.
- Schließlich findet die Vermittlung von medizinischem Wissen und von zur Berufsausbildung des Arztes erforderlichen Fachkenntnissen in Diagnostik und Therapie auch im Rahmen von **Produktschulungen** durch Industrieunternehmen statt, zu denen Ärzte eingeladen werden und bei denen die Industrie in der Regel ebenfalls die anfallenden

---

[42] Hierzu *Krüger* GesR 2015, 527 (531).

Reise- und Übernachtungskosten der Teilnehmer trägt. Die Durchführung derartiger Produktschulungen ist insbesondere bei der Neueinführung von Produkten bzw. damit verbundener Therapieformen von unverzichtbarer Bedeutung, da nur auf diese Weise die für eine **sachgerechte Anwendung der Produkte** am Patienten erforderlichen Kenntnisse vermittelt werden können.

– Dasselbe kann für **Betriebsbesichtigungen** gelten, sofern die in diesem Zusammenhang vermittelten Kenntnisse für ein **besseres allgemeines Verständnis für die Anwendung der Produkte** von Bedeutung sind.

a) Formen der Unterstützung der Teilnahme

40 Gemeinhin unterscheidet man bei der Behandlung dieses Themas danach, in welcher Weise niedergelassene Ärzte, Klinikärzte und andere Mitarbeiter medizinischer Einrichtungen an medizinischen Fachkongressen, Fort- und Weiterbildungsveranstaltungen sowie Betriebsbesichtigungen etc teilnehmen. Hierbei kommt entweder eine **„aktive"** oder eine **„passive Teilnahme"** in Betracht. Als weiteres Differenzierungskriterium wird angesehen, ob die jeweilige Veranstaltung von dem Unternehmen selbst oder von Dritten veranstaltet oder organisiert wird. In ersten Fall handelt es sich im Regelfall um **produktbezogene Fort- und Weiterbildungsveranstaltungen bzw. Produktschulungen** oder **Betriebsbesichtigungen** eines Unternehmens, in dem zweiten Fall um **medizinische Fachkongresse** oder **Symposien,** die von medizinischen Einrichtungen oder Dritten (etwa Kongressveranstaltern oder nationalen oder internationalen Fachgesellschaften) ausgerichtet werden (fremdorganisierte oder externe Fortbildungs- und Informationsveranstaltungen).

b) „Aktive Teilnahme"

41 Von einer „aktiven Teilnahme" an Veranstaltungen der Industrie bzw. fremdorganisierten Veranstaltungen wird dann gesprochen, wenn ein Arzt derartige Veranstaltungen moderiert oder in deren Rahmen referiert bzw. eine Präsentation darbietet. Regelmäßig steht die Moderation, das Referat oder die Präsentation in einem engen Zusammenhang mit Problemen oder Therapieformen, die für Produkte des Unternehmens bzw. deren Anwendung unmittelbar oder mittelbar von besonderem Interesse sind. Dies ist etwa der Fall, wenn ein Arzt im Rahmen der Produktschulung eines Unternehmens die fachgerechte Anwendung von Produkten des Unternehmens erläutert. Dies gilt aber gleichermaßen auch für den Fall, dass ein Arzt im Rahmen einer fremdorganisierten Veranstaltung einen Vortrag über die Ergebnisse von Studien- und Forschungsprojekten hält, die dieser zuvor für das Unternehmen im Rahmen eines Forschungsprojekts oder einer klinischen Prüfung durchgeführt hat. Für den Fall, dass eine „aktive Teilnahme" in dem oben genannten Sinn vorliegt, sollte die Übernahme der entsprechenden Aufwendungen für Reise-, Übernachtungs- und ggf. Registrierungsgebühren ebenso wie die Zahlung eines Honorars auf der Grundlage eines **Referentenvertrags** erfolgen, da es sich in einem solchen Fall nicht um einseitige Leistungen des Unternehmens, sondern um ein vertragliches Austauschverhältnis zwischen dem Arzt und dem Industrieunternehmen handelt. Dementsprechend müssen die Voraussetzungen für den Abschluss eines Referentenvertrags erfüllt sein (hierzu ausführlich → Rn. 28–31):

– Die Vereinbarung eines Referentenvertrags muss den **legitimen Bedürfnissen** des Unternehmens entsprechen, dh in einem Zusammenhang mit Problemen und Therapieformen stehen, die für Produkte des Unternehmens bzw. deren Anwendung von besonderem Interesse sind.

– Das **Trennungsprinzip** muss beachtet werden. Dies bedeutet, dass Preisnachlässe, Rabatte etc nicht über den Umweg eines solchen Vertrags gewährt werden dürfen. Ferner muss bei der Auswahl des Vertragspartners dessen **fachliche Qualifikation** und nicht seine Bedeutung als möglicher „Besteller" oder „Verschreiber" von Produkten des Unternehmens ausschlaggebend sein. Der Abschluss des Referentenvertrags darf also nicht auf eine Beeinflussung von Beschaffungs-, Verordnungs- oder Therapieentscheidungen des ärztlichen Referenten zielen.

- Leistungen und Gegenleistungen müssen in einem **angemessenen Verhältnis** zueinander stehen. Dies ist bei Abschluss des Referentenvertrags zu prüfen und zu dokumentieren. Zu dokumentieren sind auch die Vertragsabwicklung und die Arbeitsergebnisse (Redemanuskript, Präsentation etc). Diese sollten in der Vertragsakte des Unternehmens aufbewahrt werden.
- Die Zahlung der vertraglich vereinbarten Vergütung sollte erst dann erfolgen, wenn zuvor die geschuldete **Leistung** (Referat, Präsentation etc) **erbracht** und auf ihre Ordnungsgemäßheit überprüft worden ist.
- Sofern ein Arzt oder ein anderer Mitarbeiter einer medizinischen Einrichtung Vertragspartner werden soll, ist die vorherige **Genehmigung des Dienstherrn bzw. des Arbeitgebers** unter Offenlegung der für die Tatbestände der §§ 299, 299a, b, 331 ff. StGB relevanten Tatsachen einzuholen.

Sofern „aktive Teilnahmen" auf der Grundlage eines solchen Referentenvertrags erfolgen **42** und dieser den genannten Voraussetzungen entspricht, liegt ein **Gegenleistungsverhältnis und keine einseitige Leistung** vor. Die besonderen Risiken, die gemeinhin mit der Gewährung oder Annahme einseitiger Leistungen verbunden sind, bestehen in einem solchen Fall nicht.

Im Klinikbereich kommt bei der Auswahl des Vertragspartners nicht nur der Klinikarzt, **43** der etwa als Referent auftreten soll, in Betracht, sondern auch die **medizinische Einrichtung.** In einem solchen Fall verpflichtet sich die medizinische Einrichtung gegenüber dem Unternehmen, dass ein bestimmter Arzt (etwa der Arzt, der als Prüfarzt oder als Leiter der klinischen Prüfung eine Studie durchgeführt hat) im Rahmen seiner Dienstaufgaben das entsprechende Referat hält. Eine derartige Auswahl des Vertragspartners führt im Regelfall zu einer **weiteren Risikominimierung.**

Von einer „aktiven Teilnahme" in dem oben genannten Sinn kann auch gesprochen **44** werden, wenn etwa ein Arzt verpflichtet wird, einen **Kongressbericht zu verfassen.** Allerdings sollten einem solchen Kongressbericht besondere Fragestellungen des Unternehmens zugrunde liegen, die von dem Unternehmen bzw. den Mitarbeitern des Unternehmens, die ebenfalls an der entsprechenden Veranstaltung teilnehmen, nicht ohne Weiteres beantwortet werden können. Dies ist dann der Fall, wenn ein Arzt besondere medizinische Fragestellungen im Rahmen der Veranstaltung erfasst, auswertet und an das Unternehmen übermittelt. Für diesen Fall bietet sich eine entsprechende vertragliche Vereinbarung auf der Grundlage eines „Beratervertrags" an, der ebenfalls die oben genannten Voraussetzungen erfüllen muss (hierzu ausführlich → Rn. 23–27). Sofern ein Unternehmen eine Vielzahl von Ärzten, die an der Veranstaltung teilnehmen, mit der Erstellung von Kongressberichten beauftragt, denen dieselben oder ähnliche Fragestellungen zugrunde liegen, können Zweifel in Bezug auf das legitime Interesse am Abschluss entsprechender Vertragsbeziehungen entstehen, wenn nicht hinreichend nachvollziehbar nachgewiesen werden kann, aus welchen Gründen eine solche Vielzahl von Kongressberichten benötigt wird. In solchen Fällen haben Staatsanwaltschaften in der Vergangenheit das Vorliegen einer „echten Gegenleistung" in Frage gestellt.

c) „Passive Teilnahme"

Von einer „passiven Teilnahme" an unternehmensinternen oder fremdorganisierten Fort- **45** und Weiterbildungsveranstaltungen wird dann gesprochen, wenn niedergelassene Ärzte, Klinikärzte oder andere Mitarbeiter medizinischer Einrichtungen an Veranstaltungen teilnehmen, ohne dass ein Fall der „aktiven Teilnahme" vorliegt und das Unternehmen entweder die Kosten der Fort- und Weiterbildungsveranstaltungen trägt oder Aufwendungen, etwa für Reise- und Übernachtungskosten sowie gegebenenfalls Registrierungsgebühren übernimmt. Hierzu gehört auch der Fall, dass Ärzte zwar auf der Veranstaltung Moderationen, Referate oder Präsentationen übernehmen, diese jedoch in keinem engen Zusammenhang mit Problemen oder Therapieformen stehen, die für Produkte des Unternehmens bzw. deren Anwendung unmittelbar oder zumindest mittelbar von besonderem Interesse sind. In diesem Fall wird die Übernahme von Aufwendungen durch das Unternehmen regelmäßig als **Gewährung von einseitigen Leistungen** verstanden. Ob diese Einschätzung tatsächlich zutrifft, wird allerdings nicht einheitlich beurteilt. Argumentieren ließe sich durchaus, dass auch dem Fall der „passiven Teilnahme" eigentlich ein vertragliches Austauschverhältnis zugrunde liegt, da die Übernahme derartiger Aufwendungen nur unter der Bedingung der ordnungsgemäßen Teilnahme von Ärzten an den Veranstaltungen erfolgt und eine solche Teilnahme für die **Vermittlung von Know-how für die sachgerechte Anwendung von Produkten der Industrie** unerlässlich ist. Die Übernahme von Aufwendungen stelle danach quasi eine Gegenleistung dafür dar, dass sich etwa Klinikärzte bereit erklären, sich mit den Produkten eines Unternehmens, deren Anwendung oder damit in Zusammenhang stehenden Therapieformen zu befassen und hierfür Zeit aufzuwenden etc. Die Rechtsprechung hat sich, soweit ersichtlich, mit dieser Argumentation noch nicht ausdrücklich auseinandergesetzt. Vielmehr wird die Gewährung von Aufwendungsersatz zur passiven Teilnahme an medizinischen Fortbildungs- und Weiterbildungsveranstaltungen in der Praxis vielfach als Vorteil betrachtet, auf den der Arzt keinen Anspruch haben soll. Ungeachtet dessen zeigt die vorgenannte Argumentation jedoch durchaus die strukturellen Unterschiede zur Gewährung von Geschenken und Zuwendungen an Amtsträger, die ansonsten in der strafgerichtlichen Praxis, etwa bei der Vergabe öffentlicher Bauaufträge, im Mittelpunkt stehen. Hier geht es in der Regel um private Bereicherungen, die bei ordnungsgemäß durchgeführten Fortbildungsveranstaltungen nicht vorliegen, da sie die Vermittlung von medizinischem Fachwissen zum Ziel haben.

d) Straf- und dienstrechtliches Risikopotential im Klinikbereich

46 Die **bisherige Ermittlungspraxis der Staatsanwaltschaften** sowie die **Spruchpraxis der Gerichte** haben sich, soweit bekannt, im Klinikbereich bislang vorwiegend auf folgende Fallkonstellationen konzentriert:[43]

- Teilnahme an (fremdorganisierten) medizinischen Fachkongressen im **Ausland,**
- Charakter des Kongressortes als beliebtes **Ziel des Tourismus,**
- Mitnahme von **Ehegatten** oder anderen **Begleitpersonen** (und deren Kostentragung durch die Industrie),
- Verbindung von Kongress- mit **Urlaubsaufenthalten,**
- Tagesprogramme mit erheblichem Spielraum für **typische Urlaubsaktivitäten,**
- Betriebsbesichtigungen im Ausland mit **luxuriösen Bewirtungen** und **Begleitprogrammen** (zB Opernbesuch),
- Übernahme von Kosten für Betriebsfeiern oder Privatveranstaltungen,
- unentgeltliches Bereitstellen von Arbeitsräumen und Personal durch eine Klinik an einen niedergelassenen Arzt im Austausch für die Zuführung von Patienten,
- Vergütung von Beratertätigkeiten ohne konkrete Leistungsnachweise.

47 Dies bedeutet nicht, dass nicht auch die finanzielle Unterstützung der Teilnahme von Klinikärzten oder anderen Mitarbeitern medizinischer Einrichtungen an ordnungsgemäß organisierten Veranstaltungen, die von dritter Seite bzw. von der Industrie im In- und Ausland durchgeführt werden, Gegenstand von Ermittlungsverfahren werden kann. Jedoch stellt die bisherige Ermittlungs- und Rechtspraxis eine Reihe von Orientierungspunkten zur Verfügung, die für eine **Risikobewertung** im Hinblick auf die Fortführung der genannten Unterstützungsleistungen von Bedeutung sind.[44]

---

[43] Siehe auch *Ulsenheimer* in Laufs/Kern/Rehborn § 162 Rn. 28 ff.; *Dann/Jones* in Dann S. 232 f.; *Dieners/Taschke* PharmR 2000, 309 (310 ff.) jeweils mit weiteren Beispielen.

[44] Eine Zusammenstellung der Rechtsprechung findet sich bei *Ulsenheimer* in Laufs/Kern/Rehborn § 162 Rn. 1 f.

Von den bislang damit befassten Gerichten wurde die Erstattung von Reisekosten für berufliche Fortbildungen oder für die Teilnahme an wissenschaftlichen Fachkongressen und Betriebsbesichtigungen regelmäßig als Vorteil iSd Antikorruptionsvorschriften bejaht. Allerdings führt die bloße Annahme des Vorliegens eines Vorteils noch nicht unweigerlich zu einer Strafbarkeit. Vielmehr muss eine **Unrechtsvereinbarung** mit dem Klinikarzt oder einem anderen Mitarbeiter einer medizinischen Einrichtung vorliegen. Eine solche liegt dann vor, wenn die Zuwendung für die Verordnung (§§ 299a, b StGB) oder die Bestellung von Produkten gewährt wird (§§ 299, 299a, b, 331 ff. StGB).[45] Während der Vorteil für eine Strafbarkeit nach §§ 299, 299a, b, 332, 334 (Bestechung und Bestechlichkeit) StGB als Gegenleistung für eine unlautere Bevorzugung gefordert, angeboten, versprochen oder angenommen werden muss, reicht es für eine Strafbarkeit nach §§ 331, 333 StGB (Vorteilsgewährung bzw. -annahme) bereits aus, dass eine bewusste Verknüpfung zwischen Dienstausübung und Vorteil besteht, die Zuwendung beispielweise zum Zwecke der Klimapflege gewährt wird.[46] Hinsichtlich des Äquivalenzverhältnisses wird von den Gerichten über den jeweiligen Einzelfall hinaus das gesamte **„Beziehungsgeflecht"** zwischen Unternehmen und Arzt im Rahmen der Beweiswürdigung herangezogen, wobei insbesondere der zeitliche Zusammenhang von Unterstützungsleistungen und Bestellentscheidungen von Bedeutung sein soll. Ferner soll auch eine **fehlende dienstrechtliche Involvierung** der Anstellungskörperschaft bzw. des Dienstherrn ein Beziehungsverhältnis der gewährten Vorteile zu Diensthandlungen indizieren. Allerdings verlangt der BGH in seiner Entscheidung vom 23.5.2002 für den Nachweis einer (konkludenten) Unrechtsvereinbarung zu Recht eine direkte Manifestation nach außen.[47] Somit kann das Vorliegen einer „konkludenten Unrechtsvereinbarung" nicht bereits dann angenommen werden, wenn Unterstützungsleistungen zur Teilnahme an Kongressveranstaltungen in Kenntnis bestehender Geschäftsbeziehungen zwischen Arzt und Industrie von dem Arzt angenommen werden. Aus der bloßen Annahme eines Vorteils kann nicht ohne Weiteres geschlossen werden, dass die Zuwendungen zur Stabilisierung und Steigerung des Absatzes gewährt würden. 48

Die Abgrenzung der Vorteilsannahme und Vorteilsgewährung (§§ 331, 333 StGB) zu den Tatbeständen der Bestechung und Bestechlichkeit (§§ 332, 334 StGB) erfolgt anhand des Merkmals der **Pflichtwidrigkeit der Diensthandlung.** Verschiedene Gerichte haben insofern die Auffassung vertreten, dass es bei Produktentscheidungen nach einer vorhergehenden Zuwendung nicht auf die Sachwidrigkeit der Entscheidungsergebnisse ankomme. Vielmehr sei bereits dann von einer Pflichtwidrigkeit der Diensthandlung auszugehen, wenn der Arzt den Vorteil **„auf die Waagschale der Entscheidung"** gelegt habe.[48] Dies wurde von diesen Gerichten dann angenommen, wenn dem Arzt bewusst gewesen sein musste, dass etwa an die Annahme von finanziellen Unterstützungen zur Teilnahme an medizinischen Fachkongressen die Erwartung geknüpft war, er werde auch in Zukunft Produkte der entsprechenden Lieferanten bestellen. In anderen Fällen gingen die Gerichte davon aus, dass sich die Erwartung einer Gegenleistung für die Zuwendung aufdrängen musste, insbesondere dann, wenn es sich hierbei nicht nur um kleinere Aufmerksamkeiten, sondern um relativ hohe Beträge handelte. 49

Auch das OLG Hamburg und der BGH[49] gehen davon aus, dass bei Ermessensentscheidungen eine Pflichtwidrigkeit bereits dann vorliegen sollte, wenn der Amtsträger den ihm gewährten Vorteil auf die Waagschale seiner Entscheidung lege. Allein die Vereinbarung oder 50

[45] *Fischer* StGB § 299 Rn. 22 f., § 299a Rn. 6, 13, § 332 Rn. 11.

[46] *Fischer* StGB § 331 Rn. 21, 23; *Heil/Oeben* PharmR 2016, 217 (220).

[47] BGH NJW 2002, 2801 ff.; 2002, 2801 ff.; hierzu *Michalke* NJW 2002, 3381 f.; *Taschke* PharmR 2002, 409 ff. (= MPR 2002, 101 ff.) sowie *Taschke* in Anhalt/Dieners § 20 Rn. 223, 232 ff.

[48] Hierzu im Einzelnen der Beitrag von *Taschke* in Anhalt/Dieners § 20 Rn. 231–235.

[49] BGH NJW 2002, 2801 ff.; hierzu *Michalke* NJW 2002, 3381 f.; *Taschke* PharmR 2002, 409 ff. (= MPR 2002, 101 ff.) sowie *Taschke* in Anhalt/Dieners § 20 Rn. 223, 232 ff.; außerdem OLG Hamburg StV 2001, 277 (281 f.).

Annahme eines Vorteils besage aber noch nicht, dass die Unbefangenheit des Ermessensbeamten beeinträchtigt sei und er diese Entscheidung aufgrund sachfremder Erwägungen getroffen bzw. sich hierzu bereit erklärt habe. Der Tatbestand der Bestechlichkeit erfordere daher gegenüber der Vorteilsannahme **zusätzliche Umstände,** aus denen folge, dass sich der Amtsträger gegenüber dem Vorteilsträger bereit gezeigt habe, sich bei der Ermessensausübung durch den Vorteil beeinflussen zu lassen. Während die Vorteilsannahme bzw. Vorteilsgewährung nach den §§ 331 Abs. 3 bzw. 333 Abs. 3 StGB durch eine Genehmigung des Dienstherrn bzw. des Arbeitgebers mit der Folge gerechtfertigt werden kann, dass eine Strafbarkeit ausscheidet, ist ein Strafbarkeitsausschluss aufgrund einer Genehmigung dann nicht möglich, wenn auch die Pflichtwidrigkeit der Diensthandlung bejaht wird, da in diesem Fall die Tatbestände der Bestechung bzw. Bestechlichkeit vorliegen, die nicht genehmigungsfähig sind. Dies gilt auch für die Tatbestände der Bestechung bzw. der Bestechlichkeit im Gesundheitswesen gem. §§ 299a, b StGB.[50]

51 Unter dienstrechtlichen Gesichtspunkten ist zu berücksichtigen, dass derartige Unterstützungsleistungen als **„Geschenke"** oder **„Belohnungen"** (→ Kap. 2 Rn. 70 ff.) eingeordnet werden könnten, deren Annahme Beamten oder Angestellten des öffentlichen Dienstes ausnahmsweise und teilweise nur mit vorheriger Genehmigung ihres Dienstherrn bzw. Arbeitgebers gestattet ist. Dienstreisegenehmigungen oder die Erteilung von Sonderurlaub durch die Verwaltung reichen hierzu im Regelfall allein nicht aus, da diese Genehmigungen lediglich das Fernbleiben vom Dienst, jedoch nicht die Annahme der Industrieunterstützung betreffen. Dasselbe gilt für den Fall, dass für den Besuch von Fortbildungsveranstaltungen Erholungsurlaub gewährt wurde. Auch betrifft die Erlaubnis der Verwaltung regelmäßig nicht auch die Annahme finanzieller Unterstützungen durch die Industrie.

52 In der Vergangenheit wurde von einigen Staatsanwälten in inoffiziellen Äußerungen am Rande von juristischen Fachtagungen zur Kooperation der Industrie mit Krankenhäusern und Ärzten die finanzielle Unterstützung von Ärzten für eine passive Teilnahme an **im Ausland** stattfindenden Informationsveranstaltungen der Industrie als unzulässig eingestuft. Diese Auffassung verkennt den Umstand, dass der Ort der Veranstaltung kein Kriterium für die rechtliche Zulässigkeit von Unterstützungsleistungen sein darf, da der Meinungsaustausch in der medizinischen Forschung nicht auf die deutschen Landesgrenzen beschränkt werden kann und auch die rechtlichen Rahmenbedingungen für die Unterstützung derartiger Teilnahmen nicht an einen Inlands- oder Auslandsbezug anknüpfen. Vielmehr sollten Ärzte auch die Möglichkeit erhalten, am Meinungsaustausch auf nationalen wie auch internationalen Kongressen teilzunehmen. Durch die geschilderte restriktive Auffassung werden deutsche Mediziner benachteiligt, die oft die mit erheblichen Kosten verbundene Teilnahme an internationalen Kongressen nicht finanzieren können. Eine derartige Beschränkung des internationalen Fachdiskurses ist aber nicht zeitgemäß und für den Forschungsstandort Deutschland schädlich.

53 In diesem Argumentationskontext sind auch die Empfehlungen des „Gemeinsamen Standpunkts" der Verbände hinsichtlich der Unterstützung der Teilnahme von Klinikärzten an Fort- und Weiterbildungsveranstaltungen zu verstehen, welche die forschungs- und wissenschaftspolitische Notwendigkeit derartiger Unterstützungen deutlich herausstellen. Die Verbände fordern insofern, dass die Unsicherheiten nicht zu einer Gefährdung der Unterstützungsmaßnahmen führen dürfen. Gleichzeitig weisen die Verbände jedoch auch darauf hin, dass diese Unterstützungsleistungen die Gefahr bergen, unter strafrechtlichen Gesichtspunkten als unzulässige Einflussnahmen auf Beschaffungsentscheidungen betrachtet zu werden. Der „Gemeinsame Standpunkt" der Verbände präferiert vor diesem Hintergrund, dass **der medizinischen Einrichtung** von Seiten der Industrie auf der Grundlage einer entsprechenden Vereinbarung Mittel für die Veranstaltungsteilnahme zur Verfügung gestellt werden, so dass die Mitarbeiter der Einrichtung an diesen Veranstaltungen **im Rahmen**

[50] *Dannecker/Schröder* in Kindhäuser/Neumann/Paeffgen, Strafgesetzbuch, § 299a Rn. 202.

ihrer Dienstaufgaben teilnehmen.[51] Sofern entsprechende Vereinbarungen mit der medizinischen Einrichtung selbst nicht vorliegen, sollten die Dienstherren oder Arbeitgeber, Krankenhausverwaltungen bzw. Krankenhausträger über Art und Inhalt der Veranstaltung informiert sein und die Teilnahme genehmigt haben. Zu Recht weisen die Verbände darauf hin, dass von einer **einschränkungslosen Genehmigung** auch der Unterstützungsleistungen insofern nur dann gesprochen werden kann, wenn bei deren Beantragung von dem Mitarbeiter sämtliche Tatsachen unterbreitet worden sind, die für die Beziehung zwischen dem Arzt bzw. dem Mitarbeiter der Einrichtung und dem Unternehmen bedeutsam sind.

e) Kriterien für die individuelle Unterstützung

Sofern sich ein Unternehmen dazu entscheiden sollte, die **individuelle finanzielle Unterstützung** von Ärzten für die Teilnahme an internen Produktschulungen sowie an fremdorganisierten Fort- und Weiterbildungsveranstaltungen weiterzuführen, ist insbesondere auf Folgendes zu achten: 54

- Die Unterstützungsleistungen dürfen **nicht** dazu **missbraucht werden,** Beschaffungs-, Verordnungs- oder Therapieentscheidungen des jeweiligen niedergelassenen Arztes, Klinikarztes oder eines anderen Mitarbeiters einer medizinischen Einrichtung zugunsten des Unternehmens unsachlich zu beeinflussen oder auch nur einen entsprechenden Eindruck zu erwecken.
- Die Veranstaltung darf ausschließlich der **Vermittlung und Verbreitung von medizinischem Wissen** und praktischen Erfahrungen dienen. Die wissenschaftlichen Informationen und die Weitergabe von Kenntnissen in Diagnostik und Therapie müssen im Vordergrund stehen. Die Teilnahme soll nur unterstützt werden, wenn ein Bezug zum Tätigkeitsgebiet des Unternehmens und gleichzeitig zum Tätigkeitsgebiet des Veranstaltungsteilnehmers vorliegt.
- Es dürfen nur folgende Kosten erstattet werden:
  - angemessene **Hin- und Rückreisekosten** zum/vom Veranstaltungsort;
  - **Übernachtungskosten;**
  - ggf. **Kongressgebühren.**
- Kosten für Bewirtungen nur insoweit, als sie einen **angemessenen Rahmen** nicht überschreiten und von untergeordneter Bedeutung bleiben.
- Darüber hinausgehende Kosten (für Theater, Konzertbesuche, Rundflüge, Sportveranstaltungen, Besuche von Freizeitparks etc) dürfen **nicht erstattet** werden. Ein Verbleiben auf Kosten des Unternehmens über den für die Veranstaltung notwendigen Zeitraum hinaus darf nicht erfolgen. Die Annahme bzw. Gewährung von sonstigen Belohnungen, Geschenken und geldwerten Vorteilen mit privatem Charakter (zB Kosten für Begleitpersonen) darf ebenfalls nicht erfolgen.
- Die Übernahme der Kosten sollte ferner davon abhängig gemacht werden, dass sich der von einem Unternehmen eingeladene niedergelassene Arzt, Klinikarzt oder andere Mitarbeiter einer medizinischen Einrichtung **zur Teilnahme an der Veranstaltung verpflichtet** und an ihr auch **tatsächlich teilnimmt.**
- Es sollte aus Gründen der vollständigen **Dokumentation** eine Liste der Teilnehmer erstellt werden, welche die Veranstaltung tatsächlich besucht haben.
- Es sollte auch darauf geachtet werden, dass es sich bei der Veranstaltung um eine allgemein **anerkannte wissenschaftliche Veranstaltung** handelt, der Veranstaltungsort kein beliebtes Touristenziel darstellt, die Veranstaltung nicht in der üblichen Urlaubszeit stattfindet und das Tagesprogramm keinen erheblichen Spielraum zur Entfaltung typischer Urlaubsaktivitäten bietet.

---

[51] Eine Regelung, die sich eng an den „Gemeinsamen Standpunkt" anlehnt, sieht Nr. 4.3 der Verwaltungsvorschriften zur Annahme und Verwendung von Mitteln Dritter an Hochschulen (Drittmittelrichtlinien – DriMiR) des Bayerischen Staatsministeriums für Wissenschaft, Forschung und Kunst vom 21.10.2002 vor.

– Eine Unterstützung von Klinikärzten darf nur erfolgen, wenn eine **Genehmigung** von Seiten des Dienstherrn bzw. des Arbeitgebers des betroffenen Klinikarztes **vorliegt.** In der Regel sollten sich Unternehmen die **Genehmigung vor der Veranstaltung in schriftlicher Form** vorlegen lassen. Bei Kurzveranstaltungen oder über das Internet angebotenen Veranstaltungen wie Webinare, bei denen die individuelle finanzielle Unterstützung äußerst gering ist bzw. sich allein auf eine kostenlose Bereitstellung des Fort- und Weiterbildungsangebots beschränkt, kann im Einzelfall eine angemessen dokumentierte Zusicherung des betroffenen Klinkarztes ausreichen, dass – soweit erforderlich – eine Genehmigung des Dienstherrn bzw. des Arbeitgebers eingeholt wurde.
– In **keinem Fall** darf die Auswahl der niedergelassenen Ärzte, Klinikärzte oder von anderen Mitarbeitern medizinischer Einrichtungen im Hinblick auf deren Stellung bei der Beschaffung oder Verordnung von Produkten des Unternehmens erfolgen bzw. von Beschaffungs- oder Verordnungsentscheidungen abhängig gemacht werden.

55 Diese **Kriterien** sind inzwischen **allgemein anerkannt.**[52] Sie entsprechen den Voraussetzungen, die nach dem „Gemeinsamen Standpunkt" der Verbände an eine strafrechtlich einwandfreie Unterstützung der Teilnahme an Fort- und Weiterbildungsveranstaltungen gestellt werden. Darüber hinaus hat die Regelung des § 33 MBO-Ä aF zum „individuellen Fortbildungssponsoring", die durch die Novelle der MBO-Ä im Jahr 2011 in § 32 Abs. 2 MBO-Ä integriert wurde, die Empfehlungen und Hinweise des „Gemeinsamen Standpunkts" ausdrücklich übernommen (→ Kap. 2 Rn. 125 ff.; zu beachten sind jedoch in diesem Zusammenhang die unterschiedlichen Umsetzungen der MBO-Ä durch die einzelnen Landesärztekammern, vgl. → Kap. 2 Rn. 127 ff. sowie die Bestrebungen einer möglichen gänzlichen Streichung des § 32 Abs. 2 MBO-Ä, vgl. → Kap. 2 Rn. 129 ff.). Eine entsprechende Regelung sehen die „Verhaltensempfehlungen" der Verbände der pharmazeutischen Industrie (Nr. 6) sowie § 20 FSA-Kodex Fachkreise und § 8 Kodex „Medizinprodukte" vor. Die dem „Gemeinsamen Standpunkt" entsprechenden Kriterien haben im Übrigen auch verschiedene Bundesländern, etwa in Baden-Württemberg oder Bayern, als Vorbild für die Regelung der Frage gedient, ob und unter welchen Voraussetzungen ihren Hochschulangehörigen die Annahme von Unterstützungsleistungen von der Industrie zur Teilnahme an internen und externen Fort- und Weiterbildungsveranstaltungen möglich ist. Diese Kriterien können daher als **gute Orientierungspunkte** dienen, deren Einhaltung den Grad der rechtlichen Risiken erheblich minimiert.

56 Auch bei Einhaltung der genannten Kriterien besteht angesichts der bisherigen Ermittlungspraxis sowie der bislang ergangenen Rechtsprechung im Klinikbereich ein gewisses **Restrisiko,** dass Ermittlungsbehörden dennoch entsprechende Vorgänge wegen des Verdachts der Bestechlichkeit bzw. Bestechung verfolgen bzw. Gerichte entsprechende Verurteilungen aussprechen. Dementsprechend rät der BVMed seinen Mitgliedern neuerdings ausdrücklich, von der **direkten Unterstützung einer aktiven und passiven Teilnahme an externen Veranstaltungen** abzusehen (vgl. → Kap. 4 Rn. 14a f.). Stattdessen könne eine indirekte Unterstützung über sogenannte **Educational Grants,** dh die Zurverfügungstellung finanzieller Mittel an Gesundheitsorganisationen für die Veranstaltungsteilnahme auf Grundlage einer Vereinbarung erfolgen, sofern in der Vereinbarung sichergestellt wird, dass die Mittel nur für angemessene Hin- und Rückreisekosten sowie notwendige Übernachtungskosten verwendet werden (§ 8 Abs. 2 Nr. 1 lit. a, b). Zum 1.1.2018 erhielt zunächst die bisherige Regelung des § 8 Abs. 2 Nr. 2 lit. b S. 4 Kodex „Medizinprodukte" (Fort- und Weiterbildung) ein Addendum, wonach das Risiko, durch die direkte Unterstützung einer passiven Teilnahme an drittorganisierten Konferenzen unter Korruptionsverdacht zu geraten, nur dadurch minimiert werden könne, indem die Unternehmen eine derartige Unterstützung gänzlich einstellen. 2020 wurde das Addendum in den Kodextext überführt und die entsprechende Vorschrift neu strukturiert. Damit setzt der BVMed die

[52] Vgl. etwa *Krüger* GesR 2015, 527 (531); *Dann/Jones* in Dann S. 243 f., 263–266.

Vorgaben des MedTech Europe Code of Ethical Business Practice[53] um. Der BVMed reagiert damit auch auf die Ansicht verschiedener Staatsanwälte, wonach die individuelle Unterstützung einer passiven Teilnahme zumindest einen erheblichen Anfangsverdacht der Korruption begründen könne.[54] Sofern Unternehmen derartige Unterstützungsleistungen nicht völlig eingestellt haben, beschränken sie sich nun vielfach darauf, den medizinischen Einrichtungen im Wege einer **Geld- oder Sachspende** (etwa in Form eines „Reisegutscheins") oder eines **betrieblichen Geschenks** Mittel zur Verfügung zu stellen, um Klinikärzten und anderen Mitarbeitern medizinischer Einrichtungen die Teilnahme an fremdorganisierten Fort- und Weiterbildungsveranstaltungen zu ermöglichen. In diesen Fällen ist es aus steuerlichen Gründen (→ Kap. 10 Rn. 79) empfehlenswert, dass die konkreten Klinikärzte bzw. anderen Mitarbeiter, die an der Veranstaltung teilnehmen sollen, von der medizinischen Einrichtung und nicht von dem Unternehmen benannt werden. Dies hat auch unter strafrechtlichen Gesichtspunkten den Vorteil, dass eine Individualisierung der entsprechenden Klinikärzte und Mitarbeiter durch die medizinische Einrichtung erfolgt. In der Praxis führen jedoch insbesondere Geldspenden für die Teilnahme von Mitarbeitern an medizinischen Fachkongressen zu Problemen, da die Verwaltungen oftmals keine Kapazitäten oder Erfahrungen haben, die Teilnahme von Klinikärzten und anderen Mitarbeitern an medizinischen Fachkongressen zu organisieren. Ferner erhöhen sich regelmäßig die Kosten für die Teilnahme, wenn nicht von Sammelbestellungen Gebrauch gemacht werden kann. Von daher kommt der Möglichkeit, eine bereits organisierte Kongressreise in **Form einer Sachspende** oder eines **betrieblichen Geschenks** von Seiten der Industrie zu gewähren, eine höhere Praktikabilität zu.

2. Spenden

In der Praxis werden von Unternehmen oftmals an gemeinnützige medizinische Ein- 58
richtungen oder andere gemeinnützige Organisationen Spenden zum Zwecke der Unterstützung von Forschung und Lehre, zur Verbesserung der Gesundheits- bzw. Patientenversorgung, zur Aus- und Weiterbildung bzw. für mildtätige Zwecke gewährt.[55] Der FSA-Kodex Fachkreise enthält in §§ 25, 26 Vorgaben für Spenden und sonstige Zuwendungen an medizinische Einrichtungen. Doch auch außerhalb des Anwendungsbereichs dieser speziellen Vorschriften sind die folgenden Grundsätze zu beachten. Spenden müssen grundsätzlich **unabhängig von Umsatzgeschäften** erfolgen und dürfen auch nicht zu deren Voraussetzung gemacht werden.[56] Um bereits den Eindruck zu vermeiden, Spenden dienten individuellen persönlichen Interessen von Beschäftigten medizinischer Einrichtungen, sollte darauf geachtet werden, dass die Spende nicht auf ein Privatkonto (etwa des ärztlichen Abteilungsdirektors) überwiesen wird. Spenden sollten nur auf ein Spenden- oder Drittmittelkonto der medizinischen Einrichtung erfolgen, das in der **Verfügungsgewalt der Verwaltung** steht. Gleichzeitig gewährleistet dies eine Einbeziehung der Krankenhaus- und Universitätsverwaltungen bei der Einwerbung und Administration von Spenden. Entsprechendes gilt, wenn Spendengelder für Fördervereine von Krankenhäusern oder Universitätskliniken eingeworben werden. Auch hier sollten die Dienstherren bzw. Arbeitgeber der einwerbenden Klinikärzte (dh in der Regel die Verwaltung) in die Administration und Verwendung der Spenden eingebunden sein.[57]

Die Notwendigkeit der vorherigen Einbeziehung des Dienstherrn bzw. Arbeitgebers 59
folgt auch hier aus den geltenden Antikorruptionsvorschriften. Danach besteht ein Strafbar-

[53] MedTech Europe Code of Ethical Business Practice, abrufbar unter: https://www.medtecheurope.org/wp-content/uploads/2017/06/medtech-europe-code-of-ethical-business-practice-qu-dg.pdf (zuletzt abgerufen am 8.11.2021).

[54] So zB die Staatsanwaltschaft Thüringen Ärzteblatt Thüringen 5/2017, 292.

[55] So auch *Leipold* in Hauschka/Moosmayer/Lösler § 50 Rn. 62.

[56] Zu strafrechtlichen Fragen im Zusammenhang der Gewährung von Spenden an universitäre Einrichtungen s. *Dauster* NStZ 1999, 63 ff.

[57] Hierzu auch „Gemeinsamer Standpunkt", S. 22.

keitsrisiko für Ärzte, die Vorteile für sich oder einen Dritten fordern, sich versprechen lassen oder annehmen. Gleiches Risiko einer Strafbarkeit besteht für Unternehmensmitarbeiter, die Ärzten Vorteile für sich oder einen Dritten anbieten, versprechen oder gewähren. Folglich kann das Strafbarkeitsrisiko durch die vorherige Genehmigung der Dienstherren bzw. Arbeitgeber hinsichtlich der Vorteilsannahme bzw. Vorteilsgewährung ausgeschlossen, bezüglich der übrigen Bestechungstatbestände weitgehend minimiert werden.[58] Voraussetzung ist allerdings auch hier, dass die Einwerbung bzw. Gewährung von Spenden **nicht im Zusammenhang mit Beschaffungs- oder Verordnungsentscheidungen** steht. Diese Grundregeln sind in den Fällen nicht ohne Weiteres anwendbar, in denen die Spende nicht für eine bestimmte medizinische Einrichtung, sondern an eine von der medizinischen Einrichtung unabhängige Institution (etwa an wissenschaftliche Fachgesellschaften oder karitative oder wissenschaftliche Organisationen) gewährt werden soll. Da auch in diesen Fällen ein Strafbarkeitsrisiko in Folge der Drittvorteilsproblematik (→ Kap. 2 Rn. 11) nicht ausgeschlossen werden kann, ist zu empfehlen, dass bei der Einwerbung von Spenden für unabhängige Organisationen ebenfalls die Dienstherren bzw. Arbeitgeber der einwerbenden Ärzte die Einwerbung bzw. Gewährung der Spende vorher genehmigen. Diese Empfehlung gilt nicht nur für Ärzte, die als Funktionsträger (etwa als Vorsitzende oder Schatzmeister) Spenden für ihre Organisationen einwerben, sondern auch für sonst einwerbende Klinikärzte, die lediglich einfache Mitglieder dieser Organisationen sind oder Spenden einwerben, ohne selbst dieser Organisation anzugehören. In der Praxis hat sich die Einholung von Genehmigungen in solchen Fällen vielfach als schwierig oder unmöglich herausgestellt, da die für Klinikärzte zuständigen Verwaltungsstellen der medizinischen Einrichtungen oftmals die Notwendigkeit einer Genehmigung nicht einsehen oder aber nach ihrer Auffassung nicht über die notwendigen Hintergrundinformationen zur Erteilung einer Genehmigung verfügen. Aus diesem Grund empfiehlt der „Gemeinsame Standpunkt" der Verbände, dass aus Gründen einer möglichst weitreichenden Risikominimierung unter dem Gesichtspunkt des sog. „Drittvorteils" bzw. zu Dokumentationszwecken **zumindest die entsprechende Information an den Dienstherrn bzw. Arbeitgeber** gegeben werden soll.

60 Sofern der Dienstherr bzw. Arbeitgeber mit der Verwaltung der medizinischen Einrichtung identisch ist, der die Spende zugutekommen soll, ist zu empfehlen, dass auch die vorgesetzte Behörde des Dienstherrn bzw. des Arbeitgebers die Einwerbung bzw. Gewährung der Spende vorher genehmigt. Der Grund hierfür besteht darin, dass es rechtlich bisher nicht eindeutig geklärt ist, ob der Dienstherr bzw. Arbeitgeber die Gewährung eines Vorteils auch dann genehmigen kann, wenn der genehmigte Vorteil der von ihm verwalteten Einrichtung selbst zugutekommt. Dies führt im Regelfall dazu, dass in diesen Fällen auch der Träger der medizinischen Einrichtung einzubeziehen ist, der die Spende gewährt werden soll. Hier sollte es jedoch ausreichen, wenn eine **generelle Genehmigung des Trägers** vorliegt und die entsprechende Verwaltungsstelle das Vorliegen dieser Genehmigung bestätigt. Die genannten Grundsätze gelten auch im Hinblick auf Sachspenden an gemeinnützige medizinische Einrichtungen oder andere gemeinnützige Organisationen, etwa im Zusammenhang mit der Überlassung von **Geräten** oder **Fachliteratur.**

3. Geschenke und Bewirtungen

61 Sofern es sich bei Klinikärzten um Beamte und Angestellte des öffentlichen Rechts handelt, ist die Annahme von Geschenken ohne Zustimmung des Dienstherrn grundsätzlich untersagt. Dasselbe gilt für die Annahme von Bewirtungen. Nach der sowohl für Klinikärzte als auch für niedergelassene Ärzte geltenden Regelung des § 32 MBO-Ä des ärztlichen Berufsrechts ist es dem Arzt nicht gestattet, Geschenke oder andere Vorteile für sich oder Dritte zu fordern, sich oder Dritten versprechen zu lassen oder anzunehmen, wenn hier-

[58] *Räpple* implant 1997, 9, setzt die hohe Bedeutung der Dienstherreninvolvierung mit einer „rechtlichen Lebensversicherung" gleich; zur Ausnahme hiervon im Rahmen des § 299a StGB *Heil/Oeben* PharmR 2016, 217 (220).

durch der Eindruck erweckt wird, dass die Unabhängigkeit der ärztlichen Entscheidung beeinflusst wird. Allerdings fehlt es in der Regel am Eindruck der Beeinflussung, wenn nur ein **geringfügiger Vorteil** zugewendet wird.[59] Nach Auffassung der Berufsordnungsgremien der Bundesärztekammer aus dem Jahr 2004 lag die Wertgrenze insofern bei 50 Euro.[60] Diese Grenze soll auch dann überschritten sein, wenn mehrere geringwertige Zuwendungen in einem kurzen Zeitraum gewährt werden, die den Betrag von 50 Euro insgesamt übersteigen.[61] Auch wenn durch die Novellierung der MBO-Ä im Jahr 2011 das Merkmal der Geringwertigkeitsschwelle grundsätzlich aufgegeben wurde, spricht vieles dafür, sich auch weiterhin an derartigen **Wertschwellen** zu orientieren. Dementsprechend legt die Leitlinie § 6 Abs. 2 iVm § 20 Abs. 11 FSA-Kodex Fachkreise als Orientierungsgröße einer angemessenen Bewirtung einen Betrag von rund 60 Euro fest. Als Grund für den höheren Wert wird auf die seit dem Jahr 2004 stattgefundenen Preiserhöhungen und die Erhöhung der Umsatzsteuer verwiesen.[62] In Zweifelsfällen sollte zur Vermeidung jeden Risikos zuvor die **Genehmigung des Dienstherrn bzw. Arbeitgebers** eingeholt werden.

Das Landesberufsgericht für Heilberufe Nordrhein-Westfalen (LandesberufsGf. Heilberufe Nordrh.-Westf.) hat in einem Fall[63], in dem ein Arzt Geldgeschenke eines Patienten in Höhe von **mehreren hunderttausend Euro innerhalb von drei Jahren** angenommen hatte, entschieden, dass dieser durch sein Verhalten gegen seine Berufspflicht aus § 32 der Berufsordnung der Ärztekammer Westfalen-Lippe (BerufsO W-L)[64] verstoßen hat. Dabei hat das Gericht zwar betont, dass auch berufsrechtliche Sanktionen dem Bestimmtheitsgebot des Art. 103 Abs. 2 GG genügen müssen. Das Gericht lehnte jedoch in diesem Fall einen Verstoß des § 32 BerufsO W-L gegen den **Bestimmtheitsgrundsatz nach Art. 103 Abs. 2 GG** ab. Damit folgte es nicht dem Vortrag des Beschuldigten, der die Unbestimmtheit der Begriffe „übliches Maß kleiner Anerkennung", „geringfügig" bzw. „der Eindruck erweckt wird, dass die Unabhängigkeit der ärztlichen Entscheidung beeinflusst wird", rügte. Das Gericht führte aus, dass dem Bestimmtheitsgebot bei Straf- und Bußgeldvorschriften besondere Bedeutung zukomme, da Art. 103 Abs. 2 GG verlange, dass die in einer Vorschrift geregelte Straf- oder Bußgeldandrohung für den Bürger erkennbar und vorhersehbar sei. Auch berufsrechtliche Sanktionen müssten dabei den Anforderungen des Art. 103 Abs. 2 GG genügen. Für das Landesberufungsgericht war dieses Erfordernis im Ergebnis aber erfüllt, weil die Auslegung der genannten unbestimmten Rechtsbegriffe auch für den Laien keine Probleme bereite. Das Gericht kam zu der Auffassung, durch das Verhalten des Arztes sei § 32 BerufsO W-L verletzt worden. Nach der Begründung des Gerichts **übersteige** die Annahme von Geldgeschenken in der Höhe von mindestens 362 429,82 Euro in einem Zeitraum von drei Jahren **bei weitem das berufsrechtlich unproblematische Maß** und stelle auch einen gewichtigen Anhaltspunkt dafür dar, dass der Arzt in seinen ärztlichen Entscheidungen nicht mehr frei sein konnte, da er sich der Schenkerin immer zu Dank und Wohlverhalten verpflichtet gefühlt haben müsse. 62

Schließlich sieht § 7 Abs. 1 HWG ein grundsätzliches heilmittelwerberechtliches Verbot vor, im Rahmen der produktbezogenen Werbung für Heilmittel Zuwendungen oder sonstige Werbegaben (Waren oder Leistungen) anzubieten, zu gewähren, zu fordern oder anzunehmen. Von diesem generellen Zuwendungsverbot macht die Vorschrift eine Reihe von Ausnahmen (§ 7 Abs. 1 S. 1 Nr. 1–5, Abs. 2 HWG). Dementsprechend ist beispielsweise die 63

[59] *Scholz* in Spickhoff MBO-Ä § 32 Rn. 5.

[60] DÄBl. 2004, A-297 (298).

[61] *Scholz* in Spickhoff MBO-Ä § 32 Rn. 5.

[62] Leitlinien des Vorstands des FSA gemäß § 6 Abs. 2 FSA-Kodex Fachkreise (Stand: 7.9.2020); zuletzt führte die Schiedsstelle des FSA aus, dass derzeit keine Notwendigkeit einer Anpassung der Orientierungshilfe erkennbar sei, Berichterstattung zur Entscheidung der Schiedsstelle des FSA, Az. 2019.8–602.

[63] Vgl. LandesberufsG f. Heilberufe Nordrh.-Westf. (VG Münster) MedR 2008, 397.

[64] Dieser ist mit § 32 MBO-Ä weitgehend identisch.

Zuwendung geringwertiger Gegenstände (zB Notizblöcke, Kalender und Stifte etc) erlaubt (§ 7 Abs. 1 Abs. 1 Nr. 1 HWG), deren Funktion als Werbeträger durch den Reklameaufdruck gegenüber der Gebrauchseignung dominiert.[65] Von der Rechtsprechung als geringwertig eingestuft wurden zunächst Zuwendungen gegenüber dem Laienpublikum im Wert von bis zu 1 Euro.[66] In zwei jüngeren Entscheidungen betont der BGH, dass auch die kostenlose Ausgabe eines Ein-Euro-Gutscheins[67] oder eines Brötchen-Gutscheins[68] durch eine Apotheke trotz der nur sehr geringen Anlockwirkung geeignet sein kann, lauterkeitsrechtlich geschützte Interessen der Verbraucher und Mitbewerber spürbar zu beeinträchtigen. Bei Ärzten und Apothekern dürfte die sichere Wertgrenze bei 1 Euro liegen und der absolute Verbotsbereich bei 5 Euro beginnen.[69] Als zulässig eingestuft wurden ua Rezeptstempel,[70] als unzulässig zB Massagesessel für Apotheker[71], Nachschlagewerke für Ärzte im Wert von 49,90 Euro[72] und Thermobecher im Wert von 3 Euro oder mehr.[73] Eine weitere Ausnahme besteht etwa dann, wenn die Zuwendungen oder Werbegaben nur in „handelsüblichem Zubehör“ zur Ware oder in „handelsüblichen Nebenleistungen“ bestehen (§ 7 Abs. 1 S. 1 Nr. 3 HWG) (näher dazu → Kap. 2 Rn. 97 ff.).

64 Sogenannte **„Sozialspenden“**, dh finanzielle Unterstützungen für Dienstjubiläumsveranstaltungen, Betriebsausflüge, Weihnachts- und Geburtstagsfeiern, Ausrichtung von Tennisturnieren von Krankenhausabteilungen etc dürfen weder gefordert noch gewährt werden. Im Klinikbereich sollte auch darauf geachtet werden, dass medizinische Fachbücher bzw. Abonnements medizinischer Fachzeitschriften nicht als persönliche Geschenke gewährt oder entgegengenommen werden. Möglich ist die Entgegennahme als Sachspende (oder als betriebliches Geschenk) für die jeweilige medizinische Einrichtung. Es empfiehlt sich hierbei, gemeinsam mit den Verwaltungen eine generelle Verfahrensweise festzulegen, die dies ausreichend dokumentiert.

65 Zu beachten ist ferner, dass § 21 FSA-Kodex Fachkreise für die diesem Kodex unterworfenen Unternehmen eine erhebliche Verschärfung gegenüber der gesetzlichen Regelung des § 7 Abs. 1 HWG, aber auch gegenüber § 32 Abs. 1 MBO-Ä in Bezug auf Geschenke vorsieht. § 21 Abs. 1 FSA-Kodex Fachkreise statuiert ein **„grundsätzliches Geschenkeverbot“**, das unabhängig davon Geltung beansprucht, ob die Zuwendung im Zusammenhang mit produktbezogener Werbung erfolgen soll.

Die einzigen Ausnahmen vom Geschenkeverbot betreffen solche Zuwendungen, die nach § 7 Abs. 1 Nr. 2–5 HWG sowie dem FSA-Kodex Fachkreise erlaubt sind. Der fehlende Verweis auf § 7 Abs. 1 Nr. 1 HWG macht deutlich, dass das Geschenkeverbot des FSA-Kodex Fachkreise keine Geschenke unterhalb einer Geringwertigkeitsschwelle mehr zulässt, sondern absolut, dh unabhängig von Wert und Art des Geschenks gilt. Damit sind die in der Vergangenheit üblichen Geschenke des Kugelschreibers oder Rezeptblocks für die Mitgliedsunternehmen des FSA nunmehr unzulässig. § 15a FSA-Kodex Fachkreise bildet eine weitere Ausnahme vom Geschenkeverbot, indem er die Abgabe von Informations- und Schulungsmaterialien sowie medizinischen Gebrauchs- und Demonstrationsgegenständen gestattet.

66 In der Praxis der Unternehmen wurde die in den Erläuterungen der Bundesärztekammer zu § 33 aF MBO-Ä für Geschenke festgelegte Höhe von 50 Euro auch als Orientierungsgröße für die Angemessenheit der **Bewirtung von Ärzten** herangezogen. Auch

---

65 *Räpple* in Engler/Geserich/Räpple/Rieger S. 171.
66 BGH GRUR 2013, 1264 Rn. 18 ff.; 2013, 1262 Rn. 7; 2010, 1133; OLG Frankfurt a. M. MD 2011, 614 f.
67 BGH GRUR 2019, 1078.
68 BGH GRUR 2019, 1071.
69 *Reese* in BeckOK HWG § 7 Rn. 565.
70 LG Ulm PharmR 1994, 119 (221).
71 OLG Hamburg GRUR-RR 2013, 344 ff.
72 LG Augsburg PharmR 2007, 520 (522).
73 OLG Stuttgart WRP 2014, 244 Rn. 34.

wenn durch die Novellierung der MBO-Ä im Jahr 2011 das Merkmal der Geringwertigkeitsschwelle grundsätzlich aufgegeben wurde, spricht vieles dafür, auch weiterhin eine derartige Orientierungsgröße beizubehalten. Dementsprechend legt auch die Leitlinie § 6 Abs. 2 iVm § 20 Abs. 11 FSA-Kodex Fachkreise als Orientierungsgröße einer angemessenen Bewirtung einen Betrag von rund 60 Euro fest. Ein Überschreiten dieser Orientierungsgröße bedeutet gleichzeitig jedoch nicht ohne Weiteres, dass von einer unangemessenen oder nicht sozialadäquaten Bewirtung auszugehen ist. Die Bewirtung von Ärzten im Rahmen von Luxusrestaurants oder Gourmet-Restaurants ist regelmäßig nicht als „angemessen" oder sozialadäquat zu betrachten.

4. Exkurs: Geräteüberlassung

Ein Komplex, der eine Reihe rechtlicher Fragen aufwirft, ist die Überlassung von Gerä- 67
ten oder auch anderer Gegenstände. Es handelt sich dabei vor allem um die Fälle, in denen Angehörigen der Fachkreise oder auch medizinischen Einrichtungen Geräte zur Verfügung gestellt werden. Erfolgt diese Überlassung zu normalen Konditionen im Wege gegenseitiger Austauschverhältnisse wie **Kauf** oder **Miete,** steht die Zulässigkeit außer Frage. Dasselbe gilt bei einseitigen Leistungsbeziehungen in Form einer sog. **Sachspende,** sofern die hierfür erforderlichen Voraussetzungen erfüllt werden (→ Kap. 10 Rn. 71). Schwierig können diese Konstellationen werden, wenn neben der Geräteüberlassung noch **weitere Leistungsbeziehungen** zwischen den Beteiligten bestehen. Dies kann zB der Fall sein, wenn ein Unternehmer etwa ein zur **Durchführung einer Anwendungsbeobachtung oder klinischen Prüfung** benötigtes Gerät dem ausführenden Krankenhaus zur Verfügung stellt, dieses Gerät jedoch während der Studie auch ansonsten im Krankenhaus genutzt wird oder nach Beendigung der Studie zur unentgeltlichen Nutzung im Krankenhaus verbleibt. Eine weitere Konstellation, in der die Geräteüberlassung problematisch werden kann, ist eine Geräteüberlassung an ein Krankenhaus durch einen Unternehmer, die gleichzeitig an einen dauerhaften Liefervertrag über andere Produkte gekoppelt ist. In diesen Fällen kommt es für die rechtliche Bewertung zunächst darauf an, ob die Geräte von dem Kaufpreis umfasst sind oder als „Zugabe" unentgeltlich zu den veräußerten Produkten überlassen werden. Je nach den Einzelheiten des Falls können sich hieraus kartell- und heilmittelwerberechtliche Fragestellungen ergeben. Die Überlassung von Geräten kann aber auch unter strafrechtlichen Gesichtspunkten[74] bedenklich sein, wenn hierdurch die Dienstausübung von Mitarbeitern medizinischer Einrichtungen in unlauterer Weise tangiert wird bzw. dies nicht im Einklang mit internen Dienstanweisungen oder Drittmittelrichtlinien[75] oder aber zulasten der Kostenträger erfolgt.[76]

Von diesen Fällen ist die **Beistellung** abzugrenzen. Bei der Beistellung besteht zwar eine 68
Leistungsbeziehung neben der Geräteüberlassung; diese Überlassung ist jedoch auf das zur Durchführung der eigentlichen Kooperation notwendige Maß beschränkt (etwa nach Zeit und Umfang der Nutzung eines Geräts).

Die Überlassung von Geräten kann im Wege einer entgeltlichen, dauerhaften Über- 69
lassung der Geräte im Wege eines Kaufs erfolgen oder im Rahmen einer entgeltlichen Überlassung befristet in Form der Miete. Auch **unentgeltliche Überlassungen** wie Leihe oder Schenkung sind in bestimmten Konstellationen rechtlich denkbar, vielfach aber wohl eher bedenklich. Die Zulässigkeit der Abgabe von sogenannten „Medizinproduktemustern" ist bislang nicht abschließend geklärt. Gesetzlich vorgesehen ist in § 47 Abs. 3 AMG nur die Abgabe von Arzneimittelmustern. Heilmittelwerberechtlich wird die zulässige Abgabe von Arzneimittelmustern in § 7 Abs. 1 S. 3 HWG ausdrücklich vom Verbot der Werbegaben ausgenommen. Wegen der grundsätzlichen Vergleichbarkeit soll in analoger Anwendung des § 7 Abs. 1 S. 3 HWG aber auch die Abgabe von Medizinproduktemustern

[74] Hierzu *Leipold* in Hauschka/Moosmayer/Lösler § 50 Rn. 55 ff.
[75] Siehe etwa LG Karlsruhe NJW 2001, 907.
[76] OLG Hamm GesR 2005, 175.

zulässig sein,[77] wenn die entsprechenden Voraussetzungen gewahrt werden[78] und auch unter allgemeinen Gesichtspunkten, insbesondere nach dem UWG (etwa unter dem Gesichtspunkt des Verbots des übertriebenen Anlockens oder der Marktverstopfung etc) keine Bedenken bestehen. Als unproblematisch dürfte in der Regel die Überlassung von Medizinprodukten zu Probe-, Test- und Demonstrationszwecken einzustufen sein, insbesondere wenn diese nur der Einweisung und Unterrichtung des Empfängers in die Funktionsweise des Medizinprodukts dient und eine eigene wirtschaftliche Nutzung beispielsweise zum dauerhaften Einsatz einer ansonsten benötigten Ausstattung oder Weitergabe an Dritte nicht vorgesehen ist.[79] Sofern eine Geräteüberlassung ansonsten unentgeltlich erfolgt, sind in der Regel sowohl die heilmittelwerberechtlichen Vorschriften wie § 7 Abs. 1 HWG[80] als auch die berufsrechtlichen Restriktionen wie § 32 Abs. 2 MBO-Ä zu beachten. Beide Vorschriften können aufgrund von §§ 3, 3a UWG auch für den überlassenden Unternehmer unmittelbar von Bedeutung sein (→ Kap. 2 Rn. 134). Gegebenenfalls können dazu weitere Einschränkungen aus anwendbaren Kodizes wie zB § 19 Abs. 2 Nr. 7 und § 21 FSA-Kodex Fachkreise resultieren. Der **Gesetzgeber** hat die Geräteüberlassung durch die Industrie an Fachkreise auch im Rahmen der **„sozialrechtlichen Compliance“** (dazu → Kap. 2 Rn. 145 ff.) im Zuge der 15. AMG-Novelle[81] reguliert und mit Blick auf die unentgeltliche oder verbilligte Überlassung explizit als (unzulässigen) **wirtschaftlichen Vorteil** iSd § 128 Abs. 2 S. 3 SGB V definiert. Insbesondere in den Fällen, in denen die Geräteüberlassung bei gleichzeitig bestehenden weiteren Leistungsbeziehungen zwar nicht unentgeltlich, aber zu besonders günstigen Konditionen erfolgt, ist eine abschließende Beurteilung der Zulässigkeit nach den oben genannten Vorschriften problematisch. Unter präventiven Gesichtspunkten ist die allgemeine Regel hilfreich, wonach Leistung und Gegenleistung grundsätzlich in einem **angemessenen Verhältnis** zueinander stehen sollten.

D. Übersicht

70 Wie die Ausführungen dieses Kapitels zeigen, müssen je nach Vertragstyp und Vertragspartner eine Vielzahl von Regelungen bedacht werden, die sich oft überlagern. Die nachfolgende Tabelle soll eine **Hilfestellung für die Überprüfung** der Frage geben, ob die **einschlägigen Regelungen** bei der Vertragsgestaltung bedacht wurden, ohne hierbei einen Anspruch auf Vollständigkeit zu erheben.

Vertragstyp	Vertragspartner	Anwendbare Vorschriften	Besonderheiten
Referentenvertrag	Niedergelassener Arzt	– HWG (bei Produktbezug) – Berufsrecht – § 18 FSA-Kodex Fachkreise – § 8 Kodex „Medizinprodukte“ – §§ 299a, b StGB	– schriftlicher Vertrag – Angemessenheit der Vergütung – Angabe der Privatadresse

[77] WiKo HWG § 7 Rn. 11; *Kügel* in Clausen/Schroeder-Printzen § 17 Rn. 185, 241, 251.
[78] Siehe dazu WiKo HWG § 7 Rn. 11.
[79] *Reese* BeckOK HWG § 7 Rn. 725.
[80] Siehe dazu zB LG Konstanz WRP 2004, 917.
[81] BT-Drs. 16/13428, 92.

Vertragstyp	Vertragspartner	Anwendbare Vorschriften	Besonderheiten
	Klinikarzt	– HWG (bei Produktbezug) – Berufsrecht – Dienstrecht (bei öffentlich-rechtlicher Trägerschaft) – § 18 FSA-Kodex Fachkreise – § 8 Kodex „Medizinprodukte" – §§ 299a, b StGB – §§ 331 ff. StGB (bei öffentlich-rechtlicher Trägerschaft) – § 299 StGB (bei privatrechtlicher Trägerschaft)	– schriftlicher Vertrag – Angemessenheit der Vergütung – Genehmigungspflicht – Angabe der Privatadresse
	Arzt als Vertreter der Verwaltung, Politik, etc	– HWG (bei Produktbezug) – Berufsrecht – Dienstrecht (bei öffentlich-rechtlicher Trägerschaft) – §§ 331 ff. StGB (nicht bei Abgeordneten)	– schriftlicher Vertrag – Angemessenheit der Vergütung – idR Genehmigungspflicht – Angabe der Privatadresse
Einladung zu Veranstaltungen	Niedergelassener Arzt	– HWG (bei Produktbezug) – Berufsrecht – § 20 FSA-Kodex Fachkreise – § 8 Kodex „Medizinprodukte" – §§ 299a, b StGB	– Angemessene Reisekosten, Unterkunft, Bewirtung, evtl. Kongressgebühr – Fortbildungsveranstaltungen mit Berufsbezug – Bezug zum Tätigkeitsgebiet des Unternehmens – BVMed: Empfehlung des Absehens von Unterstützung der Teilnahme an externen Veranstaltungen (§ 8 Nr. 1 Kodex „Medizinprodukte")

Vertragstyp	Vertragspartner	Anwendbare Vorschriften	Besonderheiten
	Klinikarzt	– HWG (bei Produktbezug)	– Angemessene Reisekosten, Unterkunft, Bewirtung, evtl. Kongressgebühr
		– Berufsrecht – Dienstrecht (bei öffentlich-rechtlicher Trägerschaft) – § 20 FSA-Kodex Fachkreise – § 8 Kodex „Medizinprodukte" – §§ 299a, b StGB – §§ 331 ff. StGB (bei öffentlich-rechtlicher Trägerschaft) – § 299 StGB (bei privatrechtlicher Trägerschaft)	– Genehmigungspflicht – Fortbildungsveranstaltungen mit Berufsbezug – Bezug zum Tätigkeitsgebiet des Unternehmens – BVMed: Empfehlung des Absehens von Unterstützung der Teilnahme an externen Veranstaltungen (§ 8 Nr. 1 Kodex „Medizinprodukte")
	Arzt als Vertreter der Verwaltung, Politik, etc	– HWG (bei Produktbezug) – Berufsrecht – Dienstrecht (bei öffentlich-rechtlicher Trägerschaft) – §§ 331 ff. StGB (nicht bei Abgeordneten)	– angemessene Reisekosten, Unterkunft, Bewirtung – Genehmigungspflicht – Fortbildungsveranstaltungen mit Berufsbezug – Bezug zum Tätigkeitsgebiet des Unternehmens
Unterstützung externer Veranstaltungen	Veranstalter	– HWG (bei Produktbezug) – § 20 FSA-Kodex Fachkreise	– Fortbildungsveranstaltungen mit Berufsbezug – Bezug zum Tätigkeitsgebiet des Unternehmens – Offenlegung der Unterstützung – zur Verfügung stellen allgemeiner finanzieller Mittel für die Veranstaltung aber zulässig
Sponsoring-Vertrag	Klinik/Veranstalter	§ 21 FSA-Kodex Fachkreise	– schriftlicher Vertrag – Hinweispflichten seitens des Gesponserten

Vertragstyp	Vertragspartner	Anwendbare Vorschriften	Besonderheiten
Geschenke	Niedergelassener Arzt	– HWG (bei Produktbezug) – Berufsrecht – § 21 FSA-Kodex Fachkreise – § 11 Kodex „Medizinprodukte" – §§ 299a, b StGB	**HWG:** – geringer Wert oder geringwertige Kleinigkeiten (übliche Werbegegenstände) **FSA:** – grundsätzliches Geschenkeverbot, vgl. § 21 FSA-Kodex Fachkreise
	Klinikarzt	– HWG (bei Produktbezug) – Berufsrecht – Dienstrecht (bei öffentlich-rechtlicher Trägerschaft) – § 21 FSA-Kodex Fachkreise – § 11 Kodex „Medizinprodukte" – §§ 299a, b StGB – §§ 331, 333 StGB (bei öffentlich-rechtlicher Trägerschaft) – § 299 StGB (bei privatrechtlicher Trägerschaft)	**HWG:** – geringer Wert oder geringwertige Kleinigkeiten (übliche Werbegegenstände) **Dienstrecht:** – evtl. Anzeige- bzw. Genehmigungspflicht **FSA:** – grundsätzliches Geschenkeverbot, vgl. § 21 FSA-Kodex Fachkreise)
	Arzt als Vertreter der Verwaltung, Politik, etc	– HWG (bei Produktbezug) – Berufsrecht – Dienstrecht – §§ 331 ff. StGB (nicht bei Abgeordneten)	**HWG:** – geringer Wert oder geringwertige Kleinigkeiten (übliche Werbegenstände) **Dienstrecht:** – evtl. Anzeige- bzw. Genehmigungspflicht – besondere Wertgrenzen des Dienstherrn
Spende	Angehörige der Fachkreise	§ 25 Abs. 2 FSA-Kodex Fachkreise § 10 Abs. 4 Kodex „Medizinprodukte"	**UNZULÄSSIG**

Vertragstyp	**Vertragspartner**	**Anwendbare Vorschriften**	**Besonderheiten**
	Institution	§ 25 Abs. 1 FSA-Kodex Fachkreise § 10 Kodex „Medizinprodukte“	– Veröffentlichungspflichten
NIS	Niedergelassener Arzt	– §§ 18, 19 FSA-Kodex Fachkreise – § 5 Kodex „Medizinprodukte“ – Berufsrecht – §§ 299a, b StGB	– schriftlicher Vertrag – Bedarf seitens des Unternehmens – Angemessenheit der Vergütung (ggf. nach GOÄ) – Nichtintervention – Verantwortung bei „Medical Affairs“
	Klinikarzt	– §§ 18, 19 FSA-Kodex Fachkreise – § 5 Kodex „Medizinprodukte“ – Berufsrecht – Dienstrecht – §§ 299a, b StGB – §§ 331 ff. StGB (bei öffentlich-rechtlicher Trägerschaft) – § 299 StGB (bei privatrechtlicher Trägerschaft)	
	Klinik	– § 19 FSA-Kodex Fachkreise – §§ 331 ff. StGB (bei offentlich-rechtlicher Trägerschaft) – § 299 StGB (bei privatrechtlicher Trägerschaft)	
F&E Vertrag	Niedergelassener Arzt	– § 18 FSA-Kodex Fachkreise – §§ 4, 5 Kodex „Medizinprodukte“	– schriftlicher Vertrag – Arbeitnehmererfindungsrecht (insbes. bei Hochschulen)

Vertragstyp	Vertragspartner	Anwendbare Vorschriften	Besonderheiten
		– Berufsrecht – §§ 299a, b StGB	
	Klinikarzt/Hochschulprofessor	– § 18 FSA-Kodex Fachkreise – §§ 4, 5 Kodex „Medizinprodukte" – Berufsrecht – Dienstrecht – §§ 299a, b StGB – §§ 331 ff. StGB (bei öffentlich-rechtlicher Trägerschaft) – § 299 StGB (bei privat-rechtlicher Trägerschaft)	
	Klinik/Hochschule	– § 26 FSA-Kodex Fachkreise – §§ 4, 5 Kodex „Medizinprodukte" – §§ 331 ff. StGB (bei öffentlich-rechtlicher Trägerschaft) – § 299 StGB (bei privat-rechtlicher Trägerschaft)	

Abb. 5: Vertragstypen und anwendbare Vorschriften

Kapitel 7. Compliance-Management in der betrieblichen Praxis

Literatur: *Adam,* Die Begrenzung der Aufsichtspflichten in der Vorschrift des § 130 OWiG, wistra 2003, 285; *Anhalt/Dieners,* Handbuch des Medizinprodukterechts, 2. Aufl., München 2017; *Ax/Schneider* (Hrsg.), Rechtshandbuch Korruptionsbekämpfung, 2. Aufl., Berlin 2010; *Baum,* Überbürdung strafrechtlicher Risiken auf Compliance-Beauftragte – Voraussetzungen und Wirkungen, Der Betrieb 2017, 65; *Baur/Holle,* Entwurf eines Verbandssanktionengesetzes – eine erste Einordnung, ZRP 2019, 186; *Benz/Heißner/John/Möllering,* Korruptionsprävention in Wirtschaftsunternehmen und durch Verbände, in: Dölling (Hrsg.), Handbuch der Korruptionsprävention für Wirtschaftsunternehmen und öffentlicher Verwaltung, München 2007, S. 44; *Berndt,* Zur Zukunft der Corporate Governance – Regulierung der Unternehmensführung auf dem Prüfstand, ZCG 2006, 1 ff.; *Bock,* Strafrechtliche Aspekte der Compliance-Diskussion – § 130 OWiG als zentrale Norm der Criminal Compliance, ZIS 2009, 68; *Bock,* Strafrechtlich gebotene Unternehmensaufsicht (Criminal Compliance) als Problem der Rechtssicherheit – Zur Legitimation eines neuen wirtschaftsregulierenden Rechtsgebiets, wistra 2011, 201; *Bürkle,* Unternehmensinterne Selbstkontrolle durch Compliance-Beauftragte, in: Hauschka (Hrsg.), Corporate Compliance. Handbuch der Haftungsvermeidung im Unternehmen, München 2007, S. 127; *von Busekist/Hein,* Der IDW PS 980 und die allgemeinen rechtlichen Mindestanforderungen an ein wirksames Compliance Management System (1) – Grundlagen, Kultur und Ziele; *von Busekist/Schlitt,* Der IDW PS 980 und die allgemeinen rechtlichen Mindestanforderungen an ein wirksames Compliance Management System (2) – Risikoermittlungspflicht, CCZ 2012, 86; *Bussmann,* Integrität durch nachhaltiges Compliance Management über Risiken, Werte und Unternehmenskultur, CCZ 2016, 50; *Cohen/Holland,* Fünf Punkte, die ausländische Unternehmen über den United States Foreign Corrupt Practices Act (FCPA) wissen sollten, CCZ 2008, 7; *Dahlke,* Risikobewertung in einem Tax-Compliance-Management-System, BB 2019, 619; *Dann* (Hrsg.), Compliance im Krankenhaus, Düsseldorf 2015; *Dieners,* Der Gemeinsame Standpunkt der Verbände zur künftigen Zusammenarbeit von Industrie, Krankenhäusern und Ärzten, Pharm. Ind. 2000, 938; *Dieners,* Die Neufassung des FSA-Kodex, A&R 2006, 110; *Dieners,* Selbstkontrolle der Wirtschaft zur Verhinderung von Korruption, JZ 1998, 181; *Dieners,* Vermeidung von Korruptionsrisiken aus Unternehmenssicht – Rechtliche Gestaltung von Geschäftsbeziehungen, Behördenkontakten und Lobbying, in: Dölling (Hrsg.), Handbuch der Korruptionsprävention für Wirtschaftsunternehmen und öffentlicher Verwaltung, München 2007, S. 185; *Dieners/Milbradt,* Gestaltung von Forschungsverträgen der Pharma- und Medizinprodukteindustrie mit universitären Einrichtungen und deren Mitarbeitern, in: Festschrift für Reimann, Köln 2009, S. 49 ff.; *Dieners/Oen,* Anmerkung zum Urteil des BGH v. 17.7.2009 – 5 StR 394/08 (Strafbarkeitsrisiken eines Compliance Officers), MPR 2009, 156; *Dilling,* Der Schutz von Hinweisgebern und betroffenen Personen nach der EU-Whistleblower-Richtlinie, CCZ 2019, 214; *Ebersoll/Stork,* Smart Risk Assessment: Mehr Effizienz durch Screening, CCZ 2013, 129; *Federmann/Racky/Kalb/Modrzyk,* Die Whistleblower-Richtlinie der EU: Die neuen Regeln und deren Auswirkungen auf Unternehmen des privaten Sektors, DB 2019, 1665; *Fissenewert,* Compliance für den Mittelstand, NZG 2015, 1009; *Fleischer,* Vorstandsverantwortlichkeit und Fehlverhalten von Unternehmensangehörigen – Von der Einzelüberwachung zur Errichtung einer Compliance-Organisation, AG 2003, 291; *Gaschler,* Whistle Blower Systeme – Unternehmen im Spannungsfeld von Pflicht und Risiken, CB 2019, 81; *Gebhardt,* Ausgewählte EU-Initiativen auf den Gebieten der Corporate Governance und des Aktienrechts – Ein Statusbericht zur Rechtsentwicklung, ZCG 2006, 13; *Ghahreman,* Gute Compliance? – nur wenn die Unternehmenskultur ausgereift ist, CB 2014, 402; *Grill,* Kranke Geschäfte. Wie die Pharmaindustrie uns manipuliert, 1. Aufl., Reinbek 2007; *Groß/Reichling,* Weshalb sich Korruption nicht mit den Mitteln des Ordnungswidrigkeitenrechts bekämpfen lässt, wistra 2013, 89; *Haag/Acikgöz,* Compliance-Management im Unternehmen – Notwendigkeit oder Rechtspflicht?, CB 2016, 265; *Haberhauer,* Compliance Risiko – Was ist das? Ein Blick in die Banken, CCZ 2017, 78; *Hauschka,* Compliance, Compliance-Manager, Compliance-Programme: Eine geeignete Reaktion auf gestiegene Haftungs-risiken für Unternehmen und Management?, NJW 2004, 257; *Hauschka/Moosmayer/Lösler,* Corporate Compliance, Handbuch, 3. Aufl. 2016, S. 1; *Hauschka,* Grundsätze pflichtgemäßer Unternehmensführung, ZRP 2004, 65; *Häusler,* Was versteht man unter Medical Affairs?,

Schweizerische Ärztezeitung 2008, 2127; *Herzog,* Herausforderungen an Compliance-Organisationen am Beispiel der Pharmaindustrie – Compliance-Organisation als übergeordnete Managementaufgabe, ZRFC 2009, 29; *Hoffmann/Schieffer,* Pflichten des Vorstands bei der Ausgestaltung einer ordungsgemäßen Compliance-Organisation, NZG 2017, 401; *Jahn/Krekeler/Kreuser,* Die Corporate Governance – Diskussion und ihre Konsequenzen für Krankenhäuser (Teile I–III), das krankenhaus 2008, 468f., 596f., 710f.; *Jung,* Datenschutz- (Compliance-)Management-Systeme – Nachweis- und Rechenschaftspflichten nach der DS-GVO – Praktikable Ansätze für die Erfüllung ordnungsgemäßer Datenverarbeitung, ZD 2018, 208; *Kammerer-Galahn,* Compliance – Herausforderung für Unternehmensleiter und deren Rechtsberater, AnwBl 2009, 77; *Kappel/Acker,* Korruption und Zivilrecht, Teil 2 – Ansprüche des geschädigten Unternehmens gegen die schmiergeldzahlende Partei, ZRFC 2007, 216ff.; *Kempter/Steinat:* Compliance – arbeitsrechtliche Gestaltungsinstrumente und Auswirkungen in der Praxis NZA 2017, 1505; *Klümper/Walther,* Auditierung und Zertifizierung von Pharmaunternehmen im Bereich Healthcare Compliance. Konzept und Chance eines innovativen Compliance-Ansatzes, PharmR 2010, 145; *Kreßel,* Compliance und Personalarbeit – Rechtliche Rahmenbedingungen bei der Verankerung von Compliance in der Personalarbeit, NZG 2018, 841; *Krisor,* Compliance-Risikoanalyse: Von der praktischen Umsetzung bis hin zur automatisierten Lösung, CB 2019, 25; *Kuhlen,* Zum Verhältnis von strafrechtlicher und zivilrechtlicher Haftung für Compliance-Mängel, Teil 1, NZWiSt 2015, 121; *Kuhlen,* Zum Verhältnis von strafrechtlicher und zivilrechtlicher Haftung für Compliance-Mängel, Teil 2, NZWiSt 2015, 161; *Lampert,* Compliance-Organisation, in: Hauschka (Hrsg.), Corporate Compliance. Handbuch der Haftungsvermeidung im Unternehmen, München 2007, S. 142; *Lembeck,* Steuerrecht und Korruptionseindämmung – Inhalt, Grenzen, Spannungsfelder –, in: Dölling (Hrsg.), Handbuch der Korruptionsprävention für Wirtschaftsunternehmen und öffentlicher Verwaltung, München 2007, S. 240, S. 129; *Lembeck/Dieners,* Die juristische Betrachtung des Compliance Risk Assessments, in: Wieland/Steinmeyer/Grüninger (Hrsg.), Handbuch Compliance-Management, 3. Auflage, 2020, Berlin; *Lembeck/Lützeler/Happe,* Vertragsgestaltung für die Kooperation von Krankenhäusern, Industrie und Ärzten, das krankenhaus 2001, 980; *Lochen,* Risikoanalyse, CCZ 2017, 92; *Mackert/Karabiber,* Reifegradorientierte Compliance-Management-Systeme, CB 2014, 242; *Makowicz,* Integration neuer normativer, judikativer und administrativer Anforderungen in ein Compliance-Management-System, BB 2018, 556; *Mand,* Healthcare Compliance – Teil 1: Gesetzliche Zuwendungsbeschränkungen im Verhältnis von Industrie und medizinischen Fachkreisen, PharmR 2014, 275; *Mand,* Healthcare Compliance – Teil 2: Zuwendungsbeschränkungen im Berufs- und Kodexrecht und Compliance-Organisation im Pharmasektor, PharmR 2014, 393; *Maschmann,* Vermeidung von Korruptionsrisiken, in: Dölling (Hrsg.), Handbuch der Korruptionsprävention für Wirtschaftsunternehmen und öffentlicher Verwaltung, München 2007, S. 93; *Meck,* Die große Siemens-Familie weint, FAS v. 27.4.2008, S. 39; *Menner/Bexa,* Praktische Vorgehensweise bei der Einführung eines Tax Compliance Management Systems im Unternehmen, CCZ 2019, 129ff., *Nell,* Korruptionsbekämpfung ja – aber richtig! – Reformüberlegungen zur Unternehmenshaftung nach OWiG, ZRP 2008, 149f.; *Neufang,* Digital Compliance – Wie digitale Technologien Compliance-Verstöße vorhersehen, IRZ 2017, 249; *Nothhelfer,* Empirische Screenings als innovative Methode im Rahmen der Antitrust-Compliance, CCZ 2012, 186; *Nothhelfer,* Die Einführung eines Compliance Management Systems als organisatorischer Lernprozess, CCZ 2013, 23; *Office of Instector General,* Compliance Program Guidance for Hospitals (Federal Register/Vol. 63, No. 35 v. 23.2.1998, S. 8987); *Office of Inspector General,* Compliance Program Guidance for the Durable Medical Equipment, Prosthetics, Orthotics and Supply Industry, June 1999 (Federal Register/Vol. 64, No. 128 v. 6.7.1999, S. 36368); *Office of Inspector General,* Compliance Program Guidance for Pharmaceutical Manufacturers, April 2003 (Federal Register/Vol. 68, No. 86 v. 5.5.2003, S. 23731); *Office of Inspector General,* Supplemental Compliance Program Guidance for Hospitals (Federal Register/Vol. 70, No. 19 v. 31.1.2005, S. 4858); *Ott/Lüneborg,* Das neue Verbandssanktionengesetz – Fragen und Auswirkungen für die Compliance-Praxis; *Paefgen,* „Compliance“ als gesellschaftsrechtliche Organpflicht?, WM 2016, 433; *Partsch,* The Foreign Corrupt Practices Act (FCPA) der USA, Berlin 2007; *Pietzke,* Die Verantwortung für Risikomanagement und Compliance im mehrköpfigen Vorstand, CCZ 2010, 45; *Pyrcek,* Chancen und Risiken des Outsourcings im Compliance-Management, CB 2018, 310; *Ramb,* Healthcare Compliance: Aktuelle Entwicklungen und globale Trends, CCZ 2015, 262; *Reese,* Beck'scher Online Kommentar zum HWG, 5. Edition 2021; *Reichelsdorfer,* Compliance Regeln einhalten, DATEV magazin 2008, 36; *Reichert/Lüneborg,* Compliance in der GmbH – 10 Jahre MoMiG, GmbHR 2018, 1141; *Rogall,* § 130 OWiG, in: Karlsruher Kommentar zum OwiG, 5. Aufl., München 2018; *Schaefer/Baumann,* Compliance-Organisation und Sanktionen bei Verstößen, NJW 2011, 3601; *Scherer/Fruth,* Der Einfluss von Standards, Technikklauseln und des „Anerkannten Standes von Wissenschaft und Praxis“

auf Organhaftung und Corporate Governance – am Beispiel der ISO 19600 (2015) Compliance Management System, CCZ 2015, 9; *Schiff,* Compliance Auditing of a Medical Device Company, Journal of Medical Device Regulation, November 2008, 15 ff.; *Schneider,* Compliance als Aufgabe der Unternehmensleitung, ZIP 2003, 645; *Schneider,* Compliance im Konzern, NZG 2009, 1321; *Schneider/Grau/Kißling,* „Der Schock von Berlin saß tief!"- Ergebnisse eines empirischen Forschungsvorhabens zu Compliance im Gesundheitswesen und der Pharmaindustrie, CCZ 2013, 48; *Schreiber,* Das neue Gesetz zum Schutz von Geschäftsgeheimnissen – ein „Freifahrtschein" für Whistleblower, NZWiSt 2019, 332; *Schulz,* Compliance-Management im Unternehmen – Grundfragen, Herausforderungen und Orientierungshilfen, BB 2017, 1475; *Schulz,* Compliance-Management im Unternehmen – Wirksamkeitsfaktor „Compliance-Kultur", BB 2018, 1283; *Schulz,* Compliance-Management im Unternehmen – Compliance-Strategie als (Dauer-)Aufgabe der Unternehmensleitung, BB 2019, 579; *Sedemund,* Due Diligence bei Unternehmenskauf: Existenzbedrohung bei unterlassener Prüfung von Schmiergeld- und Bestechungszahlungen, DB 2004, 2251; *Siepelt/Pütz,* Die Compliance-Verantwortung des Aufsichtsrats, CCZ 2018, 78; *Sonnenberg,* Compliance-Systeme in Unternehmen – Einrichtung, Ausgestaltung und praktische Herausforderungen, JuS 2017, 917; *Steffen/Stöhr,* Die Umsetzung von Compliance-Maßnahmen im Arbeitsrecht, RdA 2017, 43; *Taschke,* § 20 Strafvorschriften und Ordnungswidrigkeiten, in: Anhalt/Dieners (Hrsg.), Handbuch des Medizinprodukterechts, 2. Aufl., München 2017, S. 629 ff.; *Taschke,* Verteidigung von Unternehmen – Die wirtschaftsstrafrechtliche Unternehmensberatung, StV 2007, 495; *Teichmann/Falker,* Anreizsysteme und deren Compliance-Risiken – Praxiserfahrungen und Ableitung von Handlungsempfehlungen, ZCG 2019, 245; *Troßbach,* Geschäftspartner-Compliance – Wichtig wie nie zuvor, aber wie etabliert mein Unternehmen einen angemessenen Prozess?, CCZ 2017, 216; *Umnuß,* Corporate Compliance Checklisten, München 2008; *Vasilikou/Grinblat,* Gesetz zur Bekämpfung von Korruption im Gesundheitswesen und Compliance – Maßnahmen für Marktakteure, MPR 2016, 189; *Volz,* Der FSA-Kodex – „Healthcare Compliance" in Deutschland, CCZ 2008, 22; *Vogelsang,* Step-by-step: In sieben Schritten zur Compliance-Risikoanalyse – Eine praxisnahe Anleitung nicht nur für große Unternehmen, CB 2016, 463; *Wiedmann/Greubel,* Compliance Management Systeme – Ein Beitrag zur effektiven und effizienten Ausgestaltung, CCZ 2019, 88; *Wieland,* Unternehmensethik und Compliance Management – Zwei Seiten einer Medaille, CCZ 2008, 15; *Veranstaltungsplaner.de Services GmbH* (Hrsg.), kodexkonform.de, Bad Kreuznach 2006; *Windolph,* Risikomanagement und Riskcontrol durch das Unternehmensmanagement nach dem Gesetz zur Kontrolle und Transparenz im Unternehmensbereich (KonTraG); ius cogens für die treuhänderische Sorge i. S. von § 266 StGB – Untreue?, NStZ 2000, 522; *Zieglmeier,* Beitrags-Compliance bei (Fremd-)Personaleinsatz im Unternehmen – Besprechung von BSG-Urteil v. 16.8.2017 – B 12 KR 19/16, DStR 2018, 619.

Übersicht

A. Begriff und Erscheinungsformen

Der Begriff „Compliance" verzeichnet seit einigen Jahren auch im deutschen Rechtsraum eine beachtliche Erfolgsgeschichte.[1] Der Begriff entstammt ursprünglich der US-amerikanischen juristischen Nomenklatur. Dort wurde „Compliance" zunächst vor allem in der Bankenwelt zur Bezeichnung eines systematischen Konzepts zur Sicherstellung eines regelkonformen Verhaltens in den klassischen Risikobereichen der Banken (Verhinderung von Insidergeschäften, Behandlung von Interessenkonflikten, **Einhaltung aufsichtsrechtlicher Bestimmungen des Bank- und Börsenrechts** sowie Verhinderung von Geldwäsche) verwendet. Der „Compliance"-Begriff ist aber auch dem Gesundheitssektor nicht fremd. Hier bezeichnet er seit jeher die Befolgung regulatorischer Vorgaben und die Einrichtung entsprechender organisatorischer Maßnahmen im Hinblick auf die ordnungsgemäße Produktion von Arzneimitteln und Medizinprodukten sowie auf die Überwachung von Risiken nach der Markteinführung. In der **Pharmakologie** bedeutet „Compliance" die Einhaltung von Einnahme- und Dosierungsempfehlungen und in der Medizin die allgemeine Bereitschaft von Patienten, Empfehlungen des Arztes zu befolgen. 1

In seiner Verwendung als allgemeiner Rechtsbegriff besagt Compliance die Übereinstimmung mit und die Befolgung von rechtlichen oder regulativen Vorgaben. Entgegen mancher kritischer Stimme wäre es verfehlt, Compliance als juristische Modeerscheinung begreifen zu wollen[2], die auf die verschiedenen Fehlentwicklungen der letzten Jahre überreagiert. Auch geht Compliance über die bloße Forderung hinaus, dass sich Unternehmen und deren Organe an die bestehenden Gesetze halten müssen, was in der Tat eine Banalität wäre.[3] Von Compliance-Anforderungen werden nämlich nicht nur rechtliche Gebote, sondern auch Vorgaben erfasst, die nicht auf Gesetzen beruhen, wie zB Industriestandards oder Kodizes, die die **„Best Practice"** bestimmter Branchen abbilden.[4] Darüber hinaus geht es bei Compliance darum, mögliche Regelverstöße der Mitarbeiter und Organe eines Unternehmens als wirtschaftliches Risiko für das Unternehmen zu begreifen, das es zu vermeiden gilt.[5] Compliance ist daher in erster Linie als das **Risikomanagement** zu verstehen, mit dem ein Unternehmen den bestehenden Risiken im Wege einer vorbeugenden Unter- 2

[1] Hierfür steht beispielhaft der Umstand, dass allein seit 2007 zwei großvolumige Handbücher und zwei Zeitschriften zum Thema erschienen sind, siehe *Dölling* (Hrsg.), Handbuch der Korruptionsprävention für Wirtschaftsunternehmen und öffentliche Verwaltung, 2007; nach der 1. Aufl. 2007 mittlerweile bereits in 3. Aufl. *Hauschka/Moosmayer/Lösler* (Hrsg.), Corporate Compliance. Handbuch der Haftungsvermeidung im Unternehmen, 3. Aufl. 2016; Corporate Compliance Zeitschrift, CCZ, herausgegeben von *Fleischer* ua, 12. Jg. 2019; Compliance Berater, CB, herausgegeben durch die dfv Mediengruppe, 7. Jg. 2019.

[2] So definiert *Meck* „Compliance" als „Modewort, das irgendwie „sauber" bedeutet und klären soll, wo die Höflichkeit aufhört und die Korruption beginnt", FAZ v. 27.4.2008, S. 39.

[3] *Schneider* ZIP 2003, 246.

[4] Zur Abgrenzung von rechtlichen oder gesetzlichen Vorgaben wird hierbei von „regulativen Vorgaben" gesprochen. Die Terminologie ist allerdings nicht einheitlich, was in vielen Fällen auch für die übrige Compliance-Terminologie zutrifft und zu einer babylonischen Sprachverwirrung auf diesem Gebiet beiträgt, die die Verständigung, aber auch die rechtsdogmatische Durchdringung erschwert.

[5] *Hauschka/Moosmayer/Lösler* in Hauschka/Moosmayer/Lösler (Hrsg.) (Fn. 1), 2016, § 1 Rn. 7.

nehmensorganisation begegnet.[6] Neben dem Aspekt der Schadensvermeidung spielt auch der Gedanke einer Effizienzsteigerung unternehmerischer Aktivitäten sowie der Schaffung nachhaltigen profitablen Wachstums eine wichtige Rolle. Denn die Bewirkung von Umsätzen, die auf fairem Wettbewerb und nicht auf unlauteren Maßnahmen beruhen, stärken das Unternehmen nicht nur unter dem Gesichtspunkt der Risikominimierung, sondern machen es auch effizienter.

B. Compliance als Risikomanagement

3 Die einem Unternehmen drohenden Risiken, die durch ein Compliance-Management bewältigt werden sollen, können in der Praxis durchaus **unterschiedlicher Natur und Gewichtung** sein. So können beispielsweise Rechtsrisiken, Finanzrisiken, Reputationsrisiken oder strategische bzw. operative/technische Risiken bestehen.[7] Solche Risiken bestimmen sich im Einzelfall unter anderem nach der Gesellschaftsform und dem Gegenstand des Unternehmens, der Natur der angebotenen Waren oder Dienstleistungen, dem Kundenkreis, der Position des Unternehmens in der Wertschöpfungskette, der Marktstärke des Unternehmens oder auch nach einer (gegebenenfalls abträglichen) öffentlichen Wahrnehmung der Unternehmenstätigkeit. Angesichts dessen können beim Aufbau eines vorbeugenden Risikomanagements etwa kapitalmarktrechtliche, kartell- und vertriebsrechtliche, arbeitsrechtliche, steuer- und buchführungsrechtliche[8] und datenschutzrechtliche Aspekte oder die Abwehr korruptiver Einflussnahmen eine stärkere oder weniger ausgeprägte Rolle spielen. Hinzu kommen jeweils bestimmte sektorspezifische Anforderungen.[9] Risiken können so in einem Unternehmen als Compliance-relevant eingestuft werden, in einem anderen dagegen nicht. Die Einstufung basiert auf einer Einschätzung des Unternehmens, welche Risiken so gravierend sind, dass sie nicht von den regulären Funktionen seiner Corporate Governance Organisation (zB Internes Kontrollsystem (IKS), Risk Management oder Interne Revision) identifiziert, bewertet und bewältigt werden sollen, sondern gesonderter **Behandlung durch die Compliance-Funktionen bedürfen.**

---

[6] *Hauschka/Moosmayer/Lösler* in Hauschka/Moosmayer/Lösler (Hrsg.) (Fn. 1), 2016, § 1 Rn. 8.

[7] Krit. zu Begriff und Einordnung von Compliance-Risiken *Pauthner/Stephan* in Hauschka/Moosmayer/Lösler (Fn. 1) § 16 Rn. 27 ff.

[8] Steuerrisiken erscheinen schon aufgrund entsprechender terminologischer Verortung unter dem Stichwort „Tax Compliance Management" Compliance-relevant; speziell zur Risikobewertung in einem Tax-Compliance-Management-System *Menner/Bexa* CCZ 2019, 129 ff., *Dahlke* BB 2019, 619 ff.

[9] Siehe die sektorspezifischen Abschnitte bei *Hauschka/Moosmayer/Lösler* (Hrsg.) (Fn. 1) §§ 48–61; eine praxisorientierte Darstellung der Risiken und Lösungen im Bereich der Compliance – ohne spezifischen Healthcare-Bezug – findet sich auch bei *Umnuß,* Corporate Compliance Checklisten, 2008; zu Compliance und Risikomanagement siehe auch *Kammerer-Galahn* AnwBl 2009, 77 ff.

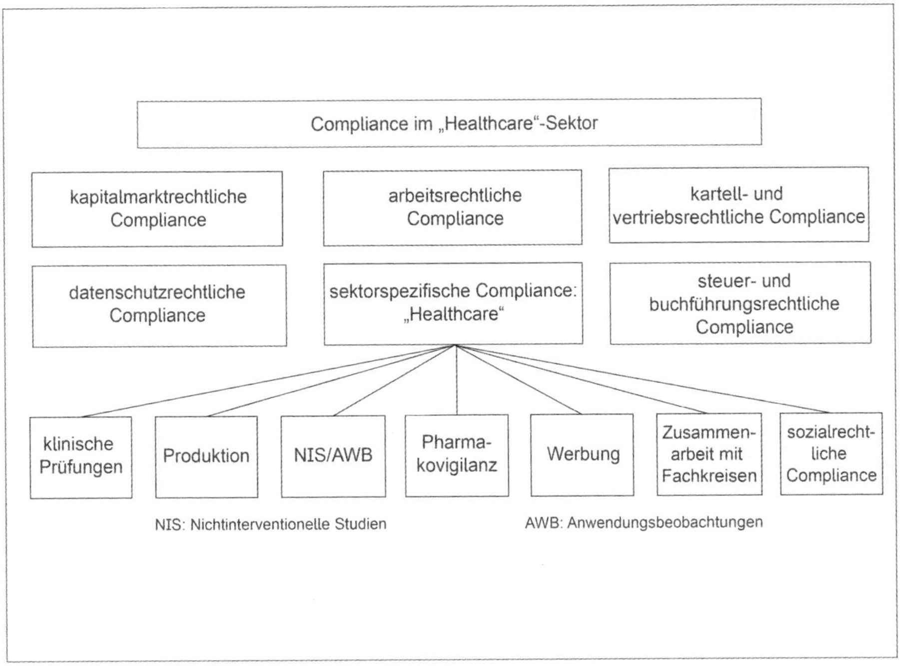

Abb. 6: Typische compliance-relevante Risikobereiche (Auswahl)

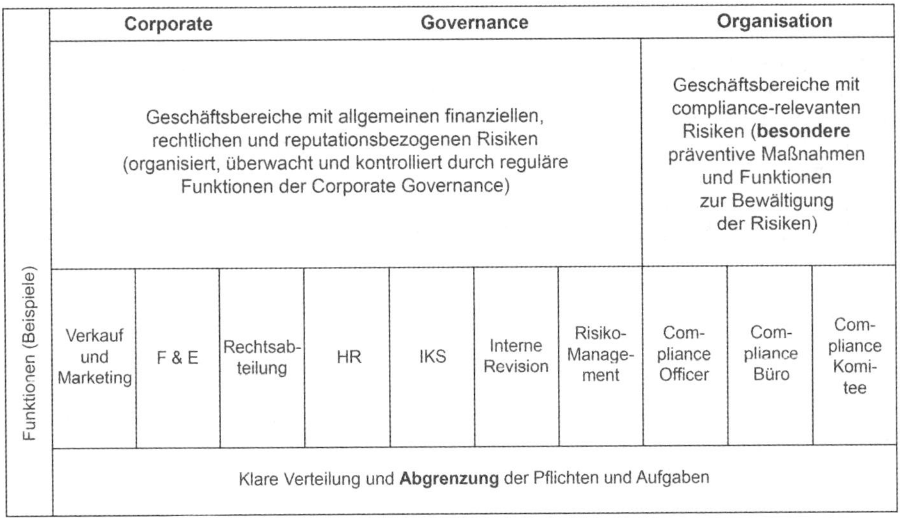

Abb. 7: Einbettung der Compliance Funktionen in die Corporate Governance Organisation eines Unternehmens

Die zunehmende Bedeutung eines effektiven Compliance-Managements beruht derzeit 4
vor allem auf kapitalmarktrechtlichen Vorgaben **(Corporate Governance)**[10] sowie auf

[10] Siehe zum Begriff der Corporate Governance sowie den Entwicklungen in diesem Bereich *Berndt* ZCG 2006, 1 ff.; *Gebhardt* ZCG 2006, 13 ff.; siehe zum „Deutschen Corporate Governance Kodex" *Reichelsdorfer* DATEV magazin 2008, 36 ff.

korruptionspräventiven Aspekten[11] und den hiermit in Zusammenhang stehenden straf- und haftungsrechtlichen Konsequenzen.[12] Verstöße gegen die rechtlichen Vorgaben können sowohl die Mitarbeiter und Führungskräfte eines Unternehmens als auch das Unternehmen selbst empfindlich treffen. Die aktuelle allgemeine Diskussion wird hierbei auch durch spektakuläre Beispiele vermeintlichen korruptiven Verhaltens bestimmt.

5 Im Fall von Korruptionssachverhalten besteht das Risiko einer Strafandrohung nicht nur für diejenigen **Mitarbeiter,** die unzulässige Vorteile gewähren, sondern auch für die **Leitungsorgane** des Unternehmens, die derartige Geschäftspraktiken fördern. Selbst bei nur passiver Kenntnisnahme von unternehmensinternen Sachverhalten können sich die verantwortlichen Leitungsorgane sowie der Compliance-Officer beispielsweise wegen Vorteilsgewährung, Bestechung oder Betrugs, begangen durch Unterlassung, strafbar machen oder können zivilrechtlich haften, weil sich das Verhalten der Mitglieder des Vorstands eines Unternehmens nicht mehr im Rahmen der Grundsätze pflichtgemäßer Unternehmensführung bewegt.[13] Das Unternehmen selbst ist zwar im strafrechtlichen Sinn weder handlungs- noch schuldfähig und kann daher nicht Subjekt einer Kriminalstrafe sein. Dennoch kennt das deutsche Recht auch nach derzeitiger Rechtslage Instrumente zur Verhängung von Maßnahmen und Sanktionen gegen Unternehmen, wenn deren Mitarbeiter Straftaten oder Ordnungswidrigkeiten begangen haben (§§ 72ff. StGB, §§ 20a, 30 OWiG).[14] Nach § 130 OWiG[15] kann gegen den Inhaber eines Betriebes auch eine Geldbuße von bis zu 1 Mio. Euro[16] verhängt werden, wenn er vorsätzlich oder fahrlässig **Aufsichtsmaßnahmen** unterlässt, die erforderlich sind, um im Betrieb den Verstoß gegen Pflichten zu verhindern, deren Verletzung mit einer Strafe oder Geldbuße bedroht ist. Dies gilt jedenfalls dann, wenn ein solcher Pflichtenverstoß bei gehöriger Aufsicht der Mitarbeiter verhindert (oder zumindest wesentlich erschwert) worden wäre. Nach dem Gesetzesentwurf der Regierung vom 16.6.2020 soll die strafrechtliche Verantwortung von Unternehmen umfassend neu geregelt werden durch das „Gesetz zur Stärkung der Integrität in der Wirtschaft“, kurz VerSanG.[17]

6 Eine Bedeutung können Sanktionen gegenüber dem Unternehmen durch **Verfallsanordnungen** nach §§ 73ff. StGB auch im Rahmen von **Unternehmenskäufen** erlangen. Dies kann dann der Fall sein, wenn Schmiergeld- und Bestechungszahlungen eines erworbenen Unternehmens im Rahmen der Due Diligence von dem Erwerber nicht erkannt wurden. Dann besteht die latente Gefahr, dass sich eine Verfallsanordnung gegenüber dem neuen Tochterunternehmen aufgrund einer Ergebnisübernahme auch auf die Muttergesellschaft auswirkt.[18] Daneben droht dem Unternehmen im Inland eine Sperre bei der **Vergabe öffentlicher Aufträge**[19] und im Ausland der Ausschluss von Finanzierungen durch

[11] Siehe hierzu etwa *Benz/Heißner/John/Möllering* in Dölling (Hrsg.) (Fn. 1) S. 44ff.

[12] *Kappel/Acker* ZRFG 2007, 216ff. weisen zudem auf die zivilrechtlichen Risiken hin, die aus einer Schmiergeldzahlung entstehen können.

[13] Siehe etwa BGHZ 135, 244; *Hauschka* ZRP 2004, 65ff.; zur Haftung des Compliance-Officers siehe BGH MPR 2009, 156ff.

[14] Hierzu ausführlich *Taschke,* § 20 Strafvorschriften und Ordnungswidrigkeiten, in Anhalt/Dieners (Hrsg.), Handbuch des Medizinprodukterechts, 2. Aufl., München 2017, S. 629ff.

[15] Zum Umfang der Aufsichtspflichten iSd § 130 OWiG auch *Adam* wistra 2003, 285 (289ff.); *Groß/Reichling* wistra 2013, 89ff.; *von Busekist/Hein* CCZ 2012, 41 (43ff.); *Bock* wistra 2011, 201ff.; *ders.* ZIS 2009, 68 (73ff.).

[16] Der in § 130 Abs. 3 S. 1 OWiG genannte Höchstbetrag der Geldbuße in Höhe von 1 Mio. Euro kann überschritten werden, um mögliche wirtschaftliche Vorteile des Ordnungswidrigkeitsdelikts abzuschöpfen (§ 17 Abs. 4 S. 2 OWiG).

[17] Siehe hierzu *Baur/Holle* ZRP 2019, 186ff.; zu den Auswirkungen auf die Compliance-Praxis *Ott/Lüneborg* NZG 2019, 1361ff.

[18] Siehe hierzu BGH DB 2004, 2265; sowie *Sedemund* DB 2004, 2256.

[19] *Lembeck/Lützeler/Happe* das Krankenhaus 2001, 980; *Ax/Schneider* (Hrsg.), Rechtshandbuch Korruptionsbekämpfung, 2. Aufl. 2010, Kapitel VI: Korruption und das Vergaberecht Rn. 302; eines der kumulativ zu erfüllenden Kriterien der Selbstreinigung, die einem Ausschluss entgegengehalten werden können, ist das Ergreifen konkreter technischer, organisatorischer und personeller Maßnahmen,

Institutionen wie die EU oder die Weltbank. Eine unzureichende Unternehmensführung und -kontrolle, die im Unternehmen zu korruptiven Handlungen führt, kann schließlich auch zu einer **zivilrechtlichen Haftung** des Unternehmens und allgemein zu einer abträglichen öffentlichen Kritik führen. Selbst wenn etwa eine Sperre bei der Vergabe öffentlicher Aufträge nicht verhängt wird, führt bereits die negative Presseberichterstattung, welche die Einleitung von Ermittlungsverfahren regelmäßig zur Folge hat, in der Praxis oftmals zu einer Zurückhaltung öffentlicher Auftraggeber, um in keiner Weise auch nur in den **„Dunstkreis" negativer Schlagzeilen** zu geraten. Auch nur vermeintliche Regelverstöße, die zu einer späteren Einstellung von Ermittlungsverfahren führen, können daher bereits zu einem Imageverlust führen, der weiteren wirtschaftlichen Schaden auslösen kann.

In der die Spielregeln der Weltwirtschaft maßgeblich bestimmenden **anglo-amerikanischen Sphäre,** also den USA und Großbritannien, in zunehmendem Maße aber auch in Deutschland, wird von größeren Unternehmen erwartet, dass sie sich **freiwillig** zur Einhaltung besonders hoher **Verhaltensstandards** verpflichten.[20] Diese Erwartung richtet sich heute nicht mehr allein an börsennotierte Gesellschaften, die ohnehin strengeren gesetzlichen Anforderungen an eine ordnungsgemäße Unternehmensführung unterliegen. Dies gilt insbesondere dann, wenn sie zugleich eine Börsenzulassung in den USA besitzen und den Regeln der US-amerikanischen Börsenaufsicht (SEC) und damit auch dem „United States Foreign Corrupt Practices Act" (FCPA) unterliegen.[21] Gerade in den USA belegen die Entwicklungen der vergangenen Jahre, dass das **Risikopotential** im Compliance-Bereich weiter wächst. Insbesondere im Gesundheitssektor finden sich immer wieder Beispiele, in denen Verstöße gegen Regelungen in klassischen Feldern der Business Compliance zu **enormen Zahlungsverpflichtungen** für pharmazeutische Unternehmen führen. So zeigt die Pressemitteilung des amerikanischen **Office of Inspector General (OIG)** vom 3.12.2008[22] gleich zwei dieser Fälle. Der pharmazeutische Unternehmer Cephalon verpflichtete sich infolge einer Vermarktung mehrerer Arzneimittel unter Verwendung von nicht von der Zulassung der Arzneimittel umfassten Off-label Indikationen über einen Zeitraum von mehreren Jahren zur Zahlung einer Vergleichssumme von 375 Millionen US-Dollar. Dazu wurde ein Bußgeld iHv 50 Millionen US-Dollar verhängt. Die amerikanische Merck and Company, Inc. verpflichtete sich zu einer Zahlung von 650 Millionen US-Dollar wegen unrichtiger Abrechnungen gegenüber den US-amerikanischen Sozialleistungsträgern in Verbindung mit illegalen Vergütungen für Leistungserbringer für die Verschreibung von Arzneimitteln der Merck and Company, Inc. Diese Fälle zeigen, dass durch Regelverstöße massive Belastungen für Unternehmen im Gesundheitssektor entstehen können, die mit ausreichenden Business Compliance-Maßnahmen wahrscheinlich zu verhindern gewesen wären. 7

Das bestehende rechtliche Risikopotential, und dies gilt nicht nur für das Beispiel der Korruptionsrisiken, legt es mithin für jedes Unternehmen und seine Leitungsorgane nicht nur nahe, Regelverstößen im Wege **rückwärtsgewandter Einzelmaßnahmen** zu begegnen. Vielmehr ergibt sich hieraus auch die Notwendigkeit der **Einrichtung einer vorbeugenden Compliance-Organisation.** Dazu zählen neben dem Einschreiten bei Verdachtsmomenten, der laufenden Kontrolle gefahrgeneigter Geschäftsbereiche, gesteigerten Überwachungspflichten im Fall von Unregelmäßigkeiten in der Vergangenheit und der 8

---

die geeignet sind, weitere Straftaten oder weiteres Fehlverhalten zu vermeiden (§ 125 Abs. 1 Nr. 3 GWB).

[20] CHE-Manager 16/2008, 18 sieht in deutschen Unternehmen hinsichtlich der Compliance Nachholbedarf.

[21] Hierzu weiterführend *Cohen/Holland* CCZ 2008, 7 ff.; *Partsch,* The Foreign Corrupt Practices Act (FCPA) der USA, 2007.

[22] Abrufbar unter http://oig.hhs.gov/publications/docs/press/2008/semiannual_press_fall2008.pdf (zul. abgerufen am 18.2.2021); weitere Details finden sich im entsprechenden Halbjahresbericht, abrufbar unter http://www.oig.hhs.-gov/publications/docs/semiannual/2008/semiannual_fall2008.pdf (zul. abgerufen am 18.2.2021).

Etablierung mehrstufiger Überwachungspflichten in größeren Unternehmensorganisationen auch weiter reichende Organisations- und Überwachungspflichten zur Verhinderung von Gesetzesverstößen unabhängig von bereits eingetretenen oder erkannten Fehlentwicklungen.[23] Normative Anknüpfungspunkte sind insofern neben § 130 OWiG die aktienrechtlichen Vorschriften der §§ 91 Abs. 2 und 93 Abs. 2 AktG sowie für die GmbH § 43 GmbHG[24].[25] Die Rechtsprechung erkennt daher das Bestehen einer grundsätzlichen Rechtspflicht zur Etablierung eines Compliance Management Systems an.[26] Die Rechtsprechung[27] hat hinsichtlich der Delegation von Aufgaben seitens des Managements an nachgeordnete Mitarbeiter folgende Kriterien entwickelt, bei deren Beachtung Aufsichts- und Kontrollverstöße des Managements gemäß § 130 OWiG in der Regel ausgeschlossen sein sollen:
– sorgfältige Auswahl der Mitarbeiter;
– transparente Organisation und sachgerechte Zuweisung der Aufgabenbereiche;
– sorgfältige Einweisung und Fortbildung der Mitarbeiter hinsichtlich ihrer Aufgaben und Pflichten sowie der zu beachtenden gesetzlichen Regelungen;
– ausreichende Beaufsichtigung und Kontrolle der Mitarbeiter;
– angemessenes Einschreiten im Fall von Verstößen.[28]

9 Dieser Rechtsprechung kann insbesondere entnommen werden, dass die Einrichtung eines Compliance-Systems die Verhängung von Geldbußen wegen Aufsichtspflichtenverstößen gemäß § 130 OWiG nicht ausschließt,[29] sofern nicht – über die Einrichtung des Compliance-Systems hinaus – die kontinuierliche **Überwachung, Schulung** und stichprobenartige **Kontrolle** der Mitarbeiter als zeitlich gestreckte „Dauerpflicht“ gewährleistet wird. Eine solche kontinuierliche Gewährleistung ausreichender Aufsichts- und Kontrollmaßnahmen schließt die fortwährende sorgfältige Prüfung und, sofern erforderlich, Anpassung des gesamten Compliance-Systems mit ein, da die unternehmensinternen Compliance-Regelungen und die Verfahrensabläufe die aktuelle Rechtslage berücksichtigen müssen und diese Regelungen und Verfahrensabläufe die Grundlage für die Instruktion und fortwährende Schulung der Mitarbeiter bilden. Mit Blick auf die Art und den Umfang der erforderlichen Aufsichtsmaßnahmen hat der Bundesgerichtshof (zur Vermeidung von Kartellabsprachen) zwar festgestellt, dass sich solche Aufsichtsmaßnahmen nicht allein an dem Ziel auszurichten haben, durch eine möglichst umfassende Beaufsichtigung der Mitarbeiter jegliche Zuwiderhandlung gegen betriebliche Pflichten zu verhindern.[30] Allerdings können Maßnahmen dann geboten sein, wenn sie erfahrungsgemäß besonders geeignet sind, ein gesetzwidriges Verhalten zu verhindern.[31] Dies bedeutet gleichzeitig, dass universell gültige Rezepte zur Etablierung und genauen Ausgestaltung einer effektiven Compliance nicht existieren. Die erforderlichen Maßnahmen hängen vielmehr immer von dem konkreten Unternehmen und den mit seiner Tätigkeit verbundenen Geschäftsfeldern sowie den hieraus resultierenden rechtlichen Risiken ab. Für spezifische Risikobereiche werden heute zunehmend Pflichten zur Bewertung der Risiken normiert,[32] auch die entsprechenden gesetzlichen Regelungen enthalten aber keine konkreten Vorgaben zur Ausgestaltung.

---

[23] Hierzu etwa *Fleischer* AG 2003, 299 mwN.

[24] Wohl in Zusammenschau mit §§ 35, 37 GmbHG. Vgl. *Theusinger/Jung* in Römermann, Münchener Anwaltshandbuch GmbH-Recht, 4. Aufl. 2018, § 24 Rn. 46 f.; *Fleischer* in MüKoGmbHG, 2. Aufl. 2016, § 43 Rn. 147a.

[25] *Haag/Acikgöz* CB 2016, 265 (268).

[26] BGH NZWiSt 2018, 379 Rn. 118; LG München I NZG 2014, 345 (I. 1. a. (1)).

[27] Zu den einzelnen Prüfkriterien OLG Düsseldorf NStZ-RR 1999, 151; OLG Stuttgart NJW 1977, 1410. Zusammenfassend *Rogall* in Karlsruher Kommentar zum OWiG, § 130 Rn. 41 mwN.

[28] Dem status quo kritisch gegenüberstehend *Nell* ZRP 2008, 149 f.

[29] Allerdings kann sie diese mindern, so BGH NZWiSt 2018, 379 Rn. 118.

[30] BGH WuW-E 2262.

[31] BGH WuW-E 2262.

[32] Zum Beispiel Art. 24 Abs. 1 DS-GVO (iVm Erwgr. 74–76) betr. Datenschutz-Risiken; § 5 Abs. 1 GWB betr. Risiken der Geldwäsche und Terrorismusfinanzierung.

	Verhaltensweisen (Beispiele) →	**Risiken**	**Vorbeugung**
Management	• Persönliche Involvierung in Kick-back-Zahlungen an Ärzte • Fehlende interne Prozesse, Kontrollsysteme und Trainingseinrichtungen erleichtern kriminelles/unzulässiges Verhalten von Mitarbeitern, zB – Kein follow-up von Verträgen mit Ärzten – Unzulässige Zahlungen an Ärzte oder sonstige Amtsträger – Finanzierung der Mitreise von Begleitpersonen zu Fortbildungsveranstaltungen – Fehlende Genehmigung des Dienstherren/Arbeitgebers bei finanziellen Unterstützungen von passiven Teilnahmen von Klinikärzten – Unzulässige Selbstbegünstigung der Mitarbeiter (Untreue)	• Strafrechtliche Sanktionen/Geldbußen – Korruptive Praktiken – Unzulässiges Geschäftsgebaren – Uneffektive Managementstrukturen • Schadensersatz ansprüche (zivilrechtlich) – Korruptive Praktiken – Unzulässiges Geschäftsgebaren – Uneffektive Managementstrukturen • Kündigung von Mitarbeitern – Korruptive Praktiken – Unzulässiges Geschäftsgebaren	• Etablierung und Praktizierung eines Wertemanagements (Mission, Vision, Werte) • Sorgfältige Auswahl der Mitarbeiter • Transparente Organisation • Effektive Allokation von Geschäftsaufgaben • Implementierung schriftlicher Richtlinien und Prozesse • Ernennung eines Compliance Officers • Durchführung effektiver Schulungen und Trainings • Entwicklung effektiver Kommunikationslinien • Durchführung interner Überwachung und Auditierung • Durchsetzung der Standards durch bekanntgemachte Verhaltensrichtlinien • Zeitnahe Reaktion auf erkannte Probleme und Einleitung korrektiver Maßnahmen
Andere Mitarbeiter	Persönliche Involvierung in die Gewährung unzulässiger Vorteile an Ärzte	• Strafrechtliche Sanktionen/Geldbußen – Korruptive Praktiken • Schadensersatzansprüche (zivilrechtlich) – Korruptive Praktiken – Unzulässiges Geschäftsgebaren • Kündigung von Mitarbeitern – Korruptive Praktiken	

	Verhaltensweisen (Beispiele) →	**Risiken**	**Vorbeugung**
		– Unzulässiges Geschäftsgebaren	
Unternehmen	• Involvierung von Mitarbeitern (Management oder andere Mitarbeiter) in die Gewährung unzulässiger Vorteile • Fehlen interner Prozesse, Kontrollsysteme und Training	• Strafrechtliche Sanktionen (Anordnung des Verfalls) oder Geldbußen – Korruptive Praktiken • Schadensersatzansprüche (zivilrechtlich) – Kunden/Wettbewerber/Kostenträger • Ausschluss von öffentlichen Vergabeverfahren (schwarze Liste) • Reputationsschäden • Ermittlungen der SEC/FCPA	

Abb. 8: Risiken und Vorbeugung

C. Compliance als Werte-Management

10 Die Einrichtung eines **vorbeugenden Risikomanagements** beruht auch auf der (nicht neuen) Einsicht, dass eine „gute Unternehmenspraxis" nur auf der Basis von Werten und ethischen Ansprüchen gelingen kann. Ein Compliance Management als vorbeugende Unternehmensorganisation ist, so die Überlegung, immer nur dann (auch wirtschaftlich) in nachhaltiger Weise erfolgreich, wenn es integrativer Bestandteil eines **Werte-Management-Systems** ist, das die moralische Verfassung eines Unternehmens sowie dessen Leitwerte definiert und in der betrieblichen Praxis mit Leben erfüllt.[33] Dies erfolgt, indem zunächst die Grundwerte („Mission, Vision, Values") und die Kultur des Unternehmens kodifiziert bzw. verschriftlicht werden. Solche Dokumente tragen unterschiedliche Bezeichnungen, wie etwa „Mission Statement"[34], „Code of Ethics"[35] oder zunehmend auch „Purpose Statement", das sich am eigentlichen Unternehmenszweck ausrichtet.[36] All dies dient dem Zweck, klar zu kommunizieren, wofür das Unternehmen steht, was es von sich und seinen Mitarbeitern erwartet und woran es gemessen werden will. An einer klar definierten und kommunizierten Zweck- und Wertebasis soll die gesamte Organisation eines

---

[33] *Wieland* CCZ 2008, 15 ff.

[34] Auch Mission oder Vision, so zB https://insmed.com/culture/mission-vision/ (zul. abgerufen am 18.2.2021).

[35] Im US-amerikanischen Gesellschaftsrecht besteht eine Pflicht zur Einführung einer Ethikrichtlinie, so *Steffen/Stöhr* RdA 2017, 43 (45).

[36] Beispiele aus der Praxis deutscher Dax-Unternehmen: https://www.handelsblatt.com/unternehmen/management/handelsblatt-umfrage-der-sinn-hinter-der-arbeit-so-benennen-die-30-dax-konzerne-ihren-purpose/24231702.html?ticket=ST-33639473-RnvGbdoWVOsbGWA14EP5-ap3 (zul. abgerufen am 18.2.2021).

Unternehmens ausgerichtet sein, einschließlich sämtlicher Prozessstufen, Policies und Procedures (Code of Conduct mit der Zusammenfassung der rechtlichen Gesichtspunkte, Leitlinien, Arbeitsanweisungen, Arbeitsverträge etc) über Überwachungsinstrumente (Audits) bis hin zur Festlegung und Organisation von innerbetrieblichen Verantwortlichkeiten (Compliance Officer, Qualitätsmanagement, Revision etc).[37]

Demgegenüber wird Compliance von einer eher rechtstechnisch gesinnten Grundphilo- **11**
sophie her vielfach in einem engeren und formelleren Sinn ausschließlich als innerbetriebliche **Erzwingung der Einhaltung von Rechtsnormen** durch **Dokumentation und Transparenz** schaffende Verfahren verstanden. Die Erfahrungen der letzten Jahre haben allerdings gezeigt, dass ein nur an formellen Kriterien ausgerichtetes Compliance-Management zur Vermeidung der bestehenden Risiken allein nicht ausreicht, wenn nicht auch eine vom Topmanagement gewollte Unternehmenskultur eindeutig kommuniziert, vorgelebt und konsequent umgesetzt wird. Vielmehr ist ein funktionierendes Compliance-Management immer auch Teil der wertebezogenen Substanz und Führungskultur eines Unternehmens, die mit entsprechenden Anreiz- und Kontrollmechanismen verbunden werden müssen. Die von einer Unternehmensleitung geäußerte Ablehnung korruptiver Maßnahmen im Vertrieb von Waren ist dementsprechend nur von geringem Wert, wenn gleichzeitig die Karriere- und Einkommensperspektiven der entsprechenden Mitarbeiter, die in sensiblen, dh korruptionsanfälligen Märkten tätig werden, einseitig an Umsatzerfolgen ausgerichtet werden.[38] Ein funktionierendes Compliance-Management als Ausdruck auch einer **moralischen Führungskultur des Unternehmens** würde für einen solchen Bereich gerade alternative Anreize voraussetzen, die nicht allein an der Höhe des erzielten Umsatzes des Mitarbeiters orientiert werden, sondern etwa auch an der Art und Weise, wie ein Umsatz erzielt wurde[39]. Diese Einbindung der Geschäftstätigkeit in ein umfassendes Wertesystem, das nicht auf eine kurzfristige Gewinnmaximierung ausgerichtet ist, sondern auf ein **nachhaltiges Wachstum** des Unternehmens, beugt insbesondere der in der Praxis häufig festzustellenden Argumentation von Mitarbeitern vor, sie hätten korruptive Zuwendungen ohne persönliche Bereicherungsabsicht ausschließlich „im besten Interesse des Unternehmens" zur Umsatz- und Gewinnsteigerung vorgenommen. Mit anderen Worten: Es muss ein Verständnis dafür entstehen, dass Umsatz um jeden Preis gerade nicht im Interesse eines Unternehmens liegt.

D. Compliance im Gesundheitssektor

I. Regulatorische Vorgaben

Die genannten allgemeinen Gesichtspunkte gelten natürlich auch für die im Gesund- **12**
heitssektor tätigen Unternehmen.[40] In der Tat sind dort etwa Programme zur **Kartellrechts-Compliance** (zur Vermeidung kartellrechtlich unzulässiger Absprachen) seit vielen

[37] *Wieland* CCZ 2008, 15 f.

[38] *Wieland* CCZ 2008, 15.

[39] Zu sinnvollen Anknüpfungspunkten für Anreizsysteme vgl. *Teichmann/Falker* ZCG 2019, 245.

[40] Sogenannte Healthcare Compliance *Mand* PharmR 2014, 275 (275 f.); Zur Compliance im Pharma- und Medizinrecht *Schaefer/Baumann* NJW 2011, 3601 (3603); zur Compliance in der pharmazeutischen Industrie *Leipold* in Hauschka/Moosmayer/Lösler (Hrsg.) (Fn. 1) § 50; zur Corporate Governance in Krankenhäusern siehe *Jahn/Krekeler/Kreuser* das Krankenhaus 2008, 468 f., 596 f., 710 f. Die Autoren behandeln dabei neben den Grundlagen der Corporate Governance in Krankenhäusern (Teil I), auch deren praktischen Umsetzung, indem sie geeignete Leitungsstrukturen entsprechend den Zielen und Vorgaben der Corporate Governance aufzeigen, welche eine effiziente Krankenhausführung unterstützen (Teil II). Schließlich befassen sich die Autoren mit der Bedeutung und Ausgestaltung der Überwachung und Kontrolle im Rahmen der Corporate Governance von Krankenhäusern (Teil III); siehe auch *Dann* (Hrsg.), Compliance im Krankenhaus.

Jahren gang und gäbe. Dasselbe gilt für **branchenspezifische Compliance-Anforderungen,** etwa für die Planung und Durchführung klinischer Studien oder von Anwendungsbeobachtungen, die den pharmazeutischen Unternehmer treffenden Überwachungs- und Nachsorgepflichten beim Vertrieb zugelassener Arzneimittel und im Verkehr befindlicher Medizinprodukte oder für die Sicherstellung der Befolgung des Heilmittelwerbegesetzes (HWG) bei der Bewerbung dieser Produkte, die in einer Vielzahl von Standard Operating Policies (SOP) unternehmensintern weiter umgesetzt werden. Die neue Medizinprodukteverordnung enthält darüber hinaus Regelungen, die den Hersteller zur Einrichtung eines Risiko- (Art. 10 Abs. 2 iVm Anh. 1 Abschn. 3 MDR) oder Qualitätsmanagements (Art. 10 Abs. 9 MDR) verpflichten. Aufgrund der vielen branchenspezifischen Regelungen bietet es sich bei „gemischten" Unternehmen, die neben dem Gesundheitssektor auch in anderen Bereichen tätig sind, an, jeweils bereichsspezifische Compliance-Strukturen und -Funktionen vorzuhalten. Folgende regulatorische Vorgaben aus dem Gesundheitsbereich sind besonders hervorzuheben:

1. Arzneimittelrecht

13 Das **Arzneimittelgesetz (AMG)** gibt selbst bereits eine Reihe bestimmter organisatorischer Maßnahmen vor, um die Einhaltung der entsprechenden gesetzlichen Anforderungen sicherzustellen. Diese werden teilweise durch Bestimmungen des FSA-Kodex Fachkreise (hierzu ausführlich Kap. 14) noch verschärft:

a) Stufenplanbeauftragter

14 Nach § 63a AMG hat der pharmazeutische Unternehmer bei der Inverkehrbringung von Fertigarzneimitteln eine „**qualifizierte Person**" mit der **erforderlichen Sachkenntnis** zu beauftragen, um bekannt gewordene Meldungen über Arzneimittelrisiken zu sammeln, zu bewerten und die notwendigen Maßnahmen zu koordinieren (Stufenplanbeauftragter).

b) Informationsbeauftragter

15 Gemäß § 74a AMG hat ein pharmazeutischer Unternehmer, der Fertigarzneimittel in den Verkehr bringt, eine Person welche die **notwendige Sachkenntnis** besitzt und zuverlässig ist, mit der **wissenschaftlichen Information über die Arzneimittel** zu beauftragen (Informationsbeauftragter).

c) Sachkundige Person

16 Zur Erlangung einer Herstellungserlaubnis gemäß § 13 AMG ist das Vorhandensein einer **„sachkundigen Person"** mit den Qualifikationen gemäß § 15 Abs. 1 AMG erforderlich, die für die **Prüfung der hergestellten Arzneimittelchargen** verantwortlich ist.

d) Pharmaberater

17 Nach § 75 AMG darf der pharmazeutische Unternehmer nur Personen mit **besonderer Sachkenntnis** beauftragen, hauptberuflich Angehörige von Heilberufen aufzusuchen, um diese **über Arzneimittel fachlich zu informieren** (Pharmaberater). Der FSA-Kodex Fachkreise nimmt unmittelbar Bezug auf diese gesetzliche Regelung (Definition des Pharmaberaters in § 2 Nr. 26 FSA-Kodex Fachkreise; hierzu näher → Kap. 14 Rn. […]. Der FSA-Kodex Fachkreise geht aber in seinen Anforderungen an Pharmaberater noch weiter, indem beispielsweise verlangt wird, dass Pharmaberater ihre Pflichten „verantwortungsvoll und ethisch einwandfrei" erfüllen (§ 5 Nr. 3 FSA-Kodex Fachkreise), mit dem FSA-Kodex Fachkreise und allen anderen anwendbaren gesetzlichen Vorschriften vertraut sind (§ 27 Abs. 2 FSA-Kodex Fachkreise) und an nicht-interventionellen Studien jedenfalls nur zu administrativen und gerade nicht zu Werbezwecken beteiligt sind (§ 19 Abs. 2 Nr. 12 FSA-Kodex Fachkreise).

e) Qualitätsmanagement für die Produktion

Die Arzneimittel- und Wirkstoffherstellungsverordnung enthält eine Vielzahl von Anforderungen an **Qualitätsmanagement-Systeme** für die Herstellung von Arzneimitteln und das für die **Leitung der Herstellung** und die **Leitung der Qualitätskontrolle** erforderliche Personal (s. etwa § 12 AMWHV). 18

f) Risikoinformation

Aus § 11a Abs. 2 AMG ergibt sich für pharmazeutische Unternehmer die Pflicht, „die Änderungen der Fachinformation, die für die Therapie relevant sind, den Fachkreisen in geeigneter Form zugänglich zu machen". Ergänzend regelt § 62 Abs. 1 S. 4 AMG, dass die zuständige Bundesoberbehörde die Öffentlichkeit über Arzneimittelrisiken und beabsichtigte Maßnahmen informieren kann. In Deutschland werden hierzu sowohl durch pharmazeutische Unternehmer als auch durch Behörden sog. **Rote-Hand-Briefe** veröffentlicht. Nähere Vorgaben zur Art der Veröffentlichung enthält das Gesetz nicht. Allerdings enthält der FSA-Kodex Fachkreise konkrete Vorgaben, zB, dass sowohl auf den Briefumschlägen als auch auf den Briefen das **Symbol einer roten Hand** mit der Aufschrift **„Wichtige Mitteilung über ein Arzneimittel"** zu benutzen ist, keine anderen Informationen so gekennzeichnet werden dürfen und keine Werbung enthalten sein darf (§ 14 FSA-Kodex Fachkreise). 19

g) Muster

Paragraph 47 Abs. 3 und 4 sowie § 10 Abs. 1 Nr. 11 AMG enthalten Vorgaben zu Musterabgabe von pharmazeutischen Unternehmern an Fachkreisangehörige, um das jeweilige Präparat bekannt zu machen. Der FSA-Kodex Fachkreise nimmt auch hier unmittelbar Bezug auf die Vorschriften des AMG (§ 15 Abs. 1 FSA-Kodex Fachkreise). Er geht aber insofern über diese Vorgaben hinaus, als die **Musterabgabe** zeitlich auf **zwei Jahre nach erstmaliger Anforderung** beschränkt wird (Abs. 2) und nicht als über die Bekanntmachung hinausgehender Anreiz zur Beeinflussung von Therapie-, Verordnungs- und Beschaffungsentscheidungen **missbraucht** werden darf (Abs. 3). 20

2. Medizinprodukterecht

Auch im Medizinproduktesektor finden sich verschiedene regulatorische Vorgaben, die die Organisation der Verantwortlichen beeinflussen. Das medizinprodukterechtliche **Pendant zum pharmazeutischen Unternehmer** im Arzneimittelrecht ist der **Verantwortliche für das erstmalige Inverkehrbringen** gem. § 5 MPG, wobei es sich in der Regel um den Hersteller oder den Importeur handeln wird.[41] 21

a) Sicherheitsbeauftragter

Der Verantwortliche hat gem. § 30 MPG unverzüglich nach der Aufnahme seiner Tätigkeit eine Person mit der zur Ausübung ihrer Tätigkeit **erforderlichen Sachkenntnis** und der **erforderlichen Zuverlässigkeit** als Sicherheitsbeauftragten für Medizinprodukte zu bestimmen.[42] Der Sicherheitsbeauftragte für Medizinprodukte hat bekannt gewordene **Meldungen über Risiken bei Medizinprodukten** zu sammeln, zu bewerten und die notwendigen Maßnahmen zu koordinieren. Er ist für die Erfüllung von Anzeigepflichten verantwortlich, soweit sie Medizinprodukterisiken betreffen. Damit gleicht seine Tätigkeit weitgehend dem Stufenplanbeauftragten nach § 63a AMG. 22

---

[41] Aus der neuen Medizinprodukteverordnung ergibt sich ein klares Pflichten- und Verantwortlichkeitsprogramm für den Hersteller (Art. 10), den Bevollmächtigten (Art. 11), den Importeur (Art. 13) und den Händler (Art. 14).

[42] Umfassend dazu *Stößlein* in Anhalt/Dieners § 10 Rn. 10ff.

b) Zur Funktionsprüfung und Einweisung befugte Person

23 Gem. § 5 Abs. 1 MPBetreibV darf ein Medizinprodukt der Anlage 1 der MPBetreibV nur betrieben werden, wenn zuvor eine Funktionsprüfung sowie eine Einweisung durch den Hersteller oder eine befugte Person erfolgt ist.[43] Damit ist der Hersteller zumindest im Wege einer **vertraglichen Nebenpflicht** dazu verpflichtet, für eine entsprechende Funktionsprüfung und Einweisung zu sorgen.

c) Medizinprodukteberater

24 In § 31 MPG finden sich die Anforderungen an die Qualifikationen für eine Tätigkeit des Medizinprodukteberaters. Diese Vorschrift **entspricht insoweit § 75 AMG.**

d) Qualitätsmanagement

25 Das Medizinprodukterecht kennt umfangreiche **Konformitätsbewertungsverfahren,** die in Zusammenarbeit mit den **Benannten Stellen** durchgeführt werden müssen, bevor das Medizinprodukt in Verkehr gebracht wird.[44]

e) Für die Einhaltung der Regulierungsvorschriften verantwortliche Person

26 Ab dem 26.5.2020 gilt in den Mitgliedstaaten der Europäischen Union die neue Medizinprodukteverordnung[45]. Diese schafft mit der für die Einhaltung der Regulierungsvorschriften **verantwortlichen Person** (*Person Responsible for Regulatory Compliance* (PRRC), Art. 15 MDR) eine neue Compliance-relevante Funktion.[46]

3. Heilmittelwerberecht

27 Für den Bereich der Bewerbung von Heilmitteln sorgt bereits der starke **Wettbewerb** unter den Unternehmen in Verbindung mit einem hoch effektiven System des **vorläufigen Rechtsschutzes** in Deutschland seit Jahrzehnten auch für die Notwendigkeit einer vorbeugenden Unternehmensorganisation auf diesem Gebiet. Nur auf diese Weise können Unternehmen sicherstellen, dass ihre Werbung nicht gegen Vorschriften des HWG, AMG oder MPG bzw. gegen bereits abgegebene Unterlassungs- und Verpflichtungserklärungen verstößt.

II. Spannungsverhältnis von „Trennung“ und „Kooperation“

28 Die derzeitige Aktualität des Compliance-Themas beruht unter sektorspezifischen Gesichtspunkten des Gesundheitswesens vor allem auf dem Bedürfnis den aus Korruption oder vergleichbaren missbräuchlichen Maßnahmen resultierenden Risiken für das Unternehmen durch präventive Maßnahmen zu begegnen. In der US-amerikanischen Terminologie wird dieser Bereich auch als „**Healthcare Fraud and Abuse Prevention**“ bezeichnet. Die Etablierung einer vorbeugenden Unternehmensorganisation ist gerade im Gesund-

[43] Zur Einweisung siehe *Dieners/Anhalt* in Anhalt/Dieners § 9 Rn. 86 ff.

[44] Ausführlich zur Klassifizierung von Medizinprodukten *Frankenberger* in Anhalt/Dieners § 4 und zu Konformitätsbewertungsverfahren und Normung siehe *Edelhäuser* in Anhalt/Dieners § 5.

[45] VERORDNUNG (EU) 2017/745 DES EUROPÄISCHEN PARLAMENTS UND DES RATES vom 5.4.2017 über Medizinprodukte, zur Änderung der Richtlinie 2001/83/EG, der Verordnung (EG) Nr. 178/2002 und der Verordnung (EG) Nr. 1223/2009 und zur Aufhebung der Richtlinien 90/385/EWG und 93/42/EWG des Rates, ABl. L 117, S. 1 ff. (Medical Device Regulation (MDR)); Geltungsbeginn Art. 123 No. 2 MDR.

[46] Eine entsprechende Regelung enthält die VERORDNUNG (EU) 2017/746 DES EUROPÄISCHEN PARLAMENTS UND DES RATES vom 5.4.2017 über In-vitro-Diagnostika und zur Aufhebung der Richtlinie 98/79/EG und des Beschlusses 2010/227/EU der Kommission, ABl. L 117, S. 176 ff. (In-Vitro-Diagnostic medical device Regulation (IVDR)) ebenfalls in Art. 15. Diese Verordnung gilt allerdings erst ab dem 26.5.2022 (Art. 113 No. 2 IVDR).

heitswesen anspruchsvoll, da dieser Sektor zu den Branchen zählt, die sich durch eine besondere **Komplexität der Geschäftsbeziehungen** zwischen den Unternehmen einerseits und den für die Beschaffung oder Verordnung von Produkten zuständigen Personen (vor allem Ärzten) andererseits auszeichnet, welche die Gefahr der Verwirklichung von korruptiven Situationen im Sinne der §§ 331 ff., 299, 299a/b StGB oder auch der Verwirklichung von Vermögensdelikten zu Lasten von Kliniken oder Krankenkassen (§§ 263, 266 StGB) in sich bergen können.[47] Diese Komplexität der Geschäftsbeziehungen beruht nicht nur auf der Vielzahl von Arbeitsbeziehungen und Kontakten, in denen sich Mitarbeiter von Unternehmen und Ärzten in ihrer täglichen Praxis begegnen und die etwa die Bewerbung von Heilmitteln oder die Beratung der Ärzte hinsichtlich eines sachgemäßen und effektiven Einsatzes von Heilmitteln durch die für die Industrie tätigen Pharma- und Medizinprodukteberater zum Gegenstand haben. Vielmehr sind die Unternehmen der Industrie für eine erfolgreiche Geschäftstätigkeit auch auf eine ständige Neu- und Weiterentwicklung ihrer Produkte angewiesen, die ohne eine enge **Zusammenarbeit mit Ärzten** in den Bereichen von Forschung und Entwicklung oder der klinischen Erprobung nicht denkbar ist. Sachgerechte Verordnungs- und Therapieentscheidungen sowie die richtige Anwendung von Arzneimitteln und Medizinprodukten hängen zudem davon ab, dass Ärzte den Anschluss an den aktuellen Forschungs- und Wissensstand halten. Dies erfolgt in signifikantem Maße dadurch, dass die Unternehmen selbst eigene Fortbildungsveranstaltungen organisieren.

Der Grad der notwendigen Kooperation ist daher im Vergleich mit anderen Branchen 29
besonders eng und intensiv. Während die notwendige Kooperation von Industrie und Ärzten einerseits ein besonderes **Näheverhältnis** erfordert, schreibt die Rechtsordnung andererseits im Bereich des Absatzes von pharmazeutischen Produkten und Medizinprodukten eine **strikte Trennung zwischen Industrie und Ärzten** vor, um die Beschaffungs-, Verordnungs- und Therapieentscheidungen der Ärzte möglichst unbeeinflusst zu lassen. Aus derartigen Spannungsverhältnissen einer „strikten Trennung" einerseits und „enger Kooperation" andererseits entstehen eine Vielzahl rechtlicher Probleme, die in der Unternehmenspraxis bewältigt werden müssen. Die Umsetzung einer **effektiven Präventionsstrategie** kann aber auch bereits unabhängig von solchen **Spannungsverhältnissen** schwierig sein, wenn ambitionierte Umsatzerwartungen bestehen und gleichzeitig die Einhaltung höchster rechtlicher und ethischer Verhaltensstandards gefordert wird. Die Unternehmensführung steht insofern nicht nur vor dem Problem, strukturellen Korruptionsrisiken konsequent entgegen zu wirken, sondern auch Fälle „situativer Korruption" von Mitarbeitern zu erkennen und zu vermeiden.

Neben möglichen strafrechtlichen Risiken kann eine rechtswidrige Ausgestaltung von 30
Kooperationsbeziehungen mit Klinikärzten oder niedergelassenen Ärzten für die Unternehmen auch zu **zivilrechtlichen Konsequenzen** führen, wenn sich die Zusammenarbeit als unlauter und damit als Verstoß gegen § 3 UWG erweist. Ein Verstoß gegen das äußerst komplex ausgestaltete Zuwendungsverbot des § 7 Abs. 1 HWG[48] iVm §§ 3, 4 Nr. 11 und 9 UWG kann zur Geltendmachung von **Unterlassungs- und Schadensersatzansprüchen** von Unternehmen führen, die sich durch unlautere Kooperationsbeziehungen eines Wettbewerbers benachteiligt fühlen. Schließlich erwarten die ärztlichen Kooperationspartner der Unternehmen heute in zunehmendem Maße, dass die entsprechenden Rechtsbeziehungen in einer Art und Weise gestaltet werden, dass diese auch unter berufsrechtlichen Gesichtspunkten über alle Zweifel erhaben sind.

Diesem Spannungsverhältnis tragen die Verhaltensempfehlungen und Kodizes der Ver- 31
bände Rechnung (siehe Kap. 4), indem sie das **Trennungsprinzip** als einen Eckpfeiler der

[47] Daneben kommt auch die Verletzung von Vorschriften des Dienst-, Hochschul- oder Wettbewerbsrechts in Betracht, vgl. *Schaefer/Baumann* NJW 2011, 3601 (3603).

[48] *Reese* in BeckOK HWG, 5. Ed. 1.2.2021, § 7 Rn. 406 ff. betont zu Recht, dass es sich bei § 7 HWG um „kein gesetzgeberisches Meisterwerk" handelt, was den Umgang mit dieser Vorschrift weiter erschwert.

Zusammenarbeit zwischen Industrie und Fachkreisen begreifen.[49] Dabei verwirklichen sie das Trennungsprinzip in unterschiedlichen Stufen. So finden sich in den früheren Texten in der Regel nur die Interpretation der gesetzlichen Bestimmungen oder darüber hinausgehende Verhaltensempfehlungen (zur Funktionsweise der Kodizes → Kap. 4 Rn. 10 ff.). In den neueren Versionen wird dagegen immer mehr auf die konkreten **Organisationsstrukturen der Unternehmen** Einfluss genommen, indem zB Schulungen der Mitarbeiter im Umgang mit dem Kodex oder die Einführung eines Compliance-Officers (siehe § 28 des FSA-Kodex Fachkreise) als verbindliche Anforderungen an alle Mitgliedsunternehmen genannt werden. Ähnlich wie im regulatorischen Bereich (→ Rn. 11 ff.) wird dadurch eine zwingende Umsetzung der Verhaltensregeln in der Unternehmensstruktur erreicht.

32 Doch neben dieser Möglichkeit, das Trennungsprinzip sozusagen auf **„materielle" Art** im Unternehmen umzusetzen, besteht auch ein **„organisatorischer" Ansatz,** die Trennung zwischen **„Medizin und Marketing"** zu erreichen. Unter Medizin ist in diesem Fall der gesamte Bereich der sog. Medical Affairs zu verstehen.[50] Marketing dagegen ist die Förderung des Absatzes durch entsprechende Präsentation der Produkte. Die Bedeutung dieses Spannungsverhältnisses wird am Beispiel der Studien nach Markteinführung, wie zB nicht-interventionelle Studien (NIS) besonders deutlich.

33 Das **materielle Trennungskonzept** würde im Falle der NIS schlicht vorschreiben, dass sie nur zu Forschungszwecken, nicht aber auch zu Zwecken des Marketings eingesetzt werden dürfen. Gerade im Bereich der NIS zeigen nämlich die Erfahrungen, dass zT Studien durchgeführt wurden, deren wissenschaftlicher Nutzen nicht in einem angemessenen Verhältnis zum betriebenen Aufwand stand. Wenn dem an der Studie teilnehmenden Arzt eine unangemessen hohe Vergütung für die zu erbringende Leistung gezahlt wird, besteht ein Risiko, dass die Studie zu Absatzzwecken missbraucht wird. Gerade dieser Umstand wurde in letzten Änderungen der Kodizes der Industrieverbände EFPIA und FSA berücksichtigt, die ua festlegen, dass NIS zur Vermeidung solcher unlauteren Einflussnahmen dem Verantwortungsbereich des **Leiters der medizinischen Abteilung** unterstehen müssen.

34 In dieser Zuweisung liegt aber mehr, als nur eine weitere „materielle" Trennung, vielmehr wurde hier ein **innovativer Schritt** in Richtung der Ordnung nach **„organisatorischen" Gesichtspunkten** unternommen. Das herkömmliche materielle Trennungskonzept birgt einen systembedingten Nachteil, nämlich den Umstand, dass eine strikte Trennung von Medical Affairs und Marketing eigentlich unnötig, wenn nicht sogar unmöglich ist. Wird zB ein neues Arzneimittel auf den Markt gebracht, ist selbstverständlich der größte Werbeeffekt ein gegenüber bisherigen Therapien gesteigerter Nutzen bzw. eine Verbesserung des Nutzen-Risiko-Verhältnisses oder des Kosten-Nutzen-Verhältnisses. Genau diese Punkte will das Unternehmen gegenüber den Fachkreisen und den für die Kostenerstattung maßgeblichen Stellen hervorheben und das Interesse daran ist auch berechtigt. Ohne diese Informationen besteht die Gefahr, dass neue Entwicklungen keine adäquate **Marktdurchsetzung** erreichen und damit am Ende den Patienten nicht zur Verfügung stehen. Führt die Unterbindung der Information indessen zu einem solchen Ergebnis, ist die ratio legis der Werbebeschränkungen überschritten.

35 Durch die Unterstellung der NIS unter den Bereich der Medical Affairs wird das Trennungsprinzip im Wege der Zuweisung in der Organisationsstruktur des Unternehmens umgesetzt. Damit wird bereits im organisatorischen Bereich eine Abgrenzung des Verhältnisses von **Medizin und Marketing** vollzogen, indem das Marketing auf die Studienge-

[49] Weitere Eckpfeiler sind das Transparenzprinzip, das Dokumentationsprinzip und das Äquivalenzprinzip, ausführlich zu den einzelnen Prinzipien *Leipold,* in. Hauschka/Moosmayer/Lösler (Hrsg.) (Fn. 1) § 50 Rn. 20 ff.; kurz *Vasilikou/Grinblat* MPR 2016, 189 (192).

[50] Näher zu diesem Begriff *Häusler* Schweizerische Ärztezeitung 2008, 2127, abrufbar unter https://saez.ch/journalfile/download/article/ezm_saez/de/saez.2008.14003/643377a44baf72b7b4e7e9336f64e02aa45b5423/saez_2008_14003.pdf/rsrc/jf (zul. abgerufen am 18.2.2021).

staltung zumindest im Endergebnis keinen Einfluss hat, sondern sich diese allein nach den Vorgaben der Abteilung „Medical Affairs" richten muss.

III. Empfehlungen und Kodizes der Verbände

Unabhängig von den rechtlichen Konsequenzen führen unlautere oder bereits auch nur 36
als unethisch betrachtete Kontakte zwischen der Industrie und Ärzten regelmäßig zu hohen **Reputationsschäden,** und zwar sowohl für das konkret **betroffene Unternehmen** als auch für die **Branche** insgesamt, sobald solche Vorgänge öffentlich bekannt werden. Die Medien wiederum greifen jede Gelegenheit gerne auf, um auf der Grundlage einzelner Vorfälle den ethischen Selbstanspruch der gesamten Industrie in Frage zu stellen.[51] Um solchen Vorwürfen entgegen zu arbeiten, verfolgen die im Pharmabereich tätigen internationalen und nationalen Industrieverbände in zunehmendem Maße das Ziel, ihre Mitgliedsunternehmen auf die Einhaltung nicht nur der gesetzlichen Rahmenbedingungen sondern auch bestimmter ethischer Grundwerte zu verpflichten.[52] Auch die Verbände der Medizinprodukte-Industrie etablieren zunehmend Verhaltensregeln mit der gleichen Zielsetzung. Diese Entwicklung beruht letztlich auf der Erkenntnis, dass die **Industrie als echter Partner** der Politik, der Kostenträger sowie der im Gesundheitswesen tätigen Angehörigen der Fachkreise nur dann ernst genommen wird, wenn sie auch unter ethischen Gesichtspunkten über Zweifel bei der Zusammenarbeit mit den Fachkreisen oder auch den Patientenorganisationen erhaben ist. Die Empfehlungen und Kodizes stellen vor diesem Hintergrund das Werte-Management-System der gesamten Branche dar.[53] Ein Überblick über die einzelnen nationalen und internationalen Kodizes und Verhaltensregelungen findet sich in Kapitel 4, detaillierte Erläuterungen zu den FSA-Kodizes Fachkreise und Patientenorganisationen sowie den Transparenzkodex des FSA in den Kapiteln 14, 15 und 16.

IV. Bedeutung innerbetrieblicher Organisationsstrukturen

Zur Vermeidung von strafrechtlichen Risiken sowie zur Einhaltung der übrigen gesetzli- 37
chen Vorgaben und Verbandskodizes bei der Zusammenarbeit mit Ärzten und anderen Angehörigen der Fachkreise sind von den Unternehmen eine Vielzahl **organisatorischer Vorkehrungen** zu treffen. Dies gilt auch für die Abwehr steuerlicher Risiken und Mehrbelastungen, die mit einem Verstoß gegen die materiellen Rahmenbedingungen ebenfalls einhergehen können (siehe hierzu Kap. 8).[54] Eine Reihe der erforderlichen organisatorischen Maßnahmen ist hierbei, wie gezeigt, durch **gesetzliche Vorgaben** bzw. für die Mitgliedsunternehmen des FSA durch dessen **Kodex** bereits festgelegt. Darüber hinaus folgt das Erfordernis solcher organisatorischer Vorkehrungen aus der zwingenden Erkenntnis, dass eine effektive und ökonomische Sicherstellung der geltenden materiell-rechtlichen Rahmenbedingungen nur dann möglich ist, wenn bestimmte **institutionelle Vorkehrungen** getroffen werden und zugleich eine möglichst weitgehende **Standardisierung der Einzelvorgänge** durch die Etablierung innerbetrieblicher Prozesse erreicht wird. Zum einen wirkt eine weitgehende Standardisierung der Möglichkeit entgegen, dass einzelne Mitarbeiter im Rahmen individueller Lösungen risikogeneigte Einzelfallmaßnahmen treffen. Zum

---

[51] Vgl. etwa *Grill,* Kranke Geschäfte, 1. Aufl. 2007, S. 181 ff.

[52] Hierzu *Volz* CCZ 2008, 23 ff.

[53] Die Überlegung, dass Rechtstreue, die Verbindlichkeit beruflicher Standards und die Orientierung an ethischen Werten die Grundpfeiler sowohl einer professionellen Kultur als auch der Reputation der Branche sind, hat in anderen Branchen zu vergleichbaren Initiativen geführt, in der Immobilienwirtschaft etwa zu den Empfehlungen „Wertemanagement in der Immobilienwirtschaft" des Arbeitskreises „Wertemanagement/Compliance" und des Vorstandes der „Initiative Corporate Governance der Deutschen Immobilienwirtschaft e. V." oder zum „EMB-Wertemanagement Bau" der Bauwirtschaft in Bayern.

[54] Siehe hierzu im Einzelnen *Lembeck* in Dölling (Hrsg.) (Fn. 1) S. 240 ff.

anderen bewirkt die Standardisierung eine erhebliche Reduzierung des Kontroll- und Bearbeitungsaufwands. Eine individuelle Befassung mit Fällen sollte möglichst nur noch dann erfolgen, wenn dies aufgrund der Besonderheiten des jeweiligen Falls tatsächlich erforderlich ist **(„Management by Exception“).** Die Erfahrungen mit der praktischen Umsetzung der unternehmensinternen Mitarbeiterrichtlinien zur Zusammenarbeit mit Angehörigen der Fachkreise haben nämlich gezeigt, dass eine lückenlose Einhaltung der dort oft bis ins Detail beschriebenen materiellen Handlungsvorgaben schwierig ist bzw. leicht übersehen wird, sofern keine effektiven organisatorischen Rahmenbedingungen und klar definierten Prozessabläufe für eine praktikable Umsetzung bestehen. Gleichzeitig besteht die Gefahr, dass Vorgänge, die aufgrund ihres Risikopotentials, ihrer Komplexität oder ihrer Besonderheiten einer individuellen Behandlung bedürfen, nicht die erforderliche Betreuung (etwa durch die Rechtsabteilung oder den Compliance Officer) erfahren können, sofern nicht das Gros der übrigen Fälle einem standardisierten Verfahren unterworfen ist.

38 Jedem Unternehmen stellt sich damit zunächst die grundsätzliche Frage, mit welchen betrieblichen Organisationsstrukturen eine **Minimierung der beschriebenen Risiken** am besten zu erreichen ist. Dies ist deshalb von Bedeutung, weil in den Prozess der Kooperation mit medizinischen Einrichtungen und Ärzten in der Regel **zahlreiche unterschiedliche Stellen** eingebunden sind. Neben den Pharma- bzw. Medizinprodukteberatern eines Unternehmens stehen beispielsweise auch die Mitarbeiter der Forschungs- und Entwicklungsabteilung gleichzeitig in Kontakt mit derselben medizinischen Einrichtung oder demselben Arzt, dies zum Teil unabhängig voneinander oder auch gemeinsam. Folge eines solchen Kontakts kann innerbetrieblich die Involvierung weiterer Abteilungen neben Sales, Marketing, F&E oder der medizinisch-wissenschaftlichen Abteilung sein, etwa der für das Vertragsmanagement zuständigen Stellen oder der Finanzabteilung. Von ähnlicher Komplexität ist in der Regel die **Organisation von Fortbildungsveranstaltungen** für Ärzte sowie die Einladung von Ärzten zur Teilnahme an solchen Veranstaltungen. Diese Aufgaben sind vielfach eigenen Abteilungen (zum Teil als „Event Management“ bezeichnet) übertragen, wobei auch weitere Abteilungen involviert sein können (etwa die medizinische Abteilung bei der Festlegung des wissenschaftlichen Tagungsprogramms und der Auswahl hierfür geeigneter ärztlicher Referenten, die Einkaufabteilung bei der Auswahl geeigneter Tagungsstätten und Hotels, die Rechtsabteilung bei der Gestaltung von Verträgen mit Referenten und Veranstaltungsagenturen oder die Finanzabteilung bzw. die Buchhaltung hinsichtlich der Auszahlung von Referentenhonoraren oder Reisekosten für eingeladene Ärzte).

39 Eine solche Zusammenarbeit unterschiedlicher Abteilungen eines Unternehmens wirft naturgemäß **Schnittstellenprobleme** auf, die gewöhnlich umso größer sind, je arbeitsteiliger ein Unternehmen organisiert ist. In welcher Weise die innerbetriebliche Organisation strukturiert und welche genauen Arbeitsabläufe festgelegt werden müssen, um die beschriebenen Risiken möglichst weitgehend zu minimieren, lässt sich nicht in allgemein gültiger Weise sagen. Hierzu sind die Verhältnisse in den verschiedenen Unternehmen, die vertriebenen Produkte und Marktanforderungen zu unterschiedlich. Ausgehend von einer **prozessorientierten Betrachtung** („Structure follows Process“) ist allerdings festzuhalten, dass sich die Geschäftsprozesse der Unternehmen im Gesundheitssektor durch einer Reihe **branchenspezifischer Kernelemente** auszeichnen:

- Die Forschung und Entwicklung findet regelmäßig in enger Zusammenarbeit mit medizinischen Einrichtungen, Klinikärzten oder niedergelassenen Ärzten statt.
- Die Anwendung der Erzeugnisse erfordert häufig eine Zuarbeit und Unterstützung des Unternehmens (etwa mit Blick auf die richtige Handhabung, die Diagnose etc) durch Ärzte.
- Der Produkteinführung geht häufig die vorherige Durchführung von klinischen Prüfungen voraus, die vornehmlich durch Klinikärzte in medizinischen Einrichtungen durchgeführt werden.

	Event Management	Rechtsabteilung	Einkauf	Medizinische Abteilung	Finanzabteilung/ Buchhaltung	Business Unit	Externe Dienstleister
Business Need				X		X	
Budget	X				X	X	
Erarbeitung Agenda				X			
Logistische Organisation	X						X
Identifikation möglicher Referenten	X			X			
Vertragsabschluss mit Referenten		X					
Einladung an Teilnehmer	X	X					
Anweisung Honorar an Referenten					X		
Durchführung der Veranstaltung	X					X	X
Auswertung Feedback der Teilnehmer	X			X			
Dokumentation	X	X			X		
Briefing externer Dienstleister	X			X		X	X
Identifikation/Bestimmung Hotel/Tagungsstätte	X		X				

Abb. 9: Arbeitsschritte und mögliche (zum Teil überlappende) Verantwortlichkeiten für die Organisation und Durchführung einer medizinischen Fortbildungsveranstaltung (Auswahl)

– Die Schulungen von Ärzten sind vielfach Voraussetzungen eines sachgerechten Einsatzes innovativer Produkte.
– Die Ermöglichung der Kostenerstattung erfordert neben einem allgemeinen gesundheitspolitischen Gedankenaustausch häufig eine detaillierte Informationsvermittlung über Art und Qualität der Produkte gegenüber medizinischen Einrichtungen und Ärzten, etwa auch zur Vermeidung von Regressen.

Diese stichwortartige Zusammenfassung zeigt, dass im Kontakt der betreffenden Unter- 40
nehmen zu medizinischen Einrichtungen und Ärzten oder auch anderen Angehörigen der Fachkreise eine **Vielzahl von Themen** zu bewältigen ist, die unterschiedliche Kenntnisse, Spezialisierungen und Erfahrungen voraussetzen. Regelmäßig sind diese Kenntnisse, Spezialisierungen und Erfahrungen nicht in einer einzelnen Person oder Unternehmensabteilung vereint. Ganz grundsätzlich sind aus diesem Gesichtspunkt Unternehmensorganisationen weniger geeignet, die eine klassische **Stabstellenstruktur** besitzen, in der die einzelnen Unternehmensbereiche organisatorisch getrennt sind und wenig miteinander kooperieren und kommunizieren. Eine Bewältigung der Gesamtheit der dargestellten Themen wird eher durch eine Unternehmensorganisation gewährleistet werden können, die den ganzheitlich zu bewältigenden Arbeitsumfang einem **Netzwerk von Prozessen** überträgt. Bei einem solchen Netzwerk steht das Arbeitsprodukt mehr im Vordergrund als die Abgrenzung von Verantwortlichkeiten und Unternehmensbereichen.

41 Der Erfolg der innerbetrieblichen Umsetzung der bestehenden gesetzlichen Anforderungen sowie der einschlägigen Verbandskodizes etwa durch Compliance-Programme hängt damit maßgeblich davon ab, dass das Unternehmen bereits durch eine **Unternehmensorganisation** eine Struktur vorgibt, durch welche die entsprechende Umsetzung der Kodizes ermöglicht, erleichtert und gefördert wird. Dementsprechend kann die Struktur und Organisation eines Unternehmens entweder ein Hemmnis oder ein Vorteil bei der Umsetzung von Programmen zur Minimierung rechtlicher Risiken bzw. Einhaltung von Verbandskodizes bzgl. der Zusammenarbeit mit medizinischen Einrichtungen und Ärzten oder anderen Angehörigen der Fachkreise sein.

42 Wie eine die Anliegen der Kodizes unterstützende Struktur letztlich konkret auszusehen hat, lässt sich nicht allgemeingültig feststellen. Auch wenn Unternehmen der Gesundheitsbranche bereits aufgrund ihrer gemeinsamen Branchenzugehörigkeit den gleichen brancheninternen Regulierungen unterworfen sind, führen die **unterschiedlichen tatsächlichen Verhältnisse** in den Unternehmen unweigerlich dazu, dass Art, Umfang und konkrete Ausgestaltung einer geeigneten und passgenauen Compliance-Organisation von Fall zu Fall erheblich voneinander abweichen. Dies gilt nicht nur für die Art des konkreten Geschäfts und die damit verbundenen Risiken, sondern auch für die Größe der Unternehmen sowie die bei ihnen vorhandenen Strukturen und Funktionen. Die Anforderungen an ein weltweit tätiges Unternehmen mit zahlreichen Funktionen und Abteilungen sind völlig andere als die an ein mittelständisches Unternehmen mit 50 Mitarbeitern und einer einzigen Betriebs- und Produktionsstätte im Inland. Auch sind die Anforderungen an eine Compliance-Organisation im Konzern andere als in einem Einzelunternehmen.[55] Es ist vor dem Hintergrund der unterschiedlichen Verhältnisse unerlässlich ein Compliance Risk Assessment durchzuführen, das die unternehmensorganisatorischen und strukturellen Gegebenheiten identifiziert und bewertet.[56] Allein auf dieser Grundlage lassen sich Lücken und Schwachstellen feststellen sowie geeignete Vorschläge für ein passgenaues Compliance Managementsystem und eine angemessene Compliance Organisation entwickeln.

V. Compliance-Programm

43 Ungeachtet der jeweils bestehenden innerbetrieblichen Organisationsstrukturen empfiehlt sich für jedes pharmazeutische Unternehmen die Erarbeitung eines „Compliance-Programms".[57] Als Teil der allgemeinen Unternehmensorganisation[58] dient ein solches Programm in erster Linie dazu, durch **organisatorische Maßnahmen** dafür zu sorgen, dass die Zusammenarbeit mit medizinischen Einrichtungen, Ärzten und anderen Angehörigen der Fachkreise in vollem Einklang mit der Vielzahl der in diesem Bereich einschlägigen Bestimmungen stattfindet. Zu berücksichtigen sind dabei insbesondere die verschiedenen Standpunkte und Verhaltenskodizes der Verbände (eine Übersicht findet sich in Kap. 4), ethische und falls einschlägig auch bio-ethische Standards sowie der Bereich der Korruptionsbekämpfung. Die **Kernelemente** eines solchen „Compliance-Programms" bestehen regelmäßig in der Festlegung und Umsetzung von **Verhaltensregeln** für die betroffenen Mitarbeiter sowie deren kontinuierliche **Schulung,** in der Etablierung eines zentralen Vertragsmanagements, dem systematischen „Follow-up" von Kooperationsprojekten und schließlich der Kommunikation der intern festgelegten Regeln gegenüber Ärzten und medizinischen Einrichtungen.[59]

---

[55] Ausführlich zur Compliance im Konzern *Schneider* NZG 2009, 1321 ff.

[56] Ausführlich zum erforderlichen Compliance Risk Assessment *Lembeck/Dieners,* Die juristische Betrachtung des Compliance Risk Assessments, in Wieland/Steinmeyer/Grüninger (Hrsg.), Handbuch Compliance-Management, 3. Auflage, 2020, S. 449 ff.

[57] Hierzu im Einzelnen *Dieners* in Dölling (Hrsg.) (Fn. 1) S. 196 ff.

[58] Siehe hierzu auch *Hauschka* NJW 2004, 257 ff.; ZRP 2004, 65 ff.; *Schneider* ZIP 2003, 645 ff.; *Fleischer* AG 2003, 291 ff.

[59] Hierzu allgemein das von Transparency International herausgegebene „A-B-C der Korruptionsprävention – Leitfaden für Unternehmen" (www.transparency.de); zu den grundlegenden Elementen

1. Schriftliche Festlegung von Compliance-Standards, Programmen, Prozeduren und Protokollen
2. Beauftragung eines Compliance-Officers und ggf. sonstiger Compliance-Organe, die direkt gegenüber der Geschäftsführung oder dem Vorstand Bericht erstatten
3. Compliance-Schulungen und Trainings
4. Möglichkeit der direkten Meldung an den Compliance-Officer
5. Durchführung von Compliance-Audits sowie andere Maßnahmen zur Aufdeckung von Compliance-Verstößen
6. Schaffung von Programmen und Prozeduren, die den Vertragsschluss mit Personen verhindern, die gegen die Compliance-Standards handeln und Sanktionierung von Verstößen (Beendigung des Vertrags und/oder Disziplinarmaßnahmen)
7. Programme und Prozeduren für Ermittlungen und Folgemaßnahmen im Falle eines Verdachts auf Compliance-widriges Fehlverhalten im Unternehmen

Abb. 10: Kernelemente eines Compliance-Programms

1. Schritte zur Erarbeitung und Erhaltung

Für die Erarbeitung eines „Compliance-Programms" empfehlen sich in der Praxis folgende Schritte:

- Es sollen **Grundsätze und Leitwerte für eine lautere Zusammenarbeit** gemeinsam 44 mit anderen Leitwerten erarbeitet werden, auf die sich das Unternehmen verpflichten will. Diese Unternehmensgrundsätze sollten einen gültigen Handlungsrahmen für die gesamte Geschäftspolitik des Unternehmens festschreiben. Den Mitarbeitern kann auf diese Weise deutlich gemacht werden, dass es sich bei der Festlegung der notwendigen Detailregelungen nicht um isolierte Verhaltensgebote, sondern um die Konkretisierung von ethischen Grundwerten des Unternehmens handelt.
- Als zweiter Schritt empfiehlt sich eine Untersuchung, an welchen Stellen der Unterneh- 45 mensorganisation, in welchen Geschäfts- bzw. Kooperationsfällen und in welchen konkreten Situationen die **Gefahr einer unlauteren Zusammenarbeit** zwischen dem Unternehmen einerseits sowie Ärzten und medizinischen Einrichtungen entstehen kann. Eine derartige Untersuchung sollte nicht am „Grünen Tisch" sondern unter **Beteiligung der Mitarbeiter** vorgenommen werden, deren Funktionen betroffen sein können. Es empfiehlt sich, diese Untersuchung zugleich auf ein Audit zu stützen, das sowohl die bisherigen Compliance-Strukturen und -Verfahren als auch eine Analyse von konkreten Stichproben zum Gegenstand hat.
- In einem dritten Schritt geht es um die Erarbeitung von möglichen **Maßnahmen** zum 46 Ausschluss oder zur Verringerung der festgestellten Risiken.
- An nächster Stelle steht die hieraus abgeleitete Erarbeitung von **Regeln für das Verhal- 47 ten der Mitarbeiter** in Form von verbindlichen internen **Richtlinien bzw. Dienstanweisungen.** Abhängig von der konkreten Ausgestaltung der Richtlinien und Dienstanweisungen ist unter Umständen der jeweilige Betriebsrat gemäß § 87 Abs. 1 Nr. 1 BetrVG bei der Erarbeitung der Regeln zu beteiligen. In diesem Zusammenhang ist auf

eines Compliance-Programms siehe *OIG,* Compliance Program Guidance for Pharmaceutical Manufacturers, April 2003, 6 ff. (Federal Register/Vol. 68, No.: 86 v. 5.5.2003, S. 23 731).

die sog. „Wal-Mart-Entscheidung" des Arbeitsgerichts Wuppertal und des Landesarbeitsgerichts Düsseldorf als zweiter Instanz hinzuweisen. Die Gerichte zogen in diesen Entscheidungen für die Prüfung der Zulässigkeit einer innerbetrieblichen Ethikrichtlinie insbesondere das allgemeine Persönlichkeitsrecht der Mitarbeiter aus Art. 1 und 2 GG heran und sahen daneben große Regelungsbereiche der Ethikrichtlinie – beispielsweise hinsichtlich der Annahme von Geschenken und Zuwendungen durch die Arbeitnehmer – als mitbestimmungspflichtig an.[60]

48 – In einem weiteren Schritt erfolgt die **praktische Umsetzung** der internen Richtlinien. Die innerbetriebliche Implementierung solcher Handlungsanweisungen darf sich hierbei nicht nur in der Aushändigung der Verhaltensrichtlinien an die Mitarbeiter erschöpfen. Vielmehr handelt es sich bei dieser Phase um einen **kontinuierlichen Prozess.** Dabei müssen die Mitarbeiter im Rahmen von **Schulungen** anhand von praxisnahen Fallbeispielen mit dem Inhalt der Verhaltensregeln vertraut gemacht werden. Im Anschluss daran sollten die Mitarbeiter schriftlich auf die Einhaltung der Richtlinien verpflichtet werden. Die entsprechende Vereinbarung sollte auch Sanktionen für den Fall der Nichtbeachtung der Richtlinien vorsehen.

49 – Schließlich muss das „Compliance-Programm" in seiner praktischen Umsetzung **ständig beobachtet und ausgewertet** werden. Die Unternehmensleitung sollte das Thema **„auf der Tagesordnung halten"** und darf nicht den Eindruck entstehen lassen, mit der Verabschiedung des Programms seien sämtliche Fragen und Probleme gelöst. Um dies sicherzustellen, empfiehlt es sich, die Funktion eines **„Compliance Officers"** im Unternehmen zu etablieren (s. hierzu im Einzelnen unten), der mit allen Fragen der Umsetzung, Einhaltung und Sanktionierung der Verhaltensregeln betraut wird und insbesondere

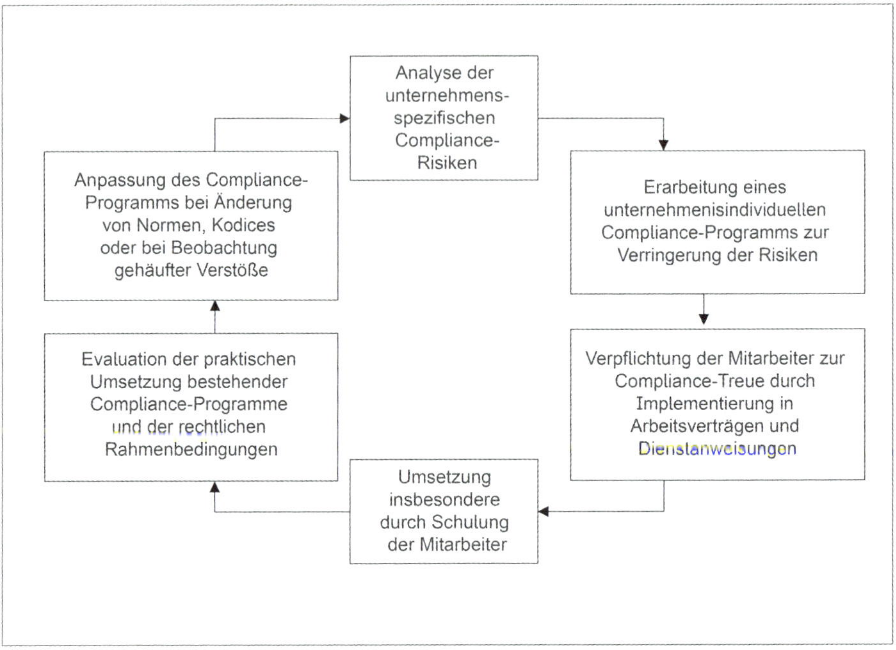

Abb. 11: Entwicklung und Etablierung von Compliance-Programmen sowie deren fortwährende Überprüfung und Anpassung

[60] ArbG Wuppertal NZA 2005, 1015; LAG Düsseldorf NZA-RR 2006, 81. Zu arbeitsrechtlichen Fragen bei der Vermeidung von Korruptionsrisiken allgemein: *Maschmann* in Dölling (Hrsg.) (Fn. 1) S. 93ff.

als Ansprechpartner für die Mitarbeiter bei Fragen zum Themenkomplex der Compliance zur Verfügung steht. Die im Rahmen einer solchen Funktion gewonnenen Erfahrungen (einschließlich des von den Mitarbeitern mitgeteilten Feedbacks), insbesondere zu Schwachstellen der Verhaltensrichtlinien oder der internen Organisationsabläufe, erleichtern erfahrungsgemäß die **Fortschreibung der Verhaltensrichtlinien** sowie eine kontinuierliche **Verbesserung** der Strukturen und Prozesse und damit der eingeleiteten präventiven Maßnahmen.

- Ohne **fortwährende Überprüfungen und Anpassungen des Compliance-Programms** läuft dieses Gefahr, nicht mehr den aktuellen rechtlichen Rahmenbedingungen oder einschlägigen Kodizes zu entsprechen. Auch ein ständiger Abgleich mit den existenten Korruptionsrisiken ist erforderlich, da etwa die Veränderung von Geschäftsfeldern auch veränderte Risikolagen mit sich bringen kann. Für die Akzeptanz des Compliance-Programms bei den Mitarbeitern des Unternehmens ist es schließlich von herausragender Bedeutung, dass ein fortwährender Überprüfungs- und Anpassungsprozess sichtbar bzw. spürbar wird. Der Akzeptanz höchst abträglich ist der Eindruck, dass ein Compliance-Programm etabliert wird, allein weil dies den gängigen Erwartungen entspricht und dem mit Aushändigung der entsprechenden Druckschriften genüge getan ist. Demgegenüber demonstriert ein lebender Anpassungsprozess, dass die fortgesetzte Compliance dem Unternehmen ein ernstes Anliegen ist und die Akzeptanz seiner sämtlichen Mitarbeiter verdient. 50

2. Richtlinie Compliance-Organisation – Code of Conduct

Das **Herzstück des Compliance-Programms** bildet die grundlegende Richtlinie zur Compliance-Organisation. Sie gibt auf einer verhältnismäßig abstrakten Ebene nicht nur formelle Organisations- und Verfahrensvorgaben, sondern beinhaltet auch bereits einige materielle Verpflichtungen bestimmter Personen im Unternehmen, die durch weitere unternehmensinterne Regelungen (Richtlinien, Arbeitsanweisungen etc) konkretisiert werden. Daneben haben die meisten Unternehmen einen **Code of Conduct** oder Verhaltenskodex. Dieser enthält abstrakte Verhaltensregeln für den Umgang miteinander innerhalb des Unternehmens und mit Dritten (zB Kunden, Lieferanten, Presse), die ebenfalls der Konkretisierung bedürfen. 51

a) Compliance-Verständnis

Der Richtlinie zur Compliance-Organisation muss ein unternehmensweit einheitliches Compliance-Verständnis zugrunde gelegt werden. Neben der Einhaltung aller relevanten Gesetze, Verordnungen, internen Richtlinien, vertraglichen Verpflichtungen und freiwillig eingegangenen Selbstverpflichtungen durch das Unternehmen selbst, seine Mitarbeiter und etwaige beauftragte Dritte (zB Dienstleister, Berater oder Agenturen) umfasst Compliance auch die Orientierung des unternehmerischen Handelns an der jeweiligen **Unternehmenskultur.** Die Unternehmenskultur[61] wird unter anderem bestimmt durch Unternehmensleitsätze und Kernbotschaften. **Selbstverantwortlichkeit auf der Basis gemeinsamer Werte** sollte ein solcher Grundsatz sein, damit die Compliance-Organisation nicht nur blind befolgt, sondern durch die Mitarbeiter verbessert und weiterentwickelt werden kann.[62] 52

b) Organisationsrahmen und inhaltliche Ausgestaltung

Der Richtlinie Compliance-Organisation kommt zunächst **organisatorische Funktion** zu. Es werden Rahmenregelungen für die Compliance-Funktionen aller Leitungs- und 53

[61] Ausführlich zur Unternehmenskultur und ihrer Bedeutung für die Compliance-Organisation *Schulz* BB 2018, 1283 (1285).

[62] Compliance und Integrity *Ghahreman* CB 2014, 402 (403); Befolgung aus „Einsicht und Überzeugung", so *Bussmann* CCZ 2016, 50 (52).

Mitarbeiterebenen getroffen. Daneben sind aber auch materielle Pflichten für bestimmte Personen im Unternehmen enthalten. Auch eine Informationsfunktion über die bestehende Compliance-Organisation im Unternehmen kommt der Richtlinie zu. Ergänzt wird die Richtlinie durch unternehmensinterne Richtlinien, Betriebsvereinbarungen, Anweisungen und Prozesse, mit denen sie im Einklang steht.

c) Anwendungsbereich

54 Die Richtlinie hat einen umfassenden Anwendungsbereich. Erfasst werden **sämtliche Aktivitäten im Unternehmen aller Mitarbeiter sowie beauftragter Dritter.** Gegebenenfalls müssen verbundene Konzernunternehmen – auch solche im Ausland – gesondert thematisiert werden.[63]

d) Compliance-relevante Themen und Funktionen

55 Compliance-Funktionen werden für die jeweiligen Bereiche (zB Arbeitssicherheit, Risikomanagement, Werksschutz) und Abteilungen (zB IT, Personal, Recht) im Unternehmen definiert. Hier sollte auch bereits die **Verortung in der Unternehmensstruktur** thematisiert werden. Empfehlenswert ist es, die Compliance-Funktionen nicht auf bestimmte Themen- oder Teilbereiche zu beschränken, sondern sie übergreifend tätig sein zu lassen und sie in andere Funktionen zu integrieren.

56 Compliance-relevante Themen sind in der Regel **besonders risikoträchtige Bereiche im Unternehmen** sowie solche, in denen die Wahrscheinlichkeit eines großen oder häufig wiederkehrenden Schadens besteht, die Gefährdung hochwertiger Rechtsgüter droht oder ein besonders nachhaltiger Reputationsverlust möglich ist.

Zur Feststellung der Compliance-relevanten Themen können

- Analysen zu besonderen Risiken,
- Erfahrungen aus dem Geschäftsalltag des Unternehmens und
- Beobachtetes Compliance-widriges Verhalten von Wettbewerbern

dienen. Die in der Richtlinie festgelegten Compliance-relevanten Themen müssen regelmäßig überprüft und gegebenenfalls ergänzt werden.

57 Die Verantwortung für eine ordnungsgemäße Compliance-Organisation liegt bei der **Geschäftsleitung.** Diese kann organisatorische und inhaltliche Aufgaben und Pflichten innerhalb des Unternehmens delegieren, bleibt diesen Stellen gegenüber aber zur Aufsicht verpflichtet. Auch die Verantwortlichkeiten des **Compliance-Officers** und der **Compliance-Beauftragten** müssen hinreichend deutlich gemacht werden.

VI. Kernelemente einer Compliance-Organisation

58 Wie genau eine Compliance-Organisation ausgestaltet sein sollte, lässt sich in Deutschland **nicht unmittelbar den Gesetzen entnehmen.** Aus einer Zusammenschau der internationalen Compliance-Regularien[64] und nationaler Rechtsprechung[65] sowie Kodizes[66] lassen sich jedoch gewissermaßen als Essenz Mindestanforderungen an Compliance-Orga-

---

[63] Diese müssen ggf. zusätzlich weitere internationale Regelungen einhalten wie den UK Bribery Act. Ausführlich zu internationalen Aspekten der Compliance-Diskussion *Hauschka/Moosmayer/Lösler* in Hauschka/Moosmayer/Lösler (Hrsg.) (Fn. 1) § 1 Rn. 73 ff.

[64] USA (Foreign Corrupt Practices Act – FCPA, Leitlinien des US Department of Justice (DOJ), Dokumente des Office of Inspector General (OIG)), UK (UK Bribery Act 2010), Frankreich (Sapin II), Spanien (Código Penal); teilweise nur eingeschränkt, da ausschließlich Korruptionsrisiken betreffend.

[65] BGH NZWiSt 2018, 379 ff.; LG München I NZG 2014, 345 ff.

[66] Exemplarisch: für den Gesundheitsbereich konkret der BVMed-Compliance-Standard, der FSA-Kodex Fachkreise und der VDGH-Kodex; außerdem DIN ISO 19600:2016-12 (D), ISO 37001/2016 (E) (ausschließlich Korruptionsrisiken) und der IDW Standard PS 980.

nisationen herleiten. Der BVMed-Compliance-Standard[67] beschreibt insbesondere unter Berücksichtigung der einschlägigen gesetzlichen Vorgaben in Deutschland zu den Sorgfaltspflichten der Unternehmensleitungen (§ 43 GmbHG, § 93 AktG, § 130 OWiG) die Mindestanforderungen. Er enthält darüber hinaus praktikable Hinweise und Checklisten für den Aufbau einer Compliance-Organisation in einem Medizinprodukte-Unternehmen sowie Praxistipps zur Selbstüberprüfung durch ein internes Compliance-System-Audit. Mit seinem modularen Aufbau und geringen Detaillierungsgrad bietet der BVMed-Compliance-Standard insbesondere kleineren und mittleren Unternehmen eine praktikable Orientierung. Die Compliance-Organisation eines Unternehmens des Gesundheitssektors sollte vor dem Hintergrund der genannten gesetzlichen Vorschriften und Standards folgende **Kernelemente** aufweisen:

1. Compliance-Funktionen

a) Compliance-Officer

59 In größeren Unternehmen werden, in Anlehnung an entsprechende organisatorische Maßnahmen der Industrie in den USA, Zuständigkeiten im Hinblick auf die Zusammenarbeit mit medizinischen Einrichtungen und Ärzten, aber auch andere Zuständigkeiten in der Compliance-Organisation, oftmals einem Compliance-Officer[68] übertragen. Der **FSA-Kodex Fachkreise** verlangt von seinen Mitgliedsunternehmen zwingend die Schaffung einer derartigen Funktion (§ 28 Abs. 1 FSA-Kodex Fachkreise, dazu auch → Kap. 14 Rn. 370 ff.).[69] Der Compliance-Officer ist in der Regel für die **Implementierung, Dokumentation und Weiterentwicklung des Compliance-Systems** zuständig, welches von der Geschäftsleitung beschlossen wird. Er unterstützt und berät zudem die Unternehmensführung in allen Compliance-relevanten Fragen, überwacht die Einhaltung der Compliance-Vorgaben und meldet Verstöße.[70] Im Unterschied zu Compliance-Beauftragten ist der Compliance-Officer zentral tätig und hat daher eine „Querschnitts- und Schnittstellenfunktion"[71]. Er berichtet direkt an die Geschäftsleitung und ist im Hinblick auf Compliance-relevante Themen nur deren Weisungen unterworfen.[72]

b) Compliance-Beauftragter

60 Für verschiedene Compliance-Bereiche, in denen Risiken existieren, die überwacht werden müssen, können Compliance-Beauftragte ernannt werden. Sie können **bereichsübergreifend** (zB im Datenschutz) oder in **einzelnen operativen Bereichen** (zB im Einkauf) tätig werden. Bereichsübergreifend tätige Compliance-Beauftragte bieten den Vorteil der Neutralität sowie spezifischen Kenntnisse. Allerdings stehen sie außerhalb des Alltagsgeschäfts der jeweiligen Fachpraxis. Demgegenüber sind Compliance-Beauftragte der einzelnen operativen Bereiche in Arbeitsabläufe und Informationsflüsse integriert und können in ihrem Bereich Weisungen erteilen. Hier besteht ein gewisses Risiko einer nur eingeschränkten Objektivität und die Gefahr von Interessenskonflikten.[73] Sinnvollerweise sollte den Leitern der jeweiligen Fachbereiche die Funktion des Compliance-Beauftragten zuge-

---

[67] Beschlossen vom Bundesverband Medizintechnologie e.V. im September 2021.

[68] Siehe hierzu allgemein *Hauschka* NJW 2004, 259 f.; eine detaillierte Darstellung des Aufgabenprofils und der Anforderungen an die grundlegenden Elemente eines Compliance-Programms findet sich bei *OIG,* Compliance Program Guidance for Pharmaceutical Manufacturers, April 2003, 39 ff. (Federal Register/Vol. 68, No.: 86 v. 5.5.2003, S. 23731).

[69] Ebenso § 26 Abs. 1 VDGH-Kodex.

[70] Siehe hierzu im Einzelnen *Bürkle* in Hauschka (Hrsg.) (Fn. 1) § 8 Rn. 10 ff.; zur strafrechtlichen Verantwortlichkeit von Compliance-Beauftragten siehe BGH MPR 2009, 156 f. sowie die Anmerkung von *Dieners/Oen* MPR 2009, 157 f.

[71] *Bürkle* in Hauschka/Moosmayer/Lösler (Hrsg.) (Fn. 1) § 36 Rn. 33.

[72] Notwendige Interaktion mit laufenden Obliegenheiten in beide Richtungen, *Baum,* Der Betrieb 2017, 65 (67).

[73] *Bürkle* in Hauschka/Moosmayer/Lösler (Hrsg.) (Fn. 1) § 36 Rn. 59 f.

ordnet werden, da diesen ohnehin bereits die Verantwortlichkeit für rechtskonformes Verhalten innerhalb ihres Bereiches obliegt.[74]

61 Unterhalb der Ebene der Compliance-Beauftragten können sogenannte **Compliance-Sonderbeauftragte** benannt werden.[75]

c) Compliance-Gremium/Ausschuss/Komitee

62 Es besteht außerdem die Möglichkeit ein **Compliance-Gremium** bzw. einen Compliance-Ausschuss einzurichten, das sich typischerweise aus dem Compliance-Officer und den Compliance-Beauftragten zusammensetzt. Dieses trifft sich dann in regelmäßigen Abständen, um Compliance-Themen, wie den Status quo und die Weiterentwicklung der Compliance-Ziele und -Organisation zu beraten. Im Rahmen dieser Beratungen entwickelte Vorschläge werden der Geschäftsleitung präsentiert.

2. Compliance Risikoanalyse

63 Die Durchführung einer Risikoanalyse (sog. Compliance Risk Assessment[76]) ist das **zentrale Element eines jeden Compliance Programms.** Typischerweise erfolgt die Risikoanalyse in zwei Schritten: zunächst werden Compliance-relevante Risiken identifiziert und sodann in einem zweiten Schritt im Hinblick auf ihr Schadenspotential bewertet.[77] Mangels verbindlicher Vorgaben für die Methode der Analyse variiert diese je nach Unternehmen. In Betracht kommen vor allem Workshops, Interviews, Risikoanalysen mit ggf. externer Unterstützung, die Auswertung von Verstößen in der Vergangenheit und dem Verhalten der Wettbewerber.[78] In diesem Zusammenhang müssen nicht nur die Risiken selbst identifiziert und bewertet werden, sondern auch die bereits getroffenen Bewältigungsmaßnahmen[79], um das sog. Netto-Risiko zu bestimmen. Auf der Grundlage der ermittelten Compliance-relevanten Risiken wird die Compliance-Organisation eingerichtet.

64 Die Risikobewertung ist **kein einmaliger Vorgang** im Vorfeld der Etablierung eines Compliance Management Systems, sondern muss in regelmäßigen Abständen wiederholt werden, um gegebenenfalls neue Compliance-relevante Risiken zu identifizieren oder das Netto-Risiko vor dem Hintergrund ergriffener Bewältigungsmaßnahmen neu zu bewerten. Wie wichtig die regelmäßige Durchführung von Compliance Risk Assessments ist, zeigt die Tatsache, dass es oftmals nicht identifizierte oder unterschätzte Risiken sind, die in der Praxis erhebliche Auswirkungen haben. So hat etwa das Corona Virus Folgen ausgelöst, die nicht nur für medizinische Einrichtungen, Alten- und Pflegeheime, sondern auch für Hersteller von Medizinprodukten und Arzneimittel von einschneidender Bedeutung sind. Die Identifizierung bisher nicht erkannter Risiken (sogenannter **Unknown Unknowns**) ist nur durch eine breit angelegte Risikoanalyse möglich. Diese muss Raum lassen für Input aus verschiedenen Blickwinkeln und insbesondere auch die Simulation unterschiedlicher Risikoszenarien zulassen. Ferner sollte sie nicht schematisch wiederholend, sondern ergebnisoffen durchgeführt und diskutiert werden.

---

[74] *Bürkle* in Hauschka/Moosmayer/Lösler (Hrsg.) (Fn. 1) § 36 Rn. 61.

[75] Neben der Möglichkeit, Sonderbeauftragte freiwillig einzusetzen, sind Sonderbeauftragte in besonders risikoträchtigen Branchen gesetzlich vorgesehen (zB § 45c KWG, § 307 VAG).

[76] Ausführlich zur Risikoermittlungspflicht *Lembeck/Dieners,* Die juristische Betrachtung des Compliance Risk Assessments, S. 449 ff.; *von Busekist/Schlitt* CCZ 2012, 86 ff.

[77] Sogenanntes Brutto-Risiko, *Ebersoll/Stork* CCZ 2013, 129 (130); *Nothhelfer* CCZ 2013, 23 (25); Praktikabel und instruktiv ist der BVMed-Compliance-Standard, der auch ein Beispiel für eine Risikomatrix enthält.

[78] Eine Übersicht der Methoden bieten *Pauthner/Stephan* in Hauschka/Moosmayer/Lösler (Hrsg.) (Fn. 1) § 16 Rn. 80; zur grundsätzlichen Unterscheidung zwischen Top-Down- und Bottom-Up-Approach *dies.,* aaO Rn. 57 ff.

[79] Dies können alle rechtlichen, organisatorischen oder tatsächlichen Maßnahmen sein (zB Richtlinien, Prozesse, Anweisungen, Schulungen, Genehmigungserfordernisse, Vorlagen etc; Übersicht über wesentliche risikoreduzierende Maßnahmen bei *Vogelsang* CB 2016, 463 (467).

Da sich rechtliche und tatsächliche Rahmenbedingungen der Tätigkeit eines Unternehmens sowie Geschäftspraktiken und das Tätigkeitsfeld selbst jederzeit ändern können, muss gewährleistet werden, dass die Compliance-Organisation als Ganze laufend geprüft und etwaigen **Veränderungen angepasst** wird. 65

Überprüfungen und Anpassungen müssen dem **Grundsatz der Verhältnismäßigkeit** genügen. Durch die Etablierung und Anpassung von Compliance-Maßnahmen soll es keinesfalls zu einer bürokratischen Überregulierung kommen, die die geschäftlichen Abläufe behindern könnte, sondern die Qualität dieser Abläufe gesteigert werden. 66

3. Compliance-Informationsdienst

Insbesondere in größeren Unternehmen ist es empfehlenswert und mittlerweile auch üblich, einen sog. Compliance Help Desk einzurichten. Dieser soll jederzeit eine Anlaufstelle für alle allgemeinen und konkreten Fragen rund um praktische Compliance, dh **Anwendung und Auslegung** der internen Richtlinien bzw. Dienstanweisungen im Unternehmensalltag, sein. Vor diesem Hintergrund ist die Einrichtung eines Compliance Help Desk für die Durchsetzung von Compliance von erheblicher Bedeutung, da sie die Mitarbeiter dazu motiviert, Compliance positiv zu bewerten, weil sie sich in ihren Compliance-Bemühungen durch ihren Arbeitgeber gestärkt und nicht allein gelassen fühlen.[80] Die Einrichtung kann beispielsweise in Form einer **Compliance-Helpline** (etwa per Telefon oder E-Mail) erfolgen;[81] dies gegebenenfalls unter Hinzuziehung eines externen Dienstleisters. In Ergänzung zu dem Beratungsgebot durch den Compliance-Officer und die Compliance-Beauftragten können Mitarbeiter hier nicht nur Fragen stellen, sondern auch Verbesserungsvorschläge machen. Ansprechpartner können sowohl interne Compliance-Funktionen als auch für das Unternehmen insoweit tätige externe Berater sein. 67

4. Unternehmensrichtlinien und Dienstanweisungen

Die von den Mitarbeitern zu beachtenden Verhaltensregeln werden in internen **„Compliance-Richtlinien"** bzw. **Dienstanweisungen** festgehalten. Sie enthalten regelmäßig einen Katalog von Geboten und Verboten, die auch eine arbeitsrechtlich verbindliche Grundlage für das Verhalten der Mitarbeiter vorgeben. Das primäre Ziel eines derartigen unternehmensinternen Verhaltenskodex ist es, bereits das Entstehen von unlauteren oder korruptionsgefährdeten Situationen zu verhindern. Ferner empfiehlt es sich auch, dass zentral entsprechende Formulare für die internen Verwaltungsabläufe (elektronisch) zur Verfügung gestellt werden. Beides trägt in hohem Maße zu einer Standardisierung der Verfahrensabläufe und damit nicht nur zu einer Risikoverringerung, sondern auch zu einer Entlastung der Verwaltung dieser Prozesse bei. Die internen Richtlinien und Dienstanweisungen sollten ferner Regelungen vorsehen, in welcher Weise und durch welche Stellen die Ergebnisse von Forschungsprojekten und anderen Vorgängen dokumentiert und aufbewahrt werden. 68

Die Erarbeitung derartiger interner Richtlinien und Dienstanweisungen kann sich im Regelfall nicht auf die bloße Übernahme eines einschlägigen Verbandskodex oder des „Gemeinsamen Standpunkts" beschränken, die zwar im Regelfall gute Orientierungspunkte für eine rechtliche einwandfreie Kooperation bieten mögen, ihrer Natur nach allerdings nicht die erforderlichen organisatorischen Maßnahmen und Verfahrens- sowie Genehmigungsabläufe vorgeben. Zudem sind die Verhältnisse in den Unternehmen angesichts ihrer Produkte und Geschäftsfelder vielfach unterschiedlich, weshalb die in den internen Richtlinien und Dienstanweisungen festgelegten Verhaltensregeln den Besonderheiten **des jeweiligen Geschäftsfeldes** Rechnung tragen sollten.[82] Die einschlägigen Kodizes können 69

---

[80] *Sonnenberg* JuS 2017, 917 (921).

[81] *Schulz* BB 2017, 1475 (1480).

[82] Eine Hilfestellung der zu bearbeitenden Themenfelder kann die US-amerikanische „OIG Compliance Program Guidance for Pharmaceutical Manufacturers" darstellen (Federal Register/Vol. 68, No. 86 v. 5.5.2003, S. 23731).

aber nicht für jeden Fall die entsprechenden Detailregelungen bereithalten. Die Festlegung der materiell-rechtlichen Rahmenbedingungen in Mitarbeiterrichtlinien und Dienstanweisungen ist daher immer nur ein – wenn auch wichtiger – Teil des durchzuführenden „Compliance-Programms". Unter materiell-rechtlichen Gesichtspunkten kann es sich hierbei empfehlen, in der praktischen Umsetzung der bestehenden Vorgaben restriktiver und damit **„holzschnittartiger"** vorzugehen, als dies eigentlich nach dem Gesetz, dem ärztlichen Berufsrecht oder auch den jeweils einschlägigen Verbandskodizes zulässig wäre, weil nur auf diese Weise eine **effiziente Prävention unlauteren Verhaltens** mit einem wirtschaftlich vertretbaren Aufwand möglich ist. Jede Handlung eines Mitarbeiters, die an die Grenze rechtlicher Vorgaben geht, schafft einen Bearbeitungsaufwand, wohingegen eine Handlung, die sich klar auf der erlaubten Seite der Grenze befindet, keine finanzielle Belastung mit sich bringt.

70 Von ähnlicher Bedeutung sind die **Festlegung von Entscheidungs- und Prüfungsprozessen (zB unabhängige Gegenkontrollen durch Vier- oder Sechs-Augenprinzip oder die Etablierung von Genehmigungsverfahren)** im Unternehmen, die **Zuweisung von Verantwortlichkeiten (zB Funktionentrennung)** sowie die Vorgabe und Zuordnung von **standardisierten Antragsformularen und Verträgen.** In der Praxis erlauben sie es, Projekte zeitnah zu initiieren und sich auf kompliziertere Vorgänge konzentrieren zu können. Dasselbe gilt für die Erstellung von Rechnungen und die Überprüfung von Zahlungseingängen. In der Praxis der Unternehmen werden die aktuellen Fassungen der internen Verhaltensrichtlinien regelmäßig in das Intranet eingestellt, um einen unmittelbaren Zugriff aller Mitarbeiter zu gewährleisten. Die internen Richtlinien sollten auch ihre regelmäßige Aktualisierung vorsehen.

5. Schulungen/Weiterbildungen

71 Die Unternehmen sollten ihren Mitarbeitern die zu beachtenden Verhaltensregeln durch entsprechende Schulungen vermitteln. Solche Schulungen sollten **kontinuierlich** durchgeführt werden. Die Erfahrung zeigt, dass eine regelmäßige Wiederholung von Schulungen (bei abwechslungsreicher Gestaltung der wiederholt präsentierten Inhalte) zur Vermittlung der Kenntnisse der bei der Zusammenarbeit mit Ärzten und medizinischen Einrichtungen zu beachtenden Regeln sinnvoll ist.[83] Dies erlaubt es auch, neue Mitarbeiter hiermit vertraut zu machen. Pharmazeutische Unternehmen, für die die Regelungen des FSA-Kodex Fachkreise verbindlich sind, müssen nach § 28 Abs. 2 S. 1 dieses Kodex ihre Mitarbeiter auf die Einhaltung des Kodex verpflichten, über den Inhalt des Kodex schulen sowie über die wesentlichen Grundsätze des ärztlichen Berufsrechts informieren (dazu auch → Kap. 14 Rn. 372). Genau wie die Verhaltensregeln selbst sind auch die Gestaltung und Durchführung der Schulungen von **unternehmensspezifischen Faktoren** abhängig, allgemein gültige Empfehlungen können daher nur eingeschränkt gegeben werden. Dennoch sollten die folgenden Grundregeln in jedem Schulungskonzept Beachtung finden:

---

[83] Hierzu *Dieners* A&R 2006, 112.

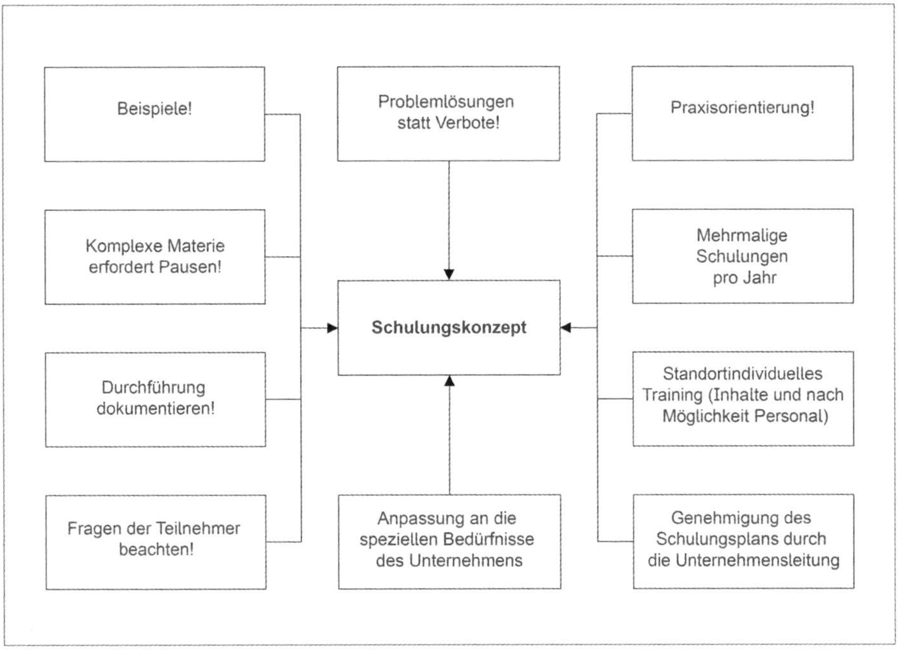

Abb. 12: Grundregeln für die Erstellung eines Schulungskonzepts

6. Kommunikation

Interne und externe Kommunikation gehören zu einer gelebten Compliance-Organisation. Um die unternehmensspezifischen **Compliance-Ziele bekannt zu machen** und sie durchzusetzen, ist sie unerlässlich. 72

a) Intern

Ansprechpartner für alle Compliance-relevanten Themen und Fragen sind der Compliance-Officer und die Compliance-Beauftragten. Interne **Kommunikationsmittel** können Telefon, E-Mail oder das Intranet sein. 73

b) Extern

Die für die Kommunikation mit Dritten und der Öffentlichkeit zuständigen Stellen sowie verschiedene Geschäftsbereiche oder die Rechtsabteilung, wenn eine solche Kommunikation erfolgt, werden hinsichtlich Compliance-relevanter Themen durch den Compliance-Officer unterstützt. Die Compliance-Vorgaben, die die Zusammenarbeit mit Geschäftspartnern betreffen, sollten nicht nur diesen gegenüber in geeigneter Weise kommuniziert werden, sondern auch im Rahmen der Außendarstellung des Unternehmens beispielsweise über das **Internet.** 74

7. Compliance-Audits

Die Bedeutung der Durchführung regelmäßiger Compliance-Audits kann nicht überschätzt werden, da solche Audits wertvolle Erkenntnisse über die **tatsächliche Einhaltung der Unternehmensrichtlinien** anhand von Stichproben darstellen. Solche Audits finden in der Praxis vielfach als Teil oder im zeitlichen Zusammenhang von internen oder externen „Financial Audits" statt. So zeigt auch die **praktische Erfahrung,** dass die Auditoren häufig aus den Bereichen Corporate Compliance oder Finance stammen. Daneben oder stattdessen nehmen oft auch sonstige Mitglieder des Compliance-Teams oder externe Au- 75 ditoren an Compliance-Audits teil. Sie dienen nicht allein der Frage, ob in dem jeweils zurückliegenden Beurteilungszeitraum **Verstöße gegen die Unternehmensrichtlinien** vorgefallen sind. Zweck dieser Audits ist es auch, **Schwachstellen** der eingerichteten innerbetrieblichen Prozesse und Genehmigungsabläufe zu identifizieren.[84] Daher finden Compliance-Audits nicht nur anlässlich einzelner Vorkommnisse statt, sondern auch routinemäßig in regelmäßigen Abständen. Von den Unternehmen wird der Ausgang der Audits vielfach auch zum Anlass genommen, ihre Richtlinien, standardisierten Formulare und Verträge der zwischenzeitlichen Rechtsentwicklung und etwaigen neuen Kooperationsformen in einem regelmäßigen zeitlichen Abstand anzupassen und hierdurch die einmal etablierten organisatorischen Maßnahmen immer wieder zu aktualisieren und zu verbessern. Der Compliance-Officer bzw. der jeweilige Compliance-Beauftragte beauftragt in Abstimmung mit der Geschäftsleitung klassischerweise die interne Revision mit der Durchführung von Audits. Inhalte, Ziele und Umfänge der Audits sollten jeweils im Vorfeld abgestimmt werden.

8. Unternehmensbroschüren

76 Um den medizinischen Einrichtungen und Ärzten, mit denen die Unternehmen **Kooperationsbeziehungen** unterhalten, die eigenen Leitlinien bzw. die allgemeinen Rahmenbedingungen nahe zu bringen, kann es sich empfehlen, diese in Form von unternehmenseigenen oder mehr allgemein gehaltenen Broschüren Dritter zur Verfügung zu stellen.[85] In der Praxis wird davon auch in zunehmendem Maße Gebrauch gemacht. Dies trägt dazu bei, das **Verständnis der Vertragspartner** auf Seiten der Ärzte oder medizinischen Einrichtungen für die von dem Unternehmen zu beachtenden rechtlichen Rahmenbedingungen und die dahinter stehenden Unternehmensgrundsätze zu erhöhen. Beispielsweise kann in Vertragswerken oder schriftlicher Korrespondenz standardmäßig auf diese Broschüren verwiesen werden, sofern diese von den Unternehmen auch auf ihren öffentlich zugänglichen Internet-Seiten elektronisch verfügbar sind. Derartige Unternehmensbroschüren erleichtern auch den zumeist juristisch nicht vorgebildeten Mitarbeitern des Unternehmens die rechtliche Argumentation.

9. Durchsetzung der Unternehmensleitlinien gegenüber Dritten

77 Im Hinblick auf eine möglichst effektive Durchsetzung der eigenen Unternehmensrichtlinien zur Abwehr missbräuchlicher Einflussnahmen auf Ärzte und andere Angehörige der Fachkreise kann es auch sinnvoll sein, die von dem Unternehmen engagierten Berater, **Mietaußendienste, Werbeagenturen etc** zur Einhaltung dieser Unternehmensrichtlinien zu verpflichten. Eine derartige Verpflichtung empfiehlt sich, da die Unternehmen bereits nach den gesetzlichen Vorschriften des UWG und des HWG sowie der hierauf basierenden Rechtsprechung in der Regel auch dann für eine einwandfreie Ausgestaltung der Zusammenarbeit mit Angehörigen der Fachkreise rechtlich **verantwortlich** sind, wenn Dritte von ihnen beauftragt werden, diese Zusammenarbeit durchzuführen.[86] Eine entsprechende Verpflichtung sieht auch § 3 FSA-Kodex Fachkreise vor (dazu auch → Kap. 14 Rn. 54). Darüber hinaus empfiehlt es sich auch, Distributoren und unabhängige Handelsvertreter auf die Einhaltung der Unternehmensleitlinien zu verpflichten und deren Einhaltung aufgrund vertraglich vorbehaltener Prüf- und Einsichtrechte regelmäßig zu überprüfen. Damit sich die von dem Unternehmen beauftragten Distributoren und Handelsvertreter ebenfalls an den Compliance-Standards des Unternehmens orientieren, stellen die Unternehmen in

---

[84] Hierzu *Dieners* in Dölling (Hrsg.) (Fn. 1) S. 221. Der BVMed-Compliance-Standard stellt einschlägige Maßstäbe und Kriterien für ein internes Compliance-System-Audit dar. Siehe auch die „Checkliste für Self-Audits zur Korruptionsbekämpfung in Unternehmen" von Transparency International (Version 2.3.2 v. 28.11.2007).

[85] Siehe etwa die Broschüre „kodexkonform.de" (hrsg. von der Veranstaltungsplaner.de Services GmbH, 2006) zu den allgemeinen Rahmenbedingungen.

[86] Siehe hierzu *Reese* in BeckOK HWG, 5. Ed. 1.2.2021, Einl. Rn. 317 ff.

der Praxis ihren Vertragspartnern zuweilen auch sog. **„Compliance-Kits"** in elektronischer oder auch als Handouts zur Verfügung. Solche Compliance-Kits enthalten etwa den Code of Conduct, Erläuterungen hierzu, die für das Unternehmen verbindlichen Industriekodizes oder auch Fortbildungsmaterial, welche die Vertragspartner im Rahme von Schulungsveranstaltungen für deren Mitarbeiter einsetzen können. Dies ist immer dann besonders empfehlenswert, wenn es sich bei den Vertragspartnern um kleine oder mittelständische Unternehmen handelt, die selbst über keine ausgeprägte, eigene Compliance Organisation verfügen.

10. Förderung und Implementierung von Branchenkodizes

Die Akzeptanz unternehmensinterner Verhaltensrichtlinien leidet erfahrungsgemäß dann, 78
wenn sich ein Unternehmen nicht gleichzeitig auf ähnliche oder gleichlautende Verhaltensempfehlungen oder Kodizes berufen kann, die für die gesamte Branche gelten. Dies gilt sowohl für die **Akzeptanz der Richtlinien** durch die Mitarbeiter des Unternehmens als auch für diejenigen, die mit dem Unternehmen in Geschäftskontakt treten. Vor diesem Hintergrund kann sich beispielsweise der Verweis auf den europaweit geltenden **EFPIA-Kodex und den FSA-Kodex Fachkreise** (als dessen nationaler Umsetzung), die den unternehmenseigenen Richtlinien zugrunde gelegt werden, als nützlich für eine Akzeptanz erweisen. Diese Kodizes ziehen durch ihre Vorbildfunktionen neue Mitgliedsunternehmen an und sorgen auch in „Grauzonen" für das erforderliche „Level-Playing-Field". Daneben können sie dazu beitragen, einem zuweilen in Folge von vereinzelten tatsächlichen oder auch nur vermeintlichen Unregelmäßigkeiten eingetretenen, vielfach aber alle Unternehmen in der Branche treffenden Vertrauensverlust[87] in der Öffentlichkeit oder gegenüber der Politik zu begegnen. Es empfiehlt sich daher für jedes Unternehmen auch im Rahmen der Verbandsmitgliedschaften an der **Weiterentwicklung der bestehenden Branchenkodizes** aktiv mitzuarbeiten und hierbei eigene Erfahrungen im unternehmensinternen Compliance-Alltag in diesen weiteren Rahmen einzubringen.

11. Verhalten bei Durchsuchungen und Beschlagnahmen

Es ist nicht auszuschließen, dass die **Geschäftsbeziehungen und Behördenkontakte** 79
des Unternehmens zu Ermittlungsverfahren führen, in deren Zusammenhang die Staatsanwaltschaft und die Polizeibehörden Durchsuchungen nach §§ 102ff. StPO durchführen und hierbei aufgefundenes Beweismaterial beschlagnahmen (§ 94 StPO). Kommt es zu einer Durchsuchung, stellen sich für das betroffene Unternehmen eine Reihe von Fragen, die etwa von der **Sinnhaftigkeit einer Kooperation** mit der Staatsanwaltschaft und den Polizeibehörden sowie den Rechten von Mitarbeitern im Zusammenhang von Befragungen durch Polizeibeamte und Staatsanwälte über die **Durchsicht von Unterlagen** durch Polizeibeamte (§ 110 Abs. 1 StPO) und die möglichen Rechtsmittel des Unternehmens bis hin zu einer möglichst zeitnahen Einschaltung eines **beratenden Rechtsanwalts** reichen.[88] Darüber hinaus müssen in solchen Fällen die **Berichtswege** im Unternehmen klar sein, um die zuständigen Abteilungen (etwa die Rechtsabteilung) oder Leitungsorgane möglichst umgehend informieren zu können. Es sollte in diesem Zusammenhang auch feststehen, welcher Mitarbeiter im Unternehmen für die ggf. erforderliche Kommunikation gegenüber der Presse zuständig ist und welche Stelle mögliche – regelmäßig schnell benötigte – Presseerklärungen als Reaktion auf strafrechtliche Ermittlungsmaßnahmen konzipiert. Derartige Fragen sollten ebenfalls im Vorfeld geklärt und in die Verhaltensrichtlinien des Unternehmens aufgenommen werden, um hierdurch die Wahrung der Rechte des Unternehmens sowie seiner Mitarbeiter bereits im Vorfeld zu sichern. Wichtig ist auch hierbei eine regelmäßige Schulung der Mitarbeiter (ausführlich zum Verhalten bei Durchsuchungen Kap. 9).

[87] Die allgemeine Skepsis gegenüber der Branche betonen *Klümper/Walther* PharmR 2010, 145 (145).

[88] Siehe hierzu *Taschke* StV 2007, 495 (498).

12. Meldung von Verstößen/Verdachtsfällen

80 Die effektive Umsetzung eines Compliance-Programms verlangt auch die **Kontrolle der ordnungsgemäßen Einhaltung** der internen Verhaltensrichtlinien. Auftretende Fälle von Verstößen bedürfen der Aufklärung. Hierzu bedarf es einer Meldepflicht für Mitarbeiter, über Hinweise auf Verstöße sofort den Compliance- Officer zu informieren. Es kann diesbezüglich zwischen wesentlichen Vorfällen, die eine Meldepflicht auslösen, und anderen Vorfällen unterschieden werden.

81 Daher richten größere Unternehmen in der Praxis oftmals telefonische **„Hotlines"**[89] ein, bei denen Mitarbeiter unter Außerachtlassung des eigentlich vorgeschriebenen innerbetrieblichen Berichtsweges die Nichteinhaltung der entsprechenden Vorgaben (ggf. auch anonym) melden können. Derartige Hotlines basieren auf dem US-amerikanischen Konzept des sogenannten **„Whistleblowing"**[90], bislang jedoch ohne dass die Informanten, wie in den USA, einen besonderen gesetzlich abgesicherten Schutz genießen (Section 806 des Sarbanes Oxley Act).[91] Dies ändert sich nun sowohl auf europäischer als auch auf deutscher Ebene. In Deutschland ist am 26.4.2019 das Gesetz zum Schutz von Geschäftsgeheimnissen (GeschGehG)[92] in Kraft getreten. Nach dessen § 5 Nr. 2 ist die Erlangung, die Nutzung oder die Offenlegung eines Geschäftsgeheimnisses nicht verboten (§ 4), *„wenn dies zum Schutz eines berechtigten Interesses erfolgt, insbesondere […] zur Aufdeckung einer rechtswidrigen Handlung oder eines beruflichen oder sonstigen Fehlverhaltens, wenn die Erlangung, Nutzung oder Offenlegung geeignet ist, das allgemeine öffentliche Interesse zu schützen"*. Dieser Ausnahmetatbestand privilegiert Whistleblower.[93] Die EU verpflichtet die Mitgliedstaaten mit einer „Richtlinie zum Schutz von Personen, die Verstöße gegen das Unionsrecht melden"[94] zu weiteren Maßnahmen den Schutz von Whistleblowern betreffend, zB müssen Unternehmen mit mehr als 50 Mitarbeitern interne Meldekanäle für Verstöße einrichten. Für die Umsetzung der Richtlinie haben die Unternehmen zwei Jahre (bis Oktober 2021) Zeit.

82 Die eingehenden Hinweise sind vertraulich zu behandeln. Ihnen muss nachgegangen werden und bei der Aufklärung dürfen etwaige spätere Ermittlungen der Strafverfolgungsbehörden nicht gefährdet werden. Handelt es sich um einen konkreten Verdacht auf einen schweren Verstoß, ist die Geschäftsleitung zu informieren. Diese trifft dann eine eigene Aufklärungspflicht,[95] gegebenenfalls können auch eine Anzeige bei der zuständigen Behörde sowie interne Ermittlungsmaßnahmen oder vorbeugende Maßnahmen zum Schutz vor Verschleierung bzw. Vernichtung von Beweismaterial erforderlich sein. Empfänger der Meldung können **inhouse** Compliance-Officer/-Berater oder die Rechts-/Personalabteilung sein. **Externe Ansprechpartner** bieten demgegenüber den Vorteil, dass der Meldende

[89] Vergleichbar schnell und jederzeit verfügbar ist auch eine Meldung per E-Mail; weitere Gestaltungsmöglichkeiten bei *Gaschler* CB 2019, 81 (83 f.); durch solche eigenen Einrichtungen kann dem Gang zu Behörden oder der Presse vorgebeugt werden, vgl. https://www.handelsblatt.com/politik/deutschland/hinweisgeber-in-deutschland-sollen-whistleblower-kuenftig-per-gesetz-geschuetzt-werden/24145224.html (zul. abgerufen am 18.2.2021).

[90] Hierzu im Einzelnen *Maschmann* in Dölling (Hrsg.) (Fn. 1) S. 128 ff.

[91] Schutz vor arbeits- oder schadensersatzrechtlichen Kosequenzen wird dem Informanten aber in Deutschland beispielsweise im Bereich der Finanzdienstleistungen gewährt (§ 4d Abs. 6 FinDAG).

[92] BGBl. 2019 I S. 466 zur Umsetzung der Richtlinie (EU) 2016/943 des Europäischen Parlaments und des Rates vom 8.6.2016 über den Schutz vertraulichen Know-hows und vertraulicher Geschäftsinformationen (Geschäftsgeheimnisse) vor rechtswidrigem Erwerb sowie rechtswidriger Nutzung und Offenlegung (ABl. 2016 L 157, S. 1).

[93] Ausführlich zu den Konsequenzen der Regelung *Schreiber* NZWiSt 2019, 332 (334 ff.).

[94] Derzeit noch nicht im Amtsblatt der EU veröffentlicht; Text abrufbar unter https://data.consilium.europa.eu/doc/document/PE-78–2019-INIT/de/pdf (zul. abgerufen am 18.2.2021); hierzu: *Dilling* CCZ 2019, 214 ff.; zum Vorschlag: *Federmann/Racky/Kalb/Modrzyk* DB 2019, 1665 ff.

[95] Vgl. LG Stuttgart BeckRS 2019, 272 Rn. 62.

gegenüber dem gesamten Unternehmen anonym bleiben kann. Das kann die Meldebereitschaft der Mitarbeiter erhöhen, da diese dann keine persönlichen Konsequenzen mehr fürchten.

13. Sanktionierung von Verstößen

Ein Compliance Management System sollte **präventiv und repressiv** wirken,[96] sodass 83
Verstöße jedenfalls mit Sanktionen belegt sein müssen.

a) Straf- bzw. ordnungswidrigkeitenrechtlich

Geht die Verletzung der Richtlinie Compliance-Organisation mit einer Verletzung straf- 84
rechtlicher (zB §§ 299a/b StGB) oder ordnungswidrigkeitenrechtlicher Regelungen einher, folgen selbstverständlich straf- und/oder ordnungswidrigkeitenrechtliche **Konsequenzen für den Mitarbeiter.**

b) Arbeitsrechtlich

Daneben kann das Verhalten des Mitarbeiters auch unternehmensgesteuerte Konsequen- 85
zen haben.[97] Arbeitsrechtlich kann ein Verstoß gegen die Richtlinie Compliance-Organisation entweder eine Ermahnung, Abmahnung oder aber – bei schweren Verstößen – eine (fristlose) Kündigung nach sich ziehen. Zudem kommen eine Versetzung des Arbeitnehmers, und der Verlust von freiwilligen oder variablen Entgeltbestandteilen in Betracht.[98] Auch eine Beförderungssperre ist möglich.[99] Bei der Auswahl der Sanktionen sind die Grundsatz der Verhältnismäßigkeit einzuhalten und eine Gesamtbetrachtung aller Umstände im Einzelfall vorzunehmen.[100] Präventiv zur Abschreckung wird in vielen Unternehmen heutzutage eine **Null-Toleranz-Politik** *(zero tolerance policy)* vertreten und auch kommuniziert.[101]

c) Allgemein zivilrechtlich

Als allgemein zivilrechtliche Konsequenzen eines Richtlinienverstoßes kommen **Scha-** 86
densersatzansprüche (zB §§ 823 ff.) in Betracht.

14. Berichts- und Dokumentationspflichten

Berichtspflichten treffen vor allem die Compliance-Funktionen (Compliance-Officer 87
und Compliance-Beauftragte). Diese bestehen zum einen Ad-hoc (sofortiger Bericht bei Feststellung eines Compliance-Verstoßes) sowie grundsätzlich und regelmäßig (Compliance-relevante Aktivitäten in einem bestimmten Zeitraum, Compliance-Risiken mit möglichen zukünftigen Verstößen).[102] Auch über Compliance-Audits und ihre Ergebnisse sind Berichte zu erstellen. Eine angemessene Dokumentation[103] ist insbesondere im Hinblick auf **Nachweispflichten** in gerichtlichen Prozessen notwendig.[104] Insbesondere Einrichtung und Überwachung des Compliance Management Systems sollten dokumentiert werden. Die Dokumentation sollte elektronisch abgespeichert werden, um schnell verfügbar zu sein. Zu **archivieren** sind unter anderem Schulungsnachweise der Mitarbeiter, begangene

---

[96] *Makowicz* BB 2018, 556 (559).

[97] Zum Verhältnis „Compliance und Strafrecht" *Theile* JuS 2017, 913 ff.

[98] *Kempter/Steinat* NZA 2017, 1505 (1512).

[99] *Kreßel* NZG 2018, 841 (851).

[100] Grundsatzurteil des BAG NZG 2010, 1227 (1229) – Emmely.

[101] *Kempter/Steinat* NZA 2017, 1505 (1512); *Schaefer/Baumann* NJW 2011, 3601 (3605).

[102] Gerichtliche Bestätigung von Berichtspflichten im Rahmen der Compliance LG Stuttgart BeckRS 2019, 272 Rn. 61.

[103] Insbesondere der ergriffenen Compliance-Maßnahmen.

[104] Beweiswert der Dokumentation in möglichen Straf- und Haftungsprozessen *Wiedmann/Greubel* CCZ 2019, 88 (92); ebenso *Zieglmeier* DStR 2018, 619 (621) bzgl. Compliance im Personalbereich.

oder vermutete Rechtsverstöße sowie damit in Verbindung stehenden Untersuchungsmaßnahmen, verhängte Sanktionen, durchgeführte Kontrollen und empfohlene Korrekturmaßnahmen.[105]

VII. Ergänzende Compliance-Richtlinien

88 Die Richtlinie Compliance- Organisation wird ergänzt durch weitere Richtlinien und Verhaltensregelungen, die die dortigen Regelungen konkretisieren. Als Beispiel kann hier das sog. **„Manual Healthcare-Professionals"** dienen. Typischerweise werden hier die Bereiche Geschenke/Bewirtung, Förderung von Fortbildungsveranstaltungen, Förderung von Studien, vertragliche Zusammenarbeit und Verhältnis von Marketing und Medizin/ Medical Affairs abgedeckt. Inkludierte Fallbeispiele, Muster und Formulare können eine sinnvolle Handreichung für die praktische Umsetzung sein.

1. Geschenke/Bewirtung

89 Regelungen zur Zulässigkeit von Geschenken im Rahmen der Zusammenarbeit zwischen pharmazeutischen Unternehmen und beispielsweise Ärzten finden sich sowohl in den einschlägigen Branchen-Kodizes (§ 21 FSA-Kodex Fachkreise) als auch in § 7 HWG, auf den auch entsprechend hingewiesen wird. Zudem sind sowohl Bestechung als auch Bestechlichkeit nach §§ 299a/b StGB strafbar. Gesetzlich erlaubt sind Zuwendungen und Annahmen von Geschenken grundsätzlich dann, wenn sie zu **besonderen Anlässen** gewährt werden (Eröffnung der Praxis, Dienst- oder Praxisjubiläen, Ernennung zum Chefarzt) oder es sich um Werbegeschenke von geringem Wert handelt (zB Textmarker).[106] Es besteht allerdings ein Trend, wonach die Industriekodizes (etwa der FSA-Kodex Fachkreise) und auch viele Unternehmen Geschenke bis auf minimale Ausnahmen gänzlich untersagen.

90 Einladungen und Bewirtungen (§ 22 FSA-Kodex Fachkreise) von Kunden müssen angemessen sein, soweit sie im Zusammenhang mit einem Arbeitsessen stehen. Bewirtungen für Angehörige des Kunden sind generell ausgeschlossen. Auch hier ist auf **interne Wertgrenzen** bzw. auf die Angemessenheit der Einladung abzustellen und transparent zu dokumentieren.

2. Förderung von Fortbildungsveranstaltungen

91 Auch hier kann die Bewirtung eine Rolle spielen. Aber schon die grundsätzliche Einladung zu Fortbildungsveranstaltungen kann problematisch sein (so § 20 FSA-Kodex Fachkreise). Einladungen zu oder die Kostenübernahme für Fort- und Weiterbildungen müssen einen ausschließlich **berufsbezogenen,** bzw. **wissenschaftlichen Charakter** haben und in Zusammenhang mit dem Tätigkeitsfeld des Arztes und des einladenden Unternehmens stehen. Sie dürfen sich beispielsweise nicht an einem attraktiven Freizeitprogramm orientieren.[107]

3. Förderung von Studien

92 Paragraph 19 FSA-Kodex Fachkreise trifft Regelungen zu nicht-interventionellen Studien mit zugelassenen Arzneimitteln, die unter anderem auch die **Möglichkeit des Sponsorings durch Unternehmen** beinhalten.

93 Die Budgetierung und Verbuchung der Ausgaben für Forschungs- und Entwicklungsprojekte, klinische Prüfungen oder Anwendungsbeobachtungen sollte möglichst auf internen **Konten der entsprechenden Abteilungen** (etwa F&E-Abteilung, medizinische Abteilung) und nicht auf Konten der Marketingabteilungen erfolgen. Die Erfassung auf internen

---

[105] *Wiedmann/Greubel* CCZ 2019, 88 (92).
[106] *Vasilikou/Grinblat* MPR 2016, 189 (192).
[107] *Vasilikou/Grinblat* MPR 2016, 189 (192).

Konten der Marketingabteilungen hat in der Vergangenheit häufig deshalb stattgefunden, weil der Außendienst zum einen für Marketing und Vertrieb und zum anderen für Forschungskooperationen etc zuständig ist. Grundsätzlich steht es den Unternehmen selbstverständlich auch frei, den Außendienst auch weiterhin mit mehreren Zuständigkeiten zu betrauen. Gleichwohl sollte die **Budgetverantwortlichkeit** für Forschungs- und Entwicklungsprojekte möglichst nicht in der Marketingabteilung liegen, weil dies in der Vergangenheit verschiedentlich zu Vermutungen der Staatsanwaltschaften geführt hat, diese Ausgaben seien als bloße Marketingaktivitäten zur Beeinflussung von Beschaffungs-, Therapie- und Verordnungsentscheidungen auf Seiten der Ärzte zu bewerten. Zur Vermeidung der genannten Risiken schreibt der FSA-Kodex Fachkreise den Mitgliedsunternehmen des FSA in § 19 Abs. 2 Nr. 2 S. 2 daher etwa vor, dass der Leiter der medizinischen Abteilung bei der Durchführung nichtinterventioneller Studien auch die Budgetverantwortlichkeit haben muss (dazu auch → Kap. 14 Rn. 184).

4. Vertragliche Zusammenarbeit

a) Abschluss von Verträgen

Es ist in größeren Unternehmen heute üblich geworden, **Gremien** einzurichten, in de- **94**
nen insbesondere größere Projekte, die mit medizinischen Einrichtungen und Ärzten durchgeführt werden sollen, auf ihre **Sinnhaftigkeit** überprüft und ggf. auch genehmigt werden müssen. Dies erfolgt in Anlehnung an das etwa im Bereich der öffentlichen Verwaltung bei der Vergabe von Aufträgen vorgesehene **„Vier-Augen-" oder „Sechs-Augen-Prinzip"**, das seiner Natur nach bereits regelmäßig dafür sorgt, inhaltlich zweifelhafte oder rechtlich bedenkliche Projekte durch eine weitgehende innerbetriebliche Transparenz im Ansatz zu vermeiden.

b) Vertragsmanagement

Die Implementierung eines ordnungsgemäßen Vertragsmanagements ist von hoher Be- **95**
deutung, weil ordnungsgemäße Vertragsbeziehungen sowie deren **Dokumentation** erheblich zur Risikominimierung beitragen können. Einer Anbindung an die F&E-Abteilung oder die medizinischen Abteilungen der Unternehmen ist zu empfehlen, weil hier regelmäßig die größte **Sachnähe** zu den meisten Kooperationsformen besteht. Bereits hierdurch kann eine Unabhängigkeit der entsprechenden Kooperationsbeziehungen von Umsatzgeschäften auch organisatorisch untermauert werden. Im Wege einer Zentralisierung des Vertragsmanagements kann es ferner zu einer weiteren Entkopplung der Kooperationsbeziehungen von Umsatzgeschäften kommen. Die Implementierung eines entsprechenden zentralen Vertragsmanagements setzt voraus, dass einheitliche Vertrags- bzw. Formularmuster (etwa für Kongresseinladungsschreiben oder Spendengewährungen) zur Verfügung stehen, die den einschlägigen rechtlichen Anforderungen entsprechen.

c) „Follow-up" von Projekten und Dokumentation

Von besonderer Bedeutung ist auch ein ordnungsgemäßes „Follow-up" der vertraglichen **96**
Beziehungen und Absprachen, die mit Krankenhäusern oder Ärzten getroffen werden. Die Erfahrungen haben gezeigt, dass insbesondere **klinische Prüfungen und Anwendungsbeobachtungen** von den Staatsanwaltschaften verschiedentlich nur dann als strafrechtlich unbedenklich bewertet werden, wenn die Ergebnisse dieser Projekte in einer **gründlich dokumentierten Form** nachgehalten und in den Unternehmen tatsächlich genutzt bzw. berücksichtigt werden. In Fällen, in denen die Forschungsergebnisse nicht (mehr) vorzufinden waren bzw. nicht zum Zwecke der Produktentwicklung oder zur Weiterentwicklung von Produkten verwendet wurden, hat dies teilweise zu Vorwürfen von Staatsanwaltschaften geführt, es handele sich bei den zugrundeliegenden Verträgen um bloße Fassaden zur **Kaschierung von unzulässigen Zuwendungen** im Mantel von Forschungsverträgen. Sind also Forschungsergebnisse im Unternehmen verwendet worden, ist zur Entkräftung ent-

sprechender Vorwürfe auch sicherzustellen, dass ein geeigneter Nachweis geführt werden kann. Dies kann durch eine sorgfältige zentrale Organisation in der Abwicklung und Aufbewahrung solcher Verträge gewährleistet werden. Diejenigen Unternehmen, für die die Regelungen des FSA-Kodex Fachkreise verbindlich sind, müssen daher nach § 18 Abs. 1 Nr. 1 dieses Kodex Leistungsbeziehungen mit Ärzten und anderen Angehörigen der Fachkreise auf der Grundlage eines schriftlichen Vertrages eingehen (dazu auch → Kap. 14 Rn. 146 ff.).

5. Verhältnis Marketing zu Medizin/Medical Affairs

97 Eine Gestaltungsalternative oder Ergänzung zur **organisatorischen Trennung** von Marketing und Medizin/Medical Affairs[108], um Interessenkonflikte zu vermeiden, können ergänzende Richtlinien sein, die konkrete materielle Regelungen treffen.

98 Die Regelungen können insbesondere Veranstaltungen und Kommunikation betreffen. Bezüglich interner und externer Kommunikation können sowohl Vorgaben zu konkreten Kommunikationskanälen gemacht werden als auch die **Kommunikationsinhalte** beschränkt werden. Auch für Veranstaltungen können Regelungen getroffen werden. So sollten Mitarbeiter der Abteilungen Marketing und Medizin/Medical Affairs grundsätzlich getrennt und unabhängig voneinander auftreten. Ihre Abteilungszugehörigkeit sollte offengelegt werden (zB durch Namensschilder). Die Rollen und Verantwortlichkeiten sollten klar zugewiesen werden (zB Marketing: Verträge, Preisgestaltung; Medizin/Medical Affairs: Medizinische Fragen). Wechselseitige Einflussnahme sollte weitgehend ausgeschlossen werden.

99 Zur Illustration möglicher Interessenskonflikte kann folgendes Praxisbeispiel dienen: Wird ein Marketing-Mitarbeiter (zB im Außendienst oder bei einer Veranstaltung) wegen eines potentiellen **Off-Label-Uses** eines Produkts kontaktiert, kann er die Anfrage typischerweise nur anhand der ihm zur Verfügung stehenden Informationen (Fachinformation oä) nicht unabhängig von kommerziellen Interessen beantworten. Den bestehenden Interessenkonflikt können zusätzliche Regelungen in Richtlinien lösen. Dann muss der Mitarbeiter den Anfragenden zB schriftlich oder mündlich an die Abteilung Medizin/Medical Affairs verweisen. Selbst wenn sich schließlich im Rahmen eines sogenannten **White Coat Marketing** ein Berufsträger und ein Mitarbeiter der Abteilung Medizin/Medical Affairs gegenüberstehen, können Interessenskonflikte bestehen, die wiederum durch klare Vorgaben (zB bezüglich der Art der herauszugebenden Unterlagen bzw. Informationen) für die Abteilung Medizin/Medical Affairs gelöst werden können.

VIII. Verhältnis von Compliance-Richtlinien und praktischer Umsetzung

100 Jedes noch so ausgefeilte „Compliance-Programm" erweist sich im Ergebnis als wertlos, wenn nicht von der Unternehmensführung sichergestellt wird, dass die Regelungen tatsächlich in der Praxis umgesetzt werden.

1. Außenwahrnehmung

101 Dabei geht es zum einen um die Außenwahrnehmung des Unternehmens und damit vor allem um Reputationsaspekte[109]. Bei tatsächlichen oder auch nur vermeintlichen Verstößen trotz bestehender „Compliance-Programme" kann möglicherweise der Eindruck entstehen, das Unternehmen habe nur **zum Zwecke eines positiven Außenauftritts** entsprechende Richtlinien eingeführt, die jedoch im Unternehmensalltag ignoriert würden. Auch wenn sich ein solcher Eindruck im Ergebnis nicht erhärten lassen sollte, kann sich eine **ungenügende Umsetzung** als nachteilig erweisen. Sofern nämlich Ordnungswidrigkei-

---

[108] Vgl. exemplarisch zur Aufteilung bei NIS → Rn. 30 ff.

[109] Sogenannte „weiche" Risiken, *Mand* PharmR 2014, 393 (402 f.).

ten- oder strafrechtliche Verfahren eingeleitet werden, wird vielfach bei der Beurteilung des **Vorsatzes,** möglicher **Verbotsirrtümer** und jedenfalls bei der **Bemessung von Sanktionen** von der jeweiligen staatlichen Instanz darauf verwiesen werden können, aufgrund der bestehenden „Compliance-Richtlinien" sei jeder Person im Unternehmen bekannt gewesen, dass sich bei dem Fehlverhalten um sanktionierbare Verstöße handelt.

2. Innerbetriebliche Wahrnehmung

Die praktische Erfahrung mit „Compliance-Richtlinien" zeigt jedenfalls, dass es vor allem einen zentralen Umstand gibt, der über den Erfolg oder Misserfolg in der Umsetzung entscheidet: Es muss bei den einzelnen Mitarbeitern des Unternehmens das **Verständnis für die Notwendigkeit** solcher Richtlinien geweckt (vor allem im Rahmen regelmäßiger Schulungen) und das Bewusstsein gestärkt werden, dass deren Einhaltung nicht ein Hemmnis zur Erreichung von Umsatzzielen darstellt, sondern mittel- und langfristig Garant für einen stabilen Umsatz ist. **102**

3. (Formelle) Implementierungsvorschriften

a) Verbindlichmachung/Bekanntmachung

Die Richtlinie Compliance-Organisation ist von der Geschäftsleitung für **verbindlich zu erklären** und ihre Einhaltung und Durchsetzung ist von der Geschäftsleitung sicherzustellen. Zur Durchsetzung gehören bei Verstößen gegen diese Richtlinie ggf. auch Disziplinarmaßnahmen. Den Mitarbeitern wird die Richtlinie zum Beispiel über das Intranet, via E-Mail oder durch Aushänge bekannt gemacht. **103**

b) Beteiligung des Betriebsrats

Gegebenenfalls ist auch der Betriebsrat zu beteiligen. Nach § 87 Abs. 1 Nr. 1 BetrVG hat dieser ein **Mitbestimmungsrecht** jedenfalls bezüglich der Teile der Richtlinie Compliance-Organisation, die Fragen der Ordnung des Betriebs und des Verhaltens der Arbeitnehmer im Betrieb betreffen. Die Zustimmung des Betriebsrats ist in der Richtlinie nebst zugehörigem Datum zu bestätigen. **104**

c) Inkrafttreten

In Bezug auf das Inkrafttreten der Richtlinie ist ein **konkretes Datum** anzugeben, um Rechtssicherheit zu gewährleisten. Auch sollte ein spätester Zeitpunkt für die erste Überprüfung und Anpassung bzw. Ergänzung festgesetzt werden. **105**

IX. Umsetzungsprobleme und -defizite

Angesichts der möglichen Risiken einer **ungenügenden praktischen Umsetzung der Compliance-Richtlinien** für das Unternehmen und seiner Mitarbeiter, kommt der Analyse und Bewältigung von Umsetzungsproblemen und -defiziten eine besondere Bedeutung zu. Zwar stellen die beschriebenen Elemente eines Compliance-Programms inzwischen in zunehmendem Maße einen Standard jeder vorbeugenden Unternehmensorganisation dar, dies jedenfalls dann, wenn es sich um größere Unternehmen handelt. In Unternehmen des Mittelstandes[110] (klein oder mittelgroß) sind die Compliance-Systeme allerdings häufig eher lückenhaft und mit einem geringen Organisations- und Strukturierungsgrad.[111] Trotz der zunehmenden Etablierung zumindest einiger dieser Elemente sind in der betrieblichen Praxis dennoch vielfach Probleme und Defizite zu beobachten, die die Qualität, Effizienz und Akzeptanz der innerbetrieblichen Compliance-Organisation belasten können:[112] **106**

---

[110] Speziell zur Mittelstands-Compliance *Fissenewert* NZG 2015, 1009 ff.
[111] *Klümper/Walther* PharmR 2010, 145 (148).
[112] Weitere Beispiele für Umsetzungsdefizite bei *Klümper/Walther* PharmR 2010, 145 (147 f.).

1. Fehlende prozessorientierte Betrachtung

107 Vielfach fehlt es an einer prozessorientierten Betrachtung hinsichtlich der Bearbeitung von Vorgängen, da keine **einheitlichen Prozesse und Workflows** festgelegt sind oder (klare) Prozessbeschreibungen fehlen. Hierzu zählt auch das Fehlen klarer „Entscheidungsregeln". Infolgedessen sind die vollständigen und abteilungsübergreifenden Abläufe insbesondere den Mitarbeitern der Marketing- und Vertriebsabteilungen oftmals nicht hinreichend bekannt.

2. Fehlen prozessimmanenter Korrekturmechanismen

108 Wenn hingegen solche Prozesse existieren, mangelt es vielfach an **prozessimmanenten Korrekturmechanismen.** Dies kann zu einem unnötigen und zugleich kostenintensiven **Bearbeitungsaufwand** führen. Gemeint ist beispielsweise der Fall, dass in einem festgelegten Prozess bestimmte Abteilungen oder auch externe Agenturen bereits intensiv mit bestimmten Teilaspekten eines Kooperationsprojekts mit Ärzten befasst werden, das sich letztlich bereits seiner Grundanlage nach als mit dem HWG oder einem anwendbaren Industriekodex unvereinbar erweist. Die Aufgabe prozessimmanenter Kontrollmechanismen ist es, für einen **rechtzeitigen Abbruch** solcher Projekte zu sorgen, ohne zuvor wertvolle personelle oder finanzielle Ressourcen in Anspruch zu nehmen.

3. Fehlende Handbücher

109 Die Einhaltung vorhandener Prozesse wird in der Praxis auch durch **fehlende Ablaufschemata oder Checklisten** bzw. das Fehlen „kompletter" Handbücher erschwert. Derartige Handbücher sollten alle Informationen, Prozessbeschreibungen, Checklisten, Tools und Methoden enthalten, die für das Verständnis des Compliance-Managements des Unternehmens erforderlich sind. Das Fehlen solcher Handbücher kann zu einer erheblichen Belastung der Compliance-Funktion mit Fällen führen, die offensichtlich nicht „zulässig" sind oder die ohne die für eine Beurteilung erforderlichen Basisinformationen zur Prüfung oder Freigabe vorgelegt werden.

4. Fehlende Aktualisierungen

110 Die Etablierung eines Compliance-Programms wird häufig nicht als **kontinuierliche Aufgabe** verstanden. Dies kann aufgrund fehlender Anpassungen dazu führen, dass neue Entwicklungen (etwa neue Kodex-Bestimmungen, aktuelle Rechtsprechung der Gerichte und Spruchpraxis der Verbände) nicht berücksichtigt werden.

5. Zeitaufwändigkeit von Prüf- und Genehmigungsverfahren

111 Die internen Prüf- und Genehmigungsverfahren sind oftmals zu zeitaufwändig. Dies kann auf der **fehlenden Standardisierung** hinsichtlich der erforderlichen Sachverhaltsaufklärung beruhen. In größeren Unternehmen treten Verzögerungen in den internen Prüf- und Genehmigungsabläufen auch dann auf, wenn die zuständigen Ansprechpartner nicht eindeutig festgelegt oder bekannt sind. Zeitliche Verzögerungen können auch darauf beruhen, dass bei Vertragsprojekten mit klinischen Forschern bzw. medizinischen Einrichtungen (vor allem Universitätskliniken) keine klaren Vorgaben zum **Umgang mit gewerblichen Schutzrechten** vorgesehen sind. Standardverträge sehen oftmals auch dann weitreichende Regelungen mit Blick auf die Übertragung von gewerblichen Schutzrechten auf das Unternehmen vor, wenn aufgrund des Forschungsgegenstandes mit der Entstehung solcher Rechte eher nicht zu rechnen ist oder dies von vornherein ausgeschlossen werden kann. Zudem sind heute die universitären Einrichtungen bzw. ihre Verwertungsgesellschaften aufgrund des nunmehr (geltenden) Arbeitnehmererfinderrechts (§ 42 ArbEG) auch dann zu involvieren, wenn etwa im Rahmen einer klinischen Prüfung ein Prüfarzt hinsichtlich der Übertragung gewerblicher Schutzrechte auf das Unternehmen mitverpflichtet

werden soll.[113] Dies hat vielfach äußerst zeitintensive Verhandlungen mit diesen Verwaltungsstellen zur Folge, sofern keine standardisierten vertraglichen Alternativszenarien zur Verfügung stehen, um den Prozess zu beschleunigen.

6. Fehlendes elektronisches Umlaufverfahren

Schließlich kann auch der Umstand, dass Vorgänge vornehmlich auf „papierbasierten" Umläufen beruhen und nicht als „elektronische Umlaufverfahren" vorgesehen sind, zu einer erheblichen zeitlichen Verzögerung der Vorgänge beitragen. Ein „papierbasiertes" Umlaufverfahren setzt nämlich in der Regel die **physische Anwesenheit** der jeweiligen Entscheidungsträger im Unternehmen voraus, die jedoch häufig nicht gegeben ist. **112**

7. Unterschiedliches Compliance-Know-how

Problematisch kann auch der Umstand sein, wenn das Compliance-Know-how in den verschiedenen Einheiten des Unternehmens (etwa in der Unternehmenszentrale und bei Tochterunternehmen) unterschiedlich ausgebildet ist. Diesem Problembereich unterfällt auch das in der Praxis oftmals anzutreffende **geringe Compliance-Know-how von Agenturen.** Beide Phänomene können in der Regel auf eine fehlende Einbindung der Tochterunternehmen bzw. der Agenturen in die vorhandenen Prozessabläufe zurückgeführt werden. **113**

8. Personelle Unterausstattung

Defizite in der Compliance-Organisation können oft auch auf eine personelle Unterausstattung der entsprechenden Compliance-Funktionen im Unternehmen zurückgeführt werden. Dies beruht darauf, dass die personellen Ressourcen mit den in den letzten Jahren **rasant gestiegenen Compliance-Anforderungen** nicht immer Schritt gehalten haben. Diese Situation kann durch Wissensverluste als Folge der **Mitarbeiterfluktuation** weiter verschlimmert werden, sofern nicht durch genaue Prozessbeschreibungen, Ablaufschemata, Checklisten etc für eine genaue **Dokumentation des vorhandenen Compliance-Know-hows** gesorgt ist. Die **praktische Erfahrung** zeigt leider, dass teilweise selbst in Unternehmen mit 10 000 oder mehr Mitarbeitern gerade einmal vier oder fünf Mitarbeiter in der Compliance-Abteilung tätig sind. Zwar kann durch effektives Compliance-Management die Stundenbelastung und damit der Personalbedarf einer Compliance-Abteilung gesenkt werden (vgl. → Rn. 32 ff.), doch selbstverständlich stoßen auch diese Konzepte an systematische Grenzen. Angesichts der Bedeutung der effektiven Umsetzung der Business Compliance im Unternehmen, die sowohl aus der ethischen Verantwortung als auch aus dem finanziellen Risiko resultiert, ist diese zurückhaltende Personalpolitik vieler Unternehmen nicht nachzuvollziehen. **114**

9. Schulungsdefizite

Kapazitätsprobleme der Compliance-Funktionen können auf Schulungsdefiziten und einem damit verbundenen fehlenden Verständnis der Mitarbeiter für die einschlägigen Anforderungen beruhen. Dies wiederum kann in der Folge zu einer erhöhten **Arbeitsbelastung der Compliance-Funktionen** (etwa Compliance-Officer, Rechtsabteilung) führen. Hierzu gehört auch die Erwartungshaltung, wonach etwa die Funktion eines Compliance-Officers neben anderen Aufgaben ausgeübt werden kann. **115**

10. Fehlende Audits

Die Compliance-Organisation und die Compliance-Prozesse sind schließlich keine statischen Einrichtungen. Sie funktionieren vielmehr nur dann in dem erwünschten Sinn, wenn sie in regelmäßigen Abständen im Wege von internen und externen Audits überprüft und **116**

---

[113] Siehe dazu ausführlich *Dieners/Milbradt* FS Reimann, 2009, 49 ff.

entsprechend angepasst werden. Derartige Audits werden oft allenfalls anlässlich der **Implementierung eines Compliance-Programms** vorgenommen. Sie sind allerdings auch darüber hinaus erforderlich, da sie einer **kontinuierlichen Bestandsaufnahme der Compliance-Strukturen** (Verantwortlichkeiten, Verfahrensabläufe und materielle Regelungen) sowie des Gesamtbildes dienen, das sich aus einer Sichtung und Verprobung konkreter Vorgänge ergibt. Ein solches Bild ist in regelmäßigen Abständen erforderlich, um die eigene Entwicklung des Unternehmens verfolgen und mit den jeweiligen Standards und „Benchmarks" der gesamten Branche vergleichen zu können. Die Einhaltung der von einem Unternehmen zu beachtenden Sorgfaltspflichten richtet sich nämlich nicht nur nach rein objektiven Faktoren, sondern wird auch danach beurteilt, welche Sorgfaltspflichten in der einschlägigen Branche jeweils üblich sind.

11. Fehlende Involvierung der Einkaufsabteilung

117 Es werden nicht sämtliche **Sparpotentiale** ausgeschöpft, indem es etwa in bestimmten Bereichen (etwa bei der Organisation von Fortbildungsveranstaltungen) an einer regelmäßigen Involvierung der Einkaufsabteilung fehlt (beispielsweise hinsichtlich der Auswahl von Tagungsstätten und Hotels).

12. Mangelnde Verbindlichkeit der Regelungen

118 Wurden die formellen Implementierungsvorschriften nicht eingehalten, kann es der Richtlinie an rechtlicher Verbindlichkeit mangeln. Auch fehlende oder unzureichende Kommunikation der Compliance-Organisation führen zu **Intransparenz und mangelndem Verständnis der Mitarbeiter.** Diese werden vor diesem Hintergrund eher nicht geneigt sein, dem ihnen vielleicht sogar unbekannten System Folge zu leisten. Auch der **Mangel an Durchsetzungsmechanismen** wie Sanktionierungen kann, dazu führen, dass die Regelungen insgesamt nicht als verbindlich wahrgenommen werden.

X. Lösungsmöglichkeiten zur Beseitigung von Umsetzungsproblemen und -defiziten

119 Es stellt sich damit die Frage, welche weiteren Maßnahmen eine **vorbeugende Unternehmensorganisation** ergreifen sollte, um die dargestellten Defizite im Sinne einer Qualitäts- und Effizienzsteigerung der Compliance-Organisation zu verringern.

1. „Traditionelle" Ansätze

120 In der betrieblichen Praxis der Unternehmen findet man insofern zuweilen den hier als „traditionell" bezeichneten Ansatz, die bestehenden Compliance-Anforderungen vorrangig durch den **Erlass von Regelungen,** zumeist im Wege extrem detaillierter „Standard Operating Policies" (SOPs) zu verankern. Es werden vielfach **zusätzliche Kontrollprozesse** entwickelt und auf bereits bestehende Prozesse aufgesetzt, ohne gleichzeitig für eine Integration bei der Gestaltung der Abläufe und Workflows zu sorgen. Derartige Ansätze zeichnen sich in der Praxis oft auch dadurch aus, dass Compliance-Funktionen, wie etwa der Compliance-Officer oder die Rechtsabteilung, vorrangig als **reaktive Kontrollinstanzen** verstanden werden, dies mit der Folge einer zu späten Einbindung und auch fehlenden Akzeptanz dieser Funktionen durch die Mitarbeiter. Dies kann weiter dazu führen, dass Compliance in der übrigen Unternehmensorganisation als „Feindbild" verstanden wird. Für die eingeführten hohen (zumeist papierbasierten) Dokumentationsanforderungen besteht gleichzeitig nur wenig Verständnis.

2. „Innovative" Ansätze

121 Demgegenüber versuchen hier als „innovativ" bezeichnete Ansätze einer **vorbeugenden Unternehmensorganisation** die bestehenden Compliance-Vorgaben stärker

in die Unternehmensstruktur zu integrieren und **transparente Prozessabläufe** mit praktischen Fallbezügen aufzusetzen.[114] Diese Ansätze beruhen auf drei Grundüberlegungen:

Erstens verlangen sie neben einer klaren **Definition der einzelnen Prozessschritte** deren gleichzeitige **Entschlackung und Beschleunigung,** indem etwa nach „Normalfällen“, „fehlerträchtigen Fällen“ und „Sonderfällen“ unterschieden wird. Dabei werden die entsprechenden Prozesse mit unterschiedlich hohen Prüf- und Freigabeanforderungen verbunden („Management by Exception“). Dies setzt zunächst eine gründliche Analyse der denkbaren Kooperations- und Marketingaktivitäten und deren Zerlegung in einzelne „Bauelemente“ voraus. Diese Bauelemente werden dann zu möglichst **schlanken Teilprozessen** zusammengefügt und jeweils in einen eigenen **Organisationsablauf** integriert. Aus der Vernetzung dieser Teilprozesse entstehen schließlich die fertigen Prozeduren für die zu erfassenden Praxisfälle mit klar definierten Regeln, die in die Unternehmensstruktur (Aufbauorganisation, Compliance-Funktionen) mit Eskalations- und Konfliktlösungsmechanismen integriert werden. Die genaue Definition der Prozeduren setzt insbesondere auch eine gründliche Überprüfung der jeweiligen rechtlichen Rahmenbedingungen voraus, dh die genaue Bestimmung, für welche Arbeitsschritte welche Gesetze oder Kodizes bzw. internen Policies, Guidelines und SOPs etc zu berücksichtigen sind.

Die Ansätze setzen zweitens auf **interaktive elektronische Unterstützungstools,** also 122
eine prozessgetriebene Automation für die Einleitung von Prozessschritten, zur Sicherstellung standardisierter Arbeitsschritte, zur Überwachung von „Lead Times“ und Response-Zeiten sowie für die Dokumentation aller notwendigen Genehmigungen und Unterlagen.[115] Derartige elektronische Unterstützungstools beruhen auf Technologie-Plattformen, mit denen in Unternehmen die Zusammenarbeit im Team und der Zugriff auf Informationen aus unterschiedlichen Quellen organisiert werden können. Diese Zusammenarbeit wird hierbei in Form von online-gestützten Systemen organisiert, die Internetseiten ähneln. Zu solchen elektronischen Unterstützungsinstrumenten gehören ferner auch elektronische Trainingstools. Elektronische Trainingstools dienen etwa dem Ziel, die Mitarbeiter kontinuierlich zu schulen. Sie erlauben es, dass sich die Mitarbeiter auch ohne Trainer im **Selbststudium** das erforderliche Compliance-Wissen aneignen können. Sie lassen zudem je nach Mitarbeiter unterschiedliche Lernprofile zu und können auch die Prüfungen und Zertifizierungen der Mitarbeiter vorsehen. Die Nutzung derartiger elektronischer Unterstützungstools hat vor allem folgende **Ziele** im Auge: die Beschleunigung von Compliance-Prozessen, eine Arbeitsentlastung der mit Compliance-Vorgängen befassten Mitarbeiter, eine höhere Sicherheit im Umgang mit Compliance-Vorgängen, einheitliche Abläufe, eine erhöhte Transparenz sowie geringere Kosten.

Drittens wird schließlich die **Funktion des Compliance-Officers bzw. der Rechts-** 123
abteilung weniger als reine Kontrollinstanzen, sondern als **proaktive Begleitung** zur Erreichung einer ordnungsgemäßen Gestaltung von Compliance-Vorgängen verstanden. Hierzu finden die entsprechenden Mitarbeiter aufgrund der Umsetzung der zuvor genannten Punkte auch die erforderliche Zeit, da die Involvierung dieser Mitarbeiter in der Regel nur in fehlerträchtigen Fallkonstellationen oder in Sonderfällen stattfindet, denen dann aber auch die gesamte Konzentration gelten kann.

Auch hier sind die **ethische Grundphilosophie** des Unternehmens und die **beste-** 124
hende Führungskultur von entscheidender Bedeutung für den Erfolg der Compliance-Strategie. Nur dann, wenn auch die Führungskräfte davon überzeugt sind, dass eine ernsthafte Compliance-Strategie zur Risikoreduzierung und für ein **nachhaltiges profitables**

[114] Als innovativ lässt sich beispielsweise die interdisziplinarische Nutzung von Methoden aus der ökonomischen Forschung (zB empirisches Screening) beschreiben, für den Bereich Antitrust *Nothhelfer* CCZ 2012, 186 ff.

[115] Ausführlich zu Möglichkeiten und Grenzen der Digitalisierung im Bereich Compliance *Neufang* IRZ 2017, 249 ff.

Wachstum des Unternehmens notwendig ist, wird sich auch die erforderliche Motivation und Akzeptanz bei den Mitarbeitern bewirken lassen.

a) Beispiel: Einsatz elektronischer Unterstützungstools beim Vertragsmanagement

125 Im Gesundheitssektor tätige Unternehmen unterhalten in der Regel eine **Vielzahl von Vertragsbeziehungen** mit Ärzten, medizinischen Einrichtungen oder anderen Vertragspartnern, die unter Compliance-Gesichtspunkten relevant sein können. Beim Vertragsmanagement führt die Aufgabe von papierbasierten Prozessen und die Einführung elektronischer Unterstützungstools zunächst zu einer Beschleunigung der Vorgänge, indem Prozesse automatisch vorangetrieben und Prüf- und Genehmigungsprozesse aufgrund einer gleichzeitigen Zuordnung der erforderlichen Arbeitsschritte bzw. Aufgaben parallelisiert werden.

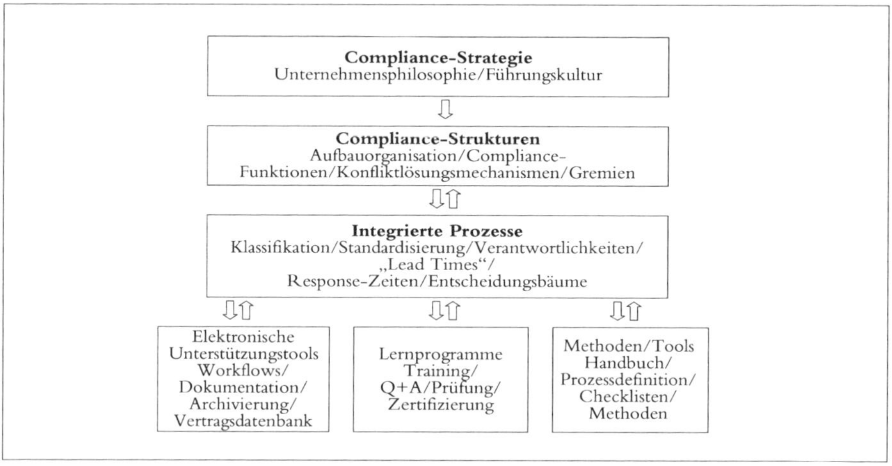

Abb. 13: Integriertes Compliance-System

126 Vereinfacht wird auch die **Auswahl des richtigen Vertragsmusters.** Ferner wird sichergestellt, dass – jedenfalls im Normalfall – nur vorher definierte Passagen geändert werden können. **„Erinnerungsfunktionen"** ermöglichen ein Follow-up hinsichtlich der rechtzeitigen Erledigung der Aufgaben. Von Bedeutung sind ferner die **Dokumentationsfunktionen,** durch die der jeweilige Vorgang auch immer den gesamten Workflow mit allen Prüf- und Genehmigungspflichten sowie sämtliche fallrelevante Daten und Unterlagen enthält. Schließlich erlauben elektronische Unterstützungstools auch eine Verlinkung mit der für die Anweisung von Honorarzahlungen verantwortlichen Abteilungen (insbesondere der Finanzabteilung/Buchhaltung), damit Zahlungen nur dann erfolgen, wenn vorher die tatsächliche Fälligkeit solcher Zahlungen nach den zugrunde liegenden Verträgen sowie die Ordnungsgemäßheit der Rechnungen geklärt worden ist.

b) Beispiel: Sicherstellung standardisierter Arbeitsabläufe beim Event-Management

127 Sämtliche Aufgaben, die mit der Organisation von Fort- und Weiterbildungsveranstaltungen sowie der Einladung von Ärzten zur Teilnahme an solchen Veranstaltungen bzw. medizinischen Fachkongressen verbunden sind, werden in den Unternehmen vielfach in **speziellen Abteilungen** wahrgenommen (oft auch als **„Event-Management"** bezeichnet).

Zu den Aufgaben dieser Abteilung gehört auch die **Auswahl von geeigneten Tagungsstätten und -hotels.** An deren Ordnungsmäßigkeit legen der FSA-Kodex sowie die Spruchpraxis des FSA, aber auch die Staatsanwaltschaften, besonders hohe Anforderungen, da Ärzte und andere Angehörige der Fachkreise nicht durch unsachgemäß ausgewählte

Tagungsstätten und extravagante Hotels etc in ihren Therapie-, Verordnungs- und Beschaffungsentscheidungen beeinflusst werden dürfen. Nach den oben beschriebenen „traditionellen Ansätzen" könnten hier inhaltliche Kriterien in Form von Checklisten der jeweiligen Einzelfallprüfung zugrunde gelegt werden, um eine unsachgemäße Auswahl auszuschließen. Demgegenüber könnten **standardisierte Arbeitsabläufe** darauf abzielen, auf der Grundlage einer entsprechenden Checkliste eine Vorauswahl solcher Lokalitäten zu treffen, die dann als geeignete Einrichtungen generell für entsprechende Fort- und Weiterbildungsveranstaltungen genehmigt wären. Im Idealfall würde eine solche Auswahl in Zusammenarbeit mit der Einkaufsabteilung erfolgen, um auf diese Weise die Expertise dieser Abteilung zugleich zum Zwecke von Budgeteinsparungen zu nutzen. Die positive Folge einer solchen Standardisierung wäre, dass die individuellen Freigabeverfahren und die damit vielfach verbundene Involvierung des Compliance-Officers bzw. der Rechtsabteilung minimiert und somit das Event-Management in diesem Punkt effizienter gestaltet werden könnte.

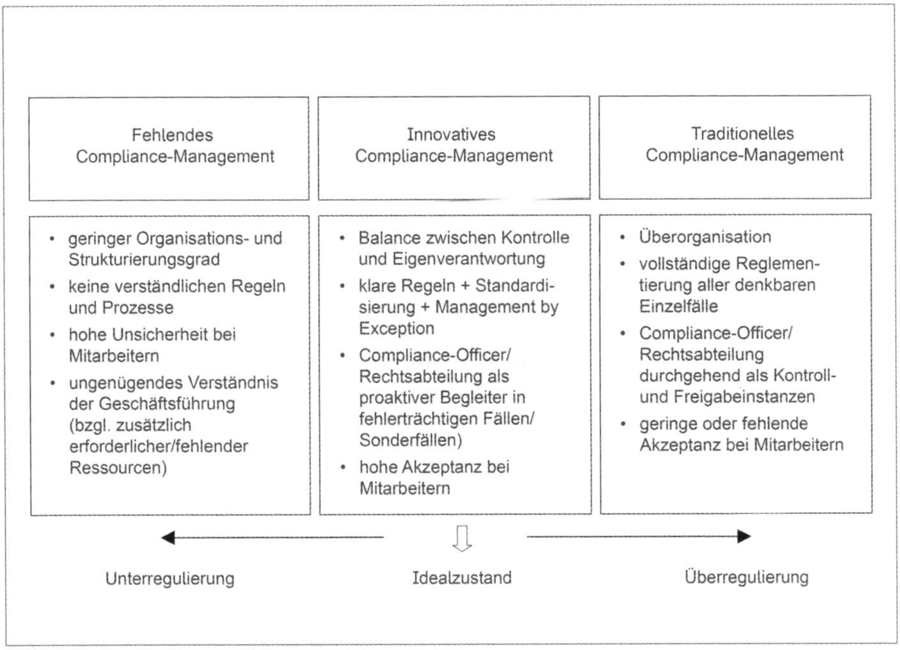

Abb. 14: Typik möglicher Compliance-Szenarien

c) Beispiel: Überprüfung durch Audits

Die Durchführung regelmäßiger Audits ist ein wesentlicher Bestandteil jeder Complian- 128
ce-Organisation. In der betrieblichen Praxis werden Compliance-Audits vielfach als Teil oder im zeitlichen Zusammenhang mit **Wirtschaftsprüfer-Audits** durchgeführt, und zwar mit sehr unterschiedlichen Gegenstandsbereichen, die jedenfalls nicht immer auch sämtliche Compliance relevanten Gesichtspunkte (wie etwa die Einhaltung der einschlägigen Verbands-Kodizes) abdecken. Demgegenüber besteht alternativ die Möglichkeit, eine laufende Überprüfung von ausgewählten Vorgängen durch **elektronische Auditierungstools** vorzunehmen, indem etwa automatisch bestimmte Vorgänge, die sich nach dem Zufallsprinzip, nach dem einschlägigen Vertragsvolumen oder anderen Kriterien richten können, automatisch an interne oder externe Auditeure, etwa in den Controlling-, Finanz- oder Rechtsabteilungen der Unternehmen, weitergeleitet werden, so dass ständig eine be-

stimmte Anzahl von Vorgängen auditiert werden.[116] Dies hat den Vorteil, dass Fehlerquellen oder Ineffizienzen rechtzeitig erkannt werden können und gleichzeitig die Arbeitsbelastung auf die entsprechenden Auditeure gleichmäßig verteilt wird.

d) Beispiel: Bewertung der Effektivität des Compliance-Managements

129 Die ersten drei Beispiele dienen im Ergebnis der Sicherstellung, dass die Compliance-Maßnahmen im täglichen Geschäft umgesetzt werden. Daneben sollte aber auch eine Bewertung der Effektivität des Compliance-Programms selbst erfolgen, denn nur so kann sichergestellt werden, dass die vorhandenen Ressourcen im Bereich der Business-Compliance optimal genutzt werden. Problematisch erscheint dabei aber die Bestimmung der **Kriterien,** an denen die Effektivität gemessen werden soll (sog. **„Key Performance Indicators" – KPI**). Im Gegensatz zu anderen Bereichen, wie zB Produktion oder Sales & Marketing kann nicht pauschal auf eine gewisse Auslastungsquote oder die Relation von Umsatz und Personalaufwand als KPI verwiesen werden. Es bedarf stattdessen einer auf das jeweilige Unternehmen und die entsprechende Compliance-Struktur abgestimmten Festlegung der KPI, die die Effektivität des Compliance-Programms erkennen lassen. Beispiele für solche KPI können jedoch die folgenden Punkte sein:

- Zahl der durchgeführten Schulungen sowie der Mitarbeiter, die an den Schulungen teilgenommen haben
- Umfang der sonstigen Compliance-Maßnahmen (zB Überprüfung einzelner Verträge durch die Compliance-Abteilung, Überwachung von Zulieferern, usw)
- Zahl der Meldungen von Compliance-Verstößen
- Zahl der festgestellten Compliance-Verstöße
- Kosten für das gesamte Compliance-Programm

130 Selbstverständlich kann auch anhand dieser Kriterien **keine pauschale Bewertung** der Effektivität des Compliance-Programms vorgenommen werden, denn zB eine hohe Zahl an Meldungen von Verstößen belegt einerseits, dass viele Mitarbeiter hinreichend sensibilisiert sind, aber auch gleichermaßen, dass die Compliance-Maßnahmen noch zu wenig im alltäglichen Geschäft beachtet werden. Umgekehrt kann eine niedrige Zahl von Meldungen gleichermaßen ein Zeichen für gute Umsetzung der Maßnahmen wie auch für mangelnde Sensibilisierung der Mitarbeiter sein. Eine regelmäßiger Evaluation kann jedoch anhand der **statistischen Veränderungen** der verschiedenen KPIs die Effektivität einzelner Maßnahmen erkennen lassen und damit zur Effektivierung des gesamten Compliance-Managements beitragen.

E. Zusammenfassung

131 Ein **vorbeugendes Risikomanagement** der Unternehmen erfordert vor allem, dass risikobehaftete Geschäftsvorgänge sicher (dh „compliant") gestaltet werden. Zur Einhaltung der Compliance-Anforderungen bestehen keine Alternativen, da sich ansonsten erhebliche Haftungs- und Reputationsrisiken verwirklichen können und das nachhaltige profitable Wachstum des Unternehmens gefährdet wird. Eine möglichst lückenlose Befolgung von Compliance-Vorgaben ist gerade für Unternehmen des Gesundheitssektors eine besonders anspruchsvolle Herausforderung: Die für die Entwicklung und Anwendung von Arzneimitteln oder Medizinprodukten erforderliche enge Zusammenarbeit mit Angehörigen der Fachkreise ist strikt zu trennen von Maßnahmen, die Einfluss auf den Bezug oder die Verordnung von Produkten bzw. die Zuweisung von Patienten haben können. Gleichzeitig sind auch die Unternehmen zunehmend komplexer organisiert. Trotz gestiegener Komple-

[116] Zum Ablauf eines Audits siehe *Schiff* Journal of Medical Device Regulation – November 2008, 15 ff.

xität sind die Erwartungen an die Effizienz und Geschwindigkeit des Compliance-Managements in der betrieblichen Praxis gleichwohl hoch. Die Erwartungen lassen sich regelmäßig nur dann erfüllen, wenn eine passgenaue Compliance-Organisation entwickelt wird und ein Großteil der Vorgänge als **„Normalfälle"** einem **standardisierten Verfahren** unterworfen wird, in dessen Rahmen die Behandlung der Vorgänge mit Hilfe **elektronischer Unterstützungstools** beschleunigt wird. Compliance-Funktionen bzw. die Rechtsabteilungen sollten lediglich bei bestimmten fehleranfälligen Fällen und/oder Sonderfällen eingeschaltet werden müssen.

Kapitel 8. Durchsuchungen und Beschlagnahmen

Literatur: *Bauer,* Zur Frage der Beschlagnahmefreiheit für Unterlagen eines mit internen Ermittlungen beauftragten Rechtsanwalts, StV 2012, 277; *Beyer,* Sicherstellung und Beschlagnahme von Daten auf einem ausländischen Server, AO-StB 2013, 29; *Bornkamm/Montag/Säcker/Meier-Beck,* Münchener Kommentar zum Wettbewerbsrecht, Band 2, 3. Aufl., München 2020; *Clausen/Schroeder-Printzen* (Hrsg.) MAH MedR, 3. Aufl., München 2020; *de Crozals/Jürgens,* Dawn Raids durch die Kartellbehörden – Ablauf, Grenzen und Handlungsoptionen, CCZ 2009, 92; *Graf* (Hrsg.), Beck'scher Online-Kommentar zur StPO, 40. Ed., Stand: 1.7.2021, München 2021; *ders.* (Hrsg.), Beck'scher Online-Kommentar zum OWiG, Stand: 1.10.2021, München 2021; *Gildhoff/Zumdick,* Strafrechtliche Risiken für Unternehmen und deren Rechtsanwälte bei Mock Dawn Raids, BB 2012, 1178; *Glöckner,* Kartellrecht und Compliance, JuS 2017, 905; *Graßie/Hiéramente,* Praxisprobleme bei der IT-Durchsuchung, CB 2019, 191; *Grave/Barth,* Von „Dawn Raids" zu „eRaids" – Zu den Befugnissen der Europäischen Kommission bei Durchsuchung elektronischer Daten", EuZW 2014, 369; *Hamm/Leipold* (Hrsg.), Beck'sches Formularhandbuch für Strafverteidiger, 6. Aufl., München 2018; *Hauschka/Moosmayer/Lösler* (Hrsg.), Corporate Compliance, 3. Aufl., München 2016; *Heinrich,* Die Durchsuchung im Wirtschaftsstrafverfahren, wistra 2017, 219; *Herrmann/Soiné,* Durchsuchung persönlicher Datenspeicher und Grundrechtsschutz, NJW 2011, 2922; *Immenga/Mestmäcker,* Wettbewerbsrecht, 6. Aufl., München, 2021; *Hannich* (Hrsg.), Karlsruher Kommentar zur StPO, 8. Aufl., München, 2019; *Huber,* Grundwissen – Strafprozessrecht: Durchsuchung, JuS 2013, 408; *Kamann/Ohlhoff/Völcker,* Kartellverfahren und Kartellprozess, 1. Aufl., München 2017; *Krekeler/Schütz,* Die Durchsuchung von beziehungsweise in Unternehmen, wistra 1996, 296; *Kudlich* (Hrsg.), Münchener Kommentar zur StPO, Band 1, 1. Aufl., München 2014; → 2. Aufl. erscheint 1/22; *Kusnik,* Wenn die Staatsanwaltschaft im Unternehmen ermittelt: Abläufe und Verhaltensleitlinien bei einer Durchsuchung der Geschäftsräume, CCZ 2015, 22; *Meyer-Goßner/Schmidt* (Hrsg.), Strafprozessordnung, 64. Aufl., München 2021 (Neuauflage in 11/2021); *Michalke,* Wenn der Staatsanwalt klingelt – Verhalten bei Durchsuchung und Beschlagnahme, NJW 2008, 1490; *Müller/Schlothauer,* Münchener Anwaltshandbuch Strafverteidigung, 2. Aufl., München 2021 (Neuauflage in 11/2021); *Nadeborn/Irscheid,* Erzwingung von Zugangsdaten im Strafverfahren, StraFo 2019, 274; *Park,* Durchsuchung und Beschlagnahme, 4. Aufl., München 2018; *Schelzke,* Die „Vereinbarung" anlässlich einer Durchsuchung, NZWiSt 2017, 142; *Schroeder,* Die Durchsuchung im Strafprozess, JuS 2004, 858; *Seeliger/Gänswein,* E-Raids – IT-Durchsuchungen von Unternehmen durch die Europäische Kommission und das Bundeskartellamt, BB 2014, 1027; *Soiné,* Die strafprozessuale Online-Durchsuchung, NStZ 2018, 497; *Soiné,* Erweiterte Zeugenpflichten gegenüber der Polizei im Ermittlungsverfahren, NStZ 2018, 141; *Stellpflug/Hildebrandt/Middendorf,* Gesundheitsrecht Kompendium, 55. Update 12/20, Heidelberg, Dezember 2020; *Clausen/Schroeder-Printzen,* Münchener Anwaltshandbuch Medizinrecht, Handbuch, 3. Aufl., München 2020; *Uwer/von Schreitter,* Kartellrechtliche Internal Investigations im Spiegel der instanz- und verfassungsgerichtlichen Praxis, ZWeR 2019, 506; *Wabnitz/Janovsky/Schmitt,* Handbuch Wirtschafts- und Steuerstrafrecht, 5. Aufl., München 2020; *Walther,* Die strafprozessuale Hausdurchsuchung, JA 2010, 32; *Weitbrecht/Weidenbach,* Achtung, Dawn Raid! Die Rolle des Anwalts bei Durchsuchungen, NJW 2010, 2328; *Wiedemann,* Handbuch des Kartellrechts, 4. Aufl., München 2020; *Wimmer,* Ermittlungsmaßnahmen gegen Konzerne: Die Regelungen der Strafprozessordnung als adäquate Ermächtigung zum Eingriff in die Grundrechte juristischer Personen?, NZWiSt 2017, 252; *Zerbes/El-Ghazi,* Zugriff auf Computer: Von der gegenständlichen zur virtuellen Durchsuchung, NStZ 2015, 425.

Übersicht

A. Einleitung

1 Oft erhalten Beschuldigte und betroffene Unternehmen von gegen sie selbst oder gegen ihre Mitarbeiter geführten Ermittlungsverfahren erstmalig aufgrund von Durchsuchungen Kenntnis.[1] Insbesondere bei Korruptions- und Betrugsvorwürfen gegen Ärzte und Mitarbeiter der Pharma- und Medizinprodukteindustrie erfolgten in der Vergangenheit **groß angelegte, bundesweit koordinierte Durchsuchungen.** Während in Kartellverfahren seit jeher gegen Unternehmen in Ordnungswidrigkeitenverfahren insbesondere wegen schwerer Verstöße (sog. *Hardcore-Kartelle*), wie beispielsweise Preisabsprachen, Gebietsaufteilungen oder Submissionsabsprachen[2] vorgegangen wurde, die oft mit Durchsuchungen begannen und mit der Pflicht zur Zahlung erheblicher Geldbußen endeten, geraten auch immer mehr Unternehmen in den Fokus der Staatsanwaltschaften, die wegen Straftaten von Mitarbeitern oder des Managements dann auch in Ordnungswidrigkeitsverfahren gegen das Unternehmen ermitteln.[3] Oft ist das Bild einer Durchsuchung durch ein **großes Aufgebot von Staatsanwälten und Polizeibeamten bzw. Mitarbeitern des Bundeskartellamts** gekennzeichnet, die gleichzeitig oder in kurzer zeitlicher Abfolge zahlreiche Standorte eines Unternehmens durchsuchen.[4] In Kartellordnungswidrigkeitenverfahren ist regelmäßig das Bundeskartellamt als Kartellbehörde zuständig (§§ 35, 36 Abs. 1 OWiG, §§ 48, 50 GWB), sofern nicht die Staatsanwaltschaft zuständig ist, weil das vorgeworfene Kartellverhalten eine Straftat (insbesondere gem. § 298 StGB oder § 263 StGB) darstellt.[5] Auch im Kartellordnungswidrigkeitenverfahren kommen Beamte der Polizei als Unterstützung der Kartellbehörde zum Einsatz.[6] Diese hat gemäß § 46 OWiG weitgehend die gleichen Kompetenzen wie die Staatsanwaltschaft.[7]

2 Da das **Verhalten von Unternehmensmitarbeitern** bei Durchsuchungen und Beschlagnahmen durch Staatsanwaltschaften und das Bundeskartellamt[8] **für den weiteren Gang des Ermittlungsverfahrens erfahrungsgemäß erhebliche Bedeutung** hat, sollten Unternehmen auf den Ernstfall vorbereitet sein. Zu diesem Zweck werden nachfolgend sowohl die Rechte und Pflichten der Beteiligten bei Durchsuchungen und Beschlagnahmen als auch hilfreiche Verhaltensempfehlungen und Maßnahmen zur Vorbereitung aufge-

---

[1] Ähnlich schon *Michalke* NJW 2008, 1490 (1491).

[2] Siehe hierzu: *Krauß* in Kamann/Ohlhoff/Völcker, Kartellverfahren und Kartellprozess, 1. Aufl. 2017, § 18 Rn. 6; *Glöckner* JuS 2017, 905 (907).

[3] Vgl. *Hauschka/Moosmayer/Lösler* in Hauschka/Moosmayer/Lösler, Corporate Compliance, 3. Aufl. 2016, § 1 Rn. 15 ff.

[4] *Schroeder* JuS 2004, 858 (859).

[5] *Vollmer* in MüKoWettbR, 3. Aufl. 2020, GWB § 81 Rn. 203, 206; *Dannecker/Müller* in Wabnitz/Janovsky/Schmitt, HdB Wirtschafts- und Steuerstrafrecht, 5. Aufl. 2020, Kap. 19 Rn. 53.

[6] *Dannecker/Biermann* in Immenga/Mestmäcker, Wettbewerbsrecht, 6. Aufl. 2020, GWB Vorb. § 81 Rn. 229; *Klusmann* in Wiedemann, HdB des KartellR, 4. Aufl. 2020, § 57 Rn. 14.

[7] *Krauß* in Kamann/Ohlhoff/Völcker, Kartellverfahren und Kartellprozess, 1. Aufl. 2017, § 18 Rn. 31.

[8] Für Nachprüfungen durch die Kommission nach Art. 20, 21 VO [EG] Nr. 1/2003 gelten abweichende Regelungen, die nicht Gegenstand dieses Kapitels sein sollen; näher zu sog. eRaids, *Grave/Barth* EuZW 2014, 369; *Seeliger/Gänswein* BB 2014, 1027.

zeigt. Schließlich werden die einschlägigen Rechtsbehelfe dargestellt, mit denen im Anschluss an eine Durchsuchung und Beschlagnahme deren Rechtswidrigkeit festgestellt werden kann.

B. Durchsuchungen

Aufgrund ihrer hohen Grundrechtsrelevanz darf eine Durchsuchung grundsätzlich nur nach richterlicher Anordnung erfolgen (sog. **Richtervorbehalt,** § 105 Abs. 1 S. 1 StPO). Ein **Durchsuchungsbeschluss** verliert spätestens nach **Ablauf von sechs Monaten** seine rechtfertigende Wirkung. Eine Durchsuchung ist dann nur nach erneuter Prüfung und Anordnung durch den Richter statthaft.[9] 3

Zu unterscheiden sind die **Durchsuchung beim Verdächtigen (§ 102 StPO)** und die **Durchsuchung bei Dritten (§ 103 StPO),** an die jeweils unterschiedliche Anforderungen gestellt werden. Ein Unternehmen kann nicht Verdächtiger einer Straftat sein. Allerdings kommt eine Durchsuchung nach § 102 StPO auch in Betracht, wenn ein Organ oder „befugter Vertreter" verdächtigt ist.[10] Zudem kann dem Unternehmen im Bußgeldverfahren nach § 30 OWiG wegen einer Straftat oder einer Ordnungswidrigkeit einer Leitungsperson eine beschuldigtenähnliche Stellung zukommen, so dass auch in diesem Fall eine Durchsuchung nach § 102 StPO in Betracht kommt.[11] Demgegenüber können Unternehmen in Kartellverfahren im Hinblick auf die zugrundeliegende Ordnungswidrigkeit selbst Beschuldigte sein. Das folgt aus §§ 9, 30 OWiG, wonach die Unternehmereigenschaft ein besonderes persönliches Merkmal ist und zugleich das Verhalten der handelnden Person dem Unternehmen zugerechnet wird.[12] An die Durchsuchung bei Dritten werden höhere Anforderungen als bei Verdächtigen gestellt, da der Verdächtige „durch die Erregung des Verdachts strengere Maßnahmen ertragen muss".[13] Die Durchsuchung beim Verdächtigen (beispielsweise beim Mitarbeiter zuhause) darf zwecks seiner Ergreifung (sog. Ergreifungsdurchsuchung) und zur Beweissicherung (sog. Ermittlungsdurchsuchung) durchgeführt werden; die Durchsuchung bei Dritten (beispielsweise beim Unternehmen) hingegen zwecks Ergreifung eines Beschuldigten, also einer Person gegen die bereits ein Verfahren eingeleitet wurde (sog. beschränkte Ergreifungsdurchsuchung) und zum Auffinden bestimmter Gegenstände und Spuren (sog. beschränkte Ermittlungsdurchsuchung). Wegen der unterschiedlichen Voraussetzungen der Durchsuchung beim Verdächtigen und beim Dritten weichen auch die jeweiligen Durchsuchungsbeschlüsse inhaltlich voneinander ab. Der **Durchsuchungsbeschluss** hat insbesondere Angaben zur verdächtigen Person, zum Tatvorwurf (Straftat oder [Kartell-]Ordnungswidrigkeit), zur Auffindungsvermutung, zu den aufzufindenden Beweismitteln, zum Durchsuchungszweck, zum Durchsuchungsobjekt sowie zur Verhältnismäßigkeit zu enthalten.[14] So reicht es in einem Kartellordnungswidrig- 4

[9] *Michalke* NJW 2008, 1490 (1491).

[10] BGH 22.8.1996 – 5 StR 159/96; *Park* in Park, Durchsuchung und Beschlagnahme, 4. Aufl. 2018, § 2 Rn. 111; *Bruns* in KK-StPO, 8. Aufl. 2019, § 102 Rn. 8; *Hauschild* in MüKoStPO, 1. Aufl. 2014, § 102 Rn. 4; abweichend *Walther* JA 2010, 32 (35), der § 102 StPO nur dann als taugliche Rechtsgrundlage ansieht, wenn „das Handeln der natürlichen Person dem Unternehmen nutzt, so dass es als wirtschaftlicher Mittäter angesehen werden kann; zum Meinungsstreit insgesamt *Krekeler/Schütz* wistra 1996, 296 (297).

[11] Vgl. *Rogall* in KK-OWiG, 5. Aufl. 2018, § 30 Rn. 219; *Mayberg* in BeckOK OWiG, 32. Ed., Stand: 1.10.2021, § 30 Rn. 114a; *Wimmer* NZWiSt 2017, 252 (254).

[12] BGH NZKart 2014, 236 (237); *Dannecker/Biermann* in Immenga/Mestmäcker, Wettbewerbsrecht, 6. Aufl. 2021, GWB Vorb. § 81 Rn. 261.

[13] *Schroeder* JuS 2004, 858 (860).

[14] BVerfG NStZ 2002, 212; eine umfassendere Checkliste für eine Rechtmäßigkeitsprüfung eines Durchsuchungsbeschlusses im Fall der Durchsuchung beim Verdächtigen findet sich bei *Park* in Park, Durchsuchung und Beschlagnahme, 4. Aufl. 2018, § 2 Rn. 89.

keitenverfahren wegen Preis- oder Gebietsabsprachen beispielsweise nicht aus, wenn die gesuchten Beweismittel unspezifisch als „solche Unterlagen", die Anhaltspunkte auf die vorgeworfenen Absprachen enthalten können, bezeichnet werden.[15] Im Durchsuchungsbeschluss zur Rechtfertigung einer Durchsuchung beim Dritten müssen Angaben zum Beschuldigten statt zum Verdächtigen[16] und eine Begründung enthalten sein, aufgrund welcher konkreten Tatsachen davon auszugehen ist, dass sich das gesuchte Beweismittel beim unverdächtigen Dritten befindet.[17] Für die Durchsuchung beim Verdächtigen reicht die bloße Vermutung, dass er in den Räumen ergriffen wird oder sich dort Beweismittel befinden. Fehlt auch nur einer der vorgenannten Punkte, ist der Beschluss unwirksam.

5 **Ausnahmsweise** darf die Durchsuchung auch von der Staatsanwaltschaft und ihren Ermittlungspersonen angeordnet werden, **wenn Gefahr im Verzug besteht**[18], deren tatsächliche Voraussetzungen vorgebracht und dokumentiert werden müssen.[19] Von Gefahr im Verzug darf nur ausgegangen werden, wenn die **naheliegende Möglichkeit** besteht, dass die Einholung einer richterlichen Anordnung zu einer **Gefährdung des Durchsuchungserfolgs** führen wird, weil ein Verlust des Beweismittels bei weiterem Zuwarten zu befürchten ist.[20] Tatsächlich ist durch die Beschaffung eines richterlichen Durchsuchungsbeschlusses – gerade durch die richterlichen Notdienste – allenfalls ein Zeitverlust von wenigen Stunden zu befürchten, der nur in den wenigsten Fällen einen drohenden Beweisverlust zu begründen vermag.[21]

6 Die Pflichten des Betroffenen bestehen hauptsächlich in der **Duldung des Betretens der Räumlichkeiten sowie der Durchsuchung von Gegenständen,** soweit diese vom Durchsuchungsbeschluss erfasst werden. Sofern (körperlicher) Widerstand geleistet wird, können die Durchsuchungsbeamten zur Durchsetzung der Durchsuchung auch Zwang anwenden.[22] Allerdings ist der Beschuldigte aufgrund der Selbstbelastungsfreiheit (sog. *Nemo-tenetur-Grundsatz*) nicht verpflichtet, Passwörter oder PINs herauszugeben.[23]

C. Beschlagnahmen

7 Die Sicherstellung von beweglichen Gegenständen, die als Beweismittel von Bedeutung sein können, kann im Wege der (formlosen) Sicherstellung oder (förmlichen) Beschlagnahme erfolgen.[24] Unter einer Sicherstellung als Oberbegriff versteht man *„die Herstellung der staatlichen Gewalt über den Gegenstand durch dessen Ingewahrsamnahme […]"*.[25] Sie erfolgt **formlos** durch den Realakt der Ingewahrsamnahme, wenn der Gewahrsamsinhaber die

[15] LG Bonn 9.6.2004 – 37 Qs 14/04, das den Durchsuchungsbeschluss wie folgt zitiert: „Es ist zu erwarten, dass die Durchsuchung zur Auffindung solcher Unterlagen führen wird".

[16] Eine umfassendere Checkliste für eine Rechtmäßigkeitsprüfung eines Durchsuchungsbeschlusses im Fall der Durchsuchung beim Dritten findet sich bei *Park* in Park, Durchsuchung und Beschlagnahme, 4. Aufl. 2018, § 2 Rn. 132.

[17] *Michalke* NJW 2008, 1490 (1491).

[18] Eine Checkliste für die Rechtmäßigkeitsprüfung einer Durchsuchungsanordnung wegen Gefahr im Verzug finden sich bei *Park* in Park, Durchsuchung und Beschlagnahme, 4. Aufl. 2018, § 2 Rn. 107.

[19] *Schmitt* in Meyer-Goßner/Schmitt, StPO, 64. Aufl. 2018, § 105 Rn. 2.

[20] BVerfG NJW 2001, 1121 (1122); *Hauschild* in MüKoStPO, 1. Aufl. 2014, § 105 Rn. 8; *Heinrich* wistra 2017, 219 (222).

[21] *Sommer/Tsambikakis* in Clausen/Schroeder-Printzen (Hrsg.), MAH MedR, 3. Aufl. 2020, § 3 Rn. 312.

[22] *Michalke* NJW 2008, 1490 (1492).

[23] Vgl. *Nadeborn/Irscheid* StraFo 2019, 274 (274 f.).

[24] *Schmitt* in Meyer-Goßner/Schmitt, StPO, 64. Aufl. 2021, § 94 Rn. 11 ff.; *Greven* in KK-StPO, 8. Aufl. 2019, § 94 Rn. 15.

[25] *Gerhold* in BeckOK StPO, 40. Ed., Stand: 1.7.2021, § 94 Rn. 14.

Sache (ausdrücklich oder stillschweigend) **freiwillig** herausgibt.[26] Eine **(förmliche) Beschlagnahme** liegt hingegen vor, wenn die Sache **nicht freiwillig** herausgegeben wird[27] und die Sicherstellung daher aufgrund einer ausdrücklichen **Anordnung** durch ein Gericht oder bei Gefahr im Verzug durch die Staatsanwaltschaft oder ihre Ermittlungspersonen (§ 98 Abs. 1 StPO) bzw. eine Kartellbehörde (→ Rn. 1) erfolgt. Allerdings braucht der Gewahrsamsinhaber nicht gefragt zu werden, ob er mit der Herausgabe einverstanden ist, so dass die (förmliche) Beschlagnahme auch dann zulässig ist, wenn an sich eine (formlose) Sicherstellung möglich gewesen wäre.[28] Zwar hat der Betroffene das Recht, einer **Sicherstellung** von Dokumenten, anderen Gegenständen und Daten zu widersprechen; er muss jedoch bei einer widersprochenen Sicherstellung die **Beschlagnahme** der Gegenstände dulden. Nachträglich kann er die Rechtmäßigkeit der Sicherstellung und Beschlagnahme überprüfen lassen (näher hierzu Abschnitt F., → Rn. 41 f.).

Neben den für das Verfahren relevanten Beweismitteln können Durchsuchungsbeamte 8
auch Dokumente, andere Gegenstände und Daten **einstweilen beschlagnahmen,** die sich auf andere als die in dem Durchsuchungsbeschluss genannten Straftaten beziehen (sog. **Zufallsfunde,** § 108 Abs. 1 S. 1 StPO).[29] Eine **gezielte Suche** nach Zufallsfunden ist jedoch **unzulässig.**[30] Ein Verstoß hiergegen kann zu einem Beweisverwertungsverbot führen.[31] Sobald die Staatsanwaltschaft oder die Kartellbehörde (§ 46 OWiG) von der einstweiligen Beschlagnahme erfahren und den Gegenstand oder die Daten erhalten hat, muss sie eine **endgültige Beschlagnahme** durch das Gericht herbeiführen. Deuten die Zufallsfunde auf eine andere Tat als eine Kartellordnungswidrigkeit hin, für die die Kartellbehörde nicht zuständig ist, so ist die zuständige Verfolgungsbehörde zu informieren.[32] Die endgültige Beschlagnahme hat durch den Richter der neuen Ermittlungssache zu erfolgen, da keine Gefahr im Verzug mehr vorliegt.[33] Sollte die Staatsanwaltschaft bzw. die Kartellbehörde es versäumen, in angemessener Frist ein Verfahren einzuleiten und die endgültige Beschlagnahme zu beantragen, muss die einstweilige Beschlagnahme aufgehoben und der Gegenstand oder die Daten wieder freigegeben werden.[34]

Sollen Dokumente beschlagnahmt werden, haben Durchsuchungsbeamte grundsätzlich 9
das Recht, **Originalunterlagen** mitzunehmen. Da Störungen im Betriebsablauf jedoch so gering wie möglich zu halten sind (Verhältnismäßigkeitsgrundsatz), muss es dem Unternehmen zumindest gestattet werden, Kopien von Dokumenten anzufertigen, die für die Geschäftsfortführung wichtig sind.[35]

Zwar gelten für die Durchsuchung von Datenträgern und der Beschlagnahme elektroni- 10
scher Daten die allgemeinen Grundsätze[36]; allerdings treten hierbei eine Reihe von Einzelthemen auf, die aus den **Besonderheiten der elektronischen Datenverarbeitung** resultieren. Auf die drei Relevantesten soll hier in der gebotenen Kürze eingegangen werden:

Die **Beschlagnahme elektronischer Daten** kann auf verschiedene Weise erfolgen, 11
beispielsweise durch Beschlagnahme von Hardware (Computer, Laptops, Festplatten, USB-Sticks, etc), die Erstellung von elektronischen Datenkopien oder den Ausdruck von Daten-

---

[26] *Gerhold* in BeckOK StPO, 40. Ed., Stand: 1.7.2021, § 94 Rn. 15.

[27] *Schmitt* in Meyer-Goßner/Schmitt, StPO, 64. Aufl. 2021, § 94 Rn. 13.

[28] *Greven* in KK-StPO, 8. Aufl. 2019, § 94 Rn. 1 mit Verweis auf BGH NJW 1992, 1973.

[29] *Huber* JuS 2013, 408 (408).

[30] *Hegmann* in BeckOK StPO, 40. Ed., Stand: 1.7.2021, § 108 Rn. 4; *Park* in Park, Durchsuchung und Beschlagnahme, 4. Aufl. 2018, § 2 Rn. 222 mwN.

[31] LG Hamburg 6.8.2008 – 632 Qs 33/08; *Hauschild* in MüKoStPO, 1. Aufl. 2014, § 108 Rn. 12; *Schroeder* JuS 2004, 858 (862).

[32] *Krauß* in Kamann/Ohlhoff/Völcker, Kartellverfahren und Kartellprozess, 1. Aufl. 2017, § 18 Rn. 46.

[33] *Bruns* in KK-StPO, 8. Aufl. 2019, § 108 Rn. 5.

[34] *Schmitt* in Meyer-Goßner/Schmitt, StPO, 64. Aufl. 2021, § 108 Rn. 7 mwN auf die Rspr.

[35] *Weitbrecht/Weidenbach* NJW 2010, 2328 (2329); *de Crozals/Jürgens* CCZ 2009, 92 (95).

[36] *Park* in Park, Durchsuchung und Beschlagnahme, 4. Aufl. 2018, § 4 Rn. 795.

beständen in Papierform. Häufig wird in der Praxis die gesamte Hardware beschlagnahmt und anschließend der auf dieser Hardware gespeicherte Datenbestand in einem speziellen Verfahren von den Ermittlungsbehörden gespiegelt.[37] Um die Mitnahme der Hardware zu verhindern, ist zu überlegen, ob es im Einzelfall zweckmäßig ist, einzelne Passwörter preiszugeben, um den Durchsuchungsbeamten den Zugriff auf die gesuchten Daten zu ermöglichen. Eine Beschlagnahme der Hardware würde dadurch grundsätzlich unverhältnismäßig werden.[38]

12 Ein **Online-Zugriff auf Server, die sich an anderen Standorten (innerhalb Deutschlands) befinden,** ist grundsätzlich nur zulässig, soweit der Durchsuchungsbeschluss sich auch auf den Standort des Servers bezieht. Kann ein Zugriff auf das externe Speichermedium allerdings aus den vom Durchsuchungsbeschluss umfassten Räumlichkeiten heraus erfolgen, ist der Zugriff ebenfalls zulässig (§ 110 Abs. 3 StPO).[39] Das entspricht auch der Praxis der Kartellbehörden.

13 Anders verhält es sich, wenn auf ein **Speichermedium** zugegriffen wird, was sich **im Ausland** befindet. Nach überwiegender Auffassung ist bei einem Standort des Servers außerhalb von Deutschland ein Zugriff auf die Serverdaten ausschließlich im Wege eines **Rechtshilfeverfahrens** zulässig, da andernfalls die Souveränität des ausländischen Staates beeinträchtigt würde.[40] Ausnahmsweise ist keine Rechtshilfe erforderlich, wenn der Staat, in dem sich der Server befindet, der **Cybercrime-Konvention** des Europarates beigetreten ist und entweder ein Zugriff auf öffentlich zugänglich gespeicherte Daten erfolgt (Art. 32 lit. a) oder wenn eine rechtmäßige und freiwillige Zustimmung der Person eingeholt wird, die rechtmäßig befugt ist, die Daten mittels dieses Computersystems an den ersuchenden Staat weiterzugeben (Art. 32 lit. b).[41] Doch selbst wenn die Daten unter Verstoß gegen das internationale Recht erlangt worden sind, wird ein Beweisverwertungsverbot wohl nur dann angenommen werden können, soweit ein willkürlicher oder absichtlicher Verstoß erfolgte.[42] Sofern die Durchsuchungsbeamten davon ausgehen konnten, dass sich die Daten nicht auf einem ausländischen Speichermedium befinden, sind die auf diese Weise sichergestellten Daten in der Regel verwertbar.[43] Im Fall der Durchsuchung und Beschlagnahme bei der Rechtsanwaltskanzlei Jones Day ordnete das LG München im Zusammenhang mit dem sog. „Dieselskandal" die Herausgabe von elektronischen Daten an, wohl weil diese willkürlich von einem belgischen Server der Kanzlei heruntergeladen wurden.[44] Die bloße Möglichkeit, dass sich die Daten auf einem Server im Ausland befinden könnten, genügt für sich allein nicht, um eine Rechtshilfeverpflichtung auszulösen.[45] Wenn sich der Server im Ausland befindet, sollten die Durchsuchungsbeamten darauf hingewiesen werden, damit sie „bösgläubig" werden und ein dennoch erfolgter eigener Zugriff auf die Daten als willkürlicher oder absichtlicher Verstoß angesehen werden kann.

---

[37] So auch *Graßie/Hiéramente* CB 2019, 191 (192); *Sommer/Tsambikakis* in Clausen/Schroeder-Printzen (Hrsg.), MAH MedR, 3. Aufl. 2020, § 3 Rn. 319.

[38] Vgl. BVerfG NJW 2006, 976; 2005, 1917; *Graßie/Hiéramente* CB 2019, 191 (196); *Michalke* NJW 2008, 1490 (1492).

[39] Siehe dazu auch *Herrmann/Soiné* NJW 2011, 2922 (2925).

[40] *Graf* in BeckOK StPO, 40 Ed., Stand: 1.8.2021, § 100a Rn. 263; *Park* in Park, Durchsuchung und Beschlagnahme, 4. Aufl. 2018, § 4 Rn. 806; *Zerbes/El-Ghazi* NStZ 2015, 425 (430); *Beyer* AO-StB 2013, 29 (29).

[41] Die Cybercrime-Konvention ist abrufbar unter: https://www.coe.int/en/web/conventions/full-list/?module=treaty-detail&treatynum=185 (zul. abgerufen am 27.10.2021).

[42] Vgl. BVerfG NJW 2006, 2684 (2686).

[43] *Graf* in BeckOK StPO, 40. Ed., Stand: 1.8.2021, § 100a Rn. 263.

[44] BVerfG 27.6.2018 – 2 BvR 1562/17 Rn. 8, 11, 12.

[45] *Soiné* NStZ 2018, 497 (500).

D. Unternehmensinterne Prävention

Durch eine **sorgfältige Vorbereitung** auf mögliche Durchsuchungen und Beschlagnahmen können Unternehmen den **Überrumpelungseffekt für ihre Mitarbeiter so gering wie möglich halten,** damit diese trotz der Ausnahmesituation in der Lage sind, strukturiert und im Interesse des Unternehmens zu handeln. Um gut vorbereitet zu sein, sollten mindestens die folgenden Maßnahmen ergriffen werden: 14

Es sollte festgelegt werden, **wer** (Geschäftsleitung, zuständige Abteilungsleiter, Compliance-Abteilung, etc), **wann, von wem und in welcher Reihenfolge** im Falle einer Durchsuchung **kontaktiert** werden soll. Es empfiehlt sich ebenfalls festzulegen, welche Unternehmensmitarbeiter die Beamten bei der Durchsuchung begleiten (sog. **„Shadow-Team"**), um eine durchgehende Überwachung und Unterstützung zu gewährleisten.[46] Zudem sollte im Unternehmen ein **Durchsuchungsbeauftragter** bestimmt werden, der das Vorgehen bei Eintreffen der Durchsuchungsbeamten koordiniert und auch als Ansprechpartner für diese zur Verfügung steht. Gleichzeitig vermittelt er zwischen den Durchsuchungsbeamten und den Unternehmensmitarbeitern und steht den Unternehmensmitarbeitern bei aufkommenden Fragen – auch während der Durchsuchung – als Ansprechpartner zur Verfügung. Darüber hinaus hat es sich in der Praxis bewährt, einen **IT-Mitarbeiter** zu benennen, der die Durchsuchung in technischer Hinsicht begleitet und für die IT-Forensiker der Ermittlungsbehörde als Ansprechpartner zur Verfügung steht. Ferner sollten **Mitarbeiter als Protokollführer** vorgesehen werden, die über den gesamten Ablauf der Durchsuchung Protokoll führen, damit später genau rekonstruiert werden kann, in welchen Räumen die Durchsuchungsbeamten waren, welche Fragen gestellt und welche Antworten gegeben wurden, welche Akten und Datenträger durchsucht wurden, welche Dokumente und Daten beschlagnahmt wurden und ob es Streitpunkte gab. Dies erleichtert die Vorbereitung einer eventuell erforderlichen Verteidigung. Da die verschiedenen Aufgaben insbesondere bei umfangreichen Durchsuchungen mit einer großen Zahl an Ermittlern und an verschiedenen Standorten von den Unternehmen nicht selbst erledigt werden können, empfiehlt es sich in aller Regel, unverzüglich Unterstützung durch externe Anwälte anzufordern. Dazu sollten sich Unternehmen rechtzeitig vergewissern, welche Anwälte kurzfristig vor Ort sein können, um die Durchsuchung zu begleiten. 15

Da nicht nur die richtigen Personen informiert werden müssen, sondern sich die Mitarbeiter auch noch möglichst richtig verhalten sollen, bietet sich die Ausarbeitung eines **doppelseitigen unternehmensinternen Ablaufplans** an. Auf dessen Vorderseite sind die im Falle einer Durchsuchung der Reihenfolge nach zu **kontaktierenden Personen** samt Kontaktdetails sowie die für die Anrufe zuständige(n) Person(en) aufzuführen. Auf der Rückseite ist eine stichpunktartige **Checkliste zu den Verhaltensweisen bei Durchsuchungen und Beschlagnahmen** abzubilden. Dieser Ablaufplan sollte allen Mitarbeitern, die mit Durchsuchungen in Berührung kommen könnten, bei Beginn ihres Arbeitsverhältnisses ausgehändigt werden. Er sollte zudem **beim Pförtner am Eingangsbereich und an der Rezeption** hinterlegt werden[47], da die Durchsuchungsbeamten hier regelmäßig zuerst vorstellig werden. Auf diese Weise kann gewährleistet werden, dass umgehend nach Kenntniserlangung von der Durchsuchung alle notwendigen Maßnahmen ergriffen werden und keine wertvolle Zeit verstreicht. 16

Neben dem Ablaufplan ist die Implementierung einer **Durchsuchungsrichtlinie** sinnvoll. Auch dieses Dokument sollte Unternehmensmitarbeitern, die mit Durchsuchungen in Berührung kommen könnten, bei Beginn ihres Arbeitsverhältnisses ausgehändigt werden 17

[46] *Weitbrecht/Weidenbach* NJW 2010, 2328 (2328).
[47] *Michalke* NJW 2008, 1490 (1490); *Weitbrecht/Weidenbach* NJW 2010, 2328 (2329).

und am Arbeitsplatz (online) zur Verfügung stehen. Denkbar ist heutzutage auch die Nutzung von unternehmenseigenen **Durchsuchungs-Apps** oder Durchsuchungs-Apps, die von Rechtsanwaltskanzleien angeboten werden.

18 Neben einem solchen internen Ablaufplan, ist es unerlässlich, eine **externe Kommunikationsstrategie** gegenüber Kunden, Aktionären/Gesellschaftern, Behörden, den Medien und der Öffentlichkeit im Allgemeinen auszuarbeiten, um Vertrauens- und Imageverluste zumindest zu reduzieren. Aufgrund der Dynamik der medialen Berichterstattung sollte eine solche Krisenkommunikation nicht unterschätzt werden. Daher ist es ratsam, festzulegen, wer, wann, was, wie und wo mitteilen darf.

19 Außerdem sollten klare **Regelungen zur Ablage und Speicherung von Daten** im Unternehmen getroffen und kommuniziert werden, die auch die Archivierung von E-Mails und Geschäftsunterlagen umfasst. Hierdurch können die gesuchten Dokumente und Daten schnell ausfindig gemacht werden mit der Folge, dass Durchsuchungen schneller zum Abschluss gebracht werden können, ohne dass den Beamten mehr Dokumente und Daten als nötig offenbart werden müssen.

20 Alle Mitarbeiter, die mit möglichen Durchsuchungs- und Beschlagnahmemaßnahmen befasst sein könnten, sollten in regelmäßigen Abständen an **Durchsuchungsschulungen** teilnehmen. Hierin sollten sie mit grundsätzlichen Abläufen von Durchsuchungen und mit den vom Unternehmen als sinnvoll festgelegten Verhaltensweisen vertraut gemacht werden.[48] Darüber hinaus sollte den Unternehmensmitarbeitern erklärt werden, welche Rechte und Pflichten sie im Falle einer Durchsuchung haben. Ergänzend besteht die Möglichkeit der Durchführung von simulierten Durchsuchungen *(„Mock Dawn Raid")*, um den Lernerfolg zu verbessern und Abläufe für den Ernstfall zu optimieren.[49] *Mock Dawn Raids* haben sich zwischenzeitlich zu einem wichtigen Baustein einer realistischen Vorbereitung der Mitarbeiter auf Durchsuchungssituationen entwickelt.

E. Verhalten bei Durchsuchungen und Beschlagnahmen

21 Stehen die Durchsuchungsbeamten erst einmal vor der Tür, können grundsätzlich weder die Durchsuchung selbst noch mit ihr einhergehende Beschlagnahmen abgewendet werden. Durch richtige Verhaltensweisen kann aber verhindert werden, dass die Durchsuchung größere vermeidbare Nachteile für das Unternehmen mit sich bringt. Allgemein gilt, dass während der gesamten Durchsuchung grundsätzlich ein **ruhiges und freundliches Verhalten** angebracht ist. Ziel sollte es sein, dass die Durchsuchung schnellstmöglich abgeschlossen wird, um mediale Aufmerksamkeit, Störungen im Betriebsablauf oder gar Zwangsmaßnahmen zu vermeiden.[50] Eine **Kooperation mit den Durchsuchungsbeamten** ist praktisch sinnvoll, sollte allerdings **maßvoll** betrieben werden und **nicht auf Kosten der eigenen Rechtsposition** gehen. Soweit erforderlich, sind bestimmte Mitwirkungshandlungen abzulehnen. Entsprechende Anforderungen sollten im Ton verbindlich, aber in der Sache klar und bestimmt erfolgen. Keinesfalls sollten Dokumente, Daten oder andere mögliche Beweismittel vernichtet, verändert oder versteckt werden,[51] da ein solches Verhalten im schlimmsten Fall als **Strafvereitelung (§ 258 StGB)** verfolgt und wegen Verdunkelungsgefahr Untersuchungshaft angeordnet werden könnte.[52] Ausschließlich die Strafvereitelung zu eigenen Gunsten oder zugunsten eines Angehörigen ist straffrei (§ 258 Abs. 5, 6 StGB). Nicht privilegiert ist, wer lediglich Kollegen oder das Unternehmen schützen möchte. In

[48] Vgl. *Weitbrecht/Weidenbach* NJW 2010, 2328 (2328).

[49] *De Crozals/Jürgens* CCZ 2009, 92 (97); zu den strafrechtlichen Risiken einer sog. „Mock Dawn Raid", siehe *Gildhoff/Zumdick* BB 2012, 1178.

[50] *Graßie/Hiéramente* CB 2019, 191 (196).

[51] *Weitbrecht/Weidenbach* NJW 2010, 2328 (2329).

[52] *Michalke* NJW 2008, 1490 (1492).

Kartellbußgeldverfahren kann die Vernichtung von Unterlagen durch das Bundeskartellamt als erschwerender Umstand bei der Verhängung von Geldbußen berücksichtigt werden. Mit der 10. GWB-Novelle ist darüber hinaus ein eigenständiger Ordnungswidrigkeitentatbestand (§ 81 Abs. 2 Nr. 9 GWB) eingeführt worden, der eingreift, wenn ein Unternehmen die Durchsuchungen von Geschäftsräumen oder geschäftlich genutzten Sachen nicht duldet. Es erscheint nicht ganz fernliegend, dass aus Sicht des Bundeskartellamts hiervon künftig auch Fälle der Vernichtung von Unterlagen erfasst werden sollen. Ungeachtet dessen sollten alle Unternehmensmitarbeiter darauf hingewiesen werden, dass strikt davon abzuraten ist, zu den untersuchten Vorwürfen oder den bei der Durchsuchung gefundenen Dokumenten, Daten und anderen Beweismitteln **Angaben zu machen, ohne zuvor von einem Rechtsanwalt beraten worden zu sein.**[53]

I. Bei Eintreffen der Durchsuchungsbeamten

Direkt zu Beginn der Durchsuchung sollten – dem Ablaufplan entsprechend – die **Geschäftsleitung,** die **Rechts- oder Compliance-Abteilung** und der **externe Rechtsanwalt** benachrichtigt werden.[54] Sollten die Durchsuchungsbeamten versuchen, die Kontaktaufnahme zum Rechtsanwalt zu verhindern, ist es wichtig, dem entschieden entgegenzutreten und darauf hinzuweisen, dass eine Kontaktaufnahme unter keinen Umständen verwehrt werden dürfe. Notfalls hat ein Durchsuchungsbeamter den Rechtsanwalt selbst anzurufen, sofern der Verdacht besteht, es solle eine andere Person angerufen oder sonstige Versuche zur Beweisvernichtung unternommen werden.[55] In Ausnahmefällen können die Behörden durchaus auch zeitlich begrenzte Kontaktsperren anordnen, um dem planmäßigen Ablauf der Durchsuchungsaktion nicht zu gefährden. Sollten die Durchsuchungsbeamten planen, die Durchsuchung bereits vor Ankunft eines Rechtsanwalts zu beginnen, sollten diese gebeten werden, **auf das Eintreffen des Rechtsanwalts zu warten.** Einer solchen Bitte wird in der Praxis regelmäßig entsprochen.[56] Dies gilt vor allem dann, wenn die Durchsuchungsbeamten die Zeit bereits sinnvoll nutzen können, etwa um sich im zur Verfügung gestellten Raum einzurichten, und ihnen eine konkrete, überschaubare Zeitdauer bis zum Eintreffen des Verteidigers genannt werden kann.[57] Eine Dauer von dreißig Minuten sollte jedenfalls noch als „überschaubar" gelten. Ein Anspruch darauf, dass mit der Durchsuchung bis zum Eintreffen des Rechtsanwalts gewartet wird, besteht jedoch nicht.[58] 22

Die Durchsuchungsbeamten sollten nach Möglichkeiten in einen **ungenutzten Konferenz- oder Büroraum** geleitet werden, in dem sich keine Dokumente, Computer oder Speichermedien befinden. Dieser sollte ihnen während der gesamten Durchsuchung als „Einsatzzentrale" vor Ort angeboten werden. 23

Anschließend sollte von den Durchsuchungsbeamten eine **Kopie des Durchsuchungsbeschlusses** erbeten werden, der sorgfältig zu prüfen ist.[59] Denn dem Beschluss können insbesondere Informationen zu den Tatvorwürfen, den verdächtigen/beschuldigten Personen und der maßgeblichen Rechtsgrundlage der Durchsuchung entnommen werden. Zudem ermöglicht die Kenntnis des Beschlusses eine Einschätzung, ob die durchgeführte 24

---

[53] *Park* in Park, Durchsuchung und Beschlagnahme, 4. Aufl. 2018, § 2 Rn. 270.

[54] Ebenso *Weimann/Auffermann/Vogel* in Stellpflug/Hildebrandt/Middendorf, Gesundheitsrecht Kompendium, 55. Update 12/20, Teil K. Strafrecht, Abschnitt A, 2.1.2.5.1 Durchsuchungen Rn. 70; *Michalke* NJW 2008, 1490 (1490); *Weitbrecht/Weidenbach* NJW 2010, 2328 (2329).

[55] *Sommer/Tsambikakis* in Clausen/Schroeder-Printzen (Hrsg.), MAH MedR, 3. Aufl. 2020, § 3 Rn. 310.

[56] *Park* in Park, Durchsuchung und Beschlagnahme, 4. Aufl. 2018, § 2 Rn. 161, 204, 272.

[57] *Michalke* NJW 2008, 1490 (1491); *Weitbrecht/Weidenbach* NJW 2010, 2328 (2329).

[58] *Park* in Park, Durchsuchung und Beschlagnahme, 4. Aufl. 2018, § 2 Rn. 204; *Michalke* NJW 2008, 1490 (1491); *Weitbrecht/Weidenbach* NJW 2010, 2328 (2329).

[59] *Michalke* NJW 2008, 1490 (1491).

Maßnahme örtlich, räumlich und – hinsichtlich der beschlagnahmten Gegenstände – auch inhaltlich von dem Beschluss gedeckt ist.[60] Kann ein richterlicher Beschluss nicht vorgelegt werden und wird stattdessen die Maßnahme mit **Gefahr im Verzug** begründet, so müssen die Gründe, die für die Eilbedürftigkeit angeführt werden, aktenkundig gemacht werden. Falls keine oder ungenügende Gründe vorgebracht werden, ist darauf zu achten, dass die Aufforderung an die Durchsuchungsbeamten, die Gründe zu nennen, sowie die gegebene Antwort im Durchsuchungsprotokoll festgehalten werden.[61] Notfalls oder auch in Ergänzung hierzu sollten Unternehmensmitarbeiter auch eigene Notizen anfertigen.

25 Außerdem sollten **Namen, Dienstgrade und Dienststellen** sämtlicher an der Durchsuchung **beteiligter Durchsuchungsbeamten** schriftlich dokumentiert werden. Insbesondere sollte von allen Beamten die **Vorlage der Dienstausweise** erbeten werden, die, sofern möglich, zu Dokumentationszwecken kopiert werden sollen.[62]

II. Während der Durchsuchung und Beschlagnahme

1. Allgemein

26 Um die Durchsuchung abzukürzen, ist es angezeigt, die Durchsuchungsbeamten zu fragen, welche Dokumente und Daten sie suchen. Die Durchsuchungsbeamten können sodann **gezielt an den Ort ihrer Aufbewahrung geführt** werden. Vermieden werden sollte, dass Dokumente und Daten durchgesehen werden, die für das konkrete Ermittlungsverfahren nicht von Relevanz sind. Hierdurch nimmt auch die Wahrscheinlichkeit ab, dass die Durchsuchungsbeamten auf Zufallsfunde (→ Rn. 8) stoßen.[63]

27 Sofern die Durchsuchungsbeamten Original-Dokumente oder Datenträger beschlagnahmen, sollten **Dokumente und Daten in Absprache mit den Durchsuchungsbeamten kopiert** werden, um den ordnungsgemäßen weiteren Geschäftsgang im Unternehmen nicht zu gefährden. Es sollte **möglichst frühzeitig** begonnen werden, notwendige Kopien anzufertigen.[64] Die beschlagnahmten Dokumente und Daten sollten sorgfältig schriftlich dokumentiert werden. Dabei sollte stets bedacht werden, dass auch derartige Notizen beschlagnahmt werden können. Ist das Unternehmen selbst Beschuldigter in einem Ordnungswidrigkeitenverfahren, kann der Beschlagnahme dadurch entgegengewirkt werden, dass die Protokollierung durch einen vom Unternehmen mit der Verteidigung beauftragten externen Rechtsanwalt erfolgt. Denn dann dürfte unter den Voraussetzungen des § 97 Abs. 1 Nr. 1–3, Abs. 2 StPO ein Beschlagnahmeverbot greifen. Obwohl nur § 97 Abs. 1 Nr. 1 und 2 StPO ausdrücklich auf das Verhältnis zwischen dem Mandant als Beschuldigtem und dem Verteidiger Bezug nehmen, soll auch § 97 Abs. 1 Nr. 3 StPO als Auffangtatbestand nur gelten, wenn der Mandant bereits Beschuldigter ist.[65]

28 Den an der Durchsuchung beteiligten Beamten sollte eine ausreichende Anzahl qualifizierter Unternehmensmitarbeiter oder externer Rechtsanwälte („Shadow-Team“) zur Seite gestellt werden, die sämtliche Maßnahmen der Beamten bei der Durchsuchung im Unter-

[60] *Weitbrecht/Weidenbach* NJW 2010, 2328 (2329); Checklisten für die Rechtmäßigkeitsprüfung eines Durchsuchungsbeschlusses finden sich bei *Park* in Park, Durchsuchung und Beschlagnahme, 4. Aufl. 2018, § 2 Rn. 89, 132.

[61] *Michalke* NJW 2008, 1490 (1491); eine Checkliste für die Rechtmäßigkeitsprüfung einer Durchsuchungsanordnung wegen Gefahr im Verzug findet sich bei *Park* in Park, Durchsuchung und Beschlagnahme, 4. Aufl. 2018, § 2 Rn. 107.

[62] So auch *Park* in Park, Durchsuchung und Beschlagnahme, 4. Aufl. 2018, § 2 Rn. 274; *Weimann/Auffermann/Vogel* in Stellpflug/Hildebrandt/Middendorf, Gesundheitsrecht Kompendium, 55. Update 12/20, Teil K. Strafrecht, Abschnitt A, 2.1.2.5.1 Durchsuchungen, Rn. 75; *Weitbrecht/Weidenbach* NJW 2010, 2328 (2329).

[63] *Michalke* NJW 2008, 1490 (1492); *Weitbrecht/Weidenbach* NJW 2010, 2328 (2329).

[64] *Michalke* NJW 2008, 1490 (1493).

[65] BVerfG NJW 2018, 2385 Rn. 79; *Uwer/von Schreitter* ZWeR 2019, 506 (511) mwN aus der Rechtsprechung; *Hauschild* in MüKoStPO, 1. Aufl. 2014, § 97 Rn. 15.

nehmen begleiten[66] und anschließend dokumentieren. Geeignet sind solche Unternehmensmitarbeiter, welche die Dokumente und Unterlagen sowie deren Aufbewahrungsort kennen. Nicht geeignet hingegen sind Unternehmensmitarbeiter, die von den untersuchten Vorwürfen selbst betroffen sein könnten. Überdies sollten die Unternehmensmitarbeiter oder externen Anwälte die Durchsuchungsbeamten auf die durch die Formulierung im Durchsuchungsbeschluss gesetzten Grenzen hinweisen, sobald eine Überschreitung droht.[67] Der Durchsicht und Beschlagnahme rechtlich geschützter (sog. privilegierter) Dokumente und Daten, wie beispielsweise bestimmte Rechtsanwaltskorrespondenz (vgl. § 97 StPO) sollte widersprochen werden.[68] Zur Frage der Beschlagnahmefreiheit von Dokumenten und Daten aus internen Untersuchungen → Kap. 9 Rn. 93 ff.

2. Informelle (informatorische) Befragungen und förmliche Vernehmungen

Vielfach versuchen Durchsuchungsbeamte, Unternehmensmitarbeiter während der 29
Durchsuchung in Gespräche zu verwickeln und teilweise auch *ad-hoc*-Vernehmungen vor Ort durchzuführen.[69] Grundsätzlich sollten sowohl der Beschuldigte als auch andere Unternehmensmitarbeiter es **vermeiden, sich zu dem untersuchten Sachverhalt zu äußern.** Das gilt für informelle (informatorische) Befragungen und formelle Vernehmungen gleichermaßen, da eine solche **Ausnahmesituation** hierfür der falsche Rahmen ist. Eine Durchsuchung ist für die beteiligten Unternehmensmitarbeiter eine absolute Stresssituation, der zugrunde liegende Sachverhalt liegt teilweise Monate oder gar Jahre zurück und eine umfassende Beratung durch einen Rechtsanwalt ist in der Kürze der Zeit nicht zu leisten.[70] Dennoch werden die in diesen Gesprächen erlangten Informationen von den Durchsuchungsbeamten schriftlich festgehalten und später **im Verfahren möglicherweise zum Nachteil des Unternehmens verwendet.**

Eine Pflicht zur Beantwortung **informeller (informatorischer) Fragen** besteht 30
nicht.[71] Hierbei handelt es sich um „beiläufige Fragen" von Durchsuchungsbeamten, „deren Beantwortung für die weitere Ermittlung hilfreich sein kann".[72] Anders ist es grundsätzlich bei einer **formellen Vernehmung.** Diese ist dadurch gekennzeichnet, dass der *„Vernehmende der Auskunftsperson in amtlicher Funktion gegenübertritt und in dieser Eigenschaft von ihr eine Auskunft verlangt"*.[73] Sofern Dursuchungsbeamte eine formelle Vernehmung durchführen wollen, können sie die Unternehmensmitarbeiter **während der Durchsuchung an Ort und Stelle formlos und ohne Einhaltung einer Frist laden.** Allerdings kann die Vernehmung **unter Berufung auf das Hausrecht unterbunden** werden, sofern die Durchsuchungsbeamten der Bitte, eine Vernehmung vor Ort während der Durchsuchung zu unterlassen, nicht nachkommen. Eine zwangsweise Nutzung der Räumlichkeiten als Ermittlungszentrale muss vom Betroffenen nicht hingenommene werden.[74]

Sofern eine Vernehmung „am Rande" der Durchsuchung stattfindet, sollte Folgendes 31
beachtet werden: Zunächst sollten die Durchsuchungsbeamten gebeten werden, die **Ver-**

---

[66] *Michalke* NJW 2008, 1490 (1491).

[67] *Sommer/Tsambikakis* in Clausen/Schroeder-Printzen (Hrsg.), MAH MedR, 3. Aufl. 2020, § 3 Rn. 315.

[68] *Michalke* NJW 2008, 1490 (1493); umfassend zu Beschlagnahmeverboten siehe *Greven* in KK-StPO, 8. Aufl. 2018, § 97 Rn. 11 ff.

[69] So auch *Weitbrecht/Weidenbach* NJW 2010, 2328 (2329).

[70] *Michalke* NJW 2008, 1490 (1492).

[71] Vgl. *Soiné* NStZ 2018, 141 (142), der mit Verweis auf die allgemeine Ansicht und speziell auf BGH NJW 1962, 1020 f. die Pflicht zum Erscheinen und zur Aussage bei unverbindlichen Zeugenladungen durch Ermittlungspersonen verneint, was dann erst recht für die informatorische Befragung „vor Ort" gelten muss.

[72] *Kusnik* CCZ 2015, 22 (28).

[73] BGH NStZ 2011, 596 (597).

[74] *Sommer/Tsambikakis* in Clausen/Schroeder-Printzen (Hrsg.), MAH MedR, 3. Aufl. 2020, § 3 Rn. 325.

nehmung erst zu beginnen, wenn ein Rechtsanwalt vor Ort ist. Sowohl Beschuldigte als auch Zeugen haben das Recht, einen Rechtsanwalt als **Verteidiger oder Zeugenbeistand** zu ihrer Vernehmung hinzuzuziehen (§§ 136 Abs. 1 S. 2, 68b Abs. 1 StPO).[75] Außerdem ist zu klären, ob der Unternehmensmitarbeiter als Beschuldigter oder als Zeuge vernommen werden soll; denn

- **Beschuldigte** können die **Aussage jederzeit verweigern** (§ 136 Abs. 1 S. 2 StPO).
- **Zeugen** haben gegenüber Beamten der Staatsanwaltschaft (§ 161a Abs. 1 StPO) und des Bundeskartellamts (§ 46 Abs. 1 OWiG iVm § 161a Abs. 1 StPO) grundsätzlich eine Aussagepflicht. Nach § 163 Abs. 3 S. 1 StPO sind Zeugen ebenfalls **verpflichtet, auf Ladung von Ermittlungspersonen der Staatsanwaltschaft[76] zu erscheinen und zur Sache auszusagen,** wenn die Ladung von der Staatsanwaltschaft beauftragt wurde.[77] In Einzelfällen kann der Zeuge das Zeugnis insgesamt verweigern, beispielsweise als Angehöriger oder Berufsgeheimnisträger (**Zeugnisverweigerungsrechte** nach §§ 52ff. StPO). Daneben besteht die Möglichkeit, die Auskunft auf einzelne Fragen zu verweigern, beispielsweise wenn aufgrund wahrheitsgemäßer Antworten Strafverfolgungsmaßnahmen gegen den Zeugen selbst oder einen Angehörigen folgen könnten (**Auskunftsverweigerungsrecht** nach § 55 StPO). Im Kartellverfahren kann ein beschuldigter Mitarbeiter zur Aussage verpflichtet sein, wenn sich das Verfahren gegen das Unternehmen als Nebenbetroffenen richtet. In diesem Fall können Mitarbeiter nicht unter Berufung auf das Verbot der Selbstbelastung die Aussage verweigern, wenn es für den betroffenen Mitarbeiter nur um die Verfolgung in einem Kartellbußgeldverfahren geht, ihm das Bundeskartellamt jedoch schriftlich die Nichtverfolgung zusagt.

32 In der Praxis sollte, sofern möglich, in jedem Fall ein Rechtsanwalt hinzugezogen werden, der sachkundig beurteilen kann, ob im Einzelfall eine Pflicht zur Aussage besteht oder ein Zeugnis- oder Auskunftsverweigerungsrecht geltend gemacht werden kann. Der zu Vernehmende sollte sich gegenüber den Durchsuchungsbeamten darauf berufen, in Ruhe und nur nach Konsultation eines Rechtsanwaltes auszusagen. Zudem sollte darauf geachtet werden, dass ein **Vernehmungsprotokoll** nur dann unterschrieben wird, wenn es vom Vernommenen und von seinem Rechtsanwalt **sorgfältig** durchgelesen wurde und die Angaben des Vernommenen richtig wiedergegeben sind. Um die **Aushändigung einer Kopie des Vernehmungsprotokolls** sollte ebenfalls gebeten werden, auch wenn ein Anspruch auf Aushändigung nicht besteht. Gerade in Fällen, in denen dem Vernommenen (oder dessen Rechtsanwalt) eine Kopie verweigert wird, sollte zeitnah nach der Vernehmung ein **Gedächtnisprotokoll** angefertigt werden, das die Inhalte der Vernehmung so detailliert wie möglich wiedergibt.

3. Herausgabeverlangen weiterer Dokumente und Daten im Anschluss an die Durchsuchung

33 In einigen Fällen möchte die ermittelnde Behörde mit dem Unternehmen noch während der Durchsuchung eine Vereinbarung dahingehend schließen, dass **der Behörde zu einem späteren Zeitpunkt nach der Durchsuchung bestimmte Dokumente oder Daten übergeben** werden, wie beispielsweise Verträge, die sich an einem anderen Standort befinden oder Kopien bestimmter E-Mailpostfächer oder persönliche Laufwerke einzelner Mitarbeiter. Es besteht keine Verpflichtung zum Abschluss einer solchen Vereinbarung oder zur Übergabe weiterer Dokumente und Daten; eine zeitnahe Herausgabe von bestimmten Dokumenten und Daten kann aber im Interesse des Unternehmens sein, da hierdurch die

[75] Für den Zeugen: BVerfG NJW 1975, 103; insgesamt *Michalke* NJW 2008, 1490 (1491).

[76] Wer Ermittlungsperson der Staatsanwaltschaft ist, bestimmt sich nach § 152 Abs. 2 GVG in Verbindung mit den Rechtsverordnungen der Landesregierungen oder Landesjustizverwaltungen.

[77] Die Pflicht wurde durch das „Gesetz zur effektiveren und praxistauglicheren Ausgestaltung des Strafverfahrens" vom 17.8.2017 in die Strafprozessordnung aufgenommen; BGBl. I S. 3202 – das Gesetz trat am 24.8.2017 in Kraft; näher zum Ganzen *Soiné* NStZ 2018, 141.

Durchsuchung zeitnah beendet werden kann und die Kooperationsbereitschaft von der ermittelnden Behörde **bei der Bemessung einer möglichen Unternehmensgeldbuße als mildernder Faktor** gewertet werden könnte.[78] Des Weiteren kann dadurch verhindert werden, dass mehr Dokumente und Daten zur Sichtung mitgenommen werden, als tatsächlich nötig, wodurch wiederum die **Gefahr von Zufallsfunden minimiert** wird. Da das Bundesverfassungsgericht entschieden hat, dass gegenüber einer Beschlagnahme der Originaldatenträger mit umfangreichem Datenbestand das Herausgabeverlangen von nach konkreten Kriterien zusammengestellten Einzeldaten in Kopie das **mildere Mittel** darstellt[79], könnte es angezeigt sein, die Durchsuchungsbeamten auf die Möglichkeit der zeitnahen Übergabe von Dokumenten und Daten hinzuweisen, sofern das Unternehmen dies im konkreten Einzelfall als dienlich ansieht. Um dem Verhältnismäßigkeitsgrundsatz gerecht zu werden, müssen sich die ermittelnden Beamten hierauf grundsätzlich einlassen, sofern diese Maßnahme im Einzelfall gleich geeignet ist, wie eine Beschlagnahme.

Sofern sich die Unternehmensvertreter dazu entscheiden, Dokumente und Daten zu einem späteren Zeitpunkt herauszugeben, um damit die Durchsuchung zu beenden, sollte insbesondere darauf geachtet werden, dass dieser Herausgabe – statt einer bloßen Vereinbarung – ein **qualifiziertes Auskunftsersuchen seitens der Behörde vorausgeht.** Dies bedeutet, dass die zu übergebenden Dokumente und Daten sowie der (realistische) Zeitpunkt der Übergabe genau bezeichnet werden und die ermittelnde Behörde darauf hinweist, dass sie sich bei Nichtherausgabe nach dem im Auskunftsersuchen genannten Zeitpunkt die Dokumente und Daten notfalls unter Einsatz von Zwangsmitteln verschaffen wird. 34

Nach Erhalt des qualifizierten Auskunftsersuchens wird das Unternehmen die Dokumente und Daten der ermittelnden Behörde **zur Beschlagnahme andienen.** Im Protokoll hinsichtlich der Sicherstellung dieser Dokumente und Daten sollte der Sicherstellung widersprochen werden. Bei freiwilliger Herausgabe könnte es eventuell zur Verärgerung von Geschäftspartnern wegen vermeintlicher Verletzung von Geschäftsgeheimnissen, Datenschutzvorschriften oder einfach wegen als leichtfertig empfundener Herausgabe von Informationen über die Geschäftsbeziehung kommen. Sollte das durchsuchte Unternehmen beispielsweise wegen möglicher Straftaten von Geschäftspartnern durchsucht werden, würden die Geschäftspartner im Wege der Akteneinsicht in Erfahrung bringen können, ob das durchsuchte Unternehmen die Dokumente und Daten freiwillig oder unfreiwillig aufgrund eines qualifizierten Auskunftsersuchens zur Abwendung weiterer Zwangsmaßnahmen herausgegeben hat. Die freiwillige Herausgabe könnte sich für die Fortführung der Geschäftsbeziehung als nicht unbedingt förderlich erweisen. 35

Befolgt das Unternehmen das qualifizierte Auskunftsersuchen, wäre eine weitere Durchsuchung zum Auffinden der Dokumente und Daten **unverhältnismäßig.** Sofern sich das Unternehmen allerdings nicht an die Vereinbarung hält, besteht die Gefahr, dass die Durchsuchung fortgesetzt oder eine neue Durchsuchung durchgeführt wird. 36

III. Bei Abschluss der Durchsuchung

Nach Abschluss der Durchsuchung und Beschlagnahme sollte eine Kopie des anzufertigenden **Verzeichnisses[80] der beschlagnahmten Gegenstände** (Dokumente im Original und in Kopie, Daten, etc) erbeten werden. Hierin sind die beschlagnahmten Gegenstände identifizierbar „nach Art und Anzahl" aufzuführen.[81] Sollten die Durchsuchungsbeamten ein solches Verzeichnis nicht **aushändigen,** sollte versucht werden, **selbst** ein solches zu 37

[78] Vgl. *Schelzke* NZWiSt 2017, 142 (142).
[79] BVerfG NStZ 2013, 176 (177).
[80] Vgl. § 107 S. 2 StPO.
[81] *Schmitt* in Meyer-Goßner/Schmitt, StPO, 64. Aufl. 2021, § 107 Rn. 3.

erstellen, um auch in der Zeit nach Abschluss der Durchsuchung einen Überblick zu haben, welche Dokumente, anderen Gegenstände und Daten nun im Besitz der ermittelnden Behörde sind.

38 Vorsorglich sollte der Sicherstellung aller Dokumente, anderen Gegenstände und Daten **widersprochen** werden.[82] Die freiwillige Herausgabe kann die Aufgabe von Rechtspositionen mit sich bringen (Wegfall des Beschlagnahmeverbots für bestimmte Gegenstände)[83], eine Strafbarkeit nach § 203 StGB (Verletzung von Privatgeheimnissen) begründen[84] und sich negativ auf Geschäftsbeziehungen auswirken.[85] Trotz freiwilliger Herausgabe kann eine gerichtliche Entscheidung nach § 98 Abs. 2 StPO beantragt werden.[86] Hingegen soll eine Beschwerde nach § 304 StPO mangels anfechtbarer Handlung nicht in Betracht kommen.[87] Sofern widersprochen wurde, sollte darauf geachtet werden, dass der Widerspruch auch tatsächlich im Durchsuchungsprotokoll, Sicherstellungsverzeichnis oder in sonstigen Formularen zu dem Vorgang schriftlich **dokumentiert** wurde. In den Vordrucken sind meist Felder zum Ankreuzen vorgesehen, die in der Praxis von den Durchsuchungsbeamten teilweise gar nicht oder nicht immer richtig angekreuzt werden.[88] Von diesen Dokumenten sollten ebenfalls **Kopien** erbeten werden.

39 Des Weiteren ist darauf zu achten, dass sämtliche Formulare nach Beendigung der Durchsuchung **nicht voreilig unterschrieben,** sondern in Ruhe durchgelesen und erforderlichenfalls ergänzt werden. Es sollten alle Einwände im Protokoll vermerkt werden,[89] bevor es zur Unterzeichnung kommt. Schließlich sollten die Durchsuchungsbeamten gefragt werden, ob die Durchsuchung beendet ist oder ob diese an einem anderen Tag fortgesetzt wird.

40 Checkliste Durchsuchungen und Beschlagnahmen

Checkliste[90]

1. Vorbereitung
   - Interne und externe Ansprechpartner benennen; Kontaktliste erstellen
   - Verhaltensrichtlinien und Checklisten für Durchsuchungen und Beschlagnahmen erstellen
   - Regelmäßige Mitarbeiterschulungen durchführen
2. Bei Eintreffen der Durchsuchungsbeamten
   - Ruhe bewahren
   - Keine Dokumente, Daten, etc vernichten, verändern oder verstecken
   - Angebot an Durchsuchungsbeamte, einen Büroraum zur Verfügung zu stellen
   - Interne Ansprechpartner kontaktieren
   - Externen Rechtsanwalt kontaktieren; um Aufschub der Durchsuchung bitten, bis Rechtsanwalt vor Ort ist

[82] So auch *Weitbrecht/Weidenbach* NJW 2010, 2328 (2330); differenzierender *Park* in Park, Durchsuchung und Beschlagnahme, 4. Aufl. 2018, § 3 Rn. 667 ff.

[83] BGH 23.1.1963 – 2 StR 534/62; *Greven* in KK-StPO, 8. Aufl. 2019, § 97 Rn. 4; *Schmitt* in Meyer-Goßner/Schmitt, StPO, 64. Aufl. 2021, § 97 Rn. 5.

[84] *Park* in Park, Durchsuchung und Beschlagnahme, 4. Aufl. 2018, § 3 Rn. 669.

[85] Vgl. hierzu die Argumente zum qualifizierten Auskunftsersuchen, → Kap. 8 Rn. 34 ff.

[86] BVerfG NJW 2007, 3343 (3343); *Hauschild* in MüKoStPO, 1. Aufl. 2014, § 98 Rn. 26; *Gerhold* in BeckOK StPO, 40. Ed., Stand: 1.9.2021, § 98 Rn. 18; *Schlothauer* in MAH Strafverteidigung, 2. Aufl. 2014, Teil B., § 3 Rn. 76; *Krauß* in Kamann/Ohlhoff/Völcker, Kartellverfahren und Kartellprozess, 1. Aufl. 2017, § 18 Rn. 42.

[87] *Ignor/Peters* in Hamm/Leipold, Beck'sches Formularhandbuch für Strafverteidiger, Abschn. III.D.3.(8).

[88] *Park* in Park, Durchsuchung und Beschlagnahme, 4. Aufl. 2018, § 3 Rn. 676.

[89] *Michalke* NJW 2008, 1490 (1493).

[90] Checklisten findet sich auch bei *Weitbrecht/Weidenbach* NJW 2010, 2328 (2330) und *Michalke* NJW 2008, 1490 (1494).

- Dienstausweise und Durchsuchungsbeschluss prüfen
- Kontaktdetails des leitenden Durchsuchungsbeamten notieren

3. Während der Durchsuchung
   - Zurückhaltend und „rechtsbewusst“ kooperieren[91]
   - Begleitung aller Durchsuchungsbeamten jeweils durch einen Mitarbeiter
   - Durchsuchungsbeamte zu konkreten Dokumenten und Daten führen
   - Beschlagnahmte Original-Dokumente und Daten in Absprache mit den Durchsuchungsbeamten kopieren
   - Schweigerechte und -pflichten wahren
4. Bei Abschluss der Durchsuchung
   - Sicherstellung (schriftlich) widersprechen
   - Sicherstellungsverzeichnis und Durchsuchungsprotokoll aushändigen lassen und prüfen
   - Dokumente nur nach sorgfältigem Durchlesen und bei inhaltlicher Richtigkeit unterzeichnen sowie Kopie aushändigen lassen

F. Überprüfung von Durchsuchungen und Beschlagnahmen

Die Wahrnehmung von Rechtsbehelfen vor oder während der Durchsuchung ist praktisch nur in äußerst eingeschränktem Umfang möglich, wenn man bedenkt, dass Betroffene grundsätzlich erst bei Eintreffen der Beamten von der Durchsuchung Kenntnis erlangen, selbst wenn die Durchsuchungsmaßnahme ausnahmsweise einige Tage dauern sollte.[92] Es verbleibt den Betroffenen meist nur, **nachträglich die Rechtswidrigkeit feststellen** zu lassen. Gegen die Anordnung der richterlichen Durchsuchung und Beschlagnahme ist die **Beschwerde nach § 304 StPO,** gegen die Durchsuchung und Beschlagnahme der Staatsanwaltschaft und ihrer Ermittlungspersonen bzw. des Bundeskartellamts sowie „bei bloßen Einwänden gegen die Art und Weise des Vollzugs der Durchsuchung“[93] ist der Antrag auf **gerichtliche Entscheidung nach § 98 Abs. 2 StPO (analog)** zulässig. Wurde die Durchsuchung oder Beschlagnahme richterlich bestätigt (§ 98 Abs. 2 S. 1 StPO [analog]) oder ist ein Antrag nach § 98 Abs. 2 S. 2 StPO (analog) abgelehnt worden, ist ebenfalls die Beschwerde nach § 304 StPO zulässig.[94] 41

Sofern die **Durchsuchung oder Beschlagnahme rechtswidrig** gewesen ist, stellt sich die Frage nach der Rechtsfolge, insbesondere, ob die so gewonnenen Beweismittel verwertet werden dürfen. Grundsätzlich führt nicht jede Verletzung von Verfahrensvorschriften bei der Beweismittelgewinnung zu einem **Beweisverwertungsverbot.** Vielmehr hat eine Abwägung des Interesses des Staates an der Strafverfolgung mit den durch die verletzten Verfahrensvorschriften geschützten Interessen des Betroffenen zu erfolgen (sog. **Abwägungslösung**), bei der alle Umstände des Einzelfalls zu berücksichtigen sind. Insoweit ist ausschlaggebend, ob das erlangte Beweismittel **hypothetisch** auch **rechtmäßig** hätte erlangt werden können. Sofern dies bejaht werden kann, soll der Verstoß gegen die Verfahrensvorschrift nicht zum Verwertungsverbot führen, sofern keine Willkür vorliegt.[95] 42

---

[91] *Weitbrecht/Weidenbach* NJW 2010, 2328 (2330); *Michalke* NJW 2008, 1490 (1492).

[92] Vgl. *Schroeder* JuS 2004, 858 (861).

[93] *Schroeder* JuS 2004, 858 (861).

[94] *Park* in Park, Durchsuchung und Beschlagnahme, 4. Aufl. 2018, § 3 Rn. 678.

[95] Näher zu dieser nicht unumstrittenen Frage: *Park* in Park, Durchsuchung und Beschlagnahme, 4. Aufl. 2018, § 2 Rn. 332 ff. mwN auch aus der Rspr.

Kapitel 9. Interne Untersuchungen

Literatur: *Akkilic,* Der Umgang mit unzulässig erhobenen Daten im arbeitsgerichtlichen Verfahren, NZA 2020, 623; *Bachmann,* Interne Ermittlungen – ohne Grenzen, ZHR 180 (2016), 563; *Benner-Tischler,* Löschfristen in technischen Systemen zur Mitarbeiterüberwachung und ihre Auswirkung auf die Beweisverwertung, ZD-Aktuell 2019, 06446; *Böhm/Brams,* Die Rechtsprechung der Arbeitsgerichte unter der Datenschutz-Grundverordnung, NZA-RR 2020, 449; *Brink/Wirtz,* Kontrolle des Arbeitgebers bei (unerlaubter) Internetnutzung der Beschäftigten, ArbRAktuell 2016, 255; *Bussche v.d./Voigt (Hrsg.),* Konzerndatenschutz, 2. Aufl., München 2019; *Byers,* Die Zulässigkeit heimlicher Mitarbeiterkontrollen nach dem neuen Datenschutzrecht, NZA 2017, 1086; *Däubler,* Informationsbedarf versus Persönlichkeitsschutz – was muss, was darf der Arbeitgeber wissen?, NZA 2017, 1481; *Düwell/Brink,* Beschäftigtendatenschutz nach der Umsetzung der Datenschutz-Grundverordnung: Viele Änderungen und wenig Neues, NZA 2017, 1081; *Ehmann/Selmayr (Hrsg.),* Datenschutz-Grundverordnung, 2. Aufl., München 2018; *Engeler/Quiel,* Recht auf Kopie und Auskunftsanspruch im Datenschutzrecht, NJW 2019, 2201; *Forgó/Helfrich/Schneider (Hrsg.),* Betrieblicher Datenschutz, 3. Aufl., München 2019; *Fuhlrott/Oltmann,* Arbeitnehmerüberwachung und interne Ermittlungen im Lichte der Datenschutz-Grundverordnung, NZA 2019, 1105; *Gola (Hrsg.),* Datenschutz-Grundverordnung, 2. Aufl., München 2018; *Gola/Heckmann,* BDSG, 13. Aufl., München 2019; *Greco/Caracas,* Internal investigations und Selbstbelastungsfreiheit, NStZ 2015, 7; *Grützner/Wybitul,* Interne Ermittlungen und Datenschutz, CCZ 2018, 241; *Habbe/Pelz,* Interne Untersuchungen – Status quo und Zukunftsbetrachtung, BB 2020, 1226; *Hammer,* DIN 66398 – Die Leitlinie Löschkonzept als Norm, DuD 2016, 528; *Hauschka/Moosmayer/Lösler* (Hrsg.), Corporate Compliance, 3. Aufl., München 2016; *Hermann/Zeidler,* Arbeitnehmer und interne Untersuchungen – ein Balanceakt, NZA 2017, 1499; *Hoffmann/Schieffer,* Pflichten des Vorstands bei der Ausgestaltung einer ordnungsgemäßen Compliance-Organisation, NZG 2017, 401; *Hüffer/Koch,* Aktiengesetz, 14. Aufl., München 2020; *Kamann/Ohlhoff/Völcker,* Kartellverfahren und Kartellprozess, 1. Aufl., München 2017; *Knauer,* Interne Ermittlungen (Teil II) – Konkrete Fragen der Durchführung, ZWH 2012, 81; *Knierim/Rübenstahl/Tsambikakis (Hrsg.),* Internal Investigations, 2. Aufl., Heidelberg 2016; *Kort,* Der Beschäftigtendatenschutz gem. § 26 BDSG-neu – Ist die Ausfüllung der Öffnungsklausel des Art. 88 DS-GVO geglückt?, ZD 2017, 319; *Kramer (Hrsg.),* IT-Arbeitsrecht, 2. Aufl., München 2019; *Krieger/Schneider,* Handbuch Managerhaftung, 3. Aufl., Köln 2017; *Krug/Skoupil,* Befragungen im Rahmen von internen Untersuchungen – Vorbereitung, Durchführung und Umgang mit den Ergebnissen, NJW 2017, 2374; *Kudlich (Hrsg.),* Münchener Kommentar zur StPO, Band 1, 1. Aufl., München 2014; *Kühling/Buchner (Hrsg.),* DS-GVO BDSG Kommentar, 3. Aufl. München 2020; *Lilie-Hutz/Ihwas,* Ein Ausblick auf Internal Investigations nach den VW/Jones Day-Entscheidungen, NZWiSt 2018, 349; *Lowe/Rosenberg* (Hrsg.), Kommentar zur StPO, Band 3, 27. Aufl., Berlin 2018; *Lützeler/Müller-Satori,* Die Befragung des Arbeitnehmers – Auskunftspflicht oder Zeugnisverweigerungsrecht?, CCZ 2011, 19; *Moll (Hrsg.),* Münchener Anwaltshandbuch Arbeitsrecht, 5. Aufl., München 2021; *Müller-Glöge/Preis/Schmidt (Hrsg.),* Erfurter Kommentar zum Arbeitsrecht, 21. Aufl., München 2021; *Naber/Ahrens,* Befragung von Mitarbeitern im Rahmen von Internal Investigations – Vorgehensweise und aktuelle Herausforderungen, CCZ 2020, 36; *Nietsch/Hastenrath,* Business-Judgement bei Compliance-Entscheidungen – ein Ausweg aus der Haftungsfalle – Teil 2, CB 2015, 221; *Ott/Lüneborg,* Internal Investigations in der Praxis – Umfang und Grenzen der Aufklärungspflicht, Mindestaufgriffsschwelle und Verdachtsmanagement, CCZ 2019, 71; *Paal/Pauly (Hrsg.),* DS-GVO, BDSG, 3. Aufl., München 2021; *Pelz,* Die Beschlagnahmefähigkeit von Unterlagen aus Internal Investigations, CCZ 2018, 211; *Reinhardt/Kaindl,* Mitarbeiterinterviews im Rahmen von Internal Investigations, CB 2017, 210; *Schultze (Hrsg.),* Compliance Handbuch Kartellrecht, 2. Aufl., Frankfurt 2021; *Simitis/Hornung/Spiecker gen. Döhmann (Hrsg.),* Datenschutzrecht, 1. Aufl., Frankfurt 2019; *Spehl/Momsen/Grützner,* Unternehmensinterne Ermittlungen – Ein internationaler Überblick Teil I: Einleitung unternehmensinterner Ermittlungen, CCZ 2013, 260; *Ströbel/Böhm/Breunig/Wybitul,* Beschäftigtendatenschutz und Compliance: Compliance-Kontrollen und interne Ermittlungen nach der EU-Datenschutz-Grundverordnung und dem neuen Bundesdatenschutzgesetz, CCZ 2018, 14; *Stück,* Präventive und repressive Compliance: Datenschutz- und arbeitsrechtliche Aspekte nach DS-GVO sowie BDSG 2018, ArbRAktuell 2019, 216; *Stück,* Unternehmensinterne Untersuchungen im Spannungsfeld von Arbeitsrecht, Compliance, Datenschutz, Haftungsrecht und Strafrecht, GmbHR

2019, 156; *Teicke,* Gute Unternehmenspraxis für Internal Investigations – Praxistipps zur erfolgreichen Umsetzung unter Berücksichtigung des VerSanG-E, CCZ 2019, 298; *Tiedemann,* Offene Videoüberwachung, ZD 2019, 226; *Tödtmann/von Erdmann,* Keine Pflicht zur Selbstbelastung für den Arbeitnehmer?, NZA 2020, 1577; *Unmuß (Hrsg.),* Corporate Compliance Checklisten, 4. Aufl., München 2020; *Uwer/von Schreitter,* Kartellrechtliche Internal Investigations im Spiegel der instanz- und verfassungsgerichtlichen Praxis, ZWeR 2019, 506; *Wisskirchen/Glaser,* Unternehmensinterne Untersuchungen Teil II, DB 2011, 1447; *Wolff/Brink (Hrsg.),* BeckOK Datenschutzrecht, 34. Ed., Stand: 1.11.2020, München 2020; *Wybitul,* Der neue Beschäftigtendatenschutz nach § 26 BDSG und Art. 88 DS-GVO, NZA 2017, 413; *Wybitul/Böhm,* Beteiligung des Betriebsrats bei Ermittlungen durch Unternehmen, RdA 2011, 362; *Zikesch/Sörup,* Der Auskunftsanspruch nach Art. 15 DS-GVO, ZD 2019, 239.

Übersicht

A. Einleitung

Infolge der **verstärkten Aktivitäten von Ermittlungsbehörden** wächst der Beratungsbedarf von Unternehmen bei der Aufklärung von Verdachtsmomenten für Rechtsverstöße ihrer Mitarbeiter und Organmitglieder durch interne Untersuchungen. Der Begriff interne Untersuchung bezeichnet durch ein Unternehmen **selbst eingeleitete Maßnahmen,** die der Aufklärung von möglichen Rechtsverstößen von Mitarbeitern und Organmitgliedern dienen. Interne Untersuchungen sind **anlassbezogen** und **dienen der Aufklärung von tatsächlichen Anhaltspunkten für konkrete Rechtsverstöße.**[1] Sie sind abzugrenzen von verdachtsunabhängigen Untersuchungen (sog. Auditierungen), die der anlasslosen Überprüfung von bestehenden Strukturen und Risiken dienen und vordefinierten Abläufen folgen. Die Unternehmensleitung beabsichtigt, mit internen Untersuchungen ihrer **Aufklärungs- und Überwachungsverantwortung** gerecht zu werden. Interne Untersuchungen bezwecken daher im Regelfall die vollständige Aufklärung des Untersuchungsgegenstands, die Schaffung einer zureichenden Entscheidungsgrundlage für die Wahrung der wirtschaftlichen und rechtlichen Interessen des Unternehmens sowie die Beendigung und eventuelle Sanktionierung von zu beanstandenden Verhaltensweisen. Daneben können interne Untersuchungen Ermittlungsbehörden dazu bewegen, eigene Ermittlungen zumindest so zu gestalten, dass diese die unternehmensinternen Abläufe nicht übermäßig stören. 1

B. Konkrete Verdachtsmomente als Anlass einer internen Untersuchung

Eine interne Untersuchung kann durch jeden Hinweis auf ein mögliches Fehlverhalten ausgelöst werden. Mit Blick auf das Risikopotenzial ist zwischen externen und internen Verdachtsquellen zu differenzieren.[2] 2

I. Externe Verdachtsquellen

Behördliche Ermittlungsmaßnahmen geben regelmäßig Anlass zu internen Untersuchungen. Oft erhalten Unternehmen von gegen sie selbst oder gegen ihre Mitarbeiter geführten Ermittlungen erstmalig aufgrund einer Durchsuchung ihrer Geschäftsräume Kenntnis. Die konkreten Verdachtsmomente ergeben sich aus dem Durchsuchungsbeschluss. Besteht keine Verdunkelungsgefahr, sind behördliche Durchsuchungen regelmäßig unverhältnismäßig. In diesen Fällen werden Unternehmen – in der Regel als Zeugen in Ermittlungsverfahren gegen ihre Mitarbeiter oder Dritte – auf Grundlage eines Auskunftsersuchens schriftlich um Auskunft zu einem bestimmten Themenkreis oder um Übermittlung bestimmter Dokumente gebeten. 3

Eine nicht zu unterschätzende Quelle für Anhaltspunkte über potenziell rechtlich relevante Sachverhalte können **Medienberichte oder Marktgerüchte** sein. Regelmäßig werden hier aber substanzielle Schritte zur Plausibilisierung von Verdachtsmomenten notwendig. Informationen über drohende oder laufende Ermittlungsverfahren gegen Wettbewerber, große Kunden oder Vorlieferanten sollten gleichwohl schon aus Gründen der Absi- 4

---

[1] Zu Definitionsansätzen: *Nestler* in Knierim/Rübenstahl/Tsambikakis, Internal Investigations, Kap. 1 Rn. 20 ff.

[2] Siehe auch *Ott/Lüneborg* CCZ 2019, 71 (77).

cherung eine interne Vorprüfung veranlassen, inwieweit sich die untersuchten Sachverhalte auf das eigene Unternehmen erstrecken könnten.

5 Dasselbe gilt für **Beschwerden von externen Dritten,** wie von Kunden, Lieferanten oder externen Dienstleistern. Diese sollten schon deshalb ernst genommen werden, weil nicht auszuschließen ist, dass sie in gleicher Form an staatliche Stellen weitergegeben werden. Ebenso sollte mit Hinweisen von Abschlussprüfern oder Beratern umgegangen werden. Selbst wenn die Hinweise beim Unternehmen nicht in schriftlicher Form vorliegen, werden diese auf Seiten des Hinweisgebers häufig durch eine interne Aktennotiz oder Ähnliches dokumentiert und sind Ermittlungsbehörden im Ernstfall damit potenziell zugänglich.

II. Interne Verdachtsquellen

6 Interne Untersuchungen erfolgen regelmäßig auf Grundlage von **Hinweisen von Mitarbeitern,** die im Rahmen eines anonymen Meldesystems, Hinweisen an die Ombudsperson, im Rahmen von Schulungsveranstaltungen oder in Gesprächen mit Vorgesetzten auftauchen.

7 Neben Hinweisen von Whistleblowern ergeben sich Anhaltspunkte für Compliance-Verstöße häufig auch aus der laufenden internen Überwachung, etwa aus **Auditierungen** der Compliance-Abteilung oder der internen Revisionsabteilung.

C. Untersuchungspflicht und Aufgriffsschwelle

I. Untersuchungspflicht

8 In Deutschland besteht für Unternehmen der pharmazeutischen und medizintechnologischen Industrie keine ausdrücklich normierte gesetzliche Pflicht, im Falle von Anhaltspunkten für Unregelmäßigkeiten eine **interne Untersuchung** zur Aufklärung des Sachverhalts durchzuführen.[3]

9 Die Unternehmensleitung ist gleichwohl aufgrund ihrer **Legalitätspflicht** verpflichtet, Hinweisen auf potenziell rechtswidrige Aktivitäten zeitnah nachzugehen.[4] Die Legalitätspflicht der Unternehmensleitung beschränkt sich nicht auf ihr eigenes Handeln, sondern verpflichtet sie, durch organisatorische Maßnahmen dafür Sorge zu tragen, dass sich nachgeordnete Mitarbeiter ebenfalls rechts- und regelkonform verhalten. Nur nach Aufklärung des Sachverhalts kann die Unternehmensleitung beurteilen, welche Risiken dem Unternehmen drohen, und ob und gegebenenfalls wie sie auf den möglicherweise festgestellten Rechtsverstoß reagieren muss. Die Nicht- oder verspätete Einleitung einer internen Untersuchung kann somit eine Pflichtverletzung der zuständigen Unternehmensleitung und damit eine Ersatzpflicht für die hieraus entstehenden Schäden auslösen.[5]

10 Eine Notwendigkeit zur Aufklärung lässt sich des Weiteren aus der ***Business Judgment Rule*** ableiten. Eine Pflichtverletzung liegt danach nur dann nicht vor, wenn die Unternehmensleitung bei einer unternehmerischen Entscheidung vernünftigerweise annehmen durfte, auf der Grundlage angemessener Informationen zum Wohle der Gesellschaft zu han-

---

[3] Anders verhält es sich bei konkreten Anlässen für Banken, Versicherungsunternehmen und Wertpapierdienstleister (§ 33 WpHG, § 64a VAG, § 25a KWG).

[4] Die Legalitätspflicht folgt für den Vorstand einer Aktiengesellschaft aus §§ 76 Abs. 1, 93 Abs. 1 S. 1 AktG, für den Aufsichtsrat einer Aktiengesellschaft aus § 111 AktG und für die Geschäftsführer einer GmbH aus dem Sorgfaltsmaßstab des § 43 Abs. 1 GmbHG; siehe *Kamann/Ohlhoff/Völcker,* Kartellverfahren und Kartellprozess, § 40 Rn. 17; *Hoffmann/Schieffer* NZG 2017, 401 (406); *Ott/Lüneborg* CCZ 2019, 71 (72).

[5] *Potinecke/Block* in Knierim/Rübenstahl/Tsambikakis, Internal Investigations, Kap. 2 Rn. 203 ff.; *Spehl/Momsen/Grützner* CCZ 2013, 260.

deln.[6] Unterlässt die Unternehmensleitung trotz bestehender Anhaltspunkte die Aufklärung eines möglichen Rechtsverstoßes und hat deshalb eben keine ausreichende Informationsbasis, um ihre Entscheidungen zu treffen, kommt eine Enthaftung nach der Business Judgment Rule nicht in Betracht.

Eine allgemeine Aufklärungspflicht der Unternehmensleitung folgt darüber hinaus mittelbar aus **§ 130 Abs. 1 S. 1 OWiG.**[7] Hiernach haftet die Unternehmensleitung, wenn sie (i) Aufsichtsmaßnahmen unterlässt, die erforderlich sind, um im Unternehmen Zuwiderhandlungen gegen Pflichten zu verhindern, die mit Strafe oder Geldbuße bedroht sind, und (ii) eine solche Zuwiderhandlung begangen wird, die durch gehörige Aufsicht verhindert oder wesentlich erschwert worden wäre. Eine effektive Aufdeckung und Aufklärung von Rechtsverstößen sowie die so mögliche Abstellung des Fehlverhaltens sind Teil der vorgeschriebenen Aufsichtspflichten. 11

II. Aufgriffsschwelle

Grundsätzlich hat die Unternehmensleitung jeden Hinweis ernst zu nehmen und den Sachverhalt **bei Vorliegen eines Anfangsverdachts** bezüglich eines Rechtsverstoßes aufzuklären. Eine Aufgriffsschwelle ist nicht normiert, kann aber in der Praxis an den **Maßstab des § 152 Abs. 2 StPO** angelehnt werden.[8] Eine Pflicht zur Aufnahme angemessener interner Aufklärungsmaßnahmen besteht damit, wenn **zureichende tatsächliche Anhaltspunkte für einen verfolgbaren Rechtsverstoß** vorliegen. 12

Die für die Untersuchungseinleitung maßgebliche Aufgriffsschwelle ist mithin dann erreicht, wenn Verdachtsmomente auf einem konkreten Tatsachenkern beruhen, einen Rechtsverstoß in der Sphäre des Unternehmens als möglich erscheinen lassen und der potenzielle Rechtsverstoß unter Risikogesichtspunkten relevant ist.[9] Dabei sind an die Wahrscheinlichkeit umso geringere Anforderungen zu stellen, je schwerwiegender die Folgen für das Unternehmen sind, wenn sich der Verdacht bestätigen sollte.[10] Tendenziell eher mit Vorsicht zu behandeln sind Hinweise von **anonym** bleibenden Arbeitnehmern oder Kunden. Bei schlüssigen Verdachtsmomenten ist eine interne Untersuchung immer dann angezeigt, wenn das Ergebnis erhebliche nachteilige Auswirkungen auf das Unternehmen haben kann. 13

Die Relevanz ist regelmäßig zu verneinen bei reinen Bagatellverstößen, Verstößen gegen nicht straf- oder bußgeldbewehrte Rechtsnormen oder Straftaten, die von Dritten gegen das Unternehmen begangen werden. Hinweise auf **systemische Defizite,** die Betroffenheit einer größeren Anzahl von Mitarbeitern oder Konzerngesellschaften oder konkrete Hinweise auf Pflichtverstöße von Organmitgliedern oder Mitgliedern des Managements sprechen dagegen für die Relevanz des mutmaßlichen Verstoßes.[11] 14

D. Untersuchungsgegenstand

Hat sich die Unternehmensleitung für die Durchführung einer internen Untersuchung entschieden, ist zu klären, wie und in welchem Umfang eine Sachverhaltsaufklärung vorgenommen werden muss. Der Unternehmensleitung kommt bei der Bestimmung des Vorgehens und der Auswahl der Maßnahmen ein eigenständiger **Ermessensspielraum** 15

[6] *Koch* in Hüffer/Koch AktG § 93 Rn. 9.

[7] *Wessing* in Hauschka/Moosmayer/Lösler, Corporate Compliance, § 46 Rn. 20; *Bachmann* ZHR 180 (2016), 563 (565).

[8] *Ott/Lüneborg* CCZ 2019, 71 (76); *Lohmeier/Shahhosseini* in Corporate Compliance Checklisten, Kap. 7 Rn. 13.

[9] *Ott/Lüneborg* CCZ 2019, 71 (76).

[10] *Wilsing/Gosla* in Krieger/Schneider, Handbuch Managerhaftung, 3. Aufl. 2017, § 15 Rn. 15.13.

[11] *Ott/Lüneborg* CCZ 2019, 71 (76); *Habbe/Pelz* BB 2020, 1226 (1228).

zu.[12] Maßgeblich ist, welche Schritte die Geschäftsleitung auf der Grundlage angemessener Informationen zum Wohle der Gesellschaft für angemessen halten darf.

16 Der zu betreibende **Aufwand** richtet sich nach den Umständen des Einzelfalls, insbesondere nach der Bedeutung des möglichen Regelverstoßes und den drohenden Risiken. Der Umfang der erforderlichen Aufklärungsmaßnahmen wird durch das Legalitäts- und Verhältnismäßigkeitsprinzip begrenzt.[13] Die Aufklärungsmaßnahmen müssen und dürfen nur soweit reichen, wie sie erforderlich sind, um die Verantwortlichen zu ermitteln und etwaiges rechtswidriges Verhalten nachhaltig abzustellen.

17 Des Weiteren ist bei der Aufarbeitung des Sachverhalts zu berücksichtigen, ob die Untersuchung als Grundlage für später zu erhebende **Schadensersatzansprüche** dienen soll. Zur **Vermeidung von Doppelarbeit** sollten die zur Begründung der Tatbestandsvoraussetzungen des Schadensersatzanspruchs erforderlichen Tatsachen von Anfang an in den Untersuchungsgegenstand aufgenommen werden.[14]

18 Festzulegen ist der **sachliche, räumliche, zeitliche und rechtliche Untersuchungsgegenstand.** Das gilt vor allem im Falle einer (beabsichtigten) Zusammenarbeit mit den Verfolgungsbehörden. Konkret ist insbesondere zu bestimmen, welche Geschäftsvorgänge, in welchen unternehmensinternen Abteilungen und Einheiten, in welchen Ländern und in welchem Zeitraum untersucht werden sollen.[15] Bei der Festlegung des zu überprüfenden Tatzeitraums kann als Anhaltpunkt der potenziell noch nicht verjährte Zeitraum genommen werden. Im Falle einer rechtlichen Bewertung oder Begrenzung des zu untersuchenden Sachverhalts sind die zu prüfenden Rechtsbereiche zu bestimmen.

E. Vorprüfungen

19 Untersuchungshandlungen müssen stets mit Blick auf den anwendbaren **Rechtsrahmen** und insbesondere auf **straf-, datenschutz- und arbeitsrechtliche Risiken** hin durchgeführt werden. Andernfalls können die Ergebnisse einer internen Untersuchung nicht nur unverwertbar sein, sondern auch Risiken für das Unternehmen und die Beteiligten mit sich bringen.

20 Unabhängig vom gesetzlichen Rechtsrahmen wird die Untersuchung zunächst maßgeblich durch die Regeln begrenzt, die sich das Unternehmen selbst gegeben hat. Es ist daher zunächst zu prüfen, ob entsprechende **Regelungen im betroffenen Unternehmen** bestehen.

21 Der Umgang mit Mitarbeitern im Rahmen von internen Untersuchungen wird vom anwendbaren individuellen und kollektiven **Arbeitsrecht** reguliert. Ergänzend haben Unternehmen vielfach mit dem **Betriebsrat Vereinbarungen** über die Prüfung der Einhaltung der jeweiligen Compliance-Regelungen und zur allgemeinen Mitarbeiterkontrolle abgeschlossen, die über den gesetzlichen Rahmen hinausgehende Rechte und Pflichten etablieren.[16] Sie sind vorrangig zu prüfen. Zu den Themen, die im Rahmen der Vorprüfung berücksichtigt werden sollten, gehören insbesondere die Prüfung und Beachtung der Kündigungsfrist (§ 636 Abs. 2 BGB), die Pflicht der Information und Anhörung vor Verdachtskündigung, die Informationsrechte (vgl. § 80 Abs. 2 BetrVG) und die Mitbestimmungsrechte (§ 87 Abs. 2 Nr. 1 bzw. Nr. 6 BetrVG) des Betriebsrats und mögliche Ausgestaltungen von Amnestieprogrammen.

22 Grenzen bei der Durchführung von internen Untersuchungen setzen schließlich das Recht auf informationelle Selbstbestimmung und die hierauf beruhenden Vorgaben des **Mitarbeiterdatenschutzes** (näher dazu → Rn. 51 ff.).

[12] *Nietsch/Hastenrath* CB 2015, 221 (225); *Ott/Lüneborg* CCZ 2019, 71 (72).
[13] *Kamann/Ohlhoff/Völcker,* Kartellverfahren und Kartellprozess, § 40 Rn. 19.
[14] *Teicke* CCZ 2019, 298 (300).
[15] *Teicke* CCZ 2019, 298 (300).
[16] *Wybitul/Böhm* RdA 2011, 362 (366 f.).

F. Durchführung der internen Untersuchung

I. Vorbereitung der internen Untersuchung

Der Untersuchung vorgelagert ist die **Beweissicherung.** Sie dient dem legitimen Zweck, die Vernichtung erheblicher Informationen zu verhindern. 23

Zum Zwecke der Beweissicherung sind in einem ersten Schritt alle relevanten unternehmensinternen Stellen darüber zu benachrichtigen, dass für den Untersuchungsprozess relevante Daten nicht gelöscht werden dürfen (sog. ***Investigation Hold***).[17] Es ist sicherzustellen, dass auch die routinemäßige Löschung relevanter Daten und die Vernichtung von Datenträgern unterbleibt. Eine Dokumentenaufbewahrungspflicht bzw. ein Löschverbot ist schriftlich an die betroffenen Mitarbeiter und die unternehmensintern für die Datenaufbewahrung zuständigen Stellen (bspw. IT-Abteilung) zu adressieren.[18] Der Erhalt der Aufforderung ist von den betroffenen Mitarbeitern und Stellen schriftlich zu bestätigen. 24

Soweit Anhaltspunkte dafür bestehen, dass potenziell betroffene Unternehmensmitarbeiter Aufklärungsmaßnahmen entgegenwirken oder hierfür relevante Beweismittel zerstören, verändern oder verdecken könnten, ist zur Sicherung der Integrität der Untersuchung der **Entzug von Zugangsrechten und Nutzungsberechtigungen** (bspw. durch Entziehen von Zugangsberechtigungen, Sicherheitspässen, Verschließen von Büros und Ändern von Passwörtern) sowie die **Implementierung von Veränderungssperren** zu erwägen. 25

Abhängig von den Umständen des Einzelfalls ist zudem darüber zu entscheiden, ob die Datensicherung und Sammlung als inkrementeller Prozess angelegt wird oder die **Verschleierungsrisiken** eine sofortige Sicherung der Untersuchungsmaterialien nahelegen. 26

Das Aufsetzen der Untersuchung erfordert die **Sammlung der Untersuchungsmaterialien,** wie Dokumente, elektronische Dateien und E-Mails. Der Kreis der relevanten Untersuchungsmaterialien wird durch die Identifikation der mit dem zu untersuchenden Vorgängen befassten Mitarbeitern begrenzt. Bei der Identifizierung des Personenkreises, dessen Tätigkeit Gegenstand der internen Untersuchung sein soll (sog. *Custodians*), ist besondere Sorgfalt anzuwenden. Der Entscheidungsprozess, welche Ressourcen relevant sind und welchen Bezug die ausgewählten Mitarbeiter zu den Vorgängen haben, die Gegenstand der Untersuchung sind, ist sorgfältig zu dokumentieren, um den Entscheidungsmaßstab zu einem späteren Zeitpunkt erklären zu können. Das gilt auch für die Auswahl der relevanten Dokumente und Daten sowie Datenquellen. 27

Bei der **Identifizierung der Untersuchungsmaterialien** sind regelmäßig folgende Parameter relevant: Person/Autor, Datum, Gegenstand und Berichtslinien innerhalb des Unternehmens. Zu **sammeln** sind physische Unterlagen (wie Dokumente, Notizbücher, Terminkalender), Daten auf den persönlichen Laufwerken und mobilen Datenträgern der *Custodians* (wie Festplatten, USB-Sticks, Archive, Handheld-Geräte) sowie Unterlagen außerhalb der persönliche Sphäre der *Custodians* und zentral gespeicherte Daten (wie Projektakten – digital oder physisch – mit Verträgen, Briefen, ausgedruckten E-Mails, Berichten, Gutachten, Vermerken und Telefonnotizen). Zu denken ist ebenso an Daten auf Unternehmensservern, Backups, Outlook-Daten, Protokolle von Gremiensitzungen, Spesenrechnungen, Rechnungen, Kreditkartenabrechnungen, Telefonverbindungsnachweise, Messenger-Protokolle, externe Kommunikation mit Lieferanten und Abnehmern (zB zu Preiserhöhungen), Terminkalender, Druckerspeicher, Log-Verzeichnisse, Telefon- und Videoaufzeichnungen und Log-Daten des Sicherheitssystems. Desgleichen können auch Buchungen, das Rechnungswesen oder Auswertungen aus ERP-Datenbanken relevant werden. 28

---

[17] Vgl. *Lohmeier/Shahhosseini* in Corporate Compliance Checklisten, Kap. 7 Rn. 37.

[18] Siehe auch *Kübler* in Schultze, Compliance-Handbuch Kartellrecht, Teil C, Kap. V S. 2 Rn. 183.

29 Die Untersuchungsmaterialien sind geordnet zu sammeln, zu **katalogisieren** und **aufzubewahren.**

II. Auswertung physischer Geschäftsunterlagen und Akten

30 In einem ersten Schritt sind regelmäßig die im Unternehmen vorhandenen Aktenbestände und die allgemein zugänglichen Unterlagen zu sichten und auszuwerten. Die Sichtung und Auswertung der unternehmenseigenen internen Dokumente ist **straf-, daten- und arbeitsrechtlich unproblematisch.** Der Mitarbeiter ist lediglich Besitzdiener seines Arbeitgebers hinsichtlich der Arbeitsmittel und dem Arbeitgeber zur Herausgabe verpflichtet.[19] Die Anordnung der Herausgabe dienstlicher Unterlagen unterliegt nicht der Mitbestimmung des Betriebsrats nach § 87 Abs. 1 Nr. 1 BetrVG.[20]

III. Auswertung elektronischer Daten

31 Auf der Auswertung elektronischer Dokumente sowie interner und externer Kommunikation in Form von E-Mails, Chats und Ähnlichem wird regelmäßig ein Schwerpunkt liegen. Gegenstand des sog. ***Document Review*** ist der Einsatz einer speziellen Auslesesoftware zur Sichtung und Auswertung von Daten mit Hilfe von Schlüsselwörtern und anderen Analysetechniken, um beweiserhebliche Daten zu identifizieren.[21]

32 **Grenzen der Auswertungsmöglichkeiten** werden insbesondere durch das Datenschutzrecht gesetzt. Der *Document Review* ist im Regelfall eine Datenverarbeitung iSd DS-GVO/BDSG, da regelmäßig personenbezogene Daten von Mitarbeitern (und in vielen Fällen auch von anderen Beteiligten, wie zB Geschäftspartnern) auszuwerten sein werden. Ob und inwieweit Dokumente, E-Mails oder Browserdaten verarbeitet und ausgewertet werden dürfen, bestimmt sich regelmäßig nach Maßgabe des § 26 BDSG.[22] Beinhalten die Untersuchungsmaterialien personenbezogene Daten eines Mitarbeiters, die im Zuge einer internen Untersuchung überprüft, durchgesehen und damit iSd DSVGO/BDSG verarbeitet werden, hat somit vorher eine Interessenabwägung zu erfolgen (näher dazu → Rn. 51 ff.).

33 Nach **Abstimmung und Anpassung der Suchstichworte** erfolgt sodann die **Sichtung und Auswertung der Daten** in einem zweistufigen Arbeitsprozess, dem First und Second Level Review. Im **First Level Review** werden die als relevant erkannten Daten durch ein Review-Team vorgesichtet und potenziell relevante von nicht relevanten Daten getrennt. Es handelt sich um die erste Durchsicht einschließlich einer ersten Bewertung. Bei den Bewertungen handelt es sich üblicherweise um die Kategorien *„highly relevant"*, *„relevant"*, *„not relevant"*, etc. Im **Second Level Review** werden die als potenziell beweiserheblich gekennzeichneten Daten von erfahrenen Analysten durchgesehen und bewertet. Insoweit erfolgt die finale und abschließende Bewertung der bereits auf erster Ebene klassifizierten Dokumente.

34 Die nach dem **Second Level Review** weiterhin als *„highly relevant"* oder *„relevant"* eingestuften Dokumente können nun insbesondere zur Vorbereitung von Interviews (näher dazu → Rn. 35 ff.) und zur Abfassung des Untersuchungsberichts (näher dazu → Rn. 48 ff.) verwendet werden.

---

[19] *Dendorfer-Ditges* in Moll MAH ArbR § 35 Rn. 100; *Wisskirchen/Glaser* DB 2011, 1447 (1450); *Stück* GmbHR 2019, 156 (159).

[20] *Wisskirchen/Glaser* DB 2011, 1447 (1450); *Knauer* ZWH 2012, 81 (87).

[21] Zu verschiedenen Auswertungsmethoden: *Kübler* in Schultze, Compliance-Handbuch Kartellrecht, Teil C, Kapitel V S. 2. Rn. 192.

[22] *Stück* GmbHR 2019, 156 (165).

IV. Interviews

Interviews sind wesentlich, um die eigentlichen **Zusammenhänge aus den schriftlichen bzw. elektronischen Beweismitteln nachzuvollziehen.** Allerdings suggeriert kein anderes Ermittlungsinstrument den eigenen Mitarbeitern stärker, sie seien Verdächtige.[23] Es ist zwar die Aufgabe der Untersuchenden, den Sachverhalt so weitgehend wie möglich aufzuklären. Dennoch müssen die Rechte der Auskunftspersonen gewahrt und größtmögliche Rücksicht auf das Betriebsklima genommen werden. 35

Vor diesem Hintergrund haben sich in der Praxis ua folgende **Standards für die Durchführung von Mitarbeiterbefragungen** etabliert: 36

- Der Mitarbeiter ist über den Gesprächswunsch und den Gesprächsgegenstand vorab zu informieren.
- Der Mitarbeiter ist – sofern die Befragung durch externe Rechtsanwälte erfolgt – auf das Mandatsverhältnis zwischen den Befragungspersonen und dem Unternehmen und die potenziell zu seinen Lasten wirkende Interessenkollision hinzuweisen. Der Mitarbeiter muss verstehen, dass die Befragungspersonen weder als seine persönlichen Rechtsbeistände noch als amtliche Verhörpersonen, sondern als Unternehmensvertreter auftreten.
- Der Mitarbeiter ist darüber zu belehren, dass ein Interviewprotokoll angefertigt wird und ausschließlich das Unternehmen darüber entscheidet, dieses an staatliche Ermittlungsbehörden weiterzugeben.
- Der Mitarbeiter ist darüber zu informieren, dass er zum Zwecke der Befragung einen Anwalt konsultieren kann. Ob das Unternehmen die Rechtsanwaltskosten übernimmt, entscheidet das Unternehmen. Auch besteht kein Recht auf Begleitung des Mitarbeiters durch einen Anwalt.
- Sofern Amnestieprogramme vorgesehen sind, ist der Mitarbeiter darüber zu belehren, dass sich die Amnestie nicht auf die staatliche Strafverfolgung auswirkt.
- Der Mitarbeiter darf im Rahmen der Befragung weder unzulässigem Zwang ausgesetzt noch bedrängt, getäuscht oder eingeschüchtert werden.

Ein **Mitbestimmungsrecht des Betriebsrats** bei Befragungen von Mitarbeitern besteht grundsätzlich nicht.[24] Auch besteht kein Anspruch des Mitarbeiters auf Begleitung durch den Betriebsrat. Dem Betriebsrat kommt lediglich das Recht auf Information zu. Vor und nach jeder Mitarbeiterbefragung muss der Betriebsrat zu Gegenstand, Umfang und Reichweite der Befragung informiert und angehört werden.[25] Nicht informiert werden muss der Betriebsrat über die Ergebnisse der Mitarbeiterbefragung. Erst wenn Konsequenzen, wie Kündigungen oder Versetzungen, aus den Ergebnissen der Mitarbeiterbefragung gezogen werden, ist der Betriebsrat erneut zu informieren. 37

Ein Recht auf **Hinzuziehung eines Betriebsratsmitglieds** besteht hingegen, wenn in einem Interview auch das Leistungsverhalten eines Mitarbeiters erörtert wird.[26] Daneben können Interviews im Rahmen interner Untersuchungen grundsätzlich auch dem Mitbestimmungsrecht nach § 94 BetrVG für Personalfragebögen unterliegen, wenn standardisierte Fragen verwendet werden. Dementsprechend kann auch eine mündliche Befragung in Form eines standardisierten Fragetexts, die anhand einer Checkliste und einer anschließenden schriftlichen Fixierung der Antworten erfolgt, ein Mitbestimmungsrecht auslösen.[27] Aus praktischer Sicht empfiehlt sich möglichst, individuelle Fragen zu stellen und selbst bei gleichförmigen Befragungen größerer Gruppen von Arbeitnehmern möglichst offene Fragen zu stellen und sich wenig an mitbestimmungspflichtigen Frage- oder Checklisten zu orientieren. 38

---

[23] *Herrmann/Zeidler* NZA 2017, 1499.
[24] *Krug/Skoupil* NJW 2017, 2374 (2376); *Stück* GmbHR 2019, 156 (165).
[25] *Krug/Skoupil* NJW 2017, 2374 (2376).
[26] *Reinhardt/Kaindl* CB 2017, 210 (212).
[27] *Wybitul/Böhm* RdA 2011, 362 (365).

39 Für den Arbeitnehmer besteht eine **Verpflichtung, an Interviews teilzunehmen,** soweit sich das Gespräch auf Inhalt, Ort und Zeit der Arbeitsleistung sowie auf Ordnung und Verhalten im Betrieb bezieht.[28]

40 Eine **Auskunftspflicht des Arbeitnehmers** besteht gegenüber seinem Arbeitgeber, dh gegenüber dem geschäftsführenden Organ des Unternehmens, der diese Aufgabe an einen unmittelbaren Vorgesetzen des Arbeitnehmers, die Compliance-Abteilung oder an externe private Ermittler oder Rechtsanwälte übertragen kann. Der **Umfang** der Auskunftspflicht bestimmt sich danach, ob inhaltlich der eigene vertragliche Aufgabenbereich betroffen ist oder nicht. Grundsätzlich ist die Auskunftspflicht innerhalb des vertraglichen Aufgabenbereichs weitreichender als außerhalb des vertraglichen Aufgabenbereichs.

41 **Innerhalb des vertraglichen Aufgabenbereichs** besteht nach §§ 675, 666 BGB analog eine unbeschränkte Pflicht des Mitarbeiters, Fragen des Arbeitsgebers vollständig und wahrheitsgemäß zu beantworten, soweit diese im Zusammenhang mit den ihm übertragenen Aufgaben im Unternehmen stehen.[29] Gesteigerte Auskunftspflichten bestehen für das Führungspersonal, da ihr Wirkungskreis entsprechend größer ist und sie gerade damit betraut werden, untergeordnete Mitarbeiter zu kontrollieren.

42 **Außerhalb des vertraglichen Aufgabenbereichs** wird die Auskunftspflicht des Arbeitnehmers aus der allgemeinen Treuepflicht gemäß § 242 BGB hergeleitet. Sie besteht, soweit (i) der Arbeitgeber ein berechtigtes, billigens- und schützenswertes Interesse an der Beantwortung der Frage hat, (ii) dieses Interesse sich aus einem Zusammenhang mit dem bestehenden Aufgabenbereich des Mitarbeiters und dessen sonstiger Pflichtenbindung ergibt und (iii) die Auskunft keine übermäßige Belastung für den Arbeitnehmer darstellt, dh diese insbesondere nicht unverhältnismäßig in das Persönlichkeitsrecht des Arbeitnehmers eingreift.[30] Die ersten beiden Voraussetzungen werden im Rahmen einer internen Untersuchung regelmäßig erfüllt sein. Maßgeblich ist daher, ob eine Befragung außerhalb des eigenen Aufgabenbereichs des Arbeitnehmers verhältnismäßig ist. Abwägungskriterien sind die Verantwortungsstufe des Mitarbeiters, die drohende Schadenshöhe, das Mitverschulden des Arbeitgebers oder Mitarbeiters sowie das Vorhandensein anderer Mittel zur Schadensabwehr.

43 Ergibt eine Abwägung nach diesen Grundsätzen, dass der Arbeitnehmer zur Auskunft verpflichtet ist, hat der Arbeitnehmer die Auskunft vollständig und wahrheitsgemäß zu erteilen. Weigert er sich beharrlich (und ohne hinreichenden Grund), kann der Arbeitgeber dies zum **Anlass für Abmahnungen oder weiterreichende Sanktionen** nehmen.[31]

44 Inwieweit Arbeitnehmer bei einer **Gefahr der Selbstbezichtigung** zur Auskunft verpflichtet sind, ist bisher nicht eindeutig geklärt. Das Meinungsspektrum reicht von einer unbegrenzten Auskunftspflicht[32], über eine Differenzierung zwischen innerbetrieblichen Angelegenheiten (Auskunftspflicht) und außerbetrieblichen Angelegenheiten (keine Auskunftspflicht)[33], bis hin zu einem umfassenden Verweigerungsrecht.[34] Eine eindeutige Entscheidung der arbeitsgerichtlichen Rechtsprechung fehlt bisher. Die verschiedenen Ansichten stützen sich teils auf die Übertragung arbeitsgerichtlicher Urteile und BGH-Entscheidungen, die wiederum ihrerseits zu unterschiedlichen Ergebnissen gelangen.[35] Gegen eine Auskunftspflicht wird der Grundsatz der Einheit der Rechtsordnung angeführt. Zudem bestehe die Gefahr, dass der im Strafprozess verfassungsrechtlich gebotene *nemo-tenetur*-Grundsatz ausgehöhlt werde, sofern Strafverfolgungsbehörden die Interviewproto-

[28] *Herrmann/Zeidler* NZA 2017, 1499 (1501).
[29] *Stück* GmbHR 2019, 156 (161).
[30] *Reinhardt/Kaindl* CB 2017, 210 (211).
[31] *Stück* GmbHR 2019, 156 (161).
[32] *Lohmeier/Shahhosseini* in Compliance Checklisten, Kap. 7 Rn. 66 f.
[33] *Wessing* in Hauschka/Moosmayer/Lösler, Corporate Compliance, § 46 Rn. 50 f.; vgl. *Krug/Skoupil* NJW 2017, 2374 (2375); *Lützeler/Müller-Satori* CCZ 2011, 19.
[34] *Däubler* NZA 2017, 1481 (1483); *Tödtmann/von Erdmann* NZA 2020, 1577.
[35] BAG NZA-RR 2009, 362; LAG Hamm CCZ 2010, 237; BGH NJW 1964, 1469.

kolle beschlagnahmen können.[36] Die wohl hM geht jedenfalls für innerbetriebliche Angelegenheiten von einer Auskunftspflicht auch bei der Gefahr einer Selbstbezichtigung aus. Zur Begründung wird darauf verwiesen, dass der *nemo-tenetur*-Grundsatz außerhalb des Strafprozesses nicht gelte und dass die privatrechtliche Auskunftspflicht aus dem Arbeitsverhältnis auch nicht mit dem staatlich veranlassten Aussagezwang des Beschuldigten vergleichbar sei.[37] Dann stellt sich indes die ebenso strittige Folgefrage, ob im Falle eines späteren Strafverfahrens gegen den Arbeitnehmer ein Verwertungsverbot für die Aufzeichnungen und Protokolle der Mitarbeiterbefragung bestehen, um sicherzustellen, dass der strafprozessuale *nemo-tenetur*-Grundsatz nicht unterlaufen wird.[38] Diese Frage erhält besondere Relevanz, weil Strafverfolgungsbehörden zunehmend auf Unterlagen aus internen Untersuchungen zugreifen (wollen).

Der Arbeitnehmer ist vor der Befragung umfangreich gemäß Art. 13 DS-GVO zu **belehren.** Die Befragung im Rahmen einer internen Untersuchung ist eine für den Arbeitgeber erkennbare **Datenerhebung bei einem Betroffenen.** Jedenfalls soweit ein Arbeitnehmer die eigene Wahrnehmung schildert, können diese Sachverhaltsinformationen „neue“ personenbezogene Daten sein. Der Arbeitgeber hat zudem nach Art. 13 Abs. 1 lit. c DS-GVO vor der Befragung über die **Rechtsgrundlage der Datenverarbeitung und den Zweck der Datenverarbeitung** Auskunft zu geben. Soweit keine Kollektivvereinbarung zu internen Untersuchungen besteht, kommen als Rechtsgrundlage vor allem § 26 Abs. 1 S. 1 oder S. 2 BDSG und Art. 6 Abs. 1 DS-GVO in Betracht.[39] Weitere Vorgaben folgen aus Art. 12 Abs. 1 S. 1 DS-GVO. Soweit tatsächliche Anhaltspunkte dafür bestehen, dass eine konkrete Benennung des Zwecks der Befragung den Untersuchungszweck, insbesondere mit Blick auf eine unvoreingenommene Befragung, gefährden könnte, kann die Informationspflicht unter den Voraussetzungen des § 32 Abs. 1 Nr. 4 BDSG eingeschränkt werden.[40] 45

Die Interviews sind durch **Interviewprotokolle** zu dokumentieren, die vom Befragenden verfasst werden. Der Mitarbeiter hat kein Recht darauf, das Interviewprotokoll einzusehen. Wird ihm eine Einsichtnahme gewährt, sollten Ergänzungen oder Berichtigungen im Wege der Kommentierung erfolgen. Denn das Gesprächsprotokoll gibt das Verständnis der Befragungsperson wieder. 46

V. Ergänzende Untersuchungshandlungen

Die Ergebnisse der Interviews werden im Anschluss mit den Ergebnissen aus der Auswertung der Daten und Dokumente zusammengeführt. Auf diese Weise werden die Untersuchungsergebnisse immer weiter konkretisiert, bis ein stimmiges Bild über den Sachverhalt entsteht. Teilweise ergeben sich in den Interviews auch Hinweise auf zusätzliches **Beweismaterial** und neue Problemkreise, so dass eine weitere Suche nach bestimmten Dokumenten und Daten sowie weitere Interviewrunden notwendig werden können. 47

G. Erstellung des Untersuchungsberichts

Der Abschluss der internen Untersuchung richtet sich nach dem insoweit definierten Ergebnisformat. In der Regel wird die Untersuchung mit der Erstellung eines **Untersu-** 48

[36] *Tödtmann/von Erdmann* NZA 2020, 1577 (1579).

[37] *Herrmann/Zeidler* NZA 2017, 1499 (1501); *Wessing* in Hauschka/Moosmayer/Lösler, Corporate Compliance, § 46 Rn. 50.

[38] *Greco/Caracas* NStZ 2015, 7 ff.

[39] *Naber/Ahrens* CCZ 2020, 36 (41).

[40] *Naber/Ahrens* CCZ 2020, 36 (41).

chungsberichts abgeschlossen. Bei einer über einem längeren Zeitraum andauernden Untersuchung gehen dem **Abschlussbericht Zwischenberichte** voraus, um die Unternehmensleitung laufend in die Lage zu versetzen, zeitnah auf Ergebnisse reagieren zu können.

49 Der Abschlussbericht erfüllt unabhängig vom Untersuchungsauftrag mehrere **Funktionen.** Er hält den festgestellten Sachverhalt für eine nachgelagerte strafrechtliche und bußgeldrechtliche Bewertung fest. Der Bericht bietet zudem eine chronologische Auflistung der Untersuchungsmaßnahmen und eine Aufbereitung der Beweisgrundlagen aus haftungsrechtlicher Sicht, um eventuell Schadensersatzansprüche gegen Verantwortliche geltend machen zu können. Sofern Personalentscheidungen getroffen werden müssen, ist auch eine personenbezogene Aufarbeitung der Feststellungen vorzunehmen.

50 In der Praxis orientieren sich Untersuchungsberichte mit Unterschieden im Detail grundsätzlich an folgendem **Aufbau:**

- Einleitung
- Darstellung der Wissens- und Informationsbasis
- Zusammenfassung des Sachverhalts
- Beweiswürdigung
- Rechtliche Würdigung
- Handlungsempfehlungen

H. Ausgewählte Problemfelder

I. Datenschutzrecht

51 Bei der Durchführung interner Untersuchungen sind datenschutzrechtliche Vorgaben zu beachten, wobei der Schwerpunkt in diesem Abschnitt auf dem **Arbeitnehmerdatenschutz** liegt, auch wenn im Rahmen von internen Untersuchungen auch Daten von Nicht-Arbeitnehmern (zB Kunden und Geschäftspartnern) verarbeitet werden. Die Beachtung der datenschutzrechtlichen Vorgaben ist notwendig, um das Recht auf informationelle Selbstbestimmung und den darauf gestützten Arbeitnehmerdatenschutz zu gewährleisten. Rechtsgrundlagen hierfür sind die unmittelbar anwendbare **Datenschutz-Grundverordnung (DS-GVO)**[41] und das nationale **Bundesdatenschutzgesetz (BDSG).**

52 Die erhebliche Bedeutung der Einhaltung des Datenschutzrechts ergibt sich im Hinblick auf die Rechtsfolgen von Verstößen. Verstöße gegen das Datenschutzrecht können erhebliche **Geldbußen** und **Reputationsverluste** nach sich ziehen. Verstöße bei der Beweiserhebung können zumindest im arbeitsgerichtlichen Verfahren zu einem **Beweisverwertungsverbot** führen.[42]

53 Daher ist es für ein Unternehmen im Rahmen interner Untersuchungen besonders wichtig, die richtige Balance zwischen seinem Interesse an einer **effektiven Aufklärung** von möglichem Fehlverhalten einerseits und den Rechten der Arbeitnehmer andererseits zu finden und zu wahren.

54 Nach wie vor ist unklar, ob die **Duldung der privaten Nutzung des beruflichen E-Mail-Accounts** eines Mitarbeiters den Arbeitgeber als gewerblichen Anbieter von Telekommunikationsdiensten iSd **§ 3 Nr. 6 und 10 TKG** qualifiziert und damit zur Anwendbarkeit des TKG führt. Die Verwaltung und die Landesdatenschutzbeauftragten (die „DV-Behörden“) scheinen immer noch zu einer breiten Anwendung und damit Anwendbarkeit

---

[41] Verordnung (EU) 2016/679.

[42] *Dendorfer-Ditges* in Moll MAH ArbR § 35 Rn. 235 mwN; *Böhm/Brams* NZA-RR 2020, 449 ff.; *Akkilic* NZA 2020, 623 (626).

des strengeren TKG-Regimes zu tendieren[43] und einige (ältere) Gerichtsentscheidungen werden immer noch zugunsten dieser strengeren Position ausgelegt.[44]

Es gibt keine neuere höchstrichterliche Entscheidung, die die Angelegenheit ein für alle Mal klärt. Allerdings haben zumindest einige untere (Arbeits-)Gerichte in den letzten Jahren festgestellt oder angedeutet, dass Arbeitgeber, die ihren Mitarbeitern **die private Nutzung eines E-Mail-Accounts** gestatten, nicht als gewerbliche Anbieter von Telekommunikationsdiensten zu qualifizieren sind oder haben aus anderen Gründen die Anwendung des TKG ausgeschlossen.[45] Weiterhin haben Gerichte argumentiert, dass der Anwendungsbereich des TKG auf den Telekommunikationsprozess beschränkt wäre und nicht für die Speicherung, Löschung oder Aufbewahrung einer E-Mail nach Abschluss des Prozesses, zB nach Erhalt einer E-Mail, gelten würde.[46] 55

1. Begriffsbestimmungen

Bei der Untersuchung und Auswertung der unternehmensintern vorhandenen Datenbestände werden nahezu zwangsläufig **personenbezogene Daten** iSd DS-GVO und des BDSG verarbeitet. Hierunter sind nach der Legaldefinition des Art. 4 Nr. 1 DS-GVO alle Informationen zu verstehen, die sich auf identifizierte und identifizierbare natürliche Personen beziehen. Informationen stellen personenbezogene Daten dar, wenn das Unternehmen die Angaben über sachliche oder persönliche Verhältnisse einer natürlichen Person zuordnen kann. 56

Eine Trennung von **unternehmens- und personenbezogenen Datenbeständen** im Rahmen von internen Untersuchungen ist regelmäßig praktisch nicht umsetzbar. Üblicherweise werden das Unternehmen oder die von ihm beauftragten Ermittler die Informationen, die sie sammeln und auswerten, einzelnen Personen zuordnen können. Impraktikabel ist regelmäßig auch die weitgehende Anonymisierung der zu untersuchenden Datenbestände, zumal sie im Regelfall dem Untersuchungszweck zuwiderlaufen dürfte. In der Praxis empfiehlt es sich daher, im Zweifelsfall sämtliche gesammelten Informationen wie personenbezogene Daten zu behandeln. 57

Der in der DS-GVO und dem BDSG verwendete Begriff der **Datenverarbeitung** erfasst den gesamten Datenverarbeitungsprozess, beginnend mit der Datenerhebung[47] über die Speicherung, Anpassung und Übermittlung bis hin zur Löschung[48] der Daten. Dabei wird keine **automatisierte** Datenverarbeitung vorausgesetzt, auch eine manuelle Erhebung oder das Erstellen von Tonaufnahmen kann erfasst werden. Eine Datenverarbeitung erfolgt damit nicht nur bei der Erhebung, Auswertung und Weiterverarbeitung elektronisch gespeicherter Daten, sondern beispielsweise auch bei der Kontrolle eines einem Mitarbeiter zugeordneten Spindes oder bei der Befragung eines Mitarbeiters und der Erfassung der daraus gewonnenen Informationen in einem Computersystem oder auch Notizbuch. Folglich ist es für die mit der internen Untersuchung befassten Ermittler nicht immer einfach, ihre 58

---

[43] Orientierungshilfe der Datenschutzaufsichtsbehörden zur datenschutzgerechten Nutzung von E-Mail und anderen Internetdiensten am Arbeitsplatz der Datenschutzkonferenz (Konferenz der unabhängigen Datenschutzbehörden des Bundes und der Länder) Stand: 01/2016, S. 7, abrufbar unter: https://www.baden-wuerttemberg.datenschutz.de/wp-content/uploads/2016/02/OH_E-Mail_Internet_Arbeitsplatz.pdf (zul. abgerufen am 26.10.2021).

[44] So zB das OLG Karlsruhe 10.1.2005 – 1 Ws 152/04.

[45] Zum Beispiel LAG Berlin-Brandenburg 16.2.2011 – 4 Sa 2132/10 Rn. 43, 44; LAG Niedersachsen 31.5.2010 – 12 SA 875/09 Rn. 45; VG Karlsruhe 27.5.2013 – 2 K 3249/12 Rn. 63; LAG Berlin-Brandenburg 14.1.2016 – 5 Sa 657/15.

[46] Zum Beispiel LAG Niedersachsen 31.5.2010 – 12 SA 875/09 (wobei anzumerken ist, dass weiterhin umstritten ist, wann der Telekommunikationsvorgang als beendet anzusehen ist, insbesondere wenn der Arbeitnehmer keine Möglichkeit hat, persönliche E-Mails vollständig aus dem IT-System zu löschen).

[47] *Bäcker* in Kühling/Buchner, DS-GVO BDSG, 2. Aufl. 2018, DS-GVO Art. 13 Rn. 12.

[48] *Klabunde* in Ehmann/Selmayr, Datenschutz-Grundverordnung, 2. Aufl. 2018, Art. 4 Rn. 24.

Handlungsspielräume korrekt abzuschätzen. Stehen einer Ermittlungsmaßnahme jedoch überwiegende schutzwürdige Interessen der von der Verarbeitung ihrer personenbezogenen Daten betroffenen Person entgegen, hat die konkrete Maßnahme zu unterbleiben. Das gilt unabhängig davon, ob der Betroffene ein Beschäftigter ist oder nicht.

2. Maximen des Datenschutzrechts

59 Bei der Durchführung interner Untersuchungen müssen Arbeitgeber nach § 26 Abs. 5 BDSG geeignete Maßnahmen zur Sicherstellung der Einhaltung der Datenschutzgrundsätze nach Art. 5 DS-GVO ergreifen. Zu diesen Prinzipien gehören die Grundsätze der **Rechtmäßigkeit,** der **Transparenz,** der **Zweckbindung** und der **Verhältnismäßigkeit** sowie eine umfassende **Dokumentation.**

a) Rechtmäßigkeit

60 Die Datenverarbeitung erfolgt gemäß Art. 5 Abs. 1 lit. a DS-GVO in rechtmäßiger Weise, wenn eine **Rechtsgrundlage** besteht, mit der die konkrete Verarbeitung gerechtfertigt werden kann. Die DS-GVO nennt die für eine Datenverarbeitung in Frage kommenden Rechtsgrundlagen in Art. 6 Abs. 1. Für den Bereich des Beschäftigtendatenschutzes ergeben sich spezialgesetzliche Rechtsgrundlagen aus § 26 BDSG nF. Da § 26 BDSG nF seiner Vorgängerregelung § 32 BDSG aF weitgehend entspricht, ist bei der Auslegung des § 26 BDSG nF die bislang zu § 32 BDSG aF ergangene arbeitsgerichtliche Rechtsprechung zu berücksichtigen.[49]

b) Transparenz

61 Die Daten müssen transparent, das heißt in einer für die betroffene Person nachvollziehbaren Weise verarbeitet werden. Dieser Grundsatz soll sicherstellen, dass betroffene Personen **grundsätzlich im Vorhinein** über die Verarbeitung ihrer Daten **informiert** werden.

62 Entsprechende Informationspflichten insbesondere bezüglich **Art, Umfang und Hintergrund** der Datenverarbeitung finden sich in Art. 12ff. DS-GVO. Betroffene Mitarbeiter sind, sofern die Daten bei ihnen selbst erhoben werden, nach Art. 13 DS-GVO zum Zeitpunkt der Erhebung, anderenfalls gemäß Art. 14 DS-GVO innerhalb einer angemessenen Frist (längstens innerhalb eines Monats), zu informieren. Die hieraus unter Umständen resultierende **Verdunklungsgefahr** kann den Erfolg der Untersuchungsmaßnahmen gefährden. Dennoch sollten die Informationspflichten nicht ignoriert werden, da ihre Nichteinhaltung **bußgeldbewährt** ist.[50]

63 Die Informationspflicht kann jedoch ausnahmsweise nach Art. 13 Abs. 3 DS-GVO iVm § 32 Abs. 1 Nr. 4 BDSG **entbehrlich** sein, wenn bereits erhobene Daten zu (Compliance-) Zwecken weiterverarbeitet werden sollen. Voraussetzung hierfür ist, dass die Erteilung der Information die Geltendmachung rechtlicher Ansprüche beeinträchtigen würde und die Interessen des Verantwortlichen an der Nichterteilung die Interessen der betroffenen Person überwiegen. Es ist eine Interessenabwagung anhand des Einzelfalls vorzunehmen.[51] Ins Gewicht fällt dabei insbesondere, ob es sich um eine präventive oder repressive Maßnahme des Arbeitgebers handelt.[52] Bei **präventiven Kontrollen** hat der Arbeitgeber zuvor klare und verständliche Hinweise auf die Möglichkeit einer Überwachung zu erteilen und die Arbeitnehmer in angemessener Art über den Umfang der Maßnahme zu informieren. Bei **repressiven Maßnahmen** steigt mit der Dringlichkeit und Schwere des Verdachts die Chance, dass eine verdeckte Ermittlung zulässig ist. Soweit im Einzelfall eine Information unterbleiben kann, sollten die Gründe hierfür dokumentiert werden, um der Dokumentations- und Rechenschaftspflicht nachzukommen.

---

[49] *Fuhlrott/Oltmanns* NZA 2019, 1105 (1106).

[50] Vgl. Art. 83 Abs. 5 DS-GVO.

[51] *Golla* in Kühling/Buchner, DS-GVO BDSG, 3. Aufl. 2020, BDSG § 32 Rn. 19.

[52] Vgl. auch *Bongers* in Kramer, IT-Arbeitsrecht, 2. Aufl. 2019, B, Rn. 752 f.

64 Werden neue Daten bei der kontrollierten Person erhoben, fehlt eine entsprechende Ausnahme. Für solche Fälle wird jedoch die **analoge Anwendung** des Ausnahmetatbestands nach **Art. 14 Abs. 5 lit. b DS-GVO** erwogen, der unmittelbar nur auf eine Datenerhebung bei Dritten anwendbar ist.[53] Hiernach kann die Informationserteilung unterbleiben, wenn ansonsten die Ziele der Datenverarbeitung – also die Durchführung der internen Untersuchung – unmöglich oder ernsthaft beeinträchtigt würden. Das Erfordernis der Analogie wird insbesondere damit begründet, dass es dem Arbeitgeber in Ausnahmefällen möglich sein muss, sich wirkungsvoll durch verdeckte Kontrollen zu schützen.[54] Inwieweit diese Argumentation bei einer Aufsichtsbehörde oder vor Gericht verfängt, ist indes nicht abschließend zu bewerten. Jedenfalls ist die Informationspflicht nachträglich zu erfüllen, sobald die Kenntnis der betroffenen Person die Zwecke der Datenverarbeitung nicht mehr gefährdet.[55]

c) Zweckbindung

65 Personenbezogene Daten dürfen nur für **konkret festgelegte** und **gesetzlich erlaubte Zwecke** erhoben und verwendet werden. Eine **Zweckänderung** ist nur ausnahmsweise unter Einhaltung der gesetzlichen Voraussetzungen zulässig. Dazu zählt formell die Mitteilung über die beabsichtigte Zweckänderung entsprechend Art. 13 Abs. 3 bzw. Art. 14 Abs. 4 DS-GVO. Materielle Voraussetzungen – wie insbesondere die Vereinbarkeit mit dem ursprünglichen Zweck[56] – finden sich in Art. 6 Abs. 4 DS-GVO.[57]

66 Das Unternehmen muss bei jeder Aufklärungsmaßnahme und jedem gespeicherten Datensatz klar belegen können, welchem **konkreten Zweck** die fraglichen Informationen dienen.[58] So ist beispielweise eine pauschale Bezeichnung „für Ermittlungszwecke" nicht ausreichend.

d) Verhältnismäßigkeit: Datenminimierung und Speicherbegrenzung

67 Datenverarbeitungen müssen immer **erforderlich** und **verhältnismäßig** sein. Das bedeutet, dass im Rahmen interner Untersuchungen die Verarbeitung personenbezogener Daten stets **anlassbezogen** und auf Grundlage einer **objektiv nachvollziehbaren Interessenabwägung** erfolgen muss. Dabei sind im Sinne einer Verhältnismäßigkeitsprüfung[59] die Interessen des Arbeitgebers an der Datenverarbeitung mit dem Persönlichkeitsrecht des Beschäftigten möglichst in Ausgleich zu bringen.[60]

68 Ausflüsse des Verhältnismäßigkeitsprinzips in der DS-GVO sind hinsichtlich des Umfangs der Grundsatz der **Datenminimierung** sowie in zeitlicher Hinsicht der Grundsatz der **Speicherbegrenzung.**

69 Nach dem Grundsatz der **Datenminimierung gemäß Art. 5 Abs. 1 lit. c DS-GVO** muss jede Datenverarbeitung dem Zweck angemessen und für dessen Erreichung erheblich sein. Zudem muss sie auf das für die Zwecke der Verarbeitung notwendige Maß beschränkt sein. Dies gilt sowohl für die Anzahl der verarbeiteten Daten als auch für die Anzahl der Nutzungen.[61]

---

[53] *Byers* NZA 2017, 1086 (1090).

[54] *Byers* NZA 2017, 1086 (1091).

[55] *Voigt/H. Oenning/J. Oenning* in Bussche v.d./Voigt, Konzerndatenschutz, 2. Aufl. 2019, Teil 5, Kap. 1 Rn. 32; *Golla* in Kühling/Buchner, DS-GVO BDSG, 3. Aufl. 2020, BDSG § 32 Rn. 27.

[56] *Heberlein* in Ehmann/Selmayr, Datenschutz-Grundverordnung, 2. Aufl. 2018, Art. 5 Rn. 18.

[57] Die Voraussetzungen der Zweckänderung sind jedoch in der Literatur umstritten. Näher dazu *Schulz* in Gola, Datenschutz-Grundverordnung, 2. Aufl. 2018, Art. 6 Rn. 202 ff.

[58] *Heberlein* in Ehmann/Selmayr, Datenschutz-Grundverordnung, 2. Aufl. 2018, Art. 5 Rn. 14; *Pötters* in Gola, Datenschutz-Grundverordnung, 2. Aufl. 2018, Art. 5 Rn. 14.

[59] *Maschmann* in Kühling/Buchner, DS-GVO BDSG, 3. Aufl. 2020, BDSG § 26 Rn. 18; *Kort* ZD 2017, 319 (320); *Wybitul* NZA 2017, 413 (415).

[60] BT-Drs. 18/11325, 97.

[61] *Pötters* in Gola, Datenschutz-Grundverordnung, 2. Aufl. 2018, Art. 5 Rn. 22.

70 Sofern Daten für die Verwirklichung des Zwecks, für den sie gespeichert wurden, in zeitlicher Hinsicht nicht mehr erforderlich sind, sind sie nach dem Grundsatz der **Speicherbegrenzung** zu löschen.[62] Nach Auffassung des BAG erstreckt sich die **zulässige Dauer** der Datenspeicherung auf die Dauer der Verjährungsfrist etwaiger materiell-rechtlicher Ansprüche, die mit den erhobenen Daten bewiesen werden können bzw. sollen.[63] Diese Auffassung mag aus Unternehmersicht begrüßenswert sein, wirft jedoch bei genauerer Betrachtung Zweifel auf. Sie birgt die Gefahr der unzulässigen Speicherung der Daten auf Vorrat[64] und lässt den Grundsatz der Speicherbegrenzung außer Acht.[65] Zwar gibt die DS-GVO keine starren Löschfristen vor[66], Richtwerte in der bisherigen Rechtsprechung beliefen sich jedoch auf Angaben innerhalb weniger Tage.[67] Es ist daher für Unternehmen ratsam, im Rahmen interner Untersuchungen bereits im Vorhinein ein **Löschkonzept** zu erstellen, das sicherstellt, dass die im Rahmen der Sachverhaltsaufklärung gespeicherten Daten nach Maßgabe der gesetzlichen Anforderungen gelöscht werden.[68]

e) Dokumentationspflichten

71 Nach Art. 5 Abs. 2 und Art. 24 Abs. 1 DS-GVO bestehen **Dokumentations- und Rechenschaftspflichten** für den Arbeitgeber, der die Rechtmäßigkeit der Datenverarbeitung grundsätzlich vollumfänglich nachweisen muss. Der Arbeitgeber sollte daher die Tatsachen, auf die er die Datenverarbeitung stützt, vor Beginn der internen Untersuchung umfassend dokumentieren.

72 Zu diesem Zweck empfiehlt es sich gerade bei komplexeren Untersuchungen, die viele Mitarbeiter betreffen, vor Beginn der jeweiligen Untersuchungsmaßnahme(n) die datenschutzrechtlichen Erwägungen in einer später nachvollziehbaren und abrufbaren Form niederzulegen (sog. **Einleitungsvermerk**). Der Vermerk sollte die Personengruppe benennen, die Gegenstand von Ermittlungsmaßnahmen werden soll. Daneben sind Indizien anzugeben, aus denen sich der Verdacht eines Rechtsverstoßes ergeben hat. Eine kurze Darstellung, warum hieraus nach „kriminalistischer Erfahrung" ein Tatverdacht iSd § 26 Abs. 1 S. 2 BDSG zu folgern ist, ist ausreichend. Schließlich sollen die beabsichtigten Ermittlungsmaßnahmen dargestellt und deren Erforderlichkeit jeweils mittels einer skizzierten Verhältnismäßigkeitsprüfung diskutiert werden.

3. Rechtsgrundlagen

73 Die Verarbeitung personenbezogener Daten ist als **Verbot mit Erlaubnisvorbehalt** ausgestaltet und bedarf einer im BDSG oder in der DS-GVO vorgesehenen Rechtsgrundlage.

a) Kollektivvereinbarung

74 Als Rechtsgrundlage für die Datenverarbeitung kommt zunächst eine Kollektivvereinbarung in Betracht, vgl. § 26 Abs. 4 BDSG. Ob dies in Gestalt einer **Betriebsvereinbarung** oder eines **Tarifvertrags** erfolgt, ist unerheblich.[69] Der Inhalt der Kollektivvereinbarung bemisst sich nach den Anforderungen des Art. 88 Abs. 2 DS-GVO.[70] Als Grundlage für

[62] *Pötters* in Gola, Datenschutz-Grundverordnung, 2. Aufl. 2018, Art. 5 Rn. 17; *Herbst* in Kühling/Buchner, DS-GVO BDSG, 3. Aufl. 2020, DS-GVO Art. 5 Rn. 64.

[63] BAG ZD 2019, 226 Rn. 30.

[64] *Benner-Tischler* ZD-Aktuell 2019, 06446.

[65] *Tiedemann* ZD 209, 226 (230) – Anm. zum BAG-Urteil.

[66] *Scheja/Quae/Conrad/Hausen* in Forgó/Helfrich/Schneider, Betrieblicher Datenschutz, 3. Aufl. 2019, IV, 1, Rn. 90, 98.

[67] Vgl. die Beispiele bei *Benner-Tischler* ZD-Aktuell 2019, 06446.

[68] Für ein mögliches Löschkonzept siehe *Hammer* DuD 2016, 528.

[69] *Seifert* in Simitis/Hornung/Spiecker gen. Döhmann, Datenschutzrecht, DS-GVO Art. 88 Rn. 26.

[70] *Franzen* in ErfK zum Arbeitsrecht, 21. Aufl. 2021, BDSG § 26 Rn. 48.

interne Untersuchungen können Kontroll- und Überwachungsmaßnahmen in eine Kollektivvereinbarung aufgenommen werden. Allerdings müssen dann Maßnahmen zur Wahrung der berechtigten Interessen der Arbeitnehmer getroffen werden.[71] Dies erfordert insbesondere transparente Regelungen über die Datenverarbeitung.[72] Überdies muss eine Kontrollmaßnahme verhältnismäßig sein und Raum für eine im Einzelfall durchzuführende Interessenabwägung lassen.[73] Daneben sind die Parteien auch nach § 75 Abs. 2 BetrVG verpflichtet, die Persönlichkeitsrechte der Arbeitnehmer im Betrieb zu schützen.

Verstößt eine Kollektivvereinbarung gegen diese Grundsätze, ist sie **unwirksam** und **75** kann nicht als Grundlage für die Verarbeitung personenbezogener Daten von Arbeitnehmern dienen.

b) Datenverarbeitung zur Aufdeckung von Straftaten

Die Regelung des § 26 Abs. 1 S. 2 BDSG sieht eine Sonderregelung für die Datenverar- **76** beitung zur Aufdeckung von Straftaten vor. Sie ist dann zulässig, wenn **tatsächliche Anhaltspunkte** den Verdacht begründen, dass die betroffene Person eine Straftat im Rahmen des Beschäftigungsverhältnisses begangen hat. Ausreichend ist hier der durch konkrete Tatsachen begründete einfache Verdacht **(Anfangsverdacht).**[74] Eine (verdeckte) Maßnahme ins Blaue hinein ist dagegen unzulässig.[75] Der Verdacht muss sich nicht bereits von Anfang an auf eine Person konkretisiert haben. Ausreichend ist ein räumlich und funktional abgrenzbarer Kreis von Arbeitnehmern.[76] Wird im Rahmen einer Maßnahme zur Aufdeckung einer Straftat zufällig ein Verstoß eines anderen Mitarbeiters festgestellt (sog. **Zufallsfund**), bemisst sich die Zulässigkeit der Datenverarbeitung in dieser Hinsicht nach § 26 Abs. 1 S. 1 BDSG.[77]

Die Maßnahme muss ebenfalls einer Verhältnismäßigkeitsprüfung standhalten.[78] Abwä- **77** gungskriterien sind hierbei die **Dringlichkeit des Tatverdachts** und **Schwere des Schadens** einerseits sowie die Intensität des Eingriffs – also **Dauer, Umfang und Transparenz** der Überwachungsmaßnahme – andererseits.[79]

c) Datenverarbeitung für allgemeine Zwecke des Beschäftigungsverhältnisses

Die Regelung des § 26 Abs. 1 S. 1 BDSG erlaubt die Datenverarbeitung für sons- **78** tige Zwecke des Beschäftigungsverhältnisses, wenn dies für die Entscheidung über die Begründung eines Beschäftigungsverhältnisses oder nach Begründung des Beschäftigungsverhältnisses für dessen **Durchführung oder Beendigung erforderlich** ist. Hierbei kann es sich sowohl um präventive als auch repressive Maßnahmen des Arbeitgebers handeln.

Präventive Kontrollen zur Überwachung der Einhaltung bestehender Regeln sind **79** nach allgemeiner Ansicht zur Durchführung des Beschäftigungsverhältnisses erforderlich und können auf Grundlage von § 26 Abs. 1 S. 1 BDSG durchgeführt werden.[80] § 26 Abs. 1 S. 1 BDSG verlangt, dass die Maßnahme verhältnismäßig ist. Massen-Datenerhebungen bzw. -kontrollen sowie dauerhafte Überwachungsaktivitäten sind regelmäßig unverhältnismä-

[71] *Ströbel/Böhm/Breunig/Wybitul* CCZ 2018, 14 (19).
[72] *Maschmann* in Kühling/Buchner, DS-GVO BDSG, 3. Aufl. 2020, BDSG § 26 Rn. 69.
[73] *Maschmann* in Kühling/Buchner, DS-GVO BDSG, 3. Aufl. 2020, BDSG § 26 Rn. 67.
[74] BAG NZA 2017, 1327 Rn. 29.
[75] BAG NZA 2017, 1327 Rn. 30.
[76] BAG NZA 2017, 443 Rn. 22; 2017, 112 Rn. 28.
[77] BAG NZA 2017, 112 Rn. 31.
[78] *Maschmann* in Kühling/Buchner, DS-GVO BDSG, 3. Aufl. 2020, BDSG § 26 Rn. 61.
[79] *Franzen* in ErfK zum Arbeitsrecht, 21. Aufl. 2021, BDSG § 26 Rn. 39.
[80] *Riesenhuber* in BeckOK DatenschutzR, 34. Ed., 1.11.2020, BDSG § 26 Rn. 138; *Gola* in Gola/Heckmann, BDSG, 13. Aufl. 2019, § 26 Rn. 129; *Franzen* in ErfK zum Arbeitsrecht, 21. Aufl. 2021, BDSG § 26 Rn. 36.

ßig.[81] Vielmehr sollten sich präventive Kontrollen auf **grundsätzlich angekündigte, stichprobenartige Erhebungen** beschränken.[82]

80 Ferner fallen unter § 26 Abs. 1 S. 1 BDSG nach überwiegender Auffassung auch Überwachungs- und Kontrollmaßnahmen bei Verdacht auf **schwerwiegende, arbeitsrechtliche Pflichtverletzungen,** die unterhalb der Schwelle einer Straftat liegen.[83] Die Verarbeitung richtet sich dann nach den Ausführungen unter Ziffer 3.b → Rn. 76 ff. So ist insbesondere auch die Verhältnismäßigkeit des Eingriffs anhand einer Interessenabwägung sicherzustellen.[84]

d) Datenverarbeitung außerhalb des Beschäftigungsverhältnisses

81 Sofern personenbezogene Daten von einer Person verarbeitet werden, die mit dem Unternehmen **nicht in einem Beschäftigungsverhältnis** steht, oder die Datenverarbeitung nicht unter § 26 BDSG subsumiert werden kann, ist ein Rückgriff auf die Rechtsgrundlagen aus Art. 6 Abs. 1 DS-GVO möglich.[85] Welche der dort genannten Varianten einschlägig ist, bedarf der Einzelfallprüfung. Im Rahmen interner Untersuchungen dürfte regelmäßig das Interesse des Unternehmens an der **Aufklärung von Rechtsverstößen als berechtigtes Interesse** iSd Art. 6 Abs. 1 lit. f DS-GVO als Rechtsgrundlage in Betracht kommen. Auch in diesem Fall hat eine Abwägung der widerstreitenden Interessen des Unternehmens und der betroffenen Person zu erfolgen.[86]

e) Einwilligung des Betroffenen

82 Letztlich kann die **Einwilligung der durch die Datenverarbeitung betroffenen Person** als Rechtsgrundlage dienen. Im Beschäftigungsverhältnis stützt sich dies auf § 26 Abs. 2 BDSG. Gemäß dessen S. 3 hat die Einwilligung in der Regel schriftlich oder elektronisch zu erfolgen. Ein unterlassener Widerspruch des Arbeitnehmers gegen eine ihm angekündigte Überwachungsmaßnahme stellt hingegen keine Einwilligung dar.[87] Allerdings können sich Probleme bei der Datenverarbeitung im **Subordinationsverhältnis** im Hinblick auf die **Freiwilligkeit** der Einwilligung ergeben. Gemäß § 26 Abs. 2 S. 2 BDSG ist von einer freiwillig erteilten Einwilligung einer beschäftigten Person auszugehen, wenn dadurch für sie ein rechtlicher oder wirtschaftlicher Vorteil erreicht wird oder Arbeitgeber und beschäftigte Person gleichgelagerte Interessen verfolgen. Die Datenverarbeitung im Rahmen einer internen Untersuchung dürfte jedoch regelmäßig weder einen Vorteil für den Arbeitnehmer bringen noch in dessen Interesse liegen.[88] Dies gilt vor allem dann, wenn gegen den Beschäftigten ermittelt wird. Die Einwilligung verweigernde Mitarbeiter müssen zudem oft mit Vorverurteilungen kämpfen. Insofern ist die Einwilligung eines Arbeitnehmers im Rahmen interner Untersuchungen regelmäßig nur eine beschränkt belastbare Grundlage zur Datenverarbeitung.

83 Wird sich trotzdem auf die Einwilligung als Legitimation gestützt, ist zu beachten, dass diese gemäß § 26 Abs. 2 S. 4 BDSG iVm Art. 7 Abs. 3 DS-GVO **jederzeit widerrufen** werden kann. Über ihr Widerrufsrecht ist die beschäftige Person aufzuklären. Im Hinblick

---

[81] *Stück* ArbRAktuell 2019, 216 (217).

[82] *Stück* ArbRAktuell 2019, 216 (216).

[83] Die Diskussion wurde bereits zu § 32 BDSG aF geführt, siehe BAG NZA 2017, 1327 Rn. 30; NJW 2017, 2853 Rn. 26 ff.; *Franzen* in ErfK zum Arbeitsrecht, 21. Aufl. 2021, BDSG § 26 Rn. 37; *Ströbel/Böhm/Breunig/Wybitul* CCZ 2018, 14 (18); die aA geht von einer Sperrwirkung des § 26 Abs. 1 S. 2 BDSG für Fälle aus, in denen lediglich der Verdacht einer Pflichtverletzung im Raum steht, vgl. *Düwell/Brink* NZA 2017, 1081 (1084).

[84] BAG NZA 2017, 1327 Rn. 30.

[85] Strittig, dafür: *Ströbel/Böhm/Breunig/Wybitul* CCZ 2018, 14 (19).

[86] *Stück* ArbRAktuell 2019, 216 (217).

[87] BAG NZA 2017, 1327 Rn. 20.

[88] *Voigt/H. Oenning/J. Oenning* in Bussche v.d./Voigt, Konzerndatenschutz, 2. Aufl. 2019, Teil 5, Kap. 1 Rn. 23.

auf die Dokumentations- und Beweispflicht sollte dies jedenfalls auch in Textform geschehen. Der Widerruf wirkt *ex nunc*.[89] Infolgedessen stellt sich die operative Herausforderung, den Wegfall der Einwilligung infolge des Widerrufs im weiteren Verlauf der internen Untersuchung zu berücksichtigen.[90] Auch in dieser Hinsicht ist folglich von der Einwilligung als Rechtsgrundlage für Datenerhebungen bei internen Untersuchungen abzuraten.

4. Verhältnismäßigkeitserwägungen bei der Durchführung interner Untersuchungen

Die zuvor erläuterten Rechtsgrundlagen – und insbesondere § 26 BDSG – enthalten eine Reihe **unbestimmter Rechtsbegriffe** und lassen viel Raum für die Auslegung durch den Rechtsanwender. Im Rahmen von internen Untersuchungen lassen sich jedoch folgende wiederkehrende Abwägungskriterien ausmachen: **84**

Um die **Eingriffsintensität** für den Arbeitnehmer zu bewerten, sind **Dauer und Umfang** der Kontrollmaßnahme zu berücksichtigen. Maßgeblich ist, ob der Arbeitnehmer in seiner Sozial-, Privat- oder Intimsphäre betroffen ist. Ferner ist zu berücksichtigen, ob es sich um eine angekündigte oder verdeckte Maßnahme handelt. Die Interessen der Betroffenen sind weniger schutzwürdig, wenn in einer Richtlinie des Unternehmens darauf hingewiesen wurde, dass das Unternehmen sich entsprechende **Kontrollen vorbehält.**[91] Dabei ist zu berücksichtigen, dass heimliche Maßnahmen regelmäßig nicht das mildeste Mittel darstellen, wenn eine offene Datenverarbeitung möglich und ebenso erfolgsversprechend ist.[92] **85**

Die **Interessen des Arbeitgebers** sind insbesondere anhand des Verdachtsgrads und der Schwere des drohenden/entstandenen Schadens zu bewerten. Die Datenverarbeitung ist umso eher zulässig, je ernster der im Raum stehende Vorwurf ist und je konkreter die vorliegenden Verdachtsmomente sind. Daneben können die Erfolgsaussichten der Maßnahme die Abwägung beeinflussen. Maßgeblich ist ferner, ob die Untersuchungsmaßnahme zu präventiven oder repressiven Zwecken durchgeführt wird.[93] **86**

Eine entscheidende Weichenstellung bei der Interessenabwägung ist außerdem die Frage, ob das betroffene Unternehmen den Mitarbeitern eine **Privatnutzung** des betrieblichen E-Mail-Accounts und betrieblicher Endgeräte **erlaubt oder zumindest geduldet** hat. Wurde der private Gebrauch explizit verboten, hat der Arbeitgeber Zugriff auf die Kommunikation des Arbeitnehmers, um die Einhaltung dieses Verbots zu kontrollieren.[94] Bei erlaubter oder geduldeter Privatnutzung hingegen sind im Rahmen der Verhältnismäßigkeitsprüfung höhere Anforderungen an die schutzwürdigen Interessen des Unternehmens zu stellen (zu den in diesem Zusammenhang zu berücksichtigenden straf- und telekommunikationsrechtlichen Aspekten → Rn. 54ff.). Daher empfiehlt es sich, die Trennung betrieblicher und privater Kommunikation im Unternehmen rechtzeitig zu regeln.[95] **87**

5. Auskunftsansprüche

Von internen Untersuchungen betroffene Mitarbeiter können gegenüber ihrem Arbeitgeber die durch Art. 15ff. DS-GVO gewährten Betroffenenrechte geltend machen. Nach Art. 15 Abs. 1 DS-GVO kann die betroffene Person **Auskunft über die über sie gespeicherten Daten** verlangen. Nach Art. 15 Abs. 3 DS-GVO ist außerdem eine **Kopie** **88**

---

[89] *Frenzel* in Paal/Pauly, DS-GVO BDSG, 3. Aufl. 2021, DS-GVO Art. 7 Rn. 16.

[90] *Voigt/H. Oenning/J. Oenning* in Bussche v.d./Voigt, Konzerndatenschutz, 2. Aufl. 2019, Teil 5, Kap. 1 Rn. 24.

[91] *Franzen* in ErfK zum Arbeitsrecht, 21. Aufl. 2021, BDSG § 26 Rn. 39.

[92] *Gola* in Gola/Heckmann BDSG, 13. Aufl. 2019, § 26 Rn. 127; BAG NZA 2014, 143.

[93] Vgl. auch *Bongers* in Kramer, IT-Arbeitsrecht, 2. Aufl. 2019, B., Rn. 752f.

[94] EGMR NZA 2017, 1443 Rn. 130ff. – Barbulescu/Rumänien.

[95] Für Beispiele für die technische Umsetzung siehe *Scheja/Quae/Conrad/Hausen* in Forgó/Helfrich/Schneider, Betrieblicher Datenschutz, 3. Aufl. 2019, IV, 3, Rn. 9.

der verarbeiteten Daten zur Verfügung zu stellen. Die Erteilung der gewünschten Information hat nach Art. 12 Abs. 3 DS-GVO unverzüglich, spätestens aber innerhalb eines Monats (mit der Möglichkeit der Verlängerung auf drei Monate) zu erfolgen. Der Arbeitgeber kann die Auskunft gemäß § 34 Abs. 1 iVm § 29 Abs. 1 S. 2 BDSG verweigern, soweit dadurch Informationen offenbart würden, die (etwa im Interesse Dritter – zB Whistleblower) geheimhaltungsbedürftig sind.[96] Nicht abschließend geklärt ist allerdings die Reichweite des Auskunftsanspruchs.[97]

6. Datenschutz-Folgenabschätzung

89 Artikel 35 DS-GVO sieht vor, dass Datenverarbeitungsprozesse, die voraussichtlich ein **hohes Risiko für die Rechte und Freiheiten** der davon betroffenen Personen mit sich bringen, einer Datenschutz-Folgenabschätzung („DSFA") zu unterziehen sind. Diese Pflicht besteht nach Abs. 1 insbesondere, wenn für die Verarbeitung **neue Technologien** eingesetzt werden (zB Überwachungstechnologien). Gegenstand einer solchen DSFA ist eine Analyse des Risikos und der Rechtmäßigkeit der geplanten Datenverarbeitung vor ihrer Durchführung.[98] Nach Art. 35 Abs. 4 DS-GVO sind die Datenschutz-Aufsichtsbehörden dazu verpflichtet, Datenverarbeitungsvorgänge, für die eine DSFA verpflichtend ist, zu identifizieren und aufzulisten (sog. Positivliste). Nach der Positivliste[99] der Datenschutzkonferenz[100] ist eine DSFA für eine umfangreiche Verarbeitung von personenbezogenen Daten über das Verhalten von Beschäftigten (Nr. 8) erforderlich. Daraus folgt zwar keine allgemeine Verpflichtung zur Erstellung einer **DSFA vor der Durchführung interner Untersuchungen.** Jedenfalls vor Untersuchungen mit umfangreichen Ermittlungsmaßnahmen sollte die Notwendigkeit einer DSFA jedoch eindringlich geprüft werden.[101] Verstöße können eine **Haftung** des Verantwortlichen und einen **Schadensersatzanspruch** des Betroffenen nach Art. 82 Abs. 1 und 2 DS-GVO begründen. Darüber hinaus droht eine **Geldbuße** nach Art. 83 Abs. 4 lit. a DS-GVO.

7. Beteiligungsrechte des Datenschutzbeauftragten

90 Das Unternehmen hat den Datenschutzbeauftragten über Vorhaben der automatisierten Verarbeitung personenbezogener Daten **rechtzeitig zu unterrichten,** so dass dieser die ordnungsgemäße Anwendung der Datenverarbeitungsprogramme überwachen kann. Zuständig ist jeweils der Datenschutzbeauftragte des betroffenen Unternehmens, bei dem die Mitarbeiter angestellt sind.

91 Obwohl vor der Durchführung interner Untersuchungen eine weitergehende Vorabkontrolle durch den betrieblichen Datenschutzbeauftragten gesetzlich nicht vorgeschrieben ist,[102] kann eine Vorabkontrolle in jedem Fall helfen, spätere **Haftungsrisiken** zu vermeiden. In der Praxis ist es überdies empfehlenswert, den Datenschutzbeauftragten an eventuell erforderlichen Verhandlungen mit dem Betriebsrat über die Mitbestimmungsrechte nach § 87 Abs. 1 Nr. 6 BetrVG zu beteiligen, um einen entsprechenden **Wissenstransfer** zu den technischen Fragen zu erreichen.

---

[96] LAG Baden-Württemberg NZA-RR 2019, 242 Rn. 179ff.

[97] Ausführlich zur Reichweite: *Engeler/Quiel* NJW 2019, 2201; *Zikesch/Sörup* ZD 2019, 239.

[98] *Martini* in Paal/Pauly, DS-GVO BDSG, 3. Aufl. 2021, DS-GVO Art. 35 Rn. 22, 22a; *Baumgartner* in Ehmann/Selmayr, Datenschutz-Grundverordnung, 2. Aufl. 2018, Art. 35 Rn. 1.

[99] Abrufbar unter: https://www.bfdi.bund.de/SharedDocs/Downloads/DE/Muster/Liste_VerarbeitungsvorgängeDSk.pdf (zul. abgerufen am 26.10.2021).

[100] Gremium bestehend aus den unabhängigen Datenschutzbehörden des Bundes und der Länder.

[101] *Teicke* CCZ 2019, 298 (302); *Grützner/Wybitul* CCZ 2018, 241.

[102] In der Literatur wird teilweise vertreten, dass unternehmensinterne Ermittlungen der Datenschutz-Folgenabschätzung unterliegen, an der der Datenschutzbeauftragte gemäß Art. 35 Abs. 2 DS-GVO zu beteiligen ist, siehe *Schröder* in Forgó/Helfrich/Schneider, Betrieblicher Datenschutz, Teil VI., Kap. 3 Rn. 31.

Oftmals eignet sich eine schriftliche Vorabkontrolle durch den Datenschutzbeauftragten zudem zur Dokumentation von Maßnahmen zur Sicherstellung der Persönlichkeitsrechte der betroffenen Personen. Eine entsprechende Vorabkontrolle sollte auch Überlegungen dazu enthalten, wie das Unternehmen Benachrichtigungspflichten erfüllt und welches **Löschkonzept** es vorhält. 92

II. Beschlagnahme von Unterlagen aus internen Untersuchungen

1. Rechtlicher Rahmen

Aufgrund der zunehmenden Bedeutung von internen Untersuchungen in Unternehmen rückt die Frage in den Vordergrund, ob und welche Unterlagen aus internen Untersuchungen von den Verfolgungsbehörden beschlagnahmt werden können. Groß angelegte Durchsuchungen bei Unternehmen, die entweder selbst beschuldigt sind (§ 46 OWiG iVm § 102 StPO) oder als dritte Person durchsucht werden (§ 103 StPO), zielen darauf ab, Beweise aufzufinden und sie sicherzustellen oder zu beschlagnahmen. Ist infolge eines Widerspruchs des betroffenen Unternehmens eine Sicherstellung nicht möglich, erfolgt die förmliche Beschlagnahme von Beweismitteln nach § 94 StPO.[103] Hat das Unternehmen aufgrund von Verdachtsmomenten bereits vor einer Durchsuchung interne Maßnahmen zur Aufklärung des Sachverhalts ergriffen, sind die daraus resultierenden Unterlagen rechtlich nicht vor Beschlagnahme geschützt, selbst wenn sie sich ausschließlich im Gewahrsam des mit der Untersuchung beauftragten **Rechtsanwalts** befinden. Aber selbst wenn das beschuldigte Unternehmen erst nach einer bereits erfolgten Durchsuchung mit der internen Untersuchung der Vorwürfe beginnt, sind die in diesem Zusammenhang erstellten Unterlagen nur in sehr eingeschränktem Umfang vor dem Zugriff der Verfolgungsbehörden geschützt. 93

2. Kein Schutz vor Beschlagnahme nach § 97 Abs. 1 Nr. 3 StPO

a) Gegenwärtige Rechtslage

Allgemein ergeben sich die Grenzen der Beschlagnahme aus den Beschlagnahmeverboten des § 97 StPO. Im Rahmen von Unterlagen aus internen Untersuchungen ist vor allem das Beschlagnahmeverbot nach § 97 Abs. 1 Nr. 3 StPO von Bedeutung. Obwohl sich der Wortlaut des § 97 Abs. 1 Nr. 3 StPO ganz allgemein auf Rechtsanwälte bezieht, hat sich in der instanzgerichtlichen Rechtsprechung die jüngst vom BVerfG gebilligte Praxis herausgebildet, dass auch § 97 Abs. 1 Nr. 3 StPO im systematischen Zusammenhang mit Nr. 1 und 2 nur das **Vertrauensverhältnis zwischen** dem im konkreten Verfahren **Beschuldigten und dem mit der Verteidigung** in diesem Verfahren **beauftragten Zeugnisverweigerungsberechtigten** schützt.[104] Etwas anderes ergibt sich auch nicht aus § 160a StPO. Trotz der ausdrücklichen Intention des Gesetzgebers, mit § 160a StPO die Stellung von Rechtsanwälten und Verteidigern im Hinblick auf die ihnen zustehenden prozessualen Rechte anzugleichen, hat sich insbesondere auch das BVerfG unter Bezugnahme auf § 160a Abs. 5 StPO auf den Standpunkt gestellt, dass § 97 StPO eine Spezialregelung zu § 160a StPO sei, die dem Schutz des Vertrauensverhältnisses vorgehe, um eine effektive Strafverfolgung zu gewährleisten.[105] 94

Demnach sind Unterlagen aus internen Untersuchungen nur dann vor Beschlagnahme geschützt, wenn sie im Rahmen eines konkreten ordnungswidrigkeiten- oder strafrechtlichen Verfahrens von einem Verteidiger erstellt worden sind und sich in dessen Alleingewahrsam befinden. In Ausnahmefällen können sich potenziell betroffene Unternehmen 95

---

[103] *Hauschild* in MüKoStPO, 1. Aufl. 2014, § 94 Rn. 45.

[104] BVerfG NStZ 2019, 159 (162); LG Hamburg NZWiSt 2012, 26 (27); kritisch aufgrund des Wortlauts: *Uwer/von Schreitter* ZWeR 2019, 506 (522); *Lilie-Hutz/Ihwas* NZWiSt 2018, 349 (351); *Pelz* CCZ 2018, 211 (213).

[105] BVerfG NJW 2018, 2385 (2387).

auch schon vor Einleitung eines gegen sie gerichteten Verfahrens auf den Schutz vor Beschlagnahme berufen. Dazu muss nach Ansicht des BVerfG eine Verfahrenseinleitung bereits nach objektiven Maßstäben tatsächlich drohen, so dass von einer **beschuldigtenähnlichen Stellung** auszugehen ist.[106] Wann eine beschuldigtenähnliche Stellung vorliegt, ist in der instanzgerichtlichen Praxis und in der Literatur noch weitgehend ungeklärt.[107] Jedenfalls dürfte dazu eine behördliche Ermittlungshandlung erforderlich sein, die aus Sicht des potenziell betroffenen Unternehmens anhand objektiver Anhaltspunkte darauf schließen lässt, wegen desselben Verdachts mit hoher Wahrscheinlichkeit in absehbarer Zeit selbst Adressat von Ermittlungshandlungen zu sein. Selbst dann jedoch sind die im Rahmen einer internen Untersuchung erstellten Unterlagen nur vor Beschlagnahme geschützt, wenn sie sich im alleinigen Gewahrsam des mit der Durchführung der internen Untersuchung beauftragten Rechtsanwalts befinden (der, um den engen Zusammenhang mit einer anderen Ermittlungshandlung deutlich zu machen, von Anfang an aufgrund eines Verteidigungsmandats tätig werden sollte).

96 Ist die **interne Untersuchung** indes nur **Teil einer allgemeinen Beratung** und nicht auf die Verteidigung in einem konkreten Verfahren bezogen, käme nach diesem Verständnis § 97 Abs. 1 Nr. 3 StPO nicht zur Anwendung, so dass die Unterlagen der Beschlagnahme unterlägen.[108] So hat das LG Hamburg im Fall der HSH Nordbank den Schutz des § 97 Abs. 1 Nr. 3 StPO verneint, weil zwischen den betroffenen Vorständen und den mit der internen Untersuchung beauftragten Rechtsanwälten kein Verteidigungsverhältnis bestand. Vielmehr wurde das Mandat durch den Aufsichtsrat für das Unternehmen erteilt, um etwaige Pflichtverletzungen der Vorstandsmitglieder aufzuklären. Folglich hat das LG Hamburg ein schützenswertes Vertrauensverhältnis zwischen den Rechtsanwälten des Unternehmens und den Vorständen verneint.[109] Ebenso hat das LG München[110] mit Billigung des BVerfG die Beschlagnahmefreiheit von Unterlagen aus der internen Untersuchung bei VW verneint, weil das ein Beschlagnahmeverbot rechtfertigende Vertrauen in die Verteidigertätigkeit der Anwälte nur mit der Konzernmutter VW, nicht aber mit der im konkreten Fall durchsuchten Tochter Audi bestand.[111]

97 Weitere konstitutive Voraussetzung der Beschlagnahmefreiheit nach § 97 Abs. 2 StPO ist, dass sich die betroffenen Unterlagen im alleinigen **Gewahrsam** des Verteidigers befinden.[112] Zwar reicht grundsätzlich auch der Mitgewahrsam des Verteidigers mit einem nichtbeschuldigten Dritten. Befinden sich die zu beschlagnahmenden Unterlagen jedoch auch im alleinigen Gewahrsam oder im Mitgewahrsam des Beschuldigten, entfällt der Schutz vor Beschlagnahme.[113] Mit dieser Begründung hat das LG Stuttgart beispielsweise die Beschlagnahme von Unterlagen der mit einer internen Untersuchung wegen eines Verfahrens des US-Justizministeriums beauftragen Rechtsanwälte für zulässig gehalten, obwohl der mit der Verteidigung beauftragten Rechtsanwaltskanzlei extra für diese Zwecke Räum-

---

[106] BVerfG NJW 2018, 2385 (2389).

[107] Nach Ansicht des LG Braunschweig NZWiSt 2016, 37, genügt schon die Befürchtung des Betroffenen, dass künftig ein Ermittlungsverfahren gegen ihn geführt wird; aA LG Bonn NZWiSt 2013, 21: erst ab Einleitung eines Ermittlungsverfahrens; siehe auch: *Pelz* CCZ 2018, 211 (215 f.).

[108] Siehe dazu: *Lilie-Hutz/Ihwas* NZWiSt 2018, 349 (350, 351).

[109] LG Hamburg NZWiSt 2012, 26 (27).

[110] LG München I 8.5.2017 – 6 Qs 5/17 (nicht veröffentlicht); Ausführung ergeben sich insoweit aus dem Urteil des BVerfG NJW 2018, 2385 (2391).

[111] BVerfG NJW 2018, 2385 (2391).

[112] LG Mannheim NZWiSt 2012, 424; *Hauschild* in MüKoStPO, 1. Aufl. 2014, § 97 Rn. 19 f.

[113] BGH 3 StB 12/63 Rn. 26; LG Stuttgart wistra 2018, 402 – das Urteil enthält keine Angaben dazu, wer den Gewahrsam für das Unternehmen ausgeübt hat. Zur Begründung des Gewahrsams spricht es allgemein von den Mitarbeitern der AG; allgemein wird der Gewahrsam bei juristischen Personen durch deren Organe ausgeübt (vgl. nur *Menges* in Löwe-Rosenberg, StPO, 27. Aufl. 2018, § 97 Rn. 28).

lichkeiten zur alleinigen Nutzung auf dem Gelände des beschuldigten Unternehmens zugewiesen wurden.[114] Da sich die Mandantin somit nach Auffassung des Gerichts jederzeit Zugang zu diesen Räumlichkeiten verschaffen konnte, wurde der Alleingewahrsam der Anwälte an den darin befindlichen Unterlagen im Ergebnis verneint.[115]

Der Alleingewahrsam eines Verteidigers ist aber ausnahmsweise nicht erforderlich, wenn 98
es sich um Verteidigungsunterlagen iSd § 148 StPO handelt. Solche Unterlagen sind auch dann beschlagnahmefrei, wenn sie sich im Gewahrsam des Beschuldigten befinden.[116] Der Begriff der **Verteidigungsunterlagen** ist aber enger auszulegen als die sich im Alleingewahrsam des Zeugnisverweigerungsberechtigten befindlichen anderen Gegenstände nach § 97 Abs. 1 Nr. 3 StPO. Denn Verteidigungsunterlagen sind nur solche Unterlagen, die unmittelbar der Verteidigung dienen.[117] Wann dies in Bezug auf Unterlagen aus internen Untersuchungen der Fall ist, wurde bisher von den Instanzgerichten nicht einheitlich beurteilt. Während das LG Stuttgart sich diesbezüglich zurückhaltend geäußert hat, hat das LG Braunschweig die Definition der Verteidigungsunterlagen weiter gezogen.[118] Da nach Ansicht des LG Braunschweig die Aufklärung des Sachverhalts ein wesentliches Element zur Vorbereitung der Verteidigung ist, sind solche Unterlagen als Verteidigungsunterlagen beschlagnahmefrei, wenn die Aufklärung des Sachverhalts in engem Zusammenhang mit einem (drohenden) Verfahren steht.[119] Auch das LG Stuttgart erkennt zwar grundsätzlich an, dass die Verteidigung das Recht einschließt, den Sachverhalt aufzuklären, aber meint zugleich, dass Unterlagen aus Interviews mit Mitarbeitern nur zur Vorbereitung der Verteidigungsstrategie dienen und daher nur unter den Voraussetzungen des § 97 Abs. 1 und 2 StPO beschlagnahmefrei wären.[120]

b) Praktische Hinweise

Nach alledem besteht nur ein **stark eingeschränkter Schutz vor Beschlagnahme** 99
von Unterlagen aus internen Untersuchungen, der nur dann eingreift, wenn ein Verteidigungsverhältnis zwischen dem zu untersuchenden Unternehmen und dem Anwalt bzw. seiner Kanzlei besteht und sich die Unterlagen grundsätzlich im Alleingewahrsam der beauftragten Anwaltskanzlei befinden. Dieses Vertrauensverhältnis besteht nicht auch zugleich zu anderen Konzerngesellschaften oder zu Mitarbeitern oder der Geschäftsleitung des Unternehmens, mit der Folge, dass insoweit kein Beschlagnahmeschutz greift.

Aus **praktischer Sicht** wäre zu erwägen, ein Verteidigungsverhältnis auch mit anderen 100
Konzerngesellschaften zu begründen und ggf. auf Organ- und Leitungsmitglieder zu erweitern, solange nicht klar ist, welche Konzerngesellschaft bzw. welcher Mitarbeiter oder Geschäftsführer von möglichen Ermittlungen betroffen sein könnte.[121] In diesen Fällen sollte das Mandatsverhältnis zudem von Beginn an ausdrücklich als Verteidigungsverhältnis ausgestaltet werden.[122] Grenzen ergeben sich allerdings aus dem strafprozessualen Verbot der

[114] Das LG Stuttgart hat ausdrücklich offengelassen, ob ein Verfahren einer ausländischen Strafverfolgungsbehörde (hier das US-Justizministerium) eine beschuldigtenähnliche Stellung begründen kann. Aus dem Urteil ergibt sich, dass das Unternehmen jedenfalls durch die Durchsuchung der Staatsanwaltschaft von dem deutschen Ermittlungsverfahren Kenntnis erlangt hat. Die Urteilsbegründung stützt sich alleine auf den fehlenden Gewahrsam.

[115] LG Stuttgart wistra 2018, 402.

[116] LG Bonn NZWiSt 2013, 21.

[117] LG Stuttgart wistra 2018, 402; zum Begriff der Verteidigungsunterlagen siehe auch LG Bonn NZWiSt 2013, 21.

[118] LG Stuttgart wistra 2018, 402; LG Braunschweig NZWiSt 2016, 37.

[119] LG Braunschweig NZWiSt 2016, 37 (38), wobei das LG Braunschweig für die beschuldigte ähnliche Stellung die Befürchtung des Betroffenen ausreichen lässt, dass zukünftig ein Verfahren eingeleitet wird.

[120] LG Stuttgart wistra 2018, 402.

[121] *Uwer/von Schreitter* ZWeR 2019, 506 (533); *Pelz* CCZ 2018, 211 (217).

[122] *Uwer/von Schreitter* ZWeR 2019, 506 (533); *Pelz* CCZ 2018, 211 (217).

Mehrfachvertretung nach § 146 StPO.[123] Bevor eine Mandatsvereinbarung pauschal als Verteidigungsverhältnis ausgestaltet wird, sollte erstens bedacht werden, dass Verteidiger immer nur einzelne, konkrete benannte Anwälte sein können und zweitens, dass die Zweckmäßigkeit eines Verteidigungsverhältnisses nur unter Berücksichtigung des Interesses des (jeweils) beauftragenden Mandanten und unter Berücksichtigung berufsrechtlicher Pflichten bewertet werden kann.[124]

---

[123] *Uwer/von Schreitter* ZWeR 2019, 506 (533); *Pelz* CCZ 2018, 211 (217).
[124] *Uwer/von Schreitter* ZWeR 2019, 506 (533).

Kapitel 10. Steuerrechtliche Fragen

Literatur: *Albert,* Wann ist die Teilnahme an Tagungen und Fortbildungsveranstaltungen steuerpflichtiger Arbeitslohn?, FR 2001, 516; *Alvermann,* Steuerliche Probleme bei Fortbildungsreisen, AG 2007, 236; *von Bechtolsheim,* Sponsoringeinnahmen gemeinnütziger Einrichtungen – Drei-Stufen Modell zur Steuer(un)schädlichkeit, NJOZ 2009, 2550; Beck'scher Onlinekommentar EStG, *Kirchof/Kulosa/Ratschow* (Hrsg.), München, 6. Edition (Stand: 1.2.2020); *Blümich,* Einkommensteuergesetz (EStG) Kommentar, München, Loseblatt-Ausg. (Stand: 01/2020); *Braun,* Das Abzugsverbot für Schmiergeldzahlungen nach § 4 Abs. 5 Nr. 10 EStG, DStZ 1999, 644; *Braun,* Praxisfragen zum Abzugsverbot bei Schmiergeldern, PStR 2003, 39; *Broudré,* Bewirtungskosten als Betriebsausgaben, DB 1995, 14030; *Bunjes,* Umsatzsteuergesetz Kommentar, 18. Aufl., München 2019; *Burchert,* Das Abzugsverbot für Bestechungs- und Schmiergelder iS des § 4 Abs. 5 S. 1 Nr. 10 EStG, INF 2003, 260; *Bürger,* Bestechungsgelder im privaten Wirtschaftsverkehr – doch noch steuerlich abzugsfähig?, DStR 2003, 1421; *Buschmann,* Die ertragssteuerliche Behandlung von Sponsoringaufwendungen, StBP 1996, 35; *Dannecker,* Steuerliche Behandlung von Schmiergeldern und Provisionen, 4. Teil, Strafrechtliche und steuerrechtliche Maßnahmen zur Bekämpfung der Korruption in Deutschland, IWB Fach 3 Gruppe 1, S. 1737 ff.; *Demuth/Peykan,* Zur Reichweite des Abzugsverbots nach § 4 Abs. 5 Satz 1 Nr. 10 EStG bei Zuwendung an Angestellte und Beauftragte im Ausland nach der Einfügung von § 299 Abs. 3 StGB, DStR 2003, 1426; *Dörn,* Nichtabzugsfähigkeit von Bestechungsgeldern als Betriebsausgaben, DStZ 2001, 736; *Engelsing/Rohde,* Ertrag- und umsatzsteuerliche Folgen des Sponsorings bei Berufsverbänden sowie gemeinnützigen Organisationen, NWB Nr. 18 vom 26.4.2004, S. 1371; *Fischer,* Kommentar zu BFH-Urteil vom 26.1.2000, IX R 87/95 (Die Rückzahlung von Bestechungsgeldern unterliegt nicht dem Verrechnungsverbot des § 22 Nr. 3 Satz 3 EStG), FR 2000, 775; *Fischer/Schwab,* Tax Compliance in KMU: Hinweise der Bundessteuerberaterkammer für ein steuerliches innerbetriebliches Kontrollsystem (Steuer-IKS) DStR 2018, 2040; *Gotzens,* Nützliche Aufwendungen und das Abzugsverbot nach § 4 Abs. 5 Nr. 10 EStG, DStR 2005, 673; *Günzler,* Steuerrecht und Korruption, Die steuerrechtliche Berücksichtigung national und international gezahlter Schmiergelder, Frankfurt am Main 1999; *Handel,* Tax Compliance – Voraussetzungen und Enthaftung nach IDW PS 980, DStR 2017, 1945; *Hartmann,* Geschenke an „Geschäftsfreunde", DStZ 1998, 509; *Heerspink,* Bestechung und das Abzugsverbot, PStR 2002, 279; *Heerspink,* Zum Konflikt zwischen der steuerlichen Mitteilungspflicht des § 4 Abs. 5 Nr. 10 EStG und dem nemo-tenetur-Prinzip, wistra 2001, 441; *Herrmann/Heuer/Raupach* (Hrsg.), Einkommensteuer- und Körperschaftsteuergesetz mit Nebengesetzen, Köln, Loseblatt-Ausg. (Stand: 2/2020); *Hofmann/Zimmermann,* Steuerliche Behandlung von Schmiergeldern als Hindernis für die effiziente Korruptionsbekämpfung, ZRP 1999, 49; *Hollatz,* Missbräuchlicher Ausweis von Umsatzsteuer bei Bestechlichkeit?, NWB Fach 7, 5557; *Hüttemann,* Das Buchwertprivileg bei Sachspenden nach § 6 Abs. 1 Nr. 4 Satz 5 EStG, DB 2008, 1590; *Joecks,* Abzugsverbot für Bestechungs- und Schmiergelder, DStR 1997, 1025 ff.; *Keuchel,* Schmiergelder erweisen sich für Firmen als Bumerang, Handelsblatt v. 7.7.2004; *Kiesel,* Die Zuwendung an Angestellte und Beauftragte im Ausland und das Abzugsverbot des § 4 Abs. 5 Nr. 10 EStG, DStR 2000, 949; *Kießling/Buchna,* Gemeinnützigkeit im Steuerrecht, 7. Aufl., Achim bei Bremen 2000; *Kirchof,* Steuerrechtsfolgen der Drittmitteleinwerbung, in: Tag/Tröger/Taupitz (Hrsg.), Drittmitteleinwerbung – Strafbare Dienstpflicht?, Berlin/Heidelberg 2004; *Kirchhof/Söhn/Mellinghoff,* Einkommensteuergesetz – Kommentar, Heidelberg, Loseblatt-Ausg. (Stand: 2/2020); *Klingelhöfer,* Im Spannungsfeld von Steuer- und Strafrecht: Schmiergelder, StBp 1999, 309; *Lademann/Söffing,* Kommentar zum Einkommensteuergesetz, Stuttgart 1997, Loseblatt-Ausg. (Stand: 01/2020); *Lembeck,* Steuerrecht und Korruptionsbekämpfung – Inhalt, Grenzen, Spannungsfelder, in: Dölling (Hrsg.), Handbuch der Korruptionsprävention, München 2006, Kap. 5; *Leucht,* Die steuerliche Behandlung von „Nützlichen Abgaben" an inländische und ausländische Empfänger – aus Sicht der steuerlichen Betriebsprüfung, StBp 1997, 117 (Teil I) und 141 (Teil II); *Littmann/Bitz/Pust,* Das Einkommensteuerrecht, Stuttgart, Loseblatt-Ausg. (Stand 2/2020); *Littwin,* Aktuelle Entwicklungen bei der steuerlichen Behandlung von Schmier- und Bestechungsgeldern, BB 1998, 2398; *Littwin,* Maßnahmen zur Bekämpfung der nationalen und internationalen Korruption, ZRP 1996, 308; *Littwin,* Die steuerliche Abzugsfähigkeit von Provisionen, Schmier- und Bestechungsgeldern, BB 1994, 2326; *Lüdicke/Sistermann,* Unternehmensteuerrecht, 2. Aufl., München 2018; *Ludwig/Breimann/Kusch,* Ausgestaltung eines steuerlichen Kontrollsystems im Sinne des IDW-

Praxishinweises zu PS 980 – BMF-Schreiben v. 23.5.2016 zu § 153 AO, DStR 2016, 2240; *Menner/Bexa,* Praktische Vorgehensweise bei der Einführung eines Tax Compliance Management Systems im Unternehmen, CCZ 2019, 129; *Mueller-Thuns,* Sponsoring aus Sicht des Steuerrechts – Eine kritische Bestandsaufnahme –, in: Forschungsstelle für Pharmarecht der Philipps-Universität Marburg (Hrsg.), Ärzteschaft und Industrie zwischen Forschungsförderung und Kriminalität, Frankfurt am Main 2001, S. 101; *Nietzer,* Die rechtliche Behandlung von Schmiergeldzahlungen in den USA („Foreign Corrupt Practices Act") und Deutschland, IStR 1998, 187; *Offerhaus,* Zur Wertneutralität im Steuerrecht – Zur Abziehbarkeit von Schmier- und Bestechungsgeldzahlungen, in: Crezelius/Haas (Hrsg.), Steuerrecht und Gesellschaftsrecht als Gestaltungsaufgabe, Freundesgabe für Franz Josef Hass zur Vollendung des 70. Lebensjahres, Herne 1997, S. 237; *Park,* Die Ausweitung des Abzugsverbots für Bestechungs- und Schmiergelder durch das Steuerentlastungsgesetz 1999/2000/2002, DStR 1999, 1097; *Pelz,* Aktuelle Probleme des § 4 Abs. 5 S. 1 Nr. 10 EStG und seine Folgen, DStR 2014, 449; *Pieth,* Steuerliche Behandlung von Schmiergeldern und Provisionen, 1. Teil, Internationale Vorgaben zur Strafbarkeit verbotener Zuwendungen und zum Ausschluss der steuerlichen Absetzbarkeit (OECD, EU, Europarat), IWB Fach 3 Gruppe 1, S. 1691 ff.; *Preising/Kiesel,* Korruptionsbekämpfung durch das Steuerrecht? – Zu den Problemen des Abzugsverbots und der Mitteilungspflicht gemäß § 4 Abs. 5 Nr. 10 EStG, DStR 2006, 118; *Randt,* Abermals Neues zur Korruptionsbekämpfung: Die Ausdehnung der Angestelltenbestechung des § 299 StGB auf den Weltmarkt, BB 2002, 2252; *Randt,* Schmiergeldzahlungen bei Auslandssachverhalten, BB 2000, 1006; *Rößler,* Nochmals: Das Abzugsverbot für Schmiergeldzahlungen nach § 4 Abs. 5 Nr. 10 EStG, DStZ 2000, 131; *Rübenstahl/Idler,* Tax Compliance, 1. Aufl., Heidelberg 2018; *Saller,* Bußgelder und Geldstrafen als abzugsfähige Betriebsausgaben?, DStR 1996, 534; *Salzberger/Theisen,* Jahressteuergesetz 1996: Steuerliche Beschränkung der Abzugsfähigkeit von Schmiergeldzahlungen – Ein Windei, DB 1996, 396; *Schachtmeyer,* Die Berichtigung der Aufwendungen für Bewirtungen aus betrieblichem Anlass, DB 1996, 351; *Schaumburg* in: Steuerberater-Jahrbuch 2001/2002, Mitwirkung von Betriebsprüfung und Staatsanwaltschaft bei nützlichen Abgaben, S. 239; *Schmidt, E.,* Bewirtungen bei Besprechungen, FR 1990, 245; *Schmidt, L.,* Einkommensteuergesetz – Kommentar, 39. Aufl., München 2020; *Schmidt/Leyh,* Verdacht auf Schmiergeldzahlungen, zwingender Informationsaustausch zwischen Finanzamt und Strafverfolgungsbehörden, NWB 2008, 4197; *Schneider/Perrar,* Zur Reichweite des Abzugsverbots für Bestechungsgelder und „damit zusammenhängende Aufwendungen" – Anmerkung zum BFH-Urteil vom 14.5.2014 – X R 23/12, DB0666120; *Schönke/Schröder,* Strafgesetzbuch: Kommentar, 30. Aufl., München 2019; *Sedemund,* Der Verfall von Unternehmensvermögen bei Schmiergeldzahlungen durch die Geschäftsleitung von Organschaften, DB 2003, 323; *Spatscheck,* Die Rolle des Steuer(straf)rechts bei der Korruptionsbekämpfung, NJW 2006, 641; *Spatscheck/Ehnert,* Übernahme von Geldsanktionen und Verteidigerhonorar – Straf- und steuerrechtliche Aspekte, StraFo 2005, 265; *Stahl,* „Schmiergelderlass": Abzugsverbot und Strafverfolgungshilfe durch die Finanzbehörden, KÖSDI 2003, 13 874; *Stahl,* Schmiergeld: Steuerliche sowie zivil- und strafrechtliche Probleme, KÖSDI 1999, 12 022; *Stapf,* Steuerliche Folgen der Zuwendung korrumpierender Vorteile ab 1999, DB 2000, 1092; *Taschke,* Straftaten im Interesse von Unternehmen – auch strafbar wegen Untreue?, in: Prittwitz/Bauermann/Günther/Kuhlen/Merkel/Nestler/Schulz (Hrsg.), Festschrift für Klaus Lüderssen, Baden-Baden 2002, S. 663; *Tiedtke,* Zweckgebundene Spenden als abziehbare Aufwendungen, BB 1985, 985; *Tiedtke,* Zweckgebundene Spenden als abziehbare Aufwendungen, BB 1985, 985; *Wedemeyer/Hohlfeld,* Geldstrafen, Geldbußen und Verfahrenskosten sowie deren Erstattung in ihren steuerlichen Auswirkungen, DStZ 1985, 79; *Weidemann,* Zum Abzugsverbot des § 4 V Satz 1 Nr. 10 EStG: Erfasst § 299 StGB auch „Auslandssachverhalte"?, DStZ 2002, 329; *Werner,* BMF-Anwendungsschreiben zu § 4 Abs. 5 S. 1 Nr. 10 EStG, PStR 2002, 207; *Weyand,* Beratungswissen zum Straftatbestand der „Angestelltenbestechung" nach den §§ 299, 300 StGB, INF 2003, 476 ff.; *Wichterich/Glockemann,* Steuer- und strafrechtliche Aspekte von Schmiergeldzahlungen an Mitarbeiter von Staatsunternehmen – Teil I, INF 2000, 1.

Übersicht

A. Einleitung

1 Die Kooperation der Pharma- und Medizinproduktenindustrie mit Krankenhäusern und Ärzten birgt eine Fülle steuerlicher Risiken. Für alle Beteiligten kann die Kooperation erhebliche steuerliche Belastungswirkungen mit sich bringen. Bei den **Unternehmen** steht ertragsteuerlich regelmäßig im Vordergrund, ob Aufwendungen im Zusammenhang mit der Kooperation abzugsfähige Betriebsausgaben darstellen. Sofern ein Betriebsausgabenabzug nicht möglich ist, kann dies bei Kapitalgesellschaften zu einem **steuerlichen Nachteil in einer Höhe von rund 30% bis 40%** der Aufwendungen führen. Dementsprechend haben Unternehmen ein erhebliches wirtschaftliches Interesse daran, dass diese Steuerbelastung vermieden wird. Zur Senkung des Aufwands und der Kosten, die im Rahmen der Kooperation entstehen, legen die Unternehmen einen hohen Wert darauf, dass Spenden, Sponsoringaufwendungen, Fortbildungsförderungen, Zuwendungen jeder Art und Aufwendungen im Rahmen von Leistungsaustauschverhältnissen steuerlich abzugsfähig sind. Neben den ertragsteuerlichen Aspekten treten bei den Unternehmen auch umsatzsteuerliche Fragen auf. Zahlreiche Aufwendungen im Zusammenhang mit der Zusammenarbeit lösen für die Unternehmen eine Belastung durch Umsatzsteuer oder nicht abziehbare Vorsteuer aus. Auch dies bedeutet eine Erhöhung der Kosten der Kooperation mit Ärzten und medizinischen Einrichtungen. Neben Mehrsteuern kann das Steuerrecht für die Unternehmen auch eine weitere Belastung mit sich bringen. Etwa wird die Beziehung des Unternehmens mit einem Arzt dann erheblich beeinträchtigt, wenn im Rahmen von Betriebsprüfungen Kontrollmitteilungen an die für den Kooperationspartner zuständigen Finanzbehörden gesandt werden oder Mitteilungen an Strafverfolgungsbehörden wegen des Verdachts korruptiver Handlungen erfolgen. Für einen Arzt oder eine Klinik lösen solche Vorgänge regelmäßig einen Bearbeitungsaufwand aus und führen für das Unternehmen zu einem stets wenig angenehmen Erläuterungsbedarf, gleich ob die Mitteilungen der Finanzbehörden berechtigt sind oder nicht. Schließlich können Unternehmen ein **steuerstrafrechtliches Risiko** laufen, wenn zB wissentlich oder grob fahrlässig nicht abzugsfähige Aufwendungen in der Buchhaltung und in Steuererklärungen als abzugsfähig dargestellt werden.

2 Auch für Ärzte und **medizinische Einrichtungen** kann die Kooperation erhebliche steuerliche Belastungswirkungen und damit Kosten mit sich bringen. Insbesondere stellen sich steuerliche Fragen im Hinblick auf die Versteuerung empfangener Geldbeträge oder Vorteile. Unklar ist vielen Beteiligten oftmals, ob und ggf. in welcher Höhe sie ertragsteuerlich relevante Vorteile erhalten. Ob die Teilnahme an einer Fortbildungsveranstaltung zu einem geldwerten Vorteil führen kann, hängt stark von deren Ausgestaltung und den Begleitumständen ab. Da solche Vorteile zu den Einkünften im Sinne des Steuerrechts zählen können, sind diese unter Umständen im Rahmen der Einkommensteuererklärung zu erklären. Neben den ertragsteuerlichen Aspekten sind wie bei den Unternehmen auch hier umsatzsteuerliche Pflichten zu berücksichtigen, weil Ärzte oder Kliniken unter bestimmten Voraussetzungen auf vereinnahmte Beträge Umsatzsteuer an das Finanzamt abzuführen haben. **Auch bei Ärzten** stellt sich häufig die Frage, ob **Steuerverkürzungen** durch die Nichtangabe steuerpflichtiger Einnahmen oder Vorteile vorliegen. Schließlich können auch bei Kliniken Risiken auftreten, beispielsweise im Zusammenhang mit zu Unrecht ausgestellten Spendenquittungen oder steuerpflichtigen Sponsoringaktivitäten.

3 Nachfolgend werden in erster Linie die dargestellten steuerlichen Fragen auf Seiten der Unternehmen behandelt. Sobald Kooperationen aus Unternehmenssicht steuergünstig gestaltet werden sollen, stellt sich jedoch auch für die Krankenhäuser und die Ärzte die Frage, ob die eine oder andere Gestaltungsvariante für sie mehr oder weniger steuerliche Nachteile oder Risiken mit sich bringt. Aus diesem Grund ist es für die Unternehmen der pharma-

zeutischen und medizintechnologischen Industrie von Bedeutung, nicht nur die steuerlichen Auswirkungen der Kooperation für sich selbst zu erkennen, sondern auch die **steuerlichen Probleme ihrer Kooperationspartner** zu verstehen und im Blick zu halten. Dieses Kapitel geht beispielhaft auf die steuerliche Situation der Empfängerseite in einem in der Praxis immer wieder relevanten Problemfall ein: die Förderung medizinischer Fortbildungsveranstaltungen durch die Industrie. Hier ist im besonderen Maße augenfällig, dass die Förderungen je nach Ausgestaltung (Übernahme von Reisekosten, Übernachtungen, Kongressgebühren etc) erhebliche Vorteile für den Empfänger darstellen können. Hierdurch kann im besonderen Maße auch die steuerliche Situation der teilnehmenden Ärzte berührt sein.

B. Ausgewählte Kooperationsformen und einseitige Leistungen

In steuerlicher Hinsicht sind die verschiedenen Kooperationsformen in einem ersten Schritt zunächst danach zu differenzieren, ob sie den **wechselseitigen Austausch von Leistungen** zwischen der Industrie und den Krankenhäusern bzw. deren Mitarbeitern betreffen oder ob von Seiten der Industrie **einseitig Leistungen** gewährt werden. Die nachfolgende Darstellung folgt dieser Differenzierung und geht daher zunächst auf die Leistungsaustauschbeziehungen (insbesondere Studienverträge, Beraterverträge etc) ein, um danach die steuerlichen Auswirkungen einseitiger Leistungen (Geschenke, Spenden, Fortbildungsförderung etc) darzustellen. 4

I. Leistungsaustauschbeziehungen

Leistungsaustauschbeziehungen sind solche Rechtsverhältnisse zwischen der Industrie einerseits und medizinischen Einrichtungen oder Ärzten andererseits, bei denen die medizinischen Einrichtungen oder deren Mitarbeiter für die Industrie Leistungen erbringen und hierfür eine **Gegenleistung** erhalten. Bei sämtlichen Leistungsaustauschbeziehungen ist aus ertragsteuerlicher Sicht in der Praxis oft unklar, wen die steuerlichen Folgen des Leistungsaustauschs treffen. Im Ertragsteuerrecht gilt die **wirtschaftliche Betrachtungsweise.** Demgemäß treffen die Wirkungen eines Leistungsaustauschs regelmäßig diejenigen, die tatsächlich eine Leistung erbringen oder diese erhalten. Bei sämtlichen Vereinbarungen über den Austausch von Leistungen empfiehlt es sich daher, die an den Leistungsaustauschbeziehungen beteiligten Personen (die wirtschaftlich berechtigten und verpflichteten) klar zu ermitteln und zu bezeichnen. In der Praxis treten insoweit Probleme auf, dass bei Verträgen zwischen Unternehmen und Krankenhäusern vielfach auf Seiten der Krankenhäuser nicht nur die vertretungsberechtigten Repräsentanten, im Regelfall Mitarbeiter der Verwaltungen, für die medizinische Einrichtung unterzeichnen, sondern in den Vertragsdokumenten auch Ärzte aufgeführt werden. Dies geschieht, weil Ärzte etwa im Rahmen von Studienverträgen als die das jeweilige Projekt durchführenden Studienleiter benannt werden. Bei unklarer **Bezeichnung der Vertragsparteien** und unklarer Definition der Funktionen können bei der Einordnung der steuerlichen Konsequenzen Zweifel auftreten. 5

Umsatzsteuerlich gelten demgegenüber regelmäßig die zivilrechtlichen Vertragsbeziehungen als maßgeblich für die Bestimmung des Leistenden und Leistungsempfängers.[1] Im Einzelfall können künstlich wirkende Vertragsbeziehungen jedoch einen Gestaltungsmissbrauch darstellen, sodass von den zivilrechtlichen Beziehungen abzuweichen ist.[2]

[1] Ständige Rechtsprechung, vgl. zuletzt BFH NV 2016, 1757; BStBl. II 2013 S. 648 (651); EuGH DStRE 2014, 32 (35); *Robisch* in Bunjes UStG § 1 Rn. 7.

[2] EuGH DStRE 2014, 32 (35f.).

1. Klinische Prüfungen, Leistungsbewertungsprüfungen und Anwendungsbeobachtungen

6 Klinische Prüfungen, Leistungsbewertungsprüfungen und Anwendungsbeobachtungen sind typische Leistungsverhältnisse, bei denen das pharmazeutische Unternehmen üblicherweise einen Geldbetrag zahlt, um Leistungen zu erhalten. Bei den aufgewendeten Geldbeträgen stellt sich ertragsteuerlich die Frage, ob sie zu **abziehbarem Aufwand** führen. Gem. § 4 Abs. 4 EStG liegen abziehbare Betriebsausgaben immer dann vor, wenn die Aufwendungen durch den Betrieb veranlasst sind. Nach Auffassung der Rechtsprechung sind Aufwendungen durch den Betrieb veranlasst, wenn sie objektiv mit dem Betrieb zusammenhängen, wenn sie subjektiv dem Betrieb zu dienen bestimmt sind und wenn es sich nicht um Aufwendungen für die Lebensführung des Steuerpflichtigen handelt. Dabei ist es ohne Belang, ob sie notwendig, üblich oder zweckmäßig sind.[3] Grundsätzlich steht die betriebliche Veranlassung bei den in Rede stehenden Studienleistungen außer Frage, da sie mit dem Betrieb des Unternehmens im Zusammenhang stehen und ihm dienen sollen.

7 Der geschilderte Grundsatz, dass es für die Abzugsfähigkeit nicht darauf ankommt, ob die Aufwendungen notwendig, üblich oder zweckmäßig sind, findet seine Grenzen jedoch in den **gesetzlich normierten Abzugsverboten.** Hierbei sind insbesondere zwei Abzugsverbote von Bedeutung. Es handelt sich hierbei zum einen um das Verbot des Abzugs von Aufwendungen für Geschenke (→ Rn. 8 ff.) und zum anderen um das Abzugsverbot für Aufwendungen, die mit der Zuwendung von Vorteilen zusammenhängen, wenn die Zuwendung der Vorteile – neben weiteren Voraussetzungen – eine rechtswidrige Handlung darstellt (→ Rn. 16 ff.). Sofern im Gefolge rechtswidriger Zuwendungen zu Lasten des Unternehmens Geldbußen, Ordnungsgelder oder Verwarnungsgelder verhängt werden, so sind diese nach § 4 Abs. 5 S. 1 Nr. 8 EStG nicht abzugsfähig. In der Unternehmenspraxis kann daneben schließlich auch das Abzugsverbot des § 4 Abs. 5 S. 1 Nr. 7 EStG eine Rolle spielen, wenn etwa der Eindruck aufkommt, bestimmte Zahlungen seien unangemessen hoch.

a) Abzugsverbot des § 4 Abs. 5 S. 1 Nr. 1 EStG (Geschenke)

8 Gem. § 4 Abs. 5 S. 1 Nr. 1 EStG sind Betriebsausgaben dann nicht abzugsfähig, wenn es sich um **Aufwendungen für Geschenke** an Personen handelt, die nicht Arbeitnehmer des Steuerpflichtigen sind und wenn der Wert der einem Empfänger im Wirtschaftsjahr zugewendeten Geschenke 35 Euro überschreitet. Personen in diesem Sinne sind auch Körperschaften.

9 Sofern etwa ein Unternehmen Aufwendungen im Zusammenhang mit einer Anwendungsbeobachtungsstudie tätigt, stellt sich die Frage, welchen Zusammenhang dies mit einem Abzugsverbot für Geschenke haben kann, da die Zahlung des vereinbarten Geldbetrags ja schließlich der Erlangung einer Gegenleistung dient. Die entscheidende Frage ist hier, ob der von dem Unternehmen aufgewendete **Geldbetrag allein der Erlangung der Studienleistung** dienen soll oder ob (zumindest ein Teil) des Geldbetrags anderen Zwecken dient. Geschenke iSv § 4 Abs. 5 S. 1 Nr. 1 EStG sind nämlich grundsätzlich alle unentgeltlichen Zuwendungen, die aus Sicht beider Beteiligten nicht als Gegenleistung für bestimmte Leistungen des Empfängers erbracht werden und nicht in unmittelbarem zeitlichen oder wirtschaftlichen Zusammenhang mit solchen Leistungen stehen.[4] Zuwendungen werden dann nicht als Gegenleistung für bestimmte Leistungen des Empfängers erbracht, wenn durch die Zuwendungen lediglich das Wohlwollen des Bedachten erzielt werden soll, auch wenn der Zuwendende daraus Vorteile für seinen Betrieb ziehen will. Außerdem muss die Gegenleistung bestimmt, dh hinreichend konkretisiert sein; sie muss im Hinblick auf

---

[3] Dazu beispielsweise BFHE (GrS) 126, 533 (540); 140, 50 (55).

[4] BFH BStBl. II 1987 S. 296 (297); BMF DStR 1995, 1150; BFH BStBl. II 2017 S. 892 mwN; FG Münster DStRE 2018, 1281; FG Berlin-Brandenburg EFG 2019, 1565.

eine bestimmte Handlung des Empfängers erbracht werden, damit sie nicht unter den Geschenk-Begriff des § 4 Abs. 5 S. 1 Nr. 1 EStG fällt.[5]

Auch wenn durch Teile des für eine Anwendungsbeobachtungsstudie gezahlten Entgelts nicht auf Beschaffungsentscheidungen der Kliniken Einfluss genommen werden soll (hier griffe aus dem Gesichtspunkt eines Korruptionsdelikts unter Umständen das Abzugsverbot des § 4 Abs. 5 S. 1 Nr. 10 EStG; vgl. nachstehende Ausführungen), so unterfielen diese dem **Abzugsverbot für Geschenke,** wenn sie nicht als Gegenleistung für die Studie zu sehen sind, sondern etwa den bestehenden guten Geschäftsbeziehungen Rechnung tragen sollen. Dasselbe gilt, wenn in dem Studienvertrag die Erreichung von Milestones vorgesehen ist, um die Zahlungspflicht des Unternehmens auszulösen, die Zahlung aber geleistet wird, ohne dass die Voraussetzungen der Milestones vorliegen. **10**

Gesetzt den Fall, dass von dem Unternehmen ein Geldbetrag gezahlt wird, der tatsächlich nur zum Teil die Erlangung von Studienleistungen bezweckt, im Übrigen also ein Geschenk vorliegt, stellt sich die Frage, ob sodann der gesamte gezahlte Betrag vom Betriebsausgabenabzug ausgeschlossen ist. Im Bereich des Ausgabenabzugs für Geschenke gilt grundsätzlich ein **Aufteilungsverbot.** Dies würde also bedeuten, dass jeder – noch so kleine – Geschenkanteil zum Abzugsverbot der gesamten Zahlung führt und nicht etwa nur herausgerechnet werden kann, mit der Folge, dass die übrige Zahlung abzugsfähig bliebe. Ein solches Ergebnis kann insbesondere dann unbillig sein, wenn der Geschenkanteil in Relation zur Gesamtleistung klein ist und sich leicht von den Zahlungen mit Gegenleistungscharakter abgrenzen lässt. Der Bundesfinanzhof hat eine Abgrenzung in Abweichung vom Aufteilungsverbot in anderem Kontext bejaht. Bei Fortbildungsreisen etwa, die ein Arbeitgeber seinem Arbeitnehmer zahlt, kann fraglich sein, ob die Reise allein der Fortbildung dient oder auch einen gewissen Belohnungscharakter hat. Hier hat der Bundesfinanzhof bei teilweisem Belohnungscharakter der Reise eine Aufteilungsmöglichkeit bejaht, wenn sich die Kosten als rein betriebsfunktionelle Elemente – hier also das Interesse an der betrieblich nützlichen Fortbildung des Arbeitnehmers – leicht und eindeutig von den sonstigen Zuwendungen mit Entlohnungscharakter abgrenzen lassen.[6] Bei Übertragung dieses Grundsatzes auf den Kontext einer Anwendungsbeobachtung und der damit in Zusammenhang stehenden Zahlungen könnte somit die Abzugsfähigkeit für den Teil, der keinen Geschenkcharakter hat, erhalten bleiben. Die Rechtsprechung hat in Spendenfällen – Geschenken insoweit vergleichbar, als auch bei der Spende eine Gegenleistung des Empfängers fehlt – angenommen, dass bei **überwiegender Spendenmotivation** die getätigten Aufwendungen insgesamt als Spende einzuordnen sind.[7] Das FG Baden-Württemberg hat im Zusammenhang mit einer Leistung, die nur zum Teil der Erlangung einer Gegenleistung diente, Folgendes entschieden: Wenn nur eine konkrete Gegenleistung für 30% der gezahlten Vergütung festzustellen ist, ist das gesamte gezahlte Entgelt nicht abzugsfähig.[8] In der Literatur wird vereinzelt vertreten, bei teilweise feststellbarer Gegenleistung und teilweise anzunehmendem Geschenk die gänzliche Abzugsfähigkeit davon abhängig zu machen, ob die erhaltene Gegenleistung angemessen ist. Dies sei der Fall, wenn die Gegenleistung mehr als 50% des Werts der Aufwendungen ausmache.[9] Die Finanzverwaltung hat in dem Sponsoringerlass vom 18.2.1998 das Kriterium des **„krassen Missverhältnisses“** von Leistung und Gegenleistung eingeführt. Allerdings ist nicht quantifiziert, ab wann ein solches krasses Missverhältnis anzunehmen ist.[10] **11**

Sollte somit der Teil eines von einem Unternehmen aufgewandten Geldbetrags, der nicht zur Erlangung der Studienleistungen gezahlt wird und somit ein Geschenk darstellt, keinen **12**

[5] BFH BStBl. II 1993 S. 806 (808).

[6] BFH BStBl. II 1997 S. 97.

[7] BFH BStBl. II 1988 S. 220.

[8] FG Baden-Württemberg EFG 1988, 461.

[9] *Buschmann* StBp 1996, 35.

[10] BMF-Schreiben betr. ertragsteuerliche Behandlung des Sponsoring v. 18.2.1998, BStBl. I 1998 S. 212 Tz. 5.

allzu großen Teil der Gesamtvergütung ausmachen, besteht nach den dargestellten Kriterien mit guten Gründen die **Möglichkeit, den Gesamtbetrag** in einen abziehbaren und einen nicht abziehbaren Teil **aufzuteilen.**

13 In der Praxis kann allerdings gegebenenfalls schwer zu ermitteln sein, ob die Zahlung eines Unternehmens allein zur Erlangung der vertraglich beschriebenen Gegenleistung des Krankenhauses oder des Arztes dient. Grundsätzlich hat das steuerpflichtige Unternehmen den **Nachweis für begünstigende Umstände** zu führen.[11] Dementsprechend trägt das Unternehmen das Risiko, ob der Nachweis dafür gelingt, dass sämtliche von ihm geleisteten Zahlungen der Erlangung der Studienergebnisse dienten. Die Frage wird in Betriebsprüfungen von der Finanzverwaltung in der Regel dann gestellt, wenn bereits bei erstem Ansehen der Belege und Verträge fraglich ist, wofür die eine oder andere Studie in Auftrag gegeben worden ist. Erfahrungsgemäß sind es ua folgende Indizien, die eine nähere Prüfung durch die Finanzverwaltung begründen:

- unklare **Vertragsstruktur,** insbesondere keine klare Bezeichnung der Vertragsparteien und der ihnen zugeordneten Funktionen,
- keine hinreichende Beschreibung des **wissenschaftlichen Hintergrunds** und damit des Unternehmensnutzens, etwa in einer Präambel,
- keine Regelungen hinsichtlich von **gewerblichen Schutz- und Verwertungsrechten,** an denen ein Unternehmen naturgemäß eine Interesse haben muss,
- unklare **Zahlungs- und Fälligkeitszeitpunkte,**
- kein **Follow-up** durch medizinisch-wissenschaftliche Abteilungen.

14 Diese Aufzählung zeigt, dass bereits die **Dokumentationslage** erste und wesentliche Anhaltspunkte gibt. Den Betriebsprüfungen liegen in der Regel nur Schriftstücke vor, die ihnen als Grundlage ihrer Beurteilung dienen. Wenn bereits die Schriftstücke und deren Ordnung – die Studienprotokolle sind etwa nie zur medizinisch-wissenschaftlichen Abteilung gelangt, sondern allein in der Abteilung Rechnungswesen abgelegt – signalisieren, dass die Studie nur wenig medizinisch-wissenschaftlichen Hintergrund hat und der Unternehmensnutzen daher fraglich ist, so wird ein Betriebsprüfer hinreichend Grund für Zweifel oder zumindest weiter gehende Untersuchungen haben. Es ist somit für die Unternehmen von herausragender Bedeutung, ein wohl geordnetes Vertrags- und Dokumentationsmanagement zu besitzen oder gegebenenfalls zu etablieren (hierzu im Einzelnen → Kap. 7 Rn. 32ff.).

15 Geben die vorgelegten Verträge, Studienprotokolle, Rechnungen etc **Anlass zu substantiierten Zweifeln,** hat das Unternehmen den Nachweis zu führen, dass die gesamten Aufwendungen ausschließlich zur Erlangung der Studienleistung gezahlt wurden. Bei einer Analyse der verschiedenen in Betracht kommenden Studienleistungen dürften die gesetzlich vorgeschriebenen Studien am wenigsten Anlass zu Zweifeln bieten. Am oberen Ende der Risikoskala stehen die nicht gesetzlich in jedem Fall zwingend vorgeschriebenen Studien, beispielsweise Anwendungsbeobachtungsstudien. Selbst wenn Anwendungsbeobachtungsstudien auf der Grundlage wohlstrukturierter und detaillierter Verträge erbracht und hinreichend dokumentiert sind, wird in der Praxis zuweilen die Frage gestellt, ob bei der **Vielzahl von Anwendungsbeobachtungsstudien,** die das Unternehmen zu einem gleichen oder ähnlichen Thema vergibt nicht schon Zweifel daran geäußert werden können, ob diese Studien im Sinne eines wissenschaftlichen Erkenntniswerts von Nutzen sind. Generelle Zweifel der Finanzverwaltung lassen jedoch nicht den Schluss zu, das steuerpflichtige Unternehmen sei seiner Beweislast nicht nachgekommen. Vielfach wird auch bei in großer Zahl vergebenen Anwendungsbeobachtungsstudien ein wissenschaftlicher Wert für das Unternehmen feststellbar sein, der sich aus den einzelnen Vertragsunterlagen und Dokumentationen einer Anwendungsbeobachtungsstudie nicht ergibt. Hilfreich kann auch hier eine schriftliche Darstellung sein, die den Wert der Vielzahl von Studien für das Unternehmen in einer Gesamtschau erläutert. Zweifel entstehen in der Regel nicht, wenn sich das Unternehmen an die einschlägigen Empfehlungen des BfArM sowie der Industrie-Kodizes

---

[11] BFH BStBl. II 1989 S. 879 (881); BFH BStBl. II 1987 S. 675.

zur Planung und Durchführung von Anwendungsbeobachtungen hält (hierzu im Einzelnen → Kap. 6 Rn. 21 ff. sowie → Kap. 11 Rn. 181 ff.). Sofern die Finanzverwaltung Zweifel hinreichend substantiieren kann, ist der wissenschaftliche Wert der in Auftrag gegebenen Anwendungsbeobachtungen vom Unternehmen nachzuweisen. Hierzu kommen insbesondere Sachverständigengutachten in Betracht.

Eine gleichgelagerte Problematik kann bei Fachtagungen auftreten, die einen Eventcharakter aufweisen. Wird eine Fachtagung in ein Rahmenprogramm eingekleidet, welches nach außen einen Eventcharakter aufweist, kann es zu einem gänzlichen Abzugsverbot nach § 4 Abs. 5 S. 1 Nr. 1 EStG kommen. Entscheidend ist allerdings nicht das objektive Erscheinungsbild einer Fachtagung, zum Beispiel die Bezeichnung einzelner Programmpunkte, die auf eine Spaßveranstaltung hindeutet. Entscheidend ist vielmehr der **inhaltliche Charakter einer Fachtagung.** In einer jüngeren Entscheidung des FG Münster[12] und einem daraufhin erlassenen Beschluss des BFH[13] wurde hervorgehoben, dass ein gänzliches Abzugsverbot ausgeschlossen ist, wenn berufliche und fachliche Themen und Gespräche im Vordergrund stehen. Das Rahmenprogramm, wie beispielsweise die Bewirtung der Teilnehmer, muss dabei nebensächlich sein und sich für den fachlichen Inhalt fördernd auswirken. Der nichtabzugsfähige Teil der Tagung ist zeitanteilig herauszurechnen. **15a**

b) Abzugsverbot des § 4 Abs. 5 S. 1 Nr. 10 EStG (Korruptionsdelikte etc)

Gemäß § 4 Abs. 5 S. 1 Nr. 10 EStG sind die Zuwendungen von Vorteilen sowie damit zusammenhängende Aufwendungen vom Betriebsausgabenabzug ausgeschlossen, wenn die Zuwendung der Vorteile eine **rechtswidrige Handlung** darstellt, die den Tatbestand eines Strafgesetzes oder eines Gesetzes verwirklicht, das die Ahndung mit einer Geldbuße zulässt. Die Finanzverwaltung hat sich mit diesem Abzugsverbot in einem ausführlichen Schreiben auseinandergesetzt.[14] Auch in der Literatur finden sich zahlreiche Beiträge, die sich insbesondere mit der Verschärfung der gesetzlichen Regelung durch das Steuerentlastungsgesetz 1999/2000/2002 kritisch auseinander setzen.[15] **16**

aa) Zusammenhang der Aufwendungen mit der rechtswidrigen Zuwendung

Gegenstand des Abzugsverbots sind nicht angebotene oder versprochene Geld- und Sachvorteile, sondern nur solche, die **tatsächlich zugewandt** wurden. Werden daher bei Leistungsaustauschverhältnissen, etwa einer Anwendungsbeobachtungsstudie, mit dem gezahlten Geldbetrag nicht nur die Studienleistungen vergütet, sondern soll mit einem Teil des zugewandten Entgelts Einfluss auf Beschaffungsentscheidungen eines Amtsträgers genommen oder auch nur sein generelles Wohlwollen gesteigert werden, kann ein **Korruptionsdelikt** verwirklicht sein. Es ist dann von einer rechtswidrigen Handlung auszugehen, wodurch jedenfalls das entsprechende Teilentgelt nicht als Betriebsausgabe abziehbar ist. Die Formulierung des § 4 Abs. 5 S. 1 Nr. 10 EStG ist sehr weit, weil diese Vorschrift die Zuwendung von Vorteilen „sowie damit zusammenhängende Aufwendungen" vom Betriebsausgabenabzug ausschließt. In dem angesprochenen Beispiel der Anwendungsbeobachtungsstudie stellt etwa die Zuwendung des Teilentgelts, das nicht die Bezahlung für die erhaltene Studienleistung darstellt, unzweifelhaft eine Aufwendung dar, die mit der Zuwendung eines Vorteils zusammenhängt. Das Entgelt, das für den Erhalt des werthaltigen Teils der Studienleistung aufgewendet wurde, hängt nur äußerst mittelbar mit der Zuwendung des sanktionierten Vorteils zusammen, der nicht für die Erlangung einer Studienleistung zugewendet wurde. Hier ist entscheidend, ob das Teilentgelt für die Erlangung der Studienleistung auch ohne Zahlung des anderen Teilentgelts zur Beeinflussung der Beschaffungs- **17**

[12] FG Münster DStRE 2018, 1281.

[13] BFH NV 2020, 207.

[14] BMF 10.10.2002 – IV – A 6 – S 2145 – 35/02, BStBl. 2002 I 1031.

[15] Vgl. zum Stand ua *Lembeck,* Steuerrecht und Korruptionseindämmung, Rn. 3 ff.; *Bürger* DStR 2003, 1421; *Demuth/Peykan* DStR 2003, 1426; *Stahl* KÖSDI 2003, 13 874.

entscheidung gezahlt worden wäre. Steht dies fest, dürfte das Teilentgelt für die Erlangung der werthaltigen Studienleistung nicht vom Abzugsverbot umfasst sein. In der Praxis stellt sich eine Vielzahl weiterer Fragen, welche Aufwendungen der Höhe und der Art nach mit einer rechtswidrigen Zuwendung von Vorteilen zusammenhängen. Der Wert der einem Empfänger zugewendeten Leistung ist in der Regel leicht zu ermitteln. Aus der Sicht des Empfängers einer Kongressreise handelt es sich hier um die Kosten, die das zuwendende Unternehmen etwa für den Flug, die Hotelunterbringung und die Kongressregistrierungsgebühr getragen hat. Aus der Sicht des zuwendenden Unternehmens können mit der zugewendeten Leistung allerdings mittelbar zahlreiche weitere Kosten verbunden sein. Auch die Kosten eines mitreisenden Außendienstmitarbeiters, der an der Organisation der Kongressveranstaltung mitwirkt und teilnehmende Ärzte betreut, können Aufwendungen sein, die mit der „Zuwendung eines Vorteils zusammenhängen". Letztlich könnte ein Zusammenhang auch mit Gemeinkosten des zuwendenden Unternehmens hergestellt werden, die – wie etwa anteilige Sekretariatskosten für die Organisation eines Kongresses oder einer Kongressreise – anteilig vom Abzug ausgeschlossen sein könnten. Das Gesetz definiert nicht, wie nah oder fern der Zusammenhang der Aufwendungen mit der rechtswidrigen Zuwendung zu sein hat, um die Rechtsfolge der Abzugsbeschränkung auszulösen. Eine **Begrenzung des Zurechnungszusammenhangs** kommt mangels Aussagen des Gesetzgebers im Gesetzgebungsverfahren auf der Grundlage des Sinns und Zwecks der gesetzlichen Regelung in Betracht. Die steuerliche Abzugsbeschränkung soll im Sinne der Einheitlichkeit der Rechtsordnung einen Beitrag zur Bekämpfung der Korruption leisten.[16] Aufwendungen, die korrumpierenden Charakter haben, sollen steuerlich nicht dadurch begünstigt werden, dass sie die steuerliche Bemessungsgrundlage reduzieren. Der Ausschluss einer steuerlichen Begünstigung endet aber dort, wo Aufwendungen betroffen sind, die auch ohne eine rechtswidrige Zuwendung entstanden wären. Sollten vom gesetzlichen Abzugsverbot auch Aufwendungen erfasst sein, die zwar mittelbar mit einer rechtswidrigen Zuwendung zusammenhängen, aber auch ansonsten angefallen wären, hätte das Abzugsverbot einen Strafcharakter. Es ist aber nicht Sinn und Zweck der gesetzlichen Regelung, steuerlich Strafwirkung im Hinblick auf solche Aufwendungen zu entfalten. Anteilige Gemeinkosten, wie die angesprochenen Sekretariatskosten, sind daher nicht vom Abzugsverbot erfasst. Bei den Kosten des mitreisenden Außendienstmitarbeiters ist danach zu fragen, ob der Außendienstmitarbeiter auch dann zu dem Kongress gereist wäre, wenn es anlässlich des Kongresses nicht zu einer rechtswidrigen Zuwendung an einen der Teilnehmer gekommen wäre. In der Praxis werden vom Abzugsverbot des § 4 Abs. 5 S. 1 Nr. 10 EStG in der Regel die Aufwendungen erfasst, die beim Zuwendungsempfänger zu einer Bereicherung geführt haben. Auch Aufwendungen für interne Untersuchungen, die bei Unternehmen im Zusammenhang mit vermuteten oder entdeckten Korruptionsdelikten anfallen, fallen nach Sinn und Zweck nicht unter § 4 Abs. 5 S. 1 Nr. 10 EStG. Diese Aufwendungen dienen gerade der Bekämpfung von Korruption, sie vom Abzug auszunehmen wäre widersprüchlich.[17]

18 Der BFH hat den Anwendungsbereich der Aufwendungen, die mit der Zuwendung von Vorteilen zusammenhängen, zuletzt sehr weit gefasst. Sowohl die Kosten eines nachfolgenden Strafverfahrens als auch Aufwendungen aufgrund von Einziehungsanordnungen gemäß §§ 73 ff. StGB unterfallen demnach dem Abzugsverbot. Für Einziehungsanordnungen gilt das Abzugsverbot zur Vermeidung einer verfassungswidrigen Doppelbelastung jedoch nur dann, wenn das Strafgericht die Ertragsteuerbelastung bei der Bemessung des Einziehungsbetrags berücksichtigt hat.[18] Insofern stellt sich die Frage, wie mit Aufwendungen zu ver-

[16] BT-Drs. 13/1686: Anlage 2 (Stellungnahme des Bundesrats Nr. 11b); ähnlich *Schneider/Perrar* DB 2014, 2428 (2430), die eine Einschränkung danach fordern, dass der Aufwand unter Wertungsgesichtspunkten im zu missbilligenden Bereich angefallen bzw. eng damit verknüpft ist.

[17] Vgl. *Schneider/Perrar* DB 2014, 2428 (2431 f.).

[18] BFH BStBl. II 2014 S. 684 (692); auf die daraus resultierende Ungleichbehandlung zu anderen Straftaten hinweisend *Schneider/Perrar* DB 2014, 2428 (2430).

fahren ist, die Mitarbeitern des Unternehmens im Rahmen der Verteidigung gegen Korruptionsvorwürfe entstehen. Häufig werden den betroffenen Mitarbeitern von den Unternehmen solche verhängten Geldbußen und **Geldstrafen oder Strafverteidigungskosten** ersetzt.

Soweit **Geldauflagen erstattet** werden, die keinen Strafcharakter haben, ist die Erstattung für das Unternehmen eine abzugsfähige Betriebsausgabe. Die Abzugsfähigkeit von Aufwendungen im Zusammenhang mit der Erstattung von Geldauflagen, bei denen der Strafcharakter überwiegt, oder im Zusammenhang mit Geldstrafen ist hingegen zweifelhaft. Bei Unternehmen in der Rechtsform der Kapitalgesellschaft dürfte ein Abzug zu bejahen sein. Die Bestimmung des § 10 Nr. 3 KStG ist wortgleich mit § 12 Nr. 4 EStG (Abzugsverbot für Geldstrafen). Aus dem Zusammenspiel mit § 4 Abs. 5 Nr. 8 EStG und der Historie der Gesetzgebung ist davon auszugehen, dass entweder der Täter oder das Unternehmen, für das der Täter gehandelt hat, in voller Höhe getroffen werden soll.[19] Der Gesetzgeber wollte aber keinesfalls beide treffen.[20] Wenn somit die Geldauflage oder Geldstrafe für den Mitarbeiter des Unternehmens keine abziehbare Zahlung darstellt, soll nicht auch gleichzeitig dem Unternehmen, das diese Geldauflage erstattet, der Betriebsausgabenabzug versagt werden. Zumindest soll dies gelten, wenn die Übernahme einer Geldstrafe durch den Arbeitgeber zu lohnsteuerpflichtigem Arbeitslohn bei dem Arbeitnehmer führt.[21] Werden Kosten eines Strafverteidigers übernommen, die zu einem lohnsteuerpflichtigen Vorteil beim Arbeitnehmer führen, liegen beim Unternehmen Betriebsausgaben vor. 19

Im Hinblick auf die **Abziehbarkeit** von Anwaltskosten ist die Richtlinie 10.2 Satz 5 KStR einschlägig. Hiernach sind Verfahrenskosten, wie zB Gerichts- und Anwaltskosten, bei einer Körperschaft abzugsfähig. Die Richtlinien differenzieren hier nicht zwischen Kosten für Korruptionsdelikte oder anderen Straf- oder Zivilprozessen. Auch in der Gesetzesbegründung zu § 10 Nr. 3 KStG ist nicht die Rede davon, dass der Abzug von Strafverteidigungskosten im Zusammenhang mit strafrechtlichen Ermittlungen bei Buß- und Strafverfahren gegen eine Körperschaft versagt werden soll.[22] Das BMF-Schreiben vom 10.10.2002 vertritt in Textziffer 8 augenscheinlich eine andere Auffassung, allerdings ohne eine Begründung. 20

bb) Vorteilszuwendung durch den Steuerpflichtigen

Die Rechtsfolge des § 4 Abs. 5 S. 1 Nr. 10 EStG, nämlich der Ausschluss einer betrieblichen Aufwendung vom Abzug, setzt voraus, dass es sich um eine Aufwendung des Steuerpflichtigen handelt. Nach Tz. 7 des BMF-Schreibens muss es sich um **Vorteilszuwendungen des Steuerpflichtigen** oder um solche, die **ihm zuzurechnen** sind, handeln. Hierbei ist nach den unterschiedlichen Rechtsformen, die Steuerpflichtige besitzen, zu unterscheiden. Wird die Vorteilszuwendung durch einen Einzelunternehmer oder durch die Mitunternehmer einer Mitunternehmerschaft bewirkt, handelt es sich ohne weiteres um eine Vorteilszuwendung des Steuerpflichtigen. Bei Steuerpflichtigen in der Rechtsform einer juristischen Person ist ebenfalls ohne weiteres von einer Vorteilszuwendung durch den Steuerpflichtigen auszugehen, wenn der Vorteil von einem Organ oder von Handlungsbevollmächtigten der Gesellschaft zugewendet wird. Allerdings stellt sich ein **Zurechnungsproblem** dann, wenn ein Mitunternehmer eine Zuwendung ohne Kenntnis der anderen Mitunternehmer tätigt oder ein nicht vertretungsberechtigter Mitarbeiter eines Unternehmens einen Vorteil aus Mitteln des Unternehmens zuwendet. Nach Tz. 7 des BMF-Schreibens vom 10.10.2002 soll eine solche Vorteilszuwendung dem Steuerpflichtigen zuzurechnen sein, wenn der Steuerpflichtige oder eines seiner vertretungsberechtigten Orga- 21

[19] BT-Drs. 10/1634, 7.

[20] Hierzu *Saller* DStR 1996, 534 ff.; *Wedemeier/Hohlfeld* DStZ 1985, 79 ff.

[21] *Spatscheck/Ehnert* StraFo 2005, 265 (270); zur Einordnung der Übernahme von Bußgeldern durch den Arbeitgeber als Arbeitslohn BFH BStBl. II 2014 S. 278.

[22] BT-Drs. 10/1314, 5 ff.

ne nachträglich von einer rechtswidrigen Vorteilszuwendung eines sonstigen Mitarbeiters erfahren und diese genehmigen. Diese Auffassung ist insoweit auf Kritik gestoßen, als eine nachträgliche Genehmigung nichts daran ändert, dass das Korruptionsdelikt im Zeitpunkt der Erteilung der Genehmigung durch die Unternehmensleitung bereits beendet ist.[23] Wenn also bis zum Zeitpunkt der Genehmigung keine Mittäterschaft oder Beihilfe der entsprechenden Personen vorlag, mit anderen Worten die Unternehmensleitung bzw. der vertretungsberechtigte Vorgesetzte von der Bestechung oder Vorteilsgewährung nichts wussten, liegt eine Vorteilszuwendung durch den Steuerpflichtigen nicht vor.

22 Für dieses Ergebnis spricht, dass Unternehmen, die etwa durch interne rechtliche und organisatorische Maßnahmen, wie zB Compliance-Programme korruptive Praktiken von Mitarbeitern unterbinden (→ Kap. 7 Rn. 37 ff.), bei dennoch eintretendem Fehlverhalten einzelner Mitarbeiter nicht vom **Sinn und Zweck der gesetzlichen Abzugsbeschränkung** erfasst werden. Solche Unternehmen haben ihren Beitrag zur Korruptionsbekämpfung geleistet und können weder durch strafrechtliche noch steuerrechtliche Sanktionen zu weiterer Rechtstreue angehalten werden. Es dürfte in der Praxis auch selten zu ausdrücklichen Genehmigungen korruptiver Handlungen von Mitarbeitern kommen. Rechtstreue Unternehmen werden das Fehlverhalten von Mitarbeitern regelmäßig nicht nachträglich gutheißen. Sofern Unternehmen rechtswidrig durch Mitarbeiter bewirkte Vorteilszuwendungen nicht zurückfordern, so kann dies vielfältige Gründe haben, die nicht in einer Billigung von Vorteilszuwendungen liegen müssen. Es kann aus geschäftspolitischen Erwägungen opportun sein, von einem Amtsträger oder von dem Angestellten eines Lieferanten empfangene Vorteile nicht zurückzufordern oder die Handlungen dieser Personen nicht zur Anzeige zu bringen. Jedenfalls ist in einer solchen unternehmerischen Entscheidung nicht ohne weiteres eine konkludente Genehmigung einer rechtswidrigen Zuwendung zu sehen. Selbst wenn bei dem Hinzutreten weiterer Umstände von einer Begünstigung des Mitarbeiters durch den Inhaber oder die Leitung eines Unternehmens auszugehen sein sollte, führt dies nicht zu dem Abzugsverbot nach § 4 Abs. 5 S. 1 Nr. 10 EStG.[24] Aufwendungen im Zusammenhang mit § 257 StGB (Begünstigung) sind nicht von der gesetzlichen Abzugsbeschränkung erfasst.

cc) Die rechtswidrige Handlung

23 Im Falle der Verwirklichung eines Korruptionsdelikts ist im Zusammenhang mit § 4 Abs. 5 S. 1 Nr. 10 EStG darauf hinzuweisen, dass eine Verurteilung oder Ahndung wegen eines Korruptionsdelikts nicht erforderlich ist. Das Gesetz stellt darauf ab, ob „die Zuwendung der Vorteile eine rechtswidrige Handlung darstellt". Es genügt somit die **abstrakte Strafbarkeit,** unabhängig von einem Verschulden und ohne Rücksicht auf das Vorliegen eines Strafantrags oder einer Verurteilung. Umstritten ist, ob lediglich der objektive Tatbestand erfüllt sein muss, so ua die Finanzverwaltung,[25] oder auch der subjektive Tatbestand, womit regelmäßig Vorsatz vorliegen müsste.[26] Das Finanzgericht Niedersachsen hat die Erfüllung des objektiven Tatbestands ausreichen lassen. Zur Begründung verwies es auf die den Sinn und Zweck des Straftatbestands des § 299 Abs. 2 StGB, die Vermeidung von Wettbewerbsverzerrungen.[27] Die Beurteilung, ob ein rechtswidriges Korruptionsdelikt vorliegt, hat der Gesetzgeber damit in die Hände der Finanzverwaltung gelegt. Die Betriebsprüfer haben diese Frage somit im Rahmen der Betriebsprüfungen selbst zu klären. Dies begegnet ua deshalb Bedenken, weil die Betriebsprüfer in der Regel nicht die erforderliche juristische Ausbildung haben und die Korruptionsdelikte in der Subsumtion eine Vielzahl von Zweifelsfragen aufwerfen. Das BMF-Schreiben vom 10.10.2002 sieht daher in Textziffer 29

---

[23] *Stahl* KÖSDI 2003, 13 874 (13 875).

[24] *Stahl* KÖSDI 2003, 13 874 (13 875).

[25] R 4.14 Satz 1 EStR; *Wied* in Blümich EStG § 4 Rn. 905.

[26] *Pelz* DStR 2014, 449 (451); *Meyer* in BeckOK EStG § 4 Rn. 2823.

[27] FG Niedersachsen EFG 2019, AZ 11 K 11092/16 (1269–1274) (Revision ist anhängig: BFH IV R 27/18, v. 15.4.2021).

relativierend vor, dass bei einem Verdacht eines Betriebsprüfers eine **vorläufige Steuerfestsetzung** erfolgen soll, die den Betriebsausgabenabzug in der Regel gewährt, bis ein Strafverfahren abgeschlossen ist. Sofern während der Betriebsprüfung kein Strafverfahren oder Ermittlungsverfahren anhängig ist, kommt eine vorläufige Festsetzung nur dann in Betracht, wenn der Betriebsprüfer eigene hinreichende Verdachtsmomente für ein Korruptionsdelikt hat. Im Übrigen ist der **Kreis der Delikte,** der von § 4 Abs. 5 S. 1 Nr. 10 EStG angesprochen wird, **beschränkt.** Nach dem Gesetzesentwurf sollten die Zuwendung von Vorteilen sowie damit zusammenhängende Aufwendungen erfasst werden, wenn die Zuwendung eine rechtswidrige Tat iSd §§ 108b, 108e, 299, 333, 334, 335 StGB, ergänzt durch Art. 2 §§ 1 und 2 des Gesetzes zum Protokoll zum Übereinkommen über den Schutz der finanziellen Interessen der Europäischen Gemeinschaften vom 10.9.1998[28] und Art. 2 §§ 1–3 des Gesetzes vom 10.9.1998 zu dem Übereinkommen vom 17.12.1997 über die Bekämpfung der Bestechung ausländischer Amtsträger im internationalen Geschäftsverkehr,[29] § 48 des Wehrstrafgesetzes, § 119 Abs. 1 des Betriebsverfassungsgesetzes, § 21 Abs. 2 iVm § 81 Abs. 1 Nr. 1 des Gesetzes gegen den unlauteren Wettbewerb, § 405 Abs. 3 Nr. 3 und 7 des Aktiengesetzes, § 152 des Gesetzes betreffend die Erwerbs- und Wirtschaftsgenossenschaften oder § 23 Abs. 1 Nr. 3 des Gesetzes betreffend die gemeinsamen Rechte der Besitzer von Schuldverschreibungen ist.[30] Aus rechtstechnischen Gründen wurde diese lange Aufzählung im weiteren Gesetzgebungsverfahren abgekürzt. Nach dem Dritten Bericht des Finanzausschusses wird in § 4 Abs. 5 S. 1 Nr. 10 EStG nur noch abstrakt auf die einschlägigen Paragraphen verwiesen.[31] Einschlägig sind insoweit die zuvor aufgelisteten Tatbestände. Nicht vom Anwendungsbereich des § 4 Abs. 5 S. 1 Nr. 10 EStG erfasst sind somit rechtswidrige Handlungen im Zusammenhang mit berufsrechtlichen oder heilmittelwerberechtlichen Vorschriften, etwa § 7 HWG. Dagegen sind die 2016[32] neu eingeführten §§ 299a und 299b StGB, mit denen die Bestechlichkeit und Bestechung im Gesundheitswesen als Straftatbestand eingeführt wurde, Korruptionsdelikte im Sinne der Norm.[33]

Die **Rechtswidrigkeit** einer Handlung im Zusammenhang mit den einschlägigen vor- **24**
stehend aufgelisteten Tatbeständen kann allerdings in zahlreichen Fällen durch eine Genehmigung **ausgeschlossen** sein (vgl. → Kap. 2 Rn. 20f.). Hierbei geht es im Wesentlichen um Genehmigungen, die der Dienstherr einem Amtsträger im Hinblick auf die Annahme eines Vorteils erteilt. Es ist im Einzelfall schwierig zu beurteilen, ob eine erteilte **Genehmigung wirksam** ist. Oftmals ist es bereits nicht einfach zu ermitteln, wer im Aufbau der Behörden, Anstalten und Körperschaften nach Bundes- oder Landesrecht die für die Erteilung von Genehmigungen zuständige Stelle ist. Dies gilt insbesondere dann, wenn der Dienstherr die Befugnis zur Erteilung von Genehmigungen auf nachgelagerte Behörden oder Stellen delegiert hat. Oftmals werden bestimmten Amtsträgern auch Genehmigungen genereller Art erteilt, die etwa auf bestimmte Fallgruppen abstellen oder der Höhe nach Beschränkungen enthalten. Sofern der Amtsträger über eine rechtmäßige und die in Rede stehende Vorteilsnahme rechtfertigende Genehmigung verfügt, entfällt die Rechtswidrigkeit und dem Steuerpflichtigen kann der Betriebsausgabenabzug nicht nach § 4 Abs. 5 S. 1 Nr. 10 EStG versagt werden. In der Praxis fällt es dem Steuerpflichtigen allerdings regelmäßig schwer, das Bestehen der Genehmigung nachzuprüfen und zu belegen. Nur in seltenen Fällen wird der den Vorteil annehmende Amtsträger dem zuwendenden Steuerpflichtigen eine Kopie oder gar das Original einer schriftlichen Genehmigung über-

[28] BGBl. II S. 2340.
[29] BGBl. II S. 2327.
[30] BT-Drs. 14/23, 5.
[31] BT-Drs. 14/443, 48: „Die Änderung des Satzes 1 ist rechtstechnischer Art. An Stelle der umfassenden Auflistung aller einschlägigen gesetzlichen Vorschriften wird abstrakt auf die einschlägigen Paragraphen verwiesen".
[32] BGBl. 2016 I S. 1254.
[33] *Wied* in Blümich EStG § 4 Rn. 906; *Meyer* in BeckOK EStG § 4 Rn. 2823.4.

lassen. Der Steuerpflichtige kann sich dann allein auf die Angaben oder Versicherungen des Amtsträgers, im **Besitz einer wirksamen Genehmigung** zu sein, verlassen. Den Steuerpflichtigen trifft die Feststellungslast für die grundsätzliche Berechtigung des Betriebsausgabenabzugs im Zusammenhang mit einer Vorteilszuwendung, nicht aber die Feststellungslast dafür, dass die Voraussetzungen für ein Abzugsverbot nicht gegeben sind. Behauptet die Finanzbehörde, dass die Voraussetzungen für das Abzugsverbot des § 4 Abs. 5 S. 1 Nr. 10 EStG vorliegen, so trägt sie hierfür die Feststellungslast.[34] Somit hat die Finanzbehörde auch positiv festzustellen, dass die Zuwendung eines Vorteils eine rechtswidrige Handlung darstellt. Kann die Finanzbehörde keine Zweifel substantiieren, wonach die Auskunft eines Amtsträgers, er sei im Besitz einer wirksamen Genehmigung für die Annahme eines Vorteils, etwa unzutreffend wäre, so geht dies zu Lasten der Finanzbehörde. Das Abzugsverbot greift in diesem Falle nicht. Im Übrigen hat die Finanzbehörde bei Prüfung des Abzugsverbots auch nachträglich erteilte Genehmigungen zu berücksichtigen. Grundsätzlich können **nachträgliche Genehmigungen** die Rechtswidrigkeit einer Vorteilsannahme ebenfalls entfallen lassen (vgl. → Kap. 2 Rn. 55). Hier hat die Finanzbehörde die Wirksamkeit der Genehmigung im Einzelnen zu untersuchen.

dd) Mitteilungspflicht der Finanzbehörde im Verdachtsfall

25 Im Rahmen von **Betriebsprüfungen** ist auch zu beachten, dass die Finanzbehörden gem. § 4 Abs. 5 S. 1 Nr. 10 EStG verpflichtet sind, Tatsachen, die den Verdacht einer Straftat oder einer Ordnungswidrigkeit im Sinne eines Korruptionsdelikts begründen, der Staatsanwaltschaft oder der Verwaltungsbehörde mitzuteilen.[35] Umgekehrt haben auch Gerichte, Staatsanwaltschaften oder Verwaltungsbehörden Tatsachen, die sie dienstlich erfahren und die den Verdacht einer der in Rede stehenden Taten begründen, der Finanzbehörde für Zwecke des Besteuerungsverfahrens und zur Verfolgung von Steuerstraftaten und Steuerordnungswidrigkeiten mitzuteilen.

26 Die **wechselseitige Unterrichtungspflicht** soll nach Auffassung des BMF sicherstellen, dass es zwischen den Finanzbehörden und den Strafverfolgungsbehörden und Strafgerichten nicht zu unterschiedlichen Entscheidungen über die Verwirklichung eines Straftatbestandes kommt.[36] Was den Verdachtsgrad angeht, der eine Mitteilungspflicht der Finanzbehörde auslöst, ist nach dem Wortlaut der gesetzlichen Regelung in § 4 Abs. 5 S. 1 Nr. 10 EStG keine Einschränkung vorgesehen. Danach käme grundsätzlich jede Form eines Verdachts für die Begründung der Mitteilungspflicht in Betracht, also auch Verdachtsstufen, die mehr Vermutungen oder Verdachtsmomente aufgrund allgemeiner Lebenserfahrung darstellen. In diesem Zusammenhang ist § 4 Abs. 5 S. 1 Nr. 10 EStG jedoch vor dem Hintergrund des Steuergeheimnisses, § 30 AO, und dem Verwertungsverbot für Angaben, die der Steuerpflichtige vor bekannt gegebener Einleitung eines Strafverfahrens in Erfüllung steuerlicher Pflicht gemacht hat, § 393 Abs. 2 AO, einschränkend auszulegen.[37] Dementsprechend wird allgemein für die Auslösung der Mitteilungspflicht zumindest ein **Anfangsverdacht** iSd § 152 Abs. 2 StPO für erforderlich gehalten.[38] Der BFH ist mit Urteil vom 14.7.2008 anderen Stimmen entgegengetreten, wonach ein **hinreichender Tatverdacht** bestehen muss, also die Verurteilung des Täters in einem Strafprozess mit Wahrscheinlichkeit zu erwarten ist.[39] Der BFH begründet dies unter Hinweis darauf, dass die Mitteilungspflicht der Staatsanwaltschaft gerade die Prüfung ermöglichen soll, ob ein Ermittlungsverfahren einzuleiten ist. Dabei wäre es sinnwidrig, diese Entscheidung von einem Verdachtsgrad abhängig zu

---

[34] BMF BStBl. I 2002 S. 1031 Tz. 28.

[35] Vgl. Anweisungen für das Straf- und Bußgeldverfahren (Steuer) v. 18.12.2003, BStBl. I 2003 S. 654 (686).

[36] BMF BStBl. I 2002 S. 1031 Tz. 33.

[37] *Heerspink* wistra 2001, 441.

[38] *Kruschke* in Herrmann/Heuer/Raupach EStG § 4 Rn. 1866, 1870; *Dörn* DStZ 2001, 736; *Stahl* KÖSDI 1999, 12022 (12025).

[39] *Preising/Kiesel* DStR 2006; 118; *Meurer* in Lademann/Söffing § 4 Anm. 766.

machen, der für eine Anklageerhebung erforderlich wäre.[40] In jedem Fall müssen zureichende tatsächliche Anhaltspunkte geben sein, dass eine (verfolgbare) Straftat oder Ordnungswidrigkeit vorliegt.[41] Bloße Vermutungen, Gerüchte oder Verdachtsmomente aufgrund allgemeiner Lebenserfahrung begründen keine Mitteilungspflicht der Finanzbehörde.

Ein **ausreichender Verdacht** besteht zum Beispiel nicht schon deshalb, weil in einer bestimmten Branche erfahrungsgemäß häufig Schmiergeld gezahlt wird oder weil der Steuerpflichtige den Empfänger einer Zahlung nicht benennt und ihm deshalb der Betriebsausgabenabzug nach § 160 AO versagt wird.[42] Auch die Tatsache einer Zahlung an einen Amtsträger kann für sich allein nicht einen die Mitteilungspflicht auslösenden Tatverdacht darstellen. Die gelegentlich geäußerte Ansicht, wonach zwischen einem Unternehmer und einem Amtsträger aufgrund allgemeiner Lebenserfahrung keine Geschäftsbeziehungen im Sinne eines rechtmäßigen Leistungsaustauschs bestehen, verkennt die Tatsache, dass Amtsträger dem Bürger und den Unternehmen keineswegs nur in Form des Über- und Unterordnungsverhältnisses gegenübertreten. Zwar mag dies in den Bereichen der Eingriffsverwaltung (Finanzverwaltung, Ordnungsbehörden etc) und anderen klassischen Formen hoheitlichen Tätigwerdens (Polizei, Bauverwaltung etc) der Fall sein. Es existieren jedoch zahlreiche andere Formen staatlichen Handelns, in denen Amtsträger mit Privaten und Unternehmen in **kooperativer Wechselbeziehung** stehen, in deren Rahmen es zu rechtmäßigen Leistungsaustauschbeziehungen mit Amtsträgern bzw. deren Dienstherren oder Anstellungskörperschaften kommt. Beispielhaft seien hier Forschungsleistungen genannt, die von öffentlichen Kliniken, wie etwa Universitätskliniken oder Lehrkrankenhäusern erbracht werden. Hier erbringt die öffentliche Hand Leistungen und erhält dafür ein Entgelt. Gleichzeitig bezieht die öffentliche Hand von dem Pharmaunternehmen, das die Forschung in Auftrag gegeben hat, Arzneimittel und entrichtet hierfür ebenfalls ein Entgelt. Leistungsaustauschbeziehungen dieser Art sind weder mit einem Generalverdacht zu belegen, noch gar generell zweifelhaft. Sie sind vielmehr von staatlicher Seite grundsätzlich erwünscht. Ohne Hinzutreten von tatsächlichen Anhaltspunkten kann in den geschilderten Fällen kein hinreichender Verdacht einer strafrechtlich relevanten Korruptionshandlung bejaht werden. Dementsprechend ersetzt die allgemeine Lebenserfahrung den konkreten Tatverdacht nicht und ist nicht geeignet, die Mitteilung auf der Grundlage von § 4 Abs. 5 S. 1 Nr. 10 EStG zu rechtfertigen. 27

ee) Mitteilungspflicht ohne Erklärung von Betriebsausgaben

Eine Mitteilungspflicht der Finanzbehörden in dem Fall, dass das Unternehmen die den Verdacht auslösenden Ausgaben von vornherein als nicht abzugsfähig behandelt hat, wird in großen Teilen der Literatur verneint.[43] Hierbei wird unter anderem auf die systematische Stellung von § 4 Abs. 5 S. 1 Nr. 10 EStG abgestellt. Die Mitteilungspflicht sei im Zusammenhang mit einem ertragsteuerlichen Abzugsverbot geregelt und daher in diesem Lichte auszulegen. Für eine **allgemeine Mitteilungspflicht** der Finanzbehörden außerhalb der ertragsteuerlichen Vorschriften zu der Gewährung oder Versagung des ertragsteuerlichen Betriebsausgabenabzugs sei eine explizite Regelung durch den Gesetzgeber erforderlich. Eine solche Regelung wäre systematisch in der Abgabenordnung (AO) etwa im Zusammenhang mit § 30 Abs. 4 Nr. 5 AO anzusiedeln. Andere Teile der Literatur sprechen sich im Zusammenhang mit nicht als abziehbar erklärten Aufwendungen nicht explizit gegen eine 28

[40] BFH NV 2008, 1754.

[41] *Kruschke* in Herrmann/Heuer/Raupach EStG § 4 Rn. 1870; *Spilker* in Kirchhof/Söhn/Mellinghoff § 4 Rn. Q 43; *Spatscheck* NJW 2006, 641 (645); *Gotzens* DStR 2005, 673 (677).

[42] *Burchert* INF 2003, 260 (262).

[43] *Preising/Kiesel* DStR 2006; 118; *Stahl* KÖSDI 1999, 12022 (12026); *Joecks* DStR 1997, 1025 (1030); *Spilkrt* in Kirchhof/Söhn/Mellinghoff § 4 Rn. Q 43; *Schmidt/Leyh* NWB 2008, 4197 (4199); *Kruschke* in Herrmann/Heuer/Raupach EStG § 4 Rn. 1875.

Mitteilungspflicht der Finanzbehörden aus, halten die Frage aber jedenfalls für umstritten und verweisen auf das **Verwertungsverbot** nach § 393 Abs. 2 S. 1 AO.[44] Das Verwertungsverbot besteht nach dieser Vorschrift, soweit der Staatsanwaltschaft oder dem Gericht in einem Strafverfahren aus den Steuerakten Tatsachen oder Beweismittel bekannt werden, die der Steuerpflichtige der Finanzbehörde vor Einleitung des Strafverfahrens oder in Unkenntnis der Einleitung des Strafverfahrens in Erfüllung steuerrechtlicher Pflichten offenbart hat. Eine Ausnahme gilt dann, wenn die so gewonnenen Kenntnisse für die Verfolgung einer Tat verwendet werden, die keine Steuerstraftat ist und an deren Verfolgung ein zwingendes öffentliches Interesse (§ 30 Abs. 4 Nr. 5 AO) besteht. Diese Ausnahme greift jedoch regelmäßig nicht, dh es bleibt bei einem Verwertungsverbot, wenn der Steuerpflichtige die in Rede stehenden Aufwendungen nicht als abzugsfähig deklariert. Eine Steuerstraftat des Steuerpflichtigen liegt nämlich in diesem Fall nicht vor, sodass ein zwingendes öffentliches Interesse bejaht werden müsste. Die Entscheidung darüber, ob ein zwingendes öffentliches Interesse besteht, ist auf der Ebene der Finanzverwaltung zu treffen.[45] Andere Stimmen in der Literatur halten eine Mitteilungspflicht bei nicht als abzugsfähig erklärten Betriebsausgaben generell für rechtmäßig und stellen hierbei auf den nicht eingeschränkten Wortlaut des § 4 Abs. 5 S. 1 Nr. 10 EStG ab, sowie die generalpräventive Zielrichtung der Vorschrift.[46] Angesichts der gewichtigen Argumente im Zusammenhang mit § 393 Abs. 2 AO und des darin zum Ausdruck kommenden Verfassungsgrundsatzes des **nemo tenetur**[47] scheinen allein generalpräventive Zielrichtungen mit Blick auf Korruptionsdelikte, also Delikte fernab des Steuerrechts, nicht geeignet, unbeschränkte Mitteilungspflichten im Steuerrecht zu rechtfertigen.[48] Auch die Finanzverwaltung scheint die geäußerten Bedenken zu berücksichtigen. Das BMF-Schreiben vom 10.10.2002 formuliert das Bestehen einer Mitteilungspflicht positiv allein für den Fall, dass der Steuerpflichtige die Vorteilszuwendungen in der steuerlichen Gewinn- oder Einkommensermittlung als Betriebsausgaben abgezogen hat. Dann „jedenfalls" bestehe die Pflicht zur Mitteilung.

ff) Mitteilungspflicht bei Vorliegen anderer Abzugsverbote

29 Für den Fall, dass der Steuerpflichtige Aufwendungen als abzugsfähig erklärt hat, diese aber aufgrund eines anderen **Abzugsverbots** als § 4 Abs. 5 S. 1 Nr. 10 EStG vom Abzug ausgeschlossen werden, stellt sich die Frage, ob dennoch eine Mitteilungspflicht und Mitteilungsbefugnis der Finanzbehörden nach § 4 Abs. 5 S. 1 Nr. 10 S. 3 EStG besteht. Denkbar sind hier etwa Fälle, in denen eine Außenprüfung den Abzug erklärter Aufwendungen auf der Grundlage von § 160 AO (Nichtbenennung von Zahlungsempfängern), § 4 Abs. 5 S. 1 Nr. 1 EStG (Geschenk), § 12 EStG (private Mitveranlassung) oder § 3c EStG (Zusammenhang mit steuerfreien Einkünften) etc versagt hat, im Anschluss an die bestandskräftige Veranlagung aber Kontrollmitteilungen eingehen, die den Schluss rechtfertigen, dass die Voraussetzungen des Abzugsverbots nach § 4 Abs. 5 S. 1 Nr. 10 EStG ebenfalls erfüllt waren. Es ist zweifelhaft, ob die dergestalt im Rahmen einer Außenprüfung gewonnenen Sachverhaltskenntnisse, die im Nachhinein in einem korruptionsstrafrechtlichen Licht erscheinen, zulässigerweise nach § 4 Abs. 5 S. 1 Nr. 10 S. 3 EStG an die Strafverfolgungsbehörde mitgeteilt werden dürfen. Dies dürfte allein auf der Grundlage von § 30 Abs. 4 Nr. 4 und Nr. 5 AO zulässig sein. Zum einen wäre in der Außenprüfung die **erforderliche Belehrung** mit Blick auf § 4 Abs. 5 S. 1 Nr. 10 EStG unterblieben, da andere Abzugsverbote für einschlägig gehalten wurden. Bereits von daher liegt ein strafrechtliches Verwertungsverbot nahe, so dass bereits deshalb Zweifel an einer Mitteilungspflicht und -befugnis bestehen (vgl. Ausführungen unter → Rn. 37). Zum anderen ist eine generelle Mitteilungspflicht, die

[44] *Randt* BB 2000, 1006 (1013).
[45] *Heerspink* wistra 2001, 441 (447).
[46] *Randt* BB 2000, 1066, 1013; *Klingelhöfer* StBP 1999, 309; *Stapf* DB 2000, 1092.
[47] BVerfGE 56, 37.
[48] So auch *Schaumburg* Steuerberater-Jahrbuch 2001/2002, 239 (264 ff.).

keinen Zusammenhang mit einer materiellen Steuerfolge in Form einer Versagung des Betriebsausgabenabzugs mehr haben kann, aus § 4 Abs. 5 S. 1 Nr. 10 EStG nicht herauszulesen. Hier ist es steuersystematisch zutreffend, für die Mitteilung auf die generell geregelten Mitteilungspflichten und -befugnisse abzustellen, also etwa auf den Fall des § 30 Abs. 4 AO zu beschränken.

gg) Mitteilungspflicht bei Entgegennahme von Vorteilen

Sofern bei dem Empfänger einer rechtswidrigen Zuwendung eine Betriebsprüfung durchgeführt wird, stellt sich die Frage, ob eine Mitteilungspflicht auch dann besteht. Nach dem Regelungsinhalt von § 4 Abs. 5 S. 1 Nr. 10 S. 3 EStG besteht die Mitteilungspflicht dann, wenn der Verdacht einer Straftat oder einer Ordnungswidrigkeit iSd Satzes 1 besteht. Satz 1 der Vorschrift stellt jedoch allein auf die Zuwendung von Vorteilen und nicht auf deren Empfang ab. Die Mitteilungspflicht wird daher bei der Entgegennahme von Vorteilen **nicht ausgelöst.**[49] Hierbei ist es unerheblich, ob der Empfänger des Vorteils die Zuwendung wahrheitsgemäß erklärt hat oder nicht. Bei Verstoß gegen bestehende Erklärungspflichten mögen den Empfänger des Vorteils steuerstrafrechtliche Folgen treffen. Am Regelungsinhalt des § 4 Abs. 5 S. 1 Nr. 10 EStG ändert dies indes nichts. 30

hh) Mitteilungspflicht bei Verzicht auf Einnahmen

Strafrechtlich betrachtet kann ein Korruptionsdelikt auch dadurch verwirklicht sein, dass ein Steuerpflichtiger auf Einnahmen verzichtet oder sich mit der Verminderung einer an sich höher geschuldeten Einnahme einverstanden erklärt. Im Beispielsfall 1 errichtet der Bauunternehmer einem Amtsträger das private Haus weit unter Preis, verzichtet also darauf, das übliche bzw. maximal erzielbare Entgelt abzurechnen. Dementsprechend vermindert der Bauunternehmer die Höhe der erklärten steuerpflichtigen Einkünfte. Für das Bestehen der Mitteilungspflicht in diesem Fall ist nach § 4 Abs. 5 S. 1 Nr. 10 EStG entscheidend, ob der Bauunternehmer eine **Betriebsausgabe** getätigt hat. Nach Tz. 7 des BMF-Schreibens vom 10.10.2002 besteht die Pflicht zur Mitteilung nicht, wenn der Steuerpflichtige nichts aufgewendet hat. Das Schreiben nennt in diesem Kontext die Erbringung unentgeltlicher Dienstleistungen, die Hingabe zinsloser oder verbilligter Darlehen oder die Gewährung von Rabatten. Im Fall des Bauunternehmers ist auf dieser Grundlage jedenfalls eine Verbilligung in Höhe der Marge folgenlos. Ob dann jedoch eine Mitteilungspflicht besteht, wenn mit dem Verzicht auf Einnahmen auch Gestehungskosten verbunden sind, wird unterschiedlich gesehen. So soll zum Beispiel bei der Gewährung eines **zinsverbilligten Darlehens** der Refinanzierungsaufwand abziehbar bleiben.[50] Es bestünde also auch in diesem Fall keine Mitteilungspflicht der Finanzbehörden. Im Übrigen wird im Zusammenhang mit den Meldepflichten der Finanzbehörde aus Kreisen der Finanzverwaltung gefordert, dass eine Nichtaufgriffsgrenze Beachtung finden sollte.[51] Auf diese Weise könnten Bagatellfälle in der Praxis von der Meldepflicht ausgenommen werden, was für Betriebsprüfungen eine erhebliche Erleichterung im Sinne der Verwaltungsökonomie mit sich bringen würde. Der Vorschlag geht dahin, die Nichtaufgriffsgrenze bei 150 Euro anzusetzen. 31

ii) Mitteilungspflicht bei eingetretener Strafverfolgungsverjährung

Die Strafverfolgungsverjährung tritt bei Korruptionsdelikten in der Regel **fünf Jahre** nach Bewirkung der rechtswidrigen Vorteilszuwendung ein. Oftmals finden Betriebsprüfungen für Veranlagungszeiträume statt, in denen es zu Vorteilszuwendungen gekommen ist, die mehr als fünf Jahre zurückliegen. In solchen Fällen stellt sich die Frage, ob solche Vorteilszuwendungen die Mitteilungspflicht nach § 4 Abs. 5 S. 1 Nr. 10 S. 3 EStG auslösen, und zwar unbeschadet der Entscheidung darüber, ob der Betriebsausgabenabzug aus dem Ge- 32

---

49 So auch *Wichterich/Glockemann* INF 2000, 40 (43); *Dörn* DStZ 2001, 736 (737).

50 *Stahl* KÖSDI 2003, 13874 (13875).

51 *Burchert* INF 2003, 260 (261).

sichtspunkt einer rechtswidrigen Zuwendung zu versagen ist. Der Wortlaut der gesetzlichen Regelung enthält keine Einschränkung im Hinblick auf strafrechtlich verjährte Zuwendungen. Zu berücksichtigen ist jedoch, dass der Sinn und Zweck der gesetzlichen Regelung darin besteht, im Sinne der Einheitlichkeit der Rechtsordnung einen Beitrag zur Bekämpfung der Korruption zu leisten.[52] Dieser Sinn und Zweck kann durch eine Mitteilung der Finanzbehörden an die Strafverfolgungsbehörden dann nicht mehr erreicht werden, wenn die Strafverfolgungsbehörden an einer Verfolgung der Tat aufgrund eingetretener Verjährung gehindert sind. Aus diesem Grunde ist eine einschränkende Auslegung der gesetzlichen Regelung geboten, wenn und soweit eine rechtswidrige Vorteilszuwendung strafrechtlich aus Verjährungsgründen nicht mehr verfolgt werden kann. Die Befugnis zur Mitteilung an die Strafverfolgungsbehörden auf der Grundlage von § 4 Abs. 5 S. 1 Nr. 10 S. 3 EStG besteht in einem solchen Fall daher nicht.

33 Es wird auch vertreten, dass eine Mitteilung der Finanzbehörde unter Berücksichtigung des Grundsatzes der **Verhältnismäßigkeit** unterbleiben könne, sofern für die Finanzbehörde erkennbar feststehe, dass bei einem der von § 4 Abs. 5 S. 1 Nr. 10 S. 1 EStG erfassten Tatbestände Strafverfolgungsverjährung eingetreten ist.[53] Im Übrigen blieben Mitteilungen zulässig, solange der Eintritt der Strafverfolgungsverjährung zweifelhaft sei.

34 In diesem Zusammenhang ist anzumerken, dass die tatsächlichen Feststellungen der Finanzbehörde jedenfalls den die **Mitteilungspflicht auslösenden Verdachtsgrad** erreichen müssen. Unbeschadet der unterschiedlichen Auffassungen dazu, wie konkret ein Verdacht insoweit sein muss, wird allgemein angenommen, dass zureichende tatsächliche Anhaltspunkte bestehen müssen, wonach eine (verfolgbare) Straftat oder Ordnungswidrigkeit vorliegt. Die Finanzbehörde hat insoweit die notwendigen Feststellungen selbst zu treffen. Bei Zweifeln an dem Eintritt der Strafverfolgungsverjährung hat sie daher zu prüfen, ob diese noch den Schluss zulassen, dass eine verfolgbare Tat vorliegt. Hier sind allein die getroffenen tatsächlichen Feststellungen maßgeblich. Zum anderen ist zu der geäußerten Ansicht anzumerken, dass es im Zusammenhang mit der Regelung von § 4 Abs. 5 S. 1 Nr. 10 S. 3 EStG um eine Durchbrechung des Steuergeheimnisses geht. Die Mitteilungspflicht steht insoweit nicht dergestalt zur Disposition, dass die Finanzbehörde von ihr unter Verhältnismäßigkeitsgesichtspunkten absehen kann; sie ist vielmehr in einem Spannungsfeld mit der Befugnis der Finanzbehörde zu betrachten, das Steuergeheimnis durch eine offenbarende Mitteilung zu durchbrechen. Insofern ist die angesichts des Steuergeheimnisses gebotene Reduktion der Mitteilungspflicht ein zwingendes Hindernis für die Mitteilung, wenn und soweit die tatsächlichen Feststellungen der Finanzbehörde die für eine Mitteilung erforderliche Verdachtsstufe nicht erreichen.

jj) Mitteilungen in das Ausland

35 Sofern rechtswidrige Zuwendungen an Empfänger im Ausland geleistet werden, kann sich die Frage stellen, ob die deutsche Finanzverwaltung verpflichtet oder berechtigt ist, auch ausländische Strafverfolgungs- oder Finanzbehörden zu unterrichten. Im Hinblick auf ausländische Strafverfolgungsbehörden ergibt sich jedenfalls aus § 4 Abs. 5 S. 1 Nr. 10 EStG weder eine Verpflichtung noch eine Berechtigung. Eine Mitteilung an ausländische Strafverfolgungsbehörden, etwa in dem Fall, dass ein inländisches Unternehmen einen ausländischen Amtsträger (Klinikarzt) bestochen hat, wäre eine Verletzung des Steuergeheimnisses, wenn die deutsche Finanzbehörde über die Höhe des geleisteten Bestechungsgeldes informierte. Unterrichtungen ausländischer Strafverfolgungsbehörden haben vielmehr im zwischenstaatlichen Verkehr zu erfolgen, der für **Strafverfolgungsübernahmeersuchen** gilt. Allerdings ist es unter bestimmten Voraussetzungen zulässig, dass deutsche Finanzbehörden Informationen an ausländische Finanzbehörden weiterleiten, etwa wenn es um die Versteuerung empfangener Vorteile im Ausland geht. Insoweit kommen grenzüberschreitende

---

[52] BT-Drs. 13/1686: Anlage 2 (Stellungnahme des Bundesrats Nr. 11b).

[53] *Burchert* INF 2003, 260 (263).

Kontrollmitteilungen in Form von Spontanauskünften gem. § 117 AO iVm § 8 EG AHiG in Betracht. Allerdings müssen in einem solchen Fall objektive Anhaltspunkte für die Vermutung vorliegen, dass Steuern eines Mitgliedstaates der EU verkürzt worden sind oder werden können. Ferner kommen auch Spontanauskünfte auf der Grundlage von Doppelbesteuerungsabkommen in Betracht, je nachdem, ob diese kleine oder große Auskunftsklauseln enthalten.[54]

kk) Belehrungspflichten

Sofern die Finanzbehörde eine rechtswidrige Zuwendung von Vorteilen vermutet, hat sie den Steuerpflichtigen zu belehren, bevor sie ihn zur Mitwirkung an der Sachverhaltsaufklärung auffordert.[55] Die **Belehrung** hat folgende Hinweise zu beinhalten: **36**
- die mögliche Mitteilungspflicht nach § 4 Abs. 5 S. 1 Nr. 10 S. 3 EStG,
- die Möglichkeit der straf- bzw. bußgeldrechtlichen Selbstbelastung im Falle der Mitwirkung und
- das Zwangsmittelverbot im Zusammenhang mit Mitwirkungspflichten des Steuerpflichtigen.

Das **Belehrungserfordernis** wird allgemein auf den Grundsatz des Verbots des Zwangs zur straf- und bußgeldrechtlichen Selbstbelastung (nemo-tenetur-Grundsatz) gestützt, oder für den Fall, dass die rechtswidrige Vorteilszuwendung auch eine Steuerstraftat oder -ordnungswidrigkeit darstellt, auf § 393 Abs. 1 S. 4 AO. Im Rahmen von Außenprüfungen ergibt sich die Belehrungspflicht auch aus § 10 Abs. 1 S. 4 BPO, wobei die Belehrung auf Verlangen des Steuerpflichtigen schriftlich zu bestätigen ist. Da die Pflicht zur Belehrung des Steuerpflichtigen schon dann einsetzt, wenn die Finanzbehörde eine rechtswidrige Zuwendung bloß vermutet, hat der Steuerpflichtige die Möglichkeit, die Vermutung zu entkräften und so eine Mitteilung an die Strafverfolgungsbehörde zu vermeiden, wenn er entsprechend der Pflicht der Finanzbehörde tatsächlich belehrt worden ist. Hat die Finanzbehörde nur die Vermutung einer rechtswidrigen Zuwendung, ist sie aufgrund der Vermutung nicht zu einer Mitteilung an die Strafverfolgungsbehörden nach § 4 Abs. 5 S. 1 Nr. 10 S. 3 EStG berechtigt und verpflichtet.

Bei unterlassener Belehrung gilt ein **strafrechtliches Verwertungsverbot.**[56] Zweifelhaft ist, ob trotz eines strafrechtlichen Verwertungsverbots aufgrund unterlassener oder fehlerhafter Belehrung die Mitteilungspflicht der Finanzbehörde gem. § 4 Abs. 5 S. 1 Nr. 10 S. 3 EStG bestehen bleibt. Gesetzt den Fall, dass ein Steuerpflichtiger aufgrund seiner Mitwirkung an der Sachverhaltsaufklärung die Vermutung des Außenprüfers dergestalt verstärkt, dass dieser nun von einer für die Mitteilung ausreichenden Verdachtsstufe ausgeht, sind die Strafverfolgungsbehörden an einer Verwertung der so gewonnenen Informationen gehindert. Die Mitteilung der Finanzbehörden an die Strafverfolgungsbehörden kann somit ihren Zweck, einen Beitrag zur Verfolgung von Korruptionsstraftaten zu leisten, nicht mehr erreichen. Gleichwohl postuliert die Finanzverwaltung, dass die Mitteilungspflicht trotz strafrechtlichen Verwertungsverbots bestehen bleiben soll.[57] Begründet wird diese Auffassung damit, dass über die Frage des strafrechtlichen Verwertungsverbots letztlich im Strafverfahren zu entscheiden sei. Diese Begründung vermag angesichts der vom Gesetzgeber in die Hände der Finanzverwaltung gelegten Zuständigkeit und Kompetenz zur Beurteilung korruptionsstrafrechtlicher Tatbestände nicht in jedem Fall zu überzeugen. Die Finanzbehörden haben in eigener Zuständigkeit zu prüfen, ob eine Vorteilszuwendung eine rechtswidrige Handlung darstellt, die den Tatbestand eines deutschen Strafgesetzes oder eines **37**

[54] Zusammenfassend hierzu *Schmidt/Leyh* NWB 2008, 4197 (4207).

[55] BMF BStBl. I 2002 S. 1031 Tz. 30.

[56] BMF BStBl. I 2002 S. 1031 Tz. 30; ebenso die hM in der Literatur, vgl. Zusammenstellung in *Schaumburg* Steuerberater-Jahrbuch 2001/2002, 239 (263).

[57] OFD München DB 2003, 1821 (koordiniert mit den obersten Finanzbehörden des Bundes und der Länder).

deutschen Gesetzes erfüllt, das die Ahndung mit einer Geldbuße zulässt. Dem gegenüber ist die Prüfung der Voraussetzungen eines strafrechtlichen Verwertungsverbots zumindest in klaren Fällen der Mitwirkung des Steuerpflichtigen an der Sachverhaltsaufklärung trotz unterlassener Belehrung keine schwierige, außersteuerrechtliche Beurteilung. Jedenfalls bei Vorliegen eines zweifelsfreien strafrechtlichen Verwertungsverbots dürfte die Mitteilungspflicht angesichts des Spannungsfelds von Steuergeheimnis und § 4 Abs. 5 S. 1 Nr. 10 S. 3 EStG beschränkt sein.[58]

38 Die Kenntnisse, die die Finanzbehörde bei Verstoß gegen die Belehrungspflicht erlangt, sollen nach Auffassung der Finanzverwaltung jedoch für das weitere Besteuerungsverfahren verwertet werden dürfen.[59] Insofern würde das strafrechtliche Verwertungsverbot nicht mit einem **steuerrechtlichen Verwertungsverbot** korrelieren. Zweifel sind indes an einer unbeschränkten Verwertbarkeit geäußert worden, wenn die Finanzbehörde den Steuerpflichtigen nicht nur fahrlässig ohne Belehrung weiter an der Sachverhaltsaufklärung mitwirken lässt,[60] zB also bei vorsätzlicher und böswilliger Unterlassung der Belehrung.

ll) Korrespondenzprinzip, Kontrollmitteilungen

39 Soweit bei Unternehmen **Betriebsausgaben** auf der Grundlage von § 4 Abs. 5 S. 1 Nr. 10 EStG nicht zum Abzug zugelassen werden, bedeutet dies keineswegs, dass der Empfänger der Vorteile diese nicht zu versteuern hätte. Insoweit existiert kein Korrespondenzprinzip, wonach die steuerliche Belastung durch Versagung des Abzugs eine weitere steuerliche Belastung beim Empfänger ausschließen würde.[61] Es ist somit in Betriebsprüfungen stets damit zu rechnen, dass im Zusammenhang mit Vorteilszuwendungen zahlreiche Kontrollmitteilungen an die Finanzbehörden erfolgen, die für die Besteuerung der Vorteilsempfänger zuständig sind.

40 Im Kontext von Korruption und Steuerrecht ist jedoch im Rahmen von Leistungsaustauschverhältnissen nicht nur das Abzugsverbot des § 4 Abs. 5 S. 1 Nr. 10 EStG von Bedeutung. Auch wenn ein steuerlicher Betriebsprüfer aufgrund seiner Prüfungshandlungen nicht zu dem Verdacht einer korruptiven Aktivität des Unternehmens bzw. seiner Mitarbeiter gelangt oder sich bei vorläufiger Steuerfestsetzung keine relevante Verurteilung oder Verfahrenseinstellung anschließt, kann der Abzug unter Umständen aus einem anderen Gesichtspunkt, nämlich dem des **Geschenks** (hierzu nachfolgend → Rn. 74 ff.) versagt werden.

c) Abzugsverbote des § 4 Abs. 5 S. 1 Nr. 8 EStG (Geldbußen, Ordnungsgelder, Verwarnungsgelder) und des § 12 Nr. 4 EStG (Geldstrafen, sonstige Rechtsfolgen vermögensrechtlicher Art)

41 Nach der gesetzlichen Regelung des § 4 Abs. 5 S. 1 Nr. 8 EStG sind von einem Gericht oder einer Behörde im Geltungsbereich dieses Gesetzes oder von Organen der Europäischen Gemeinschaften festgesetzte Geldbußen, Ordnungsgelder und Verwarnungsgelder vom Betriebsausgabenabzug ausgeschlossen. Sofern Mitarbeiter pharmazeutischer oder medizintechnologischer Unternehmen wegen Korruptionsdelikten belangt werden, ist hiermit nicht automatisch auch eine Verantwortlichkeit des Unternehmens verbunden, die etwa in die Verhängung einer Geldbuße oder eines Ordnungsgeldes mündet. In der Praxis geht allerdings die strafrechtliche Belangung von Mitarbeitern wegen Korruptionsdelikten gelegentlich damit einher, dass bei dem Unternehmen die **Einziehung** der etwaig aus den rechtswidrigen Taten erlangten **Vermögensvorteile** angeordnet wird. Bei solchen Einzie-

---

[58] Vgl. Ausführungen oben zur Mitteilungspflicht im Fall eingetretener Strafverfolgungsverjährung, Rn. 32.

[59] BMF BStBl. I 2002 S. 1031 Tz. 30.

[60] *Burchert* INF 2003, 260 (264).

[61] BMF-Schreiben betreffend ertragsteuerliche Behandlung des Sponsoring v. 18.2.1998, BStBl. I 1998 S. 212 Tz. 9.

hungsanordnungen auf der Grundlage von §§ 73 ff. StGB[62] ist dann das Abzugsverbot des § 12 Nr. 4 EStG zu untersuchen, wonach bei sonstigen Rechtsfolgen vermögensrechtlicher Art, bei denen der Strafcharakter überwiegt, ebenfalls der Betriebsausgabenabzug ausgeschlossen ist.

Es wird in der Literatur zum Teil problematisiert, ob Einziehungsanordnungen zu den Rechtsfolgen vermögensrechtlicher Art gehören, bei denen der Strafcharakter überwiegt.[63] Die Finanzverwaltung ist jedenfalls zu den alten Regelungen des Verfalls der Auffassung, dass der Verfall von Tatentgelten (§ 73 aF StGB) in erster Linie dem Ausgleich von rechtswidrig erlangten Vermögensvorteilen dient und keinen Strafcharakter hat.[64] In der Praxis dürften Auseinandersetzungen mit der Finanzverwaltung bei Fortbestand der derzeit geltenden Einkommensteuerrichtlinien daher in diesem Punkt ausscheiden. Der BFH hat noch zu § 73 aF StGB entschieden, dass der Strafcharakter des Verfalls auch nach Änderung der Rechtsprechung zur Berechnungsmethode des Verfalls hin zur Bruttomethode nicht überwiegt.[65] Allerdings ergibt sich ein Abzugsverbot im Fall von Korruptionsdelikten bereits aus § 4 Abs. 5 S. 1 Nr. 10 EStG (s. o.). Es ist im Übrigen schwer nachvollziehbar, warum sich die Rechtsprechung unter Umständen einmal anders zu der **Frage des Strafcharakters** einer Verfallsanordnung stellen sollte, weil sich die Berechnungsmethode für die Höhe eines angeordneten Verfalls geändert hat.[66] Nach der nunmehr geltenden Bruttomethode kann es sein, dass große Teile der Einzelkosten oder anteilig zurechenbarer Gemeinkosten bei Berechnung des dem Verfall unterliegenden Vorteils nicht abgezogen werden dürfen. Auch können Vorteile, die sich für das Unternehmen nicht unmittelbar aus einer korruptiven Handlung eines Mitarbeiters ergeben, dem Verfall unterliegen. Dies bedeutet, dass nicht nur der durch eine Vorteilsgewährung gewonnene Auftrag, sondern auch ein sich nur mittelbar ergebender Wettbewerbsvorteil in die Ermittlung der Verfallsumme einbezogen werden kann. Die Art der Ermittlung innerhalb der verfassungsrechtlich zulässigen Grenzen ist jedoch nicht erheblich für die Frage nach dem Strafcharakter einer Verfallsanordnung. Im Übrigen ist auch im Rahmen der Bruttomethode und selbst dann, wenn unter strafrechtlichen Kategorien dem Verfall ein Strafcharakter beizumessen wäre, in steuerlicher Hinsicht das verfassungsrechtliche Prinzip der **Besteuerung nach der wirtschaftlichen Leistungsfähigkeit** zu beachten. Was im Rahmen des strafrechtlichen Verfalls abgeschöpft wird, kann nicht noch zusätzlich der steuerrechtlichen Belastung unterliegen.[67] Mit anderen Worten: Hat das Unternehmen bei voller Abschöpfung eines erlangten Vorteils im Wege der Verfallsanordnung keine Mittel aus dem in Rede stehenden Geschäftsvorfall, die ihm die Entrichtung der Steuer ermöglichen würden, ist es insoweit nicht leistungsfähig. Der dem Verfall unterliegende Betrag, der an die Staatskasse abzuführen ist, bleibt somit eine abziehbare Betriebsausgabe. 42

d) Abzugsverbot des § 4 Abs. 5 S. 1 Nr. 7 EStG (Private Lebensführung, Unangemessenheit)

43 Schließlich ist im Rahmen der einschlägigen Abzugsverbote auch die Vorschrift des § 4 Abs. 5 S. 1 Nr. 7 EStG von Bedeutung. Hiernach sind andere als die in den Nummern 1–6 bezeichneten Aufwendungen, die die **Lebensführung des Steuerpflichtigen** oder anderer Personen berühren, soweit sie nach allgemeiner Verkehrsauffassung als unangemessen anzusetzen sind, ebenfalls nicht abzugsfähig. Mit der Formulierung „andere als die in den

[62] Ersetzung der alten Normen des „Verfalls“ zum 1.7.2017 im Rahmen des Gesetzes zur Reform der strafrechtlichen Vermögensabschöpfung (BGBl. 2017 I S. 872).

[63] Zur neuen Rechtslage *Eser/Schuster* in Schönke/Schröder StGB Vorbemerkungen zu § 73 Rn. 15 ff.; Zusammenfassend zum Meinungsstand zum Verfall *Sedemund* DB 2003, 323 (328).

[64] R 4.13 Abs. 1 Satz 3 EStR.

[65] BFH BStBl. II 2014 S. 684 (692).

[66] Diese Befürchtung äußernd *Sedemund* DB 2003, 328 unter VI.

[67] Für den vergleichbaren Fall des Bußgeldes im Rahmen von § 4 Abs. 5 S. 1 Nr. 8 EStG: BVerfG Beschl. des Ersten Senats v. 23.1.1990, BStBl. II 1990 S. 483 (486); so auch zu § 4 Abs. 5 S. 1 Nr. 10 EStG BFH BStBl. II 2014 S. 684 (692 f.).

Nummern 1 bis 6 bezeichneten Aufwendungen" wird zum Ausdruck gebracht, dass das Abzugsverbot der Nr. 7 nur dann Bedeutung hat, wenn die Aufwendungen des Unternehmens nicht bereits aus dem Gesichtspunkt des Geschenks nicht abziehbar sind. Dieser Gesichtspunkt betrifft damit das Abzugsverbot, das im Rahmen der Kooperationsbeziehungen zwischen Industrie und Ärzten die größte Bedeutung haben dürfte. Liegt also kein Geschenk vor, ist in einem weiteren Schritt zu prüfen, ob die Aufwendungen angemessen waren und die Lebensführung nicht berührt haben.

44 Die Berührung mit der Lebensführung kommt im Rahmen der Geschäftsbeziehungen von Unternehmen der pharmazeutischen und medizintechnologischen Industrie mit medizinischen Einrichtungen und Ärzten vornehmlich dann in Betracht, wenn es um die Aufwendungen für die Unterhaltung, Beköstigung und Beherbergung von Geschäftsfreunden geht (auch → Rn. 82). Im Rahmen der **„Unterhaltung von Geschäftsfreunden"** kann es dann zu einer Berührung mit der Lebensführung kommen, wenn Einladungen besonders unterhaltenden Charakter haben. Einladungen in Nachtbars dürften unzweifelhaft Privatvergnügen mit unterhaltendem Charakter darstellen und somit eine abzugsschädliche Berührung mit der Lebensführung aufweisen. Der Abzug scheidet in diesem Fall unabhängig davon aus, ob sich die Aufwendungen beim Besuch der Nachtbar in bescheidenen Grenzen hielten. Zu einer Angemessenheitsprüfung kommt es hier gar nicht mehr, da bereits der Ort und die Umstände der Unterhaltung des Geschäftsfreundes im Beispielsfall der Nachtbar die betriebliche Veranlassung wohl eher unwahrscheinlich machen kann. Allerdings ist zweifelhaft, ob in anderen Fällen, die stark unterhaltende Elemente beinhalten, wie Theater- oder Opernbesuche mit Geschäftsfreunden, ebenfalls ein schädlicher Zusammenhang mit der Lebensführung anzunehmen ist. Auch wenn während der Aufführungen selten Gespräche geführt werden, die Geschäft oder Betrieb betreffen, bieten sich entsprechende Möglichkeiten am Rande solcher Veranstaltungen. Unzweifelhaft können erfolgreiche geschäftliche Gespräche auch von dem richtigen Rahmen der Begegnung mit Geschäftsfreunden abhängen. Ein generelles Abzugsverbot wird insoweit rechtsdogmatisch und von den wirtschaftlichen Auswirkungen her für bedenklich gehalten.[68]

45 Die Angemessenheit von Aufwendungen nach § 4 Abs. 5 S. 1 Nr. 7 EStG wird von der Finanzverwaltung im Allgemeinen daran gemessen, ob ein ordentlicher und gewissenhafter Geschäftsführer die Aufwendungen angesichts der erwarteten Vorteile ebenfalls auf sich genommen hätte, R 4.10 Abs. 12 „Angemessenheit" EStR. Es gilt somit bei der notwendigen Einzelfallbetrachtung ein Maßstab allgemeiner Verkehrsauffassung. Allerdings sind auch die Größe des Unternehmens, die Höhe des längerfristigen Umsatzes und Gewinns und vor allem die Bedeutung des Repräsentationsaufwandes für den Geschäftserfolg und seine **Üblichkeit in vergleichbaren Betrieben** als Beurteilungskriterien von Bedeutung.[69]

e) Umsatzsteuerliche Aspekte

46 Im Rahmen der Vergabe von Studien können für Unternehmen auch **umsatzsteuerliche** Aspekte zu beachten sein, etwa wenn medizinischen Einrichtungen Geräte zur Durchführung der Studien zur Verfügung gestellt werden, Teile der Zahlungen des Unternehmens einem Abzugsverbot unterfallen oder wenn medizinische Einrichtungen Rechnungen für nicht erbrachte Leistungen ausstellen.

aa) Umsatzsteuer bei tauschähnlichen Umsätzen

47 In umsatzsteuerlicher Hinsicht entsteht bei Leistungsbeziehungen ein besonderes Problem, wenn das Unternehmen für die Erbringung der Studienleistungen nicht nur Geld bezahlt, sondern auch **Gegenstände** hingibt. Oftmals werden von medizinischen Einrichtungen zur Durchführung von Studien bestimmte Diagnose- oder Anwendungsgeräte benötigt, die sie entweder nicht oder nicht in neuester Version besitzen. Zum Teil werden

[68] *Loschelder* in Schmidt EStG § 4 Rn. 601.
[69] BFH NV 1996, 308; 1989, 362.

Geräte ausschließlich für die Dauer der Studiendurchführung vom Unternehmen gestellt oder verbleiben nach Abschluss der Studie endgültig in der medizinischen Einrichtung. Solche Vorgänge sind umsatzsteuerlich dann ohne Folgen, wenn sie als **Beistellung** (auch → Kap. 11 Rn. 157) angesehen werden können. Beistellungen liegen dann vor, wenn das Unternehmen einen Teil des für die Studiendurchführung erforderlichen Materials zur Verfügung stellt; es kann sich auch um andere Beiträge zur Erstellung der Studie handeln, zB Arbeitskräfte. Solche Beistellungen führen umsatzsteuerrechtlich dazu, dass die beigestellten Faktoren aus dem Leistungsaustausch zwischen dem Unternehmen und dem Erbringer der Studienleistung ausscheiden.

Sofern die medizinische Einrichtung das überlassene Gerät jedoch nicht ausschließlich zur Erbringung der Studienleistung nutzt, sondern auch im normalen Klinikbetrieb einsetzen darf oder wenn das Gerät nach Abschluss der Studie dauerhaft in der medizinischen Einrichtung verbleibt, ist nicht (ausschließlich) von einer Beistellung auszugehen. Es handelt sich bei dem überlassenen Gerät oder bei der überlassenen Nutzungsmöglichkeit dann um einen Teil des Entgelts, das neben einer Barvergütung für die Erbringung der Studienleistung gezahlt wird. Ein solcher Vorgang stellt einen **tauschähnlichen Umsatz** iSv § 3 Abs. 12 S. 2 UStG dar. Das Unternehmen hat hierauf Umsatzsteuer abzuführen. Die Bemessungsgrundlage für die Umsatzsteuer ist gem. § 10 Abs. 2 S. 2 UStG der Wert der empfangenen Studienleistung, soweit diese mit der Gerätestellung bezahlt worden ist. Der Wert der anteiligen Studienleistung als Entgelt für die Gerätestellung kann anhand des Werts der hingegebenen Sachleistung schätzungsweise bestimmt werden.[70] Dementsprechend empfängt das Unternehmen nicht nur eine Rechnung der medizinischen Einrichtung über die erbrachte Studienleistung, sondern stellt der medizinischen Einrichtung eine Rechnung aus, in der es umsatzsteuerlich über die gewährte Gerätestellung abrechnet. 48

bb) Vorsteuerabzug bei Abzugsverboten

Kommt es im beschriebenen Fall der Gerätestellung im Zusammenhang mit der Erbringung von Studienleistungen zu der Versagung eines Betriebsausgabenabzugs aus dem Gesichtspunkt des Geschenks, sind zusätzlich die Bestimmungen des § 15 Abs. 1a Nr. 1 UStG und des § 10 Nr. 2 KStG zu beachten. Hiernach sind **Vorsteuerbeträge,** die auf Aufwendungen entfallen, für die das Abzugsverbot des § 4 Abs. 5 S. 1 Nr. 1 EStG gilt, **nicht abziehbar.** Die Abzugsbeschränkung des § 4 Abs. 5 S. 1 Nr. 10 EStG löst hingegen keine Pflicht zur Berichtigung von Vorsteuerbeträgen aus.[71] 49

cc) Vorsteuerabzug bei unzutreffendem Leistungsausweis

In den Fällen, in denen ein Bestochener dem Vorteilsgewährenden eine Rechnung über nicht erbrachte Leistungen stellt oder in der Rechnung einen überhöhten Betrag ausweist, stellt sich die Frage, ob der Empfänger der Rechnung hieraus den **Vorsteuerabzug** geltend machen kann. § 15 Abs. 1 S. 1 Nr. 1 UStG sieht für die Berechtigung zum Abzug der Vorsteuer vor, dass diese gesetzlich geschuldet ist für eine sonstige Leistung, die von einem anderen Unternehmer für sein Unternehmen ausgeführt worden ist. Nach Auffassung der Finanzverwaltung ist bei unzutreffendem Ausweis der erbrachten Leistung nicht davon auszugehen, dass die Umsatzsteuer gesetzlich „für“ sonstige Leistungen im Sinne von § 15 Abs. 1 S. 1 Nr. 1 UStG geschuldet wird. Ein Vorsteuerabzug ist nicht zulässig, soweit der die Rechnung ausstellende Unternehmer die Steuer nach § 14c UStG schuldet, vgl. R 15.2 Abs. 1 Satz 2 UStAE. Bei Aufdeckung einer Korruptionstat läuft somit ein Unternehmer, der eine Rechnung akzeptiert, die einen falschen Leistungsgegenstand oder einen falschen Leistungsumfang ausweist, das Risiko, den Vorsteuerabzug insoweit nicht zu erhalten. Fälle der nachträglichen Berichtigung der Rechnung, die dem Unternehmer sodann den Vorsteuerabzug ermöglichen, dürften in der Praxis die Ausnahme bilden. 50

[70] BFH BStBl. II 1984 S. 686; BFH BStBl. II 1989 S. 210 (211 f.).
[71] Zur Begründung vgl. *Lembeck,* Steuerrecht und Korruptionseindämmung, Rn. 116 ff.

f) Auswirkungen auf medizinische Einrichtungen und Ärzte

51 Die Erbringung von Studienleistungen durch Ärzte oder medizinische Einrichtungen unterliegt im Regelfall der Umsatzsteuer. Umsatzsteuerfrei sind in diesem Zusammenhang allein Leistungen, die in einem **engen Zusammenhang zur ärztlichen Heilbehandlung,** Diagnostik, Befunderhebung oder Pflege kranker und pflegebedürftiger Personen stehen. Die Erbringung von Studienleistungen weist in der Regel einen solch engen Zusammenhang zu einer Heilbehandlung etc nicht auf.

52 Aus Unternehmenssicht sind diese umsatzsteuerlichen Grundsätze bedeutsam, wenn die Vergütungsregelung in den vertraglichen Vereinbarungen über die Erbringung von Studienleistungen keine Bestimmung zur Umsatzsteuer enthält. Sofern die Verträge nicht bestimmen, dass zusätzlich zu der ausgewiesenen Vergütung die gesetzliche Umsatzsteuer von dem Unternehmen geschuldet wird, kann dies dann zu Problemen führen, wenn der Arzt oder die medizinische Einrichtung von der Finanzverwaltung mit Umsatzsteuer belastet wird. In diesem Falle werden die Ärzte oder medizinischen Einrichtungen versuchen, von dem Unternehmen zusätzlich zu dem vereinbarten Entgelt die Umsatzsteuer zu verlangen. Ohne eine vertragliche Vereinbarung haben sie jedoch gegenüber dem Unternehmen **keinen rechtlichen Anspruch** auf Zahlung eines Betrages in Höhe der Umsatzsteuer, da kein Handelsbrauch besteht, wonach Unternehmen generell zusätzlich zu einem vereinbarten Preis auch die Umsatzsteuer an den Vertragspartner zu zahlen haben. Die Unternehmen werden den Wünschen der Ärzte oder medizinischen Einrichtungen in der Regel aber nachkommen, wenn diese eine Rechnung mit Ausweis von Umsatzsteuer erteilen und den Unternehmen der Vorsteuerabzug hieraus im konkreten Fall auch noch möglich ist.

2. Berater- und Referentenverträge

53 Beraterverträge sind solche Verträge, die von Unternehmen mit Ärzten oder medizinischen Einrichtungen abgeschlossen werden, um Beratungsleistungen für das Unternehmen zu erhalten. Bei Referentenverträgen bezieht sich die Leistung darauf, dass der Arzt oder die medizinische Einrichtung sich verpflichtet, einen Vortrag für ein Unternehmen zu halten. Die steuerlichen Risiken, die solche Verträge im Hinblick auf die Abzugsfähigkeit der gezahlten Honorare mit sich bringen, ähneln denen, die unter → Rn. 6ff. im Zusammenhang mit Studienverträgen dargestellt sind. In ertragsteuerlicher Hinsicht kommt es für die Abzugsfähigkeit der gezahlten Beratungs- oder Referentenhonorare besonders auf den **Nachweis** an, dass die erbrachten **Beratungs- oder Referentenleistungen werthaltig** waren. Gerade Beratungsleistungen werden oft mündlich oder telefonisch erbracht. Dem Vorhalt der Betriebsprüfungen, dass Leistungen nicht oder nur in sehr geringem Umfang erbracht worden seien, kann nur durch eine möglichst detailgenaue Dokumentation begegnet werden. Dementsprechend ist es ratsam, empfangene Beratungsleistungen schriftlich unter Angabe des Zeitpunkts fest zu halten. Es kann sich auch empfehlen, dem Berater entsprechende Berichts- und Dokumentationspflichten aufzuerlegen. Zum Beispiel kann vereinbart werden, dass der beratende Arzt bei turnusmäßiger Rechnungsstellung die erbrachten Beratungsleistungen nach Zeitpunkt und Inhalt auflistet.

54 In umsatzsteuerlicher Hinsicht ist zu berücksichtigen, dass Referenten- oder Beratertätigkeiten von Ärzten oder medizinischen Einrichtungen **in der Regel der Umsatzsteuer** unterliegen. Die Umsatzsteuerpflicht der Leistungen sollte bereits bei Abfassung der vertraglichen Vereinbarungen thematisiert und gegebenenfalls geregelt werden, damit Ärzte die Umsatzsteuer nicht später von den Unternehmen nachfordern. Sofern Ärzte betroffen sind, stellt sich die Frage, ob sie Umsatzsteuer auf die erbrachten Leistungen an das Finanzamt abzuführen haben, dann nicht, wenn sie **Kleinunternehmer** im Sinne des Umsatzsteuergesetzes sind. Gemäß § 19 Abs. 1 UStG wird die Finanzverwaltung von dem Arzt Umsatzsteuer nicht erheben, wenn der Umsatz im vorangegangenen Kalenderjahr 17 500 Euro nicht überstiegen hat und im laufenden Kalenderjahr 50 000 Euro voraussichtlich nicht übersteigen wird.

3. Sponsoringverträge

55 Im Kontext der Kooperation von Unternehmen mit medizinischen Einrichtungen und Ärzten wird der **Begriff des Sponsoring**[72] nicht einheitlich verwandt. Sponsoring wird vielfach so verstanden, dass ein Unternehmen einseitig Zuwendungen tätigt, um die Kunst- und Kulturlandschaft, den Sport, die Wissenschaft oder gesellschaftliche Einrichtungen selbstlos bzw. gemeinnützig zu fördern. In steuerrechtlichen Kategorien sind jedoch von gemeinnützigem Streben getragene Förderungen oder Zuwendungen nicht mit Sponsoring, sondern mit den Kategorien Spenden und Geschenke assoziiert. Bei Spenden und Geschenken sind die Möglichkeiten des Betriebsausgabenabzugs anders als beim Sponsoring indessen stark eingeschränkt.

56 Bei **echtem Sponsoring** ist für das Unternehmen ein **uneingeschränkter Betriebsausgabenabzug** möglich. Daher kommt es entscheidend darauf an, Aufwendungen für Sponsoring klar von Geschenken und Spenden abzugrenzen. Diese klare Abgrenzung kommt in der Definition der Finanzverwaltung für das Sponsoring zum Ausdruck. Unter Sponsoring wird danach üblicherweise die Gewährung von Geld oder geldwerten Vorteilen durch Unternehmen verstanden, mit der regelmäßig auch eigene unternehmensbezogene Ziele der Werbung oder Öffentlichkeitsarbeit verfolgt werden.[73] Leistungen eines Sponsors, hier also des Unternehmens, beruhen häufig auf einer vertraglichen Vereinbarung zwischen dem Sponsor und dem Empfänger der Leistungen (Sponsoringverträge), in der Art und Umfang der Leistung des Sponsors und des Empfängers geregelt sind. Zwar werden in dieser Definition auch das Allgemeininteresse und die gesellschaftspolitische Bedeutung von Sponsoring angesprochen, doch wird für die steuerliche Anerkennung des Betriebsausgabenabzugs beim Sponsor maßgeblich auf die Motivation der Aufwendung[74] und daneben auf den Leistungsaustausch abgestellt.

57 Der Leistungsaustausch beinhaltet zunächst, dass das Unternehmen in der Regel einen Geldbetrag an die medizinische Einrichtung entrichtet. Die medizinische Einrichtung erbringt hierfür im Gegenzug eine Leistung, die darin bestehen kann, dass sie bei der Durchführung von Fortbildungsveranstaltungen, Tagungen und Kongressen in den Einladungen, Veranstaltungshinweisen oder den Veranstaltungsräumen auf das sponsernde Unternehmen **werbewirksam hinweist.** Am Rande von Veranstaltungen der medizinischen Einrichtungen kommt es als Gegenleistung auch in Betracht, dass es die medizinische Einrichtung dem Unternehmen gestattet, Stände aufzubauen und Plakate aufzuhängen. Als Mitwirkung der medizinischen Einrichtungen kommt auch ein Hinweis bei der Begrüßung oder bei der Eröffnung der einzelnen Veranstaltungen auf den Beitrag des Unternehmens zum Gelingen der Veranstaltung in Betracht.

58 Gegenleistungen der medizinischen Einrichtungen können jedoch auch **unabhängig von Veranstaltungen** erfolgen. So kann sich zB die medizinische Einrichtung verpflichten, einzelne Räume oder Gebäudeteile nach dem Namen des Sponsors zu benennen. Die Tauglichkeit einer solchen Verpflichtung als zulässige Sponsoringmaßnahme ist finanzgerichtlich im Zusammenhang mit einem Automobilhersteller entschieden worden. Diesem gegenüber war die gesponserte Einrichtung verpflichtet, einen Gebäudeteil als „BMW-Saal" zu bezeichnen. Ferner kommt auch die zeitlich länger andauernde Gestattung einer medizinischen Einrichtung in Betracht, etwa im Eingangsbereich einer Klinik Ausstellungsvitrinen zu platzieren und Werbetafeln anzubringen.

59 Je ausgeprägter die **Gegenleistungsverpflichtung der medizinischen Einrichtung** ist, umso größer sind die Chancen für das Unternehmen, seine Sponsoringaufwendungen steuerlich als Betriebsausgaben geltend machen zu können. Fraglich ist allerdings, in welchem Verhältnis die vom Unternehmen aufgewendeten Beträge zum Wert der erbrachten

---

[72] Vgl. hierzu das Merkblatt des DWS Verlages: Sponsoring – steuerlich optimal gestalten, Merkblatt 11, Stand 11/2018, Nr. 1611, S. 2.

[73] AEAO zu § 64 Abs. 1, Nr. 8.

[74] Vgl. BFH NV 2011, 792; Vgl. FG Rheinland-Pfalz EFG 2017, 1876.

Leistungen des Sponsoring-Partners stehen müssen. Grundsätzlich kommt es für die Berücksichtigung der Aufwendungen als Betriebsausgaben nicht darauf an, ob die Leistungen notwendig, üblich oder zweckmäßig sind. Nach Auffassung der Finanzverwaltung ist allerdings bei einem **krassen Missverhältnis** zwischen den Leistungen des Sponsors und dem erstrebten wirtschaftlichen Vorteil der Betriebsausgabenabzug zu versagen.[75] Definitionen, was ein krasses Missverhältnis bedeutet, sind dem einschlägigen BMF-Schreiben nicht zu entnehmen. Aus Vorsichtsgründen ist den Unternehmen anzuraten, den angestrebten wirtschaftlichen Vorteil in möglichst substantiierter Form zu dokumentieren. Da sich zur Durchführung von Sponsoringmaßnahmen regelmäßig ein schriftlicher Vertrag empfiehlt, sollte dieser auch klar zum Ausdruck bringen, welche Art von Veranstaltung betroffen ist und aus welchem Grund und aufgrund welcher Begleitumstände das Unternehmen eine Werbe- oder Imagewirkung für sich erwartet. In dem Vertrag sollte ferner klar dokumentiert sein, welche Leistungen die medizinische Einrichtung im Detail zu erbringen hat.

60 Die Finanzverwaltung stellt im Zusammenhang mit dem von dem Sponsoringunternehmen angestrebten wirtschaftlichen Vorteil auch darauf ab, ob die **imagefördernden Maßnahmen** in seine Öffentlichkeitsarbeit eingebunden sind.[76] Aus diesem Grund kann es hilfreich sein, Sponsoringmaßnahmen in das Gesamtkonzept der Öffentlichkeitsarbeit des Unternehmens zu integrieren und hierzu die entsprechenden Erwägungen und Motive für steuerliche Nachweiszwecke zu dokumentieren.

61 Sofern Unternehmen Sponsoringverträge im vorbezeichneten Sinne mit medizinischen Einrichtungen abschließen, bestehen sie oftmals aus den dargelegten steuerlichen Gründen auf einer möglichst ausgeprägten Gegenleistung der medizinischen Einrichtung. Diesem Wunsch wird auf Seiten der medizinischen Einrichtung ebenfalls aus steuerlichen Gründen oftmals nicht gerne entsprochen, wenn es sich bei den medizinischen Einrichtungen um steuerbegünstigte Körperschaften handelt. **Krankenhäuser in öffentlicher Trägerschaft** sind steuerlich in **unterschiedliche Sphären** aufgeteilt. Sofern sie im Rahmen ihres eigentlichen Krankenhausbetriebs handeln, dh diagnostische und heilbehandliche Tätigkeiten durchführen, sind sie als Zweckbetrieb steuerbegünstigt. Daneben besitzen Krankenhäuser einen steuerbegünstigten ideellen Bereich und den steuerbegünstigten Bereich der Vermögensverwaltung. Sie können aber auch Aktivitäten entfalten, die im Rahmen wirtschaftlicher Geschäftsbetriebe zu einer **partiellen Steuerpflicht** führen. Im Zusammenhang mit Gegenleistungen, die medizinische Einrichtungen im Rahmen von Sponsoringverträgen erbringen, kann eine solche partielle Steuerpflicht entstehen. Dies ist insbesondere dann der Fall, wenn die medizinische Einrichtung an Werbemaßnahmen mitwirkt.[77] Dieses **steuerschädliche „Mitwirken“** liegt dann nicht vor, wenn die medizinische Einrichtung auf Plakaten, Veranstaltungshinweisen, in Ausstellungskatalogen oder in anderer Weise auf die Unterstützung durch einen Sponsor lediglich hinweist. Je aktiver die medizinische Einrichtung jedoch werbend für ein Unternehmen tätig wird und je stärker der Hinweis auf den Sponsor hervorgehoben wird, desto größer ist die Gefahr, dass sie insoweit steuerpflichtig wird. Im Einzelfall sind von der medizinischen Einrichtung rechtlich und tatsächlich schwierige Abgrenzungsentscheidungen zu treffen.[78] Abb. 16 fasst die Eingruppierungsmöglichkeiten für die verschiedenen Formen der Leistungsvereinnahmung vereinfachend wie folgt zusammen:

---

[75] BMF-Schreiben betr. ertragsteuerliche Behandlung von Sponsoring v. 18.2.1998, BStBl. I 1998 S. 212 Tz. 5.

[76] BMF-Schreiben betr. ertragsteuerliche Behandlung von Sponsoring v. 18.2.1998, BStBl. I 1998 S. 212 Tz. 3.

[77] BMF-Schreiben betr. ertragsteuerliche Behandlung von Sponsoring v. 18.2.1998, BStBl. I 1998 S. 212 Tz. 9; mit weiteren Beispielen *Engelsing/Rohde* NWB 2004, 1373.

[78] *Mueller-Thuns* S. 124; *von Bechtolsheim* NJOZ 2009, 2557, mit einem Vorschlag eines Drei-Stufen-Modells für die Ausfüllung des Begriffs des steuerschädlichen Mitwirkens.

		Wirtschaftlicher Geschäftsbetrieb (GB)	
Ideeller Bereich	Vermögensverwaltung	Zweckbetrieb	Steuerpflichtiger wirtschaftlicher GB
Verwirklichung der Satzungszwecke	Überlassung von Vermögen an Dritte gegen Entgelt	Einnahmeerzielung, durch die unmittelbar Satzungszwecke verwirklicht werden	nur Überschüsse dienen der Finanzierung der Satzungszwecke
keine GewSt/KSt		GewSt/KSt	
Keine USt	regelmäßig 7 % USt (echte Krankenhausleistungen umsatzsteuerfrei)		regelmäßig 19 % USt

Abb. 15: Die unterschiedlichen steuerlichen Sphären steuerbegünstigter medizinischer Einrichtungen

Die in Abb. 15 erwähnte Umsatzsteuerpflicht folgt im Grundsatz ertragsteuerlichen Kategorien. Bloße passive Duldungsleistungen stellen dagegen keine Leistungen im Rahmen eines Leistungsaustausches dar.[79] Insofern ist den Unternehmen ein Vorsteuerabzug verwehrt, als die Sponsoringeinnahmen bei der medizinischen Einrichtung nicht der Umsatzsteuer unterliegen.[80] Die von Unternehmen als nachteilig empfundene Zurückhaltung mancher medizinischer Einrichtungen im Zusammenhang mit Leistungsaustauschverhältnissen, wie etwa dem echten Sponsoring, ist im Ergebnis durchaus erklärbar. Größere medizinische Einrichtungen verfügen jedoch neben ihren **steuerbegünstigten Zweckbetrieben** über **steuerpflichtige wirtschaftliche Geschäftsbetriebe,** um bereits von ihrer Struktur her auch Finanzierungsquellen im Zusammenhang mit dem Sponsoring besser erschließen zu können. 62

II. Einseitige Leistungen

Im Gegensatz zum vorstehend erläuterten Leistungsaustausch sind einseitige Leistungen solche Leistungen der Unternehmen, denen **keine Gegenleistung** der medizinischen Einrichtungen oder Ärzte gegenübersteht. Einseitige Leistungen sind unter Umständen nicht nur mit einem erhöhten strafrechtlichen Risiko (Korruptionsdelikte etc) behaftet, sondern sind auch steuerlich einem gesteigerten Risiko ausgesetzt. Spenden, Geschenke und Bewirtungen sind entweder nur eingeschränkt oder gar nicht abziehbar und bedürfen deshalb besonderer Aufmerksamkeit. 63

1. Spenden

Allen Spenden ist zu eigen, dass sie nur **beschränkt abziehbar** sind. Ist der Spender ein Unternehmen in der Rechtsform der Körperschaft, besteht eine Höchstbetragsregelung dergestalt, dass der Abzug nach § 9 Abs. 1 Nr. 2 S. 1 KStG auf: 64
- 20 % des Einkommens oder
- 4 ‰ der Summe der gesamten Umsätze und der im Kalenderjahr aufgewendeten Löhne und Gehälter beschränkt ist.

a) Spendenbegriff

Das Gesetz definiert den Begriff der Spende nicht. Nach der Rechtsprechung sind Spenden Zuwendungen, die freiwillig oder aufgrund einer freiwillig eingegangenen Rechts- 65

[79] BMF DStR 2012, 2339; dasselbe gilt spiegelbildlich, wenn der Unternehmer auf seine Unterstützung ohne besondere Hervorhebung lediglich hinweist, BMF DStR 2014, 1555. Wenn die medizinische Einrichtung jedoch eine über den Duldungsbegriff hinausgehende Werbeaktivität zugunsten des Sponsors entfaltet, unterliegt die Leistung der Umsatzsteuer.

[80] Merkblatt des DWSVerlages: Sponsoring – steuerlich optimal gestalten, Merkblatt 11, Stand 11/2018, Nr. 1611, S. 8.

pflicht geleistet werden, kein Entgelt für eine bestimmte Leistung des Empfängers darstellen und nicht in einem tatsächlichen wirtschaftlichen Zusammenhang mit den Leistungen des Zuwendenden stehen; ferne muss die Verfolgung steuerbegünstigter Zwecke **uneigennützig** zur Förderung bestimmter, im Allgemeininteresse liegender Zwecke erfolgen.[81] Die altruistischen Motive des Zuwendenden müssen aus den äußeren Umständen erkennbar sein.[82]

66 Dieser allgemeinen Definition ist zu entnehmen, dass stets die **fremdnützige Motivation** des Spenders im Vordergrund steht. Die Tätigkeit eines pharmazeutischen oder medizintechnologischen Unternehmens ist in der Regel vorwiegend auf die Erzielung eines Gewinns ausgerichtet. Mit einer Spende soll demgegenüber kein eigener wirtschaftlicher Vorteil erzielt werden. Wendet beispielsweise ein Unternehmen einem Universitätslabor eine neue Einrichtung zu, will es sich aber im Gegenzug den guten Ruf der Fakultät zu eigen machen, indem es sich werbewirksam als Ausrüster der Universität präsentiert, ist die Grenze der uneigennützigen Zuwendung überschritten.[83] Die Motivation, eine Spende leisten zu wollen, wird nach der Rechtsprechung an äußerlichen, objektiven Umständen festgemacht. Ein Spendenabzug wird somit insbesondere dann abzulehnen sein, wenn der objektiv erkennbare äußere Geschehensablauf gegen eine selbstlose Zuwendung durch den Spender spricht. Auch eine missbräuchliche Gestaltung eines Leistungsentgelts als Spende kann den Spendenabzug ausschließen.[84] Bei zweckgebundenen Spenden entfällt die Unentgeltlichkeit aber nicht schon deshalb, weil der Spender sich nur gewisse immaterielle Vorteile, wie zB eine **Ansehensmehrung** erhofft.

67 Dem entsprechend **scheitert der Spendenabzug** regelmäßig dann, wenn die medizinische Einrichtung eine **Gegenleistung** erbringt, beispielsweise durch Überlassung einer Standfläche im Rahmen eines von ihr ausgerichteten Kongresses. Überlässt die medizinische Einrichtung diese Standfläche an das Unternehmen und zahlt das Unternehmen hierfür einen Geldbetrag, kann und darf die medizinische Einrichtung über den empfangenen Geldbetrag keine Spendenquittung ausstellen. Angesichts der von der medizinischen Einrichtung erbrachten Gegenleistung (Vermietungsleistung, Sponsoringleistung) empfiehlt sich in solchen Fällen der Abschluss eines Vertrags mit Ausweis von Leistung und Gegenleistung. Bei einer teilweisen Gegenleistung fehlt der Zuwendung insgesamt die notwendige Uneigennützigkeit. Aus diesem Grunde kommt die Aufteilung der Zahlung in einen entgeltlichen und einen unentgeltlichen (Spenden-)Teil nicht in Betracht.[85]

68 Der Empfänger der Spende muss stets eine inländische juristische Person des öffentlichen Rechts, eine inländische öffentliche Dienststelle oder eine steuerbefreite Körperschaft oder Personenvereinigung sein.[86] Im Zusammenhang mit Krankenhäusern ist auf § 67 AO hinzuweisen. Danach dienen Krankenhäuser dann gemeinnützigen oder mildtätigen Zwecken, wenn sie in den Anwendungsbereich der Bundespflegesatzverordnung fallen und mindestens 40% der jährlichen Pflegetage auf Patienten entfallen, bei denen nur Entgelte für allgemeine Krankenhausleistungen berechnet werden. Es ist somit **ausgeschlossen**, dass **natürliche Personen,** beispielsweise niedergelassene oder angestellte Ärzte, Empfänger von Spenden sein können. Ebenfalls ist es unzulässig, einem gemeinnützigen Krankenhaus einen Geldbetrag unter der Auflage zu spenden, diesen an einen bestimmten Arzt für dessen Fort- und Weiterbildung zu verwenden.

69 Allgemein zulässig sind aber **Zweckspenden,** dh Zuwendungen, bei denen ein sachlicher Verwendungszweck bestimmt wird, sofern der vorbestimmte Verwendungszweck selbst

---

[81] BFH BStBl. II 1991 S. 258 (259); BStBl. II 1988 S. 220.
[82] BFH BStBl. II 1990 S. 237 (238).
[83] *Kirchof* in Tröger/Taupitz S. 248.
[84] BFH BStBl. II 2000 S. 65; FG Düsseldorf DStRE 2000, 630 mwN.
[85] BFH BStBl. II 2007 S. 8.
[86] § 5 Abs. 1 Nr. 9 KStG, § 10b Abs. 1 EStG.

steuer- bzw. satzungsgemäß begünstigt ist.[87] Denn der begünstigte Empfänger einer Spende kann deren tatsächliche Verwendung im Rahmen seiner steuerbegünstigten Zwecke unabhängig davon sicherstellen, ob er den genauen Einsatz der Spende selbst bestimmt oder einer Vorgabe des Spenders folgt. Er ist frei, eine zweckgebundene Spende anzunehmen oder nicht. Bei ihm verbleiben das Letztentscheidungsrecht darüber und die Verantwortung dafür, ob und wie er im konkreten Einzelfall seine steuerbegünstigten Zwecke fördern möchte. Zulässig ist hiernach eine Spende an ein gemeinnütziges Krankenhaus mit der Auflage, die Spende zum Aufbau einer bestimmten Abteilung zu verwenden. Zulässig ist es auch, eine Spende mit der Zweckbestimmung zu versehen, dass der gespendete Betrag zur Fort- und Weiterbildung des medizinischen Personals verwendet wird. Es ist in diesem Zusammenhang stets darauf zu achten, dass die Angabe des Zwecks nicht so eng gefasst wird, dass eine bestimmte natürliche Person als Empfänger der Zuwendung individualisierbar ist.[88] Eine Zweckbestimmung, die vorsieht, dass die Fort- und Weiterbildung beispielsweise der Leitung der kardiologischen Abteilung eines Krankenhauses zu Gute kommen soll, wäre insoweit schädlich. Steht die Gewährung (auch teilweise) im Zusammenhang mit einer Gegenleistung des Spendenempfängers oder ist eine natürliche Person unmittelbar als Begünstigter zu identifizieren, so kann sich das Unternehmen auch nicht auf eine Zuwendungsbestätigung gem. § 50 Abs. 1 EStDV (auch Spendenbestätigung oder Spendenquittung genannt) der medizinischen Einrichtung verlassen. Zwar kann der Spender grundsätzlich auf die **Richtigkeit der Spendenbestätigung** vertrauen.[89] Dies gilt aber dann nicht, wenn die Bestätigung durch unlautere Mittel oder falsche Angaben erwirkt wurde oder dem spendenden Unternehmen die Unrichtigkeit der Spendenquittung bekannt oder infolge grober Fahrlässigkeit nicht bekannt war.

b) Sachspenden

Spenden können Geld- oder Sachspenden sein. Nutzungen und Leistungen können keine abziehbaren Spenden sein, soweit sie nicht mit einer **Wertabgabe** aus dem geldwerten Vermögen des Zuwendenden verbunden sind.[90] Dementsprechend sind Vermögensminderungen, die durch zeitlichen Aufwand oder Verwendung von Arbeitskraft entstehen oder Vermögensminderungen, die lediglich durch die Nutzung eines Wirtschaftsguts verursacht sind, grundsätzlich vom Spendenabzug ausgeschlossen.[91] **70**

Unproblematisch ist die Zuwendung von **medizinischen Geräten** als Sachspende. Aus Unternehmenssicht kann insbesondere die Spende von solchen Geräten vorteilhaft sein, die bereits von dem Unternehmen abgeschrieben bzw. teilweise abgeschrieben wurden. Gemäß § 6 Abs. 1 Nr. 4 S. 5 EStG können nämlich Sachspenden an körperschaftsteuerbefreite Körperschaften und an juristische Personen des öffentlichen Rechts zur Verwendung eines steuerbegünstigten Zwecks mit dem Buchwert angesetzt werden. Dieses **Buchwertprivileg** führt somit dazu, dass für das Unternehmen Spendenaufwand nur in Höhe des Restbuchwerts des zugewendeten Gegenstands entsteht. Dementsprechend ist der Restbuchwert dem Spendenempfänger mitzuteilen, damit dieser die entsprechende Zuwendungsbestätigung in zutreffender Höhe ausstellen kann. Unschädlich ist es, wenn ein Krankenhaus als Empfänger einer Sachspende das medizinische Gerät alsbald wiederveräußert und hierbei einen weit höheren Betrag als den Restbuchwert erzielt. Es ist nämlich gerade Sinn und Zweck des Buchwertprivilegs, dem Zuwendenden eine steuerneutrale Übertragung zu ermöglichen, damit gemeinnützigen Einrichtungen mehr Kapital zur Stärkung ihrer wirtschaftlichen Grundlage zugewendet wird.[92] **71**

---

87 BFH DStR 2021, 2231; *Tiedtke* BB 1985, 985.

88 R. 10b.1 Abs. 1 Satz 2 EStR.

89 § 10b Abs. 4 EStG, § 9 Abs. 3 KStG.

90 § 10b Abs. 3 S. 1 EStG, § 9 Abs. 2 S. 2 KStG.

91 *Kießling/Buchna* S. 280.

92 *Hüttemann* DB 2008, 1590 (1593).

72 Bei **Sachspenden** aus dem Betriebsvermögen ist aber darauf zu achten, dass diese eine **Umsatzsteuerpflicht** des Unternehmens auslösen können. Gemäß § 3 Abs. 1b Nr. 3 UStG steht eine solche Sachspende der Lieferung gegen Entgelt gleich. Somit fällt Umsatzsteuer an. Die Bemessungsgrundlage ist gem. § 10 Abs. 4 Nr. 1 UStG der Wiederbeschaffungspreis oder die Selbstkosten. Dementsprechend ist die Bemessungsgrundlage für die Umsatzsteuer in der Regel höher als der ertragsteuerliche Restbuchwert des gespendeten Gegenstands. Die Finanzverwaltung lässt die so ermittelte Umsatzsteuer als zusätzliche Spende zu.[93] Auch wenn somit durch das Buchwertprivileg der Spendenaufwand für das Unternehmen geringer bleibt und die Höchstbeträge nicht in gleichem Maße ausgeschöpft werden wie bei einer Geldspende, wird der Spendenaufwand somit durch die an die Finanzverwaltung abzuführende Umsatzsteuer wieder leicht erhöht. Der Vorteil aus dem Buchwertprivileg einer Sachspende ist insoweit zumindest teilweise relativiert.

c) Aufwandsspenden

73 Sofern Gegenstände oder Geräte nicht als Sachspende an eine medizinische Einrichtung übereignet werden, stellt sich die Frage, ob eine Sachspende auch dann anzunehmen ist, wenn die medizinische Einrichtung den Gegenstand nur **leihweise** erhält. Grundsätzlich kann – wie dargestellt – eigener Aufwand des Unternehmens nicht gespendet werden. Das Gesetz macht jedoch dann eine Ausnahme, wenn der Spender auf den Ersatz von entstandenen Aufwendungen verzichtet.[94] Nach dem Wortlaut des Gesetzes darf der **Anspruch auf Aufwendungsersatz** aber nicht unter der Bedingung eingeräumt werden, dass später auf ihn verzichtet wird. Dies bedeutet, dass für eine Aufwandsspende stets ein Anspruch auf die Erstattung der Aufwendungen – im vorliegenden Kontext durch Vertrag – entstanden sein muss, auf den später freiwillig und mit der erforderlichen Spendenmotivation verzichtet wird. Gestaltungen, die diesen Geschehensablauf bereits vorwegnehmen, sind unzulässig. Der Aufwendungsersatzanspruch muss im Übrigen auch der Höhe nach angemessen sein.

2. Geschenke (Abzugsverbot des § 4 Abs. 5 S. 1 Nr. 1 EStG)

74 Unternehmen wenden medizinischen Einrichtungen und Ärzten in der Praxis Geschenke in verschiedenen Erscheinungsformen zu. Zumeist handelt es sich hierbei um Gegenstände, wie zB Werbeartikel, Gaben zu besonderen Anlässen (etwa Blumensträuße zur Ernennung zum Chefarzt) oder Gegenstände des Praxisbedarfs etc. Geschenke sind in der Praxis zuweilen aber auch in Form **medizinischer Großgeräte oder von Sachleistungen** an medizinische Einrichtungen in Form von Personalüberlassungen oder Fortbildungsveranstaltungen anzutreffen. Wie bereits ausgeführt (vgl. → Rn. 8 f.) sind Geschenke dadurch geprägt, dass es sich um unentgeltliche Zuwendungen handelt, die aus Sicht beider Beteiligten nicht als Gegenleistung für bestimmte Leistungen des Empfängers erbracht werden und nicht in unmittelbarem zeitlichen oder wirtschaftlichen Zusammenhang mit solchen Leistungen stehen. Diese Definition deckt sich zu einem großen Teil mit dem Spendenbegriff. Dementsprechend ist hier zunächst eine **Abgrenzung des Geschenks zur Spende** vorzunehmen. Maßgebliches Unterscheidungskriterium ist insofern die Uneigennützigkeit. Die Spende ist dadurch charakterisiert, dass sie aus altruistischen Motiven ohne eigenen Nutzen geleistet wird. Sofern die Uneigennützigkeit einer unentgeltlichen Zuwendung nicht vorliegt, ist von einem Geschenk auszugehen.[95]

75 Sämtliche vorstehend erwähnten Beispiele unentgeltlicher Zuwendungen sind daher unter dem Gesichtspunkt des § 4 Abs. 5 S. 1 Nr. 1 EStG zu prüfen. Hiernach sind Be-

[93] R 10 b.1 Abs. 1 Satz 4 EStR.

[94] § 10b Abs. 3 S. 4 und 5 EStG, § 9 Abs. 2 S. 4 und 5 KStG.

[95] *Geserich* in Kirchhof/Söhn/*Mellinghof* § 10b EStG A 72 mwN.

triebsausgaben bei der steuerlichen Gewinnermittlung dann nicht abzugsfähig, wenn es sich um Geschenke an Personen handelt, die nicht Arbeitnehmer des Steuerpflichtigen sind und wenn der Wert der einem Empfänger im Wirtschaftsjahr zugewendeten Gegenstände 35 EUR überschreitet. Unzweifelhaft greift dieses Abzugsverbot, wenn von Unternehmen Geldgeschenke gemacht werden. Werden jedoch Gegenstände geschenkt, hängt die Abzugsfähigkeit davon ab, um welche Gegenstände es sich im Einzelnen handelt. Nach dem Sinn und Zweck des § 4 Abs. 5 S. 1 Nr. 1 EStG besteht kein Abzugsverbot für Zuwendungen, die die private Lebensführung des Geschenkempfängers nicht berühren oder bei denen ein Missbrauch des Betriebsausgabenabzugs von vornherein ausgeschlossen ist.[96] Die **teleologische Reduktion** von § 4 Abs. 5 S. 1 Nr. 1 EStG erfolgt insbesondere im Zusammenhang mit Gegenständen, die ausschließlich zur Verwendung im Betrieb des Empfängers bestimmt und geeignet sind.[97] Die Finanzverwaltung hat in einer früheren Verfügung beispielsweise als ausschließlich betrieblich nutzbare Gegenstände Ärztemuster, Blutdruckmessgeräte, medizinische Fachbücher, Notfallkoffer und Rezeptblöcke etc eingestuft.[98] Betragsmäßig ist der Betriebsausgabenabzug für die genannten schenkweise zugewendeten Gegenstände grundsätzlich nicht beschränkt. Entscheidend ist allein die Bestimmung der Gegenstände für die Verwendung im Betrieb des Empfängers und deren ausschließliche **Geeignetheit für die betriebliche Nutzung.** Unter das Abzugsverbot für Geschenke fallen somit Gegenstände, die auch privaten Zwecken dienen können. Hierzu gehören zB Mobiltelefone, die zwar der Rufbereitschaft eines Arztes dienen können, aber eben auch für private Gespräche nutzbar sind. Medizinische Geräte, die ausschließlich im medizinischen Betrieb eingesetzt werden können, wie zB Programmiereinheiten für Herzschrittmacher oder Ultraschallgeräte etc, sind einer privaten Nutzung grundsätzlich nicht zugänglich. Daher ist bei deren unentgeltlicher Zuwendung von einer Abzugsfähigkeit der entsprechenden Aufwendungen auszugehen, wenn die Zuwendung nicht – wie im Regelfall – bereits Nebenleistung im Rahmen eines Leistungsaustauschs ist. Auf die Besonderheit unentgeltlicher Zuwendungen zur Förderung der Teilnahme von Ärzten an Fortbildungsveranstaltungen wird nachfolgend gesondert eingegangen (vgl. → Rn. 76ff.).

Abzugrenzen sind weiterhin sogenannte **Schmiergeschenke** von **Schmiergeldzahlungen** bzw. **Bestechungsgeldern.**[99] Sobald eine konkrete Gegenleistung für die Zuwendung verlangt wird, etwa ein bestimmter Geschäftsabschluss, fehlt es an der für § 4 Abs. 5 S. 1 Nr. 1 EStG erforderlichen Unentgeltlichkeit und es handelt sich um Schmiergeldzahlungen, bei denen § 4 Abs. 5 S. 1 Nr. 10 EStG zu prüfen ist.[100] Dagegen stellt die allgemeine Absicht der Förderung von Geschäftstätigkeiten, wie die Sicherung oder Verbesserung von Geschäftsbeziehungen oder Werbung für ein Erzeugnis, ohne Aussicht auf konkrete Geschäftsabschlüsse oder sonstige Gegenleistungen ein unentgeltliches Geschenk dar.[101] Beispielsweise die unentgeltliche Überlassung von Blutzuckermessgerätetests samt Probe-Teststreifen an Ärzte durch den Hersteller zur Vermarktung der ausschließlich über den Hersteller beziehbaren Teststreifen ist daher nicht als Geschenk einzuordnen.[102] Jedoch greift, sofern der Tatbestand eines Korruptionsdelikts verwirklicht ist, § 4 Abs. 5 S. 1 Nr. 10 EStG (vgl. → Rn. 16ff.). 75a

[96] *Stapperfend* in Herrmann/Heuer/Raupach EStG § 4 Rn. 1145.

[97] R 4.10 Abs. 2–4 EStR; *Stapperfend* in Herrmann/Heuer/Raupach EStG § 4 Rn. 1145 mwN zu Literatur und Rechtsprechung.

[98] BMF BB 1981, 1383; OFD Münster FR 1989, 314f. (außer Kraft).

[99] *Nacke* in Littmann/Bitz/Pust §§ 4, 5 Rn. 1670.

[100] *Nacke* in Littmann/Bitz/Pust §§ 4, 5 Rn. 1670.

[101] BFH DStRE 2011, 74; R 4.10 Abs. 4 Satz 3 EStR; *Nacke* in Littmann/Bitz/Pust §§ 4, 5 Rn. 1670.

[102] *Nacke* in Littmann/Bitz/Pust §§ 4, 5 Rn. 1670; anders zur Umsatzsteuer BFH BStBl. II 2013 S. 412, der ein umsatzsteuerpflichtiges Geschenk iSv § 3 Abs. 1b S. 1 Nr. 3 UStG bejaht.

III. Ertragsteuerliche Folgen der Förderung medizinischer Fortbildungsveranstaltungen durch die Industrie

76 Vielfach fördern Unternehmen der pharmazeutischen und medizintechnologischen Industrie die Teilnahme von niedergelassenen Ärzten und Klinikärzten an Fortbildungsveranstaltungen wie zB Kongressen, Fachtagungen, Praxisworkshops etc. In diesem Zusammenhang stellt sich die Frage, ob und in welcher Weise sich für die fördernden Unternehmen und die teilnehmenden Ärzte ertragsteuerliche Folgen ergeben können. Die Industrie fördert die Teilnahme im Allgemeinen unentgeltlich. In manchen Fällen erwarten die Unternehmen als Gegenleistung von den Ärzten Vorträge, Moderationen, Auswertungen oÄ (aktive Teilnahme). Die steuerliche Behandlung richtet sich dann nach den unter → Rn. 5ff. dargestellten Grundsätzen, die bei Leistungsaustauschbeziehungen Anwendung finden. Der nachfolgende Abschnitt untersucht allein die ertragsteuerlichen Folgen im Falle der **Förderung einer passiven Teilnahme** (vgl. auch → Kap. 6 Rn. 45ff. und → Kap. 11 Rn. 212) ohne Verpflichtung der Ärzte zur Erbringung von Gegenleistungen. Hierbei werden zunächst die Folgen für die Ärzte und sodann diejenigen für die Unternehmen beleuchtet.

1. Ertragsteuerliche Folgen für die Ärzte

a) Vorliegen einer Zuwendung/Bereicherung

77 Die Förderung der Teilnahme an einer Fortbildungsveranstaltung ist für einen teilnehmenden Arzt steuerlich relevant, wenn sie bei ihm zu Einnahmen führt. Dies ist der Fall, wenn Güter zugewendet werden, die in Geld oder Geldeswert bestehen (vgl. § 8 Abs. 1 EStG). Gemäß § 8 Abs. 2 S. 1 EStG gehören zu solchen Gütern auch Nutzungen und Leistungen. Auf der Grundlage dieser Definition scheint es auf der Hand zu liegen, dass ein Arzt, dem die Teilnahme an einer Fortbildungsveranstaltung ermöglicht wird, eine Zuwendung in Geldeswert erhält, wenn er selbst hierfür keine eigenen Aufwendungen tätigt. Erspart sich der Arzt eigene Aufwendungen für die Teilnahme an einer Fortbildungsveranstaltung aufgrund der Förderung durch die Industrie, liegt bei ihm jedoch **nicht zwangsläufig auch eine Einnahme** iSv § 8 Abs. 1 EStG vor. Ersparte Aufwendungen führen vielmehr nur dann zu Einnahmen, wenn beim Steuerpflichtigen eine objektive Bereicherung eintritt und diese Bereicherung ihm von außen zufließt.[103] Entscheidend ist somit zunächst, ob eine objektive Bereicherung des Zuwendungsempfängers eintritt.[104] Für die Annahme einer objektiven Bereicherung ist es erforderlich, dass der Zuwendung ein wirtschaftlicher Wert zukommt, da lediglich ideelle Vorteile keine Einnahmen darstellen.[105]

78 Bei der Bestimmung des wirtschaftlichen Wertes einer Zuwendung sind **objektive Gesichtspunkte** entscheidend, dh es ist nicht erforderlich, dass der Empfänger die Vorstellung hat, es fließe ihm ein geldwerter Vorteil zu.[106] Dementsprechend ist der vielfach geäußerte Hinweis, dass Kongressteilnahmen aus der Sicht des Arztes eher eine Strapaze und Belastung denn einen Vorteil darstellen, nicht durchgreifend. Der subjektiven Sicht des Arztes kommt insoweit keine Bedeutung zu. Auch ebenfalls gelegentlich ins Feld geführte weitere Umstände sind unerheblich, wie etwa, dass der Arzt auch ohne die Förderung durch die Industrie an dem Kongress teilgenommen hätte. Es ist nach der Ansicht des Bundesfinanzhofs irrelevant, ob der Steuerpflichtige auch dann bereit gewesen wäre, Ausgaben zu tätigen, wenn er die Vorteile nicht kostenlos hätte bekommen können.[107] Es wird jedoch im Rahmen einer wertenden Betrachtung für erheblich gehalten, ob die Kosten einer Reise dann abzugsfähig wären, wenn sie von dem Reiseteilnehmer tatsächlich selbst getragen worden

[103] Vgl. *Kister* in Herrmann/Heuer/Raupach EStG § 8 Rn. 27.
[104] Vgl. BFH BStBl. II 1986 S. 178.
[105] Vgl. BFH BStBl. II 1983 S. 39.
[106] Vgl. *Kister* in Herrmann/Heuer/Raupach EStG § 8 Rn. 25.
[107] Vgl. BFH BStBl. II 1990 S. 711.

wären.[108] Das FG Köln hat zumindest Zweifel daran geäußert, ob eine Bereicherung dann anzunehmen ist, wenn der Empfänger die Kosten der Reise für den Fall, dass er sie selbst getragen hätte, als Betriebsausgaben oder Werbungskosten geltend machen könnte. Obwohl das FG Köln die Revision zugelassen hatte, um diese grundsätzliche Frage einer Klärung durch den Bundesfinanzhof zuzuführen, kam es zu dieser Klärung nicht, weil die Finanzverwaltung von der Einlegung der Revision Abstand nahm. Es spricht viel für die Ansicht des FG Köln, von vornherein keine Bereicherung anzunehmen, da eine Betrachtung vom Ergebnis her keinen Unterschied ergibt, wenn die Kosten jedenfalls als Werbungskosten oder Betriebsausgaben abziehbar wären. Nach anderer Auffassung ist von einer Bereicherung dann nicht auszugehen, wenn die konkrete Reise hinsichtlich Programm und Durchführung so gestaltet ist, dass sie im allgemeinen Wirtschaftsverkehr keinen Geldwert besitzt.[109] Dies ist insbesondere dann der Fall, wenn die Reise nach der Art ihrer Durchführung nicht als Pauschalreise gegen Entgelt buchbar ist. Nach den dargelegten Kriterien ist somit entweder danach zu fragen, ob der Arzt die Kosten der Reise bei eigener Verausgabung als Betriebsausgaben oder Werbungskosten hätte geltend machen können oder ob die Reise als Pauschalreise buchbar wäre. Ist beides nicht der Fall, fehlt es an einer **objektiven Bereicherung** und somit an einer steuerpflichtigen Einnahme.

b) Ermittlung des Zuwendungsempfängers

Bei der Beurteilung der steuerlichen Situation ist im vorliegenden Zusammenhang zu beachten, dass dann, wenn von einer Bereicherung auszugehen ist, **steuerliche Folgen nur beim Bereicherten**, dh dem Zuwendungsempfänger, eintreten können. Bei der Förderung niedergelassener selbständiger Ärzte ist der bereicherte Zuwendungsempfänger ohne weiteres zu identifizieren. Bei angestellten Klinikärzten oder solchen, die in einem öffentlichen Dienstverhältnis stehen, kommt es jedoch in Betracht, dass durch die Zuwendung einer Fortbildungsmöglichkeit die medizinische Einrichtung (als Arbeitgeber oder Dienstherr), der angestellte Arzt oder beide gemeinsam bereichert sind. Denn auch eine Klinik, die einen angestellten Arzt normalerweise zur Fortbildung im Rahmen einer Dienstreise zu dem Kongress entsandt hätte, kann bereichert sein, wenn ihr von der Industrie eine solche Teilnahmemöglichkeit zugewendet wird, die sie ihrerseits an den Arzt weitergibt. In der Praxis werden häufig Verträge oder Absprachen zwischen dem Unternehmen und der medizinischen Einrichtung direkt getroffen, wonach das Unternehmen der medizinischen Einrichtung Kontingente zur Teilnahme an Fortbildungsveranstaltungen zur Verfügung stellt. Die medizinische Einrichtung wählt die Ärzte, die an der Fortbildungsveranstaltung teilnehmen sollen, im Rahmen eigenen Ermessens dann selbst aus. In diesem Fall ist zunächst die medizinische Einrichtung der bereicherte Zuwendungsempfänger. Bei dieser Bereicherung bleibt es aber nicht, da die medizinische Einrichtung die Fortbildungsmöglichkeit an eine natürliche Person weitergibt. Mit der Weitergabe der Teilnahmemöglichkeit kommt auf der zweiten Ebene der teilnehmende Arzt als weiterer Zuwendungsempfänger in Betracht. Diese nachfolgende Zuwendung erfolgt jedoch nicht unmittelbar durch das Industrieunternehmen an den Arzt. Mit der freien Auswahl des Arztes, dem die Teilnahme im Rahmen seiner Dienstaufgaben ermöglicht wird, bewirkt vielmehr die medizinische Einrichtung eigenständig eine Bereicherung des Arztes. Bei angestellten Klinikärzten, die beispielsweise als Chefärzte das Recht zur Behandlung von Privatpatienten in der Klinik haben und die insoweit auch als selbständige Freiberufler tätig sind, kann die Identifizierung des Bereicherten schwierig sein. Dies gilt jedenfalls dann, wenn keine klaren Absprachen darüber getroffen worden sind, ob der Arzt die Teilnahmemöglichkeit in seiner Eigenschaft als Selbständiger unmittelbar oder als Angestellter der Klinik mittelbar erhält. Hier kann nur eine **Auslegung der getroffenen Absprachen** zu einer Ermittlung des Zuwendungsempfängers führen. 79

[108] FG Köln 22.5.2003 – 10-K-3932/98 rkr.
[109] *Alvermann* AG 2007, 236 (237).

c) Zusammenhang mit einer Einkunftsart oder private Mitveranlassung?

80 Ist der Zuwendungsempfänger ermittelt, stellt sich mit Blick auf die Steuerpflicht der empfangenen geldwerten Vorteile beim bereicherten Zuwendungsempfänger eine weitere Frage. Die Steuerpflicht eines Vorteils setzt nämlich ferner voraus, dass ein Zusammenhang mit dem steuerbaren Einkünftebereich des Empfängers besteht. Das ist dann der Fall, wenn der Empfang des Vorteils durch den gewerblichen Betrieb des Empfängers[110] bzw. seine selbständige Tätigkeit veranlasst ist oder ihm im Rahmen seiner nichtselbständigen Tätigkeit zufließt, § 8 Abs. 1 EStG. Bei selbständig tätigen Ärzten ist der erforderliche unmittelbare Veranlassungszusammenhang mit der auf eine Einkünfteerzielung gerichteten Tätigkeit als Arzt in der Regel anzunehmen. Ohne seine Praxistätigkeit und die Abnahme von Leistungen eines Unternehmens bzw. seine Verordnungstätigkeit würde die Teilnahme des Arztes an Fortbildungsveranstaltungen in aller Regel nämlich von dem Unternehmen nicht gefördert. Bei angestellten Klinikärzten ist hingegen eine konkrete Verbindung des geldwerten Vorteils mit ihrer nichtselbständigen Tätigkeit fraglich. Nach der Rechtsprechung liegen Einnahmen aus nichtselbständiger Tätigkeit (Arbeitsvergütung im weiteren Sinne) dann vor, wenn der Vorteil nur deshalb gewährt wird, weil der Vorteilsempfänger Arbeitnehmer des betreffenden Arbeitgebers ist. Dazu muss der Vorteil mit Rücksicht auf das Dienstverhältnis eingeräumt werden und sich im weitesten Sinne als Gegenleistung für das Zurverfügungstellen der individuellen Arbeitskraft des Arbeitnehmers erweisen.[111] Unerheblich in diesem Zusammenhang ist, ob Einnahmen von dritter Seite zufließen.[112] Wenn der Arbeitnehmer den Vorteil vernünftigerweise als Frucht seiner Leistung für den Arbeitgeber ansehen muss, ist es auch unerheblich, ob es sich bei der Zuwendung eines Dritten um ein Geschenk handelt oder ob ein Rechtsanspruch auf die Zuwendung besteht.[113] Für den angestellten Arzt stellt sich also die Frage, ob die Möglichkeit, ohne eigene Kosten an einer Fortbildungsveranstaltung teilnehmen zu können, als eine Entlohnung für von ihm geleistete Dienste anzusehen ist. Bei Fortbildungsveranstaltungen, die in rein dienstlichem Interesse des Arbeitgebers absolviert werden, dürfte **weder subjektiv bei einem Arzt noch bei objektiver Betrachtung** der Eindruck entstehen, die Teilnahme entlohne den Arzt für die Leistungen, die er seinem Arbeitgeber erbringt.

81 Die Rechtsprechung stellt für die Frage der Zurechnung zum steuerpflichtigen Arbeitslohn des angestellten Arztes zutreffend auf das **eigenbetriebliche Interesse des Arbeitgebers** an der Teilnahme des Angestellten an der Fortbildungsveranstaltung ab. Immer dann, wenn ein überwiegend eigenbetriebliches Interesse des Arbeitgebers vorliegt[114] oder sich der Vorteil nahezu ausschließlich als notwendige Begleiterscheinung betriebsfunktionaler Zielsetzung erweist,[115] liegt kein steuerpflichtiger Arbeitslohn und somit keine steuerpflichtige Einnahme des Arbeitnehmers vor. Dient die Reise unter Würdigung aller Umstände des Einzelfalls hingegen ausschließlich oder ganz überwiegend der Entlohnung des Reiseteilnehmers, ist insgesamt von steuerpflichtigem Arbeitslohn auszugehen.[116] Fraglich ist in diesem Zusammenhang, ob dann teilweise steuerpflichtiger Lohn und teilweise steuerfreie Vorteile anzunehmen sind, wenn zu einem beschränkten Teil ein Belohnungscharakter oder eine private Mitveranlassung zu verzeichnen sind. Eine Aufteilung dahingehend, dass nur ein Teil des Vorteils als steuerpflichtiger Arbeitslohn zu werten ist, kam nach bisheriger Rechtsprechung nicht in Betracht.[117] Der Bundesfinanzhof leitete dies allerdings nicht aus dem **Aufteilungsverbot** des § 12 EStG ab, da diese Vorschrift nur für die Ausga-

[110] Vgl. BFH BStBl. II 1988 S. 995.
[111] Vgl. BFH BStBl. II 1985 S. 529; BFH BStBl. II 1985 S. 532; BFH BStBl. II 1985 S. 641.
[112] Zur Lohnzahlung durch Dritte vgl. BFH BStBl. II 1996 S. 545.
[113] Vgl. FG Rheinland-Pfalz DStRE 1998, 707.
[114] Vgl. BFH BStBl. II 1988 S. 726.
[115] Vgl. BFH BStBl. II 2006 S. 30; BFH BStBl. II 1997 S. 97.
[116] Vgl. BFH BStBl. II 2006 S. 30.
[117] Vgl. BFH BStBl. II 1994 S. 954.

ben- und nicht für die Einnahmenseite gilt.[118] Er folgerte dies vielmehr aus dem Umstand, dass bei einer einheitlichen Zuwendung grundsätzlich kein tauglicher Maßstab für eine quantitative Abgrenzung zwischen Arbeitslohn und Nicht-Arbeitslohn vorhanden sei. Eine Ausnahme machte der Bundesfinanzhof bisher dann, wenn sich die Kosten rein betriebsfunktionaler Elemente leicht und eindeutig von sonstigen Zuwendungen mit Entlohnungscharakter abgrenzen lassen.[119]

Der große Senat hatte, nach Vorlage der gleichgelagerten Rechtsfrage durch den 6. Senat, über die Aufteilbarkeit gemischt veranlasster Reiseaufwendungen in Werbungskosten und Aufwendungen der Lebensführung zu entscheiden. Er kam zum Ergebnis, dass die Reiseaufwendungen in berufliche und private Zeitanteile aufgeteilt werden können.[120] Hierbei stellt der Bundesfinanzhof darauf ab, dass auch bei Fehlen eines geeigneten Aufteilungsmaßstabes eine **Schätzung** zur Ermittlung oder Berechnung der Besteuerungsgrundlagen gemäß § 162 AO, § 96 Abs. 1 S. 1 FGO vorzunehmen ist. Es muss allerdings ohne gewichtige Zweifel feststehen, dass ein abgrenzbarer Teil beruflich veranlasst ist. Für einen sachgerechten Aufteilungsmaßstab hält der Bundesfinanzhof das Verhältnis der beruflichen und privaten Zeitanteile der Reise, also **Reise-Bestandteile mit Vorteilscharakter** im Verhältnis zu den aus betriebsfunktionalen Gründen durchgeführten Reise-Bestandteilen. Im Einzelfall, je nach Gewichtung der verschiedenen Veranlassungsbeiträge der Zeitanteile, kann ein anderer Aufteilungsmaßstab herangezogen werden oder sogar von einer Aufteilung abgesehen werden. Hervorzuheben ist, dass die Aufteilung im Wege der Schätzung nur bei solchen Kosten vorzunehmen ist, die sich nicht von Vorneherein – bei isolierter Betrachtung – entweder dem betriebsfunktionalen Bereich oder dem Entlohnungsbereich (touristisches Programm, Ausflüge, Spiel- und Sportprogramm sowie gemeinsame Feiern und Unterhaltung etc) zuordnen lassen. Für eine Aufteilung kommen also insbesondere die Kosten für die Beförderung, die Hotelunterbringung, die Verpflegung sowie weitere, nicht direkt zuordenbare Kosten in Betracht. Keine Aufteilung findet statt bei betriebsfunktionalen Reise-Bestandteilen, zu denen eindeutig etwa die Zurverfügungstellung von Tagungsräumen, Tagungsunterlagen und Referenten gehören. 82

Die Erwägungen des Bundesfinanzhofs[121] zur Zuordnung der Fortbildungsveranstaltung zur beruflichen Sphäre und die in diesem Zusammenhang herangezogenen Kriterien der **betriebsfunktionalen Zielsetzung** liegen vom Grundsatz her deckungsgleich auf der Linie der verschiedenen Leitlinien und Kodizes, die sich die Industrie und deren Verbände zur Regulierung der Zusammenarbeit mit medizinischen Einrichtungen und Ärzten gegeben haben. Der FSA-Kodex sieht im Zusammenhang mit Fortbildungsveranstaltungen und der Förderung von Ärzten zur Teilnahme an solchen Veranstaltungen durch die Industrie vor, dass die Förderung nur unter engen Voraussetzungen erfolgen darf (hierzu → Kap. 11 Rn. 209 ff.). Zum Kernbereich dieser Voraussetzungen gehört etwa das Verbot der Kostenübernahme für Rahmen- und Unterhaltungsprogramme oder Begleitpersonen sowie das Gebot einer untergeordneten Bedeutung von Unterbringungs- und Bewirtungskosten. Sofern die Unternehmen sich an diese Voraussetzungen halten, kann in der Praxis weit gehend davon ausgegangen werden, dass auch die Voraussetzungen für eine steuerliche Abzugsfähigkeit der hiermit in Zusammenhang stehenden Aufwendungen gegeben sind. Als Zwischenergebnis ist somit fest zu halten, dass der für die Steuerpflicht von Vorteilen notwendige Zusammenhang mit einer Einkunftsart bei selbständig tätigen Ärzten in aller Regel nicht vorliegt, wenn die Reisen in Übereinstimmung mit dem FSA-Kodex oder auch dem „Gemeinsamen Standpunkt" der Verbände (→ Kap. 4 Rn. 19 ff.) erfolgen. Bei angestellt tätigen Ärzten besteht der Zusammenhang mit einer Einkunftsart dann, wenn die Zuwendung des Vorteils als steuerpflichtige Lohnzahlung zu interpretieren ist. Dies ist aller- 83

[118] Vgl. BFH BStBl. II 1997 S. 97.

[119] Vgl. BFH BStBl. II 1997 S. 97.

[120] Vgl. BFH BStBl. II 2006 S. 30; BFH BStBl. II 2010 S. 672.

[121] So jedenfalls der 6. Senat, vgl. BFH BStBl. II 2006 S. 30.

dings nur anzunehmen, wenn die Fortbildung nicht im ganz überwiegend eigenbetrieblichen Interesse der medizinischen Einrichtung liegt. Mit anderen Worten ist keine der Steuerpflicht unterliegende Zahlung gegeben, wenn die Teilnahme des Arztes diesem Interesse des Arbeitgebers entspricht. Ist die medizinische Einrichtung bereicherter Zuwendungsempfänger, liegt der erforderliche konkrete Veranlassungszusammenhang für den Empfang geldwerter Vorteile mit steuerpflichtigen Einkünften in der Regel vor. Dies gilt bei nicht steuerbefreiten Körperschaften, also zB Privatkliniken, uneingeschränkt. Hier weist der Empfang des geldwerten Vorteils einen **unmittelbaren Zusammenhang** zu der betrieblichen Tätigkeit der Privatklinik auf. Sofern eine gemeinnützige steuerbefreite medizinische Einrichtung den Vorteil erhält, ist stets zu prüfen, ob der Vorteil dem steuerbegünstigten Bereich (einschließlich Vermögensverwaltung und Zweckbetrieb) zuzuordnen ist oder dem steuerpflichtigen Bereich (etwa wirtschaftliche Geschäftsbetriebe im Rahmen von Sponsoring, Forschung etc).

d) Höhe der Betriebseinnahmen oder des steuerpflichtigen Lohns

84 Bei einer dem Grunde nach bestehenden Steuerpflicht der Zuwendung einer Fortbildungsmaßnahme ist sodann fraglich, in welcher Höhe steuerpflichtige Einnahmen bei dem Bereicherten vorliegen. Die Höhe der steuerpflichtigen Einnahmen bemisst sich nach den **üblichen Endpreisen am Abgabeort,** soweit angestellte Ärzte betroffen sind.[122] Bei selbständigen Ärzten bemisst sich die Höhe der Betriebseinnahmen nach dem objektiven Wertzugang; dieser ist ebenfalls mit den üblichen Endverbraucherpreisen anzusetzen.[123] Die Höhe der Betriebsausgaben bei dem Unternehmen, das die Fortbildung fördert, und dessen Berechtigung zum Betriebsausgabenabzug sind bei der Ermittlung der Höhe der Betriebseinnahmen bei dem Bereicherten ohne Bedeutung. Im Ergebnis heißt dies, dass die Finanzbehörden dem zuwendenden Unternehmen die steuerliche Entlastung durch Versagung des Betriebsausgabenabzugs gegebenenfalls in vollem Umfang verweigern können, aber gleichwohl bei dem geförderten Arzt oder der medizinischen Einrichtung die Einnahmen der vollen Besteuerung unterwerfen. Diese Form der **Doppelbesteuerung** sollte allerdings bei steuerlichen Betriebsprüfungen, die mit Augenmaß durchgeführt werden, die Ausnahme bleiben.

e) Abzug von Werbungskosten oder Betriebsausgaben

85 Fraglich bleibt jedoch, ob der Arzt in dem Fall, in dem für ihn durch die Teilnahme an einer Fortbildungsveranstaltung steuerpflichtige Einnahmen oder Betriebseinnahmen entstanden sind, **Betriebsausgaben oder Werbungskosten** geltend machen kann. Hätte der Arzt abziehbare Betriebsausgaben oder Werbungskosten in gleicher Höhe wie die ermittelten Einnahmen, so ergäbe sich für ihn per Saldo keine steuerliche Belastung. Für die Frage, ob der Arzt Werbungskosten oder Betriebsausgaben geltend machen kann, ist es im vorliegenden Zusammenhang zunächst ohne Bedeutung, dass der Arzt die Reise, Unterbringung und Fortbildungsteilnahme gar nicht selbst gezahlt hat. Werbungskosten und Betriebsausgaben setzen grundsätzlich Aufwendungen voraus.[124] Aufwendungen sind einerseits die beim Steuerpflichtigen abfließenden Güter in Geld oder Geldeswert[125] andererseits aber auch alle Wertabflüsse, die nicht Entnahmen sind.[126] Es kann dahinstehen, ob die dem Arzt zugewendete Reise-, Unterbringungs- und Teilnahmemöglichkeit als Gut in Geldeswert oder als gesonderter Wert anzusehen ist. In dem Augenblick, in dem die Beförderung erfolgt ist, die Unterbringung in Anspruch genommen und die Teilnahme absolviert wurde, ist der vormals bestehende Anspruch des Arztes auf Erbringung dieser Leistungen verbraucht und

[122] Vgl. § 8 Abs. 2 S. 1 EStG.
[123] Vgl. *Loschelder* in Schmidt EStG § 4 Rn. 452; BFH BStBl. II 1988 S. 995.
[124] Vgl. § 9 Abs. 1 S. 1 EStG und § 4 Abs. 4 EStG.
[125] Vgl. zB BFH BStBl. II 1987 S. 108.
[126] Vgl. zB BFH BStBl. II 1986 S. 904.

somit erloschen. Der vormals vorhandene Anspruch ist ein Gut in Geldeswert, das dann als in Anspruch genommen und somit als abgeflossen gilt. Werbungskosten oder Betriebsausgaben können daher dem Grunde nach vorliegen, wenn der Arzt die angebotene Teilnahme an einer Fortbildungsveranstaltung in Anspruch nimmt und damit verwendet.

f) Abzug von Werbungskosten beim angestellten Arzt

Bei einem angestellten Arzt liegt bei einem überwiegend eigenbetrieblichen Interesse der medizinischen Einrichtung an der Teilnahme – wie oben ausgeführt – bereits kein lohnsteuerpflichtiger Vorteil vor. Die Frage nach einem Werbungskostenabzug stellt sich für den Arzt in diesem Fall daher gar nicht. Falls kein überwiegend eigenbetriebliches Interesse der medizinischen Einrichtung an der Teilnahme des angestellten Arztes gegeben ist, kommt es für den Abzug von Werbungskosten gem. § 12 Nr. 1 S. 2 EStG darauf an, ob neben der beruflichen Veranlassung auch eine private Mitveranlassung vorliegt. Hat die Teilnahme an der Fortbildungsveranstaltung Belohnungscharakter, etwa weil es sich um eine touristisch geprägte Reise handelt, schließt der Arzt vorher oder nachher einen Kurzurlaub an oder nimmt er Begleitpersonen mit, dann kann eine solche private Mitveranlassung vorliegen. Die Finanzverwaltung hat in diesem Zusammenhang **umfangreiche und weit gehend restriktive Kriterien entwickelt,**[127] die wie folgt zusammengefasst werden können: 86

- Das Reiseprogramm muss auf die besonderen beruflichen/betrieblichen Bedürfnisse und Gegebenheiten des Teilnehmers zugeschnitten sein und der Reise muss offensichtlich ein unmittelbarer beruflicher Anlass oder ein **konkreter Bezug zur beruflichen Tätigkeit** des Steuerpflichtigen zu Grunde liegen. Die Indienreise einer Englisch-Lehrerin gilt nicht allein deshalb, weil die Reise in ein englischsprachiges Land durchgeführt wird, als beruflich veranlasst.
- Der **Teilnehmerkreis** der Reise muss im Wesentlichen **homogen** sein. Die Teilnahme des Ehegatten oder anderer Angehöriger spricht regelmäßig gegen eine berufliche/betriebliche Veranlassung. Sind daher bei einer als medizinische Kongressreise deklarierten Reise neben einigen Ärzten auch andere Berufsgruppen vertreten, gilt dies als Anscheinsbeweis dafür, dass die Reise nicht beruflich/betrieblich veranlasst ist. Ebenso spricht die Begleitung durch den Ehegatten gegen eine berufliche Veranlassung der Reise.
- Die **fachliche Organisation** einer Reise unter fachkundiger Leitung kann für ihre berufliche/betriebliche Veranlassung sprechen. Für eine beruflich veranlasste Reise spricht daher eine Organisation als Kongressreise durch eine medizinische Fachgesellschaft.
- Ist die Reiseroute auseinander gezogen sowie mit häufigen Ortswechseln während des Reiseverlaufes verbunden und sind die besuchten Orte gleichzeitig beliebte Ziele des Tourismus, spricht dies für die private Mitveranlassung der Reise. Ist der Ort einer Fachtagung oder eines Kongresses wegen seiner schönen Lage oder wegen seines Kultur- und Erholungswertes regelmäßig auch Reiseziel für Urlaubsreisende, sind an das Reise- und Kongressprogramm besonders strenge Maßstäbe anzulegen. In diesem Fall muss das Reiseprogramm **besonders straff organisiert** sein. Die Programmgestaltung darf – von Pausen und vortragsfreien Wochenenden abgesehen – keine Zeit für private Erholungs- und Bildungsinteressen lassen.
- Die Benutzung eines erholsamen Beförderungsmittels, das zeitaufwändig und mitunter auch kostspieliger ist als das sonst **übliche Beförderungsmittel** ist als Indiz für eine private Mitveranlassung zu werten. Das ist zB dann der Fall, wenn bei der Teilnahme an einem Fachkongress zwischen Reise- und Kongressdauer ein Missverhältnis besteht. So spricht es gegen die berufliche oder betriebliche Veranlassung, wenn der Besuch eines Ärztekongresses nur vier oder fünf Tage dauert, während die Hin- und Rückreise auf einem Schiff 16 Tage beansprucht. Auch ein Symposium auf einem Passagierschiff während

[127] Vgl. OFD Frankfurt a. M. 13.4.2012 – S 2227 A–3–St 217.

einer Ostseefahrt ist insgesamt als privat veranlasst zu beurteilen. Während die eigentlichen Symposiums-Kosten beruflich veranlasst sind, sind die Aufwendungen für die Fahrt auf dem Schiff als privat veranlasst anzusehen.

– Die **Gestaltung der Wochenenden und Feiertage** ist in die Gesamtbetrachtung einzubeziehen. Sind diese Tage als reine Ruhetage deklariert, lässt dies nicht unbedingt auf außerberufliche Motive schließen. Etwas anderes gilt, wenn sich die Ausgestaltung der Wochenenden oder Feiertage an allgemein-touristischen Zielen orientiert und in die Reisezeit besonders viele Feiertage einbezogen sind.
– Die Teilnehmer des Kongresses oder der Reise müssen zur Teilnahme an dem straff durchorganisierten Programm verpflichtet sein. Dadurch soll verhindert werden, dass die Kosten für eine straff organisierte Reise steuerlich geltend gemacht werden, und sich der Teilnehmer nur an ihrem äußeren Ablauf oder nur teilweise am Programm beteiligt. Der Nachweis kann durch **Teilnahme-/Abschlusszertifikate, Mitschriften** oder andere geeignete Unterlagen erbracht werden. Die Anforderungen an diese Nachweise müssen umso strenger sein, je mehr der Tagungsort oder die Reiseroute die Verfolgung privater Interessen nahe legt oder ermöglicht.
– Die Studien- oder Kongressreise ist unter **Würdigung aller Umstände** insgesamt und als Einheit daraufhin zu prüfen, ob und in welchem Umfang gegebenenfalls private Gründe die Reise mitveranlasst haben. Vor allem dann, wenn sich eine Reise aus einem Kongress und einem vorangehenden oder nachfolgendem Privataufenthalt zusammensetzt, ist die Reise nicht mehr als beruflich/betrieblich veranlasst anzusehen, es sei denn, der Privataufenthalt wäre im Verhältnis zur Reise von absolut untergeordneter Bedeutung.
– Bei einer insgesamt nicht beruflich oder betrieblich veranlassten Reise sind grundsätzlich alle Kosten nicht abzugsfähig. Lediglich einzelne, abgrenzbare ausschließlich und **eindeutig beruflich/betrieblich veranlasste Aufwendungen** sind als Betriebsausgaben abzuziehen. Abgrenzbar sind solche beruflich und betrieblich veranlassten Aufwendungen, die dem Steuerpflichtigen zusätzlich zu den eigentlichen Reisekosten erwachsen sind.

87 Auf die weit gehende Übereinstimmung dieser Kriterien mit den einschlägigen Kodizes und Leitlinien der Industrie wurde bereits hingewiesen (vgl. → Rn. 83). Zur Prüfung sämtlicher Voraussetzungen kann das Finanzamt das vollständige Reiseprogramm anfordern und auch die **Namen und Anschriften der Teilnehmer** ermitteln. In dem Schreiben der OFD Frankfurt a. M. v. 2.11.1999 wird ausdrücklich darauf hingewiesen, dass die vorgenannten Kriterien auch sinngemäß bei der Beurteilung der Teilnahme an (Auslands-)Kongressen und (Auslands-)Fachtagungen anzulegen sind. Insbesondere wird darüber hinaus ausdrücklich hervorgehoben, dass bei Auslandsgruppenreisen und Auslandsfachtagungen besondere Schwierigkeiten bei der Prüfung der Veranlassung auftreten. Die Finanzverwaltung beabsichtigt somit offenbar, die o. g. Kriterien besonders streng auf Auslandsreisen anzuwenden. Allerdings darf das Kriterium des Veranstaltungsortes im Ausland für die Frage der Abzugsfähigkeit als Betriebsausgabe für eine Kongressreise insofern nicht herangezogen werden, als es sich um Reisen in ein Land der Europäischen Union handelt. Der EuGH hat nämlich entschieden, dass es gegen Art. 59 EG-Vertrag verstößt, wenn ein Mitgliedstaat bei Fortbildungsreisen in übliche Urlaubsorte anderer Mitgliedstaaten vermutet, dass die Reisen in erheblichem Umfang touristisch geprägt seien und deshalb die Abzugsfähigkeit verneint, während diese Vermutung bei Fortbildungsreisen an übliche Urlaubsorte in dem betreffenden Mitgliedstaat nicht gilt.[128] Daraus lässt sich der allgemeine Grundsatz ableiten, dass bei einer Reise in ein Mitgliedsland der EU mit Blick auf eine eventuelle private Mitveranlassung zumindest keine strengeren Kriterien anzulegen sind, als bei Reisen im Inland.

88 In der Praxis ist bei angestellten Ärzten die Frage der privaten Mitveranlassung im Ergebnis allerdings von eher untergeordneter Bedeutung. Dies ergibt sich aus folgender Überlegung: Besteht ein **überwiegend eigenbetriebliches Interesse des Arbeitgebers**

[128] EuGH HFR 2000, 66.

daran, dass der Angestellte an der Fortbildungsveranstaltung teilnimmt, dann liegt bei ihm – wie oben ausgeführt – bereits **kein steuerpflichtiger Lohn** vor. Die Frage nach einem Werbungskostenabzug und in diesem Zusammenhang nach einer privaten Mitveranlassung stellt sich dann nicht. Die Frage nach einer privaten Mitveranlassung ist somit erst zu stellen, wenn ein überwiegend eigenbetriebliches Interesse des Arbeitgebers zu verneinen ist. Obwohl die Qualifizierung empfangener Vorteile als steuerpflichtiger Lohn in Anwendung der dargestellten Kriterien nicht zwangsweise zur Annahme führt, der Arbeitnehmer, dh der angestellte Arzt könne insoweit auch keine Werbungskosten geltend machen, gilt dieser Schluss gleichwohl in der Praxis. Dementsprechend ist das überwiegende eigenbetriebliche Interesse an der Fortbildung und der Ausschluss privater Mitveranlassung sowohl für die Behandlung der Aufwendungen beim zuwendenden Unternehmen indiziell, als auch für die Bejahung steuerpflichtigen Lohns für den angestellten Klinikarzt oder die Versagung des Werbungskostenabzugs beim angestellt tätigen Arzt. Entsprechend der Entscheidung des Großen Senats zu gemischt veranlassten Reisen wäre auch hier eine Aufteilung in die eigenbetrieblichen Interessen des Unternehmens und steuerpflichtigen Lohn entsprechend der jeweiligen Zeitanteile möglich.[129]

g) Abzug von Betriebsausgaben beim niedergelassenen, selbständig tätigen Arzt

Der niedergelassene, selbständig tätige Arzt hat die empfangenen Vorteile stets im Rahmen seiner Einkünfte als **steuerpflichtige Einnahmen** zu behandeln. Erst im Zusammenhang mit der Frage, ob der selbständig tätige Arzt Betriebsausgaben in gleicher Höhe geltend machen kann, ist die Frage der privaten Mitveranlassung oder des ausschließlich beruflichen Interesses zu prüfen. Die Kriterien entsprechen im Grundsatz denen, die auch für den Werbungskostenabzug bei angestellten Ärzten gelten. Liegen durch die Inanspruchnahme bzw. den Verbrauch der zugewandten Teilnahmemöglichkeit abzugsfähige Betriebsausgaben vor und erklärt der Arzt diese im Rahmen seiner Steuererklärung, so ergibt sich für ihn im Zuge der Veranlagung per Saldo keine Belastung. **89**

h) Pauschalierung der Einkommensteuer bei Sachzuwendungen

Der Zuwendende, im Regelfall das Unternehmen, kann in bestimmten Fällen auch im Wege der Pauschalierung der Einkommensteuer nach § 37b EStG die Steuerlast des Arztes übernehmen. Das dahinter liegende Interesse ist, die teilnehmenden Ärzte nicht mit Einkommensteuer zu belasten, was die Attraktivität der Fortbildungsveranstaltung sowie den Eindruck, den der Arzt (mittelbar) vom Unternehmen gewinnt, deutlich schmälern würde. In diesem Fall bleiben bei dem Leistungsempfänger die Sachzuwendungen bei der Ermittlung der Einkünfte außer Ansatz, § 37b Abs. 3 S. 1 EStG. Nach § 37b Abs. 1 S. 1 EStG können Steuerpflichtige die Einkommensteuer für Nichtarbeitnehmer einheitlich für alle innerhalb eines Wirtschaftsjahres gewährten betrieblich veranlassten Zuwendungen, die zusätzlich zu einer ohnehin vereinbarten Leistung oder Gegenleistung erbracht werden und für Geschenke iSd § 4 Abs. 5 S. 1 Nr. 1 EStG, die nicht in Geld bestehen, mit einem Pauschsteuersatz von 30% erheben.[130] Dabei müssen die Zuwendungen beim Empfänger dem Grunde nach zu steuerbaren und steuerpflichtigen Einkünften führen, denn § 37b EStG begründet **keine eigenständige Einkunftsart.**[131] **89a**

Die Förderung medizinischer Fortbildungsveranstaltungen durch die Industrie erfüllt die Voraussetzungen des § 37b EStG nicht in allen Fällen. Sofern keine steuerbaren Einkünfte beim Empfänger vorliegen (vgl. → Rn. 77 f.), ist auch keine pauschalierte Besteuerung nach § 37b EStG vorzunehmen. In den übrigen Fällen ist zu unterscheiden. Im Regelfall liegt bei der Förderung **angestellter Klinikärzte** kein Grundgeschäft in Form einer bestehenden Leistungsbeziehung zwischen Arzt und Industrie vor, sodass § 37b Abs. 1 S. 1 **89b**

---

[129] BFH BStBl. II 2010 S. 672.

[130] BFH BStBl. II 2016 S. 1010 (1011).

[131] BFH BStBl. II 2015 S. 457; BFH BStBl. II 2015 S. 495; BMF BStBl. I 2015 S. 468.

Nr. 1 EStG mangels einer „zusätzlichen Leistung" nicht in Betracht kommt. Dass die Zuwendung des Unternehmens zu der Leistung eines Dritten (zB des Arbeitgebers des Arztes) an den Zuwendungsempfänger hinzutritt, reicht dabei nicht.[132] Dies ist bei **niedergelassenen Ärzten** dagegen anders, hier können durchaus bereits **Leistungsaustauschbeziehungen** zwischen Unternehmen und Arzt bestehen, zu denen die geförderte Fortbildungsveranstaltung zusätzlich hinzutritt. Bei **angestellten Klinikärzten** kann dagegen § 37b Abs. 1 S. 1 Nr. 2 EStG Anwendung finden, wenn die Sachzuwendung als Geschenk iSd § 4 Abs. 5 S. 1 Nr. 1 EStG zu qualifizieren ist. Zu beachten ist, dass die Entscheidung zur Pauschalierung widerruflich ist.[133] Dies hatte die Finanzverwaltung zuvor noch anders gesehen, hat sich aber inzwischen dem BFH angeschlossen.[134] Ein Widerruf der Pauschalierung nach § 37b EStG durch den Zuwendenden hat für den Arzt zur Folge, dass nachträglich die Leistung doch bei der Ermittlung der Einkünfte zu berücksichtigen ist.[135] Die Industrie sollte schon im Interesse einer langfristig vertrauensvollen Zusammenarbeit bei der Ausübung dieser Widerrufsmöglichkeit Zurückhaltung walten lassen.

2. Ertragsteuerliche Folgen für die Unternehmen

90 Die Unternehmen der pharmazeutischen und medizintechnologischen Industrie fördern die passive Teilnahme von Ärzten an Kongressen und anderen Fortbildungsveranstaltungen auf unterschiedliche Weisen. Bei der Förderung der Teilnahme von Ärzten des Öffentlichen Dienstes (Universitätskliniken, Kliniken in kommunaler Trägerschaft etc) wird die Förderung häufig explizit im Wege der Spende bewirkt. Wenn dies nicht der Fall ist, stellt sich die Frage, ob die Förderung als **einseitige Zuwendung ohne Erbringung einer Gegenleistung** einzuordnen ist oder als Zuwendung im Rahmen eines wechselseitigen Leistungsaustauschs. Ein Leistungsaustausch liegt in jedem Fall dann vor, wenn die teilnehmenden Ärzte verpflichtet sind, als Gegenleistung für die Förderung einen Vortrag oÄ zu halten. Es spricht viel dafür, eine Gegenleistung der teilnehmenden Ärzte auch dann anzunehmen, wenn diese sich dem Unternehmen gegenüber verpflichten, an der Fortbildungsveranstaltung ordnungsgemäß teilzunehmen, dh nicht nur die erforderliche Zeit aufzubringen, sondern den einzelnen Veranstaltungen mit der gebotenen Aufmerksamkeit zu folgen, damit die erwartete Wissensmehrung auch tatsächlich eintritt. Nur eine solche Art der Teilnahme gewährleistet dem fördernden Unternehmen nämlich den erwarteten Nutzen aus der Förderung. Dies gilt insbesondere für Veranstaltungen, die einen Schulungscharakter haben, bei denen den teilnehmenden Ärzten etwa die Anwendung oder Implantation von Produkten des Unternehmens vermittelt wird. Wenn der teilnehmende Arzt die angebotene Fortbildung nicht nur passiv entgegennimmt, sondern durch die aktive Mehrung seines Wissens oder seiner beruflichen Erfahrung unter Einsatz von Zeit und Aufmerksamkeit eine **eigene Leistung erbringt,** so liegen gewichtige Argumente für eine Gegenleistung vor. Die nachfolgenden Ausführungen beschränken sich allein auf die Probleme des körperschaftsteuerlichen Betriebsausgabenabzugs für das Unternehmen in den Fällen, in denen eine Gegenleistung der Ärzte nicht anzunehmen sein sollte. Wenn also die Förderung der Teilnahme durch ein Unternehmen unentgeltlich erfolgt, stellt sich wegen der Unentgeltlichkeit ua die Frage, ob die Aufwendungen als Spende nur im beschränkten Umfang abzugsfähig sind oder beispielsweise dem Abzugsverbot des § 4 Abs. 5 S. 1 Nr. 1 EStG (Geschenk) oder des § 4 Abs. 5 S. 1 Nr. 10 EStG (Korruptionsdelikte etc) unterliegen können.

a) Spendenabzug

91 Spenden kommen nur bei unentgeltlichen Zuwendungen an bestimmte gemeinnützige medizinische Einrichtungen in Betracht (vgl. → Rn. 63 ff.). Bei der Förderung von Fortbil-

---

[132] BFH BStBl. II 2018 S. 389 (391).
[133] BFH BStBl. II 2016 S. 1010.
[134] BMF BStBl. I 2015 S. 468; dann Anschluss in AEAO vor §§ 172–177, Nr. 8.5.5 S. 3.
[135] BFH BStBl. II 2016 S. 1010 (1013).

dungsmaßnahmen zu Gunsten niedergelassener Ärzte, privater Kliniken oder einzelner angestellter Ärzte ist ein Abzug als Spende ausgeschlossen. Sofern gemeinnützige medizinische Einrichtungen eine Zuwendung erhalten, können Spenden als Geldspenden unter einer Zweckbestimmung (Förderung der ärztlichen Fortbildung) oder Sachspenden (Zuwendung von Reise- oder Teilnahmegutscheinen) gewährt werden. Hier kommt es auf Unternehmensseite zunächst auf das Vorliegen einer **Spendenmotivation** an. Beabsichtigt das Unternehmen im Rahmen eines allgemeinen sozialen Engagements die wissenschaftliche Fortbildung uneigennützig zu fördern und kann dies auch an den äußerlichen, objektiven Umständen festgemacht werden, ist eine Spende anzunehmen.[136] In der Praxis ist die Geldspende eines Unternehmens unter der Zweckbestimmung „Fortbildung" eher die Ausnahme, da die begünstigte medizinische Einrichtung dann selbst Reise, Unterbringung und Kongressregistrierung organisieren bzw. veranlassen müsste und ihr dies im Regelfall aufgrund fehlender organisatorischer Mittel nicht möglich ist. Für das Vorliegen einer Sachspende muss die Zuwendung zu einer Wertabgabe aus dem geldwerten Vermögen des Unternehmens führen, denn die Zuwendung von Nutzungen und Leistungen kann gem. § 10b Abs. 3 S. 1 EStG keine Spende sein. In diesem Zusammenhang ist eine Spende auch dadurch möglich, dass das Unternehmen auf die Geltendmachung einer Erstattung verzichtet, die vertraglich oder durch Satzung vereinbart wurde.[137] Der Verzicht auf einen Aufwendungsersatz ist jedoch nur im Nachhinein möglich; es wäre gem. § 10b Abs. 3 S. 5 EStG unzulässig, wenn schon bei der Zuwendung der Teilnahme an einer Fortbildungsveranstaltung zwischen den Parteien klar ist, dass auf die Geltendmachung eines Erstattungsanspruchs später verzichtet werden wird oder die Zuwendung gar unter der Bedingung des späteren Verzichts erfolgt.[138]

Bei der Förderung der Teilnahme von Ärzten an fremdveranstalteten Fortbildungsveran- 92
staltungen (Kongresse, Fachtagungen etc) liegt eine Zuwendung des Unternehmens **in Form einer Sachleistung** auch vor, wenn Dritte (Reiseveranstalter, Kongressausrichter, Hotels) die Leistungen erbringen. Die Leistungen setzen sich in der Regel zusammen aus dem Transport und der Unterbringung des Arztes sowie der Übernahme der Kongressregistrierungsgebühr. Das Unternehmen verschafft den geförderten Teilnehmern oder medizinischen Einrichtungen somit jedenfalls Dienstleistungen Dritter. Diese werden nach der Rechtsprechung des Bundesfinanzhofs als Zuwendung von Sachleistungen eingeordnet, sofern sie Fremdleistungen betreffen.[139] Unternehmen kaufen im Zusammenhang mit der Förderung von Fortbildungen in der Regel bei Drittveranstaltern (Agenturen, Reisebüros) ganze Kontingente ein. Der Anspruch auf Durchführung der Reise und Unterbringung sowie auf Teilnahme an der Veranstaltung wird bei Zuwendung an die medizinische Einrichtung an diese abgetreten. Hierdurch kommt es zu einer Wertabgabe auf Seiten des Unternehmens und nicht nur zu einer abzugsschädlichen Zuwendung von Nutzungen oder Leistungen. Je nach Art der Zuwendung kann auch von der Zuwendung eines Wirtschaftsguts auszugehen sein. Im Rahmen von **Sachspenden** werden den medizinischen Einrichtungen nämlich gelegentlich auch Gutscheine zugewendet, die die medizinische Einrichtung an von ihr ausgewählte Ärzte weiterleitet. Diese können die Teilnahme gegenüber den Veranstaltern, Reisebüros oder Agenturen dann durch Vorlage der Gutscheine beanspruchen. In einem solchen Fall führt die Übertragbarkeit in jedem Fall zur Annahme eines Wirtschaftsguts.[140] Es liegt dann insoweit keine abzugsschädliche Zuwendung von Nutzungen oder Leistungen vor.

---

136 BFH BStBl. II 1990 S. 237 (238).

137 BMF BStBl. I 2014 S. 1584, 25.11.2014 DStR 2014, 2460.

138 BMF BStBl. I 2016 S. 994, 24.8.2016 DStR 2016, 216.

139 BFH BStBl. II 1993 S. 806 (807).

140 BFH BStBl. II 1988 S. 995 ff. (zur Behandlung einer Reise als aktivierungsfähiges Wirtschaftsgut bei fehlender Konvertibilität).

b) Abzug als unternehmensnützige s betriebliches Geschenk

93 Unternehmen fördern die Teilnahme von Ärzten an Fortbildungsveranstaltungen aber auch aus nicht gemeinnützigen Erwägungen heraus, etwa weil sie sich von der Fortbildung der Ärzte eine **Steigerung von deren wissenschaftlicher Qualifikation** und eine Verbesserung der technischen Handhabung der unternehmensspezifischen Produkte versprechen. Diese Steigerung des berufsbezogenen Wissens und die Verbesserung der Handhabung unternehmensspezifischer Produkte soll sodann als Reflex auch dem Unternehmen zugutekommen. Letztlich fördert es das Unternehmensinteresse, wenn die Ärzte die Unternehmensprodukte optimal beurteilen, einsetzen und komplikationsfrei anwenden können. Bei einer solchen Motivation und bei Nichtvorliegen eines Gegenleistungsverhältnisses besteht an der betrieblichen Veranlassung des entsprechenden Förderaufwands kein Zweifel. Allerdings kann die Zuwendung im Zusammenhang mit der Teilnahme von Ärzten an Fortbildungsveranstaltungen als Geschenk einzuordnen sein, für das gem. § 4 Abs. 5 S. 1 Nr. 1 EStG dem Wortlaut nach grundsätzlich ein Abzugsverbot besteht, auch wenn das Geschenk der Fortbildung der Ärzte dient und somit auf lautere Art und Weise dem Unternehmen nutzt.[141] Die Versagung des Abzugs solcher Aufwendungen des Unternehmens kommt jedoch aus dem Gesichtspunkt eines Geschenks auch dann nur unter bestimmten Voraussetzungen in Betracht (vgl. → Rn. 74f.). Der Zweck der Abzugsbeschränkung des § 4 Abs. 5 S. 1 Nr. 1 EStG liegt darin, Zuwendungen in den privaten Bereich zu verhindern; Zuwendungen, die die private Lebensführung des Empfängers nicht berühren, fallen nicht unter den Anwendungsbereich dieser Vorschrift.[142] Die Abzugsbeschränkung des § 4 Abs. 5 S. 1 Nr. 1 EstG entfällt, sofern die Aufwendungen bei dem Empfänger eindeutig und ausschließlich dem betrieblichen Bereich zuzuordnen sind.[143] Für die Abziehbarkeit von Aufwendungen im Zusammenhang mit solchen Zuwendungen ist es somit entscheidend, ob die allgemeine (private) Lebensführung des Empfängers berührt ist.[144] Nach der Rechtsprechung wird dieser Zusammenhang mit der privaten Lebensführung des Empfängers dann bejaht, wenn die von dem Unternehmen zugewendete Sachleistung in nicht untergeordnetem Maße touristische und damit private Motive mit betrieblichen oder beruflichen Interessen verbindet.[145] Nach der weiter gehenden Auffassung des FG Köln tritt Schädlichkeit sogar erst dann ein, wenn die Verfolgung **privater Interessen einen Schwerpunkt** der Reise bildet.[146]

94 Die Kriterien, die die Finanzverwaltung für die Beurteilung aufgestellt hat, ob die Teilnahme eines angestellten Arztes an einer von der Industrie geförderten Fortbildungsveranstaltung bei ihm zu steuerpflichtigem Lohn führt (vgl. → Rn. 83), sind grundsätzlich auch taugliche Abgrenzungskriterien für die Frage, ob auf der Unternehmensseite ein **abziehbares betriebliches Geschenk** vorliegt oder nicht. Definitiv ist jedoch die Behandlung auf Seiten des Empfängers, dh die Einordnung, ob bei diesem ein steuerpflichtiger Vorteil vorliegt und ob er gegebenenfalls Werbungskosten oder Betriebsausgaben gegenrechnen kann, strikt von der Behandlung bei dem zuwendenden Unternehmen zu trennen. Es gilt kein Korrespondenzprinzip, sodass die steuerliche Behandlung von Zuwendungen beim Zuwendenden unabhängig von deren steuerlicher Behandlung beim Empfänger ist.[147]

95 Dass es für die steuerliche Abzugsfähigkeit auf Seiten des Unternehmens nicht auf die Behandlung beim Zuwendungsempfänger ankommen kann, bestätigt auch folgende Überlegung: Sofern das Unternehmen die Teilnahme eines Arztes an einer Fortbildungsveranstal-

---

141 Vgl. FG Münster DStRE 2018, 1281; FG Berlin-Brandenburg EFG 2019, 1565.

142 Zusammenfassend *Stapperfend* in Herrmann/Heuer/Raupach EStG § 4 Rn. 1145.

143 FG Brandenburg EFG 2003, 832, rechtskräftig, mit weiterer Begründung im Zusammenhang mit steuersystematischen Gesichtspunkten und der gesetzgeberischen Zielvorstellung.

144 *Alvermann* AG 2007, 236 (237).

145 BFH BStBl. II 1993 S. 806 (808).

146 FG Köln DStRE 2003, 1075.

147 BFH BStBl. II 1996 S. 545 (546); BFH BStBl. II 1996 S. 273 (275).

tung in Übereinstimmung mit den einschlägigen Kodizes beispielsweise dergestalt fördert, dass weder die An- und Abreise noch die Art und Organisation der Fortbildungsveranstaltung Freiraum zur Entfaltung typischer Freizeitaktivitäten lassen, kann es dennoch sein, dass der teilnehmende Arzt abredewidrig keine der Kongressveranstaltungen besucht. Es kann nicht ausgeschlossen werden, dass der Arzt die Zeit für private Zwecke nutzt, eine Begleitperson mitbringt oder dem Kongress einige Urlaubstage anschließt. Bei dem teilnehmenden Arzt kann sich dessen Verhalten durchaus so auswirken, dass er durch die Inanspruchnahme der angebotenen Fortbildungsveranstaltung einen steuerpflichtigen Vorteil hat und auch keine Werbungskosten geltend machen kann. Ein solch **abredewidriges Verhalten des Arztes** kann jedoch dann nicht zur Versagung der steuerlichen Abzugsfähigkeit bei dem Unternehmen führen, wenn dieses allein eine an Fortbildungszwecken orientierte Veranstaltung gefördert bzw. angeboten hat und der Arzt entgegen den mit dem Unternehmen getroffenen Vereinbarungen handelt. Für die Unternehmen kann es sich daher empfehlen, bei der Förderung von Fortbildungsveranstaltungen gegenüber den Teilnehmern den **Vorbehalt** zum Ausdruck zu bringen, dass die Förderung nur bei einer ordnungsgemäßen Teilnahme an der geförderten Veranstaltung erfolgt. Darüber hinaus kann es aus Gründen höchster Vorsicht ratsam sein, dass sich die teilnehmenden Ärzte gegenüber dem Unternehmen im Rahmen einer schriftlichen Erklärung verpflichten, an die Veranstaltung keinen Urlaub anzuschließen, keine Begleitpersonen mitzunehmen und Testate für die Teilnahme an den einzelnen Veranstaltungen vorzulegen. Sofern eine medizinische Einrichtung Empfänger der zugewandten Teilnahme ist, ist eine ordnungsgemäße Teilnahme jedenfalls dann ohne weiteres zu unterstellen, wenn der Arzt an der Fortbildungsmaßnahme im Rahmen seiner Dienstaufgaben teilnimmt. Die Tatsache, dass die Teilnahme des Arztes im Rahmen seiner Dienstaufgaben erfolgt, ist für den Betriebsausgabenabzug auf Unternehmensseite ein ausschlaggebendes Indiz dafür, dass die Zuwendung die allgemeine (private) Lebensführung des Empfängers nicht berührt, sondern alleine seiner beruflichen Fortbildung dient. Andernfalls würde der Dienstherr dem teilnehmenden Arzt keine Genehmigung erteilen.

c) Versagung des Betriebsausgabenabzugs bei Korruptionsdelikten und anderen rechtswidrigen Zuwendungen

Sofern die Förderung medizinischer Fortbildungsveranstaltungen solche Ärzte betrifft, 96
die **Amtsträger** sind (etwa in Universitätskliniken, kommunalen medizinischen Einrichtungen etc) kommt eine Versagung des Betriebsausgabenabzugs unter dem Gesichtspunkt des § 4 Abs. 5 S. 1 Nr. 10 EStG in Betracht. Die Voraussetzungen dieser Abzugsbeschränkung sind unter → Rn. 16 ff. dargestellt.

d) Steuerschuld und Abzug im Falle der Übernahme der Einkommensteuer nach § 37b EStG

Sofern das Unternehmen die Pauschalierung der Einkommensteuer bei Sachzuwendun- 96a
gen nach § 37b EStG vornimmt, wird es selbst zum Steuerschuldner, §§ 37b Abs. 3 S. 2, 40 Abs. 3 EStG. Ob die übernommene Steuer als **Betriebsausgabe** geltend gemacht werden kann, richtet sich nach den obigen Regeln. So unterliegt die Übernahme der pauschalen Einkommensteuer für ein Geschenk als weiteres Geschenk dem Abzugsverbot des § 4 Abs. 5 S. 1 Nr. 1 EStG, soweit Geschenk und übernommene pauschale Einkommensteuer den Betrag von 35 EUR übersteigen.[148] Wie bereits ausgeführt muss im Fall der für den Zuwendungsempfänger rein betrieblich nutzbaren Zuwendung jedoch eine teleologische Reduktion der Norm vorgenommen werden (vgl. → Rn. 74 f.). Daher sollte die übernommene Steuer bei Fachveranstaltungen im Regelfall absetzbar sein, sofern kein Korruptionsdelikt im Sinne von § 4 Abs. 5 S. 1 Nr. 10 EStG verwirklicht ist. Hier sind insbesondere die neuen §§ 299a und 299b StGB zu berücksichtigen. Sofern das Unternehmen die Ausübung ihres Wahlrechts widerruft, hat sie den betreffenden Zuwendungsempfänger davon in Kenntnis zu setzen, damit dieser seinen daraus folgenden steuerlichen Pflichten

[148] BFH BStBl. II 2017 S. 892.

nachkommen kann. Ein Unterlassen dieser Mitteilung würde eine (uU strafbewehrte) Vereitelung des staatlichen Steueranspruchs darstellen und wäre damit rechtsmissbräuchlich, der Widerruf somit unwirksam.[149]

3. Zusammenfassung der Auswirkungen der Förderung von Fortbildungsveranstaltungen

97 Wird die Teilnahme von Ärzten an Fortbildungsveranstaltungen durch die Industrie gefördert, so entsteht auf der Empfängerseite unter Umständen ein geldwerter Vorteil. Bei angestellten, nicht selbständig tätigen Ärzten kann ein geldwerter Vorteil zu **steuerpflichtigem Lohn** führen, falls die medizinische Einrichtung **kein überwiegend eigenbetriebliches Interesse** an der Teilnahme des Arztes an der Fortbildungsveranstaltung hat. Niedergelassene, selbständig tätige Ärzte haben durch Empfang geldwerter Vorteile in der Regel steuerpflichtige Betriebseinnahmen. Der Abzug von Werbungskosten oder Betriebsausgaben hängt maßgeblich von der berufsbezogenen Ausrichtung der Fortbildungsveranstaltung ab. Private Mitveranlassungen, etwa touristische Aktivitäten, ein ausgeprägtes Beiprogramm und die Mitnahme von Begleitpersonen können sich insoweit nachteilig auswirken. Auf der Unternehmensseite hängt die Abziehbarkeit der Aufwendungen zunächst davon ab, ob eine Spendenmotivation vorliegt oder eine Gegenleistung anzunehmen ist. Ist dies nicht der Fall, kommt bei unentgeltlicher Förderung der Abzug als **unternehmensnützziges betriebliches Geschenk** in Betracht. Entscheidend für den Abzug ist auch insoweit die berufsbezogene Ausrichtung der Fortbildungsveranstaltung und der Ausschluss privater Mitveranlassung. Bei der Prüfung, ob der Betriebsausgabenabzug etwa aus dem Gesichtspunkt eines Korruptionsdeliktes ausscheidet, bieten insbesondere der FSA-Kodex und der „Gemeinsame Standpunkt" der Verbände verlässliche Orientierungspunkte (vgl. hierzu → Kap. 11 Rn. 209 ff.).

IV. Bewirtungsaufwendungen

98 Ebenso vielfältig wie die unterschiedlichen Erscheinungsformen der Kooperation zwischen Industrie und Ärzten sind die Anlässe für die wechselseitigen Bewirtungen. Bei Befolgung der einzelnen Kodizes ist der **Missbrauch von Bewirtungen zu Zwecken der Belohnung oder der Beeinflussung von Entscheidungen** ausgeschlossen. Gleichwohl bleibt auf Seiten desjenigen, der zu einer Bewirtung einlädt – tendenziell ist dies eher die Industrie – die Frage im Raum, ob und in welchem Umfang die Bewirtungsaufwendungen ertragsteuerlich abzugsfähig sind. Bedeutung hat am Rande auch die Frage, in welchem Umfang insoweit gezahlte Umsatzsteuer als Vorsteuer abziehbar ist. Die nachfolgenden Ausführungen beschränken sich auf Bewirtungen, die keine korruptive Handlung darstellen und bei denen somit das Abzugsverbot des § 4 Abs. 5 S. 1 Nr. 10 EStG nicht greift.

99 Wie bei allen Betriebsausgaben setzt auch die Abzugsfähigkeit von Bewirtungsaufwendungen allgemein eine **betriebliche Veranlassung** voraus. Dies bedeutet, dass die Bewirtung und die hiermit verbundenen Aufwendungen objektiv mit dem Betrieb zusammen hängen müssen und subjektiv dem Betrieb zu dienen bestimmt sind; ferner darf es sich nicht um Aufwendungen für die Lebensführung des Steuerpflichtigen handeln.[150] Es liegt in der Natur der Bewirtung, dass gerade das letztgenannte Kriterium die meisten Probleme bereitet, da das Essen und Trinken einen wesentlichen Teil der Lebensführung ausmacht, also typischer Weise außerbetrieblich veranlasst ist. Bei grundsätzlich betrieblich veranlassten Bewirtungen hat der Gesetzgeber dem zwangsläufig bei der Beköstigung von Personen bestehenden Zusammenhang mit der privaten Lebensführung Rechnung dadurch getragen, indem in § 4 Abs. 5 S. 1 Nr. 2 EStG pauschal 30% der angemessenen Bewirtungsaufwendungen vom Abzug ausgeschlossen werden. Allerdings ist nicht jede Beköstigung von

[149] BFH BStBl. II 2016 S. 1010 (1013).
[150] BFHE (GrS) 140, 50 (55).

Personen eine Bewirtung im Sinne dieser Vorschrift und deshalb mit einer 30prozentigen Kürzung verbunden. Vielmehr gilt die Kürzungsvorschrift bei Bewirtungen aus „geschäftlichem" Anlass, nicht bei geringen Aufmerksamkeiten oder Beköstigung eigener Angestellter. Die Kürzungsvorschrift ist auch dann nicht einschlägig, wenn die Beköstigung unangemessen ist; dann nämlich sind die Aufwendungen nicht nur zu kürzen, sondern gänzlich vom Abzug ausgeschlossen. Schließlich dürfte die **Nähe** sämtlicher Beköstigungen **zur privaten Lebensführung** auch der Grund dafür sein, dass der Gesetzgeber strenge Anforderungen an den Nachweis sowie die Verbuchung von Bewirtungsaufwendungen stellt und bei deren Verletzung die Aufwendungen ebenfalls gänzlich vom Abzug ausschließt. In einer Übersicht lässt sich diese Systematik der Abziehbarkeit von Bewirtungsaufwendungen wie folgt zusammenfassen (Abb. 16).

Die nachfolgende Darstellung einzelner Aspekte der Bewirtung folgt der Systematik der Übersicht.

unbeschränkt abziehbar	beschränkt abziehbar	nicht abziehbar
– Aufmerksamkeiten in geringem Umfang (Kaffee, Tee, Gebäck etc) – Bewirtung ist vertraglich im Rahmen eines Leistungsaustauschs geschuldet – bewirtete Personen sind Arbeitnehmer des bewirtenden Unternehmens (es sei denn, es liegt ein geschäftlicher Anlass vor)	– Bewirtung erfolgt aus „geschäftlichem" Anlass – Beschränkung auch für Bewirtung von eigenen Angestellten, die an „geschäftlicher" Bewirtung teilnehmen – abziehbar sind 70 % der angemessenen Bewirtungskosten	– unangemessene Bewirtungskosten – nicht korrekt nachgewiesene Bewirtungskosten – nicht korrekt verbuchte Bewirtungskosten

Abb. 16: Abziehbarkeit betrieblich veranlasster Bewirtungskosten

1. Unbeschränkt abziehbare Bewirtungsaufwendungen

Zu den Bewirtungsaufwendungen, die nicht der Kürzung unterliegen, gehören **Aufmerksamkeiten in geringem Umfang** und Produkt- oder Warenverkostungen. Zu den Aufmerksamkeiten in geringem Umfang zählen zB Kaffee, Tee und Gebäck anlässlich betrieblicher Besprechungen, wenn es sich hierbei um eine übliche Geste der Höflichkeit handelt.[151] Auch wenn ein üblicher Höflichkeitsstandard sicherlich nur schwer zu definieren ist, dürfte das Anbieten von Wasser, Säften und anderen nichtalkoholischen Getränken zweifellos dazu gehören. Im Hinblick auf das in den Einkommensteuerrichtlinien beispielhaft erwähnte Gebäck liegt die schädliche Grenze wohl darin, dass die Backwaren eine Art oder einen Umfang annehmen, der dem einer Hauptmahlzeit gleichkommt. Gleichzeitig dürften jedoch auch andere Esswaren, die zwar kein Gebäck sind aber andere Kleinigkeiten darstellen und die typischer Weise zwischen den Hauptmahlzeiten verzehrt werden, diese aber nicht ersetzen, zu den zulässigen üblichen Gesten der Höflichkeit zu zählen sein. Bei den ebenfalls nicht zu Bewirtungsaufwendungen mit Kürzung zählenden Verkostungen handelt es sich beispielsweise um Produktpräsentationen auf Messen.[152] Dem entsprechend sind etwa diätetische Produkte oder Proben künstlicher Ernährung, die auf Messen oder Kongressen angeboten werden, bereits begrifflich ebenso keine Bewirtungen im vorliegenden Sinne, wie die erwähnten Aufmerksamkeiten. Aufwendungen hierfür bleiben im vollen Umfang abziehbar. 100

[151] Vgl. BFH NV 2014, 347; R 4.10 Abs. 5 Satz 9 Nr. 1 EStR; mit weiterer Begründung *Schmidt* FR 1990, 245.

[152] Vgl. BFH NV 2014, 347; R 4.10 Abs. 5 Satz 9 Nr. 2 EStR; FG Münster 29.9.1995, zu Bewirtungskosten auf Messeständen, EFG 1996, 1203; das Urteil wurde wegen anderer Gründe, die nicht die hier angesprochene Problematik betreffen, aufgehoben.

101 Ein weiteres Beispiel uneingeschränkt abziehbarer Aufwendungen für **Beköstigungen** ist es, wenn die Beköstigung **im Rahmen eines Leistungsaustauschs** geschuldet ist.[153] Das Vorliegen eines Leistungsaustausches setzt nicht voraus, dass das Entgelt für die Bewirtung in Geld entrichtet wird. Die Gegenleistung kann ua auch in Form einer Werk-, Dienst- oder Vermittlungsleistung erbracht werden.[154] In dem von dem FG Düsseldorf am 16.1.2001 entschiedenen Fall bot ein Unternehmen der medizintechnologischen Industrie einem Kunden ein selbstveranstaltetes Ausbildungsseminar an, in dessen Rahmen die Anwender der Medizingeräte geschult wurden. Auf der Grundlage des Vertrages, den das Unternehmen zur Durchführung des Seminars mit dem Kunden abschloss, sollten die Mitarbeiter des Kunden für den Aufenthalt, also auch für die Verpflegung nichts zahlen müssen. Das FG Düsseldorf kam zu dem (zutreffenden) Schluss, dass die Verpflegung der Mitarbeiter des Kunden keine der Kürzung unterliegende Bewirtung darstelle. Bemerkenswert ist bei dem entschiedenen Fall, dass der Kunde des medizintechnologischen Unternehmens für die in Anspruch genommenen Ausbildungsseminare keine separate Vergütung zu entrichten hatte. Das Finanzgericht stellte fest, dass es sich mangels separater Vergütung aber keinesfalls um eine unentgeltliche Zuwendung handelte, weil die Aufwendungen für das Seminar und die Verpflegung in vollem Umfang in die Kalkulation der verkauften medizintechnischen Anlage eingegangen waren. Dem entsprechend war das Seminar einschließlich Bewirtung in dem Gesamtpreis vom Kunden mitbezahlt. Schließlich sind auch **Lebensmittel-Präsentkörbe** keine Bewirtungen im vorliegenden Sinne.[155] Es handelt sich bei solchen Präsentkörben ebenso wie bei der Zuwendung von Alkoholika in geschlossenen Behältnissen (etwa Sekt- oder Weinpräsente) um Geschenke, die voll abziehbar bleiben, falls sie die Freigrenze des § 4 Abs. 5 S. 1 Nr. 1 EStG von 35 EUR nicht übersteigen.

2. Beschränkt abziehbare Bewirtungsaufwendungen

102 Die in § 4 Abs. 5 S. 1 Nr. 2 EStG vorgesehene Beschränkung der Abziehbarkeit auf 70% der angemessenen Bewirtungsaufwendungen bezieht sich auf Bewirtungen aus geschäftlichem Anlass. Dies bedeutet nicht, dass bei Bewirtungen, bei denen ein geschäftlicher Anlass fehlt, der Abzug uneingeschränkt zulässig ist. Wie dargelegt, muss die **betriebliche Veranlassung der Bewirtung** als allgemeine Voraussetzung der Abziehbarkeit stets gegeben sein. Das zusätzliche Merkmal des geschäftlichen Anlasses dient vielmehr dazu, bei betrieblich veranlassten Bewirtungen, die nicht gleichzeitig auch einen „geschäftlichen" Anlass haben, die uneingeschränkte Abziehbarkeit zu bewahren. Geschäftlich veranlasst ist insbesondere die Bewirtung von Personen, zu denen bereits Geschäftsbeziehungen bestehen oder zu denen Geschäftsbeziehungen aufgenommen werden sollen. Nehmen an der Bewirtung von Personen aus geschäftlichem Anlass Arbeitnehmer des Steuerpflichtigen teil, gilt auch für sie die Abzugsbegrenzung. Nicht geschäftlich, sondern allgemein betrieblicher Natur – und damit nicht im Abzug begrenzt – ist die ausschließliche Bewirtung von Arbeitnehmern des bewirtenden Unternehmens.[156] Es stellen sich dann allenfalls lohnsteuerliche Fragen. Soweit aber Arbeitnehmer des Unternehmens bei einer Veranstaltung wie einer Fortbildungsveranstaltung oder einem Betriebsfest anwesend sind, fallen die Aufwendungen für deren Mahlzeiten nicht unter § 4 Abs. 5 S. 1 Nr. 2 EStG. Die gesamten Bewirtungsaufwendungen können nach der Zahl der Teilnehmer aufgeteilt werden und die Aufwendungen, die auf die Arbeitnehmer entfallen, können unbegrenzt abgezogen werden. Überwiegt dagegen der geschäftliche Anlass des Essens zB anlässlich eines Geschäftsabschlusses, bei dem sowohl Geschäftspartner als auch Arbeitnehmer des Unternehmens anwesend sind, so fallen die

---

[153] BFH BStBl. II 2018 S. 750 (751); NV 2014, 347; FG Düsseldorf EFG 2001, 731; R 4.10 Abs. 5 S. 7 EStR; OFD Münster DStR 2003, 2225.

[154] BFH BStBl. II 2018 S. 750 (751).

[155] *Broudré* DB 1995, 1430 (1431).

[156] R 4.10 Abs. 7 EStR.

Aufwendungen für die Bewirtung der Arbeitnehmer unter § 4 Abs. 5 S. 1 Nr. 2 EStG und die Aufwendungen sind nur begrenzt abziehbar.[157]

Die **Angemessenheit von Aufwendungen** für die Bewirtung richtet sich insbesondere nach der allgemeinen Verkehrsauffassung. Dabei sind die Umstände des Einzelfalls zu berücksichtigen. Als Kriterien für die Beurteilung der Angemessenheit kommen vor allem in Betracht die Größe des Unternehmens, die Höhe des Umsatzes/Gewinns, Umfang und Intensität der Geschäftsbeziehungen zu den bewirteten Geschäftspartnern, wirtschaftliche Bedeutung des angestrebten Geschäftsabschlusses oder der Geschäftsbeziehungen (zB will der Steuerpflichtige die Geschäftsbeziehungen gegen starke Konkurrenz erhalten), die Bedeutung der Repräsentation für den Geschäftserfolg, die Stellung der bewirteten Personen und schließlich auch die Gepflogenheiten des (potentiellen) Geschäftspartners. Nach Auffassung der Finanzverwaltung ist die Angemessenheit besonders an den jeweiligen Branchenverhältnissen zu beurteilen. Entscheidend ist, ob ein **ordentlicher und gewissenhafter Unternehmer** angesichts der erwarteten Vorteile und Kosten die Aufwendungen ebenfalls auf sich genommen hätte.[158] Auch wenn es nach den Verhältnissen der Branchen der Arzneimittel- und Medizinproduktehersteller üblich sein sollte, auch Bewirtungen gehobener Kategorie durchzuführen, wird die Angemessenheit im Sinne des Steuerrechts sicherlich nicht die in der Unternehmenspraxis zu beachtende Obergrenze bilden. Vielmehr dürften die Obergrenzen durch die Vorschriften des Strafrechts und der einschlägigen Branchenkodizes vorgegeben sein (vgl. → Kap. 11 Rn. 324 ff.). Mit der Einhaltung dieser Grenzen ist in der Regel nicht zu befürchten, dass die steuerlichen Maßstäbe der Angemessenheit überschritten werden. 103

3. Nicht abziehbare Bewirtungsaufwendungen

Bei der Frage, welche Bewirtungskosten nicht abziehbar sind, stellt sich allgemein zunächst die Frage, was überhaupt Teil der Bewirtungskosten sein kann und inwieweit auch **Nebenkosten** einer Bewirtung in die Betrachtung einzubeziehen sind. Typische Kosten im Zusammenhang mit einer Bewirtung können zB **Trinkgelder** sein, **Garderobegebühren, Eintrittszahlungen, Taxikosten, Saalmiete** und Kosten der Darbietung für Musik oder andere Aufführungen. Inwieweit die anzuerkennenden Nebenkosten einer Bewirtung abziehbar sein können, richtet sich sodann wieder nach der Angemessenheit (vgl. hierzu → Rn. 103). 104

Nachdem die zu berücksichtigenden Bewirtungsaufwendungen festgestellt worden sind, deren Angemessenheit feststeht und wegen geschäftlichen Anlasses die Kürzung um die gesetzlich vorgesehenen 30% vorgenommen worden ist, müssen weitere Voraussetzungen für die Abziehbarkeit des so ermittelten Betrags erfüllt sein. Materielle Voraussetzung des Abzugs von Bewirtungskosten ist der **Nachweis.** Dieser hat grundsätzlich schriftlich zu erfolgen, wobei die Verwendung eines bestimmten Vordrucks nicht vorgeschrieben ist. Inhaltlich sind die Anforderungen an den Nachweis jedoch streng. Keine Probleme bereitet in der Praxis die Angabe zu Tag und Ort der Bewirtung, zur Höhe der Aufwendungen sowie der Namen der Bewirteten sowie des Bewirtenden. Bei einer großen Zahl von Bewirteten und einhergehender Unzumutbarkeit der Ermittlung des Namens jedes Teilnehmers ist die bloße Angabe der Zahl der Teilnehmer ausreichend.[159] Ein typischer Fall für die bloße Angabe der Zahl der Teilnehmer ist ein **„Business Lunch"** im Rahmen eines Kongresses. Sofern ein Unternehmen beispielsweise im Rahmen eines Kongresses oder einer Fortbildungsveranstaltung für eine gewisse Zeit einen der Kongressräume zur Abhaltung eines selbst veranstalteten Vortrages anmietet und die Teilnehmer des Kongresses dort bewirtet, ist 105

[157] R 4.10 Abs. 6 Satz 7 EStR; *Stapperfend* in Herrmann/Heuer/Raupach EStG § 4 Rn. 1190 mwN.

[158] H 4.10 Abs. 12 Stichwort „Angemessenheit" EStR; *Stapperfend* in Herrmann/Heuer/Raupach EStG § 4 Rn. 1195 mwN.

[159] R 4.10 Abs. 9 Satz 2 ff. EStR.

es ausreichend, eine Zählung der Teilnehmer durchzuführen und auf dem Bewirtungsbeleg die Zahl zu vermerken. Voraussetzung für eine Bewirtung ist in diesem Zusammenhang, dass es sich bei dem „Business Lunch" nicht nur um den Verzehr von Kleinigkeiten handelt, die noch als unbeschränkt abzugsfähige Aufmerksamkeiten gelten. Wenn im Rahmen des „Business Lunch" ein Büfett angeboten wird, das bei Inanspruchnahme eine Hauptmahlzeit darstellt, so dürfte allerdings von einer Bewirtung auszugehen sein.

106 In der Praxis bereitet eine Nachweisvoraussetzung erfahrungsgemäß die meisten Probleme. Hierbei handelt es sich um den Anlass der Bewirtung. Dieser muss konkret angegeben werden. Allgemeine Angaben wie „Kundenpflege", „Geschäftsfreundebewirtung", „wissenschaftlicher Austausch" oder „Kontaktpflege" kennzeichnen den Anlass nicht in ausreichender Weise.[160] Dem entsprechend sind im Kontext der Kooperation mit medizinischen Einrichtungen und Ärzten Aussagen wie „wissenschaftlicher Austausch", „Besprechung von Anwendungsproblemen" oder „medizinisches Informationsgespräch" nicht ausreichend. Die dargestellten Beispiele für einen Anlass sind allerdings dann ausreichend, wenn die konkrete wissenschaftliche Frage etwa im Zusammenhang mit einer Studie erwähnt wird, die Anwendungsprobleme eines bestimmten Produktes genannt werden oder Informationen über bestimmte genannte Produkte betroffen sind. In der Praxis ist streng darauf zu achten, dass die Angaben zum Anlass der Bewirtung nicht nur zutreffend und möglichst detailreich beschrieben werden, sondern dass die Angabe auch zeitnah geschieht. Die Erstellung des Nachweises und die **Angabe des Anlasses** können grundsätzlich nicht nachgeholt werden. Jedenfalls ist streitig, ob die spätere Ergänzung von Angaben zum Anlass der Bewirtung zulässig ist. Sinn und Zweck der Vorschrift ist eine zuverlässige Wiedergabe- und Kontrollmöglichkeit. Die höchstrichterliche Rechtsprechung zur Möglichkeit der nachträglichen Ergänzung betrifft vorwiegend Fälle, in denen – wie dies früher vorgesehen war – ein amtlicher Vordruck zum Nachweis auszufüllen war. Solange kein Missbrauch erkennbar ist, sollte zumindest eine nachträgliche Ergänzung der Angaben möglich sein.[161] Im Rahmen von Gaststättenbewirtungen ist dem Nachweis die Rechnung der Gaststätte beizufügen. Bei Rechnungen über 250 Euro wird von der Finanzverwaltung die Angabe des Namens des Bewirtenden auf der Rechnung durch die Gaststätte selbst verlangt.[162]

107 Schließlich setzt der steuerliche Abzug der Bewirtungsaufwendungen eine **getrennte Verbuchung** voraus. Gemäß § 4 Abs. 7 S. 1 EStG sind die Bewirtungsaufwendungen einzeln und getrennt von den sonstigen Betriebsausgaben aufzuzeichnen. § 4 Abs. 7 S. 2 EStG bestimmt, dass die Bewirtungsaufwendungen bei der Gewinnermittlung nur berücksichtigt werden, wenn sie nach Satz 1 besonders aufgezeichnet sind. Die Berichtigung von Buchungen, die entgegen dem Trennungsgrundsatz oder Einzelerfassungsgrundsatz erfolgen, ist in bestimmten Grenzen zulässig.[163]

4. Umsatzsteuerliche Aspekte der Bewirtung

108 Für das bewirtende Unternehmen stellt sich stets die Frage, ob die in den Bewirtungsaufwendungen enthaltene **Umsatzsteuer als Vorsteuer abziehbar** ist. Die gesetzliche Kernvorschrift in diesem Zusammenhang ist § 15 Abs. 1a S. 1 UStG, der bestimmt, dass Vorsteuerbeträge nicht abziehbar sind, die auf Aufwendungen entfallen, für die das Abzugsverbot des § 4 Abs. 5 S. 1 Nr. 1–4, 7, Abs. 7 EStG oder des § 12 Nr. 1 EStG gilt. Demgemäß betrifft das Verbot des Vorsteuerabzugs alle vorstehend abgehandelten ertragsteuerlichen Abzugsverbote bzw. -beschränkungen, dh Abzugsverbote des § 4 Abs. 5 S. 1 EStG aus dem Gesichtspunkt des Geschenks (Nr. 1), der Bewirtung (Nr. 2), der Unangemessenheit und

---

[160] BFH NV 1997, 218.

[161] *Spilker* in Kirchhof/Söhn/Mellinghof § 4 Rn. H 133, 134; *Nacke* in Littmann/Bitz/Pust §§ 4, 5 Rn. 1697.

[162] R 4.10 Abs. 8 Satz 4 EStR.

[163] *Schachtmeyer* DB 1996, 351.

des Zusammenhangs mit der Lebensführung (Nr. 7) sowie des § 4 Abs. 7 EStG (unkorrekte Nachweise oder Verbuchungen). Eine Ausnahme von den dargestellten Abzugsverboten gilt allerdings, denn § 4 Abs. 5 S. 1 Nr. 10 EStG ist im Katalog der vorsteuerschädlichen Abzugsverbote nicht enthalten. Verwirklicht somit eine Bewirtung den Tatbestand eines Korruptionsdelikts, bleibt der Vorsteuerabzug erhalten, falls nicht gleichzeitig ein anderes ertragsteuerliches Abzugsverbot einschlägig ist. Im Übrigen wird der Vorsteuerabzug im Hinblick auf den nach § 4 Abs. 5 S. 1 Nr. 2 EStG vorzunehmenden Kürzungsanteil von 30% nicht ausgeschlossen, vgl. § 15 Abs. 1a S. 2 UStG.

C. Tax Compliance Management System (Tax CMS)

I. Einleitung

Spätestens seit 2016 ist mit dem Anwendungserlass des BMF zu § 153 AO das Thema Tax Compliance in der Unternehmens- und Rechtspraxis angekommen.[164] Der **Begriff der Tax Compliance** umfasst die Einhaltung der steuerrechtlichen Ge- und Verbote und der steuerlichen Pflichten eines Unternehmens durch Geschäftsführung und Mitarbeiter.[165] Dabei hat er sich von dem früheren Verständnis der ordnungsgemäßen Erstellung von Steuererklärungen gelöst und ist inzwischen zu verstehen als die Einhaltung der steuerlichen Rahmenbedingungen und Anforderungen an ein Unternehmen.[166] Der Anwendungserlass des BMF zu § 153 AO führt aus: *„Hat der Steuerpflichtige ein innerbetriebliches Kontrollsystem eingerichtet, das der Erfüllung der steuerlichen Pflichten dient, kann dies ggf. ein Indiz darstellen, das gegen das Vorliegen eines Vorsatzes oder der Leichtfertigkeit sprechen kann, jedoch befreit dies nicht von einer Prüfung des jeweiligen Einzelfalls.“*[167] Damit wird für den Fall der Verletzung steuerlicher Pflichten im Unternehmen eine Exkulpation in Aussicht gestellt, ohne jedoch genauere Angaben zur Ausgestaltung des dafür erforderlichen Systems zu machen.[168] Zudem ist der Anwendungserlass sehr weich formuliert, sodass im Einzelfall zu prüfen bleibt, ob das innerbetriebliche Kontrollsystem zur Enthaftung führt.[169] Wenn der Erlass vom „innerbetrieblichen Kontrollsystem“ spricht, meint das in der anglizistisch geprägten Unternehmenssprache einen auf Steuern bezogenen Teilbereich eines Compliance Management Systems, kurz **Tax CMS.**[170] Das Institut der Wirtschaftsprüfer (IDW) hat einen Praxishinweis mit grundsätzlichen Anforderungen an ein Tax CMS herausgegeben.[171] Dieser kann und sollte jedoch eher als Leitfaden ohne Anspruch auf Vollständigkeit verstanden werden.[172] Auch bleibt abzuwarten, ob die Anforderungen der Finanzverwaltung an ein solches Tax CMS dem entsprechen werden. Die Bundessteuerberaterkammer hat im Juli 2018 ebenfalls einen Hinweis ohne Anspruch auf Vollständigkeit veröffentlicht, der vornehmlich auf die Bedürfnisse kleiner und mittlerer Unternehmen zugeschnitten ist.[173] **109**

Mangels eines Patentrezepts für ein Tax CMS müssen Unternehmen vielmehr eigene Lösungen entwickeln, die auf ihre Struktur und speziellen Bedürfnisse zugeschnitten sind. Dabei sollte nicht außer Acht gelassen werden, dass die derzeit von Beratern in **110**

---

[164] BMF BStBl. I 2016 S. 490; *Menner/Bexa* CCZ 2019, 129f.
[165] *Menner/Bexa* CCZ 2019, 129.
[166] *Menner/Bexa* CCZ 2019, 129f.
[167] BMF BStBl. I 2016 S. 490 Rn. 2.6.
[168] *Menner/Bexa* CCZ 2019, 129 (130).
[169] *Breimann/Schwetzel* DStR 2017, 2626 (2629).
[170] IDW-Praxishinweis 1/2016, Rn. 3.
[171] IDW-Praxishinweis 1/2016.
[172] IDW-Praxishinweis 1/2016, Rn. 25; *Menner/Bexa* CCZ 2019, 129 (130).
[173] *BStBK,* Hinweise für ein Steuer-IKS, Rn. 10, 12; *Menner/Bexa* CCZ 2019, 129 (131).

vielen Unternehmen implementierten Tax CMS momentan zu einer Art Standardbildung beitragen. An diesem wird sich möglicherweise die Finanzverwaltung dereinst einmal orientieren, ihn jedenfalls aber zur Kenntnis nehmen. Unternehmen sind also gut beraten, zumindest auch externen Sachverstand bei der Implementierung eines Tax CMS einzuschalten.[174]

II. Die Implementierung eines Tax CMS

111 An folgenden Grundelementen sollten Unternehmen sich bei der Umsetzung eines Tax CMS orientieren.[175] Wie umfangreich und konkret die einzelnen Grundsätze und Maßnahmen ausgestaltet werden und wie detailliert die Dokumentation erfolgt, hängt dabei von einer Vielzahl von Faktoren ab, wie zB der Größe des Unternehmens, der Art und dem Umfang der Geschäftstätigkeit und dem Geltungsbereich des Tax CMS.[176] Für das Gesundheitswesen sind ua die in diesem Kapitel beschriebenen industriespezifischen Steuerrisiken zu berücksichtigen.

112 Zunächst ist wichtig, dass sich die Geschäftsführung klar zur ordnungsgemäßen Wahrnehmung von steuerlichen Pflichten und Aufgaben bekennt und eine **Tax Compliance-Kultur** schafft, durch den richtigen *„tone from the top"*.[177] Dabei reichen keine leeren Absichtserklärungen, sondern vielmehr muss die Geschäftsführung vorleben, dass Tax Compliance ein wichtiges Thema für das Unternehmen ist, damit die Mitarbeiter dem eine hohe Bedeutung beimessen und entsprechend handeln. Die momentan noch teilweise vorherrschende Skepsis in den Geschäftsleitungen hinsichtlich eines solchen Systems sollte schon aus reinem Eigeninteresse überdacht werden, kann ein effektives Tax CMS doch auch vor persönlichen steuerstrafrechtlichen Vorwürfen schützen.[178]

113 Die Bestimmung des **Tax Compliance-Zieles** setzt den Rahmen und die Aufgaben der Steuerfunktion.[179] Das Unternehmen muss seine steuerlich relevanten Vorgänge erkennen und sich einen Rahmen setzen, in dem es sich bei der eigenen Steuerstrategie bewegen und den es nicht überschreiten möchte, was im Regelfall eine aggressive Steuergestaltung ausschließt.[180] Bei der Definition der Ziele sind die eigenen Ressourcen zu berücksichtigen, außerdem sollte darauf geachtet werden, dass die Erreichung der Ziele messbar ist.[181]

114 Anschließend muss die Frage beantwortet werden, wem die Kontrolle, Überwachung und Verbesserung des Tax CMS obliegt, wer also Verantwortung trägt.[182] Dies ist im Rahmen der **Tax Compliance-Organisation** festzulegen.[183] Dabei kann die in jedem Fall letztverantwortliche Geschäftsführung[184] diese Aufgabe delegieren. Dafür schafft sie zB die Position eines „Tax Compliance Officers **(TCO)**", der entweder in der allgemeinen Corporate Compliance-Abteilung, in der Steuerabteilung oder auch direkt unter der Geschäftsführung aufgehängt werden kann.[185] In jedem Fall sollte die Person über die notwendigen Mittel und Ressourcen verfügen, um die Rolle auch effektiv wahrnehmen zu können.[186] Eine bloße Feigenblattfunktion wird kaum ausreichen, um die Anforderungen der Finanz-

[174] *Menner/Bexa* CCZ 2019, 129 (131).
[175] IDW-Praxishinweis 1/2016, Rn. 25.
[176] IDW-Praxishinweis 1/2016, Rn. 24.
[177] IDW-Praxishinweis 1/2016, Rn. 26; *Menner/Bexa* CCZ 2019, 129 (131).
[178] *Menner/Bexa* CCZ 2019, 129 (131).
[179] IDW-Praxishinweis 1/2016, Rn. 33.
[180] *Menner/Bexa* CCZ 2019, 129 (131).
[181] *Menner/Bexa* CCZ 2019, 129 (132).
[182] *Menner/Bexa* CCZ 2019, 129 (132).
[183] *Menner/Bexa* CCZ 2019, 129 (132).
[184] IDW-Praxishinweis 1/2016, Rn. 19.
[185] *Menner/Bexa* CCZ 2019, 129 (132).
[186] IDW-Praxishinweis 1/2016, Rn. 35.

verwaltung im Sinne des Anwendungserlasses zu § 153 AO zu erfüllen. Zudem kann es sich anbieten, ein „Tax Compliance Committee **(TCC)**" zu gründen, in dem bestenfalls alle mit steuerlichen Aufgaben und Pflichten betrauten Abteilungen gebündelt vertreten sind.[187] Dadurch lässt sich der Informationsaustausch innerhalb eines Unternehmens zu steuerlichen Fragen sicherstellen.[188] Das TCC muss dabei nicht unbedingt neu geschaffen werden, teilweise gibt es bereits Gremien, in denen die entsprechenden Abteilungen sitzen und denen man diese Aufgabe noch ergänzend zuweisen könnte.

Auf der Grundlage der Tax Compliance Ziele muss ein **Tax Risk Assessment** erfol- **115**
gen.[189] Dabei sind im Sinne einer unternehmensinternen steuerlichen Due Diligence alle Dokumente auszuwerten, die Rückschlüsse auf steuerliche Probleme und Risiken erlauben. Außerdem empfiehlt sich, mit den Mitarbeitern des Unternehmens, die mit steuerrelevanten Sachverhalten betraut sind, Gespräche zu führen.[190] Im nächsten Schritt sollte dann eine Bewertung und Gewichtung nach Risikostufen unter Berücksichtigung verschiedener Faktoren erfolgen, ua der Wahrscheinlichkeit des Eintritts und des möglichen Steuerschadens.[191] Allerdings darf eine solche Gewichtung nicht dazu führen, dass als risikoarm bewertete Steuerarten bei der Erfüllung steuerlicher Pflichten wie etwa der Korrektur nach § 153 AO vernachlässigt werden, denn auch geringe Steuerverkürzungen erfüllen den Tatbestand der Steuerhinterziehung oder der leichtfertigen Steuerverkürzung.[192] Vielmehr kann eine Risikogewichtung bei nur beschränkt verfügbaren Ressourcen dazu genutzt werden, eine Reihenfolge bei der Aufsetzung von Prozessen zur Risikovermeidung zu erstellen.[193] Das Ziel muss sein, am Ende alle steuerlichen Pflichten im Rahmen der Tax Compliance abzudecken. Zum Tax Risk Assessment gehört zudem auch, eine Bestandsaufnahme der bereits bestehenden Prozesse zur Vermeidung der steuerlichen Risiken zu machen und deren Effektivität zu überprüfen.[194]

Sodann sind Maßnahmen zur Risikominimierung zu ergreifen, entweder durch Aufset- **116**
zung oder Optimierung von Prozessen **(Tax Compliance-Programm).**[195] Diese Maßnahmen müssen einerseits geeignet sein, den identifizierten Risiken und Prozessdefiziten wirksam entgegenzutreten. Andererseits müssen sie von den betroffenen Mitarbeitern auch wirklich gelebt und getragen werden, daher dürfen die Maßnahmen nicht belastender sein als notwendig.[196] Wie das geeignete Tax Compliance-Programm auszusehen hat, ist eine Frage des Einzelfalls.[197] Mögliche Elemente beinhalten ua personelle Maßnahmen, Aufgabenverteilungen, IT-unterstützte Lösungen oder Kontrollsysteme.[198]

Um im Hinblick auf § 153 AO die Implementierung des Tax CMS gegenüber den Fi- **117**
nanzbehörden auch nachweisen zu können und damit das Unternehmen und die Mitarbeiter eine dauerhafte Handlungsanweisung haben, bedarf es einer **Dokumentation** des Tax CMS zB in Form eines Handbuchs, einer Richtlinie, von Prozessbeschreibungen, Arbeitsanweisungen oder Delegationsvereinbarungen.[199] In der Praxis zeigt sich, dass Unternehmen hier häufig stärkere Defizite haben als selbst wahrgenommen.[200] Neben einer ausreichenden Dokumentation ist darauf zu achten, dass die relevanten Mitarbeiter auch ständig

---

187 *Menner/Bexa* CCZ 2019, 129 (132).
188 *Menner/Bexa* CCZ 2019, 129 (132).
189 IDW-Praxishinweis 1/2016, Rn. 31.
190 Vgl. *Handel* DStR 2017, 1945 (1947); *Menner/Bexa* CCZ 2019, 129 (132).
191 IDW-Praxishinweis 1/2016, Rn. 41; vgl. *Schwahn/Cziupka* Lüdicke/Sistermann § 7 Rn. 25 f.
192 *Menner/Bexa* CCZ 2019, 129 (132 f.).
193 *Menner/Bexa* CCZ 2019, 129 (133).
194 *Ludwig/Breimann/Kusch* DStR 2016, 2240 (2242).
195 *Menner/Bexa* CCZ 2019, 129 (133).
196 *Menner/Bexa* CCZ 2019, 129 (133).
197 *Menner/Bexa* CCZ 2019, 129 (133).
198 Siehe ausführlich IDW-Praxishinweis 1/2016, Rn. 44 f.
199 *Menner/Bexa* CCZ 2019, 129 (133).
200 *Fischer/Schwab* DStR 2018, 2040 (2042); *Menner/Bexa* CCZ 2019, 129 (133).

Zugriff auf die Dokumentationsunterlagen haben, um die steuerlichen Pflichten des Unternehmens bestmöglich ausüben zu können.[201]

118 Ob das entwickelte System in der Praxis funktioniert, hängt maßgeblich von der richtigen **Mitarbeiterinformation** (Tax Compliance-Kommunikation) ab. Nur wenn sich die betroffenen Mitarbeiter über ihre neuen Aufgaben und Pflichten im Klaren sind und den Aufbau des Tax CMS verstanden haben, kann das System mit Leben gefüllt werden. Daher sollten Mitarbeiter einerseits schon bei der Entwicklung des Tax CMS frühzeitig eingebunden werden und im Anschluss an die Beschließung des Tax CMS durch die Geschäftsführung über Zweck und Funktionsweise, aber auch die Rolle des Einzelnen in diesem System informieret werden.[202]

119 Wie bereits eindringlich beschrieben, ist ein Tax CMS kein starres, standardisiertes Konzept, sondern muss einzelfallbezogen gedacht werden. Das beinhaltet auch, dass es als **„lebendes System"** ständig auf seine Funktionsweise hin kontrolliert und im Bedarfsfall an neue Gegebenheiten angepasst wird.[203] Die Umstände, die eine Prozessoptimierung erforderlich machen können, sind vielfältig und reichen von der Einführung neuer Produkte über strukturelle Veränderungen bis hin zur Änderung der Rechtslage. Die mit der Tax Compliance beauftragte Person (etwa der TCO) muss das Tax CMS somit ständig weiterentwickeln.[204]

---

[201] *Ternes* in Rübenstahl/Idler Teil 1 Kap. 4 Rn. 148 ff.
[202] *Menner/Bexa* CCZ 2019, 129 (134).
[203] *Menner/Bexa* CCZ 2019, 129 (134 f.).
[204] *Menner/Bexa* CCZ 2019, 129 (135).

Kapitel 11. Kartellrechtliche Compliance

Literatur: *Bahr,* Die Behandlung von Vertikalvereinbarungen nach der 7. GWB-Novelle, WuW 2004, 259; *Bechtold,* Zum Referentenentwurf für eine 10. GWB-Novelle – Ein Überblick, NZKart 2019, 624; *Bechtold,* EG-Gruppenfreistellungsverordnungen – eine Zwischenbilanz, EWS 2001, 49; *Bechtold,* Kartellgesetz GWB, 9. Aufl., München 2018; *Berg,* Korruption in Unternehmen und Risikomanagement nach § 91 Abs. 2 AktG, AG 2007, 271; *Besen,* Fusionskontrolle frühzeitig beachten – Prüfen lassen, bevor das Kartellamt ein Entflechtungsverfahren einleitet, KU 2009, 54; *Besen,* Kooperationspflichten bei Dawn Raids, in: Marktzugangsbedingungen und Marktzugangsschranken, Marburger Schriften zum Gesundheitswesen, Band 12, Baden-Baden 2010, S. 94; *Besen,* Krankenhausfusionen im Blickpunkt des Kartellrechts, KU 2008, 48; *Besen,* Pharmabranche unter Verdacht – EU-Wettbewerbskommission startet Sektoruntersuchung, CHEManager 3/2008, 1; *Besen,* Registration under Reach – Unavoidable Risks of Competition Law Infringements, CHEManager Europe 6/2008, 1, 4; *Besen/Gärtner/Mayer/Vormann,* Zum Kommissionsbericht über die Untersuchung des Arzneimittelsektors – Kritische Notizen aus patent- und kartellrechtlicher Sicht, PharmR 2009, 432; *Besen/Gronemeyer,* Informationsaustausch im Rahmen von Unternehmenskäufen – Kartellrechtliche Entwicklungen und Best Practice, CCZ 2013, 137; *Besen/Mayer,* Medizinprodukteindustrie – im Fokus der Kartellbehörden?, MPJ 2008, 16, 89; *Besen,* Sektoruntersuchung der Europäischen Kommission im Pharmabereich, pharmind 2009, 80 f.; *Besen,* Untersuchung des Pharmasektors durch die Europäische Kommission – branchenübergreifende Bedeutung für Kartell- und geistiges Eigentumsrecht, EWS 2009, 28 ff.; *Besen/Slobodenjuk,* Die neue Gruppenfreistellungsverordnung für Forschungs- und Entwicklungsvereinbarungen, GRUR 2011, 300; *Besen/Slobodenjuk,* Die neue Gruppenfreistellungsverordnung für Vertikalvereinbarungen – Auswirkungen auf die Pharmaindustrie, PharmR 2010, 221; *Besen/Slusarek,* Kartellrecht: Marktabgrenzung im Arzneimittelsektor, PharmR 2016, 352; *Bornkamm/Montag/Säcker* (Hrsg.), Münchener Kommentar zum Europäischen und deutschen Wettbewerbsrecht (Kartellrecht), Band 1, Europäisches Wettbewerbsrecht, 2. Aufl., München 2015; *dies.,* Münchener Kommentar zum Europäischen und deutschen Wettbewerbsrecht (Kartellrecht), Band 2, Gesetz gegen Wettbewerbsbeschränkungen, 3. Aufl., München 2020; *Brevern,* Fusionskontrolle: Kommt die zweite Umsatzschwelle?, BB 2008, 2195; *Bürkle,* Corporate Compliance als Standard guter Unternehmensführung des deutschen Corporate Governance Kodex, BB 2007, 1797; *Dieners,* Kommentierung des § 29 AMG, in: Sander (Hrsg.), Arzneimittelrecht, Loseblattsammlung, Stuttgart (Stand: Okt. 2017); *Dreher,* Die kartellrechtlicher Bußgeldverantwortlichkeit von Vorstandsmitgliedern. Vorstandshandeln zwischen aktienrechtlichem Legalitätsprinzip und kartellrechtlicher Unsicherheit, FS Konzen, Tübingen 2006, S. 85; *Ehle/Schütze,* Lizenzvertrieb, Co-Promotion, Co-Marketing und Mitvertrieb, in: Dieners/Reese (Hrsg.), Handbuch des Pharmarechts, München 2010, § 10; *Fleischer,* Kartellverstöße und Vorstandsrecht, BB 2008, 1070; *Fleischer,* Vorstandsverantwortlichkeit und Fehlverhalten von Unternehmensangehörigen – Von der Einzelüberwachung zur Errichtung einer Compliance-Organisation, AG 2003, 291; *von Graevenitz/Besen,* Die Übertragung von Arzneimittelzulassungen im Lichte der Fusionskontrolle, PharmR 2009, 1 ff.; *von Graevenitz,* Grenze des Informationsaustausches – EU-Kommission definiert zulässiges Verhalten unter Wettbewerbern, Lebensmittelzeitschrift 2008, 32; *Hahn,* Die Kontrolle von Zusammenschlüssen nach ihrem Vollzug, WuW 2007, 1084; *Hansen,* Die wettbewerbspolitische Beurteilung von Forschungs- und Entwicklungskooperationen zwischen konkurrierenden Unternehmen, WuW 1999, 468; *Hasselblatt* (Hrsg.), Gewerblicher Rechtsschutz, 5. Aufl., München 2017; *Hauschka,* Compliance, Compliance-Manager, Compliance-Programme – Eine geeignete Reaktion auf gestiegene Haftungsrisiken für Unternehmen und Management?, NJW 2004, 257; *Horn,* Die Haftung des Vorstands der AG nach § 93 AktG und die Pflichten des Aufsichtsrats, ZIP 1997, 1129; *Immenga/Mestmäcker* (Hrsg.), Wettbewerbsrecht, Band 2, GWB, Kommentar zum Deutschen Kartellrecht, 5. Aufl., München 2014; *Kapp,* Die Einfallstore des Kartellrechts, CCZ 2008, 11; *Kapp/Schlump,* Ist die Vernichtung von (kartellrechtlich relevanten) Unternehmensunterlagen zulässig?, BB 2008, 2478; *Koenig/Engelmann,* Parallelhandelsbeschränkungen im Arzneimittelbereich auf dem Prüfstand des Art. 82 EG, GRUR Int. 2005, 304; *Kort,* Verhaltensstandardisierung durch Corporate Compliance, NZG 2008, 81; *Kraßer/Ann,* Patentrecht – Lehrbuch zum deutschen und europäischen Patentrecht und Gebrauchsmusterrecht, 7. Aufl., München 2016; *Kuchinke/Hermann,* Aktuelle Kontroversen bezüglich der ökonomischen Beurteilung von Krankenhauszusammenschlüssen in Deutschland,

WuW 2006, 991; *Kühnen,* Die verfahrensrechtliche Behandlung der Entflechtungsverfügung in der deutschen Fusionskontrolle, Diss. 2008, Köln ua 2008; *Langen/Bunte* (Hrsg.), Kommentar zum deutschen und europäischen Kartellrecht, Band 1, Deutsches Kartellrecht, 13. Aufl., Köln 2018; *dies.* (Hrsg.), Kommentar zum deutschen und europäischen Kartellrecht, Band 2, Europäisches Kartellrecht, 13. Aufl., Köln 2018; *Lettl,* Unwirksamkeit von Rechtsgeschäften nach § 41 Abs. 1 Satz 2 GWB bei Verstoß gegen das Vollzugsverbot, WuW 2009, 249; *Lübbig/Klasse,* Kartellrecht im Pharma- und Gesundheitssektor, 2. Aufl., Baden-Baden 2015; *Mayer/Miege,* Die Rechtsfolgen eines Verstoßes gegen das zusammenschlussrechtliche Vollzugsverbot – Nichtigkeit der den Verstoß begründenden Rechtsgeschäfte?, BB 2008, 2031; *Milbradt,* Europarecht, in: Hasselblatt (Hrsg.), Münchener Anwaltshandbuch Gewerblicher Rechtsschutz, 5. Aufl., München 2017; *Nolte,* Reform des EG-Kartellrechts für Vertriebs- und Zulieferverträge, BB 1998, 2429; *Pampel,* Die Bedeutung von Compliance-Programmen im Kartellordnungswidrigkeitenrecht, BB 2007, 1636; *Schneider,* Compliance als Aufgabe der Unternehmensleitung, ZIP 2003, 645; *Schulte* (Hrsg.), Handbuch Fusionskontrolle, 3. Aufl., Köln 2020; *Schütze,* Forschung und Entwicklung, in: Loewenheim/Meessen/Riesenkampff/Kersting/Meyer-Lindemann (Hrsg.), Kartellrecht, 3. Aufl., München 2016; *Semler/Bauer,* Die neue EU-Gruppenfreistellungsverordnung für vertikale Wettbewerbsbeschränkungen – Folgen für die Rechtspraxis, DB 2000, 193; *Senge,* Karlsruher Kommentar zum Gesetz über Ordnungswidrigkeiten, 5. Aufl., München 2018; *Siebert/Pries,* Kartellrechtliche Marktabgrenzung im Pharma-Bereich, Pharma Recht 2007, 147; *Soltesz/Puffer,* Krankenhäuser im Fokus des Europäischen Wettbewerbsrechts, EWS 2006, 438; *Soyez,* Die kartellrechtliche Beurteilung von Meistbegünstigungsklauseln im Lichte der HRS-Entscheidung des BKartA, NZKart 2014, 447; *Wiedemann* (Hrsg.), Handbuch des Kartellrechts, 4. Aufl., München 2020; *Wijckmans/Tuytschaever/Lorenz/Zellhofer,* Vertriebsverträge im Kartellrecht, Wien 2019. *Wissmann/Dreyer/Witting,* Kartell- und regulierungsbehördliche Ermittlungen im Unternehmen und Risikomanagement, München 2008.

Übersicht

A. Einleitung

Mehr als fünfzehn Jahre ist es her, dass die EG-Verordnung 1/2003 (VO 1/2003)[1] in Kraft getreten ist und das europäische Kartellverfahrensrecht grundlegend reformiert hat.[2] Das bis dahin 40 Jahre lang geltende Prinzip des Kartellverbots mit Erlaubnisvorbehalt („Anmeldesystem") wurde durch ein **System der Legalausnahme** ersetzt. Der nationale Gesetzgeber führte mit der 7. Novelle des Gesetzes gegen Wettbewerbsbeschränkungen (GWB) ebenfalls das Legalausnahmensystem ein.[3] 1

Die Freistellungswirkung des Art. 101 Abs. 3 Vertrag über die Arbeitsweise der Europäischen Union (AEUV)[4] bzw. § 2 GWB ergibt sich bei Vorliegen der Freistellungsvoraussetzungen seitdem automatisch. Den Unternehmen obliegt damit eine **kartellrechtliche Selbsteinschätzung.**[5] Sie können also bei den Kartellbehörden nicht mehr die Beurteilung und Billigung des beabsichtigten Verhaltens beantragen, sondern müssen selbst prüfen, ob sie kartellrechtskonform handeln. Die dadurch frei gewordenen Kapazitäten der Kartellbehörden werden verstärkt für Ermittlungstätigkeiten eingesetzt.[6] Gleichzeitig stocken die Behörden ihre für die Verfolgung von Kartellverstößen notwendigen Ressourcen kontinuierlich auf. Hinzu kommen die sogenannten **Kronzeugenregelungen,** die einen erheblichen Anreiz (Bußgeldreduzierung bis hin zur vollständigen Immunität) bieten, den Wettbewerbsbehörden ein Kartell anzuzeigen. 2

Diese und zukünftige Entwicklungen bergen für die Unternehmen erhebliche Risiken: Stellen die Behörden im Zuge einer Überprüfung einen Kartellrechtsverstoß fest, drohen empfindliche Konsequenzen für das Unternehmen, die handelnden Personen und die Unternehmensleitung. Eine verantwortungsbewusste Unternehmensleitung hat daher auch ein besonderes Augenmerk darauf zu legen, dass kartellrechtliche Vorgaben eingehalten werden. Nach Möglichkeit sind Maßnahmen zu ergreifen, die das kartellrechtskonforme Verhalten des Unternehmens, der Organmitglieder, der Mitarbeiter und sonstiger in die Absatzstruktur eingebundener Personen und Unternehmen hinsichtlich kartellrechtlicher Vorgaben gewährleisten **(„Compliance").**[7] Es wäre ein Trugschluss zu glauben, dass nur große, in- 3

---

[1] Verordnung (EG) Nr. 1/2003 des Rates vom 16.12.2002 zur Durchführung der in den Artikeln 81 und 82 des Vertrages [Art. 101 und 102 AEUV] niedergelegten Wettbewerbsregeln, ABl. 2003 L 1, S. 1.

[2] Die Europäische Kommission leitete im Sommer 2008 eine öffentliche Anhörung zu den Erfahrungen mit der VO 1/2003 ein. Die Ergebnisse der Untersuchung sowie der Erfahrungen der ersten fünf Jahre mit der Verordnung wurden in einem entsprechendem Bericht zusammengefasst (abrufbar unter: http://ec.europa.eu/competition/antitrust/legislation/regulations.html).

[3] Dem deutschen Gesetzgeber blieb wegen des erweiterten Vorrangs des Gemeinschaftsrechts keine andere Wahl, als diesen Wechsel ebenfalls zu vollziehen, *Immenga/Mestmäcker* in Immenga/Mestmäcker GWB Einleitung Rn. 28.

[4] Umbenannt durch den Vertrag von Lissabon, vormals: Vertrag über die Europäische Gemeinschaft.

[5] *Fleischer* BB 2008, 1070 (1071).

[6] *Besen/Mayer* MPJ 2008, 16.

[7] Die nachfolgenden Ausführungen beleuchten lediglich die speziellen kartellrechtlichen Aspekte der Compliance. Allgemeine Ausführungen dazu finden sich in Kapitel 7.

ternational operierende Unternehmen vorbeugende Maßnahmen treffen müssten. Zunehmend rücken auch mittelständische und kleinere Unternehmen in den Fokus der Kartellrechtsbehörden.[8]

4 Die Wettbewerbsbehörden erstrecken ihre Ermittlungen auf eine Vielzahl von Industriesektoren. Insbesondere der Gesundheitssektor ist in jüngerer Zeit jedoch verstärkt untersucht worden: Die Europäische Kommission hat beispielsweise bereits am 8.7.2009 ihren Abschlussbericht zur breit angelegten **Untersuchung der Wettbewerbsbedingungen im Pharmasektor** vorgelegt.[9] Nach den Erkenntnissen der Kommission funktioniert der Wettbewerb im Pharmabereich nicht ordnungsgemäß. Insbesondere bei innovativen und/oder generischen Arzneimitteln soll der Wettbewerb verfälscht bzw. eingeschränkt sein, was eine ungünstige Preisentwicklung zulasten des Patienten verursache. In ihrem Abschlussbericht wirft die Kommission den Herstellern von Originalpräparaten vor, die Markteinführung von Generika zu verzögern. Darüber hinaus sollen Pharmaunternehmen defensive Patentstrategien verfolgen, um Wettbewerber an der Entwicklung neuer Arzneimittel zu hindern.[10] Die verstärkte Aufmerksamkeit seitens der Kartellbehörden auf den Pharmasektor ist auch an den Entscheidungen der Kommission und der Gerichte in diesem Bereich in den vergangenen Jahren zu erkennen.[11] Mit weiteren Ermittlungstätigkeiten der Europäischen Kommission und der nationalen Kartellbehörden in diesem Bereich bleibt zu rechnen.

5 Dass die Kartellbehörden auch faktisch in der Lage sind, ihrem Überwachungsauftrag Nachdruck zu verleihen, zeigt die Vielzahl vergangener Ermittlungsverfahren. Im Januar 2008 verhängte etwa das Bundeskartellamt ein Bußgeld von 150.000 Euro gegen acht Apotheken. Seit Anfang 2004 unterliegen nicht rezeptpflichtige, aber apothekenpflichtige Arzneimittel (OTC-Arzneimittel) nicht mehr der Preisbindung, sodass jeder Apotheker seine Preise frei bestimmen kann. Den Apotheken wurde vorgeworfen, eine „Werbegemeinschaft" gegründet und mit abgesprochenen (reduzierten) Preisen versucht zu haben, eine „Discount-Apotheke" vom Markt zu verdrängen.[12] Der Gesichtspunkt des **Ausschlusses des Preiswettbewerbs** lag auch einem ebenfalls im Januar 2008 abgeschlossenen Verfahren des Bundeskartellamts zu Grunde. Im Rahmen dieses Verfahrens wurden Bußgelder gegen neun Landesapothekenverbände, einen Herstellerverband sowie fünf Pharmaunternehmen verhängt. Den Ermittlungen des Bundeskartellamtes zufolge sollen Landesapothekenverbände und der Herstellerverband Ende 2003 Vortragsveranstaltungen in verschiedenen deutschen Städten organisiert haben. Auf diesen Vortragsveranstaltungen, an denen mehrere tausend Apotheker teilnahmen, seien Redner der Apothekerverbände, von Beratungsunternehmen und von pharmazeutischen Herstellern aufgetreten, die den anwesenden Apothekern nahegelegt haben sollen, vom Preiswettbewerb Abstand zu nehmen, und sich stattdessen an die unverbindlichen Preisempfehlungen der Hersteller zu halten.[13] Zwar betreffen

[8] *Kapp* CCZ 2008, 11.

[9] Der Abschlussbericht und weitere Informationen hierzu sind im Internet auf den Seiten der Kommission unter http://ec.europa.eu/competition/sectors/pharmaceuticals/inquiry/index.html abrufbar.

[10] Siehe hierzu ausführlich *Besen/Gärtner/Mayer/Vormann* PharmR 2009, 432ff.; *Besen/Mayer* EWS 2009, 28ff.; *Besen/Mayer* pharmind 2009, 80f.

[11] Bußgeldbeschluss der Europäischen Kommission vom 19.6.2013 – COMP/AT.39226 – Lundbeck. Bestätigt durch EuG 8.9.2016 – T-472/13; Bußgeldbeschluss der Europäischen Kommission vom 9.7.2014 – COMP/AT.39612 – Perindopril. Teilweise bestätigt durch EuG 12.12.2018 – T-677/14; Bußgeldbeschluss der Europäischen Kommission 10.12.2013 – COMP/AT.39685 – Fentanyl.

[12] Siehe die Pressemitteilung des Bundeskartellamts vom 8.1.2008, abrufbar unter https://www.bundeskartellamt.de/SharedDocs/Meldung/DE/Pressemitteilungen/2008/08_01_2008_Hildesheimer-Apotheken.html?nn=3591568 (zul. abgerufen am 23.2.2021).

[13] Hierzu die Pressemitteilung des Bundeskartellamts, abrufbar unter https://www.bundeskartellamt.de/SharedDocs/Meldung/DE/Pressemitteilungen/2008/08_01_2008_Hildesheimer-Apotheken.html?nn=3591568 (zul. abgerufen am 23.2.2021).

diese Verfahren in erster Linie den Arzneimittelbereich. In der Folge sind jedoch auch **andere Bereiche des Gesundheitsmarktes** in den Fokus der Kartellbehörden gerückt.[14]

B. Rechtsfolgen

Das mit einem Kartellverstoß einhergehende Risiko ist nicht zu unterschätzen. Nicht 6
nur mittelständischen Unternehmen fehlt aber oftmals die erforderliche **Sensibilität** für die von Verstößen gegen das Kartellrecht ausgehenden rechtlichen Risiken für das Unternehmen und die handelnden Mitarbeiter.

I. Rechtsfolgen für das Unternehmen

Gegen das Unternehmen können **Geldbußen** in Höhe von bis zu zehn Prozent des im 7
vorangegangenen Geschäftsjahr erzielten Gesamtumsatzes verhängt werden.[15] Ein Bußgeld kann also existenzbedrohend sein. Soweit eine Geldbuße Ahndungscharakter hat, kann sie im Übrigen auch nicht von den Ertragssteuern, insbesondere der Einkommensteuer, abgezogen werden.[16] Hinzu treten können **Schadensersatzansprüche** Dritter gemäß § 33a Abs. 1 GWB. Die Anspruchsteller können sich im Rahmen eines Schadensersatzprozesses der bestandskräftigen Entscheidung der Kartellbehörden bedienen, um so das kartellrechtswidrige Verhalten nachzuweisen. Darüber hinaus hat der Gesetzgeber in den vergangenen Jahren mit der 8. und 9. GWB-Novelle die Durchsetzung von Bußgeldern und Schadensersatzansprüchen gegen die an Kartellen beteiligten Unternehmen weiter erleichtert.[17] Materiell kaum oder nur schwer bezifferbar sind die Auswirkungen eines Kartellverfahrens für Image und Ansehen eines Unternehmens sowie den Unternehmenswert als solchen. Für die Praxis bedeutsam ist weiterhin, dass kartellrechtswidrige **Vereinbarungen unwirksam** und damit gerichtlich nicht durchsetzbar sind.

II. Rechtsfolgen für die handelnden Personen

Im Gegensatz zum europäischen Kartellrecht nimmt das deutsche Kartellrecht auch die 8
unmittelbar am kartellrechtswidrigen Verhalten beteiligten Personen in die Pflicht. Es kann ein **Bußgeld** von bis zu 1 Mio. Euro verhängt werden (§ 81 Abs. 4 S. 1 GWB). Strafrechtliche Sanktionen können ebenfalls nicht ausgeschlossen werden, etwa bei Submissionskartellen[18]: Submissionsabsprachen erfüllen den Straftatbestand des Betruges (§ 263 StGB),

---

[14] *Besen/Mayer* MPJ 2008, 16; siehe auch Bundeskartellamt Kontaktlinsen (B3-123/08), Hörgeräte (B3-69/08) und Blutzuckerstreifen (B3-123/11).

[15] Vgl. § 81 Abs. 4 S. 2 GWB. Zur Festlegung des Bußgeldrahmens und Zumessung des konkreten Bußgeldes: *Dannecker/Biermann* in Immenga/Mestmäcker GWB § 81 Rn. 399–432.

[16] *Bechtold* GWB § 81 Rn. 52ff.

[17] In der 9. GWB-Novelle hat der deutsche Gesetzgeber die Schadensersatzrichtlinie der EU (RL 2014/104/EU) in den §§ 33–33h GWB umgesetzt und dadurch die Durchsetzbarkeit von Kartellschadensersatzansprüchen massiv verbessert. Außerdem wurde durch die 8. und 9. GWB-Novelle mit den Regelungen in § 81 Abs. 3a–e GWB die Haftung von Muttergesellschaften für Kartellverstöße von Tochterunternehmen eingeführt und dadurch die Verfolgungslücke bei Rechtsnachfolge von Unternehmen (sog. Wurstlücke) geschlossen. Das deutsche Recht wurde insoweit dem europäischen Recht angeglichen.

[18] Submissionskartelle sind trotz reger Verfolgungsaktivität der Kartellbehörden und drohender Strafverfolgung (§ 298 StGB) in zahlreichen Branchen verbreitet. Kennzeichnend für Submissionskartelle ist die Verpflichtung der Beteiligten, bei Ausschreibungen (zB zur Durchführung von Werkverträgen) oder Versteigerungen sich zugunsten eines Kartellmitglieds eines wettbewerbsgerechten Angebots zu enthalten oder Scheinangebote abzugeben, *Zimmer* in Immenga/Mestmäcker GWB § 1 Rn. 203–206. In anderen (europäischen) Staaten können auch allgemeine Kartellverstöße Straftatbestände darstellen.

wenn die Kartellmitglieder den Veranstalter einer Ausschreibung über die Ordnungsmäßigkeit der Preisbildung für ihre Angebote täuschen und ihm oder einem Dritten durch irrtumsbedingte Verfügung ein Vermögensschaden entsteht. Die bloße Abgabe eines Angebots in einem Ausschreibungsverfahren, das auf einer rechtswidrigen Absprache beruht, stellt § 298 StGB unter Strafe. Das Gesetz sieht in beiden Fällen eine Strafandrohung einer **Freiheitsstrafe** von bis zu fünf Jahren vor. Schließlich treten in der Praxis häufig auch arbeitsrechtliche Konsequenzen hinzu.

III. Rechtsfolgen für die Unternehmensleitung

9 Handelt ein Mitglied der Unternehmensleitung ordnungswidrig, kann unmittelbar gegen das jeweilige Mitglied ein Bußgeld verhängt werden, § 130 Abs. 1, 3 OWiG. Ordnungswidrig handelt nach dieser Vorschrift, wer vorsätzlich oder fahrlässig **Aufsichtsmaßnahmen**[19] **unterlässt,** die erforderlich gewesen wären, um in dem Betrieb oder Unternehmen Gesetzesverstöße, zu denen nicht zuletzt Verstöße gegen das Kartellrecht zählen, zu verhindern. Hierzu genügt in der Regel nicht, wenn Mitarbeiter lediglich darauf hingewiesen werden, dass (kartellrechtliche) Bestimmungen einzuhalten sind. Es bedarf zumindest einer konkreten, für jeden Mitarbeiter verständlichen Belehrung.[20] Erforderlich ist weiterhin eine kontinuierliche Überwachung[21] sowie – je nach Unternehmensgröße und Branche – das Treffen von Vorkehrungen, um Kartellverstöße rechtzeitig verhindern zu können.[22] Die Etablierung von Compliance-Programmen erscheint damit nicht nur tatsächlich sinnvoll, es besteht wohl sogar eine Pflicht hierzu.[23] Mitglieder der Unternehmensleitung können bei einem Kartellverstoß auch dem Unternehmen gegenüber haften. So haben beispielsweise Vorstände einer Aktiengesellschaft gemäß § 93 Abs. 1 S. 1 AktG bei der Geschäftsführung „die Sorgfalt eines ordentlichen und gewissenhaften Geschäftsleiters anzuwenden“.[24] Bei Verstößen (etwa durch mangelnde Aufsicht der Mitarbeiter) sind sie der Gesellschaft nach Abs. 2 dieser Vorschrift zum Ersatz des entstandenen Schadens verpflichtet.[25] Im Ergebnis handelt es sich hierbei um einen Regressanspruch für das von der Kartellbehörde gegen das Unternehmen festgesetzte Bußgeld.

C. Risikofelder

10 Die kartellrechtsrelevanten Risikofelder im Gesundheitssektor sind vielschichtig.[26] In der täglichen Praxis sind insbesondere zwei kartellrechtliche Grundregeln zu beachten: Das Verbot **wettbewerbsbeschränkender Vereinbarungen,** Art. 101 AEUV, § 1 GWB, sowie das Verbot des **Missbrauchs einer marktbeherrschenden Stellung,** Art. 102 AEUV, §§ 18–20 GWB. Daneben gilt es aber auch, die Vorschriften der Zusammenschlusskontrolle nicht aus den Augen zu verlieren.

---

[19] Die erforderliche Aufsicht gliedert sich in Leitungs-, Koordinations-, Organisations- und Kontrollpflichten. Hierzu *Rogall* in Karlsruher Kommentar zum OWiG, § 130 Rn. 42 mwN.

[20] Vgl. OLG Düsseldorf WuW/E 1983, 1893 (1896 f.) – Transportbeton; *Bechtold* GWB § 81 Rn. 75; *Fleischer* BB 2008, 1070 (1071).

[21] BGHSt 9, 319 (323).

[22] OLG Düsseldorf WuW/E DE-R 1893 ff.; *Pampel* BB 2007, 1636 (1637).

[23] *Berg* AG 2007, 271 (274 ff.); *Bürkle* BB 2007, 1797 (1798, 1800); *Fleischer* AG 2003, 291 (298 ff.); *ders.* BB 2008, 1070 (1072); *Schneider* ZIP 2003, 645 (647).

[24] Ganz ähnlich spricht § 43 Abs. 1 GmbHG von der „Sorgfalt eines ordentlichen Geschäftsmanns“.

[25] *Fleischer* BB 2008, 1070 (1073 f.); *Kort* NZG 2008, 81 (86). Teile der Literatur stehen einer Überwälzung von Unternehmensgeldbußen kritisch gegenüber. Die damit einhergehende Entlastung des Unternehmens widerspreche dem Sanktionszweck, vgl. *Dreher* FS Konzen, S. 85 (103 ff.); *Horn* ZIP 1997, 1129 (1136).

[26] *Besen/Mayer* MPJ 2008, 89.

I. Das Verbot wettbewerbsbeschränkender Absprachen, Art. 101 Abs. 1 AEUV, § 1 GWB

Wettbewerbsbeschränkende Absprachen sind grundsätzlich **verboten.** Hierunter versteht man Vereinbarungen zwischen Unternehmen, Beschlüsse von Unternehmensvereinigungen und aufeinander abgestimmte Verhaltensweisen, die (spürbar) eine Verhinderung, Einschränkung oder Verfälschung des Wettbewerbs bezwecken oder bewirken (vgl. Art. 101 Abs. 1 AEUV, § 1 GWB). Ursprünglich erfasste § 1 GWB ausschließlich zwischen Wettbewerbern zu Stande gekommene Verträge, Vereinbarungen etc, also horizontal wettbewerbsbeschränkende Absprachen. Der europäische Gesetzgeber verfolgt seit jeher einen weitergehenden Ansatz: Art. 101 Abs. 1 AEUV (vormals Art. 81 Abs. 1 EG) erfasst auch vertikal wettbewerbsbeschränkende Absprachen, also Absprachen zwischen Unternehmen, die auf verschiedenen Stufen der Produktions- oder Vertriebsketten tätig sind.[27] Seit der 7. GWB-Novelle verbietet auch § 1 GWB vertikale wettbewerbsbeschränkende Absprachen. Materiellrechtlich unterscheiden sich die Tatbestände von Art. 101 Abs. 1 AEUV und § 1 GWB damit kaum noch.[28] 11

1. Umgang mit Wettbewerbern

Ein besonderes kartellrechtliches Problembewusstsein erfordert jedoch weiterhin der Umgang mit Wettbewerbern. Hier liegen die klassischen, besonders wettbewerbsschädlichen Formen von Kartellen.[29] Eine Reihe von Kooperationsformen auf dieser Ebene sind kartellrechtlich bedenklich oder gar verboten und können nur selten von einer so genannten Freistellung profitieren. Besonders kritisch sind **Preisabsprachen.** Sie gehören zu den **Kernbeschränkungen,** die – als „bezweckte" Wettbewerbsbeschränkungen – mit empfindlichen Geldbußen geahndet werden. 12

Neben direkten Preisabsprachen, zB zwischen zwei oder mehreren Arznei- oder Medizinprodukteunternehmern, werden auch mittelbare Preisabsprachen vom Anwendungsbereich des Kartellverbots erfasst.[30] So können etwa Absprachen über Allgemeine Geschäftsbedingungen bzw. sonstige Vertragskonditionen einen Verstoß gegen kartellrechtliche Vorschriften darstellen, soweit sie beispielsweise eine einheitliche Preisbildung herbeiführen. Damit sind auch Absprachen über Rabatte bzw. Nachlässe[31], Marketingzuschläge[32], Boni oder sonstige Preiselemente kartellrechtlich grundsätzlich unzulässig. Kartellrechtlich bedenklich ist in der Regel schon die bloße Verwendung einer **identischen Preisformel.** Dies führt nämlich häufig faktisch zu einem einheitlichen Preis für die betreffenden Produkte. Ein Kartellrechtsverstoß läge wohl selbst dann vor, wenn die Beteiligten über eine einheitliche Preisformel lediglich diskutierten und dabei vom wechselseitigen Verwenden der Preisformel ausgingen. 13

In diesem Zusammenhang musste sich das Bundeskartellamt auch wiederholt mit der Zulässigkeit von Preis- und Rabattabsprachen im **pharmazeutischen Großhandel** befassen und verhängte in einer Entscheidung vom 1.9.2006 Bußgelder gegen mehrere Pharmagroßhändler.[33] Den Ermittlungen des Bundeskartellamtes zufolge hatte ein einzelner Pharmagroßhändler einen (lokalen) Preiskampf mittels Rabattaktionen initiiert und auf 14

---

27 *Zimmer* in Immenga/Mestmäcker GWB § 1 Rn. 54, 318ff.

28 *Säcker* in MüKoWettbR Einleitung Rn. 25, § 1 Rn. 2.

29 *Zimmer* in Immenga/Mestmäcker GWB § 1 Rn. 233ff.

30 *Wollmann/Herzog* in MüKoWettbR AEUV Art. 101 Rn. 178; *Zimmer* in Immenga/Mestmäcker GWB § 1 Rn. 209.

31 BKartA WuW/E BKartA 2005 (2006) – Behälterglas.

32 *Zimmer* in Immenga/Mestmäcker GWB § 1 Rn. 210.

33 Vgl. die Presseerklärung des Bundeskartellamts vom 19.4.2007. Auf der Internetseite des Bundeskartellamts wurde zugleich eine anonymisierte Fassung des Bußgeldbescheides zum Gesch.-Z.: B 3–129/03 veröffentlicht.

diese Weise Marktanteile gewonnen. Vier weitere Großhändler wollten die verlorenen Marktanteile zurückgewinnen und den Rabattwettbewerb beenden. Hierzu sollen auf regionaler Basis Saldenlisten ausgetauscht worden sein, denen wohl entnommen werden konnte, wie viele Apotheken mit welchem durchschnittlichen Monatsumsatz in der betreffenden Region von dem ursprünglichen „Maverick"[34] zu dem jeweiligen Wettbewerber gewechselt waren und umgekehrt. Die Differenz sollte in der Weise ausgeglichen werden, dass der „Maverick" Apotheken mit einem entsprechenden Einkaufsvolumen nunmehr ungünstige Einkaufskonditionen gewährt.

15 Ebenso schwerwiegende Verstöße gegen Art. 101 AEUV, § 1 GWB stellen **Kunden- und Marktaufteilungen** dar. Letztere können beispielsweise dann vorliegen, wenn sich zwei Unternehmen darauf verständigen, sich in bestimmten Gebieten bzw. bei bestimmten Kunden keinen Wettbewerb zu machen. Dies gilt auch dann, wenn es um die Erschließung von neuen Liefergebieten oder die Werbung von neuen Kunden geht. Mittelbare Marktaufteilungen jeglicher Art fallen grundsätzlich ebenfalls unter das Kartellverbot. Auch vom Kartellverbot erfasst und somit rechtswidrig sollen sog. pay-for-delay Vereinbarungen sein, die in jüngerer Vergangenheit mehrfach Gegenstand von Entscheidungen der Kartellbehörden und Gerichte waren.[35] Dabei handelt es sich um Vereinbarungen zwischen dem Hersteller eines Originalpräparats und Generikaherstellern, in denen vereinbart wird, dass diese ihre Produkte trotz Ablauf des Patentschutzes des Originalpräparats gar nicht oder erst später auf den Markt bringen. Besonders relevant und im Einzelfall schwer zu handhaben sind derartige Vereinbarungen im Rahmen von patent-settlement-agreements.[36]

16 Wettbewerbswidrige Absprachen sind im Gesundheitssektor nicht nur auf Herstellerebene denkbar. Zu „Preisabsprachen" kann es beispielsweise auch zwischen Ärzten oder Ärzteverbänden kommen: Die Höhe einer ärztlichen Behandlungsgebühr bestimmt sich nach der Gebührenordnung für Ärzte („GOÄ"). Im Einzelfall kann mit dem Patienten eine von der GOÄ abweichende Vergütung vereinbart werden, vgl. § 2 Abs. 1 GOÄ. Kartellrechtlich verboten wäre es beispielsweise, wenn in derselben Stadt praktizierende Ärzte sich darüber verständigten, nicht miteinander zu konkurrieren und Privatpatienten nur zu behandeln, wenn die Patienten bereit sind, eine Vereinbarung über eine abweichende Gebührenhöhe zu unterzeichnen.[37] Problematisch kann auch das Gebührenverhalten von **Ärzteverbänden** sein. Nimmt etwa eine Ärztevereinigung eine zentrale, auf eine Gebührenvereinheitlichung ausgerichtete Rolle in Preisverhandlungen der Ärzteschaft mit Vertretern der Krankenversicherungswirtschaft ein, kann hierin eventuell durchaus ein kartellrechtlicher Verstoß gesehen werden.[38]

2. Forschungs- und Entwicklungskooperationen

17 Die Entwicklung neuer Gesundheitsprodukte ist zeit- und kostenintensiv und daher mit einem hohen unternehmerischen Risiko verbunden. Dies gilt nicht nur für Arzneimittel. Gerade im Gesundheitssektor bilden daher Unternehmen, die bei einer Forschung oder einer Entwicklung einen gemeinsamen Zweck verfolgen, Kooperationen („F&E Koopera-

---

[34] Kartellrechtliche Bezeichnung für einen Preistreiber.

[35] Vgl. Fn. 12.

[36] Bußgeldbeschluss der Europäischen Kommission vom 19.6.2013 – COMP/AT.39226 – Lundbeck. Bestätigt durch EuG 8.9.2016 – T-472/13.

[37] Vgl. OLG München WuW/E OLG 3395 – Orthopäden.

[38] Die irischen Kartellbehörden hatten sich in ihrer Entscheidung vom 28.9.2005 mit einem vergleichbaren Sachverhalt zu beschäftigen. Letztlich konnten die Vorwürfe nicht abschließend geklärt werden. Das Verfahren wurde daher gegen die Verpflichtung eingestellt, dass sich die Ärztevereinigung in Zukunft nicht mehr in die Preisvereinigungen einschalten solle, vgl. Entscheidung der irischen Kartellbehörde vom 28.9.2005, Irish Hospital Consultants Association, veröffentlicht in e-Competitions, EU Competition Laws e-Bulletin, November 2005. Näher *Lübbig/Klasse,* Kartellrecht im Pharma- und Gesundheitssektor, § 3 Rn. 16 (auch zu weiteren kartellrechtlichen Problembereichen im Zusammenhang mit der Rolle von Ärzteverbänden).

tionen").[39] F&E-Kooperationen fördern eine schnellere Entwicklung von Produkten und Technik, als dies ohne derzeitige Kooperationen möglich wäre. Unerwünschte Parallelforschungen werden vermieden und die Produktivität gesteigert. F&E-Kooperationen können aber neben weiteren positiven Gesichtspunkten **auch negative Effekte** für den Wettbewerb haben. Denkbar sind nicht zuletzt beschränkende Vereinbarungen über Preise, die Produktion oder Innovation. Aus den Leitlinien über horizontale Zusammenarbeit[40] geht jedoch hervor, dass F&E-Kooperationen nur unter engen Voraussetzungen einen Verstoß gegen Art. 101 Abs. 1 AEUV darstellen.

Wettbewerbsrechtlich unbedenklich sind in der Regel F&E-Kooperationen, die sich allein auf ein theoretisches Stadium **(Grundlagenforschung)** beziehen und von einem marktfähigen Produkt weit entfernt sind.[41] Auch die Kooperation zwischen Nichtwettbewerbern oder die Zusammenarbeit im Wege der Auslagerung auf spezialisierte Forschungsinstitute verstoßen in der Regel nicht gegen kartellrechtliche Bestimmungen.[42] Gehen F&E-Kooperationen über diesen Bereich hinaus, kommt eine **Freistellung** nach der Gruppenfreistellungsverordnung (EG) Nr. 1217/2010 vom 18.12.2010 („F&E-GVO")[43] in Betracht. Art. 4 Abs. 2 dieser VO stellt Kooperationen frei, wenn zum Zeitpunkt des Abschlusses der Forschungsvereinbarung die Summe der Anteile der beteiligten Unternehmen am sachlich relevanten Markt derjenigen Produkte, die durch die Vertragsprodukte verbessert oder ersetzt werden können, 25% nicht überschreiten. Unanwendbar ist die F&E-GVO in der Regel, wenn es um die Erforschung eines gänzlich neuen Wirkstoffs oder Medikaments geht. Gelingt es keinem anderen Wettbewerber ein Konkurrenzprodukt auf den Markt zu bringen, wird die **Marktanteilsschwelle von 25%** nämlich überschritten. Eine kartellrechtliche Unzulässigkeit wäre aber nicht sachgerecht: Es sind gerade solche Projekte, die den Verbrauchern offensichtlich Vorteile in Gestalt eines innovativen Produktes garantieren.[44] Im Einzelfall kann daher auch eine F&E-Kooperation bei Marktanteilen von mehr als 25% für einen bestimmten Zeitraum freigestellt sein. 18

3. Technologietransfervereinbarungen

Von besonderer Wichtigkeit für die Pharma- und Medizinprodukteindustrie ist auch die Frage der kartellrechtlichen Zulässigkeit von Patent- und Know-how-Lizenzverträgen. Solche **Technologietransfervereinbarungen,** die auch Patentanmeldungen oder ergänzende Schutzzertifikate für Arzneimittel oder andere Produkte erfassen, fallen regelmäßig in den Anwendungsbereich der Gruppenfreistellungsverordnung (EU) Nr. 316/2014 vom 21.3. 2014[45] („Technologietransfer-GVO"), die durch die Leitlinien der Kommission zur Anwendung von Art. 101 AEUV auf Technologietransfer-Vereinbarungen[46] konkretisiert werden. 19

Ähnlich wie bei der F&E-GVO finden sich in der Technologietransfer-GVO **Marktanteilsschwellen.** Demzufolge sollen Technologietransfer-Vereinbarungen zwischen Wettbewerbern nur unter der Voraussetzung freigestellt sein, dass der gemeinsame Marktanteil der Parteien auf dem betroffenen relevanten Technologie- und Produktmarkt 20% nicht überschreitet. Bei Nicht-Wettbewerbern darf hingegen der individuelle Marktanteil der Parteien 20

[39] *Hansen* WuW 1999, 468ff.

[40] Leitlinien zur Anwendbarkeit von Art. 101 des Vertrages über die Arbeitsweise der Europäischen Union auf Vereinbarungen über horizontale Zusammenarbeit, ABl. 2011 C 11, S. 1.

[41] *Schütze* in Loewenheim/Meessen/Riesenkampff/Kersting/Meyer-Lindemann, Kartellrecht, GVO-F&E, Einführung Rn. 1a; *Besen/Slobodenjuk* GRUR 2011, 300 (301).

[42] Leitlinien zur Anwendbarkeit von Art. 101 des Vertrages über die Arbeitsweise der Europäischen Union auf Vereinbarungen über horizontale Zusammenarbeit, ABl. 2011 C 11, S. 1, Rn. 131.

[43] ABl. 2010 L 335, S. 36. Die aktuelle Version der F&E-GVO hat nur noch bis zum 31.12.2022 Geltung. Über die danach geltende Neufassung wird derzeit diskutiert.

[44] *Lübbig/Klasse,* Kartellrecht im Pharma- und Gesundheitssektor, § 3 Rn. 59.

[45] ABl. 2014 L 93, S. 17.

[46] ABl. 2014 C 89, S. 3.

auf dem betroffenen relevanten Technologie- und Produktmarkt 30% nicht überschreiten. Artikel 4 der Technologietransfer-GVO enthält eine Liste nicht-freigestellter **Kernbeschränkungen** (zB Outputbeschränkungen). Auch in diesem Zusammenhang wird zwischen Vereinbarungen zwischen Wettbewerbern und solchen zwischen Nicht-Wettbewerbern unterschieden. Das Verbot der Beschränkung der Preishoheit der jeweils anderen Partei gilt hiernach jedoch für beide Konstellationen.

4. Einkaufsgemeinschaften

21 Schwierigkeiten bereitet auch die kartellrechtliche Behandlung von Einkaufsgemeinschaften. Hierbei handelt es sich um eine Kooperation mehrerer Unternehmen zur **Bündelung der Nachfrage** und gemeinsamer Durchführung der Einkaufstätigkeit (zB von einer Vielzahl von Krankenhäusern). Sie können sowohl die gemeinsame Beschaffung von Waren als auch den gemeinsamen Einkauf von Dienstleistungen zum Gegenstand haben. Solche Kooperationsformen können prinzipiell wettbewerbsfördernd wirken. Auf der anderen Seite führen Vereinbarungen über den gemeinsamen Einkauf zu einer Beschränkung des Wettbewerbs auf dem Nachfragemarkt für eine bestimmte Art von Gütern oder Leistungen. Ist die damit verbundene Beschränkung des Wettbewerbs spürbar, liegt regelmäßig ein Verstoß gegen Art. 101 Abs. 1 AEUV, § 1 GWB vor.

22 Für **kleine und mittlere Unternehmen** („KMU“) in Deutschland sieht § 3 GWB eine Sonderregelung vor, die es den KMU ermöglicht, Kooperationen einzugehen, um die Wettbewerbschancen gegenüber größeren Unternehmen zu verbessern. Durch gemeinsamen Einkauf können KMU etwa aufgrund der höheren Einkaufsvolumina bessere Konditionen (Rabatte, Boni, etc) bei ihren Lieferanten aushandeln, um so zumindest teilweise ihren strukturellen Größennachteil auszugleichen. Dementsprechend sind nach § 3 GWB solche Vereinbarungen zwischen KMU, die die Rationalisierung betrieblicher Vorgänge durch eine zwischenbetriebliche Zusammenarbeit zum Ziel haben, die auf die Steigerung ihrer Wettbewerbsfähigkeit ohne wesentliche Beeinträchtigung des Wettbewerbs abzielen, vom allgemeinen Kartellverbot nach § 1 GWB befreit. Aufgrund des Ausnahmecharakters der Vorschrift soll diese Freistellung jedoch nur gelten, sofern die Vereinbarung keinerlei Zwischenstaatlichkeitsbezug zu einem anderen EU-Staat aufweist.

23 Auf europäischer Ebene gibt es diesbezüglich keine besonderen Regelungen für KMU. Dort gilt die allgemeine Annahme, derzufolge eine Einkaufskooperation wohl dann kartellrechtlich zulässig ist, wenn der **gemeinsame Marktanteil** der Beteiligten sowohl auf den Einkaufs- als auch auf den Verkaufsmärkten **unter 15 %** liegt.[47] Liegt lediglich der Marktanteil auf dem Verkaufsmarkt über 15%, kann der gemeinsame Einkauf bestimmter Produkte dennoch möglich sein. Voraussetzung ist jedoch, dass der Anteil der gemeinsam eingekauften Produkte an den jeweiligen Gesamtkosten gering ist, so dass es nicht zu einer Kostenangleichung kommt.

5. Informationsaustausch

24 Auch beim bloßen Austausch von Informationen ist aus kartellrechtlicher Sicht Vorsicht geboten. Hierdurch kann nämlich der **„Geheimwettbewerb“**, also die Ungewissheit über das Marktverhalten der Wettbewerber, gefährdet werden.[48] Nach der Praxis der Gemeinschaftsorgane stellt der Informationsaustausch einen Wettbewerbsverstoß dar, wenn Wettbewerber aktuelle, marktsensible und nicht anonymisierte Informationen, zB über Kunden, Lieferungen, Investitionen, Ausschreibungsergebnisse, Marktanteilsentwicklungen und Kostendaten, entweder unmittelbar oder über ein sogenanntes **Marktinformationssystem**

---

[47] Leitlinien zur Anwendbarkeit von Art. 101 des Vertrages über die Arbeitsweise der Europäischen Union auf Vereinbarungen über horizontale Zusammenarbeit, ABl. 2011 C 11, S. 1, Rn. 208. Hier ist eine Grenze zu sog. Einkaufskartellen zu ziehen, die verstärkt im Fokus der Wettbewerbsbehörden, wie zB der Europäischen Kommission, stehen.

[48] *von Graevenitz* LZ 2008, 32; *Zimmer* in Immenga/Mestmäcker GWB § 1 Rn. 275, 277.

austauschen.[49] Auch das Bundeskartellamt verfolgt hier einen sehr strengen Ansatz. In dem sogenannten „Schlossrunden"-Fall verhängte es etwa Bußgelder von knapp 10 Mio. Euro gegen Hersteller hochwertiger Parfümerie- und Kosmetikartikel. Diese sollen sich seit 1995 über eine Vielzahl unternehmensinterner Daten (Werbeausgaben, Retouren, geplante Produkteinführungen und Preisanhebungen) ausgetauscht haben, worin das Bundeskartellamt einen Verstoß gegen § 1 GWB gesehen hat.[50]

In der Praxis dienen häufig **Verbands- und Ausschusssitzungen** als Foren zum Austausch von Informationen. Grundsätzlich ist die Verbandsarbeit politisch gewollt und vom Grundgesetz sogar garantiert.[51] Der Verband darf allerdings nicht zu einer unzulässigen Wettbewerbsabsprache der Verbandsmitglieder missbraucht werden. Kartellrechtlich unzulässig ist es jedenfalls, wenn einzelne Unternehmer auf einer Verbandssitzung konkret ihre geplanten Preiserhöhungen im nächsten Jahr beziffern.[52] Auch Diskussionen über die Bildung von Werbegemeinschaften[53] oder **Boykottaufrufe**[54] sind kartellrechtlich bedenklich. Werden derartige Themen im Rahmen von Verbandssitzungen oder Sitzungen anderer Gremien diskutiert, empfiehlt es sich, nicht nur auf eine aktive Teilnahme zu verzichten, sondern nach erklärtem Protest auch die Sitzung zu verlassen.[55] Da Protokolle derartiger Sitzungen im Rahmen von Kartellverfahren regelmäßig gewichtige Indizien oder gar Beweise für ein kartellrechtswidriges Verhalten liefern, ist es zudem wichtig, dass das Verlassen der Sitzung protokolliert wird. 25

Die genannten Verhaltensregeln gelten im Übrigen grundsätzlich auch im Rahmen von Unternehmensprüfungen **(Due Diligences),** die anlässlich von Unternehmenskäufen durchgeführt werden.[56] Hier stellt sich das systemimmanente Dilemma, dass der Kaufinteressent ein großes (und berechtigtes) Interesse daran hat, möglichst genau über das Kaufobjekt, dessen Auftragslage, eventuelle Risiken etc Bescheid zu wissen. Auf der anderen Seite könnte ein Erhalt sämtlicher soeben genannter Informationen insbesondere dann problematisch sein, wenn es sich bei Kaufinteressent und Zielunternehmer um unmittelbare Wettbewerber handelt. Auch wenn diese Konstellationen nicht unbedingt im Fokus der Wettbewerbsbehörden stehen, ist das aus ihnen resultierende Risiko einfach zu lösen, zB durch Bildung sog. **Clean Teams.**[57] Clean Teams bestehen in der Praxis aus einer Gruppe von Mitarbeitern des Kaufinteressenten, die eine Geheimhaltungsverpflichtung unterzeichnet haben und im Idealfall nicht im operativen Tagesgeschäft tätig sind, sodass die erlangten Informationen nicht zum eigenen Vorteil des Kaufinteressenten verwendet werden können. Sobald die Transaktion (soweit erforderlich) durch die zuständige Kartellbehörde genehmigt und vollzogen wurde, wäre die uneingeschränkte Verwendung der erlangten Information dann zulässig. 26

Die europäische Kommission hat den kartellrechtlichen Problemkreis des „Informationsaustauschs" zwischen Wettbewerbern um eine Facette erweitert: Die am 1.6.2007 in Kraft getretene EU-Verordnung zur Registrierung, Bewertung, Zulassung und Beschränkung 27

---

[49] Vgl. EuGH 23.11.2006 – C-238/05 – ASNEF-EQUIFAX. Eine gute Orientierungshilfe bieten die Leitlinien für die Anwendung von Artikel 81 EG-Vertrag [Art. 101 AEUV] auf Seeverkehrsdienstleistungen vom 1.7.2008, SEK(2008)2151 endgültig (dort: Rn. 38 ff.); siehe hierzu *von Graevenitz* LZ 2008, 32.

[50] Siehe die Pressemitteilung des Bundeskartellamts vom 10.7.2008.

[51] *Besen/Mayer* MPJ 2008, 89 (90); *Kapp* CCZ 2008, 11 (14).

[52] *Kapp* CCZ 2008, 11 (14).

[53] Die Bildung von Werbegemeinschaften wird kartellrechtlich nur als zulässig angesehen, soweit die Eigenwerbung der beteiligten Unternehmen nicht beeinträchtigt wird. Hierzu *Zimmer* in Immenga/Mestmäcker GWB § 1 Rn. 312.

[54] Siehe § 21 GWB; hierzu *Markert* in Immenga/Mestmäcker GWB § 21 Rn. 1 ff.

[55] In der Gerichtspraxis wurde bereits das Verbleiben in solchen Diskussionsrunden als Teilnahme an einer Preisabsprache gewürdigt, vgl. zB EuGH Slg. 1991, II-867 Rn. 122 f. – Rhône-Poulenc.

[56] *Besen/Gronemeyer* CCZ 2013, 137 (141).

[57] *Besen/Gronemeyer* CCZ 2013, 137 (144 f.).

chemischer Stoffe **(„REACH-VO“)** [58] will das Chemikalienrecht harmonisieren und vereinfachen. Hierzu soll unter anderem ein System errichtet werden, das die Schaffung von Foren zum Austausch von Stoffinformationen („SIEF“) vorsieht. Zudem sollen Unternehmen zur Konsortienbildung angehalten werden. Kartellrechtlich birgt dieses System Risiken: Bilden solche **Foren und Konsortien** doch die Basis für einen Informationsaustausch zwischen Wettbewerbern. Zwar ordnet Art. 25 Nr. 2 der REACH-VO an, dass keine Informationen über das Marktverhalten ausgetauscht werden dürfen. Insgesamt ist die Formulierung jedoch zu vage, um klar sagen zu können, welche Informationen ausgetauscht werden dürfen.[59]

6. Vertikale Vereinbarungen

28 Wie bereits oben dargelegt, gilt das Verbot wettbewerbsbeschränkender Vereinbarungen auch im **Vertikalverhältnis.** Es ist jedoch anerkannt, dass vertikale Beschränkungen nicht nur negative, sondern auch positive Auswirkungen haben können (Erleichterung der Erschließung eines neuen Marktes; Sicherstellung, dass sich die Investitionen eines Lieferanten für einen bestimmten Kunden amortisieren etc).[60] Zur Schaffung von Rechtssicherheit, wann die positiven Auswirkungen die negativen überwiegen und eine an sich wettbewerbsbeschränkende Vereinbarung in einem vertikalen Verhältnis ausnahmsweise zulässig ist, hat die Europäische Kommission die sogenannte **Gruppenfreistellungsverordnung für vertikale Vereinbarungen** („Vertikal-GVO“)[61] erlassen. Die Kommission hat im Übrigen die Anwendung des Art. 101 AEUV auf vertikale Vereinbarungen in ihren Leitlinien für vertikale Beschränkungen[62] näher erläutert.

a) Bindung des Kunden/Vertragshändlers

29 Hersteller haben regelmäßig ein großes Interesse daran, dass die von ihnen eingesetzten Vertragshändler keine konkurrierenden Produkte vertreiben. Darüber hinaus wird es häufig Ziel sein, dass Abnehmer ausschließlich ihre Produkte verwenden, wobei eine solche **Alleinbezugsverpflichtung** gemäß Art. 1 lit. d Vertikal-GVO bereits dann gegeben ist, wenn der Abnehmer mehr als 80% seines Gesamtbedarfs beziehen soll[63]. Auch Anreizregelungen, zB in Form von Rabattgewährungen, die den Abnehmer wirtschaftlich dazu zwingen, seinen Bedarf bei nur einem Lieferanten zu decken, können mittelbar zu einer derartigen Bindung führen.[64] Derartige **Wettbewerbsverbote** werden jedoch bei einem Marktanteil des Herstellers und des Abnehmers von jeweils unter 30% nach der Vertikal-GVO grundsätzlich freigestellt. Zusätzlich ist gemäß Art. 5 Abs. 1 lit. a Vertikal-GVO erforderlich, dass diese Vereinbarung keine Laufzeit von mehr als fünf Jahren hat und sich nicht automatisch verlängert. Diese zeitliche Höchstgrenze gilt nicht, wenn der Abnehmer die Vertragsprodukte aus Räumlichkeiten vertreibt, die im Eigentum des Anbieters stehen, Art. 5 Abs. 2 Vertikal-GVO.[65]

---

[58] Verordnung (EG) Nr. 1907/2006, ABl. 2006 L 396 vom 30.12.2006.

[59] Näher *Besen* CHEManager Europe 6/2008, 1 (4).

[60] *Besen/Slobodenjuk* PharmR 2010, 221; *Besen/Mayer* MPJ 2008, 89 (91).

[61] Verordnung (EU) Nr. 330/2010 der Kommission vom 20.4.2010 über die Anwendung von Art. 101 Abs. 3 des Vertrages über die Arbeitsweise der Europäischen Union auf Gruppen von vertikalen Vereinbarungen und aufeinander abgestimmten Verhaltensweisen, ABl. 2010 L 102, S. 1. Die aktuelle Version des Vertikal-GVO hat nur bis zum 31.5.2022 Geltung. Über die danach geltende Fassung wird derzeit diskutiert.

[62] Europäische Kommission, Leitlinien für vertikale Beschränkungen, ABl. 2010 C 130, S. 1.

[63] Hersteller versuchen im Übrigen häufig ihre Kunden/Vertragshändler hinsichtlich der Abgabepreise zu binden (Preisbindung). Näher *Bahr* WuW 2004, 259 (264 ff.).

[64] Siehe hierzu Kommission, Leitlinien für vertikale Beschränkungen, ABl. 2010 C 130, S. 1, Rn. 129; *Witting* in Wissmann/Dreyer/Witting § 2 Rn. 71 aE.

[65] Näher *Jestaedt/Zöttl* in MüKoWettbR Vertikal-GVO Art. 5 Rn. 14 ff.; *Nolte* in Langen/Bunte AEUV Nach Art. 101 Fallgruppen Rn. 596.

b) Bindung des Herstellers

30 Auch der Abnehmer kann ein Interesse daran haben, dass er (innerhalb der Europäischen Union) exklusiv von seinem Hersteller beliefert wird. Eine solche **Alleinbelieferungsvereinbarung** ist in der Regel nach der Vertikal-GVO freigestellt, sofern der Marktanteil des Herstellers und des Abnehmers im betreffenden Markt jeweils 30% nicht übersteigt. Zulässig sind regelmäßig auch Preisbindungen zu Lasten des Herstellers.[66] Zu den zulässigen Preisbindungen gehören etwa **Meistbegünstigungsklauseln**[67] oder die Verpflichtung, die Preise für die Käufer so zu gestalten, dass diesen beim Wiederverkauf eine ausreichende Marge bleibt.

c) Vertriebsbeschränkungen

31 Daneben enthalten die meisten Vertriebsverträge auch sogenannte Vertriebsbeschränkungen. Hierunter versteht man eine Vereinbarung zwischen einem Hersteller von Produkten und seinem Groß- oder Vertriebshändler, die eine Beschränkung des Gebiets, in dem der Abnehmer die bezogenen Produkte weiterverkaufen darf, oder des Kundenkreises bzw. des Verwendungszwecks vorsieht.[68] Auch solche Vereinbarungen können den Wettbewerb beschränken/ausschließen. Während Beschränkungen des aktiven Verkaufs bei Vorliegen bestimmter Voraussetzungen als zulässig angesehen werden, ist eine **Einschränkung des passiven Verkaufs** grundsätzlich unzulässig. Da es sich hierbei um eine sogenannte Kernbeschränkung handelt, gilt dies unabhängig vom jeweiligen Marktanteil der betroffenen Unternehmen.[69] Unter Aktivverkäufen versteht man die gezielte Kundenakquise außerhalb des Vertriebsgebiets.[70] Beim Passivverkauf geht es um die Bedienung von nicht veranlassten Kundennachfragen. Solche Kunden werden auch als „Komm-Kunden“ bezeichnet.[71]

d) Bindung in Handelsvertreterverträgen

32 Der Abschluss von Handelsvertreterverträgen ist im Gesundheitssektor üblich. Handelsvertreter werden typischerweise in weit stärkerem Maße als sonstige Vertreiber durch den Hersteller/Lieferanten gebunden. Für die kartellrechtliche Einordnung solcher Vertriebsvereinbarungen kommt es entscheidend darauf an, ob es sich um **einen echten oder unechten Handelsvertretervertrag** handelt: Die Abgrenzung zwischen einem echten und einem unechten Handelsvertretervertrag ist schwierig und umstritten.[72] Einigkeit herrscht jedoch darüber, dass ein echter Handelsvertretervertrag jedenfalls dann vorliegt, wenn die Gewinne und Verluste aus den vermittelten Geschäften den Hersteller/Lieferanten treffen, dieser also die Chancen und Risiken trägt.[73] Derartige Handelsvertreterverträge sind kartellrechtlich grundsätzlich unbedenklich.[74] Handelt jemand im Namen und auf **Risiko des**

---

[66] *Jestaedt/Zöttl* in MüKoWettbR Vertikal-GVO Art. 4 Rn. 15.

[67] *Soyez* NZKart 2014, 447 (449); *Wijckmans/Tuytschaever/Lorenz/Zellhofer,* Vertriebsverträge im Kartellrecht, Rn. 7.295; *Nolte* BB 1998, 2429 (2435); *Semler/Bauer* DB 2000, 193 (197). Unterschieden wird zwischen echten und unechten Meistbegünstigungsklauseln. Durch eine echte Meistbegünstigungsklausel verpflichtet sich der Hersteller, Dritten keine besseren Konditionen und Preise zu gewähren als dem begünstigten Vertragspartner. Mit einer unechten Meistbegünstigungsklausel verpflichtet sich der Hersteller, dem Vertragspartner (Vertreiber) die günstigsten, gleich günstige oder keine ungünstigeren Konditionen einzuräumen.

[68] *Wollmann/Herzog* in MüKoWettbR AEUV Art. 101 Rn. 271 ff.

[69] *Jestaedt/Zöttl* in MüKoWettbR Vertikal-GVO Art. 4 Rn. 1, 3; *Besen/Mayer* MPJ 2008, 89 (91). Enthält ein Vertrag eine Kernbeschränkung, entfällt automatisch die Freistellung für grundsätzlich freigestellte Wettbewerbsbeschränkungen („Alles oder Nichts“).

[70] Kommission, Leitlinien für vertikale Beschränkungen, ABl. 2010 C 130, S. 1, Rn. 51.

[71] *Bechtold* EWS 2001, 49 (50).

[72] Siehe hierzu Kommission, Leitlinien für vertikale Beschränkungen, ABl. 2010 C 130, S. 1, Rn. 12 ff.

[73] Vgl. BGHZ 97, 317 (322 f.).

[74] Kommission, Leitlinien für vertikale Beschränkungen, ABl. 2010 C 130, S. 1, Rn. 18.

Herstellers, erscheint die Tätigkeit wirtschaftlich als Tätigkeit des Herstellers selbst. Unechte Handelsvertretervereinbarungen fallen demgegenüber in den Anwendungsbereich des Art. 101 AEUV, § 1 GWB, so dass die allgemeinen Regeln gelten.[75] Praktisch bedeutsam ist, dass Handelsvertreterverträge oftmals Kernbeschränkungen im Sinne von Art. 4 Vertikal-GVO zum Inhalt haben. Selbst bei Marktanteilen von weniger als 30% wären die Bindungen des Handelsvertretervertrages nicht freigestellt.

7. Co-Promotion/Co-Marketing

33 Im Gesundheitssektor sind, soweit dies regulatorisch zulässig ist,[76] Vertragsgestaltungen üblich, die mit den Begriffen „Co-Promotion" und „Co-Marketing" bezeichnet werden. Die Verwendung beider Begriffe ist uneinheitlich. Bei dem Begriff „Co-Promotion" bestehen bereits zwischen dem deutschen und dem internationalen Verständnis deutliche Unterschiede. Co-Promotion ist nach dem international etablierten Verständnis keine Form des **gemeinsamen Vertriebs,** da der Partner des Herstellers lediglich mit seiner Vertriebsmannschaft das betreffende Produkt bewirbt und zu diesem Zweck Arzneibesuche durchführt, ohne eigene Abverkäufe zu tätigen.[77] Demgegenüber stellt Co-Marketing insgesamt eine Vertriebsform dar, die durch eine Parallelität der Vertriebsaktivitäten beider Vertragspartner gekennzeichnet ist. Den Kern bildet aber die Duplizierung der Herstellungs- und Vertriebsressourcen zum Zweck der besseren Marktdurchdringung in jeweils eigener Regie.[78] Im Rahmen einer kartellrechtlichen Bewertung wird man zu unterscheiden haben, ob es sich bei den Vertriebspartnern um Wettbewerber handelt (horizontales Verhältnis) oder nicht: Nicht als typische horizontale Beziehung ist es anzusehen, wenn eine Partei als Wiederverkäufer die Produkte des anderen Vertragspartners mitvertreibt. Solche Formen des Mitvertriebs bieten sich im Gesundheitssektor in der Regel bei komplementären Produkten an, zB in der Zusammenarbeit zwischen einem Medizingerätehersteller und dem Hersteller der therapeutischen oder diagnostischen Produkte, die als Verbrauchsmaterialien bei der Anwendung des jeweiligen Gerätes eingesetzt werden.[79] Vertreiben die beiden Vertragspartner anschließend das Co-Marketingprodukt in demselben Vertragsgebiet, stehen beide zwar im Wettbewerb zueinander. Dennoch sind solche Formen der **Dualdistribution,** soweit sie wettbewerbsbeschränkend wirken (zB aufgrund von Wettbewerbsverboten), in der Regel nach der Vertikal-GVO freigestellt (vgl. Art. 2 Abs. 4 lit. a). Dies setzt jedoch voraus, dass die jeweiligen Vereinbarungen keine Kernbeschränkungen enthalten und die Marktanteilsschwellen eingehalten werden.[80] Keine Anwendung wird die Vertikal-GVO finden, wenn beide Vertragsparteien in demselben sachlich relevanten Markt Produkte, die Gegenstand von Co-Marketing- oder Co-Promotion-Vereinbarungen sind, herstellen. Für die materiell-rechtliche Beurteilung kommt es dann möglicherweise darauf an, ob nur ein Wirkstoff oder das Fertigarzneimittel geliefert wird. Die Europäische Kommission stellt in den **Horizontalleitlinien** darauf ab, ob bei derartigen Vereinbarungen der Anteil des gelieferten Produkts nur einen kleinen Teil der Gesamtkosten für das Fertigprodukt ausmacht. So kann es bei Lieferung eines Wirkstoffs demzufolge möglich sein, dass die weitere Verarbeitung einen hohen Anteil der Gesamtkosten des belieferten Unternehmens ausmacht und diesem Unternehmen damit eine genügend große Autonomie im Preis- und Wettbewerbs-

---

[75] Kommission, Leitlinien für vertikale Beschränkungen, ABl. 2010 C 130, S. 1, Rn. 21.

[76] Siehe bspw. zum Arzneimittelrecht: *Sander,* Arzneimittelrecht, Erl. § 29 (c) AMG, S. 17 f. (Rn. 8–10); *Ehle/Schütze* in Dieners/Reese PharmaR-HdB § 10 Rn. 54 ff., 76; *Lübbig/Klasse,* Kartellrecht im Pharma- und Gesundheitssektor, § 3 Rn. 71.

[77] Nach deutschem Verständnis werden demgegenüber unter Co-Promotion häufig Formen des Mitvertriebs verstanden (vgl. *Lübbig/Klasse,* Kartellrecht im Pharma- und Gesundheitssektor, § 3 Rn. 72).

[78] *Ehle/Schütze* in Dieners/Reese PharmaR-HdB § 10 Rn. 63.

[79] *Lübbig/Klasse,* Kartellrecht im Pharma- und Gesundheitssektor, § 3 Rn. 74.

[80] Besondere Regeln können jedoch für den Austausch wettbewerblich sensibler Informationen gelten.

verhalten verbleibt.[81] Sollte dies jeweils nicht der Fall sein, wäre zu prüfen, ob die betreffende Zuliefervereinbarung Abschottungswirkungen entfaltet. Dies wird unterhalb eines gemeinsamen Marktanteils von 20% regelmäßig unwahrscheinlich sein.

8. Zwischenresümee

Kontakte mit anderen Unternehmen und insbesondere solchen, die auf derselben horizontalen Marktstufe tätig sind, können regelmäßig kartellrechtliche Relevanz entfalten. Daher gilt es, innerhalb eines Unternehmens ein **Problembewusstsein** zu entwickeln und frühzeitig eine rechtliche Prüfung anzustrengen, um klar die Grenzen zwischen kartellrechtlich zulässigem und verbotenem Handeln abzustecken. 34

II. Das Verbot des Missbrauchs einer marktbeherrschenden Stellung, Art. 102 AEUV, §§ 18–20 GWB

Ein Unternehmen gilt als marktbeherrschend, wenn es als Anbieter oder Nachfrager einer bestimmten Art von Waren oder gewerblichen Leistungen auf dem sachlich und räumlich relevanten Markt ohne Wettbewerber agiert oder keinem wesentlichen Wettbewerb ausgesetzt ist oder eine im Verhältnis zu seinen Wettbewerbern **überragende Marktstellung** hat.[82] Eine marktbeherrschende Stellung wird nach deutschem Recht zB ab einem Marktanteil von 40% (widerleglich) vermutet, § 18 Abs. 4 GWB.[83] Der Missbrauch kann insbesondere darin liegen, dass ein marktbeherrschendes Unternehmen ohne sachliche Rechtfertigung 35

- versucht, sich gegen den Markteintritt anderer Wettbewerber mit Maßnahmen zu wehren, die nicht dem Leistungswettbewerb entsprechen (Behinderungsmissbrauch);
- unmittelbar oder mittelbar unangemessene Verkaufspreise erzwingt (Ausbeutungsmissbrauch) oder
- die Wettbewerbsmöglichkeiten anderer Wettbewerber auf horizontaler Ebene in erheblicher Weise beeinträchtigt bzw. auf vertikaler Ebene verschiedene Abnehmergruppen ungleich behandelt (Diskriminierung).

1. Behinderungsmissbrauch

a) Kampfpreisstrategien

Marktbeherrschende Unternehmen haben in der Vergangenheit zuweilen versucht, Wettbewerber mit **Niedrigpreisstrategien** zu verdrängen. Durch Einführung von Niedrigpreisen erreicht das marktbeherrschende Unternehmen eine Vergrößerung der eigenen Preisbildungsspielräume.[84] Dies erlaubt später eine (Über-)Kompensation der mit dieser Maßnahme kurzfristig verbundenen Gewinneinbußen. Da dem Preiswettbewerb unstreitig eine wettbewerbsfördernde Wirkung zukommt, dürfen ihn selbstverständlich auch marktbeherrschende Unternehmen betreiben. Erst der mit Verdrängungsabsicht geführte Preiskampf ist missbräuchlich und damit kartellrechtlich verboten. Nach der durch den EuGH geprägten **Akzo-Formel** kann vermutet werden, dass es sich wettbewerbsrechtlich um eine verbotene Niedrigpreisstrategie handelt, wenn die variablen Kosten des vertriebenen Produkts unterschritten werden. Bei Preisen, die unter den durchschnittlichen Gesamtkos- 36

[81] Leitlinien zur Anwendbarkeit von Art. 101 des Vertrages über die Arbeitsweise der Europäischen Union auf Vereinbarungen über horizontale Zusammenarbeit, ABl. 2011 C 11, S. 1, Rn. 179, 190.

[82] Nach deutschem Recht gilt ein ähnlicher Maßstab für Unternehmen, von denen kleinere oder mittlere Unternehmen abhängig sind („relative Marktmacht"), vgl. § 20 Abs. 2 GWB.

[83] Weitere Vermutungen existieren für mehrere Unternehmen („Oligopol"), § 18 Abs. 5, 6 GWB. Darüber hinaus wurde durch die 9. GWB-Novelle eine Regelung bezüglich der Bewertung von mehrseitigen Märkten und Netzwerken eingeführt, um der Digitalisierung Rechnung zu tragen, § 18 Abs. 3a GWB.

[84] *Eilmansberger/Bien* in MüKoWettbR AEUV Art. 102 Rn. 488.

ten, aber über den durchschnittlichen variablen Kosten liegen, ist ein Missbrauch anzunehmen, wenn diese Preise im Rahmen eines Planes festgelegt wurden, der die Ausschaltung eines Mitbewerbers bezweckt.[85]

b) Missbräuchliche Rabattgestaltung

37 In der Praxis gibt es oftmals auch Bestrebungen, eine Kundenbindung durch Rabattsysteme zu erreichen. Je höher der Marktanteil des Rabatt gewährenden Unternehmens ist, desto sorgfältiger muss die Überprüfung des Rabattsystems auf seine kartellrechtliche Zulässigkeit ausfallen. Der bedeutendste Grund für den Missbrauch durch ein Rabattsystem ist die Herbeiführung/Verstärkung einer wirtschaftlichen **Sogwirkung** auf das Nachfrageverhalten der Kunden. Schaffen Rabattbedingungen einen übermäßigen Anreiz für die Kunden zum Alleinbezug, entsteht eine Marktabschottung.[86] Während dies bei **Treue- und Gesamtumsatzrabattsystemen** regelmäßig der Fall sein wird,[87] werden lineare Mengenrabatte sowie Funktionsrabatte in den meisten Fällen unbedenklich sein, soweit die Rabatte auf möglichen Ersparnissen des Lieferanten beruhen und angemessen sind. Insbesondere müssen umsatzbezogene Rabattsysteme marktbeherrschender Unternehmen diskriminierungsfrei gestaltet sein, sie dürfen also größere Umsätze nicht unverhältnismäßig stark begünstigen.[88]

c) Das Verhältnis der Missbrauchsaufsicht zum Schutz des geistigen Eigentums

38 Von sogenannten Pionierpatenten kann häufig eine, kartellrechtlich bedenkliche, Monopolwirkung ausgehen.[89] Gleichzeitig haben Unternehmen ein berechtigtes Interesse an Beantragung, Gewährung und gegebenenfalls auch Verlängerung eines Patentschutzes für die von ihnen entwickelten Produkte. Gesteht man den Unternehmen diesen Schutz nicht zu, stellt man den mit Pioniergewinnen verbundenen Innovationsanreiz in Frage.[90] Den wettbewerbsrechtlichen Bedenken könnte insbesondere dadurch Rechnung getragen werden, dass man den Patentinhaber verpflichtet, den Wettbewerbern Lizenzen zu erteilen **(„Zwangslizenzen").**[91] Der Europäische Gerichtshof[92] hat jedoch klargestellt, dass die Verweigerung einer Lizenz als solche grundsätzlich keinen Missbrauch einer marktbeherrschenden Stellung darstellen kann. Die Ausübung des ausschließlichen Rechts könne jedoch unter außergewöhnlichen Umständen ein missbräuchliches Verhalten darstellen. Dies soll nach der Rechtsprechung des EuGH dann der Fall sein, wenn neben der Unerlässlichkeit für den Wettbewerber drei Bedingungen kumulativ erfüllt sind: Die Weigerung muss erstens das Auftreten eines neuen Erzeugnisses verhindern, bezüglich dessen eine potentielle Nachfrage der Verbraucher besteht. Sie darf zweitens nicht gerechtfertigt sein und muss drittens geeignet sein, jeglichen Wettbewerb auf einem abgeleiteten Markt auszuschließen.[93]

---

[85] EuGH Slg. 1991, I-3395 Rn. 71, 72. In der Praxis analysieren die Wettbewerbsbehörden insbesondere die internen Dokumente der entsprechenden Unternehmen.

[86] EuGH Slg. 1979, 461 Rn. 111.

[87] Der EuGH hat jedoch entschieden, dass auch bei der Gewährung von Treuerabatten eine kartellrechtswidrige Verdrängungswirkung von den Kartellbehörden nicht pauschal angenommen werden darf. Das Vorliegen einer solchen Wirkung muss vielmehr auf Grundlage aller Umstände der Rabattgewährung im Einzelfall überprüft werden. Dabei obliegt es jedoch den betroffenen Unternehmen, anhand tatsächlicher Umstände nachzuweisen, dass die Rabattgewährung keine Verdrängungswirkung entfaltet (EuGH 6.9.2017 – C-413/14 P – Intel).

[88] Bundeskartellamt 19.5.2012 – Gesch.-Z.: B3-139/10 – Sofortige Belieferung eines Laborchemikalienhandels.

[89] *Kraßer,* Lehrbuch des Patentrechts, 7. Aufl. 2016, § 3 V 1 mwN (Rn. 47); *Möschel* in Immenga/Mestmäcker GWB § 19 Rn. 354 f.

[90] *Möschel* in Immenga/Mestmäcker GWB § 19 Rn. 355.

[91] Zu kartellrechtlichen Zwangslizenzen *Möschel* in Immenga/Mestmäcker GWB § 19 Rn. 355, 53.

[92] EuGH EuZW 2004, 345 – IMS Health II.

[93] *Milbradt* in Hasselblatt, Gewerblicher Rechtsschutz, § 11 Rn. 108 mwN.

Auch Maßnahmen zur **Verlängerung des Patentschutzes** können missbräuchlich sein. Dies kann beispielsweise dann der Fall sein, wenn ein Unternehmen die Patentämter mit widersprüchlichen Informationen in die Irre führt.[94] Anderseits darf es den Unternehmen nicht verboten sein, sich die tatsächliche Gestaltung der Anmeldeverfahren der jeweiligen Länder zunutze zu machen.[95] Hier gilt es, negative Auswirkungen auf die Innovationsfreudigkeit der Pharmaindustrie zu verhindern.[96] 39

d) Verhinderung von Parallelimporten

Ein Missbrauch einer marktbeherrschenden Stellung kann auch dann vorliegen, wenn sich ein Unternehmen weigert, normale Bestellungen von Großhändlern auszuführen, um **Parallelexporte** zu verhindern.[97] Die Frage, ob eine „normale" Bestellung vorliegt, bestimmt sich im Verhältnis zum Bedarf des betroffenen nationalen Marktes sowie zu den früheren Geschäftsbeziehungen.[98] 40

2. Ausbeutungsmissbrauch

Im Gegensatz zum Behinderungsmissbrauch richtet sich der Ausbeutungsmissbrauch nicht gegen die Wettbewerber des marktbeherrschenden Unternehmens, sondern gegen die Marktgegenseite. Ein Ausbeutungsmissbrauch ist dann gegeben, wenn ein marktbeherrschendes Unternehmen als Anbieter oder Nachfrager Entgelte oder sonstige Geschäftsbedingungen fordert, die von denjenigen abweichen, die sich bei wirksamem Wettbewerb mit hoher Wahrscheinlichkeit ergeben würden. Hierzu ist ein Vergleich mit den Verhaltensweisen von Unternehmen auf vergleichbaren Märkten mit wirksamem Wettbewerb einzustellen (sog. **Vergleichsmarktkonzept**). Hauptanwendungsfall des Ausbeutungsmissbrauchs ist der Preismissbrauch. Die Missbrauchsaufsicht der Kartellbehörden konzentrierte sich jedoch eher auf den Tatbestand des Behinderungsmissbrauchs, um zu gewährleisten, dass die Wettbewerbsstruktur der betroffenen Märkte so beschaffen ist, dass eine langfristige Durchsetzung missbräuchlich überhöhter Preise unterbunden wird.[99] Der Tatbestand des Ausbeutungsmissbrauchs ist für den Gesundheitssektor bislang weniger relevant und soll vor diesem Hintergrund daher an dieser Stelle nicht weiter vertieft werden. 41

3. Diskriminierungsverbot

Das kartellrechtliche Missbrauchsverbot untersagt es marktbeherrschenden Unternehmen, Handelspartner im Wettbewerb dadurch zu benachteiligen, dass sie ohne sachlichen Grund ungleich behandelt werden. Stellt beispielweise ein marktbeherrschendes Unternehmen wichtige Vorprodukte her und behandelt die nachgelagerten Abnehmer ungleich, kann dies zu einer Verzerrung des Wettbewerbs unter den Abnehmern führen. Anerkannt ist aber, dass es einem marktbeherrschenden Unternehmen möglich sein muss, auf unter- 42

---

[94] Mit einem solchen Sachverhalt hatte sich die Europäische Kommission in ihrer Entscheidung vom 15.6.2005 zu befassen. Dem Unternehmen Astra Zeneca wurde vorgeworfen, in der Zeit von 1993 bis 2000 den Markteintritt für generische Versionen eines Magengeschwürpräparats durch Irreführung der Patentämter hinausgezögert zu haben. *Lübbig/Klasse,* Kartellrecht im Pharma- und Gesundheitssektor, § 4 Rn. 55.

[95] *Lübbig/Klasse,* Kartellrecht im Pharma- und Gesundheitssektor, § 4 Rn. 55 aE.

[96] Vgl. *Besen* CHEManager 3/2008, 1.

[97] Zur Problematik von Parallelexporten *Koenig/Engelmann* GRUR-Int 2005, 304 ff. Hiervon sind die Fälle zu unterscheiden, in denen ein Unternehmen intern seinen Vertrieb derartig strukturiert hat, dass Bestellungen von seinen Tochterunternehmen zur Erfüllung an die jeweils nationale Einheit weitergeleitet werden. Eine solche Struktur ist grundsätzlich nicht zu beanstanden.

[98] EuGH 16.9.2008 – C-468/06 bis 478/06. Die Kommission hat in diesem Bereich in jüngster Vergangenheit wieder ihre Ermittlungstätigkeit verstärkt (AB InBev).

[99] *Lübbig/Klasse,* Kartellrecht im Pharma- und Gesundheitssektor, § 4 Rn. 14; *Markert* in Immenga/Mestmäcker GWB § 20 Rn. 1.

schiedliche Marktgegebenheiten differenzierend zu reagieren.[100] Eine **Ungleichbehandlung** durch unterschiedliche Vermarktungs- oder Transportkosten[101] ist in der Regel zulässig.[102] Problematisch sind insbesondere Lieferantenpreisdifferenzierungen. So können beispielsweise bereits die zwischen dem Lieferanten und den einzelnen Abnehmern vereinbarten Preise pro Mengeneinheit differieren und dafür allein individuelle Gründe maßgebend sein (besseres Verhandlungsgeschick, größere Nachfragemacht des Abnehmers etc). Die unterschiedliche Behandlung kann aber auch das generelle Preisbildungssystem des Lieferanten hervorrufen; wenn etwa auf einen für alle Abnehmer gleichermaßen geltenden Basispreis pro Mengeneinheit nach systematischen oder individuellen Gesichtspunkten Rabatte und sonstige Preisnachlässe einschließlich Boni und Skonti gewährt werden.[103] Eine sog. Dual-Price-Strategy ist nicht per se unzulässig. Dies jedenfalls dann nicht, wenn die unterschiedlichen Preise/Konditionen aufgrund sachgerechter Erwägungen eingeräumt wurden und nicht **willkürlich** sind.[104] Versucht sich etwa ein Medizinproduktehersteller gegen preisliche Angriffe von Wettbewerbern zu wehren und vernachlässigt er dabei nicht die allgemeinen Grundsätze der Wirtschaftlichkeit, ist eine Preisdifferenzierung regelmäßig zulässig.

4. Zwischenresümee

43 Das Innehaben einer marktbeherrschenden Stellung ist nicht illegal. Da ihr Missbrauch jedoch gemäß Art. 102 AEUV, §§ 18–20 GWB verboten ist, gelten für ein Unternehmen mit einer solchen Marktposition besondere und auch vielschichtige Verhaltensregeln. Da die Bestimmung des relevanten Marktes und damit der genauen Marktposition eines Unternehmens sehr komplex ist (hierzu → Rn. 47 ff.), sollte zumindest immer dann Vorsicht geboten sein, wenn ein Unternehmen entweder sicher einen hohen zweistelligen Marktanteil (ab ca. 30%) hält oder sich subjektiv als marktführend einstuft. Auch in diesen Fällen gilt, dass eine **frühzeitige rechtliche Analyse** des beabsichtigten Verhaltens unerlässlich ist.

III. Fusionskontrolle

44 Von hoher praktischer Relevanz ist auch die Fusionskontrolle. Durch dieses Verfahren soll festgestellt werden, ob Unternehmenszusammenschlüsse zu einer langfristigen strukturellen Veränderung der Wettbewerbsstruktur führen.[105] Die Einhaltung der fusionskontrollrechtlichen Vorschriften im Gesundheitssektor ist nicht nur vor dem Hintergrund der drohenden Bußgelder von enormer Bedeutung. Der Verstoß gegen das **Vollzugsverbot** des § 41 Abs. 1 S. 1 GWB führt zur (schwebenden) Unwirksamkeit der zugrundeliegenden Rechtsgeschäfte. Diese ist zwar heilbar (vgl. § 41 Abs. 1 S. 3 Nr. 3 GWB), kann aber insbesondere dann Probleme bereiten, wenn ein erworbenes Unternehmen oder Vermögensteil (wie zB eine Arzneimittelzulassung) weiter veräußert werden soll, da eine Freigabemitteilung des Bundeskartellamtes, etwa als Bestandteil des Eigentumsnachweises, regelmäßig fehlen wird.

1. Aufgreifschwellen

45 Zusammenschlüsse, die die Aufgreifkriterien der §§ 35, 37 GWB erfüllen, sind grundsätzlich fusionskontrollpflichtig. Als **Zusammenschluss** iSd GWB gilt neben dem Erwerb von Anteilen (25%/50%) *an einem, der Kontrolle oder ein* sogenannter wettbewerblich erheblicher Einfluss *über ein Unternehmen auch* der Erwerb des ganzen oder eines wesentlichen

[100] BGH WuW/E BGH 1413 (1415); BGH WuW/E BGH 3058 (3064); BGH WuW/E DE-R 1329 (1333); *Westermann* in MüKoWettbR § 19 Rn. 68.
[101] BKartA WuW/E BKartA 1131 (1137) – Westfälische Zementwerke II.
[102] *Lübbig/Klasse,* Kartellrecht im Pharma- und Gesundheitssektor, § 4 Rn. 73.
[103] *Markert* in Immenga/Mestmäcker GWB § 19 Rn. 106.
[104] *Westermann* in MüKoWettbR § 19 Rn. 69.
[105] *Mestmäcker/Veelken* in Immenga/Mestmäcker GWB vor § 35 Rn. 4.

Teils des Vermögens eines anderen Unternehmens. Letzteres kann schon bei dem Erwerb einer einzelnen Arzneimittelzulassung der Fall sein.[106]

Nach § 35 Abs. 1 GWB ist ein Zusammenschluss **anmeldepflichtig,** wenn im letzten Geschäftsjahr vor dem Zusammenschluss der weltweite Umsatz aller Beteiligten 500 Mio. Euro erreicht, sowie im Inland mindestens ein beteiligtes Unternehmen Umsatzerlöse von mehr als 50 Mio. Euro und ein anderes beteiligtes Unternehmen Umsatzerlöse von mehr als 17,5 Mio. Euro erzielt hat. Soweit die sonstigen Voraussetzungen vorliegen, kann ein Zusammenschluss gemäß § 35 Abs. 1a GWB auch dann anmeldepflichtig sein, wenn das zu erwerbende Unternehmen im Inland nicht mehr als 17,5 Mio. Euro erzielt hat. Die Anmeldepflicht setzt dann voraus, dass der Wert der Gegenleistung für den Zusammenschluss mehr als 400 Mio. Euro beträgt und das zu erwerbende Unternehmen in erheblichen Umfang im Inland tätig ist.[107] Dies kann beispielsweise bei innovativen Produkten oder sich noch in der Entwicklung befindenden Arzneimitteln durchaus der Fall sein.[108] Werden die höheren Umsatzschwellen der EG-Fusionskontrollverordnung erreicht, ändert sich die Zuständigkeit und es ist eine Anmeldung des Zusammenschlussvorhabens bei der Europäischen Kommission erforderlich.[109] 46

2. Materielle Prüfungskriterien

Ein Zusammenschluss ist gemäß 36 Abs. 1 GWB zu untersagen, sofern der wirksame Wettbewerb dadurch erheblich behindert würde. Das ist insbesondere dann der Fall, wenn zu erwarten ist, dass durch den Zusammenschluss die marktbeherrschende Stellung eines Unternehmens begründet oder verstärkt wird. Ausnahmsweise zulässig ist der Zusammenschluss in diesem Fall nur, wenn die Partien nachweisen können, dass es auch zu Verbesserungen der Wettbewerbsbedingungen kommt und diese die nachteiligen Wirkungen überwiegen. Dabei erfolgt die Marktabgrenzung grundsätzlich nach dem sog. **Bedarfsmarktkonzept,** also nach der funktionellen Austauschbarkeit der Produkte bzw. Dienstleistungen aus der Sicht der Abnehmer.[110] Die Beurteilung eines Zusammenschlusses nach § 36 Abs. 1 GWB setzt also denknotwendig eine vorherige Bestimmung des relevanten Marktes in sachlicher, räumlicher und gegebenenfalls zeitlicher Hinsicht voraus.[111] Neben dem Arzneimittelbereich wird im Folgenden auch die Marktabgrenzung im Krankenhaussektor thematisiert, da diese beiden Bereiche des Gesundheitswesens in der aktuellen kartellrechtlichen Praxis eine besondere Stellung einnehmen. 47

a) Arzneimittelbereich

Die sachliche Produktmarktabgrenzung im Arzneimittelbereich orientiert sich vor allem an der sog. **Anatomical Therapeutic Chemical (ATC)** – Klassifizierung der European Pharmaceutical Marketing Research Association.[112] Maßgeblich ist zunächst die therapeutische Wirkung der Substanz.[113] In vielen Fällen wird jedoch eine weitere, engere Differen- 48

[106] Vgl. hierzu ausführlich *v. Graevenitz/Besen* PharmR 2009, 1 ff.

[107] *Spitze* in Schulte, Handbuch Fusionskontrolle, Rn. 278 ff.

[108] Siehe hierzu gemeinsamer Leitfaden Transaktionsschwellen für die Anmeldepflicht von Zusammenschlussvorhaben (§ 35 Abs. 1a GWB und § 9 Abs. 4 KartG) der österreichischen Bundeswettbewerbsbehörde (BWB) und des Bundeskartellamts vom 9.7.2018, abrufbar unter https://www.bundeskartellamt.de/SharedDocs/Publikation/DE/Leitfaden/Leitfaden_Transaktionsschwelle.html?nn=3590338 (zul. abgerufen am 27.10.2021).

[109] Verordnung (EG) Nr. 139/2004 des Rates vom 20.1.2004, ABl. 2004 L 24, S. 1.

[110] Vgl. hierzu *Bardong* in Langen/Bunte Bd. 1 GWB § 19 Rn. 15 f. Als Korrektiv dient hier die Angebotssubstituierbarkeit sowie die Produktumstellungsflexibilität.

[111] *Schulte* in Schulte, Handbuch Fusionskontrolle, Rn. 430.

[112] Die komplette Liste ist unter www.ephmra.org abrufbar.

[113] Die Europäische Kommission hat Ende 2008 sogar die wettbewerblichen Wirkungen zwischen Arzneimitteln auf der Basis selber Moleküle analysiert (Fusionskontrollverfahren Teva/Barr, Fall-Nr. COMP/M.5295).

zierung vorgenommen, zB zwischen verschreibungs- und nicht verschreibungspflichtigen Medikamenten oder zwischen patentgeschützten Arzneimitteln und Generika. Weitere Besonderheiten gelten im Bereich der Parallelimporte oder ggf. bei vor- oder nachgelagerten Produktmärkten.[114] In räumlicher Hinsicht wird für Arzneimittel aufgrund der starken nationalen Besonderheiten der Gesundheitssysteme in den einzelnen Mitgliedstaaten der EU in den meisten Fällen der nationale Markt relevant sein. Die Märkte für vorgelagerte Wirkstoffe und für Forschung und Entwicklung der Arzneimittel werden dagegen in der Regel EU-weit, wenn nicht weltweit, abzugrenzen sein, da sie nicht der Regulierung durch nationale Gesetze unterliegen.

b) Krankenhaussektor[115]

49 Nach Auffassung des Bundeskartellamts umfasst der sachlich relevante Markt bei Zusammenschlüssen zwischen Krankenhäusern akutstationäre Krankenhausdienstleistungen.[116] Auf die Möglichkeit einer engeren Abgrenzung nach einzelnen Fachabteilungen geht das Bundeskartellamt zwar ein, eine solche Marktdefinition scheint aber bisher noch nie als echte Entscheidungsgrundlage herangezogen worden zu sein.[117] Eine Unterteilung in Fachkliniken und Allgemeinkrankenhäuser oder in Krankenhäuser unterschiedlicher Versorgungsstufen wurde verworfen.[118] In räumlicher Hinsicht sind nach Auffassung des Bundeskartellamts vor allem die **Patientenströme** zu berücksichtigen. Entscheidend sei, welche Krankenhäuser in der näheren Umgebung für Patienten eine tatsächliche Behandlungsmöglichkeit darstellen.[119] In seinem Beschluss vom 16.1.2008 hat der BGH die Auffassung des Bundeskartellamtes in vollem Umfang bestätigt.[120]

D. Ermittlungen der Kartellbehörde

I. Zuständigkeiten Bundeskartellamt/Europäische Kommission

50 Ermittlungsverfahren von Kartellbehörden gehören auch im Gesundheitssektor zu regelmäßig wiederkehrenden Vorgängen. Die Zuständigkeit der **Europäischen Kommission** für derartige Verfahren ergibt sich unmittelbar aus der VO 1/2003.[121] Nach Einführung der VO 1/2003 sind neben der Kommission in gleicher Weise auch die Kartellbehörden der

[114] Vgl. hierzu *Besen/Slusarek* PharmR 2016, 352 (355); *Siebert/Pries* Pharma Recht 2007, 147 ff.

[115] Vgl. dazu *Besen* KU 2008, 48 ff. sowie *ders.* KU 2009, 54 f.

[116] Bundeskartellamt 14.5.2014 – Gesch.-Z.: B3-135/13 Rn. 61 ff. – Klinikum Esslingen/Kreiskliniken Esslingen; Bundeskartellamt 10.3.2005 – Gesch.-Z.: B 10–123/04 Rn. 71 ff. – Rhön-Klinikum AG/Landkreis Rhön-Grabenfeld; Bundeskartellamt 6.6.2006 – Gesch.-Z.: B 10–024/06 S. 20 – Marienhaus Kranken- und Pflegegesellschaft/Landkreis Neunkirchen; Bundeskartellamt 7.9.2006 – Gesch.-Z.: B 3–1000/06 S. 6 – Fresenius/Humaine-Kliniken. Kritisch: *Kuchinke/Hermann* WuW 2006, 991 (995); *Soltesz/Puffer* EWS 2006, 438 (440).

[117] Vgl. Bundeskartellamt 14.5.2014 – Gesch.-Z.: B3-135/13 Rn. 61 ff. – Klinikum Esslingen/Kreiskliniken Esslingen.

[118] Hierzu *Lübbig/Klasse,* Kartellrecht im Pharma- und Gesundheitssektor, 2007, § 2 Rn. 161 aE.

[119] Bundeskartellamt 14.5.2014 – Gesch.-Z.: B3-135/13 Rn. 61 ff. – Klinikum Esslingen/Kreiskliniken Esslingen; *Lübbig/Klasse,* Kartellrecht im Pharma- und Gesundheitssektor, § 2 Rn. 182.

[120] BGH KVR 26/07 – Krankenhaus Bad Neustadt. Als geklärt dürfte nun vor allem die Frage gelten, dass sich aus § 69 SGB V kein kartellrechtsfreier Rechtsraum für Krankenhäuser ergibt. Aufgrund der engen Marktabgrenzung kann ein Zusammenschluss leicht zu einer marktbeherrschenden Stellung führen oder eine solche verstärken. Dies wird auch durch eine kürzlich ergangene weitere Untersagungsentscheidung des Bundeskartellamts (Gesundheit Nordhessen Holding/Gesundheitsholding Werra-Meißner; vgl. https://www.bundeskartellamt.de/SharedDocs/Meldung/EN/Pressemitteilungen/2009/19_06_2009_KH-Nordhessen.html (zul. abgerufen am 23.2.2021) illustriert.

[121] Siehe Fn. 1.

Mitgliedsstaaten zur Durchsetzung der Art. 101 und 102 AEUV berechtigt und verpflichtet. In Deutschland ist regelmäßig das **Bundeskartellamt** gemäß §§ 50, 130 GWB zum Vollzug des EG-Rechts zuständig, soweit sich potentielle Verhaltensweisen auch in Deutschland auswirken. Auch bei Verstößen gegen nationales Kartellrecht ist in erster Linie das Bundeskartellamt zuständig, § 48 Abs. 2 GWB.

II. Ermittlungsverfahren

Die Behörden sind bei Ermittlungsverfahren auf eine umfassende Sachverhaltskenntnis 51
angewiesen. Unterlagen Dritter oder sonst frei zugängliches Material eignen sich allerdings häufig nicht, wettbewerbswidriges Verhalten aufzudecken und zu beweisen. Die Behörden verfügen daher über **weitreichende Ermittlungsbefugnisse** (zB Auskunftsrechte[122]). Unternehmen sind häufig nicht bereit, mit den Kartellrechtsbehörden zusammenzuarbeiten. Der Nachweis eines Verstoßes lässt sich dann nur durch Beweise führen, die im Rahmen einer Nachprüfung/Durchsuchung **(„Dawn Raid")** vor Ort erlangt wurden. Kronzeugen führen die Kartellbehörden hier verstärkt auf die richtige Fährte.

Werden die deutschen Kartellbehörden nach § 59 Abs. 4 GWB tätig, spricht man von 52
einer „Durchsuchung" (§§ 59 Abs. 4 GWB, 46 Abs. 1 OWiG iVm 102ff. StPO). Die Kommission nimmt demgegenüber **„Nachprüfungen"** vor (Art. 20 Abs. 1 VO 1/2003). Die Nachprüfung ist eine dem Gemeinschaftsrecht eigentümliche Ermittlungshandlung sui generis, die der Durchsuchung sehr nahe kommt. Bei Nachprüfungen besteht eine eingeschränkte **Mitwirkungspflicht,** bei Durchsuchungen lediglich eine Duldungspflicht.

Tritt der „Ernstfall" ein, steht also eine Durchsuchung/Nachprüfung bevor bzw. findet 53
gerade statt, ist ein kooperatives Verhalten ratsam. Dies kann nämlich zu einem Erlass bzw. einer **Reduktion möglicher Geldbußen** führen. Von einem zu entgegenkommenden Verhalten ist aber ebenfalls abzuraten, da die Befugnisse der Beamten nicht unbegrenzt sind. Rechte und Pflichten bei einer Durchsuchung/Nachprüfung sollten daher im Grundsatz bekannt sein.[123] Im konkreten Fall sollte die Vorgehensweise mit dem Rechtsanwalt abgestimmt werden.

Die Beamten der Kartellbehörden sind berechtigt, die in der **Nachprüfungsentschei-** 54
dung/Durchsuchungsanordnung genannten Räume zu betreten bzw. Zugang zu verlangen. Unter engen Voraussetzungen ist auch ein Betreten von Privatgrundstücken, zB Wohnungen von Mitgliedern der Geschäftsleitung, möglich. Nach deutschem Recht darf auch Gewalt gegen Sachen angewendet werden (zB Aufbrechen von verschlossenen Schränken, auch unter Zuhilfenahme von Polizeibeamten). Die Beamten dürfen bei ihrer Arbeit Bücher und sonstige Geschäftsunterlagen, wie zB Besprechungsprotokolle oder Reiseaufzeichnungen, durchsehen. Weiterhin steht es den Beamten frei, Aufzeichnungen über geführte Korrespondenz, Terminkalender, Spesenabrechnungen, Dokumente in Aktenmappen und Aktenkoffern, Buchhaltungs- und Finanzdokumente, elektronisch gespeicherte Dokumente wie E-Mails, fotografisches Material, Fax-Sendeberichte, Magnetbandaufzeichnungen etc einzusehen. Dokumente, die Geschäftsgeheimnisse enthalten, sind von diesem umfassenden Einsichtsrecht nicht ausgenommen. Die Betroffenen sind grundsätzlich zur Duldung verpflichtet. Bei Nachprüfungen der Europäischen Kommission besteht eine Mitwirkungspflicht der Betroffenen, jedenfalls soweit Fragen nach dem Aufbewahrungsort von bestimmten Geschäftsunterlagen gestellt werden. Dem sollte man nicht zuletzt auch deshalb nachkommen, um **Zufallsfunde** zu verhindern. Die Europäische Kommission darf Unterlagen auch lediglich kopieren, wenn deren Relevanz zuvor geprüft wurde.

---

[122] Für die Europäische Kommission ergibt sich das Auskunftsrecht aus Art. 18 VO 1/2003, für die nationalen Kartellbehörden aus § 59 GWB.

[123] Siehe dazu ausführlich *Besen* in Marktzugangsbedingungen und Marktzugangsschranken, 2009, S. 94ff.

Verfahren des Bundeskartellamts rechtfertigen auch eine Beschlagnahme, ohne dass ein Widersetzen vorliegt.

55 Für die Dauer der Überprüfung dürfen die Behörden Geschäftsräume und Unterlagen aller Art **versiegeln.** Der Bruch eines solchen Siegels kann nicht nur zu einer separaten Verhängung von Bußgeldern führen,[124] sondern stellt sogar grundsätzlich eine Straftat gemäß § 136 StGB dar.

56 Bei Nachprüfungen der Europäischen Kommission können mündliche Erklärungen zu gefundenen Dokumenten oder zu sonstigen Umständen verlangt und die Antworten zu Protokoll genommen werden. Da hier allerdings die Grenze einer Antwortpflicht mit Blick auf den Gegenstand der Befragung überschritten werden könnte,[125] empfiehlt es sich, die Befragung nur **in Anwesenheit eines Rechtsanwalts** durchzuführen. Korrespondenz mit externen, in der Europäischen Union zugelassenen Rechtsanwälten darf zumindest im Rahmen von Nachprüfungen durch die Europäische Kommission grundsätzlich nicht eingesehen werden, wenn diese zur Beratung oder Verteidigung erfolgte oder es sich um unternehmensinterne Zusammenfassungen eines solchen Rechtsrats bzw. der Vorbereitung eines solchen handelt.[126] Eine oberflächliche Kenntnisnahme zur Prüfung der Privilegierung ist uU zu gestatten.[127] Bei Untersuchungen des Bundeskartellamts gibt es eine Privilegierung von Dokumenten nur unter sehr engen Voraussetzungen für Verteidigungsunterlagen. Nach neuerer Rechtsprechung in Kartellamtsermittlungen können hierzu auch Verteidigungsunterlagen beim Mandanten zählen. Das Vorliegen einer Privilegierung sollte im Einzelfall von einem Rechtsanwalt geprüft werden.

E. Maßnahmen zur Risikobegrenzung

I. Bedeutung

57 Einer verantwortungsvoll handelnden Unternehmensleitung wird nach alledem keine andere Wahl bleiben, als **vorbeugende Maßnahmen** (siehe hierzu auch die allgemeinen Ausführungen in Kapitel 7) zu treffen, um die Gefahr eines Kartellrechtsverstoßes zu minimieren. Das gilt umso mehr mit Hinblick darauf, dass sich ein Unternehmen Handlungen von Mitarbeitern und sogar von sonstigen in den Absatz eingebundenen Personen und Unternehmen, etwa die eines echten Handelsvertreters, zurechnen lassen muss.[128] Doch wie können solche Maßnahmen aussehen?

58 Ziel muss jedenfalls die Schaffung eines **kartellrechtlichen Bewusstseins** bei den Mitarbeitern sein. Die Unternehmensleitung sollte sich daher klar zu einem kartellrechtskonformen Verhalten bekennen (sog. Mission Statement). Nur so kann nachhaltig ein Bewusst-

[124] Die Europäische Kommission hat beispielsweise gegen die E.ON Energie AG eine Geldbuße in Höhe von 38 Mio. Euro verhängt, nachdem in deren Geschäftsräumen während einer Nachprüfung ein Siegel der Europäischen Kommission (fahrlässig) beschädigt worden war. Siehe hierzu die Entscheidung der Europäischen Kommission vom 30.1.2008 – COMP/B-1/39.326 – E.ON Energie.

[125] Insbesondere ist auch der Umfang des Rechts auf mündliche Erklärungen bzw. des Fragerechts noch nicht abschließend geklärt (siehe hierzu ausführlich *Besen* in Marktzugangsbedingungen und Marktzugangsschranken, 2009, S. 94 ff.).

[126] Dieses Privileg gilt nach der bisherigen Rechtsprechung der europäischen Gerichte nicht für (angestellte) Syndikusanwälte (EuGH Slg. 1982, 1575 Rn. 25; EuG 17.9.2007 – verb. Rs. T-125/03 und T-253/03 Rn. 134, 168 f. und 173 ff. www.curia.europa.eu). Nach deutschem Recht wird das Verteidigerprivileg für angestellte Anwälte zumeist ebenfalls verneint, soweit diese nicht unabhängig sind, also die Rechtsangelegenheiten der juristischen Person und nicht einzelne Mandate unabhängig betreuen (BGH NJW 2003, 884 unter II.4).

[127] *Dieckmann* in Wiedemann § 42 Rn. 47 mwN.

[128] EuG 15.7.2015 – T-418/10 – voestalpine and voestalpine Wire Rod Austria/Commission; EuGH 16.2.2017 – C-95/15 P – H&R ChemPharm/Kommission.

sein bei den Mitarbeitern geschaffen werden, kartellrechtliche Vorschriften einzuhalten. Die Ernennung eines Compliance-Beauftragten kann hierbei einen wichtigen Bestandteil darstellen.[129] Um eine nachhaltige Wirkung zu erzielen, sollte jedes Compliance-Progamm auf die konkreten Bedürfnisse des Unternehmens abgestimmt werden. Zudem sollten den Mitarbeitern **praktische Hilfestellungen** für Situationen geliefert werden, denen sie in der täglichen Arbeit begegnen, um so die Grenzen zwischen rechtskonformem und unrechtmäßigem Verhalten zu kennen. Eine abstrakte Darstellung der Rechtsmaterie ist hierzu ungeeignet (siehe dazu Kapitel 6).

II. Schulungen

59 Unabhängig von der Größe eines Unternehmens haben sich in der Praxis kartellrechtliche Schulungen als ein geeignetes Grund-Instrument zur Verringerung des Risikos kartellrechtswidrigen Verhaltens erwiesen. Die Auswahl der zu schulenden Mitarbeiter sollte sich an der kartellrechtlichen Relevanz ihrer Aufgabengebiete orientieren und ihre tatsächliche Teilnahme **nachhaltig dokumentiert** werden. Regelmäßig sind jedenfalls die Managementebene sowie der Vertrieb zu schulen. Wie diese Schulungsmaßnahmen inhaltlich gestaltet werden können, hängt von vielen Faktoren ab. Die Schulungsmaßnahmen müssen darauf gerichtet sein, die Teilnehmer für kartellrechtlich problematische Situationen zu sensibilisieren. Im Sinne einer Nachhaltigkeit ist es ferner ratsam, jährliche Auffrischungskurse durchzuführen.

III. Internetbasierte Lernprogramme

60 Das Problem der soeben geschilderten „regulären" Schulungsmaßnahmen ist oft die Terminsfindung. Dies gilt insbesondere bei Unternehmen mit großer Vertriebsmannschaft. Hier können **internetbasierte Lernprogramme,** die anhand konkreter Beispiele die wesentlichen Grundzüge des geltenden Kartellrechts zusammenfassen, eine Alternative oder sinnvolle Ergänzung darstellen. Sie können jederzeit abgerufen und durchgeführt werden. Der Inhalt des Programms sollte aber an den jeweiligen Geschäftsbereich des Unternehmens angepasst werden. Ein weiterer Vorteil eines solchen Ansatzes besteht darin, dass in der Regel eine Dokumentation der Teilnahme der Mitarbeiter automatisch durch das Programm generiert werden kann. Selbst den Versand von Erinnerungen an säumige Mitarbeiter bereiten manche Programme vor.

IV. Überprüfungen

61 Wie bei jeder Schulungsmaßnahme ist es ferner sinnvoll, das gelernte theoretische Wissen in der Praxis zu testen und so zu vertiefen. Ein Compliance-Beauftragter oder die Rechtsabteilung sollte dazu regelmäßig Prüfungstermine bei den gefährdeten Unternehmensbereichen vornehmen. Hier bieten sich **Audits** oder sogenannte „Mock Dawn Raids" an: Im Rahmen eines Audits, das häufig durch den Compliance-Beauftragten initiiert wird, werden die vorhandenen Vertragsbeziehungen, die Kommunikationstätigkeit, etc untersucht und Hinweise auf mögliche Rechtsverstöße gesammelt. Bei den **„Mock Dawn Raids"** werden Nachprüfungen/Durchsuchungen simuliert und das Verhalten der Mitarbeiter getestet. Hierdurch kann anhand konkreter praktischer Empfehlungen ein noch höheres Maß an Problembewusstsein erzielt werden.[130]

---

[129] *Besen/Mayer* MPJ 2008, 89 (94). Bei angelsächsischen Unternehmen ist der Titel „Compliance-Manager" gebräuchlicher. Hierzu *Hauschka* BB 2004, 257 (259). Der BGH hat mit Urteil v. 17.7.2009 (5 StR 394/08) festgestellt, dass ein Compliance-Beauftragter eine Sonderverantwortlichkeit in Form einer strafrechtlichen Garantenpflicht (§ 13 Abs. 1 StGB) hat.

[130] *Besen/Mayer* MPJ 2008, 89 (94).

V. Verhaltensanleitung für Dawn Raids

62 Darüber hinaus ist es empfehlenswert, eine Verhaltensanleitung für Dawn Raids, die sich oft über mehrere Tage erstrecken und den gesamten Geschäftsbetrieb eines Unternehmens buchstäblich lahmlegen können, auszugeben. Diese Maßnahme kann zwar nur in beschränktem Maße als präventiv bezeichnet werden, da sie erst dann relevant wird, wenn der Anfangsverdacht bzgl. eines Kartellverstoßes bereits vorliegt. Jedoch können unzulässige Verhaltensweisen während einer Durchsuchung ebenfalls unangenehme Konsequenzen nach sich ziehen. Beispielsweise die **Vernichtung von Dokumenten**[131] oder das unbefugte Aufheben von Sperren bestimmter E-Mail-Accounts kann zu Bußgeldern gegen das betroffene Unternehmen führen.

63 Treffen die Ermittlungsbeamten ein, muss unverzüglich die Geschäftsleitung über die Geschehnisse informiert werden. Hat das Unternehmen eine Rechtsabteilung, sollte auch diese über die anstehende Durchsuchung/Nachprüfung unmittelbar in Kenntnis gesetzt werden. Darüber hinaus sollte für sofortigen externen Rechtsbeistand, der Erfahrung mit solchen Verfahren hat, gesorgt werden. Hierzu sollte unbedingt eine **Liste der zu informierenden Personen** (einschließlich Büro-, Privat- und Mobiltelefonnummern) erstellt werden. Diese Liste sollte beim Rezeptionisten, Pförtner, Sicherheitspersonal und in jeder Abteilung verfügbar sein. Weiterhin ist eine ähnlich aufgebaute Liste von Personen zu erstellen, die im Falle von Nachprüfungen/Durchsuchungen abgestellt werden können (zB um die Beamten bei ihren Nachprüfungs-/Durchsuchungshandlungen zu begleiten, Fotokopien der von den Beamten des Bundeskartellamts beschlagnahmten Unterlagen zu erstellen, die durchgeführten Nachprüfungs-/Durchsuchungshandlungen zu protokollieren, etc).

64 Weiterhin sollten ein oder mehrere Räume im Unternehmen bestimmt werden, die vom laufenden Geschäftsbetrieb getrennt sind und die den Beamten der Kartellbehörden für ihre Nachprüfungs-/Durchsuchungshandlungen zur Verfügung gestellt werden können. In diesen Räumen sollten die Beamten keinen unmittelbaren Zugriff auf Dokumente haben und keine Gespräche zwischen den Angestellten des Unternehmens hören können. Ferner sollten ein oder mehrere Räume möglichst in der Nähe zu diesen Räumen identifiziert sein, die als Lagerräume für Akten, Datenträger und gegebenenfalls Computer in Betracht kommen, um dort gegebenenfalls eine Versiegelung durch die Ermittlungsbehörden zu ermöglichen. Diese Örtlichkeiten sollten der Geschäftsführung und der Rechtsabteilung – soweit vorhanden – bekannt und kurzfristig zugänglich sein. Außerdem sollten mindestens zwei zu den Türen passende **Zylinderschlösser** separat vorgehalten werden, die nicht zur Schließanlage gehören, damit diese gegebenenfalls gegen die vorhandenen Schlösser der Schließanlage ausgetauscht werden können.

65 Bevor den Beamten Einsicht in die Dokumente des Unternehmens gewährt wird, sollte die **Legitimation der Beamten** geprüft und deren Namen und Funktion notiert werden. Im Einzelnen sollten geprüft werden: Dienstausweis, schriftlicher Prüfungsauftrag oder Nachprüfungsentscheidung der Europäischen Kommission bzw. Durchsuchungs-/Beschlagnahmebeschluss des Bundeskartellamts, einer Regulierungsbehörde oder richterlicher Durchsuchungsbeschluss eines Amtsgerichts. Fotokopien der jeweiligen Dokumente sollten angefertigt werden oder der wesentliche Inhalt der Dokumente schriftlich festgehalten werden. Die Beamten sollten gebeten werden zu warten, bis externe Rechtsanwälte eintreffen. Hierzu sind die Beamten auch häufig bereit. Der Zutritt sollte jedoch nicht verweigert werden. Nach Abschluss der Maßnahme sollte ein **Protokoll** erstellt und – im Falle einer Durchsuchung durch das Bundeskartellamt – ein Verzeichnis der kopierten oder beschlagnahmten Beweismittel verlangt und überprüft werden.

[131] Siehe hierzu auch *Kapp/Schlump* BB 2008, 2478 ff.

Überblick über die wesentlichen Verhaltensregeln bei kartellrechtlichen Nachprüfungen/Durchsuchungen

1. Benachrichtigen Sie unverzüglich Ihr internes Notfallteam und/oder Ihren externen Rechtsbeistand.
2. Behindern Sie nicht die Nachprüfung/Durchsuchung.
3. Seien Sie grundsätzlich kooperativ. Beachten Sie dabei aber, dass die Befugnisse der Beamten nicht unbegrenzt sind.
4. Vernichten Sie keine Akten und informieren keine Dritten über die Nachprüfung/Durchsuchung.
5. Stellen Sie für die Dauer der Nachprüfung/Durchsuchung Begleitpersonen für die Beamten ab.
6. Sorgen Sie in Abstimmung mit den Beamten frühzeitig für Kopien von allen beschlagnahmten Dokumenten und/oder erstellen Sie einen zweiten Satz der von den Beamten kopieren Dokumenten oder Dateien. Die Europäische Kommission wird einen oder mehrere Datenträger mit Kopien zur Verfügung stellen.
7. Sorgen Sie für ein vollständiges Protokoll über die Nachprüfung/Durchsuchung.

Abb. 17: Überblick über die wesentlichen Verhaltensregeln bei kartellrechtlichen Nachprüfungen/Durchsuchungen

Kapitel 12. Datenschutzrechtliche Compliance

Literatur: *Achenbach,* Transfer pseudonymisierter Daten aus klinischen Studien im Rahmen von Transaktionen pharmazeutischer Unternehmen im Anwendungsbereich der DSGV, PharmaR 2020, 9; *Auer-Reinsdorff/Conrad,* Handbuch IT- und Datenschutzrecht, 3. Auflage 2019; *Auernhammer,* Datenschutz-Grundverordnung, Bundesdatenschutzgesetz und Nebengesetze, 7. Auflage 2020; *Bischoff/Wiencke,* Datenschutzrechtliche Voraussetzungen klinischer Prüfungen – Das Verhältnis von AMG und DS-GVO, ZD 2019, 8; *Brink/Wolff,* BeckOK Datenschutzrecht, 37. Edition 2021; *Dallmann/Busse,* Verarbeitung von öffentlich zugänglichen personenbezogenen Daten – Datenschutzrechtliche Voraussetzungen und Grenzen, ZD 2019, 394; *Ehmann/Selmayr,* Datenschutz-Grundverordnung, 2. Auflage 2018; *Erbs/Kohlhaas,* Strafrechtliche Nebengesetze, Werkstand: 236. Ergänzungslieferung, Mai 2021; *Forgó/Helfrich/Schneider,* Betrieblicher Datenschutz, 3. Auflage 2019; *Frost,* Künstliche Intelligenz in Medizinprodukten und damit verbundene medizinprodukte- und datenschutzrechtliche Herausforderungen, MPR 2019, 117; *Gola,* Datenschutz-Grundverordnung, 2. Auflage 2018; *Hofer/Sachs,* Fehlstart bei der Digitalisierung, FAZ vom 10.2.2021, S. 16; *Hofer/Sachs/Sonnenschein,* Zur (teilweisen) Europarechtswidrigkeit und Unvereinbarkeit der Digitale Gesundheitsanwendungen-Verordnung (DiGAV) mit der Datenschutz-Grundverordnung (DSGVO), MPR 2020, 227; *Jandt,* Biometrische Videoüberwachung – was wäre wenn ..., ZRP 2018, 16; *Jung,* Datenschutz-(Compliance-)Management-Systeme – Nachweis- und Rechenschaftspflichten nach der DS-GVO, ZD 2018, 208; *Kaboré/Kinast,* Übermittlung von Gesundheitsdaten zwischen Krankenkassen und privaten Versicherungsunternehmen – Mögliche Rechtsgrundlagen bei der Abwicklung von Regressansprüchen, ZD 2019, 441; Kasseler Kommentar Sozialversicherungsrecht, Band 1, Stand der 112. Ergänzungslieferung: 1.12.2020; *Korch,* Schadensersatz für Datenschutzverstöße, NJW 2021, 978; *Kühling/Buchner,* Datenschutz-Grundverordnung – BDSG, 3. Auflage 2020; *Otto/Rüdlin,* Standardisierung von Patienteneinwilligungen im Krankenhaus – Vorschlag zum einfacheren und effizienteren Umgang mit Einwilligungserklärungen zur Datenverarbeitung, ZD 2017, 519; *Paal/Pauly,* Datenschutz-Grundverordnung – Bundesdatenschutzgesetz, 3. Auflage 2021; *Schantz,* Die Datenschutz-Grundverordnung – Beginn einer neuen Zeitrechnung im Datenschutzrecht, NJW 2016, 1841; *Schneider,* Schließt Art. 9 DS-GVO die Zulässigkeit der Verarbeitung bei Big Data aus? Überlegungen, wie weit die Untersagung bei besonderen Datenkategorien reicht, ZD 2017, 303; *Simitis/Hornung/Spiecker gen. Döhmann,* Datenschutzrecht; *Spickhoff,* Medizinrecht, 3. Auflage 2018; *Spindler,* Verbandsklagen und Datenschutz – das neue Verbandsklagerecht – Neuregelungen und Probleme, ZD 2016, 114; *Spindler/Schuster,* Recht der elektronischen Medien, 4. Auflage 2019; *Sydow,* Europäische Datenschutzgrundverordnung, 2. Auflage 2018; *Taeger/Gabel,* DSGVO – BDSG, 3. Auflage 2019; *Wagner/Scheuble,* WP Datenschutz-Folgenabschätzung – mehr Rechtssicherheit durch die Art. 29-Datenschutzgruppe, ZD-Aktuell 2017, 05664.

Übersicht

A. Einleitung

1 Mit der Verordnung (EU) 2016/679 zum Schutz natürlicher Personen bei der Verarbeitung personenbezogener Daten, zum freien Datenverkehr und zur Aufhebung der Richtlinie 95/46/EG (sog. Datenschutz-Grundverordnung, **„DS-GVO"**)[1] ist der Datenschutz in Europa einheitlich geregelt worden. Die DS-GVO entfaltet seit dem 25.5.2018 unmittelbare Wirkung in allen europäischen Mitgliedsstaaten. Ergänzt wird sie in Deutschland durch das Bundesdatenschutzgesetz **(„BDSG")**[2]. Das BDSG sieht für Deutschland in denjenigen Bereichen besondere nationale Bestimmungen vor, in denen die europäischen Mitgliedstaaten nach der DS-GVO noch ergänzende Regelungen erlassen dürfen (so etwa zu Datenschutzbeauftragten öffentlicher Stellen).

2 Die DS-GVO schreibt **neben strengen datenschutzrechtlichen Anforderungen erhebliche Bußgeld- und Haftungsrisiken** fest. Die Verarbeitung von Gesundheitsdaten und genetischen Daten als besondere Kategorien personenbezogener Daten unterliegt einem grundsätzlichen Verbot und ist nur in Ausnahmefällen rechtlich zulässig. Unternehmen im Gesundheitswesen sind daher gut beraten, sich im Einzelnen mit den Anforderungen

[1] ABl. 2016 L 119, S. 1; ber. ABl. 2016 L 314, S. 72; ABl. 2018 L 127, S. 2.
[2] Bundesdatenschutzgesetz vom 30.6.2017 (BGBl. I S. 2097).

der DS-GVO und der für sie ergänzend geltenden nationalen Datenschutzgesetze auseinanderzusetzen. Hierzu müssen vor allem Arbeitsabläufe, IT-Systeme und Strukturen der Datenverarbeitung geprüft und an das geltende Recht angepasst werden. Zudem empfehlen sich die Einführung und das fortlaufende Monitoring passender Datenschutzprozesse und deren Abstimmung mit bereits bestehenden Compliance-Strukturen. Darüber hinaus sind Datenschutzbeauftragte sowie sonstige zuständige Mitarbeiter im anwendbaren Recht sowie in den einschlägigen Prozessstrukturen zu schulen.

B. Die DS-GVO im Überblick

Die DS-GVO normiert europaweit **einheitliche Vorschriften** zum Datenschutz. Sie 3
findet sowohl auf die automatisierte Verarbeitung personenbezogener Daten als auch auf die nichtautomatisierte Verarbeitung solcher Daten Anwendung, die bereits in einem Dateisystem gespeichert sind oder noch gespeichert werden sollen.

Für die Verarbeitung personenbezogener Daten gilt nach der DS-GVO ein **Verbots-** 4
prinzip mit Erlaubnisvorbehalt. Die Datenverarbeitung ist nur bei Vorliegen einer entsprechenden Rechtfertigung – etwa in Form einer Einwilligung des Betroffenen oder der Erforderlichkeit der Verarbeitung zur Erfüllung eines rechtlich zulässigen Zwecks – erlaubt. Darüber hinaus dürfen im Sinne der **Datenvermeidung** und **Datensparsamkeit** personenbezogene Daten nur in einem Umfang verarbeitet werden, der zur jeweiligen Zweckerfüllung auch tatsächlich notwendig ist.

I. Sachlicher Anwendungsbereich

Nach Art. 2 Abs. 1 DS-GVO gilt die Verordnung für jede ganz oder teilweise automati- 5
sierte **Verarbeitung personenbezogener Daten** sowie für die nichtautomatisierte Verarbeitung personenbezogener Daten, die in einem Dateisystem gespeichert sind oder gespeichert werden sollen.

Personenbezogene Daten sind nach Art. 4 Nr. 1 DS-GVO alle Informationen, die sich 6
auf eine identifizierte oder identifizierbare natürliche Person beziehen. Als identifizierbar wird eine natürliche Person angesehen, die direkt oder indirekt, insbesondere mittels Zuordnung zu einer Kennung, zu einer Kennnummer, zu Standortdaten, zu einer Online-Kennung oder zu einem oder mehreren besonderen Merkmalen, die Ausdruck der physischen, physiologischen, genetischen, psychischen, wirtschaftlichen, kulturellen oder sozialen Identität dieser natürlichen Person sind, identifiziert werden kann (vgl. Art. 4 Nr. 1 DS-GVO). Zu personenbezogenen Daten zählen zB Namen, Anschriften, Telefonnummern, Wohnorte, aber auch Gesundheits-, Einkommens- und Bankdaten.

Verarbeitung personenbezogener Daten meint jeden mit oder ohne Hilfe automatisier- 7
ter Verfahren ausgeführten Vorgang oder jede solche Vorgangsreihe im Zusammenhang mit personenbezogenen Daten wie das Erheben, das Erfassen, die Organisation, das Ordnen, die Speicherung, die Anpassung oder Veränderung, das Auslesen, das Abfragen, die Verwendung, die Offenlegung durch Übermittlung, Verbreitung oder eine andere Form der Bereitstellung, den Abgleich oder die Verknüpfung, die Einschränkung, das Löschen oder die Vernichtung (vgl. Art. 4 Nr. 2 DS-GVO).

Die DS-GVO findet demgegenüber **keine Anwendung auf dauerhaft anonymisier-** 8
te Daten. Für eine **Anonymisierung** sind personenbezogene Daten so zu verändern, dass die dahinter stehenden betroffenen Personen dauerhaft nicht mehr identifiziert werden können.[3] Da für viele Verarbeitungszwecke im Gesundheitswesen ein **Personenbezug** der jeweils verarbeiteten Daten **nicht erforderlich** ist, sollte vor jeder Datenverarbeitung stets

---

[3] *Paal/Pauly* DS-GVO BDSG Art. 4 Rn. 48.

geprüft werden, **ob** davon betroffene personenbezogene Daten nicht **dauerhaft anonymisiert werden können.** Zu beachten bleibt, dass eine bloße **Pseudonymisierung** personenbezogener Daten demgegenüber nicht ausreicht, um dem Anwendungsbereich der DS-GVO dauerhaft zu entgehen.[4] Bei einer Pseudonymisierung werden personenbezogene Daten lediglich in einer Weise verarbeitet, dass sie ohne Hinzuziehung zusätzlicher Informationen nicht mehr einer spezifischen betroffenen Person zugeordnet werden können, sofern diese zusätzlichen Informationen gesondert aufbewahrt werden und technischen und organisatorischen Maßnahmen unterliegen, die gewährleisten, dass die personenbezogenen Daten nicht einer identifizierten oder identifizierbaren natürlichen Person zugewiesen werden (vgl. Art. 4 Nr. 5 DS-GVO).

II. Räumlicher Anwendungsbereich

9 In räumlicher Hinsicht findet die DS-GVO nach Art. 3 Abs. 1 zunächst Anwendung auf jede Verarbeitung personenbezogener Daten, die im Rahmen der Tätigkeiten einer **Niederlassung** eines Verantwortlichen oder eines Auftragsverarbeiters **in der Europäischen Union** erfolgt, und zwar unabhängig davon, ob die Verarbeitung selbst in der Union stattfindet (sog. „Niederlassungsprinzip“[5]).

10 Darüber hinaus gilt die DS-GVO nach Art. 3 Abs. 2 allerdings auch für jede Verarbeitung personenbezogener Daten von **betroffenen Personen, die sich in der Europäischen Union befinden,** und zwar auch dann, wenn der dafür Verantwortliche oder Auftragsverarbeiter gar nicht in der Union niedergelassen ist. Es genügt bereits, wenn die Datenverarbeitung im Zusammenhang damit steht,

- betroffenen Personen in der Union Waren oder Dienstleistungen anzubieten, unabhängig davon, ob von diesen Personen eine Zahlung zu leisten ist; oder
- das Verhalten betroffener Personen zu beobachten, soweit ihr Verhalten in der Europäischen Union erfolgt.

11 Soweit diese Voraussetzungen erfüllt sind, kann also auch die Verarbeitung personenbezogener Daten von in der Europäischen Union befindlichen Betroffenen durch aus dem Ausland tätig werdende Unternehmen dem räumlichen Anwendungsbereich der DS-GVO unterfallen.[6] Wenn etwa Patientinnen und Patienten in Europa Internetseiten von in Drittländern ansässigen Unternehmen besuchen, um dort bestimmungsgemäß (auch) für sie bereitgehaltene Arzneimittelinformationen abzurufen, die ihnen nach dem Recht eines europäischen Mitgliedstaates eigentlich nicht zugänglich gemacht werden dürfen, und dabei mittels sogenannter **„Cookies“** Informationen über die Aktivitäten der Patientinnen und Patienten auf den von ihnen jeweils besuchten ausländischen Internetseiten erfasst werden, findet die DS-GVO auch auf diese außerhalb der Europäischen Union stattfindende Verarbeitung personenbezogener Daten Anwendung.[7]

12 Auch jede **Drittlandsübermittlung personenbezogener Daten,** die bereits verarbeitet werden oder nach ihrer Übermittlung an ein Drittland verarbeitet werden sollen, ist nur zulässig, wenn der Verantwortliche und der Auftragsverarbeiter die strengen Vorgaben der DS-GVO und insbesondere deren Anforderungen an die Übermittlung personenbezogener Daten an Drittländer (vgl. dazu Kapitel V DS-GVO) einhalten; dies gilt auch für die etwaige Weiterübermittlung personenbezogener Daten durch ein Drittland oder an ein anderes Drittland. Dabei ist stets sicherzustellen, dass das durch die DS-GVO gewährleistete Schutzniveau für natürliche Personen nicht untergraben wird (vgl. Art. 44 DS-GVO). So-

---

[4] Vgl. dazu *Kühling/Buchner* DS-GVO BDSG Art. 4 Rn. 5f.

[5] Zur Abgrenzung zwischen Niederlassungs- und Marktortprinzip vgl. *Auer-Reinsdorff/Conrad,* Handbuch IT- und Datenschutzrecht, § 34 Rn. 119f.

[6] Zur bestimmungsgemäßen Ausrichtung von Waren- und Dienstleistungsangeboten an Personen in der Union vgl. *Gola,* Datenschutz-Grundverordnung, Art. 3 Rn. 29.

[7] *Schantz* NJW 2016, 1841 (1842).

fern die Europäische Kommission keinen Angemessenheitsbeschluss nach Art. 45 DS-GVO zu Datenübermittlungen in ein bestimmtes Drittland erlassen hat, können personenbezogene Daten dorthin allenfalls auf Grundlage geeigneter Garantien im Sinne der Art. 46 f. DS-GVO übermittelt werden. Im Gesundheitsbereich gelten zum Teil sogar strengere Anforderungen (→ Rn. 34). Von Bedeutung ist dies unter anderem für Unternehmensgruppen mit Mutter- oder Tochtergesellschaften in Drittländern, bei Unternehmenskooperationen mit Drittlandsbezug oder bei der Durchführung von Studien unter Einbeziehung von Studienzentren in Drittländern.

III. Wesentliche Grundsätze für die Datenverarbeitung

13 Für die Datenerhebung und -verarbeitung gilt nach der DS-GVO ein **Verbotsprinzip mit Erlaubnisvorbehalt.** Sie sind nur bei Vorliegen einer entsprechenden Rechtfertigung, etwa in Form einer Einwilligung des Betroffenen oder der Erforderlichkeit der Verarbeitung (zB zur Erfüllung eines konkreten Vertrags), zulässig.[8]

1. Rechtmäßigkeit

14 Personenbezogene Daten müssen nach Art. 5 Abs. 1 lit. a DS-GVO **rechtmäßig verarbeitet** werden. Nach Art. 6 DS-GVO ist die Verarbeitung personenbezogener Daten nur rechtmäßig, wenn mindestens eine der in dieser Vorschrift genannten Bedingungen erfüllt ist. Unter anderem kommen folgende Bedingungen für eine rechtmäßige Verarbeitung personenbezogener Daten in Betracht:

- Die betroffene Person hat ihre **Einwilligung** zu der Verarbeitung der sie betreffenden personenbezogenen Daten **für einen oder mehrere bestimmte Zwecke** gegeben (vgl. Art. 6 Abs. 1 lit. a DS-GVO).
- Die Verarbeitung ist **für die Erfüllung eines Vertrags,** dessen Vertragspartei die betroffene Person ist, **oder zur Durchführung vorvertraglicher Maßnahmen erforderlich,** die auf Anfrage der betroffenen Person erfolgen (vgl. Art. 6 Abs. 1 lit. b DS-GVO).
- Die Verarbeitung ist **zur Erfüllung einer rechtlichen Verpflichtung erforderlich,** der der für die Datenverarbeitung Verantwortliche unterliegt (vgl. Art. 6 Abs. 1 lit. c DS-GVO); die Rechtsgrundlage für die Datenverarbeitung muss dann jedoch durch Recht der Europäischen Union oder aber durch nationales Recht eines für den Verantwortlichen zuständigen Mitgliedstaates bestimmt sein und den Zweck der Verarbeitung selbst festlegen (vgl. Art. 6 Abs. 3 DS-GVO).
- Die Verarbeitung ist **zur Wahrung der berechtigten Interessen des für die Datenverarbeitung Verantwortlichen oder eines Dritten erforderlich,** sofern nicht die Interessen oder Grundrechte und Grundfreiheiten der betroffenen Person, die den Schutz personenbezogener Daten erfordern, überwiegen, insbesondere dann, wenn es sich bei der betroffenen Person um ein Kind handelt (vgl. Art. 6 Abs. 1 lit. f DS-GVO).

15 Der datenschutzrechtlich Verantwortliche ist nach Art. 5 Abs. 2 DS-GVO für die Einhaltung der Rechtmäßigkeit jeder entsprechenden Datenverarbeitung verantwortlich und muss diese nachweisen können (sogenannte **„Rechenschaftspflicht"**).[9]

2. Zweckbindung

16 Personenbezogene Daten dürfen nach Art. 5 Abs. 1 lit. b DS-GVO darüber hinaus **nur für festgelegte, eindeutige und legitime Zwecke erhoben und** nicht in einer mit diesen Zwecken nicht zu vereinbarenden Weise **weiterverarbeitet** werden (sogenannte **„Zweckbindung"**). Dabei muss die Datenverarbeitung

[8] *Kühling/Buchner* DS-GVO BDSG Art. 6 Rn. 11; *Sydow,* Europäische Datenschutzgrundverordnung, Art. 7 Rn. 8 f.

[9] Vgl. dazu auch *Jung* ZD 2018, 208.

- dem Zweck **angemessen und erheblich** sowie auf das für die Zwecke der Verarbeitung **notwendige Maß** beschränkt sein (sogenannte **„Datenminimierung"**);
- **sachlich richtig** und erforderlichenfalls **auf dem neuesten Stand** erfolgen, wobei alle angemessenen Maßnahmen zu treffen sind, damit personenbezogene Daten, die im Hinblick auf die Zwecke ihrer Verarbeitung unrichtig sind, unverzüglich gelöscht oder berichtigt werden (sogenannte **„Richtigkeit"**); und
- jede Speicherung personenbezogener Daten grundsätzlich darauf beschränken, **eine Identifizierung** der betroffenen Personen **nur so lange** zu **ermöglichen, wie** es für die Zwecke, für die sie verarbeitet werden, **tatsächlich erforderlich** ist (sogenannte **„Speicherbegrenzung"**).

17 Entscheidend ist, dass jede betroffene Person voraussehen kann, für welche Zwecke ihre personenbezogenen Daten jeweils verarbeitet werden und welche Gefahren damit einhergehen.[10] Der Grad der Präzision der jeweiligen Zweckbestimmung hängt von den Umständen der Erhebung und Verarbeitung, Art und Umfang der verarbeiteten personenbezogenen Daten und den Gefahren für den Betroffenen ab.[11] Dem Erfordernis einer **eindeutigen Zweckbestimmung** wird danach vor allem dann nicht mehr Genüge getan, wenn durch eine zu unscharfe Bezugnahme lediglich auf allgemeine Zwecke abgestellt wird.[12] Verarbeitungszwecke sollten deshalb nicht zu weit definiert werden. Eine unklare Umschreibung ist damit ebenso unzulässig wie eine zwar sprachlich klare, in der Sache jedoch vage Zweckfestlegung, da dadurch eine Erhebung und Speicherung personenbezogener Daten zu vielen unterschiedlichen Zwecken ermöglicht wird und mithin im Ergebnis gar keine wirkliche Festlegung vorliegt.[13]

18 Der datenschutzrechtlich Verantwortliche ist nach Art. 5 Abs. 2 DS-GVO auch für die Einhaltung der Zweckbindung jeder Datenverarbeitung verantwortlich und muss auch diese im Rahmen seiner Rechenschaftspflicht nachweisen können.[14] Soweit Unternehmen im Gesundheitswesen personenbezogene Daten unter der DS-GVO verarbeiten, sollten sie daher **für jede** entsprechende **Datenverarbeitung die Zweckbindung prüfen und dokumentieren**.

3. Integrität und Vertraulichkeit

19 Des Weiteren dürfen personenbezogene Daten stets nur in einer Weise verarbeitet werden, die eine angemessene Datensicherheit gewährleistet, einschließlich **Schutz vor unbefugter oder unrechtmäßiger Verarbeitung und vor unbeabsichtigtem Verlust, unbeabsichtigter Zerstörung oder unbeabsichtigter Schädigung** durch geeignete technische und organisatorische Maßnahmen (vgl. Art. 5 Abs. 1 lit. f DS-GVO). Darüber hinaus ist es nach Erwägungsgrund 78 DS-GVO zum Schutz der in Bezug auf die Verarbeitung personenbezogener Daten bestehenden Rechte und Freiheiten natürlicher Personen erforderlich, dass **geeignete technische und organisatorische Maßnahmen** getroffen werden, damit die Anforderungen der DS-GVO erfüllt werden. Daher sollte jede Datenverarbeitung insbesondere auch den Grundsätzen des **Datenschutzes durch Technik** *(„data protection by design")* **und durch datenschutzfreundliche Voreinstellungen** *(„data protection by default")* genügen. Solche Maßnahmen können unter anderem darin bestehen, dass
- die Verarbeitung personenbezogener Daten minimiert wird[15];
- personenbezogene Daten so schnell wie möglich pseudonymisiert werden[16];

---

[10] *Spindler/Schuster,* Recht der elektronischen Medien, DS-GVO Art. 5 Rn. 8 f.
[11] *Taeger/Gabel* DSGVO – BDSG DS-GVO Art. 5 Rn. 24.
[12] *Simitis/Hornung/Spiecker gen. Döhmann,* Datenschutzrecht, Art. 5 Rn. 76.
[13] *Gola,* Datenschutz-Grundverordnung, Art. 5 Rn. 14.
[14] *Forgó/Helfrich/Schneider,* Betrieblicher Datenschutz, Kapitel 5, Rn. 40.
[15] *Kühling/Buchner* DS-GVO BDSG Art. 25 Rn. 16.
[16] *Sydow,* Europäische Datenschutzgrundverordnung, Art. 25 Rn. 51 f.

- Transparenz in Bezug auf die Funktionen und die Verarbeitung personenbezogener Daten hergestellt wird[17];
- der betroffenen Person ermöglicht wird, die Verarbeitung personenbezogener Daten zu überwachen[18]; und
- der datenschutzrechtlich Verantwortliche Sicherheitsfunktionen schafft oder verbessert[19].

Der datenschutzrechtlich Verantwortliche ist nach Art. 5 Abs. 2 DS-GVO auch für die 20
Einhaltung der Integrität und Vertraulichkeit jeder Datenverarbeitung verantwortlich und muss diese im Rahmen seiner **Rechenschaftspflicht** ebenfalls nachweisen können.[20]

4. Weitere wesentliche Vorgaben der DS-GVO

Die Verarbeitung **besonders sensibler personenbezogener Daten,** aus denen die ras- 21
sische und ethnische Herkunft, politische Meinungen, religiöse oder weltanschauliche Überzeugungen oder die Gewerkschaftszugehörigkeit hervorgehen, sowie **die Verarbeitung von genetischen Daten,** biometrischen Daten zur eindeutigen Identifizierung einer natürlichen Person, **Gesundheitsdaten** oder Daten zum Sexualleben oder zur sexuellen Orientierung einer natürlichen Person ist nach Art. 9 Abs. 1 DS-GVO **grundsätzlich untersagt,** soweit nicht ausnahmsweise die Anforderungen aus Art. 9 Abs. 2–4 DS-GVO erfüllt sind (→ Rn. 37 f.).

Jeder datenschutzrechtlich Verantwortliche muss nach Art. 30 DS-GVO ein detailliertes 22
Verzeichnis aller Verarbeitungstätigkeiten führen, die seiner Zuständigkeit unterliegen (→ Rn. 156). Der Verantwortliche oder der Auftragsverarbeiter sowie gegebenenfalls der Vertreter des Verantwortlichen oder des Auftragsverarbeiters stellen der Aufsichtsbehörde das Verzeichnis auf Anfrage zur Verfügung.

Ferner besteht eine Pflicht zur eigenständigen **Datenschutz-Folgenabschätzung,** 23
wenn eine Datenverarbeitung **voraussichtlich hohe Risiken** für die persönlichen Rechte und Freiheiten der Betroffenen birgt (vgl. Art. 35 DS-GVO) (→ Rn. 161 f.). Die zuständige Aufsichtsbehörde muss in diesem Fall bereits vor der Datenverarbeitung informiert werden, sofern das Unternehmen nicht gleichzeitig Maßnahmen zur Minimierung des Risikos trifft.[21] Die Aufsichtsbehörde kann dem datenschutzrechtlich Verantwortlichen eine Pflicht zur Nachbesserung auferlegen oder die Verarbeitung im Extremfall untersagen.[22] Bei **Datenschutzverstößen** trifft den Verantwortlichen nach der DS-GVO eine **proaktive Meldepflicht** sowohl gegenüber den Aufsichtsbehörden als auch gegenüber den jeweils Betroffenen (vgl. Art. 33 und 34 DS-GVO) (→ Rn. 157 f., 159 f.).

Die DS-GVO sieht darüber hinaus **weitgehende Rechte betroffener Personen** vor. 24
Hierzu zählen unter anderem Rechte auf Information (vgl. Art. 12–14 DS-GVO), Auskunft (vgl. Art. 15 DS-GVO), Berichtigung unrichtiger personenbezogener Daten (vgl. Art. 16 und 19 DS-GVO), Löschung personenbezogener Daten (vgl. Art. 17 und 19 DS-GVO), Einschränkung der Verarbeitung personenbezogener Daten (vgl. Art. 18 und 19 DS-GVO), Datenübertragbarkeit (vgl. Art. 20 DS-GVO), Widerspruch gegen bestimmte Fälle der Datenverarbeitung (vgl. Art. 21 DS-GVO) und Vermeidung automatisierter Entscheidungen im Einzelfall einschließlich sogenannten „Profilings" (vgl. Art. 22 DS-GVO) (→ Rn. 181 f.).

5. Haftung und Geldbußen

Jede Person, der wegen eines Verstoßes gegen die Vorgaben der DS-GVO ein **materieller oder immaterieller Schaden** entstanden ist, hat **Anspruch auf Schadenersatz** ge- 25

[17] *Sydow,* Europäische Datenschutzgrundverordnung, Art. 25 Rn. 53.
[18] *Sydow,* Europäische Datenschutzgrundverordnung, Art. 25 Rn. 54.
[19] *Sydow,* Europäische Datenschutzgrundverordnung, Art. 25 Rn. 55 f.
[20] Vgl. dazu auch *Jung* ZD 2018, 208.
[21] *Wagner/Scheuble* ZD-Aktuell 2017, 05664.
[22] Vgl. dazu auch *Kühling/Buchner* DS-GVO BDSG Art. 36 Rn. 1.

gen den datenschutzrechtlich Verantwortlichen oder gegen den Auftragsverarbeiter.[23] Und jeder an einer Verarbeitung personenbezogener Daten beteiligte **Verantwortliche** haftet für den Schaden, der durch eine nicht den Vorgaben der DS-GVO entsprechende Verarbeitung verursacht wurde.[24] **Auftragsverarbeiter** haften für den durch eine Verarbeitung verursachten Schaden allerdings nur dann, wenn sie ihren speziell den Auftragsverarbeitern auferlegten Pflichten aus der DS-GVO nicht nachgekommen sind oder unter Nichtbeachtung der rechtmäßig erteilten Anweisungen des für die Datenverarbeitung Verantwortlichen oder gegen diese Anweisungen gehandelt haben.[25] Eine Haftungsbefreiung kommt allenfalls in Betracht, wenn der Verantwortliche oder Auftragsverarbeiter nachweisen können, dass sie in keinerlei Hinsicht für die Umstände, durch die der Schaden eingetreten ist, verantwortlich sind (vgl. dazu Art. 82 DS-GVO). Zudem sieht die DS-GVO ein **Verbandsklagerecht** bei Datenschutzverstößen vor.[26]

26 Die DS-GVO enthält ferner allgemeine Bedingungen für die Verhängung von **Geldbußen.** Diese Geldbußen können bis zu 20 Millionen Euro oder bei Unternehmen auch bis zu 4 % des global erzielten Jahresumsatzes betragen, je nachdem, welcher der Beträge höher ist. Beteiligte Manager, Datenschutzbeauftragte oder sonstige verantwortliche Entscheidungsträger müssen bei Verstößen unter Umständen ebenfalls mit Geldbußen rechnen. Dabei ist bei einem datenschutzrechtlichen Verstoß zwingend ein Bußgeld festzusetzen (vgl. Art. 83 DS-GVO). Während unmittelbar nach Geltung der DS-GVO Datenschutzverstöße zunächst noch vergleichsweise zurückhaltend bebußt wurden, hat sich inzwischen eine – sowohl nach Ausmaß als auch nach Höhe der einzelnen Bußgelder – beachtliche Praxis herausgebildet. So verhängte etwa im Jahr 2019 **die französische Datenschutzbehörde** *„Commission Nationale de l'Informatique et des Libertés"* **(„CNIL")** ein Bußgeld in Höhe von **50 Millionen Euro gegen Google** (Gesamtumsatz 2018 ca. 137 Milliarden US-Dollar) wegen einer zu intransparenten Verarbeitung personenbezogener Daten und der Verletzung datenschutzrechtlicher Informationspflichten bei der Eröffnung von Google-Konten anlässlich der Einrichtung von Smartphones mit dem Google-Betriebssystem Android.[27] Die CNIL beanstandete unter anderem unzureichende Zweckbestimmungen der Datenverarbeitung gegenüber den betroffenen Personen sowie die fehlende Festlegung von Löschfristen, wodurch die von Google geforderten Einwilligungserklärungen mangels hinreichender Datenschutzinformationen weder zweckgebunden noch unmissverständlich erteilt werden konnten. Zur Höhe des Bußgeldes verwies die CNIL auf die Bedeutung des Betriebssystems Android auf dem relevanten Markt, ferner auf die Systematik und Häufigkeit der beanstandeten Verstöße sowie auf die Tatsache, dass Google mithilfe dieser Verstöße gezielter werben und Geld verdienen konnte.[28]

27 In **Italien** wurde Anfang 2020 ein Bußgeld in Höhe von **27,8 Millionen Euro gegen einen Telekommunikationsanbieter** verhängt, der in mehreren hundert Fällen unerwünscht Personen kontaktiert hatte, die sich zuvor in eine öffentlich zugängliche Liste eingetragen hatten, gerade um derartigen unerbetenen Werbeansprachen entgegenzutreten.[29] Das Unternehmen hatte sich noch auf Einwilligungserklärungen der betroffenen Kunden zu berufen versucht, diese jedoch bewusst überdehnt und zweckentfremdet. Darüber hinaus hatte

---

[23] Allgemein zum Schadenersatz für Datenschutzverstöße *Korch* NJW 2021, 978.

[24] *Gola,* Datenschutz-Grundverordnung, Art. 82 Rn. 3 f.

[25] *Gola,* Datenschutz-Grundverordnung, Art. 82 Rn. 5.

[26] Allgemein zu Verbandsklagen und Datenschutz *Spindler* ZD 2016, 114.

[27] Vgl. https://www.cnil.fr/en/cnils-restricted-committee-imposes-financial-penalty-50-million-euros-against-google-llc (zul. abgerufen am 22.6.2021).

[28] Vgl. auch die Berichterstattung unter https://www.handelsblatt.com/unternehmen/it-medien/DS-GVO-google-muss-rekordstrafe-wegen-datenschutzverstoessen-in-europa-zahlen/23892332.html?ticket=ST-3356893-STfBm5oqQpZZL91rmC6Y-ap3 und https://www.zeit.de/digital/datenschutz/2019-01/frankreich-datenschutzbehoerde-cnil-google-strafe-DS-GVO (zul. abgerufen am 22.6.2021).

[29] Vgl. https://www.telecompaper.com/news/tim-handed-eur-28-mln-fine-for-aggressive-telemarketing-1325004 (zul. abgerufen am 22.6.2021).

der Telekommunikationsanbieter Löschfristen für personenbezogene Daten unklar bemessen, was zu weiteren Unsicherheiten bezüglich der Dauer der Datenspeicherung führte, sowie ohne Rechtsgrundlage personenbezogene Daten mit externen Callcentern ausgetauscht.

In **Deutschland** wurde 2019 ein Bußgeld in Höhe von **14,5 Millionen Euro gegen die Deutsche Wohnen SE** verhängt, da das Unternehmen in seinen Archivsystemen unter anderem personenbezogene Daten ehemaliger Mieter gespeichert hatte, ohne dafür Löschfristen vorzusehen.[30] Bei der Bemessung des Bußgelds wurde neben der unbefristeten Speicherdauer unter anderem berücksichtigt, dass die Deutsche Wohnen SE das System bewusst angelegt und trotz Beanstandungen ihres Datenschutzbeauftragten nicht überarbeitet hatte.[31] 28

Und auch **Datenschutzverstöße im Gesundheitsbereich** wurden in den letzten Jahren zunehmend geahndet. Unter anderem wurden in der jüngeren Vergangenheit **vermehrt Bußgelder** im niedrigen bis mittleren sechsstelligen Euro-Bereich **gegen Krankenhäuser** verhängt. So wurde etwa **in den Niederlanden ein Krankenhaus mit 460 000 Euro bebußt,** weil bei ihm mehrere Angestellte unkontrolliert Zugriff auf die Behandlungsakte eines berühmten Patienten nehmen konnten.[32] Die zuständige niederländische Behörde *„Autoriteit Persoonsgegevens"* **(„AP")** wies darauf hin, dass Krankenhäuser regelmäßig überprüfen müssen, wer wann welche Krankenakten liest, und legte nahe, für die Arbeit mit Patientenakten in Krankenhäusern grundsätzlich auf eine Zwei-Faktor-Authentifizierung zurückzugreifen. 29

In **Portugal** wurde ein Bußgeld in Höhe von **400 000 Euro gegen ein Krankenhaus** verhängt, in dessen IT-System ohne Weiteres Personalprofile angelegt werden konnten, die Zugriffe auf Patientenakten erlaubten.[33] Obschon bei dem Krankenhaus lediglich knapp 300 Ärzte beschäftigt waren, wies das System etwa 1000 Profile mit entsprechenden Zugriffsrechten aus. Hinzu kam, dass alle Ärzte auch ohne Einschränkungen nach Fachbereich oder Spezialisierung Zugriff auf alle übrigen Profile hatten. 30

In Deutschland wurde **gegen die Uniklinik Mainz ein Bußgeld in Höhe von 105 000 Euro** verhängt, da infolge einer Patientenverwechslung falsche Rechnungen gestellt worden waren.[34] Die Höhe des Bußgeldes wurde unter anderem damit begründet, dass Gesundheitsdaten ein ganz besonderer Schutz zukomme, dem durch die Signalwirkung hoher Bußgelder besonders Rechnung getragen werden müsse. 31

In **Italien** verhängte die zuständige Datenschutzbehörde Mitte Februar 2020 ein Bußgeld in Höhe von **30 000 Euro gegen ein Krankenhaus,** bei dem Mitarbeiter unberechtigt Zugriff auf Patientendaten dort medizinisch behandelter anderer Mitarbeiter genommen hatten.[35] Die Maßnahmen, die das Krankenhaus zur Sicherung der Patientendaten 32

---

[30] Vgl. https://www.datenschutz-berlin.de/fileadmin/user_upload/pdf/pressemitteilungen/2019/20191105-PM-Bussgeld_DW.pdf (zul. abgerufen am 22.6.2021).

[31] Vgl. auch die Berichterstattung unter https://netzpolitik.org/2019/datenschutzgrundverordnung-deutsche-wohnen-erste-millionenstrafe/; https://www.lto.de/recht/kanzleien-unternehmen/k/DS-GVO-verstoss-deutsche-wohnen-bussgeld-datenschutz-berlin/ und https://www.tagesschau.de/inland/bussgeld-deutsche-wohnen-101.html (zul. abgerufen am 22.6.2021).

[32] Vgl. https://www.robin-data.io/datenschutz-akademie/news/patientenakte-niederlaendisches-krankenhaus; https://autoriteitpersoonsgegevens.nl/nl/nieuws/haga-beboet-voor-onvoldoende-interne-beveiliging-pati%C3 %ABntendossiers (zul. abgerufen am 22.6.2021).

[33] Vgl. auch die Berichterstattung unter https://www.heise.de/newsticker/meldung/DS-GVO-Verstoss-Krankenhaus-in-Portugal-soll-400-000-Euro-zahlen-4198972.html und https://www.faz.net/aktuell/wirtschaft/digitec/DS-GVO-strafe-krankenhaus-in-portugal-muss-400-000-euro-zahlen-15852321.html (zul. abgerufen am 22.6.2021).

[34] Vgl. die Berichterstattung unter https://www.aerztezeitung.de/Wirtschaft/Klinik-wird-fuer-Datenpanne-bestraft-404679.html und https://www.datenschutz.rlp.de/de/aktuelles/detail/news/detail/News/geldbusse-gegen-krankenhaus-aufgrund-von-datenschutz-defiziten-beim-patientenmanagement/ (zul. abgerufen am 22.6.2021).

[35] garanteprivacy.it/web/guest/home/docweb/-/docweb-display/docweb/9269629 (zul. abgerufen am 22.6.2021).

getroffen hatte, waren nicht ausreichend. Unter anderem hatte das Krankenhaus einen Computer mit entsprechenden Patientendaten nur unzureichend beaufsichtigt.

33 Des Weiteren wurde in **Spanien** ein Bußgeld in Höhe von **48 000 Euro gegen ein Krankenhaus** verhängt, das bei der Aufnahme von Patienten Formblätter verwendet hatte, auf denen standardmäßig in die Weitergabe personenbezogener Daten eingewilligt und aktiv ein Häkchen gesetzt werden musste, wenn man diese Weitergabe verhindern wollte.

C. Besondere Anforderungen an die Verarbeitung von Gesundheitsdaten und genetischen Daten

34 Die Verarbeitung von Gesundheitsdaten und genetischen Daten als Unterkategorien **besonders sensibler personenbezogener Daten** ist nach Art. 9 Abs. 1 DS-GVO **grundsätzlich untersagt,** soweit nicht ausnahmsweise die Anforderungen aus Art. 9 Abs. 2–4 DS-GVO erfüllt sind.

I. Begriffsbestimmungen

35 **Gesundheitsdaten** sind nach Art. 4 Nr. 15 DS-GVO personenbezogene Daten, die sich auf die körperliche oder geistige Gesundheit einer natürlichen Person, einschließlich der Erbringung von Gesundheitsdienstleistungen, beziehen und aus denen Informationen über deren Gesundheitszustand hervorgehen. Dazu sollten nach Erwägungsgrund 35 der DS-GVO alle Daten zählen, die sich auf den Gesundheitszustand einer betroffenen Person beziehen und aus denen Informationen über den früheren, gegenwärtigen und künftigen körperlichen oder geistigen Gesundheitszustand der betroffenen Person hervorgehen, einschließlich

- Informationen über natürliche Personen, die im Zuge der Anmeldung für sowie der Erbringung von Gesundheitsdienstleistungen im Sinne der Richtlinie 2011/24/EU des Europäischen Parlaments und des Rates vom 9.3.2011 über die Ausübung der Patientenrechte in der grenzüberschreitenden Gesundheitsversorgung[36] für die natürlichen Personen erhoben werden, also unter anderem personenbezogene Daten in Patientenakten wie beispielsweise Diagnosen, Untersuchungsergebnisse, Befunde der behandelnden Ärztinnen und Ärzte, Angaben zu Behandlungen oder Eingriffen und sonstige personenbezogene Daten über die klinische Situation und Entwicklung von Patientinnen und Patienten im Verlauf von Behandlungsprozessen,[37]
- Nummern, Symbole oder Kennzeichen, die einer natürlichen Person zugeteilt wurden, um diese natürliche Person für gesundheitliche Zwecke eindeutig zu identifizieren,[38]
- Informationen, die von der Prüfung oder Untersuchung eines Körperteils oder einer körpereigenen Substanz, auch aus genetischen Daten und biologischen Proben, abgeleitet wurden,[39] und
- Informationen etwa über Krankheiten, Behinderungen, Krankheitsrisiken, Vorerkrankungen, klinische Behandlungen oder den physiologischen oder biomedizinischen Zustand der betroffenen Person unabhängig von der Herkunft der Daten, ob sie nun von einem Arzt oder sonstigem Angehörigen eines Gesundheitsberufes, einem Krankenhaus, einem Medizinprodukt oder einem In-Vitro-Diagnostikum stammen.[40]

---

[36] Richtlinie 2011/24/EU des Europäischen Parlaments und des Rates vom 9.3.2011 über die Ausübung der Patientenrechte in der grenzüberschreitenden Gesundheitsversorgung (ABl. 2011 L 88, S. 45).

[37] *Forgó/Helfrich/Schneider,* Betrieblicher Datenschutz, Kapitel 2, Rn. 20.

[38] *Simitis/Hornung/Spiecker gen. Döhmann,* Datenschutzrecht, Art. 87 Rn. 7.

[39] Vgl. allgemein zu Gesundheitsdaten auch *Kühling/Buchner* DS-GVO BDSG Art. 9 Rn. 34 f.

[40] *Kühling/Buchner* DS-GVO BDSG Art. 9 Rn. 36.

Genetische Daten sind nach Art. 4 Nr. 13 DS-GVO demgegenüber personenbezogene Daten zu den ererbten oder erworbenen genetischen Eigenschaften einer natürlichen Person, die eindeutige Informationen über die Physiologie oder die Gesundheit dieser natürlichen Person liefern und insbesondere aus der Analyse einer biologischen Probe der betreffenden natürlichen Person gewonnen wurden. Dazu zählen nach Erwägungsgrund 34 der DS-GVO alle personenbezogene Daten über die ererbten oder erworbenen genetischen Eigenschaften einer natürlichen Person, die aus der Analyse einer biologischen Probe der betreffenden natürlichen Person, insbesondere durch eine Chromosomen-, Desoxyribonukleinsäure (DNS)- oder Ribonukleinsäure (RNS)-Analyse oder der Analyse eines anderen Elements, durch die gleichwertige Informationen erlangt werden können, gewonnen werden. 36

II. Verarbeitungsverbot mit Erlaubnisvorbehalt

Wie alle in Art. 9 Abs. 1 DS-GVO genannten besonderen Kategorien personenbezogener Daten dürfen auch Gesundheitsdaten und genetische Daten nicht verarbeitet werden, wenn nicht eine der in Art. 9 Abs. 2 DS-GVO genannten **Ausnahmen** vorliegt. Die in Art. 9 Abs. 2 DS-GVO vorgesehenen Ausnahmen sind abschließend und sperren Rückgriffe wie etwa auf die Tatbestände des Art. 6 DS-GVO.[41] Sie beanspruchen zum Teil unmittelbare Rechtswirkung (vgl. Art. 9 Abs. 2 lit. c–f) oder aber dienen als Öffnungsklauseln, die einer weiteren Umsetzung im nationalen Recht der Mitgliedstaaten bedürfen (vgl. Art. 9 Abs. 2 lit. b sowie lit. g–j; bei Art. 9 Abs. 2 lit. a handelt es sich um eine Mischform).[42] 37

1. Einwilligung der betroffenen Person

Eine Verarbeitung personenbezogener Gesundheitsdaten und genetischer Daten kommt nach Art. 9 Abs. 2 lit. a DS-GVO zunächst in Betracht, wenn **die betroffene Person in die Verarbeitung für einen oder mehrere festgelegte Zwecke ausdrücklich eingewilligt** hat, es sei denn, nach Unionsrecht oder dem Recht der Mitgliedstaaten kann das generelle Verbot der Verarbeitung nach Art. 9 Abs. 1 DS-GVO durch eine Einwilligung der betroffenen Person nicht aufgehoben werden. 38

Ob überhaupt und bis zu welchem Grad **die Möglichkeit zur Einwilligung durch Unionsrecht oder das Recht der Mitgliedstaaten beschränkbar** sein soll, wird **unterschiedlich beurteilt.** Zum Teil wird befürchtet, die Rückausnahme in Art. 9 Abs. 2 lit. a Hs. 2 DS-GVO könne zu Konflikten mit dem Allgemeinen Persönlichkeitsrecht (vgl. dazu Art. 8 Abs. 2 der Charta der Grundrechte der Europäischen Union[43]) führen, das auch die negative Freiheit umfasst, mittels Einwilligung seine persönlichen Daten preiszugeben.[44] Allerdings räumt auch Art. 9 Abs. 4 DS-GVO den Mitgliedstaaten die Befugnis ein, für die Verarbeitung genetischer, biometrischer oder Gesundheitsdaten zusätzliche Bedingungen einschließlich Beschränkungen einzuführen oder aufrechtzuerhalten. Demgegenüber wird zum Teil auch gerade mit Verweis auf die Systematik des Art. 9 DS-GVO geltend gemacht, die Möglichkeit zur Einwilligung nach Art. 9 Abs. 2 lit. a DS-GVO könne keinen zusätzlichen Bedingungen oder Beschränkungen unterworfen werden.[45] Denn anders als Art. 9 Abs. 4 DS-GVO sehe Art. 9 Abs. 2 lit. a Hs. 2 DS-GVO gerade keine Befugnis der Mitgliedstaaten zur Einführung zusätzlicher Bedingungen oder Beschränkungen, sondern le- 39

---

[41] *Jandt* ZRP 2018, 16 (18).

[42] Vgl. auch *Albers/Veit* in BeckOK DatenschutzR Art. 9 Rn. 46.

[43] Charta der Grundrechte der Europäischen Union (ABl. 2012 C 326, S. 391).

[44] *Auernhammer* DSGVO BDSG Art. 9 Rn. 19; *Sydow,* Europäische Datenschutzgrundverordnung, Art. 9 Rn. 15.

[45] *Ehmann/Selmayr,* Datenschutz-Grundverordnung, Art. 9 Rn. 36; aA *Auernhammer* DSGVO BDSG Art. 9 Rn. 19; *Gola,* Datenschutz-Grundverordnung, Art. 9 Rn. 19; *Kühling/Buchner* DS-GVO BDSG Art. 9 Rn. 48.

diglich die Möglichkeit vor, eine Einwilligung *per se* nicht ausreichen zu lassen, um das generelle Verarbeitungsverbot aus Art. 9 Abs. 1 DS-GVO aufzuheben. Der **deutsche Gesetzgeber** hat von der Befugnis, **die Einwilligungsmöglichkeit** nach Art. 9 Abs. 2 lit. a DS-GVO **auszuschließen, keinen Gebrauch gemacht.**

40 Wie sich aus Erwägungsgrund 32 der DS-GVO ergibt, sollte jede Einwilligung mittels einer **eindeutigen bestätigenden Handlung** erfolgen, mit der **freiwillig, für den konkreten Fall, in informierter Weise und unmissverständlich** bekundet wird, dass die betroffene Person mit der Verarbeitung der sie betreffenden personenbezogenen Daten einverstanden ist. Freiwilligkeit ist aus der Systematik des Art. 6 DS-GVO unter anderem als Kopplungsverbot zu verstehen, so dass **Freiwilligkeit** jedenfalls **nicht mehr gegeben** ist, **wenn ein Abhängigkeitsverhältnis** besteht oder zum Beispiel die Erbringung bestimmter Dienstleistungen von einer Einwilligung abhängig gemacht wird.[46] Nach Erwägungsgrund 43 DS-GVO soll Freiwilligkeit ferner nicht gegeben sein, wenn zu verschiedenen Verarbeitungsvorgängen von personenbezogenen Daten nicht gesondert eine Einwilligung erteilt werden kann, obwohl dies im Einzelfall angebracht ist. Daher wird **zum Teil vertreten,** dass etwa **bei Abschluss von Behandlungsverträgen, nicht gleichzeitig auch die Einwilligung für die Datenverarbeitung zu Forschungszwecken** eingeholt werden darf.[47]

41 Die Einwilligung kann **in Form einer schriftlichen oder elektronischen Erklärung** erteilt werden. Wird eine betroffene Person **auf elektronischem Weg** zur Einwilligung aufgefordert, muss dies **in klarer und knapper Form** und **ohne unnötige Unterbrechung** des Dienstes, für den die Einwilligung gegeben wird, erfolgen. Eine Einwilligung kann etwa durch Anklicken eines Kästchens beim Besuch einer Internetseite, durch die Auswahl technischer Einstellungen für Dienste der Informationsgesellschaft oder durch eine andere Erklärung oder Verhaltensweise geschehen, mit der die betroffene Person in dem jeweiligen Kontext eindeutig ihr Einverständnis mit der beabsichtigten Verarbeitung ihrer personenbezogenen Daten signalisiert. Wie sich ferner aus Erwägungsgrund 32 der DS-GVO ergibt, sollen **demgegenüber Stillschweigen, vorangekreuzte Kästchen oder bloße Untätigkeit der betroffenen Person keine Einwilligung** darstellen können.[48]

42 Nach herrschender Meinung stellt Art. 9 Abs. 2 lit. a DS-GVO **höhere Anforderungen an die Einwilligung als Art. 6 DS-GVO**[49]. Umstritten ist, **ob Einwilligungen** nach Art. 9 Abs. 2 lit. a DS-GVO **auch mündlich wirksam erteilt** werden können. Problematisch dabei ist, dass der Empfänger einer mündlichen Einwilligungserklärung später nicht mehr nachweisen kann, ob diese den besonderen Anforderungen des Art. 9 Abs. 2 lit. a DS-GVO entspricht.[50] Auch soll die Einwilligung nach Art. 9 Abs. 2 lit. a DS-GVO eine besondere Warn- und Besinnungsfunktion mit Blick auf die von Art. 9 Abs. 1 erfassten besonderen Kategorien personenbezogener Daten erfüllen.[51] Diese Funktion kann bei bloß mündlichen Einwilligungen nicht gewahrt werden. Dennoch hält eine Gegenmeinung in der Literatur auch mündliche Einwilligungen für ausreichend.[52]

[46] *Schneider* ZD 2017, 303 (305).

[47] So auch *Otto/Rüdlin* ZD 2017, 519 (522).

[48] So auch OLG Naumburg BeckRS 2019, 28387 Rn. 67; *Ehmann/Selmayr,* Datenschutz-Grundverordnung, Art. 9 Rn. 33; *Gola,* Datenschutz-Grundverordnung, Art. 9 Rn. 16; *Kühling/Buchner* DS-GVO BDSG Art. 9 Rn. 47; *Taeger/Gabel* DSGVO – BDSG Art. 9 Rn. 18.

[49] *Auernhammer* DSGVO BDSG Art. 9 Rn. 18; *Ehmann/Selmayr,* Datenschutz-Grundverordnung, Art. 9 Rn. 33; *Kühling/Buchner* DS-GVO BDSG Art. 9 Rn. 47; *Sydow,* Europäische Datenschutzgrundverordnung, Art. 9 Rn. 14.

[50] *Ehmann/Selmayr,* Datenschutz-Grundverordnung, Art. 9 Rn. 35.

[51] *Taeger/Gabel* DSGVO – BDSG Art. 9 Rn. 18; *Ehmann/Selmayr,* Datenschutz-Grundverordnung, Art. 9 Rn. 35.

[52] *Auernhammer* DSGVO BDSG Art 9 Rn. 18; *Gola,* Datenschutz-Grundverordnung, Art. 9 Rn. 17; *Sydow,* Europäische Datenschutzgrundverordnung, Art. 9 Rn. 14.

Darüber hinaus muss sich die Einwilligung stets auf zu demselben Zweck oder denselben Zwecken vorgenommene Verarbeitungsvorgänge beziehen. Sie wird immer nur für eine konkrete Art der Datenverarbeitung abgegeben und beschränkt sich dann auf diese.[53] Eine pauschale Einwilligung ohne bestimmte Zwecksetzung ist nicht möglich.[54] Dient eine Datenverarbeitung mehreren Zwecken, soll nach Erwägungsgrund 32 der DS-GVO für alle Verarbeitungszwecke eine Einwilligung gegeben werden. Häufig kann bei der Verarbeitung von Gesundheitsdaten und genetischen Daten, etwa im Rahmen **klinischer Studien**, der **Zweck der Verarbeitung zum Zeitpunkt der Erhebung der personenbezogenen Daten noch nicht vollständig angegeben** werden. Dann sollen in Einzelfällen auch breitere Einwilligungen zulässig sein.[55] Nach Erwägungsgrund 33 DS-GVO sollen betroffene Personen Einwilligungen auch allgemeiner für bestimmte Bereiche wissenschaftlicher Forschung erteilen können, soweit dies unter Einhaltung der anerkannten ethischen Standards der wissenschaftlichen Forschung geschieht. Die betroffenen Personen sollten Gelegenheit erhalten, ihre Einwilligung nur für bestimme Forschungsbereiche oder Teile von Forschungsprojekten in dem von dem jeweils verfolgten Zweck zugelassenen Maße zu erteilen. 43

2. Erforderlichkeit der Verarbeitung nach Arbeitsrecht oder Recht der sozialen Sicherheit und des Sozialschutzes

Personenbezogene Gesundheitsdaten und genetische Daten dürfen nach Art. 9 Abs. 2 lit. b DS-GVO ferner verarbeitet werden, wenn die Verarbeitung **erforderlich** ist, damit der Verantwortliche oder die betroffene Person die ihm bzw. ihr aus dem Arbeitsrecht und dem Recht der sozialen Sicherheit und des Sozialschutzes erwachsenden Rechte ausüben und seinen bzw. ihren diesbezüglichen Pflichten nachkommen kann, soweit dies nach Unionsrecht oder dem Recht der Mitgliedstaaten oder einer Kollektivvereinbarung nach dem Recht der Mitgliedstaaten, das geeignete Garantien für die Grundrechte und die Interessen der betroffenen Person vorsieht, zulässig ist.[56] Wie sich ferner aus Erwägungsgrund 52 der DS-GVO ergibt, steht diese Ausnahme vom grundsätzlichen Verbot der Verarbeitung besonderer Kategorien personenbezogener Daten wie Gesundheitsdaten und genetischer Daten **unter dem Vorbehalt angemessener Garantien** zum Schutz der personenbezogenen Daten und anderer Grundrechte sowie der **Rechtfertigung durch ein öffentliches Interesse.** 44

Ausnahmen nach Unionsrecht oder dem Recht der Mitgliedstaaten kommen **grundsätzlich auf jeder Regelungsebene** in Betracht. So werden über den Begriff der Kollektivvereinbarung unter anderem **auch Tarifverträge und Betriebsvereinbarungen** erfasst.[57] 45

Der **deutsche Gesetzgeber** hat auf Grundlage des Art. 9 Abs. 2 lit. a DS-GVO in § 22 Abs. 1 Nr. 1 lit. a BDSG die Verarbeitung besonderer Kategorien personenbezogener Daten im Sinne von Art. 9 Abs. 1 DS-GVO durch öffentliche und nicht-öffentliche Stellen unter anderem für zulässig erklärt, wenn sie **erforderlich** ist, um die aus dem **Recht der sozialen Sicherheit und des Sozialschutzes** erwachsenden Rechte auszuüben und den diesbezüglichen Pflichten nachzukommen. Ein solcher Ausnahmetatbestand findet sich beispielsweise in § 67a Abs. 1 S. 2 SGB X, wonach die Erhebung der besonderen Kategorien personenbezogener Daten iSd Art. 9 Abs. 1 DS-GVO zulässig sein soll, wenn ihre Kenntnis zur Erfüllung einer Aufgabe der erhebenden Stelle nach diesem Gesetzbuch erforderlich ist. 46

---

53 EuGH C-136/17 Rn. 62.

54 *Schneider* ZD 2017, 303 (305).

55 Vgl. *Achenbach* PharmR 2020, 9 (17); *Frost* MPR 2019, 117 (122).

56 Vgl. dazu *Taeger/Gabel* DSGVO – BDSG Art. 9 Rn. 21; *Ehmann/Selmayr,* Datenschutz-Grundverordnung, Art. 9 Rn. 38.

57 *Gola,* Datenschutz-Grundverordnung, Art. 9 Rn. 20.

47 Ob und wann die nach Art. 9 Abs. 2 lit. b DS-GVO im Unionsrecht oder dem Recht der Mitgliedstaaten vorzusehenden Garantien für die Grundrechte und die Interessen der betroffenen Personen geeignet sind, wird in der DS-GVO nicht definiert. Nach der Systematik der Ausnahmetatbestände in Art. 9 Abs. 2 DS-GVO muss sich die Geeignetheit dieser Garantien für die Grundrechte und die Interessen der betroffenen Person an dem jeweiligen Zweck der Datenverarbeitung und an der konkreten Gefährdungslage orientieren. Auch Ausnahmetatbestände, die nicht unmittelbar in der DS-GVO, sondern im sonstigen Unionsrecht oder dem Recht der Mitgliedstaaten geregelt sind, werden damit **ein den Vorgaben der DS-GVO vergleichbares Schutzniveau** gewährleisten müssen.

3. Erforderlichkeit der Verarbeitung zum Schutz lebenswichtiger Interessen

48 Die Verarbeitung personenbezogener Gesundheitsdaten und genetischer Daten ist nach Art. 9 Abs. 2 lit. c DS-GVO darüber hinaus zulässig, wenn sie **zum Schutz lebenswichtiger Interessen** der betroffenen Person oder einer anderen natürlichen Person erforderlich und die betroffene Person aus körperlichen oder rechtlichen Gründen außerstande ist, ihre Einwilligung zu geben. Art. 9 Abs. 2 lit. c DS-GVO regelt damit den Fall der mutmaßlichen Einwilligung und fingiert, dass die betroffene Person ihre Einwilligung in die Datenverarbeitung zum Schutz lebenswichtiger Interessen erteilt hätte, wenn sie dazu in der Lage gewesen wäre.[58] Der Ausnahmetatbestand **ergibt sich unmittelbar aus der DS-GVO** und bedarf keiner weiteren gesetzgeberischen Umsetzung etwa im Recht der Mitgliedstaaten.

49 Nach Erwägungsgrund 46 der DSGVO sollte die Verarbeitung personenbezogener Daten als rechtmäßig angesehen werden, wenn sie erforderlich ist, um **ein lebenswichtiges Interesse** der betroffenen Person oder einer anderen natürlichen Person **zu schützen.** Dies bezieht sich auf **existentielle Interessen im Sinne des Schutzes von Leib und Leben.**[59] Dabei muss es nicht um „Leben und Tod" gehen, vielmehr kann **auch ein besonderes Gesundheitsinteresse** ausreichen.[60] Personenbezogene Daten sollten jedoch grundsätzlich nur dann aufgrund eines lebenswichtigen Interesses einer anderen natürlichen Person verarbeitet werden, wenn die Verarbeitung offensichtlich nicht auf eine andere Rechtsgrundlage gestützt werden kann. Die Ausnahme nach Art. 9 Abs. 2 lit. c DS-GVO stellt insoweit eine *ultima ratio* dar.[61]

50 Wie sich ferner aus Erwägungsgrund 46 der DS-GVO ergibt, können einige Arten der Verarbeitung personenbezogener Daten gleichzeitig wichtigen Gründen des öffentlichen Interesses sowie lebenswichtigen Interessen der betroffenen Person dienen, wie beispielsweise bei einer Datenverarbeitung, die für **humanitäre Zwecke** einschließlich der **Überwachung von Epidemien** und deren Ausbreitung oder in **humanitären Notfällen** insbesondere **bei Naturkatastrophen oder von Menschen verursachten Katastrophen** erforderlich ist.[62]

51 Nach Erwägungsgrund 112 der DS-GVO soll die **Übermittlung** personenbezogener Daten **aus lebenswichtigen Interessen** rechtmäßig sein, wenn die betroffene Person außerstande ist, ihre Einwilligung zu geben. Die Einholung einer Einwilligung muss also unmöglich sein, insbesondere darf kein vorheriger Widerspruch vorliegen.[63] Unmöglichkeit kann in verschiedenen Formen gegeben sein, etwa wenn die betroffene Person **mangels geistiger Fähigkeiten** nicht in der Lage ist, Erklärungen abzugeben[64], oder infolge physi-

[58] *Auernhammer* DSGVO BDSG Art. 9 Rn. 22; *Sydow,* Europäische Datenschutzgrundverordnung, Art. 9 Rn. 20.

[59] *Auernhammer* DSGVO BDSG Art. 9 Rn. 22.

[60] *Kühling/Buchner* DS-GVO BDSG Art. 9 Rn. 63.

[61] *Sydow,* Europäische Datenschutzgrundverordnung, Art. 9 Rn. 22.

[62] Siehe auch *Gola,* Datenschutz-Grundverordnung, Art. 9 Rn. 21; *Sydow,* Europäische Datenschutzgrundverordnung, Art. 9 Rn. 20.

[63] *Sydow,* Europäische Datenschutzgrundverordnung, Art. 9 Rn. 21; *Kühling/Buchner* DS-GVO BDSG Art. 9 Rn. 66.

[64] *Ehmann/Selmayr,* Datenschutz-Grundverordnung, Art. 9 Rn. 41.

scher Abwesenheit auch bei **wiederholten Kontaktversuchen unerreichbar** bleibt.[65] Dies kann relevant sein, wenn Betroffene vermisst werden und deswegen nicht zu erreichen sind. Weiterhin wird vertreten, dass die Ausnahme nach Art. 9 Abs. 2 lit. c DS-GVO auch für **Fälle rechtlicher Unmöglichkeit** gilt, wobei Geheimhaltungspflichten hiervon nicht umfasst sein sollen.[66]

4. Interne Verarbeitung durch Organisationen ohne Gewinnerzielungsabsicht auf der Grundlage geeigneter Garantien

Nach Art. 9 Abs. 2 lit. d DS-GVO können personenbezogene Gesundheitsdaten und genetische Daten auch **auf der Grundlage geeigneter Garantien** durch eine politisch, weltanschaulich, religiös oder gewerkschaftlich ausgerichtete Stiftung, Vereinigung oder sonstige Organisation ohne Gewinnerzielungsabsicht **im Rahmen ihrer rechtmäßigen Tätigkeiten** und unter der Voraussetzung verarbeitet werden, dass sich die Verarbeitung **ausschließlich** auf die **Mitglieder oder ehemalige Mitglieder** der Organisation oder auf Personen, die im Zusammenhang mit deren Tätigkeitszweck **regelmäßige Kontakte** mit ihr unterhalten, bezieht und die personenbezogenen Daten **nicht ohne Einwilligung** der betroffenen Personen **nach außen offengelegt** werden. 52

Die in Art. 9 Abs. 2 lit. d DS-GVO genannten Organisationen sind ***ex lege* privilegiert,** da bei ihnen vermutet wird, dass sie sich für die Ausübung der Grundfreiheiten einsetzen und generell die Demokratie fördern.[67] Die **Rechtsform** ist **unerheblich,** allerdings ist **ein Mindestmaß an Struktur und Beständigkeit** erforderlich.[68] Das in Art. 9 Abs. 2 lit. d DS-GVO ausdrücklich formulierte Erfordernis der fehlenden Gewinnerzielungsabsicht ist so zu verstehen, dass der eigentliche **Zweck** der nach der Ausnahmevorschrift privilegierten Organisationen **nicht erwerbsorientiert** sein darf. Ein Erwerb an sich schadet allerdings nicht, sofern die Einnahmen bei der Organisation verbleiben und deren eigentlichen nicht erwerbsorientierten Zwecken dienen.[69] Zu den Organisationen ohne Gewinnerzielungsabsicht iSd Art. 9 Abs. 2 lit. d DS-GVO zählen unter anderem auch **Verbraucherschutzeinrichtungen,** die nach der DS-GVO berechtigt sind, im eigenen Namen oder im Namen betroffener Personen Beschwerde bei Aufsichtsbehörden und gerichtliche Rechtsbehelfe einzulegen sowie für betroffene Personen Schadenersatzansprüche geltend zu machen. Dies gilt insbesondere für nach dem Recht eines Mitgliedstaats gegründete Einrichtungen, Organisationen oder Verbände ohne Gewinnerzielungsabsicht, deren satzungsmäßigen Ziele im öffentlichen Interesse liegen, die im Bereich des Schutzes personenbezogener Daten tätig sind und welche betroffene Personen, die sich in ihren Rechten aus der DS-GVO verletzt sehen, nach Erwägungsgrund 142 der DS-GVO beauftragen können, in deren Namen Beschwerde bei einer Aufsichtsbehörde oder einen gerichtlichen Rechtsbehelf einzulegen oder das Recht auf Schadensersatz in Anspruch zu nehmen, sofern dieses im Recht der Mitgliedstaaten vorgesehen ist. Die DS-GVO räumt den Mitgliedstaaten darüber hinaus die Kompetenz ein, solchen Einrichtungen, Organisationen oder Verbänden auch unabhängig vom Auftrag einer betroffenen Person Beschwerderechte und das Recht auf einen wirksamen gerichtlichen Rechtsbehelf einzuräumen, wenn sie Grund zu der Annahme haben, dass die Rechte einer betroffenen Person infolge einer nicht im Einklang mit der DS-GVO stehenden Verarbeitung verletzt worden sind. 53

[65] *Kühling/Buchner* DS-GVO BDSG Art. 9 Rn. 65; *Paal/Pauly* DS-GVO BDSG Art. 9 Rn. 30.

[66] *Ehmann/Selmayr,* Datenschutz-Grundverordnung, Art. 9 Rn. 41; *Kühling/Buchner* DS-GVO BDSG Art. 9 Rn. 67; *Sydow,* Europäische Datenschutzgrundverordnung, Art. 9 Rn. 19.

[67] *Auernhammer* DSGVO BDSG Art. 9 Rn. 22; *Sydow,* Europäische Datenschutzgrundverordnung, Art. 9 Rn. 23; *Gola,* Datenschutz-Grundverordnung, Art. 9 Rn. 22; *Sydow,* Europäische Datenschutzgrundverordnung, Art. 9 Rn. 24; *Kühling/Buchner* DS-GVO BDSG Art. 9 Rn. 70.

[68] *Paal*/Pauly DS-GVO BDSG Art. 9 Rn. 33; *Sydow,* Europäische Datenschutzgrundverordnung, Art. 9 Rn. 25; *Kühling/Buchner* DS-GVO BDSG Art. 9 Rn. 72.

[69] *Sydow,* Europäische Datenschutzgrundverordnung, Art. 9 Rn. 24.

54 Der Zweck der nach Art. 9 Abs. 2 lit. d DS-GVO ausnahmsweise zulässigen Datenverarbeitung muss **rechtmäßig** sein und **im Rahmen der eigentlichen Tätigkeiten** der jeweils privilegierten Organisation liegen. Dies bezieht sich zum einen auf die Einhaltung der allgemeinen Gesetze und zum anderen auf die Übereinstimmung mit dem nicht erwerbsorientierten Zweck der Organisation.[70] Auch **die regelmäßigen Kontakte,** deren personenbezogene Daten nach Art. 9 Abs. 2 lit. d DS-GVO ebenfalls ausnahmsweise verarbeitet werden dürfen, sind **zweckbezogen** zu verstehen. So wird etwa die Verarbeitung personenbezogener Daten von Lieferanten und Dienstleistern, deren Produkte und Leistungen nichts mit dem eigentlichen Zweck der Organisation zu tun haben, nicht von dem Ausnahmetatbestand erfasst. Um nach Art. 9 Abs. 2 lit. d DS-GVO personenbezogene Daten regelmäßiger Kontakte verarbeiten zu dürfen, müssen die Organisationen vielmehr **enge und konstante Beziehungen zu diesen Kontakten** unterhalten (wie etwa bei Organmitgliedern, Spendern oder anderen ernsthaft an den Zwecken der Organisation interessierten Personen).[71]

55 Sofern Organisationen von ihnen nach Art. 9 Abs. 2 lit. d DS-GVO verarbeitete personenbezogene Daten **nach außen offenlegen** wollen, bedürfen sie dazu der **Einwilligung der betroffenen Personen.** Dafür gelten wiederum die Voraussetzungen des Art. 9 Abs. 2 lit. a DS-GVO.[72] (→ Rn. 38f.)

5. Verarbeitung offenkundig öffentlich gemachter Daten

56 Zulässig ist nach Art. 9 Abs. 2 lit. e DS-GVO des Weiteren die Verarbeitung personenbezogener Gesundheitsdaten und genetischer Daten, die **die betroffene Person selbst offensichtlich öffentlich gemacht** hat.

57 Auch wenn die DS-GVO der Gewährleistung eines hohen Datenschutzniveaus dient, hat der europäische Gesetzgeber bei ihrer Erarbeitung anerkannt, dass natürliche Personen zunehmend selbst eigene Daten öffentlich zugänglich machen. Wie es in Erwägungsgrund 6 der DS-GVO heißt, haben rasche technologische Entwicklungen und die Globalisierung den Datenschutz vor neue Herausforderungen gestellt und das Ausmaß der Erhebung und des Austauschs personenbezogener Daten eindrucksvoll zugenommen, wobei zunehmend auch natürliche Personen Informationen öffentlich weltweit zugänglich machen. Mit der Ausnahmeregelung in Art. 9 Abs. 2 lit. e DS-GVO erkennt der europäische Gesetzgeber die darin zum Ausdruck kommende **Privatautonomie betroffener Personen** an.

58 Personenbezogene Daten gelten als **öffentlich gemacht** iSd Art. 9 Abs. 2 lit. e DS-GVO, wenn eine unbegrenzte Zahl von Personen ohne nennenswerte Beschränkungen auf die Daten zugreifen kann. **Bei sozialen Netzwerken** ist zwischen den dort möglichen **Zugriffsbeschränkungen zu differenzieren.** Personenbezogene Daten, die betroffene Personen für alle Nutzer eines sozialen Netzwerks einsehbar machen, gelten als öffentlich gemacht, wohingegen personenbezogene Daten, die betroffene Personen lediglich in geschlossenen Gruppen oder unter strengen Privatsphäre-Einstellungen teilen, nicht dem Ausnahmetatbestand aus Art. 9 Abs. 2 lit. e DS-GVO unterfallen. Entscheidend ist also, ob und gegebenenfalls **wie der Personenkreis bestimmbar** ist, der Zugriff auf die personenbezogenen Daten erhält.[73]

59 Hinzu kommt, dass Art. 9 Abs. 2 lit. e DS-GVO **eine offensichtliche Öffentlichmachung** personenbezogener Daten erfordert. Nach Sinn und Zweck der Ausnahmevor-

---

[70] *Sydow,* Europäische Datenschutzgrundverordnung, Art. 9 Rn. 27.

[71] *Auernhammer* DSGVO BDSG Art. 9 Rn. 24; *Gola,* Datenschutz-Grundverordnung, Art. 9 Rn. 23; *Ehmann/Selmayr,* Datenschutz-Grundverordnung, Art. 9 Rn. 43.

[72] *Gola,* Datenschutz-Grundverordnung, Art. 9 Rn. 24; aA *Auernhammer* DSGVO BDSG Art. 9 Rn. 24.

[73] OVG Hamburg BeckRS 2019, 36126 Rn. 73; *Auernhammer* DSGVO BDSG Art. 9 Rn. 25; *Ehmann/Selmayr,* Datenschutz-Grundverordnung, Art. 9 Rn. 45; *Gola,* Datenschutz-Grundverordnung, Art. 9 Rn. 25f.; *Kühling/Buchner* DS-GVO BDSG Art. 9 Rn. 78; *Sydow,* Europäische Datenschutzgrundverordnung, Art. 9 Rn. 30; *Dallmann/Busse* ZD 2019, 394 (396).

schrift, nämlich der Privatautonomie betroffener Personen Rechnung zu tragen, setzt Offensichtlichkeit einer Veröffentlichung personenbezogener Daten iSd Art. 9 Abs. 2 lit. e DS-GVO einen **Willensakt des Betroffenen** voraus. Die betroffene Person muss also eindeutig erkennbar selbst gehandelt haben oder die Veröffentlichung ihrer personenbezogenen Daten zumindest eindeutig dulden.[74] Dies hängt von den Umständen des Einzelfalles ab, es darf dabei jedoch keine anderen plausiblen Erklärungen geben.[75] Zudem wird teilweise gefordert, dass der Betroffene bei der Veröffentlichung seiner personenbezogenen Daten auch abschätzen können musste, dass diese in einer Weise verarbeitet werden, die Art. 9 Abs. 2 lit. e DS-GVO decken soll.[76] Eine Offensichtlichkeit iSd Art. 9 Abs. 2 lit. e DS-GVO soll zum Beispiel dann nicht mehr vorliegen, wenn der Veröffentlichung eine gerichtliche oder behördliche Entscheidung zugrunde liegt.[77] Ebenso kann das bloße Betreten eines öffentlichen und videoüberwachten Raumes noch nicht ausreichen.[78] Eine besondere Zweckgerichtetheit ist für die Offensichtlichkeit der Veröffentlichung jedoch nicht zu fordern.[79]

6. Erforderlichkeit der Verarbeitung zur Anspruchsdurchsetzung und Funktionsfähigkeit der justiziellen Tätigkeiten der Gerichte

Darüber hinaus können personenbezogene Gesundheitsdaten und genetische Daten nach Art. 9 Abs. 2 lit. f DS-GVO verarbeitet werden, wenn dies **zur Geltendmachung, Ausübung oder Verteidigung von Rechtsansprüchen** oder **bei Handlungen der Gerichte** im Rahmen deren justiziellen Tätigkeit **erforderlich** ist. Nach Art. 9 Abs. 2 lit. f DS-GVO soll Datenschutz also grundsätzlich nicht die Durchsetzung von Rechten vereiteln oder dazu führen, dass die Justiz ihren Aufgaben nicht mehr nachkommen kann.[80] 60

Der besondere Ausnahmetatbestand in Art. 9 Abs. 2 lit. f DS-GVO ist **von Art. 6 Abs. 1 lit. b DS-GVO zu unterscheiden,** wonach personenbezogene Daten allgemein auch verarbeitet werden dürfen, wenn dies für die Erfüllung eines Vertrags, dessen Vertragspartei die betroffene Person ist, oder zur Durchführung vorvertraglicher Maßnahmen, die auf Anfrage der betroffenen Person erfolgen, erforderlich ist. Demgegenüber kommt eine Datenverarbeitung nach Art. 9 Abs. 2 lit. f DS-GVO im Hinblick auf Verträge **ausdrücklich nur zur Geltendmachung, Ausübung oder Verteidigung von Rechtsansprüchen** oder diesbezüglichen Handlungen der Gerichte, also für Sachverhalte abseits einer gewöhnlichen Vertragsdurchführung in Betracht.[81] Neben einer Datenverarbeitung zur Geltendmachung, Ausübung oder Verteidigung von Rechtsansprüchen wird im Zweifel allerdings auch eine Datenverarbeitung zur Begründung solcher Ansprüche noch von Art. 9 Abs. 2 lit. f DS-GVO gedeckt sein.[82] Voraussetzung ist jedenfalls, dass **die Ansprüche** nach Inhalt, Gläubigern und Schuldnern **hinreichend bestimmt** sind.[83] Zudem muss die Datenverarbeitung für die Anspruchsdurchsetzung **erforderlich,** Letztere also ohne die Datenverarbeitung unmöglich oder zumindest erschwert sein.[84] Bei Handlungen der **Gerichte** 61

---

[74] *Auernhammer* DSGVO BDSG Art. 9 Rn. 25.

[75] *Gola,* Datenschutz-Grundverordnung, Art. 9 Rn. 26.

[76] *Dallmann/Busse* ZD 2019, 394 (396).

[77] *Sydow,* Europäische Datenschutzgrundverordnung, Art. 9 Rn. 32.

[78] *Jandt* ZRP 2018, 17 (18).

[79] OVG Hamburg BeckRS 2019, 36126 Rn. 73; *Gola,* Datenschutz-Grundverordnung, Art. 9 Rn. 26.

[80] *Ehmann/Selmayr,* Datenschutz-Grundverordnung, Art. 9 Rn. 48.

[81] *Ehmann/Selmayr,* Datenschutz-Grundverordnung, Art. 9 Rn. 48; *Kühling/Buchner* DS-GVO BDSG Art. 9 Rn. 84.

[82] *Gola,* Datenschutz-Grundverordnung, Art. 9 Rn. 28; *Kühling/Buchner* DS-GVO BDSG Art. 9 Rn. 85; *Taeger/Gabel* DSGVO – BDSG Art. 9 Rn. 26.

[83] *Auernhammer* DSGVO BDSG Art. 9 Rn. 26.

[84] *Sydow,* Europäische Datenschutzgrundverordnung, Art. 9 Rn. 34.

muss die Datenverarbeitung **für eine Entscheidungsfindung relevant** sein. Zudem muss sie **im Rahmen justizieller, also nicht rein behördlicher Tätigkeiten** erfolgen.[85]

62 **Unklar** ist, **ob** die Prüfung der Erforderlichkeit einer **gesonderten Interessenabwägung** bedarf. Dies wird zum Teil noch vertreten, sollte aber keinen allzu strengen Anforderungen unterliegen. Die Datenverarbeitung soll jedenfalls dann nicht mehr für eine Anspruchsdurchsetzung erforderlich sein, wenn dafür willkürlich personenbezogene Daten offengelegt werden.[86] Die wohl herrschende Meinung geht inzwischen aber ohnehin davon aus, dass es einer solchen Abwägung nicht bedarf.[87]

63 Unklar ist ferner, ob Art. 9 Abs. 2 lit. f DS-GVO auch **im außergerichtlichen Bereich** gelten soll. Dafür spricht, dass die Durchsetzung legitimer Rechtspositionen auch außergerichtlich möglich sein muss, ohne dass der Datenschutz für die von Art. 9 Abs. 1 DS-GVO erfassten besonderen Kategorien personenbezogener Daten stets überwiegt. Bestätigt wird dies unter anderem dadurch, dass auch nach Erwägungsgrund 52 der DS-GVO die Verarbeitung der von Art. 9 Abs. 1 DS-GVO erfassten besonderen Kategorien personenbezogener Daten ausnahmsweise erlaubt sein sollte, wenn sie erforderlich ist, um rechtliche Ansprüche, sei es in einem Gerichts-, in einem Verwaltungs- oder in einem außergerichtlichen Verfahren, geltend zu machen, auszuüben oder zu verteidigen. Allerdings ließe sich auch argumentieren, dass Art. 9 Abs. 2 lit. f DS-GVO Ausfluss des Justizgewährungsanspruchs ist, der nur gegenüber dem Staat gilt und auf außergerichtliche Verfahren keine Anwendung findet.[88]

64 Art. 9 Abs. 2 lit. f DS-GVO ist insbesondere im **Arzthaftungsrecht, Abstammungsrecht und in sozialrechtlichen Streitigkeiten von Bedeutung,** da dort relativ häufig besondere Kategorien personenbezogener Daten iSd Art. 9 Abs. 1 DS-GVO im Zusammenhang mit der Durchsetzung von Ansprüchen verarbeitet werden.[89]

7. Erforderlichkeit der Verarbeitung aus Gründen eines erheblichen öffentlichen Interesses

65 Personenbezogene Gesundheitsdaten und genetische Daten dürfen nach Art. 9 Abs. 2 lit. g DS-GVO auch dann verarbeitet werden, wenn ihre Verarbeitung auf der Grundlage des Unionsrechts oder des Rechts eines Mitgliedstaats, das in angemessenem Verhältnis zu dem verfolgten Ziel steht, den Wesensgehalt des Rechts auf Datenschutz wahrt und angemessene und spezifische Maßnahmen zur Wahrung der Grundrechte und Interessen der betroffenen Person vorsieht, **aus Gründen eines erheblichen öffentlichen Interesses erforderlich** ist.

66 Wie schon bei Art. 9 Abs. 2 lit. b DS-GVO handelt es sich auch bei Art. 9 Abs. 2 lit. g DS-GVO um keinen Erlaubnistatbestand, sondern um eine **Öffnungsklausel, die Ausnahmen im Unionsrecht oder dem Recht der Mitgliedstaaten ermöglicht.** Aufgrund des vergleichsweise weitgefassten Wortlauts sind an mögliche Einschränkungen im Unionsrecht oder Recht der Mitgliedstaaten strenge Anforderungen zu stellen.[90]

67 Der **Begriff des öffentlichen Interesses** wird in der DS-GVO nicht definiert. Während Art. 6 Abs. 1 lit. e DS-GVO die Verarbeitung personenbezogener Daten grundsätzlich für rechtmäßig erklärt, wenn sie für die Wahrnehmung einer Aufgabe erforderlich ist, die im

---

[85] *Sydow,* Europäische Datenschutzgrundverordnung, Art. 9 Rn. 34.

[86] *Auernhammer* DSGVO BDSG Art. 9 Rn. 26; *Ehmann/Selmayr,* Datenschutz-Grundverordnung, Art. 9 Rn. 49.

[87] *Gola,* Datenschutz-Grundverordnung, Art. 9 Rn. 27; *Kühling/Buchner* DS-GVO BDSG Art. 9 Rn. 86; *Taeger/Gabel* DSGVO – BDSG Art. 9 Rn. 26.

[88] Vgl. zu der weiteren Diskussion auch *Kaboré/Kinast* ZD 2019, 441 (443 f.).

[89] *Ehmann/Selmayr,* Datenschutz-Grundverordnung, Art. 9 Rn. 48.

[90] *Auernhammer* DSGVO BDSG Art. 9 Rn. 27; *Ehmann/Selmayr,* Datenschutz-Grundverordnung, Art. 9 Rn. 51.

öffentlichen Interesse liegt oder in Ausübung öffentlicher Gewalt erfolgt, die dem Verantwortlichen übertragen wurde, dürfen die in Art. 9 Abs. 1 DS-GVO genannten besonderen Kategorien personenbezogener Daten nach Art. 9 Abs. 2 lit. g DS-GVO nur verarbeitet werden, wenn dies auf der Grundlage des Unionsrechts oder Rechts eines Mitgliedstaats **aus Gründen eines erheblichen öffentlichen Interesses erforderlich** ist, wobei die jeweilige Rechtsgrundlage noch dazu in angemessenem Verhältnis zu dem verfolgten Ziel stehen, den Wesensgehalt des Rechts auf Datenschutz wahren und angemessene und spezifische Maßnahmen zur Wahrung der Grundrechte und Interessen der betroffenen Person vorsehen muss. Wie sich auch den Erwägungsgründen 46 und 117 der DS-GVO entnehmen lässt, reicht **nicht jedes beliebige öffentliche Interesse** aus. Vielmehr muss das öffentliche Interesse **erheblich, also qualifiziert** genug sein, um mit seinem Gewicht eine Ausnahme iSd Art. 9 Abs. 2 lit. g DS-GVO zu begründen. Insbesondere muss das öffentliche Interesse **seiner Bedeutung nach mit den übrigen Ausnahmen** in Art. 9 Abs. 2 DS-GVO **vergleichbar** sein.[91] Individualinteressen genügen für eine Datenverarbeitung nach Art. 9 Abs. 2 lit. g DS-GVO gerade nicht.[92] Die in Art. 9 Abs. 2 lit. g DS-GVO geregelte Ausnahme findet daher **vornehmlich im Gefahrenabwehr- und Sicherheitsrecht** Anwendung.[93]

Hinzu kommt, dass auch nicht bereits jedes erhebliche öffentliche Interesse eine Verarbeitung besonderer Kategorien personenbezogener Daten iSd Art. 9 Abs. 1 DS-GVO erforderlich macht. Vielmehr muss die Datenverarbeitung aus Gründen solcher Interessen **tatsächlich zwingend erforderlich** sein.[94] Nach dem Grundsatz der Verhältnismäßigkeit muss dabei auch geprüft werden, ob nicht **unmittelbare vor mittelbaren und offene vor verdeckten Datenverarbeitungen** vorgenommen werden können. Diese stehen jeweils in einem Stufenverhältnis zueinander, wobei die Wahl der letztgenannten Alternativen stets einer stärkeren Rechtfertigung bedarf.[95] **68**

Art. 9 Abs. 2 lit. g DS-GVO fordert zudem, dass **die jeweiligen Ausnahmen** im Unionsrecht oder Recht der Mitgliedstaaten **in angemessenem Verhältnis zu dem verfolgten Ziel** stehen, den **Wesensgehalt** des Rechts auf Datenschutz wahren sowie angemessene und spezifische Maßnahmen zur **Wahrung der Grundrechte und Interessen der betroffenen Person** vorsehen.[96] Auffällig sind die insoweit unterschiedlichen Formulierungen in Art. 9 Abs. 2 lit. g DS-GVO und Art. 9 Abs. 2 lit. b DS-GVO (→ Rn. 44) in der jeweils deutschen Fassung. Während Art. 9 Abs. 2 lit. b DS-GVO auf geeignete Garantien für die Grundrechte und die Interessen der betroffenen Person abstellt, setzt Art. 9 Abs. 2 lit. g DS-GVO spezifische Maßnahmen zur Wahrung der Grundrechte und Interessen der betroffenen Person voraus. Aus den Umständen, dass in vorhergehenden Entwürfen beider Vorschriften dieselben Formulierungen verwendet wurden und andere amtliche Sprachfassungen der DS-GVO insoweit nicht voneinander abweichen, lässt sich schließen, dass die Abweichungen der beiden deutschen Formulierungen wohl eher auf ein redaktionelles Versehen bei der Übersetzung zurückgehen und keine inhaltlichen Unterschiede beschreiben. Übereinstimmend werden also geeignete und hinreichend bestimmte Schutzmechanismen zur Wahrung der Grundrechte und Interessen der betroffenen Personen gefordert. **Allgemeine Ver-weise auf das Datenschutzrecht reichen** dafür jedenfalls **nicht** aus.[97] **69**

---

[91] *Auernhammer* DSGVO BDSG Art. 9 Rn. 28; *Ehmann/Selmayr,* Datenschutz-Grundverordnung, Art. 9 Rn. 51; *Sydow,* Europäische Datenschutzgrundverordnung, Art. 9 Rn. 36.

[92] *Ehmann/Selmayr,* Datenschutz-Grundverordnung, Art. 9 Rn. 51.

[93] *Auernhammer* DSGVO BDSG Art. 9 Rn. 27; *Ehmann/Selmayr,* Datenschutz-Grundverordnung, Art. 9 Rn. 51; *Taeger/Gabel* DSGVO – BDSG Art. 9 Rn. 28.

[94] *Gola,* Datenschutz-Grundverordnung, Art. 9 Rn. 31.

[95] *Ehmann/Selmayr,* Datenschutz-Grundverordnung, Art. 9 Rn. 57.

[96] Vgl. dazu auch *Ehmann/Selmayr,* Datenschutz-Grundverordnung, Art. 9 Rn. 55; *Sydow,* Europäische Datenschutzgrundverordnung, Art. 9 Rn. 38.

[97] *Sydow,* Europäische Datenschutzgrundverordnung, Art. 9 Rn. 39.

Vielmehr müssen **Ausnahmetatbestände so konkret und bestimmt wie möglich** gefasst sein.[98]

8. Erforderlichkeit der Verarbeitung für Zwecke der individuellen Versorgung im Gesundheits- oder Sozialbereich

70 Zulässig ist nach Art. 9 Abs. 2 lit. h DS-GVO weiterhin die Verarbeitung personenbezogener Gesundheitsdaten und genetischer Daten, soweit sie für **Zwecke** der Gesundheitsvorsorge oder der Arbeitsmedizin, für die Beurteilung der Arbeitsfähigkeit des Beschäftigten, für die medizinische Diagnostik, die Versorgung oder Behandlung im Gesundheits- oder Sozialbereich oder für die Verwaltung von Systemen und Diensten im Gesundheits- oder Sozialbereich auf der Grundlage des Unionsrechts oder des Rechts eines Mitgliedstaats oder aufgrund eines Vertrags mit einem Angehörigen eines Gesundheitsberufs **erforderlich** ist. Dies gilt nach Art. 9 Abs. 3 DS-GVO jedoch nur, wenn diese Daten **von Fachpersonal oder unter dessen Verantwortung verarbeitet** werden und dieses Fachpersonal nach dem Unionsrecht oder dem Recht eines Mitgliedstaats oder den Vorschriften nationaler zuständiger Stellen dem **Berufsgeheimnis** unterliegt, oder wenn die Verarbeitung durch eine andere Person erfolgt, die ebenfalls nach dem Unionsrecht oder dem Recht eines Mitgliedstaats oder den Vorschriften nationaler zuständiger Stellen einer **Geheimhaltungspflicht** unterliegt. Art. 9 Abs. 2 lit. h DS-GVO ist daher zwingend mit Art. 9 Abs. 3 DS-GVO zusammen zu lesen, wobei die regelungstechnische Aufteilung zufällig ist.[99]

71 Art. 9 Abs. 2 lit. h DS-GVO ist bewusst von Art. 9 Abs. 2 lit. i DS-GVO (→ Rn. 77) abzugrenzen. Während Art. 9 Abs. 2 lit. i DS-GVO die öffentliche Seite des Gesundheitssystems betrifft, stellt Art. 9 Abs. 2 lit. h DS-GVO auf **Zwecke der individuellen Versorgung** im Gesundheits- oder Sozialbereich ab.[100] Datenschutz soll also nicht pauschal die effektive medizinische Behandlung betroffener Personen behindern.[101]

72 Damit eine Verarbeitung besonderer Kategorien personenbezogener Daten nach Art. 9 Abs. 2 lit. h DS-GVO erfolgen kann, müssen **drei Voraussetzungen** vorliegen: Zunächst bedarf es einer **Rechtsgrundlage** im Unionsrecht, im Recht eines Mitgliedstaats oder in Form eines Vertrags mit einem Angehörigen eines Gesundheitsberufs. Der letztgenannte Fall meint etwa Behandlungsverträge im Sinne des BGB.[102] Hier muss die betroffene Person, deren Daten verarbeitet werden, selbst Vertragspartei sein.[103] Weiterhin muss die Datenverarbeitung für **Zwecke** der Gesundheitsvorsorge oder der Arbeitsmedizin, für die Beurteilung der Arbeitsfähigkeit des Beschäftigten, für die medizinische Diagnostik, die Versorgung oder Behandlung im Gesundheits- oder Sozialbereich oder für die Verwaltung von Systemen und Diensten im Gesundheits- oder Sozialbereich erforderlich sein. Und schließlich gilt der **Fachpersonal-Vorbehalt** nach Art. 9 Abs. 3 DS-GVO.[104]

73 Der **Begriff der Gesundheitsvorsorge** umfasst alles, was **präventiv** dazu dient, Gesundheitsbeeinträchtigungen entgegenzuwirken. Allerdings wird zu diesem allgemeinen Zweck regelmäßig **nur die Verarbeitung anonymisierter und aggregierter Daten sowie Statistiken** zulässig sein, da der Ausnahmetatbestand anderenfalls zu weit reichen würde.

---

[98] *Ehmann/Selmayr,* Datenschutz-Grundverordnung, Art. 9 Rn. 58; *Sydow,* Europäische Datenschutzgrundverordnung, Art. 9 Rn. 39.

[99] *Sydow,* Europäische Datenschutzgrundverordnung, Art. 9 Rn. 42.

[100] *Ehmann/Selmayr,* Datenschutz-Grundverordnung, Art. 9 Rn. 59; *Kühling/Buchner* DS-GVO BDSG Art. 9 Rn. 93.

[101] *Paal/Pauly* DS-GVO BDSG Art. 9 Rn. 41; *Sydow,* Europäische Datenschutzgrundverordnung, Art. 9 Rn. 43.

[102] *Gola,* Datenschutz-Grundverordnung, Art. 9 Rn. 38.

[103] *Paal/Pauly* DS-GVO BDSG Art. 9 Rn. 42.

[104] *Ehmann/Selmayr,* Datenschutz-Grundverordnung, Art. 9 Rn. 60 f.

Bei dem **Begriff der medizinischen Diagnostik** handelt es sich demgegenüber um die Feststellung oder Bestimmung einer körperlichen oder psychischen Krankheit, während unter **Versorgung und Behandlung** die individuelle medizinische Betreuung von Kranken zu verstehen ist. 74

Mit der ferner in Art. 9 Abs. 2 lit. h DS-GVO vorgesehenen **Verwaltung von Systemen und Diensten im Gesundheits- oder Sozialbereich** ist der gesamte organisatorische Rahmen zur Erbringung von Gesundheitsdienstleistungen gemeint. Auch die Verwaltung von Krankenhäusern oder Krankenkassen zählt dazu.[105] 75

Art. 9 Abs. 2 lit. h DS-GVO ermöglicht damit zum Beispiel die **Verarbeitung von Gesundheitsdaten auf Grundlage ärztlicher Behandlungsverträge.** Auch können nach Art. 9 Abs. 2 lit. h DS-GVO im Unionsrecht oder Recht der Mitgliedstaaten Ausnahmen geregelt werden, nach denen **Arzneimittelstudien-Teilnehmer auch nach Widerruf studienbezogener Einwilligungen** über nachträglich bekanntwerdende **Nebenwirkungen** der untersuchten Arzneimittel **informiert werden** dürfen, soweit dafür auch die Verarbeitung besonderer Kategorien personenbezogener Daten erforderlich ist.[106] Dies hat der deutsche Gesetzgeber etwa in § 40 Abs. 2a S. 2 Nr. 3 lit. b AMG konkretisiert, wonach Arzneimittelstudien-Teilnehmer vorab insbesondere auch darüber zu informieren sind, dass im Falle eines Widerrufs ihrer datenschutzrechtlichen Einwilligung die gespeicherten Daten weiterhin verarbeitet werden dürfen, soweit dies erforderlich ist, um sicherzustellen, dass ihre schutzwürdigen Interessen nicht beeinträchtigt werden. 76

9. Erforderlichkeit der Verarbeitung aus Gründen öffentlicher Gesundheitsbelange

Die Verarbeitung personenbezogener Gesundheitsdaten und genetischer Daten kommt nach Art. 9 Abs. 2 lit. i DS-GVO ferner in Betracht, wenn sie **aus Gründen des öffentlichen Interesses im Bereich der öffentlichen Gesundheit,** wie dem Schutz vor schwerwiegenden grenzüberschreitenden Gesundheitsgefahren oder zur Gewährleistung hoher Qualitäts- und Sicherheitsstandards bei der Gesundheitsversorgung und bei Arzneimitteln und Medizinprodukten, auf der Grundlage des Unionsrechts oder des Rechts eines Mitgliedstaats, das angemessene und spezifische Maßnahmen zur Wahrung der Rechte und Freiheiten der betroffenen Person, insbesondere des Berufsgeheimnisses, vorsieht, **erforderlich** ist. 77

Art. 9 Abs. 2 lit. i DS-GVO dient der Gewährleistung des unter anderem mit Art. 168 AEUV verfolgten Ziels, ein **hohes Gesundheitsschutzniveau sicherzustellen.**[107] Anders als Art. 9 Abs. 2 lit. h DS-GVO (→ Rn. 75) dient Art. 9 Abs. 2 lit. i DS-GVO nicht dem Schutz individueller, sondern öffentlicher Gesundheitsinteressen. **Betroffene Personen** können hier also **auch Ärztinnen und Ärzte** sein, wie unter anderem auch die ausdrückliche Bezugnahme auf das Berufsgeheimnis zeigt.[108] 78

Art. 9 Abs. 2 lit. i DS-GVO erfasst Ausnahmesituationen, in denen **regelmäßig keine Einwilligungen aller betroffenen Personen** eingeholt werden können.[109] Dies gilt etwa für Pandemien[110], schwerwiegende grenzüberschreitende Gesundheitsgefahren chemischen oder sogar unbekannten Ursprungs[111], aber auch generell die Gefahrenabwehr und Gewährleistung hoher Qualitäts- und Sicherheitsstandards bei der Gesundheitsversorgung[112]. 79

Auch Art. 9 Abs. 2 lit. i DS-GVO ist lediglich **Öffnungsklausel für Ausnahmevorschriften im Unionsrecht oder im Recht der Mitgliedstaaten,** sieht selbst also keine 80

[105] *Kühling/Buchner* DS-GVO BDSG Art. 9 Rn. 99 f.
[106] *Bischoff/Wiencke* ZD 2019, 8 (10).
[107] *Kühling/Buchner* DS-GVO BDSG Art. 9 Rn. 117.
[108] *Paal/Pauly* DS-GVO BDSG Art. 9 Rn. 44.
[109] *Kühling/Buchner* DS-GVO BDSG Art. 9 Rn. 116.
[110] *Auernhammer* DSGVO BDSG Art. 9 Rn. 31.
[111] *Gola,* Datenschutz-Grundverordnung, Art. 9 Rn. 40.
[112] *Ehmann/Selmayr,* Datenschutz-Grundverordnung, Art. 9 Rn. 62.

Ausnahmeregelungen vor. Etwaige Beschränkungen ergeben sich demnach nicht direkt aus der DS-GVO selbst, sondern sind zu konkretisieren, wobei wiederum auf die dafür in Art. 9 Abs. 2 lit. i DS-GVO vorgesehenen besonderen Anforderungen zu achten ist. Der deutsche Gesetzgeber hat entsprechende Regelungen in § 22 Abs. 1 lit. c BDSG sowie in speziellen Vorschriften im AMG, MPG oder dem Gesetz zur Verhütung und Bekämpfung von Infektionskrankheiten beim Menschen vorgesehen.

81 **Private Unternehmen** können sich grundsätzlich nicht auf Art. 9 Abs. 2 lit. i DS-GVO berufen, sofern sie nicht **Aufgaben der öffentlichen Gesundheit** wahrnehmen.[113] Zur Auslegung des **Begriffs der öffentlichen Gesundheit** verweist Erwägungsgrund 54 der DS-GVO auf die Verordnung (EG) Nr. 1338/2008 des Europäischen Parlaments und des Rates vom 16.12.2008 zu Gemeinschaftsstatistiken über öffentliche Gesundheit und über Gesundheitsschutz und Sicherheit am Arbeitsplatz. Nach Art. 3 lit. c der Verordnung (EG) Nr. 1338/2008 meint öffentliche Gesundheit alle Elemente im Zusammenhang mit der Gesundheit, nämlich den Gesundheitszustand einschließlich Morbidität und Behinderung, die sich auf diesen Gesundheitszustand auswirkenden Determinanten, den Bedarf an Gesundheitsversorgung, die der Gesundheitsversorgung zugewiesenen Mittel, die Bereitstellung von und den allgemeinen Zugang zu Gesundheitsversorgungsleistungen sowie die entsprechenden Ausgaben und die Finanzierung und schließlich die Ursachen der Mortalität.

10. Erforderlichkeit der Verarbeitung für im öffentlichen Interesse liegende Archivzwecke, Forschungszwecke oder statistische Zwecke

82 Personenbezogene Gesundheitsdaten und genetische Daten können darüber hinaus nach Art. 9 Abs. 2 lit. j DS-GVO zudem verarbeitet werden, wenn die Verarbeitung auf der Grundlage des Unionsrechts oder des Rechts eines Mitgliedstaats, das in angemessenem Verhältnis zu dem verfolgten Ziel steht, den Wesensgehalt des Rechts auf Datenschutz wahrt und angemessene und spezifische Maßnahmen zur Wahrung der Grundrechte und Interessen der betroffenen Person vorsieht, für im öffentlichen Interesse liegende **Archivzwecke,** für **wissenschaftliche oder historische Forschungszwecke** oder für **statistische Zwecke** gemäß Art. 89 Abs. 1 DS-GVO **erforderlich** ist.

83 Die Vorschrift dient der durch Art. 13 der Charta der Grundrechte der Europäischen Union geschützten **Wissenschaftsfreiheit.**[114] Wie auch andere Öffnungsklauseln in Art. 9 Abs. 2 DS-GVO sieht auch Art. 9 Abs. 2 lit. j DS-GVO Vorbehalte für Ausnahmeregelungen im Unionsrecht und im Recht der Mitgliedstaaten vor, wie die **Verhältnismäßigkeit zu dem verfolgten Regelungsziel,** die **Wahrung des Wesensgehalt des Datenschutzrechts** und angemessene und spezifische Maßnahmen zur **Wahrung der Grundrechte und Interessen der betroffenen Person.** Der deutsche Gesetzgeber hat mit § 27 BDSG als generelle Norm von dieser Öffnungsklausel Gebrauch gemacht. Weitere spezielle Regelungen finden sich etwa in § 75 Abs. 3 SGB X oder in § 14 Abs. 2a des Gesetzes über die Spende, Entnahme und Übertragung von Organen und Geweben.

84 Der in Art. 9 Abs. 2 lit. j DS-GVO genannte **Begriff des Archivs** meint nach dem Erwägungsgrund 158 der DS-GVO jede öffentliche oder private Stelle, die Aufzeichnungen von allgemeinem öffentlichem Interesse führt. Die Archivierung im öffentlichen Interesse umfasst typischerweise die Sicherung, Bewertung, Aufbereitung oder Präsentation von Daten sowie sonstige ähnliche Verarbeitungen. Dabei müssen die für Archivzwecke verarbeiteten Daten nicht von herausragender Bedeutung sein.[115]

85 Nach Erwägungsgrund 159 der DS-GVO ist der **Begriff der wissenschaftlichen Forschung** weit auszulegen. Er soll unter anderem technologische Entwicklungen, Grundla-

[113] *Kühling/Buchner* DS-GVO BDSG Art. 9 Rn. 116.

[114] *Auernhammer* DSGVO BDSG Art. 9 Rn. 33; *Gola* Art. 9 Rn. 43.

[115] *Kühling/Buchner* DS-GVO BDSG Art. 9 Rn. 122; *Taeger/Gabel* DSGVO – BDSG Art. 9 Rn. 35; wohl aA *Sydow,* Europäische Datenschutz-Grundverordnung, Art. 9 Rn. 52.

genforschung, angewandte und privatfinanzierte Forschung sowie insbesondere Studien im Bereich der öffentlichen Gesundheit umfassen. Zu **historischen Forschungszwecken** zählen nach Erwägungsgrund 160 der DS-GVO die historische Forschung und die Forschung im Bereich der Genealogie, wobei die DS-GVO ausdrücklich nicht für personenbezogene Daten verstorbener Personen gelten soll.

Umstritten ist, ob das in Art. 9 Abs. 2 lit. j DS-GVO genannte **öffentliche Interesse auch bei der Verarbeitung** besonderer Kategorien personenbezogener Daten **für Forschungszwecke** oder lediglich bei der Datenverarbeitung für Archivzwecke vorliegen muss. Mit Blick auf Sinn und Zweck der Vorschrift wird zum Teil argumentiert, kommerzielle Forschungsvorhaben wie etwa Markt- oder Meinungsforschung dürften nicht von Ausnahmen nach Art. 9 Abs. 2 lit. j DS-GVO profitieren.[116] Mithin bedarf auch eine Verarbeitung besonderer Kategorien personenbezogener Daten im Rahmen privatfinanzierter Forschung eines öffentlichen Interesses. 86

Statistische Zwecke schließlich meint nach Erwägungsgrund 162 der DS-GVO jeden für die Durchführung statistischer Untersuchungen und die Erstellung statistischer Ergebnisse erforderlichen Vorgang der Erhebung und Verarbeitung personenbezogener Daten. Dabei wird vorausgesetzt, dass die Ergebnisse der Verarbeitung zu statistischen Zwecken aggregierte und keine personenbezogenen Daten sind und dass diese nicht für Maßnahmen gegenüber einzelnen natürlichen Personen eingesetzt werden. 87

Art. 9 Abs. 2 lit. j DS-GVO ist zusammen mit Art. 89 Abs. 1 DS-GVO zu lesen. Nach Art. 89 Abs. 1 DS-GVO unterliegt die Verarbeitung zu im öffentlichen Interesse liegenden Archivzwecken, zu wissenschaftlichen oder historischen Forschungszwecken oder zu statistischen Zwecken **geeigneten Garantien für die in der DS-GVO vorgesehenen Rechte und Freiheiten der betroffenen Personen.** Damit soll sichergestellt werden, dass technische und organisatorische Maßnahmen bestehen, mit denen **insbesondere** die Achtung des Grundsatzes der **Datenminimierung gewährleistet** wird. Zu diesen Maßnahmen kann nach Art. 89 Abs. 1 S. 3 DS-GVO auch die Pseudonymisierung gehören, sofern es möglich ist, die maßgeblichen Zwecke auch auf diese Weise zu erfüllen. Können die maßgeblichen Zwecke auch durch eine Weiterverarbeitung erfüllt werden, bei der die Identifizierung von betroffenen Personen nicht oder nicht mehr möglich ist, gilt dies nach Art. 89 Abs. 1 S. 4 DS-GVO als Zweckerfüllung. 88

11. Weitergehende Regelungskompetenz der Mitgliedstaaten

Nach Art. 9 Abs. 4 DS-GVO können **die Mitgliedstaaten** unter anderem für die Verarbeitung von **Gesundheitsdaten und genetischen Daten zusätzliche Bedingungen,** einschließlich Beschränkungen, einführen oder aufrechterhalten. 89

Gegenüber Art. 9 Abs. 2 lit. b sowie lit. g–lit. j DS-GVO kommt Art. 9 Abs. 4 DS-GVO für die Verarbeitung von Gesundheitsdaten und genetischen Daten keine eigenständige Bedeutung zu, da die dort jeweils vorgesehenen Öffnungsklauseln die nähere Ausgestaltung nationaler Ausnahmeregelungen ohnehin den Mitgliedstaaten überlassen.[117] Von Bedeutung ist Art. 9 Abs. 4 DS-GVO vielmehr im Hinblick auf **die unmittelbar anwendbaren Ausnahmen nach Art. 9 Abs. 2 lit. a sowie lit. c–lit. f DS-GVO.** Sie können also nach Art. 9 Abs. 4 DS-GVO durch nationales Recht der EU-Mitgliedstaaten modifiziert oder verdrängt werden. 90

D. Besonderheiten der Datenverarbeitung im Gesundheitswesen

Kaum ein anderer Bereich erlebt so **rasante Fortschritte durch die Digitalisierung** wie das Gesundheitswesen. Angefangen bei elektronischer Patientenakte und elektroni- 91

[116] *Ehmann/Selmayr,* Datenschutz-Grundverordnung, Art. 9 Rn. 63.
[117] *Sydow,* Europäische Datenschutzgrundverordnung, Art. 9 Rn. 59.

schem Rezept über digitale Gesundheitsanwendungen und telemedizinische Beratung bis hin zu Big-Data-Plattformen und dem Aufbau von internationalen Forschungsdatenzentren: Auch im Gesundheitsbereich sind **Daten und Knowhow der Rohstoff der Zukunft.**

92 Die Europäische Kommission hat daher bereits im April 2018 eine Mitteilung über die Ermöglichung der digitalen Umgestaltung der Gesundheitsversorgung und Pflege im **digitalen Binnenmarkt,** die aufgeklärte Mitwirkung der Bürger und den Aufbau einer gesünderen Gesellschaft veröffentlicht.[118] Wie die Europäische Kommission darin angekündigt hat, soll in Europa unter anderem ein sicherer Zugang zu Gesundheitsdaten bei gleichzeitig effektivem Datenaustausch gewährleistet werden. Zu diesem Zweck verfolgt die Kommission den Aufbau einer digitalen Infrastruktur für elektronische Gesundheitsdienste **(„eHealth"),** die den Austausch von Patientenkurzakten und elektronischen Verschreibungen zwischen Gesundheitsdienstleistern in den EU-Mitgliedstaaten ermöglichen soll. Ziel ist die Schaffung eines einheitlichen europäischen Formats für elektronische Patientenakten. Darüber hinaus sollen Gesundheitsdaten für Forschung, schnellere Diagnosen und allgemein die Gesundheitsförderung ausgetauscht werden, um so die Prävention, Diagnose und Behandlung von Erkrankungen, aber auch die Entwicklung von Arzneimitteln und Medizinprodukten zu verbessern. Und schließlich sollen digitale Hilfsmittel zu einer aufgeklärteren Mitwirkung der Bevölkerung am Gesundheitswesen und zu einer patientenorientierteren Pflege beitragen, wie etwa bei der Befolgung von Präventionsleitlinien, einem gesünderen Lebensstil, dem Umgang mit chronischen Erkrankungen oder Rückmeldungen an Gesundheitsdienstleister.

93 Bereits auf Grundlage der Richtlinie 2011/24/EU des Europäischen Parlaments und des Rates vom 9.3.2011 über die Ausübung der Patientenrechte in der grenzüberschreitenden Gesundheitsversorgung[119] wurde ein **freiwilliges Netzwerk für eHealth-Dienste** eingerichtet, das europaweit alle zuständigen nationalen Behörden verbinden und den Mitgliedstaaten die Möglichkeit geben soll, aktiv an der Interoperabilität und Standardisierung zum Austausch von Gesundheitsdaten mitzuwirken. Die **eHealth-Diensteinfrastruktur („eHDSI")** soll einen sicheren, effektiven und interoperablen Austausch von patientenbezogenen Gesundheitsdaten ermöglichen und so die medizinische Versorgung von Bürgerinnen und Bürgern Europas bei Auslandsreisen in andere europäische Mitgliedstaaten gewährleisten. Hierzu sollen in den EU-Mitgliedstaaten elektronische Verschreibungen und digitale Patientenkurzakten eingeführt werden. Die Kurzakten sollen Ärztinnen und Ärzten in deren jeweiligen Landessprache wesentliche Gesundheitsdaten von Patientinnen und Patienten aus anderen Mitgliedstaaten zusammenfassen, deren Sprache sie nicht mächtig sind. Demgegenüber ermöglichen elektronische Verschreibungen den Bezug von Arzneimitteln auch in Apotheken anderer EU-Mitgliedstaaten. Bis 2025 sollen die elektronische Patientenkurzakte und die elektronische Verschreibung in 25 EU-Mitgliedstaaten, darunter auch Deutschland, eingeführt sein.

94 Darüber hinaus arbeitet die Europäische Kommission mit den EU-Mitgliedstaaten an der Schaffung eines **europäischen Gesundheitsdatenraums** *(European Health Data Space)* als wesentlicher Teil des mit der europäischen Datenstrategie im Februar 2020 ins Leben gerufenen europäischen Datenraums. Der Gesundheitsdatenraum soll den europaweiten Austausch und direkten Zugriff auf Gesundheitsdaten sowohl in der Gesundheitsversorgung als auch in Gesundheitsforschung und -politik fördern. Ein zentraler Baustein für ein effektives Funktionieren des europäischen Gesundheitsdatenraums ist die Interoperabilität der daran zu beteiligenden Infrastrukturen und IT-Systeme. Die europäische Infrastruktur selbst fußt auf bestehenden Initiativen wie der digitalen eHealth-Diensteinfrastruktur, den Europäischen Referenznetzen und dem Genomik-Projekt (→ Rn. 117 f.).

95 Europa schafft damit gezielt die Rahmenbedingungen für eine nachhaltige **Digitalisierung** der nationalen Gesundheitssysteme der Mitgliedstaaten und für deren digitale Ver-

[118] COM(2020) 823 final vom 25.4.2018.
[119] ABl. 2011 L 188, S. 45.

netzung sowie den sicheren und effektiven Austausch von Gesundheitsdaten auf dem Binnenmarkt.

I. Datenverarbeitung mittels digitaler Gesundheitsanwendungen

Personenbezogene Daten werden auch in Deutschland zunehmend durch digitale Gesundheitsanwendungen verarbeitet. Bei digitalen Gesundheitswendungen handelt es sich um **digitale Medizinprodukte,** die Patientinnen und **Patienten bei der Therapie von Erkrankungen** oder dem **Umgang mit Gesundheitsbeeinträchtigungen** unterstützen.[120] Zu digitalen Gesundheitsanwendungen können neben Gesundheits-Apps auch browsergestützte Anwendungen im Internet oder Gesundheitssoftware für Computer zählen. 96

1. Datenschutz als Voraussetzung der Erstattungsfähigkeit

Mit dem Inkrafttreten des **Gesetzes für eine bessere Versorgung durch Digitalisierung und Innovation** (sog. „Digitale-Versorgung-Gesetz", **„DVG"**)[121] zum 19.12.2019 wurde die Grundlage des in § 33a und § 139e SGB V ausgeformten Leistungsanspruchs von Versicherten auf Versorgung mit digitalen Gesundheitsanwendungen geschaffen. Auf Grundlage des § 134 Abs. 3 S. 17 und des § 139e Abs. 7–9 SGB V hat das Bundesministerium für Gesundheit zum 8.4.2020 die **Verordnung über das Verfahren und die Anforderungen zur Prüfung der Erstattungsfähigkeit digitaler Gesundheitsanwendungen in der gesetzlichen Krankenversicherung** (sog. „Digitale Gesundheitsanwendungen-Verordnung", **„DiGAV"**)[122] erlassen. Die Verordnung ist zum 21.4.2020 in Kraft getreten und legt unter anderem das Verfahren zur Aufnahme neuer Produkte in ein gesondertes Verzeichnis für digitale Gesundheitsanwendungen sowie **die Anforderungen** fest, die an digitale Gesundheitsanwendungen **hinsichtlich des Datenschutzes** gestellt werden. Nach § 4 Abs. 3 DiGAV darf 97

> „im Rahmen einer digitalen Gesundheitsanwendung [...] die Verarbeitung von personenbezogenen Daten durch die digitale Gesundheitsanwendung selbst sowie bei einer Verarbeitung personenbezogener Daten im Auftrag nur im Inland, in einem Mitgliedstaat der Europäischen Union oder in einem diesem nach § 35 Absatz 7 des Ersten Buches Sozialgesetzbuch gleichgestellten Staat oder, sofern ein Angemessenheitsbeschluss gemäß Artikel 45 der Verordnung (EU) 2016/679 vorliegt, in einem Drittstaat erfolgen."

Die Anträge zur Aufnahme in das Verzeichnis für digitale Gesundheitsanwendungen werden vom BfArM wissenschaftlich bewertet. Darüber hinaus stellt das BfArM ein Verzeichnis für digitale Medizinprodukte bereit, die nach erfolgreicher Prüfung als **erstattungsfähige digitale Gesundheitsanwendungen** gelistet werden. Wesentliche Hinweise zu dem Verfahrensablauf, zu dem Antragsverfahren und zu der Nachweisführung hat das BfArM in einem gesonderten Leitfaden **(„DiGA-Leitfaden")**[123] aufbereitet. Zur Verarbeitung personenbezogener Daten durch digitale Gesundheitsanwendungen außerhalb Deutschlands heißt es im DiGA-Leitfaden des BfArM unter anderem: 98

> „Die DiGAV beschränkt analog zu den für Krankenkassen geltenden Regeln (§ 80 SGB X) den Ort der Datenverarbeitung auf die Bundesrepublik Deutschland, die Mitgliedstaaten der Europäischen Union, die Vertragsstaaten des Abkommens über den Europäischen Wirtschaftsraum und die Schweiz und Staaten, für die ein Angemessenheitsbeschluss nach Art. 45 DSGVO vorliegt. Eine Verarbeitung von personenbezogenen Daten außerhalb der EU auf Basis von Art. 46 DSGVO (Standardvertragsklauseln) oder Art. 47 (Corporate Binding Rules) ist für DiGA nicht zulässig.

---

[120] Vgl. dazu auch *Altmiks,* Kasseler Kommentar Sozialversicherungsrechts, SGB V § 33a Rn. 4.

[121] Digitale-Versorgung-Gesetz vom 9.12.2019 (BGBl. I S. 2562).

[122] Digitale Gesundheitsanwendungen-Verordnung vom 8.4.2020 (BGBl. I S. 768).

[123] „Das Fast Track Verfahren für digitale Gesundheitsanwendungen (DiGA) nach § 139e SGB V – Ein Leitfaden für Hersteller, Leistungserbringer und Anwender, https://www.bfarm.de/SharedDocs/Downloads/DE/Service/Beratungsverfahren/DiGA-Leitfaden.pdf?__blob=publicationFile&v=10 (zul. abgerufen am 22.6.2021).

In einer aktuellen Liste der Staaten, für die ein Angemessenheitsbeschluss nach Art. 45 DSGVO vorliegt, wurden bisher die USA aufgeführt. Hier galt der Angemessenheitsbeschluss für Unternehmen, die unter den EU-US Privacy Shield fallen. Der Durchführungsbeschluss (EU) 2016/1250 der Kommission vom 12.7.2016 (EU-US-Datenschutzschild) wurde durch das Urteil des EuGH vom 16.7.2020 (Az. C-311/18) für unvereinbar mit Art. 45 Abs. 1 DSGVO erklärt, da Art. 1 des Beschlusses mit den Rechten aus den Art. 7 und 8 der Charta der Grundrechte der Europäischen Union unvereinbar ist und dieser Anforderungen an eine DiGA hierzu keinen ausreichenden Rechtsschutz im Sinne von Art. 47 der Charta gewährt. Dadurch ist der Durchführungsbeschluss insgesamt ungültig.

Da § 4 Absatz 3 DiGAV grundsätzlich nur die Verarbeitung von personenbezogenen Daten in Drittstaaten zulässt, wenn ein Angemessenheitsbeschluss nach Art. 45 DSGVO vorliegt, ist eine Verarbeitung von personenbezogenen Daten in den USA nicht zulässig. Eine Lösung über Standardvertragsklauseln ist nicht erlaubt. Weiterhin ist eine Datenverarbeitung in den USA nach Patienteneinwilligung gemäß Art. 49 DSGVO ebenfalls nicht zulässig, da nach Verordnung einer DiGA durch einen Arzt die Freiwilligkeit des Patienten nicht mehr gegeben ist. Dienstleister aus den USA, auch solche mit Niederlassung in der EU, aber einem Mutterkonzern in den USA, dürfen aufgrund des EuGH-Urteils und den Vorgaben der DiGAV nicht für die Verarbeitung von personenbezogenen Daten herangezogen werden. Auch für jegliche Tools, die im Rahmen der Nutzung der DiGA zum Einsatz kommen, muss ein Datenfluss von personenbezogenen Daten in die USA vollumfassend ausgeschlossen werden.

Der Hersteller einer DiGA ist verantwortlich für die Gewährleistung aller datenschutz- und informationssicherheitsbezogenen sowie sonstigen rechtlichen Anforderungen an sein Medizinprodukt. Deren Einhaltung bei der Nutzung der digitalen Anwendung gemäß dem aktuellen Stand der gesetzlichen und technischen Anforderungen sowie die wahrheitsgemäße Bestätigung der entsprechenden Einhaltung gegenüber dem BfArM im Rahmen des Antragsverfahrens liegen ebenfalls in seiner Verantwortung."

99 Der **EuGH** hatte in seinem in dem DiGA-Leitfaden des BfArM in Bezug genommenen Urteil vom 16.7.2020 (C-311/18)[124] unter anderem entschieden, dass der Durchführungsbeschluss (EU) 2016/1250 der Europäischen Kommission vom 12.7.2016[125] gemäß der Richtlinie 95/46/EG des Europäischen Parlaments und des Rates[126] über die Angemessenheit des vom **EU-US-Datenschutzschild (sog. *„Privacy Shield"*)** gebotenen Schutzes **ungültig** ist und Art. 46 Abs. 1 und Art. 46 Abs. 2 lit. c DS-GVO dahin auszulegen sind, dass die nach diesen Vorschriften erforderlichen geeigneten Garantien, durchsetzbaren Rechte und wirksamen Rechtsbehelfe gewährleisten müssen, dass die Rechte der Personen, deren personenbezogene Daten auf der Grundlage von Standarddatenschutzklauseln in ein **Drittland** übermittelt werden, ein **Schutzniveau** genießen, das **dem in der Europäischen Union** durch diese Verordnung im Lichte der Charta der Grundrechte der Europäischen Union garantierten Niveau der Sache nach **gleichwertig** ist. Bei der im Zusammenhang mit einer solchen Übermittlung vorzunehmenden Beurteilung sollen insbesondere die vertraglichen Regelungen zu berücksichtigen sein, die zwischen dem in der Europäischen Union ansässigen Verantwortlichen oder seinem dort ansässigen Auftragsverarbeiter und dem in dem betreffenden Drittland ansässigen Empfänger der Übermittlung vereinbart wurden, sowie – was einen etwaigen Zugriff der Behörden dieses Drittlands auf die übermittelten personenbezogenen Daten betrifft – die maßgeblichen Elemente der Rechtsordnung dieses Landes, insbesondere die in Art. 45 Abs. 2 DS-GVO genannten Elemente.[127]

---

[124] Urteil des Gerichtshofs vom 16.7.2020 in der Rechtssache C-311/18, betreffend ein Vorabentscheidungsersuchen nach Art. 267 AEUV, eingereicht vom High Court (Hoher Gerichtshof, Irland) mit Entscheidung vom 4.5.2018, beim Gerichtshof eingegangen am 9.5.2018, in dem Verfahren Data Protection Commissioner gegen Facebook Ireland Ltd., Maximillian Schrems.

[125] ABl. 2016 L 207, S. 1.

[126] ABl. 1995 L 281, S. 31.

[127] Vgl. dazu auch die Empfehlungen des Europäischen Datenschutzausschusses zur Umsetzung der entsprechenden zusätzlichen Maßnahmen (*„Recommendations 01/2020 on measures that supplement transfer tools to ensure compliance with the EU level of protection of personal data"*) vor, abrufbar unter: https://edpb.europa.eu/sites/edpb/files/consultation/edpb_recommendations_202001_supplementary measurestransferstools_en.pdf (zul. abgerufen am 22.6.2021).

2. Unstimmigkeiten zwischen DiGAV und DS-GVO

§ 4 Abs. 3 DiGAV erklärt die **Übermittlung personenbezogener Daten in nicht-europäische Drittländer** im Rahmen digitaler Gesundheitsanwendungen **lediglich** dann für zulässig, wenn sie **auf Grundlage eines Angemessenheitsbeschlusses der Europäischen Kommission** iSd Art. 45 DS-GVO erfolgt. Eine Übermittlung personenbezogener Daten in nicht-europäische Drittländer im Rahmen digitaler Gesundheitsanwendungen vorbehaltlich geeigneter Garantien nach Art. 46 DS-GVO (wie etwa Standarddatenschutzklauseln) oder auf Grundlage verbindlicher interner Datenschutzvorschriften (sog. *„Binding Corporate Rules"*) iSd Art. 47 DS-GVO kommen demgegenüber nach § 4 Abs. 3 DiGAV nicht in Betracht. § 4 Abs. 3 DiGAV nimmt dabei keine Unterscheidung zwischen bestimmten Kategorien personenbezogener Daten vor, sondern schreibt diese Beschränkung für die Übermittlung *aller* personenbezogenen Daten in Drittländer im Rahmen digitaler Gesundheitsanwendungen fest. 100

Sowohl das **Bundesministerium für Gesundheit** als auch das **BfArM** sehen die in § 4 Abs. 3 DiGAV festgelegte Beschränkung für die Übermittlung aller personenbezogenen Daten in Drittländer im Rahmen digitaler Gesundheitsanwendungen **durch den „regelhaft anzunehmenden besonderen Schutzbedarf"** der verarbeiteten Daten analog zu den für Krankenkassen geltenden Regeln nach § 80 SGB X **legitimiert,** ohne dabei jedoch diesen Schutzzweck zu konkretisieren.[128] Gemäß § 80 Abs. 2 SGB X darf ein 101

> „Auftrag zur Verarbeitung von Sozialdaten [...] nur erteilt werden, wenn die Verarbeitung im Inland, in einem anderen Mitgliedstaat der Europäischen Union, in einem diesem nach § 35 Absatz 7 des Ersten Buches gleichgestellten Staat, oder, sofern ein Angemessenheitsbeschluss gemäß Artikel 45 der Verordnung (EU) 2016/679 vorliegt, in einem Drittstaat oder in einer internationalen Organisation erfolgt."

Auch **§ 80 Abs. 2 SGB X** macht damit die Übermittlung personenbezogener Daten in nicht-europäische Drittländer von dem Vorliegen eines **Angemessenheitsbeschlusses** iSd Art. 45 DS-GVO abhängig, ist dabei aber deutlich konkreter gefasst als § 4 Abs. 3 DiGAV: Zum einen gilt § 80 Abs. 2 SGB X **allein für „Sozialdaten".** Die Vorschrift stellt damit ausdrücklich klar, für welche bestimmte Kategorie personenbezogener Daten sie die Übermittlung in nicht-europäische Drittländer beschränkt. Zum anderen lässt § 80 Abs. 2 SGB X Übermittlungen personenbezogener Sozialdaten bei Vorliegen eines Angemessenheitsbeschlusses nach Art. 45 DS-GVO nicht allein in Drittländer, sondern auch an internationale Organisationen zu. § 80 Abs. 2 SGB X wurde durch Art. 24 des Gesetzes zur Änderung des Bundesversorgungsgesetzes und anderer Vorschriften vom 17.7.2017 in das SGB X aufgenommen. Ausweislich der einschlägigen Gesetzesbegründung soll die Vorschrift als Ausnahmeregelung iSd Art. 49 DS-GVO dazu dienen, der **Übermittlung personenbezogener Sozialdaten aus Deutschland heraus in unsichere nicht-europäische Drittstaaten vorzubeugen.**[129] 102

Gemäß Art. 49 Abs. 5 S. 1 DS-GVO können, wenn 103

> „kein Angemessenheitsbeschluss vor[*liegt*], [...] im Unionsrecht oder im Recht der Mitgliedstaaten aus wichtigen Gründen des öffentlichen Interesses ausdrücklich Beschränkungen der Übermittlung bestimmter Kategorien von personenbezogenen Daten an Drittländer oder internationale Organisationen vorgesehen werden."

Art. 49 DS-GVO nennt mehrere Voraussetzungen, die für die Vornahme solcher **Beschränkungen im europäischen Recht oder im nationalen Recht der Mitgliedstaaten** erfüllt sein müssen: Solche rechtlichen Beschränkungen für Drittlandsübermittlun- 104

---

[128] Vgl. dazu Referentenentwurf des BMG – Verordnung über das Verfahren und die Anforderungen der Prüfung der Erstattungsfähigkeit digitaler Gesundheitsanwendungen in der gesetzlichen Krankenversicherung, Bearbeitungsstand 9.4.2020, S. 59; DiGA-Leitfaden des BfArM, Gliederungspunkt 3.3.3.

[129] Vgl. dazu Drucksachen 18/12041 und 18/12481 – Entwurf eines Gesetzes zur Änderung des Bundesversorgungsgesetzes und anderer Vorschriften vom 31.5.2017, S. 114 f.

gen dürfen bei Nichtvorliegen eines Angemessenheitsbeschlusses nach Art. 45 DS-GVO nur vorgenommen werden, **wenn wichtige Gründe des öffentlichen Interesses** dies gebieten, die Beschränkungen ausdrücklich geregelt werden und die beschränkende Vorschrift die davon **betroffenen Kategorien personenbezogener Daten spezifiziert.** Bei Beschränkungen im nationalen Recht der Mitgliedstaaten müssen die betreffenden Mitgliedstaaten **der Europäischen Kommission** nach Art. 49 Abs. 5 S. 2 DS-GVO zudem die einschlägigen Bestimmungen **mitteilen.**

105 Vor diesem Hintergrund wurde in dem Gesetzgebungsverfahren **zu § 80 Abs. 2 SGB X** unter anderem darauf geachtet, die in dieser Vorschrift vorgesehenen Beschränkungen für Drittlandsübermittlungen personenbezogener Daten **mit wichtigen Gründen des öffentlichen Interesses** zu legitimieren[130], ferner die Beschränkungen in § 80 Abs. 2 SGB X ausdrücklich zu regeln und die von der Vorschrift erfassten **Kategorien personenbezogener (Sozial-)Daten** zu spezifizieren.

106 Anders als § 80 Abs. 2 SGB X **erfüllt § 4 Abs. 3 DiGAV die Anforderungen des Art. 49 Abs. 5 DS-GVO nicht:** Zunächst sieht § 4 Abs. 3 DiGAV schon keine Beschränkungen der Übermittlung „bestimmter Kategorien von personenbezogenen Daten" iSd Art. 49 Abs. 5 DS-GVO vor. In § 4 Abs. 3 DiGAV wird die Beschränkung gerade **nicht ausdrücklich an bestimmte Kategorien personenbezogener Daten** geknüpft. Anders als etwa § 80 Abs. 2 SGB X, der eine Drittlandsübermittlung nur für die Kategorie personenbezogener „Sozialdaten" beschränkt, bezieht sich § 4 Abs. 3 DiGAV allgemein auf die Übermittlung von „personenbezogenen Daten durch die digitale Gesundheitsanwendung". Der Begriff „personenbezogene Daten" meint nach Art. 4 Nr. 1 DS-GVO jedoch ganz allgemein

„alle Informationen, die sich auf eine identifizierte oder identifizierbare natürliche Person (im Folgenden ‚betroffene Person') beziehen; als identifizierbar wird eine natürliche Person angesehen, die direkt oder indirekt, insbesondere mittels Zuordnung zu einer Kennung wie einem Namen, zu einer Kennnummer, zu Standortdaten, zu einer Online-Kennung oder zu einem oder mehreren besonderen Merkmalen, die Ausdruck der physischen, physiologischen, genetischen, psychischen, wirtschaftlichen, kulturellen oder sozialen Identität dieser natürlichen Person sind, identifiziert werden kann".

107 Entgegen der Vorgaben des Art. 49 Abs. 5 DS-GVO konkretisiert § 4 Abs. 3 DiGAV mit der allgemeinen Bezugnahme auf personenbezogene Daten damit **gerade keine bestimmte Datenkategorie.** Eine solche Kategorisierung ergibt sich auch nicht aus der Bezugnahme auf „die digitale Gesundheitsanwendung", da damit neben Gesundheitsdaten regelmäßig auch andere personenbezogene Daten wie beispielsweise Namen, Telefonnummern und Anschriften verarbeitet werden können. Erst recht kann sich eine Kategorisierung auch nicht aus dem Referentenentwurf des Bundesministeriums für Gesundheit zur DiGAV ergeben, wonach § 4 Abs. 3 DiGAV dazu dienen soll,

„die sozialdatenschutzrechtlichen Einschränkungen der Auftragsdatenverarbeitung unter Einsatz ausländischer Dienstleister nach § 80 Absatz 2 des Zehnten Buches Sozialgesetzbuch auf die Datenverarbeitung digitaler Gesundheitsanwendungen sowie eine beim Einsatz der digitalen Gesundheitsanwendung erfolgende Verarbeitung von Daten im Auftrag [*zu erstrecken*]".[131]

108 Gleiches gilt für den DiGA-Leitfaden des BfArM, wonach ganz allgemein

„die DiGAV […] analog zu den für Krankenkassen geltenden Regeln (§ 80 SGB X) den Ort der Datenverarbeitung auf die Bundesrepublik Deutschland, die Mitgliedstaaten der Europäischen Union,

---

[130] Vgl. dazu Drucksachen 18/12041 und 18/12481 – Entwurf eines Gesetzes zur Änderung des Bundesversorgungsgesetzes und anderer Vorschriften vom 31.5.2017, S. 114f. (wie bereits dargelegt, soll § 80 Abs. 2 SGB X danach als Ausnahmeregelung iSd Art. 49 DSGVO dazu dienen, der Übermittlung personenbezogener Sozialdaten aus Deutschland heraus in unsichere nicht-europäische Drittstaaten vorzubeugen).

[131] Vgl. dazu Referentenentwurf des BMG – Verordnung über das Verfahren und die Anforderungen der Prüfung der Erstattungsfähigkeit digitaler Gesundheitsanwendungen in der gesetzlichen Krankenversicherung, Bearbeitungsstand 9.4.2020, S. 59.

die Vertragsstaaten des Abkommens über den Europäischen Wirtschaftsraum und die Schweiz und Staaten [*beschränkt*], für die ein Angemessenheitsbeschluss nach Art. 45 DSGVO vorliegt [*und*] eine Verarbeitung von personenbezogenen Daten außerhalb der EU auf Basis von Art. 46 DSGVO (Standarddatenschutzklauseln) oder Art. 47 (Corporate Binding Rules) [...] für DiGA nicht zulässig [*ist*]".[132]

Entgegen der unspezifischen Ausführungen in § 4 Abs. 3 DiGAV sowie im Referentenentwurf des Bundesministeriums für Gesundheit und im DiGA-Leitfaden des BfArM **fordert die DS-GVO eine ausdrückliche, klare und präzise Regelung** – sowohl in Art. 49 Abs. 5 als auch in Erwägungsgrund 41 der DS-GVO, wonach entsprechende Vorschriften **109**

„klar und präzise [...] und ihre Anwendung [...] für die Rechtsunterworfenen gemäß der Rechtsprechung des Gerichtshofs der Europäischen Union (im Folgenden 'Gerichtshof') und des Europäischen Gerichtshofs für Menschenrechte vorhersehbar sein [*sollen*]".

Demgegenüber **genügt es gerade nicht,** wenn – wie im Falle des § 4 Abs. 3 DiGAV – einer Rechtsvorschrift **lediglich reflexartig oder implizit** eine Beschränkung von Drittlandsübermittlungen personenbezogener Daten entnommen werden kann.[133] **110**

Dessen ungeachtet sind die in § 4 Abs. 3 DiGAV geregelten Beschränkungen **offenbar auch nicht** gemäß Art. 49 Abs. 5 S. 2 DS-GVO **der Europäischen Kommission mitgeteilt** worden. Nach Art. 49 Abs. 5 S. 2 DS-GVO müssen die Mitgliedstaaten der Kommission Beschränkungen iSd Art. 49 Abs. 5 S. 1 DS-GVO durch nationale Rechtsvorschriften mitteilen, damit die Kommission das Vorliegen der Voraussetzungen des Art. 49 Abs. 5 S. 1 DS-GVO prüfen kann.[134] Eine solche Mitteilung ist nach derzeitigem Kenntnisstand jedoch vor oder bei Erlass der DiGAV nicht erfolgt und wird auch in der Gesetzesbegründung mit keinem Wort erwähnt. **111**

3. Teilweise Europarechtswidrigkeit der DiGAV

Zusammengenommen **erfüllt § 4 Abs. 3 DiGAV** damit **nicht die Anforderungen des Art. 49 Abs. 5 DS-GVO.** Entgegen Art. 49 Abs. 5 S. 1 DS-GVO sieht § 4 Abs. 3 DiGAV gerade nicht ausdrücklich Beschränkungen der Übermittlung „bestimmter Kategorien von personenbezogenen Daten" vor. Damit bleibt § 4 Abs. 3 DiGAV zugleich hinter dem Erwägungsgrund 41 der DS-GVO zurück, da weder die Vorschrift „klar und präzise" noch „ihre Anwendung [...] für die Rechtsunterworfenen gemäß der Rechtsprechung des Gerichtshofs der Europäischen Union [...] und des Europäischen Gerichtshofs für Menschenrechte vorhersehbar" ist. Darüber hinaus scheinen die in § 4 Abs. 3 DiGAV vorgesehenen Beschränkungen entgegen Art. 49 Abs. 5 S. 2 DSGVO auch nicht der Europäischen Kommission mitgeteilt worden zu sein. Eine andere Rechtsgrundlage für den europarechtskonformen Erlass des § 4 Abs. 3 DiGAV ist nicht ersichtlich. Die Vorschrift verstößt damit gegen die Vorgaben der DS-GVO und ist **europarechtswidrig.**[135] **112**

Vor dem Hintergrund der Europarechtswidrigkeit kommt somit die Aufnahme auch solcher digitalen Gesundheitsanwendungen in das dafür vorgesehene Verzeichnis erstattungsfähiger digitaler Gesundheitsanwendungen in Betracht, in deren Rahmen personenbezogene Daten (auch) in Drittländern verarbeitet werden (können), für die **zwar kein Angemessenheitsbeschluss** iSd Art. 45 DS-GVO vorliegt, bei denen die Datenverarbeitung **aber vorbehaltlich geeigneter Garantien** (zB in Form von Standarddatenschutzklauseln) iSd Art. 46 DSGVO oder aber auf Grundlage verbindlicher interner Datenschutzvorschriften (sog. *„Binding Corporate Rules"*) gemäß Art. 47 DS-GVO erfolgt. **113**

---

[132] Vgl. DiGA-Leitfaden des BfArM, Gliederungspunkt 3.3.3.

[133] *Lange/Filip* in BeckOK DSGVO Art. 49 Rn. 62.

[134] *Ehmann/Selmayr,* Datenschutz-Grundverordnung, Art. 49 Rn. 19.

[135] *Hofer/Sachs,* FAZ vom 10.2.2021, S. 16; *Hofer/Sachs/Sonnenschein* MPR 2020, 227.

114 Angesichts des unter der DS-GVO bei Datenschutzverstößen drohenden Haftungsrisikos empfiehlt sich bei der Verwendung von Standarddatenschutzklauseln jedoch, unter anderem die in dem einleitend dargelegten **Urteil des EuGH** vom 16.7.2020 (C-311/18) dafür genannten **Anforderungen zu berücksichtigen** und in jedem Einzelfall einer Datenübermittlung in ein Drittland auf Grundlage von Standarddatenschutzklauseln sicherzustellen, dass die Rechte der Personen, deren personenbezogene Daten auf der Grundlage von Standarddatenschutzklauseln in ein Drittland übermittelt werden, **ein Schutzniveau** genießen, das dem in der Europäischen Union **durch die DS-GVO** im Licht der Charta der Grundrechte der Europäischen Union garantierten Niveau der Sache nach **gleichwertig** ist. Bei der insoweit im Zusammenhang mit einer solchen Übermittlung vorzunehmenden Beurteilung sind insbesondere die vertraglichen Regelungen zu berücksichtigen, die zwischen dem in der Europäischen Union ansässigen Verantwortlichen oder seinem dort ansässigen Auftragsverarbeiter und dem in dem betreffenden Drittland ansässigen Empfänger der Übermittlung vereinbart wurden, sowie – was einen etwaigen Zugriff der Behörden dieses Drittlands auf die übermittelten personenbezogenen Daten betrifft – die maßgeblichen Elemente der Rechtsordnung dieses Landes, insbesondere die in Art. 45 Abs. 2 DS-GVO genannten Elemente.[136]

115 Der EuGH nimmt **insoweit Datenexporteur und Empfänger in die Verantwortung** für eine rechtskonforme Drittlandsübermittlung. Anders als zuvor, werden beide seit dem Urteil des EuGH vom 16.7.2020 (C-311/18) nicht mehr einfach darauf vertrauen dürfen, dass sie bei der Verwendung von Standarddatenschutzklauseln grundsätzlich datenschutzrechtskonform agieren. Vielmehr muss deren Verwendung eine dezidierte Prüfung vorausgehen, ob das erforderliche **Datenschutzniveau auch in dem jeweiligen Drittland eingehalten** wird. Zudem muss der Empfänger dem Datenexporteur mitteilen, wenn er die Standarddatenschutzklauseln nicht einhalten kann. Der Exporteur hat die Datenübermittlung an den Empfänger dann umgehend zu stoppen.

116 All dies setzt eine eingehende Kenntnis der in dem jeweiligen Drittland geltenden Datenschutzstandards voraus. Anders als beim Empfänger, der selbst im Drittland ansässig ist, wird man **eine solche Kenntnis beim Datenexporteur aber kaum erwarten** dürfen. Er muss daher in hohem Maße auf den Empfänger im Drittland vertrauen. Und da Datenschutzverstöße des Empfängers nach europäischem Recht (auch) dem Datenexporteur zuzurechnen sind, erhöht sich damit das Haftungsrisiko des Datenexporteurs nochmals erheblich. Im Prinzip hat der EuGH den europäischen Exporteuren mit seinem Urteil vom 16.7.2020 (C-311/18) die eigentlich der Kommission obliegende Aufgabe auferlegt, für Drittländer eigenständig Angemessenheitsprüfungen durchzuführen.

II. Genomsequenzierung

117 Eine besondere Art der Datenverarbeitung im Gesundheitswesen ist mit der Genomsequenzierung verbunden. Deutschland ist im Januar 2020 der *„1+ Million Genomes Initiative"* der EU beigetreten. Seitdem wird auch von deutscher Seite **der europaweite Austausch von Genomdaten zu Forschungszwecken** ermöglicht. Zuvor hatte die Bundesregierung eine aktive Teilnahme noch abgelehnt und nur eine Beobachterrolle eingenommen. Dabei ist die Genomanalyse nicht nur für die Diagnostik, Prävention und Behandlung von seltenen Krankheiten von großer Bedeutung, sondern auch ein wichtiger Wirtschaftsfaktor bei der Digitalisierung des Gesundheitswesens.

---

[136] Vgl. hierzu auch die im Entwurf vorliegenden Empfehlungen des Europäischen Datenschutzausschusses zur Umsetzung der entsprechenden zusätzlichen Maßnahmen (*„Recommendations 01/2020 on measures that supplement trans-fer tools to ensure compliance with the EU level of protection of personal data"),* abrufbar unter: https://edpb.europa.eu/sites/edpb/files/consultation/edpb_recommendations_202001_supplementarymeasurestransferstools_en.pdf (zul. abgerufen am 22.6.2021).

1. Die Genomsequenzierung

Das Genom eines Menschen besteht aus mindestens 20 000 Genen und ist **die Gesamtheit der Erbinformationen.** Durch dessen Sequenzierung können nahezu alle Veränderungen im menschlichen Genom entschlüsselt werden. Dadurch ist es möglich, krankheitsverursachende Defekte einzelner Gene festzustellen und so die Diagnose und Therapie seltener Krankheiten zu verbessern. Insbesondere im Bereich der Tumorerkrankungen wird zunehmend auf **die Sequenzierung des gesamten Genoms** *(„Whole Genome Sequencing")* gesetzt, um Mutationen ausfindig zu machen und die verwendeten Arzneimittel gezielt auf die genetische Beschaffenheit eines Tumors zuzuschneiden. 118

Auch wenn durch die Entwicklung neuer Technologien wie der Hochdurchsatz-DNA-Sequenzierung die Erforschung des menschlichen Genoms in den letzten Jahren erheblich erleichtert und beschleunigt wurde, sind **bisher krankheitsverursachende Mutationen nur für einige tausend der 20 000 Protein-kodierenden menschlichen Gene bekannt.** Die Identifizierung sämtlicher genetischer Krankheitsursachen wird daher die medizinische Forschung noch jahrzehntelang beschäftigen. 119

2. Die Genom-Initiative der EU

Aussagekräftige und wissenschaftliche Untersuchungen bedürfen eines **umfassenden Zugangs zu genomischen Daten** von sowohl gesunden Personen als auch kranken Patienten. Deshalb hat sich die EU-Genom-Initiative zum Ziel gemacht, **mindestens eine Million Genomdatensätze** zu sammeln und deren **Nutzung über die Grenzen der Europäischen Union hinaus** zu ermöglichen. Die Initiative ist Teil der EU-Agenda *„Digital Transformation of Health and Care"*, die das Potenzial neuer digitaler Technologien für bessere Ergebnisse im Gesundheitswesen nutzen möchte. In der im April 2018 veröffentlichten Erklärung haben **EU-, EWR- und EFTA-Länder** vereinbart, bei dem Aufbau und der Verknüpfung von Genomdatenbänken **in einer geeigneten technischen Infrastruktur zusammenzuarbeiten.** Bisher wurde die Initiative von 22 Mitgliedstaaten sowie dem Vereinigten Königreich und Norwegen unterzeichnet. Sie umfasst mehrere Arbeitsgruppen, die sich unter anderem mit ethischen, rechtlichen und sozialen Fragen, mit gemeinsamen Datenstandards, einer „guten Sequenzierungspraxis", mit Fragen der Gesundheitsökonomie und -forschung und der Beteiligung des privaten Sektors befassen sowie Anwendungsfälle für seltene Krankheiten, Krebs und häufige komplexe Erkrankungen analysieren. 120

3. Aktuelle Rechtslage in Deutschland

Marktführer in der Genomanalyse waren jahrelang die USA, China und Großbritannien, und einige kontinentaleuropäische Mitgliedstaaten. Während im Ausland die Sequenzierung des gesamten Genoms als Standardverfahren in der genetischen Routinediagnostik eingeführt wurde und bereits umfassende Datensätze im Millionenbereich vorliegen, nahm **Deutschland lange nur Sequenzierungen von Gesamtgenomen im fünfstelligen Bereich** vor. Die Zurückhaltung wurde vor allem mit dem erforderlichen besonders hohen Niveau an Interoperabilität und **datenschutzrechtlichen Hürden** begründet. 121

Tatsächlich bestehen derzeit in Deutschland noch einige rechtliche und auch finanzielle Hürden. Während es für **die Genomsequenzierung zu medizinischen Zwecken** und zur Klärung der Abstammung rechtliche Rahmenbedingungen im Gendiagnostikgesetz **(„GenDG")**[137] gibt, fehlt eine spezialgesetzliche Regelung **für die Genomanalyse zu Forschungszwecken.** 122

Die **Genomanalyse für medizinische Zwecke** umfasst die diagnostische und prädiktive genetische Untersuchung und ist ebenso wie die Genomanalyse zur Klärung der Ab- 123

[137] Gendiagnostikgesetz vom 31.7.2009 (BGBl. I S. 2529 (3672)).

stammung im GenDG geregelt.[138] Dieses sieht neben einer Pflicht zur genetischen Beratung, dem Arztvorbehalt und dem Recht auf Nichtwissen auch vor, dass die betroffene Person umfassend aufgeklärt wird und ihre Einwilligung erteilt.

124 **Genetische Untersuchungen zur Klärung der Abstammung** bedürfen nach dem GenDG einer Einwilligung der Person, deren genetische Probe untersucht werden soll, und können außer von Ärzten auch von nichtärztlichen Sachverständigen wie etwa Molekularbiologen vorgenommen werden.[139] Anders als beispielsweise in den USA ist daher eine privat durchgeführte Analyse unzulässig.

125 **Nicht erfasst vom GenDG** werden aufgrund einer bewussten Entscheidung des Gesetzgebers **Genomanalysen zu Forschungszwecken,** mithin der allgemeinen Erforschung von Ursachenfaktoren menschlicher Eigenschaften. Im Unterschied zur prädiktiven genetischen Untersuchung zielen sie nicht auf konkrete Maßnahmen gegenüber einzelnen Personen ab. Somit ist der Forschungs- und Pharmabereich derzeit ungeregelt und richtet sich nach den allgemeinen gesetzlichen Bestimmungen.

126 Für die Durchführung von **Studien** gelten daher die entsprechenden **Vorschriften des Arzneimittel- und Medizinprodukterechts,** die insbesondere **eine umfassende Aufklärung und Einwilligung der Studienteilnehmer** verlangen. Da die Analyse des Genoms regelmäßig mit der Erhebung personenbezogener Daten einhergeht, sind **auch die DS-GVO und ergänzend das nationale Datenschutzrecht** zu beachten. Die Verarbeitung von genetischen Daten wird zwar in Art. 9 der DS-GVO als besonders sensibel geschützt und nur bei Einwilligung oder spezieller gesetzlicher Gestattung erlaubt (→ Rn. 34, 37 f.). Allerdings hat der deutsche Gesetzgeber von der Öffnungsklausel des Art. 89 Abs. 2 DS-GVO Gebrauch gemacht. Danach ist die Verarbeitung von genetischen Daten **zu bestimmten Zwecken auch ohne Einwilligung zulässig, wenn** sie dafür **erforderlich** ist und **die Interessen** des Verantwortlichen **an der Verarbeitung die Interessen der betroffenen Person** an einem Ausschluss der Verarbeitung **erheblich überwiegen.**

127 Problematisch ist jedoch, dass eine **fehlende Einwilligung gegen** die eindeutigen Vorgaben des **Arzneimittel- und Medizinprodukterechts** zur Zulässigkeit klinischer Studien verstoßen würde. Auch gibt das Datenschutzrecht dem Betroffenen grundsätzlich Ansprüche auf Auskunft über seine Daten und auf Löschung. Dies kann bei der Erhebung von großen Datenmengen schwierig umzusetzen sein. Zudem bedarf es der Klärung, inwieweit der betroffenen Person ein Recht auf Wissen oder Nichtwissen in Bezug auf zufällige genetische Befunde zusteht. Insofern sind in Ermangelung einer spezialgesetzlichen Regelung derzeit im Rahmen der Genomanalyse zu Forschungszwecken **noch viele Rechtsfragen offen.** Es bleibt abzuwarten, ob der Gesetzgeber zukünftig noch präzisere Vorgaben schaffen wird.

III. Datenschutz gegen den unberechtigten Zugriff Dritter

128 Datensicherheit ist im Gesundheitssektor besonders wichtig. Im Unterschied zu anderen Industrien werden im Gesundheitswesen regelmäßig **besonders schutzwürdige und vertrauliche Daten verarbeitet,** die noch dazu viel **häufiger an Dritte transferiert** werden müssen und damit vermehrt dem **Risiko eines unberechtigten Zugriffs** ausgesetzt sind. Dies beginnt bereits bei der Entwicklung klassischer Gesundheitsprodukte wie Arzneimittel oder Medizinprodukte, deren Herstellung in der Regel umfangreiche und kostenintensive klinische Studien und Prüfungen vorausgehen. Die dabei generierten Daten werden typischerweise bereits vor dem erstmaligen Inverkehrbringen der Gesundheitsprodukte für die Anmeldung gewerblicher Schutzrechte wie Patente oder Gebrauchsmuster

[138] Vgl. dazu auch *Spickhoff,* Medizinrecht, GenDG § 3 Rn. 6.
[139] Vgl. dazu auch *Erbs/Kohlhaas,* Strafrechtliche Nebengesetze, GenDG § 17 Rn. 8.

sowie für die Erlangung der erforderlichen Zulassungen und Zertifizierungen an die dafür jeweils zuständigen Stellen übermittelt.

Dass bereits dieser Transfer von Produkt-Knowhow und Studiendaten Risiken für den unberechtigten Zugriff Dritter begründet, wurde unter anderem durch den Cyber-Angriff auf die Europäische Arzneimittelagentur **(„EMA")** Ende 2020 deutlich, bei dem unter anderem auch Daten gestohlen worden sein sollen, die für die seinerzeit unmittelbar bevorstehende Zulassung des Covid-19-Wirkstoffs von BioNTech/Pfizer eingereicht worden waren. 129

1. Angriffspunkt Datentransfer

Aber auch während des weiteren Lebenszyklus von Arzneimitteln und Medizinprodukten kommt es zu Datentransfers, die besondere **Angriffspunkte für den unberechtigten Zugriff Dritter** bieten. Zum einen sind auch nach dem erstmaligen Inverkehrbringen im Rahmen gesetzlicher **Pharmako- und Medizinprodukte-Vigilanzpflichten** fortlaufend produktbezogene Daten an die zuständigen Überwachungsbehörden zu melden. 130

Zum anderen verfügen viele Gesundheitsprodukte vor allem aus dem medizintechnischen Bereich inzwischen über **Vernetzungsschnittstellen,** über die sie in IT-Netzwerke eingebunden sind oder eingebunden werden können. Schließlich erheben und verarbeiten bereits zahlreiche Medizinprodukte unmittelbar Gesundheitsdaten. Soweit diese Gesundheitsdaten einen Personenbezug aufweisen, genießen sie nach dem geltenden Datenschutzrecht besonderen Schutz und dürfen ohnehin allenfalls in Ausnahmefällen verarbeitet werden. 131

Datensicherheit spielt im Gesundheitswesen also nicht nur wegen der **gesteigerten Schutzwürdigkeit und Vertraulichkeit** der hier verarbeiteten Produkt- und Gesundheitsdaten eine entscheidende Rolle, sondern auch mit Blick auf die **besondere Exponiertheit dieser Daten** für den unberechtigten Zugriff Dritter. 132

2. IT-Sicherheit in Gesundheitseinrichtungen

Zusätzlich zur Datensicherheit spielt auch die **Integrität der IT-Systeme** aller Stellen, die gesundheitsbezogene Daten verarbeiten, eine entscheidende Rolle bei der Gewährleistung einer sicheren und jederzeit funktionierenden Gesundheitsversorgung. Aus diesen Gründen hat der Gesetzgeber verschiedene Maßnahmen ergriffen. Zur Sicherstellung der **IT-Sicherheit in Krankenhäusern** etwa hat er im Oktober 2020 § 75c in das SGB V eingefügt. Danach sind Krankenhäuser ab dem 1.1.2022 verpflichtet, **nach dem Stand der Technik angemessene organisatorische und technische Vorkehrungen** zur Vermeidung von Störungen der Verfügbarkeit, Integrität und Vertraulichkeit einzuführen, soweit sie nicht ohnehin als Betreiber kritischer Infrastrukturen angemessene technische Vorkehrungen zu treffen haben. 133

Zu den kritischen Infrastrukturen zählen gemäß § 2 Abs. 10 des Gesetzes über das Bundesamt für Sicherheit in der Informationstechnik **(„BSIG")**[140] iVm § 6 und Anhang V der Verordnung zur Bestimmung Kritischer Infrastrukturen nach dem BSIG **(„KritisV")**[141] etwa die stationäre medizinische Versorgung, die Produktion von unmittelbar lebenserhaltenden Medizinprodukten sowie von Blut- und Plasmakonzentraten zur Anwendung im oder am menschlichen Körper, die Produktion und der Vertrieb von verschreibungspflichtigen Arzneimitteln sowie die Laboratoriumsdiagnostik. Betreiber all dieser kritischen Infrastrukturen sind nach dem BSIG unter anderem verpflichtet, IT-Sicherheitsmaßnahmen nach dem Stand der Technik umzusetzen und das dem Bundesamt für Sicherheit in der Informationstechnik **(„BSI")** nachzuweisen. 134

---

[140] BSI-Gesetz vom 14.8.2009 (BGBl. I S. 2821).

[141] BSI-Kritisverordnung vom 22.4.2016 (BGBl. I S. 958).

3. Deutscher Gesetzentwurf zur Erhöhung der IT-Sicherheit

135 Nach fast zweijähriger Vorbereitung und politischer Diskussion hat die Bundesregierung im Januar 2021 ihren Entwurf für ein Zweites Gesetz zur Erhöhung der Sicherheit informationstechnischer Systeme **(„IT SiG 2.0")**[142] vorgestellt. Der Gesetzentwurf sieht **eine Ausweitung der Pflichten von Betreibern kritischer Infrastrukturen** vor. Darüber hinaus führt er mit „Unternehmen im besonderen öffentlichen Interesse" eine neue Gruppe von Regelungsadressaten ein. Es handelt sich dabei unter anderem um nach Wertschöpfung im Inland führende Unternehmen mit erheblicher volkswirtschaftlicher Bedeutung.

136 Zu den erweiterten Pflichten gehört etwa, dass Betreiber kritischer Infrastrukturen zusätzlich zu den organisatorischen und technischen Vorkehrungen, die sie bereits zur Vermeidung von Störungen der Verfügbarkeit, Integrität, Authentizität und Vertraulichkeit ihrer IT-Systeme, Komponenten oder Prozesse treffen müssen, **auch Systeme der Angriffserkennung** zu installieren haben. Aus Sicht der Bundesregierung stellen diese Systeme eine effektive Maßnahme zum Umgang mit Cyber-Angriffen dar und helfen insbesondere bei der Schadensreduktion.

137 Darüber hinaus sieht der Gesetzentwurf **weitergehende Melde-, Registrierungs- und Informationsherausgabepflichten** sowie **zusätzliche Befugnisse des BSI** vor, beispielsweise zu Maßnahmen, mit denen Sicherheitslücken (im Verborgenen) detektiert werden sollen.

4. Europäischer Ansatz gegen Cyber-Angriffe

138 Auch die Europäische Kommission verfolgt das Thema Cyber Security mit hoher Priorität. Im Dezember 2020 hat sie den **Vorschlag für eine neue Richtlinie zur Netz- und Informationssicherheit („NIS-Richtlinie")**[143] vorgelegt, die die bestehende Richtlinie ablösen soll. Der Entwurf sieht deutlich **verschärfte Pflichten auch für Unternehmen des Gesundheitssektors** vor, wie beispielsweise technische und organisatorische Risikomanagement-Maßnahmen, die dem Stand der Technik entsprechen und ein angemessenes Sicherheitsniveau für die IT-Systeme gewährleisten. Zur Konkretisierung dieser Vorgabe definiert der Entwurf einige Mindestanforderungen an das Risikomanagement, das etwa Datenverschlüsselung, Risikobewertungen und eine besondere Berücksichtigung der Lieferkette vorsehen muss.

5. Haftungsrisiken bei Verstößen

139 Das Nichteinhalten der gebotenen IT-Sicherheitsmaßnahmen birgt für die verantwortlichen Stellen erhebliche Haftungsrisiken. Kommt es zu Datenschutzverstößen, drohen die dafür **im Datenschutzrecht vorgesehenen Bußgeld- und Schadensersatzrisiken.** Die Verletzung von Vigilanz- und Meldepflichten kann darüber hinaus als **Ordnungswidrigkeit** gebußt werden. Ferner kommt **eine vertragliche sowie deliktische Haftung** gegenüber allen infolge möglicher Rechtsverletzungen Geschädigten wie etwa Patienten, Ärzten oder sonstigen Geschäfts- und Vertragspartnern in Betracht.

140 Alle Akteure im Gesundheitsbereich sollten sich mit den besonderen IT-Sicherheitsrisiken vertraut machen, die in diesem sensiblen Wirtschaftszweig drohen. Zudem sind sie verpflichtet, die für ihre Produkte und Dienstleistungen **gebotenen Maßnahmen** zu **ergreifen,** um diesen **Risiken vorzubeugen.** Dies liegt nicht nur in ihrem eigenen Interesse, sondern **auch im übergeordneten öffentlichen Interesse** an der Sicherung kritischer Infrastrukturen und am Schutz besonders sensibler und vertraulicher Daten gegen den unberechtigten Zugriff Dritter. Eine rechtliche Regelung kann hier nur den Rahmen vorgeben, die technische Umsetzung muss durch die zuständigen Stellen passgenau und gefährdungsspezifisch erarbeitet werden.

[142] BT-Drs. 19/26106.
[143] COM(2020) 823 final vom 16.12.2020.

E. Checkliste datenschutzrechtliche Compliance

Jedes Unternehmen, das im sachlichen und räumlichen Anwendungsbereich der DS-GVO tätig wird, sollte sich – schon allein zur Reduktion der bei Datenschutzverstößen drohenden Haftungs- und Bußgeldrisiken – eingehend **mit den strengen Anforderungen der DS-GVO vertraut machen** und **alle erforderlichen Maßnahmen** ergreifen, um diese im Geschäftsalltag erfüllen zu können. Dazu zählen neben der Erarbeitung von Verfahrensverzeichnissen unter anderem auch die Implementierung und Schulung geeigneter Prozesse zum datenschutzrechtskonformen Umgang mit personenbezogenen und insbesondere mit besonders sensiblen Daten wie genetischen oder Gesundheitsdaten, den weitreichenden Betroffenenrechten, Melde- und Benachrichtigungspflichten sowie Drittlandsübermittlungen personenbezogener Daten. 141

Bei der Ermittlung der dafür gebotenen Maßnahmen kann **die nachfolgende Checkliste** behilflich sein. Sie dient allerdings allein **als Orientierungshilfe** und erhebt ausdrücklich keinen Anspruch auf Vollständigkeit. 142

I. Allgemeine Fragen zur Verarbeitung personenbezogener Daten

1) Werden durch den oder im Auftrag des Verantwortlichen personenbezogene Daten verarbeitet?

Personenbezogene Daten sind alle Informationen, die sich auf **eine identifizierte oder identifizierbare natürliche Person** („betroffene Person") beziehen. Als identifizierbar wird eine natürliche Person angesehen, die direkt oder indirekt, insbesondere mittels Zuordnung zu einer Kennung, zu einer Kennnummer, zu Standortdaten, zu einer Online-Kennung oder zu einem oder mehreren besonderen Merkmalen, die Ausdruck der physischen, physiologischen, genetischen, psychischen, wirtschaftlichen, kulturellen oder sozialen Identität dieser natürlichen Person sind, identifiziert werden kann (vgl. Art. 4 Nr. 1 DS-GVO). Zu personenbezogenen Daten zählen zB Namen, Anschriften, Telefonnummern, Wohnorte, Gesundheits-, Einkommens- und Bankdaten, etc. 143

Verarbeitung personenbezogener Daten meint jeden mit oder ohne Hilfe automatisierter Verfahren ausgeführten Vorgang oder jede solche Vorgangsreihe im Zusammenhang mit personenbezogenen Daten wie das Erheben, das Erfassen, die Organisation, das Ordnen, die Speicherung, die Anpassung oder Veränderung, das Auslesen, das Abfragen, die Verwendung, die Offenlegung durch Übermittlung, Verbreitung oder eine andere Form der Bereitstellung, den Abgleich oder die Verknüpfung, die Einschränkung, das Löschen oder die Vernichtung (vgl. Art. 4 Nr. 2 DS-GVO). 144

2) Werden durch den oder im Auftrag des Verantwortlichen auch besondere Kategorien personenbezogener Daten verarbeitet?

Besondere Kategorien personenbezogener Daten umfassen solche Daten, aus denen die rassische und ethnische Herkunft, politische Meinungen, religiöse oder weltanschauliche Überzeugungen oder die Gewerkschaftszugehörigkeit hervorgehen, sowie **genetische Daten,** biometrische Daten zur eindeutigen Identifizierung einer natürlichen Person, **Gesundheitsdaten** oder Daten zum Sexualleben oder der sexuellen Orientierung **einer natürlichen Person.** 145

3) Ist sichergestellt, dass bei jeder Verarbeitung personenbezogener Daten durch den oder im Auftrag des Verantwortlichen die in der DS-GVO vorgesehenen Grundsätze für die Verarbeitung personenbezogener Daten eingehalten werden?

146 Personenbezogene Daten müssen nach der DS-GVO

a) auf rechtmäßige Weise, nach Treu und Glauben und in einer für die betroffene Person nachvollziehbaren Weise verarbeitet werden **(„Rechtmäßigkeit, Verarbeitung nach Treu und Glauben, Transparenz");**
b) für festgelegte, eindeutige und legitime Zwecke erhoben werden und dürfen nicht in einer mit diesen Zwecken nicht zu vereinbarenden Weise weiterverarbeitet werden; eine Weiterverarbeitung für im öffentlichen Interesse liegende Archivzwecke, für wissenschaftliche oder historische Forschungszwecke oder für statistische Zwecke gilt grundsätzlich nicht als unvereinbar mit den ursprünglichen Zwecken **(„Zweckbindung");**
c) dem Zweck angemessen und erheblich sowie auf das für die Zwecke der Verarbeitung notwendige Maß beschränkt sein **(„Datenminimierung");**
d) sachlich richtig und erforderlichenfalls auf dem neuesten Stand sein; es sind alle angemessenen Maßnahmen zu treffen, damit personenbezogene Daten, die im Hinblick auf die Zwecke ihrer Verarbeitung unrichtig sind, unverzüglich gelöscht oder berichtigt werden **(„Richtigkeit");**
e) in einer Form gespeichert werden, die die Identifizierung der betroffenen Personen nur so lange ermöglicht, wie es für die Zwecke, für die sie verarbeitet werden, erforderlich ist; personenbezogene Daten dürfen länger gespeichert werden, soweit die personenbezogenen Daten vorbehaltlich der Durchführung geeigneter technischer und organisatorischer Maßnahmen, die von dieser Verordnung zum Schutz der Rechte und Freiheiten der betroffenen Person gefordert werden, ausschließlich für im öffentlichen Interesse liegende Archivzwecke oder für wissenschaftliche und historische Forschungszwecke oder für bestimmte statistische Zwecke verarbeitet werden **(„Speicherbegrenzung");**
f) in einer Weise verarbeitet werden, die eine angemessene Sicherheit der personenbezogenen Daten gewährleistet, einschließlich Schutz vor unbefugter oder unrechtmäßiger Verarbeitung und vor unbeabsichtigtem Verlust, unbeabsichtigter Zerstörung oder unbeabsichtigter Schädigung durch geeignete technische und organisatorische Maßnahmen **(„Integrität und Vertraulichkeit").**

4) Kann der Verantwortliche nachweisen, dass bei jeder Verarbeitung personenbezogener Daten durch ihn oder in seinem Auftrag die in der DS-GVO vorgesehenen Grundsätze für die Verarbeitung personenbezogener Daten eingehalten werden?

147 Der für die Datenverarbeitung Verantwortliche ist für die Einhaltung der vorstehend erläuterten Grundsätze verantwortlich und muss deren Einhaltung nachweisen können **(„Rechenschaftspflicht").**

5) Werden für die Verarbeitung personenbezogener Daten Einwilligungen der betroffenen Personen eingeholt?

148 Sollte dies der Fall sein, ist unter anderem zu prüfen, ob die Einwilligungserklärungen bei dem Verantwortlichen auch so **dokumentiert** werden, dass sie **jederzeit den richtigen betroffenen Personen zuzuordnen und abrufbar** sind.

6) Werden durch den Verantwortlichen oder in dessen Auftrag personenbezogene Daten direkt bei betroffenen Personen erhoben (sogenannte „Direkterhebung") oder bei Dritten bezogen (sogenannter „Dritterwerb")?

149 Die „Direkterhebung" ist von dem „Dritterwerb" zu unterscheiden, bei dem personenbezogene Daten nicht unmittelbar bei der betroffenen Person erhoben, sondern von Dritten (zB Kooperationspartnern, der Schufa etc) bezogen werden. **Direkterhebung und Dritterwerb lösen unterschiedliche Informationspflichten** gegenüber den davon jeweils betroffenen Personen **aus.**

7) Werden durch den oder im Auftrag des Verantwortlichen personenbezogene Daten auch für andere als diejenigen Zwecke weiterverarbeitet, für die die personenbezogenen Daten ursprünglich bei der betroffenen Person erhoben/bei Dritten bezogen wurden?

Eine Weiterverarbeitung personenbezogener Daten zu anderen Zwecken löst **neue und weitergehende Informationspflichten** aus (→ Rn. 170). 150

8) Verfügt der Verantwortliche über geeignete technische und organisatorische Maßnahmen **(„TOM")**, um sicherzustellen und den Nachweis dafür erbringen zu können, dass jede Verarbeitung personenbezogener Daten durch den oder im Auftrag des Verantwortlichen im Einklang mit den Anforderungen der DS-GVO erfolgt? Und überprüft sowie aktualisiert der Verantwortliche diese Maßnahmen erforderlichenfalls?

Der für die Verarbeitung personenbezogener Daten Verantwortliche muss nach Art. 24 Abs. 1 DS-GVO unter Berücksichtigung der Art, des Umfangs, der Umstände und der Zwecke der Verarbeitung sowie der unterschiedlichen Eintrittswahrscheinlichkeit und Schwere der Risiken für die Rechte und Freiheiten natürlicher Personen **geeignete technische und organisatorische Maßnahmen** umsetzen, um sicherzustellen und den Nachweis dafür erbringen zu können, dass **die Verarbeitung gemäß der DS-GVO erfolgt.** Diese Maßnahmen sind **erforderlichenfalls zu überprüfen und zu aktualisieren.** Sofern dies in einem angemessenen Verhältnis zu den Verarbeitungstätigkeiten steht, müssen die Maßnahmen nach Art. 24 Abs. 2 DS-GVO auch die Anwendung geeigneter Datenschutzvorkehrungen durch den Verantwortlichen umfassen. 151

9) Hat der Verantwortliche bei seiner Technikgestaltung und durch datenschutzfreundliche Voreinstellungen dem Datenschutz DS-GVO-konform Rechnung getragen?

Der für die Verarbeitung personenbezogener Daten Verantwortliche muss nach Art. 26 DS-GVO 152

a) unter Berücksichtigung des Stands der Technik, der Implementierungskosten und der Art, des Umfangs, der Umstände und der Zwecke der Verarbeitung sowie der unterschiedlichen Eintrittswahrscheinlichkeit und Schwere der mit der Verarbeitung verbundenen Risiken für die Rechte und Freiheiten natürlicher Personen sowohl zum Zeitpunkt der Festlegung der Mittel für die Verarbeitung als auch zum Zeitpunkt der eigentlichen Verarbeitung **geeignete technische und organisatorische Maßnahmen** – wie zB Pseudonymisierung – treffen, die dafür ausgelegt sind, **die Datenschutzgrundsätze wie etwa Datenminimierung** wirksam **umzusetzen** und die **notwendigen Garantien in die Verarbeitung aufzunehmen,** um den Anforderungen dieser Verordnung zu genügen und die Rechte der betroffenen Personen zu schützen;
b) **geeignete technische und organisatorische Maßnahmen** treffen, die sicherstellen, dass durch Voreinstellung grundsätzlich nur personenbezogene Daten, deren Verarbeitung für den jeweiligen bestimmten Verarbeitungszweck erforderlich ist, verarbeitet werden. Diese Verpflichtung gilt für die Menge der erhobenen personenbezogenen Daten, den Umfang ihrer Verarbeitung, ihre Speicherfrist und ihre Zugänglichkeit. Solche Maßnahmen müssen insbesondere sicherstellen, dass personenbezogene Daten durch Voreinstellungen nicht ohne Eingreifen der Person einer unbestimmten Zahl von natürlichen Personen zugänglich gemacht werden.

10) Hat der Verantwortliche geeignete technische und organisatorische Maßnahmen **(„TOM")** getroffen, um ein dem mit der Verarbeitung personenbezogener Daten durch den oder im Auftrag des Verantwortlichen verbundenen Risiko angemessenes Schutzniveau zu gewährleisten?

Der für die Verarbeitung personenbezogener Daten Verantwortliche muss nach Art. 32 Abs. 1 DS-GVO unter Berücksichtigung des Stands der Technik, der Implementierungskosten und der Art, des Umfangs, der Umstände und der Zwecke der Verarbeitung sowie der unterschiedlichen Eintrittswahrscheinlichkeit und Schwere des Risikos für die Rechte und Freiheiten natürlicher Personen **geeignete technische und organisatorische Maßnahmen** treffen, um ein dem Risiko angemessenes Schutzniveau zu gewährleisten; diese Maßnahmen schließen unter anderem **Folgendes** ein: 153

a) die **Pseudonymisierung und Verschlüsselung** personenbezogener Daten;
b) die Fähigkeit, die **Vertraulichkeit, Integrität, Verfügbarkeit und Belastbarkeit** der Systeme und Dienste im Zusammenhang mit der Verarbeitung **auf Dauer sicherzustellen;**
c) die Fähigkeit, die **Verfügbarkeit der personenbezogenen Daten** und den Zugang zu ihnen **bei einem physischen oder technischen Zwischenfall rasch wiederherzustellen;**
d) ein **Verfahren zur regelmäßigen Überprüfung, Bewertung und Evaluierung der Wirksamkeit der technischen und organisatorischen Maßnahmen** zur Gewährleistung der Sicherheit der Verarbeitung.

154 Bei der Beurteilung des angemessenen Schutzniveaus sind nach Art. 32 Abs. 2 DS-GVO insbesondere **die Risiken zu berücksichtigen,** die mit der Verarbeitung verbunden sind, insbesondere durch – ob unbeabsichtigt oder unrechtmäßig – **Vernichtung, Verlust, Veränderung oder unbefugte Offenlegung** von beziehungsweise **unbefugten Zugang** zu personenbezogenen Daten, die übermittelt, gespeichert oder auf andere Weise verarbeitet wurden. Zudem muss jeder für die Verarbeitung personenbezogener Daten Verantwortliche Schritte unternehmen, um sicherzustellen, dass ihm **unterstellte natürliche Personen,** die Zugang zu personenbezogenen Daten haben, **diese nur auf seine Anweisung verarbeiten,** es sei denn, sie sind nach dem Recht der Europäischen Union oder der Mitgliedstaaten zur Verarbeitung verpflichtet.

11) Legt der Verantwortliche mit einem oder mehreren weiteren für die Verarbeitung personenbezogener Daten Verantwortlichen gemeinsam Zwecke der und Mittel zur Verarbeitung dieser personenbezogenen Daten fest? Und hat der Verantwortliche für diesen Fall mit diesen weiteren Verantwortlichen in einer Vereinbarung festgelegt, wer von ihnen welche Verpflichtung gemäß der DS-GVO erfüllt?

155 Legen zwei oder mehr Verantwortliche gemeinsam die Zwecke der und die Mittel zur Verarbeitung fest, so sind sie nach Art. 26 Abs. 1 S. 1 DS-GVO gemeinsam Verantwortliche. Sie müssen dann **in einer Vereinbarung in transparenter Form festlegen, wer von ihnen welche Verpflichtung** gemäß dieser Verordnung erfüllt, insbesondere was die Wahrnehmung der Rechte der betroffenen Person angeht, und wer welchen Informationspflichten nachkommt, sofern und soweit die jeweiligen Aufgaben der Verantwortlichen nicht durch Rechtsvorschriften der Europäischen Union oder der Mitgliedstaaten, denen die Verantwortlichen unterliegen, festgelegt sind. Die Vereinbarung muss die jeweiligen tatsächlichen Funktionen und Beziehungen der gemeinsam Verantwortlichen gegenüber betroffenen Personen gebührend widerspiegeln, und das Wesentliche der Vereinbarung ist der betroffenen Person zur Verfügung zu stellen.

12) Führt der Verantwortliche ein schriftliches Verzeichnis aller Verarbeitungstätigkeiten, die seiner Zuständigkeit unterliegen?

156 Nach Art. 30 DS-GVO müssen **Verantwortliche und Auftragsverarbeiter** zum Nachweis der Einhaltung der in der DS-GVO enthaltenen Anforderungen **Verzeichnisse aller Verarbeitungstätigkeiten** führen, **die ihrer jeweiligen Zuständigkeit unterliegen.** Verantwortliche und Auftragsverarbeiter müssen diese Verarbeitungsverzeichnisse den Aufsichtsbehörden auf Anfrage vorlegen können, damit diese die betreffenden Verarbeitungsvorgänge anhand der Verzeichnisse jederzeit kontrollieren können. Auch wenn Art. 30 Abs. 5 DSGVO diese Pflicht grundsätzlich von der Größe der datenverarbeitenden Unternehmen und Einrichtungen abhängig macht, besteht die Pflicht **bei der Verarbeitung von** besonderen Datenkategorien iSd Art. 9 Abs. 1 DS-GVO einschließlich **Gesundheitsdaten und genetischer Daten immer.**

13) Kann der Verantwortliche Verletzungen des Schutzes personenbezogener Daten vollständig und fristgerecht an die Aufsichtsbehörde melden und dokumentieren?

157 Im Falle einer Verletzung des Schutzes personenbezogener Daten muss der für die Verarbeitung dieser Daten Verantwortliche nach Art. 33 Abs. 1 DS-GVO **unverzüglich und**

möglichst binnen 72 Stunden, nachdem ihm die Verletzung bekannt wurde, diese der zuständigen Aufsichtsbehörde melden, es sei denn, dass die Verletzung des Schutzes personenbezogener Daten voraussichtlich nicht zu einem Risiko für die Rechte und Freiheiten natürlicher Personen führt. Erfolgt die Meldung an die Aufsichtsbehörde nicht binnen 72 Stunden, so ist ihr eine Begründung für die Verzögerung beizufügen. Die Meldung muss **mindestens folgende Angaben** enthalten:

a) eine Beschreibung der **Art der Verletzung** des Schutzes personenbezogener Daten, soweit möglich mit Angabe der Kategorien und der ungefähren Zahl der betroffenen Personen, der betroffenen Kategorien und der ungefähren Zahl der betroffenen personenbezogenen Datensätze;
b) den **Namen und die Kontaktdaten des Datenschutzbeauftragten** oder einer sonstigen Anlaufstelle für weitere Informationen;
c) eine **Beschreibung der wahrscheinlichen Folgen** der Verletzung des Schutzes personenbezogener Daten; und
d) eine **Beschreibung** der von dem Verantwortlichen **ergriffenen oder vorgeschlagenen Maßnahmen** zur Behebung der Verletzung des Schutzes personenbezogener Daten und gegebenenfalls Maßnahmen zur Abmilderung ihrer möglichen nachteiligen Auswirkungen.

Des Weiteren muss der Verantwortliche gemäß Art. 33 Abs. 5 DS-GVO **alle Verletzungen** des Schutzes personenbezogener Daten einschließlich aller im Zusammenhang mit der Verletzung des Schutzes personenbezogener Daten stehenden **Fakten dokumentieren,** samt deren Auswirkungen und der ergriffenen Abhilfemaßnahmen. 158

14) Kann der Verantwortliche von einer Verletzung des Schutzes personenbezogener Daten betroffene Personen fristgerecht und ordnungsgemäß benachrichtigen?

Begründet eine Verletzung des Schutzes personenbezogener Daten **voraussichtlich ein hohes Risiko für die persönlichen Rechte und Freiheiten natürlicher Personen,** so muss der für die Verarbeitung der Daten Verantwortliche die betroffene Person nach Art. 34 Abs. 1 DS-GVO **unverzüglich** von der Verletzung **benachrichtigen.** Die Benachrichtigung der betroffenen Person muss nach Art. 34 Abs. 2 DS-GVO **in klarer und einfacher Sprache** die Art der Verletzung des Schutzes personenbezogener Daten beschreiben und **zumindest folgende Angaben** enthalten: 159

a) den **Namen und die Kontaktdaten des Datenschutzbeauftragten** oder einer sonstigen Anlaufstelle für weitere Informationen;
b) eine **Beschreibung der wahrscheinlichen Folgen** der Verletzung des Schutzes personenbezogener Daten; und
c) eine **Beschreibung der von dem Verantwortlichen ergriffenen oder vorgeschlagenen Maßnahmen** zur Behebung der Verletzung des Schutzes personenbezogener Daten und gegebenenfalls Maßnahmen zur Abmilderung ihrer möglichen nachteiligen Auswirkungen.

Die Benachrichtigungspflicht besteht **nur dann nicht, wenn** 160

a) der Verantwortliche **geeignete technische und organisatorische Sicherheitsvorkehrungen** getroffen hat und diese Vorkehrungen auf die von der Verletzung betroffenen personenbezogenen Daten angewandt wurden, insbesondere solche, durch die die personenbezogenen Daten für alle Personen, die nicht zum Zugang zu den personenbezogenen Daten befugt sind, unzugänglich gemacht werden, etwa durch Verschlüsselung;
b) der Verantwortliche **durch nachfolgende Maßnahmen sichergestellt** hat, dass das hohe **Risiko** für die Rechte und Freiheiten der betroffenen Personen aller Wahrscheinlichkeit nach **nicht mehr besteht; oder**
c) dies **mit einem unverhältnismäßigen Aufwand verbunden** wäre. In diesem Fall hat stattdessen eine öffentliche Bekanntmachung oder eine ähnliche Maßnahme zu erfolgen, durch die die betroffenen Personen vergleichbar wirksam informiert werden.

15) Führt der Verantwortliche vorab Datenschutz-Folgeabschätzungen für solche Verarbeitungsvorgänge durch, die aufgrund der Art, des Umfangs, der Umstände und der Zwecke der Verarbeitung voraussichtlich ein hohes Risiko für die Rechte und Freiheiten natürlicher Personen zur Folge haben?

161 Eine Datenschutz-Folgenabschätzung ist gemäß Art. 35 Abs. 3 DS-GVO **insbesondere in folgenden Fällen** erforderlich:

a) systematische und umfassende Bewertung persönlicher Aspekte natürlicher Personen, die sich auf **automatisierte Verarbeitung einschließlich Profilings** gründet und die ihrerseits als Grundlage für Entscheidungen dient, die Rechtswirkung gegenüber natürlichen Personen entfalten oder diese in ähnlich erheblicher Weise beeinträchtigen;

b) umfangreiche Verarbeitung **besonderer Kategorien von personenbezogenen Daten** gemäß Art. 9 Abs. 1 DS-GVO oder von personenbezogenen Daten über strafrechtliche Verurteilungen und Straftaten gemäß Art. 10 DS-GVO; oder

c) systematische umfangreiche **Überwachung öffentlich zugänglicher Bereiche.**

162 Datenschutz-Folgeabschätzungen müssen nach Art. 35 Abs. 7 DS-GVO **zumindest Folgendes enthalten:**

a) eine **systematische Beschreibung der geplanten Verarbeitungsvorgänge und der Zwecke der Verarbeitung,** gegebenenfalls einschließlich der von dem Verantwortlichen verfolgten berechtigten Interessen;

b) eine **Bewertung der Notwendigkeit und Verhältnismäßigkeit** der Verarbeitungsvorgänge in Bezug auf den Zweck;

c) eine **Bewertung der Risiken** für die Rechte und Freiheiten der betroffenen Personen und

d) die **zur Bewältigung der Risiken geplanten Abhilfemaßnahmen,** einschließlich Garantien, Sicherheitsvorkehrungen und Verfahren, durch die der Schutz personenbezogener Daten sichergestellt und der Nachweis dafür erbracht wird, dass diese Verordnung eingehalten wird, wobei den Rechten und berechtigten Interessen der betroffenen Personen und sonstiger Betroffener Rechnung getragen wird.

163 Soweit erforderlich, muss der für die Verarbeitung personenbezogener Daten Verantwortliche auch überprüfen, ob die Verarbeitung gemäß der **Datenschutz-Folgenabschätzung** durchgeführt wird; dies gilt nach Art. 35 Abs. 11 DS-GVO zumindest, wenn hinsichtlich des mit den Verarbeitungsvorgängen verbundenen Risikos Änderungen eingetreten sind.

16) Haben der Verantwortliche und die für diesen tätigen Auftragsverarbeiter Datenschutzbeauftragte benannt und deren Kontaktdaten gegebenenfalls veröffentlicht und der zuständigen Aufsichtsbehörde mitgeteilt?

164 Ein Datenschutzbeauftragter ist nach Art. 37 Abs. 1 DS-GVO **jedenfalls zu benennen, wenn**

a) die Verarbeitung von einer Behörde oder öffentlichen Stelle durchgeführt wird, mit Ausnahme von Gerichten, die im Rahmen ihrer justiziellen Tätigkeit handeln,

b) die Kerntätigkeit des Verantwortlichen oder des Auftragsverarbeiters in der Durchführung von Verarbeitungsvorgängen besteht, welche aufgrund ihrer Art, ihres Umfangs und/oder ihrer Zwecke eine umfangreiche regelmäßige und systematische Überwachung von betroffenen Personen erforderlich machen, oder

c) die Kerntätigkeit des Verantwortlichen oder des Auftragsverarbeiters in der umfangreichen Verarbeitung besonderer Kategorien von Daten gemäß Art. 9 DS-GVO oder von personenbezogenen Daten über strafrechtliche Verurteilungen und Straftaten gemäß Art. 10 DS-GVO besteht.

165 Gemäß Art. 37 Abs. 4 Hs. 2 DS-GVO iVm § 5 Abs. 1 des aktuellen deutschen Bundesdatenschutzgesetzes **(„BDSG“)** müssen **auch bestimmte öffentliche Stellen einen Datenschutzbeauftragten** benennen. Hierzu zählen

a) öffentliche Stellen **des Bundes,** also Behörden, Organe der Rechtspflege und andere öffentlich-rechtlich organisierte Einrichtungen des Bundes, der bundesunmittelbaren

Körperschaften, der Anstalten und Stiftungen des öffentlichen Rechts sowie deren Vereinigungen ungeachtet ihrer Rechtsform;

b) öffentliche Stellen **der Länder,** also die Behörden, die Organe der Rechtspflege und andere öffentlich-rechtlich organisierte Einrichtungen eines Landes, einer Gemeinde, eines Gemeindeverbandes oder sonstiger der Aufsicht des Landes unterstehender juristischer Personen des öffentlichen Rechts sowie deren Vereinigungen ungeachtet ihrer Rechtsform; und

c) öffentliche Stellen nach § 2 Abs. 5 BDSG, die **am Wettbewerb teilnehmen.**

Nach Art. 37 Abs. 7 DS-GVO **veröffentlicht der Verantwortliche oder der Auftragsverarbeiter die Kontaktdaten** des Datenschutzbeauftragten und **teilt diese Daten der Aufsichtsbehörde mit.** 166

17) Werden personenbezogene Daten durch den oder im Auftrag des Verantwortlichen in Drittländer oder an internationale Organisationen übermittelt?

Jede Übermittlung personenbezogener Daten, die bereits verarbeitet werden oder nach ihrer Übermittlung an ein Drittland oder eine internationale Organisation verarbeitet werden sollen, ist nach Art. 44 DS-GVO nur zulässig, wenn der für die Verarbeitung personenbezogener Daten Verantwortliche und der Auftragsverarbeiter **die in Kapitel V der DS-GVO niedergelegten Bedingungen einhalten** und **auch die sonstigen Bestimmungen dieser Verordnung** eingehalten werden (→ Rn. 12). 167

II. Fragen zu Informationspflichten

1) Erfüllt der Verantwortliche im Falle der Erhebung personenbezogener Daten bei der betroffenen Person (sog. „Direkterhebung") seine Informationspflichten gegenüber der betroffenen Person?

Werden personenbezogene Daten bei der betroffenen Person erhoben, so muss der für die Datenverarbeitung Verantwortliche der betroffenen Person **zum Zeitpunkt der Erhebung dieser Daten die in Art. 13 DS-GVO genannten Informationen zur Verfügung stellen.** 168

2) Erfüllt der Verantwortliche seine Informationspflichten gegenüber der betroffenen Person auch dann, wenn deren personenbezogenen Daten nicht bei der betroffenen Person erhoben, sondern bei Dritten bezogen werden (sog. „Dritterwerb")?

Werden personenbezogene Daten nicht bei der betroffenen Person erhoben, sondern bei Dritten bezogen, so muss der für die Datenverarbeitung Verantwortliche der betroffenen Person **die in Art. 14 DS-GVO genannten Informationen zur Verfügung stellen.** 169

3) Ist sichergestellt, dass der Verantwortliche seine Informationspflichten gegenüber der betroffenen Person auch für den Fall erfüllt, dass deren personenbezogenen Daten für einen anderen als denjenigen Zweck weiterverarbeitet werden sollen, für den sie ursprünglich bei der betroffenen Person erhoben/bei Dritten bezogen wurden (sog. „Zweckänderung")?

Beabsichtigt der für die Datenverarbeitung Verantwortliche, personenbezogene Daten **für einen anderen als denjenigen Zweck weiterzuverarbeiten,** für den die personenbezogenen Daten ursprünglich bei der betroffenen Person erhoben/bei Dritten bezogen wurden, so muss er der betroffenen Person vor dieser Weiterverarbeitung Informationen über diesen anderen Zweck und alle anderen maßgeblichen Informationen zur Verfügung stellen (vgl. Art. 13 Abs. 3, Art. 14 Abs. 4 DS-GVO). 170

4) Ist sichergestellt, dass alle betroffenen Personen, deren personenbezogenen Daten durch den oder im Auftrag des Verantwortlichen verarbeitet werden, spätestens zum Zeitpunkt der ersten Kommunikation mit ihnen ausdrücklich und in einer verständlichen sowie von anderen Informationen getrennten Form auf ihre Widerspruchsrechte aus Art. 21 Abs. 1 und 2 DS-GVO hingewiesen werden?

171 Jede betroffene Person hat das Recht,

a) aus Gründen, die sich aus ihrer besonderen Situation ergeben, **jederzeit gegen die Verarbeitung sie betreffender personenbezogener Daten,** die aufgrund von Art. 6 Abs. 1 lit. e oder lit. f DS-GVO erfolgt, **Widerspruch einzulegen;** dies gilt auch für ein auf diese Bestimmungen gestütztes Profiling (vgl. Art. 21 Abs. 1 DS-GVO);

b) bei der **Verarbeitung sie betreffender personenbezogener Daten zu Zwecken der Direktwerbung jederzeit Widerspruch** gegen die Verarbeitung der personenbezogenen Daten zum Zwecke derartiger Werbung einzulegen; dies gilt auch für das Profiling, soweit es mit solcher Direktwerbung in Verbindung steht (vgl. Art. 21 Abs. 2 DS-GVO).

III. Fragen zum Umgang mit weiteren Rechten betroffener Personen

1) Ist sichergestellt, dass der Verantwortliche betroffene Personen ordnungsgemäß und fristgerecht über die Verarbeitung ihrer personenbezogenen Daten beauskunften kann?

172 Jede betroffene Person hat nach Art. 15 DS-GVO grundsätzlich das Recht, von dem für die Verarbeitung ihrer personenbezogenen Daten Verantwortlichen eine Bestätigung darüber zu verlangen, ob sie betreffende personenbezogene Daten verarbeitet werden; ist dies der Fall, so hat die betroffene Person **ein Recht auf Auskunft über diese personenbezogenen Daten** und **auf die in Art. 15 genannten Informationen.** Nach Art. 15 Abs. 3 muss der Verantwortliche der betroffenen Person auch **eine Kopie der personenbezogenen Daten,** die Gegenstand der Verarbeitung sind, zur Verfügung stellen. Der Verantwortliche stellt der betroffenen Person die Informationen grundsätzlich unverzüglich, in jedem Fall aber innerhalb **eines Monats** nach Eingang des Auskunftsersuchens zur Verfügung. Diese Frist kann um weitere zwei Monate verlängert werden, wenn dies unter Berücksichtigung der Komplexität und der Anzahl von Anträgen erforderlich ist (vgl. Art. 12 Abs. 3 DS-GVO).

2) Ist sichergestellt, dass der Verantwortliche unrichtige personenbezogene Daten auf Verlangen einer betroffenen Person unverzüglich berichtigen kann?

173 Jede betroffene Person hat nach Art. 16 DS-GVO das Recht, von dem für die Verarbeitung ihrer personenbezogenen Daten Verantwortlichen **unverzüglich die Berichtigung sie betreffender unrichtiger personenbezogener Daten** zu verlangen. Der Verantwortliche muss der betroffenen Person Informationen über die auf ihr entsprechendes Verlangen ergriffenen Maßnahmen ebenfalls unverzüglich, in jedem Fall aber innerhalb **eines Monats nach Eingang des Verlangens** zur Verfügung stellen. Diese Frist kann um weitere zwei Monate verlängert werden, wenn dies unter Berücksichtigung der Komplexität und der Anzahl von Anträgen erforderlich ist (vgl. Art. 12 Abs. 3 DS-GVO).

3) Ist sichergestellt, dass der Verantwortlichen unvollständige personenbezogene Daten auf Verlangen einer betroffenen Person ordnungsgemäß und fristgerecht vervollständigen kann?

174 Jede betroffene Person hat unter Berücksichtigung der Zwecke der Verarbeitung ihrer personenbezogenen Daten das Recht, die **Vervollständigung unvollständiger personenbezogener Daten** – auch mittels einer ergänzenden Erklärung – zu verlangen. Der für die Verarbeitung der personenbezogenen Daten Verantwortliche muss der betroffenen Person Informationen über die auf ihr entsprechendes Verlangen ergriffenen Maßnahmen unverzüglich, in jedem Fall aber innerhalb **eines Monats** nach Eingang des Verlangens zur Verfügung stellen. Diese Frist kann um weitere zwei Monate verlängert werden, wenn dies unter Berücksichtigung der Komplexität und der Anzahl von Anträgen erforderlich ist (vgl. Art. 12 Abs. 3 DS-GVO).

4) Ist sichergestellt, dass der Verantwortliche personenbezogene Daten einer betroffenen Person auf deren Verlangen unverzüglich löschen kann, soweit die Verarbeitung dieser personenbezogenen Daten nicht ausnahmsweise auch weiterhin erforderlich ist?

Jede betroffene Person hat nach Art. 17 Abs. 1 DS-GVO grundsätzlich das Recht, von dem für die Verarbeitung ihrer personenbezogenen Daten Verantwortlichen zu verlangen, dass sie betreffende personenbezogene Daten **unverzüglich gelöscht** werden, soweit die weitere Verarbeitung nicht ausnahmsweise nach Art. 17 Abs. 3 DS-GVO (zB zur Ausübung des Rechts auf freie Meinungsäußerung oder zur Geltendmachung, Ausübung oder Verteidigung von Rechtsansprüchen) erforderlich ist. **175**

5) Macht der Verantwortliche personenbezogene Daten öffentlich? Und ist für diesen Fall sichergestellt, dass der Verantwortliche bei berechtigtem Verlangen einer betroffenen Person, solche öffentlich gemachten personenbezogenen Daten zu löschen, angemessene Maßnahmen trifft, um andere für die Datenverarbeitung Verantwortliche, die diese öffentlich gemachten personenbezogenen Daten verarbeiten, darüber zu informieren, dass die betroffene Person von ihnen die Löschung aller Links zu diesen personenbezogenen Daten oder von Kopien oder Replikationen dieser personenbezogenen Daten verlangt hat?

Hat ein für die Verarbeitung personenbezogener Daten Verantwortlicher **die personenbezogenen Daten öffentlich gemacht** und ist er gemäß Art. 17 Abs. 1 DS-GVO **zu deren Löschung verpflichtet,** so muss er nach Art. 17 Abs. 3 DS-GVO unter Berücksichtigung der verfügbaren Technologie und der Implementierungskosten angemessene Maßnahmen, auch technischer Art, treffen, um **andere für die Datenverarbeitung Verantwortliche,** die die personenbezogenen Daten verarbeiten, darüber zu informieren, dass eine betroffene Person von ihnen die Löschung aller Links zu diesen personenbezogenen Daten oder von Kopien oder Replikationen dieser personenbezogenen Daten verlangt hat. **176**

6) Ist sichergestellt, dass der Verantwortliche personenbezogene Daten auch in den Fällen unverzüglich löscht, in denen er – selbst ohne entsprechendes Verlangen betroffener Personen – zur Löschung verpflichtet und die weitere Verarbeitung dieser personenbezogenen Daten nicht ausnahmsweise weiterhin erforderlich ist?

Der für die Verarbeitung personenbezogener Daten Verantwortliche ist nach Art. 17 Abs. 1 DS-GVO – **auch ohne entsprechendes Verlangen einer betroffenen Person – verpflichtet,** personenbezogene Daten **unverzüglich zu löschen,** wenn **einer der folgenden Gründe** zutrifft: **177**

a) Die personenbezogenen Daten sind für die Zwecke, für die sie erhoben oder auf sonstige Weise verarbeitet wurden, **nicht mehr notwendig.**
b) Die betroffene Person **widerruft ihre Einwilligung,** auf die sich die Verarbeitung gemäß Art. 6 Abs. 1 lit. a oder Art. 9 Abs. 2 lit. a DS-GVO stützte, und **es fehlt an einer anderweitigen Rechtsgrundlage** für die Verarbeitung.
c) Die betroffene Person legt gemäß Art. 21 Abs. 1 DS-GVO **Widerspruch gegen die Verarbeitung** ein, und es liegen **keine vorrangigen berechtigten Gründe** für die Verarbeitung vor, oder die betroffene Person legt gemäß Art. 21 Abs. 2 DS-GVO Widerspruch gegen die Verarbeitung ein.
d) Die personenbezogenen Daten wurden **unrechtmäßig verarbeitet.**
e) Die Löschung der personenbezogenen Daten ist **zur Erfüllung einer rechtlichen Verpflichtung** nach dem einschlägigen Recht **erforderlich,** dem der Verantwortliche unterliegt.
f) Die personenbezogenen Daten wurden **in Bezug auf angebotene Dienste der Informationsgesellschaft** gemäß Art. 8 Abs. 1 DS-GVO erhoben.

7) Ist sichergestellt, dass der Verantwortliche auf Verlangen einer betroffenen Person erforderlichenfalls die Verarbeitung deren personenbezogenen Daten einschränken kann?

178 Jede betroffene Person hat nach Art. 18 Abs. 1 DS-GVO das Recht, von dem für die Verarbeitung ihrer personenbezogenen Daten Verantwortlichen **die Einschränkung der Verarbeitung zu verlangen,** wenn

a) die **Richtigkeit der personenbezogenen Daten** von der betroffenen Person **bestritten** wird, und zwar für eine Dauer, die es dem Verantwortlichen ermöglicht, die Richtigkeit der personenbezogenen Daten zu überprüfen;
b) die **Verarbeitung unrechtmäßig** ist und die betroffene Person die Löschung der personenbezogenen Daten ablehnt und stattdessen die Einschränkung der Nutzung der personenbezogenen Daten verlangt;
c) der Verantwortliche die personenbezogenen Daten für die Zwecke der Verarbeitung **nicht länger benötigt, die betroffene Person sie jedoch** zur Geltendmachung, Ausübung oder Verteidigung von Rechtsansprüchen **benötigt,** oder
d) die betroffene Person **Widerspruch gegen die Verarbeitung** gemäß Art. 21 Abs. 1 DS-GVO eingelegt hat, solange noch nicht feststeht, ob die berechtigten Gründe des Verantwortlichen gegenüber denen der betroffenen Person überwiegen.

179 Wurde die Verarbeitung eingeschränkt, so dürfen die davon betroffenen personenbezogenen Daten nach Art. 18 Abs. 2 DS-GVO – von ihrer Speicherung abgesehen – **nur mit Einwilligung der betroffenen Person** oder **zur Geltendmachung, Ausübung oder Verteidigung von Rechtsansprüchen** oder **zum Schutz der Rechte** einer anderen natürlichen oder juristischen **Person** oder aus **Gründen eines wichtigen öffentlichen Interesses** der Europäischen Union oder eines Mitgliedstaats verarbeitet werden.

8) Legt der Verantwortliche personenbezogene Daten Dritten gegenüber offen? Und ist für diesen Fall sichergestellt, dass der Verantwortliche diese Dritten im Falle der Berichtigung, Löschung und Einschränkung der Verarbeitung personenbezogener Daten ordnungsgemäß informiert und auch die betroffene Person auf Verlangen über diese Dritten unterrichtet?

180 Der für die Verarbeitung personenbezogener Daten Verantwortliche muss nach Art. 19 DS-GVO **allen Empfängern,** denen personenbezogene Daten offengelegt wurden, **jede Berichtigung oder Löschung** der personenbezogenen Daten **oder eine Einschränkung** der Verarbeitung nach Art. 16, Art. 17 Abs. 1 und Art. 18 DS-GVO **mitteilen,** sofern sich dies nicht sich als unmöglich erweist oder mit einem unverhältnismäßigen Aufwand verbunden ist. Auch muss der Verantwortliche **die betroffene Person über diese Empfänger unterrichten,** wenn die betroffene Person dies verlangt.

9) Ist sichergestellt, dass der Verantwortliche personenbezogene Daten, die eine betroffene Person ihm bereitgestellt hat, dieser betroffenen Person in einem strukturierten, gängigen und maschinenlesbaren Format überlassen kann, damit die betroffene Person diese Daten einem anderen Verantwortlichen ohne Behinderung durch den ersten Verantwortlichen übermittelt, und auf Verlangen der betroffenen Person auch direkt einem anderen Verantwortlichen übermitteln kann, soweit dies technisch machbar ist und dadurch Rechte und Freiheiten anderer Personen nicht beeinträchtigt werden?

181 Jede betroffene Person hat nach Art. 20 Abs. 1 DS-GVO das Recht, die sie betreffenden personenbezogenen Daten, die sie einem Verantwortlichen bereitgestellt hat, **in einem strukturierten, gängigen und maschinenlesbaren Format** zu erhalten, und sie hat das Recht, diese Daten einem **anderen Verantwortlichen ohne Behinderung** durch den Verantwortlichen, dem die personenbezogenen Daten bereitgestellt wurden, **zu übermitteln, sofern**

a) die Verarbeitung auf einer **Einwilligung** gemäß Art. 6 Abs. 1 lit. a oder Art. 9 Abs. 2 lit. a DS-GVO oder auf einem Vertrag gemäß Art. 6 Abs. 1 lit. b DS-GVO beruht und
b) die Verarbeitung **mithilfe automatisierter Verfahren** erfolgt.

182 Nach Art. 20 Abs. 2 DS-GVO kann die betroffene Person **auch** erwirken, dass die personenbezogenen Daten **direkt von einem Verantwortlichen einem anderen Verantwortlichen übermittelt** werden, soweit dies technisch machbar ist. Dieses **Recht auf**

Datenübertragbarkeit gilt jedoch **nur für personenbezogene Daten, welche die betroffene Person** dem Verantwortlichen **bereitgestellt,** also aktiv und wissentlich übermittelt hat.

10) Ist sichergestellt, dass der Verantwortliche personenbezogene Daten betroffener Personen, die berechtigt Widerspruch gegen die Verarbeitung sie betreffender personenbezogener Daten einlegen, nicht weiterverarbeitet?

Jede betroffene Person hat nach Art. 21 Abs. 1 DS-GVO das Recht, aus Gründen, die sich aus ihrer besonderen Situation ergeben, jederzeit **gegen die Verarbeitung sie betreffender personenbezogener Daten,** die aufgrund von Art. 6 Abs. 1 lit. e oder lit. f DS-GVO erfolgt, **Widerspruch einzulegen;** dies gilt auch für ein auf diese Bestimmungen gestütztes Profiling. Der Verantwortliche darf die personenbezogenen Daten im Fall des berechtigten Widerspruchs **nicht mehr verarbeiten, es sei denn,** **183**

a) er kann zwingende schutzwürdige Gründe für die Verarbeitung nachweisen, die die Interessen, Rechte und Freiheiten der betroffenen Person überwiegen, oder
b) die Verarbeitung dient der Geltendmachung, Ausübung oder Verteidigung von Rechtsansprüchen.

11) Werden personenbezogene Daten durch den oder im Auftrag des Verantwortlichen verarbeitet, um Direktwerbung zu betreiben? Und ist für diesen Fall sichergestellt, dass bei berechtigtem Widerspruch betroffener Personen gegen die Verarbeitung sie betreffender personenbezogener Daten zum Zwecke derartiger Werbung die betroffenen Daten nicht mehr für diese Zwecke verarbeitet werden?

Werden personenbezogene Daten verarbeitet, um **Direktwerbung** zu betreiben, so hat die betroffene Person nach Art. 21 Abs. 2 DS-GVO das Recht, **jederzeit Widerspruch gegen die Verarbeitung** sie betreffender personenbezogener Daten zum Zwecke derartiger Werbung einzulegen; dies gilt **auch für das Profiling,** soweit es **mit solcher Direktwerbung in Verbindung** steht. Widerspricht die betroffene Person der Verarbeitung für Zwecke der Direktwerbung, so dürfen die personenbezogenen Daten nach Art. 21 Abs. 3 DS-GVO nicht mehr für diese Zwecke verarbeitet werden. **184**

12) Werden bei dem oder im Auftrag des Verantwortlichen Entscheidungen getroffen, die ausschließlich auf einer automatisierten Verarbeitung personenbezogener Daten – einschließlich Profilings – beruhen und gegenüber der jeweiligen betroffenen Person rechtliche Wirkung entfalten oder diese in ähnlich erheblicher Weise beeinträchtigen?

Automatisierte Verarbeitung gibt die Möglichkeit, Entscheidungen – ohne menschliche Intervention – **nur durch technologische Maßnahmen zu treffen.** Die Beurteilung der Frage, ob eine Entscheidung ausschließlich auf einer automatisierten Verarbeitung beruht, richtet sich danach, ob eine programmgestützte Entscheidung zusätzlich noch der Überprüfung durch einen Menschen unterzogen wird (inhaltliche Mitverantwortung; Beispiel für eine automatisierte Entscheidung ist eine rein elektronische Bewerberauswahl anhand online bereitgestellter Bewerberdaten). **185**

Beim **Profiling** werden Daten mit Bezug zu einer bestimmten Person **aus verschiedenen Quellen und über bestimmte Zeiträume gesammelt und automatisiert verarbeitet.** Ziele des Profilings können etwa die Bewertung von Arbeitsleistungen und Fähigkeiten, der wirtschaftlichen Lage, persönlicher Vorlieben, des Verhaltens oder des Aufenthaltsortes sowie die Kundenpflege im Rahmen von „Customer Relationship"-Programmen sein. **186**

13) Ist für den Fall, dass bei dem oder im Auftrag des Verantwortlichen automatisierte Entscheidungen im vorstehend dargelegten Sinne getroffen werden, sichergestellt, dass dies nur in den DS-GVO-konformen Ausnahmefällen erfolgt?

Jede betroffene Person hat nach Art. 22 Abs. 1 DS-GVO das **Recht, nicht einer ausschließlich auf einer automatisierten Verarbeitung – einschließlich Profilings – beruhenden Entscheidung unterworfen zu werden,** die ihr gegenüber rechtliche **187**

Wirkung entfaltet oder sie in ähnlicher Weise erheblich beeinträchtigt. Dies gilt nach Art. 22 Abs. 2 DS-GVO **ausnahmsweise** jedoch dann nicht, wenn die Entscheidung

a) für **den Abschluss oder die Erfüllung eines Vertrags** zwischen der betroffenen Person und dem Verantwortlichen **erforderlich** ist,

b) **aufgrund von Rechtsvorschriften** der Europäischen Union oder der Mitgliedstaaten, denen der für die Verarbeitung personenbezogener Daten Verantwortliche unterliegt, zulässig ist und diese Rechtsvorschriften angemessene Maßnahmen zur Wahrung der Rechte und Freiheiten sowie der berechtigten Interessen der betroffenen Person enthalten oder

c) **mit ausdrücklicher Einwilligung der betroffenen Person** erfolgt.

188 Wenn automatisierte Entscheidungen **ausnahmsweise für den Abschluss oder die Erfüllung eines Vertrags** zwischen der betroffenen Person und dem Verantwortlichen erforderlich sind oder mit ausdrücklicher Einwilligung der betroffenen Person erfolgen, muss der für die Verarbeitung der personenbezogenen Daten Verantwortliche nach Art. 22 Abs. 3 DS-GVO **jedoch zudem angemessene Maßnahmen** treffen, um die Rechte und Freiheiten sowie die berechtigten Interessen der betroffenen Person zu wahren, wozu mindestens das Recht auf Erwirkung des Eingreifens einer Person seitens des Verantwortlichen, auf Darlegung des eigenen Standpunkts und auf Anfechtung der Entscheidung gehört.

189 Nach Art. 22 Abs. 4 DS-GVO dürfen **automatisierte Entscheidungen in keinem Fall** auf besonderen Kategorien personenbezogener Daten nach Art. 9 Abs. 1 DS-GVO beruhen, **sofern nicht** Art. 9 Abs. 2 lit. a oder lit. g DS-GVO gilt und **angemessene Maßnahmen** zum Schutz der Rechte und Freiheiten sowie der berechtigten Interessen der betroffenen Person getroffen wurden.

IV. Fragen zur Auftragsverarbeitung

1) Lässt der Verantwortliche personenbezogene Daten im eigenen Auftrag durch Dritte (sogenannte „Auftragsverarbeiter") verarbeiten?

190 Der Verantwortliche darf im Fall einer Verarbeitung personenbezogener Daten durch Dritte in seinem Auftrag **nur mit Auftragsverarbeitern zusammenarbeiten,** die **hinreichend Garantien** dafür bieten, dass **geeignete technische und organisatorische Maßnahmen („TOM")** so durchgeführt werden, dass die Verarbeitung im Einklang mit den Anforderungen der DS-GVO erfolgt und den Schutz der Rechte der betroffenen Person gewährleistet?

191 Es muss ferner sichergestellt sein, dass Auftragsverarbeiter des Verantwortlichen keinen weiteren Auftragsverarbeiter **ohne vorherige gesonderte oder allgemeine schriftliche Genehmigung des Verantwortlichen** hinzuziehen. Hat der Verantwortliche Auftragsverarbeitern eine allgemeine schriftliche Genehmigung zur Hinzuziehung oder Ersetzung weiterer Auftragsverarbeiter erteilt, muss gewährleistet sein, dass der Auftragsverarbeiter **den Verantwortlichen immer über jede beabsichtigte Änderung** in Bezug auf die Hinzuziehung oder die Ersetzung anderer Auftragsverarbeiter informiert und der Verantwortliche dadurch die Möglichkeit erhält, gegen derartige Änderungen Einspruch zu erheben.

2) Verwendet der Verantwortliche für die Verarbeitung personenbezogener Daten durch Auftragsverarbeiter passende Auftragsverarbeitungsverträge?

192 Jede Auftragsverarbeitung muss nach Art. 28 Abs. 3 DS-GVO **auf der Grundlage eines Vertrags oder eines anderen Rechtsinstruments** nach dem Unionsrecht oder dem Recht der Mitgliedstaaten erfolgen, der oder das den Auftragsverarbeiter in Bezug auf den Verantwortlichen bindet und in dem Gegenstand und Dauer der Verarbeitung, Art und Zweck der Verarbeitung, die Art der personenbezogenen Daten, die Kategorien betroffener Personen und die Pflichten und Rechte des Verantwortlichen festgelegt sind. Dieser Vertrag und dieses Rechtsinstrument **müssen insbesondere die in Art. 28 Abs. 3 DS-GVO aufgeführten Mindestangaben enthalten.**

Und auch für den Fall, dass ein Auftragsverarbeiter die Dienste eines weiteren Auftragsverarbeiters in Anspruch nimmt, um bestimmte Verarbeitungstätigkeiten im Auftrag des Verantwortlichen ausführen zu lassen, muss sichergestellt sein, dass diesem **weiteren Auftragsverarbeiter im Wege eines Vertrags oder eines anderen Rechtsinstruments** nach dem Unionsrecht oder dem Recht des betreffenden Mitgliedstaats **dieselben Datenschutzpflichten auferlegt** werden, die in dem Vertrag oder anderen Rechtsinstrument zwischen dem Verantwortlichen und dem in dessen Auftrag tätigen Auftragsverarbeiter festgelegt sind, und dass dabei insbesondere hinreichende Garantien dafür geboten werden, dass die geeigneten technischen und organisatorischen Maßnahmen so durchgeführt werden, dass die Verarbeitung entsprechend den Anforderungen der DS-GVO erfolgt? **193**

F. Fazit

Ob Tabletten mit Computerchips, Implantate mit digitaler Sensorik, Fitness-Tracker oder **194**
Medical Apps – die **Digitalisierung verändert den Gesundheitsmarkt grundlegend** und bringt eine Neuordnung der dort angebotenen Therapie- und Geschäftsmodelle mit sich. Dies gilt umso mehr, als neben „klassischen" Gesundheitsunternehmen auch immer mehr IT-Anbieter eigene digitale Produkte für den Gesundheitsmarkt entwickeln. Langfristiges Ziel ist es, bisherige Behandlungsformen vollständig durch digitale Lösungen zu ersetzen. Neben Innovationen und dem damit verbundenen Fortschritt bringt die Entwicklung und Implementierung digitaler Therapieangebote jedoch auch eine Vielzahl rechtlicher und regulatorischer Herausforderungen mit sich. Insbesondere deren Finanzierung und Markteinführung können erhebliche rechtliche Risiken bergen. Dazu zählt neben besonderen regulatorischen Herausforderungen sowie Compliance- und Produkthaftungsrisiken insbesondere der **Datenschutz.**

Um im digitalen Wettbewerb bestehen zu können, investieren Gesundheitsunternehmen **195**
immer häufiger in die Entwicklung neuer digitaler Produkte sowie in die Ablösung vormals analoger durch digitalisierte Therapieabläufe. Da viele Marktteilnehmer nicht oder allenfalls nur unzureichend über das für die Einführung solcher neuen Produkte und Prozesse erforderliche Personal und Knowhow verfügen, werden digitale Expertise und Entwicklungen samt aller damit verbundenen Risiken häufig von außen zugekauft oder ganze Projekte an externe Anbieter vergeben. Im Wettlauf um die digitale Marktführerschaft richten viele Unternehmen ihren Fokus dabei ausschließlich auf die technischen Neuentwicklungen und lassen außer Acht, dass ihre digitalen Angebote zugleich **eine Vielzahl neuer Risiken und Verantwortungen** mit sich bringen, deren Nichtbeachtung nicht allein die jeweils neuen Produkte und Prozesse, sondern sie selbst im Bestand gefährden kann. Dies gilt auch und **insbesondere bei der Verarbeitung personenbezogener Daten** und erst recht bei der Verarbeitung personenbezogener **Gesundheitsdaten.** Wer sein Unternehmen in verantwortlicher Position nicht hinreichend gegen solche Risiken schützt, setzt nicht nur sich selbst, sondern auch das Unternehmen sowie dessen weiteren verantwortlichen Mitarbeiter, aber auch Dritte (wie etwa Vertragspartner, Kunden etc) erheblichen Risiken aus. Verantwortliche tun daher gut daran, sich **eingehend mit den einschlägigen datenschutzrechtlichen Anforderungen vertraut** zu **machen** und für deren **rechtskonforme Umsetzung** zu sorgen.

Kapitel 13. Lobbying

Literatur: *Althaus/Geffken/Rawe,* Handlexikon Public Affairs, Münster 2005; *Beichelt,* Deutschland und Europa, 2. Aufl., Wiesbaden 2015; *Bender/Reulecke,* Handbuch des deutschen Lobbyisten, Frankfurt am Main 2004; *Bergmann,* Handlexikon der EU, 5. Aufl., Baden-Baden 2015; *Böckenförde,* Die politische Funktion wirtschaftlich-sozialer Verbände und Interessengruppen in der sozialstaatlichen Demokratie in Steinberg, Staat und Verbände, S. 305 ff.; *Brink/Polenz/Blatt,* IFG, München 2017; *Brouwer,* Lobby-Compliance – Wege zu einer besseren und transparenteren Gesetzgebung, CCZ 2019, 2 ff.; *Bruch,* Gesetzgebungsoutsourcing – Gesetzgebung durch Rechtsanwälte?, LKV 2010, 503 ff.; *Calliess/Ruffert,* EUV/AEUV, 5. Aufl., München 2016; *Crocoll/Haerder/Seiwert,* Ende Verbände?, WirtschaftsWoche, 8.11.2019, S. 30 ff., abrufbar unter https://www.uni-kassel.de/fb05/fileadmin/datas/fb05/Art_Verb%C3%A4nde_Wirtschaftwoche_081119.pdf; *Dölling,* Handbuch der Korruptionsprävention für Wirtschaftsunternehmen und öffentliche Verwaltung, München 2007; *Fischer,* Strafgesetzbuch: StGB, 68. Aufl., München 2021; *Fleischer,* Handbuch des Vorstandsrechts, 2. Aufl., München 2021; *Forsthoff,* Der Staat der Industrie-Gesellschaft, München 1971; *Francuski,* Die Neuregelung der Abgeordnetenbestechung (§ 108e StGB), HRRS 2014, 220 ff.; *Geiger,* Lobbyismus und Freiheit, EuZW 2013, 721 f.; *Gerig,* Der rechtliche Rahmen für Lobbyisten, ZRP 2014, 247 ff.; *Gerig/Ritz,* Pläne für ein neues EU-Lobbyregister – kommt Zeit, kommt Rat, EuZW 2014, 853; *Grill,* Kranke Geschäfte. Wie die Pharmaindustrie uns manipuliert, Reinbek 2007; *Grill/Hackenbroch,* Verbände – Die Feinde der Patienten, Der Spiegel, 22.4.2013, abrufbar unter https://www.spiegel.de/spiegel/print/d-92537005.html; *Hamann,* Geld für gute Worte, Die Zeit, 20.1.2005, S. 20, abrufbar unter https://www.zeit.de/2005/04/Lobby; *Hauschka/Moosmayer/Lösler,* Corporate Compliance, 3. Aufl., München 2016; *Hefendehl/Hohmann,* MüKo zum StGB, 3. Aufl., München 2019; *von Heintschel-Heinegg,* Beck'scher Online-Kommentar StGB, 46. Ed., München 2020; *Hey,* Parteiensponsoring im Steuerrecht, DB 2005, 1403 ff.; *Jäckle,* Abgeordnetenkorruption und Strafrecht – Eine unendliche Geschichte?, ZRP 2012, 97 ff.; *Kamann/Gey/Kreuzer,* Das EuGH-Urteil zum Apotheken-Fremdbesitzverbot – „Renationalisierung" des Gesundheitssektors?, PharmR, 2009, 320 ff.; *Kind,* Darf der Vorstand einer AG Spenden an politische Parteien vergeben?, NZG 2000, 567 ff.; *Kindhäuser/Neumann/Paeffgen,* NK-StGB, 5. Aufl., Baden-Baden 2017; *Kloepfer,* Gesetzgebungsoutsourcing. Gesetzgebung durch Rechtsanwälte?, Baden-Baden 2011; *Knauß,* Lobbyismus ist gelebte Demokratie. Interview mit Volker Kitz, WirtschaftsWoche, 3.7.2014, abrufbar unter https://www.wiwo.de/politik/deutschland/ex-lobbyist-volker-kitz-lobbyismus-ist-gelebte-demokratie/8413796.html; *Kopp,* Recht, Transparenz und Integrität beim Lobbying, CCZ 2013, 67 ff.; *Kort,* Gemeinwohlbelange beim Vorstandshandeln, NZG 2012, 926 ff.; *Krüper,* Lawfirm – legibus solutus? Legitimität und Rationalität des inneren Gesetzgebungsverfahrens und das ‚Outsourcing' von Gesetzentwürfen, JZ 2010, 655; *Lackner/Kühl,* Strafgesetzbuch, 29. Aufl., München 2018; *Lesch,* Anwaltliche Akquisition zwischen Sozialadäquanz, Vorteilsgewährung und Bestechung im geschäftlichen Verkehr, AnwBl 2003, 261 ff.; *Lobo,* So hilfreich wie ein Cola-Foto gegen Durst, Der Spiegel, 2.9.2020, abrufbar unter https://www.spiegel.de/netzwelt/netzpolitik/lobbyregister-so-hilfreich-wie-ein-cola-foto-gegen-durst-kolumne-a-bcfa2725-cdc3-48f2-9ffc-888b4626a18d; *Mand,* Der EuGH und das Fremdbesitzverbot für Apotheken, WRP 2010, 702 ff.; *Merz,* Wachstumsmotor Gesundheit, München 2008; *Morlok,* Spenden – Rechenschaft, Sanktionen, NJW 2000, 761 ff.; *Müller-Michaels/Ringel,* Muss sich Ethik lohnen?, AG 2011, 101 ff.; *Nielsen,* Lobby register transparency talks collapse, EUObserver, 5.4.2019, abrufbar unter https://euobserver.com/institutional/144599; *Oppermann/Classen/Nettesheim,* Europarecht, 8. Aufl., München 2018; *Piwinger/Zerfaß,* Handbuch Unternehmenskommunikation, Wiesbaden 2007; *Polzin,* Im Dschungel der VIP-Tickets, Der Westen, 8.6.2010, abrufbar unter https://www.derwesten.de/sport/fussball/im-dschungel-der-vip-tickets-id3553631.html; *Pulver,* Großer Stellenwert von integrierter und interner Kommunikation für Compliance, CB 2019, 6 ff.; *Reese/Hufnagel/Lensing-Kramer,* Festschrift für Ulf Doepner, München 2008; *Rust/Wostry,* Die Tätertauglichkeit des Vorstandes einer gesetzlichen Krankenkasse nach §§ 331 ff. StGB, MedR 2009, 319 ff.; *Schmieszek,* Großkanzleien als Ersatzgesetzgeber?, ZRP 2013, 175 ff.; *Schönke/Schröder,* StGB, 30. Aufl., München 2019; *Schwarze/Zacharakis,* Die zweifelhafte Rolle von Politikern in Aufsichtsräten, Zeit Online, 10.1.2013, abrufbar unter http://www.zeit.de/wirtschaft/2013-01/aufsichtsrat-politiker-interessenkonflikt; *Sodan,* Lobbyregister als Verfassungsproblem, LKV 2012, S. 193 ff.; *Spannagel,* Hospitality im Fußball – Das Ende der VIP-Logen, Zeit Online,

29.9.2011, abrufbar unter https://www.zeit.de/sport/2011-09/vip-logen-leitfaden-hospitality; *Spindler/Stilz,* Kommentar zum Aktiengesetz, 4. Aufl., München 2019; *Steinberg,* Die Interessenverbände in der Verfassungsordnung in Steinberg, Staat und Verbände, S. 228 ff.; *Süße/Püschel,* Deutscher Bundestag beschließt einen Gesetzentwurf der Fraktionen CDU/CSU und SPD zur Erweiterung des Straftatbestandes der Abgeordnetenbestechung, Newsdienst Compliance 2014, 31007 ff.; *Taddia,* Paid to persuade, The Law Society Gazette, 25.3.2019, abrufbar unter https://www.lawgazette.co.uk/features/paid-to-persuade/5069730.article; *Thurich,* pocket politik. Demokratie in Deutschland, 2. Aufl. 2011, abrufbar unter https://www.bpb.de/nachschlagen/lexika/pocket-politik/16426/gesetzgebung; *Voland,* Die „fabelhafte" Welt der Umweltinformationen, DVBl 2011, S. 1262 ff.; *Wabnitz/Janovsky,* Handbuch Wirtschafts- und Steuerstrafrecht, 5. Aufl., München 2020; *Wettach,* Da kann Berlin von Brüssel noch was lernen, WirtschaftsWoche, 8.12.2020, abrufbar unter https://www.wiwo.de/politik/europa/transparenzregister-da-kann-berlin-von-bruessel-noch-was-lernen/26698536.html; *Zöllner,* Kölner Kommentar zum AktG, Bd. 2 Teil 1, 3. Aufl., Köln 2020.

Übersicht

A. Grundlagen des Lobbyings

I. Einleitung und Begriffsbestimmung

Die Lobby bezeichnet im englischen Sprachgebrauch die Wandelhalle des Parlaments, in der sich früher Abgeordnete und Nichtparlamentarier austauschen konnten. Daraus hat sich der Begriff des Lobbying (auf Deutsch auch Lobbyismus) entwickelt, der die **direkte oder indirekte Beeinflussung von politischen Entscheidungsprozessen** durch Personen, die nicht an den Entscheidungen beteiligt sind, beschreibt.[1] Lobbying erfolgt insbesondere durch Unternehmen, Verbände oder Nichtregierungsorganisationen selbst oder durch Dritte, wie zB Agenturen oder Rechtsanwälte. Im Mittelpunkt des Lobbyings steht der „wechselseitige, sachbezogene Informationsaustausch, die interessengeleitete Kontaktpflege sowie politische Überzeugungsarbeit zwischen Interessenvertretern und politischen Entscheidungsträgern".[2] 1

Der Begriff des Lobbyings ist in der öffentlichen Wahrnehmung teilweise negativ konnotiert. Noch immer besteht in der Öffentlichkeit zuweilen die Vorstellung, dass es sich um eine zwielichtige, moralisch fragwürdige Einflussnahme speziell der Wirtschaft auf politische Entscheidungen handele. Diese Vorstellung stimmt jedoch nicht mit der Realität seriöser Lobbyarbeit überein. Zum einen betreiben nicht nur Unternehmen, sondern beispielsweise auch Umwelt- und Menschenrechtsorganisationen Lobbying. Zum anderen gehören die Formulierung und Durchsetzung von Interessen (eines Unternehmens, einer Branche, einer Nichtregierungsorganisation, etc) zu den notwendigen Elementen der parlamentarischen Demokratie.[3] Sie sind nicht nur Ausdruck der legitimen Teilnahme am politischen Willensbildungsprozess. Vielmehr können sie auch die Qualität politischer Entscheidungsprozesse verbessern, weil die Entscheidungsträger ohne die Lobbyarbeit der Betroffenen die gesellschaftlichen und wirtschaftlichen Folgen ihrer Entscheidungen unter Umständen nicht vollumfänglich und sachgerecht abschätzen könnten. Aufgrund der zunehmenden Komplexität der Sachverhalte, die die Exekutive und Legislative zu bewältigen haben, sind die politischen Entscheidungsträger sowie die Ministerialbürokratie regelmäßig auf die **Expertise und den Sachverstand** sowie die kritische Begleitung von Interessenvertretern entscheidend angewiesen. Dies bestätigen auch die Fraktionen von CDU/CSU und SPD in ihrem Entwurf für ein Lobbyregistergesetz. Dort heißt es: *„Die Vertretung gesellschaftlicher Interessen gegenüber der Politik und der allgemeinen Öffentlichkeit gehört zu den Wesensmerkmalen eines demokratischen Staatswesens. Seit jeher sind Interessenvertreterinnen und Interessenvertreter unterschiedlichster Art in verschiedenen Formen an demokratischen Willensbildungsprozessen beteiligt. Widerstreitende Interessen finden im Verlauf und im Ergebnis politisch-parlamentarischer Entscheidungsprozesse* 2

[1] In diesem Sinne zB *Althaus* in Piwinger/Zerfaß, Handbuch Unternehmenskommunikation, 2007, S. 797; *Dieners* in Dölling, Handbuch der Korruptionsprävention für Wirtschaftsunternehmen und öffentliche Verwaltung, 2007, S. 183 ff.

[2] *Karenfort* in Althaus/Geffken/Rawe, Public Affairs, 2005, S. 211.

[3] Vgl. auch *Geiger,* Lobbyismus und Freiheit, EuZW 2013, 721 (721 f.); *Gerig,* Der rechtliche Rahmen für Lobbyisten, ZRP 2014, 247 ff.; *Knauß,* Lobbyismus ist gelebte Demokratie. Interview mit Volker Kitz, WirtschaftsWoche, 3.7.2014, https://www.wiwo.de/politik/deutschland/ex-lobbyist-volker-kitz-lobbyismus-ist-gelebte-demokratie/8413796.html (zul. abgerufen am 14.4.2021).

ihren Ausgleich."[4]. Dementsprechend kommt in der Praxis kaum ein nationaler oder europäischer Rechtsakt ohne die Mitwirkung einer Vielzahl von Lobbyisten zustande.

3 Die Corona- oder COVID-19-Krise hat die **Bedeutung von Lobbyarbeit** einmal mehr verdeutlicht. So ist es insbesondere auf den Einsatz verschiedener Verbände, wie des Bundesverbands Medizintechnologie (BVMed), zurückzuführen, dass die Kommission einen Vorschlag zur Verschiebung des Geltungsbeginns der Medizinprodukteverordnung (MDR) um ein Jahr erarbeitet hat. Zur Begründung führte sie – im Einklang mit dem Vorbringen der Verbände und der betroffenen Marktakteure – aus, dass Mitgliedstaaten, Gesundheitseinrichtungen und Wirtschaftsakteure während der COVID-19-Krise entlastet werden müssen.[5] Sie reagierte damit auf Kritik aus Industriekreisen, wonach bereits ohne die COVID-19-Situation die Rahmenbedingungen für einen Geltungsbeginn der MDR nicht gegeben waren, diese Probleme sich durch COVID-19 aber noch verschärft hatten.[6] Damit war es der Lobbyarbeit zu verdanken, dass größere Transparenz über diese Herausforderungen und die Auswirkungen des COVID-19-Ausbruchs auf die Medizinprodukteversorgung erreicht wurde.

II. Bezüge zu Public Affairs und allgemeiner Unternehmenskommunikation

4 Lobbying dient dazu, interessengeleitet auf die Entscheidungen politischer und administrativer Institutionen einzuwirken.[7] Es ist ein Instrument der **Public Affairs** und zeichnet sich insbesondere durch seine nach außen gerichtete Zielrichtung aus. Hingegen wird der Begriff der „Public Affairs" weiter verstanden. Er umfasst das Risikomanagement von öffentlichen Angelegenheiten für Unternehmen und Beratung in öffentlichen Angelegenheiten für die Politik. Dementsprechend arbeiten Public Affairs-Experten an der Schnittstelle zwischen Wirtschaft, Politik, Recht und Medien.[8] Sie entwerfen Strategien für ihren Arbeit- oder Auftraggeber, helfen bei der Organisation von Kampagnen, stellen Kontakte zu Entscheidungsträgern her und führen Veranstaltungen durch. All dies kann entweder projektbezogen (etwa bei Gesetzesinitiativen) oder über einen längeren Zeitraum erfolgen.[9] Angesichts der Überschneidungen von Lobbying und Public Affairs wird im Folgenden von einer trennscharfen Abgrenzung abgesehen und auch auf Public Affairs-Aktivitäten eingegangen.

5 Lobbying ist ferner ein Teil der **Unternehmenskommunikation.** Diese lässt sich als Gesamtheit aller strategisch geplanten, organisierten und operativ umgesetzten Maßnahmen

---

[4] *Deutscher Bundestag,* Gesetzentwurf der Fraktionen der CDU/CSU und SPD – Entwurf eines Gesetzes zur Einführung eines Lobbyregisters beim Deutschen Bundestag und zur Änderung des Gesetzes über Ordnungswidrigkeiten (Lobbyregistergesetz), BT-Drs. 19/22179, 1.

[5] *Europäische Kommission,* Verordnung über Medizinprodukte: Parlament und EU-Staaten stimmen für späteren Geltungsbeginn, Pressemitteilung vom 23.4.2020, https://ec.europa.eu/germany/news/20200423-verordnung-medizinprodukte_de (zul. abgerufen am 14.4.2021), *Europäisches Parlament,* Parlament beschließt Verschiebung neuer Anforderungen für Medizinprodukte, Pressemitteilung vom 17.4.2020, https://www.europarl.europa.eu/news/de/press-room/20200415IPR77113/parlament-beschliesst-verschiebung-neuer-anforderungen-fur-medizinprodukte (zul. abgerufen am 14.4.2021).

[6] Vgl. *BVMed,* Corona und MDR: BVMed fordert MDR-Moratorium, Pressemitteilung vom 13.3.2020, https://www.bvmed.de/de/bvmed/presse/pressemeldungen/corona-und-mdr-bvmed-fordert-mdr-moratorium (zul. abgerufen am 14.4.2021); *BVMed,* Corona: EU-Kommission schlägt MDR-Verschiebung vor, Pressemitteilung vom 6.4.2020, https://www.bvmed.de/de/bvmed/publikationen/bvmed-newsletter/bvmed-newsletter-14–20/corona-eu-kommission-verschiebt-mdr-anwendung (zul. abgerufen am 14.4.2021).

[7] *Deutscher Bundestag,* Regelung von Interessenvertretung („Lobbying"), WD 3 – 3000 – 204/17, S. 3; *Kopp* in Hauschka/Moosmayer/Lösler, Corporate Compliance, 3. Aufl. 2016, § 10 Rn. 1.

[8] *Althaus* in Piwinger/Zerfaß, Handbuch Unternehmenskommunikation, 2007, S. 797; vgl. auch *Gerig,* Der rechtliche Rahmen für Lobbyisten, ZRP 2014, 247.

[9] *Deutscher Bundestag,* Lobbyismus im politischen Raum, WD 1 – 128/07, S. 18.

beschreiben, die sicherstellen sollen, dass Aussagen und Handlungen eines Unternehmens nach innen und außen übereinstimmen, um letztlich zum größtmöglichen Unternehmenserfolg beizutragen.[10] Es geht folglich um die Bewerkstelligung einer größtmöglichen Widerspruchsfreiheit zwischen den internen und externen Unternehmenshandlungen sowie der Berichterstattung über diese.

III. Struktur und Instrumente der Lobbyarbeit in Unternehmen

Die **politische Interessenvertretung** ist gerade für Unternehmen von großer Bedeutung, da sie auf die Schaffung und Erhaltung optimaler politischer und gesellschaftlicher Rahmenbedingungen für die eigene wirtschaftliche Tätigkeit abzielt. Sie dient einer Reihe von „Unterzielen", namentlich: 6

- den rechtzeitigen Erhalt relevanter **Informationen** über bevorstehende politische und gesetzgeberische Vorhaben;
- die **Mitgestaltung** politischer Entscheidungsprozesse durch die kommunikative Einwirkung auf die Gesetzgebung und dadurch die Schaffung legislativer Rahmenbedingungen, welche den wirtschaftlichen Erfolg des Unternehmens begünstigen;
- den **Ausbau von Handlungsspielräumen** in unternehmerischen Geschäftsfeldern;
- die **Abwehr von Beeinträchtigungen** durch unsachgemäße Regulierungen und unfairen Wettbewerb.

Die Lobbyarbeit lässt sich dabei üblicherweise in **drei Stufen** einteilen.[11] Die erste Stufe umfasst das Sammeln, Filtern, Aufbereiten und Weitergeben von Informationen aus dem politischen Umfeld **(Informationsgewinnung).** Dazu gehören unter anderem die Recherche, Analyse und Prognose von Vorschlägen und Entwürfen von Rechtsakten sowie das Monitoring der politischen Entwicklung zu bestimmten Themen. Auf der zweiten Stufe erfolgt die Weitergabe der Informationen an unternehmensinterne Entscheidungsträger sowie die Koordination der erforderlichen Maßnahmen **(internes Kommunikationsmanagement).** Stufe drei ist die Umsetzung der Maßnahmen speziell durch die Kommunikation mit den maßgeblichen Entscheidungsträgern und sogenannten „Key Opinion Leaders" **(externe Kommunikation).**[12] Hierzu vertreten Lobbyisten die Unternehmensinteressen beispielsweise bei Anhörungen im Parlament, sie wirken in der „politischen Community" mit und tauschen sich mit anderen Unternehmen oder Interessengruppen aus.[13] 7

Für ihre Arbeit können sich Lobbyisten einer Reihe von Kommunikationsmitteln bedienen. Das vorherrschende Medium des kommunikativen Austauschs zwischen den Interessenvertretern und ihren Gesprächspartnern aus dem politischen Bereich ist traditionell die **mündliche Kommunikation** und bilaterale Korrespondenz unter Ausschluss der allgemeinen Öffentlichkeit.[14] Der persönliche Dialog ist mit dem Bestreben verbunden, den direkten Meinungsaustausch zu fördern und Vertrauensbeziehungen aufzubauen. Vor dem Hintergrund des Interesses an einer möglichst weitreichenden Durchsetzung eigener politischer Interessen und um dem Vorwurf mangelnder Transparenz entgegenzutreten, setzen Unternehmen zudem vermehrt auf die **Veröffentlichung von Positionspapieren, Newslettern und Stellungnahmen.** Informationsveranstaltungen in Form von Podiumsdiskussionen, Parlamentarischen Abenden oder Kongressen verhelfen ebenfalls zur Wahrnehmung der vertretenen Interessen durch ein größeres Publikum.[15] 8

---

[10] *Pulver,* Großer Stellenwert von integrierter und interner Kommunikation für Compliance, CB 2019, 7.

[11] *Dieners* in Dölling, Handbuch der Korruptionsprävention für Wirtschaftsunternehmen und öffentliche Verwaltung, 2007, S. 183 ff.

[12] *Bender/Reulecke,* Handbuch des deutschen Lobbyisten, 2004, S. 19 f.

[13] Vgl. *Althaus* in Piwinger/Zerfaß, Handbuch Unternehmenskommunikation, 2007, S. 798.

[14] *Deutscher Bundestag,* Lobbyismus im politischen Raum, WD 1 – 128/07, S. 15.

[15] *Deutscher Bundestag,* Lobbyismus im politischen Raum, WD 1 – 128/07, S. 16.

9 Für den zielgerichteten Einsatz dieser **Kommunikationsinstrumente** ist für Unternehmen von Belang, in welchem Stadium und gegenüber welchen maßgeblichen Akteuren eines nationalen oder europäischen Gesetzgebungsverfahrens die Möglichkeit zur Einbringung eigener Interessen eröffnet ist.

IV. Beteiligte des Lobbyings

1. Interessenvertreter

10 In politischen Entscheidungsprozessen können verschiedene Interessenvertreter auftreten, insbesondere:[16]
- branchenspezifisch oder sektorübergreifend agierende **Wirtschafts- und Berufsverbände;**
- **professionelle Berater,** wie Public-Affairs-Agenturen, Unternehmensberatungen, Think Tanks, (in Netzwerken zusammenarbeitende) Einzelberater, Politikberater und Anwaltskanzleien;
- **Inhouse-Lobbyisten** von Unternehmen;
- Berufsorganisationen und Gewerkschaften;
- sog. **Public Interest Groups,** die sich für bestimmte öffentlichkeitsrelevante Interessen einsetzen. Sie werden vielfach als Nichtregierungsorganisationen (NGOs) bezeichnet und engagieren sich unter anderem in den Bereichen Umweltschutz, nachhaltige Entwicklung oder Einhaltung von Grund- und Menschenrechten;[17]
- Stiftungen, die politikberatend tätig sind;
- Wissenschaftler.

11 Traditionell organisieren sich die Interessengruppen in Deutschland politisch in **Verbänden.**[18] Bei dem Präsidenten des Deutschen Bundestages sind derzeit mehr als zweitausendzweihundert Interessenverbände registriert.[19] Die Bundesrepublik wird aufgrund des großen Einflusses der Verbände zuweilen auch als „Verbändestaat" bezeichnet, der neben den „Parteienstaat" trete.[20]

12 Darüber hinaus handeln vor allem größere **Unternehmen** zunehmend (ergänzend) in Eigenregie[21] und folgen damit dem US-amerikanischen Vorbild.[22] Sie bauen eigene Repräsentanzen in politischen Zentren auf und aus, vergrößern ihre Public-Affairs-Budgets und ziehen verstärkt sog. Lobby-Agenturen und Anwaltskanzleien zu Rate. Diese Entwicklung wird unter anderem damit begründet, dass die Unternehmen ihre Verbände als zu langsam und umständlich empfinden, dass sie mit den hergebrachten Kommunikationsmethoden unzufrieden sind und dass sie ihre spezifischen Interessen wegen der Heterogenität der Verbände nicht hinreichend repräsentiert sehen. Dadurch kann der Eindruck

---

[16] *Transparency International Deutschland eV,* Lobbying in Deutschland, 2014, S. 6, https://www.lobbycontrol.de/wp-content/uploads/Lobbying_in_Deutschland_2014.pdf (zul. abgerufen am 14.4.2021); *Kopp* in Hauschka/Moosmayer/Lösler, Corporate Compliance, 3. Aufl. 2016, § 10 Rn. 3.

[17] *Bergmann,* Handlexikon der EU, 5. Aufl. 2015, Lobbying, II.

[18] *Forsthoff,* Der Staat der Industrie-Gesellschaft, 1971, S. 119 ff., 123; *Böckenförde,* Die politische Funktion wirtschaftlich-sozialer Verbände und Interessengruppen in der sozialstaatlichen Demokratie in Steinberg, Staat und Verbände, S. 305 ff.; *Steinberg,* Die Interessenverbände in der Verfassungsordnung in Steinberg, Staat und Verbände, S. 228 ff.

[19] *Deutscher Bundestag,* Aktuelle Fassung der öffentlichen Liste über die Registrierung von Verbänden und deren Vertretern, 28.8.2020, https://www.bundestag.de/resource/blob/189476/fb07535f85c0a2b09dfedbe56e8d7bd6/lobbylisteaktuell-data.pdf (zul. abgerufen am 14.4.2021).

[20] *Beichelt,* Deutschland und Europa, 2. Aufl. 2015, S. 199 ff.

[21] Zu dieser Entwicklung s. *Crocoll/Haerder/Seiwert,* Ende Verbände?, WirtschaftsWoche, 8.11.2019, S. 30 ff., https://www.uni-kassel.de/fb05/fileadmin/datas/fb05/Art_Verb%C3%A4nde_Wirtschaftwoche_081119.pdf (zul. abgerufen am 14.4.2021).

[22] Vgl. zum Lobbyismus in den USA *Gerig/Ritz,* Pläne für ein neues EU-Lobbyregister – kommt Zeit, kommt Rat, EuZW 2014, 853 (856 f.).

entstehen, dass die eigenen Unternehmenspositionen und -interessen durch die in den großen Wirtschaftsverbänden repräsentierte Meinungsvielfalt verwässern und an Kontur verlieren.[23]

Zudem bieten vermehrt auch **Anwaltskanzleien** über die reine Rechtsberatung hinaus eine politische Interessenvertretung an.[24] Ihre Mitwirkung kann dabei helfen, die (verfassungs-, europa- oder völker-)rechtliche Machbarkeit politischer Vorhaben verlässlich und schnell zu bewerten und entsprechend risikoarm realisierbare Regelungen zu entwickeln.[25] Sie können ferner an parlamentarischen Diskussionen teilnehmen und gegenüber den politischen Entscheidungsträgern die Interessen ihrer Mandanten geltend machen. 13

Um die Bedeutung der Lobbytätigkeit zu illustrieren, lohnt sich auch ein Blick auf die Zahlen der beteiligten Akteure: Auf **europäischer Ebene** sind schätzungsweise mehr als 25 000 Personen als Lobbyisten tätig.[26] Davon handeln ca. 70 Prozent für Unternehmen und Wirtschaftsverbände.[27] 14

2. Adressaten

Durch Lobbying soll ein **Beitrag zu Verwaltungs- und Gesetzgebungsprozessen** geleistet werden. Die Interessenvertretung richtet sich damit an die Individuen und Institutionen, die am politischen Entscheidungsprozess direkt oder indirekt beteiligt sind. 15

Auf nationaler Ebene werden Gesetzesvorlagen nach Art. 76 Abs. 1 GG durch die Bundesregierung, aus der Mitte des Bundestages (in der Regel von einer Fraktion) oder durch den Bundesrat in den Bundestag eingebracht.[28] In der Praxis spielen die Entwürfe der Bundesregierung die größte Rolle. Bei der Entwurfsausarbeitung holt das federführende Ministerium vor der Zuleitung an Bundesrat und Bundestag unter anderem auch **Stellungnahmen von Interessenverbänden** ein.[29] Über die eingereichten Gesetzesentwürfe diskutiert und entscheidet der Bundestag in drei Lesungen, wobei häufig nach der ersten Lesung eine Ausschussbefassung erfolgt. Damit bieten sowohl die Vorbereitungs- als auch Entscheidungsphase eines Gesetzes Ansatzpunkte für Interessenvertreter, ihre spezifischen Anliegen gegenüber den politischen Entscheidungsträgern geltend zu machen. 16

Dementsprechend kommen auf **Bundesebene** insbesondere die Mitglieder des Bundestags und der Bundesregierung als Adressaten in Betracht. Besonderen Einfluss haben dabei die Angehörigen der Ministerialverwaltung, die mit der Ausarbeitung von Gesetzesentwürfen befasst sind. Im Deutschen Bundestag sind vor allem die Berichterstatter, Fraktionssprecher und Mitglieder des federführenden Ausschusses im Rahmen einer bestimmten Gesetzesinitiative Ziele von Lobbyaktivitäten.[30] 17

Auf **Landesebene** gilt das Gesagte gleichermaßen für die Landesregierungen und -behörden. Darüber hinaus werden die Repräsentanten im Bundesrat oder die Landesvertretungen beim Bund gezielt angesprochen. 18

---

[23] In diesem Sinne *Deutscher Bundestag,* Lobbyismus im politischen Raum, WD 1 – 128/07, S. 7; *Crocoll/Haerder/Seiwert,* Ende Verbände?, WirtschaftsWoche, 8.11.2019, S. 30ff., https://www.unikassel.de/fb05/fileadmin/datas/fb05/Art_Verb%C3%A4nde_Wirtschaftwoche_081119.pdf (zul. abgerufen am 14.4.2021).

[24] Vgl. *Taddia,* Paid to persuade, The Law Society Gazette, 25.3.2019, https://www.lawgazette.co.uk/features/paid-to-persuade/5069730.article (zul. abgerufen am 14.4.2021).

[25] *Bruch* LKV 2010, 503. Zu den verfassungsrechtlichen Bedenken V.

[26] *Kopp* in Hauschka/Moosmayer/Lösler, Corporate Compliance, 3. Aufl. 2016, § 10 Rn. 5.

[27] *LobbyControl,* EU-Lobbyreport 2019, https://www.lobbycontrol.de/wp-content/uploads/EU-Lobbyreport2019.pdf (zul. abgerufen am 14.4.2021).

[28] Eine Darstellung des Gesetzgebungsprozesses findet sich auf der Internetseite des Deutschen Bundestages unter https://www.bundestag.de/parlament/aufgaben/gesetzgebung_neu/gesetzgebung/weg-255468 (zul. abgerufen am 14.4.2021).

[29] *Thurich,* pocket politik. Demokratie in Deutschland, 2. Aufl. 2011, https://www.bpb.de/nachschlagen/lexika/pocket-politik/16426/gesetzgebung (zul. abgerufen am 14.4.2021).

[30] *Deutscher Bundestag,* Lobbyismus im politischen Raum, WD 1 – 128/07, S. 14.

19 Auf **unionsrechtlicher Ebene** sind an den Rechtssetzungsverfahren regelmäßig neben der Kommission auch das Europäische Parlament und der Rat als Vertretung der nationalen Regierungen beteiligt. Als genuin europäisches Organ obliegt es der Kommission, die allgemeinen Unionsinteressen zu definieren.[31] Vor diesem Hintergrund spricht Art. 17 Abs. 2 S. 1 EUV der Kommission ein **Initiativmonopol im Hinblick auf Gesetzgebungsakte** zu. Auch andere Rechtsakte können bei entsprechender Anordnung in den Verträgen nur auf Initiative der Kommission erlassen werden.[32] Dieses Initiativrecht räumt den Lobbyisten eine besondere Bedeutung gegenüber der Kommission ein. Hierdurch können bereits in einem frühen Stadium Informationen über legislative Vorhaben erlangt und der eigene Interessenstandpunkt rechtzeitig herausgearbeitet werden. Allerdings kommt auch dem Europäischen Parlament gemäß Art. 14 Abs. 1 EUV eine **zentrale Rolle im unionsrechtlichen Gesetzgebungsverfahren** zu. Unter anderem kann es nach Art. 225 AEUV die Kommission zur Unterbreitung von Gesetzesvorschlägen auffordern. Vor diesem Hintergrund kann die Lobbyarbeit gegenüber dem Europäischen Parlament die Durchsetzung der vertretenen Interessen begünstigen. Schließlich kommt der Weg über die Regierungen der Mitgliedstaaten in Betracht, um so auf die nationalen Mitglieder im Rat Einfluss zu nehmen.

V. Rechtlicher Rahmen des Lobbyings

20 Eine **gute Unternehmens-Compliance** auf dem Gebiet des Lobbyings zielt auf die Vermeidung illegalen und – weitergehend – illegitimen Verhaltens. Sie erfordert also zunächst genaue Kenntnis und Erfassung des rechtlichen Rahmens. Darüber hinaus müssen aber auch ethische Aspekte eine Rolle spielen, um Beeinträchtigungen der Vertrauenswürdigkeit des Unternehmens oder auch eines Verbandes zu vermeiden.[33]

1. Verfassungsrechtliche Zulässigkeit des Lobbyings

21 Lobbying zielt darauf ab, auf **politische Entscheidungsträger** einzuwirken. Angesichts dessen ist es unter den Mitteln der Public Affairs dasjenige, das am intensivsten in den demokratischen Meinungsbildungsprozess eingreift.[34] Vor diesem Hintergrund sehen Kritiker in der Lobbyarbeit einen Angriff auf das Demokratieprinzip und das parlamentarische Gesetzgebungsmonopol.[35]

22 Die Vertretung eigener Interessen im Rahmen der politischen Diskussion gehört allerdings zu den **wesentlichen Elementen des parlamentarischen Entscheidungsprozesses.** Durch die Lobbytätigkeit können unterschiedliche gesellschaftliche Gruppen ihre Interessen in den politischen Prozess einbringen.[36] So entschied das Bundesverfassungsgericht bereits im Jahre 1956, dass es sich nicht bezweifeln ließe, dass „außerparlamentarische Aktionen vielfältiger Art denkbar sind, die einer legitimen Einwirkung auf das Parlament dienen können, vor allem soweit sie dazu bestimmt sind, die Abgeordneten über die bei den

---

[31] *Oppermann/Classen/Nettesheim,* EuropaR, 8. Aufl. 2018, § 5 Rn. 95.

[32] *Ruffert* in Calliess/Ruffert, EUV/AEUV, 5. Aufl. 2016, EUV Art. 17 Rn. 5.

[33] *Kopp* in Hauschka/Moosmayer/Lösler, Corporate Compliance, 3. Aufl. 2016, § 10 Rn. 8.

[34] *Gerig,* Der rechtliche Rahmen für Lobbyisten, ZRP 2014, 247.

[35] In diesem Sinne kritisch insbesondere gegenüber der Einbindung von Anwaltskanzleien in den Gesetzgebungsprozess *Krüper,* Lawfirm – legibus solutus? Legitimität und Rationalität des inneren Gesetzgebungsverfahrens und das ‚Outsourcing' von Gesetzentwürfen, JZ 2010, 655; *Däke* in Kloepfer, Gesetzgebungsoutsourcing. Gesetzgebung durch Rechtsanwälte?, 2011, S. 19, 22; diese Kritik zurückweisend *Schmieszek,* Großkanzleien als Ersatzgesetzgeber?, ZRP 2013, 175 ff.

[36] *Knauß,* Lobbyismus ist gelebte Demokratie. Interview mit Volker Kitz, WirtschaftsWoche, 3.7.2014, https://www.wiwo.de/politik/deutschland/ex-lobbyist-volker-kitz-lobbyismus-ist-gelebte-demokratie/8413796.html (zul. abgerufen am 14.4.2021).

Wählern zu bestimmten politischen Fragen vorhandenen Meinungen zu unterrichten". Daher sei es verfassungsrechtlich nicht zu beanstanden, wenn „Interessentengruppen" auf die Mitglieder des Parlaments einzuwirken suchten.[37]

In diesem Sinne führte auch das **Bundesverwaltungsgericht** aus: 23

„[Eine] ‚externe[n] Beratung' der Bundesregierung in Gestalt einer inhaltlichen Positionierung potenziell Betroffener zu einem Gesetzesvorhaben [ist] der Sache nach einer sonstigen Lobbyarbeit vergleichbar. Solche Einwirkungen auf den politischen Prozess sind weit verbreitet, dem Grunde nach als Mittel organisierter Interessenvertretung in der parlamentarischen Demokratie von Rechts wegen nicht zu beanstanden und folglich nicht vor der Öffentlichkeit abzuschotten."[38] 24

Die Legitimation des Lobbyisten lässt sich zudem verfassungsrechtlich aus den Grundrechten der Meinungs- und Pressefreiheit (Art. 5 Abs. 1 GG) herleiten.[39] Damit ist die Geltendmachung von Interessen gegenüber politischen Entscheidungsträgern durch Lobbyarbeit im Grundsatz als zulässig anzusehen. 25

2. Selbstregulierung

Zwar zielt Lobbyarbeit ihrem Wesen nach auf eine Beeinflussung von Entscheidungsträgern ab. Problematisch wird eine solche Beeinflussung aber dann, wenn sie mit inadäquaten Methoden oder in ansonsten **missbräuchlicher Weise** erfolgt. 26

Die Gefahr einer **unsachlichen Beeinflussung** gegenüber politischen Entscheidungsträgern kann zB durch Einladungen zu besonders attraktiven Tagungsorten oder eine unangemessen hochpreisige Unterbringung und Bewirtung entstehen. Meist droht in derartigen Fällen auch der Vorwurf der **Korruption.**[40] Doch selbst wenn es nicht zu einem Ermittlungsverfahren durch die Staatsanwaltschaft kommt, kann das Ziel des Lobbyings bereits durch entsprechende **schlechte Schlagzeilen** konterkariert werden. Denn der Erfolg der Lobbyarbeit hängt maßgeblich davon ab, ob sie von Dritten als **sachorientiert** und vertrauenswürdig eingeschätzt wird. Entsteht hingegen der Eindruck, das Unternehmen versuche seine Ziele durch Druck oder andere unsachgemäße Beeinflussung zu erreichen, können die Inhalte der Lobbyarbeit schnell in den Hintergrund rücken. Zudem dürften auch künftige Bemühungen des Unternehmens unter dem schlechten Ruf leiden, den bereits der Vorwurf einer unlauteren Beeinflussung hervorrufen kann. 27

Dem Risiko einer **unsachlichen Einflussnahme** auf politische Entscheidungsträger haben auch die Lobbyisten selbst Rechnung getragen. Die **Deutsche Gesellschaft für Politikberatung (degepol)** hat zum Beispiel einen eigenen Verhaltenskodex etabliert, der ihre Mitglieder unter anderem dazu verpflichtet, ihre Arbeit ohne jegliche finanzielle Anreize auszuführen.[41] Auch sieht die degepol für Kodexverstöße Sanktionen vor. Sie kann im Falle eines Fehlverhaltens eine Rüge aussprechen oder das betreffende Mitglied aus der degepol ausschließen.[42] Auch der **Deutsche Rat für Public Relations (DRPR)** hat erste Ansätze zur **Selbstregulierung** der Lobbyarbeit entwickelt.[43] 28

Diese **„Branchenstandards"** weisen aber nur eine begrenzte Reichweite und Verbindlichkeit auf. Als Mindestvorgaben der Compliance sind darüber hinaus die gesetzlichen Regelungen auf Ebene des Bundesstaates (hierzu 3.), der Bundesländer (4.), der EU (5.) und anderer EU-Mitgliedstaaten (6.) zu beachten. 29

---

[37] BVerfGE 5, 85 (619).

[38] BVerwG NVwZ 2017, 1621 (1624).

[39] *Gerig,* Der rechtliche Rahmen für Lobbyisten, ZRP 2014, 247.

[40] Dazu sogleich A. V. 3. A). S. für eine Darstellung des Rechtsrahmens *Gerig,* Der rechtliche Rahmen für Lobbyisten, ZRP 2014, 247 ff.

[41] *Degepol,* Verhaltenskodex, www.degepol.de/verhaltenskodex (zul. abgerufen am 14.4.2021).

[42] Vgl. dazu *Müller,* degepol schließt Jan Burdinski aus. Pressemitteilung vom 16.4.2008, https://www.lobbycontrol.de/2008/04/degepol-schliest-jan-burdinski-aus/ (zul. abgerufen am 14.4.2021).

[43] *Transparency International Deutschland eV,* Lobbying in Deutschland, 2014, S. 13, https://www.lobbycontrol.de/wp-content/uploads/Lobbying_in_Deutschland_2014.pdf (zul. abgerufen am 14.4.2021).

3. Bundesgesetze

a) Straf- und beamtenrechtliche Regelungen

30 Die Lobbyarbeit darf nicht gegen die **strafrechtlichen Korruptionsdelikte** der §§ 331 ff. StGB verstoßen (hierzu aa). Eng damit verbunden sind die beamtenrechtlichen Regelungen, die es Beamten untersagen, Geschenke und Vergünstigungen entgegenzunehmen.[44] Für Abgeordnete gilt mit § 108e StGB eine besondere Korruptionsvorschrift (hierzu bb).

aa) Korruptionstatbestände des StGB

31 Eine Vielzahl der Adressaten der politischen Interessenvertretung sind als **„Amtsträger"** im Sinne der Korruptionstatbestände des Strafgesetzbuchs (§§ 331 ff. StGB) anzusehen. Das gilt zwar nicht für die Parlamentarier selbst. Ansonsten ist der Begriff der Amtsträger aber sehr weit und umfasst nicht nur Beamte (§ 11 Abs. 1 Nr. 2 StGB), sondern vielmehr alle Personen, die dazu bestellt sind, bei einer Behörde oder sonstigen Stelle oder in deren Auftrag Aufgaben der öffentlichen Verwaltung wahrzunehmen (§ 11 Abs. 2 Nr. 2 StGB). Für die (formfreie) „Bestellung" reicht bereits die Heranziehung zu einer über den einzelnen Auftrag hinausgehenden längerfristigen Tätigkeit. Amtsträger sind dementsprechend insbesondere die Angehörigen der Bundes- und Landesregierungen und -verwaltungen, Bürgermeister und Landräte sowie die Behördenvertreter auf kommunaler Ebene.

32 Seit den Änderungen durch das Gesetz zur Bekämpfung der Korruption von 2015[45] unterfallen zudem **Europäische Amtsträger** nicht mehr nur den Strafandrohungen der §§ 332, 334 StGB, sondern auch denen der §§ 331, 333 StGB. Wer als Europäischer Amtsträger im Sinne des StGB gilt, bestimmt § 11 Abs. 1 Nr. 2a StGB.

33 Für die Ausgestaltung von Beziehungen eines Unternehmens zu Amtsträgern gilt der allgemeine Grundsatz der Korruptionsbekämpfungsgesetze, wonach es darauf ankommt, bereits den Anschein der Käuflichkeit von vornherein auszuschließen. Von besonderer Bedeutung ist hierbei der Umstand, dass die geltende Regelung des § 331 StGB, anders als in der Vergangenheit, im Zusammenhang mit der Unrechtsvereinbarung auf das Merkmal der Gegenleistung sowie auf den Bezug zu einer konkreten Diensthandlung verzichtet. Der aktuelle Gesetzeswortlaut spricht vielmehr davon, dass der Vorteil „für die Dienstausübung" gefordert, versprochen oder angenommen wird. Diese Auflockerung der für die Verwirklichung des Tatbestandes erforderlichen Unrechtsvereinbarung erlaubt es beispielsweise, auch Zuwendungen im Sinne des sogenannten „Anfütterns"[46] oder der „Klimapflege" (Hospitality) zur Schaffung allgemeinen Wohlwollens im Rahmen der Dienstausübung[47] zu erfassen, denen bestimmte Diensthandlungen ansonsten nicht konkret zugeordnet werden können.[48] Dazu können etwa **Einladungen** zu kulturellen, sportlichen, kulinarischen oder sonstigen geldwerten Veranstaltungen durch Sponsoren gehören.[49] In den vergangenen Jahren ist diese Einladungspraxis von Unternehmen in die öffentliche Diskussion und teilweise auch Kritik geraten. Grund dafür waren unter anderem

---

[44] § 42 BeamtStG sowie Vorschriften der Landesbeamtengesetze (§ 59 LBG NRW, § 51 LBG Berlin, § 49 HESBG, § 49 NBG etc).

[45] Gesetz zur Bekämpfung der Korruption vom 20.11.2015, BGBl. I S. 2025.

[46] Hierzu *Wolters,* Die Änderungen des Strafgesetzbuchs durch das Gesetz zur Bekämpfung der Korruption, JuS 1998, 1105 (1105 f.).

[47] BGH NJW 2004, 3569 (3471).

[48] OLG Karlsruhe BeckRS 2010, 11384; BGH NJW 2008, 3580 (3583); NStZ 2008, 216 (217 f.); *Kuhlen* in Kindhäuser/Neumann/Paeffgen, NK-StGB, 5. Aufl. 2017, § 331 Rn. 86 f.; *von Heintschel-Heinegg* in von Heintschel-Heinegg, BeckOK StGB, 46. Ed. 2020, § 331 Rn. 26 f.

[49] *Fischer,* StGB, 68. Aufl. 2021, § 331 Rn. 23.

Einladungen zu Spielen der Fußball-Weltmeisterschaft 2006 in Deutschland oder Strafverfahren wegen besonderer Hospitality-Leistungen.[50] Gerade im Hospitality-Bereich bestehen weiterhin **Unsicherheiten und Ungewissheiten,** weil es der BGH bislang[51] versäumt hat, eindeutige Kriterien für die Annahme einer Unrechtsvereinbarung festzulegen. Die **Sponsorenvereinigung S 20,** der deutsche Olympische Sportbund und das Bundesministerium des Innern haben jedoch einen Leitfaden zum Thema „Hospitality und Strafrecht" erarbeitet, um den Unternehmen in der Praxis eine Orientierungshilfe an die Hand zu geben. Der erstmals im Jahr 2011 herausgegebene Leitfaden wurde im September 2017 infolge der Gesetzesänderungen der letzten Jahre – zB der Einführung der §§ 299a, b StGB sowie der Erweiterung der Abgeordnetenbestechung – in aktualisierter Form neu veröffentlicht.[52]

bb) Abgeordnetenkorruption

Eine besondere Rechtsstellung nehmen **Abgeordnete der Landtage oder des Bundestages** ein. Im Gegensatz zu Regierungs- und Verwaltungsvertretern (wie zB Angehörige der Bundes- und Landesregierung, Bürgermeister, Landräte, Vertreter der Verwaltungen und Behörden sowie Mitarbeiter der gemeinsamen Selbstverwaltung) erfüllen sie **nicht den Begriff des Amtsträgers** iSd § 11 Abs. 1 Nr. 2 StGB.[53] Daher sind sie auch nicht taugliche Täter bzw. Tatsubjekte einer Strafbarkeit nach §§ 331, 333 StGB. Für sie gilt auch kein generelles Verbot, für Industrieunternehmen tätig zu werden.[54] Grenzen findet die Zusammenarbeit mit Abgeordneten in § 44a AbgG, demzufolge Zuwendungen an Abgeordnete untersagt sind, die nur gewährt werden, damit die Interessen des Zahlenden durch den Abgeordneten vertreten werden und in dem novellierten § 108e Abs. 1 StGB, der die Bestechlichkeit und Bestechung von Mandatsträgern regelt.[55] Durch die Neuregelung aus dem Jahr 2014 wurde eine Strafbarkeitslücke in Bezug auf die Abgeordnetenbestechung geschlossen: Während bis August 2014 nur der praktisch kaum nachweisbare Kauf bzw. Verkauf einer Stimme für eine Wahl oder Abstimmung untersagt war, wird nunmehr jegliche Form der Beeinflussung von Handlungen oder Unterlassungen bei der Mandatsausübung pönalisiert. Ausschlaggebend für die Novellierung war unter anderem, dass die Bundesrepublik Deutschland im Jahr 2013 die UN-Konvention zur Bekämpfung der Korruption (UNCAC) unterzeichnete. Diese Konvention erfasst unter dem Begriff der Amtsträger auch Volksvertreter.[56] 34

[50] S. zB *Polzin,* Im Dschungel der VIP-Tickets, Der Westen, 8.6.2010, https://www.derwesten.de/sport/fussball/im-dschungel-der-vip-tickets-id3553631.html (zul. abgerufen am 14.4.2021); *Spannagel,* Hospitality im Fußball – Das Ende der VIP-Logen, Zeit Online, 29.9.2011, https://www.zeit.de/sport/2011-09/vip-logen-leitfaden-hospitality (zul. abgerufen am 14.4.2021).

[51] BGH NJW 2008, 3580.

[52] *S 20/VSA,* Hospitality und Strafrecht – ein Leitfaden, 2017, https://vsa-ev.de/wp-content/uploads/2018/02/Hospitality-und-Strafrecht-ein-Leitfaden.pdf (zul. abgerufen am 14.4.2021).

[53] *Fischer,* StGB, 68. Aufl. 2021, § 11 Rn. 16.

[54] Ein solches besteht aber für die Mitglieder der Bundesregierung gem. § 5 Abs. 1 Bundesministergesetz.

[55] S. zu dem Gesetzgebungsprozess Begründung zum RegE des 48. Strafrechtsänderungsgesetzes vom 11.2.2014, BT-Drs. 18/476; *Süße/Püschel,* Deutscher Bundestag beschließt einen Gesetzentwurf der Fraktionen CDU/CSU und SPD zur Erweiterung des Straftatbestandes der Abgeordnetenbestechung, Newsdienst Compliance 2014, 31007 ff.; *Willems,* Die Neuregelung der Abgeordnetenbestechung und ihre Auswirkungen auf die Praxis, CCZ 2015, 29 (30 f.).

[56] *Jäckle* ZRP 2012, 97 ff.; erwidernd darauf *Wolf* ZRP 2012, 251; *Willems,* Die Neuregelung der Abgeordnetenbestechung und ihre Auswirkungen auf die Praxis, CCZ 2015, 29 (30) sowie zu den legislativen Bestrebungen einer Verschärfung des § 108e StGB *Süße/Püschel,* Deutscher Bundestag beschließt einen Gesetzentwurf der Fraktionen CDU/CSU und SPD zur Erweiterung des Straftatbestandes der Abgeordnetenbestechung, Newsdienst Compliance 2014, 31007 ff.

35 Paragraph 108e StGB[57] orientiert sich an den bekannten Bestechungsdelikten des StGB, indem er das Fordern, Sichversprechenlassen oder Annehmen eines ungerechtfertigten Vorteils unter Strafe stellt. Erforderlich ist in diesem Zusammenhang eine konkrete ausdrückliche oder faktische **Unrechtsvereinbarung,** die eine Handlung bei Wahrnehmung des Mandats in ein Beziehungsverhältnis zur Vorteilsgewährung stellt.[58] Ein Vorteil im Sinne von § 108e StGB ist eine Zuwendung, die über das Erkaufen des allgemeinen Wohlwollens eines Abgeordneten hinausgeht.[59] Als Tathandlungen kommen neben **Geschenken** und **Rabattgewährungen** auch **Einladungen** zu Veranstaltungen und Reisen in Betracht. Eine Abgrenzung erfolgt hierbei durch das **Korrektiv der Sozialadäquanz,** wodurch kleinere Aufmerksamkeiten und Gefälligkeiten, die als „anerkannte parlamentarische Gepflogenheiten"[60] im Rahmen des Üblichen liegen, aus dem Tatbestand ausgeklammert werden. Diverse Richtlinien und Empfehlungen können bei einer sachgerechten Grenzziehung helfen.[61] Indem § 108e StGB auch die Mandatsträger im Sinne des Gesetzes zur Bekämpfung internationaler Bestechung erfasst, gilt die Strafbarkeit für in- und ausländische Mandatsträger gleichermaßen.

36 Der Tatbestand von § 108e StGB konzentriert sich nicht mehr nur auf das Abstimmungsverhalten des Abgeordneten, sondern erfasst nunmehr **jede Handlung „bei der Wahrnehmung des Mandats".** Durch die Änderung soll das öffentliche Interesse an der Integrität parlamentarischer Prozesse geschützt und die Unabhängigkeit der Mandatsausübung sowie die Sachbezogenheit parlamentarischer Entscheidungen garantiert werden.[62] Die Regelung des § 108e Abs. 4 StGB enthält eine nicht abschließende Aufzählung von Regelbeispielen, bei denen kein ungerechtfertigter Vorteil vorliegt, unter anderem, wenn „die Annahme des Vorteils im Einklang mit den für die Rechtsstellung des Mitglieds maßgeblichen Vorschriften steht". Bei Bundestags- und Landtagsabgeordneten umfassen diese „maßgeblichen Vorschriften" insbesondere die parlamentsrechtlichen Regelungen (etwa das AbgG oder die Verhaltensregeln für Mitglieder des Deutschen Bundestags bzw. die entsprechenden Regelungen auf Länderebene). Ebenso scheiden Mandate, politische Funktionen sowie zulässige Spenden als Vorteil aus.

37 Aufgrund der nach § 44a AbgG erlassenen Verhaltensregeln sind Abgeordnete **zu Auskünften** über von ihnen wahrgenommene entgeltliche Tätigkeiten **verpflichtet.** Veröffentlicht wird dabei allerdings nicht eine konkrete Summe. Vielmehr müssen die Abgeordneten im Rahmen eines Zehn-Stufen-Systems darlegen, in welcher Größenordnung sich der Nebenverdienst bewegt, wobei die Höchststufe 10 alle Einkünfte über 250 000 Euro erfasst.[63] Auch hinsichtlich einer Zuwendung an Abgeordnete können Anzeigepflichten für die Abgeordneten[64] bestehen, wenn der Wert der Geschenke 200 Euro übersteigt.

---

[57] Eine ausführliche Analyse des § 108e StGB findet sich bei *Francuski* HRRS 2014, 220 (225 ff.); sowie bei *Willems,* Die Neuregelung der Abgeordnetenbestechung und ihre Auswirkungen auf die Praxis, CCZ 2015, 29 (31 f.).

[58] *Kopp* in Hauschka/Moosmayer/Lösler, Corporate Compliance, § 10 Rn. 42.

[59] BGH NJW 2006, 2050 (2055).

[60] Begründung zum RegE des 48. Strafrechtsänderungsgesetzes vom 11.2.2014, BT Drs. 18/476, 6 f., 9.

[61] *Kopp* in Hauschka/Moosmayer/Lösler, Corporate Compliance, § 10 Rn. 49.

[62] Begründung zum RegE des 48. Strafrechtsänderungsgesetzes vom 11.2.2014, BT-Drs. 18/476, 6.

[63] Die aktuellen Daten der Zuwendungssummen pro Abgeordneten werden im Amtlichen Handbuch des Deutschen Bundestags veröffentlicht und sind unter https://www.bundestag.de/abgeordnete abrufbar.

[64] Ausführungsbestimmung Nr. 11 (BGBl. 2006 I S. 60 ff.) zur Anlage 1 der GO-BT zur Anzeigepflicht bei Gastgeschenken.

b) Regelungen über Parteispenden

Die Parteien erfüllen als „notwendige Faktoren des Verfassungslebens“[65] zahlreiche Aufgaben, für die sie die entsprechenden finanziellen Mittel benötigen. Diese Mittel beziehen sie nicht nur aus Mitgliedsbeiträgen und staatlichen Zuschüssen, sondern auch aus Spenden.[66] Über die Herkunft und Verwendung ihrer Mittel sowie über ihr Vermögen müssen sie gemäß Art. 21 Abs. 1 S. 4 GG **öffentlich Rechenschaft** ablegen. 38

Speziell im Hinblick auf Spenden findet sich eine nähere **Ausgestaltung der Rechenschaftspflicht** in § 25 PartG. Spenden können Parteien zu größerer finanzieller und damit auch politischer Leistungsfähigkeit und Einflussnahme verhelfen. Dieser – im Grundsatz positive Effekt – birgt jedoch zugleich das Risiko, dass sich Spender mit ihrer Zuwendung einen „Zugriff“ auf die Parteien und damit auf die demokratische Entscheidungsfindung verschaffen. Dementsprechend verbietet § 25 Abs. 2 PartG bestimmte Spenden, wie zB Spenden, die der Partei erkennbar in Erwartung oder als Gegenleistung eines bestimmten wirtschaftlichen oder politischen Vorteils gewährt werden, oder Spenden, die an Berufsverbände mit der Maßgabe der Weiterleitung an eine Partei geleistet wurden. Spenden, die erkennbar in Erwartung eines bestimmten politischen oder wirtschaftlichen Vorteils gewährt werden oder als Gegenleistung hierfür fungieren, stellen regelmäßig auch einen **„ungerechtfertigten Vorteil“** iSd § 108e StGB dar.[67] 39

Darüber hinaus gelten strenge **Transparenzvorgaben.** So dürfen Parteien keine anonymen Spenden von mehr als 500 Euro entgegennehmen (§ 25 Abs. 2 Nr. 6 PartG). Ab einer Summe von 10 000 Euro im Kalenderjahr sind Spenden unter Namensnennung des Spenders zu veröffentlichen. Ab 50 000 Euro sind sie unverzüglich dem Bundestagspräsidenten anzuzeigen, der die Zuwendung als Bundestagsdrucksache veröffentlicht (§ 25 Abs. 3 PartG). Bundes- und Landtagsabgeordnete unterliegen in der Regel ebenfalls der Verpflichtung, Spenden großer Summen anzuzeigen oder zu veröffentlichen. 40

c) Regelungen zum Seitenwechsel

Ein **„Seitenwechsel“** liegt vor, wenn Interessenvertreter und politische Entscheidungsträger „die Rollen tauschen“. Das ist etwa der Fall, wenn Regierungsvertreter, Fraktionsmitarbeiter und Staatssekretäre zu privatrechtlichen Institutionen wechseln, um sodann Lobbytätigkeiten wahrzunehmen. Umgekehrt ist auch der – seltenere – Fall erfasst, dass vormalige Lobbyisten oder wirtschaftliche Entscheider in hochrangige politische Positionen eintreten. 41

Ein enger Austausch zwischen Politik und Wirtschaft ist für die politische Entscheidungsfindung essenziell und damit im Grundsatz wünschenswert. Indes gilt es, Interessenkonflikte zu vermeiden. Für Mitglieder der Bundesregierung und parlamentarische Staatssekretäre sieht das Bundesministergesetz in §§ 6a, 6b eine **Karenzzeit von 18 Monaten** nach Amtsaustritt vor, innerhalb derer ein etwaiges Bestreben zur Aufnahme einer neuen Erwerbstätigkeit anzuzeigen ist und gegebenenfalls untersagt werden kann. In diesem Zusammenhang wird auch die Etablierung von Karenzzeiten für andere politische Entscheidungsträger diskutiert oder die Einführung eines Genehmigungserfordernisses durch eine Ethikkommission erwogen. 42

Auch auf **europäischer Ebene** gibt es vergleichbare Regelungen. Art. 11 Beschluss (EU) 2018/C 65/06 der Kommission sieht für ehemalige Kommissionsmitglieder eine Ka- 43

---

[65] BVerfGE 1, 208 (227).

[66] Nach der Legaldefinition in § 27 Abs. 1 S. 3 und 4 PartG sind Spenden Zahlungen, die über Mitglieds- und Mandatsträgerbeiträge hinausgehen. Dazu gehören auch Sonderumlagen und Sammlungen sowie geldwerte Zuwendungen aller Art, sofern sie nicht üblicherweise unentgeltlich Parteien außerhalb eines Geschäftsbetriebes zur Verfügung gestellt werden oder eine hierfür dennoch vereinbarte Vergütung an die Partei zurückgeleitet oder auf eine solche Vergütung verzichtet wird.

[67] Begründung zum RegE des 48. Strafänderungsgesetzes vom 11.2.2014, BT-Drs. 18/476, 10.

renzzeit von zwei (für ehemalige Kommissionspräsidenten: drei) Jahren vor, innerhalb derer sie der Kommission die Aufnahme einer beruflichen Tätigkeit mitteilen müssen. Diese entscheidet darüber, ob die Tätigkeit mit Art. 245 AEUV, der Kommissionsmitglieder zur Zurückhaltung und Ehrenhaftigkeit verpflichtet, vereinbar ist.

d) Organisationsrechtliche Regelungen

44 Daneben erfolgt eine Regulierung des Lobbyings insbesondere durch organisationsrechtliche Vorschriften. So gibt das Parteiengesetz die Maßstäbe für Parteispenden und die staatliche Parteienfinanzierung vor. Zudem sieht das Organisationsrecht eine Reihe von Verfahrensabläufen vor, welche den Austausch zwischen Interessenvertretern und Parlamentsmitgliedern behandeln. Typisches Instrumentarium hierfür ist die Anhörung von Fachausschüssen.[68] Durch die hier betriebene Lobbyarbeit werden die parlamentarischen Entscheidungsträger oft überhaupt erst in die Lage versetzt, die **Folgen legislativer Vorhaben** für die im Einzelnen betroffenen Gruppen einschätzen zu können.[69]

45 Verbände können an **Gesetzgebungsverfahren** bei den Bundesministerien nach Maßgabe des § 47 GGO mitwirken. Absatz 3 der Vorschrift normiert, dass betroffene Zentral- und Gesamtverbände sowie Fachkreise, die auf Bundesebene bestehen, rechtzeitig zu beteiligen sind. Derweil richtet sich die Beteiligung von Interessenvertretern an Öffentlichen Anhörungssitzungen des Bundestages nach § 70 GO-BT. Diese Sitzungen erfolgen mit dem Ziel, dem Ausschuss Informationen über den Gegenstand seiner Beratung zu beschaffen. Hier können gemäß § 70 Abs. 1 S. 1 GO-BT neben Sachverständigen auch Interessenvertreter angehört werden.

e) Transparenzregelungen

46 Auf bundestaatlicher Ebene folgen aus dem Umweltinformationsgesetz (für Umweltinformationen) und aus dem Informationsfreiheitsgesetz (für alle sonstigen Informationen) Ansprüche gegen die Exekutive auf **„Zugang zu amtlichen Informationen".** So ist gemäß § 1 Abs. 1 IFG „jeder" zur Geltendmachung des allgemeinen Informationsanspruchs berechtigt.[70] Daher können neben natürlichen Personen insbesondere auch juristische Personen des Privatrechts nach § 1 Abs. 1 IFG aktivlegitimiert sein, wobei in- und ausländische Personen gleichermaßen berechtigt sind.[71]

47 Der Gesetzesbegründung zufolge dient das IFG dem Demokratieprinzip und der Kontrolle staatlichen Handelns.[72] Vor diesem Hintergrund sind Bundesbehörden nach § 1 Abs. 1 S. 1 IFG hinsichtlich vorliegender amtlicher Informationen unabhängig von ihrer Handlungsform oder der Art der wahrgenommenen Aufgabe immer auskunftsverpflichtet.[73] Dieser **Auskunftspflicht** unterliegen auch die Bundestags- und Bundesrats*verwaltung.* So nimmt etwa der Bundestag *nach Abschluss* des Gesetzgebungsverfahrens durch die Dokumentation und Archivierung von Gesetzgebungsmaterialien Verwaltungsaufgaben wahr.

---

[68] Vgl. *Gerig,* Der rechtliche Rahmen für Lobbyisten, ZRP 2014, 249.

[69] *Hamann,* Geld für gute Worte, Die Zeit, 20.1.2005, S. 20, https://www.zeit.de/2005/04/Lobby (zul. abgerufen am 14.4.2021), zitiert etwa die EU-Abgeordnete Erika Mann: „Ich will meine Freiheit. Aber ich will auch kluges Lobbying. Wenn die Unternehmen nicht zu mir kommen würden, ginge ich zu ihnen. Da liegt so viel Wissen."; siehe auch *Gerig,* Der rechtliche Rahmen für Lobbyisten, ZRP 2014, 247.

[70] Zu Inhalt und Grenzen der Transparenzpflichten s. *Voland,* Die „fabelhafte" Welt der Umweltinformationen, DVBl 2011, 1262 ff.

[71] *Brink* in Brink/Polenz/Blatt, IFG, 2017, § 1 Rn. 69.

[72] Entwurf eines Gesetzes zur Regelung des Zugangs zu Informationen des Bundes vom 14.12. 2004, BT-Drs. 15/4493, 6 f. Demnach will das Informationsfreiheitsgesetz die demokratischen Beteiligungsrechte der Bürger durch die Verbesserung der Informationszugangsrechte stärken und vor allem auf der Grundlage der so vermittelten Erkenntnisse der Meinungs- und Willensbildung in der Demokratie dienen.

[73] *Brink* in Brink/Polenz/Blatt, IFG, 2017, § 1 Rn. 84.

Diese Vorgänge unterfallen gleichermaßen wie die Öffentlichkeitsarbeit in vollem Umfang der Informationspflicht.[74] Demgegenüber stellen die organspezifischen Aufgaben des Bundestages und des Bundesrates (zB die Gesetzgebungstätigkeit oder der parlamentarische Austausch mit in- und ausländischen sowie supranationalen Stellen) keine Verwaltungsaufgaben im Sinne von § 1 Abs. 1 S. 2 IFG dar. Auch gegen Mitglieder der Bundesregierung bestehen Ansprüche auf Zugangsgewährung zu Verwaltungsvorgängen zu Gesetzgebungsverfahren.[75] Die Einwirkung auf politische Prozesse durch Lobbyarbeit in Form einer „externen Beratung" durch Interessenvertreter ist nach Auffassung des Bundesverwaltungsgerichts weit verbreitet, demokratisch nicht zu beanstanden und vor diesem Hintergrund „nicht vor der Öffentlichkeit abzuschotten".[76]

Zwar können sich Parlamentarier nicht unmittelbar in ihrer Eigenschaft als Abgeordnete **48** auf das UIG oder IFG stützen, um etwa von der Bundesregierung Auskünfte zu erlangen. Sie haben aber die Möglichkeit, durch **Kleine und Große Anfragen** sowie bestimmte Akteneinsichtsrechte Informationen anzufordern.[77]

Gegenstand einer anhaltenden Kontroverse war die **Einführung eines verbindlichen** **49** **Lobbyregisters** auf Bundesebene. Seit 1972 existiert unter Führung des Bundestagspräsidenten eine *unverbindliche* Liste, in welche zur öffentlichen Einsichtnahme alle Verbände, die Interessen gegenüber dem Bundestag oder der Bundesregierung vertreten, eingetragen werden.[78] Um eine stärkere Kontrolle und ggf. Sanktionierung (unrechtmäßiger) Lobbyarbeit zu ermöglichen, wurde seit Längerem innerhalb und außerhalb des Bundestags die Einführung eines verbindlichen Lobbyregisters erwogen, auch wenn gegen dieses Vorhaben verfassungsrechtliche Bedenken erhoben wurden.[79] Allerdings haben sich verschiedene Verbände, NGOs und politische Parteien viele Jahre für ein Interessenvertretergesetz eingesetzt.[80] Im Zuge der Causa *Philipp Amthor* einigten sich schließlich Unterhändler der Großen Koalition im Herbst 2020 auf die Einführung eines verbindlichen Lobbyregisters.[81]

Der erste interne Referentenentwurf, veröffentlicht auf der Plattform FragDenStaat am **49a** 17.8.2020,[82] wurde stark kritisiert. So rügten NGOs unter anderem, dass der Anwendungsbereich nur eine Interessenvertretung gegenüber dem Parlament erfassen sollte und dass dementsprechend Lobbytätigkeiten gegenüber der Bundesregierung und den Bundesbehörden nicht angezeigt werden müssten.[83] Weiterhin hätte dieser Entwurf aus Sicht der

---

[74] *Brink* in Brink/Polenz/Blatt, IFG, 2017, § 1 Rn. 95.

[75] BVerwG NVwZ 2017, 1621 Rn. 8.

[76] BVerwG NVwZ 2017, 1621 Rn. 27.

[77] §§ 3a, 15, 75, 100 ff. GO-BT.

[78] *Deutscher Bundestag,* Aktuelle Fassung der öffentlichen Liste über die Registrierung von Verbänden und deren Vertretern, 28.8.2020, https://www.bundestag.de/resource/blob/189476/fb07535f85c0a2b09dfedbe56e8d7bd6/lobbylisteaktuell-data.pdf (zul. abgerufen am 14.4.2021).

[79] *Sodan* LKV 2012, 193 ff.

[80] Vgl. *Lobbycontrol/abgeordnetenwatch.de,* Vorschlag zum Lobby-Transparenzgesetz, 6.2.2017, https://www.abgeordnetenwatch.de/sites/default/files/media/documents/various/2017-02-06-lobby transparenz-gesetz.pdf (zul. abgerufen am 14.4.2021); *Transparency Deutschland eV,* Transparency Deutschland und der VCI – Gemeinsam für eine transparente Interessenvertretung, 9.4.2018, https://www.transparency.de/fileadmin/Redaktion/Publikationen/2018/2018-04-17_Eckpunktepapier_Interessenvertretungsgesetz.pdf (zul. abgerufen am 14.4.2021); Antrag der Fraktion BÜNDNIS 90/DIE GRÜNEN, BT-Drs. 19/836; Gesetzesentwurf der Fraktion DIE LINKE, BT-Drs. 19/15.

[81] *DPA,* Große Koalition plant verbindliches Lobbyregister – und Strafen bei Verstößen, 3.7.2020, https://www.handelsblatt.com/politik/deutschland/fall-amthor-grosse-koalition-plant-verbindliches-lobbyregister-und-strafen-bei-verstoessen/25974614.html?ticket=ST-7484048-WM37mOI2N1Jeh VPNfmuk-ap6 (zul. abgerufen am 14.4.2021).

[82] *FragDenStaat,* Entwurf für ein Lobbyregister, 17.8.2020, https://fragdenstaat.de/dokumente/7323-entwurf-lobbyregister-groko/ (zul. abgerufen am 14.4.2021).

[83] *Lobbycontrol/abgeordnetenwatch.de,* Für ein Lobbyregister ohne Schlupflöcher, Offener Brief an den Deutschen Bundestag vom 24.8.2020, https://www.lobbycontrol.de/wp-content/uploads/Lobbyregis

Kritiker weder einen Lobbybeauftragten noch einen **„legislativen Fußabdruck“** geschaffen. Es sei damit nicht nachvollziehbar gewesen, welcher Interessenvertreter welches Gesetz beeinflusst habe. Darüber hinaus hätte die Freistellung der Gewerkschaften, Arbeitgeberverbände und Religionsgemeinschaften von den Transparenzregelungen gegen den Grundsatz der Gleichbehandlung verstoßen.[84]

49b Am 8.9.2020 veröffentlichten die Regierungsfraktionen einen **offiziellen Entwurf.**[85] Diesen überarbeitete der Ausschuss für Wahlprüfung, Immunität und Geschäftsordnung noch sehr grundlegend.[86] Unter anderem ergänzte er, dass das Gesetz nicht nur für die Interessenvertretung gegenüber den Organen, Mitgliedern, Fraktionen oder Gruppen des Deutschen Bundestages, sondern auch gegenüber der Bundesregierung gelten soll. Ferner konkretisierte er, dass der Deutsche Bundestag und die Bundesregierung unter Beteiligung der Zivilgesellschaft einen Verhaltenskodex festlegen, der Vorgaben für eine Ausübung von Interessenvertretung auf Basis von Offenheit, Transparenz, Ehrlichkeit und Integrität enthält. Somit wird verhindert, dass jeder Interessenvertreter einen eigenen Verhaltenskodex erarbeiten muss. In diesem Zusammenhang änderte der Ausschuss auch das (verfassungs-)rechtlich bedenkliche[87] Rügeverfahren bei Verstößen gegen den Kodex. Während im ursprünglichen Gesetzentwurf noch vorgesehen war, dass die Interessenvertretung selbst ermitteln und einzelne der für sie tätigen Personen rügen sollte, ist nunmehr ein Prüfverfahren durch die registerführende Stelle sowie bei Feststellung einer erheblichen Kodexverletzung ein entsprechender Eintrag in das Register vorgesehen. Am 25.3.2021 nahm das Plenum den Gesetzentwurf in der Ausschussfassung mit den Stimmen der Koalitionsfraktionen gegen die Stimmen der AfD-Fraktion bei Enthaltung der Fraktionen von FDP, Bündnis 90/Die Grünen und Linke an.[88] Der Bundesrat hat in seiner 1002. Sitzung am 26.3.2021 beschlossen, den Vermittlungsausschuss nicht anzurufen und damit das Gesetz passieren zu lassen.[89]

49c Das aus zehn Paragrafen bestehende Lobbyregistergesetz tritt am 1.1.2022 in Kraft. Es sieht eine Registrierungspflicht für Interessenvertreter vor, wenn diese in einem relevanten Ausmaß Einfluss auf den Willensbildungsprozess des Deutschen Bundestages (dh gegenüber den Organen, Mitgliedern, Fraktionen oder Gruppen des Deutschen Bundestages) und der Bundesregierung nehmen.[90] Die Regelungen für die Bundesregierung gelten dabei ebenfalls für die Parlamentarischen Staatssekretärinnen und Parlamentarischen Staatssekretäre,

---

ter_Offener-Brief_24.08.20.pdf (zul. abgerufen am 14.4.2021). Der offene Brief wurde mitgezeichnet von Campact, Democracy International eV, Bürgerbewegung Finanzwende eV, Mehr Demokratie eV, Open Knowledge Foundation Deutschland eV.

[84] *Transparency International Deutschland eV/Verband der Chemischen Industrie (VCI)/Bundesverband der Deutschen Industrie (BDI)/DIE FAMILIENUNTERNEHMER/Naturschutzbund Deutschland (NABU)/Verbraucherzentrale Bundesverband (vzbv), „Allianz für Lobbytransparenz“:* Gesetzentwurf für Lobbyregister greift nicht weit genug, Pressemitteilung vom 28.8.2020, https://www.transparency.de/aktuelles/detail/article/allianz-fuer-lobbytransparenz-gesetzentwurf-fuer-lobbyregister-greift-nicht-weit-genug/ (zul. abgerufen am 14.4.2021).

[85] *Deutscher Bundestag,* Gesetzentwurf der Fraktionen der CDU/CSU und SPD – Entwurf eines Gesetzes zur Einführung eines Lobbyregisters beim Deutschen Bundestag und zur Änderung des Gesetzes über Ordnungswidrigkeiten (Lobbyregistergesetz), BT-Drs. 19/22179.

[86] *Deutscher Bundestag,* Beschlussempfehlung und Bericht des Ausschusses für Wahlprüfung, Immunität und Geschäftsordnung (1. Ausschuss), BT-Drs. 19/27922.

[87] So war unter der ursprünglichen Regelung unklar, wie die Rüge in Einklang mit verfassungs- und arbeitsrechtlichen Grundsätzen (Schutz des allgemeinen Persönlichkeitsrechts, Unschuldsvermutung und keine öffentliche Verurteilung ohne Gerichtsverfahren, Schutz der Arbeitnehmer) hätte gebracht werden können.

[88] *Deutscher Bundestag,* Plenarprotokoll 19/218 zur Sitzung am 25.3.2021, S. 27602(B).

[89] *Bundesrat,* Drucksache 237/21 (Beschluss) vom 26.3.2021.

[90] *Austermann,* Das neue Lobbyregistergesetz des Bundes, NVwZ 2021, 585, 586; *Hadamek,* Das Lobbyregister des Deutschen Bundestags und der Bundesregierung, Berliner Anwaltsblatt September 2021, 320, 321.

die Staatssekretärinnen und Staatssekretäre, die Abteilungsleiterinnen und Abteilungsleiter sowie die Unterabteilungsleiterinnen und Unterabteilungsleiter. Interessenvertretung ist definiert als „jede Kontaktaufnahme zum Zweck der unmittelbaren oder mittelbaren Einflussnahme auf den Willensbildungs- oder Entscheidungsprozess der Organe, Mitglieder, Fraktionen oder Gruppen des Deutschen Bundestages oder zum Zweck der unmittelbaren oder mittelbaren Einflussnahme auf den Willensbildungs- oder Entscheidungsprozess der Bundesregierung." Die Interessenvertreter müssen unter anderem ihre **konkreten Auftraggeber,** die Anzahl der mit der Interessenvertretung Beschäftigten, die jährlichen finanziellen Aufwendungen (ohne Personalkosten) in Schritten von jeweils 10 000 Euro sowie Zuwendungen und Spenden im Wert von mehr als 20 000 Euro angeben. Die maßgebliche Schwelle zur Registrierungspflicht soll dann überschritten sein, wenn die Interessenvertretung regelmäßig betrieben wird, auf Dauer angelegt ist, für Dritte erfolgt oder jedenfalls 50 unterschiedliche Interessenvertretungskontakte in den jeweils letzten drei Monaten aufgenommen wurden (§ 1 Abs. 1 Lobbyregistergesetz).[91] Keine Pflicht zur Eintragung besteht hingegen beispielsweise im Falle der Rechtsberatung für einen Dritten oder sich selbst, einschließlich der Erstattung wissenschaftlicher Gutachten oder an die Allgemeinheit gerichteter Darstellung und Erörterung von Rechtsfragen. Ebenfalls sind Kontakte gegenüber Beschäftigten nicht erfasst, da nach Ansicht des Gesetzgebers die „administrative Arbeit" hier im Mittelpunkt der Tätigkeit steht.[92] Zudem besteht keine Eintragungspflicht für Arbeitgeber- und Arbeitnehmerverbände sowie die Tätigkeit der Kirchen und sonstigen Religionsgemeinschaften. Dies ist mit der grundrechtlichen Bedeutung von Art. 4 GG und Art. 9 Abs. 3 GG zu begründen. Ein Gut von Verfassungsrang, dem die Registrierungspflicht dienen soll, ist nicht zu ermitteln, sodass eine Einschränkung nicht zu rechtfertigen ist.[93] Anders kann es sich indes wiederum darstellen, wenn die (rechtliche) Beratung auf Erlass, Änderung oder Unterlassung einer rechtlichen Regelung durch den Deutschen Bundestag oder die Bundesregierung gerichtet ist. Bestimmte Verstöße gegen die Registrierungspflicht können mit einem Bußgeld bis zu 50.000 Euro geahndet werden.[94] Bei fehlender oder unvollständiger Registrierung kann der Bundestag die Interessenvertreter zudem von der Erteilung eines Hausausweises ausschließen.

Über die Registrierungspflicht hinaus sind weitere Vorgaben zu beachten. Unter ande- **49d**
rem müssen Interessenvertreter ihre Tätigkeit auf Basis von Offenheit, Transparenz, Ehrlichkeit und Integrität ausüben. Dazu erlassen der Deutsche Bundestag und die Bundesregierung unter Beteiligung der Zivilgesellschaft einen Verhaltenskodex, der entsprechende Vorgaben enthält. Dazu nahm der Deutsche Bundestag am 24.6.2021 die Beschlussempfehlung des federführenden Ausschusses für den Verhaltenskodex an. Alle bis zum 25.5.2021 eingegangenen Stellungnahmen wurden zur Kenntnis genommen und zur Überarbeitung des ursprünglichen Entwurfs herangezogen. Die Bundesregierung verabschiedete den Verhaltenskodex in ihrer Kabinettssitzung am 16.6.2021.[95] Stellt die registerführende Stelle nach Durchführung eines entsprechenden Prüfverfahrens fest, dass eine Interessenvertreterin oder ein Interessenvertreter nicht unerheblich gegen den Verhaltenskodex nach § 5 Abs. 2 LobbyRG verstoßen hat, wird diese Feststellung im Register veröffentlicht. Dabei ist der § 6 Abs. 1 LobbyRG verfassungskonform so auszulegen, dass der Bundestag allenfalls

[91] *Austermann,* Das neue Lobbyregistergesetz des Bundes, NVwZ 2021, 585, 586.

[92] Deutscher Bundestag, Beschlussempfehlung und Bericht des Ausschusses für Wahlprüfung, Immunität und Geschäftsordnung (1. Ausschuss), BT-Drs. 19/27922.

[93] *Austermann,* Das neue Lobbyregistergesetz des Bundes, NVwZ 2021, 586, 587.

[94] *Austermann,* Das neue Lobbyregistergesetz des Bundes, NVwZ 2021, 585, 586.

[95] Bundestag, Verhaltenskodex für Interessenvertreterinnen und Interessenvertreter im Rahmen des Lobbyregistergesetzes, abrufbar unter https://www.bundestag.de/resource/blob/849636/04c7ec1cdcc5a7c655f51556e621c6ec/Verhaltenskodex-data.pdf; Dr. Hadamek, Das Lobbyregister des Deutschen Bundestags und der Bundesregierung, Berliner Anwaltsblatt September 2021, 320, 321.

den Wunsch gegenüber dem Bundestagspräsidenten auf Entzug des Hausausweises äußern kann. Der Bundestag kann dem Bundestagspräsidenten wegen Art. 40 Abs. 2 S. 1 GG keine Vorgaben erteilen.[96] Eine Löschung dieses Hinweises im Register erfolgt nach Ablauf von 24 Monaten nach Veröffentlichung des Verstoßes.

4. Landesgesetze

50 Als erstes Bundesland hat **Rheinland-Pfalz** im Dezember 2011 die Einführung eines Lobbyistenregisters beschlossen. Der Geschäftsordnung des Landtags zufolge handelt es sich hierbei um eine vom Landtagspräsidenten geführte öffentliche Liste, in der Verbände, die Interessen gegenüber dem Landtag und der Landesregierung vertreten, registriert werden.[97] Auch in **Brandenburg** existiert seit 2013 ein öffentliches Register von Interessenvertretungen.[98] Dieses listet Verbände auf, die eine Aufnahme schriftlich beantragt haben und Interessen gegenüber dem Landtag und der Landesregierung vertreten. Mit der Eintragung in das Register erhalten diese Verbände die Möglichkeit, ihre Interessen gegenüber politischen Entscheidungsträgern geltend zu machen und in der Öffentlichkeit darzulegen.[99] Ein entsprechendes Lobbyregister hat auch der Landtag von **Sachsen-Anhalt** 2015 eingeführt.[100] Im März 2019 ist auch in Thüringen das Thüringer Beteiligtentransparenzregistergesetz in Kraft getreten, wonach eine öffentliche Liste über an Gesetzgebungsverfahren Beteiligte einzurichten ist.[101]

51 Weitere Bundesländer streben die Einführung gleichartiger Register an. So erfolgte zum Beispiel in **Nordrhein-Westfalen** im Jahr 2016 eine Öffentliche Anhörung des Hauptausschusses über die Einführung eines Lobbyregisters.[102] Im September 2020 hat die Fraktion BÜNDIS 90/DIE GRÜNEN einen Antrag im Landtag von Nordrhein-Westfalen zur Einführung eines verbindlichen Lobbyregisters gestellt.[103] Die Anhörung der Sachverständigen fand im Februar 2021 statt, jedoch ist bisher keine Entscheidung über den Antrag bekannt.[104] Die Fraktion BÜNDNIS 90/DIE GRÜNEN stellte im Abgeordnetenhaus von **Berlin** 2014 einen Antrag auf ein öffentlich einsehbares Lobbyregister für Berlin,[105] welcher allerdings abgelehnt worden ist. Im April 2021 wurde ein Antrag der Fraktionen der SPD, Die Linke und BÜNDNIS 90/DIE GRÜNEN über die Einführung des Gesetzes „über die Einführung des Lobbyregisters beim Abgeordnetenhaus" im Abgeordnetenhaus

---

[96] *Austermann,* Das neue Lobbyregistergesetz des Bundes, NVwZ 2021, 585, 588.

[97] *Landtag Rheinland-Pfalz,* Ständig aktualisierte Fassung der öffentlichen Liste über die Registrierung von Verbänden und deren Vertretung, 4.9.2020, https://www.landtag.rlp.de/fileadmin/Landtag/Medien/Lobbyistenregister/Lobbyistenliste_zur_Veroeffentlichung.pdf (zul. abgerufen am 14.4.2021).

[98] *Landtag Brandenburg,* Register der Interessenvertretungen in Brandenburg, 18.1.2021, https://www.landtag.brandenburg.de/media_fast/5701/20210118_Register%20Interessenvertretungen%20LT%20BB_360_11.pdf (zul. abgerufen am 14.4.2021).

[99] *Landtag Brandenburg,* Lobbyregister, https://www.landtag.brandenburg.de/de/parlament/lobbyregister/607534 (zul. abgerufen am 14.4.2021).

[100] *Landtag Sachsen-Anhalt,* Lobbyregister gemäß § 80b GO.LT, 13.4.2021, https://www.landtag.sachsen-anhalt.de/fileadmin/Downloads/Lobbyregister/Lobbyregister_Landtag_von_Sachsen_Anhalt_2021_04_13.pdf (zul. abgerufen am 14.4.2021).

[101] *Landtag Thüringen,* Beteiligtentransparenzdokumentation, https://beteiligtentransparenzdokumentation.thueringer-landtag.de/ (zul. abgerufen am 14.4.2021).

[102] *Landtag Nordrhein-Westfalen,* Öffentliche Anhörung des Hauptausschusses am 8.9.2016, Drs. E 16/1897.

[103] Landtag Nordrhein-Westfalen, Antrag: Mehr Transparenz bei politischen Entscheidungsprozessen – Einführung eines verbindlichen Lobbyregisters und des legislativen Fußabdrucks, Drucksache 17/10939 vom 8.9.2020.

[104] Anhörungsdokument hier abrufbar https://www.landtag.nrw.de/portal/WWW/dokumentenarchiv/Dokument/MME17-1695.html.

[105] *Abgeordnetenhaus Berlin,* Antrag der Fraktion Bündnis 90/Die Grünen, 10.11.2011, Drs. 17/0027.

in Berlin gestellt.[106] Bisher wurde nicht über diesen entschieden. Im aktuellen Koalitionsvertrag der Regierungsfraktionen ist ein Lobbyregister erneut vorgesehen. In **Baden-Württemberg** hat der Landtag Anfang Februar 2021 das Gesetz über ein Transparenzregister beschlossen .[107] In das Transparenzregister sind alle Organisationen und Verbände, die Interessen gegenüber dem Landtag, seinen Gremien, seinen Fraktionen, seinen Mitgliedern oder der Landesregierung oder ihren Mitgliedern vertreten wollen, einzutragen.

Parallel zum Bund regeln auch die Länder den **Zugang zu amtlichen Informationen** der Landes- und Kommunalbehörden durch eigene Informationsfreiheits- oder Transparenzgesetze.[108] 52

5. Europäische Union

Verschiedene Regelungen, die die Lobbyarbeit betreffen, haben ihren Ausgangspunkt auf **europäischer oder internationaler Ebene.** Das gilt etwa für das Umweltinformationsgesetz, welches die Umweltinformationsrichtlinie umsetzt, die wiederum auf der Arhus-Konvention beruht. Auch die Sanktionierung der Abgeordnetenbestechung in § 108e StGB findet ihre Grundlage im Völkerrecht.[109] 53

Seit Juni 2011 – zuletzt novelliert am 15.4.2014 – gibt es auf europäischer Ebene ein gemeinsames **Transparenzregister des Europäischen Parlaments und der Kommission,**[110] in dem sich Interessenvertreter registrieren lassen sollen.[111] Das Register wird durch das von Beamten des Parlaments und der Kommission besetzte „Joint Transparency Register Secretariat (JTRS)“[112] verwaltet. Organisationen, die sich registrieren lassen, haben unter anderem Informationen über die Anzahl der Personen, die als Lobbyisten tätig sind, sowie die Höhe der Mittel aus EU-Quellen, die ihnen zufließen, bereitzustellen.[113] Derzeit sind knapp 12000 Organisationen eingetragen.[114] Mit ihrer Registrierung verpflichten sie sich zur Einhaltung eines – sanktionsbewehrten – Verhaltenskodex. Dessen Zweck besteht darin, der Öffentlichkeit transparent darzulegen, wer Entscheidungen auf europäischer Ebene zu beeinflussen sucht und welche Mittel dafür aufgewendet werden. Zur Stärkung der Transparenz hat die Kommission im September 2016 die Verbindlichkeit des Registers für alle drei EU-Organe in Form einer Interinstitutionellen Vereinbarung vorgeschlagen.[115] Nachdem die Verhandlungsführer im Februar 2019 angekündigt hatten, ihre Gespräche über die Einführung eines gemeinsamen verbindlichen Transparenzregisters fortsetzen zu 54

---

[106] Abgeordnetenhaus Berlin, Antrag: Gesetz über die Einführung des Lobbyregisters beim Abgeordnetenhaus Lobbyregistergesetz – BerlLG, Drucksache 18/3563.

[107] *Landtag von Baden-Württemberg,* Gesetzesbeschluss des Landtags, Gesetz über ein Transparenzregister, Drs. 16/9883.

[108] Sämtliche IFG-Landesgesetze sind zugänglich unter https://netzwerkrecherche.org/handwerk/informationsfreiheit-und-auskunftsrechte/ifg-guide/IFG-Landesgesetze/ (zul. abgerufen am 14.4.2021). Ein Überblick zu den aktuellen Entwicklungen findet sich bei *Debus* in BeckOK InfoMedienR, 28. Ed. 2020, § 1 Rn. 59ff.

[109] S. bereits oben A.V. 3.

[110] Das Transparenzregister ist abrufbar unter http://ec.europa.eu/transparencyregister/info/homePage.do (zul. abgerufen am 14.4.2021).

[111] *Gerig/Ritz,* Pläne für ein neues EU-Lobbyregister – kommt Zeit, kommt Rat, EuZW 2014, 853 (855f.).

[112] Vereinbarung des Europäischen Parlaments und der Kommission über ein Transparenzregister für Organisationen und selbstständige Einzelpersonen, die sich mit der Gestaltung und Umsetzung von EU-Politik befassen, ABl. 2011 L 191, S. 29.

[113] *Bergmann,* Handlexikon der EU, 5. Aufl. 2015, Lobbying, V.

[114] *Europäische Kommission/Europäisches Parlament,* Transparenz-Register, 2.9.2020, https://ec.europa.eu/transparencyregister/public/homePage.do?redir=false&locale=de (zul. abgerufen am 14.4.2021).

[115] *Europäische Kommission,* Vorschlag für eine institutionelle Vereinbarung über ein verbindliches Transparenzregister, 28.9.2016, http://eur-lex.europa.eu/resource.html?uri=cellar:8a8de191-8648-11e6-b076-01aa75ed71a1.0019.02/DOC_1&format=PDF (zul. abgerufen am 14.4.2021).

wollen,[116] kam es aufgrund der Wahlen zum Europäischen Parlament zu einem Stillstand der Verhandlungen.[117] Im Juni 2020 haben die Verhandlungsführer von Parlament, Rat und Kommission jedoch eine Wiederaufnahme der Gespräche angekündigt.[118] Im Dezember 2020 konnten sich die Vertreter der drei Organe darauf einigen, dass auch Vertreter des Rates zukünftig ihre Kontakte zu Lobbyisten offenlegen.[119] Im April 2021 haben das Europäische Parlament, der Rat der Europäischen Union und die Europäische Kommission der „Institutionellen Vereinbarung über ein verbindliches Transparenz-Register vom 20.5.2021" zugestimmt, welche am 11.6.2021 im Amtsblatt der Europäischen Union veröffentlicht wurde.[120] Diese Vereinbarung ersetzt gemäß Art. 15 Abs. 3 die Vereinbarung von 2014. Sie tritt nach Art. 15 Abs. 4 der Vereinbarung am zwanzigsten Tag nach ihrer Veröffentlichung in Kraft. Interessenvertreter ist nach Art. 2 lit. a) der Vereinbarung "jede natürliche oder juristische Person oder jede formelle oder informelle Gruppe, Vereinigung oder jedes Netzwerk, die bzw. das sich mit abgedeckten Tätigkeiten befasst". Nach Art. 3 gilt die Vereinbarung für alle „Tätigkeiten, die von Interessenvertretern mit dem Ziel durchgeführt werden, auf die Formulierung oder Umsetzung von Politik oder Rechtsvorschriften oder auf die Entscheidungsprozesse der unterzeichnenden Organe oder anderer Organe, Einrichtung, Ämter und Agenturen der Union Einfluss zu nehmen". Von den in Art. 4 Abs. 1 der Vereinbarung geregelten Ausnahmen sind unter anderem die rechtliche Beratung unter bestimmten Voraussetzungen und die Abgabe von Stellungnahmen in bestimmten Fällen, wie zum Beispiel als Vertragspartei, umfasst. In Art. 4 Abs. 2 der Vereinbarung werden zudem Tätigkeiten bestimmter Stellen, wie von politischen Parteien oder Kirchen, ausgeschlossen. Die Art. 6 bis 9 der Vereinbarung regeln das Verfahren zur Eintragung in das Register sowie die Verwaltung des Registers. Zudem ist in Art. 11 die Möglichkeit der freiwilligen Beteiligung von Organen, die nicht Unterzeichner der Vereinbarung sind, geregelt. Registrierte, die vor dem Inkrafttreten in das Register aufgenommen wurden, sind nach Art. 15 Abs. 5 der Vereinbarung berechtigt, innerhalb von sechs Monaten ihre Eintragung zu ändern, um die neuen Anforderungen zu erfüllen und weiter eingetragen zu bleiben.

6. EU-Mitgliedstaaten

55 Auch **andere EU-Mitgliedstaaten** haben Vorschriften zur Regulierung der Lobbytätigkeit erlassen.[121] Zwar unterscheiden sie sich in ihrer konkreten Ausgestaltung. Viele von ihnen behandeln aber zentrale Aspekte wie die Definition des Lobbyings, Verhaltens- und Transparenzregelungen sowie etwaige Maßnahmen zur Überwachung und Sanktionierung.[122] Ein verpflichtendes Lobbyregister haben im Kreise der EU-Mitgliedstaaten unter

---

[116] *Europäisches Parlament,* Third round of talks on the proposal for a mandatory Transparency Register, Pressemitteilung vom 14.2.2019, http://www.europarl.europa.eu/news/fr/press-room/20190213IPR26332/third-round-of-talks-on-the-proposal-for-a-mandatory-transparency-register (zul. abgerufen am 14.4.2021).

[117] *Nielsen,* Lobby register transparency talks collapse, EUObserver, 5.4.2019, https://euobserver.com/institutional/144599 (zul. abgerufen am 14.4.2021).

[118] *Europäisches Parlament,* Mandatory Transparency Register: political meeting to restart negotiations, Pressemitteilung vom 16.6.2020, https://www.europarl.europa.eu/news/en/press-room/20200615IPR81216/mandatory-transparency-register-political-meeting-to-restart-negotiations (zul. abgerufen am 14.4.2021).

[119] *Wettach,* Da kann Berlin von Brüssel noch was lernen, WirtschaftsWoche, 8.12.2020, https://www.wiwo.de/politik/europa/transparenzregister-da-kann-berlin-von-bruessel-noch-was-lernen/26698536.html; https://www.lobbycontrol.de/2020/12/oh-du-froehliche-der-rat-der-eu-tritt-dem-eu-lobbyregister-bei/ (zul. abgerufen am 14.4.2021).

[120] Europäisches Parlament, Europäischer Rat, Europäische Kommission in Amtsblatt der Europäischen Union vom 11.6.2021, L 207/1–8.

[121] *Deutscher Bundestag,* Regelung von Interessenvertretung („Lobbying"), WD 3 – 3000 – 204/17, S. 8.

[122] *Deutscher Bundestag,* Regelung von Interessenvertretung („Lobbying"), WD 3 – 3000 – 204/17, S. 10f.

anderem Frankreich,[123] Österreich,[124] Irland,[125] Litauen,[126] Slowenien,[127] Polen[128] und Ungarn[129] eingeführt. Auch das Vereinigte Königreich als ehemaliges EU-Mitglied verfügt über ein solches Register.[130]

B. Besonderheiten des Lobbyings im Gesundheitswesen

56 Der wirtschaftliche Erfolg eines Unternehmens im Gesundheitssektor beruht – wie der jedes anderen Unternehmens – auf einer Vielzahl unterschiedlicher Umstände. Dazu gehören speziell in diesem hochregulierten Bereich auch die politischen und gesetzgeberischen Rahmenbedingungen. Aus diesem Grund haben Unternehmen des Gesundheitssektors ein besonderes Interesse daran, möglichst frühzeitig **Informationen** über anstehende politische und gesetzgeberische Projekte zu erhalten, um ihre Positionen definieren und in die **Entscheidungsprozesse** einbringen zu können. Gleichermaßen kann ihr Interesse darauf gerichtet sein, bestehende Vorschriften und Strukturen zu ändern, um etwa auf technologische oder wirtschaftliche Entwicklungen zu reagieren.

57 Der Gesundheitssektor weist dabei ein besonders ausgeprägtes **Spannungsverhältnis** auf. Denn einerseits sorgen die sog. Healthcare-Unternehmen maßgeblich für die Versorgung mit Arzneimitteln und Medizinprodukten, wobei sie jedoch in der Regel keine altruistischen, sondern (legitime) wirtschaftliche Ziele verfolgen. Andererseits haben speziell die gesetzlichen und privaten Krankenversicherungen als Kostenträger ein legitimes Interesse an der Wirtschaftlichkeit der Versorgung ihrer Versicherten. Sowohl die Industrie als auch die Kostenträger genießen durch ihre Größe, die erheblichen finanziellen Mittel, ihre Bedeutung für das hohe Gut Gesundheit und ihren Beitrag zur Schaffung von Arbeitsplätzen und Innovationen einen herausragenden politischen Einfluss.[131] Dadurch treffen die widerstreitenden Interessen häufig öffentlichkeitswirksam aufeinander. Dies trägt mitunter zu einer besonders negativ gefärbten Wahrnehmung der Lobbyaktivitäten in diesem Bereich bei.[132]

---

[123] *Frankreich,* Gesetz über Transparenz, Korruptionsbekämpfung und die Modernisierung des Wirtschaftslebens, 2016, abrufbar in französischer Sprache unter https://www.legifrance.gouv.fr/affichTexte.do?cidTexte=JORFTEXT000033558528&categorieLien=id (zul. abgerufen am 14.4.2021).

[124] *Österreich,* Bundesgesetz zur Sicherung der Transparenz bei der Wahrnehmung politischer und wirtschaftlicher Interessen, 2012, https://www.ris.bka.gv.at/GeltendeFassung.wxe?Abfrage=Bundesnormen&Gesetzesnummer=20007924 (zul. abgerufen am 14.4.2021).

[125] *Irland,* Lobbying-Regulierungsgesetz, 2015, abrufbar in englischer Sprache unter http://www.irishstatutebook.ie/eli/2015/act/5/enacted/en/pdf (zul. abgerufen am 14.4.2021).

[126] *Litauen,* Gesetz über Lobbying-Aktivitäten, 2000, abrufbar in englischer Sprache unter http://www.vtek.lt/vtek/images/vtek/Dokumentai/EN/Legislation/lobistines_veiklos_istatymas-EN.doc/ (zul. abgerufen am 14.4.2021).

[127] *Slowenien,* Gesetz für Integrität und Verhinderung von Korruption, 2011, abrufbar in englischer Sprache unter https://www.kpk-rs.si/kpk/wp-content/uploads/2018/06/ZintPK-ENG.pdf.pdf (zul. abgerufen am 14.4.2021).

[128] *Polen,* Gesetz über das Lobbying im Gesetzgebungsprozess, 2005, abrufbar in polnischer Sprache unter http://isap.sejm.gov.pl/isap.nsf/DocDetails.xsp?id=WDU20051691414 (zul. abgerufen am 14.4.2021).

[129] *Ungarn,* Regierungs-Dekret 50/2013 über Integritätsmanagement, 2013.

[130] *Vereinigtes Königreich,* Gesetz über die Transparenz der Lobbyarbeit, überparteilichen Wahlkampf und Gewerkschaftsverwaltung, 2014, abrufbar in englischer Sprache unter http://www.legislation.gov.uk/ukpga/2014/4/pdfs/ukpga_20140004_en.pdf (zul. abgerufen am 14.4.2021).

[131] *Bauer* in Merz, Wachstumsmotor Gesundheit, 2008, S. 265 ff.

[132] Dieses Verständnis wird deutlich bei *Grill,* Kranke Geschäfte. Wie die Pharmaindustrie uns manipuliert, 2007, S. 45 ff.; *Grill/Hackenbroch,* Verbände – Die Feinde der Patienten, Der Spiegel, 22.4.2013, https://www.spiegel.de/spiegel/print/d-92537005.html (zul. abgerufen am 14.4.2021); *hr-info,* Funkkolleg, Folge 13: Am Tropf der Pharmalobby?, Funkkolleg 2013/2014, https://podtail.com/de/podcast/hr-info-funkkolleg-gesundheit/folge-13-am-tropf-der-pharmalobby/ (zul. abgerufen am

58 Angesichts dieses Spannungsverhältnisses und zur Vermeidung von (Reputations-)Schäden ist ein langfristig erfolgreiches Lobbying im Gesundheitssektor in besonderer Weise daran geknüpft, nicht nur die eigenen Interessen zu vertreten, sondern ein **vernünftiges Gleichgewicht** mit den übrigen Erfordernissen des komplexen Gesundheitssystems zu finden.

59 Diese Charakteristika – Regelungsdichte, Spannungsverhältnis, wirtschaftliche und politische Bedeutung – führen zu **spezifischen Ausprägungen** der Lobbyarbeit. Dazu gehören ein besonders ausgeprägtes Informationsbedürfnis (hierzu I.), ein großer Kreis an sog. Stakeholdern (II.) sowie eine größere Anfälligkeit für Fehlverhalten (III.).

I. Regelungs- und Verwaltungsdichte im Gesundheitssektor

60 Aus Gründen der Patientensicherheit und der Wirtschaftlichkeit des Gesundheitswesens herrscht im Gesundheitssektor seit Langem eine besonders **hohe Regelungsdichte.**[133] Daher ist die politische Interessenvertretung insbesondere für die Pharma- und Medizinproduktindustrie aufgrund der **besonderen Situation des Zulassungs-, Vertriebs- und Kostenerstattungsrechts** von enormer Bedeutung.[134]

61 Als **Beispiele** für diese Regulierung durch Gesetzgeber und Rechtsprechung lassen sich die Neustrukturierung der Hilfsmittelversorgung gem. §§ 126 ff. SGB V im Rahmen des GKV-OrgWG,[135] die Verabschiedung des AMNOG[136] und des AMVSG[137], das Verbot der Einschaltung privater Abrechnungsstellen im Bereich der ambulanten Versorgung im GKV-Sektor durch das BSG[138] oder die Bestätigung des Fremdbesitzverbots für Apotheken durch den EuGH[139] nennen.

62 Darüber hinaus ist der Gesundheitssektor durch eine besonders **komplexe Struktur verschiedener Organe der (Selbst-)Verwaltung** gekennzeichnet. Einflussreiche Institutionen sind beispielsweise das Bundesamt für Arzneimittel und Medizinprodukte (BfArM), die Apotheker- und Ärztekammern, die Kassenärztlichen Vereinigungen (KVen), die Krankenkassen, der Gemeinsame Bundesausschuss (GBA) oder das Institut für Qualität und Wirtschaftlichkeit im Gesundheitswesen (IQWiG).

63 Diese Regelungs- und Verwaltungsdichte erfordert nicht nur eine ständige **intensive Beobachtung** der legislativen und administrativen Entwicklungen durch ausreichendes, qualifiziertes Personal namentlich in Brüssel und Berlin. Sie beeinflusst auch die Ziele und Akteure der Lobbytätigkeit im Gesundheitssektor (hierzu sogleich II.).

II. Akteure der Lobbytätigkeit im Gesundheitssektor

64 Zu den Interessen, die im Rahmen der Lobbytätigkeit geltend gemacht werden, gehören diejenigen der (Pharma- und Medizinprodukte-)Unternehmen, der Apotheker, Ärzte, Pati-

---

14.4.2021); jüngst *Lobo,* So hilfreich wie ein Cola-Foto gegen Durst, Der Spiegel, 2.9.2020, https://www.spiegel.de/netzwelt/netzpolitik/lobbyregister-so-hilfreich-wie-ein-cola-foto-gegen-durst-kolumne-a-bcfa2725-cdc3-48f2-9ffc-888b4626a18d (zul. abgerufen am 14.4.2021).

[133] *Bauer* in Merz, Wachstumsmotor Gesundheit, 2008, S. 265, 271 bezeichnet dieses Regulierungsinstrumentarium sogar als „planwirtschaftlich".

[134] *Kopp,* Recht, Transparenz und Integrität beim Lobbying, CCZ 2013, 67 (69).

[135] Beschlussempfehlung und Bericht zum Entwurf eines Gesetzes zur Weiterentwicklung der Organisationsstrukturen in der gesetzlichen Krankenversicherung (GKV-OrgWG), BT-Drs. 16/10 609, 12 ff.

[136] Gesetz zur Neuordnung des Arzneimittelmarktes in der gesetzlichen Krankenversicherung vom 22.12.2010, BT-Drs. 17/2413, 5 ff.; BT-Drs. 17/3116, 9 ff.

[137] Gesetz zur Stärkung der Arzneimittelversorgung in der gesetzlichen Krankenversicherung vom 4.5.2017, BT-Drs. 18/10 208, 9 ff.; BT-Drs. 18/10 608, 1 ff.

[138] BSGE 102, 134.

[139] EuGH EuZW 2009, 409; *Mand,* Der EuGH und das Fremdbesitzverbot für Apotheken, WRP 2010, 702 ff.; *Kamann/Gey/Kreuzer* PharmR 2009, 320 (322 f.).

enten und (Kranken-)Versicherungen. Zur Wahrnehmung ihrer Interessen haben sich diese „Stakeholder" regelmäßig in **Verbänden** organisiert. Auf Seiten der Unternehmen sind hier insbesondere der Verband forschender Arzneimittelhersteller (vfa), der Verband der Generika- und Biosimilarunternehmen Pro Generika, der Bundesverband Medizintechnologie (BVMed), der Verband der Diagnostica-Industrie (VDGH), der Bundesverband der Arzneimittelhersteller (BAH) sowie der Bundesverband der Pharmazeutischen Industrie (BPI)[140] zu nennen.

Beispiele für **Verbände anderer Stakeholder** bilden der Marburger Bund (Verband der angestellten und beamteten Ärztinnen und Ärzte), die Bundesvereinigung Deutscher Apothekerverbände (ABDA), der Bundesverband des pharmazeutischen Großhandels (PHAGRO) oder der GKV-Spitzenverband. **65**

Die Interessenvertretung durch Verbände gewinnt auch über den nationalen Rahmen hinaus an Bedeutung. Das ist bereits an den europaweit agierenden Dachverbänden **EFPIA und MedTech Europe** erkennbar, die die Interessen der Pharma- und Medizinproduktindustrie auf der europäischen Ebene vertreten (zu den entsprechenden Kodizes → Kap. 4 Rn. 54ff., 59f.). **66**

III. Spezifische Risiken des Lobbyings im Gesundheitswesen

Im Gesundheitswesen weist die Lobbytätigkeit im Grundsatz vergleichbare Risiken wie in anderen Industriebereichen auf.[141] Zudem sind die Risiken des Lobbyings im Gesundheitswesen denen bei der **Zusammenarbeit der Industrie mit Fachkreisen** nicht unähnlich. Die Angehörigen der Fachkreise entscheiden über die Auswahl des Arzneimittels oder Medizinprodukts im konkreten Behandlungsfall, die Vertreter der Politik, der gemeinsamen Selbstverwaltung im Gesundheitswesen usw. entscheiden über den entsprechenden rechtlichen Rahmen. Sowohl gegenüber politischen Entscheidungsträgern als auch gegenüber den Angehörigen der Fachkreise besteht daher grundsätzlich das Risiko einer **unsachlichen Beeinflussung.** **67**

Die Vielzahl der Akteure im Gesundheitssektor sowie deren große wirtschaftliche und soziale Bedeutung tragen jedoch dazu bei, dass manche dieser Risiken besonders stark ausgeprägt sind und entsprechend auch strenger **(Selbst-)Kontrolle** bedürfen. Dieses Erfordernis wird noch dadurch verstärkt, dass der Gesundheitssektor durch einen besonders engen Austausch zwischen Unternehmen und (Selbst-)Verwaltung geprägt ist (hierzu 1.). **68**

Vor diesem Hintergrund hat der Verein Freiwillige Selbstkontrolle für die Arzneimittelindustrie eV (FSA) Empfehlungen zur Zusammenarbeit der pharmazeutischen Industrie mit den Partnern im Gesundheitswesen und deren Mitarbeitern[142] erarbeitet, die als unverbindliche **Branchenstandards** neben die gesetzlichen Vorgaben, etwa aus § 108e StGB, treten (2.). **69**

1. Zusammenarbeit zwischen Industrie sowie politischen und regulatorischen Entscheidungsträgern

Der Gesundheitssektor ist geprägt durch einen intensiven **Informationsaustausch** zwischen **Unternehmen** einerseits **und** Mitarbeitern der **(Selbst-)Verwaltung** andererseits, etwa der Kassenärztlichen Vereinigungen, der Krankenkassen und ihrer Spitzenverbände, des GBA, des IQWiG sowie der Ärztekammern mit deren wissenschaftlichen Fachausschüssen (hier insbesondere die Arzneimittelkommission der deutschen Ärzteschaft). Dieser Aus- **70**

---

[140] BPI, BAH und BPI planen zu fusionieren, Pressemitteilung vom 17.12.2019, https://www.bpi.de/de/nachrichten/detail/bah-und-bpi-planen-zu-fusionieren (zul. abgerufen am 14.4.2021).

[141] S. dazu bereits oben A.V.

[142] FSA, FSA-Empfehlungen, 2019, https://www.fsa-pharma.de/site/assets/files/62525/sk_fsa_empfehlungen_13_03_2019.pdf (zul. abgerufen am 14.4.2021).

tausch tritt neben den Dialog mit Abgeordneten, Ministerien und Behörden. Er dient unter anderem dazu, den Bedarf, die Finanzierung und den Absatz von Arzneimitteln und Medizinprodukten zu ermitteln bzw. abzustimmen.

71 Auf der **regulatorischen Ebene** betrifft dies insbesondere die Erarbeitung der für die Erstattungsfähigkeit sowie für die frühe Nutzenbewertung erforderlichen Daten und Informationen. Ferner erlangen **konsensuale Beziehungen in Fragen der Erstattungsfähigkeit** eine hohe wirtschaftliche Bedeutung, insbesondere im Hinblick auf den Vertrieb von Produkten (etwa bei Rabatt- oder Mehrwertverträgen).

72 Der Informationsaustausch zwischen Unternehmen und (Selbst-)Verwaltung erfolgt somit nicht rein geschäftlich, sondern auch im Rahmen des **allgemeinen gesundheitspolitischen Dialogs** und des Austauschs von Informationen, die für die Verwaltungstätigkeit erforderlich sind. Das kann zu Graubereichen führen, in denen es an einer klaren Rollenzuweisung fehlt und die somit besonders anfällig für intransparente, unangemessene Einflussnahmen sind. So treten einzelne Funktionäre oder Mitarbeiter der (Selbst-)Verwaltungsinstitutionen zwar in den meisten Fällen als Vertreter ihrer Einrichtungen auf. Gelegentlich werden solche Personen aber auch in anderer Funktion für die Industrie tätig, etwa

- als **Referenten** auf allgemeinen gesundheitspolitischen Tagungen oder bei Veranstaltungen von Unternehmen, bei denen zum Teil auch Honorare gezahlt werden;
- als **Berater** von Unternehmen im Rahmen von **interdisziplinären Beratungsgremien (sog. Advisory Boards)** (etwa im Hinblick auf das Design von Studien mit kostenerstattungsrelevanten Fragestellungen);
- als **Ansprechpartner für Marktstudien,** bei denen es um die Erhebung von Erstattungsdaten geht, oder
- als **Berater** von Unternehmen zu verschiedenen kostenerstattungsrechtlichen und gesundheitspolitischen Fragen (etwa zur Bewertung von Studienprogrammen hinsichtlich der Erstattungsfähigkeit von Produkten).

73 In der Praxis erfolgen derartige Tätigkeiten vielfach **unentgeltlich** oder nur gegen Auslagenerstattung. In manchen Fällen sind sie allerdings auch mit **Honorarzahlungen** verbunden.

74 Im Grundsatz ist ein solcher umfassender Austausch **positiv zu bewerten.** Denn er fördert ein besseres Verständnis der jeweiligen Positionen und damit das Ziel einer optimalen Patientenversorgung. Insbesondere kann der Diskurs dazu beitragen, im konsensualen Zusammenwirken einen rechtssicheren Rahmen für die Erstattung von Arzneimitteln im System der GKV zu gewährleisten.

75 Zugleich ist jedoch sicherzustellen, dass **keine unangemessene Einflussnahme** erfolgt. Problematisch ist es insbesondere, wenn

- sich die Tätigkeit von Mitarbeitern der Selbstverwaltung für Unternehmen mit ihren Funktionen in der Selbstverwaltung **überschneidet,** ohne dass dies nach **außen transparent** wird und nicht präventiv Vorkehrungen getroffen werden, die dem Anschein einer unlauteren Vermischung entgegenwirken;
- es zwar nicht zu einer unmittelbaren Vermischung oder Überschneidung der Rolle als Berater und der Ausübung einer öffentlichen Funktion im Gesundheitswesen kommt, jedoch **indirekt** auf regulatorische Entscheidungen Einfluss genommen werden könnte, ohne dass dies transparent gemacht wird und dem Anschein einer unlauteren indirekten Beeinflussung präventiv entgegengewirkt wird;
- in den oben genannten Fallkonstellationen das Transparenzprinzip zwar in Bezug auf die Haupttätigkeit der Kooperation beachtet wird, darüber hinaus aber **weitere potentielle Konfliktfelder** aufgrund zusätzlicher öffentlicher Funktionen dieses Mitarbeiters bestehen **(„multiple Funktionsträger")** (hierzu auch → Rn. 70 ff.); oder
- allgemein geldwerte Zuwendungen den **Eindruck einer unlauteren Beeinflussung** schaffen können (etwa durch die Einladung eines Funktionsträgers mit einem luxuriösen Rahmenprogramm).

2. Grenzen

Speziell zur Vermeidung der soeben skizzierten problematischen Situationen sind vor allem die **strafrechtlichen Grenzen** sowie die **FSA-Empfehlungen** zu beachten. 76

a) Strafrechtliche Grenzen

Zu den unbedingt zu beachtenden Leitplanken gehören namentlich die Amtsträgerdelikte aus §§ 331 ff. StGB. Denn der **weit gefasste Amtsträgerbegriff** führt dazu, dass etwa Repräsentanten und Funktionäre des GBA, der Landesärztekammern, der Kassenärztlichen Vereinigungen und der Kassenärztlichen Bundesvereinigung, der Arzneimittelkommission, der Krankenkassen und des Spitzenverbandes Bund sowie des IQWiG jeweils als Amtsträger gemäß § 11 Abs. 1 Nr. 2 lit. c StGB anzusehen sein dürften, sofern sie im Rahmen der Selbstverwaltung öffentliche Aufgaben wahrnehmen.[143] 77

Dasselbe dürfte auch für die **Funktionäre der Bundesärztekammer** gelten. Zwar handelt es sich hierbei nicht um eine Körperschaft des öffentlichen Rechts, sondern um einen eingetragenen Verein. Sofern die Bundesärztekammer etwa bei der Unterstützung der Ärztekammern mittelbar auch gesetzliche Aufgaben wahrnimmt (zB im Rahmen der Qualitätssicherung oder der Transplantationsgesetzgebung), kann aber ebenfalls nicht ausgeschlossen werden, dass die insofern tätig werdenden Mitarbeiter von den damit befassten Gerichten als Amtsträger im Sinne von § 11 Abs. 1 Nr. 2 lit. c StGB angesehen werden. Gleichzeitig sind die maßgeblichen weiteren Rechtsbegriffe der Korruptionstatbestände sehr unbestimmt und haben in der Rechtsprechung in diesem Kontext noch keine hinreichende Konkretisierung erfahren. Hieraus können sich erhebliche Rechtsunsicherheiten ergeben. Daraus folgt dem Grundsatz nach das Erfordernis einer besonders strikten Einhaltung des **Trennungs- und Transparenzprinzips** einschließlich der für eine Risikominimierung erforderlichen Einholung von Genehmigungen. 78

Vergleichbares gilt für die Beziehungen zu **Abgeordneten,** die den Grenzen des § 108e StGB unterliegen.[144] 79

b) FSA-Empfehlungen

aa) Hintergrund und Zielsetzung

Auch unterhalb der Schwelle strafrechtlich relevanten Verhaltens sind im Einzelfall **unerwünschte Interessenkonflikte** möglich. Dies kann etwa in den oben beschriebenen Konstellationen der Fall sein, bei denen Mitarbeiter von Einrichtungen der (Selbst-)Verwaltung sowohl für diese Einrichtungen als auch beratend für pharmazeutische oder medizintechnologische Unternehmen tätig werden. Um derartige Interessenkonflikte und die damit verbundenen negativen Konsequenzen für die Integrität und Reputation der beteiligten Personen und Einheiten zu vermeiden, hat der FSA für den Bereich der pharmazeu- 80

[143] BGH NStZ 2005, 214 ff.; NJW 1954, 891 und NJW 1954, 1942. Zur Frage der „Tätertauglichkeit" des Vorstandes einer gesetzlichen Krankenkasse s. *Rust/Wostry,* Die Tätertauglichkeit des Vorstandes einer gesetzlichen Krankenkasse nach §§ 331 ff. StGB, MedR 2009, 319 ff. mwN, die entgegen der herrschenden Meinung die Vorstände der gesetzlichen Krankenkassen aufgrund der jüngsten Reformen des GKV in einem Konflikt zwischen öffentlich-rechtlichem Versorgungsauftrag und „wettbewerbsortientierter" Aufgabenerfüllung sehen, der die Herausnahme dieser Personen aus dem Kreis der tauglichen Täter nach §§ 331 ff. StGB erfordern würde. Dieses Ergebnis ist insbesondere vor dem Hintergrund der EuGH-Rechtsprechung (etwa EuGH EuZW 2009, 612) zum Status der GKV in Deutschland eher zweifelhaft, wonach die gesetzlichen Krankenkassen grundsätzlich als Einrichtungen des öffentlichen Rechts anzusehen seien, die nicht als privatwirtschaftliche Unternehmen (s. hierzu auch EuGH EuZW 2004, 241), sondern als öffentliche Auftraggeber auf dem Markt aufträten. Diese Sichtweise wurde auch durch BGH NJW 2012, 2530 (2531) bestätigt, gemäß dem „gesetzliche Krankenkassen jedenfalls sonstige Stellen der öffentlichen Verwaltung im Sinne des § 11 Absatz I Nr. 2 lit. C) StGB" sind.

[144] Näher dazu bereits oben A. V. 3. a) bb).

tischen Industrie seine Empfehlungen zur Zusammenarbeit mit den Partnern im Gesundheitswesen und deren Mitarbeitern[145] entwickelt. Diese Empfehlungen können aufgrund ihrer allgemeingültigen Inhalte jedoch auch über die Pharmaindustrie hinaus als Handlungsleitlinien dienen.

bb) Anwendungsbereich

81 Die Erstveröffentlichung der **FSA-Empfehlungen** erfolgte im Jahr 2010. Ende 2014 wurden sie überarbeitet, um den Anwendungsbereich vor dem Hintergrund des UN-Übereinkommens gegen Korruption (UNCAC) und der darauf basierenden Einführung von § 108e StGB[146] zu erweitern.

82 Seither gelten die FSA-Empfehlungen nach ihrer Ziffer 1 für die Zusammenarbeit der pharmazeutischen Unternehmen mit den Partnern im Gesundheitswesen, deren Mitarbeitern und mit Abgeordneten (zusammenfassend als „Kooperationspartner" bezeichnet). Der Begriff der **„Partner im Gesundheitswesen"** umfasst die im Gesundheitswesen oder in der Gesundheitspolitik tätigen Ministerien, Behörden (einschließlich der europäischen Behörden, wie EU-Kommission und EMA) und anderen öffentlich-rechtlichen Institutionen sowie die Einrichtungen der gemeinsamen Selbstverwaltung.

cc) Überblick über die Inhalte der Empfehlungen

83 Die FSA-Empfehlungen verlangen von den Unternehmen **hohe ethische Standards.** Dienstliche Entscheidungen der Kooperationspartner sollen nicht in unlauterer Weise beeinflusst werden und die Zusammenarbeit soll transparent, offen und schriftlich dokumentiert erfolgen.

84 Über diese allgemeinen Grundsätze hinaus sehen die FSA-Empfehlungen auch **konkrete Regelungen** für die Bereiche „Bewirtung" (Ziffer 6), „Veranstaltungen" (Ziffer 7), „Vertragliche Leistungen" (Ziffer 8) sowie „Sponsoring und Spenden" (Ziffer 9) vor.

85 Diese Regelungen gelten seit 2014 auch für Kooperationsbeziehungen zwischen Mitgliedsunternehmen und **Abgeordneten.**

C. Umsetzung im Unternehmen

86 Die folgenden praktischen Handlungsempfehlungen beziehen sich auf die Lobbytätigkeit von Healthcare-Unternehmen gegenüber **Mitarbeitern der gemeinsamen Selbstverwaltung und weiteren Akteuren im Gesundheitswesen.**[147] Sofern (auch) Fachkreise oder Patientenorganisationen adressiert werden sollen, wären – ggf. zusätzlich – die entsprechenden Kodizes des FSA zu beachten (Kap. 11, 12 und 14).

87 Von allgemeiner Geltung sind im Rahmen aller Lobbyaktivitäten die Prinzipien der **Transparenz,** der **Angemessenheit von Leistung und Gegenleistung** sowie der **Lauterkeit.**[148]

88 Um diesen Vorgaben gerecht zu werden und alle Mitarbeiter entsprechend zu informieren, sollten die Unternehmen klare Leitlinien entwickeln und im Rahmen von **Schulungen** an ihre Belegschaft vermitteln.[149] Wie in allen Bereichen der Compliance Governance geht es dabei nicht allein darum, für eine Einhaltung der gesetzlichen Normen zu sorgen. Diese Normen geben vielmehr nur den selbstverständlich geltenden, äußersten Rahmen

[145] *FSA,* FSA-Empfehlungen, 2019, https://www.fsa-pharma.de/site/assets/files/62525/sk_fsa_empfehlungen_13_03_2019.pdf (zul. abgerufen am 14.4.2021).

[146] Dazu bereits oben A.V. 3. a) bb).

[147] Hinweise zur praktischen Umsetzung interner Compliance-Maßnahmen finden sich auch bei *Dieners* in Reese/Hufnagel/Lensing-Kramer FS Ulf Doepner, 2008, 181 ff.

[148] *FSA,* FSA-Empfehlungen, 2019, Ziffer 5, https://www.fsa-pharma.de/site/assets/files/62525/sk_fsa_empfehlungen_13_03_2019.pdf (zul. abgerufen am 14.4.2021).

[149] Näher zu Compliance-Policies und -Schulungen Kap. 7.

vor. Dementsprechend müssen die Richtlinien insbesondere dazu dienen, die zwar ethisch bedenklichen, rechtlich aber zulässigen Grauzonen zu regeln – unter besonderer Beachtung der unternehmenseigenen Ziele und (ethischen) Standards.

Für eine entsprechende Ausgestaltung der Richtlinien finden sich sowohl im Hinblick auf bestimmte einseitige Leistungsbeziehungen (dazu 1.) als auch auf Verträge (dazu 2.) **Vorgaben** in Gesetzen und Empfehlungen. **89**

I. Einseitige Leistungsbeziehungen

1. Geschenke

a) Dienst- und Strafrecht

Die Gewährung und der Empfang von einseitigen Leistungen, also etwa von **Geschenken und Spenden,** sind nicht einheitlich geregelt. Ihren Ausgangspunkt haben entsprechende Vorgaben in dienstrechtlichen Vorschriften, die durch verwaltungsinterne Regelungen näher ausgestaltet werden. **90**

So gilt auf Ebene des Bundes und der verschiedenen Länder der Grundsatz, dass alle Geschenke an Beamte oder Angestellte des öffentlichen Dienstes aus beamten- bzw. dienstrechtlichen Gründen der **Genehmigung des Dienstherrn** bedürfen (vgl. § 42 Abs. 1 S. 2 BeamtStG, § 71 Abs. 1 BBG, § 3 Abs. 2 TVöD; dazu auch → Kap. 2 Rn. 70ff.). Von diesem Grundsatz gibt es aber aus Gründen der Praktikabilität auch Ausnahmen, nach denen bis zu einer bestimmten Wertgrenze von einer **stillschweigenden Genehmigung** auszugehen ist. Diese Wertgrenzen sind unterschiedlich ausgestaltet. **91**

Das Bundesministerium des Innern, für Bau und Heimat (BMI) sieht in seinen „Regelungen zur Integrität"[150] eine solche stillschweigende Zustimmung bei geringwertigen Aufmerksamkeiten bis zu einem Wert von **25 Euro** vor, wobei jedoch eine Anzeigepflicht gegenüber dem Dienstherrn besteht.[151] Für die Bediensteten des Freistaats Thüringen besteht ebenfalls eine allgemeine Zustimmung für die Annahme von Aufmerksamkeiten, deren Verkehrswert 25 Euro nicht übersteigt.[152] Einen strengeren Maßstab legt beispielsweise das Land Niedersachsen an. Dort wird eine allgemeine Zustimmung nur dann erteilt, wenn der Wert des Geschenkes die Grenze von **10 Euro** nicht überschreitet. Für Genehmigungen im Einzelfall besteht die Wertgrenze im Grundsatz bei maximal **50 Euro.**[153] Auch Brandenburg sieht eine niedrigere Grenze vor. Dort erfasst die stillschweigende Genehmigung Geschenken, deren Wert nicht mehr als **15 Euro** beträgt.[154] **92**

---

[150] *Bundesministerium des Innern,* Regelungen zur Integrität, 3. Aufl. 2018, https://www.bmi.bund.de/SharedDocs/downloads/DE/publikationen/themen/moderne-verwaltung/korruptionspraeven tion/korruptionspraevention-regelungen-zur-integritaet.html (zul. abgerufen am 14.4.2021).

[151] *Bundesregierung,* Rundschreiben zum Verbot der Annahme von Belohnungen oder Geschenken durch Bundesbedienstete vom 8.11.2004, GMBl. 2004 S. 1074ff.; *Bundesministerium des Innern,* Regelungen zur Integrität, 3. Aufl. 2018, S. 50.

[152] *Freistaat Thüringen,* Gemeinsame Bekanntmachung der Thüringer Staatskanzlei, der Thüringer Ministerien, der Thüringer Landtagsverwaltung und des Thüringer Rechnungshofes vom 15.9.2010 zum Verbot der Annahme von Belohnungen, Geschenken oder sonstigen Vorteilen durch die Bediensteten des Freistaats Thüringen, https://www.thueringen.de/imperia/md/content/tmbv/ministerium/bekanntmachung_zum_verbot_der_annahme_von_belohnungen_und_geschenken.pdf (zul. abgerufen am 14.4.2021); *Freistaat Thüringen,* Korruption wirksam bekämpfen, 2012, https://www.thueringen.de/mam/th3/innenrevision/130924_broschuere_korruption.pdf (zul. abgerufen am 14.4.2021).

[153] *Landesregierung Niedersachsen,* Verbot der Annahme von Belohnungen, Geschenken und sonstigen Vorteilen, 24.11.2016, Ziffer 4, https://www.mi.niedersachsen.de/download/113719/Verbot_der_Annahme_von_Belohnungen_Geschenken_und_sonstigen_Vorteilen_gueltig_ab_01.01.2017.pdf (zul. abgerufen am 14.4.2021).

[154] *Land Brandenburg,* Gemeinsame Verwaltungsvorschrift des Ministerpräsidenten und der Ministerien über das Verbot der Annahme von Belohnungen, Geschenken und sonstigen Vorteilen durch Beschäftigte des Landes Brandenburg (VV VAnBGV) vom 5.9.2012, https://bravors.brandenburg.de/de/verwaltungsvorschriften-220903 (zul. abgerufen am 14.4.2021).

93 Sofern diese Grenzen ohne Genehmigung im Einzelfall überschritten werden, kann dies eine Verletzung der Dienstvorschriften darstellen, die den entsprechend dienstrechtlich Verpflichteten treffen.[155] Allerdings kann sich für den Schenkenden auch ein strafrechtliches Risiko ergeben. Das OLG Hamburg hat beispielsweise bereits in zwei Entscheidungen aus dem Jahre 2000 Zuwendungen, die eine Größenordnung von 100 DM überschreiten, als unzulässig angesehen.[156] In der strafrechtlichen Literatur finden sich **unterschiedliche Auffassungen** zu der Frage, ab welchem Wert Geschenke an Amtsträger über das sozialadäquate Maß hinausgehen und damit eine Vorteilsgewährung oder Vorteilsannahme darstellen können. Im Regelfall bewegen sich die Wertgrenzen für Zuwendungen, die nicht mehr als generell sozialadäquat angesehen werden können, zwischen 25 Euro und 50 Euro.[157] Hinsichtlich der Obergrenze von 50 Euro wird teilweise auf die Geringwertigkeitsgrenze nach § 248a StGB Bezug genommen.[158] Allerdings ist im Rahmen der strafrechtlichen Würdigung auch zu beachten, ob eine dienstrechtliche Genehmigung vorliegt.[159]

b) FSA-Empfehlungen

94 Nach Ziffer 11.1 der FSA-Empfehlungen ist grundsätzlich von **persönlichen Geschenken** Abstand zu nehmen. Ausnahmen kommen für besondere Anlässe, wie ein Dienstjubiläum, in Betracht. Dabei muss sich der Wert des Geschenkes in einem **sozialadäquaten** Rahmen halten, der sich an den Vorgaben der einschlägigen behördlichen Bestimmungen orientieren soll. Die Sozialadäquanz soll zudem bei der Abgabe von üblichen Broschüren und Publikationen der Mitgliedsunternehmen sowie anderem Informationsmaterial Beachtung finden. Schließlich wird empfohlen, bei Geschenken an Mitarbeiter von Partnern im Gesundheitswesen stets eine vorherige Dienstherren- bzw. Arbeitgebergenehmigung einzuholen.

c) Fazit

95 Vor der Übergabe von Geschenken ist stets zu überlegen, ob diese sozialadäquat sind oder den Beschenkten oder den Schenkenden in Schwierigkeiten bringen könnten. In jedem Fall sollten die **dienstrechtlichen Wertgrenzen** beachtet und bei Zweifeln sichergestellt werden, dass eine Zustimmung des Dienstherrn vorliegt.

2. Bewirtungen

a) Dienst- und Strafrecht

96 Für die **Bewirtung** von Amtsträgern bestehen – anders als bei Geschenken – in den verwaltungsinternen Regelungen keine festen Wertgrenzen.[160] Stattdessen wird häufig die

[155] So hat etwa das LAG Schleswig-Holstein entschieden, dass die wiederholte Entgegennahme von Geschenken ohne Zustimmung des Arbeitgebers einen wichtigen Grund zur außerordentlichen Kündigung darstellen kann (NZA-RR 2009, 397 (399 f.)).

[156] OLG Hamburg StV 2001, 277 ff.; 2001, 284 ff.

[157] *Fischer,* StGB, 68. Aufl. 2021, § 331 Rn. 26a (30 Euro); *Heine/Eisele* in Schönke/Schröder, StGB, 30. Aufl. 2019, § 331 Rn. 40, gemäß denen selbst wertvollere Zuwendungen über einer Wertgrenze von 30 Euro bzw. 50 Euro noch als sozialadäquat eingestuft werden können, sofern dies aus Gründen der Rücksichtnahme auf Höflichkeiten oder bestimmte sozialen Regeln geboten ist. S. zudem *Korte* in Hefendehl/Hohmann, MüKoStGB, 3. Aufl. 2019, § 331 Rn. 138 (25–50 Euro) und *Lackner/Kühl,* StGB, 29. Aufl. 2018, § 331 Rn. 14, die keine klare Wertgrenze benennen, sondern von „bloßen Gefälligkeiten und verkehrsüblichen Zuwendungen von geringem Wert" sprechen.

[158] So *Lesch,* Anwaltliche Akquisition zwischen Sozialadäquanz, Vorteilsgewährung und Bestechung im geschäftlichen Verkehr, AnwBl 2003, 261 ff.

[159] → Kap. 2 Rn. 75 ff.

[160] Anders beispielsweise der FSA-Kodex Fachkreise, der in der Leitlinie gemäß § 6 Abs. 2 iVm § 20 Abs. 11 zur Auslegung der Begriffe „angemessene Bewirtung" (§ 20 Abs. 2 S. 2) und „angemessener Rahmen von Unterbringung und Bewirtung" (§ 20 Abs. 3 S. 1) einen Betrag von 60 Euro

stillschweigende Zustimmung für **übliche und angemessene Bewirtungen** anlässlich dienstlicher Veranstaltungen im Sinne des Grundsatzes der Sozialadäquanz erteilt.[161] Die Angemessenheit wird dabei regelmäßig auch nach der Stellung des jeweiligen Amtsträgers sowie nach der konkreten Veranstaltung beurteilt, in deren Rahmen die Bewirtung stattfindet.

Auch die **Rechtsprechung** hat bislang noch **keine einheitliche Obergrenze** festgesetzt.[162] Der BGH lehnt es in ständiger Rechtsprechung ab, fixe Bagatellgrenzen oder Werte zur genauen Bestimmung der Sozialadäquanz festzulegen. In der Literatur und in manchen Gerichtsentscheidungen finden sich Werte von 25, 30 oder auch 50 Euro, bei denen noch von Sozialadäquanz auszugehen ist.[163] Zudem dürfte es regelmäßig an Vorteilen iSd § 331 StGB fehlen, wenn den (angemessenen) Bewirtungen von Amtsträgern jeweils gleichwertige **Gegeneinladungen durch den Amtsträger** gegenüberstehen, wobei wiederum Anlass und Status der Beteiligten zu berücksichtigen sind.[164] 97

b) FSA-Empfehlungen und -Leitlinien

Die FSA-Empfehlungen enthalten zwar den klaren Rat, dass **Einladungen** – mit Ausnahme von Spontaneinladungen – schriftlich erfolgen sollten. Dies trägt dem Transparenz- und Dokumentationsgebot Rechnung. Konkrete Wertgrenzen finden sich in den FSA-Empfehlungen aber nicht. Vielmehr stellen auch sie nur generell auf die **Sozialadäquanz** von Bewirtungskosten ab. Dies meint Kosten nach Ziffer 6.2, die allgemein als üblich und angemessen angesehen werden und die den allgemeinen Grundsätzen der Höflichkeit entsprechen. Allerdings hat der Vorstand des FSA in seinen Leitlinien zur Auslegung des FSA-Kodex Fachkreise ausgeführt, dass eine Bewirtung mit **Kosten bis zu ca. 60 Euro** noch als angemessen angesehen werden kann.[165] 98

Letztlich kommt es auf eine **Einzelfallbetrachtung** an, bei der unter anderem die amtliche Funktion der Bewirteten sowie der Rahmen der Veranstaltung zu berücksichtigen sind. 99

c) Fazit

Für die Umsetzung in der Unternehmenspraxis empfiehlt es sich, **einheitliche Regelungen** vorzusehen. Denn ein zu hoher Grad an Differenzierung oder Einzelfallermessen birgt die Gefahr, dass die unterschiedlichen Vorgaben von den Mitarbeitern nicht verstanden oder verwechselt werden. Dabei sollte die **Wertgrenze von 60 Euro** in aller Regel 100

---

festlegt; s. *FSA,* Leitlinien des Vorstands der FSA gemäß § 6 Abs. 2, 10.10.2019, https://www.fsa-pharma.de/site/assets/files/62548/2020-09-07_kodex_fachkreise_leitlinien_neu.pdf (zul. abgerufen am 14.4.2021).

[161] *Bundesministerium des Innern,* Initiativkreis Korruptionsprävention Wirtschaft/Bundesverwaltung, S. 27 f., https://www.bmi.bund.de/SharedDocs/downloads/DE/publikationen/themen/moderne-verwaltung/korruptionspraevention/faqs-korruptionspraevention.pdf?__blob=publicationFile&v=3 (zul. abgerufen am 14.4.2021).

[162] BGH NStZ 2000, 90 f. hat zwar die Einladung eines im öffentlichen Dienst angestellten Oberarztes in Gourmet-Restaurants für die Bestellung von Herzschrittmachern als Bestechlichkeit angesehen. Diese Einladung stand jedoch im Zusammenhang mit „Bonus-Zahlungen" sowie mehrtägigen Auslandsreisen, sodass kein Rückschluss auf den zulässigen Wert der Bewirtung per se gezogen werden kann.

[163] OLG Hamburg StV 2001, 277 (282, 284, 287); *Lesch,* Anwaltliche Akquisition zwischen Sozialadäquanz, Vorteilsgewährung und Bestechung im geschäftlichen Verkehr, AnwBl 2003, 261 (262).

[164] BGH NStZ 2003, 171 f.; *Fischer,* StGB, 68. Aufl. 2021, § 331 Rn. 26.

[165] *FSA,* Leitlinien des Vorstands der FSA gemäß § 6 Abs. 2, 10.10.2019, https://www.fsa-pharma.de/site/assets/files/62548/2020-09 07_kodex_fachkreise_leitlinien_neu.pdf (zul. abgerufen am 14.4.2021), zur Auslegung der Begriffe „angemessene Bewirtung" (§ 20 Abs. 2 S. 2) und „angemessener Rahmen von Unterbringung und Bewirtung" (§ 20 Abs. 3 S. 1).

nicht überschritten werden. Ferner sollten Einladungen nur im eindeutigen beruflichen Rahmen, etwa bei Veranstaltungen oder Arbeitsessen, erfolgen.

Eine Risikominimierung erfolgt zudem durch **Transparenz,** etwa in Form schriftlicher Einladungen und ggf. Anzeigen an die Behördenleitung.

3. Spenden

a) Parteien- und Strafrecht

101 Das Parteiengesetz enthält in § 25 Abs. 2 PartG eine Reihe von Fällen, in denen die Annahme von Spenden verboten ist. Darüber hinaus sieht § 25 Abs. 3 PartG Transparenzpflichten vor.[166] Deren Verletzung trifft zwar in erster Linie die Partei und nicht den Spender (etwa durch den Verlust des Anspruchs auf staatliche Mittel in doppelter Höhe nach § 31b S. 1 PartG) – insbesondere führt die Missachtung der Vorschriften des PartG, etwa im Falle unzulässiger Stückelungen von Spenden durch das Unternehmen, nicht automatisch zur Annahme eines Korruptionsdelikts –, aber das Risiko einer strafrechtlichen Verfolgung erhöht sich. Zudem können zweifelhafte Spendenpraktiken die (politische) Glaubwürdigkeit eines Unternehmens mindern und somit den Erfolg der Lobbyaktivitäten erheblich beeinträchtigen. Vor diesem Hintergrund empfiehlt es sich auch für die Zuwendungsgeber, die **parteienrechtlichen Vorgaben an Spenden** zu beachten, um weder den Zuwendungsempfänger zu einem illegalen Verhalten zu verleiten noch sich selbst angreifbar zu machen.[167]

102 Bei der Anwendung dieser Vorschriften stellen sich einige Detailfragen. So ist zB zu klären, ob die **Anzeigepflichten** eingreifen, wenn es um Spenden verschiedener juristischer Personen eines Unternehmensverbundes geht, die für sich genommen pro Kalenderjahr den Schwellenwert der zu veröffentlichenden Spenden nicht erreichen, während die Zusammenrechnung dieser Spenden die Publikationsschwelle übersteigt. Insofern gilt, dass grundsätzlich auf die formale Selbständigkeit der jeweiligen juristischen Person abzustellen ist. Eine **Zusammenrechnung** erfolgt jedoch dann, wenn die Spende der einzelnen juristischen Person von der Leitung des Unternehmensverbundes in einer entsprechenden Gesamtgrößenordnung vorgesehen wird. Danach soll es maßgeblich auf den – für die Partei erkennbaren – Willen der Spenderseite ankommen, als einheitlicher Spender in Erscheinung zu treten.[168]

b) Gesellschaftsrecht

103 Die herrschende Meinung geht davon aus, dass der **Vorstand einer Aktiengesellschaft** Spenden an politische Parteien im Namen des Unternehmens leisten darf. Dies sei Ausdruck der Integration einer Aktiengesellschaft in ihr soziales und politisches Umfeld, habe somit einen Gemeinwohlbezug und gehöre folglich zu der eigenverantwortlichen Unternehmensleitung des Vorstandes nach § 76 Abs. 1 AktG.[169]

104 Trotz der grundsätzlichen Zulässigkeit der Spendenvergabe darf der Vorstand nicht in unbegrenztem Umfang spenden, wenn er das Risiko einer Schadensersatzpflicht nach § 93 Abs. 2 AktG vermeiden will. Seine Befugnis wird daher allgemein auf Spenden beschränkt, die im Einklang mit den Vorgaben des PartG stehen und einen **angemessenen Umfang** aufweisen.[170] Einzelne Autoren versuchen, die Angemessenheit durch eine feste Relation der Spendenpraxis zum Bilanzgewinn zu konkretisieren. Danach sei die Vergabe von (Par-

---

[166] Näher dazu bereits oben A.V. 3. b).

[167] *Brouwer,* Lobby-Compliance – Wege zu einer besseren und transparenteren Gesetzgebung, CCZ 2019, 7.

[168] *Morlok,* Spenden – Rechenschaft, Sanktionen, NJW 2000, 761 ff.

[169] *Fleischer,* Handbuch des Vorstandsrecht, 2. Aufl. 2021, § 1 Rn. 41 f.; *Fleischer* in Spindler/Stilz, Kommentar zum Aktiengesetz, 4. Aufl. 2019, AktG § 76 Rn. 50 f.; *Kind,* Darf der Vorstand einer AG Spenden an politische Parteien vergeben?, NZG 2000, 567 ff. mwN.

[170] BGHZ 23, 150 (157).

tei-)Spenden bis zu 1% des Bilanzgewinns als erlaubt anzusehen.[171] Darüber hinaus wird die Spendentätigkeit des Vorstands inhaltlich durch das langfristige Unternehmensinteresse an einer gesellschaftlich allgemein anerkannten Stellung begrenzt. Daher können auch solche Spenden die **Ermessensfreiheit des Vorstands** überschreiten, die derart einseitig zu Gunsten einer Partei ausfallen, dass sie dem Sozialprestige des Unternehmens schaden.[172]

Die Ermessensfreiheit des Vorstandes hängt ferner davon ab, ob die Spendenpraxis an einen **Zustimmungsvorbehalt des Aufsichtsrates** nach § 111 Abs. 4 S. 2 AktG geknüpft ist. Aus Sicht des Unternehmens kann es sich angesichts des erheblichen Einflusses größerer und publizierter Parteispenden empfehlen, dass für Parteispenden ab der Publikationsgrenze des PartG die Vergabe durch ein von der Hauptversammlung gewähltes Organ präventiv kontrolliert wird. Schließlich muss der Vorstand gerade in dem sensiblen Bereich der Parteispenden mit Auskunftsansprüchen von Aktionären in der Hauptversammlung rechnen, etwa im Zusammenhang mit der Entlastung der Mitglieder des Vorstands und des Aufsichtsrates. **105**

c) FSA-Empfehlungen

Nach Ziffer 10 der FSA-Empfehlungen sollen Geld- und Sachspenden nur gemeinnützigen Einrichtungen oder Organisationen gewährt werden, die berechtigt sind, eine Zuwendungsbestätigung im Sinne des Steuerrechts **(Spendenquittung)** auszustellen. Dies trifft etwa auf die Abgeordnetenspende iSd § 44a Abs. 2 S. 4 AbgG nicht zu. Eine Spende an einzelne Abgeordnete wäre zudem auch nicht mit Ziffer 10.2 der FSA-Empfehlungen nicht vereinbar, die Spenden an Individualpersonen als unzulässig bezeichnet. **106**

Darüber hinaus verlangt Ziffer 10.1 der FSA-Empfehlungen, dass die Spende stets **zugunsten der Allgemeinheit und zweckgebunden** erfolgen soll. Anerkannte Zwecke sind die Förderung von Forschung und Lehre, Aus- und Weiterbildung, die Verbesserung der Gesundheits- und Patientenversorgung oder Mildtätigkeit. **107**

Sofern bei der Einwerbung von Spenden für einen Dritten Mitarbeiter von Partnern im Gesundheitswesen beteiligt sind, empfiehlt sich nach Ziffer 10.3 zudem den **Dienstherren oder Arbeitgeber** der jeweiligen Anstellungskörperschaft zu **informieren.** **108**

d) Fazit

Nach Möglichkeit sollten Spenden für einen konkreten, förderwürdigen Zweck erfolgen. Höhe und Empfänger sind transparent zu machen; eine Spendenquittung ist einzuholen. Sofern Unternehmen überhaupt an Parteien spenden, sollten sie die einschlägigen parteienrechtlichen Regelungen beachten und von einer übermäßig einseitigen Zuwendung absehen. Schließlich sollten auch Regeln für die unternehmensinterne Entscheidungsfindung und präventive Kontrolle sowie die Kommunikation gegenüber den Gesellschaftern **von vornherein** festgelegt werden. **109**

II. Vertragliche Leistungsbeziehungen

1. Sponsoring

Im Gegensatz zu Spenden handelt es sich beim Sponsoring nicht um eine einseitige Zuwendung, sondern um einen **Leistungsaustausch.** Gemäß Ziffer 9.1 der FSA-Empfehlungen liegt Sponsoring dann vor, wenn ein Unternehmen die Durchführung einer Veran- **110**

---

[171] *Kind,* Darf der Vorstand einer AG Spenden an politische Parteien vergeben?, NZG 2000, 569; dies ablehnend *Müller-Michaels/Ringel,* Muss sich Ethik lohnen?, AG 2011, 101 (110, 113); *Kort,* Gemeinwohlbelange beim Vorstandshandeln, NZG 2012, 926 (929 f.).

[172] *Kind,* Darf der Vorstand einer AG Spenden an politische Parteien vergeben?, NZG 2000, 569 f.; *Fleischer,* Handbuch des Vorstandsrechts, 2. Aufl. 2021, § 1 Rn. 41 f.; *Fleischer* in Spindler/Stilz, Kommentar zum Aktiengesetz, 4. Aufl. 2019, AktG § 76 Rn. 50 f. S. hierzu auch *Martens* in Zöllner, Kölner Kommentar zum AktG, Bd. 2 Teil 1, 3. Aufl. 2020, AktG § 76 Rn. 38 ff.

staltung durch einen finanziellen Beitrag unterstützt und als Gegenleistung imagefördernde Werbeaktivitäten im Zusammenhang mit der Veranstaltung entfalten darf.[173] Der Gesponserte stellt dem Vertragspartner entgeltlich Werbemöglichkeiten zur Verfügung. Daher ist es für die Annahme eines Sponsoringvertrages von entscheidender Bedeutung, dass ein solcher **Werbeeffekt** angenommen werden kann. Anderenfalls droht die Einstufung der Zahlung als verdeckte und damit unzulässige (Partei-)Spende.[174] Um einer solchen Einstufung vorzubeugen, sollte daher Sponsoring nur bei Veranstaltungen stattfinden, die einen thematischen Bezug zu den Geschäftsfeldern des Unternehmens haben.

111 Auf diesen Umstand weisen auch die FSA-Empfehlungen hin, die als Gegenleistung eine imagefördernde Werbeaktivität im Zusammenhang mit der Veranstaltung verlangen. Ziffern 9.2–9.5 enthalten darüber hinaus verschiedene Zulässigkeitsvoraussetzungen für das Sponsoring. Danach muss das Sponsoring als solches **für die Öffentlichkeit erkennbar** sein, es ist ein angemessenes Verhältnis zwischen Zuwendung und Werbevorteil sicherzustellen, der Sponsoringvertrag ist schriftlich zu schließen und hat die Vergütung und Gegenleistung auszuweisen, etc.

112 Darüber hinaus ist bei gesponserten Veranstaltungen nach Ziffer 7 der FSA-Empfehlungen durch das jeweilige Mitgliedsunternehmen darauf hinzuwirken, dass

- die Wahl der **Veranstaltungsstätte** ausschließlich unter sachlichen Gesichtspunkten erfolgt und nicht auf deren Unterhaltungs- oder Freizeitwert beruht,
- die **Bewirtung** der Teilnehmer mit Speisen und Getränken sozialadäquat ist und
- die Einladungen an die Teilnehmer schriftlich ausgesprochen werden.

113 Sofern der Teilnehmerkreis auch **Angehörige der Fachkreise oder Vertreter von Patientenorganisationen** umfasst, müssen zusätzlich die für die Mitgliedsunternehmen verbindlichen einschlägigen Regelungen des FSA-Kodex Fachkreise, des FSA-Kodex Patientenorganisationen sowie des FSA-Transparenzkodex beachtet werden.[175]

2. Beratervertrag

114 Gelegentlich schließen Unternehmen mit (ehemaligen) Politikern oder Beamten Beraterverträge, um die Expertise und ggf. Kontakte dieser Personen für ihre wirtschaftliche Tätigkeit zu nutzen. Sofern der Berater noch Amtsträger ist, wenn ihm der Vertrag in Aussicht gestellt wird oder gar der Vertragsschluss erfolgt, ist sicherzustellen, dass keine strafrechtliche relevante Vorteilsgewährung bzw. -annahme erfolgt. Kritiker von Beraterverträgen argumentieren, dass es sich um eine (subtile und opake) Form der Vorteilsgewährung handele, weil ein Näheverhältnis durch Gewährung **inadäquater Vergütung** hergestellt werde, ohne dass sich dies stets ohne weiteres nachweisen lasse. Ähnliches gilt für die entgeltliche Mitgliedschaft von Politikern in Beiräten des Unternehmens.[176]

115 Vor diesem Hintergrund verpflichtet § 6a BMinG amtierende und ausgeschiedene Mitglieder der Bundesregierung dazu, Beschäftigungsverhältnisse außerhalb des öffentlichen Dienstes, die **innerhalb von 18 Monaten** nach ihrem Ausscheiden aus der Bundesregierung begonnen werden sollen, anzuzeigen. Die Entscheidung über die Aufnahme eines solchen Beschäftigungsverhältnisses obliegt – auf Grundlage einer Empfehlung eines drei-

---

[173] S. auch *Bundesministerium der Finanzen,* Sponsoring-Erlass, 18.2.1998, S. 212, https://esth.bundesfinanzministerium.de/esth/2016/C-Anhaenge/Anhang-16/IV/inhalt.html (zul. abgerufen am 14.4.2021). Dort heißt es: „die Gewährung von Geld oder geldwerten Vorteilen durch Unternehmen zur Förderung von Personen, Gruppen und/oder Organisationen in sportlichen, kulturellen, kirchlichen, wissenschaftlichen, sozialen, ökologischen oder ähnlich bedeutsamen gesellschaftlichen Bereichen […], mit der regelmäßig auch eigene unternehmensbezogene Ziele der Werbung oder Öffentlichkeitsarbeit verfolgt werden."

[174] S. *Hey,* Parteiensponsoring im Steuerrecht, DB 2005, 1403 ff.

[175] Näher dazu Kap. 11, 12, 14.

[176] Hautkapp, Neue Rhein Zeitung vom 12.2.2005, S. 2 – Quelle online nicht mehr auffindbar und nachprüfbar.

köpfigen Gremiums – der Bundesregierung. Manche Autoren und NGOs[177] gehen jedoch noch weiter und verlangen, generell die Eingehung von Beraterverträgen mit Unternehmen, mit denen Amtsträger während ihrer Dienstzeit in Geschäftsbeziehungen standen, auch für eine gewisse Karenzzeit nach ihrem Ausscheiden aus dem Amt zu untersagen.[178]

Rechtliche Risiken können durch eine konsequente Einhaltung aller einschlägigen Vorschriften für die Ausübung von Nebentätigkeiten und die **Beachtung des Transparenz- und Genehmigungsprinzips** weitgehend minimiert werden. Bei dem Abschluss von Beraterverträgen ist insbesondere auf schriftliche Vereinbarung und Angemessenheit von Leistung und Gegenleistung zu achten. **116**

Ungeachtet der bestehenden rechtlichen Grenzen für die Aufnahme von Nebentätigkeiten empfiehlt es sich bei der Erarbeitung **interner Handlungsanweisungen** eines Unternehmens auch, jeweils den möglichen öffentlichen Eindruck derartiger Vertragsbeziehungen und den mit ihrem allgemeinen Bekanntwerden möglicherweise verbundenen Reputations- und Glaubwürdigkeitsverlust in Erwägung zu ziehen. So hat es sich in der Praxis schon häufiger gezeigt, dass die Anstellung von (ehemaligen) Politikern mehr negative Schlagzeilen für ein Unternehmen hervorruft als Vorteile bietet, weil Kritik an der Person und dem (früheren) politischen Wirken des Beraters häufig auch mit dem Unternehmensnamen in Verbindung gebracht wird. **117**

---

[177] *Lobbycontrol,* Karenzzeit-Gesetz: ein schwacher Schritt vorwärts, 4.2.2015, https://www.lobbycontrol.de/2015/02/karenzzeit-gesetz-nachbesserungen-noetig/ (zul. abgerufen am 14.4.2021).

[178] *Dannecker/Bülte* in Wabnitz/Janovsky, Handbuch Wirtschafts- und Steuerstrafrecht, 5. Aufl. 2020, Kap. 1 Rn. 103 ff.; *Bannenberg* in Wabnitz/Janovsky, Handbuch Wirtschafts- und Steuerstrafrecht, 5. Aufl. 2020, Kap. 12 Rn. 101 ff. S. auch *Schwarze/Zacharakis,* Die zweifelhafte Rolle von Politikern in Aufsichtsräten, Zeit Online, 10.1.2013, http://www.zeit.de/wirtschaft/2013-01/aufsichtsrat-politiker-interessenkonflikt (zul. abgerufen am 14.4.2021).

Kapitel 14. FSA-Kodex für die Zusammenarbeit der pharmazeutischen Industrie mit Ärzten, Apothekern und anderen Angehörigen medizinischer Fachkreise

Literatur: *Alexander,* Verhaltenskodizes im europäischen und deutschen Lauterkeitsrecht, GRUR-Int. 2012, 965; *Balzer/Dieners,* Die neue „Schiedsstelle" der pharmazeutischen Industrie – Konsequenzen für Arzt und Unternehmen, NJW 2004, 908; *Baumann/Sikora,* Hand- und Formularbuch des Vereinsrechts, München, 2015; *Bleile,* Pharmaindustrie: Ist kodexkonform immer kodexkonform?, Convention International Juli/August 2009, 86; *Braun,* Die Zulässigkeit von ärztlichen Fernbehandlungsleistungen nach der Änderung des § 7 Abs. 4 MBO-Ä, MedR 2018, 563–568; *Broch,* Compliance-Gespenst „Anwendungsbeobachtungen"?, PharmR 2016, 314; *Bülow/Ring,* Heilmittelwerbegesetz, 4. Aufl., Köln 2012; *Clausen/Schroeder-Printzen,* Münchener Anwaltshandbuch Medizinrecht, 3. Aufl., 2020 München; *von Czettritz,* Versuch einer Annäherung an den FS Arzneimittelindustrie-Kodex, in: Festschrift für Axel Sander, Frankfurt am Main 2008, S. 387 ff.; *Diener,* Aktuelle Entwicklungen und Themenfelder im Bereich der Pharma-Selbstkontrolle, PharmR 2015, 338; *Diener,* Zwei Jahre Antikorruptionsgesetz – ein erstes Resümee aus Sicht der Freiwilligen Selbstkontrolle für die Arzneimittelindustrie e. V. (FSA), PharmR 2018, 334; *Diener/Broch,* Transparenz schafft Vertrauen und bekämpft Misstrauen- Neue Kodexregelungen zur Zusammenarbeit von forschenden Arzneimittelherstellern und Angehörigen der Fachkreise, PharmR 2014, 1; *Diener/Klümper,* Neufassung der gemeinsamen Empfehlungen von BfArM und PEI zu Anwendungsbeobachtungen veröffentlicht – Was müssen Pharmaunternehmen in der Praxis Neues beachten?, PharmR 2010, 433; *Dieners,* Aktuelle Erweiterung und Präzisierung des FSA-Kodex Fachkreise, PharmR 2008, 478 ff.; *Dieners,* Compliance-Management in der betrieblichen Praxis von Pharmaunternehmen, in: Festschrift für Doepner, München 2008, S. 181 ff.; *Dieners,* Der neue FSA-Kodex Fachkreise, CCZ 2008, 214 ff.; *Dieners,* Die aktuellen Änderungen der FSA-Regelwerke, PharmR 2012, 381; *Dieners,* Die Neufassung des FSA-Kodex, A&R 2006, 110; *Dieners,* Fortbildungssponsoring in Niedersachsen – berufsrechtlich verboten?, MPR 2013, 13; *Dieners,* Transparenz im Gesundheitswesen – der neue FSA-Kodex, CCZ 2014, 204; *Dieners,* Rabattverträge nach § 130a Abs. 8 SGB V – Inhalt und Grenzen, in: Iuri pharmaceutico Festschrift für Axel Sander zum 65. Geburtstag, Frankfurt am Main 2008, S. 31 ff.; *Dieners,* Vermeidung von Korruptionsrisiken aus Unternehmenssicht – Rechtliche Gestaltung von Geschäftsbeziehungen, Behördenkontakten und Lobbying –, in: Dölling (Hrsg.), Handbuch der Korruptionsprävention, München 2007, Kap. 4; *Dieners,* Zusammenarbeit der Pharmaindustrie mit Ärzten, 2. Aufl., München 2007; *Dieners/Cahnbley:* Die neuen Tatbestände der Bestechlichkeit und Bestechung im Gesundheitswesen (§§ 299a, b StGB) und ihr Verhältnis zu den Vorschriften des ärztlichen Berufsrechts und des Heilmittelwerberechts, MPR 2016, 48; *Dieners/Heil,* Die Neuregelung des § 67 Abs. 6 AMG – Erweiterte Transparenzpflichten für den pharmazeutischen Unternehmer, PharmR 2013, 349; *Dieners/Lembeck,* Auswirkungen des beabsichtigten Unternehmensstrafrechts auf das Compliance Management in der Pharmaindustrie – Stand des Gesetzentwurfs und offene Fragen, PharmR 2020, 641; *Dieners/Miege,* Akkreditierung von Online-Fortbildungsveranstaltungen durch die Landesärztekammern, A&R 2009, 71; *Dieners/Reese,* Handbuch des Pharmarechts, München 2010; *Dieners/Reese/Kemmner,* Zur Frage der Zulässigkeit von Patienten-Support-Programmen, PharmR 2017, 477; *Dieners/Voland,* Verfassungsrechtliche Bewertung der Neuregelung zur Anerkennung von Fortbildungsveranstaltungen der Industrie in Bayern, PharmR 2020, 244; *Doepner,* Schranken der Arzneimittelwerbung, WuW 1978, 611; *Doepner/Reese,* Auswirkungen von EG-Richtlinien auf die innerstaatliche Anwendung wettbewerbsregelnden Nebenstrafrechts, GRUR 1998, 761; *Ehlers/Laschner,* Freiwillige Selbstkontrolle für die Pharmaindustrie, Pharm. Ind. 2004, 544; *Erbs/Kohlhaas,* Strafrechtliche Nebengesetze, 221. El., München 2018; *Fenger/Göben,* Sponsoring im Gesundheitswesen, München 2004; Fezer/Büscher/Obergfell, Lauterkeitsrecht: UWG, 3. Aufl., München 2016; *Finn,* Unentgeltliche Abgabe von Forschungsliteratur an Ärzte – Welche rechtlichen Vorgaben haben pharmazeutische Unternehmer zu beachten?, PharmR 2009, 481 f.; *Gaede,* Die Anwendung der neuen Korruptionsstraftatbestände in der Praxis, medstra 2018, 264; *Gädigk,* Kein Sonderrecht für Ärzte – ein Entwurf aus Sicht der Ermittlungspraxis, medstra 2015, 268; *Geiger,* Antikorruption im Gesundheitswesen, CCZ 2011, 1; *Geiger,* Drei Jahre Spruchpraxis der Freiwilligen Selbstkontrolle der Arzneimittelindustrie zur Ausrichtung von Fortbildungsveranstaltungen durch die Pharmaindustrie – eine Bilanz, PharmR 2007, 316, 364; *Geiger,* Drei Jahre Spruchpraxis der Freiwilligen Selbstkontrolle der Arzneimittelindustrie zur Ausrichtung von Fortbildungsveranstaltungen durch die Pharmaindustrie – eine Bilanz (Teil 2), PharmR 2007, 364; *Geiger,* Die Neufassung des FSA-Kodex Fachkreise, A&R 2008, 195, 254; *Geiger,* Healthcare Compliance, 1. Aufl., München 2021; *Geiger,* Sponsoringverträge im Lichte des FSA-Kodex „Fachkreise", A&R 2009, 203; *Geiger,* Das Angemessenheitspostulat bei der Vergütung ärztlicher Kooperationspartner durch die Industrie; A&R 3/2013, 99; *Geiger,* medstra-statement: Eine Staatsanwaltschaft auf Abwegen, medstra 2017, 193; *Geiger/Hutt/Schneider,* Patienten-Support-Programme, MedR 2019, 272; *Griebenow et al.,* Evaluation der Fortbildung in Printmedien, Deutsche Medizinische Wochenschrift 2003, 725 ff.; *Harte-Bavendamm/Henning-Bodewig,* UWG, 4. Aufl., München 2016; *Hauschka,* Compliance, Compliance-Manager, Compliance-Programme: Eine geeignete Reaktion auf gestiegene Haftungsrisiken für Unternehmen und Management?, NJW 2004, 257; *Hefendehl/Hohmann,* Münchener Kommentar Strafgesetzbuch, 3. Aufl., München 2019; *Hugger/Schröder,* Zur Anti-Korruptions-Compliance bei der Zusammenarbeit von Healthcare-Unternehmen mit Ärzten, MPR 2011, 7; *Immenga/Mestmäcker,* Wettbewerbsrecht, 5. Aufl., München 2014; *Just,* Die Professionalisierung der Ethik-Kommissionen, einer Einrichtung der Selbstkontrolle der Wissenschaft, MedR 2008, 640; *Kaiser,* Spenden an politische Parteien und strafbare Vorteilsnahme, NJW 1981, 321; *Kemmner/Thole,* Fortentwicklung der Compliance-Standards für die Pharmaindustrie – Neufassung der FSA-Kodizes, PharmR 2020, 320; *Kloesel/Cyran,* Arzneimittelrecht Kommentar, Stuttgart, Loseblatt-Ausg. (Stand: 1/2015); *Klümper/Hofer,* Ein neuer Stern am Kodexhimmel?, MPJ 2009, 23; *Köbler,* Angemessene ärztliche Vergütung am Beispiel von Referenten-/Beraterverträgen, MedR 2017, 783; *Köhler,* Die UWG-Novelle 2009, WRP 2009, 109; *Köhler/Bornkamm/Feddersen,* UWG, 37. Aufl., München 2019; *Kölbel,* Institutionelle Korruption und Arzneimittelvertrieb, Berlin 2019; *Koyuncu,* Compliance und Vertragsgestaltung bei Nichtinterventionellen Studien – unter besonderer Berücksichtigung der Ärztevergütung bei Anwendungsbeobachtungen, PharmR 2009, 211; *Koyuncu,* Healthcare Compliance 2015, PharmR 2015, 583; *Koyuncu/Stute,* Fortbildungssponsoring durch Arzneimittel- und Medizinproduktehersteller, A&R 2013, 112; *Krais,* Beraterverträge mit Ärzten: Nationale und internationale Anti-Korruptionsaspekte, PharmR 2010, 513; *Kroth,* Informationen an Ärzte über besonders wichtige Arzneimittelrisiken in den ICH-Regionen, Pharm. Ind. 2006, 409; *Kügel/Müller/Hofmann,* Arzneimittelgesetz, 2. Aufl., München 2016; *Laufs/Katzenmeier/Lipp,* Arztrecht, 7. Aufl. München 2015; *Laufs/Kern/Rehborn* (Hrsg.), Handbuch des Arztrechts, 5. Aufl., München 2019; *Leible,* Auswirkungen der UWG-Reform 2008 auf die Durchsetzung wettbewerbsrechtlicher Ansprüche im Gesundheitsbereich – Die Bedeutung der „black list", GRUR 2010, 183; *Leipold,* Compliance in der pharmazeutischen Industrie, in: Hauschka (Hrsg.), Corporate Compliance, München 2007, *Lettl,* Verhaltenskodizes als Chance für erfolgreiche Selbstregulierung und ihre Vereinbarkeit mit dem Kartellverbot, WRP 2021, 145; *Leupold/Bräutigam/Pfeiffer:* Von der Werbung zur kommerziellen Kommunikation: Die Vermarktung von Waren und Dienstleistungen im Internet, WRP 2000, 575; *Mand,* Healthcare Compliance – Teil 1: Gesetzliche Zuwendungsbeschränkungen im Verhältnis von Industrie und medizinischen Fachkreisen, PharmR 2014, 275; *Mand,* Healthcare Compliance – Teil 2: Zuwendungsbeschränkungen im Berufs- und Kodexrecht und Compliance-Organisation im Pharmasektor, PharmR 2014, 393; *Meier,* Die Anwendungsbeobachtung in der wettbewerbsrechtlichen Auseinandersetzung, A&R 2005, 155; Münchener Kommentar zum BGB, 8. Aufl., München 2018; Münchener Kommentar zum Lauterkeitsrecht, 2. Aufl., München 2014; *Ohly/Sosnitza,* Gesetz gegen den unlauteren Wettbewerb Kommentar, 7. Aufl., München 2016; *Otto/Rüdlin,* Standardisierung von Patienteneinwilligungen im Krankenhaus, ZD 2017, 519; *Palandt,* Bürgerliches Gesetzbuch Kommentar, 80. Aufl., München 2021; *Raschke,* Inhalt und Grenzen des ärztlichen Werberechts, NJW 2015, 825; *Reese* (Hrsg.), Beck'scher Online-Kommentar zum HWG, 6. Ed., München 2021; *Rehmann,* AMG, 4. Aufl., München 2014; *Reichert,* Vereins- und Verbandsrecht, 14. Aufl., München 2018 *Sander,* Arzneimittelrecht Kommentar, Stuttgart, Loseblatt-Ausg. (Stand: 12/2020); *Scherer,* Case law in Gesetzesform – Die Schwarze Liste als neuer UWG-Anhang, NJW 2009, 324; *Schloßer,* Vorteilsannahme und rechtfertigende Genehmigung nach § 331 Abs. 3 StGB in der Praxis der Klinikverwaltung, MedR 2011, 623; *Schneider,* Das Gesetz zur Bekämpfung der Korruption im Gesundheitswesen und die Angemessenheit der Vergütung der HCP, medstra 2016, 195; *Schneider/Reich,* Ist unentgeltliches patientenindividuelles Verblistern strafbar?, GesR 2017, 497; *Schönke/Schröder,* Strafgesetzbuch Kommentar, 29. Aufl., München 2014; *Sickmüller,* Der Rote Hand Brief, Pharm. Ind. 2006, 252; *Sickmüller/Breitkopf,* „Points to Consider" zu Anwendungsbeobachtungen, pharmind 2009, 764 ff.; *Sonnenberg,* Compliance-Systeme in Unternehmen, JuS 2017, 917; *Spickhoff,* Medizinrecht, 3. Aufl., München 2018; *Taschke/Zapf,* §§ 299a, 299b StGB-E – Folgen für die Kooperation zwischen Pharmaunternehmen und Medizinproduktherstellern mit niedergelassenen Ärzten, medstra 2015, 332; *Volz,* Der FSA-Kodex – „Healthcare Compliance" in Deutschland, CCZ 2008, 22; *Spindler/Schuster,* Recht der elektronischen Medien, 4. Aufl., München 2019; *Spindler/Stilz,* Aktiengesetz, 4. Aufl., München 2019; *Wezel/Liebold,* Der Kommentar zu EBM und GOÄ, 41. Lfg., Sankt Augustin, Loseblatt-Ausg. (Stand: 01/2015); *Wienke/Hübner,* Die wirtschaftliche Unabhängigkeit der ärztlichen Fortbildung, MedR 2020, 471; *Wolf/Jäkel,* Änderungen bei Rabattverträgen durch das AMNOG, PharmR 2011, 1; *Ziemann,* „Patienten-Support-Programme" im Lichte von § 299a StGB, medstra 2020, 11; *Zipfel/Rathke,* Lebensmittelrecht, 158. EL, München 2014.

Übersicht

A. Einleitung

I. FSA-Kodex

Sämtliche ordentlichen Mitgliedsunternehmen des Verbandes Forschender Arzneimittelhersteller eV (VFA) haben am 16.2.2004 den Verein „Freiwillige Selbstkontrolle für die 1

Arzneimittelindustrie e. V." **(FSA)** gegründet, der seinen Sitz in Berlin hat.[1] Der Verein hat die Aufgabe, im Wege der Selbstkontrolle und Selbstregulierung für eine korrekte und den Regeln eines lauteren Wettbewerbs entsprechende Zusammenarbeit von pharmazeutischen Unternehmen mit Angehörigen der Fachkreise, insbesondere Ärzten, und zwar sowohl im Klinikbereich als auch im niedergelassenen Bereich, zu sorgen. Hierzu zählen nach der Satzung des FSA unter anderem die Entwicklung von Standards für die Bewerbung von Arzneimitteln und die Kooperation mit Angehörigen der Fachkreise sowie die Überwachung derartiger Aktivitäten.

2 Als verbindlichen Maßstab für diese Zusammenarbeit haben die Mitgliedsunternehmen des FSA am Tag seiner Gründung einen neuen Kodex („FS Arzneimittelindustrie"-Kodex, „FSA-Kodex Fachkreise", FSA-Kodex oder **kurz: „Kodex"**) beschlossen, der in seiner **Ursprungsfassung am 22.4.2004** und in seiner zuletzt geänderten Fassung vom 14.11.2019 am 30.3.2020 im Bundesanzeiger[2] bekannt gemacht worden ist.[3] Der Kodex bildet den bisherigen Schlussstein der Bemühungen der pharmazeutischen Industrie, die für den medizinisch-therapeutischen Fortschritt unverzichtbare enge Zusammenarbeit von Unternehmen und Angehörigen der Fachkreise sicherzustellen und durch die **Vorgabe klarer Verhaltensstandards** Missbrauchsfällen und unlauterem Verhalten auf diesem Gebiet entgegen zu wirken.[4] Die geänderte **Fassung des Kodex vom 2.12.2005** enthielt bereits umfangreiche Regelungen zur **Werbung** für Arzneimittel, durch die die Vermittlung zutreffender und objektiver Informationen über Arzneimittel gegenüber den Fachkreisen sichergestellt werden sollte.

3 Die **Fassung des Kodex vom 18.1.2008** erhöhte die Regelungsdichte hinsichtlich der Zusammenarbeit zwischen Angehörigen der Fachkreise und der Pharmaindustrie.[5] Der gesamte Anwendungsbereich des Kodex wurde durch die Änderung des § 3 erweitert. Die Kompetenz des Vorstandes zum Erlass von Leitlinien wurde durch die Änderung des § 6 erhöht. Daneben erfolgten Veränderungen der spezielleren Normen. So wurden beipielsweise der Anwendungsbereich der Regelungen zur vertraglichen Zusammenarbeit zwischen den Angehörigen der Fachkreise und den Mitgliedsunternehmen iRd § 18 erweitert und die weiteren Anforderungen verschärft.[6] Der gesamte Bereich der NIS/Anwendungsbeobachtungen in § 19 wurde überarbeitet,[7] ebenso wie die wichtige Regelung der Einladung zu Fortbildungsveranstaltungen in § 20. Neu hinzugekommen ist die Regelung von Spenden und gegenseitigen Leistungsbeziehungen mit Institutionen in den §§ 25, 26 aF.

4 Mit der nächsten, kleineren **Kodexrevision vom 27.11.2009**[8] wurden die Vorschriften zu nichtinterventionellen Studien (NIS) erweitert sowie die Regelung zu Unterhaltungsprogrammen bei externen Fortbildungen verschärft.

5 Mit der darauffolgenden **Fassung des Kodex vom 1.12.2011**[9] wurde die Abgabe von Arzneimittelmustern neu geregelt und zeitlich auf zwei Jahre ab erstmaliger Anforderung begrenzt. Verschärft wurden zudem die Vorschriften über die unzumutbare belästigende Werbung. So bedarf es beispielsweise nunmehr bei Werbung per elektronischer Post oder Faxgeräten einer vorherigen Einwilligung des Adressaten. Auch die Offenlegungspflicht

[1] Die genaue Anschrift der Geschäftsstelle des FSA lautet: Verein Freiwillige Selbstkontrolle für die Arzneimittelindustrie eV, Grolmanstr. 44–45, 10623 Berlin; Einzelheiten zu dem Verein und dessen Gründung sind zu finden unter http://www.fsa-pharma.de/.

[2] BAnz. AT 30.3.2020 B4.

[3] Zur Entstehung des FSA siehe Kap. 4 sowie *Volz* CCZ 2008, 22.

[4] Siehe hierzu *Dieners* CCZ 2014, 204 ff.; *Diener/Broch* PharmR 2014, 1 ff.; *Balzer/Dieners* NJW 2004, 908 f.; vgl. auch *Ehlers/Lauschner* Pharm. Ind. 2004, 544.

[5] Überblick bei *Diener* PharmR 2008, 478 ff.

[6] Dazu auch *Geiger* A&R 2008, 195 ff.

[7] Hierzu *Diener* PharmR 2008, 478 ff.; *Dieners* CCZ 2008, 214 ff.

[8] Bekannt gemacht im Bundesanzeiger vom 10.2.2010, BAnz. Nr. 22, S. 499.

[9] Bekannt gemacht im Bundesanzeiger vom 23.8.2012, BAnz. AT 23.8.2012 B4.

beim Sponsoring externer Fortbildungsveranstaltungen wurde auf Grundlage einer dahingehenden Änderung im Berufsrecht der Ärzte im Zuge dieser Kodexrevision erweitert.

Am **20.11.2012** folgten zwei weitere **kleine Änderungen.** Mit dem dadurch neu eingefügten § 18a wurde der Kodex an den internationalen IFPMA-Kodex angepasst.[10] Durch ihn besteht nun mehr eine Verpflichtung zu mehr Transparenz im Rahmen von klinischen Studien. Des Weiteren wurde § 19 Abs. 2 Nr. 6 an den geänderten § 67 Abs. 6 AMG angepasst. Die Transparenzverpflichtung beinhaltet zum einen die Regelung, dass die Unternehmen im Rahmen von Anwendungsbeobachtungen nunmehr auch gegenüber dem Verband der privaten Krankenversicherungen ihre Anzeigepflicht erfüllen müssen. Zum anderen müssen die an den Studien beteiligten Ärzte mit ihrer lebenslangen Arztnummer gegenüber der Kassenärztlichen Bundesvereinigung und dem Spitzenverband Bund der Krankenkassen bekannt gegeben werden. 6

Durch die umfangreiche **Novellierung des Kodex vom 27.11.2013**[11] wurden insbesondere die Regelungen zu der Abgabe von Geschenken und wissenschaftlichen Informationen grundlegend reformiert. So enthält der neue § 21 ein absolutes Geschenkeverbot unabhängig davon, ob es sich um solche mit oder ohne Produktbezug handelt und insbesondere auch unabhängig von der Frage der Geringwertigkeit. § 15a schränkt das Geschenkeverbot dahingehend ein, dass die Abgabe von Informations- und Schulungsmaterial sowie Medizinischen Gebrauchs- und Demonstrationsgegenständen unter den dort genannten Voraussetzungen zulässig bleibt. Darüber hinaus erfolgten weitere kleinere Änderungen. So wurde der § 19 Abs. 6 Nr. 6 an die novellierten § 67 Abs. 6 AMG bzw. § 63f Abs. 1 und 4 AMG angepasst und verweist nunmehr, zum Zwecke der besseren Übersichtlichkeit, auf die einschlägigen Vorschriften des AMG. Daneben wurden in § 29 Übergangsvorschriften aufgenommen, gemäß derer mit Inkrafttreten des neuen FSA-Transparenzkodex die § 20 Abs. 5 S. 3 und § 25 Abs. 4 außer Kraft treten. 7

Diese Übergangsvorschriften waren auch Gegenstand der nachfolgenden **Kodexnovelle vom 4.12.2014**[12]**.** Durch sie wurde die Übergangsbestimmung in § 21 gestrichen, da diese mit Ablauf der Frist obsolet geworden war. Aus demselben Grund wurde § 25 Abs. 4 aufgehoben. Darüber hinaus erfolgte eine Klarstellung im Hinblick auf § 20 Abs. 5. So sollten die Übergangsvorschriften des § 29 in der letzten Novelle nicht das Außerkrafttreten des gesamten § 25 Abs. 4, sondern nur die Veröffentlichung des Umfangs und der Bedingungen von Unterstützungsleistungen betreffen. Eine Änderung des § 20 Abs. 9 und ein neuer § 22 Abs. 2 regeln nunmehr, dass bei internationalen Veranstaltungen und bei Bewirtungen im Ausland der jeweils am Veranstaltungsort geltende Kodex zur Bemessung der Bewirtungsgrenze heranzuziehen ist. 8

Mit der darauffolgenden **Kodexrevision vom 17.10.2017** wurden die Vorschriften zur Anpassung externer Dienstleister bei der finanziellen Unterstützung von externen Fortbildungsveranstaltungen an interne Anforderungen angeglichen. Mit dem Anerkennungsbeschluss vom Bundeskartellamt am 31.1.2018 ist die Änderung des § 20 Abs. 5 in Kraft getreten.[13] 9

Durch die **Kodexrevision vom 14.11.2019** wurden insbesondere redaktionelle Anpassungen am Kodex vorgenommen, um die Neuerungen des EFPIA-Kodexes entsprechend zu reflektieren.[14] Der neue EFPIA-Kodex hatte die drei bestehenden europäischen Kodizes in einen gemeinsamen Kodex vereint, sodass **Anpassungen** zur Vereinheitlichung und zur Sicherstellung des Gleichlaufs zwischen den drei nationalen FSA-Kodizes erforderlich wurden, um den europäischen Vorgaben entsprechen zu können. Zu diesem Zweck wurde ua 10

[10] Der Kodex ist abrufbar unter https://www.fsa-pharma.de/de/kodizes/zusammenarbeit/fachkreise (zul. abgerufen am 11.3.2021).

[11] Bekannt gemacht im Bundesanzeiger vom 20.5.2014, BAnz. AT 20.5.2014 B6.

[12] Bekannt gemacht im Bundesanzeiger vom 13.5.2015, BAnz. AT 13.5.2015 B6.

[13] Bekannt gemacht im Bundesanzeiger vom 31.1.2018, BAnz. AT 31.1.2018 B4.

[14] Überblick bei *Kemmner/Thole* PharmR 2020, 320 ff.

eine einheitliche Ziffer mit relevanten Definitionen in allen drei FSA-Kodizes eingefügt (jeweils § 2 des Kodex) sowie in allen drei Kodizes der Anwendungsbereich vorab definiert (jeweils § 1 des Kodex). Vergleichbar mit dem Regelwerk der EFPIA hat nun auch der FSA den **„Ethos“**, der auf internationaler Ebene durch den IFPMA eingeführt wurde, aufgegriffen und durch die Einführung der vier zentralen Prinzipien **(Sorgfalt, Fairness, Ehrlichkeit und Respekt)** implementiert. In materieller Hinsicht haben sich durch diese Kodexrevision nur wenige Änderungen ergeben. Erwähnenswert ist in diesem Zusammenhang die Erweiterung der Definition der Angehörigen der Fachkreise, welche nunmehr auch Personen einbezieht, die eine mit einem Arzt vergleichbare Funktion im Gesundheitswesen einnehmen und die die Verordnung, den Bezug oder die Erstattungsfähigkeit von Arzneimitteln beeinflussen können. Darüber hinaus wurden neue Regelungen betreffend die Organisation und Finanzierung von Fortbildungsveranstaltungen ergänzt.

II. Konzeption

11 Das mit dem Kodex verfolgte Konzept lässt sich wie folgt zusammenfassen[15]:

- Der Kodex fasst im Wesentlichen die bestehenden **gesetzlichen Grundlagen** sowie die allgemeinen Grundsätze des Berufsrechts der Angehörigen der Fachkreise, insbesondere diejenigen des **ärztlichen Berufsrechts,** in allgemein verständlicher Form zusammen und konkretisiert diese für die in der Praxis üblichen Kooperationsformen.
- Er konzentriert sich auf solche Kooperationsformen, in denen es in der Praxis in jüngster Vergangenheit entweder häufig zu **Missbrauchsfällen** gekommen ist oder aber eine einwandfreie Zusammenarbeit aufgrund fehlender Leitlinien für die Beteiligten zuvor nicht immer einfach war. Insofern spricht der Kodex etwa im Bereich der Einladung von Ärzten zu Fortbildungsveranstaltungen klar aus, dass eine Übernahme von Kosten für Begleitpersonen oder für Unterhaltungsprogramme unzulässig ist. Er tritt ferner Veranstaltungen mit touristischem Anstrich und Unterhaltungscharakter konsequent entgegen. Darüber hinaus soll das **Geschenkeverbot,** wonach grundsätzlich das Versprechen, Anbieten oder Gewähren von Geschenken jeder Art verboten ist, das Korruptions- und Missbrauchsrisiko weiter eindämmen und die strafrechtliche Sanktionsmöglichkeit des § 299a, b StGB ergänzen[16] Im Hinblick auf die Durchführung von Anwendungsbeobachtungen und anderen nichtinterventionellen Studien wirkt der Kodex der Gefahr eines Missbrauchs zu Marketingzwecken durch eine strenge Ausrichtung an den vom Bundesinstitut für Arzneimittel und Medizinprodukte (BfArM) veröffentlichten Empfehlungen sowie darüber hinausgehenden Anforderungen an die Planung, Organisation und Durchführung solcher Studien entgegen. Ferner richtet er sich bei der Bemessung der Höhe der Vergütung von Anwendungsbeobachtungen dem Grundsatz nach an der ärztlichen Gebührenordnung aus. Der Kodex stellt weiter klar, dass ein Unternehmen auch für die Zusammenarbeit mit Ärzten verantwortlich ist, die es von Dritten – etwa Agenturen – organisieren und durchführen lässt. Auf diese Weise soll möglichen Umgehungen des Kodex entgegen gearbeitet werden.
- Die Verhaltensstandards des Kodex stehen **in Übereinstimmung mit den Standards der Ärzteschaft** zur Zusammenarbeit mit der Industrie, die in der (Muster-) Berufsordnung (MBO-Ä) zusammengefasst sind. In der Vergangenheit konnten kleinere Divergenzen zwischen diesen Standards, etwa bei der Unterstützung der Teilnahme von Ärzten an Fort- und Weiterbildungsveranstaltungen, regelmäßig durch entsprechende Anpassungen

[15] Zu dem Zusammenspiel von Kodizes und gesetzlichen Regelungen sowie Empfehlungen siehe auch *Mand,* Healthcare Compliance – Teil 1: Gesetzliche Zuwendungsbeschränkungen im Verhältnis von Industrie und medizinischen Fachkreisen, PharmR 2014, 275 ff. sowie insbesondere *Mand,* Healthcare Compliance – Teil 2: Zuwendungsbeschränkungen im Berufs- und Kodexrecht und Compliance-Organisation im Pharmasektor, PharmR 2014, 393.

[16] Hierzu *Diener* PharmR 2018, 334 ff.

aufgelöst werden. Für besondere Diskussion sorgte § 32 Abs. 2 MBO-Ä, wonach die Annahme geldwerter Vorteile in angemessener Höhe nicht berufswidrig ist, sofern diese ausschließlich für berufsbezogene Fortbildung verwendet werden. Während fast alle Landesärztekammern die Regelung übernommen haben, entschied sich die Ärztekammer Niedersachsen für eine strengere Fassung, gemäß derer die Übernahme angemessener Reise- und Übernachtungskosten bei Veranstaltungen nicht per se zulässig ist, sondern sich anhand des allgemeinen Zuwendungsverbotes des § 32 Abs. 1 BO-Ä Niedersachsen beurteilt. Auch die Landesärztekammer Rheinland-Pfalz verschärfte die Musterregelung des § 32 Abs. 2 MBO-Ä, indem sie eine Unangemessenheit des gewährten Vorteils ua dann annimmt, wenn der Zweck der Fortbildung nicht im Vordergrund steht, § 33 Abs. 4 BO-Ä Rheinland-Pfalz. Diese Regelungen führen bis heute dazu, dass Einzelheiten zur Gewährung von Vorteilen im Zusammenhang mit berufsbezogener Fortbildung aus berufsrechtlicher Sicht stets anhand der Bestimmungen der geltenden Berufsordnung zu prüfen sind.

– Der Kodex knüpft an den **„Gemeinsamen Standpunkt zur strafrechtlichen Bewertung der Zusammenarbeit zwischen Industrie, medizinischen Einrichtungen und deren Mitarbeitern“** an, der im Jahr 2000 von den maßgeblichen Verbänden der pharmazeutischen Industrie gemeinsam mit einer Vielzahl anderer Verbände des Gesundheitswesens und dem Deutschen Hochschulverband (DHV) veröffentlicht worden ist (→ Kap. 4 Rn. 19ff.). Der „Gemeinsame Standpunkt“ hat seit seiner Veröffentlichung nicht nur in der Praxis eine breite Zustimmung erfahren. Er diente selbst verschiedenen Landesgesetzgebern als Orientierungspunkt für die konkrete Ausgestaltung ihrer Drittmittelrichtlinien. Der Kodex führt die von dem „Gemeinsamen Standpunkt“ eingeschlagene Linie fort und erfasst zusätzlich auch die Zusammenarbeit der Industrie mit **niedergelassenen Ärzten** und anderen Angehörigen der Fachkreise (wie etwa **Apothekern**).
– Der Kodex entspricht inhaltlich den **„Verhaltensempfehlungen für die Zusammenarbeit der pharmazeutischen Industrie mit Ärzten“,** die gemeinsam von den führenden Verbänden der deutschen Arzneimittelindustrie, dem Bundesverband der Arzneimittel-Hersteller (BAH), dem Bundesverband der Pharmazeutischen Industrie (BPI) sowie dem Verband Forschender Arzneimittelhersteller (VFA) erarbeitet und im Sommer 2003 herausgegeben worden sind. Die Qualität der Verhaltensstandards des FSA geht allerdings noch hierüber hinaus, da diese Standards für die Mitglieder des FSA **nicht nur Verhaltensempfehlungen,** sondern einen **verbindlichen Kodex** darstellen.
– Die Konzeption des FSA belässt es nicht allein bei der Festlegung von Standards in der Form eines für die Mitglieder verbindlichen Kodex. Vielmehr sollen diese Bestimmungen im Wege der Selbstregulierung durch den FSA auch konsequent überwacht und Verstöße sanktioniert werden. Der Verein ist daher auch mit **Überwachungs- und Sanktionsbefugnissen** ausgestattet. Diese sollen die Einhaltung des Kodex sicherstellen. Die Überwachung des Kodex obliegt hierbei einer **„Schiedsstelle“** (siehe Kap. 13), die ua Geldstrafen von bis zu 400.000 Euro, die Veröffentlichung des Namens des betroffenen Unternehmens sowie bei besonders gravierenden Fällen auch eine „öffentliche Rüge“ aussprechen kann.
– Schließlich setzt der Kodex die **Standards und Vorgaben der EFPIA** (European Federation of Pharmaceutical Industries and Associations, → Rn. 94) um. Eine Vielzahl inhaltlicher Änderungen und Anpassungen der vorangegangenen Revisionen des Kodex geht maßgeblich auf den EFPIA-Kodex bzw. seine Überarbeitungen und Ergänzungen zurück. Der EFPIA-Kodex (EFPIA Code of Practice in der Fassung vom 27.6.2019, → Rn. 95) legt für die 36 Mitgliedsverbände und über 40 Mitgliedsunternehmen dieses europäischen Pharmaverbandes europaweite Mindeststandards fest, die zu ihrer Verbindlichkeit in die nationalen Kodizes der Mitgliedsverbände umgesetzt werden müssen. Der EFPIA-Kodex enthält detaillierte Regelungen für ein ethisches Pharmamarketing und entspricht im Wesentlichen dem europäischen und deutschen Heilmittelwerbe- und

Wettbewerbsrecht. Er enthält unter anderem Verbote für die Werbung mit nicht zugelassenen Arzneimitteln sowie zu irreführender und verdeckter Werbung, Regelungen zur Organisation und Unterstützung von Veranstaltungen und Kongressen sowie zur Ausrichtung von internationalen Veranstaltungen, Regelungen bzw. Verbote zur Gewährung von Geschenken und wissenschaftlichem Informationsmaterial, Vorschriften zur Schulung von Mitarbeitern und Pharmareferenten sowie das Erfordernis der Bestellung eines Compliance Officers. Der EFPIA-Kodex verlangt ferner, bei Verstößen angemessene Sanktionen vorzusehen, wobei eine Kombination von Publikation und Geldstrafe als effektivste Möglichkeit angesehen wird, die Einhaltung der Verhaltensstandards zu bewirken. Der FSA hat die Anforderungen des EFPIA-Kodex im Kodex sowie in der FSA-Verfahrensordnung umgesetzt (→ Kap. 17 Rn. 1 ff.).

III. Bedeutung

12 Die Mitgliedsliste des FSA[17] (→ Rn. 118 sowie Fn. 111) umfasst die ordentlichen Mitglieder des Verbandes Forschender Arzneimittelhersteller (VFA) sowie eine Reihe der mit diesen Unternehmen verbundenen Unternehmen, die sich freiwillig zur Mitgliedschaft verpflichtet haben. Nach der Satzung des FSA steht der Verein **allen Unternehmen der pharmazeutischen Industrie offen.** Angesichts des Appells der Bundesregierung an alle Verbände der pharmazeutischen Industrie, sich dem vorgeschlagenen Sanktionsmechanismus anzuschließen[18] sowie der allgemein als sehr konstruktiv und hilfreich empfundenen Spruchpraxis des FSA werden sich zukünftig möglicherweise noch weitere Verbände bzw. Unternehmen der pharmazeutischen Industrie dem FSA anschließen, dessen Konzeption sich in der Praxis bewährt hat.[19] Ungeachtet dessen dürften sich der Kodex sowie die Spruchpraxis der Schiedsstelle des FSA[20] auch in der Zukunft weiter als zusätzliche **Erkenntnisquelle für die wettbewerbsrechtliche Rechtsprechung** herausbilden, was in der pharmazeutischen Industrie im Bereich der Zusammenarbeit mit Ärzten als lauter oder unlauter anzusehen ist.[21] Es ist deshalb zu erwarten, dass die Regelungen des Kodex sowie ihre Interpretation auch für Nichtmitglieder des Vereins von zunehmender Bedeutung sein werden.[22] Insofern werden nicht nur die Mitgliedsunternehmen des FSA bzw. diejenigen Unternehmen, die den Kodex für sich vertraglich gegenüber diesem Verein als verbindlich anerkannt haben, auf eine konsequente **firmeninterne Umsetzung** des Kodex angewiesen sein.

13 Im Bereich der Werbung findet sich ein weiterer Hinweis, dass Verhaltenskodizes wie der Kodex die **Gesetzgebung mit beeinflusst haben.** So finden sich seit der Novellierung der §§ 3, 5 UWG im Jahr 2015[23] Bezugnahmen auf die Einhaltung bzw. die Unterwerfung unter einen Verhaltenskodex: Gem. § 5 Abs. 1 Nr. 6 UWG werden unwahre oder zur Täuschung geeignete Angaben über die Einhaltung eines Verhaltenskodex als irreführend und damit unlauter angesehen.[24] Darüber hinaus enthält § 3 Abs. 3 UWG eine weitreichende

---

[17] Siehe https://www.fsa-pharma.de/de/der-fsa/mitgliedschaft/unsere-mitglieder/ (zul. abgerufen am 11.3.2021).

[18] Siehe Pressemitteilung des Bundesministeriums für Gesundheit und Soziale Sicherung, Nr. 40, 16.2.2004.

[19] *Klümper/Hofer* MPJ 2009, 23 ff.

[20] Gesamtübersicht der Spruchpraxis ist abrufbar unter https://www.fsa-pharma.de/de/schiedstelle/berichterstattung/fachkreise (zul. abgerufen am 11.3.2021).

[21] OLG Stuttgart GRUR-RR 2018, 37; OLG Hamburg NJW-RR 2015, 557, differenzierend BGH PharmR 2011, 138 ff.

[22] Dazu auch *Geiger* PharmR 2007, 316.

[23] Im Rahmen dieser Novellierung wurde die UGP-Richtlinie in nationales Recht umgesetzt. Auch die EU sieht die Verbandskodizes als zweckmäßiges Mittel zur Verbesserung des Verbraucherschutzes an, siehe Erwägungsgrund 20 der RL 2005/29/EG. Dazu ausführlicher in → Kap. 2 Rn. 80; Vgl. auch *Mand* PharmR 2014, 393 (396).

[24] Zur Begründung siehe auch BT-Drs. 16/10145, 5 ff., 12, 16 f., 21, 31.

Verbotsnorm, die alle geschäftlichen Handlungen, die einen der Tatbestände der sog. **„Black List“** (Anhang zu § 3 Abs. 3 UWG) erfüllen, ohne weitere Prüfung der Umstände des Einzelfalls untersagt. Unter diesen Tatbeständen der „Black List“ finden sich in den Nr. 1 und 3 die folgenden Bestimmungen: *„die unwahre Angabe eines Unternehmers, zu den Unterzeichnern eines Verhaltenskodexes zu gehören“* und *„die unwahre Angabe, ein Verhaltenskodex sei von einer öffentlichen oder anderen Stelle gebilligt“*. Mit dieser Einbettung der Verhaltenskodizes in die Vorschriften des UWG wird der wachsenden Bedeutung von Verhaltenskodizes, wie zB dem Kodex, und ihrer Einhaltung durch die Unternehmen Rechnung getragen.

IV. Auslegung

Der Kodex verfolgt das Ziel, ein lauteres Verhalten der pharmazeutischen Industrie bei der Werbung für Arzneimittel sowie der Zusammenarbeit mit Angehörigen der Fachkreise sicherzustellen. Zu diesem Zweck fasst der Kodex die maßgeblichen, in einer Vielzahl unterschiedlicher Gesetze verstreuten und dort vielfach sehr abstrakt formulierten Grundlagen sowie die allgemeinen Grundsätze des Berufsrechts der Angehörigen der Fachkreise (insbesondere diejenigen des ärztlichen Berufsrechts) (vgl. hierzu § 4 Abs. 1) in einer **allgemein verständlichen Sprache** zusammen und **konkretisiert** diese für die in der Praxis häufigen Formen der Werbung und Zusammenarbeit. Den Mitgliedern des FSA sollen damit klare Verhaltensvorgaben gemacht werden, wie eine lautere Zusammenarbeit mit Ärzten und anderen Angehörigen der Fachkreise im Einzelnen ausgestaltet werden kann. **14**

Obgleich die Regelungen des Kodex aufgrund ihrer Anschaulichkeit ohne Weiteres verständlich sind und auch von juristischen Laien nachvollzogen werden können, stellen sich hier – wie bei allen Normtexten – aufgrund der **Vielzahl denkbarer praktischer Fallkonstellationen** Fragen, die eine Auslegung der jeweils einschlägigen Regelung notwendig machen. Es wird immer der fromme Wunsch jedes Regelungsgebers bleiben, dass seine Normtexte allein für sich sprechen und keiner weiteren Auslegung bedürfen. Das Ziel jeder Auslegung ist es, eine **dem Kodex gerecht werdende Antwort** für die jeweilige Fallkonstellation zu finden. Diese Antwort muss sich von dem **Wortlaut** des Kodex einerseits sowie von dem **Sinn und Zweck** der jeweiligen Regelung andererseits leiten lassen. Der Kodex kann nur dann dem selbst gesetzten Ziel gerecht werden, wenn vermieden wird, dass durch die alleinige Berücksichtigung des Wortlautes Ergebnisse erzielt werden, die in der einen oder anderen Richtung unbillig sind, also von dem Kodex nicht intendiert sind oder Umgehungen Vorschub leisten. Vor diesem Hintergrund ist bei der Auslegung des Kodex auch immer auf seinen Sinn und Zweck abzustellen. Gleichzeitig darf die Orientierung an dem Sinn und Zweck auch nicht dazu führen, einer Beliebigkeit Tür und Tor zu öffnen, indem etwa allein an vermeintliche Intentionen des Kodex angeknüpft wird, die im Wortlaut des Kodex keine Stütze mehr finden. Dies würde dem Kodex nicht gerecht, der gerade ein **verlässlicher Leitfaden** für die Ausgestaltung der Werbung für Arzneimittel sowie der Zusammenarbeit mit Angehörigen der Fachkreise sein soll. Zur Vereinfachung und Vereinheitlichung der Interpretation des Kodex hat der Vorstand des FSA eine Reihe von Leitlinien nach § 6 Abs. 2 zu auslegungsbedürftigen Begriffen des Kodex erlassen, um diese Begriffe weiter zu präzisieren und deren Auslegung zu vereinheitlichen.[25] **15**

Die Regelungen des Kodex sind in erster Linie als Konkretisierungen der für die Werbung für Arzneimittel und für die Zusammenarbeit mit Angehörigen der Fachkreise geltenden Gesetze zu verstehen. In Zweifelsfragen bietet sich daher der Blick auf die jeweils einschlägigen Gesetze selbst sowie die hierauf basierende Rechtsprechung als Maßstab für seine Auslegung an. Von besonderer Bedeutung sind hierfür die Bestimmungen des **Arz-** **16**

[25] Die aktuellen Fassungen der Leitlinien finden sich unter https://www.fsa-pharma.de/de/kodizes/18-02-15_kodex_fachkreise_leitlinien_reinfassung.pdf (zul. abgerufen am 11.3.2021).

neimittelgesetzes (AMG), des **Heilmittelwerbegesetzes (HWG)** und – vor allem im Hinblick auf Klinikärzte und andere Mitarbeiter medizinischer Einrichtungen – die Bestimmungen der §§ 331 ff., 299, 299a, b **StGB.** Gleichzeitig verfolgt der Kodex das Ziel, einen Gleichklang der Verhaltensstandards der pharmazeutischen Industrie mit den für die Fachkreise jeweils geltenden berufsrechtlichen Bestimmungen herzustellen. Aus diesem Grund stellt § 4 Abs. 1 die Beachtung der allgemein anerkannten Grundsätze des für die Angehörigen der Fachkreise geltenden Berufsrechts, zu denen insbesondere die **Grundsätze des ärztlichen Berufsrechts** zählen, der Beachtung der einschlägigen Gesetze gleich. Daher liegt es nahe, sich bei der Auslegung der einzelnen Regelungen des Kodex zugleich etwa an der **(Muster-)Berufsordnung für Ärzte (MBO-Ä)**[26] zu orientieren, insbesondere an den Bestimmungen der §§ 30–33 MBO-Ä zur „Wahrung der ärztlichen Unabhängigkeit bei der Zusammenarbeit mit Dritten" sowie an den hilfreichen und sehr konkreten Hinweisen und Erläuterungen der Bundesärztekammer zu § 33 MBO-Ä (Arzt und Industrie).[27] Leider erfolgt die Umsetzung der MBO-Ä in den einzelnen Berufsordnungen der Landesärztekammern nicht immer einheitlich (→ Kap. 2 Rn. 127). In diesen Fällen ist gem. § 4 hinsichtlich der Interpretation des Kodex nur von den **allgemein anerkannten Grundsätzen** des ärztlichen Berufsrechts auszugehen (→ Rn. 156 f.).

V. „Compliance Governance"

17 Die nachfolgenden Erläuterungen sind **nicht** allein im Sinne eines **„klassischen Kommentars"** zu verstehen. Sie wollen vielmehr zugleich auch Ratgeber für die Umsetzung des Kodex durch die betroffenen Unternehmen sein. Erfahrungsgemäß sind die oftmals feinen Differenzierungen der einschlägigen Gesetze sowie des ärztlichen Berufsrechts und der hierauf basierenden Regelungen des Kodex das Eine, die effektive und für alle Mitarbeiter verständliche, praktische Um- und Durchsetzung dieser Bestimmungen in den Unternehmen jedoch das Andere. Daher kann es unter Umständen aus unternehmensinternen Gründen geboten sein, in der praktischen Umsetzung restriktiver und damit **holzschnittartiger** zu verfahren, als dies eigentlich nach dem Gesetz, dem ärztlichen Berufsrecht oder auch dem Kodex geboten wäre, weil nur so im Unternehmen eine flächendeckende Einhaltung und damit eine effiziente Prävention unlauteren Verhaltens mit verhältnismäßigem Aufwand möglich ist. Auch hierzu möchten die Erläuterungen beitragen, indem jeweils entsprechende Hinweise und Empfehlungen gegeben werden, die man in der US-amerikanischen Rechtsmaterie der „Healthcare Fraud and Abuse Prevention" als **„Safe Harbors"** bezeichnen würde. Die nachfolgenden Erläuterungen verstehen sich damit zugleich als eine Hilfestellung für eine effektive **„Compliance Governance"**[28] pharmazeutischer Unternehmen auf dem Gebiet ihrer Zusammenarbeit mit Ärzten (siehe hierzu im Einzelnen Kap. 7).[29]

B. Kodex – Erläuterungen (Einleitung)

Einleitung

Die Gesundheit ist das höchste Gut des Menschen. Arzneimittel tragen ganz wesentlich zur Gesundheit und zum Wohlbefinden bei. Die Erforschung, Entwicklung, Herstellung und der Vertrieb von Arzneimitteln stellen an die Unternehmen der pharmazeutischen

---

[26] Siehe https://www.bundesaerztekammer.de/fileadmin/user_upload/downloads/pdf-Ordner/MBO/MBO-AE.pdf (zul. abgerufen am 11.3.2021).

[27] Siehe https://www.bundesaerztekammer.de/recht/aktuelle-rechtliche-themen/korruption/faq/ (zul. abgerufen am 11.3.2021).

[28] Siehe hierzu allgemein auch *Sonnenberg* JuS 2017, 917 ff.; *Hauschka* NJW 2004, 257 ff.

[29] Siehe dazu *Dieners* FS Doepner, 2008, 181 f.

Industrie hohe Anforderungen. Der Patient steht dabei im Mittelpunkt der Bemühungen, durch wirksame Arzneimittel Krankheiten vorzubeugen, diese zu heilen oder deren Folgen zu lindern.

Die Mitglieder des Vereins „Freiwillige Selbstkontrolle für die Arzneimittelindustrie e. V.“ sehen es als ihre Aufgabe, durch zutreffende und objektive wissenschaftliche Informationen über Arzneimittel das Wissen zu vermitteln, das für eine sachgerechte Auswahl und Anwendung von Arzneimitteln erforderlich ist. Arzneimittel sind technisch hochentwickelte und komplexe Güter, die umfassend erklärt werden müssen. Es gehört daher zu den unabdingbaren Aufgaben jedes pharmazeutischen Unternehmers, alle notwendigen und geeigneten Informationen über Bedeutung und Eigenschaften von Arzneimitteln an die Fachkreise zu vermitteln. Hierbei sollen nicht nur die Anwendungsmöglichkeiten und der Nutzen der Arzneimittel, sondern auch die Grenzen und Risiken ihrer Anwendung unter Berücksichtigung der neuesten Erkenntnisse der medizinischen Wissenschaften dargestellt werden.

Darüber hinaus ist sowohl die Erforschung als auch die Entwicklung wirksamer Arzneimittel ohne eine enge fachliche Zusammenarbeit mit Ärzten, Apothekern und anderen Angehörigen der Fachkreise nicht vorstellbar. Die Angehörigen der Fachkreise unterstützen die Forschung und Entwicklung neuer Arzneimittel durch ihr unabhängiges Fachwissen. Sie tragen damit erheblich dazu bei, dass die pharmazeutische Industrie innovative Arzneimittel entwickeln und auf diese Weise die Gesundheit und das Wohlbefinden der Patienten verbessern kann. Gleichzeitig ist das vertrauensvolle Verhältnis zwischen Arzt und Patient die Basis jeder Therapie. Die Therapieentscheidung liegt in der alleinigen Verantwortung der Ärzteschaft. Die Apotheker gewährleisten eine sachgerechte Beratung bei der Abgabe des von dem behandelnden Arzt verschriebenen Arzneimittels. Jede Zusammenarbeit der Mitglieder des Vereins „Freiwillige Selbstkontrolle für die Arzneimittelindustrie e.V.“ mit Angehörigen der Fachkreise soll den hohen Integritätsstandards entsprechen, die Patienten, staatliche Stellen und andere Interessengruppen sowie die Öffentlichkeit von der pharmazeutischen Industrie erwarten dürfen.

Die Werbung ist ein wesentliches Element der Marktwirtschaft und Ausdruck intensiven Wettbewerbs in der pharmazeutischen Industrie. Der lautere Wettbewerb soll durch diesen Kodex nicht beschränkt werden. Vielmehr gilt für die Mitglieder des Vereins „Freiwillige Selbstkontrolle für die Arzneimittelindustrie e. V.“ der Grundsatz, dass Arzneimittel zutreffend zu bewerben und dabei unlautere Praktiken und berufsethische Konflikte mit den Angehörigen der Fachkreise zu vermeiden sind. Alle Maßnahmen bei der Werbung und der Zusammenarbeit mit Ärzten und anderen Angehörigen der Fachkreise haben sich in einem angemessenen Rahmen und in den Grenzen der geltenden Gesetze (unter anderen Pharma- und Wettbewerbsrecht, Urheberrecht und gewerblicher Rechtsschutz, Korruptions-Bekämpfungs-Gesetze sowie Datenschutzgesetze, insbesondere zum Schutz personenbezogener Daten einschl. Persönlicher Gesundheitsdaten) zu halten. Hierbei markieren die Grundsätze der Trennung, der Transparenz, der Dokumentation und bei gegenseitigen Leistungen zudem der Äquivalenz, wie sie im „Gemeinsamen Standpunkt“ der Verbände (Gemeinsamer Standpunkt der Verbände zur strafrechtlichen Bewertung der Zusammenarbeit zwischen Industrie, medizinischen Einrichtungen und deren Mitarbeitern) für den Klinikbereich niedergelegt sind, auch wertvolle Orientierungspunkte für die Zusammenarbeit der pharmazeutischen Industrie mit Ärzten und anderen Angehörigen der Fachkreise im niedergelassenen Bereich. Dabei streben die Mitglieder des Vereins „Freiwillige Selbstkontrolle für die Arzneimittelindustrie e.V.“ stets die Einhaltung höchster ethischer Standards an.

Dabei lassen sich die Mitglieder des Vereins „Freiwillige Selbstkontrolle für die Arzneimittelindustrie e.V.“ von den nachfolgenden ethischen Leitlinien führen:

Mit dem Ziel, ein diesen Grundsätzen entsprechendes Verhalten zu fördern, das Vertrauen der Allgemeinheit, dass die Auswahl ihrer Arzneimittel sich an den Vorteilen jedes Produktes und den gesundheitlichen Bedürfnissen der Patienten orientiert, zu festigen und einen lauteren Wettbewerb bei der Werbung und Zusammenarbeit mit den Ärzten und den anderen Angehörigen der Fachkreise sicherzustellen, hat die Mitgliederversammlung des Vereins „Freiwillige Selbstkontrolle für die Arzneimittelindustrie e. V." nachstehenden

FSA-Kodex
zur Zusammenarbeit
mit Fachkreisen
(FSA-Kodex Fachkreise)

beschlossen.

I. Ausgangsposition

18 Die pharmazeutische Industrie trägt durch die Erforschung, Entwicklung, Herstellung und den Vertrieb von Arzneimitteln maßgeblich zum Wohlergehen der Menschen bei. Die Einleitung stellt klar, dass der **Patient im Mittelpunkt** aller Bemühungen stehen muss, durch Arzneimittel Krankheiten vorzubeugen, zu heilen oder deren Folgen zu lindern. Damit der therapeutische Fortschritt den Patienten zu Gute kommen kann, sind die **Vermittlung sachgerechter Informationen** über die Bedeutung und Eigenschaften von Arzneimitteln sowie die **Zusammenarbeit der Industrie mit Angehörigen der Fachkreise unverzichtbar.** Letzteres gilt insbesondere für die Zusammenarbeit mit Ärzten. Denn nur der Arzt verfügt über den unmittelbaren Zugang zu den Patienten. Diese enge Zusammenarbeit mit Ärzten ist auch bei der Erforschung und Entwicklung neuer, innovativer, Arzneimittel ebenso notwendig wie bei der Beobachtung und Weiterentwicklung bereits eingeführter Arzneimittel. Ferner gehört es zu den unabdingbaren Aufgaben der Arzneimittelhersteller, Angehörigen der Fachkreise **Informationen** über die Wirkungsweise und die Eigenschaften der von Ihnen hergestellten und vertriebenen Arzneimittel in angemessener Form **zu vermitteln.** Denn niemand kennt ein Arzneimittel so gut wie diejenigen, die es erforscht und entwickelt haben.

II. Zielvorgaben

Eine enge Zusammenarbeit zwischen der pharmazeutischen Industrie und den Angehörigen der Fachkreise ist unverzichtbar. Sie ist auch **forschungs- und gesundheitspolitisch erwünscht, weltweit etabliert** und **unbestritten.**[30] Gerade weil die enge Zusammenarbeit von Unternehmen und Ärzten für den medizinisch-therapeutischen Fortschritt unverzichtbar ist, müssen klare und verlässliche Verhaltensstandards gelten, um zu verhindern, dass durch einzelne Missbrauchsfälle die Zusammenarbeit an sich bzw. bestimmte legitime Kooperationsformen generell in Misskredit geraten. 19

Es ist eine Selbstverständlichkeit, dass sich alle Maßnahmen bei der Vermittlung von Informationen über Arzneimittel und der Zusammenarbeit mit Angehörigen der Fachkreise in einem **angemessenen Rahmen** und in den **Grenzen der geltenden Gesetze** (ua des Pharma-, Wettbewerbs-, Urheber-, Anti-Korruptions- und Datenschutzrechts, insbesondere zum Schutz Persönlicher Gesundheitsdaten) zu halten haben. Die Einleitung des Kodex macht deutlich, dass jede Zusammenarbeit den hohen Integritätsstandards entsprechen muss, die Patienten, staatliche Stellen und die Öffentlichkeit erwarten dürfen. Für die Zusammenarbeit der pharmazeutischen Industrie im Klinikbereich verweist die Einleitung auf den „Gemeinsamen Standpunkt" der Verbände, der wertvolle Orientierungspunkte für die Zusammenarbeit mit Ärzten im niedergelassenen Bereich beinhaltet. Die Einleitung enthält zudem ein Bekenntnis zu den ethischen Leitlinien, wie sie im Ethos des Kodex des internationalen Pharmaverbands IFPMA[31] (International Federation of Pharmaceutical Manufacturers & Associations) definiert sind. Neben dem Grundprinzip des Aufbaus einer **Kultur des Vertrauens** werden die vier Grundwerte genannt, mit welchen dieses Ziel erreicht werden soll: „Sorgfalt, Fairness, Ehrlichkeit und Respekt". Durch die Verankerung dieser ethischen Prinzipien in dem IFPMA-Kodex[32] hat sich dieser von einem bislang eher regelbasierten zu einem eher **wertebasierten Verhaltenskodex** weiterentwickelt.[33] Die IFPMA versteht diesen Ethos als Grundlage für alle Entscheidungsprozesse und als Untermauerung der im Kodex enthaltenen Regeln. Nachdem der aktuelle EFPIA-Kodex nunmehr auch die Werte „Patients are at the heart of what we do"[34], „Integrity", „Respect" und „Transparency" zu den ethische Leitprinzipien erklärt,[35] ist auch der FSA diesem Leitbild gefolgt und hat diese Prinzipien ebenfalls in der Einleitung des Kodex als ethische Leitlinien aufgenommen.[36] 20

Ziel des Kodex ist es, ein den Grundsätzen des „Gemeinsamen Standpunkts" entsprechendes Verhalten sowie einen lauteren Wettbewerb im Hinblick auf die Kooperation mit allen Angehörigen der Fachkreise, also insbesondere **auch mit den im niedergelassenen Bereich tätigen Ärzten** sowie mit **Apothekern** zu erreichen. 21

1. Abschnitt: Anwendungsbereich

§ 1 Anwendungsbereich

(1) Der Kodex gilt für die Mitgliedsunternehmen sowie deren inländische Tochterunternehmen und die anderen verbundenen Unternehmen, sofern die verbundenen Unter-

---

[30] Siehe dazu BT-Drs. 18/6446, 11.

[31] https://www.ifpma.org/resource-centre/ifpma-code-of-practice-2019-ifpma-ethos/ (zul. abgerufen am 11.3.2021).

[32] Die aktuelle Fassung des Kodex ist abrufbar unter https://www.ifpma.org/wp-content/uploads/2018/09/IFPMA_Code_of_Practice_2019.pdf (zul. abgerufen am 11.3.2021).

[33] https://www.ifpma.org/subtopics/new-ifpma-code-of-practice-2019/?parentid=264 (zul. abgerufen am 11.3.2021).

[34] Auf der Webseite von EFPIA wird dieser Grundsatz auch als „Patients first" bezeichnet.

[35] https://www.efpia.eu/media/554677/efpia_codes_a5_v3-2021_sm.pdf, S. 15 (zul. abgerufen am 11.3.2021).

[36] *Kemmner/Thole* PharmR 2020, 320 (322).

nehmen die Verbindlichkeit des Kodex durch eine gesonderte schriftliche Vereinbarung anerkannt haben. Die Zurechnung von Verstößen verbundener abhängiger Unternehmen, die weder Mitglied des FSA sind noch die Verbindlichkeit des Kodex anerkannt haben, richtet sich nach § 1 Abs. 3 der Verfahrensordnung des FSA. Die Mitgliedsunternehmen sollen darauf hinwirken, dass sich alle mit ihnen verbundenen Unternehmen bei Tätigkeiten im Sinne von Absatz 2 in Deutschland oder mit beruflich in Deutschland tätigen Angehörigen medizinischer Fachkreise an diesen Kodex halten, auch wenn sie ihn nicht selbst ausdrücklich anerkannt haben und der Kodex auch ansonsten nicht für sie verbindlich ist.

(2) Der Kodex findet Anwendung

1. auf die im 3. Abschnitt dieses Kodex geregelte produktbezogene Werbung für Arzneimittel im Sinne des § 2 des Arzneimittelgesetzes, wenn
   a) es sich um gemäß § 48 Arzneimittelgesetz (AMG) Verschreibungspflichtige Humanarzneimittel handelt und
   b) die Werbung gegenüber den Fachkreisen im Sinne des § 2 dieses Kodex erfolgt und
2. auf die im 4. Abschnitt dieses Kodex geregelte Zusammenarbeit der Mitgliedsunternehmen mit HCP im Bereich von Forschung, Entwicklung, Herstellung und Vertrieb von Verschreibungspflichtigen Humanarzneimitteln.

(3) Der Kodex findet keine Anwendung auf nicht-werbliche Informationen; darunter sind im Sinne dieses Kodex insbesondere zu verstehen:

1. die Etikettierung eines Arzneimittels sowie die Packungsbeilage;
2. Schriftwechsel und Unterlagen, die nicht Werbezwecken dienen und die zur Beantwortung einer konkreten Anfrage zu einem bestimmten Arzneimittel erforderlich sind;
3. sachbezogene Informationen wie Ankündigungen von Packungsänderungen, Warnungen über Nebenwirkungen sowie Referenzmaterialien (z. B. Warenkataloge und Preislisten, die keine produktspezifischen Aussagen enthalten);
4. sachbezogene Informationen in Bezug auf Krankheiten oder die menschliche Gesundheit;
5. unternehmensbezogene Informationen, z. B. an Investoren oder gegenwärtige oder zukünftige Mitarbeiter, einschließlich Finanzdaten, Berichte über Forschungs- und Entwicklungsprogramme sowie die Information über regulatorische Entwicklungen, die das Unternehmen und seine Produkte betreffen.

(4) Für Tätigkeiten nach Absatz 2 mit grenzüberschreitendem Bezug muss im Einzelfall beurteilt werden, welche Kodizes Anwendung finden sollen (EFPIA-Kodex und/oder ein Nationaler Kodex und/oder mehrere Nationale Kodizes). Hierbei gelten folgende Grundsätze:

1. Für jede Tätigkeit nach Absatz 2, die von einem Mitgliedsunternehmen oder in dessen Namen durchgeführt, finanziell unterstützt (Sponsoring) oder organisiert wird, findet der Kodex Anwendung. Findet die Tätigkeit außerhalb Deutschlands statt, findet zusätzlich der Nationale Kodex des Mitgliedsverbands des Landes Anwendung, in dem die Tätigkeit stattfindet.
2. Im Falle einer Internationalen Fortbildungsveranstaltung, bei dem ein Mitgliedsunternehmen die Teilnahme eines HCP wie in § 20 beschrieben unterstützt, finden hinsichtlich des Kostenbeitrags die Regeln des vorliegenden Kodex Anwendung, sofern der HCP seinen Beruf hauptberuflich in Deutschland ausübt. Sofern der HCP seinen Beruf außerhalb Deutschlands ausübt, findet zusätzlich der Nationale Kodex des Landes Anwendung, in dem der HCP hauptberuflich tätig ist.
3. Sollten sich die Bestimmungen der Anwendbaren Kodizes widersprechen, gelten jeweils die strikteren Bestimmungen. Dies gilt nicht für die Regelungen, bei denen das Gastgeberlandprinzip gilt (Bewirtung).

Übersicht

I. Vorbemerkung

Die Regelung des § 1 Abs. 1 trägt den **Anpassungen** des Kodex an den weitergehenden Anwendungsbereich des **EFPIA-Kodex** Rechnung. Mit der aktuellen Kodexrevision wurde entsprechend der Vorgaben des EFPIA-Kodex auch die Hinwirkungspflicht der Mitgliedsunternehmen auf alle verbundenen Unternehmen in § 1 Abs. 1 S. 3 aufgenommen. Im Zuge der Vereinheitlichung der Definitionen, welche vom FSA mit der letzten Überarbeitung aller drei Kodizes (FSA-Kodex, Transparenzkodex sowie der Kodex zur Zusammenarbeit mit Patientenorganisationen) umgesetzt wurde, ist ua der Begriff der „Angehörigen der Fachkreise" in § 1 durch den Begriff „HCP" ersetzt worden. Inhaltlich sind hiermit jedoch keine Änderungen verbunden (ausführlich zur Überarbeitung der Definitionen → Rn. 81 f.). 22

Durch die Regelung des § 1 Abs. 2 Nr. 1 wurde der ursprüngliche Anwendungsbereich des Kodex auf die **produktbezogene Werbung** für Arzneimittel iSd § 1 Abs. 1 Nr. 1 HWG erweitert, der im 3. Abschnitt des Kodex geregelt ist. Der Kodex erfasst dabei nach Maßgabe des Anwendungsbereichs des EFPIA-Kodex nur die produktbezogene Werbung für verschreibungspflichtige Humanarzneimittel. Er betrifft weder die Bewerbung von OTC-Präparaten noch die von Tierarzneimitteln (§ 1 Abs. 2 Nr. 1 lit. a). Nach § 1 Abs. 2 Nr. 1 lit. b ist ferner – ebenfalls entsprechend dem Anwendungsbereich des EFPIA-Kodex – nur die (produktbezogene) Werbung gegenüber den Fachkreisen, nicht aber die Werbung gegenüber dem Laienpublikum erfasst. 23

Daneben bleibt mit Blick auf § 1 Abs. 2 Nr. 2 und den 4. Abschnitt des Kodex (Zusammenarbeit mit HCP) der in der ursprünglichen Fassung geregelte Anwendungsbereich des Kodex bestehen, erfasst jedoch – entsprechend den EFPIA-Vorgaben – nunmehr einerseits die Zusammenarbeit **mit allen Angehörigen der Fachkreise** (und nicht nur mit Ärzten) und ist andererseits auf die Zusammenarbeit im Bereich **verschreibungspflichtiger Arzneimittel** beschränkt. Dagegen ist eine „produktbezogene" Werbung keine Voraussetzung für die Anwendbarkeit des 4. Abschnitts. 24

Der im Rahmen der letzten Kodexrevision ergänzte Absatz 4 regelt die Anwendbarkeit des Kodex bzw. der Nationalen Kodizes bei Tätigkeiten mit **grenzüberschreitendem Bezug.** Generell muss die Anwendbarkeit des Kodex, des EFPIA-Kodex bzw. anderer Na- 25 tionaler Kodizes jeweils im Einzelfall beurteilt werden, dies unter Berücksichtigung der in den Nr. 1–3 genannten Grundsätze. Die Grundsätze gem. § 1 Abs. 4 Nr. 2 und 3 betreffen internationale Fortbildungsveranstaltungen und waren vormals in § 20 Abs. 9 geregelt.

II. Persönlicher Anwendungsbereich (Abs. 1)

1. Mitgliedsunternehmen und Allgemeines

26 Der Kodex richtet sich an die Mitgliedsunternehmen (zur Definition → Rn. 81 f.) des Vereins **„Freiwillige Selbstkontrolle für die Arzneimittelindustrie e.V." („FSA").** Durch die Einführung der neuen Definition in § 2 Nr. 20 ist die separate Nennung und Bezugnahme in § 1 Abs. 1 S. 1 auf inländische Tochterunternehmen und andere Unternehmen, die den Kodex schriftlich anerkannt haben, streng genommen überflüssig geworden, da diese bereits per definitionem vom Begriff des Mitgliedsunternehmen erfasst sind. Ihre separate Aufzählung in § 1 Abs. 1 S. 1 ist insoweit deklaratorischer Natur.

27 Der Kodex ist nach der Verfahrensordnung des FSA darüber hinaus für das **Verhalten verbundener abhängiger Unternehmen** anwendbar, sofern sich diese Unternehmen nicht selbst dem Kodex unmittelbar unterworfen haben. Mitgliedsunternehmen müssen sich auch Kodexverstöße zurechnen lassen, wenn die relevanten Aktivitäten durch die im Ausland ansässige Muttergesellschaft in Deutschland getätigt werden und dabei Mitarbeiter des Mitgliedsunternehmens vor Ort eingesetzt werden. Dies war etwa in dem von der Schiedsstelle entschiedenen Fall gegeben, in dem die ausländische Muttergesellschaft des Mitgliedsunternehmens im Rahmen einer in Deutschland stattfindenden Messe ein kodexwidriges Preisausschreiben veranstaltet hatte. Die Mitarbeiter des Mitgliedsunternehmens waren vor Ort organisatorisch und beratend im Einsatz, weshalb deren Verhalten von der Schiedsstelle dem Mitgliedsunternehmen zugerechnet wurde.[37] Nicht zurechnen lassen muss sich ein Mitgliedsunternehmen hingegen den Verstoß eines im Ausland ansässigen Schwesterunternehmens bei einer im Inland stattfindenden Fortbildungsveranstaltung.[38] In dem betreffenden Fall wurde beanstandet, dass das FSA-Mitglied Buchungen für die Anreise und Hotelunterkunft der Veranstaltungsteilnehmer für das ausländische Schwesterunternehmen übernommen hatte. Dies ist nach der Schiedsstelle nicht anders zu beurteilen als die Aktivität eines Dienstleisters für Reisen oder Kongressveranstaltungen.

28 Im Hinblick auf die **Zurechnung des Verhaltens eigener Mitarbeiter** ist es erforderlich, dass das Mitgliedsunternehmen geeignete Führungs- und Kontrollmechanismen (wie zB SOPs) etabliert, welche Verstöße von Mitarbeitern gegen den Kodex von vornherein nach Möglichkeit vermeiden. Als Teil der Unternehmensverantwortung ist es im Zusammenhang mit Werbemaßnahmen notwendig, dass interne Freigabe- und Führungsprozesse eingerichtet sind, die sicherstellen, dass geplante Werbemaßnahmen in detaillierter Form zur Genehmigung vorgetragen werden und zu einem späteren Zeitpunkt eine Nachvollziehbarkeit ermöglichen, in welcher Weise und auf Basis welcher Freigabe konkrete Maßnahmen erfolgt sind.[39] Denn Mitgliedsunternehmen, so die Entscheidung der Schiedsstel-

[37] Entscheidung zu § 1, § 23 Abs. 2 idF v. 8.2.2005, https://www.fsa-pharma.de/de/schiedstelle/berichterstattung/fachkreise/az-2004.10–32-und-2004.10–39-1-instanz-kodex-1–23-abs-2-zurechnung-auslandischer-verbundunternehmen-angemessene-ver/, (zul. abgerufen am 11.3.2021), FS I 2004.10–32 und FS I 2004.10–39.

[38] Entscheidung zu § 1 Abs. 1 idF v. 18.1.2008, https://www.fsa-pharma.de/de/schiedstelle/berichterstattung/fachkreise/az-2010.3–287-1-instanz-1-abs-1-fsa-kodex-fachkreise-1-abs-3-fsa-verfahrensordnung-keine-zustandigkeit-des-fsa-bei/, (zul. abgerufen am 11.3.2021), FS I 2010.3–287.

[39] Entscheidung zu § 7 Abs. 1, idF v. 4.12.2014, https://www.fsa-pharma.de/de/schiedstelle/berichterstattung/fachkreise/az-2016.12–509-und-512-7-abs-1–8-abs-1–13-abs-1-fsa-kodex-fachkreise-verteilung-von-werbematerial-mit-personlich-gehal/, FS I 2016.12–509 und 512 (zul. abgerufen am 11.3.2021).

le[40], sind für einen Kodexverstoß auch dann verantwortlich, wenn dieser auf dem Verhalten eines einzelnen Mitarbeiters beruht, der in Ausübung der ihm anvertrauten Verantwortung und im Absatzinteresse des Unternehmens gehandelt hat und die vorhandenen Kontrollmechanismen nicht ausreichend waren, um das unzulässige Verhalten zu vermeiden.

2. Verbundene Unternehmen

Durch **gesonderte schriftliche Vereinbarung** mit dem FSA können verbundene Unternehmen dem Kodex unterwerfen. Erst durch diese Vereinbarung ist der Kodex auch auf diese Unternehmen unmittelbar anwendbar,[41] (hierzu im Einzelnen → Kap. 17 Rn. 33 ff., 48 ff.). 29

Dem Kodex als **verbundene Unternehmen** haben sich unterworfen[42]: 30
AstraZeneca Arznei GmbH; AstraZeneca Distributions GmbH; AstraZeneca Med GmbH; AstraZeneca Pharma GmbH; AstraZeneca Vertriebs GmbH; Bayer Vital GmbH; Dieckmann Arzneimittel GmbH; EuMeCom Medizin Information GmbH; Glaxo Wellcome GmbH & Co.; Intendis GmbH; Jenapharm GmbH & Co. KG; MSD Regional Business Support Center GmbH; Mundipharma Vertriebsgesellschaft mbH & Co. KG; Novartis Pharma Arzneimittel GmbH; Novartis Pharma Vertriebs GmbH; Sanol GmbH; SmithKline Beecham Pharma GmbH & Co. KG; Steigerwald Arzneimittelwerk GmbH.

3. Zurechnung von Verstößen verbundener abhängiger Unternehmen

Seinem Wortlaut nach gilt der Kodex unmittelbar sowohl für die Mitgliedsunternehmen des FSA, für deren inländische Tochterunternehmen sowie für die mit den Mitgliedsunternehmen verbundenen Unternehmen, sofern diese Unternehmen den Kodex als für sie verbindlich anerkannt haben. Es handelt sich hierbei um **„Wettbewerbsregeln"** des FSA für seine Mitglieder iSv § 24 Abs. 2 GWB, um einem den Grundsätzen der Lauterkeit zuwiderlaufenden Wettbewerb entgegenzuwirken und ein diesen Grundsätzen entsprechendes Verhalten im Wettbewerb anzuregen. Wettbewerbsregeln besitzen **keine Allgemeinverbindlichkeit,** und zwar auch dann nicht, wenn sie – wie der Kodex – von dem Bundeskartellamt gem. § 26 Abs. 1 GWB anerkannt worden sind. Sie gelten vielmehr nur für die kraft Verbandsrecht oder sonstiger vertraglicher Vereinbarung gebundenen Wettbewerber, nicht aber auch für sogenannte „Dritte". 31

Die Zurechnung von **Verstößen von verbundenen, abhängigen Unternehmen** richtet sich gem. § 1 Abs. 1 S. 2 nach Vorschriften der Verfahrensordnung. Nach § 1 Abs. 3 S. 2 der Verfahrensordnung des FSA (→ Kap. 17 Rn. 47) werden den Mitgliedsunternehmen im Rahmen der Tätigkeit der Spruchkörper des Vereins **Verstöße** von verbundenen abhängigen Unternehmen **zugerechnet,** die weder selbst Mitglied des Vereins sind noch sich durch schriftliche Vereinbarung dem Kodex unterworfen haben, sofern es sich hierbei um ein von dem jeweiligen Mitgliedsunternehmen beherrschtes abhängiges Unternehmen handelt (→ Kap. 17 Rn. 54 f.). Die Zurechnung des Verstoßes eines verbundenen, jedoch vom Mitgliedsunternehmen nicht beherrschten Unternehmens scheidet grundsätzlich aus. Hieran ändert auch der Umstand nichts, dass das Mitgliedsunternehmen für das verbundene Unternehmen die Buchungen für Anreise und Übernachtung der betroffenen Fortbildungsveranstaltung übernommen hat, da diese Unterstützungsdienst- 32

---

[40] Entscheidung zu § 7 Abs. 1, idF v. 4.12.2014, https://www.fsa-pharma.de/de/schiedstelle/berichterstattung/fachkreise/az-2016.12–509-und-512-7-abs-1–8-abs-1–13-abs-1-fsa-kodex-fachkreise-verteilung-von-werbematerial-mit-personlich-gehal/, FS I 2016.12–509 und 512 (zul. abgerufen am 11.3.2021).

[41] Entscheidung zu § 1 idF v. 16.2.2004, https://www.fsa-pharma.de/de/schiedstelle/berichterstattung/fachkreise/az-2004.10–33-1-instanz-kodex-1-anwendbarkeit-des-kodex-bei-auslandischen-verbundunternehmen/, (zul. abgerufen am 11.3.2021), FS I 2004.10–33.

[42] Derzeit haben sich 9 Unternehmen den Regelwerken des FSA unterworfen. Stand: Juni 2020. Die aktuelle Liste ist abrufbar unter https://www.fsa-pharma.de/de/der-fsa/mitgliedschaft/unsere-mitglieder/ (zul. abgerufen am 11.3.2021).

leistung von jedem externen und unabhängigen Dienstleister (zB Reisebüro) hätte übernommen werden können.[43]

4. Hinwirkungspflicht auf alle verbundenen Unternehmen

33 Die Regelung des § 1 Abs. 1 S. 3 sieht die Verpflichtung der Mitgliedsunternehmen vor, darauf **hinzuwirken,** dass **sich alle mit ihnen verbundenen Unternehmen** bei Tätigkeiten im Sinne von Absatz 2 in Deutschland oder Aktivitäten mit beruflich in Deutschland tätigen Angehörigen medizinischer Fachkreise **an diesen Kodex halten,** auch wenn sie ihn nicht selbst ausdrücklich anerkannt haben oder der Kodex auch ansonsten nicht für sie verbindlich ist. Diese Ergänzung setzt den Grundsatz des EFPIA-Kodex um, wonach die „Verantwortlichkeit" von Mitgliedsunternehmen weiter reicht als deren gesellschaftsrechtliche Strukturen.[44] Während § 3 Abs. 2 die Hinwirkungspflicht der Mitgliedsunternehmen gegenüber Dritten regelt, findet dieser Grundsatz für den konzerninternen Bereich gegenüber verbundenen Unternehmen Ausdruck in der Regelung des § 1 Abs. 1 S. 3.

34 Die Regelung im Kodex zur Umsetzung dieses Grundsatzes des EFPIA-Kodex erschöpft sich allerdings in einer bloßen Hinwirkungspflicht der Mitgliedsunternehmen und erstreckt sich nicht auf eine weitergehende Verpflichtung, die Einhaltung des Kodex durch die verbundenen Unternehmen (welche nicht Mitglieder des FSA sind) im Ergebnis sicherzustellen. Insoweit stellt sich die Hinwirkungspflicht des Satz 3 als eine Kompromisslösung zwischen den europäischen Standards (vgl. die Einleitung des EFPIA Code of Practice) und deutschem Vereinsrecht dar.[45] Eine weitergehende Verpflichtung, wie sie im EFPIA-Kodex vorgesehen ist, wäre nicht mit dem **deutschen Vereinsrechts** vereinbar.[46] Das deutsche Gesellschaftsrecht sieht keine Einwirkungsmöglichkeit auf verbundene Unternehmen vor, die weder von dem Mitgliedsunternehmen abhängig sind, noch von diesem beherrscht werden. Daher wäre es auch nicht zulässig, den Mitgliedsunternehmen vereinsrechtlich Pflichten aufzuerlegen, die sie **mangels rechtlicher Einwirkungsbefugnis** auf verbundene Unternehmen gar nicht erfüllen können. Eine Inanspruchnahme für nicht umsetzbare Verpflichtungen wäre dementsprechend unrechtmäßig. Gleichzeitig würde eine solche Regelung im Ergebnis den Bereich des Verbandsrechts verlassen und das Konzernrecht betreffen, wonach das Mitgliedsunternehmen nur in gesetzlich festgelegten Grenzen auf verbundene Unternehmen Einfluss nehmen kann.[47] In diesem Fall wäre die Regelungskompetenz des FSA überschritten.[48] Darüber hinaus könnte die allgemeine Rücksichtnahmepflicht des Vereins, verbandsfreie Sphären seiner Mitglieder zu beachten,[49] ebenfalls betroffen sein. In der aktuellen Ausgestaltung steht die **Hinwirkungspflicht** jedoch **im Einklang mit der vereinsrechtlichen Förderpflicht,** sich als Mitgliedsunternehmen für die Verwirklichung des gesetzten Vereinszwecks einzusetzen.[50]

---

[43] Entscheidung zu § 1 Abs. 1 idF v. 18.1.2008, https://www.fsa-pharma.de/de/schiedstelle/bericht erstattung/fachkreise/az-2010.3–287-1-instanz-1-abs-1-fsa-kodex-fachkreise-1-abs-3-fsa-verfahrens ordnung-keine-zustandigkeit-des-fsa-bei/, (zul. abgerufen am 11.3.2021), FS I 2010.3–287.

[44] Vgl. dazu https://www.efpia.eu/media/554677/efpia_codes_a5_v3-2021_sm.pdf, S. 11, 13, 15, 47 (Annex D, Absatz C) (zul. abgerufen am 11.3.2021).

[45] *Kemmner/Thole* PharmR 2020, 320 (322).

[46] Grundlegend zum Vereinsrecht *Sorge* in Baumann/Sikora, Hand- und Formularbuch des Vereinsrechts, § 11 Rn. 30.

[47] Siehe dazu etwa §§ 308, 311 AktG. Das im Aktiengesetz geregelte Konzernrecht ist entsprechend anwendbar auf alle Rechtsformen eines Unternehmens, *Müller* in Spindler/Stilz, Aktiengesetz, § 311 Rn. 2.

[48] Diese ergibt sich aus der Satzung des FSA und dem Vereinszweck, vgl. § 2 der Satzung in der Fassung vom 15.11.2016, abrufbar unter https://www.fsa-pharma.de/de/downloads/mediencenter/fsa-regularien (zul. abgerufen am 11.3.2021); allgemein zur vereinsautonomen Regelungskompetenz *Sorge* in Baumann/Sikora, Hand- und Formularbuch des Vereinsrechts, § 11 Rn. 30.

[49] *Wagner* in Reichert, Vereins- und Verbandsrecht, 14. Aufl. 2018, Rn. 924.

[50] Zur aktiven Mitglieder-Förderpflicht *Wagner* in Reichert, Vereins- und Verbandsrecht, Rn. 910.

Die Hinwirkungspflicht unterscheidet sich insofern von der in § 1 Abs. 1 S. 2 geregelten Zurechnung, als letztere in jedem Fall zu einer Zurechnung von Verstößen von verbundenen abhängigen Unternehmen führt und das Mitgliedsunternehmen für diese Verstöße selbst haftet. Für sonstige verbundene Unternehmen entsteht eine eigene, unmittelbare Verantwortlichkeit des Mitgliedsunternehmens dem gebenüber nur, wenn das Mitgliedsunternehmen **nicht ausreichend darauf hingewirkt** hat, dass das betroffene verbundene Unternehmen die Regelungen des Kodex einhält. Welcher Umfang bzw. welches Maß an Einwirkung auf die verbundenen Unternehmen in diesem Zusammenhang erforderlich ist, wird im Kodex nicht näher definiert. Vor dem Hintergrund, dass die Hinwirkungspflicht eine Ausgestaltung der allgemeinen Pflicht zur Förderung des Vereinszwecks darstellt, ist eine Einzelfallbetrachtung geboten. Ob das Mitgliedsunternehmen seiner Hinwirkungspflicht im konkreten Fall – insbesondere außerhalb der Grenzen der unmittelbaren gesellschaftsrechtlichen Einwirkungsmöglichkeiten – hinreichend nachgekommen ist, muss unter Abwägung der betroffenen Interessen und unter Beachtung der Verhältnismäßigkeit beurteilt werden.[51] Die Einwirkung auf das verbundene Unternehmen ist jedenfalls dann kodexkonform erfolgt, wenn das Mitgliedsunternehmen alle ihm rechtlich und tatsächlich zumutbaren Maßnahmen ergriffen hat, um das verbundene Unternehmen zur Einhaltung des Kodexes anzuhalten.[52] Die betroffenen Unternehmen werden daher selbst die ihnen als erforderlich und geeignet erscheinenden Schritte identifizieren und umsetzen müssen. 35

Im Ergebnis ist davon auszugehen, dass der Anwendungsbereich der Hinwirkungspflicht **eher gering** sein dürfte, da in der Regel übergeordnete Unternehmen und Schwestergesellschaften von FSA-Mitgliedern ebenfalls Mitglieder der EFPIA oder nationaler Mitgliedsverbände der EFPIA sind. Bei Tätigkeiten mit Bezug zu Deutschland bzw. zu deutschen Akteuren sind diese übergeordneten Unternehmen bzw. Schwestergesellschaften nach Maßgabe der Kollisionsregelungen regelmäßig ohnehin zur Beachtung der FSA-Kodizes verpflichtet.[53] 36

5. Anwendbarkeit auf andere Unternehmen

Ungeachtet einer Zurechnung konkreter Verstöße nach der Verfahrensordnung sowie der allgemeinen Hinwirkungspflicht auf verbundene Unternehmen können die materiellen Bestimmungen des Kodex auch für **andere pharmazeutische Unternehmen von Bedeutung sein,** die nicht Mitglieder des FSA sind, abhängige Unternehmen darstellen oder den Kodex als verbundene Unternehmen des FSA als für sie verbindlich schriftlich anerkannt haben. Dies folgt aus dem Umstand, dass der Kodex im Wesentlichen die ohnehin für alle Unternehmen der pharmazeutischen Industrie **geltende straf-, wettbewerbs- und heilmittelwerberechtliche Gesetzeslage** für die in der Praxis häufig vorkommenden Formen der Werbung für Arzneimittel und der Zusammenarbeit der pharmazeutischen Industrie mit Ärzten konkretisiert. In solchen Fällen findet allerdings nicht der Kodex selbst, sondern schlichtweg die für alle Marktteilnehmer jeweils geltende **gesetzliche Bestimmung** Anwendung. Soweit auch die (im Kodex ebenfalls abgebildete) **ärztliche Berufsordnung** Restriktionen für die Annahme von Zuwendungen durch Ärzte bestimmt (§§ 30ff. MBO-Ä), begründet der Verstoß gegen die Berufsordnung durch einen Arzt im 37

---

[51] Diese Beurteilungskriterien werden im Zusammenhang mit der vereinsrechtlichen Förderungspflicht angesetzt, vgl. *Wagner* in Reichert, Handbuch Vereins- und Verbandsrecht, Rn. 909.

[52] Selbst der gesetzlich normierten Pflicht des Vorstands einer Konzernmuttergesellschaft zur Errichtung einer konzernweiten Compliance-Organisation (vgl. §§ 91 Abs. 2, 93 AktG) sind dort Limitierungen gesetzt, wo die gesellschaftsrechtlichen Grenzen der Einwirkungsmöglichkeit erreicht sind. In diesem Zusammenhang wird insoweit von einer reduzierten Compliance-Verantwortung des Konzernvorstands ausgegangen, dessen Pflichtenprogramm nicht weiter reichen kann als seine rechtlichen Einflussmöglichkeiten, vgl. *Fleischer* in Spindler/Stilz, BeckOK Großkommentar, Stand: 15.1.2020, AktG § 91 Rn. 78.

[53] *Kemmner/Thole* PharmR 2020, 320 (322).

Allgemeinen zugleich den Verstoß eines insofern involvierten Unternehmens gegen § 3a UWG, wenn die weiteren Voraussetzungen dieser Vorschrift erfüllt sind.[54]

38 Mit Blick auf die **wenigen Bestimmungen,** in denen der Kodex über die aktuelle Gesetzeslage hinausgehende, strengere Bestimmungen vorsieht, kommt dem Kodex eine wettbewerbsrechtliche Funktion insofern zu, da er als **Erkenntnisquelle** dafür **dienen kann,** was in der pharmazeutischen Industrie als lauter oder unlauter gilt.[55] Die Regelungen der Kodizes können folglich von den Gerichten für die Bestimmung von Lauter- und Unlauterkeit als **Indiz** herangezogen werden.[56] Der Kodex hat wettbewerbsrechtlich im Verhältnis zu Nichtmitgliedern des FSA (bzw. den von diesen beherrschten abhängigen Unternehmen), die den Kodex nicht vertraglich als für sich verbindlich anerkannt haben, jedoch keine eigenständige Bedeutung.[57] Vielmehr muss bei jeder Regelung, die nicht bereits einem spezifischen gesetzlichen Verbot entspricht, gefragt werden, ob der Verstoß **zugleich als Verstoß gegen § 3 Abs. 1 UWG** zu bewerten ist.[58] Durch die Umsetzung der UGP-Richtlinie wurde die bisherige Generalklausel des § 1 UWG aF abgelöst. Ihr entspricht im Wesentlichen § 3 Abs. 1 UWG in der aktuellen Fassung, der letztlich fast ausschließlich eine Erweiterung der bisherigen Generalklausel darstellt.

39 Daher sind Rechtsprechung und Literatur zur § 3 UWG hinsichtlich der Relevanz des Kodex nach wie vor anwendbar.[59] Angesichts des weitreichenden Mitgliederkreises des FSA (→ Rn. 118), aber auch vor dem Hintergrund der Zustimmung, die der Kodex bereits bei seiner Veröffentlichung von Seiten der Bundesregierung und der Bundesärztekammer erfahren hat, sowie in Anbetracht der zahlreichen ähnlichen Kodizes anderer Verbände, hat auch die Rechtsprechung zwischenzeitlich die im Kodex abgebildeten Grundsätze verschiedentlich als sachgerecht beurteilt. Der **Kodex** wird daher **bei der Auslegung wettbewerbsrechtlicher Normen berücksichtigt** (zur Rechtsprechung siehe im Einzelnen unten), sofern für eine derartige Berücksichtigung die erforderlichen rechtlichen Voraussetzungen vorliegen.

40 Dies gilt auch deshalb, weil die materiellen Regelungen des 4. Abschnitts des Kodex zur Zusammenarbeit weitgehend **inhaltsgleich** sind mit den Bestimmungen der **„Verhaltensempfehlungen für die Zusammenarbeit der pharmazeutischen Industrie mit Ärzten“,**[60] die am 30.10.2003 von dem Bundesverband der Arzneimittelhersteller (BAH), dem Bundesverband der Pharmazeutischen Industrie (BPI) sowie dem Verband Forschender Arzneimittelhersteller (VFA) herausgegeben worden sind. Diese Verbände repräsentieren über den Mitgliederkreis des FSA hinaus die Interessen einer Vielzahl weiterer pharmazeutischer Unternehmen und damit **nahezu die gesamte pharmazeutische Industrie** in Deutschland. Durch die gemeinsame Veröffentlichung der mit dem Kodex weitgehend inhaltsgleichen „Verhaltensempfehlungen“ hat die pharmazeutische Industrie jedenfalls ihre Auffassung eines redlichen Verkehrs bei der Zusammenarbeit mit Ärzten deutlich zum Ausdruck gebracht. Die überwiegende Zahl der Mitgliedsunternehmen der genannten Verbände hat den Kodex bzw. die „Verhaltensempfehlungen“ zudem im Wege von Mitarbeiterrichtlinien intern umgesetzt und für die jeweilige Unternehmenspraxis weiter konkretisiert. Das OLG Hamburg hat in einer Entscheidung festgestellt, dass ein Verstoß gegen die vom BfArM erlassenen Empfehlungen für die Durchführung von Anwendungsbe-

---

54 *Bülow/Ring* HWG § 7 Rn. 134.

55 BGH GRUR 1977, 257 (259); *Bülow/Ring* Einf. Rn. 58, 72 ff., HWG § 7 Rn. 60; *Reese* in BeckOK HWG Einl. Rn. 179 mwN; *Finn* PharmR 2009, 481 (482).

56 *Bülow/Ring* Einf. Rn. 72 f.

57 *Bülow/Ring* Einf. Rn. 74; BGH GRUR 2001, 431 = PharmR 2011, 138 = BeckRS 2011, 04750 mit Anm. *Fritzsche;* OLG München PharmR 2010, 65 mit Anm. *v. Czettritz.* S. 72; OLG München A&R 2011, 91 mit Anm. *Brixius/Maur/Schweim.*

58 *Bülow/Ring* Einf. Rn. 74.

59 Zum UWG siehe *Köhler* WRP 2009, 109 ff.

60 Siehe https://www.fsa-pharma.de/de/mediencenter/downloads/diverses/2012.07.18_verhaltens empfehlungen_bah-bpi-vfa.pdf (zul. abgerufen am 11.3.2021).

obachtungen gleichzeitig einen Verstoß gegen die guten Sitten im Wettbewerb darstellt.[61] Das Gericht hat als Nachweis der Bedeutung der Empfehlungen des BfArM auf den Umstand verwiesen, dass die Verhaltensempfehlungen des BfArM von den Verbänden BAH, BPI und VFA als **„Kunstregeln"** für die Planung und Durchführung von Anwendungsbeobachtungen von der pharmazeutischen Industrie anerkannt worden seien. Daraus folgt allerdings noch keine Akzeptanz der Verhaltensempfehlungen der Verbände oder des Kodex als Auslegungsmaßstab für die Beurteilung, ob eine Verhaltensweise als unlauter anzusehen ist.[62]

Die Frage, ob und in welchem Maße der Kodex als Maßstab für die Lauterkeit eines Ver- **41**
haltens herangezogen werden kann, wurde in der Rechtsprechung lange uneinheitlich beantwortet. Das LG Aachen hat in einer Entscheidung zur Durchführung von Anwendungsbeobachtungen die Verhaltensempfehlungen des BAH, des BPI und des VFA sowie erstmals ausdrücklich auch die Bestimmungen des Kodex des FSA als Indiz dafür angesehen, welches Wettbewerbshandeln nach der Auffassung der beteiligten Verkehrskreise als unlauter anzusehen ist.[63] Im Nachgang zu dieser Entscheidung hat die Rechtsprechung die Frage der Indizwirkung des Kodex für Nichtmitglieder des FSA unterschiedlich bewertet: Nachdem das LG München I in der sog. **„Wasserspender-Entscheidung"** den Kodex als Auslegungshilfe für die Frage der Beurteilung der „anständigen Gepflogenheiten in Gewerbe und Handel" herangezogen hatte,[64] hat der 6. Zivilsenat des OLG München in 2. Instanz dem widersprochen. Eine **indizielle Bedeutung** des Kodex innerhalb der anzustellenden **lauterkeitsrechtlichen Gesamtwürdigung,** wie sie der BGH in seiner Rechtsprechung zur Bedeutung von Wettbewerbsregeln[65] etabliert hat, hat das OLG München demgegenüber angenommen.[66]

Der Annahme einer weitreichenden Indizwirkung des Kodex für Nichtmitglieder des **42**
FSA hat der **BGH** in einer späteren Entscheidung widersprochen und festgestellt, dass Regelwerken von (Wettbewerbs-)Verbänden *„daher **allenfalls eine indizielle Bedeutung für die Frage der Unlauterkeit** zukommen [kann], die aber eine abschließende Beurteilung anhand der sich aus den Bestimmungen des Gesetzes gegen den unlauteren Wettbewerb ergebenden Wertungen nicht ersetzen kann"*.[67] Die Indizwirkung käme den verbandsrechtlichen Regelwerken nur zu, **wenn** die **Regelwidrigkeit des Kodexverstoßes zugleich** das **Merkmal wettbewerbsbezogener Unzulässigkeit im Sinne des UWG** erfülle. Aufgrund dieser Entscheidung würden der Kodex wie auch die weiteren selbstregulierenden Regelwerke anderer Wettbewerbsverbände keine direkte Wirkung im Sinne von Handelsüblichkeiten für Nicht-Mitglieder entfalten.[68] Ob das betroffene Regelwerk zuvor von der

---

[61] OLG Hamburg PharmR 2005, 466 ff.; siehe zu dieser und den nachfolgenden Entscheidungen auch bereits → Rn. 11.

[62] Zutreffend *Czettritz* FS Sander 2008, 387 (389); aA noch *Dieners,* Zusammenarbeit der Pharmaindustrie mit Ärzten, 2. Aufl., Kap. 9 Rn. 20.

[63] LG Aachen 27.6.2006 – 41 O 6/06 (vorausgehend: Entscheidung zu § 19 idF v. 2.12.2005, https://www.fsa-pharma.de/de/schiedstelle/berichterstattung/fachkreise/az-2005.9–92-19-des-kodex/, FS I 2005.9–92), das jedoch ebenso auf die Notwendigkeit der Unlauterkeit des Handelns vom Standpunkt der betroffenen Allgemeinheit hinweist; LG München I PharmR 2008, 330 ff., aufgehoben durch OLG München PharmR 2010, 65 ff., Nichtzulassungsbeschwerde zurückgewiesen durch BGH BeckRS 2011, 17762.

[64] LG München I PharmR 2008, 330 ff., aufgehoben durch OLG München PharmR 2010, 65 ff., Nichtzulassungsbeschwerde zurückgewiesen durch BGH BeckRS 2011, 17762.

[65] BGH NJW 2006, 2627.

[66] OLG München *I* PharmR 2010, 65; vgl. ähnlich auch OLG München PharmR 2012, 60.

[67] BGH GRUR 2011, 431 Rn. 13; A&R 2011, 85; PharmR 2011, 138 mit Anm. *v. Czettritz;* Entscheidungsbesprechung *Berlit* GRUR-Prax 2011, 153.

[68] Ausführlich zu der Thematik Handelsbräuche und Indizwirkung von Verhaltenskodizes siehe auch *Alexander,* Verhaltenskodizes im europäischen und deutschen Lauterkeitsrecht, GRUR-Int. 2012, 965 (970 f.).

Kartellbehörde nach § 26 Abs. 1 GWB **anerkannt** wurde, dürfte insoweit **ohne Bedeutung** sein.[69]

43 Diese Auffassung des BGH wurde in der aktuellen Rechtsprechung mehrfach **bestätigt.**[70] Es ist gleichwohl zu erkennen, dass dem Kodex in der Praxis auch außerhalb der Mitgliedsunternehmen starke Indizwirkung zur Beurteilung unlauteren Verhaltens zukommt und der Kodex von den Gerichten vermehrt als entscheidungserheblicher Maßstab angesehen wird.

44 Der Kodex ist auf Unternehmen, die **ausschließlich Medizinprodukte** herstellen oder vertreiben, nicht anwendbar, da derartige Unternehmen nicht im Bereich von Forschung, Entwicklung, Herstellung und Vertrieb von **Arzneimitteln** tätig sind und daher auch nicht Mitglied des FSA werden können. Gleiches gilt auch für den FSA-Kodex Patientenorganisationen. Die den Kodizes zu Grunde liegende wettbewerbs- und heilmittelwerberechtliche Gesetzeslage ist ungeachtet dessen selbstverständlich auch von Unternehmen der medizintechnologischen Industrie zu beachten, soweit diese Unternehmen von den jeweiligen Gesetzen erfasst werden. Darüber hinaus sind eine Vielzahl von Bestimmungen des Kodex inhaltsgleich mit dem ua von dem Bundesverband Medizintechnologie eV (BVMed) bereits im Mai 1997 herausgegebenen Kodex „Medizinprodukte" (→ Kap. 4 Rn. 9 ff.) und dem „Gemeinsamen Standpunkt" (→ Kap. 4 Rn. 19 ff.), der auf Seiten der medizintechnologischen Industrie von dem Bundesverband Medizintechnologie eV (BVMed), dem Forum Deutsche Medizintechnik in F+O und ZVEI sowie durch den Verband der Diagnostica Industrie eV (VDGH) mitgetragen wird. Ungeachtet dessen hat der Kodex auch eine gewisse Vorbildfunktion für Teilbereiche der Medizinprodukteindustrie. Dies wird deutlich an dem **Eigenanwendungs-IVD-Kodex** des VDGH, der nicht nur viele Passagen des Kodex wortgleich übernimmt, sondern auch den Spruchkörper des FSA (in geringfügig abgeänderter Besetzung) nutzt, um die Einhaltung dieses Kodex durch die insofern dem Kodex unterworfenen Mitglieder zu überwachen und ggf. Sanktionen zu verhängen (nähere Informationen zum Eigenanwendungs-IVD-Kodex finden sich in → Kap. 4 Rn. 100).[71]

45 Sofern Unternehmen der pharmazeutischen Industrie, die den Kodex nach Abs. 1 zu beachten haben, gleichzeitig **auch Medizinprodukte herstellen oder vertreiben** und die Zusammenarbeit mit Ärzten auf den Gebieten der Forschung, Entwicklung, Herstellung oder des Vertriebs von Medizinprodukten stattfindet, ist die **direkte Anwendbarkeit des Kodex** dem Wortlaut von Abs. 2 zufolge ebenfalls **nicht gegeben,** da Abs. 2 Satz 2 die Zusammenarbeit mit Ärzten hinsichtlich der Forschung, Entwicklung, Herstellung oder des Vertriebs von **Arzneimitteln** für seine Anwendbarkeit verlangt[72] Gleiches gilt auch für den FSA-Kodex Patientenorganisationen. Abgesehen von dem Umstand, dass eine derartige Differenzierung zwischen der Arzneimittel- und der Medizinproduktesparte eines Unternehmens sehr unpraktisch sein dürfte, gilt hier das für reine Medizinproduktehersteller Gesagte entsprechend.

---

[69] Vgl. insoweit die Rechtsprechung des BGH zu Wettbewerbsregeln des Verbands Deutscher Zeitschriftenverleger, für welche allein aufgrund ihrer Anerkennung durch die Kartellbehörde nicht zwingend folge, dass das fragliche Verhalten unlauter ist, BGH NJW 2006, 2627.

[70] OLG Stuttgart GRUR-RR 2018, 37; OLG Hamburg NJW-RR 2015, 557.

[71] Siehe dazu auch *Klümper/Hofer* MPJ 2009, 23 ff.

[72] Entscheidung zu § 1 idF v. 16.2.2004, https://www.fsa-pharma.de/de/schiedstelle/berichterstattung/fachkreise/az-2004.8–21-1-instanz-kodex-1-satzung-1-abgrenzung-arzneimittel-medizinprodukte-anwendung-des-kodex/, FS I 2004.8–21 (zul. abgerufen am 11.3.2021); Der FSA hatte in diesem Fall die Anwendbarkeit des Kodex auf eine Veranstaltung eines Mitgliedsunternehmens im Bereich der Medizintechnik (Diagnostik) verneint, da die Veranstaltung „nicht überwiegend arzneimittelbezogene Themen auf der Tagesordnung" hatte.

6. Spruchpraxis zu Absatz 1

- Aktivitäten **ausländischer Konzernobergesellschaften** oder rechtlich selbständiger **Schwesterunternehmen** unterfallen nicht dem Kodex, sofern diese nicht die Verbindlichkeit des Kodex schriftlich anerkannt haben.[73] 46
- Bei Aktivitäten eines inländischen Mitglieds entbindet die **Schirmherrschaft der ausländischen Muttergesellschaft** nicht von der Einhaltung des Kodex.[74]
- Wird die Kongressteilnahme eines Mitgliedsunternehmens durch die **ausländische Mutter- und/oder Tochtergesellschaft** in Deutschland organisiert und durchgeführt, so muss sich das Mitglied **Kodexverstöße** dann **zurechnen** lassen, wenn **Mitarbeiter** des Mitgliedsunternehmens während des Kongresses an der **Durchführung und Organisation mitgewirkt** haben.[75]
- Eine im Inland stattfindende Fortbildungsveranstaltung für Ärzte aus verschiedenen Ländern, die durch ein **im Ausland ansässiges Schwesterunternehmen** eines FSA-Mitglieds **organisiert und finanziert** wird, fällt auch dann nicht in den Anwendungsbereich des Kodex, wenn das FSA-Mitglied die Buchung für Anreise und Hotelunterkunft der Veranstaltungsteilnehmer für das ausländische Schwesterunternehmen übernimmt. Insoweit ist die Handlung des Mitglieds nicht anders zu beurteilen als die eines externen Dienstleisters, der für den verantwortlichen Kongressveranstalter (das Nicht-Mitglied) tätig wird.[76]
- Die Veranstaltung im **Bereich Medizintechnik** (Diagnostika) eines **Mitgliedsunternehmens, welches in verschiedenen medizinischen Bereichen tätig** ist, kann nicht an den Regelungen des Kodex gemessen werden, so lange auf der Veranstaltung **nicht überwiegend arzneimittelbezogene Themen** auf der Tagesordnung stehen. Auch der Umstand, dass die teilnehmenden Ärzte auch Arzneimittel des Mitgliedsunternehmens verschreiben, ändert hieran nichts.[77]
- Die Spruchpraxis der Schiedsstelle des FSA umfasst weitere Schiedssprüche[78], die sich gegen **Verstöße von Nicht-Mitgliedern des FSA** richten und auf Grundlage von §§ 3, 4 UWG geltend gemacht wurden.

---

[73] Entscheidung zu § 1 Abs. 1 idF v. 16.2.2004, https://www.fsa-pharma.de/de/schiedstelle/berichterstattung/fachkreise/az-2004.10–33-1-instanz-kodex-1-anwendbarkeit-des-kodex-bei-auslandischen-verbundunternehmen/, FS I 2004.10–33 (zul. abgerufen am 11.3.2021).

[74] Entscheidung zu § 1 Abs. 1 idF v. 16.2.2004, https://www.fsa-pharma.de/de/schiedstelle/berichterstattung/fachkreise/az-2004.10–33-1-instanz-kodex-1-anwendbarkeit-des-kodex-bei-auslandischen-verbundunternehmen/, FS I 2004.10–33 (zul. abgerufen am 11.3.2021).

[75] Entscheidungen zu § 1 Abs. 1 idF v. 16.2.2004, https://www.fsa-pharma.de/de/schiedstelle/berichterstattung/fachkreise/az-2004.10–32-und-2004.10–39-1-instanz-kodex-1–23-abs-2-zurechnung-auslandischer-verbundunternehmen-angemessene-ver/, FS I 2004.10–32 und FS I 2004.10–39 (zul. abgerufen am 11.3.2021).

[76] Entscheidung zu § 1 Abs. 1 idF v. 18.1.2008, https://www.fsa-pharma.de/de/schiedstelle/berichterstattung/fachkreise/az-2010.3–287-1-instanz-1-abs-1-fsa-kodex-fachkreise-1-abs-3-fsa-verfahrensordnung-keine-zustandigkeit-des-fsa-bei/, FS I 2010.3–287 (zul. abgerufen am 11.3.2021).

[77] Entscheidung zu § 1 idF v. 16.2.2004, https://www.fsa-pharma.de/de/schiedstelle/berichterstattung/fachkreise/az-2004.8–21-1-instanz-kodex-1-satzung-1-abgrenzung-arzneimittel-medizinprodukte-anwendung-des-kodex/, FS I 2004.8–21 (zul. abgerufen am 11.3.2021).

[78] Bspw. Entscheidung zu §§ 3, 4 Nr. 1 u. Nr. 11 UWG, § 21 Abs. 2 FSA-Kodex, https://www.fsa-pharma.de/de/schiedstelle/berichterstattung/fachkreise/az-2008.5–235-1-instanz-3–4-nr-1-u-nr-11-uwg-21-abs-2-fsa-kodex-unentgeltliche-abgabe-eines-fachbuchs-an-arzte/, FS I 2008.5–234; Entscheidung zu §§ 3, 4 Nr. 1 UWG, https://www.fsa-pharma.de/de/schiedstelle/berichterstattung/fachkreise/az-2010.10–294-1-instanz-3–4-nr-1-uwg-unangemessener-unsachlicher-einfluss-auf-arzte-durch-angebot-von-unterhaltungspr/, FS I 2010.10–294; Entscheidung zu §§ 3 Abs. 1, 4 Nr. 1, 4 Nr. 11 UWG iVm § 7 HWG, https://www.fsa-pharma.de/de/schiedstelle/berichterstattung/fachkreise/az-az-2012.10–329-1-instanz-3-abs.1–4-nr-1–4-nr.11-uwg-i.v.m-7-hwg-versprechen-von-unentgeltlichen-zuwendungen/, FS I 2012.10–329 (zul. abgerufen am 11.3.2021).

III. Sachlicher Anwendungsbereich (Abs. 2 und 3)

47 Absatz 2 regelt die Anwendbarkeit des Kodex im Hinblick auf die beiden von dem Kodex erfassten Themenbereiche der **produktbezogenen Werbung** (Abs. 1 Nr. 1) und der **Zusammenarbeit** mit den Angehörigen der Fachkreise (Abs. 1 Nr. 2). Die Regelung des Abs. 2 setzt die Anforderungen des EFPIA-Kodex im Hinblick auf die Einbeziehung der produktbezogenen Werbung für Arzneimittel sowie die Erweiterung der Zusammenarbeit über Ärzte hinaus auch auf den Personenkreis aller anderen Angehörigen der Fachkreise um. Im Ergebnis ist der Kodex damit sowohl für die produktbezogene Werbung für verschreibungspflichtige Humanarzneimittel gegenüber sämtlichen Angehörigen der Fachkreise als auch bei jeglicher Form der Zusammenarbeit mit allen Angehörigen der Fachkreise anwendbar.

1. Werbung für Arzneimittel (Abs. 2 Nr. 1)

48 Nach Abs. 2 Nr. 1 findet der Kodex zunächst auf die im 3. Abschnitt geregelte produktbezogene Werbung für Arzneimittel iSd § 2 AMG Anwendung, wenn es sich zum einen um gemäß § 48 AMG **verschreibungspflichtige Humanarzneimittel** handelt und die Werbung zum anderen gegenüber den Fachkreisen iSd § 2 Nr. 1 des Kodex erfolgt. Für nicht verschreibungspflichtige Humanarzneimittel ist der 3. Abschnitt des Kodex über Werbung damit nicht anwendbar.

a) Werbung

aa) Produktbezogene Werbung

49 Die Anwendbarkeit der Regelungen des 3. Abschnitts des Kodex (Werbung) setzt voraus, dass es sich um eine produktbezogene Absatzwerbung für Arzneimittel handelt. Kennzeichnend hierfür ist entsprechend § 1 Abs. 1 Nr. 1 HWG, dass die in Rede stehenden Maßnahmen die Absicht einer eigenen oder fremden produkt- oder leistungsbezogenen Absatzförderung verfolgen.[79] Dies umfasst grundsätzlich sowohl die **„Anpreisung"** von Produkten oder Leistungen als auch nüchterne, eher objektiv gehaltene **Sachinformationen.**[80] Der grundsätzliche Einbezug auch von „sachlichen Informationen" oder „sachbezogener Aufklärung" unter den Begriff der Absatzwerbung entspricht der herrschenden Meinung[81] und berücksichtigt die Erwartungshaltung des Verkehrs, der im Bereich der Gesundheitswerbung nicht nur einseitige, reklamehafte oder sonstige anpreisende Darstellungen erwartet, sondern auch und vor allem sachliche Informationen.[82] Dies ist insbesondere bei der Werbung für verschreibungspflichtige Arzneimittel der Fall, die Gegenstand der werblichen Regelungen des Kodex ist und sich ihrer Natur nach lediglich an Angehörige der Fachkreise wendet. In diesem Bereich sind die vertriebenen Produkte besonders erklärungsbedürftig. Gleichzeitig erwartet das angesprochene Fachpublikum in besonderer Weise wissenschaftliches Erkenntnismaterial bzw. dessen Auswertung und Aufbereitung. Der Umstand, dass im Bereich der „Werbung" für verschreibungspflichtige Arzneimittel solche „wissenschaftlichen Informationen" den wesentlichen Teil der „Werbeaktivitäten" der Unternehmen ausmachen, ändert im Regelfall nichts an deren Werbecharakter. Abzugrenzen vom Begriff der „produktbezogenen Werbung" sind allerdings sogenannte **„nicht-werbliche Informationen"**, die Abs. 3 im Einzelnen definiert (→ Rn. 50 f.).

bb) Nicht-werbliche Informationen (Abs. 3)

50 Nach Abs. 3 findet der Kodex auf nicht-werbliche Informationen keine Anwendung. Die in Abs. 3 genannten Ausnahmen sind **eng auszulegen.** Unter Abs. 3 Nr. 1–3 sind insbe-

---

[79] *Reese* in BeckOK HWG § 1 Rn. 50; *Bülow/Ring* HWG § 1 Rn. 3; OLG Köln GRUR 2000, 156.
[80] *Reese* in BeckOK HWG § 1 Rn. 49.
[81] *Reese* in BeckOK HWG § 1 Rn. 47.
[82] *Doepner/Reese* GRUR 1998, 761 (762).

sondere die Etikettierung eines Arzneimittels sowie dessen Packungsbeilage (Nr. 1), Schriftwechsel und Unterlagen, die nicht zu Werbezwecken dienen oder der Beantwortung einer konkreten Anfrage gelten (Nr. 2), sachbezogene Informationen wie Ankündigungen von Packungsänderungen, Warnungen über Nebenwirkungen etc (Nr. 3), sachbezogene Informationen mit Blick auf Krankheiten oder die menschliche Gesundheit (Nr. 4) oder auch unternehmensbezogene Informationen (Nr. 5) zu verstehen. Die „nicht-werblichen Informationen" im Sinne von Abs. 3 entsprechen dem Begriff der **„Non-Promotional Information" des EFPIA-Kodex** (Scope).

Die Ausnahme für die Etikettierung eines Arzneimittels sowie die Packungsbeilage in **51** Nr. 1 deckt sich hierbei mit der EG-Richtlinie 2001/83/EG und den Tendenzen in der deutschen Rechtsprechung.[83] Die Regelung der Nr. 2 entspricht der gesetzlichen Vorschrift des § 1 Abs. 5 HWG. Danach findet das HWG „keine Anwendung" auf den Schriftwechsel und die Unterlagen, die nicht Werbezwecken dienen und die zur Beantwortung einer konkreten Anfrage zu einem bestimmten Arzneimittel erforderlich sind.[84] Die Ausnahmevorschrift der Nr. 3 entspricht der Rechtsprechung zur Anwendung des HWG und des UWG.[85] Die Regelung der Nr. 4 stimmt inhaltlich ebenfalls mit dem Wortlaut der EG-Richtlinie 2001/83/EG überein.[86] Schließlich beruht die Ausnahmeregelung der Nr. 5 auf der „Schwerpunktbetrachtung" durch die Rechtsprechung. Danach ist es entscheidend, ob nach dem **Gesamterscheinungsbild der Werbung** die Darstellung des Unternehmens im Vordergrund steht oder die Anpreisung bestimmter oder zumindest individualisierbarer Arzneimittel.[87] Alle in § 1 Abs. 3 Nr. 5 benannten Ausnahmen sind nur einschlägig, wenn es sich um **unternehmensbezogene Informationen** handelt. In einem der Schiedsstelle in zweiter Instanz zur Entscheidung vorgelegten Fall hatte ein Mitgliedsunternehmen Informationen zum AVWG kostenlos an Fachkreise weitergegeben. Es handelte sich dabei um nicht-werbliche Informationen über regulatorische Entwicklungen. Fraglich war, ob zu einem Ausschluss der Anwendbarkeit des Kodex gem. § 1 Abs. 3 Nr. 5 diese Informationen auch einen Unternehmensbezug aufweisen müssten oder ob durch die Verknüpfung „sowie" diese Anforderung nicht mehr gelte. Die Schiedsstelle entschied, die Voraussetzung des Unternehmensbezugs der Informationen gelte für alle Ausnahmen nach § 1 Abs. 3 Nr. 5.[88] In einer weiteren Entscheidung stellte die Schiedsstelle in zweiter Instanz fest, dass es zur Annahme des Unternehmensbezugs nicht ausreicht, wenn ein Unternehmen Informationen über die Wirtschaftlichkeitsprüfung von Ärzten, Arzneimittelbudgets, Bonus-/Malusregelungen etc zum unentgeltlichen Download zur Verfügung stellt, auch wenn das Unternehmen mittelbar durch diese Regelungen betroffen ist.[89]

b) Verschreibungspflichtige Humanarzneimittel

Die Anwendung des **3. Abschnitts** des Kodex ist nur dann möglich, wenn sich die pro- **52** duktbezogene Werbung auf verschreibungspflichtige Humanarzneimittel im Sinne der §§ 2,

[83] Art. 86 Abs. 2, 1. Gedankenstrich der Richtlinie 2001/83/EG des Europäischen Parlaments und der Rates vom 6.11.2001 zur Schaffung eines Gemeinschaftskodex für Humanarzneimittel; BGH GRUR 1998, 959; OLG Köln PharmR 1997, 194.

[84] *Reese* in BeckOK HWG § 1 Rn. 232 ff.; *Bülow/Ring* HWG § 1 Rn. 6.

[85] Siehe dazu *Reese* in BeckOK HWG § 1 Rn. 53 ff.

[86] Art. 86 Abs. 2, 4. Gedankenstrich der Richtlinie 2001/83/EG.

[87] BGH GRUR 1992, 873; GRUR-RR 2003, 352; OLG Naumburg GRUR-RR 2006, 336. Allgemein zur Abgrenzung Produkt- und Unternehmensbezug: *Reese* in BeckOK HWG § 1 Rn. 86; *Bülow/Ring* HWG § 1 Rn. 8; *Fritzsche* in Spickhoff HWG § 1 Rn. 6, 9.

[88] Entscheidung zu § 21 idF v. 2.12.2005, https://www.fsa-pharma.de/de/schiedstelle/berichterstattung/fachkreise/az-fs-ii-3-06-2006.6-130-2-instanz-21-des-kodex-zuwendung-einer-rechtsberatung/, FS II 2006.6–130 (zul. abgerufen am 11.3.2021).

[89] Entscheidung zu § 1 Abs. 3 idF v. 18.1.2008, https://www.fsa-pharma.de/de/schiedstelle/berichterstattung/fachkreise/az-fs-ii-4-08-2008.2-228-1-abs-3-nr-5-21-abs-1-21-abs-2-fsa-kodex-7-abs-1-nr-4-hwg-anwendbarkeit-des-kodex-un/, FS II 2008.2–228 (zul. abgerufen am 11.3.2021).

48 AMG bezieht. Hieraus folgt, dass die Werberegelungen des 3. Abschnitts des Kodex **nicht auf OTC-Arzneimittel oder Tierarzneimittel** anwendbar sind.

c) Angehörige der Fachkreise

53 Schließlich sind die werblichen Regelungen des Kodex nur dann anwendbar, wenn sich die Werbung an Angehörige der Fachkreise iSd § 2 Nr. 1 richtet. Dies bedeutet, dass der Kodex im Bereich der Werbung nur die Fachkreiswerbung, nicht aber (auch) die Werbung gegenüber dem **Laienpublikum** betrifft (zu dem Begriff der Fachkreise → Rn. 81 f.).

2. Zusammenarbeit mit Angehörigen der Fachkreise (Abs. 2 Nr. 2)

a) Mit Angehörigen der Fachkreise

54 Der Kodex ist ferner auf die im **4. Abschnitt** geregelte **Zusammenarbeit** der Mitgliedsunternehmen mit **Angehörigen der Fachkreise** (zu dem Begriff der Fachkreise → Rn. 81 f.) im Bereich von Forschung, Entwicklung, Herstellung und Vertrieb von verschreibungspflichtigen Humanarzneimitteln anwendbar.

55 Der ursprüngliche Anwendungsbereich des Kodex, der auf die Zusammenarbeit mit in Deutschland ansässigen und tätigen, niedergelassenen Ärzten sowie Klinkärzten beschränkt war, ist in Folge der Umsetzung des EFPIA-Kodex erheblich erweitert worden. Der Anwendungsbereich erfasst die Zusammenarbeit mit **allen Angehörigen der Fachkreise** (→ Rn. 81 f.) und nicht mehr nur die Zusammenarbeit mit Ärzten. Darüber hinaus unterscheidet der Kodex aufgrund des Wegfalls des früheren Tatbestandsmerkmals „in Deutschland tätig" auch nicht mehr zwischen in Deutschland und im Ausland tätigen bzw. ansässigen Ärzten. Es kommt also für die Eröffnung des Anwendungsbereichs des 4. Abschnitts des Kodex nicht mehr darauf an, ob es sich um im In- oder Ausland ansässige oder tätige Angehörige der Fachkreise handelt. Sofern mit diesen Personenkreisen eine Zusammenarbeit im Sinne des 4. Abschnitts stattfindet, sind die entsprechenden **Regelungen unterschiedslos anwendbar.** Für die Zusammenarbeit mit **im Ausland ansässigen** Ärzten und anderen im Ausland ansässigen **Angehörigen der Fachkreise** ist der Kodex ebenfalls anwendbar, und zwar ungeachtet dessen, ob sie in Deutschland oder im Ausland für ein Mitgliedsunternehmen tätig werden.

56 Die Anwendbarkeit des Kodex bei **grenzüberschreitenden Tätigkeiten** ist seit der letzten Kodexrevision nunmehr in Abs. 4 geregelt (→ Rn. 64 ff.).

57 Die Zusammenarbeit mit Angehörigen der Fachkreise ist insofern nur eingeschränkt erfasst, als diese nicht die Zusammenarbeit mit Ärzten als **Vertreter berufsständischer Organisationen**[90] bzw. als **Journalisten** im Rahmen der allgemeinen gesundheitspolitischen Aktivitäten der pharmazeutischen Unternehmen betrifft (zum Begriff der HCP → Rn. 81 ff.).

58 Hinsichtlich der Zusammenarbeit der Industrie mit **Mitarbeitern von staatlichen Einrichtungen im Gesundheitswesen** (zB der Gemeinsame Bundesausschuss, das Institut für Qualität und Wirtschaftlichkeit im Gesundheitswesen, der GKV-Spitzenverband etc) gilt Folgendes: Diese Mitarbeiter sind oft selbst approbierte Ärzte oder Apotheker, können jedoch auch anderen Berufsgruppen angehören. Ihnen kommt aufgrund ihrer Funktion zT eine für die Unternehmen wichtige Entscheidungskompetenz zu. Der Kodex findet dennoch **keine direkte Anwendung.** Wettbewerbs- und Strafrecht bleiben aber auch in diesen Fällen selbstverständlich anwendbar. Soweit zwischen der Industrie und diesen Mitarbeitern typische einseitige oder gegenseitige Leistungsbeziehungen (Referentenvertrag, Beratervertrag, Geschenke, Einladung zu Veranstaltungen, etc) zustande kommen, sollten die Prinzipien des Kodex auch bei diesen Kooperationsformen beachtet werden, um den Verdacht unlauterer oder sogar strafbarer Verhaltensweisen von vornherein auszuschließen (siehe dazu

---

[90] Entscheidung zu § 1 Abs. 1 idF v. 16.2.2004, https://www.fsa-pharma.de/de/schiedstelle/berichterstattung/fachkreise/az-2005.8–85-1-instanz-2-abs-1-der-satzung-i.v.m-1-abs-2-des-kodex-8-uwg/, FS I 2005.8–85 (zul. abgerufen am 11.3.2021).

Kap. 10). Die zu berücksichtigenden Grundsätze sind in den **Empfehlungen zur Zusammenarbeit mit den Partnern im Gesundheitswesen** des FSA zusammengefasst.[91]

b) Im Bereich von Forschung, Entwicklung, Herstellung und Vertrieb von verschreibungspflichtigen Humanarzneimitteln

Die Anwendung des Kodex setzt ferner voraus, dass die Zusammenarbeit der Mitglieds- 59
unternehmen des FSA mit Angehörigen der Fachkreise „im Bereich von Forschung, Entwicklung, Herstellung und Vertrieb von verschreibungspflichtigen Arzneimitteln" stattfindet.[92] Hierunter sind Arzneimittel im Sinne von § 2 AMG zu verstehen. Die Anknüpfung an den Begriff des „Humanarzneimittels" bedeutet nicht, dass der 4. Abschnitt des Kodex nur dann anwendbar wäre, wenn es sich um eine konkret produktbezogene Werbung im Sinne des HWG handelt. Die Anwendbarkeit des Kodex ist hiervon unabhängig und auch dann gegeben, wenn es sich um eine **„Imagewerbung"** handelt, die die Anwendbarkeit des HWG ausschließt.

Die Regelungen des 4. Abschnitts sind **ausnahmsweise** auch für nicht verschreibungs- 60
pflichtige Arzneimittel anwendbar, wenn der **EFPIA-Kodex** eine diesbezügliche **anderweitige verpflichtende Regelung** enthält, wenn einzelne Mitgliedsunternehmen sich freiwillig den Regelungen des 4. Abschnitts unterworfen haben oder die Mitgliederversammlung des FSA die Geltung der Regelungen des 4. Abschnitts auch für nicht verschreibungspflichtige Arzneimittel beschließt. Letzteres wurde bisher noch nicht beschlossen.

Sofern die Zusammenarbeit im Bereich von Forschung, Entwicklung, Herstellung und 61
Vertrieb von Tierarzneimitteln oder **Medizinprodukten** stattfindet, ist der Kodex auf die entsprechenden Kooperationsbeziehungen nicht anwendbar.

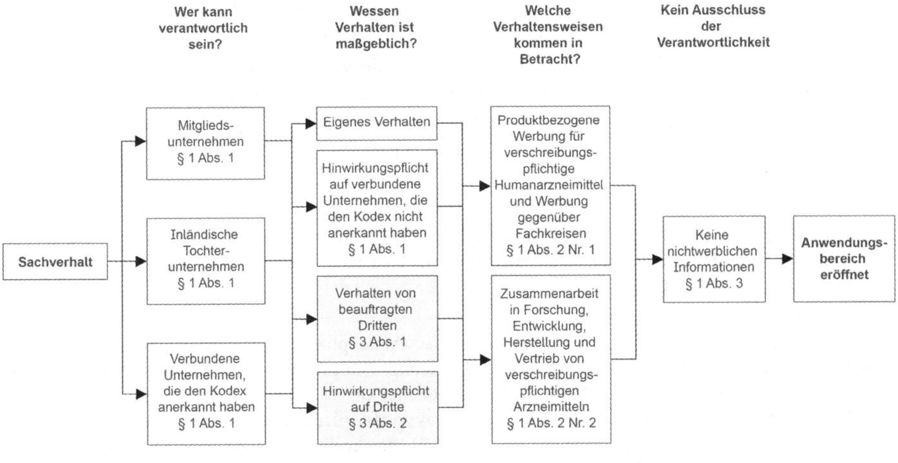

Abb. 18: Anwendungsbereich des Kodex (Abs. 1–3)

3. Spruchpraxis zu Absatz 2 und 3

a) Absatz 2 Nr. 2

– Die Veranstaltung im **Bereich Medizintechnik** (Diagnostika) eines Mitgliedsunterneh- 62
mens, welches in verschiedenen medizinischen Bereichen aktiv ist, kann nicht an den Regelungen des Kodex gemessen werden, solange auf der Veranstaltung **nicht überwiegend arzneimittelbezogene Themen** auf der Tagesordnung stehen. Auch der Um-

[91] Die Empfehlungen (Stand: 4.12.2014) sind abrufbar unter: https://www.fsa-pharma.de/de/kodizes/zusammenarbeit/gesundheitswesen (zul. abgerufen am 11.3.2021).

[92] Die Ursprungsfassung des Kodex war dagegen auch anwendbar mit Blick auf Tierarzneimittel.

stand, dass die teilnehmenden Ärzte auch Arzneimittel des Mitgliedsunternehmens verschreiben, ändert hieran nichts.[93]

b) Absatz 3 Nr. 5

63 – Alle in Nr. 5 genannten Beispiele fallen unter den Oberbegriff der „unternehmensbezogenen Informationen". Durch das Wort „sowie" ergibt sich für „Informationen über regulatorische Entwicklungen" **kein selbstständiger Ausnahmetatbestand.**[94]

IV. Anwendbarkeit bei grenzüberschreitendem Bezug (Abs. 4)

1. Beurteilung im Einzelfall

64 Der Kodex verlangt eine auf den konkreten Einzelfall bezogene Beurteilung der Frage, welche Kodizes bei Tätigkeiten nach Abs. 2 mit grenzüberschreitendem Bezug anwendbar sind. Als mögliche Kodizes nennt § 4 S. 1 hierbei den EFPIA-Kodex sowie einen oder mehrere Nationale Kodizes (zum Begriff des Nationalen Kodex → Rn. 122; eine Übersicht über die einschlägigen Nationalen Kodizes findet sich nachfolgend unter Tabelle 1). Neben diesem allgemeinen Prinzip der Einzelfallbeurteilung enthält der durch die Kodexrevision vom 14.11.2019 eingeführte Abs. 4 zudem drei Grundsätze, welche die **Anwendbarkeit der Kodizes näher definieren** und nachfolgend erläutert werden.

65 Ungeachtet der Fragestellung, welcher Kodex bzw. welche Kodizes im jeweiligen Einzelfall Anwendung finden, ist bei der Zusammenarbeit mit ausländischen Angehörigen der Fachkreise selbstverständlich darüber hinaus auch das **in dem betreffenden Herkunftsland jeweils anwendbare Recht** zu beachten. Um in jedem Fall eine einwandfreie Zusammenarbeit auch mit ausländischen Ärzten und anderen Angehörigen der Fachkreise sicherzustellen, empfiehlt sich ungeachtet der einschlägigen Anforderungen des Kodex auch die Beachtung der in den betreffenden Ländern von den **dortigen Verbänden** der pharmazeutischen Industrie herausgegebenen Verhaltensempfehlungen und Kodizes.[95] Für die Unternehmenspraxis ergibt es daher Sinn, die Gesamtheit der entsprechenden Anforderungen durch die Festlegung von standardisierten Vorgaben zu erfassen und diese Vorgaben in ihre vorhandenen Prozesse zu implementieren (hierzu auch → Kap. 7 Rn. 37 ff.). Erfahrungsgemäß kann hierdurch eine genaue Einhaltung der jeweils geltenden Anforderungen bei gleichzeitiger Reduzierung des Prüfungs- und Entscheidungsaufwands für den jeweiligen Einzelfall erreicht werden.

---

[93] Entscheidung zu § 1 idF v. 16.2.2004, https://www.fsa-pharma.de/de/schiedsstelle/berichterstattung/fachkreise/az-2004.8–21-1-instanz-kodex-1-satzung-1-abgrenzung-arzneimittel-medizinprodukte-anwendung-des-kodex/, FS I 2004.8–21 (zul. abgerufen am 11.3.2021).

[94] Entscheidung zu § 21 idF v. 2.12.2005, https://www.fsa-pharma.de/de/schiedsstelle/berichterstattung/fachkreise/az-fs-ii-3-06-2006.6-130-2-instanz-21-des-kodex-zuwendung-einer-rechtsberatung/, FS II 2006.6–130 und Entscheidung zu § 1 Abs. 3 idF v. 18.1.2008, https://www.fsa-pharma.de/de/schiedsstelle/berichterstattung/fachkreise/az-fs-ii-4–08-2008.2–228-1-abs-3-nr-5-21-abs-1–21-abs-2-fsa-kodex-7-abs-1-nr-4-hwg-anwendbarkeit-des-kodex-un/, FS II 2008.2–228 (zul. abgerufen am 11.3.2021).

[95] Die EFPIA hat auf ihrer Homepage 36 nationale Kodizes veröffentlicht: https://www.efpia.eu/relationships-code/national-codes/ (zul. abgerufen am 11.3.2021). In den USA existieren bedeutende Verhaltens-Kodizes der pharmazeutischen Industrie („PhRMA Code on Interactions with Healthcare Professionals" v. 1.1.2009 in zuletzt geänderter Fassung v. 1.1.2019, hrsg. v. The Pharmaceutical Research and Manufacturers of America, PhRMA, https://www.phrma.org/codes-and-guidelines/code-on-interactions-with-health-care-professionals), sowie der medizintechnologischen Industrie („Code of Ethics on Interactions with Health Care Professionals") gültig ab 1.7.2009 in zuletzt geänderter Fassung v. 1.1.2010, hrsg. v. Advanced Medical Technology Association, AdvaMed, https://www.advamed.org/sites/default/files/resource/advamed-code-of-ethics-2020_0.pdf (zul. abgerufen am 11.3.2021). Zur Situation im Ausland auch *Fenger/Göben* S. 195 ff.

Neben möglichen Vorgaben des ausländischen Rechts kommt gegebenenfalls auch das **deutsche Gesetz zur Bekämpfung internationaler Bestechung (IntBestG)** zur Anwendung. Nach diesem Gesetz ist die Bestechung **ausländischer Amtsträger** auch in Deutschland strafbar, wenn ein deutscher Staatsangehöriger einen Amtsträger im Ausland besticht oder wenn ein Teilakt der Bestechungshandlung in Deutschland erfolgt. Solche Teilakte können zum Beispiel in der Zusage von Vorteilen durch das Unternehmen in Deutschland liegen, etwa in Telefonaten oder in Schreiben, in Genehmigungen für Zahlungen, die in Deutschland getätigt werden, oder auch in Zahlungen von Deutschland aus. Auch bei **angestellten** und **im Ausland ansässigen Ärzten** sind Strafbarkeitsrisiken nach deutschem Recht möglich, da die Bestechung von Angestellten im ausländischen Wettbewerb seit September 2002 unter Strafe gestellt ist. 66

Bei der Zusammenarbeit mit **Klinikärzten** sind zusätzlich die Hinweise des „Gemeinsamen Standpunkts" zu berücksichtigen (§ 24), die zum Teil Anforderungen vorsehen, die über die sonstigen Bestimmungen des Kodex hinausgehen. Für **Belegärzte** sind die für Klinikärzte geltenden zusätzlichen Anforderungen (§ 24) dagegen nicht anwendbar, da diese regelmäßig kein „Anstellungsverhältnis" zur medizinischen Einrichtung haben, in der sie tätig werden. 67

2. Tätigkeiten nach Abs. 2 mit grenzüberschreitendem Bezug (Abs. 4 Nr. 1)

Absatz 4 Nr. 1 legt fest, dass für jede Tätigkeit nach Abs. 2, die von einem Mitgliedsunternehmen in dessen Namen entweder durchgeführt, finanziell unterstützt oder organisiert wird, der Kodex Anwendung findet. Soweit diese **innerhalb Deutschlands** stattfindet, gilt allein der Kodex. Findet die Tätigkeit **außerhalb Deutschlands** statt, findet zusätzlich der jeweils lokale Nationale Kodex Anwendung, dh der Nationale Kodex des Landes, in dem die Tätigkeit stattfindet. Mit diesem Grundsatz, wonach bei Tätigkeiten mit grenzüberschreitendem Bezug sowohl der Kodex des Landes, in dem das die Tätigkeit organisierende, durchführende oder unterstützende Unternehmen seinen Sitz hat („home country"), als auch der Kodex des Landes Anwendung findet, in dem die Tätigkeit durchgeführt wird („host country"), werden die Vorgaben des EFPIA-Kodex (Definitions – Applicable Codes) umgesetzt (sog. doppelter „Kodex-Standard", „home-and-host-country-Prinzip"). 68

Entscheidend ist der **Ort der Tätigkeit** des Mitgliedsunternehmen, nicht die Ortsansässigkeit des ggf. von der Tätigkeit betroffenen Angehörigen der Fachkreise. Dies bedeutet, dass sowohl bei der Zusammenarbeit mit deutschen oder in Deutschland tätigen Fachkreisen als auch bei der Zusammenarbeit mit ausländischen oder im Ausland tätigen Fachkreisen für die Mitgliedsunternehmen des FSA **allein der Kodex** zu beachten ist, soweit die Tätigkeit des Mitgliedsunternehmens in Deutschland erfolgt. 69

Es ist nicht zu verkennen, dass der Kodex **vornehmlich** Werbeaktivitäten der Mitgliedsunternehmen sowie Kooperationsbeziehungen **gegenüber bzw. mit in Deutschland ansässigen und hier tätigen Angehörigen der Fachkreise** oder zumindest einen Bezug zum deutschen Markt im Blick hat. Eine Reihe von Regelungen, die etwa auf Vorschriften des AMG Bezug nehmen, oder auch die Bestimmungen zur „Roten Hand" (§ 14) ergeben nur Sinn, wenn sie für Vorgänge mit Bezug auf den deutschen Markt angewendet werden. Dies gilt nicht nur für die Bewerbung von Arzneimitteln, sondern etwa auch für die Zusammenarbeit mit Mitarbeitern medizinischer Einrichtungen, bei denen der Kodex die Einhaltung der Anforderungen des Gemeinsamen Standpunktes empfiehlt, der wiederum maßgeblich auf den einschlägigen Regelungen des deutschen Strafrechts beruht. Der oben genannte Grundsatz, wonach die Mitgliedsunternehmen den Kodex bei der Werbung und der Zusammenarbeit ungeachtet der Frage zu beachten haben, ob es sich bei dem Werbeadressaten oder Kooperationspartner um in- oder ausländische Ärzte, Apotheker etc handelt oder ein Bezug zum deutschen Markt besteht, dürfte deshalb dann **einschränkend anzuwenden sein,** sofern einzelne Regelungen allein auf deutschen Besonderheiten beruhen, deren Anwendung im Verhältnis zu ausländischen Ärzten in der konkreten Fallkonstellation nach dem Normzweck keinen Sinn macht, unmöglich oder sogar unzulässig ist. 70

71 Allein der Umstand, dass der Kodex im 3. Abschnitt (Werbung) verschiedentlich auf das AMG Bezug nimmt, bedeutet allerdings nicht unbedingt, dass eine Anwendung nur im Fall eines Bezugs zum deutschen Markt in Betracht käme. Der Kodex ist insofern **im Einklang mit dem EFPIA-Kodex** auszulegen. Finden die in Bezug genommenen Regelungen des AMG ihre Entsprechung im europäischen Arzneimittelrecht, auf dem auch der EFPIA-Kodex basiert, dürfte es bei der Anwendbarkeit des Kodex auch ohne Bezug zum deutschen Markt bleiben. Gleichzeitig würde es nicht dem Sinn und Zweck des Kodex entsprechen, für Mitteilungen von arzneimittelbedingten Gefahren oder anderen Risikoinformationen die Einhaltung der Regelung des § 14 (Rote Hand) zu verlangen, wenn dies den Anforderungen der anwendbaren ausländischen Rechtsordnung nicht entspricht oder dies danach für derartige Informationen sogar rechtlich unzulässig wäre.[96]

72 Für **Internationale Fortbildungsveranstaltungen** hat die frühere Fassung des Kodex eine spezifische Regelung in § 20 Abs. 9 S. 1 aF vorgesehen, die durch die Kodexrevision vom 14.11.2019 in der allgemeineren Regelung des Abs. 4 Nr. 1 aufgegangen ist. Nach der alten Regelung war für die die Organisation, Durchführung und/oder Unterstützung von internationalen Veranstaltungen *„sowohl der Kodex des Landes, in dem das die internationale Veranstaltung organisierende, durchführende oder unterstützende Unternehmen seinen Sitz hat, als auch der Kodex des Landes Anwendung, in dem die internationale Veranstaltung durchgeführt wird"* anwendbar. Durch die Einführung einer Definition für „Nationaler Kodex" (§ 2 Nr. 23) wurde die Umschreibung bzw. Konkretisierung des anzuwendenden Kodex, wie sie in der früheren Fassung des Abs. 9 Satz 3 enthalten war, entbehrlich. Führt das deutsche Mitgliedsunternehmen eine Internationale Fortbildungsveranstaltung im Ausland durch, organisiert es diese oder unterstützt es sie finanziell, findet unverändert und nunmehr gem. Abs. 4 Nr. 1 neben dem Kodex ergänzend der am Veranstaltungsort geltende Nationale Kodex Anwendung.

3. Unterstützung der Teilnahme an Internationalen Fortbildungsveranstaltungen (Abs. 4 Nr. 2)

73 Absatz 4 Nr. 2 betrifft die Unterstützung der Teilnahme von Angehörigen der Fachkreise an **Internationalen (Fortbildungs-)Veranstaltungen.** Unterstützt ein Mitgliedsunternehmen die Teilnahme eines HCP an einer Internationalen Fortbildungsveranstaltung (→ § 20 Rn. 589ff.), gilt bezüglich des Kostenbeitrags allein der Kodex, soweit der HCP hauptberuflich in Deutschland tätig ist. **Zusätzlich** zum Kodex gilt der jeweils **lokale Nationale Kodex,** wenn der HCP seinen Beruf hauptberuflich außerhalb von Deutschland ausübt (dh der Nationale Kodex des Landes, indem der HCP hauptberuflich tätig ist). Dieser Grundsatz war bis zur Kodexrevision vom 14.11.2019 in § 20 Abs. 9 S. 2 aF enthalten und wurde im Rahmen der Einführung allgemeiner Regelungen zur Anwendbarkeit Nationaler Kodizes bei grenzüberschreitenden Tätigkeiten in § 1 Abs. 4 Nr. 2 überführt. Auch in diesem Kontext ist eine Konkretisierung des anwendbaren Kodex, wie sie zuvor in § 20 Abs. 9 S. 4 aF enthalten war, aufgrund der geltenden Definition des Begriffs „Nationaler Kodex" (§ 2 Nr. 23) entbehrlich geworden.

74 Für die Fälle der Einladung bzw. Unterstützung der Teilnahme von HCPs bei Internationalen Fortbildungsveranstaltungen gilt das sog. **home-and-host Prinzip** bereits seit der Änderung des EFPIA-Kodex vom 5.10.2007 nicht mehr (vgl. § 20 Abs. 9 S. 2 aF)[97]. Dies hat folgende praktische Konsequenzen: Lädt ein Mitgliedsunternehmen HCPs aus Frankreich, Dänemark, Spanien und Italien zu einer Fortbildungsveranstaltung in Brüssel ein, sind neben dem deutschen Kodex auch die Kodizes aus Frankreich, Dänemark, Spanien und Italien zu beachten. Lediglich der belgische Kodex muss nicht beachtet werden. Sofern das Unternehmen in der obigen Konstellation allerdings im Zusammenhang mit einer Veran-

---

[96] Zu Informationssystemen bei Arzneimittelrisiken im Ausland (USA, Kanada, Japan, Schweiz) siehe *Kroth* Pharm. Ind. 2006, 409.

[97] Vgl. *Diener* PharmR 2008, 478 (482).

staltung in München gehandelt hätte, läge schon **keine Internationale Veranstaltung** vor, da das die Veranstaltung organisierende, durchführende oder diese Veranstaltung oder deren Teilnehmer unterstützende Unternehmen seinen Sitz im Land des Veranstaltungsortes (Deutschland) hätte. Es wäre lediglich der Kodex zu beachten.

4. Kollisionsregeln (Abs. 4 Nr. 3)

Wie bereits die früheren, vergleichbaren Vorschriften in § 20 Abs. 9 S. 5 und 6 aF setzen die – nunmehr teilweise allgemeiner gefassten – Regelungen des Abs. 4 Nr. 3 die Vorgaben des EFPIA-Kodex (Definitions – Applicable Codes sowie Art. 10.05) um. Hiernach gilt, dass bei einem Widerspruch zwischen Regelungen der Anwendbaren Kodizes zu derselben Thematik die **strengere Vorschrift vorrangig** ist. Dies war vor der Kodexrevision vom 14.11.2019 speziell für den Fall sich widersprechender Reglungen im Zusammenhang mit Internationalen Fortbildungsveranstaltungen in § 20 Abs. 9 S. 5 aF geregelt und gilt nunmehr in sämtlichen Fällen kollidierender Vorschriften zwischen Anwendbaren Kodizes. **75**

Eine Ausnahme zu diesem Grundsatz gilt gem. Satz 2 in Fällen der **Bewirtung,** in denen das Gastgeberlandprinzip gilt (vgl. § 2 Nr. 12 → Rn. 103f. sowie § 22 Abs. 2 → Rn. 720ff.). Dies bedeutet, dass bei der Bewirtung ausschließlich die Bewirtungsgrenzen des jeweils am Veranstaltungsort geltenden Nationalen Kodex Anwendung finden. Auch dieser Grundsatz (sog. **Host-Country-Principle**) war bereits vor der Kodexrevision vom 14.11.2019 in § 20 Abs. 9 S. 6 aF enthalten. Enthält der am Veranstaltungsort Anwendbare Kodex keine Vorgaben zur Bewirtungsgrenze, orientiert sich die Angemessenheit der Bewirtung weiterhin am Maßstab der geltenden steuerlichen Pauschbeträge für Verpflegungsmehraufwendungen im Ausland (vgl. 11. Leitlinie Ziffer 11.5). **76**

In der Praxis dürften die **Unterschiede** zwischen den Anwendbaren Kodizes **relativ gering** sein.[98] Aufgrund der harmonisierten Vorgaben des EFPIA-Kodex entsprechen die europäischen Kodizes in ihren Grundzügen den in Deutschland geltenden Grundsätzen. Es ist nicht auszuschließen, dass nach europäischen Kodizes zusätzliche Voraussetzungen gefordert werden, die in der Regel auf den Besonderheiten des ausländischen Rechts beruhen oder dass zusätzliche gesetzliche Regelungen des aus- und/oder inländischen Rechts zu beachten sind, die von den einschlägigen Kodizes nicht (oder noch nicht) erfasst sind. **77**

Die Regelungen des Abs. 4 sollen anhand des folgenden **Fallbeispiels** verdeutlicht werden: Ein Mitgliedsunternehmen beabsichtigt, eine Fortbildungsveranstaltung für deutsche und spanische Ärzte durchzuführen. Da die Mehrheit der Teilnehmer aus Spanien kommt, entschließt sich das Unternehmen, die Veranstaltung in Madrid abzuhalten. Im Rahmen dieser Veranstaltung soll ein in Frankreich praktizierender Spezialist als Referent vortragen. In dieser Fallkonstellation sind insgesamt drei Kodizes als nationale Umsetzungen des EFPIA-Kodex zu berücksichtigen, nämlich der deutsche Kodex, der spanische *Código de Buenas Prácticas (2016)*[99] und der französische *Dispositions Déontologiques Professionnelles apllicables aux entreprises du médicament (2016)*[100]. Dabei sind für die **Durchführung der Veranstaltung** zum einen wegen des Sitzes des Unternehmens der Kodex und zum anderen wegen der Einladung spanischer Teilnehmers sowie des Tagungsortes Madrid der spanische Kodex anzuwenden. Hinsichtlich der **Einladung des Referenten** sind dagegen wegen des Sitzes des Unternehmens der deutsche Kodex sowie wegen der Tätigkeit des Referenten in Frankreich der französische Kodex anzuwenden. Sollten die beiden jeweils anwendbaren Kodizes in einzelnen Punkten zu unterschiedlichen Ergebnissen führen, muss dem strengeren Kodex gefolgt werden. **78**

---

[98] So auch *Geiger* PharmR 2007, 370.

[99] Abrufbar unter https://www.codigofarmaindustria.org/servlet/sarfi/codigo/codigo.html (zul. abgerufen am 11.3.2021).

[100] Abrufbar unter https://www.leem.org/dispositions-deontologiques-professionnelles (zul. abgerufen am 11.3.2021).

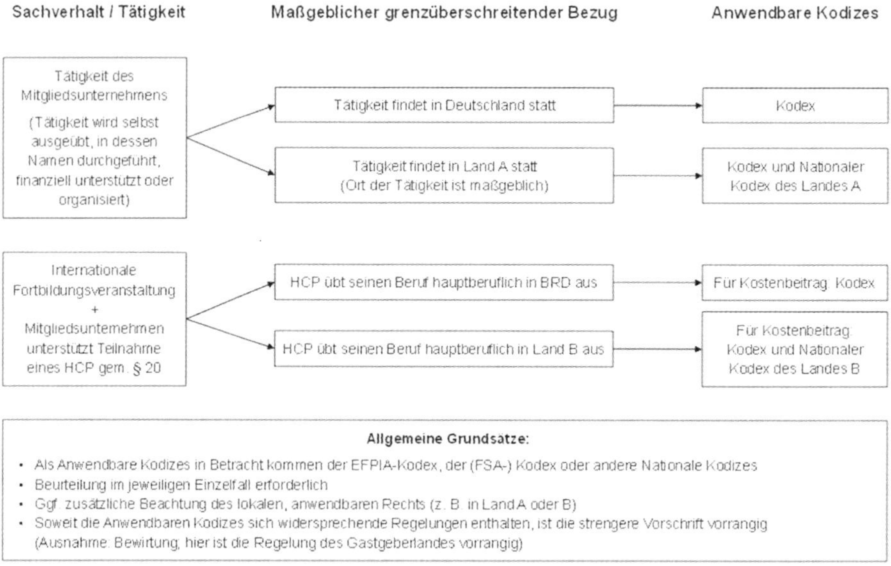

Abb. 19: Anwendungsbereich des Kodex bei grenzüberschreitenden Tätigkeiten (Abs. 4)

Land	**Nationale Umsetzung des EFPIA-Kodex**	**Aktuelle Fassung vom**
Belgien	*Code de déontologie* https://pharma.be/fr/pharma-be/code-de-deontologie.html	27.3.2019
Bosnien und Herzegowina	*CODE OF CONDUCT OF INOVATIVE PHARMACEUTICAL MANUFACTURERS* https://efpia.eu/media/412641/kodeks-ponasanja-inovativnih-proizvo%C4 %91ac-a-efpia-usaglasavanje-final-clean-18122020-1.pdf	18.12.2020
Bulgarien	*CODE FOR DISCLOSURE OF TRANSFERS OF VALUE BY PHARMACEUTICAL COMPANIES TO HEALTHCARE PROFESSIONALS AND HEALTH ORGANIZATIONS* http://arpharm.org/arpharm/files/En_ARPharM_Disclosure_Code.pdf	November 2013
Dänemark	*The Pharmaceutical Industry's Code of Practice on Promotion etc, of Medicinal Products aimed at Healthcare Professionals* https://www.enli.dk/media/49940/enli_ethical-rules-for-promotion-of-medicinal-products-towards-healthcare-professionals-uk-version-30-clean.pdf	Januar 2020
Deutschland	*Kodex der Mitglieder des Vereins „Freiwillige Selbstkontrolle für die Arzneimittelindustrie e. V." zur Zusammenarbeit mit Fachkreisen (FSA-Kodex Fachkreise)* https://www.fsa-pharma.de/site/assets/files/62528/2021_fsa_kodex_fachkreise_ansichtsdatei_04_01_2020.pdf	14.11.2019

Land	Nationale Umsetzung des EFPIA-Kodex	Aktuelle Fassung vom
	Code of Conduct of the Members of the Association „Freiwillige Selbstkontrolle für die Arzneimittel-industrie e. V." on the Interaction with Healthcare Professionals („FSA Code of Conduct Healthcare Professionals") https://www.fsa-pharma.de/site/assets/files/120334/fsa_*code*_of_conduct_hcp-_final_neu.pdf	
Estland	*CODE OF THE ASSOCIATION OF PHARMACEUTICAL MANUFACTURERS IN ESTONIA ON THE PROMOTION OF PRESCRIPTION AND OVER THE COUNTER MEDICINES AND COOPERATION WITH HEALTHCARE PROFESSIONALS* http://rtl.ee/public/Eetikakoodeks/APME_code_valid_from_01.07.17.pdf	8.6.2017
Finnland	*PHARMA INDUSTRY FINLAND CODE OF ETHICS* https://www.pif.fi/media/tiedostot/pif-code-of-ethics-2019.pdf	Version 92019
Frankreich	*Dispositions Déontologiques Professionnelles applicables aux entreprises du médicament* https://www.leem.org/dispositions-deontologiques-professionnelles	Dezember 2019
Griechenland	*CODE OF ETHICS ON THE PROMOTION OF PRESCRIPTION-ONLY MEDICINAL PRODUCTS&DISCLOSURE OF TRANSFERS OF VALUE BY PHARMACEUTICAL COMPANIES TO HEALTHCARE PROFESSIONALS AND HEALTHCARE ORGANISATIONS* https://www.sfee.gr/wp-content/uploads/2015/04/CODE_EN-2017.pdf	16.3.2017
Großbritannien	*ABPI Code of Practice for the Pharmaceutical Industry* https://www.pmcpa.org.uk/media/2562/abpi-code-of-practice-2019.pdf	Januar 2019
Irland	*Code of Practice for the Pharmaceutical Industry* ***and*** *the Code of Advertising Standards for the Consumer Healthcare Industry* https://2hmcriw3psofj2qo3f8w6f17-wpengine.netdna-ssl.com/wp-content/uploads/2021/02/IPHA-Code-of-Practice-for-the-Pharmaceutical-Industry-V8.5_effective-1.3.21...pdf https://www.ipha.ie/getattachment/Publications-Submissions/IPHA-publications/IPHA-Code-of-Standards-Version-5-2-July-2017-(1).pdf	1.3.2021 1.7.2017

Land	Nationale Umsetzung des EFPIA-Kodex	Aktuelle Fassung vom
Italien	*Farmindustria's Code of Professional Conduct* https://www.farmindustria.it/app/uploads/2017/12/Code-18-gennaio-2019.pdf	18.1.2019
Kroatien	*Code of conduct of innovative pharmaceutical companies* http://ifi.hr/wp-content/uploads/2017/09/IFI-KODEKS_ENG_v15052017.pdf	15.5.2017
Lettland	*CODE OF PRACTICE ON THE PROMOTION OF MEDICINALPRODUCTS* https://www.siffa.lv/en/etika-un-atklatiba/	23.4.2016
Litauen	*CODE OF ETHICS FOR PHARMACEUTICAL MARKETING* https://www.vaistukodeksas.lt/wp-content/uploads/2016/06/1-HCP-Code-Lithuania-2015.pdf	15.1.2016
Malta	*PRIMA Code on the Promotion of Prescription only Medicines to, and Interactions with Healthcare Professionals* https://www.efpia.eu/media/25597/hcp-prima-code-amended-[25]th-august-2014-2.pdf	25.8.2014
Mazedonien	*CODE OF FARMABREND NOVA'S CONDUCT DURING PROMOTION OF DRUGS ISSUED UNDER A PRESCRIPTION AND COMMUNICATION TOWARDS THE HEALTHCARE PROFESSIONALS* https://www.efpia.eu/media/578021/ec-consolidated-mk-2020.pdf	28.5.2020
Niederlande	*Code of Conduct for Pharmaceutical Advertising* https://www.cgr.nl/CGR.nl/media/CGR.nl/Gedragscode/20190107-Dutch_CoC_Pharmaceutical_Advertising-ENG-per-20190701.pdf	1.7.2019
Norwegen	*LEGEMIDDELINDUSTRIENS – REGLER* http://reklameregler.lmi.no/wp-content/uploads/2020/09/Bransjeregler-ENGELSK_2020_OPPD082020-NY.pdf	August 2020
Österreich	*PHARMIG-Verhaltenskodex und Verfahrensordnung der Fachausschüsse VHC I. und II. Instanz* https://www.pharmig.at/media/1491/vhc-verhaltenscodex_2015_de.pdf *Pharmig Code of Conduct and Code of Procedure of the COC Committees of Experts of the 1st and 2nd Instance* https://www.pharmig.at/media/1476/coc-code-of-conduct_2015_e.pdf	1.7.2015
Polen	*The Pharmaceutical Industry Code of Good Practices* http://en.infarma.pl/assets/files/etyka/201902_Kodeks%20Dobrych%20Praktyk%20EN.pdf	Januar 2019

Land	Nationale Umsetzung des EFPIA-Kodex	Aktuelle Fassung vom
Portugal	*CODE OF ETHICS FOR PROMOTION PRACTICES OF THE PHARMACEUTICAL INDUSTRY AND INTERACTION WITH HEALTHCARE PROFESSIONALS AND INSTITUTIONS, ORGANISATIONS OR ASSOCIA TIONS COMPRISING HEALTH-CARE PROFESSIONALS* https://www.apifarma.pt/legislacao/deontologia/Documents/APIFARMA%20-%20Code%20of%20Ethics%20for%20Promotion%20Practices%20of%20the%20Pharmaceutical%20Industry.pdf	18.12.2017
Rumänien	*ARPIM CODE ON THE PROMOTION OF PRE-SCRIPTION-ONLY MEDICINES TO, AND INTE RACTIONS WITH, HEALTH-CARE PROFESSIONALS* http://arpim.ro/wp-content/uploads/2018/04/ARPIM-Ethics-Code_2018_ENG.pdf	Dezember 2017
Russland	*Code of Practice* http://www.aipm.org/netcat_files/userfiles/AIPM_Code_of_Practice_2018.pdf	5.12.2018
Schweden	*ETHICAL RULES FOR THE PHARMACEU-TICAL INDUSTRY IN SWEDEN* https://www.lif.se/globalassets/etik/dokument/ler-english-version-2020-0501-jd-24apr-pdf.pdf	16.4.2020
Schweiz	*Verhaltenskodex der pharmazeutischen Industrie in der Schweiz* *Code of conduct of the pharmaceutical industry in Switzerland on cooperation with healthcare professional circles and patient organizations* *(Pharma Cooperation Code)* https://www.scienceindustries.ch/_file/27933/pharmakodex-version-mai-2020-e.pdf	14.5.2020
Serbien	*CODE ON THE PROMOTION OF PRE-SCRIPTION ONLY MEDICINES TO, AND INTERACTIONS WITH HEALTHCARE PROFESSIONALS* https://inovia.mycpanel.rs/wp/documents/publications/inovia_code_2014.pdf	6.6.2014
Slowakei	*THE CODE OF CONDUCT OF THE ASSOCIATION OF INNOVATIVE PHARMACEUTICAL INDUSTRY* http://www.aifp.sk/upload/files/Etika/Ethical-Code-of-AIFP-restated-wording-as-of-15.3.2018-english-version_1538742211.pdf	15.3.2018
Slowenien	*Code on the informing and communication of prescrip-tion-only medicines to, and cooperation with, healthcare professionals* https://www.farmaforum.si/sites/43/files/files/kodeksi/ENG/HCP%20ENG%20kodeks%2022.3.2019.pdf	2019

Land	Nationale Umsetzung des EFPIA-Kodex	Aktuelle Fassung vom
Spanien	*Code of Practice for the Pharmaceutical Industry* https://www.codigofarmaindustria.org/servlet/sarfi/docs/PRODF329156.pdf	Januar 2021
Tschechien	*Code of Conduct* https://www.aifp.cz/file/265/code%20of%20conduct_04_2017.pdf	28.4.2017
Türkei	*AIFD Code of Good Promotional Practice* https://www.aifd.org.tr/wp-content/uploads/2019/10/AIFD-Code-of-PracticeENG2019.pdf	1.1.2019
Ukraine	*APRAD Code of Ethics* http://aprad.org.ua/en/innovatsiyna-farma/etichniy-kodeks/	1.10.2018
Ungarn	*TRANSPARENCY CODE ON THE DISCLOSURE OF TRANSFERS OF VALUE TO HEALTHCARE PROFESSIONALS AND HEALTHCARE ORGANIZATIONS* http://aipm.hu/data/upload/files/E.3.3 %20 Transparency%20Code.pdf	1.1.2015
Zypern	*CODE OF CONDUCT ON THE PROMOTION OF PRESCRIPTION ONLY MEDICINAL PRODUCTS* http://kefea.org.cy/wp-content/uploads/2016/01/KEFEA-CODE-OF-CONDUCT-FINAL-ENGLISH-VERSION-20160107.pdf	7.1.2016

Tabelle 1: Übersicht der Nationalen Kodizes

§ 2 Definitionen

Im Sinne dieses Kodex bedeutet:

1. **„Angehörige der Fachkreise" oder „Healthcare Professional (HCP)" sind die in Europa ansässigen oder hauptberuflich tätigen Ärzte und Apotheker sowie alle Angehörigen medizinischer, zahnmedizinischer, pharmazeutischer oder sonstiger Heilberufe und sämtliche andere Personen, die im Rahmen ihrer beruflichen Tätigkeit berechtigt sind, Humanarzneimittel zu verschreiben, zu empfehlen oder anzuwenden oder mit diesen in erlaubter Weise Handel zu treiben. Hierzu zählen auch Mitarbeiter öffentlicher Stellen oder Mitarbeiter der Kostenträger, die bei dieser Stelle dafür verantwortlich sind, Arzneimittel zu verschreiben, zu beziehen, zu liefern, zu verabreichen oder über die Erstattungsfähigkeit von Arzneimitteln zu entscheiden, sowie Mitarbeiter der Mitgliedsunternehmen, die neben ihrer Tätigkeit für das Unternehmen hauptberuflich als praktizierende Ärzte, Apotheker oder andere HCP tätig sind. Ausgeschlossen sind jedoch alle anderen Mitarbeiter eines Mitgliedsunternehmens, eines Großhändlers oder einer sonstigen Person, die mit Arzneimitteln handelt.**
2. **„Anwendbarer Kodex" meint den EFPIA-Kodex und/oder den Nationalen Kodex oder die Nationalen Kodizes, der/die nach den Bestimmungen dieses Kodex, insbesondere nach § 1 Abs. 4 Anwendung findet/finden.**
3. **„Arzneimittel" sind Arzneimittel im Sinne von § 2 AMG.**
4. **„Dritte" sind natürliche oder juristische Personen, die Mitgliedsunternehmen vertreten oder die mit anderen Dritten im Namen eines Mitgliedsunternehmens oder im Zusammenhang mit einem Arzneimittel des Mitgliedsunternehmens zusammenarbeiten wie z. B. Vertriebspartner, Großhändler, Berater, Auftragsforschungsinsti-**

tute, professionelle Kongressveranstalter, externe Außendienstmitarbeiter, Marktforschungsunternehmen, Werbeagenturen oder Anbieter von Dienstleistungen im Zusammenhang mit Veranstaltungen, Öffentlichkeitsarbeit oder dem Management von Studien.

5. **„EFPIA" ist die „European Federation of Pharmaceutical Industries and Associations".**
6. **„EFPIA-Kodex" ist der EFPIA Code of Practice in der Fassung vom 27. Juni 2019, einschließlich der Anhänge, die ausdrücklich als verbindlich bezeichnet werden und Teil des EFPIA Kodex sind.**
7. **„Empfänger" sind alle in Europa ansässigen oder hauptberuflich HCP oder HCO.**
8. **„Europa" bezieht sich auf die Länder, in denen Nationale Kodizes eines Mitgliedsverbands anwendbar sind. Zum Zeitpunkt der letzten Änderung dieses Kodex sind das die folgenden Länder: Belgien, Bosnien und Herzegowina, Bulgarien, Dänemark, Deutschland, Estland, Finnland, Frankreich, Griechenland, Irland, Island, Italien, Kroatien, Lettland, Litauen, Malta, Niederlande, Nordmazedonien, Norwegen, Österreich, Polen, Portugal, Rumänien, Russland, Schweiz, Serbien, Slowakei, Slowenien, Spanien, Tschechien, Türkei, Vereinigtes Königreich, Ukraine.**
9. **„Finanzielle Unterstützung" ist die Gewährung von Geld oder geldwerten Vorteilen an Empfänger, sofern damit auch eigene unternehmensbezogene Ziele der Imagewerbung, oder der Öffentlichkeitsarbeit des Unternehmens verfolgt werden. Hierzu zählt das Sponsoring, zu der auch die Miete von Standflächen und Räumen im Rahmen von externen Fortbildungsveranstaltungen gehört.**
10. **„Fortbildungsveranstaltungen" sind Fach- und Fortbildungsveranstaltungen sowie Kongresse, Konferenzen, Symposien und ähnliche Veranstaltungen zu Themen aus dem Bereich der pharmazeutischen und medizinischen Forschung und Entwicklung, zu bestimmten Krankheitsbildern und deren Therapie, zu gesundheitspolitischen Themen oder solche, die einem beruflichen Erfahrungsaustausch von Fachkreisangehörigen dienen.**
11. **„FSA" ist der Verein „Freiwillige Selbstkontrolle für die Arzneimittelindustrie e.V.".**
12. **„Gastgeberlandprinzip" betrifft die finanzielle Höchstgrenze für eine Bewirtung (Mahlzeit und Getränke), die in einem Nationalen Kodex festgelegt ist.**
13. **„Healthcare Organisation (HCO)" sind ungeachtet ihrer jeweiligen rechtlichen Organisationsform alle medizinischen oder wissenschaftlichen Institutionen oder Vereinigungen mit Sitz in Europa, die sich aus Angehörigen der Fachkreise zusammensetzen (z. B. medizinisch-wissenschaftliche Fachgesellschaften) und/oder durch diese medizinische Leistungen erbringen oder forschen (z. B. Krankenhäuser, Universitätskliniken oder Weiterbildung- und Forschungseinrichtungen). Hierzu zählen auch Institutionen, mittels derer Angehörige der Fachkreise Leistungen erbringen (wie etwa Beratungsgesellschaften), und zwar unabhängig davon, welche rechtliche Position oder Funktion die Fachkreisangehörigen in diesen Organisationen einnehmen. Zu den Organisationen im Sinne dieses Kodex zählen nicht „Organisationen der Patientenselbsthilfe" im Sinne von § 2 Abs. 21 FSA-Kodex Patientenorganisationen.**
14. **„Informations- und Schulungsmaterialien" betreffen geringwertige Materialien, die einen direkten Bezug zu der beruflichen Praxis von HCP haben und bei denen ein direkter Zusammenhang mit der Patientenversorgung besteht.**
15. **„Internationale Fortbildungsveranstaltungen" sind Fortbildungsveranstaltungen, bei denen das die Veranstaltung organisierende, durchführende oder diese Veranstaltung oder deren Teilnehmer unterstützende Unternehmen seinen Sitz nicht im Land des Veranstaltungsortes hat.**
16. **„Kodex" ist der FSA-Kodex Fachkreise.**
17. **„Kostenbeitrag" ist eine Unterstützung, welche die Kosten für Bewirtung, Reisen, Unterkunft (ggf. inklusive Hotelfrühstück) und/oder Registrierung erfassen kann, um die Teilnahme eines einzelnen HCP an einer Veranstaltung zu ermöglichen, die von einem Mitgliedsunternehmen und/oder einem Dritten organisiert wird.**
18. **„Medizinische Gebrauchs- und Demonstrationsgegenstände" betreffen geringwertige Gegenstände, die einen direkten Bezug zu der Fortbildung von HCP haben und, so die Bereitstellung von medizinischen Dienstleistungen oder die Patientenversorgung verbessern, ohne aber den üblichen Praxisbedarf zu ersetzen.**

19. **„Mitarbeiter des Mitgliedsunternehmens" sind Mitarbeiter oder Beauftragte, die von einem Mitgliedsunternehmen eingesetzt werden und die sich mit allen unter diesen Kodex fallenden Angelegenheiten befassen. Genauso behandelt werden Mitarbeiter oder Beauftragte von Dritten, die im Rahmen eines Vertrages mit Dritten für das Unternehmen tätig werden.**
20. **„Mitgliedsunternehmen" sind die Mitgliedsunternehmen im Sinne der FSA-Satzung sowie deren inländische Tochterunternehmen und andere verbundene Unternehmen (alle Unternehmen, die Teil der gleichen Konzerngesellschaft wie das Mitgliedsunternehmen sind), welche die Verbindlichkeit des Kodex durch eine gesonderte schriftliche Vereinbarung anerkannt haben.**
21. **„Mitgliedsverband" ist ein Verband, der Mitglied der EFPIA ist und der Arzneimittelhersteller auf nationaler Ebene vertritt.**
22. **„Muster" sind Muster im Sinne von Art. 96 der Richtlinie 2001/83/EG.**
23. **„Nationaler Kodex" ist der Kodex eines Mitgliedsverbands, der die relevanten Vorgaben des EFPIA-Kodex umsetzt.**
24. **„Nichtinterventionelle Studien" oder „Nichtinterventionelle Prüfungen", zu denen auch Anwendungsbeobachtungen gehören, sind prospektive Untersuchungen, in deren Rahmen Erkenntnisse aus der Behandlung von Patienten mit Arzneimitteln gemäß den in der Zulassung festgelegten Angaben für seine Anwendung gewonnen werden (z. B. zur Unbedenklichkeit oder Wirksamkeit von Arzneimitteln). Für sämtliche therapeutischen und diagnostischen Maßnahmen gilt der Grundsatz der Nichtintervention.**
25. **„Persönliche Gesundheitsdaten" sind alle Informationen im Zusammenhang mit der körperlichen oder geistigen Gesundheit oder den ererbten oder erworbenen genetischen Eigenschaften einer identifizierten oder identifizierbaren natürliche Person, einschließlich der Erbringung von Gesundheitsdienstleistungen, aus denen Informationen über deren Gesundheitszustand hervorgehen.**[101]
26. **„Pharmaberater" sind Personen im Sinne von § 75 Abs. 1 AMG, die von pharmazeutischen Unternehmen beauftragt werden, hauptberuflich HCP aufzusuchen, um diese über Arzneimittel fachlich zu informieren und die die hierfür erforderliche Sachkenntnis im Sinne von § 75 Abs. 2 AMG besitzen.**
27. **„Spenden und andere Zuwendungen" betreffen die Bereitstellung von Geldwerten Leistungen an HCO, die freiwillig zum Zwecke der Unterstützung der Gesundheitsversorgung, der wissenschaftlichen Forschung oder Fortbildung zur Verfügung gestellt werden, ohne dass der Empfänger verpflichtet wäre, hierfür eine Gegenleistung zu erbringen.**
28. **„Veranstaltungen" sind alle Fach-, Werbe-, wissenschaftlichen und Fortbildungsveranstaltungen, alle Kongresse, Konferenzen, Symposien und ähnliche Veranstaltungen (einschließlich Advisory Board-Sitzungen, Besuchen von Forschungs- oder Produktionsstätten und Planungs-, Trainings- oder Prüfarztbesprechungen für klinische Studien und Nichtinterventionelle Studien), die von einem Mitgliedsunternehmen oder in dessen Namen organisiert oder finanziell unterstützt werden.**
29. **„Veranstaltungsort" bezieht sich auf den geografischen Platz, an dem eine Veranstaltung stattfindet (z. B. die Stadt, der Ort).**
30. **„Veranstaltungsstätte" ist die Stätte, an dem die Veranstaltung stattfindet (z. B. ein Hotel oder Kongresszentrum).**
31. **„Verschreibungspflichtige Arzneimittel" sind Humanarzneimittel, die nach § 48 AMG in Verbindung mit der Verordnung über die Verschreibungspflicht von Arzneimitteln nur bei Vorliegen einer ärztlichen oder zahnärztlichen Verschreibung an Verbraucher abgegeben werden dürfen.**
32. **„Werbung" sind alle Maßnahmen im Sinne von Art. 86 der Richtlinie 2001/83/EG, die von einem Mitgliedsunternehmen oder in seinem Auftrag vorgenommen werden. Zu den erfassten Maßnahmen gehören auch solche, die digitale Kommunikationsmethoden und Kanäle, wie beispielsweise Websites und soziale Medien, nutzen.**

---

[101] Die Definition beruht auf den Definitionen für „personenbezogene Daten", „genetische Daten" und „Gesundheitsdaten" in Art. 4 Nr. 1, 13 und 15 Datenschutz-Grundverordnung.

Übersicht

I. Vorbemerkung

Mit der Kodexrevision vom 14.11.2019 wurde § 2 umfassend erweitert. Die vormalige Fassung enthielt lediglich eine Definition des Begriffs der Angehörigen der Fachkreise. Nunmehr wird nach dem Vorbild des EFPIA-Kodex in dieser Norm eine **Vielzahl an Begriffen definiert,** welche in den meisten Fällen nicht nur für den Kodex, sondern auch in den anderen beiden Kodizes Verwendung finden (→ Kap. 15 Rn. 51 ff. und → Kap. 16 Rn. 32 ff.). Bei Übereinstimmung der Definitionen in den verschiedenen Kodizes werden diese nur im vorliegenden Kapitel näher erläutert und an anderer Stelle auf diese Erläuterungen verwiesen. **79**

Inhaltlich orientieren sich die Begriffsdefinitionen am EFPIA-Kodex, soweit keine nationalen (gesetzlichen) Besonderheiten eine Abweichung von den europäischen Vorgaben erforderlich machen. Insgesamt ist die Einführung eines vorangestellten Katalogs mit Definitionen als Beitrag zur Förderung einer **einheitlichen Anwendungspraxis** der enthaltenen Standards zu sehen und daher zu begrüßen.[102] **80**

---

[102] *Kemmner/Thole* PharmR 2020, 320 (323).

II. Definitionen

1. Angehörige der Fachkreise/Healthcare Professional (HCP) (Nr. 1)

81 Die Definition der Angehörigen der Fachkreise bzw. Healthcare Professionals (HCP) ist **in allen drei FSA-Kodizes enthalten.** Die Definition war bereits in den alten Fassungen des Kodex (dort § 2) und des FSA-Transparenzkodex (dort § 2 Abs. 1) enthalten und wurde im Zuge der Novellierung vom 14.11.2019 auch für den FSA-Kodex Patientenorganisationen übernommen.

82 Der Begriff der „Angehörigen der Fachkreise" ist für den Kodex von zentraler Bedeutung. Die Definition beruht auf dem **EFPIA-Kodex,** der den Begriff der **healthcare professionals** als „any natural person that is a member of the medical, dental, pharmacy or nursing professions or any other person who, in the course of his/her professional activities, may prescribe, purchase, supply, recommend or administer a Medicinal Product" definiert. Beide Definitionen entsprechen im Grundsatz der Legaldefinition in § 2 HWG, wobei in der Definition des Kodex sprachlich eine stärkere Fokussierung auf Ärzte und Apotheker vorgenommen wird (zur Auslegung des Begriffs nach § 2 HWG → Rn. 88). Die Übereinstimmung zwischen Kodex und EFPIA-Kodex wird auch durch die Ergänzung des synonymen Begriffs „Healthcare Professionals (HCP)" unterstrichen.

83 Im Rahmen der Novellierung vom 14.11.2019 wurden an der Definition einige **Ergänzungen** vorgenommen, mit denen die Definition an die des EFPIA-Kodex vollständig angeglichen wurde. Im Hinblick auf den Anwendungsbereich des Kodex wird ausdrücklich klargestellt, dass die HCPs **in Europa ansässig oder hauptberuflich dort tätig** sein müssen. Die relevanten Tätigkeiten (bislang verschreiben, anwenden oder Handel zu treiben) wurden zusätzlich um das Empfehlen ergänzt.

84 Eine wesentliche Neuerung betrifft die Erstreckung des Begriffs auch auf **Mitarbeiter öffentlicher Stellen oder Kostenträger.** Die frühere Spruchpraxis[103] ging davon aus, dass allein ein Kooperationsvertrag mit einer Krankenkasse keine Zusammenarbeit mit Fachkreisangehörigen darstellte und es einer Einbeziehung der Ärzte bedurft hätte, um den Anwendungsbereich des Kodex zu eröffnen. Nunmehr sind nach Satz 2 alle Mitarbeiter öffentlicher Stellen oder Mitarbeiter der Kostenträger erfasst, die bei dieser Stelle dafür **verantwortlich sind, Arzneimittel zu verschreiben, zu beziehen, zu liefern, zu verabreichen** oder über die **Erstattungsfähigkeit** von Arzneimitteln **zu entscheiden.** Unverändert bleibt jedoch die Einordnung von Vertretern berufsständiger Organisationen oder Fachjournalisten als nicht zur Gruppe der HCPs zugehörig, auch wenn diese approbierte Ärzte sind und sie im Rahmen ihrer Kontakte mit Mitgliedsunternehmen nicht in ihrer Funktion als Arzt, sondern als Organisationsvertreter oder Journalist tätig werden.

85 Ebenfalls und neuerdings erfasst werden **Mitarbeiter der Mitgliedsunternehmen,** die neben ihrer Tätigkeit für das Unternehmen **hauptberuflich als praktizierende Ärzte, Apotheker oder andere HCP tätig** sind. Soweit dies nicht zutrifft, sind Mitarbeiter der Mitgliedsunternehmen sowie Mitarbeiter eines Großhändlers oder einer sonstigen Person, die mit Arzneimitteln handelt, von der Definition ausgeschlossen.

86 In der **Literatur und Rechtsprechung zu § 2 HWG** haben sich zahlreiche Beispiele für den Begriff der „Fachkreise" herausgebildet.[104] Hierunter fallen neben Ärzten, Zahnärzten und Apothekern etwa Krankenpfleger, Krankenschwestern, Hebammen, pharmazeutische Unternehmer und Großhändler.

87 Nach der Definition des Kodex zählen jedoch **Medizinische Fachangestellte** („Arzthelfer/innen") **nicht** zu den Angehörigen der Fachkreise gem. § 2 Nr. 1; ihnen mangelt es im Unterschied zu Krankenpflegern an der Selbstständigkeit der Mitwirkungsbefugnis im

[103] Entscheidung zu § 1 Abs. 1 idF v. 16.2.2004, https://www.fsa-pharma.de/de/schiedsstelle/berichterstattung/fachkreise/az-2005.8–85-1-instanz-2-abs-1-der-satzung-i.v.m-1-abs-2-des-kodex-8-uwg/, FS I 2005.8–85 (zul. abgerufen am 11.3.2021).

[104] Vgl. zB *Reese* in BeckOK HWG § 2 Rn. 23, 25, 31 f.; *Bülow/Ring* HWG § 2 Rn. 1, 3 f., 11 f.

Rahmen der ärztlichen Diagnostik und Therapie, über die Angehörige der Heilberufe und der sogenannten Heil-Hilfsberufe aber typischerweise verfügen.[105] Ebenfalls nicht erfasst sind kaufmännische Leiter von Krankenhäusern.[106]

Im Unterschied zur neuen Definition von HCPs, wonach nunmehr auch die Gruppe von Mitarbeiten bei Kostenträgern und öffentlichen Stellen nach Satz 2 erfasst sind, zählen nach **§ 2 HWG** Vertreter von anderen Interessengruppen, staatlichen Organisationen (zB Krankenkassen, Gemeinsamer Bundesausschuss, Institut für Qualität und Wirtschaftlichkeit im Gesundheitswesen, Ministerien, Behörden (mit Ausnahme von Gesundheits- und Veterinärämtern), Kassenärztliche Vereinigungen, Ärztekammern, etc) sowie Journalisten[107] nicht zum Begriff der Fachkreisangehörigen, selbst wenn sie nach ihrer Ausbildung einer der Berufsgruppen angehören, die zu den Fachkreisen gerechnet werden. 88

Diese Entwicklung der **Kodex-Definition** unterstreicht die **funktionale Auslegung** der Definition der Fachkreise in § 2 des Kodex, welche sich in diesem Punkt nicht mit der im **Heilmittelwerberecht** häufig gebrauchten **weiten Auslegung** deckt.[108] Die Abweichung lässt sich allerdings bereits mit dem Wortlaut der Vorschriften begründen. Entscheidend für die Abgrenzung ist die genaue Formulierung insbesondere des letzten Teils der Vorschrift. In § 2 HWG lautet sie *„Angehörige der Heilberufe (…)* ***oder sonstige Personen, soweit sie*** *mit Arzneimitteln, Medizinprodukten, (…) erlaubterweise Handel treiben oder sie in Ausübung ihres Berufes anwenden.“* Im Gegensatz dazu lautet § 2 des Kodex *„Ärzte, Apotheker, (…)* ***und sämtliche andere Personen,*** *die im Rahmen ihrer beruflichen Tätigkeit berechtigt sind Humanarzneimittel zu verschreiben, zu empfehlen oder anzuwenden oder mit diesen in erlaubter Weise Handel treiben.“* (Hervorhebungen in beiden Fällen durch die Autoren). Im Falle des **HWG** sind daher Angehörige der Fachkreise entweder die Personen, bei denen eine der erstgenannten Gruppen zutrifft (Angehörige der Heilberufe, etc) **oder sonstige Personen, soweit** die Voraussetzungen des letzten Halbsatzes vorliegen. Folglich sind alle Angehörigen der Heilberufe etc und alle sonstigen Personen, auf die eines der Merkmale des letzten Halbsatzes zutrifft, Angehörige der Fachkreise iSd HWG. Im Gegensatz dazu ist das Vorliegen beider **Voraussetzungen des § 2 des Kodex zwingend für alle dort benannten Personen.** Demnach sind nur die Ärzte, Apotheker usw als Angehörige der Fachkreise anzusehen, auf die auch die Voraussetzungen des letzten Halbsatzes zutreffen. Durch die Formulierung wird deutlich, dass im Regelfall bei den Erstgenannten (Ärzte, Apotheker etc) davon auszugehen ist, dass sie zu den Fachkreisen gehören. Sollten sie dennoch ausnahmsweise nicht Arzneimittel verschreiben, anwenden oÄ, sind sie nicht zu den Fachkreisen iSd Kodex zu zählen. 89

Diese **funktionale Auslegung** wird von der Ratio des Kodex gestützt. Sie zielt auf die Verhinderung einer unsachlichen Beeinflussung der Angehörigen der Fachkreise im Rahmen von Therapieentscheidungen und soll Regeln für die notwendige Zusammenarbeit der Beteiligten schaffen. Diese Aspekte treffen zB bei einem Journalisten nicht zu, selbst wenn er approbierter Arzt oder Apotheker sein sollte. Das wird auch aus dem Umstand deutlich, dass in diesen Fällen vergleichbare Positionen nicht zwingend mit Angehörigen der medizinischen Berufsgruppen besetzt sein müssen. Beispielsweise trifft die Definition Fachkreise nach dem Kodex keinesfalls auf einen Juristen zu, denn er fällt nicht unter eine der Berufsgruppen, auf die die Fachkreisdefinition des Kodex beschränkt ist. Daher ist auch 90

---

[105] Entscheidung zu § 2 idF v. 2.12.005, https://www.fsa-pharma.de/de/schiedstelle/berichterstattung/fachkreise/az-2009.10–272-1-instanz-2-fsa-kodex-fachkreise-medizinische-fachangestellte-arzthelfer-innen/, FS I 2009.10–272 (zul. abgerufen am 11.3.2021).

[106] Entscheidung zu § 2 idF v. 2.12.2005, https://www.fsa-pharma.de/de/schiedstelle/berichterstattung/sonstiges/az-fs-ii-6–07-2007.7–190-verfahrensordnung/, FS II 2007.7–190 (zul. abgerufen am 11.3.2021).

[107] Entscheidung zu § 1 Abs. 1 idF v. 16.2.2004, https://www.fsa-pharma.de/de/schiedstelle/berichterstattung/fachkreise/az-2005.8–85-1-instanz-2-abs-1-der-satzung-i.v.m-1-abs-2-des-kodex-8-uwg/, FS I 2005.8–85 (zul. abgerufen am 11.3.2021).

[108] *Reese* in BeckOK HWG § 2 Rn. 20; *Doepner* WuW 1978, 611 (613).

eine Anwendung auf solche Vertreter, die nach ihrer Ausbildung unter die Definition der Fachkreise fallen könnten, aber im Kontakt zu dem Unternehmen diese Funktion nicht ausüben, nicht angezeigt. Dennoch kann sich zur Vermeidung des Eindrucks unzulässiger Einflussnahmen auch in diesen Fällen eine Reduzierung von Bewirtungen, Unterbringungen, Veranstaltungen etc auf den adäquaten Rahmen empfehlen (siehe zum Lobbying Kap. 10).

2. Anwendbarer Kodex (Nr. 2)

91 Der Begriff „Anwendbarer Kodex" umfasst den EFPIA-Kodex und/oder den Nationalen Kodex oder die Nationalen Kodizes, der/die nach den Bestimmungen dieses Kodex, insbesondere nach § 1 Abs. 4 Anwendung findet/finden. Die in Bezug genommene Regelung (§ 1 Abs. 4) betrifft jeweils Tätigkeiten der Mitgliedsunternehmen mit **grenzüberschreitendem Bezug** (→ Rn. 64 ff.). In diesen Fällen können der EFPIA-Kodex und/oder ein bzw. mehrere Nationale Kodizes Anwendung finden.

3. Arzneimittel (Nr. 3)

92 „Arzneimittel" werden als **„Arzneimittel im Sinne von § 2 AMG"** definiert. In der Definition des EFPIA-Kodex (Medicinal Product) wird dagegen auf Art. 1 RL 2001/83/EG verwiesen und dessen Inhalt wiedergegeben. Da die wesentlichen Inhalte der Legaldefinition der Richtlinie, wie zB die Unterscheidung zwischen Präsentations- und Funktionsarzneimittel, durch den deutschen Gesetzgeber für das deutsche Arzneimittelgesetz übernommen wurden, ist diese unterschiedliche Bezugnahme für den Inhalt der Kodex-Definition nicht ausschlaggebend.

4. Dritte (Nr. 4)

93 Die Definition für „Dritte" stellt eine wörtliche Übersetzung der Definition des EFPIA-Codes **(„Third Party")** dar. Sie stellt darauf ab, dass eine natürliche oder juristische Person das Mitgliedsunternehmen vertritt oder im Namen des Mitgliedsunternehmens mit Dritten zusammenarbeitet. Als Beispiele werden ua Vertriebspartner, Großhändler, aber auch externe Außendienstmitarbeiter genannt.

5. EFPIA (Nr. 5)

94 EFPIA ist definiert als die European Federation of Pharmaceutical Industries and Associations[109], welche als **Dachverband** die in Europa tätige pharmazeutische Industrie vertritt. Mitglieder sind sowohl nationale Verbände forschender Pharmaunternehmen als auch einzelne Pharmaunternehmen. Der Verband selbst ist Gründungsmitglied des International Council for Harmonisation of Technical Requirements for Pharmaceuticals for Human Use (ICH).

6. EFPIA-Kodex (Nr. 6)

95 „EFPIA-Kodex" ist definiert als „EFPIA Code of Practice in der Fassung vom 27.6.2019, einschließlich der Anhänge, die ausdrücklich als verbindlich bezeichnet werden und Teil des EFPIA-Kodex sind". Die Definition entspricht der im EFPIA-Kodex enthaltenen Definition **(„EFPIA Code")** mit dem Unterschied, dass dort keine bestimmte Fassung des Kodex in Bezug genommen wird. Grund für die Abweichung ist die Vermeidung von Widersprüchen zwischen dem (deutschen) Kodex und dem EFPIA-Kodex. Wird der EFPIA Code in Zukunft erneut geändert, haben alle nationalen Verbände, so auch der FSA, eine gewisse Übergangsfrist zur Umsetzung. Bis zum Ablauf dieser bzw. bis zur Änderung des Kodex soll dann auf den „alten" EFPIA-Kodex Bezug genommen werden.

---

[109] https://www.efpia.eu/ (zul. abgerufen am 11.3.2021).

7. Empfänger (Nr. 7)

Die Definition für „Empfänger“, welche in dieser verkürzten Form – im Unterschied zur differenzierten Fassung im FSA-Transparenzkodex – auch im FSA-Kodex Patientenorganisationen (vgl. § 2 Nr. 8) enthalten ist, entspricht der Definition im EFPIA-Kodex (**„Recipient“**). 96

8. Europa (Nr. 8)

Unter den Begriff „Europa“ fallen all jene Länder, in denen eine **nationale EFPIA-Mitgliedsorganisation einen Nationalen Kodex** implementiert hat, mithin beispielsweise auch die Schweiz oder Russland. Diese Definition entspricht der Definition von **„Europe“** im EFPIA-Kodex. Sowohl im EFPIA-Kodex (dort in einer Fußnote) als auch im Kodex (dort im Text) werden die vom Begriff erfassten Länder aufgezählt. 97

9. Finanzielle Unterstützung (Nr. 9)

Der Begriff „Finanzielle Unterstützung“ basiert auf der Definition von **„Sponsorship“** der EFPIA. Der FSA hat sich bei der Umsetzung begrifflich bewusst gegen den naheliegenden Begriff des „Sponsoring“ entschieden, um diesen neuen Begriff zum einen klar von der bereits im FSA-Kodex Patientenorganisationen enthaltenen Definition von „Sponsoring“ abzugrenzen; zum anderen hat der Begriff des Sponsoring[110] in Verbindung mit der Unterstützung von Angehörigen der Fachkreise einen gewissen „Hautgout“ und wäre deshalb im deutschen Kontext unpassend. 98

10. Fortbildungsveranstaltungen (Nr. 10)

Der Begriff der Fortbildungsveranstaltung selbst war vor der Kodexnovelle vom 14.11. 2019 nicht Gegenstand einer eigenen Definition. Lediglich die verschiedenen Ausgestaltungsformen (interne, externe Fortbildungsveranstaltungen sowie internationale Veranstaltungen) waren in der vorherigen Fassung des § 20 geregelt. Nunmehr definiert Nr. 10 den übergeordneten Begriff der Fortbildungsveranstaltung **umfassend.** Die Definition geht über die eher knapp gehaltene Definition des EFPIA-Kodex („Medical Education“) hinaus. 99

Die in der Praxis etablierten Begriffe zur **Differenzierung der Unterformen** der Fortbildungsveranstaltungen (interne sowie externe Fortbildungsveranstaltungen) sind weiterhin Gegenstand der Regelungen in § 20. Der Begriff der internationalen Fortbildungsveranstaltungen ist nunmehr durch eine eigene Definition in § 2 Nr. 15 geregelt (→ Rn. 107 f.). Zum ergänzend neu eingeführten Oberbegriff der „Veranstaltungen“ vgl. § 2 Nr. 28 (→ Rn. 138). 100

Weder der Begriff der Fortbildungsveranstaltung noch der Begriff der Veranstaltung verhält sich zur konkret gewählten **Veranstaltungsform** oder enthält Maßgaben für Veranstaltungen mit physischer Präsenz bzw. **virtuelle oder hybride Veranstaltungen.** Zwar dürften bislang unter Fortbildungsveranstaltungen klassischerweise Veranstaltungen mit physischer Präsenz verstanden worden sein, welche in der Folge regelmäßig Fragen zum Tagungsort bzw. Veranstaltungsort und der Tagungsstätte bzw. Veranstaltungsstätte aufwerfen (→ § 20 Rn. 513 ff. und 537 ff.). Mit Blick auf die mit der Regulierung der Veranstaltungen verfolgten Zielsetzung, bereits von vornherein den Eindruck einer missbräuchlichen Beeinflussung des Verordnungs- und Beschaffungsverhaltens durch die gewährte Unterstützung zu vermeiden, ist nicht ersichtlich, warum Fortbildungsveranstaltungen in virtueller oder hybrider Ausgestaltung von diesen Vorgaben nicht umfasst oder gar ausgenommen sein sollten. Umgekehrt kann das Ziel, dass die gewährte Unterstützung über jeden Zweifel erhaben ist, nur erreicht werden, wenn die in § 20 enthaltenen Regelungen für jede gewählte 101

[110] Hierzu → Rn. 589.

Form einer Fortbildungsveranstaltung anwendbar ist. Vorgaben, die sich naturgemäß nur auf Präsenzveranstaltungen beziehen (neben Tagungsort und Tagungsstätte bspw. auch die Übernahme für Reise- und notwendige Übernachtungskosten), sind dementsprechend für im virtuellen Format durchgeführte Fortbildungsveranstaltungen bzw. für die virtuelle Teilnahme an hybriden Veranstaltungen nicht anwendbar.

11. FSA (Nr. 11)

102 **„FSA"** wird als „Verein Freiwillige Selbstkontrolle für die Arzneimittelindustrie e.V." definiert.

12. Gastgeberlandprinzip (Nr. 12)

103 Das Gastgeberlandprinzip wird definiert als die **finanzielle Höchstgrenze für eine Bewirtung** (Mahlzeit und Getränke), die in einem Nationalen Kodex festgelegt ist. In § 22 Abs. 2 Kodex wird hierzu klargestellt, dass für die Bemessung der Angemessenheit und Sozialadäquanz bei Bewirtungen im Ausland ausschließlich der jeweils am Veranstaltungsort Anwendbare Kodex Anwendung findet (→ § 22 Rn. 733 ff.). Enthält der am Veranstaltungsort Anwendbare Kodex keine Vorgaben zur Bewirtungsgrenze, orientiert sich die Angemessenheit der Bewirtung weiterhin am Maßstab der geltenden steuerlichen Pauschbeträge für Verpflegungsmehraufwendungen im Ausland (vgl. 11. Leitlinie Ziffer 11.5).

104 In § 1 Abs. 4 Nr. 3 S. 2 Kodex wird das Prinzip als Ausnahme vom grundsätzlichen Vorrang der strengeren Regelung im Kollisionsfall genannt (→ § 1 Rn. 75). Die Definition basiert auf der Definition der EFPIA von „Host Country Principle" in Zusammenschau mit Definitions – Applicable Codes und Art. 10 Sec. 10.05 des EFPIA-Kodex.

13. Healthcare Organisation (HCO) (Nr. 13)

105 Die in § 2 Nr. 13 Kodex enthaltene Definition für Healthcare Organisationen (HCO) verfolgt den typischen Ansatz einer praxisorientierten Regelungstechnik unter **Aufzählung konkreter Beispiele** und Ausschlusstatbestände. Der Ausschluss von Organisationen der Patientenselbsthilfe verdeutlicht, dass es sich bei den drei FSA-Kodizes um jeweils eigene Regelungsregime für eine klar abgrenzbare Materie handelt. Die Definition setzt die Definition von „Healthcare Organisation (HCO)" des EFPIA-Kodex um.

14. Informations- und Schulungsmaterialien (Nr. 14)

106 Die Definition von „Informations- und Schulungsmaterialien" war bereits in früheren Fassungen des Kodex enthalten (vgl. § 15a Abs. 1 Nr. 1 Kodex aF[111]) und wurde durch die Novellierung vom 14.11.2019 in § 2 als Definition eingeführt. Die Definition ist inhaltsgleich mit den weiterhin in § 15a Abs. 1 Nr. 1 genannten Voraussetzungen. Wie bereits zuvor entspricht diese Definition derjenigen von **„Informational or Educational Material"** des EFPIA-Kodex und stellt auf drei Voraussetzungen ab. Erforderlich ist, dass das Material (1.) geringwertig („inexpensive"), (2.) unmittelbar relevant für die Ausübung der medizinischen oder pharmazeutischen Tätigkeit („directly relevant to the practice of medicine or pharmacy") und (3.) für die Versorgung der Patienten unmittelbar von Nutzen („directly beneficial to the care of patients") ist. Auch nach der Einführung dieser Definition in § 2 Nr. 14 enthält die 3. Leitlinie zu § 15a Abs. 1 Nr. 1 wesentliche Informationen zur Auslegung des Begriffs „Informations- und Schulungsmaterial", so zum Beispiel zu den konstitutiven Merkmalen „direkter Bezug zur beruflichen Praxis", „enger Zusammenhang mit der Patientenversorgung" und „Geringwertigkeit" (→ Rn. 268 ff.)

[111] Eingeführt mit der Änderung vom 27.11.2013, um die Vermittlung wissenschaftlicher Informationen durch Zuwendung bestimmter Gegenstände (Informations- und Schulungsmaterialien sowie Medizinische Gebrauchs- und Demonstrationsgegenstände) zu ermöglichen.

15. Internationale Fortbildungsveranstaltungen (Nr. 15)

Der Definition „Internationale Fortbildungsveranstaltungen“ fand sich bereits in früheren Fassungen des Kodex (vgl. § 20 Abs. 8 S. 2 Kodex aF). Im Zuge der Novellierung vom 14.11.2019 wurde diese Definition beibehalten und zusammen mit den anderen, in diesem Zusammenhang neu eingeführten Definitionen von „Veranstaltungen“ und „Fortbildungsveranstaltungen“ in § 2 verortet (→ Rn. 99 ff. und 138). 107

Im Rahmen des Transfers in § 2 ist zum einen die Klarstellung entfallen, dass es sich bei internationalen Fortbildungsveranstaltungen um externe oder interne Veranstaltungen handeln kann (hierzu aber → § 20 Rn. 448). Zum anderen wurde der Begriff um den Präfix „Fortbildungs“-Veranstaltung ergänzt. Letzteres wurde vorgenommen, um die Einordnung als Unterfall des neuen Oberbegriffs der „Veranstaltungen“ vgl. § 2 Nr. 28 (→ Rn. 138) kenntlich zu machen. Eine inhaltliche Änderung der Definition ist mit diesen redaktionellen Abwandlungen nicht verbunden. „Internationale Fortbildungsveranstaltungen“ sind weiterhin solche Fortbildungsveranstaltungen, bei denen das die Veranstaltung organisierende, durchführende oder diese Veranstaltung oder deren Teilnehmer unterstützende **Unternehmen seinen Sitz nicht im Land des Veranstaltungsortes** hat. Eine internationale Fortbildungsveranstaltung setzt also voraus, dass das jeweilige Unternehmen, welches die Veranstaltung organisiert, durchführt oder unterstützt, seinen Sitz in einem anderen Land hat als dem, in dem die Veranstaltung stattfinden soll. 108

16. Kodex (Nr. 16)

Soweit im FSA-Kodex Fachkreise von diesem Kodex selbst gesprochen wird, wird hierfür die Bezeichnung **„Kodex“** verwendet. In den anderen beiden FSA-Kodizes ist eine entsprechende Definition enthalten, sodass einheitlich innerhalb eines jeden Kodizes jeweils von „Kodex“ gesprochen wird. Wird auf einen der anderen beiden Kodizes verwiesen oder Bezug genommen, so wird hierfür die entsprechende volle Bezeichnung verwendet (zB Verweis auf den FSA-Kodex Patientenorganisationen in § 2 Nr. 13). 109

17. Kostenbeitrag (Nr. 17)

Eine allgemeine Definition des Begriffs „Kostenbeitrag“ war in früheren Fassungen des Kodex **nicht enthalten** und wurde im Rahmen der Kodexrevision vom 14.11.2019 (in allen drei FSA-Kodizes, jeweils in leicht modifizierter Ausgestaltung) neu ergänzt. In den vorherigen Fassungen des Kodex wurde verschiedentlich auf Reise- und Übernachtungskosten (zB § 20 Abs. 2 aF), Kosten zur Unterbringung und Bewirtung (zB § 20 Abs. 3 aF), Teilnahmegebühren (zB § 20 Abs. 4 S. 1 aF) oder Kosten als gemeinsamer Begriff für diese genannten Kostenarten (zB § 20 Abs. 4 S. 2, Abs. 7 S. 1, Abs. 8 S. 1 aF) Bezug genommen, ohne hierfür separate Definitionen vorzusehen. Die neue Definition von „Kostenbeitrag“, welche in ihrer Begrifflichkeit im Vergleich hierzu allgemeiner ausgestaltet ist, orientiert sich an der Definition des EFPIA-Kodex **(„Contribution to Costs related to Events“).** Die europäische Definition erstreckt sich auf Teilnahmegebühren, Reise- und Unterbringungskosten, aber auch auf Kostenbeiträge im Rahmen von Sponsoringverträgen mit HCOs, die mit der Organisation einer Veranstaltungen beauftragt werden. 110

Nach der Definition in § 2 Nr. 17 meint „Kostenbeitrag“ also bestimmte **Kostenarten,** die **für einen einzelnen HCP übernommen** werden, um diesem die Teilnahme an einer Veranstaltung zu ermöglichen, welche von einem Mitgliedsunternehmen oder einem Dritten organisiert wird. Die Kosten umfassen hierbei solche zur Bewirtung, zur An-/Abreise, Unterbringung (inkl. Hotelfrühstück) sowie für die Registrierung bzw. die Teilnahmegebühr der betreffenden Veranstaltung. 111

18. Medizinische Gebrauchs- und Demonstrationsgegenstände (Nr. 18)

Die Definition für Medizinische Gebrauchs- und Demonstrationsgegenstände war bereits in den früheren Fassungen des Kodex in § 15a Abs. 1 Nr. 2 aF enthalten. Sie hat 112 durch die Aufnahme als Definition in § 2 Nr. 18 wenige, primär redaktionelle Änderungen erfahren. Statt einem unmittelbarem Dienen zur Fortbildung von HCPs und zur Patientenversorgung ist nunmehr ein **direkter Bezug (nur) zur Fortbildung der HCPs erforderlich.** Gegenstände, die ausschließlich der Patientenversorgung dienen, sind dem neuen Wortlaut zufolge nicht erfasst. Die Patientenversorgung ist jedoch Bestandteil der Zielsetzung, welche als neues Merkmal der Definition hinzugefügt wurde: Die Medizinischen Gebrauchs- und Demonstrationsgegenstände müssen aufgrund des direkten Bezugs zur Fortbildung der HCP die Bereitstellung von medizinischen Dienstleistungen oder die Patientenversorgung verbessern. Diese neu formulierte Zielsetzung deckt sich insoweit mit der korrespondierenden Definition des EFPIA-Kodex („Item of Medical Utility").

113 Der bereits zuvor enthaltene Ausschluss von Gegenständen, die den **üblichen Praxisbedarf ersetzen,** ist unverändert geblieben. Die Merkmale der Medizinischen Gebrauchs- und Demonstrationsgegenstände werden weiterhin durch die 4. Leitlinie zu § 15a Abs. 1 Nr. 2 näher definiert (→ Rn. 282ff.).

19. Mitarbeiter des Mitgliedsunternehmens (Nr. 19)

114 Der Begriff „Mitarbeiter des Mitgliedsunternehmens" ist durch die Kodexrevision vom 14.11.2019 neu eingeführt worden und ergänzt den bereits bestehenden Begriff der Pharmaberater. Hierdurch werden die Schulungspflichten in § 27 auf einen **erweiterten Kreis von Angestellten des Mitgliedsunternehmens** erstreckt (vgl. hierzu § 27 Abs. 2 → Rn. 775f. und § 27 Abs. 6 → Rn. 783).

115 Die neue Definition, nach welcher alle Mitarbeiter oder Beauftragte erfasst sind, die von einem Mitgliedsunternehmen (oder von einem vertraglich beauftragten Dritten für das Mitgliedsunternehmen) eingesetzt werden und die sich mit allen unter diesen Kodex fallenden Angelegenheiten befassen, entspricht der korrespondierenden Definition im EFPIA-Kodex **(„Member Company Staff").**

20. Mitgliedsunternehmen (Nr. 20)

116 Die Definition des „Mitgliedsunternehmens" betrifft denjenigen Kreis an Unternehmen, welcher in § 1 Abs. 1 S. 1 als persönlicher Anwendungsbereich bereits zuvor festgelegt war und welcher auch weiterhin in dieser Fassung fortbesteht. Ergänzend hierzu wird in der Definition klargestellt, dass der Begriff der Mitgliedsunternehmen im Sinne der FSA-Satzung verstanden wird und dass vom Begriff der verbundenen Unternehmen alle Unternehmen erfasst sind, die Teil der **derselben Konzerngesellschaft** wie das Mitgliedsunternehmen sind.

117 Im Unterschied zur Definition im EFPIA-Kodex („Member Company") stellt der Kodex weiterhin **nicht auf bestimmte Tätigkeiten** der Mitgliedsunternehmen ab, sondern auf die Mitgliedschaft selbst bzw. die schriftliche Anerkennung der Verbindlichkeit des Kodex.

118 Die **Mitgliedsunternehmen** des FSA sind:[112]

AbbVie Deutschland GmbH & Co. KG; Actelion Pharmaceuticals Deutschland GmbH; Aegerion Pharmaceuticals GmbH; Allergopharma GmbH & Co. KG; Amgen GmbH; Astellas Pharma GmbH; AstraZeneca GmbH; Baxter Deutschland GmbH; Bayer AG; Berlin-Chemie AG; BIAL Deutschland GmbH; Biogen GmbH; Boehringer Ingelheim GmbH; Boehringer Ingelheim Pharma GmbH & Co. KG; Bristol-Myers Squibb GmbH & Co. KGaA; C. H. Boehringer Sohn AG & Co. KG; Celgene GmbH; Clovis Oncology Germany GmbH; Daiichi Sankyo Deutschland GmbH; Desma GmbH; Eisai GmbH; Fresenius Medical Care Nephrologica Deutschland GmbH; GE Healthcare Buchler GmbH & Co. KG;

[112] Derzeit gehören dem FSA damit 55 Mitgliedsunternehmen an. Stand: Juni 2020. Die aktuelle Liste ist abrufbar unter https://www.fsa-pharma.de/de/der-fsa/mitgliedschaft/unsere-mitglieder/ (zul. abgerufen am 11.3.2021).

Gilead Sciences GmbH; GlaxoSmithKline Consumer Healthcare GmbH & Co. KG; GlaxoSmithKline GmbH & Co. KG; Grünenthal GmbH; Ipsen Pharma GmbH; Janssen-Cilag GmbH; Lilly Pharma Holding GmbH; Lundbeck GmbH; MediGene AG; Merck KGaA; Merck Serono GmbH; MSD Sharp & Dohme GmbH; Mundipharma GmbH; Novartis Pharma GmbH; Novo Nordisk Pharma GmbH; Otsuka Pharma GmbH; Pfizer Deutschland GmbH; Pfizer Pharma PFE GmbH; Pfizer Manufacturing Deutschland GmbH; Piramal Critical Care Deutschland GmbH; Roche Deutschland Holding GmbH; Roche Pharma AG; Sanofi-Aventis Deutschland GmbH; Seqirus GmbH; Shire Deutschland GmbH; Stragen Pharma GmbH; Swedish Orphan Biovitrum GmbH; Takeda Pharma GmbH; Takeda Pharma Vertrieb GmbH & Co. KG; UCB GmbH; UCB Pharma GmbH; Vifor Pharma Deutschland GmbH;ViiV Healthcare GmbH.

Die Mitgliedsunternehmen des FSA erwirtschaften **ca. 75 % des gesamten deutschen Pharmaumsatzes.**[113] 119

21. Mitgliedsverband (Nr. 21)

Eine Definition für „Mitgliedsverband" war in früheren vorherigen Fassungen des Kodex nicht enthalten und wurde im Rahmen der Kodexnovelle vom 14.11.2019 in allen drei FSA-Kodizes **neu eingeführt.** Die Definition lehnt sich an die europäische Definition im EFPIA-Kodex an **(„Member Associations")** und stellt auf einen Verband ab, der EFPIA-Mitglied ist und Arzneimittelhersteller auf nationaler Ebene vertritt. Vergleichbar mit der Definition der Mitgliedsunternehmen enthält die europäische Definition als ergänzendes Merkmal eine beispielhafte Bezugnahme auf Tätigkeiten, welcher die Mitgliedsunternehmen nachgehen. 120

22. Muster (Nr. 22)

Bis zur Kodexrevision vom 14.11.2019 war der Begriff des Musters, wie er in § 15 verwendet wird, nicht definiert. Die Definition erschöpft sich in einem Verweis auf die entsprechende **europäische Rechtsgrundlage** in Art. 96 der europäischen Arzneimittel-Richtlinie (Richtlinie 2001/83/EG) und entspricht damit der korrespondierenden Definition im EFPIA-Kodex **(„Medical Sample").** 121

23. Nationaler Kodex (Nr. 23)

Eine Definition für „Nationaler Kodex" war in den früheren Fassungen des Kodex nicht enthalten und wurde im Rahmen der Kodexnovelle vom 14.11.2019 in allen drei FSA-Kodizes eingeführt. Hierunter fällt der jeweils einschlägige Kodex eines Mitgliedsverbands, der die relevanten Vorgaben des EFPIA-Kodex umsetzt. Durch diese Definition folgt der FSA der europäischen Definition im EFPIA-Kodex **(„National Code").** 122

24. Nichtinterventionelle Studien/Nichtinterventionelle Prüfungen (Nr. 24) und Anwendungsbeobachtungen

Die vormals in § 19 Abs. 1 S. 1 aF enthaltene Definition von Nichtinterventionellen Studien wurde im Rahmen der Kodexrevision vom 14.11.2019 unverändert als Definition in § 2 Nr. 24 S. 1 und 2 überführt. Einzig die Klarstellung, dass diese alternativ auch als **Nichtinterventionelle Prüfungen** bezeichnet werden können, wurde im Rahmen dieser neuen Verortung innerhalb des Kodex ergänzt. Der Begriff der Anwendungsbeobachtung, welcher weiterhin Bestandteil der Definition ist, wurde selbst nicht zum Gegenstand einer eigenen Definition gemacht. 123

---

[113] Siehe FSA-Jahresbericht für das Jahr 2018, S. 14: https://www.fsa-pharma.de/de/downloads/mediencenter/jahresberichte (zul. abgerufen am 11.3.2021). Der Jahresbericht für das Jahr 2019 enthält keine Angaben zum Umsatz (Stand: 5.6.2020).

a) Nichtinterventionelle Studien (S. 1)

124 Die Definition der nichtinterventionellen Studie reflektiert (im Zusammenspiel mit den in § 19 Abs. 1 verbliebenen Regelungen) die Definition des EFPIA-Kodex („Non-Interentional Study (NIS)"). Nichtinterventionelle Studien, zu denen auch Anwendungsbeobachtungen zählen, sind prospektive Untersuchungen, in deren Rahmen Erkenntnisse aus der Behandlung von Patienten mit Arzneimitteln gemäß den in der Zulassung festgelegten Angaben für seine Anwendung gewonnen werden (zB zur Unbedenklichkeit oder Wirksamkeit von Arzneimitteln). Diese Definition steht im **Einklang mit § 4 Abs. 23 AMG** sowie den **Gemeinsamen Empfehlungen des BfArM und des PEI.**[114] Das Charakteristikum von NIS liegt in der weitgehenden **Nichtbeeinflussung des behandelnden Arztes** in Bezug auf Indikationsstellungen sowie auf die Wahl und Durchführung der Therapie im Einzelfall (vgl. Satz 2; zum Grundsatz der „Nichtintervention", → Rn. 125). Die Einbeziehung und Behandlung einschließlich der Diagnose und Überwachung folgen **nicht einem vorab festgelegten Prüfplan,** sondern ausschließlich der ärztlichen Praxis (vgl. hierzu § 19 Abs. 1 S. 1, → Rn. 400). Die Entscheidung, einen Patienten in eine nichtinterventionelle Prüfung einzubeziehen, hat von der Entscheidung über die Verordnung des Arzneimittels klar getrennt zu erfolgen. Die Auswertung der erhobenen Daten hat anhand epidemiologischer Methoden zu erfolgen.

b) Grundsatz der Nichtintervention (S. 2)

125 Der Grundsatz der Nichtintervention, dem alle NIS unterliegen, wurde unverändert aus den früheren Fassungen des § 19 Abs. 1 S. 2 in § 2 Nr. 24 übernommen und bedeutet, dass dem behandelnden Arzt **keine studienspezifischen Vorgaben** gemacht werden dürfen, ob überhaupt oder mit welchem Arzneimittel zu therapieren oder zu diagnostizieren ist, wie die Modalitäten der Behandlung sind (Dosis oder Applikationsart) und unter welchen Umständen die Therapie abgesetzt bzw. geändert wird.[115] Bei einer Anwendungsbeobachtung erhält das pharmazeutische Unternehmen Informationen über die routinemäßige Anwendung eines Arzneimittels, indem dem **Arzt „über die Schulter" geschaut** wird. Es dürfen im Rahmen von Anwendungsbeobachtungen keinerlei zusätzliche Vorgaben gemacht werden, die **von der normalen Beobachtung der Anwendung** eines Arzneimittels oder einer Therapie **abweichen** (etwa zusätzliche Blutabnahmen, Röntgenbilder etc). Die Einbeziehung und Behandlung einschließlich der Diagnose und Überwachung folgen nicht einem vorab festgelegten Prüfplan, sondern ausschließlich der ärztlichen Praxis (vgl. hierzu § 19 Abs. 1 S. 1 → Rn. 400).

c) Zielsetzung von NIS und Empfehlungen des BfArM

126 In seinen Empfehlungen vom 12.11.1998 hat das BfArM als ein mögliches Ziel von AWB „das Erweitern von Erkenntnissen zur Wirksamkeit (zB unter Bedingungen der routinemäßigen Anwendung; in Gruppen, die in klinische Prüfungen nicht eingeschlossen wurden; in Subgruppen; zur Charakterisierung von Non-Respondern etc)" angesehen. In den Empfehlungen des BfArM vom 7.7.2010 behält das BfArM die Kategorisierung der drei **möglichen Ziele von NIS** vom 9.5.2007 bei und betont dabei weiterhin das Ziel des „Erweiterns von Erkenntnissen zur Wirksamkeit". Die drei möglichen Ziele von NIS wurden darin wie folgt definiert: Zum einen die **Gewinnung von Erkenntnissen** über das Verordnungsverhalten und die Verschreibungsgewohnheiten, die Beachtung der Fach-

---

[114] Die Gemeinsamen Empfehlungen des BfArM und des PEI zu Anwendungsbeobachtungen nach § 67 Abs. 6 AMG und zur Anzeige von nichtinterventionellen Unbedenklichkeitsprüfungen nach § 63f AMG (Stand: 20.12.2019) sind abrufbar unter https://www.bfarm.de/DE/Arzneimittel/Arzneimittelzulassung/KlinischePruefung/Nicht-interventionellePruefungen/_node.html, vgl. zur vorherigen Fassung der Empfehlungen auch *Diener/Klümper* PharmR 2010, 433 ff.

[115] OLG Hamburg 3.6.2004 – 3 U 143/03; so auch der FSA in FS II 2006.11–149 (= PharmR 2008, 169), eine Entscheidung die zu § 19 Abs. 2 idF v. 2.12.2005 erging.

und Gebrauchsinformationen, die Akzeptanz und Compliance, die Praktikabilität, die Beachtung von Zulassungsauflagen etc. Zum anderen kommt als Ziel die **Vertiefung von Erkenntnissen** zu bekannten unerwünschten Arzneimittelwirkungen unter routinemäßiger Anwendung (zB von Schweregraden, Häufigkeitsabschätzungen, Wechselwirkungen), die Gewinnung von Erkenntnissen zu bisher unbekannten, insbesondere seltenen unerwünschten Arzneimittelwirkungen und Wechselwirkungen sowie Untersuchungen zu besonderen Populationen innerhalb der zugelassenen Indikation in Betracht. Ein weiteres Ziel kann in der **Erweiterung von Erkenntnissen** innerhalb der zugelassenen Indikation unter den Bedingungen der routinemäßigen Anwendung liegen.

In den **aktuellen Gemeinsamen Empfehlungen des BfArM und des PEI zu Anwendungsbeobachtungen** nach § 67 Abs. 6 AMG und zur Anzeige von nichtinterventionellen Unbedenklichkeitsprüfungen nach § 63f AMG vom 20.12.2019[116] werden die Ziele von nichtinterventionellen Studien nicht ausdrücklich genannt. Die darin enthaltene Definition verweist auf die gesetzliche Legaldefinition in § 4 Abs. 23 S. 3 AMG. Darüber hinaus enthalten die Empfehlungen Hinweise zur Abgrenzung nichtinterventioneller Studien von klinischen Prüfungen sowie ergänzende und erläuternde Hinweise zur gesetzlichen Anzeigepflicht. Die Empfehlungen enthalten einen separaten Abschnitt zu Nichtinterventionellen Unbedenklichkeitsprüfungen nach der Zulassung. 127

d) Anwendungsbeobachtungen

Wie bereits unter der vorherigen Einordnung der Definition der NIS im Rahmen des § 19 Abs. 1 S. 1 aF **zählen Anwendungsbeobachtungen,** welche ua der Gewinnung wissenschaftlicher Erkenntnisse zur Wirksamkeit von Arzneimitteln dienen, **auch zu NIS.** Dieser Begriff ist weiterhin nicht Gegenstand einer separaten Definition. 128

Anwendungsbeobachtungen sind **systematische Sammlungen von Kenntnissen und Erfahrungen,** die bei der Anwendung eines bestimmten, **bereits zugelassenen oder registrierten Arzneimittels** gemacht werden. Die Gemeinsamen Empfehlungen des BfArM und des PEI zu Anwendungsbeobachtungen nach § 67 Abs. 6 AMG und zur Anzeige von nichtinterventionellen Unbedenklichkeitsprüfungen nach § 63f AMG vom 20.12.2019[117] enthalten eine Definition, die zunächst klarstellt, dass Anwendungsbeobachtungen „eine Untergruppe der nichtinterventionellen Prüfungen n im Sinne von § 4 Absatz 23 Satz 3 AMG" sind. Weiter führen die Empfehlungen aus: *„Bei Anwendungsbeobachtungen handelt es sich um Untersuchungen, die dazu bestimmt sind, Erkenntnisse bei der Anwendung zugelassener oder registrierter Arzneimittel zu sammeln. Diese Datensammlung kann dabei durch Ärzte oder durch Vertreter von Gesundheitsfachberufen erfolgen. Unter den Begriff der Anwendungsbeobachtungen fallen nichtinterventionelle Prüfungen, in denen eine prospektive, d. h. vorausschauend angelegte Datenerhebung erfolgt. Dabei werden die gesammelten Daten explizit zum Zweck der Durchführung der Studie erhoben (Primärdatenerhebung) und die Daten wurden nicht bereits aus einem anderen Grund dokumentiert".* 129

Anwendungsbeobachtungen können, soweit sie wissenschaftlich geplant und sorgfältig durchgeführt werden, als **„anderes wissenschaftliches Erkenntnismaterial"** iSv § 22 130

[116] Gemeinsame Empfehlungen des Bundesinstituts für Arzneimittel und Medizinprodukte und des Paul-Ehrlich-Instituts zu Anwendungsbeobachtungen nach § 67 Abs. 6 AMG und zur Anzeige von nichtinterventionellen Unbedenklichkeitsprüfungen nach § 63f AMG vom 20.12.2019, abrufbar unter https://www.bfarm.de/SharedDocs/Downloads/DE/Arzneimittel/Zulassung/klin-pr/nichtIntervent Pruef/Gemeinsame%20Empfehlungen%20zu%20AWB%20und%20PASS.pdf?__blob=publicationFile &v=1 (zul. abgerufen am 11.3.2021).

[117] Gemeinsame Empfehlungen des Bundesinstituts für Arzneimittel und Medizinprodukte und des Paul-Ehrlich-Instituts zu Anwendungsbeobachtungen nach § 67 Abs. 6 AMG und zur Anzeige von nichtinterventionellen Unbedenklichkeitsprüfungen nach § 63f AMG vom 20.12.2019, abrufbar unter https://www.bfarm.de/SharedDocs/Downloads/DE/Arzneimittel/Zulassung/klin-pr/nichtIntervent Pruef/Gemeinsame%20Empfehlungen%20zu%20AWB%20und%20PASS.pdf?__blob=publicationFile &v=1 (zul. abgerufen am 11.3.2021).

Abs. 3 AMG in die Nutzen-/Risikobewertung bekannter Arzneimittel einbezogen werden. Nach Abschnitt 5 Nr. 1 der Arzneimittel-Prüfrichtlinien waren neue Untersuchungen nicht zu fordern, wenn sich die für eine Beurteilung von Wirksamkeit und Unbedenklichkeit notwendigen Angaben aus dem „anderen wissenschaftlichen Erkenntnismaterial", darunter auch Anwendungsbeobachtungen, entnehmen lassen. Die PrüfRiL sind am 18.1.2016 außer Kraft getreten, da diese als Verwaltungsvorschrift nach der Rspr. des EuGH nicht genügen, um die europäische Richtlinien umzusetzen. Hier bedurfte es der Umsetzung der RL 2001/83/EG.[118] Nunmehr gilt die Verordnung zur Anwendung der Arzneimittelprüfrichtlinien (AMPV) vom 8.1.2016, die auf Grundlage von § 26 AMG erlassen wurde. In § 1 AMPV erfolgt ein Verweis auf die Anforderungen, die in Anhang I Teil I bis III der RL 2011/83/EG aufgestellt werden. Im Zusammenhang mit homöopathischen Arzneimitteln wird in § 2 Abs. 2 AMPV ausdrücklich betont, dass zum wissenschaftlichen Erkenntnismaterial auch Erkenntnisse bei der Anwendung zugelassener oder registrierter Arzneimittel zählen.

131 Anwendungsbeobachtungen, die der Sammlung von Erfahrungen anlässlich der bestimmungsgemäßen Verwendung des betreffenden Arzneimittels dienen, unterliegen **nicht den Regelungen über die Durchführung klinischer Studien** und damit keiner besonderen arzneimittelrechtlichen Überwachung. Nach § 67 Abs. 6 AMG hat der pharmazeutische Unternehmer jedoch Unterlagen, die dazu bestimmt sind, Erkenntnisse bei der Anwendung zugelassener oder registrierter Arzneimittel zu sammeln, der **Kassenärztlichen Bundesvereinigung, dem Spitzenverband Bund der Krankenkassen** sowie der **zuständigen Bundesoberbehörde unverzüglich anzuzeigen.** Hierdurch soll es insbesondere der zuständigen Bundesoberbehörde ermöglicht werden, die im Rahmen von Anwendungsbeobachtungen gewonnenen zusätzlichen Erkenntnisse, beispielsweise bei der Beurteilung von Verlängerungsanträgen (§ 31 Abs. 2 AMG), zu nutzen. Die Behörde kann dem pharmazeutischen Unternehmer in diesem Zusammenhang die Vorlage des Untersuchungsergebnisses aufgeben. Nach § 67 S. 6 AMG sind im Rahmen der Anzeige auch **Ort, Zeit, Ziel und Beobachtungsplan der Anwendungsbeobachtung anzugeben** sowie gegenüber der Kassenärztlichen Bundesvereinigung und dem Spitzenverband Bund der Krankenkassen die beteiligten Ärzte namentlich mit Angabe der lebenslangen Arztnummer, der Betriebsstättennummer und der Praxisadresse zu benennen. Die Gemeinsamen Empfehlungen des BfArM und des PEI zu Anwendungsbeobachtungen nach § 67 Abs. 6 AMG und zur Anzeige von nichtinterventionellen Unbedenklichkeitsprüfungen nach § 63f AMG vom 20.12. 2019[119] enthalten insoweit umfassende Erläuterungen zur Anzeigepflicht, zu Änderungsanzeigen und zur Einreichung von Abschlussberichten (nach § 67 Abs. 6 AMG) sowie **Empfehlungen zur Durchführung** von Anwendungsbeobachtungen.

25. Persönliche Gesundheitsdaten (Nr. 25)

132 Der Begriff „Persönliche Gesundheitsdaten" wurde im Rahmen der Kodexnovelle vom 14.11.2019 in alle drei FSA-Kodizes aufgenommen (§ 2 Nr. 25 FSA-Kodex Fachkreise, § 2 Nr. 22 FSA-Kodex Patientenorganisationen, § 2 Nr. 19 FSA-Transparenzkodex). Die Definition geht auf die Definition von **„Personal Health Data"** im EFPIA-Kodex zurück. Der Begriff der Persönlichen Gesundheitsdaten findet im Kodex im Rahmen der Einleitung Anwendung (→ Rn. 20).

133 In Form einer ergänzenden Fußnote wird unmittelbar Bezug genommen auf die zugrunde liegenden Definitionen für **„personenbezogene Daten"**, **„genetische Da-**

[118] *Heil/Lützeler* in Dieners/Reese, Handbuch des Pharmarecht, 1. Aufl. 2010, § 4 Rn. 35.

[119] Gemeinsame Empfehlungen des Bundesinstituts für Arzneimittel und Medizinprodukte und des Paul-Ehrlich-Instituts zu Anwendungsbeobachtungen nach § 67 Abs. 6 AMG und zur Anzeige von nichtinterventionellen Unbedenklichkeitsprüfungen nach § 63f AMG vom 20.12.2019, abrufbar unter https://www.bfarm.de/SharedDocs/Downloads/DE/Arzneimittel/Zulassung/klin-pr/nichtIntervent Pruef/Gemeinsame%20Empfehlungen%20zu%20AWB%20und%20PASS.pdf?__blob=publicationFile &v=1 (zul. abgerufen am 11.3.2021).

ten" und „Gesundheitsdaten" in Art. 4 Nr. 1, 13 und 15 der Datenschutz-Grundverordnung[120]. Auch in der Definition des EFPIA-Kodex wird durch eine Fußnote auf Art. 4 der Datenschutz-Grundverordnung verwiesen.

26. Pharmaberater (Nr. 26)

Im Unterschied zu anderen Definitionen findet sich die des Pharmaberaters nicht auch im EFPIA-Kodex, sondern spiegelt stattdessen, wie auch in den vorherigen Fassungen des Kodex vor Einführung des neuen § 2, den im AMG verwendeten Begriff des Pharmaberaters wieder. Die Definition nimmt auf „Personen im Sinne von § 75 Abs. 1 AMG" Bezug und verweist hinsichtlich der Sachkenntnis auf die Maßstäbe und Anforderungen des § 75 Abs. 2 AMG. Inhaltlich geht der Kodex insofern **über die gesetzlichen Anforderungen hinaus.** Beispielsweise wird in § 5 Abs. 3 vorausgesetzt, dass Pharmaberater ihre Pflichten „verantwortungsvoll und ethisch einwandfrei" erfüllen (→ Rn. 164). 134

Der EPFIA-Kodex definiert den sog. **„Medical Sales Representative",** der jedoch per definitionem keine bestimmte Sachkenntnis vorweisen muss, um als solcher anerkannt zu werden. Gleichwohl enthält der EFPIA-Kodex entsprechende Vorschriften, die das Unternehmen verpflichten, Medical Sales Representatives entsprechend zu schulen. 135

27. Spenden und andere Zuwendungen (Nr. 27)

Die im Rahmen der Kodexrevision 14.11.2019 eingeführte Definition des Begriffspaares „Spenden und andere Zuwendungen"[121] hat in erster Linie Bedeutung für die in § 25 und § 26 enthaltenen Regelungen von Spenden und anderen Zuwendungen an HCOs (→ Rn. 757 ff.). Ferner ist die Definition relevant im Hinblick auf § 20 Abs. 5 S. 2, wonach ein Verbot der finanziellen Unterstützung von Unterhaltungsprogrammen bei externen Fortbildungsveranstaltungen durch Spenden gilt (→ Rn. 600 f. und → Rn. 607 ff.). Die Definition folgt dem Vorbild des EFPIA-Codes, welcher ebenfalls eine gemeinsame Definition für **„Donations and Grants"** enthält. 136

Allgemein definiert der Kodex eine Spende als die Bereitstellung von geldwerten Leistungen an HCOs. Dabei ist davon auszugehen, dass dies die Gewährung jeglicher **wirtschaftlicher Vorteile** umfasst. Ferner ist nach der Definition von einer Spende auszugehen, wenn die geldwerten Leistungen freiwillig und ohne Verpflichtung zur Gegenleistung, dh **einseitig** erbracht werden. Schließlich ist zur Erfüllung des Spendenbegriffs im Sinne des Kodex erforderlich, dass die geldwerten Leistungen zu einem **bestimmten Zweck** zur Verfügung gestellt werden, welcher in der Unterstützung der Gesundheitsversorgung, der wissenschaftlichen Forschung oder Fortbildung liegen muss. 137

28. Veranstaltungen (Nr. 28)

In den vorherigen Fassungen des Kodex wurden in erster Linie Regelungen zu Fortbildungsveranstaltungen getroffen. Die Vorschrift des § 20 aF enthielt insoweit Definitionen für interne sowie externe Fortbildungsveranstaltungen und internationale Veranstaltungen. Mit der aktuellen Kodexnovelle wurde der Oberbegriff der Veranstaltung eingeführt, welcher zusätzlich zu Fortbildungsveranstaltungen (vgl. zu dieser Definition → Rn. 99 ff.) auch andere Fach- und Werbeveranstaltungen, wissenschaftliche Veranstaltungen, Kongresse, Konferenzen, Symposien sowie alle sonstigen Veranstaltungen, die ein Mitgliedsunternehmen organisiert oder finanziell unterstützt, erfasst. Damit fallen auch Advisory Board Sitzungen, Besuche von Produktionsstätten oder sonstige Besprechungen, zB im Rahmen von klinischen Prüfungen, in den Anwendungsbereich der Regelungen des Kodex, die Veranstaltun- 138

[120] VERORDNUNG (EU) 2016/679 DES EUROPÄISCHEN PARLAMENTS UND DES RATES vom 27.4.2016 zum Schutz natürlicher Personen bei der Verarbeitung personenbezogener Daten, zum freien Datenverkehr und zur Aufhebung der Richtlinie 95/46/EG (Datenschutz-Grundverordnung), ABl. 2016 L 119, S. 1.

[121] Ausführlich hierzu → Rn. 755 ff.

gen betreffen. Die Definition folgt damit dem Vorbild der Definition im EFPIA-Kodex („Events"). Vergleichbar wie die Definition der Fortbildungsveranstaltung (→ Rn. 101) verhält sich auch die Definition der Veranstaltung nicht zur Frage, in welcher Form die Veranstaltung durchgeführt wird (Präsenzveranstaltung oder virtuelle **Veranstaltungsform**). Daher sind vom Begriff der Veranstaltungen auch virtuelle oder hybrid organisierte Veranstaltungen, wie zB Advisory Board Meetings, erfasst.

29. Veranstaltungsort (Nr. 29)

139 Im Rahmen der Kodexrevision vom 14.11.2019 wurde der Begriff des Veranstaltungsortes eingeführt, welcher vollständig der korrespondierenden Definition des EFPIA-Kodex **(„Location")** entspricht. Er bezieht sich auf den **geographischen Ort** (dh Stadt oder Ort), an dem eine Veranstaltung stattfindet. In Abgrenzung hierzu meint die Veranstaltungsstätte (vgl. § 2 Nr. 30, → Rn. 141) die **konkrete Lokalität** bzw. Räumlichkeit am Veranstaltungsort, in welcher die Veranstaltung stattfindet.

140 In den vorherigen Fassungen des Kodex wurde im Zusammenhang mit § 20 bei internen Fortbildungsveranstaltungen zumeist von **„Tagungsort"** gesprochen (vgl. § 20 Abs. 3 → Rn. 513 ff.), bei externen Veranstaltungen von „Veranstaltungsort" (vgl. § 20 Abs. 5 → Rn. 625). Vor dem Hintergrund des erweiterten Begriffs der Veranstaltungen (→ Rn. 138) ist diese Begriffswahl, die den Ort jeglicher vom Kodex erfasster Veranstaltungsformen einbezieht, konsequent.

30. Veranstaltungsstätte (Nr. 30)

141 Im Rahmen der Kodexrevision vom 14.11.2019 wurde der Begriff der Veranstaltungsstätte neu eingeführt und definiert. Die Definition entspricht vollständig der korrespondierenden Definition im EFPIA-Kodex **(„Venue")** und meint die **konkrete Einrichtung bzw. Stätte,** an der eine Veranstaltung stattfindet. Beispiele sind Hotels, Kongresszentren oder sonstige Räumlichkeiten, in denen die Veranstaltung stattfindet. Die früheren Kodexfassungen verwendeten den Begriff „Tagungsstätte". Aufgrund des erweiterten Begriffs der Veranstaltungen (→ Rn. 138) ist die Erweiterung auf die Stätte, an der jegliche vom Kodex erfasste Form einer Veranstaltung stattfindet, folgerichtig.

31. Verschreibungspflichtige Arzneimittel (Nr. 31)

142 Der Begriff der verschreibungspflichtigen Arzneimittel orientiert sich an den arzneimittelrechtlichen Vorschriften und nimmt insoweit auf alle Humanarzneimittel Bezug, die nach § 48 AMG nur bei Vorliegen einer ärztlichen oder zahnärztlichen Verschreibung an Verbraucher abgegeben werden dürfen. Die Definition steht im Einklang mit der entsprechenden Definition des EFPIA-Kodex **(„Prescription-Only Medicines (POM)").**

32. Werbung (Nr. 32)

143 Die im Rahmen der Kodexrevision vom 14.11.2019 eingeführte Begriffsdefinition für Werbung beruht inhaltlich auf der entsprechenden EFPIA-Definition **(„Promotion")** und nimmt auf Art. 86 der europäischen Arzneimittelrichtlinie (Richtlinie 2001/83/EG) Bezug. Wenngleich die EFPIA-Definition einen Verweis auf die europäische Norm unterlässt[122], ist dies aus Klarstellungsgründen und zur Vermeidung von Unklarheiten bei der Auslegungsfragen zu begrüßen. Ausdrücklich mit einbezogen vom Begriff der Werbung werden digitale Formen der Werbung, wie zB Werbung auf Webseiten oder in sozialen Medien. Dieses umfassende Verständnis des Werbebegriffs kommt im EFPIA-Kodex nicht in der Definition selbst, jedoch an anderer Stelle (zB dem Scope), zum Ausdruck.

---

[122] In anderen Definitionen (Medical Sample, Medicinal Product) und der Einleitung (Introduction) wird dagegen direkter Bezug auf die Richtlinie genommen.

§ 3 Verantwortlichkeit für das Verhalten Dritter

(1) Die Verpflichtungen nach diesem Kodex treffen Unternehmen auch dann, wenn sie Dritte damit beauftragen, die von diesem Kodex erfassten Aktivitäten für sie zu gestalten oder durchzuführen.

(2) Die Unternehmen haben ferner in angemessener Weise darauf hinzuwirken, dass auch andere natürliche oder juristische Personen, mit denen sie zusammenarbeiten (z. B. Joint Venture Partner, Lizenznehmer), die in den Anwendbaren Kodizes niedergelegten Mindeststandards einhalten.

Übersicht

I. Vorbemerkung

Nach § 3 Abs. 1 sind Mitgliedsunternehmen für das **Verhalten von beauftragten Dritten** verantwortlich. Der mit der Änderung vom 18.1.2008 in den Kodex aufgenommene § 3 Abs. 2 regelt die Übernahme der Verpflichtungen der im EFPIA-Kodex festgesetzten **Mindeststandards** auch auf andere Vertragsverhältnisse. Durch die Kodexnovelle vom 14.11.2019 wurden die für § 3 Abs. 2 maßgeblichen Standards, auf deren Einhaltung hinzuwirken ist, dahingehend erweitert, dass nicht nur die Mindeststandards des EFPIA-Kodex, sondern nunmehr die Mindeststandards aller Anwendbaren Kodizes iSd § 2 Nr. 2 umfasst sind. **144**

II. Verantwortlichkeit für das Verhalten Dritter (Abs. 1)

Die Regelung stellt klar, dass pharmazeutische Unternehmen bereits nach den gesetzlichen Vorschriften des UWG und des HWG sowie der hierauf basierenden Rechtsprechung in der Regel auch dann für eine einwandfreie Ausgestaltung der Zusammenarbeit mit HCP rechtlich verantwortlich sind, wenn Dritte iSd § 2 Nr. 4 (etwa Werbeagenturen, Kongress- und Veranstaltungsagenturen, Marktforschungsunternehmen oder etwa Contract/Clinical Research Organisations – CROs) von ihnen **beauftragt werden,** diese Zusammenarbeit durchzuführen.[123] **145**

Der FSA hat entschieden, dass eine **Zurechnung von Kodexverstößen** (hier: „Schnuppergolfen“) eine Verletzung von Sorgfaltspflichten für eine „gewisse Dauer“ und mit „einer gewissen Häufigkeit“ voraussetzt.[124] In dem Fall war es zu einem kodexwidrigen Verhalten des betroffenen Unternehmens aufgrund des individuellen Fehlverhaltens eines Mitarbeiters des Vertriebspartners und unter Missachtung der Regelungen des Kooperationsvertrages gekommen. Soweit hierbei von einer Zurechnung gesprochen wird, handelt es sich nicht um eine Zurechnung iSd § 278 BGB. Denn es wird nicht letztlich fremdes Verschulden zugerechnet, sondern ein Kodexverstoß selbst. Die Verantwortlichkeit für das Verhalten Dritter hat zur Folge, dass pharmazeutische Unternehmen ihre Vertragspartner **zur Einhaltung des Kodex anzuhalten haben,** wenn etwa Marketingaktionen, **146**

---

[123] Siehe hierzu *Reese* in BeckOK HWG Einl. Rn. 205 ff.

[124] Entscheidung zu § 3 idF v. 16.2.2004, https://www.fsa-pharma.de/de/schiedsstelle/berichterstattung/fachkreise/az-2004.8–16-1-instanz-3-des-kodex-zurechnung-von-kodexverstossen-des-vertriebspartners/, FS I 2004.8–16 (zul. abgerufen am 11.3.2021).

Fortbildungsveranstaltungen, Kongresse, klinische Forschungsprojekte oder Anwendungsbeobachtungen im Auftrag dieser pharmazeutischen Unternehmen durchgeführt werden sollen.

147 Für die Praxis empfiehlt es sich, Dritte, die im Auftrag pharmazeutischer Unternehmen tätig werden sollen, **vertraglich zur Einhaltung des Kodex zu verpflichten.** Dies kann auch das Tätigwerden Dritter im Rahmen von Co-Promotion- oder Mitvertriebsverträgen betreffen.[125] Diese Schritte dienen der faktischen Reduzierung des Risikos einer Sanktion, führen aber nicht zu einer Exkulpation, falls eine Agentur trotz entsprechender vertraglicher Verpflichtung kodexwidrige Werbeaktivitäten entfaltet.[126]

III. Spruchpraxis zu § 3 Abs. 1

148
- Abweichend von zivilrechtlichen Grundsätzen der Duldungs- oder Anscheinsvollmacht ist eine Zurechnung im Rahmen des Kodex nur bei einer Sorgfaltspflichtverletzung des Vertriebspartners von **gewisser Dauer** und **gewisser Häufigkeit** gegeben.[127]
- Ein Unternehmen bleibt nach § 3 Abs. 1 für das Verhalten der von ihm mit einer Werbeaktion beauftragten Agentur auch dann **verantwortlich,** wenn es darlegen kann, dass es die Agentur zur **Einhaltung aller** einschlägigen **Vorschriften** verpflichtet hat.[128]

IV. Hinwirkungspflicht (Abs. 2)

149 Absatz 2 normiert eine Hinwirkungspflicht der Unternehmen gegenüber Dritten. Danach haben Unternehmen in angemessener Weise darauf hinzuwirken, dass die in den jeweils Anwendbaren Kodizes niedergelegten Mindeststandards auch von Dritten eingehalten werden, mit denen sie zusammenarbeiten. Ganz bewusst wird hier nicht nur auf die Standards des Kodex und seit der Kodexrevision vom 14.11.2019 auch nicht mehr nur auf den EFPIA-Kodex als maßgeblichen Standard abgestellt, um die Flexibilität bei der **Zusammenarbeit mit Dritten aus dem Ausland** zu gewährleisten.

150 Wichtig ist in diesem Zusammenhang die Differenzierung zwischen der Verantwortlichkeit für das Verhalten Dritter nach Abs. 1 einerseits und der Hinwirkungspflicht nach Abs. 2 andererseits. Wie bereits erwähnt, stellt Abs. 1 eine (eigene) Verantwortlichkeit der Mitglieder für Verstöße Dritter gegen den Kodex dar, die Handlungen **an Stelle des Unternehmens** vornehmen. Im Unterschied dazu betrifft Abs. 2 die Fälle, in denen aufgrund eines Vertrages (Lizenzvertrag, Joint-Venture usw) ein Dritter **neben dem Mitgliedsunternehmen** tätig wird. In diesen Fällen erfolgt keine Zurechnung, sondern es besteht eine Pflicht des Unternehmens, auf ein kodexkonformes Verhalten seines Vertragspartners hinzuwirken. Der Vertrag über die Zusammenarbeit mit dem Dritten sollte daher eine Verpflichtung des Vertragspartners vorsehen, sich im Rahmen der Durchführung des Vertragsverhältnisses kodexkonform zu verhalten, und zwar auch dann, wenn der Vertragspartner ansonsten nicht selbst dem Kodex unterworfen ist.

151 Die Hinwirkungspflicht in Abs. 2 erschöpft sich nicht per se in der Vertragsgestaltung. Die Unternehmen sollen darauf hinwirken, dass ihre Vertragspartner die Standards auch

---

[125] Die Abgrenzung und Bezeichnung der unterschiedlichen Kooperationsformen im Marketing und Vertrieb werden in der Literatur äußerst unterschiedlich gehandhabt. Zur Erläuterung der verschiedenen Formen siehe *Schütze/Ehle* in Dieners/Reese PharmaR-HdB Kap. 9.

[126] Entscheidung zu § 3 Abs. 1 idF v. 18.1.2008, https://www.fsa-pharma.de/de/schiedstelle/berichterstattung/fachkreise/az-2009.6–265-1-instanz-13-abs-2-satz-1–3-abs-1-fsa-kodex-fachkreise-werbung-unter-verwendung-von-telefax-verantw/, FS I 2009.6–265 (zul. abgerufen am 11.3.2021).

[127] Entscheidung zu § 3 idF v. 16.2.2004, https://www.fsa-pharma.de/de/schiedstelle/berichterstattung/fachkreise/az-2004.8–16-1-instanz-3-des-kodex-zurechnung-von-kodexverstossen-des-vertriebspartners/, FS I 2004.8–16 (zul. abgerufen am 11.3.2021).

[128] Entscheidung zu § 3 Abs. 1 idF v. 18.1.2008, https://www.fsa-pharma.de/de/schiedstelle/berichterstattung/fachkreise/az-2009.6–265-1-instanz-13-abs-2-satz-1–3-abs-1-fsa-kodex-fachkreise-werbung-unter-verwendung-von-telefax-verantw/, FS I 2009.6–265 (zul. abgerufen am 11.3.2021).

tatsächlich einhalten. Der EFPIA-Kodex formuliert diese Verpflichtung nicht nur als eine Hinwirkungspflicht, sondern als Verpflichtung, angemessene Maßnahmen zu ergreifen, um **sicherzustellen,** dass die Mindeststandards auch von Dritten eingehalten werden: „*In addition, Member Companies must take reasonable steps to ensure that any other parties that they commission to design, implement or engage in activities covered by the Applicable Code but that do not act on behalf of the Member Company (e.g. joint ventures, licensees) comply with Applicable Codes.*"[129] Diese Pflicht zur Sicherstellung eines mit den Mindeststandards konformen Handelns Dritter könnte dem Wortsinn zufolge daher grundsätzlich auch weitgehendere Pflichten einschließen als eine reine vertragliche Verpflichtung des Dritten zur Einhaltung der Mindeststandards. Auch wenn der Kodex nur von einer Hinwirkungspflicht ausgeht, kann sich die Hinwirkungspflicht ggf. auch auf die Geltendmachung der aus dem Vertragsverhältnis resultierenden **Unterlassungsansprüche gegen den Vertragspartner** erstrecken. Anwendungsfälle dieser Regelung können zB der Lizenzvertrieb oder das Co-Marketing sein.[130] Welche weiteren Maßnahmen über die Vertragsgestaltung hinaus im Einzelnen erforderlich sind, um die Anforderungen der Hinwirkungspflicht aus Abs. 2 zu erfüllen, hat die Schiedsstelle bislang offen gelassen.[131]

V. Spruchpraxis zu § 3 Abs. 2

- Die Hinwirkungspflicht auf kodexkonformes Verhalten gilt gem. § 3 Abs. 2 bei solchen Vertragspartnern des Unternehmens, mit denen dieses generell (zB im Rahmen eines Lizenzvertrages) und nicht gezielt auf vom FSA-Kodex erfasste Aktivitäten zusammenarbeitet. Im Rahmen einer solchen Konstellation könnte ein **Vorbringen,** ob und in welcher Weise der jeweilige **Vertragspartner auf** die **Einhaltung der Vorschriften des Kodex** hingewiesen oder **verpflichtet** worden ist, als **entlastend** berücksichtigt werden.[132] 152
- Die Pflicht aus § 3 Abs. 2 darauf hinzuwirken, dass die Verpflichtungen des Kodex durch den Vertragspartner eingehalten werden, schließt die Regelungen von § 18 Abs. 1 Nr. 6 und Abs. 2 mit ein. Danach sind die Unternehmen gehalten, **gegenüber Veranstaltern externer Fortbildungsveranstaltungen sicherzustellen,** dass diese die für die kodexkonforme Durchführung der Fortbildungsveranstaltung **notwendigen Hinweise frühzeitig umsetzen** (hier: Hinweis, dass der/die Referentin für das/die betreffenden Unternehmen tätig sind).[133]
- Wie der **Umfang der Hinwirkungspflicht** aus § 3 Abs. 2 vor dem Hintergrund der Regelung im **EFPIA-Kodex,** welcher insoweit von „Sicherstellen" spricht, **auszulegen** ist, hat die Schiedsstelle in einem Fall offen gelassen.[134]

---

[129] Vgl. Scope of the EFPIA Code, S. 13 EFPIA-Kodex.

[130] *Schütze/Ehle* in Dieners/Reese PharmaR-HdB Kap. 9.

[131] Entscheidung zu § 3 idF v. 4.12.2014, https://www.fsa-pharma.de/de/schiedsstelle/berichterstattung/fachkreise/az-2013.9–360-362-20-abs-5-satz-1–3-18-abs-1-nr-6-und-abs-2-fsa-kodex-zur-angemessenheit-der-an-gewerbliche-veransta/, FS I 2013.9–360-362 (zul. abgerufen am 11.3.2021).

[132] Entscheidung zu § 3 Abs. 1 idF v. 18.1.2008, https://www.fsa-pharma.de/de/schiedsstelle/berichterstattung/fachkreise/az-2009.6–265-1-instanz-13-abs-2-satz-1–3-abs-1-fsa-kodex-fachkreise-werbung-unter-verwendung-von-telefax-verantw/, FS I 2009.6–265 (zul. abgerufen am 11.3.2021); obiter dictum zur Abgrenzung der Entlastungsmöglichkeiten im Rahmen der Verantwortlichkeit nach § 3 Abs. 1.

[133] Entscheidung zu § 3 idF v. 4.12.2014, https://www.fsa-pharma.de/de/schiedsstelle/berichterstattung/fachkreise/az-2013.9–360-362-20-abs-5-satz-1–3-18-abs-1-nr-6-und-abs-2-fsa-kodex-zur-angemessenheit-der-an-gewerbliche-veransta/, FS I 2013.9–360-362 (zul. abgerufen am 11.3.2021).

[134] Entscheidung zu § 3 idF v. 4.12.2014, https://www.fsa-pharma.de/de/schiedsstelle/berichterstattung/fachkreise/az-2013.9–360-362-20-abs-5-satz-1–3-18-abs-1-nr-6-und-abs-2-fsa-kodex-zur-angemessenheit-der-an-gewerbliche-veransta/, FS I 2013.9–360-362 (zul. abgerufen am 11.3.2021).

Checkliste: Verantwortlichkeit für das Verhalten Dritter

- Mitgliedsunternehmen haften selbst für Verstöße von beauftragten Dritten **(Zurechnung von Verstößen Dritter):**
  - Verstöße des Dritten bei **Handlungen,** die an Stelle des Unternehmens/**im Auftrag des Unternehmens** durchgeführt werden;
  - die Zurechnung der Verstöße setzt eine **Verletzung von Sorgfaltspflichten** für eine **gewisse Dauer und Häufigkeit** voraus;
  - eine Verantwortlichkeit besteht auch dann, wenn das Unternehmen den beauftragten Dritten zur Einhaltung aller Vorschriften verpflichtet hat; allerdings kann eine dahingehende Verpflichtung ggf. zur Senkung des Risikos von Verstößen beitragen.
- Mitgliedsunternehmen haben in angemessener Weise **darauf hinzuwirken,** dass die Mindeststandards der Anwendbaren Kodizes auch **von Dritten eingehalten** werden, mit denen sie zusammenarbeiten (eigene Verpflichtung):
  - Dritte müssen nicht im Auftrag des Unternehmens handeln, sondern sind **allgemeine Kooperations- oder Vertragspartner** (zB Joint-Venture Partner);
  - Die Hinwirkungspflicht umfasst jedenfalls die Pflicht zur **entsprechenden Vertragsgestaltung,** ggf. darüber hinaus auch zum Ergreifen weiterer Maßnahmen (zB Geltendmachung von Ansprüchen aus dem Vertragsverhältnis).

2. Abschnitt: Auslegungsgrundsätze

§ 4 Allgemeine Auslegungsgrundsätze

(1) Bei der Anwendung dieses Kodex sind nicht nur der Wortlaut der einzelnen Vorschriften, sondern auch dessen Geist und Intention sowie auch die geltenden Gesetze, insbesondere die Vorschriften des AMG, des Heilmittelwerbegesetzes (HWG), des Gesetzes gegen unlauteren Wettbewerb (UWG) und des Strafgesetzbuches (StGB) und die allgemein anerkannten Grundsätze des Berufsrechts der HCP zu beachten.

(2) Die Unternehmen müssen sich jederzeit an hohen ethischen Standards messen lassen. Insbesondere darf ihr Verhalten nicht die pharmazeutische Industrie in Misskredit bringen, das Vertrauen in sie reduzieren oder anstößig sein. Zudem muss die besondere Natur von Arzneimitteln und das berufliche Verständnis der angesprochenen Fachkreise berücksichtigt werden.

Übersicht

I. Vorbemerkung

153 Bei der Zusammenarbeit der pharmazeutischen Industrie mit Ärzten sind **selbstverständlich die geltenden Gesetze** zu beachten. Daneben ist das Berufsrecht der HCPs zu berücksichtigen. Der Kodex verlangt in Abs. 2 ferner die Orientierung des Unternehmenshandelns an „hohen ethischen Maßstäben". Dieser Grundsatz beruht auf Art. 5 EFPIA-Kodex (vgl. auch Introduction zum EFPIA-Kodex), welcher dort im konkreten Kontext zu Werbemaßnahmen steht. Der Kodex beschränkt diesen Grundsatz nicht auf Werbemaßnahmen, sondern erfasst damit auch andere Tätigkeiten im Zusammenhang mit dem Kodex. Mit der Kodexnovelle vom 14.11.2019 entfiel der vormals enthaltene Zusatz in Abs. 1, wonach ergänzend die Verhaltensempfehlungen der Verbände der pharmazeutischen Indust-

rie ihrem Wortlaut sowie ihrem Sinn und Zweck entsprechend zu berücksichtigen waren, da sich die Sinnhaftigkeit dieses Verweises aufgrund der zwischenzeitlichen Fortschreibung des Kodex überholt hat.

II. Rechtliche Rahmenbedingungen (Abs. 1)

1. Allgemeines

Der in Abs. 1 beschriebene **Auslegungsgrundsatz** soll vermeiden, dass durch die Anwendung des Kodex Widersprüche zu den gesetzlichen Regelungen entstehen. Zudem wird die Bedeutung einer an Sinn und Zweck orientierten Auslegung betont. Auf die **Gesamtintention** des Kodex („dessen Geist und Intention") stützt die Schiedsstelle die Möglichkeit, in besonders gelagerten Fällen eine sehr eingeschränkte Anwendung des Geschenkeverbots in Betracht zu ziehen.[135] Die Ausführungen in Vorwort und Einleitung des Kodex kämen Erwägungsgründen nahe, die zwar keine unmittelbaren Rechtsfolgen zeigen würden, aber für die **Auslegung der Kodexnormen** eine **nicht unerheblichen Bedeutung** haben könnten. Die rechtlichen Wirkungen der Kodexnormen könnten hierdurch wesentlich beeinflusst werden. 154

2. Geltende Gesetze

Die Zusammenarbeit der pharmazeutischen Industrie und deren Mitarbeitern mit Ärzten unterliegt vor allem den **Vorschriften des AMG, des HWG und des StGB,** die als gesetzliche Regelungen von jedermann zu beachten sind. In einer Entscheidung der Schiedsstelle[136] zu den Anforderungen an Informations- und Schulungsmaterial gem. § 15 Abs. 1 Nr. 1 wurde § 4 Abs. 1 von der Schiedsstelle ergänzend zur Begründung herangezogen, dass die Privilegierung in § 15a einschränkend in der Weise anzuwenden sei, dass das betreffende Material den geltenden Gesetzen entsprechen muss. Das Material verletzte das Publikumswerbeverbot gem. § 10 Abs. 1 HWG weshalb dessen Verwendung aus diesem Grund unzulässig war. 155

3. Bedeutung des Berufsrechts der HCP

Nach dem Kodex sind auch die **allgemein anerkannten Grundsätze des Berufsrechts der HCP** zu berücksichtigen. Hierbei kommt dem ärztlichen Berufsrecht die größte Bedeutung zu. Das **ärztliche Berufsrecht** ist in der Muster-Berufsordnung für die deutschen Ärztinnen und Ärzte **(MBO-Ä)** sowie den hierauf basierenden Berufsordnungen der einzelnen Ärztekammern geregelt (→ Kap. 2 Rn. 116ff.). Die MBO-Ä regelt unter § 33 MBO-Ä die Grundprinzipien für die Zusammenarbeit von Arzt und Industrie.[137] Darüber hinaus enthalten §§ 30–32 MBO-Ä weitere Bestimmungen zum Verhältnis von Arzt und Industrie. Die Beachtung der jeweiligen Einzelbestimmungen der MBO-Ä sowie der hierauf beruhenden Berufsordnungen der einzelnen Landesärztekammern ist nach dem Kodex nur dann zwingend vorgeschrieben, wenn es sich dabei um die „allgemein anerkannten Grundsätze des ärztlichen Berufsrechts" handelt. Die Frage, ob es sich bei einer Bestimmung des ärztlichen Berufsrechts auch um einen **„allgemein anerkannten Grundsatz"** handelt, ist jeweils **im Einzelfall zu prüfen.** Bei den das Verhältnis zwischen Arzt und Industrie betreffenden Regelungen der MBO-Ä sowie den hierauf beruhenden 156

[135] Entscheidung zu § 21 Abs. 1 idF v. 17.10.2017, https://www.fsa-pharma.de/de/schiedstelle/berichterstattung/fachkreise/abgabe-von-pflegeprodukten-und-nahrungsmitteln-therapiemanagement set/, FS 2019.4–588 (zul. Abgerufen am 11.3.2021).

[136] Entscheidung zu §§ 15a Abs. 1 Nr. 1, 22 idF v. 15.11.2016, https://www.fsa-pharma.de/de/schiedstelle/berichterstattung/fachkreise/az-2017.2–513-und-2017.2–514-15a-abs-1-nr-1–22-fsa-kodex-fachkreise-abgabe-eines-folders-mit-einer-beigelegten-festgirl/, FS I 2017.2–513 und 2017.2–514 (zul. abgerufen am 11.3.2021).

[137] Vgl. *Scholz* in Spickhoff MBO-Ä 1997 § 33 Rn. 1 ff.

Berufsordnungen der Landesärztekammern dürfte es sich allerdings im Regelfall auch um die „allgemein anerkannten Grundsätze“ des ärztlichen Berufsrechts handeln. Abweichungen der auf der MBO-Ä beruhenden Berufsordnungen der Landesärztekammern zur MBO-Ä in einzelnen Aspekten sind dagegen nicht geeignet, die allgemeinen Grundsätze in Frage zu stellen (→ Kap. 2 Rn. 116). In der Praxis ist diese Frage regelmäßig von eher untergeordneter Bedeutung, da die Regelungen des Kodex die für das Verhältnis von Industrie und Arzt geltenden Bestimmungen des ärztlichen Berufsrechts oftmals bewusst aufnehmen und diese entsprechend umsetzen.

157 Die Berufsordnungen der einzelnen **Apothekerkammern** können als Auslegungsmaßstab für den Kodex dienen, sofern es sich hierbei um allgemein anerkannte Grundsätze handelt. Da für Apotheker keine Musterberufsordnung existiert, ist die Ermittlung dessen, was als „allgemein anerkannter“ Grundsatz angesehen werden kann, schwieriger als bei Ärzten. Allerdings ist auch hier die **Wahrung der Unabhängigkeit** ein zentrales Anliegen aller Berufsordnungen. Dementsprechend heißt es etwa in § 2 Abs. 4 der Berufsordnung der Apothekerkammer Hamburg[138]: *„Apothekerinnen und Apotheker entscheiden in pharmazeutischen Fragen eigenverantwortlich und fachlich unabhängig. Vereinbarungen, die diese Unabhängigkeit beeinträchtigen, sind unzulässig“.* Fast wortgleich regelt die Berufsordnung der Apothekerkammer Rheinland-Pfalz[139] in § 3: *„Der Apotheker entscheidet in pharmazeutischen Fragen frei und eigenverantwortlich. Vereinbarungen, die diese Unabhängigkeit beeinträchtigen, sind unzulässig“.* Für die Zusammenarbeit mit Einrichtungen des Gesundheitswesens sehen § 14 der Berufsordnung der Apothekerkammer Nordrhein[140] und § 12 der Berufsordnung der Apothekerkammer Berlin[141] vor, dass ua Vereinbarungen, die (soweit gesetzlich nicht ausdrücklich zugelassen) eine bevorzugte Lieferung bestimmter Arzneimittel zum Gegenstand haben oder zur Folge haben könnten, unzulässig sind.

158 **Heilpraktiker** fallen ebenfalls unter den Begriff der Fachkreise. Sie unterliegen keinem rechtlich verbindlichen Berufsrecht. Gleichwohl haben die großen Heilpraktikerberufsverbände[142] gemeinsam eine „Berufsordnung für Heilpraktiker“ verfasst und verabschiedet. Die BOH[143] ist als bloße Verhaltensempfehlung anzusehen, die es jedoch dem jeweiligen Berufsverband, dem der Heilpraktiker zugehörig ist, ermöglicht, bei Missachtung Verstöße gegen die BOH vereinsrechtlich zu sanktionieren. Gleichwohl ist beachtenswert, dass in Art. 16 Nr. 2 BOH ua ein Verbot für den Heilpraktiker statuiert worden ist, sich für die Verordnung oder Empfehlung von Arzneimitteln, medizinischen Geräten usw eine Vergütung oder sonstige Vergünstigungen gewähren zu lassen. Eine Heranziehung dieses Grundsatzes als Auslegungshilfe für den Kodex kann ebenfalls sachgerecht sein.

159 Die berufsrechtlichen Grundsätzen der MBO-Ä sowie die hierauf beruhenden Berufsordnungen der Landesärztekammern zum Verhältnis von Arzt und Industrie sind bereits

---

[138] Berufsordnung der Apothekerkammer Hamburg KöR vom 18.11.2019, https://www.apothekerkammer-hamburg.de/fileadmin/apothekerkammer_hh/rechtsgrundlagen/2020_05_05_Neufassung_der_Berufsordnung_der_AK_HH_vom_18.11.2019.pdf, (zul. abgerufen am 11.3.2021).

[139] Berufsordnung für Apotheker der Landesapothekerkammer Rheinland-Pfalz, Stand: 19.12.2005, https://www.lak-rlp.de/fileadmin/redakteure/pdf/satzungen_ordnungen_richtlinien/berufsordnung.pdf, (zul. abgerufen am 11.3.2021).

[140] Berufsordnung für Apothekerinnen und Apotheker der Apothekerkammer Nordrhein vom 13.6.2007, zuletzt geändert am 17.6.2020, https://www.aknr.de/service/berufsordnung.php, (zul. abgerufen am 11.3.2021).

[141] Berufsordnung der Apothekerkammer Berlin vom 16.6.2009, http://www.akberlin.de/fileadmin/akb/kammerrecht/Berufsordnung_vom_160609_Original.pdf, (zul. abgerufen am 11.3.2021).

[142] Zu diesen zählen ua der Fachverband Deutscher Heilpraktiker eV (FDH), Freie Verband Deutscher Heilpraktiker eV (FVDH), Union Deutscher Heilpraktiker eV (UDH) und der Verband Deutscher Heilpraktiker eV (VDH).

[143] Berufsordnung für Heilpraktiker vom 16.1.2008, https://www.bdh-online.de/wp-content/uploads/2015/08/Berufsordnung-Heilpraktiker_2015_210x297_20150814.pdf, (zul. abgerufen am 11.3.2021).

von Gesetzes wegen nicht nur von Ärzten zu beachten, sofern sie „allgemein anerkannte Grundsätze" sind. Denn die Nichtbeachtung der allgemein anerkannten Grundsätze des ärztlichen Berufsrechts durch pharmazeutische Unternehmen und deren Mitarbeiter dürfte im Regelfall unter dem Aspekt der „Verleitung zu Standesvergessenheit" **gegen das Verbot unlauteren Wettbewerbs** und damit gegen § 3 Abs. 1 UWG verstoßen. Dies gilt für die Berufsordnungen anderer Angehöriger der Fachkreise entsprechend.

III. Ethische Standards (Abs. 2)

Die auf Art. 5 EFPIA-Kodex beruhende Regelung des Abs. 2 ist im EFPIA-Kodex als **160** eigenständige Gebotsvorschrift ausgestaltet. Der Kodex hat diese Vorschrift als **Auslegungsgrundsatz** ausgestaltet, der bei der Anwendung der Vorschriften des 3. und 4. Abschnitts zu berücksichtigen ist. Obgleich die Regelung aufgrund ihrer geringen Justiziabilität dem deutschen Rechtsverständnis auf den ersten Blick fremd erscheint, kann sie für die Auslegung hilfreich sein, um den Sinn und Zweck der betroffenen Regelung besser zu bestimmen. Gleichzeitig muss vermieden werden, durch die Anwendung dieses Auslegungsgrundsatzes interpretatorischen Beliebigkeiten den Weg zu ebnen, die über die Grenzen des Wortlautes der jeweiligen Vorschrift des Kodex hinausgehen.

§ 5 Werbung

Bei der Anwendung des 3. Abschnitts dieses Kodex sind insbesondere die nachfolgenden Auslegungsgrundsätze zu berücksichtigen:

1. **Werbung soll die angesprochenen Fachkreise in die Lage versetzen, sich ein eigenes Bild von dem therapeutischen Wert eines Arzneimittels zu machen. Sie muss daher so zutreffend, ausgewogen, fair, objektiv und vollständig sein, dass sie einen richtigen Gesamteindruck vermittelt. Sie sollte auf einer aktuellen Auswertung aller einschlägigen Erkenntnisse beruhen und diese Erkenntnisse klar und deutlich wiedergeben.**
2. **Werbung soll den vernünftigen Gebrauch von Arzneimitteln unterstützen, indem sie sie objektiv und ohne ihre Eigenschaften zu übertreiben, darbietet.**
3. **Pharmaberater müssen ihre Pflichten verantwortungsvoll und ethisch einwandfrei erfüllen.**

Übersicht

I. Vorbemerkung

Neben den in § 4 geregelten allgemeinen Auslegungsgrundsätzen sieht der Kodex unter **161** § 5 **spezielle Auslegungsgrundsätze** für die Anwendung der Regelungen des 3. Abschnitts zur Werbung vor. Diese speziellen Auslegungsgrundsätze sind damit lediglich bei der Auslegung von §§ 7–16 zu berücksichtigen.[144] Die Aufnahme der Auslegungsvorschriften basiert auf Vorgaben des EFPIA-Kodex (Nr. 1 auf Art. 3.01 EFPIA-Kodex, Nr. 2 auf Art. 3.03 EFPIA-Kodex und Nr. 3 auf Art. 20.02 (b) EFPIA-Kodex).

---

[144] Der Auffassung, dass diese Grundsätze bei der Auslegung der §§ 7–16 zu berücksichtigen sind, hat sich auch der FSA angeschlossen, vgl. Entscheidung zu § 7 Abs. 1, 2 idF v. 2.12.2005, https://www.fsa-pharma.de/de/schiedstelle/berichterstattung/fachkreise/az-2007.11–210-1-instanz-7-abs-1-und-abs-2-satz-1-des-kodex-irrefuhrende-werbung/, FS I 2007.11–210 (zul. abgerufen am 11.3.2021).

II. Richtiger Gesamteindruck (Nr. 1)

162 Nach Nr. 1 muss jede Werbung für Arzneimittel so zutreffend, ausgewogen, fair und vollständig sein, dass sie einen richtigen Gesamteindruck vermittelt. Sie soll zudem die jeweils aktuellen Erkenntnisse klar und deutlich wiedergeben. Die Fachkreise sollen hierdurch in die Lage versetzt werden, sich selbst ein eigenes Bild von dem therapeutischen Wert eines Arzneimittels zu machen. Die Umsetzung der zugrunde liegenden Regelung von Art. 3.01 EFPIA-Kodex entspricht dem deutschen Rechtsverständnis, wonach das Objektivitätsgebot nur so weit reicht, wie dies zur **Vermeidung einer Irreführung** („richtiger Gesamteindruck") erforderlich ist.

III. Vernünftiger Gebrauch von Arzneimitteln (Nr. 2)

163 Nach Nr. 2 soll es das Ziel der Werbung sein, den vernünftigen Gebrauch von Arzneimitteln zu unterstützen. Arzneimittel sollen deshalb **objektiv** und **ohne Übertreibungen** ihrer Eigenschaften dargeboten werden.

IV. Verantwortungsvolles Handeln von Pharmaberatern (Nr. 3)

164 Pharmaberater sind im Regelfall die **„Schnittstelle"** zwischen den pharmazeutischen Unternehmen und Ärzten. An die Qualifikation von Pharmaberatern stellt Nr. 3 eine Reihe von Anforderungen, die insbesondere in § 27 Abs. 1, 2, 6–8 im Detail beschrieben sind (→ Rn. 774 ff.). Die Regelung der Nr. 3 stellt insofern die allgemeine Handlungsanforderung dar, wonach Pharmaberater ihre Pflichten **verantwortungsvoll** und **ethisch einwandfrei** erfüllen müssen. Der Kodex hat damit die entsprechenden Vorgaben des Art. 3.01 EFPIA-Kodex als Auslegungsgrundsatz für die Anwendung der Werberegeln des Kodex umgesetzt.

§ 6 Zusammenarbeit

(1) Bei der Anwendung des 4. Abschnitts dieses Kodex sind insbesondere die nachfolgenden Auslegungsgrundsätze zu berücksichtigen:

1. **Die HCP dürfen in ihren Therapie-, Verordnungs- und Beschaffungsentscheidungen nicht in unlauterer Weise beeinflusst werden. Es ist daher verboten, ihnen oder einem Dritten unlautere Vorteile anzubieten, zu versprechen oder zu gewähren. Insbesondere dürfen die nachfolgend im 4. Abschnitt im Einzelnen beschriebenen möglichen Formen der Zusammenarbeit nicht in unlauterer Weise dazu missbraucht werden, die Freiheit der HCP in ihren Therapie-, Verordnungs- und Beschaffungsentscheidungen zu beeinflussen.**
2. **Unlauter sind insbesondere Vorteile, die unter Verstoß gegen die Vorschriften des HWG, des UWG, des StGB oder gegen die allgemein anerkannten Grundsätze des für die HCP geltenden Berufsrechts gewährt werden.**

(2) Der FSA kann auch über die in diesem Kodex vorgeschriebenen Fälle hinaus durch den Vorstand verbindliche Leitlinien zur Auslegung dieses Kodex erlassen. Der Verein veröffentlicht diese Leitlinien im Internet (www.fsa-pharma.de).

Übersicht

I. Vorbemerkung

Neben den in § 4 geregelten allgemeinen Auslegungsgrundsätzen sieht der Kodex unter Abs. 1 **spezielle Auslegungsgrundsätze** für die Anwendung der Regelungen des 4. Abschnitts zur Zusammenarbeit mit Angehörigen der Fachkreise vor. Durch die Kodexrevision vom 14.11.2019 wurde § 6 in redaktioneller Hinsicht an die neu eingeführten Definitionen (HCP und FSA) angepasst. 165

II. Grenzen der Zusammenarbeit (Abs. 1)

1. Grundsatz (Abs. 1 Nr. 1 Satz 1)

Pharmazeutische Unternehmen und ihre Mitarbeiter vermitteln Ärzten und anderen Angehörigen der Fachkreise für die Therapie relevante Informationen über ihre Arzneimittel und nehmen hierdurch natürlich auch Einfluss auf die Auswahl von Arzneimitteln durch Ärzte. Eine derartige Informations- und Wissensvermittlung ist in den bestehenden gesetzlichen Grenzen nicht nur zulässig, sondern zum Teil auch notwendig (vgl. etwa die Regelung über den Pharmaberater in § 75 AMG). Allerdings darf die Einflussnahme **nicht in unlauterer Weise** geschehen, indem etwa Ärzten zur Beeinflussung von Verordnungsentscheidungen wertvolle Geschenke oder andere Vorteile angeboten werden. Das Verbot der unlauteren Beeinflussung ärztlicher Therapie-, Verordnungs- und Beschaffungsentscheidungen ist keine Besonderheit des Kodex. Das Verbot reflektiert vielmehr die **Grundsätze des Heilmittelwerberechts** (vgl. etwa § 7 HWG) sowie **des ärztlichen Berufsrechts** (§§ 30–33 MBO-Ä), wonach zum Schutze des Patienten alles vermieden werden muss, was auch nur den Eindruck erwecken kann, dass der Arzt in sachfremder und unlauterer Weise in seiner ärztlichen Unabhängigkeit beeinflusst wird.[145] Dasselbe gilt mit Blick auf andere Angehörige der Fachkreise entsprechend. 166

2. Verbot unlauterer Zusammenarbeit (Abs. 1 Nr. 1 Satz 2)

Absatz 1 Nr. 1 Satz 2 konkretisiert das in Nr. 1 Satz 1 ausgesprochene Verbot, indem weder Angehörigen der Fachkreise noch Dritten unlautere Vorteile angeboten, versprochen oder gewährt werden dürfen. Es ist demnach nicht nur verboten, Ärzten selbst unlautere Vorteile anzubieten, zu versprechen oder zu gewähren. Vielmehr gilt dasselbe **auch im Hinblick auf Dritte,** wenn hierdurch der Arzt in seinen Therapie-, Verordnungs- und Beschaffungsentscheidungen unlauter beeinflusst werden soll. Der Einbezug Dritter soll, in Anlehnung etwa an §§ 331 Abs. 1, 299a, b StGB und §§ 30 ff. MBO-Ä, jede Umgehung der Gewährung unlauterer Vorteile verhindern, indem Dritten zum Zwecke der Beeinflussung des Arztes Vorteile angeboten werden, die dem Arzt selbst nicht angeboten, versprochen oder gewährt werden dürfen. Ein gegenüber dem Angehörigen der Fachkreise nach dem Kodex unzulässiges Geschenk darf also auch nicht seiner Ehefrau, dem Praxispersonal, Vereinen, Kongressveranstaltern oder medizinischen Fachgesellschaften etc gewährt werden, um hierdurch Einfluss auf die ärztliche Unabhängigkeit zu nehmen. 167

3. Missbrauch zulässiger Kooperationsformen (Abs. 1 Nr. 1 Satz 3)

Die Regelung stellt klar, dass es unlauter ist, wenn zum Zwecke einer Beeinflussung der Therapie-, Verordnungs- oder Beschaffungsentscheidungen an sich zulässige Kooperationsformen (etwa die Übernahme von Kosten für die Teilnahme an Fortbildungsveranstaltungen oder Fachkongressen) als **Gegenleistung** für die zukünftige oder bereits erfolgte Verschreibung von Arzneimitteln oder als **„Belohnung"** für ein bestimmtes Verordnungsverhalten angeboten, versprochen oder gewährt werden. 168

---

[145] Hierzu ausführlich: *Reese* in BeckOK HWG § 7 Rn. 167 ff.

169 Ebenso unlauter ist es, wenn Dienstleistungsbeziehungen (etwa Beraterverträge, Verträge über klinische Prüfungen und Anwendungsbeobachtungen) lediglich dazu angeboten oder abgeschlossen werden, um einseitige Zuwendungen zu verdecken oder das Verbot einseitiger Zuwendungen zu umgehen. Eine unlautere Beeinflussung ist es auch, wenn die für die Erbringung einer bestimmten ärztlichen Leistung im Rahmen eines derartigen Vertrages vorgesehene Vergütung zu der erbrachten Gegenleistung nicht in einem angemessenen Verhältnis steht. Von daher sind auch die in dem Kodex an sich anerkannten konkreten Formen der Zusammenarbeit (§§ 17 ff.) selbst unter Einhaltung der dort beschriebenen Voraussetzungen nur dann zulässig, **wenn diese Kooperationsformen nicht gleichzeitig dazu missbraucht werden,** Ärzte oder andere Angehörige der Fachkreise in ihren Therapie-, Verordnungs- und Beschaffungsentscheidungen unlauter zu beeinflussen (indem etwa Ärzte nur dann in die Anwendungsbeobachtung eines pharmazeutischen Unternehmens eingeschlossen werden, wenn sie gleichzeitig einen bestimmten Mindestumsatz versprechen). Dasselbe gilt, wenn von ärztlicher Seite etwa ein bestimmter Umsatz unter der Voraussetzung in Aussicht gestellt wird, dass hierfür von einem pharmazeutischen Unternehmen entweder einseitige Vorteile (etwa die Kostenübernahme für die Teilnahme an einer Fortbildungsveranstaltung) gewährt werden oder aber ein Dienstleistungsvertrag (etwa ein Beratervertrag) abgeschlossen wird. Ein mit einer derartigen Intention geschlossener Vertrag ist selbst dann als eine unlautere Beeinflussung der Verordnungsentscheidung des Arztes im Sinne des Kodex anzusehen, wenn der Vertrag und dessen Durchführung bei isolierter Betrachtung nicht zu beanstanden wäre, dh wenn etwa die für die ärztliche Leistung bestimmte Vergütung der im Rahmen eines solchen Vertrages tatsächlich erbrachten Gegenleistung entspricht.

4. Unlauterkeit (Abs. 1 Nr. 2)

170 Absatz 1 Nr. 2 stellt klar, dass als „unlauter" insbesondere solche Vorteile zu verstehen sind, die unter Verstoß gegen das HWG, das UWG, das StGB oder die allgemein anerkannten Grundsätze des ärztlichen Berufsrechts gewährt werden. Der Kodex definiert von daher den **Begriff der „Unlauterkeit" nicht neu,** sondern enthält insofern lediglich Klarstellungen und Konkretisierungen.[146]

III. Leitlinien (Abs. 2)

171 Nach Absatz 2 kann der Vorstand des FSA über die im Kodex enthaltenen, vorgeschriebenen Fälle hinaus Leitlinien zur Auslegung des Kodex erlassen. Den Erlass von verbindlichen Leitlinien sieht auch der EFPIA-Kodex an mehreren Stellen, wie beispielsweise in Annex C Art. 10, 15 EFPIA-Kodex, vor. Verpflichtungen werden aus Praktikabilitätsgründen jeweils in den betreffenden Vorschriften selbst umgesetzt. Dabei soll die Regelung des § 6 Abs. 2 wie bisher ermöglichen, bei Bedarf verbindliche Leitlinien zu weiteren unbestimmten Rechtsbegriffen zu erlassen, **um die Rechtssicherheit zu erhöhen** oder den einschlägigen EFPIA-Vorgaben zu entsprechen. Solche Leitlinien sind vom FSA im Internet zu veröffentlichen (Abs. 2 Satz 2).

172 Die Regelungen beruhen auf Vorgaben des EFPIA-Kodex und dienen dazu, **prospektive „Guidance"** zu geben. Hiervon hat der Vorstand des FSA Gebrauch gemacht. Der Vorstand des FSA hat bislang die folgenden Leitlinien erlassen:

Leitlinie zur Auslegung
- von **Musterabgaben** bei zentral zugelassenen Arzneimitteln nach § 15;
- der zeitlichen Beschränkung der Musterabgabe nach § 15;
- der Begriffe **„Informations- und Schulungsmaterial"** sowie **„Gebrauchs- und Demonstrationsgegenstände"** nach § 15a;

[146] Zum Begriff der „Unlauterkeit" siehe auch: *Köhler* in Köhler/Bornkamm/Feddersen UWG § 3 Rn. 2.15.

- des Begriffs **„geringfügig"** nach § 18 Abs. 3 S. 2;
- des Begriffs **„nicht mit Werbeaktivitäten für Arzneimittel verbunden"** nach § 19 Abs. 2 Nr. 12 S. 3;
- des Begriffs **„interne Fortbildungsveranstaltungen"** nach § 20 Abs. 1;
- des Begriffs **„angemessene Reisekosten"** nach § 20 Abs. 2 S. 1 und Abs. 4 S. 1;
- der Begriffe **„angemessene Bewirtung"** nach § 20 Abs. 2 S. 2 und „angemessener Rahmen von **Unterbringung** und Bewirtung" (§ 20 Abs. 3 S. 1);
- des Begriffs „für ihren **Unterhaltungswert** bekannt" nach § 20 Abs. 3 S. 4;
- des Begriffs **„extravagant"** nach § 20 Abs. 3 S. 4;
- des Begriffs „angemessener Umfang der finanziellen Unterstützung von **externen Fortbildungsveranstaltungen**" nach § 20 Abs. 5 S. 1;
- des Begriffs **„hinwirken"** nach §§ 20 Abs. 5 S. 3;
- des Begriffs **„angemessen"** nach § 22 Abs. 1 S. 1;
- Leitlinie zur Vereinbarkeit von **gebrauchssichernden Maßnahmen** mit dem Vorteilsgewährungsverbot für Verordnungen und Empfehlungen nach § 17;
- Leitlinie zur Auswahl der **Tagungsstätte „allein nach sachlichen Gesichtspunkten"** nach § 20 Abs. 3;
- Leitlinie zur Auswahl des **Tagungsortes „allein nach sachlichen Gesichtspunkten"** nach § 20 Abs. 3;
- Leitlinie zur **Einladung** zu berufsbezogenen wissenschaftlichen **Fortbildungsveranstaltungen Dritter** (Auswahlkriterien und organisatorische Maßnahmen) nach § 20.[147]

Die Kompetenz des Vorstands zum Erlass von **Leitlinien** steht in einem gewissen **Spannungsverhältnis** zur Konkretisierung von Begriffen durch die **Spruchkörper des FSA.** Es dürfte grundsätzlich ratsam sein, wenn der Vorstand nur zurückhaltend von der Möglichkeit des Erlasses von Leitlinien Gebrauch machen würde. Auslegungsbedürftige Begriffe können in verschiedenen Fallkonstellationen höchst unterschiedlich auszulegen sein. Diese Begriffe erlauben den Spruchkörpern eine auf den Einzelfall bezogene sachgerechte Anwendung der jeweiligen Vorschrift des Kodex. Der Erlass von Leitlinien (etwa mit der Festsetzung bestimmter Wertgrenzen zur Ausfüllung dieser Begriffe) trägt immer auch das Risiko einer zu **pauschalen Betrachtung** in sich. Gleichzeitig ist zu beachten, dass die Vielzahl an Entscheidungen der Spruchkörper des FSA die Gefahr der Unübersichtlichkeit und auch der Widersprüchlichkeit birgt. Vor diesem Hintergrund können Leitlinien die **Anwendung** des Kodex erheblich **vereinfachen.** 173

3. Abschnitt: Werbung

I. Vorbemerkung

Der Abschnitt zur Werbung ist im Rahmen der Änderung des Kodex vom 2.12.2005 neu eingefügt worden. Die Einfügung dieses Abschnitts in den Kodex dient der Umsetzung der entsprechenden Vorschriften des EFPIA-Kodex (Art. 3). Die Regelungen reflektieren im Übrigen das geltende **deutsche und europäische Wettbewerbsrecht.**[148] 174

II. Sachlicher Geltungsbereich

Der 3. Abschnitt betrifft gemäß § 1 Abs. 2 Nr. 1 lit. a produktbezogene Werbung für **Arzneimittel** im Sinne von § 2 AMG, welche **verschreibungspflichtig** (§ 48 AMG) sind. Ausgenommen sind damit OTC („Over-the-Counter")-Arzneimittel, Tierarzneimittel und Medizinprodukte. Der Geltungsbereich entspricht damit dem des EFPIA-Kodex. Ferner 175

[147] Leitlinien abrufbar unter https://www.fsa-pharma.de/site/assets/files/62548/2020-09-07_kodex_fachkreise_leitlinien_neu.pdf (zul. abgerufen am 11.3.2021).

[148] Siehe hierzu auch *Dieners* A&R 2006, 110; *Raschke* NJW 2015, 825.

beschränkt sich der sachliche Geltungsbereich des 3. Abschnitts im Einklang mit dem EFPIA-Kodex auf die Werbung gegenüber **HCPs,** vgl. § 1 Abs. 2 Nr. 1 lit. b.

§ 7 Irreführungsverbot

(1) Irreführende Werbung ist unzulässig, dies unabhängig davon, ob die Irreführung durch Verzerrung, Übertreibung, besondere Herausstellungen oder Auslassungen oder in sonstiger Weise hervorgerufen wird.

(2) Eine Irreführung liegt insbesondere dann vor, wenn
1. **Arzneimitteln eine therapeutische Wirksamkeit, Wirkungen oder eine Verwendbarkeit beigelegt werden, die sie nicht haben,**
2. **fälschlich der Eindruck erweckt wird, dass ein Erfolg mit Sicherheit erwartet werden kann,**
3. **unwahre oder zur Täuschung geeignete Angaben über die Zusammensetzung oder Beschaffenheit von Arzneimitteln gemacht werden.**

(3) Bei der Beurteilung, ob das Verschweigen einer Tatsache irreführend ist, ist insbesondere ihre Eignung, die Verordnungsentscheidung der angesprochenen Fachkreise zu beeinflussen, zu berücksichtigen.

(4) Werbung muss hinreichend wissenschaftlich abgesichert sein und darf den Angaben in der Fachinformation nicht widersprechen. Dies gilt insbesondere für Werbeaussagen, die sich auf bestimmte Vorzüge, Qualitäten oder Eigenschaften eines Arzneimittels oder eines Wirkstoffes beziehen. Auch Werbeaussagen über Nebenwirkungen müssen alle verfügbaren Erkenntnisse widerspiegeln oder durch klinische Erfahrungen belegbar sein. Aussagen, die bereits in der Zulassung des Arzneimittels enthalten sind, bedürfen keiner weiteren wissenschaftlichen Absicherung. Auf Anfrage von HCP müssen die entsprechenden wissenschaftlichen Belege unmittelbar in angemessenem Umfang zur Verfügung gestellt werden können.

(5) Als „sicher" dürfen Arzneimittel nur bei entsprechender wissenschaftlicher Absicherung bezeichnet werden.

(6) Pauschale Aussagen, dass ein Arzneimittel keine Nebenwirkungen, toxischen Gefahren oder Risiken der Sucht oder Abhängigkeit birgt, sind unzulässig. Aussagen, dass bestimmte Nebenwirkungen, toxische Gefahren oder Risiken der Sucht oder Abhängigkeit bislang nicht bekannt geworden sind, sind nur zulässig, wenn sie hinreichend wissenschaftlich abgesichert sind.

(7) Als „neu" dürfen Arzneimittel nur innerhalb eines Jahres nach dem ersten Inverkehrbringen, Indikationen nur innerhalb eines Jahres seit deren erster Bewerbung bezeichnet werden.

Übersicht

I. Vorbemerkung

176 Die Vorschrift setzt in Abs. 1–3 die Art. 3.01 und 3.03 des EFPIA-Kodex um. Absatz 4 beruht auf Art. 1.02, 2.01, 3.01, 3.02 und 3.04 EFPIA-Kodex. Absatz 5 beruht auf Art. 3.07 EFPIA-Kodex, Abs. 6 auf Art. 3.07 und 3.09 EFPIA-Kodex sowie Abs. 7 auf Art. 3.08 EFPIA-Kodex. Das Verbot der Irreführung zählt zu den **fundamentalen Prinzipien** des

deutschen und europäischen Wettbewerbsrechts. Auch §§ 3 HWG und 5 UWG statuieren Irreführungsverbote. Diese Vorschriften dienen als Auslegungshilfen für § 7.

II. Anwendungsbereich und Zielsetzung (Abs. 1)

Absatz 1 regelt ein **generelles Verbot** der irreführenden Werbung, wobei es unerheblich 177 ist, auf welche Weise die Irreführung erzeugt wird. Es kommt nicht darauf an, ob der Werbende schuldhaft oder gar absichtlich die Irreführung bei den angesprochenen Kreisen herbeiführen wollte.[149] Der sachliche Anwendungsbereich des § 7 beschränkt sich im Einklang mit dem EFPIA-Kodex auf die Werbung gegenüber HCP. Ferner ist der Anwendungsbereich des Kodex betreffend OTC-Arzneimittel, Tierarzneimittel und Medizinprodukte gem. § 1 Kodex nicht eröffnet, sodass in diesen Fällen auf § 7 ebenfalls nicht zurückgegriffen werden kann.

Die Abs. 2–7 behandeln **einzelne Fallgruppen** und konkretisieren so den Begriff der 178 Irreführung. Geschützt wird die sachgerechte Entscheidungsfindung des Werbeadressaten. Der EFPIA-Kodex (Art. 3.01) geht ebenfalls von einem generellen Verbot der Irreführung aus und statuiert für die Werbung das Erfordernis, objektiv und ausgewogen zu informieren, so dass bei dem Adressaten eine sachgerechte Beurteilung des therapeutischen Nutzens des betreffenden Arzneimittels ermöglicht wird. Der Begriff der Irreführung findet sich in zahlreichen deutschen Gesetzen, vor allem aber in § 3 HWG und § 5 UWG, so dass die dort entwickelten Konkretisierungen auch für § 7 herangezogen werden können, soweit es um produktbezogene Werbung geht.

Das Irreführungsverbot des § 7 ist sowohl seinem Schutzzweck als auch seinem Wortlaut 179 nach so zu verstehen, dass es einen tatsächlichen Täuschungserfolg bei den Adressaten nicht verlangt. Wie für § 5 UWG und § 3 HWG gilt auch für § 7, dass ein Verstoß gegen das Irreführungsverbot nicht nur dann vorliegt, wenn eine Täuschung des Adressaten bereits eingetreten ist, sondern es bereits genügt, dass eine **Angabe geeignet** ist, den angesprochenen Verkehr irrezuführen und hierdurch seine sachgerechte Entscheidungsfindung zu beeinflussen.[150] Diese Auslegung ist auch mit Blick auf § 7 sachgerecht. Aufgrund der hohen Bedeutung von Arzneimitteln für die Volksgesundheit sollen die Beschaffungs-, Verordnungs- und Therapieentscheidungen der HCPs, vor allem der Ärzte, frei von jedem Versuch einer irreführenden Beeinflussung bleiben. Dementsprechend spricht etwa Abs. 2 Nr. 3 von „zur Täuschung geeigneten Angaben". Im Übrigen geht auch Abs. 3 davon aus, dass die bloße Geeignetheit zur Beeinflussung der Auswahlentscheidung der Fachkreise (vor allem also der Ärzte) Maßstab zur Beurteilung der Irreführung sein soll.

Als **Beispiele** für die Erzeugung einer Irreführung nennt Abs. 1 die Verzerrung, Über- 180 treibung, unsachgerechte Herausstellung oder Auslassung. Der Zusatz „oder in sonstiger Weise" eröffnet den Anwendungsbereich auch für andere Begehungsarten. Für die Beurteilung, wann auf sonstige Weise eine Irreführung hervorgerufen wird, bietet die **zu § 3 HWG und § 5 UWG entwickelte Kasuistik** Anhaltspunkte. Auch sind die von § 8 AMG gesetzten Maßstäbe von Bedeutung.

Praktische Fallbeispiele sind einer Entscheidung der Schiedsstelle zu entnehmen.[151] 181 Ein Mitgliedsunternehmen hatte in zwei Fachzeitschriften mit den Aussagen *„mengenmäßig*

---

[149] Vgl. zum UWG insoweit *Sosnitza* in Ohly/Sosnitza UWG § 5 Rn. 77.

[150] *Reese* in BeckOK HWG § 3 Rn. 28; *Pelchen/Anders* in Erbs/Kohlhaas HWG § 3 Rn. 5; *Bülow/Ring* HWG § 3 Rn. 6 ff. Die EU-Richtlinie 84/450/EWG über irreführende und vergleichende Werbung definiert in Art. 2 Nr. 2 irreführende Werbung entsprechend als eine Werbung *„die in irgendeiner Weise [...] die Personen, an die sie sich richtet oder die von ihr erreicht werden, täuscht oder zu täuschen geeignet ist und die infolge der ihr innewohnenden Täuschung ihr wirtschaftliches Verhalten beeinflussen kann oder aus diesen Gründen einen Mitbewerber schädigt oder zu schädigen geeignet ist."*

[151] Entscheidung zu § 7 Abs. 1 idF v. 2.12.2005, https://www.fsa-pharma.de/de/schiedstelle/berichterstattung/fachkreise/az-2007.10-205-1-instanz-7-des-fs-kodex-irrefuhrende-werbung/, FS I 2007.10–205 (zul. abgerufen am 11.3.2021).

unbegrenzt verordnungsfähig innerhalb der zugelassenen Indikation" sowie *„preisgünstiges Original innerhalb der Richtgrößenvolumina, hilft bei der Richtgrößenkontrolle"* geworben. Darin sah der Spruchkörper 1. Instanz einen Verstoß gegen § 7 Abs. 1. In der Begründung führte der Spruchkörper aus, die Aussage *„mengenmäßig unbegrenzt verordnungsfähig innerhalb der zugelassenen Indikation"* beinhalte keinen Hinweis auf die Beachtung des im SGB V festgeschriebenen Wirtschaftlichkeitsgebots und sei damit irreführend Denn eine wirtschaftliche Verordnungsweise setze immer voraus, dass je Patient und Erkrankung nicht mehr als die benötigte Menge des Arzneimittels verordnet wird. Die Aussage *„preisgünstiges Original innerhalb der Richtgrößenvolumina, hilft bei der Richtgrößenkontrolle"* suggeriert dem Spruchkörper zufolge, dass die Verordnung des Arzneimittels tendenziell zur Kostensenkung beitrage. Sie beinhalte damit eine Irreführung, da ein Hinweis auf billigere generische Präparate in vergleichbarer Wirkstärke und Packungsgröße fehle.

182 Bei der Beurteilung, ob eine Irreführung vorliegt, kann auch der **Gesamteindruck** einer Werbemaßnahme maßgeblich sein.[152] Dieser Entscheidung lagen Werbeaussagen einer vorgeblichen einmalig mit einem Arzneimittel behandelten Patientin, wie *„Jeder Tag war ein Genuss!", „Ich bin von der neuartigen Therapie mit … wahrhaftig begeistert!", „Es geht mir weiterhin richtig gut"* oder *„Unglaublich, dass nur eine einzige Infusion meine Lebensqualität so sehr verbessert hat!"* zugrunde. Nach Auffassung der Schiedsstelle wird durch diese übertriebenen Aussagen dem Arzt *„ein unrichtiger Gesamteindruck vermittelt, der den Arzt nicht in die Lage versetzt, sich ein eigenes Bild vom therapeutischen Wert und der Wirkung des Arzneimittels zu machen."*

III. Spruchpraxis zu Abs. 1

183 – Die **Bewerbung von Arzneimitteln** in einem ärztlichen Fachblatt mit den Aussagen *„mengenmäßig unbegrenzt verordnungsfähig innerhalb der zugelassenen Indikation"* und *„preisgünstiges Original innerhalb der Richtgrößenvolumina, hilft bei Richtgrößenkontrolle"* stellt eine irreführende Werbung iSv § 7 Abs. 1 dar.[153]
– Das Versenden von Werbematerial mit einem anonym gehaltenen Post-it-Aufkleber und mit einer handschriftlich verfassten Nachricht *„Lieber …, schau mal, was ich noch auf dem Tisch hatte. Hast Du damit schon Erfahrungen machen können? LG …"* (oÄ), stellt einen Verstoß gegen das **Irreführungsverbot** des Kodex dar, wenn der Absender der Unterlagen nicht **eindeutig** und **unmittelbar** erkennbar ist; es wurde bei den Empfängern der irreführende Eindruck hervorgerufen, es handele sich um einen persönlichen Hinweis von einem Bekannten oder Freund.[154]
– Durch **übertreibende Aussagen** einer vorgeblichen einmalig mit einem Arzneimittel behandelten Patientin, wie *„Jeder Tag war ein Genuss!", „Ich bin von der neuartigen Therapie mit […] wahrhaftig begeistert!", „Es geht mir weiterhin richtig gut", „Unglaublich, dass nur eine einzige Infusion meine Lebensqualität so sehr verbessert hat!"*, wird durch **unzutreffende, unausgewogene, unfaire, subjektive und unvollständige Werbung** dem angesprochenen Arzt ein unrichtiger Gesamteindruck vermittelt, der den Arzt nicht in die Lage versetzt, sich ein eigenes Bild vom therapeutischen Wert und der Wirkung des Arzneimittels zu machen. Die Anforderungen gem. § 5 Nr. 1 an eine zutreffende, ausgewogene, faire, objektive und vollständige, einen richtigen Gesamteindruck vermittelnde Werbung, durch

[152] Entscheidung zu § 7 Abs. 1, 2 S. 1 idF v. 2.12.2005, http://www.fsa-pharma.de/schiedsstelle/berichterstattung/fachkreise/, FS I 2007.11–210 (zul. abgerufen am 11.3.2021).

[153] Entscheidung zu § 7 Abs. 1, idF v. 2.12.2005 https://www.fsa-pharma.de/de/schiedstelle/berichterstattung/fachkreise/az-2007.10–205-1-instanz-7-des-fs-kodex-irrefuhrende-werbung/, FS I 2007.10–205 (=PharmR 2009, 106) (zul. abgerufen am 11.3.2021).

[154] Entscheidung zu § 7 Abs. 1, idF v. 4.12.2014, https://www.fsa-pharma.de/de/schiedstelle/berichterstattung/fachkreise/az-2016.12–509-und-512-7-abs-1–8-abs-1–13-abs-1-fsa-kodex-fach kreise-verteilung-von-werbematerial-mit-personlich-gehal/, FS I 2016.12–509 und 512 (zul. abgerufen am 11.3.2021).

welche die angesprochenen Fachkreise in die Lage versetzt werden sollen, sich ein eigenes Bild vom therapeutischen Wert eines Arzneimittels zu machen, werden nicht erfüllt.[155]

IV. Regelfälle der Irreführung (Abs. 2)

Eine Irreführung liegt insbesondere dann vor, wenn Arzneimitteln eine therapeutische Wirksamkeit, Wirkungen oder eine Verwendbarkeit beigelegt werden, die sie tatsächlich nicht haben (Nr. 1). Diese Regelung entspricht wörtlich § 3 Nr. 1 HWG, so dass die hierzu ergangene Rechtsprechung zur weiteren Konkretisierung herangezogen werden kann. **Praktische Beispiele** für eine solche Irreführung sind folgende Aussagen auf einer frei zugänglichen Domäne: *„Beauty-Effekt: […] trägt zu einer schönen Haut bei"; „Feel-Good-Faktor: […] lindert unangenehme Beschwerden vor und während der Periode"; „Figur-Bonus: unter […] bleibt das Gewicht stabil"*.[156] **184**

Ein weiterer Regelfall der Irreführung liegt vor, wenn bei der Werbung für ein Arzneimittel fälschlicherweise der Eindruck erweckt wird, dass ein **Erfolg** mit an **Sicherheit** grenzender Wahrscheinlichkeit erwartet werden kann (Nr. 2). Diese Bestimmung entspricht § 8 Abs. 1 Nr. 2 lit. b AMG und § 3 S. 2 Nr. 2 lit. a HWG, so dass die dort vorliegende Rechtsprechung anwendbar ist. **185**

Schließlich liegt ein Fall der Irreführung dann vor, wenn unwahre oder zur Täuschung geeignete Angaben über die **Zusammensetzung oder Beschaffenheit** von Arzneimitteln gemacht werden (Nr. 3). „Beschaffenheit" bedeutet die Zusammenfassung aller äußeren und inneren Eigenschaften eines Arzneimittels.[157] Dieser Begriff stellt auf alle Tatsachen ab, die für das betroffene Mittel von Bedeutung sind. Der Begriff der „Zusammensetzung" eines Arzneimittels ist demgegenüber enger. Er erfasst wirksame Bestandteile und nicht wirksame Hilfsstoffe. **186**

V. Spruchpraxis zu Abs. 2

– Die **Werbung** für ein verschreibungspflichtiges Arzneimittel auf einer allgemein zugänglichen Domain mit den Aussagen *„Beauty-Effekt: […] trägt zu einer schönen Haut bei", „Feel-Good-Faktor: […] lindert unangenehme Beschwerden vor und während der Periode",* und *„Figur-Bonus: unter […] bleibt das Gewicht stabil"* stellt eine irreführende Werbung im Sinne von § 7 Abs. 2 Nr. 1 dar.[158] **187**

VI. Verschweigen einer Tatsache (Abs. 3)

Nach Art. 3.01 EFPIA-Kodex muss die Werbung hinreichend vollständig („sufficiently complete") sein. Hierfür ist die **Bedeutung der verschwiegenen Tatsache** ein wichtiges Kriterium. Die Regelung des Abs. 3 entspricht § 5a UWG. **188**

Absatz 3 stellt klar, dass es auf den **Empfängerhorizont der Fachkreise** für die Relevanz des Verschweigens ankommt. Dies entspricht dem allgemeinen Wettbewerbsrecht, wo- **189**

---

[155] Entscheidung zu § 7 Abs. 1 und 2, idF v. 2.12.2005, https://www.fsa-pharma.de/de/schiedstelle/berichterstattung/fachkreise/az-2007.11–210-1-instanz-7-abs-1-und-abs-2-satz-1-des-kodex-irrefuh rende-werbung/, FS I 2007.11–210 (zul. abgerufen am 11.3.2021).

[156] Entscheidung zu § 7 Abs. 2 idF v. 2.12.2005, https://www.fsa-pharma.de/de/schiedstelle/berichterstattung/fachkreise/az-2006.10–144-1-instanz-7-des-kodex-irrefuhrende-formulierungen/, FS I 2006.10–144 (zul. abgerufen am 11.3.2021).

[157] OLG Köln WPR 1988, 483 (484); *Reese* in BeckOK HWG § 3 Rn. 352.

[158] Entscheidung zu § 7 Abs. 2, idF v. 2.12.2005, https://www.fsa-pharma.de/de/schiedstelle/berichterstattung/fachkreise/az-2006.10–144-1-instanz-7-des-kodex-irrefuhrende-formulierungen/, FS I 2006.10–144 (zul. abgerufen am 11.3.2021).

nach das Irreführungsverbot an den Verständnismöglichkeiten des angesprochenen Verkehrs gemessen wird.[159]

VII. Fachinformationen (Abs. 4)

190 Absatz 4 verlangt für Werbung, dass sie hinreichend **wissenschaftlich abgesichert** sein muss und den Angaben in der Fachinformation nicht widersprechen darf. Der Begriff der Fachinformation ist in § 11a AMG definiert. Nach Abs. 4 Satz 2 gilt dies insbesondere für Werbeaussagen, die sich auf bestimmte Vorzüge, Qualitäten oder Eigenschaften von Arzneimitteln oder Wirkstoffen beziehen. Werbeaussagen zu Nebenwirkungen müssen alle verfügbaren Erkenntnisse widerspiegeln oder durch klinische Erfahrungen belegbar sein (Abs. 4 Satz 3). Sofern die Aussagen bereits in der Zulassung des Arzneimittels enthalten sind, bedürfen diese Aussagen keiner weiteren wissenschaftlichen Absicherung (Abs. 4 Satz 4).

191 Eine über das deutsche Recht hinausgehende Verpflichtung sieht Abs. 4 Satz 5 vor. Danach müssen die **wissenschaftlichen Belege** auf Nachfrage von Angehörigen der Fachkreise unmittelbar in angemessenem Umfang zur Verfügung gestellt werden können. Die Regelung beruht auf Art. 3.02 S. 1 EFPIA-Kodex[160] und verlangt die tatsächliche Überlassung derartiger Belege. Der Begriff „können" beschränkt dies nicht nur auf die Möglichkeit der Überlassung. Die entsprechenden wissenschaftlichen Belege brauchen nur in einem **angemessenen Umfang** zur Verfügung gestellt werden. Weiterhin ist die Regelung im Sinne der zugrunde liegenden Vorschrift des EFPIA-Kodex insoweit einzuschränken, als es sich um eine **vernünftige bzw. angemessene Nachfrage** *(„reasonable request")* von Angehörigen der Fachkreise handeln muss.

VIII. Spezielle verbotene Werbeaussagen (Abs. 5–7)

192 Absatz 5 verbietet es, das Wort **„sicher"** in der Arzneiwerbung zu verwenden, wenn dies nicht wissenschaftlich abgesichert ist. Die Regelung entspricht Art. 3.07 EFPIA-Kodex.

193 Nach Abs. 6 ist es untersagt, pauschal anzugeben, dass ein Arzneimittel **keine Nebenwirkungen** habe bzw. keine **toxischen Gefahren oder Risiken der Sucht oder Abhängigkeit** berge. Die Angabe, dass die genannten Umstände „nicht bekannt" seien, ist zulässig, soweit sie wissenschaftlich hinreichend abgesichert sind. Die Regelung entspricht im Ergebnis § 3 Nr. 2 lit. b HWG.[161]

194 Nach Abs. 7 dürften Arzneimittel nur **innerhalb eines Jahres** nach dem ersten Inverkehrbringen als „neu" bezeichnet werden. Indikationen dürften nur innerhalb eines Jahres seit deren erster Bewerbung als **„neu"** bezeichnet werden. Diese Regelung entspricht der Rechtsprechung zu § 3 HWG.[162]

§ 8 Verbot der Schleichwerbung/Transparenzgebot

(1) Der werbliche Charakter von Werbemaßnahmen darf nicht verschleiert werden. Insbesondere dürfen klinische Bewertungen, Maßnahmen der Arzneimittelüberwachung und

---

[159] BGHZ 13, 244 (253); BGH GRUR 1961, 193 (196); *Reese* in BeckOK HWG § 3 Rn. 117; *Sosnitza* in Ohly/Sosnitza UWG § 5 Rn. 113; *Dreyer* in Harte-Bavendamm/Henning-Bodewig UWG § 5a Rn. 90.

[160] Dieser verlangt: *„Promotion must be capable of substantiation which must be promptly provided in response to reasonable requests from healthcare professionals".*

[161] § 3 Nr. 2 lit. b HWG untersagt zwar nur die *unwahre* Aussage, ein Arzneimittel habe keine Nebenwirkungen usw. Da jedoch der Nachweis, dass ein Arzneimittel keine Nebenwirkungen hat, ebenso unmöglich ist wie der Nachweis, dass der Erfolg mit Sicherheit eintritt (vgl. *Reese* in BeckOK HWG § 3 Rn. 539), gleichen sich die Regelungen im Ergebnis.

[162] Vgl. hierzu OLG Hamburg PharmR 2007, 294; *Reese* in BeckOK HWG § 3 Rn. 557.

Unbedenklichkeitsstudien (auch solche, die retrospektiver Natur sind) nach der Zulassung eines Arzneimittels keine verdeckte Werbung darstellen.

(2) Anzeigen, die von einem Unternehmen bezahlt oder geschaltet werden, sind so zu gestalten, dass sie nicht mit unabhängigen redaktionellen Beiträgen verwechselt werden können.

(3) Bei Veröffentlichungen Dritter über Arzneimittel und ihren Gebrauch, die von einem Unternehmen ganz oder teilweise finanziert werden, muss dafür Sorge getragen werden, dass diese Veröffentlichungen einen deutlichen Hinweis auf die Finanzierung durch das Unternehmen enthalten.

Übersicht

I. Vorbemerkung

195 Die Regelung hat das **Verbot** der Schleichwerbung und das **Gebot** der Transparenz zum Gegenstand. Absatz 1 beruht auf Art. 7.01 EFPIA-Kodex, Abs. 2 auf Art. 7.03 EFPIA-Kodex und Abs. 3 auf Art. 7.04 EFPIA-Kodex. Mit der Kodexnovelle vom 14.11.2019 wurde ein klarstellender Satz zu verdeckter Werbung nach Zulassungserteilung in Abs. 1 ergänzt.

II. Verbot der Schleichwerbung (Abs. 1)

196 Die auf Art. 7.01 EFPIA-Kodex beruhende Regelung von Abs. 1 ist ein **anerkanntes Prinzip** im deutschen Wettbewerbsrecht. Dementsprechend verbieten § 11 Abs. 1 Nr. 9 HWG und § 5a Abs. 6 UWG die Schleichwerbung, ebenso Art. 89 Abs. 1 lit. a der Richtlinie 2001/83/EU zur Schaffung eines Gemeinschaftskodex für Humanarzneimittel. Sinn und Zweck des Verbotes der Schleichwerbung ist es, den Werbeadressaten vor einer Täuschung über die wahren, nämlich kommerziellen Absichten des Handelnden zu schützen. Zugleich dient das Verbot dem Schutz der Wettbewerber und dem Interesse der Allgemeinheit an einem **unverfälschten Wettbewerb.**[163]

197 Schleichwerbung kann in verschiedenen Konstellationen auftauchen. Ein Beispielsfall ist die **Tarnung** einer beabsichtigten Werbung durch einen redaktionellen Beitrag.[164] Gleiches gilt für die Darstellung durch sog. Influencer, wenn der Werbezweck nicht kenntlich gemacht wird und sich auch nicht unmittelbar aus den Umständen gem. § 5a Abs. 6 UWG ergibt. Dabei reicht es zur Offenlegung der kommerziellen Inhalte nicht aus, wenn ein Beitrag eines Unternehmensangehörigen mit redaktioneller Aufmachung nur durch einen gedruckten Hinweis „Anzeige", der kleiner ist als der nachfolgende Text, auf den Werbecharakter hinweist, der Beitrag jedoch in der Rubrik „Fortbildung" platziert ist.[165] Ein anonymer Post-it-Aufkleber auf versandtem Werbematerial, der eine persönlich lautende Nachricht enthält, verstößt gegen das Verbot der Schleichwerbung.[166] Bei den Adressaten

[163] *Reese* in BeckOK HWG § 11 Rn. 219.

[164] *Reese* in BeckOK HWG § 11 Rn. 239.

[165] Entscheidung zu § 8 idF v. 18.1.2008, https://www.fsa-pharma.de/de/schiedstelle/berichterstattung/fachkreise/az-2009.6–264-1-instanz-8-fsa-kodex-fachkreise-verschleierung-von-werbemassnahmen-verwechselung-mit-redaktionellen-bei/, FS I 2009.6–264 (zul. abgerufen am 11.3.2021).

[166] Entscheidung ua zu § 8 Abs. 1, idF v. 4.12.2014, https://www.fsa-pharma.de/de/schiedstelle/berichterstattung/fachkreise/az-2016.12–509-und-512-7-abs-1–8-abs-1–13-abs-1-fsa-kodex-fachkreise-verteilung-von-werbematerial-mit-personlich-gehal/, FS I 2016.12–509 und 512 (zul. abgerufen am 11.3.2021).

wurde hierdurch der Eindruck eines persönlichen Hinweises von einem Bekannten oder Freund auf eine Veröffentlichung hervorgerufen.

198 Durch die neu hinzugefügte Ergänzung in S. 2 wird klargestellt, dass eine unzulässige Schleichwerbung auch dann vorliegen kann, wenn nach Erteilung der Zulassung für ein Arzneimittel **klinische Bewertungen,** Maßnahmen zur Arzneimittelüberwachung oder Unbedenklichkeitsstudien (ggf. retrospektiver Natur) zu werblichen Zwecken – in direkter oder verdeckter Aufmachung – genutzt werden.

III. Unterscheidungsgebot bei Publikationen (Abs. 2)

199 Anzeigen, die von einem Unternehmer bezahlt oder geschaltet werden, sind so zu gestalten, dass sie nicht mit unabhängigen **redaktionellen Beiträgen** verwechselt werden können. Das Gebot der Trennung von Werbung und redaktionellem Text ist ein Unterfall von § 5a Abs. 6 UWG.[167] Es findet sich auch als Verbotstatbestand der sog. „Black List" im Anhang zu § 3 Abs. 3 Nr. 11 UWG.[168] Es ist von allgemeiner Bedeutung und gilt sowohl für Print- als auch für Onlinemedien.[169] Eine Trennung erfolgt durch die äußere Gestaltung, ggf. ist die Überschrift „Anzeige" notwendig.[170]

IV. Spruchpraxis zu Abs. 1 und 2

200
- Berichtet ein von einem Unternehmensangehörigen als Autor verfasster und gekennzeichneter Beitrag ausführlich über ein Arzneimittel dieses Unternehmens, ohne dass sich die Gestaltung des Beitrags von sonstigen redaktionellen Beiträgen in der Zeitschrift unterscheidet, verstößt dies gegen das Verbot der Verschleierung von Werbung gem. § 8 Abs. 1 und 2. Als **Hinweis auf den Werbecharakter** ist es **nicht ausreichend,** wenn unter der Rubriküberschrift „Fortbildung" in bedeutend kleiner Schriftgröße das Wort **„Anzeige"** steht.[171]
- Das Versenden von Werbematerial mit einem anonym gehaltenen Post-it-Aufkleber und mit einer handschriftlich verfassten Nachricht „Lieber …, schau mal, was ich noch auf dem Tisch hatte. Hast Du damit schon Erfahrungen machen können? LG …" (oÄ), stellt neben einem Verstoß gegen das Irreführungsverbot auch einen Verstoß gegen das **Verbot der Schleichwerbung** gem. § 8 Abs. 1 dar.[172]

V. Offenlegung der Finanzierung (Abs. 3)

201 Die auf Art. 7.04 EFPIA-Kodex basierende Regelung statuiert das Gebot, bei der Veröffentlichungen von Dritten über Arzneimittel und ihren Gebrauch, die von einem Unter-

---

[167] *Köhler* in Köhler/Bornkamm/Feddersen UWG § 5a Rn. 7.42; vgl. auch OLG München NJW-RR 1996, 1132 (1133) (noch zu § 1 UWG aF).

[168] Zu der sog. „Black List" siehe auch *Scherer* NJW 2009, 324 ff.; *Leible* GRUR 2010, 183 ff.

[169] BGH GRUR 1995, 744 (747) – Feuer, Eis & Dynamit I; *Leupold/Bräutigam/Pfeiffer* WRP 2000, 575 (588 f.); BGH NJW-RR 1997, 1401 (1402) – Emil-Grünbär-Klub; *Reese* in BeckOK HWG § 11 Rn. 227.

[170] OLG München NJW-RR 1996, 1132 (1133); OLG Düsseldorf WRP 2009, 1155; OLG München GRUR-RR 2010, 257; *Reese* in BeckOK HWG § 11 Rn. 225.

[171] Entscheidung zu § 8 Abs. 1 und 2, idF v. 18.1.2008 https://www.fsa-pharma.de/de/schiedstelle/berichterstattung/fachkreise/az-2009.6–264-1-instanz-8-fsa-kodex-fachkreise-verschleierung-von-werbemassnahmen-verwechselung-mit-redaktionellen-bei/, FS I 2009.6–264 (zul. abgerufen am 11.3.2021).

[172] Entscheidung ua zu § 8 Abs. 1, idF v. 4.12.2014, https://www.fsa-pharma.de/de/schiedstelle/berichterstattung/fachkreise/az-2016.12–509-und-512-7-abs-1–8-abs-1–13-abs-1-fsa-kodex-fach kreise-verteilung-von-werbematerial-mit-personlich-gehal/, FS I 2016.12–509 und 512 (zul. abgerufen am 11.3.2021).

nehmen ganz oder teilweise finanziert werden, dafür Sorge zu tragen, dass diese Veröffentlichungen einen **deutlichen Hinweis** auf die Finanzierung durch das Unternehmen enthält. Dies ist Ausdruck des Transparenzgebotes und trägt auch den Anforderungen der einschlägigen Fachverlage Rechnung.

§ 9 Verbot der Werbung für nicht zugelassene Arzneimittel und nicht zugelassene Indikationen

(1) Werbung für zulassungspflichtige Arzneimittel ist nur zulässig, wenn diese zugelassen sind. Eine Werbung, die sich auf Anwendungsgebiete oder Darreichungsformen bezieht, die nicht von der Zulassung erfasst sind, ist unzulässig.

(2) Sofern nicht nationale Gesetze oder Vorschriften etwas anderes regeln, ist es zulässig, bei einer Internationalen Fortbildungsveranstaltung auf Messeständen Informationen über Arzneimittel (oder deren Verwendung), die in dem Land, in dem die Fortbildungsveranstaltung stattfindet, nicht oder nicht für diese Verwendung zugelassen sind, oder Informationsmaterialien bereitzustellen oder den Teilnehmern auf sonstige Weise zu kommunizieren. Dies gilt allerdings nur, sofern jedem Material eine Erklärung beigefügt wird, aus der hervorgeht, in welchen Ländern das Arzneimittel zugelassen ist und aus der ebenfalls hervorgeht, dass das Arzneimittel national nicht zugelassen bzw. die betreffende Indikation nicht abgedeckt ist. Ferner müssen die Informationsmaterialien (Indikation, Darreichungsform, etc.) Erläuterungen enthalten, aus denen hervorgeht, dass die Zulassungsbedingungen international unterschiedlich sind.

Übersicht

I. Vorbemerkung

Absatz 1 der Vorschrift beruht auf Art. 1.01 EFPIA-Kodex und entspricht der gesetzlichen Regelung des **§ 3a HWG** sowie der hierzu ergangenen Rechtsprechung. Der im Rahmen der Kodexnovelle vom 14.11.2019 hinzugefügte Abs. 2 geht auf Art. 8 EFPIA-Kodex zurück und befasst sich mit der Bereitstellung von Informationen zu Arzneimitteln auf Internationalen Fortbildungsveranstaltungen, die in dem Land vor Ort nicht zugelassen sind. **202**

II. Normzwecke und Anwendbarkeit (Abs. 1)

Die Regelung verbietet die Werbung für zulassungspflichtige Arzneimittel, wenn diese überhaupt nicht oder nicht für das betreffende Anwendungsgebiet zugelassen sind. Ein Normzweck ist hierbei die **Wahrung der Arzneimittelsicherheit.** Erst die Zulassung eines Arzneimittels bietet die Gewähr, dass die medizinisch-pharmakologische Prüfung zur Wirksamkeit und Unbedenklichkeit des Arzneimittels durchgeführt worden ist. Vor diesem Zeitpunkt soll keine Werbung für das betreffende Produkt stattfinden, da zu diesem Zeitpunkt nicht feststeht, ob das Produkt der Zulassungsprüfung gerecht werden wird.[173] Gleichzeitig soll die **Einhaltung des Irreführungsverbots** sichergestellt werden. Denn die Bewerbung eines tatsächlich nicht zugelassenen Arzneimittels kann bei den Adressaten **203**

[173] *Reese* in BeckOK HWG § 3a Rn. 7; *Bülow/Ring* HWG § 3a Rn. 1.

ggf. die Fehlvorstellung hervorrufen, dass das Produkt verkehrsfähig sei.[174] Darüber hinaus zielt das Verbot auf die Absicherung der **Sachlichkeit der Therapieentscheidung** durch die Fachkreise. Sie sollen nicht bereits vor Markteinführung auf ein bestimmtes Produkt fixiert werden.[175]

204 Die Vorschrift erfasst nur jede konkret **produktbezogene Werbung.** Hieran kann es fehlen, wenn ein pharmazeutisches Unternehmen über den Forschungs- und Entwicklungsstand hinsichtlich einer neuen arzneilichen Wirksubstanz unter Benennung des INN-Namens ohne Nennung eines Präparatenamens berichtet.[176] Dabei wird verlangt, dass den angesprochenen Verkehrskreisen eine Identifikation des künftig zu vermarktenden Arzneimittels anhand von Arzneimittellisten etc noch nicht möglich ist. Dies setzt voraus, dass der Produktname bzw. die künftige Markenbezeichnung des Präparats anderweitig noch nicht veröffentlicht wurde. Sofern das Arzneimittel im europäischen Ausland, nicht aber in Deutschland zugelassen ist, soll die Werbung in einer an Ärzte gerichteten Broschüre für den arzneilichen Wirkstoff bei gleichzeitiger Nennung des Unternehmens einen Verstoß gegen § 3a HWG begründen.[177] Einen Verstoß gegen § 3a HWG stellt es dagegen nicht dar, wenn Informationen über noch nicht zugelassene Arzneimittel bzw. Indikationen als **unternehmensbezogene** und damit **nicht-werbliche Information** im Sinne von § 1 Abs. 3 Nr. 5 zu bewerten sind.

III. Fehlende Zulassung eines Arzneimittels (Satz 1 und Satz 2)

205 Die nationale Zulassung eines Arzneimittels ist in §§ 21–37 AMG geregelt, wobei § 25 AMG die Entscheidungsgrundlagen der zuständigen Behörde nennt. Einer Zulassung durch die Bundesoberbehörde steht es gleich, wenn ein Arzneimittel nach der EG-Verordnung 726/2004 für das Inverkehrbringen freigegeben worden ist, dh entweder im Wege der zentralen Zulassung oder im Wege der gegenseitigen Anerkennung (vgl. auch § 21 Abs. 1 AMG). Ansonsten darf ein Arzneimittel, welches nicht nach dem AMG zugelassen ist, nicht beworben werden. Es kommt nur auf die **Verhältnisse im Inland** an, sodass es für die Zulässigkeit der Werbung nicht genügt, wenn das Produkt stattdessen im (Nicht-EU) Ausland zugelassen ist.[178] Als nicht zugelassen ist es auch einzustufen, wenn eine Zulassung gemäß § 30 AMG **widerrufen** oder **zurückgenommen** wurde oder ruht.[179]

206 Die Regelung des Abs. 2 **entspricht** § 3a S. 2 HWG, wonach es dem Fehlen einer Zulassung gleichsteht, wenn das konkret beworbene Anwendungsgebiet oder die Darreichungsform nicht Gegenstand einer Zulassung ist. Konsequenter Weise wurde daher auch die Werbung eines Mitgliedsunternehmens für **Anwendungsgebiete** eines zugelassenen Arzneimittels als Verstoß gegen § 9 gewertet, weil diese Anwendungsgebiete nicht von der Zulassung des Arzneimittels erfasst waren.[180]

IV. Spruchpraxis zu Abs. 1

207 – Die Werbung eines Mitgliedsunternehmens für ein zugelassenes Arzneimittel verstößt gegen § 9 des Kodex, sofern sich die Werbung auf Anwendungsgebiete bezieht, die von der **Zulassung nicht erfasst** sind.[181]

---

[174] *Reese* in BeckOK HWG § 3a Rn. 8; auch die unwahre Angabe, ein Produkt sei verkehrsfähig, ist ein Tatbestand der „Black List", siehe Anhang zu § 3 Abs. 3 UWG, Nr. 9.
[175] *Reese* in BeckOK HWG § 3a Rn. 9.
[176] Vgl. auch OLG Hamburg MD 1999, 857 ff.
[177] OLG München Pharm. Ind. 1999, 225 (226).
[178] OLG Hamburg 8.11.2001 – 3 U 175/01; *Fritzsche* in Spickhoff HWG § 3a Rn. 2 mwN.
[179] *Reese* in BeckOK HWG § 3a Rn. 62.
[180] Entscheidung zu § 9 idF v. 2.12.2005, FS I 2007.9–201 (PharmR 2008, 214).
[181] Entscheidung zu § 9 idF v. 2.12.2005, FS I 2007.9–201 (PharmR 2008, 214).

– Ein Verstoß liegt auch vor, wenn einem zulassungspflichtigen Arzneimittel (Impfstoff), das nur für Patienten anwendbar ist, die 65 Jahre oder älter sind, eine **Abrechnungsziffer** zugeordnet wird, die für die Anwendung des Arzneimittels bei jüngeren Patienten gilt.[182]

V. Bereitstellung von Informationen zu lokal zugelassenen Arzneimitteln auf Internationalen Fortbildungsveranstaltungen (Abs. 2)

Der im Rahmen der letzten Kodexnovelle neu eingefügte Abs. 2 regelt erstmals ausdrücklich die Möglichkeit von Unternehmen, bei Internationalen Fortbildungsveranstaltungen auf Messeständen Informationen zu einem Arzneimittel bereitzustellen, obwohl das Arzneimittel in dem Land, in dem die Fortbildungsveranstaltung stattfindet, nicht zugelassen ist. Hiernach ist es einem Mitgliedsunternehmen erlaubt, Informationen über das Arzneimittel, welches nicht zugelassen ist, oder dessen Verwendung, welche nicht zugelassen ist, am Messestand bereitzustellen oder den Teilnehmern auf sonstige Weise zu kommunizieren. Dies setzt voraus, dass zum einen in jedem Material eine Erklärung enthalten ist, welcher entnommen werden kann, **in welchen Ländern das Arzneimittel zugelassen** ist und dass das Arzneimittel **national nicht zugelassen** ist bzw. die betreffende Indikation nicht abdeckt sowie zum anderen die Informationsmaterialien zur Indikation, Darreichungsform etc Angaben dazu enthalten, dass die **Zulassungsbedingungen international unterschiedlich** sind. 208

Mit Blick auf die **gesetzlichen Vorschriften** des Heilmittelwerberechts gilt Folgendes: 209
Soweit *erstens,* auf diese internationalen Fortbildungsveranstaltungen das HWG Anwendung findet, *zweitens,* diese Informationen unter den weiten Werbebegriff des HWG fallen und *drittens,* auch keine Privilegierung nach § 1 Abs. 5 HWG eingreift, gehen die durch den Kodex eröffneten Spielräume formal über § 3a HWG hinaus. Denn das Verbot des § 3a HWG ist abstrakter Natur und von dem Vorliegen einer konkreten Irreführungsgefahr unabhängig. Um gleichwohl eine Kommunikation auf internationalen Fortbildungsveranstaltungen nicht ungebührlich zu beeinträchtigen, kommt aber auch bei § 3a HWG im Einzelfall eine unionsgrundrechtskonforme Geltungsreduktion in Betracht.[183] Ist dies nicht der Fall, verbleibt es bei dem Anwendungsvorrang des in § 3a HWG statuierten abstrakten Verbots, wie auch der eingangs in § 9 Abs. 2 Hs. 1 des Kodex enthaltene Gesetzesvorbehalt ausdrücklich klarstellt.

§ 10 Pflichtangaben

(1) Jede Werbung für Arzneimittel muss klar und deutlich lesbar die folgenden Angaben enthalten:
1. den Namen oder die Firma und den Sitz des pharmazeutischen Unternehmers,
2. die Bezeichnung des Arzneimittels,
3. die Zusammensetzung des Arzneimittels gemäß § 11 Abs. 1 Satz 1 Nr. 6d) AMG,
4. die Anwendungsgebiete,
5. die Gegenanzeigen,
6. die Nebenwirkungen,
7. Warnhinweise, soweit sie für die Kennzeichnung der Behältnisse und äußeren Umhüllungen vorgeschrieben sind,
8. den Hinweis „verschreibungspflichtig" und
9. den Zeitpunkt des aktuellen Stands der Angaben.

(2) Bei Arzneimitteln, die nur einen arzneilich wirksamen Bestandteil enthalten, muss der Angabe nach Absatz 1 Nr. 2 die Bezeichnung dieses Bestandteils mit dem Hinweis:

---

[182] Entscheidung zu § 9 idF v. 18.1.2008, https://www.fsa-pharma.de/de/schiedstelle/berichterstattung/fachkreise/az-2008.11–247-1-instanz-9-fsa-kodex-fachkreise-werbung-fur-ein-arzneimittel-ausserhalb-des-zugelassenen-anwendungsgebie/, FS I 2008.11–247 (PharmR 2009, 148).
[183] *Reese* in BeckOK HWG § 3a Rn. 24 ff.

„Wirkstoff:" folgen; dies gilt nicht, wenn in der Angabe nach Absatz 1 Nr. 2 die Bezeichnung des Wirkstoffs enthalten ist.

(3) Die Angaben nach den Absätzen 1 und 2 müssen mit denjenigen übereinstimmen, die nach § 11 AMG für die Packungsbeilage vorgeschrieben sind.

(4) Absätze 1 und 2 gelten nicht für Erinnerungswerbung. Eine Erinnerungswerbung liegt vor, wenn ausschließlich mit der Bezeichnung eines Arzneimittels oder zusätzlich mit dem Namen, der Firma, der Marke des pharmazeutischen Unternehmers oder mit dem Wirkstoff sowie mit Preis- und Mengenangaben oder Angaben über die Packungsgröße geworben wird.

(5) Der Pharmaberater hat, soweit er einzelne Arzneimittel gegenüber den HCP bewirbt, die jeweilige Fachinformation vorzulegen.

Übersicht

I. Vorbemerkung

210 Absatz 1 Nr. 1–3 beruht auf Art. 2.01 EFPIA-Kodex und entspricht mit Ausnahme von Nr. 9 der gesetzlichen Vorschrift des § 4 Abs. 1 Nr. 1–8 HWG. Absatz 2 entspricht § 4 Abs. 1a HWG. Absatz 3 beruht auf Art. 2.01 EFPIA-Kodex und entspricht § 4 Abs. 2 HWG. Die Regelung des Abs. 4 basiert auf Art. 2.02 EFPIA-Kodex und entspricht weitestgehend § 4 Abs. 6 HWG. Absatz 5 stellt schließlich die Umsetzung von Art. 3.02 und 3.04 EFPIA-Kodex dar und entspricht § 76 Abs. 1 S. 1 AMG. Durch die Kodexrevision vom 14.11.2019 wurden die Merkmale der **Erinnerungswerbung** in Abs. 4 um Preis- und Mengenangaben sowie Packungsgrößen ergänzt.

II. Pflichtangaben (Abs. 1 Nr. 1–9)

211 Der Katalog der Pflichtangaben entspricht, mit Ausnahme von Nr. 9, dem des § 4 Abs. 1 Nr. 1–8 HWG. Nummer 9 ist eine spezielle Vorgabe aufgrund von Art. 2.01 des EFPIA-Kodex. Die Gesetzesbegründung zu § 4 HWG nennt als Ziel der Pflichtangaben die **Versachlichung der Arzneimittelwerbung,** welche es dem Werbeadressaten ermöglichen soll, in den Stand versetzt zu werden, sich über den Wert eines Arzneimittels klar zu werden.[184]

212 Der Katalog der Pflichtangaben bleibt in einigen Punkten hinter dem Pflichtinhalt der Packungsbeilage nach § 11 AMG zurück, indem zB die Angabe von Darreichungsform und Dosierungsanleitung nicht notwendig ist. Der Katalog greift bei der Werbung nur den Informationskern der Packungsbeilage heraus.[185] Gleichzeitig besteht eine Pflicht zur Kongruenz, dh Pflichtangabenkatalog und Packungsbeilage dürfen inhaltlich nicht voneinander abweichen (vgl. Abs. 3). Für die Konkretisierung einzelner Pflichtangaben ist auf die **Rechtsprechung und Literatur zu § 4 HWG und § 11 AMG** zu verweisen.

---

[184] BT-Drs. 7/3060, 67; *Reese* in BeckOK HWG § 4 Rn. 31.

[185] BT-Drs. 7/3060, 67.

III. Arzneimittel mit nur einem arzneilich wirksamen Bestandteil (Abs. 2)

Bei Arzneimitteln mit nur einem arzneilich wirksamen Bestandteil (sog. Monopräparate) wird die Bezeichnung des Arzneimittels nach Abs. 1 Nr. 2 ersetzt durch die **Bezeichnung des Wirkstoffs.** Dies gilt nicht, wenn in der Angabe nach Abs. 1 Nr. 2 die Bezeichnung des Wirkstoffs bereits enthalten ist. Die Regelung entspricht § 4 Abs. 1a HWG und soll zur **Transparenz des Arzneimittelmarktes** beitragen.[186] 213

IV. Übereinstimmung mit der Packungsbeilage (Abs. 3)

Die Pflichtangaben nach Abs. 1 müssen mit den Angaben der Packungsbeilage nach § 11 AMG im Einklang stehen. Diese Bestimmung setzt Art. 2.01 des EFPIA-Kodex um und entspricht § 4 Abs. 2 HWG. Die Pflichtangaben in der Arzneimittelwerbung stellen nur den **Informationskern der Packungsbeilage** (§ 11 AMG) dar, so dass nicht der volle Umfang der Packungsbeilage übernommen wurde.[187] Es bleibt dem Werbenden jedoch unbenommen, seine Pflichtangaben um weitere Angaben aus der Packungsbeilage zu ergänzen.[188] In jedem Fall müssen Pflichtangaben und Packungsbeilage ihrem Aussagegehalt nach **übereinstimmen.**[189] 214

In der Literatur wird zu § 4 HWG kontrovers diskutiert, ob mit dem Begriff der Übereinstimmung eine wörtliche Übereinstimmung zu verstehen ist. Zumindest für den Bereich der Werbung gegenüber Fachkreisen wird überwiegend angenommen, dass wegen deren Sachkunde auch eine bloß **inhaltlich sinngemäße Übereinstimmung** genügen soll.[190] Dies erscheint auch für § 10 vertretbar, zumal die Fachkreise angesichts des Irreführungsverbotes (§ 7), des Gebotes der wissenschaftlichen Absicherung sowie des Gebotes der Übereinstimmung der Werbung mit der Fachinformation nach § 11a AMG (§ 7 Abs. 4) bereits hinreichend geschützt werden. Zu beachten ist dabei, dass bei einer Veränderung der Zulassung eine Änderung der Werbematerialien erforderlich sein kann. Dementsprechend hat die Schiedsstelle die Abgabe von veralteten Werbematerialien zwölf Monate nach einer Änderung der Anwendungsgebiete als Verstoß gegen § 10 beurteilt.[191] 215

V. Spruchpraxis zu Abs. 1 und 3

- Eine handschriftlich verfasste Nachricht mit dem Inhalt: „Lieber …, schau mal, was ich noch auf dem Tisch hatte. Hast Du damit schon Erfahrungen machen können? LG …" (oÄ), stellt neben weiteren Kodexverstößen auch eine **Verstoß gegen die Pflichtangaben** gem. § 10 Abs. 1 dar, da die erforderlichen Pflichtangaben fehlten.[192] 216
- Gibt ein Unternehmen noch **zwölf Monate nach Änderung der Anwendungsgebiete** eines Arzneimittels **in der Fachinformation** Werbematerialien für das Arzneimit-

[186] *Bülow/Ring* HWG § 4 Rn. 51.

[187] Vgl. *Bülow/Ring* HWG § 4 Rn. 31; *Reese* in BeckOK HWG § 4 Rn. 177.

[188] *Reese* in BeckOK HWG § 4 Rn. 177.

[189] *Reese* in BeckOK HWG § 4 Rn. 177.

[190] Vgl. Bülow/Ring HWG § 4 Rn. 36 ff. mwN; *Reese* in BeckOK HWG § 4 Rn. 172.

[191] Entscheidung zu § 10 Abs. 3 iVm § 10 Abs. 1, idF v. 18.1.2008, https://www.fsa-pharma.de/de/schiedstelle/berichterstattung/fachkreise/az-2009.6–266-1-instanz-10-abs-1-nr-9–10-abs-3-i.v.m-10-abs-1-nr-4-fsa-kodex-fachkreise-verspatete-umsetzung/, FS I 2009.6–266 (zul. abgerufen am 11.3.2021).

[192] Entscheidung zu §§ 7 Abs. 1, 8 Abs. 1, 10, 13 Abs. 1, idF v. 4.12.2014, https://www.fsa-pharma.de/de/schiedstelle/berichterstattung/fachkreise/az-2016.12–509-und-512-7-abs-1–8-abs-1–13-abs-1-fsa-kodex-fachkreise-verteilung-von-werbematerial-mit-personlich-gehal/, FS I 2016.12–509 und 512 (zul. abgerufen am 11.3.2021).

tel mit Pflichttexten ab, die nicht die geänderten Anwendungsgebiete und die Bezugnahme auf den aktuellen Stand der Informationen enthalten, liegt ein Verstoß gegen §§ 10 Abs. 3 iVm Abs. 1 Nr. 4 und gegen § 10 Abs. 1 Nr. 9 Kodex vor.[193]

VI. Erinnerungswerbung (Abs. 4)

217 Absatz 4 setzt Art. 2.02 EFPIA-Kodex um und entspricht weitestgehend § 4 Abs. 6 HWG. Systematisch ist Abs. 4 eine **Ausnahme** vom Gebot der Anführung der in Abs. 1 und 2 genannten Pflichtangaben. Die Erinnerungswerbung wird in Abs. 4 definiert als Werbung, die ausschließlich mit der Bezeichnung eines Arzneimittels oder zusätzlich mit dem Namen, der Firma, der Marke des pharmazeutischen Unternehmers oder mit dem Wirkstoff sowie mit Preis- und Mengenangaben oder Angaben über die Packungsgröße wirbt.[194] Die Aufzählung ist abschließend, so dass infolge jeder weiteren Angabe eine Erinnerungswerbung ausscheidet. Die im Wege der letzten Kodexnovelle ergänzte Möglichkeit zur zusätzlichen Nennung von Preis- und Mengenangaben oder Angaben zur Packungsgröße entspricht der ständigen Rechtsprechung des BGH,[195] wenngleich in § 4 Abs. 6 HWG diese Angaben nicht explizit genannt werden.

VII. Offenlegungspflicht des Pharmaberaters (Abs. 5)

218 Die Vorschrift sieht für Pharmaberater die Pflicht vor, bei der Werbung gegenüber HCP die Fachinformation (§ 11 AMG) **vorzulegen.** Dies entspricht § 76 Abs. 1 S. 1 AMG und Art. 20.02 (d) EFPIA-Kodex.

§ 11 Bezugnahme auf Veröffentlichungen

Unzulässig ist eine Werbung, wenn

1. **auf wissenschaftliche, fachliche oder sonstige Veröffentlichungen Bezug genommen wird, ohne dass aus der Werbung hervorgeht, ob die Veröffentlichung das Arzneimittel, das Verfahren, die Behandlung, den Gegenstand oder ein anderes Mittel selbst betrifft, für die geworben wird, und ohne dass der Name des Verfassers, der Zeitpunkt der Veröffentlichung und die Fundstelle genannt werden,**
2. **aus wissenschaftlichen Veröffentlichungen entnommene Zitate, Tabellen, Ablichtungen, sonstige Darstellungen oder fachliche Äußerungen Dritter nicht wortgetreu übernommen werden, es sei denn, es liegt ein sachlich gerechtfertigter Grund für eine nicht wortgetreue Übernahme vor. In diesem Fall ist auf die vorgenommene Modifikation deutlich und erkennbar hinzuweisen.**

Übersicht

---

[193] Entscheidung zu §§ 10 Abs. 3 iVm Abs. 1 Nr. 4 und § 10 Abs. 1 Nr. 9 idF v. 18.1.2008, https://www.fsa-pharma.de/de/schiedstelle/berichterstattung/fachkreise/az-2009.6–266-1-instanz-10-abs-1-nr-9-10-abs-3-i.v.m-10-abs-1-nr-4-fsa-kodex-fachkreise-verspatete-umsetzung/, FS I 2009.6–266 (zul. abgerufen am 11.3.2021).

[194] Hierzu ausführlich: *Reese* in BeckOK HWG § 4 Rn. 244.

[195] BGH NJW 1983, 2637.

I. Bezugnahme auf wissenschaftliche, fachliche oder sonstige Veröffentlichungen (Nr. 1)

Nummer 1 beruht auf Art. 3.04 EFPIA-Kodex und entspricht § 6 Nr. 2 HWG. Die gesetzliche Vorschrift des § 6 Nr. 2 HWG erfasst die **Werbung mit wissenschaftlichen bzw. fachlichen Veröffentlichungen** gegenüber Fachkreisen, während § 11 Nr. 1 HWG das Werbeverbot mit wissenschaftlichen bzw. fachlichen Veröffentlichungen außerhalb der Fachkreise abschließend regelt.[196] Da der Kodex nur die Werbung gegenüber Fachkreisen erfasst, deckt sich der Anwendungsbereich des § 11 Nr. 1 des Kodex mit dem des § 6 Nr. 2 HWG.[197] **219**

Zweck der Vorschrift ist es, dem Werbeadressaten die Möglichkeit zu geben, Zeitpunkt und Fundstelle der Veröffentlichung aufzufinden.[198] Die Vorschrift ist gleichzeitig Ausdruck des **Transparenzgebotes** und beugt damit einer Irreführung der Fachkreise vor. Aufgrund der Angaben in Nr. 1 können sich die Fachkreise selbst ein Bild von der angesprochenen Publikation machen. **220**

Eine **„Veröffentlichung"** verlangt begrifflich, dass das Schriftstück einem größeren, nicht durch besondere Bindungen zusammengehörenden Personenkreis zur Kenntnis gebracht worden sein muss.[199] Zu einer wissenschaftlichen bzw. fachlichen Veröffentlichung gehört auch ein wertender Charakter, dh bloße Beschreibungen, die keinerlei Stellungnahmen zu den aufgeworfenen medizinischen Fragen enthalten, fallen nicht unter die Vorschrift.[200] **221**

II. Übernahme von Darstellungen oder fachlichen Äußerungen Dritter (Nr. 2)

Die Vorschrift beruht auf Art. 3.06 und 4 EFPIA-Kodex und entspricht § 6 Nr. 3 HWG. Sie verlangt für die Werbung mit Zitaten oder sonstigen Darstellungen oder fachlichen Äußerungen Dritter, dass diese **wortgetreu** übernommen werden. Die EFPIA-Norm selbst beruht auf einer Vorgabe des Gemeinschaftskodex 2001/83/EG für Humanarzneimittel (dort Art. 92 Abs. 3). **222**

Eine Werbung mit einem Zitat liegt in der Regel bereits vor, wenn jemand mit der Angabe „nach …" und anschließend der Literaturstelle wirbt.[201] Das Gebot der wortgetreuen Übernahme von Zitaten verbietet inhaltliche Ergänzungen oder Auslassungen des Textes. Bei Tabellen und sonstigen Darstellungen ist dabei zu beachten, dass sie **vollständig,** maßstabsgerecht und inhaltlich mit dem Original übereinstimmend zu verwenden sind. Die bloße Umsetzung des Zahlenmaterials ist keine wortgetreue Wiedergabe.[202] **223**

Werden Zitate nicht wörtlich übernommen, sondern sollen sie nur als **Datenquelle** dienen, ist zu beachten, dass ein sachlich gerechtfertigter Grund für diese Vorgehensweise vorliegen muss (Abs. 2 Satz 1 Hs. 2). Außerdem ist in diesem Fall auf die vorgenommene Modifikation deutlich und erkennbar **hinzuweisen** (Abs. 2 Satz 2). Dies erfolgt beispielsweise durch den Zusatz „modifiziert nach".[203] **224**

---

[196] Vgl. *Perlchen/Anders* in Erbs/Kohlhaas HWG § 6 Rn. 1; *Bülow/Ring* HWG § 6 Rn. 1; *Fritzsche* in Spickhoff HWG § 6 Rn. 1; *Zipfel/Sosnitza/Rathke* in Zipfel/Rathke HWG § 6 Rn. 7; OLG Hamburg 30.12.1999 – 3 U 132/99.

[197] Vgl. hierzu *Reese* in BeckOK HWG § 6 Rn. 66 ff.

[198] *Reese* in BeckOK HWG § 6 Rn. 8; *Bülow/Ring* HWG § 6 Rn. 8 f., 13.

[199] *Reese* in BeckOK HWG § 6 Rn. 68.

[200] Vgl. *Reese* in BeckOK HWG § 6 Rn. 67; *Bülow/Ring* HWG § 6 Rn. 17.

[201] OLG Hamburg PharmR 2013, 321 mwN; *Reese* in BeckOK HWG § 6 Rn. 86.

[202] OLG Hamburg GRUR-RR 2001, 115; *Reese* in BeckOK HWG § 6 Rn. 95.

[203] LG Hamburg PharmR 1995, 412; *Reese* in BeckOK HWG § 6 Rn. 96.

§ 12 Vergleichende Werbung

(1) Vergleichende Werbung ist jede Werbung, die unmittelbar oder mittelbar die von einem Mitbewerber angebotenen Arzneimittel erkennbar macht.

(2) Eine vergleichende Werbung, die sich nicht objektiv auf eine oder mehrere wesentliche, relevante, nachprüfbare und typische Eigenschaften der verglichenen Arzneimittel bezieht, ist unzulässig.

(3) Vergleichende Werbung darf weder irreführend sein noch das Arzneimittel eines Mitbewerbers herabsetzen oder verunglimpfen.

Übersicht

I. Vorbemerkung

225 Die Regelung beruht auf Art. 3.05 **EFPIA-Kodex.** Absatz 1 entspricht dabei § 6 Abs. 1 UWG. Absatz 2 entspricht § 6 Abs. 2 Nr. 2 UWG. Absatz 3 steht im Einklang mit den Vorschriften der §§ 5 Abs. 3 sowie 6 Abs. 2 Nr. 5 UWG.

II. Begriff der vergleichenden Werbung (Abs. 1)

226 Die Definition der vergleichenden Werbung in Abs. 1 ist identisch mit der in § 6 Abs. 1 UWG. Über den Wortlaut der Vorschrift hinaus verlangt die vergleichende Werbung jedoch das Vorliegen eines **tatsächlichen Vergleichs.** Das bedeutet, dass aus Sicht des Verkehrs ein erkennbarer Bezug zu einem Mitbewerber oder dessen Waren hergestellt wird, sei es in anlehnender oder in kritisierender Weise.[204] Vergleichende Werbung ist grundsätzlich zu verneinen, wenn die Werbeaussage so allgemein gehalten ist, dass sich den angesprochenen Verkehrskreisen eine Bezugnahme auf Mitbewerber nicht aufdrängt, sondern diese sich nur reflexartig daraus ergibt, dass mit der Hervorhebung eigener Vorzüge unausgesprochen zum Ausdruck gebracht wird, dass nicht alle Mitbewerber die gleichen Vorteile zu bieten haben.[205] Auch die bloße Bezugnahme auf die Waren eines Mitbewerbers ist keine vergleichende Werbung, wenn keine konkreten Kaufalternativen gegenübergestellt werden.[206]

III. Rahmenbedingungen (Abs. 2)

227 Absatz 2 verbietet eine Werbung, die sich nicht objektiv auf eine oder mehrere wesentliche, relevante, nachprüfbare und typische Eigenschaften der verglichenen Arzneimittel bezieht. Die Vorschrift setzt Art. 3.05 des EFPIA-Kodex um, der insoweit § 6 Abs. 2 Nr. 2 UWG entspricht. Sie ist Ausdruck des **Sachlichkeitsgebotes** und des **Irreführungsverbotes.**

228 Zu § 6 Abs. 2 Nr. 2 UWG wird vertreten, dass die Voraussetzungen für den Eigenschaftsvergleich kumulativ gelten,[207] dh die Werbung muss sich objektiv auf **wesentliche, relevante, nachprüfbare** und **typische** Eigenschaften der verglichenen Arzneimittel beziehen. Dies ist sachgerecht, da die Gefahr der Irreführung besteht, wenn sich ein Eigenschaftsver-

---

[204] *Köhler* in Köhler/Bornkamm/Feddersen UWG § 6 Rn. 79; BGH GRUR 1999, 1100 (1101).
[205] BGH GRUR 1999, 1100 (1101).
[206] *Köhler* in Köhler/Bornkamm/Feddersen UWG § 6 Rn. 50, 51; BGH GRUR 2005, 163 (165).
[207] *Köhler* in Köhler/Bornkamm/Feddersen UWG § 6 Rn. 126.

gleich zwischen zwei Arzneimitteln zB auf eine zwar nachprüfbare, nicht aber wesentliche oder relevante Eigenschaft des Arzneimittels bezieht.

IV. Irreführungs-, Herabsetzungs- und Verunglimpfungsverbot (Abs. 3)

Absatz 3 beruht auf Art. 3.05 EFPIA-Kodex und entspricht §§ 5 Abs. 3 sowie 6 Abs. 2 Nr. 5 UWG. Da bereits Abs. 2 eine spezielle Form des **Irreführungsverbotes** erfasst, stellt sich Abs. 3 in diesem Punkt als eine Art Auffangtatbestand dar. Im Übrigen normiert Abs. 3 das bedeutsame Herabsetzungs- und Verunglimpfungsverbot. Eine **Herabsetzung** setzt begrifflich mehr voraus als die einem kritischen Werbevergleich immanente Gegenüberstellung der Vor- und Nachteile der verglichenen Produkte.[208] Eine Herabsetzung liegt dann vor, wenn zu den mit jedem Werbevergleich verbundenen (negativen) Wirkungen für den Wettbewerber **besondere Umstände** hinzutreten, die ihn als unangemessen abfällig, abwertend oder unsachlich erscheinen lassen.[209] Die **Verunglimpfung** ist von ihrem Unwert stärker als die Herabsetzung und besteht in der Verächtlichmachung in Gestalt eines abträglichen Werturteils ohne sachliche Grundlage.[210] Maßgeblich für die Beurteilung einer Herabsetzung oder Verunglimpfung ist die Vorstellung der angesprochenen Verkehrskreise.[211] 229

§ 13 Unzumutbare belästigende Werbung

(1) Werbung, durch die HCP unzumutbar belästigt werden, ist unzulässig. Eine unzumutbare Belästigung liegt insbesondere vor, wenn eine Werbung erfolgt, obwohl es für den Werbenden erkennbar ist, dass der Adressat diese nicht wünscht.

(2) Werbung unter Verwendung von Faxgeräten, automatischen Anrufmaschinen oder elektronischer Post ist nur zulässig, wenn eine vorherige ausdrückliche Einwilligung des Adressaten vorliegt. Bei der Verwendung elektronischer Post ist eine unzumutbare Belästigung nicht anzunehmen, wenn das Unternehmen die elektronische Postadresse von dem HCP als Kunden im Zusammenhang mit dem Verkauf einer Ware oder Dienstleistung erhalten hat, das Unternehmen die Adresse zur Direktwerbung für eigene ähnliche Waren oder Dienstleistungen verwendet, der HCP der Verwendung nicht widersprochen hat und der Angehörige der Fachkreise bei Erhebung der Adresse und bei jeder Verwendung klar und deutlich darauf hingewiesen wird, dass er der Verwendung jederzeit widersprechen kann, ohne dass hierfür andere als die Übermittlungskosten nach den Basistarifen entstehen.

(3) Werbung mit einem Telefonanruf ist nur zulässig, wenn zumindest eine mutmaßliche Einwilligung des Empfängers vorliegt.

(4) Die Einwilligung des Werbeadressaten darf nicht durch Lock- oder Täuschungsmittel, insbesondere durch eine Irreführung bezüglich der Identität des Pharmaberaters oder des durch ihn vertretenen Unternehmens, erschlichen werden.

(5) Unzulässig ist Werbung mit einer Nachricht, bei der die Identität des Absenders, in dessen Auftrag die Nachricht übermittelt wird, verschleiert oder verheimlicht wird oder bei der keine gültige Adresse vorhanden ist, an die der Empfänger eine Aufforderung zur Einstellung solcher Nachrichten richten kann, ohne dass hierfür andere als die Übermittlungskosten nach den Basistarifen entstehen.

---

[208] BGH NJW-RR 2002, 982 (984) mwN. Danach liegt in der sachlichen Wiedergabe wissenschaftlicher Erkenntnisse, die im Rahmen einer Vergleichsstudie über zwei Arzneimittel gewonnen wurden, keine Herabsetzung oder Verunglimpfung, auch wenn die Vergleichsstudie deutliche Nachteile des einen Präparats ergeben hat.

[209] BGH NJW-RR 2002, 982 (984) mwN.

[210] *Köhler* in Köhler/Bornkamm/Feddersen UWG § 6 Rn. 166.

[211] EuGH GRUR 2007, 511 Rn. 23 – De Landtsheer/CIVC; BGH GRUR 2010, 161 Rn. 20 – Gib mal Zeitung mwN; BGH NJW 1999, 948; *Köhler* in Köhler/Bornkamm/Feddersen UWG § 6 Rn. 165.

(6) Adresslisten dürfen zu Werbezwecken nur verwendet werden, soweit die darin enthaltenen Daten aktuell sind und die einschlägigen datenschutzrechtlichen Bestimmungen beachtet werden. Auf Verlangen eines HCP ist der ihn betreffende Eintrag von der Adressliste zu entfernen.

Übersicht

I. Vorbemerkung

230 Die Regelung setzt die Vorgaben des EFPIA-Kodex zur unzumutbaren belästigenden Werbung um (Art. 6.01, 6.02, 6.03). Werbung unter Verwendung von Faxgeräten, automatischen Anrufmaschinen oder **elektronischer Post** ist nunmehr nur noch nach vorheriger ausdrücklicher Einwilligung des Adressaten zulässig. Absatz 2 regelt die Anforderungen an die elektronische Post und nach Abs. 3 setzt Telefonwerbung mindestens die mutmaßliche Einwilligung des Empfängers voraus. Eine durch Täuschung erwirkte Einwilligung ist unbeachtlich (Abs. 4). Nach Abs. 5 darf die Identität des Absenders nicht verschleiert oder verheimlicht werden. Die Anforderungen an Adress- und E-Mail-Adresslisten knüpfen ausdrücklich an die geltenden datenschutzrechtlichen Bestimmungen an.

II. Begriff der unzumutbaren Belästigung (Abs. 1)

231 Bei der Beurteilung einer unzumutbaren Belästigung geht der EFPIA-Kodex (Art. 6.01) von dem Prinzip der **vernünftigerweise zu vermutenden Einwilligung** aus *(„Promotion must only be directed at those HCPs whose need for, or interest in, the particular information can reasonably be assumed“).* Die Umsetzung durch Abs. 1 hat dies nicht wörtlich übernommen, sondern orientiert sich dem Wortlaut nach an der entsprechenden deutschen gesetzlichen Regelung in § 7 Abs. 1 S. 2 UWG. Sie stellt also auf den **erkennbar entgegenstehenden Willen** des Empfängers ab. Dabei gilt ein objektiver Maßstab. Während die Ursprungsfassung noch das Gebot enthielt, Werbung „soll nicht unzumutbar belästigen“, ist diese weichere Regelung mit der Änderung vom 1.12.2011 einer klaren Verbotsformulierung gewichen. Nunmehr ist jede Werbung, die geeignet ist, Fachkreisangehörige unzumutbar zu belästigen, unzulässig.

232 Darüber hinaus wurde durch das Einfügen des Wortes **„insbesondere“** in Abs. 1 Satz 2 der Anwendungsbereich der unzumutbaren Belästigung erheblich erweitert, da der beschriebene Fall der Unerwünschtheit der Werbung nunmehr nur noch einer von vielen denkbaren Fällen ist, die eine unzumutbare Belästigung darstellen können.

233 Es gilt daher mittels Auslegung, orientiert an einem **objektiven Maßstab,** in jedem Einzelfall festzustellen, ob eine Belästigung vorliegt, die die Schwelle der Zumutbarkeit überschreitet. Diese Schwelle ist jedenfalls dann überschritten, wenn der Arzt nach Erhalt des Werbematerials mitteilt, dieses nicht angefordert zu haben und von der Verteiler-Liste

genommen werden möchte[212] bzw. für den Außendienstmitarbeiter erkennbar sein muss, dass sein Besuch vom HCP nicht erwünscht ist.[213]

III. Spruchpraxis zu Abs. 1

- Die weitere Zusendung von Werbematerial an Angehörige der Fachkreise stellt zumindest dann eine **unzumutbare Belästigung** dar, wenn der Arzt dem Vertreter des Unternehmens mitteilt, dass er diese Unterlagen nicht angefordert hat und bittet, ihn von der Verteiler-Liste zu streichen.[214] 234
- Eine **unzumutbare Belästigung** liegt vor, wenn bei einem Außendienstbesuch für den Mitarbeiter erkennbar ist bzw. sein muss, dass der Adressat diesen Besuch **nicht wünscht** und der Besuch daraufhin **nicht unverzüglich abgebrochen** wird.[215]
- Kritische **Äußerungen** eines Außendienstmitarbeiters gegenüber dem Arzt zum **Umfang der Verordnung** eines bestimmten Präparats und zu den Erwartungen an die **künftige Verordnungsweise** sind mit einem partnerschaftlichen Verhältnis zwischen Art und Außendienstmitarbeiter nicht vereinbar.[216]
- Ein systematisches und gezieltes Erfragen der Außendienstmitarbeiter bei den Apotheken nach den verordnenden Ärzten eines im Direktvertrieb befindlichen Arzneimittels kann eine **unzumutbare Belästigung** der Apotheker darstellen.[217]

IV. Werbung unter Verwendung von Faxgeräten, automatischen Anrufmaschinen oder elektronischer Post (Abs. 2)

Die Werbung unter Verwendung von Faxgeräten, automatischen Anrufmaschinen oder per elektronischer Post kann in der Praxis eine erhebliche Belästigung der Werbeadressaten darstellen, sofern eine solche Werbung entgegen dem Willen des jeweiligen Adressaten erfolgt. Nach Abs. 2 S. 1 ist sie grundsätzlich nur dann zulässig, wenn die **vorherige und ausdrückliche Einwilligung** des Adressaten vorliegt. Dabei sind an die Einwilligung erhöhte Anforderungen zu stellen. Es reicht für die Annahme einer Einwilligung nicht aus, wenn die Faxnummer einer Arztpraxis in einem **öffentlichen Verzeichnis** aufgeführt ist.[218] Auch der EFPIA-Kodex (Art. 6.03) und § 7 Abs. 1 Nr. 3 UWG setzen für die in die- 235

[212] Entscheidung zu § 13 Abs. 1 idF v. 17.10.2017, https://www.fsa-pharma.de/de/schiedsstelle/berichterstattung/fachkreise/az-2017.12–539-13-abs-1-fsa-kodex-fachkreise-belastigung-eines-ange horigen-der-fachkreise-durch-unerwunschte-zusendungen/, FS I 2017.12–539 (zul. abgerufen am 11.3.2021).

[213] Entscheidung zu § 13 Abs. 1 S. 2 idF v. 17.10.2017, https://www.fsa-pharma.de/de/schiedsstelle/berichterstattung/fachkreise/az-2017.2–515-13-abs-1-satz-2-fsa-kodex-fachkreise-belastigung-eines-arztes-durch-besuch-eines-aussendienstmitarbeiters/, FS I 2017.2–515 (zul. abgerufen am 11.3.2021).

[214] Entscheidung zu § 13 Abs. 1 idF v. 17.10.2017, https://www.fsa-pharma.de/de/schiedsstelle/berichterstattung/fachkreise/az-2017.12–539-13-abs-1-fsa-kodex-fachkreise-belastigung-eines-ange horigen-der-fachkreise-durch-unerwunschte-zusendungen/, FS I 2017.12–539 (zul. abgerufen am 11.3.2021).

[215] Entscheidung zu § 13 Abs. 1 S. 2 idF v. 17.10.2017, https://www.fsa-pharma.de/de/schiedsstelle/berichterstattung/fachkreise/az-2017.2–515-13-abs-1-satz-2-fsa-kodex-fachkreise-belastigung-eines-arztes-durch-besuch-eines-aussendienstmitarbeiters/, FS I 2017.2–515 (zul. abgerufen am 11.3.2021).

[216] Entscheidung zu § 13 Abs. 1 S. 2 idF v. 17.10.2017, https://www.fsa-pharma.de/de/schiedsstelle/berichterstattung/fachkreise/az-2017.2–515-13-abs-1-satz-2-fsa-kodex-fachkreise-belastigung-eines-arztes-durch-besuch-eines-aussendienstmitarbeiters/, FS I 2017.2–515 (zul. abgerufen am 11.3.2021).

[217] Entscheidung zu §§ 6 Abs. 1 Nr. 1 S. 1, 13 Abs. 1 idF v. 4.12.2014, https://www.fsa-pharma.de/de/schiedsstelle/berichterstattung/fachkreise/az-2015.10–492-6-abs-1-nr-1-satz-1-13-abs-1-fsa-kodex-fachkreise-zur-belastigung-von-apothekern-durch-das-erfragen-der/, FS I 2015.10–492 (zul. abgerufen am 11.3.2021).

[218] Entscheidung zu § 13 Abs. 2 S. 1, § 3 Abs. 1 idF v. 18.1.2008, https://www.fsa-pharma.de/de/schiedsstelle/berichterstattung/fachkreise/az-2009.6–265-1-instanz-13-abs-2-satz-1-3-abs-1-fsa-kodex

ser Vorschrift genannten Fälle eine vorherige ausdrückliche Einwilligung voraus. Normzweck ist der Schutz der Person als Teilnehmer eines elektronischen Kommunikationssystems vor einer Verletzung seiner **Privatsphäre** durch unerbetene Nachrichten für Werbezwecke.[219] Die Notwendigkeit dessen zeigt sich besonders deutlich bei der Werbung **per Telefax.** Der Empfänger wird hier durch Werbung besonders belästigt, indem sein Telefaxgerät für die Dauer der Übertragung für andere Nachrichten gesperrt wird und zudem Faxnachrichten, anders als etwa Briefwurfsendungen, den Eindruck von Wichtigkeit und Dringlichkeit erwecken.[220] Durch die Einführung des Merkmals der vorherigen ausdrücklichen Einwilligung wird dieser Schutz der Privatsphäre deutlich gestärkt und der störungsfreie Kommunikationsverkehr des potentiellen Empfängers sichergestellt.

236 Für den Fall der Werbung unter Verwendung von **elektronischer Post** (E-Mails) entfällt die **Unzumutbarkeit** der Belästigung, sofern folgende vier Voraussetzungen vorliegen: Das Unternehmen muss die elektronische Postadresse von dem HCP als Kunden im Zusammenhang mit dem Verkauf einer Ware oder Dienstleistung erhalten haben (1), es muss die Adresse zur Direktwerbung für eigene ähnliche Waren oder Dienstleistungen verwenden (2), der HCP darf der Verwendung nicht widersprochen haben (3) und er muss bei der Erhebung der Adresse und bei jeder Verwendung klar und deutlich darauf hingewiesen werden, dass er der Verwendung jederzeit widersprechen kann und zwar ohne, dass hierfür andere als die Übermittlungskosten nach den Basistarifen entstehen (4).

237 Der Begriff der „elektronischen Post" meint nicht nur **E-Mails.** Die Datenschutzrichtlinie 2002/58/EG[221] definiert in Art. 2 S. 2 lit. h die „elektronische Post" als jede über ein öffentliches Kommunikationsnetz verschickte **Text-, Sprach-, Ton- oder Bildnachricht,** die im Netz oder im Endgerät des Empfängers gespeichert werden kann, bis sie von diesem abgerufen wird. Darunter fallen auch SMS-Nachrichten.

238 Die Werbung mit **automatischen Anrufmaschinen** hat in Deutschland kaum Bedeutung. Sie wurden bislang lediglich im Rahmen von „Gewinnbenachrichtigungen" in nennenswertem Umfang eingesetzt.[222]

V. Spruchpraxis zu Abs. 2

239 – Werbung unter Verwendung von Faxgeräten ist nur zulässig, wenn eine **ausdrückliche Einwilligung** des Empfängers vorliegt. Die (ausdrückliche) Einwilligung ist nicht bereits dadurch gegeben, dass der Empfänger, im betroffenen Fall eine ärztliche Gemeinschaftspraxis, mit Telefon und Telefax-Nr. in einem öffentlichen Verzeichnis ausgewiesen ist.[223]

VI. Werbung mittels Telefonanruf (Abs. 3)

240 Die Regelung zur Werbung mittels Telefonanrufen basiert auf § 7 Abs. 2 Nr. 2 UWG und knüpft die **Zulässigkeit** der Werbung mittels Telefonanruf an das Vorliegen einer zumindest **mutmaßlichen Einwilligung** des Empfängers an. Im Gegensatz zu Abs. 1 bedarf

-fachkreise-werbung-unter-verwendung-von-telefax-verantw/, FS I 2009.6–265 (PharmR 2009, 578) (zul. abgerufen am 11.3.2021).

[219] *Köhler* in Köhler/Bornkamm/Feddersen UWG § 7 Rn. 2.

[220] *Köhler* in Köhler/Bornkamm/Feddersen UWG § 7 Rn. 192.

[221] Die DSGVO enthält keine eigenständige Definition hierzu; die entsprechende Literatur stellt daher weiterhin auf die genannte Richtlinie ab, vgl. *Micklitz/Schirmbacher* in Spindler/Schuster, Recht der elektronischen Medien, UWG § 7 Rn. 104 ff.; *Köhler* in Köhler/Bornkamm/Feddersen UWG UWG § 7 Rn. 196.

[222] *Köhler* in Köhler/Bornkamm/Feddersen UWG § 7 Rn. 190.

[223] Entscheidung zu §§ 13 Abs. 2 S. 1, 3 Abs. 1 idF v. 18.1.2008, https://www.fsa-pharma.de/de/schiedstelle/berichterstattung/fachkreise/az-2009.6–265-1-instanz-13-abs-2-satz-1–3-abs-1-fsa-kodex-fachkreise-werbung-unter-verwendung-von-telefax-verantw/, FS I 2009.6–265 (zul. abgerufen am 11.3.2021).

es folglich im Rahmen der Telefonwerbung keiner vorherigen ausdrücklichen Einwilligung des potentiellen Empfängers. Wie bereits für den Fall der Angabe einer Faxnummer in einem öffentlichen Verzeichnis entschieden wurde,[224] dürfte wohl auch im Rahmen der Telefonwerbung allein das Au fführen der Nummer in einem öffentlichen Verzeichnis nicht ausreichend sein, um eine mutmaßliche Einwilligung zu bejahen. Vielmehr dürften auch bezüglich der Telefonwerbung **erhöhte Anforderungen** an das Vorliegen der mutmaßlichen Einwilligung zu stellen sein, um dadurch den Empfänger der Kommunikation vor der Verletzung seiner Privatsphäre durch unerwünschte Telefonanrufe zu schützen und einen störungsfreien Kommunikationsverkehr zu gewährleisten.[225]

VII. Verbot von Lock- und Täuschungsmitteln (Abs. 4)

Absatz 4 beruht auf Art. 20.02 (f) EFPIA-Kodex und entspricht §§ 4 Nr. 3 und 7 Abs. 1 **241** UWG. Die Vorschrift gehört systematisch zu den Irreführungsverboten. Danach darf die **Einwilligung** des Werbeadressaten **nicht durch** eine Täuschung bezüglich der Identität des Pharmaberaters oder des durch ihn vertretenen Unternehmens erschlichen werden. Das Verbot des Einsatzes von Lock- und Täuschungsmitteln dient ebenfalls der Wahrung der sachlichen Entscheidungsfindung beim Werbeadressaten.

VIII. Verbot anonymer Werbung (Abs. 5)

Der mit der Kodexänderung vom 1.12.2011 neu eingefügte Abs. 5 verbietet die Wer- **242** bung mit einer Nachricht, bei der die **Identität des Absenders** in dessen Namen die Nachricht übermittelt wird, verschleiert oder verheimlicht wird oder bei der keine gültige Adresse vorhanden ist, an die der Empfänger eine Aufforderung zur Einstellung solcher Nachrichten richten kann. Die Aufnahme des Verbotes der anonymen Werbung basiert auf **§ 7 Abs. 2 Nr. 4 UWG.** Nach dem dahinter stehenden Schutzzweck soll der Empfänger der Werbung vor ungewollter Werbung geschützt werden und ihm insbesondere die Möglichkeit des Widerrufs einer getätigten Einwilligung sowie die Geltendmachung etwaiger Ansprüche gegenüber dem Absender ermöglicht werden.[226]

Fraglich ist, wie der Begriff der Nachricht zu verstehen ist. Seinem Wortlaut nach ist er **243** sehr weit gefasst und deckt das Spektrum von herkömmlichen Mitteilungen, wie Briefwurfsendungen und Telefonanrufen bis hin zu elektronischen Medien wie zB E-Mails ab. Vor dem Hintergrund, dass Abs. 5 der Anpassung an den geänderten § 7 Abs. 2 Nr. 4 UWG diente, könnten die für ihn geltenden Bestimmungen übertragen werden. § 7 Abs. 2 Nr. 4 UWG beruht auf Art. 13 Abs. 4 der Datenschutzrichtlinie (2002/58/EG), der sowohl in seiner ursprünglichen,[227] als auch später geänderten Fassung[228] **nur das Versenden elektronischer Nachrichten** erfasst.[229] Für § 7 Abs. 2 Nr. 4 UWG gilt mithin in richtlinienkonformer Auslegung, dass nur E-Mail- und MMS-/SMS-Werbung von dem Verbot erfasst sind.[230] Diese Sichtweise dürfte folglich auf Abs. 5 zu übertragen sein.

---

[224] Entscheidung zu § 13 Abs. 2 S. 1, § 3 Abs. 1 idF v. 18.1.2008, https://www.fsa-pharma.de/de/schiedstelle/berichterstattung/fachkreise/az-2009.6–265-1-instanz-13-abs-2-satz-1–3-abs-1-fsa-kodex-fachkreise-werbung-unter-verwendung-von-telefax-verantw/, FS I 2009.6–265 (PharmR 2009, 578) (zul. abgerufen am 11.3.2021).

[225] *Köhler* in Köhler/Bornkamm/Feddersen UWG § 7 Rn. 192.

[226] *Köhler* in Köhler/Bornkamm/Feddersen UWG § 7 Rn. 208.

[227] Für die Ursprungsfassung der Datenschutzrichtlinie (2002/58/EG) vgl. ABl. 2002 L 201, S. 37 ff.

[228] Art. 13 Abs. 4 Datenschutzrichtlinie wurde zuletzt geändert durch Art. 2 der Richtlinie 2009/136/EG; der Anwendungsbereich wurde erweitert auf Nachrichten, in denen der Empfänger aufgefordert wird, Websites zu besuchen, die gegen Art. 6 der Richtlinie 2000/31/EG verstoßen.

[229] *Köhler* in Köhler/Bornkamm/Feddersen UWG § 7 Rn. 209.

[230] *Mankowski* in Fezer/Büscher/Obergfell UWG § 7 Rn. 224a f.; *Leible* in MüKo Lauterkeitsrecht, UWG § 7 Rn. 198; *Köhler* in Köhler/Bornkamm/Feddersen UWG § 7 Rn. 209.

244 Schließlich bestimmt Abs. 5 am Ende, dass dem Empfänger hinsichtlich der Aufforderung an den Absender, die **Benachrichtigungen zu unterlassen,** keine anderen Übermittlungskosten als die nach den Basistarifen zur Last fallen dürfen. Ihm darf folglich insbesondere keine separate Gebühr dafür auferlegt werden. Auch ist es unzulässig, ihm lediglich eine Mehrwertdiensterufnummer zur Verfügung zu stellen.[231]

IX. Spruchpraxis zu Abs. 5

245 – Die Verteilung von Werbematerial mit einem **anonym** gehaltenen Post-It-Aufkleber stellt einen Verstoß gegen § 13 dar, wenn der Absender der Unterlagen **nicht eindeutig** und **unmittelbar erkennbar** ist.[232]

X. Adresslisten für Werbezwecke (Abs. 6)

246 Absatz 6 setzt Art. 6.02 EFPIA-Kodex um und normiert einen **speziellen Fall der unzumutbaren Belästigung** im Zusammenhang mit der Verwendung von Adresslisten. Adresslisten sollen danach nur verwendet werden dürfen, soweit die darin enthaltenen Daten aktuell sind und die einschlägigen datenschutzrechtlichen Bestimmungen beachtet werden. Die zweite Voraussetzung wurde im Rahmen der Kodexänderung vom 1.12.2011 ergänzt, hat jedoch nur einen klarstellenden Charakter, da das geltende Datenschutzrecht ungeachtet der Anwendung des Kodex ohnehin zu berücksichtigen ist. Eine mit Art. 6.02 EFPIA-Kodex wörtlich übereinstimmende Regelung existiert im UWG nicht, ist aber als Unterfall der unzumutbaren, weil erkennbar unerwünschten, belästigenden Werbung im Sinne von § 7 Abs. 2 UWG anerkannt.[233]

§ 14 Rote Hand

(1) Für Mitteilungen von neu erkannten, erheblichen arzneimittelbedingten Gefahren oder für andere Risikoinformationen, die den Arzt und/oder Apotheker bei Handlungsbedarf unmittelbar erreichen sollen, um eine Gefährdung des Patienten nach Möglichkeit auszuschließen, ist sowohl auf den Briefumschlägen als auch auf den Briefen das Symbol einer roten Hand mit der Aufschrift „Wichtige Mitteilung über ein Arzneimittel" zu benutzen. Beim Versand eines „Rote Hand"-Briefes können sämtliche zur Verfügung stehenden Medien genutzt und entsprechend den Erfordernissen einer möglichst flächendeckenden Zustellbarkeitsquote eingesetzt werden. In besonders eilbedürftigen Fällen kann es erforderlich sein, diese Mitteilungen auch mündlich, per Telefax oder durch öffentliche Aufrufe, z. B. über Presse, Rundfunk und Fernsehen zu verbreiten.

(2) Ein „Rote Hand"-Brief darf weder als Ganzes noch in Teilen den Charakter von Werbesendungen haben oder werbliche Aussagen enthalten. Andere wissenschaftliche Informationen, Anzeigen oder Werbeaussendungen dürfen weder mit dem Symbol der „Roten Hand" noch als „Wichtige Mitteilung" gekennzeichnet werden.

Übersicht

[231] *Köhler* in Köhler/Bornkamm/Feddersen UWG § 7 Rn. 2012.

[232] Entscheidung zu §§ 7 Abs. 1, 8 Abs. 1, 13 Abs. 1 idF v. 15.11.2016, https://www.fsa-pharma.de/de/schiedstelle/berichterstattung/fachkreise/az-2016.12–509-und-512-7-abs-1–8-abs-1–13-abs-1-fsa-kodex-fachkreise-verteilung-von-werbematerial-mit-personlich-gehal/, FS I 2016.12–509 und 512 (zul. abgerufen am 11.3.2021).

[233] Noch zu § 1 UWG aF BGH GRUR 2004, 517.

I. Vorbemerkung

Die Regelung ist **kein Bestandteil des EFPIA-Kodex.** Zuletzt wurde sie anlässlich veränderter Empfehlungen zum „Rote-Hand"-Brief aktualisiert, etwa durch die Einfügung von Satz 2 in Abs. 1 oder Satz 1 in Abs. 2. **247**

II. Bedeutung des Symbols der „Roten Hand" (Abs. 1)

Im Sinne der Arzneimittelsicherheit ist das Symbol einer roten Hand mit der Aufschrift „Wichtige Mitteilung über ein Arzneimittel" nur für Mitteilungen von neu erkannten erheblichen arzneimittelbedingten Gefahren oder Risikoinformationen zu verwenden, die einen Arzt oder Apotheker unmittelbar erreichen sollen, um eine Gefährdung von Patienten nach Möglichkeit auszuschließen. Dieses Vorgehen entspricht **langjähriger Praxis** der pharmazeutischen Industrie.[234] Es stellt eine **spezifisch deutsche** Herangehensweise in Fragen der Arzneimittelsicherheit dar.[235] **248**

III. Verbot des Missbrauchs des Symbols der „Roten Hand" (Abs. 2)

Um aus Gründen der Arzneimittelsicherheit eine **Irreführung** von Ärzten oder Apothekern zu vermeiden, dürfen andere wissenschaftliche Informationen, Anzeigen oder Werbeaussagen weder mit dem Symbol der „Roten Hand" noch als „Wichtige Mitteilung" gekennzeichnet werden. Auch diese Regelung ist **in der Praxis allgemein anerkannt.** **249**

IV. Spruchpraxis zu Abs. 2

- Es liegt ein Verstoß gegen § 14 Abs. 2 des Kodex vor, wenn Briefe mit einem Rote-Hand-Symbol versehen werden und unter der Überschrift: „Finger weg. Wichtige Information zur Substitutionsfähigkeit von […] Arzneimitteln", an die Fachkreise versandt werden und den Hinweis erhalten, dass bestimmte **Firmenpräparate nicht substituiert** werden dürfen.[236] **250**

§ 15 Muster

(1) Pharmazeutische Unternehmer dürfen nur im Rahmen von § 47 Abs. 3 und 4 sowie § 10 Abs. 1 Nr. 11 AMG Muster eines Arzneimittels den HCP zur Verfügung stellen, die dieses Produkt verschreiben dürfen, um sie mit dem Arzneimittel bekannt zu machen.

(2) Die Musterabgabe ist jeweils auf die Dauer von zwei Jahren nach erstmaliger Anforderung durch den jeweiligen HCP begrenzt. Die in Satz 1 genannte Frist beginnt in den Fällen einer neuen Zulassung nach § 29 Abs. 3 AMG, einer größeren Änderung des Typs II gemäß Anhang II Nr. 2 Buchstabe a) oder einer Zulassungserweiterung gemäß Anhang I Nr. 2 der Verordnung (EG) Nr. 1234/2008 erneut.

(3) Die Abgabe von Mustern darf nicht als ein darüber hinausgehender Anreiz zur Beeinflussung von Therapie-, Verordnungs- und Beschaffungsentscheidungen missbraucht werden.

(4) Bei Arzneimitteln, die vor dem 31. Dezember 2011 in Verkehr gebracht wurden, gilt die erste Musteranforderung des jeweiligen HCP die nach dem 31. Dezember 2011 erfolgt, als erstmalige Anforderung im Sinne von Absatz 2 Satz 1.

---

234 *Sickmüller* Pharm. Ind. 2006, 252.

235 Zu Informationssystemen bei Arzneimittelrisiken im Ausland siehe *Kroth* Pharm. Ind. 2006, 409.

236 Entscheidung zu § 14 Abs. 2 idF v. 2.12.2005, https://www.fsa-pharma.de/de/schiedstelle/berichterstattung/fachkreise/az-2007.6–182-1-instanz-14-abs-2-des-kodex/, FS I 2007.6–182 (zul. abgerufen am 11.3.2021).

1. Leitlinie

des Vorstands des FSA gemäß § 6 Abs. 2 iVm § 15 zur Auslegung von Musterabgaben bei zentral zugelassenen Arzneimitteln (Stand: 7.9.2020):

1. Bei einem Fertigarzneimittel, das durch die Europäische Union in einem zentralen Zulassungsverfahren nach Verordnung (EG) 726/2004 zugelassen worden ist, kann der Inhaber der Genehmigung für das Inverkehrbringen als pharmazeutischer Unternehmer nach § 4 Abs. 18 AMG entweder selbst oder durch einen Dritten (etwa örtlicher Vertreter, Vertriebsgesellschaften etc.) unter den Voraussetzungen von § 15 des Kodex Arzneimittelmuster an Ärzte abgeben. Die Anzahl der nach § 15 des Kodex zulässigen Muster erhöht sich durch die Abgabe über solche Dritte nicht.

2. Leitlinie

des Vorstands des FSA gemäß § 6 Abs. 2 iVm § 15 zur Auslegung der zeitlichen Beschränkung der Musterabgabe (Stand: 7.9.2020):

2.1 Aus der Verweisung von § 15 Abs. 1 auf § 47 Abs. 3 und 4 AMG ergibt sich, dass von einem Arzneimittel nicht mehr als zwei Musterpackungen pro Arzt und Kalenderjahr durch einen pharmazeutischen Unternehmer abgegeben werden dürfen.

2.2 Entsprechend § 15 Abs. 2 des Kodex ist des Weiteren die Musterabgabe nur innerhalb eines Zeitraums von 24 Monaten („zwei Jahren") beginnend nach erstmaliger Anforderung durch den jeweiligen Fachkreisangehörigen möglich.

Übersicht

I. Vorbemerkung

251 Die Vorschrift regelt die Anforderungen an die Abgabe von Arzneimittelmustern an HCP. Sie beruht im Wesentlichen auf Art. 19.01–19.03 EFPIA-Kodex und entspricht den einschlägigen **Vorschriften des AMG** (§ 47 Abs. 3, 4).[237] Diese wiederum werden auch explizit als Voraussetzung für zulässige Musterabgaben genannt. Im Unterschied zum nationalen Recht und dem Kodex statuiert der EFPIA-Kodex ein generelles Abgabeverbot für Muster und definiert hierzu bestimmte Ausnahmetatbestände (Verbot mit Ausnahmenvorbehalt). Ein solcher Ausnahmetatbestand ist der sog. „4 + 2 Standard", wonach die Begrenzung auf die Abgabe von maximal vier Mustern pro Arzt und Jahr, längstens für einen Zeitraum von zwei Jahren ab erstmaliger Anforderung des Musters durch den Arzt, zu verstehen ist. Diese ist dementsprechend in Abs. 1 und 2 des Kodex umgesetzt. Über die Anforderungen des § 47 AMG hinaus geht hierbei die in Abs. 2 S. 1 geregelte zeitliche Begrenzung auf 2 Jahre ab erster Anforderung, welche gemäß Abs. 2 Satz 2 nach bestimmten Änderungen und Erweiterungen der Zulassung erneut Anwendung findet.

252 Sofern Arzneimittelmuster über den in Abs. 1–3 abgesteckten Rahmen abgegeben werden, greift auch die Regelung des § 21 Abs. 1 (Geschenkeverbot) tatbestandlich ein. Ein Verstoß gegen § 15 hat damit **gleichzeitig einen Verstoß gegen § 21 Abs. 1** zur Folge.[238] Dies ist unter **verfahrensrechtlichen Gesichtspunkten** von Bedeutung, da ein Verstoß gegen § 21 Abs. 1 auch von Wettbewerbern vor den Spruchkörpern des FSA beanstandet werden darf (§ 2 Abs. 1 FSA-Verfahrensordnung, → Kap. 17 Rn. 59).

[237] Vgl. *Diener* PharmR 2008, 478 (479); *Pfohl* in Erbs/Kohlhaas AMG § 47 Rn. 12.
[238] Vgl. hierzu *Bülow/Ring* HWG § 7 Rn. 119; *Reese* in BeckOK HWG § 7 Rn. 245 ff.

II. Begriff der erlaubten Musterabgabe (Abs. 1)

Eine zulässige Mustergabe liegt vor, wenn ein Arzneimittel HPCs zur Verfügung gestellt wird, die dieses Produkt verschreiben dürfen, um sie mit dem Arzneimittel **bekannt zu machen.** Weitere Voraussetzung ist, dass die Anforderungen von § 47 Abs. 3 und 4 sowie des § 10 Abs. 1 Nr. 11 AMG erfüllt werden. Somit muss gemäß § 47 Abs. 4 S. 1 AMG eine schriftliche und mit einem Datum versehene **Anforderung** seitens der in § 47 Abs. 3 AMG genannten Personen vorliegen. Die schriftliche Anforderung muss dabei der Musterabgabe zeitlich vorausgehen, wobei es jedoch genügt, wenn die Unterschrift des Arztes unmittelbar vor der Abgabe erfolgt.[239] Eine Abgabe von verschreibungspflichtigen Arzneimittelmustern an Apotheker scheidet arzneimittelrechtlich aus.[240] 253

Als ein Arzneimittel im Sinne von § 47 Abs. 4 AMG wird jedes Arzneimittel verstanden, welches eine **eigene Zulassung** besitzt. Dies trifft in der Regel auf die verschiedenen **Darreichungsformen** und **Dosen** eines Arzneimittels zu. Damit kann ein pharmazeutischer Unternehmer von jeder Darreichungsform und von jeder Stärke eines Arzneimittels zwei Muster pro Jahr abgeben.[241] Die Abgabe einer **10er Packung** eines Arzneimittels mit je 30 Tabletten als Muster durch einen Außendienstmitarbeiter eines pharmazeutischen Unternehmens an einen niedergelassenen Arzt stellt daher keine kodexkonforme Musterabgabe dar.[242] Die in § 15 Abs. 1 eingefügte Pflicht zur besonderen Kennzeichnung der Muster als **„unverkäufliches Muster“** setzt Art. 19.03 EFPIA-Kodex um. Ferner konkretisiert § 15 Abs. 1 zudem die Kennzeichnungspflicht des Musters anhand des Rückgriffs auf § 10 Abs. 1 Nr. 11 AMG. Da § 10 Abs. 1 Nr. 11 AMG die Bezeichnung „unverkäufliches Muster“ verlangt, sollte von diesem Wortlaut nicht abgewichen werden.[243] 254

III. Umfang der zulässigen Musterabgabe: sog. „4 + 2 Standard“ (Abs. 1 und 2)

Im Umfang ist die zulässige Musterabgabe den Vorgaben des EFPIA-Kodex folgend auf den sog. **„4 + 2 Standard“** beschränkt, gemäß dem eine Begrenzung auf zwei Muster pro Arzt und Jahr und längstens für einen Zeitraum von zwei Jahren beginnend mit der erstmaligen Anforderung durch den Arzt gilt. Die Begrenzung auf **zwei Muster pro Arzt und Jahr** ist bereits in § 47 Abs. 4 AMG enthalten, welcher durch den Verweis in § 15 Abs. 1 Anwendung findet. Dies wird zudem von Ziffer 2.1 der 2. Leitlinie bekräftigt. Die zugelassene Musterabgabe-Menge kann nur einmal ausgeschöpft werden, indem die Muster entweder von dem Unternehmen abgegeben werden, das die Zulassung des Arzneimittels hält, oder in dessen eigenem Namen die Arzneimittel abgegeben werden. Bei zentral zugelassenen Arzneimitteln kann die Abgabe auch durch den örtlichen Vertreter erfolgen (→ Rn. 258).[244] 255

---

[239] Entscheidung zu § 15 Abs. 1 idF v. 18.1.2008 iVm § 47 Abs. 4 S. 1 AMG, https://www.fsa-pharma.de/de/schiedstelle/berichterstattung/fachkreise/az-2012.1–316-1-instanz-15-abs-1-fsa-kodex-fachkreise-i.v.m-47-abs-4-satz-1-amg-abgabe-von-arzneimittelmustern-durc/, FS I 2012.1–316 (zul. abgerufen am 11.3.2021).

[240] Hierzu *Bülow/Ring* HWG § 7 Rn. 120 mwN; *Reese* in BeckOK HWG § 7 Rn. 719; zur Abgabe von OTC-Mustern an Apotheker vgl. nunmehr BGH GRUR 2021, 628 ff.

[241] Miller in Kügel/Müller/Hofmann AMG § 47 Rn. 84 ff.

[242] Entscheidung zu § 7 Abs. 1 idF v. 16.2.2004, https://www.fsa-pharma.de/de/schiedstelle/berichterstattung/fachkreise/az-2005.10–98-1-instanz-7-des-kodex-7-hwg-i.v.m-47-amg-neuregelung-ab-16.3.2006/, FS I 2005.10–98 (zul. abgerufen am 11.3.2021).

[243] So auch *Rehmann* AMG § 10 Rn. 15; Pannenbecker in Kügel/Müller/Hofmann AMG § 10 Rn. 40.

[244] Entscheidung zu § 7 Abs. 1 und 3 idF v. 16.2.2004, https://www.fsa-pharma.de/de/schiedstelle/berichterstattung/fachkreise/az-2007.12–218-a-1-instanz-15-abs-1-u-abs-3-fsa-kodex-4-abs-18-amg-musterabgabe-bei-mitvertrieb-durch-konzernge/, FS I 2007.12–218 (PharmR 2009, 105) (zul. abgerufen am 11.3.2021).

256 Die über die gesetzlichen Vorgaben hinausgehende **zeitliche Begrenzung** auf zwei Jahre ab erstmaliger Anforderung wird ausdrücklich in Abs. 2 sowie Ziffer 2.2 der 2. Leitlinie statuiert. Die Anknüpfung an die erstmalige Anforderung soll gewährleisten, dass auch an jüngere Ärzte, die sich erst kürzlich niedergelassen haben, Arzneimittelmuster für einen Zeitraum von zwei Jahren abgegeben werden können. Darüber hinaus trägt diese Regelungen auch den Bedürfnissen kleiner oder mittelständischer Pharmaunternehmen Rechnung, die uU aufgrund einer begrenzten Anzahl an Außendienstmitarbeitern nicht die Chance haben, innerhalb des Zweijahreszeitraumes alle Ärzte zu erreichen.

257 Die Zweijahresfrist beginnt gem. Abs. 2 S. 2 bei bestimmten therapierelevanten Änderungen des Arzneimittels erneut zu laufen. Relevant sind **drei verschiedene Fallkonstellationen:** Erstens, für das Arzneimittel liegt eine neue Zulassung nach § 29 Abs. 3 AMG vor, zweitens, eine größere Änderung des Typs II gemäß Anhang II Nr. 2 Buchstabe a der Verordnung (EG) Nr. 1234/2008 ist gegeben, oder drittens, es ist eine Zulassungserweiterung gemäß Anhang I Nr. 2 der Verordnung (EG) Nr. 1234/2008 erfolgt. Die in Satz 2 beschriebenen Fälle der Fristerneuerung stellen eine praxisgerechte Auslegung des Art. 19 EFPIA-Kodex dar, da es sich bei allen drei Fällen um Veränderungen mit Neuheitscharakter handelt, bei denen es sachgerecht ist, die Bemusterungsfrist neu auszulösen. Es handelt sich um therapierelevante Änderungen des jeweiligen Präparates, die eine erneute Musterabgabe rechtfertigen, um dadurch dem Arzt die Gelegenheit zu geben, sich mit diesen Änderungen vertraut zu machen.

IV. Musterabgaben bei zentral zugelassenen Arzneimitteln (1. Leitlinie)

258 Bezüglich der Musterabgabe bei zentral zugelassenen Arzneimitteln hat der Vorstand des FSA eine **Leitlinie nach § 6 Abs. 2** erlassen. In der 1. Leitlinie wird der Mitvertrieb im Falle eines zentral zugelassenen Arzneimittels thematisiert. Der FSA stellt durch diese Leitlinie klar, dass der Zulassungsinhaber als pharmazeutischer Unternehmer selbst oder durch einen Dritten (zB den örtlichen Vertreter oder eine Vertriebsgesellschaft) nach Maßgabe des § 15 Muster abgeben darf. Die Abgabe über einen solchen Dritten erhöht jedoch nicht die zulässige Anzahl an Musterabgaben.

V. Spruchpraxis zu Abs. 1 und 2

259
- Die Abgabe einer originalverblisterten **10er Packung** eines Arzneimittels mit je 30 Tabletten als Muster durch einen Außendienstmitarbeiter eines pharmazeutischen Unternehmens an einen niedergelassenen Arzt stellt einen Verstoß nach § 7 dar. Im Anwendungsbereich des ab 16.3.2006 geltenden Kodex richten sich Beanstandungen bezüglich der Abgabe von Arzneimittelmustern ausschließlich nach § 15.[245] Die Entscheidung war vor Einführung einer spezifischen Norm zur Musterabgabe in den Kodex getroffen worden, weshalb die Entscheidung nunmehr dem heutigen § 15 zuzuordnen ist.
- Das Merkmal der Abgabe „nur auf jeweilige schriftliche Anforderung" nach § 47 Abs. 4 S. 1 AMG ist trotz fehlender vorheriger Anforderung durch den Fachkreisangehörigen erfüllt, wenn ein pharmazeutischer Unternehmer einen Zustelldienst beauftragt, Muster in Arztpraxen zu überbringen unter der Anweisung, die Muster ausschließlich dann abzugeben, wenn der Arzt eine **vorformulierte Erklärung zur Musteranforderung vor Ort** eigenhändig unterschreibt.[246]

---

[245] Entscheidung zu § 7 Abs. 1 idF v. 16.2.2004, https://www.fsa-pharma.de/de/schiedstelle/berichterstattung/fachkreise/az-2005.10–98-1-instanz-7-des-kodex-7-hwg-i.v.m-47-amg-neuregelung-ab-16.3.2006/, FS I 2005.10–98 (zul. abgerufen am 11.3.2021).

[246] Entscheidung zu § 15 Abs. 1 idF v. 18.1.2008 iVm § 47 Abs. 4 S. 1 AMG, https://www.fsa-pharma.de/de/schiedstelle/berichterstattung/fachkreise/az-2012.1–316-1-instanz-15-abs-1-fsa-kodex

– Es stellt einen Verstoß gegen § 15 dar, wenn die Abgabemenge von zwei Mustern der kleinsten Packungsgröße eines Arzneimittels pro Arzt/pro Jahr dadurch überschritten wird, dass außer dem Mitgliedsunternehmen vier **weitere Konzerngesellschaften** Muster des Arzneimittels jeweils bis zur zulässigen Höchstmenge abgeben, ohne dass diese Konzerngesellschaften das Arzneimittel im eigenen Namen in den Verkehr bringen.[247] Der Fall bezog sich auf ein im zentralen Verfahren zugelassenes Arzneimittel. Für diesen Fall enthält die 1. Leitlinie eine eindeutige Regelung. Jedoch ist der darin enthaltene Grundsatz, wonach die zulässige **Musterabgabe-Menge nur einmal ausgeschöpft** werden darf, auch auf rein nationale Co-Vertriebsmodelle anwendbar.

VI. Die Abgabe von Mustern als Missbrauch zur Beeinflussung von Entscheidungen (Abs. 3)

Durch die Regelung in Abs. 3 soll der **missbräuchliche Einsatz von Musterabgaben** untersagt werden. Danach darf die Abgabe von Mustern nicht als ein „darüber hinausgehender Anreiz“ zur Beeinflussung von Therapie-, Verordnungs- und Beschaffungsentscheidungen missbraucht werden. Die Regelung gibt damit Art. 19.01 des EFPIA-Kodex wieder. Diese Vorschrift dürfte jedoch aufgrund der bestehenden Beschränkung durch die 2+4 Regelung nicht sonderlich relevant werden, da durch diese limitierte Musterabgaben-Menge bereits die abstrakte Möglichkeit, mit einer derart geringen Anzahl von abgegebenen Arzneimitteln überhaupt eine missbräuchliche Beeinflussung zu erzielen, von vornherein äußerst gering erscheint. 260

VII. Übergangsregelung (Abs. 4)

Die Übergangsregelung entspricht weitestgehend der Regelung des EFPIA-Kodex für sog. **Altprodukte.** Als Stichtag sieht Abs. 4 den 31.12.2011 vor. Ab diesem Zeitpunkt war folglich die Abgabe von Mustern in der vorgeschriebenen Anzahl und für den vorgeschriebenen Zeitraum zulässig. Die Wahl eines Stichtages ermöglichte es dabei, den Verwaltungsaufwand für die Unternehmen gering zu halten und eine einheitliche Dokumentation für die Zukunft zu implementieren. 261

§ 15a Wissenschaftliche Informationen

(1) Die Mitgliedsunternehmen dürfen unter Beachtung von § 6 Abs. 1 Nr. 2 dieses Kodex sowie insbesondere von § 7 HWG HCP

1. **Informations- und Schulungsmaterialien überlassen. Dies setzt voraus, dass diese Materialien geringwertig sind, einen direkten Bezug zu der beruflichen Praxis des HCP haben und ein direkter Zusammenhang mit der Patientenversorgung besteht.**
2. **medizinische Gebrauchs- und Demonstrationsgegenstände überlassen, die unmittelbar der Fortbildung von HCP sowie der Patientenversorgung dienen, sofern diese Gegenstände geringwertig sind und nicht den üblichen Praxisbedarf ersetzen. Solche Gegenstände sind auch geringwertige Softwareapplikationen (insbesondere Apps), die die Diagnose und Behandlung von Patienten unterstützen können, sofern sich diese auf Produkte und Indikationsbereiche des Mitgliedsunternehmens beziehen.**

(2) Zur Auslegung des Begriffs „geringwertig“ im Sinne dieser Bestimmung erlässt der Vorstand des Vereins verbindliche Leitlinien nach § 6 Abs. 2.

-fachkreise-i.v.m-47-abs-4-satz-1-amg-abgabe-von-arzneimittelmustern-durc/, FS I 2012.1–316 (zul. abgerufen am 11.3.2021).

[247] Entscheidung zu § 7 Abs. 1 und 3 idF v. 16.2.2004, https://www.fsa-pharma.de/de/schiedstelle/berichterstattung/fachkreise/az-2007.12–218-a-1-instanz-15-abs-1-u-abs-3-fsa-kodex-4-abs-18-amg-musterabgabe-bei-mitvertrieb-durch-konzernge/, FS I 2007.12–218 (PharmR 2009, 105) (zul. abgerufen am 11.3.2021).

(3) Die Bereitstellung von Informations- und Schulungsmaterialien sowie medizinischen Gebrauchs- und Demonstrationsgegenständen darf nicht das Verbot von Geschenken nach § 21 umgehen und darf auch keinen Anreiz darstellen, ein bestimmtes Arzneimittel zu verschreiben, zu kaufen, zu liefern, zu empfehlen oder zu verabreichen.

(4) Die Informations- und Schulungsmaterialien sowie medizinischen Gebrauchs und Demonstrationsgegenstände können mit dem Namen des Mitgliedsunternehmens gekennzeichnet sein. Sie dürfen nur dann auf den Namen eines Arzneimittels Bezug nehmen, wenn dies für die korrekte Verwendung des Materials oder Gegenstandes durch den Patienten unerlässlich ist.

3. Leitlinie

des Vorstands des FSA gemäß § 6 Abs. 2 iVm § 15a Abs. 1 Nr. 1 zur Auslegung der Begriffe „Informations- und Schulungsmaterial" (Stand: 7.9.2020):

3.1 Unter den Voraussetzungen des § 15a Abs. 1 Nr. 1 des Kodex dürfen Mitgliedsunternehmen Angehörigen der Fachkreise Informations- und Schulungsmaterialien überlassen. Hierbei ist zunächst § 6 Abs. 1 Nr. 2 des Kodex i. V. m. den gesetzlichen Beschränkungen, insbesondere die Grenzen des § 7 HWG, zu beachten.

3.2 Informations- und Schulungsmaterialien dürfen gemäß § 15a Abs. 1 Nr. 1 des Kodex überlassen werden, sofern diese Materialien, einen direkten Bezug zu der beruflichen Praxis des Angehörigen der Fachkreise haben, ein enger Zusammenhang mit der Patientenversorgung besteht und die Materialien geringwertig sind.

3.3 Ein direkter Bezug zu der beruflichen Praxis des Fachkreisangehörigen setzt regelmäßig einen Zusammenhang der Informations- und Schulungsmaterialien mit den Indikationsbereichen der Produkte oder mit den Forschungsgebieten des Unternehmens voraus. Ein enger Zusammenhang mit der Patientenversorgung ist dann gegeben, wenn die überlassenen Informations- und Schulungsmaterialien für ein besseres Verständnis des Arztes hinsichtlich der Produkte des Unternehmens oder den damit verbundenen Indikations- und Forschungsgebieten im Hinblick auf Behandlung von Patienten bestimmt sind. Hinsichtlich der Geringwertigkeit von Informations- und Schulungsmaterialien geben der Kodex sowie diese Leitlinien keine ausdrücklichen Wertgrenzen vor. Informations- und Schulungsmaterialien im Sinne von § 15a Abs. 1 Nr. 1 des Kodex sind immer dann geringwertig, wenn deren Überlassung mit den Vorgaben des Heilmittelwerberechts (insbesondere § 7 HWG), dem ärztlichen Berufsrecht, allen anderen gesetzlichen Bestimmungen sowie allen sonstigen Kodex-Regelungen im Einklang steht. Dies bedeutet, dass Informations- und Schulungsmaterialien auch mit einem Wert von über EUR 5,00 etwa nach dem Kodex noch als geringwertig angesehen werden können, wenn dem nicht § 7 HWG entgegensteht (z. B. weil es sich nicht um produktbezogene Werbung handelt). Nach § 15a Abs. 1 Nr. 1 des Kodex dürfen daher Fachkreisangehörigen in der Regel wissenschaftliche (Aufklärungs-) Broschüren, Behandlungsschemata, Informationsflyer, Sonderdrucke, Produktmonographien sowie Guidelines und Empfehlungen der Fachgesellschaften (soweit diese Guidelines und Empfehlungen im Sinne von Ziffer 3.6 keinen Fachbuchcharakter haben) überlassen werden, da diese Materialien die genannten Voraussetzungen grundsätzlich erfüllen. Typischerweise sind von dieser Regelung auch für Fort- und Weiterbildungsveranstaltungen bestimmte Unterlagen sowie Kongressberichte erfasst. Anfragen von Ärzten rechtfertigen keine Abweichung von den genannten Voraussetzungen. Dies gilt zum einen für die kostenlose Überlassung von wissenschaftlichen Artikeln, die unabhängig von einer konkreten Anfrage im Zusammenhang von Produkten und Indikationsgebieten des Unternehmens steht (etwa zum Zwecke allgemeiner Literaturrecherchen). Die unter dieser Ziffer genannten Voraussetzungen sind zum anderen auch dann zu beachten, wenn die Abgabe von Informations- und Schulungsmaterialien an Ärzte zur Beantwortung von konkreten Anfragen im Sinne von § 1 Abs. 5 HWG erfolgt.

3.4 Die Abgabe von Informations- und Schulungsmaterialien muss nicht zwingend in Papierform erfolgen. Die Informationen können auch auf Medienträgern (z. B. USB-Stick, CD, DVD, App) – falls gewünscht mit Verwendung des Unternehmenslogos und/oder in den Fällen, in denen sich die Informationen schwerpunktmäßig auf das Produkt beziehen, mit dem Produktlogo – zur Verfügung gestellt werden, sofern der Medienträger gegenüber dem Inhalt in den Hintergrund tritt und dessen Überlassung nur notwendiger „Nebenzweck" des Hauptzwecks der Informationsvermittlung ist.

3.5 Die Regelung steht der Abgabe sog. Gesundheits-Apps nicht entgegen, sofern die unter Ziff. 3.1 bis 3.4 genannten Voraussetzungen beachtet werden.

3.6 Die oben unter Ziff. 3.2 und 3.3 genannten Voraussetzungen sind in jedem Einzelfall zu prüfen. Sie werden regelmäßig nicht erfüllt bei allgemeinen Fachbüchern und Zeitschriftenabonnements. Es ist insoweit unbeachtlich, ob Fachbücher, Zeitschriften oder allgemeine Zeitschriftenabonnements in gedruckter oder elektronischer Form abgegeben werden sollen.

3.7 Image- und Kundenzeitschriften fallen in der Regel nicht unter diese Regelung, sofern sie nach § 1 Abs. 3 Ziff. 5 des Kodex erfasst und damit von dem Anwendungsbereich des Kodex ausgenommen sind.

3.8 Die Überlassung von sachbezogenen Informationen im Sinne von § 1 Abs. 3 des Kodex an Angehörige der Fachkreise fällt nicht unter die Vorschrift und wird von dem Kodex auch nicht erfasst, sofern sämtliche Voraussetzungen von § 1 Abs. 3 Ziff. 3 des Kodex vorliegen.

3.9 In internen Fort- und Weiterbildungsveranstaltungen, Advisory Board Meetings sowie vergleichbaren Veranstaltungen dürfen auch einfache Schreibblöcke und geringwertige Schreibstifte zur Verfügung gestellt werden, um den Teilnehmern Aufzeichnungen zu ermöglichen. Der Wert dieser Gegenstände darf insgesamt pro Teilnehmer und pro Veranstaltung nicht über EUR 5,00 liegen. Diese Gegenstände dürfen, wenn überhaupt, lediglich mit dem Namen des Unternehmens oder dem Unternehmenslogo gekennzeichnet sein.

4. Leitlinie des Vorstands des FSA gemäß § 6 Abs. 2 iVm § 15a Abs. 1 Nr. 2 zur Auslegung der Begriffe „Medizinische Gebrauchs- und Demonstrationsgegenstände“ (Stand: 7.9.2020):

4.1 Medizinische Gebrauchs- und Demonstrationsgegenstände dürfen gemäß § 15a Abs. 1 Nr. 2 des Kodex überlassen werden, sofern diese unmittelbar der Fortbildung von Angehörigen der Fachkreise sowie der Patientenversorgung dienen, geringwertig sind und nicht den üblichen Praxisbedarf ersetzen.

4.2 Unmittelbar der Fortbildung der Fachkreisangehörigen dient die Überlassung von medizinischen Gebrauchs- und Demonstrationsgegenständen dann, wenn hierdurch die Fachkreisangehörigen ein besseres Verständnis der Applikation der von dem Unternehmen vertriebenen Arzneimittel erlangen können. Der Patientenversorgung dient die Überlassung, wenn die überlassenen Gegenstände zur Anwendung im Rahmen der Behandlung von Patienten zu dienen bestimmt sind. Hinsichtlich der Geringwertigkeit von Medizinischen Gebrauchs- und Demonstrationsgegenständen geben der Kodex sowie diese Leitlinien keine ausdrückliche Wertgrenze vor. Materialien im Sinne von § 15a Abs. 1 Nr. 2 des Kodex gelten immer dann als „geringwertig“, wenn deren Überlassung mit den Vorgaben des Heilmittelwerberechts (insbesondere § 7 HWG), dem ärztlichen Berufsrecht, allen anderen gesetzlichen Bestimmungen sowie allen sonstigen Kodex-Regelungen im Einklang steht. Dies bedeutet, dass diese Materialien auch mit einem Wert von über EUR 5,00 etwa noch als geringwertig angesehen werden können, wenn dem nicht § 7 HWG entgegen steht (z.B., weil es sich nicht um produktbezogene Materialien handelt).

4.3 Erfasst werden von der Vorschrift beispielsweise medizinische Demonstrationsobjekte, Trainingssets (etwa zur Schulung der Applikation von Arzneimitteln) oder Placebo-Pflaster, da diese Gegenstände die sichere Handhabung fördern sollen und damit der Fortbildung der Angehörigen der Fachkreise sowie der Patientenversorgung dienen.

4.4 Die Regelung verbietet die kostenlose Überlassung von allgemeinem Praxisbedarf an den Arzt, da dieser nicht unmittelbar der Fortbildung der Fachkreisangehörigen dient. Kanülenabwurfboxen, Pflaster, Alkoholtupfer, Spritzen, Injektionsnadeln, Filternadeln, Lanzetten, Desinfektionsmittel etc. dürfen daher grundsätzlich nicht abgegeben werden.

4.5 Medizinische Gebrauchs- und Demonstrationsgegenstände, die dem Arzt zur bloßen Weitergabe an den Patienten überlassen werden, fallen regelmäßig nicht unter die Vorschrift. Allerdings sind hierbei die allgemeinen Gesetze (etwa § 7 HWG, § 128 SGB V) und das ärztliche Berufsrecht zu beachten.

Übersicht

I. Vormerkung

262 Der durch die Kodexrevision vom 27.11.2013 eingeführte § 15a beruht auf Art. 17 des EFPIA-Kodex. Hintergrund der Neureglung ist es, im Hinblick auf das nunmehr geltende generelle Verbot von Geschenken nach § 21 klarzustellen, dass **Informationsmedien** grundsätzlich nicht dem Begriff des Geschenks unterfallen und daher deren Abgabe auch weiterhin zulässig ist. Er bildet mithin eine rechtliche **Einschränkung des Geschenkeverbotes** gemäß § 21 Abs. 2 Hs. 1. Als Ausnahmetatbestand ist § 15a eng auszulegen.[248]

263 Ziel des § 15a ist es, den Mitgliedsunternehmen trotz Geltung des grundsätzlichen Geschenkeverbotes des § 21 Kodex zu ermöglichen, im Rahmen ihres Tätigkeitsbereiches zum Zwecke der Instruktion und Fortbildung der Ärzte sowie der Verbesserung der Patientenversorgung Informations- und Schulungsmaterialien sowie Medizinische Gebrauchs- und Demonstrationsgegenstände zur Verfügung zu stellen. Es soll den Unternehmen folglich die Möglichkeit belassen werden, den **fachgerechten Umgang** in der Praxis **mit unternehmenseigenen Produkten** sicherzustellen. Die Zulässigkeit der Abgabe von allgemein bedeutsamen Informations- und Demonstrationsmaterialien ohne Unternehmensbezug sind am Maßstab des § 21 Kodex zu messen.

264 Die Regelung des § 15a Abs. 1 verlangt die Beachtung des § 6 Abs. 1 Nr. 2 sowie des § 7 HWG und differenziert für die Zulässigkeit der Überlassung zwischen Informations- und Schulungsmedien (Nr. 1) und Medizinischen Gebrauchs- und Demonstrationsgegenständen (Nr. 2). Durch Abs. 2 wird der Vorstand des FSA ermächtigt, **verbindliche Leitlinien** gemäß § 6 Abs. 2 zu erlassen. Von dieser Ermächtigung hat er durch den Erlass zweier Leitlinien (3. Leitlinie und 4. Leitlinie) zur Auslegung der Begriffe „Informations- und Schulungsmaterial" sowie „Medizinische Gebrauchs und Demonstrationsgegenstände" Gebrauch gemacht.

265 Im Rahmen der Kodexrevision vom 14.11.2019 wurde Abs. 3 und 4 neu hinzugefügt. Absatz 3 soll einer **Umgehung des allgemeinen Geschenkeverbots** und einer unzulässigen Anreizwirkung entgegenwirken. Absatz 4 regelt die Kennzeichnung von Informations und Schulungsmaterial bzw. Medizinischen Gebrauchs- und Demonstrationsgegenständen. Zudem wurde der Begriff des Informations- und Schulungsmaterial als separate Definition in § 2 Nr. 14 aufgenommen.

II. Zulässigkeit nach § 6 Abs. 1 Nr. 2 Kodex und § 7 HWG

266 Die Regelung des § 15a Abs. 1 verlangt als erste Zulässigkeitsvoraussetzung, dass bei der Abgabe des Informationsmaterials der Auslegungsgrundsatz des **§ 6 Abs. 1 Nr. 2** sowie die Bestimmungen des § 7 HWG eingehalten werden müssen. Aus dem Verweis auf § 6 Abs. 1

[248] Entscheidung zu §§ 21 Abs. 1, 15a idF 4.12.2014, https://www.fsa-pharma.de/de/schiedstelle/berichterstattung/fachkreise/az-2017.4–521-21-abs-1-15a-fsa-kodex-fachkreise-unentgeltlich-verschenkte-tafeln-mit-einer-darstellung-des-menschlichen-b/, FS I 2017.4–521 (zul. abgerufen am 11.3.2021).

Nr. 2 folgt, dass sich die **Zuwendung** des Informationsmaterials **nicht** als **unlauter** darstellen darf. Es ist daher darauf zu achten, dass der gewährte Vorteil keinen Verstoß gegen das HWG, UWG, StGB oder die allgemein anerkannten Grundsätze des für die Fachkreisangehörigen geltenden Berufsrechts begründet.

Mit dem Verweis auf **§ 7 HWG** stellt § 15a Abs. 1 klar, dass das **Regel-Ausnahme-Prinzip** des § 7 HWG **zu beachten** ist und sich die Abgabe des Informationsmaterials an den Ausnahmen vom Verbot der Werbegaben nach § 7 Abs. 1 S. 1 Nr. 1–5 HWG messen lassen muss. Folglich ist auch die Abgabe von Informationsmaterial nur zulässig, wenn sie nicht unlauter ist und einem der Ausnahmetatbestände des § 7 HWG unterfällt. Insofern kommt insbesondere der Ausnahmeregelung der **Geringwertigkeit** des § 7 Abs. 1 S. 1 Nr. 1 HWG große Bedeutung zu, wie die nachfolgenden Konkretisierungen in Nr. 1 und Nr. 2 belegen. 267

III. Informations- und Schulungsmaterialien – Abs. 1 Nr. 1

Die Regelung des § 15a Abs. 1 Nr. 1 beruht auf Art. 17.01 EFPIA-Kodex und setzt die darin enthaltenen drei Voraussetzungen (zum Begriff vgl. § 2 Nr. 14 → Rn. 106) um. Absatz 1 verlangt Geringwertigkeit des Materials (1.), den direkten Bezug zur beruflichen Praxis (2.) sowie einen direkten Zusammenhang zur Patientenversorgung (3.). Der Verweis, dass die Abgabe von Informationsmaterial keinen Einfluss auf die Therapie-, Verordnungs- und Beschaffungsentscheidung des Arztes haben darf, wie es der EFPIA-Kodex vor der letzten Kodexrevision verlangt hat, wird durch den neu eingeführten Abs. 3 abgedeckt (→ Rn. 297). 268

Was dem Begriff **der Informations- und Schulungsmaterialien** unterfällt, wird durch die vom Vorstand aufgrund von § 15a Abs. 2 iVm § 6 Abs. 2 erlassene **3. Leitlinie** bestimmt. Erfasst sind gem. Ziffer 3.3 S. 6 der 3. Leitlinie wissenschaftliche (Aufklärungs-) Broschüren, Behandlungsschemata, Informationsflyer, Sonderdrucke und Produktmonographien sowie Guidelines und Empfehlungen der Fachgesellschaften (soweit diese keinen Fachbuchcharakter haben), sofern sie im **Zusammenhang** mit der **Indikation** und den **Forschungsgebieten des Mitgliedsunternehmens** stehen. Die Vorschrift findet auch auf online angebotenes Schulungsmaterial Anwendung, da diesem grundsätzlich der gleiche Nutzen wie Print- oder Digitalmedien zukommt. 269

Sofern die Abgabe von Fachliteratur, Sonderdrucken und ähnlichem Material auf die **konkrete Anfrage von Ärzten** hin erfolgt, beurteilt sich deren Zulässigkeit ebenfalls anhand des § 15a (vgl. 3. Leitlinie Ziffer 3.3 S. 8). Der bloße Umstand, dass die Abgabe der Beantwortung konkreter Anfragen iSd § 1 Abs. 5 HWG dient, rechtfertigt keine Abweichung von der Kodex-Regelung (vgl. 3. Leitlinie Ziffer 3.3. S. 10). Demnach soll nicht nur die „anlasslose", sondern allgemein jede Abgabe von Schulungs- und Informationsmaterial von der Ratio des § 15a Kodex erfasst werden. Ebenfalls erfasst wird die kostenlose Überlassung von wissenschaftlichen Artikeln, der keine konkrete Anfrage im Zusammenhang mit Produkten und Indikationsgebieten des Unternehmens zugrunde liegt, wie etwa zum Zwecke der **allgemeinen Literaturrecherche** (vgl. 3. Leitlinie Ziffer 3.3 S. 9). 270

Nicht unter die Vorschrift des § 15a fallen Image- und Kundenzeitschriften, soweit diese die Anforderungen einer **unternehmensbezogenen Informationen** nach § 1 Abs. 3 Nr. 5 erfüllen (→ Rn. 50) und somit vom Anwendungsbereich des Kodex ausgenommen sind (3. Leitlinie Ziffer 3.7). Vergleichbar ist die Überlassung von **sachbezogenen Informationen** vom Kodex nicht erfasst, sofern die Anforderungen nach § 1 Abs. 3 Nr. 3 (→ Rn. 50) erfüllt sind (3. Leitlinie Ziffer 3.8). 271

1. Die Geringwertigkeitsschwelle

Mit dem einschränkenden Merkmal der **Geringwertigkeit** des Informationsmaterials knüpft § 15a Kodex an bestehende gesetzliche Regelungen wie beispielsweise den Ausnahmetatbestand des § 7 Abs. 1 S. 1 Nr. 1 HWG an. 272

273 Der FSA hat sich gegen die Festlegung einer ausdrücklichen **Wertgrenze** entschieden (vgl. 3. Leitlinie Ziffer 3.3. S. 3–5). Vielmehr ist die Geringwertigkeit auf Basis der Vorgaben des Heilmittelwerberechts (insbes. § 7 HWG), dem ärztlichen Berufsrecht und allen anderen gesetzlichen Bestimmungen sowie Kodex-Regelungen zu ermitteln. Die Festlegung einer festen Wertschwelle gegenüber den Fachkreisen im Rahmen von § 7 HWG ist durch den BGH bislang noch nicht erfolgt. Die Instanzgerichte verfolgen dabei keine ganz einheitliche Linie,[249] wobei in jüngerer Zeit zum Teil eine Übertragung der Rechtsprechung des BGH[250] zur Wertgrenze von 1,00 EUR bei der Publikumswerbung auch auf die Fachkreiswerbung befürwortet wird,[251] zum Teil aber auch deutlich höhere Beträge akzeptiert werden, wenn ihr Wert im Verhältnis zum Warenwert sehr gering ist und ein relevanter Einfluss auf das Verordnungs- oder Abgabeverhalten ausgeschlossen werden kann.[252]

2. Direkter Bezug zur beruflichen Praxis

274 Als weitere Voraussetzung ist es erforderlich, dass das abgegebene Informations- oder Schulungsmaterial einen direkten Bezug zu der beruflichen Praxis des Empfängers aufweist. Diese Einschränkung stellt sicher, dass nur Materialien abgegeben werden, die einen **unmittelbaren** Nutzen für den jeweiligen Fachkreisangehörigen haben, wobei dieser Nutzen **ausschließlich beruflicher Natur** sein muss und nicht auch privaten Zwecken dienen darf.

275 Entsprechend der 3. Leitlinie (Ziffer 3.3 S. 1) setzt dieses Merkmal regelmäßig voraus, dass ein **Zusammenhang** des Informations- und Schulungsmaterials mit den **Indikationsbereichen** der Produkte oder mit den **Forschungsgebieten** des Unternehmens besteht.[253]

3. Enger Zusammenhang zur Patientenversorgung

276 Die dritte Voraussetzung ist eng mit der vorherigen verknüpft, indem sie zwischen dem Informationsmaterial und der Patientenversorgung einen engen Zusammenhang verlangt. Dadurch wird zum einen klargestellt, dass das Material ausschließlich beruflichen und nicht privaten Zwecken dienen darf. Daneben wird eine weitere Ratio des § 15a deutlich, wonach – als Ausnahme zu dem Geschenkeverbot des § 21 – die Abgabe solcher Informationsmaterialien zulässig blieben soll, die dem **Wohl der Patienten** dient. Es soll sichergestellt werden, dass die Mitgliedsunternehmen den Fachkreisangehörigen Materialien zur Verfügung stellen können, durch welche die Behandlung oder die Anwendung von Arzneimitteln zugunsten des Patienten optimiert werden kann. Die Materialien müssen für ein **besseres Verständnis** des Arztes hinsichtlich der Produkte des Unternehmens oder den damit verbundenen Indikations- und Forschungsgebieten im Hinblick auf die Behandlung des Patienten bestimmt sein (vgl. 3. Leitlinie Ziffer 3.3 S. 2).

---

[249] Als „grobe Richtschnur" werden Beträge von 0,50 bis 1 Euro als geringwertig eingestuft. Vgl. KG GRUR-RR 2018, 308 (311). Ein Betrag von 10 Euro erfüllt die Voraussetzung in jedem Fall nicht, vgl. dazu OLG Stuttgart PharmR 2018, 179 (182); ein geldwerter Vorteil von 1,22 Euro kann demgegenüber noch geringwertig sein, vgl. OLG München GRUR-RR 2017, 451.

[250] BGH GRUR 2010, 1136, ob die Wertgrenze für Zuwendungen an Fachkreise nach dem FSA-Kodex von 5 Euro anzusetzen ist ließ der BGH hingegen offen, für die Grenze von 1 Euro hingegen OLG Stuttgart PharmR 2018, 179 (181 f.).

[251] Vgl. OLG Stuttgart BeckRS 2018, 2292 Rn. 37; LG Dortmund WRP 2020, 667 (668).

[252] Vgl. OLG Köln WRP 2019, 354 Rn. 17, falls der Wert nur 0,8 % des Warenwerts entspricht.

[253] Vgl. insoweit auch Entscheidung zu §§ 21 Abs. 1, 15a idF 4.12.2014, https://www.fsa-pharma.de/de/schiedstelle/berichterstattung/fachkreise/az-2017.4–521-21-abs-1-15a-fsa-kodex-fachkreise-unentgeltlich-verschenkte-tafeln-mit-einer-darstellung-des-menschlichen-b/, FS I 2017.4–521 (zul. abgerufen am 11.3.2021).

4. Beispiele für Informations- und Schulungsmaterialien

Unabhängig von den oben bereits genannten Beispielen (→ Rn. 269) ist das Vorliegen der drei Voraussetzungen stets im Einzelfall zu prüfen. Die 3. Leitlinie (Ziffer 3.6) geht davon aus, dass diese regelmäßig bei **allgemeinen Fachbüchern** und **Zeitschriftenabonnements nicht erfüllt** sein werden, dies unabhängig vom gewählten Medium bzw. Format (Printformat oder elektronisches Medium). 277

Die Informationsmaterialien können grundsätzlich auch auf **modernen Datenträgern,** wie USB-Sticks, CDs, DVDs oder einer App abgebeben werden (vgl. 3. Leitlinie Ziffer 3.4). Erforderlich ist jedoch, dass der **Medienträger** selbst gegenüber seinem Inhalt in den Hintergrund tritt und damit nur **notweniger Nebenzweck** der primären Informationsvermittlung ist. Dem Medienträger darf kein materieller Anreiz innewohnen. Vielmehr muss er mit der Informationsabgabe in Papier- oder Broschürenform vergleichbar sein. Der Medienträger darf das Unternehmenslogo tragen und in den Fällen, in denen sich die Informationen schwerpunktmäßig auf das Arzneimittel selbst beziehen, auch das Produktlogo. 278

Ebenfalls unter die Verwendung moderner Medien fällt die sog. **Gesundheits-App,** soweit diese ebenfalls die definierten Anforderungen erfüllt (vgl. 3. Leitlinie Ziffer 3.5). Gesundheits-Apps sind nicht grundsätzlich verboten, sondern können, sofern es sich um wissenschaftlich-informative Apps handelt, zulässiges Informations- bzw. Schulungsmaterial sein. Da auch einer App gegebenenfalls ein erheblicher Mehrwert zukommen kann (bspw. im Falle von digitalisierter Fachliteratur), ist darauf zu achten, dass ihre Überlassung mit **§ 7 HWG** sowie den Kodex-Regelungen und dem ärztlichen Berufsrecht in Einklang steht. 279

Typischerweise mit umfasst vom Begriff des Informations- und Schulungsmaterials sind Unterlagen im Rahmen von **internen Fort- und Weiterbildungsveranstaltungen, Advisory Boards** oder vergleichbaren Veranstaltungen (vgl. Ziffer 3.3 Satz 7 und Ziffer 3.9 der 3. Leitlinie). Bei diesen und ähnlichen Veranstaltungen, die von Mitgliedsunternehmen selbst organisiert werden, ist es aufgrund der Praktikabilität den Mitgliedsunternehmen gestattet, für die Teilnehmer **geringwertige Schreibblöcke** und **Stifte** bereit zu halten, um den Teilnehmern Aufzeichnungen zu ermöglichen. Der Wert dieser Gegenstände ist jedoch beschränkt auf 5,00 EUR pro Teilnehmer und Veranstaltung. Eine Kennzeichnung der Gegenstände ist, wenn überhaupt, lediglich mit dem Namen des Unternehmens oder dem Unternehmenslogo zulässig. Die in Ziffer 3.9 der 3. Leitlinie genannte Ausnahme für „einfache Schreibblöcke und geringwertige Schreibstifte" **gilt nicht für andere Artikel,** wie etwa Schlüsselanhänger.[254] 280

IV. Spruchpraxis zu Informations- und Schulungsmaterial (Abs. 1 Nr. 1)

- Eine an Angehörige der Fachkreise gerichtete **Broschüre,** die Aussagen zu einem verschreibungspflichtigen Humanarzneimittel und dazu durchgeführten Studien enthält, unterfällt in der Regel der Privilegierung des § 15a Abs. 1 Nr. 1; sie ist auch dann nicht als unzulässiges Geschenk iSv § 21 Fachkreise anzusehen, wenn sie **in einer besonderen Form** (zB einer Herzform) gestaltet ist.[255] 281
- Das nach § 15a zulässigerweise abzugebende Material muss den **geltenden Gesetzen entsprechen.** Eine „Festgirlande", die Aussagen zu verschreibungspflichtigen Arzneimitteln trägt und von der das Unternehmen ausgehen musste, dass diese in öffentlichen Be-

[254] Entscheidung zu § 21 Abs. 1 idF v. 27.11.2013, https://www.fsa-pharma.de/de/schiedstelle/berichterstattung/fachkreise/az-2014.7–426-1-instanz-21-abs-1-n.f-fsa-kodex-fachkreise-verbot-des-angebots-und-der-abgabe-von-geschenken/, FS I 2014.7–426 (zul. abgerufen am 11.3.2021).

[255] Entscheidung zu §§ 15a Abs. 1 Nr. 1, 22 idF v. 15.11.2016, https://www.fsa-pharma.de/de/schiedstelle/berichterstattung/fachkreise/az-2017.2–513-und-2017.2–514-15a-abs-1-nr-1–22-fsa-kodex-fachkreise-abgabe-eines-folders-mit-einer-beigelegten-festgirl/, FS I 2017.2–513 und 2017.2–514 (zul. abgerufen am 11.3.2021).

reichen der Praxis aufgehängt werden würde, stellt eine nach § 10 Abs. 1 HWG unzulässige Werbung gegenüber Laien dar.[256]

- Die **Geringwertigkeit** von Materialien kann angenommen werden, wenn deren Produktionskosten zwar mehr als 3,00 EUR pro Stück betragen, aufgrund der Einordnung als Werbematerialien die Unterstellung aber fernlag, die Adressaten wären bereit, diesen einen erheblichen monetären Wert zuzubilligen.[257] Mit Blick auf die neuere Rechtsprechung des BGH (→ Rn. 273) sowie die Spruchpraxis zur Geringwertigkeit von Medizinischen Gebrauchs- und Demonstrationsgegenständen (→ Rn. 287) bestehen allerdings Zweifel, ob ein Wert oberhalb von 3,00 EUR als geringwertig anerkannt bleiben wird.
- **Vorformulierte Entlassbriefe** (Templates mit Textbausteinen), die Fachkreisangehörigen auf einem USB-Stick unentgeltlich zur Verfügung gestellt werden und deren Inhalte überwiegend und zwangsläufig Bestandteil üblicher Textbausteine und den Fachkreisen bekannt sind, sind **mit üblichem Praxisbedarf vergleichbar,** den der Arzt ohnehin ständig vorhalten muss. Sie unterfallen in der Regel nicht den Ausnahmetatbeständen des § 15a.[258]
- Werden Fachkreisangehörigen **Formulierungsvorschläge zu „Therapieempfehlungen bei Entlassung"** zur Verfügung gestellt, können diese als produktbezogene und sicherheitsrelevante Informationen zum Präparat aufgefasst werden und insoweit unter die Privilegierung des § 15a Abs. 1 Nr. 1 Kodex fallen, sofern diese überlassenen Formulierungen **bloßen Informations- oder Schulungscharakter** haben. Gehen diese Informationen hierüber hinaus und enthalten diese mundgerechte Vorschläge für Formulierungen, die der Arzt ansonsten mit einem gewissen Aufwand selbst formulieren müsste, um die andauernde Verordnung des Präparats zu begründen, wird dem Arzt hierdurch Zeit und Aufwand erspart und somit eine unentgeltliche, nach § 21 Abs. 1 Kodex unzulässige Sachleistung gewährt.[259]
- Allgemeine Informationen zu einer Krankheit und deren Symptomen, Therapie etc sind nicht privilegiert; es muss ein **konkreter Bezug zu den Produkten, Indikationen oder Forschungsgebieten** des Unternehmens klar im Vordergrund stehen.[260]
- Die **körperliche Verbindung** zwischen grundsätzlich zulässigem Informationsmaterial und **unzulässigen Geschenken** führt zu keiner abweichenden Bewertung (Zulässigkeit des Informationsmaterials, Unzulässigkeit des Geschenks). Anderenfalls würde das Geschenkeverbot beliebig dadurch unterlaufen werden können, dass unzulässige Geschenke durch ihre Kombination mit grundsätzlich zulässigem Informationsmaterial legalisiert werden könnten.[261]

---

[256] Entscheidung zu §§ 15a Abs. 1 Nr. 1, 22 idF v. 15.11.2016, https://www.fsa-pharma.de/de/schiedstelle/berichterstattung/fachkreise/az-2017.2–513-und-2017.2–514-15a-abs-1-nr-1–22-fsa-kodex-fachkreise-abgabe-eines-folders-mit-einer-beigelegten-festgirl/, FS I 2017.2–513 und 2017.2–514 (zul. abgerufen am 11.3.2021).

[257] Entscheidung zu §§ 15a Abs. 1 Nr. 1, 22 idF v. 15.11.2016, https://www.fsa-pharma.de/de/schiedstelle/berichterstattung/fachkreise/az-2017.2–513-und-2017.2–514-15a-abs-1-nr-1–22-fsa-kodex-fachkreise-abgabe-eines-folders-mit-einer-beigelegten-festgirl/, FS I 2017.2–513 und 2017.2–514 (zul. abgerufen am 11.3.2021).

[258] Entscheidung zu § 21 Abs. 1 idF v. 17.10.2017, https://www.fsa-pharma.de/de/schiedstelle/berichterstattung/fachkreise/az-2018.4-542verstoss-gegen-21-abs-1-fsa-kodex-fachkreise-hier-klinik-entlassungsbrief-vhf/, FS I 2018.4–542 (zul. abgerufen am 11.3.2021).

[259] Entscheidung zu § 21 Abs. 1 idF v. 17.10.2017, https://www.fsa-pharma.de/de/schiedstelle/berichterstattung/fachkreise/az-2018.4-542verstoss-gegen-21-abs-1-fsa-kodex-fachkreise-hier-klinik-entlassungsbrief-vhf/, FS I 2018.4–542 (zul. abgerufen am 11.3.2021).

[260] Entscheidung zu §§ 21 Abs. 1, 15a idF 4.12.2014, https://www.fsa-pharma.de/de/schiedstelle/berichterstattung/fachkreise/az-2017.4–521-21-abs-1-15a-fsa-kodex-fachkreise-unentgeltlich-verschenkte-tafeln-mit-einer-darstellung-des-menschlichen-b/, FS I 2017.4–521 (zul. abgerufen am 11.3.2021).

[261] Entscheidung zu § 21 Abs. 1 idF v. 4.12.2014, Leitlinie 3.6 S. 2, https://www.fsa-pharma.de/de/schiedstelle/berichterstattung/fachkreise/az-2016.7–503-21-abs-1-leitlinie-3.6-satz-2-fsa-kodex-

– Die in Ziffer 3.9 der 3. Leitlinie genannte Ausnahme für „einfache Schreibblöcke und geringwertige Schreibstifte" bei internen Fortbildungsveranstaltungen gilt nicht für andere Artikel wie zB **Schlüsselanhänger.** Zudem gelten diese Ausnahmen nur für von den Mitgliedsunternehmen selbst organisierten sog. internen Fortbildungsveranstaltungen.[262]

V. Medizinische Gebrauchs- und Demonstrationsgegenstände – Abs. 1 Nr. 2

Ebenso wie der Begriff des Informations- und Schulungsmaterials ist auch der Begriff der Medizinischen Gebrauchs- und Demonstrationsgegenstände im Rahmen der Kodexrevision vom 14.11.2019 zum Gegenstand einer **separaten Definition** in § 2 Nr. 18 geworden (→ Rn. 112). Jedoch enthält § 15a Abs. 1 Nr. 2 weiterhin alle relevanten Merkmale des Begriffs und wird durch die 4. Leitlinie ergänzt. § 15 Abs. 1 Nr. 2 S. 1 deckt sich mit dem Wortlaut des Art. 17.02 des EFPIA-Kodex. Beide knüpfen die Zulässigkeit der Abgabe von Medizinischen Gebrauchs- und Demonstrationsgegenstände an folgende drei, kumulativen[263], Voraussetzungen: Die Gegenstände müssen der Fortbildung von Angehörigen der Fachkreise sowie der Patientenversorgung dienen (1.), sie müssen geringwertig sein (2.) und dürfen den üblichen Praxisbedarf nicht ersetzen (3.). **282**

Welche Gegenstände dem Begriff der Medizinischen Gebrauchs- und Demonstrationsgegenstände unterfallen, wird in erster Linie durch die vom Vorstand des FSA erlassene **4. Leitlinie** bestimmt. Regelmäßig nicht erfasst vom Anwendungsbereich der Vorschrift werden Medizinische Gebrauchs- und Demonstrationsgegenstände, die dem Arzt zur bloßen **Weitergabe an den Patienten** überlassen werden[264]; hier sind die geltenden gesetzlichen Bestimmungen (zB §§ 299a, b StGB, § 7 HWG, § 128 SGB V) und das Berufsrecht der HCP zu beachten (vgl. 4. Leitlinie Ziffer 4.5). **283**

Wie auch für Informations- und Schulungsmaterialien setzt eine zulässige Überlassung von Medizinischen Gebrauchs- und Demonstrationsgegenständen einen klar im Vordergrund stehenden **Bezug zu den Produkten, Indikationen oder Forschungsgebieten** des Unternehmens voraus.[265] Ein Bezug zu Arzneimittel fehlt daher gerade bei allgemeinen Gebrauchsgegenständen wie zB Knochenskeletten oder Anatomiemustern.[266] **284**

---

fachkreise-fachbucher-als-informations-und-schulungsmaterial/, FS I 2016.7–503 (zul. abgerufen am 11.3.2021).

[262] Entscheidung zu § 21 Abs. 1 idF v. 27.11.2013, https://www.fsa-pharma.de/de/schiedstelle/berichterstattung/fachkreise/az-2014.7–426-1-instanz-21-abs-1-n.f-fsa-kodex-fachkreise-verbot-des-angebots-und-der-abgabe-von-geschenken/, FS I 2014.7–426 (zul. abgerufen am 11.3.2021).

[263] Entscheidung zu §§ 21 Abs. 1, 15a idF v. 4.12.2014, https://www.fsa-pharma.de/de/schiedstelle/berichterstattung/fachkreise/az-2017.4–521-21-abs-1-15a-fsa-kodex-fachkreise-unentgeltlich-verschenkte-tafeln-mit-einer-darstellung-des-menschlichen-b/, FS I 2017.4–521 (zul. abgerufen am 11.3.2021).

[264] Entscheidung zu § 21 Abs. 1 idF v. 4.12.2014, https://www.fsa-pharma.de/de/schiedstelle/berichterstattung/fachkreise/az-2016.12–507-21-abs-1-fsa-kodex-fachkreise-geschenkeverbot-gegenuber-den-fachkreisen-abgabe-von-gymnastikbandern-im-zus/, FS I 2016.12–507 (zul. abgerufen am 11.3.2021).

[265] Entscheidung zu §§ 21 Abs. 1, 15a idF 4.12.2014, https://www.fsa-pharma.de/de/schiedstelle/berichterstattung/fachkreise/az-2017.4–521-21-abs-1-15a-fsa-kodex-fachkreise-unentgeltlich-verschenkte-tafeln-mit-einer-darstellung-des-menschlichen-b/, FS I 2017.4–521 (zul. abgerufen am 11.3.2021).

[266] Entscheidung zu §§ 21 Abs. 1, 15a idF 4.12.2014, https://www.fsa-pharma.de/de/schiedstelle/berichterstattung/fachkreise/az-2017.4–521-21-abs-1-15a-fsa-kodex-fachkreise-unentgeltlich-verschenkte-tafeln-mit-einer-darstellung-des-menschlichen-b/, FS I 2017.4–521 (zul. abgerufen am 11.3.2021).

1. Fortbildungs- und Patientenversorgungszweck

285 Die Abgabe der Gegenstände muss **zweckgebunden** erfolgen, dh es dürfen nur Gegenstände übergeben werden, die unmittelbar der **Fortbildung** des HCP als Empfänger und der **Patientenversorgung** dienen. Beide Merkmale müssen **kumulativ** vorliegen, so dass bereits die Negation des einen zur Unzulässigkeit der Abgabe des Gegenstandes insgesamt führt. Die wesentlichen Ziele der Gebrauchs- bzw. Demonstrationsgegenstände, wie die Instruktion, Eingewöhnung und Handhabung erfüllen in aller Regel beide Zwecke, da sie zum einen den HCP mit der Materie vertraut machen und eine sichere Handhabung gewährleisten, was seiner Fortbildung dient, und zum anderen die Versorgung der Patienten durch nachvollziehbare Erklärungsmethoden und Übungsmöglichkeiten verbessern. Allgemeine, schematische Darstellungen des Krankheitsbilds und der Organe erfüllen den **unmittelbaren Fortbildungscharakter** für Fachkreise, die mit der Erkrankung vertraut sind, nicht, soweit sie inhaltlich den Kenntnisstand eines Medizinstudenten widerspiegeln.[267]

286 Die 4. Leitlinie (vgl. Ziffer 4.2) stellt klar, dass Gegenstände der Fortbildung des HPC dienen, wenn hierdurch die HCP ein besseres Verständnis der Applikation des Arzneimittels erlangen können und dass sie der Patientenversorgung dienen, wenn sie zur **Anwendung im Rahmen der Behandlung von Patienten** bestimmt sind.

2. Geringwertigkeitsschwelle

287 Auch bzgl. des Geringwertigkeitsmerkmals von Medizinischen Gebrauchs- und Demonstrationsgegenständen hat der FSA-Vorstand von der Festlegung einer starren **Wertgrenze abgesehen.** Das Merkmal der Geringwertigkeit soll daher anhand des Heilmittelwerberechts (inbs. § 7 HWG), dem ärztlichen Berufsrecht, sowie allen anderen relevanten gesetzlichen Bestimmungen und sonstigen Kodex-Regelungen ermittelt werden. Demnach können auch Gegenstände, die den Wert von 5,00 Euro überschreiten, noch als geringwertig betrachtet werden, sofern dieser Beurteilung § 7 HWG nicht entgegensteht (vgl. Ziffer 4.2 S. 3–5).[268] Für Medizinische Gebrauchs- und Demonstrationsgegenstände hat die Schiedsstelle die Geringwertigkeit einer Tafel mit einem Bruttopreis von ca. 1,50 EUR im Hinblick auf die neuere Rechtsprechung zumindest als zweifelhaft bewertet.[269] Eine Festlegung der Geringwertigkeitsschwelle im Rahmen von § 7 HWG durch den BGH steht insofern noch aus. In der Instanzrechtsprechung wird zum Teil eine strikte Übernahme der Wertgrenze von 1,00 EUR für Zuwendungen gegenüber dem Laienpublikum auch für die Fachkreise befürwortet;[270] zum Teil werden aber auch deutlich höhere Grenzen akzeptiert, wenn der relative Wert im Verhältnis zum Warenwert sehr gering ist.[271]

3. Kein Ersetzen des üblichen Praxisbedarfs

288 Als dritte Voraussetzung verlangt § 15a Abs. 2 Nr. 2, dass der abgegebene medizinische Gebrauchs- oder Demonstrationsgegenstand nicht den üblichen Praxisbedarf des Empfängers ersetzen darf. Durch diese Einschränkung wird klargestellt, dass die Abgabe der medizinischen Gebrauchs- oder Demonstrationsgegenstände **nicht** zu einer **Bereicherung** des

[267] Entscheidung zu §§ 21 Abs. 1, 15a idF 4.12.2014, https://www.fsa-pharma.de/de/schiedsstelle/berichterstattung/fachkreise/az-2017.4–521-21-abs-1-15a-fsa-kodex-fachkreise-unentgeltlich-ver schenkte-tafeln-mit-einer-darstellung-des-menschlichen-b/, FS I 2017.4–521 (zul. abgerufen am 11.3.2021).

[268] Zu den Grenzwerten hinsichtlich § 7 HWG siehe Fn. 248 und 251.

[269] Entscheidung zu §§ 21 Abs. 1, 15a idF 4.12.2014, https://www.fsa-pharma.de/de/schiedsstelle/berichterstattung/fachkreise/az-2017.4–521-21-abs-1-15a-fsa-kodex-fachkreise-unentgeltlich-ver schenkte-tafeln-mit-einer-darstellung-des-menschlichen-b/, FS I 2017.4–521 (zul. abgerufen am 11.3.2021).

[270] Vgl. OLG Stuttgart BeckRS 2018, 2292 Rn. 37 ff.

[271] Vgl. OLG Köln WRP 2017, 1388 (1390) für einen Wert von 0,8 % im Verhältnis zum Warenwert.

empfangenden Fachkreisangehörigen **in der Gestalt der ersparten Aufwendungen werden** darf. Die Praxis eines Fachkreisangehörigen benötigt für den täglichen Praxisbetrieb bestimmte **laufende Aufwendungen,** angefangen bei den allgemeinen Kosten der Miete, der Verwaltungskosten und des Bürobedarfs (inklusive Schreibwaren und Stifte) hin zu den speziellen Aufwendungen für die Durchführung der Patientenbehandlung (zB Tücher, Handschuhe, Stethoskope, Blutdruckmessgeräte, Alkoholtupfer, Spritzen, Injektionsnadeln, Kanülenabwurfboxen, Pflaster, Desinfektionsmittel etc). Gegenstände, die geeignet sind diesen Bedarf gänzlich oder auch nur zu einem geringen Teil zu decken, dürfen gemäß § 15a Abs. 2 Nr. 2 nicht abgeben werden (vgl. 4. Leitlinie Ziffer 4.4) und bedeuten im Falle der Abgabe einen Verstoß gegen das Geschenkeverbot des § 21 Kodex.

Die Mitgliedsunternehmen müssen daher eine **klare Differenzierung** vornehmen, ob **289** der jeweilige Gegenstand geeignet ist, den Praxisbedarf des Fachkreisangehörigen zu ersetzen oder ob er als medizinischer Gebrauchs- bzw. Demonstrationsgegenstand der unmittelbaren Fortbildung des Fachkreisangehörigen sowie der Verwendung gegenüber dem Patienten zu dienen bestimmt ist.

4. Geringwertige Softwareapplikationen (§ 15a Abs. 1 Nr. 2 S. 2)

Über den Wortlaut des Art. 17.02 EFPIA-Kodex hinaus enthält § 15a Abs. 1 Nr. 2 in S. 2 **290** die Bestimmung, dass unter den Begriff der Gegenstände auch geringwertige **Softwareapplikationen** subsumierbar sind (insbesondere Apps), die die Diagnose und Behandlung von Patienten unterstützen können, sofern sich diese auf Produkte und Indikationsbereiche der Mitgliedsunternehmen beziehen.

Der erste Halbsatz dient der Klarstellung, dass nicht nur stofflich greifbare, sondern **auch** **291** **digitale Gegenstände** dem Begriff von Medizinischen Gebrauchs- und Demonstrationsgegenständen unterfallen können. Ebenso wie im Rahmen der Informations- und Schulungsmaterialien erfolgt somit eine Ausweitung des Tatbestandes.

Im zweiten und dritten Halbsatz wird die **Abgabe** von Softwareapplikationen in zweier- **292** lei Hinsicht **eingeschränkt.** Zum einen muss sie die Diagnose und Behandlung des Patienten unterstützen können. Zum anderen muss ein Bezug zu Produkten und Indikationsbereichen des Mitgliedsunternehmens bestehen.

Die erste Einschränkung knüpft an die bereits unter § 15a Abs. 1 Nr. 1 bekannte Voraus- **293** setzung des **Zwecks** der **Patientenversorgung** an. Die Softwareapplikation soll in Folge dessen ausschließlich beruflichen Zwecken dienen und die Versorgung des Patienten unterstützen. Die zweite Einschränkung verlangt einen konkreten Bezug zwischen der abgegebenen Softwareapplikation und dem Mitgliedsunternehmen. Es beschränkt die Möglichkeit der Abgabe durch das Mitgliedsunternehmen auf solche Softwareapplikationen, die einen direkten Bezug zu den Produkten und Indikationsbereichen des Mitgliedsunternehmens haben. Dadurch wird sichergestellt, dass das Unternehmen **keine produkt- bzw. fachfremden Applikationen** zur Verfügung stellt, die aufgrund des mangelnden Bezuges zu der unternehmenseigenen Tätigkeit geeignet sind, als Geschenk verstanden zu werden (etwa allgemeine Fachliteratur, Exemplare der „Roten Liste" uä).

5. Beispiele für Schulungs- und Demonstrationsgegenstände

Nach der 4. Leitlinie (Ziffer 4.3) erfüllen typischerweise medizinische Demonstrations- **294** objekte (wie bspw. Demokits oder Inhalationsgeräte ohne Inhaltsstoff), Trainingssets (zB zur Schulung er Applikation von Arzneimitteln) oder Placebo-Pflaster die definierten Anforderungen, da sie die sichere Handhabung fördern sollen und damit der Fortbildung der HCP sowie der Patientenversorgung dienen. Allgemein sind davon solche Gegenstände erfasst, die der **Instruktion** des Patienten, seiner **Eingewöhnung** in die Behandlung sowie der sicheren **Handhabung** dienen und damit zugleich auch der Fortbildung des Angehörigen der Fachkreise sowie der Patientenversorgung dienen.

VI. Spruchpraxis zu Medizinischen Gebrauchs- und Demonstrationsgegenständen (Abs. 1 Nr. 2)

295 – Eine Tafel mit einer schematischen Darstellung des Blutkreislaufs und anderen allgemeinen, schematischen Darstellungen des Krankheitsbilds erfüllt nicht die Voraussetzung eines konkreten und **klar im Vordergrund stehenden Bezugs zu den Produkten, Indikationen oder Forschungsgebieten** des Unternehmens.[272]
– Allgemeine, schematische Darstellungen des Krankheitsbilds und der Organe, die den Kenntnisstand eines Medizinstudenten wiederspiegeln, erfüllen den **unmittelbaren Fortbildungscharakter** für Fachkreise, die mit der Erkrankung vertraut sind, nicht.[273]
– Ein **konkreter Bezug auf die Anwendung eines Arzneimittels** fehlt ua bei allgemeinen Gebrauchsgegenständen wie Knochenskeletten oder Anatomiemustern.[274]
– Die **Geringwertigkeit** einer Tafel mit einem Bruttopreis von ca. 1,50 EUR bewertete die Schiedsstelle im Hinblick auf die neuere Rechtsprechung zumindest als zweifelhaft.[275]
– Gegenstände (zB ein **Gymnastikband**), die vom Arzt an den Patienten verschenkt werden, fallen regelmäßig nicht unter den Anwendungsbereich des § 15a Abs. 1 Nr. 2.[276]

VII. Leitlinien des Vorstandes – Abs. 2

296 Zur Auslegung der Begriffe „Informations- und Schulungsmaterial" sowie „ medizinischen Gebrauchs- und Demonstrationsgegenstände", einschließlich ihrer Merkmale, hat der Vorstand des Vereins verbindliche Leitlinien nach § 6 Abs. 2 erlassen (vgl. 3. Leitlinie und 4. Leitlinie). Abs. 2 beruht auf Annex C Art. 17 des EFPIA-Kodex und zielt darauf ab, eine **Vereinheitlichung der Auslegung** bei unbestimmten Begriffen zu erreichen und dadurch eine erhöhte Rechtssicherheit zu gewährleisten.

VIII. Keine Umgehung des Geschenkeverbots, keine Anreizwirkung (Abs. 3)

297 Durch den im Rahmen der Kodexrevision vom 14.11.2019 eingeführten Abs. 3 wird klargestellt, dass die Ausnahmetatbestände in § 15a nicht zu einer Umgehung des Geschenkeverbots als allgemeinem Grundprinzip führen dürfen. Die Bereitstellung der Informations- und Schulungsmaterialien bzw. Medizinischen Gebrauchs- und Demonstrationsgegenstände darf **keinen Anreiz** darstellen, ein bestimmtes Arzneimittel zu verschreiben, zu

[272] Entscheidung zu §§ 21 Abs. 1, 15a idF 4.12.2014, https://www.fsa-pharma.de/de/schiedstelle/berichterstattung/fachkreise/az-2017.4–521-21-abs-1-15a-fsa-kodex-fachkreise-unentgeltlich-verschenkte-tafeln-mit-einer-darstellung-des-menschlichen-b/, FS I 2017.4–521 (zul. abgerufen am 11.3.2021).

[273] Entscheidung zu §§ 21 Abs. 1, 15a idF 4.12.2014, https://www.fsa-pharma.de/de/schiedstelle/berichterstattung/fachkreise/az-2017.4–521-21-abs-1-15a-fsa-kodex-fachkreise-unentgeltlich-verschenkte-tafeln-mit-einer-darstellung-des-menschlichen-b/, FS I 2017.4–521 (zul. abgerufen am 11.3.2021).

[274] Entscheidung zu §§ 21 Abs. 1, 15a idF 4.12.2014, https://www.fsa-pharma.de/de/schiedstelle/berichterstattung/fachkreise/az-2017.4–521-21-abs-1-15a-fsa-kodex-fachkreise-unentgeltlich-verschenkte-tafeln-mit-einer-darstellung-des-menschlichen-b/, FS I 2017.4–521 (zul. abgerufen am 11.3.2021).

[275] Entscheidung zu §§ 21 Abs. 1, 15a idF 4.12.2014, https://www.fsa-pharma.de/de/schiedstelle/berichterstattung/fachkreise/az-2017.4–521-21-abs-1-15a-fsa-kodex-fachkreise-unentgeltlich-verschenkte-tafeln-mit-einer-darstellung-des-menschlichen-b/, FS I 2017.4–521 (zul. abgerufen am 11.3.2021).

[276] Entscheidung zu § 21 Abs. 1 idF v. 4.12.2014, https://www.fsa-pharma.de/de/schiedstelle/berichterstattung/fachkreise/az-2016.12–507-21-abs-1-fsa-kodex-fachkreise-geschenkeverbot-gegenuber-den-fachkreisen-abgabe-von-gymnastikbandern-im-zus/, FS I 2016.12–507 (zul. abgerufen am 11.3.2021).

kaufen, zu liefern, zu empfehlen oder zu verschreiben. Der EFPIA-Kodex enthielt bereits zuvor eine Bestimmung, dass die Überlassung dieser Materialien und Gegenstände keinen solchen Anreiz darstellen darf (Art. 17.03 EFPIA-Code). Mit der Einführung des Abs. 3 wurde diese Regelung nun auch im Kodex umgesetzt. Aufgrund des Verweises auf § 6 Abs. 1 Nr. 2, der jegliche Art unlauterer Beeinflussung verbietet und auf die Einhaltung der Lauterkeitsregelungen des HWG, UWG, StGB sowie der jeweiligen Berufsordnung verweist (→ Rn. 170), wären derartige Überlassungen mit Anreizwirkung auch bereits zuvor unzulässig gewesen.

IX. Kennzeichnung (Abs. 4)

Durch die im Rahmen der letzten Kodexrevision neu eingeführte Regelung in Abs. 4 wird klargestellt, dass Informations- und Schulungsmaterialien sowie Medizinische Gebrauchs- und Demonstrationsgegenstände mit dem **Namen des Mitgliedsunternehmens** gekennzeichnet werden dürfen. Darüber hinaus ist eine Bezugnahme auf den Namen des entsprechenden **Arzneimittels** zulässig, **soweit** dies für eine korrekte Verwendung des Materials oder Gegenstands durch den Patienten **unerlässlich** ist. Die Einführung der Regelung beruht auf Art. 17.04 EFPIA-Kodex, welcher diese eingeschränkte Möglichkeit der Kennzeichnung ebenfalls vorsieht. **298**

Durch die genannte Einschränkung, dass eine Bezugnahme auf das Arzneimittel auf das Maß des „Unerlässlichen“ begrenzt ist, wird deutlich, dass mit der Nennung des Arzneimittels **keinerlei werbliche Zwecke** verfolgt werden sollen. Dies ist insoweit schlüssig und folgerichtig, als der Sinn und Zweck der Ausnahmetatbestände in § 15a zur Überlassung von Informations- und Schulungsmaterialien sowie Gebrauchs- und Medizinischen Demonstrationsgegenständen darauf beschränkt ist, den fachgerechten Umgang der HCPs mit den Produkten sicherzustellen. Diese engen Grenzen zur zulässigen Nennung des Arzneimittelnamens sichern flankierend den Grundsatz in Abs. 3 ab, wonach durch die Bereitstellung das Geschenkverbot nicht umgangen werden und von dieser keine Anreizwirkung ausgehen darf (→ Rn. 297), indem eine zusätzliche Anreizwirkung durch die Kennzeichnung mit dem Namen eines bestimmten Arzneimittels untersagt und nur „soweit für die korrekte Verwendung des Materials oder Gegenstands durch den Patienten unerlässlich“ erlaubt wird. **299**

X. Spruchpraxis zu § 15a allgemein

– Die Ausnahmetatbestände des § 15a sind **eng auszulegen.** Eine Verbindung zum konkreten Produkt muss zweifelsfrei hergestellt werden können.[277] **300**

§ 16 Beantwortung individueller Anfragen

Die Erkennung oder Behandlung von Krankheiten ist den Ärzten vorbehalten. Auf Anfragen, die sich auf eine individuelle Therapiesituation beziehen, soll das Unternehmen dem Anfragenden raten, einen Arzt zu konsultieren.

Übersicht

[277] Entscheidung zu §§ 21 Abs. 1, 15a idF 4.12.2014, https://www.fsa-pharma.de/de/schiedstelle/berichterstattung/fachkreise/az-2017.4–521-21-abs-1-15a-fsa-kodex-fachkreise-unentgeltlich-ver schenkte-tafeln-mit-einer-darstellung-des-menschlichen-b/, FS I 2017.4–521 (zul. abgerufen am 11.3.2021).

I. Vorbemerkung

301 In früheren Kodexfassungen enthielt Abs. 1 eine Regelung zum Verbot der Fernbehandlung. Diese wurde als Reaktion auf die berufsrechtliche **Lockerung des Fernbehandlungsverbots,** welche durch den 121. Deutschen Ärztetag beschlossen wurde, aus dem Kodex gestrichen.[278] Eine Fernbehandlung ist gem. § 7 Abs. 4 MBO-Ä im Einzelfall unter Berücksichtigung weiterer Vorgaben und ua nach umfassender Aufklärung erlaubt.[279] Nach § 7 Abs. 4 S. 3 MBO-Ä gelten für die ausschließliche Fernbehandlung, also eine Behandlung, die auf einen direkten Arzt-Patienten-Kontakt gänzlich verzichtet, folgende Voraussetzungen: Die Fernbehandlung muss ärztlich vertretbar sein, es muss die erforderliche ärztliche Sorgfalt insbesondere durch die Art und Weise der Befunderhebung, Beratung, Behandlung sowie Dokumentation gewahrt werden und schließlich ist eine umfassende, sich gerade auch auf die Besonderheiten der ausschließlichen Fernbehandlung beziehende Aufklärung erforderlich.[280]

II. Arztvorbehalt (Satz 1)

302 Wer den ärztlichen Beruf ausüben will, bedarf gemäß § 2 Abs. 1 der Bundesärzteordnung (BÄO) der Approbation. Die Ausübung der ärztlichen Heilkunde ist in Deutschland ausschließlich Personen vorbehalten, die nach Maßgabe der BÄO die Bezeichnung „Arzt" oder „Ärztin" tragen dürfen. Dies bedeutet gleichzeitig ein Verbot für pharmazeutische Unternehmer, Fragen von Patienten, die sich auf eine **konkrete individuelle Therapie** beziehen, persönlich oder über Kommunikationsmedien zu beantworten.

III. Verhaltenspflichten für Unternehmer (Satz 2)

303 Den Unternehmen ist es nicht gestattet, bei Anfragen von Personen, die sich auf eine individuelle Therapiesituation beziehen, diese zu beraten. Vielmehr hat das Unternehmen die Pflicht, in einem solchen Fall den Anfragenden darauf zu verweisen, **einen Arzt zu konsultieren.**

4. Abschnitt: Zusammenarbeit

§ 17 Verordnungen und Empfehlungen

Es ist unzulässig, HCP oder Dritten für die Verordnung und die Anwendung eines Arzneimittels oder die Empfehlung eines Arzneimittels gegenüber dem Patienten ein Entgelt oder einen sonstigen geldwerten Vorteil anzubieten, zu gewähren oder zu versprechen.

5. Leitlinie

des Vorstandes des FSA gemäß § 6 Abs. 2 iVm § 17 zur Vereinbarkeit von gebrauchssichernden Maßnahmen mit dem Vorteilsgewährungsverbot für Verordnungen und Empfehlungen (Stand: 7.9.2020):

5.1 Von Pharmaunternehmen initiierte Programme, die Patienten bei der sicheren und bestimmungsgemäßen, der Zulassung entsprechenden Anwendung von Arzneimitteln unterstützen („gebrauchssi-

[278] Siehe zur Lockerung des Fernbehandlungsverbots auch *Reese* in BeckOK HWG § 9 Rn. 9 ff.

[279] Zu beachten ist in diesem Zusammenhang, dass die einzelnen Berufsordnungen der Landesärztekammer diese Neuerung bislang nur teilweise umsetzen; vgl. *Braun* MedR 2018, 563. Umgesetzt wurde der Beschluss in den Berufsordnungen von Bayern, Berlin, Bremen, Hamburg, Hessen, Nordrhein, Mecklenburg-Vorpommern, Niedersachsen, Rheinland-Pfalz, Saarland, Sachsen, Sachsen-Anhalt, Schleswig-Holstein, Thüringen, Westfalen-Lippe, nicht jedoch Brandenburg. Die Berufsordnung von Baden-Württemberg sah zunächst Modellprojekte vor, seit dem 1.6.2020 ist die ausschließliche ärztliche Fernbehandlung dort auch außerhalb genehmigter Pilotprojekte gestattet.

[280] *Steinhilper* in Laufs/Kern/Rehborn ArztR § 30 Rn. 21.

Ziel, die Bedingungen, unter denen diese Programme zulässig sind, für alle FSA-Mitgliedsfirmen einheitlich zu regeln. Aufklärungskampagnen (Disease Awareness Programme), mit denen Firmen nur allgemein über bestimmte Erkrankungen unterrichten, fallen nicht unter diese Leitlinie.

5.2 Voraussetzung für die Zulässigkeit von gebrauchssichernden Maßnahmen ist das Vorliegen eines sachlich sinnvollen Grundes. Grundlage für die Feststellung, ob ein solcher sachlich sinnvoller Grund vorliegt, muss die medizinische Perspektive und die Berücksichtigung des Interesses der Patienten an guter und sicherer Versorgung sein. Ein sachlich-rechtfertigender Grund ist in Therapiesituationen gegeben, in denen der Patient über die vom Arzt zu leistende medizinische und aufklärende Betreuung hinaus ein Bedürfnis nach Information und Unterstützung hat, das auf anderem Wege nicht vollständig zu befriedigen ist. In Betracht kommen hier Erkrankungen, bei denen Patienten aufgrund körperlicher Nachteile oder mentaler Einschränkungen nicht oder nur eingeschränkt in der Lage sind, eine vom Arzt vorgenommene Einweisung und Aufklärung dauerhaft und sicher zu befolgen. Dies kann auch der Fall sein, wenn die Anwendung eines Arzneimittels oder eines verordneten Therapieschemas besonders komplex ist oder in der praktischen Handhabung Schwierigkeiten bereiten kann. Auch jenseits der vorgenannten Gründe können gebrauchssichernde Maßnahmen in besonderen Behandlungssituationen sinnvoll sein, wenn sie die Therapietreue des Patienten unterstützen. Auch bei vermeintlich einfachem Anwendungsschema eines Arzneimittels – wie z. B. der oralen Applikation – können durchaus Besonderheiten auftreten, die gebrauchssichernde Maßnahmen im Sinne der Patientensicherheit notwendig und sinnvoll machen.

5.3 Sachlich-rechtfertigende Gründe für gebrauchssichernde Maßnahmen sind emnach besonders gegeben:

– bei körperlich/mentalen Einschränkungen der Patienten;
– bei komplexen Anwendungsschemata;
– zur Verbesserung der Therapietreue bei Patienten in besonderen Behandlungssituationen, bei denen die Förderung der Therapietreue wichtig für den Patienten und den Verlauf seiner Behandlung ist, ohne dass die Patienten körperlich/mental beeinträchtigt sein müssen oder der konkreten Therapie ein besonders komplexes Schema zugrunde liegt.

5.4 Die Leitung der medizinischen Abteilung des Unternehmens muss die sachliche Rechtfertigung und Sinnhaftigkeit der gebrauchssichernden Maßnahme bewerten und bestätigen. Alle für die unterstützenden Maßnahmen verwendeten Materialien müssen von der medizinischen Abteilung freigegeben werden. Die Beteiligung von Mitarbeitern anderer Abteilungen an der Implementierung von gebrauchssichernden Maßnahmen ist im Rahmen der gesetzlichen Vorgaben zulässig, wobei die operative Verantwortung hierfür nicht zwingend in der medizinischen Abteilung liegen muss.

5.5 Im Verhältnis zum behandelnden Arzt ist darauf zu achten, dass gebrauchssichernde Maßnahmen nur eine ergänzende und/oder wiederholende Funktion haben dürfen. Pharmazeutische Unternehmen oder von ihnen beauftragte Dritte dürfen somit nicht die dem Patienten vom Arzt geschuldete originäre Aufklärung und Einweisung in eine sichere und zulassungskonforme Therapie teilweise oder vollständig übernehmen oder diese ersetzen. Die Wiederholung von aufklärenden Hinweisen durch Informationsmaterialien und/oder eine praktische Einweisung durch pharmazeutische Unternehmen oder von ihnen beauftragte Dritte ist unter Schulungsaspekten jedoch zulässig, wenn eine vollständige Pflichterfüllung durch den Arzt hinsichtlich der Aufklärung und der Einweisung gegenüber den Patienten bereits erfolgt ist und nicht erstmalig durch das Unternehmen übernommen wird.

5.6 Gebrauchssichernde Maßnahmen seitens der pharmazeutischen Unternehmen müssen daher über den gesetzlich geschuldeten Leistungsumfang des Arztes hinausgehen, indem sie diesen entweder vertiefen oder intensivieren. Die von dem Arzt selbst zu erbringenden Pflichtleistungen richten sich nach der konkreten Therapiesituation und den jeweiligen Bedürfnissen des individuellen Patienten. Durch den Arzt zu leisten ist eine Aufklärung und Einweisung, die dem jeweiligen medizinischen Standard entspricht und dem Patienten eine angemessene Versorgung zukommen lässt. Zusätzliche Sonderleistungen von pharmazeutischen Unternehmen zur Absicherung und/oder Erhöhung der Therapietreue dürfen diese Maßnahmen nicht ersetzen, sondern lediglich ergänzen und optimieren. Sie sind unzulässig, wenn die Maßnahme darauf abzielt, den Arzt von ihm obliegenden Verpflichtungen zu entlasten, insbesondere die Aufklärung und Einweisung einer therapiegerechten Anwendung bei dem Patienten vorzunehmen.

5.7 Es muss sichergestellt sein, dass die vom Arzt vorzunehmende Aufklärung und Einweisung in die Therapie einerseits und gebrauchssichernde Maßnahmen durch pharmazeutische Unternehmen andererseits klar voneinander getrennt sind. Gebrauchssichernde Maßnahmen der pharmazeutischen Unternehmen müssen als solche transparent dargestellt werden und dürfen nicht als eigene Leistung

chernde Maßnahmen"), sind weit verbreitet und allseits im Markt bekannt. Diese Leitlinie hat zum des Arztes gegenüber dem Patienten diesem zugerechnet werden. Eine Beauftragung von Ärzten und/oder deren Mitarbeitern durch pharmazeutische Unternehmen zur Erbringung von zusätzlichen gebrauchssichernden Maßnahmen für die eigenen Patienten ist unzulässig. Dies gilt auch, wenn das Unternehmen Dritte mit der Durchführung solcher Programme beauftragt.

5.8 Der Arzt kann den Patienten über Inhalt und Form der gebrauchssichernden Maßnahmen informieren und aufklären und dazu vom Unternehmen entwickelte, sachlich-informierende Informationsmaterialien nutzen. Auch ist eine sachliche, an die Patienten gerichtete Information über den Inhalt der gebrauchssichernden Maßnahmen durch die pharmazeutischen Unternehmen im Rahmen des gesetzlich Zulässigen möglich. Hierzu gehört auch die Überlassung schriftlicher Unterlagen an Patienten auf konkrete Anfrage hin, z. B. wenn diese in Form von sachlich-informierenden Informationsmaterialien in der Arztpraxis verfügbar sind oder in digitaler Form über eine Webseite verfügbar gemacht werden.

Übersicht

I. Vorbemerkung

304 Die Regelung setzt auf den in § 6 Abs. 1 Nr. 1 definierten Grundsatz des Verbots der unsachlichen Beeinflussung von Therapie-, Verordnungs- und Beschaffungsentscheidungen auf und spezifiziert diesen für das Verordnungs- und Empfehlungsverhalten des Arztes. Die Vorschrift selbst hat in den vergangenen Jahren, bis auf die Verwendung der Definition „HCP", keine Änderungen erfahren. Jedoch hat der FSA-Vorstand im Kontext dieser Regelung eine **Leitlinie zu sog. gebrauchssichernden Maßnahmen** erlassen, welche aufgrund der zunehmenden Verbreitung von derartigen Maßnahmen in der Praxis eine große Bedeutung erfahren hat.

II. Verbot der Vorteilsgewährung für das Verordnungs- und Empfehlungsverhalten von Ärzten

305 Die Regelung konkretisiert § 6 Abs. 1 Nr. 1 und entspricht dem berufsrechtlichen Verbot, für die Verordnung oder die Anwendung eines Arzneimittels oder die Empfehlung eines Arzneimittels gegenüber Patienten ein Entgelt oder einen sonstigen geldwerten Vorteil anzunehmen (§§ 31, 32 MBO-Ä). Daher soll es nach dem Kodex auch dem pharmazeutischen Unternehmen und deren Mitarbeitern verboten sein, ein derartiges Entgelt anzubieten, zu gewähren oder auch nur zu versprechen.[280] Dies gilt auch dann, wenn diese Entgelte oder Vorteile **Dritten** (etwa Familienangehörigen oder Mitarbeitern des Arztes) (vgl. § 6 Abs. 1 → Rn. 166f.) zufließen oder zufließen sollen. Dementsprechend stellt die Einladung von Ärzten zur Teilnahme an Fortbildungsveranstaltungen einen Verstoß gegen § 17 dar, wenn im Vorfeld bereits ein bestimmtes Verschreibungsverhalten erwartet wird, um die Fortbildungsveranstaltung finanzieren und durchführen zu können.[281]

Ein Verstoß könnte in Anlehnung an eine Entscheidung der Schiedsstelle zu § 25[282] auch **306**
in Fällen der **Kostenübernahme von Begleitdiagnostik** in Betracht kommen, wenn ein Mitgliedsunternehmen einem Arzt die Vergütung für die Durchführung eines (nicht erstattungsfähigen, im Voraus einer Verordnung und Anwendung der Arzneimitteltherapie jedoch notwendigen) Labortests zusichert und die Zahlung somit aufgrund eines **einseitigen Versprechens** gegenüber dem Arzt erfolgt, ggf. in Erwartung einer möglichen Verordnung des zugehörigen Arzneimittels. Die Schiedsstelle hatte in ihrer Entscheidung die einseitige Zuwendung an das Krankenhaus als einen unzulässigen Anreiz zur Beeinflussung von Therapieentscheidungen bewertet.[283] Jedoch sind auch Fälle denkbar, in denen die Übernahme von Kosten für Begleitdiagnostik keinen Anreiz für eine unsachliche Beeinflussung bzw. keine unzulässige Vorteilsgewährung darstellt. Dies ist von den konkreten Umständen des jeweiligen Einzelfalls abhängig. Grundsätzlich vorstellbar erscheint dies in Situationen, in denen nur eine **vorübergehende Kostentragung** gewährt wird, weil über eine zu erwartende Erstattung der Begleitdiagnostik von der GKV noch nicht entschieden ist, mit einer solchen Entscheidung jedoch in Kürze zu rechnen ist. So kann es liegen, wenn die Anwendung des Tests in der Fachinformation des Arzneimittels vorgeschrieben ist, dh das Arzneimittel nicht ohne vorherige Durchführung des Labortests angewandt werden darf. Anderenfalls würde es für das Unternehmen bedeuten, dass das Arzneimittel – obwohl zugelassen und erstattungsfähig – in der Versorgungspraxis nicht angewandt werden könnte. Etwas anders gelagert und damit gesondert zu beurteilen sind Fallkonstellationen, in denen die Begleitdiagnostik nicht im Vorfeld der Therapieentscheidung, sondern nach der Therapieauswahl notwendig wird, bspw. um die für den Patienten geeignete Dosierung individuell zu bestimmen.

III. Spruchpraxis zu § 17

– Die Einladung an Ärzte zur Teilnahme an einer Fortbildungsveranstaltung ist unzulässig, **307**
wenn dafür **im Vorfeld ein bestimmtes Verschreibungsverhalten** erwartet wird.[284]

---

[280] Siehe Entscheidung zu § 17 idF v. 2.12.2005, https://www.fsa-pharma.de/de/schiedstelle/berichterstattung/fachkreise/az-2006.6–127-abmahnverfahren-17-des-kodex-gewahrung-eines-entgelts-fur-die-verordnung-von-arzneimitteln/, FS I 2006.6–127 (zul. abgerufen am 15.6.2021).

[281] Entscheidung zu § 1 Abs. 1 idF v. 16.2.2004, https://www.fsa-pharma.de/de/schiedstelle/berichterstattung/fachkreise/az-2005.1–55-1-instanz-kodex-17-6-abs-1-durchfuhrung-von-fortbildungsveranstaltungen-gegen-arzneimittelverschreibung/, FS I 2005.1–55 (zul. abgerufen am 17.6.2021).

[282] Entscheidung zu § 25 Abs. 1 idF v. 27.11.2009, https://www.fsa-pharma.de/de/schiedstelle/berichterstattung/fachkreise/az-2010.1–284-1-instanz-25-abs-1-fsa-kodex-fachkreise-ubernahme-von-kosten-des-krankenhauses-fur-krebszellen-mutationst/, FS I 2010.1–284 (zul. abgerufen am 15.6.2021).

[283] Zur Einordnung der Entscheidung → Rn. 755f.; zur Kostenübernahme von Begleitdiagnostik im Rahmen einer Studie → Rn. 368.

[284] Entscheidung zu §§ 17, 6 Abs. 1 idF v. 16.2.2004, https://www.fsa-pharma.de/de/schiedstelle/berichterstattung/fachkreise/az-2005.1–55-1-instanz-kodex-17-6-abs-1-durchfuhrung-von-fortbildungsveranstaltungen-gegen-arzneimittelverschreibung/, FS I 2005.1–55 (zul. abgerufen am 17.6.2021).

– Die Bezahlung einer Aufwandsentschädigung von 6 EUR pro Kunde für die Befragung durch einen Apotheker zur Akzeptanz eines Arzneimittels ist nicht kodexkonform, sofern die Teilnahme an der Befragung gleichzeitig die **Bestellung von Arzneimitteln** im Gegenwert von 200 EUR voraussetzt. Durch die in Aussicht gestellte Aufwandsentschädigung wird der Apotheker angehalten, die Arzneimittel vorrangig seinen Kunden zu empfehlen, um sodann die Befragung durchführen und die Aufwandsentschädigung erhalten zu können.[285]
– Bietet ein Unternehmen einem Arzt Preisnachlässe für ein von ihm vertriebenes Allergie-Testsystem, unentgeltliche Überlassung eines Laborgeräts und kostenlose Durchführung von Allergietestauswertungen in dessen Labor an und **verlangt** im Gegenzug **vom Arzt die Neueinstellung von** jährlich bis zu 100 **Patienten** auf Therapieallergene des Unternehmens im Rahmen einer Hyposensibilisierungsbehandlung, liegt darin eine unlautere geschäftliche Handlung iSd § 3 Abs. 1 UWG. Zudem wird dadurch die Entscheidungsfreiheit des Arztes in unangemessener unsachlicher Weise beeinflusst (Verstoß gegen § 4 Nr. 1 UWG aF) und werden dem Arzt gesetzlich unzulässige Zuwendungen angeboten (Verstoß gegen § 4 Nr. 11 UWG aF iVm § 7 Abs. 1 HWG.[286] Wäre diese Entscheidung der Schiedsstelle gegenüber einem Mitgliedsunternehmen ergangen, wäre zudem ein Verstoß gegen § 17 Kodex festgestellt worden.

IV. Zulässigkeit von gebrauchssichernden Maßnahmen (5. Leitlinie)

1. Vorbemerkung

308 Die 5. Leitlinie regelt die Zulässigkeit der Durchführung von sog. **gebrauchssichernden Maßnahmen.** Hiervon umfasst sind von Pharmaunternehmen initiierte und finanzierte Programme, die Patienten bei der sicheren und bestimmungsgemäßen, der Zulassung entsprechenden Anwendung eines verordneten Arzneimittels unterstützen (vgl. Ziffer 5.1 Satz 1) und durch die **Förderung der Therapietreue** zu einem bestmöglichen Therapieerfolg beitragen sollen. Derartige Angebote und Programme sind häufig auch unter den Begriffen „Patientenunterstützungsprogramme" oder „Patienten-Support-Programme" geläufig. Sie sind weit verbreitet und ihr Beitrag zur Verbesserung der Therapietreue und Förderung des Therapieerfolgs wird grundsätzlich als wichtig und positiv bewertet. Gebrauchssichernde Maßnahmen setzen stets voraus, dass der behandelnde Arzt das betroffene Arzneimittel dem an der gebrauchssichernden Maßnahme teilnehmenden Patienten bereits verordnet hat.

309 Die Durchführung und Finanzierung von gebrauchssichernden Maßnahmen durch Unternehmen der pharmazeutischen Industrie liegt nicht nur im Interesse der einzelnen, jeweils betroffenen Patienten an einer wirksamen und erfolgreichen Therapie, sondern auch im **Interesse des öffentlichen Gesundheitswesens**,[287] vornehmlich im wirtschaftlichen Interesse der Versicherungsträger. Im Fall fehlgeschlagener Behandlungen, die das gewünschte Therapieziel nicht erreicht haben, haben die Kostenträger die hiermit verbundenen Therapiekosten dennoch zu tragen und ergänzend eine alternative Therapieoption zu finanzieren. Damit liegt es unmittelbar im wirtschaftlichen Interesse der Kostenträger, dass

[285] Siehe Entscheidung zu § 17 idF v. 2.12.2005, https://www.fsa-pharma.de/de/schiedsstelle/berichterstattung/fachkreise/az-2006.6–127-abmahnverfahren-17-des-kodex-gewahrung-eines-ent gelts-fur-die-verordnung-von-arzneimitteln/, FS I 2006.6–127 (zul. abgerufen am 15.6.2021).

[286] Entscheidung zu §§ 3, 4 UWG iVm 7 HWG, https://www.fsa-pharma.de/de/schiedsstelle/berichterstattung/fachkreise/az-az-2012.10–329-1-instanz-3-abs.1–4-nr-1–4-nr.11-uwg-i.v.m-7-hwg -versprechen-von-unentgeltlichen-zuwendungen/, FS I 2012.10–329 (zul. abgerufen am 15.6.2021) (= PharmR 2013, 302).

[287] Vgl. zu den mit Patientensupport-Programmen verbundenen Vorteilen auch *Ziemann* medstra 2020, 11 (12 f.).

einmal gewählte Behandlungs- bzw. Therapieoptionen mit größtmöglicher Therapietreue umgesetzt werden, um das definierte Therapieziel zu erreichen.[288]

Wenngleich gebrauchssichernde Maßnahmen eine sehr unterschiedliche Ausgestaltung erfahren können, vor allem mit Blick auf die konkrete Unterstützung, welche die Patienten durch die Programme erfahren sollen, so lassen sich dennoch einige typische **Charakteristika und Merkmale** beobachten. Hierzu zählt beispielsweise die Erbringung von Dienstleistungen vor Ort bei den Patienten, um nach der Verordnung und Aufklärung durch den Arzt die Anwendung eines Arzneimittels gemeinsam mit den Patienten zu trainieren. Dies kann durch **Hausbesuche** von geschultem Personal (zB Pflegepersonal) erfolgen. Unterstützend wird oftmals ein **Telefonservice** oder eine Hotline angeboten, an welche sich die Patienten bei Fragen oder Unklarheiten wenden können. Schließlich sind auch ergänzende **Informationsmaterialien** zur gewählten Therapie oder dem betroffenen Krankheitsbild möglicher Bestandteil der gebrauchssichernden Maßnahme. Hierdurch werden dem Patienten ergänzende Hinweise und Erläuterungen gegeben, die ebenfalls zur Erhaltung bzw. Steigerung der Therapietreue des Patienten beitragen. Weitere Elemente von gebrauchssichernden Maßnahmen können die Abgabe von Hilfsutensilien oder die Zurverfügungstellung technischer Hilfsmittel, wie zB Apps oder Erinnerungsservices,[289] sein. 310

Die Durchführung kann entweder durch das Unternehmen **selbst organisiert** werden, oder das Unternehmen beauftragt mit der Durchführung der gebrauchssichernden Maßnahmen **externe Dienstleister,** die diese dann im Namen und auf Kosten des Unternehmens implementieren. 311

Abzugrenzen von gebrauchssichernden Maßnahmen sind sog. **Disease Awareness Kampagnen,** die das Ziel der Aufklärung der Bevölkerung über ein bestimmtes Krankheitsbild verfolgen und folglich unspezifisch an die breite Bevölkerung, und nicht einen konkret betroffenen Patienten, gerichtet sind. Ferner stehen diese auch nicht im Zusammenhang mit einer konkreten Arzneimitteltherapie. Disease Awareness Kampagnen sind daher nicht von der 5. Leitlinie erfasst (vgl. Ziffer 5.1 Satz 3). 312

2. Zur Zulässigkeit von gebrauchssichernden Maßnahmen

Nach der Einführung der strafgesetzlichen Vorschriften in §§ 299a, b StGB ist verschiedentlich die Frage nach der Zulässigkeit solcher gebrauchssichernden Maßnahmen aufgeworfen worden. Denn je nach Ausgestaltung und Ausrichtung der gewährten Leistungen einer gebrauchssichernden Maßnahme kann neben dem Patienten auch der Arzt einen unmittelbaren oder mittelbaren Nutzen hieraus ziehen, deren Zulässigkeit nach Maßgabe der Zuwendungsverbote zu bewerten ist. Seit Beginn des inhaltlichen Diskurses hat sich in Rechtsprechung und Literatur dabei zurecht die mehrheitlich vertretene Auffassung durchgesetzt, dass bei Beachtung bestimmter – nachfolgend dargestellter – Grenzen und Vorgaben sowie unter Berücksichtigung der jeweils im Einzelfall maßgeblichen Umstände von der **Zulässigkeit gebrauchssichernder Maßnahmen** auszugehen ist.[290] 313

a) Zulässigkeit nach Heilmittelwerberecht

In der **Rechtsprechung** sind einige wenige Entscheidungen zur Frage der heilmittelwerberechtlichen Zulässigkeit von gebrauchssichernden Maßnahmen ergangen. Die erste Entscheidung des LG Köln betraf Unterstützungsleistungen in Form von Hausbesuchen einer ausgebildeten Krankenschwester, um Parkinson-Patienten bei der Applikation eines transdermalen Pflasters eine Hilfestellung zu geben. Voraussetzung für die Zulässigkeit der Hausbesuche, welche in den Anwendungsbereich des § 7 HWG fielen, war das Vorliegen 314

[288] *Dieners/Reese/Kemmner* PharmR 2017, 477.

[289] Vgl. *Geiger/Hutt/Schneider* MedR 2019, 272 (273).

[290] *Dieners/Reese/Kemmner* PharmR 2017, 477 ff.; so auch *Geiger/Hutt/Schneider* MedR 2019, 272 ff.; *Ziemann* medstra 2020, 11 ff. und *Geiger/Schloßer* in Geiger, Healthcare Compliance, § 1 Rn. 35 und 51.

einer sog. **medizinischen Rationale.**[291] Diese sah das Gericht für den konkreten Fall der Hilfestellung bei der Anwendung des Arzneimittels (durch eine erstmalige Demonstration) als gegeben an. Als ergänzende Leistungen wurden auch die telefonische Beratung sowie das Übermitteln von Informationsmaterialien als zulässig angesehen.

315 In einer anderen, zeitlich unmittelbar nachfolgenden Entscheidung verneinte das LG Köln das Vorliegen einer medizinischen Rationale und sah in den Hausbesuchen von sog. „MS-Schwestern" einen Verstoß gegen § 7 HWG.[292] Im Rahmen der Hausbesuche sollten die häuslichen Gegebenheiten der Patienten bewertet und verbessert werden. Das Gericht sah hierin die Gewährung einer unentgeltlichen Leistung zum Zwecke der Absatzförderung, die weder mit der Krankheit noch mit der Therapie in einem unmittelbaren Zusammenhang stand. Eine Demonstration der Anwendung des Arzneimittels lag in diesem Fall ebenfalls nicht vor, da das Arzneimittel als Eskalationstherapie in oraler Form einzunehmen war. Die Hausbesuche wurden daher nicht als therapeutische Notwendigkeit bewertet.

316 Neben der fehlenden medizinischen Rationale stellte das Gericht zur Begründung des Verstoßes gegen § 7 HWG im Verhältnis zum Arzt darauf ab, dass dieser aufgrund der **personellen und finanziellen Entlastung,** die er durch das Programm erfährt, sowie aus der erheblichen Stärkung der **Kundenbindung zwischen Arzt und Patient** einen wirtschaftlichen Vorteil erhält. Der Arzt könne die Hausbesuche als seine eigene Leistung gegenüber dem Patienten präsentieren, ohne selbst Aufwendungen zu tätigen.

317 Die Ausnahmetatbeständen nach § 7 Abs. 1 S. 1 Nr. 1–5 HWG sah das Gericht ebenfalls als nicht erfüllt an. Insbesondere lehnte es die Einordnung der Hausbesuche als handelsübliche Nebenleistung iSd § 7 Abs. 1 S. 1 Nr. 3 HWG ab, da Hausbesuche bei der Einnahme eines Arzneimittels in Form einer Kapsel keine therapeutische Notwendigkeit darstellen. Dies sollte erst recht für die anderen Leistungen gelten, die nicht im Zusammenhang mit der Einnahme des Arzneimittels standen (Fragen des Alltags und der Lebensumstände).

318 Insgesamt bleibt es mit Blick auf die im Ergebnis unterschiedlich ausgefallenen Entscheidungen zweifelhaft, ob nach der Rechtsprechung für das Vorliegen einer medizinischen Rationale allein die Darreichungsform bzw. der Applikationsweg des Arzneimittels maßgebliches Kriterium sein soll.[293] Richtigerweise ist letzteres zu verneinen. Vielmehr bedarf es jeweils einer konkreten Betrachtung der einzelfallbezogenen Umstände, wobei sich eine medizinische Rationale für Unterstützungsleistungen nicht nur aus der Applikation, sondern aus anderen unmittelbar therapierelevanten Umständen ergeben kann.

319 Aus heilmittelwerberechtlicher Perspektive lässt sich zusammenfassend zur Zulässigkeit von gebrauchssichernde „Maßnahmen", die produktbezogen durchgeführt werden, feststellen, dass eine zwischen dem Rechtsverhältnis gegenüber Patienten und Ärzten **differenzierende Betrachtung** und Bewertung erforderlich ist.[294] In beiden Rechtsverhältnissen ist im Ergebnis von einer Zulässigkeit gebrauchssichernder Maßnahmen auszugehen, wenn die nachfolgend skizzierten Vorgaben berücksichtigt werden und eine hinreichende medizinische Rationale gegeben ist.

320 Im Verhältnis **gegenüber Patienten** ist der Anwendungsbereich des § 7 HWG regelmäßig eröffnet, wenn die gebrauchssichernde „Maßnahme" Hausbesuche oder vergleichbare Leistungen vorsieht, die üblicherweise nur gegen Entgelt verfügbar sind und den Patienten diese somit unentgeltlich gewährt werden.[295] Etwas anderes könnte im Lichte der jüngeren Rechtsprechung des BGH zur einschränkenden Auslegung des Zuwendungsbegriffs ange-

---

[291] LG Köln BeckRS 2016, 13545.

[292] LG Köln BeckRS 2014, 123689.

[293] So auch *Geiger/Hutt/Schneider* MedR 2019, 272 (274), die die Komplexität der Eskalationstherapie betonen und die Gewährleistung der allgemeinen Therapietreue als ausreichend für die Annahme einer medizinischen Rationale bewerten.

[294] Vgl. hierzu insgesamt *Dieners/Reese/Kemmner* PharmR 2017, 477 (479 f.).

[295] *Reese* in BeckOK HWG § 7 Rn. 419.

nommen werden, indem auf das Merkmal der (fehlenden) abstrakten Gefahr einer unsachlichen Beeinflussung der Verbraucher abgestellt wird. Das Vorliegen einer relevanten Zuwendung wäre bereits tatbestandlich zu verneinen, wenn aufgrund der Umstände des konkreten Einzelfalls der gebrauchssichernden Maßnahme von dieser **keine abstrakte Gefahr einer unsachlichen Beeinflussung des Verbrauchers** ausginge.[296]

Dies erscheint in Konstellationen naheliegend, in denen der Patient die Zuwendung erhält, nachdem der Arzt die Auswahl der Therapie und die zugehörige Verordnungsentscheidung bereits getroffen hat. Denn in diesem Fall hätte die Entscheidung des Patienten, an dem PSP teilzunehmen, keinen Einfluss auf die bereits zuvor getroffene Verordnung des Arzneimittels.[297] Zwar könnte auch in der Absicherung der weiteren Behandlung des Patienten mit dem Arzneimittel (dh Absicherung von Folgeverordnungen) eine solche Beeinflussung gesehen werden. Allerdings dürfte diese dann nicht als unsachlich zu bewerten sein, wenn die Entscheidung im Ergebnis auf einem Therapieerfolg basiert, welcher ua auch durch die Therapietreue des Patienten gefördert und herbeigeführt wurde. In diesem Fall erscheinen diese für die Folgeverordnung maßgeblichen Erwägungen gerade nicht sachwidrig.[298] **321**

Wird die abstrakte Gefahr der unsachlichen Beeinflussung nicht bereits tatbestandlich ausgeschlossen und der Anwendungsbereich des **§ 7 HWG** aufgrund des Vorliegens einer Zuwendung eröffnet, ist das Eingreifen der **Ausnahmetatbestände** für die Zulässigkeit der gebrauchssichernden Maßnahme maßgeblich. Eine besondere Relevanz dürfte dabei der Ausnahme der **handelsüblichen Nebenleistung** zukommen. Der Charakter einer Nebenleistung dürfte grundsätzlich erfüllt sein, wenn die erbrachten Leistungen die Anwendung der Arzneimittel fördern, indem sie zur Therapietreue und damit dem Therapieerfolg beitragen.[299] Soweit eine medizinische Rationale für solche gebrauchssichernden Maßnahmen gegeben ist, können ferner gute Gründe auch dafür sprechen, diese Leistungen als handelsüblich einzustufen.[300] Dies ist zu vermuten, wenn sich in dem betreffenden Therapiefeld eine entsprechende Praxis bereits herausgebildet hat. Aber auch wenn dies (noch) nicht der Fall sein sollte, kann die Förderung und Sicherung der Therapietreue durch derartige Maßnahmen eine vernünftige Fortentwicklung der wirtschaftlichen Gepflogenheiten darstellen, die insoweit bei normativer Betrachtungsweise als „handelsüblich" einzustufen ist. **322**

Eine andere Fragestellung zur Zulässigkeit gebrauchssichernder Maßnahmen stellt sich im Zusammenhang mit Informationsmaterialien, die den Patienten übermittelt werden und die Informationen zu verschreibungspflichtigen Arzneimitteln enthalten. Ein Verstoß gegen das Publikumswerbeverbot gem. **§ 10 HWG** scheidet hierbei aus, wenn reaktiv Fragen oder Informationsanforderungen von Patienten beantwortet werden (§ 1 Abs. 5 HWG). Im Übrigen kommt eine **einschränkende Auslegung** des Werbebegriffs und des korrespondierenden Verbotsbereichs des § 10 HWG in Betracht. Sachliche und gebrauchssichernde Informationen, die in Übereinstimmung mit Art. 87 Abs. 3 der RiL 2001/83 (Gemeinschaftskodex Humanarzneimittel) die zweckmäßige Verwendung des Arzneimittels fördern, können bei unionsrechtskonformer Auslegung dem Verbotsbereich des § 10 HWG entzo- **323**

---

[296] *Geiger/Hutt/Schneider* MedR 2019, 272 (275) verlangen als ungeschriebenes Tatbestandsmerkmal und als Ausprägung der abstrakten Gefahr einer unsachlichen Beeinflussung eine mittelbare Gesundheitsgefährdung bzw. gehen von einer teleologischen Reduktion des § 7 HWG aus.

[297] Vergleichbar hat das OLG Hamburg dies für die unentgeltliche Abgabe eines Pens nach der Verordnungsentscheidung entschieden (keine Einstufung als Werbegabe), OLG Hamburg A&R 2017, 185 ff.

[298] Vgl. hierzu insgesamt *Dieners/Reese/Kemmner* PharmR 2017, 477 (479 f.); vgl. zur in dieser Konstellation ebenfalls abgesenkten Werbeeffekt *Reese* in BeckOK HWG § 2 Rn. 44.

[299] *Reese* in BeckOK HWG § 7 Rn. 646 u. 659; vgl. zur Anwendbarkeit der Ausnahmetatbestände auch *Geiger/Hutt/Schneider* MedR 2019, 272 (275 f.).

[300] Vgl. hierzu insgesamt *Dieners/Reese/Kemmner* PharmR 2017, 477 (479 f.); *Reese* in BeckOK HWG § 7 Rn. 651.

gen sein. Etwas anderes gilt allerdings dann, wenn sie eine werblich überschießende Tendenz aufweisen.[301]

324 Im Verhältnis **gegenüber Ärzten** sollte unter Berücksichtigung des Zuwendungsverbots des § 7 HWG für die Bewertung gebrauchssichernder Maßnahmen entscheidend sein, ob und welche **Vorteile** der Arzt hierdurch erlangt. Ein Vorteil ist zu bejahen, wenn der Arzt durch die gebrauchssichernde Maßnahme von Leistungen gänzlich befreit bzw. teilweise entlastet wird, die er selbst schuldet und hätte erbringen müssen.[302] Dies stellt einen potentiellen wirtschaftlichen Vorteil dar, denn der hierdurch für den Arzt entstehende **ersparte Personal- bzw. Zeitaufwand** kann für andere Behandlungen bzw. Leistungen gewinnbringend eingesetzt werden.

325 Hieraus folgt, dass die Leistungen einer gebrauchssichernden Maßnahme kein Bestandteil der vom Arzt geschuldeten Behandlungsleistung darstellen dürfen. Vielmehr dürfen nur solche Leistungen Gegenstand einer gebrauchssichernden Maßnahme sein, die entweder über den gesetzlich geschuldeten **Leistungsumfang des Arztes hinausgehen**[303] oder durch die die ärztlich geschuldeten Leistungen (zB Aufklärung und Einweisung in die Therapieanwendung) **wiederholt, ergänzt** oder **intensiviert** werden. Zulässigkeitsvoraussetzung ist stets, dass der Patient von seinem behandelnden Arzt in die Lage eines therapiekonformen Verhaltens versetzt wurde und der Arzt hierdurch die von ihm geschuldeten Leistungen vollständig erbracht hat, bevor die Leistungen der gebrauchssichernden Maßnahme vom Patienten als Ergänzung in Anspruch genommen werden.

326 Im Rahmen der **Abgrenzung** zwischen ärztlich geschuldeten Pflichtleistungen einerseits, welche durch die gebrauchssichernde Maßnahme nur wiederholt oder ergänzt werden dürfen, und über diesen Umfang hinausgehenden Leistungen, die erstmalig und vollständig von der Maßnahme erbracht werden dürfen, ist auf den **konkreten Einzelfall** abzustellen. Maßgeblich im Sinne eines normativen Beurteilungsmaßstabs ist, welche Leistungen der Arzt selbst erbringen muss, um seiner Pflicht zur Sicherstellung einer ausreichenden, wirtschaftlichen und zweckmäßigen Versorgung im Einklang mit dem jeweiligen Stand der medizinischen Erkenntnisse nachzukommen.[304]

327 Ein weiterer Vorteil im Sinne einer Zuwendung des § 7 HWG kann in einem **Werbeeffekt** zu sehen sein, der sich daraus ergibt, dass der Arzt die Leistungen der gebrauchssichernden Maßnahme als **seine eigene Leistung** gegenüber dem Patienten präsentieren kann oder er dem Patienten den Eindruck vermittelt, die Teilnahme an der Maßnahme habe der Patient dem Arzt zu verdanken. Hierdurch kann die Bindung zwischen Arzt und Patient potentiell gestärkt werden. Dass hierin ein relevanter Vorteil iSd § 7 HWG liegen kann, hat die Rechtsprechung[305] bereits in anderem Zusammenhang bestätigt.

328 Umgekehrt werden **reine Werbe- und Verkaufshilfen** als zulässig erachtet. Die Annahme einer Zuwendung setzt daher voraus, dass der Empfänger (hier der Arzt) über den bloßen Werbeeffekt für das Produkt selbst (hier das Arzneimittel) eine **eigenen Zweitnutzen** erhält.[306] Dieser kann für gebrauchssichernde Maßnahmen potentiell dadurch vermieden werden, dass der Arzt ausschließlich die Rolle eines unselbstständigen **Erklärungsboten** einnimmt, der die zur gebrauchssichernden Maßnahme des Mitgliedsunternehmens

---

[301] Vgl. BGH WRP 1999, 643 – Hormonpräparate; OLG Hamburg PharmR 1996, 2.

[302] *Dieners/Reese/Kemmner* PharmR 2017, 477 (480 f.); *Scholz* in Spickhoff, Medizinrecht, MBO-Ä § 31 Rn. 7.

[303] *Reese* in BeckOK HWG § 7 Rn. 652.

[304] Vgl. hierzu insgesamt *Dieners/Reese/Kemmner* PharmR 2017, 477 (480 f.).

[305] So wurde die kostenlose Überlassung von Rätselheften an Apotheker als Zuwendung eingeordnet (BGH GRUR 2012, 1279 (1282) – Das große Rätselheft) und damit begründet, dass der Apotheker die Hefte an seine Kunden als „sein Geschenk" übergeben konnte. Auch die kostenlose Überlassung eines Massagesessels mit der Aufschrift des Unternehmens stellt eine unzulässige Zuwendung an den Apotheker dar (OLG Hamburg GRUR 2013, 344 – Massagesessel), da dieser hierdurch von seinen Kunden als attraktiver wahrgenommen wurde.

[306] *Reese* in BeckOK HWG § 7 Rn. 501.

zugehörigen Informationen lediglich in unselbstständiger Weise an den Patienten weiterreicht, ohne hierdurch einen eigenen relevanten Werbeeffekt gegenüber dem Patienten zu generieren.[307] Bei der Ausgestaltung der Informationsmaterialien und der Einbindung des Arztes bei gebrauchssichernden Maßnahmen ist daher darauf zu achten, dass Möglichkeiten des Arztes, sich gegenüber den Patienten als „Schenker" bzw. „Spender" der Leistungen auszugeben, weitestmöglich ausgeschlossen werden.[308]

b) Zulässigkeit nach strafrechtlichen Gesichtspunkten

Für die **strafrechtliche Zulässigkeit** gebrauchssichernder Maßnahmen ist entscheidend, ob eine Vorteilsgewährung vorliegt, die im Rahmen einer Unrechtsvereinbarung iSd §§ 299a/b StGB erfolgt. Da der Vorteilsbegriff sehr weit gefasst ist und sämtliche **materiellen wie immateriellen Zuwendungen** erfasst, die für den Empfänger oder einen Dritten gewährt werden, kommt primär ein immaterieller Vorteil des Arztes in Form einer gestärkten Patientenbindung in Betracht. Drittvorteile, die den Patienten in Gestalt der unentgeltlichen Leistungen zugutekommen, sind im Ergebnis nicht von Belang, da die Patientenautonomie selbst Teil des durch §§ 299a/b StGB geschützten Rechtsgutes ist.[309] Unter Beachtung der für das Heilmittelwerberecht dargestellten Maßstäbe ist das Vorliegen eines relevanten Vorteils des Arztes zu verneinen, soweit dieser lediglich als unselbstständiger Erklärungsbote bzw. Informationsmittler auftritt (dh nicht in die Werbung des Unternehmens eingebunden ist, indem er die Leistungen als eigene Leistungen präsentiert) und die gebrauchssichernde Maßnahme keine Leistungen enthält, die den Arzt von seiner geschuldeten Pflichterfüllung ganz oder teilweise entlasten.[310] 329

Eine potentielle Unrechtsvereinbarung könnte sich grundsätzlich auf eine Bevorzugung des Unternehmens als Anbieter des PSP im Zusammenhang mit der Verordnung des betroffenen Arzneimittels beziehen. Sie würde zumindest eine hierauf gerichtete **konkludente Willensübereinstimmung** zwischen Arzt und Unternehmen voraussetzen. Während das Vorliegen einer solchen Willensübereinstimmung als Tatfrage des jeweiligen Einzelfalls zu beurteilen ist, ist die Frage nach der **Unlauterkeit** einer solchen Bevorzugung unter normativen Gesichtspunkten zu betrachten. Soweit die Durchführung der gebrauchssichernden Maßnahme nach den Maßstäben des HWG (sowie auch des FSA-Kodex als Marktverhaltensregelung) als zulässig anzusehen ist, würde es an einer Unlauterkeit auch im strafrechtlichen Kontext fehlen.[311] 330

c) Vorgaben der 5. Leitlinie

Unter Berücksichtigung dieser Gesichtspunkte wird deutlich, dass es für die Zulässigkeit gebrauchssichernder Maßnahmen ganz maßgeblich auf die konkrete Ausgestaltung und die im Einzelfall festzustellende **medizinische Rationale** ankommt. Die 5. Leitlinie stellt die nachfolgend dargestellten Kriterien auf, um die Praxis der Mitgliedsunternehmen in diesem Zusammenhang zu vereinheitlichen (vgl. Ziffer 5.1 Satz 2). Zudem sollen gleichzeitig auch die mit der Durchführung derartige Programme verbundenen rechtlichen Restrisiken so weit wie möglich minimiert und bereits von vornherein der **Eindruck** einer potentiell unsachlichen **Beeinflussung der Therapie- und Verordnungsentscheidungen** der betroffenen HCPs **vermieden** werden. 331

---

[307] Für den Apotheker vgl. *Reese* in BeckOK HWG § 7 Rn. 686.

[308] *Dieners/Reese/Kemmner* PharmR 2017, 477 (480).

[309] *Geiger/Hutt/Schneider* MedR 2019, 272 (277); allgemein zu §§ 299a/b StG und Verhaltensweisen, die dem Wohl der Patienten dienen (Patient als Empfänger des Drittvorteils), *Schneider/Reich* GesR 2017, 497 (498 f.).

[310] *Dieners/Reese/Kemmner* PharmR 2017, 477 (481); *Geiger/Hutt/Schneider* MedR 2019, 272 (277); vgl. ausführlich zu möglichen Vorteilen iSd § 299a/b StGB, *Ziemann* medstra 2020, 11 (14 f.).

[311] *Dieners/Reese/Kemmner* PharmR 2017, 477 (482); *Geiger/Hutt/Schneider* MedR 2019, 272 (278); zur fehlenden strafrechtlichen Relevanz einer nach dem HWG zulässigen Bevorzugung vgl. *Hohmann* in MüKoStGB § 299a Rn. 34, § 299b Rn. 15.

332 Die Einordnung dieser Vorgaben im Zusammenhang mit § 17, der den Grundsatz des Verbots der Beeinflussung von Therapie- und Verordnungsentscheidungen im Zusammenhang mit Vorteilsgewährungen etabliert, ist vor dem Hintergrund der dargestellten rechtlichen Erwägungen systemgerecht. Neben § 17 sind gebrauchssichernde Maßnahmen grundsätzlich auch am Geschenkverbot gem. § 21 Kodex zu messen. Ein Verstoß käme ua in Betracht, wenn dem Arzt zB durch eine vollständige Entlastung seiner ärztlichen Pflichtaufgaben ein Vorteil zugewendet werden würde.

3. Vorliegen eines sachlich-rechtfertigenden Grundes

333 Als zentrale Voraussetzung für die Zulässigkeit von gebrauchssichernden Maßnahmen definiert Ziffer 5.2 Satz 1 der 5. Leitlinie das Vorliegen eines **sachlich sinnvollen Grundes.** Dieser ist aus einer **medizinischen Perspektive** und unter Berücksichtigung des **Patienteninteresses** an einer sicheren und guten Versorgung zu ermitteln (Ziffer 5.2 Satz 2). Entscheidend ist dabei, dass mit Blick auf das in Aussicht gestellte Therapieziel und die gewählte Therapiemethode (zB Arzneimitteltherapie) bei einer objektiven medizinischen Betrachtung Unterstützungsleistungen für den Patienten indiziert sind, um die Erreichung des Therapieziels zu sichern. Die Leitlinie umschreibt einen sachlich-rechtfertigenden Grund damit, dass der Patient ein über die vom Arzt zu leistende medizinische und aufklärende Betreuung hinausgehendes **Bedürfnis nach Information und Unterstützung** hat, welches auf anderem Wege nicht bedient werden kann (Ziffer 5.2 Satz 3). Dies stimmt inhaltlich weitgehend mit der von der Rechtsprechung im Zusammenhang mit § 7 HWG entwickelten Voraussetzung einer medizinischen Rationale überein (→ Rn. 314).

334 Die Leitlinie enthält **weitere Konkretisierungen** des sachlich-rechtfertigenden Grundes, die jedoch nicht abschließend zu verstehen sind (Ziffer 5.2 Satz 4–7 sowie Ziffer 5.3). Als Anhaltspunkte bzw. Regelbeispiele für sachlich-rechtfertigende Gründe nennt die Leitlinie folgende Therapiesituationen:
- Erkrankungen, bei denen Patienten aufgrund **körperlicher Nachteile oder mentaler Einschränkungen** nicht oder nur uneingeschränkt in der Lage sind, eine vom Arzt erhaltene Einweisung und Aufklärung dauerhaft und sicher zu befolgen;
- Besonders komplexe oder in der Handhabung **schwierige Therapieschemata** oder Anwendungsschemata eines Arzneimittels;
- Besonderheiten eines Anwendungsschemas eines Arzneimittels oder sonstige **besondere Behandlungssituationen,** die gebrauchssichernde Maßnahmen aus der Perspektive der Patientensicherheit notwendig und sinnvoll machen, ohne dass die zuvor genannten Umstände vorliegen (dh auch bei vermeintlich einfachem Anwendungsschema der oralen Applikation und ohne körperliche oder mentale Einschränkungen der Patienten).

4. Organisatorische Maßnahmen im Zusammenhang mit gebrauchssichernden Maßnahmen

335 Wie auch im Kontext der Durchführung von Anwendungsbeobachtungen ist auch für gebrauchssichernde Maßnahmen von vornherein der **Eindruck zu vermeiden,** dass diese als **Marketinginstrumente** der Marketing- und Vertriebsabteilungen der Pharmaunternehmen genutzt werden würden, um den Absatz des Arzneimittels zu fördern und diese zur Beeinflussung der Therapie- und Verordnungsentscheidungen zu missbrauchen. Im Zusammenhang mit Anwendungsbeobachtungen wurde in der Vergangenheit die bloße Budgetverantwortlichkeit der Marketing- und Verkaufsabteilungen von einigen Staatsanwaltschaften bereits als Indiz für eine unlautere Beeinflussung von Ärzten verstanden.[312] Daher stellt die 5. Leitlinie in Ziffer 5.4 einige organisatorische Vorgaben auf, die einem möglichen Missbrauchsrisiko von gebrauchssichernden Maßnahmen als absatzfördernde Marketinginstrumente entgegenwirken sollen.

---

[312] Vgl. ausführlich zur früher geübten Kritik an Anwendungsbeobachtungen die Ausführungen der Vorauflage 3. Aufl., → Kap. 11 Rn. 174 ff.

Zunächst sieht Ziffer 5.4 Satz 1 vor, dass die Bewertung und Bestätigung des **sachlich-rechtfertigenden Grundes** und die Sinnhaftigkeit der Durchführung der gebrauchssichernden Maßnahme von der **medizinischen Abteilung** vorzunehmen ist. Dies deckt sich im Grundsatz mit der in § 19 Abs. 2 S. 2 Nr. 2 enthaltenen Vorgabe für Anwendungsbeobachtungen, deren Planung, Leitung, Auswertung, Qualitätssicherung und Budgetverantwortlichkeit im Verantwortungsbereich des Leiters der medizinischen Abteilung liegt. Ferner hat die medizinische Abteilung alle **Materialien,** die im Zusammenhang mit der gebrauchssichernden Maßnahme genutzt werden sollen, im Wege des Freigabeprozesses zu prüfen (Ziffer 5.4 Satz 2). Durch die Involvierung der medizinischen Abteilung des Unternehmens soll die Sachlichkeit der Durchführung gebrauchssichernder Maßnahmen gefördert und der Einfluss werblicher Intentionen hierauf unternehmensorganisatorisch abgesichert werden. 336

Vergleichbar wie bei der operativen Umsetzung von Anwendungsbeobachtungen (§ 19 Abs. 2 S. 2 Nr. 3) ist es auch bei gebrauchssichernden Maßnahmen nicht zu beanstanden, wenn **Mitarbeiter aus anderen Abteilungen** bei der Implementierung dieser Maßnahmen beteiligt sind. Allerdings muss die operative Verantwortung für die Implementierung – anders als bei Anwendungsbeobachtungen – nicht zwingend bei der medizinischen Abteilung liegen (Ziffer 5.4 Satz 3). 337

5. Gegenstand gebrauchssichernder Maßnahmen und Abgrenzung zum Leistungsumfang des Arztes

a) Verhältnis der gebrauchssichernden Maßnahmen zu ärztlichen Leistungen

Das Unternehmen erbringt im Rahmen der gebrauchssichernden Maßnahmen unentgeltliche (Dienst-)Leistungen, die grundsätzlich einen Vorteil für den behandelnden Arzt darstellen und somit gegen das Zuwendungsverbot nach § 7 HWG sowie die Straftatbestände der §§ 299a, b StGB verstoßen könnten, sofern mit einer solchen Vorteilsgewährung eine Unrechtsvereinbarung verbunden ist. In der Erbringung dieser Leistungen kann eine **Vorteilsgewährung** liegen, wenn der Arzt durch diese Leistungen von den durch ihn zu erbringenden oder von ihm geschuldeten **ärztlichen Leistungen entlastet oder gar vollständig befreit** wird. Eine Vorteilsgewährung gegenüber dem Arzt dürfte zu bejahen sein, wenn beispielsweise die gebrauchssichernde Maßnahme die erstmalige Aufklärung und Einweisung des Patienten in die verordnete Therapie übernimmt und der Arzt diese Leistungen selbst nicht mehr erbringt. Sollte der Arzt für diese Leistungen eine Vergütung durch die Kostenträger erhalten, zB weil die von der Maßnahme „übernommenen" ärztlichen Leistungen Bestandteil einer pauschalierten Vergütung sind, kann darüber hinaus eine Betrugsstrafbarkeit im Raum stehen. 338

Um eine Vorteilsgewährung gegenüber dem Arzt bereits von vornherein auszuschließen und insoweit die heilmittelwerbe- bzw. strafrechtlichen Risiken weitestmöglich zu reduzieren, setzt die 5. Leitlinie voraus, dass die **gebrauchssichernden Maßnahmen im Verhältnis zum Arzt nur eine ergänzende bzw. wiederholende Funktion** haben dürfen (Ziffer 5.5 Satz 1). Unzulässiger Bestandteil einer gebrauchssichernden Maßnahme ist daher die teilweise oder vollständige Übernahme bzw. Ersetzung der ärztlich geschuldeten originären Aufklärung und Einweisung in eine sichere und zulassungskonforme Therapie (Ziffer 5.5 Satz 2). 339

Enthält eine gebrauchssichernde Maßnahme eine Wiederholung einer ärztliche Leistung (zB Wiederholung der praktischen Einweisung oder aufklärender Hinweise), ist durch geeignete Maßnahmen sicherzustellen, dass der **Arzt** seine **geschuldeten Leistungen bereits vollständig erbracht** hat, um eine erstmalige Erbringung dieser Leistungen durch das Unternehmen zu verhindern. (Ziffer 5.5 Satz 3). 340

b) Zulässiger Leistungsumfang gebrauchssichernder Maßnahmen

Hieraus folgt, dass der zulässige Leistungsumfang einer gebrauchssichernden Maßnahme jeweils konkret anhand der für diese Therapie geltenden, obligatorischen ärztlichen Leis- 341 tungen bestimmt und abgegrenzt werden muss. Entscheidend ist, dass die Leistungen einer gebrauchssichernden Maßnahme für eine bestimmte Therapie **über die vom Arzt geschuldeten Leistungen hinausgehen.** Dies kann entweder durch eine **Wiederholung** der bereits erbrachten ärztlichen Leistungen erfolgen oder durch eine **Vertiefung** bzw. **Intensivierung** (zB vertiefte und erweiterte praktische Einweisung in die Handhabung einer Arzneimittelanwendung) (vgl. Ziffer 5.6 Satz 1).

342 Die Bestimmung der ärztlichen Leistungen, die im Zusammenhang mit der konkreten Therapie von diesem geschuldet werden **(ärztliche Pflichtleistungen),** richtet sich nach den allgemeinen rechtlichen Bestimmungen (ua berufsrechtliche Vorgaben, einschlägige Behandlungsleitlinien als aktueller Stand der medizinischen Erkenntnisse, Behandlungsvertrag, etc) und nach der konkreten Therapiesituation sowie den jeweiligen Bedürfnissen des individuellen Patienten (vgl. Ziffer 5.6 Satz 2). In jedem Fall schuldet der Arzt eine eigene **Aufklärung und Einweisung** des Patienten in die verordnete Therapie und deren sachgerechte Anwendung, welche dem medizinischen Standard entsprechen und dem Patienten eine angemessene Versorgung zukommen lassen muss. Werden dem Arzt diese oder andere geschuldete Verpflichtung abgenommen oder wird er mittelbar durch andere Leistungen der gebrauchssichernden Maßnahme **von seinen Verpflichtungen entlastet,** führt dies zu einer Vorteilsgewährung gegenüber dem Arzt und zu einer nach dem Kodex unzulässigen Maßnahme. **Zulässige Leistungen** einer gebrauchssichernden Maßnahme können daher nur darauf gerichtet sein, als zusätzliche **(Sonder-)Leistungen** neben den ärztlichen Pflichtleistungen diese zu ergänzen bzw. zu optimieren (Ziffer 5.6 Satz 3–5).

6. Transparente Trennung zwischen gebrauchssichernder Maßnahme und ärztlichen Leistungen

343 Als Ausfluss des **Gebots der Trennung und Transparenz** ist es erforderlich, die ärztlichen Pflichtleistungen sowie die Leistungen der gebrauchssichernden Maßnahme transparent voneinander zu trennen. Die Leistungen der gebrauchssichernden Maßnahme dürfen nicht dem Arzt als eigene Leistungen zugerechnet werden. Es ist daher sicherzustellen, dass die Leistungen der gebrauchssichernden Maßnahme beim Patienten auch als solche (und nicht als Leistungen seines Arztes) erkennbar sind (vgl. Ziffer 5.7 Satz 1 und 2). Dies gewährleistet, dass der Arzt aus der gebrauchssichernden Maßnahme keinen **relevanten Zweitnutzen** ziehen kann, der einen eigenen Vorteil für ihn darstellen würde (→ Rn. 320).

344 Mit Blick auf das Trennungs- und Transparenzverbot untersagt es die Leitlinie, Ärzte bzw. ihre Mitarbeiter selbst mit der Erbringung von Leistungen der gebrauchssichernden Maßnahme zu beauftragen, dies unabhängig davon, ob das Unternehmen das Programm eigenständig durchführt oder über einen beauftragten Dritten durchführen lässt (vgl. Ziffer 5.7 Satz 3). Denn bei einer **Beauftragung der Ärzte bzw. des Praxispersonals** wäre für den Patienten nicht mehr erkennbar, welche Leistungen (zB Einweisung in die Therapieanwendung) originäre Leistungen des Arztes bzw. der Mitarbeiter sind, und welche Leistungen vom pharmazeutischen Unternehmen (unentgeltlich) erbracht werden.

345 Vor Geltung der 5. Leitlinie hatte die Schiedsstelle über die Zulässigkeit von Maßnahmen zu entscheiden (sog. **„Adherence Improvement Program“**), die ein Mitgliedsunternehmen „zur Verbesserung der Compliance“ bei Patienten unternommen hatte.[313] Das Unternehmen schloss mit den niedergelassenen Ärzten eine Vereinbarung, die diese verpflichtete, gegen Zahlung einer Vergütung die eigenen, mit der Therapie behandelten Patienten durch Schulungen und ein Anrufsystem zu erinnern. Die Patienten sollten zudem durch die Überwachung der Therapie und Ergreifen von Maßnahmen bei Non-Compliance zur Weiterführung der Therapie motiviert werden, um so den Erfolg der Therapie zu sichern. Die mit diesem Programm verfolgten Ziele deckten sich mit den gebrauchs-

[313] Entscheidung zu § 18 Abs. 1 idF v. 18.1.2008, https://www.fsa-pharma.de/de/schiedstelle/berichterstattung/fachkreise/az-2011.12–315-1-instanz-18-abs-1-satz-1-nr-2-fsa-kodex-fachkreise-fehlende-fachliche-leistung-fur-das-unternehmen/, FS I 2011.12–315 (zul. abgerufen am 17.6.2021).

sichernden Maßnahmen iSd 5. Leitlinie. Zutreffend hat die Schiedsstelle die mit den Ärzten getroffenen Vereinbarungen jedoch als unzulässig beanstandet, da die Ärzte hierdurch nicht mit einer wissenschaftlichen oder fachlichen Tätigkeit iSd § 18 Abs. 1 S. 1 Nr. 2 beauftragt wurden und somit ein Verstoß gegen das Verbot von Scheinverträgen vorlag. Nach den Maßstäben der 5. Leitlinie lag zudem ein Verstoß gegen das Verbot zur Beauftragung von Ärzten vor.

7. Kommunikation mit Patienten

Um den Patienten über das Angebot der gebrauchssichernden Maßnahme informieren **346** zu können, darf der Arzt ihn über deren Inhalt und Form informieren und aufklären. Zu diesem Zweck darf das Mitgliedsunternehmen dem Arzt **sachlich-informierende Informationsmaterialien** zur Verfügung stellen (vgl. Ziffer 5.8 Satz 1).

Das Mitgliedsunternehmen darf unabhängig hiervon auch – im Rahmen des gesetzlich **347** Zulässigen – die Patienten direkt **in sachlicher Weise** über den Inhalt der gebrauchssichernden Maßnahme informieren. Dies umfasst die Überlassung schriftlicher Unterlagen auf Anfrage des Patienten, zB als Informationsmaterialien in der Arztpraxis oder auf einer Webseite. Entscheidend für die Vermeidung eines Verstoßes gegen § 10 HWG ist hierbei, dass die überlassenen Informationen und Materialien die Grenze **sachlich-informierender Informationen** nicht überschreiten (vgl. Ziffer 5.8 Satz 2 und 3).

Checkliste: Gebrauchssichernde Maßnahmen

Folgende Punkte sind bei der Planung und Durchführung gebrauchssichernder Maßnahmen zu beachten:

- Es liegt ein sachlich-rechtfertigender Grund vor
  - Betrachtung aus medizinischer Perspektive und unter Berücksichtigung des Patienteninteresses an einer sicheren und guten Versorgung
  - Sachlich-rechtfertigender Grund liegt regelmäßig in dem Bedürfnis des Patienten nach Information und Unterstützung, welches über die vom Arzt zu leistende medizinische und aufklärende Betreuung hinausgeht und nicht anderweitig bedient werden kann
- Leistungen der gebrauchssichernden Maßnahme
  - gehen entweder über die vom Arzt geschuldeten Leistungen hinaus oder haben bei Überschneidung mit den ärztlichen geschuldeten Leistungen nur eine ergänzende bzw. wiederholende Funktion
  - sind transparent von ärztlichen Leistungen zu trennen (für den Patienten als Leistungen des Mitgliedsunternehmens erkennbar sind; keine Beauftragung von Ärzten bzw. Praxispersonal mit der Erbringung von gebrauchssichernden Maßnahmen)
- sachlich-informierender Informationsmaterialien können dem Arzt zur Kommunikation mit dem Patienten zur Verfügung gestellt werden
- Information des Patienten durch das Mitgliedsunternehmen über den Inhalt der gebrauchssichernden Maßnahme, zB mittels sachlich-informierender Informationsmaterialien auf Anfrage des Patienten
- Medizinische Abteilung bewertet und bestätigt das Vorliegen des sachlich-rechtfertigenden Grundes und gibt zugehörige Materialien frei
- Durchführung der gebrauchssichernden Maßnahmen durch die Mitgliedsunternehmen oder beauftragte externe Dienstleister

§ 18 Vertragliche Zusammenarbeit mit HCP und HCO

(1) Mitgliedsunternehmen dürfen HCP oder HCO („Vertragspartner") nur dann mit der Erbringung entgeltlicher Leistungen (z. B. für Vortragstätigkeit, Beratung, klinische Prüfungen, Nichtinterventionelle Studien einschließlich Anwendungsbeobachtungen, die Teilnahme an Sitzungen von Beratergremien, die Durchführung von Schulungsveranstaltungen oder für die Mitwirkung an Marktforschungsaktivitäten) beauftragen, wenn die vereinbarten Leistungen zum Zwecke der Unterstützung der Gesundheitsversorgung, der Forschung oder der Fortbildung erbracht werden. Das Vertragsverhältnis muss außerdem die folgenden Kriterien erfüllen:

1. Vertragspartner und Unternehmen müssen sich vor der Aufnahme der Leistungen auf einen schriftlichen Vertrag einigen, aus dem sich die zu erbringenden Leistungen sowie die hierfür geschuldete Vergütung ergeben.
2. Vor Abschluss des Vertrags muss das Mitgliedsunternehmen einen berechtigten Bedarf an den zu erbringenden Leistungen sowie an dem Vertragsschluss mit dem Vertragspartner eindeutig festgestellt und dokumentiert haben. Bei der durch den jeweiligen Vertragspartner zu erbringenden vertraglichen Leistung muss es sich um eine wissenschaftliche oder fachliche Tätigkeit für das Unternehmen handeln, wozu auch Ausbildungszwecke zählen (Verbot von „Scheinverträgen").
3. Die Auswahl der Vertragspartner muss dem jeweiligen Bedarf entsprechen. Der für die Auswahl verantwortliche Mitarbeiter muss die erforderliche Fachkompetenz besitzen, diese sachgerecht beurteilen zu können.
4. Die Anzahl der beauftragten Vertragspartner und der Umfang der durch diese zu erbringenden Leistungen dürfen das zur Erfüllung der vorgesehenen Aufgaben vernünftiger Weise erforderliche Maß nicht überschreiten.
5. Das Unternehmen hat das Vertragsverhältnis und die erbrachten Leistungen zu dokumentieren. Die wesentlichen Dokumente sind für einen Zeitraum von mindestens 1 Jahr nach Beendigung der Vertragsverhältnisses aufzubewahren. Das Unternehmen hat ferner die erbrachten Leistungen in geeigneter Weise zu verwenden.
6. Die Vergütung darf nur in Geld bestehen und muss zu der erbrachten Leistung in einem angemessenen Verhältnis stehen. Bei der Beurteilung der Angemessenheit kann unter anderem die Gebührenordnung für Ärzte einen Anhaltspunkt bieten. Dabei können auch angemessene Stundensätze vereinbart werden, um den Zeitaufwand zu berücksichtigen.
   Den Vertragspartnern können zudem nach Maßgabe von Abs. 4 die in Erfüllung der ihnen obliegenden vertraglichen Leistungen entstehenden angemessenen Auslagen und Spesen erstattet werden.
7. Der Abschluss von Verträgen darf nicht zum Zwecke der Beeinflussung von Therapie-, Verordnungs- und Beschaffungsentscheidungen oder zu bloßen Werbezwecken missbraucht werden. Dies gilt auch für klinische Studien und Anwendungsbeobachtungen sowie alle anderen Studien oder Datenerhebungen (einschließlich retrospektiver Untersuchungen).

(2) Die Unternehmen müssen ihre Vertragspartner verpflichten, im Rahmen ihrer Publikationen, Vorträge und anderen öffentlichen Äußerungen auf ihre Tätigkeit für das Unternehmen hinzuweisen, sofern der Gegenstand der öffentlichen Äußerungen gleichzeitig Gegenstand der Vertragsbeziehung oder irgendein anderer das Unternehmen betreffender Gegenstand ist. Dasselbe gilt entsprechend für angestellte ärztliche Mitarbeiter des Unternehmens, soweit sie außerhalb ihrer Tätigkeit für das Unternehmen ihren ärztlichen Beruf (als niedergelassener Arzt oder Klinikarzt) weiter ausüben.

(3) Die in den Ziffern 1 und 5 des Absatz 1 sowie in Absatz 2 geregelten Anforderungen an die vertragliche Zusammenarbeit und die in Ziffer 2 des Absatz 1 geregelten Dokumentationspflichten sind nicht anwendbar auf die Erbringung nicht wiederkehrender, vereinzelter Leistungen von HCP im Zusammenhang von Marktforschungsaktivitäten (z. B. kurze Telefoninterviews), sofern die Vergütung hierfür geringfügig ist. Unter diesen Voraussetzungen ist § 24 ebenfalls nicht anwendbar. Zur Auslegung des Begriffs „geringfügig" im Sinne dieser Bestimmung erlässt der Vorstand des Vereins verbindliche Leitlinien nach § 6 Abs. 2.

(4) Sofern ein Vertragspartner im Rahmen seiner vertraglichen Tätigkeit für das Unternehmen an internen oder externen Fortbildungsveranstaltungen teilnimmt, gelten die Regelungen von § 20 entsprechend (etwa zur Auswahl des Tagungsortes und/oder der Tagungsstätte, für die Erstattung des Kostenbeitrags sowie das Verbot von Unterhaltungs- und Freizeitprogrammen). Dasselbe gilt für die Teilnahme von Vertragspartnern an Veranstaltungen (etwa an Beratertreffen oder die Teilnahme an Prüfertreffen für klinische oder Nichtinterventionelle Studien).

(5) Den Vertragspartnern oder Dritten darf kein Entgelt und kein sonstiger geldwerter Vorteil dafür gewährt werden, dass sie bereit sind, Pharmaberater zu empfangen oder von anderen Unternehmensangehörigen Informationen entgegen zu nehmen. Die Vertrags-

partner dürfen auch nicht allein für ihre bloße Teilnahme an Veranstaltungen im Sinne von § 20 eine Vergütung erhalten.

6. Leitlinie

des Vorstandes des FSA gemäß § 6 Abs. 2 iVm § 18 Abs. 3 Satz 2 zur Auslegung des Begriffs „geringfügig" (§ 18 Abs. 3 Satz 1) (Stand: 7. September 2020):

6.1 Nach § 18 Abs. 3 Satz 1 sind die in § 18 Abs. 1 und 2 geregelten Anforderungen an die vertragliche Zusammenarbeit mit Angehörigen der Fachkreise nicht auf die Erbringung nicht wiederkehrender, vereinzelter Leistungen im Zusammenhang von Marktforschungsaktivitäten (z. B. kurze Telefoninterviews) anwendbar, sofern die Vergütung hierfür „geringfügig" ist.

6.2 Eine Vergütung im Sinne von § 18 Abs. 3 Satz 1 ist dann „geringfügig", sofern sie einen Betrag von EUR 50,- nicht überschreitet.

Übersicht

I. Vorbemerkung

Die Regelung zur vertraglichen Zusammenarbeit spiegelt weitestgehend Art. 15 EFPIA-Kodex wider. **348**

Vor der Kodexrevision vom 14.11.2019 erfasste die Vorschrift nur die vertragliche Zusammenarbeit mit HCPs, da die Zusammenarbeit mit HCOs in § 26 der alten Fassung des Kodex geregelt war. Nunmehr finden die Bestimmungen des § 18 **umfassend auf die vertragliche Zusammenarbeit mit HCPs und HCOs Anwendung.** Diese Angleichung der Vorschriften zur Zusammenarbeit mit HCPs und HCOs folgte dem Leitgedanken des überarbeiteten EFPIA-Kodex, die verschiedenen Reglungen zum Umgang mit Fachkreisangehörigen, Gesundheitseinrichtungen und Patientenorganisationen zu vereinheitlichen.[314] Die Regelung der alten Fassung des § 26 war auf Verträge über die Erbringung von Dienstleistungen beschränkt und enthielt weniger ausdifferenzierte Anforderungen. Sie war in erster Linie auf zwei Anforderungen beschränkt: dass die Zusammenarbeit den Zwecken des Gesundheitswesens oder vergleichbaren Zwecken dienen musste und dass **349**

[314] *Kemmner/Thole* PharmR 2020, 320 (323).

die Zusammenarbeit nicht als Anreiz für die Beeinflussung von Therapie-, Verordnungs- und Beschaffungsentscheidungen missbrauch werden durfte. Im Kern sollen die detaillierteren Reglungen des § 18 dieselben Ziele umsetzen, jedoch werden hierbei über diese Grundsätze hinausgehende Anforderungen gestellt, welche bei der Zusammenarbeit mit HCOs seither zu berücksichtigen sind. Ferner gilt § 18 nun für sämtliche Verträge zur Erbringung entgeltlicher Leistungen durch HCOs, selbst wenn diese nicht (nur) die Erbringung von Dienstleistungen erfassen. Sponsoring-Verträge, welche früher den Maßgaben des alten § 26 zu folgen hatten, fallen nun unter den Anwendungsbereich des § 18. Die damit verbundene Fragestellung, ob ein Sponsoringvertrag unter den Begriff der Dienstleistung zu fassen war,[315] ist somit gegenstandslos geworden.

350 Ausnahmen von bestimmten Anforderungen an die vertragliche Zusammenarbeit gelten gem. Abs. 3 für nicht wiederkehrende, vereinzelte Leistungen mit geringfügiger Vergütung. Die Vorschrift wurde im Zuge der Kodexrevision vom 14.11.2019 neu gefasst. Eine Leitlinie (6. Leitlinie) konkretisiert den Begriff der „geringfügigen" Vergütung. Das Verbot, Vertragspartnern für die Teilnahme an (Fortbildungs-)Veranstaltungen eine Vergütung zu gewähren, ist in Abs. 5 S. 2 durch die Kodexrevision vom 14.11.2019 hinzugefügt worden.

II. Allgemeines

351 Die Bestimmung regelt die **allgemeinen Voraussetzungen für die vertragliche Zusammenarbeit mit HCPs und HCOs.** Sie gilt für alle Beziehungen zwischen der pharmazeutischen Industrie und HCPs bzw. HCOs, die den Austausch von Leistungen und Gegenleistungen zum Gegenstand haben. § 18 ist damit etwa auf Verträge über klinische Prüfungen und Anwendungsbeobachtungen, Berater- und Autorenverträge sowie auf alle anderen Vertragsbeziehungen zwischen pharmazeutischen Unternehmen und Angehörigen der Fachkreise anwendbar sowie auf alle sonstigen Vertragsverhältnisse, die die Erbringung von (Dienst-)Leistungen durch HCPs und HCOs gegenüber pharmazeutischen Unternehmen zum Gegenstand haben. Im Hinblick auf Verträge über nichtinterventionelle Studien (einschließlich Anwendungsbeobachtungen) enthält § 19 zusätzliche Anforderungen (→ Rn. 397 ff.). Ergänzend zu den Vorgaben des § 18 sind die gesetzlichen Bestimmungen (zB § 7 HWG, §§ 299a/b StGB) sowie die Empfehlungen des Gemeinsamen Standpunkts gem. § 24 Kodex (→ Rn. 749 ff.) zu beachten. **Nicht** unter die Vorschrift fallen hingegen die **Lieferverhältnisse der Industrie mit Apotheken oder Großhändlern** etc.

III. Voraussetzungen für die Zusammenarbeit (Abs. 1)

1. Unterstützung der Gesundheitsversorgung, Forschung oder Fortbildung (S. 1)

352 Durch die Kodexrevision vom 14.11.2019 ist in Abs. 1 S. 1 die Vorgabe hinzugefügt worden, dass die Beauftragung von HCPs oder HCOs zur Erbringung von entgeltlichen Leistungen „nur dann" zulässig ist, wenn die vereinbarten Leistungen „zum Zwecke der Unterstützung der Gesundheitsversorgung, der Forschung oder der Fortbildung erbracht werden". Das Erfordernis eines bestimmten Zwecks, der mit der vertraglichen Zusammenarbeit gefördert werden soll, entspricht den Vorgaben des EFPIA-Kodex, welcher ebenfalls in Art. 15.01 EPFIA-Kodex diese Anforderung aufstellt. Der hiervon erfasste Gedanke, dass eine vertragliche Zusammenarbeit **nicht zum Schein** eingegangen werden darf, ergab sich bereits zuvor aus der Anforderung eines berechtigten Bedarfs gem. S. 1 Nr. 2. Durch das Voranstellen dieser Rationale als Grundvoraussetzung für die Eingehung einer vertrag-

---

[315] Entscheidung zu §§ 25, 26 idF v. 18.1.2008, FS I 2008.12-250a; zu Sponsoring-Verträgen im Lichte der alten Vorschriften des §§ 25 und 26 siehe *Geiger* A&R 2009, 203 ff.

lichen Zusammenarbeit wird ihre Bedeutung zusätzlich geschärft. Vertragliche Kooperationen, die nicht zur Förderung eines der genannten Ziele beitragen, sind von vornherein unzulässig.

Über das Erfordernis dieser Zweckbestimmung hinaus muss das Vertragsverhältnis die in S. 2 **Nr. 1–7 genannten Anforderungen** erfüllen: 353

2. Schriftform (Nr. 1)

Zunächst darf eine Leistung gem. Abs. 1 S. 2 Nr. 1 nur auf der **Grundlage eines schriftlichen Vertrages** erbracht werden, welcher sowohl die zu erbringenden Leistungen als auch die Höhe der geschuldeten Vergütung festlegt. Diese Regelung orientiert sich im Hinblick auf die Zusammenarbeit mit Ärzten an § 33 S. 2 MBO-Ä, wonach „Verträge über die Zusammenarbeit [...] schriftlich abzuschließen" und der Ärztekammer vorzulegen sind. Die Regelung stellt daher ua auf Seiten der Industrie sicher, dass Ärzte dieser berufsrechtlichen Verpflichtung auch nachkommen können. Die Vorgabe zielt darüber hinaus gegenüber allen Vertragspartnern (HCPs wie HCOs) auf eine **nachprüfbare Dokumentation** der Leistungsbeziehungen von pharmazeutischen Unternehmen ab. 354

Die schriftliche Einigung der Vertragsparteien hat **vor Aufnahme der Leistungen** zu erfolgen. Bei formalistischer Betrachtungsweise könnte sich aus diesem Umstand folgende Problemstellung ergeben: **Verträge mit HCPs** unterliegen häufig einer Genehmigungspflicht seitens des Dienstherrn (dazu → Kap. 2 Rn. 55 ff.). Da im Fall des Nichtvorliegens dieser Genehmigung nicht unerhebliche Risiken für beide Vertragsparteien drohen, werden diese Verträge in der Praxis zum Teil in der Form gestaltet, dass die Wirksamkeit des Vertrages unter der aufschiebenden Bedingung der Genehmigungserteilung steht. In der Folge ist der Vertrag bis zur Erteilung der Genehmigung **schwebend unwirksam.**[316] Daher könnte man an dem Vorliegen eines Vertrags iSd Abs. 1 S. 2 Nr. 1 zweifeln, soweit die Vertragsparteien zwar eine Einigung unterzeichnet haben, diese jedoch aufgrund der gewählten Vertragsgestaltung und der noch ausstehenden Genehmigung zum Zeitpunkt der Aufnahme der Leistungen schwebend unwirksam ist.[317] Eine solche Auslegung kann aus verschiedenen Gründen nicht überzeugen. Zum einen spricht bereits der Wortlaut des Abs. 1 S. 2 Nr. 1 nur davon, dass sich die Parteien „auf einen schriftlichen Vertrag einigen" müssen. Der Wirksamkeitsbeginn des Vertrags wird von § 18 Abs. 1 Nr. 1 nicht gefordert. Das ist auch nach der Ratio der Norm nicht nötig. Denn wenn dem **Schriftformerfordernis iSd § 126 BGB** genügt wurde, also beide Parteien ihre Willenserklärungen in einer unterzeichneten Urkunde dokumentiert haben, sind die notwendigen Voraussetzungen für eine transparente Vertragsbeziehung erfüllt. Anderenfalls würden auch nachträglich eintretende Wirksamkeitshindernisse, wie zB eine Anfechtung, rückwirkend zur Kodexwidrigkeit eines Vertrags führen. An diesem Beispiel wird deutlich, dass die Auffassung, § 18 Abs. 1 S. 2 Nr. 1 setze nicht nur die Unterschriften der Vertragsparteien, sondern auch die Wirksamkeit des Vertrags voraus, nicht haltbar ist. Das Schriftformerfordernis des Kodex ist keine Grundlage dafür, eine erforderliche Dienstherrengenehmigung nicht als zulässige aufschiebende Bedingung in einer vertraglichen Vereinbarung vorzusehen. 355

Das Schriftformerfordernis des Abs. 1 wird seinem Sinn und Zweck nur dann gerecht, wenn sich aus dem Vertrag die **geschuldeten Leistungen und Gegenleistungen eindeutig ergeben.** Dies bedeutet, dass insbesondere die von dem HCP oder der HCO als Gegenleistung für eine bestimmte Vergütung zu erbringende Leistung in dem Vertrag im Einzelnen **nachvollziehbar aufgeführt werden** muss. Entscheidend ist, dass die für einen Nachvollzug der vereinbarten Leistungen und Gegenleistungen erforderlichen Angaben aus dem Vertrag hervorgehen. Ein Dokument, aus dem diese Angaben nicht hervorgehen, erfüllt die Voraussetzungen eines „schriftlichen Vertrages" nicht. Aus dem Vertrag müssen neben der Höhe der Vergütung die vereinbarte Tätigkeit, deren Zielsetzung sowie der Zeit- 356

---

[316] Siehe dazu *Westermann* in MüKoBGB § 158 Rn. 1 ff.

[317] Zu dieser Problematik siehe *Geiger* A&R 2008, 195 (196).

aufwand hervorgehen.[318] Das Vorliegen ausschließlich schriftlicher Rechnungen über gezahlte Honorare für Referententätigkeiten erfüllt das Schriftformerfordernis des Abs. 1 S. 2 Nr. 1 nicht, da einerseits nur das Honorar daraus hervorgeht, nicht jedoch die geschuldete Gegenleistung, und andererseits die Rechnung erst nach Erbringung der Leistungen gestellt wird. Als ebenso unzureichend wurde von der Schiedsstelle ein Beratervertrag angesehen, in dem die Beratertätigkeit anhand der allgemeinen Beschreibung „Marktbeobachtung inklusive Sammeln von Werbematerialien" gekennzeichnet wurde. Dies soll nach der Spruchpraxis des FSA keine eindeutige Beschreibung der Beratungsleistung darstellen.[319] Aufgrund der möglichen Vorlage der Verträge an die Ärztekammern durch die betroffenen Ärzte (vgl. § 33 S. 2 aE MBO-Ä) liegt ein ausführlicher Vertrag nicht zuletzt auch im **Interesse der ärztlichen Vertragspartner.**

357 Die schriftliche Einigung muss nicht unbedingt in der typischen äußeren Form eines Vertrages erfolgen. Vielmehr kann eine derartige Vereinbarung auch in Briefform oder in dem Austausch von Briefen erfolgen, sofern derartige Dokumente die erforderlichen Informationen enthalten. Dies ergibt sich aus der Regelung des § 127 Abs. 2 BGB, wonach bei Verträgen auch der **Briefwechsel** ausreichend ist, soweit nicht ein entgegenstehender Wille der Parteien anzunehmen ist. Da das Schriftformerfordernis des § 18 Abs. 1 S. 2 Nr. 1 nicht gesetzlich angeordnet ist, sondern aufgrund der freiwilligen Selbstverpflichtung der Mitglieder des FSA einer rechtsgeschäftlichen Vereinbarung der Schriftform iSd § 127 BGB gleichzustellen ist, spricht dies für die Anwendbarkeit der Regelungen in § 127 Abs. 2 und 3 BGB. Die Privilegierung des § 127 Abs. 2 BGB liegt darin, dass die Erstellung eines einzigen Dokuments, welches die Unterschriften beider Parteien enthält, nicht erforderlich ist. Diese werden beim Briefwechsel durch die eigenhändige Unterschrift der Briefe durch die jeweilige Partei ersetzt.[320]

358 Daneben genügt auch ein Vertragsschluss in **elektronischer Form** (zB per **E-Mail mit qualifizierter elektronischer Signatur**) den Anforderungen des Abs. 1 S. 2 Nr. 1, da das Schriftformerfordernis gem. § 126 Abs. 3 BGB grundsätzlich durch die elektronische Form ersetzt werden kann, soweit dies nicht ausgeschlossen wurde. Im Unterschied zur E-Mail mit qualifizierter elektronischer Signatur stellt sich dann allerdings die Frage, ob eine Einigung durch den **Austausch von E-Mails** (ohne qualifizierte elektronische Signatur) dem Formerfordernis des Abs. 1 S. 2 Nr. 1 Kodex entspricht. Die Privilegierung des § 127 Abs. 3 BGB sieht vor, dass bei einem Vertrag die auszutauschenden Angebots- und Annahmeerklärungen jeweils **mit einer elektronischen Signatur** versehen sein müssen, um den Schriftformerfordernis zu genügen. Eine „Elektronische Signatur" besteht nach der Definition des Art. 3 Nr. 10 der eIDAS-Verordnung[321] in Daten in elektronischer Form, die anderen elektronischen Daten beigefügt oder logisch mit ihnen verbunden werden und die der Unterzeichner zum Unterzeichnen verwendet. Ausreichend dürfte danach der Name des Absenders in Verbindung mit einer einfachen E-Mail Signatur sein, die die nähere Identifizierung bzw. Zuordnung des Absenders (zB zum Arbeitgeber) ermöglicht. Der Abschluss eines Vertrags durch eine Korrespondenz der Vertragsparteien via E-Mail unter beidseitiger

[318] Entscheidung zu § 4 Abs. 1–3 idF v. 16.2.2004, https://www.fsa-pharma.de/de/schiedstelle/berichterstattung/fachkreise/az-2004.10–40-1-instanz-kodex-18-abs-1-2-18-abs-3-vertragliche-zusammenarbeit-mit-arzten-angemessenes-verhaltnis/, FS I 2004.10–40 (zul. abgerufen am 17.6.2021 und Entscheidung zu § 18 idF v. 5.12.2005, https://www.fsa-pharma.de/de/schiedstelle/berichterstattung/fachkreise/az-2006.9–140-1-instanz-18-abs-1-und-2-des-kodex-eindeutige-bestimmung-von-leistung-und-gegenleistung-in-beratervertrag/, FS I 2006.9–140 (zul. abgerufen am 17.6.2021).

[319] Entscheidung zu § 18 idF v. 5.12.2005, https://www.fsa-pharma.de/de/schiedstelle/berichterstattung/fachkreise/az-2006.9–140-1-instanz-18-abs-1-und-2-des-kodex-eindeutige-bestimmung-von-leistung-und-gegenleistung-in-beratervertrag/, FS I 2006.9–140 (zul. abgerufen am 17.6.2021).

[320] *Ellenberger* in Palandt BGB § 127 Rn. 3; aA *Einsele* in MüKoBGB § 126 Rn. 11.

[321] Verordnung (EU) Nr. 910/2014 des Europäischen Parlaments und des Rates vom 23.7.2014 über elektronische Identifizierung und Vertrauensdienste für elektronische Transaktionen im Binnenmarkt und zur Aufhebung der Richtlinie 1999/93/EG, ABl. 2014 L 257, S. 73.

Verwendung einer solchen elektronischen Signatur dürfte demnach als formwahrend iSd § 18 S. 2 Nr. 1 anzusehen sein.

Nach diesen Grundsätzen könnten bei einer rein formalen Betrachtungsweise Zweifel daran bestehen, ob ein Austausch von separaten, handschriftlich unterzeichneten und **eingescannten Vertragsausfertigungen,** die **per E-Mail** (mit elektronischer Signatur) der anderen Vertragspartei als Scankopie übermittelt werden, dem Formerfordernis des § 18 Abs. 1 S. 2 Nr. 1 Kodex genügt. Mit Blick auf die zunehmende Nutzung digitaler Medien ist eine Liberalisierung dieser Vorschrift wünschenswert, sodass ein auf diese Weise geschlossener Vertrag nicht aufgrund mangelnder Form beanstandet werden müsste. Der Absender der übermittelten Vertragskopie ist durch die eigenhändige Unterschrift auf der Vertragsausfertigung und die elektronische Signatur seiner E-Mail eindeutig identifizierbar. Der durch das Formerfordernis verfolgte Zweck, welcher in der Beschreibung der vereinbarten Leistungen und der Sicherstellung einer nachprüfbaren Dokumentation der Leistungsbeziehungen besteht (→ Rn. 354), wäre in diesem Fall vollständig erfüllt. Die Warnfunktion, die das Schriftformerfordernis nach § 126 BGB ergänzend prägt,[322] steht im Kontext des Kodex nicht im Vordergrund, da der Kodex keine Warnung vor der Zusammenarbeit mit HCP bzw. HCO aussprechen, sondern sicherstellen soll, dass bei der vertraglichen Umsetzung gewisse Mindeststandards eingehalten werden. Diese Zielsetzung wird beim genannten Austausch signierter E-Mails mit eingescannten und unterzeichneten Scankopien erfüllt. Von unnötigen formalen Anforderungen sollte daher abgesehen und im Sinne einer Weiterentwicklung des Kodex das Formerfordernis an die tatsächlichen Praktiken in einer zunehmend digitalen Zeit angepasst werden. 359

3. Spruchpraxis zu Abs. 1 S. 2 Nr. 1 (Schriftform)

- Für die Vereinbarung einer Beratungstätigkeit mit einem HCP (Teilnahme an einem **Berater-Workshop**) ist erforderlich, dass spätestens zu Beginn der Maßnahme eine entsprechende vertragliche Vereinbarung gem. § 18 Kodex vorliegt, aus der sich Leistungen und Gegenleistungen ergeben.[323] 360
- Soweit in Beraterverträgen mit HCPs als Beratungstätigkeit lediglich **„Marktbeobachtung inkl. Sammeln von Werbematerialien“** formuliert wird, stellt dies **keine eindeutige Beschreibung der Beratungsleistung** dar. Auf welche Art und Weise die Marktbeobachtung und mit welcher Zielsetzung sie erfolgen sollte, wurde nicht geregelt.[324]
- Eine Einladung eines Unternehmens an Ärzte zur Teilnahme an einem Konzept-Board muss die **Themenstellung, den Zeitaufwand und die Anforderungen und Zielsetzungen an die teilnehmenden Ärzte** in der Einladung genau beschreiben und für Klinikärzte auf deren mögliches vertragliches Abstimmungserfordernis mit dem Arbeitgeber hinweisen. Aus der Einladung war nicht erkennbar, dass das Konzept-Board dem Unternehmen wesentliche Erkenntnisse für künftige Therapieentscheidungen und -entwicklungen bieten sollte. Ein Kodexverstoß wurde bejaht, weil die Einladung keine präzise **Abgrenzung** zwischen der **vertraglichen Zusammenarbeit und** einer möglichen **Fortbildungsveranstaltung** erkennen ließ.[325]

---

[322] *Einsele* in MüKoBGB § 125 Rn. 8.

[323] Entscheidung zur Abgrenzung von § 4 zu § 6 idF v. 16.2.2004, https://www.fsa-pharma.de/de/schiedstelle/berichterstattung/fachkreise/az-2005.12–104-1-instanz-18-des-kodex-abgrenzung-zu-internen-fortbildungsveranstaltungen-gemass-20-des-kodex/, FS I 2005.12–104 (zul. abgerufen am 17.6.2021).

[324] Entscheidung zu § 18 idF v. 5.12.2005, https://www.fsa-pharma.de/de/schiedstelle/berichterstattung/fachkreise/az-2006.9–140-1-instanz-18-abs-1-und-2-des-kodex-eindeutige-bestimmung-von-leistung-und-gegenleistung-in-beratervertrag/, FS I 2006.9–140 (zul. abgerufen am 17.6.2021).

[325] Entscheidung zu § 4 Abs. 1–3 idF v. 16.2.2004, https://www.fsa-pharma.de/de/schiedstelle/berichterstattung/fachkreise/az-2004.10–40-1-instanz-kodex-18-abs-1-2-18-abs-3-vertragliche-zusammenarbeit-mit-arzten-angemessenes-verhaltnis/, FS I 2004.10–40 (zul. abgerufen am 15.6.2021).

4. Berechtigter Bedarf und Verbot von Scheinverträgen Nr. 2

a) Berechtigter Bedarf (S. 1)

361 Es ist unzulässig, wenn ein Vertrag mit einem Vertragspartner nur zum Schein geschlossen wird **(„Scheinvertrag"),** um dem Vertragspartner unter dem „Deckmantel des Vertrages" einen Vorteil zukommen zu lassen. Es muss daher immer ein **berechtigter Bedarf** an den zu erbringenden Leistungen sowie am Vertragsschluss selbst **eindeutig feststellbar** sein **und** vom Unternehmen **dokumentiert** werden (vgl. Abs. 1 S. 2 Nr. 2 S. 1). Eine darüber hinausgehende Regelung im Sinne eines inhaltlichen Eingriffs in die unternehmerische Entscheidungsfreiheit der Mitgliedsunternehmen durch den FSA ist weder intendiert noch steht sie zu befürchten.[326] Seit der Kodexrevision vom 14.11.2019 wird die konkrete Anforderung eines berechtigten Bedarfs durch die neu eingeführte Grundvoraussetzung in Abs. 1 S. 1 ergänzt, wonach eine Zusammenarbeit mit HCP und HCO grundsätzlich nur zum Zwecke der Unterstützung der Gesundheitsversorgung, der Forschung oder der Fortbildung erfolgen darf (→ Rn. 352).

362 Die Bestimmung steht auch im **Einklang mit dem ärztlichen Berufsrecht.** Nach den Erläuterungen der Bundesärztekammer zu § 33 MBO-Ä ist bei Verträgen zwischen der Industrie und Ärzten *„kritisch zu prüfen, ob Austauschverträge lediglich dazu dienen, der Sache nach einseitige Zuwendungen zu verdecken oder das Verbot der einseitigen Zuwendungen zu umgehen".*[327] Ein entsprechender berufsrechtlicher Verstoß wird danach zB dann angenommen, wenn dem Arzt allein der Zeitaufwand für die Teilnahme an produktbezogenen Veranstaltungen (etwa die Teilnahme an einem eintägigen Qualitätszirkel, der sich ausschließlich mit der Anwendung eines bestimmten Arzneimittels befasst) ersetzt wird und dem keine sonstige Gegenleistung des Arztes für das Unternehmen gegenübersteht.

b) Wissenschaftliche oder fachliche Tätigkeit als vertragliche Leistung

363 In Übereinstimmung mit den berufsrechtlichen Vorgaben verlangt S. 2 neben der Feststellung und Dokumentation des berechtigten Bedarfs, dass es sich bei der vom HCP oder HCO zu erbringenden Leistung um eine **wissenschaftliche oder fachliche Tätigkeit** für das Unternehmen handelt (einschließlich Ausbildungszwecken). Der Begriff der **„fachlichen Tätigkeit"** ist dabei weit zu verstehen. Eine „fachliche Tätigkeit" liegt nicht nur dann vor, wenn ein Vertragspartner für ein Unternehmen etwa als **Referent oder Berater** auf dem Gebiet der Medizin oder Pharmazie tätig ist. Unter eine „fachliche" Tätigkeit fällt vielmehr beispielsweise auch der Abschluss eines Vertrages mit einem niedergelassenen Arzt als Veranstalter eines medizinischen Fachkongresses über einen **Ausstellungsstand,** wenn das pharmazeutische Unternehmen ein nachvollziehbares und gerechtfertigtes Interesse an der Präsentation seiner Arzneimittel oder der Auslage von Produktinformationen anlässlich dieser Fachveranstaltung hat. Dabei muss die von dem Unternehmen zu zahlende Standgebühr angemessen und nicht überhöht sein und die entsprechende Fachveranstaltung einen Besucherkreis haben, der für die Vermittlung der entsprechenden Informationen des Unternehmens von Interesse ist.

364 Die Teilnahme an einem **„Berater-Workshop"** ist eine „fachliche Tätigkeit" und darf gegen Zahlung einer Vergütung erfolgen, wenn der weit überwiegende Teil des Workshops durch die Teilnehmer fachlich und wissenschaftlich bestritten wird und für das Unternehmen ein Nutzen (zB Marktforschung) festgestellt werden kann.[328]

---

[326] Solche Bedenken äußert *Geiger* A&R 2008, 195 (196 f.).

[327] Hinweise und Erläuterungen zu § 33 MBO-Ä, beschlossen von den Berufsordnungsgremien der Bundesärztekammer am 12.8.2003, https://www.aerzteblatt.de/archiv/40347/Wahrung-der-aerztlichen-Unabhaengigkeit-bei-der-Zusammenarbeit-mit-Dritten (zul. abgerufen am 7.6.2021).

[328] Entscheidung zur Abgrenzung von § 4 zu § 6 idF v. 16.2.2004, https://www.fsa-pharma.de/de/schiedstelle/berichterstattung/fachkreise/az-2005.12–104-1-instanz-18-des-kodex-abgrenzung-zu-internen-fortbildungsveranstaltungen-gemass-20-des-kodex/, FS I 2005.12–104 (zul. abgerufen am 17.6.2021).

Die **Abgrenzung** zwischen einer passiven (nicht vergütungsfähigen) Teilnahme des HCP an einer **internen Fortbildungsveranstaltungen** und einer **vergütungsfähigen** Teilnahme an einem **Berater-Workshop** kann sich im Einzelfall als schwierig erweisen (vgl. auch → Rn. 674). Ein wesentliches Abgrenzungskriterium betrifft den Anteil der allgemeinen Informationen zu den Produkten des durchführenden Unternehmens. Die Schiedsstelle hat die Beauftragung eines **unabhängigen Dritten,** der keinen näheren Einblick in das Unternehmen und dessen Produktpalette hat, mit der Moderation und Durchführung eines 3-stündigen Beratungs-Workshops als Indiz für einen vergütungsfähigen Workshop angesehen.[329] Allerdings kann aus dieser Entscheidung nicht abgeleitet werden, dass bei Durchführung und Moderation des Workshops durch **unternehmenseigene Mitarbeiter** der Charakter einer vergütungsfähigen Teilnahme ausgeschlossen wäre. In einem weiteren Schiedsspruch hat die Schiedsstelle darauf abgestellt, dass bei Berater-Workshops die Wissensvermittlung durch das Unternehmen lediglich als Einstieg in die Thematik dient und von untergeordneter zeitlicher Bedeutung ist und der überwiegende Teil der Veranstaltung der Erarbeitung vorgegebener Themenstellungen gewidmet ist. Demgegenüber deutet ein Workshop, der lediglich einen verbalen Erfahrungsaustausch vorsehe, auf eine interne Fortbildungsveranstaltungen hin.[330] **365**

Dieser Abgrenzung folgend hat die Schiedsstelle die Vergütung von Ärzten für die Teilnahme an einem **„Erfahrungsaustausch"** im Sinne einer bloßen Diskussion über bestimmte Themen im Rahmen einer internen Fortbildungsveranstaltung als Verstoß gegen Abs. 2 und 3 iVm § 18 Abs. 8 bewertet,[331] da ein Austausch von aktuellen Kasuistiken aus der täglichen Praxis, welche die Ärzte erstellt haben, **nicht** die Anforderungen an eine **wissenschaftliche oder fachliche Leistung** erfüllt. Diese Leistungen setzen sachlich begründete und notwendige Tätigkeiten des Arztes voraus, an denen ein nachvollziehbares und gerechtfertigtes Interesse des Unternehmens besteht. **366**

Ebenfalls keine wissenschaftliche oder fachliche Tätigkeit stellt das **Sammeln von Werbematerialien** bzw. die Marktbeobachtung dar[332] oder die Durchführung von **Maßnahmen,** die zum **Kernbereich der ärztlichen Tätigkeit** gehören, wie zB Tätigkeiten zur Verbesserung und Sicherung der Patienten-Compliance.[333] Letztere wurden von der Schiedsstelle als Verstoß gegen das Verbot von „Scheinverträgen" eingeordnet, da diese Leistungen keine fachlichen Leistungen für das betreffende Unternehmen darstellen, an denen dieses ein **nachvollziehbares und gerechtfertigtes Interesse** hat. Ein Unternehmen, das Ärzten vertraglich für diese Maßnahmen Vergütungen zusagt, verstoße daher gegen das Verbot von „Scheinverträgen" gemäß § 18 Abs. 1 S. 1 Nr. 2 Kodex. Dies erscheint grundsätzlich sachgerecht, da der Arzt die Erbringung dieser Leistungen bereits gegenüber dem Patienten selbst schuldet. Erst nach dieser Entscheidung wurde die 5. Leitlinie erlassen, welche **367**

---

[329] Entscheidung zu § 18 Abs. 2 idF v. 2.12.2005, https://www.fsa-pharma.de/de/schiedstelle/berichterstattung/fachkreise/az-2006.2–113-1-instanz-18-des-kodex-abgrenzungskriterien-fur-vergutungsfahige-beratertatigkeiten-von-arzten-zu-fortbild/, FS I 2006.2–113 (zul. abgerufen am 15.6.2021) (= PharmR 2006, 342).

[330] Entscheidung zur Abgrenzung von § 4 zu § 6 idF v. 16.2.2004, https://www.fsa-pharma.de/de/schiedstelle/berichterstattung/fachkreise/az-2005.12-104-1-instanz-18-des-kodex-abgrenzung-zu-internen-fortbildungsveranstaltungen-gemass-20-des-kodex/, FS I 2005.12–104 (zul. abgerufen am 22.6.2021).

[331] Entscheidung zu § 4 Abs. 2 und 3 idF v. 16.2.2004, https://www.fsa-pharma.de/de/schiedstelle/berichterstattung/fachkreise/az-2005.9–91-1-instanz-18-abs-2-20-abs-3-s-2-des-kodex-produktspezifische-werkstatt-gegen-beratungshonorar-fortbild/, FS I 2005.9–91 (zul. abgerufen am 15.6.2021).

[332] Entscheidung zu § 18 idF v. 5.12.2005, https://www.fsa-pharma.de/de/schiedstelle/berichterstattung/fachkreise/az-2006.9–140-1-instanz-18-abs-1-und-2-des-kodex-eindeutige-bestimmung-von-leistung-und-gegenleistung-in-beratervertrag/, FS I 2006.9–140 (zul. abgerufen am 15.6.2021).

[333] Entscheidung zu § 18 Abs. 1 idF v. 18.1.2008, https://www.fsa-pharma.de/de/schiedstelle/berichterstattung/fachkreise/az-2011.12–315-1-instanz-18-abs-1-satz-1-nr-2-fsa-kodex-fachkreise-fehlende-fachliche-leistung-fur-das-unternehmen/, FS I 2011.12–315 (zul. abgerufen am 15.6.2021).

sich mit darüber hinausgehenden Maßnahmen zur Förderung der Patienten-Compliance befassen. Die Zulässigkeit dieser, von den Unternehmen initiierten und finanzierten sog. gebrauchssichernder Maßnahmen setzt ua voraus, dass Ärzte mit der Durchführung von zugehörigen Tätigkeiten nicht beauftragt und für diese nicht vergütet werden (vgl. 5. Leitlinie Ziffer 5.7 S. 2 sowie → Rn. 343 f.).

368 Bei der Vereinbarung zwischen einem Unternehmen und einem Arzt zur Durchführung von **Begleitdiagnostik** gegen eine entsprechende Vergütung bzw. **Kostenübernahme** kann ein entsprechender Bedarf iSd Abs. 1 S. 2 Nr. 1 vorliegen. Dies ist jedoch von den **konkreten Umständen** des Einzelfalls abhängig, unter denen der Arzt mit der Durchführung der Begleitdiagnostik beauftragt werden soll. Maßgeblich ist, ob die Durchführung der Diagnostik eine fachliche Leistung ist, die der Arzt gegenüber dem Unternehmen erbringt. Soweit dieser bereits auf Grundlage des Behandlungsvertrags mit dem Patienten hierzu verpflichtet ist, scheidet eine vertragliche Zusammenarbeit nach § 18 aus. Ferner ist relevant, ob die durch die Begleitdiagnostik gewonnenen Daten für das Unternehmen wesentliche Erkenntnisse beinhalten können, an denen das Unternehmen ein nachvollziehbares und gerechtfertigtes Interesse hat. Schließlich ist entscheidend, ob eine Kostenerstattung durch die Krankenkassen gesichert ist und inwieweit von der in Aussicht gestellten Vergütung eine Auswirkung bzw. Beeinflussung der Therapieentscheidungen ausgehen kann. Nach diesen Maßgaben hat die Schiedsstelle die Übernahme von Kosten für **leitlinien-konforme, die Therapie begleitende diagnostische Maßnahmen** durch das Unternehmen **im Rahmen einer Studie** als zulässig anerkannt, wenn die volle Kostenübernahme durch die Kassen sehr zweifelhaft ist, konkrete Anhaltspunkte dafür fehlen, dass damit die Therapieentscheidung zugunsten eines oder mehrerer bestimmter Präparate des Unternehmens beeinflusst wird und durch eine vertragliche Ausgestaltung eine Doppelabrechnung durch den Arzt (zusätzliche Erstattung durch die Krankenkasse) ausgeschlossen ist.[334] In einem anderen Fall, in dem das Unternehmen einem Krankenhaus die Vergütung für die Durchführung eines Labortests zugesichert hatte, gelangte die Schiedsstelle zu dem Ergebnis, dass die Kostenerstattung durch das Unternehmen nicht im Austauschverhältnis zu einer vom Unternehmen empfangenen Leistung steht, da der Labortest eine Leistung im Rahmen des Behandlungsvertrags zwischen Krankenhaus und Patient darstellte. Die Zahlung erfolgte somit aufgrund eines **einseitigen Versprechens** gegenüber der Klinik, ggf. in Erwartung einer möglichen Verordnung seines neuen Arzneimittels, welches sich somit an den Maßstäben des § 25 messen lassen musste (→ Rn. 755 f.).[335] Auch wenn diese Entscheidung nicht generalisiert werden sollte, könnten sich vergleichbare Fragen bei der Kostenübernahme von Begleitdiagnostika gegenüber Ärzten stellen, wenn dies nicht wie im vorliegenden Kontext im Rahmen einer Studie erfolgt (→ Rn. 306).

5. Spruchpraxis zu Abs. 1 S. 2 Nr. 2 (Scheinverträge, berechtigter Bedarf)

369 – Das ausschließliche **Sammeln von Werbematerialien** bzw. die Marktbeobachtung sind die ureigene Aufgaben von Marketingabteilungen der Pharmaunternehmen. Das Sammeln von Werbematerialien erfordert keine fachliche Kompetenz des niedergelassenen Arztes. Auch stehen die Marktbeobachtung und das Sammeln von Werbematerialien in keinem Zusammenhang mit der medizinischen Betreuung von Patienten. Es ist nicht er-

[334] Entscheidung zu § 18 Abs. 1 Nr. 2 idF v. 4.12.2014, https://www.fsa-pharma.de/de/schiedstelle/berichterstattung/fachkreise/az-2016.3–498-18-abs-1-nr-2-fsa-kodex-fachkreise-kostenerstattung-von-der-therapie-begleitender-diagnostischer-massnahmen/, FS I 2016.3–498 (zul. abgerufen am 17.6.2021).

[335] Entscheidung zu § 25 Abs. 1 idF v. 27.11.2009, https://www.fsa-pharma.de/de/schiedstelle/berichterstattung/fachkreise/az-2010.1–284-1-instanz-25-abs-1-fsa-kodex-fachkreise-ubernahme-von-kosten-des-krankenhauses-fur-krebszellen-mutationst/, FS I 2010.1–284 (zul. abgerufen am 17.6.2021).

sichtlich, welche wissenschaftlichen oder fachlichen Erkenntnisse das Mitgliedsunternehmen aus dieser „Beratungsleistung“ gewinnen konnte. Die beauftragten HCPs haben **keine wissenschaftliche bzw. fachliche Tätigkeit** erbracht.[336]

- Ein Arzt, der an einem Berater-Workshop teilnimmt, darf für seine Teilnahme eine Vergütung erhalten, wenn der weit überwiegende Teil durch die eingeladenen Teilnehmer **fachlich oder wissenschaftlich** bestritten wird und **für das Unternehmen ein Nutzen** (zB Marktforschung) festgestellt werden kann. Im betroffenen Berater-Workshop sollten die Ärzte einen Gesprächsleitfaden für die fachbezogenen Arztpraxen erstellen.[337]
- Der **Erfahrungsaustausch von Ärztinnen und Ärzten** ist keine wissenschaftliche oder fachliche Leistung iSd § 18 Kodex und rechtfertigt keine Vergütung.[338]
- Wird für die **Moderation und Durchführung** eines 3-stündigen **Beratungs-Workshops,** zu dem Ärzte eingeladen waren, ein **unabhängiges, drittes Institut** beauftragt, hat dies **indizielle Bedeutung** für das Vorliegen eines vergütungsfähigen Berater-Workshops, soweit der Dritte keinen näheren Einblick in das Unternehmen und dessen Produktpalette hat.[339]
- Trifft ein Unternehmen mit Ärzten eine Vereinbarung, wonach diese eine **Vergütung für** Maßnahmen erhalten sollen, die **keine fachlichen Leistungen** darstellen, an denen das **Unternehmen ein nachvollziehbares und gerechtfertigtes Interesse hat,** liegt hierin ein Verstoß gegen das Verbot von Scheinverträgen nach § 18 Abs. 1 S. 2 Nr. 2 Kodex. In dem zu entscheidenden Fall waren Maßnahmen zur Verbesserung der Therapietreue der Patienten betroffen, wie zB Schulungen der Patienten zur Compliance oder deren telefonische Erinnerung an die Verabreichung oder Verordnung der Arzneimittel.[340] In der Sache handelt es sich bei dieser Art von Maßnahmen um sog. **gebrauchssichernde Maßnahmen,** die die Therapietreue der Patienten fördern sollen und deren Zulässigkeit sich nach der 5. Leitlinie (→ Rn. 308 ff.) richtet. Eine Beauftragung und Vergütung des Arztes ist auch nach diesen Bestimmungen nicht zulässig (vgl. 5. Leitlinie Ziffer 5.7 S. 3).
- Die Übernahme von Kosten für leitlinien-konforme, die Therapie begleitende diagnostische Maßnahmen durch das Unternehmen kann **im Rahmen einer Studie** zulässig sein, wenn die volle Kostenübernahme durch die Kassen sehr zweifelhaft ist, konkrete Anhaltspunkte dafür fehlen, dass damit die Therapieentscheidung zugunsten eines oder mehrerer bestimmter Präparate des Unternehmens beeinflusst wird und durch eine vertragliche Ausgestaltung eine Doppelabrechnung durch den Arzt (zusätzliche Erstattung durch die Krankenkasse) ausgeschlossen ist. Durch die Datenerhebung konnten zusätzliche wesentliche Erkenntnisse zur Auswirkung der Begleitdiagnostik auf die laufende The-

---

[336] Entscheidung zu § 18 idF v. 5.12.2005, https://www.fsa-pharma.de/de/schiedstelle/berichterstattung/fachkreise/az-2006.9–140-1-instanz-18-abs-1-und-2-des-kodex-eindeutige-bestimmung-von-leistung-und-gegenleistung-in-beratervertrag/, FS I 2006.9–140 (zul. abgerufen am 15.6.2021).

[337] Entscheidung zu § 18 idF v. 16.2.2004, https://www.fsa-pharma.de/de/schiedstelle/berichterstattung/fachkreise/az-2005.12–104-1-instanz-18-des-kodex-abgrenzung-zu-internen-fortbildungsveranstaltungen-gemass-20-des-kodex/, FS I 2005.12–104 (zul. abgerufen am 15.6.2021).

[338] Entscheidung zu § 6 Abs. 8 iVm § 4 Abs. 2 und 3 idF v. 16.2.2004, https://www.fsa-pharma.de/de/schiedstelle/berichterstattung/fachkreise/az-2005.9–91-1-instanz-18-abs-2-20-abs-3-s-2-des-kodex-produktspezifische-werkstatt-gegen-beratungshonorar-fortbild/, FS I 2005.9–91 (zul. abgerufen am 15.6.2021).

[339] Entscheidung zu § 18 Abs. 2 idF v. 2 .12.2005, https://www.fsa-pharma.de/de/schiedstelle/berichterstattung/fachkreise/az-2006.2–113-1-instanz-18-des-kodex-abgrenzungskriterien-fur-vergutungsfahige-beratertatigkeiten-von-arzten-zu-fortbild/, FS I 2006.2–113 (zul. abgerufen am 15.6. 2021) (= PharmR 2006, 342).

[340] Entscheidung zu § 18 Abs. 1 idF v. 18.1.2008, https://www.fsa-pharma.de/de/schiedstelle/berichterstattung/fachkreise/az-2011.12–315-1-instanz-18-abs-1-satz-1-nr-2-fsa-kodex-fachkreise-fehlende-fachliche-leistung-fur-das-unternehmen/, FS I 2011.12–315 (zul. abgerufen am 15.6.2021).

rapie gewonnen werden, die für das Unternehmen von erheblichem Nutzen waren. Die Durchführung der **Begleitdiagnostik** erfolgte als Tätigkeit für das Unternehmen, sodass die Schiedsstelle eine Kostenerstattungszusage als vertretbar und den berechtigten Bedarf an den zu erbringenden Leistungen und dem Vertragsschluss selbst als gegeben bewertete.[341]

– Keine im Rahmen einer Zusammenarbeit vergütungsfähige Leistung ist es, wenn ein **Labortest** durchgeführt wird, der **zwingende Voraussetzung** für die Anwendung eines vom betroffenen Unternehmen **neu vertriebenen Arzneimittels** ist und das Unternehmen die **Kostenerstattung** zusagt. Der von der Schiedsstelle entschiedene Fall betraf eine Vereinbarung zwischen einem Krankenhaus und dem betroffenen Unternehmen und orientierte sich an den Grundsätzen des § 25 (→ Rn. 755 f.). Die Schiedsstelle sah in der Durchführung des Labortests eine Leistung im Rahmen des Behandlungsvertrags zwischen Krankenhaus und Patient, sodass die Kostenerstattung durch das Unternehmen nicht im Austauschverhältnis zu einer vom Unternehmen empfangenen Leistung stand. Vielmehr erfolgte die Zahlung aufgrund eines **einseitigen Versprechens** gegenüber der Klinik, ggf. in Erwartung einer möglichen Verordnung seines neuen Arzneimittels.[342] Dieses war an den Maßgaben des § 25 zu messen.

6. Auswahl der Vertragspartner (Nr. 3)

370 Absatz 1 S. 2 Nr. 3 S. 1 legt fest, dass die Auswahl der Vertragspartner **auf den jeweiligen Bedarf** zugeschnitten sein muss. Die Regelung entspricht damit dem Art. 15.02 (b) EFPIA-Kodex und bedeutet, dass die Unternehmen nur solche Vertragspartner mit der Durchführung von Leistungen beauftragen dürfen, die einem festgestellten Beratungsbedarf in jeder Hinsicht (insbesondere hinsichtlich der qualitativen Voraussetzungen) entsprechen. Seit der Kodexrevision vom 14.11.2019 muss der **Mitarbeiter** des Mitgliedsunternehmens, welcher für die Auswahl des Vertragspartners verantwortlich ist, die **erforderliche Fachkompetenz** besitzen, um eine sachgerechte Beurteilung und Auswahl gewährleisten zu können.

7. Anzahl der Vertragspartner (Nr. 4)

371 Absatz 1 S. 2 Nr. 4 setzt Art. 15.02 (d) EFPIA-Kodex um und legt die Anzahl der Vertragspartner dahingehend fest, dass sich diese an der zu erfüllenden Aufgabe zu orientieren hat und daher das für die Erfüllung der vorgesehenen Aufgabe **vernünftiger Weise erforderliche Maß nicht überschreiten** darf. Seit der Kodexrevision vom 14.11.2019 gilt dies **entsprechend** für den **Umfang** der von den Vertragspartnern **zu erbringenden Leistungen.**

8. Dokumentations- und Verwendungspflicht (Nr. 5)

372 Die von den Vertragspartnern erbrachten Leistungen sind von den Unternehmen zu **dokumentieren** und über einen **Zeitraum von einem Jahr aufzubewahren** (S. 1). Damit geht diese Regelung des FSA über den EFPIA-Kodex hinaus, welcher in Art. 15.02 (e) EFPIA-Kodex lediglich eine Dokumentationspflicht verlangt, nicht aber eine Aufbewahrungsfrist festlegt. Der Aufbewahrungszeitraum von einem Jahr nach Beendigung des Vertragsverhältnisses knüpft an § 4 Abs. 2 FSA-Verfahrensordnung an, wonach Beanstandungen nicht

---

[341] Entscheidung zu § 18 Abs. 1 Nr. 2 idF v. 4.12.2014, https://www.fsa-pharma.de/de/schiedsstelle/berichterstattung/fachkreise/az-2016.3–498-18-abs-1-nr-2-fsa-kodex-fachkreise-kostenerstattung-von-der-therapie-begleitender-diagnostischer-massnahmen/, FS I 2016.3–498 (zul. abgerufen am 15.6.2021).

[342] Entscheidung zu § 25 Abs. 1 idF v. 27.11.2009, https://www.fsa-pharma.de/de/schiedsstelle/berichterstattung/fachkreise/az-2010.1–284-1-instanz-25-abs-1-fsa-kodex-fachkreise-ubernahme-von-kosten-des-krankenhauses-fur-krebszellen-mutationst/, FS I 2010.1–284 (zul. abgerufen am 15.6.2021).

behandelt werden, sofern die entsprechenden Vorgänge länger als ein Jahr zurückliegen. Vor diesem Hintergrund ist auch eine entsprechende Aufbewahrungspflicht sachgerecht.[343]

Das Unternehmen hat die erbrachten Leistungen darüber hinaus in geeigneter Weise zu verwenden (S. 2). Die geeignete Verwendung der erbrachten Leistungen durch das Unternehmen fungiert als Gegenstück zum und als Nachweis des festgestellten und dokumentierten berechtigten Bedarfs, den das Unternehmen an der Erbringung dieser Leistungen und am Vertragsschluss hat (vgl. Abs. 1 S. 2 Nr. 2 S. 1, → Rn. 361). Die nachgelagerte Verwendung der „Ergebnisse" der Zusammenarbeit mit dem HCP oder der HCO kann einen zusätzlichen Beleg darstellen, dass der Vertrag nicht zum „Schein" geschlossen wurde. 373

9. Vergütung ärztlicher Leistungen (Nr. 6)

Absatz 1 S. 2 Nr. 6 regelt die Vergütung vertraglicher Leistungen von HCP und HCO. 374
Von wesentlicher Bedeutung für die Zulässigkeit der Vergütung ist – neben einer Vergütung **in Geld** – deren **Angemessenheit.**

a) Vergütung in Geld (S. 1)

Die Vergütung vertraglich geschuldeter Leistungen darf **nur in Geld** erfolgen. Diese Bestimmung verfolgt den Zweck, die Angemessenheit der Vergütung derartiger Leistungen genauer beurteilen zu können. Dies ist nicht ohne weiteres der Fall, wenn die Vergütung in der **Gewährung von Gegenständen** (etwa Geräten, Fachliteratur oder sonstige Leistungen etc) statt in Geld bestehen würde, da nur selten eine eindeutige Bestimmung des genauen Werts dauerhaft überlassener Geräte, sonstiger Leistungen oder von Nutzungsvorteilen möglich ist. Zudem ist die Vergütung mit Gegenständen im Wirtschaftsleben generell unüblich und hat daher in der öffentlichen Wahrnehmung ein „Geschmäckle". Insbesondere wenn es sich bei den an HCPs gewährten Gegenständen um hochwertige elektronische Geräte handelt, wird in dieser Art der Vergütung *per se* der Versuch einer unsachlichen Beeinflussung des HCP gesehen. Derartige Fälle können auch in das Visier staatsanwaltschaftlicher Ermittlungen geraten, was unabhängig vom Ausgang eines solchen Ermittlungsverfahrens zu einem erheblichen Reputationsschadens des betroffenen Unternehmens führen kann.[344] 375

Diese Regelung des Abs. 1 S. 2 Nr. 6 S. 1 wirft in der praktischen Umsetzung verschiedene Fragen auf. Sie schließt zunächst die Gewährung von Geräten als Vergütung oder Vergütungsbestandteilen aus, nicht aber die sog. **„Beistellung"** von Geräten, wenn diese zur Durchführung etwa einer Forschungskooperation oder einer anderen Kooperationsform im Rahmen eines Vertrages für die Dauer der Kooperation überlassen werden. In der Praxis können bestimmte Forschungsvorhaben oftmals nur dann durchgeführt werden, wenn hierzu dem jeweiligen Vertragspartner etwa bestimmte **Diagnosegeräte** überlassen werden, um hierdurch eine einheitliche Diagnostik und damit eine Vergleichbarkeit der erhobenen medizinischen Daten im Rahmen eines Forschungsprojekts oder einer Datenerfassung etc sicherzustellen. Bei der nur vorübergehenden Überlassung solcher Diagnosegeräte handelt es sich deshalb **nicht um einen Vergütungsbestandteil,** sondern um eine „Beistellung". In der Praxis kann sich die **Abgrenzung** zwischen einer zulässigen Beistellung und einer unzulässigen Überlassung eines Gerätes als Vergütungsbestandteil als schwierig darstellen. Eine Entscheidung erfordert daher die Berücksichtigung aller Umstände des Einzelfalls. **Indikatoren** für das Vorliegen einer „Beistellung" sind, dass das Gerät ausschließlich für die Dauer der Zusammenarbeit überlassen oder die Verwendung des Gerätes auf den ausschließlichen Einsatz im Rahmen der jeweiligen Zusammenarbeit begrenzt wird. Der Einsatz im Rahmen einer konkret vereinbarten (Forschungs-)Tätigkeit setzt insoweit voraus, 376

343 Hiervon zu unterscheiden ist die in § 19 Abs. 1 Ziff. 11 S. 2 geregelte Aufbewahrungspflicht von zehn Jahren für die Zusammenfassung der Studienergebnisse bei nichtinterventionellen Studien (→ Rn. 433).

344 Ausführlich hierzu → Kap. 2 Rn. 3 ff.; *Dieners/Cahnbley* MPR 2016, 48.

dass in der zugrundeliegenden schriftlichen Vereinbarung konkrete Hinweise auf die Tätigkeit enthalten sind, für welche das beigestellte Gerät benötigt wird. Soweit ein Gerät im Rahmen eines Forschungsvorhabens zum Einsatz kommen soll, muss der Vertrag die Absicht der Zusammenarbeit im Rahmen des betroffenen Forschungsvorhabens erkennen lassen.[345] Ist dies der Fall, ist regelmäßig von einer „Beistellung" eines Gerätes und nicht von einem unzulässigen Vergütungsbestandteil nach Abs. 1 Nr. 6 auszugehen. Um zulässige Beistellungen (zur steuerrechtlichen Bewertung → Kap. 10 Rn. 47 ff.) eindeutig von dem Anwendungsbereich des Abs. 1 S. 2 Nr. 6 S. 1 abzugrenzen, ist **dringend zu empfehlen,** die Verwendung des Diagnosegerätes auf den ausschließlichen Einsatz im Rahmen der Forschungskooperation sowie auf die Dauer dieser Kooperation vertraglich zu begrenzen.[346] Um eine zulässige Beistellung handelt es sich auch, wenn einem Arzt im Zusammenhang eines (Rahmen-)Referentenvertrages von dem Unternehmen, für das er als Referent tätig werden soll, für die Dauer der Referententätigkeit entsprechend erforderliche technische Geräte (zB **Laptop** oder **Beamer**) zur Verfügung gestellt werden. Allerdings sollte auch hier die Verwendung dieser Geräte auf den ausschließlichen Einsatz für die vereinbarte Referententätigkeit begrenzt werden.[347]

377 Vergleichbar zur Beistellung von Geräten, die für die Durchführung der Kooperation erforderlich sind, handelt sich auch nicht um einen unzulässigen Vergütungsbestandteil, wenn das Unternehmen als Auftraggeber eines Projekts **eigene Mitarbeiter** zur **Einweisung** in die Anwendung von Geräten oder zur **Unterstützung** bei der Anwendung der Geräte durch den Vertragspartner selbst (HCP) oder durch Mitarbeiter der HCO abstellt, sofern dies der Durchführung des Projektes dient. Die Unterstützung und **Mitwirkung von Mitarbeitern** des Unternehmens ist auch in **anderen Bereichen** nicht unüblich. Sofern für Referate etwa, die für ein Unternehmen von einem ärztlichen Vertragspartner erarbeitet werden, zB eine bestimme grafische Aufarbeitung der von dem Referenten vorzutragenden Themen verlangt werden, wird dies vielfach durch Mitarbeiter des Unternehmens unterstützt oder erledigt. Dies kann ua dann relevant werden, wenn für die grafische Aufarbeitung eine besondere Software benötigt wird, die dem Referenten nicht zur Verfügung steht oder die Anwendung einer solchen Software eine zeitintensive Einarbeitung durch den Referenten erfordern würde.

b) Angemessenheit der Vergütung (S. 2 und 3)

378 Ob Leistung und Gegenleistung in einem **angemessenen Verhältnis** zueinander stehen, beurteilt sich unter anderem danach, ob die Vergütung in einem vernünftigen, also sachlich gerechtfertigten Verhältnis zu dem **Zeitaufwand** und zu dem **Schwierigkeitsgrad** der vertraglichen Aufgabenstellung steht. Weitere Kriterien, wie etwa die **individuelle Kompetenz und Erfahrung** des Vertragspartners, sind ebenfalls bei der Beurteilung der Angemessenheit der Vergütung von Bedeutung.[348] Anhaltspunkte für die Beurteilung der Angemessenheit kann die **Gebührenordnung für Ärzte** (GOÄ) sein (vgl. Nr. 6 S. 2). Darüber

---

[345] Entscheidung zu § 18 idF v. 2.12.2005, https://www.fsa-pharma.de/de/schiedstelle/berichterstattung/fachkreise/az-2006.1–109-1-instanz-18-abs-3-des-kodex-vergutung-nur-in-geld-und-ausnahme-bei-der-durchfuhrung-von-forschungsvorhab/, vgl. hierzu auch FS I 2006.1–109 (zul. abgerufen am 15.6.2021) (= PharmR 2006, 596).

[346] Entscheidung zu § 18 idF v. 2.12.2005, https://www.fsa-pharma.de/de/schiedstelle/berichterstattung/fachkreise/az-2006.1–109-1-instanz-18-abs-3-des-kodex-vergutung-nur-in-geld-und-ausnahme-bei-der-durchfuhrung-von-forschungsvorhab/], vgl. hierzu auch FS I 2006.1–109 (zul. abgerufen am 15.6.2021) (= PharmR 2006, 596).

[347] Bei einer darüberhinausgehenden Nutzungsmöglichkeit der Geräte durch den Arzt könnte dies ansonsten einen Verstoß gegen § 18 Abs. 1 S. 2 Nr. 6 sowie gegen das Geschenkeverbot gem. § 21 darstellen.

[348] Vgl. zu dem sog. „Best-Practice-Kriterienkatalog" zur Ermittlung einer angemessenen Vergütung („*Fair-Market-Value*") → Kap. 6 Rn. 12; zur Angemessenheit der Vergütung von HCP im Rahmen von §§ 299a, b StGB vgl. *Schneider* medstra 2016, 195 ff.

hinaus können auch **angemessene Stundensätze** vereinbart werden, um den erforderlichen Zeitaufwand zu berücksichtigen (vgl. Nr. 6 S. 3).

Im Hinblick auf die Angemessenheit von Vergütungen für **Anwendungsbeobachtungen** hat die Berechnung in Anlehnung an die GOÄ zu erfolgen (vgl. hierzu detailliert → Rn. 416 ff.). Im Rahmen **anderer Vertragsverhältnisse** kann die **GOÄ** für die Bestimmung der Angemessenheit der Vergütung allerdings nur ein und nicht das allein ausschlaggebende Kriterium sein.[349] Würde man sich zB im Falle von Referentenverträgen lediglich auf die Berechnung der Vergütung nach der GOÄ beschränken, würde dies nicht zu sachgerechten Ergebnissen führen,[350] da die GOÄ keine Abrechnungsziffern für Vorträge beinhaltet. Zudem ist zu berücksichtigen, dass durch eine allzu restriktive Vergütungspolitik der Aus- und Weiterbildungsstandort Deutschland langfristig weder wettbewerbsfähig noch attraktiv sein kann. Als weitere Maßstäbe sind deshalb der zu erwartende bzw. der **tatsächlich erforderliche Zeitaufwand** sowie die **Marktüblichkeit der Vergütung** heranzuziehen.[351] Dies entspricht zudem der gelebten Praxis, in der Unternehmen die Höhe der Vergütung für HCPs genauso wie die Vergütung für Vertragspartner anderer Fachrichtungen nach **allgemeinen Kriterien,** wie zB den Empfehlungen, die der Betreffende vorweisen kann, der Fachausbildung, der Qualifikation oder der allgemeinen Reputation bemessen. 379

Zur **Festlegung der Höhe der Vergütung** sollte vom Unternehmens jeweils eine **nachvollziehbare und dokumentierte Kalkulation** vorgenommen werden, aus der sich die Angemessenheit der Vergütung herleiten lässt. In der Praxis führen diese Kalkulationen häufig zu einer pauschalen Vergütung für die vereinbarten Tätigkeiten (zB die Durchführung einer Anwendungsbeobachtung oÄ), deren Höhe sich ua am Zeitaufwand orientiert, der durchschnittlich für die Erbringung der Leistungen notwendig ist. Bei der **Berechnung des Zeitaufwands** ist zu berücksichtigen, dass Leistungen, die nicht in allen Fällen zu erbringen sind (sog. hypothetische Leistungen), nicht in voller Höhe berücksichtigt werden dürfen. Ist davon auszugehen, dass der Zeitaufwand nur in der Hälfte der Fälle erforderlich ist, ist ein solcher lediglich hypothetisch bestimmter Zeitaufwand im Wege einer Durchschnittsberechnung nur zur Hälfte zu berücksichtigen.[352] 380

c) Erstattung von Auslagen und Spesen (S. 4)

Den Vertragspartnern können die in Erfüllung der ihnen obliegenden vertraglichen Leistungen entstehenden angemessenen Auslagen und Spesen erstattet werden (vgl. Nr. 6 S. 4). Dies ist etwa dann der Fall, wenn im Rahmen der Erfüllung von vertraglich vereinbarten Beratungsleistungen eines Vertragspartners eine **Reise** oder eine **Hotelunterbringung** notwendig wird. Von einer „Angemessenheit" der erstatteten Auslagen und Spesen ist nur dann auszugehen, wenn keine Leistungen gewährt werden, die als so luxuriös gelten, dass hierin eine Be- oder Entlohnung gesehen werden kann. Demnach kommen Arbeitsessen in Luxusrestaurants oder im Rahmen der sog. Erlebnisgastronomie, aber auch die Erstattung 381

---

[349] So auch *Geiger* PharmR 2007, 364 (373), der die Angemessenheit von Leistung und Gegenleistung im Rahmen von Kooperationsverträgen zwischen Pharmaindustrie und Angehörigen der Fachkreise zu Recht angesichts des aktuellen allgemeinen Preisniveaus und im Vergleich zu Stundensätzen anderer Berufsgruppen nicht allein auf einen auf die GOÄ gestützten, „rein legalistisch zu ermittelnden Stundensatz" für wissenschaftliche Dienstleistungen stützen will, welche in der Regel von hochqualifizierten Akademikern und teilweise international renommierten Wissenschaftlern erbracht werden; siehe ergänzend auch *Geiger* A&R 3/2013, 99 (102 ff.), wonach gegen eine strikte Anwendung der GOÄ zudem die Ausrichtung der GOÄ auf die Abrechnung im Verhältnis zwischen Arzt Patient, nicht aber der Interessenausgleich zwischen Arzt und Industrievertretern, spreche.

[350] Vgl. zu dieser Thematik auch *Koyuncu* PharmR 2009, 211 (216) und *Heil/Oeben* PharmR 2018, 233 (237); *Köbler* MedR 2017, 783 (786 ff.).

[351] Siehe hierzu auch *Köbler* MedR 2017, 783 (787 f.).

[352] Entscheidung zu §§ 19 Abs. 2 Nr. 7, 18 Abs. 1 Nr. 6 idF v. 18.1.2008, https://www.fsa-pharma.de/de/schiedstelle/berichterstattung/fachkreise/az-fs-ii-5–08-2007.12–217-19-abs-5–18-abs-3-fsa-kodex-2006-19-abs-2-nr-7–18-abs-1-nr-6-fsa-kodex-fachkreise/, FS II 5/08/2007.12–217.

von First-Class-Flugtickets oder die Übernachtung in Luxushotels nicht in Betracht. Sofern es sich um Überseeflüge handelt, ist die Erstattung von Business-Class-Flugtickets nicht unangemessen und daher zulässig. Die Erstattung von Bahnfahrten 1. Klasse wird ebenfalls allgemein als angemessen angesehen. Von einer Angemessenheit dürfte ferner in der Regel dann ausgegangen werden, wenn die Erstattung nicht über die entsprechenden Standards für die Abrechnung solcher Auslagen bei Mitarbeitern des beauftragenden Unternehmens hinausgeht, da diese unternehmensinternen Standards gemeinhin wirtschaftlich vernünftigen Gesichtspunkten folgen. Allerdings ist für die **Teilnahme von Vertragspartnern an internen oder externen Fortbildungsveranstaltungen** sowie **Beratertreffen** zusätzlich Abs. 4 zu beachten. Danach gelten die Einschränkungen des § 20 hinsichtlich der übernahmefähigen Kosten (auch → Rn. 393).

10. Spruchpraxis zu Abs. 1 S. 2 Nr. 6 (Vergütung)

382 – Eine Vergütung in Höhe von 100 EUR für Anreisekosten und die Durchführung eines **Berater-Workshops** durch einen HCP ist unter Berücksichtigung der **Abrechnungsgrundsätze nach der GOÄ** sowie im Hinblick auf die Anreiseentfernungen, überwiegend zwischen 40 und 100 km, im Sinne des Kodex angemessen. Die Grundlagen für eine angemessene Vergütung von Beratungsleistungen durch Ärzte ergeben sich aus den GOÄ-Ziffern 21 bzw. 80 oder 85.[353]

– Eine Vergütung in Höhe von 500 EUR für Anreisekosten und die Durchführung eines **Konzept-Boards** (mit einer Dauer von insgesamt 6,5 Stunden) ist unter Berücksichtigung der Abrechnungssätze nach der GOÄ inkl. Berücksichtigung der An- und Abfahrtskosten sowie der Samstagszuschläge am oberen Limit und noch angemessen.[354]

– Ein durchschnittliches Honorar in Höhe von ca. **1 200 EUR** für den Referenten eines Vortrags von **30 Minuten** mit sehr überschaubarer, kurzer Vorbereitungszeit zu einem Thema, für das er als „anerkannter Spezialist“ gilt, dürfte mit den Grundsätzen des **„fair market value“** nur schwer vereinbar sein.[355]

– Eine vereinbarte Vergütung in Höhe von 150 EUR zzgl. Reisekosten steht in keinem angemessenen Verhältnis zur erbrachten Leistung, wenn für diese lediglich **7 Minuten** vorgesehen sind und eine Vorbereitungszeit von **15–20 Minuten** berücksichtigt wird. Als angemessene Vergütung wäre allenfalls ein Betrag entsprechend des 2,3-fachen Satzes der Ziff. 85 GOÄ vertretbar.[356]

– Eine **Vergütung von 200 EUR** für die Durchführung einer Patientenschulung (pneumologische Schulungen für Asthmapatienten), die neben einer Vorbereitungszeit von 1 Stunde eine Schulungszeit von 1,5 Stunden in Anspruch nimmt, ist angemessen. Die angemessene Vergütung errechnet sich unter Zugrundelegung von Ziff. 80 GOÄ (gutachterliche Tätigkeit).[357]

---

[353] Entscheidung zu § 18 idF v. 16.2.2004, https://www.fsa-pharma.de/de/schiedsstelle/berichterstattung/fachkreise/az-2005.12–104-1-instanz-18-des-kodex-abgrenzung-zu-internen-fortbildungsveranstaltungen-gemass-20-des-kodex/, FS I 2005.12–104 (zul. abgerufen am 17.6.2021).

[354] Entscheidung zu § 4 Abs. 1–3 idF v. 16.2.2004, https://www.fsa-pharma.de/de/schiedsstelle/berichterstattung/fachkreise/az-2004.10–40-1-instanz-kodex-18-abs-1–2-18-abs-3-vertragliche-zusammenarbeit-mit-arzten-angemessenes-verhaltnis/, FS I 2004.10–40 (zul. abgerufen am 17.6.2021).

[355] Entscheidung zu § 20 Abs. 5 idF v. 17.10.2017, https://www.fsa-pharma.de/de/schiedsstelle/berichterstattung/fachkreise/20-abs-5-fsa-kodex-fachkreise-sponsoring-einer-externen-fortbildungs-veranstaltung-fair-market-value-des-sponsorings/, FS I 2018.3–541 (zul. abgerufen am 17.6.2021).

[356] Entscheidung zu § 6 Abs. 8 iVm § 4 Abs. 2 und 3 idF v. 16.2.2004, https://www.fsa-pharma.de/de/schiedsstelle/berichterstattung/fachkreise/az-2005.9–91-1-instanz-18-abs-2–20-abs-3-s-2-des-kodex-produktspezifische-werkstatt-gegen-beratungshonorar-fortbild/, FS I 2005.9–91 (zul. abgerufen am 17.6.2021).

[357] Entscheidung zu § 18 idF v. 2.12.2005, https://www.fsa-pharma.de/de/schiedsstelle/bericht-erstattung/fachkreise/az-2007.12–216-1-instanz-18-abs-3-des-kodex-angemessene-vergutung-fur-referententatigkeiten/ (= PharmR 2009, 105), FS I 2007.12–216 (zul. abgerufen am 17.6.2021).

- Die Durchführung einer **generischen Feldstudie** durch ein Nichtmitglied ist unlauter, wenn der Dokumentationsaufwand des Arztes nur maximal **1 Stunde** beträgt und er hierfür auf Grundlage einer schriftlichen Vereinbarung ein **Honorar in Höhe von 1000 EUR** erhält. In Anlehnung an Ziff. 80 GOÄ (schriftliche gutachtliche Äußerung) steht die Vergütung zu der erbrachten Leistung in keinem angemessenen Verhältnis. Der Zeitaufwand kann mit max. 130 EUR angemessen vergütet werden (inkl. Schreibgebühren, Porto, Versandkosten).[358]
- Eine Vergütung von **150 EUR** für die Erstellung eines Fallberichts durch einen Arzt, der dafür ca. **30 Minuten** benötigt, wurde als **unangemessen** hoch bewertet. Der FSA sah hier die Angemessenheitsgrenze als um ca. 50% überschritten an, da ein angemessenes Honorar 100 EUR nicht überschreiten würde.[359]
- Nach dem Kodex können **angemessene Stundensätze** vereinbart werden. Bei der Überprüfung der Angemessenheit sind die einzelnen Untersuchungen (hier: einer AWB) getrennt nach ihrem durchschnittlichen Zeitaufwand zu betrachten. Vergleichbar sind Honorare (Stundensätze), die üblicherweise für zusätzliche Tätigkeiten vereinbart werden, unter Berücksichtigung der Besonderheiten der **im Rahmen einer AWB zu erbringenden Tätigkeiten.** Diese sind vorliegend verhältnismäßig einfach und rechtfertigen eine erheblich niedrigere Vergütung als etwa ein Gutachten oder ein Vortrag.[360]
- Bei einer Anwendungsbeobachtung ist nur der über die Praxisroutine hinausgehende, **tatsächlich entstandene** Mehraufwand **voll vergütungsfähig. Hypothetischer Zeitaufwand,** der nur in einem Teil der Fälle tatsächlich geleistet werden muss (zB Nachfragen des Unternehmens oder das Ausfüllen von UAW-Erfassungsbögen) und bei dem – mangels anderer Anhaltspunkte – davon auszugehen ist, dass dieser nur bei der Hälfte der Fälle anfällt, kann im Wege einer Durchschnittsberechnung der benötigten Zeit nur zur Hälfte berücksichtigt werden.[361]
- Steht die Vergütung für die Dokumentation von erhobenen Daten im Rahmen einer monatlichen Patientenvisite im angemessen Verhältnis zu dem jeweiligen Zusatzaufwand des Arztes, kann allein aus dem Umstand, dass die **Vergütung über** einen Beobachtungszeitraum der AWB von **zwei Jahren** jeweils monatlich gewährt wird, nicht geschlossen werden, es entstehe ein Anreiz zur – kontinuierlichen – Verordnung des Arzneimittels.[362]
- Die Unangemessenheit der Vergütung ist zu bejahen, wenn durch eine Zusammenarbeit mit einem Arzt sich für diesen die **Möglichkeit zur Geltendmachung einer privatärztlichen Abrechnung** ergibt, somit eine zusätzliche Einnahmequelle (in

[358] Entscheidung zu § 18 idF v. 2.12.2005, https://www.fsa-pharma.de/de/schiedstelle/berichterstattung/fachkreise/az-2008.2–226-1-instanz-berichterstattung-3–4-nr-1–11-uwg-i.v.m–18-abs-3-des-fs-kodex-vertragliche-zusammenarbei/, FS I 2008.2–226 (zul. abgerufen am 17.6.2021).

[359] Entscheidung zu § 18 Abs. 1 Nr. 6 idF v. 18.1.2008, https://www.fsa-pharma.de/de/schiedstelle/berichterstattung/fachkreise/az-2008.1–220-1-instanz-18-abs-1-nr-6-fsa-kodex-fachkreise-angemessenheit-der-vergutung-fur-einen-fallbericht-der-auf/, FS I 2008.1–220 (zul. abgerufen am 17.6.2021) (= PharmR 2009, 148).

[360] Entscheidung zu §§ 19 Abs. 2 Nr. 7, 18 Abs. 1 Nr. 6 idF v. 18.1.2008, https://www.fsa-pharma.de/de/schiedstelle/berichterstattung/fachkreise/az-fs-ii-5–08-2007.12–217-19-abs-5–18-abs-3-fsa-kodex-2006-19-abs-2-nr-7–18-abs-1-nr-6-fsa-kodex-fachkreise/, FS II 5/08/2007.12–217 (zul. abgerufen am 17.6.2021).

[361] Entscheidung zu §§ 19 Abs. 2 Nr. 7, 18 Abs. 1 Nr. 6 idF v. 18.1.2008, https://www.fsa-pharma.de/de/schiedstelle/berichterstattung/fachkreise/az-fs-ii-5–08-2007.12–217-19-abs-5–18-abs-3-fsa-kodex-2006-19-abs-2-nr-7–18-abs-1-nr-6-fsa-kodex-fachkreise/, FS II 5/08/2007.12–217 (zul. abgerufen am 17.6.2021).

[362] Entscheidung zu § 19 Abs. 2 Nr. 7, § 18 Abs. 1 Nr. 6 idF v. 18.1.2008, https://www.fsa-pharma.de/de/schiedstelle/berichterstattung/fachkreise/az-2009.8–268-1-instanz-19-abs-2-nr-7–18-abs-1-nr-6-fsa-kodex-fachkreise-angemessene-vergutung-bei-anwendungsbeob/, FS I 2009.8–268 (zul. abgerufen am 17.6.2021).

Höhe von 39 EUR) entsteht und diese Möglichkeit nur deshalb eröffnet wurde, weil ein Mitarbeiter des Mitgliedsunternehmens Messungen an Patienten durchgeführt hat.[363]
– Die vertragliche **Überlassung eines Messgerätes** an einen Arzt verstößt gegen den Kodex, wenn die Gegenleistung nicht in Geld erfolgt und die Überlassung nicht der Durchführung eines Forschungsvorhabens (sog. „Beistellung“) dient.[364]

11. Beeinflussungsverbot (Nr. 7)

383 Die in den Nr. 1–6 enthaltenen Anforderungen dienen im Kern alle der Verhinderung der unzulässige Beeinflussung von HCP und HCO durch eine Zusammenarbeit mit Mitgliedsunternehmen, sodass Nr. 7 einen **Auffangtatbestand** bildet. Der Auffangtatbestand untersagt einen Abschluss von Verträgen (einschließlich der Zusammenarbeit im Rahmen von Anwendungsbeobachtungen, klinischen Studien oder anderen Datenerhebungen), soweit diese zum Zweck der Beeinflussung von Therapie-, Verordnungs- oder Beschaffungsentscheidungen oder zu bloßen Werbezwecken missbraucht werden. Damit geben die Nr. 1–6 die besonderen Prüfungsschwerpunkte vor, bei denen eine solche Beeinflussung vorliegen kann. Nr. 7 stellt jedoch klar, dass auch dann eine unzulässige Beeinflussung vorliegen kann, wenn Nr. 1–6 nicht verletzt werden, jedoch andere missbräuchliche Einflussnahmen vorliegen.

12. Besonderheiten bei Verträgen mit Klinikärzten

384 Bei der Zusammenarbeit mit Klinikärzten ist darauf zu achten, dass nach den Hinweisen und Empfehlungen des „Gemeinsamen Standpunkts zur strafrechtlichen Bewertung der Zusammenarbeit zwischen Industrie, medizinischen Einrichtungen und deren Mitarbeitern“, die nach § 24 zu beachten sind (→ Rn. 749 ff.), bestimmte Verträge (etwa Verträge über klinische Prüfungen, Anwendungsbeobachtungen oder Sponsoringverträge) **in der Regel mit der medizinischen Einrichtung** und nicht mit dem Klinikarzt selbst abgeschlossen werden sollen (vgl. etwa Kap. B. I. 1. 2 und Kap. B. I. 2 des „Gemeinsamen Standpunkts“; auch → Kap. 6 Rn. 6 ff.). Die medizinische Einrichtung wird dann nicht nur Vertragspartner, sondern auch Empfänger der vertraglichen Gegenleistung. Klinikärzte werden in diesen Fällen von der medizinischen Einrichtung damit betraut, bestimmte Aufgaben bei der Durchführung des Vertrages **im Rahmen ihrer Dienstaufgaben** zu übernehmen, ohne dass die Klinikärzte selbst Vertragspartner des Unternehmens werden. Im Rahmen der Durchführung von **klinischen Prüfungen und Anwendungsbeobachtungen** werden Ärzte in der Praxis oftmals neben der medizinischen Einrichtung weitere Vertragspartner, um hierdurch auch vertraglich gegenüber dem pharmazeutischen Unternehmen bestimmte regulatorische Pflichten zu übernehmen oder eine spätere Übertragung von Arbeitsergebnissen bzw. gewerblichen Schutzrechten auf das pharmazeutische Unternehmen sicherzustellen (dazu näher → Kap. 6 Rn. 6).

385 Diese Regelungen des „Gemeinsamen Standpunkts“ sind **lediglich als Empfehlung** zu verstehen, da aufgrund des Vertragsschlusses zwischen dem pharmazeutischen Unternehmen einerseits und der medizinischen Einrichtung (anstelle des Klinikarztes) andererseits von vornherein der Eindruck weitgehend minimiert bzw. gänzlich ausgeschlossen werden kann, die Vertragsbeziehung solle das Verordnungs- oder Verschreibungsverhalten des Arztes beeinflussen. Sofern Verträge unmittelbar zwischen pharmazeutischen Unternehmen und

---

[363] Entscheidung zu § 18 idF v. 2.12.2005, https://www.fsa-pharma.de/de/schiedstelle/berichterstattung/fachkreise/az-2006.1–109-1-instanz-18-abs-3-des-kodex-vergutung-nur-in-geld-und-ausnahme-bei-der-durchfuhrung-von-forschungsvorhab/, FS I 2006.1–109 (zul. abgerufen am 17.6.2021) (= PharmR 2006, 596).

[364] Entscheidung zu § 18 idF v. 2.12.2005, https://www.fsa-pharma.de/de/schiedstelle/berichterstattung/fachkreise/az-2006.1–109-1-instanz-18-abs-3-des-kodex-vergutung-nur-in-geld-und-ausnahme-bei-der-durchfuhrung-von-forschungsvorhab/, FS I 2006.1–109 (zul. abgerufen am 17.6.2021) (= PharmR 2006, 596).

Klinikärzten zustande kommen (dies ist in der Praxis etwa bei Berater- oder Referentenverträgen der Fall), findet die Tätigkeit des Arztes vielfach **nicht im Rahmen seiner Dienstaufgaben, sondern als Nebentätigkeit** (→ Kap. 2 Rn. 55 ff.) außerhalb seines Dienstverhältnisses mit der medizinischen Einrichtung statt. In diesen Fällen ist der Klinikarzt auch der Empfänger der vertraglich vereinbarten Gegenleistung.

Nach dem Wortlaut des „Gemeinsamen Standpunkts" dürfen derartige Verträge zwischen pharmazeutischen Unternehmen und Klinikärzten nur dann abgeschlossen und durchgeführt werden, wenn eine schriftliche Bestätigung des Klinikarztes vorliegt, dass dieser seinen Dienstherrn oder Arbeitgeber umfassend informiert hat und die **im Regelfall erforderliche Genehmigung des Dienstherrn** oder Arbeitgebers eingeholt worden ist (→ Kap. 2 Rn. 55 ff.). Die Information ist danach nur umfassend, wenn sie unter Offenlegung derjenigen Tatsachen erfolgt, die für die Beziehung zwischen dem Klinikarzt und dem Unternehmen von Bedeutung sind. Aus Dokumentationsgründen kann das Unternehmen von dem Klinikarzt nach dem „Gemeinsamen Standpunkt" darüber hinaus die Vorlage der entsprechenden schriftlichen Genehmigung des Dienstherrn oder Arbeitgebers verlangen. Die Einhaltung des Genehmigungserfordernisses kann in der Praxis regelmäßig nur dadurch sichergestellt und langfristig dokumentiert werden, dass das Unternehmen vom Klinikarzt die Überlassung der schriftlichen Genehmigung seines Dienstherrn oder Arbeitgebers verlangt. Aus der praktischen Erfahrung heraus, dass von ärztlicher Seite der jeweilige Dienstherr oder Arbeitgeber oftmals nicht über den konkreten Vertragsabschluss informiert und eine konkrete Genehmigung des Vertragsverhältnisses nicht eingeholt wird (etwa weil eine allgemeine Nebentätigkeitsgenehmigung als ausreichend erachtet wird), aber auch vor dem Hintergrund, dass die strafgerichtliche Rechtsprechung der **Transparenz und Genehmigung von Leistungsbeziehungen** zwischen Klinikärzten und der Industrie einen **überragenden Stellenwert für die Lauterkeit** der Zusammenarbeit zuweist, ist es üblich geworden und auch **dringend zu empfehlen,** die Vorlage der schriftlichen Genehmigung des Dienstherrn oder Arbeitgebers zu verlangen und diese Genehmigung zu dokumentieren. 386

In der **Praxis** bereitet die Einholung von Genehmigungen der Dienstherren oder Arbeitgeber oftmals **Schwierigkeiten.** Klinikverwaltungen scheuen vielfach den damit verbundenen Arbeitsaufwand oder fürchten, sich durch die konkrete Genehmigung eines Vertragsverhältnisses zwischen dem pharmazeutischen Unternehmen und einem „ihrer" Klinikärzte selbst rechtlichen Risiken auszusetzen. In anderen Fällen werden lediglich die Kenntnisnahme bzw. die Offenlegung des beabsichtigten Vertragsverhältnisses (schriftlich) bestätigt, nicht aber eine ausdrückliche Genehmigung erteilt. In wieder anderen Fällen wird auf eine erteilte allgemeine Nebentätigkeitsgenehmigung verwiesen, die naturgemäß allerdings das in Rede stehende konkrete Vorhaben nicht erfasst. Dies wäre für eine möglichst weitgehende strafrechtliche Risikominimierung jedoch erforderlich. Hierzu ist anzumerken, dass aus Gründen einer weitgehenden strafrechtlichen Risikominimierung **grundsätzlich auf einer Genehmigung** bestanden werden sollte. In Fällen, in denen lediglich die Kenntnisnahme bzw. Offenlegung des beabsichtigten Vertragsvorhabens bestätigt wird, sollte von Seiten des Unternehmens zumindest schriftlich erwidert werden, dass dies als Einverständnis zur Durchführung der Zusammenarbeit bzw. des Projekts verstanden wird, sofern nicht in einer angemessenen Frist eine gegenteilige Stellungnahme erfolgt. Der mit Einholung von Genehmigungen verbundene **Verwaltungsaufwand** kann bei wiederkehrenden Leistungen, wie Referentenleistungen, **reduziert** werden, indem etwa eine Referentenrahmenvereinbarung zur Genehmigung vorgelegt wird, die die beabsichtigte Gesamtzahl der für das Unternehmen in nächster Zeit zu erbringenden Referate sowie die hierfür geschuldete Honorierung wiedergibt. 387

Da **niedergelassene Ärzte** im Regelfall selbständig sind, reicht bei Verträgen mit niedergelassenen Ärzten die Unterzeichnung der Verträge durch den niedergelassenen Arzt aus. Dasselbe gilt für Belegärzte, sofern diese nicht gleichzeitig Mitarbeiter einer Klinik sind. In diesem Fall wird die vertraglich vereinbarte Vergütung an den Arzt selbst gezahlt. 388

IV. Hinweispflicht (Abs. 2)

389 Die in Abs. 2 geregelte Hinweispflicht der Vertragspartner beruht auf Art. 15.03 EFPIA-Kodex. Die Regelung entspricht den **Anforderungen medizinisch/wissenschaftlicher Fachverlage und ihrer Verbände,** wonach Wissenschaftler aus Gründen der Transparenz auf mögliche Interessenkonflikte hinweisen müssen.[365] Im Gegensatz zu Art. 15.03 EFPIA-Kodex, welcher lediglich eine Aufforderung zum Hinweis enthält, hat der Kodex eine verbindliche Ausgestaltung der Hinweispflicht vorgenommen. Diese verlangt vom Mitgliedsunternehmen, dass im Rahmen der schriftlichen Vereinbarungen die Vertragspartner verpflichtet werden, die Hinweispflicht zu erfüllen.

390 Der Hinweispflicht ist genügt, wenn dem angesprochenen Adressatenkreis offengelegt wird, dass der Vertragspartner seine Tätigkeiten für ein Unternehmen ausübt. Dies bedeutet bei **Publikationen,** dass im unmittelbaren Zusammenhang dieser Publikationen ein entsprechender Hinweis erfolgt (etwa in einer **Fußnote**). Im Rahmen von **mündlichen Präsentationen** kann eine solche Offenlegung dadurch erfolgen, dass der Referent im Zusammenhang seiner Präsentation darauf hinweist. Es genügt auch, wenn das angesprochene Publikum den Umstand anderweitig ohne weiteres zur Kenntnis nehmen kann (etwa durch einen Hinweis in dem **Programmheft** oder auf **Veranstaltungsplakaten**). Da **Präsentationsslides** regelmäßig auch unabhängig von der Präsentation weitergereicht oder verwendet werden, empfiehlt sich die Aufnahme eines entsprechenden Hinweises zu Beginn oder zum Ende der Präsentation, um den hier bestehenden Transparenzgeboten am besten Genüge zu tun.

V. Nicht wiederkehrende Leistungen (Abs. 3)

391 Vom Anwendungsbereich einiger Regelungen des Abs. 1 und 2 sind bestimmte, nicht wiederkehrende, also einmalige oder vereinzelte Leistungen ausgenommen. Konkret sind in diesen Fällen die Anforderungen nach Abs. 1 S. 2 Nr. 1 (Schriftform) und Nr. 5 (Dokumentationspflicht) sowie Abs. 2 (Hinweispflicht) nicht anwendbar. Darüber hinaus nimmt Abs. 3 S. 1, der im Rahmen der Kodexrevision vom 14.11.2019 primär redaktionell angepasst wurde, zusätzlich auf „die in Ziffer 2 des Absatz 1 geregelten Dokumentationspflichten" Bezug. Zwar sind in Abs. 1 S. 2 Nr. 2 keine ausdrücklichen Dokumentationsanforderungen genannt, jedoch ergibt sich aus der Erwähnung im Kontext der anderen Hinweis- und Dokumentationsanforderungen, dass das Bestehen eines berechtigten Bedarfs iSd Abs. 1 S. 2 Nr. 2 im Falle nicht wiederkehrender Leistungen nicht dokumentiert werden muss. Die inhaltliche Anforderung an den berechtigten Bedarf selbst bleibt unverändert anwendbar.

392 Diese Erleichterungen gelten jedoch nur dann, wenn die vereinbarten Leistungen im Zusammenhang von **Marktforschungsaktivitäten** stehen und die **Vergütung hierfür geringfügig** ist. Der Kodex führt ausdrücklich das Beispiel kurzer Telefoninterviews auf. Um den unbestimmten Rechtsbegriff „geringfügig" konkret auszufüllen, hat der Vorstand des FSA die 6. Leitlinie erlassen und den Betrag von **50 EUR als obere Grenze** festgesetzt.

VI. Teilnahme an Fortbildungsveranstaltungen (Abs. 4)

393 Mit § 18 Abs. 4 wird Art. 15.05 EFPIA-Kodex umgesetzt. Damit wird gleichzeitig der **Anwendungsbereich des § 20 erweitert,** da dessen Regelungen durch die Verweisung in Abs. 4 bei der vertraglich vereinbarten Teilnahme des Vertragspartners an internen oder externen Fortbildungsveranstaltungen und anderen Veranstaltungen, wie zB Beratertreffen

[365] Vgl. etwa die Uniform Requirements for Manuscripts Submitted to Biomedical Journals: Writing and Editing for Biomedical Publication des International Committee of Medical Journal Editors, zu finden unter www.icmje.org.

(Advisory Board Meetings) oder Prüfertreffen für klinische oder Nichtinterventionelle Studien (Investigator Meetings) entsprechend zur Anwendung kommen. Die ansonsten nur für **„passive Teilnehmer"** geltenden Einschränkungen des § 20 hinsichtlich der Erstattung des Kostenbeitrags gelten aufgrund § 18 Abs. 4 damit auch für die Teilnahme von **Vertragspartnern des Mitgliedsunternehmens.** Eine Vergütung für die bloße Teilnahme an derartigen Veranstaltungen ist unzulässig (vgl. Abs. 5 S. 2, → Rn. 396).

VII. Verbot der Vergütung des Empfangs von Pharmaberatern (Abs. 5)

Vertragspartnern oder Dritten darf gem. Abs. 5 S. 1 **kein** Entgelt und kein sonstiger geldwerter **Vorteil für die Bereitschaft** gewährt werden, **Pharmaberater zu empfangen** oder von anderen Unternehmensangehörigen Informationen entgegen zu nehmen. Dieses Verbot gilt auch dann, wenn ein derartiges Entgelt **Dritten** zufließen würde, zB Familienangehörigen oder Mitarbeitern des Arztes (vgl. § 6 Abs. 1 Nr. 1 S. 2, → Rn. 167). Von dem Verbot erfasst ist auch die Zahlung eines Entgelts bzw. die Zuwendung eines sonstigen geldwerten Vorteils durch pharmazeutische Unternehmen an sogenannte **„Terminvermittler"**, die im Auftrag von Ärzten die Besuche von Pharmavertretern koordinieren. 394

Die Regelung entspricht Art. 13.01 des EFPIA-Kodex und wurde zum **Zwecke der Klarstellung** in Abs. 5 integriert. Die Annahme eines derartigen Entgelts bzw. geldwerten Vorteils verstößt gegen die ärztliche Berufsordnung (vgl. § 32 MBO-Ä) und ist zugleich wettbewerbswidrig (Verstoß gegen § 3 UWG). 395

Mit der Kodexrevision vom 14.11.2019 wurde in Abs. 5 S. 2 das ausdrückliche Verbot ergänzt, dass Vertragspartner für die **bloße Teilnahme an Veranstaltungen iSd § 20 keine Vergütung** erhalten dürfen. Dies unterstreicht die Notwendigkeit der Abgrenzung zur aktiven Teilnahme an einer Veranstaltung, bei welcher der HCP eine wissenschaftliche bzw. fachliche Leistung erbringt, die im Rahmen einer vertraglichen Zusammenarbeit angemessen vergütet werden darf (vgl. § 20 Abs. 11 → Rn. 670). Erbringt der HCP keine eigene fachliche bzw. wissenschaftliche Leistung, kann seine Teilnahme zwar Gegenstand einer vertraglichen Zusammenarbeit sein (vgl. Abs. 4 S. 1), eine Vergütung für diese passive Teilnahme ist jedoch gem. Abs. 5 S. 2 unzulässig. 396

Checkliste: Vertragliche Zusammenarbeit

Folgende Punkte sind bei der Zusammenarbeit mit HCPs und HCOs zu beachten:
- Schriftlicher Vertrag vor Aufnahme der Tätigkeit
- Klarer Nutzen (berechtigter Bedarf) für Unternehmen muss erkennbar sein und dokumentiert werden
- Auswahl und Anzahl der Vertragspartner muss dem jeweiligen Bedarf entsprechen
- Vertragliche Tätigkeit darf nur in Geld vergütet werden (Ausnahme: Beistellung von Geräten)
- Dienstherrengenehmigung als Voraussetzung im Klinikbereich, um Korruptionsrisiken zu vermeiden
- Hinweispflicht auf Zusammenarbeit gegenüber dem angesprochenen Publikum bei Veröffentlichungen/Präsentationen des ärztlichen Vertragspartners aus Gründen der Transparenz
- Bloße Teilnahme an Fortbildungsveranstaltungen im Rahmen einer vertraglichen Tätigkeit darf nicht vergütet werden; im Übrigen gelten die Regelungen des § 20

§ 18a Transparenz bei klinischen Studien

Die Unternehmen müssen aus Gründen der Transparenz für die Ergebnisse klinischer Prüfungen die Vorgaben des § 42b AMG und die „Joint Industry Position on the Disclosure of Clinical Trial Information via Clinical Trial Registries and Databases" sowie die „Joint Position on the Publication of Clinical Trial Results in the Scientific Literature" von IFPMA, EFPIA, JPMA und PhRMA in der jeweils gültigen Fassung einhalten.

Übersicht

I. Transparenz bei Klinischen Prüfungen

397 Die Unternehmen sind verpflichtet, im Umgang mit den Ergebnissen klinischer Prüfungen die Vorgaben des nationalen Rechts, dh § 42b AMG sowie auch die geltenden **internationalen Vorgaben** („Joint Industry Position on the Disclosure of Clinical Trial Information via Clinical Trial Registries and Databases" und „Joint Position on the Publication of Clinical Trial Results in the Scientific Literature")[366] von IFPMA, EFPIA, JPMA und PhRMA einzuhalten.

§ 19 Nichtinterventionelle Studien mit zugelassenen Arzneimitteln

(1) Die Einbeziehung und Behandlung einschließlich der Diagnose und Überwachung von Patienten in Nichtinterventionellen Studien, folgen nicht einem vorab festgelegten Prüfplan, sondern ausschließlich der ärztlichen Praxis. Die Entscheidung, einen Patienten in eine Nichtinterventionelle Prüfung einzubeziehen, hat von der Entscheidung über die Verordnung des Arzneimittels klar getrennt zu erfolgen. Die Auswertung der erhobenen Daten hat anhand epidemiologischer Methoden zu erfolgen.

(2) Bei der Planung, Durchführung und Auswertung Nichtinterventioneller Studien sind sämtliche gegebenenfalls anwendbaren gesetzlichen Vorschriften sowie die durch das Bundesinstitut für Arzneimittel und Medizinprodukte (BfArM) und das Paul-Ehrlich-Institut (PEI) veröffentlichten Empfehlungen und Leitlinien zu beachten. Ungeachtet dessen müssen die Planung, Durchführung und Auswertung Nichtinterventioneller Studien in jedem Fall auch folgende Voraussetzungen erfüllen:

1. **Die Studie muss einen wissenschaftlichen Zweck verfolgen und darf keine verdeckte werbliche Maßnahme darstellen.**
2. **Die Planung, Leitung, Auswertung und die Qualitätssicherung der Studie müssen innerhalb des Unternehmens im Verantwortungsbereich des Leiters der medizinischen Abteilung (§ 27 Abs. 6) erfolgen. Dies beinhaltet auch die Budgetverantwortlichkeit.**
3. **Die Implementierung (etwa die Auswahl der Studienzentren und Ansprache von Ärzten oder anderen HCP) und die Durchführung der Studie (einschließlich der Betreuung während der Laufzeit der Studie) müssen unter der Verantwortung des Leiters der medizinischen Abteilung erfolgen. Dies gilt auch, soweit Mitarbeiter anderer Bereiche an der Implementierung und Durchführung der Studie beteiligt werden.**
4. **Es kommen Systeme zur Qualitätssicherung zum Einsatz, welche die Validität und Repräsentativität der erhobenen Daten sicherstellen.**
5. **Die Studie muss auf der Grundlage eines schriftlichen Beobachtungsplans sowie eines schriftlichen Vertrages zwischen den HCP und/oder den Einrichtungen einerseits, an denen die Studie durchgeführt wird, sowie dem Unternehmen andererseits beruhen, das die Verantwortung als „Sponsor" der Studie übernimmt. Aus dem Vertrag müssen sich insbesondere die zu erbringenden Leistungen sowie die hierfür geschuldete Vergütung ergeben.**
6. **Das Unternehmen hat die Anzeige- und Dokumentationspflichten nach dem AMG zu beachten.**
7. **Die vereinbarte Vergütung muss in einem angemessenen Verhältnis zu den zu erbringenden Leistungen stehen. Hinsichtlich der Höhe der Vergütung gilt § 18 Abs. 1 Nr. 6 mit der Maßgabe, dass die Vergütung so zu bemessen ist, dass dadurch kein Anreiz zur Verordnung eines Arzneimittels entsteht. Die Durchführung der Studie darf auch ansonsten nicht zur Beeinflussung von Therapie-, Verordnungs- und Beschaffungsentscheidungen missbraucht werden.**

---

[366] Abrufbar unter http://clinicaltrials.ifpma.org/clinicaltrials/fileadmin/files/pdfs/EN/Revised_Joint_Industry_Position_Nov_2008.pdf und http://clinicaltrials.ifpma.org/clinicaltrials/fileadmin/files/pdfs/20100610_Joint_Position_Publication_10Jun2010.pdf.

8. Soweit die zuständige Ethik-Kommission eine Beratung vor Durchführung der Studie anbietet, muss diese von dem wissenschaftlichen Studienleiter eingeholt werden.

9. Die Einbeziehung in die Studie setzt eine vorherige schriftliche Patienteneinwilligung voraus, sofern dies datenschutzrechtlich erforderlich ist. Darüber hinaus wird eine vorherige schriftliche Patientenaufklärung und -einwilligung (über die Mitwirkung des Studienzentrums bzw. des Arztes oder anderer HCP, die beabsichtigte Einbeziehung der Patienten und die vorgesehene Verwendung der zu erhebenden Daten) empfohlen.

10. Innerhalb von 21 Tagen nach Beginn der Patientenrekrutierung müssen Informationen über die beabsichtigte Studie (Studientitel, Zielsetzungen, Name des Studienleiters, geplante Zahl der Studienzentren sowie die angestrebte Fallzahl) in ein öffentlich zugängliches Register eingestellt werden (in Anlehnung an die gemeinsame Erklärung von IFPMA, EFPIA, JPMA und PhRMA zur Registrierung klinischer Prüfungen, vgl. § 18a).

11. Die Studienergebnisse müssen durch das Unternehmen bzw. von einem von dem Unternehmen beauftragten Dritten ausgewertet werden. Die Verantwortung für die Auswertung liegt innerhalb des Unternehmens im Verantwortungsbereich des Leiters der medizinischen Abteilung. Eine Zusammenfassung der Ergebnisse muss hierbei dem Leiter der medizinischen Abteilung in einer angemessenen Frist vorliegen, der die entsprechenden Berichte für einen Zeitraum von 10 Jahren aufzubewahren hat. Das Unternehmen hat die Zusammenfassung der Ergebnisse allen HCP, die an der Studie teilgenommen haben, spätestens 12 Monate nach Abschluss der Studie (last patient/last visit) zur Verfügung zu stellen. Die Zusammenfassung der Ergebnisse der Studie ist spätestens 12 Monate nach ihrem Abschluss auch der Öffentlichkeit (etwa per Internet) zur Verfügung zu stellen. Sofern die Studie zu Ergebnissen führt, die für die Nutzen-Risiko-Bewertung von Bedeutung sind, ist die Zusammenfassung auch an die zuständige Arzneimittelbehörde weiterzuleiten.

12. Pharmaberater dürfen nur zu administrativen Zwecken bei der Durchführung der Studie eingesetzt werden. Ihr Einsatz hat unter der Überwachung des Leiters der medizinischen Abteilung des Unternehmens (§ 27 Abs. 6) zu erfolgen. Der Einsatz von Pharmaberatern im Rahmen der Studie darf nicht mit Werbeaktivitäten für Arzneimittel verbunden werden.

13. Die Grundsätze sowie die hierbei zu beachtenden innerbetrieblichen Prozessabläufe für die Planung, Durchführung und Auswertung sowie geeignete Qualitätssicherungsmaßnahmen (insbesondere zur Verifizierung der erhobenen Daten) sind im unternehmenseigenen „Standard Operating Procedures" näher zu konkretisieren. Hierbei sind neben den gesetzlichen Rahmenbedingungen sowie den Empfehlungen des BfArM und des PEI auch die einschlägigen Bestimmungen des Kodex umzusetzen.

(3) Die Unternehmen müssen die in Abs. 2 genannten Kriterien nicht nur für die unter Abs. 2 fallenden Nichtinterventionellen Studien, sondern auch für andere retrospektive Studien beachten, sofern diese Kriterien auf solche Studien sinnvoller Weise anwendbar sind. In jedem Fall sind für diese Studien die Bestimmungen von § 18 anwendbar.

7. Leitlinie

des Vorstandes des FSA gemäß § 6 Abs. 2 iVm § 19 Abs. 2 Nr. 12 Satz 3 zur Auslegung des Begriffs „nicht mit Werbeaktivitäten für Arzneimittel verbinden" (Stand: 7.9.2020)

7.1 *Nach § 19 Abs. 2 Nr. 12 Satz 3 darf der Einsatz von Pharmaberatern nicht mit Werbeaktivitäten für Arzneimittel verbunden werden.*

7.2 *Bei der Anwendung von § 19 Abs. 2 Nr. 12 Satz 3 ist darauf zu achten, dass zum einen der Kerngehalt der Vorschrift gewahrt wird (keine missbräuchliche Instrumentalisierung oder Verknüpfung studienbezogener Tätigkeiten für bzw. mit bloße(n) Werbezwecke(n)) und zum anderen aber auch eine legitime Bewerbung von Arzneimitteln durch Pharmaberater nicht in Frage gestellt wird.*

7.3 *Eine unzulässige Verbindung ist daher z. B. dann gegeben, wenn in einem unmittelbaren zeitlichen oder sachlichen Zusammenhang mit studienbezogenen Tätigkeiten Werbematerialien (etwa Produktbroschüren mit werblichem Charakter) zu dem von der nichtinterventionellen Studie erfassten Arzneimittel abgegeben werden. Dagegen schließt die Übernahme studienbezogener Tätigkeiten Werbeaktivitäten des Pharmaberaters für andere Arzneimittel selbst im Fall eines unmittelbaren zeitlichen Zusammenhangs mit solchen studienbezogenen Tätigkeiten nicht aus, sofern beide Tätigkeiten funk-*

tional voneinander getrennt werden. Eine funktionale Trennung in diesem Sinne liegt beispielsweise dann vor, wenn eine Werbeaktivität nur bei Gelegenheit einer studienbezogenen Tätigkeit stattfindet, ohne auf sie sachlich Bezug zu nehmen.

7.4 *Zur Veranschaulichung der genannten Auslegungsgrundsätze wird folgender Beispielsfall gebildet: Das Mitgliedsunternehmen führt für sein Arzneimittel X eine NIS durch. Im Rahmen der Durchführung der NIS setzt das Unternehmen den Pharmaberater P ein, der unter Überwachung des Leiters der medizinischen Abteilung des Unternehmens Ärzte besucht, um die NIS zu erläutern, Ärzte in die NIS einzubeziehen sowie Datenerfassungsbögen zu verteilen und einzusammeln. Neben dem Arzneimittel X vertreibt das Unternehmen auch noch das Arzneimittel Y. Als Pharmaberater hat P auch die Aufgabe die Arzneimittel X und Y bei Ärzten zu besprechen und Werbematerialien hierzu abzugeben.*

In folgenden Fallkonstellationen wird die Bestimmung des § 19 Abs. 2 Satz 3 beispielsweise nicht verletzt:

a) P besucht einen Arzt und befasst sich im Rahmen dieses Besuchs allein mit Aufgaben im Rahmen der NIS.

b) P besucht einen Arzt. Er möchte den Arzt als Teilnehmer der neuen NIS (zu dem Arzneimittel X) gewinnen. Er bespricht zunächst ausführlich den Beobachtungsplan der NIS und überlässt dem Arzt auch die Fachinformation zu dem Arzneimittel X (der Gegenstand der NIS ist).

c) P besucht einen Arzt und bezieht diesen in die NIS (zu dem Arzneimittel X) ein. Vor oder nach der Erörterung der NIS-bezogenen Aspekte bespricht P das Arzneimittel Y (das nicht Gegenstand der NIS ist) ausführlich und überlässt dem Arzt zwei neue, zur Abgabe durch den Außendienst bestimmte Werbebroschüren.

d) P besucht einen Arzt am 26. Mai und bespricht mit dem Arzt ausschließlich studienbezogene Fragen (zu dem Arzneimittel X, das Gegenstand der NIS ist). Am 2. Juni besucht P den Arzt erneut und bespricht das Arzneimittel X (das Gegenstand der NIS ist) ausführlich (ohne dass hierbei die laufende NIS thematisiert wird). Er überlässt bei diesem Besuch auch zwei neue, zur Abgabe durch den Außendienst bestimmte Produktbroschüren zu X.

e) P besucht am 26. Mai einen Arzt und bespricht mit dem Arzt ausschließlich NIS-bezogene Fragen (zu dem Arzneimittel X, das Gegenstand der NIS ist). Am 2. Juni besucht P den Arzt erneut und bespricht das Arzneimittel Y (das nicht Gegenstand der NIS ist) ausführlich. Er überlässt bei diesem Besuch auch zwei neue, zur Abgabe durch den Außendienst bestimmte Werbebroschüren zu Y.

In folgenden Fallkonstellationen wird hingegen die Bestimmung des § 19 Abs. 2 Satz 3 beispielsweise verletzt:

a) P besucht einen Arzt und bezieht ihn in die NIS (zu dem Arzneimittel X) ein. Vor oder nach der Erörterung studienbezogener Aspekte bespricht P das Arzneimittel X (das Gegenstand der NIS ist) ausführlich und überlässt dem Arzt zwei neue, zur Abgabe durch den Außendienst bestimmte Werbebroschüren zu dem Arzneimittel X sowie einen Plastikkugelschreiber mit dem Markennamen von X.

b) P besucht einen Arzt. Er möchte den Arzt als Teilnehmer der neuen NIS (zu dem Arzneimittel X) gewinnen. Er bespricht zunächst den Beobachtungsplan der NIS. Um den Arzt von der Sinnhaftigkeit seiner Teilnahme weiter zu überzeugen, überlässt er ihm auch zwei neue, zur Abgabe durch den Außendienst bestimmte Werbebroschüren über das Arzneimittel X (das Gegenstand der NIS ist).

Übersicht

I. Vorbemerkung

Die Vorschrift regelt die Zulässigkeit der Durchführung von **Nichtinterventioneller Studien** (NIS) mit zugelassenen Arzneimitteln und unterlag in der Vergangenheit einer kontinuierlichen Weiterentwicklung. Im Vergleich zur Ursprungsfassung hat sie deutlich an Regelungsdichte gewonnen. Sie ist nicht nur auf **Anwendungsbeobachtungen** (AWB) anwendbar, sondern gilt nun für jede Form von NIS. Seit der Änderung vom 18.1.2008 wurden ua die Gemeinsamen Empfehlungen des Bundesamts für Arzneimittel und Medizinprodukte (BfArM) und des Paul-Ehrlich-Instituts (PEI)[367] **(„Gemeinsame Empfehlungen des BfArM und PEI")** sowie die Empfehlungen des Vereins Forschender Arzneimittelhersteller (VFA)[368] **(„VFA-Empfehlungen")** aufgenommen. Die Vorschrift beruht auf Art. 18 EFPIA-Kodex. Seit der Kodexrevision vom 14.11.2019 wurde die vormals in Abs. 1 S. 1 enthaltene Definition von NIS in § 2 Nr. 24 überführt (→ Rn. 123). Eine Definition für den Begriff der Anwendungsbeobachtung, als Unterform von NIS, ist in § 2 nicht hinzugeführt worden (→ Rn. 128).[369] 398

Trotz der bestehenden Kritik an NIS und insbesondere an AWB kann an der **Berechtigung von NIS grundsätzlich kein Zweifel** bestehen.[370] NIS und insbesondere AWB sind nach wie vor ein unverzichtbares Instrument zur Generierung von Erkenntnissen über Arzneimittel zum Nutzen der Patienten.[371] Auch die regulatorischen Vorgaben sehen solche Untersuchungen ausdrücklich vor. Die Hersteller von Arzneimitteln sind auch nach deren Markteinführung aus regulatorischen, aber auch aus haftungsrechtlichen Gründen verpflichtet, die Wirksamkeit und Sicherheit von Arzneimitteln laufend zu überwachen bzw. zu überprüfen. Umso mehr kommt es darauf an, einen **Missbrauch von NIS** zur Beeinflus- 399

[367] Die Gemeinsamen Empfehlungen des BfArM und des PEI zu Anwendungsbeobachtungen nach § 67 Abs. 6 AMG und zur Anzeige von nichtinterventionellen Unbedenklichkeitsprüfungen nach § 63f AMG (Stand: 20.12.2019) sind abrufbar unter https://www.bfarm.de/DE/Arzneimittel/Arzneimittelzulassung/KlinischePruefung/Nicht-interventionellePruefungen/_node.html, vgl. zur vorherigen Fassung der Empfehlungen auch *Diener/Klümper* PharmR 2010, 433 ff.

[368] Die VFA-Empfehlungen (Stand: 15.5.2014) sind abrufbar unter http://www.vfa.de/de/arzneimittel-forschung/datenbanken-zu-arzneimitteln/niSdb/nis-empfehlungen.

[369] Ausführlich zum Begriff der Anwendungsbeobachtung, *Dieners/Heil* PharmR 2013, 349 f.

[370] Vgl. ausführlich hierzu → 3. Voraufl. Kap. 11 Rn. 174 ff., ebenso berichtend *Diener/Klümper* PharmR 2010, 433 (439); kritisch *Koch/Appel/Lubner* in Kölbel, Institutionelle Korruption, S. 181 ff.; die Arzneimittelkommission der Deutschen Ärzteschaft (AkdÄ) rät von der Teilnahme an AWB ab, vgl. *Schott/Ludwig/Lieb* DÄBl. 2020, A 1380 ff., abrufbar unter https://www.aerzteblatt.de/pdf.asp?id=214662.

[371] So auch *Broch* PharmR 2016, 314 (315).

sung der Verordnungsentscheidungen von Ärzten zu **vermeiden.** Ein solcher Missbrauch verstößt gegen den Grundsatz, wonach Ärzte in ihren Therapie-, Verordnungs- und Beschaffungsentscheidungen nicht in unlauterer Weise beeinflusst werden dürfen (§ 6 Abs. 1). Die Planung, Durchführung und Auswertung von NIS soll daher nach dem Kodex strikt an den Gemeinsamen Empfehlungen des BfArM und des PEI ausgerichtet werden und die Grundsätze in Abs. 1 berücksichtigen. Ferner haben die NIS nach Abs. 2 Satz 2 Nr. 1–13 gewissen Mindestanforderung zu genügen, welche neben den bestehenden nationalen Regelungen nach Abs. 2 Satz 1 Anwendung finden. Diese Regeln gelten nach Abs. 3 auch für retrospektive Studien, sofern sie auf diese Studien sinnvollerweise anzuwenden sind.

II. Einbeziehung und Behandlung von Patienten, Datenauswertung (Abs. 1)

400 In Abs. 1 S. 1 und 2 werden die **allgemeinen Grundsätze** wiedergeben, welche bei der Durchführung von NIS stets zu beachten sind. Hiernach erfolgt die Einbeziehung und Behandlung von Patienten (einschl. Diagnose und Überwachung) ausschließlich nach der ärztlichen Praxis **(Grundsatz der Nichtintervention)** und keinem vorab festgelegten Prüfplan, wie dies für klinische Prüfungen gilt. Folglich erfolgt die Entscheidung, ob ein Patient in eine NIS einbezogen wird, durch den behandelnden Arzt. Dieser hat die Entscheidung gem. S. 2 klar getrennt von der Entscheidung über die Verordnung des Arzneimittels zu treffen. Vorgaben, die die Verwendung eines bestimmten Präparates (Therapieauswahl oder -umstellung) oder den Therapieablauf einschränken, verletzten den Grundsatz der Nichtintervention.[372] Gleiches gilt für eine Ausgestaltung der AWB, welche die Entscheidung des Arztes zur Teilnahme an der AWB sowie die Verordnungsentscheidung miteinander verknüpfen und eine klare Trennung verhindern würde, zB durch eine gleichzeitige Aufforderung zur Teilnahme an der AWB und einer hervorgehobenen und gehäuften Werbung zur Verschreibung des Arzneimittels.[373]

401 Die Auswertung der im Rahmen der NIS erhobenen Daten hat gem. S. 3 anhand **epidemiologischer Methoden** zu erfolgen. Die Forderung einer Analyse anhand epidemiologischer Methoden ergibt sich bereits aus der gesetzlichen Definition der NIS in § 4 Abs. 23 S. 3 AMG.

III. Spruchpraxis zu Abs. 1

402
- Der Grundsatz der Nichtintervention ist verletzt, wenn dem behandelnden Arzt **studienspezifische Vorgaben** gemacht werden, **ob und mit welchen Arzneimitteln zu therapieren und zu diagnostizieren ist,** wie die Modalitäten der Behandlung sind und unter welchen Umständen die Therapie abgesetzt bzw. geändert wird.[374]
- Das Gebot der Nichtintervention schließt die Durchführung einer **AWB unmittelbar nach Zulassung des betroffenen Arzneimittels** zwar nicht aus, doch ist hierbei der Grundsatz der Nichtintervention besonders sorgfältig zu beachten.[375]

---

[372] Entscheidung zu § 19 Abs. 1 und 2 idF v. 2.12.2005, FS II 2006.11–149 (= PharmR 2008, 169); Entscheidung zu § 19 idF v. 2.12.2005, https://www.fsa-pharma.de/de/schiedstelle/berichterstattung/fachkreise/az-2005.8–87-1-instanz-19-des-kodex-anwendungsbeobachtungen-zulassigkeit-grundsatze-fur-die-aufwandsentschadigung-und/, FS I 2005.8–87 (zul. abgerufen am 17.6.2021).

[373] Entscheidung zu § 19 Abs. 1 S. 4 idF v. 18.1.2008, https://www.fsa-pharma.de/de/schiedstelle/berichterstattung/fachkreise/az-fs-ii-3–08-2007.12–218-b-2-instanz-19-abs-2-fsa-kodex-2006-19-abs-1-satz-4-fsa-kodex-fachkreise-2008-grund/, FS II 2007.12–218 (zul. abgerufen am 17.6.2021).

[374] Entscheidung zu § 19 Abs. 1 und 2 idF v. 2.12.2005, FS II 2006.11–149 (= PharmR 2008, 169).

[375] Entscheidung zu § 19 Abs. 1 S. 4 idF v. 18.1.2008, https://www.fsa-pharma.de/de/schiedstelle/berichterstattung/fachkreise/az-fs-ii-3–08-2007.12–218-b-2-instanz-19-abs-2-fsa-kodex-2006-19-abs-1-satz-4-fsa-kodex-fachkreise-2008-grund/, FS II 2007.12–218 (zul. abgerufen am 17.6.2021).

- Ein Vorhaben, welches auf die Fragestellung der Compliance-Verbesserung durch ein Patienten-Recall-System ausgerichtet ist, ist nicht als NIS durchführbar, wenn **nur Patienten** einzubeziehen sind, denen **Präparate vom Unternehmen** zu Beginn der Behandlung **verordnet werden.** Dies stellt eine **missbräuchliche Beeinflussung von** ärztlichen **Verordnungsentscheidungen** dar und verstößt gegen den Grundsatz der Nichtintervention. Die Entscheidung über den Ablauf der Therapie, deren Überwachung sowie die eventuelle Förderung der Therapietreue seiner Patienten liegen allein in der Therapiehoheit des behandelnden Arztes.[376]
- Die Durchführung einer AWB ist unzulässig, wenn bereits **in den Projektunterlagen** erwähnt wird, dass eine **Ein- bzw. Umstellung auf ein anderes Präparat** als Teilnahmevoraussetzung erforderlich ist.[377]
- Das Gebot der Nichtintervention wird nicht allein dadurch verletzt, dass **Patienten,** die zuvor mit Monopräparaten (oder einer Kombination aus diesen) behandelt wurden, **zur Einbeziehung in eine AWB auf ein Kombinationspräparat umgestellt werden,** bei dem die Vorbehandlung mit den Monopräparaten Voraussetzung für die Umstellung ist. Jedoch muss die Umstellungsentscheidung des Arztes unabhängig davon getroffen worden sein, dass sich der Arzt zur Teilnahme an der AWB entschließt.[378]
- Der Grundsatz der Nichtintervention ist verletzt, wenn die den Ärzten zur Anwendungsbeobachtung **überreichten Unterlagen** (mit einer Aufforderung zur Teilnahme an der AWB) außer den notwendigen Angaben auch herausgehobene und gehäufte **Werbeaussagen** zum betreffenden Arzneimittel enthalten. Die Teilnahme an der AWB stellt damit für den Arzt einen kodexwidrigen Anreiz zur Verordnung des Präparats dar.[379]

IV. Beachtung der Vorschriften (Abs. 2)

1. Anwendung nationaler Vorschriften und Empfehlungen (Abs. 2 Satz 1)

Absatz 2 S. 1 verweist auf bestehende nationale Gesetze oder Empfehlungen, welche bei der Durchführung von NIS Beachtung finden. Neben den bestehenden gesetzlichen Regelungen sind daher auch entsprechende Empfehlungen und Leitlinien der zuständigen Behörden (BfArM und PEI) bei der Planung, Durchführung und Auswertung zu beachten. Hierzu zählen vorrangig ***„Gemeinsame Empfehlungen des Bundesinstituts für Arzneimittel und Medizinprodukte und des Paul-Ehrlich-Instituts*** *zu Anwendungsbeobachtungen nach § 67 Absatz 6 Arzneimittelgesetz und zur Anzeige von nichtinterventionellen Unbedenklichkeitsprüfungen nach § 63f Arzneimittelgesetz"*[380], welche bei der Planung, Durchführung und Auswertung von AWB und der Anzeige von NIS berücksichtigt werden sollen. 403

[376] Entscheidung zu § 19 Abs. 2 S. 2 Nr. 7 iVm § 19 Abs. 1 S. 2 und 3, Abs. 2 S. 1 jeweils idF v. 20.11.2012, https://www.fsa-pharma.de/de/schiedstelle/berichterstattung/fachkreise/az-2013.2–345-19-abs-2-satz-2-nr.7-dort-satz-3-i.v.m-19-abs-1-satz-2-und-3-abs-2-s-1-fsa-kodex-fachkreise/, FS I 2013.2–345 (zul. abgerufen am 17.6.2021).

[377] Entscheidung zu § 19 idF v. 2.12.2005, https://www.fsa-pharma.de/de/schiedstelle/berichterstattung/fachkreise/az-2005.8–87-1-instanz-19-des-kodex-anwendungsbeobachtungen-zulassigkeit-grundsatze-fur-die-aufwandsentschadigung-und/, FS I 2005.8–87(zul. abgerufen am 17.6.2021).

[378] Entscheidung zu § 19 Abs. 1 S. 4 idF v. 18.1.2008, https://www.fsa-pharma.de/de/schiedstelle/berichterstattung/fachkreise/az-fs-ii-3–08-2007.12–218-b-2-instanz-19-abs-2-fsa-kodex-2006-19-abs-1-satz-4-fsa-kodex-fachkreise-2008-grund/, FS II 2007.12–218 (zul. abgerufen am 17.6.2021).

[379] Entscheidung zu § 19 Abs. 1 S. 4 idF v. 18.1.2008, https://www.fsa-pharma.de/de/schiedstelle/berichterstattung/fachkreise/az-fs-ii-3–08-2007.12–218-b-2-instanz-19-abs-2-fsa-kodex-2006-19-abs-1-satz-4-fsa-kodex-fachkreise-2008-grund/, FS II 2007.12–218 (zul. abgerufen am 17.6.2021).

[380] Die Gemeinsamen Empfehlungen (Stand: 20.12.2019) sind abrufbar unter https://www.bfarm.de/DE/Arzneimittel/Arzneimittelzulassung/KlinischePruefung/Nicht-interventionellePruefungen/_node.html, vgl. zur vorherigen Fassung der Empfehlungen auch *Diener/Klümper* PharmR 2010, 433 ff.

404 Diesen Gemeinsamen Empfehlungen kommt ein hoher Stellenwert zu und Abweichungen hiervon sind ausreichend zu begründen. Die Rechtsprechung hat einen Verstoß gegen die Gemeinsamen Empfehlungen als **gleichzeitigen Verstoß gegen die guten Sitten im Wettbewerb** iSv § 1 UWG aF eingestuft.[381] Dies wurde damit begründet, dass die Gemeinsamen Empfehlungen als **„Kunstregeln"**[382] für die Planung und Durchführung von Anwendungsbeobachtungen von der pharmazeutischen Industrie akzeptiert worden seien. Dies würden die (damals aktuellen) Verhaltensempfehlungen, die vom Bundesverband der Arzneimittel-Hersteller (BAH), der Pharmazeutischen Industrie (BPI) und dem Verband Forschender Arzneimittelhersteller (VFA) erlassen worden sind, belegen.[383] In einer anderen Entscheidung zur Durchführung von Anwendungsbeobachtungen hat die Rechtsprechung neben den Verhaltensempfehlungen des BAH, des BPI und des VFA ausdrücklich eine **Verletzung** der Bestimmungen von § 19 des **Kodex als Indiz** dafür angesehen, welches Wettbewerbshandeln nach der Auffassung der beteiligten Verkehrskreise als unlauter anzusehen ist und damit einen Wettbewerbsverstoß darstellen kann.[384]

2. Spruchpraxis zu Abs. 2 S. 1

405 – Bei der Planung, Gestaltung und Durchführung von Anwendungsbeobachtungen sind die durch das BfArM veröffentlichten Empfehlungen und Leitlinien zu beachten. Dabei sind insbesondere die **ausgefüllten Beobachtungsbögen fachlich** auszuwerten.[385]

3. Anwendung sonstiger Vorschriften nach dem Kodex (Abs. 2 Satz 2)

406 Neben der Einhaltung der gesetzlichen Vorgaben und der Gemeinsamen Empfehlungen des BfArM und PEI verlangt der Kodex in Abs. 2 Satz 2 Nr. 1–13 die Einhaltung von **Mindeststandards,** welche in jedem Fall und **unabhängig von den nationalen Regelungen** zu erfüllen sind. Diese Mindeststandards gehen auf die Gemeinsamen Empfehlungen des BfArM und PEI sowie die Empfehlungen des VFA zurück.

a) Wissenschaftlicher Zweck (Nr. 1)

407 Dass die Studie einen **wissenschaftlichen** und somit gerade **keinen „absatzwirtschaftlichen" Zweck** verfolgen muss, verlangt Nr. 1 im Einklang mit Art. 18.01 EFPIA-Kodex. Auch die VFA-Empfehlungen sowie die Gemeinsamen Empfehlungen des BfArM und PEI lassen NIS lediglich zu wissenschaftlichen Zwecken zu. NIS dürfen daher nicht als „Marketinginstrument" missbraucht werden. Dieser Rationale folgend wurde die Vorschrift im Rahmen der Kodex Revision vom 14.11.2019 ergänzt und enthält nunmehr am Ende die ergänzende Klarstellung, dass die Studie **keine verdeckte werbliche Maßnahme** darstellen darf. Diese Klarstellung enthält auch der EFPIA-Kodex in Art. 18.01. Vorhaben, die keine konkreten wissenschaftlichen Informationen zur Wirksamkeit hervorbringen können[386] oder allein zum Zweck der Umsatzsteigerung der eigenen Produkte durchgeführt werden[387], verstoßen daher gegen den Kodex.

---

381 OLG Hamburg PharmR 2005, 466 ff.

382 OLG Hamburg PharmR 2005, 466 (470).

383 Siehe hierzu auch *Meier* A&R 2005, 155 ff.

384 LG Aachen 27.6.2006 – 41 O 6/06 (vorausgehend: Entscheidung zu § 19 idF v. 2.12.2005, https://www.fsa-pharma.de/de/schiedstelle/berichterstattung/fachkreise/az-2005.9–92-19-des-kodex/, FS I 2005.9–92), das jedoch ebenso auf die Notwendigkeit der Unlauterkeit des Handelns vom Standpunkt der betroffenen Allgemeinheit hinweist; siehe dazu auch *Czettritz* FS Sander 2008, 387 (389).

385 Entscheidung zu § 19 Abs. 1 und 3 idF v. 2.12.2005, https://www.fsa-pharma.de/de/schiedstelle/berichterstattung/fachkreise/az-fs-ii-1–09-2006.11–151-20-abs-5-s-2-abs-6-s-1–22-abs-1-s-1-fsa-verfahrensordnung-verfo-19-abs-2-s-1-fsa-k/, FS I 2006.11–152 (zul. abgerufen am 17.6.2021).

386 Entscheidung zu § 19 Abs. 1 und 3 idF v. 2.12.2005, https://www.fsa-pharma.de/de/schiedstelle/berichterstattung/fachkreise/az-fs-ii-1–09-2006.11–151-20-abs-5-s-2-abs-6-s-1–22-abs-1-s-1-fsa-verfahrensordnung-verfo-19-abs-2-s-1-fsa-k/, FS I 2006.11–152 (zul. abgerufen am 17.6.2021).

387 Entscheidung zu § 19 Abs. 1 und 2 idF v. 2.12.2005, FS II 2006.11–149 (= PharmR 2008, 169).

b) Spruchpraxis zu Abs. 2 S. 2 Nr. 1 (Wissenschaftlicher Zweck)

- Die Durchführung einer Anwendungsbeobachtung im Zusammenhang mit der zugelassenen Indikation eines seit mehreren Jahren auf dem Markt befindlichen Arzneimittels ist unzulässig, wenn aus der Anwendungsbeobachtung aufgrund unvollständiger Angaben zum Studienplan, zur Gruppenbildung, Datenerhebung und Maßnahmen zur Qualitätssicherung **konkrete wissenschaftliche Informationen** über die Wirksamkeit nicht gewonnen werden können.[388] **408**
- Das ausdrücklich erklärte Ziel des Unternehmens, mehr Patienten durch AWBs zu erlangen und damit zur Umsatzsteigerung der eigenen Produkte AWB mit Fachkreisangehörigen durchzuführen, stellt einen Verstoß gegen § 19 dar. Dem Vorhaben lag **keine wissenschaftliche Untersuchung** nach der Zulassung der vertriebenen Arzneimittel, die der **Gewinnung neuer Erkenntnisse** über deren Anwendung und deren Wirksamkeit und Verträglichkeit in der Praxis dienten, zu Grunde.[389]

c) Zuständigkeitsbereich des Leiters der medizinischen Abteilung (Nr. 2)

409 Im Zusammenhang mit Nr. 1 ist in Nr. 2 die Verantwortung für die gesamten Maßnahmen bei NIS dem Leiter der medizinischen Abteilung des Unternehmens übertragen worden. Dies entspricht auch den Vorgaben des EFPIA-Kodex (Art. 18.02 (c)). Da der medizinische Leiter gleichzeitig gemäß § 27 Abs. 6 S. 5 **nicht für die Bereiche Marketing oder Vertrieb zuständig** sein darf, ist durch die Regelung in Nr. 2 iVm § 27 Abs. 6 S. 5 eine klare **Trennung der Bereiche** vorgenommen und der Instrumentalisierung von NIS entgegengetreten worden. Indem der medizinische Leiter zudem nach Nr. 2 Satz 2 auch die **Budgetverantwortlichkeit** hat, soll die wissenschaftliche Ausrichtung verstärkt und missbräuchlichen Instrumentalisierungen entgegen gearbeitet werden.

d) Implementierung und Durchführung der Studie (Nr. 3)

410 Die Regelung, nach welcher die Implementierung und Durchführung der Studie unter der Verantwortung des medizinischen Leiters zu erfolgen haben, geht auf eine Empfehlungen des VFA zurück und soll einer möglichen Instrumentalisierung dadurch begegnen, dass die **Auswahl der Studienzentren** und die **Ansprache von Ärzten** im Rahmen der Implementierung von NIS zukünftig unter der Verantwortung des Leiters der medizinischen Abteilung erfolgt. Dasselbe gilt für die Betreuung während der Laufzeit von NIS. Damit soll der **Grundsatz der Nichtintervention** gewahrt und ferner vermieden werden, dass beispielsweise Außendienstmitarbeiter im Rahmen von Marketingaktivitäten NIS und die damit verbundene Honorierung von Ärzten missbrauchen. Ferner soll die Verantwortlichkeit des medizinischen Leiters die **Qualität** der Studien **erhöhen.**

e) Systeme der Qualitätssicherung (Nr. 4)

411 Nr. 4 dient der Qualitätssicherung von NIS, indem diese Systeme der Qualitätssicherung unterworfen werden sollen, welche die **Validität und Repräsentativität der erhobenen Daten** sicherstellen. Damit sollen mögliche Verzerrungen durch einen geeigneten Beobachtungs- und Auswertungsplan und eine adäquate Datenanalyse minimiert und die Vollständigkeit sowie die Validität der Daten gesichert werden.

f) Beobachtungsplan als Grundlage der Studie (Nr. 5)

412 Absatz 2 Nr. 5 basiert auf Art. 18.02 (a) EFPIA-Kodex und sieht einen **Beobachtungsplan** und einen **schriftlichen Vertrag** als Grundlagen für die Studie vor.[390] Aus dem Ver-

[388] Entscheidung zu § 19 Abs. 1 und 3 idF v. 2.12.2005, https://www.fsa-pharma.de/de/schiedstelle/berichterstattung/fachkreise/az-fs-ii-1-09-2006.11-151-20-abs-5-s-2-abs-6-s-1-22-abs-1-s-1-fsa-verfahrensordnung-verfo-19-abs-2-s-1-fsa-k/, FS I 2006.11–152 (zul. abgerufen am 17.6.2021).

[389] Entscheidung zu § 19 Abs. 1 und 2 idF v. 2.12.2005, FS II 2006.11–149 (= PharmR 2008, 169).

[390] Umfassend zu dem Beobachtungsplan für AWBs siehe *Diener/Klümper* PharmR 2010, 433 (434 f.); *Sickmüller/Breitkopf* pharmind 2009, 764 (767 f.).

trag müssen sich insbesondere die zu erbringenden Leistungen sowie die hierfür geschuldete Vergütung ergeben (vgl. auch § 18 Abs. 1 Nr. 1, → Rn. 354).

g) Anzeigepflichten (Nr. 6)

413 Während frühere Fassungen des Abs. 2 S. 2 Nr. 6 die Begründungs-, Anzeige- und Dokumentationspflichten selbstständig regelten bzw. ausgestalteten und in verschiedenen Novellierungen die Änderungen im AMG entsprechend nachvollzogen, listet die aktuelle Regelung nicht mehr die Voraussetzungen der Anzeigepflichten auf, sondern **verweist** diesbezüglich in allgemeiner Form **dynamisch** auf die „Anzeige- und Dokumentationspflichten nach dem AMG“. Auf diese Weise wird sichergestellt, dass der Kodex stets die Einhaltung der aktuellen gesetzlichen Bestimmungen (insbesondere § 67 bzw. § 63f AMG) voraussetzt.

h) Vergütung (Nr. 7)

aa) Angemessenheit der Vergütung (S. 1)

414 In der Vergangenheit wurde vielfach eine unangemessene Höhe der Vergütung für NIS gerügt und damit zum Ausdruck gebracht, dass der Nutzen einer NIS im Vergleich zu deren Vergütung in keinem ausgewogenen Verhältnis stünde.[391] Am Ende der sich hieran anschließenden Diskussionen zur Fortentwicklung der Anforderungen an NIS stand die Regelung des heutigen Abs. 1 S. 2 Nr. 7, welche klare Leitlinien bezüglich der Bestimmung einer **angemessenen Vergütung** schafft, um einer „Überbezahlung“ von Ärzten im Zusammenhang mit der Durchführung von NIS entgegenzuwirken.

415 Die zentrale Anforderung an die vereinbarte Vergütung regelt Nr. 7 S. 1, wonach diese in einem angemessenen Verhältnis zu den zu erbringenden Leistungen stehen muss. Bei der Bestimmung der Angemessenheit der Vergütung ist die **vergütungsfähige Leistung** des Arztes zu berücksichtigen, welche sich auf den über die Praxisroutine hinausgehenden **Mehraufwand** beschränkt.[392] Ferner ist zu berücksichtigen, dass Leistungen, die nicht in allen Fällen zu erbringen sind (sog. **hypothetische Leistungen**), nicht in voller Höhe berücksichtigt werden dürfen. Ist davon auszugehen, dass der Zeitaufwand nur in der Hälfte der Fälle erforderlich ist, ist ein solcher lediglich hypothetisch bestimmter Zeitaufwand im Wege einer Durchschnittsberechnung nur zur Hälfte zu berücksichtigen.[393]

bb) Höhe der Vergütung (S. 2)

416 Zur Ausgestaltung und Konkretisierung des Erfordernisses der Angemessenheit verweist Nr. 7 S. 2 auf **§ 18 Abs. 1 S. 2 Nr. 6,** wonach eine Vergütung zunächst nur **in Geld**[394] bestehen darf. Weiterhin regelt § 18 Abs. 1 S. 2 Nr. 6, dass bei der Beurteilung der Angemessenheit ua auf die **GOÄ als Anhaltspunkt** abgestellt werden kann und auch die Vereinbarung **angemessener Stundensätze** in Betracht kommt (→ Rn. 378). In der für NIS spezifischen Vorschrift des § 19 Abs. 2 S. 2 Nr. 7 S. 2 wird außerdem klargestellt, dass die Regelungen des § 18 Abs. 1 S. 2 Nr. 6 „mit der Maßgabe“ gelten, dass die Vergütung so zu bemessen ist, dass hierdurch **kein Anreiz zur Verordnung eines Arzneimittels** entsteht.

---

[391] Vgl. auch *Leipold* in Hauschka S. 690, der diese Frage ebenfalls anspricht.

[392] Entscheidung zu §§ 19 Abs. 2 Nr. 7, 18 Abs. 1 Nr. 6 idF v. 18.1.2008, https://www.fsa-pharma.de/de/schiedstelle/berichterstattung/fachkreise/az-fs-ii-5–08-2007.12–217-19-abs-5–18-abs-3-fsa-kodex-2006-19-abs-2-nr-7–18-abs-1-nr-6-fsa-kodex-fachkreise/, FS II 5/08/2007.12–217 (zul. abgerufen am 17.6.2021).

[393] Entscheidung zu §§ 19 Abs. 2 Nr. 7, 18 Abs. 1 Nr. 6 idF v. 18.1.2008, https://www.fsa-pharma.de/de/schiedstelle/berichterstattung/fachkreise/az-fs-ii-5–08-2007.12–217-19-abs-5–18-abs-3-fsa-kodex-2006-19-abs-2-nr-7–18-abs-1-nr-6-fsa-kodex-fachkreise/, FS II 5/08/2007.12–217 (zul. abgerufen am 17.6.2021).

[394] Vgl. hierzu Entscheidung zu § 19 idF v. 2.12.2005, https://www.fsa-pharma.de/de/schiedstelle/berichterstattung/fachkreise/az-2005.9–92-19-des-kodex/, FS I 2005.9–92 (zul. abgerufen am 17.6.2021).

Diese Anforderung berücksichtigt die konkreten Umstände einer NIS, welche letztlich die Verordnung eines zugelassenen Arzneimittels voraussetzt. Sie greift zudem den allgemeinen, in Abs. 1 S. 2 enthaltenen Grundsatz, wonach die Entscheidung über die **Einbeziehung eines Patienten** von der Entscheidung über die **Verordnung des Arzneimittels klar getrennt** zu erfolgen hat, auf und bekräftigt diesen. Denn der Grundsatz klar voneinander getrennter Entscheidungen wird durch die Angemessenheit der Vergütung, die eine Anreizwirkung zur Beeinflussung der Verordnungsentscheidung vermeiden soll, zusätzlich gesichert. Die an Ärzte gezahlte Vergütung muss so bemessen werden, dass hierdurch **kein Anreiz zur Verordnung** eines Arzneimittels entsteht. Allein aus dem Umstand, dass eine angemessene Vergütung über einen Beobachtungszeitraum der AWB von zwei Jahren monatlich gewährt wird, kann jedoch nicht geschlossen werden, es entstehe ein Anreiz zur – kontinuierlichen – Verordnung des Arzneimittels.[395]

Diese Regelung deckt sich im Wesentlichen mit den Regelungen zur Vergütung in den VFA-Empfehlungen sowie in den Gemeinsamen Empfehlungen des BfArM und des PEI, die zB in Ziffer 2.7.7 der Gemeinsamen Empfehlungen ebenfalls voraussetzen, dass die Vergütung so zu bemessen ist, „dass kein Anreiz für eine bevorzugte Verschreibung oder Empfehlung bestimmter Arzneimittel entsteht (siehe § 67 Absatz 6 Satz 3 AMG)“. Das LG Aachen hat es etwa als eine **Verletzung der Gemeinsamen Empfehlungen** des BfArM und PEI und der Bestimmungen von § 19 Abs. 3 und 5 idF vom 2.12.2005 des Kodex angesehen, wenn einem Arzt **„Anreize“ (etwa durch ein Punktesystem zu Erlangung von Prämien)** gegeben werden, eine gewisse Anzahl an Anwendungsbeobachtungen zu erreichen.[396] **417**

In Ziffer 2.7.7 der Gemeinsamen Empfehlungen wird ebenfalls auf die GOÄ[397] als Orientierungspunkt verwiesen, genauso wie in den VFA-Empfehlungen. Die Gemeinsamen Empfehlungen legen darüber hinaus fest, dass sich die Vergütung „auf die **Entschädigung für den Zeitaufwand** und die **angefallenen Kosten beschränken**“ sollte. **418**

In **Anlehnung an die GOÄ** ergibt sich im Hinblick auf die konkrete Berechnung der Vergütung Folgendes[398]: **419**

- Sofern sich der **Dokumentationsaufwand** in einem Zeitrahmen von **15 bis 20 Minuten** hält, empfiehlt sich die Festlegung einer pauschalen Vergütung in Anlehnung an die Vergütung für eine **„schriftliche gutachtliche Äußerung“** (Ziff. 80 GOÄ). Der einfache Satz beträgt hierbei zurzeit 17,49 EUR. In der Regel sollte diese Pauschale je nach Schwierigkeitsgrad der Dokumentation zwischen dem einfachen und dem 2,3-fachen dieses Vergütungssatzes liegen.[399]
- Sofern der Dokumentationsaufwand einen das „gewöhnliche Maß“ **übersteigenden Aufwand** darstellt (**ab** einem Zeitaufwand von ca. **15 bis 20 Minuten**) kommt in Anlehnung an die GOÄ die Berechnung der Vergütung auf der Basis eines Stundensatzes in Betracht (Ziff. 85 GOÄ). Der einfache Satz beläuft sich insofern zurzeit auf 29,14 EUR. In der Regel sollte auch hier die Vergütung zwischen dem einfachen und 2,3-fachen des Vergütungssatzes bemessen werden.[400]

---

[395] Entscheidung zu § 19 Abs. 2 Nr. 7, § 18 Abs. 1 Nr. 6 idF v. 18.1.2008, https://www.fsa-pharma.de/de/schiedstelle/berichterstattung/fachkreise/az-2009.8–268-1-instanz-19-abs-2-nr-7–18-abs-1-nr-6-fsa-kodex-fachkreise-angemessene-vergutung-bei-anwendungsbeob/, FS I 2009.8–268 (zul. abgerufen am 17.6.2021).

[396] LG Aachen 27.6.2006 – 41 O 6/06.

[397] GOÄ abrufbar unter: https://www.pkv.de/service/rechtsquellen/gesetze-und-verordnungen/gebuehrenordnung-fuer-aerzte-goae.pdf.

[398] Dem zustimmend *Geiger* PharmR 2007, 364 (372); *Geiger* A&R 3/2013, 99 (102 ff.).

[399] Siehe hierzu *Wezel/Liebold* Bd. II Ziff. 80 GOÄ; vgl. auch Entscheidung zu § 19 idF v. 2.12.2005, https://www.fsa-pharma.de/de/schiedstelle/berichterstattung/fachkreise/az-2005.8–87-1-instanz-19-des-kodex-anwendungsbeobachtungen-zulassigkeit-grundsatze-fur-die-aufwandsentschadigung-und/, FS I 2005.8–87 (zul. abgerufen am 17.6.2021).

[400] Entscheidung zu §§ 19 Abs. 2 Nr. 7, 18 Abs. 1 Nr. 6 idF v. 18.1.2008, https://www.fsa-pharma.de/de/schiedstelle/berichterstattung/fachkreise/az-fs-ii-5–08-2007.12–217-19-abs-5–18-abs-3-fsa-ko

- Ein Überschreiten des 2,3-fachen Satzes ist, wie auch bei Ziff. 80 GOÄ, möglich, jedoch nur dann, wenn diese Dokumentation einen **besonderen Schwierigkeitsgrad** aufweist oder einen **besonderen Zeitaufwand** erfordert.[401] Insofern empfiehlt es sich, den Zeitaufwand zu ermitteln und zu dokumentieren, der im Durchschnitt für die Dokumentation der jeweils in Rede stehenden Anwendungsbeobachtung in Betracht kommt.
- Neben Ziff. 80 und 85 der GOÄ können auch **Schreibgebühren** nach den Ziff. 95 und 96 der GOÄ berechnet werden, jedoch nur mit dem einfachen Satz. Diese Gebühren betragen zurzeit 3,50 EUR bzw. 0,17 EUR je angefangener DIN-A 4-Seite.[402]
- Ferner sind **Porto- und Versandkosten** gem. § 10 Abs. 1, Abs. 3 der GOÄ berechenbar.[403]

420 Sofern die Vergütung der Tätigkeiten eines Arztes in Anlehnung an die GOÄ ordnungsgemäß erfolgt ist, ist ohne weiteres von der **Beachtung des Angemessenheitsprinzips** des § 19 Abs. 2 S. 2 Nr. 7 **auszugehen.** Die Feststellung über die Angemessenheit der Vergütung schließt dann in der Regel Bedenken und den Verdacht, die Vergütung solle einen Anreiz zur Verordnung des Arzneimittels darstellen, aus.[404] Für die Unternehmenspraxis empfiehlt sich die Orientierung an der GOÄ auch aus dem Grund, weil sie eine relativ einfache **Standardisierung des Berechnungsvorgangs** selbst erlaubt, mit der die Einhaltung des Angemessenheitsprinzips in jedem Einzelfall sichergestellt werden kann.

421 Erfolgt die **Vergütung auf Grundlage angemessener Stundensätze,** sind die einzelnen Untersuchungen einer AWB getrennt nach ihrem durchschnittlichen Zeitaufwand zu betrachten. Hierbei sind auch die Besonderheiten der im Rahmen der AWB zu erbringenden Tätigkeiten zu berücksichtigen, die je nach Einzelfall eine erheblich niedrigere Vergütung als etwa ein Gutachten oder ein Vortrag rechtfertigen können.[405]

cc) Kein Anreiz zur Beeinflussung von Therapie-, Verordnungs- und Beschaffungsentscheidungen (S. 3)

422 Nach Nr. 7 S. 3 darf die Durchführung der Studie „auch ansonsten" nicht zur Beeinflussung von Therapie-, Verordnungs- und Beschaffungsentscheidungen missbraucht werden. Dies stellt klar, dass auch anderweitige Vereinbarungen, die nicht unmittelbar Teil der Vergütungsabrede sind, keinen Anreiz für derartige Entscheidungen darstellen dürfen. Diese Anforderung knüpft an die **geltenden strafrechtlichen Bestimmungen der §§ 299a, b StGB** an, die tatbestandlich die Vorteilsgewährung im Zusammenhang mit einer unlauteren Bevorzugung ua bei der Verordnung von Arzneimitteln unter Strafandrohung stellen.[406] Soweit im Rahmen der Durchführung einer NIS eine Abrede getroffen wird, die das Verordnungsverhalten des Arztes im Hinblick auf das betroffene Arzneimittel beeinflussen könnte, wäre dies nicht nur unter dem Kodex, sondern auch unter strafrechtlichen Gesichtspunkten zu bewerten.[407] Eine solche Abrede kann auch in der Vorgabe bestehen, nur

---

dex-2006-19-abs-2-nr-7–18-abs-1-nr-6-fsa-kodex-fachkreise/, FS II 5/08/2007.12–217 (zul. abgerufen am 17.6.2021).

[401] *Wezel/Liebold* Bd. II § 5 Abs. 2 GOÄ.

[402] *Wezel/Liebold* Bd. II Ziff. 95 und 96 GOÄ.

[403] *Wezel/Liebold* Bd. II § 10 GOÄ.

[404] Entscheidung zu §§ 19 Abs. 2 Nr. 7, 18 Abs. 1 Nr. 6 jeweils idF v. 18.1.2008, https://www.fsa-pharma.de/de/schiedstelle/berichterstattung/fachkreise/az-2009.8–268-1-instanz-19-abs-2-nr-7–18-abs-1-nr-6-fsa-kodex-fachkreise-angemessene-vergutung-bei-anwendungsbeob/, FS I 2009.8–268 (zul. abgerufen am 17.6.2021).

[405] Entscheidung zu §§ 19 Abs. 2 Nr. 7, 18 Abs. 1 Nr. 6 idF v. 18.1.2008, https://www.fsa-pharma.de/de/schiedstelle/berichterstattung/fachkreise/az-fs-ii-5–08-2007.12–217-19-abs-5–18-abs-3-fsa-kodex-2006-19-abs-2-nr-7–18-abs-1-nr-6-fsa-kodex-fachkreise/, FS II 5/08/2007.12–217 (zul. abgerufen am 17.6.2021).

[406] Vgl. hierzu ausführlich Kap. 2.

[407] Vgl. hierzu auch *Eisele* in Schönke/Schröder StGB § 299a Rn. 26 und *Schuhr* in Spickhoff, Medizinrecht, StGB §§ 299a,b Rn. 25.

Patienten in die AWB einzubeziehen, die zu Beginn der Behandlung das betroffene Arzneimittel verordnet erhalten haben.[408]

i) Spruchpraxis zu Abs. 2 S. 2 Nr. 7 (Vergütung; kein Anreiz zur Beeinflussung)

- Eine Wettbewerbshandlung ist unlauter, wenn ein Nichtmitglied mit der Honorierung der Teilnahme an einer Anwendungsbeobachtung dem teilnehmenden Arzt **Sachleistungen** oder völlig im Ermessen des Arztes stehende **sonstige Leistungen** zusagt. Die Vergütung darf nur in Geld bestehen und die Gegenleistung soll angemessen sein und sich möglichst an der GOÄ orientieren.[409] **423**
- Die Überlassung eines **Gutscheins im Wert von 5 EUR als „Trinkgeld"** für die Dokumentation der Nachverordnung durch eine Arzthelferin stellt die Gewährung eines geldwerten Vorteils an Dritte dar und verstößt gegen den Kodex.[410]
- Bei einer AWB ist nur der **über die Praxisroutine hinausgehende Mehraufwand** (zB Einarbeiten in die Unterlagen, Ausfüllen der Untersuchungsbögen, Übertragung von Patientendaten, Versand der Untersuchungsbögen) voll **vergütungsfähig.**[411]
- **Hypothetischer Zeitaufwand,** der nur in einem Teil der Fälle tatsächlich geleistet werden muss (zB für Nachfragen des Unternehmens bzw. der CRO, Ausfüllen von UAW-Erfassungsbögen) und bei dem nicht dargelegt ist, bei welcher Anzahl von Einzeldokumentationen er anfällt, kann im Wege einer Durchschnittsberechnung der benötigten Zeit nur zur Hälfte berücksichtigt werden.[412]
- Für die Prüfung der Angemessenheit der Aufwandsentschädigung bei der Durchführung einer Anwendungsbeobachtung sind die **Grundsätze GOÄ heranzuziehen.** Dabei kommt es hinsichtlich der Höhe der Aufwandsentschädigung nicht auf die allgemeine Marktüblichkeit für Aufwandsentschädigungen an. Sofern sich der **Dokumentationsaufwand in einem Zeitrahmen von 15–20 Minuten** hält, wird eine pauschale Vergütung in Anlehnung an die **Ziff. 80 GOÄ** als angemessen betrachtet, die je nach Schwierigkeitsgrad der Dokumentation bis zum 2,3-fachen Vergütungssatz aufgewertet werden kann.[413]
- Wird die GOÄ als Anhaltspunkt für die Angemessenheit der Vergütung genommen, ist nach **Ziff. 85 GOÄ** für eine schriftliche gutachterliche Äußerung mit einem **das gewöhnliche Maß übersteigenden Aufwand (ab 20 Minuten)** heranzuziehen.[414]

---

[408] Entscheidung zu § 19 Abs. 2 S. 2 Nr. 7 iVm § 19 Abs. 1 S. 2 und 3, Abs. 2 S. 1 jeweils idF v. 20.11.2012, https://www.fsa-pharma.de/de/schiedstelle/berichterstattung/fachkreise/az-2013.2–345-19-abs-2-satz-2-nr.7-dort-satz-3-i.v.m-19-abs-1-satz-2-und-3-abs-2-s-1-fsa-kodex-fachkreise/, FS I 2013.2–345 (zul. abgerufen am 17.6.2021).

[409] Entscheidung zu § 19 idF v. 2.12.2005, https://www.fsa-pharma.de/de/schiedstelle/berichterstattung/fachkreise/az-2005.9–92-19-des-kodex/, FS I 2005.9–92 (zul. abgerufen am 17.6.2021).

[410] Entscheidung zu § 19 idF v. 2.12.2005, https://www.fsa-pharma.de/de/schiedstelle/berichterstattung/fachkreise/az-2005.8–87-1-instanz-19-des-kodex-anwendungsbeobachtungen-zulassigkeit-grundsatze-fur-die-aufwandsentschadigung-und/, FS I 2005.8–87 (zul. abgerufen am 17.6.2021).

[411] Entscheidung zu §§ 19 Abs. 2 Nr. 7, 18 Abs. 1 Nr. 6 idF v. 18.1.2008, https://www.fsa-pharma.de/de/schiedstelle/berichterstattung/fachkreise/az-fs-ii-5–08-2007.12–217-19-abs-5–18-abs-3-fsa-kodex-2006-19-abs-2-nr-7–18-abs-1-nr-6-fsa-kodex-fachkreise/, FS II 5/08/2007.12–217 (zul. abgerufen am 17.6.2021).

[412] Entscheidung zu §§ 19 Abs. 2 Nr. 7, 18 Abs. 1 Nr. 6 idF v. 18.1.2008, https://www.fsa-pharma.de/de/schiedstelle/berichterstattung/fachkreise/az-fs-ii-5–08-2007.12–217-19-abs-5–18-abs-3-fsa-kodex-2006-19-abs-2-nr-7–18-abs-1-nr-6-fsa-kodex-fachkreise/, FS II 5/08/2007.12–217 (zul. abgerufen am 17.6.2021).

[413] Entscheidung zu § 19 idF v. 2.12.2005, https://www.fsa-pharma.de/de/schiedstelle/berichterstattung/fachkreise/az-2005.8–87-1-instanz-19-des-kodex-anwendungsbeobachtungen-zulassigkeit-grundsatze-fur-die-aufwandsentschadigung-und/, FS I 2005.8–87 (zul. abgerufen am 17.6.2021).

[414] Entscheidung zu §§ 19 Abs. 2 Nr. 7, 18 Abs. 1 Nr. 6 idF v. 18.1.2008, https://www.fsa-pharma.de/de/schiedstelle/berichterstattung/fachkreise/az-fs-ii-5–08-2007.12–217-19-abs-5–18-abs-3-fsa-ko

- Soweit für die Vergütung von AWBs **angemessene Stundensätze** vereinbart werden, sind bei der Überprüfung der Angemessenheit die einzelnen Untersuchungen der AWB getrennt nach ihrem durchschnittlichen Zeitaufwand zu betrachten. Vergleichbar sind Honorare (Stundensätze), die üblicherweise für zusätzliche Tätigkeiten vereinbart werden, unter Berücksichtigung der Besonderheiten der **im Rahmen einer AWB zu erbringenden Tätigkeiten.** Diese sind im Regelfall verhältnismäßig einfach und rechtfertigen nur eine ganz erheblich niedrigere Vergütung als etwa ein Gutachten oder ein Vortrag.[415]
- Steht die Vergütung für die Dokumentation der erhobenen Daten im Rahmen einer monatlichen Patientenvisite im angemessenen Verhältnis zum jeweiligen zusätzlichen Aufwand des Arztes, kann allein daraus, dass die **Vergütung über einen Beobachtungszeitraum der AWB von zwei Jahren jeweils monatlich gewährt** wird, nicht geschlossen werden, es entstehe ein Anreiz zur kontinuierlichen Verordnung des Arzneimittels. Im Einzelfall könnten aber besondere Umstände hinzutreten, die trotz angemessener Vergütung einen Verordnungsanreiz begründen.[416]
- Die Durchführung einer Studie mit der Maßgabe, nur Patienten einzubeziehen, denen Präparate vom Unternehmen zu Beginn einer Behandlung verordnet werden, stellt eine **missbräuchliche Beeinflussung von ärztlichen Verordnungsentscheidungen** dar.[417]

j) Beratung durch die Ethik-Kommission (Nr. 8)

424 Die unter Nr. 8 vorgeschriebene Einholung einer Beratung durch eine zuständige Ethik-Kommission vor Durchführung der Studie geht auf Art. 18.02 (b) EFPIA-Kodex zurück. Entgegen der früheren Formulierung des Kodex handelt es sich um keine Empfehlung mehr, sondern um eine **zwingende Regelung** in den Fällen, in denen die zuständige Ethik-Kommission eine entsprechende Beratung anbietet.[418] Durch die Hinzuziehung einer Ethik-Kommission vor der Durchführung einer NIS wird sichergestellt, dass die Anlage der Studie durch eine unabhängige dritte „Instanz" geprüft wird.[419] Da die Beratung durch Ethik-Kommissionen unter der vorherigen Regelung des Kodex (dh einer bloßen Empfehlung) bereits **gängige Praxis** war, hatte die Umstellung dieser Anforderung kaum praktische Auswirkungen.[420] Vielfach wird die Veröffentlichung der Ergebnisse einer AWB in anerkannten medizinischen Fachzeitschriften beabsichtigt, welche bei Berichten über NIS

dex-2006-19-abs-2-nr-7–18-abs-1-nr-6-fsa-kodex-fachkreise/, FS II 5/08/2007.12–217 (zul. abgerufen am 17.6.2021).

[415] Entscheidung zu §§ 19 Abs. 2 Nr. 7, 18 Abs. 1 Nr. 6 idF v. 18.1.2008, https://www.fsa-pharma.de/de/schiedstelle/berichterstattung/fachkreise/az-fs-ii-5–08-2007.12–217-19-abs-5–18-abs-3-fsa-kodex-2006-19-abs-2-nr-7–18-abs-1-nr-6-fsa-kodex-fachkreise/, FS II 5/08/2007.12–217 (zul. abgerufen am 17.6.2021).

[416] Entscheidung zu §§ 19 Abs. 2 Nr. 7, 18 Abs. 1 Nr. 6 jeweils idF v. 18.1.2008, https://www.fsa-pharma.de/de/schiedstelle/berichterstattung/fachkreise/az-2009.8–268-1-instanz-19-abs-2-nr-7–18-abs-1-nr-6-fsa-kodex-fachkreise-angemessene-vergutung-bei-anwendungsbeob/, FS I 2009.8–268 (zul. abgerufen am 17.6.2021).

[417] Entscheidung zu § 19 Abs. 2 S. 2 Nr. 7 iVm § 19 Abs. 1 S. 2 und 3, Abs. 2 S. 1 jeweils idF v. 20.11.2012, https://www.fsa-pharma.de/de/schiedstelle/berichterstattung/fachkreise/az-2013.2–345-19-abs-2-satz-2-nr.7-dort-satz-3-i.v.m-19-abs-1-satz-2-und-3-abs-2-s-1-fsa-kodex-fachkreise/, FS I 2013.2–345 (zul. abgerufen am 17.6.2021).

[418] Das Beratungsangebot der Ethik-Kommissionen wird insgesamt als unübersichtlich bewertet; vgl. hierzu *Wachenhausen* in Kügel/Müller/Hofmann, AMG, 2. Aufl. 2016, AMG § 4 Rn. 190.

[419] Siehe dazu: *Just* MedR 2008, 640.

[420] Eine Abfrage zu Forschungsanträgen während der COVID-19 Pandemie hat ergeben, dass in der Praxis knapp die Hälfte aller bei den teilnehmenden Ethik-Kommissionen eingegangenen Anträge zu COVID-19 NIS betroffen haben (212 von 441 Ethikanträgen), https://www.bihealth.org/fileadmin/QUEST/Publikationen/Bericht/Herausforderungen_deutscher_Ethikkommissionen_mit_eingereich-_ten_Forschungsantr%C3 %A4gen_w%C3 %A4hrend_der_COVID-19_Pandemie_%E2 %80 %93_Er-_gebnisse_einer_orientierenden_Abfrage.pdf.

und AWB im zunehmenden Maße als Qualitätskriterien die vorherige Einschaltung einer Ethik-Kommission verlangen.[421]

Ein Angebot der zuständigen Ethik-Kommissionen zur Beratung besteht nicht in allen Fällen, da NIS im Gegensatz zu klinischen Prüfungen nach den **gesetzlichen Bestimmungen** keiner Beratung durch Ethik-Kommissionen bedürfen. Entsprechend den einschlägigen Bestimmungen (§ 40 Abs. 1 S. 1 AMG und § 20 Abs. 1 S. 1 MPG) ist **nur für klinische Prüfungen** von Arzneimitteln und Medizinprodukten eine zustimmende Bewertung der zuständigen Ethik-Kommission erforderlich. Auch die Bestimmungen des § 67 Abs. 6 AMG verlangen nicht zwingend eine Involvierung von Ethik-Kommissionen bei AWB. Die einschlägigen **Heilberufs- bzw. Heilberufskammergesetze** der Länder bzw. die **Landesberufungsordnungen** für Ärztinnen und Ärzte sehen nur teilweise bei NIS eine zwingende Beteiligung von Ethik-Kommissionen vor. Diese ist gemäß § 15 MBO-Ä jedenfalls dann nicht erforderlich, wenn es sich um epidemiologische Forschungsvorhaben mit anonymisierten oder pseudonymisierten Daten handelt.[422] Die Vorschrift wurde überwiegend unverändert in die einschlägigen Berufsordnungen für Ärztinnen und Ärzte der Bundesländer übernommen. In einigen Landesberufsordnungen wurde die Pflicht zur Beteiligung der Ethikkommission auch auf derartige Forschungsvorhaben ausgeweitet, darunter in Nordrhein-Westfalen,[423] Bremen,[424] und Rheinland-Pfalz,[425] was teilweise als unverhältnismäßiger Eingriff in die Forschungsfreiheit angesehen wird.[426] Sofern die Ethik-Kommissionen „nach Landesrecht gebildete unabhängige Ethik-Kommissionen" im Sinne des AMG/MPG darstellen, haben sie regelmäßig die Aufgabe, in **berufsethischen und berufsrechtlichen Fragen** zu beraten,[427] sodass insoweit die berufsrechtlichen Bestimmungen ausschlaggebend sind. Die **Gemeinsamen Empfehlungen** des BfArM und PEI (Ziffer 2.7.5) sowie die VFA-Empfehlungen sehen eine Beratung durch die zuständige Ethik-Kommission bei AWBs vor. 425

k) Patienteneinwilligung (Nr. 9)

Absatz 2 Nr. 9 regelt die Anforderungen an die Patienteneinwilligung und setzt diese gemäß S. 1 voraus, wenn eine solche aus **datenschutzrechtlichen Gründen** erforderlich ist. Dies deckt sich mit den Gemeinsamen Empfehlungen des BfArM und PEI (Ziffer 2.7.4). Die Erforderlichkeit folgt aus der DSGVO und die Anforderungen an eine solche Einwilligung richten sich nach Art. 4 Nr. 11 DSGVO, welcher durch Art. 7 DSGVO und Art. 9 Abs. 2 lit. a DSGVO ergänzt wird. Voraussetzung ist demnach eine freiwillige Zustimmung des Patienten in die Verarbeitung seiner personenbezogenen Daten, die auf den konkreten Einzelfall bezogen ist.[428] 426

Über die datenschutzrechtliche Einwilligung in die Verarbeitung der personenbezogenen Daten hinaus **empfiehlt** Nr. 9 S. 2 eine vorherige **schriftliche Aufklärung des Patienten** sowie eine entsprechende **Einwilligung,** welche sich ua auf die beabsichtigte Einbe- 427

[421] *Scholz* in Spickhoff, Medizinrecht, MBO-Ä 1997 § 15 Rn. 4; *Lipp* in Laufs/Katzenmeier/Lipp, Arztrecht, Kap. XIII Rn. 110.

[422] *Wollersheim* in Clausen/Schroeder-Printzen, MA Medizinrecht, § 6 Rn. 185.

[423] § 15 Abs. 1 BO-Ä Nordrhein, abrufbar unter https://www.aekno.de/fileadmin/user_upload/aekno/downloads/2020/berufsordnung-2020.pdf; sowie § 15 Abs. 1 BO-Ä Westfalen-Lippe, abrufbar unter https://www.aekwl.de/fileadmin/rechtsabteilung/doc/Berufsordnung.pdf.

[424] § 15 Abs. 1 BO-Ä Bremen, abrufbar unter https://www.aekhb.de/data/mediapool/ae_re_rg_berufsordnung.pdf.

[425] § 15 Abs. 1 BO-Ä Rheinland-Pfalz, abrufbar unter https://aerztekammer-mainz.de/pdf/diverse/berufsordnung.pdf.

[426] *Scholz* in Spickhoff, Medizinrecht, MBO-Ä 1997 § 15 Rn. 4.

[427] Vgl. etwa § 5 Abs. 1 S. 2 des Heilberufe-Kammergesetzes BW bzw. § 7 Abs. 1 S. 2 Heilberufsgesetz NRW.

[428] Eine exemplarische Datenschutzeinwilligungserklärung ist bei *Otto/Rüdlin* ZD 2017, 519 (524) zu finden.

ziehung des Patienten in die NIS sowie die Mitwirkung des Studienzentrums bzw. mitwirkender HCPs beziehen kann. Diese Anforderung deckt sich im Grundsatz mit den **Gemeinsamen Empfehlungen** des BfArM und PEI, wobei diese eine über die ärztliche Aufklärungspflicht hinausgehende Information des Patienten grundsätzlich nicht für notwendig erklärt.

428 Eine solche vorherige Aufklärung der Patienten dient einerseits der **Transparenz** und soll andererseits auch das Bewusstsein der teilnehmenden Ärzte schärfen, wonach die Teilnahme an NIS deren Verordnungs- und Therapieentscheidungen nicht beeinflussen dürfen.

l) Öffentlich zugängliches Register (Nr. 10)

429 Um NIS von Anfang an dem Transparenzgebot zu unterstellen und die Steigerung der Qualität von NIS zu fördern, müssen **Informationen** über die beabsichtigte Studie **innerhalb von 21 Tagen** nach Beginn der Patientenrekrutierung in ein **öffentlich zugängliches Register eingestellt** werden. Die Veröffentlichung soll in Anlehnung an die Gemeinsamen Position der IFPMA, EFPIA, JPMA und PhRMA zur Veröffentlichung von Ergebnissen klinischer Studien in der wissenschaftlichen Literatur vom 10.6.2010 erfolgen.[429]

430 Entsprechend der Vorgaben des Kodex sind in das jeweilige Register folgende **Angaben** vom „Sponsor" der Studie einzustellen und im Verlauf der Studie zu aktualisieren:
- Studientitel
- Zielsetzung bzw. Fragestellung
- Name des Studienleiters
- Anzahl der vorgesehenen Studienzentren/Praxen in Deutschland und die angestrebte Fallzahl.

431 Bei der **Formulierung** insbesondere **des Studientitels** und der **Zielsetzung der Studie,** aber auch bei den anderen einzutragenden Informationen, sind jegliche Art von Werbebotschaften oder andere Aussagen zu unterlassen, die darauf abzielen, den Absatz des Arzneimittels zu fördern. Dies würde nicht nur der Zielsetzung des Kodex widersprechen, sondern gegebenenfalls auch gegen gesetzliche Vorschriften wie das **HWG verstoßen.** Zur Vermeidung eines Missbrauchs der Register zu Werbezwecken sind daher die einzustellenden Informationen von dem jeweiligen Unternehmen vor ihrer Einstellung daraufhin zu überprüfen, ob diese auf eine „Absatzförderungsabsicht" schließen lassen könnten. Dabei sind der Inhalt der Informationen und deren genaue Formulierung mit dem Leiter der medizinischen Abteilung, als Ausfluss der ihm obliegenden Qualitätssicherungsaufgabe, abzustimmen und durch diesen als unbedenklich freizugeben.

432 Der Kodex lässt offen, wie und wo die Unternehmen ihren Veröffentlichungspflichten nachkommen sollen. Es besteht unter http://clinicaltrials.gov bereits ein **Register,** dass hierfür genutzt werden kann. Ferner können die Unternehmen auf ihren eigenen Websites entsprechende Register schaffen. Alternativ bietet der VFA auf seiner öffentlichen Website ein Register an, welches von seinen Mitgliedsunternehmen genutzt werden kann.[430] Die 2013 überarbeiteten **gesetzlichen Bestimmungen** zu Transparenzvorgaben bzw. NIS und AWG in § 67 Abs. 6 AMG haben den Bundesoberbehörden die Aufgabe zugewiesen, ein entsprechendes Register für die ihnen angezeigten Anwendungsbeobachtungen einzurichten und die erhaltenen Anzeigen über die Durchführung von AWB zu veröffentlichen.[431]

---

[429] Joint Position on the Publication of Clinical Trial Results in the Scientific Literature, abrufbar unter https://www.ifpma.org/wp-content/uploads/2016/03/June2010_Joint_Position_CT_Data_Publication-scientific_literature.pdf.

[430] Abrufbar unter http://www.vfa.de/de/arzneimittel-forschung/datenbanken-zu-arzneimitteln/niSdb.

[431] Die Datenbank wird vom BfArM (https://awbdb.bfarm.de/ords/f?p=101:STARTSEITE::::::) bzw. PEI (https://www.pei.de/DE/regulation/klinische-pruefung/anwendungsbeobachtungen/awb-datenbank-pei/awb-datenbank-pei-node.html) geführt. Anwendungsbeobachtungen zu Impfstoffen, Blutprodukten, gentechnischen Medikamenten und Mitteln zur Desensibilisierung werden beim PEI und solche zu allen anderen Medikamenten beim BfArM angezeigt.

Nach den aktuellen VFA-Empfehlungen, welche ebenfalls die Verpflichtung vorsehen, „mit Prüfungsbeginn" Informationen über NIS/AWB in ein öffentlich zugängliches Register einzustellen, ist diese Transparenzverpflichtung *„seit August 2013 über die gesetzliche Meldeverpflichtung nach § 67 Abs. 6 AMG und die darin vorgesehene Veröffentlichung der Anzeigen durch die Bundesoberbehörden (BfArM/PEI) bereits erfüllt"*. Dies hat entsprechend für die Mitgliedsunternehmen (des FSA) zu gelten, da jedes Mitglied des VFA gleichzeitig auch ein Mitglied des FSA ist (→ Rn. 1).

m) Studienergebnisse (Nr. 11)

Absatz 2 Nr. 11 S. 1 legt fest, dass Studienergebnisse durch das Unternehmen bzw. durch Dritte **ausgewertet** werden müssen und entspricht damit Art. 18.02 (d) EFPIA-Kodex. Die Verantwortung für die Auswertung liegt innerhalb des Unternehmens beim **Leiter der medizinischen Abteilung,** welcher zugleich innerhalb einer angemessenen Frist eine **Zusammenfassung der Ergebnisse** der Studie erhalten muss, die er wiederum für den Zeitraum von zehn Jahren aufzubewahren hat (vgl. Sätze 2 und 3). Die **zehnjährige Aufbewahrungsfrist** geht auf die Gemeinsamen Empfehlungen des BfArM und PEI zurück (Ziffer 2.7.6). **433**

Die Zusammenfassung der Ergebnisse ist allen an der NIS **teilnehmenden HCPs** innerhalb von 12 Monaten nach Abschluss der Studie zur Verfügung zu stellen. Diese Regelung in Nr. 11 S. 4 setzt damit die Regelung in Art. 18.02 (d) EFPIA-Kodex um. **434**

Die Zusammenfassung der **Ergebnisse** der Studie müssen **spätestens zwölf Monate** nach Abschluss der NIS **veröffentlicht** und damit der Öffentlichkeit zugänglich gemacht werden (Satz 5). Die öffentliche Bekanntgabe kann etwa im Internet erfolgen, wie dies bereits der Praxis bei klinischen Prüfungen entspricht.[432] Eine zeitnahe Veröffentlichung der Ergebnisse der NIS ist äußerst sinnvoll. Einerseits werden die Ergebnisse der NIS damit transparent gemacht, sodass sich die Öffentlichkeit über alle NIS informieren kann. Andererseits werden durch die Publikation Qualitätsmängel der Studien sichtbar, welche zukünftig durch das Unternehmen zumindest reduziert bzw. abgestellt werden können, da hierdurch der Sorgfaltsmaßstab bei der Planung, Durchführung und Auswertung der Studien zur Vermeidung der Fehler erhöht wird. Auf lange Sicht dürfte die Veröffentlichung der Studienergebnisse aber zu einer Qualitätssteigerung führen. Eine entsprechende Veröffentlichung der Ergebnisse sehen auch die **VFA-Empfehlungen** vor, welche den 12-Monatszeitraum ab dem Abschluss der Datenerfassung konkretisieren und für die Ausgestaltung der Ergebnisveröffentlichung auf bestimmte inhaltliche Parameter verweisen.[433] Diese Anforderungen an die Veröffentlichung verfolgen damit eine vergleichbare Zielrichtung wie der EFPIA-Kodex, der die Mitgliedsunternehmen dazu auffordert, sich bei der Veröffentlichung der Ergebnisse von NIS an der Art und Weise der Veröffentlichung zu orientieren, welche für Ergebnisse von klinischen Studien gilt.[434] Aufgrund der **gesetzlichen Verpflichtung** zur Einreichung eines **Abschlussberichts** gem. § 67 Abs. 6 S. 7 AMG und der vorgesehenen Veröffentlichung der erhaltenen Abschlussberichte durch die Bundesoberbehörden in einem entsprechenden Register sieht der VFA diese Transparenzverpflichtung als erfüllt an.[435] Da jedes Mitglied des VFA auch eines des FSA ist (→ Rn. 1), gilt dies auch für die Zwecke des Kodex. **435**

---

[432] Siehe etwa www.clinicalstudyresults.org.

[433] Die VFA-Empfehlungen (Stand: 15.5.2014) verweisen auf die „STROBE Checklist of items that should be included in reports of observational studies".

[434] Vgl. Fußnote zu Art. 18.02 (d) EFPIA-Kodex: *„Member Companies are encouraged to publicly disclose the summary details and results of NIS in a manner that is consistent with the parallel obligations with respect to clinical trials."*

[435] *„Diese Transparenzverpflichtung ist ebenfalls seit August 2013 über die gesetzliche Meldeverpflichtung nach § 67 Abs. 6 AMG und die darin vorgesehene Veröffentlichung der Ergebnisberichte durch die Bundesoberbehörden bereits erfüllt"*, vgl.VFA-Empfehlungen.

436 Sofern die Studie zu Ergebnissen führt, welche für die **Nutzen-Risiko-Bewertung** von Bedeutung sind, ist die Zusammenfassung auch an die zuständige **Arzneimittelbehörde** weiterzuleiten. Die zugrundeliegende Bestimmung des EFPIA-Kodex (Art. 18.02 (d) ist insoweit strenger ausgestaltet, als diese Weiterleitung unverzüglich *(„immediately")* zu erfolgen hat.

n) Einsatz von Pharmaberatern (Nr. 12)

437 Absatz 2 Nr. 12 basiert auf Art. 18.02 (e) EFPIA-Kodex und regelt den Einsatz von Pharmaberatern bei der Durchführung der Studien. Dieser Einsatz soll grundsätzlich auf **administrative Zwecke** beschränkt sein und hat **unter der Überwachung des medizinischen Leiters** zu erfolgen. Der medizinische Leiter trägt gem. § 27 Abs. 6 Kodex die Verantwortung für die Ordnungsgemäßheit und Beaufsichtigung der NIS, zu welcher auch die regelmäßige und angemessene **Schulung** der hierbei eingesetzten Pharmaberater zählt (→ Rn. 783).

438 Ferner darf nach Nr. 12 S. 3 der Einsatz von Pharmaberatern im Rahmen der Studie nicht mit Werbeaktivitäten für Arzneimittel verbunden werden. Durch die Regelung soll sichergestellt sein, dass Pharmaberater bei der Durchführung der Studien nur eine **untergeordnete Rolle** spielen und zu jeder Zeit unter der Aufsicht des medizinischen Leiters stehen. Damit ist der Einfluss des Pharmaberaters auf NIS stark beschränkt, um eine sachwidrige Instrumentalisierung von NIS zu Marketingzwecken zu verhindern.

aa) Bestimmung des Begriffes „unzulässige Verbindung" durch die 7. Leitlinie des Vorstandes des FSA

439 Bei Nr. 12 Satz 3 ist zu beachten, dass – entgegen dem Wortlaut – nicht sämtliche Werbeaktivitäten im Zusammenhang mit der Studie untersagt sind, sondern es sich um eine **„unzulässige Verbindung"** handeln muss. Zum besseren Verständnis dieses unbestimmten Rechtsbegriffs hat daher der Vorstand des FSA eine **Auslegungsrichtlinie,** basierend auf § 6 Abs. 2 Kodex, erlassen, welche den Begriff „nicht mit Werbeaktivitäten für Arzneimittel verbinden" näher konkretisiert. Die 7. Leitlinie zeigt zunächst die Grundsätze auf, die für die Bestimmung einer unzulässigen bzw. zulässigen Verknüpfung anwendbar sind (vgl. Ziffer 7.2). Hiernach soll einerseits eine missbräuchliche Instrumentalisierung studienbezogener Tätigkeiten für bloße Werbezwecke vermieden werden, andererseits soll jedoch auch eine legitime Bewerbung durch Pharmaberater weiterhin möglich sein.

440 Die 7. Leitlinie nimmt beispielsweise dann eine unzulässige Verbindung als gegeben an, wenn in einem unmittelbaren zeitlichen oder sachlichen Zusammenhang mit studienbezogenen Tätigkeiten Werbematerialien (etwa Produktbroschüren mit werblichem Charakter) zu dem von der NIS erfassten Arzneimittel abgegeben werden. Dagegen schließt die Übernahme studienbezogener Tätigkeiten Werbeaktivitäten des Pharmaberaters für andere Arzneimittel selbst im Fall eines unmittelbaren zeitlichen Zusammenhangs mit solchen studienbezogenen Tätigkeiten nicht aus, sofern beide Tätigkeiten funktional voneinander getrennt werden. Eine funktionale Trennung in diesem Sinne kann zB dann vorliegen, wenn eine **Werbeaktivität nur bei Gelegenheit** einer studienbezogenen Tätigkeit stattfindet, ohne auf sie sachlich Bezug zu nehmen.[436]

bb) Beispiele für zulässige bzw. unzulässige Verbindungen

441 Die **Leitlinie** nennt anhand eines Szenarios unterschiedliche beispielhafte **Fallkonstellationen,** bei denen nach Auffassung des FSA von einer zulässigen bzw. unzulässigen Verbindung auszugehen sein soll (vgl. Ziffer 7.4). Die Beispielsfälle sollen die Intention des FSA verdeutlichen, die hinter der Schaffung des § 19 Abs. 2 Nr. 12 steht, und Anhaltspunkte für die Auslegung anderer Fallkonstellationen bieten.

---

[436] Vgl. Ziffer 7.3 der 7. Leitlinie.

o) Konkretisierung durch „Standard Operating Procedures (SOPs)" (Nr. 13)

Die Grundsätze der Planung, Durchführung und Auswertung sowie geeignete Qualitätssicherungsmaßnahmen sind von den Mitgliedsunternehmen durch unternehmenseigene „Standard Operating Procedures" zu konkretisieren. Die Regelung der Nr. 13 setzt damit eine VFA-Empfehlung um. Als **Standard Operating Procedures** im Sinne der Vorschrift ist ein fester Ablaufplan als Leitfaden für die Planung, Durchführung und Auswertung einer NIS zu verstehen, welcher sich auch auf geeignete Qualitätssicherungsmaßnahmen erstreckt und sämtliche für NIS einschlägige rechtliche Rahmenbedingungen und Bestimmungen beinhaltet. Die Regelung soll der Einhaltung der Bestimmungen von NIS dienen und ihre Zweckentfremdung und Instrumentalisierung durch die Etablierung innerbetrieblicher Prozesse verhindern. Durch einen geeigneten Ablaufplan kann zudem eine höhere Qualität erreicht werden. Nr. 13 ist nicht nur eine Empfehlung, sondern hat **verbindlichen Charakter** und ist demnach zwingend zu beachten. 442

Nach Nr. 13 S. 2 sind die Gemeinsamen Empfehlungen des BrArM und PEI bei der Planung zu berücksichtigen. Gemäß dieser Gemeinsamen Empfehlungen (vgl. Ziffer 2.7.1) soll sich der **Beobachtungsplan** an anerkannten Empfehlungen wissenschaftlicher oder regulatorischer Leitlinien orientieren. 443

V. Anwendung des Abs. 2 auf retrospektive Studien (Abs. 3)

Absatz 3 geht auf Art. 18.03 EFPIA-Kodex zurück. Danach sind die in Abs. 2 genannten Kriterien, sofern anwendbar, zwingend auch für **andere retrospektive Studien** zu beachten. Auch an dieser Stelle geht der Kodex **über den EFPIA-Kodex hinaus,** indem eine zwingende Anwendung der Kriterien vorgeschrieben wird (und nicht wie im EFPIA-Kodex lediglich eine Anregung zur Anwendung). Übereinstimmend mit dem EFPIA-Kodex erklärt Abs. 3 S. 2 die Vorgaben zur Zusammenarbeit nach § 18 für diese Studien in jedem Fall für anwendbar. 444

Checkliste: NIS

Folgende Punkte sind bei der Planung, Organisation und Durchführung von NIS unbedingt zu beachten:

- Gesetzliche Vorgaben sowie die Gemeinsamen Empfehlungen von BfArM und PEI müssen eingehalten werden
- Beratung bei der zuständigen Ethik-Kommission vor Studienbeginn
- Berechtigter Bedarf an den Ergebnissen der NIS muss bestehen und dokumentiert werden
- Grundsatz der Nichtintervention muss eingehalten werden („dem Arzt darf nur über die Schulter geschaut werden")
- Angemessenheit der Vergütung; Vergütung ist ua so zu bemessen, dass dadurch kein Anreiz zur Verordnung des Arzneimittels entsteht
- Wenn Außendienstmitarbeiter im Rahmen der Studie tätig sind, darf das Arzneimittel nicht gleichzeitig beworben werden
- Zuständigkeit liegt beim Leiter der medizinischen Abteilung, nicht im Marketing
- Veröffentlichung von Informationen sowie Studienergebnissen

§ 20 Einladung zu berufsbezogenen wissenschaftlichen Fortbildungsveranstaltungen

(1) Die Mitgliedsunternehmen dürfen HCP zu eigenen berufsbezogenen (Fortbildungs-) Veranstaltungen einladen, die sich insbesondere mit ihren Forschungsgebieten, Arzneimitteln und deren Indikationen befassen (interne (Fortbildungs-)Veranstaltungen).

(2) Für die Eingeladenen darf ein angemessener Kostenbeitrag erstattet werden. Dabei dürfen Reise- und notwendige Übernachtungskosten nur dann übernommen werden, sofern der berufsbezogene wissenschaftliche Charakter der internen (Fortbildungs-)Veranstaltung eindeutig im Vordergrund steht. Im Rahmen solcher Fortbildungsveranstaltungen

ist auch eine angemessene Bewirtung der Teilnehmer möglich. Unterhaltungs- und Freizeitprogramme (z. B. Theater, Konzert, Sportveranstaltungen) der Teilnehmer dürfen weder finanziert noch organisiert werden. Die Anwesenheit der Teilnehmer sowie das durchgeführte Programm der Veranstaltung sind zu dokumentieren.

(3) Der Kostenbeitrag darf einen angemessenen Rahmen nicht überschreiten und muss insbesondere in Bezug auf den berufsbezogenen wissenschaftlichen Zweck der internen Veranstaltung von untergeordneter Bedeutung sein. Die Auswahl des Tagungsortes und der Tagungsstätte für interne Fortbildungsveranstaltungen sowie die Einladung von HCP hierzu hat allein nach sachlichen Gesichtspunkten zu erfolgen. Ein solcher Grund ist beispielsweise nicht der Freizeitwert des Tagungsortes. Die Unternehmen sollen ferner Tagungsstätten vermeiden, die für ihren Unterhaltungswert bekannt sind oder als extravagant gelten.

(4) Die Einladung von HCP zu berufsbezogenen Fortbildungsveranstaltungen Dritter (externe Fortbildungsveranstaltungen) darf sich nur auf einen angemessenen Kostenbeitrag erstrecken; die Kosten für die Bewirtung der Teilnehmer dürfen nicht übernommen werden. Außerdem muss der wissenschaftliche Charakter der Veranstaltungen eindeutig im Vordergrund stehen und ein sachliches Interesse des Unternehmens an der Teilnahme bestehen. Ein Kostenbeitrag darf nur erfolgen, wenn bei der Veranstaltung sowohl ein Bezug zum Tätigkeitsgebiet des Mitgliedsunternehmens als auch zum Fachgebiet des Veranstaltungsteilnehmers vorliegt. Unterhaltungsprogramme dürfen von den Mitgliedsunternehmen durch die Teilnahmegebühren weder direkt noch indirekt unterstützt werden.

(5) Die finanzielle Unterstützung von externen Fortbildungsveranstaltungen gegenüber den Veranstaltern ist in einem angemessenen Umfang zulässig. Unterhaltungsprogramme dürfen dabei weder finanziell oder anderweitig unterstützt (z. B. durch Spenden) noch organisiert werden. Die Mitgliedsunternehmen, die externe Fortbildungsveranstaltungen finanziell unterstützen, müssen darauf hinwirken, dass die Unterstützung sowohl bei der Ankündigung als auch bei der Durchführung der Veranstaltung von dem Veranstalter offen gelegt wird. Im Übrigen gelten bei der finanziellen Unterstützung von externen Fortbildungsveranstaltungen für die Auswahl der Veranstaltungsstätte, des Veranstaltungsortes und für die Bewirtung die Vorgaben für interne Fortbildungsveranstaltungen entsprechend.

(6) Sofern es sich um einen ärztlichen Veranstalter handelt, müssen Art, Inhalt und Präsentation der Fortbildungsveranstaltung allein von dem ärztlichen Veranstalter bestimmt werden.

(7) Die Einladung, der Kostenbeitrag oder die finanzielle Unterstützung darf sich bei internen und externen Fortbildungsveranstaltungen nicht auf Begleitpersonen erstrecken, es sei denn der betreffende HCP ist aufgrund einer Erkrankung oder Behinderung auf eine Unterstützung durch Begleitpersonen zwingend angewiesen.

(8) Die Organisation, Durchführung und/oder Unterstützung von internationalen Veranstaltungen oder die Übernahme von Kosten für deren Teilnehmer ist nur zulässig, wenn

1. die Mehrzahl der Teilnehmer aus einem anderen Land als dem kommt, in dem das Mitgliedsunternehmen seinen Sitz hat, oder
2. an dem Veranstaltungsort für die Erreichung des Zwecks der Veranstaltung notwendige Ressourcen oder Fachkenntnisse zur Verfügung stehen (etwa bei anerkannten Fachkongressen mit internationalen Referenten),

und angesichts dessen jeweils logistische Gründe für die Wahl des Veranstaltungsortes in einem anderen Land sprechen. Bei externen internationalen Veranstaltungen können „logistische Gründe" für die Wahl des Veranstaltungsortes im Ausland sprechen, wenn es sich um eine etablierte Veranstaltung handelt, die von einer anerkannten nationalen oder internationalen medizinisch-wissenschaftlichen Fachgesellschaft oder einem Zusammenschluss solcher Fachgesellschaften an einem für die Durchführung solcher Veranstaltungen geeigneten Ort im Land des Sitzes einer solchen Fachgesellschaft ausgerichtet wird (etwa bei gemeinsamen, historisch gewachsenen Veranstaltungen anerkannter deutschsprachiger Fachgesellschaften aus Deutschland, Österreich und der Schweiz in hierfür geeigneten Veranstaltungsorten in Österreich und der Schweiz).

(9) Bei Internationalen Fortbildungsveranstaltungen, die durch ein Mitgliedsunternehmen organisiert, durchgeführt oder unterstützt werden, muss dieses seine Aktivitäten einem verbundenen Unternehmen mit Sitz in dem Land des Veranstaltungsortes, sofern

vorhanden, vorher anzeigen oder entsprechenden Rat für die ordnungsgemäße Umsetzung dieser Aktivitäten einholen. Zahlt ein verbundenes Unternehmen einen Kostenbeitrag für die Teilnahme eines HCP an einer Internationalen Fortbildungsveranstaltung so muss es die Zahlung des Kostenbeitrags einem verbundenen Unternehmen mit Sitz in dem Land, in dem der Fachkreisangehörige beruflich tätig ist, sofern vorhanden, ebenfalls vorher anzeigen oder entsprechenden Rat für die ordnungsgemäße Umsetzung dieser Aktivitäten einholen.

(10) Für andere Veranstaltungen gelten die vorgenannten Absätze entsprechend.

(11) Sofern von HCP bei internen oder externen Fortbildungsveranstaltungen im Auftrag von Mitgliedsunternehmen Vorträge gehalten oder andere Leistungen erbracht werden, ist § 18 anwendbar.

(12) Zur Auslegung der Begriffe „angemessen", „für ihren unterhaltungswert bekannt" und „extravagant" im Sinne dieser Bestimmung erlässt der Vorstand des Vereins verbindliche Leitlinien nach § 6 Abs. 2.

Leitlinien des Vorstandes des FSA

8. Leitlinie

gemäß § 6 Abs. 2 iVm § 20 Abs. 1 zur Auslegung von internen Fortbildungsveranstaltungen (Stand: 7.9.2020)

8.1 Gemäß § 20 Abs. 1 dürfen die Mitgliedsunternehmen Angehörige der Fachkreise zu eigenen berufsbezogenen Fortbildungsveranstaltungen einladen, die sich insbesondere mit ihren Forschungsgebieten, Arzneimitteln und deren Indikationen befassen (interne Fortbildungsveranstaltungen).

8.2 Gegenstand solcher Fortbildungsveranstaltungen kann die ausschließliche oder teilweise Vermittlung von gesundheitspolitischen Informationen sein, die in einem Zusammenhang zum Unternehmen und dessen Produkten stehen. Ein Beispiel hierfür ist etwa die Information über den Erstattungsstatus eines Arzneimittels und die damit zusammenhängenden Konsequenzen für die verordnenden Ärzte.

9. Leitlinie

gemäß § 6 Abs. 2 iVm § 20 zur Einladung zu berufsbezogenen wissenschaftlichen Fortbildungsveranstaltungen Dritter (Auswahlkriterien und organisatorische Maßnahmen) (Stand: 7.9.2020)

9.1 Berufsbezogene Fortbildungsveranstaltungen Dritter (externe Fortbildungsveranstaltungen, wie z. B. Kongresse und Symposien) leisten in der Regel einen substantiellen Beitrag zur Förderung der wissenschaftlichen Weiterentwicklung, des beruflichen Erfahrungsaustauschs, der Vermittlung von evidenzbasierten Therapierichtlinien und zur Entwicklung neuer Therapien und Behandlungsmöglichkeiten.

9.2 Die Unterstützung der Teilnahme von Angehörigen der Fachkreise an solchen berufsbezogenen externen Fortbildungsveranstaltungen ist berufs- und heilmittelwerberechtlich (§ 32 Abs. 2 MBO-Ä, § 7 Abs. 2 HWG) anerkannt. Da die Unterstützung der Teilnahme an Fortbildungsveranstaltungen durch Unternehmen eine einseitige Zuwendung an Fachkreisangehörige darstellt, kann für die beteiligten Unternehmen und Fachkreisangehörigen ein strafrechtliches Risiko entstehen (§§ 331 ff., 299, 299 a/b StGB), sofern sie zur Beeinflussung der Therapie-, Verordnungs- und Beschaffungsentscheidungen missbraucht wird oder bereits ein entsprechender Anschein entsteht.

9.3 Damit die grundsätzlich wünschenswerte Unterstützung der Fortbildung beanstandungsfrei und ohne jeden Eindruck einer unlauteren Vorteilsgewährung erfolgt, sieht der Kodex bereits eine Reihe von Regelungen vor. Danach sind zunächst das Trennungsprinzip sowie die einschlägigen berufs-, heilmittelwerbe- und strafrechtlichen Vorschriften strikt zu beachten (§ 6 Abs. 1 und 2). Zur weiteren Konkretisierung dieser Vorgaben sieht § 20 Abs. 4 u. a. vor, dass bei den Veranstaltungen der wissenschaftliche Charakter eindeutig im Vordergrund stehen, die Veranstaltungen sowohl einen Bezug zum Tätigkeitsgebiet des Mitgliedsunternehmens als auch zum Fachgebiet des Veranstaltungsteilnehmers aufweisen und ein sachliches Interesse des Unternehmens an der Teilnahme des jeweiligen Angehörigen der Fachkreise bestehen muss.

9.4 Diese Leitlinie hat zum Ziel, den FSA-Mitgliedsunternehmen Kriterien an die Hand zu geben, unter denen im Einzelfall ein sachliches Interesse des Unternehmens an der Teilnahme von Mitgliedern der Fachkreise und deren Unterstützung bejaht werden kann.

9.5 Zu Fragen der Angemessenheit von Örtlichkeiten, Verpflegung, Reise- und Unterbringungsmöglichkeiten gibt diese Leitlinie keine Auskunft.

Art der Fortbildungsveranstaltung:

9.6 Für eine Unterstützung kommen nur solche externen Fortbildungsveranstaltungen in Betracht, bei denen der wissenschaftliche Charakter eindeutig im Vordergrund steht und die für den Teilnehmer eine Weiterentwicklung des medizinischen Kenntnisstands, der therapeutischen oder diagnostischen Fähigkeiten oder der Forschungstätigkeit bewirken.

Kriterien für die Auswahl eines Teilnehmers:

9.7 Der Teilnehmer muss beruflich in einem Feld tätig sein, das in einem sachlichen und inhaltlichen Zusammenhang mit der wissenschaftlichen Fortbildungsveranstaltung steht. Dieser Zusammenhang ist zum Beispiel gegeben bei identischer Indikation.

9.8 Dem Teilnehmer sollen durch die Fortbildungsveranstaltung Kenntnisse oder Fähigkeiten vermittelt werden, die er in seiner beruflichen Tätigkeit einsetzen oder anderen Fachkreisangehörigen vermitteln kann.

9.9 Darüber hinaus hat das FSA-Mitgliedsunternehmen einen möglichst hohen Grad der Transparenz sicherzustellen sowie die wesentlichen Gesichtspunkte *für die Auswahl des Teilnehmers und die zugrundeliegende Kommunikation zu dokumentieren.*

Besondere Bedingungen für die Unterstützung eines Teilnehmers:

9.10 Die Mitgliedsunternehmen verpflichten sich bei der Unterstützung von Fachkreisangehörigen darauf hinzuwirken, dass die Fachkreisangehörigen, die über ihre Tätigkeiten in Gremien (etwa in Arzneimittelkommissionen oder *dem Plenum des G-BA) Einfluss auf den Absatz von Arzneimitteln des fördernden Unternehmens nehmen können, neben der Einholung einer Dienstherrengenehmigung bei Amtsträgern/einer Anzeige gegenüber dem Arbeitgeber die Tätigkeit auch gegenüber diesen Gremien zumindest offenlegen.*

9.11 Eine Unterstützung von Fachkreisangehörigen scheidet insbesondere aus, wenn

(a) ihnen von Mitarbeitern im Sales- und Marketingbereich des Unternehmens eine Kostenübernahme zugesagt wurde, ohne dass zuvor an der Entscheidung die medizinische Abteilung des Unternehmens oder die ansonsten im Unternehmen zuständige Abteilung (siehe unten Ziffern 9.13 und 9.14) beteiligt wurde;

(b) sie im Zusammenhang mit einer Kostenübernahme durch das Unternehmen direkt oder indirekt auf ihre Therapie-, Verordnungs- oder Bezugsentscheidungen verwiesen oder diese als Gegenleistung hierfür versprochen haben, und/oder nicht sichergestellt wurde, dass die Auswahl der Teilnehmer nicht aufgrund vertriebsbezogener Parameter erfolgt (z. B. Bezug Verordnungsvolumen/Patientenzahlen);

(c) sie erforderliche schriftliche Unterlagen, wie z. B. die Dienstherrengenehmigung bei Krankenhausärzten, eine Einverständniserklärung oder den Nachweis der Unterrichtung der Verwaltung oder des Dienstherrn oder die von dem Unternehmen oder den Dienstherren oder Einrichtungen geforderten Bedingungen für die Annahme der Unterstützung vor Beginn der Fortbildungsveranstaltung nicht wie vorgesehen vorgelegt oder erfüllt haben.

9.12 Verbleibende Risiken können in der Praxis weiter minimiert werden, indem etwa

(a) die Unterstützung von Fortbildungsveranstaltungen pro Fachkreisangehörigen für einen bestimmten Zeitraum auf eine bestimmte Anzahl begrenzt wird;

(b) ein Höchstbetrag für die Unterstützung eines Fachkreisangehörigen pro Jahr vorgesehen wird, bei dessen Überschreitung die Förderung der Teilnahme entweder ausgeschlossen wird oder nur unter einer Kostenbeteiligung des Fachkreisangehörigen zugelassen wird;

(c) Fachkreisangehörige an den Gesamtkosten (Registrierungsgebühr, Reise- und/oder Übernachtungskosten) beteiligt werden, etwa (i) im Wege einer prozentualen Kostenbeteiligung an den Gesamtkosten oder (ii) durch Übernahme eines bestimmten Teils (wie z. B. der Registrierungsgebühr und/oder Reisekosten);

(d) ein Gesamtbudget zur Unterstützung von Fortbildungsveranstaltungen bestimmt wird, aus dem die Unterstützung der Fachkreisangehörigen im gesamten Bundesgebiet bezahlt wird, anstelle von regionalen Budgets. Dabei sollte die Budgetverantwortung im Bereich Medical und nicht bei Sales- und Marketing liegen.

(e) unabhängige Gremien mit der Auswahl geeigneter Fortbildungsveranstaltungen sowie möglicher Teilnehmer für eine bestimmte Fortbildungsveranstaltung von den Unternehmen betraut werden.

Anforderungen an die innerbetriebliche Ablauforganisation und Prozesse in den Unternehmen:

9.13 Neben der Erfüllung der genannten inhaltlichen Anforderungen an die Unterstützung von Fortbildungsveranstaltungen und der Beachtung der Kriterien für die Auswahl von Teilnehmern ist zur weiteren Risikominimierung zu empfehlen, die Einhaltung des Trennungsprinzips durch die Einrichtung einer geeigneten innerbetrieblichen Ablauforganisation und angemessener Prozesse abzusichern. Es ist empfehlenswert, dass in Analogie zu den Regelungen bei Anwendungsbeobachtungen in § 19 Abs. 2 Nrn. 12 und 13 des Kodex Pharma-Berater die Auswahlentscheidung im Hinblick auf geeignete Teilnehmer nicht treffen. Vielmehr soll die Entscheidung unter Einbeziehung der medizinischen Abteilung des Unternehmens erfolgen, oder in einer anderen Abteilung, die die notwendigen sachlichen Entscheidungen treffen kann und nicht unmittelbar in den Vertrieb- oder Marketingbereich eingebunden ist. Ebenfalls in Analogie zu den Regelungen für Anwendungsbeobachtungen können Pharma-Berater oder andere im direkten Vertriebs- oder Absatzkontakt mit Fachkreisangehörigen stehende Mitarbeiter in administrative Abläufe (ein Vorschlagsrecht bleibt davon unberührt) eingebunden werden.

9.14 Es wird ferner empfohlen, die Grundsätze sowie die hierbei zu beachtenden Prozessabläufe für die Auswahl, Planung und Durchführung in „Standard Operating Procedures" näher zu konkretisieren. Dasselbe gilt sowohl im Hinblick auf die weitere Ausgestaltung der inhaltlichen Anforderungen an die Art der Fortbildungsveranstaltung sowie für Auswahl- und die Ausschlusskriterien. Schließlich soll im Unternehmen sichergestellt werden, dass die Auswahlentscheidungen hinreichend verschriftlicht werden und dabei eine ausreichende Dokumentation des zugrundeliegenden Sachverhalts und der entscheidenden Erwägungen stattfindet.

10. Leitlinie

gemäß § 6 Abs. 2 iVm § 20 Abs. 11 zur Auslegung des Begriffs „angemessene Reisekosten" (§ 20 Abs. 2 Satz 1 und Abs. 4 Satz 1) (Stand: 7.9.2020)

10.1 Nach § 20 Abs. 2 Satz 1 und Abs. 4 Satz 1 dürfen die eingeladenen Teilnehmer von internen und externen Fortbildungsveranstaltungen nur „angemessene Reisekosten" sowie die notwendigen Übernachtungskosten übernommen werden.

10.2 Unter „angemessenen Reisekosten" sind Bahntickets (1. Klasse) sowie PKW-Fahrtkosten in Höhe der steuerlich zugelassenen pauschalen Kilometersatz je Fahrtkilometer für Dienstreisen und die Erstattung sonstiger Reisekosten (öffentliche Verkehrsmittel, Taxen) zu verstehen.
Bei Flugreisen ist die Übernahme von Kosten der Economy-Class für innereuropäische Flüge sowie der Business-Class für interkontinentale Flüge angemessen. Die Erstattung von First-Class-Flügen ist hingegen unangemessen.

11. Leitlinie

gemäß § 6 Abs. 2 iVm § 20 Abs. 11 zur Auslegung der Begriffe „angemessene Bewirtung" (§ 20 Abs. 2 Satz 2) und „angemessener Rahmen von Unterbringung und Bewirtung" (§ 20 Abs. 3 Satz 1) (Stand: 7.9.2020)

11.1 Nach § 20 Abs. 2 Satz 2 ist im Rahmen interner Fortbildungsveranstaltungen auch eine „angemessene Bewirtung" der Teilnehmer möglich. Gemäß § 20 Abs. 3 Satz 1 dürfen bei diesen Veranstaltungen ferner „Unterbringung und Bewirtung einen angemessenen Rahmen" nicht überschreiten.

11.2 Die „Bewirtung" ist „angemessen" und überschreitet einen „angemessenen Rahmen" nicht, sofern diese sozialadäquat ist. Als Orientierungsgröße für eine noch angemessene Bewirtung ist bei Bewirtungen im Inland unter Berücksichtigung der seit dem Inkrafttreten des Kodex im Jahr 2004 stattgefundenen Preiserhöhungen und der erfolgten Erhöhung der Umsatzsteuer ein Betrag von etwa EUR 60,00 anzusehen (Stand: Juli 2008).

11.3 Bei Bewirtungen, die durch ein Cateringunternehmen durchgeführt werden, gilt der unter Ziffer 11.2 genannte Betrag (60 EUR) nur für Speisen und Getränke, nicht aber für sonstige Kosten des Caterings.

11.4 Nach § 20 Abs. 2 Satz 2 des Kodex ist im Rahmen interner Fortbildungsveranstaltungen auch eine „angemessene Bewirtung" der Teilnehmer möglich. Dies gilt im nachstehend aufgeführten Rahmen auch für die Bewirtung an Kongressständen externer Fortbildungsveranstaltungen.

11.4.1 Da Hauptzweck eines Kongressstandes die Informationsvermittlung zu den Produkten, Indikationen bzw. Arbeitsgebieten des Unternehmens ist, soll eine Bewirtung deutlich in den Hintergrund treten und keinen eigenständigen Anreiz zum Standbesuch darstellen.

11.4.2 Angemessen sind typischerweise Heißgetränke wie Kaffeezubereitungen, Tee, Kakao, und ebenso nicht alkoholische Getränke wie Softdrinks und Wasser. Darüber hinausgehende Getränkeangebote wie alkoholfreie Biere, frisch gepresste Fruchtsäfte, Fruchtsaftcocktails u.ä. überschreiten diesen Rahmen.

11.4.3 Auch Kleingebäck, Süßwaren, kleine Muffins, Mini-Blechkuchen, Handobst oder einfache belegte Brote/Brötchenhälften werden als angemessen angesehen. Warme Speisen wie Waffeln, Flammkuchen, Frühlingsrollen, Blätterteighäppchen, Popcorn, Würstchen, Schnitzelchen, oder Süßspeisen wie z. B. Eis, Rote Grütze, überschreiten diesen Rahmen.

11.4.4 Nicht angemessen sind „extravagante" Bewirtungen, bei denen aufgrund der Gestaltung bzw. der vorhandenen Einrichtungen der Eindruck erweckt wird, dass der Erlebnischarakter im Vordergrund steht anstelle der Möglichkeit zur fachlichen Diskussion.

11.4.5 Die Besetzung des Kongressstands mit einem Barkeeper oder einem Koch spricht für Extravaganz.

11.5 Bei einer Bewirtung in solchen Ländern, in denen entgegen §§ 20 Abs. 9 S. 5, 22 Abs. 2 keine Bewirtungsgrenze durch den jeweils am Veranstaltungsort geltenden Kodex Anwendung findet, durch den der EFPIA Code on the Promotion of Prescription only Medicines to, and Interactions with, Healthcare Professionals umgesetzt wird, sollte sich die Angemessenheit der Bewirtung weiterhin am Maßstab der geltenden steuerlichen Pauschbeträge für Verpflegungsmehraufwendungen im Ausland orientieren, da hierdurch ein gegebenenfalls bestehendes höheres Preisniveau abgebildet wird. Die Angemessenheit einer Bewirtung im Ausland kann insofern durch einen Vergleich der geltenden Pauschbeträge mit dem für das Inland geltenden Pauschbetrag ermittelt werden (FS I 2006.8–135). Die oben unter Ziff. 11.2. genannte Orientierungsgröße kann sich daher, je nach dem im Ausland bestehenden Preisniveau, um einen bestimmten Prozentsatz erhöhen.

11.6 Die „Unterbringung" überschreitet einen „angemessenen Rahmen" dann nicht, sofern
- *das Hotel im Hinblick auf seine Infrastruktur, Technik und Räumlichkeiten die Kriterien eines Business-Konferenzhotels entspricht;*
- *keine außergewöhnlichen Wellness-Bereiche und -Angebote aufweist; und*
- *keinen erhöhten Erlebnis- oder Erholungscharakter hat.*

Bei der Beurteilung der Angemessenheit der Unterbringung ist zudem darauf abzustellen, ob auf Grund der Wahrnehmung des Hotels durch die eingeladenen Angehörigen der Fachkreise der bloße Aufenthalt in dem Hotel selbst einen besonderen Anreizfaktor bildet, der geeignet ist, diese in ihrer Therapie- und Verordnungsfreiheit unsachlich zu beeinflussen.

Hotels, die in die 5-Sterne Kategorie fallen, scheiden nicht von vornherein als unangemessen aus, sofern der Business-Charakter des Hauses im Vordergrund steht und sich das Hotel nicht durch Luxusmerkmale in besonderer Weise auszeichnet.

11.7 Die Angemessenheit der finanziellen Unterstützung von externen Fortbildungs-veranstaltungen gegenüber den Veranstaltern im Wege des Sponsorings ist zudem an dem dem Sponsor eingeräumten Werbeumfang (Marketing- und Werbeeffekt) zu messen (siehe auch FS I 2005.2–56).

12. Leitlinie

gemäß § 6 Abs. 2 iVm § 20 Abs. 3 zur Auswahl der Tagungsstätte „allein nach sachlichen Gesichtspunkten" (Stand: 7.9.2020)

12.1 Die eigene Durchführung von Veranstaltungen und das Sponsoring von Veranstaltungen, die in Ansehung der Tagungsstätte die nachfolgenden Voraussetzungen erfüllen, stehen in der Regel im Einklang mit dem Kodex:
- *Die Auswahl der Tagungsstätte erfolgt allein nach sachlichen Gründen.*
- *Bei der Tagungsstätte, sofern es ein Hotel ist, handelt es sich um ein Hotel der Klasse 4-Sterne oder niedriger nach DEHOGA oder einem vergleichbaren nationalen oder internationalen Standard. Bei Veranstaltungen, die im Ausland stattfinden, können in Ausnahmefällen auch Hotels höherer Kategorien zulässig sein, insbesondere etwa dann, wenn dies aufgrund der lokalen Sicherheitsanforderungen notwendig sein sollte.*
- *Von der Tagungsstätte geht keine Anreizwirkung aus, die ihren Charakter entscheidend prägt. Eine entscheidend prägende Anreizwirkung scheidet in der Regel aus, wenn die Tagungsstätte (i) keinen Erlebnis- oder Erholungscharakter hat, (ii) ihrem allgemeinen Erscheinungsbildnach nicht besonders prunkvoll ausgestattet ist, und (iii) kein Angebot enthält, das über den typischen Standard eines 4- Sterne-Business- Konferenzhotels, Kongresszentrums, o.ä. hinausgeht (etwa großzügiger Wellnessbereich, Golfplatz etc.).*

12.2 *Bei der Beurteilung der vorstehend genannten Kriterien ist die Sichtweise Dritter (also der breiten Öffentlichkeit) und nicht die der eingeladenen Fachkreise maßgeblich. Unerheblich ist dagegen, ob es sich um eine ein- oder mehrtägige Veranstaltung handelt.*

12a. Leitlinie

gemäß § 6 Abs. 2 iVm § 20 Abs. 3 zur Auswahl des Tagungsortes „allein nach sachlichen Gesichtspunkten" (Stand: 7.9.2020)

12a.1 *Die eigene Durchführung von Veranstaltungen und das Sponsoring von Veranstaltungen, die in Ansehung des Tagungsortes die nachfolgenden Voraussetzungen erfüllen, stehen in der Regel im Einklang mit dem Kodex:*

- *Die Auswahl des Tagungsortes erfolgt allein nach sachlichen Gesichtspunkten.*
- *Von dem Tagungsort geht keine seinen Charakter entscheidend prägende Anreizwirkung aus.*
  - *(i) Eine entscheidende Prägung scheidet in der Regel aus, wenn es sich bei dem Tagungsort um eine Örtlichkeit handelt,*
    - *in der es Veranstaltungsstätten und Übernachtungsmöglichkeiten gibt, die üblicherweise auch anlässlich von fachlich-wissenschaftlichen Veranstaltungen genutzt werden, und*
    - *deren Infrastruktur nicht schwerpunktmäßig touristisch geprägt ist und*
    - *die über eine sehr gute Anbindung an das öffentliche Verkehrsnetz verfügt.*
  - *(ii) Orte können eine Anreizwirkung hingegen auch dann entfalten, wenn die Veranstaltung in einem Zeitraum stattfindet oder zeitlich unmittelbar angrenzt, in dem der Ort durch besondere Erlebnismöglichkeiten entscheidend geprägt wird, wie z. B. das Oktoberfest in München oder der Karneval in Köln.*
  - *(iii) Die Anreizwirkung entfällt in der Regel, wenn der angesprochene Teilnehmerkreis der Veranstaltung aus der unmittelbaren Umgebung des Ortes kommt. Diese Voraussetzung ist regelmäßig gegeben, wenn die einfache Fahrtstrecke zum Veranstaltungsort für die Teilnehmer 50 Kilometer nicht überschreitet.*

12a.2 *Bei der Beurteilung der vorstehend genannten Kriterien ist die Sichtweise Dritter (also der breiten Öffentlichkeit) und nicht die der eingeladenen Fachkreise maßgeblich. Unerheblich ist dagegen, ob es sich um eine ein- oder mehrtägige Veranstaltung handelt.*

13. Leitlinie

gemäß § 6 Abs. 2 iVm § 20 Abs. 11 zur Auslegung des Begriffs „für ihren Unterhaltungswert bekannt" (§ 20 Abs. 3 Satz 4) (Stand: 7.9.2020)

13.1 *Nach § 20 Abs. 3 Satz 4 sollen Unternehmen Tagungsstätten vermeiden, die „für ihren Unterhaltungswert bekannt" sind.*

13.2 *Tagungsstätten sind „für ihren Unterhaltungswert bekannt", wenn dort gewöhnlich Veranstaltungen stattfinden wie etwa Shows, Varietés, Musik- und Kinodarbietungen, Fahrattraktionen oder Glückspielveranstaltungen. Aus diesem Grund kommen auch Tagungsstätten nicht in Betracht, die zwar über eine geeignete Konferenzausstattung verfügen, sich jedoch etwa auf dem Gelände eines Freizeitparks befinden und die Nutzungsmöglichkeit eröffnen.*

14. Leitlinie

gemäß § 6 Abs. 2 iVm § 20 Abs. 11 zur Auslegung des Begriffs „extravagant" (§ 20 Abs. 3 Satz 4) (Stand: 7.9.2020)

14.1 *Nach § 20 Abs. 3 Satz 4 sollen Unternehmen Tagungsstätten vermeiden, die für ihren Unterhaltungswert bekannt sind oder als „extravagant" gelten.*

14.2 *Unter „extravagant" sind Tagungsstätten zu verstehen, die sich nicht in erster Linie als typisches Geschäfts- oder Konferenzhotel auszeichnen, sondern bei denen eine besondere luxuriöse oder ausgefallene Ausstattung eindeutig im Vordergrund steht. „Extravagant" sind auch solche Tagungsstätten, die zwar als Tagungsstätten geeignet sind, bei denen aber gleichzeitig der Erlebnischarakter auf Grund der Gestaltung und der vorhandenen Einrichtungen den Eindruck erwecken muss, die Tagungsstätte sei nicht auf Grund der Konferenzmöglichkeiten, sondern vor allem auf Grund ihres Erlebnischarakters ausgewählt worden. „Extravagante" Tagungsstätten zeichnen sich in der Regel auch dadurch aus, dass sie sich preislich im oberen Preissegment bewegen.*

15. Leitlinie

gemäß § 6 Abs. 2 iVm § 20 Abs. 11 zur Auslegung des Begriffs „angemessener Umfang der finanziellen Unterstützung von externen Fortbildungsveranstaltungen" (§ 20 Abs. 5 Satz 1) (Stand: 7.9.2020)

15.1 Nach § 20 Abs. 5 Satz 1 ist die „finanzielle Unterstützung von externen Fortbildungsveranstaltungen gegenüber den Veranstaltern in einem angemessenen Umfang" zulässig.

15.2 Eine finanzielle Unterstützung von externen Fortbildungsveranstaltungen erfolgt gegenüber den Veranstaltern in der Praxis regelmäßig durch die Gewährung von Spenden oder den Abschluss von Sponsoring-Verträgen.

15.3 Eine solche finanzielle Unterstützung ist dann nicht angemessen, wenn hierdurch Unterhaltungsprogramme unterstützt werden (§ 20 Abs. 5 Satz 2 des Kodex). Diese Regelung verfolgt den Zweck, einer Umgehung des Verbots zur Übernahme von Kosten für Rahmen- und Begleitprogramme (z. B. Theater-, Konzert-, Sportveranstaltungen etc.) entgegen zu wirken. Der Veranstalter soll daher in der zugrundeliegenden Vereinbarung verpflichtet werden, die zur Verfügung gestellten finanziellen Mittel nicht für die Finanzierung von Unterhaltungsprogrammen oder die Einladung von Begleitpersonen, sondern ausschließlich zweckgebunden zur Förderung der Fortbildungsmaßnahme zu verwenden (siehe auch FS I 2005.2–56).

16. Leitlinie

gemäß § 6 Abs. 2 iVm § 20 Abs. 5 Satz 3 zur Auslegung des Begriffs „hinwirken" (Stand: 7.9.2020)

16.1 Nach § 20 Abs. 5 Satz 3 des Kodex müssen die Mitgliedsunternehmen, die externe Fortbildungsveranstaltungen finanziell unterstützen, darauf hinwirken, dass die Tatsache der Unterstützung sowohl bei der Ankündigung als auch bei der Durchführung der Veranstaltung von dem Veranstalter offen gelegt wird. Diese Verpflichtung gilt auch für die Unterstützung von Fortbildungsveranstaltungen gewerblicher Anbieter.

16.2 Aus § 18 Abs. 1 S. 1 Nr. 1 folgt bereits, dass sich die Vertragspartner und die Unternehmen vor Aufnahme der Leistungen auf einen schriftlichen Vertrag einigen müssen, aus dem sich die zu erbringenden Leistungen sowie die hierfür geschuldete Vergütung ergeben. Beim Sponsoring wird die Nennung der Unternehmen als Unterstützer der Veranstaltung bei Ankündigung und Durchführung in aller Regel Teil der werblichen Gegenleistungen sein, die sich die Unternehmen vertraglich zusichern lassen. In diesem Fall ist der Hinwirkungspflicht im Sinne von § 20 Abs. 5 Satz 3 genügt. Sofern eine solche Regelung in den Sponsoringverträgen nicht enthalten sein sollte, muss durch das Unternehmen gegenüber dem Veranstalter ein schriftlicher Hinweis zur Nennung als Sponsor bei Ankündigung und Durchführung der Veranstaltung erfolgen.

17. Leitlinie

gemäß § 6 Abs. 2 iVm § 20 Abs. 11 zur Auslegung des Begriffs „angemessener Umfang der finanziellen Unterstützung von externen Fortbildungsveranstaltungen" (§ 20 Abs. 5 Sätze 1 und 2) (Stand: 7.9.2020)

17.1 Nach § 20 Abs. 5 Satz 1 des Kodex ist die „finanzielle Unterstützung von externen Fortbildungsveranstaltungen gegenüber den Veranstaltern in einem angemessenen Umfang" zulässig. Eine finanzielle Unterstützung von externen Fortbildungsveranstaltungen erfolgt gegenüber den Veranstaltern in der Praxis regelmäßig durch die Gewährung von Spenden oder den Abschluss von Sponsoring-Verträgen.

17.2 Anlässlich externer Fortbildungsveranstaltungen finden in der Praxis vielfach separate Unterhaltungsprogramme (einschließlich Bewirtungen) statt, die nicht finanziell von den Mitgliedsunternehmen, sondern anderweitig finanziert werden (etwa durch Erhebung von Eintrittsgeldern der ärztlichen Teilnehmer für solche Unterhaltungsprogramme). Hierbei kann es sich z. B. um die feierliche Eröffnungsveranstaltung eines Kongresses mit Livemusik oder von dem Veranstalter organisierte Opernbesuche, Führungen in Museen, Diskothekenabende etc. handeln. Da diese Unterhaltungsprogramme völlig unabhängig von den Mitgliedsunternehmen organisiert, finanziert und durchgeführt werden (eine finanzielle Unterstützung dieser Unterhaltungsprogramme wäre im Übrigen unzulässig), spricht grundsätzlich nichts gegen ein Sponsoring solcher Veranstaltungen durch die Mitgliedsunternehmen.

17.3 Eine solche finanzielle Unterstützung ist hingegen generell dann nicht angemessen und damit unzulässig, wenn hierdurch Unterhaltungsprogramme unterstützt werden (§ 20 Abs. 5 Satz 2 des

Kodex). Die Regelung bezweckt, einer Umgehung des Verbots zur Übernahme von Kosten für Rahmen- und Begleitprogramme entgegen zu wirken

17.4 ***Um die Einhaltung der Vorgaben unter 16.3 sicherzustellen, muss der Veranstalter daher von dem Mitgliedsunternehmen in einer Vereinbarung verpflichtet werden, dass die zur Verfügung gestellten finanziellen Mittel nicht für die Finanzierung von Unterhaltungsprogrammen oder die Einladung von Begleitpersonen, sondern ausschließlich zweckgebunden zur Förderung der Fortbildungsmaßnahme zu verwenden (siehe auch FS I 2005.2–56)***

Übersicht

I. Allgemeines

Die Regelung ist **eine Zentralvorschrift des Kodex** und beruht auf § 6 der Ursprungsfassung des Kodex, der die Vorgaben des EFPIA-Kodex bereits im Wesentlichen vorwegnahm. Der EFPIA-Kodex regelt die entsprechenden Vorgaben in Art. 10 (Events and Hospitality) und Art. 13 (Contribution to Costs related to Events and Sponsorship). **445**

1. Regelungsgehalt und Struktur von § 20

Die pharmazeutische Industrie unterstützt seit jeher die Teilnahme von HCPs, insbesondere von Klinikärzten und niedergelassenen Ärzten, an Symposien, Konferenzen, Kongressen, Fortbildungs- und Informationsveranstaltungen sowie Betriebsbesichtigungen. Diese Unterstützung hat vielfach die **Gewährung bzw. die Übernahme von Reise- und Unterbringungskosten** zum Gegenstand. Bei medizinischen Fachkongressen wird zum Teil auch die regelmäßig von dem Veranstalter erhobene **Gebühr für die Teilnahme** von Ärzten oder anderen HCPs an diesen Fachkongressen durch die pharmazeutische Industrie übernommen. Gemeinhin unterscheidet man danach, in welcher Weise diese an medizinischen Fachkongressen, Fortbildungsveranstaltungen etc teilnehmen. Hierbei kommt entweder eine **„aktive"** oder eine **„passive" Teilnahme** in Betracht. Eine aktive Teilnahme liegt typischerweise darin, dass der Fachkreisangehörige die Veranstaltung moderiert, in deren Rahmen referiert oder eine Präsentation darbietet oder eine andere wissenschaftliche oder fachliche Leistung für das Unternehmen erbringt (→ Rn. 670ff.). Im Unterschied hierzu wird von einer passiven Teilnahme gesprochen, wenn die Fachkreisangehörigen an solchen Veranstaltungen lediglich teilnehmen, ohne dass ein Fall der „aktiven Teilnahme" vorliegt (→ Rn. 673). **446**

Der persönliche Anwendungsbereich der Regelungen betrifft alle **Angehörigen der Fachkreise**[437]. Ihrer Natur nach bezieht sich die Regelung vor allem auf die Unterstützung der Teilnahme von **Ärzten** und **Apothekern** an Fortbildungsveranstaltungen der Industrie. In der Praxis kommt daneben auch die Unterstützung der Teilnahme von Angehörigen der **Heilhilfsberufe** (etwa Krankenpfleger, Krankenschwestern oder Krankenpflegehelfer) und der technischen **Heilhilfsberufe** (etwa med.-techn. Laboratoriumsassistenten oder med.-techn. Radiologieassistenten) für die Teilnahme an solchen Veranstaltungen in Betracht, sofern diese Arzneimittel im Rahmen ihrer beruflichen Tätigkeit anwenden. Hierbei ist allerdings zu beachten, dass eine solche Unterstützung keinen Verstoß gegen § 10 Abs. 1 HWG darstellen darf, wonach für verschreibungspflichtige Arzneimittel nur bei Ärzten, Zahnärzten, Apothekern oder Personen geworben werden darf, die mit diesen Arzneimitteln erlaubterweise Handel treiben. **447**

Die Regelungen des § 20 unterscheiden danach, ob es sich bei den jeweiligen Fortbildungsveranstaltungen um Veranstaltungen handelt, die von den pharmazeutischen Unternehmen selbst organisiert oder veranstaltet werden **(„interne Fortbildungsveranstaltungen")** oder ob dies von dritter Seite erfolgt **(„externe Fortbildungsveranstaltungen").** **448**

---

[437] Vgl. Definition in § 2 Nr. 1 Kodex, → Rn. 81 ff.

449 Die Absätze 1–3 befassen sich dabei mit der passiven Teilnahme von Ärzten an internen Fortbildungsveranstaltungen, die Absätze 4–6 mit passiven Teilnahmen an externen Fortbildungsveranstaltungen sowie der Unterstützung von externen Fortbildungsveranstaltungen selbst. Absatz 7 beinhaltet das Verbot, die Einladung und die Übernahme von Kosten bei internen und externen Fortbildungsveranstaltungen auf Begleitpersonen zu erstrecken (vgl. Art. 10.06 EFPIA-Kodex). Absätze 8 und 9 regeln die Voraussetzungen für die Organisation, Durchführung und Unterstützung von **internationalen Veranstaltungen** (vgl. Art. 10.02 EFPIA-Kodex). Absatz 10 wurde mit der Kodexnovelle vom 14.11.2019 eingeführt und erklärt die vorhergehenden Absätze für „andere Veranstaltungen" anwendbar. Absatz 11 betrifft aktive Teilnahmen an internen oder externen Fortbildungsveranstaltungen im Auftrag der pharmazeutischen Industrie. Absatz 12 ermächtigt den Vorstand zur Auslegung der Begriffe „angemessen", „für ihren Unterhaltungswert bekannt" und „extravagant" zum Erlass von verbindlichen Leitlinien.

450 Die zentralen Regelungen des § 20, welche die entsprechenden **Vorschriften des EFPIA-Kodex umsetzen,** betreffen die Auswahl des Tagungsortes und der Tagungsstätte einer Fortbildungsveranstaltung (vgl. Art. 10.01 EFPIA-Kodex), den zulässigen Umfang der Übernahme von Kostenbeiträgen (dh Kosten der Bewirtung und Unterbringung) für die Teilnehmer (vgl. Art. 10.03, 10.04, 10.05, 10.07 EFPIA-Kodex), die Zulässigkeit von Freizeitprogramm (vgl. Art. 10.08 EFPIA-Kodex) sowie die Einladung von HCPs zu externen Veranstaltungen (vgl. Art. 13.01 EFPIA-Kodex).

2. Kritik an der Unterstützung externer Fortbildungsveranstaltungen durch die Industrie

451 Die Übernahme von Kosten für Klinikärzte (aber auch für niedergelassene Ärzte) für die Teilnahme an derartigen Fortbildungsveranstaltungen steht seit langem in der **Kritik,** insbesondere im Rahmen einer Reihe von Ermittlungsverfahren[438] bzw. strafgerichtlichen Urteilen gegenüber Klinikärzten sowie verantwortlichen Mitarbeitern der Industrie. Diese Kritik richtet sich nicht nur gegen die Unterstützung der Teilnahme von Klinikärzten an Fortbildungsveranstaltungen, sondern auch gegen die Unterstützung niedergelassener Ärzte.[439] Hierin wird eine unlautere Beeinflussung der Therapie- oder Verordnungsentscheidungen gesehen, wenn die entsprechenden Unterstützungsleistungen auch privaten Charakter annehmen (etwa durch die Übernahme von Kosten für die Mitreise von Begleitpersonen, Anschlussurlaube, Stadtrundfahrten, Konzertbesuche oder für die Beherbergung in besonders luxuriös ausgestatteten Hotels).[440] Diese Kritik veranlasste den Gesetzgeber zu entsprechendem Handeln, welches durch die mit dem **Gesetz zur Bekämpfung von Korruption im Gesundheitswesen eingeführten** §§ 299a, b StGB umgesetzt worden ist (vgl. hierzu Kap. 2).

452 Dass weder an der Legitimität noch an der Rechtmäßigkeit der Unterstützung von Ärzten zur Teilnahme an internen oder externen Fortbildungsveranstaltungen dem Grunde nach bei **Beachtung einer Reihe von allgemein anerkannten Kriterien** Zweifel bestehen können, ist von verschiedener Seite, etwa den Herausgebern des „Gemeinsamen Standpunkts" (→ Kap. 4 Rn. 19), der Kultusministerkonferenz der Länder (→ Kap. 6 Rn. 55), der bayerischen Staatsregierung (. → Kap. 6 Rn. 55) oder aber auch der Bundesärztekammer klargestellt worden. Dementsprechend heißt es etwa in § 32 Abs. 2 MBO-Ä:

---

[438] Allein die Staatsanwaltschaft München I hat nach eigenen Angaben aus dem Jahr 2008 mehr als 3800 Verfahren gegen mehr als 3.400 Ärzte an mehr als 850 deutschen Kliniken wegen des Verdachts auf Vorteilsannahme durch die Pharmaindustrie eröffnet. Die gegen Pharmaunternehmen wegen des Verdachtes auf Vorteilsgewährung von der Staatsanwaltschaft München I eröffneten Ermittlungsverfahren sollen die oben genannte Zahl noch übersteigen, vgl. Süddeutsche Zeitung v. 6.2.2008.

[439] Siehe zB die Ausgabe des Sterns v. 16.8.2007, Artikel „Vorsicht, Pharma!".

[440] Vgl. hierzu auch *Wienke/Hübner* MedR 2020, 471 ff.

Die Annahme von geldwerten Vorteilen in angemessener Höhe ***ist nicht berufswidrig,*** *sofern diese ausschließlich für berufsbezogene Fortbildung verwendet werden. Der für die Teilnahme an einer wissenschaftlichen Fortbildungsveranstaltung gewährte Vorteil ist unangemessen, wenn er über die notwendigen Reisekosten und Tagungsgebühren hinausgeht.*

Entgegen der hierin eindeutig festgelegten berufsrechtlichen Zulässigkeit der Unterstützung von Ärzten im Rahmen der Teilnahme an berufsbezogenen, wissenschaftlichen Fortbildungsveranstaltungen wurde die Auffassung der **thüringischen Staatsanwaltschaft** publiziert. Diese vertrat offenbar eine – mit dem Gesetz nicht in Einklang zu bringende – Auffassung, wonach sie **453**

entgegen der Regelung in § 32 Abs. 2 und § 32 Abs. 3 Berufsordnung der Landesärztekammer Thüringen den Anfangsverdacht strafbaren Verhaltens nach § 299a StGB dann als gegeben an[sieht], wenn die Teilnahme an einer Fortbildungsveranstaltung von der Industrie finanziert wird. Ebenso kritisch sieht die Staatsanwaltschaft die Thematik des Veranstaltungssponsorings. Entgegen § 32 Abs. 3 Berufsordnung der Landesärztekammer Thüringen, nach dem Sponsoring in angemessenem Umfang erlaubt ist, soll jedwede Annahme von Beiträgen Dritter zur Durchführung von Veranstaltungen den Anfangsverdacht des § 299a StGB begründen.[441]

Diese Auffassung steht im Widerspruch zu der vom Gesetzgeber erlassenen und entsprechend begründeten Regelung in §§ 299a/b StGB, wonach es an der Unlauterkeit fehlt, „wenn die Bevorzugung berufsrechtlich zulässig ist".[442] Ein nach § 32 MBO-Ä berufsrechtlich zulässiges Verhalten kann daher nicht ohne Hinzutreten weiterer Umstände einen strafrechtlichen Anfangsverdacht begründen.[443] Diese Auffassung wird von anderen Staatsanwaltschaften generell geteilt. Die Generalstaatsanwaltschaft Thüringen **revidierte diese Auffassung**[444] einige Monate später.[445] **454**

Gleichwohl ist der **jüngeren Vergangenheit** vermehrt zu beobachten gewesen, dass die Einladung von HCPs zu externen Fortbildungsveranstaltungen **zunehmend kritisch** gesehen. So sieht der Code of Ethical Business Practice des Medizinprodukteverbands auf europäischer Ebene (MedTech Europe) vor, dass Mitgliedsunternehmen seit dem 1.1.2018 keine direkte Unterstützung von Fachkreisangehörigen zur aktiven und passiven Teilnahme an externen Veranstaltungen mehr leisten dürfen und nationale Mitgliedsverbände diese Möglichkeit seit dem 1.1.2020 nicht mehr vorsehen sollen. Der deutsche Kodex Medizinprodukte 2020[446] verweist zwar auf die gesetzliche Zulässigkeit dieser Unterstützungsleistung sowie Voraussetzungen des Gemeinsamen Standpunkts stellt aber klar, dass dies nach dem Kodex Medizinprodukte den Unternehmen nicht empfohlen wird.[447] Nicht zuletzt könnten auch straf- sowie steuerrechtliche Gesichtspunkte dazu beitragen, dass pharmazeutische Unternehmen diese Form der Unterstützungsleistungen in Zukunft neu bewerten.[448] **455**

---

[441] Ärzteblatt Thüringen Ausgabe 5/2017, 292, abrufbar unter https://www.aerzteblatt-thueringen.de/pdf/thu1705_292.pdf.

[442] BT-Drs. 18/6446, 18, 21.

[443] So ua auch *Geiger* medstra 2017, 193 f. und *Gaede* medstra 2018, 264 (269); zu den Folgen unterschiedlicher Berufsordnungen der Landesärztekammern auf die Strafverfolgung, *Taschke/Zapf* medstra 2015, 332 (336).

[444] Die Generalstaatsanwaltschaft Thüringen erklärte im Dezember 2017, dass die damalige Darstellung im Thüringer Ärzteblatt die Generalstaatsanwaltschaft als unautorisiert und „verkürzt verwirft. Selbstverständlich müsse neben den in § 299a und 299b StGB genannten Tathandlungen eine Unrechtsvereinbarung existieren, um einen Korruptionsverdacht zu rechtfertigen, vgl. Artikel im Ärzteblatt vom 7.12.2017, „Fortbildung auf Industriekosten – Alles Korruption – oder was?" https://www.aerztezeitung.de/Wirtschaft/Alles-Korruption-oder-was-308521.html.]

[445] Vgl. auch die Antwort auf eine kleine Anfrage an den thüringischen Landtag, Drs. 6/5411, abrufbar unter http://www.parldok.thueringen.de/ParlDok/dokument/66748/finanzierung-von-%C3 % A4rztlichen-fortbildungsveranstaltungen-in-th%C3 %BCringen-durch-dritte.pdf.

[446] Kodex Medizinprodukte 2020 des BVMed, abrufbar unter https://www.bvmed.de/de/recht/healthcare-compliance/kodex-medizinprodukte/kodex-medizinprodukte-2020.

[447] Vgl. § 8 Abs. 2 Nr. 1 Kodex Medizinprodukte 2020, abrufbar unter https://www.bvmed.de/de/recht/healthcare-compliance/kodex-medizinprodukte/kodex-medizinprodukte-2020.

[448] Vgl. hierzu auch *Kouyuncu* PharmR 2015, 583 (585).

456 Die **Ratio** der Regelung des § 20 ist, dass die Fortführung der für die pharmazeutische Industrie aus einer Vielzahl legitimer Gründe wichtigen Unterstützung von Ärzten zur Teilnahme an internen und externen Fortbildungsveranstaltungen nur dann gewährleistet werden kann, wenn die jeweilige Ausgestaltung der Veranstaltungen sowie der gewährten Unterstützungsleistungen **über jeden Zweifel erhaben ist und keine missbräuchliche Beeinflussung des Verordnungs- und Beschaffungsverhaltens** darstellt.[449] Aus diesem Grund nimmt sich der Kodex in § 20 diesen Fragen sehr ausführlich an und regelt die mit der Einladung von Ärzten und anderen Angehörigen der Fachkreise zu berufsbezogenen Fortbildungsveranstaltungen in Verbindung stehenden Fragen **im Detail.**

457

<table>
<tr><th colspan="3">Übersicht zur Organisation, Durchführung, finanziellen Unterstützung von und Einladung von Teilnehmern zu internen, externen sowie internationalen Fortbildungsveranstaltungen und anderen Veranstaltungen nach § 20</th></tr>
<tr><th>§ 20</th><th>passive Teilnahme</th><th>aktive Teilnahme</th></tr>
<tr><td>Interne Fortbildungs-veranstaltung</td><td>– Abs. 1–3, Abs. 7
– Erstattung eines angemessenen Kostenbeitrags an Teilnehmer sowie angemessene Bewirtung
– kein Unterhaltungs- und Freizeitprogramm
– Auswahl des Tagungsortes und der Tagungsstätte allein nach sachlichen Gesichtspunkten
– keine Begleitpersonen (Ausnahme: HCP ist zwingend auf Unterstützung angewiesen)</td><td rowspan="2">– Abs. 11
– aktive Teilnahme
– Bestimmungen des § 18 sind einzuhalten (Vertrag, angemessene Vergütung)</td></tr>
<tr><td>Externe Fortbildungsveranstaltung</td><td>– Abs. 4–6, Abs. 7
– Erstattung eines angemessenen Kostenbeitrags an Teilnehmer
– keine Unterstützung von Unterhaltungsprogramm
– keine Kostenübernahme für Bewirtung
– finanzielle Unterstützung gegenüber Veranstaltern in angemessenem Umfang
– Hinwirkungspflicht zur Offenlegung der finanziellen Unterstützung
– entsprechende Vorgaben für Auswahl von Tagungsort und Tagungsstätte sowie bzgl. Bewirtung wie für interne Veranstaltungen bei finanzieller Unterstützung
– Festlegung von Art, Inhalt und Präsentation der Veranstaltung durch ärztlichen Veranstalter
– keine Begleitpersonen (Ausnahme: HCP ist zwingend auf Unterstützung angewiesen)</td></tr>
<tr><td colspan="3">Internationale Fortbildungsveranstaltungen
– Abs. 8 und 9
– Anwendbarkeit der Nationalen Kodizes abhängig vom Sitz des organisierenden, durchführenden oder unterstützenden Unternehmens, des Veranstaltungsortes sowie der unterstützten Teilnehmer (§ 1 Abs. 4)
– Logistische Gründe sprechen für die Wahl des Veranstaltungsortes im Ausland
– die Mehrzahl der Teilnehmer darf nicht aus dem Land kommen, in dem das Mitgliedsunternehmen seinen Sitz hat oder an dem Veranstaltungsort stehen die notwendigen Ressourcen oder Fachkenntnisse zur Verfügung
– Einbindung lokaler verbundener Unternehmen am Veranstaltungsort bzw. am Tätigkeitsort der Teilnehmer</td></tr>
<tr><td colspan="3">Andere Veranstaltungen
Abs. 10: Absätze 1–9 gelten entsprechend</td></tr>
</table>

[449] Vgl. auch Entscheidung zu §§ 17, 6 Abs. 1 idF v. 16.2.2004, https://www.fsa-pharma.de/de/schiedstelle/berichterstattung/fachkreise/az-2005.1–55-1-instanz-kodex-17-6-abs-1-durchfuhrung-von-fortbildungsveranstaltungen-gegen-arzneimittelverschreibung/, FS I 2005.1–55 (zul. abgerufen am 17.6.2021).

II. Berufsbezogene interne (Fortbildungs-)Veranstaltungen (Abs. 1)

1. Allgemeines

Absatz 1 stellt klar, dass Angehörige der Fachkreise von Unternehmen der pharmazeutischen Industrie zu **berufsbezogenen** (dh wissenschaftlichen oder fachlichen) Fortbildungs- oder sonstigen Veranstaltungen eingeladen werden dürfen, die sich mit den Arzneimitteln oder den Indikations- oder Forschungsgebieten des Unternehmens befassen. Der gegenüber der Ursprungsfassung vorübergehend eingefügte Zusatz der „Aus- und Weiterbildungsveranstaltungen" in Abs. 1 sollte einer terminologischen Klarstellung dienen. Gewollt war die Verdeutlichung, dass von dem Begriff der Fortbildungsveranstaltung auch Ausbildungsveranstaltungen umfasst sind. Diese Änderung in Aus- und Weiterbildungsveranstaltungen führte jedoch, wie sich nachfolgend zeigte, zu Missverständnissen in der Ärzteschaft, da es sich bei beiden Begriffen um in der medizinischen Ausbildung feststehende Begriffe handelt.[450] Zum Zwecke einer klaren Begrifflichkeit wird seit der Kodexänderung vom 1.12.2011 nur noch der Begriff der **Fortbildungsveranstaltungen** verwendet. 458

Die Hersteller von Arzneimitteln haben das **legitime und grundrechtlich geschützte Interesse,** den Wissensstand der Fachkreisangehörigen (vor allem der Ärzte und Apotheker) etwa über neue Therapieprinzipien und insbesondere innovative Arzneimittel zu fördern. Die Bestimmung des § 20 Abs. 1 Kodex beruht auf der Erstfassung des Kodex vom 16.2.2004, welcher sich im Hinblick auf Fortbildungsveranstaltungen an der damaligen MBO-Ä orientierte. Aus dieser geht bis heute deutlich hervor, dass diese Unterstützung durch die Industrie auch aus der Sicht der Bundesärztekammer **mit dem Berufsrecht vereinbar** ist. Nach der aktuellen MBO-Ä sind nicht nur Veranstaltungen der Industrie selbst, sondern auch Unterstützungsleistungen der Industrie für die Ermöglichung der Teilnahme ausdrücklich vorgesehen.[451] 459

Die Ärztekammern haben es, nach dem derzeit geltenden System, durch die **Zertifizierung von Fortbildungsveranstaltungen** selbst in der Hand, welche Veranstaltungen sie als ärztliche Fortbildungsveranstaltungen anerkennen und welche nicht, sodass sie das Geschehen wirksam beeinflussen können.[452] So gelten Veranstaltungen, die von der zuständigen Ärztekammer ausdrücklich zertifiziert worden sind, in der Regel als Fortbildungsveranstaltungen iSd § 20 Kodex.[453] In jüngerer Vergangenheit stand ua die Zertifizierung von Fortbildungsveranstaltungen durch die Bayerische Landesärztekammer im Fokus, da nach der Neufassung ihrer Fortbildungsrichtlinie, die am 1.1.2020 in Kraft getreten ist, kein Erwerb von Fortbildungspunkten für die Teilnahme an Fortbildungsveranstaltungen der phar- 460

---

[450] Die Begriffe „Aus- und Weiterbildungsveranstaltungen" werden von der Bundesärztekammer primär für Veranstaltungen mit Bezug zur medizinischen Aus- und Weiterbildung verwendet, vgl. *Dieners* PharmR 2012, 381 (383).

[451] Vgl. § 32 Abs. 2 MBO-Ä; zur Vereinbarkeit der passiven Fortbildungsteilnahme nach MBO-Ä sowie der niedersächsischen Berufsordnung aF vgl. *Dieners* MPR 2013, 13 ff. sowie *Koyuncu/Stute* A&R 2013, 112 ff. und *Sonntag/Valluet/Clausen* MPR 2014, 77 (79 f.).

[452] Siehe zu diesem Thema *Griebenow et al* Deutsche Medizinische Wochenschrift 2003, 775 ff. sowie 734 ff.; siehe auch *Dieners/Miege* A&R 2009, 71 ff.; *Dieners/Voland* PharmR 2020, 244 f.; *Kern/Rehborn* in Laufs/Kern/Rehborn ArztR-HdB § 12 Rn. 56 ff.; zu den Voraussetzungen der Anerkennung einer Fortbildungsveranstaltung auf Länderebene siehe auch VG Hamburg MedR 2009, 485 ff.; VG Berlin MedR 2013, 808 ff.

[453] Entscheidung zu § 20 Abs. 5 S. 3 idF v. 27.11.2013, https://www.fsa-pharma.de/de/schiedstelle/berichterstattung/fachkreise/az-2014.8–429-431-20-abs-5-s-3-fsa-kodex-fachkreise-hinwirkungspflicht-auf-offenlegung-von-bedingung-und-umfang-der-unt/, FS I 2014.8–429-431 (zul. abgerufen am 17.6.2021).

mazeutischen und medizintechnologischen Industrie mehr möglich sein soll.[454] Diese im Vergleich zu den bundesrechtlichen und anderen landesrechtlichen Regelungen besonders restriktive Beschränkung begegnet ua verfassungsrechtlichen Bedenken (→ Kap. 2 Rn. 140). Im Ergebnis bleibt festzuhalten, dass die **Einladung** von Ärzten und anderen Angehörigen der Fachkreise zu berufsbezogenen Veranstaltungen sowie deren Teilnahme hieran unter Berücksichtigung und Einhaltung der entsprechenden Grenzen Ausdruck der **Informationsfreiheit der pharmazeutischen Unternehmen und der jeweiligen Fachkreise** und grundsätzlich zulässig ist.

2. Berufsbezogenheit und Zusammenhang mit Forschungsgebieten und Produkten

461 Die grundsätzliche Zulässigkeit der Einladung von Ärzten zu Fortbildungsveranstaltungen durch die Industrie bedeutet allerdings nicht zugleich, dass auch die Übernahme von Kosten für die Teilnahme an derartigen berufsbezogenen Veranstaltungen durch pharmazeutische Unternehmen ohne jede Einschränkung zulässig wäre. Berufsbezogene oder fachliche Fortbildungsveranstaltungen, die **keinen direkten Zusammenhang** mit den **pharmazeutischen Unternehmen oder einem Produktbereich** des pharmazeutischen Unternehmens aufweisen (etwa Seminare zum Praxismanagement, zur Praxisorganisation oder zur Mitarbeiterführung von Klinikärzten oder niedergelassenen Ärzten etc) und damit einen **arzneimittelfremden Charakter** haben, sollten daher **nur gegen ein angemessenes Entgelt** angeboten werden.[455] Dieses Ergebnis folgt nicht unmittelbar aus dem Wortlaut von Abs. 1. Es wird allerdings gemeinhin aus dem **Sinn und Zweck** der Gesamtregelung von § 20 iVm § 21 (Geschenke) mit folgender Begründung abgeleitet: Da derartige Veranstaltungen mit der Vermittlung von Informationen über Arzneimittel und deren sachgerechter Auswahl und Anwendung nicht in einem direkten Zusammenhang stehen, sondern originär ärztliche Fragen der Praxisorganisation betreffen, steht hier weniger die von Abs. 1 erfasste Fortbildung in arzneibezogenen Fragen im Vordergrund als vielmehr der Charakter einer **unentgeltlichen Zuwendung arzneimittelfremder Fortbildungsleistungen.** Dies legt es in der Tat nahe, diese Fälle nach den Vorgaben von § 21 (Geschenke) zu beurteilen. Da die Übernahme der Kosten für die Teilnahme gegen § 21 Kodex ein unzulässiges Geschenk darstellt, ist ein angemessenes Entgelt von den ärztlichen Teilnehmern zu entrichten. Entsprechende Überlegungen dürften auch für Apotheker und andere Angehörige der Fachkreise gelten. Gleichzeitig dürfen **keine Reise- und Übernachtungskosten** übernommen werden, da derartige Veranstaltungen nicht das hierfür erforderliche Kriterium einer berufsbezogenen wissenschaftlichen Veranstaltung erfüllen (vgl. Abs. 2, → Rn. 473).

462 Vor diesem Hintergrund hat die Schiedsstelle des FSA etwa einen im Rahmen einer internen Fortbildungsveranstaltung durchgeführten (unentgeltlichen) Vortrag zum Thema **„Regressprophylaxe“** als Verstoß gegen Abs. 1 und folglich als unentgeltliche Zuwendung arzneimittelfremder Fortbildungsleistung bewertet, sofern er sich nicht in besonderer Weise mit den Arzneimitteln oder deren Indikationen des Unternehmens befasst.[456] Dies war in der konkreten Konstellation nicht der Fall, da es dort ausschließlich um originär

[454] Die Vereinbarung u.a. dieser Regelung mit höherrangigem Recht ablehnend, VG München Urt. v. 17.6.2021, M 27 K 19.5022; Vertiefend zur verfassungsrechtlichen Bewertung der Neuregelung zur Anerkennung von Fortbildungsveranstaltungen der Industrie in Bayern, *Dieners/Voland* PharmR 2020, 244 ff.

[455] Vgl. hierzu Entscheidung zu § 20 Abs. 1 idF v. 2.12.2005, https://www.fsa-pharma.de/de/schiedstelle/berichterstattung/fachkreise/az-fs-ii-4–07-2007.3–160-20-abs-1-des-kodex-themenauswahl-fur-fortbildungsveranstaltungen-durch-pharmaunternehmen-2-inst/, FS II 2007.3–160 (zul. abgerufen am 17.6.2021).

[456] Entscheidung zu § 6 Abs. 1 idF v. 16.2.2004, https://www.fsa-pharma.de/de/schiedstelle/berichterstattung/fachkreise/az-2005.9–91-1-instanz-18-abs-2–20-abs-3-s-2-des-kodex-produktspezifische-werkstatt-gegen-beratungshonorar-fortbild/, FS I 2005.9–91 (zul. abgerufen am 17.6.2021).

ärztliche Fragen der Regressprophylaxe ging. Im Umkehrschluss bedeutet die Entscheidung gleichzeitig, dass pharmazeutische Unternehmen durchaus Ärzte unentgeltlich an ihren Fortbildungsveranstaltungen teilnehmen lassen und dort auch Fragen der „Regressprophylaxe" – oder vergleichbar Fragen der ärztlichen Praxisorganisation[457] – thematisieren dürfen, sofern diese Fragen einen Bezug zu den Arzneimitteln oder deren Indikationsbereichen aufweisen, die das Unternehmen vertreibt. Die Anforderungen an den **erforderlichen direkten Bezug zu den Arzneimitteln oder Indikationsbereichen** und die hieraus folgende **Wissensvermittlung an Ärzte** dürfen jedoch nicht überzogen werden. Fehlt es gänzlich an einer Wissensvermittlung, wie zB bei einem vom Hersteller ausgerichteten Golfturnier, auf dem nur dessen Produkte beworben wurden, ohne dass eine wissenschaftliche, berufsbezogene Fortbildung stattfand, so stellt dies – neben einem Kodex-Verstoß bei Mitgliedsunternehmen des FSA – einen Verstoß gegen § 7 HWG dar, der auch bei einem Nichtmitglied durch den FSA abgemahnt werden kann.[458]

Die Schiedsstelle nimmt bei der Bewertung von internen Fortbildungsveranstaltungen **463** eine **Gesamtbetrachtung** vor, in deren Rahmen der Inhalt der einzelnen Vorträge berücksichtigt wird.[459] Danach können **ergänzend** – jedoch nicht für sich allein als Gegenstand einer Fortbildungsveranstaltung – **Themen** einbezogen werden, die in einem **engen, fachlich übergreifenden Zusammenhang** mit dem Pharmabereich des Unternehmens stehen und im Zusammenspiel mit Themen aus dem direkten Zusammenhang mit dem Pharmabereich des Unternehmens eine **sinnvolle Fortbildungseinheit** bilden. Auch die Schiedsstelle geht davon aus, dass bei dieser **gebotenen Gesamtbetrachtung kein zu strenger Maßstab** anzulegen ist.[460] Die Betrachtung orientiert sich herbei stets an der tatsächlichen Durchführung der Veranstaltung, nicht an der möglicherweise abweichenden Einladung.[461] Natürlich bleibt es den Unternehmen im Übrigen unbenommen, Ärzten Seminarveranstaltungen zu Fragen ohne Bezug zu eigenen Produkten oder Indikationsbereichen (wie zB der allgemeinen Regressprophylaxe) anzubieten, sofern von den eingeladenen Ärzten für deren Teilnahme ein angemessenes Entgelt verlangt wird.

Berufsbezogene Informations- und Fortbildungsveranstaltungen, die sich nach dieser ge- **464** botenen Gesamtbetrachtung **mit den Arzneimitteln eines Unternehmens, deren Anwendung oder damit in Zusammenhang stehenden Therapieformen** befassen, dürfen HCPs angeboten werden, ohne dass von diesen für eine Teilnahme an solchen Veranstaltungen ein Entgelt verlangt werden muss, selbst wenn das Referatsthema allgemein gefasst ist („falsa demonstratio non nocet").[462] Bei arzneimittelbezogenen Fortbildungsveranstaltungen können auch mit den **konkreten Produkten** in Zusammenhang stehende

---

[457] Entscheidung zu § 6 Abs. 2 idF v. 16.2.2004, https://www.fsa-pharma.de/de/schiedstelle/bericht erstattung/fachkreise/az-fs-ii-1-06-2005.9-90-1-und-2-instanz-6-abs-des-kodex-vergleiche-nunmehr -20-unterbringung-bewirtung-hotelauswa/, FS II 2005.9–90 (zul. abgerufen am 17.6.2021).

[458] Entscheidung zu § 6 Abs. 1 FSA-Kodex idF v. 16.2.2004, FS I 2004.5–6.

[459] Entscheidung zu § 20 Abs. 1 idF v. 2.12.2005, https://www.fsa-pharma.de/de/schiedstelle/ berichterstattung/fachkreise/az-fs-ii-4-07-2007.3-160-20-abs-1-des-kodex-themenauswahl-fur-fort bildungsveranstaltungen-durch-pharmaunternehmen-2-inst/, FS II 2007.3–160 (zul. abgerufen am 17.6.2021).

[460] Entscheidung zu § 20 Abs. 1 idF v. 2.12.2005, https://www.fsa-pharma.de/de/schiedstelle/ berichterstattung/fachkreise/az-fs-ii-4-07-2007.3-160-20-abs-1-des-kodex-themenauswahl-fur-fort bildungsveranstaltungen-durch-pharmaunternehmen-2-inst/, FS II 2007.3–160 (zul. abgerufen am 17.6.2021).

[461] Entscheidung zu § 20 Abs. 1, Abs. 2 S. 2, § 21 idF v. 20.11.2012, https://www.fsa-pharma.de/de/ schiedstelle/berichterstattung/fachkreise/az-2013.2–354-20-abs-1–20-abs-2-s-2-und-21-fsa-kodex-fachkreise-verhaltnis-von-berufsbezogenen-themen-aus-dem-produk/, FS I 2013.2–354 (zul. abgerufen am 17.6.2021).

[462] Entscheidung zu § 6 Abs. 1 FSA-Kodex idF v. 16.2.2004, https://www.fsa-pharma.de/de/schied stelle/berichterstattung/fachkreise/az-2005.7–79-1-instanz-vortrage-mit-allgemeinen-inhalten-anlass lich-von-fortbildungsveranstaltungen-20-abs-1-des-kodex/, FS I 2005.7–79 (zul. abgerufen am 17.6. 2021) (= PharmR 2006, 287).

kostenerstattungsrechtliche Fragen behandelt werden. Zwar lässt sich nicht allgemein feststellen, wie hoch im Rahmen einer zulässigen internen Fortbildungsveranstaltung der kostenerstattungsrechtliche Anteil – auch in einem separaten Vortrag – sein darf, jedoch darf der Anteil, der sich mit pharmakologischen Fragen beschäftigt, nicht nur als pro forma anzusehen sein. Dieser Anteil sollte zumindest überwiegen, und zwar eher deutlich.[463] Vergleichbar kann auch eine **Betriebsbesichtigung** Bestandteil einer internen Fortbildungsveranstaltung sein, sofern die bei der Besichtigung erhaltenen Informationen in engem Zusammenhang mit dem Thema der Fortbildung stehen und die Ärzte Einblicke in die **Umsetzung von Erkenntnissen in der Praxis** erhalten bzw. die dabei vermittelten Informationen für die Entscheidung der teilnehmenden Ärzte zur **Anwendung der Arzneimittel** Bedeutung haben.[464]

465 Grundsätzlich geeignete Themenbereiche und Fragestellungen, die Gegenstand von internen Fortbildungsveranstaltungen sein können, **ohne** dass sie sich **unmittelbar auf Produkte oder Indikationsbereiche** des Unternehmens beziehen oder über den pharmakologischen Bereich eines Mitgliedsunternehmens hinausgehen, sind:

– **(allgemein) arzneimittelbezogene, kosten(erstattungs)rechtliche Fragen** sowie **ökonomische** bzw. **gesellschaftliche Fragen,** soweit sich diese mittelbar auf den Pharmabereich des Unternehmens beziehen und soweit dieser Fortbildungsteil hinsichtlich seines **Zeitanteils unter 50%** der Dauer der gesamten Veranstaltung liegt;[465]
– **gesundheitspolitische Themen,** soweit diese Teile der Veranstaltung gegenüber den anderen zulässigen Fortbildungsthemen weniger ins Gewicht fallen, dh weniger als 50% des gesamten Veranstaltungsprogramms ausmachen;[466]
– **präventive und begleitende, nichtmedikamentöse Maßnahmen** (etwa sportlichen Aktivitäten bei der Erkrankung des Herz-Kreislauf-Systems)[467] oder auch Fragen einer begleitenden Patientenkommunikation bzw. -schulung;

---

[463] Entscheidung zu § 6 Abs. 7 idF v. 16.2.2004, https://www.fsa-pharma.de/de/schiedstelle/berichterstattung/fachkreise/az-fs-ii-1-06-2005.9–90-1-und-2-instanz-6-abs-des-kodex-vergleiche-nunmehr-20-unterbringung-bewirtung-hotelauswa/, FS II 2005.9–90 (zul. abgerufen am 17.6.2021); kritisch bzgl. der vagen Angabe zur Gewichtung der Anteile *Geiger* PharmR 2007, 316 (319).

[464] Entscheidung zu § 20 Abs. 3 idF v. 2.12.2005, https://www.fsa-pharma.de/de/schiedstelle/berichterstattung/fachkreise/az-fs-ii-3–07-2007.3–174-2-instanz-20-abs-3-satz-2-und-20-abs-2-des-kodex-fortbildungen-im-ausland-an-2-verschiedene/, FS II 2007. 3–174 (zul. abgerufen am 17.6.2021) (PharmR 2009, 201); vgl. auch die ablehnende Entscheidung zu § 20 Abs. 1 idF v. 2.12.2005, https://www.fsa-pharma.de/de/schiedstelle/berichterstattung/fachkreise/az-2006.3–117-1-instanz-20-abs-1-des-kodex-tagungsort-fur-deutsche-arzte-im-ausland/, FS I 2006.3–117 (zul. abgerufen am 17.6.2021) (PharmR 2006, 405).

[465] Entscheidung zu § 20 Abs. 1 idF v. 2.12.2005, https://www.fsa-pharma.de/de/schiedstelle/berichterstattung/fachkreise/az-fs-ii-4–07-2007.3–160-20-abs-1-des-kodex-themenauswahl-fur-fort bildungsveranstaltungen-durch-pharmaunternehmen-2-inst/, FS II 2007.3–160 (zul. abgerufen am 17.6.2021) sowie Entscheidung zu § 20 Abs. 1 idF v. 2.12.2005, https://www.fsa-pharma.de/de/schiedstelle/berichterstattung/fachkreise/az-2008.1–219-1-instanz-20-abs-1-des-kodex-fortbildungs veranstaltung-mit-allgemeinen-inhalten/, FS I 2008.1–219 (zul. abgerufen am 16.7.2021) (= PharmR 2009, 204); ebenso Entscheidung zu § 20 Abs. 1, Abs. 2 S. 2, § 21 idF v. 20.11.2012, https://www.fsa-pharma.de/de/schiedstelle/berichterstattung/fachkreise/az-2013.2–354-20-abs-1–20-abs-2-s-2-und-21-fsa-kodex-fachkreise-verhaltnis-von-berufsbezogenen-themen-aus-dem-produk/, FS I 2013.2–354 (zul. abgerufen am 17.6.2021).

[466] Entscheidung zu § 20 Abs. 1, Abs. 2 S. 2, § 21 idF v. 20.11.2012, https://www.fsa-pharma.de/de/schiedstelle/berichterstattung/fachkreise/az-2013.2–354-20-abs-1–20-abs-2-s-2-und-21-fsa-ko dex-fachkreise-verhaltnis-von-berufsbezogenen-themen-aus-dem-produk/, FS I 2013.2–354 (zul. abgerufen am 17.6.2021).

[467] Entscheidung zu § 6 Abs. 1 FSA-Kodex idF v. 16.2.2004, https://www.fsa-pharma.de/de/schiedstelle/berichterstattung/fachkreise/az-fs-ii-2–06-2005.12–106-2-instanz-20-abs-1-kodex/, FS II 2005.12–106 (zul. abgerufen am 17.6.2021).

– Schwerpunktmäßige Behandlung von **Themen der Hochschulmedizin,** sofern sie im Zusammenhang zum Unternehmen und dessen Produkten stehen.[468]

Dass Informationen über den Erstattungsstatus eines Arzneimittels und die hiermit verbundenen Implikationen für die verordnenden Ärzte Inhalte sind, die einer Einladung von Fachkreisangehörigen zu dieser Art von Veranstaltungen nicht entgegenstehen, stellt auch die **8. Leitlinie** (Ziffer 8.2) zutreffend klar. Nach der 8. Leitlinie sind **gesundheitspolitische Informationen, die in einem Zusammenhang zum Unternehmen und dessen Produkten stehen,** taugliche Inhalte für interne Fortbildungsveranstaltungen. **466**

Auch das Verhältnis zwischen dem wissenschaftlichen Fortbildungsteil und einem Freizeit-orientierten Teil der Veranstaltung ist für deren Bewertung von Bedeutung. Ist bei einer wissenschaftlichen Fortbildungsveranstaltung der **Zeitanteil der Fortbildung** mit 1,5 Stunden angesetzt, während die Freizeitveranstaltungen (Dancing-Party, „Zu-Fuß-Rallye", Ostseeausflug) mindestens 13 Stunden dauern, verstößt die Veranstaltung bei einem Nichtmitglied gegen § 7 HWG sowie § 33 MBO-Ä (aF) iVm § 1 UWG).[469] **467**

Die Vorschrift des § 20 regelt zwar örtlich gebundene Veranstaltungen. Fortbildungsveranstaltungen können allerdings auch in der Form des sog. **E-learnings, Webinars oder vergleichbare technologisch gestützte Präsentationsformen** durch individuelle Ansprache durchgeführt werden, wenn diese Angebote die Merkmale einer fachlichen, wissenschaftlichen Informationsvermittlung erfüllen und die Kompetenzbereiche des Unternehmens betreffen. Die Schiedsstelle hat insofern ein internetbasiertes Fortbildungssystem völlig zu Recht als mit § 6 aF vereinbar betrachtet, durch das Ärzten von einem Unternehmen zertifizierte Fortbildungsmaßnahmen angeboten wurden, die in Zusammenarbeit mit einem externen Verlag abgewickelt worden waren.[470] **468**

Das Merkmal der Berufsbezogenheit der internen Fachveranstaltung und der Bezug zu den Indikationsbereichen und Produkten des pharmazeutischen Unternehmens ist für die Einladung der Fachkreisangehörigen zur Veranstaltung ausreichend. Sollen ergänzend **weitere Unterstützungsleistungen** gewährt werden (zB Übernahme der Reise- und Übernachtungskosten), ist dies für interne Fortbildungsveranstaltungen an die **zusätzliche Anforderung** des **wissenschaftlichen Charakters** der Veranstaltung geknüpft (vgl. Abs. 2 S. 1, → Rn. 473 ff.) **469**

3. Spruchpraxis zu Abs. 1

a) Bezug zu Indikations- und Forschungsgebieten oder Produktbereichen des Unternehmens

– Eine interne berufsbezogene Fortbildungsveranstaltung muss einen **direkten Zusammenhang mit dem Pharmabereich** des veranstaltenden Unternehmens haben und aus diesem Bereich **zu einer Wissensvermittlung bei den Ärzten führen.** Dies setzt nicht unbedingt voraus, dass sich die Veranstaltung zwingend mit bestimmten Arzneimitteln des Unternehmens befassen muss. Ausreichend ist, dass es um Themen geht, die sich (unmittelbar) mit dem Pharmabereich des Unternehmens befassen. Dabei ist bei der gebotenen **Gesamtbetrachtung der Fortbildungsveranstaltung kein zu strenger Maßstab** anzulegen. Es können Themen einbezogen werden, die in einem engen, fachlich übergreifenden Zusammenhang zum Pharmabereich des Unternehmens stehen und **470**

---

[468] Entscheidung zu § 20 Abs. 5 S. 3 idF v. 27.11.2013, https://www.fsa-pharma.de/de/schiedstelle/berichterstattung/fachkreise/az-2014.8–429-431-20-abs-5-s-3-fsa-kodex-fachkreise-hinwirkungs pflicht-auf-offenlegung-von-bedingung-und-umfang-der-unt/, FS I 2014.8–429-431 (zul. abgerufen am 17.6.2021).

[469] Entscheidung zu § 6 Abs. 1 FSA-Kodex idF v. 16.2.2004, https://www.fsa-pharma.de/de/schiedstelle/berichterstattung/fachkreise/az-2004.7–12-1-instanz-hwg-7-abs-1-tagungsort-und-rah menprogramm/, FS I 2004.7–12 (zul. abgerufen am 17.6.2021).

[470] Entscheidung zu § 6 Abs. 1 FSA-Kodex idF v. 16.2.2004, FS I 2005.4–62, einsehbar im Jahresbericht des FSA 2005, S. 36, https://www.fsa-pharma.de/site/assets/files/56336/jahresbericht_2005.pdf.

in ihrer Verknüpfung mit Themen aus diesem Bereich eine **sinnvolle Fortbildungseinheit** bilden. Soweit sie nicht allein Gegenstand der Fortbildungsveranstaltung sind, können **(allgemein) arzneimittelbezogene, kostenerstattungsrechtliche Fragen** sowie **ökonomische** bzw. **gesellschaftliche Fragen** thematisiert werden, soweit sich diese mittelbar auf den Pharmabereich des Unternehmens beziehen und soweit dieser Fortbildungsteil hinsichtlich seines Zeitanteils unter 50 % der Dauer der gesamten Veranstaltung liegt.[471]

- **Allgemein arzneimittelbezogene kostenrechtliche Fragen** können **nicht für sich allein Gegenstand einer Fortbildungsveranstaltung** im Sinne des Kodex sein, ohne dass sich die Teilnehmer an den Kosten angemessen beteiligen. Sie können allenfalls in eine erlaubte Fortbildungsveranstaltung einbezogen werden, soweit ihr Zeitanteil unter 50% beträgt.[472]
- Befasst sich eine Fortbildungsveranstaltung in pharmakologischer Hinsicht mit einem konkreten Arzneimittel des veranstaltenden Pharmaunternehmens, so können auch damit verbundene **(arzneimittelbezogene) kostenerstattungsrechtliche Fragen** behandelt werden. Allerdings muss der Anteil, der sich mit pharmakologischen Fragen beschäftigt, deutlich überwiegen und darf nicht nur als pro forma anzusehen sein.[473]
- Ein **konkreter Arzneimittelbezug** im Rahmen einer berufsbezogenen Fortbildungsveranstaltung kann im Einzelfall zu bejahen sein, wenn sich die Veranstaltung mit der **Erstattungsfähigkeit von Arzneimitteln** befasst, die zuvor in Veranstaltungen einer kassenärztlichen Vereinigung von der Erstattungsfähigkeit ausgenommen worden sind und dadurch ein Mitgliedsunternehmen in seinen Wirtschaftlichkeitsüberlegungen betroffen ist.[474]
- Fortbildungsveranstaltungen im Sinne von § 20 können auch Veranstaltungen sein, deren **Schwerpunkt Themen der Hochschulmedizin** sind, soweit sie in einem Zusammenhang zum Unternehmen und dessen Produkten stehen.[475]
- Vorträge, die sich mit den **Forschungsgebieten, Arzneimitteln und deren Indikationen** des durchführenden Pharmaunternehmens befassen, sind kodexkonform und verlangen selbst dann keine angemessene Kostenbeteiligung des Arztes, wenn das **Referatsthema allgemein gefasst** ist und auf einen nicht unternehmensbezogenen Inhalt hindeutet. Soweit der Titel des Vortrags darauf hindeutete, dass es sich um allgemeine Inhalte handeln könnte, ergab der Vortrag selber, dass zum neuesten Stand der neurobiolo-

---

[471] Entscheidung zu § 20 Abs. 1 idF v. 2.12.2005, https://www.fsa-pharma.de/de/schiedstelle/berichterstattung/fachkreise/az-fs-ii-4–07-2007.3–160-20-abs-1-des-kodex-themenauswahl-fur-fort bildungsveranstaltungen-durch-pharmaunternehmen-2-inst/, FS II 2007.3–160 (zul. abgerufen am 17.6.2021).

[472] Entscheidung zu § 20 Abs. 1 idF v. 2.12.2005, https://www.fsa-pharma.de/de/schiedstelle/berichterstattung/fachkreise/az-2008.1–219-1-instanz-20-abs-1-des-kodex-fortbildungsveranstaltung-mit-allgemeinen-inhalten/, FS I 2008.1–219 (zul. abgerufen am 17.6.2021) (PharmR 2009, 204); vergleichbar ebenso Entscheidung zu § 20 Abs. 1, Abs. 2 S. 2, § 21 idF v. 20.11.2012, https://www.fsa-pharma.de/de/schiedstelle/berichterstattung/fachkreise/az-2013.2–354-20-abs-1-20-abs-2-s-2-und-21-fsa-kodex-fachkreise-verhaltnis-von-berufsbezogenen-themen-aus-dem-produk/, FS I 2013.2–354 (zul. abgerufen am 17.6.2021).

[473] Entscheidung zu § 6 Abs. 1 idF v. 16.2.2004, https://www.fsa-pharma.de/de/schiedstelle/berichterstattung/fachkreise/az-fs-ii-1–06-2005.9–90-1-und-2-instanz-6-abs-des-kodex-vergleiche-nunmehr-20-unterbringung-bewirtung-hotelauswa/, FS II 2005.9–90 (zul. abgerufen am 17.6.2021).

[474] Entscheidung zu § 20 Abs. 1 idF v. 2.12.2005, https://www.fsa-pharma.de/de/schiedstelle/berichterstattung/fachkreise/az-2006.3–119-1-instanz-20-abs-1-des-kodex-fortbildungsveranstaltun gen-mit-allgemeinen-inhalten-ausnahme-von-der-verpfl/, FS I 2006.3–119 (zul. abgerufen am 17.6.2021).

[475] Entscheidung zu § 20 Abs. 5 S. 3 idF v. 27.11.2013, https://www.fsa-pharma.de/de/schiedstelle/berichterstattung/fachkreise/az-2014.8–429-431-20-abs-5-s-3-fsa-kodex-fachkreise-hinwirkungs pflicht-auf-offenlegung-von-bedingung-und-umfang-der-unt/, FS I 2014.8–429-431 (zul. abgerufen am 17.6.2021).

gischen Erkenntnisse referiert wurden und allgemeine Bezugspunkte, zB zum kulturellen Umfeld oder Kulturkritik, nicht enthalten waren. Insofern schadet die falsche Auswahl des Referatstitels nicht, um festzustellen, dass es sich um einen kodexkonformen Veranstaltungsteil gehandelt hat[476] („falsa demonstratio non nocet").

- Eine interne Fortbildungsveranstaltung, die sich in Form eines Workshops nicht allein auf den pharmakologischen Bereich eines Mitgliedsunternehmens beschränkt, sondern sich auch mit präventiven und **begleitenden nicht medikamentösen,** insbesondere sportlichen **Maßnahmen** bei der Erkrankung des Herz-Kreislauf-Systems befasst, verstößt nicht gegen § 20 Abs. 1 Kodex.[477]
- Werden im Rahmen einer internen Fortbildungsveranstaltung auch praktische Übungen angeboten, die eine aktive Beteiligung der Teilnehmer erfordern, fällt die **Auswertung der individuellen Leistungstests** als Bestandteil der fachlichen Ärztefortbildung in den erlauben Rahmen des § 20 Abs. 1 Kodex.[478]
- Eine **Betriebsbesichtigung** ist sachlich **nicht gerechtfertigt,** wenn die dabei vermittelten Informationen (exzellente Wirkweise und das Sicherheitsprofil der Medikamentenherstellung) für den unmittelbaren Tätigkeitsbereich der eingeladenen Ärzte (Indikation sowie für die Verordnungsentscheidung) **keine grundlegende Bedeutung** für ihre Entscheidung zur **Anwendung von Medikamenten** am Patienten haben.[479]
- Die Einbeziehung einer **Betriebsbesichtigung** im Rahmen einer Fortbildungsveranstaltung ist hingegen kodexkonform, sofern die bei der Besichtigung erhaltenen Informationen (zB über verschiedene Darreichungsformen) **in engem Zusammenhang mit dem Thema der Fortbildung** stehen und die Ärzte Einblicke in die **Umsetzung von Erkenntnissen in der Praxis** erhalten.[480]
- Ein **Vortrag zur „Regressprophylaxe",** sofern er sich nicht in besonderer Weise mit den Forschungsgebieten Arzneimitteln und deren Indikationen bezogen auf die Produkte des Mitgliedsunternehmens befasst, verstößt gegen den Kodex.[481]
- § 20 Abs. 1 umfasst nicht Veranstaltungen, die zwar für Ärzte berufsbezogen sind, sich aber nicht unmittelbar mit Arzneimitteln befassen, sondern originär **Fragen der ärztlichen Praxisorganisation** betreffen.[482]

---

[476] Entscheidung zu § 6 Abs. 1 idF v. 16.2.2004, https://www.fsa-pharma.de/de/schiedstelle/berichterstattung/fachkreise/az-2005.7–79-1-instanz-vortrage-mit-allgemeinen-inhalten-anlasslich-von-fortbildungsveranstaltungen-20-abs-1-des-kodex/, FS I 2005.7–79 (zul. abgerufen am 17.6.2021) (PharmR 2006, 287).

[477] Entscheidung zu § 6 Abs. 1 idF v. 16.2.2004, https://www.fsa-pharma.de/de/schiedstelle/berichterstattung/fachkreise/az-fs-ii-2–06-2005.12–106-2-instanz-20-abs-1-kodex/, FS II 2005.12–106 (zul. abgerufen am 17.6.2021).

[478] Entscheidung zu § 6 Abs. 1 idF v. 16.2.2004, https://www.fsa-pharma.de/de/schiedstelle/berichterstattung/fachkreise/az-fs-ii-2–06-2005.12–106-2-instanz-20-abs-1-kodex/, FS II 2005.12–106 (zul. abgerufen am 17.6.2021).

[479] Entscheidung zu § 20 Abs. 1 idF v. 2.12.2005, https://www.fsa-pharma.de/de/schiedstelle/berichterstattung/fachkreise/az-2006.3–117-1-instanz-20-abs-1-des-kodex-tagungsort-fur-deutsche-arzte-im-ausland/, FS I 2006.3–117 (zul. abgerufen am 17.6.2021) (PharmR 2006, 405).

[480] Entscheidung zu § 20 Abs. 3 idF v. 2.12.2005, https://www.fsa-pharma.de/de/schiedstelle/berichterstattung/fachkreise/az-fs-ii-3–07-2007.3–174-2-instanz-20-abs-3-satz-2-und-20-abs-2-des-kodex-fortbildungen-im-ausland-an-2-verschiedene/, FS II 2007. 3–174 (zul. abgerufen am 17.6.2021) (PharmR 2009, 201).

[481] Entscheidung zu § 6 Abs. 1 idF v. 16.2.2004, https://www.fsa-pharma.de/de/schiedstelle/berichterstattung/fachkreise/az-2005.9-91-1-instanz-18-abs-2-20-abs-3-s-2-des-kodex-produktspezifische-werkstatt-gegen-beratungshonorar-fortbild/, FS I 2005.9–91 (zul. abgerufen am 22.6.2021).

[482] Entscheidung zu § 6 Abs. 1 idF v. 16.2.2004, https://www.fsa-pharma.de/de/schiedstelle/berichterstattung/fachkreise/az-fs-ii-1–06-2005.9–90-1-und-2-instanz-6-abs-des-kodex-vergleiche-nunmehr-20-unterbringung-bewirtung-hotelauswa/, FS II 2005.9–90 (zul. abgerufen am 17.6. 2021).

– Fortbildungsveranstaltungen dürfen nur zu wissenschaftlichen und berufsbezogenen Themen durchgeführt werden. Die Durchführung eines **Unterhaltungsprogramms** (hier: Grillfestes) während einer oder ohne eine gleichzeitige Fortbildungsveranstaltung ist für Mitgliedsunternehmen **unzulässig.**[483]

b) Umfang der berufsbezogenen Inhalte

471 – Behandelt eine interne Fortbildungsveranstaltung **ökonomische bzw. gesellschaftliche Fragen,** die sich wenigstens mittelbar auf den Pharmabereich des veranstaltenden Unternehmens beziehen, muss dieser Fortbildungsteil hinsichtlich seines **Zeitanteils unter 50 %** der Dauer der gesamten Veranstaltung liegen.[484]

– **Allgemein arzneimittelbezogene kostenrechtliche Fragen** können **nicht für sich allein Gegenstand einer Fortbildungsveranstaltung** im Sinne des Kodex sein, ohne dass sich die Teilnehmer an den Kosten angemessen beteiligen. Sie können allenfalls in eine erlaubte Fortbildungsveranstaltung einbezogen werden, soweit ihr **Zeitanteil unter 50 %** beträgt.[485]

– Neben zulässigen Elementen einer Fortbildungsveranstaltung können zusätzlich auch allgemeine arzneimittelbezogene oder **gesundheitspolitische Themen** behandelt werden, die allenfalls im mittelbaren Zusammenhang mit dem Arzneimittelbereich des Unternehmens stehen. Diese Veranstaltungsteile müssen jedoch gegenüber den anderen nach § 20 Abs. 1 zulässigen Fortbildungsthemen weniger ins Gewicht fallen, dh weniger als 50% des gesamten Veranstaltungsprogramms ausmachen. Dies ist **nicht der Fall,** wenn beide Referate, einschließlich des jeweiligen Diskussionsteils, eine **gleiche Zeitdauer** beanspruchen.[486]

– Die Einladung zu einer eineinhalbstündigen produktbezogenen Fortbildungsveranstaltung, verbunden mit kostenfreier Übernachtung und Verpflegung in einem renommierten **Golf- und Sporthotel** am Timmendorfer Strand und einem mindestens 13-stündigen, attraktiven Freizeitprogramm, stellt für ein Nichtmitglied einen Verstoß gegen § 7 HWG und § 1 UWG aF iVm § 33 MBO-Ä (aF) dar.[487]

c) Weitere Spruchpraxis zu Abs. 1

472 – Wird eine Fortbildungsveranstaltung **von der zuständigen Ärztekammer zertifiziert,** so wird in der Regel der Charakter einer Fortbildungsveranstaltung iSd § 20 Kodex zu bejahen sein.[488]

---

[483] Entscheidung zu § 6 Abs. 1 idF v. 16.2.2004, https://www.fsa-pharma.de/de/schiedstelle/berichterstattung/fachkreise/az-2005.6–75-1-instanz-20-abs-1-des-kodex-20-abs-4-und-5-verfahrens ordnung-absage-eines-geplanten-grillfestes-fur-a/, FS I 2005.6–75 (zul. abgerufen am 17.6.2021).

[484] Entscheidung zu § 20 Abs. 1 idF v. 2.12.2005, https://www.fsa-pharma.de/de/schiedstelle/berichterstattung/fachkreise/az-fs-ii-4–07-2007.3–160-20-abs-1-des-kodex-themenauswahl-fur-fort bildungsveranstaltungen-durch-pharmaunternehmen-2-inst/, FS II 2007.3–160 (zul. abgerufen am 17.6.2021).

[485] Entscheidung zu § 20 Abs. 1 idF v. 2.12.2005, https://www.fsa-pharma.de/de/schiedstelle/berichterstattung/fachkreise/az-2008.1–219-1-instanz-20-abs-1-des-kodex-fortbildungsveranstaltung-mit-allgemeinen-inhalten/, FS I 2008.1–219 (zul. abgerufen am 17.6.2021) (= PharmR 2009, 204).

[486] Entscheidung zu § 20 Abs. 1, Abs. 2 S. 2, § 21 idF v. 20.11.2012, https://www.fsa-pharma.de/de/schiedstelle/berichterstattung/fachkreise/az-2013.2–354-20-abs-1-20-abs-2-s-2-und-21-fsa-ko dex-fachkreise-verhaltnis-von-berufsbezogenen-themen-aus-dem-produk/, FS I 2013.2–354 (zul. abgerufen am 17.6.2021).

[487] Entscheidung zu § 6 Abs. 1 idF v. 16.2.2004, https://www.fsa-pharma.de/de/schiedstelle/berichterstattung/fachkreise/az-2004.7–12-1-instanz-hwg-7-abs-1-tagungsort-und-rahmenprgramm/, FS I 2004.7–12 (zul. abgerufen am 17.6.2021).

[488] Entscheidung zu § 20 Abs. 5 S. 3 idF v. 27.11.2013, https://www.fsa-pharma.de/de/schiedstelle/berichterstattung/fachkreise/az-2014.8–429-431-20-abs-5-s-3-fsa-kodex-fachkreise-hinwirkungs pflicht-auf-offenlegung-von-bedingung-und-umfang-der-unt/, FS I 2014.8–429-431 (zul. abgerufen am 17.6.2021).

– Fortbildungsveranstaltungen können auch in Form des **E-Learnings** durch individuelle Ansprache und Internetzugang des Arztes durchgeführt werden.[489]
– Die **Überlassung von Texten der gehaltenen Vorträge als Tagungsunterlagen** fällt in den erlaubten Rahmen einer gemäß § 20 Abs. 1 Kodex zulässigen Fortbildungsveranstaltung. Dies gilt auch für die schriftliche Überlassung von individuellen Leistungstests der Teilnehmer des Workshops.[490]
– Die Systematik der Unterscheidung zwischen „internen" und „externen" Veranstaltungen in § 20 spricht **gegen eine Vermutung,** ein Unternehmen könne **„aus Anlass" einer externen Fortbildungsveranstaltung eine „interne" Veranstaltung** für teilnehmende Ärzte **durchführen,** die deren Bewirtung rechtfertigen könnte. Im betroffenen Fall wurde eine externe Fortbildungsveranstaltung (DGU Jahreskongress) nicht dadurch zu einer internen Fortbildungsveranstaltung, dass das Mitgliedsunternehmen einem „get together" einen einstündigen medizinischen Vortrag voranstellte, bei dem die teilnehmenden Ärzte nur solche des DGU Jahreskongresses sind und darüber hinaus dem Vortrag aus Kapazitätsgründen nur rund die Hälfte der späteren Nutznießer der Bewirtung beiwohnen konnten.[491]
– Es ist **zulässig, für Ärzte und Arzthelferinnen** (Praxispersonal) eine **gemeinsame** Fortbildungsveranstaltung durchzuführen, die für ein Praxisteam als sinnvoll erscheint. Die Veranstaltung muss aber für jede Gruppe den Voraussetzungen des Abs. 1 und Abs. 2 genügen.[492]

III. Kostenübernahme bei internen (Fortbildungs-)Veranstaltungen (Abs. 2)

1. Allgemeines

Absatz 2 betrifft die Frage, unter welchen Voraussetzungen pharmazeutische Unternehmen den Angehörigen der Fachkreise **Kostenbeiträge** – iSd § 2 Abs. 17 – zum Zweck der Teilnahme an internen Fortbildungsveranstaltungen gewähren dürfen. Voraussetzung für die Übernahme eines Kostenbeitrags ist, dass es sich um berufsbezogene **wissenschaftliche** (Fortbildungs-)Veranstaltungen handelt (Satz 2). Der Kostenbeitrag darf den Umfang der **Angemessenheit** nicht überschreiten (Satz 1 iVm Abs. 3 S. 1). Der Kostenbeitrag umfasst **Reise- und notwendige Übernachtungskosten** (Satz 2). Darüber hinaus ist eine angemessene **Bewirtung** der Teilnehmer zulässig (Satz 3). Der Kostenbeitrag erstreckt sich jedoch **nicht** auf die Finanzierung von **Unterhaltungs- oder Freizeitprogrammen,** welche unabhängig von deren Finanzierung auch nicht vom pharmazeutischen Unternehmen organisiert werden dürfen (Satz 4). Das Veranstaltungsprogramms sowie die Anwesenheit der Teilnehmer sind zu **dokumentieren** (Satz 5). 473

[489] Entscheidung zu § 6 idF v. 16.2.2004, FS I 2005.4–62, einsehbar im Jahresbericht des FSA 2005, S. 36, https://www.fsa-pharma.de/site/assets/files/56336/jahresbericht_2005.pdf.

[490] Entscheidung zu § 6 Abs. 1 idF v. 16.2.2004, https://www.fsa-pharma.de/de/schiedstelle/berichterstattung/fachkreise/az-fs-ii-2–06-2005.12–106-2-instanz-20-abs-1-kodex/, FS II 2005.12–106 (zul. abgerufen am 17.6.2021).

[491] Entscheidung zu § 20 Abs. 4 idF v. 20.11.2012, https://www.fsa-pharma.de/de/schiedstelle/berichterstattung/fachkreise/az-2013.10–363-20-abs-4–22-abs-1-fsa-kodex-fachkreise-bewirtung-von-arzten-im-rahmen-einer-externen-fortbildungsveranst/, FS I 2013.10–363 (zul. abgerufen am 17.6.2021).

[492] Entscheidung zu § 20 Abs. 2 idF v. 2.12.2005, https://www.fsa-pharma.de/de/schiedstelle/berichterstattung/fachkreise/az-fs-ii-7–07-2007.3–176-2-instanz-20-abs-2-satz-1-des-kodex-durchfuhrung-von-gemeinsamen-fortbildungsveranstaltungen-f/, FS II 7/07/2007.3–176 (zul. abgerufen am 17.6.2021).

2. Wissenschaftlicher Charakter der Veranstaltung (Satz 2)

474 Die Absätze 2 und 3 definieren, unter welchen genauen Voraussetzungen den Angehörigen der Fachkreise – zusätzlich zur Einladung – Unterstützungsleistungen (etwa die Übernahme von Reise- und Übernachtungskosten) gewährt werden dürfen. Dies setzt voraus, dass der **berufsbezogene wissenschaftliche Charakter** der internen Fortbildungsveranstaltung **eindeutig im Vordergrund** steht (Abs. 2 S. 1). Dies ist dann der Fall, wenn das **zeitliche Übergewicht** bei den **wissenschaftlichen Vorträgen** liegt.[493] Vergleichbares gilt für externe Fortbildungsveranstaltungen (Abs. 4 S. 2), für die ergänzend ein sachliches Interesse des Unternehmens an der Teilnahme des HCP an der externen Fortbildungsveranstaltung bestehen muss.

475 Für das Erfordernis des wissenschaftlichen Charakters der internen (Fortbildungs-)Veranstaltung muss die berufsbezogene Veranstaltung eine **wissenschaftlich-informative Zielsetzung** haben, in die sich auch produktbezogene Informationen (einschließlich etwa Informationen über die Erstattungsfähigkeit dieser Produkte) einbetten dürfen.[494] Die Übernahme von Reise- und Übernachtungskosten kommt daher nicht in Betracht, wenn es sich um reine Werbeveranstaltungen ohne jeden wissenschaftlichen Charakter handelt.[495]

476 Mit der Anforderung eines wissenschaftlichen Charakters der internen Veranstaltung ging der Kodex vormals weiter als etwa § 33 Abs. 4 MBO-Ä aF, wonach lediglich ein „Berufsbezug" der Veranstaltung verlangt wurde. In ihrer aktuellen Fassung (vgl.Vgl. § 32 Abs. 2 S. 2 MBO-Ä) verlangt die MBO-Ä für die Übernahme von Reisekosten und Tagungsgebühren ebenfalls eine **„wissenschaftliche" Fortbildungsveranstaltung.**

477 Für die Zulässigkeit der Einladung und Gewährung von Kostenbeiträgen im Kontext der Teilnahme von Fachkreisangehörigen an internen (Fortbildungs-)Veranstaltungen ist zwischen folgenden **Veranstaltungstypen** zu unterscheiden:

- Berufsbezogene, interne Fachveranstaltungen **ohne Bezug zu den Indikations- und Forschungsgebieten des pharmazeutischen Unternehmens:** Die Teilnahme an diesen Veranstaltungen darf Angehörigen der Fachkreise nur gegen Entrichtung eines angemessenen Entgelts angeboten werden. Fortbildungsveranstaltungen, die in der Regel keinen direkten Zusammenhang mit dem pharmazeutischen Unternehmen oder einem Produktbereich des pharmazeutischen Unternehmens aufweisen, sind etwa Seminare zum Praxismanagement, zur Praxisorganisation oder zur Mitarbeiterführung von Ärzten.
- Berufsbezogene, interne Fachveranstaltungen mit **Bezug zu den Indikations- und Forschungsgebieten** des pharmazeutischen Unternehmens, jedoch **ohne wissenschaftlichen Charakter:** Die Teilnahme an diesen Veranstaltungen darf Angehörigen der Fachkreise unentgeltlich angeboten werden. Allerdings ist hier die Übernahme von Reise- und Übernachtungskosten nicht möglich. Bei diesen Veranstaltungen handelt es sich in der Regel um bloße Werbeveranstaltungen mit ausschließlich produktbezogenen Informationen, ohne dass diese Informationen eine darüber hinausgehende wissenschaftlich-informative Zielsetzung haben.
- Berufsbezogene, interne Fachveranstaltungen mit **Bezug zu den Indikations- und Forschungsgebieten** des pharmazeutischen Unternehmens und mit **wissenschaftlich-informativer Zielsetzung:** In diesem Fall darf die Teilnahme an der Veranstaltung un-

---

[493] Entscheidung zu § 20 Abs. 3 idF v. 2.12.2005, https://www.fsa-pharma.de/de/schiedstelle/berichterstattung/fachkreise/az-fs-ii-3–07-2007.3–174-2-instanz-20-abs-3-satz-2-und-20-abs-2-des-kodex-fortbildungen-im-ausland-an-2-verschiedene/, FS II 2007. 3–174 (zul. abgerufen am 17.6. 2021) (PharmR 2009, 201).

[494] So auch *Geiger* PharmR 2007, 316 (320, 323), der Reise-, Übernachtungs- und Bewirtungskosten nur dann für erstattungsfähig ansieht, sofern der berufsbezogene wissenschaftliche Charakter der internen Fortbildungsveranstaltung eindeutig im Vordergrund steht. *Geiger* sieht hierfür das Vorliegen einer „straffen Agenda" als ausschlaggebendes Kriterium der Frage.

[495] Zustimmend *Geiger* PharmR 2007, 316 (320).

entgeltlich angeboten werden. Darüber hinaus dürfen nach Maßgabe der in Abs. 2 und 3 geregelten Grenzen auch die Kosten für die Hin- und Rückreise sowie die Übernachtung der Veranstaltungsteilnehmer übernommen werden. Es handelt sich hierbei um Veranstaltungen, bei denen der wissenschaftliche Charakter, dh die wissenschaftlich-informative Zielsetzung im Vordergrund steht. Dies schließt die gleichzeitige Vermittlung von produktbezogenen Informationen nicht aus. Jedoch müssen sich diese produktbezogenen Informationen in den allgemeinen wissenschaftlichen Kontext und Charakter der Veranstaltung einfügen.

3. Spruchpraxis zum wissenschaftlichen Charakter der (Fortbildungs-) Veranstaltung (Satz 2)

- Der berufsbezogene wissenschaftliche Charakter einer internen Fortbildungsveranstaltung steht dann eindeutig im Vordergrund, wenn das **zeitliche Übergewicht** bei den **wissenschaftlichen Vorträgen** liegt. Ist eine **Betriebsbesichtigung** Bestandteil einer Fortbildungsveranstaltung, muss sie sich zwanglos **in den wissenschaftlichen Kontext** der Tagung **einfügen.**[496] **478**
- Lädt ein **Nichtmitglied** auf seine Kosten Ärzte zu einer Fortbildungsveranstaltung an einem **Wintersportort** im Februar ein, wobei von zwei Tagen vor Ort (4 Tage inkl. An- und Abreise) lediglich ein halber Tag durch Fortbildung, die restliche Zeit durch Unterhaltungsprogramme (Motor- und Hundeschlittensafari, Besuch einer Rentierfarm, Sauna) ausgefüllt wird, dient der **Fortbildungszweck nur als Vorwand und tritt völlig in den Hintergrund.** Das Angebot stellt damit einen Verstoß gegen §§ 3, 4 Nr. 1 UWG aF dar.[497] Wäre das Unternehmen Mitglied des FSA gewesen, lägen Verstöße ua gegen § 20 Abs. 2 vor.
- Eine Einladung von einem **Nichtmitglied** an Ärzte zu einem mehrtägigen Symposium, bei welchem neben einem wissenschaftlichen Programm von rund vier Stunden für die restliche Zeit (mind. 17 Stunden) ein „Interessantes Ausflugsprogramm mit kulinarischen Höhepunkten" angeboten wurde (inkl. Besichtigung einer Käserei und einer Schinkenmanufaktur, Stadtbesichtigung und Wellness-Programm), verstößt § 7 HWG sowie § 1 UWG, da die **Relation zwischen dem fachlich wissenschaftlichen Programm und dem Beiprogramm** in einem deutlichen Missverhältnis stand.[498]

4. Angemessenheit des Kostenbeitrags, untergeordnete Bedeutung (Abs. 2 S. 1 und Abs. 3 S. 1)

Die Gewährung eines Kostenbeitrags ist gem. Abs. 2 S. 1 und Abs. 3 S. 1 nur in einem **479**
angemessenen Rahmen zulässig. Der Kostenbeitrag muss insbesondere im Verhältnis zum berufsbezogenen wissenschaftlichen Zweck **von untergeordneter Bedeutung sein.** Um dieser Anforderung gerecht zu werden, muss die **Vermittlung von Fachwissen** mit wissenschaftlichem Charakter im **Vordergrund**[499] stehen, und nicht etwa die Unterbringung der teilnehmenden Ärzte in besonderen Luxushotels oder deren Bewirtung in ausgesuchten Feinschmeckerrestaurants. Anderenfalls kann der **zu vermeidende Eindruck** entstehen, die teilnehmenden Ärzte sollten durch derartige Leistungen in ihren Ver-

[496] Entscheidung zu § 20 Abs. 3 idF v. 2.12.2005, https://www.fsa-pharma.de/de/schiedstelle/berichterstattung/fachkreise/az-fs-ii-3-07-2007.3-174-2-instanz-20-abs-3-satz-2-und-20-abs-2-des-kodex-fortbildungen-im-ausland-an-2-verschiedene/, FS II 2007. 3–174 (zul. abgerufen am 17.6. 2021) (PharmR 2009, 201).

[497] Entscheidung zu §§ 3, 4 Nr. 1 UWG, https://www.fsa-pharma.de/de/schiedstelle/berichterstattung/fachkreise/az-2010.10-294-1-instanz-3-4-nr-1-uwg-unangemessener-unsachlicher-einfluss-auf-arzte-durch-angebot-von-unterhaltungspr/FS I 2010.10–294 (zul. abgerufen am 17.6.2021).

[498] Entscheidung zu § 6 Abs. 3 idF v. 16.2.2004, https://www.fsa-pharma.de/de/schiedstelle/berichterstattung/fachkreise/az-2004.7-14-1-instanz-kodex-1-uwg-20-abs-3-fortbildung-deutscher-arzte-im-ausland/, FS I 2004.7–14 (zul. abgerufen am 17.6.2021).

[499] So auch *Geiger* PharmR 2007, 316 (321).

ordnungs- und Therapieentscheidungen in **unsachgemäßer Weise beeinflusst** werden. Somit darf zB die Bewirtung nicht zum vordringlichen Zweck oder gar Selbstzweck der Veranstaltung werden.[500]

5. Spruchpraxis zur untergeordneten Bedeutung (Abs. 2 S. 1 und Abs. 3 S. 1)

480 – Lädt ein Unternehmen Ärzte zu einem **einstündigen Fachvortrag** und im Anschluss daran zu einem **„Martinsgansessen"** ein, welches in der schriftlichen Einladung zudem durch einen Fettdruck besonders hervorgehoben wird, ist eine solche Bewirtung vor allem **wegen der zeitlichen Gewichtung** von Fortbildung und Bewirtung **nicht mehr von untergeordneter Bedeutung** und die Einladung zu dieser Fortbildung unangemessen.[501]

6. Angemessene Reise- und notwendige Übernachtungskosten (Satz 2)

481 Sofern eine berufsbezogene wissenschaftliche Veranstaltung vorliegt, dürfen den eingeladenen Fachkreisangehörigen Reise- und notwendige Übernachtungskosten in angemessenem Umfang erstattet werden. Voraussetzung hierfür ist selbstverständlich die **tatsächliche Teilnahme** der eingeladenen Ärzte oder anderen Angehörigen der Fachkreise an der Veranstaltung, die hinreichend (zB in einer Anwesenheitsliste) dokumentiert werden sollte.[502]

a) Angemessene Reisekosten

482 Was unter dem Begriff der **„angemessenen Reisekosten"** zu verstehen ist, hat der Vorstand des FSA in einer **10. Leitlinie** geregelt. Nach Ziffer 10.2 ist die Übernahme von **Bahntickets (1. Klasse)** sowie von **Pkw-Fahrtkosten** in Höhe der steuerlich zugelassenen pauschalen Kilometersätze je Fahrtkilometer für Dienstreisen sowie die Erstattung sonstiger Reisekosten **(öffentliche Verkehrsmittel, Taxen)** angemessen und damit möglich. Bei Flugreisen ist die Übernahme von Kosten eines Tickets der **Economy-Class** für innereuropäische Flüge sowie der Business-Class für interkontinentale Flüge angemessen. Die Erstattung von First-Class-Flügen ist hingegen unangemessen.

b) Notwendige Übernachtungskosten

483 Der Kostenbeitrag erfasst weiterhin die für die Teilnahme an der Veranstaltung **notwendigen Übernachtungskosten.** „Notwendig" bedeutet, dass die Übernahme von Übernachtungskosten erst dann in Betracht kommt, wenn dies aufgrund des zeitlichen Beginns bzw. des Endes der Veranstaltung erforderlich wird. Maßgeblich sind daher die **Dauer der Veranstaltung** und die zumutbaren Grenzen für Teilnehmer, noch am Veranstaltungstag an- oder abzureisen.[503]

---

[500] Entscheidung zu §§ 20 Abs. 3 S. 1, 22 Abs. 1 jeweils idF v. 18.1.2008, https://www.fsa-pharma.de/de/schiedstelle/berichterstattung/fachkreise/az-2010.10–293-1-instanz-20-abs-3-satz-1–22-abs-1-fsa-kodex-fachkreise-angemessenheit-der-bewirtung-im-rahmen-einer/, FS I 2010.10–293 (zul. abgerufen am 17.6.2021).

[501] Entscheidung zu §§ 20 Abs. 3 S. 1, 22 Abs. 1 jeweils idF v. 18.1.2008, https://www.fsa-pharma.de/de/schiedstelle/berichterstattung/fachkreise/az-2010.10–293-1-instanz-20-abs-3-satz-1–22-abs-1-fsa-kodex-fachkreise-angemessenheit-der-bewirtung-im-rahmen-einer/, FS I 2010.10–293 (zul. abgerufen am 17.6.2021).

[502] Siehe zu dieser Frage auch die Entscheidung zu § 20 Abs. 2 idF v. 2.12.2005, https://www.fsa-pharma.de/de/schiedstelle/berichterstattung/fachkreise/az-fsii-5-07-2006.8-135-2-instanz-20-abs-2-satz-4-des-fs-arzneimittelindustrie-kodex-dokumentationspflicht-und-offenle/, FS II 2006.8–135 (zul. abgerufen am 22.6.2021).

[503] Entscheidung zu § 20 Abs. 2 idF v. 2.12.2005, https://www.fsa-pharma.de/de/schiedstelle/berichterstattung/fachkreise/az-2006.2–112-1-instanz-20-abs-2-und-3-des-kodex-anzahl-der-uber

Nach der Spruchpraxis des FSA haben sich folgende Maßstäbe zur Notwendigkeit der Übernahme von Übernachtungskosten ergeben: **484**

- Bei einer eintägigen Fortbildungsveranstaltung ist die Übernahme von zwei Übernachtungen zulässig, wenn die Fortbildungsveranstaltung **9,5 Stunden** umfasst, für angemessene Pausen und Mahlzeiten 2,5 Stunden hinzukommen und die **Rückreise** der Teilnehmer **vor 22.00 Uhr nicht abgeschlossen** werden kann.[504]
- Eine Rückreise nach Ende einer wenigstens 7-stündigen Fortbildungsveranstaltung wäre den Teilnehmern nur dann zumutbar, wenn der Gesamtprogrammablauf (inkl. Fortbildung und Reisezeit) **nicht mehr als 12 bis 14 Stunden am Tag** beträgt.
- Die Übernahme von Übernachtungskosten ist nicht kodexkonform, wenn **bei straffer Organisation** der Veranstaltung ein Großteil der **Teilnehmer den eigenen Heimatort noch am Fortbildungstag hätte erreichen können,** ohne die zumutbare Gesamtdauer des Tagesprogramms aus Fortbildung und Reisezeit zwischen 12 und 14 Stunden zu überschreiten.[505]
- **Zwei Übernachtungen** im Rahmen einer an **drei Tagen stattfindenden Fortbildungsveranstaltungen** sind **notwendig,** wenn die Veranstaltung am Abend des 1. Tages begonnen hat, am zweiten Tag bereits um 15 Uhr endete und um 16.15 Uhr noch ein gemeinsamer Informations- und Gedankenaustausch für etwa eine Stunde sowie am dritten Tag eine gemeinsame Fortbildung von 2 ¼ Stunden stattfand.[506]

Von der Notwendigkeit der Übernahme der Übernachtungskosten zu unterscheiden ist die Frage, nach welchen Maßgaben sich die **Angemessenheit der Unterbringung** und der hiermit verbundenen Übernachtungskosten bestimmt (ua Frage des Preises pro Übernachtung und Auswahl des Hotels)[507]. Diese folgt den Maßgaben zur Auswahl der Tagungsstätte gem. Abs. 3 S. 2 und 4 sowie der 11., 12. und 12a. Leitlinie des Vorstands (→ Rn. 538 ff.). **485**

7. Spruchpraxis zu notwendigen Übernachtungskosten (Satz 2)

- Die Übernahme von Übernachtungskosten für zwei Übernachtungen bei einer eintägigen Veranstaltung ist kodexkonform, wenn die Fortbildungsveranstaltung **9,5 Stunden** umfasst, für angemessene Pausen und Mahlzeiten 2,5 Stunden (Kaffeepausen, Lunch, Abendessen) hinzukommen und die **Rückreise** der Teilnehmer **vor 22.00 Uhr nicht abgeschlossen** werden kann. Wenn dieser Zeitraum überschritten ist, kann sowohl die Übernachtung am Vorabend der Fortbildung wie auch die Übernachtung nach Abschluss der Veranstaltung im Rahmen des Kodex notwendig sein.[508] **486**

---

nachtungen-bei-eintagiger-fortbildungsveranstaltung/, FS I 2006.2–112 (zul. abgerufen am 17.6.2021) (PharmR 2006, 341).

[504] Entscheidung zu § 20 Abs. 2, idF v. 2.12.2005, https://www.fsa-pharma.de/de/schiedstelle/berichterstattung/fachkreise/az-2006.2–112-1-instanz-20-abs-2-und-3-des-kodex-anzahl-der-uber nachtungen-bei-eintagiger-fortbildungsveranstaltung/, FS I 2006.2–112 (zul. abgerufen am 17.6.2021) (= PharmR 2006, 341).

[505] Entscheidung zu 2.12.2005 v. 2.12.2005, https://www.fsa-pharma.de/de/schiedstelle/berichterstattung/fachkreise/az-2006.6–128-1-instanz-20-abs-3-satz-2–20-abs-2-satz-1-und-20-abs-7-des-kodex-auswahl-des-tagungsortes-regionale-e/, FS I 2006.6–128 (zul. abgerufen am 17.6.2021).

[506] Entscheidung zu § 20 Abs. 2 idF v. 2.12.2005, https://www.fsa-pharma.de/de/schiedstelle/berichterstattung/fachkreise/az-fs-ii-7–07-2007.3–176-2-instanz-20-abs-2-satz-1-des-kodex-durch fuhrung-von-gemeinsamen-fortbildungsveranstaltungen-f/, FS II 7/07/2007.3–176 (zul. abgerufen am 17.6.2021).

[507] Entscheidung zu § 20 Abs. 2 idF v. 2.12.2005, https://www.fsa-pharma.de/de/schiedstelle/berichterstattung/fachkreise/az-2006.2–112-1-instanz-20-abs-2-und-3-des-kodex-anzahl-der-uber nachtungen-bei-eintagiger-fortbildungsveranstaltung/, FS I 2006.2–112 (zul. abgerufen am 17.6.2021) (PharmR 2006, 341).

[508] Entscheidung zu § 20 Abs. 2 idF v. 2.12.2005, https://www.fsa-pharma.de/de/schiedstelle/berichterstattung/fachkreise/az-2006.2–112-1-instanz-20-abs-2-und-3-des-kodex-anzahl-der-uber

– Es stellt keinen Kodexverstoß dar, wenn ein Mitgliedsunternehmen nach dem Ende einer **wenigstens 7-stündigen Fortbildungsveranstaltung** die Übernachtungskosten übernimmt. Eine **Rückreise** nach Veranstaltungsende wäre den Teilnehmern nur dann **zumutbar,** wenn der **Gesamtprogrammablauf** (inkl. Fortbildung und Reisezeit) **nicht mehr als 12 bis 14 Stunden** am Tag beträgt.[509]
– Die Übernahme von **zwei Übernachtungen** anlässlich einer eintägigen Fortbildungsveranstaltung ist dann **nicht kodexkonform,** wenn die **Zeitdauer** des **Fortbildungsteils 5,45 Stunden** beträgt **und** der Zeitanteil für Verpflegung und **Pausen** sowie zwischen dem Ende der Fortbildung und dem Abendessen ca. **4,5 Stunden** ausmacht. Bei straffer Organisation der Veranstaltung hätte ein Großteil der Teilnehmer den eigenen Heimatort noch am Fortbildungstag erreichen können, ohne die zumutbare Gesamtdauer des Tagesprogramms aus Fortbildung und Reisezeit zwischen 12 und 14 Stunden zu überschreiten.[510]
– **Zwei Übernachtungen** im sind im Rahmen einer an **drei Tagen stattfindenden, Fortbildungsveranstaltung** auch dann **notwendig,** wenn die Veranstaltung am Abend des 1. Tages begann, am zweiten Tag bereits um 15 Uhr endete und um 16.15 Uhr noch ein gemeinsamer Informations- und Gedankenaustausch für etwa eine Stunde sowie am dritten Tag eine gemeinsame Fortbildung von 2¼ Stunden stattgefunden hat.[511]

8. Angemessene Bewirtung von Teilnehmern interner (Fortbildungs-) Veranstaltungen (Satz 3)

a) Umfang der Bewirtung

487 **Im Rahmen** von internen Fortbildungsveranstaltungen ist auch eine angemessene Bewirtung der Teilnehmer möglich. Eine Bewirtung, ohne dass eine Fortbildungsveranstaltung stattfindet, verstößt daher gegen den Kodex (zB Frühstück und Mittagessen, ohne dass zwischen den Mahlzeiten eine Fortbildungsveranstaltung stattfindet).[512] Gemäß der **11. Leitlinie** überschreitet die Bewirtung einen angemessenen Rahmen nicht, sofern sie **sozialadäquat** ist (Ziffer 11.2). In der Regel findet die Bewirtung der Teilnehmer in der Veranstaltungsstätte, dh den Veranstaltungshotels, statt. Erfolgt die Bewirtung außerhalb des Veranstaltungshotels, ist auch die Bewirtung in einem Restaurant möglich, das jedoch **kein Luxusrestaurant** bzw. kein Restaurant der sog. **Erlebnisgastronomie** sein darf.

488 Die Sozialadäquanz der Bewirtung ist stets **im Gesamtkontext** der (Fortbilungs-)Veranstaltung zu bewerten. In einem von der Schiedsstelle zu entscheidenden Fall hatte ein Mitgliedsunternehmen im Rahmen eines Diabetes-Präventions-Kongresses ein Live-Cooking mit einem überregional anerkannten und TV-bekannten, **sternedekorierten Koch** zur **Herstellung von Diabetiker-Snacks** (Herstellungswert: 3,00 EUR) durchgeführt. Da sich die Herstellung der Snacks in die Themenstellung des Kongresses einfügte,

nachtungen-bei-eintagiger-fortbildungsveranstaltung/, FS I 2006.2–112 (zul. abgerufen am 17.6.2021) (PharmR 2006, 341).

[509] Entscheidung zu § 20 Abs. 1 idF v. 2.12.2005, https://www.fsa-pharma.de/de/schiedstelle/berichterstattung/fachkreise/az-2006.3–117-1-instanz-20-abs-1-des-kodex-tagungsort-fur-deutsche-arzte-im-ausland/, FS I 2006.3–117 (zul. abgerufen am 17.6.2021) (PharmR 2006, 405).

[510] Entscheidung zu § 20 Abs. 2 und 3 idF v. 2.12.2005, https://www.fsa-pharma.de/de/schied stelle/berichterstattung/fachkreise/az-2006.6–128-1-instanz-20-abs-3-satz-2–20-abs-2-satz-1-und-20 -abs-7-des-kodex-auswahl-des-tagungsortes-regionale-e/, FS I 2006.6–128 (zul. abgerufen am 17.6. 2021).

[511] Entscheidung zu § 20 Abs. 2 idF v. 2.12.2005, https://www.fsa-pharma.de/de/schiedstelle/berichterstattung/fachkreise/az-fs-ii-7–07-2007.3–176-2-instanz-20-abs-2-satz-1-des-kodex-durch fuhrung-von-gemeinsamen-fortbildungsveranstaltungen-f/, FS II 7/07/2007.3–176 (zul. abgerufen am 17.6.2021).

[512] Entscheidung zu § 20 Abs. 2 idF v. 2.12.2005, https://www.fsa-pharma.de/de/schiedstelle/berichterstattung/fachkreise/az-2006.9–137-1-instanz-20-abs-2-und-3-des-kodex-bewirtung-bei-fort bildungsveranstaltungen/, FS I 2006.9–137 (zul. abgerufen am 17.6.2021).

die Herstellungskosten vertretbar waren, der Anwesenheit des Sternekochs in zeitlicher Hinsicht eine untergeordnete Bedeutung zukam und nicht mit den hochpreisigen Kochleistungen des sternedekorierten Kochs geworben wurde, sah die Schiedsstelle hierin keinen Verstoß gegen den Kodex.[513] Auch wurde das ergänzende Angebot von **alkoholfreien Fruchtcocktails** als noch angemessen und sozialadäquat angesehen, sofern diese nicht wesentlich teurer sind als die üblicherweise angebotenen Getränke.[514] Weiterhin stellt auch ein **Stehimbiss** im Rahmen einer Fortbildungsveranstaltung (mit einem Aufwand in Höhe von 17,50 EUR pro Person) eine angemessene Bewirtung dar, selbst wenn die entsprechende Küchenleistung durch einen **Dreisterne-Koch** erbracht wurde, da die Frage der zubereitenden Person der Speisen für die Angemessenheit der Bewirtung nicht maßgeblich ist.[515] Auch hat die Schiedsstelle die Bewirtung durch eine „Sterneküche" eines Hotelrestaurants nicht beanstandet, wenn das Mittagsmenü im Tagungsraum serviert wurde und in keinem Zusammenhang mit der in den Hotelrestaurants im Übrigen angebotenen „Sterneküche" stand.[516]

Unabhängig von den entstandenen Aufwendungen ist eine Bewirtung für **zwei Abendessen** (Kosten jeweils ca. 60 EUR) nicht angemessen, wenn der **Fortbildungsanteil lediglich 2 Stunden** beträgt.[517] Vergleichbares gilt für eine über **zwei halbe Tage** andauernde Fortbildungsveranstaltung mit zwei Mittagessen, ein Abendessen, Pausenverpflegung und Getränken und einer Zusage zur Übernahme von Verpflegungskosten in Höhe von **280,00 EUR.**[518] 489

b) Wertobergrenze

Die Festlegung von absoluten Wertgrenzen der Bewirtung ist aufgrund regionaler Unterschiede nicht ohne weiteres möglich. Daher sieht die **11. Leitlinie** (Ziffer 11.2) eine **Orientierungsgröße** für eine noch angemessene Bewirtung im Inland vor, welche einen **Betrag von 60,00 EUR** angibt (Stand: Juli 2008). In der frühen Spruchpraxis wurden Aufwendungen in Höhe bis zu 50 EUR grundsätzlich als angemessen bewertet und nicht beanstandet, seit Juli 2008 gilt die erhöhte Orientierungsgröße von 60 EUR pro Person.[519] Wird die Bewirtung durch ein **Cateringunternehmen** durchgeführt, findet die 490

---

[513] Entscheidung zu § 6 Abs. 2 S. 2 und § 6 Abs. 3 idF v. 16.2.2004, https://www.fsa-pharma.de/de/schiedstelle/berichterstattung/fachkreise/az-2005.4–63-1-instanz-20-abs-2-satz-2–20-abs-3-satz-des-kodex-angemessene-bewirtung-und-vertretbarer-rahmen-bei-beru/, FS I 2005.4–63 (zul. abgerufen am 17.6.2021).

[514] Entscheidung zu § 20 Abs. 2 und 3 idF v. 2.12.2005, https://www.fsa-pharma.de/de/schiedstelle/berichterstattung/fachkreise/az-fs-ii-1–08-2007.10–208-2-instanz-20-abs-2-satz-2–20-abs-3-satz-1-und-22-des-kodex-angemessene-bewirtung-angabe/, FS II 2007.10–208 (zul. abgerufen am 17.6.2021).

[515] Entscheidung zu § 6 Abs. 3 idF v. 16.2.2004, https://www.fsa-pharma.de/de/schiedstelle/berichterstattung/fachkreise/az-2004.8–19-ii-1-instanz-kodex-20-abs-2–3-tagungsortwahl-und-angemessene-bewirtung/, FS I 2004.8–19 II (zul. abgerufen am 17.6.2021).

[516] Entscheidung zu § 20 Abs. 3 S. 1 und 2, https://www.fsa-pharma.de/de/schiedstelle/berichterstattung/fachkreise/az-2009.3–255-1-instanz-20-abs-3-satze-1-und-2-fsa-kodex-fachkreise-ziffern-5.1-und-5.3-der-leitlinien-angemessenheit/, FS I 2009.3–255 (zul. abgerufen am 17.6.2021).

[517] Entscheidung zu § 6 Abs. 3 S. 1 idF v. 16.2.2004, https://www.fsa-pharma.de/de/schiedstelle/berichterstattung/fachkreise/az-fs-ii-1–06-2005.9–90-1-und-2-instanz-6-abs-des-kodex-vergleiche-nunmehr-20-unterbringung-bewirtung-hotelauswa/, FS II 2005.9–90 (zul. abgerufen am 17.6.2021).

[518] Entscheidung zu 20 Abs. 2 und 3 idF v. 2.12.2015, https://www.fsa-pharma.de/de/schiedstelle/berichterstattung/fachkreise/az-fs-ii-1–08-2007.10–208-2-instanz-20-abs-2-satz-2–20-abs-3-satz-1-und-22-des-kodex-angemessene-bewirtung-angabe/, FS II 2007.10–208 (zul. abgerufen am 17.6.2021).

[519] Entscheidung zu § 20 Abs. 2 und 3 idF v. 2.12.2005, https://www.fsa-pharma.de/de/schiedstelle/berichterstattung/fachkreise/az-fs-ii-1–08-2007.10–208-2-instanz-20-abs-2-satz-2–20-abs-3-satz-1-und-22-des-kodex-angemessene-bewirtung-angabe/, FS II 2007 10–208 (zul. abgerufen am 17.6.2021).

Orientierungsgröße von 60 EUR nur für Speisen und Getränke, nicht jedoch für sonstige Kosten des Caterings,Anwendung (11. Leitlinie Ziffer 11.3). In jüngerer Vergangenheit hatte die Schiedsstelle im Kontext einer Entscheidung zur Höhe von Bewirtungen nach § 22 festgestellt, dass die Grenze von 60 Euro der aktuellen Spruchpraxis entspreche und eine Notwendigkeit zur Erhöhung dieses Werts zu jener Zeit nicht erkennbar erschien.[520]

491 Grundsätzlich bedeutet eine Überschreitung der in der Leitlinie genannten Orientierungsgröße nicht gleichzeitig ohne Weiteres, dass von einer unangemessenen oder sozial inadäquaten Bewirtung auszugehen ist, da auch bei normalen, eher bescheidenen Maßstäben genügenden Bewirtungen in **Abwägung des konkreten Einzelfalls** (Region der Bewirtung, Lage des Restaurants, beschränkte Kapazitäten etwa zu Messe- oder Kongresszeiten etc) auch höhere Bewirtungskosten entstehen können. Die Spruchpraxis des FSA räumt insofern ausdrücklich ein, dass in einem Fall, in welchem das Catering wegen der großen Zahl der Teilnehmer durch ein Catering-Unternehmen durchgeführt wurde, die Anhebung des Höchstbetrages auf 65 EUR pro Person von der Schiedsstelle für angemessen und sozial adäquat zu erachten war.[521]

492 Die 11. Leitlinie differenziert nicht danach, ob es sich bei den teilnehmenden und bewirteten Ärzten um **Amtsträger** (zB Klinikärzte in öffentlichen Krankenhäusern, Universitätskliniken etc) oder Nicht-Amtsträger (etwa niedergelassene Ärzte oder Ärzte in privat betriebenen Krankenhausketten) handelt. Es bestehen unter dem Aspekt der Sozialadäquanz **gute Gründe** dafür, insofern **keine Differenzierung** vorzunehmen und beide Gruppen gleich zu behandeln, da es sich in der Regel auch um Personen mit einer vergleichbaren sozialen Stellung handelt und die in der 11. Leitlinie festgelegte Orientierungsgröße für Bewirtungen als allgemein anerkannt angesehen werden kann. Es ist jedoch auch darauf hinzuweisen, dass bei **Klinikärzten,** die Amtsträger sind, zum Teil in Rechtsprechung, Literatur und Dienstvorschriften **strengere Maßstäbe** angelegt werden und bei verschiedenen Staatsanwaltschaften eine tendenziell strenger werdende Sichtweise zu beobachten ist. Daher kann sich gegebenenfalls die unternehmensinterne Festlegung geringerer Wertgrenzen empfehlen, um verbleibende Restrisiken weiter zu minimieren bzw. völlig auszuschließen.

c) Bewirtungen im Ausland

493 Bei der Bewirtung im Ausland beurteilt sich der Rahmen für eine „angemessene" Bewirtung zunächst an den **Bewertungsgrenzen,** die durch den am Veranstaltungsort geltenden **Nationalen Kodex** definiert werden (11. Leitlinie Ziffer 11.5). Ist eine solche Regelung nicht gegeben, orientiert sich die Angemessenheit der Bewirtung am Maßstab der steuerlichen Gesetzgebung zur **steuerbefreiten Geltendmachung von Pauschbeträgen für Verpflegungsaufwendungen,** da diese ein ggf. im Vergleich zu Deutschland höheres Preisniveau abbilden. Die Angemessenheit einer Bewirtung im Ausland kann insofern durch einen Vergleich der geltenden Pauschalbeträge mit dem für das Inland geltenden Pauschalbetrag ermittelt werden. In einem von der Schiedsstelle zu entscheidenden Fall wurde eine abendliche Bewirtung mit Kosten in Höhe von **65 EUR** pro Teilnehmer am Tagungsort Lissabon als **nicht zu hoch** beanstandet.[522] Die grundsätzliche Orientierungsgröße von 60 EUR kann sich daher, je nach dem im Ausland bestehenden Preisniveau, um einen bestimmten Prozentsatz erhöhen.

[520] Vgl. Entscheidung zu § 22 Abs. 1 idF v. 17.10.2017, https://www.fsa-pharma.de/de/schiedstelle/berichterstattung/fachkreise/az201810552-fsa-kodex-fachkreise-einladung-weinprobe/, FS I 2018.8–552 mit Verweis auf die Entscheidung FS I 2019.8–602 (zul. abgerufen am 11.3.2021).

[521] Entscheidung zu § 20 Abs. 2 und 3 idF v. 2.12.2005, https://www.fsa-pharma.de/de/schiedstelle/berichterstattung/fachkreise/az-fs-ii-1-08-2007.10-208-2-instanz-20-abs-2-satz-2-20-abs-3-satz-1-und-22-des-kodex-angemessene-bewirtung-angabe/, FS II 2007.10–208 (zul. abgerufen am 17.6.2021).

[522] Entscheidung zu § 20 Abs. 3 idF v. 2.12.2005, https://www.fsa-pharma.de/de/schiedstelle/berichterstattung/fachkreise/az-2006.8-135-1-instanz-20-abs-3-und-22-des-kodex-umfang-der-bewirtungskosten-im-ausland/, FS I 2006.8–135(= PharmR 2008, 400) (zul. abgerufen am 17.6.2021).

d) Bewirtungen bei virtuellen Fortbildungsveranstaltungen

Wird eine Fortbildungsveranstaltung im virtuellen Format durchgeführt,[523] stellt sich die Frage, ob auch für diese Veranstaltungen den Teilnehmern eine angemessene Bewirtung zur Verfügung gestellt werden kann, zB durch vorherige Zusendung von Snacks und/oder Getränken oder durch die Lieferung einer Mahlzeit bzw. eines Caterings an den vom Teilnehmer gewünschten Ort (zB Praxisräume, Tagungsraum in einer Klinik). Im Unterschied zu den bei Präsenzveranstaltungen regelmäßig aufkommenden Fragen zum Umfang der Bewirtung, dh dem „wie", und der Einhaltung der Grenzen der Angemessenheit, stellt sich in diesem Zusammenhang zunächst die vorgelagerte und **grundsätzliche Frage der Zulässigkeit einer Bewirtung,** dh das „ob" der Bewirtung. Erst in einem zweiten Schritt wäre sodann zu klären, in welchem Umfang eine Bewirtung der Teilnehmer virtueller Fortbildungsveranstaltungen angemessen ist. 494

Für die grundsätzliche Zulässigkeit der Bewirtung bei virtuellen Fortbildungsveranstaltungen dürfte – wie auch für den konkreten Umfang – entscheidend sein, ob der Umstand der Bewirtung an sich als „angemessen" zu bewerten ist. Entsprechend kann die 11. Leitlinie Ziffer 11.2 herangezogen werden, die sich für die Angemessenheit der Bewirtung an der **Sozialadäquanz** orientiert. Die Frage, ob eine solche Bewirtung noch als sozialadäquat einzustufen ist, dürfte im Ergebnis eine **Wertungsfrage** sein, die letztlich von der Schiedsstelle zu beantworten sein wird. Im Ergebnis dürfte, ähnlich wie bei der Frage, welche Speisen und Getränke noch als sozialadäquat anzusehen ist, darauf abzustellen sein, ob durch die (im angemessenen Umfang erfolgende) Bewirtung eines virtuellen Teilnehmers für diesen dadurch eine **Anreizwirkung** entsteht, dass er in den Genuss besonderer Speisen kommt oder unentgeltlich eine Dienstleistung erhält (Lieferung eines Caterings), die über den „üblichen Standard" hinausgeht. Wenngleich in der jüngeren Vergangenheit vermehrt virtuelle Veranstaltungsformate in den Vordergrund gerückt sind, bestehen jedenfalls erhebliche **Zweifel** daran, ob die Zusendung von Speisen oder Lieferung eines Caterings dem **„üblichen Standard"** entspricht und somit noch als sozialadäquat eingestuft werden kann. Dass Teilnehmer einer Fortbildungsveranstaltung in Präsenz in angemessenem Umfang während der Dauer der Veranstaltung verköstigt werden, erscheint insofern sozialadäquat, als dass die Mitnahme eigener Speisen und Getränke zu diesen Veranstaltungen – je nach Veranstaltungsdauer – mit erheblichen Umständen verbunden wäre und der Verweis auf Angebote zum käuflichen Erwerb von Speisen und Getränken insgesamt nicht der üblichen Praxis bei der Teilnahme von Veranstaltungen jeglicher Art und unabhängig der Industriebranche entsprechen dürfte. Im Unterschied hierzu erscheint es weniger etabliert, dass Teilnehmer einer virtuellen Veranstaltung, an der diese regelmäßig von ihrem normalen Arbeitsplatz aus teilnehmen werden, eine kulinarische Versorgung erhalten. Es ist nicht ohne Weiteres erkennbar, warum sich die Teilnehmer in einer Veranstaltungspause nicht selbst verköstigen können sollten, genauso wie sie dies auch in ihrem normalen Arbeitsalltag gewohnt sind und tun würden (zB in der Cafeteria einer Klinik, durch sonstige Mittagsangebote im Umkreis der ärztlichen Praxis, etc). Dauert eine virtuelle Fortbildungsveranstaltung über mehrere Stunden an und ist über die Mittagszeit eine Pause vorgesehen, kann der Eindruck einer über den normalen Standard hinausgehenden und daher unüblichen und nicht sozialadäquaten „Umsorgung" der Teilnehmer nicht ausgeschlossen werden, wenn die Teilnehmer für die Veranstaltungspause ein Mittagessen von einem Cateringunternehmen geliefert erhalten, obwohl sie ohne Einschränkung die ihnen ansonsten zur Verfügung stehenden Möglichkeiten für Mittagsmahlzeiten nutzen könnten. 495

Letztlich erfordert die Bewertung, ob die Bewirtung im Rahmen einer virtuellen Fortbildungsveranstaltung sozialadäquat erscheint, jedoch einer **Bewertung aller konkreten** 496

[523] Vgl. zum Begriff der Fortbildungsveranstaltung und Anwendbarkeit auf virtuelle Veranstaltungsformate → Rn. 101.

Umstände des Einzelfalls. Ergänzend ist zu berücksichtigen, dass die Beurteilung der Frage, ob eine Bewirtung sozialadäquat erscheint, Veränderungen unterliegen kann und sich ggf. mit veränderten üblichen Praktiken künftig fortentwickeln kann.[524]

9. Spruchpraxis zur angemessenen Bewirtung (Satz 3)

a) Angemessene Bewirtung

497 – Die Herstellung von **Diabetiker-Snacks** durch einen **Sternekoch** ist zulässig, sofern eine fachliche Fortbildung damit verbunden ist.[525]
– Ein Kodexverstoß liegt vor, wenn den Teilnehmern einer Fortbildungsveranstaltung zu einem **Mittagessen** eingeladen werden, **ohne** dass zwischen Frühstück und Mittagessen eine **Fortbildungsveranstaltung** stattfindet.[526]
– Für einen Fortbildungsanteil von lediglich **zwei Stunden** stehen **zwei Bewirtungen zum Abendessen** (und ein Mittagsimbiss) nicht in angemessenem Verhältnis zur Fortbildungsveranstaltung und die Kosten in Höhe von 66,05 und 65,87 EUR können nicht als kodexkonform angesehen werden.[527]
– Es verstößt nicht gegen den Kodex, wenn anlässlich einer Fortbildungsveranstaltung neben den üblichen Getränken wie Kaffee, Tee, Mineralwasser und Fruchtsäften auch alkoholfreie **Fruchtcocktails** angeboten werden, sofern diese nicht wesentlich teurer sind als die üblicherweise angebotenen Getränke.[528]
– Verpflegungskosten von **280,00 EUR** für eine über **zwei halbe Tage andauernde Fortbildungsveranstaltung** mit 2 Mittagessen, 1 Abendessen, Pausenverpflegung und Getränken ist nicht mehr sozialadäquat und unangemessen. Unschädlich ist, wenn in Anmeldeunterlagen eine Zusage des Mitgliedsunternehmens zur Übernahme von Verpflegungskosten iHv 280,00 EUR erteilt wird, und sich die später tatsächlich entstandenen Verpflegungskosten auf nur ca. 150,00 EUR belaufen. Es kommt nicht nur auf die tatsächlich erfolgte Bewirtung, sondern auch auf die **angebotene Kostenübernahme der Bewirtung** an. Maßgeblich sind daher die in der Einladung genannten, zugesagten Kosten.[529]
– Ein **Stehimbiss** im Rahmen einer Fortbildungsveranstaltung mit einem Aufwand in Höhe von 17,50 EUR pro Person stellt eine angemessene Bewirtung dar, auch wenn die entsprechende Küchenleistung durch einen **Dreisterne-Koch** erbracht wurde. Maßgeb-

[524] In diesem Zusammenhang erscheint es zudem vorstellbar, dass die Frage der Sozialadäquanz einer Bewirtung virtueller Teilnehmer in anderen Ländern ggf. abweichend beurteilt werden könnte, da jeweils die im eigenen Land praktizierte übliche Praxis maßgeblich ist.

[525] Entscheidung zu § 6 Abs. 2 S. 2 und § 6 Abs. 3 idF v. 16.2.2004, https://www.fsa-pharma.de/de/schiedstelle/berichterstattung/fachkreise/az-2005.4–63-1-instanz-20-abs-2-satz-2–20-abs-3-satz-des-kodex-angemessene-bewirtung-und-vertretbarer-rahmen-bei-beru/, FS I 2005.4–63 (zul. abgerufen am 17.6.2021).

[526] Entscheidung zu § 20 Abs. 2 idF v. 2.12.2005, https://www.fsa-pharma.de/de/schiedstelle/berichterstattung/fachkreise/az-2006.9–137-1-instanz-20-abs-2-und-3-des-kodex-bewirtung-bei-fort bildungsveranstaltungen/, FS I 2006.9–137 (zul. abgerufen am 17.6.2021).

[527] Entscheidung zu § 6 Abs. 3 S. 1 idF v. 16.2.2004, https://www.fsa-pharma.de/de/schiedstelle/berichterstattung/fachkreise/az-fs-ii-1–06-2005.9–90-1-und-2-instanz-6-abs-des-kodex-vergleiche-nunmehr-20-unterbringung-bewirtung-hotelauswa/, FS II 2005.9–90 (zul. abgerufen am 17.6.2021).

[528] Entscheidung zu § 20 Abs. 2 und 3 idF v. 2.12.2005, https://www.fsa-pharma.de/de/schied stelle/berichterstattung/fachkreise/az-fs-ii-1–08-2007.10–208-2-instanz-20-abs-2-satz-2–20-abs-3-satz-1-und-22-des-kodex-angemessene-bewirtung-angabe/, FS II 2007.10–208 (zul. abgerufen am 17.6.2021).

[529] Entscheidung zu § 20 Abs. 2 und 3 idF v. 2.12.2015, https://www.fsa-pharma.de/de/schied stelle/berichterstattung/fachkreise/az-fs-ii-1–08-2007.10–208-2-instanz-20-abs-2-satz-2–20-abs-3-satz-1-und-22-des-kodex-angemessene-bewirtung-angabe/, FS II 2007.10–208 (zul. abgerufen am 17.6.2021).

lich für die Angemessenheit der Bewirtung ist allein der Wert der zugeflossenen Verpflegung und nicht, durch wen die Speisen zubereitet würden.[530]

– Die im Rahmen einer internen Fortbildungsveranstaltung des Unternehmens angebotene Bewirtung überschreitet nicht den nach § 20 Abs. 3 S. 1 geforderten angemessenen Rahmen, auch wenn diese in den Restaurants des 5-Sternehotels stattfindet. Die Attraktion, die von der angebotenen „Gourmetgastronomie" ausging, spielte für die Teilnehmer der Veranstaltung keine Rolle. Das im Anschluss an die Fortbildung im Tagungsraum servierte Mittagsmenü stand **in keinem Zusammenhang mit der in den Hotelrestaurants angebotenen „Sterneküche".** Sowohl der Menüpreis als auch der Preis für die Bewirtung insgesamt (einschließlich der Getränke) pro Person bewegte sich im Übrigen weit unter der Angemessenheitsgrenze von 60,00 EUR.[531]

b) Höhe der Bewirtungsaufwendungen

– Bewirtungskosten (Essen/Getränke) sind angemessen und sozialadäquat, wenn sie eine **Obergrenze von 60 EUR pro Person** nicht überschreiten. Ein höherer Betrag kommt im **Einzelfall** nur bei besonderen Umständen (zB allgemein höheres Preisniveau vor Ort) in Betracht.[532] **498**

– Bei einer internen **Fortbildungsveranstaltung von 3 Stunden Dauer** in München kann die Bewirtung mit einem **Wert von 45 EUR** angemessen und sozialadäquat sein. Dabei sind die Kosten für die Miete des Raums und die Tagungstechnik nicht zu berücksichtigen.[533]

– **Bewirtungskosten in Höhe von 108,46 EUR** pro Teilnehmer anlässlich eines Abendessens bei einer Fortbildungsveranstaltung in Hamburg entsprechen **nicht dem angemessenen Rahmen** einer Bewirtung.[534]

– Erfolgt die Bewirtung wegen der großen Zahl der Teilnehmer durch ein **Catering-Unternehmen,** so wird die Anhebung des Höchstbetrages auf 65 EUR pro Person für angemessen und sozial adäquat erachtet.[535]

c) Bewirtungen im Ausland

– Bei der **Bewirtung** von Angehörigen der Fachkreise **im Ausland** beurteilt sich der Rahmen für eine „angemessene" Bewirtung an der steuerlichen Gesetzgebung zur steuerbefreiten Geltendmachung von Pauschalbeträgen.[536] **499**

---

[530] Entscheidung zu § 6 Abs. 3 idF v. 16.2.2004, https://www.fsa-pharma.de/de/schiedstelle/berichterstattung/fachkreise/az-2004.8–19-ii-1-instanz-kodex-20-abs-2–3-tagungsortwahl-und-angemessene-bewirtung/, FS I 2004.8–19 II (zul. abgerufen am 17.6.2021).

[531] Entscheidung zu § 20 Abs. 3 S. 1 und 2, https://www.fsa-pharma.de/de/schiedstelle/berichterstattung/fachkreise/az-2009.3–255-1-instanz-20-abs-3-satze-1-und-2-fsa-kodex-fachkreise-ziffern-5.1-und-5.3-der-leitlinien-angemessenheit/, FS I 2009.3–255 (zul. abgerufen am 17.6.2021).

[532] Entscheidung zu § 20 Abs. 2 und 3 idF v. 2.12.2005, https://www.fsa-pharma.de/de/schiedstelle/berichterstattung/fachkreise/az-fs-ii-1–08-2007.10–208-2-instanz-20-abs-2-satz-2–20-abs-3-satz-1-und-22-des-kodex-angemessene-bewirtung-angabe/, FS II 2007.10–208 (zul. abgerufen am 17.6.2021).

[533] Vgl. hierzu Entscheidung zu § 20 Abs. 3 idF v. 14.12.2019, https://www.fsa-pharma.de/de/schiedstelle/berichterstattung/fachkreise/az20198602-fsa-kodex-fortbildung-charles-hotel-muenchen/, FS I 2019.8–602 (zul. abgerufen am 18.6.2021).

[534] Entscheidung zu § 20 Abs. 3 idF v. 2.12.2005, https://www.fsa-pharma.de/de/schiedstelle/berichterstattung/fachkreise/az-2006.10–143-1-instanz-20-abs-3-und-abs-7-des-kodex-hotelauswahl-bewirtungskosten-ubernahme-von-kosten-fur-begleit/, FS I 2006.10–143 (zul. abgerufen am 17.6.2021).

[535] Entscheidung zu § 20 Abs. 2 und 3 idF v. 2.12.2005, https://www.fsa-pharma.de/de/schiedstelle/berichterstattung/fachkreise/az-fs-ii-1–08-2007.10–208-2-instanz-20-abs-2-satz-2–20-abs-3-satz-1-und-22-des-kodex-angemessene-bewirtung-angabe/, FS II 2007.10–208 (zul. abgerufen am 17.6.2021).

[536] Entscheidung zu § 20 Abs. 2 idF v. 2.12.2005, https://www.fsa-pharma.de/de/schiedstelle/berichterstattung/fachkreise/az-2006.8–135-1-instanz-20-abs-3-und-22-des-kodex-umfang-der-bewirtungskosten-im-ausland/, FS I 2006.8–135 (zul. abgerufen am 17.6.2021) (PharmR 2008, 400).

10. Unterhaltungs- und Freizeitprogramme (Satz 4)

500 Kosten für Unterhaltungs- und Freizeitaktivitäten dürfen nicht übernommen werden. Hierunter fallen etwa die **Einladung zu Theater-, Konzert- oder Sportveranstaltungen,** welche zur Klarstellung als Beispiele für Unterhaltungs- und Freizeitprogramme in Abs. 2 Satz 4 genannt werden. Die Spruchpraxis des FSA legt hieran einen **strengen Maßstab** an. Bereits die **musikalische Begleitung** der Begrüßung zu einer ärztlichen Fortbildungsveranstaltung durch eine Blechbläsergruppe, die in der Einladung zu der Veranstaltung bereits angekündigt war, verstößt danach gegen Abs. 2 Satz 4.[537] Die **Live-Übertragung der Fußball-WM** wurde von der Schiedsstelle vergleichbar mit musikalischen oder künstlerischen Einlagen und somit als **unterhaltender Charakter** bewertet.[538] Ebenfalls unzulässig ist die Ausgestaltung von Rahmenprogrammen zu Arzneimittelsymposien oder Fortbildungsveranstaltungen durch **Golfturniere, „Schnuppergolfen", Oldtimertouren** oder **Trüffelverkostungen.**[539]

501 Absatz 2 untersagt den Unternehmen nicht nur die finanzielle Unterstützung von Unterhaltungsprogrammen für die Teilnehmer oder deren Begleitpersonen, sondern auch deren **Organisation,** da hierdurch der **Eindruck eines privaten und erlebnisorientierten Charakters** der Veranstaltung erweckt werden kann, der nach Sinn und Zweck von § 20 bereits im Ansatz vermieden werden soll.[540]

502 Folgerichtig hat die Schiedsstelle die Finanzierung und Organisation einer „Entdeckungsreise in die spanische Weinwelt" durch die **Verköstigung hochwertiger Weine** im Anschluss an ein Symposium (interne Fortbildungsveranstaltung) als unzulässiges Unterhaltungsprogramm bewertet.[541] Auch die Organisation einer **Weinprobe** nach dem Abendessen, welches im Anschluss an eine interne Fortbildungsveranstaltung stattfand und welche den Teilnehmern der Fortbildung auf **Selbstzahlerbasis angeboten** wurde, verstößt gegen das Verbot der Organisation von Unterhaltungsprogramm.[542] In Abgrenzung hierzu hat die Schiedsstelle entschieden, dass ein **Ausflug zu einem touristisch attraktiven Tagungsort (Key West),** der im Rahmen einer externen Fortbildungsveranstaltung von der Kongressorganisation geplant und durchgeführt wurde, nicht gegen den Kodex verstößt. Maßgeblich für die Schiedsstelle war ua die vollständige Tragung der Ausflugskosten durch die Teilnehmer selbst, die Planung und Durchführung durch die Kongressorganisation der externen Veranstaltung und eine für die Teilnehmer erkennbare deutliche Abgrenzung zwischen Fortbildungsveranstaltung und dem Unterhaltungspro-

---

[537] Entscheidung zu § 6 Abs. 2 S. 3 idF v. 16.2.2004, FS II 2005.1–52.

[538] Entscheidung zu § 20 Abs. 2 S. 2 idF v. 17.10.2017, https://www.fsa-pharma.de/de/schiedsstelle/berichterstattung/fachkreise/az201810552-fsa-kodex-fachkreise-einladung-weinprobe/, FS I 2018.8–552 (zul. abgerufen am 18.6.2021).

[539] Entscheidung zu § 6 Abs. 3 idF v. 16.2.2004, https://www.fsa-pharma.de/de/schiedstelle/berichterstattung/fachkreise/az-2004.8–17-1-instanz-verfo-allgemein-strafbewehrte-unterlassungserklarung-auch-erforderlich-wenn-verstoss-von-vornherei/, FS I 2004.8–17 (zul. abgerufen am 17.6.2021); Entscheidung zu § 6 und 7 idF v. 16.2.2004, https://www.fsa-pharma.de/de/schiedstelle/berichterstattung/fachkreise/az-2004.6–7-1-instanz-kodex-20-abs-7-rahmenprogramm-und-begleitpersonen-handhabung-bei-nichtmitgliedern/, FS I 2004.6–7 (zul. abgerufen am 17.6.2021).

[540] Vgl. bestätigend die Entscheidung zu § 20 Abs. 2 S. 3 idF v. 2.12.2005, https://www.fsa-pharma.de/de/schiedstelle/berichterstattung/fachkreise/az-2007.7–188-1-instanz-20-abs-2-satz-3-des-kodex-unterhaltungsprogramm/, FS I 2007.7–188 (zul. abgerufen am 17.6.2021).

[541] Entscheidung zu § 20 Abs. 2 S. 3 idF v. 2.12.2005, https://www.fsa-pharma.de/de/schiedsstelle/berichterstattung/fachkreise/az-2007.7–188-1-instanz-20-abs-2-satz-3-des-kodex-unterhaltungspro gramm/, FS I 2007.7–188 (zul. abgerufen am 17.6.2021).

[542] Entscheidung zu § 20 Abs. 2 S. 2 idF v. 17.10.2017, https://www.fsa-pharma.de/de/schiedsstelle/berichterstattung/fachkreise/az201810552-fsa-kodex-fachkreise-einladung-weinprobe/, FS I 2018.8–552 (zul. abgerufen am 18.6.2021).

gramm.[543] Hieraus wird deutlich, dass im Ergebnis eine **wertende Betrachtung** des jeweiligen Einzelfalles vorzunehmen ist, an welche **grundsätzlich strenge Maßstäbe** anzulegen sind.

11. Spruchpraxis zu Unterhaltungs- und Freizeitprogrammen (Satz 4)

- Rahmenprogramm (im Anschluss an eine Fortbildungsveranstaltung in einem Golfclub) mit **Golfturnier** und **„Schnuppergolfen“** ist unzulässig.[544] **503**
- Musikalische Begleitung einer Begrüßung durch eine **Blechbläsergruppe** stellt ein unzulässiges Rahmenprogramm dar und ist nicht Teil der Bewirtung.[545] Vergleichbares gilt für eine **Live-Übertragung der Fußball-WM.**[546]
- Die Durchführung eines eineinhalbstündigen Vortrags in einem Gastraum auf einem Campingplatz mit anschließender kostenloser 3-stündiger sportlicher Aktivität (Kanufahrt, Radwandern) ist unzulässig, da die kostenlose Einladung an Ärzte und deren Partner oder andere Begleitpersonen im Zusammenhang mit berufsbezogenen Fortbildungsveranstaltungen zu einem **Kanuwandern oder vergleichbaren sportlichen Aktivitäten** einen Verstoß gegen § 20 des Kodex darstellt.[547]
- Die Verbindung der Bewirtung der Teilnehmer eines Arbeitsessens mit einem **Schiffsausflug** verstößt gegen das Verbot der Unterhaltungs- und Freizeitprogramme.[548]
- Fortbildungsveranstaltungen von Nichtmitgliedern, bei denen das Rahmenprogramm anlässlich von Arzneimittelsymposien oder Fortbildungsveranstaltungen **(Golfturnier, Kochkurs, Oldtimertouren, Trüffelverkostung)** einen erheblichen Kostenanteil darstellt und auch **Begleitpersonen** kostenfrei teilnehmen können, verstoßen gegen § 7 Abs. 1 und 2 HWG.[549]
- Die Finanzierung und Organisation einer „Entdeckungsreise in die spanische Weinwelt“ durch die **Verköstigung hochwertiger Weine im Anschluss an ein Symposium** stellt ein Unterhaltungsprogramm dar, das gegen den Abs. 2 verstößt.[550]
- Auch die Organisation einer **Weinprobe** nach dem Abendessen, welches im Anschluss an eine interne Fortbildungsveranstaltung stattfand und welche den Teilnehmern der Fort-

---

[543] Entscheidung zu § 6 Abs. 3 S. 2 idF v. 16.2.2004, https://www.fsa-pharma.de/de/schiedstelle/berichterstattung/fachkreise/az-2005.5–66-1-instanz-20-abs-2-satz-3-des-kodex-unterhaltungsprogramme-20-abs-3-satz-2-auswahl-des-tagungsortes/, FS I 2005.5–66 (zul. abgerufen am 17.6.2021).

[544] Entscheidung zu § 6 Abs. 3 idF v. 16.2.2004, https://www.fsa-pharma.de/de/schiedstelle/berichterstattung/fachkreise/az-2004.8–17-1-instanz-verfo-allgemein-strafbewehrte-unterlassungserklarung-auch-erforderlich-wenn-verstoss-von-vornherei/, FS I 2004.8–17 (zul. abgerufen am 17.6.2021).

[545] Entscheidung zu § 6 Abs. 2 S. 3 idF v. 16.2.2004, FS II 2005.1–52.

[546] Entscheidung zu § 20 Abs. 2 S. 2 idF v. 17.10.2017, https://www.fsa-pharma.de/de/schiedstelle/berichterstattung/fachkreise/az201810552-fsa-kodex-fachkreise-einladung-weinprobe/, FS I 2018.8–552 (zul. abgerufen am 18.6.2021).

[547] Entscheidung zu § 6 idF v. 16.2.2004, https://www.fsa-pharma.de/de/schiedstelle/berichterstattung/fachkreise/az-fs-ii-3–04-2004.7–9-2-instanz-6-abs-3-s-2–6-abs-7-des-kodex-vergleiche-nunmehr-20-abs-3-s.2–20-abs-7/, FS II 2004.7–9 (zul. abgerufen am 17.6.2021).

[548] Entscheidung zu § 20 Abs. 2 S. 3 idF v. 4.12.2014, https://www.fsa-pharma.de/de/schiedstelle/berichterstattung/fachkreise/az-2015.8–484-und-9–486-20-abs-3-satz-2-und-3-fsa-kodex-fachkreise-einladungen-mit-bewirtung-von-angehorigen-der-fachkreis/, FS I 2015.8–484 und 9–486 (zul. abgerufen am 17.6.2021).

[549] Entscheidung zu § 6 und 7 idF v. 16.2.2004, https://www.fsa-pharma.de/de/schiedstelle/berichterstattung/fachkreise/az-2004.6–7-1-instanz-kodex-20-abs-7-rahmenprogramm-und-begleitpersonen-handhabung-bei-nichtmitgliedern/, FS I 2004.6–7 (zul. abgerufen am 17.6.2021).

[550] Entscheidung zu § 20 Abs. 2 idF v. 2.12.2005, https://www.fsa-pharma.de/de/schiedstelle/berichterstattung/fachkreise/az-2007.7–188-1-instanz-20-abs-2-satz-3-des-kodex-unterhaltungsprogramm/, FS I 2007.7–188 (zul. abgerufen am 17.6.2021) (=PharmR 2006, 341).

bildung auf **Selbstzahlerbasis angeboten** wurde, verstößt gegen das Verbot der Organisation von Unterhaltungsprogrammen.[551]

- Ein **Unterhaltungsprogramm,** welches von der Organisation eines Kongresses geplant und durchgeführt wird und bei dem für die Teilnehmer eine **deutliche Abgrenzung** zwischen Fortbildungsveranstaltung und Unterhaltungsprogramm erkennbar ist, stellt keinen Kodexverstoß dar, wenn die **Ärzte** die **Kosten des Unterhaltungsprogramms in voller Höher übernehmen.**[552]

12. Dokumentationspflicht (Satz 5)

504 Der in Abs. 2 Satz 5 statuierten Pflicht zu Dokumentation der Anwesenheit der Teilnehmer sowie des durchgeführten Programms muss seitens des Mitgliedsunternehmens nachgekommen werden. Auf welche Art und Weise das Unternehmen dieser Pflicht im Rahmen digitaler oder hybrider Veranstaltungsformen nachkommt, liegt **in seinem eigenen Verantwortungsbereich.** Einige Landesärztekammern stellen im Rahmen der Vorgaben für die Anerkennung von digitalen Veranstaltungen bestimmte Anhaltspunkte zur Verfügung, wie die kontinuierliche Anwesenheit der Teilnehmer nachgehalten werden kann.[553]

505 Wird die Dokumentationspflicht **verletzt,** dürfen **Kosten der Bewirtung nicht übernommen werden.** Aus dem Kodex ergibt sich im Unterschied hierzu allerdings nicht, dass ein Verstoß auch dann gegeben ist, wenn die Dokumentation im Beanstandungsverfahren nicht vorgelegt wird. Die **Vorlage im Beanstandungsverfahren** ist **nach der Verfahrensordnung** zu beurteilen.[554] Details zu dieser Entscheidung → Kap. 17 Rn. 226.

13. Spruchpraxis zur Dokumentationspflicht (Satz 5)

506 – Gemäß § 20 Abs. 2 ist ua die Anwesenheit der Teilnehmer zu dokumentieren. **Wird nicht dokumentiert,** so liegt ein Verstoß gegen Kodex vor, der zu der Verpflichtung führt, es **zu unterlassen,** die **Kosten einer angemessenen Bewirtung zu übernehmen.** Aus dem Kodex ergibt sich nicht, dass ein Verstoß auch dann gegeben ist, wenn die Dokumentation im Beanstandungsverfahren nicht vorgelegt wird. Zwar hat die Dokumentation den Sinn, im Falle eines Beanstandungsverfahrens, falls erforderlich, Nachweise erbringen und Überprüfungen vornehmen zu können. Das aber ist allein eine Frage der Verfahrensordnung, nicht (auch) des Kodex.[555]

14. Besonderheiten für Mitarbeiter medizinischer Einrichtungen

507 Für Klinikärzte gilt gem. § 24 Kodex in Verbindung mit den Hinweisen und Empfehlungen des „Gemeinsamen Standpunkts" (vgl. dort B. II.2.a), dass die Einzelheiten der Teilnahme (Dauer und Höhe der übernommenen Kosten) dem Dienstherrn/Arbeitgeber (in

---

[551] Entscheidung zu § 20 Abs. 2 S. 2 idF v. 17.10.2017, https://www.fsa-pharma.de/de/schiedstelle/berichterstattung/fachkreise/az201810552-fsa-kodex-fachkreise-einladung-weinprobe/, FS I 2018.8–552 (zul. abgerufen am 17.6.2021).

[552] Entscheidung zu § 6 Abs. 2 S. 3 idF v. 16.2.2004, https://www.fsa-pharma.de/de/schiedstelle/berichterstattung/fachkreise/az-2005.5–66-1-instanz-20-abs-2-satz-3-des-kodex-unterhaltungsprogramme-20-abs-3-satz-2-auswahl-des-tagungsortes/, FS I 2005.5–66 (zul. abgerufen am 17.6.2021).

[553] So bspw. die Landesärztekammer Baden-Württemberg, die für die Antragstellung auf Anerkennung einer „Live-Online-Veranstaltung" Auswahlmöglichkeiten nennt, darunter Screenshots, Einwahlprotokolle, Lernerfolgskontrolle, etc; abrufbar unter https://www.aerztekammer-bw.de/10aerzte/20fortbildung/ressourcen/checkliste-webseminare.pdf, zuletzt abgerufen am 17.6.2021.

[554] Entscheidung zu § 20 Abs. 2 S. 4 idF v. 2.12.2005, https://www.fsa-pharma.de/de/schiedstelle/berichterstattung/fachkreise/az-fsii-5-07-2006.8–135-2-instanz-20-abs-2-satz-4-des-fs-arzneimittelindustrie-kodex-dokumentationspflicht-und-offenle/, FS II 2006.8–135 (= PharmR 2008, 400) (zul. abgerufen am 17.6.2021).

[555] Entscheidung zu § 20 Abs. 2 idF v. 2.12.2005, https://www.fsa-pharma.de/de/schiedstelle/berichterstattung/fachkreise/az-fsii-5-07-2006.8–135-2-instanz-20-abs-2-satz-4-des-fs-arzneimittelindustrie-kodex-dokumentationspflicht-und-offenle/, FS II 2006.8–135 (zul. abgerufen am 17.6.2021).

der Regel der Verwaltung) offen zu legen und von diesen die **vorherige schriftliche Genehmigung** zur Teilnahme an der Veranstaltung einzuholen ist (→ Rn. 385). Die Bedeutung derartiger Genehmigungen kann nicht deutlich genug betont werden. Dies gilt auch mit Blick auf alle anderen Mitarbeiter medizinischer Einrichtungen.

Aufgrund des hohen Stellenwertes, den solche Genehmigungen mit Blick auf die Einhaltung des allgemeinen Transparenzgebots im Klinikbereich besitzen (→ Rn. 752), ist diese Genehmigung sowohl für ermittelnde Staatsanwaltschaften als auch für die Rechtsprechung der Strafgerichte inzwischen vielfach zum **entscheidenden Indikator für die Ordnungsgemäßheit** der Unterstützungsleistungen von Seiten der Industrie geworden. Die Genehmigungen sollten sich daher **auf die im Einzelfall konkret übernommenen Leistungen beziehen** (möglichst mit Angabe der Höhe der Kosten) und von dem Unternehmen sorgfältig aufbewahrt werden. Ohne die vorherige Einholung der Genehmigung sollten keine Leistungen gewährt werden.[556] **508**

Dagegen wird gemeinhin eine Genehmigung des Dienstherrn oder Arbeitgebers für die Teilnahme von Klinikärzten an **internen Fortbildungsveranstaltungen** im Regelfall dann nicht zwingend erforderlich, wenn die eingeladenen Klinikärzte oder andere Mitarbeiter medizinischer Einrichtungen **lediglich (unentgeltlich) an diesen Veranstaltungen** teilnehmen, **ohne** dass gleichzeitig auch **Reise- und Übernachtungskosten** übernommen werden und den vermittelten Inhalten **kein relevanter Wert** zukommt. Eine derartige bloße **„Wissensvermittlung"** dürfte regelmäßig als **„sozialadäquat"** anzusehen sein und keiner Genehmigung bedürfen. Folgerichtig knüpfen auch die Hinweise und Empfehlungen des „Gemeinsamen Standpunkts" mit Blick auf das Erfordernis der Verwaltungsgenehmigung an die Übernahme der Reise- und Übernachtungskosten und nicht an den Umstand der bloßen (unentgeltlichen) Vermittlung von produktbezogenem Wissen (mit wissenschaftlichem Charakter) an. **509**

Etwas anderes gilt jedoch in Fällen, in denen die **„Zuwendung von Wissen"** an Klinikärzte **nicht mehr als sozialadäquat** zu betrachten ist, etwa wenn es sich bei der entsprechenden Veranstaltung um eine Fortbildungsveranstaltung handelt, die zwar einen Arzneimittelbezug aufweist, eine Teilnahme jedoch gleichzeitig nur gegen Zahlung eines Entgelts üblich ist. In diesen Fällen, in denen aufgrund der **Werthaltigkeit der Wissensvermittlung** bereits in der Einladung zur unentgeltlichen Teilnahme eine Zuwendung gesehen werden könnte, sollte eine Teilnahme **nur gegen ein angemessenes Entgelt** ermöglicht werden. Da die Grenzen zwischen einer sozialadäquaten Wissensvermittlung und einer werthaltigen Wissenszuwendung oftmals fließend sind, sollte **in jedem Fall** aus Gründen der Transparenz der teilnehmende **Klinikarzt (schriftlich) verpflichtet** werden, seinen Dienstherrn über die Teilnahme zu informieren und in Übereinstimmung mit den für ihn geltenden Vorgaben ggf. eine entsprechende Genehmigung einzuholen. **510**

Da eine Bestimmung des Wertes der angebotenen Veranstaltungen in der Praxis schwierig sein kann, verlangen Unternehmen von den eingeladenen Klinikärzten in zunehmendem Maße aus Gründen einer präventiven Risikominimierung grundsätzlich die Genehmigung der bloßen Teilnahme an Fortbildungsveranstaltungen durch den Dienstherrn oder andere gleichwertige Transparenzmaßnahmen, und zwar auch dann, wenn ansonsten keine weitere Leistungen wie etwa die Übernahme von Reise- und Übernachtungskosten, erfolgen. Insofern ist im Vergleich zu der früheren Handhabung in der Praxis eine verschärfende Auswirkung des Transparenzprinzips zu beobachten, was unter Risikominimierungsgesichtspunkten auch sinnvoll erscheint. **511**

---

[556] So sieht etwa die Drittmittelsatzung der Medizinischen Fakultät Charité – Universitätsmedizin Berlin idF v. 15.5.2018 in § 11 Abs. 3 der Satzung ausdrücklich eine vorherige Genehmigung als Rechtfertigung im Sinne von § 331 Abs. 3 StGB vor, abrufbar unter https://www.charite.de/fileadmin/user_upload/portal/charite/presse/publikationen/amtl.-mitteilungsblatt/2018/AMB180515-211.pdf.

IV. Angemessenheit der übernommenen Kosten für interne Fortbildungsveranstaltungen (Abs. 3)

1. Untergeordnete Bedeutung des Kostenbeitrags (Abs. 3 Satz 1)

512 Absatz 3 Satz 1 stellt nochmals klar, dass der nach Abs. 2 Satz 1 übernahmefähige Kostenbeitrag **angemessen und von untergeordneter Bedeutung** im Hinblick auf den berufsbezogenen wissenschaftlichen Charakter der internen Veranstaltung sein muss. Insoweit wird auf die Ausführungen zu Abs. 2 S. 1 und 2 verwiesen (→ Rn. 479 und → Rn. 474).

2. Auswahl des Tagungsortes (Abs. 3 Satz 2 und 3)

a) Auswahl allein nach sachlichen Gesichtspunkten

513 Interne Fortbildungsveranstaltungen der Industrie sind in der Vergangenheit zuweilen dadurch in Misskredit geraten, dass sie an besonders attraktiven Orten stattfanden und die Übernahme der entsprechenden Reise- und Übernachtungskoten vor diesem Hintergrund insbesondere in der Öffentlichkeit den Eindruck erweckt hat, als finanziere die Industrie Ärzten Reisen mit einem vornehmlich touristischen Charakter. Absatz 3 Satz 2 stellt daher ausdrücklich klar, dass die **Auswahl des Tagungsortes allein nach sachlichen Gesichtspunkten** (und zB nicht nach touristischen Kriterien) zu erfolgen hat. Die Grundsätze für die Auswahl des Tagungsortes bei internen Fortbildungsveranstaltungen gelten gem. Abs. 5 S. 4 entsprechend für die Auswahl des Veranstaltungsortes externer Fortbildungsveranstaltungen, die von einem Mitgliedsunternehmen finanziell unterstützt werden (→ Rn. 691 ff.).

514 Wann die Auswahl eines Tagungsorts allein nach sachlichen Gesichtspunkten erfolgt und damit kodexkonform ist, kann nur im Einzelfall unter Berücksichtigung aller relevanten Umstände bewertet werden. Nachdem vielfach der Wunsch nach noch klareren Kriterien laut wurde, hat der Vorstand des FSA die Leitlinie des Vorstands überarbeitet und dabei den Grundsatz eines sog. **„Safe-Harbour"** umgesetzt. Die 12a. Leitlinie nennt nunmehr Kriterien, bei deren Erfüllung „in der Regel" von einem kodexkonformen Tagungsort auszugehen ist. Dies soll den Anwendern des Kodex insoweit konkretere Hinweise für die Auswahl des Tagungsortes an die Hand geben. Zu beachten ist allerdings, dass ein nach diesen Kriterien ausgewählter Ort im Einzelfall bei Vorliegen besonderer Umstände dennoch beanstandet werden kann bzw. umgekehrt nicht ausgeschlossen ist, dass ein Tagungsort, der diese Kriterien nicht erfüllt, dennoch mit den Vorgaben des Kodex in Einklang stehen kann. Dennoch kann bei Einhaltung der in der Leitlinie genannten Kriterien eine gewisse **Indizwirkung** angenommen werden, die für eine kodexkonforme Auswahl des Tagungsortes spricht.

515 Neben der Etablierung dieses Regelkatalogs hat die 12a. Leitlinie, welche seit 1.1.2021 in Kraft ist, den Beurteilungsmaßstab bzw. die -perspektive verändert. Seither wird bei der Beurteilung, ob die Auswahl des Tagungsortes kodexkonform erfolgt ist, eine **objektive Betrachtung** (Sichtweise Dritter) vorgeschriebenen, die auf die Perspektive der breiten Öffentlichkeit und nicht der eingeladenen Fachkreisangehörigen abstellt (12a. Leitlinie Ziffer 12a.2). Diese **Betrachtung erfolgt ex-ante,** also zum Zeitpunkt der ursprünglichen Planung, und nicht ex-post.[557] Diesem Gedanken einer objektiven Betrachtung folgend ist es für die Auswahl des Tagungsortes unerheblich, ob es sich um ein- oder mehrtägige Veranstaltungen handelt. Die Vorgaben zur Auswahl eines angemessenen Tagungsortes gelten daher **unabhängig von der Dauer** der internen Veranstaltung (12a. Leitlinie Ziffer 12a.2). Die Einführung des Kriteriums der Perspektive eines unbeteiligten Dritten bedeutet einen

---

[557] Entscheidung zu § 20 Abs. 3 S. 2 idF v. 17.10.2017, https://www.fsa-pharma.de/de/schiedstelle/berichterstattung/fachkreise/az-ii-instanz-fs-ii-2-17-2017.6–522-20-abs-3-satz-2-fsa-kodex-fachkreise-anreizwirkung-eines-tagungsorts-hier-prien-a/, FS II 2/17/2017.6–522 (zul. abgerufen am 17.6.2021).

wichtigen Paradigmenwechsel für die Beurteilung von künftigen Sachverhalten, der in der Spruchpraxis zukünftig zu einer strikteren Linie führen dürfte. Vor diesem Hintergrund werden die in der Vergangenheit ergangenen Entscheidungen der Schiedsstellen nicht ohne weiteres auf neue Fallkonstellationen übertragen werden können, ohne dass hierbei auch die Auswirkungen dieses Paradigmenwechsels gründlich geprüft worden sind.

Für diese gründliche Prüfung wird maßgeblich sein, was von der „Sichtweise Dritter" und der „objektiven Betrachtung" genau erfasst sein soll. Beide Begriffe sind sehr weit gefasst und einer breiten Interpretation zugänglich. Beispielsweise ist vorstellbar, dass eine „objektive dritte Person" oder Personengruppe einem gewählten Tagungsort einen sehr hohen Freizeitwert zuordnet, während eine andere „objektive dritte Person" oder Personengruppe den im Tagungsort liegenden Freizeitwert eher als gering einstuft. Es bleibt daher abzuwarten, wie sich die Bestimmung der „verobjektivierten Drittperspektive" in der künftigen Spruchpraxis in verschiedenen Sachverhaltskonstellationen entwickeln wird. Wünschenswert wäre, von einer Popularisierung der Drittperspektive abzusehen und auf eine Professionalisierung hinzuwirken, dh auf einen objektiven und informierten Dritten abzustellen, der eine vernünftige, sachlich-orientierte Perspektive einnimmt und ohne Vorurteile und mit Augenmaß die Beurteilung vornimmt, ob durch die Auswahl des Tagungsortes der Eindruck einer Beeinflussung oder des Missbrauchs entstehen kann. **516**

b) Freizeitwert und touristische Attraktivität des Tagungsortes

Bereits Abs. 3 Satz 2 stellt klar, dass der **Freizeitwert** des Tagungsortes kein sachlicher Gesichtspunkt ist, sodass eine Auswahl des Tagungsortes nach „touristischen Gesichtspunkten" unzulässig ist. Bei Tagungsorten in **Urlaubsregionen** oder **touristisch attraktiven Städten** liegt es nahe, dass ihre Auswahl aus unzulässigen, am Freizeitwert bzw. deren touristische Attraktivität orientierten Gesichtspunkten, getroffen wurde. Angesichts des neu eingeführten Kriteriums der Sichtweise Dritter dürften zukünftig Fortbildungsveranstaltungen in attraktiven **Skiorten, auf Ferieninseln oder in anderen beliebten Urlaubsorten** eher unzulässig sein, sofern nicht besondere Umstände ausnahmsweise zu einer anderen Beurteilung führen. **517**

In der früheren Spruchpraxis haben derartige Tagungsorte vielfach Eingang in die **Spruchpraxis** gefunden, ua in einer Entscheidung zu einer Fortbildungsveranstaltung in einem **Graubündner Ski- und Erholungsgebiet,**[558] auf der **Ferieninsel Sylt**[559]**, Prien am Chiemsee**[560] oder in **Timmendorf**[561]**.** Die Schiedsstelle entschied ebenfalls, dass die **518**

[558] Entscheidung zu § 6 Abs. 3 S. 2 idF v. 16.2.2004, https://www.fsa-pharma.de/de/schiedstelle/berichterstattung/fachkreise/az-fs-ii-1–04-2004.5-4-2-instanz-6-abs-3-s-2–6-abs-7-des-kodex-vergleiche-nunmehr-20-abs-3-s-2-und-20-abs-7/, FS II 2004.5-4 (zul. abgerufen am 17.6.2021).

[559] Vgl. zu Sylt die Entscheidung zu § 20 Abs. 3 S. 2 idF v. 2.12.2005, https://www.fsa-pharma.de/de/schiedstelle/berichterstattung/fachkreise/az-2007.11–211-1-instanz-20-abs-3-satz-2-des-kodex-auswahl-des-tagungsortes-sylt/, FS I 2007.11–211 (zul. abgerufen am 17.6.2021) (= PharmR 2008, 399) sowie die Entscheidung zu § 20 Abs. 3 S. 2 idF v. 18.1.2008, https://www.fsa-pharma.de/de/schiedstelle/berichterstattung/fachkreise/az-az-2010.11–295-1-instanz-20-abs-3-satz-2-fsa-kodex-fachkreise-fortbildungsveranstaltung-fur-arzte-aus-schleswig-ho/, FS I 2010.11–295 (zul. abgerufen am 17.6.2021). Den Freizeitwert der Insel bestätigte erneut die Entscheidung zu § 20 Abs. 5 S. 4 iVm Abs. 3 S. 2 idF v. 14.12.2018, https://www.fsa-pharma.de/de/schiedstelle/berichterstattung/fachkreise/az-ii-instanz-fs-ii-2–19-2018-12-573-4-sylt-westerland-fachkreise-kodex/, FS II 2/19/2018.12–573/4 (zul. abgerufen am 17.6.2021).

[560] Vgl. zu Prien am Chiemsee die Entscheidung zu § 20 Abs. 3 idF v. 2.12.2005, FS I 2007.9–192 (PharmR 2008, 88) sowie die Entscheidung zu § 20 Abs. 3 S. 2 idF v. 17.10.2017, https://www.fsa-pharma.de/de/schiedstelle/berichterstattung/fachkreise/az-ii-instanz-fs-ii-2–17-2017.6–522-20-abs-3-satz-2-fsa-kodex-fachkreise-anreizwirkung-eines-tagungsorts-hier-prien-a/, FS II 2/17/2017.6–522 (zul. abgerufen am 18.6.2021).

[561] Entscheidung zu § 20 Abs. 3 idF v. 2.12.2005, https://www.fsa-pharma.de/de/schiedstelle/berichterstattung/fachkreise/az-2006.6–128-1-instanz-20-abs-3-satz-2–20-abs-2-satz-1-und-20-abs-7-des-kodex-auswahl-des-tagungsortes-regionale-e/, FS I 2006.6–128 (zul. abgerufen am 17.6.2021).

Auswahl eines Tagungsortes am **Tegernsee** ua deshalb nicht nach allein sachlichen Gesichtspunkten erfolgte, da es sich hierbei um einen über die Region hinaus sehr bekannten und attraktiven Freizeitort handelt.[562] Insgesamt berücksichtigte die Schiedsstelle in der Vergangenheit auch den **Umfang des Freizeitwertes** des gewählten Tagungsortes, dh ob dieser so groß ist (wie dies zB für die Insel Sylt angenommen wird[563]), dass die Teilnehmer geneigt sind, dessen Freizeitmöglichkeiten wahrzunehmen und dafür die Teilnahme an der Fortbildungsveranstaltung zu vernachlässigen.[564]

c) Keine den Charakter des Tagungsortes entscheidend prägende Anreizwirkung (12a. Leitlinie)

519 Die 12a. Leitlinie des FSA-Vorstands konkretisiert die Auswahl des Tagungsortes „allein nach sachlichen Gesichtspunkten" weiter und enthält ergänzende Hinweise und Kriterien, wann **in der Regel** von einem kodexkonformen Tagungsort ausgegangen werden kann. Entscheidend ist hierfür, dass neben den ausschließlich sachlichen Gesichtspunkten, die für die Auswahl des Tagungsortes maßgeblich sein dürfen, von dem gewählten Tagungsort **keine seinen Charakter entscheidend prägende Anreizwirkung** ausgeht (Ziffer 12a.1). Diese den Charakter des Tagungsortes entscheidend prägende Anreizwirkung präzisiert die 12a. Leitlinie näher und setzt insoweit einige in der Spruchpraxis zuvor entwickelte Grundsätze um:

520 Eine „entscheidende Prägung" seines Charakters durch die mögliche Anreizwirkung scheidet gem. Ziffer 12a.1 (i) der 12a. Leitlinie in der Regel aus, wenn
- (i) es am Tagungsort Veranstaltungsstätten und Übernachtungsmöglichkeiten gibt, die **üblicherweise** auch anlässlich von **fachlich-wissenschaftlichen Veranstaltungen** genutzt werden,
- (ii) die **Infrastruktur des Tagungsorts** nicht schwerpunktmäßig touristisch geprägt ist und
- (iii) der Tagungsort über eine **sehr gute Anbindung an das öffentliche Verkehrsnetz** verfügt.

521 Angesichts der Einführung des Kriteriums der Sichtweise Dritter (→ Rn. 515 f.) dürfte der Umfang des Freizeitwerts zukünftig eher, wenn überhaupt, eine Rolle bei der Beurteilung und Interpretation dieses Kriteriums, also der Sichtweise eines unbeteiligten Dritten, spielen. Derartige Tagungsorte dürften zukünftig regelmäßig bereits aufgrund ihrer touristischen Prägung ausscheiden.

522 Von diesen grundsätzlich anzuwendenden Kriterien, bei deren Einhaltung in der Regel von einem kodexkonformen Tagungsort ausgegangen werden kann, sieht die 12a. Leitlinie zwei Ausnahmen vor: Zunächst kann ein Tagungsort nicht allein nach sachlichen Gesichtspunkten ausgewählt sein, der zwar die oben genannten Kriterien erfüllt sind, jedoch aufgrund des konkret **gewählten Zeitpunkts** der Veranstaltung eine Anreizwirkung dadurch entsteht, dass der Ort zu dieser Zeit durch Erlebnismöglichkeiten entscheidend geprägt wird (zB Oktoberfest in München, Karneval in Köln) (Ziffer 12a.1 (ii) der 12a. Leitlinie). Auch diesen Aspekt hat die Schiedsstelle des FSA in ihrer früheren Spruchpraxis bei der Bewertung, ob die Auswahl des Tagungsortes allein nach sachlichen Gründen erfolgte, bereits berücksichtigt. Der FSA-Vorstand hat dies in der revidierten Leitlinie aufgegriffen. Die

---

562 Entscheidung zu § 20 Abs. 3 idF v. 2.12.2005, https://www.fsa-pharma.de/de/schiedsstelle/berichterstattung/fachkreise/az-2005.5–70-1-instanz-20-abs-3-des-kodex-auswahl-der-tagungsstatte-des-tagungsortes-notwendige-ubernachtungskosten/, FS I 2005.5–70 (zul. abgerufen am 17.6. 2021).

563 Entscheidung zu § 20 Abs. 3 idF v. 2.12.2005, https://www.fsa-pharma.de/de/schiedsstelle/berichterstattung/fachkreise/az-2007.11–211-1-instanz-20-abs-3-satz-2-des-kodex-auswahl-des-tagungsortes-sylt/, FS I 2007.11–211 (zul. abgerufen am 17.6.2021) (PharmR 2008, 399).

564 Entscheidung zu § 6 Abs. 3 S. 2 idF v. 16.2.2004, https://www.fsa-pharma.de/de/schiedsstelle/berichterstattung/fachkreise/az-fs-ii-5–05-2005.5–65-2-instanz-20-abs-3-s-2-des-kodex-auswahl-des-tagungsortes-anonymisierung-in-akten/, FS II 2005.5–65 (zul. abgerufen am 17.6.2021) (PharmR 2006, 127 ff.).

Schiedsstelle hat ua geprüft, ob die Tagung in einen Zeitraum fällt, in dem der Ort für Freizeitaktivitäten besonders attraktiv ist (zB Hochsaison an einem Badeort) oder zeitgleich an dem Ort ein besonderes, attraktives Ereignis stattfindet, das den Eingeladenen bekannt ist.[565] Daher hat die Schiedsstelle ua entschieden, dass die Wahl eines Tagungsortes unzulässig ist, an dem gleichzeitig eine **attraktive Großveranstaltung** (etwa die Fußball-Weltmeisterschaft oder das Konzert der „Drei Tenöre" oder das Oktoberfest) stattfindet.

Sprechen die o. g. Kriterien für eine entscheidende Prägung des Charakters des gewählten Ortes durch eine mögliche Anreizwirkung, entfällt diese in der Regel, wenn sich der Tagungsort in **der unmittelbaren Umgebung** des angesprochenen Teilnehmerkreises befindet (einfache Fahrstrecke max. 50 km) (Ziffer 12a.1 (iii) der 12a. Leitlinie). Bei der Auswahlentscheidung ist daher auch zu berücksichtigen, wie sich der **Teilnehmerkreis regional zusammensetzt** und ob der Tagungsort von den Teilnehmern in vernünftiger Weise erreicht werden kann.[566] Daher kann die Anreizwirkung je **nach Einzugsgebiet der Teilnehmer** für verschiedene Teilnehmerkreise unterschiedlich ausfallen. So wurde der zusätzliche, sachfremde Anreiz des Tagungsortes in Prien am Chiemsee für Ärzte aus entfernten Gebieten bejaht, während dieser für Ärzte aus dem Umkreis nicht oder weniger ins Gewicht falle.[567] 523

In der früheren Spruchpraxis hatte die Schiedsstelle zudem bereits entschieden, dass 524
- eine Fortbildungsveranstaltung auf der **Fraueninsel im Chiemsee** – trotz des erheblichen Freizeitwerts – ua deshalb im Einklang mit dem Kodex steht, da die eingeladenen Angehörigen der Fachkreise aus dem unmittelbaren Umfeld des Tagungsortes, hier dem Raum Chiemsee, München und Augsburg stammten;[568] die Begründung dieser Entscheidung dürfte auch nach Einführung der 12a. Leitlinie noch tragen, sofern Ärzte aus einem Radius von maximal 50 km daran teilnehmen;
- die Veranstaltung eines „Diabetes Workshops" im **Ostseeheilbad Zingst** kodexkonform war, da es sich um einen regional zusammengesetzten Teilnehmerkreis gehandelt hat, für den der Tagungsort in vernünftiger Weise zu erreichen war;[569] die Begründung dieser Entscheidung dürfte auch nach Einführung der 12a. Leitlinie noch tragen, sofern Ärzte aus einem Radius von maximal 50 km daran teilnehmen;
- die Durchführung einer vierstündigen internen Fortbildungsveranstaltung in einem **Verkehrsmuseum** ua deshalb keinen Verstoß gegen Abs. 3 Satz 2 darstellt, weil die eingeladenen Ärzte aus der näheren Umgebung des Veranstaltungsortes kamen.[570] Das Ergebnis dieser Entscheidung dürfte angesichts der 12a. Leitlinie heute eher fraglich sein;

---

565 Entscheidung zu § 6 Abs. 3 S. 2 idF v. 16.2.2004, https://www.fsa-pharma.de/de/schiedstelle/berichterstattung/fachkreise/az-fs-ii-5-05-2005.5-65-2-instanz-20-abs-3-s-2-des-kodex-auswahl-des-tagungsortes-anonymisierung-in-akten/, FS II 2005.5–65 (zul. abgerufen am 17.6.2021) (= PharmR 2006, 127 ff.).

566 Vgl. bereits die Entscheidung zu § 6 Abs. 3 S. 2 idF v. 16.2.2004, https://www.fsa-pharma.de/de/schiedstelle/berichterstattung/fachkreise/az-fs-ii-5-05-2005.5-65-2-instanz-20-abs-3-s-2-des-kodex-auswahl-des-tagungsortes-anonymisierung-in-akten/, FS II 2005.5–65 (zul. abgerufen am 17.6.2021) (PharmR 2006, 127 ff.).

567 Entscheidung zu § 20 Abs. 3 S. 2 idF v. 17.10.2017, https://www.fsa-pharma.de/de/schiedstelle/berichterstattung/fachkreise/az-ii-instanz-fs-ii-2-17-2017.6-522-20-abs-3-satz-2-fsa-kodex-fachkreise-anreizwirkung-eines-tagungsorts-hier-prien-a/, FS II 2/17/2017.6–522 (zul. abgerufen am 17.6.2021).

568 Entscheidung zu § 20 Abs. 3 S. 2 idF v. 2.12.2005, FS I 2007.9–192 (= PharmR 2008, 88).

569 Entscheidung zu § 6 Abs. 3 S. 2 idF v. 16.2.2004, https://www.fsa-pharma.de/de/schiedstelle/berichterstattung/fachkreise/az-fs-ii-5-05-2005.5-65-2-instanz-20-abs-3-s-2-des-kodex-auswahl-des-tagungsortes-anonymisierung-in-akten/, FS II 2005.5–65 (zul. abgerufen am 17.6.2021) (= PharmR 2006, 127 ff.).

570 Entscheidung zu § 6 Abs. 3 S. 2 idF v. 16.2.2004, https://www.fsa-pharma.de/de/schiedstelle/berichterstattung/fachkreise/az-2005.9-91-1-instanz-18-abs-2-20-abs-3-s-2-des-kodex-produktspezifische-werkstatt-gegen-beratungshonorar-fortbild/, FS I 2005.9–91 (zul. abgerufen am 17.6.2021).

– die Auswahl eines Tagungsortes am **Tegernsee** ua deshalb nicht nach allein sachlichen Gesichtspunkten erfolgte, weil die eingeladenen Ärzte aus dem gesamten Bundesgebiet anreisten und die Erreichbarkeit des Tagungsortes nur über eine aufwendige Verkehrsorganisation (zB Bustransfer) möglich war;[571] diese Entscheidung dürfte angesichts der 12a Leitlinie auch heute noch gültig sein;
– **Timmendorf** (am Timmendorfer Strand gelegen) kein verkehrsgünstiger Tagungsort ist, wenn die Teilnehmer aus dem gesamten Nordteil der Bundesrepublik zwischen den Niederlanden und der ehemaligen innerdeutschen Grenze sowie vom Ruhrgebiet bis an die Nord-/Ostseeküste anreisen;[572] diese Entscheidung dürfte angesichts der 12a. Leitlinie auch heute noch fortgelten;
– der **Zeitaufwand zur Anreise nach Sylt** außer Verhältnis zur Dauer einer eineinhalbtägigen Fortbildungsveranstaltung stehen kann und der gewählte Tagungsort von den Teilnehmern daher nicht „in vernünftiger Weise" erreicht werden konnte;[573] eine **vernünftige Erreichbarkeit** der Insel wurde ausdrücklich für teilnehmende **Ärzte aus Schleswig-Holstein und Hamburg** bestätigt;[574] es ist fraglich, ob die Entscheidung nach der 12a. Leitlinie heute noch auch mit Blick auf die Ärzte aus Schleswig-Holstein und Hamburg entsprechend ausfallen würde.

d) Weitere, durch die Spruchpraxis entwickelte Grundsätze

525 Nach der bisherigen Spruchpraxis der Schiedsstelle war auch von Bedeutung, welche **Aufmerksamkeit** der Anreizwirkung zB durch Freizeitangebote **im Rahmen der Einladung** und welche **Nutzungsmöglichkeit** dieser während der Fortbildungsveranstaltung zukommt. Maßgeblich war dabei, ob die Einladung die Freizeitmöglichkeiten des Tagungsortes aufführt oder sogar besonders herausstellt und ob das Programm derart straff organisiert ist, dass kaum oder nur wenig Zeit verbleibt, die Freizeitmöglichkeiten des Tagungsortes wahrzunehmen.[575] Die Auswahl eines Tagungsortes an einem touristisch attraktiven Ort (Skigebiet) stellte daher insbesondere dann einen Verstoß gegen den Kodex dar, wenn bereits in der Einladung deutlich auf Freizeitaktivitäten hingewiesen wird und auch die Agenda zeitlich so aufgebaut ist, dass reichlich Zeit für die Wahrnehmung solcher Aktivitäten verbleibt.[576] Vergleichbar wurde eine Veranstaltung in **Monte Carlo** als unzulässig angesehen, da die Agenda der internen Fortbildungsveranstaltung **ausreichend Zeit zur Nutzung des Freizeitwertes** des Ortes ermöglichte.[577] Die Auswahl des Tagungsortes

[571] Entscheidung zu § 20 Abs. 3 idF v. 2.12.2005, https://www.fsa-pharma.de/de/schiedstelle/berichterstattung/fachkreise/az-2005.5–70-1-instanz-20-abs-3-des-kodex-auswahl-der-tagungsstatte-des-tagungsortes-notwendige-ubernachtungskosten/, FS I 2005.5–70 (zul. abgerufen am 17.6.2021).

[572] Entscheidung zu § 20 Abs. 3 idF v. 2.12.2005, https://www.fsa-pharma.de/de/schiedstelle/berichterstattung/fachkreise/az-2006.6–128-1-instanz-20-abs-3-satz-2–20-abs-2-satz-1-und-20-abs-7-des-kodex-auswahl-des-tagungsortes-regionale-e/, FS I 2006.6–128 (zul. abgerufen am 17.6.2021).

[573] Entscheidung zu § 20 Abs. 3 idF v. 2.12.2005, https://www.fsa-pharma.de/de/schiedstelle/berichterstattung/fachkreise/az-2007.11–211-1-instanz-20-abs-3-satz-2-des-kodex-auswahl-des-ta gungsortes-sylt/, FS I 2007.11–211 (zul. abgerufen am 17.6.2021) (PharmR 2008, 399).

[574] Entscheidung zu § 20 Abs. 3 S. 2idF v. 18.1.2008, https://www.fsa-pharma.de/de/schiedstelle/berichterstattung/fachkreise/az-az-2010.11–295-1-instanz-20-abs-3-satz-2-fsa-kodex-fachkreise-fort bildungsveranstaltung-fur-arzte-aus-schleswig-ho/, FS I 2010.11–295 (zul. abgerufen am 17.6.2021).

[575] Entscheidung zu § 6 Abs. 3 S. 2 idF v. 16.2.2004, https://www.fsa-pharma.de/de/schiedstelle/berichterstattung/fachkreise/az-fs-ii-5–05-2005.5–65-2-instanz-20-abs-3-s-2-des-kodex-auswahl-des-tagungsortes-anonymisierung-in-akten/, FS II 2005.5–65 (zul. abgerufen am 17.6.2021) (PharmR 2006, 127 ff.).

[576] Entscheidung zu § 6 Abs. 3 S. 2 idF v. 16.2.2004, https://www.fsa-pharma.de/de/schiedstelle/berichterstattung/fachkreise/az-2005.3–58-1-instanz-20-abs-3-satz-2-und-20-abs-7-auswahl-des-ta gungsortes-an-attraktivem-ort-einladung-von-begle/, FS I 2005.3–58 (zul. abgerufen am 17.6.2021).

[577] Entscheidung zu § 6 Abs. 3 S. 2 idF v. 16.2.2004, https://www.fsa-pharma.de/de/schiedstelle/berichterstattung/fachkreise/az-fs-ii-7-05-2005.9–89-2-instanz-6-abs-3-des-kodex-vergleiche-nun mehr-20-abs-3-monte-carlo-als-tagungsort/, FS II 2005.9–89 (zul. abgerufen am 17.6.2021).

allein nach sachlichen Gesichtspunkten wurde auch verneint bei der Wahl einer **europäischen Großstadt** als Veranstaltungsort, wenn der **Fortbildungsteil und der Freizeitanteil** der Teilnehmer **in demselben Verhältnis** bemessen sind.[578] In diesem Fall konnten die Teilnehmer bereits aus der Einladung ersehen, dass sie die Möglichkeit hatten, den Tagungsort während der Fortbildungsveranstaltung durch Eigeninitiative kennenzulernen. Insoweit war es nicht erforderlich, dass die Einladung die Freizeitmöglichkeiten besonders herausstellte. Vielmehr erachtete es die Schiedsstelle für den Kodexverstoß als ausreichend, dass die **Agenda eigene Aktivitäten der Teilnehmer** – auch ohne mitwirkende Organisation des Veranstalters – ohne weiteres **zugelassen hat** (auch → Rn. 526).

Umgekehrt wurde eine Fortbildungsveranstaltung auf der **Fraueninsel im Chiemsee** wiederum als im Einklang mit dem Kodex angesehen, obwohl es sich um einen Tagungsort mit erheblichem Freizeitwert handelt. Begründet hat die Schiedsstelle dies ua damit, dass die Fortbildungsveranstaltung **straff organisiert** war und ausweislich der Einladung **keinerlei Hinweise auf einen besonderen Freizeitwert** der Insel gegeben wurden.[579] Auch die Durchführung einer vierstündigen internen Fortbildungsveranstaltung in einem **Verkehrsmuseum** stellt keinen Verstoß gegen Abs. 3 Satz 2 dar, wenn die Agenda **keine Freiräume zur Besichtigung** des Museums eröffnet.[580] Diese Entscheidungen dürften angesichts der revidierten 12a. Leitlinie und des Kriteriums der objektiven Betrachtung Dritter heute bei einem vergleichbaren Sachverhalt tendentiell anders ausfallen. 526

Auch wenn vom Tagungsort selbst kein Freizeitwert bzw. keine Anreizwirkung ausgeht, konnte der **Hinweis auf mögliche Freizeitaktivitäten** im nahen Umkreis nach der bisherigen Spruchpraxis ausreichen, um die Auswahl des Tagungsortes allein nach sachlichen Gesichtspunkten zu verneinen. Die Schiedsstelle hat es daher als Verstoß gegen den Kodex angesehen, wenn der einseitigen Einladung zu einer Fortbildungsveranstaltung ein **fünfseitiger Prospekt über einen historischen Bahnpark** inklusive Wegbeschreibung beigefügt ist.[581] Vergleichbar ließ der Hinweis auf die Möglichkeit der Nutzung einer touristischen Attraktion **(Freizeitpark)** durch Begleitpersonen in einer Veranstaltungseinladung die Auswahl des Tagungsortes, welcher sich in unmittelbarer Nähe zum Freizeitpark befand, nach sachlichen Gesichtspunkten entfallen.[582] 527

Von dieser insgesamt etwas flexibleren Betrachtungsweise, die die Zulässigkeit der Auswahl des Tagungsortes maßgeblich von den Nutzungsmöglichkeiten der Teilnehmer, der Programmgestaltung und der Gestaltung der Einladung abhängig machte, rückt die 12a. Leitlinie insoweit ab, als seit ihrer Geltung am 1.1.2021 die **objektive Betrachtung Dritter** maßgeblich ist und nicht die subjektive Sichtweise der Teilnehmer. Insoweit ist anzunehmen, dass die o. g. Spruchpraxis ggf. in der künftigen Entwicklung dort eine Änderung erfahren dürfte, wo allein aufgrund der konkret fehlenden Nutzungsmöglichkeit eine Anreizwirkung des Tagungsortes abgelehnt wurde. 528

Der Umstand, dass die Teilnehmer **nach Ende der Veranstaltung** auf der Fraueninsel im Chiemsee eine Chiemsee-Rundfahrt hätten unternehmen können oder privat andere 529

---

[578] Entscheidung zu § 20 Abs. 3 S. 2 idF v. 16.2.2004, https://www.fsa-pharma.de/de/schiedsstelle/berichterstattung/fachkreise/az-2006.3–118-1-instanz-20-abs-3-satz-2-des-kodex-auswahl-des-tagungsortes/, FS I 2006. 3–118 (zul. abgerufen am 17.6.2021) (= PharmR 2006, 454).

[579] Entscheidung zu § 20 Abs. 3 S. 2 idF v. 2.12.2005, FS I 2007.9–192 (= PharmR 2008, 88).

[580] Entscheidung zu § 6 Abs. 3 S. 2 idF v. 16.2.2004, https://www.fsa-pharma.de/de/schiedsstelle/berichterstattung/fachkreise/az-2005.9–91-1-instanz-18-abs-2–20-abs-3-s-2-des-kodex-produktspezifische-werkstatt-gegen-beratungshonorar-fortbild/, FS I 2005.9–91 (zul. abgerufen am 17.6.2021).

[581] Entscheidung zu § 20 Abs. 3 S. 2 idF v. 2.12.2005, https://www.fsa-pharma.de/de/schiedsstelle/berichterstattung/fachkreise/az-2005.11–102-1-instanz-20-abs-3-satz-2-des-kodex-auswahl-eines-bahnmuseums-als-tagungsort/, FS I 2005.11–102 (zul. abgerufen am 17.6.2021).

[582] Entscheidung zu § 20 Abs. 3 S. 2, idF v. 2.12.2005, https://www.fsa-pharma.de/de/schiedsstelle/berichterstattung/fachkreise/az-2006.4–120-1-instanz-auswahl-des-tagungsortes-20-abs-3-satz-2/, FS I 2006.4–120 (zul. abgerufen am 17.6.2021) (= PharmR 2006, 405).

Freizeitaktivitäten hätten wahrnehmen können, steht der Auswahl des Tagungsortes nicht entgegen. Insoweit differenziert die Schiedsstelle danach, ob nach der Agenda *während* der Veranstaltung die Möglichkeit zu Freizeitaktivitäten besteht[583], oder ob die Teilnehmer *nach Abschluss* der Veranstaltung in Eigenregie Freizeitaktivitäten wahrnehmen könnten.[584] Eine **Verlängerung des Aufenthalts** am Tagungsort oder die Nutzung von Freizeitangeboten am Tagungsort **auf eigene Kosten und in eigener Organisation** stellt keinen zusätzlichen und unsachlichen Anreiz dar, an der Veranstaltung teilzunehmen. Vielmehr ist es die alleinige Angelegenheit der Teilnehmer, was sie nach Beendigung der Veranstaltung unternehmen.[585] Vergleichbares gilt für die Auswahl der Tagungsstätte, bei der nach der Spruchpraxis der Schiedsstelle in der Regel unbeachtlich ist, wenn die Teilnehmer die Möglichkeit haben, Freizeitangebote der Tagungsstätte nach Ende der Veranstaltung auf eigene Kosten und in eigener Organisation zu nutzen (→ Rn. 562). Hier bleibt abzuwarten, wie die Spruchpraxis zukünftig die 12a. Leitlinie auslegen wird. Sofern Freizeitangebote nach dem Ende der Veranstaltung und ohne Zutun des Unternehmens von dem Teilnehmer in Anspruch genommen werden, sollte dies die Zulässigkeit des Veranstaltungsortes grundsätzlich nicht in Frage stellen. Sofern allerdings die Inanspruchnahme von Freizeitaktivitäten bei der Planung der Veranstaltung absehbar war (zum Beispiel Tagungsort mit im Anschluss der Veranstaltung stattfindendem Rock-Konzert), dürfte der Sachverhalt eher anders zu bewerten sein.

530 Auch stellt der Umstand, dass die Wahl eines Tagungsortes auf einer Ferieninsel (hier: Sylt) zu **geringeren Kosten** führt als die Durchführung einer derartigen Veranstaltung in einer Stadt ohne besonderen touristischen Charakter (etwa Hamburg, Berlin, Hannover, Stuttgart oder München), **keinen sachlichen Grund** für die Auswahl des Tagungsortes dar, da hierdurch regelmäßig der **Eindruck** entsteht, der **Freizeit- und Erholungscharakter** der Veranstaltung stehe **im Vordergrund,** was unbedingt vermieden werden sollte.[586]

531 Die Schiedsstelle berücksichtigte in einer frühen Entscheidung, dass an dem gewählten Tagungsort **in der Vergangenheit** Fortbildungsveranstaltungen stattfanden und insofern unabhängig von seinem Freizeitwert eine fachliche Tradition entstanden war.[587] Hat eine Veranstaltung zum Zeitpunkt ihrer Einladung erst vier Mal in der Region des gewählten Tagungsortes (hier: auf der Insel Sylt an verschiedenen Orten) stattgefunden, kann nach Auffassung der Schiedsstelle aber noch nicht von einer Tradition gesprochen werden.[588]

---

[583] Vgl. Entscheidung zu § 20 Abs. 3 S. 2 idF v. 16.2.2004, https://www.fsa-pharma.de/de/schiedstelle/berichterstattung/fachkreise/az-2006.3–118-1-instanz-20-abs-3-satz-2-des-kodex-auswahl-des-tagungsortes/, FS I 2006. 3–118 (zul. abgerufen am 17.6.2021) (= PharmR 2006, 454).

[584] Entscheidung zu § 20 Abs. 3 S. 2 idF v. 2.12.2005, FS I 2007.9–192 (= PharmR 2008, 88).

[585] Entscheidung zu § 20 Abs. 5 S. 4 iVm Abs. 3 S. 2 idF v. 14.12.2018, https://www.fsa-pharma.de/de/schiedstelle/berichterstattung/fachkreise/az-ii-instanz-fs-ii-2–19-2018-12-573-4-sylt-westerland-fachkreise-kodex/, FS II 2/19/2018.12–573/4 (zul. abgerufen am 18.6.2021); bestätigend für die Nutzung von Angeboten der Tagungsstätte: Entscheidung zu § 20 Abs. 5 iVm Abs. 3 idF v. 17.10.2017, https://www.fsa-pharma.de/de/schiedstelle/berichterstattung/fachkreise/az.2018.12–562-572-sponsoring-autostadt/, FS I 2018.12–562-572 (zul. abgerufen am 18.6.2021) (= PharmR 2021, 112).

[586] Entscheidung zu § 20 Abs. 3 S. 2 idF v. 2.12.2005, https://www.fsa-pharma.de/de/schiedstelle/berichterstattung/fachkreise/az-2007.11–211-1-instanz-20-abs-3-satz-2-des-kodex-auswahl-des-tagungsortes-sylt/, FS I 2007.11–211 (zul. abgerufen am 17.6.2021) (= PharmR 2008, 399).

[587] Entscheidung zu § 6 Abs. 3 S. 2 idF v. 16.2.2004, https://www.fsa-pharma.de/de/schiedstelle/berichterstattung/fachkreise/az-fs-ii-5–05-2005.5–65-2-instanz-20-abs-3-s-2-des-kodex-auswahl-des-tagungsortes-anonymisierung-in-akten/, FS II 2005.5–65 (zul. abgerufen am 17.6.2021) (PharmR 2006, 127 ff.).

[588] Entscheidung zu § 20 Abs. 3 idF v. 2.12.2005, https://www.fsa-pharma.de/de/schiedstelle/berichterstattung/fachkreise/az-2007.11–211-1-instanz-20-abs-3-satz-2-des-kodex-auswahl-des-tagungsortes-sylt/, FS I 2007.11–211 (zul. abgerufen am 17.6.2021) (PharmR 2008, 399).

e) Gesamtbetrachtung und Abwägung aller Umstände des Einzelfalls

Der Umstand, dass eine interne Fortbildungsveranstaltung an einem **touristisch attraktiven Ort** stattfindet, bedeutet damit also nicht per se einen Verstoß gegen Abs. 3 Satz 2 und 3. Denn auch wenn der Freizeitwert eines Tagungsortes kein sachlicher Grund gem. Abs. 2 S. 3 ist, folgt hieraus **nicht,** dass **von vornherein** alle Orte **ausscheiden,** denen ein (erheblicher) Freizeitwert zukommt. Ansonsten würden kaum noch Orte für Fortbildungsveranstaltungen übrig bleiben, sodass es auf alle Umstände des Einzelfalles ankommt.[589] Erforderlich ist daher eine wertende Gesamtbetrachtung unter **Abwägung aller Umstände des Einzelfalls.**[590] Bei der Auswahl des Tagungsortes nach sachlichen Gesichtspunkten sind daher sachliche Gründe in die **Gesamtbetrachtung** einzubeziehen und gegenüber ggf. bestehenden sachfremden Anreizen **abzuwägen.**[591] Entscheidend ist, dass nicht der **Eindruck** erweckt werden darf, dass der **Freizeit- und Erholungscharakter** der Veranstaltung **im Vordergrund** steht.[592] Seit Inkrafttreten der 12a. Leitlinie am 1.1.2021 ist insbesondere eine objektive Betrachtungswiese relevant. Wollen die Kodexanwender von der durch die Leitlinie aufgezeigte Indizwirkung Gebrauch machen („Safe-Harbour-Prinzip"), sollten die o. g. Kriterien erfüllt sein, damit „in der Regel" von einer kodexkonformen Auswahl des Tagungsortes ausgegangen werden kann. 532

Die Abwägung der Einzelfallumstände führte in der bisherigen Spruchpraxis ua dazu, dass die Auswahl des **Tagungsortes auf Sylt** in zwei Entscheidungen unterschiedlich bewertet wurde, wenngleich der Insel ein erheblicher Freizeitwert zukommt.[593] Die Schiedsstelle hat auch die Auswahl des Tagungsortes Prien am Chiemsee unterschiedlich bewertet, ua in Abhängigkeit eines zusätzlichen, sachfremden Anreizes aufgrund des nicht unerheblichen Freizeitwertes, der für Ärzte aus dem entfernteren Umkreis bejaht und für Ärzte aus der näheren Umgebung (Gebiet des Chiemsees) als nicht oder kaum ins Gewicht fallend eingestuft wurde.[594] 533

[589] Entscheidung zu § 20 Abs. 3 S. 2 idF v. 17.10.2017, https://www.fsa-pharma.de/de/schiedstelle/berichterstattung/fachkreise/az-ii-instanz-fs-ii-2-17-2017.6–522-20-abs-3-satz-2-fsa-kodex-fachkreise-anreizwirkung-eines-tagungsorts-hier-prien-a/, FS II 2/17/2017.6–522 (zul. abgerufen am 17.6.2021).

[590] Vgl. bestätigend die Entscheidung zu § 6 Abs. 3 S. 2 idF v. 16.2.2004, https://www.fsa-pharma.de/de/schiedstelle/berichterstattung/fachkreise/az-fs-ii-5-05-2005.5–65-2-instanz-20-abs-3-s-2-des-kodex-auswahl-des-tagungsortes-anonymisierung-in-akten/, FS II 2005.5–65 (zul. abgerufen am 17.6.2021) (PharmR 2006, 127 ff.).

[591] Entscheidung zu § 20 Abs. 3 S. 2 idF v. 17.10.2017, https://www.fsa-pharma.de/de/schiedstelle/berichterstattung/fachkreise/az-ii-instanz-fs-ii-2-17-2017.6–522-20-abs-3-satz-2-fsa-kodex-fachkreise-anreizwirkung-eines-tagungsorts-hier-prien-a/, FS II 2/17/2017.6–522 (zul. abgerufen am 17.6.2021).

[592] Entscheidung zu § 20 Abs. 3 S. 2 idF v. 17.10.2017, https://www.fsa-pharma.de/de/schiedstelle/berichterstattung/fachkreise/az-ii-instanz-fs-ii-2-17-2017.6–522-20-abs-3-satz-2-fsa-kodex-fachkreise-anreizwirkung-eines-tagungsorts-hier-prien-a/, FS II 2/17/2017.6–522 (zul. abgerufen am 17.6.2021).

[593] Vgl. zu Sylt die Entscheidung zu § 20 Abs. 3 S. 2 idF v. 2.12.2005, https://www.fsa-pharma.de/de/schiedstelle/berichterstattung/fachkreise/az-2007.11–211-1-instanz-20-abs-3-satz-2-des-kodex-auswahl-des-tagungsortes-sylt/, FS I 2007.11–211 (zul. abgerufen am 17.6.2021) (= PharmR 2008, 399) sowie die Entscheidung zu § 20 Abs. 3 S. 2 idF v. 18.1.2008, https://www.fsa-pharma.de/de/schiedstelle/berichterstattung/fachkreise/az-az-2010.11–295-1-instanz-20-abs-3-satz-2-fsa-kodex-fachkreise-fortbildungsveranstaltung-fur-arzte-aus-schleswig-ho/, FS I 2010.11–295 (zul. abgerufen am 17.6.2021). Den Freizeitwert der Insel bestätigte erneut die Entscheidung zu § 20 Abs. 5 S. 4 iVm Abs. 3 S. 2 idF v. 14.12.2018, https://www.fsa-pharma.de/de/schiedstelle/berichterstattung/fachkreise/az-ii-instanz-fs-ii-2–19-2018-12-573-4-sylt-westerland-fachkreise-kodex/, FS II 2/19/2018.12–573/4 (zul. abgerufen 17.6.2021).

[594] Vgl. zu Prien am Chiemsee die Entscheidung zu § 20 Abs. 3 idF v. 2.12.2005, FS I 2007.9–192 (PharmR 2008, 88) sowie die Entscheidung zu § 20 Abs. 3 S. 2 idF v. 17.10.2017, https://www.fsa-

534 Nach einer Gesamtbetrachtung gelangte die Schiedsstelle in einem anderen Fall zu dem Ergebnis, dass ein halbtägiger **Ausflug zu einem touristisch attraktiven Tagungsort (Key West),** der im Rahmen einer externen sechstägigen Fortbildungsveranstaltung (in Miami) von der Kongressorganisation geplant und durchgeführt wurde, wobei die Teilnehmer die gesamt angefallenen Kosten für den Ausflug selbst getragen haben, für eine **interne** zweistündige **Schulung** genutzt werden durfte.[595] Maßgeblich für die Schiedsstelle war neben der vollständigen Tragung der Ausflugskosten durch die Teilnehmer ua, dass für die Teilnehmer eine deutliche Abgrenzung zwischen Fortbildungsveranstaltung und dem Unterhaltungsprogramm erkennbar war. Es ist äußerst fraglich, ob das Ergebnis dieser Entscheidung in einer vergleichbaren Fallkonstellation heute angesichts der 12a. Leitlinie noch aufrechterhalten werden würde.

535 In einem anderen Fall hat die Schiedsstelle entschieden, dass bei einer Fortbildungsveranstaltung über eineinhalb Tage, die **an verschiedenen Orten** stattfindet, von einer **einheitlichen Fortbildungsveranstaltung** auszugehen ist und die Frage, ob die Auswahl des ersten Tagungsortes allein auf sachlichen Gründen beruhte, nicht losgelöst, sondern nur im Zusammenhang mit dem zweiten Tagungsort betrachtet werden kann.[596]

3. Spruchpraxis zum Tagungsort

536 Die nachfolgend dargestellte Spruchpraxis findet weiterhin Anwendung, solange und soweit sie mit der aktuell geltenden Fassung der 12a. Leitlinie in Einklang steht.

- Die Frage, ob ein Tagungsort allein nach sachlichen Gesichtspunkten ausgewählt wurde, ist unter **Berücksichtigung aller Umstände des Einzelfalls** (ua Zusammensetzung des Teilnehmerkreises, Erreichbarkeit des Tagungsortes, Zeit zur Wahrnehmung von Freizeitaktivitäten, Freizeitwert des Ortes) zu beurteilen.[597]
- Eine Fortbildungsveranstaltung im **Graubündener Ski- und Erholungsgebiet** ist unzulässig, sofern der Tagungsort nur nach seinem Freizeitwert und damit nicht allein nach sachlichen Gesichtspunkten ausgesucht wird und ein internationaler Bezug nicht gegeben ist.[598]
- Die Auswahl eines attraktiven Tagungsorts **(Skigebiet)** ist unzulässig, wenn in der Einladung auf den Freizeitwert hingewiesen wird und die Agenda reichlich Gelegenheit für Freizeitaktivitäten enthält.[599] Es ist äußerst fraglich, ob die Begründung dieses Ergebnises der Entscheidung (Hinweis in der Einladung und reichlich Gelegenheit für Freizeitaktivitäten) in einer vergleichbaren Fallkonstellation heute angesichts der 12a. Leitlinie noch aufrechterhalten werden würde.

---

pharma.de/de/schiedstelle/berichterstattung/fachkreise/az-ii-instanz-fs-ii-2–17-2017.6–522-20-abs-3-satz-2-fsa-kodex-fachkreise-anreizwirkung-eines-tagungsorts-hier-prien-a/, FS II 2/17/2017.6–522 (zul. abgerufen am 17.6.2021).

[595] Entscheidung zu § 6 Abs. 3 S. 2 idF v. 16.2.2004, https://www.fsa-pharma.de/de/schiedstelle/berichterstattung/fachkreise/az-2005.5–66-1-instanz-20-abs-2-satz-3-des-kodex-unterhaltungsprogramme-20-abs-3-satz-2-auswahl-des-tagungsortes/, FS I 2005.5–66 (zul. abgerufen am 17.6.2021).

[596] Entscheidung zu § 20 Abs. 3 idF v. 2.12.2005, https://www.fsa-pharma.de/de/schiedstelle/berichterstattung/fachkreise/az-fs-ii-3–07-2007.3–174-2-instanz-20-abs-3-satz-2-und-20-abs-2-des-kodex-fortbildungen-im-ausland-an-2-verschiedene/, FS II 2007. 3–174 (zul. abgerufen am 17.6.2021) (PharmR 2009, 201).

[597] Entscheidung zu § 6 Abs. 3 S. 2 idF v. 16.2.2004, https://www.fsa-pharma.de/de/schiedstelle/berichterstattung/fachkreise/az-fs-ii-5–05-2005.5–65-2-instanz-20-abs-3-s-2-des-kodex-auswahl-des-tagungsortes-anonymisierung-in-akten/, FS II 2005.5–65 (zul. abgerufen am 17.6.2021) (PharmR 2006, 127 ff.).

[598] Entscheidung zu § 6 idF v. 16.2.2004, https://www.fsa-pharma.de/de/schiedstelle/berichterstattung/fachkreise/az-fs-ii-1–04-2004.5-4-2-instanz-6-abs-3-s-2-6-abs-7-des-kodex-vergleiche-nunmehr-20-abs-3-s-2-und-20-abs-7/, FS II 2004.5-4 (zul. abgerufen am 17.6.2021).

[599] Entscheidung zu § 6 Abs. 3 S. 2 idF v. 16.2.2004, https://www.fsa-pharma.de/de/schiedstelle/berichterstattung/fachkreise/az-2005.3–58-1-instanz-20-abs-3-satz-2-und-20-abs-7-auswahl-des-tagungsortes-an-attraktivem-ort-einladung-von-begle/, FS I 2005.3–58 (zul. abgerufen am 17.6.2021).

- **Monte Carlo** ist als Tagungsort jedenfalls immer dann nicht allein nach sachlichen Auswahlkriterien gewählt, wenn die Agenda der internen Fortbildung ausreichend Zeit zur Nutzung des Freizeitwertes des Ortes ermöglicht.[600] Es ist äußerst fraglich, ob die Begründung dieses Ergebnisses der Entscheidung (ausreichend Zeit zur Nutzung des Freizeitwertes des Tagungsortes) in einer vergleichbaren Fallkonstellation heute angesichts der 12a. Leitlinie noch aufrechterhalten werden würde.
- Die Auswahl eines Tagungsortes in einer **europäischen Großstadt** ist dann nicht allein nach sachlichen Gesichtspunkten erfolgt, wenn der Fortbildungsteil und der Freizeitanteil der Teilnehmer zur freien Verfügung den gleichen Zeitumfang haben.[601] Auch hier erscheint es äußerst fraglich, ob die Begründung dieses Ergebnisses der Entscheidung (Verhältnis zwischen Fortbildungsanteil und Zeit zur freien Verfügung) in einer vergleichbaren Fallkonstellation heute angesichts der 12a. Leitlinie noch aufrechterhalten werden würde.
- Die Durchführung einer Fortbildungsveranstaltung auf der **Insel Sylt** verstößt gegen Abs. 3 Satz 2, da Sylt eine Ferieninsel mit einem besonderen **touristischen Charakter** ist und aufgrund ihrer besonderen **geographischen Situation** (Anreise nur mit Schiff, Bahn oder Flugzeug) nicht in „vernünftiger Weise" erreichbar ist. Der **Freizeitwert** der Insel Sylt ist so groß, dass die Teilnehmer geneigt sein können, deren Freizeitmöglichkeit wahrzunehmen und dafür die Teilnahme an der Tagung zu vernachlässigen. Ein sachlicher Grund für die Auswahl eines Tagungsortes liegt auch dann nicht vor, wenn unter Kostenaspekten die Veranstaltung auf einer Ferieninsel für das Mitgliedsunternehmen finanziell günstiger ist als die Durchführung einer derartigen Veranstaltung in einer Stadt ohne besonderen touristischen Charakter, da bei einer Veranstaltung auf einer **Ferieninsel** regelmäßig der **Eindruck** entsteht, der **Freizeit- und Erholungscharakter** der Veranstaltung stehe **im Vordergrund.**[602]
- Die Insel **Sylt scheidet nicht von vornherein** als Tagungsort für interne Fortbildungsveranstaltungen **aus,** es bedarf vielmehr einer **Berücksichtigung und Abwägung aller Umstände des Einzelfalls.** Sylt ist für Ärzte aus Schleswig-Holstein und Hamburg in vernünftiger Weise erreichbar, weshalb diese Wahl allein unter Berücksichtigung des Aufwands für An- und Abreise sachlichen Gesichtspunkten nicht per se widerspricht. Weitere Gesichtspunkte, wie etwa die Gestaltung der Einladung und des Tagungsprogramms sowie die Auswahl der Tagungsstätte, die die Nutzung von Freizeitmöglichkeiten der Insel fördern, können die Gesamtwürdigung verändern und zu dem Ergebnis führen, dass der Tagungsort Sylt nicht allein nach sachlichen Gesichtspunkten erfolgte,[603] sofern es sich nicht um Ärzte aus dem Umkreis der Insel (maximal 50 km) handeln würde.
- **Timmendorf** (am Timmendorfer Strand gelegen) ist **kein** nach regionalen Gesichtspunkten ausgewählter **verkehrsgünstiger Tagungsort,** sofern die Teilnehmer aus dem gesamten Nordteil der Bundesrepublik zwischen den Niederlanden und der ehemaligen innerdeutschen Grenze sowie vom Ruhrgebiet bis an die Nord-/Ostseeküste eingeladen werden. Die Auswahl des Tagungsortes erfolgte hier anhand des **Freizeit- und Unterhaltungswertes,** denn Timmendorf ist ein über die Region hinaus bekannter und att-

[600] Entscheidung zu § 6 Abs. 3 idF v. 16.2.2004, https://www.fsa-pharma.de/de/schiedstelle/berichterstattung/fachkreise/az-fs-ii-7-05-2005.9–89-2-instanz-6-abs-3-des-kodex-vergleiche-nun mehr-20-abs-3-monte-carlo-als-tagungsort/ FS II 2005.9–89 (zul. abgerufen am 17.6.2021).

[601] Entscheidung zu § 20 Abs. 3 S. 3 idF v. 4.12.2014, https://www.fsa-pharma.de/de/schiedstelle/berichterstattung/fachkreise/az-2006.3–118-1-instanz-20-abs-3-satz-2-des-kodex-auswahl-des-tagungsortes/, FS I 2006.3–118 (zul. abgerufen am 17.6.2021) (PharmR 2006, 454).

[602] Entscheidung zu § 20 Abs. 3 idF v. 2.12.2005, https://www.fsa-pharma.de/de/schiedstelle/berichterstattung/fachkreise/az-2007.11–211-1-instanz-20-abs-3-satz-2-des-kodex-auswahl-des-ta gungsortes-sylt/, FS I 2007.11–211 (zul. abgerufen am 17.6.2021) (PharmR 2008, 399).

[603] Entscheidung zu § 20 Abs. 3 S. 2 idF v. 18.1.2008, https://www.fsa-pharma.de/de/schiedstelle/berichterstattung/fachkreise/az-az-2010.11–295-1-instanz-20-abs-3-satz-2-fsa-kodex-fachkreise-fort bildungsveranstaltung-fur-arzte-aus-schleswig-ho/, FS I 2010.11–295 (zul. abgerufen am 17.6.2021).

raktiver Freizeit- und Urlaubsort, der sich durch seine regionale Lage für diese Fortbildung nicht angeboten hat.[604]

- Die Auswahl des Tagungsortes am **Tegernsee** ist dann nicht nach allein sachlichen Gesichtspunkten erfolgt, wenn es sich hierbei um einen **über die Region hinaus sehr bekannten und attraktiven Freizeit- und Urlaubsort** handelt und die eingeladenen Ärzte aus dem gesamten Bundesgebiet anreisen, wobei die Erreichbarkeit des Tagungsortes nur über eine **aufwendige Verkehrsorganisation** (zB Bustransfer) möglich ist.[605]
- Die Durchführung einer Fortbildungsveranstaltung auf der **Fraueninsel im Chiemsee** steht im Einklang mit dem Kodex, da Tagungsorte mit einem (erheblichen) Freizeitwert nicht grundsätzlich als Tagungsorte ausgeschlossen werden, sofern die **Fortbildungsveranstaltung straff organisiert** ist, **keinerlei Hinweise auf einen besonderen Freizeitwert** der Insel hat und die eingeladenen Angehörigen der Fachkreise **aus den unmittelbaren Umfeld** des Tagungsortes, hier Raum Chiemsee, München, Augsburg, stammen[606], bzw. nach der 12a. Leitlinie aus dem Umkreis von maximal 50 km.
- **Prien am Chiemsee** hat für Ärzte aus entfernteren Gebieten eine attraktive Lage und weist einen **nicht unerheblichen Freizeitwert** auf, der für diese Ärzte einen zusätzlichen, sachfremden Anreiz begründet. Ein solcher Anreiz fällt hingegen für Ärzte aus dem Umkreis (Gebiet des Chiemsees) nicht oder nur kaum ins Gewicht. Bei der Auswahl des Tagungsortes nach sachlichen Gesichtspunkten sind sachliche Gründe in die **Gesamtbetrachtung** einzubeziehen und gegenüber ggf. bestehenden sachfremden Anreizen **abzuwägen.** Bei der Bewertung eines Tagungsortes ist eine ex-ante Betrachtung, also zum Zeitpunkt der ursprünglichen Planung, keine ex-post Betrachtung geboten.[607]
- Die Auswahl eines Tagungsortes ist dann nicht allein nach sachlichen Gesichtspunkten erfolgt, wenn Ärzte und Ärztinnen zu einer Fortbildungsveranstaltung in ein Tagungshotel **in unmittelbarer Nähe zum Europa-Park Rust** eingeladen werden und in der Einladung auf die **Möglichkeit der Nutzung** des Freizeitparks durch Begleitgäste **hingewiesen** wird. Voraussetzung für eine Auswahl allein nach sachlichen Gesichtspunkten wäre, dass für die Fortbildungsveranstaltung eine straffe Agenda vorgesehen ist und die Einladung keinerlei Hinweise auf die Freizeitmöglichkeiten des Freizeitparks enthält.[608] Die Veranstaltung dürfte heute in einem vergleichbaren Sachverhalt als unzulässig einzustufen sein.
- Die Durchführung einer mehrstündigen internen Fortbildungsveranstaltung in einem **historischen Bahnmuseum** stellt dann einen Kodexverstoß wegen der Auswahl des Tagungsortes nicht allein nach sachlichen Gesichtspunkten dar, wenn der einseitigen **Einladung** ein **fünfseitiger Prospekt** über den historischen Bahnpark inkl. Wegbeschreibung

[604] Entscheidung zu § 20 Abs. 3 idF v. 2.12.2005, https://www.fsa-pharma.de/de/schiedstelle/berichterstattung/fachkreise/az-2006.6-128-1-instanz-20-abs-3-satz-2-20-abs-2-satz-1-und-20-abs-7-des-kodex-auswahl-des-tagungsortes-regionale-e/, FS I 2006.6–128 (zul. abgerufen am 17.6.2021).

[605] Entscheidung zu § 20 Abs. 3 idF v. 2.12.2005, https://www.fsa-pharma.de/de/schiedstelle/berichterstattung/fachkreise/az-2005.5–70-1-instanz-20-abs-3-des-kodex-auswahl-der-tagungsstatte-des-tagungsortes-notwendige-ubernachtungskosten/, FS I 2005.5–70 (zul. abgerufen am 17.6.2021).

[606] Entscheidung zu § 20 Abs. 3 idF v. 2.12.2005, FS I 2007.9–192 (PharmR 2008, 88).

[607] Entscheidung zu § 20 Abs. 3 S. 2 idF v. 17.10.2017, https://www.fsa-pharma.de/de/schiedstelle/berichterstattung/fachkreise/az-ii-instanz-fs-ii-2-17-2017.6–522-20-abs-3-satz-2-fsa-kodex-fachkreise-anreizwirkung-eines-tagungsorts-hier-prien-a/, FS II 2/17/2017.6–522 (zul. abgerufen am 17.6.2021).

[608] Entscheidung zu § 20 Abs. 3 S. 3 idF v. 22.12.2005, https://www.fsa-pharma.de/de/schiedstelle/berichterstattung/fachkreise/az-2006.4–120-1-instanz-auswahl-des-tagungsortes-20-abs-3-satz-2/, FS I 2006.4–120 (zul. abgerufen am 17.6.2021) (= PharmR 2006, 405).

beigefügt ist.[609] Die Veranstaltung dürfte heute in einem vergleichbaren Fall auch ohne den Prospekt über den historischen Bahnpark als unzulässig anzusehen sein.

- Die Durchführung einer 4-stündigen internen Fortbildungsveranstaltung in einem **Verkehrsmuseum** (Auto, Bundesbahn) stellt keinen Verstoß gegen das Gebot, den Tagungsort allein nach sachlichen Gesichtspunkten auszusuchen, dar, sofern die Agenda **keine Freiräume zur Besichtigung** des Museums eröffnet. Dies gilt insbesondere dann, wenn die **eingeladenen Ärztinnen und Ärzte aus der näheren Umgebung** des Veranstaltungsortes kommen.[610] Es ist fraglich, ob die Begründung dieses Ergebnisses der Entscheidung (insbesondere keine Freiräume zur Besichtigung) in einer vergleichbaren Fallkonstellation heute angesichts der 12a. Leitlinie noch aufrechterhalten werden würde.
- Der Auswahl des **Tagungsortes (Burg Wernberg)** steht ein hoher touristischer Attraktivitätsgrad nicht entgegen, wenn nachweislich eine zeitlich intensive Fortbildungsveranstaltung durchgeführt wurde und somit eine **Nutzung des möglichen Freizeitwertes** der Burg **nicht zum Tragen kam,** da der Fortbildungsanteil gut $^2/_3$ und der anschließende Imbiss max. $^1/_3$ der gesamten Veranstaltungszeit in Anspruch nahm.[611] Die Veranstaltung dürfte unter Zugrundelegung der 12a. Leitlinie heute in einem vergleichbaren Fall tendentiell anders zu beurteilen sein.
- Die Fortbildungsveranstaltung kann auch an einem **Tagungsort mit anerkanntem Freizeitwert (hier: Key West)** erfolgen, sofern der Tagungsort allein nach sachlichen Gesichtspunkten ausgewählt wurde. Dies ist der Fall, wenn die Teilnehmer eines mehrtägigen Kongresses an einem **Ausflug zum Tagungsort** teilnehmen, der Ausflug von der Kongressorganisation geplant und durchgeführt wurde, die Kosten des Ausflugs vollständig von den Teilnehmern übernommen werden und für die Teilnehmer eine deutliche Trennung zwischen Fortbildungsveranstaltung und Unterhaltungsprogramm erkennbar ist.[612] Die Veranstaltung dürfte heute in einem vergleichbaren Fall eher unzulässig sein.
- Die Auswahl des Tagungsortes erfolgt entgegen Abs. 3 S. 2 dann nicht allein nach sachlichen Gesichtspunkten, wenn für die von Freitag, 19:30 Uhr bis Sonntag nach dem Frühstück dauernde Veranstaltung **nur ein zweistündiges Referat am Samstagvormittag** vorgesehen war und der Samstagnachmittag bis zum Beginn des Abendprogramms um 18:00 Uhr zur freien Verfügung stand.[613]
- Erstreckt sich eine **Fortbildungsveranstaltung über eineinhalb Tage** und findet diese an verschiedenen Orten statt, so ist ua für die Prüfung der Frage, ob die Auswahl des Tagungsortes allein nach sachlichen Gesichtspunkten erfolgt ist, von einer einheitlichen Fortbildungsveranstaltung mit zwei Veranstaltungsorten auszugehen. Die **gesamte Veranstaltung mit allen Bestandteilen ist als Einheit** zu betrachten. Gibt es für die Auswahl des zweiten Tagungsortes sachliche Gründe, kann die Frage, ob die Auswahl des ers-

[609] Entscheidung zu § 20 Abs. 3 S. 2 idF v. 2.12.2005, https://www.fsa-pharma.de/de/schiedstelle/berichterstattung/fachkreise/az-2005.11–102-1-instanz-20-abs-3-satz-2-des-kodex-auswahl-eines-bahnmuseums-als-tagungsort/, FS I 2005.11–102 (zul. abgerufen am 17.6.2021).

[610] Entscheidung zu § 6 Abs. 3 S. 2 idF v. 16.2.2004, https://www.fsa-pharma.de/de/schiedstelle/berichterstattung/fachkreise/az-2005.9–91-1-instanz-18-abs-2–20-abs-3-s-2-des-kodex-produktspezifische-werkstatt-gegen-beratungshonorar-fortbild/, FS I 2005.9–91 (zul. abgerufen am 17.6.2021).

[611] Entscheidung zu § 6 Abs. 3 idF v. 16.2.2004, https://www.fsa-pharma.de/de/schiedstelle/berichterstattung/fachkreise/az-2004.8–19-ii-1-instanz-kodex-20-abs-2–3-tagungsortwahl-und-angemessene-bewirtung/, FS I 2004.8–19 II (zul. abgerufen am 17.6.2021).

[612] Entscheidung zu § 6 Abs. 3 S. 2 idF v. 16.2.2004, https://www.fsa-pharma.de/de/schiedstelle/berichterstattung/fachkreise/az-2005.5–66-1-instanz-20-abs-2-satz-3-des-kodex-unterhaltungsprogramme-20-abs-3-satz-2-auswahl-des-tagungsortes/, FS I 2005.5–66 (zul. abgerufen am 17.6.2021).

[613] Entscheidung zu § 6 Abs. 3 S. 2 idF v. 16.2.2004, https://www.fsa-pharma.de/de/schiedstelle/berichterstattung/fachkreise/az-fs-ii-1–06-2005.9–90-1-und-2-instanz-6-abs-des-kodex-vergleiche-nunmehr-20-unterbringung-bewirtung-hotelauswa/ FS II 2005.9–90 (zul. abgerufen am 17.6.2021).

ten Tagungsortes allein auf sachlichen Gründen beruhte, nicht losgelöst, sondern nur im Zusammenhang mit dem zweiten Tagungsort betrachtet werden.[614]

- Allein die Tatsache, dass die eingeladenen Teilnehmer nach dem **Ende der Fortbildungsveranstaltung** noch eine Chiemsee-Rundfahrt hätten unternehmen oder **privat andere Freizeitaktivitäten** auf der Fraueninsel hätten wahrnehmen können, steht der Auswahl des Tagungsortes nicht entgegen (zur Einordnung unter der 12a. Leitlinie hierzu → Rn. 526).[615]
- Haben Teilnehmer einer externen Fortbildungsveranstaltung nach deren Abschluss die Möglichkeit, den **Aufenthalt zu verlängern** oder eventuelle **Freizeitangebote am Tagungsort auf eigene Kosten und in eigener Organisation zu nutzen,** so ist darin **kein** zusätzlicher und **unsachlicher Anreiz** zu sehen, an der Fortbildungsveranstaltung teilzunehmen. Was die Teilnehmer nach Beendigung der Veranstaltung unternehmen, ist allein ihre Angelegenheit und weder dem Veranstalter noch dem Sponsor zuzurechnen (zur Einordnung unter der 12a. Leitlinie hierzu → Rn. 562).[616]

4. Auswahl der Tagungsstätte und Angemessenheit der Unterbringung (Abs. 3 S. 1, 2, 4 und Abs. 2 S. 1, 2)

537 Bei internen Fortbildungsveranstaltungen, bei denen der berufsbezogene wissenschaftliche Charakter im Vordergrund steht, dürfen die pharmazeutischen Unternehmen notwendige Übernachtungskosten in einem angemessenen Rahmen übernehmen (Abs. 2 S. 1, 2, Abs. 3 S. 1). Die für eine notwendige Übernachtung anfallenden Kosten müssen sich daher in einem angemessenen Umfang bewegen, sodass sich die Frage der **Angemessenheit der Unterbringung** stellt. Oftmals erfolgt die Unterbringung der Teilnehmer einer mehrtägigen Veranstaltung an der Tagungsstätte selbst, sodass mit der **Auswahl der Tagungsstätte** regelmäßig auch der Ort der Unterbringung feststeht. Auch wenn der Ort der Unterbringung und die Tagungsstätte in der Praxis typischerweise in demselben Hotel zusammenfallen, werden die hiermit verbundenen Fragestellungen nachfolgend separat betrachtet, da sich insbesondere auch die Leitlinien des FSA-Vorstands sowie die Spruchpraxis unabhängig entwickelt haben und es auch Veranstaltungen gibt, bei denen nach den Umständen ein Zusammenfallen von Tagungsort und Unterbringung ausscheidet (zB halbtägige Veranstaltungen oder Veranstaltungen an einer Tagungsstätte ohne Unterbringungsmöglichkeit).

a) Angemessenheit der Unterbringung (Abs. 2 S. 1, 2, Abs. 3 S. 1)

538 Wann die Unterbringung der Teilnehmer einer berufsbezogenen, wissenschaftlichen Fortbildungsveranstaltung einen angemessenen Rahmen nicht überschreitet, regelt die vom Vorstand des FSA erlassene **11. Leitlinie.** Nach Ziffer 11.6 überschreitet die Unterbringung einen „angemessenen Rahmen" dann nicht, sofern das Hotel (1) im Hinblick auf seine Infrastruktur, Technik und Räumlichkeiten den Kriterien eines **Business-Konferenz-Hotels** entspricht, (2) **keine** außergewöhnlichen **Wellness-Bereiche** und -Angebote aufweist und (3) **keinen** erhöhten **Erlebnis- oder Erholungscharakter** hat. Vergleichbar mit der Anreizwirkung bei der Auswahl des Tagungsortes (→ Rn. 519) ist auch bei der Beurteilung der Angemessenheit der Unterbringung zu berücksichtigen, ob der bloße **Aufenthalt in dem Hotel selbst einen besonderen Anreizfaktor** bildet, der geeignet ist, diese in ihrer Therapie- und Verordnungsfreiheit unsachlich zu beeinflussen.

[614] Entscheidung zu § 20 Abs. 3 idF v. 2.12.2005, https://www.fsa-pharma.de/de/schiedstelle/berichterstattung/fachkreise/az-fs-ii-3-07-2007.3–174-2-instanz-20-abs-3-satz-2-und-20-abs-2-des-kodex-fortbildungen-im-ausland-an-2-verschiedene/, FS II 2007. 3–174 (zul. abgerufen am 17.6.2021) (PharmR 2009, 201).

[615] Entscheidung zu § 20 Abs. 3 idF v. 2.12.2005, FS I 2007.9–192 (PharmR 2008, 88).

[616] Entscheidung zu § 20 Abs. 5 S. 4 iVm Abs. 3 S. 2 idF v. 14.12.2018, https://www.fsa-pharma.de/de/schiedstelle/berichterstattung/fachkreise/az-ii-instanz-fs-ii-2–19-2018-12-573-4-sylt-westerland-fachkreise-kodex/, FS II 2/19/2018.12–573/4 (zul. abgerufen am 18.6.2021) sowie Entscheidung zu

Nach der 11. Leitlinie (Ziffer 11.6) scheiden Hotels, die in die **5-Sterne Kategorie** fallen, nicht von vornherein als unangemessen aus, sofern der Business-Charakter des Hauses im Vordergrund steht und sich das Hotel nicht durch Luxusmerkmale in besonderer Weise auszeichnet. Damit fasst die 11. Leitlinie die durch die Spruchpraxis herausgearbeiteten Grenzen der Unterbringung zusammen. Die Schiedsstelle hat ua entschieden, dass es sich bei einem Fünf-Sterne-Haus, das als **Luxus- und Boutiquehotel** auftritt, nicht um ein „übliches Businesshotel" handelt, sofern bereits in der **Einladung** zu einer Fortbildungsveranstaltung auf den besonderen **Freizeitwert des Hotels hingewiesen** wird und die **Agenda entsprechende Freiräume** zur Nutzung des besonders attraktiven Angebotes des Hotels ermöglicht.[618] Vergleichbares hat die Schiedsstelle für ein Hotel festgestellt, welches zu den **„Relais- und Chateaux-Hotels"** als einem weltweiten Standard für erstklassig geführte Luxushotels gehört.[619] 539

Die drei Entscheidungen, die zum Hotel **„Le Royal Méridien"** in Hamburg ergangen sind, verdeutlichen, dass sich die Frage der Angemessenheit der Unterbringung an den **konkreten Umständen des Einzelfalls** orientiert: In der ersten Entscheidung[620] stellte die Schiedsstelle auf das Merkmal eines Luxushotels im „Art und Tech"-Design mit luxuriös ausgestattetem Wellnessbereich und auf den **Auftritt des Hotels** für die Teilnehmer ab, bei dem auf die luxuriöse Ausstattung und Lage verwiesen wurde. Entscheidend war ferner, dass das Hotel nicht für die Durchführung der Veranstaltung selbst genutzt wurde, sondern **ausschließlich für die Unterbringung der Teilnehmer.** In der zweiten Entscheidung wurde das Hotel nur als Tagungsstätte genutzt, jedoch ohne die Unterbringung der Teilnehmer zu organisieren oder deren Übernachtungskosten zu übernehmen, sodass über die Angemessenheit einer Unterbringung nicht zu entscheiden war.[621] In der dritten Entscheidung lehnte die Schiedsstelle die Angemessenheit der Unterbringung ab, da die Teilnehmer der im Hotel stattfindenden Fortbildungsveranstaltung die Möglichkeit hatten, **am Vorabend** in luxuriös ausgestatteten Zimmer zu übernachten und den **ausgedehnten Wellness-Bereich zu nutzen,** bevor die Veranstaltung am Folgetag stattfand.[622] 540

Nach der Spruchpraxis der Schiedsstelle **nicht maßgeblich** ist der Umstand, ob vergleichbare Kosten für die Unterbringung in 3- oder 4-Sterne Hotels anfallen würden. Die Unangemessenheit einer Unterbringung in einem luxuriösen 5-Sterne Hotel wird nicht 541

---

§ 20 idF v. 14.12.2019; https://www.fsa-pharma.de/de/schiedstelle/berichterstattung/fachkreise/az-2019.3–579-584-bachmair-arena-weissach/, FS I 2019.3–579-584 (zul. abgerufen am 18.6.2021); bestätigend für die Nutzung von Angeboten der Tagungsstätte: Entscheidung zu § 20 Abs. 5 iVm Abs. 3 idF v. 17.10.2017, https://www.fsa-pharma.de/de/schiedstelle/berichterstattung/fachkreise/az.2018.12–562-572-sponsoring-autostadt/, FS I 2018.12–562-572 (zul. abgerufen am 18.6.2021) (= PharmR 2021, 112).

[618] Entscheidung zu § 20 Abs. 3 idF v. 2.12.2005, https://www.fsa-pharma.de/de/schiedstelle/berichterstattung/fachkreise/az-2005.5–70-1-instanz-20-abs-3-des-kodex-auswahl-der-tagungsstatte-des-tagungsortes-notwendige-ubernachtungskosten/, FS I 2005.5–70 (zul. abgerufen am 17.6.2021).

[619] Entscheidung zu § 20 Abs. 3 idF v. 2.12.2005, https://www.fsa-pharma.de/de/schiedstelle/berichterstattung/fachkreise/az-2006.12–155-1-instanz-20-abs-3-des-kodex-hotelauswahl-relais-und-chateaux-hotel/, FS I 2006.12–155 (zul. abgerufen am 17.6.2021).

[620] Entscheidung zu § 20 Abs. 3 idF v. 2.12.2005, https://www.fsa-pharma.de/de/schiedstelle/berichterstattung/fachkreise/az-2006.10–143-1-instanz-20-abs-3-und-abs-7-des-kodex-hotelauswahl-bewirtungskosten-ubernahme-von-kosten-fur-begleit/, FS I 2006.10–143 (zul. abgerufen am 17.6.2021).

[621] Entscheidung zu § 20 Abs. 3 idF v. 2.12.2005, https://www.fsa-pharma.de/de/schiedstelle/berichterstattung/fachkreise/az-2008.4–234-1-instanz-berichterstattung-20-abs-2–3-des-fsa-kodex-einladung-zu-berufsbezogenen-wissenschaftlichen-for/, FS I 2008.4–234 (zul. abgerufen am 17.6.2021).

[622] Entscheidung zu § 20 Abs. 3, idF v. 2.12.2005, https://www.fsa-pharma.de/de/schiedstelle/berichterstattung/fachkreise/az-2009.3–258-1-instanz-20-abs-3-fsa-kodex-fachkreise-Ziff.-5.3-der-leitlinien-angemessener-rahmen-fur-die-unterbringu/, FS I 2009.3–258 (zul. abgerufen am 17.6.2021).

dadurch beeinflusst, dass die **Unterbringung in einem 4-Sterne Hotel** derselben Stadt mit **vergleichbaren Kosten** verbunden wäre[623] oder die Preisangebote für die Unterbringung in 3- bis 4-Sterne-Hotels über den Kosten des 5-Sterne-Hotels gelegen haben.[624] Denn ausschlaggebend ist nach Ansicht der Schiedsstelle der Auftritt des 5-Sterne Hotels für die Teilnehmer, welcher in dem zu entscheidenden Fall durch eine luxuriöse Ausstattung und Lage geprägt war. Letztlich ist daher die Anreizwirkung maßgeblich, die von der Unterbringung im gewählten Hotel ausgehen kann. Bei Beurteilung der Angemessenheit der Unterbringung ist **nicht vordringlich auf den Preis** einer Hotelunterbringung abzustellen, sondern auf den **Anreizfaktor zur Beeinflussung der ärztlichen Therapie- und Verordnungsfreiheit,** der von einer entsprechend luxuriösen Hotelausstattung ausgehen kann.[625] Auch der Einwand, eine Unterbringung in dem Hotel, in dem am Folgetag die Fortbildungsveranstaltung stattfindet (Tagungsstätte), sei zweckmäßig, kann einen solchen Anreizfaktor nicht ausräumen. Die Anreizwirkung kann in einem solchen Fall nur vermieden werden, indem das Veranstaltungsprogramm so ausgestaltet wird, dass eine Übernachtung nicht notwendig ist oder indem die Teilnehmer in einem anderen Hotel untergebracht werden, welches die Anforderungen an die Angemessenheit erfüllt.[626]

542 Diese restriktive Spruchpraxis ist unter Berücksichtigung der 11. Leitlinie zu verstehen, sodass die Unterbringung in einem Fünf-Sterne-Hotel zulässig sein kann, wenn der Business-Charakter des Hauses (zB Geeignetheit der Tagungsräume sowie der Konferenztechnik, Verkehrsanbindung etc) im Vordergrund steht. Denn das Ziel der Regelung ist die **Vermeidung des Eindrucks,** dass der Teilnehmer nicht aus berufsbezogenen wissenschaftlichen Beweggründen an der Veranstaltung teilnimmt, sondern **Erlebnis- oder Erholungsinteressen** verfolgt. Dies ist nicht der Fall, wenn es sich bei dem Hotel um ein **allgemein akzeptiertes Business- und Konferenz-Hotel** handelt, das nicht zugleich den Eindruck eines ausgesprochenen Luxushotels erweckt. Die **Eingruppierung als Drei-, Vier- oder Fünf-Sterne-Hotel** ist hierbei von **untergeordneter Bedeutung,** zumal diese Eingruppierung auch Faktoren berücksichtigt, die für die nach dem Kodex zu prüfenden Gesichtspunkte zum Teil irrelevant sind.

b) Auswahl der Tagungsstätte (Abs. 3 S. 2, 4)

543 Vergleichbar mit der Auswahl des Tagungsortes hat die Auswahl der Tagungsstätte **allein nach sachlichen Gesichtspunkten** zu erfolgen. Zu vermeiden sind daher nach Satz 4 Tagungsstätten, die **für ihren Unterhaltungswert bekannt** sind oder als **extravagant** gelten. Zu allen drei Merkmalen hat der Vorstand des FSA entsprechende Leitlinien erlassen, welche diese Entscheidungsmerkmal näher konkretisieren. Die Grundsätze für die Auswahl der Tagungsstätte bei internen Fortbildungsveranstaltungen gelten gem. Abs. 5 S. 4 entsprechend für die Auswahl der Veranstaltungsstätte externer Fortbildungsveranstaltungen, die von einem Mitgliedsunternehmen finanziell unterstützt werden (→ Rn. 619).

---

623 Entscheidung zu § 20 Abs. 3 idF v. 2.12.2005, https://www.fsa-pharma.de/de/schiedstelle/berichterstattung/fachkreise/az-2006.10–143-1-instanz-20-abs-3-und-abs-7-des-kodex-hotelauswahl-bewirtungskosten-ubernahme-von-kosten-fur-begleit/, FS I 2006.10–143 (zul. abgerufen am 17.6. 2021).

624 Entscheidung zu § 6 Abs. 3 S. 2 idF v. 16.2.2004, https://www.fsa-pharma.de/de/schiedstelle/berichterstattung/fachkreise/az-fs-ii-1–06-2005.9–90-1-und-2-instanz-6-abs-des-kodex-vergleiche-nunmehr-20-unterbringung-bewirtung-hotelauswa/, FS II 2005.9–90 (zul. abgerufen am 17.6.2021).

625 Entscheidung zu § 20 Abs. 3, idF v. 2.12.2005, https://www.fsa-pharma.de/de/schiedstelle/berichterstattung/fachkreise/az-2009.3–258-1-instanz-20-abs-3-fsa-kodex-fachkreise-Ziff.-5.3-der-leitlinien-angemessener-rahmen-fur-die-unterbringu/, FS I 2009.3–258 (zul. abgerufen am 17.6. 2021).

626 Entscheidung zu § 20 Abs. 3, idF v. 2.12.2005, https://www.fsa-pharma.de/de/schiedstelle/berichterstattung/fachkreise/az-2009.3–258-1-instanz-20-abs-3-fsa-kodex-fachkreise-Ziff.-5.3-der-leitlinien-angemessener-rahmen-fur-die-unterbringu/, FS I 2009.3–258 (zul. abgerufen am 17.6. 2021).

Vergleichbar mit der Frage nach der kodexkonformen Auswahl des Tagungsortes kann die Frage, ob die Auswahl einer Tagungsstätte allein nach sachlichen Gesichtspunkten erfolgt und damit kodexkonform ist, nur im Einzelfall unter Berücksichtigung aller relevanten Umstände bewertet werden. Nachdem vielfach der Wunsch nach noch klareren Kriterien laut wurde, hat der Vorstand des FSA die Leitlinie des Vorstands überarbeitet und dabei den Grundsatz eines sog. **„Safe-Harbour"** umgesetzt. Die 12. Leitlinie nennt nunmehr Kriterien, bei deren Erfüllung „in der Regel" von einer kodexkonformen Tagungsstätte auszugehen ist. Dies soll den Anwendern des Kodex insoweit konkretere Hinweise für die Auswahl der Tagungsstätte an die Hand geben. Zu beachten ist allerdings, dass eine nach diesen Kriterien ausgewählte Tagungsstätte im Einzelfall bei Vorliegen besonderer Umstände dennoch beanstandet werden kann bzw. nicht ausgeschlossen ist, dass eine Tagungsstätte, die diese Kriterien nicht erfüllt, dennoch mit den Vorgaben des Kodex in Einklang stehen kann. Dennoch kann bei Einhaltung der in der Leitlinie genannten Kriterien eine gewisse **Indizwirkung** angenommen werden, die für eine kodexkonforme Auswahl der Tagungsstätte spricht 544

aa) Objektive Betrachtung; Berücksichtigung aller Umstände des Einzelfalls

Eine wesentliche Veränderung der zum 1.1.2021 in Kraft getretenen revidierten **12. Leitlinie** betrifft den Beurteilungsmaßstab bzw. die -perspektive. Seit deren Inkrafttreten ist **auf die Sichtweise Dritter** und damit der breiten **Öffentlichkeit** abzustellen. Die Wahrnehmung aus der Perspektive der eingeladenen Teilnehmer ist hingegen unerheblich (Ziffer 12.2). Diesem Ansatz einer objektiven Betrachtungsweise folgend gelten die Vorgaben zur Auswahl einer angemessenen Tagungsstätte **unabhängig von der Dauer** der Veranstaltung, dh sowohl bei ein- als auch mehrtägigen Veranstaltungen (12. Leitlinie Ziffer 12.2). Die Einführung des Kriteriums der Perspektive eines unbeteiligten Dritten beinhaltet – wie bereits für die Beurteilung des Tagungsortes – auch im Hinblick auf die Bewertung der Auswahl der Tagungsstätte einen bedeutenden Paradigmenwechsel für die künftige Spruchpraxis, die auch hier künftig wesentlich strenger ausfallen dürfte. Vor diesem Hintergrund werden die in der Vergangenheit ergangenen Entscheidungen der Schiedsstelle zu Fragen der Tagungsstätte nicht ohne weiteres auf neue Fallkonstellationen übertragen werden können, ohne dass hierbei auch die Auswirkungen dieses Paradigmenwechsels gründlich geprüft worden sind. 545

Für diese gründliche Prüfung wird maßgeblich sein, was unter der „Sichtweise Dritter" und der „objektiven Betrachtung" genau erfasst sein soll. Beide Begriffe sind sehr weit gefasst und einer breiten Interpretation zugänglich. Beispielsweise ist vorstellbar, dass eine „objektive dritte Person" oder Personengruppe einer gewählten Tagungsstätte einen hohen Anreizfaktor zuordnet, während eine andere „objektive dritte Person" oder Personengruppe dies eher als gering bewertet. Es bleibt daher abzuwarten, wie sich die Bestimmung der „verobjektivierten Drittperspektive" in der künftigen Spruchpraxis in verschiedenen Sachverhaltskonstellationen ausgestalten wird. Wünschenswert wäre, von einer Popularisierung der Drittperspektive abzusehen und auf eine Professionalisierung hinzuwirken, dh auf einen objektiven und informierten Dritten abzustellen, der eine vernünftige, sachlich-orientierte Perspektive einnimmt und ohne Vorurteile und mit Augenmaß die Beurteilung vornimmt, ob durch die Auswahl der Tagungsstätte der Eindruck einer Beeinflussung oder des Missbrauchs entstehen kann. 546

Die für die Auswahl des Tagungsortes geltende ständige Spruchpraxis, wonach die Prüfung, ob der Tagungsort allein nach sachlichen Gesichtspunkten ausgewählt wurde, unter **Berücksichtigung aller Umstände des Einzelfalles** zu erfolgen hat, gilt entsprechend für die Auswahl der Tagungsstätte.[627] Die Auswertung des Internetauftritts einer Tagungs- 547

[627] Entscheidung zu §§ 20 Abs. 5 S. 4 iVm Abs. 3 S. 2 idF v. 17.10.2017, https://www.fsa-pharma.de/de/schiedstelle/berichterstattung/fachkreise/az-2018.3–540-20-abs-5-satz-4-i.v.m-abs-3-satz-2-fsa-kodex-fachkreise-sponsoring-einer-fortbildungsveranstaltung-in-eine/, FS I 2018.3–540 (zul. abgeru-

stätte kann ausreichend sein, um der Schiedsstelle einen Eindruck über die Veranstaltungsstätte und ihre Auslobung zu verschaffen. Eine **eigenständige Begehung vor Ort** kommt vor allem dann in Betracht, wenn sich die relevanten Informationen für die Bewertung der Tagungsstätte aus den verfügbaren Unterlagen (einschl. des Internetauftritts) nicht erschließen.[628]

548 Unter Berücksichtigung aller Umstände des Einzelfalls kann eine Anreizwirkung, die geeignet ist, die teilnehmenden Fachkreisangehörigen in ihren Therapie- und Verordnungsentscheidungen unsachlich zu beeinflussen, auch erst durch die Kombination verschiedener Faktoren entstehen.[629] So hat die Schiedsstelle in der Vergangenheit die Auswahl einer Tagungsstätte aufgrund ihres **engen Zusammenhangs zum Rahmenprogramm** (Konzert im Schloss Schwerin) als unzulässig angesehen, wenngleich die Tagungsstätte als solche ohne die Durchführung des Rahmenprogramms durchaus als geeignete Tagungsstätte in Frage gekommen wäre. Entscheidend war somit die **Gesamtdarstellung** der Einladung, des Tagungsortes und des Rahmenprogramms, welche die Teilnehmer zur Teilnahme motivierte.[630]

549 Gleichzeitig hat die Schiedsstelle die **unmittelbare Nähe einer Veranstaltungsstätte zu einem Luxushotel** für unbeachtlich befunden, wenn das Hotel weder hinsichtlich seiner besonderen Ausstattung noch hinsichtlich seiner kulinarischen Angebote in irgendeiner Form erkennbar in die Veranstaltung einbezogen wird. In diesem Fall hatte die Schiedsstelle auch die Durchführung einiger Workshops im Hotel nicht beanstandet, da diese für das Gesamtprogramm der Veranstaltung keine wesentliche Rolle spielten.[631] Die Durchführung der Workshops im Hotel dürfte jedoch unter der Geltung der strengeren 12. Leitlinie eher kritisch zu beurteilen sein (→ Rn. 545 ff.).

550 Die **Tradition** einer Veranstaltung, die zum 14. Mal in dieser Weise veranstaltet wird, könnte allenfalls **im Zusammenspiel mit anderen relevanten Gründen** erheblich werden. Umgekehrt kann von dieser wiederholten Auswahl der Veranstaltungsstätte jedoch auch ein zusätzlicher, sachfremder Anreiz zur Teilnahme ausgehen, um bei dieser Gelegenheit wieder einmal die Luxusmerkmale der gewählten Tagungsstätte nutzen zu können.[632]

bb) Auswahl allein nach sachlichen Gesichtspunkten, keine Anreizwirkung; 12. Leitlinie

551 Die Auswahl der Tagungsstätte bei internen Fortbildungsveranstaltungen darf nicht unter touristischen, sondern ausschließlich unter sachlichen Gesichtspunkten (etwa geeignete

---

fen am 17.6.2021); bestätigend Entscheidung zu § 20 Abs. 5 iVm Abs. 3 idF v. 17.10.2017, https://www.fsa-pharma.de/de/schiedstelle/berichterstattung/fachkreise/az-2018.7–545-551-20-abs-5-satz-4-i.v.m-20-abs-3-satz-2 ff-fsa-kodex-fachkreise-sponsoring-einer-fortbildungsveranstal/, FS I 2018.7–545-551 (zul. abgerufen am 17.6.2021).

[628] Entscheidung zu § 20 Abs. 3 idF v. 4.12.2014, https://www.fsa-pharma.de/de/schiedstelle/berichterstattung/fachkreise/az-2016.8–504-20-abs-3-fsa-kodex-fachkreise-fortbildungsveranstaltung-in-tagungsstatten-mit-unterhaltungwert-hier-im-pors/, FS I 2016.8–504 (zul. abgerufen am 17.6.2021).

[629] Entscheidung zu § 20 Abs. 3, idF v. 2.12.2005, https://www.fsa-pharma.de/de/schiedstelle/berichterstattung/fachkreise/az-2009.3–258-1-instanz-20-abs-3-fsa-kodex-fachkreise-Ziff.-5.3-der-leitlinien-angemessener-rahmen-fur-die-unterbringu/, FS I 2009.3–258 (zul. abgerufen am 17.6.2021).

[630] Entscheidung zu § 6 Abs. 3 S. 2 idF v. 16.2.2004, https://www.fsa-pharma.de/de/schiedstelle/berichterstattung/fachkreise/az-2004.12–50-1-instanz-kodex-20-abs-3-s-2-auswahl-der-tagungsstatte-wegen-rahmenprogramms/, FS I 2004.12–50 (zul. abgerufen am 17.6.2021).

[631] Entscheidung zu § 20 idF v. 14.12.2019; https://www.fsa-pharma.de/de/schiedstelle/berichterstattung/fachkreise/az-2019.3–579-584-bachmair-arena-weissach/, FS I 2019.3–579-584 (zul. abgerufen am 17.6.2021).

[632] Entscheidung zu §§ 20 Abs. 5 S. 4 iVm Abs. 3 S. 2 idF v. 17.10.2017, https://www.fsa-pharma.de/de/schiedstelle/berichterstattung/fachkreise/az-2018.3–540-20-abs-5-satz-4-i.v.m-abs-3-satz-2-fsa-kodex-fachkreise-sponsoring-einer-fortbildungsveranstaltung-in-eine/, FS I 2018.3–540 (zul. abgerufen am 17.6.2021).

Tagungsräume, ausreichende Kapazitäten etc) erfolgen. Durch die Neufassung der 12. Leitlinie wurden die Kriterien die bei der Auswahl einer Tagungsstätte nach rein „sachlichen Gesichtspunkten“ zu beachten sind, klarer definiert.[633] Nach dem o. g. „Safe-Harbour-Prinzip“ steht ein Hotel als Tagungsstätte **in der Regel** im Einklang mit dem Kodex, wenn es sich um ein Hotel der **4-Sterne oder niedriger nach DEHOGA** oder einem vergleichbaren nationalen oder internationalen Standard handelt (Ziffer 12.1 der 12. Leitlinie).

Insoweit kann die in der **bisherigen Spruchpraxis** gefestigte Auffassung, die Bewer- 552
tung nach der DEHOGA (Deutscher Hotel- und Gaststättenverband) als auch diverser Hotelführer (beispielsweise Varta-Führer oder Schlummeratlas) spiele für die Prüfung des Kriteriums der Tagungsstättenauswahl „allein nach sachlichen Gesichtspunkten“ nur eine untergeordnete Rolle,[634] **nicht mehr einschränkungslos angewendet** werden. Weiterhin zutreffend auch unter der Geltung der überarbeiteten 12. Leitlinie dürfte der Grundsatz sein, dass ein **günstiges Preis-/Leistungsverhältnis** eines Hotels kein relevantes Motiv für eine Auswahl der Tagungsstätte darstellt. Denn Ziel der Regelungen des Kodex ist es, den Eindruck zu vermeiden, dass bereits der bloße Aufenthalt in dem Hotel einen besonderen Anreizfaktor bildet, der geeignet ist, die teilnehmenden Fachkreisangehörigen in ihrer Therapie- und Verordnungsfreiheit unsachlich zu beeinflussen.[635] Ein besonders günstiges Preis-/Leistungsverhältnis kann im Einzelfall dazu führen, dass es vom Unternehmen ausgeschlagen werden muss, weil der Außeneindruck des Hotels einen besonderen Anreizfaktor darstellen kann.[636]

Unabhängig von der Hotelklasse steht eine Tagungsstätte in der Regel dann im Einklang 553
mit dem Kodex, wenn von ihr gemäß Ziffer 12.1 **keine Anreizwirkung** ausgeht, die ihren Charakter entscheidend prägt. Eine entscheidend prägende Anreizwirkung bei einer Tagungsstätte scheidet in der Regel aus, wenn diese

- (1) **keinen Erlebnis- oder Erholungscharakter** hat,
- (2) ihrem allgemeinen Erscheinungsbild nach **nicht besonders prunkvoll ausgestattet** ist und
- (3) kein Angebot enthält, das über den **typischen Standard eines 4-Sterne-Business-Konferenzhotels, Kongresszentrums** oÄ hinausgeht (etwa großzügiger Wellnessbereich, Golfplatz, etc).

Insoweit dürfte ein Hotel, das die **Business- und Tagungserfordernisse** für eine fach- 554
lich wissenschaftliche Fortbildungsveranstaltung erfüllt und der **Tagungs- und Businesscharakter** des Hotels und nicht die Unterbringung bzw. Restauration **im Vordergrund** steht, vorbehaltlich der Prüfung im Einzelfall grundsätzlich als Tagungsstätte geeignet angesehen werden.[637] Umgekehrt ist es jedoch nicht ausreichend, wenn der Businesscharakter im Internetauftritt des Hotels nur eine absolut untergeordnete Rolle spielt und auch in der Bewerbung des Hotels nur beiläufig dargestellt wird.[638]

---

[633] Vgl. hierzu auch *Kemmner/Thole* PharmR 2020, 320 (324).

[634] Entscheidung zu § 20 Abs. 3 idF v. 2.12.2005, https://www.fsa-pharma.de/de/schiedstelle/berichterstattung/fachkreise/az-2006.12–155-1-instanz-20-abs-3-des-kodex-hotelauswahl-relais-und-chateaux-hotel/, FS I 2006.12–155 (zul. abgerufen am 17.6.2021).

[635] Vgl. hierzu Entscheidung zu § 20 Abs. 3 idF v. 14.12.2019, https://www.fsa-pharma.de/de/schiedstelle/berichterstattung/fachkreise/az20198602-fsa-kodex-fortbildung-charles-hotel-muenchen/, FS I 2019.8–602 (zul. abgerufen am 17.6.2021).

[636] Vgl. hierzu Entscheidung zu § 20 Abs. 3 idF v. 14.12.2019, https://www.fsa-pharma.de/de/schiedstelle/berichterstattung/fachkreise/az20198602-fsa-kodex-fortbildung-charles-hotel-muenchen/, FS I 2019.8–602 (zul. abgerufen am 17.6.2021).

[637] Entscheidung zu § 20 Abs. 3 idF v. 2.12.2005, https://www.fsa-pharma.de/de/schiedstelle/berichterstattung/fachkreise/az-2006.12–155-1-instanz-20-abs-3-des-kodex-hotelauswahl-relais-und-chateaux-hotel/, FS I 2006.12–155 (zul. abgerufen am 17.6.2021).

[638] Entscheidung zu § 20 Abs. 3 idF v. 2.12.2005, https://www.fsa-pharma.de/de/schiedstelle/berichterstattung/fachkreise/az-2006.12–155-1-instanz-20-abs-3-des-kodex-hotelauswahl-relais-und-chateaux-hotel/, FS I 2006.12–155 (zul. abgerufen am 17.6.2021).

cc) Grundsätze der bisherigen Spruchpraxis zur Auswahl allein nach sachlichen Gründen

555 Die neu formulierte 12. Leitlinie, die klarer definierte Kriterien für die Auswahl der Tagungsstätte definiert und vom Grundsatz ausgeht, dass bei Einhaltung dieser Kriterien **in der Regel** von einer **kodexkonformen** Tagungsstätte auszugehen ist, führt dazu, dass die **bisherige Spruchpraxis** der Schiedsstelle, nach der im Grundsatz ähnliche Kriterien anwendbar waren, jedoch eine flexiblere Betrachtung gewählt und auf die konkrete Ausgestaltung der Veranstaltung abgestellt wurde, nicht mehr uneingeschränkt auf vergleichbare neue Fallkonstellationen übertragen werden kann.

556 Nach der bisherigen Spruchpraxis war beispielsweise anerkannt, dass es unschädlich sein kann, wenn eine Veranstaltungsstätte über **Freizeitangebote** (zB einen Wellnessbereich) verfüge, die von den Teilnehmern **aufgrund des straffen Programms nicht in Anspruch genommen** werden konnten. So hat die Schiedsstelle die Auswahl eines **5-Sterne-Hotels** nicht von vornherein als unzulässig bewertet, wenn das Hotel über übliche Konferenzeinrichtungen verfügt (sog. Business-Charakter des Hauses) und aufgrund der Programmgestaltung der Fortbildungsveranstaltung evtl. vorhandene „Erlebnismerkmale" des Hotels von den Teilnehmern nicht genutzt werden konnten.[639] Der Luxus-Charakter eines Hotels führte nach der gefestigten Spruchpraxis daher nicht dazu, dass allein deshalb die Auswahl des Hotels als Tagungsstätte als unzulässig zu bewerten war. Auch als Luxus-Hotels bewertete Hotels kamen als Veranstaltungsorte für interne Fortbildungsveranstaltungen in Betracht, falls die **Programmgestaltung keinen wesentlichen Anreiz** oder die **Möglichkeit zur Nutzung von Freizeitaktivitäten** oder der etwa vorhandenen **Luxusausstattung** des Hotels gab, es sei denn die Attraktivität des Hotels war so groß, dass die Teilnehmer geneigt sein könnten, die etwa bestehenden Hotel-Einrichtungen zu nutzen und dafür die Teilnahme an der Veranstaltung zu vernachlässigen.[640] So ging die Spruchpraxis davon aus, dass bei halb- oder eintägigen Veranstaltungen (ohne Unterbringung) die Luxusausstattung des Hotels oftmals nicht im Vordergrund stehe, sondern die Ausstattung der Tagungsräumlichkeiten, welche sich regelmäßig nur unwesentlich zwischen 5- und 4-Sterne-Hotels unterscheide.[641] Insgesamt entscheidend war weniger die Frage, ob sich das Hotel bei isolierter Betrachtung als Luxus-Hotel oder als Tagungs- und Kongresshotel darstellte,[642] sondern vielmehr, ob die Programmgestaltung dem genannten Maßstab entsprach bzw. ob die Veranstaltung den Teilnehmern konkrete Möglichkeiten zur Nutzung der Lu-

---

[639] Entscheidung zu § 20 Abs. 3 S. 1 und 2, https://www.fsa-pharma.de/de/schiedstelle/berichterstattung/fachkreise/az-2009.3–255-1-instanz-20-abs-3-satze-1-und-2-fsa-kodex-fachkreise-ziffern-5.1-und-5.3-der-leitlinien-angemessenheit/, FS I 2009.3–255 (zul. abgerufen am 17.6.2021); vgl. auch Entscheidung zu §§ 20 Abs. 5 S. 4 iVm Abs. 3 S. 2 idF v. 17.10.2017, https://www.fsa-pharma.de/de/schiedstelle/berichterstattung/fachkreise/az-2018.3–540-20-abs-5-satz-4-i.v.m-abs-3-satz-2-fsa-kodex-fachkreise-sponsoring-einer-fortbildungsveranstaltung-in-eine/, FS I 2018.3–540 (zul. abgerufen am 18.6.2021).

[640] Entscheidung zu § 20 Abs. 1f idF v. 4.12.2014, https://www.fsa-pharma.de/de/schiedstelle/berichterstattung/fachkreise/az-2015.11–493-20-abs-1f-fsa-kodex-fachkreise-zur-veranstaltung-von-internen-fortbildungsveranstaltungen-in-sog-luxus-h/, FS I 2015.11–493 (zul. abgerufen am 17.6.2021); bestätigend die Entscheidung zu § 20 Abs. 5 iVm Abs. 3 idF v. 17.10.2017, https://www.fsa-pharma.de/de/schiedstelle/berichterstattung/fachkreise/az-2017.11–535-538-20-abs-5-i.v.m-abs-3-fsa-kodex-fachkreise-zur-zulassigkeit-der-tagungsstatte-bei-externen-fortbildungsv/, FS I 2017.11–535-538 (zul. abgerufen am 17.6.2021).

[641] Entscheidung zu § 20 Abs. 3 idF v. 2.12.2005, https://www.fsa-pharma.de/de/schiedstelle/berichterstattung/fachkreise/az-2008.4–234-1-instanz-berichterstattung-20-abs-2-3-des-fsa-kodex-einladung-zu-berufsbezogenen-wissenschaftlichen-for/, FS I 2008.4–234 (zul. abgerufen am 17.6.2021).

[642] Vgl. hierzu Entscheidung zu § 20 Abs. 3 idF v. 14.12.2019, https://www.fsa-pharma.de/de/schiedstelle/berichterstattung/fachkreise/az20198602-fsa-kodex-fortbildung-charles-hotel-muenchen/, FS I 2019.8–602 (zul. abgerufen am 17.6.2021), die diese Frage bzgl. des Charles Hotel in München ausdrücklich offen lässt.

xusausstattung bzw. Freizeitangebote eröffnete. Vergleichbare Grundsätze hat die Schiedsstelle auch für die Durchführung einer vierstündigen internen Fortbildungsveranstaltung in einem Verkehrsmuseum angewandt und die Veranstaltungsstätte nicht beanstandet, da die Agenda keine Freiräume zur Besichtigung des Museums eröffnete.[643] Dies dürfte unter Zugrundelegung der revidierten 12. Leitlinie inzwischen anders zu beurteilen sein.

Diesen Grundsätzen folgend führte nach der bisherigen Spruchpraxis allein der bestehende **Denkmalschutz eines Gebäudes** nicht dazu, dass dieses als zulässige Veranstaltungsstätte ausscheiden musste. Vergleichbar mit der Spruchpraxis zu Luxushotels war entscheidend, dass die Programmgestaltung keinen wesentlichen Anreiz oder die Möglichkeit zur Nutzung der vorhandenen Ausstattung vermittelt. Denkmalgeschützte Veranstaltungsstätten weisen aufgrund ihrer Bauzeit und ihrer Nutzungsgeschichte häufig eine Ausstattung auf, die früheren Bau- und Einrichtungsstilen entspricht und die somit einen **gewissen Erlebnischarakter** vermitteln kann.[644] Die Schiedsstelle hatte daher geprüft, ob unter Berücksichtigung aller Umstände des Einzelfalls eine bestehende Anreizwirkung ein noch hinnehmbares Maß überschreitet. Maßgeblich konnte dabei zB sein, dass den Teilnehmern durch den gewählten Zu- und Abgang zu den Veranstaltungsräumen eine **„Mini-Führung" durch einige Prunkräume** der denkmalgeschützten Veranstaltungsstätte gegeben wurde.[645] Dies dürfte unter Zugrundelegung der revidierten 12. Leitlinie inzwischen anders zu beurteilen sein. 557

Von dieser insgesamt etwas flexibleren früheren Betrachtungsweise, welche die Zulässigkeit der Auswahl der Tagungsstäte maßgeblich von den Nutzungsmöglichkeiten der Teilnehmer, der Programmgestaltung und des Ausmaßes der Anreizwirkung (Überschreitung eines nicht mehr hinnehmbaren Maßes) abhängig machte, rückt die revidierte 12. Leitlinie insoweit ab, als sie auf die **objektive Betrachtung Dritter** abstellt. Um bereits den Anschein einer unangemessenen Zusammenarbeit zwischen der Industrie und Fachkreisangehörigen auszuschließen, wird auf die Perspektive des öffentlichen Eindrucks abgestellt, sodass bei Freizeitangeboten, Luxusausstattungen oder ähnlichen Eigenschaften, die bei einem typischen Business- und Konferenzhotel nicht zu erwarten sind, in der Regel nicht mehr angenommen werden kann, dass die Veranstaltungsstätte nach rein „sachlichen Gesichtspunkten" ausgewählt wurde. Eine **konkrete Nutzungsmöglichkeit** dieser Angebote ist sodann in der Regel **nicht mehr von Belang.**[646] Maßgeblich ist vielmehr, dass die Tagungsstätte bei objektiver Betrachtung keinen Erlebnis- und Erholungscharakter hat, keine Luxusausstattung aufweist und über keine Angebote verfügt, die über den typischen Standard eines 4-Sterne-Business-Konferenzhotels hinausgeht. Das Maß einer im Einzelfall bestehenden Anreizwirkung, welches die bisherige Spruchpraxis als „noch hinnehmbar" erachtet hat[647], dürfte insofern unter Geltung der revidierten 12. Leitlinie von der Spruchpraxis neu bestimmt werden müssen. Ebenso erscheint zweifelhaft, ob es noch ausreichend 558

[643] Entscheidung zu § 6 Abs. 3 S. 2 idF v. 16.2.2004, https://www.fsa-pharma.de/de/schiedstelle/berichterstattung/fachkreise/az-2005.9–91-1-instanz-18-abs-2–20-abs-3-s-2-des-kodex-produktspezifische-werkstatt-gegen-beratungshonorar-fortbild/, FS I 2005.9–91 (zul. abgerufen am 17.6.2021).

[644] Entscheidung zu § 20 Abs. 5 iVm Abs. 3 idF v. 17.10.2017, https://www.fsa-pharma.de/de/schiedstelle/berichterstattung/fachkreise/az-2017.11–530-532-20-abs-5-i.v.m-abs-3-fsa-kodex-fachkreise-zur-zulassigkeit-einer-als-kulturdenkmal-geschutzten-tagungs/, FS I 2017.11–530-532 (zul. abgerufen am 17.6.2021).

[645] Entscheidung zu § 20 Abs. 5 iVm Abs. 3 idF v. 17.10.2017, https://www.fsa-pharma.de/de/schiedstelle/berichterstattung/fachkreise/az-2018.7–545-551-20-abs-5-satz-4-i.v.m-20-abs-3-satz-2ff-fsa-kodex-fachkreise-sponsoring-einer-fortbildungsveranstal/, FS I 2018.7–545-551 (zul. abgerufen am 17.6.2021).

[646] *Kemmner/Thole* PharmR 2020, 320 (324).

[647] Vgl. bspw. die Entscheidung zu § 20 Abs. 5 iVm Abs. 3 idF v. 17.10.2017, https://www.fsa-pharma.de/de/schiedstelle/berichterstattung/fachkreise/az-2018.7–545-551-20-abs-5-satz-4-i.v.m-20-abs-3-satz-2ff-fsa-kodex-fachkreise-sponsoring-einer-fortbildungsveranstal/, FS I 2018.7–545-551 (zul. abgerufen am 17.6.2021).

ist, dass ein möglicher Freizeit- und Erholungscharakter nur „nicht im Vordergrund steht“.[648]

559 Dem Grundsatz der objektiven Betrachtungsweise folgend dürfte es seit Geltung der revidierten 12. Leitlinie insoweit nicht mehr maßgeblich sein, ob bestehende Freizeitmöglichkeiten bereits in der **Einladung** aufgeführt oder besonders herausgestellt werden, da die Einladung nur für die eingeladenen Teilnehmer, nicht aber für eine Betrachtung aus der Perspektive Dritter relevant ist. Während (besonders) die Nennung der Angebote in der Einladung in der bisherigen Spruchpraxis darauf hindeutete, dass die Auswahl des Tagungsortes auch auf den Freizeitwert ausgerichtet war und die Teilnehmer hierdurch dazu verleitet werden können, die Freizeitmöglichkeiten wahrzunehmen und die Teilnahme an der Tagung zu vernachlässigen, ist nach Ziffer 12.1 vielmehr entscheidend, dass die Tagungsstätte **keine Angebote** anbietet, die über den Standard eines 4-Sterne-Business-Konferenzhotels hinausgeht. Nur in diesem Fall kann „in der Regel“ davon ausgegangen werden, dass die gewählte Tagungsstätte im Einklang mit dem Kodex steht. Die in diesem Zusammenhang ergangene Entscheidung, wonach die Auswahl eines historischen Bahnmuseum gegen das Gebot zur Auswahl des Tagungsortes allein nach sachlichen Gesichtspunkten verstößt, wenn der einseitigen Einladung ein fünfseitiger Prospekt über den historischen Bahnpark inkl. Wegbeschreibung beigefügt ist,[649] dürfte unter der aktuell geltenden 12. Leitlinie daher zutreffend bleiben, sofern objektiv ein Erlebnischarakter der Veranstaltungsstätte zu bejahen ist. Dies würde unabhängig davon gelten, ob der Einladung der genannte Prospekt beigefügt ist oder nicht.

560 Zu einem anderen Ergebnis könnte hingegen die Bewertung von zwei früheren Entscheidungen führen: Die Schiedsstelle sah allein die **bildliche Darstellung** der Freizeitangebote einer Tagungsstätte (hier: bildliche Darstellung der gesamten Autostadt) auf dem Einladungs-Flyer als nicht ausreichend an, um den Erlebnischarakter der Veranstaltungsstätte in den Vordergrund zu rücken, wenn die Teilnehmer unter den gegebenen Umständen mit diesem kaum in Kontakt treten.[650] In dem anderen Fall reichte die bildliche Darstellung des Tagungsortes (hier: Inselcharakter von Sylt) nicht aus, um die Auswahl der Tagungsstätte allein nach sachlichen Gesichtspunkten zu verneinen.[651] Abhängig von den objektiv vorhandenen Freizeitangeboten und unabhängig von deren Erwähnung oder Darstellung in der Einladung könnte diese einer Auswahl allein nach sachlichen Gesichtspunkten entgegen stehen.

561 Auch unter den neu definierten Kriterien zur Auswahl der Tagungsstätte allein nach sachlichen Gesichtspunkten in der 12. Leitlinie dürfte die Auswahl einer Tagungsstätte unzulässig sein, bei der die Teilnehmer in eine **„Erlebniswelt“** integriert werden und ihnen hierdurch zwangsläufig, ständig und unmittelbar während der gesamten Veranstaltung der besondere Unterhaltungswert der Tagungsstätte vermittelt wird. Die Tagungsstätte ist daher nicht mehr von untergeordneter Bedeutung, sondern ihr **allgegenwärtiger Unterhaltungswert** tritt mit dem Veranstaltungsprogramm in Konkurrenz um die Aufmerksamkeit

[648] Vgl. bspw. die Entscheidung zu §§ 20 Abs. 5 S. 4 iVm Abs. 3 S. 2 idF v. 17.10.2017, https://www.fsa-pharma.de/de/schiedstelle/berichterstattung/fachkreise/az-2018.3–540-20-abs-5-satz-4-i.v.m-abs-3-satz-2-fsa-kodex-fachkreise-sponsoring-einer-fortbildungsveranstaltung-in-eine/, FS I 2018.3–540 (zul. abgerufen am 17.6.2021).

[649] Entscheidung zu § 6 Abs. 3 S. 2 idF v. 16.2.2004, https://www.fsa-pharma.de/de/schiedstelle/berichterstattung/fachkreise/az-2005.11–102-1-instanz-20-abs-3-satz-2-des-kodex-auswahl-eines-bahnmuseums-als-tagungsort/, FS I 2005.11–102 (zul. abgerufen am 17.6.2021) (= PharmR 2006, 245).

[650] Entscheidung zu § 20 Abs. 5 iVm Abs. 3 idF v. 17.10.2017, https://www.fsa-pharma.de/de/schiedstelle/berichterstattung/fachkreise/az.2018.12–562-572-sponsoring-autostadt/, FS I 2018.12–562-572 (zul. abgerufen am 17.6.2021) (=PharmR 2021, 112).

[651] Entscheidung zu § 20 Abs. 5 S. 4 iVm Abs. 3 S. 2 idF v. 14.12.2018, https://www.fsa-pharma.de/de/schiedstelle/berichterstattung/fachkreise/az-ii-instanz-fs-ii-2–19-2018-12-573-4-sylt-wester land-fachkreise-kodex/, FS II 2/19/2018.12–573/4 (zul. abgerufen am 17.6.2021).

der Teilnehmer. Ob die Teilnehmer weitere (Freizeit-)Angebote der Tagungsstätte vor oder nach der Veranstaltung auf eigene Initiative nutzen, ist nicht entscheidend.[652] Ist der **Kontakt** der Teilnehmer mit der "Erlebniswelt" hingegen **weitestgehend minimiert** und im Ergebnis als geringfügig anzusehen, kann der bisherigen Spruchpraxis zufolge der **Anreizcharakter** im Einzelfall als **geringfügig** und damit als irrelevant anzusehen sein.[653] Ob dies auch zu einer zulässigen Auswahl der Tagungsstätte nach den überarbeiteten Kriterien der 12. Leitlinie führen würde, erscheint jedoch zumindest zweifelhaft.

Der Umstand, dass die Teilnehmer einer Fortbildungsveranstaltung die Möglichkeit **562** haben, **Freizeitangebote** einer Tagungsstätte **nach Ende der Veranstaltung** auf eigenen Wunsch, **eigene Kosten und in eigener Organisation** in Anspruch zu nehmen, ist nach der Spruchpraxis der Schiedsstelle in der Regel unbeachtlich.[654] Dies stimmt mit der Spruchpraxis zum Tagungsort überein, nach welcher die Möglichkeit der Teilnehmer zu privaten Freizeitaktivitäten am Tagungsort nach Abschluss der Veranstaltung der Auswahl des Tagungsortes nicht entgegen steht (vgl. hierzu auch die Ausführungen unter → Rn. 529).

In der früheren Rechtsprechung wurde darüber hinaus auch auf die **Infrastruktur** der **563** Tagungsstätte abgestellt und berücksichtigt, ob diese für Fortbildungsveranstaltungen unter allen Aspekten geeignet ist.[655] Diese Rechtsprechung hat die Schiedsstelle aufgegeben, da Veranstaltungsstätten ohne ausreichende Infrastruktur ohnehin nicht in Betracht kommen.[656]

dd) Für ihren Unterhaltungswert bekannt; 13. Leitlinie

Die 13. Leitlinie präzisiert das Merkmal einer Tagungsstäte, die **„für ihren Unterhaltungswert“** bekannt ist. Gemäß Ziffer 13.2 trifft dies auf Tagungsstätten zu, an denen gewöhnlich Veranstaltungen, wie etwa **Shows, Varietés, Musik- und Kinodarbietungen, Fahrattraktionen oder Glücksspielveranstaltungen** stattfinden. Aus diesem Grund kommen auch Tagungsstätten nicht in Betracht, die zwar über eine geeignete Konferenzausstattung verfügen, sich jedoch etwa auf dem **Gelände eines Freizeitparks** befinden und die Nutzungsmöglichkeit eröffnen. Diese Präzisierung der 13. Leitlinie spiegelt die zuvor durch die Spruchpraxis entwickelten Grundsätze wieder. **564**

Insoweit hat die Schiedsstelle die Auswahl eines **Filmtheaters** als Tagungsstätte als Verstoß angesehen, wenn dort eine einheitliche Veranstaltung durchgeführt wird, die aus einer Kombination eines berufsbezogenen wissenschaftlichen Vortrags und einer anschließenden **565**

[652] Entscheidung zu § 20 Abs. 3 idF v. 4.12.2014, https://www.fsa-pharma.de/de/schiedstelle/berichterstattung/fachkreise/az-2016.8–504-20-abs-3-fsa-kodex-fachkreise-fortbildungsveranstaltung-in-tagungsstatten-mit-unterhaltungwert-hier-im-pors/, FS I 2016.8–504 (zul. abgerufen am 17.6.2021).

[653] Entscheidung zu § 20 Abs. 5 iVm Abs. 3 idF v. 17.10.2017, https://www.fsa-pharma.de/de/schiedstelle/berichterstattung/fachkreise/az.2018.12–562-572-sponsoring-autostadt/, FS I 2018.12–562-572 (zul. abgerufen am 17.6.2021) (= PharmR 2021, 112).

[654] Entscheidung zu § 20 Abs. 5 iVm Abs. 3 idF v. 17.10.2017, https://www.fsa-pharma.de/de/schiedstelle/berichterstattung/fachkreise/az.2018.12–562-572-sponsoring-autostadt/, FS I 2018.12–562-572 (zul. abgerufen am 17.6.2021) (= PharmR 2021, 112); bezugnehmend auf die Spruchpraxis zur Aufenthaltsverlängerung am Tagungsort bzw. zur Nutzung von Freizeitangeboten am Tagungsort: Entscheidung zu § 20 Abs. 5 S. 4 iVm Abs. 3 S. 2 idF v. 14.12.2018, https://www.fsa-pharma.de/de/schiedstelle/berichterstattung/fachkreise/az-ii-instanz-fs-ii-2-19-2018-12-573-4-sylt-westerland-fachkreise-kodex/, FS II 2/19/2018.12–573/4 (zul. abgerufen am 17.6.2021).

[655] Entscheidung zu § 6 Abs. 3 S. 2 idF v. 16.2.2004, https://www.fsa-pharma.de/de/schiedstelle/berichterstattung/fachkreise/az-2005.9–91-1-instanz-18-abs-2–20-abs-3-s-2-des-kodex-produktspezifische-werkstatt-gegen-beratungshonorar-fortbild/, FS I 2005.9–91 (zul. abgerufen am 17.6.2021).

[656] Entscheidung zu § 20 Abs. 3 idF v. 4.12.2014, https://www.fsa-pharma.de/de/schiedstelle/berichterstattung/fachkreise/az-2016.8–504-20-abs-3-fsa-kodex-fachkreise-fortbildungsveranstaltung-in-tagungsstatten-mit-unterhaltungwert-hier-im-pors/, FS I 2016.8–504 (zul. abgerufen am 17.6.2021).

Vorpremiere eines amerikanischen Spielfilms aus dem künftigen Kinoprogramm besteht, auf die bereits in der Einladung hingewiesen wurde. Im Vordergrund stand somit der Freizeitwert, der mit der Filmvorstellung verbunden war.[657]

ee) Extravagant; 14. Leitlinie

566 Unter „extravagant" sind nach Ziffer 14.2 der 14. Leitlinie Tagungsstätten zu verstehen, die sich nicht in erster Linie als typisches Geschäfts- oder Konferenzhotel auszeichnen, sondern bei denen eine **besonders luxuriöse oder ausgefallene Ausstattung eindeutig im Vordergrund** steht. Hierzu zählen auch solche Tagungsstätten, die zwar als Tagungsstätte geeignet sind, die aber gleichzeitig aufgrund der Gestaltung und der vorhandenen Einrichtungen den Eindruck erwecken, die Tagungsstätte sei nicht aufgrund der Konferenzmöglichkeiten, sondern vor allem aufgrund ihres **Erlebnischarakters** ausgewählt worden. „Extravagante" Tagungsstätten zeichnen sich in der Regel auch dadurch aus, dass sie sich preislich in den oberen Rängen bewegen. Auch diese Konkretisierung „extravaganter" Tagungsstätten spiegelt die zuvor durch die FSA Spruchpraxis entwickelten Grundsätze wieder.

567 Das Kriterium der **Extravaganz** hat die Schiedsstelle zB für das Hotel Süllberg bejaht, welches in einer denkmalgeschützten Gesamtanlage im „großbürgerlichen Villenviertel" von Blankenese liegt und über zwei gehobene Restaurants und einen Ballsaal verfügt. Nach Auffassung der Schiedsstelle folgt die Extravaganz aus der besonderen Lage mit Blick über die Elbe, der Einbettung in eine Villenlandschaft sowie der exklusiven Innenausstattung und Großzügigkeit der Raumnutzung, die diese Luxusmerkmal in den Vordergrund rücken lässt. Der Gesamteindruck vermittle bereits dem bloßen Aufenthalt einen besonderen Anreizfaktor, der geeignet sei, Fachkreisangehörige in ihrer Therapie- und Verordnungsfreiheit zu beeinflussen.[658]

568 Eine Tagungsstätte wurde nach der früheren Spruchpraxis in der Regel **nicht** dadurch **„extravagant"**, dass der **Tagungsort** möglicherweise als extravagant anzusehen sei. Nach der früheren Spruchpraxis konnte der Erlebnischarakter eines touristisch interessanten Tagungsortes in der Regel nicht auf die Tagungsstätte übertragen werden, weshalb die Schiedsstelle zu dem Ergebnis gelangte, dass der touristische Charakter, der der Insel Sylt beigemessen werden könnte, keinen Einfluss auf die Bewertung der Tagungsstätte einer externen Fortbildungsveranstaltung hat.[659]

5. Spruchpraxis zur Unterbringung und Tagungsstätte

a) Spruchpraxis zur Angemessenheit der Unterbringung

569 – Bei einem Fünf-Sterne-Haus der gehobenen Klasse, das als **Luxus- und Boutiquehotel** auftritt, handelt es sich **nicht** um ein **„übliches Businesshotel"**, sofern bereits in der **Einladung** zu einer Fortbildungsveranstaltung auf den besonderen **Freizeitwert des Hotels** hingewiesen wird und die **Agenda** entsprechende Freiräume zur Nutzung des besonders attraktiven Angebotes des Hotels ermöglicht. **Unterbringungskosten** pro

[657] Entscheidung zu § 6 Abs. 3 S. 2 idF v. 16.2.2004, https://www.fsa-pharma.de/de/schiedstelle/berichterstattung/fachkreise/az-fs-ii-2-04-2004.7-13-2-instanz-6-abs-3-s-2-des-kodex-vergleiche-nunmehr-20-abs-3-s.2-auswahl-tagungsort-und-t/, FS II 2004.7–13 (zul. abgerufen am 17.6. 2021).

[658] Entscheidung zu §§ 20 Abs. 5 S. 4 iVm Abs. 3 S. 2 idF v. 17.10.2017, https://www.fsa-pharma.de/de/schiedstelle/berichterstattung/fachkreise/az-2018.3–540-20-abs-5-satz-4-i.v.m-abs-3-satz-2-fsa-kodex-fachkreise-sponsoring-einer-fortbildungsveranstaltung-in-eine/, FS I 2018.3–540 (zul. abgerufen am 17.6.2021).

[659] So auch Entscheidung zu § 20 Abs. 5 S. 4 iVm Abs. 3 S. 2 idF v. 14.12.2018, https://www.fsa-pharma.de/de/schiedstelle/berichterstattung/fachkreise/az-ii-instanz-fs-ii-2–19-2018-12-573-4-sylt-westerland-fachkreise-kodex/, FS II 2/19/2018.12–573/4 (zul. abgerufen am 17.6.2021).

Tag und Person in Höhe von **163,00 EUR** überschreiten den zulässig vertretbaren Rahmen.[660]

- Die Unterbringung von Ärzten und Ärztinnen anlässlich einer Fortbildungsveranstaltung in einem Hotel, das zu den **„Relais- und Chateauxhotels"** gehört (Hotel „Alpenhof Murnau" am Staffelsee), entspricht nicht dem angemessenen Rahmen einer Unterbringung.[661]
- Bei dem Hotel „Le MÉRIDIEN" handelt es sich um ein **Luxushotel im „Art und Tech"-Design** mit luxuriös ausgestattetem Wellnessbereich. Die Kostenübernahme für die Unterbringung in diesem Hotel überschreiten einen angemessenen Rahmen, wenn die **Fortbildungsveranstaltung selbst in einem anderen Hotel stattfand** und das Luxushotel **nur zur Unterbringung** genutzt wird. Dieser Beurteilung wird nicht dadurch beeinflusst, dass sich die **Kosten** der Unterbringung (199,00 EUR) **im Rahmen der 4-Sternehotels** bewegt. Denn ausschlaggebend ist allein der Auftritt des Hotels für die Teilnehmer, der durch die luxuriöse Ausstattung und Lage geprägt ist.[662]
- Die Unterbringung von Angehörigen der Fachkreise im Rahmen einer internen Fortbildungsveranstaltung auf Kosten des Unternehmens im Hotel „Le MÉRIDIEN" in Hamburg überschreitet den angemessenen Rahmen iSd § 20 Abs. 3 S. 1 Kodex, wenn die Teilnehmer am Vorabend anreisen, in **luxuriös ausgestatteten Zimmern** übernachten und die Möglichkeit haben, den **ausgedehnten Wellness-Bereich** des Hotels vor der Fortbildungsveranstaltung, die am Folgetag in einem Konferenzraum des Hotels stattfindet, zu nutzen. **Irrelevant** ist insoweit der **Einwand,** dass eine Unterbringung in dem Hotel, in dem am Folgetag die Fortbildungsveranstaltung stattfindet (Tagungsstätte), **zweckmäßig** sei. Die vom Hotel ausgehende Anreizwirkung kann nur dadurch vermieden werden, dass eine Übernachtung nicht angeboten wird oder die Teilnehmer in einem anderen Hotel untergebracht werden.[663]
- Die Auswahl eines Fünf-Sterne-Hotels stellt dann einen Kodexverstoß dar, wenn die Auswahl des Hotels durch das Mitgliedsunternehmen allein mit der Behauptung gerechtfertigt wird, dass die **Preisangebote der Drei- und Vier-Sterne-Hotels** über dem des Fünf-Sterne-Hotels gelegen hätten.[664]

b) Spruchpraxis zur Auswahl der Tagungsstätte

Die nachfolgend dargestellte Spruchpraxis findet weiterhin Anwendung, solange und soweit sie im Ergebnis mit der aktuell geltenden Fassung der 12. Leitlinie in Einklang steht.

---

660 Entscheidung zu § 20 Abs. 3 idF v. 2.12.2005, https://www.fsa-pharma.de/de/schiedstelle/berichterstattung/fachkreise/az-2005.5–70-1-instanz-20-abs-3-des-kodex-auswahl-der-tagungsstatte-des-tagungsortes-notwendige-ubernachtungskosten/, FS I 2005.5–70 (zul. abgerufen am 17.6.2021).

661 Entscheidung zu § 20 Abs. 3 idF v. 2.12.2005, https://www.fsa-pharma.de/de/schiedstelle/berichterstattung/fachkreise/az-2006.12–155-1-instanz-20-abs-3-des-kodex-hotelauswahl-relais-und-chateaux-hotel/, FS I 2006.12–155 (zul. abgerufen am 17.6.2021).

662 Entscheidung zu § 20 Abs. 3 idF v. 2.12.2005, https://www.fsa-pharma.de/de/schiedstelle/berichterstattung/fachkreise/az-2006.10–143-1-instanz-20-abs-3-und-abs-7-des-kodex-hotelauswahl-bewirtungskosten-ubernahme-von-kosten-fur-begleit/, FS I 2006.10–143 (zul. abgerufen am 17.6.2021).

663 Entscheidung zu § 20 Abs. 3, idF v. 2.12.2005, https://www.fsa-pharma.de/de/schiedstelle/berichterstattung/fachkreise/az-2009.3–258-1-instanz-20-abs-3-fsa-kodex-fachkreise-Ziff.-5.3-der-leitlinien-angemessener-rahmen-fur-die-unterbringu/, FS I 2009.3–258 (zul. abgerufen am 17.6.2021).

664 Entscheidung zu § 6 Abs. 3 S. 2 idF v. 16.2.2004, https://www.fsa-pharma.de/de/schiedstelle/berichterstattung/fachkreise/az-fs-ii-1–06-2005.9–90-1-und-2-instanz-6-abs-des-kodex-vergleiche-nunmehr-20-unterbringung-bewirtung-hotelauswa/, FS II 2005.9–90 (zul. abgerufen am 17.6.2021).

aa) Spruchpraxis zur Auswahl von Hotels als Tagungsstätte

570 – § 20 Abs. 3 S. 2 des Kodex verfolgt das Ziel, dass sich die **Entscheidung** der Teilnehmer hinsichtlich einer Fortbildungsveranstaltung alleine an den **Inhalten des wissenschaftlichen, fachlichen Programms** und nicht (auch) an Destination oder sonstiger Rahmenbedingungen orientieren. In dem Maße, wie die Teilnehmer sich nach anderen Kriterien entscheiden, entsteht Raum für die Beeinflussung der künftigen Entscheidungs-, Beschaffungs- und Verordnungsfreiheit durch Unternehmen. Erfüllt das Hotel also die **Business- und Tagungserfordernisse** für eine fachlich wissenschaftliche Fortbildungsveranstaltung und steht der **Tagungs- und Businesscharakter** der Tagungsstätte und nicht die Unterbringung bzw. Restauration **im Vordergrund,** so ist – vorbehaltlich der Prüfung im Einzelfall – davon auszugehen, dass die Auswahl der Tagungsstätte im Einklang mit den Vorschriften des Kodex erfolgt ist.[665]

– Nach der früheren Spruchpraxis konnten auch Hotels, die als **Luxus-Hotels** bewertet werden, als Veranstaltungsorte für interne Fortbildungsveranstaltungen in Betracht kommen, falls die **Programmgestaltung keinen wesentlichen Anreiz** oder die **Möglichkeit zur Nutzung von Freizeitaktivitäten** oder der etwa vorhandenen **Luxusausstattung** des Hotels gab, es sei denn, dass die Attraktivität des Hotels so groß war, dass die Teilnehmer geneigt sein konnten, die etwa bestehenden Hotel-Einrichtungen zu nutzen und dafür die Teilnahme an der Veranstaltung zu vernachlässigen.[666] Diese Spruchpraxis dürfte aufgrund der revidierten 12. Leitlinie inzwischen auf vergleichbare Fallkonstellationen nicht mehr anwendbar sein.

– Nach der früheren Entscheidung der FSA-Schidesstelle wurde die Auswahl des 5-Sterne-Hotels „The Charles Hotel" in München als Tagungsort als kodexkonform bewertet, wenn die Veranstaltung in einem Raum stattfindet, der dem Rahmen **vergleichbarer Business-Hotels** entspricht und aufgrund der Programmgestaltung weder vor noch nach der Veranstaltung die Möglichkeit bestand, etwa bestehende Freizeitmöglichkeiten des Hotels zu nutzen.[667] Diese Entscheidung dürfte aufgrund der revidierten 12. Leitlinie inzwischen auf vergleichbare Fallkonstellationen nicht mehr übertragbar sein.

– Auch sollte es nach der früheren Spruchpraxis bei **5-Sterne-Hotels** im Einzelfall darauf ankommen, ob das Hotel über übliche Konferenzeinrichtungen verfügt (sog. **Business-Charakter** des Hauses) und ob angesichts der Durchführung und zeitlichen Gestaltung der Fortbildungsveranstaltung evtl. **vorhandene „Erlebnismerkmale"** des Hotels von den Teilnehmern genutzt werden können und deshalb gegenüber dem Fortbildungszweck in den Vordergrund rückten.[668] Diese Spruchpraxis dürfte aufgrund der revidierten 12. Leitlinie inzwischen auf vergleichbare Fallkonstellationen nicht mehr übertragbar sein.

---

[665] Entscheidung zu § 20 Abs. 3 idF v. 2.12.2005, https://www.fsa-pharma.de/de/schiedstelle/berichterstattung/fachkreise/az-2006.12–155-1-instanz-20-abs-3-des-kodex-hotelauswahl-relais-und-chateaux-hotel/, FS I 2006.12–155 (zul. abgerufen am 17.6.2021).

[666] Entscheidung zu § 20 Abs. 1 idF v. 4.12.2014, https://www.fsa-pharma.de/de/schiedstelle/berichterstattung/fachkreise/az-2015.11–493-20-abs-1f-fsa-kodex-fachkreise-zur-veranstaltung-von-internen-fortbildungsveranstaltungen-in-sog-luxus-h/, FS I 2015.11–493 (zul. abgerufen am 17.6.2021); ähnlich Entscheidung zu § 20 Abs. 5 idF v. 15.11.2016, https://www.fsa-pharma.de/de/schiedstelle/berichterstattung/fachkreise/az-2015.9–487-20-abs-5-fsa-kodex-fachkreise-zur-zulassigkeit-von-luxus-hotels-als-veranstaltungsstatten-fur-externe-fort/, FS I 2015.9–487 (zul. abgerufen am 17.6.2021).

[667] Vgl. hierzu Entscheidung zu § 20 Abs. 3 idF v. 14.12.2019, https://www.fsa-pharma.de/de/schiedstelle/berichterstattung/fachkreise/az20198602-fsa-kodex-fortbildung-charles-hotel-muenchen/, FS I 2019.8–602 (zul. abgerufen am 17.6.2021).

[668] Entscheidung zu § 20 Abs. 3 S. 1 und 2, https://www.fsa-pharma.de/de/schiedstelle/berichterstattung/fachkreise/az-2009.3–255-1-instanz-20-abs-3-satze-1-und-2-fsa-kodex-fachkreise-ziffern-5.1-und-5.3-der-leitlinien-angemessenheit/, FS I 2009.3–255 (zul. abgerufen am 17.6.2021).

– Die Schiedsstelle sah es früher in ständiger Spruchpraxis grundsätzlich als möglich an, eine interne Fortbildungsveranstaltung auch in einem sog. **„Luxushotel"** durchzuführen, falls die Programmgestaltung der Fortbildungsveranstaltung keinen wesentlichen Anreiz oder die Möglichkeit zur Nutzung von Freizeitaktivitäten oder der etwa vorhandenen Luxusausstattung des Hotels vermittelte (vgl.Verfahren zu Az. 2015.11–493 mwN). Sie hat dazu wiederholt ausgeführt, dass auch derartige Häuser als Veranstaltungsorte in Betracht kommen können.[669] Diese Spruchpraxis dürfte aufgrund der revidierten 12. Leitlinie inzwischen auf vergleichbare Fallkonstellationen nicht mehr übertragbar sein.
– Stehen bei einer Veranstaltungsstätte **Luxusmerkmale eindeutig im Vordergrund,** die Konferenzmöglichkeiten aber gerade nicht, so kann bereits der **bloße Aufenthalt einen besonderen Anreizfaktor** vermitteln, der geeignet ist, Angehörige der Fachkreise in ihrer Therapie- und Verordnungsfreiheit unsachlich zu beeinflussen.[670]
– Die Durchführung einer **halbtätigen Veranstaltung in einem Fünf-Sterne-Hotel** mit einem Mittagessen in den Konferenzräumen verstieß nach der früheren Spruchpraxis nicht gegen den Kodex, wenn die Teilnehmer ausschließlich aus der angrenzenden Region kamen und diesen die dem Hotel zugeordneten **„erhöhten Erlebnismerkmale"** hinsichtlich der Unterkunft und der Gastronomie **nicht zur Verfügung standen.** Die Attraktion, die von der „Gourmetgastronomie" ausging, spielte nach der früheren Spruchpraxis für die Teilnehmer der Veranstaltung keine Rolle, da das im Anschluss an die Fortbildung im Tagungsraum servierte Mittagsmenü in keinem Zusammenhang mit der ansonsten im Hotelrestaurant angebotenen „Sterneküche" stand.[671] Diese Entscheidung dürfte aufgrund der revidierten 12. Leitlinie inzwischen auf vergleichbare Fallkonstellationen nicht mehr übertragbar sein.
– Die Durchführung einer **halbtätigen Fortbildungsveranstaltung** in einem zentral in einer deutschen Großstadt gelegenen **5-Sterne-Hotel** (hier: Hotel Le Méridien in Hamburg) ohne Übernahme von Übernachtungskosten bzw. der Organisation der Unterbringung sollte nach der früheren Spruchpraxis nicht gegen Art. 20 Abs. 3 des Kodex verstoßen, da nicht die „Luxusausstattung" (Ausstattung der Zimmer, Qualität des Restaurants, Wellnessbereich, etc) **im Vordergrund** stand, sondern die **Ausstattung der Tagungsräumlichkeiten.** Begründet wurde dies damit, dass sich die Ausstattung der Konferenzräume eines 5-Sterne-Hotels regelmäßig nur unwesentlich von jener von 4-Sterne-Hotels unterscheiden würde. Bei halb-/eintägigen Fortbildungsveranstaltungen stehe regelmäßig die zentrale Lage und die **verkehrsgünstige Erreichbarkeit** im Vordergrund.[672] Diese Entscheidung dürfte aufgrund der revidierten 12. Leitlinie inzwischen auf vergleichbare Fallkonstellationen nicht mehr übertragbar sein.
– Ein 5-Sterne Hotel konnte nach der früheren Spruchpraxis bei ausschließlicher Nutzung seiner Konferenzräume als Tagungsstätte für eine interne Fortbildungsveranstaltung in Betracht kommen (hier: Hotel Le MERIDIEN, Hamburg) und war demnach nicht per

[669] Entscheidung zu § 20 Abs. 5 iVm Abs. 3 idF v. 17.10.2017, https://www.fsa-pharma.de/de/schiedstelle/berichterstattung/fachkreise/az-2017.11–535-538-20-abs-5-i.v.m-abs-3-fsa-kodex-fachkreise-zur-zulassigkeit-der-tagungsstatte-bei-externen-fortbildungsv/, FS I 2017.11–535-538 (zul. abgerufen am 17.6.2021).

[670] Entscheidung zu §§ 20 Abs. 5 S. 4 iVm Abs. 3 S. 2 idF v. 17.10.2017, https://www.fsa-pharma.de/de/schiedstelle/berichterstattung/fachkreise/az-2018.3–540-20-abs-5-satz-4-i.v.m-abs-3-satz-2-fsa-kodex-fachkreise-sponsoring-einer-fortbildungsveranstaltung-in-eine/, FS I 2018.3–540 (zul. abgerufen am 17.6.2021).

[671] Entscheidung zu § 20 Abs. 3 S. 1 und 2, https://www.fsa-pharma.de/de/schiedstelle/berichterstattung/fachkreise/az-2009.3–255-1-instanz-20-abs-3-satze-1-und-2-fsa-kodex-fachkreise-ziffern-5.1-und-5.3-der-leitlinien-angemessenheit/, FS I 2009.3–255 (zul. abgerufen am 17.6.2021).

[672] Entscheidung zu § 20 Abs. 3 idF v. 2.12.2005, https://www.fsa-pharma.de/de/schiedstelle/berichterstattung/fachkreise/az-2008.4–234-1-instanz-berichterstattung-20-abs-2–3-des-fsa-kodex-einladung-zu-berufsbezogenen-wissenschaftlichen-for/, FS I 2008.4–234 (zul. abgerufen am 17.6.2021).

se als „extravagant" zu meiden. Ein Anreizfaktor konnte jedoch in der **Verbindung** von **Fortbildungsveranstaltung, Unterbringung in Zimmern** mit Luxuscharakter und der Möglichkeit der Nutzung des **ausgedehnten Wellness-Bereichs liegen,** der geeignet sei, die teilnehmenden Fachkreisangehörigen in ihren Therapie- und Verordnungsentscheidungen unsachlich zu beeinflussen.[673] Auch hier dürfte die revidierte 12. Leitlinie infolge des Kriteriums der Sichtweise Dritter eher zu einem anderen Ergebnis führen.
- Die Auswahl eines Hotels ist kodexkonform, wenn dieses **für größere Fortbildungsveranstaltungen geeignet** und dafür mit entsprechender Technik gut ausgerüstet ist und der **Wellness-Bereich nur gegen Bezahlung** genutzt werden kann.[674]
- Sowohl die **Bewertung nach der DEHOGA** (Deutscher Hotel- und Gaststättenverband) als auch diverser Hotelführer (beispielsweise Varta-Führer oder Schlummeratlas) spielten nach der früheren Spruchpraxis für die Prüfung des Kriteriums der Tagungsstättenauswahl **„allein nach sachlichen Gesichtspunkten" nur eine untergeordnete Rolle.** Diese Bewertungen seien nur in dem Umfang von Bedeutung gewesen, in dem sie vom Hotel selbst in seiner Selbstdarstellung entsprechend hervorgehoben wurden und insoweit einen besonderen Anreizfaktor für den Besuch des Hotels boten.[675] Dies ist nach der revidierten 12. Leitlinie inzwischen anders zu bewerten.

bb) Spruchpraxis zur Auswahl sonstiger Tagungsstätten

571 – Die Durchführung einer 4-stündigen internen Fortbildungsveranstaltung in einem **Verkehrsmuseum** (Auto, Bundesbahn) stellte nach der früheren Spruchpraxis keinen Verstoß gegen das Gebot dar, den Tagungsort allein nach sachlichen Gesichtspunkten auszusuchen, sofern die **Agenda keine Freiräume zur Besichtigung des Museums** eröffnete. Dies galt insbesondere dann, wenn die eingeladenen Ärztinnen und Ärzte aus der **näheren Umgebung** des Veranstaltungsortes kamen, da dies für die Schiedsstelle die Annahme rechtfertigte, dass der Freizeit- und touristische Attraktionswert für die Teilnehmer nicht im Vordergrund stand.[676] Diese Entscheidung dürfte aufgrund der revidierten 12. Leitlinie inzwischen auf vergleichbare Fallkonstellationen nicht mehr übertragbar sein.
- Die Durchführung einer mehrstündigen internen Fortbildungsveranstaltung in einem historischen Bahnmuseum verstößt gegen das Gebot zur Auswahl des Tagungsortes allein nach sachlichen Gesichtspunkten, wenn der einseitigen Einladung ein **fünfseitiger Prospekt über den historischen Bahnpark** inkl. Wegbeschreibung beigefügt ist. Dadurch wurde die Auswahl des Tagungsortes auch auf den Freizeitwert ausgerichtet. (…) Wenn die **Einladung** die **Freizeitmöglichkeiten aufführt oder besonders herausstellt** und hierdurch die Teilnehmer dazu verleitet werden können, die Freizeitmöglichkeiten wahrzunehmen und die Teilnahme an der Tagung zu vernachlässigen, liegt immer ein Kodexverstoß vor.[677]

---

673 Entscheidung zu § 20 Abs. 3, idF v. 2.12.2005, https://www.fsa-pharma.de/de/schiedstelle/berichterstattung/fachkreise/az-2009.3–258-1-instanz-20-abs-3-fsa-kodex-fachkreise-Ziff.-5.3-der-leitlinien-angemessener-rahmen-fur-die-unterbringu/, FS I 2009.3–258 (zul. abgerufen am 17.6.2021).

674 Entscheidung zu § 20 Abs. 3 S. 2 idF v. 17.10.2017, https://www.fsa-pharma.de/de/schiedstelle/berichterstattung/fachkreise/az-ii-instanz-fs-ii-2–17-2017.6–522-20-abs-3-satz-2-fsa-kodex-fachkreise-anreizwirkung-eines-tagungsorts-hier-prien-a/, FS II 2/17/2017.6–522 (zul. abgerufen am 17.6.2021).

675 Entscheidung zu § 20 Abs. 3 idF v. 2.12.2005, https://www.fsa-pharma.de/de/schiedstelle/berichterstattung/fachkreise/az-2006.12–155-1-instanz-20-abs-3-des-kodex-hotelauswahl-relais-und-chateaux-hotel/, FS I 2006.12–155 (zul. abgerufen am 17.6.2021).

676 Entscheidung zu § 6 Abs. 3 S. 2 idF v. 16.2.2004, https://www.fsa-pharma.de/de/schiedstelle/berichterstattung/fachkreise/az-2005.9–91-1-instanz-18-abs-2–20-abs-3-s-2-des-kodex-produktspezifische-werkstatt-gegen-beratungshonorar-fortbild/, FS I 2005.9–91 (zul. abgerufen am 17.6.2021).

677 Entscheidung zu § 6 Abs. 3 S. 2 idF v. 16.2.2004, https://www.fsa-pharma.de/de/schiedstelle/berichterstattung/fachkreise/az-2005.11–102-1-instanz-20-abs-3-satz-2-des-kodex-auswahl-eines-bahnmuseums-als-tagungsort/, FS I 2005.11–102 (zul. abgerufen am 17.6.2021) (= PharmR 2006, 245).

- Nach der früheren Spruchpraxis war die Auswahl eines **Kinos/Filmtheaters** als Tagungsstätte für eine 2-stündige Fortbildungsveranstaltung nicht zu beanstanden. Die Auswahl der Tagungsstätte sollte jedoch nicht allein nach sachlichen Gesichtspunkten erfolgen, wenn den Teilnehmern im Anschluss die Gelegenheit geboten wurde, die **Vorpremiere eines amerikanischen Spielfilms** aus dem künftigen Kinoprogramm des Filmtheaters zu besuchen, auf welche bereits in der **Einladung** hingewiesen wurde. Im **Vordergrund,** zumindest nicht im Hintergrund, stand nach der Auffassung der Schiedsstelle der **Freizeitwert,** der für die teilnehmenden Ärzte mit der Filmvorführung verbunden war, welche im Rahmen eines Gesamtangebotes mit der Fortbildung verknüpft war. Die Unzulässigkeit des Kinocenters als Tagungsstätte folgte daher aus der als einheitliche Veranstaltung angebotenen Kombination des berufsbezogenen wissenschaftlichen Vortrags mit dem anschließenden Besuch des Films.[678] Nach der revidierten 12. Leitlinie dürfte bereits die Auswahl des Kinos als Tagungsstätte unzulässig sein und nicht erst die Kombination mit der Vorführung eines Films.
- Wird den Teilnehmern einer Fortbildungsveranstaltung zwangsläufig, ständig und unmittelbar während der gesamten Veranstaltung der besondere Unterhaltungswert der Tagungsstätte vermittelt, zB indem sie **in die Erlebniswelt der Tagungsstätte integriert** sind, ist der damit verbundene Unterhaltungswert der Tagungsstätte allgegenwärtig und die Tagesstätte ist (in Bezug auf den berufsbezogenen wissenschaftlichen Zweck der internen Veranstaltung) nicht mehr von untergeordneter Bedeutung. Es treten daher das Veranstaltungsprogramm und das Ambiente der Tagungsstätte in Konkurrenz um die Aufmerksamkeit der Teilnehmer. Ob die Teilnehmer weitere (Freizeit-)Angebote der Tagungsstätte vor oder nach der Veranstaltung auf eigene Initiative nutzen, ist wegen des **allgegenwärtigen Unterhaltungswerts** nicht entscheidend. Die Auswahl der Tagungsstätte kann nicht allein aus sachlichen Gesichtspunkten hergeleitet werden.[679]
- Sind die Teilnehmer einer externen Fortbildungsveranstaltung gezwungen, auf dem Weg zu den Veranstaltungsräumen einen Teil der **Erlebniswelt** wahrzunehmen, der mit der Veranstaltungsstätte verbunden ist, kann dies nach der Spruchpraxis dazu führen, dass damit ein sachfremder Anreiz zur Teilnahme an der Fortbildungsveranstaltung vermittelt wird. Ist der Kontakt der Teilnehmer mit dieser Erlebniswelt weitestgehend minimiert, kann der **Anreizcharakter** im Einzelfall als **geringfügig** und damit als irrelevant anzusehen sein. Allein die **bildliche Darstellung** der Erlebniswelt einer Veranstaltungsstätte auf dem **Einladungs-Flyer genügt nicht,** um den Erlebnischarakter der Veranstaltungsstätte in den Vordergrund zu rücken.[680] Auch hier wäre bei vergleichbaren neuen Fallkonstellationen zu prüfen, ob nach der revidierten 12. Leitlinie eine andere Bewertung erfolgen muss.
- Die Durchführung eines Symposiums in einem Gastraum auf einem **Campingplatz** im Zusammenhang mit einer Kanufahrt stellt einen Verstoß gegen § 20 Abs. 2, § 20 Abs. 3 S. 2 des Kodex dar.[681]

---

[678] Entscheidung zu § 6 Abs. 3 S. 2 idF v. 16.2.2004, https://www.fsa-pharma.de/de/schiedstelle/berichterstattung/fachkreise/az-fs-ii-2-04-2004.7-13-2-instanz-6-abs-3-s-2-des-kodex-vergleiche-nunmehr-20-abs-3-s.2-auswahl-tagungsort-und-t/, FS II 2004.7–13 (zul. abgerufen am 17.6.2021).

[679] Entscheidung zu § 20 Abs. 3 idF v. 4.12.2014, https://www.fsa-pharma.de/de/schiedstelle/berichterstattung/fachkreise/az-2016.8-504-20-abs-3-fsa-kodex-fachkreise-fortbildungsveranstaltung-in-tagungsstatten-mit-unterhaltungwert-hier-im-pors/, FS I 2016.8–504 (zul. abgerufen am 17.6.2021).

[680] Entscheidung zu § 20 Abs. 5 iVm Abs. 3 idF v. 17.10.2017, https://www.fsa-pharma.de/de/schiedstelle/berichterstattung/fachkreise/az.2018.12-562-572-sponsoring-autostadt/, FS I 2018.12–562-572 (zul. abgerufen am 17.6.2021) (=PharmR 2021, 112).

[681] Entscheidung zu § 6 idF v. 16.2.2004, https://www.fsa-pharma.de/de/schiedstelle/berichterstattung/fachkreise/az-fs-ii-3-04-2004.7-9-2-instanz-6-abs-3-s-2-6-abs-7-des-kodex-vergleiche-nunmehr-20-abs-3-s.2-20-abs-7/, FS II 2004.7–9 (zul. abgerufen am 17.6.2021).

– Fortbildungsveranstaltungen konnten nach der früheren Spruchpraxis in älteren, häufig **denkmalgeschützten Veranstaltungsstätten** durchgeführt werden, die aufgrund ihrer Bauzeit und ihrer Nutzungsgeschichte eine Ausstattung aufweisen, die früheren Bau- und Einrichtungsstilen entspricht, die in dieser Form heute eher die Ausnahme darstellen und somit einen **gewissen Erlebnischarakter** vermitteln, soweit die Programmgestaltung keinen wesentlichen Anreiz oder die Möglichkeit zur Nutzung der vorhandenen Ausstattung vermittelte. Dies konnte auf **externe Fortbildungsveranstaltungen übertragen** werden. Unter diesen Gesichtspunkten hatte die Auswahl des Königlichen Kurhauses in Bad Reichenhall (denkmalgeschütztes Gebäude) als Tagungsstätte den vom Kodex vorgegebenen Rahmen gewahrt.[682] Auch hier wäre bei vergleichbaren neuen Fallkonstellationen zu prüfen, ob nach der revidierten 12. Leitlinie eine andere Bewertung erfolgen muss.
– Dies gilt auch für die frühere Spruchpraxis der Schiedsstelle, wonach allein der bestehende **Denkmalschutz eines Gebäudes** (hier: Residenz in Würzburg) nicht dazu führte, dass diese Bauten als zulässige Veranstaltungsstätten ausscheiden mussten. Allerdings war jeweils **im Einzelfall** zu prüfen, ob eine im Einzelfall **bestehende Anreizwirkung** ein noch hinnehmbares Maß überschreitet, so dass zB die ausgefallene Ausstattung und der **Erlebnischarakter klar im Vordergrund** stehen. Dabei sind jeweils **alle Umstände des Einzelfalls** mit zu berücksichtigen. Maßgeblich kann insoweit sein, dass den Teilnehmern durch den gewählten Zu- und Abgang zu den Veranstaltungsräumen eine **„Mini-Führung“** durch einige Prunkräume des Schlosses gegeben wurde, die ihnen bei der Veranstaltung sonst nicht zugänglich gewesen wären.[683] Die Anwendung der revidierten 12. Leitlinie könnte in vergleichbaren Fallkonstellationen zukünftig dazu führen, bereits die Auswahlentscheidung von denkmalgeschützten Veranstaltungsstätten grundsätzlich in Frage zu ziehen.

cc) Sonstige Spruchpraxis zur Auswahl der Tagungsstätte

572 – Die ständige Spruchpraxis, dass die Frage, ob der Tagungsort allein nach sachlichen Gesichtspunkten ausgewählt wurde, unter **Berücksichtigung aller Umstände des Einzelfalls** zu beantworten ist und dass durch die Wahl des Tagungsortes nicht der **Eindruck** erweckt werden darf, dass der **Freizeit- und Erholungscharakter** der Veranstaltung im Vordergrund steht, gilt in entsprechender Weise für die **Auswahl von Tagungsstätten.**[684]
– Die Möglichkeit der Teilnehmer einer externen Fortbildungsveranstaltung, **nach Ende der Veranstaltung auf eigenen Wunsch und eigene Kosten** die **Freizeitangebote der Tagungsstätte** zu nutzen (hier: Besuch der Autostadt), ist allein Sache der Teilnehmer und nach der Spruchpraxis der Schiedsstelle **in der Regel unbeachtlich** (siehe hierzu die Ausführungen zu → Rn. 526 und 529).[685]

---

[682] Entscheidung zu § 20 Abs. 5 iVm Abs. 3 idF v. 17.10.2017, https://www.fsa-pharma.de/de/schiedstelle/berichterstattung/fachkreise/az-2017.11–530-532-20-abs-5-i.v.m-abs-3-fsa-kodex-fachkreise-zur-zulassigkeit-einer-als-kulturdenkmal-geschutzten-tagungs/, FS I 2017.11–530-532 (zul. abgerufen am 17.6.2021).

[683] Entscheidung zu § 20 Abs. 5 iVm Abs. 3 idF v. 17.10.2017, https://www.fsa-pharma.de/de/schiedstelle/berichterstattung/fachkreise/az-2018.7–545-551-20-abs-5-satz-4-i.v.m-20-abs-3-satz-2ff-fsa-kodex-fachkreise-sponsoring-einer-fortbildungsveranstal/, FS I 2018.7–545-551 (zul. abgerufen am 17.6.2021).

[684] Entscheidung zu §§ 20 Abs. 5 S. 4 iVm Abs. 3 S. 2 idF v. 17.10.2017, https://www.fsa-pharma.de/de/schiedstelle/berichterstattung/fachkreise/az-2018.3–540-20-abs-5-satz-4-i.v.m-abs-3-satz-2-fsa-kodex-fachkreise-sponsoring-einer-fortbildungsveranstaltung-in-eine/, FS I 2018.3–540 (zul. abgerufen am 17.6.2021).

[685] Entscheidung zu § 20 Abs. 5 iVm Abs. 3 idF v. 17.10.2017, https://www.fsa-pharma.de/de/schiedstelle/berichterstattung/fachkreise/az.2018.12–562-572-sponsoring-autostadt/, FS I 2018.12–562-572 (zul. abgerufen am 17.6.2021) (= PharmR 2021, 112); bezugnehmend auf die Spruchpraxis

– Falls einzelne Teilnehmer einer externen Fortbildungsveranstaltung nach dem offiziellen Programm auf eigene Initiative und eigene Kosten **in der Nähe liegende Gourmet-Restaurants oder Unterhaltungsstätten** aufsuchen sollten, ist dies **weder dem Veranstalter noch dem Sponsor zuzurechnen,** da diese weder darauf hinweisen noch dazu einladen (siehe hierzu die Ausführungen zu → Rn. 526 und 529).[686]
– Die **bildliche Darstellung** und die Betonung des Inselcharakters **des Tagungsortes im Einladungs-Flyer,** verbunden mit dem Umstand eines möglicherweise nicht genügend straffen Tagungs-Programms, reichten für die Spruchkörper in der Vergangenheit nicht aus, um das Kriterium „allein aus sachlichen Gesichtspunkten" für die **Auswahl der Tagungsstätte zu** verneinen;[687] die bildliche Darstellung der gesamten Autostadt auf dem Einladungsflyer genügte nicht, um den Erlebnischarakter der Autostadt in den Vordergrund zu rücken, wenn die Teilnehmer unter den gegebenen Umständen mit diesem kaum in Kontakt treten.[688] Dies könnte unter Zugrundelegung der revidierten 12. Leitlinie inzwischen anders zu beurteilen sein.
– Die Auswahl einer Tagungsstätte allein aus Gründen der **räumlichen Nähe zur Durchführung eines Rahmenprogramms** (hier Konzert im Schloss Schwerin) ist ein Kodexverstoß, wenn in der Einladung als Schwerpunkt das Schlosskonzert und nicht die Fortbildungsveranstaltung dargestellt ist. Dem steht nicht entgegen, dass die Tagungsstätte als solche ohne die Durchführung des Rahmenprogramms durchaus als geeignete Tagungsstätte in Frage gekommen wäre. Eine Auswahl der Tagungsstätte allein nach sachlichen Gesichtspunkten war aufgrund des engen Zusammenhangs zum Schlosskonzert nicht gegeben und die Teilnehmer wurden durch die **Gesamtdarstellung** der Einladung, des Tagungsortes und des Rahmenprogramms zur Teilnahme motiviert.[689]
– Die **unmittelbare Nähe** einer Veranstaltungsstätte zu einem Hotel, dessen Standards die eines Business Hotels überschreiten mag, ist **unbeachtlich,** soweit dieses **nicht** in irgendeiner Form erkennbar **in die Veranstaltung mit einbezogen** wird. Werden in dem Hotel aus Platzgründen einige Workshops durchgeführt, die Teil der Fortbildungsveranstaltung sind, ist dies allerdings zulässig, sofern sie für das Gesamtprogramm der Veranstaltung keine wesentliche Rolle spielen.[690] Auch hier dürfte die revidierte 12. Leitlinie in der Zwischenzeit zu einer strengeren Bewertung führen.
– Der **Erlebnischarakter** eines touristisch interessanten **Tagungsortes** konnte in der Vergangenheit in der Regel nicht ohne weiteres auf die Tagungsstätte übertragen werden, sodass die Tagungsstätte nicht allein dadurch „extravagant" wurde, dass der Tagungsort möglicherweise als extravagant anzusehen war. In Ausnahmefällen, bei Vorliegen besonde-

---

zur Aufenthaltsverlängerung am Tagungsort bzw. zur Nutzung von Freizeitangeboten am Tagungsort: Entscheidung zu § 20 Abs. 5 S. 4 iVm Abs. 3 S. 2 idF v. 14.12.2018, https://www.fsa-pharma.de/de/schiedstelle/berichterstattung/fachkreise/az-ii-instanz-fs-ii-2-19-2018-12-573-4-sylt-westerland-fachkreise-kodex/, FS II 2/19/2018.12–573/4 (zul. abgerufen am 17.6.2021).

686 Entscheidung zu § 20 Abs. 4 idF v. 15.11.2016, https://www.fsa-pharma.de/de/schiedstelle/berichterstattung/fachkreise/az-2017.11–529-20-abs-4–5-fsa-kodex-fachkreise-umfangreiche-unter stutzung-einer-externen-fortbildungsveranstaltung-exklu/, FS I 2017.11–529 (zul. abgerufen am 17.6.2021).

687 Entscheidung zu § 20 Abs. 5 S. 4 iVm Abs. 3 S. 2 idF v. 14.12.2018, https://www.fsa-pharma.de/de/schiedstelle/berichterstattung/fachkreise/az-ii-instanz-fs-ii-2–19-2018-12-573-4-sylt-westerland-fachkreise-kodex/, FS II 2/19/2018.12–573/4 (zul. abgerufen am 17.6.2021).

688 Entscheidung zu § 20 Abs. 5 iVm Abs. 3 idF v. 17.10.2017, https://www.fsa-pharma.de/de/schiedstelle/berichterstattung/fachkreise/az.2018.12–562-572-sponsoring-autostadt/, FS I 2018.12–562-572 (zul. abgerufen am 17.6.2021) (= PharmR 2021, 112).

689 Entscheidung zu § 6 Abs. 3 S. 2 idF v. 16.2.2004, https://www.fsa-pharma.de/de/schiedstelle/berichterstattung/fachkreise/az-2004.12–50-1-instanz-kodex-20-abs-3-s-2-auswahl-der-tagungs statte-wegen-rahmenprogramms/, FS I 2004.12–50 (zul. abgerufen am 18.6.2021).

690 Entscheidung zu § 20 idF v. 14.12.2019; https://www.fsa-pharma.de/de/schiedstelle/berichter stattung/fachkreise/az-2019.3–579-584-bachmair-arena-weissach/, FS I 2019.3–579-584 (zul. abgerufen am 17.6.2021).

rer Umstände des Einzelfalls, sollte es möglich sein, dass der „Tagungsort" die „Tagungsstätte" derart (mit)-prägt, dass die Auswahl der „Tagungsstätte" nicht allein aus sachlichen Gründen erfolgt sein könnte (wie etwa möglicherweise ein angrenzender Freizeitpark). Der touristische Charakter, der der Insel Sylt beigemessen werden könnte, sollte daher **keinen Einfluss** auf die **Bewertung der Tagungsstätte** einer externen Fortbildungsveranstaltung haben.[691] Auch hier ist künftig genau zu prüfen, ob die revidierte 12. Leitlinie zu einer strengeren Bewertung vergleichbarer neuer Fallkonstellationen führen kann.

– Die Eignung der **Infrastruktur** der Veranstaltungsstätte scheint dem Spruchkörper heute **kein relevantes Abgrenzungskriterium** mehr zu sein. Veranstaltungsstätten ohne ausreichende Infrastruktur kommen ohnehin nicht in Betracht.[692]
– Die Auswertung des Internetauftritts einer Tagungsstätte kann ausreichend sein, um der **Schiedsstelle** einen Eindruck über die Veranstaltungsstätte und ihre Auslobung zu verschaffen. Eine **eigenständige Begehung vor Ort** kommt vor allem dann in Betracht, wenn sich die relevanten Informationen für die Bewertung der Tagungsstätte aus den verfügbaren Unterlagen (einschl. des Internetauftritts) nicht erschließen.[693]

6. Interne Fortbildungsveranstaltungen im Ausland

573 Die Kostenübernahme für die Teilnahme an einer **im Ausland** stattfindenden internen Fortbildungsveranstaltung ist in Abs. 8 und 9 geregelt (→ Rn. 648 ff.). Bzgl. der Auswahl eines Hotels als Tagungsstätte ergibt sich mittlerweile auch aus der Leitlinie, dass in Ausnahmefällen auch Hotels höherer Kategorien zulässig sein können. Beispiele für derartige Ausnahmen können lokale Sicherheitsanforderungen sein (vgl. Ziffer 12.1 der 12. Leitlinie).

Checkliste: Interne Fortbildungsveranstaltungen

Folgende Punkte sind bei der Organisation von internen Fortbildungsveranstaltungen und der Einladung von HCPs zu beachten:

– Erstattung eines angemessenen Kostenbeitrags (iSd § 2 Abs. 17) sowie angemessene Bewirtung, wenn berufsbezogener und wissenschaftlicher Charakter im Vordergrund steht
  – Veranstaltung mit Bezug zu den Indikations- und Forschungsgebieten des pharmazeutischen Unternehmens mit wissenschaftlich-informativer Zielsetzung; zeitliches Übergewicht liegt bei wissenschaftlichen Vorträgen
  – Angemessener Kostenbeitrag: angemessene Reisekosten, notwendige Übernachtungskosten, angemessene Unterbringung
  – Angemessene (sozialadäquate) Bewirtung: keine Erlebnisgastronomie, kein Luxusrestaurant; Orientierungsgröße: 60 EUR
– keine Organisation oder Finanzierung von Unterhaltungs- und Freizeitprogramm
– keine Einladung von Begleitpersonen (sowie keine Übernahme von Kostenbeiträgen für Begleitpersonen) und keine Organisation der Mitreise von Begleitpersonen (Ausnahme: Teilnehmer ist aufgrund einer Erkrankung oder Behinderung zwingend auf Begleitperson angewiesen)

---

[691] So auch Entscheidung zu § 20 Abs. 5 S. 4 iVm Abs. 3 S. 2 idF v. 14.12.2018, https://www.fsa-pharma.de/de/schiedstelle/berichterstattung/fachkreise/az-ii-instanz-fs-ii-2–19-2018-12-573-4-sylt-westerland-fachkreise-kodex/, FS II 2/19/2018.12–573/4 (zul. abgerufen am 17.6.2021).

[692] Entscheidung zu § 20 Abs. 3 idF v. 4.12.2014, https://www.fsa-pharma.de/de/schiedstelle/berichterstattung/fachkreise/az-2016.8–504-20-abs-3-fsa-kodex-fachkreise-fortbildungsveranstaltung-in-tagungsstatten-mit-unterhaltungwert-hier-im-pors/, FS I 2016.8–504 (zul. abgerufen am 17.6.2021).

[693] Entscheidung zu § 20 Abs. 3 idF v. 4.12.2014, https://www.fsa-pharma.de/de/schiedstelle/berichterstattung/fachkreise/az-2016.8–504-20-abs-3-fsa-kodex-fachkreise-fortbildungsveranstaltung-in-tagungsstatten-mit-unterhaltungwert-hier-im-pors/, FS I 2016.8–504 (zul. abgerufen am 17.6.2021).

- Auswahl des Tagungsortes allein nach sachlichen Gesichtspunkten
  - der Tagungsort darf keine prägende Anreizwirkung haben, zB keine schwerpunktmäßig touristisch geprägte Infrastruktur, keine (ggf. saisonalen) besonderen Erlebnismöglichkeiten
  - eine Anreizwirkung entfällt in der Regel, wenn der Ort in der unmittelbaren Umgebung des angesprochenen Teilnehmerkreises liegt (einfache Fahrstrecke < 50 km)
  - geeignet sind Orte, die üblicherweise für fachlich-wissenschaftliche Veranstaltungen genutzt werden und über eine gute Anbindung an das öffentliche Verkehrsnetz verfügen
- Auswahl der Tagungsstätte allein nach sachlichen Gesichtspunkten
  - die Tagungsstätte darf keine prägende Anreizwirkung haben, dh kein Erlebnis- oder Erholungscharakter, keine besonders prunkvolle oder luxuriöse Ausstattung, und keine Angebote, die über den typischen 4-Sterne-Business-Konferenzstandard hinausgehen (Golfplatz, großzügiger Wellnessbereich)
  - keine extravaganten Tagungsstätten oder solche, die für ihren Unterhaltungswert bekannt sind
- Dienstherrengenehmigung bzw. Einhaltung anderer Anforderungen des Arbeitgebers des eingeladenen Teilnehmers
- Dokumentation der Anwesenheit der Teilnehmer sowie des durchgeführten Programms

V. Einladung zu externen Fortbildungsveranstaltungen und Kostenbeitrag (Abs. 4)

1. Voraussetzungen für die Einladung zu externen Fortbildungsveranstaltungen (Abs. 4 S. 1, 2 und 3)

Die Einladung von HCPs zu sowie die Kostenübernahme für deren Teilnahme an berufsbezogenen Fortbildungsveranstaltungen Dritter (**„externe Veranstaltungen"**) regelt Abs. 4. Externe Fortbildungsveranstaltungen sind solche, die nicht von dem pharmazeutischen Unternehmen selbst durchgeführt oder organisiert werden. Zu den typischen Beispielen zählen etwa medizinische Fachkongresse oder Symposien. Entscheidendes Abgrenzungskriterium zwischen internen und externen Veranstaltungen ist, wer als Veranstalter agiert, dh in wessen Verantwortung die Durchführung der Veranstaltung liegt.[694] Die Schiedsstelle hatte daher in einem Fall entschieden, dass keine **getarnte Eigenveranstaltung** eines Unternehmens vorliegt, wenn Form und Inhalt der Veranstaltung von einem gewerblichen Veranstalter festgelegt und die Finanzierung zu einem wesentlichen Teil durch Teilnehmergebühren sichergestellt wird, selbst wenn das Unternehmen diese Veranstaltung mit einem hohen Betrag finanziell unterstützt. Wer als „Dritter" die Veranstaltung organisiert, ist nicht von Bedeutung für die Einordnung einer Veranstaltung als externe Fortbildungsveranstaltung, da neben ärztlichen Veranstaltern auch **unabhängige gewerbliche Anbieter** in Betracht kommen, die derartige Veranstaltungen im Rahmen eines eigenen Geschäftsmodells anbieten.[695] 574

Wenngleich die Unterstützung der Teilnahme von Fachkreisangehörigen an externen Fortbildungsveranstaltungen durch die pharmazeutische Industrie berufs- sowie heilmittelwerberechtlich anerkannt ist, stellt die Übernahme des Kostenbeitrags und die Einladung eine **einseitige Zuwendung** dar, welche im Grundsatz mit möglichen **strafrechtlichen Risiken** verbunden sein kann, sofern nur der Anschein besteht, dass hierdurch Therapie- und Verordnungsentscheidungen beeinflusst werden (vgl. auch 9. Leitlinie Ziffer 9.1 und 9.2). Aus diesem Grund gelten für die Einladung von Fachkreisangehörigen zu externen 575

---

[694] Entscheidung zu § 20 Abs. 5 idF v. 15.11.2016, https://www.fsa-pharma.de/de/schiedsstelle/berichterstattung/fachkreise/az-2017.11–529-20-abs-4–5-fsa-kodex-fachkreise-umfangreiche-unterstutzung-einer-externen-fortbildungsveranstaltung-exklu/, 2017.11–529 (zul. abgerufen am 17.6.2021).

[695] Entscheidung zu § 20 Abs. 5 S. 3 idF v. 18.7.2012, https://www.fsa-pharma.de/de/schiedsstelle/berichterstattung/fachkreise/az-fs-ii-1–14-2013.2–346-fs-ii-2–14-2013.2–349-fs-ii-3–14-2013.2–352-2-instanz-20-abs-5-satz-3-fsa-kodex-fachkreise/, FS II 1/14/2013.2–346, FS II 2/14/2013.2–349, FS II 3/14/2013.2–352 (zul. abgerufen am 17.6.2021).

Veranstaltungen strenge Maßstäbe, um den Eindruck eines Missbrauchs dieser Zuwendungen zur Beeinflussung der Teilnehmer bereits dem Anschein nach zu vermeiden.

576 Die Einladung von Fachkreisangehörigen und die Übernahme des Kostenbeitrag für die Teilnehmer ist gem. Abs. 4 S. 2 und 3 an **drei Voraussetzungen** geknüpft: Zunächst muss bei der externen Veranstaltung – wie dies auch für die Kostenübernahme bei internen Veranstaltungen gilt – der **wissenschaftliche Charakter im Vordergrund stehen** (1.) (→ Rn. 474 zu internen Fortbildungsveranstaltungen). Zusätzlich muss ein **sachliches Interesse** des Unternehmens an der Teilnahme des eingeladenen Fachkreisangehörigen bestehen (2.). Schließlich muss bei der Veranstaltung sowohl ein **Bezug zum Tätigkeitsgebiet des Unternehmens** als auch zum **Fachgebiet des Teilnehmers** gegeben sein (3.).

577 Ergänzend konkretisiert die 9. Leitlinie (Ziffer 9.5) die **Art der Fortbildungsveranstaltung** dahingehend, dass diese für den Teilnehmer eine Weiterentwicklung des medizinischen Kenntnisstands, der therapeutischen oder diagnostischen Fähigkeiten oder der Forschungstätigkeit bewirken soll.

a) Sachliches Interesse an der Teilnahme des Fachkreisangehörigen (Satz 2)

578 Kriterien, wann ein **sachliches Interesse** des pharmazeutischen Unternehmens an der Teilnahme des Fachkreisangehörigen vorliegt, sind in der 9. Leitlinie definiert. Diese sieht enthält ua Kriterien zur Auswahl von Fachkreisangehörigen als Teilnehmer externer Fortbildungsveranstaltungen (Ziffer 9.7–9.9). Hierzu zählen ein sachlicher und inhaltlicher Zusammenhang zwischen dem beruflichen Tätigkeitsfeld des Teilnehmers und der Fortbildungsveranstaltung (zB übereinstimmende Indikation) sowie die Aussicht, dass der Teilnehmer bei der Veranstaltung Kenntnisse oder Fähigkeiten vermittelt bekommt, die er selbst in seiner Tätigkeit einsetzen oder an andere HCPs weitervermitteln kann. Eine individuelle Unterstützung zur Teilnahme an Fortbildungsveranstaltungen darf sich keinesfalls als Belohnung für ein Verordnungs- oder Beschaffungsverhalten etc darstellen. Dies bedeutet insbesondere, dass die Auswahlentscheidung nicht nach vertriebsbezogenen Paramtern (zB Verordnungszahlen) erfolgen darf (vgl. Ziffer 9.11(b)). Die 9. Leitlinie rät im Zusammenhang mit der Auswahlentscheidung zur Einhaltung einer entsprechenden **Dokumentation,** um die Entscheidung **transparent** und nachvollziehbar zu gestalten.

b) Weitere Hinweise der 9. Leitlinie zu organisatorischen Maßnahmen

579 Darüber hinaus enthält die 9. Leitlinie eine Reihe von Maßnahmen, die auf die internen Abläufe im Mitgliedsunternehmen sowie Anforderungen auf Seiten des Teilnehmers gerichtet sind und als Empfehlung zur **weiteren Risikominimierung**[696] ausgestaltet sind:

580 Die Auswahlentscheidung der Teilnehmer sollte zB innerhalb des Mitgliedsunternehmens nicht ausschließlich durch Mitarbeiter des Sales- und Marketingbereichs (zB Pharmaberater), sondern zB von **Mitarbeitern der medizinischen Abteilung** getroffen werden, wie dies auch für die innerbetrieblichen Prozesse bei Anwendungsbeobachtungen vorgesehen ist (Ziffer 9.11(a) und 9.13). Neben einer ausreichenden **Dokumentation** wird auch die **Etablierung zugehöriger SOPs** empfohlen, die neben dem Auswahlprozess auch weitere Aspekte, wie zB die Art der Fortbildungsveranstaltung, umfassen können (vgl. Ziffer 9.14).

581 Auf Seiten des Teilnehmers ist sicherzustellen, dass erforderliche Unterlagen, zB die **Dienstherrengenehmigung,** vor Beginn der Veranstaltung vorliegen und weitere oder alternative **Anforderungen des Arbeitgebers** oder Dienstherren erfüllt sind (vgl. Ziffer 9.11(c)). Darüber hinaus sind die Unternehmen verpflichtet, bei Fachkreisangehörigen mit einer besonderen **Funktion mit möglichem Einfluss auf Absatz- bzw. Beschaffungsentscheidungen** (zB Mitgliedschaft in der Arzneimittelkommission des Kranken-

---

[696] Zum Hintergrund der Ergänzungen der im Februar 2018 erweiterten 9. Leitlinie, insbesondere zur strafrechtlichen Risikoprävention im Hinblick auf §§ 299a/b StGB, vgl. *Diener* PharmR 2018, 334 (337 ff.).

hauses) verpflichtet, darauf hinzuwirken, dass die geplante Teilnahme an der Veranstaltung auch gegenüber diesen Gremien bzw. Institutionen offengelegt wird (Ziffer 9.10).

Zur weiteren Risikominimierung empfiehlt die 9. Leitlinie beispielsweise die Einrichtung eines **Gesamtbudgets** beim pharmazeutischen Unternehmen für die Unterstützung von HCPs im gesamten Bundesgebiet, welches unter der Verantwortung der medizinischen Abteilung steht, die **Anzahl** der Fortbildungsveranstaltungen sowie die Kostenübernahme pro Jahr und Fachkreisangehörigem auf einen **Höchstbetrag** zu limitieren, den Teilnehmer an den Kosten zu beteiligen und ein **unabhängiges Gremium** mit der Auswahl geeigneter externer Fortbildungsveranstaltungen und möglicher Teilnehmer zu betrauen (vgl. Ziffer 9.12). **582**

2. Übernahme eines angemessenen Kostenbeitrags (Abs. 4 S. 1 und S. 4)

Die Kostenübernahme ist bei externen Fortbildungsveranstaltungen – wie bei internen Fortbildungsveranstaltungen – auf einen **angemessenen Kostenbeitrag** beschränkt. Insofern kann hier auf die Erläuterungen von Abs. 2 und 3 (→ Rn. 473 ff.) verwiesen werden. **583**

Im Unterschied zu internen Fortbildungsveranstaltungen dürfen jedoch die **Kosten für die Bewirtung der Teilnehmer nicht übernommen** werden (vgl. Hs. 2). Im Rahmen von externen Fortbildungsveranstaltungen sind nur solche Bewirtungen zulässig, die die Voraussetzungen eines „Arbeitsessens" erfüllen.[697] Die früher viel diskutierte Frage, ob die Übernahme des Hotelfrühstücks bei mehrtätigen externen Fortbildungsveranstaltungen zulässig ist[698], wird in der aktuellen Fassung des Kodex durch die explizite Erwähnung in der Definition des Kostenbeitrags (§ 2 Nr. 17, → Rn. 110 f.) bejaht. Anders als die Übernahme von Kosten, die beim Teilnehmer der externen Veranstaltung für Bewirtungszwecke anfallen, ist eine **angemessene Bewirtung** von Teilnehmern durch pharmazeutische Unternehmen auf externen Fortbildungsveranstaltungen (zB an Kongressständen) nach den Maßgaben des Abs. 5 S. 4 zulässig (→ Rn. 627). **584**

Die Teilnahme an **Rahmen- und Unterhaltungsprogrammen** (etwa die Übernahme der Kosten für Opern- oder Theaterkarten, Sportveranstaltungen, Varietés etc) darf weder direkt noch indirekt durch die Teilnahmegebühren unterstützt werden. Dasselbe gilt im Übrigen wie bei internen Veranstaltungen auch für andere Kosten, **die privaten Zwecken** dienen (Übernahme von Telefongebühren, Minibar, Hotelvideos, Kleiderreinigung etc). **585**

3. Fortbildungsveranstaltungen im Ausland

Die Kostenübernahme für die Teilnahme an einer **im Ausland** stattfindenden externen Fortbildungsveranstaltung ist in Abs. 8 und 9 geregelt (→ Rn. 619 ff.). **586**

4. Besonderheiten für Mitarbeiter medizinischer Einrichtungen

Für Klinikärzte und andere Mitarbeiter medizinischer Einrichtungen gilt gem. § 24 in Verbindung mit den Hinweisen und Empfehlungen des „Gemeinsamen Standpunkts", dass die Einzelheiten der Teilnahme (Dauer und Höhe der übernommenen Kosten) dem Dienstherrn/Arbeitgeber (in der Regel der Verwaltung) des Klinikarztes offenzulegen und von diesem die **vorherige schriftliche Genehmigung** zur Teilnahme an der Veranstaltung (im Einzelnen → Rn. 385 f.) einzuholen ist. Ohne vorherige Einholung der Genehmigung sollten keine Leistungen gewährt werden. Vor dem Hintergrund entsprechender Regelungen in den Drittmittelrichtlinien der Länder wird es in zunehmendem Maße üblich, dass Universitätskliniken die für die Teilnahme an externen Fortbildungsveranstaltungen ange- **587**

---

[697] Entscheidung zu § 20 Abs. 4 idF v. 20.11.2012, https://www.fsa-pharma.de/de/schiedstelle/berichterstattung/fachkreise/az-2013.10–363-20-abs-4–22-abs-1-fsa-kodex-fachkreise-bewirtung-von-arzten-im-rahmen-einer-externen-fortbildungsveranst/, FS I 2013.10–363 (zul. abgerufen am 17.6.2021).

[698] Vgl. zum Diskussionsstand die Ausführungen in der Vorauflage, 3. Aufl. Kap. 11 Rn. 245 f.

botenen Unterstützungsleistungen nicht genehmigen, sondern selbst als sog. „Industrie-Drittmittel" annehmen (→ Kap. 6 Rn. 37). Auch dies steht in Einklang mit den Anforderungen des „Gemeinsamen Standpunkts"[699] (→ Kap. 6 Rn. 55).

VI. Spruchpraxis zu Abs. 4

588 – Werden Form und Inhalt einer externen Fortbildungsveranstaltung von einem gewerblichen Veranstalter festgelegt und die Finanzierung zu einem wesentlichen Teil durch Teilnehmergebühren sichergestellt, kann im Regelfall auch dann nicht von einer **getarnten Eigenveranstaltung** eines Unternehmens ausgegangen werden, wenn es die Veranstaltung mit einem hohen Betrag finanziell unterstützt.[700]
– Die Absätze 4–7 erfassen nicht nur externe Fortbildungsveranstaltungen ärztlicher Veranstalter, sondern auch solche von **unabhängigen gewerblichen Anbietern,** die derartige Veranstaltungen im Rahmen eines eigenen Geschäftsmodells anbieten.[701]
– Bei der Einladung zu einer externen Fortbildungsveranstaltung im Ausland sind **Übernachtungskosten** von mehr als 200 EUR pro Person und Nacht nicht mehr angemessen, wenn es in derselben Stadt in ausreichender Anzahl auch gut renommierte, weltweit tätige Hotels im Preissegment deutlich unter 200 EUR gibt. Durch die Auswahl des Hotels wurde den Teilnehmern ohne große Nachforschung bewusst, dass sie in einem Hotel der obersten Preiskategorie unterkamen, so dass es nicht auszuschließen war, dass allein diese Tatsache sie zur Teilnahme an dem Kongress motiviert hat. Höhere Preise als in Deutschland sind nicht allein deshalb als angemessen zu akzeptieren, weil die Veranstaltung im Ausland stattfindet.[702]
– Die an externen Fortbildungsveranstaltungen teilnehmenden Ärzte dürfen, wenn sie vom Unternehmen dazu eingeladen werden, nur den angemessenen Kostenbeitrag erhalten, jedoch keine Kostenübernahme für ihre **Bewirtung.** Im Rahmen von externen Fortbildungsveranstaltungen sollen nur solche Bewirtungen zulässig sein, die die Voraussetzungen eines „Arbeitsessens" erfüllen.[703]

VII. Finanzielle Unterstützung externer Fortbildungsveranstaltungen (Abs. 5)

1. Finanzielle Unterstützung externer Fortbildungsveranstaltungen

589 Im Unterschied zu den Regelungen des Abs. 4 betrifft Abs. 5 nicht die Einladung von Fachkreisangehörigen zu externen Fortbildungsveranstaltungen, einschließlich der Übernahme entsprechender Kostenbeiträge, sondern die unmittelbare finanzielle Unterstützung

[699] Vgl. etwa den „Gemeinsamen Standpunkt" unter B. II.2.a).

[700] Entscheidung zu § 20 Abs. 5 idF v. 15.11.2016, https://www.fsa-pharma.de/de/schiedstelle/berichterstattung/fachkreise/az-2017.11–529-20-abs-4–5-fsa-kodex-fachkreise-umfangreiche-unterstutzung-einer-externen-fortbildungsveranstaltung-exklu/, 2017.11–529 (zul. abgerufen am 17.6.2021).

[701] Entscheidung zu § 20 Abs. 5 S. 3 idF v. 18.7.2012, https://www.fsa-pharma.de/de/schiedstelle/berichterstattung/fachkreise/az-fs-ii-1–14-2013.2–346-fs-ii-2–14-2013.2–349-fs-ii-3–14-2013.2–352-2-instanz-20-abs-5-satz-3-fsa-kodex-fachkreise/, FS II 1/14/2013.2–346, FS II 2/14/2013.2–349, FS II 3/14/2013.2–352 (zul. abgerufen am 17.6.2021).

[702] Entscheidung zu § 6 Abs. 4 idF v. 16.2.2004, https://www.fsa-pharma.de/de/schiedstelle/berichterstattung/fachkreise/az-2004.10–35-1-instanz-kodex-20-abs-4–22-satzung-27-abs-1-s.2-einladung-zu-fortbildungsveranstaltungen-dritter/, FS I 2004.10–35 (zul. abgerufen am 17.6.2021).

[703] Entscheidung zu § 20 Abs. 4 idF v. 20.11.2012, https://www.fsa-pharma.de/de/schiedstelle/berichterstattung/fachkreise/az-2013.10–363-20-abs-4–22-abs-1-fsa-kodex-fachkreise-bewirtung-von-arzten-im-rahmen-einer-externen-fortbildungsveranst/, FS I 2013.10–363 (zul. abgerufen am 17.6.2021).

des Veranstalters der externen Fortbildungsveranstaltung durch das pharmazeutische Unternehmen. Veranstalter der externen Fortbildungsveranstaltungen iSd Abs. 5 können sowohl **ärztliche als auch unabhängige gewerbliche Anbieter** sein, die derartige Veranstaltungen im Rahmen ihres eigenen Geschäftsmodells anbieten.[704] Die finanzielle Unterstützung erfolgt regelmäßig durch **Spenden** (als einseitige Zuwendungen) **oder Sponsoring-Verträge** (dh Zahlungen im Gegenzug zur Einräumung von Werberechten) (vgl. Ziffer 15.2 der 15. Leitlinie und Ziffer 17.1 der 17. Leitlinie).

Ein Sponsoring liegt bereits vor, wenn die **Unterstützungsleistung** in der Auswahl der **590** Vortragsthemen und der Bereitstellung der Referenten besteht.[705] Auch die Zahlung eines als Standmiete ausgewiesenen Betrags für das **Betreiben eines Ausstellungsstands** durch das Unternehmen während der Fortbildungsveranstaltung[706] oder eine Zahlung im Gegenzug für **werbewirksame Hinweise** auf das Unternehmen in Kongress-Einladungen und sonstigen Materialien[707] stellen eine „finanzielle Unterstützung" im Sinne des Abs. 5 dar.

Maßgeblich für die Anwendbarkeit des Abs. 5 ist jedenfalls, dass die Unterstützungs- **591** leistung **tatsächlich gewährt** wird, sodass Fälle einer später widerrufenen Zusage zum Sponsoring einer externen Veranstaltung in der Regel nicht von Abs. 5 erfasst sind.[708] Entscheidender Zeitpunkt für die Anwendung der Vorschriften des Abs. 5 und den „Begehungszeitpunkt" eines möglichen Kodexverstoßes ist die **Vollendung der realen Leistungserbringung,** die beim Sponsoring in der Ermöglichung des Werbeauftritts für den Sponsor während der Veranstaltung und in der Zahlung des Sponsoringbetrages (zB Standmiete) besteht.[709] Bevor ein Unternehmen die finanzielle Unterstützung für eine externe Fortbildungsveranstaltung zusagt, hat es das Programm und den Veranstaltungsrahmen (Ort, Zeitpunkt usw) zuvor **eingehend** im Hinblick auf deren Kodexkonformität zu **prüfen** und, soweit erforderlich, entsprechende Informationen vom Veranstalter anzufordern.[710]

---

704 Entscheidung zu § 20 Abs. 5 S. 3 idF v. 18.7.2012, https://www.fsa-pharma.de/de/schiedstelle/berichterstattung/fachkreise/az-fs-ii-1–14-2013.2–346-fs-ii-2–14-2013.2–349-fs-ii-3–14-2013.2–352-2-instanz-20-abs-5-satz-3-fsa-kodex-fachkreise/, FS II 1/14/2013.2–346, FS II 2/14/2013.2–349, FS II 3/14/2013.2–352 (zul. abgerufen am 17.6.2021).

705 Entscheidung zu § 20 Abs. 5 S. 3 idF v. 18.7.2012, https://www.fsa-pharma.de/de/schiedstelle/berichterstattung/fachkreise/az-fs-ii-1–14-2013.2–346-fs-ii-2–14-2013.2–349-fs-ii-3–14-2013.2–352-2-instanz-20-abs-5-satz-3-fsa-kodex-fachkreise/, FS II 1/14/2013.2–346, FS II 2/14/2013.2–349, FS II 3/14/2013.2–352 (zul. abgerufen am 17.6.2021).

706 Entscheidung zu § 20 Abs. 5 S. 3 idF v. 18.7.2012, https://www.fsa-pharma.de/de/schiedstelle/berichterstattung/fachkreise/az-az-2012.11–330-337-1-instanz-20-abs-5-s-3-n.f-fsa-kodex-fachkreise-pflicht-auf-offenlegung-der-unterstutzung/, FS I 2012.11–330-337 (zul. abgerufen am 17.6.2021), unter Verweis auf die Entscheidung zu § 20 Abs. 8 idF v. 18.7.2012 https://www.fsa-pharma.de/de/schiedstelle/berichterstattung/fachkreise/az-2012.3–321-322–323-324-1-instanz-20-abs-8-fsa-kodex-fachkreise-20-abs-4-satz-2–22-abs-2-satz-2-fsa-verfo-n.f/, FS I 2012.3–321-324 (zul. abgerufen am 18.6.2021).

707 Entscheidung zu § 20 Abs. 8 idF v. 18.7.2012 https://www.fsa-pharma.de/de/schiedstelle/berichterstattung/fachkreise/az-2012.3–321-322–323-324-1-instanz-20-abs-8-fsa-kodex-fachkreise-20-abs-4-satz-2–22-abs-2-satz-2-fsa-verfo-n.f/, FS I 2012.3–321-324 (zul. abgerufen am 17.6.2021).

708 Entscheidung zu § 20 Abs. 5 S. 4 iVm Abs. 3 S. 2 idF v. 17.10.2017, https://www.fsa-pharma.de/de/schiedstelle/berichterstattung/fachkreise/az-2018.7–553-20–20-abs-5-satz-4-i.v.m-20-abs-3-satz-2 ff-fsa-kodex-fachkreise-absage-des-sponsorings-einer-fortbildung/, FS I 2018.7–553 (zul. abgerufen am 17.6.2021).

709 Entscheidung zu § 20 Abs. 5 S. 3 idF v. 18.7.2012, https://www.fsa-pharma.de/de/schiedstelle/berichterstattung/fachkreise/az-az-2012.11–330-337-1-instanz-20-abs-5-s-3-n.f-fsa-kodex-fachkreise-pflicht-auf-offenlegung-der-unterstutzung/, FS I 2012.11–330-337 (zul. abgerufen am 17.6.2021) und Entscheidung zu § 20 Abs. 8 idF v. 18.7.2012 https://www.fsa-pharma.de/de/schiedstelle/berichterstattung/fachkreise/az-2012.3–321-322–323-324-1-instanz-20-abs-8-fsa-kodex-fachkreise-20-abs-4-satz-2–22-abs-2-satz-2-fsa-verfo-n.f/, FS I 2012.3–321-324 (zul. abgerufen am 17.6.2021).

710 Entscheidung zu § 20 Abs. 5 S. 3 idF v. 27.11.2013, https://www.fsa-pharma.de/de/schiedstelle/berichterstattung/fachkreise/az-2014.9–434-1-instanz-20-abs-5-satz-3-fsa-kodex-fachkreise-finanzielle-unterstutzung-von-berufsbezogenen-wissenschaf/, FS I 2014.9–434 (zul. abgerufen am 17.6.2021).

592 Inwieweit ein **exklusives Sponsoring** einer externen Fortbildungsveranstaltung ausschließlich durch ein Unternehmen im Gesamtbild im Einklang mit dem Kodex steht, ließ die Schiedsstelle bislang offen. Jedenfalls enthält der aktuelle Kodex keine explizite Vorschrift, nach welcher ein exklusives Sponsoring unzulässig wäre.[711] Daher erachtete die Schiedsstelle eine exklusive Werbemöglichkeit auch dann als zulässig, wenn dadurch andere Unternehmen von einer vergleichbaren Präsenz auf der Veranstaltung ausgeschlossen werden. Dennoch warf die Schiedsstelle zu Recht die Frage auf, ob es insgesamt mit dem Ziel einer zutreffenden und objektiv gehaltenen Information gegenüber Fachkreisangehörigen vereinbar ist, wenn beispielsweise in den Pausen der Veranstaltung eine Wiedergabe der Vielfalt der Standpunkte durch verschiedene Industriestände nicht gewährleistet ist und durch den Ausschluss anderer Marktteilnehmer ein gewisser Wettbewerbsnachteil entstehen könnte, der mit der Rationale des Kodex insgesamt „nur bedingt zu vereinbaren sein dürfte". Vergleichbar bewertete die Schiedsstelle in einer früheren Entscheidung auch die Vereinbarung einer **Indikationsexklusivität,** derzufolge nur der berechtigte Unternehmer präsent sein durfte, während andere pharmazeutische Unternehmen mit gleichen Indikationsschwerpunkten bewusst und absichtlich von der Veranstaltung ausgeschlossen wurden, als potentiell kritisch. Auch in dieser Entscheidung berücksichtigte die Schiedsstelle den Umstand, dass hierdurch der objektive Charakter der Veranstaltung beeinflusst werden kann, da den Teilnehmern Informationen vergleichbarer Anbieter vorenthalten werden. Dennoch fehlte es im Ergebnis an konkret feststellbaren Anhaltspunkten, die belegten, dass die Angehörigen der Fachkreise einseitig und unvollständig informiert und damit in ihren Therapie-, Verordnungs- und Beschaffungsentscheidungen in unlauterer Weise beeinflusst wurden. Unerheblich war bei dieser Betrachtung, ob die Indikationsexklusivität Gegenstand der Vereinbarung oder gängige Praxis des Veranstalters war.

593 Ob die **Sponsoringvereinbarung** mit dem ärztlichen Veranstalter (zB einer medizinischen Fachgesellschaft) oder mit einem von diesem **mit der Organisation beauftragten Unternehmen** abgeschlossen wird, ist unerheblich.[712] Typischerweise verbleibt die Verantwortung für die Gestaltung des wissenschaftlichen Programms beim ärztlichen Veranstalter. Grundsätzlich sind, unabhängig von einer möglichen delegierten Organisation, auch Fortbildungsveranstaltungen **gewerblicher Anbieter** vom Anwendungsbereich und Regelungszweck des Abs. 5 erfasst.[713]

594 Einer Beanstandung gegen das Sponsoring einer Veranstaltung steht nicht entgegen, dass die Veranstaltung in gleicher Weise bereits in der Vergangenheit stattgefunden hat und **Gegenstand eines folgenlosen Beanstandungsverfahrens** gewesen ist, denn aufgrund geänderter Vorgaben des Kodex bzw. einer Fortentwicklung der Spruchpraxis ist eine abweichende Beurteilung der Schiedsstelle grundsätzlich möglich.[714]

---

711 Entscheidung zu § 20 Abs. 4 idF v. 15.11.2016, https://www.fsa-pharma.de/de/schiedstelle/berichterstattung/fachkreise/az-2017.11–529-20-abs-4–5-fsa-kodex-fachkreise-umfangreiche-unterstutzung-einer-externen-fortbildungsveranstaltung-exklu/, FS I 2017.11–529 (zul. abgerufen am 17.6.2021).

712 Entscheidung zu § 20 Abs. 5 S. 3 idF v. 18.7.2012, https://www.fsa-pharma.de/de/schiedstelle/berichterstattung/fachkreise/az-az-2012.11–330-337-1-instanz-20-abs-5-s-3-n.f-fsa-kodex-fachkreise-pflicht-auf-offenlegung-der-unterstutzung/, FS I 2012.11–330-337 (zul. abgerufen am 17.6.2021).

713 Entscheidung zu § 20 Abs. 5 S. 1 idF v. 4.12.2014, https://www.fsa-pharma.de/de/schiedstelle/berichterstattung/fachkreise/az-2013.9–360-362-20-abs-5-satz-1–3-18-abs-1-nr-6-und-abs-2-fsa-kodex-zur-angemessenheit-der-an-gewerbliche-veransta/, FS I 2013.9–360-362 (zul. abgerufen am 17.6.2021).

714 Entscheidung zu § 20 Abs. 4, 5 idF v. 14.12.2019, https://www.fsa-pharma.de/de/schiedstelle/berichterstattung/fachkreise/az-2019-4-589-monosponsoring-kurhaus-wiesbaden/, FS I 2019.4–589 (zul. abgerufen am 17.6.2021).

2. Angemessenheit der Unterstützung (Satz 1 und 2)

Absatz 5 S. 1 stellt klar, dass die finanzielle Unterstützung von externen Fortbildungsveranstaltungen gegenüber den jeweiligen Veranstaltern in einem angemessenen Umfang zulässig ist.[715] Hinweise, was unter einem **„angemessenen Umfang"** der finanziellen Unterstützung von externen Fortbildungsveranstaltungen" verstanden werden kann, enthalten die **11., 15. und 17. Leitlinie**[716] des Vorstands des FSA. 595

Erfolgt die Unterstützung im Wege des **Sponsorings,** ist die Angemessenheit der finanziellen Unterstützung gegenüber dem Veranstalter gemäß Ziffer 11.7 der 11. Leitlinie an dem dem Sponsor eingeräumten **Werbeumfang** zu messen.[717] Für die Bewertung des Werbeumfangs sind die fachliche Bedeutung, die Dauer der Veranstaltung und die Anzahl der erwarteten Teilnehmer heranzuziehen.[718] Auch die **Höhe des Sponsorings** ist bei der Betrachtung der Angemessenheit der finanziellen Unterstützung einer externen Fortbildungsveranstaltung grundsätzlich mit zu bewerten.[719] 596

Die Angemessenheit des Sponsoring lässt sich nicht pauschal und unternehmensübergreifend bestimmen, sondern erfordert eine **fallspezifische** und individuell auf das Unternehmen bezogene **Prüfung,** welche ua die vertriebenen Präparate, deren Lebenszyklus und Umsatzpotential, die Zahl der Teilnehmer und die Gesprächsmöglichkeiten des Unternehmens mit ihnen, den Umfang der sonstigen Werbemöglichkeiten und ähnliche Faktoren mit berücksichtigt. Infolgedessen können bei derselben Veranstaltung bei vergleichbaren Gegenleistungen für verschiedene Sponsoren **unterschiedlich hohe Sponsoringsummen** gerechtfertigt sein.[720] 597

Die Schiedsstelle hat es beispielsweise als angemessen angesehen, eine von einer Klinik durchgeführte Fortbildungsveranstaltung mit einem Betrag von 1000 EUR zu sponsern, wenn im Gegenzug ein **Stand zur Darstellung der Forschungsleistungen und Produkte** des Unternehmens ermöglicht wird, das Unternehmen als Sponsor im Programm genannt wird und für die 3–4 stündige Veranstaltung eine Teilnehmerzahl von 50 Ärzten erwartet wird.[721] In einer anderen Entscheidung hat die Schiedsstelle die finanzielle Unterstützung eines Unternehmens gemessen an dem im Gegenzug eingeräumten Umfang des Werbeauftritts als angemessen angesehen, wenn „Normalsponsoren" Entgelte von 1200 EUR bezahlten, wobei dieser Betrag eine **marktübliche Standmiete** abdeckte und 598

---

[715] Siehe zur Angemessenheit bei externen Fortbildungsveranstaltungen auch *Geiger* PharmR 2007, 364 (365 ff.).

[716] Die 15. sowie 17. Leitlinie enthalten in weiten Teilen übereinstimmende Regelungen, weshalb beide Leitlinien gemeinsam zu betrachten und heranzuziehen sind.

[717] Dies entspricht der frühen Spruchpraxis, vgl. Entscheidung zu § 20 Abs. 5 idF v. 16.2.2004, https://www.fsa-pharma.de/de/schiedstelle/berichterstattung/fachkreise/az-2005.2–56-1-instanz-20-abs-5-des-kodex-angemessener-umfang-der-unterstutzung-bei-sponsoring-keine-unterstutzung-von-u/, FS I 2005.2–56 (zul. abgerufen am 17.6.2021).

[718] Entscheidung zu § 20 Abs. 5 idF v. 27.11.2009, https://www.fsa-pharma.de/de/schiedstelle/berichterstattung/fachkreise/az-az-2011.11–312-1-instanz-20-abs-5-fsa-kodex-fachkreise-angemessenheit-der-finanziellen-unterstutzung-einer-externe/, FS I 2011.11–312 (zul. abgerufen am 17.6.2021) (= PharmR 2014, 127).

[719] Entscheidung zu § 20 Abs. 3–6 idF v. 4.12.2014, https://www.fsa-pharma.de/de/schiedstelle/berichterstattung/fachkreise/az-2015.4–470-75-20-abs-3-bis-6-fsa-kodex-fachkreise-externe-fortbil dungsveranstaltungen-angemessenheit-des-sponsoring-sp/, FS I 2015.4–470-75 (zul. abgerufen am 17.6.2021).

[720] Entscheidung zu § 20 Abs. 5 idF v. 14.12.2018, https://www.fsa-pharma.de/de/schiedstelle/berichterstattung/fachkreise/az-2019.1–578-20–20-abs-5-satz-2-fsa-kodex-fachkreise-angemessen heit-der-finanziellen-unterstuetzung-von-fortbildungsveranstaltu/, FS I 2019.1–578 (zul. abgerufen am 17.6.2021).

[721] Entscheidung zu § 20 Abs. 5 idF v. 27.11.2009, https://www.fsa-pharma.de/de/schiedstelle/berichterstattung/fachkreise/az-az-2011.11–312-1-instanz-20-abs-5-fsa-kodex-fachkreise-angemessenheit-der-finanziellen-unterstutzung-einer-externe/, FS I 2011.11–312 (zul. abgerufen am 17.6.2021) (= PharmR 2014, 127).

zusätzlich ein Entgelt für die **Benennung als Sponsor** im Programm und den Veranstaltungsunterlagen einschloss.[722] Die Angemessenheit kann jedoch in Abhängigkeit von der Dauer der Veranstaltung und der Anzahl an Teilnehmern deutlich variieren. Bestehen für das Mitgliedsunternehmen Zweifel an der Angemessenheit der finanziellen Unterstützung, ist es diesem zuzumuten, sich einen **Überblick über die Gesamthöhe** der vom Veranstalter eingeworbenen Sponsoring-Summen zu verschaffen.[723]

599 Im Hinblick auf die **vom Veranstalter an Referenten gezahlten Honorare** hat die Schiedsstelle entschieden, dass die finanzielle Unterstützung einer externen Fortbildungsveranstaltung durch das Unternehmen keinen Kodexverstoß darstellt, selbst wenn den Referenten vom Veranstalter ein Honorar in einer Höhe gezahlt wird, welches mit den Grundsätzen des „fair market value" nur schwer vereinbar ist. Denn § 20 Abs. 5 verpflichte das Unternehmen nicht zur Einhaltung der Vorgaben einer angemessenen Vergütung gem. § 18 Abs. 1 S. 2 Nr. 6, sodass sich im Kodex für die Höhe der vom externen Veranstalter gezahlten Referentenhonorare keine vergleichbare Verpflichtung der Unternehmen findet. § 18 Abs. 1 Nr. 6 sei nicht entsprechend anwendbar.[724] Dies ist überzeugend, da § 18 nur im Verhältnis der Vertragsparteien gilt und der Referent einer externen Fortbildungsveranstaltung nur mit dem Veranstalter in einem Vertragsverhältnis steht, wobei letzterer die Verantwortung für diese Vertragsbeziehung trägt. Jedoch kann aufgrund der allgemeinen Hinwirkungspflicht aus § 3 Abs. 2 eine Pflicht des Unternehmens bestehen, darauf hinzuwirken, dass die vom Veranstalter (als Vertragspartner des Unternehmens) an die Referenten gezahlten Honorare angemessen sind (→ Rn. 149).[725]

600 **Unterhaltungsprogramme** dürfen weder finanziell noch anderweitig unterstützt (zB durch Spenden) noch organisiert werden (Abs. 5 Satz 2). Diese Regelung verfolgt den Zweck, einer Umgehung des Verbots zur Übernahme von Kosten für Rahmen- und Begleitprogramme (zB Theater-, Konzert-, Sportveranstaltungen etc) entgegenzuwirken (vgl. Ziffer 15.3 der 15. Leitlinie sowie Ziffer 17.3 der 17. Leitlinie). Um dies sicherzustellen, muss das Mitgliedsunternehmen gem. Ziffer 17.4 der 17. Leitlinie[726] den Veranstalter in einer Vereinbarung **verpflichten,** die zur Verfügung gestellten finanziellen Mittel nicht für die Finanzierung von Unterhaltungsprogrammen oder die Einladung von Begleitpersonen, sondern **ausschließlich zweckgebunden** zur Förderung der Fortbildungsmaßnahme zu verwenden.[727] Bezugnehmend auf eine frühere Version der **Leitlinie** (10. Leitlinie zur Auslegung des Begriffs „angemessener Umfang der finanziellen Unterstützung von externen

---

[722] Entscheidung zu § 20 Abs. 5 idF v. 18.1.2008, https://www.fsa-pharma.de/de/schiedstelle/berichterstattung/fachkreise/az-2009.11–277-283-1-instanz-20-abs-5-fsa-kodex-fachkreise-angemessener-umfang-der-unterstutzung-ausschluss-der-unt/, FS I 2009.11.277-283 (zul. abgerufen am 17.6.2021).

[723] Entscheidung zu § 20 Abs. 3–6 idF v. 4.12.2014, https://www.fsa-pharma.de/de/schiedstelle/berichterstattung/fachkreise/az-2015.4–470-75-20-abs-3-bis-6-fsa-kodex-fachkreise-externe-fortbildungsveranstaltungen-angemessenheit-des-sponsoring-sp/, FS I 2015.4–470-75 (zul. abgerufen am 17.6.2021).

[724] Entscheidung zu § 20 Abs. 5 idF v. 17.10.2017, https://www.fsa-pharma.de/de/schiedstelle/berichterstattung/fachkreise/20-abs-5-fsa-kodex-fachkreise-sponsoring-einer-externen-fortbildungsveranstaltung-fair-market-value-des-sponsorings/, FS I 2018.3–541 (zul. abgerufen am 17.6.2021).

[725] Vgl. hierzu die Entscheidung zu §§ 3, 20 Abs. 5, 18 Abs. 1 idF v. 4.12.2014, https://www.fsa-pharma.de/de/schiedstelle/berichterstattung/fachkreise/az-2013.9–360-362-20-abs-5-satz-1-3-18-abs-1-nr-6-und-abs-2-fsa-kodex-zur-angemessenheit-der-an-gewerbliche-veransta/, FS I 2013.9–360-362 (zul. abgerufen am 11.3.2021).

[726] Die 15. Leitlinie ist in dieser Hinsicht weitgehend deckungsgleich, jedoch spricht diese in Ziffer 15.3 von „soll" statt von „muss".

[727] Dies entspricht der frühen Spruchpraxis, vgl. Entscheidung zu § 6 Abs. 5 idF v. 16.2.2004, https://www.fsa-pharma.de/de/schiedstelle/berichterstattung/fachkreise/az-2005.2–56-1-instanz-20-abs-5-des-kodex-angemessener-umfang-der-unterstutzung-bei-sponsoring-keine-unterstutzung-von-u/, FS I 2005.2–56 (zul. abgerufen am 17.6.2021).

Fortbildungsveranstaltungen") stellte die Schiedsstelle klar, dass die darin enthaltenen Einzelfragen für die Prüfung der Angemessenheit keine abschließende Regelung darstellten.[728]

Als **Indiz** spricht es gegen eine unzulässige Unterstützung des vom Veranstalter angebotenen Unterhaltungsprogramms, wenn die durch das Mitgliedsunternehmen gewährte **finanzielle Unterstützung** als **angemessen** anzusehen ist.[729] Ausgeschlossen hat die Schiedsstelle die (Mit-)Finanzierung des Unterhaltungsprogramms in einem Fall, in dem das Unterhaltungsprogramm weniger als 0,5 % des Gesamtbudgets der Veranstaltung betrug und die Sponsoringzahlungen insgesamt ca. 50 % des Budgets abdeckten.[730] **601**

Wird eine entsprechende Verpflichtung zur ausschließlich zweckgebundenen Förderung der Veranstaltung zwischen Mitgliedsunternehmen und Veranstalter vereinbart, ist das Sponsoring einer externen Fortbildungsveranstaltung **zulässig,** wenn **separate Unterhaltungsprogramme** (einschließlich Bewirtungen) stattfinden, die zB durch Eintrittsgelder der Teilnehmer, aber jedenfalls nicht vom Mitgliedsunternehmen, sondern **anderweitig vom Veranstalter finanziert** werden. Neben der Finanzierung hat auch die Organisation und Durchführung vollständig unabhängig vom finanziell die Veranstaltung unterstützenden Mitgliedsunternehmen zu erfolgen. Die 17. Leitlinie, welche diesen Grundsatz in Ziffer 17.2 regelt, nennt als Beispiele eine feierliche Eröffnungsveranstaltung eines Kongresses mit Live-Musik, Besuche von Museen, Opernvorstellungen oder Diskothekenabende. **602**

Nicht als Unterhaltungsprogramm eingeordnet hat die Schiedsstelle zutreffender Weise in einer frühen Entscheidung die Ausrichtung eines **abschließenden Dinners** für die Veranstaltungsteilnehmer.[731] Dass der Veranstalter der externen Fortbildungsveranstaltung den vom Unternehmen (ohne Zweckbestimmung zur generellen Unterstützung der Veranstaltung) geleisteten finanziellen Unterstützungsbetrag teilweise zur Finanzierung des abschließenden Abendessens verwandte, begründete nach Auffassung der Schiedsstelle (unabhängig vom möglichen Wissen des Unternehmens über diesen Sachverhalt) daher keinen Verstoß gegen Abs. 5 Satz 2, da dieser nur für Unterhaltungsprogramme und nicht analog für Bewirtungen gelte. Für Bewirtungen sei die speziellere Regelung des Abs. 4 S. 2 anwendbar, wonach eine Einladung der Teilnehmer durch das Unternehmen selbst bzw. eine in diesem Verhältnis erfolgende Kostenübernahme unzulässig ist. **603**

Ebenfalls nicht als Verstoß gegen das Verbot des Unterhaltungsprogramms angesehen hat die Schiedsstelle in einer frühen, nicht unumstrittenen Entscheidung die Durchführung einer externen Fortbildungsveranstaltung auf einem **Donauschiff.**[732] Sie begründete dies damit, dass die Veranstaltung zwar außerhalb eines Tagungsraumes in einem Hotel, Kongresszentrum etc stattfand, jedoch Abs. 5 nur anwendbar sei, wenn „explizit ein separates Unterhaltungsprogramm mit der Fortbildungsveranstaltung verbunden" werde. In dem **604**

---

[728] Entscheidung zu § 20 Abs. 5 S. 1 idF v. 4.12.2014, https://www.fsa-pharma.de/de/schiedstelle/berichterstattung/fachkreise/az-2013.9–360-362-20-abs-5-satz-1–3-18-abs-1-nr-6-und-abs-2-fsa-kodex-zur-angemessenheit-der-an-gewerbliche-veransta/, FS I 2013.9–360-362 (zul. abgerufen am 17.6.2021).

[729] Entscheidung zu § 20 Abs. 5 idF v. 18.1.2008, https://www.fsa-pharma.de/de/schiedstelle/berichterstattung/fachkreise/az-2009.11–277-283-1-instanz-20-abs-5-fsa-kodex-fachkreise-angemessener-umfang-der-unterstutzung-ausschluss-der-unt/, FS I 2009.11.277-283 (zul. abgerufen am 17.6.2021).

[730] Entscheidung zu § 20 Abs. 5 idF v. 18.1.2008, https://www.fsa-pharma.de/de/schiedstelle/berichterstattung/fachkreise/az-2009.11–277-283-1-instanz-20-abs-5-fsa-kodex-fachkreise-angemessener-umfang-der-unterstutzung-ausschluss-der-unt/, FS I 2009.11.277-283 (zul. abgerufen am 17.6.2021).

[731] Entscheidung zu § 20 Abs. 4, Abs. 5 S. 3 idF v. 18.1.2008, https://www.fsa-pharma.de/de/schiedstelle/berichterstattung/fachkreise/az-az-2008.10–245-1-instanz-20-abs-4–20-abs-5-satz-3-fsa-kodex-fachkreise-finanzielle-unterstutzung-von-externen-f/, FS I 2008.10–245 (zul. abgerufen am 17.6.2021).

[732] Entscheidung zu § 6 Abs. 5 idF v. 16.2.2004, https://www.fsa-pharma.de/de/schiedstelle/berichterstattung/fachkreise/az-2004.8–19-i-1-instanz-kodex-20-abs-5-tagungsortwahl-bei-sponsoring/, FS I 2004.8–19 I (zul. abgerufen am 17.6.2021).

entschiedenen Fall sei das Boot hinsichtlich Größe und Ausstattung als geeigneter Tagungsraum genutzt worden, um eine qualifizierte Fortbildung für Ärzte durchzuführen. Auch seien die Ärzte nicht ausdrücklich zu einer Schiffsfahrt eingeladen worden. Die Möglichkeit die Entscheidungs- und Therapiefreiheit der eingeladenen Ärzte im Vorfeld zu beeinflussen, habe daher nicht bestanden. Diese Entscheidung ist aufgrund ihrer tatsächlichen Besonderheiten nicht ohne weiteres zu verallgemeinern und ist insbesondere im Hinblick auf die Begrifflichkeit des „separaten Unterhaltungsprogramms", wie es die 17. Leitlinie vorgibt, exakt abzugrenzen. Nach der aktuell geltenden 17. Leitlinie wäre das Donauschiff wohl eher nicht als zulässiges, separates Unterhaltungsprogramm einzuordnen gewesen. Vielmehr würde sich die Zulässigkeit dieser Veranstaltung unter dem aktuell geltenden Kodex an der **zulässigen Auswahl der Tagungsstätte** gem. Abs. 5 S. 4 orientieren (→ Rn. 623 f.).

3. Spruchpraxis zur Angemessenheit des Sponsorings (Satz 1 und 2)

a) Spruchpraxis zu externen Fortbildungsveranstaltungen und zum Sponsoring

605 – Ein **Sponsoring** iSd § 20 Abs. 5 seitens eines Unternehmen liegt auch schon dann vor, wenn es gegenüber dem Veranstalter als Unterstützungsleistung nur die **Auswahl der Vortragsthemen** und die Bereitstellung der **Referenten** übernommen hat.[733]
– „Finanzielle Unterstützung" gem. § 20 Abs. 5 umfasst sowohl einseitige finanzielle Zuwendungen als auch Zahlungen des Unternehmens im Gegenzug zur Einräumung von Werberechten (sog. Sponsoring). Auch die **Zahlung eines als Standmiete** ausgewiesenen Betrags für das **Betreiben eines Ausstellungsstands** durch das Unternehmen während der Fortbildungsveranstaltung stellt eine „finanzielle Unterstützung" in diesem Sinne dar.[734]
– Der Wortlaut des § 20 Abs. 5 Kodex bezieht sich auf eine **tatsächlich gewährte finanzielle Unterstützung** von externen Fortbildungsveranstaltungen und umfasst Fälle einer später widerrufenen Zusage zum Sponsoring in der Regel nicht. Das Unternehmen zog seine ursprüngliche Zusage zum Sponsoring kurz vor Veranstaltungsbeginn zurück, sodass der Tatbestand der Vorschrift nicht erfüllt war.[735]
– Die finanzielle Unterstützung bzw. das Sponsoring einer externen Fortbildungsveranstaltung ist ein mehrstufiger Vorgang, der von einer (einseitigen) Leistungsverpflichtung bzw. vom Abschluss eines entsprechenden Sponsoringvertrages bis zur **realen Leistungserbringung** reicht, die beim Sponsoring in der Ermöglichung des Werbeauftritts für den Sponsor während der Veranstaltung und in der Zahlung des Sponsoringbetrages, der hier als Standmiete berechnet wurde, besteht.[736] Der Kodexverstoß endet demnach nicht be-

---

[733] Entscheidung zu § 20 Abs. 5 S. 3 idF v. 18.7.2012, https://www.fsa-pharma.de/de/schiedstelle/berichterstattung/fachkreise/az-fs-ii-1-14-2013.2-346-fs-ii-2-14-2013.2-349-fs-ii-3-14-2013.2-352-2-instanz-20-abs-5-satz-3-fsa-kodex-fachkreise/, FS II 1/14/2013.2–346, FS II 2/14/2013.2–349, FS II 3/14/2013.2–352 (zul. abgerufen am 17.6.2021).

[734] Entscheidung zu § 20 Abs. 5 S. 3 idF v. 18.7.2012, https://www.fsa-pharma.de/de/schiedstelle/berichterstattung/fachkreise/az-az-2012.11–330-337-1-instanz-20-abs-5-s-3-n.f-fsa-kodex-fachkreise-pflicht-auf-offenlegung-der-unterstutzung/, FS I 2012.11–330-337 (zul. abgerufen am 17.6.2021), unter Verweis auf die Entscheidung zu § 20 Abs. 8 idF v. 18.7.2012 https://www.fsa-pharma.de/de/schiedstelle/berichterstattung/fachkreise/az-2012.3–321-322–323-324-1-instanz-20-abs-8-fsa-kodex-fachkreise-20-abs-4-satz-2–22-abs-2-satz-2-fsa-verfo-n.f/, FS I 2012.3–321-324 (zul. abgerufen am 17.6.2021).

[735] Entscheidung zu § 20 Abs. 5 S. 4 iVm Abs. 3 S. 2 idF v. 17.10.2017, https://www.fsa-pharma.de/de/schiedstelle/berichterstattung/fachkreise/az-2018.7–553-20–20-abs-5-satz-4-i.v.m-20-abs-3-satz-2 ff-fsa-kodex-fachkreise-absage-des-sponsorings-einer-fortbildung/, FS I 2018.7–553 (zul. abgerufen am 17.6.2021).

[736] Entscheidung zu § 20 Abs. 5 S. 3 idF v. 18.7.2012, https://www.fsa-pharma.de/de/schiedstelle/berichterstattung/fachkreise/az-az-2012.11–330-337-1-instanz-20-abs-5-s-3-n.f-fsa-kodex-fachkreise-pflicht-auf-offenlegung-der-unterstutzung/, FS I 2012.11–330-337 (zul. abgerufen am 17.6.2021), unter Verweis auf die Entscheidung zu § 20 Abs. 8 idF v. 18.7.2012 https://www.fsa-pharma.de/de/schiedstelle/berichterstattung/fachkreise/az-2012.3–321-322–323-324-1-instanz-20-abs-8-fsa-kodex-

reits mit dem Abschluss des Sponsoringvertrages, sondern erst mit der realen Leistungserbringung, also frühestens mit Veranstaltungsbeginn.[737]

- Räumt der Veranstalter einem Sponsor **exklusive Werbemöglichkeiten** auf einer externen Fortbildungsveranstaltung ein, widerspricht dies dem Kodex in seiner aktuellen Fassung auch dann nicht, wenn damit andere Marktteilnehmer von einer vergleichbaren Präsenz auf der Veranstaltung ausgeschlossen sind.[738]
- Die Vereinbarung einer **Indikationsexklusivität** für die parallel zu einer Fortbildungsveranstaltung durchgeführte **Industrieausstellung,** derzufolge nur der berechtigte Unternehmer mit einem Ausstellungsstand, Bannerwerbung uä Gegenleistungen auf einer Fortbildungsveranstaltung präsent sein darf, schließt andere pharmazeutische Unternehmen mit gleichen Indikationsschwerpunkten bewusst und absichtlich von der Veranstaltung aus. Sie kann daher den objektiven Charakter der Veranstaltung beeinflussen, da den Teilnehmern Informationen vergleichbarer Anbieter bei dieser Gelegenheit vorenthalten werden. Das kann im Einzelfall – bei Feststellbarkeit konkreter Anhaltspunkte – dazu führen, dass die Angehörigen der Fachkreise einseitig und unvollständig informiert und damit in ihren Therapie-, Verordnungs- und Beschaffungsentscheidungen in unlauterer Weise beeinflusst werden. Dies gilt auch dann, wenn sich die Indikationsexklusivität nicht aus der vertraglichen Vereinbarung, sondern aus der gängigen Praxis des Veranstalters bei der Auswahl der Sponsoren ergibt.[739]
- Die Zusage des Unternehmens, eine Veranstaltung finanziell unterstützen zu wollen, setzt voraus, dass das Unternehmen das Programm und den Veranstaltungsrahmen (Ort, Zeitpunkt usw) im Hinblick auf § 20 Kodex **zuvor eingehend geprüft** hat. Dazu ist es ggf. erforderlich, diese Informationen vom Veranstalter aktiv anzufordern.[740]
- Der Anwendbarkeit des Abs. 5 steht es nicht entgegen, wenn die **Sponsoringvereinbarung** nicht mit dem ärztlichen Veranstalter (zB einer medizinischen Fachgesellschaft) geschlossen wird, sondern **mit einem Dritten,** der im Auftrag des Veranstalters die Fortbildungsveranstaltung organisiert.[741]
- Auch bei Fortbildungsveranstaltungen **gewerblicher Anbieter** kann durch unangemessen hohe Zahlungen Einfluss auf die Unabhängigkeit der Veranstalter und die der Referenten ausgeübt werden. Der Regelungszweck des § 20 Abs. 5 S. 1 umfasst nach Auffassung der Schiedsstelle auch Fortbildungsveranstaltungen gewerblicher Anbieter.[742]

---

fachkreise-20-abs-4-satz-2–22-abs-2-satz-2-fsa-verfo-n.f/, FS I 2012.3–321-324 (zul. abgerufen am 17.6.2021).

[737] Entscheidung zu § 20 Abs. 8 idF v. 18.7.2012 https://www.fsa-pharma.de/de/schiedstelle/berichterstattung/fachkreise/az-2012.3–321-322–323-324-1-instanz-20-abs-8-fsa-kodex-fachkreise-20-abs-4-satz-2–22-abs-2-satz-2-fsa-verfo-n.f/, FS I 2012.3–321-324 (zul. abgerufen am 17.6.2021).

[738] Entscheidung zu § 20 Abs. 4 idF v. 15.11.2016, https://www.fsa-pharma.de/de/schiedstelle/berichterstattung/fachkreise/az-2017.11–529-20-abs-4–5-fsa-kodex-fachkreise-umfangreiche-unterstutzung-einer-externen-fortbildungsveranstaltung-exklu/, FS I 2017.11–529 (zul. abgerufen am 18.6.2021).

[739] Entscheidung zu § 20 Abs. 5 S. 1 idF v. 4.12.2014, https://www.fsa-pharma.de/de/schiedstelle/berichterstattung/fachkreise/az-2013.9–360-362-20-abs-5-satz-1–3-18-abs-1-nr-6-und-abs-2-fsa-kodex-zur-angemessenheit-der-an-gewerbliche-veransta/, FS I 2013.9–360-362 (zul. abgerufen am 18.6.2021).

[740] Entscheidung zu § 20 Abs. 5 S. 3 idF v. 27.11.2013, https://www.fsa-pharma.de/de/schiedstelle/berichterstattung/fachkreise/az-2014.9–434-1-instanz-20-abs-5-satz-3-fsa-kodex-fachkreise-finanzielle-unterstutzung-von-berufsbezogenen-wissenschaf/, FS I 2014.9–434 (zul. abgerufen am 18.6.2021).

[741] Entscheidung zu § 20 Abs. 5 S. 3 idF v. 18.7.2012, https://www.fsa-pharma.de/de/schiedstelle/berichterstattung/fachkreise/az-az-2012.11–330-337-1-instanz-20-abs-5-s-3-n.f-fsa-kodex-fachkreise-pflicht-auf-offenlegung-der-unterstutzung/, FS I 2012.11–330-337 (zul. abgerufen am 18.6.2021).

[742] Entscheidung zu § 20 Abs. 5 S. 1 idF v. 4.12.2014, https://www.fsa-pharma.de/de/schiedstelle/berichterstattung/fachkreise/az-2013.9–360-362-20-abs-5-satz-1–3-18-abs-1-nr-6-und-abs-2-fsa-kodex-zur-angemessenheit-der-an-gewerbliche-veransta/, FS I 2013.9–360-362 (zul. abgerufen am 18.6.2021).

– Eine **Beanstandung** des Sponsorings einer Veranstaltung ist auch dann zulässig, wenn die Veranstaltung in gleicher Weise und in der gleichen Stätte bereits in der Vergangenheit stattgefunden hat und bereits **Gegenstand eines erfolglosen Beanstandungsverfahrens** gewesen ist. Eine abweichende Beurteilung der Schiedsstelle kann sich daraus ergeben, dass sich die Vorgaben des Kodex oder die Spruchpraxis der Schiedsstelle seither zu diesen Fragen fortentwickelt haben. Zukünftige, noch nicht veröffentlichte Leitlinien sind für die Beurteilung dabei unerheblich.[743]

b) Spruchpraxis zur Angemessenheit der finanziellen Unterstützung (Satz 1)

606 – Bei der Prüfung der Angemessenheit eines Sponsorings ist in der Regel eine **fallspezifische** und individuell auf das Unternehmen bezogene **Prüfung** vorzunehmen. Bei ein und derselben Veranstaltung können für eine identische (oder vergleichbare) Gegenleistung für verschiedene Sponsoren **unterschiedlich hohe Sponsoringsummen** angemessen sein.[744]
– Die Angemessenheit der finanziellen Unterstützung von externen Fortbildungsveranstaltungen ist am **Werbeumfang des Sponsors** während der Veranstaltung zu messen,[745] vgl. heute Ziffer 11.7 der 11. Leitlinie.
– Für die Beurteilung des dem Unternehmen eingeräumten **Werbeumfangs** bzw. Werbeeffekts als Kriterium für die Angemessenheit des Sponsoring einer Fortbildungsveranstaltung sind vor allem die **fachliche Bedeutung** und die **Dauer** der Veranstaltung und die damit verbundene Anzahl der **erwarteten Teilnehmer** maßgebend.[746]
– Bei der Prüfung der Angemessenheit eines Sponsorings sind die vom Unternehmen vertriebenen Präparate, deren Lebenszyklus und Umsatzpotential, die Zahl der Teilnehmer und die Gesprächsmöglichkeiten des Unternehmens mit ihnen, der **Umfang der sonstigen Werbemöglichkeiten** und ähnliche Faktoren mit zu berücksichtigen.[747]
– Die **Höhe des Sponsorings** ist bei der Betrachtung der Angemessenheit der finanziellen Unterstützung einer externen Fortbildungsveranstaltung grundsätzlich mit zu bewerten.[748]
– Die 10. **Leitlinie** zu § 6 Abs. 2 iVm § 20 Abs. 11 zur Auslegung des Begriffs „angemessener Umfang der finanziellen Unterstützung von externen Fortbildungsveranstaltungen" ist **keine abschließende Regelung** in der Weise, dass nur die dort in Ziff. 10.3 und 10.4

[743] Entscheidung zu § 20 Abs. 4, 5 idF v. 14.12.2019, https://www.fsa-pharma.de/de/schiedsstelle/berichterstattung/fachkreise/az-2019-4-589-monosponsoring-kurhaus-wiesbaden/, FS I 2019.4–589 (zul. abgerufen am 18.6.2021).

[744] Entscheidung zu § 20 Abs. 5 idF v. 14.12.2018, https://www.fsa-pharma.de/de/schiedsstelle/berichterstattung/fachkreise/az-2019.1-578-20-20-abs-5-satz-2-fsa-kodex-fachkreise-angemessenheit-der-finanziellen-unterstuetzung-von-fortbildungsveranstaltu/, FS I 2019.1–578 (zul. abgerufen am 18.6.2021).

[745] Entscheidung zu § 6 Abs. 5 idF v. 16.2.2004, https://www.fsa-pharma.de/de/schiedsstelle/berichterstattung/fachkreise/az-2005.2-56-1-instanz-20-abs-5-des-kodex-angemessener-umfang-der-unterstutzung-bei-sponsoring-keine-unterstutzung-von-u/, FS I 2005.2–56 (zul. abgerufen am 18.6.2021).

[746] Entscheidung zu § 20 Abs. 5 idF v. 18.1.2008, https://www.fsa-pharma.de/de/schiedsstelle/berichterstattung/fachkreise/az-az-2011.11-312-1-instanz-20-abs-5-fsa-kodex-fachkreise-angemessenheit-der-finanziellen-unterstutzung-einer-externe/, FS I 2011.11–312 (zul. abgerufen am 18.6.2021).

[747] Entscheidung zu § 20 Abs. 5 idF v. 14.12.2018, https://www.fsa-pharma.de/de/schiedsstelle/berichterstattung/fachkreise/az-2019.1-578-20-20-abs-5-satz-2-fsa-kodex-fachkreise-angemessenheit-der-finanziellen-unterstuetzung-von-fortbildungsveranstaltu/, FS I 2019.1–578 (zul. abgerufen am 18.6.2021).

[748] Entscheidung zu § 20 Abs. 3–6 idF v. 4.12.2014, https://www.fsa-pharma.de/de/schiedsstelle/berichterstattung/fachkreise/az-2015.4-470-75-20-abs-3-bis-6-fsa-kodex-fachkreise-externe-fortbildungsveranstaltungen-angemessenheit-des-sponsoring-sp/, FS I 2015.4–470-75 (zul. abgerufen am 18.6.2021).

genannten Einzelfragen bei der Prüfung der Angemessenheit betrachtet werden könnten.[749] In der aktuellen Fassung der Leitlinien ist die Regelung zum angemessenen Umfang der finanziellen Unterstützung von externen Fortbildungsveranstaltungen Gegenstand der 15. sowie 17. Leitlinie.

– Den Unternehmen ist es zuzumuten, sich im Falle von **Zweifeln** an der **Angemessenheit** einen Überblick über die Gesamthöhe der vom Veranstalter eingeworbenen **Sponsoring-Summen** zu verschaffen, wenn dies von Bedeutung für die Zulässigkeit sein kann und ohne allzu große Schwierigkeiten möglich ist.[750]
– Das Sponsoring einer von einer Klinik unter der Woche ab 19 Uhr durchgeführten Fortbildungsveranstaltung mit einem Betrag von 1000 EUR im Gegenzug zum Betreiben eines Standes zur Darstellung der Forschungsleistungen und Produkte des Unternehmens und zur Nennung als Sponsor im Programm ist noch **angemessen,** wenn eine Teilnehmerzahl von 50 Ärzten erwartet wird und die Veranstaltungsdauer ca. 3–4 Stunden (2 halbstündige Referate, 2–3 Stunden fachlicher Gedankenaustausch) beträgt.[751]
– Die finanzielle Unterstützung einer externen Fortbildungsveranstaltung stellt keinen Kodexverstoß dar, selbst wenn den **Referenten** vom Veranstalter ein **Honorar** in einer Höhe gezahlt wird, welches mit den **Grundsätzen des „fair market value" nur schwer vereinbar** ist. § 20 Abs. 5 verpflichtet das Unternehmen nicht zur Einhaltung der Vorgaben einer angemessenen Vergütung gem. § 18 Abs. 1 S. 2 Nr. 6, sodass sich im Kodex für die Höhe der vom externen Veranstalter gezahlten Referentenhonorare keine vergleichbare Verpflichtung der Unternehmen findet. § 18 Abs. 1 Nr. 6 Kodex ist nicht entsprechend anwendbar.[752]

c) Spruchpraxis zur unzulässigen Unterstützung bzw. Organisation von Unterhaltungsprogramm (Satz 2)

– Der Sponsor hat eine der Sponsoringmaßnahme zugrunde liegende **Vereinbarung** dahingehend abzuschließen, dass der Veranstalter verpflichtet wird, nicht nur auf die Sponsoreigenschaft des Unternehmens hinzuweisen, sondern auch klarzustellen, dass **Unterhaltungsprogramme** durch den Sponsorbetrag **nicht unterstützt** werden sowie den Veranstalter zu verpflichten, die zur Verfügung gestellten finanziellen Mittel **ausschließlich zweckgebunden zur Förderung der Fortbildungsmaßnahme zu verwenden** und keine Begleitpersonen einzuladen.[753] **607**
– Sind die **Sponsoringzahlungen** von Unternehmen für eine externe Fortbildungsveranstaltung als **angemessen** anzusehen, begründet dies eine Vermutung dagegen, dass damit

---

749 Entscheidung zu § 20 Abs. 5 S. 1 idF v. 4.12.2014, https://www.fsa-pharma.de/de/schiedstelle/berichterstattung/fachkreise/az-2013.9–360-362-20-abs-5-satz-1-3-18-abs-1-nr-6-und-abs-2-fsa-kodex-zur-angemessenheit-der-an-gewerbliche-veransta/, FS I 2013.9–360-362 (zul. abgerufen am 18.6.2021).

750 Entscheidung zu § 20 Abs. 3–6 idF v. 4.12.2014, https://www.fsa-pharma.de/de/schiedstelle/berichterstattung/fachkreise/az-2015.4–470-75-20-abs-3-bis-6-fsa-kodex-fachkreise-externe-fortbildungsveranstaltungen-angemessenheit-des-sponsoring-sp/, FS I 2015.4–470-75 (zul. abgerufen am 18.6.2021).

751 Entscheidung zu § 20 Abs. 5 idF v. 27.11.2009, https://www.fsa-pharma.de/de/schiedstelle/berichterstattung/fachkreise/az-az-2011.11–312-1-instanz-20-abs-5-fsa-kodex-fachkreise-angemessenheit-der-finanziellen-unterstutzung-einer-externe/, FS I 2011.11–312 (zul. abgerufen am 18.6.2021).

752 Entscheidung zu § 20 Abs. 5 idF v. 17.10.2017, https://www.fsa-pharma.de/de/schiedstelle/berichterstattung/fachkreise/20-abs-5-fsa-kodex-fachkreise-sponsoring-einer-externen-fortbildungsveranstaltung-fair-market-value-des-sponsorings/, FS I 2018.3–541 (zul. abgerufen am 18.6.2021).

753 Entscheidung zu § 6 Abs. 5 idF v. 16.2.2004, https://www.fsa-pharma.de/de/schiedstelle/berichterstattung/fachkreise/az-2005.2–56-1-instanz-20-abs-5-des-kodex-angemessener-umfang-der-unterstutzung-bei-sponsoring-keine-unterstutzung-von-u/, FS I 2005.2–56 (zul. abgerufen am 18.6.2021).

ein vom Veranstalter angebotenes Unterhaltungsprogramm finanziell unterstützt wurde. Auszuschließen ist eine Finanzierung des Unterhaltungsprogramms, wenn das Unterhaltungsprogramm weniger als 0,5% des Gesamtbudgets der Veranstaltung beträgt und die Sponsoringzahlungen insgesamt ca. 50% des Budgets abdecken.[754]

– Die teilweise Verwendung des vom Unternehmen (ohne Zweckbestimmung zur generellen Unterstützung der Veranstaltung) geleisteten finanziellen Unterstützungsbetrags durch den Veranstalter für die **Finanzierung eines abschließenden Dinners** begründet – unabhängig vom möglichen Wissen des Unternehmens über diesen Sachverhalt – keinen Verstoß gegen Abs. 5 Satz 2. Verboten ist danach nur die Finanzierung oder Organisierung von Unterhaltungsprogrammen, nicht jedoch von **Bewirtungen.** Eine analoge Anwendung des Verbots nach § 20 Abs. 5 S. 2 auf „Bewirtungen" ist nicht geboten, da für Bewirtungen im Zusammenhang mit externen Veranstaltungen die Spezialregelung des Abs. 4 S. 2 anwendbar ist. Es liegt auch kein Verstoß gegen Abs. 4 S. 2 vor, da das Unternehmen weder die Gesamtheit der potentiellen Teilnehmer noch einzelne teilnehmende Angehörige der Fachkreise zu einem solchen Dinner eingeladen hat.[755]
– In der Durchführung einer externen Fortbildungsveranstaltung auf einem **Donauschiff** und somit außerhalb eines Tagungsraumes in einem Hotel, Kongresszentrum etc liegt kein Verstoß gegen § 20 Abs. 5 des Kodex vor, da explizit kein separates Unterhaltungsprogramm mit der Fortbildungsveranstaltung verbunden wurde und das Boot hinsichtlich Größe und Ausstattung als geeigneter Tagungsraum genutzt worden sei.[756] Unter dem heute geltenden Kodex wäre die Zulässigkeit dieser Veranstaltung nach Abs. 5 S. 5 (Auswahl der Tagungsstätte) zu beurteilen gewesen.

4. Hinwirkungspflicht zur Offenlegung (Satz 3)

608 Nach Abs. 5 Satz 3 hat das Unternehmen, das eine externe Fortbildungsveranstaltung finanziell unterstützt, **darauf hinzuwirken,** dass die Tatsache der finanziellen Unterstützung sowohl bei der Ankündigung als auch bei der Durchführung der Veranstaltung von dem (ärztlichen oder gewerblichen) Veranstalter **offengelegt** wird. Die Hinwirkungspflicht zur Offenlegung gilt nicht nur für die finanzielle Untersützung der externen Fortbildungsveranstaltung selbst, sondern in gleicher Weise auch bei Zahlungen des Unternehmens zur Durchführung von Symposien.[757]

a) Offenlegung der finanziellen Unterstützung des Sponsors

609 Eine im Sinne des Kodex hinreichende Offenlegung der finanziellen Unterstützung setzt voraus, dass über die **Identität des Sponsors** Klarheit herrscht, so dass allein die Wiedergabe eines **Logos,** das von zahlreichen Konzerngesellschaften parallel verwendet wird, nicht genügt.[758] Vielmehr sollte zusätzlich zur Wiedergabe des Logos auch der **vollständige**

---

[754] Entscheidung zu § 20 Abs. 5 idF v. 18.1.2008, https://www.fsa-pharma.de/de/schiedstelle/berichterstattung/fachkreise/az-2009.11–277-283-1-instanz-20-abs-5-fsa-kodex-fachkreise-angemes sener-umfang-der-unterstutzung-ausschluss-der-unt/, FS I 2009.11.277-283 (zul. abgerufen am 18.6.2021).

[755] Entscheidung zu § 20 Abs. 4 idF v. 18.1.2008, https://www.fsa-pharma.de/de/schiedstelle/berichterstattung/fachkreise/az-az-2008.10–245-1-instanz-20-abs-4–20-abs-5-satz-3-fsa-kodex-fachkreise-finanzielle-unterstutzung-von-externen-f/, FS I 2008.10–245 (zul. abgerufen am 18.6.2021).

[756] Entscheidung zu § 6 Abs. 5 idF v. 16.2.2004, https://www.fsa-pharma.de/de/schiedstelle/bericht erstattung/fachkreise/az-2004.8–19-i-1-instanz-kodex-20-abs-5-tagungsortwahl-bei-sponsoring/, FS I 2004.8–19 I (zul. abgerufen am 18.6.2021).

[757] Entscheidung zu § 20 Abs. 5 S. 3 idF v. 20.11.2012, FS I 2014.7–410 – 425, einsehbar im Jahresbericht 2014 S. 44 unter https://www.fsa-pharma.de/site/assets/files/56345/jahresbericht_2014.pdf (zul. abgerufen am 22.6.2021).

[758] Entscheidung zu § 20 Abs. 5 S. 3 idF v. 27.11.2013, https://www.fsa-pharma.de/de/schiedstelle/berichterstattung/fachkreise/az-2014.8–429-431-20-abs-5-s-3-fsa-kodex-fachkreise-hinwirkungs

Firmenname des Sponsors angeführt werden (etwa im vorangehenden Text, einer Fußzeile oÄ). Sofern ein Veranstalter trotz abschlägiger Antwort eines Unternehmen hinsichtlich einer Unterstützungsanfrage für eine externe Fortbildungsveranstaltung das Logo des Unternehmens eigenmächtig verwendet, so ist dies dem Unternehmen in der Regel nicht zuzurechnen.[759]

Aufgrund zwischenzeitlich mehrfach geänderter Fassungen des Abs. 5 hinsichtlich der **610** Hinwirkungs- und Offenlegungspflicht galt zwischen 2011 und 2014 der Zusatz, dass die Offenlegung (im Rahmen der Ankündigung und Durchführung der Veranstaltung) **einschließlich der Bedingungen und des Umfangs** der Unterstützung erfolgen sollte. Hintergrund dieser Ergänzung waren die berufsrechtlichen Offenlegungspflichten der Ärzte in der MBO-Ä. Durch die Bündelung der Offenlegungspflichten im Transparenzkodex wurde der Zusatz **„einschließlich der Bedingungen und des Umfangs"** mit der kleinen Novelle des Kodex vom 4.12.2014 gestrichen.

b) Pflicht zur Hinwirkung

Die Pflicht des Mitgliedsunternehmens zur Hinwirkung auf diese Offenlegung hat dieses **611** erfüllt, wenn es **alle gebotenen, ihm zumutbaren Maßnahmen ergreift,** damit dieses Transparenzgebot des Kodex vom Veranstalter eingehalten wird.[760] Hierzu ist zumindest ein klarer und eindeutiger schriftlicher Hinweis des Unternehmens gegenüber dem Veranstalter oder eine Vereinbarung im Sponsor-Vertrag erforderlich,[761] dass seine Sponsoreneigenschaft bei der Ankündigung und während der Veranstaltung offen gelegt werden muss. Der Hinweis darauf, was zum Erreichen der geforderten Transparenz notwendig ist, hat zu konkretisieren, was er genau tun muss, um die vorgeschriebene Transparenz zu gewährleisten,[762] dh wo die Offenlegung erfolgt und wie klar, deutlich und prominent darauf hingewiesen wird.[763] Bei Änderungen der geltenden Vorschriften des Kodex im nahen zeitlichen Umfeld der Veranstaltung bzw. der Unterstützungszusage erstreckt sich die Hinweispflicht des Unternehmens auch darauf, den Veranstalter auf neue und erweiterte Anforderungen konkret und zielgerichtet hinzuweisen.[764] In Abhängigkeit zu den konkreten Umständen des Einzelfalls kann der Hinwirkungspflicht genüge getan sein, wenn ein Unternehmen einen erfahrenen und zuverlässigen Veranstalter nicht erneut schriftlich auf die Offenlegung

pflicht-auf-offenlegung-von-bedingung-und-umfang-der-unt/, FS I 2014. 8–429-431 (zul. abgerufen am 18.6.2021).

[759] Entscheidung zu § 20 Abs. 5 S. 3 idF v. 27.11.2013, https://www.fsa-pharma.de/de/schiedstelle/berichterstattung/fachkreise/az-2014.9–434-1-instanz-20-abs-5-satz-3-fsa-kodex-fachkreise-finanziel le-unterstutzung-von-berufsbezogenen-wissenschaf/, FS I 2014.9–434 (zul. abgerufen am 18.6. 2021).

[760] Entscheidung zu § 6 Abs. 5 idF v. 16.2.2004, https://www.fsa-pharma.de/de/schiedstelle/berichterstattung/fachkreise/az-fs-ii-4–05-2005.1–53-2-instanz-20-abs-5-satz-3-hinwirkungspflicht-auf-nennung-als-sponsor/, FS II 2005.1–53 (zul. abgerufen am 18.6.2021).

[761] Entscheidung zu § 6 Abs. 5 idF v. 16.2.2004, https://www.fsa-pharma.de/de/schiedstelle/berichterstattung/fachkreise/az-fs-ii-4–05-2005.1–53-2-instanz-20-abs-5-satz-3-hinwirkungspflicht-auf-nennung-als-sponsor/, FS II 2005.1–53 (zul. abgerufen am 18.6.2021).

[762] Entscheidung zu § 20 Abs. 5 S. 3 idF v. 18.7.2012, https://www.fsa-pharma.de/de/schiedstelle/berichterstattung/fachkreise/az-fs-ii-1–14-2013.2–346-fs-ii-2–14-2013.2–349-fs-ii-3–14-2013.2–352 -2-instanz-20-abs-5-satz-3-fsa-kodex-fachkreise/, FS II 1/14/2013.2–346, FS II 2/14/2013.2–349, FS II 3/14/2013.2–352 (zul. abgerufen am 18.6.2021).

[763] Entscheidung zu § 20 Abs. 5 S. 3 idF v. 20.11.2012, FS I 2014.7–410 – 425, einsehbar im Jahresbericht 2014 S. 44 unter https://www.fsa-pharma.de/site/assets/files/56345/jahresbericht_2014.pdf (zul. abgerufen am 18.6.2021).

[764] Entscheidung zu § 20 Abs. 5 S. 3 idF v. 18.7.2012, https://www.fsa-pharma.de/de/schiedstelle/berichterstattung/fachkreise/az-az-2012.11–330-337-1-instanz-20-abs-5-s-3-n.f-fsa-kodex-fachkreise -pflicht-auf-offenlegung-der-unterstutzung/, FS I 2012.11–330 – 337 (zul. abgerufen am 18.6. 2021).

der finanziellen Unterstützung hinweist, wenn dieser den Hinweis schon bei einer vergleichbaren Veranstaltung im Vorjahr aufgenommen hatte.[765]

612 **Nicht ausreichend** zur Erfüllung der Hinwirkungspflicht sind allgemeine Regelungen in Verträgen, durch die sich der Veranstalter dazu verpflichtet, den Kodex zu beachten[766] oder mündliche Hinweise an den Veranstalter.[767]

613 Diese Anforderungen finden sich auch in der **16. Leitlinie** wieder, wonach die Hinwirkungspflicht erfüllt ist, wenn die Nennung des Unternehmens als Unterstützer der Veranstaltung bei Ankündigung und Durchführung der Veranstaltung Bestandteil der schriftlichen **Sponsoringvereinbarung** ist, indem diese Pflicht zur Nennung als Teil der vom Veranstalter **zu erbringenden Gegenleistung** qualifiziert wird. Sollte keine dahingehende Regelung in der Sponsoringvereinbarung enthalten sein, hat das Unternehmen den Veranstalter **schriftlich** auf die Nennung **hinzuweisen** (Ziffer 16.2).

614 Aus Gründen der **Risikominimierung** ist zu empfehlen, in den zugrunde liegenden Sponsoring- oder Spenden-Verträgen entsprechende **Verpflichtungen** des Veranstalters zur Offenlegung zu vereinbaren.[768]

c) Grundsätze der Spruchpraxis zur Hinwirkung und Offenlegung

615 In der Spruchpraxis haben sich für die konkrete Ausgestaltung der Offenlegung darüber hinaus folgende **Grundsätze** entwickelt:

- Sofern eine **Gesamtveranstaltung** einheitlich angekündigt wird, jedoch in einen wissenschaftlichen Teil und einen Industriebereich unterteilt ist, muss der Hinweis ebenfalls umfassen, dass die Offenlegung der Unterstützung auch auf den Unterlagen/der Webseite zum wissenschaftlichen Teil erfolgen muss.[769]
- Die Offenlegung ist klar, deutlich und an prominenter Stelle am Anfang der **Webseite** mit selbsterklärlichen Begriffen (wie zB „Sponsoren" oder „Unterstützung durch Pharma-Industrie" oÄ) zu platzieren.[770]
- Bei Internetdarstellungen müssen **Links,** die zu den offenzulegenden Informationen führen, als solche klar erkennbar und benannt sein.[771]

---

[765] Entscheidung zu § 20 Abs. 5 S. 3 idF v. 18.1.2008, https://www.fsa-pharma.de/de/schiedstelle/berichterstattung/fachkreise/az-az-2008.10–245-1-instanz-20-abs-4–20-abs-5-satz-3-fsa-kodex-fachkreise-finanzielle-unterstutzung-von-externen-f/, FS I 2008.10–245 (zul. abgerufen am 18.6.2021).

[766] Entscheidung zu § 20 Abs. 5 S. 3 idF v. 18.7.2012, https://www.fsa-pharma.de/de/schiedstelle/berichterstattung/fachkreise/az-fs-ii-1–14-2013.2–346-fs-ii-2–14-2013.2–349-fs-ii-3–14-2013.2–352-2-instanz-20-abs-5-satz-3-fsa-kodex-fachkreise/, FS II 1/14/2013.2–346, FS II 2/14/2013.2–349, FS II 3/14/2013.2–352 (zul. abgerufen am 18.6.2021).

[767] Entscheidung zu § 6 Abs. 5 idF v. 16.2.2004, https://www.fsa-pharma.de/de/schiedstelle/berichterstattung/fachkreise/az-fs-ii-4–05-2005.1–53-2-instanz-20-abs-5-satz-3-hinwirkungspflicht-auf-nennung-als-sponsor/, FS II 2005.1–53 (zul. abgerufen am 18.6.2021).

[768] Dies gilt trotz der Zurückhaltung der Schiedsstelle in einer frühen Entscheidung zur Hinwirkungspflicht, in welcher sie eine Pflicht des Unternehmens verneint hat, die Unterstützungszusage von einer Verpflichtung des Veranstalters zur Offenlegung abhängig zu machen und/oder die Einladung sich vor deren Versendung zur Überprüfung vorlegen zu lassen. Die Schiedsstelle hielt eine solche Pflicht demgegenüber in Fällen möglich, in denen bereits wiederholte Verstöße erfolgt sind, vgl. Entscheidung zu § 6 Abs. 5 idF v. 16.2.2004, https://www.fsa-pharma.de/de/schiedstelle/berichterstattung/fachkreise/az-fs-ii-4–05-2005.1–53-2-instanz-20-abs-5-satz-3-hinwirkungspflicht-auf-nennung-als-sponsor/, FS II 2005.1–53 (zul. abgerufen am 18.6.2021).

[769] Entscheidung zu § 20 Abs. 5 S. 3 idF v. 20.11.2012, FS I 2014.7–410 – 425, einsehbar im Jahresbericht 2014 S. 44 unter https://www.fsa-pharma.de/site/assets/files/56345/jahresbericht_2014.pdf (zul. abgerufen am 22.6.2021).

[770] Entscheidung zu § 20 Abs. 5 S. 3 idF v. 18.7.2012, FS I 2013.2–380-387, einsehbar im Jahresbericht 2014 S. 39 unter https://www.fsa-pharma.de/site/assets/files/56345/jahresbericht_2014.pdf (zul. abgerufen am 22.6.2021).

[771] Entscheidung zu § 20 Abs. 5 S. 3 idF v. 18.7.2012, FS I 2013.2–380-387, einsehbar im Jahresbericht 2014 S. 39 unter https://www.fsa-pharma.de/site/assets/files/56345/jahresbericht_2014.pdf (zul. abgerufen am 22.6.2021).

– Sofern zu der Veranstaltung eine **Webseite** gehört, so hat das Unternehmen den Veranstalter darauf hinzuweisen, dass die Offenlegung auch **nach Abschluss** der Veranstaltung auf der Webseite allgemein zugänglich bleiben muss.[772]
– Bei der Offenlegung können die von der Rechtsprechung zu **Pflichtangaben im Internet** entwickelten Grundsätze[773] herangezogen werden.[774]

Aufgrund der **allgemeinen Pflicht aus § 3 Abs. 2** (→ Rn. 149f.) zur **Hinwirkung** **616** auf die Einhaltung der Kodexvorschriften durch Dritte sind Mitgliedsunternehmen verpflichtet darauf hinzuwirken, dass Veranstalter externer Fortbildungsveranstaltungen ihre Vertragspartner rechtzeitig darauf hinweisen, dass ein/e Referent/in der Fortbildungsveranstaltung für das betreffende Mitgliedsunternehmen tätig ist und dass die vom Veranstalter an die Referenten gezahlten Honorare angemessen sind.[775]

5. Spruchpraxis zur Hinwirkungspflicht (Satz 3)

a) Spruchpraxis zur Offenlegung der Identität des Sponsors

– Beschränkt sich die Sponsorenbenennung allein auf die **Wiedergabe eines Logos,** das **617** von zahlreichen Konzerngesellschaften parallel verwendet wird, so ist es empfehlenswert darauf hinzuwirken, dass ergänzend zur Wiedergabe des Logos auch der vollständige Firmenname des Sponsors aufgeführt wird, sei es im vorangehenden Text, in einer Fußzeile oÄ[776]
– Die Offenlegung ist klar, deutlich und an prominenter Stelle am Anfang der **Webseite** mit selbsterklärlichen Begriffen (wie zB „Sponsoren" oder „Unterstützung durch Pharma-Industrie" oÄ) zu platzieren. Bei Internetdarstellungen müssen **Links,** die zu den offenzulegenden Informationen führen, als solche klar erkennbar und benannt sein.[777]
– Die nach § 20 Abs. 5 S. 3 erforderlichen konkreten Hinweise, die das Unternehmen gegenüber dem Veranstalter gibt, sollten einen Hinweis an den Veranstalter mit einschließen, dass die Offenlegung, wenn zur Veranstaltung eine **Webseite** geschaltet wird, auch **nach Abschluss der Veranstaltung** dort allgemein zugänglich bleibt.[778]
– Wird die Gesamtveranstaltung einheitlich angekündigt, organisatorisch aber in einen sog. „Wissenschaftlichen Teil" und einen „Industriebereich" aufgeteilt, so ist darauf hinzuwirken, dass die Offenlegung der Unterstützung auch auf den Unterlage/der Webseite zum **„Wissenschaftlichen Teil"** erfolgt. Dies gilt insbesondere dann, wenn im „Wissen-

---

[772] Entscheidung zu § 20 Abs. 5 S. 3 idF v. 18.7.2012, FS I 2014.4–388 – 390, einsehbar im Jahresbericht 2014 S. 39 unter https://www.fsa-pharma.de/site/assets/files/56345/jahresbericht_2014.pdf (zul. abgerufen am 22.6.2021).

[773] Vgl. BGH NJW 2014, 1012 = GRUR 2014, 94.

[774] Entscheidung zu § 20 Abs. 5 S. 3 idF v. 20.11.2012, FS I 2014.7–410 – 425, einsehbar im Jahresbericht 2014 S. 44 unter https://www.fsa-pharma.de/site/assets/files/56345/jahresbericht_2014.pdf (zul. abgerufen am 22.6.2021).

[775] Entscheidung zu §§ 3, 20 Abs. 5, 18 Abs. 1 idF v. 4.12.2014, https://www.fsa-pharma.de/de/schiedstelle/berichterstattung/fachkreise/az-2013.9–360-362-20-abs-5-satz-1-3-18-abs-1-nr-6-und-abs-2-fsa-kodex-zur-angemessenheit-der-an-gewerbliche-veransta/, FS I 2013.9–360-362 (zul. abgerufen am 11.3.2021).

[776] Entscheidung zu § 20 Abs. 5 S. 3 idF v. 27.11.2013, https://www.fsa-pharma.de/de/schiedstelle/berichterstattung/fachkreise/az-2014.8–429-431-20-abs-5-s-3-fsa-kodex-fachkreise-hinwirkungs pflicht-auf-offenlegung-von-bedingung-und-umfang-der-unt/, FS I 2014.8–429-431 (zul. abgerufen am 18.6.2021).

[777] Entscheidung zu § 20 Abs. 5 S. 3 idF v. 18.7.2012, FS I 2013.2–380-387, einsehbar im Jahresbericht 2014 S. 39 unter https://www.fsa-pharma.de/site/assets/files/56345/jahresbericht_2014.pdf (zul. abgerufen am 22.6.2021).

[778] Entscheidung zu § 20 Abs. 5 S. 3 idF v. 18.7.2012, FS I 2014.4–388 – 390, einsehbar im Jahresbericht 2014 S. 42 unter https://www.fsa-pharma.de/site/assets/files/56345/jahresbericht_2014.pdf (zul. abgerufen am 22.6.2021).

schaftlichen Teil" Industrieveranstaltungen angekündigt und durchgeführt werden und/ oder die Anmeldeunterlagen zur Industrieveranstaltung jeweils prominent auch das Logo des wissenschaftlichen Kongresses herausstellen.[779]

– Wird die Anfrage des Veranstalters zur Unterstützung einer Fortbildungsveranstaltung vom Unternehmen abschlägig beantwortet, gleichwohl aber vom Veranstalter das **Unternehmenslogo eigenmächtig verwendet** (zB während der laufenden Verhandlungen), so ist dies dem Unternehmen in der Regel nicht zuzurechnen.[780]

b) Spruchpraxis zur Hinwirkungspflicht

618 – Zur Erfüllung der Hinwirkungspflicht hat das Mitgliedsunternehmen **alle gebotenen, ihm zumutbare Maßnahmen zu ergreifen,** damit das Transparenzgebot des Kodex vom Veranstalter eingehalten wird. Nicht ausreichend ist ein mündlicher Hinweis an den Veranstalter. Es bedarf eines **schriftlichen, klaren und eindeutigen Hinweises** oder einer **Vereinbarung im Sponsor-Vertrag.**[781]

– Der erforderlichen Hinwirkungspflicht des § 20 Abs. 5 S. 3 wird nicht dadurch genüge getan, dass mit dem Veranstalter/Organisator allgemein über die mögliche Anwendung der Neufassung korrespondiert wird. Erforderlich ist vielmehr ein zielgerichteter **schriftlicher Hinweis** des Unternehmens, was zu welchem Zeitpunkt konkret offenzulegen ist.[782]

– Eine **allgemeine Reglung in Verträgen,** mit denen sich der Veranstalter verpflichtet, insbesondere den Kodex zu beachten, genügt nicht für die Erfüllung der Hinwirkungspflicht. Eine solche Bestimmung entbindet das Unternehmen nicht von seiner eigenen Pflicht, den Veranstalter **konkret, und zwar schriftlich** bereits im Vertrag oder in einem gesonderten Schreiben, darauf hinzuweisen, **was er genau tun muss,** um die vorgeschriebene Transparenz zu gewährleisten. Dies gilt erst recht dann, wenn die Vorschrift gerade erst in Kraft getreten ist.[783]

– Zu dieser Konkretisierung zählen Klarstellungen, wo die Offenlegung erfolgt und wie klar, deutlich und prominent darauf hingewiesen wird; die von der **Rechtsprechung zu Pflichtangaben im Internet** entwickelten Grundsätze (BGH NJW 2014, 1012 = GRUR 2014, 94) können dabei mit herangezogen werden.[784]

– Die Verpflichtung der Unternehmen zum Hinwirken auf die Offenlegung ihrer Unterstützung greift auch dann, wenn die vertragliche Vereinbarung zur Unterstützung der Veranstaltung vor dem Inkrafttreten der Neufassung der Kodexvorschrift („Stichtag") getroffen wurde, die Veranstaltung jedoch nach dem Stichtag stattfindet. Die Verpflichtung findet jedoch ihre Grenze, wenn die Veranstaltung so zeitnah nach dem Stichtag liegt, dass

---

[779] Entscheidung zu § 20 Abs. 5 S. 3 idF v. 20.11.2012, FS I 2014.7–410 – 425, einsehbar im Jahresbericht 2014 S. 44 unter https://www.fsa-pharma.de/site/assets/files/56345/jahresbericht_2014.pdf (zul. abgerufen am 22.6.2021).

[780] Entscheidung zu § 20 Abs. 5 S. 3 idF v. 27.11.2013, https://www.fsa-pharma.de/de/schiedstelle/berichterstattung/fachkreise/az-2014.9–434-1-instanz-20-abs-5-satz-3-fsa-kodex-fachkreise-finanziel le-unterstutzung-von-berufsbezogenen-wissenschaf/, FS I 2014.9–434 (zul. abgerufen am 18.6.2021).

[781] Entscheidung zu § 6 Abs. 5 idF v. 16.2.2004, https://www.fsa-pharma.de/de/schiedstelle/berichterstattung/fachkreise/az-fs-ii-4–05-2005.1–53-2-instanz-20-abs-5-satz-3-hinwirkungspflicht-auf-nennung-als-sponsor/, FS II 2005.1–53 (zul. abgerufen am 18.6.2021).

[782] Entscheidung zu § 20 Abs. 5 S. 3 idF v. 18.7.2012, https://www.fsa-pharma.de/de/schiedstelle/berichterstattung/fachkreise/az-az-2012.11–330-337-1-instanz-20-abs-5-s-3-n.f-fsa-kodex-fachkreise-pflicht-auf-offenlegung-der-unterstutzung/, FS I 2012.11–330 – 337 (zul. abgerufen am 18.6.2021).

[783] Entscheidung zu § 20 Abs. 5 S. 3 idF v. 18.7.2012, https://www.fsa-pharma.de/de/schiedstelle/berichterstattung/fachkreise/az-fs-ii-1-14-2013.2–346-fs-ii-2-14-2013.2–349-fs-ii-3-14-2013.2–352-2-instanz-20-abs-5-satz-3-fsa-kodex-fachkreise/, FS II 1/14/2013.2–346, FS II 2/14/2013.2–349, FS II 3/14/2013.2–352 (zul. abgerufen am 18.6.2021).

[784] Entscheidung zu § 20 Abs. 5 S. 3 idF v. 20.11.2012, FS I 2014.7–410 – 425, einsehbar im Jahresbericht 2014 S. 44 unter https://www.fsa-pharma.de/site/assets/files/56345/jahresbericht_2014.pdf (zul. abgerufen am 22.6.2021).

dem Veranstalter aus organisatorischen Gründen eine Offenlegung bei der Ankündigung der Veranstaltung nicht mehr möglich wäre. Dies trifft allerdings nicht zu, wenn die Veranstaltung 3 Monate nach dem Stichtag erfolgt. Eine allgemeine Klausel zur Einhaltung von Kodexvorschriften war in einer Situation nicht ausreichend, in der das Unternehmen verpflichtet war, **auf neue und erweiterte Anforderungen konkret und zielgerichtet hinzuweisen.**[785]

- Die Hinwirkungspflicht nach § 20 Abs. 5 S. 3 Kodex gebietet nicht, dass ein Unternehmen einen erfahrenen und zuverlässigen Veranstalter erneut schriftlich auf die Offenlegung der finanziellen Unterstützung hinweist, wenn dieser den Hinweis schon bei einer **vergleichbaren Veranstaltung im Vorjahr** aufgenommen hatte. Das Unternehmen, das eine finanzielle Unterstützung „wie im Vorjahr" zugesagt hatte, durfte darauf vertrauen, dass dieser Veranstalter die Unterstützung auch im Folgejahr in der Kongressankündigung offenlegen würde.[786]
- Für Zahlungen des Unternehmens an die Veranstalter externer Fortbildungsveranstaltungen, die für die Durchführung von **Symposien** geleistet werden, gilt die Hinwirkungspflicht zur Offenlegung in gleicher Weise wie für andere finanzielle Unterstützungsleistungen.[787]
- Nicht als Ausfluss der konkreten Hinweispflicht des Abs. 5 S. 3, aber in entsprechender Anwendung der Hinwirkungspflicht aus § 3 Abs. 2 iVm § 18 Abs. 1 S. 2 Nr. 6 und Abs. 2, sind Unternehmen gehalten, gegenüber den Veranstaltern externer Fortbildungsveranstaltungen darauf **hinzuwirken,** dass die von diesen **an Referenten gezahlten Honorare angemessen** sind und dass die Veranstalter – spätestens bei der Durchführung der Veranstaltung – darauf hinweisen, dass der/die Referent(en) auch für das/die als Sponsor auftretende(n) Unternehmen tätig ist, sofern der Gegenstand seines/ihres Beitrags auf der Veranstaltung gleichzeitig Gegenstand der Vertragsbeziehung oder irgendein anderer das/die Unternehmen betreffender Gegenstand ist.[788]

6. Veranstaltungsstätte, Veranstaltungsort und Bewirtung (Satz 4)

Nach Satz 4 des Abs. 5 gelten die Vorschriften für interne Fortbildungsveranstaltungen zur Auswahl der Veranstaltungsstätte, des Veranstaltungsortes sowie für die Bewirtung entsprechend für die finanzielle Unterstützung von externen Fortbildungsveranstaltungen. Bis zur Kodexrevision vom 17.10.2017 war lange Zeit unklar, ob die Regelung des Abs. 3 Satz 2 **auf externe Fortbildungsveranstaltungen anwendbar war.** Mit jener Kodexrevision wurde in Abs. 5 klargestellt, dass bei der finanziellen Unterstützung von externen Fortbildungsveranstaltungen die für die Auswahl der Tagungsstätte und für die Bewirtung bestehenden Vorgaben für interne Fortbildungsveranstaltungen entsprechend gelten. **619**

Die entsprechende Anwendbarkeit der Vorgaben zur Auswahl des **Veranstaltungsortes** wurde durch die Kodexrevision vom 14.11.2019 neu hinzugefügt und geht auf den EFPIA-Kodex zurück. Jedoch hatte die Schiedsstelle bereits in vorausgehenden Schiedssprüchen darüber zu entscheiden, ob der Veranstaltungsort einer externen Fortbildungsveran- **620**

[785] Entscheidung zu § 20 Abs. 5 S. 3 idF v. 18.7.2012, https://www.fsa-pharma.de/de/schiedstelle/berichterstattung/fachkreise/az-az-2012.11–330-337-1-instanz-20-abs-5-s-3-n.f-fsa-kodex-fachkreise-pflicht-auf-offenlegung-der-unterstutzung/, FS I 2012.11–330 – 337 (zul. abgerufen am 18.6.2021).

[786] Entscheidung zu § 20 Abs. 5 S. 3 idF v. 18.1.2008, https://www.fsa-pharma.de/de/schiedstelle/berichterstattung/fachkreise/az-az-2008.10–245-1-instanz-20-abs-4–20-abs-5-satz-3-fsa-kodex-fachkreise-finanzielle-unterstutzung-von-externen-f/, FS I 2008.10–245 (zul. abgerufen am 18.6.2021).

[787] Entscheidung zu § 20 Abs. 5 S. 3 idF v. 20.11.2012, FS I 2014.7–410 – 425, einsehbar im Jahresbericht 2014 S. 44 unter https://www.fsa-pharma.de/site/assets/files/56345/jahresbericht_2014.pdf (zul. abgerufen am 22.6.2021).

[788] Entscheidung zu §§ 3, 20 Abs. 5, 18 Abs. 1 idF v. 4.12.2014, https://www.fsa-pharma.de/de/schiedstelle/berichterstattung/fachkreise/az-2013.9–360-362-20-abs-5-satz-1-3-18-abs-1-nr-6-und-abs-2-fsa-kodex-zur-angemessenheit-der-an-gewerbliche-veransta/, FS I 2013.9–360-362 (zul. abgerufen am 11.3.2021).

staltung mittelbar auf die Auswahl der Veranstaltungsstätte Einfluss nehmen kann.[789] Durch die Neuregelung in Abs. 5 S. 4 ist diese Frage einer abschließenden Klärung zugeführt worden.[790]

621 Der Verweis in Abs. 5 Satz 4 auf die für interne Fortbildungsveranstaltungen geltenden Vorgaben darf jedoch nicht beliebig erweitert werden. Bei der finanziellen Unterstützung von externen Fortbildungsveranstaltungen gelten lediglich die Kriterien hinsichtlich der Auswahl der Tagungsstätte, des Tagungsortes und der Bewirtung, die § 20 Abs. 3 für interne Fortbildungsveranstaltungen festlegt, entsprechend, nicht jedoch die Regelungen zur **Einladung von Begleitpersonen.** Für eine entsprechende Anwendung besteht nach Auffassung der Schiedsstelle keine Grundlage.[791] Die Schiedsstelle hat in dieser Entscheidung die finanzielle Unterstützung einer externen Fortbildungsveranstaltung durch ein Mitgliedsunternehmen daher als zulässig bewertet, zu der der Veranstalter neben Ärzten auch ihre Familien und Angehörigen ausdrücklich eingeladen und für diese **Begleitpersonen ein separates kostenpflichtiges Begleitprogramm** inkl. Bewirtung zur Verfügung gestellt hat. Der Veranstalter hatte sich gegenüber dem Mitgliedsunternehmen verpflichtet, die finanzielle Unterstützung des Unternehmens nicht für ein Unterhaltungsprogramm oder die Einladung von Begleitpersonen zu verwenden. Da das Unternehmen aufgrund der Verpflichtung des Veranstalters die Einladung der Begleitpersonen nicht finanziell unterstützt hatte, schied ein Verstoß gegen Abs. 7 ebenfalls aus.

622 Die in früheren Kodexfassungen enthaltene Klarstellung, dass die Anwesenheit der Teilnehmer sowie das durchgeführte Programm der Veranstaltung nicht dokumentiert werden müssen (vgl. Abs. 5 in der bis zum 14.11.2019 geltenden Fassung), ist mit der Kodexrevision vom 14.11.2019 entfallen. Eine inhaltliche Änderung ist hiermit nicht verbunden, sodass (weiterhin) kein Dokumentationserfordernis besteht.

a) Auswahl der Veranstaltungsstätte

623 Aus Abs. 5 Satz 4 folgt, dass bei der finanziellen Unterstützung von externen Fortbildungsveranstaltungen für die Auswahl der Veranstaltungsstätte die Vorgaben für interne Fortbildungsveranstaltungen entsprechend gelten.[792] So sollte die Auswahl der Veranstaltungsstätte in entsprechender Anwendung des Abs. 3 S. 2 und 4 **allein nach sachlichen Gesichtspunkten** erfolgen und solche Veranstaltungsstätten vermieden werden, die für ihren Unterhaltungswert bekannt sind oder als extravagant gelten. Zu den bei der Auswahl der Veranstaltungsstätte zu berücksichtigenden Kriterien und Grundsätzen wird auf die Ausführungen zu internen Fortbildungsveranstaltungen unter → Rn. 537 ff. verwiesen.

624 Unter der Geltung der vorherigen Kodexfassungen (vor dem 14.11.2019), in denen Abs. 5 S. 4 nur für hinsichtlich der Auswahl der Veranstaltungsstätte und Bewirtung auf die Vorgaben für interne Veranstaltungen verwies, hat die Schiedsstelle zu Recht betont, dass eine Tagungsstätte nicht allein dadurch „extravagant“ wird, dass der – unter der damaligen Kodexfassung nicht zu berücksichtigende – Tagungsort möglicherweise als extravagant anzusehen ist.[793] Vergleichbar hat die Schiedsstelle entschieden, dass der **Erlebnischarakter** eines touristisch interessanten Tagungsortes in der Regel nicht auf die Tagungsstätte über-

---

[789] Beispielswiese die Entscheidung zu § 20 Abs. 5 S. 4 iVm Abs. 3 S. 2 idF v. 14.12.2018, https://www.fsa-pharma.de/de/schiedstelle/berichterstattung/fachkreise/az-ii-instanz-fs-ii-2-19-2018-12-573-4-sylt-westerland-fachkreise-kodex/, FS II 2/19/2018.12–573/4 (zul. abgerufen am 18.6.2021).

[790] *Kemmner/Thole* PharmR 2020, 320 (323).

[791] Entscheidung zu § 20 Abs. 5 S. 4 iVm Abs. 3 S. 2 idF v. 14.12.2019, https://www.fsa-pharma.de/de/schiedstelle/berichterstattung/fachkreise/az-20195591597-symposium-mit-einladung-von-begleitpersonen/, FS I 2019.5–591-597 (zul. abgerufen am 18.6.2021).

[792] Zur Auswahl der Tagungsstätte bei internen Fortbildungsveranstaltungen ausführlich: → Rn. 537 ff.

[793] Entscheidung zu § 20 Abs. 5 idF v. 17.10.2017, https://www.fsa-pharma.de/de/schiedstelle/berichterstattung/fachkreise/az-201955989-tagungsort-garmisch-partenkirchen-riessersee/, FS I 2019.5–598/9 (zul. abgerufen am 18.6.2021).

tragen werden kann. Ob ein Tagungsort möglicherweise als extravagant angesehen wird, genügt für sich genommen noch nicht, um auch die Tagungsstätte als extravagant einzustufen.[794] Diese Betrachtung gilt erst Recht seit der Ergänzung des Abs. 5 S. 4, wonach die Vorgaben zur Auswahl der Veranstaltungsortes gem. Abs. 3 entsprechend für externe Veranstaltungen gelten und insofern – wie bei internen Fortbildungsveranstaltungen – die Auswahl des Verantaltungsortes sowie der Veranstaltungsstätte für sich jeweils allein nach sachlichen Gesichtspunkten zu treffen ist.

b) Auswahl des Veranstaltungsortes

Seit der Kodexrevision vom 14.11.2019 hat auch die Auswahl des Veranstaltungsortes **625** für externe Fortbildungsveranstaltungen, die von einem Mitgliedsunternehmen finanziell unterstützt werden, entsprechend der Vorgaben des Abs. 3 S. 2 und 3 zu erfolgen, dh dieser ist **allein nach sachlichen Gesichtspunkten** und beispielsweise nicht nach seinem Freizeitwert auszuwählen.[795]

Die **frühere Spruchpraxis** der Schiedsstelle, welche auf Grundlage vorheriger Kodex- **626** fassungen ergangen ist und zur damaligen Zeit folgerichtig die Regelungen zur Auswahl des Tagungsortes bei internen Fortbildungsveranstaltungen gem. Abs. 3 S. 2 nicht unmittelbar auf die finanzielle Unterstützung von externen Fortbildungsveranstaltungen angewandt bzw. eine analoge Anwendung erörtert hat, ist seit der Kodexrevision vom 14.11.2019 nicht mehr maßgeblich.[796]

c) Bewirtung

Aufgrund der entsprechenden Geltung der Vorgaben zur Bewirtung bei internen Fort- **627** bildungsveranstaltungen auch bei externen Fortbildungsveranstaltungen ist die Bewirtung auf ein **„angemessenes" Maß** iSd § 20 Abs. 2 zu beschränken.[797]

Ähnliches gilt für die **Bewirtung von Fachkreisangehörigen** durch Mitgliedsunter- **628** nehmen an **einem Kongressstand** im Rahmen einer externen Fortbildungsveranstaltung. Die 11. Leitlinie enthält in Ziffer 11.4 Hinweise, wann die Bewirtung an Kongressständen externer Fortbildungsveranstaltungen sich in einem angemessenen Rahmen hält. Danach ist maßgeblich, dass die Bewirtung neben dem Hauptzweck des Kongressstandes (die Informationsvermittlung zu Produkten, Indikationen und Arbeitsgebieten des Unternehmens) deutlich in den Hintergrund tritt und **keinen eigenständigen Anreiz zum Standbesuch** vermittelt (Ziffer 11.4.1).

---

[794] Entscheidung zu § 20 Abs. 5 S. 4 iVm Abs. 3 S. 2 idF v. 14.12.2018, https://www.fsa-pharma.de/de/schiedstelle/berichterstattung/fachkreise/az-ii-instanz-fs-ii-2-19-2018-12-573-4-sylt-westerland-fachkreise-kodex/, FS II 2/19/2018.12–573/4 (zul. abgerufen am 18.6.2021).

[795] Zur Auswahl des Tagungsortes bei internen Fortbildungsveranstaltungen ausführlich: → Rn. 513 ff..

[796] Beispielsweise betrifft dies die Entscheidung zu § 20 Abs. 3 idF v. 2.12.2005, https://www.fsa-pharma.de/de/schiedstelle/berichterstattung/fachkreise/az-2008.5–239-1-instanz-20-abs-3-satz-2–20-abs-5-fsa-kodex-finanzielle-unterstutzung-einer-externen-fortbildungsver/, FS I 2008.5–239 (zul. abgerufen am 18.6.2021) (PharmR 2008, 628), Entscheidung zu § 20 Abs. 4 idF v. 4.12.2014, https://www.fsa-pharma.de/de/schiedstelle/berichterstattung/fachkreise/az-2015.4–470-75-20-abs-3-bis-6-fsa-kodex-fachkreise-externe-fortbildungsveranstaltungen-angemessenheit-des-sponsoring-sp/, FS I 2015.4–470-75 (zul. abgerufen am 18.6.2021), Entscheidung zu § 20 Abs. 5 idF v. 15.11.2016, https://www.fsa-pharma.de/de/schiedstelle/berichterstattung/fachkreise/az-2015.9–487-20-abs-5-fsa-kodex-fachkreise-zur-zulassigkeit-von-luxus-hotels-als-veranstaltungsstatten-fur-externe-fort/, FS I 2015.9–487 (zul. abgerufen am 18.6.2021); Entscheidung zu § 20 Abs. 5 S. 4 iVm Abs. 3 S. 2 idF v. 14.12.2018, https://www.fsa-pharma.de/de/schiedstelle/berichterstattung/fachkreise/az-ii-instanz-fs-ii-2-19-2018-12-573-4-sylt-westerland-fachkreise-kodex/, FS II 2/19/2018.12–573/4 (zul. abgerufen am 18.6.2021) oder die Entscheidung zu § 20 Abs. 5 idF v. 17.10.2017, https://www.fsa-pharma.de/de/schiedstelle/berichterstattung/fachkreise/az-201955989-tagungsort-garmisch-partenkirchen-riessersee/, FS I 2019.5–598/9 (zul. abgerufen am 18.6.2021).

[797] Zum zulässigen Umfang der Bewirtung bei internen Fortbildungsveranstaltungen ausführlich: → Rn. 487 ff.

629 Die „Bewirtung“ erfasst hierbei nicht nur die am Kongresstand abgegebenen Speisen und Getränke, sondern umfasst auch die **Gestaltung und Einrichtung des Ausstellungsstands** selbst.[798] Diese ist in der Regel **nicht mehr angemessen,** wenn der Eindruck erweckt wird, dass der Erlebnischarakter oder Entspannung und Freizeit anstelle der Möglichkeit zur fachlichen Diskussion im Vordergrund steht (vgl. Ziffer 11.4.4 der 11. Leitlinie).[799] Auch die Besetzung des Stands mit einem Barkeeper oder Koch spricht für eine Überschreitung der Angemessenheit (Ziffer 11.4.5). Für die Bestimmung der Angemessenheit sind hierbei keine einzelnen **Merkmale der Bewirtung** und der **Stand-Gestaltung** ausschlaggebend, sondern die einzelnen Elemente in ihrem Zusammenspiel. Maßgebend ist der Eindruck eines fremden Standbesuchers.[800] Nach diesen Maßstäben hat die Schiedsstelle unter Berücksichtigung der konkreten Einzelfallumstände die Gestaltung eines Kongresstands mit Bewirtung in Form einer **Winter- bzw. Weihnachtslandschaft** als eigenständigen Anreiz zum Standbesuch beurteilt.[801]

630 Als Beispiele für ein angemessenes **Getränkeangebot** werden Heißgetränke und nicht alkoholische Getränke (Softdrinks, Wasser) genannt, während alkoholfreie Biere, frisch gepresste Säfte sowie Fruchtcocktails diesen Rahmen überschreiten (Ziffer 11.4.2). **Kleine Speisen,** wie zB Kleingebäck, Süßwaren, kleine Muffins, Mini-Blechkuchen, Handobst oder einfache belegte Brote/Brötchenhälften werden als angemessen angesehen. Warme Speisen wie Waffeln, Flammkuchen, Frühlingsrollen, Blätterteighäppchen, Popcorn, Würstchen, Schnitzelchen, oder Süßspeisen wie zB Eis, Rote Grütze überschreiten diesen Rahmen (Ziffer 11.4.3).

631 Die Schiedsstelle stellt in ihrer Spruchpraxis für die Frage der Angemessenheit auch auf die **Sozialadäquanz** der angebotenen Speisen und Getränke ab.[802] Insoweit stellte sie in einer Entscheidung fest, dass die Abgabe kleiner Wasserflaschen oder abgepackter Snacks und Süßigkeiten, wie die Teilnehmer diese vielfach mit sich führen, üblich und sozialadäquat ist und daher die Abgabe kleiner Speisen und Getränke **in fertig vorverpackter Form** (zB Snacks, Riegel) den angemessenen Rahmen der zulässigen Bewirtung an Kongressständen nicht überschreitet.[803]

632 In dieser Entscheidung hat die Schiedsstelle die Abgabe von **Wasser** in Form von **0,33 l PET-Flaschen,** die prominent mit dem Hersteller-Logo gekennzeichnet waren, im Ergebnis nicht beanstandet.[804] Mit Blick auf die abgegebene Menge merkte die Schiedsstelle zu

---

[798] Entscheidung zu § 20 Abs. 2 idF v. 17.10.2017, https://www.fsa-pharma.de/de/schiedstelle/berichterstattung/fachkreise/az2019.11–615-bewirtung-ausstellungsstand/, FS I 2019.11–615 (zul. abgerufen am 18.6.2021).

[799] Vgl. bestätigend auch die Entscheidung zu § 20 Abs. 3 S. 1 idF v. 14.12.2019; https://www.fsa-pharma.de/de/schiedstelle/berichterstattung/fachkreise/az201810556-fsa-kodex-fachkreise-bewirtung-kongressstand/, FS I 2018.10–556 (zul. abgerufen am 18.6.2021) sowie die Entscheidung zu § 20 Abs. 2 idF v. 17.10.2017, https://www.fsa-pharma.de/de/schiedstelle/berichterstattung/fachkreise/az2019.11–615-bewirtung-ausstellungsstand/, FS I 2019.11–615 (zul. abgerufen am 18.6.2021).

[800] Entscheidung zu § 20 Abs. 3 S. 1 idF v. 14.12.2019; https://www.fsa-pharma.de/de/schiedstelle/berichterstattung/fachkreise/az201810556-fsa-kodex-fachkreise-bewirtung-kongressstand/, FS I 2018.10–556 (zul. abgerufen am 18.6.2021).

[801] Entscheidung zu § 20 Abs. 3 S. 1 idF v. 14.12.2019; https://www.fsa-pharma.de/de/schiedstelle/berichterstattung/fachkreise/az201810556-fsa-kodex-fachkreise-bewirtung-kongressstand/, FS I 2018.10–556 (zul. abgerufen am 18.6.2021).

[802] Entscheidung zu § 20 Abs. 3 S. 1 idF v. 14.12.2019; https://www.fsa-pharma.de/de/schiedstelle/berichterstattung/fachkreise/az201810556-fsa-kodex-fachkreise-bewirtung-kongressstand/, FS I 2018.10–556 mit Verweis auf die Entscheidung FS I 2014.10–441 (zul. abgerufen am 18.6.2021).

[803] Entscheidung zu § 20 Abs. 2 S. 2, Abs. 3 S. 1 idF v. 17.10.2017, https://www.fsa-pharma.de/de/schiedstelle/berichterstattung/fachkreise/az-2018.6–544-20-abs-2-satz-2-abs-3-satz-1-fsa-kodex-fachkreise-i.v.m-leitlinie-11.4-satz-2-abgabe-von-wasserflaschen-m/, FS I 2018.6–544 (zul. abgerufen am 18.6.2021).

[804] Entscheidung zu § 20 Abs. 2 S. 2, Abs. 3 S. 1 idF v. 17.10.2017, https://www.fsa-pharma.de/de/schiedstelle/berichterstattung/fachkreise/az-2018.6–544-20-abs-2-satz-2-abs-3-satz-1-fsa-kodex-fach

Recht an, dass es den angemessenen Rahmen, wie er im Kodex und der Leitlinie vorgegeben ist, nicht überschreite, wenn ein Teilnehmer von einem Ausstellungsstand zum nächsten geht und dabei ein Getränk vom vorher besuchten Stand noch in der Hand hält. Zur Kennzeichnung mit dem **Unternehmenslogo** nahm die Schiedsstelle auf ähnliche Regelungen Bezug, die für die Nutzung des Logos auf anderen Abgabeartikel gelten (zB Informations- und Schulungsmaterial gem. Ziffer 3.4 der 3. Leitlinie, Schreibblöcke und -stifte bei internen Fortbildungsveranstaltungen gem. Ziffer 3.9 der 3. Leitlinie). Insoweit ist es überzeugend, für das Anbringen des Unternehmenslogos auf vorverpackten Bewirtungsspeisen und -getränken an Kongressständen keinen strengeren Maßstab anzulegen.

d) Conference Vetting System (CVS)

Zum Zeitpunkt der Drucklegung stand noch nicht fest, wie sich das sogenannte Conference Vetting System nach dem FSA-Kodex auf die Mitgliedsunternehmen auswirken wird oder ob dieses allein für die Unternehmen gilt, die Direktmitglieder von EFPIA sind. Selbst wenn künftig keine unmittelbare Umsetzung des CVS in den Nationalen Kodizes erfolgen sollte, könnten sich jedenfalls für EFPIA-Direktmitglieder auch mittelbare Konsequenzen auf der Ebene des FSA-Kodex ergeben, wenn sie eine Veranstaltung fördern, die nicht durch das CVS genehmigt oder als kritisch bewertet wurde. Dies könnte für die Schiedsstelle – welche allein nach dem materiellen Maßstab des Kodex den Sachverhalt zu bewerten hat – ein Indiz für die Nichteinhaltung der FSA-Kodexanforderungen darstellen. Die Schiedsstelle entlastet dies jedoch nicht von einer eigenen Prüfung nach den Maßstäben des Kodex, zumal das CVS System lediglich nach Aktenlage entscheidet. Für Mitgliedsunternehmen, die keine EFPIA-Direktmitglieder sind, darf die Förderung einer internationalen Veranstaltung, die nicht vom CVS genehmigt wurde, keine unmittelbaren Auswirkungen haben, da ihre Unterstützungsleistung allein nach den Maßstäben des Kodex zu bewerten ist. **633**

7. Spruchpraxis zu Abs. 5 Satz 4

a) Spruchpraxis zur Anwendbarkeit der Vorschriften für interne Fortbildungsveranstaltungen

– Unterstützt ein Mitgliedsunternehmen finanziell eine externe Fortbildungsveranstaltung, zu der der Veranstalter nicht nur Ärzte, sondern auch ihre Familien und Angehörigen ausdrücklich einlädt und für diese **Begleitpersonen ein separates kostenpflichtiges Begleitprogramm** inkl. Bewirtung zur Verfügung stellt sowie sich gegenüber dem Mitgliedsunternehmen verpflichtet, die finanzielle Unterstützung des Unternehmens nicht für ein Unterhaltungsprogramm oder die Einladung von Begleitpersonen zu verwenden, so liegt darin kein Kodexverstoß gegen Abs. 5 Satz 4 iVm Abs. 3 Satz. Nach § 20 Abs. 5 S. 4 gelten bei der finanziellen Unterstützung von externen Fortbildungsveranstaltungen lediglich die Kriterien hinsichtlich der Auswahl der Tagungsstätte, des Tagungsortes und der Bewirtung, die § 20 Abs. 3 für interne Fortbildungsveranstaltungen festlegt, entsprechend. Dazu gehören die Regelungen zur Einladung von Begleitpersonen nicht. Für eine entsprechende Anwendung sieht die Schiedsstelle keine Grundlage.[805] **634**

b) Spruchpraxis zur Auswahl der Veranstaltungsstätte

– Gem. § 20 Abs. 5 Kodex gelten für die Auswahl der Tagungsstätte die Vorgaben für interne Fortbildungsveranstaltungen entsprechend. Die Auswahl der Tagungsstätte **635**

kreise-i.v.m-leitlinie-11.4-satz-2-abgabe-von-wasserflaschen-m/, FS I 2018.6–544 (zul. abgerufen am 18.6.2021).

[805] Entscheidung zu § 20 Abs. 5 S. 4 iVm Abs. 3 S. 2 idF v. 14.12.2019, https://www.fsa-pharma.de/de/schiedstelle/berichterstattung/fachkreise/az-20195591597-symposium-mit-einladung-von-begleit personen/, FS I 2019.5–591-597 (zul. abgerufen am 18.6.2021).

muss daher **allein nach sachlichen Gesichtspunkten** erfolgen. Tagungsstätten, die für ihren Unterhaltungswert bekannt sind oder als extravagant gelten, sind dagegen zu vermeiden.[806]

- Die von der Schiedsstelle für die Zulässigkeit interner Fortbildungsveranstaltungen entwickelten **Grundsätze** für die Auswahl von Tagungsstätten werden auf **externe Fortbildungsveranstaltungen übertragen.** Die Schiedsstelle sieht keinen Anlass, diesen Maßstab anlässlich der Neuregelung neu zu bestimmen.[807]
- Ob Teilnehmer vor oder nach einer externen Fortbildungsveranstaltung **auf eigene Initiative und Kosten** das in der unmittelbaren Nähe der Tagungsstätte befindliche Luxushotel (oder Gourmet-Restaurant) oder vergleichbare **Attraktionen am Veranstaltungsort** (zB Unterhaltungsstätten) **besuchen** oder ihren Aufenthalt in eigener Organisation verlängern, ist allein ihre Angelegenheit und weder dem Veranstalter noch dem Sponsor zuzurechnen, da diese weder daraufhin weisen noch dazu einladen. Darin ist kein zusätzlicher und unsachlicher Anreiz zu sehen, an der Fortbildungs-Veranstaltung teilzunehmen.[808]

c) Spruchpraxis zur Bewirtung

636 – Wird bei der Bewirtung an einem **Kongress-Stand** aufgrund der **Gestaltung** oder der vorhandenen Einrichtungen der Eindruck erweckt, dass der **Erlebnischarakter** anstelle der Möglichkeit zur fachlichen Diskussion im Vordergrund steht, ist die Angemessenheit der Bewirtung in der Regel zu verneinen.[809] Selbiges gilt dann, wenn bei einem Kongressstand (oder Teilen davon) nicht die Informationsvermittlung im Vordergrund steht, sondern Elemente, die offensichtlich **Entspannung und Freizeit** vermitteln.[810]

- Die Gestaltung eines Ausstellungsstands wird von der 11. Leitlinie durchaus erfasst (vgl. Ziffer 11.4.4). Der Begriff der „Bewirtung" in der 11. Leitlinie ist also in einem weiten Sinn zu verstehen, der nicht nur Speisen und Getränke, sondern auch die **Gestaltung und die Einrichtungen des Standes** mit einschließen.[811]

---

[806] Entscheidung zu § 20 Abs. 4 idF v. 15.11.2016, https://www.fsa-pharma.de/de/schiedstelle/berichterstattung/fachkreise/az-2017.11–529-20-abs-4–5-fsa-kodex-fachkreise-umfangreiche-unter stutzung-einer-externen-fortbildungsveranstaltung-exklu/, FS I 2017.11–529 (zul. abgerufen am 18.6.2021).

[807] Entscheidung zu § 20 Abs. 5 iVm Abs. 3 idF v. 17.10.2017, https://www.fsa-pharma.de/de/schiedstelle/berichterstattung/fachkreise/az-2017.11–535-538-20-abs-5-i.v.m-abs-3-fsa-kodex-fach kreise-zur-zulassigkeit-der-tagungsstatte-bei-externen-fortbildungsv/, FS I 2017.11–535-538 (zul. abgerufen am 18.6.2021).

[808] Entscheidung zu § 20 idF v. 14.12.2019; https://www.fsa-pharma.de/de/schiedstelle/bericht erstattung/fachkreise/az-2019.3–579-584-bachmair-arena-weissach/, FS I 2019.3–579-584 (zul. abgerufen am 18.6.2021) sowie bereits Entscheidung zu § 20 Abs. 4 idF v. 15.11.2016, https://www.fsa-pharma.de/de/schiedstelle/berichterstattung/fachkreise/az-2017.11–529-20-abs-4–5-fsa-kodex-fach kreise-umfangreiche-unterstutzung-einer-externen-fortbildungsveranstaltung-exklu/, FS I 2017.11–529 (zul. abgerufen am 18.6.2021) sowie Entscheidung zu § 20 Abs. 5 S. 4 iVm Abs. 3 S. 2 idF v. 14.12.2018, https://www.fsa-pharma.de/de/schiedstelle/berichterstattung/fachkreise/az-ii-instanz-fs-ii-2–19-2018-12-573-4-sylt-westerland-fachkreise-kodex/, FS II 2/19/2018.12–573/4 (zul. abgerufen am 18.6.2021).

[809] Entscheidung zu § 20 Abs. 3 S. 1 idF v. 14.12.2019; https://www.fsa-pharma.de/de/schiedstelle/berichterstattung/fachkreise/az201810556-fsa-kodex-fachkreise-bewirtung-kongressstand/, FS I 2018.10–556 (zul. abgerufen am 18.6.2021).

[810] Entscheidung zu § 20 Abs. 2 idF v. 17.10.2017, https://www.fsa-pharma.de/de/schiedstelle/berichterstattung/fachkreise/az2019.11–615-bewirtung-ausstellungsstand/, FS 2019.11–615 (zul. abgerufen am 18.6.2021).

[811] Entscheidung zu § 20 Abs. 2 idF v. 17.10.2017, https://www.fsa-pharma.de/de/schiedstelle/berichterstattung/fachkreise/az2019.11–615-bewirtung-ausstellungsstand/, FS I 2019.11–615 (zul. abgerufen am 18.6.2021).

- Eine **Standgestaltung** in Form einer **Winter- bzw. Weihnachtslandschaft** kann einen eigenständigen Anreiz zum Standbesuch vermitteln, wenn zu vermuten ist, dass eine Tagungsstätte, bei deren Bewerbung die schneebedeckte Alpen-Weihnachtslandschaft in vergleichbarer Art und Weise in den Vordergrund gestellt würde, als schwer mit § 20 Abs. 5, Abs. 3 Kodex vereinbar beurteilt würde.[812]
- Für die Angemessenheit der Bewirtung sind in der Regel nicht einzelne Merkmale der Bewirtung oder der Stand-Gestaltung ausschlaggebend, sondern sämtliche **Elemente in ihrem Zusammenspiel,** so wie sie der fremde Standbesucher wahrnimmt.[813] Das Zusammenspiel der Gestaltungselemente kann durchaus insgesamt einen Eindruck vermitteln, der über den einzelner Ausstattungsmerkmale hinausgeht.[814]
- Die Abgabe von frisch zubereitetem Café Latte, Espresso, Cappuccino ist nicht unüblich und wahrt den angemessenen Rahmen. Hierbei ist der Maßstab der **Sozialadäquanz** entscheidend.[815]
- Wenn die Leitlinie von einer **Abgabe „an Kongressständen"** spricht, ist dies nicht derart einschränkend zu verstehen, dass ein nicht ausgetrunkenes Getränk den Standbesucher zwingt, am Stand zu bleiben oder alternativ den vorhandenen Rest dort zu entsorgen; es ist als sozialadäquat anzusehen, wenn er das Getränk auch an weitere Stände mitnimmt. Die Abgabe von **Wasserflaschen** mit einer Füllmenge von 0,33l wahrt in der Regel den Rahmen der Leitlinie 11.4 Satz 2.[816]
- Eine angemessene Bewirtung kann auch dann vorliegen, wenn die dargebotenen kleinen Speisen und Getränke nicht „offen", sondern **in fertig vorverpackter Form** (zB Snacks, Riegel) abgegeben werden. Aus der heute alltäglichen Praxis vieler Verbraucher, kleine Wasserflaschen und/oder kleine Süßigkeiten mit sich zu führen, lässt sich schließen, dass diese Form durchaus üblich und sozialadäquat ist.[817]
- Die Kennzeichnung von vorverpackten kleinen Speisen oder Getränken mit dem **Unternehmenslogo** ist in der Regel zulässig.[818] Die Verwendung von Unternehmens- und Produktlogos auf Abgabeartikeln ist eine häufig angewandte Praxis, die in bestimmten Fällen ausdrücklich zugelassen wurde (Leitlinien 3.4, 3.9; Fragen 14 und 17 der Q&A zu § 15a und § 21 Kodex). Für Kaffeebecher enthalten die Q&A zu § 15a und § 21 eine

---

[812] Entscheidung zu § 20 Abs. 3 S. 1 idF v. 14.12.2019; https://www.fsa-pharma.de/de/schiedstelle/berichterstattung/fachkreise/az201810556-fsa-kodex-fachkreise-bewirtung-kongressstand/, FS I 2018.10–556 (zul. abgerufen am 18.6.2021).

[813] Entscheidung zu § 20 Abs. 3 S. 1 idF v. 14.12.2019; https://www.fsa-pharma.de/de/schiedstelle/berichterstattung/fachkreise/az201810556-fsa-kodex-fachkreise-bewirtung-kongressstand/, FS I 2018.10–556 (zul. abgerufen am 18.6.2021).

[814] Entscheidung zu § 20 Abs. 2 idF v. 17.10.2017, https://www.fsa-pharma.de/de/schiedstelle/berichterstattung/fachkreise/az2019.11–615-bewirtung-ausstellungsstand/, FS I 2019.11–615 (zul. abgerufen am 18.6.2021).

[815] Entscheidung zu § 20 Abs. 3 S. 1 idF v. 14.12.2019; https://www.fsa-pharma.de/de/schiedstelle/berichterstattung/fachkreise/az201810556-fsa-kodex-fachkreise-bewirtung-kongress-stand/, FS I 2018.10–556 mit Verweis auf die Entscheidung FS I 2014.10–441 (zul. abgerufen am 18.6.2021).

[816] Entscheidung zu § 20 Abs. 2 S. 2, Abs. 3 S. 1 idF v. 17.10.2017, https://www.fsa-pharma.de/de/schiedstelle/berichterstattung/fachkreise/az-2018.6–544-20-abs-2-satz-2-abs-3-satz-1-fsa-kodex-fachkreise-i.v.m-leitlinie-11.4-satz-2-abgabe-von-wasserflaschen-m/, FS I 2018.6–544 (zul. abgerufen am 18.6.2021).

[817] Entscheidung zu § 20 Abs. 2 S. 2, Abs. 3 S. 1 idF v. 17.10.2017, https://www.fsa-pharma.de/de/schiedstelle/berichterstattung/fachkreise/az-2018.6–544-20-abs-2-satz-2-abs-3-satz-1-fsa-kodex-fach kreise-i.v.m-leitlinie-11.4-satz-2-abgabe-von-wasserflaschen-m/, FS I 2018.6–544 (zul. abgerufen am 18.6.2021).

[818] Entscheidung zu § 20 Abs. 2 S. 2, Abs. 3 S. 1 idF v. 17.10.2017, https://www.fsa-pharma.de/de/schiedstelle/berichterstattung/fachkreise/az-2018.6–544-20-abs-2-satz-2-abs-3-satz-1-fsa-kodex-fach kreise-i.v.m-leitlinie-11.4-satz-2-abgabe-von-wasserflaschen-m/, FS I 2018.6–544 (zul. abgerufen am 18.6.2021).

spezifische Beurteilung in Frage 17. Die Schiedsstelle sah keine Grundlage für die Annahme, das Anbringen eines Unternehmenslogos auf einer zur Bewirtung vorgesehenen Wasserflasche strenger zu beurteilen.[819]

VIII. Ärztliche Veranstalter (Abs. 6)

1. Vorgaben für ärztliche Veranstalter

637 Wird die Fortbildungsveranstaltung von einem ärztlichen Veranstalter durchgeführt, müssen nach Abs. 6 **Art, Inhalt und Präsentation** der Fortbildungsveranstaltung **allein von dem ärztlichen Veranstalter bestimmt** werden. Diese Regelung soll die Unabhängigkeit ärztlicher Veranstalter für den Fall der Annahme von Industrieunterstützungen sicherstellen. Eine Einbeziehung des Sponsors in die vom Veranstalter zu verantwortende Endentscheidung zur Ausgestaltung der Fortbildungsveranstaltung (Format, organisatorische Abwicklung und Inhalt der Veranstaltung) hat die Schiedsstelle als unerheblich bewertet.[820]

638 Die Schiedsstelle hat klargestellt, dass die Regelungen für externe Fortbildungsveranstaltungen in Abs. 4–7 alle (berufsbezogenen) Fortbildungsveranstaltungen „Dritter" erfassen (dh solche gewerblicher wie ärztlicher Veranstalter), während Abs. 6 **ausschließlich** für externe Fortbildungsveranstaltungen **„ärztlicher Veranstalter"** Anwendung findet.[821] Die Norm findet daher auf Fortbildungsveranstaltungen von gewerblichen Veranstaltern keine Anwendung.[822]

2. Spruchpraxis zu Abs. 6

639 – Was unter „externen Fortbildungsveranstaltungen" zu verstehen ist, wird in § 20 Abs. 4 definiert, nämlich (berufsbezogene) „Fortbildungsveranstaltungen Dritter". Diese Definition umfasst allgemein „Dritte", ohne zwischen **ärztlichen und nicht ärztlichen „Dritten"** (Veranstaltern) zu unterscheiden und gilt für die Absätze 4–7 mit der zusätzlichen Regelung für externe Fortbildungsveranstaltungen „ärztlicher Veranstalter" in Absatz 6.[823]

– Das **Sponsoring mono-thematischer Vorträge** gegenüber einem gewerblich geführten Fortbildungsveranstalter widerspricht § 20 Abs. 6 nicht, da gewerblich geführte Dienstleistungsunternehmen von Abs. 6 nicht erfasst werden. Doch auch bei ggf. entsprechender Anwendbarkeit fehlt es selbst dann an einem Verstoß gegen das Gebot zur alleinigen Bestimmung von Art, Inhalt und Präsentation durch den (ärztlichen) Veranstalter,

[819] Entscheidung zu § 20 Abs. 2 S. 2, Abs. 3 S. 1 idF v. 17.10.2017, https://www.fsa-pharma.de/de/schiedstelle/berichterstattung/fachkreise/az-2018.6–544-20-abs-2-satz-2-abs-3-satz-1-fsa-kodex-fachkreise-i.v.m-leitlinie-11.4-satz-2-abgabe-von-wasserflaschen-m/, FS I 2018.6–544 (zul. abgerufen am 18.6.2021).

[820] Entscheidung zu § 20 Abs. 3–6 idF v. 4.12.2014, https://www.fsa-pharma.de/de/schiedstelle/berichterstattung/fachkreise/az-2015.4–470-75-20-abs-3-bis-6-fsa-kodex-fachkreise-externe-fortbildungsveranstaltungen-angemessenheit-des-sponsoring-sp/, FS I 2015.4–470-75 (zul. abgerufen am 17.6.2021).

[821] Entscheidung zu § 20 Abs. 5 S. 3 idF v. 18.7.2012, https://www.fsa-pharma.de/de/schiedstelle/berichterstattung/fachkreise/az-fs-ii-1–14-2013.2–346-fs-ii-2–14-2013.2–349-fs-ii-3–14-2013.2–352-2-instanz-20-abs-5-satz-3-fsa-kodex-fachkreise/, FS II 1/14/2013.2–346, FS II 2/14/2013.2–349, FS II 3/14/2013.2–352 (zul. abgerufen am 17.6.2021).

[822] Entscheidung zu § 20 Abs. 3–6 idF v. 4.12.2014, https://www.fsa-pharma.de/de/schiedstelle/berichterstattung/fachkreise/az-2015.4–470-75-20-abs-3-bis-6-fsa-kodex-fachkreise-externe-fortbildungsveranstaltungen-angemessenheit-des-sponsoring-sp/, FS I 2015.4–470-75 (zul. abgerufen am 17.6.2021).

[823] Entscheidung zu § 20 Abs. 5 S. 3 idF v. 18.7.2012, https://www.fsa-pharma.de/de/schiedstelle/berichterstattung/fachkreise/az-fs-ii-1–14-2013.2–346-fs-ii-2–14-2013.2–349-fs-ii-3–14-2013.2–352-2-instanz-20-abs-5-satz-3-fsa-kodex-fachkreise/, FS II 1/14/2013.2–346, FS II 2/14/2013.2–349, FS II 3/14/2013.2–352 (zul. abgerufen am 17.6.2021).

wenn die Endentscheidung zum Format, der organisatorischen Abwicklung der Veranstaltung sowie zum Inhalt beim Veranstalter liegt, der Sponsor jedoch vom Veranstalter in seinen Entscheidungsprozess mit einbezogen wird.[824]

Checkliste: Externe Fortbildungsveranstaltungen

Folgende Punkte sind bei der finanziellen Unterstützung des Veranstalters externer Fortbildungsveranstaltungen sowie bei der Zahlung von Kostenbeiträgen für deren Teilnehmer zu beachten:

- Einladung von HCPs zu externen Fortbildungsveranstaltungen durch Erstattung eines angemessenen Kostenbeitrags (iSd § 2 Abs. 17)
  - berufsbezogener und wissenschaftlicher Charakter der Veranstaltung steht im Vordergrund
  - es besteht ein sachliches Interesse des Unternehmens an der Teilnahme des eingeladenen HCP und die Veranstaltung hat sowohl einen Bezug zum Tätigkeitsgebiet des Unternehmens als auch zum Fachgebiet des Teilnehmers (Dokumentation und Etablierung zugehöriger SOPs für Auswahlentscheidung)
  - Angemessener Kostenbeitrag: angemessene Reisekosten, notwendige Übernachtungskosten, angemessene Unterbringung, Teilnahme-/Registrierungskosten
  - Keine Übernahme der Kosten für die Bewirtung der Teilnehmer (Ausnahme: Arbeitsessen iSd § 22)
  - Keine direkte noch indirekte Unterstützung von Unterhaltungsprogramm durch Teilnahmegebühren
  - keine Einladung von Begleitpersonen (sowie keine Übernahme von Kostenbeiträgen für Begleitpersonen) und keine Organisation der Mitreise von Begleitpersonen (Ausnahme: Teilnehmer ist aufgrund einer Erkrankung oder Behinderung zwingend auf Begleitperson angewiesen)
  - Dienstherrengenehmigung bzw. Einhaltung anderer Anforderungen des Arbeitgebers des eingeladenen Teilnehmers
- Finanzielle Unterstützung des Veranstalters der externen Fortbildungsveranstaltung in angemessenem Umfang
  - Bei finanzieller Untersetzung im Wege des Sponsorings: Angemessenheit abhängig vom eingeräumten Werbeumfang
  - keine Organisation, finanzielle oder anderweitige Unterstützung von Unterhaltungsprogramm oder Begleitpersonen (Verpflichtung des Veranstalters, die zur Verfügung gestellten finanziellen Mittel nicht für die Finanzierung von Unterhaltungsprogramm oder die Einladung von Begleitpersonen zu verwenden)
  - Hinwirkungspflicht zur Offenlegung der finanziellen Unterstützung durch den Veranstalter (Ergreifen aller gebotenen, zumutbaren Maßnahmen; vertragliche Pflicht zur Einhaltung des Kodex nicht ausreichend; Offenlegung erfasst auch Internetdarstellungen)
  - Vorgaben für interne Fortbildungsveranstaltungen bzgl. Auswahl von Tagungsort und Tagungsstätte sowie bzgl. Bewirtung gelten entsprechend; Bewirtung durch Anbieten von angemessenen Speisen und Getränken an einem in Gestaltung und Einrichtung angemessenen Kongresstand
- ärztliche Veranstalter oder unabhängige gewerbliche Anbieter als Veranstalter externer Fortbildungsveranstaltungen; ärztliche Veranstalter legen allein Art, Inhalt und Präsentation der Fortbildungsveranstaltung fest

IX. Keine Kostenübernahme für Begleitpersonen (Abs. 7)

1. Allgemeines

Nach § 20 Abs. 7 darf sich bei internen und externen Fortbildungsveranstaltungen weder die **Einladung,** noch der **Kostenbeitrag** noch die **finanzielle Unterstützung** auf Begleitpersonen (etwa Ehefrauen, Ehemänner, Kinder, Freunde der Angehörigen der Fach- **640**

[824] Entscheidung zu § 20 Abs. 3–6 idF v. 4.12.2014, https://www.fsa-pharma.de/de/schiedstelle/berichterstattung/fachkreise/az-2015.4–470-75-20-abs-3-bis-6-fsa-kodex-fachkreise-externe-fortbil dungsveranstaltungen-angemessenheit-des-sponsoring-sp/, FS I 2015.4–470-75 (zul. abgerufen am 17.6.2021).

kreise) erstrecken. Durch die Definition des Kostenbeitrags, welche gem. § 2 Abs. 17 die Kosten der Bewirtung erfasst, ist eine separate Nennung der Bewirtungen, wie es vormals Satz 2 der Vorschrift vorgesehen hatte, überflüssig geworden. Eine **Ausnahme** gilt seit der Kodexrevision vom 14.11.2019, wonach Begleitpersonen in sehr engen Grenzen zulässig sind, soweit der eingeladene Fachkreisangehörige aufgrund einer Erkrankung oder Behinderung auf die Unterstützung der Begleitperson **zwingend angewiesen** ist. Um Missbrauchsrisiken entgegen zu wirken und aufgrund des Ausnahmecharakters sind an diese Voraussetzungen erhöhte Anforderungen zu stellen.

641 Zu **Begleitpersonen** im Sinne von Abs. 7 können neben Ehefrauen, Ehemännern, Kindern, Freunden oder Freundinnen der eingeladenen Ärzte auch Ärzte selbst gehören. Dies ist dann der Fall, wenn sich die Einladung etwa auch auf einen **ärztlichen Ehepartner** erstreckt, dessen Fach- oder Tätigkeitsgebiet keinen Bezug zu den Themengebieten der Veranstaltung aufweist. Auch in diesem Fall ist die Übernahme der Kosten für diesen Arzt unzulässig, weil es sich hierbei um eine Begleitperson im Sinne von Abs. 7 handeln würde. Ein Kodexverstoß liegt auch dann vor, wenn **Mitarbeiter** der eingeladenen Ärzte angesprochen werden.[825]

2. Einladung und Kostenübernahme für Begleitpersonen

642 Die Einladung von Begleitpersonen und die Übernahme von Kostenbeiträgen für Begleitpersonen sind sowohl bei internen als auch bei externen Veranstaltungen unzulässig (und zwar auch die Übernahme von Kosten für Rahmen- und Unterhaltungsprogramme). Sinn und Zweck von Abs. 7 ist – neben der Unterbindung jeder Form der Organisation der Teilnahme von Begleitpersonen (→ Rn. 645) – jede Form der **Teilnahme von Begleitpersonen an Fortbildungsveranstaltungen selbst.**[826] Insoweit ist es nicht ausreichend, wenn in der Einladung der Hinweis „Ich nehme an der Veranstaltung mit ___ Personen teil" enthalten ist, um das Erscheinen von Begleitpersonen auszuschließen.[827]

643 Kostenlose Einladungen an Ärzte, deren Ehepartner oder andere Begleitpersonen im Zusammenhang eines Symposiums zu einem Kanuwandern oder vergleichbaren **sportlichen Aktivitäten,** verstoßen daher gegen Abs. 7.[828] Auch die Teilnahme von Begleitpersonen am **Abendessen** von Fortbildungsveranstaltungen, wenn die Kosten für die Begleitpersonen einkalkuliert werden, verstößt gegen Abs. 7.[829] Vergleichbar verstößt es gegen Abs. 7, wenn für die Teilnahme von Begleitpersonen an einem Abendessen eine Pauschale in Höhe von 40,00 EUR berechnet wird, wenn sich die effektiv angefallenen Bewirtungskosten auf 108,46 EUR belaufen.[830]

---

[825] Entscheidung zu § 6 Abs. 7 idF v. 16.2.2004, https://www.fsa-pharma.de/de/schiedstelle/berichterstattung/fachkreise/az-2005.3–58-1-instanz-20-abs-3-satz-2-und-20-abs-7-auswahl-des-tagungsortes-an-attraktivem-ort-einladung-von-begle/, FS I 2005.3–58 (zul. abgerufen am 17.6.2021).

[826] Vgl. bestätigend die Entscheidung zu § 20 Abs. 7 idF v. 16.2.2004, https://www.fsa-pharma.de/de/schiedstelle/berichterstattung/fachkreise/az-fs-ii-4–07-2007.3–160-20-abs-1-des-kodex-themenauswahl-fur-fortbildungsveranstaltungen-durch-pharmaunternehmen-2-inst/, FS II 4/07/2007.3–160 (zul. abgerufen am 17.6.2021).

[827] Entscheidung zu § 6 Abs. 7 idF v. 16.2.2004, https://www.fsa-pharma.de/de/schiedstelle/berichterstattung/fachkreise/az-2005.6–74-1-instanz-20-abs-7-des-kodex/, FS I 2005.6–74 (zul. abgerufen am 17.6.2021).

[828] Entscheidung zu § 6 Abs. 7 idF v. 16.2.2004, https://www.fsa-pharma.de/de/schiedstelle/berichterstattung/fachkreise/az-fs-ii-3–04-2004.7–9-2-instanz-6-abs-3-s-2–6-abs-7-des-kodex-vergleiche-nunmehr-20-abs-3-s.2–20-abs-7/, FS II 2004.7–9 (zul. abgerufen am 17.6.2021).

[829] Entscheidung zu § 20 Abs. 7 idF v. 16.2.2004, https://www.fsa-pharma.de/de/schiedstelle/berichterstattung/fachkreise/az-fs-ii-4–07-2007.3–160-20-abs-1-des-kodex-themenauswahl-fur-fortbildungsveranstaltungen-durch-pharmaunternehmen-2-inst/, FS II 4/07/2007.3–160 (zul. abgerufen am 17.6.2021).

[830] Entscheidung zu § 20 Abs. 7 idF v. 2.12.2005, https://www.fsa-pharma.de/de/schiedstelle/berichterstattung/fachkreise/az-2006.10–143-1-instanz-20-abs-3-und-abs-7-des-kodex-hotelauswahl-

Keinen Verstoß gegen Abs. 7 stellt die finanzielle Unterstützung einer externen Fortbildungsveranstaltung durch ein Mitgliedsunternehmen dar, wenn der Veranstalter zwar ausdrücklich auch Begleitpersonen einlädt und für diese ein **separates kostenpflichtiges Begleitprogramm** inkl. Bewirtung zur Verfügung stellt, sich jedoch gegenüber dem Mitgliedsunternehmen verpflichtet, die finanzielle Unterstützung des Unternehmens nicht für ein Unterhaltungsprogramm oder die Einladung von Begleitpersonen zu verwenden (vgl. auch → Rn. 621).[831] **644**

3. Organisation der Mitreise von Begleitpersonen (ohne Kostenübernahme)

Die Organisation der Mitreise von Begleitpersonen ist in jedem Fall unzulässig, wenn sie im Rahmen der Einladung angeboten wird, da sich in diesem Fall die Einladung schon dem Wortlaut nach unzulässigerweise auch auf die Begleitpersonen beziehen würde. Von der **Organisation der Mitreise von Begleitpersonen** sowie **Verauslagung entsprechender Kosten durch pharmazeutische Unternehmen** (bei gleichzeitiger späterer Übernahme dieser Kosten durch die teilnehmenden Angehörige der Fachkreise selbst) wird in Abs. 7 zwar nicht ausdrücklich gesprochen. Sie widerspricht jedoch der Zielsetzung von § 20, da dies auf eine **private Motivation** des Angehörigen der Fachkreise mit Blick auf seine Teilnahme hindeutet. Vielmehr sollen sich die Aktivitäten des pharmazeutischen Unternehmens im Zusammenhang mit der Einladung, Kostenübernahme und finanzielle Unterstützung für interne bzw. externe Fortbildungsveranstaltungen allein auf die eingeladenen und an den Veranstaltungen teilnehmenden Ärzten oder anderen Angehörigen der Fachkreise beziehen. Dabei soll iSv § 32 MBO-Ä bereits jeder **Anschein eines (auch) privaten Charakters** der Veranstaltung **vermieden** werden. Daher ist bereits die **Organisation der Mitreise** der Begleitpersonen sowie die **bloße Einladung ohne Kostenübernahme** oder die **Verauslagung entsprechender Kosten** unzulässig. Daher ist es unerheblich, wenn das Mitgliedsunternehmen auf Nachfrage der Fachkreisangehörigen mitteilt, dass es grundsätzlich nicht erlaubt sei, Begleitpersonen einzuladen und die Mitnahme von Begleitpersonen daher durch Eigenorganisation und Selbstzahlung erfolgen müsse, wenn die zuvor versandte Einladung die Möglichkeit zur Auswahl zwischen Einzel- und Doppelzimmer vorsieht und weitere Teilnehmer angemeldet werden können.[832] Bereits in einer frühen Entscheidung zu § 6 Abs. 7 aF[833] hat die Schiedsstelle entschieden, dass die Einladung von Begleitpersonen selbst dann einen Verstoß darstellt, wenn für die Begleitpersonen seitens des pharmazeutischen Unternehmens **keine Kosten** übernommen werden.[834] Daher begründet eine auch Begleitpersonen umfassende Einladung immer einen Verstoß gegen Abs. 7, und zwar bereits dann, wenn in der **Einladung** zu einer Fortbildungsveranstaltung auch nur auf die Möglichkeit zur Mitnahme von Begleitpersonen **hingewiesen** wird.[835] **645**

---

bewirtungskosten-ubernahme-von-kosten-fur-begleit/, FS I 2006.10–143 (zul. abgerufen am 17.6. 2021).

[831] Entscheidung zu § 20 Abs. 5 S. 4 iVm Abs. 3 S. 2 idF v. 14.12.2019, https://www.fsa-pharma.de/de/schiedstelle/berichterstattung/fachkreise/az-20195591597-symposium-mit-einladung-von-begleitpersonen/, FS I 2019.5–591-597 (zul. abgerufen am 17.6.2021).

[832] Entscheidung zu § 20 Abs. 7, https://www.fsa-pharma.de/de/schiedstelle/berichterstattung/fachkreise/az-2006.3–116-1-instanz-einladung-von-begleitpersonen-20-abs-7/, FS I 2006.3–116 (zul. abgerufen am 17.6.2021) (PharmR 2006, 340).

[833] § 6 Abs. 7 Kodex in der Fassung vom 16.2.2004.

[834] Entscheidung zu § 6 idF v. 16.2.2004, https://www.fsa-pharma.de/de/schiedstelle/berichterstattung/fachkreise/az-fs-ii-1–04-2004.5-4-2-instanz-6-abs-3-s-2–6-abs-7-des-kodex-vergleiche-nunmehr-20-abs-3-s-2-und-20-abs-7/ und https://www.fsa-pharma.de/de/schiedstelle/berichterstattung/fachkreise/az-2004.12–50-1-instanz-kodex-20-abs-3-s-2-auswahl-der-tagungsstatte-wegen-rahmenprogramms/, FS II 2004.5-4 und FS I 2004.12–50 (zul. abgerufen am 17.6.2021).

[835] Entscheidung zu § 6 Abs. 7 idF v. 16.2.2004, https://www.fsa-pharma.de/de/schiedstelle/berichterstattung/fachkreise/az-fs-ii-1–06-2005.9–90-1-und-2-instanz-6-abs-des-kodex-vergleiche-nunmehr-20-unterbringung-bewirtung-hotelauswa/, FS II 2005.9–90 (zul. abgerufen am 17.6.2021).

646 Darüber hinaus stellt es bereits dann einen Verstoß gegen Abs. 7 dar, wenn der Einladung– auch ohne besondere Erwähnung von Begleitpersonen – eine **separate Einzugsermächtigung** für Begleitpersonen beigefügt wird.[836] Vergleichbar verstößt der Hinweis auf einer Einladung zu einer Fortbildungsveranstaltung für Ärzte, dass diese sich mit Blick auf die Mitnahme von Begleitpersonen an eine **Organisationsfirma** hinsichtlich der Kosten und Organisation zur Mitnahme der Begleitpersonen wenden sollen, ebenfalls gegen Abs. 7.[837]

X. Spruchpraxis zu Abs. 7

647
- Kostenlose Einladungen an Ärzte und deren Partner oder andere Begleitpersonen im Zusammenhang mit einem Symposium oder anderen berufsbezogenen Fortbildungsveranstaltungen zu einem Kanuwandern oder vergleichbaren **sportlichen Aktivitäten** stellen einen Verstoß gegen § 20 Abs. 7 des Kodex dar.[838]
- Eine Einladung mit dem Hinweis „Ich nehme an der Veranstaltung mit ___ Personen teil" reicht nicht aus, um das Erscheinen **fachlich nicht beteiligter Begleitpersonen** auszuschließen.[839]
- Ein Verstoß gegen § 20 Abs. 7 liegt selbst dann vor, wenn in einer Einladung/Anmeldung zu einer Fortbildungsveranstaltung (nur) auf die Möglichkeit zur **Mitnahme von Begleitpersonen hingewiesen** wird.[840]
- Ein Kodexverstoß liegt vor, wenn die Einladung von Begleitpersonen dadurch erfolgt, dass in der Reiseanmeldung zwischen der zu buchenden Anzahl der **Doppelzimmer und Einzelzimmer ausgewählt** werden kann und die Einladung darüber hinaus den Hinweis enthält, **weitere Teilnehmer anmelden** zu können. Der Kodexverstoß wird auch nicht dadurch geheilt, dass das Mitgliedsunternehmen auf Anfrage der Ärzte mitteilte, es sei grundsätzlich nicht erlaubt, Begleitpersonen zu ärztlichen Fortbildungsveranstaltungen einzuladen und daher die Mitnahme von Begleitpersonen durch Eigenorganisation und Selbstzahlung durch die Teilnehmer erfolgen müsse.[841]
- Die Einladung von Begleitpersonen stellt selbst dann einen Verstoß gegen § 20 Abs. 7 dar, wenn für die Begleitpersonen seitens des Pharmaunternehmens **keine Kosten** übernommen werden.[842]

---

[836] Entscheidung zu § 6 Abs. 7 idF v. 16.2.2004, https://www.fsa-pharma.de/de/schiedstelle/berichterstattung/fachkreise/az-2004.9–25-1-instanz-kodex-20-abs-2-s-3–20-abs-7-einladung-von-begleitpersonen-einzugsermachtigung-zur-beglei/, FS I 2004.9–25 (zul. abgerufen am 17.6.2021).

[837] Entscheidung zu § 6 Abs. 7 idF v. 16.2.2004, https://www.fsa-pharma.de/de/schiedstelle/bericht erstattung/fachkreise/az-2005.8–86-1-instanz-20-abs-7-des-kodex-einladung-von-begleitpersonen-zu-fortbildungsveranstaltungen/, FS I 2005.8–86 (zul. abgerufen am 17.6.2021); Der Spruchkörper des FSA zitiert hier aus Vereinfachungsgründen bereits die entsprechenden Regelungen des Kodex idF v 2.12.2005

[838] Entscheidung zu § 6 idF v. 16.2.2004, https://www.fsa-pharma.de/de/schiedstelle/berichter stattung/fachkreise/az-fs-ii-3–04-2004.7–9-2-instanz-6-abs-3-s-2–6-abs-7-des-kodex-vergleiche-nun mehr-20-abs-3-s.2–20-abs-7/, FS II 2004.7–9 (zul. abgerufen am 17.6.2021).

[839] Entscheidung zu § 6 Abs. 7 idF v. 16.2.2004, https://www.fsa-pharma.de/de/schiedstelle/bericht erstattung/fachkreise/az-2005.6–74-1-instanz-20-abs-7-des-kodex/, FS I 2005.6–74 (zul. abgerufen am 17.6.2021).

[840] Entscheidung zu § 6 Abs. 7 idF v. 16.2.2004, https://www.fsa-pharma.de/de/schiedstelle/bericht erstattung/fachkreise/az-fs-ii-1–06-2005.9–90-1-und-2-instanz-6-abs-des-kodex-vergleiche-nun mehr-20-unterbringung-bewirtung-hotelauswa/, FS II 2005.9–90 (zul. abgerufen am 17.6.2021).

[841] Entscheidung zu § 20 Abs. 7, https://www.fsa-pharma.de/de/schiedstelle/berichterstattung/fachkreise/az-2006.3–116-1-instanz-einladung-von-begleitpersonen-20-abs-7/, FS I 2006.3–116 (zul. abgerufen am 17.6.2021) (PharmR 2006, 340).

[842] Entscheidung zu § 6 Abs. 3 S. 2 idF v. 16.2.2004, https://www.fsa-pharma.de/de/schiedstelle/berichterstattung/fachkreise/az-fs-ii-1–04-2004.5–4-2-instanz-6-abs-3-s-2–6-abs-7-des-kodex-ver

– Wird weder in der Einladung noch in der verbindlichen Anmeldung die Mitnahme von Begleitpersonen erwähnt wird, und wird diesen Unterlagen aber eine separate **Einzugsermächtigung für Begleitpersonen** beigefügt, so verstößt dies gegen das Verbot, wonach sich die Einladung von Ärzten zu Fortbildungsveranstaltungen nicht auf Begleitpersonen erstrecken darf.[843]
– Der Hinweis auf einer Einladung, dass sich die angesprochenen Ärzte auf Wunsch zur Mitnahme von Begleitpersonen an eine **dritte Organisationsfirma** hinsichtlich der Kosten und Organisation zur Mitnahme der Begleitpersonen wenden sollen, verstößt gegen den Kodex.[844]
– Die **Teilnahme von Begleitpersonen am Abendessen** anlässlich von Fortbildungsveranstaltungen mit zu organisieren (durch die Kalkulation von Kosten der Begleitpersonen) und/oder diese teilnehmen zu lassen, verstößt gegen Abs. 7.[845]
– Nach Abs. 7 darf sich die Übernahme von Kosten bei internen Fortbildungsveranstaltungen nicht auf Begleitpersonen erstrecken, dies gilt auch für die Bewirtung. Die Berechnung einer Pauschale zur Teilnahme an einem Abendessen für Begleitpersonen in Höhe von 40 EUR steht nicht im Einklang mit Abs. 7, wenn sich die effektiv angefallenen Bewirtungskosten auf 108,46 EUR belaufen und die Differenz durch das Mitgliedsunternehmen übernommen wurde. Entscheidend ist nicht, ob die Bewirtung von Begleitpersonen zu effektiven Mehrkosten führt, sondern dass die **Begleitpersonen** der Ärzte eine nach dem Kodex **unzulässige Leistung durch Übernahme von Bewirtungskosten** erhalten.[846]
– Die Einladung von **Mitarbeitern des Arztes als Begleitpersonen** ist unzulässig.[847]
– Die Mißachtung **der gefestigten Spruchpraxis** zur Einladung und Übernahme von Kosten für Begleitpersonen führt zu einer **Verschärfung des Sanktionsrahmens** im Wiederholungsfall.[848]
– Unterstützt ein Mitgliedsunternehmen finanziell eine externe Fortbildungsveranstaltung, zu der der Veranstalter nicht nur Ärzte, sondern auch ihre Familien und Angehörigen ausdrücklich einlädt und für diese **Begleitpersonen ein separates kostenpflichtiges Begleitprogramm** inkl. Bewirtung zur Verfügung stellt sowie sich gegenüber dem Mit-

gleiche-nunmehr-20-abs-3-s-2-und-20-abs-7/FS II 2004.5-4 (zul. abgerufen am 17.6.2021) sowie die Entscheidung zu § 6 Abs. 3 S. 2 idF v. 16.2.2004, https://www.fsa-pharma.de/de/schiedstelle/bericht erstattung/fachkreise/az-2004.12–50-1-instanz-kodex-20-abs-3-s-2-auswahl-der-tagungsstatte-wegen -rahmenprogramms/ FS I 2004.12–50 (zul. abgerufen am 17.6.2021).

843 Entscheidung zu § 6 Abs. 7 idF v. 16.2.2004, https://www.fsa-pharma.de/de/schiedstelle/bericht erstattung/fachkreise/az-2004.9–25-1-instanz-kodex-20-abs-2-s-3–20-abs-7-einladung-von-begleit personen-einzugsermachtigung-zur-beglei/, FS I 2004.9–25 (zul. abgerufen am 17.6.2021).

844 Entscheidung zu § 6 Abs. 7 idF v. 16.2.2004, https://www.fsa-pharma.de/de/schiedstelle/bericht erstattung/fachkreise/az-2005.8–86-1-instanz-20-abs-7-des-kodex-einladung-von-begleitpersonen-zu-fortbildungsveranstaltungen/, FS I 2005.8–86 (zul. abgerufen am 17.6.2021).

845 Entscheidung zu § 20 Abs. 7 idF v. 16.2.2004, https://www.fsa-pharma.de/de/schiedstelle/berichterstattung/fachkreise/az-fs-ii-4–07-2007.3–160-20-abs-1-des-kodex-themenauswahl-fur-fort bildungsveranstaltungen-durch-pharmaunternehmen-2-inst/, FS II 4/07/2007.3–160 (zul. abgerufen am 17.6.2021).

846 Entscheidung zu § 20 Abs. 7 idF v. 2.12.2005, https://www.fsa-pharma.de/de/schiedstelle/berichterstattung/fachkreise/az-2006.10–143-1-instanz-20-abs-3-und-abs-7-des-kodex-hotelauswahl-bewirtungskosten-ubernahme-von-kosten-fur-begleit/, FS I 2006.10–143 (zul. abgerufen am 17.6. 2021).

847 Entscheidung zu § 6 Abs. 7 idF v. 16.2.2004, https://www.fsa-pharma.de/de/schiedstelle/bericht erstattung/fachkreise/az-2005.3–58-1-instanz-20-abs-3-satz-2-und-20-abs-7-auswahl-des-tagungsor tes-an-attraktivem-ort-einladung-von-begle/, FS I 2005.3–58 (zul. abgerufen am 17.6.2021).

848 Entscheidung zu § 20 Abs. 7 idF v. 2.12.2005, https://www.fsa-pharma.de/de/schiedstelle/berichterstattung/fachkreise/az-2006.6–128-1-instanz-20-abs-3-satz-2–20-abs-2-satz-1-und-20-abs-7-des-kodex-auswahl-des-tagungsortes-regionale-e/, FS I 2006.6–128 (zul. abgerufen am 17.6. 2021).

gliedsunternehmen verpflichtet, die finanzielle Unterstützung des Unternehmens nicht für ein Unterhaltungsprogramm oder die Einladung von Begleitpersonen zu verwenden, so liegt darin kein Kodexverstoß gegen Abs. 5 Satz 4 iVm Abs. 3 Satz.[849]

XI. Internationale Veranstaltungen (Abs. 8 und 9)

1. Allgemeines

648 Die Organisation, Durchführung oder Unterstützung von Veranstaltungen, vor allem aber die Übernahme von Kosten für deren Teilnehmer durch die pharmazeutische Industrie, ist in der Vergangenheit insbesondere dann in die Kritik geraten, wenn es sich hierbei um Veranstaltungen handelte, die im Ausland stattfinden. Bereits nach der **Ursprungsfassung des Kodex** galt der Grundsatz, dass sowohl interne als auch externe Fortbildungsveranstaltungen **grundsätzlich in Deutschland** stattfinden sollten. Die Organisation derartiger Fortbildungsveranstaltungen im Ausland konnte bereits danach zu einer Unzulässigkeit der Übernahme von Reise- und Übernachtungskosten führen, wenn für die Organisation einer solchen Veranstaltung gerade in einer zumeist auch touristisch sehr attraktiven ausländischen Stadt keine sachlichen Gründe sprachen. Unter dem Ursprungskodex bestand jedoch gleichzeitig auch Einigkeit darüber, dass es verfehlt wäre, wenn schon aus dem bloßen Umstand eines ausländischen Tagungsortes ohne Weiteres auf eine unsachgemäße Auswahl des Veranstaltungsortes durch das pharmazeutische Unternehmen geschlossen würde, da angesichts der Globalisierung und Europäisierung des Arzneimittelmarktes in zunehmendem Maße auch der wissenschaftliche Erfahrungsaustausch auf internationaler bzw. europäischer Ebene stattfindet. Ein sachlicher Grund für die Durchführung interner und externer Fortbildungsveranstaltungen im Ausland wurde daher dann bejaht, wenn die Veranstaltung einen **internationalen Themenbezug** aufwies. Ein solcher internationaler Themenbezug wurde angenommen, wenn die Veranstaltung aufgrund der behandelten Themen oder der **Zusammensetzung der Teilnehmer** einen internationalen Charakter hatte und damit gerade der **internationale Meinungsaustausch** für die Veranstaltung als erheblich angesehen wurde oder Referenten nur für eine derartige Auslandsveranstaltung verfügbar waren.

649 Auch der **EFPIA-Kodex** anerkennt die Notwendigkeit, die Organisation, Durchführung und Unterstützung von Veranstaltungen im Ausland sowie die Übernahme von Kosten für deren Teilnehmer zu regeln, um Missbräuchen und der hieraus resultierenden Kritik in einer sachgerechten Weise zu begegnen. Der EFPIA-Kodex regelt die entsprechenden Voraussetzungen in Art. 10 (insbesondere 10.02) und Art. 13. Der Kodex hat diese Anforderungen in Abs. 8 umgesetzt. Die vormals in Abs. 9 enthaltenen Regeln zur Bestimmung des anwendbaren Nationalen Kodex bzw. **Kollisionsregeln** für den Fall sich widersprechender Bestimmungen sind nunmehr in § 1 Abs. 4 (→ Rn. 75) enthalten. Die Vorschriften des Abs. 9 beschränken sich auf die Pflicht des Mitgliedsunternehmens, die Aktivitäten im Zusammenhang mit internationalen Fortbildungsveranstaltungen den betroffenen lokalen verbundenen Unternehmen anzuzeigen.

2. Voraussetzungen für Veranstaltungen im Ausland (Abs. 8)

a) Anwendungsbereich

650 Die Absätze 8 und 9 finden Anwendung auf die **Organisation, Durchführung und/ oder Unterstützung** von Internationalen Fortbildungsveranstaltungen sowie die Übernahme von Kosten für deren Teilnehmer. Seit der Kodexrevision vom 14.11.2019 ist der Begriff der **Internationalen Fortbildungsveranstaltung** Gegenstand einer eigenen Definition (§ 2 Abs. 15, → Rn. 107f.). Hiernach sind davon Veranstaltungen umfasst, bei de-

[849] Entscheidung zu § 20 Abs. 5 S. 4 iVm Abs. 3 S. 2 idF v. 14.12.2019, https://www.fsa-pharma.de/de/schiedstelle/berichterstattung/fachkreise/az-20195591597-symposium-mit-einladung-von-begleitpersonen/, FS I 2019.5–591-597 (zul. abgerufen am 17.6.2021).

nen der Veranstaltungsort in einem anderen Land liegt als der Sitz des Mitgliedsunternehmens, welches die Veranstaltung organisiert, durchführt unterstützt und welches die Teilnehmer der Veranstaltung unterstützt.

b) Zulässigkeitskriterien (Abs. 8 S. 1)

Die Organisation, Durchführung und Unterstützung von internationalen Veranstaltungen sowie die Übernahme von Kosten für deren Teilnehmer ist nur unter bestimmten Voraussetzungen zulässig, die in Abs. 8 Satz 1 **abschließend geregelt** sind. Hierbei sind folgende Fallkonstellationen zulässig: 651

- Die Mehrzahl der Teilnehmer kommt aus einem anderen Land **und** logistische Gründe sprechen für die Wahl des Veranstaltungsortes (in einem anderen Land) (Abs. 8 Satz 1 Nr. 1).
- An dem Veranstaltungsort stehen für die Erreichung des Zwecks der Veranstaltung notwendige Ressourcen oder Fachkenntnisse zur Verfügung **und** logistische Gründe sprechen für die Wahl des Veranstaltungsortes (in einem anderen Land) (Abs. 8 Satz 1 Nr. 2).

Beide Alternativen von Abs. 8 Satz 1, die den Vorgaben des Art. 10.02 EFPIA-Kodex entsprechen, verfolgen den Zweck, **sachgerechte Kriterien** für die Organisation, Durchführung und Unterstützung von internationalen Veranstaltungen sowie die Übernahme von Kosten für deren Teilnehmer zu statuieren. 652

Dies entspricht dem vormaligen Regelungsgehalt der Ursprungsfassung des Kodex sowie der hierzu ergangenen Spruchpraxis des FSA. Demnach hatte es die Schiedsstelle etwa als Verstoß gegen den Kodex gewertet, 224 deutsche Ärzte zu einem eintägigen Symposium im Ausland mit zwei Übernachtungen einzuladen, wenn der Grund für die Einladung das Referat eines vor Ort ansässigen Referenten war, dessen Beitrag zeitlich von untergeordneter Bedeutung (17 %) zum Gesamtablauf der Fortbildungsveranstaltung war.[850] 653

aa) Internationaler Teilnehmerkreis, Abs. 8 Satz 1 Nr. 1

Die erste Alternative (Abs. 8 Satz 1 Nr. 1) setzt voraus, dass die **Mehrzahl der Teilnehmer aus einem anderen Land** als dem kommt, in dem das Mitgliedsunternehmen seinen Sitz hat. Bereits hierdurch soll die sachgerechte Wahl des Veranstaltungsortes sichergestellt werden. Sollten nämlich diese Voraussetzungen nicht erfüllt sein und die Mehrzahl der Teilnehmer aus dem Land kommen, in dem das Mitgliedsunternehmen seinen Sitz hat, mangelt es nach der Alternative von Abs. 8 Satz 1 Nr. 1 an einer solchen sachgerechten Auswahl. Insofern wäre es naheliegender, die Veranstaltung für diesen Teilnehmerkreis nicht im Ausland, sondern im Inland stattfinden zu lassen, sofern nicht die zweite Alternative (Abs. 8 Satz 1 Nr. 2) einschlägig ist. 654

Neben dem internationalen Teilnehmerkreis ist erforderlich, dass **logistische Gründe** für die Wahl des Veranstaltungsortes in einem anderen Land sprechen. Durch dieses Kriterium soll zusätzlich sichergestellt werden, dass der gewählte Veranstaltungsort im Ausland auch unter den Gesichtspunkten seiner Erreichbarkeit sowie der vorhandenen Einrichtungen etc sinnvollerweise als geeigneter Veranstaltungsort in Betracht gezogen werden kann. Die Wahl des Ortes einer Fortbildungsveranstaltung im Ausland entspricht etwa dann nicht mehr den erforderlichen logistischen Gründen, wenn der Veranstaltungsort nur zum Zwecke der Besichtigung einer Betriebsstätte gewählt wurde und der Anteil der Besichtigung an der Gesamtveranstaltung deutlich unter 50 % liegt.[851] 655

---

[850] Entscheidung zu § 6 idF v. 16.2.2004, https://www.fsa-pharma.de/de/schiedstelle/berichterstattung/fachkreise/az-2005.7–80-1-instanz-20-abs-3-s-2-des-kodex-tagungsort-im-ausland-fur-deutsche-arzte/, FS I 2005.7–80 (zul. abgerufen am 17.6.2021).

[851] Die Schiedsstelle hat diese Entscheidung im Wesentlichen mit der fehlenden Auswahl des Tagungsortes allein nach sachlichen Gesichtspunkten begründet, vgl. Entscheidung zu § 20 Abs. 1 idF v. 2.12.2005, https://www.fsa-pharma.de/de/schiedstelle/berichterstattung/fachkreise/az-2006.3–117-

656 Logistische Gründe können nach **Satz 2** für die Wahl eines Veranstaltungsortes im Ausland sprechen, wenn es sich um eine **etablierte Veranstaltung** handelt, die von einer anerkannten nationalen oder internationalen medizinisch-wissenschaftlichen Fachgesellschaft oder einem Zusammenschluss solcher Fachgesellschaften an einem für die Durchführung solcher Veranstaltungen geeigneten Ort im Land des Sitzes einer solchen Fachgesellschaft ausgerichtet wird (etwa bei gemeinsamen, historisch gewachsenen Veranstaltungen anerkannter deutschsprachiger Fachgesellschaften aus Deutschland, Österreich und der Schweiz in hierfür geeigneten Veranstaltungsorten in Österreich und der Schweiz). Handelt es sich bei dem Veranstalter nicht um eine anerkannte medizinisch-wissenschaftliche Fachgesellschaft, sind die Voraussetzungen der eng auszulegenden Ausnahmevorschrift des Abs. 8 Satz 2 nicht erfüllt.[852]

657 Die hinter dieser Regelung stehenden Intention ist es, die Zulässigkeit der Unterstützung von und Teilnahme an Veranstaltungen von sogenannten **„Dreiländergesellschaften"** als historisch gewachsene Veranstaltungen anzuerkennen. Frühe Fassungen des Kodex sahen diesen Zusatz nicht vor, so dass die Veranstaltungen von Dreiländergesellschaften de facto die Kriterien nach § 20 Abs. 8 S. 1 Nr. 1 und 2 Kodex nicht erfüllten. Die Tradition solcher Veranstaltungen konnte auch nicht als Rechtfertigungsgrund angeführt werden, da historisch gewachsene Gewohnheiten weder in § 20 Abs. 8 Kodex noch in Art. 9 EFPIA-Kodex als Rechtfertigungskriterium anerkannt waren. Dieser Zustand war nicht zuletzt aufgrund des Umstandes sehr unbefriedigend, dass im deutschsprachigen Raum (Deutschland, Schweiz, Österreich) verschiedene wissenschaftliche Vereinigungen existieren, die seit Jahrzehnten ihre Kongresse mit Unterstützung der Industrie alternierend in jeweils einem der drei Länder ausrichten und an deren hohem wissenschaftlichen Wert kein Zweifel besteht.

bb) Notwendige Ressourcen und Fachkenntnisse vor Ort, Abs. 8 Satz 1 Nr. 2

658 Für die zweite Alternative (Abs. 8 Satz 1 Nr. 2) ist das entscheidende Kriterium, dass an dem Veranstaltungsort **Ressourcen oder Fachkenntnisse** zur Verfügung stehen, welche für die **Erreichung des Zwecks** der Veranstaltung **notwendig** sein. Beispielhaft nennt der Kodex internationale Referenten bei anerkannten Fachkongressen. Zusätzlich müssen **logistische Gründe** für die Wahl des Veranstaltungsortes sprechen.

659 Die zweite Alternative betrifft damit insbesondere die für deutsche Unternehmen bedeutsamen Fälle internationaler Veranstaltungen im Ausland, bei denen die Mehrzahl der Teilnehmer aus Deutschland kommt. Aufgrund der Größe Deutschlands ist es nicht selten, dass die Mehrzahl der Teilnehmer internationaler Veranstaltungen aus Deutschland stammt. Ohne die zweite Alternative hätte dies zur Folge, dass **im Ausland stattfindende anerkannte Fachkongresse** durch pharmazeutische Unternehmen mit Sitz in Deutschland nicht organisiert, durchgeführt, unterstützt und die Kosten für die deutschen Teilnehmer nicht übernommen werden dürften. Dadurch würden sowohl die Unternehmen als auch die Teilnehmer von dem notwendigen internationalen wissenschaftlichen Erfahrungs- und Meinungsaustausch ausgeschlossen werden. Da dies nicht sachgerecht wäre, sieht Abs. 8 Satz 1 Nr. 2 diese Möglichkeit unter den dort genannten Voraussetzungen vor.[853]

cc) Enge Auslegung und erhöhte Anforderungen an Abs. 8 Satz 1 Nr. 2

660 Nicht jede im Ausland stattfindende Veranstaltung, bei der (internationale) Referenten auftreten, erfüllt allerdings ohne weiteres die Voraussetzungen von Abs. 8 Satz 1 Nr. 2. Wäre

---

1-instanz-20-abs-1-des-kodex-tagungsort-fur-deutsche-arzte-im-ausland/, FS I 2006.3–117 (zul. abgerufen am 17.6.2021) (= PharmR 2006, 405).

[852] Entscheidung zu § 20 Abs. 8 idF v. 17.10.2017, https://www.fsa-pharma.de/de/schiedstelle/berichterstattung/fachkreise/az-2012.3–321-322–323-324-1-instanz-20-abs-8-fsa-kodex-fachkreise-20-abs-4-satz-2–22-abs-2-satz-2-fsa-verfo-n.f/, FS I 2012.3–321, 322, 323, 324 (zul. abgerufen am 17.6.2021).

[853] Erläuternd bei Einführung dieser Voraussetzungen, *Dieners* A&R 2006, 110 (112).

dies der Fall, würde der Ausnahmecharakter der Regelungen in Nr. 1 und Nr. 2 ins Leere laufen. Dieser ist auf den Grundsatz von Veranstaltungen im Inland gestützt und soll nur unter ganz bestimmten, engen Voraussetzungen Veranstaltungen im Ausland ermöglichen. An die Erfüllung der Voraussetzungen des Abs. 8 Satz 1 Nr. 2 dürften daher **erhöhte Anforderungen** anzulegen sein.

Die Konkretisierung dieser Anforderungen hat anhand einer **„EFPIA-Kodex konformen"** Auslegung zu erfolgen, da § 20 Abs. 8 S. 1 Nr. 2 die Umsetzung des Art. 10.02 (b) EFPIA-Kodex darstellt. Nach den Vorgaben des Art. 10.02 (b) EFPIA-Kodex muss sich der Veranstaltungsort im Ausland danach rechtfertigen, ob es aufgrund der am Veranstaltungsort zur Verfügung stehenden „relevanten" Ressourcen oder Fachkenntnisse, die Gegenstand dieser Veranstaltung sind, logistisch sinnvoller ist, die Veranstaltung in einem anderen Land (dh Ausland) abzuhalten.[854] Subsumiert man vor diesem Hintergrund die hier in Rede stehenden Veranstaltungen unter die genannten Gesichtspunkte, sollte die Erfüllung der **Voraussetzungen** von § 20 Abs. 8 S. 1 Nr. 2 in den folgenden Fällen zu **bejahen** sein: **661**

- Die Veranstaltung zeichnet sich durch **internationale Referenten** aus, die in der entsprechenden Zusammensetzung nur auf dieser Veranstaltung an dem Veranstaltungsort zur Verfügung stehen (Beispiel: Jahreskongress einer internationalen Fachgesellschaft mit internationalen Referenten findet in Wien statt). Hierbei würde es sich um den typischen, in § 20 Abs. 8 S. 1 Nr. 2 selbst genannten Fall einer Veranstaltung handeln, bei der deutsche Ärzte die Mehrzahl stellen dürften, obgleich der Veranstaltungsort nicht in Deutschland gelegen ist.[855]
- Die Veranstaltung hat einen **bestimmten Bezug zu dem Veranstaltungsort,** der die Abhaltung an dem Veranstaltungsort aus logistischen Gründen in besondere Weise rechtfertigt (Beispiel: Die Präsentation der Arbeit österreichischer Wissenschaftler ist aus sinnvollen Gründen mit der Besichtigung des Wiener Forschungsinstitutes verbunden).
- Ferner dürfte das Vorliegen der Voraussetzungen des Abs. 8 Satz 1 Nr. 2 auch verlangen, dass etwa aus dem Programm der Veranstaltung die Gründe hervorgehen, wonach die **wissenschaftliche Ausrichtung** der Veranstaltung die Teilnahme deutscher Ärzte (etwa zum Zwecke des internationalen Meinungstausches etc) an dem ausländischen Veranstaltungsort als sinnvoll erscheinen lässt.

Vor dem Hintergrund des Sinn und Zwecks von § 20 Abs. 8 S. 1 Nr. 2 dürften dagegen **662**
in folgenden Fallkonstellationen **Bedenken** gegen das Vorliegen der Voraussetzungen sprechen bzw. die Annahme dieser Voraussetzungen zu verneinen sein:

- Die weitaus überwiegende Zahl der Referenten stammt aus Deutschland und muss an den Veranstaltungsort im Ausland erst anreisen. Es fehlt an im Ausland vorhandenen, notwendigen Ressourcen bzw. Fachkenntnissen, die Gegenstand der Veranstaltung sind und die es logistisch sinnvoller erscheinen lassen, die Veranstaltung im Ausland abzuhalten.
- Zusätzliche Zweifel an der Erfüllung der Voraussetzungen können sich ergeben, wenn auch die Themenstellung keinen spezifischen Bezug zum Veranstaltungsort (oder -land) aufweist.

3. Spruchpraxis zu Abs. 8

- Eine internationale Veranstaltung ist unzulässig, wenn 224 deutsche Ärzte ins Ausland zu **663**
einem 1-tägigen Symposium mit zwei Übernachtungen eingeladen werden und der Grund für die Einladung das Referat eines **vor Ort ansässigen Referenten** ist, dessen

[854] Diesen Ansatz der EFPIA-konformen Auslegung bestätigt auch die Entscheidung zu § 20 Abs. 8 idF v. 17.10.2017, https://www.fsa-pharma.de/de/schiedstelle/berichterstattung/fachkreise/az-2012.3-321-322-323-324-1-instanz-20-abs-8-fsa-kodex-fachkreise-20-abs-4-satz-2-22-abs-2-satz-2-fsa-verfo-n.f/, FS I 2012.3–321, 322, 323, 324 (zul. abgerufen am 17.6.2021).

[855] Zu Veranstaltungen der sog. „Dreiländergesellschaften" → Rn. 657.

Beitrag zeitlich von **absolut untergeordneter Bedeutung** (17 %) zum Gesamtablauf der Fortbildung ist.[856]

- Eine Fortbildungsveranstaltung im Ausland ist unzulässig, wenn das Mitgliedsunternehmen deutsche Fachkreisangehörige zu einem eintägigen Fortbildungsseminar nach Irland einlädt und der Hauptgrund für die Auswahl des Tagungsortes die **Besichtigung einer Produktionsstätte** ist, deren Anteil mit rund 25% der gesamten Fortbildungsveranstaltung von absolut untergeordneter Bedeutung war. Auch unter diesem Aspekt ist die Auswahl des Tagungsortes nicht allein nach sachlichen Gesichtspunkten erfolgt.[857]
- Auch wenn eine von Ärzten veranstaltete Fortbildung, an der überwiegend deutsche Ärzte und deutsche Referenten teilnehmen, seit 20 Jahren im Ausland (Österreich) stattfindet, fällt sie nicht in den Anwendungsbereich der Ausnahmevorschrift des § 20 Abs. 8 S. 2, wenn es sich bei dem Veranstalter nicht um eine **anerkannte medizinisch-wissenschaftliche Fachgesellschaft** handelt. Als Ausnahmevorschrift ist § 20 Abs. 8 S. 2 eng auszulegen.[858]

4. Einbindung verbundener Unternehmen (Abs. 9)

664 Abs. 9 verfolgt den Zweck, die Einhaltung der bei Internationalen Fortbildungsveranstaltungen zu beachtenden Nationalen Kodizes sicherzustellen. Welche Nationalen Kodizes im Einzelnen anwendbar sind, ergibt sich aus den Grundsätzen des § 1 Abs. 4 (→ Rn. 64ff.). Aus diesem Grund verlangt Abs. 9, dass Unternehmen bestimmte Aktivitäten einem verbundenen Unternehmen mit Sitz in dem Land des Veranstaltungsortes bzw. mit Sitz in dem Land, in dem der eingeladene Teilnehmer tätig ist, jeweils sofern vorhanden, **vorher anzeigen** (1. Alt.) **oder** entsprechenden **Rat** für die ordnungsgemäße Umsetzung dieser Aktivitäten **einholen** (2. Alt.).

665 Für die **Organisation, Durchführung oder Unterstützung** von Internationalen Fortbildungsveranstaltungen sieht dementsprechend Abs. 9 **Satz 1** vor, dass das Mitgliedsunternehmen seine Aktivitäten einem verbundenen Unternehmen mit Sitz im Land des Veranstaltungsortes vorher anzeigen oder entsprechenden Rat zur ordnungsgemäßen Umsetzung einholen muss. Für die **Übernahme des Kostenbeitrags von Teilnehmern** einer Internationalen Fortbildungsveranstaltung gilt dies gem. **Satz 2** entsprechend gegenüber einem verbundenen Unternehmen mit Sitz in dem Land, in dem der eingeladene Fachkreisangehörige beruflich tätig ist.

666 Während die 1. Alt. eine individuelle Anzeige der konkreten Veranstaltung voraussetzt, war mit Blick auf die 2. Alt. nicht klar, ob dies für jeden Einzelfall erfolgen soll oder auch **generelle Festlegungen durch Implementierung von Regeln** in den einschlägigen Prozessabläufen des Unternehmens ausreichen. Letzteres sollte nach Sinn und Zweck der Vorschrift ausreichen, sofern die Aktualität sowie regelmäßige Aktualisierungen solcher prozessualer Festlegungen durch das Unternehmen sichergestellt sind. Durch die Kodexrevision vom 1.12.2011 wurde ferner klargestellt, dass der Rat nicht zwingend in dem Land des Veranstaltungsortes eingeholt werden muss, wenn dieser Rat dem Unternehmen auch in Deutschland zur Verfügung steht. Die vormals enthaltene Ergänzung „*dort* entsprechenden Rat […] einzuholen" wurde entsprechend gestrichen.[859] Es ist ausreichend, wenn die-

[856] Entscheidung zu § 6 idF v. 16.2.2004, https://www.fsa-pharma.de/de/schiedstelle/berichterstattung/fachkreise/az-2005.7–80-1-instanz-20-abs-3-s-2-des-kodex-tagungsort-im-ausland-fur-deutsche-arzte/, FS I 2005.7–80 (zul. abgerufen am 17.6.2021).

[857] Entscheidung zu § 20 Abs. 7 idF v. 2.12.2005, https://www.fsa-pharma.de/de/schiedstelle/berichterstattung/fachkreise/az-2006.3–117-1-instanz-20-abs-1-des-kodex-tagungsort-fur-deutsche-arzte-im-ausland/, FS I 2006.3–117 (zul. abgerufen am 17.6.2021) (PharmR 2006, 405).

[858] Entscheidung zu § 20 Abs. 8 idF v. 17.10.2017, https://www.fsa-pharma.de/de/schiedstelle/berichterstattung/fachkreise/az-2012.3–321-322–323-324-1-instanz-20-abs-8-fsa-kodex-fachkreise-20-abs-4-satz-2–22-abs-2-satz-2-fsa-verfo-n.f/, FS I 2012.3–321, 322, 323, 324 (zul. abgerufen am 17.6.2021).

[859] *Dieners* PharmR 2012, 381 (383).

ser Rat dem Unternehmen in Deutschland zur Verfügung steht (etwa durch einen hier tätigen und geschulten Mitarbeiter aus dem Land des Veranstaltungsortes oder auch durch andere Mitarbeiter, die über die Anforderungen des ausländischen Kodex in hinreichendem Maße geschult wurden).

Auch wenn in der Praxis die Unterschiede der Anzuwendenden Kodizes aufgrund der harmonisierten Vorgaben des EFPIA-Kodex gering[860] sein dürften, ist nicht von vornherein auszuschließen, dass in anderen Nationalen Kodizes die Einhaltung zusätzlicher oder strengerer Voraussetzungen gefordert wird. Ungeachtet dessen können für die Organisation oder Durchführung von Veranstaltungen im Ausland oder aber die Unterstützung ausländischer Ärzte zur Teilnahme an aus- und inländischen Veranstaltungen zusätzlich gesetzliche Regelungen des aus- und/oder inländischen Rechts zu beachten sein, die von den einschlägigen Kodizes nicht (oder noch nicht) erfasst sind. Ungeachtet der Vorgabe zur Einbindung verbundener Unternehmen nach Abs. 9 ist es für die Unternehmenspraxis empfehlenswert, die Gesamtheit der entsprechenden Anforderungen durch die Festlegung von **standardisierten Vorgaben** zu erfassen und diese Vorgaben in ihre vorhandenen **Prozesse** zu implementieren (hier auch → Kap. 7 Rn. 121 ff.). Erfahrungsgemäß kann hierdurch eine genaue Einhaltung der jeweils geltenden Anforderungen bei gleichzeitiger Reduzierung des Prüfungs- und Entscheidungsaufwands für den jeweiligen Einzelfall erreicht werden. 667

Checkliste: Internationale Fortbildungsveranstaltungen

Folgende Punkte sind im Zusammenhang mit Internationalen Fortbildungsveranstaltungen zu beachten:

- Zulässigkeit der Organisation, Durchführung und/oder Unterstützung von Internationalen Fortbildungsveranstaltungen und der Zahlung von Kostenbeiträgen für deren Teilnehmer:
  - Logistische Gründe sprechen für die Wahl des Veranstaltungsortes im Ausland und
  - die Mehrzahl der Teilnehmer darf nicht aus dem Land kommen, in dem das Mitgliedsunternehmen seinen Sitz hat (Alt. 1) oder an dem Veranstaltungsort stehen die notwendigen Ressourcen oder Fachkenntnisse zur Verfügung (Alt. 2)
- Anwendbare Kodizes (§ 1 Abs. 4)
  - Nationaler Kodex am Sitz des Unternehmens, welches die Internationale Fortbildungsveranstaltung organisiert, durchführt oder finanziell unterstützt oder deren Teilnehmer finanziell unterstützt (bei Mitgliedsunternehmen der Kodex)
  - Zusätzlich Nationaler Kodex am Veranstaltungsort
  - Bzgl. Zahlung des Kostenbeitrags eines Teilnehmers zusätzlich Nationaler Kodex des eingeladenen Teilnehmers
- Einbindung lokaler verbundener Unternehmen
  - Durch vorherige Anzeige oder Einholung entsprechenden Rats für die ordnungsgemäße Umsetzung der Aktivitäten
  - Für Organisation, Durchführung oder Unterstützung der Internationalen Fortbildungsveranstaltung: verbundenen Unternehmen mit Sitz im Land des Veranstaltungsortes
  - Für Übernahme des Kostenbeitrags von Teilnehmern: verbundenes Unternehmen mit Sitz in dem Land, in dem der eingeladene HCP beruflich tätig ist

XII. Andere Veranstaltungen (Abs. 10)

Seit der Kodexrevision vom 14.11.2019 stellt Abs. 10 nunmehr ausdrücklich klar, dass die Absätze 1–9 entsprechend für „andere Veranstaltungen" gelten. Der Begriff der Veranstaltung ist in § 2 Abs. 28 definiert und erfasst als eine der genannten Unterformen Fortbildungsveranstaltungen (→ Rn. 138). Insoweit folgt aus der Verwendung „andere Veranstaltungen" in Abs. 10, dass die entsprechende Anwendung der Vorschriften für alle **anderen** Unterformen von Veranstaltungen iSd § 2 Abs. 28 gilt, wie zB **Advisory Board-Meetings** oder **Besuche von Forschungs- oder Produktionsstätten.** 668

[860] So auch *Geiger* PharmR 2007, 364 (370).

669 Aus der Regelung des Abs. 10 folgt, dass die Organisation, Durchführung, Finanzierung oder Einladung zu derartigen anderen Veranstaltungen **nicht im Grundsatz ausgeschlossen** oder nach dem Kodex unzulässig sind, jedoch an denselben Maßstäben gemessen werden muss, die für Fortbildungsveranstaltungen gelten. Die Einführung der Regelung erfolgte ua auch vor dem Hintergrund, dass die einschlägigen Regelungen des EFPIA-Kodex ebenfalls für alle Arten von *„Events"* Anwendung finden.

XIII. Aktive Teilnahme (Abs. 11)

670 Absatz 11 enthält die **Klarstellung,** dass die Bestimmungen von § 18 (Vertragliche Zusammenarbeit mit HCP und HCO) anwendbar sind, sofern Ärzte bei internen oder externen Fortbildungsveranstaltungen im Auftrag von Mitgliedsunternehmen wissenschaftliche Vorträge halten oder vergleichbare Leistungen erbringen **(„aktive Teilnahme").**

671 Von einer **„aktiven Teilnahme"** an Veranstaltungen der Industrie bzw. fremdorganisierten Veranstaltungen wird dann gesprochen, wenn etwa ein Arzt oder Apotheker derartige Veranstaltungen **moderiert,** in deren Rahmen **referiert** oder eine **Präsentation darbietet.** Regelmäßig steht die Moderation, das Referat oder die Präsentation in einem engen Zusammenhang mit Fragen, die für Produkte des Unternehmens bzw. deren Anwendung unmittelbar oder mittelbar von besonderem Interesse sind.[861] Ein typisches Beispiel ist der Bericht eines Arztes auf einer medizinischen wissenschaftlichen Fachtagung oder im Rahmen einer von einem pharmazeutischen Unternehmen selbst ausgerichteten Fortbildungsveranstaltung über die **Ergebnisse** eines **Forschungsprojekts,** das für das pharmazeutische Unternehmen durchgeführt wurde, oder über den Ausgang einer von dem pharmazeutischen Unternehmen zuvor in Auftrag gegebenen **klinischen Studie.** Es ist ferner vielfach üblich und zulässig, dass am Rande großer, oftmals mit internationaler Beteiligung ausgerichteter medizinischer Fachkongresse gleichzeitig sog. **„Satelliten-Symposien"** pharmazeutischer Unternehmen stattfinden, auf denen sowohl Mitarbeiter dieser Unternehmen selbst als auch Ärzte oder Apotheker als Referenten dieser Unternehmen wissenschaftliche Erkenntnisse im Zusammenhang neuer innovativer Arzneimittel vorstellen. In diesen Fällen handelt es sich jeweils um „aktive Teilnahmen" im Sinne von Abs. 11, in denen die entsprechende Tätigkeit des Arztes regelmäßig entweder auf der Grundlage eines mit dem pharmazeutischen Unternehmen bestehenden Referenten- oder Beratervertrages durchgeführt wird (→ Rn. 363). Um eine „aktive Teilnahme" handelt es sich ferner auch dann, wenn ein Arzt, der etwa für das betreffende Unternehmen an klinischen Prüfungen oder anderen Forschungsvorhaben teilgenommen hat, im Rahmen von **Podiumsdiskussionen** im Rahmen einer externen Fortbildungsveranstaltung über die Ergebnisse seiner Forschungen für das Unternehmen berichtet. Die Verpflichtung des Arztes, einen **Kongressbericht** zu verfassen, führt nur dann zu einer „aktiven Teilnahme", wenn tatsächlich ein berechtigtes Interesse des Unternehmens an dem Erhalt eines solchen Berichts gegeben ist. Dies ist der Fall, wenn in dem Kongressbericht das Unternehmen interessierende medizinische oder wissenschaftliche Fragestellungen angesprochen werden, die von dem Unternehmen oder seinen Mitarbeitern selbst nicht ohne weiteres beantwortet werden können.

672 Die „aktive Teilnahme" nach Abs. 11 setzt die Erbringung einer **wissenschaftlichen oder fachlichen Leistung für das Unternehmen** voraus, wofür der Austausch von durch die Ärzte erstellten aktuellen Kasuistiken aus der täglichen Praxis nicht ausreicht, da man von einer wissenschaftlichen oder fachlichen Leistung nur sprechen kann, wenn es sich um sachlich nachvollziehbare und notwendige Tätigkeiten des Arztes handelt, an denen ein

[861] Vgl. bestätigend die Entscheidung zu § 4 Abs. 2 idF v. 16.2.2004, https://www.fsa-pharma.de/de/schiedstelle/berichterstattung/fachkreise/az-2005.9-91-1-instanz-18-abs-2-20-abs-3-s-2-des-kodex-produktspezifische-werkstatt-gegen-beratungshonorar-fortbild/, FS I 2005.9–91 (zul. abgerufen am 17.6.2021).

gerechtfertigtes Interesse von Seiten des pharmazeutischen Unternehmens besteht.[862] Auch die bloße Beteiligung eines Arztes an den im Rahmen von internen Fortbildungsveranstaltungen stattfindenden wissenschaftlichen **Fachdiskussionen,** die Teilnahme an einer im Anschluss an die Veranstaltung stattfindenden Bewertung der Veranstaltung durch den Arzt oder der bloße **Erfahrungsaustausch** im Rahmen interner Fortbildungsveranstaltungen bedeuten noch keine „aktive Teilnahme" iSv Abs. 11 und rechtfertigen nicht die Zahlung eines Honorars. Vielmehr erfordert dies einen gewissen, **über bloße Rede- und Diskussionsbeiträge hinausgehenden Tätigkeits- und Vorbereitungsumfang.** Die Honorierung bloßer Rede- und Diskussionsbeiträge ist daher nicht zulässig. Auch wird eine Honorierung nicht allein dadurch gerechtfertigt, dass die eingeladenen Angehörigen der Fachkreise mit Blick auf ihre (passive) Teilnahme dem einladenden Unternehmen ihre Zeit gegen eine Vergütung zur Verfügung stellen.

In Abgrenzung zur „aktiven Teilnahme" wird von einer **„passiven Teilnahme"** an un- **673**
ternehmensinternen oder fremdorganisierten Fortbildungsveranstaltungen dann gesprochen, wenn Angehörige der Fachkreise an solchen Veranstaltungen lediglich teilnehmen, ohne dass ein Fall der „aktiven Teilnahme" vorliegt. Dies ist dann der Fall, wenn **keine aktiven Beiträge** in Form eines Referates, einer Präsentation oder der Vermittlung wissenschaftlicher Erkenntnisse im Rahmen der Veranstaltung für das pharmazeutische Unternehmen erbracht werden. Die **bloße Teilnahme bzw. bloße Redebeiträge** in Fachdiskussionen führen nicht dazu, dass der Charakter einer „passiven Teilnahme" entfällt.

Bei der Durchführung eines **Berater-Workshops** kann sich die Frage nach der Einord- **674**
nung als passive (nicht vergütungsfähige) Teilnahme des HCP an einer internen Fortbildungsveranstaltung oder als vergütungsfähige Beratungsleistung ergeben (vgl. auch → Rn. 364). Die Schiedsstelle verlangt in diesem Kontext, dass die Einladung von Ärzten zu einem „Konzept-Board" eine präzise Abgrenzung zwischen der vertraglichen Zusammenarbeit und einer möglichen Fortbildungsveranstaltung erkennen lässt. Das Mitgliedsunternehmen hatte es versäumt, die genauen Themen, den Zeitaufwand und insbesondere die Anforderungen und Zielsetzungen an die teilnehmenden Ärzte genau zu beschreiben.[863] Die Schiedsstelle hat in einer anderen Entscheidung für die Abgrenzung darauf abgestellt, dass für die Einordnung der Teilnahme an einem Berater-Workshop als vergütungsfähige Leistung der Ärzte bei diesem Workshop die Wissensvermittlung durch das Unternehmen lediglich als Einstieg in die Thematik dient und von untergeordneter zeitlicher Bedeutung ist und der überwiegende Teil der Veranstaltung der Erarbeitung vorgegebener Themenstellungen gewidmet ist. Demgegenüber deute ein Workshop, der lediglich einen verbalen Erfahrungsaustausch vorsehe, auf eine lediglich passive Teilnahme an einer internen Fortbildungsveranstaltung hin.[864]

Kein Fall der aktiven Teilnahme an einer Fortbildungsveranstaltung, und demnach nicht **675**
von § 20 Abs. 11, sondern von den allgemeinen Regelungen des § 18 zur Zusammenarbeit mit HCOs erfasst, sind **Beratungsleistungen,** die Ärzte vielfach aufgrund ihrer Funktion als Berater für pharmazeutische Unternehmen erbringen. Da eine Zusammenkunft mit den für pharmazeutische Unternehmen tätigen ärztlichen Beratern aus aller Welt terminlich oftmals nur **am Rande internationaler Fachkongresse** möglich ist, finden dort regel-

---

[862] Entscheidung zu § 6 Abs. 8 iVm § 4 Abs. 2 und 3 idF v. 16.2.2004, https://www.fsa-pharma.de/de/schiedstelle/berichterstattung/fachkreise/az-2005.9–91-1-instanz-18-abs-2–20-abs-3-s-2-des-kodex-produktspezifische-werkstatt-gegen-beratungshonorar-fortbild/, FS I 2005.9–91 (zul. abgerufen am 17.6.2021).

[863] Entscheidung zu § 4 Abs. 1–3 idF v. 16.2.2004, https://www.fsa-pharma.de/de/schiedstelle/berichterstattung/fachkreise/az-2004.10–40-1-instanz-kodex-18-abs-1-2-18-abs-3-vertragliche-zusammenarbeit-mit-arzten-angemessenes-verhaltnis/, FS I 2004.10–40 (zul. abgerufen am 17.6.2021).

[864] Entscheidung zur Abgrenzung von § 4 zu § 6 idF v. 16.2.2004, https://www.fsa-pharma.de/de/schiedstelle/berichterstattung/fachkreise/az-2005.12–104-1-instanz-18-des-kodex-abgrenzung-zu-internen-fortbildungsveranstaltungen-gemass-20-des-kodex/, FS I 2005.12–104 (zul. abgerufen am 17.6.2021).

mäßig Sitzungen der entsprechenden Beratergremien (sog. **„Advisory Boards"**) statt[865], in denen die Berater Mitarbeitern des Unternehmens (zumeist aus den Forschungs- und Entwicklungsabteilungen) über die Ergebnisse ihrer Tätigkeit berichten und aktuelle Fachfragen erörtern. Internationale Fachkongresse werden aus denselben terminlichen Gründen vielfach auch für sog. **„Prüfarzttreffen"** genutzt, in denen sich die mit der Durchführung einer klinischen Studie betrauten Prüfärzte mit dem Leiter der klinischen Prüfung sowie Mitarbeitern der wissenschaftlich-medizinischen Fachabteilungen des Unternehmens zusammenfinden, um das Konzept, den aktuellen Stand oder die Ergebnisse einer von dem pharmazeutischen Unternehmen geplanten oder durchgeführten klinischen Studie zu besprechen. Üblich ist auch die Veranstaltung von sog. **„Konzept-Boards",** die in der Praxis oftmals mit der Teilnahme an internen oder externen Fortbildungsveranstaltungen verbunden werden und bei denen Ärzte aufgrund ihres Erfahrungsfundus Informationen an das pharmazeutische Unternehmen vermitteln. Die Teilnahme bzw. Mitwirkung an solchen Veranstaltungen durch Fachkreisangehörige erfolgt regelmäßig vollständig unabhängig von der Fortbildungsveranstaltung selbst; derartige Veranstaltungen könnten auch an anderer Stelle stattfinden, sodass keine aktive Teilnahme iSd Abs. 11 vorliegt.[866] Die Tätigkeit der Fachkreisangehörigen ist daher an den Maßstäben des § 18 zu messen und darf von dem Mitgliedsunternehmen nur honoriert werden, wenn es sich um eine wissenschaftliche oder fachliche Tätigkeit des Arztes handelt (→ Rn. 363 ff.).

676 Liegt eine „aktive Teilnahme" iSd Abs. 11 vor, ist ein **Vertrag** über die vom Fachkreisangehörigen zu erbringende Leistungen zu schließen, der die Voraussetzungen von § 18 erfüllt (auch → Rn. 354). Dies bedeutet, dass für die aktive Teilnahme und die hiermit verbundene Leistung ein **angemessenes Honorar** gezahlt werden darf, das auch die Übernahme von angemessenen Reise- und Übernachtungskosten beinhalten kann.

677 Bei **Klinikärzten** ist in allen dargestellten Fällen die **vorherige schriftliche Genehmigung des Dienstherrn** oder **Arbeitgebers** (im Regelfall der Verwaltung) zusätzlich erforderlich (vgl. hierzu im Einzelnen die Erläuterungen unter § 18 Abs. 1, → Rn. 386 ff.).

XIV. Spruchpraxis zu Abs. 11

678
- Eine Einladung eines Unternehmens an Ärzte zur Teilnahme an einem **Konzept-Board** muss die Themenstellung, den Zeitaufwand und die Anforderungen und Zielsetzungen an die teilnehmenden Ärzte in der Einladung genau beschreiben und für Klinikärzte auf deren mögliches vertragliches Abstimmungserfordernis mit dem Arbeitgeber hinweisen. Aus der Einladung war nicht erkennbar, dass das Konzept-Board dem Unternehmen wesentliche Erkenntnisse für künftige Therapieentscheidungen und -entwicklungen bieten sollte. Ein Kodexverstoß wurde bejaht, weil die Einladung keine präzise **Abgrenzung** zwischen der **vertraglichen Zusammenarbeit und** einer möglichen **Fortbildungsveranstaltung** erkennen ließ.[867]
- Die aktive Teilnahme nach Abs. 11 setzt die Erbringung einer **wissenschaftlichen oder fachlichen Leistung für das Unternehmen** voraus, wofür der Austausch von durch die Ärzte erstellten aktuellen Kasuistiken aus der täglichen Praxis nicht ausreicht, da man von einer wissenschaftlichen oder fachlichen Leistung nur sprechen kann, wenn es sich

[865] Entscheidung zu § 6 Abs. 8 idF v. 16.2.2004, https://www.fsa-pharma.de/de/schiedstelle/berichterstattung/fachkreise/az-2005.9–91-1-instanz-18-abs-2–20-abs-3-s-2-des-kodex-produktspezifische-werkstatt-gegen-beratungshonorar-fortbild/, FS I 2005.9–91 (zul. abgerufen am 17.6.2021).

[866] Entscheidung zu § 6 Abs. 8 idF v. 16.2.2004, https://www.fsa-pharma.de/de/schiedstelle/berichterstattung/fachkreise/az-2005.9–91-1-instanz-18-abs-2–20-abs-3-s-2-des-kodex-produktspezifische-werkstatt-gegen-beratungshonorar-fortbild/, FS I 2005.9–91 (zul. abgerufen am 17.6.2021).

[867] Entscheidung zu § 4 Abs. 1–3 idF v. 16.2.2004, https://www.fsa-pharma.de/de/schiedstelle/berichterstattung/fachkreise/az-2004.10–40-1-instanz-kodex-18-abs-1–2-18-abs-3-vertragliche-zusammenarbeit-mit-arzten-angemessenes-verhaltnis/, FS I 2004.10–40 (zul. abgerufen am 17.6.2021).

um sachlich nachvollziehbare und notwendige Tätigkeiten des Arztes handelt, an denen ein gerechtfertigtes Interesse von Seiten des pharmazeutischen Unternehmens besteht.[868]

- Erforderlich für Abs. 11 ist eine aktive Teilnahme, die dann vorliegt, wenn ein Arzt **Veranstaltungen moderiert** oder auf einer Veranstaltung **referiert** bzw. eine Präsentation darbietet. Dabei stehen die Moderation des Referats und die Präsentation regelmäßig in einem engen Zusammenhang mit Problemen oder Therapieformen, die für Produkte des Unternehmens bzw. deren Anwendung unmittelbar oder mittelbar von besonderem Interesse sind. Wenn sich eine Gesamtveranstaltung zu mehr als 2/3 auf Programmteile bezieht, die keine aktive Teilnahme des Arztes erfordern, sondern **Anwendungsfragen von Medikamenten** sowie Behandlungstherapien im Vordergrund stehen, liegt keine aktive Teilnahme im Sinne der Vorschrift vor.[869]
- Bei **Advisory Board Meetings,** die anlässlich eines internationalen Fachkongresses stattfinden, um die Mitarbeiter eines Unternehmens über die Ergebnisse der Tätigkeit der Berater des Unternehmens zu informieren, handelt es sich nicht um eine aktive Teilnahme an der Fortbildungsveranstaltung im Sinne des Abs. 11, weil die Tätigkeit der Berater des Unternehmens von der Fortbildungsveranstaltung völlig unabhängig ist und auch an anderer Stelle stattfinden könnte.[870]
- Die Teilnahme von Ärzten an einem **Berater-Workshop** ist eine **vergütungsfähige Leistung,** wenn bei dem Workshop die Wissensvermittlung durch das Unternehmen lediglich als Einstieg in die Thematik dient und von untergeordneter zeitlicher Bedeutung ist und der überwiegende Teil der Veranstaltung der Erarbeitung vorgegebener Themenstellungen gewidmet ist. Demgegenüber deutet ein Workshop, der lediglich einen verbalen **Erfahrungsaustausch** vorsieht, auf eine **interne Fortbildungsveranstaltungen** hin.[871]

Checkliste: Aktive Teilnahme an internen und externen Fortbildungsveranstaltungen

Folgende Punkte sind bei der aktiven Teilnahme eines HCP an internen und externen Fortbildungsveranstaltungen zu beachten:

- Aktive Teilnahme setzt die Erbringung einer wissenschaftlichen oder fachlichen Leistung des HCP im Auftrag für das Unternehmen voraus
  - Beispiele: Moderation einer Veranstaltung, Referat/Präsentation im Rahmen einer Veranstaltung, Bericht über Ergebnisse von Forschungsvorhaben des Unternehmens im Rahmen von Podiumsdiskussionen
  - nicht ausreichend: Teilnahme an Erfahrungsaustausch zwischen teilnehmenden Ärzten, Beteiligung an Fachdiskussionen ohne über den bloßen Rede- und Diskussionsbeitrag hinausgehenden Tätigkeits-/Vorbereitungsumfang
  - Abgrenzung zwischen passiver Teilnahme an interner Fortbildungsveranstaltung und (vergütungsfähiger) Durchführung eines Berater-Workshops abhängig von Themen und Anforde-

[868] Entscheidung zu § 6 Abs. 8 iVm § 4 Abs. 2 und 3 idF v. 16.2.2004, https://www.fsa-pharma.de/de/schiedstelle/berichterstattung/fachkreise/az-2005.9–91-1-instanz-18-abs-2-20-abs-3-s-2-des-kodex-produktspezifische-werkstatt-gegen-beratungshonorar-fortbild/, FS I 2005.9–91 (zul. abgerufen am 17.6.2019).

[869] Entscheidung zu § 6 Abs. 8 iVm § 4 Abs. 2 und 3 idF v. 16.2.2004, https://www.fsa-pharma.de/de/schiedstelle/berichterstattung/fachkreise/az-2005.9–91-1-instanz-18-abs-2-20-abs-3-s-2-des-kodex-produktspezifische-werkstatt-gegen-beratungshonorar-fortbild/, FS I 2005.9–91 (zul. abgerufen am 17.6.2021).

[870] Entscheidung zu § 6 Abs. 8 iVm § 4 Abs. 2 und 3 idF v. 16.2.2004, https://www.fsa-pharma.de/de/schiedstelle/berichterstattung/fachkreise/az-2005.9–91-1-instanz-18-abs-2-20-abs-3-s-2-des-kodex-produktspezifische-werkstatt-gegen-beratungshonorar-fortbild/, FS I 2005.9–91 (zul. abgerufen am 17.6.2021).

[871] Entscheidung zur Abgrenzung von § 4 zu § 6 idF v. 16.2.2004, https://www.fsa-pharma.de/de/schiedstelle/berichterstattung/fachkreise/az-2005.12–104-1-instanz-18-des-kodex-abgrenzung-zu-internen-fortbildungsveranstaltungen-gemass-20-des-kodex/, FS I 2005.12–104 (zul. abgerufen am 17.6.2021).

rungen an Teilnahme der Ärzte (Wissensvermittlung durch Unternehmen vs. Erarbeitung vorgegebener Themenstellungen durch Ärzte)
- Keine aktive Teilnahme an Fortbildungsveranstaltungen bei der Erbringung von Leistungen durch den HCP im Rahmen von Veranstaltungen, die lediglich anlässlich und bei Gelegenheit der Fortbildungsveranstaltung stattfinden (zB Advisory Board Meetings, Prüfarzttreffen, Konzept-Board Meetings)
- Folge der aktiven Teilnahme eines HCP: Bestimmungen des § 18 gelten (va § 18 Abs. 1 S. 2 Nr. 6 sowie Abs. 4), ua Abschluss einer schriftlichen Vereinbarung, Zahlung einer angemessenen Vergütung
- Dienstherrengenehmigung bzw. Einhaltung anderer Anforderungen des Arbeitgebers des eingeladenen Teilnehmers

XV. Leitlinien (Abs. 12)

679 Zur Auslegung der Begriffe **„angemessen"**, **„für ihren Unterhaltungswert bekannt"** und **„extravagant"** im Sinne dieser Bestimmung hat der Vorstand des Vereins verbindliche Leitlinien nach § 6 Abs. 2 erlassen (10. und 11. Leitlinie zu angemessenen Reisekosten sowie angemessener Bewirtung, 13. Leitlinie zum Merkmal „für ihren Unterhaltungswert bekannt", 14. Leitlinie zum Begriff „extravagant" und 15. bzw. 17. Leitlinie zum angemessenen Umfang der finanziellen Unterstützung von externen Fortbildungsveranstaltungen. Dieser im Rahmen der Kodexänderung vom 18.1.2008 eingefügte Absatz zielt, wie auch die übrigen Möglichkeiten zum Erlass von Leitlinien, darauf ab, eine Vereinheitlichung der Auslegung bei unbestimmten Begriffen zu erreichen.

680 Neben den genannten Begriffen hat der Vorstand des FSA im Zusammenhang mit § 20 **weitere Leitlinien** zu internen Fortbildungsveranstaltungen (8. Leitlinie), zur Einladung zu externen Fortbildungsveranstaltungen (9. Leitlinie), zur Auswahl der Tagungsstätte und des Tagungsortes allein nach sachlichen Gesichtspunkten (12. und 12a. Leitlinie) sowie zum Begriff des „Hinwirken" (16. Leitlinie) erlassen.

§ 21 Geschenke

(1) Es ist grundsätzlich unzulässig, HCP oder Mitarbeitern, Mitgliedern, Beschäftigten oder Beauftragten von HCO Geschenke zu versprechen, anzubieten oder zu gewähren. Dies gilt unabhängig davon, ob es sich um produktbezogene oder nicht produktbezogene Werbung handelt.

(2) Das in Abs. 1 beschriebene Verbot findet dann keine Anwendung, sofern die entsprechenden Zuwendungen ansonsten nach diesem Kodex zulässig sind oder eine in § 7 Abs. 1 Satz 1 Nr. 2–5 HWG geregelte Ausnahme vorliegt.

Übersicht

I. Vorbemerkung

Die Regelung des § 21 ist durch die Kodexrevision vom 27.11.2013 grundlegendgeändert worden. Seit dem 1.7.2014 gilt ein generelles Geschenkeverbot.[872] Erläuterungen der früheren Fassung des § 21 können der **Vorauflage** (3. Aufl., Kap. 11 Rn. 286 ff.) entnommen werden. Seit der Kodexrevision vom 14.11.2019 gilt das Geschenkverbot neben HCPs auch für Mitglieder, Mitarbeiter, Beschäftige oder Beauftragte von **HCOs.** 681

II. Das Geschenkeverbot – Abs. 1

Mit der Kodexänderung vom 27.11.2013 hat der FSA im Zuge der Umsetzung des geänderten EFPIA-Kodex das bisherige Regel-Ausnahmeprinzip des § 21 durch ein **generelles Geschenkeverbot** ersetzt. Danach ist die Abgabe von Geschenken **jeglicher** Art grundsätzlich unzulässig. 682

1. Grundlage des Geschenkeverbotes und Begriff des „Geschenks"

Das grundsätzliche Geschenkeverbot beruht auf Art. 11.01 EFPIA-Kodex, wonach jegliche Form von Geschenken („gifts for the personal benefit") unzulässig ist. Der EFPIA-Kodex sieht ein umfassendes Verbot vor, indem jegliches Gewähren, Anbieten und Versprechen **von Geschenken oder geldwerten Vorteilen** unabhängig davon, ob es als Geld- oder Sachleistung erfolgt, generell verboten ist. 683

Die Vorschrift des § 21 stellt im Unterschied zum EFPIA-Kodex darauf ab, dass es grundsätzlich unzulässig ist, den HCPs Geschenke zu versprechen, anzubieten oder zu gewähren. Obwohl die als verboten qualifizierten Verhaltensmodalitäten mit denen des EFPIA-Kodex deckungsgleich sind, stellt sich die Frage, inwieweit sich der ausschließliche Bezug auf Geschenke im Kodex als nur eingeschränkte Umsetzung des EFPIA-Kodex darstellen könnte. Der EFPIA-Kodex verbietet nicht nur Geschenke, sondern auch jegliche anderen geldwerten Vorteile in bar oder in Form von Sachleistungen. Sind daher durch die Formulierung **„Geschenke"** auch alle anderen geldwerten Vorteile, Bar- und Sachleistungen mit einbezogen? 684

Der Kodex selbst beinhaltet keine Definition des Geschenkbegriffs. Die Terminologie deckt sich indes mit dem aus dem Dienst- sowie Strafrecht bekannten Begriff, sodass ein Rückgriff auf die dort verwendete Definition sachgerecht ist. Geschenke sind demnach **alle Zuwendungen,** auf die kein Rechtsanspruch besteht und die auf Seiten des Empfängers zu einer materiellen oder immateriellen objektiven Besserstellung führen (→ Kap. 2 Rn. 70). Als Geschenk sind demnach alle geldwerten Vorteile unabhängig von ihrer Leistungsart (bar oder Sachleistung) und ihrem Leistungscharakter (materiell oder immateriell) zu verstehen. Von daher ist der **Begriff des Geschenks** dem deutschen Rechtsverständnis nach **weit zu verstehen,** wodurch auch geldwerte Vorteile, Barzahlungen sowie Sachleistungen von ihm erfasst werden, sodass sich im Ergebnis die Verbotstatbestände des § 21 Kodex und Art. 11.01 EFPIA-Kodex decken. Darüber hinaus lässt sich diese Sichtweise auch durch die stets erforderliche **EFPIA-Kodex-konforme Auslegung** der nationalen Vorschriften, wie hier dem § 21 Kodex, herleiten. Auch die Spruchpraxis bestätigt die weite Auslegung des Begriffs „Geschenk", die jede unentgeltlich gewährte Vergünstigung umfasst.[873] 685

Satz 2 stellt klar, dass die ursprüngliche **Differenzierung** in **produktbezogene und nicht produktbezogen Werbung** – wie sie in der Altfassung noch vorgesehen wurde – **nicht mehr aufrechterhalten** wird. Sie unterstreicht folglich die Geltung des nunmehr bestehenden generellen Verbotes jeglicher Geschenke. 686

---

[872] Zur Einführung des umfassenden Geschenkeverbots, *Diener* PharmR 2015, 338 (340).

[873] Vgl. hierzu Entscheidung zu § 21 Abs. 1 idF v. 15.11.2016, https://www.fsa-pharma.de/de/schiedstelle/berichterstattung/fachkreise/az-fs-ii-1-17-2016.22-508-21-abs-1-fsa-kodex-fachkreise-werbemassnahmen-gegenuber-patienten-die-auch-dem-arzt-einen-gewi/, FS II 1/17/2016.22-508 (zul. abgerufen am 11.3.2021).

2. Zielsetzung des Geschenkeverbots

687 Das Geschenkeverbot flankiert neben der Einführung einer Bewirtungshöchstgrenze (§ 22 Kodex iVm der 18. Leitlinie des Vorstandes des FSA) den FSA-Transparenzkodex (Kap. 16) und verfolgt wie dieser das Ziel, das **Vertrauen der Patienten** in die individuelle Verordnungsentscheidung des behandelnden Arztes/der behandelnden Ärztin zu stärken. Das präventiv wirkende, generelle Geschenkeverbot zielt darauf ab, den immer wieder aufkommenden Generalverdacht der unlauteren Einflussnahme der Pharmaindustrie auf die Ärzteschaft durch die Gewährung von Geschenken endgültig auszuräumen.

688 Kritischen Stimmen, die ein generelles Geschenkeverbot für übertrieben erachteten und daher für die Beibehaltung von Geringwertigkeitsschwelle und Produktbezug plädierten, wurde entgegengehalten, dass die Vergangenheit bewiesen hätte, welche Unwägbarkeiten derartige Regelungen mit sich brachten. Die Verwendung unbestimmter Rechtsbegriffe und ungenauer Formulierungen birgt stets die Gefahr der Unsicherheit und das damit einhergehende hohe Risiko, dass der zulässige Rahmen überschritten wird. Die Frage, ob ein Geschenk noch zulässig ist oder bereits darüber hinausgeht, kann leicht zu **Fehleinschätzungen** führen, die im Falle der Unzulässigkeit neben Geldstrafen auch zu nur schwer wiedergutzumachenden Reputationsschäden führen kann.

689 Ziel des generellen Geschenkeverbot ist es daher, das **Vertrauen in die Unabhängigkeit des Arztes** zu stärken. Dabei können aber auch bereits geringwertige Geschenke, wie Kugelschreiber, Blöcke, Mousepads etc, die mit dem Logo des jeweiligen Pharmaunternehmen versehen sind und in der Praxis verwendet werden, ein „Geschmäckle" aufkommen lassen.[874] Um genau dies effektiv zu unterbinden, wurde die Einführung des generellen Geschenkeverbots mit der Kodexrevision vom 27.11.2013 vorgesehen und somit die Entscheidung für eine generelle Untersagung von Geschenken der Pharmaindustrie unabhängig von ihrer **Geringwertigkeit** getroffen.

3. Umfassendes Geschenkeverbot

690 Die Regelung des § 21 Abs. 1 Kodex geht weiter als das gesetzliche Verbot und ist bewusst strenger als § 7 Abs. 1 HWG ausgestaltet. Die Vorschrift will jede Form von Geschenken **umfassend verbieten,** soweit nicht eine Ausnahme nach § 21 Abs. 2 eingreift. Aufgrund des begrenzten Verweises in § 21 Abs. 2 Kodex auf die Ausnahmetatbestände des § 7 Abs. 1 HWG (→ Rn. 706) gilt die Ausnahme der geringwertigen Kleinigkeit gem. § 7 Abs. 1 Nr. 1 HWG gerade nicht im Kontext des Kodex. Außerdem kommt es für § 21 Abs. 1 Kodex im Unterschied zur Rechtsprechung des Bundesgerichtshofs zu § 7 Abs. 1 HWG[875] gerade nicht auf eine individuelle Beeinflussbarkeit des Arztes an.[876] Die klare Regelung eines umfassenden Geschenkeverbots würde nach zutreffender Ansicht der Schiedsstelle wieder aufgeweicht werden, wenn die Anwendbarkeit des Verbots in jedem Einzelfall davon abhinge, ob das Geschenk **geeignet** wäre, den konkret betroffenen Arzt unsachlich **zu beeinflussen.**[877]

[874] Siehe zur Unzulässigkeit der Abgabe von Kugelschreibern und Schlüsselanhängern auf externen Fortbildungsveranstaltungen, Entscheidung zu § 21 Abs. 1 idF v. 27.11.2013, https://www.fsa-pharma.de/de/schiedstelle/berichterstattung/fachkreise/az-2014.7–426-1-instanz-21-abs-1-n.f-fsa-kodex-fachkreise-verbot-des-angebots-und-der-abgabe-von-geschenken/, FS I 2014.7–426 (zul. abgerufen am 11.3.2021).

[875] Vgl. BGH GRUR 2012, 1279 (1282) – das große Rätselheft.

[876] Entscheidung zu § 21 Abs. 1 idF v. 15.11.2016, https://www.fsa-pharma.de/de/schiedstelle/berichterstattung/fachkreise/az-fs-ii-1–17-2016.22–508-21-abs-1-fsa-kodex-fachkreise-werbemassnahmen-gegenuber-patienten-die-auch-dem-arzt-einen-gewi/, FS II 1/17/2016.22–508 (zul. abgerufen am 11.3.2021).

[877] Vgl. hierzu Entscheidung zu § 21 Abs. 1 idF v. 15.11.2016, https://www.fsa-pharma.de/de/schiedstelle/berichterstattung/fachkreise/az-fs-ii-1–17-2016.22–508-21-abs-1-fsa-kodex-fachkreise-werbemassnahmen-gegenuber-patienten-die-auch-dem-arzt-einen-gewi/, FS II 1/17/2016.22–508 (zul. abgerufen am 11.3.2021).

4. Zuwendungen zur Weitergabe an Patienten

Das Geschenkverbot erfasst grundsätzlich auch **Zuwendungen, die dem Arzt unentgeltlich zum Zweck der Weitergabe an den Patienten zur Verfügung gestellt** werden. In einem ersten Schiedsspruch[878] hatte die Schiedsstelle über eine sog. Patienten-Box zu entscheiden, die neben Faltblättern auch ein Gymnastikband enthielt. Die Patienten-Box wurde dem Arzt zur Weitergabe an Patienten überlassen, die auf ein bestimmtes Arzneimittel des Mitgliedsunternehmens neu eingestellt werden. Wenngleich das Mitgliedsunternehmen dem Arzt nur die Rolle eines Mittlers zuordnete, begründete die Schiedsstelle den Verstoß gegen das Geschenkverbot mit dem Umstand, dass mit der Übergabe der Patienten-Boxen an den Arzt die **volle Verfügungsgewalt** auf diesen überginge. Allein dem Arzt oblag die Entscheidung, ob er diese an Patienten oder andere Personen weiterverschenkt, sie behält oder vernichtet. Anhaltspunkte dafür, dass die Verfügungsgewalt beim Unternehmen verbleiben sollte, waren zur Überzeugung der Schiedsstelle nicht feststellbar. Allein die Kennzeichnung der Patienten-Box mit dem Namen des Mitgliedsunternehmens stand dieser Bewertung nach Auffassung der Schiedsstelle nicht entgegen. Denn auch Arzneimittelmuster würden vom Patienten als Sacheigentum des Arztes eingeordnet, wenn er diese vom Arzt und nicht vom Unternehmen überreicht bekommt. 691

Im Unterschied hierzu ordnete der Spruchkörper II. Instanz in einem anderen Fall[879] eine sog. COPD-Aktiv-Box aufgrund ihrer Aufmachung und dem Wert des enthaltenen Pedometers zwar unmittelbar selbst **nicht** als **Geschenk an Ärzte** ein. Jedoch sah die Schiedsstelle darin die Gewährung eines **gewichtigen Zweitnutzens** an die Ärzte, da der Arzt hierdurch insoweit einen **eigenen, erheblichen Werbevorteil** erhält, als der Patient – zusätzlich zum Mitgliedsunternehmen – auch den Arzt als Schenker wahrnehmen würden. Dieser Werbevorteil könne ohne Weiteres eine Kundenbindung zwischen dem Arzt und dem Patienten begründen oder fördern. 692

Diese Entscheidungen stimmen mit den **gesetzlichen Grundsätzen** zur Bewertung der Zulässigkeit derartiger Zuwendungen an Patienten überein. In der Weitergabe von Zuwendungen an Patienten dürfte auch nach der **Rechtsprechung zu § 7 HWG** grundsätzlich ein potentieller Zweitnutzen für den Arzt im Sinne eines Werbevorteils und Patientenbindungseffekts liegen. Etwas anderes gilt dann, wenn ein entsprechender Zweitnutzen von vorneherein vermieden wird. Auch wenn dies nicht von vorneherein ausgeschlossen erscheint, dürften einem solchen Ansatz in praktischer Hinsicht nicht unerhebliche Schwierigkeiten entgegentreten. Denn aus Sicht des Patienten tritt grundsätzlich der Arzt als derjenige in Erscheinung, der ihm die Leistungen zuwendet. Selbst wenn dies nach strikten Vorgaben des dahinterstehenden Unternehmens erfolgen sollte, bleibt doch zumindest die „Auswahlentscheidung" im Einzelfall aus der Empfängerperspektive eine solche des Arztes. Dieser wird bei einer lebensnaher Betrachtung und unter Berücksichtigung der berufsrechtlichen Grenzen regelmäßig nicht als bloßer Bote (zB vergleichbar mit einem Paketzusteller) in Erscheinung treten, sondern als der behandelnde Arzt, der im Einzelfall die (Auswahl-)Entscheidung trifft, die ihm überlassene Zuwendung an einen bestimmten Patienten weiterzugeben. Diesem Eindruck wird nur sehr schwer vollständig entgegengewirkt werden können. 693

Die im Rahmen des § 7 HWG geltende immanente Begrenzung des Zuwendungsverbots, nach welcher die Zuwendung zumindest die **abstrakte Gefahr einer unsachlichen** 694

[878] Entscheidung zu § 21 Abs. 1 idF v. 15.11.2016, https://www.fsa-pharma.de/de/schiedstelle/berichterstattung/fachkreise/az-2016.12–507-21-abs-1-fsa-kodex-fachkreise-geschenkeverbot-gegenuber-den-fachkreisen-abgabe-von-gymnastikbandern-im-zus/, FS I 2016.12–507 (zul. abgerufen am 11.3.2021).

[879] Vgl. hierzu Entscheidung zu § 21 Abs. 1 idF v. 15.11.2016, https://www.fsa-pharma.de/de/schiedstelle/berichterstattung/fachkreise/az-fs-ii-1–17-2016.22–508-21-abs-1-fsa-kodex-fachkreise-werbemassnahmen-gegenuber-patienten-die-auch-dem-arzt-einen-gewi/, FS II 1/17/2016.22–508 (zul. abgerufen am 11.3.2021).

Beeinflussung der Werbeadressaten beinhalten muss, soll für die Bewertung nach § 21 Kodex nach der bisherigen Entscheidungspraxis des Spruchkörpers der 2. Instanz nicht gelten. Insbesondere sollen die Verbotstatbestände auch dann eingreifen, wenn keine Kopplung mit einer produktbezogenen Absatzwerbung erfolgt.[880] Liegt somit bei Zuwendungen zur Weitergabe an Patienten ein Zweitnutzen für die Ärzte vor, ist der Verbotsbereich des § 21 regelhaft berührt. Die Zulässigkeit hängt dann im Einzelfall davon ab, ob einer der Ausnahmetatbestände des § 7 Abs. 1 HWG (ggf. in Verbindung mit § 21 Abs. 2 Kodex) eingreift. Die Rechtsprechung zu § 7 HWG legt dabei die Ausnahmetatbestände im Hinblick darauf, was üblicherweise als handelsübliches Zubehör bzw. als handelsübliche Nebenleistungen akzeptiert werden kann, generell eher restriktiv aus.

695 Im Ergebnis verbleiben nach dieser Spruchpraxis gewisse Handlungsspielräume in Fallgestaltungen, in denen die Zuwendungen **direkt und ohne Beteiligung der Ärzte** an die Patienten übermittelt werden, da dann der Anwendungsbereich des Kodex von vornherein nicht eröffnet ist. Wenn dies im Rahmen einer allgemeinen Imagewerbung ohne konkreten Produktbezug erfolgt, greift auch das HWG nicht ein. Unter diesen Voraussetzungen wäre daher eine kostenlose Abgabe von Gegenständen nach den Regelungen des UWG und GWB zulässig, soweit keine gezielte Mitbewerberbehinderung oder eine missbräuchliche Ausnutzung von Marktmacht vorliegt.

696 In einer dritten Entscheidung[881] der Schiedsstelle bestätigte diese Spruchpraxis im Ergebnis. Die in Frage stehenden, unentgeltlich den Patienten über den Arzt weitergegebenen Produkte standen im Zusammenhang mit der Arzneimitteltherapie, indem sie dazu dienen sollten, Therapie-spezifische Nebenwirkungen der verordneten Arzneimittel zu lindern. Trotz dieses Sachzusammenhangs – hat die Schiedsstelle die Überlassung der Patientenbox im Ergebnis als unzulässig bestätigt. Gleichwohl wies die Schiedsstelle darauf hin, dass im Hinblick auf die Gesamtintention des Kodex (ua dass die bestmögliche Patientenversorgung und der Patient selbst an erster Stelle stehen), in besonders gelagerten Fällen eine eingeschränkte Anwendung des Geschenkeverbots in Frage kommen könne. Dies sei insbesondere dann vorstellbar, wenn hierdurch eine sachgerechte Therapie gefördert wird, die ansonsten nicht in angemessener Art und Weise sicherzustellen wäre und die Abweichung von den Kodexbestimmungen sich in einem geringstmöglichen Rahmen hielten. Die Entscheidung lässt somit erkennen, dass die Schiedsstelle in Anlehnung an die Rechtsprechung des BGH zu § 7 HWG durchaus offen für eine tatbestandsimmanente Eingrenzung des Zuwendungsverbots in § 21 ist, wenn hiermit keinerlei abstraktes Gefahrenpotential einer unsachlichen Beeinflussung verbunden ist. Dies sollte richtigerweise nicht nur dann gelten, wenn nur hierdurch eine sachgerechte Therapie gewährleistet ist, sondern auch dann, wenn diese hierdurch auf der Grundlage einer „medizinischen Rationale" gefördert wird.

5. Das Geschenkeverbot als unzulässiger Eingriff in das Wettbewerbsrecht?

697 Die Einführung des generellen Geschenkeverbotes durch die EFPIA und dessen nationale Umsetzung im Kodex stieß bei der Werbewirtschaft auf großen Unmut. Der Gesamtverband der Werbeartikel-Wirtschaft eV (folgend GWW) hatte gegen den Transparenzkodex der EFPIA beim Bundeskartellamt Einspruch eingelegt, welcher von diesem jedoch zurückgewiesen wurde.[882] Die **kartellrechtlichen Bedenken** sowie ein Verstoß gegen § 1

[880] Vgl. hierzu Entscheidung zu § 21 Abs. 1 idF v. 11.15.2016, https://www.fsa-pharma.de/de/schiedstelle/berichterstattung/fachkreise/az-fs-ii-1-17-2016.22-508-21-abs-1-fsa-kodex-fachkreise-werbemassnahmen-gegenuber-patienten-die-auch-dem-arzt-einen-gewi/, FS II 1/17/2016.22–508 (zul. abgerufen am 11.3.2021).

[881] Entscheidung zu § 21 Abs. 1 idF v. 17.10.2017, https://www.fsa-pharma.de/de/schiedsstelle/berichterstattung/fachkreise/abgabe-von-pflegeprodukten-und-nahrungsmitteln-therapiemanagement set/, FS 2019.4–588 (zul. abgerufen am 11.3.2021).

[882] Siehe dazu die Pressemitteilung des GWW vom 23.10.2013.

GWB, die der GWW in dem Geschenkeverbot sah, wurden von dem Bundeskartellamt **nicht geteilt.**

Kartellrechtlich kommt weder der Missbrauch einer marktbeherrschenden Stellung, noch ein Verstoß gegen das Kartellverbot in Betracht. Der Missbrauchstatbestand nach **Art. 102 AEUV** bzw. ein Verstoß gegen **§§ 19, 20 GWB** scheitert bereits daran, dass die Mitgliedsunternehmen des VFA **keine marktbeherrschende bzw. marktstarke Stellung** innehaben. Zunächst ist nicht von einem eigenständigen Markt für die Beschaffung von Streuwerbemitteln auszugehen. Es liegt zudem keine marktbeherrschende Stellung der VFA-Mitgliedsunternehmen vor, da fast jedes Unternehmen jeglicher Branche geringwertige Streuwerbemittel zur Bewerbung des eigenen Unternehmens bezieht und im Vergleich dazu der Bezug der VFA-Mitgliedsunternehmen sich nur in einem marginalen Bereich bewegen. Aus dem gleichen Grund scheidet auch die Annahme einer marktstarken Stellung aus, da keine Abhängigkeit iSd § 20 Abs. 1 GWB dergestalt vorliegt, dass ein Ausweichen auf andere Unternehmen nicht möglich ist. Die Streuwerbemittel-Industrie hat in der Branche bei fast allen Unternehmen Abnehmer von Werbemitteln, sodass eine hinreichend starke Abhängigkeit von den VFA-Mitgliedern nicht in Betracht kommt. 698

Ebenso scheidet ein Verstoß gegen **§ 1 GWB** bzw. **Art. 101 AEUV** aus. Demnach sind ua Beschlüsse von Unternehmensvereinigungen verboten, die eine Verhinderung, Einschränkung oder Verfälschung des Wettbewerbs bezwecken oder bewirken. Voraussetzung hierfür wäre das Vorliegen einer **Wettbewerbsbeschränkung**[883], die **spürbar** ist und für die **keine Freistellungsmöglichkeit** bestünde. Das Verbot der Streuwerbemittel dürfte zwar als Beschränkung der wettbewerblichen Handlungsfreiheit der Streuwerbemittel-Industrie und folglich als Wettbewerbsbeschränkung angesehen werden können. Auch könnte vorliegend die Auswirkung der Beeinträchtigung „mehr als nur unbedeutend" sein[884] und damit spürbar. Dies beurteilt sich im Wesentlichen anhand der Marktanteile, wobei von einer Spürbarkeit ausgegangen wird, sofern die Marktanteile auf dem von der Vereinbarung betroffenen Markt die 10 %-Marke überschreiten. Dies dürfte vorliegend auf den Markt der Herstellung und des Vertriebs von Arzneimitteln, dem die VFA-Mitglieder angehören, zutreffen. Allerdings liegt eine **Freistellung** von dem Verbot gem. **§ 2 GWB** bzw. **Art. 101 Abs. 3 AEUV** vor. Dies folgt schon im Hinblick darauf, dass die sich in § 7 HWG niedergeschlagene **Intention** des Gesetzgebers ein **strenges Regel-Ausnahmeprinzip** verfolgt. Dieses wurde durch die 3. AMG-Novelle vom 13.8.2013 nochmals verstärkt. Durch sie wurde **§ 7 Abs. 1 Nr. 1 HWG** ergänzt, wodurch es nun mehr heißt: „Zuwendungen oder Werbegaben sind für Arzneimittel unzulässig, soweit sie entgegen den Preisvorschriften gewährt werden, die auf Grund des Arzneimittelgesetzes gelten." Dass diese Regelung erst eingeführt wurde, nachdem der EFPIA am 13.6.2013 das Geschenkeverbot beschlossen hat, ist für ihre Anwendbarkeit nicht maßgeblich, da laut des EFPIA-Kodex eine Umsetzungsfrist in nationales Recht bis zum 31.12.2013 galt und die Änderung noch innerhalb dieses Zeitraumes in Kraft trat. Auch profitiert der Verbraucher von dem Geschenkeverbot, da dieses das Ziel verfolgt, sicherzustellen, dass die Verschreibung von Arzneimitteln auf rein sachlicher Basis erfolgt und dadurch das **Vertrauen der Patienten** in die unbeeinflusste freie Therapie- und Verordnungsentscheidung des Arztes gesteigert werden soll. Schlussendlich stellte sich die Beschränkung auch als **verhältnismäßig** dar, da aufgrund des marginalen Bezugs von Streuwerbemitteln der Pharmaindustrie im Vergleich zu allen anderen Unternehmensbranchen kaum Auswirkungen auf den Wettbewerb im Außenverhältnis zu erwarten sind. 699

Durch den **Anerkennungsbeschluss** des **Bundeskartellamtes** hinsichtlich des geänderten Kodex vom 20.5.2014 hat das Bundeskartellamt klargestellt, dass es die Umsetzung der EFPIA-Regelung anerkennt und folglich das **Geschenkeverbot** als **mit** dem europäischen und deutschen **Kartell- und Wettbewerbsrecht im Einklang** stehend, ansieht. 700

---

883 Zur Vereinbarkeit von Verhaltenskodizes mit dem Kartellverbot, vgl. *Lettl* WRP 2021, 145 ff.

884 Vgl. zur Definition der Spürbarkeit etwa *Zimmer* in Immenga/Mestmäcker GWB § 1 Rn. 141.

III. Spruchpraxis zu Abs. 1[885]

1. Spruchpraxis zum Begriff des Geschenks

701 – „Zuwendungen und sonstige Werbegaben“ iSd § 7 Abs. 1 HWG sind grundsätzlich auch „Geschenke“ iSd § 21 Abs. 1 Kodex. Der Begriff „Geschenk“ ist ebenso wie der Begriff „Werbegabe“ **weit auszulegen** und umfasst jede unentgeltlich gewährte Vergünstigung.[886]
– Die Abgabe von Geschenken wie beispielsweise **Kugelschreiber** oder Lanyards (Schlüsselanhänger) an Angehörige der Fachkreise auf **externen Fortbildungsveranstaltungen** ist seit dem 1.7.2014 aufgrund des § 21 Abs. 1 verboten.[887]
– Die in Ziffer 3.9 der 3. Leitlinie des Vorstands des FSA zu § 6 Abs. 2 iVm § 15a Abs. 1 Nr. 1 genannte Ausnahme für „einfache Schreibblöcke und geringwertige Schreibstifte“ **gilt nicht für andere Artikel,** wie etwa Schlüsselanhänger. Zudem gelten diese Ausnahmen nur für von den Mitgliedsunternehmen selbst organisierte sog. interne Fortbildungsveranstaltungen.[888]
– **Klebezettel,** die zur Kennzeichnung von Patientenakten und/oder als Notizzettel verwendet werden können, zählen zum allgemeinen Praxisbedarf (hier: Büro- und Schreibtischorganisation der Arztpraxis), für die Geschenke wiederum nicht überlassen werden können.[889]
– Das „Gewähren“ eines Geschenks kann durch die **Ermöglichung des kostenlosen Downloads** einer Broschüre erfolgen. Es kommt nicht darauf an, dass zwischen dem Mitgliedsunternehmen und den Ärzten, die von der Möglichkeit des Downloads Gebrauch machen, kein persönlicher Kontakt besteht.[890]
– Wird einer medizinischen Fachkraft im Rahmen einer produktbezogenen Werbung die Teilnahme an einem Zertifikatslehrgang „Praxismanager/in im Gesundheitswesen (IHK)“ bei einer Selbstbeteiligung in Höhe von 200,00 EUR ermöglicht, wobei die übliche Teilnahmegebühr 2000,00 EUR beträgt, so verstößt die **Finanzierung** dieser **arzneimittelfremden Fortbildungsleistung** sowie die Übernahme von Reise- und Übernachtungskosten gegen § 21 Abs. 1.[891]

---

885 Nicht ausdrücklich Bezug genommen wird an dieser Stelle auf Schiedssprüche zu § 7 HWG, da diese keine Erkenntnisse zu den Bestimmungen des Kodex enthalten. Dennoch hat sich Schiedsstelle des FSA mit derartigen Verstößen (idR von Nichtmitgliedern) befasst. Die relevanten Schiedssprüche sind auf der Webseite der FSA-Spruchpraxis abrufbar: https://www.fsa-pharma.de/de/schiedstelle/berichterstattung/fachkreise?mode=paragraph (zul. abgerufen am 11.3.2021).

886 Vgl. hierzu Entscheidung zu § 21 Abs. 1 idF v. 15.11.2016, https://www.fsa-pharma.de/de/schiedstelle/berichterstattung/fachkreise/az-fs-ii-1–17-2016.22–508-21-abs-1-fsa-kodex-fachkreise-werbemassnahmen-gegenuber-patienten-die-auch-dem-arzt-einen-gewi/, FS II 1/17/2016.22–508 (zul. abgerufen am 11.3.2021).

887 Entscheidung zu § 21 Abs. 1 idF v. 27.11.2013, https://www.fsa-pharma.de/de/schiedstelle/berichterstattung/fachkreise/az-2014.7–426-1-instanz-21-abs-1-n.f-fsa-kodex-fachkreise-verbot-des-angebots-und-der-abgabe-von-geschenken/, FS I 2014.7–426 (zul. abgerufen am 11.3.2021).

888 Entscheidung zu § 21 Abs. 1 idF v. 27.11.2013, https://www.fsa-pharma.de/de/schiedstelle/berichterstattung/fachkreise/az-2014.7–426-1-instanz-21-abs-1-n.f-fsa-kodex-fachkreise-verbot-des-angebots-und-der-abgabe-von-geschenken/, FS I 2014.7–426 (zul. abgerufen am 11.3.2021).

889 Entscheidung zu § 21 Abs. 1 idF v. 4.12.2014, https://www.fsa-pharma.de/de/schiedstelle/berichterstattung/fachkreise/az-2016.9–505-21-abs-1-leitlinie-4.4-fsa-kodex-fachkreise/, FS I 2016.9–505 (zul. abgerufen am 11.3.2021).

890 Entscheidung zu § 21 idF v. 18.1.2008, https://www.fsa-pharma.de/de/schiedstelle/berichterstattung/fachkreise/az-fs-ii-4–08-2008.2–228-1-abs-3-nr-5–21-abs-1–21-abs-2-fsa-kodex-7-abs-1-nr-4-hwg-anwendbarkeit-des-kodex-un/, FS II 4/08/2008.2–228 (zul. abgerufen am 11.3.2021); vgl. hierzu *Finn* PharmR 2009, 481 ff.

891 Entscheidung zu § 21 Abs. 1 idF v. 18.1.2008, https://www.fsa-pharma.de/de/schiedstelle/berichterstattung/fachkreise/az-2007.9–193-1-instanz-21-abs-1-des-kodex-ermoglichung-der-teilnahme-an-einem-zertifikatslehrgang-der-ihk/, FS I 2007.9–193 (zul. abgerufen am 11.3.2021).

– Werden Fachkreisangehörigen WORD-Vorlagen mit Textbausteinen unentgeltlich zur Verfügung gestellt, deren Inhalte überwiegend und zwangsläufig Bestandteil üblicher Textbausteine und den Fachkreisen bekannt sind, so sind diese Vorlagen mit üblichem Praxisbedarf vergleichbar, den der Arzt ohnehin ständig vorhalten muss. Sie unterfallen in der Regel nicht den Ausnahmetatbeständen des § 15a und verstoßen daher gegen § 21 Abs. 1. Werden weitere Bestandteile mit Informations- oder Schulungscharakter zur Verfügung gestellt, mit denen dem Arzt „mundgerecht" vorformuliert wird, was er sonst notwendigerweise selbst anzuführen und zu formulieren hätte, so können die ihm dadurch **ersparte Zeit und Aufwand eine unentgeltliche Sachleistung** darstellen, die mit dem Geschenkeverbot des § 21 Abs. 1 Kodex nicht mehr vereinbar ist.[892]
– Die Möglichkeit zum Erwerb von Produkten für den Praxisbedarf zu einem **reduzierten Preis** stellt keinen Verstoß gegen § 21 Abs. 1 dar. Zwar kann eine „geldwerte Vergünstigung" auch dann vorliegen kann, wenn das vom Begünstigten verlangte Entgelt in einem derart krassen Missverhältnis zum Marktwert der Ware oder Dienstleistung steht, dass es nur als Scheinentgelt angesehen werden kann und dieser Charakter für den Abnehmer offenbar wird. Allerdings sind diese Voraussetzungen bei einem „günstigen" Kaufpreis nicht erfüllt. Soweit ein (Kauf-)preis für eine Ware oder Dienstleistung nicht als rein symbolisch empfunden werden kann, stellt der damit verbundene Preisvorteil sich nicht als Geschenk des Unternehmens dar.[893]

2. Spruchpraxis zu Patientenboxen (Weitergabe von Produkten an Patienten durch Ärzte)

– Gegenstände, die vom Unternehmen ohne entgegenstehende Vorbehalte dem Arzt **unentgeltlich zur Weitergabe an Patienten** überlassen werden (hier: sog. Patienten-Boxen mit einem Gymnastikband), können Geschenke im Sinne von § 21 Abs. 1 Kodex darstellen. Einer solchen Bewertung steht nicht entgegen, dass die Gegenstände klar erkennbar die Kennzeichnung des Herstellers tragen, da der Patient das Sacheigentum dem Arzt zuordnet, wenn er die Gegenstände von diesem überreicht erhält. Denn auch Arzneimittelmuster oder gedruckte Patienteninformationsmaterialien seien vergleichbar gekennzeichnet und würden vom Patienten entsprechend zugeordnet werden.[894] 702
– Werbemaßnahmen, bei denen zwar die **Werbung gegenüber den Patienten** im Mittelpunkt steht, die aber dem Arzt einen gewichtigen **Zweitnutzen** gewähren, sind auch als Geschenk an den Arzt zu betrachten. Eine derartige Werbemaßnahme kann ohne Weiteres eine Kundenbindung zwischen dem Arzt und dem Patienten begründen oder fördern. Demgemäß hat der Arzt einen **eigenen Werbevorteil.**[895]
– Pflegeprodukte und Nahrungsmittel, die in einem **Therapiemanagementset** enthalten sind, das **Ärzten zur Weitergabe an Patienten zur Verfügung gestellt wird,** stellen

[892] Entscheidung zu § 21 Abs. 1 idF v. 17.10.2017, https://www.fsa-pharma.de/de/schiedstelle/berichterstattung/fachkreise/az-2018.4-542verstoss-gegen-21-abs-1-fsa-kodex-fachkreise-hier-klinik-entlassungsbrief-vhf/, FS I 2018.4–542 (zul. abgerufen am 11.3.2021).

[893] Entscheidung zu § 21 idF v. 1.12.2011, https://www.fsa-pharma.de/de/schiedstelle/bericht erstattung/fachkreise/az-az-2012.2–320-1-instanz-21-fsa-kodex-fachkreise-ermoglichung-eines-preis gunstigen-einkaufs-von-einmalartikeln-medi/, FS I 2012.2–320 (zul. abgerufen am 11.3.2021).

[894] Entscheidung zu § 21 Abs. 1 idF v. 15.11.2016, https://www.fsa-pharma.de/de/schiedstelle/berichterstattung/fachkreise/az-2016.12–507-21-abs-1-fsa-kodex-fachkreise-geschenkeverbot-gegen uber-den-fachkreisen-abgabe-von-gymnastikbandern-im-zus/, FS I 2016.12–507 (zul. abgerufen am 11.3.2021).

[895] Vgl. hierzu Entscheidung zu § 21 Abs. 1 idF v. 15.11.2016, https://www.fsa-pharma.de/de/schiedstelle/berichterstattung/fachkreise/az-fs-ii-1-17-2016.22–508-21-abs-1-fsa-kodex-fachkreise-werbemassnahmen-gegenuber-patienten-die-auch-dem-arzt-einen-gewi/, FS II 1/17/2016.22–508 (zul. abgerufen am 11.3.2021).

in der Regel einen Verstoß gegen das Geschenkverbot des Kodex dar. Eine sehr eingeschränkte Anwendung des Geschenkeverbots kann ausnahmsweise in besonders gelagerten Fällen in Betracht kommen, wenn hierdurch eine sachgerechte Therapie gefördert wird und die Abweichung von den Kodexbestimmungen sich in einem geringstmöglichen Rahmen bewegt.[896]

3. Sonstige Spruchpraxis zu Abs. 1

703 – Das Verbot des § 21 Abs. 1 Kodex geht weiter als das gesetzliche Verbot, weil es Werbung einbezieht, die nicht produktbezogen ist und weil es bei den Ausnahmen nicht § 7 Abs. 1 Nr. 1 HWG, sondern nur § 7 Abs. 1 Nr. 2–5 HWG nennt. Die Grundsätze, die vom Bundesgerichtshof zu § 7 Abs. 1 HWG entwickelt worden sind, insbesondere in der Entscheidung „Das große Rätselheft" (GRUR 2012, 1279), sind, soweit diese Grundsätze auch für die Regelung in § 21 Kodex passen, zu beachten. Ob die Werbegabe die Entscheidung der Ärzte bei der Verschreibung des Arzneimittels **individuell unsachlich** beeinflussen könnte, ist im Rahmen des § 21 Abs. 1 Kodex **unbeachtlich.**[897]

IV. Ausnahmen – Abs. 2

704 Das generelle Geschenkeverbot erfährt in Abs. 2 **zwei Einschränkungen.** Zum einen ist demnach die Abgabe von Geschenken dann nicht verboten, wenn sie sonst nach dem Kodex zulässig ist. Zum anderen scheidet ein Verbot aus, sofern ein Ausnahmetatbestand der § 7 Abs. 1 S. 1 Nr. 2–5 HWG erfüllt ist.

1. Sonstige Zulässigkeit nach dem Kodex – Nr. 1

705 Die sonstige Zulässigkeit nach dem Kodex bezieht sich auf den ebenfalls mit der Kodexrevision vom 27.11.2013 eingeführten **§ 15a Kodex.** Demnach unterfallen Informations- und Schulungsmaterialien sowie medizinische Gebrauchs- und Demonstrationsgegenstände, sofern sie die Voraussetzungen des § 15a erfüllen, nicht dem Verbotstatbestand des § 21 und dürfen folglich weiterhin abgeben werden (→ Rn. 262).

2. Die Ausnahmetatbestände des § 7 Abs. 1 S. 1 Nr. 2–5 HWG – Nr. 2

706 Der Verweis auf die Ausnahmetatbestände des § 7 Abs. 1 S. 1 Nr. 2–5 HWG macht deutlich, dass die in § 7 Abs. 1 S. 1 **Nr. 1** HWG geregelte generelle Zulässigkeit wegen **Geringwertigkeit** der Zuwendung **nicht** mehr in Betracht kommt. Durch diese Einschränkung wird abermals deutlich, dass die Kategorisierung in geringwertig und nicht geringwertig nach dem Kodex keine Rolle mehr spielt, sondern jegliche Geschenke **unabhängig ihres Wertes** grundsätzlich **verboten** sind.[898]

707 Die einzig zugelassenen Zuwendungen sind nach § 7 Abs. 1 S. 1 **Nr. 2–5** HWG: Geld- und Mengenrabatte, sofern sie im Einklang mit den Preisvorschriften des AMG stehen (§ 78 AMG), handelsübliches Zubehör und handelsübliche Nebenleistungen, Auskünfte und Ratschläge sowie Kundenzeitschriften.

---

[896] Entscheidung zu § 21 Abs. 1 idF v. 17.10.2017, https://www.fsa-pharma.de/de/schiedstelle/berichterstattung/fachkreise/abgabe-von-pflegeprodukten-und-nahrungsmitteln-therapiemanagement set/, FS 2019.4–588 (zul. Abgerufen am 11.3.2021).

[897] Vgl. hierzu Entscheidung zu § 21 Abs. 1 idF v. 15.11.2016, https://www.fsa-pharma.de/de/schiedstelle/berichterstattung/fachkreise/az-fs-ii-1-17-2016.22–508-21-abs-1-fsa-kodex-fachkreise-werbemassnahmen-gegenuber-patienten-die-auch-dem-arzt-einen-gewi/, FS II 1/17/2016.22–508 (zul. abgerufen am 11.3.2021).

[898] Vgl. hierzu Entscheidung zu § 21 Abs. 1 idF v. 4.12.2014, https://www.fsa-pharma.de/de/schiedstelle/berichterstattung/fachkreise/az-2016.7–503-21-abs-1-leitlinie-3.6-satz-2-fsa-kodex-fach kreise-fachbucher-als-informations-und-schulungsmaterial/, FS I 2016.7–503 (zul. abgerufen am 11.3.2021).

3. Verbot der Gewährung von Spenden?

Die Bestimmungen von § 21 sowie des § 7 HWG lassen die Zulässigkeit der Gewährung von Sach- und Geldspenden (zB Bücher, Geräte, Spenden oder Drittmittel) an gemeinnützige Vereine oder Institutionen (zB Universitätskliniken) für gemeinnützig anerkannte Zwecke unberührt (→ Kap. 6 Rn. 58 ff.). Denn derartige Leistungen erfolgen zwar wie Geschenke unentgeltlich, stellen aber keine Geschenke im Sinne von § 21 bzw. § 7 HWG dar. Dagegen sind Spenden an niedergelassene Ärzte, Klinikärzte, Apotheker oder andere Angehörige der Fachkreise von vornherein nicht möglich, da diese **keine gemeinnützigen Zwecke** verfolgen. Niedergelassene Ärzte oder Klinikärzte können zudem auch **keine Spendenbescheinigung** im Sinne des Steuerrechts erteilen (→ Kap. 10 Rn. 68). 708

V. Spruchpraxis zu Abs. 2

- Das Geschenkeverbot in § 21 ist **nicht absolut,** sondern enthält in Abs. 2 eine Reihe von **Ausnahmen.** Diese Ausnahmetatbestände hebeln das Geschenkeverbot nicht aus, sondern konkretisieren es in Übereinstimmung mit der Branchen-Auffassung.[899] 709
- Schriftliche Unterlagen zur Krankheit und ihrer Behandlung können in der Regel auch als **handelsübliches Zubehör** im Sinne von § 7 Abs. 1 Nr. 3 HWG und gem. § 21 Abs. 2 Kodex als zulässig angesehen werden.[900]
- Die unentgeltliche Abgabe einer 42-seitigen Broschüre, die Änderungen des Vertragsarztrechts mit praktischen Fallbeispielen darstellt, durch ein Mitgliedsunternehmen an Angehörige der Fachkreise ist jedenfalls aufgrund fehlenden Unternehmensbezugs nicht von § 7 Abs. 1 S. 1 Nr. 4 HWG gedeckt und damit auch **nicht vom Ausnahmetatbestand** des § 21 Abs. 2 Kodex erfasst.[901]

Checkliste: Werbung/Geschenke

Folgende Punkte sind nunmehr bei Werbemaßnahmen gegenüber Fachkreisen zu beachten:
– Es gilt ein **generelles Verbot** der Abgabe, des Versprechens und des Gewährens von Geschenken jeder Art, **unabhängig** ihrer **Geringwertigkeit** und ihres **Produktbezuges**
– Das Verbot erfasst grundsätzlich auch die unentgeltliche Überlassung von Produkten an den Arzt **zur Weitergabe an den Patienten** (sog. Patienten-Boxen)
– Es gelten nur **zwei Einschränkungen** dieses Verbotes:
  – Zulässigkeit nach dem Kodex, dh wenn die Voraussetzungen des § 15a (Wissenschaftliche Informationen) vorliegen.
  – Zulässigkeit wegen des Vorliegens eines Ausnahmetatbestandes des § 7 Abs. 1 S. 1 Nr. 2–5 HWG

[899] Entscheidung zu § 23 Abs. 3 idF v. 14.11.2019, https://www.fsa-pharma.de/de/schiedstelle/berichterstattung/fachkreise/az20203618-zulaessigkeit-gewinnspiele/, FS I 2020.3–618 (zul. abgerufen am 11.3.2021).

[900] Entscheidung zu § 21 Abs. 1 idF v. 15.11.2016, https://www.fsa-pharma.de/de/schiedstelle/berichterstattung/fachkreise/az-2016.12–507-21-abs-1-fsa-kodex-fachkreise-geschenkeverbot-gegenuber-den-fachkreisen-abgabe-von-gymnastikbandern-im-zus/, FS I 2016.12–507 (zul. abgerufen am 11.3.2021).

[901] Entscheidung zu § 21 Abs. 2 idF v. 18.1.2009, https://www.fsa-pharma.de/de/schiedstelle/berichterstattung/fachkreise/az-2009.10–273-1-instanz-21-abs-2-fsa-kodex-fachkreise-unentgeltliche-abgabe-einer-broschure-zum-vertragsarztrecht-im-r/, FS I 2009.10–273 (zul. abgerufen am 11.3.2021).

Zulässigkeit von Geschenken[902]

Zulässig	**Unzulässig**
Produkt- bzw. indikationsspezifisches Informationsmaterial Wissenschaftliche (Aufklärungs-) Broschüren, Behandlungsschemta, Sonderdrucke, Produktmonographien, Schulungsunterlagen Medizinische Gebrauchs- und Demonstrationsgegenstände (etwa zur Schulung der Applikation von Arzneimitteln)	Werbeartikel (wie zB Kugelschreiber, Schreibblöcke, Schlüsselanhänger, oÄ) unabhängig von ihrem Wert Allgemeiner Praxisbedarf, wie Kanülenabwurfbox, Pflaster, Alkoholtupfer, Spritzen, Injektionsnadeln, Filternadeln, Lanzetten, Desinfektionsmittel etc Fachbücher, medizinische Zeitschriften, Zeitschriftenabonnements

§ 22 Bewirtung

(1) Eine Bewirtung ist nur im Rahmen von internen Fortbildungsveranstaltungen sowie Arbeitsessen und in einem angemessenen und sozialadäquaten Umfang zulässig. Der Anlass eines Arbeitsessens ist zu dokumentieren. Eine Bewirtung von Begleitpersonen ist unzulässig sofern diese nicht zwingend zur Unterstützung eines HCP erforderlich sind (vgl. § 20 Abs. 7).

(2) Für die Bemessung der Angemessenheit und Sozialadäquanz bei Bewirtungen im Ausland findet ausschließlich der jeweils am Veranstaltungsort anwendbare Kodex Anwendung (Gastgeberlandprinzip).

(3) Zur Auslegung des Begriffs „angemessen" im Sinne dieser Bestimmung erlässt der Vorstand des Vereins verbindliche Leitlinien nach § 6 Abs. 2.

18. Leitlinie

des Vorstandes des FSA gemäß § 6 Abs. 2 iVm § 22 Abs. 2 zur Auslegung des Begriffs „angemessen" (§ 22 Abs. 1 Satz 1) (Stand: 7.9.2020)

18.1 *Nach § 22 Abs. 1 Satz 1 ist eine Bewirtung nur in einem „angemessenen" und sozialadäquaten Umfang zulässig.*

18.2 *Die „Bewirtung" ist „angemessen" und überschreitet einen „angemessenen Rahmen" nicht, sofern diese sozialadäquat ist. Als Orientierungsgröße für eine noch angemessene Bewirtung ist bei Bewirtungen im Inland unter Berücksichtigung der seit dem Inkrafttreten des Kodex im Jahr 2004 stattgefundenen Preiserhöhungen und der erfolgten Erhöhung der Umsatzsteuer ein Betrag von etwa EUR 60,00 anzusehen (Stand Juli 2008).*

18.3 *Bei Bewirtungen, die durch ein Cateringunternehmen durchgeführt werden, gilt der unter Ziffer 11.3 genannte Betrag nur für Speisen und Getränke, nicht aber für sonstige Kosten des Caterings.*

18.4 *Nach § 20 Abs. 2 Satz 2 des Kodex ist im Rahmen interner Fortbildungsveranstaltungen auch eine „angemessene Bewirtung" der Teilnehmer möglich. Dies gilt im nachstehend aufgeführten Rahmen auch für die Bewirtung an Kongressständen externer Fortbildungsveranstaltungen.*

18.4.1 *Da Hauptzweck eines Kongressstandes die Informationsvermittlung zu den Produkten, Indikationen bzw. Arbeitsgebieten des Unternehmens ist, soll eine Bewirtung deutlich in den Hintergrund treten und keinen eigenständigen Anreiz zum Standbesuch darstellen.*

18.4.2 *Angemessen sind typischerweise Heißgetränke wie Kaffeezubereitungen, Tee, Kakao, und ebenso nicht alkoholische Getränke wie Softdrinks und Wasser. Darüber hinausgehende Getränkeangebote wie alkoholfreie Biere, frisch gepresste Fruchtsäfte, Fruchtsaftcocktails u.ä. überschreiten diesen Rahmen.*

18.4.3 *Auch Kleingebäck, Süßwaren, kleine Muffins, Mini-Blechkuchen, Handobst oder einfache belegte Brote/Brötchenhälften werden als angemessen angesehen. Warme Speisen wie Waffeln, Flammkuchen, Frühlingsrollen, Blätterteighäppchen, Popcorn, Würstchen, Schnitzelchen, oder Süßspeisen wie z. B. Eis, Rote Grütze, überschreiten diesen Rahmen.*

---

[902] Siehe dazu auch den Informationsflyer des FSA „Informationen zur Neuregelung des Geschenkeverbotes im FSA-Kodex Fachkreise", abrufbar unter https://www.fsa-pharma.de/site/assets/files/120013/flyer_geschenkeverbot_web.pdf (zul. abgerufen am 11.3.2021).

***18.4.4** Nicht angemessen sind „extravagante" Bewirtungen, bei denen aufgrund der Gestaltung bzw. der vorhandenen Einrichtungen der Eindruck erweckt wird, dass der Erlebnischarakter im Vordergrund steht anstelle der Möglichkeit zur fachlichen Diskussion.*

***18.4.5** Die Besetzung des Kongressstands mit einem Barkeeper oder einem Koch spricht für Extravaganz.*

***18.5** Für Bewirtungen im Ausland gilt Ziffer 11.5 entsprechend.*

Übersicht

I. Vorbemerkung

Die Regelung entspricht im Wesentlichen § 8 der Ursprungsfassung des Kodex. Der vormalige Wortlaut von Satz 1 („im Rahmen von wissenschaftlichen Fortbildungsveranstaltungen/Kongressen") ist dahingehend **klargestellt** worden, dass hiermit **„interne Fortbildungsveranstaltungen"** gemeint sind. Im Rahmen der Kodexrevision vom 14.11.2019 wurde die Regelung zum Bewirtungsverbot von Begleitpersonen an die Bestimmungen des § 20 Abs. 7 angepasst sowie in Absatz 2 modifiziert, welcher die Anwendbarkeit des Gastgeberlandprinzips für Bewirtungen im Ausland klarstellt und insoweit Art. 10.05 EFPIA-Kodex umsetzt. **710**

II. Voraussetzungen für die Bewirtung (Abs. 1)

1. Sachbezug: Fortbildungsveranstaltungen und Arbeitsessen (Abs. 1 Satz 1)

Die Regelung orientiert sich an der Parallelbestimmung des „Gemeinsamen Standpunkts" (siehe dort C. I.). Danach ist eine „Bewirtung [...] nur im Rahmen von Veranstaltungen oder Arbeitsessen und nur in einem angemessen sozialadäquaten Umfang zulässig". Der „Gemeinsame Standpunkt" knüpft damit an der Ratio seiner Regelung für Geschenke an („Im Hinblick auf Bewirtungen gelten die für Geschenke genannten Grundsätze entsprechend."). Der Kodex folgt auch hier der von dem „Gemeinsamen Standpunkt" vorgezeichneten Linie. In Anlehnung an die vormalige Regelung zur Gewährung von Geschenken (§ 21 aF) sind Bewirtungen nur **in einem angemessenen und sozialadäquaten Umfang** erlaubt, um eine unlautere Beeinflussung von Ärzten zu vermeiden. Danach sollen Bewirtungen „nur im Rahmen von **internen Fortbildungsveranstaltungen**" (→ Rn. 487 ff.) sowie im Rahmen von **„Arbeitsessen"** stattfinden, sofern sie einen angemessenen, dh sozialadäquaten, Rahmen nicht überschreiten. Ein bloßes „Verkaufsgespräch" eines Außendienstmitarbeiters stellt demnach keinen sachlichen Grund für eine Bewirtung dar. Eine solche Bewirtung würde auch unter dem Gesichtspunkt der für die Absatzwerbung für Arzneimittel geltenden Beschränkungen gegen § 7 HWG verstoßen.[903] Vielmehr **711**

[903] Siehe hierzu *Reese* in BeckOK HWG § 7 Rn. 468.

ist die Bewirtung eines Arztes im Rahmen eines **Arbeitsessens** nur dann gerechtfertigt, wenn unabhängig von einer direkten produkt- oder leistungsbezogenen Absatzwerbung für Arzneimittel bestimmte **Fachfragen** oder etwa der **Stand oder Ausgang von Projekten erörtert** werden, in denen der Arzt für das pharmazeutische Unternehmen tätig ist oder tätig werden soll.[904] Allerdings sollten an den Bewirtungsgrund auch nicht übersteigerte oder vollkommen lebensfremde Anforderungen gestellt werden, die einen fachlichen Austausch unangemessen erschweren würden.

712 Absatz 1 erwähnt ausdrücklich die Zulässigkeit der Bewirtung von Ärzten anlässlich von **internen Fortbildungsveranstaltungen** und konkretisiert die oben genannte Bestimmung des Gemeinsamen Standpunkts. Insofern lehnt sich Satz 1 an die Regelung in § 7 Abs. 2 HWG an. Danach gilt das strikte Zuwendungsverbot von § 7 Abs. 1 HWG (→ Kap. 2 Rn. 93 ff.) „nicht für Zuwendungen im Rahmen ausschließlich berufsbezogener wissenschaftlicher Veranstaltungen, sofern diese einen vertretbaren Rahmen nicht überschreiten, insbesondere in Bezug auf den wissenschaftlichen Zweck der Veranstaltung von untergeordneter Bedeutung sind und sich nicht auf andere als im Gesundheitswesen tätige Personen erstrecken". Auf die Frage der Zulässigkeit von Bewirtungen übertragen bedeutet dies, dass es sich in jedem Fall um eine **interne wissenschaftliche Veranstaltung** handeln muss, die ausschließlich **berufsbezogen** ist (vgl. § 20 Abs. 2 S. 2 und 3, → Rn. 474 ff.).

713 **Fachfremde wissenschaftliche Veranstaltungen** sind von Abs. 1 also nicht erfasst, ebenso wenig berufsbezogene Veranstaltungen ohne wissenschaftlichen Charakter, wie der Kodex durch die neu eingeführte Definition der „Fortbildungsveranstaltungen" (→ Rn. 99 ff.) sowie durch den Begriff der „internen Fortbildungsveranstaltung" in § 20 Abs. 1 klarstellt.

714 Die Beschränkung in Abs. 1 auf interne Fortbildungsveranstaltungen und Arbeitsessen indiziert die **Notwendigkeit eines Sachbezugs** der Bewirtung. Die Bewirtung darf kein Selbstzweck sein, der als unlauterere Beeinflussung von Angehörigen der Fachkreise missverstanden werden könnte; sie muss vielmehr dazu geeignet sein, zB den wissenschaftlichen Gedankenaustausch anlässlich einer Fortbildungsveranstaltung oder die Erörterung von Fachfragen zwischen Vertretern eines pharmazeutischen Unternehmens einerseits und Ärzten andererseits zu fördern, etwa indem die Gesprächspartner bei einer internen Fortbildungsveranstaltung für die Einnahme einer Mahlzeit die Veranstaltung nicht unterbrechen und auseinander gehen müssen. Dieser Gedanke setzt die Teilnahme von Mitarbeitern des bewirtenden pharmazeutischen Unternehmens an der Bewirtung selbst voraus. Die Übernahme von Bewirtungskosten der **Weihnachtsfeier einer Krankenhausabteilung** oder einer Praxis oder der Kosten für das Geburtstagsessen eines Arztes erfüllt diese Voraussetzungen nicht und wäre als sog. **„Sozialspende"** unzulässig. Auch die Durchführung eines **Grillfestes für Ärzte und Begleitpersonen** verstößt mangels Sachbezugs gegen den Kodex und zwar unabhängig davon, ob es während einer oder ohne eine gleichzeitige Fortbildungsveranstaltung stattfinden soll.[905]

715 Ebenso verstößt die **Bewirtung von rund 700 Ärzten,** von denen nur rund 300 an dem zuvor stattgefundenen Fachvortrag aufgrund begrenzter Sitzplatzkapazitäten teilnehmen konnten, gegen § 22 Kodex.[906] Ein Arbeitsessen scheidet naturgemäß aus, da die **fachliche bzw. projektbezogene Erörterung nur in einem relativ kleinen Kreis von**

---

[904] Entscheidung zu § 22 idF v. 2.12.2005, https://www.fsa-pharma.de/de/schiedstelle/berichterstattung/fachkreise/az-2006.1-108-1-instanz-22-satz-1-des-kodex-bewirtung-von-arzten-anlasslich-eines-kongresses/, FS I 2006.1–108 (zul. abgerufen am 5.7.2021).

[905] Entscheidung zu § 6 Abs. 1 idF v. 16.2.2004, https://www.fsa-pharma.de/de/schiedstelle/bericht erstattung/fachkreise/az-2005.6–75-1-instanz-20-abs-1-des-kodex-20-abs-4-und-5-verfahrensord nung-absage-eines-geplanten-grillfestes-fur-a/, FS I 2005.6–75 (zul. abgerufen am 11.3.2021).

[906] Entscheidung zu § 22 Abs. 1 idF v. 1.12.2011, https://www.fsa-pharma.de/de/schiedstelle/berichterstattung/fachkreise/az-2013.10–363-20-abs-4–22-abs-1-fsa-kodex-fachkreise-bewirtung-von-arzten-im-rahmen-einer-externen-fortbildungsveranst/, FS I 2013.10–363 (zul. abgerufen am 11.3.2021).

Teilnehmern unter Einschluss der Vertreter des Unternehmens stattfinden kann, was bei einer Bewirtung von rund 700 Ärzten von vornherein ausgeschlossen ist. Ebenso scheidet die Annahme einer internen Fortbildungsveranstaltung aus, wenn nicht alle Nutznießer der Bewirtung auch an der vorherigen fachlichen Veranstaltung teilnehmen konnten.

In den speziellen Regelungen zu den berufsbezogenen wissenschaftlichen Fortbildungsveranstaltungen (§ 20) fand sich zunächst lediglich für interne Fortbildungsveranstaltungen eine ausdrückliche Regelung (§ 20 Abs. 2 S. 2), dass dort eine angemessene Bewirtung der Teilnehmer möglich ist (→ Rn. 481 ff.). § 20 Abs. 5 S. 4 erklärt nunmehr auch für **externe Fortbildungsveranstaltungen** die Vorgaben zur Bewirtung bei internen Fortbildungsveranstaltungen für entsprechend anwendbar (→ Rn. 619 ff.). Die **18. Leitlinie** (Ziffer 18.4 Satz 2) greift diese erneut auf und stellt klar, dass „im nachstehend aufgeführten Rahmen" die Bewirtungsregelungen auch für die Bewirtung an Kongressständen externer Fortbildungsveranstaltungen gelten (→ Rn. 487 ff. sowie die Vorgaben der 18. Leitlinie Ziffer 18.4.1–18.4.5, welche den Vorgaben der 11. Leitlinie Ziffer 11.4.1–11.4.5 entspricht). 716

Die Übernahme sämtlicher Verpflegungskosten bei mehrtätigen Kongressen ist nur zulässig, wenn bei jeder Bewirtung die Voraussetzungen eines Arbeitsessens vorliegen.[907] Ferner wird der Begriff der Bewirtung dem allgemeinen Sprachgebrauch folgend dahin verstanden, dass dieser Begriff die Teilnahme von Mitarbeitern an den entsprechenden Mahlzeiten voraussetzt, wonach die **generelle Übernahme sämtlicher Mahlzeiten** während externer Fortbildungsveranstaltungen in der Praxis ebenfalls von vornherein **ausscheidet.** 717

Früher wurde aus diesem Grund – im Gegensatz zu internen Veranstaltungen – auch die generelle Übernahme der Kosten für das **Hotelfrühstück** bei externen Veranstaltungen zT als unzulässig angesehen.[908] Durch die Änderung des § 20 Abs. 4 im Zuge der Kodexrevision vom 18.1.2008 wurde dieser in der Praxis häufig problematische Umstand geändert. Der definierte Begriff des „Kostenbeitrags" (→ Rn. 110) schließt nun ggf. das Hotelfrühstück mit ein. Dies ist sachgerecht, denn häufig ist das Frühstück in der Übernachtungspauschale eines Hotels enthalten. 718

2. Spruchpraxis zum Sachbezug

- Bewirtungskosten dürfen von Mitgliedern bei Fortbildungsveranstaltungen Dritter nur übernommen werden, wenn es sich um **Arbeitsessen** im Sinne des Kodex handelt.[909] 719
- Die Kosten für die Übernahme eines Arbeitsessens sind nur dann als gerechtfertigt anzusehen, wenn, unabhängig von einer direkten produkt- und leistungsbezogenen Absatzwerbung für Arzneimittel, bestimmte **Fachfragen** oder etwa der Stand des **Ausgangs von Projekten** erörtert werden, in denen der Arzt für das pharmazeutische Unternehmen tätig ist oder tätig werden soll.[910]
- Ein **„Arbeitsessen"** iSd § 22 Abs. 1 liegt vor, wenn die Bewirtung im Zusammenhang mit der Erörterung von Fachfragen oder gemeinsamen Projekten zwischen Unternehmensvertretern und einer begrenzten Anzahl von Angehörigen der Fachkreise erfolgt.[911]

---

[907] Entscheidung zu § 22 S. 1 idF v. 2.12.2005 https://www.fsa-pharma.de/de/schiedstelle/berichterstattung/fachkreise/az-2006.1–108-1-instanz-22-satz-1-des-kodex-bewirtung-von-arzten-anlasslich-eines-kongresses/, FS I 2006.1–108 (PharmR 2006, 455) (zul. abgerufen am 11.3.2021).

[908] So noch Vorauflage, 2. Aufl. → Kap. 9 Rn. 270.

[909] Entscheidung zu § 6 Abs. 4 idF v. 16.2.2004, https://www.fsa-pharma.de/de/schiedstelle/berichterstattung/fachkreise/az-2004.10–35-1-instanz-kodex-20-abs-4–22-satzung-27-abs-1-s.2-einladung-zu-fortbildungsveranstaltungen-dritter/, FS I 2004.10–35 (zul. abgerufen am 11.3.2021).

[910] Entscheidung zu § 22 idF v. 2.12.2005, https://www.fsa-pharma.de/de/schiedstelle/berichterstattung/fachkreise/az-2006.1–108-1-instanz-22-satz-1-des-kodex-bewirtung-von-arzten-anlasslich-eines-kongresses/, FS I 2006.1–108 (PharmR 2006, 455) (zul. abgerufen am 11.3.2021).

[911] Entscheidung zu § 22 idF v. 27.11.2013, https://www.fsa-pharma.de/de/schiedstelle/berichterstattung/fachkreise/az-2013.10–363-20-abs-4–22-abs-1-fsa-kodex-fachkreise-bewirtung-von-arzten-im-rahmen-einer-externen-fortbildungsveranst/, FS I 2013.10–363 (zul. abgerufen am 11.3.2021);

- Eine Einladung an Ärzte zum **„Martinsgansessen"** im Anschluss an einen einstündigen Fachvortrag stellt kein „Arbeitsessen" iSd § 22 Abs. 1 dar, da in der Einladung **keine** Rede von einem **Austausch** zwischen den Ärzten und dem Unternehmen, zB **über Fachfragen,** war. Es kommt nicht auf die tatsächliche Bewirtung an, sondern in Übereinstimmung mit § 6 Abs. 1 ist auch das Anbieten und Versprechen der Übernahme von Bewirtungskosten umfasst.[912]
- **Grillfeste** für Ärzte und Begleitpersonen sind auch ohne Anbindung an eine Fortbildungsveranstaltung unzulässig.[913]
- Eine Bewirtung von rund 700 Ärzten kann nicht mehr als **Arbeitsessen** gewertet werden, da ein solches **naturgemäß eine fachliche bzw. projektbezogene Erörterung** zum Gegenstand hat, die sich nur in einem **relativ kleinen Teilnehmerkreis** verwirklichen lässt. Darüber hinaus wird eine externe Fortbildungsveranstaltung (hier: DGU Jahreskongress) nicht dadurch zu einer internen Fortbildungsveranstaltung, dass ein Mitgliedsunternehmen einem „get together" einen einstündigen medizinischen Vortrag voranstellt, bei dem die teilnehmenden Ärzte nur solche des DGU Jahreskongresses sind und darüber hinaus dem Vortrag aus Kapazitätsgründen nur rund die Hälfte der späteren Nutznießer der Bewirtung beiwohnen können.[914]
- Bei einer Bewirtung aus Anlass von **Fachgesprächen,** die neben dem Fachprogramm des Kongresses bzw. in den Pausen stattfindet, ist der Maßstab, an dem sich die Zulässigkeit bestimmter Speisen und Getränke bemisst, der Rahmen, der üblicherweise bei kürzeren Besprechungen geschäftlicher Art praktiziert wird.[915]
- Die vollständige Übernahme der Bewirtungskosten der Teilnehmer einer externen **mehrtägigen Fortbildungsveranstaltung** ist nur möglich, wenn bei allen Bewirtungen die Voraussetzungen eines **Arbeitsessens** vorliegen.[916]

3. Umfang und Wertgrenzen (Abs. 1 Satz 1)

720 In **sachlicher Hinsicht** darf die Bewirtung einen angemessenen und sozialadäquaten Umfang nicht überschreiten. Was als „angemessen" gilt, regelt die vom Vorstand des FSA erlassene 18. Leitlinie mittels einer **Orientierungsgröße** (vgl. Ziffer 18.2). Danach ist die Bewirtung „angemessen" und überschreitet einen „angemessenen Rahmen" nicht, sofern diese sozialadäquat ist. Als Orientierungsgröße für eine angemessene Bewirtung ist bei Bewirtungen im Inland unter Berücksichtigung der seit dem Inkrafttreten des Kodex im Jahr

---

vergleichbar Entscheidung zu § 20 Abs. 1, Abs. 2 S. 2, § 21 idF v. 20.11.2012, https://www.fsa-pharma.de/de/schiedstelle/berichterstattung/fachkreise/az-2013.2-354-20-abs-2-s-2-und-21-fsa-kodex-fachkreise-verhaltnis-von-berufsbezogenen-themen-aus-dem-produk/, FS I 2013.2–354 (zul. abgerufen am 11.3.2021).

[912] Entscheidung zu §§ 20 Abs. 3 S. 1, 22 Abs. 1 jeweils idF v. 18.1.2008, https://www.fsa-pharma.de/de/schiedstelle/berichterstattung/fachkreise/az-2010.10–293-1-instanz-20-abs-3-satz-1–22-abs-1-fsa-kodex-fachkreise-angemessenheit-der-bewirtung-im-rahmen-einer/, FS I 2010.10–293 (zul. abgerufen am 11.3.2021).

[913] Entscheidung zu § 6 Abs. 1 idF v. 16.2.2004, https://www.fsa-pharma.de/de/schiedstelle/berichterstattung/fachkreise/az-2005.6–75-1-instanz-20-abs-1-des-kodex-20-abs-4-und-5-verfahrensordnung-absage-eines-geplanten-grillfestes-fur-a/, FS I 2005.6–75 (zul. abgerufen am 11.3.2021).

[914] Entscheidung zu § 22 Abs. 1 idF v. 1.12.2011, https://www.fsa-pharma.de/de/schiedstelle/berichterstattung/fachkreise/az-2013.10–363-20-abs-4–22-abs-1-fsa-kodex-fachkreise-bewirtung-von-arzten-im-rahmen-einer-externen-fortbildungsveranst/, FS I 2013.10–363 (zul. abgerufen am 11.3.2021).

[915] Entscheidung zu Leitlinie Ziffer 14.4. aF gem. § 6 Abs. 2 iVm § 22 Abs. 2, https://www.fsa-pharma.de/de/schiedstelle/berichterstattung/fachkreise/az-2014.10–439-441-1-instanz-leitlinie-14.4-gem.-6-abs-2-fsa-kodex-fachkreise-i-v-m-22-abs-2-zur-auslegung-des-be/, FS I 2014.10–439–441 (zul. abgerufen am 11.3.2021).

[916] Entscheidung zu § 22 idF v. 2.12.2005, https://www.fsa-pharma.de/de/schiedstelle/berichterstattung/fachkreise/az-2006.1–108-1-instanz-22-satz-1-des-kodex-bewirtung-von-arzten-anlasslich-eines-kongresses/, FS I 2006.1–108 (PharmR 2006, 455) (zul. abgerufen am 11.3.2021).

2004 stattgefundenen Preiserhöhungen ein Betrag von etwa **60 Euro** anzusehen (Stand: Juli 2008). Damit spiegelt die 18. Leitlinie die bis dato durch die Spruchpraxis des FSA entwickelten Grundsätze, den von der Öffentlichkeit akzeptierten Umfang einer „angemessenen Bewirtung" und die grundsätzlichen Überlegungen[917] zum Umfang der Bewirtungskosten wieder.

Zu beachten ist, dass es sich bei dem in der 18. Leitlinie bestimmten Betrag lediglich um **721** eine Orientierungsgröße handelt. Das bedeutet, dass auch Bewirtungskosten über 60 Euro nicht per se unangemessen und damit unzulässig sind. Umgekehrt können auch Bewirtungskosten unter 60 Euro bzw. 50 Euro theoretisch unangemessen sein. Daher bedarf es immer einer **konkreten Beurteilung im Einzelfall.** In jüngerer Vergangenheit hatte die Schiedsstelle festgestellt, dass die Grenze von 60 Euro der aktuellen Spruchpraxis entspreche und eine Notwendigkeit zur Erhöhung dieses Werts zu jener Zeit nicht bestehe.[918]

Die 18. Leitlinie des FSA differenziert nicht danach, ob es sich bei den bewirteten Ärzten **722** um **Amtsträger** (zB Klinikärzte in öffentlichen Krankenhäusern, Universitätskliniken etc) oder **Nicht-Amtsträger** (etwa niedergelassene Ärzte oder Ärzte in privat betriebenen Krankenhausketten) handelt. Es bestehen **gute Gründe** dafür, insofern **keine Differenzierung** vorzunehmen und beide Gruppen gleich zu behandeln, da es sich in der Regel auch um Personen mit einer vergleichbaren sozialen Stellung handelt und die in der 18. Leitlinie festgelegte Orientierungsgröße für Bewirtungen als allgemein anerkannt angesehen werden kann. Es ist jedoch auch darauf hinzuweisen, dass bei Klinikärzten, die Amtsträger sind, zum Teil in Rechtsprechung, Literatur und Dienstvorschriften **strengere Maßstäbe** angelegt werden und bei verschiedenen Staatsanwaltschaften eine tendenziell strenger werdende Sichtweise zu beobachten ist. Daher kann sich gegebenenfalls die unternehmensinterne Festlegung geringerer Wertgrenzen empfehlen, um verbleibende Restrisiken weiter zu minimieren bzw. völlig auszuschließen.

Grundsätzlich wird eine Bewirtung in der Regel dann als angemessen und sozialadäquat **723** angesehen werden, wenn diese üblich ist und ihren Grund in den **Regeln des Umgangs und der Höflichkeit** hat, denen man sich nicht entziehen kann, ohne gegen gesellschaftlich allgemein anerkannte Formen zu verstoßen. Hierbei ist die Festlegung von **absoluten Wertgrenzen** aufgrund der gebotenen Einzelfallbetrachtung **nur schwer möglich.** Grundsätzlich können Bewirtungskosten als sozialadäquat angesehen werden, die der Höflichkeit oder Gefälligkeit entsprechen und als gewohnheitsrechtlich anerkannt gelten. Dazu zählt die gelegentliche Bewirtung von Ärzten, wobei jeweils die Umstände des Einzelfalls für die Beurteilung entscheidend sind. In der Praxis der Unternehmen wird regelmäßig die in den Erläuterungen der Bundesärztekammer zu § 33 MBO-Ä (aF) für Geschenke festgelegte Höhe von 50 Euro als Orientierungsgröße herangezogen. Die Überschreitung dieser Orientierungsgröße bedeutet gleichzeitig jedoch nicht ohne Weiteres, dass von einer unangemessenen oder sozialinadäquaten Bewirtung auszugehen wäre, da auch bei einer normalen, eher bescheidenen Maßstäben genügenden Bewirtung in Abhängigkeit des konkreten Einzelfalls (Region der Bewirtung, Bewirtung im Ausland mit wesentlich höheren Durchschnittspreisen, Lage des Restaurants etc) höhere Bewirtungskosten entstehen können. Allerdings akzeptierte die Schiedsstelle zu der Zeit, zu welcher sie selbst die Angemessenheitsgrenze noch bei 50 Euro gesehen hatte, die Übernahme von Bewirtungskosten für Ärzte (im In- oder Ausland) über dem in der MBO-Ä ausgewiesenen Betrag in Höhe von 50 Euro bislang nur in **besonders begründeten Ausnahmefällen.**[919] Ein solcher Aus-

[917] Vgl. Vorauflage, 2. Aufl., Kap. 9 Rn. 271.

[918] Vgl. Entscheidung zu § 22 Abs. 1 idF v. 17.10.2017, https://www.fsa-pharma.de/de/schiedsstelle/berichterstattung/fachkreise/az201810552-fsa-kodex-fachkreise-einladung-weinprobe/, FS I 2018.8–552 mit Verweis auf die Entscheidung FS I 2019.8–602 (zul. abgerufen am 11.3.2021).

[919] Entscheidung zu § 8 idF v. 16.2.2004, https://www.fsa-pharma.de/de/schiedsstelle/berichterstattung/fachkreise/az-2004.10–35-1-instanz-kodex-20-abs-4–22-satzung-27-abs-1-s.2-einladung-zu-fortbildungsveranstaltungen-dritter/, FS I 2004.10–35 (zul. abgerufen am 11.3.2021).

nahmefall wird insbesondere nicht durch den bloßen Umstand eines Auslandsaufenthalts oder einer fremdländischen Küche begründet. Seit der Änderung der Leitlinie und der Erhöhung der Orientierungsgröße auf 60 Euro hat der Spruchkörper des FSA bei seinen Entscheidungen zu § 22 die ergangene 18. Leitlinie berücksichtigt und auch Bewirtungskosten von bis zu 60 Euro als sozialadäquat und damit als angemessen beurteilt.

724 Darüber hinaus wird in der Fachdiskussion zur Auslegung des § 22 Abs. 1 vertreten, dass die vom FSA-Vorstand in der 18. Leitlinie festgelegte Orientierungsgröße von 60 Euro bei **mehrfachen Bewirtungen pro Tag** (bei internen Fortbildungsveranstaltungen etwa für das Mittag- und Abendessen) nicht einfach mit der Zahl der Bewirtungen multipliziert werden dürfe. Vielmehr könne hier zwar insgesamt die Orientierungsgröße von 60 Euro für eine Mahlzeit überschritten werden. Denn die Prüfung, ob eine Bewirtung den Rahmen der Angemessenheit wahrt, hat für jede Mahlzeit bzw. jeden Bewirtungsanlass separat und für den konkreten Einzelfall zu erfolgen. Soll während einer ganztätig andauernden Veranstaltung zu verschiedenen Gelegenheiten eine Bewirtung stattfinden, hat jede Mahlzeit den Anforderungen des § 22 zu genügen, ua auch im Hinblick auf den Umfang und die Angemessenheit. Da es sich bei der Orientierungsgröße von 60 Euro eben um eine solche handelt (und weder um einen Mindest- noch ausnahmslos anzuwendenden Maximalwert), erscheint der Ansatz einer schlichten Vervielfachung den geltenden Grundsätzen des § 22 nicht gerecht zu werden.

725 In Ergänzung zu der Orientierungsgröße von 60 Euro enthält die 18. Leitlinie[920] in Ziffer 18.4.2 eine nicht abschließende Aufzählung von Beispielsfällen zur Angemessenheit von Bewirtungen an Kongressständen externer Fortbildungsveranstaltungen. So ist das Anbieten von **Heißgetränken** wie Kaffeezubereitungen, Tee, Kakao, auch wenn sie mittels professioneller Geräte am Stand frisch zubereitet werden, angemessen.[921] Dasselbe gilt für nichtalkoholische Getränke wie Softdrinks und Wasser, nicht hingegen für frischgepresste Fruchtsäfte, Cocktails oder alkoholfreies Bier/Weizen. Im Hinblick auf die Verpflegung mit Essen unterfallen gemäß Ziffer 18.4.3 beispielweise Kleingebäckwaren, Süßwaren sowie Handobst und belegte Brote/Brötchenhälften einer angemessen Bewirtung. **Warme Speisen,** wie etwa Flammkuchen, Schnitzelchen, Blätterteighäppchen oder Waffeln überschreiten jedoch ebenso wie Eis oder Rote Grütze den Rahmen der Angemessenheit.

726 Neben diesen Beispielen bestimmt die **18. Leitlinie** in den Ziffern 18.4.4. und 18.4.5, dass eine extravagante Bewirtung, die einen gewissen **„Erlebnischarakter“** beinhaltet und den Eindruck erweckt, dass dieser im Vordergrund steht, nicht mehr als angemessen eingestuft werden kann und daher gegen § 22 verstößt. Eine solche Extravaganz kann etwa dann vorliegen, wenn der Kongressstand mit einem Barkeeper oder Koch besetzt ist. Auch die Bewirtung von Ärzten im Rahmen von ausgesuchten **Luxusrestaurants oder Gourmet-Restaurants** wird nicht als „angemessen“ oder sozialadäquat betrachtet. Des Weiteren darf die Bewirtung **nicht von einem Unterhaltungsprogramm** begleitet werden. Danach sind Bewirtungen im Rahmen von Musikdarbietungen oder Varieté-Veranstaltungen als unzulässig anzusehen, da in solchen Fällen der Unterhaltungs- oder Erlebnischarakter den Arbeitscharakter der Bewirtung überlagert.

727 In der Praxis ist eine unternehmensinterne Umsetzung nicht einfach. Vielfach schreiben Unternehmen ihren Mitarbeitern eine „Orientierung“ an dem genannten Betrag von 60 Euro vor. Zum Teil wird zwischen niedergelassenen Ärzten und Klinikärzten differen-

---

[920] Die Maßgaben zu einer angemessenen Bewirtung an Kongressständen im Rahmen von externen Fortbildungsveranstaltungen in den Ziffern 18.4.1-18.4.5 der 18. Leitlinie entsprechen denjenigen der Ziffern 11.4.1-11.4.5 der 11. Leitlinie, vgl. auch → Rn. 628 ff. und → Rn. 716.

[921] Entscheidung zu Leitlinie Ziffer 4.14 aF gemäß § 6 Abs. 2 iVm § 22 Abs. 2 Kodex zur Auslegung des Begriffs „angemessen“, https://www.fsa-pharma.de/de/schiedstelle/berichterstattung/fachkreise/az-2014.10–439-441-1-instanz-leitlinie-14.4-gem.-6-abs-2-fsa-kodex-fachkreise-i-v-m-22-abs-2-zur-auslegung-des-be/, FS I 2014.10–439–441 (zul. abgerufen am 11.3.2021).

ziert und für Klinikärzte eine geringere Orientierungsgröße vorgegeben. In anderen Unternehmen sollen auch für niedergelassene Ärzte die **strengeren** Orientierungsgrößen für **Klinikärzte** gelten. Um den jeweiligen Mitarbeitern nicht nur Orientierungs- sondern auch Höchstgrenzen vorzugeben, werden von einigen Unternehmen fixe Höchstbeträge von zB 75 Euro vorgegeben, die bei der Bewirtung von Ärzten in keinem Fall überschritten werden dürfen. Die genannten Verfahrensweisen sind Ausdruck der Schwierigkeit, den jeweiligen Mitarbeitern einerseits die **notwendige Flexibilität** zu gewähren und andererseits **klare** und **verlässliche Vorgaben** zu geben, um das Angemessenheitskriterium von Bewirtungen erfüllen zu können.

4. Spruchpraxis zu Umfang und Wertgrenzen

- Bewirtungskosten (Essen/Getränke) sind angesichts der inzwischen eingetretenen Preissteigerungen und der Erhöhung der Mehrwertsteuer angemessen und sozialadäquat, wenn sie eine **Obergrenze von 60,00 EUR/Person** (bisher 50,00 EUR) nicht überschreiten. Ein höherer Betrag kommt im Einzelfall nur bei besonderen Umständen (zB allgemein höheres Preisniveau vor Ort) in Betracht.[922] **728**
- Übernahme der Bewirtungskosten für Abendessen in Höhe von **66,05 und 65,57 Euro** ist unzulässig, wenn der Zeitanteil der Fortbildung an einem Tag ca. 2 Stunden beträgt.[923]
- Eine **Weinverkostung** von 7 Weinen, die zu den Gängen des Abendessens gereicht und von einem Sommelier erläutert wird, kann kaum noch als angemessen und sozialadäquat iSd § 22 Abs. 1 angesehen werden.[924]
- Für die Obergrenze der Bewirtungskosten kommt es nicht nur auf die tatsächlich erfolgte Bewirtung und deren Kosten an. Die Vorschriften des Kodex umfassen auch das **Anbieten und Versprechen zur Übernahme von Bewirtungskosten.** Das entspricht dem Sinn und Zweck des Kodex, unlautere Anlockeffekte zu verhindern. Insoweit sind auch die in einer Einladung bezifferten Bewirtungskosten zu berücksichtigen, selbst wenn die später tatsächlich übernommenen Kosten niedriger als die zugesagten Kosten sind.[925]
- Ob diese Voraussetzung [eines angemessenen und sozialadäquaten Umfangs der Bewirtung] gegeben ist, wird in der Regel an den Bewirtungsbelegen abzulesen sein. Im Falle des **Fehlens andere konkreter Informationen** über die Kosten der Bewirtung können die **Mittelwerte der allgemein verfügbaren Speisekarten** des Restaurants als Grundlage für die Bewertung der Kosten der Bewirtung dienen.[926]

---

922 Entscheidung zu § 22 idF v. 18.1.2018, https://www.fsa-pharma.de/de/schiedstelle/berichterstattung/fachkreise/az-fs-ii-1-08-2007.10-208-2-instanz-20-abs-2-satz-2-20-abs-3-satz-1-und-22-des-kodex-angemessene-bewirtung-angabe, FS II 1/08/2007.10–208 (zul. abgerufen am 11.3.2021).

923 Entscheidung zu § 6 Abs. 3 S. 1 idF v. 16.2.2004, https://www.fsa-pharma.de/de/schiedstelle/berichterstattung/fachkreise/az-fs-ii-1-06-2005.9-90-1-und-2-instanz-6-abs-des-kodex-vergleiche-nunmehr-20-unterbringung-bewirtung-hotelauswa/, FS II 2005.9–90 (zul. abgerufen am 11.3.2021); Der Spruchkörper des FSA zitiert hier aus Vereinfachungsgründen bereits die entsprechenden Regelungen des Kodex idF v. 2.12.2005.

924 Entscheidung zu § 22 Abs. 1 idF v. 17.10.2017, https://www.fsa-pharma.de/de/schiedstelle/berichterstattung/fachkreise/az201810552-fsa-kodex-fachkreise-einladung-weinprobe/, FS I 2018.8–552 (zul. abgerufen am 11.3.2021); der Spruchkörper trifft diese Aussage im Wege des obiter dictums.

925 Entscheidung zu § 22 idF v. 18.1.2018, https://www.fsa-pharma.de/de/schiedstelle/berichterstattung/fachkreise/az-fs-ii-1-08-2007.10-208-2-instanz-20-abs-2-satz-2-20-abs-3-satz-1-und-22-des-kodex-angemessene-bewirtung-angabe/, FS II 1/08/2007.10–208 (zul. abgerufen am 11.3.2021).

926 Entscheidung zu § 22 Abs. 1 idF v. 11.11.2016, https://www.fsa-pharma.de/de/schiedstelle/berichterstattung/fachkreise/az-2016.1-495-22-abs-1-satz-1-2-alt-fsa-kodex-fachkreise/, FS I 2016.1–495 (zul. abgerufen am 11.3.2021).

– Erfolgt die Bewirtung wegen der großen Zahl der Teilnehmer durch ein **Catering-Unternehmen,** so wird die Anhebung des Höchstbetrags auf 65,00 EUR/Person als angemessen und sozialadäquat erachtet.[927]

5. Dokumentation (Abs. 1 Satz 2)

729 Nach Satz 2 ist der **Anlass** eines Arbeitsessens zu dokumentieren. Dies setzt gleichzeitig die Aufzeichnung des **Namens des bewirteten Angehörigen der Fachkreise** voraus.

6. Personenkreis (Abs. 1 Satz 3)

730 In **persönlicher** Hinsicht darf der Empfänger einer Bewirtung lediglich ein HCP sein. Satz 1 verbietet ausdrücklich die gleichzeitige Bewirtung von Begleitpersonen, die nicht selbst die Anforderungen an den Personenkreis erfüllen. Eine Ausnahme gilt in Situationen, in denen der bewirtete HCP aufgrund einer Erkrankung oder Behinderung auf eine Unterstützung durch Begleitpersonen zwingend angewiesen ist. Die Ausnahme deckt sich mit der ebenfalls mit der Kodexrevision vom 14.11.2019 eingeführten Regelung zur Einladung von Begleitpersonen zu Fortbildungsveranstaltungen in § 20 Abs. 7 (→ Rn. 642 ff.).

731 Die Bewirtung von Begleitpersonen würde auch ohne diese ausdrückliche Regelung dem Sinn und Zweck von § 22 widersprechen, die Bewirtung von HCP nur in einem sachbezogenen Kontext zu erlauben. Im Rahmen von internen und externen Fortbildungsveranstaltungen folgt dies bereits unmittelbar aus § 20 Abs. 7 sowie auch aus dem Gesetz selbst (§ 7 Abs. 2 HWG), sofern der entsprechende Anwendungsbereich des Gesetzes im Einzelfall eröffnet ist. Für **Klinikärzte** ist das Verbot der Bewirtung von Begleitpersonen aus § 24 iVm C. II. Satz 1 des „Gemeinsamen Standpunkts" abzuleiten **(Verbot „privater Bewirtungen").**

7. Besonderheiten für Mitarbeiter medizinischer Einrichtungen

732 Für **Klinikärzte und andere Mitarbeiter medizinischer Einrichtungen, die Amtsträger sind,** wird von der Rechtsprechung und der juristischen Literatur bzgl. des Maßstabes für die Höhe der noch als sozialadäquat anzusehenden Bewirtung zum Teil ein strengerer Maßstab angelegt. Dies wird damit begründet, dass die Gepflogenheiten innerhalb der Wirtschaft nicht ohne weiteres auf die Beziehungen zu Mitarbeitern der Öffentlichen Hand übertragen werden könnten.[928] Dies hat in der Praxis verschiedentlich dazu geführt, dass pharmazeutische Unternehmen aus Vorsichtsgründen mit Blick auf die wertmäßigen Orientierungsgrößen für die Bewirtung von Klinikärzten ihren Mitarbeitern intern strengere Vorgaben machen als bei niedergelassenen Ärzten, bei denen allgemein ein Betrag von 60 Euro als angemessen betrachtet wird (→ Rn. 720). Eine derartige Unterscheidung kann sich im Alltag allerdings als sehr unpraktikabel erweisen. Zudem wird eine Orientierungsgröße von ca. 60 Euro überwiegend in der Praxis sowohl für niedergelassene als auch für Klinikärzte als im Regelfall **durchaus angemessen und sozialadäquat** bewertet. In Zweifelsfällen sollte zur Risikovermeidung die Genehmigung des Dienstherrn bzw. des Arbeitgebers (dh im Regelfall der Verwaltung) eingeholt werden (zur speziellen Frage von Auslandsbewirtungen → Rn. 493 ff.).

III. Geltung des Gastgeberlandprinzips (Abs. 2)

733 Durch die Kodexnovelle vom 4.12.2014 wurde ein neuer Absatz 2 eingefügt. Dieser bestimmt, dass für die **Bemessung der Angemessenheit und Sozialadäquanz** bei Bewir-

[927] Entscheidung zu § 22 idF v. 18.1.2018, https://www.fsa-pharma.de/de/schiedstelle/berichterstattung/fachkreise/az-fs-ii-1–08-2007.10–208-2-instanz-20-abs-2-satz-2–20-abs-3-satz-1-und-22-des-kodex-angemessene-bewirtung-angabe/, FS II 1/08/2007.10–208 (zul. abgerufen am 11.3.2021).

[928] Vgl. *Schönke/Schröder* StGB § 331 Rn. 40.

tungen im Ausland ausschließlich der jeweils am Veranstaltungsort geltende Anwendbare Kodex zur Anwendung gelangt. Diese Ergänzung dient der Umsetzung der geänderten Sec. 10.05 des EFPIA-Kodex, die ebenfalls eine ausschließliche Geltung des Anwendbaren Kodex des Gastlandes bei der Bewertung von Bewirtungen im Ausland anordnet (vgl. **Gastgeberlandprinzip,** → Rn. 103).

Die 18. Leitlinie verweist in Ziffer 18.5 auf die Regelungen der 11. Leitlinie zur Auslegung der Begriffe „angemessene Bewirtung" (§ 20 Abs. 2 S. 2) und „angemessener Rahmen von Unterbringung und Bewirtung" (§ 20 Abs. 3 S. 1) (11. Leitlinie, Ziffer 11.5), nach welcher sich die Angemessenheit der Bewirtung am Maßstab der geltenden steuerlichen Pauschbeträge für Verpflegungsmehraufwendungen im Ausland orientieren, soweit der Anwendbare Kodex des Gastgeberlandes keine Bewirtungsgrenze vorsieht. Die Angemessenheit der Bewirtungskosten im Ausland wird in diesen Fällen durch einen Vergleich der im Ausland geltenden Pauschbeträge mit dem für das Inland geltenden Pauschbetrag ermittelt. Die Leitlinie erlaubt es daher, dass sich der Betrag von etwa 60 Euro je nach dem im Ausland bestehenden Preisniveau um einen bestimmten Prozentsatz erhöht. Auch hier bedarf es demnach einer **konkreten Betrachtung** im Einzelfall. Es empfiehlt sich für die Praxis, eine Tabelle zu erstellen, aus der sich die Wertobergrenzen für Auslandsbewirtungen ergeben.[929] **734**

Durch die Heranziehung der steuerlichen Grundsätze für die Bewirtung im Ausland greift die Leitlinie auf die vorherige Regelung zurück, wonach für die Beurteilung der Angemessenheit im Ausland anfallender Bewirtungskosten stets auf die steuerlich zulässigen Pauschalbeträge für das Ausland als objektive Anhaltspunkte abgestellt wurde.[930] Dieser Rückgriff erscheint weiterhin sachgemäß, da hierdurch das jeweils **lokale Preisniveau** berücksichtigt werden kann und als Maßstab für eine auch im Ausland angemessene Bewirtung das unterschiedliche Niveau der Lebenshaltungskosten zueinander in Relation gesetzt wird. **735**

Da die auf Grundlage der steuerlichen Gesetzgebung ermittelten Beträge zum Teil erheblich über den in Deutschland akzeptierten Satz hinausgehen können, wird mit Blick auf die **besondere Rechtslage bei Klinikärzten** vielfach in der Unternehmenspraxis zur Minimierung verbleibender Risiken entweder eine allgemeine Höchstgrenze für Auslandsbewirtungen festgesetzt oder eine konsequente Einholung vorheriger Dienstherren- und Arbeitgebergenehmigungen vorgesehen.[931] Zur Frage der Besonderheiten bei der Bewirtung von Ärzten, die zugleich Amtsträger sind, im Einzelnen → Rn. 722. **736**

IV. Leitlinien (Abs. 3)

1. Leitlinie zur Angemessenheit

Zur Auslegung des Begriffs **„angemessen"** im Sinne dieser Bestimmung hat der Vorstand des FSA eine verbindliche Leitlinie nach § 6 Abs. 2 erlassen. Die Leitlinienkompetenz des § 22 Abs. 3 zielt wie die übrigen Möglichkeiten zum Erlass von Leitlinien darauf ab, eine Vereinheitlichung der Auslegung bei unbestimmten Begriffen zu erreichen. Von dieser Befugnis hat der Vorstand des FSA durch den Erlass der 18. Leitlinie zur Auslegung des Begriffs „angemessen" Gebrauch gemacht. Darüber hinaus bildet § 22 Kodex iVm der Leitlinie des Vorstandes des FSA die von der EFPIA geforderte Umsetzung des neuen Art. 10.05 **737**

[929] In der Tabelle könnten jene Länder/Städte berücksichtigt werden, in denen potentielle Einladungen zu Bewirtungen stattfinden. Darüber hinaus könnten dann maximale Wertgrenzen für diese Länder/Städte aufgeführt werden.

[930] Entscheidung zu § 22 idF v. 2.12.2005, https://www.fsa-pharma.de/de/schiedsstelle/berichterstattung/fachkreise/az-2006.8-135-1-instanz-20-abs-3-und-22-des-kodex-umfang-der-bewirtungskosten-im-ausland/, FS I 2006.8–135 (PharmR 2008, 400) (zul. abgerufen am 11.3.2021).

[931] Siehe zu Thematik der Auslandsbewirtungen auch *Bleile* Convention International Juli/August 2009, 86f.

EFPIA-Kodex vom 24.6.2013. Gemäß diesem ist es erforderlich, auf nationaler Ebene einen sog. „monetary threshold" für Speisen und Getränke festzulegen und in den jeweiligen nationalen Kodizes zu verankern.

738 Die 18. Leitlinie enthält neben der monetären Orientierungsgröße für die Bewirtungskosten (vgl. Ziffer 18.2) Anhaltspunkte, die die **Ausgestaltung der Bewirtung** im Übrigen betreffen, wie zB eine beispielhafte Aufzählung von Speisen und Getränken sowie die Abgrenzung von unangemessenen, da „extravaganten" Bewirtungen „mit Erlebnischarakter".

2. Spruchpraxis zu Abs. 3 und zur 18. Leitlinie

739 – Die Herstellung von Diabetiker-Snacks durch **Sternekoch** ist zulässig, sofern eine fachliche Fortbildung damit verbunden ist.[932]

– **Standausstattung** und **Standangebot** dürfen nicht dazu geeignet sein, eine besondere Qualität der Bewirtung oder eine besondere Exklusivität zu vermitteln und damit den Fokus auf den Fachgesprächen zu beeinträchtigen. Jede Art der bewussten Herausstellung, die dem Bewirtungsangebot eine besondere Attraktivität verleiht, ist als problematisch anzusehen. Diese Herausstellung kann zB daraus folgen, dass besonders große und aufwändige Geräte blickfangmäßig in den Vordergrund gestellt werden, dass besonders trainiertes Standpersonal beschäftigt wird (Hostessen, Barista ua), dass eine Vielfalt unterschiedlicher Speisen oder Getränke, die Aromatisierung der Getränke oder deren Dekoration angeboten werden. Der **Gesamteindruck** muss jeweils **im Einzelfall** bewertet werden.[933]

– Der Eindruck der besonderen Attraktivität wird verstärkt durch die **Vielfalt des gastronomischen Angebots.** Eine Spannbreite von mehr als 25 Artikeln, die tages- bzw. stundenweise variiert, birgt ein erhebliches Risiko, dass Gäste, die zuvor den Stand schon einmal besucht haben, am Folgetag mit einem anderen Speisenangebot konfrontiert und in erster Linie deshalb erneut angelockt werden. Diese besondere Attraktivität lässt sich aus dem eigentlichen Anlass – den Fachgesprächen – nicht herleiten.[934]

– **Musikalische Begleitung** einer Begrüßung durch Blechbläsergruppe stellt ein unzulässiges Rahmenprogramm dar und ist nicht Teil der Bewirtung.[935]

– Die Schiedsstelle bestätigt die bisherige Spruchpraxis (vgl. Az. FS II 1/08/2007.10–208), dass **Servicekosten** im Rahmen der Bewirtungskosten mit zu berücksichtigen und anzurechnen sind. Hinsichtlich der Anrechnung von Servicekosten bei den Bewirtungskosten ist zu differenzieren: Kosten, die überwiegend für die Herstellung der notwendigen angemessenen Raumausstattung aufgewendet werden, rechnet die Schiedsstelle den Servicekosten der Bewirtung nicht zu. Personalkosten, die sich gezielt auf die Bewirtung richten, zB für das Herstellen der Speisen, das Ausschenken der Getränke, das Servieren und Abräumen usw, sind den Servicekosten zuzurechnen.[936]

---

[932] Entscheidung zu § 6 Abs. 2 S. 2 und § 6 Abs. 3 idF v. 16.2.2004, https://www.fsa-pharma.de/de/schiedstelle/berichterstattung/fachkreise/az-2005.4–63-1-instanz-20-abs-2-satz-2–20-abs-3-satz-des-kodex-angemessene-bewirtung-und-vertretbarer-rahmen-bei-beru/, FS I 2005.4–63 (zul. abgerufen am 11.3.2021).

[933] Entscheidung zu § 22 Abs. 1 S. 11 idF v. 4.12.2014, https://www.fsa-pharma.de/de/schiedstelle/berichterstattung/fachkreise/az-2014.10–444-22-abs-1-satz-11-fsa-kodex-fachkreise-leitlinie-14.4-a.f-gem.-6-abs-2-fsa-kodex-fachkreise-i-v-m/, FS I 2014.10–444 (zul. abgerufen am 11.3.2021).

[934] Entscheidung zu § 22 Abs. 1 S. 11 idF v. 4.12.2014, https://www.fsa-pharma.de/de/schiedstelle/berichterstattung/fachkreise/az-2014.10–444-22-abs-1-satz-11-fsa-kodex-fachkreise-leitlinie-14.4-a.f-gem.-6-abs-2-fsa-kodex-fachkreise-i-v-m/, FS I 2014.10–444 (zul. abgerufen am 11.3.2021).

[935] Entscheidung zu § 6 Abs. 2 S. 3 idF v. 16.2.2004, https://www.fsa-pharma.de/de/schiedstelle/berichterstattung/fachkreise/az-fs-ii-3–05-2005.1–52-2-instanz-6-abs-2-s-3-des-kodex-vergleiche-nunmehr-20-abs-2-s-3-kodex-unterhaltungsprog/, FS II 2005.1–52 (zul. abgerufen am 11.3.2021).

[936] Entscheidung zu § 20 Abs. 3, 22 Abs. 1 idF v. 4.12.2014, FS I 2016.2–497.

Checkliste: Bewirtungen

Folgende Aspekte sind bei der Bewirtung von Angehörigen der Fachkreise zu beachten:
- Nur zulässig bei
  - Interne oder externe **Fortbildungsveranstaltung** und/oder
  - **Arbeitsessen**
    - Bis zu 60 Euro pro Person (vgl. 18. Leitlinie)
    - Für Angehörige der Fachkreise, die zugleich Amtsträger sind, können sich aus Gründen der Risikominimierung niedrigere Orientierungswerte empfehlen
    - Keine Luxusgastronomie (Gourmet-Restaurant, Erlebnisgastronomie etc, vgl. 18. Leitlinie)
    - Übernahme eines Hotelfrühstücks nach Übernachtung ist zulässig.

§ 23 Gewinnspiele für HCP

(1) Die Werbung mit Gewinnspielen, bei denen der Gewinn allein vom Zufall abhängt, ist auch gegenüber HCP unzulässig.

(2) Preisausschreiben sind nur zulässig, sofern die Teilnahme von einer wissenschaftlichen oder fachlichen Leistung der teilnehmenden HCP abhängt und bei denen der in Aussicht gestellte Preis in einem angemessenen Verhältnis zu der durch die Teilnehmer zu erbringenden wissenschaftlichen oder fachlichen Leistung steht.

Übersicht

I. Werbung mit Gewinnspielen gegenüber HCP (Abs. 1)

1. Werbung mit Gewinnspielen

Die Werbung mit Gewinnspielen (Preisausschreiben, Verlosungen oder anderen Verfahren), deren Ergebnis vom Zufall abhängig ist, ist nach § 11 Abs. 1 S. 1 Nr. 13 HWG nur bei der Werbung für Arzneimittel **außerhalb der Fachkreise** (dh etwa gegenüber Patienten) **unzulässig,** soweit hierdurch einer unzweckmäßigen oder übermäßigen Verwendung von Arzneimitteln Vorschub geleistet wird. Absatz 1 enthält die Bestimmung, dass in Anlehnung an dieses Verbot die Werbung mit Gewinnspielen **auch gegenüber HCP** unterbleiben muss, ohne dass das Verbot an weitere Bedingungen geknüpft ist. Besonderheiten gelten dann, wenn es sich um ein „Preisausschreiben" iSv Abs. 2 handelt, bei denen die Teilnahme bzw. der Gewinn nicht allein vom Zufall, sondern (auch) von einer wissenschaftlichen oder fachlichen Leistung des Arztes abhängt, die in einem unangemessenen Verhältnis zu dem ausgelobten Preis steht. **740**

2. Spruchpraxis zu Abs. 1

- Preisausschreiben, bei denen die **Antworten** für gestellte Fragen **auf demselben Werbeflyer** vorhanden sind, verlangen keine fachliche oder wissenschaftliche Leistung, sind nicht Kodex-konform und verstoßen gegen § 7 Abs. 1 HWG.[937] **741**

[937] Entscheidung zu § 9 Abs. 1 idF v. 16.2.2004, https://www.fsa-pharma.de/de/schiedstelle/berichterstattung/fachkreise/az-2004.11–47-1-instanz-kodex-23-abs-1-s-1-hwg-7-abs-1-s-1-gewinnspiel-zur-bewerbung-eines-neues-produktes/, FS I 2004.11–47 (zul. abgerufen am 11.3.2021).

– Die **Werbung mit einem Gewinnspiel** allein stellt einen Kodexverstoß im Sinne des Abs. 1 dar.[938]

II. Preisausschreiben (Abs. 2)

1. Voraussetzungen für Preisausschreiben gegenüber HCP

742 Preisausschreiben, bei denen der Gewinn nicht allein vom Zufall abhängig ist, dürfen nach Abs. 2 nur dann durchgeführt werden, wenn die Teilnahme von einer **wissenschaftlichen** oder **fachlichen Leistung** eines Angehörigen der Fachkreise abhängt und bei denen der in Aussicht gestellte **Preis (Gegenleistung)** in einem **angemessenen Verhältnis** zu der durch den Teilnehmer zu erbringenden Leistung steht. Hierbei handelt es sich um Preisausschreiben, bei denen Angehörige der Fachkreise etwa Meinungen zu einem Werbeauftritt äußern, Werbeslogans vorschlagen oder Fachfragen beantworten sollen. Die Frage, ob der in Aussicht gestellte Preis in einem angemessenen Verhältnis zu der durch den Angehörigen der Fachkreise zu erbringenden wissenschaftlichen oder fachlichen Leistung steht, kann nur im **Einzelfall** beurteilt werden.

743 Nach der Spruchpraxis des FSA dürfen an die wissenschaftliche oder fachliche Leistung des Teilnehmers an einem Preisausschreiben **keine allzu hohen und strengen Maßstäbe** angelegt werden. Es kann im Einzelfall ausreichen, dass durch die Befragung erhebliche Aufwendungen für eine ansonsten durch Dritte durchzuführende Marktanalyse eingespart werden.[939] Es handelt sich dagegen nicht um eine wissenschaftliche oder fachliche Leistung, wenn sich die zu beantwortenden Fragen aus dem Preisausschreiben selbst beantworten lassen.[940] Zweifelhaft und **im Ergebnis abzulehnen** ist allerdings eine Entscheidung der Schiedsstelle, bei der die Beantwortung von Fragen zur Handhabung von E-learning Modulen sowie zur Behandlungsdauer bei der Verwendung eines Arzneimittels nicht als fachliche Leistung im Sinne von Abs. 2 anerkannt wurde. Die Schiedsstelle hat dies damit begründet, dass hierdurch lediglich eine **„Praxisübung“** abgefragt worden sei. Zudem müssten auch entsprechende Fragen zur Marktanalyse immer der Gewinnung produktspezifischer Erkenntnisse dienen.[941] Richtig ist hingegen ein **weites Verständnis der „fachlichen Leistung“,** die auch die Abfrage praktischer Erfahrungen von Ärzten beinhaltet, sofern die Kenntnis dieser Erfahrungen für das Unternehmen von nachvollziehbarem Interesse ist. Es kann insofern nicht Aufgabe des FSA sein, diese Interessen selbst zu definieren. Der Prüfungsauftrag unter Abs. 2 ist deshalb richtigerweise darauf zu beschränken, erkennbar als sinnlos zu bewertende Leistungen zu identifizieren.

744 Sofern der Teilnehmer keine hinreichende Gegenleistung zu erbringen hat oder etwa ein **krasses Missverhältnis** der zu erbringenden Leistung einerseits und dem in Aussicht gestellten Preis andererseits besteht, handelt es sich im Ergebnis um eine **„Gratis-Verlosung“** iSv Abs. 1, die nach dem Kodex auch gegenüber den Fachkreisen unzulässig ist. Zu beachten ist hierbei, dass der **ausgelobte Preis** – und **nicht die Gewinnchance** des einzelnen Teilnehmers – in einem angemessenen Verhältnis zur Leistung des einzelnen Teilnehmers stehen muss.

---

[938] Entscheidung zu § 23 Abs. 1 idF v. 2.12.2005, https://www.fsa-pharma.de/de/schiedstelle/berichterstattung/fachkreise/az-2006.12–154-1-instanz-23-abs-1-des-kodex/, FS I 2006.12–154 (zul. abgerufen am 11.3.2021).

[939] Entscheidung zu § 9 Abs. 2 idF v. 16.2.2004, https://www.fsa-pharma.de/de/schiedstelle/berichterstattung/fachkreise/az-2004.8–15-1-instanz-kodex-23-abs-2-preisausschreiben-und-zeitschriftenabonnements/, FS I 2004.8–15 (zul. abgerufen am 11.3.2021).

[940] Entscheidung zu § 9 Abs. 2 idF v. 16.2.2004, https://www.fsa-pharma.de/de/schiedstelle/berichterstattung/fachkreise/az-2004.11–47-1-instanz-kodex-23-abs-1-s-1-hwg-7-abs-1-s-1-gewinnspiel-zur-bewerbung-eines-neues-produktes/, FS I 2004.11–47 (zul. abgerufen am 11.3.2021).

[941] Entscheidung zu § 9 Abs. 2 idF v. 16.2.2004, FS I 2005.4–62.

Im Hinblick auf den **Wert des ausgelobten Preises** hat die Schiedsstelle des FSA entschieden, dass der ausgelobte Gewinn die übliche Vergütung der erbrachten Leistung nicht um mehr als den **fünffachen Wert** der in der **GOÄ genannten Gebührensätze** übersteigen darf[942], wobei eine analoge Anwendung der Zuwendungsgrenzen des § 21 Abs. 2 aF des Kodex und des § 33 Abs. 3 MBO-Ä aF ausscheidet. Die Schiedsstelle hat insofern eine Formel entwickelt, mit der ein zulässiger Höchstwert des ausgelobten Preises ermittelt werden kann. Er geht hierbei von der Vergütung für eine „schriftliche gutachterliche Äußerung" nach Ziff. 80 GOÄ aus. Bei einem das gewöhnliche Maß übersteigenden Aufwand gilt Ziff. 85 GOÄ, und zwar unter Umständen mit einem Vergütungssatz, der den einfachen Satz bis zum 2,3-fachen überschreitet.[943] Der einfache Satz nach Ziff. 80 GOÄ beträgt danach 17,49 Euro und soll einen Zeitaufwand von 15 bis 20 Minuten abdecken. Demnach lautet die Berechnungsformel für einen einfachen Fall: 17,49 Euro: 20 Min. × tatsächlicher Zeitaufwand in Minuten × Faktor 5. Bei Fragen ohne erhöhte Anforderungen, die mit einem Zeitaufwand von 15 Minuten zu bewältigen sind, ergibt sich nach dieser Berechnungsformel zum Beispiel ein maximaler Auslobungswert von ca. 66 Euro. Zu beachten ist in diesem Zusammenhang, dass die Spruchpraxis des FSA einen Einzelgewinn bis zur Höhe von 30 Euro bei Erfüllung aller (sonstigen) Voraussetzungen des Abs. 2 stets als „angemessen" betrachtet.[944] An dieser Spruchpraxis hat die Schiedsstelle des FSA ausdrücklich festgehalten).[945] Eine Berechnung des zulässigen Höchstwertes ist also bis zu einem Wert von 30 Euro – bei Erfüllung aller anderen Voraussetzungen – nicht erforderlich. Auch verstößt die Auslobung einer Kongressreise im Rahmen eines Preisausschreibens dann nicht gegen Abs. 2, wenn der Wert dieser Reise außer Verhältnis zur wissenschaftlichen bzw. fachlichen Leistung der teilnehmenden Ärzte steht, vorausgesetzt die ausgelobte Kongressreise hat sowohl einen Bezug zum Tätigkeitsgebiet des Mitgliedsunternehmens als auch zum Fachgebiet des Veranstaltungsteilnehmers und erfüllt damit die Vorgaben des § 20 Abs. 4.[946] In dem zugrunde liegenden Fall hatte ein Mitgliedsunternehmen Angehörigen der Fachkreise ein fachlich, wissenschaftliches Online-Fortbildungstool angeboten und als Gegenleistung für die Teilnahme an dem Fortbildungstool eine Kongressreise zu einem Fachkongress in Berlin ausgelobt. 745

In keinem Fall darf die Teilnahme an einem Preisausschreiben **direkt oder indirekt mit Umsatzgeschäften** oder Beschaffungsentscheidungen von Ärzten oder anderen Angehörigen von Fachkreisen verknüpft werden. 746

Sofern die Voraussetzungen von Abs. 2 erfüllt sind, die Leistung des Teilnehmers also mit dem in Aussicht gestellten Preis in einem angemessenen Verhältnis steht, darf der Preis auch in einem Gegenstand bestehen, der **nicht zur Verwendung in der beruflichen Praxis** 747

---

[942] Entscheidungen zu § 9 Abs. 2 idF v. 16.2.2004, https://www.fsa-pharma.de/de/schiedsstelle/berichterstattung/fachkreise/az-fs-ii-1–05-2004.9–26-fs-ii-2–05-2004.10–28-2-instanz-kodex-23-abs-2-angemessene-vergutung-fur-preisausschreiben/, FS II 2004.9–26 und 2004.10–28 (zul. abgerufen am 11.3.2021).

[943] Entscheidungen zu § 9 Abs. 2 idF v. 16.2.2004, https://www.fsa-pharma.de/de/schiedsstelle/berichterstattung/fachkreise/az-fs-ii-1–05-2004.9–26-fs-ii-2–05-2004.10–28-2-instanz-kodex-23-abs-2-angemessene-vergutung-fur-preisausschreiben/, FS II 2004.9–26 und 2004.10–28 (zul. abgerufen am 11.3.2021).

[944] Entscheidung zu § 9 Abs. 2 idF v. 16.2.2004, https://www.fsa-pharma.de/de/schiedsstelle/bericht erstattung/fachkreise/az-fs-ii-1–05-2004.9–26-fs-ii-2–05-2004.10–28-2-instanz-kodex-23-abs-2-angemessene-vergutung-fur-preisausschreiben/, FS II 2004.9–26 und 2004.10–28 (zul. abgerufen am 11.3.2021).

[945] Entscheidung zu § 23 Abs. 2 idF v. 2.12.2005 und 18.1.2008, https://www.fsa-pharma.de/de/schiedsstelle/berichterstattung/fachkreise/az-2009.5–259-1-instanz-23-abs-2-fsa-kodex-fachkreise-angemessener-marktwert-des-ausgelobten-preises-fachbuch-zum-mar/, FS I 2007.7–186 und FS I 2009.5–259 (PharmR 2009, 580) (zul. abgerufen am 11.3.2021).

[946] Entscheidung zu § 23 Abs. 2 idF v. 2.12.2005, https://www.fsa-pharma.de/de/schiedsstelle/berichterstattung/fachkreise/az-2006.8–134-1-instanz-23-des-kodex-20-abs-4-des-kodex-i.v.m-4-des-kodex/, FS I 2006.8–134 (zul. abgerufen am 11.3.2021).

bestimmt ist,[947] da § 7 Abs. 1 S. 2 HWG nicht anwendbar ist. Der Preis muss auch nicht unbedingt in Geld bestehen (§ 18 Abs. 1 S. 2 Nr. 6); die Regelung des § 23 Abs. 2 ist insoweit als **Ausnahme** hierzu zu verstehen, da es sich bei einem Preisausschreiben nicht um ein typisches Vertragsverhältnis im Sinne von § 18 handelt.[948]

2. Spruchpraxis zu Abs. 2

748 – Die **wissenschaftliche oder fachliche Leistung** des teilnehmenden Arztes muss keinen allzu hohen und strengen Maßstäben genügen.[949]
– **Fragen zur Medizingeschichte,** die mit entsprechendem Rechercheaufwand auch von interessierten Laien beantwortet werden könnten, stellen **keine wissenschaftliche oder fachliche Leistung** dar.[950]
– Enthält ein Gewinnspiel sowohl fachliche als auch allgemeine Fragen, müssen die **fachlichen Fragen mehr als 50 % der erreichbaren Punktzahl** ausmachen.[951]
– Der **ausgelobte Preis (und nicht die Gewinnchance)** des einzelnen Teilnehmers muss in einem angemessenen Verhältnis zur Leistung des Teilnehmers stehen.[952]
– Der maßgebliche Wert für die Ermittlung der Angemessenheit eines Preises in einem Preisausschreiben ist immer der **Bruttowert (inkl. Mehrwertsteuer).**[953]
– Der Einzelgewinn darf den **fünffachen Wert** der üblichen Vergütung der fachlichen Leistung des Arztes **nach GOÄ** betragen.[954]
– Preise bis zu einem **Marktwertwert von 5 Euro** inkl. MwSt. sind **kodexkonform,** sofern mehrere fachliche Fragen zu beantworten sind.[955]
– Ein Gewinnspiel mit einem **Gewinn von bis zu 30 Euro Marktwert,** welches die Voraussetzungen des Abs. 2 erfüllt, steht in der Regel in einem „angemessenen Verhältnis" zur fachlichen oder wissenschaftlichen Leistung.[956]

---

947 Entscheidung zu § 23 Abs. 3 idF v. 14.11.2019, https://www.fsa-pharma.de/de/schiedstelle/berichterstattung/fachkreise/az20203618-zulaessigkeit-gewinnspiele/, FS I 2020.3–618 (zul. abgerufen am 11.3.2021).

948 Entscheidung zu § 9 Abs. 2 idF v. 16.2.2004, https://www.fsa-pharma.de/de/schiedstelle/bericht erstattung/fachkreise/az-2005.9–93-1-instanz-23-abs-2-des-kodex-bruttopreise-bei-preisausschrei ben/, FS I 2005.9–93 (=PharmR 2006, 129 f.) (zul. abgerufen am 11.3.2021).

949 Entscheidung zu § 9 Abs. 2 idF v. 16.2.2004, https://www.fsa-pharma.de/de/schiedstelle/bericht erstattung/fachkreise/az-2004.8–15-1-instanz-kodex-23-abs-2-preisausschreiben-und-zeitschriften abonnements/, FS I 2004.8–15 (zul. abgerufen am 11.3.2021).

950 Entscheidung zu § 23 Abs. 1 idF v. 2.12.2005, FS I 2008.9–242, abrufbar unter https://www.fsa-pharma.de/site/assets/files/56340/jahresbericht_2009.pdf, S. 67 (zul. abgerufen am 11.3.2021).

951 Entscheidung zu § 23 Abs. 1 idF v. 2.12.2005, FS I 2008.9–242, abrufbar unter https://www.fsa-pharma.de/site/assets/files/56340/jahresbericht_2009.pdf, S. 67 (zul. abgerufen am 11.3.2021).

952 Entscheidung zu § 9 Abs. 2 idF v. 16.2.2004, https://www.fsa-pharma.de/de/schiedstelle/bericht erstattung/fachkreise/az-fs-ii-1–05-2004.9–26-fs-ii-2–05-2004.10–28-2-instanz-kodex-23-abs-2-an gemessene-vergutung-fur-preisausschreiben/, FS II 2004.9–26 und 2004.10–28 (zul. abgerufen am 11.3.2021).

953 Entscheidung zu § 9 Abs. 2 idF v. 16.2.2004, https://www.fsa-pharma.de/de/schiedstelle/bericht erstattung/fachkreise/az-2005.9–93-1-instanz-23-abs-2-des-kodex-bruttopreise-bei-preisausschrei ben/, FS I 2005.9–93 (PharmR 2006, 129 f.) (zul. abgerufen am 11.3.2021).

954 Entscheidung zu § 9 Abs. 2 idF v. 16.2.2004, https://www.fsa-pharma.de/de/schiedstelle/bericht erstattung/fachkreise/az-fs-ii-1–05-2004.9–26-fs-ii-2–05-2004.10–28-2-instanz-kodex-23-abs-2-an gemessene-vergutung-fur-preisausschreiben/, FS II 2004.9–26 und 2004.10–28 (zul. abgerufen am 11.3.2021).

955 Entscheidung zu § 9 Abs. 2 idF v. 16.2.2004, https://www.fsa-pharma.de/de/schiedstelle/bericht erstattung/fachkreise/az-2004.10–30-1-instanz-kodex-23-abs-2-preisausschreiben-angemessene-preise/, FS I 2004.10–30 (zul. abgerufen am 11.3.2021).

956 Zuletzt Entscheidung zu § 23 Abs. 3 idF v. 14.11.2019, https://www.fsa-pharma.de/de/schiedstelle/berichterstattung/fachkreise/az20203618-zulaessigkeit-gewinnspiele/, FS I 2020.3–618, vgl. auch Entscheidung zu § 9 Abs. 2 idF v. 16.2.2004, https://www.fsa-pharma.de/de/schiedstelle/

- Eine **15-minütige Beantwortung von 6 Fragen** zu einem Arzneimittel steht nicht in einem angemessenem Verhältnis zu einer werberechtlichen Beratung durch einen Rechtsanwalt im Wert von 275 Euro oder Original-Zeichnungen in Wert von 89 Euro (beides inkl. MwSt.).[957]
- Für fachliche und wissenschaftliche Leistungen bei Preisausschreiben, hier die Beantwortung von 8 bzw. 28 Fragen von teilnehmenden Ärzten, sind die in Aussicht gestellten Preise jedenfalls dann als in einem **angemessenen Verhältnis** zu der durch die Teilnehmer zu erbringenden wissenschaftlichen oder fachlichen Leistungen zu betrachten, wenn der **Wert der Preise 5,05 EUR bzw. 7,00 EUR** zzgl. MwSt. beträgt und der hierfür **zu erbringende Zeiteinsatz** bei **10–15 Min.** liegt.[958]
- Die **Auslobung einer Kongressreise** im Rahmen eines Preisausschreibens verstößt auch dann nicht gegen Abs. 2, wenn der Wert der Reise außer Verhältnis zur wissenschaftlichen bzw. fachlichen Leistung der teilnehmenden Ärzte steht, vorausgesetzt die ausgelobte Kongressreise hat sowohl einen Bezug zum Tätigkeitsgebiet des Mitgliedsunternehmens als auch zum Fachgebiet des Veranstaltungsteilnehmers.[959]
- Die Zuwendungsgrenzen des **§ 21 (aF) des Kodexes und § 33 Abs. 3 der MBO-Ä (aF)** sind **nicht analog** auf Preisausschreiben anwendbar.[960]
- § 7 Abs. 1 S. 2 HWG findet im Rahmen von § 23 Abs. 2 des Kodex keine Anwendung. Der in Aussicht gestellte **Preis darf auch ein Gegenstand** sein, der nicht zur Verwendung in der ärztlichen Praxis bestimmt ist.[961]
- **Sammelpunkte** für eine medizinische/wissenschaftliche Befragung, die später gegen Sachpreise eingetauscht werden können, sind grundsätzlich zulässig.[962]

---

berichterstattung/fachkreise/az-fs-ii-1–05-2004.9–26-fs-ii-2–05-2004.10–28-2-instanz-kodex-23-abs-2-angemessene-vergutung-fur-preisausschreiben/, FS II 2004.9–26 und 2004.10–28; bestätigt durch Entscheidung zu § 23 idF v. 2.12.2005, https://www.fsa-pharma.de/de/schiedstelle/berichterstattung/fachkreise/az-2007.7–186-1-instanz-23-abs-2-des-kodex-angemessener-marktwert-des-preises/, FS I 2007.7–186 und Entscheidung zu § 23 Abs. 2 idF v. 18.1.2008, https://www.fsa-pharma.de/de/schiedstelle/berichterstattung/fachkreise/az-2009.5–259-1-instanz-23-abs-2-fsa-kodex -fachkreise-angemessener-marktwert-des-ausgelobten-preises-fachbuch-zum-mar/, FS I 2009.5–259 (PharmR 2009, 580) (zul. abgerufen am 11.3.2021).

957 Entscheidung zu § 9 Abs. 2 idF v. 16.2.2004, https://www.fsa-pharma.de/de/schiedstelle/berichterstattung/fachkreise/az-2005.12–105-1-instanz-23-abs-2-des-kodex-angemessene-preise-bei-preisausschreiben/, FS I 2005.12–105 (PharmR 2006, 208) (zul. abgerufen am 11.3.2021); Der Spruchkörper des FSA zitiert hier aus Vereinfachungsgründen bereits die entsprechenden Regelungen des Kodex idF v. 2.12.2005.

958 Entscheidung zu § 9 Abs. 2 idF v. 16.2.2004, https://www.fsa-pharma.de/de/schiedstelle/berichterstattung/fachkreise/az-2004.10–32-und-2004.10–39-1-instanz-kodex-1–23-abs-2-zurech nung-auslandischer-verbundunternehmen-angemessene-ver/, FS I 2004.10–32 und FS I 2004.10–39 (zul. abgerufen am 11.3.2021).

959 Entscheidung zu § 23 idF v. 2.12.2005, https://www.fsa-pharma.de/de/schiedstelle/berichter stattung/fachkreise/az-2006.8–134-1-instanz-23-des-kodex-20-abs-4-des-kodex-i.v.m-4-des-kodex/, FS I 2006.8–134 (zul. abgerufen am 11.3.2021).

960 Entscheidung zu § 9 Abs. 2 idF v. 16.2.2004, https://www.fsa-pharma.de/de/schiedstelle/bericht erstattung/fachkreise/az-fs-ii-1–05-2004.9–26-fs-ii-2–05-2004.10–28-2-instanz-kodex-23-abs-2-an gemessene-vergutung-fur-preisausschreiben/, FS II 2004.9–26 und 2004.10–28 (zul. abgerufen am 11.3.2021).

961 Entscheidung zu § 9 Abs. 2 idF v. 16.2.2004, http://www.fsa-pharma.de/schiedsstelle/berichter stattung/, FS I 2005.9–93 (PharmR 2006, 129 f.) sowie Entscheidung zu § 9 Abs. 2 idF v. 16.2.2004, https://www.fsa-pharma.de/de/schiedstelle/berichterstattung/fachkreise/az-2005.10–95-1-instanz-2-verfahrensordnung-23-abs-2-des-kodex-zulassigkeit-von-selbstanzeigen/, FS I 2005.10–95, zuletzt bestätigt durch Entscheidung zu § 23 Abs. 3 idF v. 14.11.2019, https://www.fsa-pharma.de/de/schiedstelle/berichterstattung/fachkreise/az20203618-zulaessigkeit-gewinnspiele/, FS I 2020.3–618 (zul. abgerufen am 11.3.2021).

962 Entscheidung zu § 9 Abs. 2 idF v. 16.2.2004, FS I 2005.4–62.

§ 24 Zusammenarbeit mit HCP als Amtsträger und/oder Mitarbeiter medizinischer Einrichtungen

Bei der Zusammenarbeit mit HCP, die Amtsträger und/oder Mitarbeiter medizinischer Einrichtungen sind, sind zusätzlich die Hinweise und Empfehlungen des „Gemeinsamen Standpunktes“ der Verbände zu beachten.

Übersicht

I. Zusätzliche Voraussetzungen für die Zusammenarbeit

749 Bei der Zusammenarbeit von pharmazeutischen Unternehmen mit HCP, die Amtsträger und/oder Mitarbeiter medizinischer Einrichtungen sind (insbesondere Klinikärzte), sind die Hinweise und Empfehlungen des „Gemeinsamen Standpunkts zur strafrechtlichen Bewertung der Zusammenarbeit zwischen Industrie, medizinischen Einrichtungen und deren Mitarbeitern“[963] (→ Kap. 4 Rn. 19ff.) zu beachten. Dies gilt nach den Empfehlungen des „Gemeinsamen Standpunkts“ unabhängig von der Frage, ob es sich bei den betreffenden Klinikärzten um Beamte, Angestellte des öffentlichen Dienstes oder angestellte Ärzte in Krankenhäusern unter öffentlicher oder privater Trägerschaft handelt. Der „Gemeinsame Standpunkt“ zielt vor allem darauf ab, durch die Beachtung einer Reihe von Grundprinzipien, die auf den einschlägigen **straf- und dienstrechtlichen Vorschriften** und der hierzu in jüngster Zeit ergangenen Rechtsprechung beruhen, korruptive Handlungen (also Verstöße gegen §§ 331ff. und 229 StGB) zu verhindern (→ Kap. 2 Rn. 2ff.).

II. Grundprinzipien des „Gemeinsamen Standpunkts“

750 Der „Gemeinsame Standpunkt“ fordert die Einhaltung des **Trennungsprinzips,** des **Transparenz-/Genehmigungsprinzips,** des **Äquivalenzprinzips und des Dokumentationsprinzips.**

1. Trennungsprinzip

751 Nach dem Trennungsprinzip ist eine **klare Trennung** zwischen Zuwendungen und etwaigen Umsatzgeschäften bzw. Beschaffungsentscheidungen vorzunehmen (→ Kap. 5 Rn. 2). Die Kooperation der pharmazeutischen Industrie einerseits und Klinikärzten andererseits darf demnach nicht dazu missbraucht werden, Klinikärzte in deren Beschaffungsentscheidungen unlauter zu beeinflussen. Dies entspricht § 6 Abs. 1 Nr. 1 des Kodex sowie § 33 Abs. 3 MBO-Ä aF, wonach etwa ein Arzt seine Beschaffungsentscheidungen nicht von der Gewährung von Vorteilen abhängig machen darf. Dasselbe gilt für alle anderen HCP.

2. Transparenz-/Genehmigungsprinzip

752 Das Transparenz-/Genehmigungsprinzip verlangt, dass Klinikärzte und andere Mitarbeiter medizinischer Einrichtungen Zuwendungen, durch die sie begünstigt werden bzw. begünstigt werden könnten, ihren Dienstherren oder Arbeitgebern (in der Regel den Kran-

[963] Gemeinsamer Standpunkt zur strafrechtlichen Bewertung der Zusammenarbeit zwischen Industrie, medizinischen Einrichtungen und deren Mitarbeitern; Stand: 29.9.2000.

kenhausverwaltungen) **offenlegen** und von diesen **genehmigen lassen** (→ Rn. 385 ff.). Dies gilt sowohl für Vergütungen, die im Rahmen von Vertragsbeziehungen mit Unternehmen der pharmazeutischen Industrie geschlossen werden (etwa Berater- oder Referentenverträge, → Rn. 164), als auch für die Entgegennahme von einseitigen Leistungen (etwa Unterstützungsleistungen zur Teilnahme an internen oder externen Fortbildungsveranstaltungen). Die Einhaltung des Transparenz-/Genehmigungsprinzips ist von essentieller Bedeutung.[964] Hierzu hat der Bundesgerichtshof im Jahr 2003 ausgeführt:

„Die Sensibilität der Rechtsgemeinschaft bei der Erwägung der Strafwürdigkeit der Entgegennahme von Vorteilen durch Amtsträger ist […] mittlerweile deutlich geschärft. Mithin wird in derartigen Fällen künftig Amtsträgern vor der Annahme jeglicher Vorteile, die in Zusammenhang mit ihrer Dienstausübung gebracht werden können, die strikte Absicherung von Transparenz im Wege von Anzeigen und Einholungen von Genehmigungen […] abzuverlangen sein. Die Gewährleistung eines derartigen Verhaltens obliegt namentlich auch der besonderen Verantwortung des jeweiligen Vorgesetzten.“[965]

3. Äquivalenzprinzip

Das Äquivalenzprinzip entspricht der Bestimmung unter § 18 Abs. 1 Nr. 6 und besagt, 753 dass die Vergütung für vertraglich vereinbarte Leistungen zu diesen Leistungen in einem **angemessenen Verhältnis** stehen muss (→ Rn. 374 ff.).

4. Dokumentationsprinzip

Das Dokumentationsprinzip (→ Kap. 5 Rn. 11) verlangt, dass die Bedingungen, die Aus- 754 gestaltung und die Abwicklung aller entgeltlichen oder unentgeltlichen Leistungen an Klinikärzte **schriftlich festgehalten werden.** Dies entspricht der Bestimmung unter § 18 Abs. 1 Nr. 5 (→ Rn. 372 ff.).

§ 25 Spenden und andere Zuwendungen an HCO

(1) Spenden sowie andere Zuwendungen an HCO setzen neben der Einhaltung der einschlägigen gesetzlichen Anforderungen voraus, dass solche Zuwendungen

1. **den Zwecken des Gesundheitswesens (einschließlich etwa den Zwecken der Forschung, der Lehre sowie der Aus- und Weiterbildung) oder vergleichbarer Zwecke dienen;**
2. **ordnungsgemäß dokumentiert werden, wobei diese Dokumentation für einen Zeitraum von mindestens 5 Jahren nach Beendigung des Vertragsverhältnisses aufzubewahren ist; und**
3. **nicht als Anreiz für die Beeinflussung von Therapie-, Verordnungs- und Beschaffungsentscheidungen missbraucht werden.**

(2) Spenden und andere Zuwendungen an einzelne HCP sind unzulässig.

(3) Die Unterstützung von HCP zur Teilnahme an Aus- und Weiterbildungsveranstaltungen ist Gegenstand von § 20.

Übersicht

---

[964] Siehe hierzu auch *Geiger* CCZ 2011, 1 (5 f., 11 f.); *Hugger/Schröder* MPR 2011, 7 (8); *Kort* in MüKoStGB StGB § 331 Rn. 156 f.; *Krais* PharmR 2010, 513 (514 f., 517). Siehe ausführlich auch zur Genehmigung *Schloßer* MedR 2011, 623 (625 ff.).

[965] BGH NStZ-RR 2003, 171 (172).

I. Vorbemerkung

755 Der mit der Kodexrevision vom 18.1.2008 eingefügte § 25 Kodex stellt die nahezu wortgetreue Umsetzung des Art. 12.01 und 12.02 des **EFPIA-Kodex** dar. Die Regelung war seinerzeit ein Novum im Kodex, da bis dato durch den Kodex lediglich Zuwendungen an einzelne Angehörige der Fachkreise geregelt waren (vgl. etwa § 21). In § 25 wurden somit erstmals Spenden und andere Zuwendungen an HCOs geregelt.

756 Die vorübergehend in Absatz 4 enthaltene Veröffentlichungspflicht von Spenden mit einem Wert von über 10 000 Euro pro Leistungsempfänger wurde mit der Kodexrevision vom 4.12.2014 in den FSA-Transparenzkodex überführt.

II. Spenden (Abs. 1)

757 Absatz 1 der Regelung sieht die Möglichkeit von Spenden und anderen Zuwendungen an HCOs vor. Sowohl das Begriffspaar „Spenden und andere Zuwendungen" als auch der **Begriff** der HCO sind seit der letzten Kodexrevision in § 2 Nr. 13 bzw. Nr. 27 definiert, sodass an dieser Stelle auf die entsprechenden Ausführungen (→ Rn. 105 und → Rn. 136 ff.) verwiesen wird.

758 Die Notwendigkeit der Einhaltung der **gesetzlichen Vorschriften** bei Spenden und Zuwendungen an Institutionen ist selbstverständlich. Diese Bestimmung als Voraussetzung für eine Spende oder Zuwendung in § 25 Abs. 1 ist daher lediglich **klarstellender Natur.**

759 Neben der Einhaltung der einschlägigen gesetzlichen Anforderungen setzt § 25 Abs. 1 voraus, dass die Spenden die in **Abs. 1 Nr. 1–3 festgesetzten Voraussetzungen** erfüllen müssen:

1. Zweck des Gesundheitswesens (Abs. 1 Nr. 1)

760 Die Spende oder Zuwendung darf ausschließlich den **Zwecken des Gesundheitswesens** oder vergleichbaren Zwecken dienen.

2. Ordnungsgemäße Dokumentation (Abs. 1 Nr. 2)

761 Die Spende oder Zuwendung muss von dem zuwendenden Unternehmen (vgl. Art. 12.01 (ii) EFPIA-Kodex) ordnungsgemäß dokumentiert werden. Abs. 1 Nr. 2 dient damit zum einen der **Transparenz** und zum anderen auch der **Aufklärung,** da die Dokumentation über 5 Jahre nach der Beendigung des Vertragsverhältnisses aufzubewahren ist.

3. Keine Anreizwirkung (Abs. 1 Nr. 3)

762 Spenden oder Zuwendungen an Institutionen dürfen nicht als Anreiz für die **Beeinflussung von Therapie- Verordnungs- und Beschaffungsentscheidungen** missbraucht werden. Die Schiedsstelle hat in einer Entscheidung festgestellt, dass es eine einseitige Zuwendung gegenüber einem Krankenhaus darstellt, wenn ein Unternehmen bei der GKV nicht abrechenbare Kosten des Krankenhauses für einen **Labortest** übernimmt, mit dem festgestellt wird, ob bei Krebspatienten eine Zell-Wachstumsfaktor-Rezeptor aktivierende Mutation vorliegt, welche Voraussetzung für die Anwendung eines vom Unternehmen neu vertriebenen Arzneimittels zur Krebsbehandlung ist. Die Übernahme der Testkosten stelle wegen der Gesamtumstände, insbesondere wegen der Propagierung der Kostenerstattung des Unternehmens und des unmittelbaren Zusammenhangs zwischen der gerade erfolgten Zulassung des Arzneimittels und der Kostenübernahme für Tests zur Geeignetheit der Patienten, einen nach § 25 Abs. 1 Nr. 3 unzulässigen Anreiz zur Beeinflussung von Therapieentscheidungen dar. Dies gilt selbst dann, wenn nur ca. 10 bis 15 % aller Patienten die Mutation aufweisen und daher für das Arzneimittel in Betracht kommen.[966]

[966] Entscheidung zu § 25 Abs. 1 idF v. 27.11.2009, https://www.fsa-pharma.de/de/schiedstelle/berichterstattung/fachkreise/az-2010.1–284-1-instanz-25-abs-1-fsa-kodex-fachkreise-ubernahme-

Diese Entscheidung sollte nicht generalisiert werden. Es sind auch Fälle denkbar, in denen eine differenzierende Bewertung naheliegt. Dies kann etwa dann in Betracht kommen, wenn es sich um eine nur **vorübergehende Kostentragung** durch das Unternehmen handelt, weil über eine zu erwartende Erstattung des Labortest von der GKV noch nicht entschieden ist, mit einer solchen Entscheidung jedoch in Kürze zu rechnen ist. Dies setzt voraus, dass die Anwendung des Tests in der Fachinformation des Arzneimittels vorgeschrieben ist, dh das Arzneimittel nicht ohne vorherige Durchführung des Labortests angewandt werden darf. Eine abweichende Auslegung hätte zur Konsequenz, dass das Arzneimittel – obwohl zugelassen und erstattungsfähig – in der Versorgungspraxis nicht angewandt werden könnte, was nicht der Regelungsintention des § 25 entspräche. Etwas anders gelagert und gesondert zu beurteilen dürften Fallkonstellationen sein, in denen die Begleitdiagnostik nicht im Voraus der Therapieentscheidung, sondern nach der Therapieauswahl notwendig wird, bspw. um die für den Patienten geeignete Dosierung individuell zu bestimmen. Im Zusammenhang mit der Kostenübernahme von Begleitdiagnostik hat die Schiedsstelle eine Kostenübernahme für **Begleitdiagnostik im Rahmen einer Studie** unter bestimmten Umständen, ua wenn die volle Kostenübernahme durch die Kassen sehr zweifelhaft ist, für zulässig erachtet (→ Rn. 368). 763

4. Spruchpraxis zu Abs. 1

– Übernimmt ein Unternehmen gegenüber der GKV **nicht abrechenbare Kosten** des Krankenhauses **für einen Labortest,** mit dem festgestellt wird, ob bei Krebspatienten einen Zell-Wachstumsfaktor-Rezeptor aktivierende Mutationen vorliegen, die Voraussetzung für die Anwendung eines vom Unternehmen vertriebenen Arzneimittels zur Krebsbehandlung sind, ist dies eine einseitige Zuwendung gegenüber dem Krankenhaus. Die Übernahme der Testkosten stellt einen nach § 25 Abs. 1 Nr. 3 unzulässigen Anreiz zur Beeinflussung von Therapieentscheidungen dar, auch wenn statistisch nur 10–15 % aller Patienten einen Zell-Wachstumsfaktor-Rezeptor aktivierende Mutationen aufweisen und somit für die Behandlung mit dem vom Unternehmen angebotenen Arzneimittel in Betracht kommen.[967] 764

III. Unzulässige Spenden und andere Zuwendungen an HCPs (Abs. 2)

Nach Abs. 2 sind **Spenden und anderen Zuwendungen an einzelne HCP** unzulässig. Dies entspricht auch Art. 12.02 S. 1 EFPIA-Kodex. Durch die Neufassung des § 21 Kodex, welche ein generelles Geschenkeverbot definiert, ist die vormals relevante Differenzierung zwischen „Spende" (unzulässig) und „Geschenk" (früher zulässig zu besonderen Anlässen) obsolet geworden[968], da nunmehr grundsätzlich das Gewähren, Versprechen und Anbieten von Geschenken unabhängig von Wert und Anlass verboten ist (→ Rn. 682). 765

Dass Spenden und andere Zuwendungen an einzelne HCPs weder gewährt werden dürfen noch können, ist im Übrigen (jedenfalls in Deutschland) eine Selbstverständlichkeit. Denn Spenden sind Zuwendungen, die freiwillig oder aufgrund einer freiwillig eingegangenen Rechtspflicht geleistet werden, kein Entgelt für eine bestimmte Leistung darstellen und nicht in einem tatsächlichen, wirtschaftlichen Zusammenhang mit den Leistungen des 766

---

von-kosten-des-krankenhauses-fur-krebszellen-mutationst/, FS I 2010.1–284 (zul. abgerufen am 11.3.2021).

[967] Entscheidung zu § 25 Abs. 1 Nr. 3 idF v. 27.11.2009, https://www.fsa-pharma.de/de/schiedstelle/berichterstattung/fachkreise/az-2010.1-284-1-instanz-25-abs-1-fsa-kodex-fachkreise-ubernahme-von-kosten-des-krankenhauses-fur-krebszellen-mutationst/, FS I 2010.1–284 (zul. abgerufen am 11.3.2021).

[968] Erläuterungen und Kommentierungen zur Differenzierung können der Vorauflage dieses Handbuchs (Vorauflage, 3. Aufl., Kap. 11 Rn. 353 ff.) entnommen werden.

Zuwendenden stehen; ferner muss die Verfolgung steuerbegünstigter Zwecke uneigennützig zur **Förderung bestimmter, im allgemeinen Interesse liegender Zwecke** erfolgen. Der Empfänger der Spende muss schließlich eine Institution sein (in Deutschland etwa eine inländische juristische Person des öffentlichen Rechts, eine inländische öffentliche Dienststelle oder eine steuerbefreite Körperschaft oder Personenvereinigung). Es ist damit **ausgeschlossen,** dass **natürliche Personen,** beispielsweise niedergelassene oder angestellte Ärzte, Empfänger von Spenden sein können.

IV. Aus- und Weiterbildungsveranstaltungen (Abs. 3)

767 Klarstellender Natur ist auch Abs. 3, wonach sich die Unterstützung von HCPs zur Teilnahme an Aus- und Weiterbildungsveranstaltungen nach § 20 des Kodex richtet. Handelt es sich hingegen um eine **Zweckspende** an eine **medizinische Einrichtung,** damit die Einrichtung in eigener Verantwortung **Mitarbeitern die Teilnahme an Fortbildungsveranstaltungen ermöglichen** kann, beurteilt sich die Zulässigkeit dieser Zweckspende zunächst nach § 25. Allerdings müssen auch in diesen Fällen die Veranstaltungen, deren Besuch mit der Zuwendung unterstützt wird, gewisse Anforderungen erfüllen. Dies ergibt sich aus § 25 Abs. 1 Nr. 1, nach dem der Zuwendungszweck den **Zwecken des Gesundheitswesens dienen** muss. Die Veranstaltung dürfte aber etwa dann nicht den Zwecken des Gesundheitswesens dienen, wenn sie Unterhaltungsprogramme enthält. Dies entspricht im Ergebnis auch der Spruchpraxis des FSA zum Sponsoring von Fortbildungsveranstaltungen.[969] In dieser Entscheidung hatte die Schiedsstelle das Sponsoring von externen Fortbildungsveranstaltungen für unzulässig erklärt, soweit dessen Einnahmen zur Finanzierung von Unterhaltungsprogrammen im Rahmen der Veranstaltung genutzt werden. Im Falle von Zweckspenden zur Ermöglichung der **Teilnahme an einer internationalen Fortbildungsveranstaltung** dürfte zudem § 20 Abs. 8 sinngemäß Anwendung finden, weil die Vorschrift allgemein die „Organisation, Durchführung und/oder Unterstützung von internationalen Veranstaltungen" erfasst und nicht nur auf die Unterstützung einzelner Teilnehmer bzw. die Übernahme von Kosten für die Teilnehmer beschränkt ist.

§ 25a Verwendung von Logos und urheberrechtlich geschützten Materialien

(1) Die Mitgliedsunternehmen dürfen das Logo oder urheberrechtlich geschützte Materialien von HCO (etwa das Recht zur Verwendung des Logos in Publikationen, Produktinformationen, im Internet, in der Werbung oder auf Veranstaltungen) nur auf der Grundlage eines schriftlichen Vertrages mit diesen verwenden.

(2) Verträge nach Absatz 1 müssen den beabsichtigten Zweck sowie die Art der Verwendung des Logos oder der urheberrechtlich geschützten Materialien klar erkennen lassen.

Übersicht

[969] Entscheidung zu § 6 Abs. 5 idF v. 16.2.2004, https://www.fsa-pharma.de/de/schiedsstelle/berichterstattung/fachkreise/az-2005.2-56-1-instanz-20-abs-5-des-kodex-angemessener-umfang-der-unterstutzung-bei-sponsoring-keine-unterstutzung-von-u/, FS I 2005.2–56 (zul. abgerufen am 11.3.2021).

I. Vorbemerkung

Die Norm wurde erstmals mit der letzten Kodexrevision eingeführt und stellt eine nahezu wortgetreue Umsetzung des Art. 13.02 des **EFPIA-Kodex** dar. Eine vergleichbare Vorschrift war bereits zuvor im FSA-Kodex Patientenorganisationen enthalten (§ 13 → Kap. 15 Rn. 176ff.). 768

II. Vertragserfordernis (Abs. 1)

Dem Unabhängigkeits- und Trennungsprinzip folgend liegt die Entscheidung, ob Logos oder andere urheberrechtlich geschützte Materialien von Dritten genutzt werden dürfen, in der **privatautonomen Entscheidungshoheit** einer jeden Organisation bzw. eines jeden Unternehmens. Daher soll die Verwendung des Logos einer HCO oder anderer urheberrechtlich geschützter Materialien durch ein Mitgliedsunternehmen eine schriftlichen Vereinbarung mit der jeweiligen HCO erfordern. Erfasst werden die Verwendung des Logos bzw. der Materialien zB in Publikationen, Produktinformationen, der Werbung, im Internet oder bei Veranstaltungen. 769

III. Zweck und Art der Verwendung (Abs. 2)

Absatz 2 verlangt, dass die schriftliche Vereinbarung neben der konkreten Art die **beabsichtigten Verwendung** des Logos oder anderer urheberrechtlich geschützter Materialien sowie auch den beabsichtigten **Verwendungszweck** angibt. Insoweit genügen pauschale Generalermächtigungen zur unbeschränkten, nicht näher spezifizierten Nutzung diesen Anforderungen nicht. Im Vertrag hat eine konkretisierende Eingrenzung zu erfolgen, welche den Umfang und die Grenzen des Nutzungsrechts hinreichend deutlich erkennbar werden lässt. 770

§ 26 Förderung der Neutralität

Die Mitgliedsunternehmen begrüßen es, wenn HCO Spenden oder andere Zuwendungen von verschiedenen Seiten erhalten. Die Mitgliedsunternehmen dürfen daher von HCO nicht verlangen, dass diese dem jeweiligen Unternehmen Exklusivität hinsichtlich der Unterstützung einräumen und sich eine solche Exklusivität auch nicht unverlangt einräumen lassen. Dies gilt entsprechend für finanzielle Unterstützungen.

Übersicht

I. Vorbemerkung

Die Norm wurde erstmals mit der letzten Kodexrevision eingeführt und stellt eine nahezu wortgetreue Umsetzung des Art. 14 des **EFPIA-Kodex** dar. Eine vergleichbare Vorschrift war bereits zuvor im FSA-Kodex Patientenorganisationen enthalten (§ 16, → Kap. 15 Rn. 203ff.). Sie zielt darauf ab, die Unabhängigkeit auch in wirtschaftlicher Hinsicht zu fördern. 771

II. Inhalt

Die Norm verdeutlicht zunächst, wie auch im EFPIA-Kodex, dass eine **Vielfalt** auf Seiten der **Spender und Zuwendenden** einer HCO begrüßt wird. Folglich darf ein Mit- 772 gliedsunternehmen keine Exklusivität der Zusammenarbeit von einer HCO verlangen. Sollte es in der Praxis bei einer HCO gleichwohl bei dem Erhalt einer Spende oder Zuwendung oder sonstigen finanziellen Unterstützung von einem Mitgliedsunternehmen bleiben, so steht dies der Gewährung nicht entgegen. Untersagt wird nur das Verlangen oder Eingehen einer Verpflichtung zur Exklusivität. In diesen Konstellationen bedarf es keiner schriftlichen Dokumentation, sodass auch eine stillschweigende Bedingung im Zusammenhang mit der Gewährung einer Spende, Zuwendung oder sonstigen finanziellen Unterstützung, keine Spenden, Zuwendungen oder finanzielle Unterstützung von Dritten anzunehmen, einen Verstoß gegen § 26 S. 2 darstellen würde.

5. Abschnitt: Verpflichtung und Schulung von Mitarbeitern und beauftragten Dritten

§ 27 Qualifikation und Pflichten der Mitarbeiter

(1) Die Unternehmen haben dafür Sorge zu tragen, dass ihre Pharmaberater einschließlich der über Verträge mit Dritten eingeschalteten Personen sowie andere Vertreter des Unternehmens, die HCP, Krankenhäuser oder andere HCO im Zusammenhang mit der Werbung für Arzneimittel aufsuchen, angemessen ausgebildet und sachkundig sind, damit sie zutreffende und hinreichend vollständige Informationen über die von ihnen präsentierten Arzneimittel geben können.

(2) Die Mitarbeiter des Mitgliedsunternehmens, insbesondere Pharmaberater, müssen mit den Verpflichtungen, die die Unternehmen nach diesem Kodex treffen, sowie allen anwendbaren gesetzlichen Vorschriften vertraut sein. Die Unternehmen sind dafür verantwortlich, dass ihre Mitarbeiter, insbesondere die Pharmaberater, diese Anforderungen einhalten.

(3) Auch Dritte, die die Mitgliedsunternehmen bei Aktivitäten im Rahmen des Kodex unterstützen, müssen mit den Anforderungen der anwendbaren Regelungen und einschlägigen Gesetze und Vorschriften vertraut sein.

(4) Die für die Auswahl von Vertragspartnern im Sinne des § 18 zuständigen Personen müssen über die erforderlichen Fachkenntnisse verfügen, um beurteilen zu können, dass diese die vertraglichen Leistungen auch tatsächlich erbringen können.

(5) Jedes Unternehmen muss über einen wissenschaftlichen Dienst verfügen, der für sämtliche Informationen über die Arzneimittel dieses Unternehmens verantwortlich ist und der die persönlichen und fachlichen Voraussetzungen des § 74a Absatz 2 AMG erfüllt. Die Unternehmen sind in ihrer Entscheidung frei, auf welche Weise sie den wissenschaftlichen Dienst auf Grund der vorhandenen Ressourcen und Organisationsstrukturen am besten einrichten und organisieren und welchen Funktionseinheiten sie die nachfolgend genannten Aufgaben getrennt oder gemeinsam zuweisen. Der wissenschaftliche Dienst ist insbesondere dafür verantwortlich, dass

1. **die Arzneimittel nicht mit einer irreführenden Bezeichnung, Angabe oder Aufmachung versehen sind und**
2. **die Kennzeichnung, die Packungsbeilage, die Fachinformation und die Werbung mit dem Inhalt der Zulassung übereinstimmen.**

(6) Die Verantwortung für die Ordnungsgemäßheit und Beaufsichtigung der in dem Unternehmen durchgeführten Nichtinterventionellen Studien (einschließlich der damit verbundenen Unternehmen von Pharmaberatern), hat der Leiter der medizinischen Abteilung. Hierzu zählt auch eine regelmäßige und angemessene Schulung der hierbei eingesetzten Pharmaberater oder anderer Mitarbeiter des Mitgliedsunternehmens und beauftragter Dritter über die nach § 19 Abs. 2 Nr. 13 zu beachtenden Anforderungen. Die Unternehmen sind in ihrer Entscheidung frei, wie sie die Funktion des Leiters der medizinischen Abteilung bezeichnen und mit welchen weiteren Aufgaben sie diesen im Einzelfall betrauen. Im Regelfall ist der Leiter der medizinischen Abteilung auch für die Planung und Durchführung klinischer Studien zuständig. Keinesfalls darf er jedoch zugleich auch für die Bereiche Marketing oder Vertrieb verantwortlich sein. Vielmehr muss eine Trennung der Funktionen gewährleistet sein.

(7) Die Pharmaberater haben dem wissenschaftlichen Dienst ihrer Unternehmen jegliche Informationen weiterzugeben, die sie im Zusammenhang mit dem Gebrauch der Arzneimittel dieses Unternehmens erhalten, insbesondere Berichte über Nebenwirkungen.

(8) Pharmaberater haben darauf zu achten, dass Häufigkeit, Dauer sowie Art und Weise ihrer Besuche bei den HCP den Praxisbetrieb nicht unzumutbar beeinträchtigen.

Übersicht

I. Vorbemerkung

Die Regelung des § 27 setzt verschiedene **Anforderungen des EFPIA-Kodex** um. Absatz 1 beruht auf Art. 20.02 EFPIA-Kodex und entspricht inhaltlich § 75 Abs. 1 AMG. Absatz 2 setzt Art. 20.02 (a) EFPIA-Kodex EPFIA-Kodex um. Absatz 5 geht auf Art. 20.01 (a) EFPIA-Kodex zurück und entspricht § 74a AMG. Die in Abs. 6 enthaltene Regelung zu Nichtinterventionellen Studien reflektiert ebenfalls Art. 20.01 (a) EFPIA-Kodex sowie berücksichtigt ergänzend die VFA-Empfehlungen zu nichtinterventionellen Prüfungen[970]. Absatz 7 setzt Art. 20.02 (d) sowie § 76 Abs. 1 S. 2 AMG um. Absatz 8 basiert auf Art. 20.02. (e) und konkretisiert das Verbot belästigender Werbung (§ 7 UWG) für Pharmaberater in Ergänzung zu § 13. **773**

II. Pharmaberater und andere Mitarbeiter der Mitgliedsunternehmen

1. Allgemeine Sachkenntnis (Abs. 1)

Absatz 1 entspricht inhaltlich der **gesetzlichen Regelung des § 75 Abs. 1 AMG** und verlangt, dass die Mitgliedsunternehmen nur Pharmaberater und andere Mitarbeiter beauftragen dürfen, HCPs oder HCOs im Zusammenhang der Werbung für Arzneimittel aufzusuchen, wenn diese über die in Abs. 1 beschriebene Sachkenntnis verfügen. Hierzu gehört insbesondere die Fähigkeit, zutreffende und hinreichend vollständige Informationen über die von diesen Personen präsentierten Arzneimittel geben zu können. Unter dem Begriff des „Aufsuchens" ist dem Sinn und Zweck der Regelung nach auch die telefonische Kontaktaufnahme zu verstehen, um über Arzneimittel zu informieren.[971] **774**

2. Kodex- und Gesetzeskenntnisse (Abs. 2)

Absatz 2 Satz 1 ergänzt die in Abs. 1 genannten allgemeinen Anforderungen an die erforderlichen Sachkenntnisse von Mitarbeitern der Mitgliedsunternehmen, insbesondere **775**

[970] VFA-Empfehlungen zu nichtinterventionellen Prüfungen mit Arzneimitteln, Version 2014, https://www.vfa.de/de/arzneimittel-forschung/datenbanken-zu-arzneimitteln/niSdb/nis-empfehlungen (zul. abgerufen am 11.3.2021).

[971] Vgl. *Rehmann* in Rehmann AMG § 75 Rn. 1; *Weber* in Weber BtMG AMG § 75 Rn. 1; *Sander* AMG § 75 Erl. 6 aE; *Kloesel/Cyran* AMG § 75 Rn. 6.

Pharmaberatern. Danach müssen diese mit den Verpflichtungen, die die Unternehmen nach dem Kodex treffen, sowie allen anderen anwendbaren gesetzlichen Vorschriften vertraut sein. Zu den anwendbaren gesetzlichen Vorschriften zählen vor allem das **Heilmittelwerbe- und das Arzneimittelgesetz.** Durch die geringfügigen Anpassungen der letzten Kodexrevision wird deutlich, dass sich diese Anforderungen nicht nur an Pharmaberater, sondern auf alle Mitarbeiter des Unternehmens erstrecken, welche gem. Abs. 1 HCPs oder HCOs im Zusammenhang mit der Bewerbung von Arzneimitteln aufsuchen.

776 Nach Abs. 2 Satz 2 sind die Unternehmen dafür verantwortlich, dass die Mitarbeiter die in Abs. 2 Satz 1 genannten Anforderungen einhalten. Mit dieser Regelung wird den Mitgliedsunternehmen das entsprechende **Fehlverhalten zugerechnet.** Sie entspricht inhaltlich § 8 Abs. 2 UWG. Danach richten sich Unterlassungsansprüche und Beseitigungsansprüche auch gegen den Inhaber eines Unternehmens, wenn Zuwiderhandlungen im Unternehmen von einem Mitarbeiter oder Beauftragtem begangen werden. Das (Fehl-)Verhalten eines Mitarbeiters wird einem Pharmaunternehmen zugerechnet, ohne dass es darauf ankommt, ob das Pharmaunternehmen ein eigenes Verschulden trifft, insbesondere ob es den Mitarbeiter genügend geschult und/oder kontrolliert hat.[972]

3. Informationspflicht (Abs. 7)

777 Absatz 7 verlangt von den für ein Unternehmen tätigen Pharmaberatern die Weitergabe derjenigen Informationen an den wissenschaftlichen Dienst (→ Rn. 782), die sie im Zusammenhang mit dem Gebrauch der Arzneimittel des Unternehmens erhalten. Hierzu gehören insbesondere **Berichte über Nebenwirkungen.** Diese Vorschrift entspricht inhaltlich § 76 Abs. 1 S. 1 AMG. Danach hat der Pharmaberater Mitteilungen von Angehörigen der Fachkreise über Nebenwirkungen und Gegenanzeigen oder sonstige Risiken bei Arzneimitteln mitzuteilen. Die Regelung des Abs. 7 verlangt lediglich die Weitergabe solcher Informationen, jedoch nicht wie § 76 Abs. 1 S. 1 AMG, dass diese Informationen auch schriftlich aufzuzeichnen und schriftlich mitzuteilen sind. Der Umstand, dass Abs. 7 diese Anforderungen nicht aufführt, ändert selbstverständlich nichts an den geltenden gesetzlichen Verpflichtungen.

4. Belästigungsverbot (Abs. 8)

778 Absatz 8 enthält die Verpflichtung für Pharmaberater, dass Häufigkeit, Dauer sowie Art und Weise ihrer Besuche bei den Angehörigen der Fachkreise den Praxisbetrieb **nicht unzumutbar** beeinträchtigen. Diese Regelung konkretisiert das allgemeine Verbot belästigender Werbung (§ 7 UWG) für Pharmaberater ergänzend zu § 13 (→ Rn. 229f.).

III. Anforderungen an Dritte (Abs. 3)

779 Absatz 3 erweitert die nach Abs. 2 für Mitarbeiter der Mitgliedsunternehmen geltenden Verpflichtungen auf **dritte Personen, welche die Mitgliedsunternehmen bei Aktivitäten im Rahmend es Kodex unterstützen.** Durch die Kodexrevision vom 14.11.2019 wurde diese Anforderung erweitert, indem die vormalige Beschränkung auf „Vorbereitung oder Genehmigung von Werbematerialien oder -aktivitäten" gestrichen wurde. Nunmehr werden alle Dritten erfasst, welche das Mitgliedsunternehmen „bei Aktivitäten im Rahmen dieses Kodex" unterstützen.

780 Erforderlich sind daher (ggf. iVm § 28) entweder eigene Schulungen oder aber die vertragliche Verpflichtung der beauftragten Dritten, ihren Mitarbeitern diese Verpflichtung entsprechend aufzuerlegen sowie diese hierüber zu schulen oder schulen zu lassen.

---

[972] Entscheidung zu §§ 15 Abs. 1 und 3, 21 Abs. 1 idF v. 2.12.2005, FS II 2007.2–159 (PharmR 2008, 211).

IV. Fachkenntnis zur Auswahl von Vertragspartnern (Abs. 4)

Der neu eingefügte Abs. 4 dient der Umsetzung der Qualifikationsvoraussetzungen der für die Vertragsbeziehungen mit Angehörigen der Fachkreise **zuständigen Personen im Unternehmen.** 781

V. Wissenschaftliche Stelle (Abs. 5)

Die Regelung setzt Art. 20.01 (a) EFPIA-Kodex um und erfasst die Anforderungen an den wissenschaftlichen Dienst und entspricht inhaltlich den Anforderungen des § 74a AMG an Informationsbeauftragte pharmazeutischer Unternehmen. Hinsichtlich der erforderlichen persönlichen und fachlichen Voraussetzungen verweist Satz 1 ausdrücklich auf § 74a Abs. 2 AMG.[973] Die wesentlichen Verantwortlichkeiten des **„wissenschaftlichen Dienstes"** bestehen in der Vermeidung irreführender Bezeichnungen oder Aufmachungen (Satz 1 Nr. 1) sowie der Übereinstimmung der gesetzlich geforderten Produktinformationen (Kennzeichnung, Packungsbeilage, Fachinformation) mit dem Inhalt der jeweiligen Zulassung (Satz 1 Nr. 2). Die Einrichtung sowie die Art der Ausgestaltung der Organisation des wissenschaftlichen Dienstes obliegen dabei nach Satz 2 grundsätzlich den Unternehmen. 782

VI. Medizinischer Leiter (Abs. 6)

Absatz 6 geht zum einen auf die NIS-Empfehlung des VFA[974] zurück und setzt zum anderen Art. 20.01 (a) EFPIA-Kodex um. Die Beaufsichtigung Nichtinterventioneller Studien (NIS) obliegt dem **Leiter der medizinischen Abteilung.** Dazu zählt nach Satz 2 auch eine regelmäßige und angemessene **Schulung** der hierbei eingesetzten Pharmaberater sowie der anderen Mitarbeiter und beauftragten Dritten über die nach § 19 Abs. 2 Nr. 13 zu beachtenden Anforderungen. Der medizinische Leiter ist auch für die **Planung und Durchführung klinischer Studien** verantwortlich. Wie bei der Einrichtung und Organisation des wissenschaftlichen Dienstes nach Abs. 5 sind auch hier die Unternehmen in ihrer Entscheidung frei, wie sie die Funktion des Leiters der medizinischen Abteilung bezeichnen und mit welchen Aufgaben dieser betraut wird. Allerdings darf der Leiter nicht auch zugleich für die Bereiche **Marketing und Vertrieb** verantwortlich sein oder diesen unterstehen. 783

---

[973] Vgl. hierzu *Sander* AMG § 74a Erl. 9–15; *Kloesel/Cyran* AMG § 74a Rn. 2 ff.

[974] VFA-Empfehlungen zu nichtinterventionellen Prüfungen mit Arzneimitteln, Version 2014, https://www.vfa.de/de/arzneimittel-forschung/datenbanken-zu-arzneimitteln/niSdb/nis-empfehlungen (zul. abgerufen am 11.3.2021).

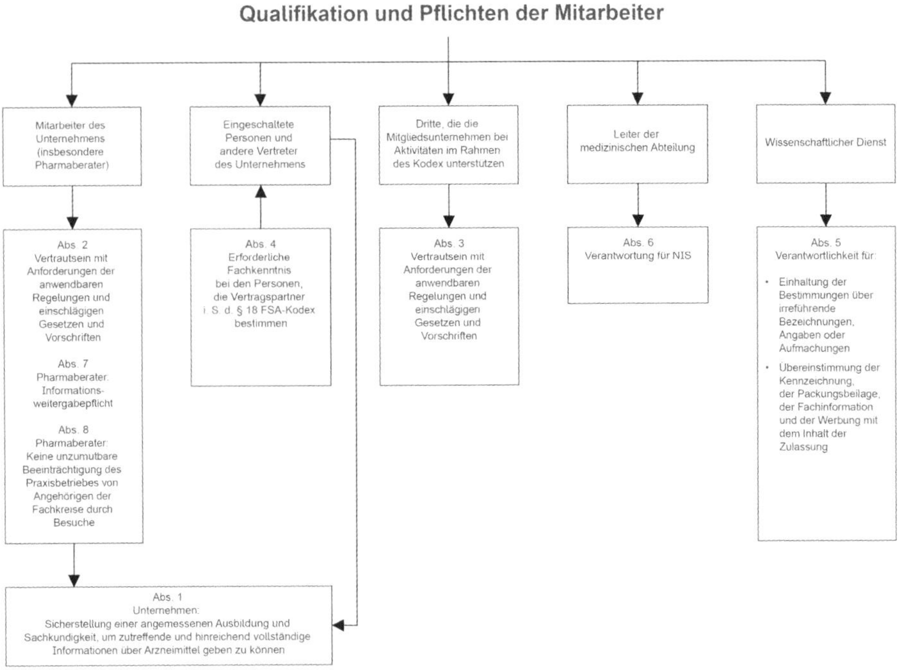

Abb. 20: Systematik des § 27 FSA-Kodex

§ 28 Verpflichtung und Schulung von Mitarbeitern und beauftragten Dritten

(1) Die Mitgliedsunternehmen haben ihre Mitarbeiter und beauftragte Dritte, die im Bereich der Werbung von Arzneimitteln tätig sind oder mit HCP zusammenarbeiten, auf die Einhaltung dieses Kodex zu verpflichten und durch geeignete organisatorische Vorkehrungen dessen Einhaltung zu sichern, wozu auch die Etablierung und Ausgestaltung der Funktion eines „Compliance Officers" durch einen oder mehrere Mitarbeiter zählt.

(2) Die Mitarbeiter sind ferner über die wesentlichen Grundsätze der Berufsordnungen und der Berufspflichten der HCP zu informieren. Sie sind ferner über den Inhalt dieses Kodex zu schulen. Der Verein wird die Mitgliedsunternehmen durch Schulungs- und Beratungsmaßnahmen dabei unterstützen, Kenntnisse über den Kodex und seine Auslegung zu erweitern sowie Verstöße gegen den Kodex zu vermeiden.

Übersicht

I. Vorbemerkung

784 Die Regelungen des Abs. 1 und Abs. 2 S. 1 gehen auf die Verpflichtung in Art. 20.01 EFPIA-Kodex zurück. Der durch die Revision vom 18.1.2008 eingefügte Abs. 2 Satz 3, wonach der FSA durch Schulungs- und Beratungsmaßnahmen zur Erweiterung der Kenntnisse über den Kodex und seine Auslegung erweitern und Verstöße gegen diesen vermeiden soll, beruht auf Art. 27 EFPIA-Kodex.

II. Organisatorische Maßnahmen zur Einhaltung des Kodex (Abs. 1)

1. Inhalt

Absatz 1 sieht vor, dass die Mitgliedsunternehmen ihre Mitarbeiter und beauftragte Dritte, die mit HCP zusammenarbeiten, auf die Einhaltung des Kodex verpflichten und durch geeignete organisatorische Maßnahmen (→ Kap. 7 Rn. 32 ff.) die **Einhaltung des Kodex sicherstellen.**[975] Hiermit soll der Kodex in der Unternehmenspraxis konsequent umgesetzt werden. In der Praxis kann dies dazu führen, dass die Mitgliedsunternehmen ihre Mitarbeiter bei Nichtbeachtung der Verhaltensempfehlungen auch mit **arbeitsrechtlichen Konsequenzen** belegen. Aus Abs. 1 folgt ferner, dass die Einhaltung des Kodex von den Geschäftsleitungen der Unternehmen durch geeignete organisatorische Maßnahmen zu überwachen ist (siehe hierzu im Einzelnen Kap. 7). Diese Verpflichtung spiegelt die zunehmend anerkannte Bedeutung organisatorischer Vorkehrungen für eine Verbesserung der Compliance wieder.[976] 785

2. Spruchpraxis zu Abs. 1

– Ein Verstoß gegen die Verpflichtung und Schulung von Mitarbeitern ist nicht gegeben, wenn ein Mitgliedsunternehmen nachweist, dass es ein lückenloses System zur Vermeidung von Kodexverstößen aufgebaut hat, praktiziert und jeweils aktualisiert hält.[977] 786

III. Informations- und Schulungspflichten (Abs. 2)

Für eine rechtlich und ethisch einwandfreie Zusammenarbeit pharmazeutischer Unternehmen mit HCP ist die Kenntnis der Mitarbeiter über die wesentlichen **Grundsätze der Berufsordnungen der HCP** und der hieraus für HCP resultierenden Berufspflichten von **hoher Bedeutung.** Daher sollen die Mitarbeiter der Mitgliedsunternehmen über die Grundsätze der Berufsordnungen informiert werden. Zu dem Pflichtenkatalog der Mitgliedsunternehmen gehört ferner die **regelmäßige Schulung ihrer Mitarbeiter** über den Inhalt des Kodex selbst. 787

6. Abschnitt: Inkrafttreten

§ 29 Inkrafttreten

Der Kodex in der von der Mitgliederversammlung am 14. November 2019 verabschiedeten Fassung tritt am selben Tag, jedoch nicht vor der Anerkennung als Wettbewerbsregeln durch das Bundeskartellamt gemäß § 24 Abs. 3 GWB in Kraft. Die Neufassung von § 20 Abs. 5 tritt am 1.1.2021 in Kraft.

Das Bundeskartellamt hat den Kodex in der vorliegenden Fassung mit Beschluss vom 9.3.2020, zugegangen am 9.3.2020, als Wettbewerbsregeln anerkannt.

---

[975] Siehe hierzu *Dieners* in Dölling, Handbuch der Korruptionsprävention, S. 183, 217 ff.

[976] Dem Trend entsprechend stellt auch der Gesetzgeber verstärkt auf das Ergreifen organisatorischer Vorkehrungen ab, vgl. *Dieners/Lembeck* PharmR 2020, 641.

[977] Entscheidung zu § 12 idF v. 16.2.2004, https://www.fsa-pharma.de/de/schiedstelle/berichterstattung/fachkreise/az-2005.1-55-1-instanz-kodex-17-6-abs-1-durchfuhrung-von-fortbildungsveranstaltungen-gegen-arzneimittelverschreibung/, FS I 2005.1–55 (zul. abgerufen am 11.3.2021).

Übersicht

I. Ursprungsfassung des Kodex vom 16.2.2004

788 Die Mitgliederversammlung des FSA hat die Ursprungsfassung des Kodex in der Mitgliederversammlung vom 16.2.2004 verabschiedet. Das Bundeskartellamt hat diese als **Wettbewerbsregeln gem. § 26 Abs. 1 GWB** mit Beschluss vom 6.4.2004 anerkannt und festgestellt, dass der Inhalt des Kodex gesetzeskonform und mit dem Kartellrecht vereinbar ist. Diese Entscheidung wurde am **22.4.2004** im Bundesanzeiger veröffentlicht.[978] Der FSA hat seinen Mitgliedern den Beschluss des Bundeskartellamts am 8.4.2004 mitgeteilt. Die Ursprungsfassung war demnach seit dem 6.4.2004 in Kraft. Der FSA griff Verstöße gegen die Ursprungsfassung des Kodex auf, die seit dem Tag der Mitteilung (8.4.2004) der erfolgten Anerkennung der Ursprungsfassung durch das Bundeskartellamt begangen worden sind.

II. Fassung vom 2.12.2005

1. Verabschiedung durch die Mitgliederversammlung und Anerkennung durch das Bundeskartellamt

789 Die Mitgliederversammlung des FSA hat die erweiterte Fassung des Kodex in der Mitgliederversammlung vom 2.12.2005 verabschiedet. Das Bundeskartellamt hat diese Fassung

[978] BAnz. Nr. 76, S. 8732.

als **Wettbewerbsregeln** gem. § 24 Abs. 3, § 26 Abs. 1 GWB mit Beschluss vom 13.3.2006 anerkannt. Diese Entscheidung wurde am 16.3.2006 bekanntgegeben und am 29.3.2006 im Bundesanzeiger veröffentlicht.[979] Der FSA hat seinen Mitgliedern den Beschluss des Bundeskartellamts am 20.3.2006 mitgeteilt.

2. Inkrafttreten

Die Fassung des Kodex vom 2.12.2005 trat am **13.3.2006 in Kraft.** **790**

III. Fassung vom 18.1.2008

1. Verabschiedung durch die Mitgliederversammlung und Anerkennung durch das Bundeskartellamt

Die Mitgliederversammlung des FSA hat die erweiterte Fassung des Kodex in der Mitgliederversammlung vom 18.1.2008 verabschiedet. Das Bundeskartellamt hat diese Fassung als **Wettbewerbsregeln** gem. § 24 Abs. 3, § 26 GWB mit Beschluss vom 4.8.2008 anerkannt. Diese Entscheidung wurde am **7.5.2008** im Bundesanzeiger veröffentlicht.[980] **791**

2. Inkrafttreten

Die Fassung des Kodex vom 18.1.2008 war seit dem **4.8.2008 in Kraft.** **792**

IV. Fassung vom 27.11.2009

1. Verabschiedung durch die Mitgliederversammlung und Anerkennung durch das Bundeskartellamt

Die Mitgliederversammlung des FSA hat die erweiterte Fassung des „FSA-Kodex zur Zusammenarbeit mit Fachkreisen" in der Mitgliederversammlung vom 27.11.2009 verabschiedet. Das Bundeskartellamt hat diese Fassung als **Wettbewerbsregeln** gem. § 24 Abs. 3, § 26 GWB mit Beschluss vom 23.3.2010 und Bekanntmachung vom **29.3.2010** anerkannt. Diese Entscheidung wurde am 10.2.2010 im Bundesanzeiger veröffentlicht.[981] **793**

2. Inkrafttreten

Die Fassung des Kodex vom 27.11.2009 war seit dem **29.3.2010 in Kraft.** **794**

V. Fassung vom 1.12.2011

1. Verabschiedung durch die Mitgliederversammlung und Anerkennung durch das Bundeskartellamt

Die Mitgliederversammlung des FSA hat die erweiterte Fassung des „FSA-Kodex zur Zusammenarbeit mit Fachkreisen" in der Mitgliederversammlung vom 1.12.2011 verabschiedet. Das Bundeskartellamt hat diese Fassung als **Wettbewerbsregeln** gem. § 24 Abs. 3, § 26 GWB mit Beschluss vom 10.7.2012 und Bekanntmachung vom **11.7.2012** anerkannt. Diese Entscheidung wurde am 23.8.2012 im Bundesanzeiger veröffentlicht.[982] **795**

2. Inkrafttreten

Die Fassung des Kodex vom 1.12.2011 trat am **11.7.2012 in Kraft.** **796**

---

[979] BAnz. Nr. 62, S. 2220.
[980] BAnz. Nr. 68, S. 1636.
[981] BAnz. Nr. 22, S. 499.
[982] BAnz. AT 23.8.2012 B4.

VI. Fassung vom 27.11.2013

1. Verabschiedung durch die Mitgliederversammlung und Anerkennung durch das Bundeskartellamt

797 Die Mitgliederversammlung des FSA hat die erweiterte aktuelle Fassung des „FSA-Kodex zur Zusammenarbeit mit Fachkreisen" in der Mitgliederversammlung vom 27.11.2013 verabschiedet. Das Bundeskartellamt hat diese Fassung als **Wettbewerbsregeln** gem. § 24 Abs. 3, § 26 GWB mit Beschluss vom 8.5.2014 anerkannt. Diese Entscheidung wurde ebenfalls am **8.5.2014** bekanntgegeben und am 20.5.2014 im Bundesanzeiger veröffentlicht.[983]

2. Inkrafttreten

798 Die Fassung des Kodex vom 27.11.2013 ist seit dem **22.5.2013 in Kraft.**

VII. Fassung vom 4.12.2014

1. Verabschiedung durch die Mitgliederversammlung und Anerkennung durch das Bundeskartellamt

799 Die Mitgliederversammlung des FSA hat die erweiterte Fassung des „FSA-Kodex zur Zusammenarbeit mit Fachkreisen" in der Mitgliederversammlung vom 4.12.2014 verabschiedet. Das Bundeskartellamt hat diese Fassung als **Wettbewerbsregeln** gem. § 24 Abs. 3, § 26 GWB mit Beschluss vom **29.4.2015** bekannt gemacht und am gleichen Tag anerkannt. Diese Entscheidung wurde am 13.5.2015 im Bundesanzeiger veröffentlicht.[984]

2. Inkrafttreten

800 Die Fassung des Kodex vom 4.12.2014 trat am **29.4.2015 in Kraft.**

VIII. Fassung vom 15.11.2016

1. Verabschiedung durch die Mitgliederversammlung und Anerkennung durch das Bundeskartellamt

801 Die Mitgliederversammlung des FSA hat die erweiterte Fassung des „FSA-Kodex zur Zusammenarbeit mit Fachkreisen" in der Mitgliederversammlung vom 15.11.2016 verabschiedet. Die Änderung wurde durch Beschluss des Bundeskartellsamts vom 30.3.2017 als Wettbewerbsregel anerkannt und **10.4.2017 bekannt gemacht.**

2. Inkrafttreten

802 Mit dem Anerkennungsbeschluss vom Bundeskartellamt am **30.3.2017** ist die Änderung in Kraft getreten.

IX. Fassung vom 17.10.2017

1. Verabschiedung durch die Mitgliederversammlung und Anerkennung durch das Bundeskartellamt

803 Die Mitgliederversammlung des FSA hat die erweiterte Fassung des „FSA-Kodex zur Zusammenarbeit mit Fachkreisen" in der Mitgliederversammlung vom 17.10.2017 verab-

[983] BAnz. AT 20.5.2014 B6.
[984] BAnz. AT 13.5.2015 B6.

schiedet. Die Änderung wurde durch Beschluss des Bundeskartellsamts vom 9.1.2018 als Wettbewerbsregel anerkannt und **31.1.2018 bekannt gemacht.**

2. Inkrafttreten

Mit dem Anerkennungsbeschluss vom Bundeskartellamt am **9.1.2018** ist die Änderung in Kraft getreten.[985] **804**

X. Fassung vom 14.11.2019

1. Verabschiedung durch die Mitgliederversammlung und Anerkennung durch das Bundeskartellamt

Die Mitgliederversammlung des FSA hat die erweiterte Fassung des „FSA-Kodex für die Zusammenarbeit der pharmazeutischen Industrie mit Ärzten, Apothekern und anderen Angehörigen medizinischer Fachkreise" in der Mitgliederversammlung am 14.11.2019 verabschiedet. Die Änderung wurde durch Beschluss des Bundeskartellsamts vom 9.3.2020 als Wettbewerbsregel anerkannt und am **30.3.2020 bekannt gemacht.** **805**

2. Inkrafttreten

Mit dem Anerkennungsbeschluss vom Bundeskartellamt am **9.3.2020** ist die neue Fassung des Kodex, mit Ausnahme der Regelung in § 20 Abs. 5, **in Kraft getreten.**[986] Die Neufassung des § 20 Abs. 5 tritt zum **1.1.2021** in Kraft. **806**

XI. Spruchpraxis

- Der FS Arzneimittelindustrie eV **verfolgt keine Kodexverstöße, die vor dem 8.4.2004** begangen wurden.[987] **807**
- Maßgebend für die Beurteilung, ob ein Verstoß gegen den Kodex in der aktuellen Version vorliegt, ist nicht der (rückwirkend) vereinbarte Vertragsbeginn, sondern das **Unterzeichnungsdatum** des Vertrags und damit die Begründung der vertraglichen Verpflichtungen der Parteien.[988]

---

985 BAnz. AT 31.1.2018 B4.

986 BAnz. AT 7.10.2014 B3.

987 Entscheidung zu § 27 idF v. 16.2.2004, https://www.fsa-pharma.de/de/schiedstelle/berichterstattung/fachkreise/az-2004.7–11-1-instanz-kodex-29-fruher-27-anwendungsbeginn-der-kodexvorschriften/, FS I 2004.7–11 (zul. abgerufen am 11.3.2021).

988 Entscheidung zu §§ 25, 26 idF v. 18.1.2008, https://www.fsa-pharma.de/de/schiedstelle/berichterstattung/fachkreise/az-2008.12–250-a-1-instanz-25–26-fsa-kodex-fachkreise-finanzielle-zuwendung-an-sog-arztenetz-urologisches-netzwerk/, FS I 2008.12-250a (zul. abgerufen am 11.3.2021).

Kapitel 15. FSA-Kodex zur Zusammenarbeit mit Patientenorganisationen („FSA-Kodex Patientenorganisationen")

Literatur: *Baumbach/Lauterbach/Hartmann/Anders/Gehle,* Zivilprozessordnung, 79. Aufl., München 2021; *Becker/Kingreen,* SGB V, 7. Aufl., München 2020; *Bienert/Hein,* Auf einen Blick – Pharma-Verhaltenskodex in der Praxis, Berlin 2009; *Bonstein,* Kranke Geschäfte, Der Spiegel v. 21.4.2008; *Dieners,* Compliance-Management in der betrieblichen Praxis von Pharmaunternehmen, in: Festschrift für Doepner, München 2008, S. 181; *Dieners.,* Der neue FSA-Kodex zur Zusammenarbeit mit Patientenorganisationen, PharmR 2009, 6; *Dieners,* Die aktuellen Änderungen der FSA-Regelwerke, PharmR 2012, 381; *Doepner/Reese,* Auswirkungen von EG-Richtlinien auf die innerstaatliche Anwendung wettbewerbsregelnden Nebenstrafrechts, GRUR 1998, 761; *Feyerabend,* Problematische Partnerschaften – Selbsthilfegruppen und die Pharmaindustrie, Dr. med. Mabuse 154, 2005, 57; *Gröning,* Perspektiven für die Heilmittelwerbeverbote, WRP 1994, 355; *Helms/Klemperer,* Gesundheitsbezogene Selbsthilfe. Interessenskonflikte durch Pharma-Sponsoring, Arzneimittel-, Therapie-Kritik & Medizin und Umwelt, 2015, 173; *Jagusch,* Selbsthilfeorganisationen für seltene Erkrankungen und Gesundheitsversorgung – Gesundheitspolitische Erwartungen und Selbsthilferealität, Berlin 2013; *Jedlitschka,* Risikoverteilung beim Veranstaltungssponsoring – „The Games must go on.", GRUR 2014, 842; Kasseler Kommentar zum Sozialversicherungsrecht, SGB V, München (Losebl.), Stand Juli 2021; *Kemmner/Thole* Fortentwicklung der Compliance-Standards für die Pharmaindustrie – Neufassung der FSA-Kodizes, PharmR 2020, 320; *Köhler/Bornkamm/Feddersen,* UWG, 39. Aufl., München 2021; *Maur,* Die Kommunikation zwischen pharmazeutischer Industrie und Patienten, A&R 2011, 243; *Merten/Rabbata,* Selbsthilfe und Pharmaindustrie: Nicht mit und nicht ohne einander, Deutsches Ärzteblatt v. 16.11.2007; *Reese,* Änderungen des Heilmittelwerbegesetzes durch die 16. AMG-Novelle, MPR 2012, 165; *Reese,* Beck'scher Online Kommentar zum HWG, 6. Edition, 2021; *Reinhart/Meßmer,* Die „16. AMG-Novelle": Die Änderungen im Heilmittelwerbegesetz, A&R 5/2012, 209; *Schaub,* Sponsoringverträge und Lauterkeitsrecht, GRUR 2008, 955; *Schlegel/Voelzke,* jurisPK-SGB V, 4. Aufl., Saarbrücken 2020; *Schubert/Glaeske,* Einfluss des pharmazeutischen Komplexes auf die Selbsthilfe, Universität Bremen – Zentrum für Sozialpolitik, November 2006; *Spickhoff,* Medizinrecht, 3. Aufl., München 2018; *Tillmanns,* Publikumswerbeverbote – jüngere Rechtsprechung und Tendenzen, PharmR 2010, 382; *Weidner,* Arzneimittelwerbung im Bereich „Social Media"?, PharmR 2014, 241; *Weihe-Gröning,* Der heilmittelrechtliche Werbebegriff, WRP 1997, 409; *Wostry,* (Zusammen-)Arbeit mit Patientenselbsthilfegruppen?!, MPR 2014, 184; *Zimmermann,* Heilmittelwerbegesetz, 1. Aufl., Baden-Baden 2012; *Zöller,* Zivilprozessordnung, Kommentar, 33. Aufl., Köln 2020.

Übersicht

A. Einleitung

I. FSA-Kodex Patientenorganisationen – Ausgangssituation und Entwicklung

1 Patientenorganisationen haben über lange Zeit zunächst ein wenig beachtetes **Schattendasein** geführt.[1] So nahmen die im Jahr 1956 gegründeten „Anonymen Alkoholiker" als erste Selbsthilfegruppe[2] ihre Aufgabe vor allem im **Innenverhältnis** gegenüber ihren Mitgliedern war, ohne an der öffentlichen Diskussion aktiv teilzunehmen. Die Mitglieder der Selbsthilfebewegungen rekrutierten sich dabei fast ausschließlich aus ehrenamtlich tätigen Betroffenen. Das Ziel bestand vor allem in einer besseren Krankheitsbewältigung, der Veränderung der persönlichen Lebensumstände und einer sozialen Kompetenzentwicklung außerhalb der etablierten Medizinstrukturen.[3]

2 Ein Wandel trat dann Anfang der siebziger Jahre ein und führte dazu, dass sich die Selbsthilfebewegung in Deutschland **strukturell, numerisch** und in ihrer **Zielsetzung** deutlich gewandelt hat. Flankiert wurde diese Entwicklung durch zwei Forschungsprojekte, die am Institut für Medizin-Soziologie an der Universität Hamburg[4] und an der Psychosomatischen Universitätsklinik Gießen[5] durchgeführt wurden. Aus dem Gießener Forschungsprojekt entwickelte sich die deutsche Arbeitsgemeinschaft Selbsthilfegruppen als eine der führenden Dachorganisationen. Die genaue Zahl der heute existierenden Selbsthilfegruppen ist nicht bekannt. Während sich die **Schätzungen** im Jahr 2010 in einem Rahmen von 50 000 Selbsthilfegruppen[6] **bis zu 100 000 Selbsthilfegruppen** bewegt haben, ging man bereits

[1] Vgl. hierzu *Merten/Rabbata,* Selbsthilfe und Pharmaindustrie: Nicht mit und nicht ohne einander, Deutsches Ärzteblatt v. 16.11.2007. Siehe auch *Wostry* MPR 2014, 184 (185).

[2] *Jagusch,* Selbsthilfeorganisationen für seltene Erkrankungen und Gesundheitsversorgung – Gesundheitspolitische Erwartungen und Selbsthilferealität, S. 32 ff. setzt bei seinen Beobachtungen der Entwicklung der Selbsthilfe bereits sehr viel früher bei Bergleuten, Handwerkern, Kriegsopfern sowie Angehörigen Behinderter an.

[3] Vgl. *Schubert/Glaeske,* Einfluss des pharmazeutisch-industriellen Komplexes auf die Selbsthilfe, S. 6.

[4] Vgl. hierzu *Trojan,* Wissen ist Macht. Eigenständig durch Selbsthilfe in Gruppen; *Fischer* – alternativ, Frankfurt a. M., zitiert nach *Schubert/Glaeske,* Einfluss des pharmazeutisch-industriellen Komplexes auf die Selbsthilfe, S. 6.

[5] Vgl. hierzu *Moeller,* Anders helfen. Selbsthilfegruppen und Fachleute arbeiten zusammen, 2007; *ders.,* Selbsthilfegruppen. Selbstbehandlung und Selbsterkenntnis in eigenverantwortlichen Kleingruppen, 1978; *Rowohlt/Reinbeck,* zitiert nach *Schubert/Glaeske,* Einfluss des pharmazeutisch-industriellen Komplexes auf die Selbsthilfe, S. 6.

[6] Leitfaden zur Selbsthilfeförderung des GKV-Spitzenverbandes, Grundsätze des GKV-Spitzenverbandes zur Förderung der Selbsthilfe gemäß § 20c SGB V vom 10.3.2000 idF v. 6.10.2009, abrufbar unter https://www.schilddruesenliga.de/fileadmin/user_upload/downloads/SLD_foerderung.pdf (zul. abgerufen am 8.2.2021).

Mitte 2013 von 70 000 bis 100 000 Selbsthilfegruppen aus.[7] Zu diesen regionalen Selbsthilfegruppen treten ca. 800 Selbsthilfeorganisationen auf Landes- und ca. 300[8] auf Bundesebene. Insgesamt sind aktuell **ca. 3,5 Mio. Betroffene** oder ihre **Angehörigen** in Selbsthilfegruppen organisiert. Die Dunkelziffer wird jedoch wohl noch weit höher liegen, da sich mit fortschreitender Digitalisierung auch der Bereich der Selbsthilfe zunehmend auf das Internet und die Sozialen Medien verlagert. So haben 99% der bundesweiten Selbsthilfevereinigungen einen eigenen Internetauftritt, rund 40% bieten im Rahmen dieses Auftritts ein Forum oder einen Chat, 30% verfügen darüber hinaus über eine Präsenz in Sozialen Netzwerken.[9] Diese Entwicklung bietet sowohl Chancen (zB Erreichbarkeit) als auch Gefahren (zB Datenschutz[10]).

Die wachsende Bedeutung der Selbsthilfebewegung ist ua auf folgende Faktoren zurückzuführen:[11]

- Veränderung sozialer Netzwerke (Familie, Nachbarschaft, Kirchengemeinden oder Sportvereine),
- zunehmende Vernachlässigung psycho-sozialer Bedürfnisse (insbesondere bei Behinderten und chronisch kranken Menschen),
- Zunahme chronischer Erkrankungen (infolge verbesserter Therapiemaßnahmen und steigender Lebenserwartung),
- fortschreitende Ausdifferenzierung und Spezialisierung einzelner Krankheitsbilder,
- Unzulänglichkeiten in der medizinischen Versorgung und Rehabilitation sowie
- Bewusstseinswandel und Vertrauenseinbuße gegenüber etablierten Medizinstrukturen.

Begrifflich sind Selbsthilfegruppen, Selbsthilfeorganisationen und Selbsthilfekontaktstellen zu unterscheiden. 3 Unter **Selbsthilfegruppen** sind freiwillige Zusammenschlüsse von betroffenen Menschen zu verstehen, deren Aktivitäten sich auf die gemeinsame Bewältigung eines bestimmten Krankheitsbildes, einer Krankheitsursache oder -folge und/oder psychischer Probleme richten, von denen sie entweder selbst oder als Angehörige betroffen sind.[12] Sie zielen darauf ab, die persönliche Lebensqualität zu verbessern und die mit vielen chronischen Krankheiten und Behinderungen einhergehende Isolation und gesellschaftli-

---

[7] So die Angabe der von der Nationale Kontakt- und Informationsstelle zur Anregung und Unterstützung von Selbsthilfegruppen eV(NAKOS) durchgeführten Studie (Stand: 31.7.2013), abrufbar unter http://www.nakos.de/data/Fachpublikationen/2013/NAKOS-Studien-03-Kapitel-4-3.pdf (zul. abgerufen am 4.11.2021). Siehe auch *Wostry* MPR 2014, 184; ebenso die aktuellen Zahlen des BMG https://www.bundesgesundheitsministerium.de/service/begriffe-von-a-z/s/selbsthilfefoerderung.html (zul. abgerufen am 4.11.2021).

[8] So die Angabe der von der Nationale Kontakt- und Informationsstelle zur Anregung und Unterstützung von Selbsthilfegruppen eV(NAKOS) durchgeführten Studie (Stand: 31.7.2013), abrufbar unter http://www.nakos.de/data/Fachpublikationen/2013/NAKOS-Studien-03-Kapitel-4-3.pdf (zul. abgerufen am 4.11.2021).

[9] Bei den Selbsthilfekontaktstellen ist die Internetnutzung nicht ganz so fortgeschritten: 96 % verfügen über eine Internetseite, nur 1,3 % über ein Forum und etwa 15 % über eine Präsenz in Sozialen Medien. Diese Zahlen ergeben sich aus Recherchen der NAKOS (NAKOS-Recherche GA 2016 N=335 und NAKOS-Recherche RA 2015 N=296), referenziert unter: http://docplayer.org/82874697-Selbsthilfe-in-der-digitalen-welt-ein-blick-in-die-praxis.htmlS. 6 (zul. abgerufen am 4.11. 2021).

[10] Vgl. hierzu die Berliner Erklärung zur gemeinschaftlichen Selbsthilfe im Internet: Aufruf für mehr Datenschutz und Datensparsamkeit, NAKOS 2014 unterhttps://www.nakos.de/data/Texte/2014/NAKOS-Berliner-Erklaerung-Datenschutz.pdf (zul. abgerufen am 4.11.2021).

[11] Vgl. *Schubert/Glaeske,* Einfluss des pharmazeutisch-industriellen Komplexes auf die Selbsthilfe, S. 6.

[12] So die Definition in dem Leitfaden zur Selbsthilfeförderung des GKV-Spitzenverbandes, Grundsätze des GKV-Spitzenverbandes zur Förderung der Selbsthilfe gemäß § 20h SGB V vom 10.3.2000 idF v. 27.8.2020, S. 9, abrufbar unter https://www.gkv-spitzenverband.de/media/dokumente/krankenversicherung_1/praevention__selbsthilfe__beratung/selbsthilfe/Leitfaden_Selbsthilfeforde rung_ab_2021_barrierefrei.pdf (zul. abgerufen am 4.11.2021); vgl. auch *Schütze* in Schlegel/Voelzke jurisPK-SGB V § 20h Rn. 10–13.

che Ausgrenzung zu überwinden. Der Tätigkeitsschwerpunkt liegt zumeist im örtlichen/regionalen Bereich und ist auf das soziale und politische Umfeld gerichtet. Dabei wird Hilfestellung in Form von regelmäßiger Gruppenarbeit sowie als Gesprächspartner für Mitglieder geleistet. Zu der gegenseitigen Unterstützung und dem Erfahrungsaustausch tritt zudem die Interessenvertretung der Mitglieder nach außen. Selbsthilfegruppen werden regelmäßig nicht von professionellen Helfern (Ärzten etc) geleitet, wobei jedoch Experten zu einzelnen Fragestellungen hinzugezogen werden können.

4 Von Selbsthilfegruppen zu unterscheiden sind **Selbsthilfeorganisationen,** die einen Zusammenschluss von Selbsthilfegruppen auf Landes- oder Bundesebene darstellen und regelmäßig auf ein bestimmtes Krankheitsbild, eine gemeinsame Krankheitsursache oder eine gemeinsame Krankheitsfolge spezialisiert sind.[13] Sie weisen im Verhältnis zu Selbsthilfegruppen meist höhere Mitgliederzahlen auf und verfügen als eingetragener Verein über einen höheren Organisationsgrad (hauptamtliches Personal etc). Aufgrund der überregionalen Interessenvertretung stehen Kontakte zu Behörden, Sozialleistungsträgern, Leistungserbringern und anderen gesellschaftlichen Institutionen im Vordergrund. Die Aufgaben der Selbsthilfeorganisationen umfassen die Vernetzung von Selbsthilfegruppen, die Interessenvertretung im gesundheits- und sozialpolitischen Bereich, die Öffentlichkeitsarbeit durch Herausgabe von Medien- und Informationsschriften sowie die Aufklärung und Unterrichtung (Durchführung von Schulungen für örtliche Gruppen, Seminare, Konferenzen etc). Darüber hinaus erbringen Selbsthilfeorganisationen auch Beratungs- und Informationsleistungen für Dritte, die nicht zu ihren Mitgliedern zählen. Die Voraussetzungen der *„Maßgeblichen Organisationen für die Wahrnehmung der Interessen der Patientinnen und Patienten und der Selbsthilfe chronisch kranker und behinderter Menschen auf Bundesebene im Sinne des § 140f SGB V“* iSd § 1 der Patientenbeteiligungsverordnung müssen nicht zwingend erfüllt sein, um allgemein als Selbsthilfeorganisation zu gelten. Diese maßgeblichen Organisationen sind in verschiedenen Ausschüssen (ua dem Gemeinsamen Bundesausschuss) zu beteiligen und bedürfen dazu der Anerkennung iSd § 2 der Patientenbeteiligungsverordnung.[14]

5 Als dritte Organisationsform haben sich **Selbsthilfekontaktstellen** etabliert. Hierunter sind örtliche oder regional arbeitende, professionelle Beratungseinrichtungen mit hauptamtlichem Personal zu verstehen.[15] Parallel hierzu existieren allerdings auch überregionale Strukturen (wie insbesondere die bundesweite Selbsthilfekontaktstelle NAKOS). Auch die Unabhängige Patientenberatung Deutschland (UPD) berät Verbraucher und Patienten überregional.[16] Diese steht jedoch seit einem Gesellschafterwechsel 2016[17] zunehmend in der Kritik.[18] Insbesondere hinsichtlich der Grundwerte[19] Neutralität, Unabhängigheit und Transparenz, aber auch bezüglich der Qualität der Beratung bestehen Bedenken, die durch

[13] Zu dieser Begriffsbestimmung siehe die Definition des GKV-Spitzenverbandes in dem Leitfaden zur Selbsthilfeförderung idF v. 27.8.2020, S. 9, abrufbar unter https://www.gkv-spitzenverband.de/media/dokumente/krankenversicherung_1/praevention__selbsthilfe__beratung/selbsthilfe/Leitfaden_Selbsthilfeforderung_ab_2021_barrierefrei.pdf (zul. abgerufen am 4.11.2021).

[14] Ein Überblick zu den maßgeblichen Patientenorganisationen findet sich bei *Matthäus* in Schlegel/Voelzke jurisPK-SGB V § 140f Rn. 36 ff.

[15] Siehe die Definition des GKV-Spitzenverbandes in dem Leitfaden zur Selbsthilfeförderung, idF v. 27.8.2020, S. 9, abrufbar unter https://www.gkv-spitzenverband.de/media/dokumente/krankenversicherung_1/praevention__selbsthilfe__beratung/selbsthilfe/Leitfaden_Selbsthilfeforderung_ab_2021_barrierefrei.pdf (zul. abgerufen am 4.11.2021).

[16] Beratung vor Ort (Beratungsstellen in 30 Städten, Beratungsmobil), per Telefon oder online.

[17] Von einer Bietergemeinschaft aus Sozialverband VdK, Verbraucherzentrale Bundesverband und Verbund unabhängige Patientenberatung (VuP) zur Callcenter-Firma Sanvartis; Kritik: Patientenberatung als ungeeignet für ein Geschäftsmodell; hierzu: Gesundheitsausschuss des Bundestages- 20.2. 2019, hib 191/2019:https://www.bundestag.de/hib#url=L3ByZXNzZS9oaWIvNTk0ODM0LTU5NDgzNA==&mod=mod454590 (zul. abgerufen am 4.11.2021).

[18] Verdacht interesessengeleiteter Beratung, da die Sanvartis auch für Krankenkassen und Pharmaunternehmen tätig ist; vgl. zum Ganzen auch *Kaempfe* in Becker/Kingreen SGB V § 65b Rn. 7 mwN.

[19] Ebenso Fördervoraussetzungen nach § 65b SGB V.

Gegenmaßnahmen, wie eine fortlaufende Evaluierung, nur teilweise ausgeräumt werden können.

Die Aufgabe von Selbsthilfekontaktstellen besteht darin, Dienstleistungsangebote zur methodischen Anleitung, Unterstützung und Stabilisierung von Selbsthilfegruppen bereitzustellen. Hierzu zählt insbesondere die Unterstützung bei der Gruppengründung und der Vermittlung von infrastrukturellen Hilfen. Eine wichtige Funktion von Selbsthilfekontaktstellen besteht des Weiteren darin, Patienten oder Betroffene, die noch nicht Mitglieder von Selbsthilfegruppen sind, über die bestehenden Selbsthilfeangebote zu unterrichten, Kontakte herzustellen und die Angebotsvernetzung in der Region zu fördern. Selbsthilfekontaktstellen haben damit eine **Wegweiserfunktion** im System der gesundheitsbezogenen oder sozialen Dienstleistungsangebote.[20]

Bei **großen Verbänden** erfolgt die Aufgabenerfüllung in der Regel durch örtliche 6
Selbsthilfegruppen, während bei **kleineren Verbänden** häufig die Aufgabenerfüllung unmittelbar von der Bundesebene wahrgenommen wird. Auch bei **seltenen Erkrankungen,** bei denen die Bildung örtlicher Selbsthilfegruppen nicht möglich ist, kommt es typischerweise zu einem Zusammenschluss innerhalb einer Bundesorganisation. Prägend für die Arbeit und das Selbstverständnis von Selbsthilfeorganisationen ist die **Betonung des Selbsthilfeprinzips** sowie der **Betroffenenkompetenz** der in der Selbsthilfe zusammengeschlossenen Menschen. Viele Selbsthilfeorganisationen auf Bundesebene haben sich in der Bundesarbeitsgemeinschaft SELBSTHILFE von Menschen mit Behinderung, chronischer Erkrankung und ihren Angehörigen eV (BAG SELBSTHILFE) in Düsseldorf[21], im PARITÄTISCHEN-GESAMTVERBAND eV in Berlin[22] oder in der Deutschen Hauptstelle für Suchtfragen eV (DHS) in Hamm[23] zusammengeschlossen. Auf Landesebene bestehen Mitgliedschaften in den Landesarbeitsgemeinschaften Selbsthilfe eV, den Landesarbeitsgemeinschaften Hilfe für Behinderte eV sowie den jeweiligen Landesverbänden des PARITÄTISCHEN-GESAMTVERBANDS eV. Auch auf europäischer Ebene gibt es Zusammenschlüsse wie das European Patients Forum (EPF) seit 2003.[24]

Die unterschiedlichen gesundheitspolitischen Akteure, wie das Gesundheitsministerium, 7
Ärzteorganisationen und Krankenkassen, erkennen zunehmend das Potenzial der **Selbsthilfe,** nicht nur die Gesundheitsversorgung einzelner Kranker, sondern auch die Strukturen des Gesundheitssystems insgesamt zu optimieren.[25]

Die wachsende Bedeutung der Selbsthilfebewegung hat auch ihren Niederschlag in den 8
gesetzlichen Rahmenbedingungen der Finanzierung gefunden. So wird in § 20h SGB V das Verfahren der Förderung von Selbsthilfegruppen, Selbsthilfeorganisationen und Kontaktstellen durch Krankenkassen und Krankenkassenverbände geregelt,[26] die Notwendigkeit der institutionellen Förderung der Selbsthilfe ausdrücklich anerkannt und ein rechtlicher Rahmen für die Förderung von gesundheitsbezogenen Selbsthilfeeinrichtungen gesetzt.[27] Nach Abs. 1 S. 1 haben die Krankenkassen und ihre Verbände Selbsthilfegruppen und Selbsthilfeorganisationen, die sich die gesundheitliche Prävention oder die Rehabilitation von Versicherten zum Ziel gesetzt haben, sowie Selbsthilfekontaktstellen zu fördern.

---

[20] So anschaulich die Beschreibung in dem Leitfaden zur Selbsthilfeförderung des GKV-Spitzenverbandes idF v. 27.8.2020, S. 14, abrufbar unter https://www.gkv-spitzenverband.de/media/dokumente/krankenversicherung_1/praevention__selbsthilfe__beratung/selbsthilfe/Leitfaden_Selbsthilfefoerderung_ab_2021_barrierefrei.pdf (zul. abgerufen am 4.11.2021).

[21] Nähere Informationen hierzu unter http://www.bag-selbsthilfe.de/ (zul. abgerufen am 8.2.2021).

[22] Nähere Informationen hierzu unter www.der-paritaetische.de (zul. abgerufen am 8.2.2021).

[23] Weitere Angaben hierzu unter www.dhs.de (zul. abgerufen am 8.2.2021).

[24] http://www.eu-patient.eu/ (zul. abgerufen am 4.11.2021) mit eigenen Kooperationsvorgaben (2014).

[25] *Jagusch,* Selbsthilfeorganisationen für seltene Erkrankungen und Gesundheitsversorgung – Gesundheitspolitische Erwartungen und Selbsthilferealität, S. 12.

[26] *Welti* in Becker/Kingreen SGB V § 20h Rn. 1, 5 ff.

[27] *Schütze* in Schlegel/Voelzke jurisPK-SGB V § 20h Rn. 9.

Hierdurch sollen die vielfältigen Möglichkeiten der Selbsthilfe bei der Prävention und Rehabilitation zur Ergänzung der professionellen Gesundheitsdienste nutzbar gemacht werden.[28] In Abweichung von der früheren Rechtslage handelt es sich hierbei nicht mehr um eine Ermessensregelung, sondern eine **verbindliche Soll-Vorschrift,** von der nur in Ausnahmefällen abgewichen werden kann.[29] Das Prinzip zur Förderung der Selbsthilfe korrespondiert mit dem Grundsatz der Eigenverantwortung in § 1 S. 2 SGB V. Danach kann von den Versicherten erwartet werden, durch eine gesundheitsbewusste Lebensführung den Eintritt von Krankheiten oder Behinderungen im Rahmen des Möglichen und Zumutbaren zu vermeiden und hierdurch die eigene Gesundheit mitverantwortlich zu gestalten.

9 Die Förderung ist nach Abs. 1 S. 2 an die Bedingung geknüpft, dass die Zielsetzung in der **Prävention oder Rehabilitation** einer Krankheit besteht, die in dem vom GKV Spitzenverband Bund erstellten Verzeichnis gelistet ist. Unter Prävention ist dabei jede Maßnahme und Aktivität zu verstehen, die eine gesundheitliche Schädigung verhindern, weniger wahrscheinlich machen oder verzögern soll, wobei zwischen der **primären Prävention** (Senkung der Eintrittswahrscheinlichkeit von Erkrankungen), der **sekundären Prävention** (Entdeckung eines Frühstadiums einer Krankheit mit dem Ziel, die Inzidenz manifester bzw. fortgeschrittener Erkrankungen zu senken) und **tertiärer Prävention** (die Behandlung einer Krankheit mit dem Ziel, ihre Verschlimmerung zu vermeiden oder zu verzögern) zu unterscheiden ist.[30] Allerdings geht der GKV-Spitzenverband davon aus, dass unter den Begriff der Prävention nur die Sekundär- und Tertiärprävention fallen und demgegenüber Selbsthilfegruppen mit ausschließlich primär präventiver Zielsetzung nicht förderungsberechtigt sein sollen.[31] Dem liegt offensichtlich die Vorstellung zugrunde, dass nach der Funktion und Entstehungsgeschichte von Selbsthilfegruppen hiervon nur (aktuell) Krankheitsbetroffene erfasst werden sollen.

10 Das **Verzeichnis**[32] der relevanten Krankheitsbilder, die Voraussetzung für eine Selbsthilfeförderung sind, umfasst im Einzelnen ua **folgende Krankheitsbilder:** Herz-Kreislauferkrankungen, Krankheiten des Skeletts, der Gelenke, der Muskeln und des Bindegewebes, Tumorerkrankungen, allergische und asthmatische Erkrankungen, Atemwegserkrankungen, Erkrankungen der Verdauungsorgane und des Harntraktes, Lebererkrankungen, Hauterkrankungen, Suchterkrankungen, Krankheiten des Nervensystems, Hirnschädigungen, endokrine Ernährungs- und Stoffwechselkrankheiten, Krankheiten des Blutes, des Immunsystems/Immundefekte, Krankheiten der Sinnesorgane, Hör-, Seh- und Sprachbehinderungen, infektiöse Krankheiten, psychische und Verhaltensstörungen/psychische Erkrankungen, angeborene Fehlbildungen/Deformitäten und Behinderungen, chronische Schmerzen sowie Organtransplantation.

11 Der GKV-Spitzenverband beschließt nach Abs. 2 darüber hinaus auch die **Grundsätze** zu den **Inhalten der Förderung.** An der Entscheidung sind die Interessenvertretungen der Selbsthilfe zu beteiligen. Der Gesetzgeber hat mit dieser Regelung die Erwartung verknüpft, dass die gemeinsamen und einheitlichen Grundsätze zu einer **Transparenz der Förderkriterien** führen und eine **flächendeckende, gerechtere Verteilung der För-**

---

[28] Vgl. *Schifferdecker* in KassKomm SGB V § 20h Rn. 2.

[29] Vgl. *Schifferdecker* in KassKomm SGB V § 20h Rn. 2.

[30] Vgl. hierzu näher *Nebendahl* in Spickhoff, Medizinrecht, SGB V § 20h Rn. 5 ff.; *Nebendahl* in Spickhoff, Medizinrecht SGB V § 20 Rn. 5; *Schütze* in Schlegel/Voelzke jurisPK-SGB V § 20 Rn. 15.

[31] Leitfaden zur Selbsthilfeförderung des GKV-Spitzenverbands idF v. 27.8.2020, S. 8, abrufbar unter https://www.gkv-spitzenverband.de/media/dokumente/krankenversicherung_1/praevention__selbst hilfe__beratung/selbsthilfe/Leitfaden_Selbsthilfeforderung_ab_2021_barrierefrei.pdf (zul. abgerufen am 4.11.2021); kritisch hierzu *Schütze* in Schlegel/Voelzke jurisPK-SGB V § 20h Rn. 17 f. unter Hinweis auf den Wortlaut und die gleichgewichtige Bedeutung von Prävention und Rehabilitation.

[32] Abgedruckt im Leitfaden zur Selbsthilfeförderung des GKV-Spitzenverbandes idF v. 27.8.2020, Anlage 2, S. 40, abrufbar unter https://www.gkv-spitzenverband.de/media/dokumente/krankenver sicherung_1/praevention__selbsthilfe__beratung/selbsthilfe/Leitfaden_Selbsthilfeforderung_ab_2021_ barrierefrei.pdf (zul. abgerufen am 4.11.2021).

dermittel gewährleisten.[33] Zugleich soll der Rückzug anderer Kostenträger vermieden werden.[34] In den Grundsätzen sollen die Voraussetzungen, der Inhalt, der Umfang und die Formen der Förderung sowie ferner die Abstimmung mit anderen Förderungswegen (zB der öffentlichen Hand) geregelt werden. Die Förderung kann zum einen projektbezogen, zum anderen aber auch durch pauschale Zuschüsse erfolgen. Voraussetzung für die Gewährung ist stets, dass die finanziellen Mittel effektiv und zuverlässig für Ziele der Krankheitsverhütung oder Rehabilitation eingesetzt werden.

Die Konkretisierung der Selbsthilfeförderung ist damit der **Selbstverwaltung der Krankenkassen** überlassen.[35] Die Fördergrundsätze der GKV wurden im Jahr 2013 umfangreich novelliert und sind zum 1.1.2014 erstmals in Kraft getreten.[36] Der dahinter stehende Zweck liegt in dem Bestreben, künftig die Verteilung der Fördergelder noch **bedarfsgerechter** zu gestalten und die jeweiligen Selbsthilfegruppen, -organisationen und -kontaktstellen noch besser unterstützen zu können. Die wesentlichen Änderungen des Leitfadens sind die Aufnahme klarer Fristen für die Bearbeitung von Förderanträgen, die Konkretisierung der Voraussetzungen für die Förderung sowie Anleitungen zum Nachweis der Mittelverwendung. Das Fördervolumen der gesetzlichen Krankenkassen sowie ihrer Verbände betrug im Jahr 2013 rund 42 Mio. Euro, eine Steigerung von über neun Prozent seit 2008.[37] Dieser Steigerungstrend geht kontinuierlich weiter; so stellten die gesetzlichen Krankenkassen für das Jahr 2014 bereits 43,3 Mio. Euro für die Förderung zur Verfügung.[38] 2020 waren es dann sogar über 84 Mio. Euro.[39] Dies verdeutlicht den hohen Stellenwert, den die Selbsthilfe heutzutage auch gegenüber den Krankenkassen einnimmt. 2020 wurde der Leitfaden der GKV zur Förderung der Selbsthilfe zuletzt überarbeitet.[40] 12

Zu den **generellen Fördervoraussetzungen** von Selbsthilfegruppen und Selbsthilfeorganisationen zählen nach den Grundsätzen des GKV-Spitzenverbandes[41] die nachfolgenden Anforderungen: 13

- **Interessenwahrnehmung durch Betroffene** (die Selbsthilfearbeit in den Gruppen und Vereinsorganen wird von Betroffenen getragen)

---

[33] Fraktionsentwurf BT-Drs. 14/1245, 36.

[34] Vgl. BT-Drs. 14/1245, 63.

[35] Vgl. hierzu *Schütze* in Schlegel/Voelzke jurisPK-SGB V § 20h Rn. 22 mit kritischem Hinweis darauf, dass dieser Konkretisierungsauftrag den Rahmen des Beschlussverfahrens nach § 213 SGB V sprengen dürfte und als Rechtssetzung eher dem Bundesgesetzgeber vorbehalten sein sollte.

[36] abrufbar unter: https://www.gkv-spitzenverband.de/media/dokumente/krankenversicherung_1/praevention__selbsthilfe__beratung/selbsthilfe/Leitfaden_Selbsthilfeforderung_ab_2021_barrierefrei.pdf (zul. abgerufen am 8.2.2021).

[37] So in: Pressemitteilung des GKV Spitzenverband „Neuer Leitfanden zur Selbsthilfeförderung vom 7.9.2013; abrufbar unter http://www.gkv-spitzenverband.de/presse/pressemitteilungen_und_statements/pressemitteilung_62208.jsp (zul. abgerufen am 8.2.2021).

[38] So das Gemeinsame Rundschreiben 2014 zur Förderung der Selbsthilfebundesorganisationen nach § 20c SGB V; abrufbar unter: https://docplayer.org/41004622-Gemeinsames-rundschreiben-der-gkv-gemeinschaftsfoerderung-selbsthilfe-auf-bundesebene-zur-foerderung-der-selbsthilfebundesorganisationen.html (zul. abgerufen am 8.2.2021).

[39] Grafik zur „GKV – Entwicklung des Selbsthilfe-Fördervolumens, in Millionen Euro, 2006 bis 2019, Bundesgebiet", abrufbar unter: https://www.vdek.com/vertragspartner/Selbsthilfe.html (zul. abgerufen am 8.2.2021).

[40] Der aktuelle Leitfaden der GKV zur Selbsthilfeförderung in der Fassung vom 27.8.2020 ist abrufbar unter: https://www.gkv-spitzenverband.de/media/dokumente/krankenversicherung_1/praevention__selbsthilfe__beratung/selbsthilfe/Leitfaden_Selbsthilfeforderung_ab_2021_barrierefrei.pdf (zul. abgerufen am 8.2.2021).

[41] Leitfaden zur Selbsthilfeförderung des GKV-Spitzenverbandes idF v. 27.8.2020, S. 14, 16 ff., 28 f., in Kraft getreten am 1.1.2021, abrufbar unter https://www.gkv-spitzenverband.de/media/dokumente/krankenversicherung_1/praevention__selbsthilfe__beratung/selbsthilfe/Leitfaden_Selbsthilfeforderung_ab_2021_barrierefrei.pdf (zul. abgerufen am 4.11.2021).

- **gesundheitsbezogene Selbsthilfeaktivitäten** stehen im Mittelpunkt der Arbeit (gemeinsame Bewältigung chronischer Krankheiten und/oder Behinderungen),
- **Offenheit für neue Mitglieder** und öffentliche Bekanntmachung des Selbsthilfeangebots,
- **neutrale Ausrichtung** und **Unabhängigkeit** der Selbsthilfeaktivitäten von wirtschaftlichen Interessen,
- **Transparenz** über die Finanzsituation (auch Einnahmequellen und Mittelverwendung),
- Bereitschaft zur **partnerschaftlichen Zusammenarbeit** mit den Krankenkassen und ihren Verbänden unter Wahrung der **Neutralität** und **Unabhängigkeit** der Selbsthilfe,
- **Orientierung** an **anerkannten Qualitätskriterien** im Hinblick auf die Informations- und Beratungsangebote,
- **ein** Verfolgen vorrangig **wirtschaftlicher/kommerzieller Zwecke,**
- Pflicht zum **sparsamen, wirtschaftlichen** und **zweckgebundenen Umgang** mit den Fördermitteln,
- **inweispflicht** der Fördermittelempfänger hinsichtlich der Förderung durch die GKV,
- **echtverbindliche Unterzeichnung** der Anträge durch die Vertretungsbefugten sowie
- Beachtung der Bestimmungen der **Datenschutzgesetze** auf Bundes- (BDSG) und Länderebene.

14 Zu den ergänzenden **Fördervoraussetzungen** für Selbsthilfeorganisationen auf **Bundes- und Landesebene** zählen zudem gewisse strukturelle Anforderungen[42]:

- Organisation in der Rechtsform eines eingetragenen Vereins (Existenz organisatorischer Kontrollgremien und demokratische Willensbildung),
- Erheben von Mitgliedsbeiträgen,
- Grundsätzlich: Existenz nachgelagerter Strukturen (örtliche Gruppen, mindestens vier auf Landesebene, oder Landesverbände) und deren Betreuung und Unterstützung,
- Ausnahme: Keine nachgeordneten Strukturen im Falle von Organisationen zu seltenen Erkrankungen oder solchen, deren Mitglieder sich vorrangig über das Internet austauschen, erforderlich,
- Organisation mindestens eines jährlichen persönlichen Zusammentreffens der Mitglieder (zB Mitgliederversammlung, Regionaltreffen, Jahrestagung)
- Transparenz der Einnahmequellen (Mitgliedsbeiträge, Spenden, Sponsorengelder sowie geldwerte Dienstleistungen von Kooperationspartnern),
- geführt durch Ehrenamtliche und/oder hauptamtliches Personal und
- Nachweis der Gemeinnützigkeit.

Für die **örtlichen Selbsthilfegruppen** werden darüber hinaus folgende Anforderungen gestellt:

- verlässliche/kontinuierliche Gruppenarbeit und Erreichbarkeit,
  Gruppengröße von mindestens sechs Mitgliedern,
- Durchführung eines Gründungstreffens, Protokollierung der Existenz und öffentliche Bekanntmachung des Gruppenangebots,
- Offenheit für neue Mitglieder,
- Gruppenleitung und Gruppenmitglieder arbeiten ehrenamtlich und ohne professionelle Leitung (zB Ärztinnen und Ärzte oder andere Gesundheits- und Sozialberufe). Gelegentlich können Expertinnen und Experten zu bestimmten Fragestellungen hinzugezogen werden, sowie
- Halten eines nur für Zwecke der Selbsthilfegruppe gesonderten Kontos.

---

[42] Leitfaden zur Selbsthilfeförderung des GKV-Spitzenverbandes idF v. 27.8.2020, S. 16, 28 f., abrufbar unter https://www.gkv-spitzenverband.de/media/dokumente/krankenversicherung_1/praevention__selbsthilfe__beratung/selbsthilfe/Leitfaden_Selbsthilfeforderung_ab_2021_barrierefrei.pdf (zul. abgerufen am 4.11.2021).

Weitere Fördervoraussetzungen für Selbsthilfekontaktstellen betreffen im Wesentlichen Mindestanforderungen an eine gewisse sachliche, personelle und organisatorische Infrastruktur.

Als weitere **Voraussetzungen der Förderung** gelten schließlich auch die **neutrale Ausrichtung und Unabhängigkeit von wirtschaftlichen Interessen.**[43] Nach den Vorgaben des GKV-Spitzenverbandes sind Selbsthilfegruppen oder Organisationen, die vorrangig kommerzielle Ziele verfolgen oder zu kommerziellen Zwecken gegründet wurden, von einer Förderung ausgeschlossen.[44] Zu diesem Zweck ist von den Selbsthilfegruppen, Selbsthilfeorganisationen und Selbsthilfekontaktstellen eine „Erklärung zur Wahrung von Neutralität und Unabhängigkeit" abzugeben. Durch diese Erklärung verpflichtet sich der Antragsteller die Grundsätze 15

- der **Autonomie** der Selbsthilfe (keine Abhängigkeit von Wirtschaftsunternehmen),
- der **Transparenz** (Offenlegung von Unterstützungsleistungen und Kooperationen mit Wirtschaftsunternehmen),
- des **Datenschutzes** (Einhaltung der Bestimmungen des Datenschutzes bei Weitergabe von Daten)
- der **Dokumentation** (schriftliche Vereinbarungen über Art und Umfang der Verwendung des Vereinsnamens oder des Logos in Publikationen sowie Verbot der unmittelbaren oder mittelbaren Bewerbung von Produkten),
- der **Neutralität** und **Unabhängigkeit** der organisierten und durchgeführten Veranstaltungen einzuhalten.

Die Selbsthilfeförderung erfolgte schon seit der Einführung des § 20c SGB V[45] ab dem 1.1.2005 durch **zwei unterschiedliche Förderstränge,** nämlich zum einen durch die **kassenartenübergreifende** Gemeinschaftsförderung und zum anderen durch die **krankenkassenindividuelle** Förderung. Mindestens 50% der insgesamt jährlich zur Verfügung stehenden Fördermittel sind dabei nach Abs. 3 S. 3 der kassenartenübergreifenden Gemeinschaftsförderung bereitzustellen. Die übrigen (maximal) 50% der Fördermittel verbleiben den einzelnen Krankenkassen für ihre krankenkassenspezifische Förderung. Diese Förderung hat dabei unter Berücksichtigung des in § 1 SGB V verankerten Grundsatzes der „Solidarität und Eigenverantwortung" und des Wirtschaftlichkeitsgebots in § 12 SGB V zu erfolgen.[46] Heute regelt § 20h SGB V mit nur kleineren Änderungen und Anpassungen im Vergleich zur Vorgängernorm die Selbsthilfeförderung. Ein subjektiver, konkret durchsetzbarer **Rechtsanspruch auf Gewährung einer bestimmten Fördersumme besteht** nach § 20h SGB V **nicht.** Die Vergabe der Fördermittel erfolgt unter Berücksichtigung des Gesamtvolumens, der Anzahl der förderungsfähigen Projekte und des dargelegten und nachvollziehbaren Förderbedarfes der Antragsteller. Generell haben die Fördermittel der Krankenkassen Zuschusscharakter und zielen nicht darauf ab, eine Vollfinanzierung zu gewährleisten.[47] Im Rahmen der kassenartenübergreifenden Gemeinschaftsförderung werden 16

---

[43] *Welti* in Becker/Kingreen SGB V § 20h Rn. 6; Tipps zur Wahrung der Neutralität und Unabhängigkeit enthält die NAKOS-Webseite https://www.selbsthilfe-bestimmt-selbst.de/ (zul. abgerufen am 8.8.2021).

[44] Leitfaden zur Selbsthilfeförderung des GKV-Spitzenverbandes idF v. 27.8.2020, S. 14, 29, 41, abrufbar unter https://www.gkv-spitzenverband.de/media/dokumente/krankenversicherung_1/praevention__selbsthilfe__beratung/selbsthilfe/Leitfaden_Selbsthilfeforderung_ab_2021_barrierefrei.pdf (zul. abgerufen am 4.11.2021).

[45] Heute nach kleineren Änderungen und einer Erhöhung des in Abs. 3 S. 1 genannten Betrages im Rahmen des PrävG v. 17.7.2015 (BGBl. I S. 1368) § 20h SGB V.

[46] Leitfaden zur Selbsthilfeförderung des GKV-Spitzenverbandes idF v. 27.8.2020, S. 8, abrufbar unter https://www.gkv-spitzenverband.de/media/dokumente/krankenversicherung_1/praevention__selbsthilfe__beratung/selbsthilfe/Leitfaden_Selbsthilfeforderung_ab_2021_barrierefrei.pdf (zul. abgerufen am 4.11.2021).

[47] Leitfaden zur Selbsthilfeförderung des GKV-Spitzenverbandes idF v. 27.8.2020, S. 15, 27, abrufbar unter https://www.gkv-spitzenverband.de/media/dokumente/krankenversicherung_1/praevention__

pauschale Mittel zur Abdeckung wiederkehrender Aufwendungen (Raumkosten, Miete, Büroausstattung, etc) zur Verfügung gestellt. Demgegenüber hat die krankenkassenindividuelle Förderung mehr Projektcharakter und betrifft Aktivitäten, die über das Maß der täglichen Selbsthilfearbeit hinausgehen.[48] Dabei können die Krankenkassen und ihre Verbände im Rahmen der individuellen Förderung eigene Förderschwerpunkte setzen. Eine **Vollfinanzierung** ist bewusst **nicht** vorgesehen, da dies dem Begriff des Zuschusses widersprechen würde und auch **nicht mit dem Konzept der Selbsthilfe vereinbar** wäre, das vom Eigeninteresse der Versicherten an ihrer Gesundheit ausgeht.[49]

17 In Abs. 3 S. 1 wird ein **Richtwert als Sollgröße** vorgegeben: Danach sollen die Ausgaben der Krankenkassen und ihrer Verbände für die Förderung insgesamt im Jahr 2016 für jeden ihrer Versicherten einen Betrag von 1,05 Euro umfassen. Sie sind in den Folgejahren entsprechend der prozentualen Veränderung der monatlichen Bezugsgröße nach § 18 Abs. 1 SGB IV anzupassen.Erreicht eine Krankenkasse den in S. 1 genannten Betrag der Förderung in einem Jahr nicht, hat sie die nicht verausgabten Fördermittel im Folgejahr zusätzlich für die Gemeinschaftsförderung zur Verfügung zu stellen (S. 5). Vom GKV-Spitzenverband wurden **Eckpunkte für die Umsetzung der kassenartenübergreifenden Gemeinschaftsförderung** festgelegt.[50] Danach ist die kassenartenübergreifende Gemeinschaftsförderung entsprechend der folgenden Rahmenvorgaben auszugestalten:

- **unbürokratische** Förderung („Ein-Ansprechpartner-Modell"),
- **wettbewerbsneutrale** Verausgabung der Fördermittel,
- Förderung auf allen Förderebenen und für alle Förderbereiche als **Pauschalförderung,**
- Förderung der **Selbsthilfekontaktstellen pauschal** über die kassenartenübergreifende Gemeinschaftsförderung auf Landesebene,
- Verteilung der Fördermittel auf Bundesebene zur Landes- und örtlichen Ebene im Verhältnis von mindestens **20 % zu 80 %,**
- **Übertragung** nicht ausgeschöpfter Fördermittel in das Folgejahr,
- **demokratische Legitimierung** der Vertretungen der Selbsthilfe sowie
- **schriftliche Fixierung** der getroffenen Fördervereinbarungen (Schaffung von Transparenz durch Angabe der Vergabekriterien, Höhe der zur Verfügung stehenden Mittel, der geförderten Selbsthilfegruppen und der gewährten Förderungshöhe).

18 Während die Selbsthilfeförderung durch die Krankenkassen gesetzlich geregelt ist, existiert eine entsprechende Regelung zur **Selbsthilfeförderung durch die öffentliche Hand** nicht. Über die Gesamtfördersumme wird vielmehr jedes Jahr parlamentarisch entschieden. Für die Jahre 2005 und 2006 betrug das Fördervolumen des BMG jeweils 2,5 Mio. Euro. Von diesen wurden 2,3 Mio. Euro im Jahr 2005 genehmigt und als projektbezogene Förderung den **bundesweiten Dachverbänden** (BAGS, DAG SHG, NAKOS) und einzelnen Selbsthilfeorganisationen zur Verfügung gestellt.[51] Bis 2015 sank das Fördervolumen des BMG auf 1,6 Mio. Euro, um 2016 erstmals wieder leicht auf 1,7 Mio. Euro anzusteigen.[52]

---

selbsthilfe__beratung/selbsthilfe/Leitfaden_Selbsthilfeforderung_ab_2021_barrierefrei.pdf (zul. abgerufen am 4.11.2021).

[48] Leitfaden zur Selbsthilfeförderung des GKV-Spitzenverbandes idF v. 27.8.2020, S. 25, abrufbar unter https://www.gkv-spitzenverband.de/media/dokumente/krankenversicherung_1/praevention__selbsthilfe__beratung/selbsthilfe/Leitfaden_Selbsthilfeforderung_ab_2021_barrierefrei.pdf (zul. abgerufen am 4.11.2021).

[49] *Schifferdecker* in KassKomm § 20h Rn. 16.

[50] Leitfaden zur Selbsthilfeförderung des GKV-Spitzenverbandes idF v. 27.8.2020, S. 10 ff., 20, abrufbar unter https://www.gkv-spitzenverband.de/media/dokumente/krankenversicherung_1/praevention__selbsthilfe__beratung/selbsthilfe/Leitfaden_Selbsthilfeforderung_ab_2021_barrierefrei.pdf (zul. abgerufen am 4.11.2021).

[51] *Schubert/Glaeske,* Einfluss des pharmazeutisch-industriellen Komplexes auf die Selbsthilfe, S. 11.

[52] „Übersicht 10 Ausgaben in Millionen Euro für Selbsthilfeförderung durch Bundesministerien, Bundesländer, gesetzliche Krankenkassen, Pflegeversicherung und Deutsche Rentenversicherung

Auf **Landes- und kommunaler Ebene** erfolgt keine einheitliche Förderung; als gemeinsamer Trend lässt sich jedoch ein Sinken der Fördermittel in den letzten Jahren ausmachen. So betrugen die Fördermittel der Länder im Jahr 2014 lediglich 10,6 Mio. Euro, während im Jahr 2001 noch ein Förderbetrag von 14,7 Mio. Euro erreicht wurde.[53] 19

Die Voraussetzungen zur Förderung durch **Rehabilitationsträger** sind in den jeweiligen Leistungsgesetzen geregelt (vgl. § 7 SGB IX). Danach hat die gesetzliche Rentenversicherung in den zurückliegenden Jahren die Selbsthilfe insgesamt mit jeweils 3,2 Mio. Euro gefördert.[54] Zuletzt (2016) stieg das Fördervolumen der Deutschen Rentenversicherung Bund sogar auf 3,5 Mio. Euro an.[55] Annähernd die Hälfte ihres Finanzierungsbedarfs deckt die Selbsthilfe mit **Eigenmitteln,** finanziert durch Mitgliedsbeiträge, ab (40,6 % im Jahr 2004).[56] Der verbleibende Finanzierungsbedarf von knapp einem Viertel wird durch **private Geldgeber** (Stiftungen, Spenden und Sponsoring) gedeckt. 20

Die vorstehenden Ausführungen verdeutlichen, dass die Selbsthilfe zwar formal und institutionell unabhängig, in ihrem praktischen Wirken jedoch vielfältig mit anderen **Einrichtungen und Organisationen verbunden** und zur Erfüllung ihrer Aufgaben zumindest partiell auch auf diese angewiesen ist. Diese **Verflechtungen** und **Beziehungen** werfen naturgemäß die Frage auf, ob hierin nicht auch gewisse **Gefahren** mit Blick auf die **Unabhängigkeit** und das **Selbstverständnis** von Selbsthilfegruppen liegen können. Darüber hinaus kann eine fehlende Neutralität und Unabhängigkeit ein Ausschlusskriterium für die Förderungsberechtigung durch die Krankenkassen darstellen. Diese – dem Grunde nach mit Blick auf alle Beziehungen zu anderen Einrichtungen und Organisationen relevante – Grundsatzfrage ist in den letzten Jahren verstärkt kritisch in Bezug auf den Einfluss der Pharmaindustrie diskutiert worden.[57] 21

Die **Kritik** variiert zwar nach Grad und Ton, zielt im Kern aber stets auf denselben Aspekt: Patientenselbsthilfegruppen seien von der **Pharmaindustrie nicht unabhängig,** sondern „hingen vielmehr an deren Tropf".[58] Mittels finanzieller Zuwendungen versuche die Pharmaindustrie, Einfluss auf die Selbsthilfegruppen zu gewinnen, um so schnellstmöglich und auf direktem Wege ihre Produkte dem Endverbraucher präsentieren zu können. Durch die fehlende Transparenz der Zuwendungen erfolge letztlich eine nicht sichtbare Steuerung, so dass sich der Eindruck eines „Marionetten-Daseins" aufdränge.[59] Vor diesem 22

Bund 2006–2016", abrufbar unter: https://www.nakos.de/data/Fachpublikationen/2017/NAKOS-Studien-05–2017.pdf, S. 19 (zul. abgerufen am 4.11.2021).

[53] „Übersicht 10 Ausgaben in Millionen Euro für Selbsthilfeförderung durch Bundesministerien, Bundesländer, gesetzliche Krankenkassen, Pflegeversicherung und Deutsche Rentenversicherung Bund 2006–2016", abrufbar unter: https://www.nakos.de/data/Fachpublikationen/2017/NAKOS-Studien-05–2017.pdf, S. 19 (zul. abgerufen am 4.11.2021).

[54] *Schubert/Glaeske,* Einfluss des pharmazeutisch-industriellen Komplexes auf die Selbsthilfe, S. 13.

[55] „Übersicht 10 Ausgaben in Millionen Euro für Selbsthilfeförderung durch Bundesministerien, Bundesländer, gesetzliche Krankenkassen, Pflegeversicherung und Deutsche Rentenversicherung Bund 2006–2016", abrufbar unter: https://www.nakos.de/data/Fachpublikationen/2017/NAKOS-Studien-05–2017.pdf, S. 19 (zul. abgerufen am 4.11.2021).

[56] *Schubert/Glaeske,* Einfluss des pharmazeutisch-industriellen Komplexes auf die Selbsthilfe, S. 13.

[57] Schon 2005 pflegte jedes jedes 10. Pharmaunternehmen Kontakte zu Selbsthilfeorganisationen: *Feyerabend,* Problematische Partnerschaften – Selbsthilfegruppen und die Pharmaindustrie, Dr. med. Mabuse 154, 2005, 57, 58.

[58] Siehe die Überschrift der taz v. 4.1.2008: „Am Tropf der Pharmaindustrie", abrufbar unter https://taz.de/Am-Tropf-der-Pharmaindustrie/!864128/ (zul. abgerufen am 8.2.2021); anders *Helms/Klemperer,* Gesundheitsbezogene Selbsthilfe. Interessenskonflikte durch Pharma-Sponsoring, Arzneimittel-, Therapie-Kritik & Medizin und Umwelt, 2015, 173, 177, die feststellen, dass viele Selbsthilfegruppen gar keine Fördermittel der Industrie angeboten bekommen und diese jedenfalls nicht annehmen würden.

[59] Siehe als Beispiel *Bonstein,* Kranke Geschäfte, Der Spiegel v. 210 4.2008, abrufbar unter https://www.spiegel.de/spiegel/print/d-56670308.html (zul. abgerufen am 8.2.2021), sowie den Artikel „So viel Geld spendieren die Pharmakonzerne" auf Spiegel Online vom 26.5.2014, abrufbar unter

Hintergrund nehmen einige Selbsthilfegruppen, wie beispielsweise die Deutsche Krebshilfe eV, ausdrücklich *„keine Spenden der pharmazeutischen Industrie, von Medizinprodukte- oder -geräteherstellern und artverwandten Brachen an, um unabhängig entscheiden und handeln zu können"*[60].

23 Die **Liste** der geltend gemachten Gefahren einer **unsachgemäßen Einflussnahme** auf die Selbsthilfe ist lang[61]: Genannt werden verdeckte Marketingmaßnahmen im Rahmen von Vorträgen und Kongressen (dies auch bei noch nicht zugelassenen Arzneimitteln sowie im Bereich des „Off-label-use"), Rekrutierung von Selbsthilfe-Mitgliedern und anderen Betroffenen für wissenschaftliche Studien, Generierung von Adresslisten von Patienten über Vortragsveranstaltungen, aktiv beeinflussende und gestaltende Rolle bei der Gründung von Förderkreisen von Selbsthilfeorganisationen bzw. von Selbsthilfegruppen, nicht transparente Gestaltung von Selbsthilfe-Websites, Einflussnahme auf die Erstellung von wissenschaftlichen Leitlinien, (verdeckte) Öffentlichkeitsarbeit durch Pharma-gesponserte PR-Agenturen, Pathologisierung physiologisch normaler Vorgänge, Einschaltung prominenter Leitfiguren für (verdeckte) Arzneimittelwerbung, Durchleuchtung von Selbsthilfegruppen über Meinungsforschungsinstitute oder die verdeckte Teilnahme an Internet-Foren[62] durch Pharma-Mitarbeiter.

24 Die geltend gemachten **Bedenken und Kritikpunkte sind ernst zu nehmen,** betreffen sie doch den **Kern und die Funktion des Grundverständnisses von Selbsthilfegruppen.** Die Kritik würde allerdings an Glaubwürdigkeit und Überzeugungskraft gewinnen, wenn sie ein stärkeres Bemühen um Differenzierung und Vermeidung von Pauschalurteilen erkennen ließe. Schon die bloße Existenz von Selbsthilfegruppen und ihr Bedeutungszuwachs in den letzten Jahrzehnten zeigt, dass das System staatlicher Gesundheitsfürsorge allein offensichtlich nicht in der Lage ist, den Belangen besonders bedürftiger Patienten so gerecht zu werden, wie es von diesen für notwendig empfunden wird. Ohne ein zumindest **partielles Systemversagen** wäre die Entwicklung der Selbsthilfebewegung der vergangenen Jahrzehnte nicht zu erklären. Eine staatliche Vollfinanzierung ist dabei politisch bewusst nicht gewollt. Vor diesem Hintergrund erscheint es widersprüchlich, Selbsthilfegruppen einerseits bewusst nur in einem völlig unzureichenden Umfang mit Fördermitteln von „unabhängiger Seite" auszustatten und andererseits die diese Finanzierungslücke schließenden privaten Geldgeber unter den Generalverdacht der manipulativen Beeinflussung zu stellen.

25 Gerade wenn die **gesellschaftliche Verantwortung von Unternehmen** für Kultur und Soziales (Stichwort **Corporate Social Responsibility**) in den Vordergrund gerückt

---

https://www.spiegel.de/wirtschaft/service/patienten-datenbank-pharmaindustrie-spendete-millionen-an-organisationen-a-969476.html (zul. abgerufen am 4.11.2021).

[60] FAQ zur Arbeit der Deutschen Krebshilfe: https://www.krebshilfe.de/spenden-aktiv-werden/spenden-service/fragen-antworten/, „Lehnt die Deutsche Krebshilfe auch Spenden ab?" (zul. abgerufen am 8.2.2021); s. auch Deutsche Krebshilfe, Interessen von Patientinnen und Patienten unabhägig vertreten – Ein Positionspapier, in: NAKOS EXTRA 40 (2019) „Glaubwürdigkeit und Selbstbestimmung in der Selbsthilfe", abrufbar unter http://kehlkopfoperiert-bv.de/wp-content/uploads/2019/05/Glaubw%C3 %BCrdigkeit-und-Selbstbestimmung-in-der-Selbsthilfe_Nakos-Extra_40.pdf (zul. abgerufen am 4.11.2021).

[61] *Schubert/Glaeske,* Einfluss des pharmazeutisch-industriellen Komplexes auf die Selbsthilfe, S. 18 ff.; vgl. auch die von den Ersatzkassen und ihren Verbänden herausgegebene Stellungnahme „Ungleiche Partner – Patientenselbsthilfe und Wirtschaftsunternehmen im Gesundheitssektor", 2. Aufl. 2015, https://www.vdek.com/vertragspartner/Selbsthilfe/_jcr_content/par/publicationelement/file.res/Ungleiche%20Partner_barrierefrei.pdf (zul. abgerufen am 4.11.2021).

[62] Geschützte Forenbereiche könnten sinnvoll sein, so zB *Noack,* Selbsthilfe und die Pharmaindustrie: Werben im virtuellen Wartezimmer, Gesundheitsberater Berlin v. 21.4.2016 unter http://www.gesundheitsberater-berlin.de/tagesspiegel-report-der-woche/selbsthilfe-und-die-pharmaindustrie-werben-im-virtuellen-wartezimmer (zul. abgerufen am 4.11.2021); die von Patientenselbsthilfeorganisationen angebotenen fachspezischen Foren bieten insbesondere auch die Möglichkeit zum Austausch über Arzneimittel und deren Nutzung, vgl. *Weidner* PharmR 2014, 241 (242).

und die gemeinsame Verantwortung von Staat, Unternehmen und Gesellschaft für die Durchführung sozialer Projekte oder Maßnahmen betont wird, sollte die Verwendung privater Mittel zur Förderung gemeinwohlorientierter Belange grundsätzlich positiv bewertet werden. Ferner entspricht es auch dem Wesen der Selbsthilfe und dem dahinter stehenden Leitbild des „mündigen Patienten", diese selbst über die Wahl ihrer Partner und die Ausgestaltung ihrer Zusammenarbeit entscheiden zu lassen. Schließlich kann den betroffenen Pharmaunternehmen auch nicht von vornherein ein legitimes Interesse daran abgesprochen werden, ein besseres Verständnis für die Bedürfnisse und Wünsche der Patienten zu entwickeln, für die sie ihre Produkte entwickeln. Insgesamt sollte daher dem Grundsatz nach das Recht und die Freiheit der Selbsthilfegruppen und Pharmaunternehmen **gesellschaftlich anerkannt werden,** im Bereich der Selbsthilfe zusammenzuarbeiten, wenn und soweit hierbei die geltenden ethischen und rechtlichen Rahmenregelungen eingehalten werden.[63]

Der **Umfang des Mittelzuflusses** durch private Geldgeber an die Selbsthilfe lässt sich **26** nur schwer exakt bemessen. Nach zum Teil veröffentlichten Angaben soll der Finanzierungsbeitrag durch Stiftungen, Spenden und Sponsoring im Jahr 2004 23,9% des Gesamtvolumens betragen haben.[64] Splittet man diese Angaben weiter auf, so sollen 14,5% aus Spendenmitteln, 2% aus Stiftungsmitteln und 7,4% aus Sponsoringmitteln stammen.[65] Diesen Werten lag eine Befragung von NAKOS (Nationale Kontakt- und Informationsstelle zur Anregung und Unterstützung von Selbsthilfegruppen) gegenüber 357 Bundesvereinigungen der Selbsthilfe zugrunde. Aus den 237 auswertbaren Angaben ging hervor, dass bei diesen 237 Vereinigungen der durchschnittliche Förderanteil durch Sponsoren lediglich bei 7,4% des Gesamtvolumens lag. 168 der 237 Selbsthilfeorganisationen (71 %) erhielten nach eigenen Angaben gar keine Mittel von Sponsoren. Lediglich 9 Organisationen (knapp 4%) gaben Anteile von 41% bis 70% an.

II. Bestehende Regelwerke

1. Memorandum von 1999

Die heute bestehenden Rahmenregelungen[66] sind in einem mehrfach gestuften Prozess **27** entstanden. Zunächst fiel die Festlegung von Regelungen zur Zusammenarbeit mit Patientenorganisationen in den **Verantwortungsbereich des** einzelnen **Pharmaunternehmens** selbst. In diesem Rahmen wurden verschiedene **Transparenzinitiativen** gestartet und **Selbstverpflichtungserklärungen** statuiert.[67] Entsprechendes galt für die Offenlegung von Spenden oder anderen finanziellen Zuwendungen der Pharmaindustrie an Patientenselbsthilfeorganisationen.[68] Die Notwendigkeit der Schaffung transparenter Strukturen wurde aber auch von den **Selbsthilfeorganisationen** erkannt. So formulierten große Patientenselbsthilfeorganisationen bzw. Dachverbände wie beispielsweise die „Bundesar-

[63] Siehe zu diesem Kernproblem auch *Dieners* PharmR 2009, 6 ff.

[64] *Schubert/Glaeske,* Einfluss des pharmazeutisch-industriellen Komplexes auf die Selbsthilfe, S. 13.

[65] *Helms,* Chancen und Risiken von Sponsoringverträgen im Feld der gesundheitsbezogenen Selbsthilfe, S. 167, 172, abrufbar unter www.nakos.de (zul. abgerufen am 4.11.2021).

[66] Seit dem 6.11.2008, zuletzt geändert am 22.4.2015, besteht auch ein Patientenorganisationskodex des AKG (Arzneimittel und Kooperation im Gesundheitswesen eV), abrufbar unter https://www.ak-gesundheitswesen.de/praevention-vor-sanktion/patientenkodex/ (zul. abgerufen am 4.11.2021).

[67] Vgl. hierzu exemplarisch https://www.roche.com/dam/jcr:d3f03131-9658-4bf1-aa07-47852193d26c/Directive%20Roche%20collaborating%20with%20Patient%20Groups%20and%20Patients_Final.pdf (zul. abgerufen am 8.2.2021) bzw. https://www.bayer.de/de/transparenz.aspx (zul. abgerufen am 4.11.2021).

[68] Vgl. hierzu zB https://de.gsk.com/de-de/patientenorganisationen/transparenzinitiative/ (zul. abgerufen am 4.11.2021).

beitsgemeinschaft (BAG) SELBSTHILFE" oder der „Paritätische Wohlfahrtsverband" ethische Grundsätze zur Zusammenarbeit mit Wirtschaftsunternehmen.[69]

28 In den „**Leitsätzen der Selbsthilfe** für die Zusammenarbeit mit Personen des privaten und öffentlichen Rechts, Organisationen und Wirtschaftsunternehmen, insbesondere im Gesundheitswesen"[70] der **BAG SELBSTHILFE** werden ua folgende Anforderungen gestellt:

- Übereinstimmung der Kooperation zwischen Selbsthilfeorganisation und Wirtschaftsunternehmen mit den **satzungemäßen Zielen und Aufgaben** der Selbsthilfeorganisationen,
- keine Akzeptanz von Zusammenarbeitsformen, die die **Gemeinnützigkeit** des Verbandes gefährden oder ausschließen,
- Erhalt der **vollen Kontrolle** durch die Selbsthilfeorganisation über die Inhalte der Arbeit im Rahmen einer ideellen oder auch finanziellen Förderung und Kooperation,
- Herstellung von **Transparenz** über jedwede Kooperation mit Unterstützung durch Wirtschaftsunternehmen,
- eindeutige **Trennung** zwischen **Informationen** der Selbsthilfeorganisationen und **Werbung** des Unternehmens,
- **Kennzeichnungspflicht** von Werbung von Wirtschaftsunternehmen,
- **Grundsatzverbot von Empfehlungen** für einzelne Medikamente durch Selbsthilfeorganisationen,
- **Empfehlungen** nur auf der Basis von Bewertungsergebnissen anerkannter und neutraler Expertengremien, die öffentlich **transparent** und **nachvollziehbar** sein müssen,
- Einräumung von Kommunikationsrechten an Wirtschaftsunternehmen nur auf der Grundlage eindeutiger **schriftlicher Vereinbarungen,**
- Gewährleistung von **Neutralität** und **Unabhängigkeit** der Veranstaltungen von Selbsthilfeorganisationen,
- Einbindung von Selbsthilfeorganisationen bei **Veranstaltungen** von Wirtschaftsunternehmen nur unter Wahrung der **Neutralität** und **Unabhängigkeit** der Selbsthilfeorganisationen,
- Annahme von **finanziellen Zuwendungen** nur unter Wahrung der **Unabhängigkeit** der Selbsthilfeorganisationen sowie
- Unterstützung von **Forschungsleistungen** nur bei Gewährleistung **vollständiger Transparenz.**

29 Die Einhaltung dieser Grundsätze wird von der BAG SELBSTHILFE und dem Paritätischen Wohlfahrtsverband im Rahmen eines **Monitoring** überwacht. Dabei kommen mindestens einmal im Jahr Vertreter beider Organisationen zusammen, um über die Erfahrungen in der Anwendung der Leitsätze und der notwendigen Weiterentwicklung zu beraten. Die Ergebnisse dieser Fachaustausche werden öffentlich gemacht. Festgestellte Verstöße werden aktiv angesprochen und die betroffenen Organisationen zu einem Beratungsgespräch eingeladen. Darüber hinaus beraten und informieren die Selbsthilfeorganisationen regelmäßig in ihren angeschlossenen Untergliederungen über die einzuhaltenden Verfahrensregelungen.

30 Ein Grundsatzproblem hinsichtlich der Einhaltung allgemein verbindlicher Maßstäbe liegt in der **dezentralen Organisationsstruktur** vieler Selbsthilfeorganisationen. Hinzu kommt, dass diese regelmäßig auf dem ehrenamtlichen Engagement einzelner Personen basieren und über einen geringen internen Organisationsgrad verfügen. Selbst bei zentral organisierten Selbsthilfeorganisationen ist die Notwendigkeit interner Abstimmungsprozes-

[69] Vgl. die Leitsätze der Bundesarbeitsgemeinschaft (BAG) Selbsthilfe und des Deutschen Paritätischen Wohlfahrtsverbandes, abrufbar unter http://www.bag-selbsthilfe.de/neutralitaet-und-unabhaengigkeit-der-selbsthilfe.html idF v. 30.4.2016 (zul. abgerufen am 4.11.2021).

[70] Abrufbar unter http://www.bag-selbsthilfe.de/neutralitaet-und-unabhaengigkeit-der-selbsthilfe.html idF v. 30.4.2016 (zul. abgerufen am 4.11.2021).

se zu beachten. All dies kann der **Implementierung einer einheitlichen Praxis** im Rahmen der Zusammenarbeit mit Wirtschaftsunternehmen **praktische Schwierigkeiten** bereiten. Aus Sicht der Selbsthilfeorganisationen besteht deshalb ein Interesse daran, die von der BAG SELBSTHILFE erarbeiteten Musterverträge zu Sponsoring-Vereinbarungen zu verwenden. Tatsächlich ist jedoch die bisherige Vertragspraxis sehr heterogen. Insoweit erscheint es sinnvoll und erstrebenswert, wenn sich die Selbsthilfegruppen und Industrieunternehmen auf einheitliche Musterverträge verständigen könnten, die zumindest die typischen Grundkonstellationen abdecken würden.

2. EFPIA-Kodex Patientenorganisationen[71]

Das EFPIA Board hat sodann am 31.4.2007 beschlossen, auf internationaler Ebene erstmals einen Patientenorganisations-Kodex einzuführen, welcher am 5.10.2007 verabschiedet wurde und zum 1.7.2008 in Kraft trat. Es handelte sich dabei um den **„EFPIA Code of Practice on Relationships between the Pharmaceutical Industry and Patient Organisations“**[72] (kurz: **EFPIA-Kodex Patientenorganisationen**). Der Entwicklung des EFPIA-Kodex Patientenorganisationen war ebenfalls ein informeller Konsultationsprozess mit pan-europäischen Selbsthilfeorganisationen vorangegangen. Er war von dem Bemühen getragen, die auf europäischer Ebene von den Selbsthilfegruppen bereits entwickelten Grundsätze aufzunehmen und weiter zu entwickeln. 31

Der EFPIA-Kodex Patientenorganisationen sollte sicherstellen, dass die Zusammenarbeit zwischen der pharmazeutischen Industrie und Patientenorganisationen in **transparenter** und **ethisch korrekter Weise** stattfindet.[73] Durch den EFPIA-Kodex Patientenorganisationen sollte insbesondere gewährleistet werden, dass die **Neutralität** und **Unabhängigkeit** von Selbsthilfeorganisationen im Rahmen der Zusammenarbeit erhalten bleibt. Ferner sollte die Zusammenarbeit auf den **Prinzipien** des **wechselseitigen Respekts** und der **Transparenz** beruhen. Dabei setzte der EFPIA-Kodex Patientenorganisationen lediglich **Mindeststandards,** welche durch die nationalen Mitgliedsverbände der EFPIA bei der Erstellung jeweiliger nationaler Kodizes beachtet werden müssen und nicht unterschritten, wohl aber überschritten werden dürfen. 32

Der EFPIA-Kodex Patientenorganisationen enthielt zu diesem Zweck **Vorgaben** hinsichtlich der folgenden Aspekte: 33
- Beachtung des **Werbeverbots** für verschreibungspflichtige Arzneimittel (Art. 1[74]),
- Notwendigkeit **schriftlicher Vereinbarungen**[75] als Grundlage der Förderung (Art. 2[76]),
- Gebrauch von Logos von Patientengruppen nur mit schriftlicher **Genehmigung** (Art. 3[77]),
- **Keine unlautere Beeinflussung** von Veröffentlichungen (Art. 4[78])
- **Transparenz** der Förderung (Art. 5[79]),

---

[71] Heute im EFPIA Code of Practice (2019) **(EFPIA-Kodex)** aufgegangen, abrufbar unter https://www.efpia.eu/media/554677/efpia_codes_a5_v3-2021_sm.pdf (zul. abgerufen am 8.2.2021):

[72] Der EFPIA-Kodex Patientenorganisationen, zuletzt geändert am 14.6.2011, ist abrufbar unter: https://www.efpia.eu/media/24310/3c_efpia-code-of-practice-on-relationships-pharmapluspt-orgs.pdf (zul. abgerufen am 4.11.2021).

[73] Zu den Zielen des EFPIA-Kodex Patientienorganisationen siehe auch „Introduction“ des Kodexes idF v. 14.6.2011, abrufbar unter https://www.efpia.eu/media/24310/3c_efpia-code-of-practice-on-relationships-pharmapluspt-orgs.pdf (zul. abgerufen am 4.11.2021).

[74] Vgl. heute Art. 21 Sec. 21.02 EFPIA-Kodex.

[75] Annex I des EFPIA-Kodexes Patientenorganisationen enthielt einen entsprechenden Mustervertrag, abrufbar unter https://www.efpia.eu/media/24310/3c_efpia-code-of-practice-on-relationships-pharmapluspt-orgs.pdf (zul. abgerufen am 4.11.2021).

[76] Vgl. heute Art. 21 Sec. 21.03 EFPIA-Kodex.

[77] Vgl. heute Art. 13.02 EFPIA-Kodex, der nunmehr sowohl für Patientenorganisationen als auch für Healthcare Organisationen gilt.

[78] Vgl. heute Art. 21 Sec. 21.04 EFPIA-Kodex.

- Gegenseitige Leistungsbeziehungen müssen **Zwecken des Gesundheitswesens** dienen (Art. 6[80])
- **Verbot** der Vereinbarung **monistischer Finanzstrukturen** (Art. 7[81]) sowie
- **Sponsoring** von Veranstaltungen nur im **angemessenen Rahmen** (Art. 8[82])

Diese Vorgaben mussten durch den FSA-Kodex Patientenorganisationen **bis spätestens zum 31.12.2011 umgesetzt** werden.

34 Da der EFPIA-Kodex Patientenorganisationen lediglich einen **Mindeststandard** setzte, konnten strengere Bestimmungen, die bereits bislang in einzelnen Mitgliedstaaten entwickelt worden waren, weiter beibehalten werden. Dies war insbesondere in Bezug auf solche EU-Mitgliedstaaten von Bedeutung, in denen bereits verbindliche Kodizes existierten (so beispielsweise in Dänemark, Irland, den Niederlanden, Schweden und dem Vereinigten Königreich). Die **Umsetzung** und Durchsetzung des EFPIA-Kodex Patientenorganisationen oblag den nationalen Mitgliedsverbänden der EFPIA.[83] Die konkreten Sanktionen konnten dabei von den nationalen Mitgliedsverbänden selbst festgelegt werden, so dass länderspezifische Unterschiede bestehen konnten. Bis spätestens zum 31.3.2009 mussten auf nationaler Ebene die Selbsthilfeorganisationen, die von Pharmaunternehmen unterstützt werden, öffentlich benannt werden. Dabei stand den Unternehmen ein gewisser Spielraum bei der Frage zu, wie die Liste zu veröffentlichen ist. Im Ergebnis musste jedoch ein einfacher Zugang gewährleistet sein. Unternehmen, die ihren Sitz außerhalb der EU hatten und die Selbsthilfeorganisationen innerhalb der EU unterstützten, mussten sowohl den EFPIA-Kodex Patientenorganisationen als auch den Industriekodex einhalten, der in dem Land ihrer Niederlassung galt. Es war vorgesehen, dass der EFPIA-Kodex Patientenorganisationen nach dem ersten Jahr seiner Umsetzung überprüft werden sollte. Zu einer ersten Novellierung des EFPIA-Kodex Patientenorganisationen kam es im Juni 2011, im Zuge derer im Wesentlichen die Art. 5, Art. 6 und Art. 8 EFPIA-Kodex Patientenorganisationen geändert und zum Teil neu geregelt wurden (→ Rn. 33). 2019 wurden die bisherigen drei EFPIA-Kodizes (patient organizations, healthcare professionals, disclosure) in einem EFPIA Code of Practice zusammengeführt. Dies diente vor allem der **Vereinfachung und Vereinheitlichung,** sodass nur **wenige inhaltliche Änderungen** vorgenommen wurden, die im Folgenden an entsprechender Stelle in Bezug genommen werden.

Neben dem EFPIA-Kodex selbst entwickelt und veröffentlicht der sogenannte EFPIA Patient Think Tank regelmäßig weitere Dokumente, die als Anleitung zur Umsetzung der kodexkonformen Zusammenarbeit zwischen Patientenorganisationen und der pharmazeutischen Industrie dienen sollen.[84]

3. FSA-Kodex Patientenorganisationen

35 Zur Umsetzung des EFPIA-Kodex Patientenorganisationen hat der FSA am 13.6.2008 den FSA-Kodex Patientenorganisationen verabschiedet. Dieser wurde vom Bundeskartellamt am 13.10.2008 genehmigt und trat am **15.10.2008 in Kraft.** Dem war die Einsetzung einer eigenen Arbeitsgruppe durch den Vorstand des FSA im Jahre 2006 vorangegangen. Die Arbeitsgruppe hatte sich zum Ziel gesetzt, zum einen die Vorgaben des EFPIA-Kodex

[79] Vgl. heute Art. 24 EFPIA-Kodex.

[80] Vgl. heute Art. 15 EFPIA-Kodex, der für HCPs, HCOs und POs gilt.

[81] Vgl. heute Art. 14 EFPIA-Kodex, der für HCOs und POs gilt.

[82] Vgl. heute Art. 10 EFPIA-Kodex, der für HCPs, HCOs und POs gilt.

[83] Siehe Art. 9 sowie Annex II EFPIA-Kodex Patientenorganisationen; vgl. heute Art. 28 und Annex D EFPIA-Kodex.

[84] Zum Beispiel „Working together with patient groups (September 2017)", abrufbar unter https://www.efpia.eu/media/288492/working-together-with-patient-groups-23102017.pdf (zul. abgerufen am 8.2.2021). Beispielhafte Zusammenarbeit in Projekten wird jährlich im Rahmen eines „EFPIA Health Collaboration Guide" veröffentlicht: erstmals 2016; aktuelle Version abgrufbar unter: https://www.efpia.eu/media/288506/efpia-health-collaboration-guide_2017_v13.pdf (zul. abgerufen am 4.11.2021).

Patientenorganisationen vollständig umzusetzen, zum anderen aber auch die von den Selbsthilfeorganisationen entwickelten Grundsätze zur Wahrung der Unabhängigkeit so weit wie möglich ebenfalls abzubilden. Hieraus erklärt sich der auch heute noch mehrstufige Aufbau des FSA-Kodex Patientenorganisationen: Während im zweiten Abschnitt **allgemein gehaltene Grundsätze** für die Zusammenarbeit mit Organisationen der Patientenselbsthilfe zusammengefasst sind (in Anlehnung an die von den Selbsthilfegruppen entwickelten Regelungen), enthält der dritte Abschnitt die **besonderen Pflichten von Pharmaunternehmen** bei der Zusammenarbeit mit Organisationen der Patientenselbsthilfe, durch die die Vorgaben des ursprünglichen EFPIA-Kodex Patientenorganisationen umgesetzt werden sollten.

Der FSA-Kodex Patientenorganisationen ist insgesamt in **fünf Abschnitte** gegliedert: 36
Der 1. Abschnitt enthält **allgemeine Bestimmungen** zur Zielsetzung und zum **Anwendungsbereich** sowie **Definitionen** und **Auslegungsgrundsätze.** Dem folgen **allgemeine Grundsätze für die Zusammenarbeit** mit Organisationen der Patientenselbsthilfe im 2. sowie **spezielle Pflichten** im 3. Abschnitt. Im 4. Abschnitt sind Regelungen zur **Überwachung** und **Schulung** enthalten. Der 5. Abschnitt regelt das **Inkrafttreten.** Die Regelungen des FSA-Kodex Patientenorganisationen sind bewusst so gestaltet worden, dass sie möglichst **umfassend** die unterschiedlichen Fallgestaltungen im Rahmen der Zusammenarbeit zwischen der Pharmaindustrie und Patientenorganisationen abdecken. Hierdurch erhalten die Regelungen einen „abstrakt generellen Charakter", der im Einzelfall für die praktische Anwendung der **Konkretisierung** bedarf. Als **Auslegungshilfe** der generell gehaltenen Regelungen sollen, wie auch bei dem FSA-Kodex Fachkreise (vgl. → Kap. 14 Rn. 7), **Leitlinien** des Vorstandes des FSA dienen (§ 5 FSA-Kodex Patientenorganisationen). Die im **zweiten Abschnitt** des Kodex (§§ 6–9) statuierten Grundsätze reflektieren allgemeine Programmsätze, die aufgrund ihrer allgemeinen Fassung **nicht ohne Weiteres justiziabel sind.** Insoweit ist es konsequent, wenn § 2 Abs. 1 Nr. 2 der FSA-Verfahrensordnung vorsieht, dass nur Verstöße gegen die Vorschriften des dritten Abschnitts (§§ 10–17a) von den Spruchkörpern verfolgt und sanktioniert werden dürfen.[85] Gleichwohl sind die im zweiten Abschnitt statuierten Programmsätze bedeutsam, da sie zum einen die Funktion und die Tragweite des FSA-Kodex Patientenorganisationen deutlich machen und zum anderen auch als Auslegungsmaßstäbe für die – sanktionsfähigen – Regelungen des dritten Abschnitts herangezogen werden können.

Am 1.12.2011 wurde der FSA-Kodex Patientenorganisation erstmalig **novelliert.** Die 37
Änderungen wurden mit Beschluss des Bundeskartellamtes vom 13.7.2012, zugegangen am 17.7.2012, anerkannt. Im Wesentlichen erfolgte die Novellierung zur Anpassung der § 15 und § 17 FSA-Kodex Patientenorganisationen an die geänderten Art. 5 und 8 EFPIA-Kodex Patientenorganisationen, zur Umsetzung des geänderten Art. 6 EFPIA-Kodex Patientenorganisationen in den neueingefügten § 12 FSA-Kodex Patientenorganisationen sowie aufgrund kleinerer Änderungen in den § 4, § 6 und § 11 FSA-Kodex Patientenorganisationen.[86] Eine zweite Novellierung erfolgte am 30.10.2018.[87] Durch diese Änderung wurde die Möglichkeit geschaffen, zukünftig die Transparenzinformationen an die Patientenorganisationen zeitgleich mit den Leistungen an Angehörige der Fachkreise sowie medizinische Einrichtungen und Organisationen basierend auf dem FSA-Transparenzkodex zu

[85] In der Vergangenheit gab es insgesamt nur sechs Schiedssprüche zum FSA-Kodex Patientenorganisationen: v. 17.4.2020 – FS I 2020.2–617; v. 15.12.2016 – FS I 2015.10–491; v. 26.8.2016 – FS I 2014.12–455/456 jeweils zu § 10 idF v. 1.12.2011 und v. 20.1.2011 – FS II 2/10/2010.6–289 zu § 10 idF v. 13.6.2008 (Beachtung von Werbebeschränkungen); v. 21.4.2011 – FS I 2010.9–292 zu § 12 idF v. 13.6.2008 (Verwendung von Logos); v. 2.11.2009 – FS I 2009.7–267 zu § 14 idF v. 13.6.2008 (Veröffentlichung von Zuwendungen). Alle Entscheidungen sind abrufbar unter: https://www.fsa-pharma.de/de/schiedstelle/berichterstattung/patientenorganisationen (zul. abgerufen am 4.11.2021).

[86] Zu den Änderungen siehe auch *Dieners,* Die aktuellen Änderungen der FSA-Regelwerke, PharmR 2012, 381 (383 ff.).

[87] Bekannt gemacht im Bundesanzeiger vom 27.2.2019 BAnz. AT 27.2.2019 B7.

veröffentlichen, um Patientinnen und Patienten einen **leichteren Zugang** zu diesen Informationen zu ermöglichen. Zuletzt wurde der Kodex am 14.11.2019 geändert, um auf die Zusammenführung der bisher drei EFPIA-Kodizes zu einem einzigen Kodex 2019 zu reagieren.[88] Der FSA hat sich entschieden, drei – zumindest vorerst[89] – separate Kodizes beizubehalten, da sich **themenspezifische Kodizes** in der Vergangenheit bewährt haben und in dieser Form sowohl intern als auch extern bekannt sind. Zudem können Änderungen so leichter erfolgen. Inhaltlich haben sich auf europäischer Ebene nur wenige Änderungen betreffend die Kooperation mit Patientenorganisationen ergeben, sodass auch der FSA-Kodex Patientenorganisationen in weiten Teilen der letzten Fassung entspricht. Auf erfolgte Anpassungen wird an entsprechender Stelle in der Kommentierung näher eingegangen.

FSA-Kodex Zusammenarbeit mit Patientenorganisation („FSA-Kodex Patientenorganisationen") idF v. 14.1.2019	**EFPIA Code of Practice idF v. 27.6.2019**
Einleitung	Applicability, Preamble (Ethical Principles)
§ 1	Scope; Applicability, Definitions
§ 2	Definitions
§ 3	Scope, Art. 13 Sec. 13.03
§ 4	Introduction, Preamble (Ethical Principles)
§ 5	Annex C
§ 6	Introduction, Art. 21 Sec. 21.01
§ 7	Vgl. Art. 21 Sec. 21.01
§ 8	Ethical Principles, Introduction, Art. 21 Sec. 21.01
§ 9	Art. 21 Sec. 21.01
§ 10	Art. 21 Sec. 21.02
§ 10a	Art. 11
§ 11	Art. 21 Sec. 21.03
§ 12	Art. 15
§ 13	Introduction; Art. 13 Sec. 13.02
§ 14	Art. 21 Sec. 21.04,
§ 15	Art. 22 Sec. 22.01, Art. 24
§ 16	Art. 14
§ 17	Art. 10
§ 17a	Art. 12
§ 18	Art. 28
§ 19	Scope, Art. 27
§ 20	–
§ 21	–

Abb. 21: Synoptische Darstellung des FSA-Kodex Patientenorganisationen und der entsprechenden Regelungen des EFPIA-Kodex

[88] Bekannt gemacht im Bundesanzeiger vom 30.3.2020 BAnz. AT 30.3.2020 B6; zu dieser Novellierung *Kemmner/Thole* PharmR 2020, 320 ff.

[89] Langfristig kommt unter Umständen eine Zusammenlegung des FSA-Kodex Fachkreise mit dem Transparenzkodex in Betracht.

B. FSA-Kodex Patientenorganisationen – Erläuterungen

Einleitung

Die Mitglieder des Vereins „Freiwillige Selbstkontrolle für die Arzneimittelindustrie e. V." verfolgen das Ziel, die Gesundheit als das höchste Gut des Menschen durch die Erforschung, Entwicklung, Herstellung und den Vertrieb von Arzneimitteln zu erhalten und zu fördern. Der Patient steht dabei im Mittelpunkt der Bemühungen, durch wirksame Arzneimittel Krankheiten vorzubeugen, diese zu heilen oder deren Folgen zu lindern.

Die Aufgabe des Vereins „Freiwillige Selbstkontrolle für die Arzneimittelindustrie e. V." besteht hierbei darin, ein lauteres Verhalten im Gesundheitswesen zu fördern. Um dieses Ziel zu erreichen, sind neben der selbstverständlichen Beachtung der bestehenden gesetzlichen Vorschriften (etwa Pharma- und Wettbewerbsrecht, Urheberrecht und gewerblicher Rechtsschutz, Korruptions-Bekämpfungs-Gesetze sowie Datenschutzgesetze, insbesondere zum Schutz persönlicher Gesundheitsdaten) vor allem auch ein respektvoller und von Vertrauen geprägter Dialog sowie transparente Kooperationen mit den in Organisationen der Patientenselbsthilfe zusammengeschlossenen Patienten und deren Angehörigen unverzichtbar. Die Mitglieder des Vereins betrachten eine solche Zusammenarbeit mit diesen Organisationen als wichtigen Bestandteil ihrer Arbeit, um die Bedürfnisse der Betroffenen besser verstehen zu können. Jede Zusammenarbeit der Mitglieder des Vereins „Freiwillige Selbstkontrolle für die Arzneimittelindustrie e.V." mit Organisationen der Patientenselbsthilfe oder deren Mitgliedern soll den hohen Integritätsstandards entsprechen, die Patienten, staatliche Stellen und andere Interessengruppen sowie die Öffentlichkeit von der pharmazeutischen Industrie erwarten dürfen.

Dabei lassen sich die Mitglieder des Vereins „Freiwillige Selbstkontrolle für die Arzneimittelindustrie e.V." von den nachfolgenden ethischen Leitlinien führen:

Mit dem Ziel, die Zusammenarbeit mit Organisationen der Patientenselbsthilfe so zu gestalten, dass deren Neutralität und Unabhängigkeit gewahrt werden und auf diese Weise eine lautere und sachliche Zusammenarbeit im Interesse der Patienten zu gewährleisten, hat die Mitgliederversammlung des Vereins, „Freiwillige Selbstkontrolle für die Arzneimittelindustrie e. V." den nachstehenden

**FSA-Kodex
zur Zusammenarbeit
mit Patientenorganisationen**

beschlossen.

38 Der FSA-Kodex Patientenorganisationen verlangt nach den in der Einleitung festgelegten **Prinzipien** von den Mitgliedsunternehmen:
– die Beachtung der Unabhängigkeit und Neutralität der Patientenorganisationen,
– die Einhaltung der gesetzlichen Werbebeschränkungen,
– den Abschluss schriftlicher Vereinbarungen als Grundlage für die Zusammenarbeit,
– die Einhaltung des Verbotes der Etablierung exklusiver Beziehungen,
– die Beachtung des Verbotes unsachlicher Einflussnahmen sowie
– die Unterrichtung der Öffentlichkeit über finanzielle Zuwendungen.

Diese Regelungen sind ihrerseits kein Selbstzweck, sondern sollen gewährleisten, dass die Zusammenarbeit zwischen Organisationen der Patientenselbsthilfe und Mitgliedsunternehmen im Rahmen eines **„respektvollen und von Vertrauen geprägten Dialogs“** erfolgt. Während aus Sicht der Organisationen der Patientenselbsthilfe dabei die von den Mitgliedsunternehmen gewährten Unterstützungsleistungen im Vordergrund des Interesses stehen, geht es für letztere neben dem Aspekt der Übernahme einer gesellschaftlichen Verantwortung auch darum, die Bedürfnisse der Betroffenen besser verstehen zu lernen und diese Erkenntnisse in die Produktentwicklung und Produktplanung einbeziehen zu können.

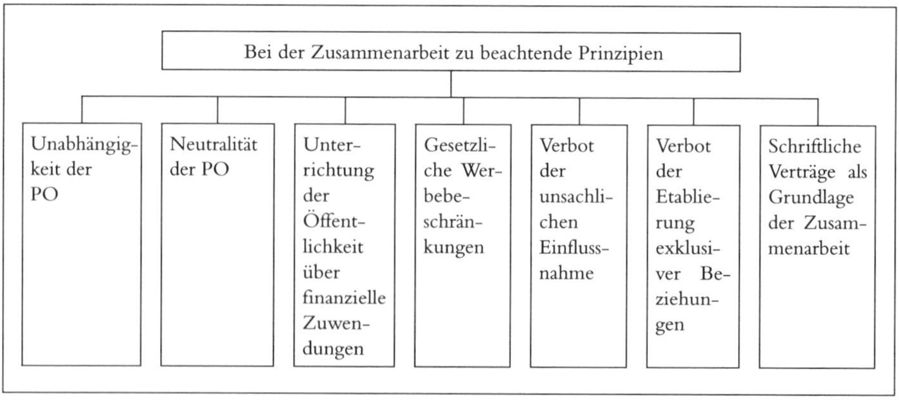

Abb. 22: Prinzipien der Zusammenarbeit

39 Wie der EFPIA-Kodex Patientenorganisationen greift auch der FSA-Kodex Patientenorganisationen in der Einleitung das Ziel eines „respektvollen und von Vertrauen geprägten Dialogs“ auf. Zugleich wird der Grundsatz der **„transparenten Kooperation“** als unverzichtbar hervorgehoben. Die Zielsetzung des FSA-Kodex Patientenorganisationen wird vor diesem Hintergrund darin gesehen, die **Neutralität und Unabhängigkeit der Patientenselbsthilfe zu wahren** und auf diese Weise eine lautere und sachliche Zusammenarbeit im Interesse der Patienten zu gewährleisten. Ergänzt wurde die Einleitung des Kodex zuletzt um das Prinzip der **Integrität** sowie ethische Leitlinien, die an den sogenannten **Ethos** der IFPMA anknüpfen.[90] Hier zeigt sich der zunehmend wertebasierte Ansatz im Gegensatz zu einem bisherigen eher regelbasierten.[91] Diese Prinzipien sind als solche zwar

[90] Der Verweis auf den Ethos der IFPMA findet sich in allen drei novellierten FSA-Kodizes, das Prinzip der Integrität zumindest auch im FSA-Kodex Fachkreise.

[91] Tendenz sowohl auf internationaler Ebene (IFPMA (Ethos), EFPIA (Ethical Principles)) als auch national (FSA).

nicht im Sinne einer strikten Gebots- oder Verbotsvorschrift unmittelbar justitiabel. Sie können jedoch als Orientierungspunkte **für die Auslegung bei Zweifelsfragen** herangezogen werden. Insoweit sollte bei Auslegungsunsicherheiten im Zweifel derjenigen Auslegung der Vorzug gegeben werden, die diese allgemeinen Prinzipien am besten zum Ausdruck bringt. Dabei ist der sich aus dem Wortlaut ergebende mögliche Wortsinn als verbindliche Grenze der Auslegung stets anzuerkennen. Eine analoge Anwendung zu Lasten der Normadressaten auf Fallkonstellationen, die von dem Wortlaut der Regelung nicht erfasst werden, kommt dabei nicht in Betracht. Zum einen würde dies der Funktion des Kodex, einen verlässlichen Leitfaden zu geben, widersprechen. Zum anderen stehen einer analogen Anwendung auch die strafähnlichen Sanktionen, die an einen Verstoß geknüpft sind, entgegen.

1. Abschnitt: Allgemeine Bestimmungen

§ 1 Anwendungsbereich

(1) Der Kodex gilt für die Mitgliedsunternehmen sowie deren inländische Tochterunternehmen und die anderen verbundenen Unternehmen, sofern die verbundenen Unternehmen die Verbindlichkeit des Kodex durch eine gesonderte schriftliche Vereinbarung anerkannt haben. Die Zurechnung von Verstößen verbundener abhängiger Unternehmen, die weder Mitglied des FSA sind noch die Verbindlichkeit des Kodex anerkannt haben, richtet sich nach § 1 Abs. 3 der Verfahrensordnung des FSA. Die Mitgliedsunternehmen sollen darauf hinwirken, dass sich alle mit ihnen verbundenen Unternehmen bei Tätigkeiten im Sinne von Absatz 2 in Deutschland oder mit Organisationen der Patientenselbsthilfe oder deren Mitglieder, die ihre Geschäftsadresse oder ihren Sitz in Deutschland haben, an diesen Kodex halten, auch wenn sie ihn nicht selbst ausdrücklich anerkannt haben und der Kodex auch ansonsten nicht für sie verbindlich ist.

(2) Der Kodex findet Anwendung auf die Zusammenarbeit der Mitgliedsunternehmen mit Organisationen der Patientenselbsthilfe oder deren Mitgliedern.

(3) Für Tätigkeiten nach Absatz 2 mit grenzüberschreitendem Bezug muss im Einzelfall beurteilt werden, welche Kodizes Anwendung finden sollen (EFPIA-Kodex, und/oder ein Nationaler Kodex und/oder mehrere Nationale Kodizes). Hierbei gelten die folgenden Grundsätze:

1. **Sofern eine Tätigkeit nach Absatz 2 von einem Mitgliedsunternehmen mit Sitz in Deutschland oder in dessen Namen durchgeführt, gesponsert oder organisiert wird, findet der Kodex Anwendung. Findet die Tätigkeit außerhalb Deutschlands, aber in Europa statt, findet zusätzlich der NationaleKodex des Mitgliedsverbands Anwendung, in dem die Tätigkeit stattfindet.**
2. **Im Falle einer Internationalen Veranstaltung, bei der ein Mitgliedsunternehmen die Teilnahme von Mitgliedern einer Organisation der Patientenselbsthilfe wie in § 17 beschrieben unterstützt, finden hinsichtlich des Kostenbeitrags die Regeln des Kodex Anwendung, wenn das Mitglied seinen Wohnsitz in Deutschland hat. Sofern das Mitglied einer Organisation der Patientenselbsthilfe außerhalb von Deutschland lebt, findet der Nationale Kodex des Landes Anwendung, in dem das Mitglied seinen Wohnsitz hat.**
3. **Sollten sich die Bestimmungen der Anwendbaren Kodizes widersprechen, gelten jeweils die restriktiveren Bestimmungen. Dies gilt nicht für die Regelungen, die auf die Kosten einer Bewirtung von Mitgliedern von Organisationen der Patientenselbsthilfe bei ausländischen Veranstaltungen nach § 17 Anwendung finden. Für die Bemessung der Angemessenheit und Sozialadäquanz derartiger Leistungen findet ausschließlich der jeweils am Veranstaltungsort Anwendbare Kodex Anwendung (Gastgeberlandprinzip).**

Übersicht

I. Vorbemerkung

40 Die Regelung des § 1 Abs. 1 beruht auf der im EFPIA-Kodex Patientenorganisationen zum Anwendungsbereich (Scope) gefassten Regelung und umschreibt den **Kreis der Normadressaten.** Abs. 2 Satz 1 reflektiert die Einleitung (Introduction) des EFPIA-Kodex Patientenorganisationen und umschreibt lediglich in sehr allgemeiner Form den Anwendungsbereich. Die weiteren Regelungen des Abs. 2 setzen die **konkretisierenden Vorgaben** zur Anwendbarkeit (Applicability) des EFPIA-Kodex Patientenorganisationen in **grenzüberschreitenden Konstellationen** um.

II. Adressaten des Kodex (Abs. 1)

41 Absatz 1 FSA-Kodex Patientenorganisationen stimmt mit § 1 Abs. 1 FSA-Kodex Fachkreise überein, so dass grundsätzlich auf die entsprechende Kommentierung (→ Kap. 14 Rn. 13 ff.) verwiesen werden kann. Von den Regelungen des FSA-Kodex Patientenorganisationen werden drei Gruppen umfasst: zunächst gilt der FSA-Kodex Patientenorganisationen für die **Mitgliedsunternehmen** des FSA selbst. Zweitens gilt der FSA-Kodex Patientenorganisationen auch für **inländische Tochterunternehmen** der Mitgliedsunternehmen. Schließlich erstreckt sich die Geltung auch auf **verbundene Unternehmen,** die die Verbindlichkeit **schriftlich anerkannt** haben. Im Zuge der letzten Revision des Kodex vom 14.11.2019 wurde eine **Hinwirkungspflicht** für die Mitgliedsunternehmen dahingehend eingeführt, dass alle mit ihnen verbundenen Unternehmen sich an den Kodex halten, auch wenn dieser für sie selbst nicht verbindlich ist. Durch diese Formulierung wird der EFPIA-Kodex weitestmöglich umgesetzt. Einer Verpflichtung zur Einhaltung des Kodex auch für „separate entities", wie sie in der Einleitung (Introduction) des EFPIA-Kodex vorgesehen ist, steht das Vereinsrecht entgegen.

1. Anwendung auf Mitgliedsunternehmen und inländische Tochterunternehmen

42 Der FSA zählt gegenwärtig **55 Mitgliedsunternehmen**[92] und **9 unterworfene Unternehmen**[93].[94] Fünf der aufgelisteten Unternehmen sind solche der In-Vitro-Diagnostika-Industrie (IVD-Unternehmen). Alle in der Mitgliederübersicht aufgelisteten Unternehmen haben den FSA-Kodex Patientenorganisationen in ihrer Eigenschaft als „Mitgliedsunternehmen" zu beachten. Deren inländische Tochtergesellschaften unterliegen ebenfalls automatisch dem Kodex.[95]

---

[92] Abrufbar unter https://www.fsa-pharma.de/de/der-fsa/mitgliedschaft/unsere-mitglieder/ (zul. abgerufen am 4.11.2021).

[93] Abrufbar unter https://www.fsa-pharma.de/de/der-fsa/mitgliedschaft/unsere-mitglieder/ (zul. abgerufen am 4.11.2021).

[94] Teilweise werden diese Zahlen als „vergleichsweise gering" bezeichnet, so zB *Maur* A&R 2011, 243 (247).

[95] Siehe auch *Dieners* PharmR 2009, 6 (7).

2. Anwendung auf andere verbundene Unternehmen

43 Durch gesonderte **schriftliche Vereinbarung** mit dem FSA können sich andere verbundene Unternehmen auch durch schriftliche Vereinbarung dem FSA-Kodex Patientenorganisationen unterwerfen.[96] Erst hierdurch ist der FSA-Kodex Patientenorganisationen auch auf diese verbundenen Unternehmen unmittelbar anwendbar. Diese Regelung entspricht dem § 1 Abs. 1 S. 2 FSA-Kodex Fachkreise und auch der gängigen Spruchpraxis (hierzu im Einzelnen auch → Kap. 17 Rn. 28ff., 51ff.)[97]. Der Begriff des „verbundenen Unternehmens" orientiert sich dabei an den entsprechenden Vorschriften des Aktiengesetzes (vgl. §§ 15ff. AktG). Bei einem verbundenen Unternehmen handelt es sich demnach um ein oder mehrere abhängige Unternehmen, die unter der **einheitlichen Leitung** eines herrschenden Unternehmens zusammengefasst sind.

3. Zurechnung von Verstößen Dritter

44 Während § 1 Abs. 1 S. 1 des FSA-Kodex Patientenorganisationen den Kreis der Normadressaten festlegt, regelt § 1 Abs. 1 S. 2 des FSA-Kodex Patientenorganisationen die **Zurechnung** von Verstößen verbundener Unternehmen, die **nicht zu den Normadressaten** zählen. Insoweit gilt die Regelung in § 1 Abs. 3 FSA-Verfahrensordnung. Nach der dort in S. 2 statuierten Regelung werden Verstöße von verbundenen abhängigen Unternehmen, die weder Mitglied des Vereins noch unterworfene Unternehmen sind, dem Mitglied zugerechnet, welches das betreffende Unternehmen **beherrscht.** In einem mehrstöckigen Konzern erfolgt eine Zurechnung **zu dem nächsthöheren herrschenden Unternehmen,** das selbst Mitglied oder seinerseits unterworfenes Unternehmen ist. Dabei ist stets die Vorfrage zu klären, wann einem Unternehmen als juristischer Person ein Fehlverhalten eigener Mitarbeiter als eigenes Fehlverhalten zugerechnet werden kann (hierzu → Kap. 17 Rn. 45ff.).

4. Hinwirkungspflicht

45 Die Regelung des Abs. 1 S. 3 wurde durch die Revision des FSA-Kodex Patientenorganisationen vom 14.11.2019 eingeführt und statuiert eine **Hinwirkungspflicht** der Mitgliedsunternehmen gegenüber den mit ihnen verbundenen Unternehmen darauf, dass auch diese den Kodex einhalten, obwohl er für sie selbst nicht verbindlich ist. Schon der EFPIA Disclosure Code enthielt eine verpflichtende Vorgabe der verschuldensunabhängigen Haftung der Mitgliedsunternehmen für Handlungen von weltweiten Konzerngesellschaften. Deutsches Vereinsrecht steht einer entsprechenden Regelung im FSA-Kodex Patientenorganisationen jedoch entgegen. Mit der Formulierung einer Hinwirkungspflicht wird der EFPIA-Kodex weitestmöglich umgesetzt, während nationale Besonderheiten – hier das Vereinsrecht – hinreichend beachtet werden.[98]

III. Sachlicher Anwendungsbereich (Abs. 2)

46 Der FSA-Kodex Patientenorganisationen findet Anwendung auf die **Zusammenarbeit** der Mitgliedsunternehmen mit Organisationen der Patientenselbsthilfe (§ 1 Abs. 2 S. 1). Der Begriff der Zusammenarbeit ist in § 2 Nr. 31 des Kodex weit gefasst. Hierdurch wird der sachliche Anwendungsbereich nur in sehr abstrakt-genereller Weise beschrieben.

[96] Derzeit haben sich 9 Unternehmen den Regelungen und Sanktionierungen des FSA unterworfen, die Liste ist abrufbar unter https://www.fsa-pharma.de/de/der-fsa/mitgliedschaft/unsere-mitglieder/ (zul. abgerufen am 4.11.2021).

[97] Siehe die Entscheidung zu § 1 Kodex Fachkreise idF v. 16.2.2004 – FS I 2004.10–33, https://www.fsa-pharma.de/de/schiedstelle/berichterstattung/fachkreise/az-2004.10–33-1-instanz-kodex-1-anwendbarkeit-des-kodex-bei-auslandischen-verbundunternehmen/ (zul. abgerufen am 8.2.2021).

[98] Es handelt sich um eine „Kompromisslösung", so *Kemmner/Thole* PharmR 2020, 320 (322).

IV. Grenzüberschreitende Konstellationen (Abs. 3)

47 Absatz 3 FSA-Kodex Patientenorganisationen regelt die Anwendbarkeit bei grenzüberschreitenden Fallkonstellationen. Insoweit sind **folgende Fallgestaltungen zu unterscheiden:**

1. Zusammenarbeit im europäischen Ausland mit in Deutschland ansässigen Organisationen (Abs. 3 Nr. 1)

48 Absatz 3 Nr. 1 regelt den Fall, dass die Zusammenarbeit mit einer in Deutschland ansässigen Organisation der Patientenselbsthilfe nicht im Inland, sondern in einem anderen europäischen Land stattfindet. In diesem Fall findet neben dem FSA-Kodex Patientenorganisationen zusätzlich der in diesem Land geltende Kodex („Nationaler Kodex" gemäß § 2 Nr. 20 FSA-Kodex Patientenorganisationen, entsprechend § 2 Nr. 23 FSA-Kodex Fachkreise) Anwendung. Damit greift das auch unter § 1 Abs. 4 FSA-Kodex Fachkreise angewandte sog. **„home-and-host-country-Prinzip"** (bereits in § 20 Abs. 9 FSA-Kodex Fachkreise aF enthalten; hierzu → Kap. 14 Rn. 268). „Anwendbarer Kodex" im Sinne von Abs. 3 Nr. 1 ist dann der am Veranstaltungsort geltende Kodex, durch den der EFPIA-Kodex Patientenorganisationen umgesetzt wird ggf. neben dem EFPIA-Kodex selbst und anderen Nationalen Kodizes („Anwendbarer Kodex" gemäß § 2 Nr. 2 FSA-Kodex Patientenorganisationen, an entsprechender Stelle auch im FSA-Kodex Fachkreise).

2. Unterstützung der Veranstaltungsteilnahme eines im europäischen Ausland wohnhaften Mitglieds einer Organisation der Patientenselbsthilfe (Abs. 3 Nr. 2)

49 Des Weiteren ist denkbar, dass die Teilnahme eines im europäischen Ausland wohnhaften Mitglieds einer Organisation der Patientenselbsthilfe unterstützt wird (§ 17 FSA-Kodex Patientenorganisationen). Für diesen Fall ordnet Abs. 3 Nr. 2 an, dass neben diesem selbst zusätzlich der Kodex des Landes Anwendung findet, in dem das Mitglied der Organisation der Patientenselbsthilfe seinen **Wohnsitz** hat. Auch hier gilt also ein **doppelter Kodex-Standard.** Auch dieses Prinzip ist bereits aus § 20 Abs. 9 S. 2 FSA-Kodex Fachkreise aF[99] bekannt.

3. Kollision von Kodizes (Abs. 3 Nr. 3)

50 Absatz 3 Nr. 5 bestimmt, dass bei unterschiedlichen Regelungen der jeweiligen anwendbaren Kodizes, die **jeweils strengere Regelung** Anwendung findet. In der Praxis dürften die **Unterschiede** der anzuwendenden ausländischen Kodizes allerdings aufgrund der harmonisierten Vorgaben des EFPIA-Kodex, wie auch beim Komplex FSA-Kodex Fachkreise/EFPIA-Kodex, eher **gering** sein. Da es sich hierbei jedoch nur um Mindeststandards handelt, ist nicht von vornherein auszuschließen, dass in anderen Kodizes die Einhaltung zusätzlicher oder strengerer Voraussetzungen gefordert wird. Zudem können zusätzlich gesetzliche Regelungen des aus- oder inländischen Rechts zu beachten sein, die von den einschlägigen Kodizes nicht (oder noch nicht) erfasst sind. Für die Unternehmenspraxis ergibt es deshalb auch hier Sinn, die Gesamtheit der entsprechenden Anforderungen durch die Festlegung von **standardisierten Vorgaben** zu erfassen und diese Vorgaben in ihre vorhandenen **Prozesse** zu implementieren (auch → Kap. 7 Rn. 32 ff.). Erfahrungsgemäß kann hierdurch eine genaue Einhaltung der jeweils geltenden Anforderungen bei gleichzeitiger Reduzierung des Prüfungs- und Entscheidungsaufwands für den jeweiligen Einzelfall erreicht werden. Eine Ausnahme vom grundsätzlichen Vorrang der strengeren Regelung im Kollisionsfall gilt bei Regelungen zu Kosten einer Bewirtung von Mitgliedern von Organisationen der Patientenselbsthilfe bei ausländischen Veranstaltungen nach § 17. Um die Angemessenheit und Sozialadäquanz derartiger Leistungen zu beurteilen, findet nach dem

[99] Heute in § 1 Abs. 4 Nr. 2 FSA-Kodex Fachkreise.

Gastgeberlandprinzip[100] ausschließlich der am Veranstaltungsort anwendbare Kodex Anwendung.[101]

§ 2 Definitionen

Im Sinne dieses Kodex bedeutet:

1. **„Angehörige der Fachkreise" oder „Healthcare Professionals (HCP)" sind die in Europa ansässigen oder hauptberuflich tätigen Ärzte und Apotheker sowie alle Angehörigen medizinischer, zahnmedizinischer, pharmazeutischer oder sonstiger Heilberufe und sämtliche andere Personen, die im Rahmen ihrer beruflichen Tätigkeit berechtigt sind, Humanarzneimittel zu verschreiben, zu empfehlen oder anzuwenden oder mit diesen in erlaubter Weise Handel zu treiben. Hierzu zählen auch Mitarbeiter öffentlicher Stellen oder Mitarbeiter der Kostenträger, die bei dieser Stelle dafür verantwortlich sind, Arzneimittel zu verschreiben, zu beziehen, zu liefern, zu verabreichen oder über die Erstattungsfähigkeit von Arzneimitteln zu entscheiden, sowie Mitarbeiter der Mitgliedsunternehmen, die neben ihrer Tätigkeit für das Unternehmen hauptberuflich als praktizierende Ärzte, Apotheker oder andere HCP tätig sind. Ausgeschlossen sind jedoch alle anderen Mitarbeiter eines Mitgliedsunternehmens, eines Großhändlers oder einer sonstigen Person, die mit Arzneimitteln handelt.**
2. **„Anwendbarer Kodex" meint den EFPIA-Kodex und/oder den Nationalen Kodex oder die Nationalen Kodizes, der/die nach den Bestimmungen dieses Kodex, insbesondere § 1 Abs. 3, Anwendung findet/finden.**
3. **„Arzneimittel" sind Arzneimittel im Sinne von § 2 AMG.**
4. **„Berichtszeitraum" meint den jährlichen Offenlegungszyklus nach diesem Kodex und umfasst ein volles Kalenderjahr.**
5. **„Dritte" sind natürliche oder juristische Personen, die Mitgliedsunternehmen vertreten oder die mit anderen Dritten im Namen eines Mitgliedsunternehmens oder im Zusammenhang mit einem Arzneimittel des Mitgliedsunternehmens zusammenarbeiten wie z. B. Vertriebspartner, Großhändler, Berater, Auftragsforschungsinstitute, professionelle Kongressveranstalter, externe Außendienstmitarbeiter, Marktforschungsunternehmen, Werbe-, Presse- und Veranstaltungsagenturen oder andere Anbieter von Dienstleistungen im Zusammenhang mit Veranstaltungen und Öffentlichkeitsarbeit.**
6. **„EFPIA" ist die „European Federation of Pharmaceutical Industries and Associations".**
7. **„EFPIA-Kodex" ist der EFPIA Code of Practice in der Fassung vom 27. Juni 2019, einschließlich der Anhänge, die ausdrücklich als verbindlich bezeichnet werden und Teil dieses Kodex sind.**
8. **„Empfänger" sind alle in Europa ansässige Organisationen der Patientenselbsthilfe und deren Mitglieder.**
9. **„Europa" bezieht sich auf die Länder, in denen Nationale Kodizes eines Mitgliedverbands anwendbar sind. Zum Zeitpunkt der letzten Änderung dieses Kodex sind das die folgenden Länder: Belgien, Bosnien und Herzegowina, Bulgarien, Dänemark, Deutschland, Estland, Finnland, Frankreich, Griechenland, Irland, Island, Italien, Kroatien, Lettland, Litauen, Malta, Niederlande, Nordmazedonien, Norwegen, Österreich, Polen, Portugal, Rumänien, Schweiz, Serbien, Slowakei, Slowenien, Spanien, Russland, Tschechien, Türkei, Russland, Vereinigtes Königreich, Ukraine.**
10. **„FSA" ist der Verein „Freiwillige Selbstkontrolle für die Arzneimittelindustrie e.V.".**
11. **„Gastgeberlandprinzip" betrifft die finanzielle Höchstgrenze für eine Bewirtung (Mahlzeit und Getränke), die in einem Nationalen Kodex festgelegt ist.**
12. **„Geldwerte Leistungen" sind Zahlungen (etwa Beratungshonorare) sowie geldwerte Vorteile (etwa Dienstleistungen des Mitgliedsunternehmens oder Leistungen beauf-**

[100] Definiert in § 2 Nr. 11 FSA-Kodex Patientenorganisationen sowie § 2 Nr. 12 FSA-Kodex Fachkreise.

[101] Vgl. schon § 20 Abs. 9 S. 6 FSA-Kodex Fachkreise aF sowie heute § 1 Abs. 4 Nr. 3 S. 2 FSA-Kodex Fachkreise.

tragter Agenturen). Geldwerte Leistungen können direkt oder auch indirekt zu Gunsten des Empfängers erbracht werden. Eine indirekte Erbringung Geldwerter Leistungen liegt vor, wenn diese nicht durch das Mitgliedsunternehmen unmittelbar, sondern über einen Dritten für ein Mitgliedsunternehmen zu Gunsten des Empfängers erfolgt.

13. **„Internationale Veranstaltungen" sind Veranstaltungen, bei denen das die Veranstaltung organisierende, durchführende oder diese Veranstaltung oder deren Teilnehmer unterstützende Unternehmen seinen Sitz nicht im Land des Veranstaltungsortes hat.**
14. **„Kodex" ist der FSA-Kodex Patientenorganisationen.**
15. **„Kostenbeitrag" ist eine Unterstützung, welche die Kosten für Bewirtung, Reisen, Unterkunft (ggf. inklusive Hotelfrühstück) und/oder Registrierung erfassen kann, um die Teilnahme eines einzelnen Mitglieds einer Organisation der Patientenselbsthilfe an einer Veranstaltung zu ermöglichen, die von einem Mitgliedsunternehmen und/oder einem Dritten organisiert oder geschaffen wird.**
16. **„Mitglieder" von Organisationen der Patientenselbsthilfe sind neben deren Mitgliedern auch Personen oder Institutionen, die als deren Vertreter oder Repräsentanten für diese handeln oder auftreten.**
17. **„Mitgliedsverband" ist ein Verband, der Mitglied der EFPIA ist und der Arzneimittelhersteller auf nationaler Ebene vertritt.**
18. **„Mitgliedsunternehmen" sind die Mitgliedsunternehmen im Sinne der FSA-Satzung sowie deren inländische Tochterunternehmen und andere verbundene Unternehmen, welche die Verbindlichkeit des Kodex durch eine gedonderte schriftliche Vereinbarung anerkannt haben.**
19. **„Mitarbeiter des Mitgliedsunternehmens" sind Mitarbeiter oder Beauftragte, die von einem Mitgliedsunternehmen eingesetzt werden und die sich mit allen unter diesen Kodex fallenden Angelegenheiten befassen. Genauso behandelt werden Mitarbeiter oder Beauftragte von Dritten, die im Rahmen eines Vertrags mit Dritten für das Unternehmen tätig werden.**
20. **„Nationaler Kodex" ist der Kodex eines Mitgliedsverbands, der die relevanten Vorgaben des EFPIA-Kodex umsetzt.**
21. **„Organisationen der Patientenselbsthilfe" oder „Patientenorganisation" sind freiwillige, keinen wirtschaftlichen Gewinn anstrebende Zusammenschlüsse von Patienten und/oder deren Angehörigen, deren Aktivitäten sich auf die gemeinsame Bewältigung von Krankheiten, die Vermittlung von Informationen über Krankheiten und deren Therapiemöglichkeiten, die Interessenvertretung im gesundheits- und sozialpolitischen Bereich, die Herausgabe von Medien zur Information und Unterstützung von Patienten und/oder die Erbringung von Beratungsleistungen erstrecken.**
22. **„Persönliche Gesundheitsdaten" sind alle Informationen im Zusammenhang mit der körperlichen oder geistigen Gesundheit oder den ererbten oder erworbenen genetischen Eigenschaften einer identifizierten oder identifizierbaren natürlichen Person, einschließlich der Erbringung von Gesundheitsdienstleistungen, aus denen Informationen über deren Gesundheitszustand hervorgehen[102].**
23. **„Repräsentanten von Organisationen der Patientenselbsthilfe sind Personen, die im Auftrag einer Patientenorganisation diese vertreten und deren Sichtweise zu einem bestimmten Therapiegebiet oder zu einer bestimmten Frage äußern.**
24. **„Spende" ist eine einseitige Gewährung von Geld, Geldwerten Leistungen, Sachzuwendungen oder erheblichen nicht finanziellen Zuwendungen durch Mitgliedsunternehmen an Organisationen der Patientenselbsthilfe, wobei diese Zuwendungen kein Entgelt für eine bestimmte Leistung darstellen. Spenden können nur für gemeinnützige oder vergleichbare Zwecke (wie etwa für Zwecke des Gesundheitswesens wie Forschung, Lehre, Aus- und Weiterbildung) dienen und nur an gemeinnützige Organisationen erbracht werden.**
25. **„Sponsoring" ist die Gewährung von Geld, geldwerten Vorteilen, Sachzuwendungen oder erheblichen nicht-finanziellen Zuwendungen durch Unternehmen zur Förderung**

---

[102] Die Definition beruht auf den Definitionen für „personenbezogene Daten", „genetische Daten" und „Gesundheitsdaten" in Art. 4 Nr. 1, 13, 15 Datenschutz-Grundverordnung.

von Organisationen der Patientenselbsthilfe, sofern damit auch eigene unternehmensbezogene Ziele der Imagewerbung oder der Öffentlichkeitsarbeit des Unternehmens verfolgt werden.

26. **„Veranstaltungen" sind Treffen oder Begegnungen zwischen Organisationen der Patientenselbsthilfe, deren Mitgliedern und/oder anderen eingeladenen Teilnehmern (etwa Patienten und/oder deren Angehörige) mit dem Ziel der Informationsvermittlung oder des Informationsaustauschs. Die Themenfelder können von der Diagnose, Therapie und Prävention von Krankheiten über versorgungsrelevante bis zu gesundheitspolitischen oder ökonomischen Themen reichen. Veranstaltungen werden entweder von den Organisationen der Patientenselbsthilfe selbst organisiert oder durchgeführt und durch Mitgliedsunternehmen unterstützt oder auch durch diese Mitgliedsunternehmen oder auch dritte Veranstalter selbst organisiert, ausgerichtet, finanziert und/oder durchgeführt.**
27. **„Veranstaltungsort" bezieht sich auf den geografischen Platz, an dem eine Veranstaltung stattfindet (z. B. die Stadt, der Ort).**
28. **„Veranstaltungsstätte" bezieht sich auf die Stätte, an der die Veranstaltung stattfindet (z. B. ein Hotel oder Kongresszentrum).**
29. **„Verschreibungspflichtige Arzneimittel" sind Humanarzneimittel, die nach § 48 AMG in Verbindung mit der Verodnung über die Verschreibungspflicht von Arzneimitteln nur bei Vorliegen einer ärztlichen oder zahnärztlichen Verschreibung an Verbraucher abgegeben werden dürfen.**
30. **„Werbung" sind alle Maßnahmen im Sinne von Art. 86 der Richtlinie 2001/83/EG. Zu den erfassten Maßnahmen gehören auch solche die digitale Kommunikationsmethoden und Kanäle, wie besipielsweise Websites und soziale Medien, nutzen.**
31. **„Zusammenarbeit" ist die Kooperation zwischen Mitgliedsunternehmen und Organisationen der Patientenselbsthilfe oder deren Förderung durch Mitgliedsunternehmen.**

Leitlinie[103]

gemäß § 5 zur Auslegung von § 2 Abs. 4[104] (Stand: 18. Juli 2012)

Die Bestimmung von § 2 Abs. 4 betrifft die Definition von „Veranstaltungen". „Veranstaltungen" sind Treffen oder Begegnungen zwischen Organisationen der Patientenselbsthilfe, deren Mitgliedern und/oder anderen Teilnehmern mit dem Ziel der Informationsvermittlung oder des Informationsaustausches.

Der Begriff der „Informationsvermittlung" in § 2 Abs. 4 ist weit auszulegen. Darunter ist das gesamte Spektrum der Wissens- und Meinungsvermittlung von der Vermittlung von Fachinformationen bis hin zu politischen Meinungsäußerungen zu verstehen.

Leitlinie[105]

gemäß § 5 zur Auslegung von § 2 Abs. 5[106] (Stand: 18. Juli 2012)

In § 2 Abs. 5 wird der Begriff des „Sponsoring" definiert. Danach ist „Sponsoring" die Gewährung von Geld, geldwerten Vorteilen, Sachzuwendungen oder erheblichen nichtfinanziellen Zuwendungen durch Unternehmen zur Förderung von Organisationen der Patientenselbsthilfe, sofern damit auch eigene unternehmensbezogene Ziele der Imagewerbung oder der Öffentlichkeitsarbeit des Unternehmens verfolgt werden.

In Abgrenzung zum „Sponsoring", bei dem der Gesponserte eine imagefördernde oder werbewirksame Gegenleistung erbringt, erfolgt die Gewährung einer Spende stets ohne

[103] Die Leitlinien wurden noch nicht der letzten Revision des FSA-Kodex Patientenorganisationen vom 14.11.2019 angepasst.

[104] Heute § 2 Nr. 26 FSA-Kodex Patientenorganisationen.

[105] Die Leitlinien wurden noch nicht der letzten Revision des FSA-Kodex Patientenorganisationen vom 14.11.2019 angepasst. Es ist zu erwarten, dass zumindest die Inhalte, die „Spenden" betreffen, aufgrund der Einführung einer eigenen Definition von „Spenden" nicht mehr zusätzlich in der Leitlinie enthalten sein werden.

[106] Heute § 2 Nr. 25 FSA-Kodex Patientenorganisationen.

Erwartung einer Gegenleistung des Spendenempfängers und aus einer fremdnützigen Motivation heraus. Unter einer Spende ist demnach eine einseitige Gewährung von Geld, geldwerten Vorteilen, Sachzuwendungen oder erheblichen nicht-finanziellen Zuwendungen durch Mitgliedsunternehmen zu verstehen, wobei diese Zuwendungen kein Entgelt für eine bestimmte Leistung darstellen. Spenden als Unterfall einer einseitigen Zuwendung können ferner nur für gemeinnützige Zwecke und nur an gemeinnützige Organisationen erbracht werden, die berechtigt sind, Spendenbestätigungen im Sinne des Steuerrechts auszustellen.

Die Gewährung von Spenden durch Mitgliedsunternehmen an Organisationen der Patientenselbsthilfe ist nach dem Kodex unter den in [Abs. 2] genannten Voraussetzungen möglich. Die Tatsache, dass der Kodex „Spenden" nicht ausdrücklich erwähnt, bedeutet nicht die Unzulässigkeit der Gewährung von Spenden.

Übersicht

I. Vorbemerkung

51 Die Regelung des § 2 **FSA-Kodex Patientenorganisationen** enthält in alphabetischer Reihenfolge 31 Definitionen und setzt die Definitionen (Definitions) des **EFPIA-Kodex** um, Zahlreiche Definitionen werden (übersetzt) eins-zu-eins übernommen, während einige zumeist aufgrund nationaler (gesetzlicher) Besonderheiten von den europäischen Definitionen abweichen. Viele der Definitionen wurden bereits im Zusammenhang mit dem FSA-Kodex Fachkreise (→ Kap. 14 Rn. 81 ff.) kommentiert, sodass bei gleichem Wortlaut auf die dortige Kommentierung verwiesen werden kann. Kleinere Abweichungen werden sodann ergänzend dargestellt. Sollte es sich um eine eigene Begrifflichkeit handeln, erfolgt eine umfassende Kommentierung.

II. Begriffsbestimmungen

1. Angehörige der Fachkreise oder Healthcare Professionals (HCP) (Nr. 1)

Die Definition von **„Angehörigen der Fachkreise oder Healthcare Professionals“** war bereits in den alten Fassungen des FSA-Kodex Fachkreise (dort § 2) und des FSA-Transparenzkodex (dort § 2 Abs. 1) enthalten und wurde im Zuge der neuesten Novellierung auch für den FSA-Kodex Patientenorganisationen übernommen. Für die Kommentierung kann auf → Kap. 14 Rn. 81 ff. verwiesen werden. **52**

2. Anwendbarer Kodex (Nr. 2)

Bei Tätigkeiten der Mitgliedsunternehmen mit grenzüberschreitendem Bezug können einer bzw. mehrere Nationale Kodizes und/oder der EFPIA-Kodex Anwendung finden. Dementsprechend wird **„Anwendbarer Kodex“** sowohl im FSA-Kodex Fachkreise als auch im FSA-Kodex Patientenorganisationen definiert. Die Kommentierung ist → Kap. 14 Rn. 91 zu entnehmen. **53**

3. Arzneimittel (Nr. 3)

Arzneimittel werden im FSA-Kodex Fachkreise und im FSA-Kodex Patientenorganisationen dem nationalen Gesetzeswortlaut (§ 2 AMG) entsprechend definiert. Die zugehörige Kommentierung erfolgt in → Kap. 14 Rn. 91. **54**

4. Berichtszeitraum (Nr. 4)

„Berichtszeitraum“ meint sowohl nach dem FSA-Transparenzkodex als auch nach dem FSA-Kodex Patientenorganisationen den „jährlichen Offenlegungszyklus nach diesem (dem jeweiligen) Kodex und umfasst ein volles Kalenderjahr“ (§ 2 Nr. 4 FSA-Kodex Patientenorganisationen, § 2 Nr. 2 FSA-Transparenzkodex, vgl. schon § 9 Abs. 1 FSA-Transparenzkodex aF). Ergänzt wird die Definition durch die genauen Regelungen der Veröffentlichungsmodalitäten und -fristen in § 15 FSA-Kodex Patientenorganisationen bzw. §§ 5 ff. FSA-Transparenzkodex. Es erfolgt eine einheitliche Veröffentlichung aller Transparenzdaten zwischen dem 20. und 30.6. eines Jahres (siehe § 15 Abs. 2, → Rn. 195). Die Definition entspricht der Definition der „Reporting Period“ des EFPIA-Kodex. **55**

5. Dritte (Nr. 5)

Aufgrund des identischen Wortlauts der Definitionen von **„Dritten“** kann diesbezüglich auf die Kommnentierung in → Kap. 14 Rn. 92 verwiesen werden. **56**

6. EFPIA (Nr. 6)

Für die Kommentierung der in allen drei FSA-Kodizes identischen Definition der **„EFPIA“** kann auf → Kap. 14 Rn. 94 verwiesen werden. **57**

7. EFPIA-Kodex (Nr. 7)

Auch der **„EFPIA-Kodex“** wird übereinstimmend definiert, sodass die Kommentierung in → Kap. 14 Rn. 95 herangezogen werden kann. **58**

8. Empfänger (Nr. 8)

An dieser Stelle kann die Kommentierung in → Kap. 14 Rn. 96 herangezogen werden. Abzugrenzen ist dagegen die Definition im **FSA-Transparenzkodex** (→ Kap. 16 Rn. 44). **59**

9. Europa (Nr. 9)

Eine ausführliche Kommentierung der Definition von **„Europa“** findet sich in (→ Kap. 14 Rn. 97). **60**

10. FSA (Nr. 10)

61 Der **„FSA"** als **Verein ‚Freiwillige Selbstkontrolle für die Arzneimittelindustrie eV'** wird in allen drei FSA-Kodzes übereinstimmend definiert. Die Kommentierung in → Kap. 14 Rn. 102 kann daher hier herangezogen werden.

11. Gastgeberlandprinzip (Nr. 11)

62 Eine ausführliche Kommentierung des **„Gastgeberlandsprinzips"** findet sich in → Kap. 14 Rn. 103f.

12. Geldwerte Leistungen (Nr. 12)

63 **Geldwerte Leistungen** werden im FSA-Kodex Patientenorganisationen (dort § 2 Nr. 12) und im FSA-Transparenzkodex (dort § 2 Nr. 11) definiert als „Zahlungen (etwa Beratungshonorare) sowie geldwerte Vorteile (etwa Dienstleistungen des Mitgliedsunternehmens oder Leistungen beauftragter Agenturen). Geldwerte Leistungen können **direkt** oder auch **indirekt** zu Gunsten des Empfängers erbracht werden. Eine indirekte Erbringung Geldwerter Leistungen liegt vor, wenn diese nicht durch das Mitgliedsunternehmen unmittelbar, sondern über einen Dritten für ein Mitgliedsunternehmen zu Gunsten des Empfängers erfolgt". Die Definition war bereits in der vorherigen Fassung des FSA-Transparenzkodex (§ 2 Abs. 5 FSA-Transparenzkodex aF) enthalten. Im Transparenzkodex werden noch Beispiele für Dritte (etwa einen Vertragspartner, eine Agentur, verbundene Unternehmen oder auch Unternehmensstiftungen) aufgeführt. Diese sind aufgrund der ebenfalls in den neuen Definitionen der Kodizes enthaltenen Definition von „Dritten" nicht mehr erforderlich und dienen lediglich als Orientierung für die Praxis. Die Definition beruht auf der Definition von „Transfers of Value (ToV)" des EFPIA-Kodex. Eine eigene Definition für die dort ebenfalls definierten speziellen „Research and Development Transfers ofValue" wurde seitens des FSA nicht für erforderlich gehalten.

13. Internationale Veranstaltungen (Nr. 13)

64 Eine Definition für **„Internationale Veranstaltungen"** findet sich nur im FSA-Kodex Patientenorganisationen (§ 2 Nr. 13). Sie ähnelt jedoch der Definition von „Internationalen Fortbildungsveranstaltungen (§ 2 Nr. 15 FSA-Kodex Fachkreise, → Kap. 14 Rn. 107f.). Auch hiernach hat „das die Veranstaltung organisierende, durchführende oder diese Veranstaltung oder deren Teilnehmer unterstützende Unternehmen seinen Sitz nicht im Land des Veranstaltungsortes". Im EFPIA-Kodex findet sich keine entsprechende Definition. Allerdings werden „international Events" innerhalb der Definitionen (Definitions) vorausgesetzt.

14. Kodex (Nr. 14)

65 Jeder der drei FSA-Kodizes enthält eine eigene Definition von **„Kodex"** (§ 2 Nr. 18 FSA-Kodex Fachkreise, § 2 Nr. 14 FSA-Kodex Patientenorganisationen, § 2 Nr. 13 FSA-Transparenzkodex). Der FSA-Transparenzkodex enthielt bereits eine entsprechende Definition (§ 1 Abs. 1 S. 1 FSA-Transparenzkodex aF). Durch die Definition lässt sich innerhalb des jeweiligen Textes des Kodex schnell und eindeutig erkennen, welcher der drei Kodizes in Bezug genommen wird. Eine entsprechende Definition innerhalb des EFPIA-Kodex gibt es nicht. Wird dort der EFPIA-Kodex in Bezug genommen, wird der definierte Begriff „EFPIA Code" verwendet. Hier ist mit Kodex der FSA-Kodex Patientenorganisationen gemeint.

15. Kostenbeitrag (Nr. 15)

66 Unter dem Begriff **„Kostenbeitrag"** werden die im Zusammenhang mit einer Veranstaltung entstehenden Reise-, Übernachtungs- und Bewirtungskosten für die Teilnahme eines Mitglieds einer Patientenorganisation einheitlich zusammengefasst. Die Definition des

FSA-Kodex Fachkreise ist deckungsgleich mit der Ausnahme, dass dort die Kosten eines HCP erfasst werden. Daher kann auf die entsprechende Kommentierung verwiesen werden (→ Kap. 14 Rn. 110f.). In Abgrenzung zu den genannten Definitionen wird von derjenigen des FSA-Transparenzkodex eine etwaige Bewirtung der Teilnehmer ausdrücklich nicht erfasst (hierzu → Kap. 16 Rn. 54).

16. Mitarbeiter des Mitgliedsunternehmens (Nr. 16)

„Mitarbeiter des Mitgliedsunternehmens" werden für den FSA-Kodex Fachkreise und den FSA-Kodex Patientenorganisationen übereinstimmend definiert, sodass an dieser Stelle auf die Kommentierung in → Kap. 14 Rn. 114f. Bezug genommen werden kann. 67

17. Mitglieder (Nr. 17)

„Mitglieder" werden nur im FSA-Kodex Patientenorganisationen definiert als neben den Mitgliedern der Organisationen der Patientenselbsthilfe auch Personen oder Institutionen, die als deren Vertreter oder Repräsentanten für diese handeln oder auftreten (§ 2 Nr. 17 FSA-Kodex Patientenorganisationen). Es gibt keine entsprechende Definition im EFPIA-Kodex. 68

Der Begriff der **„Mitglieder"** ist weit zu verstehen. Es wird nicht allein auf einen förmlichen „Mitgliedsstatus" abgestellt. Vielmehr erfolgt eine **funktionale Betrachtungsweise,** die auch sonstige Vertreter oder Repräsentanten der Patientenselbsthilfeorganisationen erfasst, die für diese handeln oder auftreten, auch wenn es sich hierbei nicht formell um „Mitglieder" handelt. Maßgeblich ist insoweit, ob nach dem **objektiven Empfängerhorizont** erkennbar ist, dass die Personen oder Institutionen nicht für sich selbst, sondern – zumindest auch – für die Organisation der Patientenselbsthilfe handeln wollen. Soweit sich beispielsweise eine Patientenselbsthilfeorganisation der Hilfe eines sachkundigen unabhängigen Experten bedient, müssen die Mitgliedsunternehmen auch diesem gegenüber die Regelungen des FSA-Kodex Patientenorganisationen einhalten. Insoweit können hierunter auch Selbsthilfeorganisationen und Selbsthilfekontaktstellen (vgl. → Rn. 4 und 5) erfasst werden, soweit sie nicht ohnehin schon unter § 2 Nr. 21 fallen. 69

18. Mitgliedsunternehmen (Nr. 18)

Die Definition von **„Mitgliedsunternehmen"** des FSA-Kodex Patientenorganisationen entspricht fast vollständig denen des FSA-Kodex Fachkreise und des FSA-Transparenzkodex, weshalb auf die Kommentierung des FSA-Kodex Fachkreise in diesem Zusammenhang (→ Kap. 14 Rn. 116ff.) verwiesen wird. Der einzige Unterschied besteht in einem Klammerzusatz zur Erklärung des Begriffs **„verbundene Unternehmen"** als „alle Unternehmen, die Teil der gleichen Konzerngesellschaft wie das Mitgliedsunternehmen sind". Dieser Zusatz fehlt im FSA-Kodex Patientenorganisationen, während er in den anderen beiden Kodizes enthalten ist. Grund hierfür könnte sein, dass der Begriff des verbundenen Unternehmens im Gesetz legal definiert wird (§ 15 AktG), eine Erläuterung also entbehrlich ist. 70

19. Mitgliedsverband (Nr. 19)

Für die Kommentierung des Begriffs **„Mitgliedsverband"** kann auf die entsprechende Passage in → Kap. 14 Rn. 120 verwiesen werden. 71

20. Nationaler Kodex (Nr. 20)

Da die Definitionen von **„Nationaler Kodex"** der drei FSA-Kodizes miteinander und auch fast vollständig mit dem EFPIA-Kodex (National Code) übereinstimmen, kann hier die kurze Kommentierung in → Kap. 14 Rn. 122 in Bezug genommen werden. 72

21. Organisationen der Patientenselbsthilfe (Nr. 21)

73 **„Organisationen der Patientenselbsthilfe"** bzw. Patientenorganisationen werden nur im FSA-Kodex Patientenorganisationen definiert. Die neue Definition (§ 2 Nr. 21 FSA-Kodex Patientenorganisationen) war wortgleich bereits in § 2 Abs. 1 FSA-Kodex Patientenorganisationen aF enthalten. Sie wurde übernommen, da sie präzise und mit den Selbsthilfeverbänden abgestimmt ist. Demnach sind Patientenorganisationen „freiwillige, keinen wirtschaftlichen Gewinn anstrebende Zusammenschlüsse von Patienten und/oder deren Angehörigen, deren Aktivitäten sich auf die gemeinsame Bewältigung von Krankheiten, die Vermittlung von Informationen über Krankheiten und deren Therapiemöglichkeiten, die Interessenvertretung im gesundheits- und sozialpolitischen Bereich, die Herausgabe von Medien zur Information und Unterstützung von Patienten und/oder die Erbringung von Beratungsleistungen erstrecken".

74 Der Begriff der Patientenselbsthilfeorganisationen ist durch **zwei Elemente** gekennzeichnet, nämlich zum einen durch eine **bestimmte Struktur** (Freiwilligkeit, Zusammenschluss von Patienten und/oder deren Angehörigen) sowie zum anderen durch eine **bestimmte Zielsetzung** (keine Gewinnerzielungsabsicht, gemeinsame Bewältigung von Krankheiten, Informationsaustausch, Interessenvertretung, Öffentlichkeitsarbeit und Beratungsleistungen). Beide Elemente müssen **kumulativ** erfüllt sein, damit von einer Patientenselbsthilfeorganisation im Sinne des FSA-Kodex Patientenorganisationen die Rede sein kann. Das Merkmal der fehlenden Gewinnerzielungsabsicht ist erfüllt, wenn keine kommerziellen **Renditeinteressen,** sondern ausschließlich nicht-wirtschaftliche Zielsetzungen verfolgt werden (sog. Non-Profit-Organisation). Hierfür reicht es aus, dass sich die fehlende Gewinnerzielungsabsicht aus der Satzung der Organisation ergibt. Die förmliche steuerrechtliche Anerkennung als „gemeinnützig" (die für ausländische Organisationen in Deutschland ohnehin nicht möglich ist) ist keine zwingende Voraussetzung. Allerdings dürften sich die materiellen Voraussetzungen im Wesentlichen entsprechen. Die Terminologie des FSA-Kodex Patientenorganisationen deckt sich insoweit nicht vollständig mit dem differenzierten Begriffsverständnis, welches von den Selbsthilfegruppen (und auch vom Gesetzgeber in § 20h SGB V) verwendet wird. Danach wird zwischen Selbsthilfegruppen, Selbsthilfeorganisationen und Selbsthilfekontaktstellen differenziert (vgl. → Rn. 3–5). **Selbsthilfegruppen** in diesem Sinne fallen regelmäßig unter die Begriffsdefinition des § 2 Nr. 21. Bei **Selbsthilfeorganisationen** könnte dies zweifelhaft sein, da es sich hierbei nicht unmittelbar um Zusammenschlüsse von Patienten und/oder deren Angehörigen, sondern um einen Zusammenschluss von Selbsthilfegruppen auf Landes- oder Bundesebene handelt. Allerdings dürfte auch ein solcher „mittelbarer Zusammenschluss" noch von § 2 Nr. 21 erfasst werden, wenn von diesem eine der genannten Zielsetzungen (hier insbesondere Interessenvertretung im gesundheits- und sozialpolitischen Bereich) verfolgt wird. Demgegenüber dürften **Selbsthilfekontaktstellen** regelmäßig nicht von § 2 Nr. 21 erfasst werden, da es sich hierbei nicht um Zusammenschlüsse von Patienten und/oder deren Angehörigen, sondern um professionelle Beratungseinrichtungen mit hauptamtlichem Personal handelt.

75 Die Definition entspricht inhaltlich der Definition von „Patient Organisation (PO)" des EFPIA-Kodex. Dort werden allerdings ausdrücklich auch **Dachverbände** erfasst *(„including the umbrella organisation to which it belongs").* Zudem können auch andere Personen als Patienten und deren Angehörige Mitglieder sein *(„mainly composed of patients and/or caregivers").* Die Aufgaben bzw. Zielsetzungen sind breiter formuliert, um der **heterogenen Selbsthilfelandschaft innerhalb Europas** gerecht zu werden. Auch in dieser Definition stellt die EFPIA noch einmal klar, dass die Organisation in Europa ansässig, gegründet oder vorwiegend tätig sein muss, um dem EFPIA-Kodex zu unterfallen.

22. Persönliche Gesundheitsdaten (Nr. 22)

76 Bislang enthielt der FSA-Kodex Patientenorganisationen keine datenschutzrechtlichen Vorgaben. Nun wurde im Zuge der Novellierung in alle drei Kodizes eine identische Defi-

nition von „Persönlichen Gesundheitsdaten" eingefügt. Hinsichtlich der Kommentierung kann auf → Kap. 14 Rn. 132f. verwiesen werden.

23. Repräsentanten von Organisationen der Patientenselbsthilfe (Nr. 23)

„Repräsentanten von Organisationen der Patientenselbsthilfe" werden nur im FSA-Kodex Patientenorganisationen (dort § 2 Nr. 23) definiert als „Personen, die im Auftrag einer Patientenorganisation diese **vertreten** und deren **Sichtweise** zu einem bestimmten Therapiegebiet oder zu einer bestimmten Frage **äußern**". Diese werden meist auch vom weiten Begriff der „Mitglieder" (hierzu → Rn. 68) erfasst. 77

Die Definition entspricht der Definition des „Patient Organisation Representative" der EFPIA, die wiederum auf die Definition der Europäischen Patientenakademie (EUPATI)[107] verweist.

24. Spende (Nr. 24)

Der Begriff **„Spende"** wird so nur im FSA-Kodex Patientenorganisationen (§ 2 Nr. 24 FSA-Kodex Patientenorganisationen) definiert. Sowohl der FSA-Kodex Fachkreise (dort § 2 Nr. 27) als auch der FSA-Transparenzkodex (dort § 2 Nr. 20) definieren ein **Begriffspaar** aus „Spenden und anderen Zuwendungen" (ausführlich hierzu → Kap. 14 Rn. 136f.). Die Definition des FSA-Kodex Patientenorganisationen ist in dieser konkreten Formulierung mit den deutschen Selbsthilfeverbänden abgestimmt. Sonstige Zuwendungen außer Spenden sollen überhaupt nicht gewährt werden. 78

„Spende" wird definiert als „einseitige Gewährung von Geld, Geldwerten Leistungen, Sachzuwendungen oder erheblichen nicht-finanziellen Zuwendungen durch Mitgliedsunternehmen an Organisationen der Patientenselbsthilfe, wobei diese Zuwendungen kein Entgelt für eine bestimmte Leistung darstellen. Spenden können nur für **gemeinnützige oder vergleichbare Zwecke** (wie etwa für Zwecke des Gesundheitswesens wie Forschung, Lehre, Aus- und Weiterbildung) dienen und nur an gemeinnützige Organisationen erbracht werden". 79

Die Definition knüpft an § 25 Abs. 1 FSA-Kodex Fachkreise aF (vgl. hierzu → Kap. 14 Rn. 757ff.) an. Dieser ermöglichte die Erbringung von Spenden an Institutionen und Organisationen oder Vereinigungen, die sich aus Angehörigen der Fachkreise zusammensetzen und/oder medizinische Leistungen erbringen oder forschen. Spenden in Sinne dieser Vorschrift sind Zuwendungen, die **freiwillig** oder aufgrund einer freiwillig eingegangenen Rechtspflicht geleistet werden, **kein Entgelt** für eine bestimmte Leistung des Empfängers darstellen **und nicht in einem tatsächlichen wirtschaftlichen Zusammenhang mit den Leistungen des Zuwendenden** stehen. Die **altruistischen Motive des Zuwendenden** müssen aus den äußeren Umständen erkennbar sein (hierzu ausführlich und mwN → Kap. 13 Rn. 65ff.). Die Definition wird ergänzt durch den neu geschaffenen § 17a FSA-Kodex Patientenorganisationen (hierzu ausführlich → Rn. 220), der in weiten Teilen (Einhaltung der einschlägigen gesetzlichen Anforderungen, ordnungsgemäße Dokumentation etc) § 25 FSA-Kodex Fachkreise (hierzu ausführlich → Kap. 14 Rn. 755ff.) entspricht. 80

In Abgrenzung zum Sponsoring erfolgt bei Spenden keine imagefördernde oder werbewirksame (Kommunikations-)Gegenleistung seitens des Zuwendungsempfängers; die Spende hat **rein ideellen Charakter** (auch → Rn. 85). Da solche Abgrenzungsfragen bereits in der Vergangenheit bestanden, hat der Vorstand eine entsprechende Leitlinie gemäß § 5 zur Auslegung von § 2 Abs. 5 FSA-Kodex Patientenorganisationen aF (Begriff des Sponsoring) veröffentlicht. In dieser war bereits die heutige Definition von „Spende" wörtlich enthalten. 81

[107] Zum Beispiel „Guidance for patient involvement in industry-led medicines R&D", Defining „Patient": „Patient Organisation Representatives" are persons who are mandated to represent and express the collective views of a patient organisation on a specific issue or disease area., abrufbar unter https://toolbox.eupati.eu/resources/guidance-for-patient-involvement-in-industry-led-medicines-rd/ (zul. abgerufen am 8.2.2021).

82 Um **ausländischen Organisationen** der Patientenselbsthilfe nicht die Möglichkeit zu nehmen, Spenden zu erhalten, wird der Begriff der Gemeinnützigkeit allerdings nicht mehr in Form der steuerrechtlichen Anerkennung der Organisation als „gemeinnützig" zu verstehen sein (hierzu schon → Rn. 74), wie es noch in der Leitlinie angelegt war *(„die berechtigt sind, Spendenbestätigungen im Sinne des Steuerrechts auszustellen")*. Zudem wurden, um die Begriffsdefinition nicht zu überfrachten, Teile der Leitlinie in eine separate Kodex-Regelung gegossen (§ 17a FSA-Kodex Patientenorganisationen). Schon in der Leitlinie wurde die Problematik gesehen, dass die Nichterwähnung von Spenden im FSA-Kodex Patientenorganisationen das Missverständnis verursachen könnte, Spenden seien insgesamt unzulässig. Im Gegenteil wird ein großer Teil des Finanzierungsbedarfs der Organisationen der Patientenselbsthilfe erst durch private Förderung und hier überwiegend durch Spenden gedeckt (vgl. hierzu → Rn. 20, 26.).

83 Der EFPIA-Kodex enthält eine weite Definition von **„Donations and Grants"**, die eher den Definitionen des FSA-Kodex Fachkreise und des FSA-Transparenzkodex entspricht (hierzu ausführlich → Kap. 14 Rn. 136).

25. Sponsoring (Nr. 25)

84 Das **„Sponsoring"** wird in § 2 Nr. 25 FSA-Kodex Patientenorganisationen und § 2 Nr. 21 FSA-Transparenzkodex mit nur wenigen kleineren Abweichungen definiert. So gehen beide Kodizes davon aus, dass Geld oder geldwerte Vorteile gewährt werden und mit diesen zumindest auch eigene **unternehmensbezogene Ziele der Imagewerbung oder der Öffentlichkeitsarbeit** des Unternehmens verfolgt werden. Empfänger können nach dem Transparenzkodex „Empfänger" im Sinne von § 2 Nr. 6 FSA-Transparenzkodex, also sowohl HCP als auch HCO, sein. Die Definition des FSA-Kodex Patientenorganisationen verlangt dagegen einen bestimmten **Förderungszweck** bzgl. dieser Organisationen. Der FSA-Transparenzkodex geht insofern über den FSA-Kodex Patientenorganisationen hinaus, als ausdrücklich auch die „Miete von Standflächen und Räumen im Rahmen von externen Veranstaltungen" unter den Begriff des Sponsoring nach dem Transparenzkodex fällt. Beide Kodizes enthielten bereits in der vorherigen Fassung eine entsprechende wortgleiche Definition (§ 2 Abs. 5 FSA-Kodex Patientenorganisationen aF und § 2 Abs. 8 FSA-Transparenzkodex aF). Grund für die Beibehaltung der Definitionen war vor allem die Tatsache, dass die Definition so mit den Selbsthilfeverbänden abgestimmt war. Der FSA-Kodex Fachkreise enthält den Begriff des Sponsoring bis heute bewusst nicht. Auch der EFPIA-Kodex enthält keine entsprechende Definition. Klar abgegrenzt werden muss der Begriff des „Sponsoring" vom Begriff der „Finanziellen Unterstützung" (§ 2 Nr. 9 FSA-Kodex Fachkreise, hierzu ausführlich → Kap. 14 Rn. 98) und dessen Entsprechung „Sponsorship" im EFPIA-Kodex.

85 Der Begriff des „Sponsoring" enthält eine **objektive** und eine **subjektive Komponente.** In objektiver Hinsicht setzt der Begriff voraus, dass **finanzielle, sachliche** oder **erhebliche nicht-finanzielle Zuwendungen** durch Unternehmen erfolgen. In subjektiver Hinsicht muss die Zuwendung **zur Förderung** von Organisationen der Patientenselbsthilfe gewährt werden, wodurch auch eigene unternehmensbezogene Ziele der **Imagewerbung** oder der **Öffentlichkeitsarbeit** des Unternehmens verfolgt werden. Der Sponsoringbegriff des FSA-Kodex Patientenorganisationen deckt sich insoweit mit dem allgemeinen Verständnis eines Sponsoringvertrags. Hierunter wird üblicherweise ein Rechtsgeschäft verstanden, bei dem der Gesponserte eine Kommunikationsleistung (durch aktive Werbung oder das Verschaffen tätigkeits- oder persönlichkeitsgeprägter Nutzungsmöglichkeiten) erbringt und dafür vom Sponsor eine Förderleistung in Form einer Geldzahlung, Sachzuwendung, Gebrauchsüberlassung, Werk- oder Dienstleistung (oder eine Kombination solcher Leistungen) erhält.[108] Hierdurch wird eine überindividuellen Zwecken dienende Aktivität des Gesponserten gefördert, deren Durchführung auch zur zusätzlichen Vertrags-

[108] Vgl. hierzu *Schaub* GRUR 2008, 955; *Jedlitschka* GRUR 2014, 842.

pflicht des Gesponserten erhoben werden kann.[109] Die den Sponsoringvertrag prägende, vertragstypische Leistung ist somit die Kommunikationsleistung des Gesponserten, die der Förderleistung des Sponsors (als gleichwertige, gegebenenfalls aber auch geringwertige Leistung) gegenübersteht. Somit kann es sich in Abhängigkeit von dem vorausgesetzten Wertverhältnis beider Leistungen um einen voll- oder teilweise entgeltlichen Sponsoringvertrag handeln.[110] Die bloße Zuwendung von Spenden, bei der keine Kommunikationsleistung seitens des Zuwendungsempfängers erfolgt und die somit rein ideellen Charakter hat, wird demgegenüber nicht von dem Begriff des Sponsoring erfasst.[111] Die in Erfüllung des Transparenzgebots (§ 8) des FSA-Kodex Patientenorganisationen erfolgende Offenlegung einer Förderung als solche allein lässt eine (einseitige) Spende noch nicht zu einem (wechselseitigen) Sponsoring mutieren.

26. Veranstaltungen (Nr. 26)

In § 2 Nr. 26 FSA-Kodex Patientenorganisationen werden **Veranstaltungen** definiert als „Treffen oder Begegnungen zwischen Organisationen der Patientenselbsthilfe, deren Mitgliedern und/oder anderen eingeladenen Teilnehmern (etwa Patienten und/oder deren Angehörige) mit dem Ziel der **Informationsvermittlung** oder des **Informationsaustauschs.** Die Themenfelder können von der Diagnose, Therapie und Prävention von Krankheiten über versorgungsrelevante bis zu gesundheitspolitischen oder ökonomischen Themen reichen. Veranstaltungen werden entweder von den Organisationen der Patientenselbsthilfe selbst organisiert oder durchgeführt und durch Mitgliedsunternehmen unterstützt oder auch durch diese Mitgliedsunternehmen oder auch dritte Veranstalter selbst organisiert, ausgerichtet, finanziert und/oder durchgeführt." Bislang wurde der Begriff der Veranstaltungen innerhalb des FSA-Kodex Patientenorganisationen zwar verwendet (vgl. § 17 FSA-Kodex Patientenorganisationen aF), jedoch nicht definiert. 86

Der weit auszulegende Begriff der „Veranstaltungen" umfasst eine **formale** und eine **funktionale Komponente:** In formaler Hinsicht setzt er ein **Treffen** oder eine **Begegnung** zwischen Organisationen der Patientenselbsthilfe, deren Mitgliedern oder anderen Teilnehmern (zu denen auch Patienten oder deren Angehörige zählen können) voraus. Funktional fallen unter den Veranstaltungsbegriff solche Treffen oder Begegnungen, die das **Ziel der Informationsvermittlung** oder des **Informationsaustausches** verfolgen. Ein feststehender Themenkatalog ist hierfür nicht vorgegeben. Der Begriff der „Informationen" ist dabei grundsätzlich weit auszulegen.[112] Erfasst werden somit medizinische, gesundheitspolitische oder ökonomische Fragestellungen gleichermaßen. Diese Informationsvermittlung oder der Informationsaustausch muss gegenüber anderen Organisationen der Patientenselbsthilfe, deren Mitgliedern oder anderen eingeladenen Teilnehmern erfolgen. Zu diesen Teilnehmern können auch externe Dritte zählen (Politiker, Journalisten, Meinungsbildner aus der Gesellschaft etc). Es kommt auch nicht darauf an, ob die Mitgliedsunternehmen die Veranstaltungen lediglich unterstützen oder aber diese selbst organisieren und ausrichten. In beiden Fallgestaltungen ist der Anwendungsbereich des FSA-Kodex Patientenorgaisationen eröffnet, so dass gem. § 6 Abs. 5 und 6 FSA-Kodex Patientenorganisationen jeweils die Neutralität und Unabhängigkeit der Organisationen der Patientenselbsthilfe zu respektieren sind. 87

Der denkbar weite Begriff der **„Events"** des EFPIA-Kodex umfasst auch die Veranstaltungen im Sinne des FSA-Kodex Patientenorganisationen, auch wenn er eher auf Fachkreise zugeschnitten zu sein scheint. Demgegenüber hat sich der FSA zu Recht für eine präzisere klar auf die Patientenselbsthilfeorganisationen zugeschnittene Definition entschieden. 88

---

[109] *Schaub* GRUR 2008, 955.
[110] *Schaub* GRUR 2008, 955.
[111] Vgl. Leitlinie zur Auslegung von § 2 Abs. 5.
[112] Vgl. Leitlinie zur Auslegung von § 2 Abs. 4.

27. Veranstaltungsort (Nr. 27)

89 Der **„Veranstaltungsort"** wird in den FSA-Kodizes Fachkreise und Patientenorganisationen als „geografischer Platz, an dem eine Veranstaltung stattfindet (zB die Stadt, der Ort)", definiert. Eine entsprechende Kommentierung erfolgt in → Kap. 14 Rn. 139f.

28. Veranstaltungsstätte (Nr. 28)

90 Eine kurze Kommentierung zur Definition von **„Veranstaltungsstätte"** findet sich bereits in → Kap. 14 Rn. 141f.

29. Verschreibungspflichtige Arzneimittel (Nr. 29)

91 Für eine kurze Kommentierung kann aufgrund der Anknüpfung an **nationale gesetzliche Vorgaben** (§ 48 AMG) in beiden Kodizes (FSA-Kodex Fachkreise und FSA-Kodex Patientenorganisatinen) auf → Kap. 14 Rn. 142 verwiesen werden.

30. Werbung (Nr. 30)

92 Da der **Werbebegriff** im FSA-Kodex Fachkreise und im FSA-Kodex Patientenorganisationen mit identischem Wortlaut definiert wird, kann hier auf die bereits erfolgte Kommentierung in → Kap. 14 Rn. 143 verwiesen werden.

31. Zusammenarbeit (Nr. 31)

93 Der Begriff **„Zusammenarbeit"** wird nur für den FSA-Kodex Patientenorganisationen definiert (§ 2 Nr. 31). Der Begriff ist danach weit auszulegen. Er umfasst **jede Kooperation** zwischen Mitgliedsunternehmen und Organisationen der Patientenselbsthilfe, ohne dass es auf deren Inhalt und Intensität näher ankäme. Der Begriff der „Zusammenarbeit" ist durch ein **gemeinsames Zusammenwirken** der beteiligten Parteien gekennzeichnet, so dass einseitige Maßnahmen von Organisationen der Patientenselbsthilfe an sich nicht erfasst werden. Nr. 31 stellt jedoch klar, dass auch die **(einseitige) Förderung** durch Mitgliedsunternehmen erfasst wird, auch wenn keine weiteren Interaktionen mit der Organisation der Patientenselbsthilfe erfolgen. Die Definition war mit gleichem Wortlaut bereits in § 2 Abs. 3 FSA-Kodex Patientenorganisationen aF enthalten.

94 Der EFPIA-Kodex enthält keine entsprechende Definition, sodass in Umsetzung von dessen Vorgaben auch keine Definition in die übrigen beiden FSA-Kodizes eingefügt wurde. Eine solche wird aber vor dem Hintergrund des weiten **allgemeinen Verständnisses,** wie es anhand der Definition im FSA-Kodex Patientenorganisationen deutlich wird, wohl auch entbehrlich sein.

§ 3 Verantwortlichkeit für das Verhalten Dritter

(1) Die Verpflichtungen nach diesem Kodex treffen Unternehmen auch dann, wenn sie Dritte damit beauftragen, die von diesem Kodex erfassten Aktivitäten für sie zu gestalten und durchzuführen.

(2) Die Unternehmen haben ferner in angemessener Weise darauf hinzuwirken, dass auch andere natürliche oder juristische Personen, mit denen sie zusammenarbeiten (z. B. Joint Venture Partner, Lizenznehmer), die in den Anwendbaren Kodizes niedergelegten Mindeststandards einhalten.

(3) Wenn Agenturen oder andere Auftragnehmer im Auftrag von Unternehmen mit Organisationen der Patientenselbsthilfe in Kontakt treten, ist deren Beauftragung deutlich zu machen.

Übersicht

I. Vorbemerkung

Die Regelung des § 3 geht auf die Regelungen zum **Anwendungsbereich** (Scope) und Art. 13 Sec. 13.03 EFPIA-Kodex zurück. Inhaltlich entsprechen die Regelungen in Abs. 1 und 2 denen in § 3 Abs. 1 und 2 FSA-Kodex Fachkreise (hierzu auch → Kap. 14 Rn. 53 ff.). **95**

II. Verantwortlichkeit für das Verhalten Dritter

1. Bei Beauftragung (Abs. 1)

Bereits nach den gesetzlichen Vorschriften des UWG (§ 8 Abs. 2 UWG) sind die pharmazeutischen Unternehmen auch für Zuwiderhandlungen verantwortlich, die von einem „Beauftragten" begangen worden sind. Dieses **Verantwortungs- und Zurechnungsprinzip** wird in § 3 Abs. 1 FSA-Kodex Patientenorganisationen aufgegriffen. Die Pharmaunternehmen sind somit für eine kodexkonforme Ausgestaltung der Zusammenarbeit mit Patientenorganisationen rechtlich auch dann verantwortlich, wenn Dritte (etwa Presse-, Kongress- und Veranstaltungsagenturen etc; → Rn. 56) von ihnen beauftragt werden, diese Zusammenarbeit durchzuführen.[113] **96**

Die dem Anwendungsbereich des FSA-Kodex Patientenorganisationen unterliegenden Unternehmen müssen **alle erforderlichen Maßnahmen** treffen, um eine Einhaltung der Regelungen des FSA-Kodex Patientenorganisationen zu gewährleisten. Dies gilt unabhängig davon, ob die Aktivitäten durch die Unternehmen **selbst** durchgeführt oder aber auf **Dritte** delegiert werden. Beauftragte Dritte sind daher zur Einhaltung des FSA-Kodex Patientenorganisationen anzuhalten. Dies sollte möglichst im Wege einer schriftlich fixierten Verpflichtung erfolgen. Erfolgt dies nicht, kann bereits in der fehlenden Instruierung bzw. fehlenden Überwachung des beauftragten Dritten eine Verletzung der dem Unternehmen nach dem FSA-Kodex Patientenorganisationen obliegenden Pflichten liegen. Abweichend von der strikten Zurechnungsregelung in § 8 Abs. 2 UWG sind jedoch einmalige Verstöße Dritter, die trotz eindeutiger Instruierung und Überwachung des Unternehmens erfolgen, diesen nicht zuzurechnen. Der FSA hat in diesem Zusammenhang bezüglich des FSA-Kodex Fachkreise entschieden, dass eine Zurechnung von Kodexverstößen (hier: „Schnuppergolfen") eine Verletzung von Sorgfaltspflichten für eine „gewisse Dauer" und mit „einer gewissen Häufigkeit" voraussetzt.[114] **97**

2. Hinwirkungspflicht (Abs. 2)

Absatz 2 normiert eine Hinwirkungspflicht der Unternehmen gegenüber Dritten. Danach haben Unternehmen in angemessener Weise darauf hinzuwirken, dass auch andere **98**

---

[113] Siehe zu den Begriffen des Werbungtreibenden und der mittelbaren Werbung *Reese* in BeckOK HWG § 1 Rn. 126 f., 271 ff.; Ebenfalls *Zimmermann,* Heilmittelwerbegesetz, HWG § 1 Rn. 13 und *Fritzsche* in Spickhoff, Medizinrecht, HWG § 1 Rn. 19.

[114] Entscheidung zu § 3 FSA-Kodex Fachkreise idF v. 16.2.2004, FS I 2004.8–16, https://www.fsa-pharma.de/de/schiedstelle/berichterstattung/fachkreise/az-2004.8–16-1-instanz-3-des-kodex-zurechnung-von-kodexverstossen-des-vertriebspartners/ (zul. abgerufen am 8.2.2021); sowie → Kap. 14 Rn. 54).

natürliche oder juristische Personen, mit denen sie zusammenarbeiten (zB Joint Venture Partner, Lizenznehmer), die in den anwendbaren Kodizes niedergelegten Mindeststandards einhalten. Die Regelung entspricht § 3 Abs. 2 FSA-Kodex Fachkreise. Die bisher dort enthaltene Beschränkung der Hinwirkungspflicht auf die Einhaltung der Regelungen des EFPIA-Kodex (hierzu noch *Dieners* in Handbuch Compliance im Gesundheitswesen, 3. Aufl. 2010, Kap. 11 Rn. 55) wird nunmehr insgesamt aufgegeben. Dass dagegen auf den anwendbaren Kodex, also den EFPIA-Kodex und/oder einen bzw. mehrere nationale Kodizes, verwiesen wird, bietet genügend Flexibilität auch für die **Zusammenarbeit mit Dritten im Ausland.** Wichtig ist in diesem Zusammenhang die Differenzierung zwischen der Verantwortlichkeit für das Verhalten Dritter nach Abs. 1 und der Hinwirkungspflicht nach Abs. 2. Wie bereits erwähnt, stellt Abs. 1 eine Verantwortlichkeit für Verstöße anderer gegen den FSA-Kodex Patientenorganisationen dar, die Handlungen **an Stelle des Unternehmens** vornehmen. Im Unterschied dazu betrifft Abs. 2 die Fälle, in denen aufgrund eines Vertrages (Lizenzvertrag, Joint Venture usw) ein Dritter neben dem verpflichteten Unternehmen tätig wird. In diesen Fällen erfolgt keine Zurechnung, sondern es besteht eine Pflicht des Unternehmens, auf ein kodexkonformes Verhalten seines Vertragspartners hinzuwirken. Der Vertrag sollte daher eine Verpflichtung des Vertragspartners vorsehen, sich im Rahmen der Durchführung des Vertragsverhältnisses kodexkonform zu verhalten, und zwar auch dann, wenn der Vertragspartner ansonsten nicht selbst dem FSA-Kodex Patientenorganisationen unterworfen ist. Die Hinwirkungspflicht in Abs. 2 erschöpft sich nicht per se mit der **Vertragsgestaltung.** Die Unternehmen sollen darauf hinwirken, dass ihre Vertragspartner die Standards tatsächlich einhalten. Mithin kann sich die Hinwirkungspflicht ggf. auch auf die Geltendmachung der aus dem Vertragsverhältnis resultierenden **Unterlassungsansprüche gegen den Vertragspartner** erstrecken. Anwendungsfälle dieser Regelung können zB der Linzenzvertrieb oder das Co-Marketing sein.[115]

3. Transparenzprinzip (Abs. 3)

99 Der FSA-Kodex Patientenorganisationen basiert maßgeblich auf dem Prinzip der **Transparenz.** Deshalb ist es erforderlich, dass beauftragte Dritte bei der Zusammenarbeit mit Patientenorganisationen **deutlich zu erkennen** geben, **ob** und **durch wen** eine Beauftragung vorliegt. Diese Offenlegung sollte grundsätzlich bei erster Gelegenheit, also der erstmaligen Kontaktaufnahme, erfolgen. Unvereinbar mit dem Transparenzprinzip wäre demgegenüber ein „Anschleichen" durch einen beauftragten Dritten, der den Umstand der Beauftragung erst dann offenlegt, nachdem bereits über mögliche Inhalte und Grundsätze einer Zusammenarbeit gesprochen worden ist.

Checkliste: Anwendungsbereich

- Der FSA-Kodex Patientenorganisationen gilt:
  - ☐ für alle Mitgliedsunternehmen und deren inländische Tochterunternehmen
  - ☐ für Unternehmen, die sich dem Kodex unterworfen haben
  - ☐ für verbundene Unternehmen, die sich dem Kodex nicht unterworfen haben
  - ☐ bei Verstößen beauftragter Dritter
- Es ist zu erwarten, dass die Gerichte den Kodex zukünftig auch als Marktverhaltensstandard auf Nicht-Mitglieder erstrecken werden
- Die Mitgliedsunternehmen trifft eine Pflicht, darauf hinzuwirken, dass alle natürlichen oder juristischen Personen, mit denen sie zusammenarbeiten, die Mindeststandards der Anwendbaren Kodizes einhalten
- Für Aktivitäten beauftragter Dritter (zB Werbe- oder Eventagenturen) sind die Mitgliedsunternehmen verantwortlich

[115] *Schütze/Ehle* in Dieners/Reese PharmaR-HdB Kap. 9.

§ 4 Auslegungsgrundsätze

(1) Bei der Anwendung dieses Kodex sind nicht nur der Wortlaut der einzelnen Vorschriften, sondern auch deren Sinn und Zweck sowie die geltenden Gesetze, insbesondere die Vorschriften des Heilmittelwerbegesetz zur Werbung für verschreibungspflichtige Arzneimittel außerhalb der Fachkreise zu beachten.

(2) Die Unternehmen müssen sich jederzeit an hohen ethischen Standards messen lassen. Insbesondere darf ihr Verhalten weder die pharmazeutische Industrie noch die Patientenselbsthilfe als solche oder einzelne Organisationen der Patientenselbsthilfe in Misskredit bringen, das Vertrauen in sie reduzieren oder anstößig sein.

Leitlinie
gemäß § 5 zur Auslegung des Begriffs „hohe ethische Standards" (§ 4 Abs. 2)
(Stand: 18. Juli 2012)

Nach § 4 Abs. 2 Satz 1 müssen sich die Mitgliedsunternehmen jederzeit an hohen ethischen Standards messen lassen.

Zu den „hohen ethischen Standards" im Sinne der Regelung gehört auch, dass die Mitgliedsunternehmen durch ihr Verhalten das Ansehen der Patientenselbsthilfe nicht in Misskredit bringen dürfen.

Übersicht

I. Vorbemerkung

Die Regelung des § 4 basiert auf den Regelungen zur Anwendbarkeit (Applicability) des **EFPIA-Kodex** und entspricht zudem inhaltlich im Wesentlichen § 4 FSA-Kodex Fachkreise (hierzu → Kap. 14 Rn. 57). Im Zuge der Novellierung des FSA-Kodex Patientenorganisationen vom 1.12.2011 wurde Abs. 2 dahingehend geändert, dass das unternehmerische Verhalten nicht mehr nur in Bezug auf die pharmazeutische Industrie, sondern auch hinsichtlich der **Organisationen der Patientenselbsthilfe** weder diskreditierend noch anderweitig vertrauensschädigend sein darf. Die Änderung erfolgte aufgrund der Anpassung an die Leitlinie gemäß § 5 zur Auslegung des Begriffs „hohe ethische Standards" aus Abs. 2, gemäß derer das Ansehen der Patientenselbsthilfe bereits unter die hohen ethischen Maßstäbe zu subsumieren war. Insoweit dient die Anpassung an die Leitlinie der Klarstellung, dass das Reputationsinteresse der pharmazeutischen Industrie wie auch der Patientenselbsthilfeorganisationen gleichrangig schützenswert ist. Bei der Kodexrevision vom 14.11.2019 erfolgte eine Konkretisierung des Abs. 1 insoweit, als nunmehr ausdrücklich die Vorschriften des Heilmittelwerbegesetz in Bezug genommen werden, während bisher lediglich allgemein auf die „Werbebeschränkungen zur Werbung für verschreibungspflichtige Arzneimittel außerhalb der Fachkreise" verwiesen wurde. **100**

II. Auslegungssytematik

1. Auslegungsgrundsätze (Abs. 1)

101 Die Auslegung erfolgt nach den allgemeinen Grundsätzen der Gesetzesauslegung. Danach sind insoweit der Wortlaut, die Regelungssystematik, die Entstehungsgeschichte sowie der objektive Sinn und Zweck der Regelungen maßgeblich. Die Orientierung am **Sinn und Zweck** der Regelung hat dabei besonderes Gewicht, so dass im Zweifel der Auslegung der Vorzug gebührt, die die objektive Regelungsintention am besten umsetzt und die **verfolgten Prinzipien** (Transparenz, Unabhängigkeit und Neutralität) im Lichte des EFPIA-Kodex **am stärksten zur Geltung** bringt.[116] Ähnlich wie im Unionsrecht der Grundsatz der Unionstreue zu einer richtlinienkonformen Auslegung des nationalen Rechts verpflichtet,[117] ist zur Erreichung der Regelungsziele des EFPIA-Kodex der Grundsatz der **EFPIA-Kodex-konformen Auslegung** zu beachten. Die Grenze der Auslegung wird allerdings durch den sich aus dem Wortlaut ergebenden möglichen Wortsinn gezogen. Deutungsvarianten, die darüber hinausgehen, fallen in den Bereich der Analogiebildung. Eine solche widerspricht dem Leitfaden-Charakter des FSA-Kodex Patientenorganisationen und ist auch im Hinblick auf sanktionsbewehrte Regelungen zu Lasten der Unternehmen nicht zulässig (vgl. auch die Kommentierung zum FSA-Kodex Fachkreise, → Kap. 14 Rn. 6 ff.). In dem hierdurch gezogenen Rahmen ist jedoch im Zweifel diejenige Auslegung zu wählen, die die Vorgaben und den Regelungszweck des EFPIA-Kodex am besten zur Geltung bringt. Der Grundsatz der EFPIA-Kodex-konformen Auslegung trägt insoweit zu einer Einheitlichkeit der Auslegungs- und Durchsetzungspraxis der nationalen Kodizes in den einzelnen Mitgliedstaaten bei.

a) Verhältnis FSA-Kodex Patientenorganisationen zu anderen gesetzlichen Regelungen

102 Der FSA-Kodex Patientenorganisationen ist gesetzeskonform, dh in einer Art und Weise auszulegen, dass **keine Widersprüche zu den geltenden Gesetzen** entstehen. Insbesondere kann der FSA-Kodex Patientenorganisationen nicht so ausgelegt werden, dass er ein Verhalten gebieten oder tolerieren würde, das gesetzlich untersagt ist. Es ist allerdings denkbar, dass gesetzlich eröffnete Freiräume durch den FSA-Kodex Patientenorganisationen näher konkretisiert werden. Eine hierin liegende Einschränkung der Handlungsspielräume ist nicht als Gesetzeswiderspruch anzusehen, da es den Normadressaten stets freisteht, durch privatautonome Regelungen eröffnete Spielräume zu konkretisieren oder auch einzugrenzen, solange hierbei die Grenzen höherrangigen Rechts, insbesondere des Kartellrechts, beachtet werden.

b) Bedeutung des Verbotes der Publikumswerbung für verschreibungspflichtige Arzneimittel

103 Ein zentrales Anliegen des FSA-Kodex Patientenorganisationen ist es, einen Missbrauch von Patientenselbsthilfeorganisationen zur Umgehung des Publikumswerbeverbotes für verschreibungspflichtige Arzneimittel zu verhindern. Die **Abgrenzung** zwischen der **zulässigen Informationsübermittlung** einerseits und der unzulässigen **produktspezifischen Absatzwerbung** andererseits kann dabei nur im Einzelfall erfolgen. Die Abgrenzung kann im konkreten Einzelfall schwierig sein. Zudem sind die Rechtsprechung und die weitere legislatorische Entwicklung in diesem Bereich im Fluss.[118] Der Verweis in

---

[116] Sog. „effet utile-Prinzip", siehe dazu *Dieners* PharmR 2009, 6 (8).

[117] Vgl. EuGH Slg. 1984, 1921 – Harz; 1990, I-4135 – Marleasing.

[118] Vgl. hierzu die Entscheidung des EuGH 2.4.2009 in der Rechtssache C-421/07, – Vestre Landsret – Dänemark, sowie den Vorschlag der EU-Kommission für eine Änderung der Richtlinie 2001/83/EG in Bezug auf die Information der breiten Öffentlichkeit über verschreibungspflichtige Arzneimittel, KOM/2008/0663 endg.-COD 2008/0256, abrufbar unter http://eur-lex.europa.eu (zul. abgerufen am 8.2.2021) sowie den parallelen Vorschlag zur Änderung der Verordnung 726/2004, COM/2008/0662 final-COD 2008/0255, ebenfalls abrufbar unter http://eur-lex.europa.eu (zul.

Abs. 1 FSA-Kodex Patientenorganisationen ist in dem Sinne **dynamisch** zu verstehen und zwar im Hinblick auf die jeweils geltenden Regelungen in der Auslegung durch die aktuelle höchstrichterliche Rechtsprechung. Mit der Novelle des Heilmittelwerbegesetzes (HWG) im Jahr 2012 erfolgten umfangreiche Änderungen, auch für den Bereich der Werbung außerhalb der Fachkreise (§ 11 HWG).[119] Die Vorschriften des HWG sind nach dem aktuellen Wortlaut des Kodex insbesondere, aber nicht ausschließlich zu beachten.

2. Ethische Standards (Abs. 2)

Die Regelung des Abs. 2 geht auf die Einleitung (Introduction) des EFPIA-Kodex **104** sowie die Präambel (Preamble) mit den ethischen Prinzipien (ethical principles) zurück und findet sich in ähnlicher Form bereits in § 4 Abs. 2 FSA-Kodex Fachkreise (vgl. hierzu → Kap. 14 Rn. 63). § 4 Abs. 2 FSA-Kodex Patientenorganisationen erhebt die „hohen ethischen Standards" zum ergänzenden Auslegungsmaßstab. Dieser Begriff wird nicht näher definiert und ist aufgrund seiner **Unschärfe nur eingeschränkt justitiabel.** Eine **negative Abgrenzung** lässt sich jedoch in dem Sinne vornehmen, dass hierdurch Verhaltensweisen verhindert werden sollen, die aus der Perspektive eines objektiven und neutralen Betrachters geeignet sind, die pharmazeutische Industrie oder die Organisationen der Selbsthilfe in **Misskredit** zu bringen, das **Vertrauen in sie zu reduzieren** oder als **anstößig** erscheinen zu lassen.[120] Während früher die Organisationen der Patientenselbsthilfe lediglich mittelbar von Abs. 2 geschützt wurden, da ein Verhalten von Mitgliedsunternehmen, welches die ethischen Standards nach Abs. 2 nicht einhält, geeignet wäre, ebenfalls die Organisationen der Patientenselbsthilfe in Misskredit zu bringen oder das Vertrauen in sie zu reduzieren, besteht seit der Änderung des Wortlautes durch die Novellierung vom 1.12.2011 nunmehr ein **unmittelbarer Schutz** der Organisationen der Patientenselbsthilfe. Eine entsprechende Gebotsnorm findet sich auch in § 6 Abs. 4 FSA-Kodex Patientenorganisationen.

§ 5 Leitlinien des FSA-Vorstands

Der FSA kann über die in diesem Kodex im Einzelnen vorgeschriebenen Fälle hinaus durch den Vorstand verbindliche Leitlinien zur Auslegung dieses Kodex erlassen. Der FSA veröffentlicht diese Leitlinien im Internet (www.fsa-pharma.de).

Übersicht

I. Vorbemerkung

Die Vorschrift des § 5 basiert auf Annex C EFPIA-Kodex und entspricht **§ 6 Abs. 2** **105** **FSA-Kodex Fachkreise.**

---

abgerufen am 8.2.2021). Die Richtlinie 2001/83/EG in ihrer konsolidierten Fassung vom 16.11.2012, (insbes. S. 79 ff.) ist abrufbar unter http://eur-lex.europa.eu/legal-content/DE/TXT/PDF/?uri=CELEX:02001L0083-20121116 (zul. abgerufen am 8.2.2021).

[119] Dazu ausführlich *Schmidt* PharmR 2012, 285 (287 ff.); *Reese* MPR 2012, 165 ff.; *Reinhart/Meßmer* A&R 5/2012, 209 (211 ff.). Siehe zu den Haftungsrisiken aus HWG und UWG bei der Zusammenarbeit mit Patientenorganisationen auch *Wostry* MPR 2014, 184 (185 f.).

[120] Siehe auch Leitlinie zu § 4 Abs. 2 FSA-Kodex Patientenorganisationen.

II. Kompetenz zum Erlass von Leitlinien (S. 1)

106 Der FSA-Kodex Patientenorganisationen differenziert zwischen Leitlinien, die **zwingend** durch den Vorstand zu erlassen sind, und solchen, die darüber hinaus durch den Vorstand erlassen werden **können.** Zwingend zu erlassen sind Leitlinien zur Auslegung
- des Begriffs der „Eckpunkte", die bei einer Zusammenarbeit mit Organisationen der Patientenselbsthilfe schriftlich zu fixieren sind (§ 11 Abs. 2),
- des Begriffes der „Erheblichkeit" von indirekten oder nicht-finanziellen Zuwendungen, die Voraussetzung dafür sind, dass Mitgliedsunternehmen eine Liste der diese Zuwendung empfangenden Organisationen der Patientenselbsthilfe der Öffentlichkeit zur Verfügung stellen müssen (§ 15 Abs. 5) sowie
- der Begriffe „angemessen", „für ihren Unterhaltungswert bekannt" sowie „extavagant" (im Sinne von § 17 bei der Organisation oder Durchführung von Veranstaltungen; § 17 Abs. 6).

107 In Ergänzung zu diesen verbindlich vorgeschriebenen Fällen können Leitlinien zur Auslegung des FSA-Kodex Patientenorganisationen erlassen werden. Ob dies geschieht, liegt im **Ermessen** des Vorstandes. Dieser sollte sich bei seiner Entscheidung von der Erwägung leiten lassen, ob ein Erlass einer Leitlinie geeignet ist, die Rechtssicherheit zu erhöhen, ohne dabei die Notwendigkeit einer einzelfallbezogenen Auslegung zu weit einzuengen (dazu auch → Kap. 14 Rn. 73). Da die Auslegung dieser unbestimmten Rechtsbegriffe ihrerseits dem zeitlichen Wandel und den jeweils etablierten Usancen unterworfen ist, sind diese Leitlinien durch den FSA in regelmäßigen Abständen zu überprüfen und gegebenenfalls anzupassen. Eine Anpassung der Leitlinien nach der letzten Revision des FSA-Kodes Patientenorganisationen vom 14.11.2019 ist daher zu erwarten.

III. Bekanntgabe der Leitlinien (S. 2)

108 Die erlassenen Leitlinien sind im Internet (www.fsa-pharma.de[121]) abrufbar. Da es sich jedoch nur um Auslegungshilfen handelt, können Leitlinien bereits dann herangezogen werden, wenn sie erlassen worden sind. Da durch den Erlass von Leitlinien keine materielle Regeländerung vorgenommen wird, gilt dies auch dann, wenn die zu **beurteilende Handlung vor einer Veröffentlichung** der Leitlinien im Internet erfolgt ist.

2. Abschnitt: Grundsätze für die Zusammenarbeit mit Organisationen der Patientenselbsthilfe

§ 6 Neutralität und Unabhängigkeit

(1) Der FSA und seine Mitgliedsunternehmen erkennen an, dass die Organisationen der Patientenselbsthilfe ihre fachliche und politische Arbeit ausschließlich an den Bedürfnissen und Interessen von behinderten, kranken und pflegebedürftigen Menschen sowie ihrer Angehörigen ausrichten, um damit die Selbstbestimmung behinderter, kranker und pflegebedürftiger Menschen zu fördern.

(2) Die Zusammenarbeit der Mitgliedsunternehmen mit Organisationen der Patientenselbsthilfe muss mit den jeweiligen satzungsmäßigen Zielen und Aufgaben dieser Organisationen im Einklang stehen und diesen dienen.

(3) Bei der Zusammenarbeit der Mitgliedsunternehmen mit Organisationen der Patientenselbsthilfe müssen diese Organisationen die volle Kontrolle über die Inhalte ihrer Arbeit behalten und unabhängig bleiben. Dies gilt sowohl für die ideelle als auch finanzielle Förderung sowie alle anderen Arten der Zusammenarbeit.

(4) Die Mitgliedsunternehmen dürfen im Rahmen ihrer Zusammenarbeit mit Organisationen der Patientenselbsthilfe keine Maßnahmen treffen, die dem Ansehen der Patientenselbsthilfe schaden.

---

[121] Zul. abgerufen am 8.2.2021.

(5) Die Mitgliedsunternehmen haben die Neutralität und Unabhängigkeit der Organisationen der Patientenselbsthilfe insbesondere bei den von diesen organisierten und durchgeführten Veranstaltungen zu beachten. Sofern die Mitgliedsunternehmen bei der Planung mitwirken, hat dies ausgewogen und sachlich zu erfolgen. Dies schließt z. B. bei der Durchführung von Veranstaltungen eine einseitige Darstellung zu Gunsten eines Unternehmens, einer bestimmten Therapie oder eines bestimmten Produktes aus und beinhaltet auch eine Bereitschaft, weitere Referate zu demselben Thema zuzulassen, um eine möglichst umfassende Information der Veranstaltungsteilnehmer sicherzustellen.

(6) Die Mitgliedsunternehmen haben die Neutralität und Unabhängigkeit der Organisationen der Patientenselbsthilfe auch im Rahmen von ihnen selbst ausgerichteter Veranstaltungen zu beachten. Auch hier sind Äußerungen der Mitgliedsunternehmen als solche zu kennzeichnen (etwa durch die bloße Wiedergabe des Unternehmenslogos oder durch eine entsprechende Autorenangabe) und die Werbung für konkrete Produkte, Produktgruppen oder Dienstleistungen auszuschließen. Bei Präsentationen und Vorträgen muss der wissenschaftliche und sachlich-informierende Charakter im Vordergrund stehen.

Leitlinie

gemäß § 5 zur Auslegung von § 6 Abs. 2
(Stand: 18. Juli 2012)

Nach § 6 Abs. 2 muss die Zusammenarbeit der Mitgliedsunternehmen mit Organisationen der Patientenselbsthilfe mit den jeweiligen satzungsmäßigen Zielen und Aufgaben dieser Organisationen im Einklang stehen und diesen dienen.

Hierzu gehört auch, dass die Mitgliedsunternehmen darauf vorbereitet sein sollen, die speziellen rechtlichen sowie auch steuerlichen Anforderungen und Positionen der Organisationen der Patientenselbsthilfe im Rahmen der Zusammenarbeit zu berücksichtigen.

Leitlinie

gemäß § 5 zur Auslegung der Begriffe
„ideelle" und „finanzielle" Förderung (§ 6 Abs. 3 Satz 2)
(Stand: 18. Juli 2012)

Nach § 6 Abs. 3 Satz 1 müssen die Organisationen der Patientenselbsthilfe bei der Zusammenarbeit mit Mitgliedsunternehmen die volle Kontrolle über die Inhalte ihrer Arbeit behalten und unabhängig bleiben. Dies gilt nach § 6 Abs. 3 Satz 2 sowohl für die „ideelle" als auch für die „finanzielle" Förderung sowie für alle anderen Arten der Zusammenarbeit.

Unter „finanzieller" Förderung im Sinne von § 6 Abs. 3 Satz 2 sind sämtliche Geld- und Sachleistungen zu verstehen, die einer Organisation der Patientenselbsthilfe von Seiten eines Mitgliedsunternehmen zugewendet werden, sei dies direkt oder indirekt über Dritte (etwa die Übernahme von Kosten für Agenturen etc.). Unter „ideeller" Förderung sind Fälle zu verstehen, in denen Mitgliedsunternehmen Organisationen der Patientenselbsthilfe keine Geld- oder Sachleistungen zukommen lassen, sondern bestimmte Zwecke oder Ziele von Organisationen der Patientenselbsthilfe ohne die gleichzeitige Gewährung von Geld- oder Sachleistungen „ideell" unterstützen (etwa indem die Mitgliedsunternehmen sich gegenüber politischen Gremien für bestimmte Ziele und Zwecke von Organisationen der Patientenselbsthilfe einsetzen).

Übersicht

I. Vorbemerkung

109 Die Regelung des § 6 Abs. 1 FSA-Kodex Patientenorganisationen basiert auf der Einleitung (Introduction) zum EFPIA-Kodex. Die Absätze 2–6 finden sich im EFPIA-Kodex nicht ausdrücklich wieder, ergeben sich jedoch aus der von diesem verfolgten allgemeinen Zielsetzung. Sie sind als **tragende Grundsätze** für die Zusammenarbeit mit Organisationen der Patientenselbsthilfe durch den FSA in der Regelung des § 6 FSA-Kodex Patientenorganisationen verankert worden.

II. Grundverständnis für die Zusammenarbeit (Abs. 1 und Abs. 2)

110 Die Zusammenarbeit muss von dem Grundverständnis getragen sein, dass Organisationen der Patientenselbsthilfe ihre Arbeit ausschließlich an den Bedürfnissen und Interessen bestimmter Patienten ausrichten. Selbsthilfegruppen haben aufgrund ihrer Struktur und Funktion ihr eigenes (partielles) Expertenwissen und einen großen Erfahrungsschatz im täglichen Umgang mit Krankheiten und ihren Auswirkungen auf Patienten. Ihnen sind daher die Probleme und Erwartungen aus der Patientenperspektive zumeist bestens vertraut. Hieraus leiten Selbsthilfegruppen ihre eigenen Interessen und Zielvorstellungen ab. Demgegenüber ist es nicht Aufgabe von Organisationen der Patientenselbsthilfe, wirtschaftliche Zielsetzungen interessierter Wirtschaftskreise zu verfolgen oder zu fördern. Die Zusammenarbeit muss diese Zielsetzung respektieren. Aktivitäten, die mit den Zielen und Aufgaben von Patientenorganisationen nicht vereinbar sind, müssen unterbleiben.[122] Die **Verpflichtung zur Respektierung der Zielsetzung der Selbsthilfe** schließt zwar nicht aus, dass die Unternehmen auch **parallel verlaufende Eigeninteressen** verfolgen dürfen. Denn die Wahrnehmung von Eigeninteressen gehört zu den selbstverständlichen Freiheiten in einer offenen und freien Gesellschaftsordnung. Bei der Zusammenarbeit mit Patientenorganisationen darf die Interessenwahrnehmung **jedoch nicht** der **Unabhängigkeit und Neutralität** der Patientenselbsthilfeorganisationen **entgegenarbeiten.** Wie bereits in der Einleitung zum FSA-Kodex Patientenorganisationen deutlich wird, sollte die parallele Zielverfolgung deshalb vor allem darauf gerichtet sein, die Bedürfnisse der Betroffenen besser zu verstehen und hierdurch Krankheiten durch wirksame Arzneimittel noch besser vorbeugen, heilen oder deren Folgen lindern zu können.

III. Prinzip der Unabhängigkeit (Abs. 3)

111 Von grundlegender Bedeutung bei der Zusammenarbeit ist das Prinzip der Unabhängigkeit. Dieses bezieht sich sowohl auf den **materiellen Gehalt** der Maßnahmen („Inhalt ihrer Arbeit") wie auch die **Organisation** und das **Verfahren** („volle Kontrolle"). Der Grundsatz der Unabhängigkeit gilt unabhängig davon, ob die Förderung in ideeller, finanzieller oder sonstiger Weise erfolgt.[123] Damit ist jedwede Form der Zusammenarbeit **unzulässig,** bei der die Organisationen der Patientenselbsthilfe in einem **Unterordnungsverhältnis** gegenüber den Mitgliedsunternehmen stehen. Das Prinzip der Unabhängigkeit wird zusätzlich durch das **Verflechtungsverbot** in § 7 abgesichert.

[122] Der Leitlinie zu § 6 Abs. 2 FSA-Kodex Patientenorganisationen zufolge resultiert daraus auch eine Verpflichtung der Unternehmen, sich über die rechtlichen und steuerlichen Anforderungen und Positionen der Organisationen zu informieren und diese zu berücksichtigen.

[123] Zur Abgrenzung siehe Leitlinie zu § 6 Abs. 3 S. 2 FSA-Kodex Patientenorganisationen.

IV. Schädigende Maßnahmen (Abs. 4)

Der FSA-Kodex Patientenorganisationen zielt darauf ab, das **Vertrauen der Öffentlichkeit** in die Integrität von Patientenselbsthilfeorganisationen (vgl. schon in der Einleitung) und ihren Kooperationen mit Unternehmen der pharmazeutischen Industrie zu schützen. Deshalb müssen die Mitgliedsunternehmen von Maßnahmen Abstand nehmen, die in der Öffentlichkeit den **Eindruck** erwecken, dass die Patientenselbsthilfeorganisationen durch die Zusammenarbeit die ihnen satzungsmäßig obliegenden Pflichten und Aufgaben verletzen würden. Diese Verbotsnorm ist damit das Spiegelbild des in den Absätzen 1 und 2 statuierten Förderungsgebots und ergänzt insoweit die Auslegungsregel des § 4 Abs. 2. Da Schutzgut das Ansehen der Patientenselbsthilfe in der Öffentlichkeit ist, kommt es maßgeblich auf die Bewertung **aus Sicht eines unabhängigen Dritten** an. Das Verbot greift bereits dann ein, wenn aus dieser Perspektive das Ansehen der Patientenselbsthilfe geschädigt wird, auch wenn materiell keine Interessenverletzung vorliegt. **112**

V. Organisation und Durchführung von Veranstaltungen durch Patientenorganisationen (Abs. 5)

Veranstaltungen von Organisationen der Patientenselbsthilfe stellen wichtige Foren zur Umsetzung der satzungsgemäßen Ziele und Aufgaben dieser Organisationen dar. Vor diesem Hintergrund ist es von großer Bedeutung, dass die Organisation und Durchführung dieser Veranstaltungen **nicht** durch Mitgliedsunternehmen **fremdbestimmt** werden. Diese haben vielmehr die Neutralität und Unabhängigkeit der Organisationen der Patientenselbsthilfe zu respektieren. **113**

Das schließt eine **Mitwirkung** von pharmazeutischen Unternehmen allerdings nicht per se aus. Mitgliedsunternehmen dürfen bei der Festlegung von Inhalten sowie auch bei der Auswahl der Referenten **unterstützend** mitwirken, wenn dies von den Organisationen der Patientenselbsthilfe gewünscht wird. Im Zuge der Novellierung wurden die Mitwirkungsvarianten der „Festlegung von Inhalten" und „Auswahl der Referenten" durch „bei der Planung mitwirken" ersetzt. Diese Änderung erfolgte aus Gründen der Klarstellung, dass – unter Wahrung der Neutralität und Unabhängigkeit der Patientenselbsthilfeorganisationen- die Mitgliedsunternehmen bei der **gesamten Planung mitwirken** können und dabei nicht lediglich auf die inhaltliche Festlegung sowie die Referentenauswahl beschränkt sind. Allerdings muss auch hier die Sicherung der ordnungsgemäßen Aufgabenerfüllung der Organisationen der Patientenselbsthilfe im Vordergrund stehen. Die Mitwirkung muss daher **ausgewogen** und **sachlich** erfolgen. Versuche, die Veranstaltungen einseitig zu Gunsten eines bestimmten Unternehmens zu beeinflussen, sind verboten. Das gemeinsame Verständnis von Mitgliedsunternehmen und Organisationen der Patientenselbsthilfe muss es sein, durch die Mitbestimmung im Rahmen der Planung eine möglichst objektive, neutrale und umfassende Information der Veranstaltungsteilnehmer zu gewährleisten. Da gerade der Grundsatz der Unabhängigkeit eine Steuerung des Inhalts von Veranstaltungen durch Mitgliedsunternehmen ausschließt, steht es allerdings nicht in der Rechtsmacht der Mitgliedsunternehmen, den (neutralen und ausgewogenen) Inhalt der Veranstaltung selbst zu gewährleisten. Aus diesem Grund knüpft die Regelung an die Mitwirkungshandlungen der Mitgliedsunternehmen an, ohne diesen eine „Erfolgshaftung" aufzuerlegen. Damit unterfällt es letztlich der **Eigenverantwortung der Organisationen der Patientenselbsthilfe,** die Neutralität und Ausgewogenheit bei der Organisation und Durchführung von Veranstaltungen selbst zu gewährleisten. **114**

VI. Organisation und Durchführung von Veranstaltungen durch Mitgliedsunternehmen (Abs. 6)

115 Absatz 6 ordnet an, dass die Grundsätze der Neutralität und Unabhängigkeit der Organisationen der Patientenselbsthilfe auch bei der Organisation und Durchführung von Veranstaltungen durch Mitgliedsunternehmen zu respektieren ist. Hierdurch wird der Grundsatz der Neutralität und Unabhängigkeit unabhängig davon abgesichert, ob die Veranstaltung von der Organisation der Patientenselbsthilfe selbst oder von dem Unternehmen ausgerichtet wird. Bei der Durchführung muss insbesondere deutlich erkennbar sein, ob eine bestimmte Äußerung einem Mitgliedsunternehmen oder einer Patientenselbsthilfeorganisation zuzurechnen ist. Auch die Auswahl der Referenten sollte sachlich und ausgewogen erfolgen. Zudem dürfen die Patientenselbsthilfeorganisationen weder verdeckt noch offen für die Zwecke einer produktspezifischen Absatzwerbung instrumentalisiert werden. Insgesamt muss der **sachlich-informierende Charakter** prägend für die Veranstaltung sein.

116 Die **Abgrenzung** zwischen einer unzulässigen **Produktwerbung** einerseits und einer erlaubten **informativen Darstellung** von klinisch relevanten Behandlungsunterschieden bei einzelnen Arzneimitteln andererseits ist naturgemäß fließend und lässt sich nicht immer trennscharf ziehen. Als Abgrenzungskriterium ist nach Abs. 6 eine **Schwerpunktbetrachtung** („im Vordergrund stehend") vorzunehmen. Hierdurch wird klargestellt, dass Veranstaltungen mit wissenschaftlichem und sachlich-informierendem Charakter nicht allein deshalb als unzulässig angesehen werden können, weil nach der bislang geltenden Rechtsprechung Unternehmen im Rahmen informativer produktbezogener Aussagen grundsätzlich (auch) die Verfolgung von Interessen der Absatzförderung zu unterstellen ist. Somit kommt es – ebenso wie bei der Abgrenzung zwischen einer (nicht den Vorschriften des Heilmittelwerbegesetzes unterfallenden) Imagewerbung einerseits und einer produktspezifischen Absatzwerbung andererseits – darauf an, ob nach dem Gesamterscheinungsbild die objektive Informationsvermittlung oder aber die werbliche Anpreisung bestimmter oder zumindest individualisierbarer Arzneimittel bezweckt wird.[124]

§ 7 Trennung

(1) Die Mitgliedsunternehmen dürfen keine Organisationen der Patientenselbsthilfe gründen. Vertreter oder Mitarbeiter von Mitgliedsunternehmen dürfen keine Funktionen in Organisationen der Patientenselbsthilfe (insbesondere deren Organe) ausüben, es sei denn, es handelt sich um wissenschaftliche Beiräte dieser Organisationen. Die Mitgliedschaft von Mitarbeitern der Mitgliedsunternehmen in Organisationen der Patientenselbsthilfe bleibt hiervon unberührt. Fördermitgliedschaften von Mitgliedsunternehmen in Organisationen der Patientenselbsthilfe ohne Stimmrechte in deren Mitgliedsversammlungen sind zulässig.

(2) Die Mitgliedsunternehmen haben bei der Zusammenarbeit mit Organisationen der Patientenselbsthilfe auf eine eindeutige Trennung zwischen Informationen oder Empfehlungen dieser Organisation einerseits und Informationen des Unternehmens andererseits zu achten.

(3) Sofern Mitarbeiter von Mitgliedsunternehmen in Organisationen der Patientenselbsthilfe tätig werden oder diese beraten, haben diese Mitarbeiter in besonderem Maße auf mögliche Interessenkonflikte zwischen den Mitgliedsunternehmen und den Organisationen zu achten und diese zu vermeiden.

Leitlinie

gemäß § 5 zur Auslegung von § 7 Abs. 3
(Stand: 18. Juli 2012)

Mitgliedsunternehmen sollen alles vermeiden, was im Zusammenhang mit der Tätigkeit ihrer Mitarbeiter in oder für Organisationen der Patientenselbsthilfe zu Interessenkonflik-

---

[124] Vgl. hierzu BGH NJW 1992, 2964 – Pharma-Werbespot; NJW 1995, 1617 – Pharma-Hörfunkwerbung, so auch *Tillmanns* PharmR 2010, 382 (383); OLG Bamberg GRUR-RR 2014, 89 (90).

ten zwischen den Mitgliedsunternehmen und den Organisationen führen kann. Insbesondere dürfen Mitgliedsunternehmen ihren Mitarbeitern keine Aufträge oder Weisungen erteilen, die zu solchen Interessenkonflikten führen können.

Übersicht

I. Vorbemerkung

Die Regelung des § 7 findet im **EFPIA-Kodex keine ausdrückliche Entsprechung.** 117
Jedoch gehört auch nach dem EFPIA-Kodex die Unabhängigkeit zu den Grundprinzipien der Zusammenarbeit. Da der EFPIA-Kodex nur Mindestanforderungen statuiert, konnte der FSA eine weitergehende Konkretisierung des Unabhängigkeitsprinzips vornehmen. Dies ist im § 7 durch die Einführung des **Trennungsprinzips** geschehen. Strukturell handelt es sich bei dem Trennungsprinzip um eine Grundsatznorm, die der näheren Ausfüllung durch spezielle Regelungen (insbesondere in den §§ 6, 8 und 9) bedarf. Aufgrund des generalklauselartigen Charakters des Trennungsprinzips handelt es sich darüber hinaus aber auch um eine **Auffangnorm,** die geeignet ist, etwaige Schutzlücken zu schließen.

II. Keine Verflechtung zwischen Mitgliedsunternehmen und Patientenselbsthilfeorganisationen (Abs. 1)

Eine Verflechtung zwischen Mitgliedsunternehmen und Organisationen der Patienten- 118
selbsthilfe widerspricht dem **Trennungsprinzip** und ist grundsätzlich unzulässig. Mitgliedsunternehmen dürfen daher Organisationen der Patientenselbsthilfe nicht gründen. Dieses Verbot darf auch nicht durch die Einschaltung von Drittgesellschaften (etwa Managementgesellschaften) umgangen werden, an denen die Mitgliedsunternehmen beteiligt sind.

Von dem **Gründungsverbot** zu unterscheiden ist die Frage der Funktionsbesetzung. 119
Auch insoweit besteht für Vertreter oder Mitarbeiter von Mitgliedsunternehmen ein **Funktionsausübungsverbot.** Davon ist allerdings die Mitwirkung in wissenschaftlichen Beiräten der Organisation ausgenommen. Hierdurch soll der besondere Sachverstand, der bei den Pharmaunternehmen verfügbar ist, für die Zusammenarbeit fruchtbar gemacht werden, wie es dem Geiste und Sinn und Zweck der Zusammenarbeit zwischen Organisationen der Patientenselbsthilfe einerseits und Unternehmen der Pharmaindustrie andererseits entspricht. Ein pauschales Verbot der Mitwirkung in wissenschaftlichen Beiräten durch Pharmaunternehmen erscheint deshalb wenig zweckmäßig und in der Sache nicht angemessen. Denn insoweit entspricht es gerade dem Grundsatz der Unabhängigkeit und Autonomie von Patientenselbsthilfeorganisationen, dass diese selbst darüber entscheiden können, wen sie aus welchen Gründen für welche Aufgabe in einen wissenschaftlichen Beirat berufen. Da eine Mitwirkung insoweit stets einen freiwilligen „Bestellungsakt" seitens der Patientenselbsthilfeorganisationen voraussetzt, besteht insoweit auch keine Gefahr der „unfreiwilligen Unterwanderung". Auch in seiner Eigenschaft als Mitglied eines wissenschaftlichen Beirats bleibt ein Vertreter eines Mitgliedsunternehmens dabei vollumfänglich den Bindungen des FSA-Kodex Patientenorganisationen unterworfen. Nach dem Transparenzprinzip ist er deshalb auch gehalten, vor seiner Berufung in den Beirat seine Unternehmenszugehörigkeit offenzulegen.

120 Nach Abs. 1 S. 2 bleibt die **Mitgliedschaft** von Mitarbeitern der Mitgliedsunternehmen von dem Funktionsausübungsverbot in Organisationen der Patientenselbsthilfe unberührt. So würde es einen unverhältnismäßigen und sachlich nicht zu rechtfertigenden Eingriff darstellen, einem von einer Krankheit betroffenen Patienten oder Angehörigen die Mitgliedschaft in einer Organisation der Patientenselbsthilfe allein deshalb zu verwehren, weil dieser Mitarbeiter eines Mitgliedsunternehmens ist. Allerdings sind dann besonders strenge Maßstäbe an die Wahrung der durch § 6 geschützten Neutralität und Unabhängigkeit zu stellen. Dies wird durch § 7 Abs. 3 (klarstellend) hervorgehoben.

121 Nach Abs. 1 S. 3 ist eine **Fördermitgliedschaft** von Mitgliedsunternehmen zulässig, soweit mit dieser **kein Stimmrecht** in der Mitgliederversammlung verbunden ist. Hierdurch wird sichergestellt, dass es den Mitgliedsunternehmen nicht möglich ist, sich in eine Patientenselbsthilfeorganisation „einzukaufen" und hierdurch einen institutionell-beherrschenden Einfluss auf diese zu gewinnen. Insoweit wird das Recht der Patientenselbsthilfeorganisation auf Autonomie und Selbstbestimmung durch eine Beschränkung des Kreises abstimmungsbefugter Mitglieder zusätzlich abgesichert. Eine solche Fördermitgliedschaft kann auch nachträglich im Wege eines Beitritts erfolgen.

III. Trennungsgrundsatz (Abs. 2)

122 Nach dem Trennungsprinzip müssen die Mitgliedsunternehmen bei der Zusammenarbeit mit Organisationen der Patientenselbsthilfe zudem auf eine eindeutige Trennung zwischen Informationen oder Empfehlungen dieser Organisation einerseits und Informationen des Unternehmens andererseits achten. Im Rahmen der Zusammenarbeit muss somit nach außen deutlich erkennbar sein, **welche Äußerung oder Maßnahme wem zuzuordnen** ist. Unzulässig ist es insbesondere, Informationen des Unternehmens als Informationen oder Empfehlungen der Patientenselbsthilfeorganisation auszugeben oder darzustellen. Hiervon unberührt bleibt die Möglichkeit der Mitgliedsunternehmen, im Rahmen der Zusammenarbeit Dritten gegenüber auf Informationen oder Empfehlungen der Patientenselbsthilfeorganisation wahrheitsgemäß hinzuweisen. Soweit bestimmte Inhalte von den Unternehmen und Patientenselbsthilfeorganisationen bewusst gemeinsam verantwortet werden sollen, verstößt eine entsprechende Darstellung ebenfalls nicht gegen den Trennungsgrundsatz (zu den Grenzen nach § 9 Abs. 5 vgl. aber auch → Rn. 130).

IV. Grundsätze der Mitwirkung (Abs. 3)

123 Mitarbeiter von Mitgliedsunternehmen, die als Patienten oder Angehörige zu der Zielgruppe von Organisationen der Patientenselbsthilfe gehören, haben ein legitimes persönliches Interesse daran, sich für diese zu engagieren (vgl. hierzu → Rn. 77). Umgekehrt ist es grundsätzlich auch ein berechtigtes Anliegen der Patientenselbsthilfeorganisationen, das Wissen von Mitarbeitern von Mitgliedsunternehmen für die eigene Arbeit fruchtbar zu machen. Soweit diese Interessen parallel verlaufen, ist dies von vornherein unbedenklich. Wenn sich jedoch das Interesse des Mitgliedsunternehmens und das Interesse der Organisationen der Patientenselbsthilfe überschneiden, sollten Mitarbeiter von Mitgliedsunternehmen sich der daraus resultierenden **Interessenkonflikte** bewusst werden und unter Berücksichtigung des Prinzips der Trennung und Unabhängigkeit die gebotenen Konsequenzen ziehen. Dies kann im Einzelfall dazu führen, dass ein aktives Engagement des Mitarbeiters in den Bereichen, in denen ein Interessenkonflikt unvermeidlich ist, zu unterbleiben hat. Eine Mitwirkung in anderen Bereichen, die nicht von dem Interessenskonflikt tangiert werden, bleibt hiervon unberührt. Dem Grundsatz der Transparenz entspricht es zudem, dass die Mitarbeiter gegenüber der Organisation der Patientenselbsthilfe ihre **Verbindung zu dem Mitgliedsunternehmen offenlegen.** Der in § 6 verbürgte Grundsatz der Neutralität und Unabhängigkeit gebietet es ferner, dass die Mitgliedsunternehmen strikt davon Abstand nehmen, diesem Mitarbeiter Aufträge oder gar Weisungen zu erteilen,

wie er unternehmensspezifische Interessen im Rahmen der Patientenselbsthilfeorganisationen zur Geltung bringen solle. Insgesamt erscheint dabei eine restriktive Auslegung geboten, so dass schon der (ernstzunehmende) Anschein eines bestehenden Interessenskonflikts vermieden werden sollte.

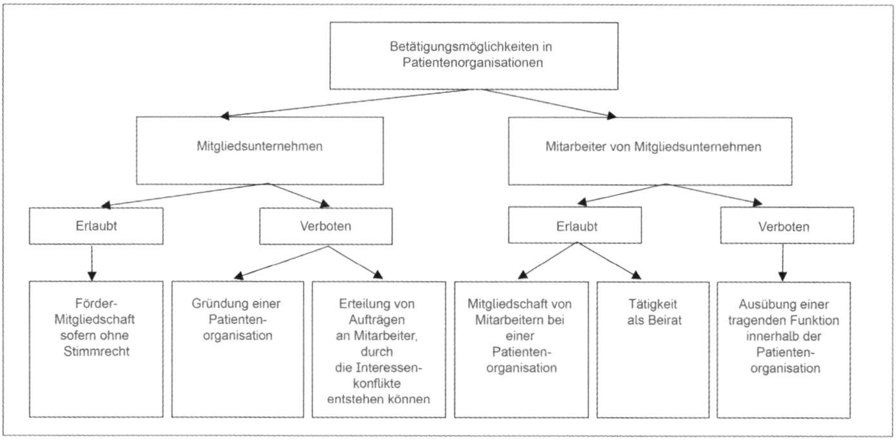

Abb. 23: Betätigungsmöglichkeiten von Unternehmen bei Patientenorganisationen

§ 8 Transparenz

(1) Die Zusammenarbeit der Mitgliedsunternehmen mit Organisationen der Patientenselbsthilfe sowie deren Förderung durch die Mitgliedsunternehmen haben transparent und offen zu erfolgen. Die Mitgliedsunternehmen sollen mit den Organisationen der Patientenselbsthilfe jeweils Einvernehmen über Art und Umfang der Außendarstellung der Zusammenarbeit und Förderung herstellen und dies schriftlich festhalten.

(2) Die Mitgliedsunternehmen müssen darauf hinwirken, dass Organisationen der Patientenselbsthilfe auf die Autorenschaft der Mitgliedsunternehmen hinweisen, sofern diese Organisationen in ihren Publikationen Veröffentlichungen oder sonstige Darstellungen der Mitgliedsunternehmen verwenden. Wenn Mitgliedsunternehmen Organisationen der Patientenselbsthilfe im Rahmen eines gemeinsamen Projekts unterstützen, ist auch dies nach außen deutlich zu machen.

Übersicht

I. Vorbemerkung

Absatz 1 beruht auf der **Einleitung** (Introduction) **zum damaligen EFPIA-Kodex Patientenorganisationen.** Abs. 2 ist eine über den heutigen EFPIA-Kodex hinausgehende **konkretisierende** Regelung, die aus dem **Transparenzgebot** auch eine **Hinwirkungspflicht** der Mitgliedsunternehmen auf Organisationen der Patientenselbsthilfe ableitet. **124**

Hinwirkungspflichten kennt die Rechtsordnung zum einen im Prozessrecht, um dort seitens des Gerichts den Beteiligten „den rechten Weg zu weisen"[125]. Im materiellen Recht **125**

[125] Vgl. hierzu *Greger* in Zöller, Zivilprozessordnung, Kommentar, § 139 Rn. 1unter Hinweis darauf, dass es sich nicht um einen bloßen Appell, sondern eine zwingende (Verfahrens-)Vorschrift handelt. Ebenso beschreiben *Baumbach/Lauterbach/Hartmann/Anders/Gehle,* Zivilprozessordnung, § 139 Rn. 1 den § 139 ZPO als „Kernstück der Mitverantwortung des Gerichts".

ergeben sich Hinwirkungspflichten mittelbar aus der in § 831 BGB statuierten Haftung für deliktische Handlungen von Verrichtungsgehilfen. Strukturell handelt es sich hierbei um eine **Haftung für eigenes Fehlverhalten** (fehlerhafte Auswahl/Überwachung), nicht aber um eine Zurechnungsnorm für fremdes Verschulden. Sowohl der FSA-Kodex Fachkreise (dort § 3 Abs. 2 und § 20 Abs. 5 S. 3) als auch der FSA-Kodex Patientenorganisationen (neben § 3 Abs. 2 und § 8 Abs. 2 auch § 15 Abs. 3) enthalten nunmehr entsprechende Hinwirkungspflichten der Mitgliedsunternehmen. Hierbei handelt es sich ebenfalls nicht um eine Zurechnungsnorm für fremdes Verschulden. Den Mitgliedsunternehmen wird vielmehr eine eigene Verpflichtung auferlegt, für deren Erfüllung sie selbst verantwortlich sind. Diese Hinwirkungspflichten lösen somit zwar die Notwendigkeit für ein zielgerichtetes Tätigwerden aus, statuieren jedoch **keine Erfolgs- oder Gefährdungshaftung.** Wie weit der Pflichtenkreis des Unternehmens im Rahmen einer Hinwirkungspflicht reicht, ist im konkreten Einzelfall festzustellen. Nach einer Entscheidung des Spruchkörpers 2. Instanz muss ein Unternehmen beispielsweise alle gebotenen, ihm zumutbaren Maßnahmen ergreifen, damit das Transparenzgebot des FSA-Kodex Patientenorganisationen eingehalten wird. Hierfür soll ein nachträglicher mündlicher Hinweis nicht ausreichen, sondern eine Regelung im Vertrag oder ein gesonderter schriftlicher Hinweis erforderlich sein.[126] Ebenso wenig genügt die reine Korrespondenz über die Offenlegungspflichten, erforderlich ist vielmehr ein zielgerichteter schriftlicher Hinweis des Unternehmens, was zu welchem Zeitpunkt offenzulegen ist[127].

126 Nicht völlig eindeutig ist, ob sich die **Anforderungen an die Hinwirkungspflicht** materiell gewandelt haben. In einer Entscheidung des FSA-Spruchkörpers 1. Instanz aus dem Jahr 2012 zu der Frage des „Hinwirkens" gemäß § 20 Abs. 5 S. 3 FSA-Kodex Fachkreise heißt es noch deutlich, dass es **nicht notwendig** sei, dass das Unternehmen die Hinwirkungspflicht in die **vertragliche Vereinbarung** einbinden muss. Die rechtliche Verpflichtung des Veranstalters durch das Unternehmen oder die Verknüpfung mit der Zusage der finanziellen Unterstützung zur Erfüllung der Hinwirkungspflicht sei nicht gefordert, es genüge ein schriftlicher zielgerichteter einseitiger Hinweis.[128] Rund ein Jahr später entschied der FSA-Spruchkörper, dass das Hinwirken-Müssen zwar **nicht zwingend** eine **vertragliche Verpflichtung** voraussetze, sich eine solche aber aus Gründen der Nachverfolgung und des Nachweises empfehle. Zudem könne durch die vertragliche Einbindung explizit und mit konkreten Vorgaben auf Inhalt, Form, Art und Umfang der Offenlegung eingewirkt werden.[129].Diese Entscheidung hat zunächst für Verunsicherungen bei den Unternehmen gesorgt hinsichtlich der Frage, ob sie als Abkehr von der bisherigen Praxis des zielgerichteten einseitigen schriftlichen Hinweises zu verstehen sei. Dies dürfte jedoch zu verneinen sein. Zwar spricht sich der FSA Spruchkörper 1. Instanz in dieser Entscheidung klar für die Integration der Hinwirkungspflicht in der vertraglichen Vereinbarung aus, ohne dies jedoch zum zwingenden Kriterium zu erheben. Damit steht es den Unternehmen nach wie vor frei, wie bisher ihrer Hinwirkungspflicht nachzukommen. Sie müssen die **Art**

---

[126] Entscheidung zu § 20 Abs. 5 S. 3 FSA-Kodex Fachkreise idF v. 16.2.2004, FS II 4/05/2005.1–53, https://www.fsa-pharma.de/de/schiedstelle/berichterstattung/fachkreise/az-fs-ii-4–05-2005.1–53-2-instanz-20-abs-5-satz-3-hinwirkungspflicht-auf-nennung-als-sponsor/ (zul. abgerufen am 8.2.2021).

[127] Entscheidung zu § 20 Abs. 5 S. 3 FSA-Kodex Fachkreise idF v. 1.12.2011, FS I–2012.11–330-337, https://www.fsa-pharma.de/de/schiedstelle/berichterstattung/fachkreise/az-az-2012.11–330-337-1-instanz-20-abs-5-s-3-n.f-fsa-kodex-fachkreise-pflicht-auf-offenlegung-der-unterstutzung/ (zul. abgerufen am 8.2.2021).

[128] Entscheidung zu § 20 Abs. 5 S. 3 FSA-Kodex Fachkreise idF v. 20.11.2012, FS I–2012.11–330-337, https://www.fsa-pharma.de/de/schiedstelle/berichterstattung/fachkreise/az-az-2012.11–330-337-1-instanz-20-abs-5-s-3-n.f-fsa-kodex-fachkreise-pflicht-auf-offenlegung-der-unterstutzung/ (zul. abgerufen am 8.2.2021).

[129] Entscheidung zu § 20 Abs. 5 S. 3 FSA-Kodex idF v. 20.11.2012, FS I-2013.2–367-370/372–375, https://www.fsa-pharma.de/site/assets/files/119897/jahresbericht_2014.pdf, S. 36 ff. (zul. abgerufen am 8.2.2021).

des Hinwirkens dabei allerdings so gestalten, dass die Offenlegung mit hinreichender Wahrscheinlichkeit zu erwarten ist.[130] Es bedarf folglich des zielgerichteten schriftlichen Hinweises, was, wann und wie offenzulegen ist. Die Grenze der Verpflichtung ist dabei dort zu ziehen, wo ein Hinwirken nicht mehr als geboten oder zumutbar erscheint.[131]

Wirkt ein Unternehmen trotz einer ihm obliegenden Hinwirkungspflicht nicht oder **127** nicht hinreichend deutlich auf die Einhaltung des FSA-Kodex Patientenorganisationen hin, stellt dies eine Kodex-Verletzung dar, für die das Unternehmen selbst haftet. Erfolgt demgegenüber eine hinreichend deutliche und ernsthafte Hinwirkun und kommt es gleichwohl zu einem (einmaligen) Verstoß, löst dies noch keine Haftung des Mitgliedsunternehmens aus. Kommt es in der Folgezeit jedoch zu **fortgesetzten Verstößen,** kann dies wiederum eine Haftung des Unternehmens begründen, falls dieses untätig bleibt und nicht weiterhin (hinreichend deutlich und ernsthaft) auf die Einhaltung des FSA-Kodex Patientenorganisationen hinwirkt. Sofern das Unternehmen Kenntnis davon erlangt, dass ein Veranstalter bewusst eine Offenlegung der Unterstützung bei der Ankündigung unterlassen hat, muss es bei künftigen Verträgen dieser Art mit dem Veranstalter weitergehende Formen des Hinwirkens prüfen, sodass eine bloße eher unscheinbare Erwähnung im Vertrag nicht mehr ausreichend sein dürfte.[132] Andererseits kann sich ein Unternehmen auch auf eine bisherige erfolgreiche Zusammenarbeit mit einem erfahrenen und zuverlässigen Veranstalter verlassen, sodass ein erneuter schriftlicher Hinweis nicht geboten ist. Erhöhte Anforderungen mit dem Gebot des schriftlichen Hinweises greifen allerdings dann wieder, wenn der Eindruck der Zuverlässigkeit beeinträchtigt wurde.[133] Wenn eine Patientenselbsthilfeorganisation von vornherein die Einhaltung des FSA-Kodex Patientenorganisationen ablehnt, kann dieser Umstand einer Zusammenarbeit entgegenstehen, wenn absehbar ist, dass es sich nicht lediglich um einen formal-rhetorischen Vorbehalt handelt, sondern die Einhaltung der Prinzipien des FSA-Kodex Patientenorganisationen tatsächlich nicht gewährleistet ist.

Als **praktische Handlungsempfehlung** ist hieraus abzuleiten, dass im Rahmen beste- **128** hender Hinwirkungspflichten die Beachtung der Kodexprinzipien möglichst schriftlich verankert und Rügen/Sanktionsmechanismen (gegebenenfalls auch eine Kündigung) für den Fall der Missachtung vorgesehen werden sollten. Die allgemeine vertragliche Verpflichtung zur Einhaltung des FSA-Kodex Patientenorganisationen genügt allerdings nicht.[134] Zudem sollten Beanstandungen schriftlich erfolgen und dokumentiert werden. Im Ergebnis wird es einem Unternehmen im Rahmen seiner Hinwirkungspflichten mittel- bis langfristig nicht möglich sein, mit Organisationen der Patientenselbsthilfe zusammenzuarbeiten, die nicht gewillt sind, die Prinzipien des FSA-Kodex Patientenorganisationen zu beachten. In praktischer Hinsicht unterstreicht dieses Erfordernis aber zusätzlich die Notwendigkeit und Sinnhaftigkeit, die Regelungen des FSA-Kodex Patientenorganisationen und seine Ausle-

---

[130] Entscheidung zu § 20 Abs. 5 S. 3 FSA-Kodex idF v. 20.11.2012, FS I-2013.2–367-370/372–375, https://www.fsa-pharma.de/site/assets/files/119897/jahresbericht_2014.pdf, S. 36 ff. (zul. abgerufen am 8.2.2021).

[131] Entscheidung zu § 20 Abs. 5 S. 3 idF v. 20.11.2012, FS I 2012.11–330-337, https://www.fsa-pharma.de/de/schiedstelle/berichterstattung/fachkreise/az-az-2012.11–330-337-1-instanz-20-abs-5-s-3-n.f-fsa-kodex-fachkreise-pflicht-auf-offenlegung-der-unterstutzung/ (zul. abgerufen am 8.2.2021).

[132] Entscheidung zu § 20 Abs. 5 S. 3 FSA-Kodex Fachkreise idF v. 1.12.2011, FS I-2013.2–367-370/372–375, https://www.fsa-pharma.de/site/assets/files/119897/jahresbericht_2014.pdf, S. 36 ff. (zul. abgerufen am 8.2.2021).

[133] Entscheidung zu § 20 Abs. 5 S. 3 FSA-Kodex idF v. 18.1.2008, FS I 2008.10–245, https://www.fsa-pharma.de/de/schiedstelle/berichterstattung/fachkreise/az-az-2008.10–245-1-instanz-20-abs-4–20-abs-5-satz-3-fsa-kodex-fachkreise-finanzielle-unterstutzung-von-externen-f/ (zul. abgerufen am 8.2.2021).

[134] Entscheidung zu §§ 20 Abs. 5 S. 3 FSA-Kodex Fachkreise idF v. 27.11.2013, 22 Abs. 2 S. 2, 24 Abs. 3 S. 1 VerfO FSA-Kodex Fachkreise, FS II 1/14/2013.2–346; FS II 2/14/2013.2–349; FS II 3/14/2013.2–352.

gung eng mit den Organisationen der Patientenselbsthilfe abzustimmen, damit diese sich zu einer Einhaltung der dort verankerten Grundsätze auch ohne Weiteres bekennen können.

II. Transparenzgebot (Abs. 1)

129 Das in Abs. 1 S. 1 verankerte **Transparenzgebot** betrifft jegliche Form der Zusammenarbeit zwischen Organisationen der Patientenselbsthilfe und Mitgliedsunternehmen und ist eines der tragenden Elemente des FSA-Kodex Patientenorganisationen. Die Mitgliedsunternehmen sind gehalten, mit den Organisationen der Patientenselbsthilfe **Einvernehmen über Art und Umfang der Außendarstellung** der Zusammenarbeit herzustellen. Dies ist schriftlich festzuhalten. Hierdurch wird gewährleistet, dass die Außendarstellung nach klar definierten Regeln im Einvernehmen beider Seiten erfolgt. Da eine solche Festlegung nur einvernehmlich erfolgen kann, lässt sie sich nicht einseitig durch die Mitgliedsunternehmen erzwingen. Lässt sich jedoch ein Konsens über Art und Umfang der Außendarstellung der Zusammenarbeit und Förderung nicht herstellen, kann dies einer Zusammenarbeit grundsätzlich entgegenstehen (vgl. → Rn. 58), wenn die von Abs. 1 geforderte Transparenz nicht auf andere Weise adäquat gewährleistet werden kann.

III. Publikationen von Patientenselbsthilfeorganisationen (Abs. 2)

130 Dem Transparenzprinzip entspricht es, wenn bei der Verwendung von Veröffentlichungen oder sonstigen Darstellungen von Mitgliedsunternehmen auf deren **Autorenschaft hingewiesen** wird. Ebenfalls ist bei Projekten von Patientenorganisationen, welche durch Mitgliedsunternehmen unterstützt werden, diese Unterstützung nach außen kenntlich zu machen. Da die Unabhängigkeit der Öffentlichkeitsarbeit von Organisationen der Patientenselbsthilfe einem entsprechenden verbindlichen Weisungs- und Direktionsrecht der Mitgliedsunternehmen entgegensteht, sieht der FSA-Kodex Patientenorganisationen keine Erfolgshaftung, sondern lediglich eine **Hinwirkungspflicht** vor. Kommt das Mitgliedsunternehmen dieser Hinwirkungspflicht hinreichend nach, hat es eine etwaige Verletzung des Transparenzgebots durch die Organisation der Patientenselbsthilfe nicht zu verantworten (vgl. → Rn. 98 ff.). Bei gemeinsamen Projekten, bei denen die Mitgliedsunternehmen selbst nach außen in Erscheinung treten, sind diese für die Gewährleistung der Transparenz allerdings selbst verantwortlich. In dieser Konstellation geht das Transparenzgebot somit über eine bloße „Hinwirkungspflicht" hinaus.

§ 9 Empfehlungs- und Werbebeschränkungen

(1) Die Zusammenarbeit der Mitgliedsunternehmen mit Organisationen der Patientenselbsthilfe darf keine Empfehlungen für einzelne Verschreibungspflichtige Arzneimittel oder Arzneimittelgruppen zum Gegenstand haben. Das Auftreten von Vertretern der Mitgliedsunternehmen bei Organisationen der Patientenselbsthilfe darf nicht darauf abzielen, einen werblichen Bezug zu Verschreibungspflichtigen Arzneimitteln herzustellen.

(2) Die Mitgliedsunternehmen dürfen nur auf der Grundlage entsprechender schriftlicher Vereinbarungen mit Organisationen der Patientenselbsthilfe damit werben, dass sie diese durch Zuwendungen fördern. Hiervon unberührt bleibt die Verpflichtung der Mitgliedsunternehmen, mit Organisationen der Patientenselbsthilfe schriftlich zu vereinbaren, dass die von den Mitgliedsunternehmen getätigten Zuwendungen an die jeweilige Organisation der Patientenselbsthilfe einmal jährlich als Gesamtsumme seitens der Mitgliedsunternehmen offengelegt werden (§ 15 Abs. 1).

(3) Mitgliedsunternehmen dürfen mit Organisationen der Patientenselbsthilfe vereinbaren, dass diese Organisationen in ihrer Eigenwerbung (einschließlich der jeweiligen Homepage/Website solcher Organisationen) auf die Unterstützung durch das Mitgliedsunternehmen hinweisen. Hierbei sind Umfang sowie Art und Weise der jeweiligen Hinweise in einer schriftlichen Vereinbarung festzuhalten.

(4) In Publikationen von Organisationen der Patientenselbsthilfe, die mit Unterstützung durch ein Mitgliedsunternehmen entstanden sind, muss auf diese Unterstützung hingewiesen werden. Dabei dürfen auch das Logo oder der Schriftzug des Unternehmens verwendet werden.

(5) Die Mitgliedsunternehmen dürfen in ihren Internetauftritten eine Verlinkung zu der jeweiligen Homepage/Website von Organisationen der Patientenselbsthilfe nur mit Zustimmung dieser Organisationen vornehmen. Eine Verlinkung zum Download-Bereich dieser Organisationen ist nur auf Grund einer schriftlichen Vereinbarung zulässig, sofern hierdurch für diese Organisationen Kosten entstehen. Bei Sponsoring-Vereinbarungen ist die Schaltung aktiver Links von Internetauftritten dieser Organisationen auf Internetseiten der Mitgliedsunternehmen unzulässig. Gemeinsam betriebene Internetseiten sind ebenfalls unzulässig.

(6) Die Einräumung von Werberechten im Sinne von Abs. 2 bis 5 durch Organisationen der Patientenselbsthilfe darf von den Mitgliedsunternehmen weder unmittelbar noch mittelbar zur Bewerbung von Produkten oder Produktgruppen verwendet werden.

Übersicht

I. Vorbemerkung

Die Regelung des § 9 FSA-Kodex Patientenorganisationen basiert auf dem auch vom EFPIA-Kodex (Art. 21 Sec. 21.02) anerkannten **Grundsatz des Werbeverbots für verschreibungspflichtige Arzneimittel** gegenüber Organisationen der Patientenselbsthilfe. § 9 FSA-Kodex Patientenorganisationen enthält allerdings wesentlich weitergehende Konkretisierungen, die so im EFPIA-Kodex keine Entsprechung haben. Im Rahmen der Kodexrevision vom 14.11.2019 wurde lediglich eine kleine Umstrukturierung vorgenommen: Der ehemalige Abs. 2, der den Besonderheiten des HWG Rechnung trägt, wurde in Abs. 1 aufgenommen. 131

II. Empfehlungen (Abs. 1 S. 1)

Die Zusammenarbeit muss stets darauf gerichtet sein, Ziele, die mit den **Interessen der Organisationen der Patientenselbsthilfe vereinbar sind,** zu fördern und zu verwirklichen. Dies schließt einseitig von Mitgliedsunternehmen definierte Ziele aus, deren Förderung den Interessen der Patientenselbsthilfeorganisationen entgegenläuft. Die Zusammenarbeit mit Patientenorganisationen darf insbesondere **nicht** darauf gerichtet sein, **einseitige Empfehlungen** für einzelne verschreibungspflichtige Arzneimittel oder Arzneimittelgruppen abzugeben. Allerdings gehört es durchaus zu den Aufgaben von Patientenorganisationen, Therapien und Medikamente, mit denen gute Erfahrungen gemacht wurden, gegenüber ihren Mitgliedern und anderen Dritten weiterzuempfehlen, wie auch umgekehrt auf Therapien und Medikamente hinzuweisen, mit denen schlechte Erfahrungen gemacht 132 worden sind.[135] Die hierauf bezogene **„Kommunikationshoheit"** muss ausschließlich bei den Organisationen der Patientenselbsthilfe liegen und darf nicht durch die Mitgliedsunternehmen fremdbestimmt werden. Deren Mitwirkung muss sich vielmehr darauf beschränken, unter Hintanstellung kommerzieller Eigeninteressen die Organisationen der Patientenselbsthilfe mit objektiv zutreffenden, vollständigen und ausgewogenen Informationen zu versorgen.

III. Auftreten von Vertretern der Mitgliedsunternehmen (Abs. 1 S. 2)

133 Auch die Vertreter der Mitgliedsunternehmen selbst unterliegen dem Verbot, die Zusammenarbeit für kommerzielle Zwecke des Mitgliedsunternehmens zu missbrauchen. Ihre Aktivitäten dürfen daher nicht darauf abzielen, einen **werblichen Bezug** zu verschreibungspflichtigen Arzneimitteln herzustellen. Die Bezugnahme auf verschreibungspflichtige Arzneimittel ist somit nicht per se verboten, sondern nur dann, wenn dies in werblicher Form geschieht. Die **Abgrenzung** kann insoweit **nur im Einzelfall** erfolgen und ist aus der Perspektive eines objektiven und neutralen Betrachters vorzunehmen. Steht das Bemühen um eine neutrale, sachliche und vollständige Unterrichtung der Patienten über verschiedene Behandlungsmethoden im Vordergrund, wird im Regelfall eine „werbliche" Bezugnahme zu verneinen sein. Das Verbot greift dem Wortlaut nach unabhängig davon ein, ob es sich um ein verschreibungspflichtiges Arzneimittel des Mitgliedsunternehmens, des Vertreters selbst oder um ein Arzneimittel eines anderen Unternehmens handelt. Allerdings wird man bei einer Bezugnahme auf verschreibungspflichtige Arzneimittel anderer Unternehmen (erst Recht) nicht ohne weiteres davon ausgehen können, dass eine solche mit „werblicher Absicht" erfolgt, es sei denn, dass es sich um eine betont kritische oder negative Darstellung handelt.

134 Die Abgrenzung zwischen einer erlaubten objektiv zutreffenden Produktinformation ohne werbliche Absicht einerseits und einer unzulässigen produktspezifischen Absatzwerbung gegenüber dem Laienpublikum andererseits hat die Rechtsprechung wiederholt beschäftigt, ohne dass eine völlig überzeugende Abgrenzungsformel gefunden worden wäre.[136] Trotz aller Schwierigkeiten kann jedoch dem Abgrenzungserfordernis zum Werbebegriff nicht ausgewichen werden, da die Rechtsordnung „schrankenlose Rechtsbegriffe" nicht kennt (sog. Verschleifungs- und Entgrenzungsverbot). Auch der EuGH hat in seiner Rechtsprechung die in der Richtlinie 2001/83/EG angelegte Unterscheidung zwischen Werbung und Information anerkannt und in seiner Entscheidung vom 2.4.2009 klargestellt, dass für die Abgrenzung **nicht (allein)** auf die **Quelle der Angabe** (Unternehmen oder unabhängiger Dritter) abgestellt werden dürfe, sondern es maßgeblich auf den Inhalt und die Art der Darstellung ankomme.[137] Im Rahmen der einzelfallbezogenen Abgrenzung bietet es sich an, ua auf die Kriterien zurückzugreifen, die die EU-Kommission im Rahmen des sogenannten **EG-Pharmapakets**[138] in der vorgeschlagenen (politisch umstrittenen) Neuregelung zu Art. 100b Richtlinie 2001/83/EG statuiert hat, um den Kreis der zulässigen Angaben zu verschreibungspflichtigen Arzneimitteln zu bestimmen. Hierunter fallen

[135] So ausdrücklich auch die Stellungnahme des Arbeitskreises niedersächsischer Kontakt- und Beratungsstellen im Selbsthilfebereich, abrufbar unter www.nakos.de (zul. abgerufen am 8.2.2021).

[136] Vgl. BGH GRUR 1991, 860 (861) – Katovit; GRUR 1998, 959 (960) – Neurotrat Forte; zum Ganzen näher *Doepner/Reese* GRUR 1998, 761 ff.; *Gröning* WRP 1994, 355 ff.; *Weihe-Gröning* WRP 1997, 409 ff., sowie die Darstellung einschlägiger Rechtsprechung bei *Tillmanns* PharmR 2010, 382 (383 ff.).

[137] EuGH 2.4.2009 – C-421/07, – Vestre Landsret – Dänemark.

[138] Proposal for a directive amending, as regards information to the general public on medicinal products subject to medical prediction, Directive 2001/83/EC on the community code relating to medicinal product for human use, Brussels, 10. December 2008, CON (2008) 663.

– die behördlich genehmigten Angaben der Packungsbeilage, der Kennzeichnung und der Fachinformation sowie die allgemein öffentlich zugängliche Fassung des Beurteilungsberichts („Assessment Report") durch die Zulassungsbehörden,
– inhaltlich deckungsgleiche, aber sprachlich modifizierte Informationen zu der Packungsbeilage, der Fachinformation, der Kennzeichnung sowie dem Beurteilungsbericht,
– Informationen zur Umweltverträglichkeit des Arzneimittels, Preisen und sachbezogenen Angaben und Begleitmaterial (beispielsweise zu Kennzeichnungsänderungen oder Hinweisen zu Nebenwirkungen und Gegenanzeigen),
– produktbezogene Angaben über nichtinterventionelle Studien oder begleitende Maßnahmen zur Prävention und Behandlung.

Die Darstellung dieser zulässigen Informationen muss dabei objektiv und ausgewogen erfolgen. Diese dürfen zudem nicht in Widerspruch zu den behördlich genehmigten Texten stehen und müssen durch eine hinreichende medizinische Evidenz abgesichert sein.

IV. Lautere Werbung mit Unterstützungsleistungen von Patientenorganisationen seitens der Mitgliedsunternehmen (Abs. 2)

Die Werbung von Mitgliedsunternehmen mit der Tatsache, dass sie Patientenorganisationen unterstützen, ist nicht per se unzulässig. Der FSA-Kodex Patientenorganisationen erlaubt eine solche Werbung, soweit hierüber eine schriftliche Vereinbarung mit Organisationen der Patientenselbsthilfe getroffen worden ist. Das **Dokumentations- und Schriftlichkeitsprinzip** verlangt, dass eine schriftliche Vereinbarung darüber getroffen wird, ob und in welcher Form eine werbliche Bezugnahme auf die Förderung durch die Mitgliedsunternehmen erfolgen darf. Diese Verpflichtung gilt unabhängig von der weiteren Verpflichtung der Mitgliedsunternehmen, die Öffentlichkeit über die jährlich gewährten Fördersummen zu unterrichten. Diese nach dem FSA-Kodex Patientenorganisationen zwingende Unterrichtung der Öffentlichkeit stellt daher keine Werbung dar, für die eine schriftliche Vereinbarung nach Abs. 2 geschlossen werden müsste. Die in bloßer Erfüllung einer bestehenden Verpflichtung erfolgende Unterrichtung der Öffentlichkeit stellt auch keine kommunikative Gegenleistung der Organisationen der Patientenselbsthilfe dar, die aus einer ansonsten einseitigen Zuwendung ein Sponsoringverhältnis werden lassen würde (vgl. auch → Rn. 84). 135

V. Lautere Werbung mit Mitgliedsunternehmen seitens der Patientenorganisationen (Abs. 3)

Absatz 3 erlaubt es Patientenselbsthilfeorganisationen, in ihrer Außendarstellung auf die Unterstützung durch Mitgliedsunternehmen hinzuweisen. Die Entscheidung, ob eine solche Darstellung erfolgt, liegt zwar grundsätzlich bei den Organisationen der Patientenselbsthilfe. Dem **Transparenzprinzip** entspricht es jedoch, eine solche **Förderung offenzulegen.** Nach § 15 Abs. 3 sind die Mitgliedsunternehmen deshalb gehalten, darauf **hinzuwirken,** dass die Patientenselbsthilfeorganisationen die Unterstützung von Beginn an nach außen offenlegen (zu dem Charakter von Hinwirkungspflichten vgl. näher → Rn. 98 ff.). § 8 Abs. 1 sieht dabei vor, dass das Einvernehmen über Art und Umfang der Außendarstellung der Zusammenarbeit und Förderung schriftlich festzuhalten ist. 136

VI. Hinweis auf Unterstützung seitens der Patientenorganisationen bei Veröffentlichungen (Abs. 4)

Sind Publikationen von Organisationen der Patientenselbsthilfe mit Unterstützung durch ein Mitgliedsunternehmen entstanden, so verlangt das Transparenzprinzip, dass auch diese **Unterstützung offengelegt** wird. Die Art und Weise der Offenlegung wird vom FSA- 137

Kodex Patientenorganisationen nicht genau geregelt; als zulässiges Mittel wird aber die Verwendung des Logos oder des Schriftzuges des Unternehmens angesehen. Ein Verstoß gegen die Regelungen zu Empfehlungs- und Werbebeschränkungen ist hierin nicht zu sehen. Die Gestattung der Verwendung des **Logos** oder des **Schriftzugs des Unternehmens** in Abs. 4 bedeutet in diesem Zusammenhang lediglich, dass hierin kein Verstoß gegen den FSA-Kodex Patientenorganisationen zu sehen ist. Ob eine solche Verwendung durch die Organisationen der Patientenselbsthilfe seitens der Mitgliedsunternehmen erlaubt werden soll, ist von diesen autonom im jeweiligen Innenverhältnis zu regeln. Eine hierfür erforderliche lizenzrechtliche Gestattung wird somit nicht bereits durch Abs. 4 ersetzt.

VII. Verlinkung (Abs. 5)

138 Bei einer Zusammenarbeit zwischen Mitgliedsunternehmen und Organisationen der Patientenselbsthilfe stellt sich die Frage, ob und inwieweit im Rahmen des Internetauftritts eine Verbindung hergestellt werden darf. Abs. 5 trifft insoweit eine **differenzierende Regelung.** Grundsätzlich dürfen Mitgliedsunternehmen eine Verlinkung zu der Homepage/Website von Organisationen der Patientenselbsthilfe nur mit deren Zustimmung vornehmen. Die Zustimmung bedarf nicht der Schriftlichkeit, sondern kann auch formlos, also beispielsweise mündlich erteilt werden. Allerdings gilt diese Formlosigkeit nicht für die Verlinkung zum Download-Bereich von Organisationen der Patientenselbsthilfe, sofern aus der Verlinkung für die Organisationen Kosten entstehen. In diesen Fällen bedarf es einer schriftlichen Vereinbarung. Das Zustimmungserfordernis ist hierbei umfassend auszulegen und gilt sowohl für den **Surface-Link** als auch für den **Deep-Link.** Ein Surface-Link ist eine Vernetzung einer Website mit einer anderen, fremden Website, wobei die Verknüpfung mit der Homepage, also der Startseite der fremden Seite hergestellt wird. Unter einem Deep-Link ist die Herstellung einer Verbindung zu einer anderen Website zu verstehen, welche nicht zu der Homepage der Website führt, sondern zu darunter liegenden Seiten.[139]

139 Unabhängig vom Vorliegen eines (schriftlichen) Einverständnisses werden der Verlinkung durch den FSA-Kodex Patientenorganisationen weitere Grenzen gesetzt. Bei Sponsoring-Vereinbarungen ist die **Schaltung aktiver Links** von Internetauftritten dieser Organisationen auf Internetseiten der Mitgliedsunternehmen **unzulässig.** Ebenfalls **unzulässig** sind **gemeinsam betriebene Internetseiten.** Eine gemeinsam betriebene Internetseite liegt vor, wenn es sich bei den dort hinterlegten Angaben nach außen erkennbar um einen von den Patientenselbsthilfeorganisationen und den Mitgliedsunternehmen gemeinsam verfassten und verantworteten Inhalt handelt. Eine finanzielle Unterstützung des Internetauftritts von Patientenselbsthilfeorganisationen als solche führt noch nicht zur Annahme einer gemeinsam betriebenen Internetseite. Eine solche Unterstützung ist vielmehr nach den allgemeinen Regelungen des Kodex zu beurteilen. Gleiches gilt für die Entwicklung und Zurverfügungstellung von Internetseiten im Wege des Sachsponsoring. Entscheidend ist, ob im Außenverhältnis der Internet-Auftritt nur der Organisation der Patientenselbsthilfe oder auch einem Dritt-Unternehmen zugeordnet wird. Bei der Gestaltung der Internetseiten ist zudem das Verbot unsachlicher und redaktioneller Einflussnahmen nach § 14 zu beachten. Eine Beispiel-Homepage für Selbsthilfeorganisationen stellt die NAKOS über ihre Internetseite zur Verfügung.[140]

VIII. Grenzen der Unterstützung (Abs. 6)

140 Absatz 6 bestimmt, dass die – nach den Absätzen 2–5 zulässige – Einräumung von Werberechten **nicht** dazu führen darf, dass diese **unmittelbar oder mittelbar zur Bewer-**

[139] Vgl. *Bornkamm/Feddersen* in Köhler/Bornkamm/Feddersen UWG § 5 Rn. 2.149.

[140] Als Ergebnis des Projektes „Selbsthilfe in der digitalen Welt", 2017: https://www.nakos.de/beispiel-homepage/ (zul. abgerufen am 8.2.2021).

bung von Produkten oder Produktgruppen durch die Mitgliedsunternehmen verwendet werden. Die Grenze zur unzulässigen Bewerbung von Produkten oder Produktgruppen ist im Einzelfall – unter Berücksichtigung des Unabhängigkeits- und Neutralitätsgrundsatzes – zu ziehen. Unzulässig wäre es, wenn aus der Perspektive eines objektiven und neutralen Betrachters der Eindruck entstünde, dass Produkte oder Produktgruppen des Mitgliedsunternehmens durch die Organisation der Patientenselbsthilfe empfohlen oder beworben werden würden. Erlaubt sind demgegenüber sachlich zutreffende Hinweise auf die Unterstützung von Organisationen der Patientenselbsthilfe durch die Mitgliedsunternehmen. Dies kann auch im Rahmen einer produktbezogenen Darstellung durch das Mitgliedsunternehmen erfolgen, solange nicht hierdurch oder aus dem Gesamtkontext der Eindruck erweckt wird, es liege eine Empfehlung einer Organisation der Patientenselbsthilfe für eine Verwendung dieses Arzneimittels vor.

3. Abschnitt: Besondere Pflichten bei der Zusammenarbeit mit Organisationen der Patientenselbsthilfe

Im **dritten Abschnitt** des FSA-Kodex Patientenorganisationen werden die **Kernbestimmungen** zusammengefasst, durch die die Vorgaben des EFPIA-Kodex umgesetzt werden sollen. Sie weisen im Vergleich zu den Regelungen des zweiten Abschnitts einen **höheren Grad an Konkretheit und Bestimmtheit** auf. Unvermeidliche Unschärfen und Unsicherheiten, die sich aus der Verwendung unbestimmter Rechtsbegriffe ergeben, sind dabei zum einen durch Leitlinien des FSA-Vorstands, zum anderen durch die Spruchpraxis einzugrenzen. Vor diesem Hintergrund ist es konsequent, wenn § 2 Abs. 1 Nr. 2 der FSA-Verfahrensordnung vorsieht, dass (nur) Verstöße gegen die Vorschriften dieses dritten Abschnitts (§§ 10–17a) von den Spruchkörpern verfolgt und sanktioniert werden können. 141

§ 10 Beachtung von Werbebeschränkungen

Die Mitgliedsunternehmen müssen die jeweils geltenden allgemeinen wettbewerbsrechtlichen und heilmittelwerberechtlichen Beschränkungen für die Bewerbung von Verschreibungspflichtigen Arzneimitteln (insbesondere § 10 HWG) beachten.

Übersicht

I. Vorbemerkung

Die Regelung des § 10 FSA-Kodex Patientenorganisationen spiegelt **Art. 21 Sec. 21.02 EFPIA-Kodex** wider und betont die – ohnehin bestehende – Verpflichtung der Mitgliedsunternehmen zur Einhaltung der wettbewerbsrechtlichen und heilmittelwerberechtlichen Regelungen, dies insbesondere in Bezug auf das **Publikumswerbeverbot für verschreibungspflichtige Arzneimittel (§ 10 HWG).** Kommt es im Rahmen der Zusammenarbeit zu einer Verletzung von § 10 HWG, stellt dies zugleich einen Verstoß gegen § 10 FSA-Kodex Patientenorganisationen dar. 142

II. Werbebeschränkungen

Entscheidend kommt es darauf an, ob aus der Perspektive eines objektiven und neutralen Betrachters das Bemühen erkennbar wird, die teilnehmenden Patienten möglichst gut, um- 143 fassend und neutral zu informieren. Dies bedeutet keineswegs, dass alle Behandlungsmöglichkeiten stets als völlig gleichwertig dargestellt werden müssten, obwohl für die betroffenen Patienten durchaus klinisch relevante Unterschiede bestehen. So ist es nicht per se unzulässig, bestehende **Therapieunterschiede** wahrheitsgemäß und vollständig offenzulegen. Dabei dürfen aber relevante **Gegenauffassungen nicht verschwiegen** werden. In der Wissenschaft umstrittene Sachverhalte müssen zudem als solche dargelegt und kenntlich gemacht werden. Nicht zulässig ist es, ungesicherte Angaben als wissenschaftlich gesicherte Erkenntnis darzustellen.

144 Die **Abgrenzung** der unzulässigen produktspezifischen Absatzwerbung von der zulässigen Übermittlung von objektiven, neutralen und sachlich zutreffenden Informationen kann nur im **Einzelfall** erfolgen. Soweit in der älteren Rechtsprechung der Wettbewerbsgerichte bei produktbezogenen Angaben durch Unternehmen regelmäßig eine wettbewerbsbezogene Absicht der Absatzförderung angenommen worden ist,[141] kann dies nicht unbesehen auf die Zusammenarbeit mit Organisationen der Patientenselbsthilfe übertragen werden. Denn gerade der Austausch über einzelne Produkte und die hiermit gemachten Therapieerfahrungen stellen einen Kernbereich der gemeinsamen Zusammenarbeit dar. Ein solcher Dialog ist nur dann sinnvoll und zielführend, wenn auch beide Seiten dazu inhaltlich beitragen (können). Hieraus ergibt sich die Notwendigkeit einer einzelfallbezogenen Differenzierung, die sich an den Grundsätzen und Zielen des FSA-Kodex Patientenorganisationen zu orientieren hat.

145 Dabei bietet es sich auch hier an, als Ausgangspunkt ua auf die **Kriterien** zurückzugreifen, die die EU-Kommission im Rahmen des **EG-Pharmapakets** zur Abgrenzung des Kreises der zulässigen Informationen über verschreibungspflichtige Arzneimittel formuliert hat (vgl. hierzu → Rn. 134). In sachlicher Hinsicht müssen sich somit die Angaben auf Informationen beschränken, die in Übereinstimmung mit den behördlich genehmigten Texten der Fachinformation, der Fach- und Packungsbeilage, der Kennzeichnung sowie dem öffentlich zugänglichen Beurteilungsbericht der Zulassungsbehörden stehen. Die Darstellung hat zudem der äußeren Form nach ausgewogen, objektiv und neutral zu erfolgen. Demgegenüber liegt eine unzulässige produktspezifische Absatzwerbung vor, wenn die Mitgliedsunternehmen im Rahmen der Zusammenarbeit ihre Produkte werblich in den Vordergrund stellen oder in sonstiger Weise deren Absatz einseitig zu fördern versuchen. Für die Beurteilung, ob ein Verhalten als Werbung anzusehen ist, kommt es dabei nicht auf den subjektiven Willen des Werbenden an. Vielmehr erfolgt die Beurteilung, ob das Verhalten des Werbenden geeignet ist, die Entscheidung des Adressaten zu beeinflussen, anhand einer objektiven Betrachtung aller Umstände des Einzelfalls.

III. Spruchpraxis des FSA

146 Zu § 10 FSA-Kodex Patientenorganisationen ergingen in der Vergangenheit die meisten[142] **Entscheidungen der Schiedsstelle.**[143]

147 Bereits das reine **Bereithalten eines Kartons mit** dem **Werbeaufdruck** für ein verschreibungspflichtiges Arzneimittel für einen Arzt auf einer Veranstaltung einer Patientenorganisation begründet einen Verstoß gegen § 10 FSA-Kodex Patientenorganisationen iVm § 10 Abs. 1 HWG.[144]

148 Wenn auch **Laien Zutritt** zu einer Veranstaltung haben, sind Angebot und Abgabe von Material zu verschreibungspflichtigen Arzneimitteln unzulässig.[145]

---

[141] Vgl. hierzu BGH NJW 1992, 2964.

[142] Vier von insgesamt sechs.

[143] Alle Entscheidungen sind abrufbar unter: https://www.fsa-pharma.de/de/schiedstelle/berichterstattung/patientenorganisationen (zul. abgerufen am 8.2.2021).

[144] Entscheidung zu § 10 FSA-Kodex Patientenorganisationen idF v. 13.6.2008 iVm § 10 Abs. 1 HWG, FS II 2/10/2010.6–289.

[145] Entscheidung zu § 10 FSA-Kodex Patientenorganisationen idF v. 1.12.2011 iVm § 10 Abs. 1 HWG, FS I 2014.12–455/456, https://www.fsa-pharma.de/de/schiedstelle/berichterstattung/patien

Auch wenn das Unternehmen das **Material zu verschreibungspflichtigen Arzneimitteln** während der Veranstaltung nur **teilweise entfernt,** bleibt der Kodex-Verstoß bestehen.[146] **149**

In der Regel kann bei von Patientenorganisationen (mit-)veranstalteten Fortbildungen davon ausgegangen werden, dass auch Laien im Publikum sind.[147] **150**

Die **Kenntnis des Teilnehmerkreises** einer Vorjahresveranstaltung ist dem Unternehmen auch dann **zuzurechnen,** wenn der damals zuständige Mitarbeiter aktuell eine andere Aufgabe hat.[148]

§ 10a Geschenke

(1) Es ist grundsätzlich unzulässig, Repräsentanten von Organisationen der Patientenselbsthilfe Geschenke zu versprechen, anzubieten oder zu gewähren.

(2) Das in Absatz 1 beschriebene Verbot findet keine Anwendung, sofern die entsprechenden Zuwendungen ansonsten nach diesem Kodex zulässig sind oder eine in § 7 Abs. 1 Satz 1 Nr. 2–5 HWG geregelte Ausnahme vorliegt.

Übersicht

I. Vorbemerkung

Die Regelung des § 10a wurde mit der letzten Revision des Kodex vom 14.11.2019 neu eingeführt. Grundlage dieser Regelung ist das Verbot von Geschenken in **Art. 11 EFPIA-Kodex,** das seit der Konsolidierung der ursprünglich drei Kodizes der EFPIA, auch gegen- **151**

---

tenorganisationen/az-2015.10–491-10-des-fsa-kodex-zur-zusammenarbeit-mit-patientenorganisationen-i.v.m-10-abs-1-hwg-laienwerbeverbot-bei-for/ (zul. abgerufen am 8.2.2021); Entscheidung zu § 10 FSA-Kodex Patientenorganisationen idF v. 30.10.2018 iVm § 10 Abs. 1 HWG, FS I 2020.2–617, https://www.fsa-pharma.de/de/schiedstelle/berichterstattung/patientenorganisationen/az-2020-2-617-des-fsa-kodex-zur-zusammenarbeit-mit-patientenorganisationen-i.v.m-10-abs-1-hwg-laienwerbeverbot/ (zu. abgerufen am 8.2.2021).

[146] Entscheidung zu § 10 FSA-Kodex Patientenorganisationen idF v. 1.12.2011 iVm § 10 Abs. 1 HWG, FS I 2014.12–455/456, https://www.fsa-pharma.de/de/schiedstelle/berichterstattung/patientenorganisationen/az-2015.10–491-10-des-fsa-kodex-zur-zusammenarbeit-mit-patientenorganisationen-i.v.m-10-abs-1-hwg-laienwerbeverbot-bei-for/ (zul. abgerufen am 8.2.2021).

[147] Entscheidung zu § 10 FSA-Kodex Patientenorganisationen idF v. 1.12.2011 iVm § 10 Abs. 1 HWG, FS I 2014.12–455/456, https://www.fsa-pharma.de/de/schiedstelle/berichterstattung/patientenorganisationen/az-2015.10–491-10-des-fsa-kodex-zur-zusammenarbeit-mit-patientenorganisationen-i.v.m-10-abs-1-hwg-laienwerbeverbot-bei-for/ (zul. abgerufen am 8.2.2021); Entscheidung zu § 10 FSA-Kodex Patientenorganisationen idF v. 1.12.2011 iVm § 10 Abs. 1 HWG, FS I 2015.10–491, https://www.fsa-pharma.de/de/schiedstelle/berichterstattung/patientenorganisationen/az-2015.10–491-10-des-fsa-kodex-zur-zusammenarbeit-mit-patientenorganisationen-i.v.m-10-abs-1-hwg-laienwerbeverbot-bei-for/ (zul. abgerufen am 8.2.2021).

[148] Entscheidung zu § 10 FSA-Kodex Patientenorganisationen idF v. 1.12.2011 iVm § 10 Abs. 1 HWG, FS I 2014.12–455/456, https://www.fsa-pharma.de/de/schiedstelle/berichterstattung/patientenorganisationen/az-2015.10–491-10-des-fsa-kodex-zur-zusammenarbeit-mit-patientenorganisationen-i.v.m-10-abs-1-hwg-laienwerbeverbot-bei-for/ (zul. abgerufen am 8.2.2021).

über Patientenorganisationen (und Healthcare Organsisationen) gilt. Bislang enthielt lediglich der FSA-Kodex Fachkreise eine Regelung zu Geschenken **(§ 21 FSA-Kodex Fachkreise).** Diese wurde bei der Kodexrevision vom 14.11.2019 auch auf Helthcare Organisationen erstreckt und mit fast vollständig identischer Formulierung[149] in den FSA-Kodex Patientenorganisationen aufgenommen. Daher kann ergänzend zu der nachfolgenden Kommentierung auf die Ausführungen zu § 21 FSA-Kodex Fachkreise (→ Kap. 14 Rn. 681 ff.) verwiesen werden. Neben der Kodexregelung bleiben gesetzliche Vorschriften, insbesondere **§ 7 HWG** (zu dessen Ausnahmen nachfolgend → Rn. 154 ff.) sowie die **§§ 299a/b StGB** zu berücksichtigen.

II. Grundsätzliches Verbot (Abs. 1)

152 Nach § 10a Abs. 1 FSA-Kodex Patientenorganisationen ist es grundsätzlich unzulässig, **Repräsentanten von Orgnaisationen der Patientenselbsthilfe** Geschenke zu versprechen, anzubieten oder zu gewähren. Das Verbot ist auf Repräsentanten von Organisationen der Patientenselbsthilfe (§ 2 Nr. 23 FSA-Kodex Patientenorganisationen) beschränkt. Diese sollen bei der Ausführung ihres Auftrags, die Organisation zu vertreten und deren Sichtweise zu einem bestimmten Therapiegebiet oder zu einer bestimmten Frage zu äußern, nicht unsachlich beeinflusst werden. Patienten allgmein, die Mitglieder von Patientenselbsthilfeorganisationen sind, unterfallen diesem Verbot nicht.

III. Ausnahmen (Abs. 2)

153 In Abs. 2 sind die **Ausnahmen** vom grundsätzlich geltenden Geschenkeverbot geregelt. Zum einen können sich Ausnahmen aus dem FSA-Kodex Patientenorganisationen selbst ergeben (zB „angemessene Bewirtung" (§ 17 Abs. 2 FSA-Kodex Patientenorganisationen), Spenden (§ 17a FSA-Kodex Patientenorganisationen)), aber auch aus **§ 7 Abs. 1 Nr. 2–5 HWG.**

1. Rabatte (§ 7 Abs. 1 Nr. 2 HWG)[150]

154 Erfasst werden sowohl **Geldrabatte** (§ 7 Abs. 1 Nr. 2 lit. a HWG) als auch **Naturalrabatte** (§ 7 Abs. 1 Nr. 2 lit. b HWG). Handelt es sich bei der Zuwendung um einen bestimmten oder bestimmbaren Geldbetrag (Geldrabatt) oder eine bestimmte oder auf bestimmte Art zu berechnende Menge gleicher Ware (Naturalrabatt), greift die Ausnahme.

2. Handelsübliches Zubehör/Handelsübliche Nebenleistung (§ 7 Abs. 1 Nr. 3 HWG)[151]

155 Handelsüblich ist nach herrschender Meinung, was sich nach allgemeiner Auffassung der beteiligten Verkehrskreise im Rahmen **vernünftiger kaufmännischer Gepflogenheiten** hält.[152] Zubehör ist mit der Hauptware **funktional zweckverbunden,** aber kein Teil dieser.[153] Eine Nebenleistung ist eine **außerhalb des Hauptvertrags stehende, zusätzliche unentgeltliche Leistung mit Zubehör- oder Hilfsfunktion** gegenüber der Hautleistung, auf die der Vertragspartner keinen Anspruch hat.[154]

[149] Es wurde nur auf den klarstellenden Hinweis, dass die Regelung sowohl für produktbezogene als auch für nicht produktbezogene Werbung gilt (§ 21 Abs. 1 S. 2 FSA-Kodex Fachkreise) verzichtet und der Adressatenkreis ist dem FSA-Kodex Patientenorganisationen entsprechend ein anderer.

[150] Ausführlich hierzu *Reese* in BeckOK HWG § 7 Rn. 585 ff.

[151] Ausführlich hierzu *Reese* in BeckOK HWG § 7 Rn. 627 ff.

[152] *Reese* in BeckOK HWG § 7 Rn. 633 f. mwN sowie Rn. 636 ff. mit Beispielen.

[153] *Reese* in BeckOK HWG § 7 Rn. 630 ff.

[154] *Reese* in BeckOK HWG § 7 Rn. 645 mwN.

3. Auskünfte/Ratschläge (§ 7 Abs. 1 Nr. 4 HWG)

Wird eine **Auskunft** erteilt, handelt es sich um die Mitteilung tatsächlichen oder abstrakten Wissens ohne zusätzliche Meinungsäußerung oder Belehrung und Erläuterung. **Ratschläge** erteilt, wer im Hinblick auf einen bestimmten Sachverhalt ein bestimmtes Verhalten empfiehlt.[155] **156**

4. Kundenzeitschriften (§ 7 Abs. 1 Nr. 5 HWG)[156]

Es handelt sich um eine Kundenzeitschrift, wenn es sich um **unentgeltlich** an Verbraucherinnen und Verbraucher abzugebende Zeitschriften handelt, die nach ihrer **Aufmachung und Ausgestaltung** der Kundenwerbung und den Interessen der verteilenden Person dienen, durch einen entsprechenden Aufdruck auf der Titelseite diesen **Zweck erkennbar** machen und in ihren **Herstellungskosten geringwertig** sind. **157**

§ 11 Schriftliche Dokumentation

(1) Die Zusammenarbeit zwischen einem Mitgliedsunternehmen und Organisationen der Patientenselbsthilfe oder Mitgliedern von Organisationen der Patientenselbsthilfe darf, sofern im Rahmen dieser Zusammenarbeit finanzielle Leistungen durch Mitgliedsunternehmen an diese Organisationen oder ihre Mitglieder gewährt werden, nur auf Grund eines schriftlichen Vertrages stattfinden, der die Eckpunkte der Zusammenarbeit beschreibt. Zu diesen Eckpunkten gehören insbesondere Art und Umfang der jeweiligen Leistungen und gemeinsamen Aktivitäten. Die Verträge müssen auch die zu gewährenden indirekten Zuwendungen (etwa die unentgeltliche Zurverfügungstellung von Serviceleistungen durch das Mitgliedsunternehmen) oder anderweitige nicht-finanzielle Zuwendungen (etwa Schulungen, Agenturleistungen, Einrichtung von Internetseiten) aufführen, sofern diese Zuwendungen oder Unterstützungsleistungen erheblich sind. Die Verpflichtung zum Abschluss eines schriftlichen Vertrages besteht auch dann, wenn im Rahmen der Zusammenarbeit nur erhebliche indirekte Zuwendungen oder erhebliche anderweitige nicht-finanzielle Zuwendungen gewährt werden.

(2) Zur Auslegung des Begriffs „Eckpunkte" im Sinne dieser Bestimmung erlässt der Vorstand des Vereins eine verbindliche Leitlinie nach § 5.

Leitlinie
des Vorstandes des FSA gemäß § 5 i. V. m. § 11 Abs. 2
zur Auslegung des Begriffs „Eckpunkte" (§ 11 Abs. 1)
(Stand: 18. Juli 2012)

Nach § 11 Abs. 1 dürfen finanzielle Leistungen durch Mitgliedsunternehmen gegenüber Organisationen der Patientenselbsthilfe nur aufgrund eines schriftlichen Vertrages gewährt werden, der die Eckpunkte der Zusammenarbeit beschreibt. Diese Eckpunkte müssen Art und Umfang der jeweiligen Leistungen und die gemeinsamen Aktivitäten festlegen. Dies gilt auch dann, wenn nur indirekt erhebliche Zuwendungen oder erhebliche anderweitige nicht-finanzielle Zuwendungen gewährt werden.

Die Leistungen, die von den Mitgliedsunternehmen erbracht werden sollen, sind möglichst bestimmt und detailliert wiederzugeben. Gleiches gilt für etwaige Gegenleistungen, die durch die Organisationen der Patientenselbsthilfe (etwa: die zweckgebundene Verwendung bestimmter finanzieller Leistungen) erbracht werden sollen. Leistungen und Gegenleistungen sind somit nach

- **Art;**
- **Gegenstand;**
- **Ort und**
- **Zeit**

---

[155] *Reese* in BeckOK HWG § 7 Rn. 668 mwN.

[156] Ausführlich hierzu *Reese* in BeckOK HWG § 7 Rn. 633 ff.

möglichst konkret und detailliert zu bestimmen. Die Kriterien für die Leistungsbestimmung müssen soweit wie möglich schriftlich konkretisiert werden. Eine Leistungsbestimmung nach lediglich billigem oder freiem Ermessen einer Vertragspartei oder eines Dritten ist grundsätzlich unzureichend. Zusätzliche Leistungen sowie insbesondere die Erstattung von Reisekosten sind ebenfalls nach Art und Umfang vorher schriftlich festzulegen. Zudem ist vertraglich zu bestimmen, dass Zahlungen in der Regel nur nach vorheriger Leistungserbringung und Rechnungsstellung auf das vorher angegebene Konto der Patientenselbsthilfeorganisation erfolgen dürfen.

Übersicht

I. Vorbemerkung

158 Die Regelung des § 11 Abs. 1 FSA-Kodex Patientenorganisationen beruht auf den in **Art. 21 Sec. 21.03 des EFPIA-Kodex** kodifizierten Dokumentations- und Transparenzprinzipien. Abs. 2 gibt dem Vorstand des Vereins auf, zum Zwecke der Konkretisierung des Begriffs „Eckpunkte" eine verbindliche Leitlinie zu erlassen. Im Zuge der Novellierung vom 1.12.2011 wurde die Überschrift des § 11 von „Schriftliche Vereinbarung" in „Schriftliche Dokumentation" geändert, um Unklarheiten aufgrund des damals neu eingefügten § 12 zu vermeiden, der sich auch mit gegenseitigen Leistungsbeziehungen befasst.[157] Zuletzt wurde der **Adressatenkreis** der Vorschrift insofern erweitert, als nunmehr auch die Zusammenarbeit mit **(einzelnen) Mitgliedern** von Organisationen der Patientenselbsthilfe der schriftlichen Dokumentation bedarf, wenn finanzielle Leistungen erbracht werden.

II. Schriftliche Vereinbarung (Abs. 1)

159 Eine Zusammenarbeit zwischen Mitgliedsunternehmen und Organisationen der Patientenselbsthilfe oder deren Mitgliedern darf, sofern im Rahmen dieser Zusammenarbeit finanzielle Leistungen durch Mitgliedsunternehmen an diese Organisationen oder ihre Mitglieder gewährt werden, nur aufgrund eines schriftlichen Vertrages stattfinden, der die Eckpunkte der Zusammenarbeit beschreibt (Abs. 1 S. 1). Es gilt also auch hier der strenge **Schriftlichkeitsgrundsatz,** der das Dokumentations- und Transparenzprinzip absichern soll. Die Regelung knüpft damit an § 18 FSA-Kodex Fachkreise an, welcher die Zusammenarbeit zwischen Mitgliedsunternehmen und Angehörigen der Fachkreise regelt und ebenfalls die schriftliche Fixierung der Leistungsbeziehungen voraussetzt. Die in den Verträgen bestimmten Eckpunkte müssen Art und Umfang der jeweiligen Leistungen und die gemeinsamen Aktivitäten festlegen (Abs. 1 S. 2).

160 Nach Abs. 1 S. 3 sind auch indirekte Zuwendungen oder anderweitige nicht-finanzielle Zuwendungen im schriftlichen Vertrag aufzuführen. Indirekte Zuwendungen umfassen beispielsweise die unentgeltliche Zurverfügungstellung von **Serviceleistungen.** Unter nicht-finanziellen Zuwendungen sind **sonstige Leistungen** durch das Mitgliedsunternehmen zu verstehen. Wenn diese Zuwendungen oder Leistungen **„erheblich"** sind, dürfen diese nur auf der Grundlage eines schriftlichen Vertrages erfolgen, der diese Zuwendungen oder Leistungen festlegt.[158] Bei finanziellen Zuwendungen ist stets eine schriftliche Vereinbarung erforderlich, ohne dass es auf eine Erheblichkeitsschwelle ankommt. Dies ergibt sich aus dem eindeutigen Wortlaut von S. 1 und S. 3.

---

[157] *Dieners* PharmR 2012, 384.

[158] Eine ähnliche Differenzierung findet sich auch iRd Veröffentlichungspflichten gem. § 14.

Wann Zuwendungen von Mitgliedsunternehmen „erheblich" sind, statuiert der FSA-Kodex Patientenorganisationen in § 11 nicht. Eine gleichlautende Regelung findet sich jedoch in der Regel des § 15 Abs. 1 FSA-Kodex Patientenorganisationen, zu der eine Leitlinie ergangen ist. Es ist nicht ersichtlich, dass der Begriff der „Erheblichkeit" im Sinne von § 11 Abs. 1 anders als bei **§ 15 Abs. 1** auszulegen wäre, so dass die dortigen Ausführungen (→ Rn. 189f.) und die Konkretisierungen in der diesbezüglichen Leitlinie hier entsprechend gelten. Der Anwendungsbereich des § 11 Abs. 1 ist eröffnet, wenn es sich um eine **„geldwerte" Leistung** handelt, deren Erbringung im Geschäftsverkehr üblicherweise nur gegen Entgelt erwartet werden kann. Nicht erfasst werden demgegenüber **reine Gefälligkeiten,** wie sie auch im Privat- oder Wirtschaftsleben allgemein üblich sind und deren Erbringung auch dann als **sozial adäquat** anzusehen ist, wenn keine finanzielle Gegenleistung erfolgt. Als Beispielsfall ließe sich hierfür an die Mitnahme eines Mitglieds einer Patientenselbsthilfeorganisation im Taxi durch einen Mitarbeiter eines Mitgliedsunternehmens auf dem Weg zu einer gemeinsam organisierten und/oder durchgeführten Veranstaltung denken. Demgegenüber wäre die Einrichtung eines unentgeltlichen „Shuttleservices" für Mitglieder von Patientenselbsthilfeorganisationen bereits als eine geldwerte Leistung anzusehen, die den Charakter einer bloßen Gefälligkeit ab einem Schwellenwert von **60 Euro** übersteigt (vgl. hierzu auch die Leitlinie zu § 15 Abs. 1 sowie → Rn. 190). **161**

III. Eckpunkte (Abs. 2)

Absatz 1 verlangt von den Parteien bei der Zusammenarbeit, dass diese einen schriftlichen Vertrag schließen, welcher die Eckpunkte der Zusammenarbeit beschreibt. Dabei sind insbesondere Art und Umfang der jeweiligen Leistungen und gemeinsame Aktivitäten schriftlich festzulegen. Die nähere Konkretisierung, welche Eckpunkte in dem schriftlichen Vertrag festgelegt werden müssen, ist durch die Leitlinie des Vorstands erfolgt. Danach sind die von den Mitgliedsunternehmen zu erbringenden **Leistungen möglichst bestimmt und detailliert** wiederzugeben. Entsprechendes gilt für die von den Organisationen der Patientenselbsthilfe zu erbringenden etwaigen Gegenleistungen. Die Forderung nach einer möglichst bestimmten und detaillierten Festlegung geht über eine bloße Fixierung der „essentialia negotii" hinaus und zielt auf die Herstellung möglichst großer Transparenz und Klarheit ab. Die Frage, wie weit eine Konkretisierung im Einzelfall möglich ist, ist aus der Perspektive eines objektiven und neutralen Betrachters zu beurteilen. Die Verpflichtung zur Konkretisierung stellt **keinen regulatorischen Selbstzweck** dar, sondern erfolgt im Hinblick auf das **Transparenz- und Dokumentationsprinzip.** Der Grad der Konkretisierung bemisst sich deshalb maßgeblich danach, welches Maß der Bestimmtheit zur Gewährleistung des Transparenz- und Dokumentationsprinzips vernünftigerweise erwartet werden kann. Dem stünde insbesondere eine Leistungsbestimmung nach lediglich billigem oder freiem Ermessen einer Vertragspartei oder eines Dritten grundsätzlich entgegen, weshalb die Leitlinie dies auch für unzulässig erklärt. **162**

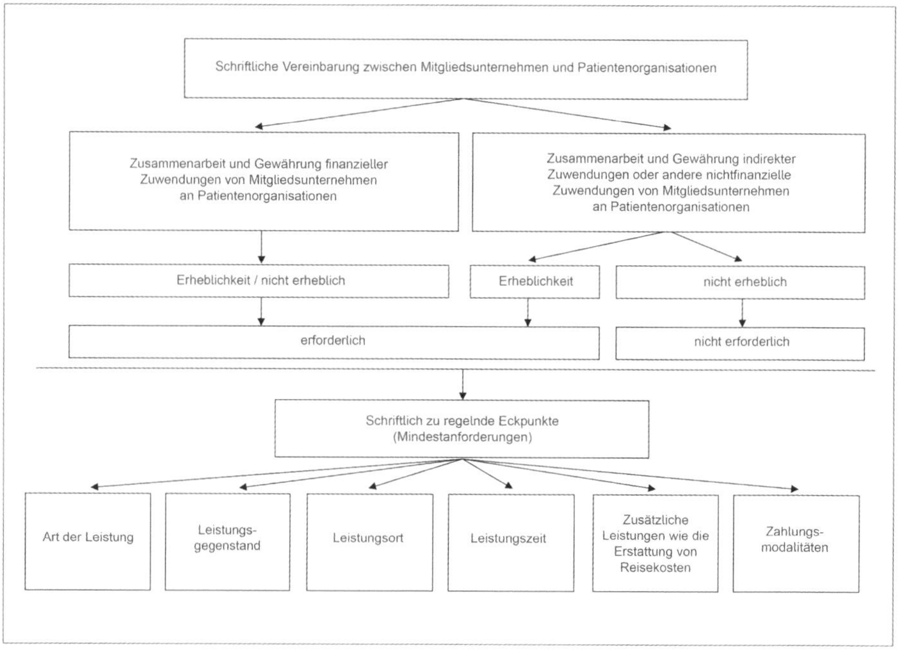

Abb. 24: Schriftlichkeitserfordernis

§ 12 Gegenseitige Leistungsbeziehungen

(1) Verträge, unter denen Organisationen der Patientenselbsthilfe und Mitglieder von Organisationen der Patientenselbsthilfe („Vertragspartner") entgeltliche Leistungen gegenüber Mitgliedsunternehmen erbringen, sind nur zulässig, sofern die vertraglichen Leistungen Zwecken des Gesundheitswesens dienen. Das Vertragsverhältnis muss außerdem die folgenden Kriterien erfüllen:

1. **Vertragspartner und Unternehmen müssen sich vor Aufnahme der Leistungen auf einen schriftlichen Vertrag einigen, der den Anforderungen des § 11 genügt.**
2. **Vor Abschluss des Vertrages muss das Mitgliedsunternehmen einen berechtigten Bedarf an den zu erbringenden Leistungen sowie an dem Vertragsschluss mit dem Vertragspartner eindeutig festgestellt und dokumentiert haben.**
3. **Die Auswahl und die Anzahl der beauftragten Vertragspartner und der Umfang der durch diese zu erbringenden Leistungen darf das zur Erfüllung der vorgesehenen Aufgaben vernünftiger Weise erforderliche Maß nicht überschreiten.**
4. **Das Unternehmen hat das Vertragsverhältnis und die erbrachten Leistungen zu dokumentieren. Die wesentlichen Dokumente sind für einen Zeitraum von mindestens 1 Jahr nach Beendigung des Vertragsverhältnisses aufzubewahren. Das Unternehmen hat ferner die erbrachten Leistungen in geeigneter Weise zu verwenden.**
5. **Die Vergütung darf nur in Geld bestehen und muss zu der erbrachten Leistung in einem angemessenen Verhältnis stehen.**
6. **Den Vertragspartnern können zudem nach Maßgabe von Abs. 4 die in Erfüllung der ihnen obliegenden vertraglichen Leistungen entstehenden angemessenen Auslagen und Spesen erstattet werden.**
7. **Mit dem Vertragsschluss darf keine Verpflichtung der Vertragspartner verbunden sein, bestimmte Arzneimittel zu empfehlen oder ihren Absatz auf sonstige Art und Weise zu fördern. Verträge mit dem Ziel einer unlauteren Beeinflussung der Vertragspartner sind unzulässig (Verbot von „Scheinverträgen").**

(2) Die Unternehmen müssen ihre Vertragspartner verpflichten, im Rahmen mündlicher oder schriftlicher öffentlicher Äußerungen auf ihre Tätigkeit für das Unternehmen hinzu-

weisen, sofern sich die öffentliche Äußerung auf den Vertragsgegenstand oder allgemein auf das Unternehmen bezieht.

(3) Die in den Absatz 1 Satz 2 und Absatz 2 geregelten Anforderungen an die vertragliche Zusammenarbeit sind nicht anwendbar auf die Erbringung nicht wiederkehrender, vereinzelter Leistungen von Organisationen der Patientenselbsthilfe und Mitgliedern von Organisationen der Patientenselbsthilfe im Zusammenhang von Marktforschungsaktivitäten (z. B. kurze Telefoninterviews), sofern die Vergütung hierfür geringfügig ist. Zur Auslegung des Begriffs „geringfügig" im Sinne dieser Bestimmung erlässt der Vorstand des Vereins verbindliche Leitlinien nach § 5.

(4) Sofern ein Vertragspartner im Rahmen seiner vertraglichen Tätigkeit für das Unternehmen an Veranstaltungen teilnimmt, gelten die Regelungen von § 17 entsprechend (etwa zur Auswahl des Tagungsortes und/oder der Tagungsstätte, für die Erstattung des Kostenbeitrags sowie das Verbot von Unterhaltungs- und Freizeitprogrammen).

(5) Sofern es sich bei den Vertragspartnern um HCP handelt, ist neben diesem Kodex auch der FSA-Kodex Fachkreise zu beachten.

(6) Die Vertragspartner dürfen nicht allein für ihre Teilnahme an Veranstaltungen im Sinne von § 17 eine Vergütung erhalten.

Übersicht

I. Vorbemerkung

163 Der im Zuge der Kodex-Novelle vom 1.12.2011 neu eingefügte Abs. 1 beruht auf den EFPIA-Vorgaben des damals neuen Art. 6 EFPIA-Kodex Patientenorganisationen („Contracted Services"). Heute findet sich die entsprechende Regelung in Art. 15 EFPIA-Kodex. Absatz 2 findet seine Grundlage in Art. 6 (h) des EFPIA-Kodex Patientenorganisationen[159], geht jedoch in seinem Regelungsgehalt über diesen hinaus, indem er die öffentliche Hinweispflicht auf die Zusammenarbeit nicht nur deutlich empfiehlt ("strongly encourage"), sondern eine **Pflicht zur Offenbarung** statuiert, um dadurch die Transparenz entscheidend zu stärken.[160] Die Regelung des FSA geht zudem insoweit über den EFPIA-Kodex hinaus, als auch Verträge mit Mitgliedern von Organisationen der Patientenselbsthilfe und nicht nur mit deren Repräsentanten die Anforderungen erfüllen müssen.

164 Mit der Kodexrevision vom 14.11.2019 wurde die Vorschrift dem **§ 18 FSA-Kodex Fachkreise** angeglichen.

II. Die Vertragsvoraussetzungen (Abs. 1)

165 Absatz 1 setzt Art. 15 Sec. 15.01 EFPIA-Kodex um, wonach gegenseitige Verträge mit Patientenorganisationen nur zulässig sind, wenn sie Zwecken des **Gesundheitswesens, der Forschung oder Lehre dienen** („the purpose of supporting healthcare, research or education"). In der umgesetzten deutschen Fassung wird als Vertragszweck ausschließlich auf das Gesundheitswesen Bezug genommen. Auf die Aufnahme des Forschungs- und Lehrzweckes wurde bewusst verzichtet, da dieser zum einen im Rahmen der Kooperationen mit

[159] Heute Art. 15 Sec. 15.03 EFPIA-Kodex.

[160] *Dieners* PharmR 2012, 384.

Patientenselbsthilfeorganisationen eine untergeordnete Rolle spielt und zum anderen ohnehin von dem weitgefassten Begriff des Gesundheitswesens mit umfasst ist (vgl. § 2 Nr. 24 FSA-Kodex Patientenorganisationen). Im Ergebnis wird dadurch gewährleistet, dass nicht allen (Leistungs-)Vergütungen Tür und Tor geöffnet wird, sondern die Vergütung ausschließlich **zweckgebunden** erfolgen darf.

166 Hintergrund der Einführung des ursprünglichen Art. 6 EFPIA-Kodex Patientenorganisationen war, die Zusammenarbeit durch Ausweitung der Offenlegungsverpflichtungen noch transparenter zu gestalten. Da die Kooperation zwischen Pharmaunternehmen und Patientenselbsthilfeorganisationen zu einem Großteil die Beratungsleistung der Organisationen gegenüber der Industrie umfasst, war es erforderlich, die der Serviceleistung zugrundeliegende Vertragsbeziehung näher auszugestalten und ein einheitliches Regelungsgefüge zu schaffen. Art. 6 EFPIA-Kodex Patientenorganisationen spezifizierte dies dahingehend, dass Patientenorganisationen als Experten oder Berater zu Advisory Boards oder für Referententätigkeiten engagiert werden dürfen. Auch § 12 FSA-Kodex Patientenorganisationen regelt die gegenseitigen Vertragsbeziehungen und umfasst folglich, auch ohne explizite Aufnahme des Beispiels aus der EFPIA-Regelung, die vorstehenden Tätigkeiten. Hinsichtlich der näheren Ausgestaltung der vertraglichen Voraussetzungen orientierte sich Art. 6 EFPIA-Kodex Patientenorganisationen im Wesentlichen an den zum HCP-Kodex bekannten und in § 18 FSA-Kodex Fachkreise umgesetzten Prinzipien zu Vertragsbeziehungen.[161]

167 Art. 15 Sec. 15.02 EFPIA-Kodex listet heute dazu **nachfolgende Voraussetzungen** auf:

a) Schriftliche Vereinbarung, die Leistung und Gegenleistung spezifiziert,
b) Bestehen und Dokumentation des der Zusammenarbeit zugrundeliegenden berechtigten Bedürfnisses,
c) vorherige Festlegung der Auswahlkriterien für die jeweiligen Berater,
d) die Anzahl der Berater und der Umfang der Leistung dürfrn nicht größer sein, als zur Erfüllung vernünftigerweise erforderlich,
e) das Unternehmen bewahrt die jeweilige Dokumentation auf und macht von der Leistung der Berater in angemessener Weise Gebrauch,
f) der Einbezug der Berater darf keine Veranlassung zum Empfehlen und/oder Verschreiben, Kaufen, Liefern, Verkaufen oder Verwalten eines bestimmten Arzneimittels geben,
g) die Gegenleistung muss angemessen und marktgerecht sein.

Die noch in Art. 6 EFPIA-Kodex Patientenorganisationen enthaltenen weiteren Voraussetzungen sind heute an anderer Stelle verortet: Die eindringliche Empfehlung dahingehend, eine vertragliche Verpflichtung der Organisationen aufzunehmen, wonach diese die Erbringung bezahlter Leistungen offenlegen müssen (Art. 6 S. 2 lit. g EFPIA-Kodex Patientenorganisationen), ist heute in Art. 15 Sec. 15.03 aufgenommen.

Die zuvor in Art. 6 S. 2 lit. h EFPIA Kodex Patientenorganisationen enthaltene Verpflichtung der Unternehmen, eine Liste zu veröffentlichen aus der sich die Zuwendungen an Organisationen der Patientenselbsthilfe ergeben, befindet sich heute in Art. 24 EFPIA-Kodex im systematischen Zusammenhang mit den weiteren Veröffentlichungspflichten (Art. 22 ff. EFPIA-Kodex).

168 Nachdem § 12 Abs. 1 FSA-Kodex Patientenorganisationen aF diese Voraussetzungen nicht in der beschriebenen Ausführlichkeit übernommen, sondern **in zusammengefasster Form** abgebildet hatte, ohne dass dadurch die EFPIA-Vorgaben in ihrem inhaltlichen Regelungsgehalt eingeschränkt wurden, stellt heute § 12 Abs. 1 Nr. 1–7 FSA-Kodex Patientenorganisationen an die gegenseitigen Verträge **folgende detaillierte Voraussetzungen,** die sowohl denen des § 18 FSA-Kodex Fachkreise als auch denen der EFPIA angenähert sind:

(1) Schriftlicher Abschluss der Verträge entsprechend den Anforderungen des § 11,
(2) Feststellung und Dokumentation eines berechtigten Bedarfs an den zu erbringenden Leistungen und dem Vertragsschluss,

[161] Dazu auch: → Kap. 14 Rn. 348 ff..

(3) Auswahl und Anzahl der Vertragspartner sowie der Umfang der zu erbringenden Leistungen dürfen das vernünftiger Weise erforderliche Maß nicht überschreiten,
(4) Das Vertragsverhältnis und die erbrachten Leistungen sind zu dokumentieren und für mindestens 1 Jahr nach Beendigung des Vertragsverhältnisses aufzubewahren. Die erbrachten Leistungen sind in geeigneter Weise zu verwenden,
(5) Vergütung darf nur in Geld bestehen und muss zur der erbrachten Leistung in einem angemessenen Verhältnis stehen,
(6) Mögliche Erstattung von angemessenen Auslagen und Spesen nach § 12 Abs. 4 FSA-Kodex Patientenorganisationen,
(7) Keine unlautere Beeinflussung der Vertragspartner oder Vepflichtung zur Empfehlung oder Absatzförderung bestimmter Arzneimittel.

Hinsichtlich des näheren Verständnisses kann folglich sowohl auf die Regelung der EF- **169**
PIA als auch auf die Regelung in **§ 18 FSA-Kodex Fachkreise** zurückgegriffen werden. So ist beispielsweise in der verkürzten Formulierung, wonach die Leistung in Geld angemessen sein muss, mit inbegriffen, dass sie in Relation zu der jeweiligen Gegenleistung zu setzen ist und dem geltenden Marktpreis entsprechen muss.

Die Vorgabe der Veröffentlichung ist bereits unter **§ 15 FSA-Kodex Patientenorgani- 170**
sationen abgebildet, sodass es daher keiner weiteren Ergänzung bedurfte.

III. Hinweispflicht

Art. 15 Sec. 15.03 EFPIA-Kodex[162], wonach den Mitgliedsunternehmen dringend emp- **171**
fohlen wird, die Vertragspartner, dh die Patientenselbsthilfeorganisationen zu verpflichten, auf die entgeltliche Tätigkeit für das jeweilige Pharmaunternehmen hinzuweisen, wurde in § 12 Abs. 2 FSA-Kodex Patientenorganisationen integriert und verschärft. Demnach stellt der FSA-Kodex Patientenorganisationen die Frage der Verpflichtung zur Veröffentlichung nicht in das Ermessen der Mitgliedsunternehmen, sondern verlangt von diesen **obligatorisch die Aufnahme einer Verpflichtungsklausel** gegenüber den Organisationen der Patientenselbsthilfe. Hintergrund ist zum einen das Streben nach noch weitreichenderer Transparenz und zum anderen aus Gründen der Einheitlichkeit und Klarheit die Anpassung an die vergleichbare Regelung des § 18 Abs. 2 FSA-Kodex Fachkreise. Die Mitgliedsunternehmen müssen im Rahmen des § 12 Abs. 2 die jeweilige Patientenselbsthilfeorganisation verpflichten, bei öffentlichen schriftlichen oder mündlichen Äußerungen auf die Zusammenarbeit mit dem Pharmaunternehmen hinzuweisen. Erforderlich ist die Offenlegung der Tätigkeit für das Unternehmen gegenüber dem angesprochenen Publikum. Handelt es sich um schriftliche Äußerungen wie Publikationen, ist dem Hinweiserfordernis Genüge getan, sofern die Patientenorganisation in der Publikation auf die Tätigkeit für das Unternehmen hinweist. Sofern es sich um eine mündliche Äußerung, wie im Rahmen einer Referententätigkeit, handelt, muss während der Präsentation in geeigneter Weise auf die Zusammenarbeit hingewiesen werden. Dies kann beispielsweise durch die Aufnahme im Programmheft, in dem Veranstaltungsplakat sowie zu Beginn oder am Ende auf den jeweils verwendeten Präsentationsslides erfolgen.

IV. Ausnahme (Abs. 3)

Absatz 3 enthält eine Ausnahme von den grundsätzlichen Anforderungen nach Abs. 1 **172**
S. 2 und Abs. 2. Diese gelten nicht, wenn es sich um **nicht wiederkehrende, vereinzelte Leistungen** von Organisationen der Patientenselbsthilfe oder Mitgliedern von Organisationen der Patientenselbsthilfe **im Zusammenhang von Marktforschungsaktivitäten** (zB kurze Telefoninterviews) handelt, sofern für diese nur eine **geringfügige Vergütung** gezahlt wird. Der Vorstand wird ermächtigt eine Leitlinie zur Auslegung des Begriffs „ge-

[162] Vormals Art. 6 lit. h EFPIA-Kodex Patientenorganisationen.

ringfügig" zu erlassen. Es bleibt abzuwarten, ob sich der Vorstand hierbei an der bereits existierenden Leitlinie zur parallelen Vorschrift im FSA-Kodex Fachkreise (§ 18 Abs. 3) orientiert und 50 Euro als Obergrenze annimmt, oder gegenüber Patientenorganisationen einen anderen Wert ansetzt. Möglicherweise sind gegenüber Organisationen der Patientenselbsthilfe oder ihren Mitgliedern bereits geringere Beträge nicht mehr als geringfügig einzustufen; gegebenenfalls muss auch zwischen diesen noch einmal differenziert werden.

V. Teilnahme an Veranstaltungen (Abs. 4)

173 Absatz 4 setzt Art. 15 Sec. 15.05 EFPIA-Kodex um. Damit wird gleichzeitig der **Anwendungsbereich des § 17 FSA-Kodex Patientenorganisationen erweitert,** da dessen Regelungen nun bei vertraglich vereinbarten Veranstaltungen entsprechend zur Anwendung kommen. Die ansonsten nur für **„passive Teilnehmer"** geltenden Einschränkungen des § 17 hinsichtlich der Übernahme von Veranstaltungskosten gelten aufgrund § 12 Abs. 4 damit auch für die Teilnahme von **Vertragspartnern des Mitgliedsunternehmens.** Auch hier muss demzufolge zB die Angemessenheit von Übernachtung und Bewirtung gewahrt sein.

VI. FSA-Kodex Fachkreise (Abs. 5)

174 Handelt es sich bei den Vertragspartnern um HCP, findet neben dem FSA-Kodex Patientenorganisationen auch der FSA-Kodex Fachkreise Anwendung. Auch die EFPIA geht davon aus, dass mehrere Kodizes parallel anwendbar sein können.[163] Insofern hat Abs. 5 nur **klarstellende Funktion.**

VII. Keine bloße Teilnahmevergütung (Abs. 6)

175 Absatz 6 wurde eingefügt, um Art. 13 Sec. 13.01 des EFPIA Kodex umzusetzen.[164] Die Vorgabe ist mehrfach verankert.[165]

§ 13 Verwendung von Logos und urheberrechtlich geschützten Materialien

(1) Die Mitgliedsunternehmen dürfen das Logo oder urheberrechtlich geschützte Materialien von Organisationen der Patientenselbsthilfe (etwa das Recht zur Verwendung des Logos einer Organisation in Publikationen, Produktinformationen, im Internet, in der Werbung oder auf Veranstaltungen) nur auf der Grundlage eines schriftlichen Vertrages mit diesen Organisationen verwenden. Hierbei sind insbesondere auch die Regelungen in § 9 Abs. 6 und § 10 zu beachten.

(2) Verträge nach Abs. 1 müssen den beabsichtigten Zweck sowie die Art der Verwendung des Logos oder der urheberrechtlich geschützten Materialien klar erkennen lassen.

(3) Die Verwendung von Logos oder urheberrechtlich geschützten Materialien darf keine unzulässige Werbung im Sinne dieses Kodex oder der anwendbaren Gesetze und Vorschriften darstellen.

(4) Absatz 2 und 3 gelten entsprechend für Verträge, mit denen Mitgliedsunternehmen Organisationen der Patientenselbsthilfe das Recht einräumen, das Logo des Mitgliedsunternehmens in Publikationen, im Internet oder auf Veranstaltungen zu verwenden. Organisationen der Patientenselbsthilfe dürfen durch das Unternehmen nicht verpflichtet werden, Produkte, Produktgruppen oder Dienstleistungen zur Diagnostik und Therapie von Erkrankungen oder Behinderungen mittelbar oder unmittelbar zu bewerben.

---

[163] Vgl. die Regelungen zum Anwendungsbereich (Applicability).

[164] Parallel hierzu enthält nunmehr auch § 18 Abs. 5 S. 2 FSA-Kodex Fachkreise eine entsprechende Regelung.

[165] Siehe § 17 Abs. 5 S. 2 FSA-Kodex Patientenorganisationen.

Übersicht

I. Vorbemerkung

Die Regelung des § 13 beruht auf dem in der Einleitung (Introduction) des EFPIA-Kodex verankerten **Unabhängigkeits- und Trennungsprinzip,** das in Art. 13 Sec. 13.02 seine nähere Ausprägung gefunden hat. Dem Trennungs- und Unabhängigkeitsprinzip würde es widersprechen, wenn die Mitgliedsunternehmen und Organisationen der Patientenselbsthilfe wechselseitig völlig frei und ungehindert das Logo und urheberrechtlich geschützte Materialien des jeweils anderen Partners verwenden könnten. Dem setzt § 13 Grenzen, indem das Schriftlichkeitsprinzip und Transparenzprinzip auch auf die Verwendung von Logos oder von urheberrechtlich geschützten Materialien erstreckt wird. Ebenso wie in § 9 Abs. 4 wird bei Einhaltung der Regelungen des § 13 lediglich ein Verstoß gegen den FSA-Kodex Patientenorganisationen ausgeschlossen. Die Frage, ob überhaupt eine **Befugnis** zur Verwendung des Logos oder anderer urheberrechtlich geschützter Materialien bestehen soll, ist **privatautonom im Innenverhältnis** zwischen den Mitgliedsunternehmen und den Organisationen der Patientenselbsthilfe zu regeln. § 13 ordnet damit gerade keine „Zwangslizenz" an. Auch hierdurch wird sichergestellt, dass die Organisationen der Patientenselbsthilfe die autonome Entscheidung darüber behalten, ob und in welchem Umfang eine Verwendung ihrer Logos oder sonstiger urheberrechtlich geschützter Materialien durch Dritte erfolgen darf. Aus der systematischen Stellung des § 13 Abs. 1 im 3. Abschnitt des FSA-Kodex Patientenorganisationen ergibt sich, dass die **Verwendung des Logos** einer Patientenorganisation durch ein Unternehmen stets **im Rahmen einer Zusammenarbeit** iSd § 2 Nr. 31 des Kodex zu erfolgen hat. Dem Begriff der Zusammenarbeit liegt dabei ein **weites Verständnis** zugrunde, das jegliche Interaktion im Rahmen einer bestimmten Zielsetzung umfasst, ohne dass es dabei auf bestimmte Inhalte oder eine bestimmte Intensität ankommt. Ausreichend ist es daher beispielsweise, wenn einer Patientenorganisation im Zusammenhang mit einer von einem Unternehmen durchgeführten Informationsveranstaltung die Möglichkeit zur **Selbstdarstellung** eingeräumt wird. Denn auch eine solche Möglichkeit zur Selbstdarstellung trägt dazu bei, dass die Kampagne an Ansehen gewinnt und führt zu einer Steigerung des Renommees.[166] **176**

II. Verwendung von geschützten Materialien (Abs. 1)

Absatz 1 statuiert, unter welchen **Voraussetzungen** Mitgliedsunternehmen das **Logo** oder andere urheberrechtlich geschützte **Materialien** von Organisationen der Patientenselbsthilfe verwenden dürfen. Auch hier erfordert das **Dokumentationsprinzip** das Vorliegen eines schriftlichen Vertrages mit den jeweiligen Organisationen. Ferner sind die Regelungen nach § 9 Abs. 6 zu beachten (dazu → Rn. 140), wonach die Verwendung von Logos und urheberrechtlich geschützten Materialien inhaltlich nicht für eine unmittelbare oder mittelbare produktspezifische Absatzwerbung der Mitgliedsunternehmen missbraucht werden darf. Ferner ist gem. § 10 das Publikumswerbeverbot für verschreibungspflichtige Arzneimittel zu berücksichtigen (vgl. dazu → Rn. 142 ff.). **177**

[166] Entscheidung zu § 12 FSA-Kodex Patientenorganisationen idF v. 13.6.2008, FS I – 2010.9–292.

III. Inhalt des Vertrags (Abs. 2)

178 Die nach Abs. 1 zu schließenden Verträge müssen so gestaltet sein, dass diese den **beabsichtigten Zweck** sowie die Art der Verwendung des Logos oder des urheberrechtlich geschützten Materials **klar erkennen lassen.** Nur so wird dem **Transparenzgebot** ausreichend Rechnung getragen. Pauschale Generalermächtigungen, wonach der jeweilige Partner grenzen- und schrankenlos die Materialien oder Logos des jeweiligen anderen Partners benutzen darf, genügen diesen Anforderungen nicht. Vielmehr muss jeweils eine konkretisierende Eingrenzung erfolgen, aus der der Umfang und die Grenzen des Nutzungsrechts hinreichend deutlich erkennbar werden.

IV. Keine unzulässige Werbung durch Logos (Abs. 3)

179 Der mit der Kodexrevision vom 14.11.2019 eingefügte Abs. 3 weist darauf hin, dass Logos oder urheberrechtlich geschützte Materialien nicht für unzulässige Werbung im Sinne des FSA-Kodex Patientenorganisationen oder der anwendbaren Gesetze und Vorschriften verwendet werden dürfen. Hierbei handelt es sich um eine **Mehrfachverankerung** (vgl. § 10) der Werbebeschränkungen durch den Kodex und nationale Gesetze (insbesondere das HWG). Dies zeigt die große Bedeutung von Werbeverboten im Gesundheitssektor.

V. Benutzung von Logos der Mitgliedsunternehmen durch Patientenorganisationen (Abs. 4)

180 Die in Abs. 2 gefassten Regelungen gelten umgekehrt auch für Verträge, mit denen Mitgliedsunternehmen den Organisationen der Patientenselbsthilfe das Recht einräumen, das Logo oder urheberrechtsfähiges Material des Mitgliedsunternehmens in Publikationen, im Internet oder auf Veranstaltungen zu verwenden. Auch insoweit müssen die Verträge den **Zweck sowie die Art der Verwendung des Logos** klar erkennen lassen. Ebenso dürfen Organisationen der Patientenselbsthilfe nicht verpflichtet werden, unmittelbar oder mittelbar eine produktspezifische Absatzwerbung zu betreiben (vgl. hierzu → Rn. 144).

181 Die Verwendung des Logos des Mitgliedsunternehmens durch Organisationen der Selbsthilfe im Wege von Publikationen, bedarf ebenfalls eines **schriftlichen Vertrages,** in dem das Mitgliedsunternehmen die Verwendung seines Logos durch die veröffentlichende Organisation der Patientenselbsthilfe als Mittel der Kenntlichmachung der Unterstützung nach § 9 Abs. 4 FSA-Kodex Patientenorganisationen gestattet.

§ 14 Verbot unsachlicher und redaktioneller Einflussnahmen

Die Mitgliedsunternehmen dürfen auf die redaktionelle Arbeit der von ihnen geförderten Publikationen von Organisationen der Patientenselbsthilfe nicht ohne rechtfertigenden sachlichen Grund (z. B. unter wissenschaftlichen Aspekten oder zur Berichtigung inhaltlicher Ungenauigkeiten) Einfluss nehmen. Bloße wirtschaftliche Interessen stellen keinen rechtfertigenden sachlichen Grund im Sinne von Satz 1 dar.

Übersicht

I. Vorbemerkung

Die Regelung des § 14 reflektiert das in der Einleitung (Introduction) und Art. 21 Sec. 21.04 EFPIA-Kodex verankerte **Unabhängigkeitsprinzip** und das hieraus spiegelbildlich resultierende Verbot der unlauteren Beeinflussung von Patientenorganisationen. 182

II. Einfluss auf redaktionelle Arbeit

Die Vorschrift des § 14 trifft eine differenzierende Regelung: Danach ist es zwar den Mitgliedsunternehmen nicht von vornherein versagt, Einfluss auf die redaktionelle Arbeit der von ihnen geförderten Publikationen von Organisationen der Patientenselbsthilfe zu nehmen. Das wäre auch kaum zu rechtfertigen, da der **Sinn und Zweck der Zusammenarbeit** auch und gerade in der **Kommunikation** besteht. Jedwede Kommunikation ist jedoch ihrem Wesen nach darauf gerichtet, die Meinungsbildung des jeweiligen Adressaten zu beeinflussen. Dies schließt notwendigerweise Maßnahmen ein, die den Wissensstand der Betroffenen verbessern sollen. Die Berichtigung inhaltlicher Ungenauigkeiten wird man stets als zulässig ansehen müssen, da diese als eine erwünschte sachliche Form der Einflussnahme anzusehen ist. Auf der anderen Seite dürfen die Organisationen der Patientenselbsthilfe insoweit auch nicht als (verdeckter) „verlängerter Arm" der Mitgliedsunternehmen tätig werden. Dies würde dem **Unabhängigkeits- und Neutralitätsgrundsatz** fundamental zuwider laufen. Insoweit kritisch zu bewerten wären beispielsweise vorgefertigte „Textbausteine" oder sogar komplette Textentwürfe, die der Selbsthilfeorganisation von Mitgliedsunternehmen oder beauftragten Agenturen zum Zwecke der Publikation im eigenen Namen zur Verfügung gestellt werden. 183

Der im Patienteninteresse liegende **informative Austausch von Informationen** als solcher kann dabei ggf. einen **rechtfertigenden sachlichen Grund** darstellen. Im Vordergrund muss dabei jedoch stets das Bemühen um eine objektive Unterrichtung und eine Aufklärung des relevanten medizinisch-pharmakologischen Sachverhalts stehen. Eine aktive einseitige Beeinflussung würde zudem bereits gegen das Verbot der Werbung für verschreibungspflichtige Arzneimittel gemäß § 10 verstoßen (vgl. hierzu → Rn. 142ff.). Satz 2 hat nur eine klarstellende Funktion, wenn dort ausgeführt wird, dass bloße wirtschaftliche Interessen keinen rechtfertigenden sachlichen Grund darstellen können. Die genannte Fallgruppe der „Berichtigung inhaltlicher Ungenauigkeiten" hat allerdings nur Beispielscharakter, so dass auch andere sachliche Rechtfertigungsgründe in Betracht kommen. Hierunter können somit auch allgemeine Fragestellungen fallen, beispielsweise wie die Versorgung in einem bestimmten Therapiefeld insgesamt verbessert werden kann (dies unter Einschluss gesetzlicher Rahmenbedingungen wie Erstattungsfragen etc). 184

§ 15 Unterrichtung der Öffentlichkeit

(1) Die Mitgliedsunternehmen müssen jeweils der Öffentlichkeit eine Liste derjenigen Organisationen der Patientenselbsthilfe zur Verfügung stellen, denen sie national oder auch europaweit finanzielle Zuwendungen oder erhebliche indirekte oder nichtfinanzielle Zuwendungen (etwa Serviceleistungen des Mitgliedsunternehmens oder Leistungen beauftragter Agenturen etc.) gewähren. Diese Verpflichtung gilt auch für Verträge nach § 12 über die Erbringung erheblicher entgeltlicher Leistungen.

(2) Die Mitgliedsunternehmen verpflichten sich, über die Summe der Geld- und Sachzuwendungen und der gezahlten erheblichen Leistungsentgelte pro Kalenderjahr und Patientenorganisation zu berichten. Das schließt auch den Wert der nicht-finanziellen Zuwendungen ein, wenn diesen ein Geldwert zugeordnet werden kann. Der Gegenstand der Zuwendungen oder der vertraglichen Leistungen ist so deutlich zu beschreiben, dass der durchschnittliche Leser die Natur der Zuwendungen oder der Vereinbarung nachvollziehen kann. Vertrauliche Informationen müssen dabei jedoch nicht öffentlich gemacht werden. Die Beschreibung erheblicher indirekter oder nicht-finanzieller Zuwendungen, denen

ein finanzieller Wert nicht zugeordnet werden kann, muss deren Nutzen für die Organisation der Patientenselbsthilfe erkennen lassen. Der Bericht muss spätestens 6 Monate nach Ende des relevanten Berichtszeitraums festgelegt werden und muss nach seiner erstmaligen Offenlegung für einen Zeitraum von mindestens 3 Jahren öffentlich zugänglich sein, sofern nicht, (i) nationale Regelungen oder Vorschriften eine kürzere Frist anordnen oder (ii) die entsprechende datenschutzrechtliche Rechtsgrundlage für die Veröffentlichung (z.B. berechtigtes Interesse, Rechtspflicht oder Einwilligung) nicht mehr anwendbar ist beziehungsweise die Datenspeicherung und/oder die Veröffentlichung der Daten nicht mehr rechtfertigen kann. Die Veröffentlichung des Berichts soll zwischen dem 20. und dem 30. Juni des Folgejahres erfolgen. Sofern ein Mitgliedsunternehmen eine frühere Veröffentlichung anstrebt, so müssen gleichzeitig auch die Offenlegungspflichten nach dem FSA-Transparenzkodex erfüllt werden. Die Offenlegung der Angaben hat auf einer öffentlich zugänglichen Website in der Verantwortung des Mitgliedsunternehmens zu erfolgen. Die Angaben dürfen auch auf einer europaweiten Website verbundener Unternehmen veröffentlicht werden, soweit die Angaben für das Mitgliedsunternehmen dort separat abgerufen werden können. Das Mitgliedsunternehmen kann für die Offenlegung die Vorlage in Anhang I des Kodex nutzen.(3) Die Mitgliedsunternehmen müssen darauf hinwirken, dass ihre Unterstützung von Organisationen der Patientenselbsthilfe durch diese Organisationen von Beginn an gegenüber der Öffentlichkeit kenntlich gemacht wird.

(4) Die Verträge der Mitgliedsunternehmen mit Organisationen der Patientenselbsthilfe haben jeweils eine Bestimmung vorzusehen, mit der die jeweilige Organisation der Patientenselbsthilfe gegenüber dem Mitgliedsunternehmen ihr Einverständnis mit der Veröffentlichung der jährlichen, kumulierten Geld- und Sachzuwendungen bzw. des jährlich gezahlten Leistungsentgeltes durch das Mitgliedsunternehmen erklärt.

(5) Zur Auslegung des Begriffs „erheblich" im Sinne der Abs. 1 und 2 erlässt der Vorstand des Vereins eine verbindliche Leitlinie nach § 5.

(6) Die Mitgliedsunternehmen veröffentlichen zusammenfassende Hinweise zu der Methodik, die sie bei der Identifizierung der relevanten Zuwendungen und der Erstellung des Berichts angewandt haben.

Leitlinie
gemäß § 5 i.V.m. § 15 Abs. 2 zur Auslegung der Transparenzpflicht bei Zuwendungen und vertraglichen Leistungsentgelten
(Stand: 18. Juli 2012)

Entsprechend § 15 Abs. 2 sind die Mitgliedsunternehmen verpflichtet, über die Summe der Geld- und Sachzuwendungen und der gezahlten erheblichen Leistungsentgelte pro Kalenderjahr und Patientenorganisation zu berichten. Dabei muss der Gegenstand der Zuwendungen oder der vertraglichen Leistungen hinreichend deutlich beschrieben werden.

Bei der Darstellung und Beschreibung wird dabei empfohlen, Zuwendungen oder vertragliche Leistungsentgelte deutlich (etwa durch die Verwendung von unterschiedlichen Kategorien) von solchen Fällen abzugrenzen, bei denen ein Unternehmen im Sinne einer Aufwandsentschädigung lediglich (i.S.v. § 17 Abs. 3) angemessene Reise- und Übernachtungskosten eines Vertreters einer Patientenorganisation übernimmt. Beispiele sind etwa die Ermöglichung der Teilnahme von Patientenvertretern an einer vom Unternehmen organisierten Diskussionsveranstaltung zu gesundheitspolitischen Themen oder die unentgeltliche Mitarbeit eines Patientenvertreters in einem Beratergremium eines Unternehmens.

Leitlinie
gemäß § 5 i.V.m. § 15 Abs. 5 zur Auslegung des Begriffs „erheblich" (§ 15 Abs. 1)
(Stand: 18. Juli 2012)

Die Mitgliedsunternehmen müssen der Öffentlichkeit eine Liste derjenigen Organisationen der Patientenhilfe zur Verfügung stellen, die sie finanziell unterstützen oder denen sie erhebliche indirekte oder nicht-finanzielle Zuwendungen gewähren.

Indirekte Zuwendungen sind dadurch gekennzeichnet, dass geldwerte Leistungen durch Dritte (etwa beauftragte Agenturen) erbracht werden (Beispiel: Unterstützung einer Or-

ganisation der Patientenselbsthilfe durch eine Agentur bei der Vorbereitung einer Veranstaltung, wobei die Kosten der Agentur von dem Unternehmen direkt übernommen werden). Nicht-finanzielle Zuwendungen sind solche, bei denen die Mitgliedsunternehmen selbst geldwerte Leistungen erbringen (Beispiel: Unterstützung einer Organisation der Patientenselbsthilfe bei der Vorbereitung einer Veranstaltung durch eine (interne) Abteilung des Unternehmens).

Bei finanziellen Förderungen muss – unabhängig von ihrem Wert – eine Aufnahme in die Liste erfolgen. Zu finanziellen Förderungen zählen auch Fördermitgliedschaften von Mitgliedsunternehmen. Für sämtliche indirekten oder nicht finanziellen Zuwendungen ist eine Listung nur dann erforderlich, soweit diese als „erheblich" anzusehen sind.

Der Begriff der „Erheblichkeit" bringt zum Ausdruck, dass es sich um eine „geldwerte" Leistung handeln muss, die einen bestimmen Schwellenwert überschreitet. Hierunter fallen solche Leistungen, deren Erbringung im Geschäftsverkehr üblicherweise nur gegen Entgelt erwartet wird und deren Wert bei objektiver Betrachtung einen Einfluss auf das Verhalten von Organisationen der Patientenselbsthilfe auslösen könnte. Hiervon zu unterscheiden sind reine Gefälligkeiten oder Zuordnungen untergeordneter Natur, wie sie auch im Wirtschaftsleben allgemein üblich sind und deren Erbringung als sozialadäquat anzusehen ist, auch wenn keine finanzielle Gegenleistung erfolgt. Der Wert für das Erreichen der Erheblichkeitsschwelle liegt bei EUR 60,00 für eine einzelne Leistung.

Übersicht

I. Vorbemerkung

Die Regelung des § 15 geht ebenfalls auf das schon in der Präambel (Preamble – Ethical Principles) des EFPIA-Kodex verankerte **Transparenzprinzip** zurück. Im Zuge der Kodexnovelle vom 1.12.2011 wurde § 15 an den geänderten damaligen Art. 5 EFPIA-Kodex Patientenorganisationen („Transparency") angepasst. Die Änderung des Art. 5 basierte im Wesentlichen auf dem damals neu eingefügten Art. 6[167] (umgesetzt in § 12 FSA-Kodex Patientenorganisationen), der die gegenseitigen Leistungsbeziehungen zwischen Pharmaunternehmen und Patientenselbsthilfeorganisationen erfasst, so dass letztere folglich in die Veröffentlichungspflicht aus Art. 5 EFPIA-Kodex Patientenorganisationen integriert werden mussten. Absatz 1 S. 1, der auf dem heutigen Art. 24 EFPIA-Kodex beruht, ist bis heute unverändert geblieben und erfasst die Pflicht der Mitgliedsunternehmen, der Öffentlichkeit eine Liste mit den getätigten finanziellen sowie erheblichen indirekten oder nicht-finanziellen Zuwendungen zur Verfügung zu stellen. Satz 2 basiert ebenfalls auf Art. 24 EFPIA-Kodex und trägt außerdem § 12 FSA-Kodex Patientenorganisationen Rechnung, indem er klarstellt, dass auch die im Rahmen des § 12 getätigten **erheblichen entgeltlichen Leistungen** der Offenbarungspflicht des § 15 unterfallen. 185

Absatz 2 spezifiziert die **Offenlegungspflicht** der Unternehmen. Waren sie früher nur verpflichtet, über die Summe der Geld- und Sachzuwendungen zu berichten, gilt dies heute auch für die im Rahmen des § 12 gezahlten **erheblichen Leistungsentgelte.** Wenn nicht-finanziellen Zuwendungen ein Geldwert zugeordnet werden kann, sind auch diese von der Offenlegungspflicht erfasst (S. 2). Darüber hinaus ist die Zuwendung oder die ver- 186

[167] Heute Art. 15 EFPIA-Kodex.

tragliche Leistung **so deutlich** zu beschreiben, dass der durchschnittliche Leser die Natur der Zuwendungen oder der Vereinbarung nachvollziehen kann (S. 3). Durch diese ausführliche Formulierung wird der bisher verwendete Begriff der hinreichenden Deutlichkeit innerhalb des Kodex konkretisiert, ohne erst eine entsprechende Leitlinie erlassen zu müssen. Damit wird dem Transparenzgebot noch wirkungsvoller entsprochen. Der im Rahmen der Kodexrevision vom 14.11.2019 eingefügte S. 4[168] sichert die Mitgliedsunternehmen insofern ab, als **vertrauliche Informationen** nicht öffentlich gemacht werden müssen. Absatz 2 S. 5 verfolgt erneut das Ziel möglichst weitgehender Transparenz: Bei erheblichen indirekten Zuwendungen sowie nicht-finanziellen Zuwendungen muss der **Nutzen** für die Organisation der Patientenselbsthilfe **erkennbar** sein. Während ein solcher Nutzen im Rahmen von finanziellen Unterstützungen ohne weiteres nachvollziehbar ist, kann dies bei Zuwendungen, denen kein finanzieller Wert zugeordnet werden kann, zweifelhaft sein. Die Vorschrift zielt darauf ab, eine etwaige Intransparenz von vornherein zu vermeiden. Klarheit über Art und Umfang der zu veröffentlichenden Informationen schafft die Leitlinie zur Auslegung der Transparenzpflicht bei Zuwendungen und vertraglichen Leistungen.

187 Die in der ersten Fassung des Kodex in Abs. 2 S. 4 und 5 statuierten **Fristen** entsprachen den Festsetzungen in Art. 5 lit. a Fußnote 1 sowie Art. 5 lit. c Fußnote 2 des damaligen EFPIA-Kodex Patientenorganisationen. Nachdem im Zuge der zweiten Novellierung des FSA-Kodex Patientenorganisationen die konkreten Veröffentlichungszeiträume gestrichen und durch die Ermächtigung des Vorstands zur weiteren Bestimmung des Veröffentlichungszeitraums in einer Leitlinie nach § 5 ersetzt wurden,[169] kehrt der FSA nun zu dem Modell konkreter Fristen zurück (S. 6–8). Die Festsetzung des jählichen Veröffentlichungzeitraums vom 20. bis 30.6. eines Jahres (S. 7) entspricht der Festsetzung in Art. 22 Sec. 22.01 EFPIA-Kodex. Von der ausdrücklich anerkannten Abweichungsmöglichkeit hat der FSA damit keinen Gebrauch gemacht. Auch wenn die Veröffentlichung freiwillig früher erfolgt, müssen jedenfalls alle Offenlegungspflichten – auch solche nach dem Transparenzkodex – zeitgleich erfüllt werden (S. 8). Die Sätze 9–11 betreffen die **Art und Weise der Veröffentlichung,** auf einer öffentlich zugänglichen **Website** in der Verantwortung des Unternehmens (S. 9) oder einer europaweiten Website verbundener Unternehmen, sofern ein separater Abruf der Daten des einzelnen Unternehmens möglich ist (S. 10). Die **Vorlage,** die Unternehmen für die Offenlegung nutzen können (S. 11), wird derzeit noch finalisiert, aber zeitnah als Anhang I des FSA-Kodex Patientenorganisationen zur Verfügung gestellt. Die Veröffentlichungspflicht der Liste über Zuwendungen bleibt unverändert fortbestehen.

188 Absatz 3 basiert auf Art. 13 Sec. 13.03 EFPIA-Kodex. Absatz 4 basiert auf Art. 22 Sec. 22.01 lit. ii EFPIA-Kodex, wo auf die Einwilligung der **Patientenselbsthilfeorganisation** hingewiesen wird. Absatz 5 wiederung basiert auf Annex C des EFPIA-Kodex. Absatz 6 entspricht der mit „Methodology" überschriebenen Passage am Ende des Art. 24 EFPIA-Kodex. In § 13 FSA-Transparenzkodex aF war bereits eine vergleichbare Regelung enthalten.

II. Unterrichtung der Öffentlichkeit durch Mitgliedsunternehmen (Abs. 1)

189 Absatz 1 Satz 1 trifft eine **differenzierende Regelung** zwischen **finanziellen** und **nicht-finanziellen Zuwendungen.** Finanzielle Zuwendungen lösen stets die Veröffentlichungspflichten des § 15 aus, dies unabhängig davon, ob eine bestimmte **Wertschwelle** erreicht wird. Bei nicht-finanziellen oder indirekten Zuwendungen besteht eine Unter-

[168] Auch dessen Inhalt entspricht Art. 24 EFPIA-Kodex.

[169] Dadurch sollte die Möglichkeit geschaffen werden, flexibel und zeitnah auf den Ausgang des Konsolidierungsprozesses hinsichtlich der drei EFPIA Kodizes (EFPIA HCP/HCO Disclosure Code, EFPIA PO Code, EFPIA HCP Code) in Bezug auf die Veröffentlichungszeitpunkte von Zuwendungen reagieren zu können.

richtungsverpflichtung nur dann, wenn diese als **„erheblich"** anzusehen sind. Zur Konkretisierung dieses Begriffs ist die gemäß Abs. 5 erlassene Leitlinie heranzuziehen. Danach sind indirekte Zuwendungen solche, bei denen **geldwerte Leistungen** durch Dritte (etwa beauftragte Agenturen) erbracht werden. Im Gegensatz hierzu werden bei nicht-finanziellen Zuwendungen geldwerte Leistungen durch die Mitgliedsunternehmen selbst erbracht.

Ob die **Erheblichkeitsschwelle** erreicht wird, kann nur im Einzelfall beurteilt werden. **190**
Hierbei ist davon auszugehen, dass erhebliche Leistungen solche sind, die „geldwerten" Charakter haben und den in der Leitlinie festgelegten Schwellenwert von **60 Euro** überschreiten. Entscheidend ist also zunächst, ob die Erbringung solcher Leistungen im Geschäftsverkehr üblicherweise nur gegen Entgelt erwartet werden kann. Demgegenüber werden reine Gefälligkeiten, wie sie auch im Wirtschaftsleben allgemein üblich sein können und deren Erbringung auch ohne finanzielle Gegenleistung als sozialadäquat anzusehen ist, nicht erfasst (vgl. hierzu das Beispiel unter → Rn. 161). Entscheidend sind somit die tatsächlichen Usancen und die hierauf bezogenen gesellschaftlichen Vorstellungen, die ihrerseits einem gewissen Wandel unterliegen können. Die Übernahme von Kosten bei fachbezogenen Veranstaltungen (Verpflegung, Raummiete, Referentenhonorare etc) dürfte regelmäßig die Erheblichkeitsschwelle von **60 Euro** erreichen und damit zu einer Veröffentlichungspflicht führen.

Die Regelung des Abs. 1 S. 1 gebietet, dass Mitgliedsunternehmen ihre **finanzielle** **191**
Unterstützung oder sonstige erhebliche Förderung von Organisationen der Patientenselbsthilfe gegenüber der Öffentlichkeit **transparent** machen müssen. Die Mitgliedsunternehmen müssen dazu der Öffentlichkeit eine **Liste** der von ihnen geförderten **Organisationen** der Patientenselbsthilfe zur Verfügung stellen. Sie müssen zudem gemäß Abs. 2 S. 1 jährlich über die **Summe der Geld- und Sachzuwendungen** berichten. Dabei ist die **konkrete Summe** zu beziffern. Eine Einteilung in Spannbreiten, wie zB „1000 bis 5000 Euro" oder „über 5000 Euro" reicht nicht aus, um dem hier zum Ausdruck kommenden Transparenzprinzip zu genügen.[170] Die Nennung der Gesamtsumme, gestaffelt pro Kalenderjahr und pro Patientenorganisation, ist ausreichend. Sachzuwendungen sind mit ihrem Marktwert zzgl. Mehrwertsteuer anzusetzen. In der Praxis gehen bereits heute einige Unternehmen über diesen Mindeststandard hinaus, indem weitergehend auch das konkret geförderte Projekt und der Verwendungszweck sowie der prozentuale Anteil der Fördersumme am Gesamtbudget der Organisation offengelegt werden.[171] Geld- und Sachzuwendungen, die an ausländische Patientenselbsthilfeorganisationen im In- oder Ausland gewährt werden, sind ebenfalls in den Bericht einzubeziehen. Denn gemäß § 1 Abs. 3 gelten die Verpflichtungen des FSA-Kodex Patientenorganisationen auch für die Zusammenarbeit der Mitgliedsunternehmen mit ausländischen Patientenorganisationen. Der im Zuge der Kodexnovelle vom 1.12.2011 neu eingefügte S. 2 erweitert diese Offenbarungspflicht auf die im Rahmen der Verträge nach § 12 erbrachten **erheblichen entgeltlichen Leistungen.** Für diese gelten zur Gewährleistung bestmöglicher Transparenz dieselben Regelungen wie für die Zuwendungen im Sinne des Abs. 1 S. 1; insbesondere müssen die entgeltlichen Leistungen in ihrer **konkreten Summe** angegeben werden.

Der FSA-Kodex Patientenorganisationen zielt somit darauf ab, die **finanziellen Un-** **192**
terstützungs- sowie Vertragsleistungen in Bezug auf die jeweilige Patientenorganisation, die Zuwendungsempfänger bzw. Vertragspartner jährlich **transparent** zu machen. Allein diese Angabe ist allerdings kaum aussagekräftig, wenn die gewährten Zuwendungen nicht in ein **relatives Verhältnis zu den anderen Fördermitteln** gesetzt werden, die diese Patientenselbsthilfeorganisationen empfangen. Die hierfür erforderliche Transparenz und Datenlage ist jedoch regelmäßig nicht gegeben. Solange diese Informationen nicht

---

[170] Entscheidung zu § 14 Abs. 1 FSA-Kodex Patientenorganisationen idF v. 13.6.2008, FS I 2009.7-267,(= PharmR 2009, 578).

[171] Vgl. etwa die Darstellung unter https://de.gsk.com/de-de/patientenorganisationen/transparenz initiative/ (zul. abgerufen am 8.2.2021).

vorliegen, führt auch die von § 15 FSA-Kodex Patientenorganisationen geforderte Unterrichtung der Öffentlichkeit im Ergebnis nicht wirklich dazu, dass der tatsächliche (relative) Umfang der Förderungsleistungen transparent gemacht wird.

193 Der Begriff der finanziellen Unterstützung oder Zuwendung umfasst auch **Sponsoring-Maßnahmen,** bei denen im Gegenzug ein Recht zur Werbung oder Öffentlichkeitsarbeit eingeräumt wird. Denn auch beim Sponsoring überwiegt in der Regel der Charakter einer fördernden Zuwendung.[172] Während früher typische Austauschverhältnisse mit vollständig äquivalenten Gegenleistungen von der Transparenzregelung in § 14 Abs. 1 aF nicht erfasst waren, hat sich dies mit der Einführung des § 12 und § 15 Abs. 1 S. 2 geändert, sodass seither auch die – im Rahmen einer gegenseitigen vertraglichen Leistungsbeziehung erbrachten – erheblichen entgeltlichen Leistungen von der Transparenzverpflichtung erfasst sind.[173]

194 Zu den **Normadressaten** zählen Mitgliedsunternehmen sowie Unternehmen im Sinne von § 1 Abs. 1 S. 1 sowie § 2 Nr. 18. Die Unterrichtungsverpflichtung der inländischen Tochterunternehmen und anderen verbundenen Unternehmen kann auch durch das Mitgliedsunternehmen selbst erfüllt werden. Die Veröffentlichung muss so erfolgen, dass dem Transparenzprinzip Rechnung getragen wird. Bei Zuwendungen im Inland an **inländische Patientenorganisationen** genügt eine Veröffentlichung in Deutschland in deutscher Sprache. Bei Zuwendungen an **ausländische Patientenorganisationen,** die im In- oder Ausland gewährt werden, entspricht es dem Transparenzgedanken, wenn die Veröffentlichung auch für die Angehörigen des Landes zugänglich ist, in dem die Patientenorganisation ihren Sitz hat. Diese Voraussetzung dürfte regelmäßig durch eine Veröffentlichung in Englisch (oder der jeweiligen Landessprache) auf der deutschen Webseite des Mitgliedsunternehmens erfüllt sein.

III. Umfang der Unterrichtungspflichten der Mitgliedsunternehmen (Abs. 2)

195 Durch Abs. 2 werden die **Offenbarungspflichten** weitergehend konkretisiert. Die zuvor in Abs. 1 geregelte Pflicht zur Darlegung der konkreten Summe der Geld- und Sachzuwendungen wurde an den neuen § 12 angepasst und umfasst auch die Offenlegung des konkreten erheblichen entgeltlichen Leistungsbetrages. Satz 2 stellt klar, dass die Offenlegungspflicht auch den Wert von **nicht-finanziellen Zuwendungen** betrifft, wenn diesen ein Geldwert zugeordnet werden kann. Nach S. 3 müssen die Unternehmen künftig den Gegenstand der Zuwendung oder der vertraglichen Leistung so deutlich beschreiben, dass der **durchschnittliche Leser** die Natur der Zuwendungen oder der Vereinbarung nachvollziehen kann. Was einige Unternehmen bereits zuvor überobligatorisch von sich aus praktiziert hatten, nämlich die Angabe des konkret geförderten Projekts oder des Verwendungszwecks, ist nunmehr verpflichtend geworden. Infolgedessen wird die **Transparenz** erheblich gestärkt, da nunmehr nicht nur die Namen des Unternehmens und der Organisation sowie die konkrete Summe, sondern auch der Grund und damit letztlich die Art der konkreten Mittelverwendung offengelegt werden müssen. Diese Verpflichtung ermöglicht darüber hinaus die Eigen- und Fremdkontrolle, ob der jeweilige Vertrag tatsächlich dem von § 12 Abs. 1 S. 1 FSA-Kodex Patientenorganisationen vorausgesetzten Zweck des Gesundheitswesens dient.

196 Ausgenommen von der Offenlegungspflicht sind vertrauliche Informationen (S. 4).

Satz 5 stellt eine zusätzliche Anforderung an die Zuwendungen indirekter bzw. nichtfinanzieller Art, denen sich ein finanzieller Wert nicht zuordnen lässt. Für diese verlangt S. 5,

[172] Zur Differenzierung zwischen voll oder teilweise entgeltlichen Sponsoringverträgen vgl. näher *Schaub* GRUR 2008, 955 mwN.

[173] Vgl. hierzu – auch bei Einschaltung Dritter – LG Nürnberg-Fürth 14.12.2016 – 11 O 5047/16, sowie den zur Berufung in der Sache ergangenen Hinweisbeschluss des OLG Nürnberg 7.11.2017 – 3 U 161/17 (dort: Fachkreise), wo auf den FSA-Transparenzkodex verwiesen wird.

dass der **Nutzen der Zuwendung für die Organisation nach außen hin erkennbar** sein muss. Während der Nutzen einer finanziellen Zuwendung zumeist offensichtlich ist oder zumindest durch die Offenlegung des Gegenstandes nachvollziehbar wird, kann es hieran im Rahmen von nicht finanziellen Zuwendungen fehlen. Da mangelndes Verständnis und unzureichende Informationen der Ursprung von Misstrauen sein können, welches es durch das Transparenzgebot zu bekämpfen gilt, war es von essentieller Bedeutung, auch hier eine nachvollziehbare Grundlage zu schaffen. Parallel zu der Kategorie des Gegenstands oder Verwendungszwecks der finanziellen Zuwendung bzw. der vertraglichen Leistung sollte daher im Rahmen der Zuwendungen ohne finanziellen Wert eine Kategorie geschaffen werden, unter der der Nutzen der Zuwendung kurz dargelegt wird.

Nachdem durch die Revision des FSA-Kodex Patientenorganisationen vom 14.11.2019 **197** die konkreten **Veröffentlichungsfristen** enfallen waren und stattdessen der Vorstand ermächtigt wurde, die Veröffentlichungszeiträume in einer Leitlinie nach § 5 zu bestimmen,[174] werden heute in den S. 6–8 die Fristenregelungen des Art. 22 Sec. 22.01 EFPIA-Kodex eins-zu-eins übernommen. Demnach müssen zwischen dem 20. und dem 30.6. eines Jahres die Summe der Geld- und Sachzuwendungen sowie all jener erheblichen vertraglichen Entgelte offenbart werden, deren Vertragsschluss in das Vorjahr fiel und deren Auszahlung des Leistungsentgelts bis zum 31.12. des Vorjahres erfolgt ist. Demzufolge kommt es für die Erfassung vertraglicher Zahlungen auf zweierlei an: Zum einen muss der Vertragsschluss in den Berichtszeitraum (Def. § 2 Nr. 4) fallen, zum anderen muss auch die Auszahlung des vertraglich vereinbarten Entgeltes im Berichtszeitraum erfolgt sein. Die Aktualisierung der veröffentlichten Listen folgt einem jährlichen Turnus, bei dem der jeweilige Berichtszeitraum das Kalenderjahr vom 1.1 bis 31.12 umschreibt. Die im Berichtszeitraum gesammelten Daten müssen von den Unternehmen zwischen dem 20. und dem 30.6 des Folgejahres, spätestens jedoch 6 Monate nach Ende des Berichtszeitraums, veröffentlicht werden. Dieser Zeitraum bietet den Unternehmen trotz der Nennung genauer Daten eine gewisse **Flexibilität.** Dass Unternehmen den Bericht auch früher veröffentlichen können, erhöht diese Flexibilität noch einmal. Allerdings müssen dann alle Offenlegungspflichten, auch die nach dem FSA-Transparenzkodex, zeitgleich erfüllt werden. Schließlich dient die Einführung der neuen Fristenregelung zumindest auch der **Vereinheitlichung** der beiden Kodizes in dieser Hinsicht. Wenn nicht nationale Regelungen oder Vorschriften eine kürzere Frist anordnen oder datenschutzrechtliche Regelungen entgegenstehen, muss der Bericht für einen Zeitraum von **mindestens 3 Jahren öffentlich zugänglich** bleiben.

In den Sätzen 9–11 werden die genauen Modalitäten der Veröffentlichung geregelt. **198** Demnach hat die Veröffentlichung auf einer öffentlich zugänglichen **Website** in der Verantwortung des Mitgliedsunternehmens zu erfolgen (S. 9). Wenn die Angaben für einzelne Unternehmen dort separat abgerufen werden können, soll eine Veröffentlichung auch auf einer **europaweiten Website verbundener Unternehmen** erfolgen können (S. 10). Dies trägt der zunehmenden Europäisierung Rechnung. Satz 11 verweist schließlich auf die Möglichkeit, für die Offenlegung eine in Anhang I des Kodex zur Verfügung gestellte **Vorlage** zu nutzen. Diese wird derzeit noch finalisiert.

IV. Unterrichtung der Öffentlichkeit durch Organisationen der Patientenselbsthilfe (Abs. 3)

Organisationen der Patientenselbsthilfe sind dem FSA-Kodex Patientenorganisationen **199** nicht unterworfen und können durch diesen daher auch nicht verpflichtet werden. Deshalb

[174] Dies sollte eine flexible und zeitnahe Anpassung an das Ergebnis des Konsolidierungsprozesses hinsichtlich der drei EFPIA Kodizes (EFPIA HCP/HCO Disclosure Code, EFPIA PO Code, EFPIA HCP Code) in Bezug auf die Veröffentlichungszeitpunkte von Zuwendungen ermöglichen.

haben die Mitgliedsunternehmen eine in Abs. 3 näher konkretisierte **Hinwirkungspflicht,** wonach die Organisationen der Patientenselbsthilfe dazu angehalten werden sollen, ihre Unterstützung gegenüber der Öffentlichkeit kenntlich zu machen (zum Rechtscharakter einer Hinwirkungspflicht vgl. näher → Rn. 98 ff.). Zu beachten ist, dass die Offenlegungsfrist der Patientenselbsthilfeorganisationen zeitlich kürzer als die von Mitgliedsunternehmen ist; eine Offenlegung hat bereits **zu Beginn der Unterstützungshandlung** zu erfolgen. Ist die Organisation der Patientenselbsthilfe hierzu nicht bereit und lässt sich die gebotene Transparenz nicht in anderer Weise adäquat herstellen, kann dies einer Zusammenarbeit zwischen den Mitgliedsunternehmen und einer Organisation der Patientenselbsthilfe grundsätzlich entgegenstehen.

V. Gemeinsame Verträge (Abs. 4)

200 Um das **Transparenzprinzip** auch vertraglich abzusichern, schreibt Abs. 4 vor, dass die Verträge der Mitgliedsunternehmen mit Organisationen der Patientenselbsthilfe eine Bestimmung vorzusehen haben, in der das **Einverständnis** der Organisation der Patientenselbsthilfe mit der Veröffentlichung der jährlichen, kumulierten Geld- und Sachzuwendungen sowie der jährlich gezahlten Leistungsentgelte erklärt wird.

VI. Erheblichkeit (Abs. 5)

201 Die Entscheidung, wann eine indirekte oder nicht-finanzielle Zuwendung **erheblich** ist bzw. wann ein gezahltes Leistungsentgelt iSd § 12 erheblich ist, wird durch eine **Leitlinie** des Vorstandes nach § 5 FSA-Kodex Patientenorganisationen getroffen. Dabei ist ein Schwellenwert von 60 Euro festgelegt worden. Indirekte oder nicht-finanzielle Zuwendungen bzw. Leistungsentgelte unterhalb dieses Schwellenwertes, wie sie im Rahmen der Üblichkeit und Sozialadäquanz gewährt werden, sind daher nicht als erheblich anzusehen. Diese Leitlinie dient neben der Bestimmung des Begriffs „erheblich" nach Abs. 1 und Abs. 2 aus den oben genannten Gründen (vgl. → Rn. 160 ff.) auch dem des Begriffs „erheblich" nach § 11 Abs. 1 FSA-Kodex Patientenorganisationen.

VII. Hinweise zur Methodik (Abs. 6)

202 Nach dem neu eingeführten Abs. 6 veröffentlichen die Mitgliedsunternehmen zusammenfassende **Hinweise zu der Methodik,**[175] die sie bei der Identifizierung der relevanten Zuwendungen und der Erstellung des Berichts angewandt haben. Eine entsprechende Verpflichtung enthielt auch bereits § 13 FSA-Transparenzkodex aF, sodass auch hier die **Angleichung** der Kodizes zu beobachten ist.

[175] Übernommen aus Art. 24 aE „Methodology" des EFPIA-Kodex.

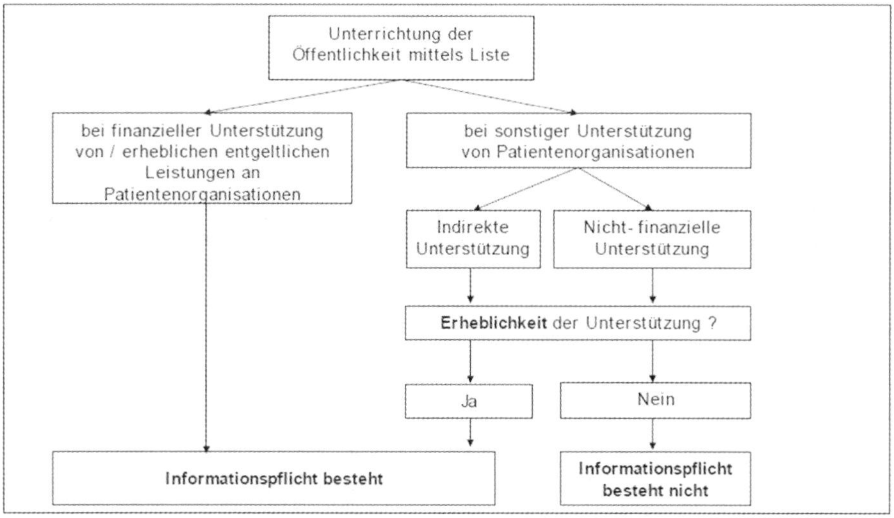

Abb. 25: Unterrichtung der Öffentlichkeit

Checkliste: Unterrichtung der Öffentlichkeit

Folgende Angaben müssen durch das Mitgliedsunternehmen auf einer eigenen öffentlich zugänglichen Website oder auf einer europaweiten Website verbundener Unternehmen veröffentlicht werden:
- Die Summe der finanziellen Zuwendungen pro Patientenselbsthilfeorganisation
- Die Summe der gezahlten erheblichen Leistungsentgelte pro Patientenorganisation ab einem Wert von 60 Euro
- Die Summe aller nicht-finanziellen oder indirekten Zuwendungen ab einem Wert von 60 Euro pro Patientenorganisation
- Der Gegenstand der Zuwendung bzw. der vertraglichen Leistung ist so deutlich zu beschreiben, dass der durchschnittliche Leser die Natur der Zuwendungen oder der Vereinbarung nachvollziehen kann
- Vertrauliche Informationen müssen nicht veröffentlicht werden
- Im Fall von erheblichen indirekten bzw. nicht-finanziellen Zuwendungen ist der Nutzen für die Patientenselbsthilfeorganisation erkennbar darzulegen
- Die Angaben sind jährlich zu aktualisieren
- Zusammenfassende Hinweise zur bei der Identifizierung relevanter Zuwendungen und der Erstellung des Berichts angewandten Methodik
- Zur weiteren Verbesserung der Transparenz könnte zusätzlich der prozentuale Anteil der Zuwendung am Gesamtbudget der Organisation offengelegt werden (nicht zwingend)

Zudem besteht die Hinwirkungspflicht der Mitgliedsunternehmen gegenüber den Patientenselbsthilfeorganisationen, dass diese die Unterstützungsleistungen ihrerseits ebenfalls veröffentlichen.

§ 16 Förderung der Neutralität

Die Mitgliedsunternehmen begrüßen es, wenn Patientenorganisationen Spenden, Sponsoring oder andere Zuwendungen von verschiedenen Seiten erhalten. Die Mitgliedsunternehmen dürfen daher von Organisationen der Patientenselbsthilfe nicht verlangen, dass diese Organisationen dem jeweiligen Unternehmen Exklusivität hinsichtlich der Unterstützung einer solchen Organisation oder ihrer Aktivitäten (einschließlich ihrer Veranstaltungen) einräumen und sich eine solche Exklusivität auch nicht unverlangt einräumen lassen.

Übersicht

I. Vorbemerkung

203 Die Regelung des § 16 geht auf Art. 14 EFPIA-Kodex zurück und soll auch in **wirtschaftlicher Hinsicht das Unabhängigkeitsprinzip** absichern. Diese Unabhängigkeit wäre ernsthaft gefährdet, wenn die Unterstützungsleistung eines Mitgliedsunternehmens gegenüber einer Organisation der Patientenselbsthilfe davon abhängig gemacht werden würde, dass diese sich keiner Unterstützungsleistung konkurrierender Drittunternehmen bedient. Die Änderung der Überschrift der Vorschrift von „Keine Exklusivität" zu „Förderung der Neutralität" im Rahmen der Kodexrevision vom 14.11.2019 verdeutlicht den **Zweck** der Regelung noch einmal.

II. Förderung der Neutralität

204 Der im Rahmen der Kodexrevision vom 14.11.2019 eingefügte S. 1 der Regelung zeigt, dass Patientenorganisationen idealerweise Zuwendungen von verschiedenen Seiten erhalten. Eine Exklusivität der Zusammenarbeit zwischen Mitgliedsunternehmen und Organisationen der Patientenselbsthilfe darf von keiner der beiden Parteien verlangt werden. Eine vertraglich vereinbarte exklusive Bindung an ein einzelnes Mitgliedsunternehmen widerspräche dem **Grundsatz der Unabhängigkeit der Patientenselbsthilfeorganisationen.** Grundsätzlich lassen sich die Ziele von Organisationen der Patientenselbsthilfe besser verwirklichen, wenn eine Berücksichtigung aller verfügbaren Fördermöglichkeiten erfolgt und die Organisation hierfür auch offen bleibt.

205 Das bedeutet aber nicht, dass eine Zusammenarbeit seitens einer Patientenselbsthilfeorganisation mit nur einem Mitgliedsunternehmen stets unzulässig wäre. Dies wird durch die nunmehr erfolgte Anpassung der Überschrift („Förderung der Neutralität" statt „Keine Exklusivität") klargestellt. Vielmehr bedeutet das „Exklusivitätsverbot" nur, dass keine **Verpflichtung** zu einer exklusiven Vereinbarung mit einem einzelnen Mitgliedsunternehmen eingegangen werden darf. Die Entscheidung, ob und mit welchen Mitgliedsunternehmen eine Zusammenarbeit eingegangen wird, liegt allein bei den Verantwortlichen der Patientenselbsthilfeorganisationen. Wenn keine anderen Unternehmen in Betracht kommen oder sich die Organisationen aus sachlichen Gründen faktisch für die Zusammenarbeit mit nur einem Mitgliedsunternehmen entscheiden, wird allein hierdurch das Exklusivitätsverbot **nicht verletzt.** Allerdings setzt eine Verletzung des Exklusivitätsverbots nicht voraus, dass eine entsprechende Verpflichtung schriftlich fixiert werden muss. Ein Verstoß ist vielmehr auch dann gegeben, wenn die fehlende Inanspruchnahme von Unterstützungsleistungen Dritter erkennbar zur (stillschweigenden) Bedingung, zur Begründung oder zum Fortbestand der Zusammenarbeit gemacht wird.

§ 17 Veranstaltungen

(1) Die Mitgliedsunternehmen dürfen Veranstaltungen nur organisieren oder unterstützen, sofern die Auswahl des Tagungsortes und der Tagungsstätte allein nach sachlichen Gesichtspunkten erfolgt. Ein solcher Grund ist beispielsweise nicht der Freizeitwert des Tagungsortes. Tagungsstätten, die für ihren Unterhaltungswert bekannt sind oder als extravagant gelten, sind zu vermeiden.

(2) Im Rahmen von Veranstaltungen ist auch eine angemessene Bewirtung der Mitglieder von Organisationen der Patientenselbsthilfe oder anderer Teilnehmer möglich und zwar unabhängig davon, ob die Veranstaltung von einer Organisation der Patientenselbsthilfe oder einem Mitgliedsunternehmen organisiert wird.

(3) Die Mitgliedsunternehmen dürfen Mitgliedern von Organisationen der Patientenselbsthilfe oder anderen Teilnehmern, die solche Veranstaltungen besuchen, im Hinblick auf den Hauptzweck der Veranstaltung einen angemessenen Kostenbeitrag erstatten. Unterhaltungs- und Freizeitprogramme (z. B. Theater, Konzert, Sportveranstaltungen) der Teilnehmer dürfen weder finanziert noch organisiert werden. Sofern es sich bei den in Satz 1 genannten Mitgliedern oder anderen Teilnehmern um HCP handelt, ist neben diesem Kodex auch der FSA-Kodex Fachkreise zu beachten. Die Einladung oder die Übernahme von Kosten darf sich bei Veranstaltungen nicht auf Begleitpersonen der Mitglieder von Organisationen der Patientenselbsthilfe oder der anderen Teilnehmer beziehen, es sei denn das betreffende Mitglied oder der andere Teilnehmer ist aufgrund einer Erkrankung oder Behinderung auf die Unterstützung von Begleitpersonen zwingend angewiesen.

(4) Die Organisation, Durchführung und/oder Unterstützung von Internationalen Veranstaltungen oder die Zahlung von Kostenbeiträgen für deren Teilnehmer ist nur zulässig, wenn

1. die Mehrzahl der Teilnehmer aus einem anderen Land als dem kommt, in dem das Mitgliedsunternehmen seinen Sitz hat, oder

2. an dem Veranstaltungsort notwendige Ressourcen oder Fachkenntnisse zur Verfügung stehen

und angesichts dessen jeweils logistische Gründe für die Wahl des Veranstaltungsortes in einem anderen Land sprechen.

(5) Sofern Referenten im Auftrag von Mitgliedsunternehmen Vorträge halten, gelten Abs. 2 und 3 entsprechend, wobei zusätzlich ein angemessenes Honorar übernommen werden darf. Für die bloße Teilnahme an einer Veranstaltung darf Mitgliedern von Organisationen der Patientenselbsthilfe keine Vergütung gezahlt werden.

(6) Zur Auslegung der Begriffe „angemessen", „für ihren Unterhaltungswert bekannt" und „extravagant" im Sinne dieser Bestimmung erlässt der Vorstand des FSA verbindliche Leitlinien nach § 5.

Leitlinie

des Vorstandes des FSA gemäß § 5 zur Auslegung des Begriffs „für ihren Unterhaltungswert bekannt" (§ 17 Abs. 1 i. V. m. § 17 Abs. 6)
(Stand: 18. Juli 2012)

Nach § 17 Abs. 1 muss die Auswahl des Tagungsortes und der Tagungsstätte bei von Mitgliedsunternehmen organisierten oder unterstützten Veranstaltungen nach sachlichen Gesichtspunkten erfolgen. Tagungsstätten, die für ihren Unterhaltungswert bekannt sind, sind zu vermeiden.

Tagungsstätten sind „für ihren Unterhaltungswert bekannt", wenn dort gewöhnlich Veranstaltungen stattfinden wie etwa Shows, Varietés, Musik- und Kinodarbietungen, Fahrattraktionen oder Glücksspielveranstaltungen. Aus diesem Grund kommen auch Tagungsstätten nicht in Betracht, die zwar über eine geeignete Konferenzausstattung verfügen, sich jedoch etwa auf dem Gelände eines Freizeitparks befinden. Die Auslegung des Begriffs deckt sich insoweit mit der Auslegung des gleichlautenden Begriffs im FSA-Kodex Fachkreise (§ 20 Abs. 3 Satz 4).

Leitlinie

gemäß § 5 i. V. m. § 17 Abs. 6 zur Auslegung des Begriffs „extravagant" (§ 17 Abs. 1)
(Stand: 18. Juli 2012)

Nach § 17 Abs. 1 Satz 1 muss die Auswahl des Tagungsortes und der Tagungsstätte allein nach sachlichen Gesichtspunkten erfolgen. Gemäß § 17 Abs. 1 Satz 2 sind Tagungsstätten zu vermeiden, die als extravagant gelten.

Unter „extravagant" sind Tagungsstätten zu verstehen, die sich nicht in erster Linie als typisches Geschäfts- oder Konferenzhotel auszeichnen, sondern bei denen eine besonderes luxuriöse oder ausgefallene Ausstattung eindeutig im Vordergrund steht. „Extravagant" sind auch solche Tagungsstätten, die zwar für Tagungsstätten geeignet sind, bei denen aber gleichzeitig der Erlebnischarakter auf Grund der Gestaltung und der vorhandenen Einrichtungen den Eindruck erwecken muss, die Tagungsstätte sei nicht auf Grund der Konferenzmöglichkeiten, sondern vor allem auf Grund ihres Erlebnischarakters ausgewählt

worden. „Extravagante" Tagungsstätten zeichnen sich in der Regel auch dadurch aus, dass sie sich preislich in den oberen Rängen bewegen. Die Auslegung des Begriffs deckt sich insoweit mit der Auslegung des gleichlautenden Begriffs im FSA-Kodex Fachkreise (§ 20 Abs. 3 Satz 4).

Leitlinie

gemäß § 5 i. V. m. § 17 Abs. 6 zur Auslegung des Begriffs „angemessene Bewirtung" (§ 17 Abs. 2) (Stand: 18. Juli 2012)

Bei Veranstaltungen ist eine angemessene Bewirtung der Mitglieder von Organisationen der Patientenselbsthilfe zulässig.

Die „Bewirtung" ist „angemessen" und überschreitet einen „angemessenen Rahmen" nicht, sofern diese sozialadäquat ist. Als Orientierungsgröße für eine noch angemessene Bewirtung ist bei Bewirtungen im Inland ein Betrag von etwa EUR 60,00 anzusehen (Stand: Juli 2008).

Bei einer Bewirtung im Ausland sollte sich die Angemessenheit der Bewirtung am Maßstab der geltenden steuerlichen Pauschbeträge für Verpflegungsmehraufwendungen im Ausland orientieren, da hierdurch ein gegebenenfalls bestehendes höheres Preisniveau abgebildet wird. Die Angemessenheit einer Bewirtung im Ausland kann insofern durch einen Vergleich der insofern geltenden Pauschbeträge mit dem für das Inland geltenden Pauschbetrag ermittelt werden (FS I 2006.8–135). Die oben unter Ziff. 12.2 genannte Orientierungsgröße kann sich daher je nach dem im Ausland bestehenden Preisniveau um einen bestimmten Prozentsatz erhöhen.

Leitlinie

des Vorstandes des FSA gemäß § 5 i. V. m. § 17 Abs. 6 zur Auslegung des Begriffs „angemessene Reisekosten" (§ 17 Abs. 4) (Stand: 18. Juli 2012)

Die Mitgliedsunternehmen dürfen Mitgliedern von Organisationen der Patientenselbsthilfe oder anderen Teilnehmern im Rahmen von Veranstaltungen angemessene Reisekosten erstatten.

Unter „angemessenen Reisekosten" sind Bahntickets (1. Klasse) sowie PKW-Fahrtkosten in Höhe der steuerlich zugelassenen pauschalen Kilometersatz je Fahrtkilometer für Dienstreisen und die Erstattung sonstiger Reisekosten (öffentliche Verkehrsmittel, Taxen) zu verstehen.

Bei Flugreisen ist die Übernahme von Kosten der Economy-Class für innereuropäische Flüge sowie der Business-Class für interkontinentale Flüge angemessen. Die Erstattung von First-Class-Flügen ist hingegen unangemessen.

Bei der Beurteilung der Angemessenheit können auch die „Leitsätze der Selbsthilfe für die Zusammenarbeit mit Personen des privaten und öffentlichen Rechts, Organisationen und Wirtschaftsunternehmen, insbesondere im Gesundheitswesen" einen Anhaltspunkt bieten.

Leitlinie

gemäß § 5 i. V. m. § 17 Abs. 6 zur Auslegung des Begriffs „angemessenes Honorar" (§ 17 Abs. 5) (Stand: 18. Juli 2012)

Mitgliedsunternehmen dürfen für Referenten, die in ihrem Auftrag Vorträge auf Veranstaltungen halten, zusätzlich ein angemessenes Honorar übernehmen.

Nach dem Äquivalenzprinzip müssen Leistung und Gegenleistung in einem angemessenen Verhältnis zueinander stehen. Die Angemessenheit ist danach zu beurteilen, was konkret in Bezug auf die jeweilige Referententätigkeit für die in Frage stehende Veranstaltung als „marktüblich" anzusehen ist. Insoweit gelten keine anderen Maßstäbe als bei der generellen Zusammenarbeit mit Angehörigen der Fachkreise, so dass es auf den jeweiligen Einzelfall ankommt.

Zu berücksichtigen sind hierfür insbesondere:

– Art und Umfang der Referententätigkeit (einschließlich des Aufwands für Vorbereitung, Durchführung und Folgeaktivitäten, wie z. B. Veröffentlichungen etc.),

– Bedeutung und Komplexität des behandelten Themas,
– die fachliche Qualifikation und das Ansehen des Referenten in der Fachöffentlichkeit,
– etwaige Einräumung von Nutzungsrechten an den erstellten Unterlagen und Arbeitsergebnissen.

Für die Bemessung des Honorars darf es demgegenüber keine Rolle spielen, ob der Referent Produkte des Unternehmens bezieht oder Einfluss auf den Bezug von Produkten hat.

Bei der Beurteilung der Angemessenheit können auch die „Leitsätze der Selbsthilfe für die Zusammenarbeit mit Personen des privaten und öffentlichen Rechts, Organisationen und Wirtschaftsunternehmen, insbesondere im Gesundheitswesen" einen Anhaltspunkt bieten.

Übersicht

I. Vorbemerkung

Die Regelung des § 17 basiert auf Art. 10 EFPIA-Kodex und setzt den **Grundsatz der Verhältnismäßigkeit** um. Die Regelungen zur Auswahl des Tagungsortes und der Tagungsstätte (Abs. 1) entsprechen dabei Art. 10 Sec. 10.01, die Vorgaben hinsichtlich einer angemessenen Bewirtung (Abs. 2) den Art. 10 Sec. 10.03, die Begrenzung der Erstattung auf angemessene Reisekosten, notwendige Übernachtungskosten und Teilnahmegebühren dem Art. 10 Sec. 10.04 und die Regelungen zu internationalen Veranstaltungen (Abs. 4) dem Art. 10 Sec. 10.02 EFPIA-Kodex. Absatz 5 S. 1 hat keine Entsprechung im EFPIA-Kodex und stellt eine – grundsätzlich zulässige – Verschärfung der Anforderungen des EFPIA-Kodex dar. Abs. 5 S. 2 entspricht Art. 13 Sec. 13.01 S. 2 EFPIA-Kodex. Absatz 6 gibt dem Vorstand auf, zur Auslegung der Begriffe „angemessen", „für ihren Unterhaltungswert bekannt" und „extravagant" eine verbindliche Leitlinie nach § 5 zu erlassen. Dadurch wird Annex C des EFPIA-Kodex umgesetzt. **206**

Die Regelung in § 17 ähnelt insoweit den Vorgaben für die Einladung zu berufsbezogenen wissenschaftlichen (Fortbildungs-)Veranstaltungen durch § 20 FSA-Kodex Fachkreise, ohne diesen jedoch in jeder Hinsicht voll zu entsprechen. So dürfen bei **internen Fortbildungsveranstaltungen** ebenfalls „Reise- und notwendige Übernachtungskosten" übernommen werden. Dabei wird in § 20 Abs. 2 FSA-Kodex Fachkreise ausdrücklich angeordnet, dass Unterhaltungs- und Freizeitprogramme (zum Beispiel Theater, Konzert, Sportveranstaltungen) weder finanziert noch organisiert werden dürfen. Bei **externen Fortbildungsveranstaltungen** darf zudem eine Kostenübernahme nur erfolgen, wenn bei der Veranstaltung sowohl ein Bezug zum Tätigkeitsgebiet des Mitgliedsunternehmens als auch zum Fachgebiet des Veranstaltungsteilnehmers vorliegt (§ 20 Abs. 4 FSA-Kodex Fachkreise). Ferner findet sich in § 20 Abs. 7 FSA-Kodex Fachkreise ein ausdrückliches Verbot der Einladung oder Kostenübernahme von und für Begleitpersonen (einschließlich Bewirtungen). Von diesem Verbot ausgenommen sind solche Begleitpersonen, auf deren Unterstützung der HCP wegen einer Erkrankung oder Behinderung **zwingend angewiesen** ist. Die Honorierung der aktiven Teilnahme an Fortbildungsveranstaltungen unterliegt ferner den Regelungen zur vertraglichen Zusammenarbeit mit Angehörigen der Fachkreise (vgl. § 20 Abs. 11 iVm § 18 FSA-Kodex Fachkreise). **207**

208 Vor dem Hintergrund der fehlenden (vollständigen) Deckungsgleichheit von § 17 FSA-Kodex Patientenorganisationen mit § 20 FSA-Kodex Fachkreise stellt sich die Frage des **Konkurrenzverhältnisses.** In praktischer Hinsicht dürften allerdings Überschneidungen nur selten relevant sein, da es sich insoweit um unterschiedliche Zielgruppen handelt. Veranstaltungen mit Patientenselbsthilfeorganisationen im Sinne von § 17 FSA-Kodex Patientenorganisationen dürften in den seltensten Fällen zugleich auch die Voraussetzungen einer berufsbezogenen wissenschaftlichen (Fortbildungs-)Veranstaltung im Sinne von § 20 FSA-Kodex Fachkreise erfüllen (und umgekehrt). Eine normative Grenze ergibt sich auch daraus, dass nach § 20 Abs. 2 und Abs. 5 FSA-Kodex Fachkreise der berufsbezogene wissenschaftliche Charakter im Vordergrund stehen muss, während sich die Zusammenarbeit der Pharmaunternehmen mit Organisationen der Patientenselbsthilfe an deren Zielen (Bedürfnisse und Interessen von behinderten, kranken, pflegebedürftigen Menschen sowie ihren Angehörigen) ausrichten muss.

209 Der Kreis der denkbaren „Mischveranstaltungen" dürfte daher von vornherein sehr begrenzt sein. In Ermangelung einer **ausdrücklichen Kollisionsregel** wird man bei den verbleibenden Fallgestaltungen von der parallelen Geltung beider Kodizes auszugehen haben. Damit ist in diesen Fällen die **jeweils strengere Regelung** zur Anwendung zu bringen. Werden Veranstaltungen mit Organisationen der Patientenselbsthilfe organisiert oder durchgeführt, bei denen die Mitglieder der Organisationen der Patientenselbsthilfe zugleich zu den Angehörigen der Fachkreise zählen, stellt Abs. 3 S. 3 ausdrücklich klar, dass beide Kodizes zur parallelen Anwendung gelangen („Prinzip der Doppelschranke").

II. Auswahl des Tagungsorts (Abs. 1)

210 Die Mitgliedsunternehmen dürfen Veranstaltungen nur dann organisieren oder unterstützen, wenn die Auswahl des Tagungsortes und der Tagungsstätte allein nach **sachlichen Gesichtspunkten** erfolgt. Seit der Kodexrevision vom 14.11.2019 wird in S. 2 klargestellt, dass der **Freizeitwert** des Tagungsortes kein solcher Gesichtspunkt ist. Hierbei handelt es sich um eine weitere Angleichung an den FSA-Kodex Fachkreise. Tagungsstätten, die für ihren Unterhaltungswert bekannt sind oder als extravagant gelten, sind insgesamt zu vermeiden.

211 Die Regelung lehnt sich an § 20 Abs. 3 S. 2 FSA-Kodex Fachkreise an, welcher ebenfalls die Auswahl des Tagungsortes und der Tagungsstätte nach allein sachlichen Gesichtspunkten vorschreibt (vgl. → Kap. 14 Rn. 237). Die Veranstaltungen müssen **tatsächlich geeignet** sein, die **Erfüllung der Ziele und Aufgaben der Patientenorganisationen zu fördern.** Aus diesem Grund sind Tagungsstätten, die für ihren Unterhaltungswert bekannt sind oder als extravagant gelten, zu vermeiden. Die Begriffe „für ihren Unterhaltungswert bekannt", „extravagant" und „angemessene Bewirtung" sind durch eine Leitlinie des Vorstands näher konkretisiert worden. Die Auslegung deckt sich insoweit mit den gleichlautenden Begriffen in § 20 Abs. 3 S. 4 bzw. § 20 Abs. 2 S. 2 FSA-Kodex Fachkreise. Aufgrund der Unabhängigkeit der Patientenselbsthilfeorganisationen haben diese über die Auswahl des Tagungsortes oder der Tagungsstätte selbst zu entscheiden; Mitgliedsunternehmen haben also auf die Auswahl keinen Einfluss. Genügen Tagungsort und Tagungsstätte jedoch nicht den vorstehend genannten Anforderungen, dürfen Mitgliedsunternehmen solche Veranstaltungen weder organisieren noch unterstützen.

III. Bewirtung (Abs. 2)

212 Eine Bewirtung von Mitgliedern von Organisationen der Patientenselbsthilfe oder anderen Veranstaltungsteilnehmern ist in einem **„angemessenen Rahmen"** zulässig. Auch diese Formulierung ist an den FSA-Kodex Fachkreise angelehnt, welcher in § 20 Abs. 2 eine entsprechende Regelung enthält (vgl. → Kap. 14 Rn. 222ff., 324, 327). Der Begriff

der „angemessenen Bewirtung“ ist ebenfalls durch eine **Leitlinie** konkretisiert worden.[176] Die Grenze der Angemessenheit gilt **unabhängig** davon, ob die Veranstaltung von einer Organisation der Patientenselbsthilfe oder einem Mitgliedsunternehmen organisiert wird. Es erfolgt also keine Differenzierung zwischen internen und externen (also lediglich finanziell unterstützten) Veranstaltungen.

IV. Erstattung von Kosten (Abs. 3)

Die Mitgliedsunternehmen dürfen Mitgliedern von Organisationen der Patientenselbst- 213
hilfe oder anderen Teilnehmern, die solche Veranstaltungen besuchen, im Hinblick auf den Hauptzweck der Veranstaltung einen **angemessenen Kostenbeitrag** (§ 2 Nr. 15) erstatten. Da auch diese Regelung ihren Ursprung in § 20 FSA-Kodex Fachkreise findet, ist insoweit eine parallele Auslegung geboten. Hinsichtlich der „Angemessenheit“ der Reisekosten ist die vom Vorstand erlassene Leitlinie zugrunde zu legen. Sofern es sich bei den Teilnehmern auch um Angehörige der Fachkreise handelt, ist neben dem FSA-Kodex Patientenorganisationen auch der FSA-Kodex Fachkreise zu beachten. In diesem Fall kommen dann die Regelungen des § 20 FSA-Kodex Fachkreise direkt zur Anwendung (vgl. hierzu → Rn. 208f.). Im Zuge der Kodexnovelle vom 1.12.2011 wurde Abs. 3, basierend auf dem geänderten Art. 8 EFPIA-Kodex Patientenorganisationen[177], erweitert. So wurde mit S. 2 ein generelles Verbot der Finanzierung und Organisation von Unterhaltungs- und Freizeitprogrammen, wie beispielsweise Theater-, Konzertbesuche oder Sportveranstaltungen, eingeführt. Auch unter der Altfassung war jedoch bereits die ausschließliche Finanzierung oder Veranstaltung von reinen Unterhaltungs- und Freizeitprogrammen untersagt, sodass der S. 2 letztlich der Klarstellung dient. Absatz 3 verlangt, dass die Unterstützung sachlich-neutral erfolgt, dh es dürfen keine zusätzlichen Anreize geschaffen, sondern lediglich die Teilnahme an sich unterstützt werden. Es gilt **jede unsachliche Beeinflussung zu vermeiden,** da eine solche geeignet sein kann, die Unabhängigkeit und Neutralität der Patientenselbsthilfeorganisationen zu erschüttern. Darüber hinaus erfolgt die Änderung auch aus Gründen der **Einheitlichkeit der Regelwerke** des FSA, da auch § 20 Abs. 2 FSA-Kodex Fachkreise ein ausdrückliches Verbot der Unterstützung und Finanzierung von Freizeit- und Unterhaltungsprogrammen enthält.

Nach S. 4 darf grundsätzlich die Einladung und Kostenübernahme nicht auf Begleitper- 214
sonen der Mitglieder der Organisationen oder anderer Teilnehmer erstreckt werden, es sein denn, das betreffende Mitglied ist **aufgrund von Krankheit oder Behinderung auf die Unterstützung von Begleitpersonen** zwingend **angewiesen.** Auch dieser Regelung liegt ein Gleichlauf mit dem FSA-Kodex Fachkreise zugrunde, der in § 20 Abs. 7 die Übernahme von Kosten für Begleitpersonen untersagt. Seit der Kodexrevision vom 14.11. 2019 ist auch dort die Ausnahme für Begleitpersonen enthalten, wenn das teilnehmende Mitglied wegen Krankheit oder Behinderung auf die Unterstützung durch diese zwingend angewiesen ist. Diese Ausnahme ergibt sich im Zusammenhang mit Patientenselbsthilfeorganisationen aus dem Umstand, dass sich ein Großteil dieser gerade mit Krankheiten oder Behinderungen befasst, bei denen die Betroffenen regelmäßig auf die Hilfe Dritter angewiesen sind. Dem Interesse, diesen Mitgliedern die Teilnahme und damit die Mitwirkung an Veranstaltungen etc zu ermöglichen, kann nur dadurch bestmöglich entsprochen werden, dass auch für die notwendigen Begleitpersonen die Kosten übernommen werden dürfen. Durch die Angleichung des FSA-Kodex Fachkreise im Zuge der Novellierung wird auch HCP, die aufgrund einer Erkrankung oder Behinderung zwingend auf die Unterstützung durch Begleitpersonen angewiesen sind, die Teilnahme an Veranstaltungen ermöglicht.

---

[176] Leitlinie zur Auslegung von § 20 Abs. 2 S. 2 FSA-Kodex Fachkreise.
[177] Heute Art. 10 EFPIA-Kodex.

V. Organisation und Unterstützung von Veranstaltungen im Ausland (Abs. 4)

1. Mehrzahl der Teilnehmer aus einem anderen Land (Abs. 4 Nr. 1)

215 Veranstaltungen, die außerhalb des Landes stattfinden, in dem das Mitgliedsunternehmen seinen Sitz hat (Internationale Veranstaltungen, § 2 Nr. 13), dürfen durch das Mitgliedsunternehmen nur unter **zusätzlichen,** in Abs. 4 aufgeführten Voraussetzungen organisiert oder unterstützt werden. Eine Förderung durch Organisation, Unterstützung oder Übernahme von Teilnahmegebühren ist nach Abs. 4 Nr. 1 in diesen Fällen nur dann zulässig, wenn die **Mehrzahl der Teilnehmer nicht aus dem Land** kommt, in dem das Mitgliedsunternehmen seinen **Sitz** hat. Dahinter steht die Erwägung, dass die überwiegende Rekrutierung der Teilnehmer aus dem Ausland einen sachlichen Grund darstellt, die im Ausland stattfindenden Veranstaltungen zu unterstützen. Eine entsprechende Regelung findet sich in § 20 Abs. 8 Nr. 1 FSA-Kodex Fachkreise (→ Kap. 14 Rn. 262).

2. Notwendige Ressourcen oder Fachkenntnisse (Abs. 4 Nr. 2)

216 Als zweite Ausnahmebestimmung sieht Abs. 4 Nr. 2 vor, dass eine Unterstützung von ausländischen Veranstaltungen erfolgen darf, wenn an dem ausländischen Veranstaltungsort notwendige **Ressourcen oder Fachkenntnisse zur Verfügung stehen.** In § 20 Abs. 8 Nr. 2 FSA-Fachkreise findet sich eine entsprechende Regelung, die Ausführungen dazu gelten auch hier (→ Kap. 14 Rn. 263).

3. „Dreiländergesellschaften"

217 Ein mit **§ 20 Abs. 8 S. 2 FSA-Kodex Fachkreise vergleichbarer Zusatz,** welcher die Organisation oder Unterstützung von sogenannten „Dreiländergesellschaften" erlaubt, ist im FSA-Kodex Patientenorganisationen demgegenüber **nicht vorgesehen.** Wenn man dieser Zusatzregelung (hierzu auch → Kap. 14 Rn. 266) allerdings nur **klarstellende Funktion** zuerkennen wollte, wäre die Förderung von Veranstaltungen von „Dreiländergesellschaften" auch nach dem FSA-Kodex Patientenorganisationen zulässig, soweit hierfür **logistische Gründe** sprechen. Ein sachlicher Grund für eine Ungleichbehandlung von Veranstaltungen, die dem FSA-Kodex Fachkreise einerseits und dem FSA-Kodex Patientenorganisationen andererseits unterfallen, ist unabhängig davon nicht erkennbar, so dass sich jedenfalls die Frage nach einer **analogen Anwendung** stellt.

VI. Teilnahme von Referenten im Auftrag von Mitgliedsunternehmen (Abs. 5)

218 Sofern Referenten im Auftrag von Mitgliedsunternehmen Vorträge halten, gelten die Abs. 2 und 3 entsprechend. Zusätzlich darf jedoch ein **angemessenes Honorar** vereinbart werden. Die Angemessenheit richtet sich nach der vom Vorstand erlassenen Richtlinie. Auch für Referenten ist nur eine **angemessene Bewirtung** nach Abs. 2 gestattet. Sofern es sich bei den Referenten um Angehörige der Fachkreise handelt, sind die Vorschriften des FSA-Kodex Fachkreise (insbesondere § 18) zusätzlich zu beachten. Eine Verpflichtung des Referenten, auf die Förderung bei seinem Beitrag hinzuweisen, besteht nicht. Jedoch muss die Neutralität und Unabhängigkeit der Organisationen der Patientenselbsthilfe bei der Organisation und Durchführung der Veranstaltung beachtet werden (§ 6 Abs. 5), so dass ein (vermeintlich) unabhängiger Referent auch nicht zum Zwecke der (verdeckten) Produktwerbung eingesetzt werden darf. Zudem unterliegt die Übernahme der Referentenkosten den Unterrichtungspflichten des § 15, da es sich hierbei regelmäßig um erhebliche Zuwendungen handeln dürfte. Für die bloße **Teilnahme an einer Veranstaltung** darf Mitgliedern von Organisationen des Patientenselbsthilfe **keine Vergütung** gezahlt werden. Dieser

neue Zusatz in S. 2 basiert auf Art. 13 Sec. 13.01 S. 2 EFPIA-Kodex und ist außerdem in § 12 Abs. 6 FSA-Kodex Patientenorganisationen verankert.

VII. Leitlinien (Abs. 6)

Zur Auslegung der Begriffe **„angemessen"**, **„für ihren Unterhaltungswert bekannt"** und **„extravagant"** im Sinne dieser Bestimmung hat der Vorstand des Vereins verbindliche Leitlinien nach § 5 erlassen. Hierdurch wird – im Rahmen des Möglichen – eine Konkretisierung dieser unbestimmten Rechtsbegriffe vorgenommen. 219

Checkliste: Veranstaltungen

Folgende Gesichtspunkte sind bei der Konzeption, Einladung und Durchführung von Veranstaltungen zu berücksichtigen:
- Programmauswahl und -gestaltung müssen nach sachlichen Gesichtspunkten erfolgen und dokumentiert werden
- Bewirtungen, Reisekosten und Honorare dürfen nur im angemessenen Rahmen gewährt werden
- Der Tagungsort muss aufgrund seiner guten Erreichbarkeit und seines Charakters als typischer Veranstaltungsort gewählt werden
- Handelt es sich um eine Veranstaltung, an der sowohl Mitglieder von Patientenselbsthilfeorganisationen als auch Angehörige der Fachkreise teilnehmen, findet jeweils der strengere Kodex Anwendung
- Eine Übernahme der Kosten von Begleitpersonen ist nur gestattet, wenn das teilnehmende Mitglied auf die Unterstützung von Begleitpersonen wegen Krankheit oder Behinderung zwingend angewiesen ist
- Die bloße Teilnahe an der Veranstaltung darf nicht vergütet werden

§ 17a Spenden an Organisationen der Patientenselbsthilfe

(1) Spenden an Organisationen der Patientenselbsthilfe setzen neben der Einhaltung der einschlägigen gesetzlichen Anforderungen voraus, dass solche Zuwendungen ordnungsgemäß dokumentiert werden, wobei diese Dokumentation für einen Zeitraum von mindestens 5 Jahren nach Beendigung des Vertragsverhältnisses aufzubewahren ist.

(2) Spenden an einzelne Mitglieder von Organisationen der Patientenselbsthilfe sind unzulässig, es sei denn sie sind ansonsten nach diesem Kodex zulässig oder betreffen eine in § 7 Abs. 1 Satz 1 Nr. 2–5 HWG geregelte Ausnahme.

(3) Die Unterstützung von Mitgliedern von Organisationen der Patientenselbsthilfe zur Teilnahme an Veranstaltungen ist Gegenstand von § 17.

Übersicht

I. Vorbemerkung

Die Regelung des § 17a FSA-Kodex Patientenorganisationen wurde im Rahmen der **Kodexrevision** vom 14.11.2019 neu eingefügt. Er setzt § 12 des EFPIA-Kodex um. Zudem ist die Vorschrift angelehnt an § 25 FSA-Kodex Fachkreise. 220

II. Spenden (Abs. 1)

221 Absatz 1 sieht die Möglichkeit von Spenden an Organisationen der Patientenselbsthilfe vor. **Spende** ist gemäß **§ 2 Nr. 24 FSA-Kodex Patientenorganisationen** eine einseitige Gewährung von Geld, Geldwerten Leistungen, Sachzuwendungen oder erheblichen nichtfinanziellen Zuwendungen durch die Mitgliedsunternehmen an Organisationen der Patientenselbsthilfe, wobei diese Zuwendungen kein Entgelt für eine bestimmte Leistung darstellen. Spenden können nur für gemeinnützige oder vergleichbare Zwecke (wie etwa für Zwecke des Gesundheitswesens wie Forschung, Lehre, Aus- und Weiterbildung) dienen und nur an gemeinnützige Organisationen erbracht werden. Neben der Einhaltung der einschlägigen gesetzlichen Anforderungen sieht die Bestimmung vor, dass eine ordnungsgemäße **Dokumentation** zu erfolgen hat.

1. Einhaltung der gesetzlichen Anforderungen

222 Die Einhaltung der **gesetzlichen Vorschriften** bei Spenden an Organisationen der Patientenselbsthilfe ist selbstverständlich. Daher ist diese Bestimmung als Voraussetzung für eine Spende in Abs. 1 lediglich **klarstellender Natur.**

2. Ordnungsgemäße Dokumentation

223 Die Spende muss von dem Mitgliedsunternehmen ordnungsgemäß dokumentiert werden. Diese Vorgabe dient zum einen der **Transparenz** und zum anderen auch der **Aufklärung,** da die Dokumentation über 5 Jahre nach Beendigung des Vertragsverhältnisses aufzubewahren ist.

III. Unzulässige Spenden (Abs. 2)

224 Spenden an **einzelne Mitglieder** von Organisationen der Patientenselbsthilfe sind nach Abs. 2 grundsätzlich unzulässig. Eine Ausnahme von diesem Grundsatz gilt für nach diesem Kodex ansonsten zulässige Zuwendungen oder solche, die eine in § 7 Abs. 1 S. 1 Nr. 2–5 HWG geregelte Ausnahme betreffen. Der Begriff der Spende erfasst auch bestimmte Geld- und Sachzuwendungen, die auch Geschenke im Sinne von § 10a FSA-Kodex Patientenorganisationen sind. Die Begriffe **„Spende"** und **„Geschenk"** sind jedoch **weder austauschbar noch synonym** zu verwenden. Vielmehr ist zwischen beiden Begriffen zu trennen. Nach § 10a FSA-Kodex Patientenorganisationen sind nur Geschenke an Repräsentanten von Organisationen der Patientenselbsthilfe grundsätzlich unzulässig, sodass Geschenke an einzelne Mitglieder von Organisationen der Patientenselbsthilfe, die keine Repräsentanten von Organisationen der Patientenselbsthilfe im Sinne der Definition in § 2 Nr. 23 FSA-Kodex Patientenorganisationen sind, zulässig sind.

225 Dass Spenden an einzelne Mitglieder von Organisationen der Patientenselbsthilfe weder gewährt werden dürfen noch können, ist im Übrigen (jedenfalls in Deutschland) eine Selbstverständlichkeit. Die Geld- oder Sachzuwendungen werden einseitig, nicht als Entgelt für eine bestimmte Leistung und **zur Förderung bestimmter im allgemeinen Interesse liegender Zwecke,** nämlich zB gemeinnützige Zwecke oder Zwecke des Gesundheitswesens wie Forschung, Lehre, Aus- und Weiterbildung erfolgen. Der Empfänger der Spende muss per definitionem eine (gemeinnützige) Organisation (in Deutschland etwa eine inländische juristische Person des öffentlichen Rechts, eine inländische öffentliche Dienststelle oder eine steuerbefreite Körperschaft oder Personenvereinigung) sein. Daher ist es **ausgeschlossen,** dass **natürliche Personen,** beispielsweise einzelne Mitglieder von Organisationen der Patientenselbsthilfe, Empfänger von Spenden sein können.

IV. Veranstaltungen (Abs. 3)

Die Regelung in Absatz 3, wonach sich die Unterstützung von Mitgliedern von Organisationen der Patientenselbsthilfe zur Teilnahme an Veranstaltungen nach § 17 richtet, ist klarstellender Natur. Damit ist gemeint, dass etwa die Einladung einzelner Mitglieder von Organisationen der Patientenselbsthilfe nach § 17 zu beurteilen ist. Handelt es sich dagegen um eine Zweckspende an eine Organisation der Patientenselbsthilfe, damit diese in eigener Verantwortung ihren Mitgliedern die Teilnahme an Veranstaltungen ermöglichen kann, beurteilt sich die **Zulässigkeit dieser Zweckspende** nach § 17a. Allerdings müssen auch in diesen Fällen die Veranstaltungen, deren Besuch mit der Zuwendung unterstützt wird, gewisse Anforderungen erfüllen. Dies ergibt sich aus der Definition von Spende in § 2 Nr. 24, wonach Spenden nur für **gemeinnützige**[178] **oder vergleichbare Zwecke,** (wie etwa für Zwecke des Gesundheitswesens wie Forschung, Lehre, Aus- und Weiterbildung) gewährt werden dürfen. Eine Veranstaltung dient etwa dann jedenfalls nicht Zwecken des Gesundheitswesens, wenn sie Unterhaltungsprogramme enthält (hierzu näher → Kap. 14 Rn. 500ff.). 226

4. Abschnitt: Überwachung und Schulung

§ 18 Überwachung

Die Mitgliedsunternehmen haben geeignete organisatorische Vorkehrungen zu treffen, um die Einhaltung des Kodex sicherzustellen. Hierzu gehört auch die Einrichtung eines geeigneten Genehmigungsprozesses für den Abschluss von Verträgen mit Organisationen der Patientenselbsthilfe.

Übersicht

I. Vorbemerkung

Die Regelung des § 18 setzt Art. 28 **EFPIA-Kodex** um. 227

II. Überwachungsmaßnahmen

Die Vorschrift des § 18 regelt in abstrakt-genereller Weise, dass die Mitgliedsunternehmen Maßnahmen zu treffen haben, um die Einhaltung des FSA-Kodex Patientenorganisationen zu gewährleisten. Danach muss durch organisatorische Vorkehrungen gewährleistet werden, dass der Kodex auch tatsächlich eingehalten wird. Diese organisatorischen Vorkehrungen müssen „geeignet" sein, um dieses Ziel zu erreichen. Wie weit die organisatorischen Vorkehrungen erfolgen müssen, hängt von der **Art der Zusammenarbeit** und dem **jeweiligen Unternehmen** ab. Solange die organisatorischen Vorkehrungen geeignet sind, die tatsächliche Einhaltung des Kodex zu gewährleisten, haben die Mitgliedsunternehmen bei der konkreten Ausgestaltung ein **organisatorisches Ermessen** (→ Kap. 7 Rn. 32).[179] Kommt es **gleichwohl** zu einer Kodexverletzung, bedeutet dies nicht zwangsläufig, dass die organisatorischen Vorkehrungen unzureichend sind. Vielmehr kommt es darauf an, ob der 228

---

[178] Vgl. § 52 Abs. 1 AO: Eine Körperschaft verfolgt „gemeinnützige Zwecke, wenn ihre Tätigkeit darauf gerichtet ist, die Allgemeinheit auf materiellem, geistigem oder sittlichem Gebiet selbstlos zu fördern". Abs. 2 enthält eine unvollständige Aufzählung beispielhafter gemeinnütziger Zwecke.

[179] Siehe hierzu ausführlich *Dieners* FS Doepner, 2008, 181ff.

Verstoß auf ein „Systemversagen" zurückzuführen ist oder sich als eine Art „unvermeidbarer Ausreißer" darstellt, der auch bei gut funktionierenden Überwachungsprozessen nie ganz auszuschließen ist. Unabdingbares Erfordernis einer hinreichenden Überwachung ist jedoch die Einrichtung eines geeigneten Genehmigungsprozesses für den Abschluss von Verträgen mit Organisationen der Patientenselbsthilfe. Obwohl der EFPIA-Kodex heute keine dem ehemaligen Art. 2 S. 4 EFPIA-Kodex Patientenorganisationen[180] entsprechende Regelung mehr enthält (vgl. ansonsten Art. 21 Sec. 21.03), wurde die entsprechende Regelung des FSA-Kodex Patientenorganisationen bei der Kodexrevision vom 14.11.2019 unverändert beibehalten. Damit handelt es sich hier um eine grundsätzlich **zulässige Verschärfung der europäischen Vorgaben** durch eine Konkretisierung der „geeigneten organisatorischen Vorkehrungen".

§ 19 Verpflichtung und Schulung von Mitarbeitern und beauftragten Dritten

(1) Die Mitarbeiter des Mitgliedsunternehmens müssen mit den Verpflichtungen, die die Unternehmen nach diesem Kodex treffen, sowie allen anwendbaren gesetzlichen Vorschriften vertraut sein. Die Unternehmen sind dafür verantwortlich, dass ihre Mitarbeiter diese Anforderungen einhalten.

(2) Dritte, die die Mitgliedsunternehmen bei Aktivitäten im Rahmen dieses Kodex unterstützen, müssen mit den Anforderungen der anwendbaren Regelungen und einschlägigen Gesetze und Vorschriften vertraut sein.Die Mitgliedsunternehmen haben ihre Mitarbeiter und beauftragte Dritte, die im Bereich der Zusammenarbeit mit Organisationen der Patientenselbsthilfe tätig sind, auf die Einhaltung dieses Kodex zu verpflichten.

(3) Die Mitarbeiter sind ferner über den Inhalt dieses Kodex zu schulen.

(4) Der Verein wird die Mitgliedsunternehmen durch Schulungs- und Beratungsmaßnahmen dabei unterstützen, Kenntnisse über diesen Kodex und seine Auslegung zu erweitern sowie Verstöße gegen den Kodex zu vermeiden.

Übersicht

I. Vorbemerkung

229 Die Regelung des § 19 basiert zwar nicht auf dem ehemaligen EFPIA-Kodex Patientenorganisationen, sondern geht auf den **FSA-Kodex Fachkreise** zurück. Absatz 2 S. 2 entspricht dabei weitgehend § 28 Abs. 1 FSA-Kodex Fachkreise, Abs. 3 dem § 28 Abs. 2 S. 2 FSA-Kodex Fachkreise und Abs. 4 dem § 28 Abs. 2 S. 3 FSA-Kodex Fachkreise. Allerdings enthält heute auch der EFPIA-Kodex Vorgaben zu Schulungen und Pflichtbewusstsein (vgl. Scope, Art. 27 EFPIA-Kodex). Diese Vorgaben haben den FSA zu den Ergänzungen der Abs. 1 und 2 im Rahmen der Kodexrevision vom 14.11.2019 veranlasst.

II. Mitarbeiter der Mitgliedsunternehmen (Abs. 1)

230 Nach dem neu eingefügten Abs. 1 müssen **Mitarbeiter** der Mitgliedsunternehmen sowohl mit den Verpflichtungen des Mitgliedsunternehmens nach diesem Kodex als auch mit

[180] Dort hieß es: „Each pharmaceutical company should have an approval process in place for these agreements."

allen anwendbaren gesetzlichen Vorschriften **vertraut sein** (S. 1). Die **Unternehmen** sind dafür **verantwortlich,** dass die Anforderungen eingehalten werden (S. 2). Hieraus resultieren **Informations- und Überwachungspflichten** der Unternehmen.

III. Verpflichtung Dritter zur Einhaltung des FSA-Kodex Patientenorganisationen (Abs. 2)

Der ebenfalls neu eingefügte Abs. 2 S. 1 stellt klar, dass auch **Dritte,** die die Mitgliedsun- 231
ternehmen bei Aktivitäten im Rahmen dieses Kodex unterstützen, mit den Anforderungen der anwendbaren Regelungen und einschlägigen Gesetze und Vorschriften **vertraut sein** müssen. Auch hier besteht eine **Informationspflicht** der Mitgliedsunternehmen. Absatz 2 S. 2 entspricht dem ersten Teil des § 28 Abs. 1 FSA-Kodex Fachkreise. Danach müssen **Mitarbeiter und Dritte** von den Mitgliedsunternehmen auf die Einhaltung **des Kodex verpflichtet werden,** wenn sie im Bereich der Zusammenarbeit mit Organisationen der Patientenselbsthilfe tätig sind. Die Verpflichtung ist dabei lediglich als **ein Element** anzusehen, welches die Mitgliedsunternehmen im Rahmen der ihnen nach § 18 obliegenden organisatorischen Vorkehrungen vorsehen müssen.

IV. Schulung von Mitarbeitern (Abs. 3)

Die Mitgliedsunternehmen sind verpflichtet, die Mitarbeiter über den Inhalt des FSA- 232
Kodex Patientenorganisationen zu schulen. Bei dieser **Schulungspflicht** darf es sich nicht um eine bloße, formale Unterrichtung handeln. Vielmehr muss ein **Prozess** etabliert werden, der die Mitarbeiter auch **tatsächlich** in die Lage versetzt, die Regelungen zu erfassen und anzuwenden. Dadurch wird gewährleistet, dass die Mitarbeiter **effektiv** befähigt sind, die Regelungen des FSA-Kodex Patientenorganisationen in der unternehmerischen Praxis einzuhalten (vgl. auch die Kommentierung zum FSA-Kodex Fachkreise, → Kap. 14 Rn. 372).

V. Rolle des FSA (Abs. 4)

Der FSA ist aufgefordert, die Mitgliedsunternehmen durch Schulungs- und Beratungs- 233
maßnahmen dabei zu **unterstützen,** die bereits vorhandenen Kenntnisse über den FSA-Kodex Patientenorganisationen und seine Auslegung zu erweitern. Das Ziel dieser unterstützenden Maßnahmen besteht darin, **Verstöße** gegen den Kodex bereits **im Vorfeld zu vermeiden.** In erster Linie ist hier zunächst an eine Schulung über den Inhalt und Anwendungsbereich der Regelungen des Kodex zu denken, dies unter besonderer Berücksichtigung der sich fortlaufend etablierenden Spruchpraxis. Dabei sollten im Zentrum die besonders praxisrelevanten Bestimmungen in §§ 15 und 17 stehen. Die Frage, welche organisatorischen Maßnahmen unternehmensseitig zu ergreifen sind, um eine bestmögliche Einhaltung der Kodexbestimmungen zu gewährleisten, hängt von der jeweiligen Organisationsstruktur des Unternehmens ab und entzieht sich weitgehend der Beratungskompetenz des FSA. Allerdings ist es denkbar, dass dieser aus den gesammelten Erfahrungswerten gewisse Grundsätze im Sinne einer „Best Practice" vermitteln kann, die sich über die Jahre als geeignete und effiziente Maßnahme zur Sicherstellung der Compliance in diesem Bereich erwiesen haben.

§ 20 Fortschreibung des Kodex

Der FSA wird sich regelmäßig mit der Bundesarbeitsgemeinschaft SELBSTHILFE von Menschen mit Behinderung und chronischer Erkrankungen und ihren Angehörigen e. V.

(BAG SELBSTHILFE[181]) als dem maßgeblichen Dachverband der Organisationen der Patientenselbsthilfe in Deutschland mit dem Ziel austauschen, die Regelungen dieses Kodex und deren Durchsetzung im Sinne einer vertrauensvollen Kooperation der Mitgliedsunternehmen mit Organisationen der Patientenselbsthilfe weiter zu entwickeln.

Übersicht

I. Vorbemerkung

234 Die Regelung geht weder auf eine Bestimmung des EFPIA-Kodex noch auf eine Regelung eines anderen FSA-Kodex zurück. Die Regelung ist als eine Art **Absichtserklärung** vor dem Hintergrund des rasch fortschreitenden Wandels der Entwicklung der Selbsthilfebewegung einzustufen. Sie verdeutlicht, dass es sich bei dem FSA-Kodex Patientenorganisationen nicht um ein statisches Regelwerk, sondern um ein Normengeflecht handelt, welches permanent fortentwickelt werden wird.

II. Fortschreibung des Kodex

235 Der FSA-Kodex Patientenorganisationen dient dazu, eine **vertrauensvolle Kooperation** der Mitgliedsunternehmen mit Organisationen der Patientenselbsthilfe zu gewährleisten. Vor diesem Hintergrund enthält die Regelung in § 20 ein ausdrückliches Bekenntnis dazu, dass der Verein „Freiwillige Selbstkontrolle für die Arzneimittelindustrie e.V." sich regelmäßig mit der BAG-SELBSTHILFE als dem maßgeblichen Dachverband austauschen wird, um die Regelungen des Kodex und seiner Durchsetzung fortlaufend zu überprüfen und weiter zu entwickeln. Die Bezugnahme auf die BAG-SELBSTHILFE hat ihren inneren Grund darin, dass in dieser die meisten Organisationen der Selbsthilfe zusammengeschlossen sind und diese damit über den größten Erfahrungsschatz verfügen dürfte, welche Regelungen sich bewährt haben und welche der Überarbeitung oder Anpassung bedürfen. Hierbei handelt es sich um eine prozedurale Selbstbindung des FSA, der – ganz bewusst – kein konkreter materieller Regelungsgehalt zugewiesen worden ist.

5. Abschnitt: Inkrafttreten

Übersicht

I. Inkrafttreten des FSA-Kodex Patientenorganisationen

§ 21 Inkrafttreten

Der Kodex in der von der Mitgliederversammlung am 14. November 2019 verabschiedeten Fassung tritt am selben Tag, jedoch nicht vor der Anerkennung als Wettbewerbsregeln durch das Bundeskartellamt gemäß § 24 Abs. 3 GWB in Kraft.

236 Das Bundeskartellamt hat den Kodex in der vorliegenden Fassung mit Beschluss vom 9.3.2020, zugegangen am 9.3.2020, als **Wettbewerbsregeln** anerkannt.[182]

---

[181] Abrufbar unter www.bag-selbsthilfe.de (zul. abgerufen am 8.2.2021).
[182] Bekannt gemacht im Bundesanzeiger vom 30.3.2020 BAnz. AT 30.3.2020 B6.

Kapitel 16. FSA-Kodex zur Transparenz bei der Zusammenarbeit mit den Angehörigen der Fachkreise und medizinischen Einrichtungen („FSA-Transparenzkodex“)

Literatur: *Beuthien/Gummert/Schöpflin,* Münchener Handbuch des Gesellschaftsrecht, Bd. 5, 4. Aufl., München 2016; *Brink/Wolff,* Beck'scher Online Kommentar Datenschutzrecht, 37. Edition, 2021; *Diener/Broch,* Transparenz schafft Vertrauen und bekämpft Misstrauen – Neue Kodexregelungen zur Zusammenarbeit von forschenden Arzneimittelherstellern und Angehörigen der Fachkreise, PharmR 2014, 1; *Dieners,* Transparenz im Gesundheitswesen – der neue FSA-Kodex, CCZ 2014, 204; *Dieners,* Der neue FSA-Kodex zur Zusammenarbeit mit Patientenorganisationen, PharmR 2009, 6; *Dieners/Reese,* Handbuch des Pharmarechts, 1. Aufl., München 2010; *Ehmann/Selmayr,* Datenschutz-Grundverordnung Kommentar, 2. Aufl., München 2018; *Emmerich/Habersack,* Aktien- und GmbH-Konzernrecht, 9. Aufl., München 2019; *Gola,* Datenschutz-Grundverordnung VO (EU) 2016/679 Kommentar, 2. Aufl., München 2018; *Gola/Heckmann,* Bundesdatenschutzgesetz Kommentar, 13. Aufl., München 2019; *Grigoleit,* Aktiengesetz Kommentar, 2. Aufl., München 2020; *Hoeren/Sieber/Holznagel,* Multimedia-Recht, 53. EL, München 2020; *Kemmner/Thole,* Fortentwicklung der Compliance-Standards für die Pharmaindustrie – Neufassung der FSA-Kodizes, PharmR 2020, 320; *Kempka,* Das Spannungsverhältnis zwischen Transparenz und Datenschutz, Baden-Baden 2017; *Kügel/Müller/Hofmann,* Arzneimittelgesetz Kommentar, 2. Aufl., München 2016; *Kühling/Buchner,* Datenschutz-Grundverordnung Bundesdatenschutzgesetz Kommentar, 3. Aufl., München 2020; *Marschlich/Pfaffen/Wetzel,* EFPIA Transparenz-Kodex – Unternehmen stehen vor der Herausforderung steigender Transparenzanforderungen, CCZ 2014, 98; *Paal/Pauly,* Beck'sche Kompakt Kommentare Datenschutz-Grundverordnung Bundesdatenschutzgesetz, 3. Aufl., München 2021; *Ramb,* Healthcare Compliance: Aktuelle Entwicklungen und globale Trends, CCZ, 2015, 262, *Ramb/Reich,* Transparenzoffensive im Gesundheitssektor – Neue Offenlegungspflichten für die pharmazeutische Industrie –, CB 2014, 327; *Reh/Willhöft,* Transparenzverpflichtungen der Healthcare-Unternehmen – Eine Bestandsaufnahme, ZRFC 2/14, 60; *Simitis/Hornung/Spiecker gen. Döhmann,* Datenschutzrecht, 1. Aufl., Baden-Baden 2019; *Specht-Riemenschneider/Werry/Werry,* Datenrecht in der Digitalisierung, Berlin, 2020; *Stelkens/Bonk/Sachs,* Verwaltungsverfahrensgesetz Kommentar, 9. Aufl., München 2018; *Sydow,* Europäische Datenschutzgrundverordnung Handkommentar, 2. Aufl., Baden-Baden 2018; *Voigt/v. d. Bussche,* Konzerndatenschutz, 2. Aufl., München 2019.

Übersicht

A. Einleitung

I. FSA-Transparenzkodex

1 Als drittes Regelwerk des FSA hat die Mitgliederversammlung des FSA am 27.11.2013 den Kodex zur Transparenz bei der Zusammenarbeit mit den Angehörigen der Fachkreise und medizinischen Einrichtungen verabschiedet (nachfolgend auch als „Kodex“ bezeichnet). Dieser Kodex beruht auf einer parallelen Regelung der EFPIA, die im Juni 2013 verabschiedet wurde und deren Umsetzung auf nationaler Ebene darstellt.[1] Mit der Anerkennung des Kodex als **Wettbewerbsregel** durch das Bundeskartellamt vom 22.5.2014 ist der FSA-Transparenzkodex in Kraft getreten und seit diesem Zeitpunkt für die Mitglieder des FSA verbindlich. Demnach müssen **geldwerte Zuwendungen** der pharmazeutischen Industrie an Fachkreisangehörige sowie wissenschaftliche bzw. medizinische Organisationen **veröffentlicht** werden. Durch den Kodex treten neben die bereits zuvor vorhandenen Transparenzanforderungen des FSA-Kodex Fachkreise und des FSA-Kodex Patientenorganisation weitere Transparenzverpflichtungen. Im Anwendungsbereich des FSA-Kodex Patientenorganisationen haben sich die Mitgliedsunternehmen bereits seit dem Jahr 2009 verpflichtet, einmal jährlich die an Patientenorganisationen getätigten Zuwendungen offenzulegen (Näheres dazu → Kap. 15). Der FSA-Kodex Fachkreise enthält in § 8 Abs. 3, § 18 Abs. 2, § 19 Abs. 2 Nr. 6 sowie § 20 Abs. 5 Bestimmungen zur Offenlegung von Unterstützungen und Zuwendungen (Näheres dazu → Kap. 14).[2]

2 Der neue Kodex steht unter dem Leitsatz *„Transparenz schafft Vertrauen und bekämpft Misstrauen“*[3]. Sein erklärtes Ziel ist, zum einen das **Vertrauen** der Öffentlichkeit in die Zusammenarbeit der pharmazeutischen Industrie und Ärzteschaft zu **stärken** und die **Glaubwürdigkeit** in diese Zusammenarbeit zu **steigern.**[4] Zum anderen soll er dazu beitragen, Korruption im Gesundheitswesen zu bekämpfen und bereits den Anschein möglicher Interessenkonflikte zu vermeiden.[5]

3 Der FSA zielt mit dem FSA-Transparenzkodex auf eine Steigerung der Akzeptanz der notwendigen Zusammenarbeit zwischen der Industrie und Ärzten sowie anderen Fachkreisangehörigen. Gleichzeitig stärkt der Kodex die seit Gründung des FSA im Jahr 2004 verfolgten vier **Grundprinzipien.** Diese sind: die Angemessenheit von Leistung und Gegenleistung, die Trennung von Verordnungsentscheidungen und Kooperationen, die Dokumentation der Zusammenarbeit sowie die Transparenz der Kooperationen (zu den zentralen Grundprinzipien → Kap. 4 Rn. 24).[6] Das zuletzt genannte Prinzip erhält durch den FSA-

---

[1] Weitere Informationen können unter www.fsa-pharma.de abgerufen werden (zul. abgerufen am 19.4.2021).

[2] Vgl. hierzu auch *Reh/Willhöft* ZRFC 2/14, 60 (62 f.). Diese benennen zudem noch § 25 Abs. 4 FSA-Kodex Fachkreise, der bis zu seiner Streichung im Rahmen der Kodexnovelle vom 4.12.2014 die Veröffentlichung von Spenden und anderweitigen Geld- und Sachleistungen mit einem Wert von über 1.000 EUR vorsah. Diese Regelung war mit dem Inkrafttreten des FSA-Transparenzkodex in diesem aufgegangen und damit im FSA-Kodex Fachkreise hinfällig geworden.

[3] *Diener/Broch* PharmR 2014, 1 (5).

[4] *Diener/Broch* PharmR 2014, 1 (2); *Dieners* CCZ 2014, 204 (204 f.).

[5] Siehe hierzu *Diener/Broch* PharmR 2014, 1 (2); *Dieners* CCZ 2014, 204 (204 f.); *Reh/Willhöft* ZRFC 2014, 60 (67); siehe *Kempka,* Spannungsverhältnis, S. 44–50 zu der Rolle von Transparenz bei der Bekämpfung von Korruption im Gesundheitssektor insgesamt.

[6] *Diener/Broch* PharmR 2014, 1 (2).

Transparenzkodex eine elementare Stärkung. Da die Zusammenarbeit von Ärzteschaft und pharmazeutischer Industrie für die Weiterentwicklung von Medikamenten und damit für das Wohl der Patienten unverzichtbar ist, ist es nach der Auffassung des FSA erforderlich, durch möglichst transparente Strukturen, das Vertrauen der Patienten in die **Unabhängigkeit der Ärzteschaft** und die Wahrung der ärztlichen Therapiefreiheit zu intensivieren.[7]

Im Rahmen der Mitgliederversammlung des FSA am 4.12.2014 erfolgte eine erstmalige **Novellierung** des FSA-Transparenzkodex. Diese war erforderlich geworden, da die Generalversammlung der EFPIA zwischenzeitlich die Verwendung eines bestimmten Templates zur Datenerfassung und Veröffentlichung als verbindliche Vorgabe bestimmt hatte (siehe hierzu § 8 Abs. 2). Der geänderte Kodex wurde mit Beschluss des Bundeskartellamtes vom 27.5.2015 ebenfalls als Wettbewerbsregel anerkannt. 4

Infolge der Anfang 2018 von der EFPIA entwickelten Vorgabe zur Veröffentlichung nicht-interventioneller Studien (NIS) wurde nachfolgend eine weitere Anpassung des FSA-Transparenzkodex notwendig. Der überarbeitete Kodex differenzierte nun zwischen der Veröffentlichung von Zuwendungen an Ärzte und Gesundheitseinrichtungen im Rahmen **von prospektiven und von retrospektiven NIS.** Das Bundeskartellamt hat diese Änderung mit Beschluss vom 14.2.2019 ebenfalls als Wettbewerbsregelung anerkannt. 5

Die letzte Änderung des FSA-Transparenzkodex geht auf einen Beschluss der Mitgliederversammlung vom 14.11.2019 zurück. Vorangegangen war eine grundlegende Neufassung der selbstverpflichtenden Regelungen auf europäischer Ebene. Die EFPIA hat die bisherigen drei Kodizes in einem einheitlichen EFPIA Code of Practice (nachfolgend „EFPIA Kodex") zusammengefasst. Diese neue Konzeption soll der **Vereinfachung und Rechtsangleichung** dienen. Gleichzeitig wurden auch einige inhaltliche Änderungen vorgenommen. Der FSA hält zwar an der bisherigen Konzeption mit drei separaten Kodizes fest, hat jedoch auf Grundlage der Neufassung unter Berücksichtigung des neuen EFPIA-Kodex den Anwendungsbereich des FSA-Transparenzkodex präzisiert, Definitionen ergänzt und den Veröffentlichungszeitpunkt neugeregelt[8]. Den so neugefassten Kodex hat das Bundeskartellamt am 9.3.2020 als Wettbewerbsregel anerkannt. 6

II. Konzeption

Das von dem Kodex verfolgte Konzept der Ausweitung und Stärkung der Transparenz lässt sich wie folgt zusammenfassen: 7

- Der FSA-Transparenzkodex setzt den am 24.6.2013 verabschiedeten EFPIA Code on Disclosure of Transfer of Values from Pharmaceutical Companies to Healthcare Professionals and Healthcare Organisations (kurz: **EFPIA-Transparenzkodex**), des europäischen Dachverbandes der forschenden Pharmaunternehmen **(EFPIA)**[9] um, der inzwischen in dem EFPIA-Kodex aufgegangen ist.
- Der EFPIA-Kodex legt für die der EFPIA angehörigen europäischen Mitgliedsverbände und Mitgliedsunternehmen **Mindeststandards** des Regelungsumfangs fest.[10] Diese Standards dürfen bei der Umsetzung grundsätzlich nicht unterschritten werden. Eine Überschreitung ist indessen zulässig.
- Der EFPIA-Transparenzkodex geht auf eine Initiative der Kommission der Europäischen Union zur Ethik und Transparenz im pharmazeutischen Sektor zurück, in deren Rahmen

[7] Vgl. *Diener/Broch* PharmR 2014, 1 (2); *Dieners* CCZ 2014, 204 (205 f.); *Marschlich/Pfaffen/Wetzel* CCZ 2014, 98 (98).
[8] Vgl. *Kemmner/Thole* PharmR 2020, 320.
[9] EFPIA steht für European Federation of Pharmaceutical Industries and Associations.
[10] Vgl. *Marschlich/Pfaffen/Wetzel* CCZ 2014, 98 (99).

eine Plattform zum Zweck des Austauschs von Stakeholdern des Gesundheitswesens[11] im Bereich der Corporate Social Responsibility geschaffen wurde. Hieruas sind wiederum die sogenannten **Guiding Principals Promoting Good Governance in the Pharmaceutical Sector** hervorgegangen.[12] Nach diese Leitlinien sollen alle Interaktionen zwischen den Stakeholdern auf den Prinzipien Integrität, Respekt, Entgegenkommen, Verantwortlichkeit, Zusammenarbeit und Transparenz fußen. Wesentliches Element ist die Transparenz. Hierzu regen die Guiding Principles an, dass Beziehungen sowie Zuwendungen unter den Stakeholdern publik gemacht werden sollten, um das Vertrauen der Öffentlichkeit weiter auszubauen und zu stärken.

- Der FSA-Transparenzkodex ergänzt zudem **bereits bestehende berufs- und dienstrechtliche Transparenzregelungen** in Bezug auf die Kooperation von Industrie und Fachkreisangehörigen. Insbesondere im Fall von Klinikärzten kann eine Pflicht zur Einholung einer Dienstherrengenehmigung oder einer Anzeige der Kooperation gegenüber dem Dienstherren oder dem Arbeitgeber bestehen. (Näheres hierzu im → Kap. 2 Rn. 56–69)
- Darüber hinaus knüpft der FSA-Transparenzkodex an **bestehende Regelungen** des **FSA-Kodex Fachkreise** an.[13] Gemäß § 8 Abs. 3 FSA-Kodex Fachkreise muss der Umstand einer Förderung durch die Pharmaindustrie im Rahmen von Publikationen von Fachkreisangehörigen durch einen eindeutigen Hinweis transparent gemacht werden. § 18 Abs. 2 FSA-Kodex Fachkreise verlangt von Fachkreisangehörigen, im Zusammenhang mit Publikationen, Vorträgen und anderweitigen öffentlichen Äußerungen auf eine bestehende Tätigkeit für ein Mitgliedsunternehmen hinzuweisen. Im Rahmen von externen Fortbildungsveranstaltungen sind die Mitgliedsunternehmen gemäß § 20 Abs. 5 S. 3 FSA-Kodex Fachkreise verpflichtet, darauf hinzuwirken, dass der Umstand ihrer finanziell unterstützenden Tätigkeit sowohl bei der Ankündigung als auch bei der Durchführung der Veranstaltung offen gelegt wird. (Näheres hierzu in → Kap. 14 Rn. 201, 389f. u. 608–618)
- Des Weiteren tritt der FSA-Transparenzkodex **neben** den im Jahr 2009 erlassenen **FSA-Kodex Patientenorganisationen.** Dieser ist das alleinige Regelwerk, sofern Zuwendungen an Patientenorganisationen betroffen sind. Diese Exklusivität wird auch in § 2 Nr. 12 des FSA-Transparenzkodex deutlich, der ausdrücklich Gesundheitseinrichtungen von Organisationen der Patientenselbsthilfe abgrenzt. Die Veröffentlichung von Zuwendungen an solche Patientenorganisationen richtet sich **nicht** nach dem FSA-Transparenzkodex sondern nach § 15 FSA-Kodex Patientenorganisationen. (Näheres hierzu in → Kap. 15 Rn. 46 u. 185–202)
- Da der FSA-Transparenzkodex als Selbstregulierungsmechanismus konzipiert ist, unterfällt seine **Überwachung und die Sanktionierung** von Verstößen der **Schiedsstelle des FSA.** In diesem Zusammenhang gilt für ihn die FSA-Verfahrensordnung in ihrer geänderten Fassung vom 15.12.2020. Eine wesentliche Neuerung, die allein im Rahmen des Transparenzkodex zur Anwendung gelangt, stellt § 20 Abs. 4a der Verfahrensordnung dar. Demnach endet ein Verfahren bei begründetem Verstoß gegen den FSA-Transparenzkodex dann, wenn der Verstoß nach Art und Umfang nicht erheblich ist und das betroffene Unternehmen ihm innerhalb von zwei Wochen nach Hinweis des Spruchkörpers erster Instanz abhilft. (Näheres hierzu in → Kap. 17 Rn. 32–45 u. 241–243).

---

[11] Zum Zwecke der Anwendung der „List of Guiding Principles", umfasst der Begriff der „stakeholders" folgende Personen und Organisationen: die pharmazeutische Industrie, Patienten, Patientenorganisationen, Fachkreisangehörige, Verbraucherorganisationen, zivilgesellschaftliche Organisationen, Großhändler, Krankenhäuser, Hochschulen sowie europäische, nationale und regionale Wettbewerbsbehörden.

[12] https://eu-patient.eu/globalassets/news/listguiding-principles_nov2012.pdf.

[13] Vgl. dazu auch *Reh/Willhöft* ZRFC 2/14, 60 (62f.).

III. Bedeutung

Derzeit zählt der FSA 55 **Mitgliedsunternehmen** und 10 unterworfene Unternehmen, die im Regelfall international tätig sind oder als Tochterunternehmen ausländischer Pharmaunternehmen in Deutschland tätig werden.[14] 8

Vor dem Hintergrund der Globalität und Internationalität der pharmazeutischen Industrie fügt sich der Transparenzkodex in ein **in weiten Teilen der Welt bestehendes Geflecht aus Transparenzregelungen** ein. Neben den nationalen Umsetzungen des EFPIA-Kodex in Europa sind insbesondere in den USA mit dem Physicians Payment Sunshine Act sowie in Australien und Japan Regelungen zur Offenlegung statuiert. Dabei variieren die Ausgestaltungsformen. Während beispielsweise in den USA, Australien, Frankreich, Portugal, Dänemark und der Slowakei die Transparenzregelungen als Gesetz erlassen wurden, setzen neben Deutschland etwa auch die Niederlande, Japan und das Vereinigte Königreich auf Selbstregulierungsmechanismen.[15] 9

Die Anwendbarkeit des FSA-Transparenzkodex knüpft daran an, ob die hauptberufliche Tätigkeit bzw. der **Hauptsitz des Empfängers** innerhalb Deutschlands liegen. Daneben werden vom FSA-Transparenzkodex auch weltweit durchgeführte Kooperationstätigkeiten erfasst. Liegt der Schwerpunkt der Tätigkeit oder die Niederlassung des Empfängers der Leistung dagegen im europäischen Ausland, findet der Kodex der EFPIA-Mitgliedsorganisation des jeweiligen europäischen Landes Anwendung (hierzu ausführlich → Rn. 32–37). 10

IV. Auslegung

Wie bei jedem Regelwerk, sei es gesetzlicher oder selbstregulierender Art, wirft auch der Transparenzkodex Fragen auf, die eine Auslegung seines Regelungstextes erforderlich machen. Um diese praktischen Anwendungsfragen lösen zu können, sind die **allgemeinen Regeln der Gesetzesauslegung** anzuwenden, beginnend mit dem Wortlaut der jeweiligen Vorschrift, gefolgt von ihrem Sinn und Zweck, der Systematik und Historie. Da der wesentliche Gedanke des Kodex in der Schaffung weitreichender Transparenz zum Zwecke der Bekämpfung des Misstrauens gegenüber der Zusammenarbeit sowie der Stärkung des Vertrauens der Öffentlichkeit in diese Kooperationen liegt, ist dies als **Leitbild bei der Auslegung zu beachten.** Des Weiteren verlangt § 3 FSA-Transparenzkodex, dass bei der Auslegung die Erkennbarkeit der Gewährung geldwerter Vorteile an Angehörige der Fachkreise im Vordergrund stehen muss. Ergänzt wird dies durch die Vorgabe **von** § 3 S. 3 FSA-Transparenzkodex, nach der **Leistungen an individuelle** Fachkreisangehörige bevorzugt offenzulegen sind. Dieser explizite Hinweis verdeutlicht, dass der FSA-Transparenzkodex den Fokus auf die Stärkung des Vertrauens der Öffentlichkeit – insbesondere der Patienten und Kostenträger des Gesundheitswesens – in die Zusammenarbeit zwischen individuellen Fachkreisangehörigen und der Industrie legt.[16] Eine solche Auslegung ist im **Interesse aller „Stakeholder" des FSA-Transparenzkodex.** Der **Patient** hat nach der Vorstellung des FSA ein Interesse daran zu wissen, mit wem, wann und in welchem Bereich sein Arzt mit einem Unternehmen der Pharmaindustrie kooperiert. Dem entspricht das Interesse des **Arztes,** den vertrauensvollen Umgang mit dem Patienten und seine ärztliche, allein auf neutralem Boden gründende Therapiefreiheit zu wahren, um jedem, möglicherweise aufkommenden Misstrauen präventiv entgegenzuwirken. Für die **Pharmaindustrie** ist dieser Ansatz geeignet, das Vertrauen in das Unternehmen zu stärken. Darüber hinaus hat 11

---

[14] Die Zahlen sind auf dem Stand vom 8.11.2021. Eine aktuelle Liste aller FSA-Mitgliedsunternehmen und unterworfenen Unternehmen ist abrufbar unter https://www.fsa-pharma.de/de/der-fsa/mitgliedschaft/unsere-mitglieder/ (zul. abgerufen am 19.4.2021).

[15] Vgl. *Ramb* CCZ 2015, 262 (264 ff.); *Diener/Broch* PharmR 2014, 1 (2); *Ramb/Reich* CB 2014, 327 (327 ff.).

[16] Siehe auch *Dieners* CCZ 2014, 204 (206).

auch die **Zivilgesellschaft** mit Blick auf die Kostentragung im Gesundheitswesen ein Interesse daran, dass aus der Zusammenarbeit keine unnötigen, das soziale Gesundheitssystem belastenden Kosten entstehen.

12 Ergänzend zu diesen Auslegungsregeln ist der **Vorstand des FSA** gemäß § 4 FSA-Transparenzkodex ermächtigt, **verbindliche Leitlinien** zur Konkretisierung und Interpretation der Kodexregelungen zu erlassen. Von dieser Berechtigung wurde bislang jedoch kein Gebrauch gemacht.

13 Eines ist jedoch auch bei der Auslegung des FSA-Transparenzkodex zu beachten: Wie bei jeder Norm bildet der **Wortlaut die Grenze der Auslegung,** um damit die Berechenbarkeit und Rechtssicherheit zu schützen.

B. Transparenzkodex – Erläuterungen

Einleitung

Die Unternehmen der pharmazeutischen Industrie arbeiten täglich in vielfältiger Weise mit Ärzten, Apothekern und anderen Angehörigen der Fachkreise eng zusammen. In diesen Arbeitsbeziehungen teilen letztere ihr Fachwissen und ihre medizinischen Sichtweisen mit der pharmazeutischen Industrie und anderen Fachkollegen, um durch den fachlichen Austausch die Behandlung der Patienten stetig zu verbessern. Die ärztliche Unabhängigkeit sowie die Unabhängigkeit der anderen Angehörigen der Fachkreise sind hierbei ein besonderes Gut. Die Arbeitsbeziehungen zwischen den Angehörigen der Fachkreise und der pharmazeutischen Industrie sind nämlich für die Erforschung und Weiterentwicklung sowie die sachgerechte Auswahl und Anwendung von Arzneimitteln nur dann vom hohem Wert, wenn an der Unabhängigkeit des von ihnen eingebrachten Fachwissens und der medizinischen Sichtweisen kein Zweifel bestehen kann.

Die Mitglieder des Vereins „Freiwillige Selbstkontrolle für die Arzneimittelindustrie e.V." sind ferner der Auffassung, dass diese Tätigkeiten von der Industrie angemessen und fair vergütet werden müssen. Gleichzeitig müssen aber auch Interessenkonflikte vermieden werden, die aus der Zusammenarbeit der pharmazeutischen Unternehmen mit Ärzten und anderen Fachkreisangehörigen entstehen können. Zur Vermeidung solcher Interessenkonflikte hat der Verein „Freiwillige Selbstkontrolle für die Arzneimittelindustrie e.V." bereits in der Vergangenheit den Kodex für die Zusammenarbeit der pharmazeutischen Industrie mit Ärzten, Apothekern und anderen Angehörigen medizinischer Fachkreise („FSA-Kodex Fachkreise") sowie Leitlinien hierzu verabschiedet, mit dem/denen diese Zusammenarbeit an hohen ethischen Standards ausgerichtet wird. Die Selbstregulierung der Industrie hat hierdurch einen sehr erfolgreichen Weg beschritten, der weiter vertieft werden muss, um den stetig steigenden gesellschaftlichen Erwartungen in die Ausgestaltung der Transparenz der Zusammenarbeit gerecht zu werden. Alle Maßnahmen zur Information der Öffentlichkeit haben dabei in Einklang mit geltendem Datenschutzrecht, insbesondere zum Schutz Persönlicher Gesundheitsdaten, zu erfolgen. Dabei lassen sich die Mitglieder des Vereins „Freiwillige Selbstkontrolle für die Arzneimittelindustrie e.V." von den nachfolgenden ethischen Leitlinien führen:

Der Verein „Freiwillige Selbstkontrolle für die Arzneimittelindustrie e.V.“ verfolgt deshalb das Ziel, die Natur und den Umfang der Zusammenarbeit der Mitgliedsunternehmen mit den Fachkreisangehörigen noch transparenter zu machen. Hierdurch sollen bereits der Anschein von Interessenkonflikten im Ansatz vermieden und das Verständnis der allgemeinen Öffentlichkeit für den hohen Wert und die Notwendigkeit der Zusammenarbeit weiter verbessert werden. Die Mitgliederversammlung des FSA hat zu diesem Zweck den nachstehenden

**FSA-Kodex
zur Transparenz bei der Zusammenarbeit mit den Angehörigen
der Fachkreise und medizinischen Einrichtungen
(FSA-Transparenzkodex)**

beschlossen.

I. Ausgangsposition

14 Die Zusammenarbeit von Ärzteschaft und Pharmaindustrie gerät immer wieder in den kritischen **Fokus der Öffentlichkeit** und bedarf aufgrund der Verzahnung mit dem hohen Schutzgut der Gesundheit besonderer Beachtung. Dies war in Deutschland Anlass für eine Selbstregulierung der Industrie. Während in einem ersten Schritt gesetzliche und selbstverpflichtende Regelungen in Hinblick auf die Abgrenzung von Erlaubtem und Verbotenem sowie der allgemeinen Dokumentation von Kooperationen zwischen Fachkreisangehörigen und Pharmaunternehmen erlassen wurden, richtete sich nachfolgend das Augenmerk auf die Herstellung von Transparenz. Um jedes mögliche Misstrauen der allgemeinen Öffentlichkeit bereits im Keim entgegenzuarbeiten, ist es nach Auffassung des FSA und der EFPIA unumgänglich, diesem präventiv entgegenzuwirken. Da **Misstrauen** oft das **Resultat** fehlender Informationen oder **mangelnder Kommunikation** ist, bedarf es eines offenen Umgangs mit Kooperationen. Dazu gehört die Verdeutlichung des hohen Nutzens von Kooperationen zwischen Ärzteschaft und den forschenden Arzneimittelherstellern für die Allgemeinheit. Die Unternehmen sind auf die Erfahrungen und das Know-how von Ange-

hörigen der Fachkreise angewiesen. Dieser **Wissensaustausch zwischen Entwicklern und Anwendern** ist unabdingbarer Bestandteil für die Fortentwicklung und Verbesserung von Arzneimitteln zugunsten der Patienten.[17] Ärzte wiederum sind dem Wohl der Patienten verpflichtet und daher daran interessiert, Behandlungsmöglichkeiten und Heilungschancen durch neue bzw. weiterentwickelte Medikamente zu verbessern. Die Entscheidung des Arztes im Hinblick auf die zur Verfügung stehenden Therapie- und Medikationsmöglichkeiten muss dabei frei von persönlichen und wirtschaftlichen Interessen sein. Der Patient muss sich auf die Integrität seines Arztes verlassen können.

15 Es ist nach Auffassung des FSA und der EFPIA erforderlich, von Beginn an „mit offenen Karten zu spielen" und die Öffentlichkeit konkret über die Art und Weise bestimmter Kooperationen zu informieren. Eine **offene Kommunikation schafft Vertrauen,** welches die wesentliche Grundlage des Arzt-Patienten-Verhältnisses ist. Dadurch wird gewährleistet, dass der Patient sich darauf verlassen kann, dass der Arzt die individuelle Therapieentscheidung ausschließlich auf neutralen, dem Wohle des Patienten dienenden, Boden stellt und frei von Interessenkonflikten handelt.

16 Die Herstellung von mehr Transparenz darf gleichzeitig nicht zur Absenkung eines **angemessenen Schutzniveaus** mit Blick auf **die personenbezogenen Daten von Ärzten** und sonstigen Fachkreisangehörigen führen. Deshalb kann eine effektive Durchsetzung derartiger Transparenzinitiativen nur gemeinsam mit den beteiligten Fachkreisangehörigen gelingen. Um die Akzeptanz des FSA-Transparenzkodex bei den Angehörigen der Fachkreise zu stärken, muss deren berechtigtes Interesse berücksichtigt werden, frei über die Verarbeitung ihrer persönlichen Daten entscheiden zu können. Darüber hinaus muss der FSA-Transparenzkodex selbstverständlich auch geltendes Datenschutzrecht beachten. Der Erlass der Datenschutzgrundverordnung **(„DSGVO")**[18] im April 2016 zeigt den hohen Stellenwert, der dem Schutz personenbezogener Daten zugemessen wird. Es ist nur folgerichtig, dass seit der Kodexrevision vom 14.11.2019 der Datenschutz ausdrücklich als einer der zu beachtenden grundlegenden Werte in der Einleitung des FSA-Transparenzkodex genannt wird.

17 Ebenfalls im Rahmen der Überarbeitung des FSA-Transparenzkodex in den Jahren 2019/2020 wurde die Einleitung um eine grafische Darstellung des zugrunde liegenden Ethos ergänzt. Dieses Ethos geht auf den internationalen Weltverband der pharmazeutischen Industrie (International Federation of Pharmaceutical Manufacturers & Associations – **„IFPMA"**) zurück. In dem Abschnitt „Applicability of the EFPIA Code" wird klargestellt, dass die EFPIA die Einhaltung der Vorgaben der IFPMA fördert. Der FSA hat das Ethos in die Einleitung seiner Verhaltenskodizes aufgenommen, um die **Werte und Ziele** der Selbstverpflichtung zu verdeutlichen. Dadurch wird unterstrichen, dass der FSA-Transparenzkodex dazu dient, durch eine transparente und ehrliche Kommunikation mit Patienten, Gesundheitsdienstleistern und anderen Interessengruppen eine Kultur des gegenseitigen Vertrauens zu fördern und auf diese Weise eine gute Zusammenarbeit zum Wohl der Patienten zu ermöglichen.[19]

II. Zielvorgaben

18 Um dem Bedürfnis nach Offenheit und Transparenz Geltung zu verschaffen, statuiert der FSA-Transparenzkodex für die Mitgliedsunternehmen des FSA die Verpflichtung, Interaktionen mit Fachkreisangehörigen und wissenschaftlichen bzw. medizinischen Organisationen zu veröffentlichen, in deren Rahmen geldwerte Zuwendungen gemacht wurden.

---

[17] *Diener/Broch* PharmR 2014, 1 (2); *Dieners* CCZ 2014, 204 (204 f.); *Reh/Willhöft* ZRFC 2/14, 60.

[18] Verordnung (EU) 2016/679 des europäischen Parlaments und des Rates vom 27.4.2016 zum Schutz natürlicher Personen bei der Verarbeitung personenbezogener Daten, zum freien Datenverkehr und zur Aufhebung der Richtlinie 95/46/EG (Datenschutz-Grundverordnung).

[19] Vgl. *Kemmner/Thole* PharmR 2020, 320 (322).

Dadurch kann sich ab 2016 jeder interessierte Stakeholder über Kooperationsverhältnisse im Internet informieren. Dieser offene Umgang soll dazu beitragen, die Glaubwürdigkeit in die Legitimität und Integrität der **Kooperationsbeziehungen** zu steigern, getreu dem Diktum eines federführenden Staatsanwalts während der Herzklappenaffäre, dass Korruption nur im Dunkeln und Verborgenen gedeihen könne und Transparenz demgegenüber das beste Gegenmittel sei. Die Offenlegungsverpflichtung wirkt damit also gezielt möglichen unlauteren Verhaltensweisen entgegen und ermöglicht die präventive Eindämmung der Machenschaften weniger „schwarzer Schafe". Dadurch trägt der FSA-Transparenzkodex dazu bei, den Konflikt zwischen dem „Korruptionsgenerealverdacht der Öffentlichkeit bei der Gewährung von Zuwendungen an Fachkreise mit der zwingend notwendigen Zusammenarbeit in Einklang zu bringen."[20]

Die **Etablierung transparenter Strukturen** bildet eine entscheidende Grundlage zur Steigerung und Festigung des Vertrauens der Gesellschaft in die Unabhängigkeit der Ärzte und anderer Fachkreisangehörige, ein korruptionsunanfälliges Gesundheitssystem und die Integrität der Akteure des Gesundheitswesens bei Kooperationen. 19

1. Abschnitt: Allgemeine Bestimmungen

§ 1 Anwendungsbereich

(1) Der Kodex gilt für die Offenlegung der Zusammenarbeit der Mitgliedsunternehmen sowie deren inländischer Tochterunternehmen und der anderen verbundenen Unternehmen mit HCP und HCO, sofern die verbundenen Unternehmen die Verbindlichkeit des Kodex durch eine gesonderte schriftliche Vereinbarung anerkannt haben. Die Zurechnung von Verstößen verbundener abhängiger Unternehmen, die weder Mitglied des FSA sind noch die Verbindlichkeit des Kodex anerkannt haben, richtet sich nach § 1 Abs. 3 der Verfahrensordnung des FSA. Die Mitgliedsunternehmen sollen darauf hinwirken, dass sich alle mit ihnen verbundenen Unternehmen bei Tätigkeiten im Sinne von Absatz 2 in Deutschland oder mit beruflich in Deutschland tätigen HCP an diesen Kodex halten, auch wenn sie ihn nicht selbst ausdrücklich anerkannt haben und der Kodex auch ansonsten nicht für sie verbindlich ist.

(2) Der Kodex ist anwendbar auf die Erfassung und Offenlegung von geldwerten Leistungen der Mitgliedsunternehmen, die mit verschreibungspflichtigen Humanarzneimitteln nach § 48 Arzneimittelgesetz (AMG) im Zusammenhang stehen und auf die der FSA-Kodex Fachkreise zumindest auch Anwendung findet. Dieser Kodex ist nicht anwendbar im Zusammenhang des Kaufs und Verkaufs von Arzneimitteln.

(3) Sofern ein Mitgliedsunternehmen einem nicht in Deutschland, sondern einem anderen europäischen Land hauptberuflich tätigen HCP oder einer dort ansässigen HCO Geldwerte Leistungen zuwenden sollte, erfolgt die Veröffentlichung der Geldwerten Leistung in der Verantwortung eines in diesem Land tätigen und mit dem Mitgliedsunternehmen verbundenen Unternehmen. Das Mitgliedsunternehmen ist in diesem Fall verpflichtet, dem mit ihm verbundenen Unternehmen die Informationen nach §§ 7 und 8 dieses Kodex sowie alle sonstigen erforderlichen Informationen weiterzuleiten, damit diese Informationen nach Maßgabe des jeweiligen Nationalen Kodex veröffentlicht werden. Dasselbe gilt entsprechend, wenn ausländische verbundene Unternehmen in Europa einem in Deutschland ansässigen und hier hauptberuflich tätigen HCP Geldwerte Leistungen zuwenden sollten. In diesen Fällen hat das Mitgliedsunternehmen sicherzustellen, dass die ihm von den verbundenen ausländischen Unternehmen mitgeteilten Informationen im Einklang mit diesem Kodex offengelegt werden. Sofern dem Mitgliedsunternehmen in dem jeweiligen Land keine verbundenen Unternehmen zur Verfügung stehen sollten, hat das Mitgliedsunternehmen diese Aufgaben selbst wahrzunehmen.

---

[20] *Reh/Willhöft* ZRFC 2/14, 60 (67).

Übersicht

I. Vorbemerkung

20 In § 1 ist der Anwendungsbereich des FSA-Transparenzkodex geregelt. Absatz 1 beschreibt den **Kreis der Regelungsadressaten** und Absatz 2 den **sachlichen Anwendungsbereich** des FSA-Transparenzkodes. Absatz 3 bestimmt die Anwendung des FSA-Transparenzkodex in **internationalen Sachverhalten.** Die Regelungen gehen auf Vorgaben des EFPIA-Kodex in dessen Abschnitten *„Applicable Codes"*, *„Introduction"* und *„Scope of the EFPIA Code"* zurück. Der Paragraph wurde im Rahmen der Kodexrevision vom 14.11.2019 ergänzt. Die Änderungen werden nachfolgend an der jeweils relevanten Stelle im Sachzusammenhang näher dargestellt.

II. Adressaten des Kodex (Abs. 1)

21 Der persönliche Anwendungsbereich des FSA-Transparenzkodex umfasst drei Adressatengruppen: Die **Mitgliedsunternehmen** des FSA, die **inländischen Tochterunternehmen** und zuletzt alle **verbundenen Unternehmen,** die sich dem Kodex unterworfen haben, dh seine Verbindlichkeit schriftlich für sich anerkannt haben. Zudem sind die Mitgliedsunternehmen nach dem mit der Kodexrevision vom 14.11.2019 neu eingefügten Satz 3 der Vorschrift darauf hinzuwirken verpflichtet, dass **sonstige verbundene Unternehmen,** die sich dem Kodex nicht unterworfen haben, bei Tätigkeiten in Deutschland oder, die in Deutschland tätige Angehörige der Heilberufe betreffen, die Vorgaben des FSA-Transparenzkodex beachten. Er deckt sich insoweit mit den FSA-Kodizes Fachkreise und Patientenorganisationen, weshalb auf die entsprechende Kommentierung verwiesen wird (→ Kap. 14 Rn. 33–36 und → Kap. 15 Rn. 45).

1. Mitgliedsunternehmen und deren inländische Tochterunternehmen

22 Gegenwärtig gehören dem FSA 55 Mitgliedsunternehmen an.[21] Für sie, wie auch für ihre inländischen Tochterunternehmen, hat der FSA-Transparenzkodex unmittelbar verbindliche Geltung. Die Verbindlichkeit für die Tochterunternehmen ergibt sich bereits aus ihrem **„Verwandtschaftsverhältnis"**, ohne dass es ihrerseits einer gesonderten Anerkennung des Kodex bedarf.[22]

2. Unterworfene verbundene Unternehmen

23 Neben der Mitgliedschaft kann der Kodex auch für verbundene Unternehmen Geltung entfalten, sofern diese seine **Verbindlichkeit zuvor schriftlich anerkannt** und sich da-

[21] Eine Übersicht über die Mitgliedsunternehmen ist abrufbar unter https://www.fsa-pharma.de/de/der-fsa/mitgliedschaft/unsere-mitglieder/ (zul. abgerufen am 8.11.2021).
[22] Siehe *Dieners* PharmR 2009, 7.

mit den **Regelungen des Kodex freiwillig unterworfen** haben. Der FSA zählt derzeit 10 solche verbundene Unternehmen.[23] Der Begriff des verbundenen Unternehmens ist gleichbedeutend mit der im Aktienrecht gängigen Definition **(§§ 15 ff. AktG).** Demnach handelt es sich bei verbundenen Unternehmen um ein oder mehrere abhängige Unternehmen, die einer einheitlichen Leitung eines herrschenden Unternehmens unterstehen.

3. Zurechnung von Verstößen untergeordneter verbundener Unternehmen

Bei verbundenen abhängigen Unternehmen, die einen kodexrelevanten Verstoß begangenen haben, die jedoch keine Mitglieder des FSA sind und die den Regelungen des FSA-Transparenzkodex auch nicht als inländische Tochterunternehmen von Mitgliedsunternehmen oder aufgrund freiwilliger Anerkennung unterworfen sind, kann der Verstoß unter bestimmten Voraussetzungen dennoch geahndet werden. § 1 Abs. 1 S. 2 verweist insoweit auf § 1 Abs. 3 der FSA-Verfahrensordnung. Dieser bestimmt, dass in einem solchen Fall der **Verstoß dem nächsthöheren herrschenden Unternehmen zugerechnet wird,** sofern dieses entweder selbst Mitglied des FSA ist oder sich als verbundenes Unternehmen dem Kodex unterworfen hat. Als Vorfrage muss dabei stets geklärt werden, ob dem Unternehmen als juristische Person das Fehlverhalten seiner Mitarbeiter als eigenes Fehlverhalten zugerechnet werden kann (hierzu → Kap. 17 Rn. 48 ff.). 24

4. Hinwirkungspflicht bezüglich sonstiger verbundener Unternehmen

Der dritte Satz des § 1 Abs. 1 FSA-Transparenzkodex ist im Rahmen der Kodexrevision vom 14.11.2019 neu hinzugefügt worden. Er stellt auf sonstige verbundene Unternehmen ab, die also weder inländische Tochtergesellschaften sind, noch sich dem Kodex freiwillig unterworfen haben und die auch keine abhängigen verbundenen Unternehmen sind, für die die FSA-Mitgliedsunternehmen ohnehin haften. Gemeint sind hiermit also **Unternehmen, die demselben Konzern wie ein FSA-Mitgliedsunternehmen angehören, diesem aber nicht untergeordnet sind,** und auch nicht bereits auf anderen Wegen zur Beachtung des FSA-Transparenzkodex, des EFPIA-Kodex oder entsprechender Regelungen von EFPIA-Mitgliedsorganisationen verpflichtet sind. Bei Aktivitäten solcher Unternehmen in Deutschland oder mit in Deutschland tätigen Ärzten und sonstigen Angehörigen der Heilberufe sollen die FSA-Mitgliedsunternehmen **darauf hinwirken,** dass die Vorgaben des FSA-Transparenzkodex beachtet werden. Da übergeordnete Unternehmen und Schwesterngesellschaften von FSA-Mitgliedsunternehmen regelmäßig ebenfalls Mitglieder der EFPIA oder nationaler Mitgliedsverbände der EFPIA sind, dürfte der Anwendungsbereich der Regelung allerdings eher gering sein.[24] 25

Die Regelung stellen einen **Kompromiss** zwischen den **Vorgaben des EFPIA-Kodex und dem deutschen Vereinsrecht** dar. Ursprünglich bezog sich der Anwendungsbereich der Verhaltenskodizes der EFPIA nur auf solche verbundenen Unternehmen, die sich ihnen unterworfen hatten. Bereits 2013 wurde jedoch die damalige Fassung des EFPIA-Kodex Fachkreise insofern angepasst, dass verbundene Unternehmen unabhängig von einer Unterwerfung in den Anwendungsbereich des Kodex fallen würden. Eine entsprechende Regelung fand sich dann auch in dem EFPIA-Transparenzkodex. Der 2019 beschlossene EFPIA-Kodex ordnet in den Abschnitt *„Introduction"* nun an: 26

„Separate entities belonging to the same multinational company – which could be the parent company (e. g. the headquarters, principal office, or controlling company of a commercial enterprise), subsidiary company or any other form of enterprise or organisation – shall be deemed to constitute a single company, and is as such committed to compliance with the EFPIA Codes."

Zu Deutsch lautet diese Regelung:

---

[23] Stand 2020, FSA Jahresbericht 2020, S. 13, https://www.fsa-pharma.de/site/assets/files/120638/fsa_jahresbericht_digital_2020.pdf (zul. abgerufen am 19.4.2021).

[24] So auch *Kemmner/Thole* PharmR 2020, 320 (322).

„Verschiedene Unternehmenseinheiten, die demselben multinationalen Konzern angehören – bei dem es sich um die Muttergesellschaft (z. B. die Hauptverwaltung, den Hauptsitz oder die Kontrollgesellschaft eines Handelsunternehmens), eine Tochtergesellschaft oder eine andere Gesellschafts- oder Organisationsform handeln kann – gelten als ein einheitliches Unternehmen und sind als solche zur Einhaltung der EFPIA-Kodizes verpflichtet.“[25]

Danach sollen also sämtliche über- und untergeordnete verbundene Unternehmen von Mitgliedsunternehmen im Sinne von §§ 15ff. AktG unabhängig von einer vorherigen schriftlichen Anerkennung generell vom persönlichen Anwendungsbereich des Kodex erfasst sein. Bislang hatte der FSA unter Berücksichtigung des deutschen **Vereinsrechts** von einer Umsetzung dieser Vorschrift abgesehen. Nach der Kodexrevision vom 14.11.2019 sehen die Verhaltenskodizes des FSA zwar auch weiterhin keine derartige Ausweitung des Anwendungsbereichs, dafür aber die neu aufgenommene Hinwirkungspflicht vor. Die Mitgliedsunternehmen des FSA sollen darauf hinwirken, dass auch ihre verbundenen Unternehmen, die dem Anwendungsbereich der Verhaltenskodizes des FSA nicht unterfallen, bei einschlägigen Aktivitäten die Vorgaben der Kodizes einhalten. Diese Regelung bleibt zwar weiterhin hinter den Vorgaben des EFPIA-Kodex zurück, allerdings werden solche Fallgestaltungen explizit im EFPIA-Kodex (unter *„Applicability of the EFPIA Code“*) berücksichtigt, indem festgestellt wird, dass eine nicht vollständige Umsetzung der europäischen Vorgaben aufgrund entgegenstehender nationaler Vorschriften keinen Kodexverstoß darstellt. Die Abweichung vom EFPIA-Kodex darf jedoch nicht weiter gehen, als es die gebotene Konformität mit nationalem Recht erfordert. Die nun aufgenommene Hinwirkungspflicht soll die Ziele der vorstehend zitierten Regelung des EFPIA-Kodex im Rahmen der in Deutschland geltenden vereinsrechtlichen Rahmenbedingungen fördern.

a) Unvereinbarkeit mit dem deutschen Rechtsrahmen

27 Eine der Regelung des EFPIA-Kodex im Abschnitt *„Introduction“* entsprechende Regelung, nach der Konzerngesellschaften eines Mitgliedsunternehmens des FSA von dem Anwendungsbereich des Kodex erfasst sein sollten, wäre mit dem deutschen **Vereinsrecht nicht vereinbar.** Als eingetragener Verein unterfällt der FSA dem Vertragsrecht. Zum einen kann ein Verein nur gegenüber Mitgliedern im formalen Sinne Sanktionen verhängen.[26] Mitglieder im formalen Sinne sind nur solche, die durch Anmeldung dem FSA beigetreten sind.[27] Zum anderen müssen sich die Regularien und Sanktionen eines Vereins am Gesetz und dessen grundlegenden Wertungen wie dem Grundsatz von Treu und Glauben messen lassen.[28] Daraus folgt auch, dass ein Verein seine Mitglieder nicht (sanktionsbewehrt) zu etwas verpflichten kann, was diese nicht zu leisten imstande sind. Nach den Grundsätzen des deutschen Gesellschaftsrechts kann ein Unternehmen nur solche verbundenen Unternehmen beeinflussen, an denen sie entweder eine Mehrheit der Anteile halten oder die sich ihrem Weisungsrecht mittels eines sogenannten Beherrschungsvertrags unterworfen haben.[29] Bezüglich verbundener Unternehmen, die keine inländischen Tochtergesellschaften sind beziehungsweise die sich dem Kodex nicht freiwillig unterworfen haben, würden die Mitgliedsunternehmen des FSA somit regelmäßig nicht über die erforderlichen rechtlichen und tatsächlichen Möglichkeiten verfügen, um von ihnen die nach dem FSA-Transparenzkodex zu offenbarenden Informationen anzufordern. Demnach können sie vom FSA auch nicht (sanktionsbewehrt) hierzu verpflichtet werden.

28 Zur Verdeutlichung der Problematik, nachstehender **Beispielsfall:** Die US-amerikanische Zentrale eines Konzerns wendet einem in Deutschland praktizierenden Arzt im

---

[25] Arbeitsübersetzung der Bearbeiter.

[26] *Schöpflin* in Beuthien/Gummert/Schöpflin MünchHdbGesR Bd. 5 § 36 Rn. 7; OLG Hamm NJOZ 2003, 465.

[27] § 3 FS Arzneimittelindustrie-Satzung in der Fassung vom 15.11.2016; siehe zur formellen Mitgliedschaft auch BGH NJW 1958, 1867.

[28] BGH NJW 2017, 402 (405); 1995, 583 (585).

[29] *Emmerich* in Emmerich/Habersack, Konzernrecht, § 17 Rn. 5; *Servatius* in Grigoleit AktG § 291 Rn. 19f.

Rahmen einer Kooperation eine geldwerte Leistung zu. Zwar ist in diesem Fall der Empfänger in Deutschland tätig, jedoch unterfällt die US-amerikanische Zentrale grundsätzlich nicht dem Bereich der Regelungsadressaten. Sie ist als nicht-europäisches Unternehmen nicht Mitglied der EFPIA. Auch hat sie sich der Verbindlichkeit des FSA-Transparenzkodex nicht in einer gesonderten Erklärung unterworfen. Eine deutsche Tochter, die Mitglied im FSA ist, wäre auch nicht dazu in der Lage, die Konzernzentrale zur Weitergabe der notwendigen Informationen und Einholung von möglicherweise erforderlichen Einwilligungen rechtlich zu verpflichten. Eine Sanktionierung der Konzernzentrale wäre nicht mit deutschem Vereinsrecht vereinbar und eine sanktionsbewehrte Verpflichtung der deutschen Tochtergesellschaft zur verpflichtenden Beschaffung der Informationen würde zu einer unbilligen Haftungsausweitung führen und wäre deshalb nichtig.

Vor diesem Hintergrund hat sich der FSA dazu entschieden, übergeordnete verbundene 29
Unternehmen oder Schwestergesellschaften von Mitgliedsunternehmen nicht unabhängig von ihrer vorherigen schriftlichen Anerkennung in den persönlichen Anwendungsbereich des FSA-Transparenzkodex aufzunehmen und auch **keine Zurechnungsregelung** im Sinne einer Haftung der Mitgliedsunternehmen für Verstöße derartiger verbundener Unternehmen zu schaffen.

b) Hinwirkungspflicht

Um trotzdem eine umfassende Geltung des FSA-Transparenzkodex in Übereinstimmung 30
mit den Zielen des EFPIA-Kodex zu gewährleisten und mögliche Lücken zu schließen, ist mit der Kodexrevision vom 14.11.2019 die Hinwirkungspflicht in Satz 4 des Absatzes neu hinzugekommen. Danach haben FSA-Mitgliedsunternehmen darauf hinzuwirken, dass verbundene Unternehmen, die nicht bereits nach den vorangegangenen Regelungen zur Einhaltung des Kodex verpflichtet sind oder für die die Mitgliedsunternehmen einzustehen haben, bei Aktivitäten in Deutschland oder mit in Deutschland tätigen Fachkreisangehörigen die Vorgaben des FSA-Transparenzkodex beachten. Diese Regelung kann **übergeordnete verbundene Unternehmen** oder **Schwestergesellschaften** betreffen. Welche **Handlungspflichten** sich hieraus für die Mitgliedsunternehmen des FSA konkret ergeben, ist noch nicht abschließend geklärt.[30] Man kann davon ausgehen, dass die Identifizierung der erforderlichen Schritte nur im **Einzelfall** unter Betrachtung und Bewertung der jeweiligen Unternehmenspraxis und -organisation erfolgen kann. Ist es in einem Unternehmen beispielsweise üblich, dass die lokalen Gesellschaften der Konzernzentrale die wichtigsten zu beachtenden nationalen Vorschriften ständig oder anlassbezogen zur Verfügung stellen, so müssten FSA-Mitgliedsunternehmen hierbei wohl auch ihre Pflichten nach den Kodizes des FSA berücksichtigen. Ist kein derartiger Mechanismus vorgehsehen, so müsste ein deutsches Mitgliedsunternehmen übergeordnete Unternehmen oder Schwestergesellschaften zumindest auf die Pflichten nach dem FSA-Transparenzkodex hinweisen, wenn es Kenntnis von Veranstaltungen dieser in Deutschland oder unter Beteiligung deutscher Fachkreisangehörige erlangt.

III. Sachlicher Anwendungsbereich (Abs. 2)

In Absatz 2 ist in sachlicher Hinsicht die Verpflichtung der Normadressaten geregelt, 31
geldwerte Leistungen an Angehörige der Fachkreise bzw. wissenschaftliche oder medizinische Organisationen zu erfassen und offenzulegen, sofern diese mit **verschreibungspflichtigen Humanarzneimitteln** iSd § 48 AMG in Verbindung stehen. Klarstellend wurde in der Kodexrevision vom 14.11.2019 hinzugefügt, dass nur geldwerte Leistungen erfasst sind, auf die der FSA-Kodex Fachkreise zumindest auch Anwendung findet. Der sachliche Anwendungsbereich der Veröffentlichungspflichten nach dem FSA-Transparenzkodex knüpft an den der materiellen Regelungen nach dem FSA-Kodex Fachkreise

[30] Vgl. *Kemmner/Thole* PharmR 2020, 320 (322).

an (dazu → Kap. 14 Rn. 54–61). Ebenso wie der FSA-Kodex Fachkreise findet der FSA-Transparenzkodex nur auf verschreibungspflichtige Arzneimittel, nicht jedoch auf sogenannte OTC-Produkte (verschreibungsfreie Arzneimittel) oder Tierarzneimittel Anwendung (dazu → Kap. 14 Rn. 52 u. 59). In Fällen, in denen sich die geldwerte Leistung sowohl auf ein verschreibungspflichtiges Arzneimittel als auch auf ein anderes Produkt bezieht (etwa bei **Kombinationspräparaten** aus Arzneimitteln und Medizinprodukten oder Arzneimittelkombinationen mit verschiedenem Verschreibungsstatus), sollte zum Zwecke einer möglichst weitreichenden Transparenz der gesamte Wert der Zuwendung veröffentlicht werden. Eine Differenzierung ist selbst für den verschreibenden Arzt regelmäßig nur schwer möglich. Den Mitgliedsunternehmen ist zu empfehlen, den Umgang mit derartigen Fallkonstellationen in den methodischen Hinweisen näher darzulegen (dazu → Rn. 159–166). Ausdrücklich **ausgenommen** vom Anwendungsbereich sind zudem gemäß § 1 Abs. 2 S. 2 **reine Handelsgeschäfte,** die den Kauf und Verkauf von verschreibungspflichtigen Arzneimitteln betreffen. Zu den Zuwendungen, die im Zusammenhang mit Handelsgeschäften stehen, zählen vor allem die rechtlich zulässigen **Rabatte, Boni und Skonti.**

IV. Die Anwendung des Kodex bei grenzüberschreitenden europäischen Fallgestaltungen (Abs. 3)

32 Die nun in § 1 Abs. 3 geregelten Bestimmungen waren vor der Kodexrevision vom 14.11.2019 in § 7 Abs. 7 geregelt. Nach den Vorstellungen des FSA sollen die Bestimmungen zum Anwendungsbereich seiner drei Kodizes nun einheitlich in dem ersten Paragraphen des jeweiligen Kodex festgelegt werden. Der Wortlaut des Absatz 3 entspricht weitgehend der **bisherigen Regelung.** Neben redaktionellen Änderungen wurde jedoch der zweite Halbsatz des Satz 2 neugefasst, was an gegebener Stelle näher erläutert werden soll.

33 Der Absatz regelt die Anwendung des FSA-Transparenzkodex in grenzüberschreitenden europäischen Fallgestaltungen. Dabei werden **zwei Fälle** näher geregelt. Zum einen betrifft dies die Zuwendung geldwerter Leistungen an einen nicht in Deutschland, sondern in einem anderen europäischen Land hauptberuflich tätigen Arzt oder sonstigen Angehörigen der medizinischen Fachkreise bzw. an eine in einem anderen europäischen Land ansässige Gesundheitsorganisation durch ein Mitgliedsunternehmen des FSA (Fall 1). Zum anderen wird die Zuwendung geldwerter Leistungen an einen in Deutschland hauptberuflich tätigen Arzt oder sonstigen Fachkreisangehörigen bzw. an dort ansässige Gesundheitsorganisationen durch ausländische verbundene Unternehmen angesprochen (Fall 2). Europa bzw. europäisch meint in diesem Kontext jedes Land das über eine EFPIA-Mitgliedsorganisation verfügt (vgl. Legaldefinition in § 2 Abs. 7, dazu → Rn. 46). Ziel der Regelung ist es, eine **möglichst lückenlose Veröffentlichung von Zuwendungen** sicherzustellen. Bestehen Berührungspunkte zu mehreren nationalen Mitgliedsorganisationen der EFPIA, so soll die **Veröffentlichung grundsätzlich in dem Land erfolgen,** zu dem der Arzt oder der sonstige Angehörige eines Heilberufes bzw. die Gesundheitseinrichtung im beruflichen Kontext die **engste Verbindung** aufweist. Stehen einem FSA-Mitgliedsunternehmen in dem jeweiligen Land jedoch keine verbundenen Unternehmen zur Verfügung, so hat das Mitgliedsunternehmen die Veröffentlichungspflichten selbst wahrzunehmen Die Regelung hat keine Auswirkungen auf grenzüberschreitende außereuropäische Sachverhalte. Auch in derartigen Fallgestaltungen sind die FSA-Mitgliedsunternehmen selbst zur Veröffentlichung verpflichtet. Auch in Hinblick auf den Anwendungsbereich des Kodex in grenzüberschreitenden Sachverhalten kann auf die Ausführungen zum FSA-Kodex Fachkreise und FSA-Kodex Patientenorganisationen (Kap. 14 Rn. 64–78 und Kap. 15 Rn. 47–50) Bezug genommen werden.

1. Zuwendung an Empfänger in Europa, aber außerhalb Deutschlands

Der Ort der Veröffentlichung von Zuwendungen knüpft nicht an den Sitz des leistenden 34 Mitgliedsunternehmens, sondern den Praxis- oder Geschäftssitz bzw. den Schwerpunkt der beruflichen Tätigkeit des **Empfängers** an. Der FSA-Transparenzkodex ist folglich nur dann einschlägig, wenn der Empfänger ein in Deutschland hauptberuflich tätiger Fachkreisangehöriger bzw. eine in Deutschland mit ihrem Hauptsitz ansässige Gesundheitsorganisation ist.

Zur Illustration folgendes **Beispiel:** Ein in Deutschland ansässiges Unternehmen schließt 35 mit einem hauptberuflich in Italien praktizierenden Arzt einen Beratervertrag, aufgrund dessen es dem Arzt geldwerte Leistungen zukommen lässt. Das mit dem zuwendenden Mitgliedsunternehmen in Italien ansässige verbundene Unternehmen muss diese geldwerte Leistung nach den Vorgaben des italienischen Transparenzkodex als dort geltende nationale Umsetzung des EFPIA-Kodex veröffentlichen. Um dieser Verpflichtung kodexkonform nachkommen zu können, ist das leistende Mitgliedsunternehmen gemäß § 1 Abs. 3 verpflichtet, dem verbundenen Unternehmen alle für die Offenlegung relevanten **Informationen zu übermitteln.** Die in der bisherigen Version des § 7 Abs. 7 enthaltende Verpflichtung des Mitgliedsunternehmen, auf eine Veröffentlichung durch das verbundene Unternehmen hinzuwirken, ist gestrichen worden. Denn die nationale, in unserem Beispiel italienische Mitgliedsorganisation ist zur Umsetzung der Transparenzvorschriften des EFPIA-Kodex und das verbundene Unternehmen zur Beachtung der italienischen Transparenzvorschriften verpflichtet. Von daher muss das verbundene Unternehmen auf Grundlage der nationalen Kodexregelungen die Zuwendung ohnehin veröffentlichen. Da es ausschließlich darauf ankommt, in welchem Land der Empfänger seinen Praxis- oder Geschäftssitz hat bzw. wo sich der Schwerpunkt seiner beruflichen Tätigkeit befindet, ist es unerheblich, ob der Fachkreisangehörige die Beratertätigkeit in Italien, Deutschland oder in einem anderen Land erbracht hat. Der Ort der Leistung oder Tätigkeit, für die dem Empfänger die geldwerte Leistung zugewendet wird, kann also überall auf der Welt liegen.

2. Zuwendungen an Empfänger innerhalb Deutschlands

Die Behandlung des zweiten Falls, in dem ein europäisches verbundenes Unternehmen 36 einem in Deutschland ansässigen Empfänger eine geldwerte Leistung zuwendet, folgt denselben Grundsätzen. In diesem Fall befindet sich der **Praxis- oder Geschäftssitz bzw. der Schwerpunkt der beruflichen Tätigkeit des Empfängers in Deutschland,** sodass dem deutschen Mitgliedsunternehmen die Pflicht der Offenlegung obliegt. Besteht beispielsweise ein Beratervertrag zwischen einem verbundenen, in Schweden ansässigen Unternehmen mit einem in Deutschland hauptberuflich praktizierenden Arzt, muss das deutsche Mitgliedsunternehmen die im Rahmen des Beratervertrages zugewendeten geldwerten Leistungen veröffentlichen. Das deutsche Mitgliedsunternehmen hat in diesem Fall sicherzustellen, dass die ihm vom verbundenen schwedischen Unternehmen übermittelten Informationen im Einklang mit dem FSA-Transparenzkodex veröffentlicht werden.

3. Auffangregelung

Der letzte Satz des § 1 Abs. 3 stellt sicher, dass auch Zuwendungen an Fachkreisangehö- 37 rige bzw. Gesundheitseinrichtungen veröffentlicht werden, deren **Praxis- oder Geschäftssitz bzw. Schwerpunkt der beruflichen Tätigkeit** in einem Land liegt, in welchen das jeweilige Mitgliedsunternehmen **keine verbundenen Unternehmen** hat. Nicht alle FSA-Mitgliedsunternehmen sind in jedem europäischen Land mit einer eignen Landesorganisation vertreten, verfügen also in dem Land, in dem der Praxis- oder Geschäftssitz bzw. der Schwerpunkt der beruflichen Tätigkeit des Empfängers liegt, möglicherweise nicht über ein verbundenes Unternehmen. In derartigen Fallgestaltungen ist das betroffene FSA-Mitgliedsunternehmen selbst zur Veröffentlichung verpflichtet.

§ 2 Definitionen

Im Sinne dieses Kodex bedeuten:

(1) „Angehörige der Fachkreise" oder „Healthcare Professional (HCP)" sind die in Europa ansässigen oder hauptberuflich tätigen Ärzte und Apotheker sowie alle Angehörigen medizinischer, zahnmedizinischer, pharmazeutischer oder sonstiger Heilberufe und sämtliche andere Personen, die im Rahmen ihrer beruflichen Tätigkeit berechtigt sind, Humanarzneimittel zu verschreiben, zu empfehlen oder anzuwenden oder mit diesen in erlaubter Weise Handel treiben. Hierzu zählen auch Mitarbeiter öffentlicher Stellen oder Mitarbeiter der Kostenträger, die bei dieser Stelle dafür verantwortlich sind, Arzneimittel zu verschreiben, zu beziehen, zu liefern, zu verabreichen oder über die Erstattungsfähigkeit von Arzneimitteln zu entscheiden, sowie Mitarbeiter der Mitgliedsunternehmen, die neben ihrer Tätigkeit für das Unternehmen haupt-beruflich als praktizierende Ärzte, Apotheker oder andere HCP tätig sind. Ausgeschlossen sind jedoch alle anderen Mitarbeiter eines Mitgliedsunternehmens, eines Großhandels oder einer sonstigen Person, die mit Arzneimitteln handelt.

(2) „Berichtszeitraum" meint den jährlichen Offenlegungszyklus nach diesem Kodex und umfasst ein volles Kalenderjahr.

(3) „Dritte" sind natürliche oder juristische Personen, die Mitgliedsunternehmen vertreten oder die mit anderen Dritten im Namen eines Mitgliedsunternehmens oder im Zusammenhang mit einem Arzneimittel des Mitgliedsunternehmens zusammenarbeiten wie z. B. Vertriebspartner, Großhändler, Berater, Auftragsforschungsinstitute, professionelle Kongressveranstalter, externe Außendienstmitarbeiter, Marktforschungsunternehmen, Werbeagenturen oder Anbieter von Dienstleistungen im Zusammenhang mit Veranstaltungen, Öffentlichkeitsarbeit oder dem Management von Studien.

(4) „EFPIA" ist die „European Federation of Pharmaceutical Industries and Associations".

(5) „EFPIA-Kodex" ist der EFPIA Code of Practice in der Fassung vom 27. Juni 2019, einschließlich der Anhänge, die ausdrücklich als verbindlich bezeichnet werden und Teil dieses Kodex sind.

(6) „Empfänger" sind diejenigen HCP und HCO, denen gegenüber Geldwerte Leistungen erbracht werden, die nach Maßgabe dieses Kodex offenzulegen sind. Großhändler, Vertreiber oder Händler von Arzneimitteln sind nicht „Empfänger" im Sinne dieses Kodex.

(7) „Europa" bezieht sich auf die Länder, in denen Nationale Kodizes eines Mitgliedsverbands anwendbar sind. Zum Zeitpunkt der letzten Änderung dieses Kodex sind das die folgenden Länder: Belgien, Bosnien und Herzegowina, Bulgarien, Dänemark, Deutschland, Estland, Finnland, Frankreich, Griechenland, Irland, Island, Italien, Kroatien, Lettland, Litauen, Malta, Niederlande, Nordmazedonien, Norwegen, Österreich, Polen, Portugal, Rumänien, Schweiz, Serbien, Slowakei, Slowenien, Spanien, Tschechien, Türkei, Vereinigtes Königreich, Ukraine.

(8) „Finanzielle Unterstützung" ist die Gewährung von Geld oder geldwerten Vorteilen an Empfänger, sofern damit auch eigene unternehmensbezogene Ziele der Imagewerbung oder der Öffentlichkeitsarbeit des Unternehmens verfolgt werden. Hierzu zählt das Sponsoring, zu der auch die Miete von Standflächen und Räumen im Rahmen von externen Fortbildungsveranstaltungen gehört.

(9) „Fortbildungsveranstaltungen" sind Fach- und Fortbildungsveranstaltungen sowie Kongresse, Konferenzen, Symposien und ähnliche Veranstaltungen zu Themen aus dem Bereich der pharmazeutischen und medizinischen Forschung und Entwicklung, zu bestimmten Krankheitsbildern und deren Therapie, zu gesundheitspolitischen Themen oder solche, die einem beruflichen Erfahrungsaustausch von HCP dienen.

(10) „FSA" ist der Verein „Freiwillige Selbstkontrolle für die Arzneimittelindustrie e.V.".

(11) „Geldwerte Leistungen" sind Zahlungen (etwa Beratungshonorare) sowie geldwerte Vorteile (etwa Leistungen des Mitgliedsunternehmens oder beauftragter Agenturen). Geldwerte Leistungen können direkt oder auch indirekt zu Gunsten des Emp-

fängers erbracht werden. Eine indirekte Erbringung Geldwerter Leistungen liegt vor, wenn diese nicht durch das Mitgliedsunternehmen unmittelbar, sondern über einen Dritten (etwa einen Vertragspartner, eine Agentur, verbundene Unternehmen oder auch Unternehmensstiftungen) für ein Mitgliedsunternehmen zu Gunsten des Empfängers erfolgt.

(12) „Healthcare Organisation (HCO)" sind ungeachtet ihrer jeweiligen rechtlichen Organisationsform alle medizinischen oder wissenschaftlichen Institutionen oder Vereinigungen mit Sitz in Europa, die sich aus Angehörigen der Fachkreise zusammensetzen (z. B. medizinisch-wissenschaftliche Fachgesellschaften) und/oder durch diese medizinische Leistungen erbringen oder forschen (z. B. Krankenhäuser, Universitätskliniken oder Weiterbildungs- und Forschungseinrichtungen). Hierzu zählen auch Institutionen, mittels derer Angehörige der Fachkreise Leistungen erbringen (wie etwa Beratungsgesellschaften), und zwar unabhängig davon, welche rechtliche Position oder Funktion die Fachkreisangehörigen in diesen Organisationen einnehmen. Zu den Organisationen im Sinne dieses Kodex zählen nicht „Organisationen der Patientenselbsthilfe" im Sinne von § 2 Abs. 1 FSA-Kodex Patientenorganisationen. Unabhängige Auftragsforschungsinstitute, die sich nicht aus verordnenden Angehörigen der Fachkreise zusammensetzen oder mit medizinischen Einrichtungen verbunden sind (z. B. Clinical Research Organisations („CRO"), sind als HCO nur dann von dem Kodex erfasst, sofern Mitgliedsunternehmen über diese Geldwerte Leistungen an Empfänger im Sinne des Kodex erbringen (sog. „pass through-costs").

(13) „Kodex" ist der FSA-Transparenzkodex.

(14) „Kostenbeitrag" ist eine Unterstützung, welche die Kosten für Reisen, Unterkunft (ggf. inklusive Hotelfrühstück) und/oder Registrierung erfassen kann, um die Teilnahme eines einzelnen HCP an einer Veranstaltung zu ermöglichen, die von einem Mitgliedsunternehmen und/oder einem Dritten organisiert oder geschaffen wird. Kosten für Bewirtung sind im Rahmen dieses Kodex von dem Kostenbeitrag nicht erfasst.

(15) „Marktforschungsaktivitäten" sind die systematische Erhebung und Auswertung von Informationen unter Anwendung von statistischen und analytischen Methoden als Grundlage für unternehmerische Entscheidungen.

(16) „Mitgliedsunternehmen" sind die Mitgliedsunternehmen im Sinne der FSA-Satzung sowie deren inländische Tochterunternehmen und andere verbundene Unternehmen (alle Unternehmen, die Teil der gleichen Konzerngesellschaft wie das Mitgliedsunternehmen sind), welche die Verbindlichkeit des Kodex durch eine gesonderte schriftliche Vereinbarung anerkannt haben.

(17) „Mitgliedsverband" ist ein Verband, der Mitglied der EFPIA ist und der Arzneimittelhersteller auf nationaler Ebene vertritt.

(18) „Nationaler Kodex" ist der Kodex eines Mitgliedsverbands, der die relevanten Vorgaben des EFPIA-Kodex umsetzt.

(19) „Persönliche Gesundheitsdaten" sind alle Informationen im Zusammenhang mit der körperlichen oder geistigen Gesundheit oder den ererbten oder erworbenen genetischen Eigenschaften einer identifizierten oder identifizierbaren natürlichen Person, einschließlich der Erbringung von Gesundheitsdienstleistungen, aus denen Informationen über deren Gesundheitszustand hervorgehen[31].

(20) „Spenden und andere Zuwendungen" betreffen die Bereitstellung von Geldwerten Leistungen an HCO, die freiwillig zum Zwecke der Unterstützung der Gesundheitsversorgung, der wissenschaftlichen Forschung oder Fortbildung zur Verfügung gestellt werden, ohne dass der Empfänger verpflichtet wäre, hierfür eine Gegenleistung zu erbringen.

(21) „Sponsoring" ist die Gewährung von Geld oder geldwerten Vorteilen an Empfänger, sofern damit auch eigene unternehmensbezogene Ziele der Imagewerbung oder der Öffentlichkeitsarbeit des Unternehmens verfolgt werden. Hierzu zählt auch die Miete von Standflächen und Räumen im Rahmen von externen Fortbildungsveranstaltungen.

[31] Die Definition beruht auf den Definitionen für „personenbezogene Daten", „genetische Daten" und „Gesundheitsdaten" in Art. 4 Nr. 1, 13 und 15 Datenschutz-Grundverordnung.

Übersicht

I. Vorbemerkung

38 Paragraph 2 enthält die **Definitionen** der **wesentlichen Begriffe des Kodex.** Durch diese Vorgabe soll eine einheitliche Anwendung der Begrifflichkeiten gewährleistet werden. Im Rahmen der Kodexrevision vom 14.11.2019 sind zahlreiche neue definierten Begriffe aufgenommen und einzelne bereits enthaltene Definitionen präzisiert worden[32]. Diese Ergänzung geht auf den EFPIA-Kodex zurück, der im Abschnitt „Definitions" Begriffsdefinitionen vorgibt. Die Mehrzahl der Definitionen wurde bereits im Zusammenhang mit dem FSA-Kodex Fachkreise (→ Kap. 14 Rn. 74) und dem FSA-Kodex Patientenorganisationen (→ Kap. 15 Rn. 51) kommentiert. Bei gleicher Bedeutung wird nachfolgend zur Vermeidung unnötiger Wiederholungen auf die dortige Kommentierung verwiesen werden.

II. Angehörige der Fachkreise (Abs. 1)

39 Die Definition eines Angehörigen der Fachkreise bzw. eines Healthcare Professionals (HCP) nach § 2 Abs. 1 entspricht wortwörtlich der nach § 2 Abs. 1 FSA-Kodex Fachkreise. Vor der Kodexrevision vom 14.11.2019 war der Begriff des Fachkreisangehörigen nach dem FSA-Transparenzkodex weiter als der nach dem FSA-Kodex Fachkreise und umfasste auch Mitarbeiter öffentlicher Stellen und Mitarbeiter der Kostenträger, die Arzneimittel verschreiben, beziehen, liefern, erstatten oder verabreichen dürfen, sowie Mitarbeiter von Mitgliedsunternehmen, wenn und soweit diese hauptberuflich als Ärzte, Apotheker oder sonstige Fachkreisangehörige im Sinne des Kodex tätig sind.[33] Im Rahmen der Kodexrevision vom 14.11.2019 wurde die Definition des Angehörigen der Fachkreise im FSA-Kodex Fachkreise erweitert und an die bisherige Begrifflichkeit des FSA-Transparenzkodex sowie an die Definition ***„Healthcare Professionals (HCP)"*** nach dem EFPIA-Kodex angepasst. Insofern kann vollumfänglich auf die Ausführungen in → Kap. 14 Rn. 81 Bezug genommen werden.

---

[32] Vor der Kodexrevision 2019/2020 enthielt der FSA-Transparenzkodex 9 Definitionen, nun sind es 21.

[33] Vgl. *Dieners* CCZ 2014, 204 (206).

III. Berichtszeitraum (Abs. 2)

Die Definition „Berichtszeitraum" wurde mit der Kodexrevision vom 14.11.2019 neu in § 2 Abs. 2 aufgenommen. Sie geht auf die Definition ***„Reporting Period"*** nach dem EFPIA-Kodex zurück und findet sich wortlautidentisch auch in § 2 Abs. 4 FSA-Kodex Patientenorganisationen. Für die Kommentierung kann somit auf → Kap. 15 Rn. 55 verwiesen werden. 40

IV. Dritte (Abs. 3)

Auch die Definition des Dritten wurde im Rahmen der Kodexrevision vom 14.11.2019 neu aufgenommen. Sie entspricht der Definition von ***„Third Parties"*** nach dem EFPIA-Kodex. Da der Begriff mit demselben Wortlaut auch in § 2 Abs. 4 FSA-Kodex Fachkreise und § 2 Abs. 5 FSA-Kodex Patientenorganisationen definiert wird, kann auf die Ausführungen in → Kap. 14 Rn. 93 verwiesen werden. 41

V. EFPIA (Abs. 4)

Die Definition „EFPIA" wurde ebenfalls in Rahmen der Kodexrevision vom 14.11. 2019 **ergänzt** und geht auf eine entsprechende im EFPIA-Kodex enthaltene Definition zurück. Der Begriff wird auch in § 2 Abs. 5 FSA-Kodex Fachkreise sowie in § 2 Abs. 6 FSA-Kodex Patientenorganisationen definiert, sodass auf die Kommentierung zu → Kap. 14 Rn. 94 Bezug genommen wird. 42

VI. EFPIA-Kodex (Abs. 5)

Wie die Definition „EFPIA" wurde auch die Definition „EFPIA-Kodex" 2019/2020 neu in den FSA-Transparenzkodex aufgenommen. Der Begriff des EFPIA-Kodex nach § 2 Abs. 5 entspricht zum einen der Definition des **„EFPIA Code"** nach dem EFPIA-Kodex und zum anderen der Definition „EFPIA-Kodex" nach § 2 Abs. 6 FSA-Kodex Fachkreise und § 2 Abs. 7 FSA-Kodex Patientenorganisationen. Es wird auf die Kommentierung in → Kap. 14 Rn. 95 verwiesen. 43

VII. Empfänger (Abs. 6)

Die Definition „Empfänger" ist eine von neun Definitionen, die bereits vor der Kodexrevision vom 14.11.2019 im FSA-Transparenzkodex geregelt waren. Die Definition wurde unverändert beibehalten. Als Empfänger bezeichnet der FSA-Transparenzkodex alle **Fachkreisangehörigen und Gesundheitsorganisationen,** denen gegenüber ein Regelungsadressat des Kodex geldwerte Leistungen erbringt, die nach den Vorschriften des FSA-Transparenzkodex offenzulegen sind. Ergänzend stellt § 2 Abs. 6 ausdrücklich klar, dass Großhändler, Vertreiber und Händler von Arzneimitteln nicht Empfänger im Sinne des Kodex sind. Wendet ein Mitgliedsunternehmen daher im Zusammenhang mit dem Kauf und Verkauf von Arzneimitteln einem Vertragspartner, der einer dieser drei Gruppen angehört, geldwerte Vorteile wie etwa rechtlich zulässige Rabatte, Skonti oder Boni zu, so ist es nicht verpflichtet, diese Zuwendung offenzulegen. 44

Die Definition „Empfänger" nach dem FSA-Transparenzkodex ist **enger** als die Definition desselben Begriffs im FSA-Kodex Patientenorganisationen (§ 2 Abs. 8) und im FSA-Kodex Fachkreise (§ 2 Nr. 7) (vgl. → Kap. 14 Rn. 96 und Kap. 15 Rn. 59). Die Definition nach dem FSA-Kodex Patientenorganisationen und dem FSA-Kodex Fachkreise entspricht der des ***„Recipient"*** nach dem EFPIA-Kodex. Den zusätzlichen Merkmalen der Definition im FSA-Transparenzkodex kommt eine **einschränkende und klarstellende Funktion** unter Bezugnahme auf den Anwendungsbereich des FSA-Transparenzkodex zu. 45

VIII. Europa (Abs. 7)

46 Auch der Begriff „Europa“ wurde bereits vor der Kodexrevision vom 14.11.2019 in dem FSA-Transparenzkodex definiert. Im Rahmen der Kodexrevision wurde die Definition leicht überarbeitet, ohne dass damit jedoch eine Änderung des Bedeutungsgehalts verbunden gewesen wäre. Die Überarbeitung diente der Anpassung an die entsprechende Definitionen nach § 2 Abs. 8 FSA-Kodex Fachkreise und § 2 Abs. 9 FSA-Kodex Patientenorganisationen, die wiederum auf die Definition ***„Europe“*** im EFPIA-Kodex zurückgeht. Eine ausführliche Kommentierung des Begriffs findet sich in → Kap. 14 Rn. 97.

IX. Finanzielle Unterstützung (Abs. 8)

47 Der Begriff „Finanzielle Unterstützung“ wurde im Rahmen der Kodexrevision vom 14.11.2019 neu aufgenommen und geht auf die Definition des Begriffs ***„Sponsorship“*** im EFPIA-Kodex zurück. Eine wortlautidentische Definition findet sich auch in § 2 Abs. 9 FSA-Kodex Fachkreise, sodass auf die Erläuterungen in → Kap. 14 Rn. 98 verwiesen werden kann. Nach dem FSA-Transparenzkodex ist „finanzielle Unterstützung“ ein Unterfall von „geldwerte Leistungen“ und „Sponsoring“ ein Unterfall der finanziellen Unterstützung (hierzu auch → Rn. 50 u. 61–63).

X. Fortbildungsveranstaltungen (Abs. 9)

48 Schon vor der Kodexrevision vom 14.11.2019 fand sich eine Definition des Begriffs „Fortbildungsveranstaltungen“ in dem FSA-Transparenzkodex. Vor der Änderung wurde auf die entsprechende Definition im FSA-Kodex Fachkreise verwiesen, während nunmehr der Wortlaut der Definitionen in § 2 Abs. 9 und § 2 Abs. 10 FSA-Kodex Fachkreise **identisch** ist. Insofern kann auf die Kommentierung in → Kap. 14 Rn. 99–101 verwiesen werden.

XI. FSA (Abs. 10)

49 Eine als solche gekennzeichnete Definition des „FSA“ wurde im Rahmen der Kodexrevision vom 14.11.2019 neu in den FSA-Transparenzkodex aufgenommen und findet sich **wortlautidentisch** in § 2 Abs. 11 FSA-Kodex Fachkreise und § 2 Abs. 10. Eine nähere Erläuterung der Definition findet sich in → Kap. 14 Rn. 102.

XII. Geldwerte Leistungen (Abs. 11)

50 Die Definition „Geldwerte Leistungen“ befand sich bereits vor der Kodexrevision vom 14.11.2019 im FSA-Transparenzkodex und wurde inhaltlich nicht verändert. Eine nahezu identische Definition findet sich in § 2 Abs. 12 FSA-Kodex Patientenorganisationen. Im Unterschied zu der Definition im FSA-Transparenzkodex ist in dem FSA-Kodex Patientenorganisationen jedoch keine bespielhafte Aufzählung von möglichen Dritten („etwa einen Vertragspartner, eine Agentur, verbundene Unternehmen oder auch Unternehmensstiftungen“) enthalten. Dadurch ergeben sich jedoch **keine inhaltlichen Unterschiede,** sodass auf die Kommentierung in → Kap. 15 Rn. 63 verwiesen werden kann. Der FSA-Transparenzkodex verwendet den Begriff der geldwerten Leistungen als **übergeordneten Sammelbegriff,** der sonstige Kategorien wie Spenden und andere Zuwendungen (→ Rn. 60), finanzielle Unterstützung (→ Rn. 47), Sponsoring (→ Rn. 61–63), Kostenbeitrag (→ Rn. 54), etc einbezieht.

XIII. Healthcare Organisation (HCO) (Abs. 12)

Die Definition der „Healthcare Organisation (HCO)" war bereits vor der Kodexrevision vom 14.11.2019, wenn auch unter dem allgemeinen Begriff **„Organisationen"** im FSA-Transparenzkodex enthalten. Eine Änderung des Bedeutungsgehalts ergibt sich weder aus der nun verwendeten Bezeichnung noch aus den wenigen redaktionellen Anpassungen. Die Definition nach § 2 Abs. 12 **entspricht der nach § 2 Abs. 13 FSA-Kodex Fachkreise.** Insofern wird auf die Kommentierung zu → Kap. 14 Rn. 105 verwiesen. 51

Allerdings umfasst die Definition nach dem FSA-Transparenzkodex auch „unabhängige Auftragsforschungsinstitute, die sich nicht aus verordnenden Angehörigen der Fachkreise zusammensetzen oder mit medizinischen Einrichtungen verbunden sind (zB Clinical Research Organisations („CRO")". Dies gilt jedenfalls, „sofern Mitgliedsunternehmen über diese Geldwerte Leistungen an Empfänger im Sinne dieses Kodex erbringen (sogenannte **„pass through-costs"**)". Dazu nachstehendes Fallbeispiel[34]: Das FSA-Mitgliedsunternehmen A beauftragt das unabhängige Auftragsforschungsinstitut B, welches sich aus Angehörigen der Fachkreise zusammensetzt, mit der Durchführung eines Forschungsauftrags. B engagiert die Ärzte C und D zum Zwecke der Durchführung des Auftrags. Die von A erhaltenen geldwerten Leistungen leitet B dabei direkt an C und D weiter, wodurch die Zuwendungen zu reinen Durchlaufkosten („pass-through-costs") werden. Die geldwerten Leistungen sind in diesem Fall so zu behandeln, als hätte A die Ärzte selbst – ohne Zwischenschaltung von B – beauftragt. Diese klarstellende Ergänzung der Definition ist Ausdruck des Ziels des FSA-Transparenzkodex eine **möglichst weitreichende Transparenz** zu gewährleisten (→ Rn. 11 und 18f.). Die Offenlegungspflicht gilt also nicht nur für direkte Zahlungen, sondern auch für **indirekt gewährte geldwerte Leistungen** an Gesundheitsorganisationen und Fachkreisangehörige (siehe hierzu auch → Rn. 73f.). Über Auftragsforschungsunternehmen an Ärzte gewährte Leistungen sind ein typisches Beispiel derartiger indirekter Zuwendungen. 52

XIV. Kodex (Abs. 13)

Die Definition von „Kodex" stellt klar, dass soweit dieser Begriff im Text des FSA-Transparenzkodex verwendet wird, der **FSA-Transparenzkodex** gemeint ist. Vergleichbare Regelungen finden sich auch in § 2 Abs. 18 FSA-Kodex Fachkreise und § 2 Abs. 14 FSA-Kodex Patientenorganisationen. Die jeweiligen Definitionen wurden im Rahmen der Kodexrevision vom 14.11.2019 aufgenommen, auch wenn der Begriff „Kodex" schon zuvor auf dieselbe Art und Weise verwendet wurde (vgl. § 1 Abs. 1 S. 1 FSA-Transparenzkodex aF). 53

XV. Kostenbeitrag (Abs. 14)

Seit der Kodexrevision vom 14.11.2019 enthalten alle drei Kodizes des FSA eine Definition des Begriffs „Kostenbeitrag" (§ 2 Abs. 17 FSA-Kodex Fachkreise, § 2 Abs. 15 FSA-Kodex Patientenorganisationen, § 2 Abs. 14 FSA-Transparenzkodex). Dies geht auf die Definition von *„Contribution to Costs related to Events"* des EFPIA-Kodex zurück. Allerdings wird der Begriff je nach dem konkreten Regelungsgegenstand des jeweiligen Kodex **unterschiedlich verwendet.** Während im FSA-Kodex Fachkreise und im FSA-Transparenzkodex die Unterstützung eines Arztes oder sonstigen Fachkreisangehörigen gemeint ist, nimmt die Definition im FSA-Kodex Patientenorganisationen auf die Unterstützung von Mitgliedern von Patientenorganisationen Bezug. Auch die Verwendung des Begriffs im FSA-Kodex Fachkreise und im FSA-Transparenzkodex ist nicht identisch. Im Rahmen des FSA-Kodex Fachkreise umfasst der Begriff die finanzielle Unterstützung von Fachkreisan- 54

[34] Siehe *Dieners* CCZ 2014, 204 (206).

gehörigen bei der Teilnahme von Veranstaltungen durch eine Übernahme der Kosten für Bewirtung, An- und Abreise, Unterkunft (ggf. inklusive Hotelfrühstück) beziehungsweise Registrierung (→ Kap. 14 Rn. 110f.). Abweichend davon unterfallen die Kosten für die Bewirtung nicht dem Begriff des Kostenbeitrags nach dem FSA-Transparenzkodex. Dass es sich dabei nicht um ein redaktionelles Versehen handelt, wird ausdrücklich klargestellt. Bewirtungskosten sind im Anwendungsbereich des FSA-Transparenzkodex nur insofern von dem Begriff des Kostenbeitrags erfasst und müssen demnach auch nur dann veröffentlicht werden, wenn es sich um Kosten für ein Hotelfrühstück handelt, die als Teil der Kosten für die Unterkunft zu verstehen sind.

XVI. Marktforschungsaktivitäten (Abs. 15)

55 Die Definition von „Marktforschungsaktivitäten" war schon vor der Kodexrevision vom 14.11.2019 im FSA-Transparenzkodex enthalten und wurde unverändert beibehalten. Unter Marktforschungsaktivitäten sind alle systematischen Erhebungen und Auswertungen von Informationen zu verstehen, bei denen **statistische und analytische Methoden** zur Anwendung kommen und deren Ergebnisse die Grundlage für unternehmerische Entscheidungen bildet.

XVII. Mitgliedsunternehmen (Abs. 16)

56 Die Definition „Mitgliedsunternehmen" wurde im Rahmen der Kodexrevision vom 14.11.2019 in die drei Kodizes des FSA aufgenommen (siehe auch § 2 Abs. 20 FSA-Kodex Fachkreise und § 2 Abs. 18 FSA-Kodex Patientenorganisationen). Die Definition geht auf die Verwendung des Begriffs ***„Member Company"*** im EFPIA-Kodex zurück. Allerdings nimmt die Definition im EFPIA-Kodex auf den Tätigkeitsbereich der Unternehmen und die Satzung der EFPIA Bezug, während die Definition in den Kodizes des FSA auf die Anwendbarkeit des jeweiligen Kodex abstellt. Die Definitionen des Begriffs im FSA-Transparenzkodex und im FSA-Kodex Fachkreise sowie im FSA-Kodex Patientenorganisationen ist nahezu identisch, sodass auf die Kommentierung in → Kap. 14 Rn. 116–119 verwiesen werden kann.

XVIII. Mitgliedsverband (Abs. 17)

57 Genauso wurde auch die Definition des Begriffs „Mitgliedsverband" im Rahmen der Kodexrevision 2019/2020 neu in die drei Kodizes des FSA aufgenommen (siehe auch § 2 Abs. 21 FSA-Kodex Fachkreise und § 2 Abs. 19 FSA-Kodex Patientenorganisationen). Dies geht auf die Verwendung des Begriffs ***„Member Associations"*** im EFPIA-Kodex zurück, auch wenn die europäische Definition und die deutschen Definitionen inhaltlich voneinander abweichen. Dazu und zu der Definition des Begriffs „Mitgliedsverband" kann auf die Erläuterungen in → Kap. 14 Rn. 120 verwiesen werden.

XIX. Nationaler Kodex (Abs. 18)

58 Ebenso wurde mit der Kodexrevision vom 14.11.2019 eine Definition von „Nationaler Kodex" in den drei Kodizes des FSA ergänzt (siehe auch § 2 Abs. 23 FSA-Kodex Fachkreise und § 2 Abs. 20 FSA-Kodex Patientenorganisationen). Die Definition entspricht der des ***„National Code"*** nach dem EFPIA-Kodex. Nähere Erläuterungen zu dem Begriff befinden sich in → Kap. 14 Rn. 122.

XX. Persönliche Gesundheitsdaten (Abs. 19)

Die Definition des Begriffs „Persönliche Gesundheitsdaten" wurde ebenfalls wortlautidentisch im Rahmen der Kodexrevision vom 14.11.2019 in die drei Kodizes des FSA aufgenommen (siehe auch § 2 Abs. 25 FSA-Kodex Fachkreise und § 2 Abs. 22 FSA-Kodex Patientenorganisationen). Die Definition entspricht der Definition von ***„Personal Health Data"*** und geht auf geltendes Datenschutzrecht zurück. Weitere Informationen hierzu können der Kommentierung zu → Kap. 14 Rn. 132f. entnommen werden. **59**

XXI. Spenden und andere Zuwendungen (Abs. 20)

Bereits vor der Kodexrevision vom 14.11.2019 enthielt der FSA-Transparenzkodex (§ 2 Abs. 7 aF) eine Definition von „Spenden (Geld- oder Sachspenden) sowie andere[n] einseitige[n] Geld- oder Sachleistungen" und nahm insofern auf § 25 FSA-Kodex Fachkreise aF Bezug. Nunmehr werden „Spenden und andere Zuwendungen" **wortlautidentisch** in § 2 Abs. 27 FSA-Kodex Fachkreise und § 2 Abs. 20 FSA-Transparenzkodex definiert. Insofern kann auf die Erläuterungen zu → Kap. 14 Rn. 136f. verwiesen werden. **60**

XXII. Sponsoring (Abs. 21)

Die Definition des „Sponsorings" war ebenfalls schon vor der Kodexrevision 2019/2020 im FSA-Transparenzkodex (§ 2 Abs. 8 aF) sowie auch im FSA-Kodex Patientenorganisationen (§ 2 Abs. 5 aF) geregelt. Die Definitionen wurden jeweils bis auf kleinere **redaktionelle Änderungen** unverändert beibehalten (siehe auch § 2 Abs. 25 FSA-Kodex Patientenorganisationen). **61**

Nach dem FSA-Transparenzkodex handelt es sich beim Sponsoring um die Gewährung von Geld oder geldwerten Vorteilen an Empfänger im Sinne des Kodex, sofern mit der Zuwendung auch eigene unternehmensbezogene Ziele der Imagewerbung oder der Öffentlichkeitsarbeit verfolgt werden. Exemplarisch wird die Miete von Standflächen und Räumen im Rahmen von externen Fortbildungsveranstaltungen als besonders praxisrelevante Zuwendungen benannt. Nach dem FSA-Transparenzkodex ist das Sponsoring ein **Unterfall der finanziellen Unterstützung,** sodass regelmäßig auch der übergeordnete Begriff der finanziellen Unterstützung verwendet wird (hierzu auch → Rn. 47). **62**

Die Definition des „Sponsoring" nach dem FSA-Transparenzkodex deckt sich in weiten Teilen mit der des FSA-Kodex Patientenorganisationen, sodass auf die Ausführungen in → Kap. 15 Rn. 61–63 Bezug genommen werden kann. Allerdings werden vom Begriff des Sponsoring nach dem FSA-Kodex Patientenorganisationen **auch Sachzuwendungen** und erhebliche nicht-finanzielle Zuwendungen erfasst. Zudem werden als Empfänger der Leistungen Patientenorganisationen genannt. Diese Abweichungen folgen aus dem unterschiedlichen Regelungsgegenstand des FSA-Transparenzkodex einerseits und des FSA-Kodex Patientenorganisationen andererseits. **63**

§ 3 Auslegungsgrundsätze

Bei der Anwendung dieses Kodex sind nicht nur der Wortlaut der einzelnen Vorschriften, sondern auch deren Sinn und Zweck sowie die gesetzlichen Datenschutzbestimmungen zu beachten. Bei der Auslegung des Kodex ist ferner darauf zu achten, dass die Erkennbarkeit der Gewährung geldwerter Leistungen an HCP im Vordergrund steht. Im Zweifel sollte einer Offenlegung von geldwerten Leistungen der Vorzug zu gegeben werden, die die Zuordnung solcher Leistungen an individuelle HCP zum Gegenstand hat (anstatt an HCO).

Übersicht

I. Vorbemerkung

64 Wie die anderen beiden FSA-Kodizes enthält auch der FSA-Transparenzkodex eine Bestimmung zur Auslegung seiner Regelungen. Sinn und Zweck dieser Vorschriften ist es, den Unternehmen und der Schiedsstelle des FSA für die praktische Anwendung der Kodizes einen Wegweiser an die Hand zu geben, um eine nach Möglichkeit **einheitliche Anwendung** zu gewährleisten. Die in § 3 enthaltenen Grundsätze finden sich vergleichbar in dem Abschnitt *„Ethical Principles"* des EFPIA-Kodex. Im Rahmen der Kodexrevision vom 14.11.2019 wurde § 3 leicht umformuliert; eine inhaltliche Änderung ist damit jedoch nicht verbunden.

II. Die klassischen Auslegungsgrundsätze

65 Die Auslegung erfolgt nach den **allgemeinen Grundsätzen** der Gesetzesauslegung. Ausgangspunkt und zugleich Auslegungsgrenze ist der jeweilige **Wortlaut** der Norm. Des Weiteren wird die Norm im Rahmen der **Regelungssystematik** und ihrer **Entstehungsgeschichte** betrachtet. Schließlich ist der objektive **Sinn und Zweck** für die Auslegung von großer Bedeutung. § 3 führt in Satz 1 explizit den Wortlaut der Norm sowie seinen Sinn und Zweck als wesentliche Auslegungskriterien auf. Damit wird klargestellt, dass insbesondere der Ratio des FSA-Transparenzkodex großes Gewicht zukommen soll und dementsprechend stets die Sichtweise zu bevorzugen ist, die das Ziel des Kodex erreicht; die Schaffung von Vertrauen und die Bekämpfung des Misstrauens in die Zusammenarbeit der Industrie mit Fachkreisangehörigen und Gesundheitseinrichtungen. Im europäischen Kontext wird eine solche Auslegungspraxis als „effet utile"-Prinzip bezeichnet.

III. Beachtung des Datenschutzes

66 Paragraph 3 Satz 1 weist explizit auf die Beachtung der gesetzlichen Datenschutzbestimmungen hin. Schon in der Einleitung des Kodex wird klargestellt, dass Veröffentlichungen nach dem FSA-Transparenzkodex im Einklang mit dem Datenschutzrecht erfolgen müssen. In Deutschland sind insbesondere die Bestimmungen der **DSGVO** und des Bundesdatenschutzgesetzes **(BDSG)** zu beachten. Die Veröffentlichung personenbezogener Daten auf Grundlage der Vorgaben des FSA-Transparenzkodex muss im Einklang mit der DSGVO und dem BDSG erfolgen. Dies kann zum Teil zu Lasten der Ratio des FSA-Transparenzkodex gehen, wenn beispielsweise aus Gründen des Datenschutzes die namentliche Nennung einzelner Fachkreisangehörige als Empfänger von Leistungen unterbleiben und eine aggregierte statt eine individualisierte Veröffentlichung erfolgen muss. Als unmittelbar wirksames und anwendbares Unionsrecht beziehungsweise als Bundesgesetz genießen DSGVO und BDSG **unbedingten Vorrang** vor dem Verhaltenskodex. In der nachfolgenden Kommentierung zu § 7 Abs. 6 (→ Rn. 110ff.) werden insofern die Vorgaben des Datenschutzrechts näher erläutert.

IV. Die Zweifelsregelung

67 Satz 2 der Auslegungsgrundätze bestimmt eine Zweifelsregelung. Demnach ist bei der Auslegung des Kodex darauf zu achten, dass die **Erkennbarkeit** der Gewährung geldwer-

ter Leistungen an Angehörige der Fachkreise im Vordergrund steht. Im Zweifel ist die **Offenlegung geldwerter Leistungen zu bevorzugen, die an individuelle Fachkreisangehörige geflossen sind.** Im Fokus des Kodex stehen damit die individuellen Fachkreisangehörigen. Das erklärt sich daraus, dass das Interesse der Allgemeinheit an geldwerten Leistungen, die diese Empfängergruppe erhält, besonders groß ist. Der Patient möchte darüber informiert sein, mit welchen Unternehmen der pharmazeutischen Industrie sein behandelnder Arzt zusammenarbeitet, um durch den offenen Umgang mit dieser Information größeres Vertrauen in die ärztliche Unabhängigkeit der Therapieentscheidung entwickeln zu können. Der Zivilgesellschaft als Beitragszahler der Krankenversicherung möchte darauf vertrauen können, dass die Verordnung von Arzneimitteln auf neutralen Entscheidungen fußt und das Gesundheitssystem nicht durch korruptive Handlungen finanziell belastet wird. Die Gruppe der Angehörige der Fachkreise weist damit eine **erhöhte Sensibilität** auf, der Rechnung getragen werden soll.[35] Aus dem Zweifelssatz lässt sich darüber hinaus ableiten, dass grundsätzlich der **individualisierten vor der aggregierten Offenlegung** der Vorrang einzuräumen ist (dazu → Rn. 98).

§ 4 Leitlinien des FSA-Vorstands

Der FSA kann über die in diesem Kodex im Einzelnen vorgeschriebenen Fälle hinaus durch den Vorstand verbindliche Leitlinien zur Auslegung dieses Kodex erlassen. Der Verein veröffentlicht diese Leitlinien im Internet (www.fsa-pharma.de).

Übersicht

I. Vorbemerkung

Wie schon § 6 Abs. 2 FSA-Kodex Fachkreise und § 5 FSA-Kodex Patientenorganisationen enthält auch der FSA-Transparenzkodex durch § 4 eine Ermächtigungsnorm, gemäß derer der Vorstand zum **Erlass konkretisierender verbindlicher Leitlinien** berechtigt wird. 68

II. Die Leitlinien

§ 4 differenziert nach Leitlinien, die vom Vorstand zwingend zu erlassen sind und solchen, deren Erlass im Ermessen des Vorstandes liegt. Bis zur Kodexrevision vom 4.12.2014 enthielt § 8 Abs. 2 eine Regelung zum Erlass einer **zwingenden Leitlinie.** Diese sollte ein standardisiertes Muster für die ordnungsgemäße Erfassung der zu veröffentlichenden Daten enthalten. Nach der Kodexrevision vom 4.12.2014 ist das Muster dem FSA-Transparenzkodex als Anlage beigefügt worden und ist bei Veröffentlichungen der Mitgliedsunternehmen zwingend als Vorlage zu nutzen. Die Regelung des § 8 Abs. 2 enthält seitdem nicht mehr eine Leitlinienkompetenz, sondern einen entsprechenden Hinweis auf die verbindliche Verwendung des Musters. 69

Die Ausübung der sonstigen **Leitlinienkompetenz** liegt **im Ermessen** des Vorstandes. 70
Dabei sollte er sich von dem Sinn der Leitlinienkompetenz, mithin der Schaffung größerer Rechtssicherheit durch einheitliche Anwendbarkeit, leiten lassen. Daneben gilt auch im Rahmen des FSA-Transparenzkodex, dass der Vorstand einmal erlassene Leitlinien anhand

[35] *Kempka,* Spannungsverhältnis, S. 73; *Dieners* CCZ 2014, 204 (206 f.).

des zeitlichen Wandels und geänderter Umstände **in regelmäßigen Abständen überprüfen** sollte (dazu auch → Kap. 14 Rn. 171–178 und → Kap. 15 Rn. 105–107). Bisher findet sich in Hinblick auf den FSA-Transparenzkodex nur eine Leitlinie des Vorstands vom 2.6.2015. In dieser wird lediglich klarstellend vermerkt ist, dass der Vorstand bislang keinen Gebrauch von seiner Leitlinienkompetenz nach § 4 in Verbindung mit § 11 Abs. 2 gemacht hat (→ Rn. 156).

III. Bekanntgabe der Leitlinien

71 Die **erlassenen Leitlinien** stellt der Vorstand des FSA auf seiner **Homepage** unter www.fsa-pharma.de zur Verfügung. Die Leitlinien sind bereits **ab Erlass und auch rückwirkend** für Fälle, die vor ihrem Erlass entstanden sind, als Beurteilungshilfe heranzuziehen, da es sich bei ihnen lediglich um **Auslegungshilfen** handelt, die keine materielle Regelungsänderung mit sich bringen.

2. Abschnitt: Erfassung und Offenlegung von geldwerten Leistungen

§ 5 Dokumentations- und Offenlegungspflicht

Die Mitgliedsunternehmen müssen sämtliche Geldwerte Leistungen nach § 6 dieses Kodex, welche sie direkt oder indirekt zu Gunsten der Empfänger an diese leisten, im Einklang mit den Bestimmungen der §§ 7–14 dieses Kodex dokumentieren und veröffentlichen.

Übersicht

I. Vorbemerkung

72 Die Regelung des § 5 statuiert den **sachlichen Kern des Transparenzkodex,** durch den Mitgliedsunternehmen die Pflicht auferlegt wird, sämtliche geldwerten Leistungen zu dokumentieren und zu veröffentlichen. Hinsichtlich der Art und Weise der Leistungen sowie der Dokumentation und Offenlegung verweist § 5 auf die §§ 6–14. § 5 stellt nur die generell abstrakte Verpflichtung entsprechend Section 23.03 EFPIA-Kodex auf, während die nachfolgenden Regelungen diese konkretisieren.

II. Dokumentations- und Offenlegungspflicht

73 Durch § 5 wird deutlich, dass der FSA-Transparenzkodex den Mitgliedsunternehmen **zwei Verpflichtungen** auferlegt. Zum einen müssen sie die in den Anwendungsbereich des Kodex fallenden, geldwerten Leistungen **unternehmensintern dokumentieren.** Zum anderen müssen sie diese Daten der **Öffentlichkeit zugänglich machen.** Die Dokumentationspflicht erfordert von den Unternehmen, im Rahmen ihres betrieblichen Compliance Management Systems Prozesse zu implementieren, die geeignet sind, die relevanten Daten zu erfassen und diese für eine gewisse Zeit zu speichern bzw. aufzubewahren. Die Offenlegungspflicht verlangt die Etablierung eines Systems, durch welches die unter dem Transparenzkodex erforderlichen Daten zu der vorgegebenen Zeit der Öffentlichkeit zugänglich gemacht werden können.

74 Paragraph 5 betont dabei, dass die Dokumentations- und Offenlegungspflicht nicht nur für direkte Zahlungen an Angehörige der Heilberufe und Gesundheitsorganisationen gilt,

sondern sich auch auf **indirekte und solchen Empfängern mittelbar zugutekommende Zuwendungen** erstreckt. Im Kern ergibt sich dies bereits aus dem Wortlaut der Definition der geldwerten Leistungen (hierzu → Rn. 50). Die Wiederholung in § 5 hat lediglich klarstellenden Charakter. Die Vorschrift verdeutlicht, dass die Herstellung von Transparenz in Hinblick auf Leistungen der Industrie an Fachkreisangehörige und Gesundheitsorganisationen nicht durch eine Zwischenschaltung Dritter umgangen werden können soll. Eine Beteiligung Dritter dient aber nicht zwingend der Verschleierungen von Zahlungsflüssen; sie ist vielmehr in der Praxis in vielen Fällen sinnvoll und üblich. Praxisrelevante Fallgestaltungen sind insbesondere die Ausrichtung von Kongressen und vergleichbaren Veranstaltungen durch unabhängige Veranstaltungsagenturen sowie die in § 2 Abs. 12 ausdrücklich genannten Auftragsforschungsinstitute (hierzu auch → Rn. 51 f.).

§ 6 Kategorien

Die Veröffentlichungspflicht betrifft ausschließlich Geldwerte Leistungen im Zusammenhang mit den nachfolgenden Kategorien. Geldwerte Leistungen sind danach zu dokumentieren und offenzulegen im Zusammenhang mit

1. ***Forschung und Entwicklung,* im Zusammenhang mit der Planung und Durchführung von nicht-klinischen Studien (nach Maßgabe der *OECD Principles on Good Laboratory Practice*), klinischen Prüfungen der Phasen I bis IV (nach Maßgabe der *Verordnung 536/2014/EU*), und nicht-interventionellen Studien im Sinne von § 19 Abs. 1 und 2 FSA-Kodex Fachkreise;**
2. ***Spenden (Geld- und Sachspenden) und anderen Zuwendungen*;**
3. ***Geldwerten Leistungen im Zusammenhang mit Fortbildungsveranstaltungen,* insbesondere bei der Unterstützung der Teilnahme von HCP an Fortbildungsveranstaltungen im Sinne von § 20 FSA-Kodex Fachkreise (Tagungs- oder Teilnahmegebühren sowie Übernahme von Reise- und Übernachtungskosten) und anderen Veranstaltungen oder bei der unmittelbaren oder mittelbaren Förderung von HCO im Zusammenhang der Vorbereitung, Ausrichtung oder Durchführung derartiger Veranstaltungen (Finanzielle Unterstützung);**
4. ***Dienstleistungs- und Beratungshonoraren oder anderen Zahlungen eines Mitgliedsunternehmens* für auf Grundlage eines Vertrages zwischen diese erbrachten Leistungen eines HCP oder einer HCO, wobei die vertraglichen Leistungen der Empfänger gegenüber den Mitgliedsunternehmen beliebiger Art sein können, sofern sie nicht bereits unter die Kategorien Nr. 1–3 dieser Regelung fallen. Unter diese Honorare fallen sowohl die Vergütungen für Dienst- und Beratungsleistungen als auch die in diesem Zusammenhang erstatteten Auslagen (etwas Reisekosten). Honorare für Marktforschungsaktivitäten stellen Zahlungen im Sinne dieser Ziffer dar, sofern dem Mitgliedsunternehmen der Name des HCP bekannt ist, der diese Marktforschungsaktivität unmittelbar oder mittelbar für das Unternehmen erbringt.**

Übersicht

I. Vorbemerkung

75 Die Vorschrift des § 6 konkretisiert die Art der geldwerten Leistungen, indem sie die Zugehörigkeit zu einer der **vier Rubriken von Zuwendungen** verlangt. Diese Kategorien sind: Zuwendungen im Zusammenhang mit Forschung und Entwicklung **(II.),** Spenden und andere Zuwendungen **(III.),** geldwerte Leistungen im Zusammenhang mit Fortbildungsveranstaltungen **(IV.),** Dienstleistungs- und Beratungshonorare oder vergleichbare Zahlungen **(V.).** Nur wenn die geldwerte Leistung einer dieser Kategorien unterfällt, besteht die Pflicht zur Dokumentation und Offenlegung. Mit dieser Festlegung adaptiert der Transparenzkodex die Regelung des EFPIA-Kodex, der in Section 23.05 die Kategorien *„Donations and Grants", „Contribution to costs related to Events", „Fees for Service and Consultancy"* sowie *„Research and Development Transfers of Value"* aufführt.

II. Forschung und Entwicklung

76 Die geldwerten Leistungen, die Unternehmen Fachkreisangehörigen bzw. Organisationen im Rahmen von Forschung und Entwicklung zuwenden, sind nur dann zu veröffentlichen, wenn sie in eine von **drei Untergruppen** fallen. Dies sind Zuwendungen im Zusammenhang mit der Planung und Durchführung von nicht-klinischen Studien **(1.),** klinische Prüfungen der Phasen I bis IV **(2.)** sowie nicht-interventionellen Studien **(3.).** Diese Kategorisierung folgt der Definition des Begriffs *„Research and Development Transfer of Values"* und ergänzenden Vorgaben nach Annex B des EFPIA-Kodex.

1. Nicht-klinische Studien

77 Dem Anwendungsbereich unterfallen alle nicht-klinischen Studien im Sinne der ***OECD Principles on Good Laboratory Practice*** (OECD Prinzipien der Guten Laborpraxis). Demnach bezeichnen **nicht-klinische Studien** eine Untersuchung oder eine Reihe von Untersuchungen, die mit einem Prüfgegenstand unter Labor- oder Umweltbedingungen durchgeführt werden, um Daten über seine Eigenschaften oder über seine Unbedenklichkeit zu gewinnen, mit der Absicht, diese bei den zuständigen Bewertungsbehörden einzureichen.[36] Im **Umkehrschluss** folgt daraus, dass Studien, die nicht zu Vorlagezwecken bei einer Zulassungsbehörde durchgeführt werden, nicht unter den Begriff der nicht-klinischen Studie im Sinne des FSA-Transparenzkodex zu subsumieren sind und daher nicht der Rubrik „Forschung und Entwicklung" unterfallen. Sie müssen als Dienstleistungsverträge individuell offengelegt werden. Den Mitgliedsunternehmen ist zu empfehlen, die Handhabung derartiger Fallkonstellationen in den **methodischen Hinweisen (§ 13)** näher zu erläutern.

2. Klinische Prüfungen der Phasen I bis IV

78 In Bezug auf geldwerte Zuwendungen im Zusammenhang mit klinischen Prüfungen verweist § 6 S. 2 Nr. 1 auf die **Verordnung 536/2014/EU.** In dieser werden in Art. 2 Abs. 2 Nr. 2 klinische Prüfungen definiert als

> *„eine klinische Studie, die mindestens eine der folgenden Bedingungen erfüllt:*
> *a) Der Prüfungsteilnehmer wird vorab einer bestimmten Behandlungsstrategie zugewiesen, die nicht der normalen klinischen Praxis des betroffenen Mitgliedstaats entspricht;*
> *b) die Entscheidung, die Prüfpräparate zu verschreiben, wird zusammen mit der Entscheidung getroffen, den Prüfungsteilnehmer in die klinische Studie aufzunehmen, oder*
> *c) an den Prüfungsteilnehmern werden diagnostische oder Überwachungsverfahren angewendet, die über die normale klinische Praxis hinausgehen".*

---

[36] So die Definition der OECD, abrufbar unter http://www.oecd.org/chemicalsafety/testing/oecdseriesonprinciplesofgoodlaboratorypracticeglpandcompliancemonitoring.htm (zul. abgerufen am 19.4.2021).

Eine klinische Studie ist nach Art. 2 Abs. 2 Nr. 1 Verordnung 536/2014/EU definiert als

„jede am Menschen durchgeführte Untersuchung, die dazu bestimmt ist,
a) die klinischen, pharmakologischen oder sonstigen pharmakodynamischen Wirkungen eines oder mehrerer Arzneimittel zu erforschen oder zu bestätigen,
b) jegliche Nebenwirkungen eines oder mehrerer Arzneimittel festzustellen oder
c) die Absorption, die Verteilung, den Stoffwechsel oder die Ausscheidung eines oder mehrerer Arzneimittel zu untersuchen,
mit dem Ziel, die Sicherheit und/oder Wirksamkeit dieser Arzneimittel festzustellen."

Geldwerte Zuwendungen im Rahmen klinischer Prüfung unterfallen daher nur dann der Rubrik „Forschung und Entwicklung", wenn sie im Zusammenhang mit einer klinischen Prüfung stehen, welche die Voraussetzungen dieser Definition erfüllt.

3. Nichtinterventionelle Studien

In Hinblick auf den Begriff der nicht-interventionellen Studien **(NIS)** verweist § 6 S. 2 79
Nr. 1 auf **§ 19 Abs. 1 und 2 FSA-Kodex Fachkreise.** Indirekt wird damit auf die Definition einer NIS nach § 2 Abs. 24 FSA-Kodex Fachkreise Bezug genommen. Nach dieser Definition, die sich mit § 4 Abs. 23 S. 3 AMG deckt, sind NIS prospektive Untersuchungen, in deren Rahmen Erkenntnisse aus der Behandlung von Patienten mit Arzneimitteln gemäß den in der Zulassung festgelegten Angaben für seine Anwendung gewonnen werden, wie zB zur Unbedenklichkeit oder Wirksamkeit von Arzneimitteln (ausführlich dazu → Kap. 14 Rn. 123 ff.). Zu den NIS zählen auch die sogenannte **Anwendungsbeobachtungen,** bei denen systematische Sammlungen von Kenntnissen und Erfahrungen zusammengeführt und ausgewertet werden, die bei der Anwendung eines bestimmten bereits zugelassenen oder registrierten Arzneimittels auftreten.[37]

4. Weitere betroffene Studien und Grenzfälle

Aus den vorstehenden Ausführungen lässt sich ableiten, dass unter die Kategorie „For- 80
schung und Entwicklung" über den Wortlaut hinaus auch sämtliche sonstige Tätigkeiten fallen, die aus regulatorischen Gründen zum Zwecke der **Markteinführung** oder der **Aufrechterhaltung einer Zulassung** erforderlich sind.[38] Dies bedeutet, dass nicht nur die drei explizit genannten Studienarten dieser Rubrik zuzuordnen sind, sondern auch solche, die nicht ausdrücklich aufgeführt werden, aber einen **Zulassungszusammenhang** aufweisen. Darunter sind Forschungstätigkeiten zu subsumieren, die für die Zulassung eines Arzneimittels oder die anschließende Beobachtung eines zugelassenen Arzneimittels erforderlich sind **(Anwendungsbeobachtungen).**[39] Ebenso sollen Studien erfasst werden, die zur Erlangung der **Kostenerstattungsfähigkeit** eines Arzneimittels durchgeführt werden (zB Studien zum Nachweis eines Zusatznutzens bei Arzneimitteln).[40] **Reine Versorgungsforschung,** die nicht vorrangig dem Zweck dient, den Nachweis der Erstattungsfähigkeit eines Arzneimittels zu erbringen, fällt dagegen nicht unter diese Rubrik. Bei Studien aus dem Bereich der **Grundlagenforschung** bedarf es einer Differenzierung unter Zugrundelegung der Frage, ob die Studie einen Produktbezug aufweist und beispielsweise bereits auf eine spätere Indikationserweiterung des Arzneimittels abzielt. Ist dies der Fall, müssen die damit im Zusammenhang stehenden geldwerten Leistungen unter der Kategorie „Forschung und Entwicklung" veröffentlicht werden. Keiner Offenlegung in dieser Rubrik bedarf es, wenn die Grundlagenforschung nur einen **allgemeinen, nicht produktspezifischen Bezug** aufweist. In diesem Fall kann eine Veröffentlichung unter der Rubrik „Dienstleistungs- und Beratungshonorare oder andere Zahlungen eines Mitgliedsunter-

---

[37] Vgl. zu dem Begriff der Anwendungsbeobachtungen *Delewski* in Kügel/Müller/Hofmann AMG § 67 Rn. 48 ff.; *Dieners/Reese* Pharmarecht § 12 Rn. 68.

[38] Siehe *Dieners* CCZ 2014, 204 (207).

[39] Vgl. *Dieners* CCZ 2014, 204 (207).

[40] Vgl. *Dieners* CCZ 2014, 204 (207).

nehmens" erforderlich sein. Darüber hinaus können Unternehmen die Grundlagenforschung auch mittels gemeinnütziger Spenden, beispielsweise an universitäre Forschungsstellen unterstützten. In diesem Fall überwiegt regelmäßig das **altruistische,** am Gemeinwohl orientierte **Motiv** der Unterstützungsleistung, sodass diese regelmäßig als „Spende" anzusehen ist. Auch bei sogenannten **„prüferinitiierten Studien"** ist zu differenzieren, ob die Ergebnisse der Studie mit Blick auf die Zulassung eines Arzneimittels oder aus anderweitigen regulatorischen Motiven für das Mitgliedsunternehmen von Interesse sind **(egoistische Motive).** Dies ist typischer Weise bei dem Kauf klinischer Daten aus einer „prüferinitiierten Studie" der Fall. Wurde die Studie dagegen aus **altruistischen und gemeinwohlorientierten Motiven** durch das Mitgliedsunternehmen unterstützt, unterfällt die geleistete geldwerte Unterstützung in der Regel der Rubrik „Spenden".

81 Die Einordnung, ob eine finanzielle Unterstützung der Kategorie „Forschung und Entwicklung" zuzurechnen ist, bedarf aufgrund der Auswirkungen auf das einschlägige Veröffentlichungsregime (vgl. hierzu → Rn. 97 ff.) einer genauen Prüfung. In der Praxis kommt es immer wieder zu Abgrenzungsfragen. So können sogenannte **Advisory Boards** nicht pauschal als Tätigkeit im Rahmen von „Forschung und Entwicklung" angesehen werden. Ihre Behandlung im Einzelfall richtet sich danach, ob ein hinreichender Bezug zu nichtklinischen Studien, klinischen Studien der Phase I bis IV oder NIS besteht. Advisory Boards, die zur Entwicklung oder kritischen Erörterung eines **Forschungsplans** oder eines **Studienprotokolls** für klinische Zulassungsstudien dienen, sind regelmäßig ein Teil der Kategorie „Forschung und Entwicklung". Im Gegensatz dazu sind Tätigkeiten eines Advisory Boards, die bereits gewonnene Studienergebnisse lediglich analysieren oder Ratschläge hinsichtlich der Publikation der Ergebnisse erteilen, im Regelfall als **Dienstleistung bzw. Beratung** zu qualifizieren und fallen somit in die Rubrik „Dienstleistungs- und Beratungshonorare oder andere Zahlungen eines Mitgliedsunternehmens".

III. Spenden und andere Zuwendungen

82 Der Begriff „Spenden und andere Zuwendungen" wird in § 2 Abs. 20 definiert (→ Rn. 60). Entscheidendes Merkmal ist, dass die Zuwendung aus **altruistischen Beweggründen** erfolgt und dies auch aus den äußeren Umständen erkennbar ist. Zu fragen ist also, ob sich die Zuwendung aus Sicht eines objektiven Betrachters als selbstloses Geben darstellt. Der Großteil der Zuwendungen, die unter die Definition des § 2 Abs. 20 fallen, werden als Spenden anzusehen sein. Dem Begriff der „anderen Zuwendungen" kommt lediglich eine eingeschränkte Bedeutung zu.

83 Im Hinblick auf **Sachspenden** kann sich die Frage stellen, wie diese quantitativ zu behandeln sind. Bei Sachspenden sind die **tatsächlichen Kosten als Anschaffungskosten,** dh die Kosten, die dem Unternehmen tatsächlich bei der Anschaffung der Sachen entstanden sind, anzusetzen.

IV. Geldwerte Leistungen im Zusammenhang mit Fortbildungsveranstaltungen

84 Die Vorschrift des § 6 S. 2 Nr. 3 führt geldwerte Leistungen, die im Zusammenhang mit Fortbildungsveranstaltungen stehen, als offenlegungspflichtige Kategorie an. Diese Kategorie enthält eine **dreiteilige Untergliederung** in Fortbildungsveranstaltungen **(1.),** andere Veranstaltungen **(2.)** und finanzielle Unterstützung **(3.).**

1. Fortbildungsveranstaltungen

85 Der Verweis auf § 20 FSA-Kodex Fachkreise nimmt indirekt auch auf § 2 Abs. 10 FSA-Kodex Fachkreise Bezug, der zudem der Definition der Fortbildungsveranstaltungen nach § 2 Abs. 9 entspricht (→ Rn. 48). Dabei wird zwischen internen und externen Fortbil-

dungsveranstaltungen differenziert (vgl. hierzu auch → Kap. 14 Rn. 448). Beiden ist gemein, dass es sich um **berufsbezogene Aus- und Weiterbildungsveranstaltungen** handeln muss, die sich inhaltlich mit bestimmten **Forschungsgebieten, Arzneimitteln und/oder deren Indikationen** befassen.

Als Beispiele für geldwerte Leistungen im Zusammenhang mit Fortbildungsveranstaltungen werden **Tagungs- oder Teilnahmegebühren** sowie **Reise- und Übernachtungskosten** genannt. Bewirtungskosten sind dagegen keine offenlegungspflichtigen Zuwendungen (vgl. → Rn. 52). **86**

Sofern ein Fachkreisangehöriger für eine Fortbildungsveranstaltung angemeldet ist, aber tatsächlich nicht teilnimmt, etwa weil er verhindert ist, müssen die auf ihn anfallenden Kosten (zB Hotelbuchung, Teilnahmegebühr) nicht veröffentlicht werden (sogenannte **No-Show-Kosten**). Der Offenlegungspflicht unterfallen nur Leistungen, die dem Fachkreisangehörigen auch tatsächlich zu Gute gekommen sind. Ebenso wenig müssen **Stornierungskosten** auf die restlichen, anwesenden Teilnehmer umgelegt werden. **87**

Bei **gemeinsam durchgeführten Fortbildungsveranstaltungen,** bei denen sich ein Fachkreisangehöriger oder eine Organisation und ein Unternehmen die Ausrichtung einer Veranstaltung teilen, ist zu unterscheiden, ob sich zwischen den Organisatoren ein gegenseitiger Leistungsaustausch vollzieht. Sofern dies zu verneinen ist und die Kosten der Veranstaltung von beiden getragen werden, bedarf es keiner Veröffentlichung, da es insoweit an dem Erhalt geldwerter Leistungen auf Seiten des Fachkreisangehörigen bzw. der Organisation fehlt. Die **Tragung anteiliger Kosten** kann durch den Fachkreisangehörigen oder die Organisation (zB Krankenhaus) auch in sächlicher Hinsicht erfolgen, wie etwa durch die Bereitstellung der Räumlichkeiten und die Erarbeitung der Agenda. **88**

Eine weitere Besonderheit ergibt sich, wenn die **Fortbildungsveranstaltung von einem Dritten** durchgeführt wird, **der keine Agentur ist,** aber von wissenschaftlichen Fachgesellschaften oder Berufsvereinigungen die Rechte übernommen hat, die Veranstaltung in eigenem Namen und auf eigene Rechnung durchzuführen. In diesem Fall muss das beteiligte Unternehmen die an die Agentur geleisteten Zahlungen mit dem Hinweis aufnehmen, dass sie für eine bestimmte Veranstaltung zugewendet wurden, die mit einer konkret benannten Fachgesellschaft in Verbindung steht. Dies lässt sich beispielsweise durch die **Aufnahme des Hinweises** *„zum Zwecke der Unterstützung der Tagung [Bezeichnung der Tagung] der [Name der Fachgesellschaft]"* erfüllen. Sofern kein Zusammenhang zu einer konkreten Organisation und auch keine Weiterleitung der Zahlungen an Gesundheitsorganisationen oder Fachkreisangehörige erkennbar ist, bedarf es keiner Veröffentlichung. Aus Gründen der Klarheit und Verständlichkeit sollten die Unternehmen ihr Vorgehen in Hinblick auf derartige Fallkonstellationen in den **methodischen Hinweisen** näher erläutern (→ Rn. 159ff.). **89**

Im Rahmen der Kategorisierung kann unter Umständen die Problematik von **Co-Promotionvereinbarungen** zwischen verschiedenen Mitgliedsunternehmen zum Thema werden. Werden im Zusammenhang mit einer Co-Promotionvereinbarung offenlegungspflichtige Zuwendungen an einen Angehörigen der Fachkreise geleistet, stellt sich die Frage, ob und wenn ja, mit welchem Anteil, die Offenlegung zu erfolgen hat. Da es gemäß dem FSA-Transparenzkodex die Pflicht der Unternehmen ist, sämtliche geldwerte Leistung zu veröffentlichen, müssen sie, jeder separat, den sich aus der in der Co-Promotionsvereinbarung ergebenden **prozentualen Kostenanteil** offenlegen. **90**

2. Andere Veranstaltungen

Der Begriff der „anderen Veranstaltung" wird vom Transparenzkodex nicht näher erläutert. Als Auslegungshilfe kann sinngemäß auf § 2 Abs. 26 FSA-Kodex Patientenorganisationen zurückgegriffen werden, da sich auch der FSA-Kodex Patientenorganisationen mit (der Offenlegung von) Zuwendungen in Verbindung mit Veranstaltungen der Industrie mit anderen Stakeholdern, die keine Fortbildungsveranstaltungen sind, befasst. Danach sind unter einer „Veranstaltung" **Treffen oder Begegnungen** mit dem **Ziel der Informations-** **91**

vermittlung oder des **Informationsaustauschs** zu verstehen (dazu → Kap. 14 Rn. 86). Die Themenfelder variieren von der Diagnose, Therapie und Prävention von Krankheiten über versorgungsrelevanten bis hin zu gesundheitspolitischen oder ökonomischen Themen. Ergänzend dazu kann auch auf die Definition des *„Events"* nach dem EFPIA-Kodex abgestellt werden.

92 Hieraus lässt sich ableiten, dass der **Begriff der** Veranstaltung **weit auszulegen** ist. Er ist in eine formale sowie eine funktionale Komponente zu unterteilen. In **formaler Hinsicht** bedarf es eines Treffens oder einer Begegnung von Akteuren des Gesundheitswesens. In **funktionaler Hinsicht** ist es – ebenso wie bei den Fortbildungsveranstaltungen – erforderlich, dass das Ziel der Veranstaltung die Vermittlung und der Austausch von Informationen und Wissen ist. Nach dem Wortlaut des § 6 S. 2 Nr. 3 ist die Unterstützung von Fachkreisangehörigen bei derartigen Veranstaltungen vom Anwendungsbereich erfasst.

3. Finanzielle Unterstützung

93 Die Regelung des § 6 S. 2 Nr. 3 erfasst auch geldwerte Leistungen, die bei der unmittelbaren oder mittelbaren **Förderung von Gesundheitsorganisationen** im Zusammenhang mit der Vorbereitung, Ausrichtung oder Durchführung von **Veranstaltungen** stehen. Der Begriff der finanziellen Unterstützung wird in § 2 Abs. 8 definiert und wurde bereits in → Rn. 47 näher erläutert.

V. Dienstleistungs- und Beratungshonorare

1. Dienstleistungs- Beratungshonorare oder vergleichbare Zahlungen

94 Die Regelung des § 6 S. 2 Nr. 4 dient als **Auffangtatbestand.** Er regelt die Offenlegungspflicht für sämtliche Arten von Dienst- und Beratungsleistungen sowie sonstige entgeltliche vertragliche Leistungen eines Fachkreisangehörigen oder einer Gesundheitsorganisation gegenüber dem Mitgliedsunternehmen, sofern diese Leistung nicht bereits unter eine der vorherstehenden Kategorien subsumierbar ist. Der Begriff des **Honorars** ist dabei nicht nur in seiner Bedeutung als Synonym für **Vergütung** zu sehen, sondern umfasst ausdrücklich auch die **Erstattung von Auslagen** (zB Reisekosten), sofern diese im Zusammenhang mit der Leistung stehen. Dieses Begriffsverständnis geht auf Section 23.05 des EFPIA-Kodex zurück.

95 Erforderlich ist allein, dass die Leistung aus einem Vertrag zwischen dem Mitgliedsunternehmen und einer Organisation, Institution oder einem Zusammenschluss von Fachkreisangehörigen resultiert oder mit einem solchen in Verbindung steht. Die **Art der konkreten Leistung oder Förderung ist** nicht näher bestimmt, geschweige denn limitiert, und daher **weit auszulegen.** Dies wurde im Rahmen der Kodexrevision vom 14.11.2019 bestätigt, indem die Kategorie „Dienstleistungs- und Beratungshonorar", um einen Verweis auf „andere Zahlungen" ergänzt wurde. Damit sollte klargestellt werden, dass auch Zahlungen für vertragliche Leistungen in Rahmen von Kooperationen jenseits klassischer Dienstleistungs- und Beratungsverhältnisse umfasst sein sollen.

2. Marktforschungsaktivität

96 Neben der weitgefassten Offenlegungspflicht von geldwerten Leistungen im Rahmen von Dienstleistungen, Beratungen und sonstiger vertraglicher Zusammenarbeit im Allgemeinen, enthält § 6 S. 2 Nr. 4 für Marktforschungsaktivitäten eine **Restriktion.** Demnach trifft im Falle von Marktforschungsaktivitäten das Mitgliedsunternehmen nur dann die Pflicht zur Veröffentlichung der Leistung, wenn ihm der **Name des Fachkreisangehörigen bekannt** ist, der die Marktforschungsaktivität unmittelbar oder mittelbar für das Unternehmen erbringt. Dies dürfte eher den Ausnahmefall darstellen, da einer der wesentlichen Grundsätze von Marktforschungen gerade das Recht des Befragten auf Anonymität ist. Hat das Unternehmen ausnahmsweise Kenntnis von der Identität, muss die in diesem

Zusammenhang zugewendete geldwerte Leistung individuell unter der Rubrik „Dienstleistungs- und Beratungshonorar" veröffentlicht werden. Ob der Begriff „bekannt" nur die aktuelle Kenntnis oder auch ein gewisses Tätigwerden des Unternehmens erfordert, ist nicht geregelt. Es bleibt abzuwarten, ob und wann der FSA diese Frage durch Leitlinien oder seine Spruchpraxis des FSA klären wird.

§ 7 Individuelle und zusammenfassende Angaben

(1) Die Veröffentlichung muss zu jedem einzelnen Empfänger individuelle Angaben unter namentlicher Nennung des Empfängers (§ 8 Abs. 1) über die Summe der während des Berichtszeitraums gewährten geldwerten Leistungen enthalten, sofern diese Zuwendungen unter die Kategorien des § 6 Nr. 2–4 dieses Kodex fallen.

(2) Die Veröffentlichung der Angaben nach Abs. 1 ist wie folgt zu untergliedern:

1. Geldwerte Leistungen an einzelne HCP:
a) Kostenbeitrag im Zusammenhang mit Fortbildungsveranstaltungen:
(i) Tagungs- oder Teilnahmegebühren;
(ii) Reise- und Übernachtungskosten.
b) Dienstleistungs-, Beratungshonorare und andere Zahlungen für vertragliche Leistungen von HCP, wobei zwischen der Vergütung und der Erstattung von Auslagen zu unterscheiden ist.

2. Geldwerte Leistungen an einzelne HCO:
a) Spenden (Geld- oder Sachspenden) und andere Zuwendungen;
b) Finanzielle Unterstützung im Zusammenhang mit Fortbildungsveranstaltungen:
(i) Tagungs- oder Teilnahmegebühren;
(ii) Finanzielle Unterstützung von HCO oder von diesen mit der Durchführung der Veranstaltung beauftragte Dritte;
(iii) Reise- und Übernachtungskosten.
c) Dienstleistungs-, Beratungshonorare und andere Zahlungen für vertragliche Leistungen von HCO, wobei zwischen der Vergütung und der Erstattung von Auslagen zu unterscheiden ist.

(3) Die Veröffentlichung nach Abs. 1 und Abs. 5 kann nach den Rubriken (i) Zahlungen und (ii) nicht-finanzielle Zuwendungen differenziert werden. Den Mitgliedsunternehmen steht es auch frei, für die Zwecke der Veröffentlichung die in Abs. 2 und 3 genannten Kategorien weiter zu untergliedern, insbesondere durch eine Veröffentlichung der geldwerten Leistungen für jede einzelne Vertragsbeziehung oder Veranstaltung.

(4) Sofern Geldwerte Leistungen nach § 7 Abs. 2 dieses Kodex über eine HCO mittelbar einem HCP zugeordnet worden sind, soll eine Offenlegung nur einmal und zwar möglichst nach Maßgabe von § 7 Abs. 2 Nr. 1 erfolgen.

(5) Die Veröffentlichung hat zusammengefasst (aggregiert) und ohne namentliche Nennung der individuellen Empfänger zu erfolgen, wenn diese Zuwendungen unter die Kategorie „Forschung und Entwicklung" (§ 6 Nr. 1) fällt. Hierunter fällt auch die Erstattung von Auslagen für die Teilnahme an Veranstaltungen im Zusammenhang von Forschungs- und Entwicklungsaktivitäten (etwas Reise- und Übernachtungskosten bei Prüfertreffen im Rahmen klinischer Studien).

(6) Darüber hinaus müssen diejenigen geldwerten Leistungen in aggregierter Form veröffentlicht werden, die zwar einer der Kategorien des § 6 Nr. 2–4 dieses Kodex zugeordnet werden können, bei denen jedoch eine Veröffentlichung unter namentlicher Nennung einzelner Empfänger aus rechtlichen Gründen nicht möglich ist. In solchen Fällen müssen geldwerte Leistungen den jeweiligen Kategorien unter § 7 Abs. 2 Nr. 1 zugeordnet und in aggregierter Form veröffentlicht werden, wobei im einzelnen die jeweilige Gesamtzahl der Empfänger sowie deren prozentualer Anteil im Verhältnis zu allen Empfängern geldwerter Leistungen in dieser Kategorie und die auf die jeweilige Kategorie entfallenden aggregierten Beträge anzugeben sind.

(7) Zuwendungen an unabhängige Auftragsforschungsinstitute, die sich nicht aus verordnenden HCP zusammensetzen oder mit medizinischen Einrichtungen verbunden sind

(z. B. CROs), stellen nur dann nach diesem Kodex zu veröffentlichende Zuwendungen dar, sofern Mitgliedsunternehmen über diese Geldwerte Leistungen an sonstige Empfänger im Sinne dieses Kodex erbringen (sog. „pass through-costs").

Übersicht

I. Vorbemerkung

97 Die Vorschrift des § 7 bildet in Verbindung mit § 6 und § 8 des Transparenzkodex das **Herzstück des Regelwerkes.** Paragraph 7 bestimmt, in welcher Form – individuell oder aggregiert – die in § 6 gelisteten Kategorien geldwerter Leistungen an Gesundheitsorganisationen und Fachkreisangehörige zu veröffentlichen sind. Es gilt der **Grundsatz der individuellen vor der aggregierten Offenlegung.** Dieses Prinzip soll dem besonderen Interesse der Allgemeinheit an der Transparenz von Kooperationen der Pharmaindustrie mit Ärzten, Krankenhäuser und sonstigen Fachkreisangehörigen oder Gesundheitsorganisationen gerecht werden und das Vertrauen in die Pharmaindustrie stärken (vgl. auch die Auslegungsgrundsätze des § 3 und die Kommentierung hierzu in → Rn. 64 ff.). Die Absätze 1–6 des § 7 wurden in der Kodexrevision vom 14.11.2019 inhaltlich nicht verändert. Die Regelung des § 7 Abs. 7 aF zur Offenlegungspflicht in grenzüberschreitenden europäischen Fallgestaltungen findet sich nun in § 1 Abs. 3 (hier → Rn. 32 ff.). Der neue § 7 Abs. 7 betrifft jetzt die Offenlegung von Zuwendungen an Auftragsforschungsinstitute, die an Fachkreisangehörige oder Gesundheitsorganisationen weitergeleitete werden (sogenannte „pass through-cost", vgl. hierzu auch die Definition von „Healthcare Organisation" und die Kommentierung hierzu in → Rn. 51 f.).

II. Obligatorische Angaben der Veröffentlichung (Abs. 1)

Die Vorschrift § 7 Abs. 1 stellt den **Grundsatz der individuellen Veröffentlichungspflicht** für die Fälle des § 6 S. 2 Nr. 2–4 auf. Demnach ist es erforderlich, für jeden einzelnen Empfänger individuelle Angaben zu machen. Diese müssen die **namentliche Nennung**, die **konkrete Zuwendungssumme**, den **genauen Zeitraum** sowie die **jeweilige offenlegungspflichtige Kategorie** umfassen. Welche Anforderungen bei der Namensnennung erfüllt werden müssen, ist § 8 Abs. 1 zu entnehmen (→ Rn. 146). Bei der Angabe der konkret geleisteten Summe ist es den Unternehmen überlassen, ob sie den **Brutto- oder Nettowert** veröffentlichen. Allerdings sollten sie nach Möglichkeit ein einheitliches Vorgehen wählen und ihre Wahl innerhalb der **methodischen Hinweise** (§ 13) erläutern. Wichtig ist, dass die Angabe der Summe leistungsbezogen erfolgt, dh es ist die Summe zu benennen, die das Unternehmen tatsächlich geleistet hat und nicht die Höhe der geldwerten Leistung, die der Empfänger erlangt hat. Wie die Veröffentlichung auszusehen hat, ist dem unter → Rn. 147 dargestellten **Veröffentlichungsmuster des FSA** zu entnehmen. 98

III. Geldwerte Leistungen an Fachkreisangehörige (Abs. 2 Nr. 1)

Die Regelung des § 7 Abs. 2 Nr. 1 statuiert die **individuelle Offenlegungspflicht** geldwerter Leistungen an Angehörige der Fachkreise. Erfasst sind nur die beiden Kategorien „Kostenbeitrag im Zusammenhang mit Fortbildungsveranstaltungen" (lit. a) und „Dienstleistungs-, Beratungshonorare und andere Zahlungen für vertragliche Leistungen von HCP" (lit. b). Leistungen, die im Zusammenhang mit der Rubrik „Forschung und Entwicklung" stehen, sind hingegen gemäß § 7 Abs. 5 in aggregierter Form zu veröffentlichen (hierzu → Rn. 109). Eine Gewährung sonstiger geldwerten Leistungen wie beispielsweise Spenden und andere Zuwendungen an Angehörige der Fachkreise wäre nach dem FSA-Kodex Fachkreise unzulässig (hierzu → Kap. 14 Rn. 708 u. 765 f.). 99

Zuwendungen im Rahmen von **Fortbildungsveranstaltungen** werden in „Tagungs- und Teilnahmegebühren" sowie „Reise- und Übernachtungskosten" untergliedert. Die Unterrubrik **„Reise- und Übernachtungskosten"** umschließt die Kosten, die im Zusammenhang mit der An- und Abreise sowie der Unterbringung des Empfängers stehen, wie beispielsweise Kosten für Flüge, Zugfahrten, Taxifahrten, Maut- und Parkgebühren sowie die Hotelunterkunft. 100

Die Kategorie „Dienstleistungs-, Beratungshonorare und andere Zahlungen für vertragliche Leistungen von HCP" dient als **Auffangtatbestand** zur Erfassung der geldwerten Leistungen, die nicht bereits einer der anderen Rubriken unterfallen. Unerheblich ist der Vertragstyp der zugrundeliegenden Vereinbarung Es muss sich nicht zwingend um einen Dienstleistungsvertrag im Sinne von § 611 BGB handeln. Zu den erfassten geldwerten Leistungen zählen etwa Referentenhonorare, Kosten für ein Referententraining, Kosten für die Durchführung von Datenanalysen und -auswertungen und die Erstellung von Schulungsmaterialien sowie für allgemeine Beratungstätigkeiten. Sind dem Berater **Nebenkosten** bei seiner Tätigkeit für das Unternehmen entstanden oder hat er erforderliche **Auslagen** getätigt, deren Erstattung vertraglich zugesichert war, können diese auch vom Unternehmen erstattet werden. Um eine größtmögliche Transparenz zu gewährleisten, sind die Kosten separiert aufzuführen und klar und verständlich zu bezeichnen. Es bietet sich eine Untergliederung der geleisteten Zahlungen in „Vergütung" und „Nebenkosten" an. 101

Auch geldwerte Leistungen mit Bezug zu einem **Advisory Board** unterfallen dieser Kategorie und sind individuell zu veröffentlichen, sofern sie im Rahmen eines Vertragsverhältnisses geleistet wurden. Wurde hingegen ein Honorar für eine Tätigkeit gezahlt, die eindeutig der Kategorie „Forschung und Entwicklung" zugeordnet werden kann, erfolgt die Offenlegung aggregiert unter dieser Kategorie (hierzu → Rn. 109). 102

Bezüglich der grundsätzlichen individuellen Veröffentlichungspflicht können sich Besonderheit im Hinblick auf **Gesamt- oder Paketkosten** ergeben. Darunter sind geldwerte 103

Leistungen zu subsumieren, die einer Gruppe von Fachkreisangehörigen gewährt wurden, wie beispielsweise die Kosten für das Chartern eines Busses zwecks An- und Abfahrt zur Veranstaltung. In diesem Fall müssen die Mitgliedsunternehmen die Transportkosten **nicht disaggregieren.** Es ist nicht erforderlich, die Kosten des Charters durch die Anzahl der teilnehmenden Fachkreisangehörigen zu teilen und jedem diesen Teil separat zuzuordnen und eine individuelle Veröffentlichung vorzunehmen. Um Unklarheiten zu vermeiden, sollten die Unternehmen im Rahmen ihrer **methodischen Hinweise** (§ 13) darlegen, dass derartige Gesamtkosten nicht der individuellen Offenlegungspflicht unterfallen und aggregiert veröffentlicht werden.

IV. Geldwerte Leistungen an Organisationen (Abs. 2 Nr. 2)

104 Die Regelung des § 7 Abs. 2 Nr. 2 ist das Pendant zu § 7 Abs. 2 Nr. 1 insofern als die individuelle **Offenlegungspflicht** von **geldwerten Leistungen an Gesundheitsorganisationen** statuiert wird. Unterschiede ergeben sich daraus, dass die Rubrik der „Spenden und anderen Zuwendungen" (lit. a) erfasst ist. Zum anderen beinhaltet die Kategorie der „Finanziellen Unterstützung im Zusammenhang mit Fortbildungsveranstaltungen" zusätzlich zu den oben genannten Unterkategorien die dritte Gruppe „Finanzielle Unterstützung von HCO oder von diesen mit der Durchführung der Veranstaltung beauftragte Dritte", unter die insbesondere Sponsoringverträge fallen (lit. b) (ii).

105 Hinsichtlich der Veröffentlichung von geldwerten Leistungen an Gesundheitsorganisationen, die unter die Kategorien „Tagungs- und Teilnahmegebühren" und „Reise und Übernachtungskosten", jeweils im Zusammenhang mit Fortbildungsveranstaltungen, oder unter die Kategorie „Dienstleistungs-, Beratungshonorare und andere Zahlungen für vertragliche Leistungen von HCO" fallen, kann auf die vorstehenden zu § 7 Abs. 2 Nr. 1 gemachten Ausführungen verwiesen werden. Im Rahmen der dritten Untergruppe der Kategorie „Finanziellen Unterstützung im Zusammenhang mit Fortbildungsveranstaltungen" sind finanzielle Unterstützungsleistungen wie ein **Sponsoring** von Gesundheitsorganisationen oder von diesen beauftragten Dritten offenzulegen. Solche Leistungen sind beispielsweise Zahlungen für die Anmietung von Messeständen oder die Zurverfügungstellung von Werbeflächen (in elektronischem Format, Papierformat, Banner etc), die Unterstützung eines Referenten beziehungsweise einer Fakultät oder die Finanzierung von Kursangebote einer Gesundheitsorganisation.

V. Deklaratorische Angaben der Veröffentlichung (Abs. 3)

106 Während die zu veröffentlichenden Angaben nicht zur Disposition stehen, haben die Mitgliedsunternehmen in Bezug auf die **Art und Weise der Veröffentlichung** gewisse Freiheiten. Sie können beispielsweise selbst entscheiden, ob sie zur besseren Übersichtlichkeit und Information die Zuwendungen zusätzlich in die Gruppen „Zahlungen" und „nicht-finanzielle Zuwendungen" unterteilen. Ferner ist es ihnen freigestellt, eine Differenzierung nach den individuellen Vertragsbeziehungen oder einzelnen Veranstaltungen vorzunehmen. Die Unternehmen können selbst entscheiden, wie sie ihrer Offenlegungspflicht bestmöglich, dh insbesondere unmissverständlich, anschaulich sowie strukturiert und übersichtlich Rechnung tragen. Die Methoden und Gründe der gewählten Darstellungsweise müssen die Unternehmen gemäß § 13 in den **methodischen Hinweisen** niederlegen und veröffentlichen (hierzu → Rn. 159ff.).

VI. „Non-Duplication"-Klausel (Abs. 4)

107 Die Regelung des § 7 Abs. 4 bestimmt, dass geldwerte Leistungen, die einem Fachkreisangehörigem mittelbar über eine Gesundheitsorganisation zugeflossen sind, **nur einmal veröffentlicht** werden müssen und zwar vorzugsweise nach Maßgabe des § 7 Abs. 2 Nr. 1.

Die „Non-Duplication"-Klausel geht auf Section 23.05 des EFPIA-Kodex zurück. Sinn und Zweck dieser Regelung ist, den konkreten Leistungsfluss eindeutig zu erfassen und zu verhindern, dass eine Zuwendung an einen individuellen Fachkreisangehörigen durch die Deklaration einer Zuwendung an eine Gesundheitsorganisation verschleiert wird. Es wird angenommen, dass das Interesse der Öffentlichkeit an einer Offenlegung von Zuwendungen an Angehörige der Fachkreise überwiegt. Die Regelung ist damit einerseits eine Erleichterung für die Unternehmen, da Leistungen nur einmal vom System erfasst und damit auch nur einmal publiziert werden müssen. Andererseits schließt sie denkbare „Schlupflöcher" von vornherein.

Daraus folgt nicht, dass eine Leistung an eine Gesundheitsorganisation, die auch einem Fachkreisangehörigen zugutekommt bzw. zugutekommen kann, stets nach § 7 Abs. 2 Nr. 1 zu veröffentlichen ist. Entscheidend ist, wer der tatsächliche Empfänger der geldwerten Leistung ist. Zur Veranschaulichung ist beispielsweise die **Unterstützung einer Klinik** zu nennen, durch welche die Teilnahme einzelner, möglicherweise nicht einmal namentlich genannter Klinikärzte an einem Kongress ermöglicht wird. Eine solche Unterstützung wäre regelmäßig als geldwerte Leistung an die Klinik als Gesundheitsorganisation und nicht an den Arzt als Fachkreisangehörigen zu qualifizieren. Gleiches gilt, wenn ein Mitgliedsunternehmen eine geldwerte Leistung an eine **juristische Person** erbringt, die **im Eigentum eines Arztes** steht. Auch in solchen Fällen folgt aus, § 7 Abs. 4 nicht automatisch, dass eine Veröffentlichung nach § 7 Abs. 2 Nr. 1 zu erfolgen hat. 108

VII. Aggregierte Offenlegung bei Forschung und Entwicklung (Abs. 5)

Geldwerte Zuwendungen, die in Verbindung mit der Kategorie „Forschung und Entwicklung" stehen, sind in **aggregierter Form,** dh zusammengefasst zu veröffentlichen. Die aggregierte Veröffentlichung erfolgt **ohne namentliche Nennung** des Empfängers. Die Unternehmen haben nur die konkrete Summe, den Zeitraum sowie den Bezug zu der Kategorie „Forschung und Entwicklung" darzulegen. Der konkrete Empfänger wird weder direkt noch indirekt genannt, so dass eine Identifizierbarkeit ausgeschlossen ist. Die konkret zugewendete Summe umfasst neben den angefallenen **Kosten** auch erstattungsfähige **Auslagen** für die Teilnahme an Veranstaltungen, die im Zusammenhang mit Forschung und Entwicklung stehen. Hierzu zählen „Reise- und Übernachtungskosten". Erstattet beispielsweise ein Mitgliedsunternehmen Fachkreisangehörigen Reisekosten, die zu einem **klinischen Prüfertreffen** anreisen, müssen diese Zuwendungen nicht in Hinblick auf die konkreten Prüfer nach § 7 Abs. 2 Nr. 1 veröffentlicht werden. Vielmehr hat das Unternehmen nur darzulegen, welche Summe insgesamt für die Veranstaltung „Prüfertreffen im Rahmen einer klinischen Studie" aufgewandt wurde. Die Einordnung, ob eine Tätigkeit dem Bereich „Forschung und Entwicklung" unterfällt, ist aufgrund der Auswirkungen auf das einschlägige Veröffentlichungsregime praxisrelevant und bedarf daher einer genauen Prüfung (hierzu → Rn. 76 ff.). 109

VIII. Aggregierte Offenlegung aufgrund höherrangigen Rechts (Abs. 6)

Paragraph 7 Absatz 6 regelt die wesentliche Begrenzung der Offenlegungsverpflichtung, indem klargestellt wird, dass keine Pflicht zur individuellen Veröffentlichung besteht, wenn diese aufgrund entgegenstehender rechtlicher Gründe nicht möglich ist. Damit wird der **Vorrang höherrangiger,** insbesondere gesetzlicher **Regelungen,** sichergestellt. Die Kodizes des FSA sind als selbstverpflichtende Verhaltenskodizes ausgestaltet. Ihnen kommt **kein Gesetzesrang** zu. Die Mitgliedsunternehmen haben in erster Linie die Einhaltung der gesetzlichen Vorschriften sicherzustellen. Der FSA-Transparenzkodex entfaltet seine Bindungswirkung lediglich im Rahmen des rechtlich Erlaubten. Kollidieren gesetzliche Ver- 110 pflichtungen und solche des FSA-Transparenzkodex, treten die selbstauferlegten Verpflichtungen zurück.

1. Das Verhältnis zwischen individueller Offenlegung und dem Datenschutz

111 Wesentliche, einer individuellen Offenlegung entgegenstehende rechtliche Gründe können sich aus dem anwendbaren nationalen und europäischen Datenschutzrecht ergeben (→ Kap. 12 Rn. 1 ff. zu den Grundlagen des Datenschutzrechts). In der Einleitung des FSA-Transparenzkodex und in § 3 wird bereits darauf hingewiesen, dass die Offenlegung nach dem FSA-Transparenzkodex im Einklang mit den gesetzlichen Regelungen zum **Schutz personenbezogener Daten** erfolgen muss.

112 Anknüpfungspunkt des deutschen und europäischen Datenschutzrechts ist der Zentralbegriff der **personenbezogenen Daten.** Nach der Legaldefinition des Art. 4 Nr. 1 DSGVO werden darunter alle Informationen verstanden, die sich auf eine identifizierte oder identifizierbare natürliche Person beziehen. Zwar müssen auch bei Kooperationen mit Gesundheitsorganisationen datenschutzrechtliche Prinzipien beachtet werden, insbesondere in Hinblick auf die personenbezogenen Daten der Mitarbeiter der Gesundheitsorganisationen. Eine **individuelle Veröffentlichung geldwerter Leistungen an Gesundheitsorganisationen** nach § 7 Abs. 2 Nr. 2 enthält jedoch **keine Informationen zu identifizierten oder identifizierbaren natürlichen Personen.** Informationen zu juristischen Personen genießen als solche keinen Schutz nach der DSGVO oder dem BDSG.[41] Somit steht das Datenschutzrecht einer derartigen individuellen Offenlegung nicht entgegen. Etwas anderes gilt, wenn eine Gesundheitsorganisation nur aus einer oder wenigen Personen besteht und daher indirekt ein konkreter Personenbezug hergestellt werden kann. Zudem kann bei Gesundheitsorganisation unter Vertraulichkeitsgesichtspunkten, insbesondere im Falle etwaiger Vertraulichkeitsvereinbarungen, die Einholung einer Erlaubnis zur Veröffentlichung erforderlich bzw. zumindest die vorherige Informierung über die geplante Veröffentlichung zu empfehlen sein.

113 Anders sieht es bei der **individuellen Offenlegung von Zahlungen an Fachkreisangehörige** nach § 7 Abs. 2 Nr. 1 aus. Ärzte und sonstige Fachkreisangehörige sind natürliche Personen im Sinne der DSGVO. Die nach § 8 bei einer individuellen Veröffentlichung zu nennenden Angaben sollen gerade dazu dienen, eine eindeutige Identifizierbarkeit des Leistungsempfängers zu gewährleisten. Informationen wie der **Name,** die **Adresse** und die soweit vorhanden anzugebene **lebenslange Arztnummer (LANR) eines Fachkreisangehörigen** sind ohne Zweifel **personenbezogene Daten** im Sinne der DSGVO. Darüber hinaus enthält eine individuelle Offenlegung auch Informationen zum konkreten Sachverhalt in dem Sinne, dass der Veröffentlichung entnommen werden kann, welcher individuelle Fachkreisangehörige mit einem bestimmten Mitgliedsunternehmen zusammenarbeitet sowie die konkreten Konditionen der Zusammenarbeit (Zweck sowie Art und Höhe der finanziellen Unterstützung). Auch derartige **sachliche Angaben zu (Vertrags-)Beziehungen** einer individuellen natürlichen Person sind personenbezogene Daten.[42]

2. Die datenschutzrechtliche Legitimation einer individuellen Offenlegung

114 Die rechtmäßige Verarbeitung personenbezogener Daten bedarf stets einer **gesetzlichen Legitimation** (siehe hierzu auch → Kap. 12 Rn. 13 ff.).[43] Dabei ist der Begriff der Verarbeitung nach Art. 4 Nr. 2 DSGVO weit auszulegen.[44] Die Veröffentlichung von Informa-

---

[41] *Klabunde* in Ehmann/Selmayr DSGVO Art. 4 Rn. 14; *Gusy/Eichenhofer* in Brink/Wolff, BeckOK Datenschutzrecht, § 1 Rn. 47; *Schulz* in Gola/Heckmann BDSG § 46 Rn. 23 ff.

[42] *Ernst* in Paal/Pauly DSGVO/BDSG Art. 4 Rn. 14; *Klabunde* in Ehmann/Selmayr DSGVO Art. 4 Rn. 7 ff.

[43] *Heberlein* in Ehmann/Selmayr DSGVO Art. 6 Rn. 1; *Buchner/Petri* in Kühling/Buchner DSGVO BDSG Art. 6 Rn. 11.

[44] *Ernst* in Paal/Pauly DSGVO/BDSG Art. 4 Rn. 20; *Gola* in Gola DSGVO Art. 4 Rn. 30 ff.

tionen im Zusammenhang mit der individuellen Offenlegung einer geldwerten Leistung im Internet stellt eine Verarbeitung personenbezogener Daten dar. Fehlt es an einer entsprechenden datenschutzrechtlichen Legitimation für die Verarbeitung personenbezogener Daten im Zusammenhang mit der individuellen Offenlegung einer geldwerten Leistung eines FSA-Mitgliedsunternehmens an einen Fachkreisangehörigen gemäß § 7 Abs. 2 Nr. 1, folgt aus § 7 Abs. 6, dass die Offenlegung aggregiert zu erfolgen hat. Insofern entscheidet das Vorliegen eines datenschutzrechtlichen Erlaubnistatbestandes für die Veröffentlichung darüber, ob die Offenlegung in individueller Form (nach Abs. 2 Nr. 1) oder aggregiert (nach Abs. 6) zu erfolgen hat. Aus den Auslegungsgrundsätzen des § 3, nach denen grundsätzlich einer individuellen Offenlegung von Leistungen an Fachkreisangehörigen der Vorzug gegeben wird, folgt, dass die Mitgliedsunternehmen im Rahmen des rechtlich Zulässigen auf eine Herstellung größtmöglicher Transparenz durch individuelle Offenlegung hinzuwirken haben.

Relevante **datenschutzrechtliche Erlaubnistatbestände** für eine individuelle Veröf- **115**
fentlichung von Zahlungen eines FSA-Mitgliedsunternehmens an Fachkreisangehörige finden sich in dem Katalog des Art. 6 Abs. 1 DSGVO.

a) Datenverarbeitung zur Erfüllung einer rechtlichen Verpflichtung nach Art. 6 Abs. 1 lit. c DSGVO

Nach **Art. 6 Abs. 1 lit. c DSGVO** ist eine Verarbeitung personenbezogener Daten **116**
rechtmäßig, wenn sie zur Erfüllung einer rechtlichen Verpflichtung erforderlich ist, der der Verantwortliche unterliegt. Die Regelung bezieht sich auf **Verpflichtungen kraft Rechts der EU** oder eines **Mitgliedstaats.**[45] Bei dem FSA-Transparenzkodex handelt es sich um eine freiwillige Selbstverpflichtung der Mitgliedsunternehmen des FSA. Es handelt sich nicht um ein Gesetz der EU oder eines EU-Mitgliedstaats. Damit kommt Art. 6 Abs. 1 lit. c DSGVO als Rechtfertigungstatbestand nicht in Betracht.

b) Datenverarbeitung zur Erfüllung eines Vertrags nach Art. 6 Abs. 1 lit. b DSGVO

Nach **Art. 6 Abs. 1 lit. b DSGVO** ist eine Verarbeitung personenbezogener Daten **117**
rechtmäßig, wenn sie zur Erfüllung eines Vertrages mit der von der Datenverarbeitung betroffenen Person oder zur Durchführung vorvertraglicher Maßnahmen erforderlich ist. Diese Voraussetzungen liegen im Hinblick auf eine individuelle Offenlegung nach dem FSA-Transparenzkodex jedoch nicht vor. Der Erlaubnistatbestand verlangt, dass die beabsichtigte Datenverarbeitung **„erforderlich“**, das heißt **für die Erfüllung der konkreten Vertragszwecke notwendig** sein muss.[46] Im vorliegenden Fall wäre die Veröffentlichung der Daten lediglich zur Erfüllung der Verpflichtungen des Mitgliedsunternehmen nach dem FSA-Transparenzkodex erforderlich, nicht aber für die Erfüllung des Vertrags mit dem Fachkreisangehörigen. Vielmehr ist der Vertragszweck derartiger Schuldverhältnisse, wie etwa Berater- oder Referentenverträge, vollkommen unabhängig von einer etwaigen Veröffentlichungspflicht. Im Ergebnis ermöglicht **Art. 6 Abs. 1 lit. b DSGVO** also **keine Legitimation** einer individuellen Offenlegung personenbezogener Daten von Fachkreisangehörigen.[47]

c) Berechtigtes Interesse in die Datenverarbeitung nach Art. 6 Abs. 1 lit. f DSGVO

Auch der Erlaubnissatz des **Art. 6 Abs. 1 lit. f DSGVO** dürfte keine hinreichende **118**
Rechtfertigung für die Verarbeitung der Daten des jeweiligen Fachkreisangehörigen darstel-

[45] *Albers/Veit* in Brink/Wolff, BeckOK Datenschutzrecht, Art. 6 Rn. 34; *Frenzel* in Paal/Pauly DSGVO/BDSG Art. 6 Rn. 16.

[46] *Heberlein* in Ehmann/Selmayr DSGVO Art. 6 Rn. 13; *Albers/Veit* in Brink/Wolff, BeckOK Datenschutzrecht, Art. 6 Rn. 32.

[47] So auch *Dieners* CCZ 2014, 204 (208) sowie *Reh/Willhöft* ZRFC 2/14, 60 (66) zu der Rechtslage vor Inkrafttreten der DSGVO.

len. Danach ist die Verarbeitung personenbezogener Daten zulässig, wenn dies für die **Wahrung berechtigter Interessen** des für die Datenverarbeitung Verantwortlichen oder eines Dritten erforderlich ist, sofern nicht die Interessen oder Rechte der betroffenen Person überwiegen. Art. 6 Abs. 1 lit. f DSGVO ist vielfach als unbestimmt und konkretisierungsbedürftig kritisiert worden.[48] Es muss beobachtet werden, wie sich die Anwendungspraxis und Rechtsprechung zu Art. 6 Abs. 1 lit. f DSGVO entwickeln wird.

119 Nach überwiegend vertretener Ansicht ist der Begriff des **berechtigten Interesses** weit auszulegen und umfasst grundsätzlich jegliche Interessen ideeller oder wirtschaftlicher Art.[49] Mit Blick auf den FSA-Transparenzkodex müssen insbesondere das Interesse der Mitgliedsunternehmen an einer Einhaltung ihrer Veröffentlichungspflichten und das Interesse der Öffentlichkeit an einer Herstellung von Transparenz bezüglich der Zusammenarbeit der pharmazeutischen Industrie mit individuellen Fachkreisangehörigen berücksichtigt werden. Diesen berechtigten Interessen stehen die **schutzwürdigen Interessen des Betroffenen** gegenüber. Ein besonderes schutzwürdiges Interesse des Betroffenen ist der Schutz seiner grundrechtlich nach Art. 2 Abs. 1 GG iVm Art. 1 Abs. 1 GG geschützten informationellen Selbstbestimmung sowie der Schutz seiner personenbezogenen Daten nach Art. 8 GRCh.

120 Ob diese schutzwürdigen Interessen des Betroffenen überwiegen, muss durch eine **Interessenabwägung** ermittelt werden. Für ein Überwiegen der Interessen des betroffenen Fachkreisangehörigen spricht der hohe Stellenwert seiner schutzwürdigen Interessen und die hohe Eingriffsintensität einer Offenlegung durch eine Veröffentlichung seiner personenbezogenen Daten im Internet. Nach Erwägungsgrund 47 der DSGVO ist bei der Abwägung besonders auf die vernünftigen Erwartungen der betroffenen Person abzustellen. Zwar nehmen die Transparenzanforderungen an Kooperationen der pharmazeutischen Industrie mit Fachkreisangehörigen weltweit zu (vgl. → Rn. 8 und Kap. 5 Rn. 8 f.). Trotzdem kann zum jetzigen Zeitpunkt nicht angenommen werden, dass ein deutscher Fachkreisangehöriger bei dem Abschluss eines Vertrags mit Pharmaunternehmen oder der Entgegennahme einer finanziellen Unterstützungsleistung damit rechnet, dass Informationen bezüglich seiner Person und der Kooperation im Internet veröffentlicht werden würden. Des Weiteren muss bei der Abwägung berücksichtigt werden, dass den berechtigten Interessen zumindest zu einem gewissen Grad auch durch eine aggregierte Offenlegung Rechnung getragen werden könnte. Insgesamt betrachtet dürften die schutzwürdigen Interessen der Betroffenen überwiegen, sodass bei einer Veröffentlichung unter Berufung auf Art. 6 Abs. 1 lit. f DSGVO ein **nicht unerhebliches Risiko fehlender Legitimation** bestehen würde.[50]

d) Einwilligung in die Datenverarbeitung nach Art. 6 Abs. 1 lit. a DSGVO

121 Vor diesem Hintergrund stellt die vorherige Einholung einer Einwilligungserklärung des betroffenen Fachkreisangehörigen nach **Art. 6 Abs. 1 lit. a DSGVO** die **einzige sichere Möglichkeit** dar, eine **datenschutzrechtliche Legitimation** für die Veröffentlichung von personenbezogenen Daten im Zusammenhang mit der individuellen Offenlegung einer geldwerten Leistung an einen Fachkreisangehörigen zu erlangen und so Sanktionen aufgrund einer ungerechtfertigten Datenverarbeitung zu entgehen.

122 Nach der **Legaldefinition des Art. 4 Nr. 11 DSGVO** meint der Begriff der „Einwilligung" „jede freiwillig für den bestimmten Fall, in informierter Weise und unmissverständlich abgegebene Willensbekundung in Form einer Erklärung oder einer sonstigen eindeutigen bestätigenden Handlung, mit der die betroffene Person zu verstehen gibt, dass sie mit

[48] Vgl. *Albers/Veit* in Brink/Wolff, BeckOK Datenschutzrecht, Art. 6 Rn. 48; *Heberlein* in Ehmann/Selmayr DSGVO Art. 6 Rn. 32 f.; *Reimer* in Sydow DSGVO Art. 6 Rn. 59; *Frenzel* in Paal/Pauly DSGVO/BDSG Art. 6 Rn. 27, 31.

[49] *Reimer* in Sydow DSGVO Art. 6 Rn. 54 ff.; *Frenzel* in Paal/Pauly DSGVO/BDSG Art. 6 Rn. 28.

[50] So auch *Kempka*, Spannungsverhältnis, S. 135 ff. zu der Rechtslage vor Inkrafttreten der DSGVO.

der Verarbeitung der sie betreffenden personenbezogenen Daten einverstanden ist". Zusätzlich zu den Voraussetzungen, die sich aus dieser Definition ergeben, statuiert **Art. 7 DSGVO** weitere Nachweispflichten und Anforderungen an eine Einwilligung.

aa) Freiwilligkeit der Willensbekundung des Betroffenen

Die Legitimation einer Datenverarbeitung durch die Einwilligung des Betroffenen ist Ausdruck der **Herrschaft des betroffenen Grundrechtsträgers über seine eigenen Daten.**[51] Diese Selbstbestimmung kann jedoch nur dann ausgeübt werden, wenn die Entscheidung über die Einwilligung **freiwillig** erklärt wird. Nach Erwägungsgrund 42 der DSGVO ist eine Willensbekundung freiwillig, wenn die betroffene Person eine echte oder freie Wahl hat und somit in der Lage ist, die Einwilligung ohne Nachteile zu verweigern oder zurückzuziehen. Dieses Kriterium der Freiwilligkeit liegt auch dem sogenannten **Kopplungsverbot** des Art. 7 Abs. 4 DSGVO zugrunde.[52] Danach muss bei der Beurteilung der Freiwilligkeit einer Einwilligung berücksichtigt werden, ob die Erfüllung eines Vertrags von der Einwilligung in eine Datenverarbeitung, die für die Vertragserfüllung nicht erforderlich ist, abhängig gemacht wurde. Mit Art. 7 Abs. 4 DSGVO soll sichergestellt werden, dass der Zweck der Verarbeitung personenbezogener Daten nicht getarnt oder mit der Erfüllung eines Vertrags oder der Erbringung einer Dienstleistung gebündelt wird, für die eine Verarbeitung dieser personenbezogenen Daten nicht erforderlich sind.[53] Nach dem Sinn und Zweck der DSGVO schränkt der Zwang, in die Verwendung personenbezogener Daten über das unbedingt erforderliche Maß hinaus einzuwilligen, die Wahl der betroffenen Person ein und steht einer freiwillig erteilten Einwilligung entgegen.[54] Zwar handelt es sich nicht um ein absolutes Koppelungsverbot, das heißt die Verknüpfung einer datenschutzrechtlichen Einwilligung mit anderen Sachverhalten, insbesondere mit einem Vertragsschluss, führt nicht zwangsläufig zur Unfreiwilligkeit der Einwilligung.[55] Da der Wortlaut von Art. 7 Abs. 4 DSGVO nicht auf absolute Weise ausgedrückt wird, kann es einen sehr begrenzten Raum für Fälle geben, in denen die Konditionalität die Einwilligung nicht ungültig machen würde.[56] Allerdings ist eine derartige Koppelung ein starkes **Indiz** dafür, dass die **Einwilligung nicht freiwillig** erklärt wurde und deshalb unwirksam ist.[57] Auch wird das Argument, dass der Betroffene eine Leistung von einem anderen Verantwortlichen ohne eine entsprechende Einwilligung beziehen könnte und ihm daher kein Nachteil entsteht, wenn er die Einwilligung nicht erteilt und daher den Vertrag nicht abschließen kann, von Aufsichtsbehörden nicht anerkannt.[58] **123**

Wie vorstehend erläutert, erfordern Kooperationen zwischen FSA-Mitgliedsunternehmen und Angehörigen der Fachkreise nicht zwingend eine individuelle Offenlegung per- **124**

---

[51] *Heckmann/Paschke* in Ehmann/Selmayr DSGVO Art. 7 Rn. 16; *Ingold* in Sydow DSGVO Art. 7 Rn. 10.

[52] *Stemmer* in Brink/Wolff, BeckOK Datenschutzrecht, Art. 7 Rn. 40; Europäischer Datenschutzausschuss, Leitlinien 05/2020 zur Einwilligung gemäß Verordnung 2016/679, Version 1.1, 4.5.2020, Rn. 13 ff.; Datenschutzkonferenz, Kurzpapier Nr. 20 Einwilligung nach der DS-GVO, S. 1 ff.

[53] Europäischer Datenschutzausschuss, Leitlinien 05/2020 zur Einwilligung gemäß Verordnung 2016/679, 4.5.2020, Rn. 26.

[54] Europäischer Datenschutzausschuss, Leitlinien 05/2020 zur Einwilligung gemäß Verordnung 2016/679, 4.5.2020, Rn. 27.

[55] *Schulz* in Gola DSGVO Art. 7 Rn. 26; *Stemmer* in Brink/Wolff, BeckOK Datenschutzrecht, Art. 7 Rn. 42; Europäischer Datenschutzausschuss, Leitlinien 05/2020 zur Einwilligung gemäß Verordnung 2016/679, 4.5.2020, Rn. 34.

[56] Europäischer Datenschutzausschuss, Leitlinien 05/2020 zur Einwilligung gemäß Verordnung 2016/679, 4.5.2020, Rn. 35.

[57] So *Heckmann/Paschke* in Ehmann/Selmayr DSGVO Art. 7 Rn. 98; Europäischer Datenschutzausschuss, Leitlinien 05/2020 zur Einwilligung gemäß Verordnung 2016/679, 4.5.2020, Rn. 35.

[58] Europäischer Datenschutzausschuss, Leitlinien 05/2020 zur Einwilligung gemäß Verordnung 2016/679, 4.5.2020, Rn. 38.

sonenbezogener Daten der Betroffenen. Würde ein FSA-Mitgliedsunternehmen den Abschluss einer derartigen Kooperationsvereinbarung von einer Einwilligung des Fachkreisangehörigen in die Veröffentlichung seiner Daten abhängig machen, könnte dies also die Freiwilligkeit der Einwilligung und damit die Rechtmäßigkeit der Datenverarbeitung in Frage stellen. Ein solches Vorgehen sollte nur nach einer sorgfältigen **datenschutzrechtlichen Prüfung** unter Berücksichtigung der Risiken und möglichen Konsequenzen einer Unwirksamkeit der Einwilligung gewählt werden.

bb) Informations- und Transparenzgebot

125 Des Weiteren verlangt das europäische Datenschutzrecht für die Wirksamkeit einer Einwilligung, dass der Betroffene seine Erklärung auf einer gut informierten Basis abgibt. Als Kehrseite des Bestimmtheitsgrundsatzes und um überhaupt dazu in der Lage zu sein, eine freie Entscheidung zu treffen, ist der Betroffene darüber zu informieren, welche personenbezogenen Daten, von wem und auf welche Art und Weise und zu welchen Zwecken verarbeitet werden sowie über die Möglichkeit seines datenschutzrechtlichen Widerrufsrechts. Eine hinreichende Information setzt zugleich eine klare und verständliche Erklärung voraus, auch um dem Grundsatz der Transparenz nach Art. 5 Abs. 1 lit. a DSVGO zu entsprechen. **Diese Informationspflichten in Zusammenhang mit der Einwilligung des Betroffenen** treten neben die allgemeinen Informations- und Unterrichtungspflichten bei der Datenerhebung nach Art. 13 und 14 DSVGO. Entsprechend sind in der Einwilligungserklärung insbesondere der Name und die Kontaktdaten des **Verantwortlichen** (Art. 13 Abs. 1 lit. a DSVGO) sowie die Kontaktdaten des Datenschutzbeauftragten (Art. 13 Abs. 1 lit. b DSVGO) zu benennen. Gleiches gilt für die **Verarbeitungszwecke** (Art. 13 Abs. 1 lit. c DSVGO), die **Speicherdauer** (Art. 13 Abs. 2 lit. a DSVGO) sowie die **Rechte des Betroffenen,** insbesondere das Auskunftsrecht, Recht auf Berichtigung sowie Löschung, Sperrung, Datenübertragung (Art. 13 Abs. 2 lit. b DSVGO), das Recht die Daten strukturiert, gängigen und maschinenlesbaren Format zu erhalten (Art. 20 Abs. 1 DSVGO), das Recht auf Beschwerde bei einer Aufsichtsbehörde (Art. 14 Abs. 2 lit. d DSVGO) sowie das Widerrufsrecht (Art. 13 Abs. 2 lit. c DSVGO) (siehe hierzu auch → Rn. 143 f.).

cc) Bestimmtheitsgrundsatz

126 Wie die meisten rechtlich relevanten Erklärungen, bedarf auch die Einwilligung einer **hinreichenden Bestimmtheit.** Sie muss eindeutig erkennen lassen, welche personenbezogenen Daten des Betroffenen, zu welchem Zweck, von wem und auf welche Art und Weise verarbeitet werden.[59] Insbesondere die **Bestimmtheit des Zwecks der Datenverarbeitung** ist aufgrund der Bedeutung der **Zweckbindung** als einer der tragenden Grundsätze des europäischen Datenschutzrechts von großer Relevanz (siehe hierzu auch → Kap. 12 Rn. 16).[60] Grundsätzlich sollte die Erklärung stets so konkret wie möglich sein. Das Ausmaß der erforderlichen Bestimmtheit hängt dabei von der spezifischen Verwendungssituation ab.[61]

dd) Form der Einwilligung

127 Die Einwilligung muss in Form einer Erklärung oder einer sonstigen eindeutigen bestätigenden Handlung wie beispielsweise das Ankreuzen oder die Auswahl eines Kästchen abgegeben werden.[62] Ein Schweigen, Dulden oder eine Untätigkeit erfüllen nicht die An-

[59] *Ernst* in Paal/Pauly DSGVO/BDSG Art. 4 Rn. 81 ff.; *Klement* in Simitis/Hornung/Spiecker gen. Döhmann, Datenschutzrecht, Art. 7 Rn. 48.

[60] Vgl. Art. 5 Abs. 1 lit. b DSGVO; zur Zweckbindung der Einwilligung *Ingold* in Sydow DSGVO Art. 4 Rn. 174 u. Art. 7 Rn. 37 ff.; *Heberlein* in Ehmann/Selmayr DSGVO Art. 6 Rn. 9.

[61] *Buchner/Kühling* in Kühling/Buchner DSGVO/BDSG Art. 7 Rn. 65; *Albers/Veit* in Brink/Wolff, BeckOK Datenschutzrecht, Art. 6 Rn. 23.

[62] *Albers/Veit* in Brink/Wolff, BeckOK Datenschutzrecht, Art. 6 Rn. 24; *Heckmann/Paschke* in Ehmann/Selmayr DSGVO Art. 7 Rn. 36 ff.

forderungen an eine **„unmissverständliche abgegebene“ Willensbekundung.**[63] Erfolgt die Einwilligung gemeinsam mit Erklärungen zu anderen Sachverhalten, muss der Einwilligungstext gemäß Art. 7 Abs. 2 S. 1 DSGVO **klar abgetrennt** und hervorgehoben werden. In der Praxis wird die vorformulierte Einwilligungserklärung regelmäßig entweder in einer eigenen Erklärung bzw. Dokument oder zumindest einem umrandeten Kasten oder als Anhang zu der konkreten Vereinbarung, auf jeden Fall aber mit einem eigenen Unterschriftenfeld, beigefügt.

ee) Nachweispflicht

Art. 7 Abs. 1 DSGVO ordnet ausdrücklich an, dass die **Beweislast** für das Vorliegen einer wirksamen Einwilligung des Betroffenen dem **Verantwortlichen** auferlegt wird. Dies erfordert ggf. ein entsprechendes Einwilligungsmanagementsystem, aus dem ersichtlich ist, wer zu welchem Zeitpunkt eine Einwilligung in welche Verarbeitungsprozesse erklärt hat. **128**

ff) Zeitpunkt der Einwilligung und Widerruf

Zwar enthält die DSGVO keine expliziten Regelungen zum Zeitpunkt der Einwilligung, es ist aber allgemein anerkannt, dass die Erklärung oder bestätigende Handlung **zeitlich vor der Datenverarbeitung** vorliegen muss und eine nachträgliche Genehmigung nicht möglich ist.[64] **129**

Das Widerrufsrecht ist in Art. 7 Abs. 3 DSGVO ausdrücklich geregelt. Danach hat der Betroffene das **Recht seine Einwilligung jederzeit zu widerrufen.** Die Rechtmäßigkeit der Verarbeitung bis zum Widerruf bleibt davon unberührt **(Wirkung „ex nunc“)**[65]. Auf dieses Widerrufsrecht ist der Betroffene vor Abgabe der Einwilligung **ausdrücklich hinzuweisen** (Art. 7 Abs. 3 S. 3 DSVGO). **130**

Widerruft ein Fachkreisangehöriger seine Einwilligung in die Datenverarbeitung für die Veröffentlichung von personenbezogenen Daten nach dem FSA-Transparenzkodex, ist künftig nur noch eine aggregierte Offenlegung zulässig. Zwar stellt auch die Verarbeitung von Daten zum Zwecke der aggregierten Veröffentlichung eine Verarbeitung personenbezogener Daten im Sinne von Art. 4 Nr. 2 DSGVO dar. Allerdings kann die aggregierte **Veröffentlichung** mit guten Gründen auf die gesetzliche Rechtfertigungsgrundlage der Interessenabwägung gem. Art. 6 Abs. 1 lit. f DSGVO gestützt werden (dazu nachfolgend → Rn. 139 f.). Es empfiehlt sich im Rahmen der Einwilligung drauf hinzuweisen, dass bei einem Widerruf die Daten auf Grundlage von Art. 6 Abs. 1 lit. f DSGVO aggregiert veröffentlicht werden. **131**

Ungeachtet davon stellt sich die Frage, ob im Falle eines **Widerrufs** auch (bereits) veröffentlichte geldwerte Leistungen wieder gelöscht und nachträglich aggregiert werden müssen. Sofern im Falle eines Widerrufs des Betroffenen eine rückwirkende Löschung von bereits veröffentlichten geldwerten Leistungen nicht möglich wäre, kann eine Unfreiwilligkeit der Einwilligung angenommen werden (→ Rn. 123 f.). In diesem Fall wäre die Einwilligung unwirksam. Dies ist ein starkes Indiz dafür, dass der Betroffene auch die Löschung bereits veröffentlichter geldwerter Leistungen verlangen kann. In jedem Fall sollte daher jedenfalls dann eine **Löschung** der bereits veröffentlichten geldwerten Leistungen erfolgen, sofern der Betroffene dies im Rahmen seines Widerrufs verlangt (siehe auch → Rn. 157). Ungeachtet dessen bleiben die Veröffentlichungen rechtmäßig, die bis zum Widerruf erfolgt sind. **132**

Grundsätzlich ist es auch möglich, dass ein Betroffener die Einwilligung nur für **einzelne geldwerte Leistungen widerruft.** Aus datenschutzrechtlicher Sicht muss in diesem **133**

---

[63] *Ernst* in Paal/Pauly DSGVO/BDSG Art. 4 Rn. 90; *Heckmann/Paschke* in Ehmann/Selmayr DSGVO Art. 7 Rn. 36.

[64] *Ingold* in Sydow DSGVO Art. 7 Rn. 17 ff.; *Stemmer* in Brink/Wolff, BeckOK Datenschutzrecht, Art. 7 Rn. 85; *Buchner/Kühling* in Kühling/Buchner DSGVO/BDSG Art. 7 Rn. 30.

[65] *Heckmann/Paschke* in Ehmann/Selmayr DSGVO Art. 7 Rn. 92 ff.; *Herbst* in Kühling/Buchner DSGVO/BDSG Art. 17 Rn. 24.

Fall eine Aggregierung nur für die geldwerten Leistungen erfolgen, für die die Einwilligung widerrufen worden ist. Gegebenenfalls muss das FSA-Mitgliedsunternehmen entscheiden, ob im Interesse der vom FSA-Transparenzkodex beabsichtigten Transparenz und zur Vermeidung der Erzeugung falscher Eindrücke sämtliche geldwerten Leistungen aggregiert veröffentlicht werden sollten.

gg) Wirksamkeitsdauer der Einwilligung

134 Die DSGVO sieht keine Regelungen vor, wie lange eine Einwilligung wirksam ist bzw. ob die Wirkungsdauer einer Einwilligung begrenzt ist.[66] Der FSA-Transparenzkodex sieht eine Veröffentlichungspflicht von 3 Jahren bzw. eine Dokumentationspflicht von 5 Jahren vor (→ Rn. 157 u. 169f.). Da nach diesem Zeitraum eine Veröffentlichungs- bzw. Dokumentationspflicht für das Mitgliedsunternehmen auf Grund des FSA-Transparenzkodex nicht mehr besteht, sollte die **Veröffentlichung- und Dokumentation** auf diese Zeiträume **begrenzt werden.** Es ist allerdings ratsam, die vorgenannten Zeiträume im Rahmen der Einwilligungserklärung etwas zu verlängern, damit dem Mitgliedsunternehmen nach Ablauf der Veröffentlichungs- bzw. Dokumentationspflicht eine Übergangsphase zum Löschen der Daten verbleibt.

135 Ob eine Einwilligung für diesen Zeitraum wirksam erteilt werden kann oder vor Ablauf des vorgenannten Veröffentlichungs- bzw. Dokumentationszeitraums eine **Erneuerung der Einwilligung** erforderlich ist, ist noch unklar. Der Europäische Datenschutzausschuss empfiehlt als bewährte Praxis, die **Einwilligung in angemessenen Zeitabständen zu erneuern.**[67] Wenn alle Informationen erneut erteilt werden, helfe das sicherzustellen, dass die betroffene Person gut darüber informiert bleibt, wie ihre Daten verwendet werden und wie sie ihre Rechte ausüben kann.[68] Einen konkreten Zeitraum für die Geltungsdauer bzw. Pflicht zur Erneuerung nennt der Europäische Datenschutzausschuss nicht. Denkbar ist, die Einwilligung zB alle 2 Jahre erneut einzuholen. Diesbezüglich gilt es die weitere Rechtsprechung sowie Empfehlungen der Aufsichtsbehörden zu beobachten.

136 **Nach Ablauf der Wirksamkeitsdauer** einer Einwilligung müssen sämtliche Daten, deren Rechtmäßigkeit der Verarbeitung auf diese Einwilligung gestützt worden ist, **unverzüglich gelöscht** werden (Art. 17 DSGVO).[69] Werden Daten oder einzelne Datensätze auch zu anderen Zwecken verwendet, zB für die Vertragsabwicklung, buchhalterische Zwecke, oÄ und liegt für diese Verarbeitungszwecke weiterhin eine Rechtfertigungsgrundlage vor, dürfen diese Daten weiterhin für diese Zwecke verarbeitet werden bzw. gespeichert bleiben.[70]

e) Weitergabe von Daten an Konzerngesellschaften

137 Sofern personenbezogene Daten innerhalb eines Konzerns, zB an Mutter- oder Tochtergesellschaften weitergegeben werden, bedarf es auch hierzu einer gesetzlichen Rechtfertigungsgrundlage.[71] Die Weitergabe von Daten zum Zwecke der Veröffentlichung bzw. Erfül-

---

[66] *Arning/Rohtkegel* in Taeger/Gabel DSGVO BDSG Art. 4 Rn. 292; *Heckmann/Paschke* in Ehmann/Selmayr DSGVO Art. 7 Rn. 43; *Arning/Rothkegel* in Taeger/Gabel DSGVO BDSG Art. 4 Rn. 292.

[67] Europäischer Datenschutzausschuss, Leitlinien 05/2020 zur Einwilligung gemäß Verordnung 2016/679, 4.5.2020, Rn. 11; so bereits Artikel-29-Datenschutzgruppe, Leitlinien in Bezug auf die Einwilligung gemäß Verordnung 2016/679, S. 25, die vom Europäischen Datenschutzausschuss bestätigt worden ist; so auch: *Heckmann/Paschke* in Ehmann/Selmayr DSGVO Art. 7 Rn. 43; für den Fall, dass von einer Einwilligung lange Zeit kein Gebrauch gemacht wurde, so auch: *Brockmeyer* in Hoeren/Sieber/Holznagel, Multimedia-Recht, Teil 15.5, Rn. 36.

[68] Europäischer Datenschutzausschuss, Leitlinien 05/2020 zur Einwilligung gemäß Verordnung 2016/679, 4.5.2020, Rn. 11.

[69] *Kamman/Braun* in Ehmann/Selmayr DSGVO Art. 17 Rn. 23; *Stemmer* in Wolff/Brink, BeckOK Datenschutzrecht, Art. 7 Rn. 91.

[70] *Stemmer* in Wolff/Brink, BeckOK Datenschutzrecht, Art. 7 Rn. 91.

[71] *Voigt/v. d. Bussche* in Voigt/v. d. Bussche, Konzerndatenschutz, Kap. 1 Rn. 2; *Buchner/Petri* in Kühling/Buchner DS-GVO BDSG Art. 6 Rn. 168.

lung der Dokumentationspflichten aus dem FSA-Transparenzkodex innerhalb einer Unternehmensgruppe bedarf eines (gesonderten) Erlaubnistatbestands. Die DSGVO kennt **kein sogenanntes Konzernprivileg.**[72] Allerdings erkennt die DSGVO in Erwägungsgrund 48 an, dass **Unternehmensgruppen ein berechtigtes Interesse haben können,** personenbezogene Daten für interne Verwaltungszwecke innerhalb der Unternehmensgruppe zu übermitteln.[73] Kann eine Weitergabe jedoch nicht auf einen allgemeinen gesetzlichen Rechtfertigungstatbestand (zB die sog. Interessenabwägung gem. Art. 6 Abs. 1 lit. f DSGVO) gestützt werden, bedarf es auch für die Weitergabe der personenbezogenen Daten innerhalb des Konzerns einer Einwilligung des Betroffenen. Dies gilt nicht, wenn das Konzernunternehmen ausschließlich als Auftragsverarbeiter iSd Art. 28 DSGVO für den Verantwortlichen tätig wird.

Sofern der Empfänger außerhalb der EU/EEA sitzt, muss zudem ein **angemessenes Datenschutzniveau in dem Empfängerland** sichergestellt werden. Dies gilt auch in dem Fall, dass der Empfänger ausschließlich als Auftragsverarbeiter iSd Art. 28 DSGVO tätig wird.[74] Sofern kein Angemessenheitsbeschluss der EU-Kommission gemäß Art. 45 DSGVO vorliegt, kann ein angemessenes Datenschutzniveau durch geeignete Garantien sichergestellt werden (Art. 46 Abs. 1 DSGVO).[75] Dies können neben sogenannten Binding Corporate Rules (Art. 47 DSGVO) auch die Vereinbarung von Standarddatenschutzklauseln der EU-Kommission (Art. 46 Abs. 2 lit. c DSGVO) sein. Hierbei sind insbesondere die neuen Anforderungen, die sich auf Grund der aktuellen Rechtsprechung des EuGHs zum sog. **Schrems-II-Urteil** und auf Grund der entsprechenden Empfehlungen der Aufsichtsbehörden ergeben, zu berücksichtigen.[76] 138

3. Die datenschutzrechtliche Legitimation einer aggregierten Offenlegung

Erteilt ein Fachkreisangehöriger **keine Einwilligung** in die Datenverarbeitung für die Veröffentlichung von personenbezogenen Daten nach dem FSA-Transparenzkodex oder widerruft er diese, ist gem. § 7 Abs. 6 nur noch eine **aggregierte Offenlegung** zulässig. Auch die Verarbeitung zum Zwecke der aggregierten Veröffentlichung stellt eine Verarbeitung personenbezogener Daten im Sinne von Art. 4 Nr. 2 DSGVO dar. Allerdings kann dies mit guten Gründen auf die gesetzliche Rechtfertigungsgrundlage der Interessenabwägung gem. Art. 6 Abs. 1 lit. f DSGVO gestützt werden: Da die Veröffentlichung lediglich aggregiert erfolgt und für Dritte eine Zuordnung der geldwerten Leistungen an einen einzelnen Fachkreisangehörigen nicht möglich ist, dürften den berechtigten Interessen des Mitgliedsunternehmens in diesem Fall keine überwiegenden Interessen des Fachkreisangehörigen entgegenstehen. Dem Betroffenen steht gegen die Verarbeitung auf Grundlage der Interessenabwägung gem. Art. 6 Abs. 1 lit. f DSGVO im Einzelfall ein Widerspruchsrecht zu 139

[72] *Werry/Werry* in Specht-Riemenschneider/Werry/Werry, Datenrecht in der Digitalisierung, § 2.2 Rn. 37; *Wieczorek* in Specht/Mantz, Handbuch Europäisches und deutsches Datenschutzrecht, § 7 Rn. 94; *Albers/Veit* in Brink/Wolff, BeckOK Datenschutzrecht, Art. 6 Rn. 49; *Buchner/Petri* in Kühling/Buchner DS-GVO BDSG Art. 6 Rn. 168; *Schulz* in Gola DSGVO Art. 6 Rn. 195.

[73] Erwg. 48 der Verordnung (EU) 2016/679 des Europäischen Parlaments und des Rates (DSGVO) vom 27.4.2016; *Schröder* in Kühling/Buchner DS-GVO BDSG Art. 46 Rn. 20; *Schulz* in Gola DSGVO Art. 6 Rn. 195.

[74] *Voigt/v. d. Bussche* in Voigt/v. d. Bussche, Konzerndatenschutz, Kap. 4 Rn. 71.

[75] *Werry/Werry* in Specht-Riemenschneider/Werry/Werry, Datenrecht in der Digitalisierung, § 2.2 Rn. 34.

[76] EuGH NJW 2020, 2613 ff. – Schrems II; Europäischer Datenschutzausschuss, „Häufig gestellte Fragen zum Urteil des Gerichtshofs der Europäischen Union in der Rechtssache C-311/18 – Data Protection Commissioner gegen Facebook Ireland Ltd und Maximillian Schrems", vom 23.7.2020; Europäischer Datenschutzausschuss, Empfehlungen 01/2020 zu Maßnahmen zur Ergänzung von Übermittlungstools zur Gewährleistung des unionsrechtlichen Schutzniveaus für personenbezogene Daten, 10.11.2020; Europäischer Datenschutzausschuss, Empfehlungen 02/2020 zu den wesentlichen europäischen Garantien in Bezug auf Überwachungsmaßnahmen, 10.11.2020.

aus Gründen, die sich aus seiner besonderen Situation ergeben (Art. 21 Abs. 1 DSGVO). Auf dieses Widerspruchsrecht ist der Betroffene hinzuweisen (Art. 13 Abs. 2 lit. b DSGVO iVm Art. 6 Abs. 1 lit. f, Art. 21 Abs. 1 DSGVO). Im Falle eines Widerrufs ist die Verarbeitung gem. Art. 21 Abs. 1 DSGVO zu unterlassen, es sei denn, der Verantwortliche kann zwingende schutzwürdige Gründe für die Verarbeitung nachweisen, die die Interessen, Rechte und Freiheiten der betroffenen Person überwiegen oder die Verarbeitung dient der Geltendmachung, Ausübung oder Verteidigung von Rechtsansprüchen.

140 Auch im Falle einer aggregierten Veröffentlichung gelten die o. g. allgemeinen Informationspflichten des Art. 13ff. DSGVO: Der Fachkreisangehörige muss in einem Informationsschreiben oder in sonstiger Weise gem. Art. 13 Abs. 1 DSGVO insbesondere darüber informiert werden, wer der Verantwortliche ist, welche Daten zu welchen Zwecken verarbeitet werden, für welche Dauer, welche Rechte ihm zustehen, etc (vgl. dazu im Einzelnen → Rn. 125 u. 143f.). Ferner sind im Falle der Rechtfertigung der Datenverarbeitung auf **Grundlage der Interessenabwägung** gem. Art. 6 Abs. 1 lit. f DSGVO die berechtigten Interessen des Verantwortlichen darzulegen (Art. 13 Abs. 1 lit. d DSGVO). Zudem sollte ein Hinweis auf die nicht entgegenstehenden Interessen des Fachkreisangehörigen einschließlich der Darlegung der vorgenommenen Interessenabwägung erfolgen.

4. Folgen einer Datenverarbeitung ohne erforderliche Rechtfertigung

141 Fehlt es an einer datenschutzrechtlichen Legitimation, kann **jeder Verarbeitungsvorgang** einen **Datenschutzverstoß** begründen. Datenschutzverstöße können unter anderem erhebliche Sanktionen von bis zu 20 Millionen Euro oder bis zu 4% des gesamten weltweit erzielten Konzern-Jahresumsatzes im vorangegangenen Geschäftsjahr zur Folge haben (→ Kap. 12 Rn. 25ff.).

5. Konsens mit der Ärzteschaft

142 Dies zeigt im besonderen Maße, dass die Ziele des FSA-Transparenzkodex auf einen **möglichst breiten Konsens** zwischen dem FSA, den FSA-Mitgliedsunternehmen und den Fachkreisangehörigen, insbesondere der Ärzteschaft, angewiesen sind. Die Herstellung größtmöglicher Transparenz durch individuelle Offenlegung ist nur mit Einwilligung der Betroffenen möglich. Voraussetzung hierfür ist, dass die Betroffenen von der Sinnhaftigkeit und dem Nutzen des FSA-Transparenzkodex für das Arzt-Patienten-Verhältnis, für die Stärkung des Vertrauens in Kooperationen zwischen Fachkreisangehörigen und der Industrie, für die Bekämpfung unlauterer Geschäftsgebaren und für die Stärkung des Gesundheitssystem im Allgemeinen überzeugt sind.

IX. Praxishinweis

1. Allgemeine Anforderungen an eine Einwilligung

143
- Die Einwilligung muss **zeitlich vor** der Datenverarbeitung vorliegen
- Der Betroffene muss vor Erteilung seiner Einwilligung klar und verständlich darüber informiert werden, welche **Kategorien seiner personenbezogenen Daten,** zu welchen **Verarbeitungszwecken,** von wem und auf welche Art und Weise verarbeitet werden **(Informations- und Transparenzgebot).**
- Der Betroffen muss vor Erteilung seiner Einwilligung klar und verständlich auf die Möglichkeit seines jederzeitigen **Widerrufsrechts** hingewiesen werden.
- Die Einwilligung muss auf der **freien Entscheidung des Betroffenen** beruhen. Insbesondere sollte der Abschluss des Vertrags nicht von der Einwilligung in eine Datenverarbeitung, die für die Vertragserfüllung nicht erforderlich ist, abhängig gemacht werden **(Kopplungsverbot).**
- Eine Einwilligung setzt eine **„unmissverständlich abgegebene" Willensbekundung** in Form einer Erklärung oder einer sonstigen eindeutigen bestätigenden Handlung voraus.

– Wird die Einwilligung zusammen mit anderen Erklärungen erteilt, ist die Einwilligung klar von diesen sonstigen Erklärungen **abzutrennen und besonders hervorzuheben.**

2. Inhalte der Einwilligungserklärung

– Angaben zum **Verantwortlichen,** dh zu dem FSA-Mitgliedsunternehmen, welches die personenbezogenen Daten des Fachkreisangehörigen verarbeitet. **144**
– Definition der personenbezogenen Daten einschließlich der Angabe, welche **Kategorien personenbezogenen Daten** konkret verarbeitet werden (persönliche Daten, geldwerte Leistungen, etwaige sonstige Informationen, etc).
– Nennung der konkreten **Verarbeitungszwecke,** insbesondere die Veröffentlichung, Dokumentation und Speicherung zur Erfüllung der Vorgaben des FSA-Transparenzkodex.
– **Dauer der Verarbeitung** der personenbezogenen Daten
– Ggf. Personen einschließlich Konzernunternehmen, an die die personenbezogenen Daten weitergegeben werden.
– **Rechte des Betroffenen,** insbesondere Auskunftsrecht, Recht auf Berichtigung sowie Löschung, Sperrung bzw. Einschränkung der Verarbeitung und Datenübertragung.
– Recht die Daten in einem strukturierten, gängigen und maschinenlesbaren Format zu erhalten.
– Recht eine **Beschwerde** bei den Aufsichtsbehörden einzulegen.
– Ggf. die Gültigkeitsdauer der Einwilligung.
– Hinweis auf das **jederzeitige Widerrufsrecht** einschließlich Angabe der Adresse(n), an die der Widerruf gerichtet werden kann.
– Hinweis, dass bei einem Widerruf die Daten auf Grundlage von Art. 6 Abs. 1 lit. f DSGVO aggregiert veröffentlicht werden.
– Kontaktadresse des **Datenschutzbeauftragten** des Verantwortlichen.
– Ankreuzen oder die Auswahl eines Kästchens zur Bekundung der Entscheidung des Betroffenen.
– **Unterschrift** des Betroffenen (einschließlich Ort und Datum).

§ 8 Angaben über die Empfänger

(1) Bei der Offenlegung der Angaben nach § 7 Abs. 1 (individuelle Angaben) muss eine Beschreibung der jeweiligen Empfänger erfolgen, die deren eindeutige Identifizierbarkeit gewährleistet. Hierbei müssen insbesondere
1. der vollständige Name;
2. die genaue Praxis- oder Geschäftsadresse und
3. die lebenslange Arztnummer des Empfängers (falls vorhanden) offengelegt werden.

(2) Die Offenlegung der Angaben muss unter Verwendung des diesem Kodex als Anlage 1 beigefügten Musters erfolgen.

Übersicht

I. Vorbemerkung

Die Regelung des § 8 FSA-Transparenzkodex konkretisiert die in § 7 Abs. 1 FSA-Transparenzkodex normierte Pflicht der individuellen Veröffentlichung, indem sie die offenzulegenden personenbezogenen Daten des Empfängers näher erläutert. Aus § 7 Abs. 1 FSA-Transparenzkodex folgt die Offenlegungspflicht hinsichtlich des Namens des Empfängers, der Summe der geldwerten Leistungen, die dieser im jeweiligen Berichtszeitraum er- **145** halten hat, und der Kategorie, der die Summe unterfällt. Nach § 8 Abs. 1 FSA-Transparenzkodex müssen neben dem Namen auch weitere **Beschreibungen** veröffentlicht werden, die eine **Identifizierbarkeit des Empfängers** gewährleisten. § 8 Abs. 2 FSA-Transparenzkodex betrifft die Art und Weise der Veröffentlichung und verweist auf ein **Muster.** Dieses wurde ursprünglich durch den Vorstand des FSA in Form einer Leitlinie beschlossen und veröffentlicht. Seit der Kodexrevision vom 4.12.2014 ist das Muster nun Teil des FSA-Transparenzkodex und diesem als Anlage beigefügt.

II. Obligatorische Kriterien für die individuelle Offenlegung (Abs. 1)

146 Die Vorschrift des § 8 Abs. 1 FSA-Transparenzkodex spezifiziert die namentliche Nennung des Empfängers dahingehend, dass dessen **eindeutige Identifizierbarkeit** gewährleistet sein muss. Jeglicher mögliche Zweifel über die Identität des Empfängers ist demnach auszuräumen. Die Regelung sieht zwei stets zu benennenden Kriterien und eine nur in manchen Fällen darzulegende Angabe vor. Gemäß § 8 Abs. 1 Nr. 1 FSA-Transparenzkodex ist der vollständige **Name** des Empfängers, inklusiv möglicher Namenszusätze, anzugeben. Handelt es sich bei dem Empfänger um einen **Fachkreisangehörigen,** ist dieser mit – sofern vorhanden – Doktortitel, Vorname, ggf. Zweitname und Nachname zu benennen (Beispiel: Dr. Maximilian Markus Mustermann). Im Falle einer **Organisation** ist zusätzlich zu dem vollständigen Namen auch die Organisationsform zu benennen. Da der Name jedoch aufgrund möglicher Namensverwandtschaften und -ähnlichkeiten allein kein geeignetes Kriterium zur eindeutigen Identifizierbarkeit darstellt, werden weitere Angaben verlangt. Aus § 8 Abs. 1 Nr. 2 FSA-Transparenzkodex folgt die Pflicht zur Nennung der genauen **Praxis- und Geschäftsadresse.** Dabei sind Straße, Hausnummer, Stadt und Land zu nennen. § 8 Abs. 1 Nr. 3 FSA-Transparenzkodex verlangt die Veröffentlichung der lebenslangen Arztnummer **(LANR)** des Empfängers. Dieser Fall ist nur einschlägig, wenn der Empfänger der geldwerten Leistung ein in Deutschland niedergelassener Vertragsarzt ist. Nur diesen wird bundesweit von der Kassenärztlichen Vereinigung eine neunstellige Nummer zugeordnet, aus der sich die dahinterstehende Person des Arztes und seine Fachrichtung ergeben.[77] Aus der Wortwahl „insbesondere“ folgt, dass es sich bei den in den Nummern 1. bis 3. aufgelisteten Kriterien nicht um einen abschließenden Katalog handelt. Vielmehr umschreibt dieser die zur Identifikation zwingend erforderlichen Angaben. Den Mitgliedsunternehmen ist es freigestellt, **auch weitere Angaben** zum Zwecke der eindeutigen Identifikation mitaufzuführen. Allerdings ist es unbedingt erforderlich, dass diese Angaben **von der Einwilligungserklärung gedeckt** sind, dh in dieser eindeutig benannt sind. Sofern sich Mitgliedsunternehmen zur Nennung weiterer Angaben entscheiden, sollte dies im Rahmen der methodischen Hinweise iSd § 13 FSA-Transparenzkodex näher erläutert werden.

III. Die Mustervorlage – Abs. 2

147 Wie die Veröffentlichung zu gestalten ist, lässt sich der dem FSA-Transparenzkodex als Anlage 1 beigefügten und nachfolgend abgedruckten **FSA-Mustervorlage zur Datenerfassung** entnehmen. Die Mustervorlage orientiert sich an Annex A des EFPIA-Kodex. Während die Erstfassung des FSA-Transparenzkodex in § 8 Abs. 2 noch eine Leitlinienkompetenz des Vorstandes vorsah, nach welcher der Vorstand des FSA zum Erlass einer Mustervorlage verpflichtet wurde, ist diese Bestimmung mit der Kodexrevision vom 4.12.2014 entfallen. Infolge der am 4.12.2014 beschlossenen Kodexänderung wurde § 8

[77] Näheres dazu in der Richtlinie der Kassenärztlichen Bundesvereinigung nach § 75 Abs. 7 SGB V zur Vergabe der Arzt-, Betriebsstätten- sowie der Praxisnetznummern abrufbar unter http://www.kbv.de/media/sp/Arztnummern_Richtlinie.pdf (zul. abgerufen am 19.4.2021).

Abs. 2 FSA-Transparenzkodex dahin geändert, dass die verbindliche Verwendung des dem Kodex als Anlage beigefügten Musters zur Datenerfassung für alle Mitgliedsunternehmen vorschreibt. Diese Änderung war erforderlich geworden, weil die Generalversammlung der EFPIA am 6.6.2014 die verbindliche Nutzung einer Mustervorlage in Section 2.03 der damaligen Fassung des EFPIA-Transparenzkodex festgeschrieben hatte. Eine entsprechende Regelung befindet sich inzwischen in Section 23.04 EFPIA-Kodex.

148 **Zweck** der verpflichtenden Nutzung des Musters ist, den interessierten Besuchern der jeweiligen Unternehmens-Webseiten leicht zu erfassende und vergleichbare Angaben an die Hand zu geben. Das daraus resultierende **bessere Verständnis der Veröffentlichungen** trägt weiter dazu bei, eine bestmögliche Transparenz zu gewährleisten.

149

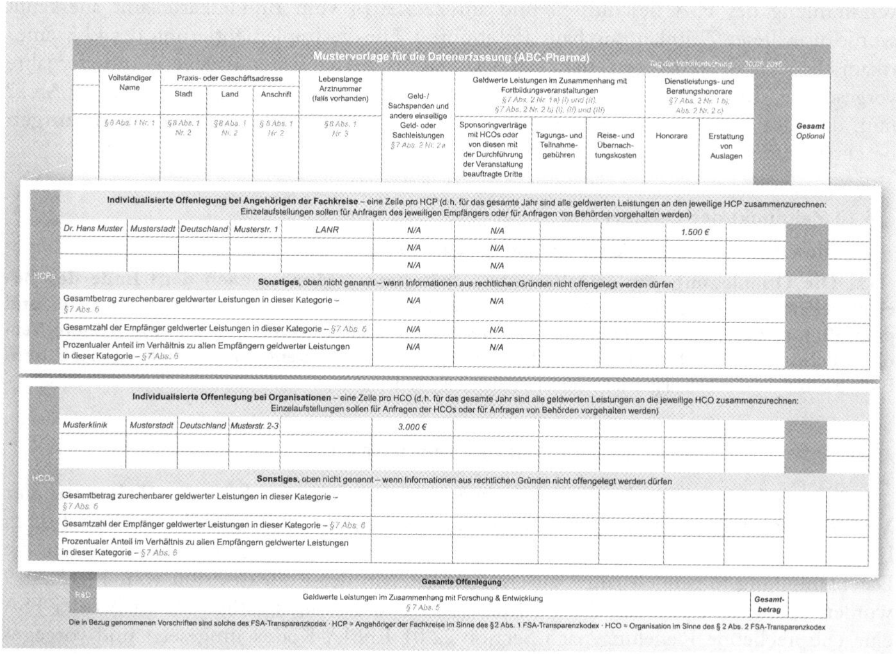

Mustervorlage für die Datenerfassung (ABC-Pharma) Tag der Veröffentlichung: 30.06.2016

	Vollständiger Name §8 Abs. 1 Nr. 1	Praxis- oder Geschäftsadresse: Stadt §8 Abs. 1 Nr. 2	Land §8 Abs. 1 Nr. 2	Anschrift §8 Abs. 1 Nr. 2	Lebenslange Arztnummer (falls vorhanden) §8 Abs. 1 Nr. 3	Geld-/Sachspenden und andere einseitige Geld- oder Sachleistungen §7 Abs. 2 Nr. 2a	Geldwerte Leistungen im Zusammenhang mit Fortbildungsveranstaltungen §7 Abs. 2 Nr. 1a) (i) und (ii), §7 Abs. 2 Nr. 2 b) (i), (ii) und (iii): Sponsoringverträge mit HCOs oder von diesen mit der Durchführung der Veranstaltung beauftragte Dritte	Tagungs- und Teilnahmegebühren	Reise- und Übernachtungskosten	Dienstleistungs- und Beratungshonorare §7 Abs. 2 Nr. 1 b), Abs. 2 Nr. 2 c): Honorare	Erstattung von Auslagen	Gesamt Optional
HCPs	**Individualisierte Offenlegung bei Angehörigen der Fachkreise** – eine Zeile pro HCP (d.h. für das gesamte Jahr sind alle geldwerten Leistungen an den jeweilige HCP zusammenzurechnen: Einzelaufstellungen sollen für Anfragen des jeweiligen Empfängers oder für Anfragen von Behörden vorgehalten werden)											
	Dr. Hans Muster	Musterstadt	Deutschland	Musterstr. 1	LANR	N/A	N/A			1.500 €		
						N/A	N/A					
						N/A	N/A					
	Sonstiges, oben nicht genannt – wenn Informationen aus rechtlichen Gründen nicht offengelegt werden dürfen											
	Gesamtbetrag zurechenbarer geldwerter Leistungen in dieser Kategorie – §7 Abs. 6					N/A	N/A					
	Gesamtzahl der Empfänger geldwerter Leistungen in dieser Kategorie – §7 Abs. 6					N/A	N/A					
	Prozentualer Anteil im Verhältnis zu allen Empfängern geldwerter Leistungen in dieser Kategorie – §7 Abs. 6					N/A	N/A					
HCOs	**Individualisierte Offenlegung bei Organisationen** – eine Zeile pro HCO (d.h. für das gesamte Jahr sind alle geldwerten Leistungen an die jeweilige HCO zusammenzurechnen: Einzelaufstellungen sollen für Anfragen der HCOs oder für Anfragen von Behörden vorgehalten werden)											
	Musterklinik	Musterstadt	Deutschland	Musterstr. 2-3		3.000 €						
	Sonstiges, oben nicht genannt – wenn Informationen aus rechtlichen Gründen nicht offengelegt werden dürfen											
	Gesamtbetrag zurechenbarer geldwerter Leistungen in dieser Kategorie – §7 Abs. 6											
	Gesamtzahl der Empfänger geldwerter Leistungen in dieser Kategorie – §7 Abs. 6											
	Prozentualer Anteil im Verhältnis zu allen Empfängern geldwerter Leistungen in dieser Kategorie – §7 Abs. 6											
R&D	**Gesamte Offenlegung**: Geldwerte Leistungen im Zusammenhang mit Forschung & Entwicklung § 7 Abs. 5										Gesamtbetrag	

Die in Bezug genommenen Vorschriften sind solche des FSA-Transparenzkodex · HCP = Angehöriger der Fachkreise im Sinne des §2 Abs. 1 FSA-Transparenzkodex · HCO = Organisation im Sinne des § 2 Abs. 2 FSA-Transparenzkodex

Abb. 26: Muster des FSA für die Erfassung und Veröffentlichung der Daten[78]

§ 9 Berichtszeitraum

(1) Der Berichtszeitraum ist das Kalenderjahr.

(2) Der erste Berichtszeitraum umfasst das Kalenderjahr 2019.

Übersicht

I. Vorbemerkung

150 Als Berichtszeitraum benennt § 9 Abs. 1 das **Kalenderjahr.** Dies entspricht Section 23.04 EFPIA-Kodex. § 9 Abs. 2 betrifft dagegen den **ersten Berichtszeitraum** nach der Kodexrevision 2019/2020.

[78] Abrufbar unter: https://www.fsa-pharma.de/de/mediencenter/downloads/werbe-und-informatematerial/flyer_mustervorlage_web.pdf (zul. abgerufen am 19.4.2021). Die Mustervorlage für die Datenerfassung ist dem FSA-Transparenzkodex als Anlage 1 beigefügt.

II. Die zeitlichen Vorgaben hinsichtlich des Berichtszeitraums

151 Aus § 9 ergeben sich die zeitlichen Vorgaben, die die FSA-Mitgliedsunternehmen hinsichtlich des Berichtszeitraums beachten müssen. Der erste Absatz bestimmt, dass die Datensammlung und Berichterstattung nach **Kalenderjahren** erfolgt, also den Zeitraum vom 1.1. bis zum 31.12. erfasst. Aus dem zweiten Absatz ergibt sich der erste Berichtszeitraum. Nach der Ursprungsfassung des § 9 Abs. 2 mussten die Unternehmen **erstmals** im Jahr 2015, dh beginnend mit dem **1.1.2015,** die unter den Kodex fallenden geldwerten Leistungen zum Zwecke der späteren Veröffentlichung sammeln und dokumentieren. Berücksichtigt man, dass der FSA-Transparenzkodex erst am 27.11.2013 von der Mitgliederversammlung des FSA beschlossen und am 22.5.2014 vom Bundeskartellamt anerkannt wurde, war dieser Zeitplan durchaus ambitioniert. Für die Implementierung des U.S. amerikanischen Transparenzgesetz, dem Physician Sunshine Act, waren dagegen rund vier Jahre vorgesehen.[79] Im Anschluss an die Kodexrevision vom 14.11.2019 ergibt sich aus § 9 Abs. 2 nun, dass der erste Berichtszeitraum, bei dem die **geänderten Kodexbestimmungen** beachtet werden mussten, den Zeitraum vom 1.1.2019 bis zum 31.12.2019 betraf.

§ 10 Zeitpunkt der Offenlegung

(1) Die Offenlegung der Angaben erfolgt einmal jährlich.

(2) Die Offenlegung der Angaben muss spätestens 6 Monate nach dem Ende des Berichtszeitraums erfolgen. Die Veröffentlichung des Berichts soll zwischen dem 20. und dem 30. Juni des Folgejahres erfolgen. Sofern ein Mitgliedsunternehmen eine frühere Veröffentlichung anstrebt, so müssen gleichzeitig auch die Offenlegungspflichten nach dem FSA-Kodex Patientenorganisationen erfüllt werden.

I. Vorbemerkungen

152 Während sich aus § 9 der Berichtszeitraum ergibt, folgt aus § 10 der **Zeitraum der Veröffentlichung** dieser gesammelten Daten. Aus der Zusammenschau beider Vorschriften lässt sich ableiten, dass die Offenlegung der Daten stets in dem ersten Halbjahr des auf die Datensammlung folgenden Jahres zu erfolgen hat. Mit der Kodexrevision vom 14.11.2019 wurden dem zweiten Absatz des § 10 die Sätze 2 und 3 hinzugefügt. Damit hat der FSA eine entsprechende Regelung nach Section 22.01 EFPIA-Kodex umgesetzt und vorgegeben, dass die **Veröffentlichung der Daten** nach dem **FSA-Transparenzkodex zum selben Zeitpunkt** wie die Veröffentlichung nach dem **FSA-Kodex Patientenorganisationen zu erfolgen hat.** Eine entsprechende Regelung findet sich auch in § 15 Abs. 2 FSA-Kodex Patientenorganisationen (hierzu → Kap. 15 Rn. 197).

II. Die Offenlegung der Daten

153 Gemäß § 10 Abs. 1 hat die Veröffentlichung nach dem FSA-Transparenzkodex **jährlich** zu erfolgen. Den Unternehmen steht es frei, ob sie auf das **Datum der Leistungserbringung oder das Zahlungsdatum** abstellen möchten. Allerdings sollte eine einheitliche Behandlung gewährleistet sein. Da sich die gewählte Kategorisierung nicht allein anhand des Datums der Veröffentlichung erkennen lässt, sollten Unternehmen in ihren methodischen Hinweisen nach § 13 angeben, wie unternehmensintern mit Divergenzen zwischen dem Zeitpunkt des Vertragsschlusses und der tatsächlichen Zahlung umgegangen wird und welches Datum der Veröffentlichung zugrunde liegt. Dabei müssen auch die konzerninternen Bilanzierungs- und Bewertungsgrundsätze beachtet werden. Dies darf jedoch nicht dazu führen, dass die Veröffentlichung der geldwerten Leistung aufgrund divergierender Regelungen entfällt. Eine derartige Umgehung des Kodex wäre unzulässig.

---

[79] Siehe *Diener/Broch* PharmR 2014, 1 (3).

Nach § 10 Abs. 2 S. 1 haben die FSA-Mitgliedsunternehmen für die **Erfüllung der Veröffentlichungspflicht 6 Monate** Zeit. Aus Satz 2 ergibt sich, dass die Veröffentlichung in der Regel zwischen dem **20. und dem 30.6.** stattfinden soll. Nach Satz 3 ist eine frühere Veröffentlichung zwar möglich, erfordert dann aber, dass die Offenlegungspflichten nach dem FSA-Kodex Patientenorganisationen **gleichzeitig** erfüllt werden. Aus § 10 Abs. 2 S. 2 und 3 sowie den parallelen Regelungen im FSA-Kodex Patientenorganisationen (vgl. hierzu → Kap. 15 Rn. 197) folgt, dass die Veröffentlichung der Leistungen an Gesundheitseinrichtungen und Fachkreisangehörige sowie an Patientenorganisationen und Vertreter von Patientenorganisatoren in einem unmittelbaren zeitlichen Zusammenhang zueinander stattfinden muss. Der größtmögliche zeitliche Abstand zwischen der Offenlegung der Daten beträgt 9 Tage bei einer Veröffentlichung zwischen dem 20. und dem 30.6. Diese Regelung soll Patenten und anderen Interessierten die **Wahrnehmung der Daten** und einen **Gesamtüberblick** über Zahlungen der Mitgliedsunternehmen an Fachkreisangehörige und Gesundheitsorganisationen sowie an Patientenorganisationen und deren Vertreter **erleichtern.** Ob diese Änderung tatsächlich zu einer größeren Transparenz beiträgt, wurde kontrovers diskutiert. Gerade von Unternehmensseite wurde eingewandt, dass die **Interessenlage** bei Leistungen an Fachkreisangehörige und Gesundheitsorganisationen einerseits und Patientenorganisationen und deren Vertretern andererseits nicht vergleichbar sei und die jeweilige Veröffentlichung der Leistungen deshalb nicht miteinander verknüpft werden solle.[80] Allerdings kann wohl nicht bestritten werden, dass eine gleichzeitige Offenlegung die **Auffindbarkeit der Daten erleichtert.** 154

§ 11 Ort und Dauer der Offenlegung

(1) Die Offenlegung der Angaben hat auf einer öffentlich zugänglichen Website in der Verantwortung des Mitgliedsunternehmens zu erfolgen. Die Angaben dürfen auch auf einer europaweiten Website verbundener Unternehmen veröffentlicht werden, soweit die Angaben für das Mitgliedsunternehmen dort separat abgerufen werden können.

(2) Abweichend von Abs. 1 darf eine Veröffentlichung der Angaben auch über eine zentrale externe Plattform erfolgen, die von dritter Seite zur Verfügung gestellt wird.

(3) Die Offenlegung der Angaben hat mindestens für eine Zeitdauer von 3 Jahren nach der erstmaligen Offenlegung zu erfolgen, sofern nicht (i) nationale Regelungen oder Vorschriften eine kürzere Frist anordnen oder (ii) die entsprechende datenschutzrechtliche Rechtsgrundlage für die Veröffentlichung (z. B. berechtigtes Interesse, Rechtspflicht oder Einwilligung) nicht mehr anwendbar ist beziehungsweise die Datenspeicherung und/oder die Veröffentlichung der Daten nicht mehr rechtfertigen kann.

Leitlinie

des Vorstands des FSA gemäß § 4 iVm § 11 Abs. 2
zur möglichen Verwendung einer zentralen Plattform

Von dieser Möglichkeit wird der FSA keinen Gebrauch machen. Die nach dem Transparenzkodex notwendige Veröffentlichung von geldwerten Leitungen wird durch die Mitgliedsunternehmen erfolgen.

Übersicht

[80] *Kemmner/Thole* PharmR 2020, 320 (325).

I. Vorbemerkung

155 § 11 spezifiziert die **Offenlegungsverpflichtung,** indem er den Unternehmen vorschreibt, **wo und für welchen Zeitraum** sie die erforderlichen Daten zu veröffentlichen haben. Die Absätze 1 und 2 befassen sich mit den verschiedenen Varianten der Plattformen für die Veröffentlichung, während Absatz 3 einen Mindestzeitraum statuiert, der nur im Falle rechtlich zwingender entgegenstehender Gründe verkürzt werden darf. Im Rahmen der Kodexrevision vom 14.11.2019 wurden die möglichen Gründe konkretisiert und explizit festgestellt, dass eine Verkürzung insbesondere erforderlich sein kann, wenn die entsprechende datenschutzrechtliche Rechtsgrundlage für die Veröffentlichung nicht mehr anwendbar ist oder die Datenverarbeitung nicht länger rechtfertigen kann.

II. Orte der Offenlegung (Abs. 1 und 2)

156 Die Vorschrift des § 11 Abs. 1 S. 1 legt fest, dass die Veröffentlichung ausschließlich online erfolgen darf und zwar auf einer **öffentlichen,** dh **für jedermann zugänglichen Webseite** in der Verantwortung des Mitgliedsunternehmens. Im Regelfall handelt es sich um die Unternehmenswebseite. Grundsätzlich wird dies die jeweilige Landeswebseite des Unternehmens sein. Gemäß § 11 Abs. 1 S. 2 steht es dem Mitgliedsunternehmen frei, die Veröffentlichung auf einer europaweiten Webseite aller verbundenen Unternehmen zu veröffentlichen. Dies gilt mit der Einschränkung, dass die jeweiligen Angaben für das konkrete Mitgliedsunternehmen dort separat abrufbar sind. Zudem ist darauf zu achten, dass auch auf der europaweiten Website die verpflichtende Veröffentlichung in deutscher Sprache nach § 12 eingehalten wird. Als dritte Alternative kann das Mitgliedsunternehmen die kodexrelevanten Angaben auch auf einer externen Plattform veröffentlichen, die von dritter Seite zur Verfügung gestellt wird. Hierunter ist eine von staatlicher Seite etablierte Webseite oder eine zentrale Webseite des FSA zu verstehen. So erfolgt beispielsweise die Veröffentlichung unter dem amerikanischen Sunshine Act auf einer Webseite des Centers for Medicare & Medicaid Services (CMS) einheitlich für alle getätigten Zuwendungen der Unternehmen an die jeweiligen Empfänger.[81] Im Hinblick auf eine Webseite des FSA hat sich der Vorstand des FSA gemäß § 4 iVm § 11 Abs. 2 bislang gegen die Etablierung einer zentralen Plattform ausgesprochen. Damit obliegt den Mitgliedsunternehmen die Veröffentlichung auf unternehmensinternen Webseiten. Die drei Orte der Offenlegung gehen aus Section 23.04 EFPIA-Kodex zurück. Dabei stehen die Optionen nebeneinander. Die Unternehmen haben auch die Möglichkeit, ihre Daten an mehreren Stellen zu veröffentlichen, sofern die Veröffentlichungen an jeder der genannten Stelle die Voraussetzungen des Kodex erfüllen.

III. Dauer der Offenlegung und ihre rechtliche Beschränkung (Abs. 3)

157 Die offenzulegenden Angaben müssen gemäß § 11 Abs. 3 mindestens für eine Dauer von **drei Jahren** auf der Website öffentlich zugänglich zur Verfügung stehen. Den Unternehmen steht es frei, diesen Zeitraum zu verlängern. Eine Verkürzung des Zeitraumes ist nur zulässig, wenn gesetzliche oder sonstige staatliche Regelungen eine kürzere Frist anordnen oder eine der Veröffentlichung zugrundeliegende datenschutzrechtliche Legitimationsgrundlage nicht mehr anwendbar ist oder die Datenverarbeitung nicht mehr rechtfertigen kann. Selbstverständlich würde sich auch in diesem zweiten, gesondert genannten Fall die

[81] Näheres zum Sunshine Act abrufbar unter https://www.ama-assn.org/practice-management/medicare/physician-financial-transparency-reports-sunshine-act. Die für das Jahr 2014 unter dem U.S. Sunshine Act veröffentlichten Daten können unter http://www.cms.gov/openpayments/ abgerufen werden (zul. abgerufen am 19.4.2021).

Verkürzung aus einer gesetzlichen Regelung ergeben. Aufgrund der besonderen Bedeutung des Datenschutzrechts für den FSA-Transparenzkodex (insofern bereits die → Rn. 16 u. 6) wird dieser mögliche Verkürzungsgrund gesondert aufgeführt (siehe auch → Rn. 129 ff.).

§ 12 Sprache

Die Offenlegung der Angaben hat in deutscher Sprache zu erfolgen. Dies gilt auch dann, wenn für die Offenlegung eine europaweite Plattform gewählt wird. Es wird empfohlen, die Angaben auch zusätzlich in der englischen Sprache zu machen.

Sinn und Zweck des Transparenzkodex ist es, Patienten und anderen interessierten Stakeholdern offenzulegen, welcher in Deutschland tätige Fachkreisangehörige bzw. welche hier ansässige Organisation mit einem pharmazeutischen Mitgliedsunternehmen kooperiert hat und welche geldwerten Leistungen im Rahmen dieser Kooperation geflossen sind. Die Veröffentlichung muss daher in derjenigen **Landessprache** erfolgen, **in dessen Land der Empfänger seinen Praxis- bzw. Geschäftssitz hat.** Bei Veröffentlichungen nach dem FSA-Transparenzkodex also auf Deutsch. Aus Gründen der globalen Verknüpfungen von Kooperationsbeziehungen ist es ratsam, die erforderlichen Angaben zusätzlich **auch auf Englisch** als global allgemein verständliche Sprache zu publizieren. Die Vorschrift geht auf Section 23.04 EFPIA-Kodex zurück. **158**

§ 13 Methodische Hinweise

(1) Das Mitgliedsunternehmen erstellt zusammenfassende Hinweise zur Methodik, der Erfassung und Veröffentlichung seiner Angaben und veröffentlicht diese Hinweise nach Maßgabe von § 11 dieses Kodex, wobei die entsprechenden Hinweise für jeden Berichtszeitraum zu veröffentlichen und gegebenenfalls zu aktualisieren sind.

(2) Die Hinweise sollen in leicht verständlicher Weise erläutern, wie die Erfassung und Offenlegung der Angaben erfolgt. Sie sollen die zugrundeliegende Methodik sowie auch konkrete Punkte, die für die zeitliche Einordnung und eine Bewertung der Zuwendungen von Bedeutung sind, insbesondere die Behandlung mehrjähriger Verträge, der Umsatzsteuer und Währungsfragen, erkennen lassen.

(3) Die Mitgliedsunternehmen haben die Methodik für die Erfassung und Veröffentlichung der Angaben unter Berücksichtigung von § 3 des Kodex nach pflichtgemäßem Ermessen auszugestalten.

Übersicht

I. Vorbemerkung

Die aus § 13 folgende Pflicht zur **Erstellung methodischer Hinweise** orientiert sich an Section 23.05 EFPIA-Kodex. Der hinter dieser Verpflichtung stehende Zweck ist es, den interessierten Stakeholdern eine **nachvollziehbare und überprüfbare Grundlage** an die Hand zu geben, die das Verständnis der Veröffentlichungen erleichtert. Der Kodex kann als Selbstregulierungsmechanismus ebenso wie ein Gesetz nur Regelungen für abstrakt-generelle Fälle treffen. Die Aufnahme aller in Betracht kommender Sachverhalte würde den Kodex zu einem Regelungskonstrukt heranwachsen lassen, welches nicht mehr zu überbli- **159** cken wäre. Um die Anwendung des Kodex auf möglichst zahlreiche praxisrelevante Fälle zu erleichtern, sollen die Mitgliedsunternehmen nähere Erläuterungen zu der Art und den Gründen ihrer Erfassung und der Veröffentlichung darlegen. Dies trägt dem Umstand Rechnung, dass die Mitgliedsunternehmen über unterschiedliche interne Systeme verfügen. Um den zeitlichen und organisatorischen Aufwand der Integration der Transparenzverpflichtungen in interne Managementsysteme möglichst gering zu halten, wurde bewusst auf eine zwingende Konformität der Systeme verzichtet und anstelle dessen den Unternehmen aufgegeben, ihre jeweiligen Handlungsschritte allgemeinverständlich darzulegen.

II. Formelle Anforderungen an die methodischen Hinweise (Abs. 1)

160 Die Erstellung der methodischen Hinweise bildet eine **eigenständige,** die Verpflichtungen zur Dokumentation, Veröffentlichung und Aufbewahrung flankierende, **Pflicht.** Ebenso wie die offenzulegenden Angaben, müssen die methodischen Hinweise den **formellen Anforderungen** von Ort, Zeit und Sprache genügen (→ Rn. 155–158). Auch für die Hinweise gilt der in § 9 geregelte **Berichtszeitraum.** Sie sind für jeden Berichtszeitraum zu veröffentlichen und, sofern erforderlich, zu aktualisieren. § 13 Abs. 1 bezieht sich hinsichtlich des **Ortes der Veröffentlichung** ausdrücklich auf § 11. Daher sind die methodischen Hinweise auf derselben Webseite zu veröffentlichen, auf der auch die Offenlegung der kodexbezogenen Daten erfolgt. Eine Veröffentlichung auf unterschiedlichen Webseiten ist vor dem Hintergrund des Erläuterungszwecks der methodischen Hinweise nicht sinnvoll. Sofern eine externe Plattform für die Veröffentlichung gewählt wird, sollten sich auf dieser auch die dazugehörigen aktuellen methodischen Hinweise des Unternehmens befinden. Das Erfordernis der **deutschen Sprache** wird in § 13 nicht ausdrücklich benannt. Da Sinn und Zweck der Vorschrift in der Schaffung einer verständlichen und nachvollziehbaren Grundlage liegt, ist die Vorschrift dahingehend auszulegen, dass auch die methodischen Hinweise in der jeweiligen Landessprache zu veröffentlichen sind. Sollte sich das Unternehmen darüber hinaus für die zusätzliche optionale Veröffentlichung in englischer Sprache entscheiden, gilt dies auch für die methodischen Hinweise.

III. Materielle Anforderungen an die methodischen Hinweise (Abs. 2)

161 In materieller Hinsicht müssen die methodischen Hinweise in leicht verständlicher Art erläutern, wie die Erfassung und Offenlegung der Angaben erfolgt. Hierbei handelt es sich um die **unternehmensspezifische Handhabung der Kodexverpflichtungen.** Sie müssen gut verständlich darlegen, wie sie durch die implementierten internen Prozesse sicherstellen, dass alle relevanten Daten erfasst werden und wie sich der Abgleich der dokumentierten Daten mit den offenzulegenden Daten vollzieht. Sofern es sich um personenbezogene Daten eines Fachkreisangehörigen handelt, spielt in diesem Zusammenhang der **Umgang mit Einwilligungserklärungen** und möglichen **Widerrufen** eine entscheidende Rolle. Im Falle eines Widerrufs sind die Unternehmen verpflichtet, die individuell veröffentlichten Daten des Betroffenen zu löschen. Denn der Widerruf entzieht der Datenverarbeitung mit Wirkung für die Zukunft die erforderliche Legitimation (hierzu → Rn. 129 ff.). Die Unternehmen müssen folglich über Prozesse verfügen, die eine Anpassung der offengelegten Informationen innerhalb einer angemessenen kurzen Zeit ermöglichen. Die methodischen Hinweise sollten insbesondere die Zeitpanne zwischen Eingang des Widerrufs und Löschen der Daten erläutern, um möglichen Streitigkeiten vorzubeugen.

162 Darüber hinaus sollen die methodischen Hinweise die der Veröffentlichung zugrundeliegende Methodik erläutern. Neben den obligatorischen Veröffentlichungsdaten, wie sie in §§ 7 und 8 des Kodex festgelegt sind, können die Unternehmen zum Zwecke größerer

Transparenz und Verständlichkeit weitere Untergliederungen vornehmen. Sofern sie sich dazu entscheiden, müssen sie diese Schritte nachvollziehbar in ihren methodischen Hinweisen erläutern. Als **allgemeiner Grundsatz** lässt sich festhalten, dass alle unternehmensinternen Abläufe, die die Kodexverpflichtungen konkretisieren, besondere Fallkonstellationen behandeln oder überobligatorische Angaben beinhalten, stets in den methodischen Hinweisen erläutert werden sollten.

Des Weiteren benennt § 13 Abs. 2 S. 2 die Aufnahme von Punkten, die sich mit der **zeitlichen Einordnung und der Bewertung** einer Zuwendung befassen. So sollten in den methodischen Hinweisen Angaben zur Handhabung mehrjähriger Verträge, der Umsatzsteuer und Währungsfragen enthalten sein. Die einleitende Verwendung des Begriffs „insbesondere" verdeutlicht, dass in dem Kodex nur **„Denkanstöße"** gegeben werden, **keinesfalls jedoch eine abschließende Aufzählung** der jeweils in den methodischen Hinweisen zu behandelnden Themen beabsichtigt ist. So sollten die Mitgliedsunternehmen auch erläutern, wie die Vertraulichkeit von Betriebs- und Geschäftsgeheimnissen oder von Daten, die aus kartellrechtlicher Sicht nicht veröffentlicht werden dürfen, sichergestellt wird. Es ist **Aufgabe der Unternehmen selbst zu definieren,** welche Punkte zur Schaffung einer – auch für den Laien – leicht verständlichen und nachvollziehbaren Grundlage erforderlich sind. Dabei ist sicherzustellen, dass die methodischen Hinweise den Umgang der Unternehmen mit den Daten transparent darstellen, insbesondere den Umgang mit personenbezogenen Daten. Auch insofern kommt der Herstellung von **Transparenz** eine zentrale Rolle für die Vermeidung von Misstrauen zu. **163**

IV. Die Beachtung des pflichtgemäßen Ermessens (Abs. 3)

Bei der Erstellung der Methodik müssen die Mitgliedsunternehmen zweierlei beachten; zum einen die **Auslegungsgrundsätze** des § 3 und zum anderen die **Ausübung eines pflichtgemäßen Ermessens.** **164**

1. Beachtung der Auslegungsgrundsätze

Der Verweis auf die Auslegungsgrundsätze des § 3 verdeutlicht, dass die Unternehmen auch im Rahmen ihrer methodischen Hinweise auf eine **kodexkonforme Auslegung** achten müssen (dazu → Rn. 164ff.). Auch wenn die Hinweise dazu dienen sollen den abstrakt-generellen FSA-Transparenzkodex zu konkretisieren und zu individualisieren, lassen sich nie sämtliche Fallkonstellationen niederschreiben, sodass auch weiterhin eine Auslegung erforderlich ist. Die Beachtung der Auslegungsgrundsätze soll sicherstellen, dass auch die methodischen Hinweise der **Ratio des Kodex** entsprechend erstellt werden. Zudem ermöglichen die Auslegungsgrundsätze eine gewisse **Einheitlichkeit** bei der **Erstellung der Hinweise.** Durch den Verweis auf § 3 wird zugleich gewährleistet, dass auch bei der Erstellung der methodischen Hinweise darauf geachtet wird, dass sie mit dem einschlägigen Recht, insbesondere den datenschutzrechtlichen Vorgaben, im Einklang stehen. Dabei genießt eine Auslegung zugunsten der **Einhaltung des geltenden Rechts unbedingten Vorrang** vor der Einhaltung der Ratio des FSA-Transparenzkodex. Sowohl die Erfüllung der Pflichten nach dem Kodex als auch das Erstellen der methodischen Hinweise dürfen nicht zu einem Verstoß gegen höherrangiges Recht führen. **165**

2. Ausübung des pflichtgemäßen Ermessens

Bei der Erstellung der methodischen Hinweise sind die Unternehmen nicht vollkommen frei. Ihr **Gestaltungsspielraum** ist vielmehr im Sinne einer zwingenden Ausübung pflichtgemäßen Ermessens **begrenzt.** Das Ermessen ist nicht im Sinne eines Erschließungsermessens, sondern als **Auswahlermessen** zu begreifen.[82] Die Frage, ob methodische **166**

[82] Zu den Begriffen des Erschließungs- und Auswahlermessen anstatt vieler *Sachs* in Stelkens/Bonk/Sachs VwVfG § 40 Rn. 46.

Hinweise erstellt werden soll, ist aufgrund des eindeutigen Wortlauts des § 3 Abs. 1 der Disposition der Unternehmen entzogen. Ihr Handlungsspielraum ist auf die **Art der konkreten Gestaltung** der Hinweise beschränkt. Im Kontext dieser Ausgestaltung müssen die Unternehmen die Auslegungsgrundsätze des § 3 beachten und ihr Ermessen pflichtgemäß ausüben. Dies umfasst neben der **Beachtung des Zwecks** der ermächtigenden Vorschrift, auch die **Einhaltung der rechtlichen Grenzen.**[83] Diese Grenzen folgen unmittelbar aus der Ermächtigungsnorm des § 13 sowie dem Kodex im Allgemeinen, aber auch aus weiteren einschlägigen Rechtsnormen, zu denen insbesondere das Datenschutzrecht zu zählen ist.

§ 14 Aufbewahrungspflichten

(1) Das Mitgliedsunternehmen hat die geleisteten Geldwerten Zuwendungen zu dokumentieren, soweit sie zu veröffentlichen sind. Die Dokumentation kann auch in elektronischer Form erfolgen.

(2) Die Dokumentation ist mindestens für einen Zeitraum von 5 Jahren nach dem Ende des jeweiligen Berichtszeitraums aufzubewahren, sofern nicht ein kürzerer Zeitraum aus rechtlichen Gründen zwingend erforderlich ist.

Übersicht

I. Vorbemerkung

167 Neben der obligatorischen Veröffentlichung als Hauptpflicht des Transparenzkodex, trifft die Mitgliedsunternehmen im Vorhinein eine **Dokumentationspflicht** und im Nachhinein eine **Aufbewahrungspflicht** aller mit der geldwerten Leistung im Zusammenhang stehenden Daten. Diese Pflichten runden die Offenlegungspflicht ab und gewährleisten, dass während der Datensammlung im Berichtszeitraum keine Daten übersehen oder unzureichend gesichert werden und nach der Veröffentlichung für einen bestimmten hinreichend langen Zeitraum weiterhin auf die Daten zugegriffen werden kann. Eine entsprechende Regelung findet sich auch in Section 23.04 EFPIA-Kodex.

II. Die Dokumentationspflicht (Abs. 1)

168 Auch für die Erfüllung der Dokumentationspflicht müssen die Unternehmen interne Systeme entwickeln, durch die sichergestellt wird, dass **alle relevanten Daten erfasst werden** und zum **Zeitpunkt der Offenlegung zur Verfügung stehen.** Es sind daher Prozesse zu etablieren, die die Erfassung aller kodexrelevanten geldwerten Leistungen samt den dazugehörigen Daten der Empfänger gewährleisten.

III. Die Aufbewahrungspflicht und ihre Beschränkung (Abs. 2)

169 Gemäß § 14 Abs. 2 ist die Dokumentation der Zusammenarbeit mindestens für einen Zeitraum von **fünf Jahren nach Ende des Berichtzeitraums** aufzubewahren. Dies bedeutet, dass die Dokumente aus dem Berichtszeitraum 2020 bis zum 31.12.2025 aufzubewahren sind. Etwas anderes gilt, wenn zwingende rechtliche Gründe etwas anderes erfor-

[83] Vgl. *Sachs* in Stelkens/Bonk/Sachs VwVfG § 40 Rn. 53, 73 ff.

dern. In Betracht kommen datenschutzrechtliche Löschpflichten wie bei Wegfall oder Widerruf der Legitimationsgrundlage oder auf Verlangen des Betroffenen (→ Rn. 129 ff.).

Der unbestimmte Begriff der **„Dokumentation“** lässt sich nicht durch eine generelle Definition erläutern. Vielmehr hängt es von der **Natur der Zusammenarbeit** und der geldwerten Leistung ab, welche Dokumente, wie etwa Transaktionen, Berichte, Verträge, Quittungen etc erfasst sind. Die Unternehmen müssen sich bei der Speicherung der Daten an zweierlei orientieren: den obligatorisch gemäß dem FSA-Transparenzkodex zu veröffentlichenden Daten und mit ihnen zusammenhängenden Materialien; zum anderen müssen sie auch in der Lage sein, Anfragen, Untersuchungen und Beschwerden sorgfältig und korrekt zu beantworten und somit darlegen zu können, dass die Veröffentlichung zum konkreten Zeitpunkt in ordnungsgemäßer Weise erfolgt ist. Insbesondere gehören zu den unbedingt aufzubewahrenden Daten sämtliche Schriftstücke, die mit der Einwilligungserklärung des Empfängers im Rahmen der individuellen Veröffentlichung in Verbindung stehen. Die Aufbewahrungspflichten stehen gemäß dem Transparenzkodex **kumulativ neben** dem **sonstigen Aufbewahrungsverpflichtungen** des Unternehmens. 170

3. Abschnitt: Inkrafttreten

§ 15 Inkrafttreten

Der Kodex in der von der Mitgliederversammlung am 14. November 2019 verabschiedeten Fassung tritt am selben Tag, jedoch nicht vor der Anerkennung als Wettbewerbsregeln durch das Bundeskartellamt gemäß § 24 Abs. 3 GWB in Kraft.

Das Bundeskartellamt hat den Kodex in der vorliegenden Fassung mit Beschluss vom 9.3.2020, zugegangen am 9.3.2020, als Wettbewerbsregeln anerkannt.

Mit der Verabschiedung der Erstfassung des FSA-Transparenzkodex am **27.11.2013** durch die Mitgliederversammlung des FSA wurde die damalige Fassung des EFPIA-Transparenzkodex fristgerecht in eine nationale Regelung umgesetzt. Mit Beschluss des Bundeskartellamtes vom **22.5.2014** wurde der FSA-Transparenzkodex als Wettbewerbsregel iSv § 24 Abs. 2 GWB anerkannt, wodurch er nach § 15 FSA-Transparenzkodex für die Mitgliedsunternehmen sanktionswürdige Verbindlichkeit erlangt hat. 171

Die aktuelle Fassung des FSA-Transparenzkodex geht auf einen Beschluss der Mitgliederversammlung des FSA vom **14.11.2019** zurück. Diese novellierte Fassung des Kodex wurde mit Beschluss des Bundeskartellamtes vom 9.3.2020 als Wettbewerbsregel anerkannt und ist damit für die Mitgliedsunternehmen verbindlich geworden. 172

Kapitel 17. Verfahrensordnung des Vereins „Freiwillige Selbstkontrolle für die Arzneimittelindustrie e.V." – Erläuterungen

Literatur: *Balzer/Dieners,* Die neue „Schiedsstelle" der pharmazeutischen Industrie – Konsequenzen für Arzt und Unternehmen, NJW 2004, 908; *Diener,* Aktuelle Erweiterung und Präzisierung des FSA-Kodex Fachkreise, PharmR 2008, 478 ff.; *Dieners,* Der neue FSA-Kodex Fachkreise, CCZ 2008, 214 ff.; *Dieners,* Die Neufassung des FSA-Kodex, A&R 2006, 110; *Dieners,* Die aktuellen Änderungen der FSA-Regelwerke, PharmR 2012, 381; *Fink-Anthe,* Transparenz und Verhaltensregeln für mehr Vertrauen, Pharm. Ind. 2006, 265; *FS Arzneimittelindustrie e.V.,* Umfangreichste Änderung der FSA-Verfahrensordnung seit Gründung des Vereins, PharmR 2012, 47; *Hau/Poseck,* Beck'scher Online-Kommentar Bürgerliches Gesetzbuch, Ed. 59, München (Stand: 1.8.2021); *Schubert (Red.),* Münchener Kommentar Bürgerliches Gesetzbuch, Bd. 1, 9. Aufl., München 2021; *Soergel,* Bürgerliches Gesetzbuch, Bd. 1. Allgemeiner Teil (§§ 1–103), 13. Aufl., Stuttgart 2000; *Tschammler,* Die Verbandssanktion als Instrument der Selbstkontrolle in der Pharmaindustrie – unter besonderer Berücksichtigung der FSA-Reform vom 1.12.2011, PharmR 2012, 322.

Übersicht

A. Einleitung

I. FSA-Verfahrensordnung

1 Um die Einhaltung der Regelungen des FSA-Kodex Fachkreise (→ Kap. 14 Rn. 1 ff.) und des FSA-Kodex Patientenorganisationen (→ Kap. 15 Rn. 1 ff.) sowie des FSA-Transparenzkodex (→ Kap. 16 Rn. 1 ff.) zu sichern und zu überwachen, haben sich die Mitglieder des FSA zur Etablierung einer **freiwilligen Selbstkontrolle** mit Sanktionsbefugnissen entschieden. Hierin besteht, neben der Verfolgung von Wettbewerbsverstößen von Nichtmitgliedern, der vorrangige Zweck dieses Vereins. Der Schaffung einer freiwilligen Selbstkontrolle liegt der Gedanke zugrunde, dass die Konzeption der Kodizes nur dann glaubwürdig verfolgt werden kann, wenn dieser von einer effektiven freiwilligen Selbstkontrolle mit entsprechenden **Sanktions- und Überwachungsfunktionen** gegenüber den Mitgliedern und mit diesen verbundenen Unternehmen begleitet wird. Obgleich der FSA am 16.2.2004 zunächst von sämtlichen Mitgliedsunternehmen des Verbandes Forschender Arzneimittelhersteller eV (VFA) gegründet worden ist,[1] steht die Mitgliedschaft allen in Deutschland tätigen Unternehmen der pharmazeutischen Industrie offen (vgl. § 3 der Satzung des FSA). Die Einzelheiten der Überwachung und Sanktionierung der Kodizes gegenüber den Mitgliedern des Vereins und den mit diesen verbundenen Unternehmen sind in der Verfahrensordnung des Vereins („FS Arzneimittelindustrie"-Verfahrensordnung, FSA-Verfahrensordnung oder kurz: **Verfahrensordnung – VerfO**) festgelegt.

II. Änderungen der Verfahrensordnung

1. Änderungen vom 2.12.2005

2 Mit der Revision des FSA-Kodex Fachkreise vom 2.12.2005 ging eine Anpassung der Verfahrensordnung einher. Der Kodex setzt in seiner geänderten Fassung den revidierten „Code of Practice on the Promotion of Medicines" der European Federation of Pharmaceutical Industries and Associations vom 19.11.2004 (kurz: **EFPIA-Kodex**)[2] um. Der

---

[1] Zusammenfassend *Balzer/Dieners* NJW 2004, 908 f.

[2] Hierzu *Dieners* A&R 2006, 111 ff.; siehe auch *Fink-Anthe* Pharm. Ind. 2006, 265 ff.

EFPIA-Kodex legte für die 34 nationalen Mitgliedsverbände und über 40 Mitgliedsunternehmen dieses europäischen Pharmaverbandes (kurz: **EFPIA**) europaweite Mindeststandards fest, die zu ihrer Verbindlichkeit bis zum 1.1.2006 in die nationalen Kodizes der Mitgliedsverbände umgesetzt werden mussten. Der EFPIA-Kodex enthält detaillierte Regelungen für ein ethisches Pharmamarketing und entspricht im Wesentlichen dem europäischen und deutschen Heilmittelwerbe- und Wettbewerbsrecht. Im Rahmen seiner Umsetzung in der Verfahrensordnung sind die Stärkung der Verfahrensrechte des Beanstandenden und eine erhöhte Transparenz der Aktivitäten des FSA hervorzuheben (vgl. hierzu auch § 2 Abs. 1a der Satzung des FSA). Sofern eine Beanstandung nicht in der ersten Instanz erfolgreich ist, steht dem Beanstandenden das Rechtsmittel des Einspruchs beim Spruchkörper der 2. Instanz zu. Handelt es sich bei dem Beanstandenden um ein Mitgliedsunternehmen, kann dieses allerdings keinen Verstoß gegen die Werbeverbote des Kodex rügen. Insofern kann es Verstöße gegen wettbewerbsrechtliche Regelungen nach wie vor nur vor den ordentlichen Gerichten geltend machen. Seit der Änderung sind grundsätzlich auch anonyme Beanstandungen zulässig. Sie dürfen aber nicht zur Umgehung der soeben genannten Einschränkung genutzt werden. Außerdem wurde eine sog. „Untätigkeitsklage" eingeführt, die nach sechsmonatiger Untätigkeit des Spruchkörpers 1. Instanz die direkte Anrufung der 2. Instanz ermöglicht. Aus Gründen der Transparenz sah die Fassung vom 2.12.2005 vor, dass die Spruchkörper des FSA ihre Entscheidungen in anonymisierter Form im Internet unter www.fsa-pharma.de veröffentlichen. Diese Veröffentlichungspflicht wurde im Laufe der Jahre noch transparenter gestaltet (mehr dazu unter → Rn. 5). Darüber hinaus geben die FSA-Spruchkörper einen jährlichen Arbeitsbericht an das „EFPIA Code Committee" ab.

2. Änderungen vom 18.1.2008

Im Zuge der Neufassung des FSA-Kodex Fachkreise vom 18.1.2008 wurde auch die Verfahrensordnung den veränderten Umständen angepasst. Der FSA-Kodex setzt in seiner geänderten Fassung den revidierten „Code of Practice on the Promotion of Medicines" der European Federation of Pharmaceutical Industries and Associations vom (kurz: **EFPIA-Kodex**)[3] um. Am 18.1.2008 wurde daher die Neufassung der Verfahrensordnung vom FSA beschlossen. Inhaltlich ist gegenüber der Vorfassung die Erweiterung auf den FSA-Kodex Patientenorganisationen als wesentliche Änderung hinzugekommen. Des Weiteren sind gegenüber der Vorfassung hauptsächlich kleinere Änderungen vorgenommen worden, die im Folgenden kurz dargestellt werden: Die Verfahrensordnung war mit der Verabschiedung des **FSA-Kodex Patientenorganisationen** in ihrem Anwendungsbereich dahingehend zu ändern, dass die Verfahrensordnung in Zukunft auch der Überwachung und der Sanktionierung von Verstößen gegen den FSA-Kodex Patientenorganisationen dient. Damit wird gleichzeitig die Vorgabe aus Art. 8 EFPIA-Kodex Patientenorganisationen erfüllt, welcher eine Sanktionierung von Verstößen gegen den jeweiligen nationalen Patientenorganisationskodex verlangt. Ferner wurde durch eine Änderung von § 1 und § 18 Verfahrensordnung betont, dass die vorangehende Beratung durch den Verein keine Bindungswirkung hinsichtlich der Spruchkörper 1. und 2. Instanz entfaltet. Weiterhin wurde die Besetzung des Spruchkörpers 1. Instanz nach § 18 verändert. Statt wie bisher wird dieser Spruchkörper nicht nur mit dem Geschäftsführer des FSA besetzt, sondern kann an seiner statt oder zusätzlich auch aus dessen Stellvertretern oder Dritten bestehen, die dann einen jeweils eigenen Spruchkörper bilden. Die Betrauung mit dieser Tätigkeit erfolgt durch den Vorstand. In § 6 Abs. 5 und § 18 finden sich Folgeänderungen der veränderten Besetzung. 3

3. Änderungen vom 28.11.2008

Zum 28.11.2008 wurde die **Besetzung des Spruchkörpers 2. Instanz** geändert. Damit wurde die Zusammensetzung des Spruchkörpers 2. Instanz dem Umstand angepasst, dass nunmehr auch die Zusammenarbeit mit Organisationen der Patientenselbsthilfe durch 4

[3] *Dieners* CCZ 2008, 214 ff.; *Diener* PharmR 2008, 478 ff.

einen eigenen Kodex, den FSA-Kodex Patientenorganisationen, erfasst ist. Die Satzung sah bis dahin vor, dass drei Angehörige der Fachkreise im Spruchkörper der 2. Instanz vertreten sein mussten, wenn Beanstandungen nach dem FSA-Kodex Fachkreise entschieden wurden. Außerdem sollte nur ein Vertreter der Patienten an einem Verfahren vor dem Spruchkörper 2. Instanz teilnehmen. Die Regelung des § 23 der Verfahrensordnung sieht seit dem 28.11.2008 vor, dass sowohl Patienten- als auch Fachkreisevertreter in **angemessener Anzahl,** nämlich zwei für jeden Bereich, in den Spruchkörper zu bestellen sind. Diese Regelung betrifft Verfahren, die ab dem 1.1.2009 bei dem Spruchkörper 2. Instanz anhängig sind.

4. Änderungen vom 1.12.2011

5 Die Neufassung der Verfahrensordnung vom 1.12.2011 gründet unter anderem in einem Artikel der WirtschaftsWoche[4], in dem verschiedenfach Kritik an dem Sanktionierungsmechanismus des FSA geübt wurde, wobei insbesondere eine mangelnde Transparenz der Entscheidungen, die Höhe der Strafen sowie das fehlende Recht des FSA, eigene Ermittlungen einzuleiten, im Fokus standen. Dies führte zu folgenden, kurz dargestellten Änderungen: Im Rahmen der Einleitung wurde zur Klarstellung neben der „effektiven" zusätzlich die „transparente" Sanktionierung aufgenommen, um bereits dort die hohe Signifikanz der Transparenz im Rahmen der Sanktionierung zu verdeutlichen. Darüber hinaus wurde in § 2 Abs. 3 ein unabhängiges Recht der Geschäftsführung des FSA eingeführt, ein Beanstandungsverfahren gegen ein Mitglied des Vereins einzuleiten. Aufgrund der stärkeren Betonung der **Transparenz** und des Sanktionierungscharakters wurde der § 15 Abs. 3 dahingehend geändert, dass nunmehr bei allen Unterlassungserklärungen und begründeten Beanstandungsverfahren die Berichte und Veröffentlichung unter voller Namensnennung des betroffenen Mitglieds erfolgen. Sofern eine Beanstandung nicht zur Annahme eines Kodexverstoßes geführt hat, aber aufgrund ihrer Bedeutsamkeit veröffentlichungswürdig ist, erfolgt die Bekanntgabe der Entscheidung nach wie vor in anonymisierter Form.

6 Hinsichtlich der Höhe der Strafen, regelt § 20 Abs. 4 von nun an, dass im Falle eines jeden festgestellten Kodexverstoßes eine **Geldstrafe** festzusetzen ist. Darüber hinaus wurden in § 22 Abs. 2 und 3 für das Verfahren in 1. Instanz das Ordnungsgeld von 50 000 EUR auf 200 000 EUR sowie im § 24 Abs. 1, 2 und 3 für das zweitinstanzliche Verfahren von 250 000 EUR auf 400 000 EUR erhöht. Damit betragen die Maximalstrafrahmen für die 1. Instanz 200 000 EUR und für die 2. Instanz 400 000 EUR.

Ferner wurde mit der Änderung des § 25 Abs. 2 eine **Vereinfachung des Verfahrens** eingeführt. Demnach kann nunmehr bei unzulässigen oder unbegründeten Beanstandungen eine Entscheidung durch den Einzelrichter erfolgen.

5. Änderungen vom 27.11.2013

7 Die Novellierung der Verfahrensordnung vom 27.11.2013 gründet in der Verabschiedung des neuen **FSA-Transparenzkodex** als nunmehr dritten zu überwachenden Kodex. Im Zuge dessen wurde in § 2 Abs. 1 die Beanstandungsberechtigung um solche Verstöße gegen den 2. Abschnitt des FSA-Transparenzkodex erweitert. Darüber hinaus wurde in § 20 Abs. 4a ein Abhilfeverfahren eingeführt bei „nach Art und Umfang nicht erheblichen" Verstößen gegen den FSA-Transparenzkodex. Hinsichtlich der Konkretisierung des Begriffs „nach Art und Umfang nicht erheblich" wird der Vorstand im Rahmen des neu eingefügten § 4a zum Erlass verbindlicher Leitlinien ermächtigt. Ziel des Abhilfeverfahrens ist es, eine rasche Verfahrensbeendigung bei nicht erheblichen Verstößen gegen den Transparenzkodex zu ermöglichen (etwa bei lediglich fahrlässiger Nicht- oder Falscherfassung von Daten).

[4] Artikel in der WiWO vom 8.6.2010, Jürgen Salz – Freiwillige Selbstkontrolle der Pharmaindustrie wirkungslos, http://www.wiwo.de/unternehmen/korruption-freiwillige-selbstkontrolle-der-pharmaindustrie-wirkungslos-seite-all/5208210-all.html (zul. abgerufen am 4.2.2021).

6. Änderungen vom 4.12.2014

Mit dieser Novellierung wurden Regelungen eingeführt, die die **Verfahrensökonomie** verbessern sollen, wenn ein einheitlicher Sachverhalt von verschiedenen Beschwerdeführern vor die Spruchkörper gebracht wird. Zu diesem Zweck ist in § 6 die Möglichkeit zur Verfahrensverbindung und in § 30 zur Gebührenreduzierung bzw. Kostenvorschussreduzierung (§ 31 Abs. 1 S. 2) entsprechend dem geringeren Aufwand gegeben. 8

7. Änderungen vom 17.11.2015

Die Einführung einer neuen Variante einer **niederschwelligen Verfahrensbeendigung** in § 20 Abs. 4b soll dem Spruchkörper 1. Instanz die Möglichkeit einräumen, bei geeigneten Sachverhalten das Verfahren ohne die ansonsten obligatorische Geldstrafe zu beenden. Entsprechend sieht die Neuregelung in § 29 S. 2 die Möglichkeit vor, die Gebühren für das Regelverfahren zu reduzieren, sofern sich das betroffene Unternehmen auf die erste Anhörung hin unterwirft. 9

8. Änderungen vom 15.12.2020

Auch die Novelle vom 15.12.2020 steht im Zeichen der **Verfahrensökonomie.** Durch die mit der Änderung des § 4 Abs. 3 einhergehende Zurückdrängung der Anonymität soll das Beanstandungsverfahren transparenter gestaltet werden. Durch erweiterte Präklusionsvorschriften (§ 11 Abs. 2 S. 3) und die Flexibilisierung der Vorermittlungen bei gleichzeitig erhöhten Mitwirkungspflichten (§ 20 Abs. 1, 3) soll es in der Praxis zu zügigeren und effektiveren Verfahren kommen. Mit der Schaffung eines neuen Aussetzungstatbestandes in § 28 Abs. 4 sollen die Entscheidungen der Schiedsstelle überdies vereinheitlicht werden. 9a

III. Konzeption

Das mit dem FSA und dessen Verfahrensordnung verfolgte **Konzept** der freiwilligen Selbstkontrolle lässt sich wie folgt zusammenfassen: 10

- Dieses Konzept beschränkt sich in seiner Zielrichtung nicht auf die Mitgliedsunternehmen eines einzelnen Verbandes (etwa des VFA), sondern ermöglicht **verbändeübergreifend den Beitritt sämtlicher Unternehmen** der pharmazeutischen Industrie mit Sitz in Deutschland. Möglichen Gesetzesverstößen von Unternehmen, die sich nicht der freiwilligen Selbstkontrolle unterwerfen, soll der Verein durch Abmahnungen und gegebenenfalls im Wege der Verbandsklage vor den zuständigen Zivilgerichten begegnen. Dadurch soll eine einheitliche Überwachung und Sanktionierung von Wettbewerbsverstößen bei der Zusammenarbeit mit Ärzten erreicht werden.
- Im Sinne einer echten Selbstkontrolle bleiben Regelverstöße dem Verantwortungsbereich der Industrie überlassen. Auf diese Weise kann ein unlauteres Verhalten durch die Etablierung eines **bürokratiearmen Abmahn- und Sanktionsverfahrens** effizient und zeitnah abgestellt werden. Gegen die nach der Verfahrensordnung unanfechtbar gewordenen Entscheidungen der Spruchkörper 1. und 2. Instanz (→ Rn. 310) bleibt zwar der ordentliche Rechtsweg grundsätzlich erhalten. Eine inhaltliche Überprüfung der Entscheidungen durch die Zivilgerichte findet aber nur in einem eingeschränkten Maße statt.
- Das Verfahren ermöglicht eine **sachgerechte und praxisnahe** Entwicklung und Fortschreibung von Verhaltensstandards im Bereich der Zusammenarbeit der Industrie mit Ärzten, das der weiterhin möglichen Verfolgung von Verstößen durch staatliche Behörden oder Gerichte aufgrund seines schlichtenden Charakters, seiner zeitnahen Behandlung von Beanstandungen sowie aufgrund seiner Spezialisierung überlegen ist und hierdurch zu einer effektiven Durchsetzung der Kodizes führen kann. Dabei knüpft sich an eine effektive Selbstkontrolle die nicht unbegründete Erwartung, dass sich in diesem Umfang die **staatliche Kontrolle auch weiterhin zurückhalten** kann und wird.

IV. Organisation

1. Grundmodell

11 Die Ausgestaltung der freiwilligen Selbstkontrolle als ein Modell, das grundsätzlich allen deutschen Unternehmen der pharmazeutischen Industrie die Teilnahme ermöglicht, setzt eine von den bestehenden Verbandsstrukturen der pharmazeutischen Industrie **unabhängige Organisation** der Selbstkontrolle voraus. Zu diesem Zweck wurde am 16.2.2004 ein eigenständiger Verein „Freiwillige Selbstkontrolle für die Arzneimittelindustrie e. V." (FSA) gegründet. Dieser Verein verfügt über eine Satzung (FSA-Satzung), eigene Verhaltenskodizes (FSA-Kodizes Fachkreise, Patientenorganisationen und Transparenz) sowie eine Verfahrensordnung (FSA-Verfahrensordnung).

12 Die wesentlichen Verfahrensgrundsätze und -abläufe sowie die möglichen Sanktionen im Fall etwaiger Verstöße gegen die Kodizes sind bereits in der **Satzung** des Vereins abgebildet. Sie werden in der – wesentlich ausführlicheren – **Verfahrensordnung weiter konkretisiert.** Hierdurch wird den Mitgliedsunternehmen der Umgang mit dem Instrument der freiwilligen Selbstkontrolle erleichtert. Das Überwachungs- und Sanktionierungsverfahren des FSA ist – wie bereits die Verhaltensregeln der Kodizes – sehr detailliert ausgestaltet. Wie bei den Kodizes verbleibt allerdings auch im Hinblick auf das Verfahren aufgrund der Vielzahl möglicher Fallkonstellationen ein gewisser Erklärungsbedarf, dem die nachfolgenden Erläuterungen Rechnung tragen sollen.

2. Mitgliederstruktur und „unterworfene Unternehmen"

13 Die Mitgliedschaft im FSA ist nicht an die gleichzeitige Zugehörigkeit zu bestimmten Verbänden (etwa dem VFA) geknüpft, sondern steht **jedem Unternehmen der pharmazeutischen Industrie** mit Sitz in Deutschland offen, das selbst oder durch verbundene Unternehmen Arzneimittel in Deutschland in den Verkehr bringt. Unternehmen, die diese Voraussetzungen erfüllen, können dem Verein entweder als Mitglied beitreten oder sich alternativ durch eine entsprechende schriftliche Erklärung gegenüber dem Verein dessen Kontrolle und Sanktionierung bezüglich der Einhaltung der Kodizes unterwerfen **(„unterworfene Unternehmen").**

14 Unternehmen, die zu einem Beitritt zum FSA nicht bereit oder wegen vereinsschädigenden Verhaltens aus diesem ausgeschlossen worden sind, sollen hieraus im Fall unlauteren Verhaltens keine Wettbewerbsvorteile ziehen können. Daher verfolgt der Verein zusätzlich Gesetzesverstöße von Unternehmen, die verschreibungspflichtige Arzneimittel vertreiben und nicht in die freiwillige Selbstkontrolle des Vereins eingebunden sind, im Wege von **Abmahnungen** und gegebenenfalls im Wege der **Verbandsklage** vor den ordentlichen Gerichten.

3. Vereinsorgane

15 Der FSA verfügt über die **üblichen Organe** eines Vereins, dh die Mitgliederversammlung, den Vorstand, einen Beirat sowie darüber hinaus über die sogenannten **„Spruchkörper 1. und 2. Instanz".** Ferner bestellt der Vorstand einen Geschäftsführer, der die Geschäftsstelle des Vereins leitet. Abhängig von dem jeweiligen Arbeitsanfall kann der Vorstand weitere Personen zu Stellvertretern des Geschäftsführers bestellen. Der Geschäftsführer, seine Stellvertreter oder Dritte können durch den Vorstand mit der Tätigkeit als jeweils eigenständige Spruchkörper 1. Instanz betraut werden.

16 Alle Verbände der pharmazeutischen Industrie, die ihre Mitglieder in ihren Satzungen zur Mitgliedschaft im FSA verpflichtet haben, bilden einen **Beirat.** Dieser nimmt beratende Funktionen wahr. Zusätzlich ist die Zustimmung des Beirats in den Fällen erforderlich, in denen die Satzung, die Verfahrensordnung oder einer der Kodizes geändert werden soll.

4. Spruchkörper

Die Kontrolle der Einhaltung der Kodizes sowie deren Sanktionierung obliegen im Sinne einer echten Selbstkontrolle ausschließlich **vereinsinternen Organen.** Zu diesem Zweck verfügt der Verein über die so genannten Spruchkörper 1. und 2. Instanz, denen damit die Stellung erst- und zweitinstanzlicher Vereinsgerichte zukommt (vgl. → Rn. 40f.). Der Spruchkörper 1. Instanz kann bei einem Fehlverhalten eines der Vereinsgewalt unterworfenen Unternehmens Geldstrafen von 5000 EUR bis zum 20fachen des Beitrages des betroffenen Mitglieds, höchstens jedoch 200 000 EUR der Spruchkörper 2. Instanz von 5000 EUR bis zum 20fachen des Beitrages des betroffenen Mitglieds, höchstens jedoch 400 000 EUR sowie eine öffentliche Rüge verhängen. Bei diesen Sanktionen handelt es sich um sogenannte Vereinsstrafen, die ein Verein zur Durchsetzung seines vereinsinternen Regelungswerks aussprechen darf. 17

Dieses Kontroll- und Sanktionsmodell wird in der Praxis häufig – wenn auch im Sinne einer strengen juristischen Begrifflichkeit nicht korrekt – als **„Schiedsstelle"** bezeichnet, ohne dass es sich jedoch um ein echtes Schiedsgericht im Sinne zivilprozessualer Vorgaben handeln würde. Von Bedeutung ist in diesem Zusammenhang, dass die Ermittlung bzw. Sanktionierung eines etwaigen Fehlverhaltens der freiwilligen Selbstkontrolle durch vereinsinterne Instanzen des FSA vorbehalten bleibt und nicht außenstehenden Dritten zugewiesen wird. Die Ausübung der „Strafgewalt" des Vereins, wie etwa der Ausspruch von Vereinsstrafen bei Kodexverstößen, bleibt also echten Vereinsorganen vorbehalten. Dagegen ist ein echtes Schiedsgericht schon per definitionem kein Organ des Vereins, da es juristisch nur dann als Schiedsgericht angesehen werden könnte, wenn es von dem Verein sowohl in personeller als auch sachlicher Sicht als unabhängig zu betrachten wäre. Bei den Spruchkörpern handelt es sich daher um **Vereinsgerichte** in Form von eigenständigen und unabhängigen Kontrollorganen des Vereins. 18

V. Verfahren

1. Einleitung

Das Verfahren des Vereins zur Überprüfung und Sanktionierung von Kodexverstößen ist mehrstufig angelegt und obliegt den Spruchkörpern 1. und 2. Instanz. Jede **Beanstandung** muss **schriftlich** und mit einer Begründung bei der Geschäftsstelle des FS Arzneimittelindustrie eV eingereicht werden. Die Antragsberechtigung ist nicht auf bestimmte Personenkreise beschränkt. Vielmehr können entsprechende Beschwerden über Kodexverstöße sowohl von natürlichen als auch juristischen Personen anhängig gemacht werden **(„jedermann").** Es können auch **anonyme Beanstandungen** erhoben werden. Liegen dem **Vorstand** ausreichende Anhaltpunkte für einen Verstoß vor, kann auch er selbst ein Beanstandungsverfahren initiieren. Darüber hinaus hat auch die **Geschäftsführung** ein vom Vorstand unabhängiges eigenes Recht, ein Beanstandungsverfahren einzuleiten. Der Beanstandende wird nach Abschluss des Verfahrens über dessen Ausgang umfassend informiert. 19

2. Beanstandung

Der Spruchkörper 1. Instanz prüft die eingegangene Beanstandung und bereitet das Verfahren durch eine **eigene Sachverhaltsaufklärung** vor. Dies betrifft etwa die Aufforderung an den Beanstandenden zur weiteren Substantiierung oder Konkretisierung des vorgebrachten Sachverhalts. Der Spruchkörper 1. Instanz kann auch das betroffene Mitgliedsunternehmen zu einer Stellungnahme hinsichtlich der Vorwürfe oder zur Überlassung ergänzender Unterlagen oder Dokumente auffordern. Darüber hinaus ist der Spruchkörper 1. Instanz auch zuständig für die Einladung von Zeugen, deren Vernehmung er zur weiteren Aufklärung des Sachverhalts für erforderlich hält. Lehnt das Mitgliedsunternehmen eine Aufforderung zur Mitwirkung ab, erfolgt die rechtliche Wertung nach Lage der Akten bzw. 20

auf der Grundlage des zum Beurteilungszeitraum verfügbaren Beweismaterials. Darunter fallen etwa aussagebereite Zeugen, Sachverständige oder Urkunden, die weiteren Aufschluss über Hintergründe oder relevante Begleitumstände des einzelnen Vorgangs geben können.

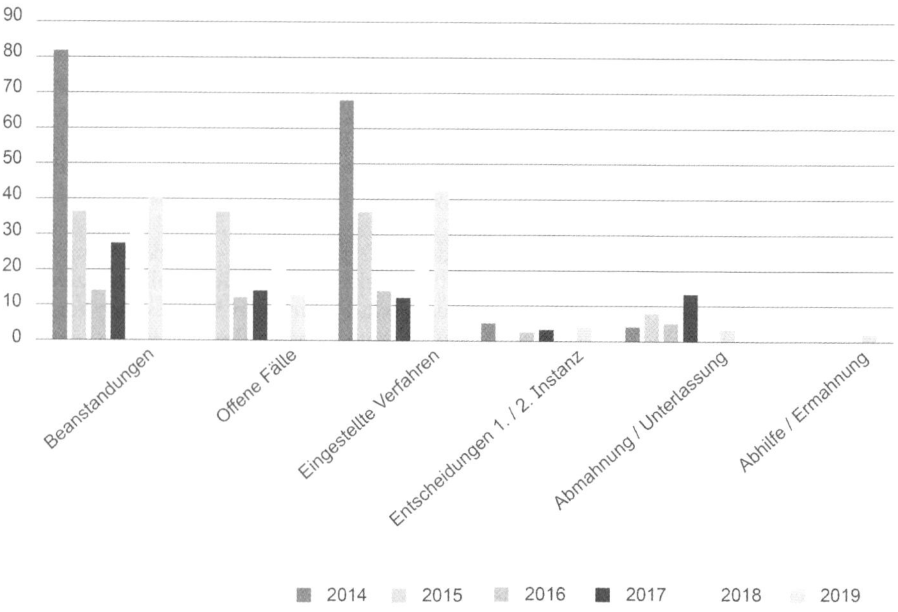

Abb. 27: Übersicht der Beanstandungen von 2014 bis 2019 (Quelle: Jahresberichte des FSA)[5]

21 Hält der Spruchkörper 1. Instanz die Vorwürfe auf dieser Grundlage für begründet, kann er das Unternehmen abmahnen und zur **Abgabe einer Unterlassungserklärung** dergestalt auffordern, dass der beanstandete Verstoß für die Zukunft abgestellt wird („Regelverfahren“). Diese Unterlassungserklärung ist strafbewehrt. Gibt das betroffene Unternehmen diese Erklärung freiwillig ab, endet das Verfahren im Regelfall. Verweigert das betroffene Unternehmen dagegen die Abgabe einer strafbewehrten Unterlassungserklärung, wird das Verfahren fortgesetzt, wobei einer später abgegebenen Unterlassungserklärung allerdings keine verfahrensbeendigende Wirkung mehr zukommt. In diesem Fall kann die spätere Abgabe der Erklärung allein bei der Bemessung eventuell auszusprechender Sanktionen zugunsten des jeweiligen Unternehmens Berücksichtigung finden.

22 Ist das Verfahren mangels einer von dem betroffenen Unternehmen abzugebenden Unterlassungserklärung fortzusetzen und liegt eine zulässige und begründete Beanstandung vor, kommt es zu einer Entscheidung des Spruchkörpers 1. Instanz, mit der ein Kodexverstoß festgestellt wird. Diese Feststellung wird mit der Verpflichtung des Mitglieds verbunden, das beanstandete Verhalten **zukünftig zu unterlassen** und im Fall der Zuwiderhandlung ein **Ordnungsgeld** zu zahlen. Darüber hinaus erfolgt eine zusätzliche Sanktionierung in Form der **Verpflichtung** zur Zahlung einer **Geldstrafe** zugunsten einer gemeinnützigen Einrichtung. Ebenso ist die Veröffentlichung unter **namentlicher Nennung** des betroffenen Unternehmens nicht mehr nur schweren Verstößen vorbehalten, sondern hat bei allen Unterlassungserklärungen sowie bei allen begründeten Beanstandungsverfahren zu erfolgen. Damit scheidet eine namentliche Nennung nur noch im Falle unbegründeter Beanstandungserfahren aus.

[5] Die Jahresberichte des FSA sind abrufbar unter der Rubrik Mediencenter auf https://www.fsa-pharma.de/de/mediencenter/jahresberichte-archiv (zul. abgerufen am 4.2.2021).

Erstinstanzliche Entscheidungen kann das betroffene Unternehmen im Wege des Einspruchs vor dem Spruchkörper 2. Instanz abschließend **überprüfen lassen.** Die 2. Instanz verfügt dabei über höhere Sanktionsmöglichkeiten als die Eingangsinstanz (→ Rn. 291 ff.). 23

Bei **wiederholten Verstößen der gleichen Art** (drei „kerngleiche" Verstöße innerhalb von zwei Jahren, → Rn. 90 ff.) muss der Spruchkörper 1. Instanz das Verfahren unmittelbar an die 2. Instanz abgeben. Die freiwillige Abgabe einer Unterlassungserklärung auf erstes Anfordern hat in einem solchen Fall keine verfahrensbeendigende Wirkung. Die spätere Abgabe einer solchen Erklärung kann dagegen nur im Rahmen der Sanktionszumessung Berücksichtigung finden. 24

Gibt das Unternehmen eine freiwillige Unterlassungserklärung ab oder enthält die abschließende Entscheidung einen entsprechenden Ausspruch des Verstoßes gegen einen der Kodizes, fallen **Verfahrensgebühren** für das Unternehmen an. Deren genaue Höhe ist abhängig von der jeweils in dem Fall involvierten Instanz. 25

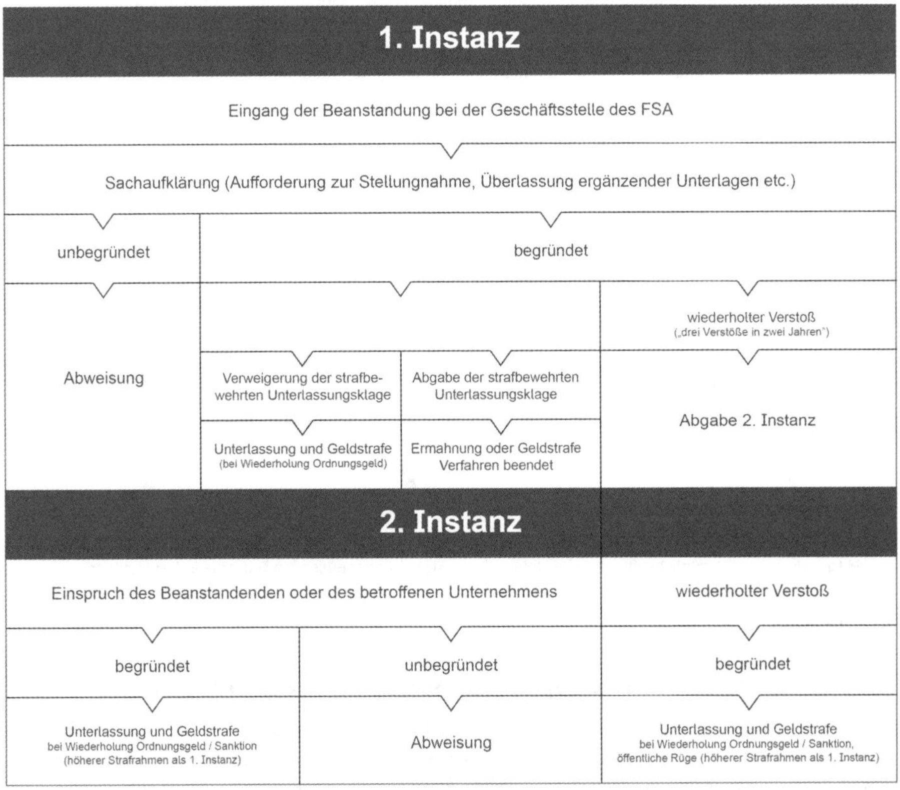

Abb. 28: Verfahrensübersicht – Überwachung und Sanktionierung der FSA-Kodizes[6]

3. Besetzung der Spruchkörper

Der **Spruchkörper 1. Instanz** ist mit nur einer Person besetzt. Mit der Neufassung der Verfahrensordnung vom 18.1.2008 ist die Besetzung nicht mehr zwingend personengleich mit dem Geschäftsführer. Der Spruchkörper kann mit dem **Geschäftsführer,** seinen **Stellvertretern** oder **Dritten** besetzt werden, die durch den Vorstand zu dieser Tätigkeit berufen werden. Jeder einzelne bildet dabei einen eigenen Spruchkörper der 1. Instanz. 26

[6] Abrufbar unter: https://www.fsa-pharma.de/de/schiedstelle/ueber-die-schiedstelle/verfahrensausschuss/sk_fsa_grafik_verfahrensuebersicht (zul. abgerufen am 4.2.2021).

27 Der Spruchkörper **2. Instanz** besteht aus insgesamt **neun bis dreizehn Personen.** Die genaue Zahl wird durch den Vorstand bestimmt: Der Vorsitzende muss die Befähigung zum Richteramt besitzen und neutral sein, darf also weder für ein Mitglied noch für ein anderes Unternehmen der pharmazeutischen Industrie tätig sein. Die Hälfte der weiteren Mitglieder des Spruchkörpers muss aus Unternehmensangehörigen der Mitglieder des Vereins, ein Viertel aus approbierten Ärzten und ein Viertel aus Patientenvertretern bestehen. Die Bestellung der Mitglieder des Spruchkörpers erfolgt durch den Vorstand des Vereins; bei den Ärzte- bzw. Patientenvertretern auf der Grundlage von Vorschlägen von Ärzte- bzw. Patientenorganisationen.

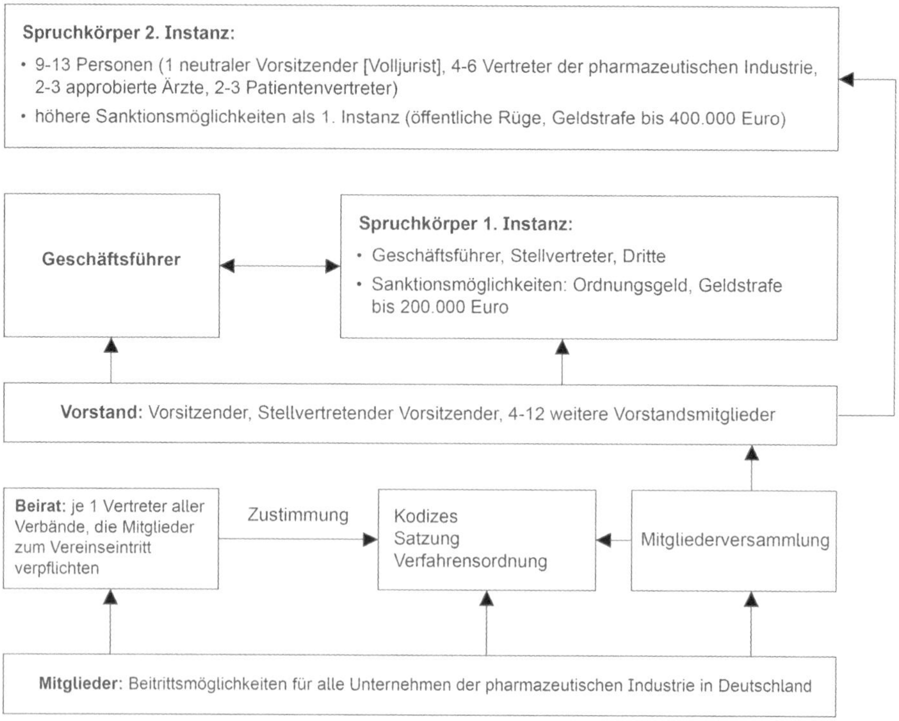

Abb. 29: Struktur des FSA

VI. Entscheidungs- und Sanktionsmöglichkeiten

28 Das Verfahren soll möglichst effektiv sein und Verstöße gegen einen der Kodizes zeitnah abstellen. Im Sinne einer **effizienten Selbstkontrolle** verfolgt die Verfahrensordnung für den Regelfall das Ziel, das Verfahren durch Abgabe einer strafbewehrten Unterlassungserklärung des betroffenen Unternehmens bereits in der 1. Instanz abschließend zu beenden.

29 Wird im Fall eines Kodexverstoßes nach Einleitung des Verfahrens von dem betroffenen Unternehmen freiwillig keine verfahrensbeendigende Unterlassungserklärung abgegeben oder stellt die 1. Instanz im Entscheidungswege einen Kodexverstoß fest, verpflichtet sie zusätzlich das betroffene Mitgliedsunternehmen zur Zahlung einer **Geldstrafe** in Höhe von 5000–200 000 EUR **zugunsten einer gemeinnützigen Einrichtung.** Dieser Ausspruch wird mit der Verpflichtung des Mitgliedsunternehmens verbunden, das festgestellte Fehlverhalten zukünftig zu unterlassen und im Falle eines wiederholten Verstoßes ein Ordnungsgeld zu zahlen. Greift das Unternehmen diese Entscheidung mit einem Einspruch an oder verweist die 1. Instanz den Fall bei wiederholten Verstößen direkt an den Spruchkörper 2. Instanz, beurteilt dieser den beanstandeten Vorgang abschließend. Der mögliche Ent-

scheidungsrahmen, der dem Spruchkörper 2. Instanz zu Sanktionierungszwecken zur Verfügung steht, ist dabei weiter als der der 1. Instanz (5000–400 000 EUR). Die 2. Instanz kann etwa – neben dem Ausspruch eines Kodexverstoßes sowie der Untersagung entsprechender zukünftiger Verstöße – bei wiederholten oder besonders schwerwiegenden Verstößen auch eine **öffentliche Rüge** anordnen, die in angemessener Weise veröffentlicht wird (insbesondere auf der Homepage des Vereins im Internet und in dessen Jahresbericht; dazu näher unter → Rn. 285). Da der ordentliche Rechtsweg durch die Einrichtung einer freiwilligen Selbstkontrolle nicht generell ausgeschlossen wird, ist auch der Fall denkbar, dass in gleicher Sache ein zivilgerichtliches Verfahren gegen ein Unternehmen eingeleitet worden ist. In diesem Fall darf eine öffentliche Rüge erst nach dem rechtskräftigen Abschluss des Zivilverfahrens ausgesprochen werden (→ Rn. 319). Gibt der Ausgang des zivilgerichtlichen Verfahrens dazu Veranlassung, sollte von einem solchen Ausspruch abgesehen werden. Zusätzlich wird der 2. Instanz die Möglichkeit eingeräumt, eine Geldstrafe zugunsten einer gemeinnützigen Einrichtung auszusprechen, wobei der Sanktionsrahmen hinsichtlich der Höhe der möglichen Zahlungen betragsmäßig über den der 1. Instanz hinausgehen kann (zur Sanktionierung durch den Spruchkörper 2. Instanz vgl. → Rn. 272 ff., 283 ff.).

Sofern sich Mitgliedsunternehmen vereinsschädigend verhalten und ihren vereinsrechtlichen Pflichten hartnäckig zuwiderhandeln sollten, besteht die Möglichkeit, dem betroffenen Unternehmen durch einen Beschluss des Vereinsvorstandes die **Mitgliedschaftsrechte zu entziehen** oder diese zumindest zeitweise zu suspendieren. Dies gilt insbesondere bei dauerhaften Verstößen gegen die satzungsgemäßen Verpflichtungen des Unternehmens oder gegen die innerhalb der Kodizes festgeschriebenen Lauterkeitsstandards. Ein solcher Beschluss wird im Internet veröffentlicht. **30**

B. Verfahrensordnung – Erläuterungen

Einleitung

Die Erforschung, Entwicklung, Herstellung und der Vertrieb von Arzneimitteln sind von hoher Bedeutung für die Gesundheit und das Wohlbefinden des Menschen. Die Erforschung und Entwicklung wirksamer Arzneimittel setzt eine enge fachliche Zusammenarbeit mit Ärzten und anderen Angehörigen der Fachkreise voraus. Gleichzeitig gehört es zu den Aufgaben der pharmazeutischen Unternehmen, zutreffende und sachgerechte Informationen über Arzneimittel zu vermitteln, die für eine sachgerechte Auswahl, Abgabe und Anwendung von Arzneimitteln erforderlich sind. Um einen lauteren Wettbewerb bei der Werbung und der Zusammenarbeit mit Angehörigen der Fachkreise zu fördern, hat die Mitgliederversammlung des Vereins „Freiwillige Selbstkontrolle für die Arzneimittelindustrie e. V." den „FSA-Kodex zur Zusammenarbeit mit Fachkreisen" („FSA-Kodex Fachkreise") sowie den „FSA-Kodex zur Zusammenarbeit mit Patientenorganisationen" (FSA-Kodex Patientenorganisationen") (zusammen auch: „Kodices") beschlossen.

Die Mitglieder des Vereins sind sich hierbei bewusst, dass das Vertrauen der Allgemeinheit in die Integrität der pharmazeutischen Unternehmen bei der Werbung und der Zusammenarbeit mit Angehörigen der Fachkreise entscheidend von einer wirksamen Überwachung und Durchsetzung der Regelungen der Kodices Fachkreise abhängt. Dies setzt neben einer effektiven und transparenten Sanktionierung von Verstößen das Recht Jedermanns voraus, Beanstandungen in einem zweistufigen Verfahren überprüfen zu lassen, bei dem neben Vertretern der Mitgliedsunternehmen auch Vertreter der Angehörigen der Fachkreise, Patientenvertreter und unabhängige Mitglieder beteiligt sind. Mit dem Ziel ein derartiges Verfahren einzurichten und hierdurch eine konsequente Um- und Durchsetzung der Kodices sicherzustellen, hat die Mitgliederversammlung des Vereins „Freiwillige Selbstkontrolle für die Arzneimittelindustrie e. V." die nachstehende

Verfahrensordnung
der Mitglieder des Vereins „Freiwillige Selbstkontrolle
für die Arzneimittelindustrie e. V."

beschlossen.

1. Abschnitt: Allgemeines (§ 1 Grundsätze)

§ 1 Grundsätze

(1) Die Bestimmungen dieser Verfahrensordnung dienen der Überwachung und Sanktionierunder Kodices gegenüber den Mitgliedern des FS Arzneimittelindustrie e. V. (nachfolgend „Verein" genannt) und den mit den Mitgliedern verbundenen Unternehmen, die sich schriftlich der Satzung, dieser Verfahrensordnung und den Kodices unterworfen haben („unterworfene Unternehmen").

(2) Zur Erfüllung der in § 1 Abs. 1 genannten Aufgaben sind die Spruchkörper 1. und 2. Instanz berufen. Sie haben gemäß dieser Verfahrensordnung tätig zu werden und Verstöße von Mitgliedern des Vereins und von unterworfenen Unternehmen gegen die Kodices nach Maßgabe dieser Verfahrensordnung zu sanktionieren. Sie sind keinen Weisungen unterworfen und nicht an eine etwaige vorhergehende Beratung der Mitgliedsunternehmen durch den Verein gebunden.

(3) Bei einem Konzern wird dabei vorrangig das verbundene Unternehmen verfolgt, sofern es selbst Mitglied des Vereins oder unterworfenes Unternehmen ist. Im Übrigen werden Verstöße von verbundenen abhängigen Unternehmen, die weder Mitglied des Vereins noch unterworfenes Unternehmen sind, dem Mitglied zugerechnet, welches das betreffende Unternehmen beherrscht. In mehrstöckigen Konzernen erfolgt eine Zurechnung zu dem nächst höheren herrschenden Unternehmen, das selbst Mitglied des Vereins oder unterworfenes Unternehmen ist.

(4) Im Übrigen sind die für die Mitglieder geltenden Bestimmungen dieser Verfahrensordnung für die unterworfenen Unternehmen entsprechend anwendbar.

Übersicht

I. Vorbemerkung

31 Die Regelungen des § 1 blieben durch die Neufassung der Verfahrensordnung vom 28.11.2008 in ihren Grundzügen unverändert, da sich die Gesamtkonzeption insgesamt bewährt hat. Abs. 1 und Abs. 2 erfuhren eine **Erweiterung,** um auch den neu ins Leben gerufenen Patientenkodex zu erfassen.

II. Zweck und Geltungsbereich (Abs. 1)

1. Zweck

32 Die Verfahrensordnung dient der wirksamen Überwachung und der Sanktionierung des FSA-Kodex Fachkreise, des FSA-Kodex Patientenorganisationen und des FSA-Transparenzkodex in der Praxis. Die Verfahrensordnung regelt hierzu im Einzelnen die Ausgestaltung der **vereinsinternen Spruchkörper,** den **Ablauf des Verfahrens** sowie die möglichen **Entscheidungs- und Sanktionsmöglichkeiten.** Darüber hinaus sind die Rechtsmittel geregelt, die einem Unternehmen gegen Entscheidungen des jeweiligen Spruchkörpers zur Verfügung stehen. Keine Anwendung findet die Verfahrensordnung auf die FSA-Empfehlungen zur Zusammenarbeit der pharmazeutischen Industrie mit den Partnern im Gesundheitswesen (Ministerien, Behörden oder Einrichtungen der gemeinsamen Selbstverwaltung), bei denen es sich nicht um einen Kodex iSv Absatz 1 handelt.

2. Geltungsbereich

a) Grundsätze

Die Regelungen der Verfahrensordnung finden zunächst Anwendung auf solche Unternehmen, die dem Verein zur Umsetzung einer freiwilligen Selbstkontrolle innerhalb der pharmazeutischen Industrie als **Mitglied** beigetreten sind. Sofern ein Unternehmen dem Verein nicht selbst als Mitglied angehören will, besteht darüber hinaus unter bestimmten Umständen (nachfolgend unter → Rn. 33 f.) die Möglichkeit, sich auch ohne eine eigene Mitgliedschaft der Kontrolle und Sanktionierung durch den Verein zu unterwerfen. Dazu unterwirft sich das betreffende Unternehmen vertraglich der Satzung, der Verfahrensordnung sowie den Kodizes des Vereins. In diesem Fall wird die Überwachung bzw. Sanktionierung der Kodizes sowohl für Mitglieder wie auch für solchermaßen „Unterworfene" als Nichtmitglieder nach den gleichen Grundsätzen ausgeübt. Auf diese Weise wird dafür gesorgt, dass die Selbstkontrolle von einer möglichst großen Anzahl an Unternehmen mitgetragen und mitgestaltet werden kann, ohne dass diese zwingend Vereinsmitglieder werden müssen. 33

Voraussetzung für eine solche **Unterwerfungserklärung** ist jedoch, dass das Unternehmen der pharmazeutischen Industrie seinen Sitz in Deutschland hat, mit einem Vereinsmitglied „verbunden" ist sowie entweder selbst oder durch ein wiederum mit ihm verbundenes Unternehmen Arzneimittel in Deutschland in den Verkehr bringt (vgl. auch § 3 der Satzung des FSA). Unter dem Begriff des „verbundenen Unternehmens" sind dabei die sogenannten Konzernunternehmen nach den §§ 15 ff. des Aktiengesetzes (AktG) zu verstehen, dh ein oder mehrere abhängige Unternehmen, die unter der einheitlichen Leitung eines herrschenden Unternehmens, regelmäßig der Konzernmutter, zusammengefasst sind. 34

Das bedeutet, dass insbesondere **Tochtergesellschaften,** die von einem Vereinsmitglied im Sinne des Handels- bzw. Aktienrechts beherrscht werden, sich der Kontrolle der Schiedsstelle mittels einer entsprechenden Erklärung unmittelbar unterwerfen können. Auch „rechtlich selbstständige Unternehmen, die im Verhältnis zueinander in Mehrbesitz stehen" (vgl. §§ 15 f. AktG: die Anteile des Unternehmens werden mehrheitlich von einem anderen Unternehmen gehalten) werden erfasst, ebenso wie die mit Mehrheit beteiligten Unternehmen (vgl. ebenfalls §§ 15 f. AktG: das Unternehmen hält mehrheitlich Anteile eines anderen Unternehmens). Darüber hinaus erfasst der Begriff der „Verbundenheit" auch abhängige und herrschende Unternehmen (§ 17 AktG: das herrschende Unternehmen kann mittelbar oder unmittelbar beherrschenden Einfluss ausüben), Konzernunternehmen (§ 18 AktG) und wechselseitig beteiligte Unternehmen (§ 19 AktG). 35

b) Besonderheiten im Rahmen von Konzernstrukturen

Besonderheiten bei der Überwachung bzw. Sanktionierung von Kodexverstößen gelten innerhalb von Konzernstrukturen. Grundsätzlich wird innerhalb eines Konzerns vorrangig dasjenige Unternehmen verfolgt, in dessen **betrieblicher Sphäre** der jeweilige Verstoß gegen einen der Kodizes **begangen** worden sein soll (vgl. → Rn. 44). Betrifft die Beanstandung etwa eine nach einem der Kodizes unlautere Werbemaßnahme einer Tochtergesellschaft, richtet sich das Verfahren allein gegen diese Tochtergesellschaft und nicht gegen 36 die Konzernmutter, sofern das Tochterunternehmen selbst Mitglied des Vereins ist oder sich der Verfahrensordnung und den Kodizes schriftlich unterworfen hat.

37 Liegen diese Voraussetzungen dagegen nicht vor und ist das Unternehmen gleichwohl mit einem Vereinsmitglied oder einem unterworfenen Unternehmen verbunden, wird das Verhalten dieses Unternehmens der **Muttergesellschaft wie ein eigener Kodexverstoß zugerechnet** (→ Rn. 52). Daraus folgt, dass in einem solchen Fall auch nur die Muttergesellschaft am Verfahren beteiligt ist. Auch im Rahmen dieses Verfahrens gegebenenfalls ausgesprochene Sanktionen treffen dann allein das Mutterunternehmen (→ Rn. 53).

38 Führt ein im Ausland ansässiges Schwesterunternehmen eines FSA-Mitglieds im Inland eine von ihm organisierte und finanzierte Fortbildungsveranstaltung für Ärzte aus verschiedenen Ländern durch, fällt diese Aktivität nicht in den Zuständigkeitsbereich des FSA. Dies gilt auch dann, wenn das FSA-Mitglied die **technische Durchführung der Buchung für Anreise und Hotelunterkunft** der Veranstaltungsteilnehmer übernimmt. Denn diese Aktivität ist im Grunde nicht anders zu beurteilen als die eines Dienstleisters, der solche Aufträge für den verantwortlichen Kongressveranstalter (das Nicht-Mitglied) durchführt (FS I 2010.3–287).[7]

c) Territoriale Beschränkungen

39 Der Geltungsbereich der Selbstkontrolle ist örtlich beschränkt. Zunächst können nur Unternehmen Mitglied werden oder sich der Überwachung und Sanktionierung des Vereins unterwerfen, wenn sie ihren **Sitz in Deutschland haben** und – selbst oder durch verbundene Unternehmen – **Arzneimittel in Deutschland in den Verkehr bringen** (§ 3 Abs. 1 und 2 der Satzung des FSA).

III. Rechtsstellung und Aufgaben der Spruchkörper (Abs. 2)

1. Rechtsstellung

40 Die Überwachung und Sanktionierung von Verstößen gegen die Kodizes durch Vereinsmitglieder oder unterworfene Unternehmen obliegt den Spruchkörpern 1. bzw. 2. Instanz. Bei diesen Spruchkörpern handelt es sich um **Vereinsgerichte** als sog. **„Rechtsorgane" des Vereins.** Anders als bei einem Schiedsgericht im Sinne zivilprozessualer Vorschriften (§§ 1025 ff. ZPO) ist darunter eine Einrichtung des Vereins mit Organstatus zu verstehen, wie dies beispielsweise auch bei der Mitgliederversammlung oder dem Vereinsvorstand der Fall ist. Der FSA bezweckt die Etablierung einer vereinsgerichtlichen Selbstkontrolle mit der Befugnis, die Durchsetzung von Verhaltensstandards (Kodizes) im Wege von Vereinsorganen vorzunehmen. Eine solche **originäre Vereinsstrafgewalt** darf allerdings nicht außenstehenden Dritten übertragen werden. Als Außenstehende in diesem Sinne wären etwa Schiedsgerichte im Sinne der ZPO anzusehen. Anders als bei einer echten Selbstkontrolle, bei der die Einhaltung vereinsrechtlicher Vorgaben gerade von den Vereinsmitgliedern selbst umgesetzt wird, handelt es sich bei einem echten Schiedsgericht im Sinne der ZPO um eine neutrale, überparteiliche dritte Stelle.

41 Ein weiteres Unterscheidungskriterium der Spruchkörper des Vereins gegenüber einem echten Schiedsgericht ist der Ausschluss des Rechtswegs zu den ordentlichen Gerichten. Das von dem FSA gewählte Modell der freiwilligen Selbstkontrolle lässt den ordentlichen Rechtsweg grundsätzlich offen. Ist ein von einer Entscheidung der Spruchkörper betroffenes Unternehmen nicht bereit, dessen Entscheidung zu akzeptieren, kann es diese Entscheidung in einem bestimmten Umfang durch die **staatlichen Gerichte überprüfen** lassen. Eine volle inhaltliche Überprüfung der Entscheidungen der Spruchkörper durch die

[7] Entscheidung zu § 1 Abs. 3 VerfO idF v. 28.11.2008, § 1 Abs. 1 FSA-Kodex Fachkreise, https://www.fsa-pharma.de/de/schiedstelle/berichterstattung/fachkreise/az-2010.3–287-1-instanz-1-abs-1-fsa-kodex-fachkreise-1-abs-3-fsa-verfahrensordnung-keine-zustandigkeit-des-fsa-bei/ (zul. abgerufen am 4.2.2021).

Zivilgerichte findet jedoch nach der Rechtsprechung nur in eingeschränktem Maße statt. Der eingeschränkte Prüfungsumfang der Zivilgerichte trägt insofern dem Selbstbestimmungsrecht privatautonomer Verbände Rechnung. Nach Auffassung des Bundesgerichtshofs wird der gebotene Rechtsschutz gegenüber Entscheidungen vereinsinterner Spruchkörper bereits dadurch ausreichend gewährleistet, dass die ordentlichen Gerichte Vereinsentscheidungen dahingehend überprüfen, ob die verhängte Maßnahme bzw. Vereinsstrafe eine Stütze im Gesetz oder in der Satzung hat, ob das satzungsmäßig vorgeschriebene Verfahren beachtet, und das betroffene Unternehmen auch der Vereinsstrafgewalt unterworfen ist.[8] Darüber hinaus darf die ausgesprochene Sanktion nicht grob unbillig oder willkürlich oder mit anderweitigen Gesetzes- oder Satzungsverstößen verbunden sein.[9]

2. Aufgaben

Wird unter Einhaltung der formellen Voraussetzungen (vgl. → Rn. 75 ff.) eine Beanstandung bei der Vereinsgeschäftsstelle eingereicht, prüft der Spruchkörper 1. Instanz eine solche Beanstandung und bereitet das Verfahren gegebenenfalls durch eine eigene Sachverhaltsaufklärung vor. Hält der Spruchkörper 1. Instanz die Vorwürfe auf der Grundlage der ermittelten bzw. zur Verfügung gestellten Informationen für begründet, kann er das Unternehmen abmahnen und zur Abgabe einer strafbewehrten Unterlassungserklärung auffordern. Der Spruchkörper 1. Instanz verpflichtet darüber hinaus das Mitgliedsunternehmen bei Verstößen zur Zahlung einer Geldstrafe und ordnet die Veröffentlichung des Namens des betroffenen Unternehmens an. Ist das betroffene Unternehmen mit diesem Vorschlag einverstanden, muss es erklären, dass der beanstandete Verstoß für die Zukunft abgestellt wird und im Falle eines erneuten Verstoßes ein bestimmtes Ordnungsgeld zu zahlen ist. In diesem Fall endet das Verfahren (sog. **Regelverfahren**). Wird nach Einleitung des Verfahrens dagegen keine verfahrensbeendigende Unterlassungserklärung abgegeben, kann der Spruchkörper 1. Instanz im Entscheidungswege einen Kodexverstoß aussprechen und zusätzlich eine Geldstrafe zu Gunsten einer gemeinnützigen Einrichtung verhängen. Dieser Ausspruch wird mit der Verpflichtung des betroffenen Unternehmens verbunden, das beanstandete Verhalten zukünftig zu unterlassen und im Falle eines wiederholten Verstoßes ein Ordnungsgeld zu zahlen. Mit der Neufassung der Verfahrensordnung vom 2.12.2005 wurde eingeführt, dass der Spruchkörper 1. Instanz statt der üblicherweise vollständig anonymisierten Veröffentlichung seiner Entscheidung bei schweren oder wiederholten Verstößen auch anordnen kann, dass der Name des verstoßenden Mitgliedsunternehmens in der Entscheidung ebenfalls veröffentlicht wird. Mit der Novellierung vom 1.12.2011 ist das Kriterium des schweren bzw. wiederholten Verstoßes entfallen, sodass nunmehr das betroffene Unternehmen im Falle einer begründeten Beanstandung bzw. einer abgegeben Unterlassungserklärung **stets namentlich genannt** wird. Diese Anordnung darf nicht mit dem Ausspruch einer öffentlichen Rüge iSd § 24 Abs. 4 S. 1 verwechselt werden, die nur vom Spruchkörper 2. Instanz angeordnet werden kann (vgl. → Rn. 41). 42

Die Entscheidung des Spruchkörpers 1. Instanz kann das Unternehmen im Wege des Einspruchs durch die **2. Instanz überprüfen** lassen. Dabei besteht allerdings auch die Möglichkeit, dass diese als nächsthöhere Instanz – neben dem weiterhin möglichen Ausspruch eines Kodexverstoßes und der Untersagung entsprechender zukünftiger Verstöße – die Geldstrafe zu Gunsten einer gemeinnützigen Einrichtung erhöht. Der Sanktionsrahmen der 2. Instanz liegt über dem der 1. Instanz (vgl. → Rn. 272 ff.). Darüber hinaus wird die 2. Instanz als Eingangsinstanz bei wiederholten Verstößen tätig, um eine angemessene Sanktionierung des beanstandeten Verhaltens im Wege des erweiterten Sanktionsrahmens zu 43

[8] Zusammenfassend BGHZ 87, 337 (343); mwN LG Karlsruhe 31.7.2009 – 6 O 250/08 Rn. 67.. Auch *Leuschner* in Schubert (Red.) MüKoBGB § 25 Rn. 82 f.; *Schöpflin* in Hau/Poseck BeckOK BGB § 25 Rn. 60 ff.; *Hadding* in Soergel BGB § 25 Rn. 59 ff.

[9] *Hadding* in Soergel BGB § 25 Rn. 59; auch *Leuschner* in Schubert (Red.) MükoBGB § 25 Rn. 84.

gewährleisten. Nach § 23 Abs. 4 S. 1 kann allein die 2. Instanz – allerdings nur im Fall von wiederholten oder besonders schwerwiegenden Verstößen – zusätzlich eine **öffentliche Rüge** anordnen, die in angemessener Weise veröffentlicht wird. Eine solche Veröffentlichung kann beispielsweise auf der Homepage des Vereins im Internet erfolgen oder im Jahresbericht des Vereins.

44 Die Spruchkörper sanktionieren Verstöße gegen die im **3. und 4. Abschnitt des FSA-Kodex Fachkreise** niedergelegten materiellen Verhaltensstandards, wobei die Auslegungsgrundsätze des FSA-Kodex Fachkreise, die sich dort aus dem 2. Abschnitt ergeben, zu berücksichtigen sind. Diese Grundsätze beinhalten auch den Verweis auf die bei der Werbung und der Zusammenarbeit mit Ärzten einschlägigen gesetzlichen Bestimmungen. Hierdurch wird sichergestellt, dass bei der Auslegung des FSA-Kodex Fachkreise alle maßgeblichen rechtlichen Vorgaben für die Werbung sowie die Zusammenarbeit der Industrie mit Ärzten berücksichtigt werden (→ Kap. 2 Rn. 1 ff.). Ferner werden Verstöße gegen den **3. Abschnitt des FSA-Kodex Patientenorganisationen** geahndet, wobei dabei die unter § 4 dieses Kodex niedergelegten Auslegungsgrundsätze zu berücksichtigen sind. Darüber hinaus werden Verstöße gegen **den 2. Abschnitt des FSA-Transparenzkodex** unter Berücksichtigung der in § 3 des FSA-Transparenzkodex niedergelegten Auslegungsgrundsätze sanktioniert.

45 Der durch die Novelle vom 18.1.2008 neu gefasste Abs. 2 S. 2 sichert die rechtliche und tatsächliche Unabhängigkeit der Spruchkörper erster und zweiter Instanz indem ausdrücklich aufgenommen wurde, dass diese weder Weisungen unterworfen noch an eine etwaige vorherige Beratung der Mitgliedsunternehmen durch den Verein gebunden sind.

IV. Aufklärungsstrukturen und Ahndung im Konzern (Abs. 3)

1. Primär Verantwortliche (Abs. 3 S. 1)

46 Bei Unternehmen, die zu einem Konzern gehören, soll nach der Verfahrensordnung vorrangig dasjenige Konzernunternehmen verfolgt werden, innerhalb **dessen betrieblicher Sphäre** der Kodexverstoß vorgefallen ist. Der Sinn dieser Regelung ist, dass möglichst dort die Verantwortung in den Unternehmen für Kodexverstöße bei der Zusammenarbeit mit Ärzten übernommen werden soll, wo solche Verstöße tatsächlich stattgefunden haben. Darüber hinaus ist eine Beanstandung im Verfahren wesentlich besser, vor allem aber einfacher aufzuklären, wenn das konkrete Unternehmen, dem ein Kodexverstoß vorgeworfen wird, selbst und nicht etwa durch die Muttergesellschaft an dem Verfahren direkt beteiligt ist. Dies ist allerdings nur dann möglich, wenn das betroffene Unternehmen entweder selbst auch Mitglied ist oder sich gem. Abs. 1 den Regularien des Vereins (Verfahrensordnung und Kodizes) schriftlich unterworfen hat („unterworfene Unternehmen").

47 Daneben besteht innerhalb von Konzernen auch die Möglichkeit, Verstöße gegen die Kodizes **anderen Unternehmen des Konzerns zuzurechnen** (→ Rn. 51 f.).

2. Zurechnungsmöglichkeiten (Abs. 3 S. 2 und 3)

48 Absatz 3 Satz 1 und 2 regelt die Zurechnung von Verstößen gegen die Kodizes durch **„verbundene abhängige"** Konzernunternehmen, die weder Mitglied des FSA noch „unterworfenes Unternehmen" sind. Solche Verstöße sollen nach S. 2 dem Mitglied zugerechnet werden, welches das betreffende Unternehmen **beherrscht.** Abs. 3 S. 3 betrifft den Sonderfall sog. „mehrstöckiger Konzerne". Hier soll eine Zurechnung von Verstößen gegen die Kodizes an das nächsthöhere Unternehmen erfolgen, das selbst Mitglied des Vereins oder „unterworfenes Unternehmen" ist.

49 Daneben ist bei Konzernen eine **zusätzliche Zurechnungsmöglichkeit** zu beachten. Nach § 26 Abs. 2 S. 1 und 2 der Satzung wird nämlich auch das Fehlverhalten eines abhängigen verbundenen Unternehmens dem herrschenden Unternehmen (dh in der Regel der Mutter) zugerechnet, wenn das abhängige verbundene Unternehmen, bei dem es zu einem

Kodexverstoß gekommen ist, selbst weder Vereinsmitglied ist noch sich dessen vereinsrechtlichen Vorgaben nach § 1 Abs. 1 unterworfen hat („unterworfenes Unternehmen").

Neben diesen Zurechnungsfragen im Konzern stellt sich in der Praxis regelmäßig die Vorfrage, wann einem Unternehmen als juristische Person ein Fehlverhalten auf Seiten eigener Mitarbeiter auch als **eigenes Fehlverhalten** zugerechnet wird (nachfolgend unter → Rn. 49 f.). 50

a) Zurechnung des Verhaltens von Mitarbeitern

Grundsätzlich wird einem Unternehmen als juristische Person nur das Verhalten von Organen bzw. von bestimmten **Mitarbeitern mit Leitungsfunktion** zugerechnet (§ 31 BGB analog). Darunter fällt zunächst die eigentliche „Führungsebene" des Unternehmens (etwa der Vorstand oder die Geschäftsführung). Aber auch unterhalb dieser Managementebene wird dem Unternehmen das Verhalten von Mitarbeitern als eigenes Verhalten zugerechnet, wenn diesen Personen durch die allgemeine Betriebsregelung und Handhabung bedeutsame Funktionen des Unternehmens zur selbstständigen, eigenverantwortlichen Wahrnehmung zugewiesen sind. Der einzelne Mitarbeiter muss dabei über eine **„ausreichende Leitungsfunktion"** verfügen. Diese Voraussetzungen können beispielsweise im Fall eines Abteilungsleiters des jeweiligen Unternehmens erfüllt sein. Wird der Mitarbeiter in diesem Sinne überwiegend eigenverantwortlich tätig, wird sein Verhalten dem Unternehmen wie eigenes Verhalten zugerechnet. 51

Da bei der Zusammenarbeit zwischen Arzt und Industrie die einzelnen **alltäglichen Kooperationsentscheidungen** im Regelfall unterhalb der eigentlichen Leitungsebene getroffen bzw. konkreter ausgestaltet werden, wird es jedoch vielfach fallentscheidend sein, inwieweit auch das Verhalten dieser Mitarbeitergruppen dem Unternehmen zugerechnet und vor die „Schiedsstelle" gebracht werden kann. Eine entsprechende Zurechnungsvorschrift für diesen Mitarbeiterkreis findet sich in § 26 Abs. 2 S. 3 der Vereinssatzung. Danach wird dem jeweiligen Unternehmen auch das schuldhafte Verhalten von **Angestellten und Erfüllungsgehilfen** zugerechnet, die nicht über die angesprochenen Organeigenschaften oder Leitungsfunktionen innerhalb des Unternehmens verfügen. Verstoßen diese Personen daher entweder fahrlässig oder vorsätzlich gegen Vorschriften der Kodizes, wird dem Unternehmen dies als eigener Verstoß zugerechnet und gegebenenfalls sanktioniert. In der Praxis dürfte daher die Zurechnung bestimmter Verstöße gegenüber einem Unternehmen nur selten problematisch werden. 52

b) Zurechnung von Verstößen im Konzern

Innerhalb von Konzernstrukturen sind darüber hinaus weitere Zurechnungsmöglichkeiten von Bedeutung. Im Unterschied zu der vorstehend behandelten Konstellation (→ Rn. 49 f.), in der es um die Zurechnung des Verhaltens eigener Mitarbeiter an ihren Arbeitgeber geht, behandelt die zweite Fallgestaltung die weitergehende Möglichkeit, unter bestimmten Voraussetzungen das Fehlverhalten einzelner Mitarbeiter gegebenenfalls auch **unternehmensübergreifend** zurechnen zu können. 53

Nach § 26 Abs. 2 S. 1 und 2 der Satzung wird grundsätzlich das Fehlverhalten eines **abhängigen verbundenen Unternehmens** dem herrschenden Unternehmen (dh in der Regel der Mutter) zugerechnet (zur Frage der „Beherrschung" vgl. → Rn. 33 f.), wenn das abhängige verbundene Unternehmen, bei dem es zu einem Kodexverstoß gekommen ist, selbst weder Mitglied ist noch sich nach § 1 Abs. 1 unterworfen hat („unterworfenes Unternehmen"). In mehrstöckigen Konzernen, in denen mehrere Mitgliedsunternehmen in Frage kommen, denen der Verstoß zugerechnet werden könnte, erfolgt eine Zurechnung gem. § 26 Abs. 2 S. 2 der Satzung stets „gegenüber dem nächst höheren herrschenden Unternehmen, das selbst Mitglied des Vereins ist oder sich dessen Kontrolle und Sanktionierung schriftlich unterworfen hat". 54

Zu prüfen ist daher zunächst, welchem Unternehmen ein Verstoß zuzurechnen ist. Wenn dieses Unternehmen selbst Mitglied oder unterworfenes Unternehmen ist, richtet sich das 55

Verfahren direkt gegen das Unternehmen. Ist dies nicht der Fall, muss das herrschende Unternehmen einen Kodexverstoß gegen sich gelten und sich im weiteren Verfahren so behandeln lassen, als wäre der Verstoß im eigenen Unternehmen aufgetreten. In der Folge ist auch nur das **herrschende Unternehmen „verfahrensbeteiligt"** iSv § 6 Abs. 5 S. 1.

56 Gleichwohl bleiben die (herrschenden) **Konzernmitglieder** weiterhin verpflichtet, darauf hinzuwirken, dass die mit ihnen verbundenen abhängigen Unternehmen ebenfalls Mitglied in dem Verein werden oder sich dessen Kontrolle und Sanktionierung schriftlich unterwerfen, wenn diese Unternehmen ebenfalls die Mitgliedschaftsvoraussetzungen nach Abs. 1 erfüllen.

V. Entsprechende Anwendung auf unterworfene Unternehmen (Abs. 4)

57 Absatz 4 bestimmt, dass die Regelungen der Verfahrensordnung auf die **„unterworfenen Unternehmen"** entsprechend anwendbar sind. Hierdurch wird klargestellt, dass die Selbstkontrolle der pharmazeutischen Industrie für alle Unternehmen, die als Mitglied oder unterworfenes Unternehmen der Vereinsordnungsgewalt unterliegen, gleichermaßen ausgeübt wird. Für die Unternehmen ergeben sich insoweit weder Unterschiede in der Ausgestaltung des Verfahrens noch hinsichtlich der inhaltlichen Anforderungen, die an ihr Verhalten bei der Zusammenarbeit mit Ärzten zu stellen sind.

2. Abschnitt: Allgemeine Verfahrensregeln (§§ 2–15)

1. Unterabschnitt: Einleitung des Verfahrens (§§ 2–3)

§ 2 Beanstandungsberechtigung

(1) Jedermann kann Beanstandungen bei dem Verein mit der Behauptung einreichen, ein Mitglied habe nach seinem Beitritt zu dem Verein gegen die Regelungen

1. des 3. und 4. Abschnitts des FSA-Kodex Fachkreise unter Berücksichtigung der im 2. Abschnitt dieses Kodex niedergelegten Auslegungsgrundsätze oder

2. des 3. Abschnittes des FSA-Kodex Patientenorganisationen unter Berücksichtigung der in § 4 dieses Kodex niedergelegten Auslegungsgrundsätze oder

3. des 2. Abschnitts des FSA-Transparenzkodex unter Berücksichtigung der in § 3 dieses Kodex niedergelegten Auslegungsgrundsätze verstoßen („Kodex-Verstoß").

(2) Das Beanstandungsrecht nach § 2 Abs. 1 Nr. 1 ist für Unternehmen auf Verstöße gegen Regelungen des 4. Abschnitts des FSA-Kodex Fachkreise unter Berücksichtigung der hierfür geltenden Grundsätze beschränkt. Für nicht verschreibungspflichtige Arzneimittel von Mitgliedern und den mit ihnen verbundenen Unternehmen sind die Regelungen des FSA-Kodex Fachkreise nicht anwendbar, es sei denn das jeweilige Mitgliedsunternehmen hat sich freiwillig dem FSA-Kodex Fachkreise auch für nicht verschreibungspflichtige Arzneimittel unterworfen.

(3) Der Vorstand und die Geschäftsführung können unabhängig voneinander auch von sich aus ein Beanstandungsverfahren gegen Mitglieder des Vereins einleiten. Dies gilt auch dann, wenn das von dem Vorstand oder von der Geschäftsführung eingeleitete Beanstandungsverfahren auf einer anonymen Beanstandung (§ 4 Abs. 3) beruht.

(4) Gegenstand einer Beanstandung können nur behauptete Verstöße sein, die nach dem Beitritt des Mitglieds oder der Unterzeichnung der Unterwerfungserklärung begangen wurden.

(5) Die Beanstandung ist unzulässig, wenn zum Zeitpunkt der Einlegung der Beanstandung das betroffene Mitglied gegenüber dem Beanstandenden bereits eine vollumfängliche Unterlassungserklärung abgegeben oder der Beanstandende eine entsprechende gerichtliche Entscheidung erreicht oder insofern ein gerichtliches Verfahren anhängig ist, das noch nicht rechtskräftig abgeschlossen ist. Die vorherige Abgabe von (strafbewehrten) Unterlassungserklärungen gegenüber Dritten schließt die Verpflichtung des betroffenen Mitglieds zur Abgabe einer strafbewehrten Unterlassungserklärung nach dieser Verfahrensordnung dagegen nicht aus.

Übersicht

I. Vorbemerkung

Im Zuge der **Neufassung** der Verfahrensordnung vom **28.11.2008** wurde der 3. Abschnitt des Patientenorganisationskodex als für die Beurteilung von Kodexverstößen maßgebliche Norm neben den 3. und 4. Abschnitt des FSA-Kodex Fachkreise gestellt. Dazu wurde die Beanstandungsberechtigung auf (freiwillig) unterworfene Unternehmen erweitert. **58**

Aufgrund der **Änderung** der Verfahrensordnung vom **1.12.2011** wurde das Beanstandungsrecht dahingehend erweitert, dass nunmehr auch der Geschäftsführung ein eigenes Recht zur Einleitung des Beanstandungsverfahren zusteht. Durch die **Neufassung** der Verfahrensordnung vom **27.11.2013** wurde der 2. Abschnitt des FSA-Transparenzkodex als weiterer Maßstab für die Beurteilung von Kodexverstößen aufgenommen.

II. Beanstandungsrechte

1. Jedermann (Abs. 1)

Das Recht, bei der Geschäftsstelle des FSA eine Beanstandung einzureichen, ist nicht auf bestimmte Personengruppen beschränkt. Beanstandungen können daher sowohl von allen juristischen Personen (etwa Ärzteorganisationen, Krankenkassen, anderen Unternehmen der pharmazeutischen Industrie etc) als auch von allen natürlichen Personen (etwa Ärzte, Patienten etc) eingereicht werden **(„jedermann“).** Die Beanstandungen werden von der Geschäftsstelle des Vereins bearbeitet. Eine Selbstanzeige zur nachträglichen Überprüfung der Kodex-Konformität des eigenen Verhaltens ist dagegen unzulässig (siehe FS I 2005.10–95).[10] **59**

Die Beanstandung muss ferner mit einem Verstoß gegen die im 3. und 4. Abschnitt des FSA-Kodex Fachkreise niedergelegten Verhaltensstandards bzw. die damit in Zusammenhang stehenden Grundsätze (§§ 4, 6 des FSA-Kodex Fachkreise) oder gegen die im 3. Abschnitt des FSA-Kodex Patientenorganisationen unter Berücksichtigung der in § 4 dieses Kodex niedergelegten Auslegungsgrundsätze oder gegen die im 2. Abschnitt des FSA-Transparenzkodex unter Berücksichtigung der in § 3 niedergelegten Auslegungsgrundsätze begründet werden. Da sich die Sanktionsgewalt des Vereins nur auf solche Unternehmen erstreckt, die diese durch Vereinsmitgliedschaft oder durch eine entsprechende Unterwerfungserklärung für sich anerkannt haben, sieht Abs. 1 eine zeitliche Beschränkung vor, wonach der beanstandete Verstoß nach dem Beitritt des betroffenen Unternehmens stattgefunden haben muss. **60**

2. Beschränkungen für Unternehmen (Abs. 2)

Der Begriff „jedermann“ umfasst auch Unternehmen, sie haben daher dem Grunde nach vollumfängliche Beanstandungsrechte. Allerdings ist das Beanstandungsrecht von Un- **61**

[10] Entscheidung zu § 2 VerfO idF v. 2.12.2005, § 23 Abs. 2 FSA-Kodex Fachkreise, https://www.fsa-pharma.de/de/schiedstelle/berichterstattung/sonstiges/az-2005.10–95-2-verfahrensordnung-23-abs-2-des-kodex-zulassigkeit-von-selbstanzeigen/ (zul. abgerufen am 4.2.2021).

ternehmen nach Abs. 1 Nr. 1, also das Beanstandungsrecht hinsichtlich Verstößen gegen den FSA-Kodex Fachkreise, nach Abs. 2 S. 1 beschränkt. Demzufolge können Unternehmen nur Verstöße gegen den 4. Abschnitt des FSA-Kodex Fachkreise („Zusammenarbeit mit Angehörigen der Fachkreise") beanstanden. Das Beanstandungsrecht hinsichtlich Verstößen gegen den FSA-Kodex Patientenorganisationen aus Abs. 1 Nr. 2 bleibt unberührt. Damit ist es einem Unternehmen verwehrt, Verstöße anderer Unternehmen gegen die Werberegeln des FSA-Kodex Fachkreise durch den Spruchkörper des FSA überprüfen zu lassen. Für diese Materie wird die deutsche Zivilgerichtsbarkeit als ein ausreichend effektiver und bewährter Rechtsschutz angesehen. Insofern macht der FSA hier von der Ausnahmeoption der **„vorwiegend kommerziellen Interessen"** unter Sec. 28.04 lit. d. des EFPIA-Kodex[11] Gebrauch, indem von vornherein bei Unternehmen „kommerzielle Interessen" hinsichtlich der Überprüfung der Zulässigkeit von Werbung eines anderen Unternehmens angenommen werden. Diese Ausnahmeoption gilt allerdings auch für die Verfolgung von Wettbewerbsverstößen durch Nichtmitglieder, die ebenfalls nicht vom FSA verfolgt werden, wenn eine entsprechende Beanstandung gegen ein Mitglied nach § 2 Abs. 2 S. 1 ausgeschlossen wäre (FS I 2006.7–132).[12] Das folgt zum einen aus dem Grundsatz der Gleichbehandlung von Mitgliedern und Nichtmitgliedern. Zum anderen ist dem Satzungszweck nicht zu entnehmen, dass der FSA verpflichtet wäre, Wettbewerbsverstöße ohne eine gleichzeitige Verletzung des FSA-Kodex Fachkreise zu verfolgen. Diese Grundsätze gelten auch dann, wenn eine Anwaltskanzlei ausdrücklich im Auftrag eines Mitgliedsunternehmens des FSA einen Wettbewerbsverstoß eines Nichtmitglieds beanstandet, der zugleich einen Verstoß gegen Vorschriften des 3. Abschnitts des FSA-Kodex Fachkreise (§ 7 Verbot der irreführenden Werbung) darstellt (FS I 2009.5–260).[13]

62 Ebenso sind **Mitarbeiter eines Wettbewerbers** nicht berechtigt, bei Verstößen gegen den 3. und 4. Abschnitt des FSA-Kodex Fachkreise Beanstandungen einzureichen, da für einen Mitarbeiter des Wettbewerbers dieselben Beschränkungen wie für das Unternehmen gelten, dem er angehört (siehe FS II 2007.2–159).[14] Der Spruchkörper 2. Instanz hat damit den Anwendungsbereich des § 2 Abs. 2 S. 1 der Verfahrensordnung weit gezogen. Der Entscheidung liegt eine Beanstandung einer Regionalleiterin eines Wettbewerbers zu Grunde, die in der Praxis eines Arztes diverse Musterpackungen eines Medikaments des Beanstandeten vorgefunden hatte. In der ersten Instanz wurde die Beanstandungsberechtigung der Mitarbeiterin des Wettbewerbers angenommen. Die 2. Instanz lehnte sie mit der Begründung ab, dass ansonsten der Umgehung dieser Vorschrift Tür und Tor geöffnet sei. Die Entscheidung ist beachtenswert, denn immerhin steht, wie auch der Spruchkörper in seiner Entscheidung berücksichtigt hat, der Mitarbeiterin im Gegensatz zu ihrem Unternehmen nicht die Möglichkeit zu, einen Verstoß gegen wettbewerbsrechtliche Vorschriften ggf. auch nach dem UWG vor den ordentlichen Gerichten zu rügen. Aus Gründen der praktischen Handhabung der Vorschriften des FSA erscheint jedoch die Entscheidung des Spruchkörpers durchaus nachvollziehbar und im Ergebnis richtig. Anderenfalls drohte ein Wandel des FSA hin zu einem „Abmahnverein" für heilmittelwerberechtliche Beanstandungen der Mitgliedsunternehmen mit eigener Sanktionierung, was allerdings nicht gewünscht war. An dieser Linie hat der Spruchkörper 1. Instanz in einer weiteren Entscheidung festgehalten

[11] Ehemals Art. 4 lit. c von Annex A des EFPIA HCP-Kodex.

[12] Entscheidung zu § 2 Abs. 1 S. 2 VerfO idF v. 2.12.2005, § 7 FSA-Kodex Fachkreise, https://www.fsa-pharma.de/de/schiedstelle/berichterstattung/fachkreise/az-2006.7–132-2-absatz-1-satz-2-der-fs-arzneimittelindustrie-verfahrensordnung-7-des-kodex/ (zul. abgerufen am 4.2.2021).

[13] Entscheidung zu § 2 Abs. 2 VerfO idF v. 18.1.2008, § 7 FSA-Kodex Fachkreise https://www.fsa-pharma.de/de/schiedstelle/berichterstattung/fachkreise/az-2009.5–260-1-instanz-2-abs-2-der-fsa-verfahrensordnung-7-fsa-kodex-fachkreise-ausschluss-der-beanstandungsberecht/ (zul. abgerufen am 4.2. 2021) (= PharmR 2009, 580),

[14] Entscheidung zu § 15 Abs. 1 und 3; 21 Abs. 1 FSA-Kodex Fachkreise, § 2 Abs. 1 VerfO idF v. 2.12.2005, PharmR 2008, 211.

(FS I 2016.12–511),[15] bei der ein Mitarbeiter eines Unternehmens als „Privatperson" eine Beanstandung eingereicht hatte, nachdem die Schiedsstelle zuvor die Beanstandung eines Mitgliedsunternehmens unter Hinweis auf § 2 Abs. 2 zurückgewiesen hatte.

Bei anderen Beschwerdeführern wird im Rahmen des die Werbung betreffenden Teils des FSA-Kodex Fachkreise vermutet, dass sie keine „kommerziellen Interessen" an der Verfolgung von Verstößen besitzen. Dementsprechend bleibt das Beanstandungsrecht anderer Beschwerdeführer weiterhin unbeschränkt. **63**

Die Regelung des Abs. 2 S. 2 wurde durch die Änderung der Verfahrensordnung vom 14.7.2006 eingefügt. Durch S. 3 werden die Bestimmungen des 4. Abschnitts des FSA-Kodex Fachkreise für **nicht verschreibungspflichtige Arzneimittel** von Mitgliedern und den mit ihnen verbundenen Unternehmen für nicht anwendbar erklärt. Diese Bestimmung ist durch die Änderung des § 1 Abs. 2 Nr. 2 des FSA-Kodex Fachkreise obsolet geworden und erfüllt im Regelfall nunmehr nur noch klarstellende Funktion. S. 2 Hs. 2 eröffnet aber ausdrücklich den Mitgliedsunternehmen oder den mit diesen verbundenen Unternehmen die Möglichkeit, sich freiwillig den Regelungen des 4. Abschnitts des FSA-Kodex Fachkreise auch für nicht verschreibungspflichtige Arzneimittel zu unterwerfen. **64**

3. Rechte des Vorstandes und der Geschäftsführung zur Einleitung eines Verfahrens (Abs. 3)

Es ist nicht zwingend erforderlich, dass die Beanstandung von einer außenstehenden Person bei der Geschäftsstelle eingereicht wird. Vielmehr kann auch der **Vorstand** des Vereins von sich aus ein Verfahren gegen Mitglieder des Vereins oder unterworfene Unternehmen einleiten, wenn er von einem Verstoß gegen die relevanten Verhaltensvorgaben der Kodizes Kenntnis erlangt und ein solches Vorgehen für angemessen bzw. erforderlich hält. Mit der Neufassung der Verfahrensordnung vom 1.12.2011 wurde die Beanstandungsbefugnis dahingehend erweitert, dass nunmehr auch der **Geschäftsführung** ein vom Vorstand **unabhängiges eigenes Recht** zur Einleitung eines Beanstandungsverfahrens zusteht. Hintergrund dieser Änderung ist insbesondere die große Mobilität des Geschäftsführers in der Branche, durch die er vielfach Kontakte zur Ärzteschaft, zu Unternehmen sowie Patientenorganisationen unterhält und die dadurch gewonnenen Erkenntnisse künftig nutzen und folglich die Effektivität und Handlungsmacht steigern kann.[16] Für den Vorstand wie die Geschäftsführung gelten die gleichen Rechte. So steht beiden bei der Einleitung des Beanstandungsverfahrens ein **Ermessensspielraum** zu („können"). Obgleich der Wortlaut der Regelung beiden einen unbegrenzten Ermessensspielraum einräumt, verhalten sich der Vorstand wie auch die Geschäftsführung bislang, soweit ersichtlich, mit der Inanspruchnahme des Rechts aus Abs. 3 äußerst zurückhaltend. Und tatsächlich sprechen der Ausnahmecharakter, die Genese sowie der Sinn und Zweck der Regelung dafür, diese nur dann anzuwenden, wenn ein nach Art und Ausmaß schwerwiegender Verstoß gegen die Vorschriften der Kodizes vorliegt oder der Verstoß geeignet ist, das öffentliche Ansehen der pharmazeutischen Industrie nicht unerheblich zu beeinträchtigen. Diese Gesichtspunkte dürften bei der Ausübung des Ermessensspielraums **einschränkend zu berücksichtigen** sein. Dagegen steht anderen Mitgliedern der Spruchkörper nicht das Recht zu, von sich aus ein Verfahren einzuleiten. Ihnen steht es allerdings frei, den Vorstand bzw. die Geschäftsführung über Vorgänge oder Erkenntnisse zu unterrichten. Diese können dann die Einleitung eines Verfahrens beschließen. **65**

Absatz 3 durchbricht einen wesentlichen Grundsatz der Verfahrensordnung. Der Vorstand bzw. die Geschäftsführung können sich eine Beanstandung eines Unternehmens wegen des **66**

---

[15] Entscheidung zu § 2 Abs. 2 S. 1 idF v. 17.11.2015, https://www.fsa-pharma.de/de/schiedstelle/berichterstattung/fachkreise/az-2016.12–511-2-abs-2-satz-1-der-verfo-ausschluss-der-unternehmen-vom-beanstandungsrecht-gegen-die-normen-des-3-abschnitt/ (zul. abgerufen am 4.2.2021) (= PharmR 2017, 366).

[16] *FS Arzneimittelindustrie eV* PharmR 2012, 47 (48).

Verstoßes eines Mitgliedsunternehmens **zu eigen machen** und trotz der Regelung in Abs. 2 ein Verfahren einleiten. Insofern durchbricht Abs. 3 auch den Grundsatz in § 4 Abs. 3, wonach anonyme Beanstandungen wegen Verstößen gegen Regelungen des 3. Abschnitts des FSA-Kodex Fachkreise („Werbung") nicht verfolgt werden dürfen.

III. Gegenstand der Beanstandung (Abs. 4)

67 Der Beitritt eines Mitglieds oder die Unterzeichnung einer Unterwerfungserklärung stellt eine **zeitliche Zäsur** dar. Nur wenn Verstöße nach diesen Ereignissen (erneut) stattfinden, können sie durch eine Beanstandung geltend gemacht werden. Der Grund für diese Einschränkung liegt darin, dass vor dem Beitritt bzw. der Unterzeichnung einer Unterwerfungserklärung die Regelungen der Kodizes noch nicht anwendbar sind.

IV. Unzulässigkeit der Beanstandung (Abs. 5)

68 Sofern das betroffene Mitglied gegenüber dem Beanstandenden zum Zeitpunkt der Beanstandung bereits eine umfassende Unterlassungserklärung abgegeben hat oder eine entsprechende gerichtliche Entscheidung vorliegt, ist die Beanstandung unzulässig. Insofern fehlt es dem Beanstandenden an einem **berechtigten Interesse** zur Anrufung der Spruchkörper des FSA.

69 Anders verhält es sich, wenn ein FSA-Mitglied nach Einleitung des Beanstandungsverfahrens gegenüber einem anderen FSA-Mitglied, das nicht Beanstandender ist, eine strafbewehrte Unterlassungserklärung abgibt. In diesem Fall bleibt es dazu verpflichtet, eine strafbewehrte Unterlassungserklärung gegenüber dem FSA abzugeben. Denn der Abs. 5 S. 2 soll **verhindern, dass sich ein beanstandetes Unternehmen auf** die von der zivilrechtlichen Rechtsprechung entwickelten **Grundsätze zur** sogenannten **Drittunterwerfung beruft,** um sich so einer (erneuten) Unterlassungsverpflichtung im Beanstandungsverfahren nach der FSA-Verfahrensordnung zu entziehen (FS I 2010.7–290).[17] Die Regelung ist damit bewusst strenger als die Rechtsprechung zu wettbewerbsrechtlichen Unterlassungsansprüchen, wonach eine Unterlassungserklärung die Wiederholungsgefahr nicht nur inter partes, sondern gegenüber jedermann entfallen lässt, sofern keine Zweifel an der Ernsthaftigkeit der Unterwerfung bestehen.[18]

§ 3 Weitere Rechte des Beanstandenden

(1) Der Beanstandende hat im weiteren Verfahren folgende Informations- und Überprüfungsrechte:

1. Der Beanstandende wird über den Ausgang des Verfahrens durch Übersendung des Tenors der Entscheidung und der Entscheidungsgründe informiert (§ 11 Abs. 5 S. 2). Der Beanstandende wird hierbei jeweils auf die für ihn bestehenden Verfahrensrechte hingewiesen.

2. Der Beanstandende hat das Recht,

a) gegen Entscheidungen des Spruchkörpers 1. Instanz Einspruch einzulegen, soweit seine Beanstandung nicht zur Feststellung eines Kodex-Verstoßes führt (§ 25 Abs. 2);

b) bei Untätigkeit des Spruchkörpers 1. Instanz den Spruchkörper 2. Instanz anzurufen, sofern der Spruchkörper 1. Instanz nicht innerhalb von 6 Monaten nach Eingang der Beanstandung eine Entscheidung trifft und es auch nicht innerhalb dieses Zeitraums zur Abgabe einer strafbewehrten Unterlassungserklärung durch das betroffene Unternehmen wegen des beanstandeten Kodex-Verstoßes gekommen ist (§ 25 Abs. 3).

---

[17] Entscheidung zu § 2 Abs. 5 VerfO idF v. 18.1.2008, https://www.fsa-pharma.de/de/schiedsstelle/berichterstattung/fachkreise/az-2010.7–290-1-instanz-2-abs-5-fsa-verfahrensordnung-abgabe-einer-strafbewehrten-unterlassungs-erklarung-gegenuber-dri/ (zul. abgerufen am 4.2.2021).

[18] Vgl. BGH GRUR 1983, 186 – Wiederholte Unterwerfung I; GRUR 1987, 640 – Wiederholte Unterwerfung II.

In diesen Fällen wird das Verfahren vor dem Spruchkörper 2. Instanz fortgesetzt.

(2) Der Beanstandende ist ansonsten am Verfahren nicht beteiligt.

Übersicht

I. Vorbemerkung

Diese Vorschrift fasst die **Rechte des Beanstandenden** zusammen, die über die bloße Beanstandungsberechtigung (§ 2) hinausgehen. 70

Über § 2 Abs. 2 S. 2 der Ursprungsfassung der Verfahrensordnung hinaus wird der Beanstandende nach Abs. 1 Nr. 1 nunmehr über den Ausgang des Verfahrens **vollumfänglich informiert.** Sinn und Zweck ist die Umsetzung der nach dem EFPIA-Kodex erforderlichen Transparenz sowie die hiermit verbundene Ermöglichung der Ausübung der Verfahrensrechte des Beanstandenden. Die Neuregelung durch die letzte Änderung der Verfahrensordnung vom 15.12.2020 stellt klar, dass der Beanstandende über die Entscheidungsgründe zu informieren ist, ohne dass eine Beschränkung auf die wesentlichen Gründe erfolgt. Die Entscheidungsgründe enthalten eine kurze Zusammenfassung der Erwägungen, auf denen die Entscheidung in tatsächlicher und rechtlicher Hinsicht beruht. 71

Die Regelung des Abs. 1 Nr. 2 setzt ebenfalls den EFPIA-Kodex um, der **effektive Rechtsmittel für den Beanstandenden** verlangt. Dies bedeutet eine erhebliche Erweiterung der dem Beanstandenden nach der Ursprungsfassung der Verfahrensordnung zustehenden Rechte, die auf die Einlegung einer Beanstandung beschränkt waren. 72

II. Informations- und Überprüfungsrechte des Beanstandenden (Abs. 1)

Diese weiteren **Rechte des Beanstandenden** bestehen in Informations- und Überprüfungsrechten. 73

Nach Abs. 1 Nr. 1 ist der Beanstandende **in vollem Umfang** über den Ausgang des Verfahrens **zu informieren.** Die Regelung des § 2 Abs. 2 S. 2 der ursprünglichen Fassung sah hingegen nur die Mitteilung des Entscheidungstenors ohne die Entscheidungsgründe vor. Außerdem soll dem Beanstandenden die Ausübung seiner Verfahrensrechte durch umfassende Information ermöglicht und erleichtert werden. 74

Die Regelung der Abs. 1 Nr. 2 fasst die Einspruchs- und Beschwerderechte des Beanstandenden zusammen. Sie stellt eine Umsetzung des EFPIA-Kodex dar, der in Sec. 28.04 lit. e. – nunmehr innerhalb eines Regelwerks sowohl für die Zusammenarbeit mit Fachkreisen als auch für die Zusammenarbeit mit Patientenorganisationen[19] – die Etablierung von **effektiven Rechtsmitteln** verlangt. Danach hat der Beanstandende das Recht, Einspruch gegen Entscheidungen der Spruchkörper einzulegen, sofern die Beanstandung nicht zur Feststellung eines Kodexverstoßes geführt hat. Ferner wird dem Beanstandenden das Recht eingeräumt, den Spruchkörper 2. Instanz anzurufen, sofern der Spruchkörper 1. Instanz nicht innerhalb von sechs Monaten nach Einlegung der Beanstandung eine Entscheidung getroffen hat. Dies bedeutet eine erhebliche Erweiterung der dem Beanstandenden nach der Ursprungsfassung der Verfahrensordnung zustehenden Rechte. Dort waren seine Rechte auf die Einlegung der Beanstandung selbst beschränkt. 75

[19] Ehemals Art. 4 (d) von Annex A EFPIA-Kodex zur Zusammenarbeit mit den Fachkreisen, Art. 4 lit. d von Annex II EFPIA-Kodex zur Zusammenarbeit mit Patientenorganisationen.

III. Keine weitere Beteiligung des Beanstandenden am Verfahren (Abs. 2)

76 Absatz 2 stellt klar, dass die Informations- und Überprüfungsrechte des Beanstandenden in Abs. 1 **abschließend** sind.

§ 4 Inhalt und Form der Beanstandung

(1) Die Beanstandung ist schriftlich an den Geschäftsführer des Vereins zu richten und zu begründen. Sie sollte die vorgebrachten Beanstandungen möglichst durch die Beifügung von relevanten Unterlagen (etwa Einladungsschreiben zu medizinischen Fachkongressen u. ä.) im Original oder in Ablichtung substantiieren. Der Geschäftsführer leitet die Beanstandung zur Behandlung an den jeweils zuständigen Spruchkörper 1. Instanz weiter.

(2) Beanstandungen, die Vorgänge betreffen, die länger als ein Jahr zurückliegen, werden nicht behandelt.

(3) Anonyme Beanstandungen wegen Verstößen gegen Regelungen des 3. Abschnitts des FSA-Kodex Fachkreise werden mit Ausnahme von § 2 Abs. 3 nicht behandelt. Mitgliedsunternehmen sind verpflichtet, Beanstandungen unter Offenlegung ihrer Identität einzureichen. Andere Unternehmen und natürliche Personen sind angehalten, Beanstandungen grundsätzlich offen und nur bei einem besonderen Anonymitätsbedürfnis auf anonyme Weise einzureichen.

Übersicht

I. Vorbemerkung

77 Diese Regelung entspricht im Wesentlichen § 3 der Verfahrensordnung idF vom 16.2.2004. Durch die **Fassung vom 2.12.2005** wurde in Abs. 3 eine **anonyme Beanstandung** grundsätzlich erlaubt. Diese Änderung beruht auf der Überlegung, dass das vormalige Verbot anonymer Beanstandungen nach den Erfahrungen des FSA abschreckend wirken kann und eine effektive Tätigkeit des FSA nicht fördert. Eine Ausnahme besteht lediglich für sog. „commercial complaints", um einen Widerspruch mit § 2 Abs. 1 S. 2 zu verhindern. Durch die **Fassung vom 28.11.2008** wurde mit § 4 Abs. 1 S. 3 gleichermaßen ein transparenterer Zugang zu dem Verfahren sowie eine Anpassung an die veränderte Besetzungsregelung des Spruchkörpers 1. Instanz in § 18 vorgenommen.

II. Inhalt der Beanstandung (Abs. 1)

78 Die Beanstandung ist **schriftlich** an den Geschäftsführer des Vereins zu richten und zu **begründen.** Sie kann auch direkt bei der Geschäftsstelle eingereicht werden. Dabei sollten die Beanstandungen möglichst bereits durch Beifügung von Unterlagen substantiiert werden, so dass eine Prüfung der Schlüssigkeit der Beanstandung möglich ist. Hiermit sind etwa Werbematerialien gemeint, die das von der Beanstandung betroffene Unternehmen bei der Zusammenarbeit mit Ärzten verwendet hat, Kopien von Berater- oder anderweitigen Kooperationsverträgen oder auch Einladungsschreiben zu medizinischen Fachkongressen oder unternehmensintern organisierten Fortbildungsangeboten für Ärzte. Ein bereits in Gang gesetztes Beanstandungsverfahren ist einzustellen, wenn der Beanstandende nicht bereit ist, den Zeugen (hier Arzt) namentlich zu benennen, welcher den Kodexverstoß

nachweisen kann und das beanstandete Unternehmen nachweist, dass die eigenen Außendienstmitarbeiter fortlaufend und vollständig über den Inhalt des entsprechenden Kodex informiert und geschult werden (FS I 2005.10–97).[20] Klarstellend sei erwähnt, dass diese Entscheidung nicht im Widerspruch zu der Entscheidung des FSA zur Beanstandungsberechtigung von Mitarbeitern (FS II 2007.2–159)[21] steht (zu dieser Entscheidung auch → Rn. 61). Zwar beschäftigen sich beide Entscheidungen mit der Frage, welchen Einfluss die **Durchführung adäquater Schulungen** im Falle von kodexwidrigem Verhalten von Mitarbeitern hat. In der Entscheidung FS II 2007.2–159 hatte der FSA die Verantwortlichkeit für das Verhalten eines Mitarbeiters angenommen, obwohl das Unternehmen sich darauf berufen hatte, ein adäquates System zur Mitarbeiterschulung eingeführt zu haben. Aus der Entscheidung FS I 2005.10–97 folgt dagegen, dass für den **Nachweis eines kodexwidrigen Verhaltens** der Durchführung adäquater Schulungen eine **indizielle Wirkung** dahingehend zukommt, dass sich die Mitarbeiter kodexkonform verhalten. Es handelt sich also um eine Beweisfrage. Ist aber wie in der Entscheidung FS II 2007.2–159 das kodexwidrige Verhalten eines Mitarbeiters nachgewiesen, so soll **im Rahmen der Zurechnung keine „Exkulpation"** des Mitgliedsunternehmens aufgrund der Durchführung adäquater Schulungen erreicht werden. Ebenso kann eine substantiiert vorgetragene Beschwerde des Beanstandenden von dem Unternehmen nicht allein durch den Verweis auf die übliche und notwendige Verwendung von internen Standardprozessen entkräftet werden (FS I 2017.12–539).[22]

Durch die Änderung von § 4 Abs. 1 S. 3 der Verfahrensordnung wird die **Weiterleitung von Beschwerden** durch den Geschäftsführer an den zuständigen Spruchkörper 1. Instanz angeordnet. Hierdurch wird ein möglichst einfacher und transparenter Zugang zum Spruchkörper 1. Instanz erreicht, da der Geschäftsführer weiterhin als Eingangsstelle für etwaige Beschwerden zuständig bleibt. Diese Regelung ist notwendig, da mit der Änderung der Besetzungsregelung des Spruchkörpers der 1. Instanz eine solche Weiterleitung erforderlich werden kann. 79

III. Ausschlussfristen (Abs. 2)

Die Beanstandung ist **schriftlich einzureichen** und zu **begründen** und darf nur Vorgänge betreffen, die nicht bereits länger als ein Jahr zurückliegen **(„einjährige Ausschlussfrist")**. Für ältere Vorgänge fehlt es insoweit an einem aus der Aktualität erwachsenden besonderen Verfolgungsinteresse, das die Behandlung des Vorgangs durch den Verein als notwendig bzw. sinnvoll erscheinen ließe. Bei der Bestimmung der Ausschlussfrist ist darauf abzustellen, inwieweit das beanstandete Verhalten bei einer Gesamtbetrachtung als abgeschlossen zu beurteilen ist. Bei **Dauerschuldverhältnissen,** dh bei auf längere Zeit angelegten Kooperationsbeziehungen (wie etwa der Durchführung von Beraterverträgen), kommt es nicht auf den Beginn der Kooperation an, sondern allein darauf an, inwieweit die letzte Zusammenarbeit länger als ein Jahr zurückliegt. Entscheidend bei Vertragsverhältnissen ist daher die jeweilige Vertragslaufzeit bzw. die Zahlung der geschuldeten Vergütung, je nachdem welcher Vorgang weniger lang zurückliegt. 80

Dasselbe gilt für zeitlich aufeinander folgende **Mehrfachverstöße,** die in einem inhaltlichen Zusammenhang stehen und bei denen jeder für sich einen Kodexverstoß verwirkli- 81

[20] Entscheidung zu § 15 FSA-Kodex Fachkreise iVm §§ 4 und 20 Abs. 1 VerfO idF v. 16.2.2004, https://www.fsa-pharma.de/de/schiedstelle/berichterstattung/fachkreise/az-2005.10–97-1-instanz-15-des-kodex-i.v.m-4-und-20-abs-1-der-fs-arzneimittelindustrie-verfahrensordnung-27-des/ (zul. abgerufen am 4.2.2021).

[21] Entscheidung zu § 15 Abs. 1 und 3; 21 Abs. 1 FSA-Kodex Fachkreise, § 2 Abs. 1 VerfO idF v. 2.12.2005, PharmR 2008, 211.

[22] Entscheidung zu § 13 Abs. 1 FSA-Kodex Fachkreise, https://www.fsa-pharma.de/de/schiedstelle/berichterstattung/fachkreise/az-2017.12–539-13-abs-1-fsa-kodex-fachkreise-belastigung-eines-angehorigen-der-fachkreise-durch-unerwunschte-zusendungen/ (zul. abgerufen am 4.2.2021).

chen würde. Für den Fall, dass diese Verstöße so eng miteinander verbunden sind, dass eine Einzeluntersuchung nicht möglich bzw. sinnvoll ist (zB bei verschiedenen Teilzahlungen an einen Arzt innerhalb desselben Kooperationsverhältnisses), sind derartige Verstöße als einheitliche Handlung im juristischen Sinne zu bewerten, die in der früheren Rechtsprechung als **„fortgesetzte Handlung"** bezeichnet wurde. Entscheidend für die Bestimmung der Ausschlussfrist nach Abs. 2 ist dabei der letzte Teilakt des jeweiligen Kodexverstoßes (letzte Teilzahlung, Überweisung etc).

IV. Anonyme Beanstandungen (Abs. 3)

82 Entgegen der Ursprungsfassung der Verfahrensordnung (§ 3 Abs. 3 aF), wonach die Zulassung von anonymen Beanstandungen für eine effektive Arbeit der Spruchkörper als eher ungeeignet angesehen wurde,[23] ermöglicht Abs. 3 nunmehr grundsätzlich anonyme Beanstandungen. Erfahrungen des FSA führten zur Überzeugung, dass die **Zulassung von anonymen Beanstandungen als sinnvoll** erscheint. Sie können der Arbeit des FSA förderlich sein, indem sie wertvolle Hinweise auf nicht kodexkonformes Verhalten erbringen, die der FSA in Ermangelung eigener Zwangsmittel zur Sachverhaltsaufklärung ansonsten nicht erhalten würde. Entsprechend wurden sie in der Verfahrensordnung in der Fassung vom 2.12.2005 im Grundsatz für zulässig erklärt.

83 Durch die Änderung der Verfahrensordnung vom 15.12.2020 wurde angeordnet, dass Mitgliedsunternehmen verpflichtet sind, Beanstandungen unter Offenlegung ihrer Identität einzureichen. Anders als dritte Unternehmen und Privatpersonen stehen die Mitgliedsunternehmen aufgrund ihrer Vereinsmitgliedschaft in einem besonderen Vertrauensverhältnis zum FSA. Dies rechtfertigt es, ihnen eine offene Beanstandung, die unter anderem Rückfragen ermöglicht, zuzumuten.

84 Demgegenüber bleibt es Drittunternehmen und Privatpersonen weiterhin möglich, anonyme Beanstandungen vorzunehmen. Eine anonyme Beanstandung soll allerdings nur bei Vorliegen eines **besonderen Anonymitätsbedürfnisses** erfolgen. Ein besonderes Anonymitätsbedürfnis besteht, wenn und soweit für den Beanstandenden zu erwartende persönliche, rechtliche oder wirtschaftliche Nachteile mit der Beanstandung verbunden sind, die das Interesse des Vereins an einer Offenlegung der Identität überwiegen. Dabei ist zu berücksichtigen, ob eine ausreichende Ermittlung des Verstoßes auch ohne Rückfragen an den Beanstandenden erfolgen kann.

85 Die **praktischen Auswirkungen** dieser Differenzierung dürfen nicht überschätzt werden, da es im Wesen einer anonymen Beanstandung liegt, dass eine Differenzierung nach der Stellung des Beanstandenden nicht möglich ist. Insofern kommt der Neuregelung vor allen Dingen eine „appellative" Funktion zu, durch die die Mitgliedsunternehmen angehalten werden, den Gedanken der Transparenz auch bei Beanstandungen zu verwirklichen.

86 Die **Regelungen des 3. Abschnitts** des FSA-Kodex Fachkreise („Werbung") (→Rn. 61) können unabhängig von der Person des Beanstandenden niemals Gegenstand einer anonymen Beanstandung sein. Gleichwohl steht es aber im Ermessen des Vorstands bzw. der Geschäftsführung, sich nach § 2 Abs. 3 derartige, eigentlich unzulässige Beanstandungen zu eigen zu machen und ein entsprechendes Verfahren einzuleiten. Es ist wohl zu erwarten, dass die bisherige Praxis in diesem Zusammenhang insofern weiterhin Gültigkeit behält, wonach ein ausreichender **tatsächlicher Beleg der konkret zu nennenden Umstände** Voraussetzung für einen entsprechenden Beschluss des Vorstands bzw. der Geschäftsführung ist.

§ 4a Leitlinien des Vorstands

Der Verein kann durch den Vorstand verbindliche Leitlinien zur Auslegung dieser Verfahrensordnung erlassen. Der Verein veröffentlicht diese Leitlinien im Internet (www.fsa-pharma.de).

[23] So noch Entscheidung des Spruchkörpers 1. Instanz (FS I 2004.12–49).

Ebenso wie bei den Kodizes (dazu → Kap. 14 Rn. 171 ff., → Kap. 15 Rn. 105 ff., → Kap. 16 Rn. 68 ff.) wird der Vorstand des FSA auch im Rahmen der Verfahrensordnung ermächtigt, verbindliche Leitlinien zur Auslegung zu erlassen. Hintergrund dieser Ermächtigung in den Regularien des FSA ist es, die **Rechtssicherheit** durch einheitliche Auslegung der unbestimmten Rechtsbegriffe zu erhöhen und durch ständige Anpassung der Leitlinien die Auslegung dem Wandel der Zeit anpassen zu können. Dabei liegt der Erlass von Leitlinien im **Ermessen** des Vorstandes, der sich bei der Ermessensausübung vor allem davon leiten lassen sollte, ob die Leitlinie geeignet ist, die o. g. Rechtssicherheit zu erhöhen („kann"). So hat der Vorstand von seinem Ermächtigungsrecht bereits für den unbestimmten Rechtsbegriff „nach Art und Umfang nicht erheblichen Verstoß" gemäß § 20 Abs. 4a Verfahrensordnung Gebrauch gemacht und eine Leitlinie erlassen (→ Rn. 228). Auch zum Anwendungsbereich der Ermahnung gemäß § 20 Abs. 4b Verfahrensordnung hat der Vorstand eine Leitlinie erlassen (→ Rn. 230). 87

2. Unterabschnitt: Grundsätze und Gang des Verfahrens (§§ 5–11)

§ 5 Zuständigkeiten

(1) Der Spruchkörper 1. Instanz ist erstinstanzlich für alle Beanstandungen zuständig, sofern nicht die Zuständigkeit des Spruchkörpers 2. Instanz gegeben ist (§ 5 Abs. 2). Der Spruchkörper 1. Instanz hat im Fall von zulässigen und begründeten Beanstandungen von den Mitgliedern eine strafbewehrte Unterlassungserklärung zu verlangen („Regelverfahren", § 20). Sofern das Mitglied die Abgabe einer solchen Unterlassungserklärung verweigert, wird das Verfahren vor dem Spruchkörper 1. Instanz fortgesetzt (§ 21). Sofern sich die Beanstandung in diesem Verfahren als zulässig und begründet erweist, ist durch den Spruchkörper 1. Instanz im Wege einer Entscheidung ein Kodex-Verstoß festzustellen.

(2) Der Spruchkörper 2. Instanz ist bei wiederholten Verstößen derselben Art (drei Verstöße innerhalb von zwei Jahren) gemäß § 20 Abs. 8 i. V. m. § 24 Abs. 1 sowie gemäß § 25 für die Entscheidung über Einsprüche gegen Entscheidungen des Spruchkörpers 1. Instanz zuständig. Ferner ist der Spruchkörper 2. Instanz bei Beschwerden des Beanstandenden wegen Untätigkeit des Spruchkörpers 1. Instanz zuständig (§ 25 Abs. 3).

Übersicht

I. Vorbemerkung

Die Regelung entspricht weitgehend § 4 der Ursprungsfassung der Verfahrensordnung. Die Regelung in Abs. 2 S. 2 setzt die Anforderungen des EFPIA-Kodex an einen effektiven Rechtsschutz um, indem der Beanstandende gegen ablehnende Entscheidungen **Einspruch erheben** oder eine **Untätigkeitsbeschwerde** bei Passivität des Spruchkörpers 1. Instanz einlegen kann. Durch die Revision vom 28.11.2008 wurde diese Regelung nicht geändert. 88

II. Zuständigkeit des Spruchkörpers 1. Instanz (Abs. 1)

1. Eingangsinstanz

89 Der Spruchkörper 1. Instanz ist **erstinstanzlich** für alle Beanstandungen zuständig (Abs. 1 S. 1). Der Spruchkörper 2. Instanz wird als Eingangsinstanz im Fall von „wiederholten Verstößen derselben Art" gem. Abs. 2 tätig, wenn derartige Verstöße mindestens dreimal innerhalb eines Zeitraumes von zwei Jahren auftreten. Angesichts der besonderen Uneinsichtigkeit des betroffenen Unternehmens bzw. der Nachhaltigkeit solcher Verstöße „derselben Art" kann die 2. Instanz von ihren höheren Sanktionsmöglichkeiten Gebrauch machen (→ Rn. 272 ff.). Daneben wird der Spruchkörper 2. Instanz auch im Rahmen der sog. Untätigkeitsklage als Eingangsinstanz tätig, wenn der Spruchkörper 1. Instanz nach Eingang einer Beanstandung sechs Monate untätig bleibt. Hier ist die 2. Instanz „anstelle" der untätigen 1. Instanz auch nur mit deren geringeren Sanktionsmöglichkeiten ausgestattet.

2. „Regelverfahren"

90 Um die Vorteile einer eigenverantwortlich ausgestalteten Selbstkontrolle zu nutzen und auf diese Weise Verstößen zeitnah und bürokratiearm begegnen zu können, wird der Spruchkörper 1. Instanz im Fall von zulässigen und begründeten Beanstandungen die Abgabe einer **strafbewehrten Unterlassungserklärung** verlangen. Ist das betroffene Unternehmen mit diesem Vorgehen einverstanden, ist das Verfahren mit Abgabe der entsprechenden Erklärung beendet (**„Regelverfahren"**, § 20). Zur Durchführung eines streitigen Verfahrens kommt es daher nur, wenn das Mitglied bzw. das unterworfene Unternehmen mit der Abgabe einer entsprechenden Unterlassungserklärung nicht einverstanden ist. In diesem Fall wird das Verfahren vor dem Spruchkörper 1. Instanz fortgesetzt (§ 21). Bestätigt dieses Verfahren den Verstoß und erweist sich die Beanstandung damit auch im streitigen Verfahren als zulässig und begründet, wird der Spruchkörper 1. Instanz den Kodexverstoß feststellen und gem. § 22 sanktionieren (→ Rn. 246 ff.).

3. Zusätzliche Spruchkörper 1. Instanz

91 Sofern der Vorstand mehr als einen Spruchkörper mit der Wahrnehmung der Tätigkeit als Spruchkörper 1. Instanz betraut, bilden diese jeweils **eigenständige Spruchkörper 1. Instanz** (§ 18 Abs. 1 S. 3). Die genauen Zuständigkeiten der einzelnen Spruchkörper 1. Instanz bestimmen sich in diesem Fall nach dem Geschäftsverteilungsplan, der zu diesem Zweck vom Vorstand erlassen wird (→ Rn. 207).

III. Zuständigkeit des Spruchkörpers 2. Instanz (Abs. 2)

1. Dreifache Zuständigkeit

92 Der Spruchkörper 2. Instanz verfügt seit der Neufassung der Verfahrensordnung vom 2.12.2005 über eine **„dreifache Zuständigkeit".** Er ist zunächst als 2. Instanz für die Entscheidung über Einsprüche gegen Entscheidungen des Spruchkörpers 1. Instanz zuständig. Darüber hinaus wird er in den Fällen als Eingangsinstanz tätig, in denen es zu „wiederholten Verstößen derselben Art" durch ein Unternehmen kommt. Außerdem ist er für Beschwerden zuständig, wenn ein Beanstandender die Untätigkeit des Spruchkörpers 1. Instanz rügen will.

a) Wiederholte Verstöße

93 Von „wiederholten Verstößen" ist in zeitlicher Hinsicht dann auszugehen, wenn das betreffende Unternehmen drei sogenannte **„kerngleiche Verstöße"** innerhalb von zwei Jahren begeht (§ 20 Abs. 7 S. 6). In diesem Fall wird der dritte kerngleiche Verstoß unmittelbar zur Untersuchung bzw. Sanktionierung an die 2. Instanz abgegeben.

94 Hinsichtlich der Identität des Unternehmens ist darauf zu achten, dass es nicht erforderlich ist, dass der wiederholte Verstoß zwingend durch ein und dasselbe Unternehmen begangen werden muss, um die Abgabe an die nächsthöhere Instanz auszulösen. Bei Konzernen ist auch dann von einem wiederholten Verstoß desselben Unternehmens auszugehen, wenn die Verstöße einem bestimmten Konzernunternehmen als eigene Verstöße zuzurechnen sind (→ Rn. 51 ff.). Entscheidend ist allein, welches Unternehmen innerhalb der letzten zwei Jahre **verfahrensbeteiligt** war und in diesem Zusammenhang für entsprechend kerngleiche Verstöße **sanktioniert** worden ist oder freiwillig eine entsprechende **Unterlassungserklärung** abgegeben hat (dazu → Rn. 84).

b) Begriff der „Kerngleichheit"

95 Von einer „kerngleichen Handlung" ist dann auszugehen, wenn die beanstandete Handlung **entweder identisch** oder in ihren **charakteristischen Elementen „kerngleich"** mit einer solchen Handlung ist, die bereits in der Vergangenheit Gegenstand einer begründeten Beanstandung gewesen ist. Nach § 20 Abs. 7 S. 6 ist von einer begründeten Beanstandung dann auszugehen, wenn entweder von dem betroffenen Mitglied eine entsprechende Unterlassungserklärung abgegeben oder von den Spruchkörpern 1. oder 2. Instanz eine im Sinne der Verfahrensordnung unanfechtbare Unterlassungsverpflichtung ausgesprochen worden ist. „Kerngleichheit" liegt nicht schon deshalb vor, weil das nunmehr beanstandete Verhalten gegen die gleiche Norm verstößt, wie das Verhalten, das Gegenstand der Unterlassungserklärung war. Es muss stattdessen gerade das Charakteristische der früheren Verletzung wiederkehren, so dass keine erneute selbstständige rechtliche Beurteilung notwendig ist (FS II 3/08/2007.12–218 (b)).[24] Abwandlungen einer konkret untersagten Verletzungsform fallen somit nur dann in den Kern des Verbotsbescheids, wenn sie ihrerseits schon **implizit Gegenstand der Prüfung** im Erkenntnisverfahren waren.[25] Der Spruchkörper 2. Instanz hatte in dieser Entscheidung über eine Anwendungsbeobachtung zu entscheiden, die in kodexwidriger Art und Weise den teilnehmenden Arzt zur Verschreibung des Arzneimittels beeinflusste: Diese Beeinflussung erfolgte dadurch, dass in den zur Anwendungsbeobachtung gehörenden Mappen unzulässige Werbeschriftzüge enthalten waren und damit das Prinzip der Nichtintervention von Anwendungsbeobachtungen verletzt wurde (dazu → Kap. 14 Rn. 180). Diesem Verfahren war ein ähnliches Verfahren vorangegangen, in dem ebenfalls eine kodexwidrige Anwendungsbeobachtung vorlag. Bei dieser erfolgte ebenfalls eine unzulässige Beeinflussung der Fachkreise, jedoch nicht durch die verwendeten Mappen, sondern durch den Außendienst des Unternehmens, der die Anwendungsbeobachtung begleitete. Trotz dieser Parallelen lag nach Auffassung des FSA keine Kerngleichheit zwischen den beiden Verstößen vor. Denn auch wenn letztlich gegen die gleiche Norm verstoßen wurde, erfolgte der zweite Verstoß durch andere Mittel und musste daher vollständig neu beurteilt werden. Er war auch nicht von der Unterlassungserklärung erfasst, die im Rahmen des ersten Verfahrens abgegeben wurde.

c) Zweijahres-Zeitraum

96 Zur genauen Bestimmung von Fristen liegt es nahe, auf die **Vorschriften des Bürgerlichen Gesetzbuchs** (§§ 186 ff. BGB) zurückzugreifen. Zur Bestimmung des Zwei-Jahres-Zeitraums nach Abs. 2, dem eigentlichen Fristbeginn, ist insofern vom Datum des ersten der drei Verstöße gegen den entsprechenden Kodex auszugehen. Hat der erste Verstoß etwa am 1.6.2004 stattgefunden, beginnt der Fristlauf der Zweijahres-Frist am 2.6.2004 (vgl. § 187 Abs. 1 BGB) und endet entsprechend § 188 Abs. 2 BGB am 1.6.2006.

---

[24] Entscheidung zu § 19 Abs. 2, § 19 Abs. 1 S. 4 FSA-Kodex Fachkreise, § 20 Abs. 7, § 15 Abs. 4 VerfO idF v. 28.11.2008, https://www.fsa-pharma.de/de/schiedstelle/berichterstattung/fachkreise/az-fs-ii-3-08-2007.12-218-b-2-instanz-19-abs-2-fsa-kodex-2006-19-abs-1-satz-4-fsa-kodex-fachkreise-2008-grund/ (zul. abgerufen am 4.2.2021).

[25] OLG München BeckRS 2010, 13362; KG MD 2020, 1029 (1032); OLG Hamburg GRUR-RS 2020, 47951.

d) Untätigkeit des Spruchkörpers 1. Instanz

97 Der durch die Neufassung der Verfahrensordnung vom 2.12.2005 eingeführte Rechtsbehelf der Untätigkeitsbeschwerde ermöglicht dem Beanstandenden bei **Untätigkeit des Spruchkörpers 1. Instanz** einen unmittelbaren Zugang zum Spruchkörper 2. Instanz. Die Sanktionsmöglichkeiten sind hier aber auf den Rahmen beschränkt, der für den Spruchkörper 1. Instanz gilt, da der **Spruchkörper der 2. Instanz als Eingangsinstanz** „anstelle" des Spruchkörpers der 1. Instanz tätig wird (§ 25 Abs. 3 S. 2).

2. Zusätzliche Spruchkörper 2. Instanz („Kammern")

98 Abhängig vom Geschäftsaufkommen des Spruchkörpers 2. Instanz kann der Vorstand **weitere Spruchkörper** 2. Instanz als Kammern mit entsprechenden Besetzungen einrichten (§ 24 Abs. 4 S. 2 der Satzung). Diese bilden ähnlich wie in der 1. Instanz jeweils einen eigenständigen Spruchkörper 2. Instanz. Die Zuständigkeit zwischen den einzelnen Spruchkörpern bestimmt sich nach dem Geschäftsverteilungsplan, der zu diesem Zweck vom Vorstand erlassen wird (§ 24 Abs. 4 S. 3 der Satzung).

§ 6 Ablauf des Verfahrens

(1) Sofern eine Beanstandung nicht bereits im Regelverfahren (§ 20) erledigt wird, bestimmt der Vorsitzende des jeweiligen Spruchkörpers einen Termin zur mündlichen Verhandlung.

(2) Der Vorsitzende des jeweiligen Spruchkörpers kann im Falle eines Zusammenhangs zwischen mehreren bei ihm anhängigen Beanstandungen ihre Verbindung zum Zwecke gleichzeitiger Verhandlung und/oder Entscheidung anordnen. Der Vorsitzende des Spruchkörpers 2. Instanz kann eine Trennung von verbundenen Verfahren anordnen.

(3) Die Spruchkörper tagen grundsätzlich am Sitz des Vereins in Berlin. Auf Beschluss des Vorsitzenden des jeweiligen Spruchkörpers oder auf Antrag des betroffenen Mitglieds kann die Beanstandung im schriftlichen Verfahren weiterverfolgt werden, wenn die Anberaumung einer mündlichen Verhandlung nach billigem Ermessen des Vorsitzenden als entbehrlich zu betrachten ist. Sofern das betroffene Mitglied der Anordnung eines schriftlichen Verfahrens durch den Vorsitzenden des jeweiligen Spruchkörpers innerhalb einer einwöchigen Frist schriftlich widerspricht, hat der Vorsitzende einen Termin zur mündlichen Verhandlung anzuberaumen.

(4) Der Vorsitzende des jeweiligen Spruchkörpers veranlasst gegebenenfalls weitere verfahrensleitende und sitzungsvorbereitende Maßnahmen (Einholung von ergänzenden Auskünften etc.).

(5) Der Vorsitzende des jeweiligen Spruchkörpers kann nach seinem Ermessen Zeugen sowie gegebenenfalls Sachverständige einladen. Die von der Beanstandung betroffenen Mitglieder (nachfolgend: „betroffene Mitglieder") sind gehalten, Firmenangehörigen, die als Zeugen oder Sachverständigen eingeladen sind, die Teilnahme an der mündlichen Verhandlung zu ermöglichen, sofern dem nicht arbeitsrechtliche oder andere gewichtige Gründe entgegenstehen.

(6) Das betroffene Mitglied und die Mitglieder des jeweiligen Spruchkörpers werden darüber hinaus in jedem Fall zur mündlichen Verhandlung eingeladen, bei Verhandlungen des Spruchkörpers 2. Instanz auch derjenige Vorsitzende des Spruchkörpers 1. Instanz, der die Entscheidung als Spruchkörper 1. Instanz getroffen hat (nachfolgend „Verfahrensbeteiligte" genannt). An Verhandlungen des Spruchkörpers 2. Instanz kann in jedem Fall auch der Geschäftsführer des Vereins teilnehmen. Die mündliche Verhandlung ist ansonsten nicht vereinsöffentlich.

(7) Die Einladung erfolgt schriftlich per eingeschriebenem Brief mit Rückschein. Die Einladung soll spätestens drei Wochen vor der mündlichen Verhandlung abgesandt werden. Diese Einladung muss ferner die folgenden Informationen enthalten:

1. Inhalt der Beanstandung, gegebenenfalls unter Beifügung von Dokumenten, die dem betroffenen Mitglied eine sachgerechte Vorbereitung der mündlichen Verhandlung ermöglichen,

2. Ort und Zeit der mündlichen Verhandlung,
3. die Namen der Mitglieder des jeweiligen Spruchkörpers,
4. den Hinweis, dass Mitglieder des Spruchkörpers wegen Besorgnis der Befangenheit abgelehnt werden können,
5. den Hinweis, dass auch bei unentschuldigtem Fernbleiben des betroffenen Mitglieds oder seines Vertreters eine Entscheidung getroffen werden kann,
6. gegebenenfalls die Namen eingeladener Zeugen,
7. einen Hinweis an das betroffene Mitglied, dass es sich in jeder Lage des Verfahrens durch einen bevollmächtigten Mitarbeiter und/oder einen Rechtsanwalt vertreten lassen kann.

(8) Sofern das Verfahren im schriftlichen Verfahren verfolgt werden soll, trifft der Vorsitzende des jeweiligen Spruchkörpers die notwendigen verfahrensleitenden Maßnahmen. § 6 Abs. 6 S. 3 Nr. 1, 3, 4 und 7 gilt entsprechend. Dem betroffenen Mitglied ist Gelegenheit zur Stellungnahme zu geben. Der Vorsitzende des jeweiligen Spruchkörpers kann hierzu Fristen festsetzen.

Übersicht

I. Mündliche Verhandlung (Abs. 1 und 2)

1. Abgabe einer freiwilligen Unterlassungserklärung

99 Sofern die Beanstandung nicht bereits im Regelverfahren nach § 20 durch Abgabe einer entsprechenden strafbewehrten Unterlassungserklärung durch das betroffene Unternehmen erledigt wird, bestimmt der Vorsitzende des jeweiligen Spruchkörpers einen Termin zur mündlichen Verhandlung (Abs. 1). Dies gilt auch für den Fall, in dem zwar seitens des betroffenen Unternehmens eine Unterlassungserklärung abgegeben wird, diese Erklärung jedoch nicht **„auf erstes Anfordern"** durch den Spruchkörper erfolgt. Nur der sofortigen Abgabe einer solchen Erklärung kommt insofern eine verfahrensbeendigende Wirkung zu. Verweigert das jeweilige Unternehmen daher entweder die Abgabe einer solchen Erklärung, oder entschließt es sich erst im weiteren Verlauf des Verfahrens zu diesem Schritt, **entfällt die verfahrensbeendigende Wirkung** der Unterlassungserklärung und eine Erledigung im Regelverfahren scheidet aus. Die Abgabe der freiwilligen Unterlassungserklärung wird in diesem Fall lediglich im Rahmen der **Strafzumessung** berücksichtigt.

100 Hinsichtlich der Abgabe einer Unterlassungserklärung und einer damit gegebenenfalls verbundenen verfahrensbeendigenden Wirkung enthält § 20 Abs. 7 S. 7 für „wiederholte Verstöße derselben Art" eine **Sonderregelung.** Erklärt sich das Unternehmen mit der Zahlung des – mit dem erneuten Verstoß fälligen – Ordnungsgeldes und seiner Erhöhung für zukünftige Fälle einverstanden, endet das Verfahren. Ist das betroffene Unternehmen hiermit nicht einverstanden, wird das Verfahren fortgesetzt (§ 21). Sofern es sich bei der Beanstandung um den dritten „Verstoß derselben Art" im Sinne von § 5 Abs. 2 handelt, führt dieser Verstoß zur Zuständigkeit der 2. Instanz als Eingangsinstanz.

101 **Bestreitet** das betroffene Unternehmen nicht den Verstoß als solchen, sondern allein dessen **Wiederholungscharakter,** kann es die Zahlung des Ordnungsgeldes und seine Erhöhung für zukünftige Verstöße ablehnen und gleichzeitig die Abgabe einer „einfachen" Unterlassungserklärung für einen „andersartigen Verstoß" anbieten (§ 20 Abs. 6 S. 1). Stellt sich im weiteren Verfahren heraus, dass die Auffassung des Unternehmens zutreffend war und die Eingangsprüfung durch den Spruchkörper 1. Instanz zu Unrecht einen Wiederholungstatbestand angenommen hatte, endet das Verfahren auch in diesem Fall auf der Grundlage der von dem Unternehmen abgegebenen Unterlassungserklärung. Besteht zwischen mehreren Beanstandungen einen Zusammenhang, kann der Vorsitzende des Spruchkörpers ihre **Verbindung** zum Zwecke gleichzeitiger Verhandlung und/oder Entscheidung anordnen. Der Vorsitzende des Spruchkörpers 2. Instanz kann die **Trennung** von verbundenen Verfahren anordnen (Abs. 2). Beide Anordnungen erfolgen aus Gründen der **Verfahrensökonomie** (vgl. § 147 ZPO, § 93 VwGO). Mit der Verbindung von Verfahren geht die Möglichkeit der Gebührenreduzierung (§ 30 S. 3) bzw. Kostenvorschussreduzierung (§ 31 Abs. 1 S. 2) einher.

2. Fortsetzung des Verfahrens

102 Wird das Verfahren fortgesetzt, bestimmt der Vorsitzende des jeweiligen Spruchkörpers einen Termin zur **mündlichen Verhandlung.** Alternativ dazu besteht die Möglichkeit, die Beanstandung im schriftlichen Verfahren zu verfolgen. Der Vorsitzende kann von der Anberaumung einer mündlichen Verhandlung nach billigem Ermessen dann absehen, wenn er dies entweder als entbehrlich betrachtet oder das betroffene Unternehmen die Durchführung des schriftlichen Verfahrens beantragt (§ 6 Abs. 2 S. 2 iVm Abs. 7).

103 Entscheidet sich der Vorsitzende, ein **schriftliches Verfahren** durchzuführen, ohne dass ein entsprechender Antrag des Unternehmens vorliegt, kann das Unternehmen innerhalb einer Woche schriftlich widersprechen. Nach § 10 Abs. 1 S. 2 ist das Schriftlichkeitserfordernis erfüllt, wenn der Widerspruch durch einen eingeschriebenen Brief, Telefax, E-Mail oder durch die quittierte Abgabe bei der Geschäftsstelle des Vereins erfolgt. Die Beweislast, dass der Widerspruch tatsächlich eingegangen ist, obliegt dem betroffenen Unternehmen (§ 10 Abs. 1 S. 3). Die Geschäftsstelle bestätigt auf Verlangen des Unternehmens den Eingang der Erklärung per Telefax oder E-Mail (§ 10 Abs. 1 S. 4).

3. Wiedereinsetzung in den vorigen Stand

104 Dem betroffenen Unternehmen kann auf Antrag von dem jeweiligen Spruchkörper Wiedereinsetzung in den vorigen Stand gewährt werden, wenn es **unverschuldet** an der Einhaltung der Wochenfrist zur Einlegung des Widerspruches gehindert war (→ Rn. 99).

a) Verschuldensbegriff und Zurechnung von Fehlverhalten

105 Der Begriff „ohne Verschulden" bedeutet das Fehlen von Vorsatz und Fahrlässigkeit sowohl auf Seiten des Unternehmens als auch auf Seiten etwaiger Vertreter bzw. Bevollmächtigter des Unternehmens. Zur Auslegung des Verschuldensbegriffes kann auf die zivilrechtliche Rechtsprechung zu § 233 der ZPO („Wiedereinsetzung in den vorigen Stand") zurückgegriffen werden. Dem Unternehmen wird dabei in entsprechender Anwendung des § 51 Abs. 2 ZPO das Fehlverhalten seiner **gesetzlichen Vertreter** (zB Geschäftsführer oder Vorstand) als eigenes Verschulden zugerechnet. Darüber hinaus haftet das Unternehmen auch für ein mögliches Fehlverhalten seiner **gewillkürten Vertreter,** dh entweder für Unternehmensmitarbeiter, die zur Betreuung des Verfahrens bevollmächtigt sind, oder für ein Verschulden des mit dem Verfahren betrauten Rechtsanwalts als Bevollmächtigtem (entsprechend § 85 Abs. 2 ZPO).

b) Spezielle Zurechnungs- und Verschuldensfragen

106 Dass juristischen Personen das Verschulden ihrer gesetzlichen Vertreter zugerechnet wird, führt etwa bei der Organisationsform der GmbH dazu, dass diese für schuldhaftes Fehlver-

halten ihres Geschäftsführers wie für eigenes Fehlverhalten einstehen muss. **Versäumt** daher etwa der Geschäftsführer **schuldhaft die Einhaltung einer Verfahrensfrist,** kann dem betroffenen Unternehmen keine Wiedereinsetzung in den vorigen Stand gewährt werden. Hinsichtlich des Verschuldenserfordernisses können sich bei Wirtschaftsunternehmen durchaus Organisationsobliegenheiten ergeben, die den strengen Anforderungen zur innerbetrieblichen Organisation nahe kommen, die den berufsmäßigen Verfahrensbevollmächtigen, namentlich Rechtsanwälten, abverlangt werden. Dies führt bei juristischen Personen und Handelsgesellschaften dazu, dass insbesondere Krankheit oder auch Unglücksfälle nur in Ausnahmefällen eine Wiedereinsetzung zugunsten des betroffenen Unternehmens rechtfertigen können. Das Unternehmen muss daher dafür Sorge tragen, dass Posteingänge etwa auch während der Erkrankung des Geschäftsführers bearbeitet werden.

Auf die **normalen Postlaufzeiten** darf ein Unternehmen sich dagegen verlassen. Gibt **107** es den fristwahrenden Schriftsatz daher ausreichend adressiert und frankiert so rechtzeitig auf, dass er üblicherweise innerhalb der Wochenfrist der Schiedsstelle hätte zugehen müssen, handelt das Unternehmen schuldlos. Verzögerungen der Post oder Störungen im Telefax-Betrieb, auch wenn deren Ursache ungeklärt bleibt, belasten danach nicht das Unternehmen, sondern rechtfertigen eine Wiedereinsetzung. Auch in diesem Zusammenhang ähneln die organisatorischen Maßnahmen, die einem Wirtschaftsunternehmen zugemutet werden, denen, die eine Anwaltskanzlei erfüllen muss. Dem Unternehmen ist insofern auch zuzumuten, eine Ausgangskontrolle für fristwahrende Schriftsätze durchzuführen, dh etwaige Faxbestätigungen auf ordnungsgemäßen Empfang zu kontrollieren.

II. Vorbereitung der mündlichen Verhandlung (Abs. 2–7)

1. Tagungsort (Abs. 3)

Die Spruchkörper tagen grundsätzlich am **Sitz des Vereins in Berlin,** sofern eine **108** mündliche Verhandlung erforderlich ist oder von dem betroffenen Unternehmen gewünscht wird. Zur Vorbereitung der mündlichen Verhandlung veranlasst der Vorsitzende des jeweiligen Spruchkörpers verfahrensleitende oder sitzungsvorbereitende Maßnahmen (Abs. 4). Er kann etwa das betroffene Unternehmen oder den Beanstandenden um ergänzende Auskünfte bitten oder nach eigenem Ermessen Zeugen oder Sachverständige einladen. Als Zeugen kommen insbesondere Firmenangehörige in Betracht, denen die Teilnahme an der mündlichen Verhandlung ermöglicht werden soll, sofern dem nicht arbeitsrechtliche oder andere gewichtige Gründe entgegenstehen (Abs. 5).

2. Einladung zur mündlichen Verhandlung (Abs. 5 und 6)

Neben Zeugen und Sachverständigen (Abs. 5) lädt der jeweilige Spruchkörper das be- **109** troffene Unternehmen sowie die Mitglieder des Spruchkörpers zur mündlichen Verhandlung ein (Abs. 6 S. 1). Entscheidet der Spruchkörper 2. Instanz – wie dies regelmäßig der Fall ist – nicht als Eingangs- sondern als Einspruchsinstanz, wird auch der Vorsitzende des Spruchkörpers 1. Instanz zur mündlichen Verhandlung geladen, der die erstinstanzliche Entscheidung getroffen hat. Nach Abs. 6 S. 2 kann in Verhandlungen des Spruchkörpers 2. Instanz in jedem Fall auch der Geschäftsführer des Vereins teilnehmen, gleich ob er oder ein anderer Vorsitzender des Spruchkörpers der 1. Instanz war. Dadurch wird sichergestellt, dass der Geschäftsführer des Vereins, der zugleich eine beratende Funktion gegenüber den Mitgliedsunternehmen hat, an den Verhandlungen des Spruchkörpers 2. Instanz teilnehmen darf, damit die Erkenntnisse der mündlichen Verhandlungen unmittelbar in die Beratungspraxis einfließen können. Anderen, nicht eingeladenen Personen ist die Teilnahme an der mündlichen Verhandlung nicht gestattet, da die mündliche Verhandlung ansonsten **nicht vereinsöffentlich** ist (Abs. 6 S. 3).

a) Versendung der Einladung (Abs. 7 S. 1 und 2)

110 Der jeweilige Spruchkörper versendet das Einladungsschreiben **per eingeschriebenen Brief mit Rückschein** (Abs. 7 S. 1). Diese Einladung soll spätestens drei Wochen vor dem Termin der mündlichen Verhandlung versandt werden, so dass den betroffenen Unternehmen ausreichend Zeit zur Vorbereitung der Verhandlung bleibt. Kann die dreiwöchige Ladungsfrist ausnahmsweise nicht eingehalten werden, entscheidet der Vorsitzende nach billigem Ermessen, ob er die mündliche Verhandlung trotzdem zum geplanten Termin durchführen will. Die von Abs. 7 S. 1 vorgesehene **Frist ist lediglich eine Sollvorschrift.** Eine Unterschreitung dieser Frist ist generell unzulässig. Von der Einhaltung der Frist sollte aber zum Schutz des Unternehmens nur in Ausnahmefällen und dann nur aus zwingenden Gründen abgewichen werden, etwa wenn die Terminsverschiebung dazu führen würde, dass die Durchführung der mündlichen Verhandlung auf absehbare Zeit unmöglich und das Verfahren infolgedessen unzumutbar verzögert würde.

b) Inhalt der Einladung (Abs. 7 S. 3 Nr. 1–6)

111 Die Einladung muss den **genauen Beanstandungsvorwurf** wiedergeben. Daher sind der Einladung alle bei dem jeweiligen Spruchkörper vorhandenen fallrelevanten Dokumente in Kopie beizufügen, sofern diese dem Unternehmen nicht bereits zugesandt worden sind, um dem betroffenen Unternehmen eine sachgerechte Vorbereitung zu ermöglichen. Erfolgt die Einleitung des Verfahrens nicht auf Betreiben des Vorstandes, sondern aufgrund einer von einem Dritten eingereichten Beanstandung, sind der Einladung insoweit die Unterlagen beizufügen, die auch der Dritte seiner Eingabe beigelegt hat.

112 Dem Unternehmen sind darüber hinaus Ort und Zeit der mündlichen Verhandlung sowie die Besetzung des jeweiligen Spruchkörpers und die Namen der gegebenenfalls eingeladenen Zeugen in der Einladung offenzulegen. Dem Schreiben ist auch der **ausdrückliche Hinweis** beizufügen, dass Mitglieder des Spruchkörpers im Falle der Besorgnis der Befangenheit abgelehnt werden können. Ferner ist darauf hinzuweisen, dass sich das betroffene Unternehmen in dem Verfahren durch einen bevollmächtigten Mitarbeiter bzw. Rechtsanwalt vertreten lassen kann.

113 Die Einladung muss auch einen Hinweis darauf enthalten, dass der jeweilige Spruchkörper für den Fall eines unentschuldigten Fernbleibens des betroffenen Mitglieds oder seines Vertreters eine Entscheidung treffen kann (§ 7 Abs. 3 S. 1 und 3). In diesen Fällen erfolgt eine Entscheidung auf der Grundlage des vorhandenen Beweismaterials. Der Spruchkörper entscheidet dabei nach pflichtgemäßem Ermessen, inwieweit die zum Zeitpunkt der mündlichen Verhandlung vorhandenen Beweismittel ausreichen, um eine abschließende Entscheidung zu treffen. Der Spruchkörper kann sich in einem solchen Fall jedoch auch für die **Weiterermittlung** des vorliegenden Sachverhalts entscheiden (etwa durch Vernehmung von Sachverständigen und/oder Zeugen), wenn er ein solches Vorgehen für angemessen und erforderlich hält (§ 7 Abs. 3 S. 3).

3. Entscheidung im schriftlichen Verfahren (Abs. 8)

114 Auch im Fall der Einleitung des schriftlichen Verfahrens trifft der Vorsitzende des jeweiligen Spruchkörpers die notwendigen verfahrensleitenden Maßnahmen. Er teilt dem betroffenen Unternehmen insbesondere den Inhalt der Beanstandung mit. Zu diesem Zweck überlässt er dem Unternehmen auch die fallrelevanten Dokumente in Kopie. Dabei gelten die Vorgaben von Abs. 7 entsprechend, soweit sie nicht ausschließlich auf die mündliche Verhandlung bezogen sind: Abs. 7 Nr. 1 **(„Inhalt der Beanstandung“)**, Nr. 3 **(„Namen der Mitglieder des jeweiligen Spruchkörpers“)**, Nr. 4 **(„Besorgnis der Befangenheit“)** und Nr. 7 **(„Vertretungsmöglichkeiten für das Unternehmen“)** sind daher auch im schriftlichen Verfahren entsprechend anzuwenden.

115 Der **„Grundsatz des rechtlichen Gehörs“** wird zu Gunsten des betroffenen Unternehmens dadurch gewahrt, dass dieses auch im schriftlichen Verfahren Gelegenheit zur Stel-

lungnahme erhält. Allerdings kann der Vorsitzende des jeweiligen Spruchkörpers zur Einreichung der schriftlichen Stellungnahme eine angemessene Frist bestimmen.

Im schriftlichen Verfahren erfolgt auch eine gegebenenfalls erforderliche **Beweisaufnahme** grundsätzlich in schriftlicher Form. Hiervon kann der Vorsitzende abweichen, wenn er eine andere Vorgehensweise für zweckdienlicher hält. Er kann sich etwa für eine telefonische Befragung von Zeugen entscheiden, solange er das Ergebnis dieser Befragung in schriftlicher Form in das Verfahren einführt. 116

§ 7 Mündliche Verhandlung

(1) Der Vorsitzende leitet die mündliche Verhandlung. Er gibt nach der Eröffnung die Besetzung des Spruchkörpers bekannt und stellt die Anwesenheit fest. Er fordert die Zeugen zur Wahrheit auf und entlässt sie bis zu ihrer Befragung. Er befragt anschließend das betroffene Mitglied sowie die Zeugen und benennt und erläutert die sonstigen Beweismittel. Zeugen können bei Vorliegen besonderer Umstände auch schriftlich oder vorab durch den Vorsitzenden oder einen von ihm beauftragten Vertreter befragt werden. Das Befragungsergebnis ist in der mündlichen Verhandlung von dem Vorsitzenden vorzutragen. Es kann auch eine telefonische Befragung während der Verhandlung durchgeführt werden. Das betroffene Mitglied hat bis zum Ende der mündlichen Verhandlung das Recht, zusätzliche Zeugen zu benennen. Diese Zeugen müssen, sofern sie nicht bereits von dem Vorsitzenden des jeweiligen Spruchkörpers zu der mündlichen Verhandlung eingeladen worden sind, in der mündlichen Verhandlung präsent sein.

(2) Die Verfahrensbeteiligten haben in der mündlichen Verhandlung ein Fragerecht. Der Vertreter des betroffenen Mitglieds hat das Schlusswort.

(3) Erscheint das Mitglied trotz ordnungsgemäßer Ladung unentschuldigt nicht zur mündlichen Verhandlung und ist es auch nicht wirksam vertreten, entscheidet der Spruchkörper nach Lage der Akten. Anderenfalls wird ein neuer Termin zur mündlichen Verhandlung von dem Vorsitzenden des jeweiligen Spruchkörpers festgesetzt. Im Fall des unentschuldigten Fernbleibens sind die eingeladenen Zeugen oder Sachverständigen nur dann zu befragen, wenn der jeweilige Spruchkörper dies für sachdienlich hält.

(4) Über die mündliche Verhandlung ist ein Protokoll anzufertigen, das den wesentlichen Inhalt der mündlichen Verhandlung wiedergibt. Etwaige Anträge von Verfahrensbeteiligten und Beschlüsse des jeweiligen Spruchkörpers sind im Wortlaut aufzunehmen oder dem Protokoll als Anlage beizufügen.

(5) Alle Verfahrensbeteiligten können verlangen, dass einzelne Äußerungen wörtlich protokolliert werden.

(6) Das Protokoll ist vom Vorsitzenden zu unterzeichnen und den Verfahrensbeteiligten zu übersenden.

Übersicht

I. Leitung der mündlichen Verhandlung

1. Allgemeines

Die mündliche Verhandlung wird vom Vorsitzenden des jeweiligen Spruchkörpers geleitet. Hierunter ist diejenige Tätigkeit zu verstehen, die zur Vorbereitung der Entscheidung 117 auf ein einwandfreies Verfahren und einen **zweckmäßigen Verlauf** der Verhandlung gerichtet ist.

118 Die **formelle Verhandlungsleitung** umfasst insoweit die äußere Ordnung des Verfahrens. Dazu gehören beispielsweise die Eröffnung der Verhandlung sowie die Erteilung des Wortes an die Verfahrensbeteiligten. Die **sachliche Verhandlungsleitung** soll die innere Ordnung des Verfahrens sicherstellen, dh der Vorsitzende des jeweiligen Spruchkörpers wirkt durch Aufklärung und Ausübung des Sachermittlungsrechts darauf hin, dass der der Beanstandung zu Grunde liegende Sachverhalt erschöpfend erörtert wird. Der Vorsitzende soll auch darauf hinwirken, dass die Verhandlung möglichst ohne Unterbrechung zu Ende geführt wird. Er leitet zudem eine etwaige Beweisaufnahme innerhalb der mündlichen Verhandlung.

119 Ist nach Ansicht des Spruchkörpers die Sache vollständig erörtert worden, schließt der Vorsitzende die Beweisaufnahme und verkündet gegebenenfalls im Anschluss an die Beratung die **Entscheidung sowie ihre wesentliche Begründung** (§ 11 Abs. 3 S. 1). Andernfalls gibt er den Verfahrensbeteiligten bekannt, dass ihnen die Entscheidung schriftlich übermittelt wird.

2. Einzelheiten der Verhandlungsleitung

120 Der Vorsitzende des jeweiligen Spruchkörpers gibt nach der Eröffnung der Verhandlung die Besetzung des Spruchkörpers namentlich bekannt und stellt die **Anwesenheit** der Verfahrensbeteiligten sowie geladener Dritter fest. In diesem Zusammenhang fordert er die Zeugen zur Wahrheit auf und entlässt sie bis zu ihrer Befragung. Zunächst wird das von der Beanstandung betroffene Unternehmen befragt, im Anschluss daran eventuelle Zeugen. Daraufhin benennt und erläutert der Vorsitzende sonstige Beweismittel, etwa vorhandene Urkunden oder Sachverständigengutachten.

a) Vernehmung von Zeugen (Abs. 1)

121 Die Vernehmung von Zeugen erfolgt im Rahmen der mündlichen Verhandlung. Ausnahmsweise ist es auch möglich, auf die **persönliche Vernehmung** des Zeugen in der mündlichen Verhandlung zu verzichten und sich stattdessen auf eine schriftliche Befragung zu beschränken. Es besteht auch die Möglichkeit, den Zeugen durch den Vorsitzenden oder einen von ihm beauftragten Vertreter vor der mündlichen Verhandlung befragen zu lassen. Dies sollte allerdings nur dann erfolgen, wenn von vornherein anzunehmen ist, dass der Spruchkörper das Beweisergebnis auch ohne unmittelbaren Eindruck von dem Verlauf der Beweisaufnahme sachgemäß zu würdigen vermag und die persönliche Anwesenheit des Zeugen angesichts der Bedeutung seiner Aussage entbehrlich erscheint. Ob vor diesem Hintergrund auf ein persönliches Erscheinen des Zeugen verzichtet werden kann, entscheidet der Vorsitzende nach pflichtgemäßem Ermessen. Der Vorsitzende kann eine solche Entscheidung insbesondere dann treffen, wenn das persönliche Erscheinen nur mit unverhältnismäßigem Aufwand ermöglicht werden könnte, insbesondere wenn der Zeuge aus dem Ausland anreisen müsste oder terminlich so eingebunden ist, dass sich das Verfahren unnötig verzögern würde. In diesem Fall würde es sich beispielsweise anbieten, die Zeugenvernehmung durch den Spruchkörper außerhalb der eigentlichen mündlichen Verhandlung durch den Vorsitzenden durchführen zu lassen, um damit in zeitlicher Hinsicht flexibler zu sein. Alternativ dazu sieht Abs. 1 S. 5 vor, dass zu diesem Zweck auch eine **telefonische Befragung** während der Verhandlung zulässig ist.

122 Das betroffene Unternehmen hat bis zum Ende der mündlichen Verhandlung jederzeit das Recht, zusätzliche Zeugen zu benennen. Für den Fall, dass diese Zeugen nachbenannt werden sollen, jedoch nicht bereits vom Vorsitzenden des jeweiligen Spruchkörpers zur mündlichen Verhandlung eingeladen worden sind, müssen diese in der mündlichen Verhandlung präsent sein, um das Verfahren **nicht zu verzögern.**

b) Rechte der Verfahrensbeteiligten (Abs. 2)

Die Verfahrensbeteiligten haben während der mündlichen Verhandlung ein **Fragerecht.** 123
Der Vorsitzende des jeweiligen Spruchkörpers kann allerdings ungeeignete oder nicht zur Sache gehörende Fragen zurückweisen. Der Vertreter des betroffenen Unternehmens hat das Wort, bevor die mündliche Verhandlung geschlossen wird.

c) Unentschuldigtes Fehlen (Abs. 3)

Erscheint das betroffene Unternehmen trotz ordnungsgemäßer Ladung unentschuldigt 124
nicht zur mündlichen Verhandlung und ist es auch nicht wirksam vertreten, entscheidet der Spruchkörper **nach Lage der Akten.** Zur Entscheidungsfindung werden in diesem Fall alle Unterlagen herangezogen, die zum Zeitpunkt der mündlichen Verhandlung verfügbar sind. Ist auf dieser Grundlage eine abschließende Entscheidung nicht möglich, bestimmt der Vorsitzende des jeweiligen Spruchkörpers nach billigem Ermessen einen neuen Termin zur mündlichen Verhandlung. Waren zur Verhandlung bereits Zeugen oder Sachverständige geladen worden, kann der jeweilige Spruchkörper entscheiden, ob deren Befragung dennoch durchgeführt wird. Dies liegt nahe, wenn die schriftliche Dokumentation für eine Entscheidung allein nicht ausreicht und ansonsten ein weiterer Termin zur mündlichen Verhandlung anberaumt werden müsste. In diesem Fall ist es nach dem Grundsatz der **Verfahrensökonomie** sinnvoll, erschienene Zeugen oder Sachverständige trotz des Fernbleibens des betroffenen Unternehmens zu vernehmen.

II. Protokoll (Abs. 4–6)

Über die mündliche Verhandlung ist ein Protokoll anzufertigen, das den **wesentlichen** 125
Inhalt der Verhandlung wiedergibt. Es ist allerdings nicht erforderlich, den genauen Wortlaut der mündlichen Verhandlung im Protokoll festzuhalten. In jedem Fall sind die Namen der Erschienenen, der Vertreter der jeweiligen Unternehmen bzw. ihrer Bevollmächtigten sowie die Namen von Zeugen und Sachverständigen in das Protokoll aufzunehmen **(Anwesenheitsliste).** Anträge von Verfahrensbeteiligten bzw. die Beschlüsse des jeweiligen Spruchkörpers sind dabei im Wortlaut aufzunehmen und dem Protokoll als Anlage beizufügen.

Darüber hinaus können alle Verfahrensbeteiligten beantragen, dass bestimmte **Äußerun-** 126
gen wörtlich in das Protokoll aufgenommen werden. Der Spruchkörper kann allerdings von einer Aufnahme der entsprechenden Vorgänge oder Äußerungen absehen, wenn es auf die Feststellung des Vorgangs oder der Äußerung nicht ankommt, da nur der „wesentliche Inhalt" der mündlichen Verhandlung im Protokoll festgehalten werden muss. Diese Feststellung des Spruchkörpers ist im Beschlusswege zu treffen und als verfahrensleitende Maßnahme nicht isoliert anfechtbar (§ 25 Abs. 7 S. 1). Dagegen sind Anträge der Verfahrensbeteiligten sowie Beschlüsse des Spruchkörpers zwingend im Wortlaut aufzunehmen.

§ 8 Vertretung des betroffenen Mitglieds

(1) Das betroffene Mitglied kann sich in jeder Lage des Verfahrens durch einen bevollmächtigten Mitarbeiter und/oder einen Rechtsanwalt vertreten lassen.

(2) Die Kosten für die Vertretung oder Beratung des betroffenen Mitglieds gehen ohne Rücksicht auf den Ausgang des Verfahrens zu dessen Lasten.

(3) Bevollmächtigte des betroffenen Mitglieds haben sich auf Verlangen durch eine bei dem Spruchkörper einzureichende Vollmacht auszuweisen.

Übersicht

I. Vertretungsmöglichkeiten (Abs. 1)

127 Das betroffene Unternehmen kann sich im Verfahren vor dem Spruchkörper durch einen **bevollmächtigten Mitarbeiter und/oder einen Rechtsanwalt** vertreten lassen. Es ist nicht erforderlich, sich bereits zu Beginn des Verfahrens auf einen bestimmten Vertreter festzulegen. Hinsichtlich der Anzahl etwaiger Vertreter ist das Unternehmen nicht beschränkt. Es kann auch mehreren Mitarbeitern bzw. Anwälten die Wahrnehmung seiner Interessen vor dem jeweiligen Spruchkörper übertragen.

II. Kosten der Vertretung (Abs. 2)

128 Im Unterschied zum zivilgerichtlichen Verfahren fallen die Kosten für die Vertretung bzw. auch für die verfahrensvorbereitende oder -begleitende Beratung stets dem **Unternehmen zur Last.** Derartige Kosten werden auch dann nicht von dem FS Arzneimittelindustrie eV erstattet, wenn sich die Beanstandung im Laufe des Verfahrens als unbegründet erweist.

III. Vollmacht für Bevollmächtigte (Abs. 3)

129 Bevollmächtigte des betroffenen Unternehmens haben mit der Neufassung der Verfahrensordnung vom 2.12.2005 nur noch **auf Verlangen** eine **schriftliche Vollmacht** bei dem jeweiligen Spruchkörper zu den Akten zu reichen. Diese Änderung zielt auf eine Vereinfachung des Verfahrens ab.

§ 9 Akteneinsichtsrechte

(1) Das betroffene Mitglied verfügt über ein jederzeitiges Akteneinsichtsrecht.

(2) Daneben haben die übrigen Verfahrensbeteiligten und der Vorstand des Vereins ebenfalls ein jederzeitiges Akteneinsichtsrecht. Dies gilt nicht für den Beanstandenden.

Übersicht

I. Akteneinsichtsrechte des betroffenen Unternehmens (Abs. 1)

1. Grundsätze

130 Das von der Beanstandung betroffene Unternehmen kann die Akten der Spruchkörper jederzeit ohne Angabe von Gründen einsehen oder durch beliebige, mit entsprechender Vollmacht ausgewiesene Vertreter einsehen lassen. Die Verfahrensordnung regelt nicht ausdrücklich die Frage, inwieweit auch die **Anfertigung von Kopien** aus den Akten zulässig sein soll. Eine solche Entscheidung obliegt daher als verfahrensleitende Maßnahme dem billigen Ermessen des Vorsitzenden des jeweiligen Spruchkörpers. Er beurteilt, inwieweit es

etwa wegen der Komplexität der jeweils beanstandeten Vorgänge für eine angemessene Vorbereitung als notwendig erscheint, dem Unternehmen entsprechende Rechte einzuräumen. Bei dieser Frage sind die Geheimhaltungsinteressen **unbeteiligter Dritter** oder **anderer** Unternehmen und Organisationen zu beachten, die unter Umständen nur indirekt in den Vorgang involviert sind. Daher wird der Vorsitzende des jeweiligen Spruchkörpers zu entscheiden haben, inwieweit es gegebenenfalls erforderlich ist, die Anfertigung von Kopien entweder ganz abzulehnen oder insofern zumindest auf die Anfertigung anonymisierter Versionen zu beschränken **(Einzelfallentscheidung).**

Darüber hinaus ist eine Anonymisierung allerdings unzulässig. Insbesondere darf bei nicht-anonymen Beanstandungen die Identität des Beanstandenden gegenüber dem von der Beanstandung betroffenen Unternehmen **nicht anonymisiert** werden; das beanstandete Mitgliedsunternehmen hat das Recht auf vollständige Akteneinsicht (FS II 5/05/2005.5–65).[26] **131**

2. Besonderheiten im Konzern

Wird einem **Konzernunternehmen** der Verstoß zugerechnet (→ Rn. 52), ist zu beachten, dass nur demjenigen Unternehmen ein Akteneinsichtsrecht zusteht, das auch verfahrensbeteiligt iSv § 6 Abs. 5 S. 1 ist. Dies ist das Unternehmen, dem der jeweilige Verstoß als eigener Verstoß zugerechnet wird und das infolgedessen allein am Verfahren beteiligt ist. **132**

II. Akteneinsichtsrechte Dritter (Abs. 2)

Die **übrigen Verfahrensbeteiligten sowie der Vorstand des Vereins** haben ebenfalls ein jederzeitiges Akteneinsichtsrecht. Dabei erfasst der Begriff „Verfahrensbeteiligte" die Mitglieder des zur Entscheidung berufenen Spruchkörpers sowie – bei Verhandlungen des Spruchkörpers 2. Instanz – den jeweiligen Geschäftsführer, der die erstinstanzliche Entscheidung getroffen hat (§ 6 Abs. 5 S. 1, vgl. auch → Rn. 103). **133**

Der **Beanstandende** hat nach Abs. 2 S. 2 ausdrücklich **kein Recht auf Akteneinsicht.** Die Aufnahme der Regelung wurde mit der Neufassung der Verfahrensordnung vom 2.12.2005 notwendig, um sicherzustellen, dass der Beanstandende trotz seiner ansonsten erweiterten Verfahrensrechte im Sinne dieser Vorschrift nicht als Verfahrensbeteiligter anzusehen ist. **134**

§ 10 Fristen

(1) Das betroffene Mitglied ist an die Einhaltung von Fristen gebunden. Alle Verfahrenshandlungen des betroffenen Mitglieds, die an Fristen gebunden und schriftlich einzubringen sind, können entweder durch eingeschriebenen Brief, Telefax, E-Mail oder durch quittierte Abgabe bei der Geschäftsstelle des Vereins bewirkt werden. Die Beweislast für den Zugang derartiger Erklärungen trägt das betroffene Mitglied. Auf Verlangen bestätigt die Geschäftsstelle des Vereins den Eingang fristwahrender Erklärungen per Telefax oder E-Mail gegenüber dem betroffenen Mitglied.

(2) Bei Fristversäumung kann dem betroffenen Mitglied auf Antrag Wiedereinsetzung in den vorherigen Stand gewährt werden, wenn es unverschuldet an der Einhaltung der Frist gehindert war. Der Antrag ist innerhalb von einer Woche nach Wegfall des Hinderungsgrundes schriftlich bei dem jeweiligen Spruchkörper zu stellen, gegenüber dem die ursprüngliche Frist hätte eingehalten werden müssen.

---

[26] Entscheidung zu § 20 Abs. 3 S. 2 FSA-Kodex Fachkreise, https://www.fsa-pharma.de/de/schiedstelle/berichterstattung/fachkreise/az-fs-ii-5-05-2005.5-65-2-instanz-20-abs-3-s-2-des-kodex-auswahl-des-tagungsortes-anonymisierung-in-akten/ (zul. abgerufen am 4.2.2021) (= PharmR 2006, 127 ff.).

Übersicht

I. Einhaltung von Fristen (Abs. 1)

135 Sofern mit Verfahrenshandlungen Fristen verbunden sind, sind diese von dem betroffenen Unternehmen einzuhalten. Wenn **fristgebundene Verfahrenshandlungen** von dem betroffenen Unternehmen schriftlich vorgenommen werden, kann dies mittels eingeschriebenen Briefes, Telefaxes oder der Zusendung per E-Mail geschehen. Auch die persönliche Abgabe von Schriftstücken bei der Geschäftsstelle des Vereins gegen Quittung ist möglich.

136 Allerdings liegt **die Beweislast für den Zugang** derartiger Erklärungen bei dem betroffenen Unternehmen. Zu Beweiszwecken kann das Unternehmen beantragen, dass die Geschäftsstelle den Eingang fristwahrender Erklärungen per Telefax oder E-Mail gegenüber dem Unternehmen bestätigt, um auf diese Weise Unklarheiten über einen (rechtzeitigen) Eingang des Schriftstücks von vornherein zu vermeiden (Abs. 1 S. 4).

II. Wiedereinsetzung in den vorigen Stand (Abs. 2)

1. Anspruch

137 Bei Fristversäumung bleibt dem betroffenen Unternehmen unter bestimmten Voraussetzungen (→ Rn. 98) die Möglichkeit, einen Antrag auf Wiedereinsetzung in den vorigen Stand zu stellen. Sind dessen inhaltliche und verfahrensmäßige Voraussetzungen erfüllt, besteht ein Anspruch des Unternehmens auf Wiedereinsetzung. Diese ist zwingend von dem jeweiligen Spruchkörper zu gewähren. Die Entscheidung steht also **nicht im Ermessen** des Spruchkörpers.

2. Wirkung

138 Wird die Wiedereinsetzung gewährt, wird das Verfahren in den Stand zurückversetzt, in dem es sich **vor der Fristversäumung** befunden hat.

3. „Unverschuldet"

139 Eine Wiedereinsetzung in den vorigen Stand setzt voraus, dass das betreffende Unternehmen unverschuldet an der Einhaltung der Frist gehindert war. „Unverschuldet" bedeutet das **Fehlen von Vorsatz und Fahrlässigkeit** auf Seiten des betroffenen Unternehmens selbst oder des von ihm bevollmächtigten Vertreters (→ Rn. 99).

III. Sorgfaltsmaßstab

140 Der Sorgfaltsmaßstab, der zur Bestimmung des Verschuldensbegriffs an das Verhalten des Unternehmens bzw. das Verhalten von dessen gesetzlichen oder gewillkürten Vertretern anzulegen ist, kann nicht einheitlich bestimmt werden. Der Grad der erforderlichen Sorgfalt ist vielmehr unter Berücksichtigung aller Gesamtumstände **individuell und einzelfallbezogen** zu ermitteln.

IV. Antragstellung

Der Antrag auf Wiedereinsetzung in den vorigen Stand ist **schriftlich** bei dem Spruchkörper einzureichen, der das Verfahren verantwortlich betreut (Abs. 2 S. 2). Darüber hinaus ist es erforderlich, diesen Antrag innerhalb von einer Woche nach Wegfall des Umstandes zu stellen, der dazu geführt hat, dass die ursprüngliche Frist nicht eingehalten werden konnte. Das ergibt sich ebenfalls aus Abs. 2 S. 2. 141

V. Besonderheiten im Konzern

Sofern nicht dem am Verfahren konkret beteiligten Unternehmen der Verstoß selbst vorgeworfen wird, sondern das Verfahren gegen das Unternehmen aus den konzernbedingten Zurechnungsgrundsätzen nach § 1 Abs. 3 resultiert, kommt es hinsichtlich der Frage eines verschuldeten Fristversäumnisses gleichwohl allein auf das **Verschulden des (herrschenden) Mutterunternehmens** an. Nur dieses ist nämlich im Sinne der Verfahrensordnung am Verfahren beteiligt (zum Begriff der „Verfahrensbeteiligung" siehe § 6 Abs. 5 S. 1 sowie → Rn. 103). 142

§ 11 Entscheidungen

(1) Sofern eine Beanstandung nicht im Wege des Regelverfahrens (§ 20) beendet wird, treffen die jeweiligen Spruchkörper, sofern sie erstinstanzlich tätig werden, eine Entscheidung. Sofern die Beanstandung zulässig und begründet ist, wird ein Kodex-Verstoß festgestellt und der Beanstandung stattgegeben. Ist die Beanstandung unzulässig oder unbegründet, wird das Beanstandungsverfahren eingestellt. Daneben können die erstinstanzlich tätig werdenden Spruchkörper auch das Beanstandungsverfahren im Wege einer Entscheidung einstellen, wenn sich der Sachverhalt in einer für eine Entscheidung notwendigen Weise nicht aufklären lässt.

(2) Sofern der Spruchkörper 2. Instanz auf den Einspruch eines betroffenen Mitglieds oder des Beanstandenden gegen eine Entscheidung des Spruchkörpers 1. Instanz tätig wird, kann der Spruchkörper 2. Instanz die angefochtene Entscheidung bestätigen oder aufheben. Der Spruchkörper 2. Instanz kann auch eine Entscheidung treffen, wonach die Entscheidung des Spruchkörpers lediglich im Hinblick auf die festgestellten Sanktionen geändert wird. Neue Verteidigungsmittel des betroffenen Mitglieds sind vor dem Spruchkörper 2. Instanz ausgeschlossen, wenn sie bereits vor dem Spruchkörper 1. Instanz hätten geltend gemacht werden können.

(3) Bei der Beschlussfassung innerhalb der Spruchkörper entscheidet bei dem Spruchkörper 1. Instanz der Vorsitzende des Spruchkörpers 1. Instanz, bei dem Spruchkörper 2. Instanz die Mehrheit der Stimmen der Mitglieder dieses Spruchkörpers. Bei Stimmengleichheit wird die Beanstandung als unbegründet zurückgewiesen.

(4) Vor einer Entscheidung, der eine mündliche Verhandlung vorausgeht, ist dem betroffenen Mitglied Gelegenheit zu einer abschließenden Stellungnahme zu geben. Darüber hinaus sind auch die weiteren Verfahrensbeteiligten (mit Ausnahme der Mitglieder des jeweiligen Spruchkörpers) zu einer abschließenden Stellungnahme berechtigt. Die Spruchkörper können dem betroffenen Mitglied sowie den weiteren Verfahrensbeteiligten unmittelbar im Anschluss an die mündliche Verhandlung und nach dem Abschluss der Beratung die Entscheidung und ihre wesentliche Begründung bekannt geben. Der Vorsitzende des jeweiligen Spruchkörpers kann den Beteiligten auch bekannt geben, dass die Entscheidung schriftlich übermittelt wird.

(5) Die abschließende, schriftlich abgefasste Entscheidung des Spruchkörpers ist vom Vorsitzenden zu unterschreiben und dem betroffenen Mitglied mit schriftlicher Begründung innerhalb von zwei Wochen nach der mündlichen Verhandlung oder nach Abschluss des schriftlichen Verfahrens zuzustellen. Der Beanstandende wird über den Ausgang des Verfahrens durch Übersendung des Tenors der Entscheidung und der wesentlichen Entscheidungsgründe ebenfalls schriftlich informiert. Die Namen von Mitarbeitern des be-

troffenen Mitglieds oder anderer beteiligter Personen oder Unternehmen, Organisationen etc. sind gegebenenfalls zu anonymisieren.

Übersicht

I. Vorbemerkung

143 Durch Abs. 2 S. 1 wurde die Möglichkeit des Einspruchs gegen eine Entscheidung des Spruchkörpers 1. Instanz auch für den Beanstandenden aufgenommen. Nach Abs. 5 S. 2 muss der Beanstandende nunmehr neben dem Tenor der Entscheidung auch mittels Übersendung der **wesentlichen Entscheidungsgründe** schriftlich über den Ausgang des Verfahrens informiert werden.

II. Entscheidungsmöglichkeiten

144 Das Verfahren zur Überprüfung und Sanktionierung von Kodexverstößen ist mehrstufig angelegt. Abhängig vom Verhalten des betroffenen Unternehmens sind für den Fall einer zulässigen und begründeten Beanstandung daher mehrere Entscheidungen des jeweiligen Spruchkörpers denkbar. Es besteht zunächst die Möglichkeit, dass das Verfahren einvernehmlich in der Eingangsinstanz beendet wird. Dies ist dann der Fall, wenn das Unternehmen auf erstes Anfordern des Spruchkörpers 1. Instanz eine strafbewehrte Unterlassungserklärung abgibt (**„Regelverfahren"**; → Rn. 218 ff.). Der Spruchkörper 1. Instanz kann die Verfahrensgebühr reduzieren, wenn die Abgabe der Unterlassungserklärung bereits auf erste Anhörung hin erfolgt (§ 29 S. 2). Dies stellt für betroffene Unternehmen einen zusätzlichen Anreiz dar, frühzeitig eine solche Erklärung abzugeben.

145 Für den Fall, dass das Unternehmen mit der Abgabe einer solchen Unterlassungserklärung nicht einverstanden ist oder eine solche Erklärung erst im weiteren Verlauf des Verfahrens abgibt, **entscheidet der Spruchkörper** im streitigen Verfahren. Dieses sieht in der Regel auch die Durchführung einer mündlichen Verhandlung vor, bevor eine abschließende Entscheidung getroffen werden kann.

1. Regelverfahren

146 In dem sog. „Regelverfahren" prüft der Spruchkörper 1. Instanz die Beanstandung auf ihre **Zulässigkeit und Begründetheit.** Handelt es sich daher um ein Verfahren, das nicht aufgrund von § 5 Abs. 2 als wiederholter Verstoß an den Spruchkörper 2. Instanz abgegeben werden muss, bereitet der Spruchkörper 1. Instanz das Verfahren durch eigene **Sachverhaltsaufklärung** vor. Er kann den Beanstandenden sowohl selbst zur weiteren Konkretisierung des vorgebrachten Sachverhalts auffordern als auch das betroffene Unternehmen um eine Stellungnahme hinsichtlich der vorgebrachten Vorwürfe bitten.

Der Spruchkörper 1. Instanz darf Zeugen einladen, wenn er deren Befragung zur weiteren Aufklärung des Sachverhalts für erforderlich hält. Wird das betroffene Unternehmen zur Mitwirkung aufgefordert und kommt es dieser Aufforderung nicht nach, kann die Bewertung des beanstandeten Verhaltens nach Lage der Akten, dh auf der Grundlage des verfügbaren Beweismaterials erfolgen. Hält der Spruchkörper 1. Instanz den Vorwurf vor diesem Hintergrund für begründet, kann er das Unternehmen **abmahnen** und zur Abgabe einer **strafbewehrten Unterlassungserklärung** auffordern, mit der das Unternehmen versichert, dass der beanstandete Verstoß für die Zukunft abgestellt wird. Gibt das betroffene Unternehmen diese Erklärung unmittelbar nach Aufforderung durch den Spruchkörper ab, endet das Verfahren. 147

2. Erstinstanzliche Entscheidung (Abs. 1)

a) Stattgebende Entscheidungen

Verweigert das betroffene Unternehmen die Abgabe einer Unterlassungserklärung oder gibt es diese nicht „auf erstes Anfordern", sondern erst im weiteren Verlauf des Verfahrens ab, wird das Verfahren vor dem Spruchkörper 1. Instanz **„streitig"** fortgesetzt. Bestätigt sich der Kodexverstoß im weiteren Verlauf des Verfahrens, wird der Verstoß **„festgestellt und der Beanstandung stattgegeben"**. Diese Feststellung wird gleichzeitig mit der Verpflichtung verbunden, das beanstandete Verhalten zukünftig zu unterlassen und im Falle eines wiederholten Verstoßes ein Ordnungsgeld zu zahlen. Darüber hinaus muss seit der Neufassung des § 20 Abs. 4 vom 1.12.2011 eine **Geldstrafe** von mindestens 5000 EUR **zwingend** verhängt werden (zu den möglichen Sanktionen vgl. im Einzelnen → Rn. 246 ff.). Im Übrigen kann der Umstand, dass das betroffene Unternehmen in erheblichem Umfang Aufklärungshilfe leistet und auch organisatorische und disziplinarische Gegenmaßnahmen eingeleitet hat, strafmildernd berücksichtigt werden (FS I 2014.12–458).[27] 148

b) Einstellung des Verfahrens

Kommt der jeweilige Spruchkörper auf der Grundlage des vorhandenen Informationsmaterials zu dem Ergebnis, dass die eingereichte Beanstandung entweder **unzulässig oder unbegründet** ist, wird das Verfahren eingestellt. Das Verfahren ist auch dann einzustellen, wenn sich nach der Überzeugung des Spruchkörpers der Sachverhalt nicht hinreichend aufklären lässt, um eine Stattgabe der Beanstandung zu rechtfertigen. 149

III. Der Spruchkörper 2. Instanz als Einspruchsinstanz (Abs. 2)

Das betroffene Unternehmen und seit der Neufassung der Verfahrensordnung vom 2.12.2005 auch der Beanstandende können erstinstanzlich getroffene Entscheidungen im Wege des Einspruchs durch den Spruchkörper 2. Instanz **überprüfen lassen** (vgl. → Rn. 288 ff.). Nach Abs. 2 ist der Spruchkörper 2. Instanz nicht an die Entscheidung des Spruchkörpers 1. Instanz oder den von ihm zugrunde gelegten Sachverhalt gebunden. Auch der 2. Instanz stehen alle Ermittlungsmöglichkeiten auf tatsächlicher Ebene zur Verfügung. 150

Der Spruchkörper 2. Instanz kann die Entscheidung des Spruchkörpers 1. Instanz **bestätigen oder aufheben.** Nach Abs. 2 S. 2 besteht auch die Möglichkeit, lediglich die Sanktionen des bereits festgestellten Verstoßes zu ändern, die eigentliche Feststellung des Spruchkörpers 1. Instanz jedoch unbeanstandet zu lassen. Dies gilt auch dann, wenn das betroffene Unternehmen seinen Einspruch von vornherein gegen die erstinstanzlich verhängten Sanktionen beschränkt hat (vgl. § 25 Abs. 6). 151

---

[27] Entscheidung zu §§ 18 Abs. 1 Nr. 7, 19 Abs. 3 iVm Abs. 2, Nr. 1, 2, 10, 11, 13 FSA-Kodex Fachkreise, § 22 Abs. 3 VerfO idF v. 4.12.2014, https://www.fsa-pharma.de/de/schiedsstelle/berichterstattung/fachkreise/az-2014.12–458-18-abs-1-nr-7–19-abs-3-i.v.m-abs-2-nrn-1-2-10–11-13-fsa-kodex-fachkreise-22-abs-3-verfo/ (zul. abgerufen am 4.2.2021) (= PharmR 2016, 304).

152 Abs. 2 S. 3 sieht den **Ausschluss neuer Verteidigungsmittel** vor, die bereits in der 1. Instanz hätten geltend gemacht werden können. Es handelt sich hierbei also um eine Präklusionsvorschrift, die der Rechtssicherheit und Verfahrensökonomie dient. Verteidigungsmittel ist dabei jedes tatsächliche oder rechtliche Vorbringen, das der Abwehr der Beanstandung dient. Neu ist ein solches Verteidigungsmittel, wenn es in der 1. Instanz bis zum Schluss der mündlichen Verhandlung nicht vorgebracht worden ist. Der Wortlaut des Abs. 2 S. 3 knüpft an eine Obliegenheitsverletzung des beanstandeten Unternehmens an, indem es die Präklusionswirkung nur auf solche Verteidigungsmittel erstreckt, die hätten geltend gemacht werden können. Sofern das versäumte Vorbringen des jeweiligen Verteidigungsmittels zumindest auf leichte Fahrlässigkeit des beanstandeten Vereinsmitglieds zurückzuführen ist, kann das Verteidigungsmittel nicht mehr geltend gemacht werden. Das beanstandete Unternehmen muss sich das Verschulden seiner Vertreter zurechnen lassen.

IV. Beschlussfassung innerhalb der Spruchkörper (Abs. 3)

153 Innerhalb des Spruchkörpers 1. Instanz entscheidet der jeweilige Vorsitzende als **Einzelrichter.** Im Rahmen des Spruchkörpers 2. Instanz entscheidet die **Mehrheit der Stimmen.** Abs. 3 S. 3 sieht in diesem Zusammenhang vor, dass bei Stimmengleichheit innerhalb des Spruchkörpers 2. Instanz die Beanstandung als unbegründet zurückgewiesen wird. Zu einer Stimmengleichheit kann es etwa dann kommen, wenn Mitglieder des Spruchkörpers wegen einer möglichen Besorgnis der Befangenheit am weiteren Verfahren nicht teilnehmen.

V. Abschließende Stellungnahme (Abs. 4 S. 1 und 2)

154 Zur Wahrung des rechtlichen Gehörs berechtigt Abs. 4 die Verfahrensbeteiligten (mit Ausnahme der Mitglieder des jeweils entscheidenden Spruchkörpers), zum Ergebnis der Verhandlung in tatsächlicher und rechtlicher Hinsicht abschließend **Stellung zu nehmen.**

155 Die Gelegenheit zu einer abschließenden Stellungnahme ist den Verfahrensbeteiligten zwingend einzuräumen. Das **Recht zur abschließenden Stellungnahme** steht nach Abs. 4 S. 2 – mit Ausnahme der Mitglieder des jeweiligen Spruchkörpers – auch den weiteren Verfahrensbeteiligten zu. Die Definition des Begriffs des Verfahrensbeteiligten findet sich in § 6 Abs. 5 S. 1. Davon werden neben dem betroffenen Unternehmen die Mitglieder des jeweiligen Spruchkörpers sowie bei Verhandlungen des Spruchkörpers 2. Instanz als Einspruchsinstanz auch der Vorsitzende des Spruchkörpers 1. Instanz erfasst, der die Ursprungsentscheidung erstinstanzlich getroffen hat. Dies bedeutet hier, dass das Recht zu einer abschließenden Stellungnahme neben dem betroffenen Unternehmen auch dem Vorsitzenden des Spruchkörpers 1. Instanz zusteht, wenn in der Einspruchsinstanz eine Sache verhandelt wird, die er als Eingangsinstanz entschieden hat.

156 Dagegen begründet Abs. 4 S. 1 und 2 **keine Pflicht zur abschließenden Stellungnahme.** Die Reihenfolge, in der den Verfahrensbeteiligten das letzte Wort erteilt wird, bestimmt der Vorsitzende des jeweiligen Spruchkörpers nach billigem Ermessen. Es liegt jedoch nahe, dass dem betroffenen Unternehmen das letzte Wort zukommt.

VI. Bekanntgabe der Entscheidung (Abs. 4 S. 3 und 4)

1. Bekanntgabe an die Verfahrensbeteiligten

157 Sofern eine mündliche Verhandlung stattgefunden hat, bestehen grundsätzlich **zwei Möglichkeiten,** den Verfahrensbeteiligten die abschließende Entscheidung bekannt zu geben.

158 Der jeweilige Spruchkörper kann sich dazu entschließen, die Entscheidung nebst ihrer wesentlichen Begründung direkt **im Anschluss an die mündliche Verhandlung** be-

kannt zu geben. Von einer „wesentlichen Begründung" ist in diesem Zusammenhang dann auszugehen, wenn sowohl der festgestellte Kodexverstoß als auch die in diesem Zusammenhang verhängten Sanktionen nachvollziehbar dargestellt und rechtlich erläutert werden. Die mündliche Vorabbekanntgabe wird in der Regel nur bei einfach gelagerten Fällen in Betracht kommen. Das betroffene Unternehmen erhält in jedem Fall (also auch im Nachgang zur mündlichen Bekanntgabe) eine schriftlich abgefasste Entscheidung zugestellt.

Als Alternative zur mündlichen Bekanntgabe der Entscheidung kann der Vorsitzende des Spruchkörpers den Verfahrensbeteiligten auch erklären, dass die **Entscheidung auf schriftlichem Wege** zugestellt wird. Dies kommt regelmäßig dann in Betracht, wenn die Würdigung schwieriger ist und der jeweilige Spruchkörper vor Bekanntgabe der Entscheidung noch weiteren Beratungsbedarf hat. 159

2. Bekanntgabe an den Beanstandenden

In Übereinstimmung mit § 3 Abs. 1 Nr. 1 wird der Beanstandende nach Abschluss des Verfahrens über dessen Ausgang informiert (Abs. 5 S. 2). Zu diesem Zweck werden ihm der **Tenor** (dh der eigentliche Entscheidungsausspruch) und die **wesentlichen Entscheidungsgründe** mitgeteilt. Die Kenntnis der wesentlichen Entscheidungsgründe ist notwendige Voraussetzung für eine effektive Ausübung seiner durch die Fassung vom 2.12.2005 eingeführten weiteren Verfahrensrechte. Nur wenn der Beanstandende auch die Begründung einer Entscheidung des Spruchkörpers 1. Instanz kennt, kann er die Einlegung eines Rechtsmittels gegen diese Entscheidung vernünftigerweise in Erwägung ziehen. 160

VII. Ausfertigung und Zustellung der Entscheidung (Abs. 5)

1. Zustellungsarten

Die schriftliche Entscheidung ist nach Abs. 5 S. 1 dem betroffenen Unternehmen in jedem Fall mit **ausführlicher schriftlicher Begründung** zuzustellen, und zwar spätestens innerhalb von zwei Wochen nach der mündlichen Verhandlung bzw. im Fall des schriftlichen Verfahrens zwei Wochen nach Abschluss des schriftlichen Verfahrens. Bezüglich der Einzelheiten liegt es nahe, auf die Vorschriften der **Zivilprozessordnung (ZPO) zurückzugreifen.** Danach ist die Zustellung die Bekanntgabe eines Schriftstücks an eine Person in der in den §§ 166 ff. ZPO bestimmten Form. Die Vereinsgeschäftsstelle wird zu diesem Zweck regelmäßig die Post beauftragen und insofern die Zustellung durch ein Schreiben mit Rückschein (§ 175 ZPO) veranlassen. In diesem Fall genügt zum Nachweis der Zustellung der Rückschein. 161

2. Zustellungsempfänger

Bei juristischen Personen des Privatrechts erfolgt die Zustellung grundsätzlich an deren **gesetzliche Vertreter,** dh im Falle einer Aktiengesellschaft beispielsweise an den Vorstand. Im Falle einer GmbH ist die Zustellung gegenüber dem Geschäftsführer zu bewirken (§ 170 Abs. 1 S. 1 ZPO). Gibt es einen **rechtsgeschäftlich bestellten Vertreter,** kann auch direkt an diesen zugestellt werden (§ 171 ZPO). Dies betrifft insbesondere die Fälle, in denen sich das betroffene Unternehmen während des Verfahrens durch einen seiner Mitarbeiter vertreten lässt. Dieser ist nach § 8 Abs. 3 durch eine bei dem jeweiligen Spruchkörper einzureichende Vollmacht ausgewiesen. Ist das Unternehmen durch einen Rechtsanwalt vertreten, erfolgt die Zustellung der Entscheidung an ihn (vgl. § 172 Abs. 1 S. 1 ZPO). 162

3. Form des zuzustellenden Schriftstücks

Gemäß Abs. 5 S. 1 ist die abschließende Entscheidung dem betroffenen Unternehmen in **schriftlicher Form** und **mit einer Unterschrift des Vorsitzenden** versehen zuzustellen. Danach ist es erforderlich, dem Unternehmen bzw. seinen Vertretern oder Verfahrensbevollmächtigten als Zustellungsempfängern (vgl. → Rn. 121) die Entscheidung im Origi- 163 nal zuzustellen. Zum Umfang der mitzuteilenden Entscheidungsgründe unter → § 3 Rn. 71.

3. Unterabschnitt: Sonstiges (§§ 12–16)

§ 12 Verhinderungsfälle

(1) Im Fall der kurzfristigen Verhinderung eines Mitglieds des Spruchkörpers 2. Instanz kann der Spruchkörper 2. Instanz nach Beschluss des Vorsitzenden ohne das betroffene Mitglied, mindestens jedoch mit sieben Mitgliedern entscheiden.

(2) Das Nähere regelt der vom Vorstand aufzustellende Geschäftsverteilungsplan i. S. v. § 24 Abs. 4 der Satzung.

Übersicht

I. Beschlussfassung im Verhinderungsfall (Abs. 1)

164 Aus Praktikabilitätsgründen soll eine Entscheidung des Spruchkörpers 2. Instanz auch dann möglich sein, wenn einzelne Mitglieder dieses Spruchkörpers **kurzfristig verhindert** sind. Aus diesem Grund sieht § 12 vor, dass der Vorsitzende durch Beschluss unter bestimmten Voraussetzungen gleichwohl die Entscheidungsfähigkeit des Spruchkörpers 2. Instanz feststellen kann. Von dieser Möglichkeit wird der Vorsitzende insbesondere dann Gebrauch machen, wenn ein besonderes Interesse an einem **beschleunigten Verfahren** besteht.

1. Geltungsbereich

165 Die Regelunhg des § 12 gilt nur für die **Entscheidungsfindung** durch den Spruchkörper 2. Instanz, da nur dieser mit mehreren Mitgliedern besetzt ist. Ist der vom Vorstand gem. § 18 Abs. 1 als Spruchkörper 1. Instanz Betraute kurzfristig verhindert, muss die Entscheidung verschoben werden.

2. Kurzfristige Verhinderung

166 Ein Mitglied des Spruchkörpers ist dann „kurzfristig" verhindert, wenn der Hinderungsgrund so spät eintritt, dass eine Verlegung der Sitzung nur mit **unverhältnismäßigem Aufwand** möglich wäre. In diesem Fall ist es nicht erforderlich, ein Ersatzmitglied zu benennen. Der Vorsitzende des Spruchkörpers 2. Instanz kann vielmehr durch Beschluss die Entscheidungsfähigkeit des Spruchkörpers feststellen.

3. Maximale Anzahl verhinderter Mitglieder

167 Aus Abs. 1 folgt, dass maximal **zwei bis fünf Mitglieder** des Spruchkörpers 2. Instanz verhindert sein dürfen, abhängig von der Größe der Besetzung gem. § 23 Abs. 1. Dies ergibt sich daraus, dass der Spruchkörper mit mindestens sieben Mitgliedern entscheiden muss. Es ist insoweit unbeachtlich, ob lediglich ein „einfaches Mitglied" oder der Vorsitzende selbst an der Teilnahme verhindert ist. In dem zuletzt genannten Fall wird die Beschlussfähigkeit durch den stellvertretenden Vorsitzenden (§ 23 Abs. 5) festgestellt. Sofern ausnahmsweise sowohl der Vorsitzende als auch der stellvertretende Vorsitzende des Spruchkörpers 2. Instanz kurzfristig verhindert sind, kann die **Beschlussfähigkeit** durch die

Person festgestellt werden, die der Geschäftsverteilungsplan nach Abs. 2 und § 24 Abs. 4 der Satzung des Vereins vorsieht.

4. Unanfechtbarkeit

Die Entscheidung des Vorsitzenden nach Abs. 1 ist **als verfahrensleitende Maßnahme** unanfechtbar. Erscheint das betroffene Mitglied nachträglich zur mündlichen Verhandlung, entscheidet der Vorsitzende, inwieweit die Teilnahme an der Verhandlung angesichts des fortgeschrittenen Verfahrens bzw. Sachermittlungsstadiums als sinnvoll erscheint. Hier liegt es nahe, das jeweilige Mitglied des Spruchkörpers durch eine kurze Einführung in den aktuellen Sach- und Streitstand in die Lage zu versetzen, der weiteren Verhandlung zu folgen und aktiv an der Entscheidungsfindung mitwirken zu können. 168

II. Geschäftsverteilungsplan (Abs. 2)

Die für den Verhinderungsfall vorgesehenen Einzelheiten können dem Geschäftsverteilungsplan entnommen werden, der **konkrete Regelungen** für die jeweils denkbaren Fallgestaltungen vorhält. Dort ist beispielsweise der Fall geregelt, dass gleichzeitig sowohl der Vorsitzende als auch sein Stellvertreter an der Teilnahme der Sitzung verhindert sind (→ Rn. 160). Ein solcher Geschäftsverteilungsplan ist gem. § 23 Abs. 6 der Verfahrensordnung sowie in § 24 Abs. 4 der Vereinssatzung vorgesehen und regelt danach sowohl die Behandlung denkbarer Verhinderungs- wie auch möglicher Befangenheitsfälle. 169

§ 13 Befangenheit

(1) Mitglieder des jeweiligen Spruchkörpers können von dem betroffenen Mitglied wegen Besorgnis der Befangenheit abgelehnt werden oder sich selbst für befangen erklären, wenn ein Grund vorliegt, der geeignet ist, Misstrauen an ihrer Unparteilichkeit zu begründen. Sie haben sich selbst für befangen zu erklären, wenn sie dem betroffenen Mitglied oder dem Beanstandenden als Mitarbeiter angehören oder selbst an dem beanstandeten Vorgang beteiligt waren oder sind.

(2) Hält das betroffene Mitglied ein Mitglied des Spruchkörpers für befangen, ist das Ablehnungsgesuch durch das betroffene Mitglied bei dem jeweiligen Spruchkörper innerhalb einer Frist von einer Woche ab Zugang der Ladung einzureichen und zu begründen. Das betroffene Mitglied des Spruchkörpers soll sich innerhalb von einer weiteren Woche ab Zugang des Ablehnungsgesuchs zur Ablehnung äußern. Seine Stellungnahme ist dem betroffenen Mitglied zuzuleiten.

(3) Wird ein Mitglied des Spruchkörpers 1. Instanz von dem betroffenen Mitglied als befangen abgelehnt, entscheidet der Vorsitzende des Spruchkörpers 2. Instanz über das Vorliegen von Ablehnungsgründen. Über das Vorliegen von Ablehnungsgründen im Hinblick auf Mitglieder des Spruchkörpers 2. Instanz entscheiden die Mitglieder dieses Spruchkörpers in der jeweiligen Besetzung ohne das betroffene Mitglied. Bei Stimmengleichheit entscheidet der Vorsitzende des Spruchkörpers 2. Instanz. Sofern sich das Ablehnungsgesuch gegen den Vorsitzenden des Spruchkörpers 2. Instanz richtet, entscheidet bei Stimmengleichheit der Stellvertreter des Vorsitzenden. Einer solchen Entscheidung bedarf es nicht, wenn das abgelehnte Mitglied das Ablehnungsgesuch selbst für begründet hält.

(4) Erklärt der Vorsitzende des Spruchkörpers 2. Instanz das Ablehnungsgesuch gegenüber dem Vorsitzenden des Spruchkörpers 1. Instanz für begründet, entscheidet der Vorsitzende des Spruchkörpers 2. Instanz als Spruchkörper 1. Instanz über die Beanstandung, sofern nicht weitere Spruchkörper 1. Instanz eingerichtet worden sind, deren Zuständigkeit sich in diesem Fall nach dem Geschäftsverteilungsplan für die Spruchkörper 1. Instanz richtet (§ 18 Abs. 1 S. 3). Sofern das betroffene Mitglied gegen die Entscheidung des Vorsitzenden des Spruchkörpers 2. Instanz als Spruchkörper 1. Instanz Einspruch einlegt, nimmt der Vorsitzende des Spruchkörpers 2. Instanz an dem weiteren Verfahren nicht teil. An seine Stelle tritt der stellvertretende Vorsitzende des Spruchkörpers 2. Instanz. Der

Spruchkörper 2. Instanz entscheidet in solchen Fällen in einer Besetzung von acht Mitgliedern.

(5) Sofern der Vorsitzende an einem Verfahren wegen der Besorgnis der Befangenheit nicht teilnimmt, entscheidet der Spruchkörper 2. Instanz unter Leitung des stellvertretenden Vorsitzenden mit einer Besetzung von acht Personen. Bei Stimmengleichheit wird die Beanstandung als unbegründet zurückgewiesen.

(6) Tritt während des Verfahrens ein Umstand ein, der die Besorgnis der Befangenheit rechtfertigen könnte, ist das Ablehnungsgesuch unverzüglich vor weiteren Äußerungen zur Sache vorzubringen.

(7) Rechtsbehelfe gegen die Entscheidung über ein Ablehnungsgesuch sind nicht zulässig.

Übersicht

I. Zulässigkeit des Ablehnungsgesuchs

170 Die Mitglieder der Spruchkörper können wegen Besorgnis der Befangenheit abgelehnt werden. Sie können sich aber auch selbst für befangen erklären. Ein Ablehnungsgesuch des von dem Verfahren betroffenen Unternehmens ist nur wirksam, wenn dessen Voraussetzungen eingehalten sind. Dies betrifft insbesondere die **Statthaftigkeit des Antrags,** den **Zeitpunkt,** zu dem dieser spätestens einzureichen ist, sowie dessen **Form.**

1. Statthaftigkeit

171 Die Ablehnung muss sich auf ein **bestimmtes Mitglied** des Spruchkörpers beziehen. Der Antrag kann nur von dem betroffenen Unternehmen oder dessen Bevollmächtigten, nicht dagegen von anderen Verfahrensbeteiligten, dem Beanstandenden oder anderen Unternehmen oder Organisationen gestellt werden.

2. Zeitpunkt

172 Das **Ablehnungsgesuch** kann vom Beginn des Verfahrens an bis zur abschließenden Entscheidung des jeweiligen Spruchkörpers gestellt werden. Wenn während des Verfahrens Umstände eintreten, die die Besorgnis der Befangenheit rechtfertigen könnten, ist das Ablehnungsgesuch unverzüglich vor weiteren Äußerungen zur Sache vorzubringen (§ 13 Abs. 6).

173 Der **„Normalfall"** ist allerdings in Abs. 2 S. 1 abgebildet. Danach ist das betroffene Unternehmen im Sinne der Verfahrensökonomie verpflichtet, das Ablehnungsgesuch innerhalb einer Woche ab Zugang der Ladung zur mündlichen Verhandlung einzureichen und zu begründen. Handelt es sich um ein schriftliches Verfahren, läuft diese Frist ab Zugang der

Mitteilung, dass ein entsprechendes Verfahren gegen das betroffene Mitgliedsunternehmen eingeleitet worden ist.

Erfährt das Unternehmen jedoch unverschuldet erst verspätet von möglichen Befangenheitsgründen, ist ein Ablehnungsgesuch auch **nach Ablauf dieser Wochenfrist** möglich. Gleichwohl muss das betroffene Unternehmen das Ablehnungsgesuch in diesen Fällen unverzüglich vor weiteren Äußerungen zur Sache vorbringen (§ 13 Abs. 6). 174

3. Form des Ablehnungsgesuchs

Es ist nicht völlig eindeutig geregelt, ob das Ablehnungsgesuch **schriftlich** bei dem jeweiligen Spruchkörper einzureichen ist. Abs. 2 S. 1 sieht vor, dass der Antrag „bei dem jeweiligen Spruchkörper einzureichen und zu begründen ist". Trotz des Begriffs des „Einreichens", der für eine schriftliche Eingabe spricht, schließt der Wortlaut nicht aus, dass entsprechende Eingaben **auch mündlich** (etwa zu Protokoll) erklärt werden können. Es ist gleichwohl empfehlenswert, das Ablehnungsgesuch schriftlich einzureichen, da dieses an das betroffene Mitglied des Spruchkörpers weitergeleitet werden muss, um diesem eine fundierte Stellungnahme zu ermöglichen (Abs. 2 S. 2). 175

4. Missbrauch

Ein Ablehnungsgesuch ist dann als unzulässig zurückzuweisen, wenn der entsprechende Antrag als missbräuchlich zu bewerten ist. Ein Missbrauch ist etwa dann anzunehmen, wenn der Antrag ersichtlich eine **Verschleppung des Verfahrens** zum Ziel hat oder gleichlautende Anträge trotz mehrfacher Ablehnungen wiederholt eingereicht werden. Eine Wiederholung des Gesuchs wäre nur bei Angabe neuer Ablehnungsgründe zulässig. 176

II. Begründetheit des Ablehnungsgesuchs

1. Besorgnis der Befangenheit

Dem Ablehnungsgesuch ist stattzugeben, wenn ein Umstand vorliegt, der geeignet ist, **Misstrauen an der Unparteilichkeit** einzelner Mitglieder des jeweiligen Spruchkörpers zu begründen. Diese Umstände müssen vom Standpunkt des betroffenen Unternehmens aus – objektiv und vernünftig betrachtet – vorliegen und können sowohl aus dem bisherigen Verhältnis des Unternehmens zu dem betroffenen Mitglied des Spruchkörpers als auch aus dessen bisherigem Verhältnis zu Dritten erwachsen. 177

Es ist auch denkbar, dass aus dem Verhalten des Mitglieds des Spruchkörpers während des Verfahrens Grund zur Besorgnis der Befangenheit erwächst. Die dieser Besorgnis zu Grunde liegenden Umstände sind seitens des Unternehmens zu **substantiieren.** Vorbehalte, die allein auf rein subjektive Vorstellungen und Bedenken des betroffenen Unternehmens zurückgehen, scheiden als Befangenheitsgründe dagegen aus. Im Zweifel sollte einem Ablehnungsgesuch eher stattgegeben werden, um jeglichem Misstrauen in die Objektivität der Selbstkontrolle entgegenzuwirken. Die nachfolgenden möglichen Fallgruppen geben die häufigsten Konstellationen wieder, die zur Stattgabe eines Ablehnungsgesuchs führen können. 178

a) Im Verhältnis zum betroffenen Unternehmen

Im Verhältnis des Mitglieds eines Spruchkörpers zu dem betroffenen Unternehmen kann sich die Besorgnis der Befangenheit aus verschiedenen Aspekten ergeben. Sie kommt insbesondere dann in Betracht, wenn **persönliche Beziehungen** zwischen Unternehmensvertretern bzw. dem Unternehmen selbst und dem jeweiligen Mitglied des Spruchkörpers bestehen. Denkbar wäre beispielsweise eine aktuelle oder frühere Zugehörigkeit des Mitglieds des Spruchkörpers zu dem von der Beanstandung betroffenen Unternehmen oder einem seiner Organe. Bei größeren Unternehmen führt eine frühere Mitarbeit des Mitglieds des Spruchkörpers nicht automatisch dazu, dass dieses zwingend von einer weiteren Mitarbeit im Verfahren ausgeschlossen werden müsste. 179

180 In Anlehnung an die zivilprozessuale Rechtsprechung zu sog. **Massenorganisationen** ist jeweils im Einzelfall zu prüfen, ob aufgrund von durch die frühere Mitarbeit indizierter Nähe des Mitglieds zum betroffenen Unternehmen tatsächlich von einer fortbestehenden Besorgnis der Befangenheit auszugehen ist. Es reicht nicht aus, dass sich das betroffene Unternehmen auf die bloße Tatsache der früheren Mitarbeit beruft. Vielmehr muss es darüber hinausgehende Umstände vorbringen, die eine Besorgnis der Befangenheit begründen können.

181 In Betracht kommt etwa ein nicht einvernehmlich aufgelöster Arbeitsvertrag zwischen dem Mitglied des Spruchkörpers und dem betroffenen Unternehmen. Denkbar sind auch **persönliche Auseinandersetzungen** zwischen einzelnen Mitgliedern des Spruchkörpers und Mitarbeitern bzw. Vertretern des Unternehmens in der Vergangenheit oder mit diesem Unternehmen verbundenen Unternehmen. Eine Besorgnis der Befangenheit kann sich auch aus persönlichen Beziehungen zwischen dem betroffenen Mitglied des jeweiligen Spruchkörpers und dem Prozessbevollmächtigten des Unternehmens ergeben.

182 *„Bloße* ***inhaltliche Differenzen*** *zwischen dem Unternehmen und dem Spruchrichter 1. Instanz genügen nicht. Auch etwaige Verfahrensverstöße des abgelehnten Richters oder etwaige inhaltlich fehlerhafte Zwischenentscheidungen sind grundsätzlich noch kein Ablehnungsgrund, ebenso nicht etwaige Verstöße gegen Denkgesetze oder Ungeschicklichkeiten. Nur wenn Gründe vorliegen, die dafür sprechen, dass die Fehlerhaftigkeit auf Voreingenommenheit beruht, ist es anders. So kann es etwa bei groben Verfahrensfehlern, bei einer Häufung prozessualer Fehler, bei Verstößen gegen das Sachlichkeitsgebot sein."*[28]

183 Eine Besorgnis der Befangenheit kann grundsätzlich auch aus einer **einseitigen Verfahrensführung** durch bestimmte **Vorbereitungshandlungen** resultieren, auch wenn in diesen selbst noch kein Verfahrensfehler liegt.[29] Dies wurde vom BVerfG in einem Fall angenommen, in dem ein Richter am Sozialgericht sich aktiv die Möglichkeit verschafft hatte, durch Anforderung eines Passworts für einen von einer Prozesspartei übermittelten Datenträger auf die Daten zuzugreifen, um so unter Ausschluss der betroffenen Partei unmittelbar Einsicht in eine staatsanwaltliche Ermittlungsakte zu nehmen. Anders liegt es, wenn der Richter lediglich seinem eigenen, nicht unsachlichen Ermittlungsansatz folgt. Dabei kommt es auf seine eigene inhaltliche Auffassung, nicht diejenige des Rechtsmittelgerichts an.[30]

b) Im Verhältnis zu Dritten

184 Gründe zur Besorgnis der Befangenheit können sich auch aus dem Verhältnis des betroffenen Mitglieds des Spruchkörpers zu Dritten ergeben. Denkbar sind beispielsweise **vertragliche Beziehungen** des Mitglieds des Spruchkörpers zu Wettbewerbern des betroffenen Unternehmens, aus denen ein besonderes Näheverhältnis zu dessen Wettbewerbern folgt, das die Neutralität des Mitglieds gegenüber dem betroffenen Unternehmen in Frage stellen könnte. Auch muss das betroffene Unternehmen die Tatsachen, die eine Besorgnis der Befangenheit begründen können, möglichst konkret und substantiiert vorbringen (etwa der Verweis auf einen Beratervertrag zwischen einem Mitglied des Spruchkörpers und einem bedeutenden Mitbewerber des Unternehmens). Auch hier ist darauf zu achten, dass Ablehnungsgesuche wegen Besorgnis oder Befangenheit nicht dazu missbraucht werden, die **Arbeit der Schiedsstelle zu behindern.**

---

[28] Beschl. gem. § 13 Abs. 3 VerfO v. 20.5.2019 (FS I 2018.9–555); Verfahren eingestellt https://www.fsa-pharma.de/de/schiedstelle/berichterstattung/sonstiges/az-2018.9–555-akteinensichtrecht-ermittlungsrahmen-anonyme-beanstandung/ (zul. abgerufen am 4.2.2021).

[29] BVerfG NJW 2019, 505 (507).

[30] Entscheidung zu § 9 Abs. 1, 11 Abs. 1 S. 4, 13 Abs. 3, 19 Abs. 2 S. 1 VerfO idF v. 17.11.2015 (FS I 2018.9–555), Verfahren eingestellt, https://www.fsa-pharma.de/de/schiedstelle/berichterstattung/sonstiges/az-2018.9–555-akteinensichtrecht-ermittlungsrahmen-anonyme-beanstandung/ (zul. abgerufen am 4.2.2021).

c) Verhalten des Mitglieds im Rahmen seiner spruchkörperlichen Tätigkeit

Befangenheitsgründe können sich auch aus der spruchrichterlichen Tätigkeit des Mitglieds eines Spruchkörpers ergeben. Dies gilt etwa bei **unsachlichen Äußerungen,** die auf die Voreingenommenheit gegen das betroffene Unternehmen hindeuten. Der bloße Hinweis auf die Beteiligung in früheren Verfahren gegen das betroffene Unternehmen reicht dagegen nicht aus, die Besorgnis der Befangenheit zu begründen. **185**

2. Entscheidung über das Ablehnungsgesuch

Zur Erklärung der Befangenheit bedarf es nicht zwingend eines Antrags des betroffenen Unternehmens. Stattdessen müssen die Mitglieder des jeweiligen Spruchkörpers jeweils **auch selbst prüfen,** inwieweit in ihrer Person Gründe vorliegen, die geeignet sein könnten, Misstrauen an ihrer Unparteilichkeit zu begründen. Bejahendenfalls haben sie sich auch ohne Antrag des betroffenen Unternehmens selbst für befangen zu erklären. Dies ist nach Abs. 1 S. 2 insbesondere dann der Fall, wenn sie dem betroffenen Unternehmen oder dem Beanstandenden als Mitarbeiter angehören oder an dem beanstandeten Vorgang selbst beteiligt waren oder sind. **186**

Sofern keine Befangenheitserklärung durch das Mitglied des Spruchkörpers erfolgt, sondern vielmehr das betroffene Unternehmen ein Befangenheitsgesuch einlegt, ist das **weitere Verfahren** abhängig von der jeweiligen Instanz bzw. der Stellung des betroffenen Mitglieds innerhalb des Spruchkörpers. Dieses soll sich zunächst gem. § 13 Abs. 2 S. 2 innerhalb von einer Woche ab Zugang des Ablehnungsgesuchs hierzu äußern. Von dieser Stellungnahme wird auch das betroffene Unternehmen in Kenntnis gesetzt. **187**

a) Entscheidung im Hinblick auf Mitglieder des Spruchkörpers 1. Instanz

Wird die mögliche **Unparteilichkeit** eines Mitglieds des **Spruchkörpers 1. Instanz** geprüft, entscheidet der Vorsitzende des Spruchkörpers 2. Instanz (Abs. 3 S. 1). **188**

b) Entscheidung im Hinblick auf Mitglieder des Spruchkörpers 2. Instanz

Beanstandet das betroffene Unternehmen die mögliche Parteilichkeit eines Mitglieds des Spruchkörpers 2. Instanz, entscheiden die Mitglieder dieses Spruchkörpers in der jeweiligen Besetzung **ohne das betroffene Mitglied.** Kommt es bei diesem Abstimmungsprozess zu einer Stimmengleichheit, entscheidet die Stimme des Vorsitzenden des Spruchkörpers 2. Instanz. Für den Fall, dass sich das Ablehnungsgesuch gegen den Vorsitzenden des Spruchkörpers 2. Instanz selbst richtet, ist bei einer eventuellen Stimmgleichheit die Stimme seines Stellvertreters ausschlaggebend. Dem abgelehnten Mitglied bleibt stets die Möglichkeit, sich selbst für befangen zu erklären, wenn es die Argumentation des betroffenen Unternehmens teilt (Abs. 3 S. 5). **189**

3. Sachentscheidung

Gibt der Vorsitzende des Spruchkörpers 2. Instanz dem Ablehnungsgesuch im Hinblick auf die personelle Besetzung des eigentlich zuständigen Spruchkörpers 1. Instanz statt, entscheidet er als **„Einzelrichter"** über die Beanstandung in eigener Zuständigkeit. Hierbei ist er allerdings auf den Sanktionsrahmen der 1. Instanz beschränkt. Werden wegen des besonderen Arbeitsaufkommens bei der Schiedsstelle verschiedene Kammern des Spruchkörpers 1. Instanz eingerichtet, ist für die Sachentscheidung nicht der Vorsitzende der 2. Instanz zuständig (Abs. 4 S. 1). In einem solchen Fall wird der Vorgang an eine andere Kammer des Spruchkörpers 1. Instanz abgegeben. Die Einzelheiten ergeben sich auch hier aus dem vom Vorstand zu erlassenen Geschäftsverteilungsplan (§ 23 Abs. 6 iVm § 18 Abs. 1 S. 3). **190**

Wird dem Befangenheitsgesuch eines Unternehmens bezüglich eines Mitglieds der 2. Instanz stattgegeben, nimmt dieses Mitglied an dem weiteren Verfahren nicht mehr teil. Die Mitglieder des Spruchkörpers 2. Instanz entscheiden in der jeweiligen Besetzung **ohne das ausgeschiedene Mitglied.** Dies gilt auch, wenn der Vorsitzende selbst von einem **191** solchen Befangenheitsgesuch betroffen sein sollte. In diesem Fall entscheidet der Spruchkörper 2. Instanz unter Leitung des stellvertretenden Vorsitzenden mit einer Besetzung von acht Personen (Abs. 5 S. 1). Sollte von der Neuregelung der größeren Besetzung des Spruchkörpers 2. Instanz nach § 23 Abs. 1 der Verfahrensordnung Gebrauch gemacht werden, sodass der Spruchkörper aus insgesamt mehr als neun Personen besteht, ist die Besetzung entsprechend anzupassen. Bei Stimmengleichheit entscheidet – anders als bei Ablehnung der übrigen Mitglieder (Abs. 3 S. 2, → Rn. 182) – nicht die Stimme des stellvertretenden Vorsitzenden, sondern wird die Beanstandung als unbegründet zurückgewiesen (Abs. 5 S. 2).

III. Rechtsbehelfe

192 Nach Abs. 7 sind Rechtsbehelfe gegen die Entscheidung über das Ablehnungsgesuch nicht zulässig. Wenn ein Ablehnungsgesuch in der 1. Instanz erfolgreich war und der Vorsitzende des Spruchkörpers 2. Instanz als Spruchkörper 1. Instanz über die Beanstandung entschieden hat, kann das Unternehmen nur die Entscheidung im Wege des **Einspruchs gem. § 25** angreifen. In der Einspruchsinstanz nimmt der Vorsitzende des Spruchkörpers 2. Instanz, der schon über das Befangenheitsgesuch hinsichtlich der Besetzung der 1. Instanz entschieden hatte, allerdings nicht mehr teil. An seine Stelle tritt der stellvertretende Vorsitzende des Spruchkörpers 2. Instanz, so dass der Spruchkörper in solchen Fällen in der Besetzung von acht Mitgliedern entscheidet (Abs. 4 S. 4). Auch hier gilt, dass im Falle eines Spruchkörpers 2. Instanz, der aus mehr als insgesamt neun Personen gebildet wird, die Besetzung entsprechend anzupassen ist.

§ 14 Aktenverwaltung

Die Geschäftsstelle des Vereins führt und verwaltet die Akten der Spruchkörper.

193 Die Regelung des § 14 stellt klar, dass die Aktenführung bzw. -verwaltung von der Geschäftsstelle des Vereins wahrgenommen wird. Die Mitarbeiter des Vereins unterliegen hierbei nach § 16 Abs. 1 der **Geheimhaltungspflicht.** Sie müssen über die im Rahmen der Aktenanlage bzw. -verwaltung erlangten Informationen Vertraulichkeit bewahren. Die Frage der Gewährung von Akteneinsichtsrechten obliegt der Entscheidung des jeweiligen Spruchkörpers (auch → Rn. 124).

§ 15 Informationspflichten und Berichte über die Arbeit der Spruchkörper

(1) Der Verein veröffentlicht die Satzung, die Kodices, die Verfahrensordnung sowie die Auslegungsleitlinien nach § 6 Abs. 2 des FSA-Kodex Fachkreise und des § 5 des FSA-Kodex Patientenorganisationen im Internet (www.fsa-pharma.de).

(2) Der Geschäftsführer informiert den Vorstand, die Mitglieder und den Beirat regelmäßig über die Arbeit der Spruchkörper und über die von den Spruchkörpern 1. und 2. Instanz behandelten Beanstandungen. Darüber hinaus legt der Geschäftsführer zum Ende des Monats Februar eines jeden neuen Kalenderjahres einen ausführlichen öffentlichen Bericht über die Arbeit der Spruchkörper in dem vorangegangenen Kalenderjahr vor, der auch im Internet (www.fsa-pharma.de) veröffentlicht wird. Dieser Bericht soll die Tätigkeit der Spruchkörper in sämtlichen Verfahren zusammenfassend wiedergeben.

(3) In den Fällen, in denen ein Kodex-Verstoß rechtskräftig festgestellt worden ist, werden die rechtskräftigen Entscheidungen der Spruchkörper 1. und 2. Instanz im Internet laufend durch die Einstellung des Tenors und der wesentlichen Entscheidungsgründe veröffentlicht (www.fsa-pharma.de). Dies gilt auch, sofern ein Verfahren durch Abgabe einer Unterlassungserklärung im Sinne von § 20 Abs. 5 S. 2 beendet worden ist.

Die Berichte und Veröffentlichungen erfolgen bei allen Unterlassungserklärungen sowie bei allen begründeten Beanstandungsverfahren unter Nennung des Namens des betroffenen Mitglieds. Sofern Beanstandungen nicht zu der Annahme eines Kodex-Verstoßes ge-

führt haben, erfolgt ebenfalls eine Veröffentlichung, sofern der jeweilige Spruchkörper die Veröffentlichung im Hinblick auf die Bedeutung der Entscheidung befürwortet, jedoch ohne Nennung des Namens des betroffenen Mitglieds.

(4) Sofern der Spruchkörper 2. Instanz eine öffentliche Rüge ausspricht, findet zusätzlich § 24 Abs. 4 Anwendung. Die Namen von Mitarbeitern betroffener Mitglieder oder anderer beteiligter Personen oder anderer Unternehmen, Organisationen etc. sind in jedem Fall zu anonymisieren.

(5) Der Spruchkörper 2. Instanz ist über alle Entscheidungen des Spruchkörpers 1. Instanz sowie über erfolgte Unterlassungserklärungen zu informieren. Die Mitglieder der Spruchkörper 1. und 2. Instanz erörtern regelmäßig die Arbeit der Spruchkörper. Der Vorsitzende des Spruchkörpers 2. Instanz hat das Recht, dem Vorstand des Vereins Vorschläge für Änderungen und Ergänzungen dieser Verfahrensordnung oder der Kodices zu unterbreiten, die der Spruchkörper 2. Instanz in Hinblick auf eine effektive Sanktionierung von Verstößen bei der Werbung und Zusammenarbeit mit Angehörigen der Fachkreise oder bei der Zusammenarbeit mit Organisationen der Patientenselbsthilfe für sinnvoll hält.

Übersicht

I. Vorbemerkung

Die Regelung des § 15 setzt mehrere Anforderungen des EFPIA-Kodex um. Die Veröffentlichung des Regelungswerks, der Entscheidungen der Spruchkörper und der jährlichen Tätigkeitsberichte dienen der Sicherstellung der nach Art. 20, Art. 10 und Sec. 28.04 EFPIA-Kodex[31] **erforderlichen Transparenz.** Dieses Transparenzgebot wurde durch die Novellierung vom 1.12.2011 weiter gestärkt, nachdem in der Öffentlichkeit vereinzelt Kritik an der mangelnden Transparenz der Entscheidungen geäußert worden war.[32] Nunmehr hat **stets** eine **namentliche Nennung** des Unternehmens im Falle von abgegebenen Unterlassungserklärungen und begründeten Beanstandungsverfahren zu erfolgen. Das bisherige Kriterium des schweren bzw. wiederholten Verstoßes ist folglich entfallen. Damit wurde dem Vorwurf, die „Übeltäter“ der Verstöße würden fast nie benannt werden, entgegengetreten.[33] Durch diese Verschärfung soll die Motivation der Unternehmen erhöht werden, bereits kleinen Unregelmäßigkeiten im Pharmamarketing präventiv entgegenzuwirken.[34] 194

II. Veröffentlichung des Regelwerks im Internet (Abs. 1)

In Erfüllung der **Publikationspflichten,** die sich aus Sec. 28.01 lit. b. des EFPIA-Kodex[35] ergeben, stellt der FSA sein **gesamtes Regelwerk** in Form von Satzung, Kodizes, Verfahrensordnung und Auslegungsleitlinien zu § 6 Abs. 2 des FSA-Kodex Fachkreise und 195

---

[31] Ehemals Art. 18 und Art. 4 des Annex A des EFPIA-Kodex zur Zusammenarbeit mit den Fachkreisen sowie Art. 8 und Art. 4 des Annex II des EFPIA-Kodex zur Zusammenarbeit mit Patientenorganisationen.

[32] *Dieners,* Die aktuellen Änderungen der FSA-Regelwerke, PharmR 2012, 381 (385).

[33] So der Artikel „Freiwillige Selbstkontrolle der Pharmaindustrie wirkungslos“ in der Wirtschafts Woche vom 8.6.2010.

[34] *FS Arzneimittelindustrie eV* PharmR 2012, 48.

[35] Ehemals Art. 1 lit. b von Annex A des EFPIA-Kodex zur Zusammenarbeit mit den Fachkreisen bzw. Annex II des EFPIA-Kodex zur Zusammenarbeit mit Patientenorganisationen.

zu § 5 des FSA-Kodex Patientenorganisationen sowie § 4 des FSA-Transparenzkodex auf seiner Website (www.fsa-pharma.de) frei zugänglich ins Internet. Dies entspricht den Anforderungen des EFPIA-Kodex. Zusätzliche Veröffentlichungen beispielsweise in Printmedien sind ebenfalls denkbar und zulässig.

III. Informations- und Berichtspflichten (Abs. 2)

196 Der Geschäftsführer des FSA ist verpflichtet, den Vorstand, die Mitgliedsunternehmen und den Beirat des Vereins regelmäßig über die Arbeit der Spruchkörper und über die von den Spruchkörpern behandelten Beanstandungen zu informieren. Zu diesem Zweck hat der Geschäftsführer des Vereins **jährlich einen ausführlichen** Bericht über die Arbeit der Schiedsstelle im vorangegangenen Kalenderjahr zu erstellen. Der Geschäftsführer hat einen Ermessenspielraum, wie ausführlich er die einzelnen Verfahren schildert. Jedoch soll der Bericht die gesamte Tätigkeit in allen verhandelten Verfahren zumindest zusammenfassend wiedergeben. Mit der Veröffentlichung dieses ausführlichen Berichts im Internet wird gleichzeitig der Verpflichtung von Sec. 28.01 lit. c. des EFPIA-Kodex[36] entsprochen, jährlich einen **„country report"** dem EFPIA Code Committee vorzulegen.

197 Um die Aktualität des den Mitgliedsunternehmen sowie der Öffentlichkeit zur Verfügung gestellten Informationsmaterials zu gewährleisten und den Unternehmen hierdurch spezifische Hinweise zur Auslegung der Kodizes in der Praxis zu geben, sieht die Verfahrensordnung einen **engen Zeitrahmen** für die Erstellung der Berichte vor. Danach ist der Geschäftsführer verpflichtet, dem Vorstand, dem Beirat bzw. den Mitgliedsunternehmen bis zum Ende des Monats Februar eines jeden neuen Kalenderjahrs die entsprechende aktuelle Berichtsversion zur Verfügung zu stellen.

IV. Veröffentlichung rechtskräftiger Entscheidungen (Abs. 3)

198 Rechtskräftige, dh nicht mehr mit einem Rechtsmittel anfechtbare Entscheidungen beider Spruchkörper werden immer dann im Internet veröffentlicht, wenn in ihnen ein **Kodexverstoß** festgestellt wird. Damit entspricht die Fassung vom 2.12.2005 dem im EFPIA-Kodex vorgeschriebenen Transparenzgebot. Inhaltlich ist die Veröffentlichung des Tenors und der wesentlichen Entscheidungsgründe vorgesehen. Aus Gründen der Verständlichkeit stellt der FSA den wesentlichen Entscheidungsgründen meist eine kurze Zusammenfassung des Sachverhalts voran.

199 Nach Abs. 3 S. 2 kann das beanstandete Unternehmen bei einem festgestellten Kodexverstoß die Veröffentlichung der Entscheidung nicht im Wege der Abgabe einer Unterlassungserklärung nach § 20 Abs. 5 S. 2 abwenden. Diese Vorschrift dient der Entwicklung einer **öffentlich zugänglichen Spruchpraxis,** die als zusätzliche Leitlinie für die Etablierung kodexkonformer Verhaltensweisen in den Mitgliedsunternehmen angesehen werden kann.

200 Durch die Novellierung der Verfahrensordnung vom 1.12.2011 wurde die Veröffentlichungspflicht gemäß Abs. 3 S. 3 wesentlich verschärft.[37] Nunmehr muss im Falle der Abgabe einer Unterlassungserklärung oder bei begründeten Beanstandungsverfahren die Berichterstattung **immer** unter **namentlicher Nennung** des Mitglieds erfolgen. Das früher geltende Regel-Ausnahme-Prinzip, wonach grundsätzlich die Veröffentlichung in anonymisierter Form erfolgen sollte und nur ausnahmenweise im Falle schwerwiegenderer oder wiederholter Verstöße eine namentliche Nennung vorgesehen war, ist folglich zugunsten der Stärkung der Transparenz entfallen. Hinsichtlich des Ortes der Veröffentlichung legt die Verfahrensordnung kein bestimmtes Veröffentlichungsmedium fest. In Betracht kommt da-

---

[36] Ehemals Art. 1 lit. c von Annex A des EFPIA-Kodex zur Zusammenarbeit mit den Fachkreisen bzw. Art. 1 lit. c von Annex II des EFPIA-Kodex zur Zusammenarbeit mit Patientenorganisationen.

[37] Zur Kritik an der Namensnennung siehe etwa *Tschammler* PharmR 2012, 322 (324 f., 326).

her etwa die Veröffentlichung im Internet oder in Form einer Broschüre Die **obligatorische Namensnennung** ist keine Sanktion, die von den Spruchkörpern festzulegen wäre, sondern eine **Maßnahme der Transparenz** im Rahmen der Informationspflichten der Spruchkörper über ihre Arbeit. Dies folgt aus dem Gegensatz zum aufgehobenen § 15 Abs. 4 FSA-Verfahrensordnung aF, wonach eine Namensnennung nur im Falle von schweren oder wiederholten Kodexverstößen erfolgen sollte und diese Veröffentlichung auch anzuordnen war (FS I 2012.3–321, 322, 323, 324).[38]

Bei Entscheidungen, die nicht zur Feststellung eines Kodexverstoßes geführt haben, steht es nach Abs. 3 S. 4 im Ermessen des jeweiligen Spruchkörpers, auch diese Entscheidung zu veröffentlichen. Eine Veröffentlichung sollte hier dann erfolgen, wenn dies angesichts der **Bedeutung der Beanstandung** oder der hiermit verbundenen **rechtlichen Fragestellung** für die Mitgliedsunternehmen oder die interessierte Öffentlichkeit sinnvoll ist. Die unbegründete Beanstandung ist folglich der einzig verbleibende Fall der **anonymisierten Veröffentlichung.** Da die namentliche Nennung auch bei Verneinung eines Kodexverstoßes geeignet ist, einen Reputationsschaden auszulösen, ist es interessengerecht, in einem solchen Fall das Unternehmen nicht zum „Gegenstand einer öffentlichen Debatte“[39] werden zu lassen und daher auf die Veröffentlichung des Namens zu verzichten. 201

V. Form (Abs. 4)

Der Spruchkörper 2. Instanz ist darüber hinaus neben der Veröffentlichung nach § 15 Abs. 3 berechtigt, die **öffentliche Rüge** nach § 24 Abs. 4 auszusprechen (→ Rn. 285). Zu beachten ist hierbei, dass Namen von Mitarbeitern betroffener Unternehmen oder anderer Personen bzw. Unternehmen oder Organisationen in jedem Fall zu anonymisieren sind, um die anderen Personen, Unternehmen oder Organisationen, die selbst nicht der Vereinsgewalt unterworfen sind, zu schützen. 202

VI. Information des Spruchkörpers 2. Instanz (Abs. 5)

Mit der Regelung des durch die Fassung vom 2.12.2005 eingeführten Abs. 5 soll der **Spruchkörper 2. Instanz** in die gesamte Arbeit des FSA integriert und an dieser Arbeit auch beteiligt werden. Die nun erfolgte Einarbeitung des S. 3 Alt. 2 trägt dem FSA-Kodex Patientenorganisationen Rechnung. 203

Eine klarstellende Anpassung des § 15 Abs. 5 dahingehend, dass das Vorschlags- und Änderungsrecht auch im Hinblick auf eine effektivere Sanktionierung von Verstößen gegen den **Transparenzkodex** – und nicht lediglich gegen den FSA-Kodex Fachkreise und den FSA-Kodex Patientenorganisationen – gilt, ist bis heute nicht erfolgt. 204

§ 16 Geheimhaltung

(1) Die Mitglieder der Organe des Vereins, die Mitglieder von Ausschüssen und die Mitarbeiter des Vereins einschließlich des Geschäftsführers sind verpflichtet, über ihre Tätigkeit, die dabei erlangten Informationen sowie über alle Vorgänge, die ihrer Natur nach vertraulich sind oder ausdrücklich als solche bezeichnet werden, Stillschweigen zu bewahren.

(2) Soweit andere als die in Abs. 1 bezeichneten Personen in die Vereinsarbeit einbezogen werden, sind diese vor Aufnahme ihrer Tätigkeit entsprechend zur Verschwiegenheit zu verpflichten.

---

[38] Entscheidung zu § 20 Abs. 8 FSA-Kodex Fachkreise, § 20 Abs. 4 S. 2, § 22 Abs. 2, S. 2 VerfO idF v. 1.12.2011, https://www.fsa-pharma.de/de/schiedstelle/berichterstattung/fachkreise/az-2012.3–321-322–323-324-1-instanz-20-abs-8-fsa-kodex-fachkreise-20-abs-4-satz-2–22-abs-2-satz-2-fsa-verfo-n.f/ (zul. abgerufen am 4.2.2021).

[39] *Dieners* PharmR 2012, 381 (385).

Übersicht

I. Sachlicher Geltungsbereich

205 Die Regelung des § 16 hat die Geheimhaltung von vertraulich erlangten Informationen sowie aller vertraulichen Vorgänge des Vereins zum Gegenstand. Diese **Geheimhaltungspflicht** ist aus verschiedenen Gründen umfassend angelegt. Zunächst sollen die besonders vertraulichen Informationen, die dem Verein im Rahmen der Verfahren zur Selbstkontrolle zur Verfügung gestellt werden, vor Missbrauch geschützt werden. Mitglieder von Vereinsorganen oder -ausschüssen sowie die Vereinsmitarbeiter selbst sind daher verpflichtet, alle Informationen, zu denen sie im Rahmen ihrer Vereinstätigkeit Zugang erlangen, vor einer Weitergabe zu schützen und hierüber Stillschweigen zu bewahren.

206 Informationen dürfen nur weitergegeben werden, wenn die Satzung des Vereins bzw. die Verfahrensordnung dies ausdrücklich gestattet, etwa im Zusammenhang mit den unter § 15 geregelten **Informationspflichten und Berichten** über die Arbeit des Spruchkörpers (→ Rn. 187 ff.), bei der Veröffentlichung des Namens des betroffenen Unternehmens (§ 15 Abs. 3) oder im Zusammenhang mit einer **öffentlichen Rüge,** mit welcher gem. § 24 Abs. 4 Informationen in bestimmtem Umfang der Öffentlichkeit zugänglich gemacht werden sollen (§ 15 Abs. 4). Vorgänge, die nicht von vornherein als vertraulich erkennbar sind, können als vertraulich bezeichnet werden und unterfallen in der Folge ebenfalls der Geheimhaltungspflicht.

II. Persönlicher Geltungsbereich

207 Die Vorschrift erfasst in persönlicher Hinsicht alle **Mitglieder der Vereinsorgane** (etwa die Mitglieder des Vorstands, des Beirats oder der Ausschüsse des Vereins, die nach § 19 der Satzung vom Vorstand des Vereins eingerichtet werden können).

208 Darüber hinaus sind **alle Angestellten des Vereins** einschließlich des Geschäftsführers der Geheimhaltungspflicht unterworfen. Sie gilt selbstverständlich auch für die **Mitglieder des Spruchkörpers 2. Instanz,** der ein Organ des Vereins ist.

209 Es ist denkbar, dass sich der Verein zur Erledigung seiner Aufgaben Personen bedient, ohne dass diese als „Mitarbeiter" zu klassifizieren sind. Auch eine entsprechende Einbindung ehrenamtlich tätiger Personen ist denkbar. Damit auch dieser Personenkreis in jedem Fall von den Geheimhaltungsvorgaben erfasst wird, sieht Abs. 2 vor, dass diese Personen durch eine **gesonderte Erklärung** vor Aufnahme ihrer Tätigkeit zur Verschwiegenheit verpflichtet werden. Die Umsetzung dieser Vorgabe obliegt der Geschäftsstelle des Vereins.

3. Abschnitt: Spruchkörper (§§ 17–24)

§ 17 Dauer der Bestellung der Mitglieder der Spruchkörper 1. und 2. Instanz

(1) Das Mitglied bzw. die Mitglieder des Spruchkörpers 1. Instanz wird/werden jeweils für einen Zeitraum von zwei bis fünf Jahren berufen. Nach Ablauf dieses Zeitraums erfolgt eine Neuberufung. Eine Wiederberufung ist zulässig.

(2) Die Mitglieder des Spruchkörpers 2. Instanz werden nach Maßgabe des § 23 jeweils für den Zeitraum von zwei Jahren von dem Vorstand berufen. Nach Ablauf dieses Zeitraums erfolgt eine Neuberufung. Eine Wiederberufung ist zulässig.

(3) Eine Abberufung von Mitgliedern der Spruchkörper 1. und 2. Instanz während des Zeitraums ihrer Benennung ist durch den Vorstand nur aus wichtigem Grund möglich.

Übersicht

I. Dauer der Bestellung

1. Mitglieder des Spruchkörpers 1. Instanz (Abs. 1)

Der Spruchkörper 1. Instanz besteht gem. § 18 in der Neufassung vom 28.11.2008 aus **210** dem Geschäftsführer des Vereins, dessen Stellvertreter oder einem Dritten. Die Betrauung mit der Aufgabe erfolgt durch den Vorstand. Werden in Abhängigkeit von dem Geschäftsaufkommen **mehrere „Kammern"** eingerichtet, gelten die Regelungen für die Berufung entsprechend. Zeitlich ist die Berufung auf einen Zeitraum von **zwei bis fünf Jahren** beschränkt. Die Entscheidung hinsichtlich der Einzelheiten obliegt insoweit dem Vorstand. Gleichzeitig sieht Abs. 1 S. 2 vor, dass nach Ablauf dieses Zeitraums eine Neuberufung der Mitglieder des Spruchkörpers 1. Instanz erforderlich ist. Es bleibt dem Vorstand unbenommen, dieselben Personen für eine weitere Amtsperiode zu berufen, da nach Abs. 1 S. 3 eine **Wiederberufung** zulässig ist.

2. Mitglieder des Spruchkörpers 2. Instanz (Abs. 2)

Die Dauer der Bestellung ist für die Mitglieder des Spruchkörpers 2. Instanz auf **zwei** **211** **Jahre** begrenzt. Auch hier werden die Mitglieder durch den Vorstand berufen. Nach Ablauf des Zeitraums muss eine Neuberufung erfolgen. Hierbei ist eine Wiederberufung derselben Personen zulässig (Abs. 2 S. 2 und 3). Durch den im Zuge der Revision vom 28.11.2008 eingefügten Hinweis „nach Maßgabe des § 23" wird auf die dort genannten Voraussetzungen an eine Berufung als Mitglied dieses Spruchkörpers verwiesen.

II. Abberufungsmöglichkeiten (Abs. 3)

Um die Unabhängigkeit der Spruchkörper sicherzustellen, sieht Abs. 3 vor, dass die Ab- **212** berufung von Mitgliedern der Spruchkörper während der Dauer ihrer Bestellung nur **„aus wichtigem Grund"** möglich ist. Die Abberufung erfolgt mit Stimmenmehrheit durch den Vorstand. Sie kommt nur als „ultima ratio" in Betracht. Die Beschlussfähigkeit des Vorstands ist gegeben, wenn mindestens zwei Drittel seiner Mitglieder anwesend sind (vgl. § 11 Abs. 2 S. 2 der Satzung).

Für die **genaue Bestimmung des Begriffs** des „wichtigen Grundes" bietet sich die **213** Orientierung an der Rechtsprechung zur fristlosen Kündigung von Dienst- bzw. Arbeitsverhältnissen an. Danach liegt ein wichtiger Grund nur dann vor, wenn Umstände vorliegen, aufgrund derer die Fortsetzung des Rechtsverhältnisses bis zum Ablauf der normalerweise vorgesehenen Vertragslaufzeit nicht zumutbar ist. Darunter fallen grundsätzlich auch Umstände, die zeitlich vor Beginn der vereinsrechtlichen Zusammenarbeit liegen und dem Verein bzw. dessen Vorstand nicht bekannt waren. Als wichtige Gründe für eine sofortige Beendigung der Zusammenarbeit kommen insbesondere **gravierende Pflichtverletzungen** in Betracht, etwa die unbegründete Weigerung, an Sitzungen des Spruchkörpers teilzunehmen. Kein „wichtiger Grund" ist dagegen die Äußerung einer Auslegung der Kodizes, die von der Interpretation des Vorstands abweicht. Daraus ergibt sich, dass die vorzeitige Abberufung einzelner Mitglieder der jeweiligen Spruchkörper den Ausnahmefall darstellt. Ein weiterer Abberufungsgrund wäre etwa das Bekanntwerden strafbarer Handlungen oder der Verdacht schwerer Verfehlungen, die die Grundlagen des Vertrauensverhältnisses zerstören und eine Fortsetzung der Tätigkeit als Mitglied eines Spruchkörpers für den Verein unzumutbar machen.

1. Unterabschnitt: Spruchkörper 1. Instanz (§§ 18–22)

§ 18 Zusammensetzung

(1) Der Spruchkörper 1. Instanz kann aus dem Geschäftsführer, stellvertretenden Geschäftsführern oder Dritten bestehen. Die Betrauung des Geschäftsführers, stellvertretender Geschäftsführer oder Dritter erfolgt durch den Vorstand. Sofern anstelle oder neben dem Geschäftsführer einzelne stellvertretende Geschäftsführer oder Dritte vom Vorstand mit der Wahrnehmung der Tätigkeit als Spruchkörper 1. Instanz betraut werden, bilden diese jeweils einen eigenen Spruchkörper 1. Instanz. Der Vorstand erlässt für diesen Fall einen Geschäftsverteilungsplan, aus dem sich die genauen Zuständigkeiten ergeben. Der Geschäftsführer sowie etwaige stellvertretende Geschäftsführer oder Dritte müssen über die Befähigung zum Richteramt verfügen.

(2) Der Geschäftsführer und seine Stellvertreter oder Dritte unterliegen im Hinblick auf ihre Tätigkeiten als Spruchkörper 1. Instanz keinen inhaltlichen Weisungen durch den Verein. Sie sind insbesondere nicht an das Ergebnis der Beratung einzelner Mitglieder durch den Verein gebunden.

(3) Der Geschäftsführer und seine Stellvertreter oder Dritte dürfen zur Vermeidung eines Interessenkonflikts außerhalb ihrer Geschäftstätigkeit für den Verein nicht für ein Mitglied des Vereins tätig sein oder werden.

Übersicht

I. Besetzung (Abs. 1)

214 Der Spruchkörper 1. Instanz besteht aus nur **einer Person.** Er kann aus dem Geschäftsführer, dem stellvertretenden Geschäftsführern oder einem Dritten bestehen. Die Betrauung der jeweiligen Person erfolgt durch den Vorstand. Sofern mehrere Personen durch den Vorstand mit der Wahrnehmung der Tätigkeit als Spruchkörper betraut wurden, bilden diese jeweils einen eigenen Spruchkörper 1. Instanz. Die genauen Zuständigkeiten in diesem Zusammenhang bestimmt der Vorstand im Wege eines Geschäftsverteilungsplans, der die Zuständigkeitsbereiche der Spruchkörper 1. Instanz zueinander abgrenzt. Sofern der Geschäftsführer des Vereins Spruchkörper ist, hat er eine **Doppelfunktion.** Er nimmt einerseits administrative Aufgaben wahr und fungiert gleichzeitig als Spruchkörper 1. Instanz und damit als Vereinsorgan.

215 Die Betrauten müssen über die **Befähigung zum Richteramt** verfügen, dh mit Erfolg das zweite juristische Staatsexamen abgelegt haben.

II. Weisungsfreiheit (Abs. 2)

216 Im Hinblick auf ihre Tätigkeit als Spruchkörper 1. Instanz unterliegen sowohl der Geschäftsführer als auch seine Stellvertreter oder Dritte keinen inhaltlichen Weisungen durch den Verein. Die Spruchkörper 1. Instanz sind insbesondere nicht an das Ergebnis der Beratung einzelner Mitglieder durch den Verein gebunden. Diese **Unabhängigkeit** ist von besonderer Bedeutung, um eine möglichst breite Akzeptanz der freiwilligen Selbstkontrolle zu erreichen. Dies wird in Abs. 2 ausdrücklich klargestellt. Das bedeutet, dass die inhaltliche Tätigkeit der Spruchkörper nicht von Seiten des Vereins beeinflusst werden kann bzw. darf.

217 Allerdings unterliegen die Mitglieder des Spruchkörpers 1. Instanz **administrativen Vorgaben.** Der Verein kann etwa im Hinblick auf die Auswahl der durch die Spruchkörper zu nutzenden Geschäftsräume Entscheidungen treffen oder über die Ausstattung mit Sachmitteln (etwa Büromaterial und ähnliches) selbst entscheiden, ohne dass dies eine Verletzung von Abs. 2 darstellen würde.

III. Interessenkonflikte (Abs. 3)

Absatz 3 dient der Sicherung der **Unabhängigkeit des Spruchkörpers** 1. Instanz. Zur Vermeidung von Interessenkonflikten ist dort festgeschrieben, dass dem Geschäftsführer sowie etwaigen Stellvertretern oder Dritten ein Tätigwerden für Mitgliedsunternehmen oder unterworfene Unternehmen untersagt ist. **218**

Für die Mitglieder des Spruchkörpers 1. Instanz bedeutet dies, dass sie für die entsprechenden Unternehmen weder als Arbeitnehmer noch **anderweitig tätig** werden dürfen. Ein anderweitiges Tätigwerden wäre etwa dann gegeben, wenn die Mitglieder des Spruchkörpers 1. Instanz über Beratungsverträge für Unternehmen tätig wären. **219**

Die Formulierung „tätig sein oder werden" ist dahingehend zu verstehen, dass eine Tätigkeit des Spruchkörpers 1. Instanz nicht nur dann ausgeschlossen ist, wenn ein Mitglied des Spruchkörpers 1. Instanz **zum Zeitpunkt der Bestellung** als Mitglied des Spruchkörpers 1. Instanz tätig ist. Vielmehr soll das Verbot auch dann greifen, wenn ein Mitglied erst nach Bestellung zum Mitglied des Spruchkörpers tätig wird. **220**

§ 19 Aufgaben

(1) Der Spruchkörper 1. Instanz ist erstinstanzlich für alle Beanstandungen zuständig, sofern nicht der Spruchkörper 2. Instanz auch erstinstanzlich zuständig ist (§ 5 Abs. 2).

(2) Der Spruchkörper 1. Instanz prüft die eingegangenen Beanstandungen und bereitet das Verfahren durch eigene Sachverhaltsaufklärung vor. Des Weiteren prüft der Spruchkörper 1. Instanz, ob eine Zuständigkeit des Spruchkörpers 2. Instanz gegeben ist. In einem solchen Fall leitet der Spruchkörper 1. Instanz die Beanstandung und das Ergebnis der Vorprüfung an den Vorsitzenden des Spruchkörpers 2. Instanz weiter.

Übersicht

I. Zuständigkeit des Spruchkörpers 1. Instanz (Abs. 1)

Der Spruchkörper 1. Instanz ist grundsätzlich für alle Beanstandungen als **Eingangsinstanz** zuständig (vgl. auch → Rn. 83 ff.). Für **wiederholte Verstöße** kann der Spruchkörper 2. Instanz erstinstanzlich zuständig sein. Der Spruchkörper 2. Instanz ist nämlich Eingangsinstanz für alle Fälle „wiederholter Verstöße derselben Art" gem. § 5 Abs. 2. Kommt es daher mehrfach zu kerngleichen Verstößen (vgl. zur Definition der „Kerngleichheit" auch → Rn. 89), ist die 2. Instanz – mit dem entsprechend erhöhten Sanktionsrahmen – alleinzuständig. **221**

Die Regelung des § 5 Abs. 2 sieht dazu vor, dass von wiederholten Verstößen derselben Art dann auszugehen ist, wenn solche Verstöße dreimal innerhalb von zwei Jahren begangen werden. Ab dem dritten Verstoß „derselben Art" wird die **2. Instanz als Eingangsinstanz** tätig, um angesichts der offensichtlichen Nachhaltigkeit der Verstöße bzw. der besonderen Uneinsichtigkeit des betroffenen Unternehmens das Fehlverhalten **höher sanktionieren** zu können. Um einen „wiederholten Verstoß derselben Art" handelt es sich dann, wenn die beanstandete Handlung entweder identisch oder in ihren charakteristischen Elementen „kerngleich" mit einer solchen Handlung ist, die bereits in der Vergangenheit Gegenstand einer begründeten Beanstandung war (§ 20 Abs. 7 S. 6). Eine begründete Beanstandung in **222** diesem Sinne liegt vor, wenn entweder von dem betroffenen Unternehmen bereits eine entsprechende Unterlassungserklärung abgegeben oder von dem jeweiligen Spruchkörper im Entscheidungswege ein entsprechender Kodexverstoß ausgesprochen worden war.

II. Prüfungsumfang (Abs. 2)

223 Der Spruchkörper 1. Instanz prüft zunächst seine eigene Zuständigkeit. Kommt er zu dem Ergebnis, dass eine Zuständigkeit des Spruchkörpers 2. Instanz gegeben ist, leitet er die Beanstandung sowie das **Ergebnis seiner Vorprüfung** an den Vorsitzenden des Spruchkörpers 2. Instanz weiter. Die Zuständigkeitsprüfung durch den Spruchkörper 1. Instanz ist abschließend. Der Vorsitzende der 2. Instanz kann die Beanstandung nicht wieder an den Spruchkörper 1. Instanz zurückverweisen, wenn er dessen rechtliche Einschätzung (etwa mit Hinblick auf einen angenommenen „kerngleichen Verstoß" derselben Art) nicht teilen sollte. Hierdurch sollen zeitaufwändige Rückverweisungen zwischen den Instanzen vermieden werden.

224 Der Spruchkörper 1. Instanz kann grds. selbst nach **eigenem Ermessen** entscheiden, in welchem Umfang er im Rahmen der erhobenen Beanstandungen ermittelt. Solange dies nicht auf unsachlichen Erwägungen beruht, begründet dies keine Besorgnis der Befangenheit.[40] Anders liegt es, wenn Vorbereitungshandlungen für einen Prozessbeteiligten bei vernünftiger Würdigung aller Umstände den Eindruck der Voreingenommenheit durch eine einseitige Verfahrensführung entstehen lassen können (FS I 2018.9–555).[41]

§ 20 Regelverfahren vor dem Spruchkörper 1. Instanz

(1) Zum Zweck der Sachverhaltsaufklärung kann der Spruchkörper 1. Instanz den Beanstandenden zur weiteren Substantiierung seiner Beanstandung, das betroffene Mitglied zur Stellungnahme oder zur Überlassung von Unterlagen auffordern. Der Spruchkörper 1. Instanz kann in jedem Verfahrensstadium auch die Befragung von Zeugen oder Sachverständigen durchführen. Der Spruchkörper 1. Instanz kann jederzeit einen Termin anberaumen, um mit dem Beanstandeten die Beanstandung zu erörtern; er kann zu dieser Erörterung auch den Beanstandenden hinzubitten.

(2) Ergibt sich auf dieser Grundlage, dass die Beanstandung entweder offensichtlich unzulässig oder offensichtlich unbegründet ist, erhält der Beanstandende unter Mitteilung der vorläufigen Einschätzung die Gelegenheit, seine Beanstandung innerhalb von zwei Wochen weiter zu substantiieren. Danach entscheidet der Spruchkörper 1. Instanz, ob das Verfahren fortgesetzt oder eingestellt wird. Die Einstellung des Verfahrens ist von dem Beanstandenden im Wege des Einspruchs (§ 25 Abs. 2 S. 2) anfechtbar.

(3) Kommt das betroffene Mitglied einer Aufforderung unter angemessener Fristsetzung zur Mitwirkung nicht nach, erfolgt die Beurteilung der Beanstandung nach Lage der Akten oder auf der Grundlage des verfügbaren Beweismaterials. Sofern eine hinreichend substantiierte Beanstandung des Beanstandenden, beispielsweise unter Nennung konkreter Tatumstände von Zeit, Ort und Art der vorgeworfenen Handlung, vorliegt, können die Spruchkörper diesen Tatsachenvortrag als zugestanden werten, soweit das betroffene Mitglied keinen substantiierten Gegenvortrag erbringt; im Rahmen eines substantiierten Gegenvortrags hat das betroffene Mitglied aufgrund der ihm obliegenden Pflicht zur Verfahrensförderung in der Regel auch verfügbare Unterlagen vorzulegen oder geeignete Beweisantritte vorzunehmen.

(4) Hält der Spruchkörper 1. Instanz die Beanstandung für begründet, mahnt er das betroffene Mitglied ab und fordert es unter Fristsetzung von zwei Wochen zur Abgabe einer

---

[40] BVerfG NJW 2019, 505 (507) betreffend eine einseitige Verfahrensführung im sozialgerichtlichen Verfahren.

[41] Entscheidung zu § 9 Abs. 1, 11 Abs. 1 S. 4, 13 Abs. 3, 19 Abs. 2 S. 1 VerfO idF v. 17.11.2015, Verfahren eingestellt, https://www.fsa-pharma.de/de/schiedstelle/berichterstattung/sonstiges/az-2018.9-555-akteinensichtrecht-ermittlungsrahmen-anonyme-beanstandung/ (zul. abgerufen am 4.2.2021). zum Ganzen schon → Rn. 175 f.

Unterlassungserklärung dergestalt auf, dass der beanstandete Verstoß für die Zukunft abgestellt wird. Die Verpflichtung zur Abgabe einer strafbewehrten Unterlassungserklärung ist in jedem Fall mit der Verpflichtung zur Zahlung einer Geldstrafe für einen Kodex-Verstoß nach Maßgabe von § 22 Abs. 2 S. 2 zu verbinden. Eine solche strafbewehrte Unterlassungserklärung muss auch das Einverständnis mit der festgesetzten Geldstrafe enthalten. Die Geldstrafe wird zur Zahlung fällig, nachdem der Spruchkörper 1. Instanz die Unterlassungserklärung angenommen hat. § 22 Abs. 2 S. 5 gilt entsprechend.

(4a) In Abweichung von Abs. 4 endet das Verfahren bei begründeten Verstößen gegen den FSA-Transparenzkodex ohne weiteres, sofern
1. es sich um einen nach Art und Umfang nicht erheblichen Verstoß handelt und
2. das betroffene Mitglied auf den Hinweis des Spruchkörpers 1. Instanz der Beanstandung innerhalb von zwei Wochen abhilft.

Zur Auslegung des Begriffs „nach Art und Umfang nicht erheblich" im Sinne dieser Bestimmung erlässt der Vorstand des Vereins verbindliche Leitlinien nach § 4a. Sofern keine Abhilfe erfolgt, gelten die Vorschriften dieser Verfahrensordnung ohne Einschränkung.

(4b) In Abweichung von Abs. 4 kann das Verfahren bei begründeten Verstößen durch die Erklärung einer Ermahnung enden, die das betroffene Mitglied innerhalb von 2 Wochen akzeptiert. In einem solchen Fall entfällt die Geldstrafe. Die übrigen Vorschriften dieser Verfahrensordnung gelten ohne Einschränkung.

(5) Diese Unterlassungserklärung ist in hinreichender Höhe strafbewehrt, um eine Wiederholungsgefahr auszuräumen. Mit Abgabe der Unterlassungserklärung durch einen vertretungsberechtigten Repräsentanten des betroffenen Mitglieds endet das Verfahren.

(6) Gibt das betroffene Mitglied nicht die verlangte strafbewehrte Unterlassungserklärung ab, wird das Verfahren fortgesetzt (§ 21), es sei denn der Spruchkörper 1. Instanz erkennt eine von der verlangten Unterlassungserklärung abweichende Unterlassungserklärung des betroffenen Mitglieds als eine hinreichende Unterlassungserklärung an. Eine später gleichwohl abgegebene Unterlassungserklärung hat keine verfahrensbeendigende Wirkung, sondern findet allein bei der Bemessung eventuell ausgesprochener zusätzlicher Sanktionen Berücksichtigung.

(7) Ergibt sich für den Spruchkörper 1. Instanz im Rahmen der Eingangsprüfung, dass es sich um einen wiederholten Verstoß derselben Art handelt und das betroffene Mitglied gegen eine strafbewehrte Unterlassungserklärung bzw. Unterlassungsverpflichtung verstoßen hat, wird der Verein das dort festgelegte Ordnungsgeld gegenüber dem betroffenen Mitglied geltend machen. Das Ordnungsgeld ist ferner zur Ausräumung der dann bestehenden Wiederholungsgefahr angemessen zu erhöhen. Darüber hinaus setzt der Spruchkörper 1. Instanz im Fall eines wiederholten Verstoßes eine Geldstrafe nach Maßgabe von § 22 Abs. 2 fest. Diese Geldstrafe wird mit der Einverständniserklärung des betroffenen Mitglieds nach Abs. 7, 2. Unterabsatz, S. 1 fällig. Abs. 4 S. 5 sowie § 22 Abs. 2 S. 4 gelten entsprechend. Um einen wiederholten Verstoß derselben Art handelt es sich dann, wenn die beanstandete Handlung entweder identisch oder in ihren charakteristischen Elementen „kerngleich" mit einer solchen Handlung ist, die bereits in der Vergangenheit Gegenstand einer begründeten Beanstandung gewesen ist; eine begründete Beanstandung ist dann gegeben, wenn entweder von dem betroffenen Mitglied eine Unterlassungserklärung abgegeben oder von den Spruchkörpern 1. oder 2. Instanz eine im Sinne dieser Verfahrensordnung unanfechtbare Unterlassungsverpflichtung ausgesprochen worden ist. Sofern sich das betroffene Mitglied mit der Zahlung des Ordnungsgelds und seiner Erhöhung für zukünftige Verstöße sowie der festgesetzten Geldstrafe (Abs. 4 S. 5) einverstanden erklärt, endet das Verfahren. Ist das betroffene Mitglied hiermit nicht einverstanden, wird das Verfahren fortgesetzt (§ 21). Stellt sich im weiteren Verfahren vor den Spruchkörpern 1. oder gegebenenfalls 2. Instanz heraus, dass im Rahmen der Eingangsprüfung von dem Spruchkörper 1. Instanz zu Unrecht von einem wiederholten Verstoß derselben Art sowie von einem Verstoß gegen eine Unterlassungserklärung bzw. eine Unterlassungsverpflichtung ausgegangen worden ist, es sich also tatsächlich um einen andersartigen, neuen Verstoß handelt, und hat das betroffene Mitglied dem Spruchkörper 1. Instanz gemeinsam mit seinem Widerspruch nach § 20 Abs. 7 S. 8 die Abgabe einer Unterlassungserklärung unter Angabe eines angemessenen Ordnungsgeldes im Hinblick auf einen begangenen andersartigen, neuen Verstoß angeboten, endet das Verfahren entsprechend § 20 Abs. 5.

(8) In Abweichung von § 20 Abs. 7 muss der Spruchkörper 1. Instanz das Verfahren unmittelbar an den Spruchkörper 2. Instanz zur Entscheidung abgeben, wenn sich für den Spruchkörper 1. Instanz im Rahmen der Eingangsprüfung einer Beanstandung ergibt, dass das betroffene Mitglied innerhalb der letzten beiden Jahre vor dem Zeitpunkt der Begehung des beanstandeten Verstoßes wegen mindestens zwei Verstößen derselben Art entweder eine Unterlassungserklärung abgegeben hat oder von den Spruchkörpern 1. oder 2. Instanz eine unanfechtbare Unterlassungsverpflichtung ausgesprochen worden ist, es sich also bei den Vorverstößen um begründete Beanstandungen im Sinne von § 20 Abs. 7 S. 6 handelt. Die Abgabe eines behaupteten weiteren Verstoßes an den Spruchkörper 2. Instanz kommt danach erst dann in Betracht, wenn in dem genannten Sinne die für eine Abgabe erforderliche Anzahl vorangegangener begründeter Beanstandungen vorliegt und der Spruchkörper 1. Instanz zu dem Ergebnis gelangt, dass der beanstandete weitere Verstoß nicht offensichtlich unzulässig oder unbegründet ist (§ 20 Abs. 2) und es sich um einen wiederholten Verstoß derselben Art (§ 20 Abs. 7 S. 6) handelt. In diesem Fall ist das Verfahren vor dem Spruchkörper 2. Instanz als Eingangsinstanz fortzusetzen. Andernfalls ist das Verfahren im Hinblick auf die Beanstandung vor dem Spruchkörper 1. Instanz fortzusetzen.

Leitlinie

des Vorstands des FSA gemäß § 4a i. V. m. § 20 Abs. 4a FSA-Verfahrensordnung zur Auslegung des Begriffs „nach Art und Umfang nicht erheblichen Verstoß"

Nach § 20 Abs. 4a FSA-Verfahrensordnung gilt bei einem „nach Art und Umfang nicht erheblichem Verstoß" gegen den FSA-Transparenzkodex das dort beschriebene abgekürzte Verfahren.

Nach „Art und Umfang nicht erhebliche Verstöße" gegen den FSA-Transparenzkodex sind beispielsweise dann gegeben, wenn es sich lediglich um eine fahrlässige Nicht- oder Falscherfassung einzelner Datensätze handelt. Dasselbe gilt, wenn fahrlässiger Weise bestimmte Datensätze nicht oder unrichtig veröffentlicht worden sind. In Zweifelsfällen ist von einem „nach Art und Umfang nicht erheblichem Verstoß" dann auszugehen, wenn das Mitgliedsunternehmen zugleich die grundsätzliche Eignung seiner Unternehmensorganisation für die Umsetzung des FSA-Transparenzkodex nachweisen kann.

Von einem „nach Art und Umfang nicht erheblichem Verstoß" ist zum Beispiel dann nicht auszugehen, wenn es sich um eine vorsätzliche Nicht- oder Falscherfassung von Datensätzen oder deren vorsätzlicher Nicht- oder Falschveröffentlichung handelt. Von einem „nach Art und Umfang nicht erheblichem Verstoß" kann auch dann nicht ausgegangen werden, wenn gleichartige Verstöße wiederholt erfolgen und das betreffende Mitgliedsunternehmen keine organisatorischen Maßnahmen nachweisen kann, um diesen wiederholten Verstößen vorzubeugen.

Leitlinie

des Vorstands des FSA gemäß § 4a iVm § 20 Abs. 4b FSA Verfahrensordnung zum Anwendungsbereich der „Ermahnung"

Nach § 20 Abs. 4b FSA-Verfahrensordnung kann ein Verfahren bei begründeten Verstößen durch die Erklärung einer „Ermahnung" enden, sofern diese durch das betroffene Mitglied innerhalb von 2 Wochen akzeptiert wird.

Die „Ermahnung" ist Bestandteil des allgemeinen Sanktionsregimes der FSA-Verfahrensordnung. Von ihr soll nur in Ausnahmenfällen und mit entsprechender Begründung durch den Spruchkörper 1. Instanz Gebrauch gemacht werden. Die Anwendung liegt im Ermessen des Spruchrichters.

Entsprechende Ausnahmefälle liegen insbesondere dann vor, wenn es sich bei dem festgestellten Kodexverstoß um eine einmalige leicht fahrlässige Nichtbeachtung oder Falschinterpretation des Kodex handelt und der Verstoß nach Art und Umfang gering ist. Ist ein gleichartiger Verstoß bereits in der Vergangenheit Gegenstand eines Verfahrens vor der Schiedsstelle gewesen, ist zu vermuten, dass das betreffende Mitgliedsunternehmen keine ausreichenden organisatorischen Maßnahmen ergriffen hat, um wiederholten gleichartigen Verstößen nachhaltig vorzubeugen. Sofern das Unternehmen die Vermutung nicht widerlegt, ist in diesen Fällen ist das Regelverfahren anzuwenden.

Kodexverstöße, die auf einer unrichtigen Interpretation neuer oder geänderter Kodexbestimmungen beruhen, führen nicht automatisch zu einer „Ermahnung".

Übersicht

I. Eingangsprüfung (Abs. 1–3)

1. Verfahren

225 Im Rahmen der Eingangsprüfung kann der Spruchkörper 1. Instanz den **Beanstandenden** zur weiteren Substantiierung seines Vorbringens veranlassen. Alternativ dazu steht ihm die Möglichkeit offen, das **betroffene Unternehmen** zur Stellungnahme oder zur Überlassung von Unterlagen aufzufordern. Er hat, wie in jedem Verfahrensstadium, die Option, die Befragung von Zeugen oder Sachverständigen durchzuführen. Schließlich kann er das beanstandete Vereinsmitglied zur Abgabe einer Stellungnahme vorladen. Dieser Termin kann – dem zivilprozessualen frühen ersten Termin ähnelnd – gemeinsam mit dem Beanstandenden durchgeführt werden. Dem Spruchkörper ist es dadurch möglich, sich bereits in einem frühen Verfahrensstadium einen weitestmöglichen Überblick zu verschaffen. Auf der Grundlage der auf diese Weise gewonnenen Informationen kann der Spruchkörper 1. Instanz eine vorläufige Einschätzung hinsichtlich der Erfolgsaussichten der eingereichten Beanstandung treffen. Sofern diese erste Bewertung ergibt, dass die Beanstandung offensichtlich unzulässig oder offensichtlich unbegründet ist, ist dem Beanstandenden die Möglichkeit zur **weiteren Stellungnahme** einzuräumen. Zu diesem Zweck teilt der Spruchkörper 1. Instanz dem Beanstandenden die eigene vorläufige Einschätzung mit und verbindet diese mit der Bitte, seine ursprüngliche Beanstandung innerhalb von zwei Wochen konkreter zu fassen und weiter zu substantiieren. Weigert sich der Beanstandende, Zeugen namentlich zu benennen (etwa zum Schutz der eigenen Geschäftsbeziehung mit diesem Zeugen), kann dies zu einer Einstellung des Verfahrens führen (FS I 2005.10–97). Der Spruchkörper 1. Instanz hatte über einen Sachverhalt zu entscheiden, in dem der Beanstandende im Rahmen einer potentiell kodexwidrigen Musterabgabe den Namen des Arztes, bei dem die unzulässige Musterabgabe angeblich erfolgt war, nicht nannte und der Beanstandete die ordnungsgemäße Schulung seiner Mitarbeiter nachweisen konnte (zu dieser Entscheidung auch → Rn. 76).

226 Besondere Beachtung verdient aufgrund einer Entscheidung des Spruchkörpers 2. Instanz Abs. 3 dieser Vorschrift (FS II 2006.8–135). In dem der Entscheidung zugrunde liegenden Sachverhalt hatte ein Mitgliedsunternehmen eine Veranstaltung nach § 20 des FSA-Kodex Fachkreise durchgeführt. Der **Verpflichtung zur Dokumentation der Anwesenheit der Teilnehmer** nach § 20 Abs. 2 S. 4 des Kodex war es dabei zwar nachgekommen, jedoch weigerte sich das Unternehmen, diese Dokumentation im Rahmen eines Beanstandungsverfahrens dem Spruchkörper 1. Instanz vorzulegen. Darin sah der Spruch-

körper 1. Instanz einen Verstoß gegen § 20 Abs. 2 S. 4 des Kodex und verpflichtete das Unternehmen, „es zu unterlassen, […] die Herausgabe der Dokumentationen der Anwesenheit von Teilnehmern […] zu verweigern […].“ Der Spruchkörper 2. Instanz hat diese Entscheidung in der Berufung mit der Begründung aufgehoben, aus § 20 Abs. 2 S. 4 des FSA-Kodex Fachkreise folge zwar die Verpflichtung, eine entsprechende Dokumentation zu führen, nicht aber eine Vorlagepflicht. Dies sei allein eine Frage der Verfahrensordnung, die im Falle der Nichtvorlage von Dokumenten ggf. eine Entscheidung nach Aktenlage gem. § 20 Abs. 3 der VerfO vorsieht. Die Nichtvorlage per se sei aber kein Kodexverstoß.

2. Entscheidung

227 Nach Ablauf der zweiwöchigen Frist zur weiteren Stellungnahme durch den Beanstandenden entscheidet der Spruchkörper 1. Instanz unter Berücksichtigung der neuen Erkenntnisse und nach **freiem Ermessen,** ob das Verfahren fortzusetzen ist oder aufgrund mangelnder Beweise oder Tatsachen eingestellt werden muss. Diese Entscheidung des Spruchkörpers 1. Instanz ist aufgrund der Fassung der Verfahrensordnung vom 2.12.2005 im Wege eines Einspruchs nach § 25 Abs. 2 S. 2 anfechtbar (Abs. 2 S. 3).

228 Sofern das betroffene Unternehmen zur Mitwirkung bei der Sachverhaltsaufklärung aufgefordert worden ist, der Anfrage des Spruchkörpers jedoch nicht oder nicht termingerecht nachkommt, entscheidet dieser nach **Aktenlage** bzw. auf der Basis des zu diesem Zeitpunkt verfügbaren Beweismaterials. Klarstellend weist die Verfahrensordnung seit der Änderung vom 15.12.2020 an dieser Stelle darauf hin, dass die durch den Spruchkörper gesetzte Frist angemessen sein muss. Dies ist der Fall, wenn die Frist ausreichend ist, um die erforderliche Mitwirkung zu ermöglichen. Dabei ist die Bedeutung und Komplexität des der Beanstandung zugrunde liegenden Sachverhalts entscheidend. Dem beanstandeten Unternehmen muss es ermöglicht werden, Experten, insbesondere auch Rechtsbeirat heranzuziehen. Die Änderung hat allein klarstellenden Charakter; bereits zuvor durfte der Spruchkörper keine unangemessenen kurzen Fristen setzen.

229 Eine Regelung zur grundsätzlichen Verteilung der **Darlegungs- und Beweislast** ist durch Einfügung des S. 2 erfolgt. Demnach führt eine hinreichend substantiierte Beanstandung dazu, dass das beanstandete Unternehmen seinerseits einen hinreichend substantiierten Gegenvortrag erbringen muss. Es genügt folglich nicht, im Rahmen des Gegenvortrags die vom Beanstandenden vorgetragenen Tatsachsen lediglich zu bestreiten und sich im Übrigen auf die allgemeine Beweislastverteilung zu berufen. Vielmehr muss das beanstandete Vereinsmitglied alles unternehmen, um das Verfahren zu fördern und dabei auch geeignete Beweisantritte selbstständig vornehmen. Eine substantiierte Beanstandung ist anzunehmen, wenn anhand aussagekräftiger Darstellungen des Beanstandenden überprüfbar ist, ob die gesetzlichen Voraussetzungen der an eine Beanstandung geknüpften Rechtsfolgen erfüllt sind. Ein substantiierter Gegenvortrag des beanstandeten Vereinsmitglieds erfordert glaubhafte Darstellungen, die die substantiierte Beanstandung zu Fall bringen. Dabei muss das beanstandete Unternehmen die eigenen behaupteten Darstellungen im Rahmen seiner **Pflicht zur Verfahrensförderung** durch Vorlage von Unterlagen oder andere geeignete Beweise untermauern. Kann er dies nicht leisten, so wird die substantiierte Beanstandung als wahr unterstellt. Dieses Vorgehen gleicht somit dem zivilprozessualen Konstrukt der sekundären Darlegungslast, bei der ebenfalls erhöhte Anforderungen an die Erheblichkeit des Beklagtenvortrags gestellt werden, die – sollte ihnen nicht entsprochen werden – dazu führen, dass der Klägervortrag gem. § 138 Abs. 3 ZPO als zugestanden gilt.

II. Begründete Beanstandung (Abs. 4)

1. Abgabe einer Unterlassungserklärung (sog. „Regelverfahren“)

230 Kommt der Spruchkörper 1. Instanz im Rahmen der **Eingangsprüfung** zu dem Ergebnis, dass die Beanstandung zulässig und begründet ist, mahnt er das betroffene Unterneh-

men – unter **zweiwöchiger Fristsetzung** zur Abgabe einer entsprechenden Unterlassungserklärung – ab. Inhalt der Abmahnung ist die Aufforderung, das beanstandete Verhalten in Zukunft zu unterlassen.

Der EFPIA-Kodex fordert **in allen Stadien des Verfahrens** die Möglichkeit, neben der **231** Abgabe der strafbewehrten Unterlassungserklärung weitere Sanktionen gegenüber dem beanstandeten Unternehmen auszusprechen. Dementsprechend war mit der Fassung der Verfahrensordnung vom 2.12.2005 bei schweren und/oder wiederholten Verstößen eine **Geldstrafe** nach § 22 Abs. 2 S. 2 und die **Veröffentlichung des Namens** des betroffenen Unternehmens möglich (siehe auch § 20 Abs. 7 S. 3). Im Zuge der umfassenden **Novellierung** der Verfahrensordnung vom 1.12.2011 wurde dieses Regel-Ausnahmeprinzip der Geldstrafe gestrichen und durch eine **obligatorische Geldstrafe** im Falle der abgebeben Unterlassungserklärung bzw. dem begründeten Beanstandungsverfahren ersetzt. Die zu zahlende Geldstrafe wird mit der Annahme der Unterlassungserklärung, die auch das Einverständnis mit der festgesetzten Geldstrafe enthalten muss, durch den Spruchkörper 1. Instanz fällig. Während die frühere Fassung der Norm für die Fälligkeit an den Zeitpunkt der Abgabe der Unterlassungserklärung anknüpfte, bestimmt sich die Fälligkeit seit der Änderung vom 15.12.2020 durch die Annahme der Unterlassungserklärung seitens des Spruchkörpers. Dies sorgt zum einen für ein Mehr an Rechtssicherheit, zum anderen jedoch auch für einen konsistenten Gleichlauf von Unterlassungserklärung und Geldstrafe. Vor der Änderung konnte eine Geldstrafe bereits zur Zahlung fällig sein, obschon die dazugehörige Unterlassungserklärung im späteren Verfahrensverlauf nicht angenommen wird.

Die Regelung des § 20 Abs. 4 bildet die Festlegung einer **Regelstrafe** ab, wodurch nun- **232** mehr jeder festgestellte Kodexverstoß mit einer Geldstrafe geahndet wird. Sofern der Kodexverstoß bereits durch die Abgabe der Unterlassungserklärung endet (Regelverfahren), muss die Erklärung das Einverständnis zur Zahlung der festgesetzten Geldstrafe enthalten, da sie als **vertragliche Abrede** letztlich die ansonsten erforderliche Entscheidung des Spruchkörpers ersetzt. Im Rahmen der Änderung der Verfahrensordnung wurde in § 22 Abs. 2 S. 2 zudem erstmals eine **Mindeststrafe** von **5000 EUR** eingeführt. Infolgedessen beträgt die zu zahlende Geldstrafe künftig mindestens 5000 EUR, wobei die Festlegung der konkreten Höhe im Ermessen des Spruchkörpers liegt.

Hintergrund der Aufnahme dieser obligatorischen Geldstrafe sowie ihrer Mindesthöhe **233** waren unter anderem kritische Berichterstattungen in der Öffentlichkeit, die die Strafen als viel zu niedrig einstuften.[42]

Darüber hinaus ist zum Zwecke des Ausschlusses der Wiederholungsgefahr die Unterlas- **234** sungserklärung in hinreichender Höhe **strafbewehrt,** dh bei einem Verstoß gegen die Unterlassungserklärung wird das dort festgesetzte Ordnungsgeld fällig (dazu näher unter → Rn. 94f.). Mit Abgabe einer solchen Unterlassungserklärung durch einen Vertretungsberechtigten des Unternehmens endet das Verfahren vor dem vereinsgerichtlichen Spruchkörper (sog. „Regelverfahren").

Während der frühere § 20 Abs. 4 S. 5 verlangte, dass die Unterlassungserklärung auch das **235** Einverständnis zur namentlichen Veröffentlichung enthalten muss, ist diese Verpflichtung im Zuge der **Novellierung** des § 15 Abs. 3 vom 1.12.2011 obsolet geworden. Demnach unterliegt nunmehr jeder festgestellte Kodexverstoß der Veröffentlichungspflicht unter namentlicher Nennung des Unternehmens, sodass die **Namensnennung** der **Dispositionsbefugnis** des jeweiligen Unternehmens **entzogen** wurde und es infolgedessen des Kriteriums des Einverständnisses nicht mehr bedarf.

Sind mehrere **gesondert zu prüfende, teilbare Beanstandungen** Gegenstand des **236** Regelverfahrens nach § 20 VerfO, kann das betroffene Unternehmen in Bezug auf einzelne Beanstandungen eine „insoweit" verfahrensbeendende Unterlassungserklärung abgeben. Eine Teilbarkeit des Gegenstandes ist auch dann zu bejahen, wenn es sich um mehrere

---

[42] So der Artikel „Freiwillige Selbstkontrolle der Pharmaindustrie wirkungslos" in der Wirtschafts Woche vom 8.6.2010.

Beanstandungsprunkte einer AWB handelt. Damit ist in einem solchen Fall das **Beanstandungsverfahren nicht insgesamt fortzusetzen,** sondern nur hinsichtlich der Beanstandungspunkte, für die das Unternehmen keine Unterlassungserklärung abgebeben hat (FS II 1/09/2006.11–151).[43]

2. Fehlende Abgabe einer strafbewehrten Unterlassungserklärung

237 Weigert sich das betroffene Unternehmen, eine strafbewehrte Unterlassungserklärung abzugeben, wird das Verfahren fortgesetzt (→ Rn. 96f.). Wird die Unterlassungserklärung dagegen erst im weiteren Verlauf des Verfahrens abgegeben, kommt dieser anders als der „Unterlassungserklärung auf erstes Anfordern" **keine verfahrensbeendigende Wirkung** zu (FS II 2004.7–9).[44] Auf diese Weise soll im Sinne der Verfahrensökonomie ein verzögerndes, dh „taktisches Abwarten" des Unternehmens hinsichtlich des weiteren Verfahrensverlaufs vermieden werden. Andernfalls wären solche Unternehmen benachteiligt, die einen Kodexverstoß direkt bei Einleitung des vereinsrechtlichen Verfahrens einräumen würden. Eine nicht auf erstes Anfordern abgegebene Unterlassungserklärung hat daher nach Abs. 6 S. 2 allenfalls Einfluss auf die **Sanktionszumessung,** dh sie findet zugunsten des Unternehmens bei der Festlegung möglicher Sanktionen Berücksichtigung, führt jedoch nicht (mehr) zur Beendigung des Verfahrens. Sofern der Abmahnung durch das betroffene Unternehmen durch Abgabe einer strafbewehrten Unterlassungserklärung nur **teilweise** entsprochen wird, hat dies insoweit eine streiterledigende Wirkung, wie der Gegenstand des Beanstandungsverfahrens teilbar ist (FS II 1/09/2006.11–151).[45]

238 Mit dem Ziel der Vereinfachung des Verfahrens wurde durch die Fassung der Verfahrensordnung vom 2.12.2005 eine **Ausnahmeregelung** in den Abs. 6 S. 1 eingefügt. Abweichend von der bis dahin geltenden Regelung in § 19 Abs. 6 aF kann der Spruchkörper 1. Instanz nunmehr auch eine andere als die geforderte Unterlassungserklärung als ausreichend akzeptieren.

239 Die Abgabe einer Unterlassungserklärung gegenüber einem Dritten, der nicht Beanstandender ist, ist demgegenüber gemäß § 2 Abs. 5 **unbeachtlich** (vgl. hierzu näher → Rn. 66).

240 Die bloße Absage einer geplanten, unzulässigen Veranstaltung aufgrund des Hinweises des FSA lässt die Wiederholungsgefahr für den darin liegenden Rechtsverstoß nicht entfallen und entbindet daher nicht von der Abgabe einer Unterlassungs- und Verpflichtungserklärung (FS I 2005.6–75).[46]

III. Das Abhilfeverfahren (Abs. 4a)

1. Anwendbarkeit

241 Im Zuge der Einführung des neuen FSA-Transparenzkodex wurde im Rahmen der Novellierung der Verfahrensordnung vom 27.11.2013 der Abs. 4a neu eingefügt. Dieser eröffnet im Falle von begründeten Verstößen gegen den Transparenzkodex eine **zusätzliche** Möglichkeit der **Verfahrensbeendigung** in Form des Abhilfeverfahrens. Dieses ist an zwei

---

[43] Entscheidung zu § 20 Abs. 5 S. 2, Abs. 6 S. 1, § 22 Abs. 1 S. 1 VerfO idF v. 2.12.2005; § 19 Abs. 2 S. 1 FSA-Kodex Fachkreise, https://www.fsa-pharma.de/de/schiedstelle/berichterstattung/sonstiges/az-fs-ii-1-09-2006.11-151-verfahrensordnung/ (zul. abgerufen am 4.2.2021).

[44] Entscheidung zu § 6 Abs. 3 S. 2; § 6 Abs. 7 FSA-Kodex Fachkreise https://www.fsa-pharma.de/de/schiedstelle/berichterstattung/fachkreise/az-fs-ii-3–04-2004.7–9-2-instanz-6-abs-3-s-2-6-abs-7-des-kodex-vergleiche-nunmehr-20-abs-3-s.2–20-abs-7/ (zul. abgerufen am 4.2.2021).

[45] Entscheidung zu §§ 20 Abs. 5 S. 2, Abs. 6 S. 1, 22 Abs. 1 S. 1 idF v. 2.12.2005, https://www.fsa-pharma.de/de/schiedstelle/berichterstattung/fachkreise/az-fs-ii-1–09-2006.11–151-20-abs-5-s-2-abs-6-s-1–22-abs-1-s-1-fsa-verfahrensordnung-verfo-19-abs-2-s-1-fsa-k/ (zul. abgerufen am 4.2.2021) (= PharmR 2010, 205).

[46] Entscheidung zu § 20 FSA-Kodex Fachkreise, § 20 Abs. 4 und 5 VerfO idF v. 16.2.2004, https://www.fsa-pharma.de/de/schiedstelle/berichterstattung/sonstiges/az-2005.6–75-verfahrensordnung/ (zul. abgerufen am 4.2.2021).

Voraussetzungen geknüpft: Zum einen darf der Verstoß gegen den Transparenzkodex nach **Art und Umfang nicht erheblich** sein und zum anderen muss das betroffene Mitglied der Beanstandung innerhalb von zwei Wochen **abhelfen.** Die Ratio dieser Regelung liegt in dem Umstand, dass bei der praktischen Umsetzung der Datensammlungs- und veröffentlichungspflichten verständlicherweise geringfügige Fehler unterlaufen können. Insbesondere im Zuge der Etablierung der unternehmensinternen Speicherungs- und Veröffentlichungssysteme können leicht Flüchtigkeitsfehler auftreten. Eine Sanktionierung auch solcher Fehler ist indes nicht gewollt. Zum einen entspricht es nicht dem Sinn und Zweck des Transparenzkodex, auch solch marginale Verstöße zu ahnden. Zum anderen wäre dies auch aufgrund der seit dem 1.12.2011 geltenden stärkeren Sanktionierung **unverhältnismäßig,** da jeder Verstoß nunmehr mit einer Geldstrafe sowie der namentlichen Veröffentlichung des betroffenen Unternehmens einhergeht und letzteres zu einem nicht nur unerheblichen Reputationsschaden führen kann. Das Unternehmen auch im Fall von nur kleinen, schnell behebbaren Verstößen diesem Risiko auszusetzen, ginge weit über eine angemessene Sanktionierung hinaus. Diesem Umstand trägt das Abhilfeverfahren Rechnung und ermöglicht so den Unternehmen, im Falle kleiner Fehler selbst nachzubessern und damit den Verstoß zu revidieren.

2. Verstoß „nach Art und Umfang nicht erheblich"

Das Abhilfeverfahren findet nur dann Anwendung, wenn der Verstoß gegen den FSA-Transparenzkodex nach Art und Umfang nicht erheblich ist. Hierbei handelt es sich um einen unbestimmten Rechtsbegriff, der einer näheren Auslegung bedarf. Zum Zwecke dessen wird in Abs. 4a S. 2 der Vorstand des FSA ermächtigt, verbindliche Leitlinien zu erlassen, um durch ein einheitliches Verständnis des Begriffs größere Rechtssicherheit zu schaffen. Von dieser Ermächtigung hat der Vorstand durch den Erlass der **Leitlinie** gemäß § 4a iVm § 20 Abs. 4a FSA-Verfahrensordnung zur Auslegung des Begriffs „nach Art und Umfang nicht erheblichen Verstoß" Gebrauch gemacht (Stand: 11.4.2016). Demnach liegt ein nach Art und Umfang nicht erheblicher **Verstoß** beispielsweise in folgenden Fällen vor: Bei fahrlässiger Nicht- oder Falscherfassung einzelner Datensätze sowie bei fahrlässiger Nicht- oder Falschveröffentlichung von bestimmten Datensätzen. Im **Zweifelsfalle** ist von einem nach Art und Umfang nicht erheblichen Verstoß auszugehen, wenn das betroffene Mitgliedsunternehmen zugleich die grundsätzliche Eignung seiner Unternehmensorganisation für die Umsetzung der Bestimmungen des FSA-Transparenzkodex nachweisen kann. Im Gegensatz dazu liegt **kein nach Art und Umfang nicht erheblicher Verstoß** vor, wenn eine vorsätzliche Nicht- oder Falscherfassung einzelner Datensätze oder eine vorsätzliche Nicht- oder Falschveröffentlichung bestimmter Daten gegeben ist. Ebenso scheidet eine Einstufung als nach Art und Umfang nicht erheblicher Verstoß in den Fällen wiederholter gleichartiger Verstöße aus und wenn das betroffene Unternehmen keine organisatorischen Maßnahmen nachweisen kann, um wiederholten Verstößen vorzubeugen. **242**

Durch diese Auslegung wird deutlich, dass der Abs. 4a lediglich bezweckt, fahrlässige Fehler in einer ansonsten organisatorisch für die Umsetzung der Transparenzverpflichtungen geeigneten Unternehmensstruktur zu **privilegieren.** Sofern die Verstöße jedoch auf vorsätzlichem oder wiederholtem Verhalten beruhen, kommt dem Mitgliedsunternehmen das Abhilfeverfahren nicht zugute und das Verfahren kann durch das Unternehmen nur mittels der Abgabe einer strafbewehrten Unterlassungserklärung beendet werden mit der damit einhergehenden namentlichen Veröffentlichung und Zahlungsverpflichtung einer Geldstrafe. **243**

IV. Das Ermahnungsverfahren (Abs. 4b)

1. Zweck und Ablauf des Verfahrens

Seit der Novellierung der Verfahrensordnung vom 17.11.2015 ist in dem neu eingefügten Abs. 4b eine weitere **zusätzliche** Möglichkeit der **Verfahrensbeendigung** in Form **244** des Ermahnungsverfahrens geregelt. Demnach kann ein Verfahren bei begründeten Verstößen auch durch die **Erklärung einer Ermahnung** enden, die das betroffene Mitglied innerhalb von **2 Wochen** akzeptiert. In diesem Fall **entfällt** die **Geldstrafe,** während die **übrigen Vorschriften** der Verfahrensordnung ohne Einschränkung gelten.

Diese neue Variante der niederschwelligen Verfahrensbeendigung mittels einer Ermahnung wurde eingeführt, um dem Spruchrichter 1. Instanz die Möglichkeit einzuräumen, bei der Geldstrafe und den Kosten eines Beanstandungsverfahrens die konkreten Umstände des Falls noch besser berücksichtigen zu können.

2. Anwendungsbereich

245 Zur einheitlichen Auslegung dieser Vorschrift, insbesondere im Hinblick auf ihren Anwendungsbereich, hat der Vorstand gemäß § 4a iVm § 20 Abs. 4b FSA-Verfahrensordnung eine **Leitlinie** erlassen (Stand: 11.4.2016). Hierin wird zunächst klargestellt, dass von der Ermahnung als Bestandteil des allgemeinen Sanktionsregimes nur in **Ausnahmefällen** und nur mit entsprechender **Begründung** durch den Spruchkörper 1. Instanz Gebrauch gemacht werden soll. Bei der Entscheidung über die Anwendung kommt dem Spruchrichter **Ermessen** zu.

246 Ein entsprechender **Ausnahmefall** soll insbesondere dann angenommen werden können, wenn es sich bei dem festgestellten Kodexverstoß um eine einmalige leicht fahrlässige Nichtbeachtung oder Falschinterpretation des Kodex handelt und der Verstoß nach Art und Umfang gering ist. Diese strengen Voraussetzungen, die außerdem kumulativ vorliegen müssen, verdeutlichen den Ausnahmecharakter des Ermahnungsverfahrens. Demgegenüber ist in den Fällen, in denen ein gleichartiger Verstoß bereits in der Vergangenheit Gegenstand eines Verfahrens vor der Schiedsstelle gewesen ist, zu vermuten, dass das betreffende Mitgliedsunternehmen keine ausreichenden organisatorischen Maßnahmen ergriffen hat, um wiederholten gleichartigen Verstößen vorzubeugen. Kann das Unternehmen diese Vermutung nicht widerlegen, ist das Regelverfahren nach Abs. 4 anzuwenden. Auch wenn Kodexverstöße auf einer unrichtigen Interpretation neuer oder geänderter Kodexbestimmungen beruhen, führt dies nicht automatisch zu einer Ermahnung.

V. Verstoß gegen eine strafbewehrte Unterlassungserklärung

1. „Wiederholter Verstoß derselben Art" (Abs. 7 S. 6 Hs. 1)

247 Ein Verstoß gegen eine bereits zuvor abgegebene Unterlassungserklärung wird angesichts seines Wiederholungscharakters strenger geahndet als der Erstverstoß. Im Fall des wiederholten Verstoßes wird dabei zunächst das in der ersten Erklärung festgelegte Ordnungsgeld gegenüber dem betroffenen Unternehmen durch den Verein geltend gemacht, gleichzeitig ist das in der Unterlassungserklärung festgesetzte Ordnungsgeld zur Ausräumung der verbleibenden **Wiederholungsgefahr** angemessen zu erhöhen.

248 Nach Abs. 7 S. 6 handelt es sich um einen **„wiederholten Verstoß derselben Art"** immer dann, wenn die hinsichtlich ihrer Vereinbarkeit mit den Kodizes in Frage stehende Handlung entweder vollkommen identisch oder zumindest in ihren charakteristischen Elementen „kerngleich" mit der Handlung ist, die bereits in der Vergangenheit Gegenstand einer erfolgreichen Beanstandung war (zur „Kerngleichheit von Wiederholungsverstößen" vgl. auch → Rn. 89).

249 Das gemeinsame Ziel, die Umstellung auf ein eigenes Medikament zu erreichen, genügt für sich alleine noch nicht, um eine Kerngleichheit zu bejahen. Vielmehr ist auch maßgebend, wie die Umstellung konkret erfolgt ist. Kerngleichheit im Rahmen der FSA-Verfahrensordnung ist dabei deckungsgleich mit der Bedeutung der **Kerngleichheit im allgemeinen Wettbewerbsrecht.** Entscheidend ist demnach zumindest die Übereinstimmung der charakteristischen Merkmale beider Verstöße. Eine Kerngleichheit ist im Regelfall dann zu verneinen, wenn zur Bejahung des Verstoßes gegen dieselbe Norm eine selb-

ständige rechtliche Prüfung vorzunehmen ist (FS II 3/08/2007.12–218 (b)).[47] Diejenigen Umstände, die im Rahmen der abgewandelten Handlung den Rechtsverstoß begründen sollen, müssen von der Unterlassungserklärung bzw. der Entscheidung des Spruchkörpers bereits implizit umfasst bzw. mitbeurteilt worden sein.[48]

2. „Begründete Beanstandung" (Abs. 7 S. 6 Hs. 2)

Eine Beanstandung ist begründet, wenn entweder von dem betroffenen Unternehmen eine Unterlassungserklärung abgegeben oder von den Spruchkörpern 1. oder 2. Instanz eine **unanfechtbare Unterlassungsverpflichtung** ausgesprochen wurde (zur Unanfechtbarkeit vereinsgerichtlicher Entscheidungen vgl. näher → Rn. 301; zu Fragen der Zurechnung im Konzern bereits unter → Rn. 51 ff.). 250

3. Folgen eines Verstoßes gegen die strafbewehrte Unterlassungserklärung

Im Rahmen der Eingangsprüfung prüft der Spruchkörper 1. Instanz, ob es sich bei dem beanstandeten Verhalten um einen **„wiederholten Verstoß derselben Art"** handelt und ob das betroffene Mitglied damit gegen eine strafbewehrte Unterlassungserklärung bzw. -verpflichtung verstoßen hat. In diesem Falle ist das betroffene Unternehmen zur Zahlung des ursprünglich festgelegten Ordnungsgeldes verpflichtet. Darüber hinaus wird das ursprünglich festgesetzte Ordnungsgeld angemessen erhöht, um die Wiederholungsgefahr für die Zukunft auszuräumen. Der Umfang der Erhöhung des anzudrohenden Ordnungsgeldes bestimmt sich nach den Umständen des Einzelfalls und liegt insoweit im pflichtgemäßen Ermessen des mit der jeweiligen Beanstandung befassten Spruchkörpers. Ist das betroffene Unternehmen mit der **Zahlung des Ordnungsgelds** sowie dessen Erhöhung für den Fall der erneuten Zuwiderhandlung einverstanden, endet das Verfahren (Abs. 7 S. 7). Andernfalls ist das Verfahren fortzusetzen (vgl. → Rn. 243). In diesem Fall kann der wiederholte Verstoß – neben dem verwirkten Ordnungsgeld – zusätzlich entsprechend § 22 bzw. § 24 sanktioniert werden. 251

Eine Vereinbarung, nach der eine Überprüfung des nach billigem Ermessen (**sog. „Hamburger Brauch"**) festgesetzten Ordnungsgeldes durch ein ordentliches Gericht erfolgen soll, ist nach der FSA-Verfahrensordnung ausgeschlossen (FS II 1/04/2004.5-4).[49] 252

4. Unzutreffende Annahme eines „Wiederholungsverstoßes"

Denkbar ist auch der Fall, dass sich erst im weiteren Verlauf des Verfahrens vor den Spruchkörpern 1. oder gegebenenfalls 2. Instanz herausstellt, dass es sich bei dem beanstandeten Verhalten in Wahrheit um einen **andersartigen, neuen Verstoß** handelt und der Wiederholungscharakter des Vorgangs insoweit zu Unrecht angenommen wurde. Hat das betroffene Unternehmen diesbezüglich Widerspruch eingelegt und diesen mit dem Angebot verbunden, hinsichtlich des neuen, andersartigen Verstoßes eine entsprechende Unterlassungserklärung abzugeben, endet das Verfahren auch in diesem Fall entsprechend Abs. 5. 253

5. Kündigung von Unterlassungserklärungen

Unterlassungserklärungen können nach der Rechtsprechung im Einzelfall gekündigt werden, wenn der **Verpflichtungsgrund entfallen** ist oder sich nachträglich herausstellt, 254

---

[47] Entscheidung zu § 19 Abs. 2,§ 19 Abs. 1 S. 4, § 20 Abs. 7 FSA-Kodex Fachkreise, § 15 Abs. 4 VerfO idF v. 28.11.2008. https://www.fsa-pharma.de/de/schiedstelle/berichterstattung/fachkreise/az-fs-ii-3–08-2007.12–218-b-2-instanz-19-abs-2-fsa-kodex-2006-19-abs-1-satz-4-fsa-kodex-fachkreise-2008-grund/ (zul. abgerufen am 4.2.2021).

[48] Vgl. OLG München BeckRS 2010, 13362; KG 110 2020, 1029 (1032); OLG Hamburg GRUR-RS 2020, 47951.

[49] Entscheidung zu § 6 Abs. 3 S. 2, § 6 Abs. 7 FSA-Kodex Fachkreise, § 25 Abs. 1, Abs. 4, Abs. 11 Verfahrensordnung idF v. 16.2.2004, https://www.fsa-pharma.de/de/schiedstelle/berichterstattung/fachkreise/az-fs-ii-1–04-2004.5-4-2-instanz-6-abs-3-s-2–6-abs-7-des-kodex-vergleiche-nunmehr-20-abs-3-s-2-und-20-abs-7/ (zul. abgerufen am 4.2.2021).

dass dieser von Anfang an nicht bestanden hat.[50] Hiervon geht auch der Spruchkörper 1. Instanz aus.[51] Verlangt wird dabei jedoch, dass das Unternehmen die Tatsachen, die den behaupteten Verstoß begründen, vor Abgabe der Unterlassungserklärung angemessen aufgeklärt hat. Zudem soll eine Rückzahlung bereits gezahlter Geldstrafen nicht in Betracht kommen, da die VerfO eine solche nicht vorsehe und vertrags- oder bereicherungsrechtliche Anspruchsgrundlagen nicht bestehen. Eine Rückzahlung würde sich auch insofern als schwierig erweisen, als Geldstrafen häufig an Dritte zu entrichten sind. Um hier zu interessengerechten Ergebnissen zu gelangen, kann im Einzelfall daran gedacht werden, eine bereits entrichtete Geldstrafe in eine „Spende" umzuwidmen, soweit die hierfür erforderlichen Voraussetzungen erfüllt sind. Dies deckt sich mit der Rechtsprechung zur Kündigung sonstiger Unterlassungsverträge, die ebenfalls nur Wirkung **ex nunc** entfaltet. Wird in einem weiteren Verfahren eine abweichende Rechtsauffassung vertreten, die mit dem Inhalt der Unterlassungserklärung nicht in Einklang steht, so liegt hierin grundsätzlich nur eine **reine Rechtsverteidigung,** nicht aber eine Kündigung, solange diese nicht als solche erklärt wird (FS II 1/09/2006.11–151).[52] Bestreitet das betroffene Unternehmen im Rahmen des Fortsetzungsverfahrens einen Kodexverstoß auch im Hinblick auf die Punkte, für die es im Regelverfahren eine Unterlassungserklärung abgegeben hat, ist darin lediglich eine Rechtsverteidigung und **kein stillschweigender Widerruf** der Unterlassungsverpflichtung zu sehen (FS II 1/09/2006.11–151).[53] Sind mehrere Unternehmen von einer Beanstandung betroffen, ist es denkbar, dass einige Unternehmen den Verstoß anerkennen und eine Unterlassungserklärung abgeben, während andere Unternehmen sich hiergegen aktiv verteidigen. Stellt sich dabei heraus, dass insgesamt kein Verstoß vorgelegen hat, wirft dies die Frage auf, ob diejenigen Unternehmen, die Unterlassungserklärungen abgegeben haben, dennoch weiterhin an diesen festgehalten werden können. Der Grundsatz der **Gleichbehandlung** sowie der übergeordnete Zweck der Kodizes, nur materiell beanstandungswürdiges Verhalten zu unterbinden und den Wettbewerb nicht darüber hinaus zu beschränken, sprechen dafür, diese Frage zu verneinen. Auch bei Unterlassungserklärungen, die im Hinblick auf vermeintliche Verstöße gegen gesetzliche Regelungen abgegeben werden, ist anerkannt, dass ein Kündigungsrecht bestehen kann, wenn durch eine nachträgliche Änderung der Sach- oder Rechtslage die Grundlage für einen Rechtsverstoß entfällt.[54] Dies kann im Einzelfall die schwierige Frage aufwerfen, ob von einer Änderung der Rechtslage ausgegangen werden kann, wenn die streitgegenständlichen Regelungen keine Änderungen erfahren haben, sich jedoch die entsprechende Auslegungspraxis gewandelt hat. Mit der Änderung der Verfahrensordnung vom 15.12.2020 soll dieses Problem durch Einfügung des § 28 Abs. 4 in der Weise adressiert werden, dass durch die Aussetzungsmöglichkeit gleichgelagerter Verfahren widersprüchliche Ergebnisse vermieden werden.

---

[50] BGH GRUR 1997, 382 ff. – Altunterwerfung I und II; GRUR 1983, 602 – Vertragsstraferückzahlung.

[51] Hinweis in der Entscheidung zu § 20 Abs. 5, S. 3 FSA-Kodex Fachkreise und §§ 20 Abs. 4 S. 2, 29 VerfO idF v. 27.11.2013 (FS I 2014.9–434), https://www.fsa-pharma.de/de/schiedstelle/berichterstattung/fachkreise/az-2014.9–434-1-instanz-20-abs-5-satz-3-fsa-kodex-fachkreise-finanzielle-unterstutzung-von-berufsbezogenen-wissenschaf/ (zul. abgerufen am 4.2.2021).

[52] Entscheidung zu §§ 20 Abs. 5 S. 2, Abs. 6 S. 1, 22 Abs. 1 S. 1 VerfO idF v. 2.12.2005, § 19 Abs. 2 S. 1 FSA-Kodex Fachkreise, https://www.fsa-pharma.de/de/schiedstelle/berichterstattung/fachkreise/az-fs-ii-1–09-2006.11–151-20-abs-5-s-2-abs-6-s-1–22-abs-1-s-1-fsa-verfahrensordnung-verfo-19-abs-2-s-1-fsa-k/ (zul. abgerufen am 4.2.2021).

[53] Entscheidung zu §§ 20 Abs. 5 S. 2, Abs. 6 S. 1, 22 Abs. 1 S. 1 VerfO idF v. 2.12.2005, § 19 Abs. 2 S. 1 FSA-Kodex Fachkreise, https://www.fsa-pharma.de/de/schiedstelle/berichterstattung/fachkreise/az-fs-ii-1–09-2006.11–151-20-abs-5-s-2-abs-6-s-1–22-abs-1-s-1-fsa-verfahrensordnung-verfo-19-abs-2-s-1-fsa-k/ (zul. abgerufen am 4.2.2021).

[54] *Bornkamm/Feddersen* in Köhler/Bornkamm/Feddersen, UWG, 39. Aufl. 2021, § 13 Rn. 205 ff.

VI. „Hartnäckige Wiederholungsverstöße“

Bei wiederholten Verstößen derselben Art (drei „kerngleiche“ Verstöße innerhalb von zwei Jahren, dazu ausführlich bereits unter → Rn. 89) muss der Spruchkörper 1. Instanz das Verfahren unmittelbar an die 2. Instanz abgeben. Diese wird im Fall „hartnäckiger Wiederholungsverstöße“ als Eingangsinstanz tätig (Abs. 8 iVm § 5 Abs. 2). Von solchen „hartnäckigen wiederholten Verstößen“ ist in zeitlicher Hinsicht dann auszugehen, wenn das betreffende Unternehmen drei sog. **kerngleiche Verstöße innerhalb von zwei Jahren** begangen hat (Abs. 7 S. 6). In diesem Fall wird der dritte kerngleiche Verstoß zur Untersuchung bzw. Sanktionierung unmittelbar an die 2. Instanz abgegeben. Zur genauen Bestimmung von Fristen liegt es nahe, auf die Vorschriften des Bürgerlichen Gesetzbuchs zurückzugreifen (§§ 186 ff. BGB, dazu bereits unter → Rn. 90). 255

§ 21 Fortsetzung des Verfahrens vor dem Spruchkörper 1. Instanz

(1) Ist das Verfahren vor dem Spruchkörper 1. Instanz fortzusetzen, bestimmt der Vorsitzende des Spruchkörpers 1. Instanz einen Termin zur mündlichen Verhandlung oder ordnet das schriftliche Verfahren an.

(2) Die mündliche Verhandlung soll innerhalb von vier Wochen nach Ablauf der zweiwöchigen Frist zur Abgabe der Unterlassungserklärung stattfinden.

Übersicht

I. Mündliche Verhandlung vor dem Spruchkörper 1. Instanz (Abs. 1)

Kann eine nach Auffassung des Spruchkörpers 1. Instanz begründete Beanstandung **nicht im Regelverfahren** gem. § 20 durch Abgabe einer strafbewehrten Unterlassungserklärung durch das betroffene Unternehmen abgeschlossen werden, bestimmt der Vorsitzende des Spruchkörpers 1. Instanz im Regelfall einen Termin zur mündlichen Verhandlung. Im Hinblick auf die Einladung zur mündlichen Verhandlung ergeben sich die Einzelheiten aus § 6 Abs. 5–6 (→ Rn. 103 ff.). 256

II. Zeitpunkt der mündlichen Verhandlung (Abs. 2)

Entscheidet sich der Vorsitzende für die Anberaumung einer mündlichen Verhandlung, so soll diese nach Abs. 2 so terminiert werden, dass sie innerhalb von vier Wochen nach Ablauf der zweiwöchigen Frist zur Abgabe der Unterlassungserklärung stattfindet. Bei der Vier-Wochen-Frist handelt es sich lediglich um eine **Soll-Vorschrift.** Der Vorsitzende kann daher nach billigem Ermessen auch anderweitig einen Termin zur mündlichen Verhandlung festlegen. 257

III. Schriftliches Verfahren

Alternativ zur Festsetzung eines Termins zur mündlichen Verhandlung kann die Beanstandung auch im schriftlichen Verfahren weiter verfolgt werden. Der Vorsitzende kann von der Anberaumung einer mündlichen Verhandlung nach billigem Ermessen dann absehen, wenn er diese entweder als entbehrlich betrachtet oder das betroffene Unternehmen selbst 258 die Durchführung des schriftlichen Verfahrens beantragt hat (§ 6 Abs. 2 S. 2 iVm Abs. 7). Auch in diesem Fall trifft der Vorsitzende des jeweiligen Spruchkörpers die **notwendigen verfahrensleitenden Maßnahmen** und überlässt dem Unternehmen – sofern noch nicht geschehen – die für den Fall relevanten Dokumente in Kopie, die zur Erarbeitung einer Verteidigungslinie durch das Unternehmen erforderlich sind. Hinsichtlich der inhaltlichen Vorgaben gelten die Vorschriften zur Ausgestaltung der Einladung der mündlichen Verhandlung entsprechend, soweit sie nicht ausschließlich auf diese beschränkt bleiben sollen. Dies betrifft die Vorgaben nach § 6 Abs. 6 Nr. 1 („Inhalt der Beanstandung"), Nr. 3 („Namen der Mitglieder des jeweiligen Spruchkörpers"), Nr. 4 („Besorgnis der Befangenheit") und Nr. 7 („Vertretungsmöglichkeiten für das Unternehmen"), die auch im Rahmen des schriftlichen Verfahrens **entsprechend anzuwenden** sind (hierzu im Einzelnen → Rn. 108 ff.).

§ 22 Sanktionen des Spruchkörpers 1. Instanz

(1) Ist die Beanstandung nicht bereits im Regelverfahren (§ 20) beendet worden und ist die Beanstandung zulässig und begründet, muss durch den Spruchkörper 1. Instanz ein Kodex-Verstoß festgestellt werden. Diese Feststellung muss mit der Verpflichtung des Mitglieds verbunden werden, das beanstandete Verhalten zukünftig zu unterlassen und für einen wiederholten Verstoß ein Ordnungsgeld in einer hinreichenden Höhe zur Ausräumung der Wiederholungsgefahr zu zahlen. Wird das Verfahren vor dem Spruchkörper 1. Instanz gemäß § 20 Abs. 7 S. 8 fortgesetzt, ist festzustellen, ob die Beanstandung zulässig und begründet ist, es sich um einen wiederholten Verstoß derselben Art handelt und das betroffene Mitglied gegen eine strafbewehrte Unterlassungserklärung bzw. Unterlassungsverpflichtung verstoßen hat. Sofern der Spruchkörper 1. Instanz dies bejaht, spricht er eine entsprechende Feststellung aus, die auch eine Entscheidung über die Erhöhung des Ordnungsgeldes nach Maßgabe von § 20 Abs. 7 umfasst. Nach Unanfechtbarkeit der Entscheidung im Sinne von § 25 Abs. 4 S. 3 oder nach Bestätigung der Entscheidung nach § 24 Abs. 2 S. 1 wird der Verein auf der Grundlage der getroffenen Feststellung das in der Unterlassungserklärung bzw. Unterlassungsverpflichtung festgelegte Ordnungsgeld gegenüber dem betroffenen Mitglied geltend machen. Gelangt der Spruchkörper 1. Instanz hingegen zu der Feststellung, dass das betroffene Mitglied nicht gegen eine strafbewehrte Unterlassungserklärung verstoßen hat, die Beanstandung aber gleichwohl zulässig und begründet ist, gilt Abs. 1 S. 1 und 2 unter Berücksichtigung von § 20 Abs. 7 S. 9.

(2) Das von dem Spruchkörper 1. Instanz festzulegende Ordnungsgeld darf für jeden Fall der Zuwiderhandlung einen Betrag in Höhe des 20fachen des Beitrags des betroffenen Mitglieds, höchstens jedoch EUR 200 000,00 nicht überschreiten. Daneben verhängt der Spruchkörper 1. Instanz im Fall der Feststellung eines Kodex-Verstoßes zusätzlich eine Geldstrafe von mindestens EUR 5000,00 bis zum 20fachen des Beitrags des betroffenen Mitglieds, höchstens jedoch EUR 200 000,00, zu Gunsten einer gemeinnützigen Einrichtung. Die Bestimmung der gemeinnützigen Einrichtung erfolgt durch den Spruchkörper 1. Instanz nach Eintritt der Fälligkeit. Die ausgesprochenen Geldstrafen werden bei Unanfechtbarkeit der jeweiligen Entscheidung im Sinne von § 25 Abs. 4 S. 3 bzw. gem. § 20 Abs. 4 Satz 4 fällig. Eine bereits gezahlte Geldstrafe bleibt auch von einer Wiederaufnahme des Verfahrens gemäß § 27 unberührt.

(3) Die in den Abs. 1 und 2 aufgeführten Sanktionen stehen nicht in einem Ausschließlichkeitsverhältnis. Jedoch soll im Wiederholungsfall neben der Geltendmachung des Ordnungsgeldes auf eine weitere Geldstrafe nur dann zusätzlich erkannt werden, wenn dies auf Grund der Gesamtumstände und der Schwere des Verstoßes zu dessen sofortiger Ahndung unter Berücksichtigung eines zunächst festgesetzten und nunmehr verwirkten Ordnungsgeldes sowie der Geldstrafe und der Verfahrenskosten für den vorangegangenen Verstoß notwendig und angemessen ist.

Bei der Sanktionszumessung sind die Folgen für das durch die Sanktionen betroffene Mitglied zu berücksichtigen. Besonders zu berücksichtigen ist auch, ob und inwieweit das betroffene Mitglied Verstößen gegen die Kodices organisatorisch entgegengearbeitet hat und es sich bei dem beanstandeten Verhalten lediglich um ein einmaliges Fehlverhalten gehandelt hat. Darüber hinaus ist zu berücksichtigen, welche internen Sanktionen und organisatorische Maßnahmen das betroffene Mitglied als Reaktion auf das beanstandete

Fehlverhalten im Allgemeinen sowie im jeweiligen Einzelfall getroffen und umgesetzt bzw. in Aussicht gestellt hat.

(4) Ist die Beanstandung unzulässig oder unbegründet, wird das Beanstandungsverfahren eingestellt. Dasselbe gilt, wenn sich der Sachverhalt nicht in einer für eine Entscheidung notwendigen Weise aufklären lässt.

(5) Eine etwaige Haftung des Vereins, seiner Organe und Organmitglieder richtet sich bei Entscheidungen des Spruchkörpers nach § 839 Abs. 2, 3 BGB und ist im Übrigen ausgeschlossen. Die Haftung wegen vorsätzlichen Handelns bleibt unberührt.

Übersicht

I. Obligatorische Sanktionierung eines Kodexverstoßes

259 Die Verfahrensordnung unterscheidet für den Fall der Feststellung von Kodexverstößen durch den Spruchkörper 1. Instanz im „fortgesetzten Verfahren“ zwei unterschiedliche Sanktionsformen. In jedem Fall hat der Spruchkörper 1. Instanz **zwingend**
- den Kodexverstoß festzustellen
- die Verpflichtung auszusprechen, das beanstandete Verhalten in der Zukunft zu unterlassen und
- für einen wiederholten Verstoß die Zahlung eines Ordnungsgeldes in hinreichender Höhe zur Ausräumung der Wiederholungsgefahr festzulegen.
- 260 eine Geldstrafe festzusetzen, deren Strafrahmen zwischen mindestens 5000 EUR und höchstens 200 000 EUR liegt. Während **früher** die Festlegung der Geldstrafe **fakultativ** ausgestaltet war und sich an den Kriterien der Schwere des Verstoßes und den Gesamtumständen orientierte, ist diese mit der **Neufassung** vom 1.12.2011 einer **obligatorischen Geldstrafe** gewichen. Nunmehr besteht die Pflicht zur Zahlung einer Geldstrafe, sofern das Unternehmen eine strafbewehrte Unterlassungserklärung (Regelverfahren) abgegeben hat oder im fortgesetzten Verfahren ein Kodexverstoß festgestellt wurde.

1. Ausspruch eines festgestellten Kodexverstoßes (Abs. 1 S. 1)

261 War das Verfahren in Ermangelung einer durch das Unternehmen freiwillig erklärten Unterlassungserklärung fortzusetzen und kommt der Spruchkörper 1. Instanz auch nach Abschluss des festgesetzten Verfahrens zu dem Ergebnis, dass die **Beanstandung zulässig und begründet** ist, ist der Kodexverstoß des betroffenen Unternehmens im Wege einer Entscheidung festzustellen. Diese Feststellung ist mit der Verpflichtung des Unternehmens zu verbinden, das beanstandete Verhalten zukünftig zu unterlassen und im Falle eines wiederholten Verstoßes ein Ordnungsgeld zu zahlen. Die Feststellung des Kodexverstoßes hat auch die im Einzelfall **verletzten Regelungen** der Kodizes zu enthalten, gegen die das Unternehmen mit dem beanstandeten Verhalten verstoßen hat.

2. Ordnungsgeld (Abs. 1 S. 2)

262 Neben der Feststellung eines Kodexverstoßes muss der Spruchkörper 1. Instanz für einen **wiederholten Verstoß** ein Ordnungsgeld festsetzen. Hierdurch soll die Gefahr einer möglichen Wiederholung für die Zukunft ausgeschlossen werden. Nach Abs. 2 S. 1 darf dieses

Ordnungsgeld für jeden Fall der Zuwiderhandlung einen Betrag in Höhe des 20fachen des Beitrages des betroffenen Mitglieds, höchstens jedoch einen Betrag von 200 000 EUR nicht überschreiten. Die genaue Höhe des im Einzelfall festzusetzenden Ordnungsgeldes richtet sich nach der Bedeutung des festgestellten Verstoßes und steht im billigen Ermessen des Spruchkörpers 1. Instanz.[55] Während früher die Maximalhöhe 50 000 EUR betrug, wurde diese durch die Neufassung der Verfahrensordnung vom 1.12.2011 vervierfacht.[56] Hintergrund dieser erheblichen Erhöhung waren aufkommende kritische Stimmen in der Öffentlichkeit, die die Straf- und Ordnungsgelder als viel zu niedrig bemängelten in Anbetracht des im Regelfall erzielten hohen Gewinns der Unternehmen.[57] Sie erfolgte somit auch vor dem Hintergrund, das Vertrauen in den Sanktionsmechanismus des FSA weiter zu stärken.[58]

263 Der Spruchkörper 1. Instanz muss das Ordnungsgeld nach Abs. 1 S. 2 so festsetzen, dass eine Wiederholung des Verstoßes durch das betroffene Unternehmen ausgeschlossen wird. **Fällig** wird das Ordnungsgeld daher nur dann, wenn es gleichwohl zu einem wiederholten „Verstoß derselben Art" durch das Unternehmen kommt. Von einem solchen Wiederholungsfall ist in diesem Zusammenhang nur dann auszugehen, wenn es sich um einen „im Wesentlichen kerngleichen Verstoß" handelt. Eine solche „Kerngleichheit" ist dabei immer nur dann anzunehmen, wenn die beanstandete wiederholte Handlung entweder identisch oder in ihren charakteristischen Elementen kerngleich mit der Handlungsweise ist, die zur Festsetzung des Ordnungsgeldes geführt hat (vgl. zur Definition der Kerngleichheit auch → Rn. 89).

3. Vorgehen bei Wiederholungsverstößen (Abs. 1 S. 3)

264 Absatz 1 Satz 3 betrifft den Fall, dass der Spruchkörper 1. Instanz im Rahmen der Eingangsprüfung zu dem Ergebnis gelangt ist, dass es sich bei dem beanstandeten Verhalten des betroffenen Unternehmens um einen „wiederholten Verstoß derselben Art" handelt und das betroffene Unternehmen hierdurch gegen eine frühere strafbewehrte Unterlassungserklärung oder Unterlassungsverpflichtung verstoßen hat (§ 20 Abs. 7 S. 1). Die Regelung des Abs. 1 S. 3 setzt ferner voraus, dass das Verfahren nicht unmittelbar an den Spruchkörper 2. Instanz abzugeben war (§ 20 Abs. 8) und dass sich das betroffene Unternehmen mit der Zahlung des Ordnungsgeldes und seiner Erhöhung für zukünftige Verstöße **nicht einverstanden erklärt** hat (§ 20 Abs. 7 S. 7). In diesem Fall findet nach § 20 Abs. 7 S. 8 die Regelung des Abs. 1 S. 3 Anwendung. Hierbei hat der Spruchkörper 1. Instanz im Rahmen des „fortgesetzten Verfahrens" zu prüfen, ob es sich bei der Beanstandung tatsächlich um einen „wiederholten Verstoß derselben Art" handelt und das betroffene Unternehmen insoweit gegen eine strafbewehrte Unterlassungserklärung oder -verpflichtung verstoßen hat.

265 Wird diese Frage von dem Spruchkörper 1. Instanz **bejaht,** spricht er eine entsprechende Feststellung aus, die mit einer Erhöhung des Ordnungsgeldes für zukünftige Verstöße im Sinne von § 20 Abs. 7 S. 7 zu verbinden ist (Abs. 1 S. 5). Gleichzeitig wird das in der vorangegangenen Unterlassungserklärung bzw. Unterlassungsverpflichtung festgelegte frühere Ordnungsgeld nach Unanfechtbarkeit der neuen Feststellung (§ 25 Abs. 4 S. 3) geltend gemacht (Abs. 1 S. 5).

---

[55] Dass der FSA durchaus die volle Höhe des Ordnungsgeldes ausschöpft, zeigen einige noch auf der Altfassung der Verfahrensordnung beruhende verschieden Presseartikel, als Anfang Februar 2008 ein Ordnungsgeld in der maximalen Höhe von 50 000 EUR gegen ein Mitgliedsunternehmen verhängt wurde. Dieses Unternehmen hatte gegen die Regeln des § 20 FSA-Kodex Fachkreise verstoßen, indem Ärzte und deren Angehörige zu einer „Vergnügungsreise" in den Spreewald eingeladen wurden, vgl. ua Financial Times Deutschland v. 20.2.2008, S. 8; FAZ v. 20.2.2008, S. 13. Siehe auch den das Verfahren auslösenden Bericht in der Zeitschrift „Stern" v. 29.11.2007.

[56] Krit. im Hinblick auf die Erhöhung des Sanktionsrahmens *Tschammler* PharmR 2012, 322 (325 f.).

[57] So der Artikel „Freiwillige Selbstkontrolle der Pharmaindustrie wirkungslos" in der Wirtschafts Woche vom 8.6.2010.

[58] *FS-Arzneimittelindustrie eV* PharmR 1/2012, 48.

Auch hier sind die **Umstände des Einzelfalls,** insbesondere die Schwere des wiederholten Verstoßes und die Bemühungen des Unternehmens, entsprechende Wiederholungen für die Zukunft zu vermeiden, erneut zu berücksichtigen. 266

Für den Fall, dass der Spruchkörper 1. Instanz zwar zu dem Ergebnis kommt, dass die Beanstandung zulässig und begründet ist, gleichzeitig jedoch den Wiederholungscharakter der Handlungsweise **verneint,** stellt der Spruchkörper einen Kodexverstoß fest und setzt für einen wiederholten Verstoß in der Zukunft ein eigenständiges Ordnungsgeld in hinreichender Höhe fest (Abs. 1 S. 6 iVm § 20 Abs. 7 S. 7). Die Geltendmachung des in einer früheren Unterlassungserklärung bzw. -verpflichtung festgelegten Ordnungsgeldes unterbleibt hier, da kein „wiederholter Verstoß derselben Art" vorliegt und von daher durch das betroffene Unternehmen auch nicht gegen eine frühere Unterlassungserklärung bzw. Unterlassungsverpflichtung verstoßen wurde. 267

4. Geldstrafen

Vor der Novellierung der Verfahrensordnung vom 1.12.2011 war die Verhängung der Geldstrafe fakultativ ausgestaltet. Demnach konnte der Spruchkörper 1. Instanz, sofern er es nicht allein für ausreichend erachtete, die Wiederholungsgefahr für die Zukunft durch die Festsetzung eines Ordnungsgeldes auszuräumen, neben der Feststellung eines Kodexverstoßes und der Festsetzung eines Ordnungsgeldes für künftige Verstöße **zusätzlich** eine Geldstrafe von 5000 EUR bis zum 20fachen des Beitrags des betroffenen Mitglieds, höchstens jedoch 50 000 EUR verhängen. Aufgrund der in der Öffentlichkeit aufkommenden Kritik an der vermeintlich laschen Sanktionsweise und der zu niedrig bemessenen Ordnungs- und Geldstrafen, wurde der Abs. 2 geändert.[59] Nunmehr enthält er die obligatorische Verpflichtung zur Zahlung einer **Geldstrafe als Regelstrafe,** sofern ein Kodexverstoß vorliegt. Darüber hinaus wurde erstmalig eine **Mindeststrafe** von 5000 EUR eingeführt und die **Höchststrafe** auf nunmehr 200 000 EUR vervierfacht. Diese Geldstrafen können zu Gunsten gemeinnütziger Einrichtungen – nicht jedoch zu Gunsten des FS Arzneimittelindustrie eV selbst – ausgesprochen werden. Bei der Auswahl der insoweit begünstigten Einrichtung ist der Spruchkörper 1. Instanz frei. Im Übrigen kann der Umstand, dass das betroffene Unternehmen in erheblichem Umfang Aufklärungshilfe leistet und organisatorische und disziplinarische Gegenmaßnahmen eingeleitet hat, zu einer Milderung der Geldbuße führen (FS I 2014.12–458).[60] So kann eine Richtigstellung durch ein sog. „Entschuldigungsschreiben" einen mindernden Einfluss auf die zu verhängende Geldbuße haben, dies gilt insbesondere, wenn das Schreiben unverzüglich nach Kenntniserlangung versandt wird (FS I 2016-509 und 512).[61] Gleiches gilt, wenn das Unternehmen bereits auf das Anhörungsschreiben der Schiedsstelle eine ausreichend strafbewehrte Unterlassungserklärung abgibt (FS I 2017.10–527).[62] 268

Die Verhängung einer Geldstrafe setzt ein **Verschulden** des Mitgliedsunternehmens voraus, das allerdings im Regelfall aufgrund eines fahrlässigen Verhaltens des Unternehmens 269

---

[59] Vgl. dazu den Artikel „Freiwillige Selbstkontrolle der Pharmaindustrie wirkungslos" in der Wirtschafts Woche vom 8.6.2010.

[60] Entscheidung zu §§ 18 Abs. 1 Nr. 7, 19 Abs. 3 iVm Abs. 2, Nr. 1, 2, 10, 11, 13 FSA-Kodex Fachkreise, § 22 Abs. 3 VerfO, idF v. 4.12.2014, https://www.fsa-pharma.de/de/schiedstelle/berichterstattung/fachkreise/az-2014.12–458-18-abs-1-nr-7–19-abs-3-i.v.m-abs-2-nrn-1–2-10–11-13-fsa-kodex-fachkreise-22-abs-3-verfo/ (zul. abgerufen am 4.2.2021) (= PharmR 2016, 304).

[61] Entscheidung zu §§ 7 Abs. 1, 8 Abs. 1, 13 Abs. 1 FSA Kodex Fachkreise, https://www.fsa-pharma.de/de/schiedstelle/berichterstattung/fachkreise/az-2016.12–509-und-512-7-abs-1–8-abs-1–13-abs-1-fsa-kodex-fachkreise-verteilung-von-werbematerial-mit-personlich-gehal/ (zul. abgerufen am 4.2.2021).

[62] Entscheidung zu §§ 22 Abs. 3 S. 3 ff., 29 S. 2 VerfO idF v. 17.11.2015, https://www.fsa-pharma.de/de/schiedstelle/berichterstattung/sonstiges/az-2017.10–527-22-abs-3-satz-3- ff-29-satz-2-fsa-kodex-fsa-kodex-fachkreise-zur-berechnung-der-geldbusse-und-der-verfahren/ (zul. abgerufen am 4.2.2021) (= PharmR 2018, 280).

bejaht werden kann (FS II 1/14/2013.2–346; FS II 2/14/2013.2–349; FS II 3/14/2013.2–352).[63] Liegt hingegen eine ungeklärte Rechtslage vor, die verschiedene Interpretationsmöglichkeiten zulässt und entscheidet sich das Unternehmen für eine dieser Auslegungsvarianten, so kann dies einen das Verschulden ausschließenden Verbotsirrtum begründen (FS II 1/14/2013.2–346; FS II 2/14/2013.2–349; FS II 3/14/2013.2–352).[64]

270 Die ausgesprochene Geldstrafe wird **fällig,** sobald die Entscheidung des Spruchkörpers 1. Instanz nicht mehr mit den Rechtsmitteln der Verfahren angegriffen werden kann (§ 25 Abs. 4 S. 3 bzw. § 26 Abs. 1). § 22 Abs. 2 S. 4 stellt ausdrücklich klar, dass eine bereits gezahlte Geldstrafe auch dann nicht zurückgefordert werden kann, wenn es nach Zahlung zu einer erfolgreichen Wiederaufnahme des Verfahrens iSv § 27 kommt, durch die die ursprüngliche Entscheidung aufgehoben wird.

271 Die **Festsetzung einer Geldstrafe** gem. § 20 Abs. 4, S. 2, § 22 Abs. 2 S. 2 VerfO. idF v. 1.12.2011 gegen ein Unternehmen, das sich im Regelverfahren unterwirft oder dessen Verstoß gegen § 20 Abs. 8 FSA-Kodex Fachkreise durch Entscheidung festgestellt wird, **verstößt nicht gegen das Rückwirkungsverbot** (Art. 103 Abs. 2 GG, §§ 1, 2 Abs. 1 StGB analog), wenn die Strafbestimmung in der verschärften Fassung zwar nach Abschluss des Sponsoringvertrages, aber vor Betreiben des Ausstellungsstandes bei der Veranstaltung und vor Zahlung des Sponsoringbetrages in Kraft trat. In diesem Zusammenhang ist **§ 2 Abs. 2 StGB,** wonach bei Änderungen der Strafandrohung während der Tatbegehung das Gesetz anzuwenden ist, das bei Beendigung der Tat gilt, auf die Vereinsstrafe **analog** anzuwenden (FS I 2012.3–321, 322, 323, 324).[65]

5. Sanktionsrahmen und -zumessung

272 Seit der Novellierung des Abs. 2 steht die Frage des Obs der Verhängung einer Geldstrafe nicht mehr im Ermessen des Spruchkörpers 1. Instanz (Entschließungsermessen), da nunmehr stets zusammen mit der Abgabe der strafbewehrten Unterlassungserklärung oder der Feststellung eines Kodexverstoßes eine Geldstrafe festgesetzt werden muss. Hinsichtlich der Bestimmung der Höhe der Geldstrafe hat der Spruchkörper 1. Instanz innerhalb des Strafrahmens indes freies Ermessen (Auswahlermessen). Dabei können Ordnungsgeld und Geldstrafe **nebeneinander** verhängt werden, dh die genannten Sanktionsmöglichkeiten stehen nicht in einem Ausschließlichkeitsverhältnis (Abs. 3 S. 1).

273 Bei der Sanktionszumessung muss dabei lediglich der von Abs. 2 S. 2 festgelegte Mindestbetrag von 5000 EUR und der Höchstbetrag in Höhe von 200 000 EUR beachtet werden. Im Rahmen dieser Ermessensausübung ist zusätzlich die Überlegung von Bedeutung, inwieweit das Unternehmen **bereits betriebliche Rahmenbedingungen** geschaffen hat, die ein derartiges Fehlverhalten für die Zukunft ausschließen und den Verstoß insoweit eher als „Ausreißer" erscheinen lassen. Auch dem Verstoß zeitlich nachgelagerte Maßnahmen können sich strafmildernd zu Gunsten des betroffenen Unternehmens auswirken. Dies ist etwa der Fall, wenn das betroffene Unternehmen bereits **interne Sanktionen** anlässlich des Fehlverhaltens umgesetzt oder auch bestimmte organisatorische Maßnahmen zur Vermeidung derartiger Vorkommnisse für die Zukunft konkret angekündigt hat.

[63] Entscheidung zu § 20 Abs. 5 S. 3 FSA-Kodex Fachkreise, §§ 22 Abs. 2 S. 2, § 24 Abs. 3 S. 1 VerfO idF v. 20.11.2012, https://www.fsa-pharma.de/de/schiedstelle/berichterstattung/fachkreise/az-fs-ii-1–14-2013.2–346-fs-ii-2–14-2013.2–349-fs-ii-3–14-2013.2–352-2-instanz-20-abs-5-satz-3-fsa-kodex-fachkreise/ (zul. abgerufen am 4.2.2021).

[64] Entscheidung zu § 20 Abs. 5 S. 3 FSA-Kodex Fachkreise, §§ 22 Abs. 2 S. 2, § 24 Abs. 3 S. 1 VerfO idF v. 20.11.2012, https://www.fsa-pharma.de/de/schiedstelle/berichterstattung/fachkreise/az-fs-ii-1–14-2013.2–346-fs-ii-2–14-2013.2–349-fs-ii-3–14-2013.2–352-2-instanz-20-abs-5-satz-3-fsa-kodex-fachkreise/ (zul. abgerufen am 4.2.2021).

[65] Entscheidung zu § 20 Abs. 8 FSA-Kodex Fachkreise, § 20 Abs. 4 S. 2, § 22 Abs. 2, S. 2 VerfO idF v. 1.12.2011, https://www.fsa-pharma.de/de/schiedstelle/berichterstattung/fachkreise/az-2012.3–321-322–323-324-1-instanz-20-abs-8-fsa-kodex-fachkreise-20-abs-4-satz-2–22-abs-2-satz-2-fsa-verfo-n.f/ (zul. abgerufen am 4.2.2021).

Beim Vorliegen eines wiederholten Verstoßes galt nach der Altfassung des Abs. 3 S. 2 die Besonderheit, dass neben dem durch den Verstoß fällig gewordenen Ordnungsgeld nur **ausnahmsweise** eine zusätzliche Geldstrafe verhängt werden sollte. In diesem Fall musste der Spruchkörper aufgrund der Gesamtumstände und der besonderen Schwere des Verstoßes zu dem Ergebnis kommen, dass eine ergänzende Sanktionierung für eine effektive Ahndung zwingend erforderlich ist. Im Regelfall reichte hier zu Sanktionierungszwecken allerdings bereits die Zahlung des durch den weiteren Verstoß fällig gewordenen Ordnungsgeldes aus. Durch die Änderung vom 1.12.2011 und die damit einhergehende Einführung der Geldstrafe als Regelstrafe wurde das Wort „ausnahmsweise" gestrichen, sodass nunmehr nicht nur im Ausnahmefall eine weitere Geldstrafe verhängt werden soll, sondern die zusätzliche Verhängung einer Geldstrafe bei wiederholten Verstößen zum Regelfall wird, von dem nur in Ausnahmefällen abgewichen werden darf. Sofern die Gesamtumstände, die Schwere des Verstoßes sowie die Berücksichtigung des bereits verhängten Ordnungsgeldes und der bereits festgesetzten Geldstrafe ergeben, dass eine sofortige Ahndung notwendig und angemessen ist, hat folglich nunmehr der Spruchkörper 1. Instanz auch im Wiederholungsfalle eine Geldstrafe zu verhängen. 274

II. Einstellungsmöglichkeiten (Abs. 4)

Kommt der Spruchkörper 1. Instanz im fortgesetzten Verfahren zu dem Ergebnis, dass die eingereichte Beanstandung **unzulässig oder unbegründet** ist, hat der Spruchkörper das Verfahren einzustellen. Dasselbe gilt, wenn sich das Geschehen nicht in hinreichendem Maße durch die zur Verfügung stehenden Beweismittel aufklären lässt. Eine **Fortführung des Verfahrens** kommt nach Beendigung des Regelverfahrens nur in Betracht, wenn entweder das betroffene Unternehmen einen Wiederaufnahmeantrag vor dem Spruchkörper gestellt hat, vor dem das Verfahren stattgefunden hat (→ Rn. 304 ff.) oder wenn Einspruch vor dem Spruchkörper 2. Instanz gegen die Entscheidung erhoben wurde (→ Rn. 288 ff.). Dagegen ist es nicht möglich, dass der Spruchkörper 1. Instanz ein einmal eingestelltes Verfahren wieder aufnimmt und fortführt, auch wenn nach erfolgter Einstellung **neues Beweismaterial** bekannt geworden ist. 275

Die Regelung in Abs. 4 S. 2 sieht daher auch eine **Verpflichtung zur Einstellung** des Verfahrens für den Fall vor, dass „sich der Sachverhalt nicht in einer für die Entscheidung notwendigen Weise aufklären lässt". Von einer „nicht hinreichenden Aufklärung" ist in diesem Zusammenhang dann auszugehen, wenn der Spruchkörper nicht die volle Überzeugung gewinnen kann, dass es auf Unternehmensseite tatsächlich zu einem entsprechenden Kodexverstoß gekommen ist. 276

Erkennt der Spruchkörper 1. Instanz im Rahmen des Fortsetzungsverfahrens nach § 22 VerfO die Beanstandungen in den Punkten, für die das Unternehmen im Regelverfahren keine Unterlassungserklärung abgegeben hat, für unbegründet an, ist das **Verfahren insgesamt einzustellen.** Die Feststellung eines Kodexverstoßes hinsichtlich der Punkte, in denen sich das Unternehmen zuvor unterworfen hatte, ist nicht zulässig, weil sich nachträglich herausstellte, dass die Beanstandung im Regelverfahren beendet war (FS II 1/09/2006.11–151).[66] 277

III. Haftungsfragen (Abs. 5)

In Anlehnung an das zivilrechtliche „Spruchrichterprivileg" sieht Abs. 5 hinsichtlich der Haftung des FS Arzneimittelindustrie eV, seiner Organe und Organmitglieder bei Entschei- 278

[66] Entscheidung zu § 20 Abs. 5 S. 2, Abs. 6 S. 1, § 22 Abs. 1 S. 1 VerfO idF v. 2.12.2005; § 19 Abs. 2 S. 1 FSA-Kodex Fachkreise, https://www.fsa-pharma.de/de/schiedstelle/berichterstattung/fachkreise/az-fs-ii-1-09-2006.11-151-20-abs-5-s-2-abs-6-s-1-22-abs-1-s-1-fsa-verfahrensordnung-verfo-19-abs-2-s-1-fsa-k/ (zul. abgerufen am 4.2.2021).

dungen des Spruchkörpers 1. Instanz vor, dass diese nur **eingeschränkt** für fehlerhafte Entscheidungen haftbar gemacht werden können. Daher wird für etwaige fehlerhafte Entscheidungen nur dann gehaftet, „wenn die Pflichtverletzung in einer Straftat besteht".[67] Daneben kann sich eine Haftung auch aus einem vorsätzlichen Fehlverhalten des verantwortlichen Spruchkörpers ergeben (Abs. 5 S. 2).

279 Gleichwohl bleibt das betroffene Unternehmen grundsätzlich weiterhin verpflichtet, einen möglichen Schaden durch **Einlegung eines Rechtsmittels** abzuwenden.[68] In entsprechender Anwendung des § 839 Abs. 3 BGB tritt eine Ersatzpflicht daher nicht ein, wenn das Unternehmen es „vorsätzlich oder fahrlässig unterlassen hat, den Schaden durch Gebrauch eines Rechtsmittels abzuwenden". Es handelt sich insoweit um eine besondere Ausprägung des **Mitverschuldensprinzips,** das in § 254 BGB niedergelegt ist und dabei für das gesamte private und öffentliche Haftungsrecht gilt. Der Sinn und Zweck von Abs. 5 liegt in der Sicherung der Unabhängigkeit der mit der Entscheidungsfindung betrauten Personen des Spruchkörpers 1. Instanz. Auf diese Weise soll sowohl die persönliche als auch die sachliche Unabhängigkeit des jeweiligen Spruchkörpers gewährleistet werden, der sich im Regelfall keiner persönlichen Haftung ausgesetzt sehen soll. Eine entsprechende Regelung gilt für die Entscheidungen des Spruchkörpers 2. Instanz nach § 24 Abs. 6 (→ Rn. 287).

2. Unterabschnitt: Spruchkörper 2. Instanz (§§ 23–24)

§ 23 Zusammensetzung

(1) Der Spruchkörper 2. Instanz wird aus dem Vorsitzenden und mindestens acht und höchstens zwölf weiteren Personen gebildet. Von diesen weiteren Personen muss die Hälfte aus Unternehmensangehörigen der Mitglieder des Vereins bestehen, ein Viertel müssen Vertreter der Ärzteschaft und ein weiteres Viertel Vertreter der Patienten sein.

(2) Der Vorstand bestimmt die Anzahl der Mitglieder des Spruchkörpers 2. Instanz und bestellt die Mitglieder des Spruchkörpers 2. Instanz nach Maßgabe der Vorgaben in § 23 Abs. 1. Der Vorsitzende muss über die Befähigung zum Richteramt verfügen und darf nicht für ein Mitglied des Vereins oder ein anderes Unternehmen der pharmazeutischen Industrie tätig sein (Neutralität). Die Personen, die die Ärzteschaft vertreten, müssen über eine Approbation als Arzt verfügen. Die Bestellung der Ärztevertreter soll auf der Grundlage von Vorschlägen einer oder mehrerer Ärzteorganisationen und die Bestellung der Patientenvertreter auf der Grundlage des Vorschlags einer oder mehrerer Patientenorganisationen erfolgen. Der Vorstand kann von diesen Vorschlägen nur dann abweichen, wenn begründete Zweifel an der Unvoreingenommenheit der vorgeschlagenen Personen bestehen. Sofern keine Vorschläge unterbreitet werden, bestimmt der Vorstand die Mitglieder des Spruchkörpers 2. Instanz aus dem Kreis approbierter Ärzte sowie dem Kreis der Patienten nach freiem Ermessen.

(3) Der Vorsitzende des Spruchkörpers 2. Instanz sowie die Vertreter der Mitglieder des Vereins werden vom Vorstand bestellt, ohne dass es eines Vorschlags Dritter bedarf.

(4) Für den Befangenheits- bzw. Verhinderungsfall der Mitglieder des Spruchkörpers 2. Instanz kann der Vorstand für jedes Mitglied einen oder mehrere Stellvertreter bestellen, wobei für die Auswahl und Bestellung der Stellvertreter die Abs. (1) bis (3) entsprechend gelten.

(5) Der Vorstand bestimmt ferner ein Mitglied des Spruchkörpers 2. Instanz zum stellvertretenden Vorsitzenden.

(6) Der Vorstand legt einen Geschäftsverteilungsplan fest, der die Zuständigkeiten der Vertreter im Verhinderungs- oder Befangenheitsfall im Einzelnen regelt.

---

[67] Vgl. dazu den Wortlaut des § 839 Abs. 2 BGB.
[68] Siehe § 839 Abs. 3 BGB.

Übersicht

I. Besetzung und Auswahl (Abs. 1–5)

Der Spruchkörper 2. Instanz besteht aus insgesamt neun bis dreizehn Mitgliedern, dh dem Vorsitzenden sowie weiteren acht bis zwölf Personen. Die Leitung obliegt dabei dem Vorsitzenden, einem „Volljuristen", der gleichzeitig **nicht für ein Unternehmen der pharmazeutischen Industrie** tätig sein darf. Dieses strenge Neutralitätsgebot betrifft dabei jede Tätigkeit für ein Unternehmen der pharmazeutischen Industrie, unabhängig davon, ob dieses selbst Mitglied des FS Arzneimittelindustrie eV ist oder nicht. **280**

Die Bestellung des **Vorsitzenden** erfolgt durch den **Vorstand.** Dieser ist in diesem Zusammenhang nicht an Vorschläge Dritter gebunden, sondern bestimmt die Person nach eigenem billigen Ermessen unter Beachtung der vorstehend aufgeführten Voraussetzungen. **281**

Auch die **Vertreter der pharmazeutischen Industrie** werden vom **Vorstand** bestellt, ohne dass es dazu eines Vorschlags Dritter bedarf. Zum Zeitpunkt ihrer Bestellung müssen diese in einem Unternehmen beschäftigt sein, dass entweder Vereinsmitglied ist oder sich dessen Vorgaben schriftlich unterworfen hat („unterworfenes Unternehmen"). Ändert sich dieses Beschäftigungsverhältnis während der Amtsdauer, ist dies für die verbleibende Spruchkörpertätigkeit bis zum Ablauf des Bestellungszeitraums grundsätzlich ohne Belang. Nur wenn der Beendigung des Beschäftigungsverhältnisses Umstände zu Grunde liegen, die gleichzeitig einen wichtigen Grund iSv § 17 Abs. 3 darstellen, kann dies zur vorzeitigen Abberufung des Mitglieds führen (→ Rn. 205). **282**

Die Mitglieder des Spruchkörpers, welche die Partner der pharmazeutischen Industrie im Gesundheitswesen repräsentieren sollen (Ärzte- sowie Patientenvertreter), werden von den **entsprechenden Berufsgruppen selbst vorgeschlagen.** Die Verfahrensordnung sieht insofern keine konkreten Vorgaben vor, welchen medizinischen Fach- bzw. Patientenorganisationen ein Vorschlagsrecht zukommen soll. Für die Vertretung der Ärzteschaft kommt etwa ein **Vorschlagsrecht** zu Gunsten der Arbeitsgemeinschaft der Wissenschaftlichen Medizinischen Fachgesellschaften (AWMF) oder der Bundesärztekammer (BÄK) in Betracht. Hinsichtlich der Patientenvertreter ist ein Vorschlagsrecht der Bundesarbeitsgemeinschaft Selbsthilfe von Menschen mit Behinderung, chronischer Erkrankung und ihren Angehörigen eV (BAG SELBSTHILFE)[69] in Betracht zu ziehen. **283**

Die Vorschläge der genannten Organisationen sind von besonderer Bedeutung, da der Vorstand gem. Abs. 2 S. 6 von diesen nur dann abweichen kann, wenn **begründete Zweifel an der Unvoreingenommenheit** der vorgeschlagenen Personen bestehen (vgl. zum inhaltsgleichen Begriff der „Besorgnis der Befangenheit" → Rn. 170). Nach Abs. 5 bestimmt der Vorstand ferner ein Mitglied des Spruchkörpers 2. Instanz zum stellvertretenden Vorsitzenden. In dieser Entscheidung ist er grundsätzlich frei. **284**

II. Befangenheits- und Verhinderungsfälle (Abs. 6)

Die Einzelheiten im Befangenheits- bzw. Verhinderungsfall sind dem **Geschäftsverteilungsplan** zu entnehmen, der vom Vorstand festgelegt wird (Abs. 6 bzw. § 24 Abs. 4 der Vereinssatzung; vgl. dazu auch bereits → Rn. 162). **285**

[69] Urspr. Bundesarbeitsgemeinschaft Hilfe für Behinderte eV (BAGH).

§ 24 Sanktionen des Spruchkörpers 2. Instanz

(1) Wird der Spruchkörper 2. Instanz durch Verweisung als Eingangsinstanz (§ 20 Abs. 8) tätig, gilt § 22 Abs. 1 entsprechend. In diesem Fall darf das von dem Spruchkörper 2. Instanz gegebenenfalls festzulegende Ordnungsgeld für jeden Fall der Zuwiderhandlung einen Betrag in Höhe des 20fachen des Beitrags des betroffenen Mitglieds, höchstens jedoch EUR 400.000,00, nicht überschreiten. Gelangt der Spruchkörper 2. Instanz zu der Feststellung, dass eine Abgabe nach § 20 Abs. 8 zu Unrecht erfolgte, weil kein Verstoß derselben Art im Sinne von § 20 Abs. 8 vorliegt oder ansonsten die Voraussetzungen für eine direkte Abgabe an den Spruchkörper 2. Instanz nicht erfüllt sind, wird das Verfahren vor dem Spruchkörper 2. Instanz fortgesetzt; allerdings darf der Spruchkörper 2. Instanz in diesem Fall nur die für den Spruchkörper 1. Instanz geltenden Sanktionen (§ 22) zur Anwendung bringen. § 20 Abs. 4 und 5 gilt entsprechend. Sofern der Spruchkörper aufgrund einer Beschwerde wegen Untätigkeit des Spruchkörpers 1. Instanz (§ 25 Abs. 3) als Eingangsinstanz tätig wird, gilt § 22 Abs. 1 und 2 entsprechend.

(2) Wird der Spruchkörper 2. Instanz auf einen Einspruch des betroffenen Mitglieds gegen eine Entscheidung des Spruchkörpers 1. Instanz hin tätig (§ 25) und ist die Beanstandung zulässig und begründet, verwirft er den Einspruch und bestätigt die Entscheidung des Spruchkörpers 1. Instanz. Das Gleiche gilt, wenn der Spruchkörper 2. Instanz auf einen Einspruch des Beanstandenden gegen eine Entscheidung des Spruchkörpers 1. Instanz die Beanstandung für unzulässig oder unbegründet hält. Hält der Spruchkörper 2. Instanz die Feststellung des Kodex-Verstoßes durch die Entscheidung des Spruchkörpers 1. Instanz zwar für zulässig und begründet, jedoch die von dem Spruchkörper 1. Instanz verhängten Sanktionen (Ordnungsgeld oder Geldstrafe) für unangemessen, kann der Spruchkörper 2. Instanz die Entscheidung des Spruchkörpers 1. Instanz insoweit aufheben und die verhängten Sanktionen abändern. Dabei kann der Spruchkörper 2. Instanz gem. Abs. 3 und 4 im Rahmen des ihm zur Verfügung stehenden Strafrahmens auch schwerere Sanktionen als der Spruchkörper 1. Instanz verhängen (kein Verböserungsverbot). Richtet sich der Einspruch gegen eine Entscheidung des Spruchkörpers 1. Instanz gem. § 21 Abs. 1 S. 4 und gelangt der Spruchkörper 2. Instanz zu der Feststellung, dass das betroffene Mitglied nicht gegen eine strafbewehrte Unterlassungserklärung oder Unterlassungsverpflichtung verstoßen hat, wird das Verfahren zur weiteren Entscheidung gem. § 22 Abs. 1 S. 1 und 2 unter Berücksichtigung von § 20 Abs. 7 S. 9 an den Spruchkörper 1. Instanz zurückverwiesen. Hält der Spruchkörper 2. Instanz die Beanstandung für unzulässig oder unbegründet oder lässt sich der Sachverhalt seiner Auffassung nach nicht in einer für die Entscheidung notwendigen Weise aufklären, muss er die Entscheidung des Spruchkörpers 1. Instanz aufheben und das Beanstandungsverfahren einstellen.

(3) Der Spruchkörper 2. Instanz verhängt im Fall der Feststellung eines Kodex-Verstoßes im Sinne von Abs. 1 oder im Fall der Bestätigung der Entscheidung des Spruchkörpers 1. Instanz im Sinne von Abs. 2 eine Geldstrafe von mindestens EUR 5000,00 bis zum 20fachen des Beitrags des betroffenen Mitglieds, höchstens jedoch EUR 400 000,00, zu Gunsten einer gemeinnützigen Einrichtung. Im Fall der Bestätigung einer Entscheidung des Spruchkörpers 1. Instanz soll der Spruchkörper 2. Instanz nur dann eine höhere Geldstrafe verhängen, wenn die von dem Spruchkörper 1. Instanz verhängten Sanktionen nach Auffassung des Spruchkörpers 2. Instanz nicht ausreichen, um der Schwere der Verhaltensverfehlung in angemessener Weise zu entsprechen. Die ausgesprochenen Geldstrafen werden nach Zustellung der Entscheidung des Spruchkörpers 2. Instanz an das betroffene Mitglied fällig. Eine bereits gezahlte Geldstrafe bleibt auch von einer Wiederaufnahme des Verfahrens gemäß § 27 unberührt.

(4) Der Spruchkörper 2. Instanz kann zudem bei besonders schwerwiegenden oder bei wiederholten Verstößen unter Berücksichtigung von § 28 Abs. 2 eine öffentliche Rüge aussprechen. In diesem Fall veröffentlicht der Verein diese Rüge in ihrem vollen Wortlaut und unter namentlicher Benennung des betroffenen Mitglieds. Die Namen von Mitarbeitern des betroffenen Mitglieds oder anderer beteiligten Personen oder anderer Unternehmen, Organisationen etc. sind gegebenenfalls zu anonymisieren. Die Rüge wird auf der Homepage des Vereins im Internet sowie im Jahresbericht des Vereins veröffentlicht und dem Verband bzw. den Verbänden der pharmazeutischen Industrie mitgeteilt, dem bzw. denen das Mitglied ebenfalls angehört.

(5) Die in den Abs. 1 bis 4 aufgeführten Sanktionen stehen nicht in einem Ausschließlichkeitsverhältnis. Hierbei sind gegebenenfalls die Höhe eines gegen das betroffene Mitglied zunächst festgesetzten und nunmehr verwirkten Ordnungsgeldes sowie die Verfahrenskosten zu berücksichtigen. Bei der Sanktionszumessung sind die Folgen für das durch die Sanktionen betroffene Mitglied zu berücksichtigen. Besonders zu berücksichtigen ist auch, ob und inwieweit das betroffene Mitglied Verstößen gegen die Kodices organisatorisch entgegengearbeitet hat und es sich bei dem beanstandeten Verhalten lediglich um ein einmaliges Fehlverhalten gehandelt hat. Darüber hinaus ist zu berücksichtigen, welche internen Sanktionen und organisatorischen Maßnahmen das betroffene Mitglied als Reaktion auf das beanstandete Fehlverhalten im allgemeinen sowie im jeweiligen Einzelfall getroffen und umgesetzt bzw. in Aussicht gestellt hat.

(6) § 22 Abs. 5 gilt entsprechend.

Übersicht

I. Vorbemerkung

Die Anforderungen des EFPIA-Kodex führten zu Änderungen der Verfahrensrechte des Beanstandenden in §§ 2, 3 und 15 der Verfahrensordnung (dort → Rn. 58, 71 und 187). Bei den in § 24 aufgenommenen Ergänzungen im Zuge der Fassung vom 2.12.2005 handelt es sich um **Folgeänderungen.** Im Zuge der Revision vom 28.11.2008 wurden in den Abs. 1 und 3 die Einschränkungen eingeführt, dass die maximale Höhe des Ordnungsgeldes bzw. der Geldstrafe nicht über dem 20fachen des Beitrags des betroffenen Mitglieds liegen darf. Mit der Neufassung vom 1.12.2011 erfolgte eine Ausweitung des Strafrahmens durch Erhöhung der Obergrenze von 250 000 EUR auf 400 000 EUR für Ordnungsgelder sowie durch Festlegung eines Strafrahmens für Geldstrafen in Höhe von mindestens 5000 EUR bis höchstens 400 000 EUR.[70] Ebenso wie die Einführung der Geldstrafe als Regelstrafe und die Anhebung des Strafrahmens in der 1. Instanz, erfolgte diese Anpassung auch aufgrund der Kritik in der Öffentlichkeit hinsichtlich zu niedrig bemessener Strafen und zu schwacher Sanktionen (→ Rn. 255).[71] 286

II. Entscheidungsmöglichkeiten als Eingangsinstanz (Abs. 1)

Der Spruchkörper 2. Instanz kann aufgrund der in § 5 getroffenen Zuständigkeitsregelung als **Eingangs- oder als Einspruchsinstanz** tätig werden. Verweist der Spruchkörper 1. Instanz Beanstandungen aufgrund der Annahme eines „hartnäckigen Wiederholungsver- 287

[70] Krit. zur Sinnhaftigkeit der Ausweitung des Sanktionsrahmens sowie der Einführung der generellen Namensnennung siehe *Tschammler* PharmR 2012, 322 ff.

[71] Siehe dazu den Artikel „Freiwillige Selbstkontrolle der Pharmaindustrie wirkungslos" in der Wirtschafts Woche vom 8.6.2010.

stoßes" daher unmittelbar an die übergeordnete 2. Instanz („drei kerngleiche Verstöße innerhalb von zwei Jahren", dazu ausführlich unter → Rn. 89), steht dem Spruchkörper 2. Instanz auch als Eingangsinstanz der nach § 24 **erweiterte Sanktionsrahmen** zur Verfügung.

288 Neben dem obligatorisch auszusprechenden Kodexverstoß sowie der verpflichtenden Feststellung, das beanstandete Verhalten in Zukunft zu unterlassen, hat der Spruchkörper 2. Instanz für jeden Fall des erneuten Zuwiderhandelns die Zahlung eines **Ordnungsgeldes bis zum 20fachen des Beitrages des betroffenen Mitglieds, höchstens jedoch von bis zu 400.000 EUR** festzulegen.

289 Bis zur Novellierung der Verfahrensordnung vom 1.12.2011 stand es im Ermessen des Spruchkörpers 2. Instanz, darüber hinaus eine **zusätzliche Geldstrafe von 5000 EUR bis zum 20fachen des Beitrages des betroffenen Mitglieds, höchstens jedoch 250 000 EUR** zugunsten einer gemeinnützigen Einrichtung zu verhängen, wenn er dies angesichts des beanstandeten Verhaltens des Unternehmens für notwendig und angemessen erachtete (Abs. 3 S. 1).Ebenso wie in der 1. Instanz wurde § 22 Abs. 3 S. 1 dahingehend geändert, dass es sich bei der **Geldstrafe** nicht mehr nur um eine fakultativ zu verhängende Strafe handelt, sondern um eine **Regelstrafe,** deren Festsetzung nunmehr **obligatorisch** ist. Infolgedessen muss der Spruchkörper 2. Instanz im Falle der Feststellung oder Bestätigung eines Kodexverstoßes eine Geldstrafe verhängen. Die Höhe der aus dem zulässigen Strafrahmen von 5000 EUR bis 400 000 EUR festzusetzenden Geldstrafe steht dabei im Ermessen des Spruchkörpers 2. Instanz. Bei wiederholten oder besonders schwerwiegenden Verstößen ist nach Abs. 4 auch der Ausspruch einer **öffentlichen Rüge** zulässig, die in angemessener Weise zu veröffentlichen ist (dazu nachfolgend unter → Rn. 285).

290 Hinsichtlich der durch die Fassung der Verfahrensordnung vom 2.12.2005 in § 25 Abs. 3 eingeführten **Untätigkeitsbeschwerde** wird der Spruchkörper 2. Instanz als Eingangsinstanz tätig (Abs. 1 S. 5). Mit dem Verweis auf die Regelungen der Abs. 1 und 2 des § 22 wird klargestellt, dass dem Spruchkörper 2. Instanz in diesem Verfahren nur die **Sanktionsmöglichkeiten der Eingangsinstanz** zur Verfügung stehen.

III. Entscheidungsmöglichkeiten als Einspruchsinstanz (Abs. 2)

291 Das betroffene Unternehmen sowie der Beanstandende haben die Möglichkeit gegen Entscheidungen des Spruchkörpers 1. Instanz Einspruch einzulegen (vgl. → Rn. 288 ff.). Der Spruchkörper 2. Instanz, der über den Einspruch entscheidet, hat in diesem Fall grundsätzlich **vier Entscheidungsmöglichkeiten:**
- die Verwerfung des Einspruchs (nachfolgend unter → Rn. 278),
- die Teilaufhebung der Ausgangsentscheidung unter Abänderung der erstinstanzlich verhängten Sanktionen (nachfolgend unter → Rn. 279),
- die Zurückverweisung für den Fall, dass der Spruchkörper 1. Instanz zu Unrecht einen wiederholten Verstoß gegen eine Unterlassungsverpflichtung festgestellt hat (nachfolgend unter → Rn. 280), sowie
- die Einstellung des Verfahrens (nachfolgend unter → Rn. 281).

1. Verwerfung des Einspruchs

292 Sofern der Spruchkörper 2. Instanz zu der Entscheidung gelangt, dass die vom **betroffenen Unternehmen** angegriffene Beanstandung zulässig und begründet war und auch die verhängten Sanktionen angemessen sind, **verwirft** er den Einspruch und bestätigt die Entscheidung des Spruchkörpers 1. Instanz. Umgekehrt verwirft der Spruchkörper 2. Instanz einen Einspruch des **Beanstandenden** und bestätigt die Entscheidung des Spruchkörpers 1. Instanz, wenn die Beanstandung unzulässig oder unbegründet war.

2. Teilaufhebung der Ausgangsentscheidung

Der Spruchkörper 2. Instanz kann die grundsätzliche Bewertung des Kodexverstoßes durch den Spruchkörper 1. Instanz teilen und die Beanstandung ebenfalls für zulässig und begründet halten, jedoch hinsichtlich der Angemessenheit der verhängten Sanktion(en) zu einer abweichenden Beurteilung kommen. In einem solchen Fall kann der Spruchkörper 2. Instanz die Ausgangsentscheidung **teilweise aufheben** und aussprechen, dass diese lediglich hinsichtlich der Sanktionen abzuändern ist. Dabei können die ursprünglich verhängten Sanktionen auch verschärft werden. Ein **„Verböserungsverbot"**, das einer solchen Strafschärfung entgegenstehen könnte, sieht die Verfahrensordnung ausdrücklich nicht vor (Abs. 2 S. 3). 293

3. Zurückverweisung an den Spruchkörper 1. Instanz

Stellt der Spruchkörper 2. Instanz fest, dass die Ausgangsentscheidung zu Unrecht einen Wiederholungsverstoß des Unternehmens gegen eine strafbewehrte Unterlassungserklärung bzw. -verpflichtung angenommen hat, es sich also in Wirklichkeit um einen **andersartigen, neuen Verstoß** gegen einen der Kodizes handelt (§§ 24 Abs. 2 S. 5, 22 Abs. 1 S. 4 iVm § 20 Abs. 7), wird das Verfahren zur weiteren Entscheidung an den Spruchkörper 1. Instanz **zurückverwiesen.** 294

4. Einstellung des Verfahrens

Wenn der Spruchkörper 2. Instanz zu der Entscheidung kommt, dass die Beanstandung unzulässig bzw. unbegründet ist oder sich der Sachverhalt seiner Auffassung nach nicht in einer für die Entscheidung notwendigen Weise aufklären lässt, muss er die Entscheidung des Spruchkörpers 1. Instanz **aufheben** und das Beanstandungsverfahren **einstellen** (Abs. 2 S. 6). 295

IV. Zu Unrecht erfolgte Direktabgabe an den Spruchkörper 2. Instanz

Stellt sich im weiteren Verlauf des Verfahrens heraus, dass die **Direktabgabe** der Beanstandung an den Spruchkörper 2. Instanz als Eingangsinstanz **zu Unrecht** erfolgte und die Voraussetzungen des § 5 Abs. 2 nicht erfüllt waren, wird das Verfahren gleichwohl aus Gründen der Verfahrensökonomie vor der höheren Instanz fortgesetzt. Um das betroffene Unternehmen jedoch insoweit nicht durch einen zu Unrecht **erweiterten Sanktionsrahmen** zu benachteiligen, stehen dem Spruchkörper 2. Instanz in diesem Fall nur die Sanktionsmöglichkeiten zur Verfügung, die auch der – eigentlich zuständige – Spruchkörper 1. Instanz hätte aussprechen können. Der Sanktionsrahmen bestimmt sich daher in diesem Zusammenhang entsprechend § 22. Auch eine Beendigung des Vorgangs im **Regelverfahren** bleibt auf diese Weise weiterhin möglich (vgl. Abs. 1 S. 5). 296

V. Sanktionen

1. Geldstrafen

Wie der Spruchkörper 1. Instanz muss auch der der 2. Instanz, neben der Feststellung eines Kodexverstoßes (als Eingangsinstanz) oder der Bestätigung der Entscheidung des Spruchkörpers 1. Instanz (als Einspruchsinstanz) nebst der Festsetzung eines entsprechenden Ordnungsgeldes **zusätzlich** auf eine **Geldstrafe von 5000 EUR bis zum 20fachen des Beitrages des betroffenen Mitgliedes, höchstens jedoch 400 000 EUR,** zu Gunsten einer gemeinnützigen Einrichtung erkennen. Durch die Novellierung vom 1.12.2011 wurde somit die Geldstrafe auch auf zweitinstanzlicher Ebene nunmehr als Regelstrafe ausgestaltet. Sollte der Spruchkörper 2. Instanz die Ausgangsentscheidung lediglich bestätigen, 297 ohne selbst weitere Kodexverstöße festzustellen, soll eine **über die Ausgangsentscheidung hinausgehende Geldstrafe** jedoch nur dann verhängt werden, wenn die ursprünglich verhängten Sanktionen aus seiner Sicht nicht ausreichend sind, um der Schwere des Verstoßes Rechnung zu tragen.

298 Die Geldstrafe wird **fällig,** sobald dem betroffenen Unternehmen die Entscheidung des Spruchkörpers 2. Instanz zugestellt worden ist. Eine bereits gezahlte Geldstrafe wird auch bei erfolgreicher **Wiederaufnahme** des Verfahrens nicht zurückgezahlt (Abs. 3 S. 4).

Ebenso dürfte eine Rückzahlung der Geldstrafe im Falle einer wirksamen nachträglichen **Kündigung des Unterverwerfungsvertrages** ausscheiden. Insoweit sieht weder die Verfahrensordnung des FSA eine Rückzahlung vor, noch dürften dem Unternehmen vertrags- oder bereicherungsrechtlichen Ansprüche zur Seite stehen (FS I 2014.9–434)[72].

2. Öffentliche Rüge

299 Bei **besonders schwerwiegenden** oder bei **wiederholten Verstößen** kann der Spruchkörper 2. Instanz sowohl als Eingangs- als auch als Überprüfungsinstanz eine öffentliche Rüge aussprechen. Eine öffentliche Rüge ist nur im Sanktionsrahmen des Spruchkörpers 2. Instanz vorgesehen. Veröffentlicht wird die öffentliche Rüge insbesondere über die **Homepage** des Vereins im Internet sowie im **Jahresbericht des Vereins.** Die Rüge wird dabei in ihrem vollen Wortlaut und unter namentlicher Benennung des betroffenen Unternehmens bekanntgegeben. **Namen von Unternehmensmitarbeitern** oder anderen beteiligten Personen sind vor der Veröffentlichung zu **anonymisieren.** Zusätzlich erfolgt eine Mitteilung über die öffentliche Rüge an den bzw. die Verbände der pharmazeutischen Industrie, dem bzw. denen das Unternehmen ebenfalls angehört (zum Ausspruch einer öffentlichen Rüge im Fall von straf- oder zivilrechtlichen Parallelverfahren vor staatlichen Gerichten vgl. → Rn. 319).

3. Sanktionsrahmen und -zumessung (Abs. 5)

300 Die Regelung in Abs. 5 ist im Wesentlichen **wortgleich mit § 22 Abs. 3,** so dass, um Wiederholungen zu vermeiden, auf die dortigen Ausführungen Bezug genommen werden kann (→ Rn. 257 ff.).

VI. Haftungsfragen (Abs. 6)

301 Hinsichtlich der **Haftung** des Vereins, seiner Organe bzw. -mitglieder für Entscheidungen des Spruchkörpers 2. Instanz gilt § 22 Abs. 5 entsprechend (Abs. 6). Insofern wird auf die dortigen Ausführungen verwiesen (→ Rn. 262 f.).

4. Abschnitt: Rechtsbehelfe (§§ 25–28)

1. Unterabschnitt: Rechtsbehelf gegen Entscheidungen des Spruchkörpers 1. Instanz

§ 25 Einspruch/Beschwerde wegen Untätigkeit

(1) Gegen die Entscheidungen des Spruchkörpers 1. Instanz kann das verurteilte Mitglied binnen einer Frist von zwei Wochen nach Zustellung der Entscheidung Einspruch einlegen.

(2) Dasselbe gilt für den Beanstandenden, soweit seine Beanstandung nicht zur Abgabe einer strafbewehrten Unterlassungserklärung durch das betroffene Mitglied oder zu Verur-

---

[72] Entscheidung zu § 20 Abs. 5 S. 3 FSA-Kodex Fachkreise, § 20 Abs. 4 S. 2, § 29 VerfO idF v. 27.11.2013, https://www.fsa-pharma.de/de/schiedstelle/berichterstattung/fachkreise/az-2014.9–434-1-instanz-20-abs-5-satz-3-fsa-kodex-fachkreise-finanzielle-unterstutzung-von-berufsbezogenen-wis senschaf/ (zul. abgerufen am 4.2.2021).

teilung des betroffenen Mitglieds durch den Spruchkörper 1. Instanz geführt hat oder der Spruchkörper 1. Instanz die Beanstandung nach § 20 Abs. 2 als entweder offensichtlich unzulässig oder offensichtlich unbegründet eingestellt hat. Sofern sich der Einspruch des Beanstandenden gegen eine Einstellung des Verfahrens durch den Spruchkörper 1. Instanz nach § 20 Abs. 2 richtet, wird das Verfahren von dem Spruchkörper 2. Instanz als Eingangsinstanz nach § 24 Abs. 1 durch dessen Vorsitzenden als Einzelrichter oder durch den gesamten Spruchkörper 2. Instanz im schriftlichen Verfahren fortgesetzt und entschieden. Der Vorsitzende kann als Einzelrichter entscheiden, wenn er die Beanstandung für unzulässig oder unbegründet hält.

(3) Darüber hinaus hat der Beanstandende das Recht bei Untätigkeit des Spruchkörpers 1. Instanz den Spruchkörper 2. Instanz im Wege einer Beschwerde anzurufen, sofern der Spruchkörper 1. Instanz nicht innerhalb von 6 Monaten nach Eingang der Beanstandung eine Entscheidung trifft und es auch nicht innerhalb dieses Zeitraums zur Abgabe einer strafbewehrten Unterlassungserklärung durch das betroffene Unternehmen wegen des beanstandeten Kodex-Verstoßes gekommen ist. In diesem Fall wird der Spruchkörper 2. Instanz als Eingangsinstanz nach § 24 Abs. 1 tätig.

(4) Der Einspruch muss schriftlich innerhalb der Frist nach § 25 Abs. 1 bei dem Spruchkörper 1. Instanz eingelegt und begründet werden. Der Spruchkörper 1. Instanz leitet den Einspruch unverzüglich an den Vorsitzenden des Spruchkörpers 2. Instanz weiter. Wird binnen einer Frist von zwei Wochen nach Zustellung der Entscheidung kein Einspruch eingelegt, wird die Entscheidung des Spruchkörpers 1. Instanz im Sinne dieser Verfahrensordnung unanfechtbar.

(5) Der Einspruch des Beanstandenden kann sich nur gegen die unterbliebene Feststellung eines Kodex-Verstoßes richten. Ein Einspruch des Beanstandenden gegen unterbliebene Sanktionen (Ordnungsgelder, Geldstrafen) oder die Höhe verhängter Sanktionen ist nicht statthaft.

(6) Das betroffene Mitglied kann seinen Einspruch auf die verhängten Sanktionen (Ordnungsgelder, Geldstrafen) beschränken.

(7) Ein gesonderter Einspruch des betroffenen Mitglieds oder des Beanstandenden gegen verfahrensleitende Maßnahmen und Entscheidungen ist nicht statthaft. Einer Nachprüfung unterliegt die Entscheidung nur insoweit, als sie angefochten ist.

(8) Im Fall des Einspruchs durch das betroffene Unternehmen setzt die Nachprüfung durch den Spruchkörper der 2. Instanz die vorherige Einzahlung eines Kostenvorschusses (§ 31 Abs. 1) voraus. Dasselbe gilt für den Beanstandenden, sofern es sich bei dem Beanstandenden um ein Mitglied oder ein anderes Unternehmen der pharmazeutischen Industrie handelt (§ 31 Abs. 2).

(9) Im Rahmen dieser Nachprüfung kann der Spruchkörper 2. Instanz nach Maßgabe von § 24 Abs. 2 bis 5 auch Sanktionen verhängen, die über die von dem Spruchkörper 1. Instanz verhängten Sanktionen hinausgehen.

(10) Jede Entscheidung eines Spruchkörpers 1. Instanz (§ 22), die das betroffene Mitglied beschwert, muss eine Rechtsbehelfsbelehrung enthalten. In der Rechtsbehelfsbelehrung sind die Art des Rechtsbehelfs, die Frist zur Einlegung des Rechtsbehelfs und die Stelle anzugeben, bei der der Rechtsbehelf einzulegen ist. Bei fehlender oder unvollständiger Belehrung wird die Entscheidung erst nach Ablauf von sechs Wochen ab Zustellung im Sinne dieser Verfahrensordnung unanfechtbar. Dies gilt entsprechend für die Benachrichtigung des Beanstandenden (§ 3 Abs. 1 Nr. 1) in dem Fall, dass die Beanstandung nicht zu einer strafbewehrten Unterlassungserklärung durch das betroffene Mitglied oder zu einer Verurteilung des betroffenen Mitglieds durch den Spruchkörper 1. Instanz geführt hat.

(11) Bei Versäumung der Einspruchsfrist nach Abs. 1 ist eine Wiedereinsetzung nicht zulässig.

Übersicht

I. Vorbemerkung

302 Die Regelungen des EFPIA-Kodex führten zu Änderungen der Verfahrensrechte des Beanstandenden in §§ 2, 3 und 15 (siehe → Rn. 60, 73, 187). Bei den in der Fassung vom 2.12.2005 in § 25 aufgenommenen Ergänzungen handelt es sich um **Folgeänderungen.** Im Zuge der Neufassung vom 1.12.2011 wurde Abs. 2 S. 2 dahingehend ergänzt, dass das Verfahren auch durch den gesamten Spruchkörper 2. Instanz im schriftlichen Verfahren fortgesetzt und entschieden werden kann. Darüber hinaus wurde die Befugnis zur Entscheidung durch den Einzelrichter eingeführt, wonach der **Vorsitzende als Einzelrichter** anstelle des gesamten Spruchkörpers 2. Instanz entscheiden kann, **sofern er die Beanstandung als unzulässig oder unbegründet erachtet.** Die Vereinfachung des Verfahrens geht auf den Vorschlag des Vorsitzenden des Spruchkörpers 2. Instanz zurück und dient vor allem der Verfahrensökonomie. Die notwendige Änderung des Wortlauts der Abs. 5, 6 und 9 geht auf die Einführung der Geldstrafe als Regelstrafe sowie die nunmehr geltende zwingende Namensveröffentlichungspflicht zurück.

II. Einspruchsberechtigung des betroffenen Unternehmens (Abs. 1 S. 1)

303 Gegen Entscheidungen des Spruchkörpers 1. Instanz kann das betroffene Unternehmen binnen einer **Frist von zwei Wochen** nach der Zustellung der Entscheidung bei dem Spruchkörper 1. Instanz Einspruch einlegen (zur Fristberechnung vgl. → Rn. 90). Der Spruchkörper 1. Instanz leitet den Einspruch zur Prüfung unverzüglich an die Vorsitzenden des Spruchkörpers 2. Instanz weiter.

304 Hinsichtlich der Einzelheiten der Zustellung an das Unternehmen liegt es nahe, auf die entsprechenden Vorschriften der **Zivilprozessordnung** zurückzugreifen. Danach fällt unter den Begriff der „Zustellung" die Bekanntgabe eines Schriftstücks an eine Person in der in den §§ 166ff. ZPO bestimmten Form. Die Geschäftsstelle des FSA wird zu diesem Zweck regelmäßig die Post beauftragen und insofern die Zustellung durch ein Schreiben mit Rückschein (§ 175 ZPO) veranlassen (vgl. auch → Rn. 154ff.).

III. Rechtsmittel des Beanstandenden (Abs. 2 und 3)

305 Als Folge der **Erweiterung der Verfahrensrechte** des Beanstandenden durch die Fassung der Verfahrensordnung vom 2.12.2005 kann nunmehr auch der Beanstandende eine Entscheidung durch einen **Einspruch** anfechten, wenn diese nicht zur Abgabe einer strafbewehrten Unterlassungserklärung oder nicht zur Feststellung eines Kodexverstoßes geführt hat. Ebenso kann der Beanstandende rügen, dass das Verfahren vor dem Spruchkörper 1. Instanz zu einer Einstellung wegen offensichtlicher Unzulässigkeit oder offensichtlicher Unbegründetheit geführt hat. In letzterem Fall wird der Spruchkörper 2. Instanz als Eingangsinstanz nach § 24 Abs. 1 entweder in verkleinerter Besetzung (nur vertreten durch den Vorsitzenden) oder im schriftlichen Verfahren tätig. Durch die Neufassung des Abs. 2

S. 2 kann nunmehr der Spruchkörper 2. Instanz auch in seiner gesamten Besetzung im schriftlichen Verfahren entscheiden. Ebenfalls neu ist, dass seit der Novellierung vom 1.12.2011 dem **Vorsitzenden** des Spruchkörpers 2. Instanz in den Fällen, in denen er die Beanstandung für unzulässig oder unbegründet hält, eine **Einzelrichterbefugnis** zukommt. Diese Vereinfachung des Verfahrens erfolgte vor allem aus praktischen Gründen der Verfahrensökonomie. Sofern der Vorsitzende des Spruchkörpers 2. Instanz die Beanstandung entgegen der 1. Instanz für zulässig und begründet hält, muss dem betroffenen Mitglied – wie ansonsten in der 1. Instanz – die Möglichkeit gegeben werden, auf eine Abmahnung eine Verpflichtungserklärung abzugeben und dadurch die Beendigung des Verfahrens herbeizuführen. Sofern dies nicht erfolgt und der Vorsitzende des Spruchkörpers 2. Instanz auf einen Kodexverstoß erkennt, steht dem betroffenen Mitglied ein **Einspruch** zu, der von dem vollständigen Spruchkörper 2. Instanz zu verhandeln ist. Dies ist zwar in der Verfahrensordnung nicht ausdrücklich vorgesehen, jedoch im Wege der ergänzenden Auslegung der Verfahrensordnung zu bejahen. Unklar, im Ergebnis jedoch wohl zu bejahen ist die Frage, ob an dem Einspruchsverfahren auch der Vorsitzende teilnehmen darf, der die ursprüngliche Entscheidung getroffen hat. Diese Erweiterung der Verfahrensrechte des Beanstandenden entspricht den Vorgaben des EFPIA-Kodex. Durch die zusätzlichen Informationsrechte gem. § 15 Abs. 2 ist auch die effektive Wahrnehmung des Einspruchsrechts sichergestellt (vgl. hierzu → Rn. 189).

Weiterhin hat der Beanstandende das Recht, nach sechsmonatiger Untätigkeit des Spruchkörpers 1. Instanz Beschwerde beim Spruchkörper 2. Instanz einzulegen. Auch hier wird klargestellt, dass bei einer **Untätigkeitsbeschwerde** der Spruchkörper 2. Instanz „nur" als Eingangsinstanz tätig wird. **306**

IV. Einspruchseinlegung (Abs. 4 S. 1 und 2)

Der Einspruch ist nach Abs. 4 S. 1 schriftlich einzulegen. Der Einspruch kann auch bereits vor der Zustellung der Entscheidung eingelegt werden, sofern die angegriffene Entscheidung wenigstens „existent" ist und dem betroffenen Unternehmen dazu unmittelbar im Anschluss an die mündliche Verhandlung bekanntgegeben worden ist (vgl. § 11 Abs. 4 S. 3). **307**

Der Einspruch kann, nachdem er wirksam eingelegt worden ist, **nicht mehr zurückgenommen werden.** Ein entsprechendes „Rücktrittsrecht" des Unternehmens von einem einmal eingelegten Rechtsbehelf ist in der Verfahrensordnung nicht vorgesehen (FS II 7/05/2005.9–89).[73] Dem Einspruch ist eine **Begründung** beizufügen, mittels derer das mit der Überprüfung der Ausgangsentscheidung befasste Gericht erkennen kann, welche Teile der Entscheidung das betroffene Unternehmen anfechten möchte. Zu diesem Zweck hat das Unternehmen im Einzelnen aufzuführen, welche Einwände es gegen die Ausgangsentscheidung geltend machen möchte. **308**

V. Folgen eines fehlenden Einspruchs (Abs. 4 S. 3)

Die erstinstanzliche Entscheidung wird bei einem fehlenden oder verspäteten Einspruch mit dem Ablauf der Einspruchsfrist im Sinne dieser Verfahrensordnung **unanfechtbar.** Dies bedeutet, dass die Entscheidung mit den Mitteln der Verfahrensordnung nicht weiter angreifbar ist. Da der Zivilrechtsweg durch die Schaffung des Überwachungs- und Sanktionsverfahrens des FSA (vgl. dazu näher unter → Rn. 39) nicht ausgeschlossen wird, verbleibt grundsätzlich die Möglichkeit, die Entscheidung durch **staatliche Gerichte** überprüfen zu lassen. Allerdings ist der Umfang der gerichtlichen Nachprüfung aus Gründen der Vereins- **309**

[73] Entscheidung zu § 6 Abs. 3 FSA-Kodex Fachkreise, https://www.fsa-pharma.de/de/schiedstelle/berichterstattung/fachkreise/az-fs-ii-7-05-2005.9–89-2-instanz-6-abs-3-des-kodex-vergleiche-nun mehr-20-abs-3-monte-carlo-als-tagungsort/ (zul. abgerufen am 4.2.2021).

autonomie durch die höchstrichterliche Rechtsprechung deutlich eingeschränkt.[74] Eine derartige Nachprüfung durch staatliche Gerichte beschränkt sich im Wesentlichen auf Verstöße gegen das Willkürverbot.

VI. Gegenstand des Einspruchs (Abs. 5)

310 Die genannten Rechtsmittel sollen dem Beanstandenden nur hinsichtlich einer **unterbliebenen Feststellung eines Kodexverstoßes** zustehen. Dagegen sollen das Unterbleiben der Verhängung von bestimmten Sanktionen oder die Höhe der verhängten Sanktionen nicht angreifbar sein. Aus dem Sinnzusammenhang der Vorschriften ergibt sich, dass ein Einspruch des Beanstandenden auch dann ausgeschlossen ist, wenn der beanstandete Lebenssachverhalt zur Feststellung des Verstoßes gegen eine bestimmte Regelung eines der Kodizes geführt hat, der Beanstandende jedoch die Verletzung einer anderen Bestimmung oder zusätzlicher Regelungen als gegeben ansieht. Diese Regelung dient der Verfahrensökonomie und soll ein Ausufern der Einspruchsmöglichkeiten verhindern.

VII. Beschränkung des Einspruchs (Abs. 6)

311 Der Einspruch kann auch auf die Berechtigung der verhängten Sanktionen bzw. deren Angemessenheit beschränkt werden. In den Fällen, in denen mehrere Kodex-verstöße in einem Verfahren behandelt worden sind, kann der Einspruch auch auf einzelne Verstöße bzw. die damit verbundenen Umstände beschränkt werden. **Unzulässig** ist es dagegen, einzelne verfahrensleitende Maßnahmen des Vorsitzenden im Nachhinein mit dem Einspruch angreifen zu wollen.

312 Beschränkt das Unternehmen den Einspruch in sachlicher Hinsicht, unterliegt die Nachprüfung durch die höhere Instanz dem insofern vorgegebenen Umfang. Gegenstand der Überprüfung durch den Spruchkörper 2. Instanz ist also lediglich der in 1. Instanz festgestellte und zur Überprüfung durch die 2. Instanz gestellte Verstoß. Die 2. Instanz hat in einem solchen Fall nicht die Möglichkeit, sich auch mit weiteren Beanstandungen zu befassen, die etwa – entgegen der Auffassung der 2. Instanz – von dem Spruchkörper 1. Instanz als unbegründet angesehen worden sind. Der Spruchkörper 2. Instanz ist im Rahmen seiner Überprüfungsmöglichkeiten jedoch nicht an ein sogenanntes „Verböserungsverbot“ gebunden. Stattdessen stehen dem Spruchkörper 2. Instanz **vollumfänglich** die in § 24 vorgesehenen Sanktionsmöglichkeiten zur Verfügung. Abs. 9 stellt insofern ausdrücklich klar, dass der Spruchkörper 2. Instanz über die in der Ausgangsentscheidung **verhängten Sanktionen hinausgehen** kann.

VIII. Kostenvorschuss (Abs. 8)

313 Der obligatorische Kostenvorschuss dient der **Effektivität** des Verfahrens. Sofern der Beanstandende kein Unternehmen der pharmazeutischen Industrie ist, muss allerdings kein Kostenvorschuss geleistet werden.

IX. Einspruchsfrist (Abs. 10)

314 Die Einspruchsfrist beträgt **zwei Wochen ab Zustellung der Entscheidung** des Spruchkörpers 1. Instanz (Abs. 1 S. 1) und ist in derselben Frist auch zu begründen (FS II

[74] Zusammenfassend BGHZ 87, 337 (343); siehe ebenfalls BGHZ 13, 5 (7); 21, 370 (372 ff.); LG Karlsruhe 31.7.2009 – 6 O 250/08, BeckRS 2009, 27246; vgl. auch *Hadding* in Soergel BGB § 25 Rn. 59 f. mwN; *Leuschner* in Schubert (Red.) MüKoBGB § 25 Rn. 80 f.; *Schöpflin* in Hau/Poseck BeckOK BGB § 25 Rn. 60 ff.

1/04/2004.5-4).[75] Diese **Frist verlängert** sich im Falle einer fehlenden oder unvollständigen Rechtsbehelfsbelehrung auf sechs Wochen (Abs. 10 S. 3). Diese ist ebenfalls ab dem Zeitpunkt der Zustellung zu berechnen. Vollständig ist die Rechtsbehelfsbelehrung dabei nur dann, wenn der Hinweis die Art des möglichen Rechtsbehelfs, die entsprechende Frist zur Einlegung sowie die Stelle benennt, bei der der Rechtsbehelf eingelegt werden muss.

Die Regelung der Einspruchsfrist gilt für die **Benachrichtigung des Beanstandenden** entsprechend (Abs. 10 S. 4). Dadurch werden die Verfahrensrechte des Beanstandenden gewahrt. 315

2. Unterabschnitt: Rechtsbehelf gegen Entscheidungen des Spruchkörpers 2. Instanz

§ 26 Unanfechtbarkeit der Entscheidungen

(1) Die Entscheidungen des Spruchkörpers 2. Instanz sind im Sinne dieser Verfahrensordnung unanfechtbar.

(2) Diese Entscheidungen sollen einen Hinweis enthalten, dass ein Rechtsbehelf insoweit nicht möglich ist. Dasselbe gilt für die Benachrichtigung des Beanstandenden über den Ausgang des Verfahrens vor dem Spruchkörper 2. Instanz.

Übersicht

I. Unanfechtbarkeit (Abs. 1)

316 Eine Entscheidung des Spruchkörpers 2. Instanz wird unter vereinsrechtlichen Gesichtspunkten unmittelbar ab Verkündung unanfechtbar, ohne dass die Verfahrensordnung dem betroffenen Unternehmen weitere Rechtsmittel einräumt. Dies bedeutet, dass die jeweilige Entscheidung mit Mitteln der Verfahrensordnung **nicht mehr angreifbar** ist (zum Verhältnis zu den staatlichen Gerichten vgl. → Rn. 39).

II. Rechtsbehelfsbelehrung (Abs. 2)

317 Das betroffene Unternehmen ist im Rahmen der Rechtsbehelfsbelehrung und der Beanstandende ist im Rahmen der Benachrichtigung darauf hinzuweisen, dass die ergangene Entscheidung nach der Verfahrensordnung **nicht abermals im Wege des Einspruchs angegriffen** werden kann. Entscheidungen des Spruchkörpers 2. Instanz sind vielmehr im Sinne der Verfahrensordnung unanfechtbar, worauf das Unternehmen ausdrücklich durch die der Entscheidung beizufügende Rechtsbehelfsbelehrung hinzuweisen ist.

3. Unterabschnitt: Wiederaufnahme des Verfahrens

§ 27 Wiederaufnahme des Verfahrens

(1) Die Wiederaufnahme eines abgeschlossenen Beanstandungsverfahrens vor den Spruchkörpern 1. und 2. Instanz ist nur zulässig, wenn
1. das betroffene Mitglied dies beantragt und

[75] Entscheidung zu § 6 Abs. 3 S. 2, § 6 Abs. 7 FSA-Kodex Fachkreise, § 25 Abs. 1, Abs. 4, Abs. 11 VerfO idF v. 16.2.2004, https://www.fsa-pharma.de/de/schiedsstelle/berichterstattung/fachkreise/az-fs-ii-1-04-2004.5-4-2-instanz-6-abs-3-s-2-6-abs-7-des-kodex-vergleiche-nunmehr-20-abs-3-s-2-und-20-abs-7/ (zul. abgerufen am 4.2.2021).

2. neue Gegebenheiten nachgewiesen werden, die – unter entsprechender Anwendung der Voraussetzungen der §§ 579, 580 ZPO – allein oder in Verbindung mit den früheren Entscheidungsgrundlagen eine wesentlich andere Entscheidung zu begründen geeignet sind.

(2) Die Wiederaufnahme des Verfahrens ist bei dem Spruchkörper zu beantragen, welcher die Entscheidung erlassen hat. Der Antrag kann nur innerhalb von einem Monat nach Kenntnis des Wiederaufnahmegrundes, höchstens jedoch ein Jahr nach Unanfechtbarkeit der betreffenden Entscheidung gestellt werden.

(3) Die Entscheidung über die Wiederaufnahme des Verfahrens ist im Sinne dieser Verfahrensordnung unanfechtbar.

(4) Sofern das betroffene Mitglied im Regelverfahren eine strafbewehrte Unterlassungserklärung abgegeben hat, ist eine Wiederaufnahme des Verfahrens nicht möglich.

Übersicht

I. Inhalt und Funktion des Wiederaufnahmeverfahrens

318 Mit der Möglichkeit der Wiederaufnahme des Verfahrens in der Verfahrensordnung ist sichergestellt, dass eine Durchbrechung der „Rechtskraft“ von Entscheidungen der Spruchkörper in den Fällen ermöglicht wird, in denen schwere verfahrensrechtliche Mängel einem Fortbestand der Entscheidung des jeweiligen Spruchkörpers entgegenstehen. Gleichzeitig muss eine solche Wiederaufnahmemöglichkeit auf besonders definierte und ausgewählte **Ausnahmeregelungen beschränkt** bleiben, um eine effektive Tätigkeit der Spruchkörper sicherzustellen. Abgeschlossene Entscheidungen der Spruchkörper sollen daher auch nur in eng umgrenzten Fällen korrigiert werden.

319 Die Wiederaufnahme von Verfahren erfolgt in **drei Schritten:** Zunächst ist die Zulässigkeit des Wiederaufnahmeverfahrens zu prüfen (→ Rn. 306). Wird die Zulässigkeit verneint, ist der Antrag des betroffenen Unternehmens als unzulässig abzulehnen. Bei Zulässigkeit des Wiederaufnahmeantrags ist dagegen in einem zweiten Schritt die Begründetheit des Antrags zu prüfen. Kommt der mit dem Antrag befasste Spruchkörper dabei zu dem Ergebnis, dass der Antrag unbegründet ist und demzufolge kein ausreichender Wiederaufnahmegrund vorliegt, wird der Antrag abgelehnt. Anderenfalls, dh bei Bejahung eines entsprechenden Wiederaufnahmegrundes, wird die ursprünglich ergangene Entscheidung aufgehoben. In diesem Fall wird in einem dritten Schritt über das durch die angefochtene Entscheidung zunächst abgeschlossene Beanstandungsverfahren erneut befunden (→ Rn. 313 f.).

II. Zulässigkeitsvoraussetzungen

320 Das Unternehmen, das einen Wiederaufnahmeantrag einreicht, muss in schlüssiger Weise einen **Verfahrensmangel** iSd §§ 579, 580 ZPO darlegen, der entweder allein oder in Verbindung mit den ursprünglichen Entscheidungsgrundlagen geeignet erscheint, ein von der angefochtenen ursprünglichen Entscheidung wesentlich anderes Ergebnis zu begründen. Dies bedeutet, dass die Verfahrensmängel nicht bereits in dem ursprünglichen Verfahren

thematisiert worden sein dürfen. Der Antrag auf Wiederaufnahme dient nicht dazu, dass das betroffene Unternehmen die rechtliche Auffassung durchsetzen kann, mit der es bereits im Ausgangsverfahren ausdrücklich gescheitert ist.

1. Schlüssiger Vortrag eines Wiederaufnahmegrundes (Abs. 1)

Ein Wiederaufnahmeantrag ist unzulässig, wenn auf der Grundlage des Vortrags des betroffenen Unternehmens von vornherein nicht erkennbar ist, inwieweit die vorgetragenen Verfahrensmängel das Ergebnis der Ausgangsentscheidung beeinflusst haben könnten. Erforderlich ist daher die **Kausalität** des beanstandeten Verfahrensfehlers für die vom Unternehmen angegriffene Ausgangsentscheidung. Diese Kausalität ist zu bejahen, wenn nicht ausgeschlossen werden kann, dass ohne den Verfahrensfehler die Ausgangsentscheidung zu einem wesentlich anderen Ergebnis hätte führen können. 321

Die Regelung in Abs. 1 stellt klar, dass eine Wiederaufnahme ferner nur dann in Frage kommt, wenn das entsprechende Verfahren bereits abgeschlossen ist. **„Abgeschlossenheit"** in diesem Sinne bedeutet, dass die angegriffene Ausgangsentscheidung im Sinne der Verfahrensordnung unanfechtbar geworden ist. Kann diese stattdessen auch im Wege des Einspruchs angegriffen werden, ist diese verfahrensrechtliche Möglichkeit vorrangig. Die Einleitung eines Wiederaufnahmeverfahrens ist in solchen Fällen nicht möglich. 322

2. Zuständigkeit (Abs. 2 S. 1)

Zuständig für die **Entscheidung** über die Wiederaufnahme des Verfahrens ist der Spruchkörper, der die angegriffene Ausgangsentscheidung erlassen hat. 323

3. Fristen (Abs. 2 S. 2)

Erfährt das durch die Ausgangsentscheidung betroffene Unternehmen von einem Wiederaufnahmegrund, muss es diesen innerhalb eines Monats nach Bekanntwerden geltend machen. Im Sinne der Rechtssicherheit sieht Abs. 2 S. 2 Hs. 2 eine zeitliche Obergrenze vor. Die Einleitung eines Wiederaufnahmeverfahrens ist insofern **gänzlich ausgeschlossen,** wenn der Abschluss des Ausgangsverfahrens bereits länger als ein Jahr zurückliegt. 324

III. Antrag des betroffenen Unternehmens (Abs. 1 Nr. 1)

Die neuen Gegebenheiten iSv Abs. 1 Nr. 1 müssen **nachgewiesen** werden. Der Antrag ist bereits unzulässig, wenn lediglich Vermutungen geäußert oder nur Schlussfolgerungen mitgeteilt werden. Darüber hinaus muss die Gegebenheit **beweisbar** sein, dh substantiiert vorgetragen werden. Auf der Grundlage dieses Vortrags muss der Spruchkörper erkennen können, wie die neue Gegebenheit gegebenenfalls unter Beweis gestellt werden kann. Dabei müssen die Beweismittel so genau bezeichnet werden, dass der Spruchkörper sie gegebenenfalls in das Verfahren einführen kann. Aus dem Vorbringen muss auch ersichtlich werden, welche Gegebenheiten genau durch die neuen Tatsachen oder Beweismittel bewiesen werden sollen. 325

IV. Begründetheit (Abs. 1 Nr. 2)

Der Antrag auf Wiederaufnahme des Verfahrens ist begründet, wenn der mit dem Verfahren befasste Spruchkörper zu dem Ergebnis kommt, dass die im Rahmen der Zulässigkeit bereits auf ihre Schlüssigkeit geprüften **Wiederaufnahmegründe tatsächlich vorliegen.** 326

V. Rechtsfolge

Bei Zulässigkeit und Begründetheit des Wiederaufnahmeantrags ist die angegriffene Ausgangsentscheidung **aufzuheben.** Sind lediglich Teile dieser Entscheidung von dem Wie- 327 deraufnahmegrund betroffen, dann ist die Aufhebung auf diesen Teil zu beschränken. Im Fall einer solchen Aufhebung muss das frühere Verfahren wiederaufgenommen und fortgesetzt werden, um auf diese Weise eine nunmehr endgültige Entscheidung herbeizuführen. Das frühere Verfahren wird in die Lage vor Abschluss des Verfahrens zurückversetzt, so dass die Rechtslage des früheren Verfahrens unverändert bestehen bleibt, sofern sie nicht von dem Anfechtungsgrund betroffen ist. Die Grundlagen für das **Folgeverfahren** bilden also die im Vorverfahren gewonnenen Erkenntnisse, soweit sie nicht vom Wiederaufnahmegrund betroffen sind. Hat sich seit dem Erlass der Ausgangsentscheidung die Rechtslage (zB durch Änderung der Kodizes) geändert, ist dies bei der Neuverhandlung zu berücksichtigen. Die bloße Änderung der Rechtslage allein ist jedoch kein Wiederaufnahmegrund, da ansonsten theoretisch sämtliche vor Änderung der Kodizes ergangenen Entscheidungen automatisch von einer entsprechenden Anfechtbarkeit bedroht wären.

328 Zusätzlich stellt Abs. 4 als Ausprägung des **Verbots des widersprüchlichen Verfahrens** ausdrücklich klar, dass eine Wiederaufnahme des Verfahrens von vornherein ausgeschlossen ist, sofern das betroffene Unternehmen bereits im Regelverfahren eine strafbewehrte Unterlassungserklärung abgegeben und damit den Verstoß gegen einen der Kodizes eingeräumt hat.

VI. Rechtsmittel (Abs. 3)

329 Abs. 3 stellt klar, dass die Entscheidung über die Wiederaufnahme des Verfahrens durch den jeweiligen Spruchkörper **unanfechtbar** ist. Dies bedeutet, dass etwa die für das Unternehmen negative Entscheidung des Spruchkörpers 1. Instanz, das Verfahren nicht wiederaufzunehmen, nicht durch eine weitere Beschwerde durch den Spruchkörper 2. Instanz überprüft werden kann. Über das Vorliegen von Wiederaufnahmegründen entscheidet stattdessen allein der Spruchkörper, der auch die Ausgangsentscheidung erlassen hat.

VII. Kosten

330 Lehnt der jeweilige Spruchkörper den Antrag auf Wiederaufnahme ab, fallen grundsätzlich Verfahrensgebühren für das betroffene Unternehmen an, deren **Höhe** sich nach der Verfahrensgebühr für die angefochtene Entscheidung richtet. Ist der Antrag auf Wiederaufnahme dagegen erfolgreich, fallen zwar keine Gebühren für die Wiederaufnahme an, die im Ausgangsverfahren gezahlten Auslagen und Gebühren werden dem Unternehmen jedoch nicht zurückerstattet. Die Einzelheiten ergeben sich insoweit aus § 33 (vgl. → Rn. 323 ff.).

4. Unterabschnitt: Aussetzung des Verfahrens

§ 28 Aussetzung des Verfahrens

(1) Die Spruchkörper können das Verfahren aus besonderen Gründen aussetzen, insbesondere aus den in den nachfolgenden Absätzen genannten Gründen.

(2) Ist zum Zeitpunkt der Einleitung des Verfahrens vor den Spruchkörpern ein staatsanwaltschaftliches Ermittlungsverfahren oder ein strafgerichtliches Verfahren in gleicher Sache anhängig oder werden solche im Laufe des Verfahrens vor den Spruchkörpern eingeleitet, ordnet der jeweilige Spruchkörper auf Antrag des betroffenen Mitglieds die Aussetzung des Verfahrens bis zur rechtskräftigen Erledigung der strafrechtlichen Verfahren an. Das betroffene Mitglied wird die Spruchkörper über die rechtskräftige Erledigung der jeweiligen Verfahren unverzüglich in Kenntnis setzen und auf Anfrage der Spruchkörper über den aktuellen Stand der strafrechtlichen Verfahren Auskunft geben.

(3) Ist in gleicher Sache ein zivilgerichtliches Verfahren gegen ein Mitglied eingeleitet worden, darf eine öffentliche Rüge auf Antrag des betroffenen Mitglieds gegebenenfalls erst nach dem rechtskräftigen Abschluss des Zivilgerichtsverfahrens ausgesprochen werden. Von einem solchen Ausspruch soll abgesehen werden, wenn der Ausgang des zivilgerichtlichen Verfahrens dazu Veranlassung gibt. Sollte das zivilgerichtliche Verfahren auf

Betreiben der Parteien länger als 6 Monate i. S. v. § 251 ZPO ruhen, wird das Verfahren vor dem Spruchkörper 2. Instanz fortgesetzt. Das betroffene Mitglied wird den Spruchkörper 2. Instanz über die rechtskräftige Erledigung des jeweiligen zivilgerichtlichen Verfahrens unverzüglich in Kenntnis setzen und auf Anfrage des Spruchkörpers 2. Instanz über den aktuellen Stand des zivilgerichtlichen Verfahrens Auskunft geben.

(4) Sind in einem Sachverhaltskomplex mehrere vergleichbare Verfahren gegen verschiedene Mitglieder vor der Schiedsstelle anhängig und hat nur ein Teil der betroffenen Mitglieder nach Abmahnung die verlangte strafbewehrte Unterlassungserklärung abgegeben, so setzt die Schiedsstelle diese Verfahren so lange aus, bis in dem Sachverhaltskomplex alle Verfahren durch Unterlassungserklärung oder Entscheidung der Schiedsstelle abgeschlossen sind. Das Ende der Aussetzung wird vom Spruchkörper 1. Instanz festgestellt. Der Spruchkörper 1. Instanz entscheidet im Rahmen dieser Feststellung und je nach den Umständen des Einzelfalls, aber in Übereinstimmung mit der grundsätzlichen Bewertung in den Parallelverfahren, ob die Schiedsstelle auf alle oder einzelne Rechte aus einer bereits abgegebenen Unterlassungserklärung verzichtet oder diese nach nochmaliger Anhörung annimmt und die Rechte geltend macht. Diese Feststellung über das Ende der Aussetzung unterliegt keinem Rechtsmittel.

Übersicht

I. Voraussetzungen

331 Der ordentliche Rechtsweg soll durch die Einrichtung des Überwachungs- und Sanktionssystems des FSA nicht generell ausgeschlossen werden. Grundsätzlich besteht daher die Möglichkeit, dass es neben dem vereinsinternen Verfahren zu gleichgelagerten Untersuchungen durch staatliche Institutionen kommen kann. Für diese „Parallelverfahren“ sieht die Verfahrensordnung vor, dass das vereinsgerichtliche Verfahren in bestimmtem Umfang bzw. in besonderen Fällen **ausgesetzt werden** kann.

1. Generalklausel (Abs. 1)

332 Im Rahmen der Reform der Verfahrensordnung vom 15.12.2020 wurde mit § 28 Abs. 1 eine Generalklausel eingefügt, die Ausgangspunkt jeder Verfahrensaussetzung ist. Hiernach sind anders als nach alter Fassung Verfahrensaussetzungen nicht mehr nur in eng begrenzten Sonderkonstellationen möglich, sondern allgemein **aus besonderen Gründen.** Es handelt sich hierbei – anders als bei den nachfolgenden Katalogkonstellationen – um eine Ermessensnorm. Während Abs. 1 einen Ermessensspielraum belässt, sehen die Absätze 2–4 die Aussetzung als zwingende Rechtsfolge vor. Das nach Abs. 1 eingeräumte Ermessen ist in diesen Fällen auf Null reduziert.

2. „Strafrechtliche Parallelverfahren“ (Abs. 2)

333 Für den Fall staatsanwaltlicher oder strafgerichtlicher Parallelverfahren wird das Verfahren bis zur Rechtskraft der staatlichen Entscheidung ausgesetzt. Dies gilt sowohl für den Fall, dass ein entsprechendes staatliches Verfahren zum Zeitpunkt der Beanstandung in gleicher Sache bereits anhängig ist oder im Laufe des vereinsrechtlichen Verfahrens anhängig wird. In beiden Fällen hat der jeweilige Spruchkörper, sofern das betroffene Unternehmen dies beantragt, zwingend die Aussetzung des Verfahrens bis zum **rechtskräftigen Abschluss**

der strafrechtlichen Verfahren anzuordnen, um widersprüchliche Entscheidungen zu vermeiden. Dieser Antrag kann auch mündlich – etwa im Rahmen der mündlichen Verhandlung – gestellt werden.

3. „Zivilgerichtliche Parallelverfahren" (Abs. 3)

334 Im zivilrechtlichen Bereich wird das Unternehmen vor widersprüchlichen Entscheidungen staatlicher bzw. vereinsinterner Spruchkörper dadurch geschützt, dass eine öffentliche Rüge auf Antrag des betroffenen Unternehmens erst nach dem rechtskräftigen Abschluss eines entsprechenden Zivilgerichtsverfahrens ausgesprochen werden kann. Lehnt das staatliche Gericht daher einen Verstoß gegen bestimmte gesetzliche Vorschriften ab, die **mit den Kodizes inhaltsgleich** sind, soll der zuständige Spruchkörper die besonders schwerwiegende Sanktion der öffentlichen Rüge nicht gegen das Unternehmen verhängen. Die öffentliche Rüge ist jedoch auch in solchen Fällen nicht zwingend ausgeschlossen. Die Regelung des Abs. 2 S. 2 stellt lediglich eine Soll-Vorschrift dar. Bestehen daher vor dem Hintergrund der vereinsrechtlichen Regelungen gegebenenfalls Besonderheiten, die von der zivilrechtlichen Beurteilung abweichen, kann der Spruchkörper auch in solchen Fällen eine entsprechende Rüge veröffentlichen. In diesen Fällen empfiehlt es sich, die Notwendigkeit und Angemessenheit einer solchen Sanktion in den Entscheidungsgründen **besonders darzulegen.** Weitere Möglichkeiten der Verfahrensaussetzung – insbesondere im Hinblick auf Beanstandungsverfahren in 1. Instanz – sind im zivilrechtlichen Bereich nicht vorgesehen, um einen damit verbundenen Zeitverlust zu Gunsten einer Effizienz des vereinsinternen Verfahrens zu vermeiden. Fraglich ist, wie mit der nunmehr geltenden zwingenden Namensveröffentlichung im Rahmen der Bekanntgabe der Entscheidung umzugehen ist. Es empfiehlt sich wohl, mit der Veröffentlichung abzuwarten bis das Zivilverfahren beendet ist, da von der Namensnennung im Zusammenhang mit der Entscheidung eine ähnliche stigmatisierende bzw. rufschädigende Wirkung ausgehen kann wie von der Rüge.

4. „Vergleichbare Parallelverfahren" (Abs. 4)

335 Neu eingefügt im Rahmen der Reform vom 15.12.2020 wurde Abs. 4. Dieser schafft einen **neuen Aussetzungstatbestand,** der in Fällen vergleichbarer Parallelverfahren zu einer zwingenden Verfahrensaussetzung führt. Sofern sich mehrere Vereinsmitglieder vergleichbaren Beanstandungen ausgesetzt sehen, besteht aus Gründen der Rechtseinheitlichkeit ein Interesse an einer gleichförmigen Behandlung der Verfahren. Sollten jedoch einzelne Beanstandete auf eine Beanstandung mit der umgehenden Abgabe einer Unterlassungserklärung reagieren, andere hingegen ihre rechtlichen Möglichkeiten ausschöpfen und gegen die Beanstandung vorgehen, so könnten im Wesentlichen gleiche Sachverhalte im Ergebnis ungleich behandelt werden. Es stellt sich insbesondere die Frage, ob die Mitglieder, die bereits zu Verfahrensbeginn eine Unterlassungserklärung abgegeben haben, diese widerrufen können, wenn sich in Parallelverfahren zu einem späteren Zeitpunkt herausstellt, dass kein Rechtsverstoß vorgelegen hat. Diese Frage dürfte im Hinblick der Grundsatz der Gleichbehandlung zu bejahen sein, wobei die Rückforderung gegenüber gezahlte Geldstrafen Schwierigkeiten bereiten kann (→ Rn. 428). Diesen Schwierigkeiten soll durch die regelhaft vorgesehene Aussetzung nach Abs. 4 begegnet werden.

336 Verfahren sind im Sinne des Abs. 4 vergleichbar, wenn die ihnen zugrunde liegenden Beanstandungen die **gleichen Kodexverstöße** rügen und zudem auf im Wesentlichen **gleiche Sachverhalte** zurückzuführen sind. Die Aussetzung ist zudem nur dann sinnvoll, wenn darüber hinaus im Wesentlichen die **gleichen rechtlichen und tatsächlichen Bedenken** an der Rechtmäßigkeit des beanstandeten Verhaltens Gegenstand der Verfahren sind. Sofern die Verfahren vergleichbar sind, werden jene Verfahren, in denen bereits Unterlassungserklärungen abgegeben wurden, ausgesetzt, sodass es nicht zur Annahme der Unterlassungserklärungen durch die Schiedsstelle kommt. Sobald die vergleichbaren Parallelverfahren abgeschlossen sind, entscheidet die Schiedsstelle widerspruchsfrei unter Berücksichtigung der Parallelverfahren über die zuvor ausgesetzte Annahme der Unterlassungserklärungen.

II. Informations- und Auskunftspflichten (Abs. 1 S. 2 und Abs. 2 S. 3)

Kommt es nach Abs. 1 oder Abs. 2 zu einer Aussetzung des Verfahrens, ist das begünstigte Unternehmen verpflichtet, den mit der Sache befassten Spruchkörper über die rechtskräftige Erledigung der jeweiligen staatlichen Verfahren **unverzüglich in Kenntnis** zu setzen. Darüber hinaus ist das Unternehmen verpflichtet, dem zuständigen Spruchkörper jederzeit über den aktuellen Stand des staatlichen Verfahrens Auskunft zu erteilen. Der jeweilige Spruchkörper hat das Recht, das **Verfahren wieder aufzunehmen,** wenn das betroffene Unternehmen diesen Anfragen zum Stand der staatlichen Verfahren nicht nachkommt. 337

Für den Fall zivilgerichtlicher Parallelverfahren gilt darüber hinaus, dass das vereinsinterne Verfahren automatisch fortgesetzt wird, wenn das zivilgerichtliche Verfahren vor dem staatlichen Gericht auf Betreiben der Parteien länger als sechs Monate ruht (vgl. § 251 ZPO). Auf diese Weise soll ein **Missbrauch des § 251 ZPO** ausgeschlossen werden, der sich daraus ergeben könnte, dass die Parteien des parallelen zivilgerichtlichen Verfahrens das vereinsinterne Verfahren durch Aussetzungsanträge im Zivilverfahren „verschleppen" bzw. verzögern, um auf diese Weise den Ausspruch einer öffentlichen Rüge zu vermeiden. 338

III. Entscheidung

Die Entscheidung des jeweiligen Spruchkörpers, das Beanstandungsverfahren aufgrund zivil- oder strafrechtlicher „Parallelverfahren" auszusetzen, steht **nicht im Ermessen** der Spruchkörper. Stellt das betroffene Unternehmen einen entsprechenden Antrag, muss der jeweilige Spruchkörper diesem stattgeben, wenn die hierfür erforderlichen Voraussetzungen vorliegen. 339

5. Abschnitt: Kosten des Verfahrens (§§ 29–34)

§ 29 Regelverfahren

Gibt das betroffene Mitglied in dem Regelverfahren (§ 20) gegenüber dem Spruchkörper 1. Instanz eine strafbewehrte Unterlassungserklärung ab, ist von dem betroffenen Mitglied eine Verfahrensgebühr in Höhe von EUR 2000,00 an den Verein zu entrichten. Erfolgt die Abgabe der strafbewehrten Unterlassungserklärung bereits auf die erste Anhörung hin, kann der Spruchkörper 1. Instanz die in S. 1 genannte Verfahrensgebühr reduzieren.

§ 30 Kosten bei Fortsetzung des Verfahrens vor dem Spruchkörper 1. Instanz

Stellt der Spruchkörper 1. Instanz im Rahmen der Fortsetzung des Verfahrens (§§ 21 f.) in seiner Entscheidung einen Kodex-Verstoß des betroffenen Mitglieds fest, beträgt die von dem betroffenen Mitglied an den Verein zu entrichtende Verfahrensgebühr EUR 5000,00. Die Verfahrensgebühren für die Fortsetzung des Verfahrens im Sinne des § 22 f. sind nicht zu entrichten, wenn der Spruchkörper 2. Instanz die Entscheidung des Spruchkörpers 1. Instanz auf den Einspruch des betroffenen Mitglieds als unzulässig oder unbegründet aufhebt. Im Falle der Verbindung von Verfahren kann die Geschäftsstelle des Vereins die zu entrichtende Verfahrensgebühr nach billigem Ermessen reduzieren.

§ 31 Verfahren vor dem Spruchkörper 2. Instanz

(1) Die Durchführung eines Verfahrens vor dem Spruchkörper 2. Instanz auf den Einspruch des betroffenen Unternehmens gegen eine Entscheidung des Spruchkörpers 1. Instanz setzt die vorherige Einzahlung eines Kostenvorschusses in Höhe von EUR 10 000,00 voraus, der innerhalb von 14 Tagen nach Zugang einer entsprechenden Zahlungsaufforderung der Geschäftsstelle des Vereins einzuzahlen ist. Im Falle der Verbindung von Verfahren kann die Geschäftsstelle den zu zahlenden Kostenvorschuss nach billigem Ermessen reduzieren. Sofern dieser Kostenvorschuss innerhalb dieser Frist nicht auf einem Konto des Vereins eingegangen ist, wird das Verfahren vor dem Spruchkörper 2.

Instanz nicht durchgeführt. Stellt der Spruchkörper 2. Instanz einen Kodex-Verstoß des betroffenen Mitglieds im Sinne von § 24 Abs. 1 fest, verfällt der Kostenvorschuss zugunsten des Vereins. Dasselbe gilt, wenn der Spruchkörper 2. Instanz den Einspruch des betroffenen Mitglieds gegen eine Entscheidung des Spruchkörpers 1. Instanz im Sinne von § 24 Abs. 2 verwirft; mildert der Spruchkörper 2. Instanz dagegen die von dem Spruchkörper 1. Instanz verhängten Sanktionen lediglich ab, verfällt der Kostenvorschuss lediglich im Maße des Obsiegens und Unterliegens. § 30 bleibt unberührt. Anderenfalls ist der Kostenvorschuss nach Abschluss des Verfahrens im Sinne des § 26 Abs. 1 an das betroffene Unternehmen zurückzuzahlen.

(2) Die Einlegung eines Einspruchs sowie einer Beschwerde wegen Untätigkeit des Spruchkörpers 1. Instanz ist für den Beanstandenden grundsätzlich kostenfrei. Dies gilt nicht für den Einspruch eines Beanstandenden, bei dem es sich um ein Mitglied oder ein anderes Unternehmen der pharmazeutischen Industries handelt. In diesem Fall setzt das Verfahren vor dem Spruchkörper 2. Instanz die Einzahlung eines vorherigen Kostenvorschusses in Höhe von EUR 10 000,00 voraus, der innerhalb einer Frist von 14 Tagen nach Zugang einer entsprechenden Zahlungsaufforderung der Geschäftsstelle des Vereins einzuzahlen ist, wobei Abs. 1 S. 2 entsprechend gilt. Der Kostenvorschuss verfällt zugunsten des Vereins, sofern es auf den Einspruch des Beanstandenden hin vor dem Spruchkörper 2. Instanz nicht zur Feststellung eines Kodex-Verstoßes kommt. Anderenfalls ist der Kostenvorschuss nach Abschluss des Verfahrens im Sinne von § 26 Abs. 1 an den Beanstandenden zurückzuzahlen. Sofern es sich bei dem beanstandenden Unternehmen nicht um ein Mitglied des Vereins handelt, ist das Verfahren vor dem Spruchkörper 2. Instanz zudem von einer vorherigen ausdrücklichen schriftlichen Einverständniserklärung mit der Kostentragungsregelung von Abs. 2 S. 2 und 3 abhängig.

§ 32 Notwendige Auslagen

Stellen die jeweiligen Spruchkörper einen Kodex-Verstoß des betroffenen Mitglieds fest, hat dieses neben den Verfahrensgebühren auch die angemessenen Auslagen für Reise und Unterbringung eventuell eingeladener Zeugen oder Sachverständigen zu entrichten. Dasselbe gilt für eine angemessene Vergütung der Tätigkeit von Sachverständigen.

Übersicht

I. Kostensystematik

340 Die Höhe der für das betroffene Unternehmen anfallenden Verfahrenskosten ermittelt sich nach einem **gestaffelten Kostensystem.** Dies bedeutet, dass die genaue Höhe in Abhängigkeit von der jeweiligen Instanz zu ermitteln ist. Wird danach das Beanstandungsverfahren im Regelverfahren, dh im Wege einer freiwilligen strafbewehrten Unterlassungserklärung durch das betroffene Unternehmen beendet, fällt lediglich eine Verfahrensgebühr in Höhe von 2000 EUR an. Diese ist **an den Verein** zu entrichten, der sich aus diesen Verfahrensgebühren teilweise finanziert. Es besteht eine Reduzierungsmöglichkeit (§ 29 S. 2). Eine vergleichbare Reduzierungsmöglichkeit besteht im Falle der Verbindung von Verfahren (Gebühren:§ 30 S. 3 und Kostenvorschuss § 31 Abs. 1 S. 2).

341 Entscheidet sich das Unternehmen gegen die Abgabe einer solchen Unterlassungserklärung oder gibt es diese nicht auf erstes Anfordern ab, beträgt die an den Verein zu entrichtende Verfahrensgebühr vor dem Spruchkörper 1. Instanz 5000 EUR. Handelt es sich um einen **wiederholten Verstoß,** der gem. § 5 Abs. 2 in die erstinstanzliche Zuständigkeit des Spruchkörpers 2. Instanz fällt oder scheitert das Unternehmen mit einem Einspruch vor dem Spruchkörper 2. Instanz, sind Verfahrensgebühren in Höhe von 10 000 EUR – zusätzlich zu den in der 1. Instanz fällig gewordenen Verfahrensgebühren – zu entrichten.

342 Sofern die erstinstanzliche Entscheidung aufgrund eines Einspruchs des betroffenen Unternehmens **aufgehoben wird,** werden die Verfahrensgebühren für die Ausgangsentscheidung nicht fällig (§ 30 S. 2). Ist der Einspruch dagegen nur hinsichtlich der Höhe der in der 1. Instanz verhängten Sanktionen erfolgreich, dh mildert der Spruchkörper 2. Instanz die erstinstanzlich verhängten Strafen lediglich ab, hat der Einspruchsführer die Verfahrensgebühr nur anteilig in Höhe seines Unterliegens zu tragen. Wird beispielsweise die Sanktion der 1. Instanz auf einen Einspruch des betroffenen Unternehmens hin auf ein Drittel des ursprünglichen Betrages reduziert, muss das betroffene Unternehmen nur ein Drittel der Verfahrensgebühren tragen. Hätte im selben Fall das beanstandende Unternehmen den Einspruch erhoben, müsste es zwei Drittel der Verfahrensgebühren bezahlen, da es mit diesem Anteil „unterlegen", also nicht mit seinem Einspruch durchgedrungen ist.

II. Notwendige Auslagen

Zu den notwendigen Auslagen zählen insbesondere die Kosten für die **Anreise und die** 343 **Unterbringung** von Zeugen oder Sachverständigen am Verhandlungsort. Der Begriff der Angemessenheit bestimmt sich nach dem, was der Betroffene den Umständen nach für erforderlich halten darf. So dürften etwa Übernachtungen in Luxushotels oder Anreisen mit First-Class-Flügen unangemessen sein. Für die Erstattung der Auslagen ist ein geeigneter Nachweis (Hotelrechnung oÄ) erforderlich.

Die angemessene **Vergütung für Sachverständige** richtet sich nach den branchenübli- 344 chen Sätzen für gutachterliche Tätigkeiten. Die notwendigen Auslagen für Reise und Unterkunft der Zeugen bzw. Sachverständigen und die angemessene Vergütung für etwaige Sachverständigentätigkeiten fallen neben den Verfahrensgebühren an.

§ 33 Fälligkeit der Verfahrensgebühren und notwendigen Auslagen/Umsatzsteuer

(1) Die Verfahrensgebühren und notwendigen Auslagen werden von der Geschäftsstelle des Vereins festgelegt und bei Unanfechtbarkeit der Entscheidung der jeweiligen Spruchkörper fällig.

(2) Auf die in den §§ 29 bis 31 festgelegten Verfahrensgebühren sowie auf die notwendigen Auslagen nach § 32 wird zusätzlich die jeweils geltende gesetzliche Umsatzsteuer erhoben.

Die Geschäftsstelle des Vereins legt die Höhe der Verfahrensgebühren und der notwendi- 345 gen Auslagen fest. **Fällig** wird die festgesetzte Summe bei Unanfechtbarkeit der Entscheidung des jeweiligen Spruchkörpers. Die erstinstanzliche Entscheidung wird bei einem fehlenden oder verspäteten Einspruch mit dem Ablauf der Einspruchsfrist unanfechtbar (→ Rn. 294). Eine Entscheidung des Spruchkörpers 2. Instanz wird unmittelbar ab Verkündung unanfechtbar. Die Verfahrensordnung räumt dem betroffenen Unternehmen insoweit keine weiteren Rechtsmittel mehr ein (→ Rn. 301).

§ 34 Wiederaufnahme des Verfahrens

(1) Lehnt der jeweilige Spruchkörper einen Antrag auf Wiederaufnahme eines abgeschlossenen Beanstandungsverfahrens ab, bemisst sich die Verfahrensgebühr für die Entscheidung über diesen Antrag nach der Gebühr für das abgeschlossene Beanstandungsverfahren.

(2) Gibt der jeweilige Spruchkörper einem Antrag auf Wiederaufnahme des Verfahrens statt und führt die Wiederaufnahme des Verfahrens zur Aufhebung der ursprünglichen Entscheidung, bleiben bereits gezahlte Verfahrensgebühren und Auslagen für das ursprüngliche Verfahren unberührt. Führt die Wiederaufnahme des Verfahrens zu einer teilweisen Aufhebung der ursprünglichen Entscheidung, ist von der Geschäftsstelle eine Verfahrensgebühr gegenüber dem betroffenen Mitglied festzusetzen. Die Höhe der Verfahrensgebühr steht im Ermessen der Geschäftsstelle und soll das Verhältnis der ursprünglichen und aufgrund des Wiederaufnahmeverfahrens neu festgesetzten Strafe berücksichtigen. Sie darf die Gebühr, die im Falle der Ablehnung des Antrags auf Wiederaufnahme i. S. v. Abs. 1 geschuldet wäre, nicht übersteigen.

Übersicht

I. Ablehnung eines Wiederaufnahmeantrages (Abs. 1)

346 Der jeweilige Spruchkörper kann einen **Antrag auf Wiederaufnahme** eines abgeschlossenen Beanstandungsverfahrens ablehnen (vgl. → Rn. 305). Die für diese Entscheidung anfallenden Kosten richten sich nach der Gebühr für das abgeschlossene Beanstandungsverfahren. Die genaue Höhe der für das betroffene Unternehmen anfallenden Kosten ist daher in Abhängigkeit von der jeweiligen Instanz zu ermitteln (zur Kostensystematik näher unter → Rn. 316).

II. Stattgabe eines Wiederaufnahmeantrages (Abs. 2)

1. Aufhebung der ursprünglichen Entscheidung

347 Wird dem Antrag auf Wiederaufnahme des Verfahrens durch den jeweiligen Spruchkörper stattgegeben und führt diese Wiederaufnahme zur Aufhebung der ursprünglichen Entscheidung, entstehen dem betroffenen Unternehmen einerseits **keine zusätzlichen Kosten für das Wiederaufnahmeverfahren.** Andererseits lässt auch ein erfolgreiches Wiederaufnahmeverfahren die bereits gezahlten Verfahrensgebühren und Auslagen für das Ausgangsverfahren unberührt. Ein erfolgreiches Wiederaufnahmeverfahren berechtigt daher nicht zur Rückforderung bereits gezahlter Beträge.

2. Teilweise Aufhebung der ursprünglichen Entscheidung

348 Hebt der jeweilige Spruchkörper – nach Beantragung der Wiederaufnahme des Verfahrens – die vorangegangene Entscheidung nur **teilweise** auf, sind dem betroffenen Unternehmen als Antragsteller **erneut Verfahrensgebühren** aufzuerlegen. Jedoch bestimmt sich die Höhe nicht nach fest vorgegebenen Gebührensätzen, sondern steht stattdessen im Ermessen der Geschäftsstelle. Diese hat dazu das Verhältnis der ursprünglichen und aufgrund des Wiederaufnahmeverfahrens neu festgesetzten Strafe zu berücksichtigen. Eine absolute Obergrenze der solchermaßen zu ermittelnden Gebühr ergibt sich aus der Regelung von Abs. 1, wonach sich die Verfahrensgebühr für die Entscheidung über den Wiederaufnahmeantrag nach der Gebühr für das abgeschlossene Beanstandungsverfahren richtet. Diesen Betrag darf die erneute Gebühr bei einer teilweisen Aufhebung der ursprünglichen Entscheidung nicht überschreiten.

Register der Spruchpraxis des FSA

I. Entscheidungen des Spruchkörpers 1. Instanz

FS I 2010.9–292	**15** 36, 176
FS I 2010.10–293	**14** 479, 480, 719
FS I 2010.10–294	**14** 46, 478
FS I 2010.11–295	**14** 518, 524, 533, 536
FS I 2011.11–312	**14** 596, 598, 606
FS I 2011.12–315	**14** 345, 367, 369
FS I 2012.1–316	**14** 253, 259
FS I 2012.2–320	**14** 701
FS I 2012.3–321-324	**14** 590, 591, 605, 656, 661, 663 **16** 200, 271
FS I 2012.10–329 (= PharmR 2013, 302)	**14** 46, 307
FS I 2012.11–330-337	**14** 590, 591, 593, 605, 611, 618 **15** 125, 126
FS I 2013.2–345	**14** 402, 422, 423
FS I 2013.2–354	**14** 463, 465, 470, 471, 719
FS I 2013.2–367–370/372–375	**15** 126, 127
FS I 2013.2–380-387	**14** 615, 617
FS I 2013.9–360-362	**14** 151, 152, 593, 599, 600, 605, 606, 615, 618
FS I 2013.10–363	**14** 472, 584, 588, 715, 719
FS I 2014.4–388–390	**14** 615, 617
FS I 2014.7–410–425	**14** 608, 611, 615, 617, 618
FS I 2014.7–426	**14** 280, 281, 689, 701
FS I 2014.8–429–431	**14** 460, 465, 470, 472, 609, 617
FS I 2014.9–434	**14** 591, 605, 609, 617 **16** 254, 298
FS I 2014.10–439–441	**14** 719, 725
FS I 2014.10–441	**14** 636
FS I 2014.10–444	**14** 739
FS I 2014.12–455/456	**15** 36, 148, 149, 150
FS I 2014.12–458	**16** 148, 268
FS I 2015.4–470-75	**14** 596, 598, 606, 626, 637, 638, 639
FS I 2015.8–484 und 9–486	**14** 503
FS I 2015.9–487	**14** 570, 626
FS I 2015.10–491	**15** 36, 150
FS I 2015.10–492	**14** 234
FS I 2015.11–493	**14** 556, 570
FS I 2016.1–495	**14** 728

II. Entscheidungen des Spruchkörpers 2. Instanz

Die Bearbeiter

Marc Besen ist Rechtsanwalt und Partner im Düsseldorfer Büro von Clifford Chance. Er leitet die deutsche Kartellrechtspraxis der Sozietät. Er studierte Rechtswissenschaften an der Rheinischen Friedrich-Wilhelms-Universität in Bonn. Neben seinem Studium und auch während seines Referendariats war er als studentische Hilfskraft bzw. wissenschaftlicher Mitarbeiter im Deutschen Bundestag tätig. Seine Zulassung als Rechtsanwalt erfolgte im Jahr 2000. Marc Besen berät nationale und internationale Mandanten hauptsächlich im Bereich des deutschen und europäischen Kartellrechts, insbesondere im Zusammenhang mit Ermittlungs- und Missbrauchsverfahren. Ferner betreut er Unternehmen bei der Durchführung von Fusionskontrollverfahren beim Bundeskartellamt sowie bei der Europäischen Kommission und koordiniert multi-jurisdiktionale Anmeldungen. Daneben bilden Fragestellungen im Zusammenhang mit Compliance-Systemen, der vertragstechnischen Umsetzung kartellrechtlicher Anforderungen und des Vertriebsrechts – mit breitem Industriefokus – den Schwerpunkt seiner Tätigkeit. Als Mitglied der weltweiten Healthcare, Life Science & Chemicals Industrie Gruppe von Clifford Chance beinhaltet dies insbesondere die Pharma-, Medizinprodukte-, Biotech-, Kosmetik- und Chemieindustrie. Marc Besen ist Autor zahlreicher Fachveröffentlichungen und hält regelmäßig Vorträge zum Thema Kartellrecht.

Ann-Kristin Cahnbley, LL.M. ist Rechtsanwältin und Partnerin im Düsseldorfer Büro von Dentons. Sie studierte Rechtswissenschaften an der Universität Hamburg und Wellington, Neuseeland, wo sie einen Masterstudiengang absolvierte. 2012 wurde sie als Rechtsanwältin zugelassen. Ihre Tätigkeit umfasst die Beratung zu (länderübergreifenden) internen Untersuchungen und zur Konzeption und Umsetzung von Compliance Management Systemen, die Verteidigung von Unternehmen in Ordnungswidrigkeitenverfahren sowie die Beratung zu sonstigen unternehmensrelevanten Compliance-Maßnahmen, wie beispielsweise die Risikobewertung bestimmter Geschäftsvorhaben. Ann-Kristin Cahnbley verfügt über langjährige Erfahrung in der Beratung nationaler und internationaler Unternehmen der pharmazeutischen und medizintechnologischen Industrie zu Fragen des Wirtschaftsstrafrechts, insbesondere zum Antikorruptionsrecht, und im Bereich Compliance zu allen Fragen der Zusammenarbeit der Industrie mit Fachkreisangehörigen.

Dr. jur. Peter Dieners ist seit 1997 Partner im Düsseldorfer Büro von Clifford Chance. Er ist Regional Managing Partner in Deutschland und Leiter der weltweiten Industriegruppe Healthcare, Life Sciences & Chemicals. Ein Schwerpunkt seiner Tätigkeit liegt seit Mitte der 90er-Jahre in der Beratung von Unternehmen der pharmazeutischen und medizintechnologischen Industrie bei der rechtlichen Gestaltung von Kooperationsbeziehungen mit medizinischen Einrichtungen und Ärzten sowie der Erarbeitung und Implementierung betrieblicher Handlungsanweisungen („Compliance Programme"). Er hat die Entstehung einer Reihe nationaler und europäischer Branchenkodizes anwaltlich intensiv begleitet. Auch über den Healthcare Sektor hinaus ist Peter Dieners ein anerkannter Spezialist für die Beratung bei der Planung, Durchführung und Implementierung von Compliance-Programmen, der Beratung zur Corporate Governance und zur Planung und Durchführung von Compliance-Audits. Er ist u. a. Mitherausgeber von Handbüchern zum Pharma- und Medizinprodukterecht und der Zeitschrift „Medizin Produkte Recht" (MPR) sowie Autor zahlreicher Fachveröffentlichungen zu Compliance-Themen. Peter Dieners ist Mitglied verschiedener Rechtsausschüsse deutscher und europäischer Verbände der medizintechnologischen und pharmazeutischen Industrie.

Carolin Kemmner ist Rechtsanwältin und Senior Associate im Düsseldorfer Büro von Clifford Chance. Sie studierte an den Universitäten Mannheim, Heidelberg und Adelaide (University of Adelaide). Praktische Erfahrungen sammelte sie unter anderem bei den Auslandshandelskammern in Guangzhou, China und in Toronto, Kanada. Seit 2015 ist Carolin Kemmner als Rechtsanwältin zugelassen und berät globale sowie nationale Pharma- und Medizinprodukteunternehmen zu allen rechtlichen Aspekten der Entwicklung, Herstellung, Vermarktung und Erstattung ihrer Produkte. Die Schwerpunkte ihrer Beratung liegen auf regulatorischen und Compliance-Fragen, der Vertragsgestaltung im Bereich von Forschungs- und Entwicklungs-, Herstellungs- sowie Vermarktungskooperationen, auf erstattungsrechtlichen Fragestellungen sowie vielfältigen Aspekten zur Zusammenarbeit zwischen Industrie und Fachkreisen. Sie publiziert regelmäßig in ihrem Fachgebiet und ist Mitglied der Schriftleitung der Zeitschrift Medizin Produkte Recht (MPR) und Mitglied im Ausschuss für Leistungserbringer des Bundesverbands Medizintechnologie.

Ulrich Lembeck ist Of Counsel und als Rechtsanwalt und Steuerberater im Düsseldorfer Büro von Clifford Chance tätig. Er ist spezialisiert auf Compliance und Corporate Governance-Projekte in unterschiedlichen Branchen mit einem Schwerpunkt in der pharmazeutischen und medizintechnischen Industrie. Zu seiner Spezialisierung gehören insbesondere die Durchführung von Compliance Risk Assessments, Compliance Due Diligences, die Gestaltung von Compliance Management Systemen und deren Einbettung in die Corporate Governance Organisation von Unternehmen und Konzernen. Darüber hinaus wirkt er an Internal Investigations mit und berät Mandanten bei der Verhandlung von Verträgen und Transaktionen, in Rechtsbehelfs- und Klageverfahren sowie in steuerlichen Außenprüfungen. Ulrich Lembeck berät ferner zu den steuerlichen Aspekten der Zusammenarbeit der Industrie mit medizinischen Einrichtungen und Ärzten.

Dr. Stefan Menner, LL. M., Rechtsanwalt, Fachanwalt für Steuerrecht und Steuerberater, ist Partner bei Clifford Chance in Frankfurt am Main. Seine Tätigkeitsschwerpunkte liegen in der Beratung deutscher und ausländischer Mandaten auf dem Gebiet des nationalen und internationalen Steuerrechts. Insbesondere hat er sich auf das Gebiet der steuerlichen Unternehmens-Compliance, auf die Umstrukturierung von Unternehmen sowie auf die steuerliche Beratung im Zusammenhang mit Outsourcing-Projekten spezialisiert.

Dr. jur. Ulrich Reese ist Rechtsanwalt und Partner im Düsseldorfer Büro von Clifford Chance. Sein Studium absolvierte er an den Universitäten Saarbrücken, Exeter (England), Nancy (Frankreich) und Bonn. Von 1990–1992 war er Mitglied des Graduiertenkollegs am Zentrum für Europäisches und Internationales Wirtschaftsrecht der Universität Bonn, wo er im Jahr 1992 seine Promotion mit einer Arbeit zum europäischen Werberecht abschloss. Er ist seit 1995 in Düsseldorf als Rechtsanwalt zugelassen und berät und vertritt seitdem zahlreiche Unternehmen der Arzneimittel- und Medizinprodukteindustrie in wettbewerbsrechtlichen und regulatorischen Fragestellungen rund um den Lebenszyklus ihrer Produkte. Hierzu gehört insbesondere die Beratung von Unternehmen und Fachverbänden im Zusammenhang mit der Ausarbeitung und Implementierung branchenspezifischer Verhaltenskodizes. Ulrich Reese ist sowohl als Autor zahlreicher Fachveröffentlichungen wie auch als Referent bei Seminaren und Vorträgen auf diesen Gebieten vielfach in Erscheinung getreten. Er ist Herausgeber des Beck Online-Kommentars zum HWG (Heilmittelwerbegesetz) und Mitherausgeber des Handbuchs Pharmarecht von Dieners/Reese. Ulrich Reese gehört dem fachlichen Beirat der Zeitschriften „PharmaRecht" sowie „Medizin ProdukteRecht" an und war jahrelanger Privatdozent an der Universität Marburg im Rahmen der Zusatzausbildung Pharmarecht.

Dr. jur. Gunnar Sachs, Maître en droit (Paris) ist Rechtsanwalt, Fachanwalt für Gewerblichen Rechtsschutz und Partner im Düsseldorfer Büro von Clifford Chance. Er ist unter anderem langjähriges Mitglied der weltweiten Industriegruppe Healthcare, Life

Sciences & Chemicals sowie der globalen Technologie- und Datenschutzgruppen der Sozietät und leitet die Industriegruppe Healthcare & Life Sciences für die Region Afrika. Als Studien- und Graduiertenstipendiat der Konrad-Adenauer-Stiftung hat Gunnar Sachs in Münster, Paris und Köln studiert und promoviert. 1997 und 1998 war er neben dem Studium als wissenschaftlicher Mitarbeiter an dem Institut für Öffentliches Recht und Politik der Westfälischen Wilhelms-Universität Münster tätig. Seine weitere berufliche Ausbildung hat er unter anderem bei der Welthandelsorganisation (deutsche Vertretung) in Genf, beim Französischen Ministerium für Wirtschaft, Finanzen und Industrie in Paris, beim Französischen Verteidigungsministerium in Paris, bei der Botschaft der Bundesrepublik Deutschland in Paris, bei der Deutschen Institution für Schiedsgerichtsbarkeit (DIS) in Berlin/Bonn sowie beim Landtag Nordrhein-Westfalen in Düsseldorf absolviert. 2006 wurde er als Rechtsanwalt in Düsseldorf zugelassen. Gunnar Sachs hat sich unter anderem auf die Arzneimittel-, Medizinprodukte-, Lebensmittel-, Kosmetik- und Chemieindustrie spezialisiert. Ein Schwerpunkt seiner Tätigkeit liegt in der Beratung und Vertretung nationaler und internationaler Unternehmen und Verbände in allen industriespezifischen rechtlichen und regulatorischen Fragen. Er vertritt Mandanteninteressen in gerichtlichen und sonstigen Verfahren der Streitbeilegung und berät bei Transaktionen sowie im übrigen außergerichtlichen Bereich. Darüber hinaus begleitet und berät er Mandanten sektorübergreifend bei der digitalen Transformation. Zu seinen Beratungsschwerpunkten in diesem Bereich zählen das Datenschutzrecht, die Entwicklung von Digital Governance-Organisationen, IT-Beschaffung und IT-Outsourcing, Risiko- und Krisenmanagement, Vertrags- und Prozessgestaltung für digitale Vertriebsstrategien sowie regulatorische Themen im digitalen Umfeld (wie etwa „Digital Health"). Parallel zu seiner anwaltlichen Tätigkeit hat Gunnar Sachs zwischen 2012 und 2015 als externer Berater die Leitung der deutschen Rechtsabteilungen eines führenden US-amerikanischen Arzneimittel- und Biotechnologieunternehmens sowie eines US-amerikanischen Retail- und Fernabsatz-Unternehmens übernommen. Gunnar Sachs ist Autor zahlreicher Fachveröffentlichungen zu den von ihm betreuten Rechtsgebieten. Er tritt weltweit als Redner bei relevanten Fachveranstaltungen auf und war im Lehrprogramm der Heinrich-Heine-Universität Düsseldorf tätig.

Prof. Dr. jur. Jürgen Taschke ist Rechtsanwalt im Frankfurter Büro von DLA Piper. Er studierte Rechtswissenschaften in Frankfurt am Main, wo er 1988 promovierte. Seit 1992 berät er Unternehmen in allen Fragen des Wirtschaftsstrafrechts. Jürgen Taschke ist Autor zahlreicher Fachveröffentlichungen zur strafrechtlichen Haftung von Unternehmen und Compliance-Fragen. Die Goethe-Universität in Frankfurt am Main hat ihn 2009 zum Honorarprofessor ernannt.

Magdalena Thole, LL.M ist Syndikusanwältin bei CureVac in Tübingen, einem biopharmazeutischen Unternehmen, das sich auf die Erforschung und Entwicklung von Impfstoffen und Arzneimitteln auf der Grundlage des Botenmoleküls mRNA spezialisiert hat. Sie studierte Rechtswissenschaften an der Albert-Ludwigs-Universität Freiburg, der Université Pierre Mendes France in Grenoble und an der Dickson Poon School of Law des King's College London. Nach Studium und Referendariat war Magdalena Thole in einem auf die Beratung von Pharma-, Medizinprodukte- und Biotechunternehmen spezialisierten Team einer internationalen Wirtschaftskanzlei in Düsseldorf tätig. In dieser Zeit unterstützte sie unter anderen auch Verbände der Gesundheitsbranche bei der Aktualisierung von Compliance-Kodizes. Bei CureVac berät sie umfassend zu Vertriebs- und Lieferbeziehungen, Lizenzverträgen, Forschungs- und Entwicklungskooperationen im nationalen und internationalen Kontext sowie zu gesellschaftsrechtlichen, regulatorischen und Compliance Themen.

Dr. Thomas Voland, LL.M., ist Rechtsanwalt und Partner im Düsseldorfer Büro von Clifford Chance. Er studierte an den Universitäten Bayreuth, Bordeaux, Dresden und Nottingham. Praktische Erfahrungen sammelte er unter anderem bei der Europäischen Kommission und dem Auswärtigen Amt. Seine Dissertation zu einem wirtschaftsvölkerrechtlichen Thema wurde von der Juristischen Fakultät der Ludwig-Maximilians-Universität München mit dem Fakultätspreis ausgezeichnet. Seit 2007 berät Thomas Voland in- und ausländische Unternehmen, Banken sowie Behörden zu regulatorischen Fragestellungen, europa-, verfassungs- und verwaltungsrechtlichen Verfahren sowie Compliancethemen mit einem Schwerpunkt in den Bereichen Healthcare, Infrastruktur und Technologie. Viele seiner Mandate bewegen sich an der Schnittstelle zwischen Recht, Wirtschaft und Politik. Thomas Voland ist Mitglied des Ausschusses „Compliance und CSR" des Deutschen Anwaltvereins. Darüber hinaus ist er Lehrbeauftragter für Europa- und Völkerrecht sowie Autor zahlreicher Fachveröffentlichungen.

Maximilian Graf Zedtwitz von Arnim, ist Rechtsanwalt und Counsel im Düsseldorfer Büro von Clifford Chance. Er studierte Rechtwissenschaften an den Universitäten in Hamburg und Lissabon. Seit 2012 berät er in- und ausländische Unternehmen zu kartellrechtlichen Fragestellungen. Zu den Schwerpunkten seiner Tätigkeit gehört die Beratung bei der Entscheidung, Planung und Durchführung von (länderübergreifenden) internen Untersuchungen sowie die Begleitung bei behördlichen Untersuchungsmaßnahmen. Er vertritt regelmäßig Unternehmen in Verfahren vor Kartellbehörden und Gerichten und verfügt über langjährige Erfahrung in der Beratung von Unternehmen im Gesundheitswesen.

Sachverzeichnis

Die fettgedruckten Zahlen verweisen auf die Kapitel,
die dahinter stehenden mageren Zahlen auf die Randnummern.